Lebensmittel-Lexikon

Die Deutsche Bibliothek – CIP-Einheitsaufnahme

Lebensmittel-Lexikon / Täufel . . . – Hamburg : Behr's
ISBN 3-86022-122-1 Gb.
ISBN 3-86022-124-8 brosch.
NE: Täufel, Alfred [Hrsg.]

Bd. 2. L–Z – 3., neubearb. und aktualisierte Aufl. – 1993
ISBN 3-86022-122-1 HC.
ISBN 3-86022-124-8 brosch.

Satz und Druck: DSD, Datenaufbereitung, Satz und Druckprodukte, Hamburg

Lebensmittel-Lexikon

L-Z

Täufel / Ternes / Tunger / Zobel

BEHR'S...VERLAG

Vorwort

Es ist eine erfreuliche Tatsache, daß das Bewußtsein über den Zusammenhang zwischen Ernährung und Gesundheit unter der Bevölkerung wächst und es damit möglich ist, daß der Mensch durch zweckentsprechende qualitativ und quantitativ ausgewogene Nahrungsauswahl an seiner Gesunderhaltung aktiv mitwirken kann. Es ist daher Ziel und Verpflichtung zugleich, den Menschen zu einer bewußten gesunden Lebensführung und Ernährung anzuregen. Daraus erwächst die Notwendigkeit nach entsprechender Wissensvermittlung für einen möglichst großen Bevölkerungskreis. Diesem Bedürfnis soll das vorliegende Lexikon Rechnung tragen, indem es den Leser entsprechend informiert und dazu beiträgt, ihn auf diesem Gebiet urteilsfähig zu machen. Des weiteren soll es auch über weniger bekannte Lebensmittel und Nahrungsinhaltsstoffe Auskunft geben und anregen, sich über Spezialwerke, wie Fachlexika, Handbücher u. ä., gezielt weiter zu informieren. So unterscheidet sich das vorliegende Lexikon von bekannten Warenkunden und Fachbüchern. Das aktuelle Grundwissen über Lebensmittel und ihre Inhaltsstoffe ist über eine fast unübersehbare Zahl von Quellen verstreut und damit der Allgemeinheit kaum zugängig. Dieses Sachwissen einfach, schnell, übersichtlich und konzentriert darzubieten, ist erstrebtes Ziel dieses Lexikons. Das „Lebensmittel-Lexikon" ist eine Gemeinschaftsarbeit von 4 Herausgebern und 27 Autoren. Es enthält rund 13 000 Begriffe aus dem Bereich Nahrung und umfaßt sowohl Lebensmittel als auch deren Inhaltsstoffe. Die Autoren bemühten sich, auch fremdländische Lebensmittel und möglichst alle bisher bekannten wichtigen Nahrungsinhaltsstoffe zu erfassen. Begriffe aus dem Bereich der küchenmäßigen Speisenzubereitung werden nicht erfaßt.

Jedes Hauptstichwort beginnt mit einer Definition. Die Ausführungen, die sich auf die wichtigsten und interessantesten Fakten beschränken, umfassen bei den Lebensmitteln, soweit dies möglich und sinnvoll erscheint, Art, Sorte, den wissenschaftlichen Namen (Binäre Nomenklatur), Zusammensetzung, Herkunft, Bedeutung für die menschliche Ernährung, ernährungswissenschaftliche Bedeutung, Verarbeitung und Verwendung. Bei den Nahrungsinhaltsstoffen werden chemische Struktur, chemische-, physikalische und lebensmitteltechnologische Eigenschaften, Vorkommen, Gewinnung, Verwendung, Bedeutung, physiologische Wirkung beschrieben. Unter den Nahrungsinhaltsstoffen wurden auch Zusatzstoffe und Kontaminanten, soweit sie von Bedeutung bzw. von allgemeinem Interesse sind, aufgenommen.

Leitgedanke bei der Ausarbeitung der Texte ist die lebensmittelwissenschaftliche Betrachtungsweise, nach der die Lebensmittel als Teil der Gesamtheit von Nahrung und Ernährung behandelt werden sollten. Das Lebensmittel-Lexikon befaßt sich daher vorrangig mit dem Gebiet der Lebensmittel und Nahrung. Besonders berücksichtigt werden lebensmittel- und ernährungswissenschaftliche Belange im Gesamtzusammenhang mit lebensmittelchemischen, technologischen und hygienischen Aspekten.

Manche Besonderheiten der neuen fünf Bundesländer erklären sich aus der Herkunft des Lexikons und betreffen noch nicht in allen Details berücksichtigte Belange, beispielsweise die Leitsätze. Letztlich wurde davon ausgegangen, einerseits Bewahrenswertes zu erhalten und andererseits dasjenige mit möglicherweise zukünftiger Bedeutung nicht voreilig herauszunehmen. Einige für die Beurteilung von Lebensmitteln herangezogenen Grundbegriffe, die vor allem qualitative Aspekte betreffen sowie Hinweise zur Aufbewahrung von Frischpflanzenerzeugnissen, sind neu aufgenommen. Da die beiden ersten Auflagen großen Zuspruch auch im Ausland gefunden haben und der Wunsch nach länderübergreifender Information besteht und größer wird, die Lebensmittelgesetzgebung aber in den einzelnen Ländern einer sehr differenzierten Betrachtungsweise unterworfen ist, sich ständig in der Diskussion befindet und einer relativ schnellen Veränderung unterliegt, wurde die Lebensmittelgesetzgebung nur dort berücksichtigt, wo sie im engen Zusammenhang mit Begriff und Begriffsdefinition steht und wo durch die EG eine Vereinheitlichung sichtbar wird.

In ihrer Arbeit stützten sich die Autoren auf die einschlägige nationale und internationale Fachliteratur. Die Quellen werden, wie bei Lexika üblich, im allgemeinen nicht ausgewiesen. Herausgeber und Autoren wurden von den Mitarbeitern ihrer Institute und Wissenschaftsbereiche, besonders des ehemaligen Zentralinstituts für Ernährung in Potsdam-Rehbrücke, unterstützt, so daß die Ausführungen über die eigenen Erkenntnisse der Autoren hinaus das Wissen und die Erfahrung einer größeren Anzahl Wissenschaftler widerspiegeln. Um besser über den ernährungsphysiologischen Wert der einzelnen Lebensmittel zu informieren, wird im Anhang auf die ernährungsphysiologisch begründeten Energie- und Nährstoffbedarfsrichtwerte für die wichtigsten Verbrauchergruppen unter Berücksichtigung einer Differenzierung nach Alter und körperlicher Leistung verwiesen. Als Leserkreis betrachten wir alle auf dem Gebiet Lebensmittel und Ernährung in den Bereichen Forschung, Entwicklung, Lehre und Praxis, Lebensmittelhandel, Gaststätten, Gemeinschaftsverpflegung, Hauswirtschaft, Ernährungsindustrie und Gesundheitswesen Tätigen sowie alle anderen an der Thematik Interessierten.

Wir danken allen Autoren für die gewährte Unterstützung und die verständnisvolle Zusammenarbeit bei der Erarbeitung des Lexikons. Verlag, Herausgeber und Autoren wünschen sich eine günstige Aufnahme der 3. Auflage dieses Gemeinschaftswerkes. Sie sind sich zugleich bewußt, daß bei einem Nachschlagewerk dieser Art sicher noch nicht alle Aspekte berücksichtigt worden sind. Wir bitten daher alle Leser und Nutzer des Lexikons, uns durch ihre Anregungen und Hinweise bei seiner Verbesserung und Überarbeitung zu unterstützen. Besonderer Dank gilt auch dem Behr's Verlag, der uns bei der Übernahme aus dem Fachbuchverlag Leipzig und für eine schnelle Fertigstellung dieser Auflage außerordentlich hilfreich war. Besonderer Dank, seitens der Herausgeber des Ursprungswerkes, gilt Herrn Prof. Dr. Waldemar Ternes für die außerordentlich engagierte und sachkundige „Wiederbelebung" des Manuskriptes sowohl in konzeptioneller Sicht als auch der meisterhaften Bewältigung des für ein solches Unternehmen notwendigen Managements. Nunmehr spiegeln sich im Lexikon die Kenntnisse langjähriger Arbeit des Rehbrücker Ernährungs-Institutes und des Fachbereichs Lebensmitteltechnologie der Fachhochschule Lippe wider.

Wir bedanken uns bei Dipl.-Ing. agr. Heidi Schmidt und Ivonne Ternes für die technische Begleitung der 3. Auflage.

Die Herausgeber

Dr. sc. nat. *Alfred Täufel* studierte an der Humboldt-Universität zu Berlin Chemie und Lebensmittelchemie. Nach einem mehrwöchigen Aufenthalt in Budapest 1962 folgte die Promotion mit einer Arbeit über die Biochemie und Physiologie pflanzlicher, galaktosehaltiger Oligosaccharide, die 1964 beendet wurde. Im Institut für Ernährung der Akademie der Wissenschaften zu Berlin in Bergholz-Rehbrücke schlossen sich Arbeiten auf dem Gebiet der Gewinnung, Charakterisierung und Anwendung mikrobieller Enzympräparate (Amylase, Protease) in der Lebensmittelindustrie an. Seine besonderen Interessen galten dem Getreide und enzymbedingten Änderungen funktioneller Eigenschaften sowohl beim Herstellungsprozeß von Backwaren als auch ihre Rückwirkung auf den Verdauungsprozeß. 1983 erfolgte die Promotion B zum Dr. sc. nat. Gegenwärtig beschäftigt er sich mit Proteininhibitoren des Getreides, vorrangig den α-Amylase-Inhibitoren des Roggens. Er ist Autor von 6 Buchbeiträgen in Monographien.

Prof. Dr. *Waldemar Ternes* absolvierte nach einer Ausbildung zum Koch und Küchenmeister ein Studium der Lebensmittelchemie an der Universität Hamburg. Anschließend promovierte er in Analytischer Chemie an der Tierärztlichen Hochschule in Hannover. Während seines Studiums unterrichtete er an Hotelfachschulen im Fach Lebensmitteltechnologie. An der Universität Bremen und an Universitäten und Forschungsgesellschaften in Brasilien arbeitete er als Lehrbeauftragter und an Forschungsaufgaben. Mehrere Jahre war er Abteilungsleiter am Institut für Lebensmittelwissenschaft der Universität Hannover, wo er seine Arbeiten zur Habilitation im Fachgebiet Lebensmittelwissenschaft durchführte. Seit 1991 ist er Professor für Lebensmittelchemie an der Fachhochschule Lippe in Lemgo. Seine wissenschaftliche Forschungstätigkeit befaßt sich mit den funktionellen Eigenschaften der Lebensmittelinhaltsstoffe. Er ist Herausgeber bzw. Autor von 4 Fach- und Lehrbüchern.

Dr. agr. *Liselotte Tunger* studierte an den Universitäten Leipzig und Berlin Gartenbau und begann ihre berufliche Tätigkeit als Diplomgärtnerin am Institut für Gartenbau in Dresden-Pillnitz. In ihrer ab 1959 fast 20-jährigen Zugehörigkeit zum Zentralinstitut für Ernährung in Potsdam-Rehbrücke arbeitete sie an der Erhaltung ernährungsphysiologisch wichtiger Inhaltsstoffe durch Prozeßoptimierung bei der Herstellung von Getreideerzeugnissen, Brot und diätetischen Lebensmitteln. Mit einer Dissertation über die Kinetik des Thiaminverlustes bei der Verarbeitung von Getreide zu Brot erfolgte ihre Promotion 1965 an der Humboldt-Universität Berlin. Ein politisch verfügter, unfreiwilliger Wechsel ihres Arbeitsplatzes in einen Produktionsbetrieb hatte den Abbruch ihrer Habilitationsarbeit zur Folge, verschaffte ihr aber Gelegenheit, sich mit der Erfassung optimaler Ernte- und Lagerbedingungen von Kernobst und deren analytische Kennzeichnung in Abhängigkeit von Sorte und Reifegeschehen erfolgreich zu beschäftigen. Sie gehörte nationalen und internationalen Arbeitsgruppen zur Standardisierung von Untersuchungsmethoden auf dem Getreidegebiet, der Sensorik sowie der Apfelbewertung an.

Prof. em. Dr. agr. habil. *Martin Zobel* studierte nach abgeschlossener Lehre als Koch und Kellner sowie Kriegsdienst Chemie an der TH Dresden. Als wiss. Oberassistent und ab 1954 als Leiter der Abt. Kochwissenschaft und Gemeinschaftsverpflegung war er am damaligen Institut für Ernährungsforschung in Potsdam-Rehbrücke tätig. Hier war er auch maßgeblich an der Ausbildung von Kochinstrukteuren und Ernährungstechnikern beteiligt. 1961 Promotion, 1965 Habilitation an der Humboldt-Universität zu Berlin. 1977 Honorardozent und 1978 Berufung als Ordentlicher Professor und Leiter des Lehrstuhls für Ernährungswissenschaft an der Sektion Gaststätten- und Hotelwesen der Handelshochschule Leipzig. Schwerpunkte seiner wiss. Arbeit waren Untersuchungen zur Verhaltensweise von Nahrungsinhaltsstoffen während der küchenmäßigen Speisenzubereitung, Vitamin-C-Analytik, kochwissenschaftliche Grundlagen für die Großküchengeräteentwicklung sowie praktische Umsetzung ernährungswiss. Kenntnisse in der Gemeinschaftsverpflegung. 1985 Emeritierung. Herausgeber bzw. Autor von 9 Fach- und Lehrbüchern sowie 22 Buchbeiträgen.

Die Autoren

Dr. agr. habil. Heinz Ackermann · Dr. sc. agr. Klaus Arlt · Dr. rer. nat. Jürgen Brückner · Dr. rer. nat. Gerhard Dongowski · Dr. rer. nat. Ulrich Falk · Dr. sc. nat. Manfred Friedrich · Dr. sc. nat. Walter Fritz · Dipl.-Gärtner Wilhelm Groh · Dr. rer. nat. Margarete Grunert · Dr. sc. nat. Siegfried Grunert · Dr. sc. nat. Konrad Hoppe · Dr. agr. Hans Joachim Koch · Dr. rer. nat. Fritz Kretzschmann · Dr. phil. nat. Erich Lück · Dr. rer. nat. Wolfgang Rödel · Dr. rer. nat. Eberhard Sandner · Dr. rer. nat. Edith Schalinatus · Prof. Dr. med. vet. habil. Erhard Scharner · Dr. rer. nat. Johannes Seidemann. Ing.-Chem. Hans-Joachim Siebert · Dipl.-Chem. Manfred Specht · Dr. sc. nat. Alfred Täufel · Prof. Dr. rer. nat., Dr. phil. habil. Waldemar Ternes · Prof. Dr. agr. Manfred Tülsner · Dr. agr. Liselotte Tunger · Prof. em. Dr. agr. habil. Martin Zobel · Dr. rer. nat. habil. Hans-Joachim Zunft

Zur Benutzung

Die Stichwörter sind streng alphabetisch geordnet, auch wenn ein Begriff aus mehreren Wörtern besteht, z. B. „ätherische Öle". Bei Begriffsprägungen aus mehreren Wörtern wird die Einordnung durch das für den Gesamtbegriff typische Substantiv bestimmt, d. h. die Adjektive sind nachgestellt und durch Komma abgetrennt, z. B. Stoffe, Lathyrismus auslösende. Ausgenommen von dieser Regel sind Eigennamen, fremdsprachige Bezeichnungen, wissenschaftliche Bezeichnungen von Pflanzen und Tieren (Binäre Nomenklatur) und Einzelfälle, bei denen die adjektivische Bestimmung besonderes Gewicht hat, z. B. Thüringer Rostbratwurst oder Convenience foods. Wo die Anwendung dieses Prinzips zwei Möglichkeiten der Einordnung zuläßt oder eine Ausnahme davon das Auffinden durch den Leser vereinfacht, steht ein Verweisstichwort, z. B. Gummi, Indischer › Indischer Gummi.

Die Umlaute ä(ae), ö (oe) und ü (ue) werden bei der alphabetischen Einordnung wie die Vokale a, o und u behandelt. Dagegen zählen ae, oe und ue als zwei Buchstaben, wenn sie als zwei Laute gesprochen werden bzw. einer fremden Sprache entstammen. Der Buchstabe ß wird wie ss eingeordnet. Soweit möglich, wurde bei Fremdwörtern, insbesondere bei chemischen Stoffnamen, die international übliche c-c-Schreibweise an Stelle der deutschen k-z-Schreibweise angewendet. Trotz Bevorzugung dieser sind dem deutschen Leser weniger geläufige Begriffe, bei denen ein K- oder Z-Anlaut steht, als Verweisstichwort in dieser Schreibweise vorhanden bzw. beim Hauptstichwort in Klammern angefügt. Teilweise werden auch veraltete Synonyme noch als Verweisstichwort mit aufgenommen, um eine Einstiegsmöglichkeit zu erhalten, wenn der Leser in älterer Literatur darauf stößt. Bei der alphabetischen Einordnung der Nahrungsinhaltsstoffe bleiben chemische Symbole am Anfang einer organischen Verbindung unberücksichtigt, z. B. S (Symbol für Schwefel) in S-Methyl-L-cystein, eingeordnet unter dem Buchstaben M. Ebenso werden vorangestellte Buchstaben und Präfixe, wie (L, D), meso, myo, n-(normal), o-(ortho), p-(para), cis, trans- und griechische Buchstaben nicht beachtet. Oxy-Verbindungen sind in der Regel unter ihrem Synonym Hydroxy- bzw. Keto-Verbindungen unter Oxo- zu finden, z. B. Oxyisovaleriansäure unter Hydroxyisovaleriansäure bzw. Ketocarbonsäuren unter Oxocarbonsäuren.

Alle Substantive werden im allgemeinen im Singular (Einzahl) gebracht, im Plural (Mehrzahl) stehen sie nur in Sonderfällen. Die *halbfett* gesetzten Stichwörter sind im zugehörigen laufenden Text abgekürzt (Anfangsbuchstabe mit Punkt). Besteht das Stichwort aus mehreren Wörtern, so sind alle in gleicher Weise abgekürzt, z. B. simulierte Lebensmittel = s. L.

Sobald die Stichwörter jedoch im Text in einer neuen Wortverbindung gebraucht werden, entfällt diese Abkürzung, z. B. Stärke = S., aber Stärkehydrolyse. Besonders hervorzuhebende Begriffe und Namen (sofern es sich nicht um Autorennamen in lateinischen Pflanzenbezeichnungen handelt), auch Begriffe, die nur als „Verweisstichwort" (ohne Definition) vorhanden sind (s. 1. Art von Verweisen) und bei einem umfassenden Stichwort mit abgehandelt werden, sind kursiv gesetzt.

Folgende *Arten von Verweisen* werden verwendet:

1. von *einem Stichwort* wird unter Verzicht auf eine Definition durch → auf den Begriff (das Hauptstichwort) verwiesen, unter dem es (das Verweisstichwort) mit abgehandelt wird. (z. B. Softeis → Speiseeis).

2. *Im Text* wird durch → auf ein mit der Darstellung korrespondierendes anderes Stichwort verwiesen, wenn die dort gebrachten Ausführungen für das Verständnis des Inhalts des aufgeschlagenen Stich-

wortes *notwendig* bzw. dem Verständnis allgemein förderlich sind oder wenn auf einen engeren Zusammenhang hingewiesen werden soll.

3. *Verweise am Ende der Ausführungen* sind als *zusätzlicher* Hinweis auf Sachbegriffe zu werten, die direkt oder indirekt mit den vorstehenden Ausführungen korrespondieren. Der → steht bei diesen Verweisen vor dem Wort, das für die alphabetische Einordnung maßgebend ist.

Unmittelbar hinter dem Stichwort angefügte, kursiv gesetzte Begriffe stellen Synonyme des hier näher beschriebenen Begriffes dar, z. B. **Glucose,** *Dextrose, Traubenzucker.* Synonyma wissenschaftlicher Bez. von Nahrungspflanzen sind der gebräuchlichen Bez. nachgestellt. An mundartlichen Begriffen wurden nur einige besonders verbreitete berücksichtigt. Kehrt ein Begriff in der Beschreibung eines Stichwortes mehrmals in unterschiedlicher Wortverbindung wieder, so ist nur der Grundbegriff als Verweisstichwort aufgenommen, z. B. statt Sommerchampignon, Waldchampignon und großsporiger Champignon findet sich nur **Champignon** → *Agaricáceae.*

Um die *richtige Betonung* bei der Aussprache der wissenschaftlichen Namen von Pflanzen und Tieren, die in diesem Lexikon vorkommen und nicht jedem geläufig sind, kenntlich zu machen, sind über den Vokalen der zu betonenden Silben jeweils Betonungsakzente angebracht. Handelt es sich um einen Doppelvokal, so ist über beiden ein Strich angebracht, z. B. Lepísta sǣva, aber Suíllus. Lebensmittelinhaltsstoffe werden weitmöglich entsprechend der IUPAC-Regeln benannt, erlaubte Trivialnamen werden auch verwendet, und zwar wird jeweils der z. Z. gebräuchliche Begriff bevorzugt, wo es möglich ist, wird der andere in Klammern bzw. als Verweisstichwort gebracht. Nach den IUPAC-Regeln nicht mehr erlaubte Trivialnamen, die aber in der Literatur noch weit verbreitet zu finden sind, wurden als Synonyma und Verweisstichworte aufgenommen. Zu beachten ist ferner, daß es Unterschiede in der Schreibweise chemischer Stoffe und der daraus abgeleiteten Begriffe, wie Vorgänge, Reaktionen u. ä. gibt; z. B. heißt es Iod aber Jodierung, Oxid aber Oxydation.

Bei den *Lebensmittelinhaltsstoffen* werden je nach Zweckmäßigkeit *verschiedene Formeltypen* verwendet. Für *aliphatische Kohlenstoffverbindungen* (Verbindungen mit kettenförmig aneinandergereihten Kohlenstoffatomen im Molekül) wird im allgemeinen eine vereinfachte Valenzstrichformel verwendet, z. B. H_2N-CH_2-COOH (Glycin). Das gleiche gilt auch für gesättigte isocyclische Kohlenstoffverbindungen, z. B.

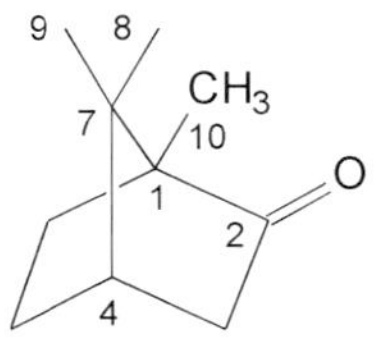

oder

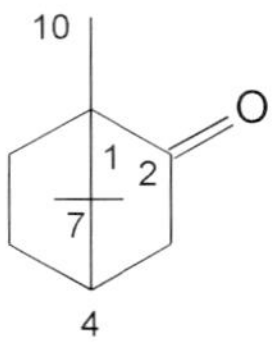

Für den Benzenring (veraltet Benzolring) wird die gebräuchliche vereinfachte Formel

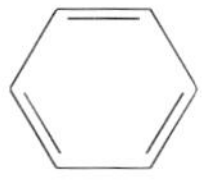

verwendet. Die *Struktur der Hydroaromaten,* z. B. Terpene, wird in Übersichten bevorzugt in folgender vereinfachter Weise dargestellt:

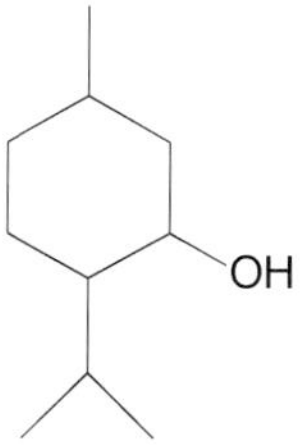

oder

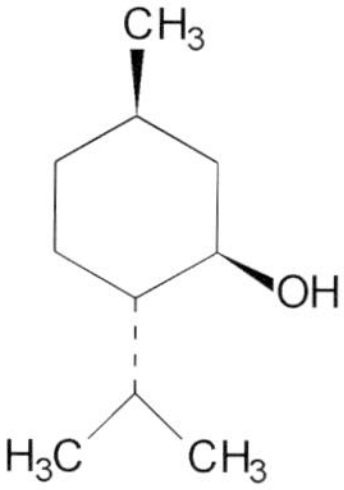

oder

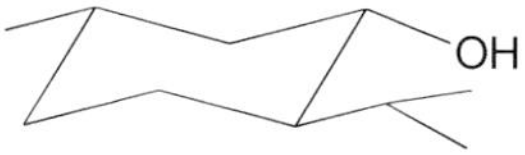

Menthol (−)-Menthol Menthol

wobei punktierte Striche darauf hinweisen, daß die Valenzen hinter der Zeichenebene, die halbfetten Pfeile vor der Zeichenebene liegen (Näheres hierzu → Saccharide). Bei den ringförmig dargestellten Sacchariden wird häufig die Sesselform z.B.

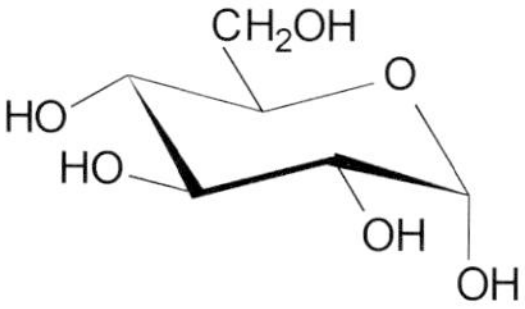

α-D-Glucopyranose

oder die Fischersche Konfigurationsformel

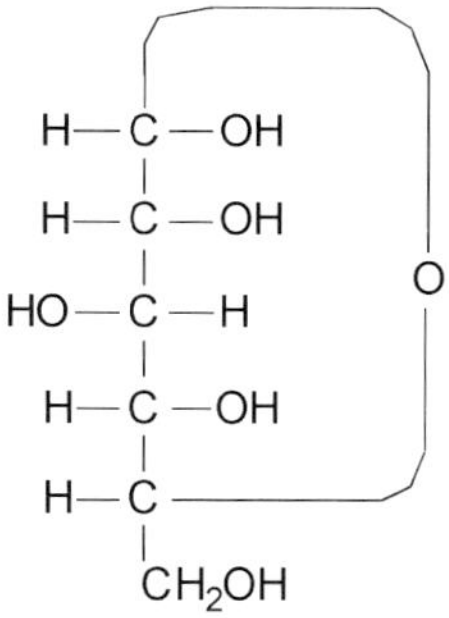

α-D-Glucose

verwendet. Die Stellung der OH-Gruppe wird, wo nicht eindeutig, durch eine geschwungene Linie angegeben:

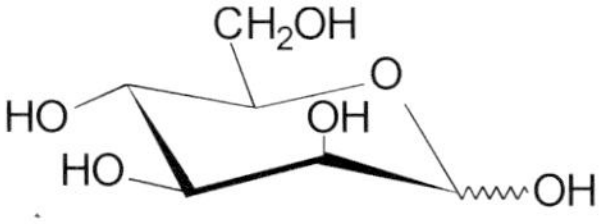

D-Mannose

Bei den *heterocyclischen Kohlenstoffverbindungen* werden in der Regel nur die Heteroatome eingezeichnet, z. B.

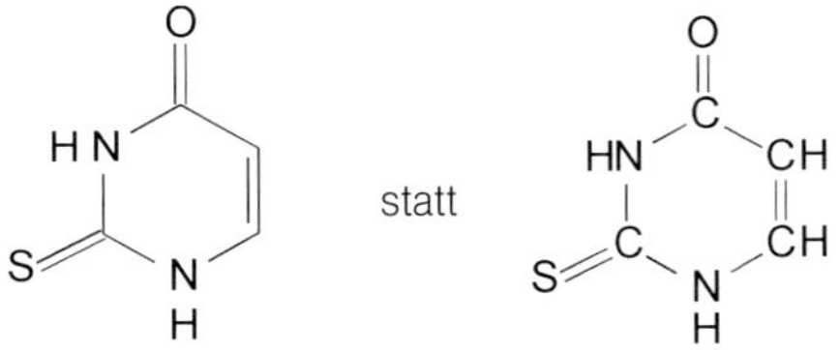

Thiouracil

Neben den nachstehend genannten Abkürzungen werden auch alle sonst üblichen Abkürzungen u. ä., sinnvoll angewendet. *Auswahl und Verwendung der physikalischen Maßeinheiten* entsprechend dem *Internationalen Einheitssystem* (SI). Neben den bis auf das Mol bereits seit langem bekannten SI-Grundeinheiten

Meter	m	als Einheit der Länge	Kelvin	K	als Einheit der Temperatur
Kilogramm	kg	als Einheit der Masse	Candela	cd	als Einheit der Lichtstärke
Sekunde	s	als Einheit der Zeit	Mol	mol	als Einheit der Stoffmenge
Ampere	A	als Einheit der Stromstärke			

werden insbesondere folgende kohärenten Einheiten dem SI gemäß verwendet (siehe anschließende Tab.). Daneben werden die folgenden, gleichberechtigt neben den SI-Einheiten ohne terminologische Einschränkung verwendbaren Einheiten benutzt (siehe Tab.).

Physikalische Größe	Einheit nach dem SI	Nicht mehr gültige Einheit	Beziehung zwischen veralteter und neuer Einheit
Druck	Pa (Pascal)	Torr atm bar	1 Torr = 133,32 Pa 1 atm = 0,1 MPa 1 bar = 0,1 MPa
Dynamische Viskosität	Pa · s (Pascalsekunde)	cP (Centipoise)	1 cP = $Pa \cdot s \cdot 10^{-3}$
Wärmemenge	J (Joule)	kcal	1 kcal = 4184 J (gerund.=4,2 kJ) 1 J = 0,239 cal 1 kJ = 0,239 kcal 1 cal = 4,184 J (gemäß FAO/WHO) 1 kcal = 4,184 kJ
Spezifische Wärmekapazität c_p, c_v	$\frac{kJ}{kg \cdot K}$	$\frac{kcal}{kg \cdot grd}$	$1 \frac{kcal}{kg \cdot grd} = 0{,}240 \frac{kJ}{kg \cdot K}$

Vorsatz	Kurzzeichen	Faktor, mit dem multipliziert wird
Giga	G	10^9
Mega	M	10^6
Kilo	k	10^3
Hekto	h	10^2
Deka	da	10
Dezi	d	10^{-1}
Zenti	c	10^{-2}
Milli	m	10^{-3}
Mikro	µ	10^{-6}
Nano	n	10^{-9}
Piko	p	10^{-12}

Größe	Einheit	Kurzzeichen
Zeit	Minute	min
	Stunde	h
	voller Tag	d
Ebener Winkel	Grad	...°
	Minute	...'
	Sekunde	..."
Volumen Rauminhalt	Liter	l
Masse	Tonne	t
Temperatur	Grad Celsius	°C

Der Energiewert der einzelnen Lebensmittel wird in kJ (kcal) angegeben. Beziehen sich Angaben des Siedepunktes (Kp.) auf 0,1 MPa = 760 Torr, so wird auf die Angabe des Druckes verzichtet. Ähnlich wurde bei Temperaturangaben zur Dichte (d), zur spezifischen Drehung $[\alpha]_D$ oder zur Refraktion (n) verfahren. Werte ohne Temperaturangaben wurden bei 20 °C ermittelt. Angaben zum Lösungsmittel bei der spez. Drehung erfolgten dann nicht, wenn in der Originalliteratur keine Angaben hierzu gefunden wurden. Bei Angaben über die prozentuale Zusammensetzung von Lebensmitteln an Inhaltsstoffen, wird in verschiedenen Fällen der Wert 100 % geringfügig über- oder unterschritten. Ursache dafür ist, daß die angegebenen Zahlenwerte ohnehin auf Grund der komplexen Zusammensetzung der Lebensmittel naturbedingt gewissen Schwankungen unterliegen können. Darüber hinaus werden noch immer neue Inhaltsstoffe gefunden, die bisher unberücksichtigt bleiben mußten. Die in den einzelnen Lebensmitteln aufgeführten Konzentrationen und Daten stammen zum Teil aus eigenen Untersuchungen der Autoren sowie aus der Primär- und Sekundärliteratur. Dieses betrifft auch analytische Daten. Allerdings ist zu berücksichtigen, daß die Erfassung wichtiger Angaben (z. B. Ballaststoffe) noch Schwierigkeiten bereitet und entsprechende Werte nicht für alle behandelten Lebensmittel verfügbar sind.

Abkürzungen und Zeichen

Abk. = Abkürzung
abs. = absolut
Absorpt.-Max. = Absorptionsmaximum
ADI = acceptable daily intake (annehmbare tägliche Aufnahme)
allg. = allgemein (-e, -er, -es usw.)
amerikan. = amerikanisch
AO = Anordnung
Apr. = April
arab. = arabisch
Aug. = August
ausschl. = ausschließlich
bes. = besonders, besondere, -rer, -res usw.
betr. = betreffend, betreffs
Bez. = Bezeichnung
bzw. = beziehungsweise
ca. = cirka
°C = Grad Celsius
chines. = chinesisch
Convar. = Konvarietät
dän. = dänisch
DE = Dextrose-Äquivalent
desgl. = desgleichen
Dez. = Dezember
dgl. = dergleichen
d.h. = das heißt
div. = divers (-e, -er, -es usw.)
d.s. = das sind
dtsch. = deutsch (in Zusammensetzungen)
Durchm. = Durchmesser
Durchschn. = Durchschnitt
durchschnittl. = durchschnittlich
ehem. = ehemalig, ehemals
einschl. = einschließlich
engl. = englisch
et = und
evtl. = eventuell
ex = aus (dem Werk von) ...
F. = Fließpunkt, Schmelzpunkt
f. = und folgende (Seite)
f = forma
Fam. = Familie
FAO = Food and Agricultural Organization[1]
Febr. = Februar
ff. = und folgende (Seiten)
F.i.Tr. = Fett in der Trockenmasse
franz. = französisch
Fr.-S. = Frischsubstanz
gen. = genannt
ggf. = gegebenenfalls
griech. = griechisch
h = Stunde
höchst. = höchstens
i.P. = isoelektrischer Punkt
i.allg. = im allgemeinen
i.D. = im Durchschnitt
I.E. = Internationale Einheit
i.e.S. = im engeren Sinne
insbes. = insbesondere
insges. = insgesamt
i.Tr. = in der Trockenmasse
italien. = italienisch
i.w.S. = im weiteren Sinne
Jan. = Januar
japan. = japanisch
Jh. = Jahrhundert
Jt. = Jahrtausend
Jhz. = Jahrzehnt
kcal = Kilokalorien
kcal% = Kilokalorienprozent
KM = Körpermasse
Konz. = Konzentration
Kp. = Kochpunkt, Siedepunkt
lat. = lateinisch
LD = letale (tödliche) Dosis
lt. = laut
mind. = mindestens
Mio. = Million
Mrd. = Milliarde
n.n. = nicht nachweisbar
non = nicht
Nov. = November
o.a. = oder andere(s)
o.ä. = oder ähnliche(s)
o.g. = oben genannt
Okt. = Oktober
ppb = part(s) per billion
ppm = part(s) per million
PTWI = Yprovisional tolerable weekly intake (vorsorglich tolerierbare wöchentliche Aufnahmemenge)
R = Rest
rel.L. = relative Luftfeuchte
rd. = rund
S. = Seite
s. = siehe
Sept. = September
sog. = sogenannt
spec. = Art
Syn. = Synonym
t = Zeit
Tab. = Tabelle
Taf. = Tafel
teilw. = teilweise
Tr.-S. = Trockensubstanz
u.a. = und andere(s), unter anderem
u.ä. = und ähnliche(s)
Übers. = Übersicht
u.dgl. = und dergleichen
usw. = und so weiter
UV = Ultraviolett
u.v.a. = und vieles andere
var. = Varietät
Verb. = Verbindung
versch. = verschiedene
vgl. = vergleiche
VO = Verordnung(en)
%-Vol. = Volumenprozent
v.u.Z. = vor unserer Zeitrechnung
WHO = World Health Organization[2]
Wz = Warenzeichen
z.B. = zum Beispiel
Zers. = Zersetzung
ZNS = Zentralnervensystem
z.T. = zum Teil
zw. = zwischen
z.Z. = zur Zeit
§ = Paragraph
% = Prozent
0/00 = Promille

[1] Landwirtschaftsorganisation der Vereinten Nationen
[2] Weltgesundheitsorganisation der Vereinten Nationen

Lab, *Rennin, Chymosin* (EC 3.4.23.4): im Saft des Labmagens des Kalbes enthaltenes proteolytisches → *Enzym,* das spezifisch eine Methionyl$^{(106)}$-Phenylalanyl$^{(105)}$-bindung im Casein spaltet. Das hierdurch gebildete Para-ϰ-Casein vermag die Caseinmizelle nicht mehr zu stabilisieren. In Gegenwart von Calciumionen, die in der Milch enthalten sind, fallen die übrigen Caseinkomponenten samt Para-ϰ-Casein aus. In Lösung, d.h. in der Molke, verbleibt ein Glycomakropeptid (Molmasse etwa 8000 g/mol (Met^{106}-Val^{169}), das einen Bestandteil des Nichtproteinstickstoffs der Molke darstellt. Die Dicklegung der Milch mit L. (Molmasse 30 700 g/mol) erfolgt annähernd im neutralen Bereich (*p*H 6,7) und unterscheidet sich von der Säuerung (→ Sauermilch). Unterhalb von 15°C und oberhalb von 55°C ist die Aktivität erheblich reduziert. Zur Herstellung von L. werden die Labmägen einem Extraktionsprozeß mit Kochsalz (etwa 5%) und Borsäure (etwa 4%) unterzogen, anschließend nochmals 5% Kochsalz zugesetzt und separiert (Abtrennung der Schleimstoffe). Erhebliche volkswirtschaftliche Bedeutung hat L. für die Käseherstellung (→ Käse).

Labaustauschstoff, proteolytische Enzyme aus Mikroorganismen die ähnliche Spaltprodukte beim ϰ-Casein bilden und auch eingesetzt werden. Da der Weltbedarf an L. nicht mehr gedeckt werden kann, verwendet man vermehrt Mischungen aus L. mit Pepsin, vorzugsweise aus dem Magen von Schweinen. Darüber hinaus gewinnt mikrobielles L., z. B. aus *Múcor pusíllus* Lindt, zunehmend an Bedeutung. Durch Klonierung des Chymosins in Mikroorganismen wie *Aspergillus awamori, E. coli* und *Kluyermyces lactis* gelang es Chymosin gentechnologisch zu erzeugen. Die Reinheit beträgt 80–90%, während Labpräparate nur 4–8% aktives Chymosin enthalten. Chymosin aus *E. coli* ist seit 1990 in den USA zugelassen und hat bereits einen Marktanteil von 40%.

Laberdan → Salzfischerzeugnis

Labiatensäure → Hydroxyzimtsäuren

Labkäse: aus mit *Labenzym* dickgelegter, pasteurisierter, im Fettgehalt eingestellter oder entrahmter Milch hergestellte und in verschiedenen Reifegraden in den Verkehr gebrachte Erzeugnisse. Zu den Labkäsen zählen *Hartkäse, Schnittkäse, fest* und *halbfest,* sowie *Weichkäse.*

Labkraut, Echtes, *Sternkraut, Gliedkraut:* das an sonnigen, trockenen Plätzen, an Wegrändern und in lichten Wäldern, Trockenwiesen, an Meeresständen und im Gebirge vorkommende, meist niederliegende Kraut, *Gálium vérum* L., (Familie *Rubiáceae).* Das oberirdische Kraut mit zitronengelben Blüten kann von April bis Okt. für Mischsalate, Spinat und Hausteeanteil gesammelt werden. In gleicher Weise sind auch das *Klettenlabkraut, G. aparíne L.,* auch *Klebkraut* genannt (über 1 m kletternd) und das Wiesenlabkraut, *G.mollúgo* L. zu verwenden. → Wildkräuter

Lablab: Sammelbez. für die in Südostasien als Gemüse verwendeten jungen Blätter, Triebe und Sproßspitzen verschiedener Rosenarten, die als Beikost zu Reisgerichten verzehrt werden. Hierzu kommen insbes. folgende Rosenarten in Betracht: die *Bianka-Weiße* oder *Weiße Hüttenrose, Rósa álba* L., Syn. *R. usitatíssima* Gaterau (Familie *Rosáceae*), ferner die *Moschusrose, Rósa moscháta* Herrm., die kleinblättrige *Chinarose, Rósa roxbúrghii* Tratt. und die → Japanrose. Die gegen Umwelteinflüsse rel. widerstandsfähige *Biankarose* wird in Südfrankreich, Bulgarien, Indien und in der Türkei sowie auf der Krim auch als Rohstoff für → Rosenöl genutzt, das jedoch im Vergleich zu dem von der *Kasanlyk-Rose* bzw. *Damaszener Rose, R. damascéna* P. Miller, weniger wertvoll ist.

Lablab-Bohne → Helmbohne

Labmagen, *Abomasum:* eine der 4 *Magenabteilungen* der Wiederkäuer. Aus dem L. des Kalbes wird das Enzym → Lab gewonnen. Der L. des Rindes wird als Rohstoff für die Kochwurstherstellung verwendet. → Magen

Labpflanze: Sammelbez. für Pflanzen, deren Enzyme, ähnlich dem Kälberlab, Milch zum Gerinnen bringen. Hierzu zählen z. B. *Fettkraut,* das zur Herstellung von → *Tätte* genutzt wird. Die Frucht von *Solánum melongéna var. incánum* (L.) Kuntze,

Syn. *Solánum coágulans* Forsk. (Familie *Solanáceae*) wird in Nordwestindien vielfach anstelle tierischen Labs zur Käseherstellung genutzt. Auch Vertreter anderer Pflanzenfamilien, z.B. *Asteráceae,* wie → Artischocken oder → Kardone, enthalten vorwiegend in den Blättern entsprechende Enzyme, oder es werden höhere Pilze, z.B. in der ehem. Sowjetunion bestimmte Täublinge, zur Gewinnung sehr aktiver Labfermente gezüchtet.

Labquark → Quark

Labskausgewürz: eine → Gewürzmischung aus Muskatnuß, Lorbeerblättern, Pfeffer, Piment und Senfkörnern, die vorwiegend zur Bereitung des Seemannsgerichtes *Labskaus* (aus gepökeltem Rindfleisch, Salzhering, Fett, Rote Bete, Kartoffeln, Gurke, Pfeffer und Zwiebeln) dient.

'Lacatan' → Banane

Laccária spec. → *Tricholomatáceae*

Lachnidenhonig → Honigtauhonig

Lachs: Sammelbez. für wild vorkommende (→ Wildlachs) und künstlich aufgezogene Tiere (→ Zuchtlachs).

Lachsbückling → Räucherfischerzeugnisse

Lachsbutter → Fischpaste

Lachsersatz → Ölpräserven

Lachsforelle: frühere Bez. für die Meerforelle *Salmo trutta.* → Forelle

Lachshering: geräucherter Salzhering → Räucherfischerzeugnisse

Lachskaviar → Kaviar

Lachsmakrele: kaltgeräuchertes Erzeugnis analog dem Lachshering, jedoch entweidet. → Räucherfischerzeugnisse

Lachsscheiben in Öl → Ölpräserven

Lachsschinken → Schinken

Lack → Mastix → Olive, Chinesische

Lackmus → Farbstoffe

Lacktrichterlinge → *Tricholomatáceae*

Lacméllea edúlis → Lechemiel

Lacrima Christi → Malagawein

α-Lactalbumin: Bestandteil der Molkeneiweißfraktion der Kuhmilch. Molmasse 14 174 g/mol, der I. beträgt 4,8. Es kommen zwei genetische Varianten vor, die eine ähnliche Aminosäuresequenz wie das Lysozym aufweisen. Die Konzentration an L. in der Kuhmilch beträgt im Mittel 1,2 g/l. Koagulierbar durch Erhitzen. Ist außerdem Bestandteil der Lactosesynthetase, einem Enzym, das in dem Euter der Kühe bzw. in den Brustdrüsen der Säugetiere die Bildung der Lactose bewirkt. → Albumine

Lactaminsäure → Aminozucker

Lactarazulen → Pilzfarbstoffe

Lactarinsäure → Oxocarbonsäuren

Lactárius spec. → *Russuláceae* → Speisepilze

Lactaroviolin → Azulene → Pilzfarbstoffe → Speisepilze

Lactase, (EC 2.4.1.90) β-Galactosidase, ß-D-*Galactosido-galactohydrolase:* → *Enzym,* das *Milchzucker* (Lactose) spaltet. Die L. (Molmasse je nach Herkunft 100 000 g/mol oder höher) findet sich in roher Milch, ist in der Intestinalmukosa von Mensch und Säugetier lokalisiert und in Mikroorganismen (z.B. *Escheríchia cóli*) vorhanden. Sie wird durch Kultivierung von Hefen und Lactobazillen industriell gewonnen und zur Verbesserung der Konsistenz von Eiskrem- und Schokoladenerzeugnissen eingesetzt.

Lactate (E 235 - E 327): Salze der Milchsäure, sie sind Bestandteile von Kutterhilfsmitteln und verbessern die Backfähigkeit von Mehl. Calciumlactat wird zur Festigung der Textur von gekochtem Obst und Gemüse verwandt. → Milchsäure → Säureregulatoren

Lactem: Mit Milchsäure veresterte Mono- und Diglyceride der Speisefettsäuren.

Lactenin → Antibiotika

Lactit (E 966): Zuckeraustauschstoff. Die Herstellung erfolgt durch Hydrierung von Lactose. L. wird im menschlichen Organismus insulinunabhängig verwertet (für Diabetiker verträglich). Süßkraft 0,3···0,4 bezogen auf Saccharose. L. ist in einigen Ländern, jedoch nicht in Deutschland zugelassen.

Lactitol → Zuckeraustauschstoff

Lactobacillus-bulgaricus-Faktor → Pantothensäure

Lactobacillus-casei-Faktor (veraltet)→ Folsäure

Lactobacillus delbrueckii: Bakterium, das u. a. zur Herstellung von → Sojasoße (Shoyu) eingesetzt wird. → Lactobazillen

Lacto-N-biose → Aminozucker

Lacto-N-difuco-hexaose → Aminozucker

Lactodifucotetraose → Tetrasaccharide

Lactoferrin: ein bakterizid wirkendes Protein der Milch (Molkenprotein), das in geringen Konzentrationen von etwa 10 mg/100 g vorkommt. Die bakterizide Wirkung wird auf die Bindung von Eisen zurückgeführt. Die Molmasse wird mit 77 000 g/mol, der I. mit 8,0 angegeben. Es ist zu etwa 5 % in der Molkenproteinfraktion vorhanden.

Lactoflavin → Vitamin B_2 → Farbstoffe → Lebensmittelfarbstoffe

Lacto-N-fucopentaose → Aminozucker

β-Lactoglobulin: Bestandteil der Molkeneiweißfraktion von Kuhmilch, Schafmilch und Büffelmilch, teilw. koagulierbar durch Erhitzen bei 70°C. Molmasse des nativen β-L. 18 000 g/mol (Monomeres). Bisher sind 4 genetische Varianten (β-L. A, B, C, D) bekannt, die sich durch geringfügige Änderungen der Aminosäurezusammensetzung unterscheiden. Konzentration in Kuhmilch 2···4 g/l. β-L. bildet beim Erhitzen der Milch mit dem → ϰ-Casein infolge Denaturierung einen säurefällbaren Komplex (Kopräzipitation der Molkenproteine und Caseine → Micora). Es bindet Retinol und kommt in der Milch als oligomeres, vorwiegend dimeres Protein vor. Die Bildung eines dimeren Produktes erfolgt über eine Disulfidbrücke, die im Innern des monomeren Moleküls abgeschirmt vorliegt. Bei einem pH-Wert unterhalb von 3,5 und oberhalb von 7,5 kommt das L. monomer vor. Durch Ultrafiltration bzw. Umkehrosmose ist β-L. gemeinsam mit den übrigen Molkenproteinen in nativem Zustand industriell gewinnbar. → Globuline

Lactoglyceride: Ester der Milchsäure, die als → *Emulgatoren* verwendet werden. Sie werden hergestellt durch direkte Veresterung von Glycerol mit Milchsäure und Fettsäuren oder durch Veresterung eines Gemisches aus → *Mono-* und → *Diglyceriden* mit Milchsäure. Die L. haben die folgenden Formeln.

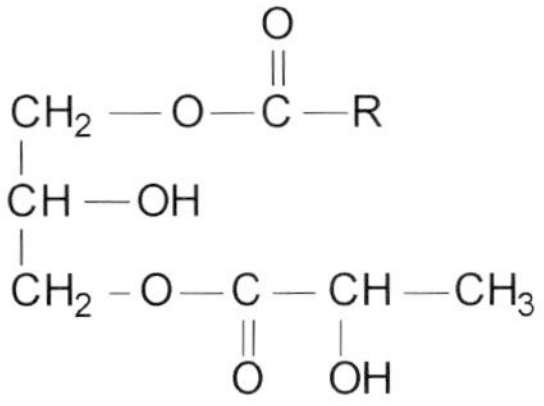

Typ I

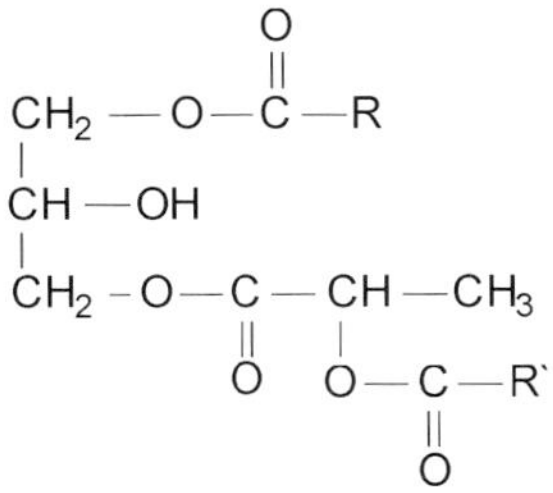

Typ II

L. vom Typ I überwiegen. L. werden in der Backindustrie, zur Herstellung von Emulsionen für die parenterale Ernährung sowie zur Erhöhung des Aufschlagvolumens bei Eiskrem eingesetzt.

Lac-Tone → Erdnußmilch → Ersatzmilchpräparat, pflanzliches

Lactone: innere → *Ester* von Hydroxysäuren, wobei je nach Ringgröße β-,γ-,δ- und ε-L. unterschieden werden. L. sind in einer Reihe von Lebensmitteln nachgewiesen worden und üben teilw. entscheidenden Einfluß auf das Aroma aus. γ- und δ-L. wurden als *Aromastoffe* in Aprikose, Pfirsich, Grapefruit, Erdbeere, Himbeere, Ananas, Kokosnuß und anderen Früchten nachgewiesen. In Rinder- und Schweinefett konnte eine ganze Palette von L. identifiziert werden. Den δ-L. kommt auch Bedeutung für das Aroma von Milch und Butter zu. Synthetische L. mit 10 bis 18 Kohlenstoffatomen können zur Aromatisierung von Margarine eingesetzt werden. L. mit 15 bis 18 Ringgliedern werden wegen ihres Moschusgeruchs in der Riechstoffindustrie verwendet. Weiterhin finden Verwendung *Undecalacton (Pfirsichaldehyd,* sog. *Aldehyd C 14),* γ-Nonyllacton (Kokosaldehyd, sog. *Aldehyd C 18).*

Lacto-N-neotetraose → Aminozucker

Lactose, *Milchzucker, Saccharum lactis, 4-(β-D-Galactosido)-D-glucose:* aus je einem Molekül → Glucose und → Galactose bestehendes → Disaccharid. Die L. bildet das spezifische Kohlenhydrat der → Milch der Säuger, worin es je nach Herkunft in unterschiedlicher Menge vorkommt (Kuhmilch etwa 4,8 %, Humanmilch 7,0 %).

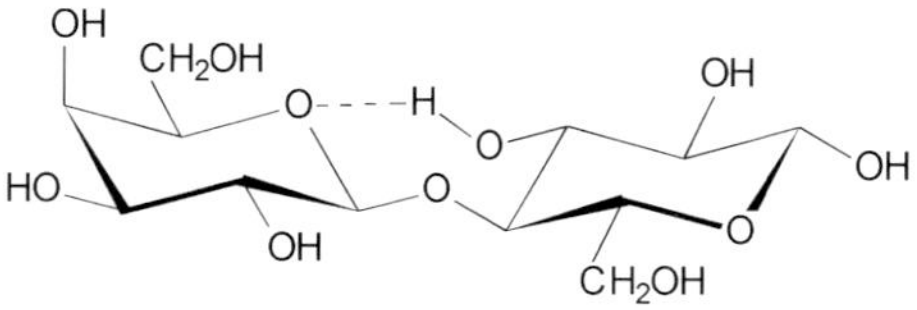

O-β-D-Galactopyranosyl-(1→4)-D-glucopyranose

Raumstruktur der Lactose

Die L. dreht die Ebene des polarisierten Lichtes nach rechts $[\alpha]_D$ +55,3° (in H_2O) und reduziert *Fehling*sche Lösung. Durch Einwirkung von Säuren oder Enzymen (→ Lactase) wird L. in ihre Bausteine gespalten. Die → Süßkraft der L. beträgt etwa 0,3. L. zeichnet sich durch „sandige" Konsistenz aus, kristallisiert bei Temperaturen unterhalb 93°C als α-Lactosehydrat und über 93,5°C als β-Lactoseanhydrid. Letzteres ist besser löslich als die α-Form. In wäßriger Lösung befinden sich beide Formen in einem Gleichgewicht, das jedoch auf der Seite der β-Form liegt. L. wird durch die in der Dünndarmmukosa lokalisierte Lactase gespalten und die Spaltprodukte aktiv, d. h. gegen ein Konzentrationsgefälle, resorbiert. α-L. wird allg. enzymatisch besser gespalten als die β-Form. Letztere vermag bei Verabreichung von künstlichen Säuglingsnahrungen die Darmflora des Säuglings ähnlich wie Frauenmilch zu beeinflussen. Die volle Nachahmung der spezifischen Wirkung der Frauenmilch beim Säugling ist auf dieser Grundlage bisher noch nicht gelungen. L. wird beim gesunden Menschen vollständig metabolisiert. 100 g entsprechen 1715 kJ (410 kcal).

Verfahrensschritte zur Gewinnung von Lactose

Molke
↓
Enteiweißen
↓
Eindampfen (Vakuum)
↓
Kristallisation
↓
Separation
↓
Umkristallisation
↙ ↘
Milchzucker Mutterlauge

Die großtechnische Gewinnung des Milchzuckers geht von der Molke (Labmolke bzw. Sauermolke) aus, nachdem aus der Milch die Bestandteile Fett und Casein abgetrennt sind. L. dient in der pharmazeutischen Industrie als Grundlage für Tablettiermassen, Dragier-, Füll- und Bindemittel; L. findet Anwendung als Zusatzstoff zur Herstellung von Kindernährmitteln und diätetischen Erzeugnissen, gelegentlich als mildes Abführmittel. → Saccharide

Lactosebrot: ein natriumarmes, rindenloses Spezialbrot nach *Lubig* aus Weizenmehl oder mehreren Getreidearten unter Zusatz eines Gemisches aus Molke, Lactose, aromareichen Pflanzenauszügen und Sojamehl. Das L. wird etwa 6 h gebacken und trägt demzufolge eine dunkle Krumenfarbe. → Brot, rindenloses

Lacto-N-tetraose → Aminozucker

Lacto-N-triose → Aminozucker

Lactúca índica var. dracoglóssa → Lattich 4.

Lactúca índica var. laciniáta → Lattich 4.

Lactúca pentaphýlla → Wildsalat

Lactúca perénnis → Lattich 5.

Lactúca satíva var. angustána → Spargelkohl 1.

Lactúca satíva var. capitáta → Kopfsalat → Eissalat

Lactúca satíva var. capitáta nídus tenérrima → Buttersalat

Lactúca satíva var. críspa → Schnittsalat → Pflücksalat → Eichenlaubsalat

Lactúca satíva convar. incócta → Kopfsalat

Lactúca satíva var. longifólia → Bindesalat

Lactúca serríola → Lattich 6. → Spargelsalat 2.

α-Lactucerol → Taraxasterol

Lactucin, *Lactupicrin:* Sesquiterpenlacton des Guanolid-Typs mit der Struktur:

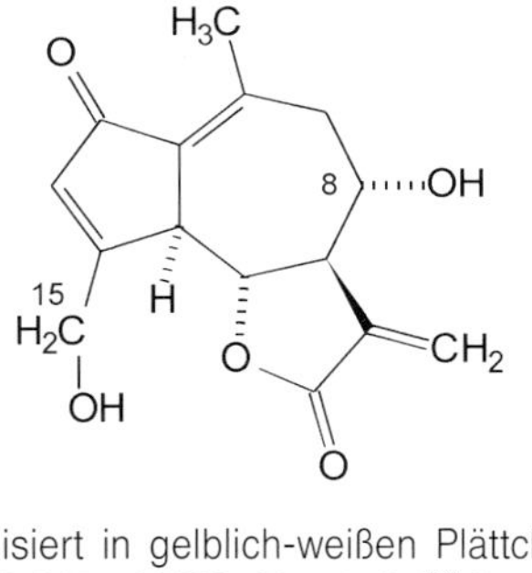

L. kristallisiert in gelblich-weißen Plättchen aus Ethanol F. 215···223°C (Zers.), $[\alpha]^{20}_{5}$ D +75···78° (Pyridin) +49° (Methanol). L. ist leicht löslich in Wasser und Ether. Es ist einer der Bitterstoffe der Zichorie. L. kommt auch im Gartenlattich vor, der als Salat Verwendung findet.

Lactucopicrin, *Intybin:* p-Hydroxyphenylessigsäureester des → *Lactucins* an der primären Hydroxylgruppe (s. Formel oben).

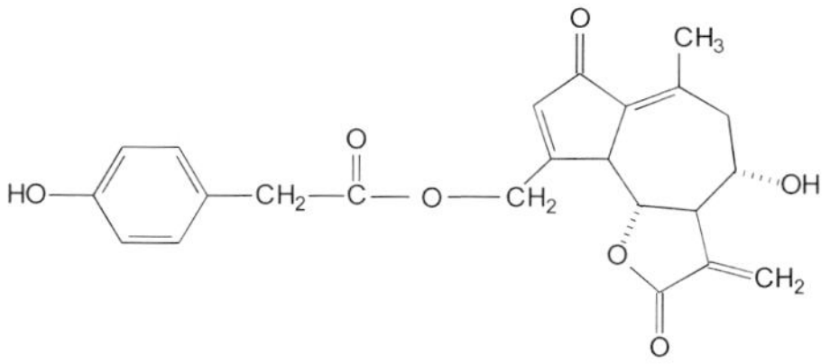

L. kristallisiert in gelblichen Blättchen aus Wasser F. 148···151°C (Zers.), $[\alpha]^{17,5}_{D}$ +67,3° (Pyridin). L. ist ein Bitterstoff der Zichorie, Endivie und des Kopfsalats.

Lactulose, β-D-*Galactopyranosyl*-α-D-*Fructose*, 4-(β-D-*Galactosido*)-D-*Fructose:* Disaccharid, das aus je einem Molekül *Galactose* und *Fructose* besteht (s. Formel).

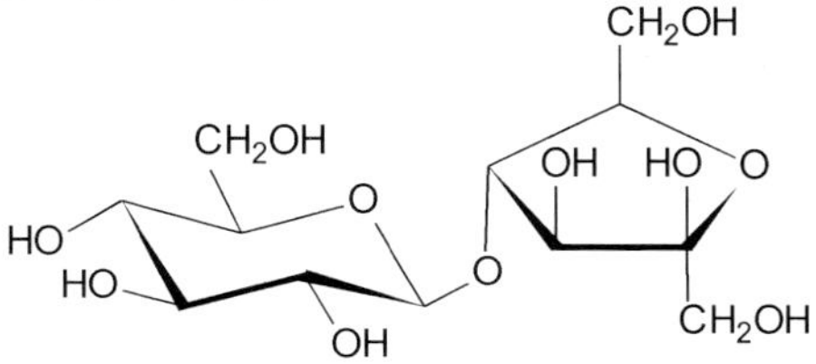

Gegenüber der Lactose ist die *Glucose* durch *Fructose* ersetzt. L. findet sich nicht in der Milch, aber in geringer Konzentration in Kondensmilch. L. wird durch Erhitzen gebildet, schmeckt süßer als Lactose (Süßkraft 0,6). Der L. wird eine sog. bifidogene Wirkung zugeschrieben; darunter ist die Erhaltung der Mikroflora und der *pH*-Verhältnisse im Enddarm des mit Muttermilch ernährten Säuglings beim Übergang zur Kuhmilchkost zu verstehen. L. entsteht durch Einwirkung schwacher Alkalien auf → Lactose. → Disaccharide → Saccharide

Lady's finger → **1.** Banane
2. → Eibisch, Eßbarer

Laetíporus sulphúreus → *Polyporáceae*

Lafun: ein → fermentiertes Lebensmittel, das zu den Grundnahrungsmitteln in Westafrika zählt und aus Maniokamehl zu einem pastenförmigen Produkt bereitet wird.

Lagenária leucántha → Flaschenkürbis

Lagenária sicerária → Flaschenkürbis

Lagensekt: Bez. für einen → Sekt, dessen Grundwein mind. zu 75 % aus der angegebenen Lage stammen muß.

Lagerfähigkeit → Haltbarkeit von Lebensmitteln

Lagergemüse → Frische → Gemüse

Lagergetreide → Auswuchsgetreide

Lagerobst → Frische → Obst

Lagmi → Dattel

Lagosöl → Palmöl

Laguiole Aubrac: Halbhartkäse oder Schnittkäse aus Frankreich vom Typ *Cantal.* → Käsesorten

'Laibacher Eis' → Eissalat

Laibbrot, krustenloses → Brot, rindenloses

Laibbrot, rindenloses → Brot, rindenloses

Laibbrotscheiben, getrocknete → Dauerbrot

Laich → Fisch

Laichzeit → Fisch

Lake, *Pökellake:* 15–20 %ige Salzlösung zum Pökeln von Fleisch.

Lakee gum → Johannisbrotkernmehl

Lake-Käse, *Salzlakekäse:* Käse, dessen Reifung in Lake (Salzlake) erfolgt. Es handelt sich vorzugsweise um Schafmilchkäse in Südosteuropa und den östlichen Mittelmeerländern. → Käsesorten

Lako → Palmstärke

Lakritze: 1. Bez. für eine bestimmte Süßholzart, und zwar *Glycyrrhíza glábra L.* (→ Süßholz).
2. der aus den Wurzeln verschiedener → Süßholzarten gewonnene und eingedickte Saft, der für Süßwaren, Hustenbonbons und ungesüßte L. (meist in Stangenform) sowie für medizinische Zwecke genutzt wird. Wertbestimmend für den süßen Geschmack der L. ist das → Glycyrrhizin, das zu 6···14 % in der Wurzel enthalten ist. In größeren Mengen verzehrt, ist es gesundheitlich bedenklich. Der gelegentliche Verzehr von L. schadet gesunden Menschen nicht. Dauerkonsumenten sollten jedoch nicht mehr als 100 mg Glycyrrhizin täglich aufnehmen, die aber schon in 100 g Lakritzware enthalten sein können. Schwangere sollten darauf ganz verzichten. → Lakritzzuckerware

Lakritzensaft → Süßholz

Lakritzenstreusel → Kachous

Lakritzzuckerware, *Bärendreck:* eine glatte, schwarzbraune → *Zuckerware* von lederartiger Konsistenz aus verkleistertem Mehl, Zucker, Geliermittel und → Süßholzsaft, die, zu Bändern, Stangen oder Figuren geformt, als Leckerei und Hustenmittel dient. Zusätzlich können die L. Weichmacher (Glucitol – ehem. Sorbit –, Invertase), Gummi *arabicum,* Zuckercouleur, Anis, Eukalyptus, Fenchel, Menthol, Ammoniumchlorid (höchst. 15 %) sowie natürliche und künstliche Geschmacksstoffe enthalten. Lakritzkonfekt ist aus L. und anderen Zuckerwaren zusammengesetzt. Der Gehalt an Glycyrrhizin in L. kann unterschiedlich hoch sein. So gibt es Angaben zw. 35 und 500 mg/ 100 g L..

Laktobazillen, *Milchsäurebakterien:* aus Kohlenhydraten bevorzugt Milchsäure bildende Bakterien (Familie der *Lactobacteriáceae*). Nach ihrer Eigenschaft, Glucose entweder nur in Milchsäure ($C_6H_{12}O_6$ → 2 CH_3-CHOH-COOH) oder darüber hinaus in weitere Gärprodukte (Säuren, Gase) umzuwandeln ($C_6H_{12}O_6$ → CH_3-CHOH-COOH + CH_3-CH_2OH + CO_2), unterscheidet man *homofermentative* L. und *heterofermentative* L.. Zu den homofermentativen L. zählen die *Kokken (Streptococcus (S.) láctis, S. faecális, S. salivárius, S. pyrógenes, S. cremóris, S. thermóphilus, S. diacetilactis, Pediocóccus cerevísiae),* die *Thermobakterien (Lactobacíllus (L.) láctis, L. hervéticus, L. acidóphilus, L. bulgáricus, L. delbrückii* und die *Streptobakterien Lactobacíllus (L.) cásei, L. plantárum, L. inulínus).* Zu den heterofermentativen L. zählen die *Betakokken (Leuconóstoc (L.) mesenteroides, L. citrovorum)* und die *Betabakterien (Lactobacillus (L.) brévis, L. ferménti, L. viridéscens, Bifidobacterium bifidum).* Bei L. handelt es sich um Aerobier. Sie kommen im Mund und Verdauungstrakt von Mensch und Tier, in intakten und sich zersetzenden Pflanzenteilen vor und sind Bestandteil verschiedener Lebensmittel, z.B. von Milcherzeugnissen. Die L. spielen bei der Haltbarmachung von Tierfutter eine erhebliche Rolle (Silagen). Die Herstellung von Milcherzeugnissen (z.B. Sauerrahmbutter, Sauermilcherzeugnisse, Käse), von Sauerkraut sowie die Sauerteigführung basieren auf der Gärtätigkeit von L., die in Form von Reinkulturen als *Säurewecker* oder Spezialkulturen eingesetzt werden. Ferner sind L. wesentlich bei der Bildung wichtiger Aromakomponenten (z.B. Diacetyl in der Butter, Acetaldehyd im Joghurt) beteiligt.

Lallemántia ibérica → Lallemantiaöl

Lallemantiaöl → Lallemantia

Lallemantie, Kaukasische, *Kaukasischer Ölziest:* der in Transkaukasien, Kleinasien, Iran bis Israel verbreitete, in Osteuropa und in der ehem. Sowjetunion eingebürgerte Lippenblütler, *Lallemántia ibérica* (M.-B.) Fisch et C. A. Mey. (Familie *Lamiáceae),* dessen Samen bis zu 38% schnell trocknendes Öl enthalten. Die wichtigsten Fettsäuren, bezogen auf den Gesamtfettsäuregehalt, sind: 1···8% Ölsäure, 22···36% Linolsäure, 46···57% Linolensäure. In seinen Eigenschaften ähnelt das *Lallemantiaöl* dem → Leinöl. Die jungen Pflanzen werden im Iran als Gemüse verzehrt.

Láma gláma, *Lama* → Fleischtiere

Lambertsnuß, *Langbarthasel:* Frucht einer → Haselnußart, *Córylus máxima* Mill. (Familie *Betuláceae*) mit langen, die Nuß überragenden Kelchblättern. Der Name wird auf das Herkunftsgebiet, die Lombardei, zurückgeführt. Die L. ist Stammform für Kultursorten, für die sie auch als Kreuzungspartner gedient hat. Die *'Webbs Preisnuß'* (Bild) ist eine Lambertshybride.

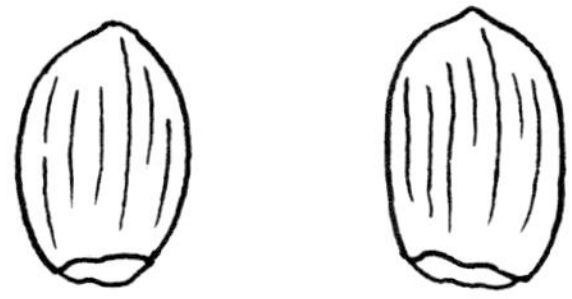

Lambertsnuß

Laminaran → Algenpolysaccharid

Laminária → Seekohl

Laminaria-Algen → Seekohl

Laminaribiase → Glucanasen

Laminaribiose → Disaccharide → Trisaccharide

Laminarin: Polysaccharid der *Laminaria*-Arten (Braunalgen), aus dem Grundbaustein Laminaribiose bestehend, mit einer Molmasse von 2000-5000 g/mol (s. Formel unten).
Es ist ein lineares Glucan mit β-(1→3)-glycosidischen Bindungen. Vereinzelt kommen auch β-(1→6)-glycosidische Bindungen vor. → Disaccharide

Laminarinase → Glucanasen

Lámium álbum, *Taubnessel, Weiße* → Wildkräuter

Lamm → Fleischtiere

Lämmersalat → Feldsalat

Lámna násus → Haifisch

La Mothe St. Héraye: *Schnittkäse* aus Frankreich. → Käsesorten

Lampétra → Neunaugen

Lampionbeere, *Erdbeerhimbeere:* die erdbeerähnlichen, roten, 3···4 cm dicken, süßlich-fade

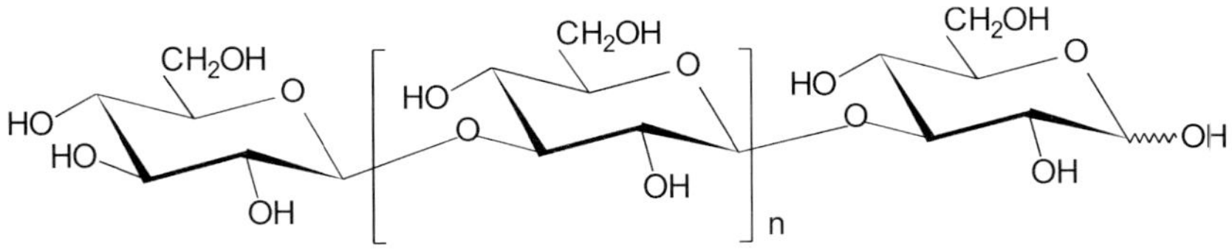

schmeckenden Früchte der aus Japan stammenden Zier-Nutzpflanzenkombination *Rúbus illecebrósus* Focke (Familie *Rosáceae*), die max. 1 m hoch wird. Die Früchte sind zur Saft- und Konfitürenherstellung geeignet.

Lampteroflavin: ein dem Riboflavin ähnlicher, mit gelbgrüner Fluoreszenz versehener Inhaltsstoff des japan. Pilzes *Lampteromýces japónicus* (Kawamura) Sing. (moon night mushroom) (s. Formel).

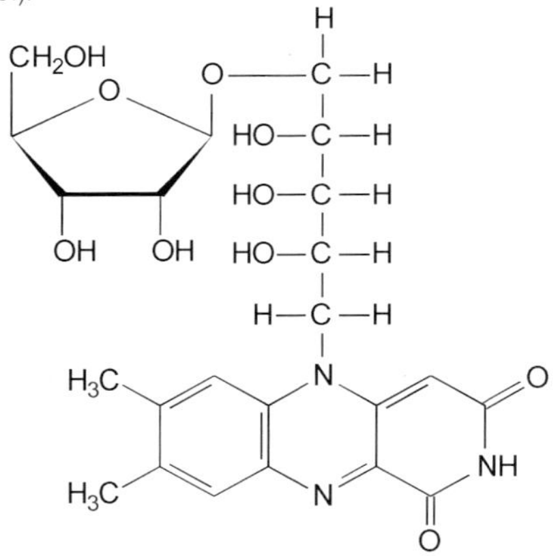

Lampertol → Pilzgifte

Landbrot → Bauernbrot

Landbrot, Altdeutsches → Bauernbrot

Landbrot, Badisches → Bauernbrot

Landbrot, Berliner → Bauernbrot

Landbrot, Fränkisches → Bauernbrot

Landbutter: Handelsklasse der Butter.

Landbutter, frische: In der ehem. DDR und den neuen Bundesländern hergestellte energiereduzierte Butter mit einem Fettgehalt von 60 %.

Landjäger → Trockenfleisch

Landkäse: 1. allgem. Bez. für „auf dem Land" hergestellte Käse.
2. weicher *Labkäse* mit Rotschmierebildung und feinem, würzigem Geschmack. Die Oberfläche ist glatt und rötlichgelb, der Käseteig weiß bis gelblich und fast geschlossen. → Weichkäse → Käsesorten

Landleberwurst: → *Kochwurst* (mittlere Sorte), zu deren Herstellung Schweineleber, Schweinefleisch, Schweinebauch ohne Knochen, Schweinebacken, Fettabschnitte vom Schweinebauch, Schweinemicker, Innereien, Kesselfett, Nitritpökelsalz und als Gewürze Pfeffer, Nelken, Majoran und Ingwer eingesetzt werden. Das Schnittbild zeigt eine hellrötliche bis rötlichgraue Wurstmasse, mit Fettstücken von etwa 8 mm Kantenlänge sowie mit erbsengroßen, gebrühten Schweinefleischstücken und Leberstückchen durchsetzt. Fett darf sich nicht am Rand absetzen. → Leberwurst → Wurst

'Landsberger' → Apfel → Kernobst

Landschwein, veredeltes → Fleischtiere

Landwein → Tafelwein

Langbartshasel → Lambertnuß

Langbohne → Chinabohne

Langbrot → Brot, Französisches

Langermánnia gigantéa → *Lycoperdiáceae*

Langflossenthun → Thunfisch

Langkapseljute → Tossajute

Langkornreis → Speisereis → Reis → Kurzkochreis

Langmilch → Tättemilch

Langpfeffer, Indischer → Langpfeffer → Pfeffer 1.

Langpfeffer, Jawanischer → Pfeffer 1.

Langsat, Lanzon: Frucht des außerhalb der asiatischen Tropen wenig bekannten, 30···40 m hohen Baumes *Aglaía doméstica (Corr.)* Pellegrin, Syn. *Lánsium doméstícum* Corr. (Familie *Meliáceae).* Die kugeligen bis eiförmigen, samtigen, Trauben bildenden Beeren sind 2···4 cm lang. Ihre grauhellgelbe, milchsafthaltige Schale umschließt ein weißes durchscheinendes Fruchtfleisch, in das 2 bittere Samen eingebettet sind. I. allg. werden die

Früchte frisch verzehrt, die sauren Sorten werden zur Herstellung von Getränken, Sirup, Gelee usw. verwendet. *A. doméstica* ist wahrscheinlich eine Kreuzung der Arten *A. dookkoo* Griff. (Duku) und *A.áquea* (Jack) Kosterm. (Kokossan), die auch als Obstbäume kultiviert werden.

Languste → Krebstiere

Lanolin → Wachse → Wollwachs

Lánsium doméstícum → Langsat

Lantána camára → Camara

Lanthionin → Aminosäuren → Nisin

Lantibiotika: Polypeptide aus gram-positiven Bakterien, die die Aminosäuren Lanthionin und 3-Methyl-Lanthionin enthalten. → Nisin

Lanzon → Langsat

Laochao: ein in China verbreitetes → fermentiertes Lebensmittel aus Klebreis (→ Getreide, wachsiges), der mit handelsüblichen → Starterkulturen (unter der Bez. *Chiu yueh* oder *Peh yueh)* beimpft wird, woraus nach 2 bis 3 Tagen ein weiches, saftiges, süßfruchtig schmeckendes, leicht alkoholisches Gelee entsteht. Das L. wird als → Dessert allein oder in Kombination mit gekochten Eiern oder Algen verzehrt.

Laos: eine aus Indonesien stammende scharfe → Gewürzmischung, die zum Würzen von Fisch, bes. Heringen, und Salaten dient.

Lappen: 1. → Tierkörperteilstücke
2. → Fischerzeugnisse

Lapsang Souchong → Chinatee → Tee, aromatisierter

Lapscha: eine russische → Suppe aus → Nudeln, meist mit Huhn, Pilzen oder auch unter Milchzusatz.

Lärchengummi → Arabinogalactan

Lärchenschwamm, Weißer → *Agaricáceae*

Large → Salzfischerzeugnisse

Laricin, *Larizin* → Agaricinsäure

Larixinsäure → Maltol

Lárix occidentális → Arabinogalactan

Larvizide → Pflanzenschutzmittel

Lascivol: Bitterstoff aus dem Blätterpilz *Trichelóma lascivum (Fr.) Gill.* („*Unverschämter Ritterling*") (s. Formel).

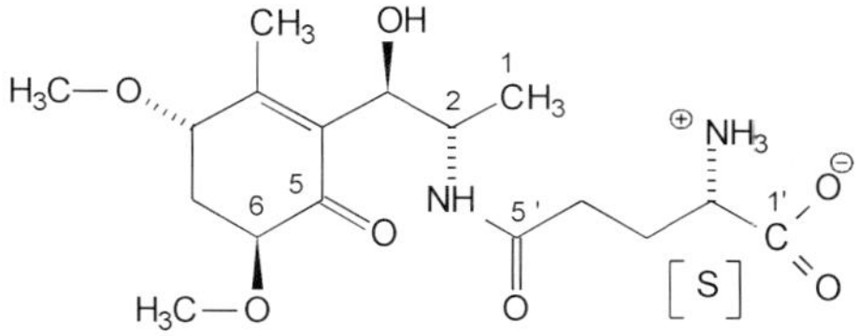

Láser trílobum → Roßkümmel, Dreilappiger

Lasiorrhachis → Sorghumhirse

Latanenapfel: Frucht der chinesischen Schirmpalme *Livistóna chinénsis* (Jacq.) R. Br. ex Mart. (Familie *Arecáceae*) mit schmackhaftem Fruchtfleisch.

Latex: Sammelbez. für den eingetrockneten Milchsaft von etwa 2000 wildwachsenden oder kultivierten Pflanzengummiarten. Der Milchsaft wird aus den primären Zellen der Rinde, des Markes und der Blätter (→ Guttapercha) oder nur aus der Rinde (→ Kautschuk) gewonnen. → Kaugummi → Gummistoff, pflanzlicher

Lathyrin → Stoffe, Lathyrismus auslösende

Lathyrogene → Stoffe, Lathyrismus auslösende

Láthyrus cícera → Knollenplatterbse → Stoffe, Lathyrismus auslösende

Láthyrus clýmenum → Stoffe, Lathyrismus auslösende

Láthyrus linifólius → Knollenplatterbse

Láthyrus óchrus → Knollenplatterbse

Láthyrus odorátus → Stoffe, Lathyrismus auslösende

Láthyrus praténsis → Knollenplatterbse

Láthyrus satívus → Platterbse → Stoffe, Lathyrismus auslösende

Láthyrus tuberósis → Knollenplatterbse

Latifoliabaum → Ghattigummi

Lattich: 1. Sammelbez. für Pflanzenarten der Gattung *Lactúca* (Familie *Asteráceae*), die durch Zungen-, nicht Röhrenblüten, sowie gegliederte, netzartig miteinander verbundene Milchröhren gekennzeichnet sind. In dem bei Verletzung der Pflanzen leicht austretendem Milchsaft sind Zukker-, Gerb- und Bitterstoffe (→ Blattsalat) enthalten. Der L. wird in der Regel roh, als → Salat verzehrt, kann aber auch gegart, als sog. *Kochsalat* (→ Spinat 2. und → Gemüse 1.) verwendet werden.
2. → Gartensalat
3. → Bindesalat
4. *Chinesischer L., Indischer L. Lactúca índica L.:* ein in Ostasien kultivierter L., der sowohl roh als auch gekocht verzehrt wird. Hierzu zählen insbes. Varietäten a) *var. dracoglóssa* (Makino), der in China, Korea und Japan kultiviert wird, und b) *var. laciniáta* (Houtt.), der auf Okinawa angebaut wird.
5. Blauer oder *ausdauernder L.,Staudenlattich, Lactúca perénnis L.,* der als löwenzahnartige, blauviolett blühende Wildpflanze in der Schweiz und im Rheingebiet gesammelt wird oder aus Samen herangezogen werden kann. (Als alte Kulturpflanze ist der B.L. wieder im Samenangebot. Um 1600 wurde er bereits in schlesischen Gärten kultiviert). Der B.L. liefert im Frühjahr einen zarten, nicht so hart und bitter schmeckenden Salat wie Zichorie oder Löwenzahn, und seine im Laufe der Jahre fleischig verdickten, immer wieder nachwachsenden Wurzeln lassen sich im Herbst wie Schwarzwurzeln verwenden.
6. *Stachellattich, Wilder L., Lactúca serríola* L. (→ Spargelsalat).

Lattich, Wilder → Spargelsalat 2.

Lattúghino → Lollo Rossa

Latvian: *Hartkäse* mit Schmiere (45 % F. i. Tr.) aus der ehem. Sowjetunion. → Käsesorten

Latwerge (die): **1.** Fruchtmus
2. Mischung von → Pulver mit → Sirup für Arzneimittelzwecke.

Laubflechte → Mannaflechte

Laubtrüffel, Sternsporige → *Octavianináceae*

Lauch: 1. Sammelbez. für die lauchartig, nach schwefelhaltigen ätherischen Ölen riechenden, weltweit, bes. zahlreich in Zentralasien vertretenen, teils wildwachsenden oder als Nutzpflanzen (Gemüse- oder Würzpflanzen) kultivierten Zwiebelgewächse der Gattung *Állium* L., (Familie *Liliáceae),* s. Übersicht S. 25–27.
2. das frische, röhrenförmige (bei → Speisezwiebeln, → Schnittlauch, → Schalotte) oder flache (bei → Knoblauch, → Porree, → Schlangenknoblauch) Blatt, umgangssprachl. auch „Laub" der *Állium-(Lauch-)arten.* Die Bez. L. leitet sich her von der Form des Blattes: griech. *lygos* (biegsamer Zweig) oder russ. *luk* (Bogen). Der chlorophyllhaltige L. weist gegenüber den chlorophyllfreien Speicherorganen (→ Zwiebeln) höhere Werte an wesentlichen Inhaltsstoffen auf.
3. *Lauchzwiebeln:* eine → Gemüsezwiebel, die vorrangig wegen ihres Laubes angebaut und als ganze Pflanze vermarktet wird. Hierzu zählen → *Winterzwiebeln* (vor allem *Wintersälauchzwiebeln)* und *Speiseziebeln mit Laub* (→ Zwiebel, 3., die entweder über Pflanzung (mittels Steckzwiebeln) oder Aussaat (→ *Sälauchzwiebeln*) gewonnen werden.

Lauch, Ägyptischer → Kurrat → Lauch

Lauch, Chinesischer → Lauch

Lauch, Falscher → Berglauch

Lauchöl → ätherische Öle

Lauchstädter Heilbrunnen → Heilwasser

Lauchzwiebel → Zwiebel → Sälauchzwiebel → Gemüsezwiebel → Lauch

Läufer: 1. → Fleischtiere
2. Ei

Lauge → Base

Als Gemüse- und Würzpflanzen genutzte Zwiebelgewächse der Gattung Állium L. (Liliáceae)

Botanische Bez.	Volkstümliche Bez.	Vorkommen (k) kultiviert (w) wildwachsend	Verwendete Pflanzenteile B.: Blätter Bs.: Blütenstand Z.: Zwiebeln N.: Nebenzwiebeln L.: Luftzwiebeln St.: Stengel G.: als Gemüse W.: als Gewürz
A. altáicum Pall.	*Altaizwiebel*	Altaigebirge, Sibirien (w)	B. Z. G.
A. ampelóprasum L.	*Ackerknoblauch, Sommerknoblauch, Pferdeknoblauch, Französischer Porree, Weinbergslauch*	Kleinasien, Südeuropa, Iran, Nordafrika (w) Kaukasus und Wolgagebiet (k)	B. Z. G.
A. angolénse Baker	*Afrikanische Zwiebel, Angolalauch, Angolaschalotte*	Angola, Kongo (k)	B. G.
A. ascalónicum L.	*Aschlauch, Askalonzwiebel, Batatenzwiebel, Charlotte, Eschalote, Eschlauch, Kartoffelzwiebel, Klöben, → Schalotte, Schlotte*	Tropen, Nordamerika, Europa (k)	N. G. W.
A. chinénse G. Don	*Chinesische Schalotte, → Schnittlauch, Chinesischer*	China, Japan, USA (k)	N. G. W.
A. cépa L.	*Küchenzwiebel, Sommerzwiebel, → Speisezwiebel* (s. unter 3.)	in allen Erdteilen (k)	Z. B. G. W.
A. cépa var. prolíferum (Moench.) Aschers.	*Baumzwiebel, Bulbenzwiebel, Ägyptische Zwiebel, Amerikanische Zwiebel, → Catawissa-Zwiebel, Candazwiebel, Etagenzwiebel, Zwiebeltragende Zwiebel*	Ostasien, Nordamerika, Sibirien, Europa (k)	L. W.
A. cérnum Roth	–	Europa (k)	Z. W.
A. fistulósum L.	*Bunchingzwiebel, Japanische Heckenzwiebel, Röhrenzwiebel, Welschzwiebel → Winterzwiebel, Wintersälauchzwiebel*	Südostasien, Nordamerika, Europa, Tropen (k)	B. St. G. W.
A. gráyi Regel	*→ Wasserknoblauch*	China, Japan, Kalifornien (w) (k)	Z. G.
A. kúrrat Schweinfurth	*Ägyptischer Salatlauch, → Kurrat*	Nordafrika, Arabien (k)	B. G. W.

Als Gemüse- und Würzpflanzen genutzte Zwiebelgewächse der Gattung Állium L. (Liliáceae) (Forts.)

Botanische Bez.	Volkstümliche Bez.	Vorkommen (k) kultiviert (w) wildwachsend	Verwendete Pflanzenteile B.: Blätter Bs.: Blütenstand Z.: Zwiebeln N.: Nebenzwiebeln L.: Luftzwiebeln St.: Stengel G.: als Gemüse W.: als Gewürz
A. ledebouriánum Roem.	*Ledebuczwiebel*	Japan, China (k)	B. Z. G.
A. longiscúspis Regel	–	Zentralasien (w), ehem. Sowjetunion (k)	N. W.
A. macrostémon Bunge	*Chinesischer Knoblauch*	Südostasien, ehem. Sowjetunion (w) (k)	B. Z. G.
A. microbúlbum Prokh.	–	Ostsibirien (k)	Z. B. G.
A. oblíquum L.	*Ziegenlauch*	Nord- und Zentralasien, Rumänien, Sibirien (w) (k)	Z. B. G.
A. pórrum L.	→ *Porree, Breitlauch, Winterlauch, Suppenlauch*	weltweit (k)	B. St. G. W.
A. pórrum var. séctivum F.H.H. Lüder	→ *Perlzwiebel, Silberzwiebel*	Europa (k), Asien, Amerika	N. G. W.
A. ramósum L.	*Chinesischer Lauch, Duftlauch*	China, ehem. Sowjetunion (k)	B. G.
A. satívum var. satívum L.	→ *Knoblauch, Knobloch, Knofel, Knufloch, Windwurzel*	weltweit (k)	N. G. W.
A. satívum var. ophioscórodon (Link) Döll	→ *Schlangenlauch, Schlangenknoblauch, Echte Rocambole, Rokkenbolle*	weltweit (k)	L. G. W.
A. satívum var. pekinénse Prokh.	Pekingknoblauch	China, Japan (k)	L. W.
A. schoenóprasum L.	→ *Schnittlauch, Binsenlauch, Graslauch*	Europa, Asien, Nordamerika (k)	B. W.
A. schoenóprasum var. sibíricum L.	*Alpenschnittlauch, Sibirischer Schnittlauch*	Europa, Sibirien (w) (k)	B. W.
A. scorodóprasum L.	–	Europa, Asien	B. St. G. W.

Als Gemüse- und Würzpflanzen genutzte Zwiebelgewächse der Gattung Állium L. (Liliáceae) (Forts.)

Botanische Bez.	Volkstümliche Bez.	Vorkommen (k) kultiviert (w) wildwachsend	Verwendete Pflanzenteile B.: Blätter Bs.: Blütenstand Z.: Zwiebeln N.: Nebenzwiebeln L.: Luftzwiebeln St.: Stengel G.: als Gemüse W.: als Gewürz
A. senéscens ssp. montánum (Fries) Holub	→ *Berglauch, Fleischlauch, Johannislauch, Falscher Lauch, Portugalzwiebel, Perennierende Welschzwiebel*	Mittel- und Südeuropa (w) (k)	B. Z. G.
A. tuberósum Röttler	→ *Chinesischer Schnittlauch, Knoblauch-Schnittlauch, Schnittlauchknoblauch*	Ostasien (w) (k) Europa (k)	B. Bs. G. W.
A. ursínum L.	→ *Bärenlauch, Waldlauch, Rams, Wilder Knoblauch, Wildknoblauch*	Europa, Asien (w) (k)	B. W.
A. stipitátum Regel	*Anzurzwiebel*	Zentralasien	Z. W.
A. gigantéum Regel	*Anzurzwiebel*	ehem. Sowjetunion	Z. W.
A. suvoróvii Regel	*Anzurzwiebel*	ehem. Sowjetunion	Z. W.

Laugenbackware, *Laugendauergebäck, Salzlaugenbackware, Salzlaugengebäck, Laugendauerbackware, Laugengebäck:* eine knusprige Backware mit charakteristischem Geschmack, vorwiegend in Brezel- (Dauerbrezel) oder Stäbchenform (Sticks) mit einem Feuchtigskeitgehalt bis zu 12%. Der aus kleberstarkem Weizenmehl geformte Teig wird vor dem Backen in 4%ige Natriumhydroxidlösung getaucht. Die Lauge führt zu einem Abbau der Stärke und zur Bildung von Karamelstoffen; dies verleiht den Gebäckstücken ihre charakteristische Farbe und typische geschmackliche sowie konsistenzmäßige Beschaffenheit. Mitunter werden die Gebäckstücke mit Salz (*Salzstäbchen, Salzsticks, Salzbrezeln*), Kümmel oder anderen geschmacksintensiven Substanzen bestreut. Der Energiewert der L. entspricht etwa 1260 kJ (300 kcal) je 100 g. Die L. zählen zu dem sog. *Cocktailgebäck* und werden vorwiegend zu alkoholischen Getränken gereicht.

Laugendauergebäck → Laugendauerbackware

Laugenschälverfahren → Kartoffel

Launāēa taraxifólia → Wildsalat

Laurin → Hydroxycitronellal

Laurinaldehyd → Aldehyde

Laurinalkohol → Fettalkohole

Laurinsäure, *n-Dodecansäure:* eine gesättigte Monocarbonsäure der Formel
CH_3-$(CH_2)_{10}$-COOH.
Die L. ist die wichtigste Fettsäure der Palmkern- und Kokosfette (etwa 50%); sie kommt auch im Lorbeeröl, im Milchfett und Walrat vor. L. bildet farb-

lose, seidenglänzende Nadeln, F. 44°C. L. ist in geringen Mengen wasserdampfflüchtig, ist löslich in Ethanol und Ether, unlöslich in Wasser. L. wird zur Herstellung von Emulgatoren und von Stabilisatoren und Weichmachern für die Plastindustrie verwendet.

Lauroleinsäure, *Dodec-5-en-säure:* eine Monocarbonsäure der Formel
CH_3-$(CH_2)_5$-CH=CH-$(CH_2)_3$-COOH.
Die L. ist in verschiedenen Seetierölen enthalten. Verwandte Fettsäuren sind die *Linderasäure* (Dodec-4-en-säure), die in verschiedenen tropischen und subtropischen Pflanzenfetten (z. B. *Lauraceen* — von Lorbeergewächsen), sowie die *Dodec-9-en-säure,* die in verschiedenen Milchfetten (z. B. Butterfett) vorkommt.

Laūrus nóbilis → Lorbeerblatt → Lorbeere

Laurylaldehyd → Aldehyde

Laurylalkohol → Fettalkohole

Läuterzucker: ein Halbfabrikat in Form eines geschmolzenen, gekochten und vom Schaum befreiten (geklärten) Zuckers, der sich im Verhältnis 3:1 aus Wasser und Zucker zusammensetzt. Der L. dient als Süßungsmittel und als wärmeübertragendes Medium beim Kochen von Obst.

Lavalöl → Olivenöl

Lävan → Polyfructose

Lavándula angustifólia → Lavendel, Echter

Lavang-Zimtrinde → Zimt

Lavendel, Echter: die im westlichen Mittelmeergebiet heimische und in hügeligen und bergigen Gegenden Europas sowie in der ehem. Sowjetunion kultivierte Staude *Lavándula angustifólia* Mill. (Familie *Lamiáceae*), deren blaue Blüten (*deutsche Nardenblüten*) bis zu 3% ätherisches Öl (*Lavendelöl*) enthalten, das in der Parfümerie breite Verwendung findet. Als Gewürz, z. B. zum Würzen von Fischsuppen, hat der E. L. nur noch geringe Bedeutung.

Lavendelgras → Ruchgras

Lavendel, Wilder → Ruchgras

Laver → Laverbread

Laverbread, *Laver:* Vitamin-C-reiches Lebensmittel aus gesammelten oder kultivierten Rotalgen, insbes. *Pórphyra umbilicális* (L.) J. Ag. (Familie *Bangiáceae*), vorwiegend in Großbritannien und in den USA verwendet. Es wird gekocht und mit Zitronensaft, Gewürzen und Butter gegessen. → Algenprodukt → Porphyran

Lävoglucosan → Zuckeranhydrid

Lävulinsäure → Oxocarbonsäuren

Lävulinsäureethylester → Oxocarbonsäure

Lävulose → Fructose

Lawangöl → Zimt 4.

Laxtonbeere: eine Kreuzung zw. → Himbeere und → Loganbeere.

Layerfeige → Feige

Leánder adspérsus → Krebstiere

Leban: ein in Nordafrika und im Vorderen Orient verbreitetes Sauermilchgetränk.

Lebenduntersuchung → Schlachttieruntersuchung

Lebensmittel: zur Ernährung des Menschen und arzneimittelfreien Erhaltung seines Lebens geeignete Pflanzen und Tiere bzw. Teile derselben in unverarbeitetem oder meist verarbeitetem Zustand. Wasser ebenso wie natürliche oder künstliche Umhüllungen bzw. Überzüge, die mitverzehrt werden können, sind Teile von L.. L. ist der übergreifende Begriff für → *Nahrungsmittel* und → *Genußmittel,* wobei zw. beiden keine klare Abgrenzung möglich ist. Wasser, das unmittelbar als Bestandteil von L. genossen wird oder im Verkehr mit L. diesen in Berührung kommen kann, gehört ebenfalls zu den L. Den L. stehen gleich ihre Umhüllungen, Überzüge oder sonstigen Umschließungen, die dazu bestimmt sind, mitverzehrt zu werden, oder bei denen der Mitverzehr vorauszusehen ist, desgleichen Tabak, tabakhaltige und -ähnliche

Erzeugnisse, die zum Rauchen, Kauen, oder Schnupfen gedacht sind, und alle Stoffe, die nach ihrer bestimmungsgemäßen Verwendung einen verbleibenden Bestandteil im L. bilden.

Lebensmittelaerosol, *Lebensmittelspray, Nahrungsmittelspray, Nahrungsmittelaerosol, Aerosol:* Sammelbegriff für industriell vorgefertigte Lebensmittel in Druckgaspackung, aus der die Stoffe mit Hilfe eines Treibmittels versprüht, verschäumt oder auf andere Weise ausgebracht werden können. Die Bez. Aerosol stimmt mit dem physikalischen Begriff *Aerosol* nicht überein, hat sich aber im Sprachgebrauch durchgesetzt. Der Vorteil von L., die sog. → Convenience-Erzeugnisse darstellen, besteht in der Möglichkeit der schnellen und portionsweisen Entnahme des Füllgutes aus den Sprüh- oder Spraydosen (auch Aerosolbehälter genannt) durch Betätigung des Ventilkopfes; darüber hinaus gewährleistet die Feinverteilung des Füllgutes bei Austritt aus der Spraydose, sei es in Form eines Trockenpuders (*Trockenspray*), als kremiges Erzeugnis (*Spread),* als Nebel (z. B. dünner Ölfilm bei Gewürzextrakten) oder als Schaum (z.B. bei Schlagsahne), einen sparsamen Verbrauch des Doseninhaltes.
Das bedeutendste L. in Europa ist die verschäumte frische Schlagsahne mit einem Fettgehalt von etwa 30%. Diese *Aerosolschlagsahne* ergibt etwa das doppelte Volumen einer handgeschlagenen Schlagsahne. Eine ausreichende Strukturstabilität bis zu 30 min wird durch Verwendung von → Hydrokolloiden oder 2···3% Rohrzukkerzusatz vor dem Abfüllen auf die Dose erzielt. Als weitere Füllgüter dienen z.B. Trennmittel, Gewürzextrakte *(Gewürzsprays,* z.B. *Hähnchenspray, Grillölspray*), Käsekrems (*Käsepread*), Kuchengarnierungen *(Kuchendressings*), Salatgarnierungen oder -grundlagen (*Salatdressings,* z.B. *Meerrettichsahne*) und Nachspeisen (z.B. Weinschaum, Schlagsahne mit aromaintensiven, alkoholischen Zusätzen bis zu 20%). Als *Treibmittel* wurden unter den bislang am meisten verwendeten verflüssigten Treibgasen die Fluorkohlenwasserstoffe Octa-fluorcyclobutan (Frigen C 318) und Monochlorpentafluorethan (Frigen 115), an gasförmigen Treibgasen CO_2, N_2O, N_2 und Luft eingesetzt, wobei der Einsatz an Fluorkohlenwasserstoffen aus Gründen des Umweltschutzes obsolet ist. Je nach Art des Treibmittels oder der Treibmittelmischung sind verschiedene Abfüllgeräte vorgesehen. Der auf den Aerosoldosen liegende Betriebsdruck beträgt etwa 0,6···0,7 MPa Überdruck. Für die Verschäumung von Schlagsahne kommt in erster Linie Distickstoffoxid allein oder in Mischung mit 15 Masse-% Kohlendioxid in Frage. Um eine ausreichende Schaumstabilität der Schlagsahne zu erreichen, werden sog. Gassershaker verwendet, wobei die Aerosolbehälter beim Begasen gleichzeitig geschüttelt werden.

Lebensmittel, agglomeriertes → Lebensmittelgranulat → Instantpulver

Lebensmittelallergene: Lebensmittelinhaltsstoffe, meist spezifische Eiweißstoffe, die beim ersten Kontakt die Bildung spezieller Antikörper bewirken und bei erneutem Einwirken eine als Allergie bezeichnete abnorme Reaktion des Organismus auslösen. Das Auftreten einer Allergie wird u. a. modifiziert durch genetische Prädisposition (Erbanlage) und Aufnahmehäufigkeit des Allergens. Man unterscheidet
a) den *Soforttyp,* bei dem die Reaktion bereits nach 10···20 min nach dem Kontakt mit dem Allergen einsetzt und auf der Reaktion des Allergens mit Antikörpern, die im Blut- und Lymphstrom vorliegen oder mit Immunkomplexen beruht. und
b) dem *Spättyp,* verursacht durch Kontakt des Allergens mit sensibilisierten Lymphyozyten (weiße Blutkörperchen).
Der Begriff pseudo-allergische Reaktionen charakterisiert diejenigen Reaktionen, die klinisch unter dem gleichen Symptombild wie allergische Reaktionen verlaufen, denen jedoch ein substanzspezifischer, immunologischer Auslösemechanismus fehlt. Von allergischen Reaktionen unterscheiden sie sich dadurch, daß sie bereits bei der ersten Exposition auftreten können und somit keine vorausgehende Sensibilsierung benötigen. Die Beweisführung einer Lebensmittel- oder Zusatzstoffintoleranz kann nur durch die Aufnahme über den Mund erbracht werden, da bei pseudo-

allergischen Reaktionen Hauttests oder serologische Untersuchungen zum Antikörpernachweis versagen. Lebensmittel, die zu pseudo-allergischen Reaktionen führen können s. Übers.

Lebensmittel, die zu pseudo-allergischen Reaktionen führen können

1. Salicylathaltige Lebensmittel
Steinfrüchte
Mandeln
Erdbeeren, Himbeeren, Brombeeren, Johannisbeeren
Trauben
Orangen, Grapefruits, Zitronen
Bananen
Rhabarber
Erbsen
Essig
Wein, Bier

2. Benzoathaltige Lebensmittel
2.1. Benzoate natürlicher Herkunft
Preiselbeeren, Heidelbeeren
Reineclauden
Zimt, Gewürznelken
Fermentierte Milchprodukte (Joghurt, Käse usw.)
Erdbeeren (para-Hydroxybenzoesäure)
Trauben (para-Hydroxybenzoesäure)

2.2. Lebensmittel, die mit Benzoesäure oder Benzoaten (und auch Ester der para-Hydroxybenzoesäure) konserviert werden dürfen
Marinaden aus Fischen oder Muscheln einschließlich ihrer Aufgüsse und Tunken
Brat- und Kochfischwaren, mariniert, einschließlich ihrer Aufgüsse und Tunken
Fischpasten mit weniger als 10 vom Hundert Kochsalz
Salzheringserzeugnisse, Salzfische in Öl
Seelachserzeugnisse in Öl
Fischwaren aus Rogen, ausgenommen geräucherter Rogen
Anchosen einschließlich ihrer Aufgüsse und Tunken
Krebszubereitungen, nicht sterilisiert, mit Ausnahme von Pulvern für Krebssuppen
Garnelen-(Krabben-)erzeugnisse, nicht sterilisiert
Flüssiges Vollei (Flüssigei), flüssiges Eigelb *
Mayonnaise, mayonnaiseartige Erzeugnisse
Gewürz- und Salatsoßen
Würzmittel aus Zitronensaft *
Fleischsalat, Aspik, Gemüsesalat, Kartoffelsalat
Eßbare, gelatinehaltige Überzugsmassen für Fleischerzeugnisse
Fruchtsäfte und konzentrierte Fruchtsäfte bis zu einem spezifischen Gewicht von 1,33 zur gewerbsmäßigen Weiterverarbeitung, ausgenommen solche zur Herstellung von zur Abgabe an den Verbraucher bestimmten Fruchtsäften, konzentrierten Fruchtsäften oder Fruchtnektaren *
Ansätze und Grundstoffe für alkoholfreie, mit Fruchtsaft hergestellte Getränke sowie für Limonaden, Brausen, künstliche Heiß- und Kaltgetränke *
Gekochtes Obst sowie Rhabarber und Kürbis, ausgenommen durch Erhitzen in verschlossenen Behältnissen haltbar gemachte Erzeugnisse *

Lebensmittel, die zu pseudo-allergischen Reaktionen führen können (Forts.)

Fruchtzubereitungen und erhitzte Nußzubereitungen für die Herstellung von Frucht- und Nußjoghurt und anderen Milcherzeugnissen *
Trockenpflaumen und Trockenfeigen mit einem Wassergehalt von mehr als 20 vom Hundert * o
Pektinlösungen zur Behandlung von Trockenobst einschließlich Weinbeeren * o
Zerkleinerte Schalen von Zitrusfrüchten *
Sauerkonserven aller Art (Gurkenkonserven und Gemüse in Essig sowie milchsauer vergorene Gurken), ausgenommen Sauerkraut, küchenfertig vorbereitete Champignons
Zwiebeln, zerkleinerter Meerrettich, Paprikamark
Olivenkonserven * o
Speisesenf
Marzipan, marzipanähnliche Erzeugnisse aus anderen Ölsamen als Mandeln: Makronen-, Nußmakronen- und Makronenersatzmassen; mit Zusätzen von Milch, Frucht- und anderen Stoffen versehene wasser- oder fetthaltige Massen für Zucker-, Schokoladen- und Dauerbackwaren und für Backwaren anderer Art
Brot, sofern es in Scheiben geschnitten und verpackt in den Verkehr gebracht wird, brennwertvermindertes Brot * o
Halbfeuchte Fertigteige * o
Trennemulsionen
Wasserhaltige Aromen mit einem Ethanolgehalt unter 12 vom Hundert
Flüssige Enzymzubereitungen
a) Lab und Labaustauscher
b) andere Enzyme
Brennwertverminderte Konfitüren und brennwertverminderte ähnliche Erzeugnisse * o
Back- und Zwiebackcreme, jedoch nur zur Oberflächenbehandlung

* PHB-ester dürfen nicht verwendet werden   o Benzoesäure darf nicht verwendet werden

3. Lebensmittel, die gefärbt werden dürfen

Seelachs (Lachsersatz)
Anchovispaste
Fischrogenerzeugnisse, ausgenommen geräucherter Rogen
Garnelen (Krabben) und Kaisergranat (Nephrops norvegicus) in luftdicht verschlossenen Behältnissen
Erdbeer-, Kirsch-, Himbeer- und Pflaumenkonserven in luftdicht verschlossenen Behältnissen
sterilisiertes Erdbeer-, Himbeer- und Kirschmark
künstliche Heiß- und Kaltgetränke, Brausen
Cremespeisen, Pudding, Geleespeisen, rote Grütze, süße Suppen und süße Soßen, ausgenommen die mit Kakao, Schokolade, Kaffee, Ei oder Karamel hergestellten Erzeugnisse
Kunstspeiseeis, Invertzuckercreme
kandierte oder mit Zucker überzogene Früchte und Fruchtteile, ausgenommen Zitronat, Orangeat sowie Nuß- und Mandelkerne als solche
Zuckerüberzüge und Zuckerwaren, ausgenommen Lakritzwaren und Waren, aus deren Verkehrsbezeichnung hervorgeht, daß sie mit Milch, Butter, Honig, Ei, Malz, Karamel, Kakao, Schokolade oder Kaffee zubereitet sind
Marzipan, marzipanähnliche Erzeugnisse aus anderen Ölsamen als Mandeln; fetthaltige Füllungen von Feinen Backwaren, ausgenommen die mit Ei, Malz, Karamel, Kakao, Schokolade oder Kaffee hergestellten Erzeugnisse
Fruchtaromaliköre, Kräuter-, Emulsions-Kräuter- und Gewürzliköre und Kräuter- und Gewürzbranntweine
Margarine, Halbfettmargarine, jedoch nur mit Farbstoff E 160 b und unter Mitverwendung von beta-Caroten
Schnittkäse, halbfeste Schnittkäse und Chesterkäse; auch als Ausgangsstoffe für die Herstellung von Schmelzkäse und Käsezubereitungen, jedoch nur mit Farbstoff E 160 b
mitverzehrbare Hüllen von Gelbwurst

Relevante Lebensmittel-Allergene

Tierische Proteine	Vegetabile Lebensmittel-Allergene		
Salzwasserfische	**Stein- und Kernobst:**	**Nüsse/Samen:**	**Seltenere Auslöser:**
Schalentiere	Äpfel	Haselnüsse	Zitrusfrüchte
Hühnereiklar	Pfirsiche	Erdnüsse	Erdbeeren
Kuhmilch (Vollmilch)	Kirschen	Walnüsse	Beerenobst (diverse)
Casein	Kiwi	Mandeln	Bananen
alpha-Lactalbumin	Mango	Paranüsse	Tomaten
beta-Lactoglobulin	Birnen	Sesam	Kohlgemüse
Rindfleisch	u. a.	Mohn	Spargel
Schweinefleisch		Sonnenblumensamen	u. a.
Geflügelfleisch		u. a.	
Innereien (Leber, Niere)			
	Gemüse:	**Getreide:**	**Diverse:**
	Sellerie	Roggenmehl	Bäckerhefe
	Fenchel	(Hafer)	Bierhefe
	Karotten	Weizenmehl	Johannisbrotkernmehl
	Paprika	Mais	Guarkernmehl
	Hülsenfrüchte	u. a.	u. a.
	Soja		
	u. a.		
	Gewürze und Kräuter:		
	Anis	Thymian	
	Curry (Mischgewürz)	Salbei	
	Kamille	Basilikum	
	Fenchel	Liebstöckel	
	Sellerie (als Gewürz)	Zitronenmelisse	
	Koriander	Dill	
	Kümmel	Schnittlauch	
	Pfefferminz	Petersilie	
	Pfeffer	u. a.	

Lebensmittel, alternatives: Ökolebensmittel, Biolebensmittel, ökologisches Lebensmittel: Lebensmittel, insbes. Lebensmittelrohstoffe, wie Getreide, Kartoffeln, Gemüse, Schlachttiere, die ohne chemische Behandlung, soweit noch möglich, in der Landwirtschaft erzeugt und in der Lebensmittelindustrie weiterverarbeitet werden. Als „Alternativen im Landbau" gelten Anbaumethoden, die weitgehend ohne Einsatz von Mineraldünger, Pflanzenschutzmitteln, Zusatzstoffen und Medikamenten auskommen. Die „Alternativen Anbaumethoden" firmieren z. B. unter den Bez. *biologisch-dynamisch, organisch-biologisch* oder *naturnaher Anbau.* Im anglo-amerikanischen Sprachgebrauch unterscheidet man zw. *„organic"* oder *„organically* (auch *ecologically*) *grown foods"* (etwa vergleichbar mit a. L.) und *„natural foods"* (natürliche, naturbelassene Lebensmittel). Mit *natural foods* werden gewöhnlich Lebensmittel bezeichnet, deren ursprünglicher Gehalt an Nähr-

und Inhaltstoffen weitmöglich erhalten bleibt und bei deren Verarbeitung auf Konservierungsmittel und andere synthetische Zusatzstoffe verzichtet wird. Die Bez. *„health food“* (Gesundheitsnahrung) umfaßt in England beide Bez., organic and natural foods. Die a. L. sind nicht rückstandsfrei von Schadstoffen, da Einträge aus der Umwelt, wie beim konventionellen Anbau nicht verhindert werden können. Bei der Zusammensetzung verarbeiteter Lebensmittel besagt die EG-Verordnung vom 22.7.91 über „Agrarerzeugnisse und Lebensmittel aus ökologischem Anbau“, daß eine Ware mit EG-Siegel werben darf, wenn sie mind. 95 % aus ökologisch erzeugten Rohstoffen und Zutaten besteht. Wer künftig Produkte aus konventionellem oder integriertem Anbau als *„ökologisch“*, *„biolo-*

In der Agöl (Arbeitsgemeinschaft ökologischer Landbau) zusammengeschlossene Mitgliedsbetriebe, die nach den Richtlinien des kontrolliert ökologischen Landbaus insgesamt 125 000 ha in Deutschland bewirtschaften (Stand: Jan. 1993)

Warenname	Art des Anbaus	Anbauverband und Gründungsjahr	Vermarktung	Anbaufläche (ha)	Zahl der Betriebe
Demeter	biologisch-dynamisch	Forschungsring für biologisch-dynamische Wirtschaftsweise e.V. 1924	Verarbeiter und Einzelhandel, Naturkostläden, Vertragsanbau	30 875	1234
Anog	ökologisch	Arbeitsgemeinschaft für naturnahen Obst-, Gemüse- und Feldfruchtanbau e.V. 1962	Erzeuger, Vertragsanbau für Verarbeiter	3 032	74
Bioland	organisch-biologisch	Bioland-Verband für organisch-biologischen Landbau e.V. 1971	Meist durch Erzeuger selbst, Naturkosthandel, Vertragsanbau	60 313	2 146
Biokreis	ökologisch	Biokreis Ostbayern e.V. 1979	Erzeuger, Vertragsanbau	2414	141
Naturland	ökologisch	Naturland Verband für naturgemäßen Landbau e.V. 1982	Erzeuger, Naturkostläden, Lebensmittelhandel	20 270	544
BÖW	ökologisch	Bundesverband Ökologischer Weinbau e.V. 1985	Erzeuger, Verteiler im Naturkost- und Reformhandel	669	162
Gäa	ökologisch	Ökologischer Arbeitskreis Dresdner Kirchenbezirke e.V. 1989	Erzeuger, Ökoläden	9 667	84

gisch", „organisch", „alternativ", „naturnah" oder ähnlich bezeichnet, kann strafrechtlich belangt werden. Umweltschonend, nach den Richtlinien des ökologischen Landbaus hergestellte Produkte in Deutschland erkennt man an Markenzeichen.
Europaweit gibt es etwa 40 solcher Anbauverbände die sich unter einem Dachverband zusammengeschlossen haben. Ab Mitte 1992 kam zusätzlich das Prüfsiegel „Ökologische Agrarwirtschaft-EWG-Kontrollsystem" für alle Waren dazu. Die EG-Richtlinie sieht vor, daß das Bio-Siegel erst drei Jahre nach erfolgter Umstellung der Betriebe auf biologischen Anbau benutzt werden darf. Bei deutschen Anbauverbänden kann bereits nach einem Jahr mit der Bez. „Umstellware aus biologischem Anbau" geworben werden. → Bioprodukte

Lebensmittel, aufgeschäumtes → Lebensmittelschaum

Lebensmittel aus integriertem Landbau: Lebensmittel, das aus konventionellem Landbau mit eingeschränktem Einsatz an chemisch-synthetischen Dünge-, Herbizid- und Pflanzenschutzmitteln gewonnen wird. Nach Stumpenhausen (Landwirtschaftskammer Hannover) wird der *Integrierte Pflanzenanbau* als ein Mittelweg zw. einer Produktion mit hohem Einsatz an vorgenannten Stoffen zur Erzielung von Maximalerträgen und dem *alternativen Pflanzenbau* (→ Lebensmittel aus kontrolliert-ökologischem Anbau) betrachtet. Der Dachverband für Agrarforschung 1991 gibt für die *integrierte Pflanzenproduktion* folgende Definition:
a) „Verfahren der Pflanzenproduktion, in dem Regelmechanismen so gefördert werden, daß ein ökologisch ausgewogener Zustand des Agarökosystems entsteht und auf umweltbelastende Bewirtschaftungsmaßnahmen teilw. oder ganz verzichtet werden kann;
b) Standort- und umweltgerechte Systeme der Pflanzenproduktion, in denen unter Beachtung ökonomischer und ökologischer Anforderungen alle geeigneten und vertretbaren Verfahren des Acker- und Pflanzenbaus, der Pflanzenernährung und des Pflanzenschutzes (integrierter Pflanzenschutz) in möglichst guter Abstimmung aufeinander und unter Nutzung sowohl des biologisch-technischen Fortschritts als auch natürlicher Begrenzungsfaktoren von Schadorganismen eingesetzt werden, um langfristig sichere Erträge und betriebswirtschaftlichen Erfolg zu gewährleisten".
Nach individuellem Ermessen kann daher bei Bedarf auf Mineraldünger und den Einsatz von Pestiziden zurückgegriffen werden. Dieser Bedarf leitet sich ab von den während des Wachstums sich abzeichnenden möglichen Ertragsminderungen, die durch alljährlich wechselnde Einflüsse von Klima, Schädlingen, Bodenerosion usw. verursacht werden können. Zwar besteht die Absicht, den Einsatz chemischer Stoffe weitgehend durch biologische, pflanzenzüchterische, anbau- und kulturtechnische Verfahren zu ersetzen, doch Erfahrungen bisheriger Obst-, Gemüse- oder Getreideproduktion zeigen, daß ein völliger Verzicht auf chemische Hilfsmittel bei den gegenwärtig zugelassenen Hochzuchtsorten zu Ertrags- und Qualitätseinbußen führt, was sich bes. deutlich am Weizeneiweißgehalt demonstrieren läßt. Während sich Roggen für den extensiven, bzw. alternativen Anbau sehr gut eignet, ist Weizen mit dem gegenwärtigen Sortenspektrum auf eine ständige Stickstoffzufuhr angewiesen, um die festgelegten Eiweißwerte zur Erzielung gewünschter Teigeigenschaften zu erreichen. Auch bei Gemüse oder Obst kommt man ohne chemisch-synthetische-Hilfsmittel im integriertem Pflanzenanbau nicht aus. Im Rahmen des *integrierten Pflanzenschutzes* ist es jedoch z.B. in der Schweiz gelungen, eine Reihe von Sorten aus den meisten Gemüsegruppen, außer Kopfsalat, Sellerie und Kohl, für den Anbau ohne Pflanzenschutzmittel zu empfehlen. Während der *kontrolliert-ökologische* Landbau exakt definiert ist, liegen für den Einsatz an chemischen Hilfsstoffen für den integrierten Anbau noch keine Vorschriften vor.
Die L.a.i.A. werden von der CMA (Zentrale Marketing-Gesellschaft für Agrarprodukte der Deutschen Landwirtschaftsgesellschaft) kurz als *Produkte aus kontrolliertem Anbau* gekennzeichnet. Dies kann zu Verwechslungen mit → *Lebensmittel aus kontrolliert-ökologischem Anbau führen.*

Lebensmittel aus kontrolliert-ökologischem Anbau: *Lebensmittel aus kontrolliert biologischem Anbau, Lebensmittel aus alternativem Anbau:* Lebensmittel, das nach den Richtlinien des alternativen Landbaus erzeugt wird, wobei sich die entsprechenden Anbaubetriebe durch Zusammenschluß in einem Erzeugerverband einer ständigen Kontrolle hinsichtlich ihrer Anbaumaßnahmen, Ernte und Verkaufsmenge unterwerfen. Nach dem Dachverband der Agrarforschung 1991 wird der *alternative Landbau* wie folgt definiert: „Formen der Landbewirtschaftung nach bestimmten Richtlinien mit den gemeinsamen Hauptmerkmalen: Maximale Nutzung des betriebseigenen Stoffkreislaufes, prinzipieller oder doch weitgehender Verzicht auf chemisch synthetisierte Produktionsmittel und statt dessen Verwendung bestimmter Hilfs- oder Pflegemittel (für Boden und Pflanze), die natürlichen Ursprungs sind". Organisationen, die in Deutschland Kontrollen der L.a.k.ö.A. vornehmen, sind die unter → *Lebensmittel, alternatives* genannten 6 Anbauverbände, die in der Arbeitsgemeinschaft für ökologischen Landbau (AGÖL) zusammengeschlossen sind und ihre Produkte mit entsprechenden Warenkennzeichen zum Vertrieb, vornehmlich in Naturkostläden und Reformhäusern vorsehen; außerdem gibt es staatl. Kontrollbehörden in jedem Land der EG, die die privaten Kontrollstellen überwachen. Ausländische Organisationen für den ökol. Landbau sind u.a.:
Belgien: „Belbior", „Nature et Progres" *England:* „O.F.& G." (Organically Food Grown); *Frankreich:* „Nature et Progres", „Lemaire Boucher, Production de l'agriculture biologique méthode", „Biofrance FNAB, Terre et vie, 3 Sterne"; Israel: *„Bio Top"; Italien:* „Produzione biologica controllata bac"; *Niederlande:* „EKO", 3 Sterne; *Österreich:* „Organisch-biologischer Anbau"; *Tschechische und Slowakische Republik:* „Altervin", „Biowa", „Libera", „Naturvita", „Pro-Bio".
Die Vergabe von Bio-Warenzeichen soll nach Meier-Plöger 1990 nur Produkten vorbehalten sein, die im geschlossenen Kreislauf von der Produktion bis zur Entsorgung, den ökologischen, ethischen, und sozialen sowie gesundheitlichen Anforderungen an hochwertige Lebensmittel gerecht werden. Das Wort „ökologisch" bringt zum Ausdruck, daß sowohl beim Anbau und der Erzeugung der Pflanzen, wie bei der Be- und Verarbeitung einschl. Verpackung schädliche Folgen für die Umwelt ausgeschlossen werden. Durch Verzicht auf chemisch-synthetische Hilfsmittel und Mineraldünger, sowie begrenzten Zukauf von Futermitteln, wollen die Vertreter des kontrolliert ökologischen Anbaus einen wesentlichen Beitrag zur Erhaltung des ökologischen Gleichgewichts leisten. Zu den sozialen Aspekten der L.a.k.ö.A. zählt auch die Unterstützung und Existenzsicherung kleiner und mittlerer bäuerlicher Betriebe, wenn diese Lebensmittel verstärkt gekauft werden.
Die L.a.k.ö.A. dürfen nicht bedingungslos zusätzlich als *„natürlich"*, *„naturrein"* oder mit dem Zusatz *„frei von Rückständen"* gekennzeichnet werden, da es sich bei diesen Begriffen lebensmittelrechtlich um Beschaffenheitsmerkmale handelt und nicht um die Art der Erzeugung oder Herstellungsweise. Anzahl der Ökolandbaubetriebe in der EG sowie die Größe der bewirtschafteten Flächen s. Tab. S. 36.

Lebensmittel, bestrahltes → Lebensmittel, strahlenbehandeltes

Lebensmittel, bratfertiges → Lebensmittel, garfertiges

Lebensmittel, diätetisches, *Nahrungsmittel, diätetisches, Diätlebensmittel*: ein Lebensmittel, das nach Zusammensetzung und Eigenschaften für eine Ernährung bestimmt ist, die besonderen körperlichen Zuständen, besonderen Umweltbedingungen oder einem bestimmten Lebensalter Rechnung trägt. Von vergleichbaren handelsüblichen Lebensmitteln müssen sie sich in ihrer Zusammensetzung oder in ihren Eigenschaften hinsichtlich ihrer Bestimmung maßgeblich unterscheiden. Die diätetischen Eigenschaften der d. L. müssen auf der Verpackung gekennzeichnet werden. Ihrem Bestimmungszweck entsprechend können d. L. z. B. natriumarm, streng natriumarm, kochsalzarm oder kochsalzfrei, fettarm, eiweißreich, glutenfrei, energiereduziert sein. Hinsichtlich der bestimmten Personengruppen, deren Er-

Geschätzte Anzahl der Betriebe und ökologisch bewirtschafteten Fläche in der Europäischen Gemeinschaft (nach Lampkin, 1993)

1991/1992			in Prozent der Gesamtzahl der Betriebe/Fläche	
Land	Anzahl	Fläche (ha)	Anzahl (%)	Fläche (%)
Belgien***	150	1.200	0,16	0,09
Dänemark¹)	600	17.963	0,69	0,64
Deutschland**	4.004	98.733	0,61	0,58
Frankreich¹)	3.837	72.000	0,38	0,24
Großbritannien¹)	800	28.000	0,32	0,16
Griechenland*	150	200	0,02²)	0,004²)
Irland¹)	159	4.000	0,08	0,06
Italien¹)	1.562	13.218	0,06	0,07
Luxemburg***	14	550	0,35	0,43
Niederlande	ca. 450*	ca. 10.000*	0,34²)	0,49²)
Portugal¹)	40	500	0,01	0,01
Spanien***	500	5.500	0,03²)	0,02

¹) Nach Lampkin, 1992 ²) Berechnungen der SÖL
*) Nach Angaben der Vertreter in der IFOAM-EG-Gruppe vom 18. 01. 1993
**) Stand 01. 01. 1992 nach Angaben der AGÖL
***) Stand 1990, nach Lampkin, 1992

nährung d. L. dienen sollen, lassen sich u. a. Diabetikerlebensmittel, Säuglings- und Kleinkindfertignahrung, Lebensmittel für alte Menschen, Seenotproviant, Raumfahrtlebensmittel und Sportlernahrung abgrenzen. Den volksgesundheitlichen Erfordernissen entsprechend werden geschlossene Sortimente gebildet: → Diabetikerlebensmittel, Säuglings- und Kleinkindfertignahrung, energiereduzierte Lebensmittel, salzarme bzw. natriumarme Lebensmittel, glutenfreie Lebensmittel, eiweißarme Lebensmittel, ballaststoffreiche Lebensmittel, polyenfettsäurereiche Lebensmittel, cholesterolreduzierte Lebensmittel. → Diabetikerlebensmittel → Kleinkindfertignahrung → Lebensmittel mit reduziertem Energiewert → Lebensmittel, natriumarmes → Säuglingsfertignahrung → Nahrung

Lebensmittel, eiweißarmes: diätetisches Lebensmittel, das durch verminderten Eiweiß- und Kochsalzgehalt bes. für die Ernährung von Patienten mit chronischer Niereninsuffizienz bestimmt ist. Der Eiweißgehalt muß unter 2 g je 100 g des fertigen Lebensmittels liegen. → Backware, eiweißarme

Lebensmittel, energiearmes, *Lebensmittel, kalorienarmes:* ein Lebensmittel mit geringem Brennwert. Der Hersteller darf ein Produkt nur dann als e. L. bezeichnen, wenn es nicht mehr als 50 kcal bzw. 210 kJ je 100 g enthält. Getränke dürfen nur dann als e. L. genannt werden, wenn sie nicht mehr als 20 kcal bzw. 84 kJ je 100 ml enthalten.

Lebensmittel, energiereduziertes (kalorienreduziertes) → Lebensmittel mit reduziertem Energiewert

Lebensmittelersatz → Lebensmittelsurrogat

Lebensmittel, färbende: Lebensmittel, Lebensmittelbestandteile oder Lebensmittelextrakte, die von Natur aus farbstark sind. Sie dienen als Zutat zu anderen Lebensmittel zur Färbung, z. B. Kirschsaft, Paprika, Gelbwurz, Karotten, Rote Beete, Spinat. → Farbstoffe

Lebensmittelfarbstoffe: → *Farbstoffe,* die zum Färben von Lebensmitteln gesetzlich zugelassen sind. Nicht als L. gelten intensiv gefärbte Lebensmittel, die anderen Lebensmitteln zum Zwecke des Färbens zugesetzt werden (z. B. Eigelb für Teigwaren, Kirschsaft zum Färben von Obstsäften, Paprika und andere Gewürze für Fleischwaren), was oft gleichzeitig mit einer Werterhöhung des angefärbten Lebensmittels verbunden ist *(Eierteigwaren).* Als → *Lebensmittelzusatzstoffe* unterliegen die L. gesetzlichen Bestimmungen. Der Mißbrauch von L. (auch von natürlichen Farbstoffen) zur Vortäuschung einer Verdorbenheit ist unzulässig. Zum Färben von Lebensmitteln kommen natürliche, künstliche organische sowie anorganische Pigmentfarbstoffe zur Anwendung. Während die natürlichen Farbstoffe i. allg. uneingeschränkt (im Rahmen einer vernünftigen und nicht wertvortäuschenden Farbgebung) eingesetzt werden können, dürfen synthetische organische Farbstoffe und anorganische Pigmentfarbstoffe nur bestimmten, dafür zugelassenen Lebensmitteln zugesetzt werden. Die auf diese Weise gefärbten Lebensmittel sind als „gefärbt" oder ähnlich zu kennzeichnen. Diese Deklaration ist notwendig, da einige synthetische Farbstoffe bei bestimmten Verbrauchern allergische Reaktionen hervorrufen können. Einige synthetische Farbstoffe sind für spezielle Anwendungszwecke (Färben von Käsewachs, Eierschalen, künstlichem Zigarrenumblatt, als Stempelfarbe u. a.) erlaubt. Die in den einzelnen Ländern zugelassenen L. sind – zumindest im mitteleuropäischen Raum – weitgehend die gleichen. Nur bei den auf spezielle Anwendungszwecke beschränkten künstlichen organischen Farbstoffen gibt es von Land zu Land größere Unterschiede. Die Tabelle gibt eine Übersicht, siehe Seite 38–47.

Lebensmittel, fermentiertes, *Nahrungsmittel, fermentiertes, Gärungsnahrungsmittel, Gärungslebensmittel:* ein Lebensmittel, dessen spezifische Qualitätseigenschaften (Aroma, Farbe, Konsistenz, Haltbarkeit usw.) durch Fermentation (Gärung) zustandekommen, die durch substanzeigene oder mikrobielle Enzyme eingeleitet wird. Zu den für die Fermentation verantwortlichen Mikroorganismen zählen im wesentlichen Milch- oder Essigsäure produzierende Bakterien oder Alkohol produzierende Hefen sowie bestimmte Schimmelpilzarten. Zu den bekanntesten f. L. gehören Brot, Käse, Butter, Quark, Joghurt, Sauerkraut (und andere → milchsauren Gemüse wie Oliven, Gurken, Bohnen usw.), Salami, Zervelatwurst, Kakao, Tee und alkoholische Getränke; im Orient sind darüber hinaus zahlreiche fermentierte Erzeugnisse bekannt, bei denen die Dauer des Fermentationsprozesses zw. 20 h und einem Jahr bei Temperaturen zw. 15···43°C variieren kann. Zu den bekanntesten orientalischen und sonstigen, nur gebietsweise anzutreffenden f. L. zählen:

a) *Flüssigprodukte, in Form von Gärgetränken* oder bierähnlichen Erzeugnissen (→ Bier 1., z. B. → Burukuti → Brottrunk → Chicla → Gari → Magou → Merissa → Kanji → Kwaß → Kefirbier → Pozol → Kombucha → Kawa → Tuozaafi → Thumba oder in Form von Würzsoßen, z. B. → Sojasoße → Ketjab → Torami → Taosi → Nuocman → fermentierte Fischsoßen;

b) *Pasten, z. B.* → Bagoong → Lafun → Laochao → Meju → Miso → Ofam → Ontjom → Natto → Phaak → Prahoc → Poi → Sufu → Tape → Tofu;

c) Teigerzeugnisse, die entweder roh als mehr oder weniger festes Produkt verzehrt oder als Halberzeugnis einem Koch-, Brat- oder Backprozeß unterworfen werden, z. B. → Abongo → Aflata → Apiti → Banku → Bensaab → Chicha → Gari → Kaang-Kopuwa → Menina → Meitausza → Kaklo → Pozol → Rabdi → Tarhana → Tartje → Tempeh;

d) → *Fladen.*

Die wesentlichen Vorteile der f. L. gegenüber nicht fermentiertem Ausgangsmaterial liegen in:

1. verstärktem Aroma (→ Aromakulturen),
2. bestimmter Farbgebung (z. B. → Rotreis),
3. verbesserter Konsistenz (Volumenzunahme zw. 50···85 %),

(Fortsetzung Seite 47)

Lebensmittelfarbstoffe

Bezeichnung	Synonyme	Colour-Index-Nr. (EWG-Nr.)	Farbe	Chemische Verbindungsklasse	Strukturformel
Natürliche organische Farbstoffe					
Lactoflavin	Riboflavin Vitamin B_2	– (–)	gelb	Isoalloxazin	→ Vitamin B_2
Curcumin	Diferuloyl-methan	75 300 (E 100)	gelb	Dicinnamoyl-methan	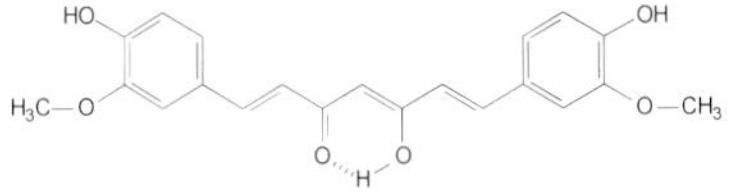
Caroten besteht zumeist aus: 85 % β-Caroten 15 % α-Caroten 0,1 % γ-Caroten	Provitamin A	40 800 (E 160a)	orange	Carotenoid	→ Farbstoffe
Annatto	Bixin, Norbixin, Orlean	75 120 (E 160b)	orange	Carotenoid	Norbixin:  Bixin: 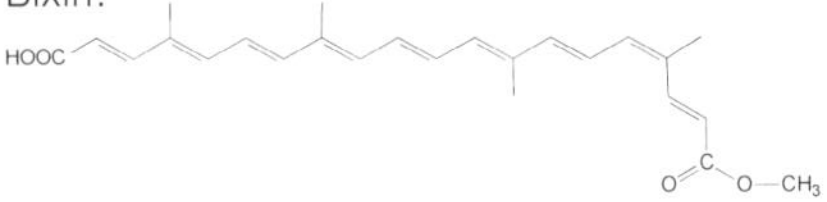
Capsanthin	Capsarubin (Farbstoff der roten Paprikafrucht)	– (E 160c)	orange	Carotenoid	→ Farbstoffe 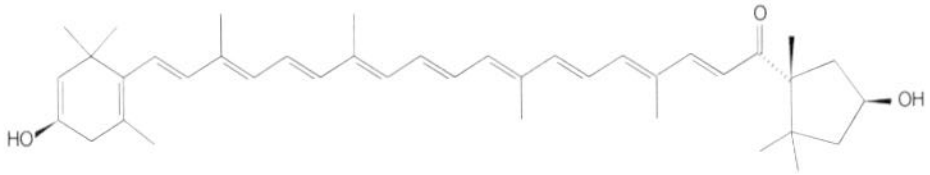
Lycopin		75 125 (E 160d)	orange	Carotinoid	→ Farbstoffe

Lebensmittelfarbstoffe (Forts.)

Bezeichnung	Synonyme	Colour-Index-Nr. (EWG-Nr.)	Farbe	Chemische Verbindungsklasse	Strukturformel
β-apo-8'-Carotenal		40 820 (E 160e)	orange	Carotenoid	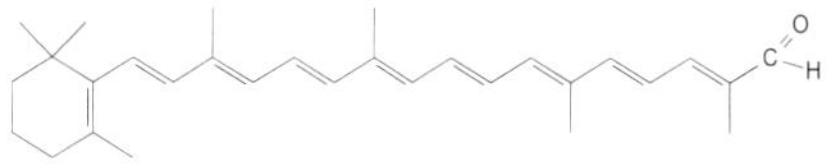
β-apo-8'-Carotensäureethylester		40 825 (E 160f)	orange	Carotenoid	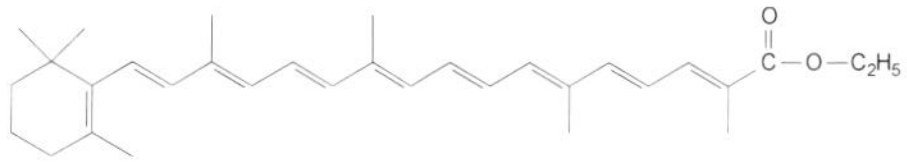
Canthaxanthin (β,β'-Carotin-4,4'-dion)		40 850 (E 161g)	orange	Carotenoid	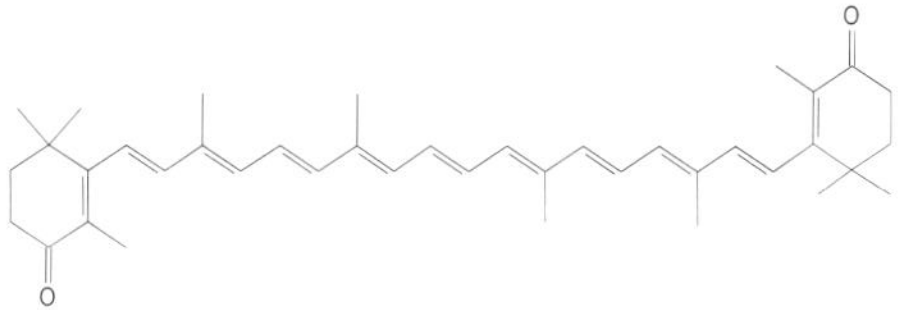
Astaxanthin [(3S,3'S)-3,3'-Dihydroxy-β,β'-carotin-4,4'-dion]	(Farbstoff der Krebsschalen)	– (–)	orange	Carotenoid	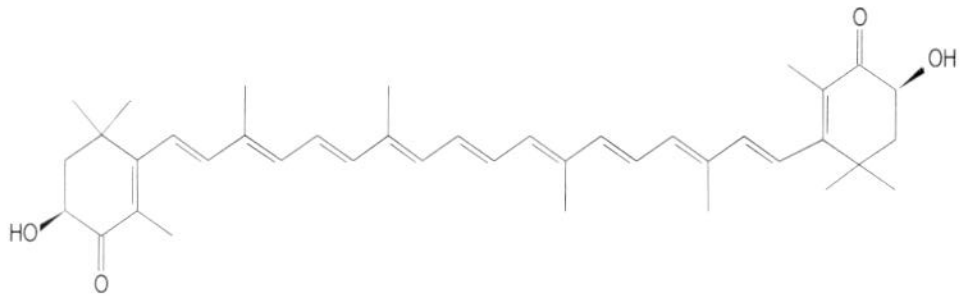
Betanin	Beetenrot (Farbstoff der roten Rübe)	– (E 162)	rot	Betalain	5-0-β-Glucosid von: 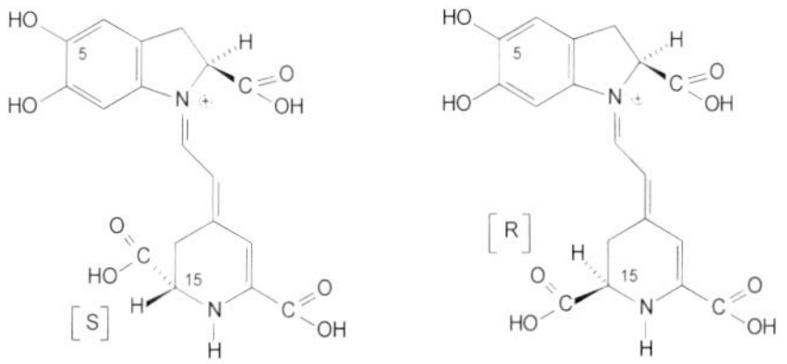

Lebensmittelfarbstoffe (Forts.)

Bezeichnung	Synonyme	Colour-Index-Nr. (EWG-Nr.)	Farbe	Chemische Verbindungsklasse	Strukturformel
Carmin	Cochenille, Carminsäure	75 470 (E 120)	rot	Anthrachinon	Carminsäure: 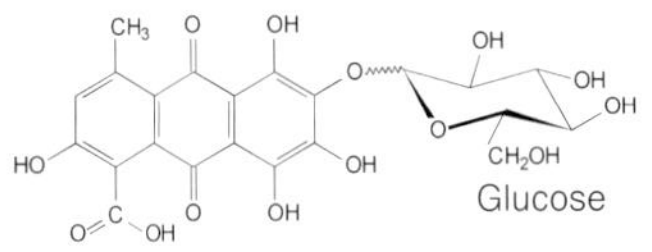 Carmin: Erdalkali- oder/und Aluminiumkomplex-Salze der Carminsäure
Anthocyane		– (E 163)	rot, blau	Flavylium- (Benzopyrylium-) Verbindungen	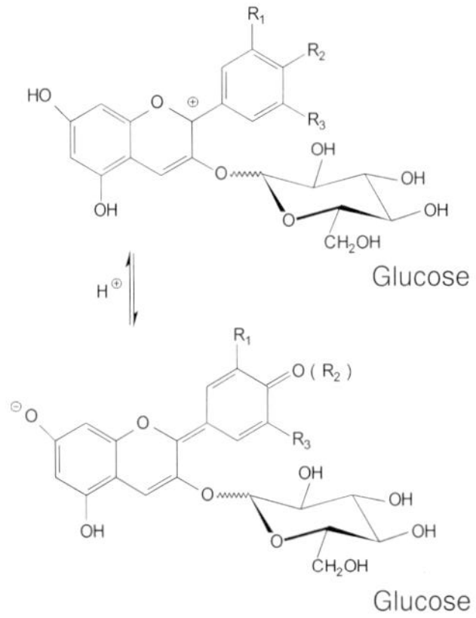 Kation-rot (pH < 3); Base-blau (pH 7 bis 8) R¹ R² R³ Pelargonin: H OH H Cyanin: OH OH H Delphin: OH OH OH

Lebensmittelfarbstoffe (Forts.)

Bezeichnung	Synonyme	Colour-Index-Nr. (EWG-Nr.)	Farbe	Chemische Verbindungsklasse	Strukturformel
Chlorophyll (Mischung aus Chlorophyll a (blaugrün) und Chlorophyll b (gelbgrün) im Verhältnis von etwa 3:1		75 810 (E 140)	grün	Porphyrin	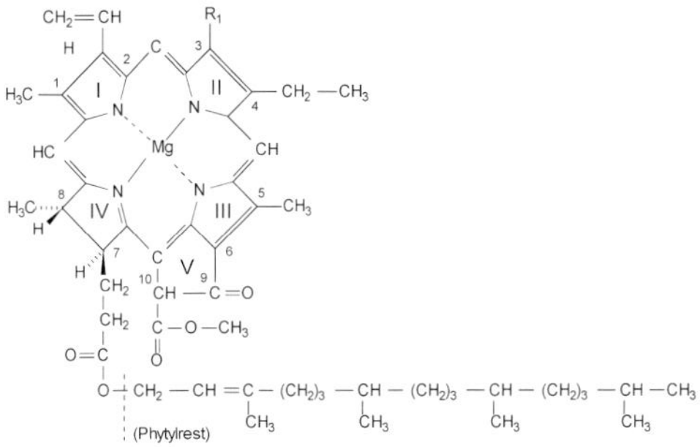 $R^1 = CH_3$ R^2 = Phytol Chlorophyll a: $R^3 = CH_3$ Chlorophyll b: $R^3 = CHO$
Chlorophyll-Kupfer-Komplex		– (E 141)	grün	Porphyrin	Das Zentralatom des Chlorophylls, das Magnesium, ist durch Kupfer ersetzt, wodurch die Farbstabilität erhöht wird.
Chlorophyllin-Kupfer-Komplex		– (E 141)	grün	Porphydrin	Außer dem Ersatz des Mg durch Cu sind die beiden Estergruppierungen des Chlorophylls hydrolytisch gespalten worden, so daß $R^1 = R^2 = H$ ist. Dadurch ist dieser Farbstoff wasserlöslich (Chlorophyll selbst ist fettlöslich).
Zuckercouleur	Zuckerkulör, Kulör, Caramel	– (E 150)	braun		Aus Saccharose oder anderen genußtauglichen Zuckern durch Erhitzen unter Zusatz von Säuren oder Ammoniumverbindungen hergestelltes wasserlösliches Produkt.

Lebensmittelfarbstoffe (Forts.)

Bezeichnung	Synonyme	Colour-Index-Nr. (EWG-Nr.)	Farbe	Chemische Verbindungsklasse	Strukturformel
Künstliche organische Farbstoffe					
Tartrazin	FD & C Yellow No. 5	19 140 (E 102)	gelb	Azo-Pyrazolon-farbstoff	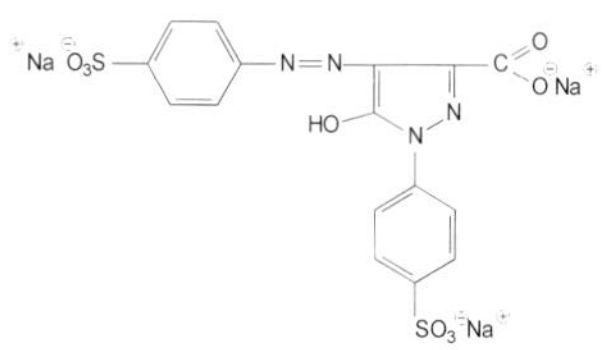
Chinolingelb S	Brillantgelb, FD & C Yellow No. 10	47 005 (E 104)	gelb	Chinolinfarbstoff	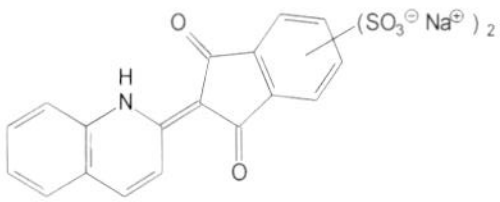
Gelborange S	Sunset Yellow FCF, Orange RGL, FD & S Yellow No. 6	15 985 (E 110)	orange	Azofarbstoff	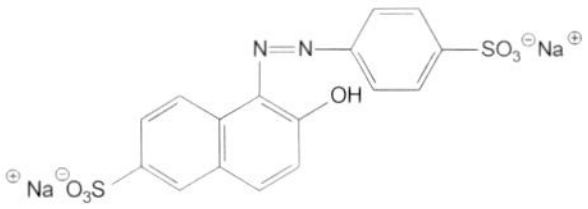
Azorubin	Carmoisin	14 720 (E 122)	rot	Azofarbstoff	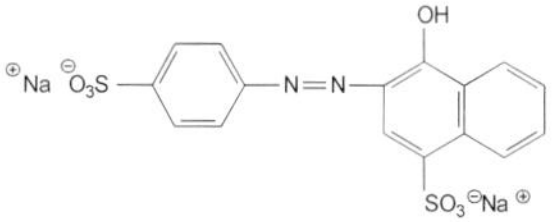

Lebensmittelfarbstoffe (Forts.)

Bezeichnung	Synonyme	Colour-Index-Nr. (EWG-Nr.)	Farbe	Chemische Verbindungsklasse	Strukturformel
Amaranth	Naphtholrot S, FD & C Red No. 2	16 185 (E 123)	rot	Azofarbstoff	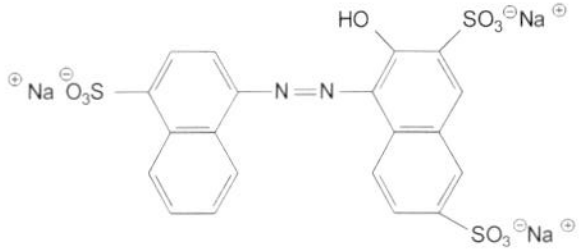
Cochenillerot A	Ponceau 4R, Neucoccin, Victoriascharlach – rot	16 255 (E 124)	rot	Azofarbstoff	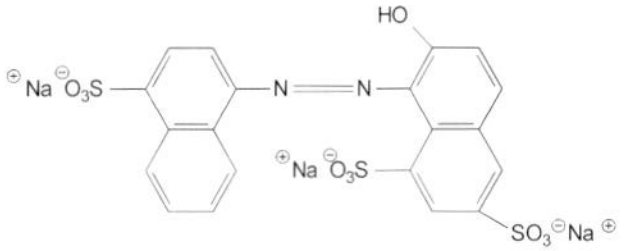
Erythrosin	FD & C Red No. 3	45 430 (E 127)	rot	Phtaleinfarbstoff	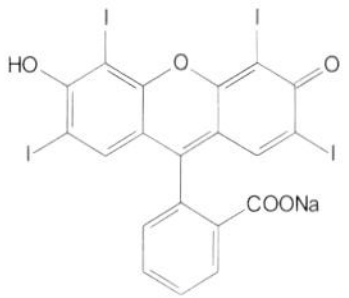
Indigotin I	Indigocarmin FD & C Blue No. 2	73 015 (E 132)	blau	Indolfarbstoff	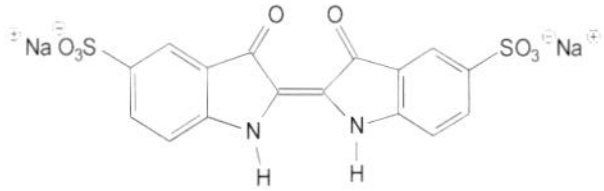

Lebensmittelfarbstoffe (Forts.)

Bezeichnung	Synonyme	Colour-Index-Nr. (EWG-Nr.)	Farbe	Chemische Verbindungsklasse	Strukturformel
Patentblau V		42 051 (E 131)	blau	Triphenylmethanfarbstoff	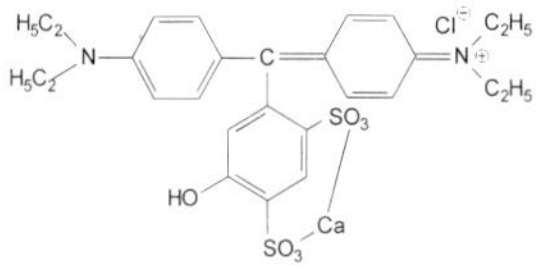
Brillantschwarz BN		28 440 (E 151)	schwarz	Azofarbstoff	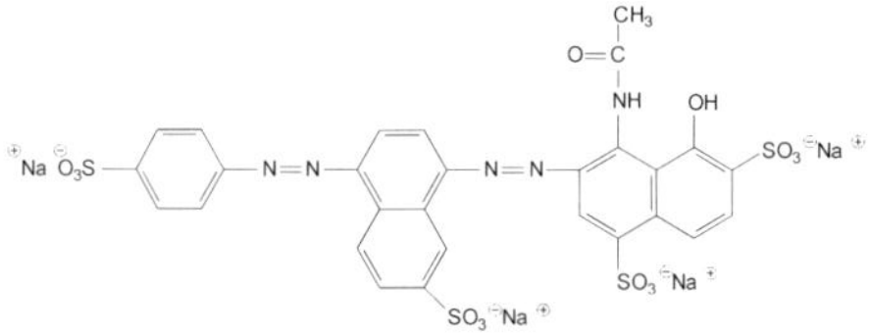
Künstliche organische Farbstoffe (für spezielle Verwendungszwecke)					
Hansagelb		11 680 (–)	gelb	Azofarbstoff	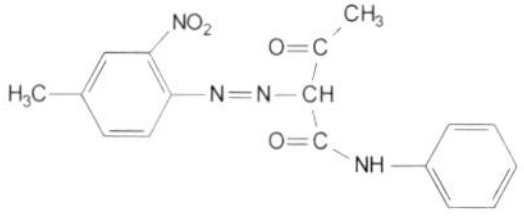
Litholrubin BK	Rubinpigment BK, Siegelrubin 6DE FD & C Red No. 7	15 850 (E 180)	rot	Azofarbstoff	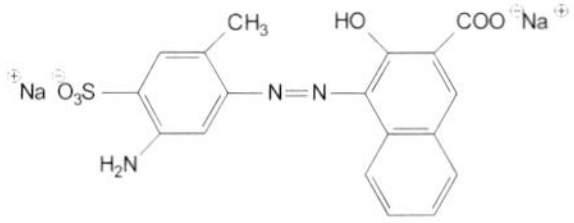

Lebensmittelfarbstoffe (Forts.)

Bezeichnung	Synonyme	Colour-Index-Nr. (EWG-Nr.)	Farbe	Chemische Verbindungsklasse	Strukturformel
Acilancrocein MOO	Brillantcrocein MOO Baumwoll-scharlach	27 290 (–)	rot	Azofarbstoff	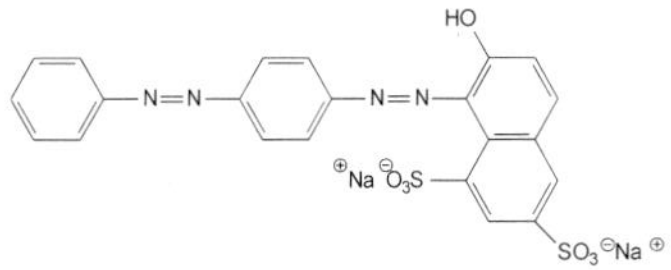
Methylviolett	Methylviolett B	42 535 (C 2)	violett	Triphenylmethan-farbstoff	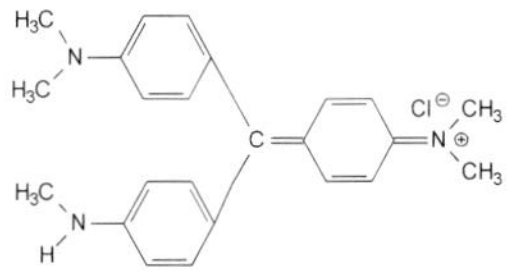
Brillantgrün	Malachitgrün G	42 040 (–)	grün	Triphenylmethan-farbstoff	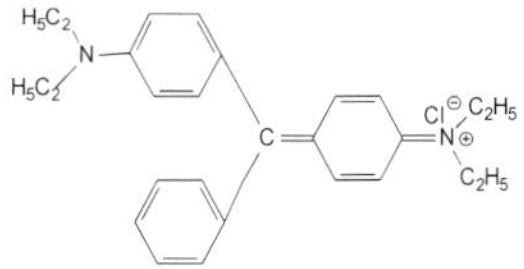
Acilanechtgrün 10 G	Alkaliechtgrün	42 170 (C 8)	grün	Triphenylmethan-farbstoff	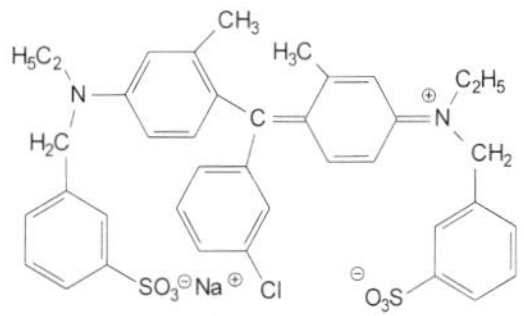

Lebensmittelfarbstoffe (Forts.)

Bezeichnung	Synonyme	Colour-Index-Nr. (EWG-Nr.)	Farbe	Chemische Verbindungsklasse	Strukturformel
Viktoriablau B		44 045 (C 4)	blau	Triphenylmethanfarbstoff	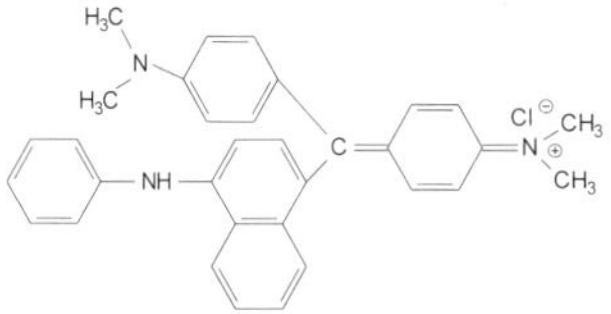
Acilanbrillantblau FFR	Brillantwollblau FFR	42 735 (C 5)	blau	Triphenylmethanfarbstoff	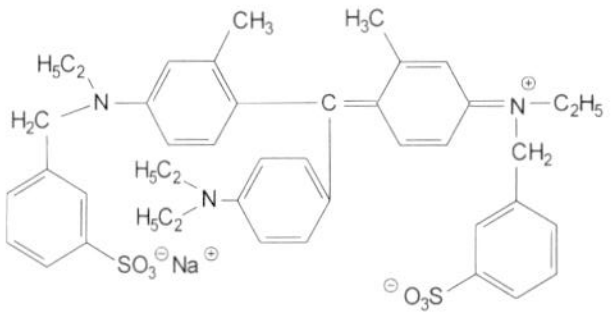
Anorganische Pigmentstoffe					
Kreide	Caciumcarbonat	77 220 (E 170)	weiß	Erdkalicarbonat	$CaCo_3$
Titaniumdioxid		77 891 (E 171)	weiß	Metalloxid	TiO_2
Eisenoxidgelb		77 492 (E 172)	gelb	Metalloxidhydrat	$xFe_2O_3 \cdot yFeO \cdot nH_2O$
Eisenoxidrot		77 491 (E 172)	rot	Metalloxid	$xFe_2O_3 \cdot yH_2O$
Eisenoxidschwarz		77 499 (E 172)	schwarz	Metalloxid	$xFe_3O_4 \cdot yH_2O$

Lebensmittelfarbstoffe (Forts.)

Bezeichnung	Synonyme	Colour-Index-Nr. (EWG-Nr.)	Farbe	Chemische Verbindungsklasse	Strukturformel
Aluminium		77 000 (E 173)	silbrig	Element	Al
Silber		77 820 (E 174)	silbrig	Element	Ag
Gold		77 480 (E 175)	golden	Element	Au
medizinische Pflanzenkohle (Carbo medicinalis vegetabilis)		- (E 153)	schwarz	Element	C

4. erhöhter Verdaulichkeit durch Abbau schwerlöslicher Eiweißstoffe und Kohlenhydrate oder durch Abbau der die Verdaulichkeit von Eiweiß oder Mineralstoffen hemmenden Substanzen, z. B. von Pythin (→ Dawadawa → Gari → Ontjom → Idli), von Oxalsäure, Saponinen, Polyphenolen oder Hämagglutininen,
5. Erhöhung des Nährwertes durch Bildung essentieller Amino- und Fettsäuren oder durch Vermehrung des Gehaltes an bestimmten Vitaminen, bes. Vitamin B_1, B_2, B_{12}. Auch toxische Substanzen, z.B. Blausäure (→ Dawadawa → Gari) werden durch die Tätigkeit der Mikroorganismenenzyme abgebaut, während die Entwicklung von Mykotoxinen sowohl bei kontrollierter als auch bei spontaner Gärung zu den ganz seltenen Ausnahmen zählt.
6. Biologischer Haltbarmachung durch Fermentation (wobei keine Trennung zw. enzymatischen und mikrobiologishen Prozessen getroffen wird), indem es zu *p*H-Verschiebungen in günstige Bereiche kommt, aber auch durch inhibitorisch wirksame Stoffe, die von Mikroorganismen (insbes. Milchsäurebakterien) gebildet werden und antagonistisch gegenüber verderbsfördernden Mikroorganismen wirken.
7. Entwicklung antimutagener Aktivitäten der Mikroorganismen (z. B. in → Miso oder → Tofu), indem Hefe- und Bakterienzellen, selbst noch nach Erhitzung, also als tote Zellen, die mit der Nahrung des Menschen aufgenommenen schädlichen chemischen Stoffe zu binden vermögen, wobei die Bindungskapazität der Mikroorganismenzellwände höher einzuschätzen ist als die des Cytoplasmas. → Spezialkulturen → Starterkulturen

Lebensmittelfolien → Lebensmittelumhüllungen

Lebensmittel für besondere medizinische Zwecke: eine Gruppe diätetischer Lebensmittel, die für die diätetische Behandlung von Patienten bes. verarbeitet oder formuliert sind und nur unter medizinischer Aufsicht verwendet werden dürfen. Sie sind für die ausschließl. oder teilw. Ernährung von Patienten mit eingeschränkter oder beeinträchtigter Fähigkeit gedacht, gewöhnliche Lebensmittel oder bestimmte darin enthaltende Nährstoffe aufzunehmen, zu verdauen, zu absorbieren oder umzusetzen. Sie können auch für Patienten in Frage kommen, die andere medizinisch bestimmte Nährstoffanforderungen aufweisen, deren Behandlung nicht durch eine Änderung der üblichen Ernährung alleine, durch andere diätetische Lebensmittel oder eine Kombination von beiden erfolgen kann. Zu dieser Gruppe der L.f.b.m.Z. zählen z. B. diätetische Lebensmittel, die zur Verwendung als Mahlzeit oder anstelle einer Mahlzeit oder als Tagesration für Übergewichtige bestimmt sind oder Lebensmittel für eine bilanzierte Diät. → Lebensmittel, zusammengesetztes für Diäten zur Gewichtskontrolle

Lebensmittel, garfertiges: industriell weitgehend vorbereitetes Lebensmittel, das unmittelbar einem Gar- bzw. Zubereitungsprozeß unterworfen werden kann. Entsprechend dem für das Produkt bevorzugt zur Anwendung kommende Garverfahren unterscheidet man kochfertige und bratfertige Lebensmittel. Je nach Art des Lebensmittels und der beabsichtigten Zubereitungsform kann das Vorbereiten ein Reinigen, Putzen, Zerlegen, Zerkleinern, Portionieren, Spicken, Füllen, Parieren, Dressieren, Entschuppen, Entgräten, Entbeinen, Panieren, Marinieren usw. umfassen. G. L. erleichtern Hausfrauen (-männern) und Köchen die Arbeit und vermindern in den Großküchen das hygienische Risiko, weil Schmutz und Mikroorganismen durch vorheriges Entfernen der damit behafteten Teile nicht mehr in den Küchenbereich eingeschleppt werden. Die industrielle Vorbereitung von Lebensmitteln gewinnt zunehmende Bedeutung als eine der wirksamsten Rationalisierungsmöglichkeiten der Großküchenarbeit. Das Sortiment an g. L. umfaßt i. e. S. geschälte Kartoffeln, Kartoffelhalbfabrikate (→ *Krokettenmehl* → *Kartoffelkloßmehl, blanchierte Pommes frites),* geputztes Gemüse, Gemüsegefrier-, Steril- und Trockenkonserven, portioniertes Schlachtfleisch, ausgenommenes und dressiertes Geflügel, Fischfilet, Fischstäbchen, Fischsticks, Kuchenteigmischungen und i. w. S. auch *Instanterzeugnisse.* Die angewandten Konservierungsformen und Verpackungsmittel sind außerordentlich vielfältig, und somit ist auch die Haltbarkeitsgrenze sehr unterschiedlich. → Speise, tischfertige → Speise, verzehrsfertige → Lebensmittel, vorgefertigtes

Lebensmittel, glutenfreies: für die Ernährung von Patienten mit Zöliakie und Sprue bestimmtes → diätetisches Lebensmittel, das keine Bestandteile von Weizen, Roggen, Gerste oder Hafer enthalten darf. Aus dem normalen Sortiment sind Nährmittel aus Reis, Mais, Hirse, Buchweizen, Hülsenfrüchten und Kartoffeln glutenfrei, hinzu kommen die sog. → Pseudogetreidearten, wie → Körneramarant → Kiwicha → Perureis → die sich für eine glutenfreie Ernährung anbieten. Aufgrund der weitreichenden Verwendung von Weizenkleber (Gluten) als sog. *Pflanzeneiweißzusatz,* der bei einem Anteil unter 25 % im Erzeugnis nicht deklarationspflichtig ist, sollten glutenempfindliche Personen nur nach Befragung auf neue, unbekannte Lebensmittelkombinationen (zu denen auch Gewürzzubereitungen zählen) zurückgreifen. → Kleber → Mehlfrucht → glutenfreie Teigwaren → glutenfreie Backwaren → Diätbrot

Lebensmittelgranulat, *Lebensmittel, agglomeriertes, Lebensmittel, granuliertes, Nahrungsmittelgranulat:* Granulatkörner, von asymetrischer Form und mit unebener, zackiger Oberfläche, die in ihrer Gesamtheit eine mehr oder weniger poröse Masse ergeben. Durch die feuchte (*Agglomeration*) oder trockene (*Aggregierung*) Granulation von Pulverteilchen wird eine Verkleinerung der gesamten Oberfläche aller Pulverteilchen erzielt, wodurch deren Adhäsionskraft vermindert wird. Gleichzeitig wird eine Erhöhung der Haftfähigkeit der einzelnen Teilchen durch das rein mechanische „Ineinanderkerben" und „Ineinanderschachteln" der Granulatkörner auf Grund ihrer zackigen Oberfläche erreicht. Vor jeder Granulierung muß die betr. Substanz fein pulverisiert werden (sei es durch mechanische Zerkleinerung oder z. B. Sprühtrocknung). Die *feuchte* Granulierung wird z. B. bei der Herstellung von *Kaffeegranulat,* die *trockne* z. B. zur Herstellung von *Brause-*

tabletten angewandt (→ Komprimat). Vielfach bilden Granulatkörner überhaupt erst die Vorstufe zur Herstellung von Komprimaten, Preßlingen, Tabletten. → Pulver → Lebensmittelpulver, schnellösliches → Reisgranulat

Lebensmittel, granuliertes → Lebensmittelgranulat → Instantpulver

Lebensmittel, hochdruckbehandeltes, *Hochdrucklebensmittel:* Lebensmittel, das unter Anwendung von hohem hydrostatischem Druck haltbar gemacht ist. Unter hohem Druck werden lösliche und biologisch aktive Substanzen in einen unlöslichen oder inaktivierten Zustand versetzt, wodurch Mikroorganismen und Enzyme abgetötet werden, das Eiweiß zum Koagulieren und die Stärke zum Gelatinieren kommt, und die Struktur entsprechend verändert wird. Das Verfahren der Hochdruckbehandlung mit bis zu mehreren Tausend Atmosphären Druck wurde in Japan entwikkelt, wo auch bereits entsprechende Erzeugnisse auf dem Markt sind: z.B. *Hochdruckmarmelade,* die ohne jegliche Hitzebehandlung hergestellt wurde, so daß Farbe und Aroma weitgehend erhalten blieben. Ferner gibt es lange haltbare Zitrussäfte und andere Getränke, während eiweißreiche Produkte, wie Fleisch-, Fisch- und Milcherzeugnisse noch in der Erprobung stehen.

Lebensmittelhygiene: 1. Gesamtheit von Bedingungen, Verhaltensweisen und Maßnahmen, durch welche die gesundheitliche Unbedenklichkeit und der einwandfreie Zustand von Lebensmitteln in allen Stufen des Herstellens, Behandelns und Inverkehrbringens sichergestellt werden. Maßnahmen zur Sicherstellung der L. sind z.B. Auswahl der Rohstoffe, Kontrolle der Betriebshygiene, Einhaltung von Temperatur-Zeit-Relationen, Vermeidung und Verhinderung nachteiliger Beeinflussungen. Die Maßnahmen beinhalten zugleich die erforderlichen Voraussetzungen zur Sicherstellung der L., wozu u. a. geeignete Räume und Ausrüstung sowie Personalhygiene gehören. **2.** wissenschaftliche Disziplin zur Erforschung und Lehre der Wechselbeziehungen zw. der gesundheitlich unbedenklichen, einwandfreien Beschaffenheit von Lebensmitteln, dem menschlichen Organismus und dem Wohlbefinden des Menschen. Weiterhin gehören zum Aufgabengebiet Entwicklung von Methoden zur Erkennung von Schadstoffen in Lebensmitteln und Methoden zur Vermeidung von unhygienischen Bedingungen und Zuständen.

Lebensmittel-Imitationsprodukte: neuartige Lebensmittel, die herkömmlichen in ihrem äußeren Erscheinungsbild und in ihrem Gebrauchswert gleichen bzw. noch übertreffen, aber aus anderen Rohstoffen, in der Regel billigeren, hergestellt worden sind. Als illegale (!) Vorläufer der L. können die früher als → nachgemachte Lebensmittel bezeichneten Produkte jedoch nur bedingt bezeichnet werden. Die Zielsetzung des Nachmachens war der Betrug, die Zielsetzung der Imitation ist neben der Ausnützung nichtherkömmlicher Nahrungsquellen die Gewinnung von Lebensmitteln mit einer besseren Bekömmlichkeit und einem größerem gesundheitlichen Wert. Imitiert werden vorzugsweise Milch- und Fleischerzeugnisse, bei denen die tierischen Eiweiße durch pflanzliche, vor allem Sojaeiweiß und Eiweiße anderer Ölsamen, ersetzt sind und tierische Fette ebenfalls durch pflanzliche, insbes. durch partiell hydrierte (gehärtete) Pflanzenöle. Da es nicht immer leicht ist, mit den anders gearteten pflanzlichen Rohstoffen die gewünschten Gebrauchs- und Genußwerteigenschaften zu erzielen, ist die Anwendung von → Lebensmittelzusatzstoffen, insbes. von → Emulgatoren → Lebensmittelfarbstoffen → Aromastoffen → Stabilisatoren, oft unumgänglich. Das erfordert eine ausreichende Kenntlichmachung der stofflichen Zusammensetzung der L. Diese Kenntlichmachung unterscheidet L. lebensmittelrechtlich grundsätzlich von den → nachgemachten Lebensmitteln. → Imitationsmilchprodukte

Lebensmittel, irreführend bezeichnetes: Kennzeichnung oder Aufmachung eines Lebensmittels mit der Absicht, den Käufer darüber zu täuschen, was wirklich unter dieser Bezeichnung angeboten wird. So läge eine irreführende Bezeichnung vor, wenn z.B. Seelachsschnitzel (Lachsersatz) als Lachsschnitzel gekennzeichnet würden.

Lebensmittel, kochfertiges → Lebensmittel, garfertiges

Lebensmittel, kochsalzarmes → Lebensmittel, natriumarmes

Lebensmittel, kochsalzreduziertes → Lebensmittel, kochsalzvermindertes

Lebensmittel, kochsalzvermindertes, *Lebensmittel kochsalzreduziertes*, *Lebensmittel, natriumreduziertes, Lebensmittel, natrium vermindertes:* ein normales, kochsalzhaltiges Lebensmittel für das aus gesundheitspolitischen Gründen ein Natriumhöchstwert festgelegt ist. Da bestimmte Lebensmittel, wie Backwaren, Wurst, Fertigerzeugnisse und Käse einen rel. hohen Kochsalzgehalt aufweisen, sind Regelungen getroffen worden, um den Normalverbraucher an eine allmähliche Reduzierung der Kochsalzaufnahme heranzuführen. Zu diesem Zweck ist in der neuen Nährwertkennzeichnungsverordnung von 1988 neben die bisherige Deklaration „natriumarm", „streng natriumarm" die Bez. „natriumreduziert" bzw. „kochsalzvermindert" getreten. Diese dürfen zur Kennz. benutzt werden, wenn die Salzgrenzwerte, bezogen auf den Natriumgehalt in mg eines verzehrsfertigen Lebensmittels (s. Tab. nächste Spalte) eingehalten werden.

Höchstgehalte an Natrium von Lebensmitteln

	Natriumgehalte in mg pro 100 g von verzehrsfertigen Lebensmitteln	
	natriumreduziert	handelsüblich
Brot, Kleingebäck, sonstige Backwaren	250	380-569
Feinbackwaren	250	31-387
Fertiggerichte, fertige Teilgerichte	250	–
Suppen, Brühen, Soßen	250	936 (klare Suppe)
Erzeugnisse aus Fischen, Krusten-, Schalen- und Weichtieren	250	23-2120
Kartoffeltrockenerzeugnisse	300	450 (Kartoffelchips)
Käse und Erzeugnisse aus Käse	450	800-1520
Kochwürste	400	700- 800
Brühwürste und Kochpökelwaren	500	700- 800

Lebensmittelkontaminanten: Stoffe, die in oder auf Lebensmittel gelangen, unbeabsichtigt dort verbleiben und die nicht dazu bestimmt sind, vom Menschen aufgenommen zu werden. L. sind die zahlenmäßig größte Kategorie von → *Lebensmittelverunreinigungen,* die mehr oder weniger toxisch - mitunter sogar hochtoxisch - und dadurch charakterisiert sind, daß es sich um chemisch definierte (jedoch nicht immer chemisch einheitliche) Substanzen von molekularer Partikelgröße handelt. L. sind ihrem Wesen nach → *Fremdstoffe* und als solche in Lebensmitteln unerwünscht, jedoch nicht immer vermeidbar. Wie andere Lebensmittelverunreinigungen können sie sehr verschiedenen Ursprungs sein: Einige sind rein synthetischer Natur (chlorierte Kohlenwasserstoffe, Pestizidrückstände), andere sind ungewollte Nebenerzeugnisse der Verbrennung fossiler Energieträger (kanzerogene polybenzoide Kohlenwasserstoffe, die bis vor einiger Zeit noch als kanzerogene Polyaromaten bezeichnet wurden), Produkte der Aktivität anderer, mit dem Menschen um die Nahrungsmittel konkurrierender Lebewesen (von Pilzen und Bakterien gebildete Toxine) sowie Nebenprodukte herkömmlicher und moderner Lebensmittelherstellungs- und behandlungsverfahren (Sekundärprodukte). In vielen Fällen sind sie „normale" Lebensmittelbestandteile, die von Natur aus in Lebensmitteln enthalten sind, und werden erst bei Auftreten in höheren Konzentrationen als den naturgegebenen zu L. bzw. Fremdstoffen.

Dazu gehören die toxischen Schwermetalle → *Quecksilber* → Blei → und → *Cadmium* → *Arsen Fluorid,* bestimmte → *Radionuklide* → Nitrat → Nitrit, und → *Nitrosamine.* Oft ist nicht das prinzipielle Auftreten eines L. in Lebensmitteln neuartig, sondern die Erkenntnis, daß er darin vorkommt. Bei sorgfältiger Herstellung bzw., Gewinnung von Lebensmitteln treten L. nur in geringen, gesundheitlich unbedenklichen Konzentrationen in der Nahrung auf. Zum Schutze des Verbrauchers sind überall höchstzulässige Grenzkonzentrationen (Grenzwerte, Toleranzen) gesetzlich vorgeschrieben, deren Einhaltung von staatlichen Kontrollorganen überwacht werden. → Schwermetalle, toxische → Schadstoffe

Lebensmittel, konventionelles: Bez. für in herkömmlicher Weise produziertes, verarbeitetes, verpacktes Lebensmittel gemäß Lebensmittelgesetz.

Lebensmittelkrem → Krem

Lebensmittel mit reduziertem Energiewert, *brennwertreduziertes Lebensmittel, Lebensmittel mit reduziertem Brennwert, energiereduziertes Lebensmittel:* Lebensmittel, das infolge der Auswahl der verwendeten Rohstoffe, durch seine Zusammensetzung oder bes. Be- oder Verarbeitungsmaßnahmen einen gegenüber vergleichbaren Lebensmitteln verminderten Energiewert aufweist. Der zu unterschreitende Betrag hängt von der Art des Lebensmittels ab. Die erforderliche Mindesthöhe s. Tab.

Die Energiereduktion darf die Sensorik nicht beeinflussen und den Gehalt an Vitaminen, Mineralstoffen und Eiweiß nicht wesentlich senken. Die L. m. r. E. erlangen eine ständig wachsende Bedeutung, da sie dazu beitragen sollen, der bes. in vielen Industriestaaten beobachteten Überernährung weiter Bevölkerungskreise entgegenzuwirken. Bei einem Umsatz von 1.596 Mill. DM bei L.m.r.E. entfielen geldwertmäßig 1989 in den alten Bundesländern 20% auf Fruchtsäfte, 16% auf Margarine, 11% auf Fruchtjoghurt, 25% auf Erfrischungsgetränke, 3% auf Bier, 6% auf Frischkäse, 2% auf Schokoladenerzeugnisse, 2% auf Fertigpuddings, 3% auf Fertiggerichte, 3 % auf Konfitüren, 4% auf Fruchtquark und 5% auf Schmelzkäse.

Energiereduzierte Lebensmittel (Mindestenergiereduktion)

Erzeugnis	Energiewertreduktion um mind.
Koch-, Back- u. Streichfette	40 %
Mayonnaisen und Remouladen	50 %
Alkoholfreie Erfrischungsgetränke	40 %
Marmeladen, Konfitüren	25 %
Speiseeis	15 %
Alle übrigen Lebensmittel	20 %

Lebensmittel, nachgeahmtes: Lebensmittel, das in seinem äußeren Erscheinungsbild einem herkömmlichen, dem Verbraucher vertrauten und von ihm begehrten Lebensmittel ähnlich gemacht ist, für das aber ganz andere (gewöhnlich leichter zugängliche und darum auch billigere) Rohstoffe als die üblichen eingesetzt werden. Das Nachahmen von Lebensmitteln ist verboten, wenn es in betrügerischer Absicht geschieht und der Verbraucher über die Herkunft bzw. Zusammensetzung eines solchen Lebensmittels getäuscht bzw. im unklaren gelassen wird. Es ist dagegen nicht verboten, wenn auf diese Weise neuartige Produkte mit u. U. sogar besseren Gebrauchseigenschaften entstehen, die aber als neue Produkte erkennbar sein müssen. Ein klassisches Beispiel dafür ist die Margarine. Sie ist eigentlich eine nachgemachte Butter und wurde nach diesem Vorbild 1867 von dem französischen Chemiker *Mege-Mouriès* auf Wunsch *Napoleons III.* entwikkelt, der für seine Armee ein haltbares und streichfähiges Fett haben wollte. Die Margarine, die damals noch aus Rindertalg hergestellt wurde und die Bez. Kunstbutter erhielt, ist inzw. längst ein eigenständiges Lebensmittel geworden, das gleichwertig neben der Butter steht, ihr in mancher Hin-

sicht sogar vorgezogen wird, weil ihre Fettzusammensetzung mit einem bestimmten Anteil an pflanzlichen Fetten ernährungsphysiologisch günstig ist.
Die deutsche Lebensmittelgesetzgebung ist bemüht, Verwechslungen vorzubeugen. Um auch dem Nichtfachmann eine Unterscheidung von Margarine und Butter schon vom äußeren Erscheinungsbild her möglich zu machen, durfte Margarine früher nur in Würfelform mit einer „warnenden" roten Banderole versehen abgegeben werden, während Butter in den bekannten ziegelsteinförmigen Abpackungen in den Handel kam, und die Handelsnamen für die Margarinesorten durften nichts enthalten, was eine sprachliche Verbindung zu Butter herstellt. Die eine Vorschrift – die Namensgebung betreffend – wurde vielfach durch Weglassen stummer Konsonanten wie des „H" in Sahne oder Rahm sowie durch „Lautverschiebung" von „U" nach „O" in Butter relativiert, und die andere Vorschrift - die Einhaltung der Würfelform - mußte mit der Einführung fettreduzierter Margarinesorten aus technischen Gründen gelokkert werden, so daß jetzt eine Abfüllung in runden Polyethylenbechern üblich ist. Mit Einführung des EG-Lebensmittelrechts werden diese Vorschriften ohnehin wegfallen. Umso größere Bedeutung wird der ausreichenden Kennz. und Charakterisierung der Lebensmittel auf ihrer Verpackung und nicht zuletzt einer höheren Sachkenntnis des Verbrauchers zukommen. Das gilt insbes. auch für → Lebensmittel-Imitationsprodukte. → Imitationsmilchprodukte

Lebensmittel, natriumarmes, *kochsalzarmes Lebensmittel, natriumarmes Nahrungsmittel, kochsalzarmes Nahrungsmittel:* ein → diätetisches Lebensmittel, das durch einen niedrigen Gehalt an Natrium gekennzeichnet ist. *N. L.* dürfen im verzehrsfertigen Zustand nicht mehr als 120 mg Natrium in 100 g (0,12 %), *streng n. L.* nicht mehr als 40 mg in 100 g (0,04 %) enthalten. Sie werden als diätetische Lebensmittel gekennzeichnet und müssen außer der Bez. „natriumarm" bzw. „streng natriumarm" die Angabe des Natriumgehaltes in mg je 100 g des Erzeugnisses auf der Verpackung tragen. Als natriumreich oder -hoch betrachtet man Lebensmittel mit mehr als 400 mg Natrium in 100 g. → Backware, natriumarme

Lebensmittel natriumreduziertes → Lebensmittel kochsalzvermindertes

Lebensmittel natriumvermindertes → Lebensmittel kochsalzvermindertes

Lebensmittel, naturbelassenes: Lebensmittel, das in seiner natürlichen Substanz unverändert ist. Es handelt sich um eine Zustandskennz., vornehmlich für rohe pflanzliche Lebensmittel oder daraus gewonnene Extrakte, um deutlich zu machen, daß die während des Wachstums erreichte stoffliche Ganzheit weder durch chemische, physikalische oder mechanische Behandlung verändert worden ist. Temperaturanwendungen über 40°C zum Zwecke der Haltbarkeitserhöhung oder Ausbeutesteigerung (z. B. bei pflanzlichen Ölen) verdienen diese Bez. nicht. *Naturbelassen* dient zur Kennz. eines durch menschliche Eingriffe nicht veränderten, gewachsenen Zustandes und ist gleichbedeutend mit *echtem,* unveränderten – im Sinne von *unverfälschtem-Naturprodukt;* nicht einbezogen sind mögliche Veränderungen, die während des Wachstums durch intensive Anbaumaßnahmen, Züchtung usw. ausgelöst werden.

Lebensmittel, naturnah produziertes: Lebensmittel, das nach den Regeln der Natur bzw. deren Bedingungen berücksichtigend, hergestellt wird. Die Erzeugung kann sich auf bestimmte Formen des Anbaus (z. B. → Lebensmittel aus kontrolliert-ökologischen Anbau), aber auch auf die Herstellungsweise bestimmter Produktgruppen beziehen (z. B. → Gemüse, milchsaures).

Lebensmittel, naturreines: Lebensmittel, dessen von Natur aus gegebene stoffliche Zusammensetzung weder durch Zusatz noch durch Entzug von Inhaltstoffen verändert ist, z. B. naturreiner Saft. Schonende technische Behandlung ist möglich, sofern sie ohne Einfluß auf die stoffliche Zusammensetzung bleibt. Nach einem Urteil des Bundesverwaltungsgerichts vom 12. 2. 1987 dürfen Werbeaussagen, wie *naturrein* oder *frei von Rückständen* nicht bei Lebensmitteln angewandt werden, sobald sie auch nur kleinste Mengen von Rückständen enthalten, die auf allg. Kontamination aus der Umwelt zurückzuführen sind. Der Begriff *naturrein* beschreibt lediglich den Zustand oder die Beschaffenheit eines Lebensmittels nicht seine Herstellungsweise.

Lebensmittel, neues, *Lebensmittel, neuartiges, Novel Food:* Sammelbegriff für L., die aus neuartigen Rohstoffen, aus ernährungswissenschaftlichen optimalen Kombinationen herkömmlicher Rohstoffe und/oder neuartigen Technologien hergestellt werden. Der Begriff n. L. bezieht sich vorwiegend auf *neue Eiweißnahrungsmittel (NEN),* vorwiegend aus Leguminosen-, Ölsamen- und Ölsaatenprotein (z. B. Baumwollsaat-, Puffbohnen-, Soja- oder Rapsprotein), in Mehlform (z. B. → Kindernährmittel) oder in Form strukturierter und texturierter Erzeugnisse. Unter *Strukturierung* wird die Überführung von Proteinen in makromolekulare Ordnungszustände unter Ausbildung bestimmter *faser-* oder *gelartiger Strukturen (Strukturate* bzw. *Proteinstrukturate)* und unter *Texturierung* die Überführung von Strukturarten (Fasern, Gele und andere Zustandsformen) vorwiegend unter Verwendung von → Hydrokolloiden in komplexe Systeme von gewünschter Textur *(Texturate* bzw. *Proteintexturate)* verstanden. Zu den n. L. gehören auch gentechnisch veränderte Lebensmittel. Hierzu wird noch ein Verfahren entwickelt, das den gesundheitlichen Schutz des Verbrauchers sicherstellt und ihn ausreichend informiert. → Lebensmittel, simuliertes → Nutzpflanzen, transgene

Lebensmittel, nostalgisches: L., dessen Nachfrage bzw. Bedarf im Zuge der seit den 70iger Jahren gewachsenen Nostalgiewelle (Sehnsucht nach Vergangenem bzw. Rückwendung auf Vergangenes bei Mode, Kunst, Weltbildern und Lebensführung, Ideal vom einfachen Leben) überraschend gestiegen ist, was sich auf Einbußen an entscheidenden Qualitätskriterien (biologischer Vollwert, Aromafülle, natürliche Frische u. a.) als Folge der in vielen Bereichen der technischen Produktion oft zu weit gegangenen Uniformierung zurückführen läßt. Symptomatisch dafür ist das Beispiel Apfel. Das ursprüngliche Angebot von etwa 200 verschiedenen Apfelsorten war im Laufe der Zeit auf etwa 10 lager- transport- und handelsverträgliche, grobschalige, festfleischige, rel. säurearme, eher fadschmeckende meist ausländische Sorten zusammengeschmolzen. Diese und ähnliche Entwicklungen führten zu einer Änderung im Verbraucherverhalten unter Rückbesinnung auf altherkömmliche, aromareiche, nicht zu große, zartfleischige, vitaminreiche Sorten, im Extremfall aus dem Streuobstbau (weil ungespritzten Früchten) und damit auf mehr → naturbelassene Früchte. So feiern altbewährte Sorten auf vielen Gebieten des Pflanzenbaus, einschließlich → Wildgemüse sowie alte Konservierungsmethoden eine unerwartete Renaissance. Hierzu zählen z. B. → *Bocksbart* → Buchweizen → Cidre → Dinkel → Elsbeere → Flaschenkürbis → Gänsefuß → Gemüse, milchsaures → Goldwurzel → Grünkern → Holunder → Jambaraps → Knöterich → Kiwicha → Körneramarant → Kornelkirsche → Kresse → Labpflanzen → Lattich → Lebensmittel, fermentiertes → Löffelkraut → Luzerne → Meerkohl → Melde → Meier → Mehlbeere → Müsli → Myrrhe → Pferdeeppich → Queller → Topinambur → Volkorngrieß → Weizengras → Wildreis → Winterportulak → Zichoriensalat → Zuckerwurz → Barbarakraut → Bärenlauch → Bluthirse

Lebensmittel, ökologisches → Lebensmittel, alternatives

Lebensmittel, pflanzliches: i. w. S. ein Drittel von den auf der Erde vorkommenden 350 000 Pflanzenarten, die eßbar sind. Genutzt werden gegenwärtig nur etwa 600 Arten, doch nimmt die analytische Tätigkeit zur Erschließung neuer Nahrungsquellen unter den Wildpflanzenarten (→ Wildkräuter) zu. I. e. S. *Getreide, Kartoffeln, Gemüse* und *Obst,* die in hochentwickelten Ländern etwa ein Drittel der Nahrungsenergie liefern, während weitere 8 % aus pflanzlichen Fetten und Ölen stammen.

Lebensmittel, phenylalaninfreies: durch bes. Verfahren von Phenylalanin befreites Lebensmittel. P. L. sind für die diätetische Behandlung der Phenylketonurie von Bedeutung, einer erblichen Stoffwechselstörung, bei deren Bestehen der Abbau des Phenylalanins in der Leber beeinträchtigt ist. P. L. stellen üblicherweise Eiweißhydrolysate dar, die eine ausreichende Versorgung mit den übrigen essentiellen Aminosäuren ermöglichen.

Lebensmittelpulver, schnellösliches → Instantpulver

Lebensmittelschaum, *Lebensmittel, aufgeschäumtes, Schaum, eßbarer:* ein Lebensmittel aus schlagfähigen bzw. schaumbildenden, hydratisierten pflanzlichen oder tierischen Proteinen in Form angehäufter Luftblasen, die durch das Aufschäumen der Eiweißflüssigkeit entstehen. Schaumbildende Stoffe haben die Fähigkeit, die Oberflächenspannung herabzusetzen und die beim Schlagen sich bildenden Luft- bzw. Gasblasen durch eine dünne Membran gegen die Flüssigkeit abzugrenzen. Je kleiner die Gasblasen sind, um so stabiler verhält sich der Schaum. Erhöhung der Schlagzeit führt zur Verkleinerung und homogenen Verteilung der Gasblasen. Je nach Dichte der Gasblasenlagerung befindet sich freie Flüssigkeit im Schaum, die ablaufen kann. Die Flüssigkeit kann auch kapillar oder in den Membranen festgehalten werden. Stoffe, die zur Erniedrigung der Oberflächenspannung des schlagfähigen Stoffes beitragen, zerstören den Schaum; hierzu zählen höhere Alkohole, Gewürze, Kleber, freie Fette usw.. Zu den klassischen eßbaren Schäumen zählen *Eischnee* bzw. Eiklarschnee aus Hühnereiklar und *geschlagene Sahne* aus Rahm. Neuerdings werden auch Mischpulver aus Pflanzenfetten, Milchbestandteilen und Emulgatoren, meist unter Zusatz von Vanillin und Zucker, zur Herstellung eingesetzt und unter der Bez. *Dessertschaum* gehandelt, der äußerlich von *geschlagener Sahne* kaum zu unterscheiden ist und ihr gegenüber einen niedrigeren Energiewert aufweist. Aufgeschlagene Schäume bleiben normalerweise nicht für längere Zeit standhaft, deshalb werden ihnen verschiedenartige Zucker, kaltlösliche Stärkearten, kaltlösliche → Hydrokolloide oder kaltlösliche Gelatine-Zuckermischungen zur Stabilisierung zugesetzt. Zu den L. zählen a) alle *Speiseeissorten* auf Milchbasis, b) *Schaumspeisen* aus Gelatine oder Milchprodukten, Fettemulsionen und Emulgatoren sowie c) *Schaumzuckerwaren. Weiche* Schaumzuckerwaren (*Baisers)* werden aus Zucker, Sirup, Eiklar, Speisegelatine oder Agar-Agar hergestellt und in weichem Zustand mit einer Waffelunterlage versehen; mit Zuckerguß oder Schokolade überzogen werden sie u.a. als *Negerkuß* bzw. *Mohrenkopf* bezeichnet. *Harte* Schaumzuckerwaren werden durch Trocknen in eine meist mit Ornamenten verzierte Form gebracht. *Elastische* Schaumzuckerwaren zählen zu den *weichen* Schaumzuckerwaren und enthalten keine Pflanzengummen; fälschlicherweise werden sie oft als *Gummizuckerware* bezeichnet. Ferner gehören zu den L. d) aufgeschäumte Desserts, z.B. *Schaumspeisen* als → Fertig-Desserts. → Aufschlagmittel

Lebensmittel, simuliertes, *Nahrungsmittel, simuliertes:* ein durch Verarbeitung bestimmter Ausgangsrohstoffe erzieltes Produkt mit Textur- und Geschmackseigenschaften eines herkömmlichen Lebensmittels ohne Nutzung des dafür erforderlichen konventionellen Grundrohstoffs. *Partiell s. L.* sind s. L. unter Einbeziehung des konventionellen Grundrohstoffs. *Kombinierte* Erzeugnisse bestehen aus konventionellen Grundstoffen unter Zusatz von s. L. oder partiell s. L. Die bisher bekannten Technologien zur Gewinnung von s. L. lassen sich im wesentlichen auf drei Prinzipien zurückführen, nach welchem *Proteinstrukturate* entweder durch *Verspinnung, Extrusion* oder *Präzipitation* von Proteinlösungen gewonnen und mittels Formung unter Wärme, Druck sowie Bindemittelzusatz zu *Proteintexturaten* aufbereitet werden. Daneben können gelartige homogene oder heterogene *Proteintexturate* ohne vorausgehende Struktuierung durch Bildung eines *kaubaren Gels* hergestellt, z.B. synthetischer *Kaviar,* oder aus faserigen Proteinstrukturaten durch Formung unter hohem Druck und bei hoher Temperatur gebildet werden. Zu den simulierten proteinhaltigen Lebensmitteln zählen z. B. Milch und Milcherzeugnisse (sog. fettarme *Kaffeeweißer,* fettarme Schlagsahne, sog. Dessertschaum) und fleischähnliche Erzeugnisse (Hackfleischmasse, Fleischextrakte, Frankfurter Würstchen → TVP usw.). Zu den traditionellen s. L. kann man Margarine, Kaffee-Ersatzmittel und z. B. Kunsthonig (Invertzuckercreme) sowie auf dem Teigwarensektor Kunstweizen zählen. → Lebensmittel, nachgeahmtes

Lebensmittelspray → Lebensmittelaerosol

Lebensmittel, strahlenbehandeltes: ein zum Zweck der Haltbarmachung mit inonisierenden Strahlen behandeltes Erzeugnis, dessen Herstellung und Vertrieb bislang in Deutschland verboten ist. Da bereits weltweit in über 30 Ländern die Bestrahlung von Lebensmitteln zugelassen ist, geht man davon aus, daß im Zuge der gesetzlichen Angleichung des deutschen an das EG-Recht, für den Bereich Grundnahrungsmittel die Bestrahlung ausgeschlossen bleibt, eine bestimmte Gruppe von Lebensmitteln jedoch für die Bestrahlung freigegeben wird. Diskutiert wird derzeit über folgende Erzeugnissse, die für diese Art von Lebensmittel-Konservierung möglicherweise zugelassen werden sollen: Trockenfrüchte, Gewürze, Hülsenfrüchte, getrocknete Gemüse, Getreideflocken, getrocknete aromatische Kräuter und Gewürze, vorbehandelte Garnelen, entbeintes Geflügelfleisch und Gummi arabicum. Folgende Lebensmittelbestrahlungen finden beispielsweise weltweit statt: Zur Keimverminderung von Kräutern in den USA, Frankreich, Belgien und den Niederlanden; zur Verhinderung des Auskeimens von Kartoffeln in Japan, Israel, Thailand und anderen Ländern; zur Verlängerung der Haltbarkeit von Erdbeeren in Argentinien und Chile; zur Keimzahlverminderung und Verlängerung der Haltbarkeit von Shrimps in den Niederlanden. Zur Bestrah-

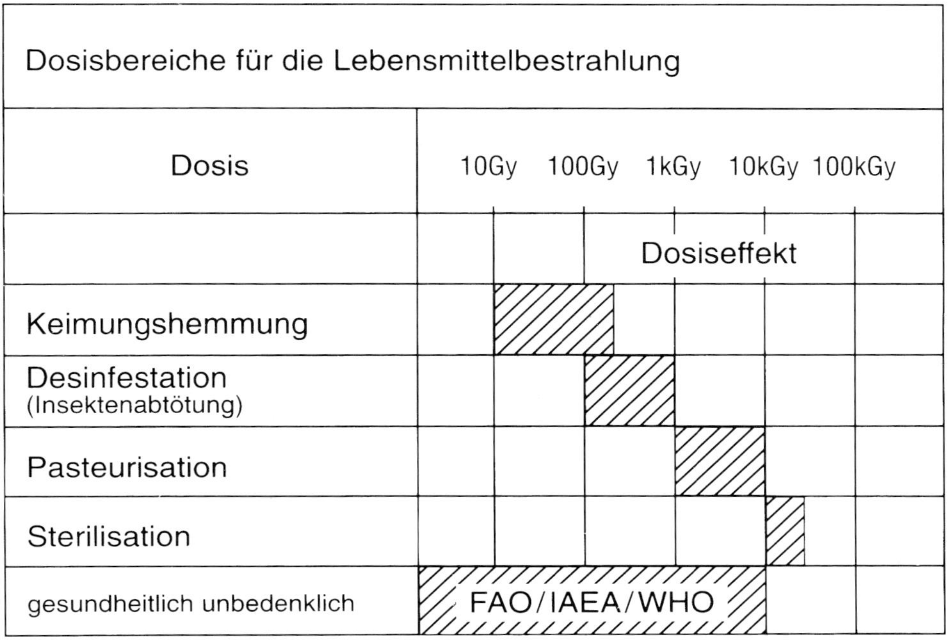

Anwendungsbereiche der Strahlenkonservierung und vorgeschlagener Zulassungsbereich

lung werden Beta- und Gammastrahlen verwendet. Letztere besitzen eine größere Durchdringungsfähigkeit, weil sie energiereicher („härter") sind. Ob die Lebensmittelbestrahlung bei entsprechend niedriger Dosierung unschädlich ist, bedarf der endgültigen Klärung. Eine schädigende Wirkung kann in Abhängigkeit von der Strahlendosis über die chemische Veränderung von Nahrungsinhaltsstoffen infolge Bildung ionisierter oder angeregter Moleküle erfolgen, die ihrerseits zu sehr reaktionsfähigen Substanzen (meist Radikale) zerfallen. Mikroorganismen werden über ihr genetisches System geschädigt. So können möglicherweise nicht nur unerwünschte Mikroorganismen abgetötet sondern auch nachteilige qualitative Veränderungen im Lebensmittel ausgelöst werden (z. B. Zerstörung von Aminosäuren, essentielle Fettsäuren, Vitamine oder Veränderung von Aussehen, Geschmack, Geruch und Konsistenz sowie die Entstehung toxikologisch bedenklicher Stoffe). Zur Aufklärung möglicher toxischer Langzeiteffekte sind drei Kriterien maßgebend: wirken s. L. kanzerogen, teratogen (anormale Entwicklungen in Föten auslösend) oder/und mutagen (genetische Veränderungen, Gewebsschäden und Sterilität auslösend).

Anwendungsbereiche der Lebensmittelbestrahlung:

Ziel	Dosierbereich [*kGy* *(Kilo Gray)*]
Reifungshemmung bei Früchten	0,1– 1
Insektenbekämpfung in Getreide, Getreideprod. u. Trockenfrüchten	0,3– 1
Bekämpfung von Parasiten, pathogenen Organismen u. Mikroorganismen	0,1– 8
Keimreduktion bei Fleisch, Fisch, Gemüse u. Früchten	0,4– 10
vollständige Entkeimung von Lebensmitteln	10– 50
Keimungshemmung bei Zwiebeln, Kartoffeln u. Knoblauch	20–150

Lebensmittel, streng natriumarmes → Lebensmittel natriumarmes

Lebensmittelsurrogat, *Ersatzlebensmittel, Lebensmittelersatz, Surrogat:* ein Ersatzstoff oder Ersatzmittel, der (das) dazu bestimmt ist, in Verbindung mit dem Namen eines bestimmten Lebensmittels als dessen Ersatz, Behelf oder als Zusatz zu ihm zu dienen. Die Herstellung von L. ist genehmigungspflichtig und unterliegt somit gesetzlichen Regelungen, wie das z. B. bei den bekanntesten L., den → Kaffee-Ersatzmitteln oder → Zitronat-Surrogat (aus grünen Tomaten), der Fall ist. Werden z. B. Gewürzsurrogate, ohne Genehmigung und entsprechende Kennzeichnung produziert, so handelt es sich um Verfälschungen. → Gewürzersatz → Pfefferersatz → Ingwersurrogat → Piment → Verfälschen

Lebensmitteltoxine → Giftstoffe in pflanzlichen Lebensmitteln → Giftstoffe in tierischen Lebensmitteln → Mykotoxine → Pilzgifte

Lebensmittelumhüllungen: Sammelbez. für Hüllmaterialien, die unmittelbar mit Lebensmitteln in Berührung kommen und diese vor Austrocknung, Aromaverlust und von außen wirkenden schädlichen Einflüssen schützen sollen, selbst aber keine gesundheitlich bedenklichen Stoffe, wie Weichmacher, Farbstoffe u. a. an die Lebensmittel abgeben können. Man unterscheidet eßbare L. (z. B. Wursthüllen, Naturdärme → Gelatine, → Alginsäure → Alginate → Ethylcellulose), L., die vor dem Verzehr entfernt werden aus Papier, Pappe, Kunststoffen und Metallfolien (→ Verpakkung) sowie sogenannte Schrumpffolie z. B. für Brot, Geflügel, Fleisch und Fischwaren, die ebenfalls vor dem Verzehr oder der Verarbeitung entfernt wird. Die Schrumpffolien sind kalt, mono- oder biaxial gestreckte thermoplastische Kunststoffolien z. B. auf der Grundlage von Polyethylen, Polyvinylchlorid, Polyethylenterephtalat, die sich bei warmer Behandlung wieder auf ihr ursprüngliches Flächenmaß zusammenziehen und damit fest auf dem Verpackungsgut aufliegen.
Um alle Anforderungen an eine L., wie Aromadichtigkeit, Wasserdampf- und Lichtundurchlässigkeit, Fettdichtigkeit erfüllen zu können, werden zwei oder mehr Materialfolien, die sich in ihren diesbezüglichen Eigenschaften ergänzen, miteinander lagenweise verbunden (kaschiert). → Verpakkungsfilm

Lebensmittel, verdorbenes: durch natürliche oder willkürliche Einflüsse bei der Gewinnung, der Herstellung oder auch zu einem späteren Zeitpunkt nachteilig beeinflußtes Lebensmittel, so daß seine Verwendung für die menschliche Ernährung ausgeschlossen ist.

Lebensmittel, verfälschtes: Herstellung eines Lebensmittels mit dem Zweck, diesem den Anschein einer besseren Beschaffenheit zu geben. Dabei ist es gleichgültig, ob wertgebende Stoffe entzogen oder minderwertige Stoffe zugesetzt werden. So wäre z. B. ein Wein, der mit Wasser gestreckt würde, als verfälscht zu beurteilen. → Lebensmittel, nachgeahmtes

Lebensmittelvergiftungen: Erkrankungen des Menschen nach Genuß von Lebensmitteln. Dabei ist zw. L. bakteriellen und L. nichtbakteriellen Ursprungs zu unterscheiden. Die Mehrzahl der L. (60···90 %) sind bakteriellen Ursprungs. Bei den bakteriell bedingten L. unterscheidet man
a) lebensmittelbedingte Infektionen durch → Salmonellen oder → Shigellen;
b) lebensmittelbedingte Intoxikationen durch → *Clostridium botulinum* oder → Staphylokokken;
c) lebensmittelbedingte Erkrankungen durch massive Verunreinigung mit fakultativ pathogenen Keimen, wie → *Clostrídium perfríngens, Bacíllus céreus* (→ Bazillen), → Enterokokken, und
d) lebensmittelbedingte Erkrankungen unklarer Ätiologie durch Proteus (→ Proteusbakterien), → Coli, → Pseudomonas.

Lebensmittelverkehr: die gewerbsmäßige Gewinnung, Herstellung, Zubereitung, Be- und Verarbeitung, Abmessung, Auswägung, Verpackung, Aufbewahrung, Beförderung sowie das gewerbsmäßige Anbieten, Abgeben oder jedes sonstige gewerbsmäßige Behandeln von Lebensmitteln und ihren Roh-, Hilfs- und Zusatzstoffen einschl. des Wassers. Der Lebensmittelverkehr ist so zu gestalten, daß bei bestimmungsgemäßem Verzehr der Lebensmittel eine Schädigung der menschlichen Gesundheit ausgeschlossen ist. Dazu zählen der Ausschluß einer Beeinträchtigung durch Menschen, Tiere, Staub, Gerüche, Witterungs- oder andere Einflüsse und einer gegenseitigen nachteiligen Beeinflussung. Im einzelnen werden bestimmte Anforderungen gestellt an die persönliche Hygiene und die Hygienekleidung der im L. Beschäftigten, die Produktions-, Lager- und Verkaufsbedingungen und -ausstattungen, die Bedarfsgegenstände sowie an die Beschaffenheit der Räume, der Gebäude und des umliegenden Geländes. → Lebensmittelhygiene

Lebensmittelverunreinigungen: Sammelbegriff für eine große Zahl von Substanzen unterschiedlicher Herkunft und Beschaffenheit, deren Vorkommen in Lebensmitteln unerwünscht, aber nicht immer vermeidbar ist. Gewöhnlich haben L. gesundheitsschädigende Wirkungen und vermindern die Qualität von Lebensmitteln. Inwieweit damit behaftete Lebensmittel noch als genußtauglich, als bedingt genußtauglich oder schon als verdorben einzustufen sind, hängt hauptsächlich von der Art und der Menge der vorliegenden L. ab. Dem Laien ist eine sachgerechte Entscheidung nicht immer möglich, weil sich vorauszusehende Schadeffekte nicht immer aus abartigen Veränderungen von Geschmack, Geruch, Aussehen und äußerer Beschaffenheit eines Lebensmittels ableiten lassen. Einschätzung des hygienischen bzw. toxikologischen Status eines Lebensmittels ist nur mit Hilfe geeigneter chemischer, biochemischer und biologischer Untersuchungsmethoden möglich.
Außer den *mikrobiellen L.*, die nach Häufigkeit des Auftretens und nach gesundheitlicher Relevanz die bedeutendste Rolle spielen, verstand man früher unter L. vorwiegend größere *Schmutzpartikel* organischer oder mineralischer Natur, die mitunter schon mit bloßem Auge, auf jeden Fall aber unter dem Mikroskop wahrgenommen werden können. Bei diesen *L. im herkömmlichen Sinne* reicht die Skala von so relativ harmlosen und meist entfernbaren Schmutzpartikeln, wie Sandkörnchen und Erdbällchen, Holzsplittern und anderen Pflanzenteilchen auf Cellulosebasis, bis hin zu ausgesprochen abstoßend und Ekel erregendem Material tierischer Herkunft, wie toten Insekten, Teilen von diesen, Insekteneiern, Tierhaaren, tierischen Ex-

krementen, Hühnerembryonen u. ä., die ein Lebensmittel gänzlich ungenießbar machen. Diese gröberen Partikel werden oft auch als *Fremdkörper* bezeichnet. Seit dem 2. Weltkrieg werden in zunehmendem Maße, bedingt durch den allg. technischen Fortschritt, die angestiegene industrielle und landwirtschaftliche Produktion, die erweiterte Herstellung und Anwendung chemischer Erzeugnisse, darunter vieler neuartiger Stoffe, auch Substanzen in Lebensmitteln angetroffen, deren Partikelgröße nicht mehr im optisch wahrnehmbaren, sondern im molekularen Bereich liegt. Man bezeichnete diesen neueren Typ von L. zunächst als → *Fremdstoffe,* spricht aber heute besser von → *Lebensmittelkontaminanten*

Lebensmittel, vollwertiges, *Vollwertlebensmittel:* weitverbreitete, aber umstrittene Bez. für ein einzelnes Lebensmittel, das unter Verzicht auf entbehrliche technische Verarbeitung hinsichtlich seiner vielstofflichen Zusammensetzung, insbes. seines hohen Gehalts an essentiellen Inhaltsstoffen bzw. seiner Nährstoffdichte, möglichst unter umweltschonenden Anbaubedingungen, bei geringfügigster Schadstoffbelastung gewonnen wird und eine optimale ernährungsphysiologische Qualität aufweist. Da ein einzelnes Lebensmittel (außer Muttermilch, zumindest für eine bestimmte Zeit) dem Organismus nicht alle benötigten Stoffe zuführen kann, sollte sich diese Definition nur auf Lebensmittelkombinationen bzw. Kostformen beziehen.

Lebensmittel, vorgefertigtes, *convenience food:* Lebensmittel, Speise, Lebensmittelzubereitung, die weitgehend küchenfertig vorbereitet oder tisch- oder verzehrsfertig sind und Vor- und Zubereitungsarbeit ersparen. Zu den v. L. gehören: → *garfertige Lebensmittel* → tischfertige Speisen, → verzehrsfertige Speisen, Instanterzeugnisse, Kurzkochspeisen, bes. auf Getreide- und Hülsenfruchtbasis, Kartoffelveredelungsprodukte, kalt quellende Nachtische auf Getreide- und Stärkebasis, fertige Teigmischungen, Trockenmüslis → Lebensmittelaerosole usw.. Der Einsatz von v. L. spart beim Anwender Energie, Zeit, Lagerplatz, Transportkosten und bei überwiegendem Einsatz beim Großverbraucher Gerät und Investitionskosten und erlaubt das Speisenangebot zu erweitern. Um eine Geschmacksverflachung zu vermeiden, sollten v. L. veredelt und zusätzlich individuell gewürzt werden.

Lebensmittel, zusammengesetztes für Diäten zur Gewichtskontrolle: ein diätetisches Lebensmittel, das, wenn es in tafelfertiger Form dargeboten oder den Gebrauchsanweisungen entsprechend zubereitet wird, als Ersatz für eine oder mehrere Tagesmahlzeiten dient. → Lebensmittel für besondere medizinische Zwecke

Lebensmittelzusatzstoffe, *Zusatzstoffe:* Stoffe, die Lebensmitteln bewußt zugesetzt werden, um mit ihnen einen bestimmten positiven Effekt (Verbesserung von Geschmack, Struktur, Haltbarkeit, Nährwert usw.) zu erzielen, und die mitgegessen werden. L. können natürlicher Herkunft (Vitamine, natürliche Farbstoffe, natürliche Aromastoffe u. a.) oder künstlich hergestellt sein (synthetische Farbstoffe, synthetische Aromastoffe, synthetische Süßungsmittel, Konservierungsstoffe u. a.). In letzterem Falle sind sie früher zu den → *Fremdstoffen* gerechnet worden, was gelegentlich auch heute noch geschieht.

Als chemische Substanzen, die auch eine gewisse biologische Aktivität haben können (z. B. Konservierungsstoffe, Antioxydantien und die (anders als Arzneimittel) im wesentlichen unkontrolliert mit der Nahrung in den menschlichen Organismus gelangen, unterliegen L. strengen gesetzlichen Regelungen und Kontrollen. L. müssen als erstes gesundheitlich unbedenklich sein, d. h. es dürfen sich auch bei lebenslanger täglicher Aufnahme keinerlei nachteilige Wirkungen auf die Funktionstüchtigkeit des menschlichen Organismus nachweisen lassen, bzw. die Mengen, die je Tag aufgenommen werden (oder können), müssen so gering sein, daß gesundheitsschädigende Wirkungen mit an Sicherheit grenzender Wahrscheinlichkeit auszuschließen sind. Die Menge eines L. oder auch eines seiner → Kontaminanten, die diesen Forderungen entspricht, wird gewöhnlich als *„Acceptable Daily-Intake"* (ADI) bezeichnet und in g bzw. mg je 1 kg KM und Tag ausgedrückt. Die Bestimmung oder Festlegung des *ADI-Wertes* ist sehr kostspielig und zeitaufwendig, denn die toxikologischen Experimente (Fütterungsversuche), die dafür notwendig sind, können nicht am Menschen, sondern müssen an Versuchstieren durchgeführt werden. Dazu muß die zu prüfende Substanz zahlenmäßig großen Gruppen von Versuchstieren in unterschiedlich hohen Dosierungen lebenslang, teilw. sogar über mehrere Generationen hinweg, mit dem Futter zugeführt werden, um die wirksame Dosis, bzw. bei kaum toxischen Substanzen, überhaupt eine schädliche Wirkung feststellen zu können. Die Dosis, welche im Tierversuch keinen nachteiligen Effekt verursacht hat (der *„No-adverse-effect-level"*), bildet dann unter Einbeziehung eines Sicherheitsfaktors, der vor allem biologische Unterschiede in der Ansprechbarkeit des tierischen und des menschlichen Organismus auf chemische Noxen kompensieren soll und der gewöhnlich gleich 100 gesetzt wird, die Grundlage für die Berechnung eines *ADI*-Wertes für den Menschen. Ein solcher kann nicht festgelegt werden, wenn ein *No-effect-level* nicht existiert oder tierexperimentell nicht feststellbar ist (gewöhnlich bei karzinogener Wirkung → *Delaney-Amendment).* Substanzen, die sich im Tierversuch als karzinogen erwiesen haben, dürfen nicht als L. zugelassen werden. Nach diesem Prinzip wird heute allg. verfahren, es wird allerdings nicht mehr so rigoros angewendet, wie in den ersten beiden Jahrzehnten nach Inkrafttreten der *Delaney-Klausel.* Man läßt Ausnahmen dann zu, wenn ohne den Einsatz eines solchen Zusatzstoffes das Gesundheitsrisiko noch größer wäre (Prinzip des kleinsten Risikos). Das ist z. B. bei Nitrit der Fall, das zwar selbst nicht karzinogen ist, sich aber mit natürlich vorkommenden sekundären Aminen und Amiden zu stark karzinogenen N-Nitrosoverbindungen umsetzen kann.

Außer einer toxikologischen Unbedenklichkeit müssen L. eine ausreichend hohe Wirksamkeit für den jeweiligen Anwendungszweck aufweisen. Schwach wirksame Konservierungsstoffe, synthetische Süßungsmittel usw. werden auch dann nicht zugelassen, wenn sie toxikologisch völlig unbedenklich sind, weil sie Lebensmitteln in verhältnismäßig hohen Dosen zugesetzt werden müßten und allein darin ein unkalkulierbares Gesundheitsrisiko gesehen wird. Die höchstzulässige Menge eines L. für ein best. Lebensmittel richtet sich auch nicht nach der toxikologisch höchstzulässigen Tagesaufnahmemenge (*ADI*-Wert), sondern nach dem, was bei Einhalten einer guten Herstellungspraxis („a good manufacturing practice") technologisch notwendig ist. In den meisten Fällen wird der *ADI*-Wert der zugelassenen L. nicht ausgeschöpft, sondern liegt bei einem Zehntel, einem Hundertstel oder noch weiter darunter. In einigen Fällen ist es nicht einmal nötig, solche *ADI*-Werte festzulegen, weil Überdosierungen aus technologischen Gründen nicht zu erwarten sind (z. B. bei synthetischen Farbstoffen). Wichtig ist, daß die in der Praxis angewendeten L. den Identitäts- und Reinheitsanforderungen entsprechen, die für sie im Zusammenhang mit ihrer lebensmittelrechtlichen Zulassung verbindlich festgelegt worden sind. Auch ein toxikologisch unbedenkliches Erzeugnis kann zu einem Gesundheitsrisiko werden, wenn es toxische Verunreinigungen (Nebenprodukte, Lösungsmittelreste, Schwermetallspuren usw.) enthält. Für manche physiologisch unbedenkliche L. ergibt sich ein niedriger *ADI*-Wert allein aus der Tatsache, daß in ihm technisch unvermeidbare Rückstände toxischer Verunreinigungen vorhanden sind (z. B. bei Saccharosefettsäureestern). Ähnliches trifft für die chemische Identität eines L. zu: Wenn eine Verbindung nicht die gleichen strukturellen Merkmale (Polymerisationsgrad, Substitutionsgrad u. ä.) aufweist wie der L., der geprüft und zugelassen worden ist, können seine toxikologischen (und auch technologischen) Eigenschaften erheblich abweichend sein.

L können nach verschiedenen Gesichtspunkten eingeteilt werden; am häufigsten nach ihrer Wirkungsweise bzw. ihrem Bestimmungszweck in

a) Stoffe mit chemischer Wirkung: → Konservierungsstoffe → Antioxydantien → Synergisten → Komplexbildner → Trübungsmittel → Alterungsmittel → Bleichmittel u. ä..

b) Stoffe mit physikalischer Wirkung: → Lebensmittelfarbstoffe → Emulgatoren → Stabilisatoren →

Aufschlagmittel → Dickungsmittel → Feuchthaltemittel → Überzugsmittel → Trennmittel → Trägerstoffe → Gleitmittel u. a..
c) Stoffe mit geruchlicher und geschmacklicher Wirkung: → Aromastoffe → Süßungsmittel → Säuerungsmittel → Geschmacksverstärker, Abrundungsstoffe (→ Edelbrand)
d) Stoffe zur Verbesserung des Nährwertes: → Vitamine → Mineralstoffe → Aminosäuren, diätetisch wirkende Stoffe (→ Diätlebensmittel) → Füllstoffe.
Außer den L. i. e. S. gibt es eine Reihe von Stoffen, die der Definition (bewußt zugesetzt und mitverzehrt zu werden) nicht entsprechen, die aber – um sie juristisch erfassen und einordnen zu können – den L. lebensmittelrechtlich gleichgestellt sind. Dazu gehören die → *technischen Hilfsstoffe* und die Stoffe, die im Verlaufe technologischer Prozesse infolge Umwandlung lebensmitteleigener Inhaltsstoffe als → *Sekundärprodukte* entstehen, die also nicht zugesetzt, aber dennoch mitverzehrt werden. Toxikologisch relevante Sekundärprodukte können sowohl bei herkömmlichen als auch bei modernen physikalischen Behandlungsverfahren entstehen (z. B. → *Lysinoalanin* bei der thermischen Behandlung von Eiweißstoffen, Fettoxydations- und Polymerisationsprodukte beim Fritieren, Abbauprodukte bei der Behandlung mit ionisierenden Strahlen). Eine zunehmende Bedeutung erlangen *„indirekte" L.*, die Lebensmitteln nicht direkt, sondern indirekt über das Futter von Nutztieren zugesetzt werden, um in deren Produkten zu erscheinen, so z. B. orangegelbe Farbstoffe im Hühnerfutter zur intensiven Färbung des Eidotters, Rückstände von Tierbehandlungsmitteln in Erzeugnissen tierischer Herkunft (→ Kontaminanten.). → Schadstoffe

Lebensmittelzusatzstoffe, indirekte → Lebensmittelzusatzstoffe

Lebenswurzel → Ginseng

Leber, *Hepar* (lat.) (Bild): lebenswichtiges, hinter dem Zwerchfell liegendes Organ, das an zahlreichen enzymatisch sich vollziehenden Vorgängen des Zwischenstoffwechsels wesentlich beteiligt ist. Die L. besteht zu etwa 70 % aus Enzymprotei-

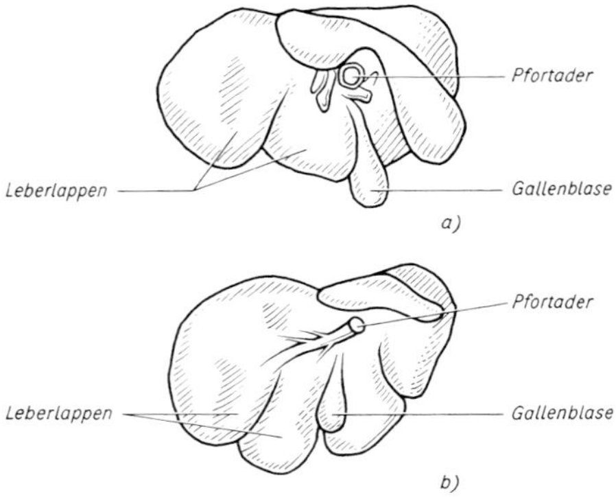

a) Leber vom Rind
b) Leber vom Schwein

nen, enthält folglich Vitamine, bes. der B-Gruppe, und kann wichtige Nährstoffe (Glycogen) und Vitamin A speichern. Sie setzt sich aus zahlreichen funktionellen Einheiten, den Leberläppchen *(Lobuli hepatis)*, zusammen. Die L. zählt zu den → *Innereien* und wird für die küchenmäßige Zubereitung verkauft oder zu Kochwurstsorten (Leberwurst) verarbeitet. In geringem Umfang werden auch Zusätze zur Blutwurst (→ Gutsfleischwurst) und zum → *Schaschlik* verwendet.

Leberegel, *Fascíola hepática* (Bild):

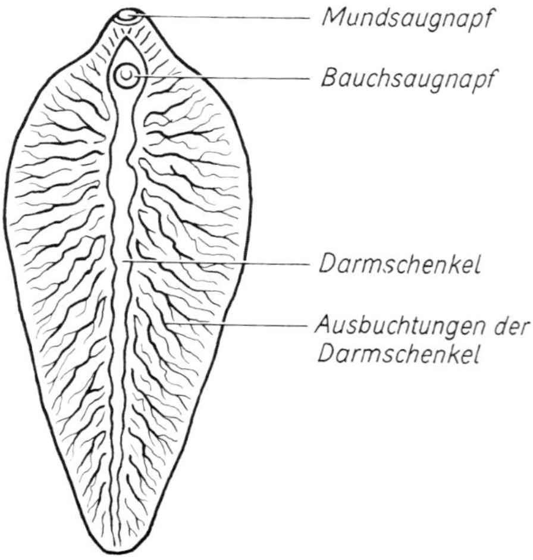

Leberegel

tierische Schmarotzer, die in den Gallengängen von Rindern und Schafen vorkommen und wirtsspezifisch sind. Die L. und die Fleischteile mit den durch sie verursachten Veränderungen in den Lebern von Rindern und Schafen werden im Rahmen der amtlichen Fleischuntersuchung entfernt.

Lebergraxe → Fischleberöl

Leberkäse → Leberpastete

Leberöl → Fischleberöl

Leberpastete: bes. feines, mild gewürztes, gekochtes *Fleischfeinkosterzeugnis,* das mit einer Speckhülle versehen ist. Die Pastetenfarce (Brät) wird ähnlich wie Brühwurst hergestellt, wobei als Rohstoffe Rindfleisch, Schweinefleisch, Kochsalz, Nitritpökelsalz und Gewürze eingesetzt werden. Im Schnittbild müssen Leberteile erkennbar sein, die mind. 40 % der Gesamtmasse ausmachen. Die Speckumhüllung darf 10 % der Grundmasse nicht überschreiten. Leberpastete wird in Kastenformen hergestellt.

Leberpilz → *Fistulináceae*

Lebertran → Fischleberöl

Leberwurst: am meisten hergestellte leberhaltige → *Kochwurst* verschiedenster Qualitätsabstufungen. Bevorzugt werden Schweinsleber und teilw. auch Kalbsleber sowie Geflügelleber (Gänse-, Putenleberwurst) eingesetzt. Die L. enthält je nach Wurstsorte noch weitere Innereien von Rindern und Schweinen, Muskelfleischteile (grob entfettetes und fettgewebereiches Schweinefleisch, grob entsehntes Kalb- oder Jungrindfleisch) und Fett (Flomen, Speck), das die L. in einem bestimmten Mindestanteil enthalten muß, damit sie die gewünschten Konsistenz- und Geschmackseigenschaften aufweist. Als Darmhüllen finden sowohl Natur- als auch Kunstdärme Verwendung. Bekannte Leberwurstsorten sind u. a.: → Leberwurst, einfach → Zwiebelleberwurst → Landleberwurst → Portionsleberwurst → Hausmacher-Leberwurst → Leberwurst, fein → Sardellenleberwurst → Kalbsleberwurst → Gänseleberwurst → Delikateßleberwurst → Kaßlerleberwurst → Gutsleberwurst, Lippische-, Aachener-, Kölner-Leberwurst und Feine Berliner Leberwurst → Wurst.

Leberwurstbaum, *Elefantenbaum:* der afrikanische Baum *Kigélia africána* (Lam.) Benth. (Familie *Bignoniáceae*) mit leberwurstähnlichen, bis 90 cm langen Früchten, die, wie auch die Samen, eßbar sind, jedoch selten gegessen werden. Blüten und Früchte werden zu Kultzwecken verwendet.

Leberwurst, einfach: → *Kochwurst,* zu deren Herstellung Leber, Schweinefleisch, Spitzbeinputz, Fettabschnitte vom Schwein, andere Innereien, Kesselfett sowie Speisesalz, Zwiebeln, Kardamom und Majoran eingesetzt werden. Als Wursthülle dienen Kunstdärme. Das Schnittbild zeigt eine graue, homogene Wurstmasse. → Wurst

Leberwurst, fein: → *Kochwurst* (mittlere Sorte), zu deren Herstellung Schweinefleisch, Fettabschnitte und Micker vom Schwein, Hirn, Innereien, Nitritpökelsalz, Zucker, Pfeffer, Zwiebeln, Macisblüte und Kardamom eingesetzt werden. Als Wursthüllen dienen Kunst- oder Naturdärme. Das Schnittbild zeigt eine hellrötlichgraue bis rötlichgraue, fein gekutterte Wurstmasse, die vollkommen glatt, homogen und knorpelfrei ist und kein Absetzen von Fett erkennen läßt. → Leberwurst → Wurst

Leberwurst, frische, mit Semmel: → *Kochwurst* (einfache Sorte), zu deren Herstellung Fettabschnitte vom Schwein, Leber, Innereien, Spitzbeinputz, Kesselfett, Speisesalz, Zwiebeln, Majoran und als Zusatzstoff Semmel (trocken) verwendet werden. Als Wursthüllen dienen Kunstdärme. Das Schnittbild zeigt eine graue Wurstmasse von weicher Konsistenz. → Leberwurst → Wurst

Leberwurstgewürz → Wurstgewürz

Lebkuchen, *Lebzelt, Pfefferkuchen,* Pfefferzelt: eine gewürzte Dauerbackware, in der auf 100 Teile Mehl mind. 50 Teile Zucker oder Trockenmasse von Honig, Dextrose, Stärkezucker oder eine Mischung solcher Zuckerarten enthalten sind. Die Bez. Pfefferkuchen ist von „Pfeffern" abgeleitet, was Schlagen mit grünen Zweigen zur Wintersonnenwende zwecks Austreiben der Lebensgeister bedeutet. Der L. wurde früher als Weihe- und Dankgeschenk zur Weihe-Nacht in der Freude über die Sonnenwiederkehr als Liebesgabe nach dem „Pfeffern" gereicht. Die L. weisen einen Feuchtigkeitsgehalt von höchst. 15% auf und werden in Rund-, Rechteck-, Herz-, Zungen-, Stern- oder Brezelform hergestellt. Das Verhältnis Roggen- zu Weizenmehl kann für alle Teigarten beliebig gewählt sein. Der charakteristische Geschmack der L. wird u. a. durch Zusatz von speziellen Gewürzmischungen (→ *Lebkuchengewürz),* Ölsamen oder entsprechenden Rohmassen, Dickzuckerfrüchten und bei braunen L. durch geringe Mengen Fett erzielt. L. sind entweder:

a) *lackiert* (mit Kartoffelmehllösung oder Gummi arabicum geglänzt),

b) mit Zucker *glasiert* oder

c) mit Kuvertüre, Fettglasur oder Schokoladentunkmasse *überzogen.*

Weiße L. sind rösche, nicht durchgeröstete Oblatenlebkuchen, die 40% Mehl in der Teigmasse enthalten und außerdem Eier, Milch bzw. Ei- und Milcherzeugnisse. Die Bez. *Weiße L.* ist auf das 17. Jh. zurückzuführen, wo anstelle von Marzipan, das seit dem 16. Jh. zur Herstellung von Oblatenlebkuchen verwendet wurde, Eier und Weizenmehl eingesetzt wurden, so daß die sog. *Weißen L.* entstanden. Man unterscheidet eine Vielzahl von Lebkuchenarten:

a) L., deren Teigmasse vor dem Backen auf runde oder rechteckige Oblaten oder Waffelblätter aufgestrichen wird oder mit solchen unterlegt ist, sog. *Oblatenlebkuchen* mit den Unterarten *Elisen-, Mandel-, Marzipan-, Makronen-, Haselnuß-, Walnuß-, Nuß-* und *weiße L.,*

b) L., deren Teigmasse mit oder ohne Oblaten- oder Waffelunterlage gebacken werden: braune Mandel-, braune Nuß- und sonstige braune L.,

c) L., deren Geschmack durch Honig bestimmt wird und die mind. 50% des Zuckers als Honig enthalten, die andere Hälfte kann aus Kunsthonig bestehen: *Honig-* bzw. *Honiglebkuchen,*

d) L., die in der Teigmasse mind. 25% Mandeln und/oder Haselnuß- oder Walnußkerne oder eine Mischung daraus enthalten: *Elisenlebkuchen,*

e) L., deren Teigmasse wie die von Elisenlebkuchen zusammengesetzt ist, wobei jedoch der Mandelanteil gegenüber dem Nußanteil überwiegt: *Marzipan-, Mandel-, Makronenlebkuchen,*

f) L., deren Teigmasse mind. 20% Hasel-, Walnuß- oder Kaschunußkerne oder Mandeln enthält, wobei der Nußanteil gegenüber dem Mandelanteil überwiegt; *Haselnuß-, Walnuß-, Kaschunuß-, Nußlebkuchen,*

g) L., die zur Gruppe der braunen L. zählen und einen Zusatz von mind. 20% Hasel-, Walnuß- und/oder Mandeln in der Teigmasse und/oder zum Garnieren enthalten: braune Mandel-, braune Nußlebkuchen,

h) Oblatenlebkuchen, die in der Teigmasse 20% bzw. 25% Kokosmakronenmasse enthalten: *Kokoslebkuchen* bzw. *Kokosmakronenlebkuchen,*

i) L., die in Rund- oder Rechteckform in Dosen zu je 6 St. verpackt werden: als *Dosenlebkuchen* oder auch *L. nach Nürnberger Art* bezeichnet.

L. mit Schokoladenüberzug enthalten 12% Schokoladentunkmasse, *L. mit Schokoladendekor* 5% Schokoladentunkmasse, *L. mit Fettglasur* 12% Fettglasur. Die Haltbarkeit beträgt bei 5···18°C und 60···70% rel. Luftfeuchte bei Oblatenlebkuchen 8 Wochen, bei L. mit kakaohaltiger Fettglasur 6 Monate und bei allen übrigen Lebkuchenarten und → Lebkuchengebäck 12 Monate.

Lebkuchenbackware, *Lebkuchengebäck, lebkuchenartige Backware, lebkuchenähnliche Backware:* eine → Dauerbackware, die den an die einzelnen Lebkuchensorten gestellten Anforderungen entspricht. Zu den L. zählen z. B. *Printen, Spitzkuchen, Dominosteine, Pflastersteine, Pfeffernüsse, Alpenbrot, Speisekuchen.* Der Füllungsanteil bei gefüllter L. beträgt mind. 10%, bei Mitverwendung des Wortes „Dessert" mind. 20%. Die Haltbarkeit der L. beträgt bei gefüllten Erzeugnissen und L. mit Fettglasur 6 Monate, außer Dominosteinen (3 Monate), bei allen übrigen L. 12 Monate. → Lebkuchen → Überzugsmittel

Lebkuchen, braune, *Pfefferkuchen:* **1.** Sammelbez. für → Lebkuchen mit geringem Fettzusatz und ohne Oblatenunterlage. Hierzu zählen Honigkuchen (→ Lebkuchen, s. u. c.) sowie → Lebkuchengebäck.

2. Bez. für feine → Lebkuchen unter Verwendung von Ölsamen (z. B. mind. 20 % Mandel- oder Nußkerne sowie andere Ölsamen), und ohne Fettglasur hergestellt.

Lebkuchengebäck → Lebkuchenbackware

Lebkuchengewürz, *Honigkuchengewürz:* eine → Gewürzmischung, in der Anis, Gewürznelken, Koriander, Kardamom, Piment und Zimt als wichtigste Bestandteile enthalten sind.

Lebkuchenwürfel → Dominostein

Leblebii → Kichererbse

Lebzelt → Lebkuchen

Lecanóra esculénta → Mannaflechte

Leccínum spec. → *Boletáceae*

Leche di Caspi → Guttapercha

Lechemiel: der kleine Baum *Lacméllea edúlis* Karst. (Familie *Apocynáceae),* der im Orinokogebiet vorkommt. Das saftige Fruchtfleisch der gelb- bis orangefarbenen Frucht (2···3 cm Durchm.) wird roh verzehrt. Der Milchsaft des Baumes wird bisweilen für die Herstellung von → *Chicle* verwendet.

Lechero: 1. *Mastate, Palo de vaca, Vacuno, Kuhbrotnußbaum, Kuhbaum:* der große Baum *Brosímum útile* Pitt. (Familie *Moráceae*), der in den Regenwäldern von Kostarika und Venezuela vorkommt. Der Samenkern (2···3 cm Durchm.) der kugelförmigen Frucht wird mit Salz gebraten verzehrt. Der angenehm schmeckende Milchsaft des Baumes kann wie Milch getrunken werden.
2. → *Ramon*
3. *Sorva, Cuman:* der in Mittel- und Südamerika kultivierte Baum *Cou͡ma útilis* Müll. (Familie *Apocynáceae*), dessen Früchte als Nahrungsmittel und der durch Anritzen der Baumrinde gewonnene → Latex für medizinische Zwecke sowie als Farbe dienen.

Lechuga de Samba → Algenprodukte

Lecithine (E 322), *Cholinphosphatide, Phosphatidylcholine:* zu den *Phosphatiden* gehörende Verbindungen der Formel

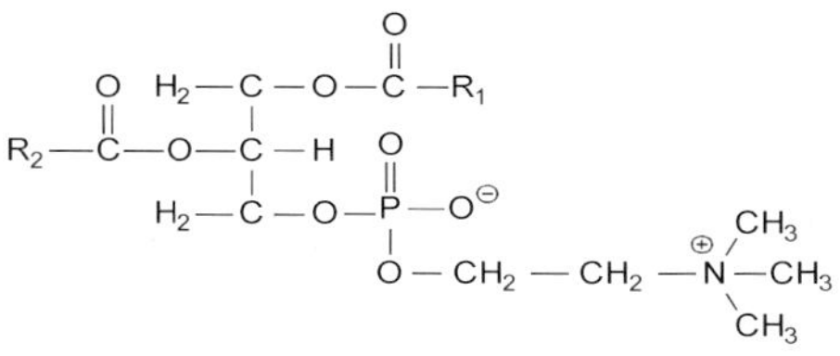

R_1, R_2 Fettsäurereste

L. bestehen demnach aus Glycerol, Phosphorsäure, Cholin und zwei Fettsäuren; bei den Fettsäuren überwiegen ungesättigte Fettsäuren. In der Industrie wird das Gemisch aus Lecithinen und → *Cephalinen* vielfach als Lecithin bezeichnet. Unter L. wird auch oft die Summe aller in einem Lebensmittel vorhandenen Phospholipide verstanden. Gewinnung und Verwendung → Phosphatide. Die L. findet man in allen lebenswichtigen pflanzlichen, tierischen und menschlichen Organen, bes. reichlich im Eigelb, in der Hirnsubstanz, im Rückenmark, ferner in der Nervensubstanz, in Herz und Leber, Blutkörperchen, Pflanzensamen, Hefen. Ein großer Teil der L. ist an Eiweiß gebunden (→ Lipoproteide). L. beeinflussen die Protoplasmastruktur, regulieren die Durchlässigkeit der Zellwände, greifen in den Kohlenhydrat-, Fett- und Eiweißstoffwechsel sowie in den Wasser-, Säure- und Basenhaushalt ein. Sie beteiligen sich auch am Nervenstoffwechsel und beeinflussen die Leistung des Herzmuskels. Aufgrund des hohen Linolsäuregehalts wirkt das L. antagonistisch gegenüber dem Cholesterol. Es wird deshalb empfohlen, täglich 3···5 g L. aufzunehmen. Vollkorn- und Weizenkeimbrote sind reich an L. 100 g Weizenkeime enthalten durchschnittl. 2,8 g L. → Emulgatoren → Synergisten

Lecithinasen → Phospholipasen

Lecithin-Backhilfsmittel: Gemisch von Lecithin (→ Lecithine) mit einem oder mehreren anderen Stoffen, die oberflächenaktiv und emulgierend wirken, die Porung der Gebäcke verfeinern, die Gärstabilität des Teiges und das Gebäckvolumen sowie die Frischhaltung verbessern. → Emulgator → Shortening → Backfett → Lockerungsmittel

Lecithinschokolade: eine *Schokolade* mit mind. 3 % Lecithin. → Schokolade → Kakaoerzeugnis

Lecorturier → Chartreuse

Lectine: (lat. *legere:* auswählen) Syn. für Phytohämagglutinine, das zunehmend in Gebrauch kommt. → Hämagglutinine

Lecýthis ellíptica → Sapucajanuß

Ledebuczwiebel → Lauch

Lederbirne → Schneebirne

Lederkarpfen → Karpfen

Lee Chee → Litchipflaume

Legucha de Samba → Algenprodukt

Legumelin → Albumine

Legumin → Globuline

Leguminose → Hülsenfrucht

Leguminosensamenschleim → Schleimstoffe, pflanzliche → Galactomannane

Leguminosenstärke: die aus den Samen verschiedener Leguminosen im Naßverfahren gewonnene → Stärke (z. B. *Bohnen-* und *Erbsenstärke*), die als Handelsprodukt bisher nur geringe Bedeutung hat. Aufgrund des hohen Amyloseanteils lassen sich Gele herstellen für deren Festigkeit ein geringerer Stärkeanteil notwendig ist.

Leicester: *Hartkäse* (Typ Cheddar) aus England mit 48 % F. i. Tr. → Käsesorten

Leichtprodukt, *Lightprodukt:* Sammelbez. für Lebensmittel, bei denen unerwünschte Bestandteile teilw. entzogen sind, um das Kaufinteresse ernährungsbewußter Verbraucher anzusprechen. L. zählen nicht zu den Diäterzeugnissen, sondern sind für den allg. Verzehr bestimmt, sie stammen aus dem Normalsortiment und werden durch Fett- und Zuckeraustausch entweder *energiearm* oder *energiereduziert,* durch Alkoholsenkung *alkoholarm* bis *alkoholfrei,* durch Entcoffeinierung *coffeinarm* oder *coffeinfrei,* durch Weglassen oder Verringerung des Kohlensäurezusatzes *kohlensäurefrei* oder *kohlensäurearm,* durch Luft- oder Stickstoffeintrag *leicht bekömmlich, leicht verdaulich,* oder *locker und luftig* gemacht. Es existiert weder eine EG- noch deutsche Rechtsregelung darüber, bis zu welcher Grenze die jeweiligen Inhaltsstoffe reduziert sein müssen, das heißt, daß mit der Kennz. „leicht" oder „light" nicht zwingend bestimmte Eigenschaften des Produktes verknüpft sein müssen. Lediglich bei Produkten, bei denen aus dem Gesamtzusammenhang erkennbar ist, daß sich die Kennz. auf den Energiegehalt bezieht, muß die Anforderung der Nährwertkennzeichnungs-VO oder ggf. (bei Mahlzeiten oder Tagesrationen) der Diät-VO erfüllt werden. Den gesetzlichen Richtlinien folgend muß dann ein L. mind. *energiereduziert* sein, also 40 % weniger Energie enthalten als vergleichbare normale Produkte. Marktstudien haben ergeben, daß mit L. 1991 etwa 4.100 Mill. Mark umgesetzt wurden, so daß je nach geldwertmäßigem Anteil 48 % auf Kaffee, 5 % auf Bier, 9 % auf Cola und Limonaden und 37 % auf Zigaretten entfielen.

Leicome → Dextrin

Leidener Käse: holländischer Hartkäse mit Kümmel in den Fettstufen 20 % F. i. Tr. und 40 % F. i. Tr. → Käsesorten

'Leikora' → Sanddornbeere

Leimkleberweizen, *Wanzenweizen:* ein durch Wanzen, z. B. *Eurygáster maūra,* klebergeschädigter Weizen mit geschrumpfter, verkümmerter Kornbeschaffenheit. Im Milchreifestadium von der Weizenwanze angestochene Körner weisen im Vollreifestadium das eingetrocknete proteolytisch wirkende Sekret des Wanzenstiches auf, das in Wasser eine stark eiweißlösende Wirkung verursacht. Die Folge davon ist ein leimiger Zerfall des Klebers, so daß die aus dem L. hergestellten Teige breitlaufen bzw. leimig werden, das Teigwasser nicht binden können und einen unangenehmen Geruch aufweisen. Ein Mehl aus L. kann ohne Schäden für die Backwarenbeschaffenheit nur nach Mischung (von 2···5%) mit einwandfreiem Mehl verarbeitet werden.

Leimkraut, aufgeblasenes, *Taubenkropfleimkraut:* das in Europa bis Asien verbreitete, an Böschungen, Wegrändern, auf Wiesen vorkommende bis 40 cm hoch wachsende, bläulichgrüne Kraut mit weißen Blüten, *Siléne vulgaris* (Moench) Garcke (Familie *Caryophylláceae*), das auch *Winterspinat* genannt wird. Die Blätter und jungen Triebe ergeben von April bis Okt. sehr schmackhaften Rohkostsalat, Frischpreßsaft sowie Spinat und eignen sich zum Trocknen. → Wildkräuter

Leimzucker, *Leimsüß:* nicht mehr gebräuchlicher Name für die Aminosäure Glycin. → Aminosäuren

Leindotter → Leindotteröl

Leindotteröl, *Deutsches Sesamöl, Rüllöl, Saatdotteröl, Rapsdotteröl:* das Samenfett des in Belgien, in den Niederlanden, der ehem. Sowjetunion und den USA angebauten *Leindotters Camelína satíva* (L.) Crantz (Familie *Brassicáceae).* Die wichtigsten darin enthaltenen Fettsäuren und ihre Anteile (Etwa-Werte), bezogen auf den Gesamtfettsäuregehalt, sind: Linolensäure (33 %), Linolsäure (15%), Ölsäure (24%), Eicosensäure (14%), Palmitinsäure (5%) und Erucasäure (3%). Das L. wird kaltgepreßt als Speiseöl verwendet; in Mischung mit Leinöl wird es als Anstrichöl eingesetzt.

Leinöl: das aus den Samen des Leingewächses *Línum usitatíssimum* L. (Familie *Lináceae*) gewonnene Öl. Lein wird teils zur Faser-, teils zur Ölgewinnung angebaut. Die Ölsaat hat einen Fettgehalt von 30···40%. Wichtige Anbauländer sind die ehem. Sowjetunion, Nordafrika, Indien, Japan, Kanada, die USA, Mexiko, Uruguay und Argentinien. Zur Verwendung als Speiseöl wird das L. gepreßt. Es gilt als gesundheitlich bes. wertvolles Lebensmittel. Die wichtigsten Fettsäuren und ihre Anteile, bezogen auf den Gesamtfettsäuregehalt, sind Ölsäure (16···23%), Linolsäure (17···31%) und Linolensäure (44···54%). Auf Grund des hohen Gehaltes an Linolensäure wird das L., ein trocknendes Öl, zur Herstellung von Anstrichfarben und Lacken, Linoleum, Druckfarben und Ölkleidung verwendet. → Leinvollöl → Pflanzenfett

Leinöl, kaltgepreßtes → Leinvollöl

Leinöl, kaltgeschlagenes → Leinvollöl

Leinölsäure → Linolsäure

Leinsaat, *Leinsamen, Flachssaat, Flachssamen:* die Samen der einjährigen Öl- und Faserpflanze *Flachs* oder *Lein Línum usitatíssimum* L. (Familie *Lináceae*). Die Gattung *Linum* umfaßt etwa 200 Arten. Als Stammart des kulturell bedeutungsvollen Flachses wird *Linum angustifólium* Huds. (wildwachsend von Westasien bis zur franz. Atlantikküste) angesehen. Der Lein wird in vielen Ländern – mit Ausnahme der Tropen und sehr kalten Zonen – entweder zur kombinierten Verwendung als *Faser-* und *Öllein* angebaut, oder es werden spezielle Züchtungen verwendet, die beim *Faserlein* auf möglichst unverzweigte, lange, dünne Faser- und Stengelqualität ausgerichtet sind, während beim Öllein auf gedrungenen Wuchs mit möglichst großen Kapseln und zahlreichen größeren Samen Wert gelegt wird. Beim vorwiegend angebauten *Schließ-* bzw. *Dreschlein* bleiben die Kapseln auch bei der Reife im Vergleich zum *Spring-* bzw. *Klenglein* geschlossen. Hauptexporteur ist Kanada (85 % der Welternte). Neben der Ölgewinnung (→ Leinöl) wird die L. als ganzes, angebrochenes oder geschrotetes Korn allein oder in Kombination mit anderen Lebensmitteln zur Ballaststoffanreicherung aufgenommen; außerdem wird L. verbacken (*Leinsamenbrot, Leinsamenkeks)* oder auf Grund der einhüllenden Wirkung des Leinsamenschleimes als Teeabkochung bei Entzündungen des Magen- und Darm-Kanals verwendet. Für die verschiedenen Anwendungsformen der L. sind sowohl die günstige ernährungsphysiologische Zusammensetzung (Tab. nächste Seite) als auch der nach dem Stabilisieren der fettreichen Samen auftretende nußartige Geschmack bestimmend.
Samenmasse, Ölgehalt, Fettsäurezusammensetzung und Quellvermögen können bei L. je nach Sorte stark schwanken. Große Samen zeichnen

Zusammensetzung und Energiewert von Leinsaat

Bestandteil	Durchschnittl. Gehalt je 100 g
Feuchtigkeit	11 g
Eiweiß	19 g
Fett	31 g
Kohlenhydrate	13 g
Rohfaser	24 g
Mineralstoffe	2 g
Calcium	260 mg
Kalium	590 mg
Magnesium	350 mg
Vitamin B_1	0,4 mg
Vitamin B_2	0,96 mg
Niacin	4,9 mg
Vitamin E	1,9 mg
Energiewert in kJ (kcal) je 100 g	1730 (415)

sich durch hohen Ölgehalt aus, der bis zu 43 % der Kornmasse betragen kann. L. enthält auch 0,1···0,8 % cyanogene Glycoside (Linamarin, das im Keimling des Samens lokalisiert ist), die durch Linase 8···32 mg Blausäure je 100 g L. freisetzen können. Im stark sauren Milieu des Magens wird jedoch das Enzym Linase weitgehend inaktiviert, so daß es, wenn überhaupt, nur zu verminderter Glycosidspaltung kommt. Gegen den Verzehr von L. bestehen daher keine Bedenken. Die günstige Wirkung der rohen, ganzen oder angebrochenen L. auf die Darmtätigkeit ist sowohl auf den Gleiteffekt der *Schleimstoffe* als auch auf einen Dehnungsreiz durch Volumenzunahme der eingeweichten L. zurückzuführen. Da die Quellfähigkeit der L. unterschiedlich ausgeprägt ist, sollten für L. als Mittel zur Verdauungsförderung nur Sorten mit hoher Quellzahl (über 5) ausgewählt und die L. stets zusammen mit hoher Flüssigkeitszufuhr (1:10) aufgenommen werden. Die häufig geübte Praxis, die L. zusammen mit Joghurt oder Quark einzunehmen, führt in vielen Fällen auf Grund von Flüssigkeitsmangel nicht zu der erwünschten Anregung der Darmperistaltik. Cadmium-Richtwert. s. → Ölsaat. → Schleimstoffe → Glycoside, cyanogene

Leinsamenbrot: ein → Spezialbrot aus Roggen-, Weizen-, Roggenmisch- oder Vollkornmehl in freigeschobener, in Kastenbrotform oder in Schnittbrotform mit oder ohne Kruste (→ Brot rindenloses) unter Zusatz von mind. 8 % Leinsamen (auf Mehl berechnet). Meist werden 10···15 % ganze oder geschrotete Leinsamen verwendet. → Spezialmischbrot → Vollkornbrot → Brot, aromatisiertes → Leinsaat

Leinsamenschleim: ein aus Leinsamen (*Línum usitatíssimum* L. Familie *Lináceae*) gewonnenes → Hydrokolloid. Das Polysaccharid besteht anscheinend aus einer Hauptkette von β-1,4-verknüpften D-Xylose-Einheiten, die verzweigt ist, und enthält dazu noch L-Arabinose, L-Rhamnose, D-Galactose, L-Galactose und D-Galacturonsäure. Der L. ist in Trockenform ein weißes Pulver, das hochviskose, wäßrige Lösungen ergibt. Er hat keine Geliereigenschaften. In der Lebensmittelproduktion wird er als → Verdickungsmittel eingesetzt. Im Haushalt wird der L. durch Abkochung von Leinsamen hergestellt. → Schleimstoff, pflanzlicher → Samenschleimstoff → Leinsaat

Leinvollöl: ein → Leinöl, das durch schonende Behandlung (Preßtemperatur etwa 60°C) gewonnen wird. Auf eine Raffination wird verzichtet, so daß die nativen Inhaltsstoffe des Öles weitgehend erhalten bleiben. Irreführende Bez. sind *kaltgeschlagenes* oder *kaltgepreßtes* Öl. Das L. wird aus Haltbarkeitsgründen im Expreßfrischdienst an die Handelseinrichtungen geliefert. → Pflanzenfett

Leipziger Allerlei → Gemüse, gemischtes

Leipziger Gose: obergäriges Bier, das meist mit Fruchtsirup, ähnlich dem *Berliner Weißbier,* getrunken wird. → Bier

Leistenpilze → *Fistulináceae*

Leistlinge → *Hydnáceae*

Lemgoer Strohsemmel: helles, fettreiches Weizenkleingebäck mit wenig Zucker, das vor dem Backen in kochendes Wasser getaucht wird und auf Strohbahnen abgebacken wird.

Lemongras → Serehgras

Lemonol → Geraniol

Lempog → Durian

Lende → Schlachtkörperteilstücke

Leng, *Mólva mólva* (Bild):

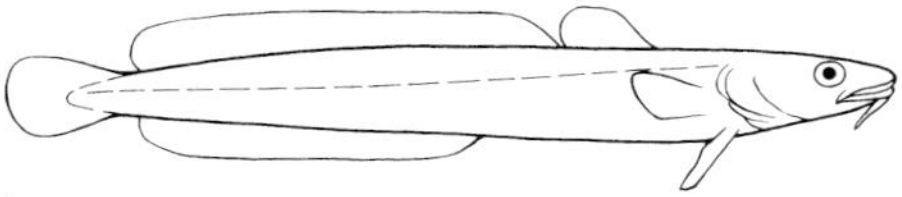

Leng

Langgestreckter *Meeresfisch* mit von dunkler Zeichnung unterbrochener bräunlicher Rückenfärbung und weißem Bauch. Er hat eine kurze und eine lange Rückenflosse, eine lange Afterflosse sowie einen langen Bartfaden. Die Länge beträgt häufig über 1 m. Aus dem nordostatlantischen Verbreitungsgebiet werden etwa 50 kt je Jahr bes. durch Norwegen und Frankreich angelandet. Der verwandte *Blauleng (Mólva býrkelange)* kommt in größeren Tiefen vor. L. ist ein *Magerfisch* mit zartfestem Fleisch, gelblichweißer Färbung und typischem Eigengeschmack, der zur Zusammenstellung von fettarmen und leichten Kostformen geeignet ist (Tab.).
Er wird fast nur als *Speisefisch* verwendet. In Skandinavien wird L. auch getrocknet gehandelt. → Fisch → Gadiden

Zusammensetzung und Energiewert von Lengfleisch

Bestandteil	Durchschnittl. Gehalt je 100 g eßbaren Anteils in g
Wasser	78···82
Eiweiß	18···20
Fett	0,3···1
Mineralstoffe	1···1,5
Energiewert je 100 g eßbaren Anteils in kJ (kcal)	350···420 (84···100)
davon aus Eiweiß	340···380 (81··· 90)
aus Fett	10··· 40 (3··· 10)
Richtwert für den Energiewert je 100 g eßbaren Anteils in kJ (kcal)	360 (85)

Lens culináris → Linse

Lenthionin: cyclisches Polysulfid, s. Formel:

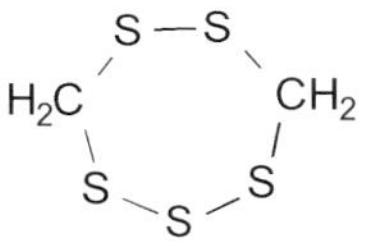

L. ist der charakteristische Aromastoff des in Asien häufig vorkommenden *Shiitake-Pilzes.* L. kommt als flüchtiger Aromastoff auch im Hammelfleisch vor. Der Schwellenwert beträgt in Wasser 0,3···0,5 mg/l, in Speiseöl 12···25 mg/l.

Lentinan → Pilzwirkstoffe

Lentinéllus cochleátus → *Auriscalpiáceae*

Lentinsäure: biogenetischer Vorläufer des Lenthionins (s. Formel),

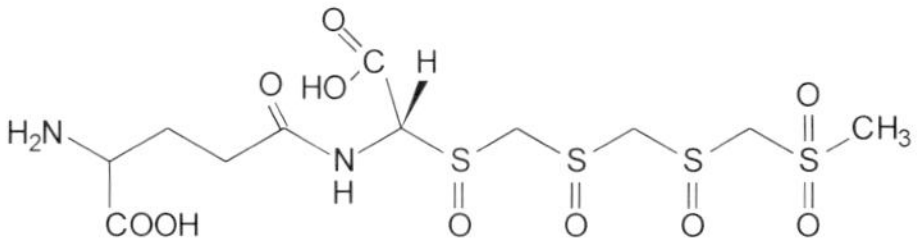

kommt wie dieses als Geschmackstoff im Shiitake-Pilz vor.

Lentínus edódes → Speisepilze → *Polyporáceae* → Kulturpilze

Lentínus spec. → *Polyporáceae*

Lentysin → Eritadenin

Lepídium latifólium → Kresse, Breitblättrige

Lepídium satívum → Gartenkresse

Lepídium virgínicum → Kresse, Virginische

Lepídopus caudátus → Degenfisch

Lépidorhómbus whiffiagónus → Plattfische

Lepióta brúnneoliláceae → Pilzgifte

Lepiotáceae → *Agaricáceae*

Lepióta spec. → *Agaricáceae*

Lepísta spec. → *Tricholomatáceae* → Kulturpilze

Lépus (*Hase*) → Wild

Leridafeige → Feige

Letscho: ungarisches Gemüsegericht (aus Paprika, Tomaten und ggf. Zwiebeln), das in der Regel als Sterilkonserve gehandelt wird.

Leucaēna esculénta → Huaje

Leucaēna glaūca → Tamarinde, wilde

L-Leucin, *(S)-2-Amino-4-methylpentansäure, Abk.: Leu:* eine essentielle Aminosäure mit der Formel

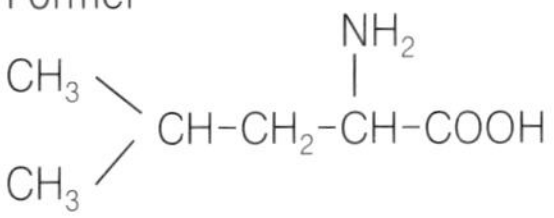

Molmasse 131,17 g/mol. L-L. kristallisiert in schimmernd weißen Schuppen (namensgebend, griech. leukos = weiß), F. 293···295°C (Zers.), sublimiert bei 145···148°C, d 1,293, löslich in Wasser und Mineralsäuren, unlöslich in Ether. L-L. ist bes. reichlich am Aufbau von Serum-Albuminen und -Globulinen beteiligt. Der Tagesbedarf eines Erwachsenen beträgt ca. 1 g. Da L-L. im Stoffwechsel zu dem Keton Acetessigsäure abgebaut wird, gehört es zu den ketogenen Aminosäuren. L. wird u. a. als Geschmacksverstärker in Form der K- und Na-Salze und für bilanzierte Diäten verwendet. → Aminosäure → Antivitamine

Leucíscus céphalus → Döbel

Leucíscus ídus → Aland

Leucíscus leucíscus → Hasel

Leucíscus rútilus → Plötze

Leucoagáricus leucothítes → Kulturpilze

Leucomelon → Protoleucomelon

Leuconóstoc citrovórum → Laktobazillen

Leuconóstoc mesenteroídes → Dextran → Puto

Leucosin: ein in kleinen Mengen in Getreidekörnern vorkommendes Albumin. Es enthält 11,3% Leucin und Isoleucin, 6,7% Glutaminsäure, 5,9% Arginin, 4,4% Alanin, 3,8 % Phenylalanin, 3,4% Asparaginsäure etc. → Albumine

Leucovorin → Folsäure

Leucrose: eine α-D-Glucopyranosido(1→5)-D-fructopyranose, die durch Isomerisierung von Glucose durch *Leuconostoc mesenteroides* gebildet wird.

Levan → Polysaccharide, mikrobielle

Levantiner Nuß → Haselnuß

Levísticum officinále → Liebstöckel

Lewat → Raps

Liberiakaffee → Cóffea libérica

Licaniasäure → α-Licansäure

α-Licansäure, *Couepinsäure, Licaniasäure, 4-Oxo-octadeca-9,11,13-trien-säure, 4-Keto-octadeca-9,11,13-trien-säure:* eine dreifach ungesättigte, aliphatische Ketocarbonsäure mit der Formel

CH_3-$(CH_2)_3$-CH=CH-CH=CH-CH=CH-$(CH_2)_4$-CO-$(CH_2)_2$- COOH.

Die L. kommt im Öl der Fruchtkerne verschiedener *Licania*- und *Parinarium*-Arten vor, z. B. im *Couflor-, Oiticica-* (70···78%), im *Po-Yoak-Öl.* F. 74···75°C. Die *Isolicansäure* ist mit der α-L. stereoisomer; vermutlich weist die mittlere C-(11,12)-Doppelbindung eine trans-Konfiguration auf, F. 96,5°C.

Licareol → Linalool

Lichen Carrageen → Carrageen

Lichen irlandicus → Carrageen

Lichenase → Glucanasen

Lichenes → Flechten

Lichenin, *Flechtenstärke, Moosstärke:* ein aus β-1,4- und in geringerem Maße (etwa 20%) 1,3-glycosidisch gebundenen D-Glucose-Molekülen aufgebautes, wasserlösliches Polysaccharid vom Cellulosetyp, das als → Verdickungsmittel eingesetzt werden kann. Das L., ein Reservekohlenhydrat, kommt in → Flechten [*Cetrária islándica* (L.) Ach. (Familie *Parmeliáceae*), *Cladónia alpéstris* (L.) Rabh. (Familie *Cladomiáceae*) und *Parmélia furfurácea* (L.) Ach. (Familie Parmeliáceae), in Moosen und auch in höheren Pflanzen, z. B. in → Hafer und Gerste, vor und bedingt die Schleimbildung und das Dickungsvermögen von → Hafer- und Gerstennährmitteln. Bedingt durch die erhöhte Viskosität kann die Filtration bei der Bierherstellung beeinträchtigt werden. L. wird vom Enzymsystem des menschlichen Organismus nicht abgebaut, wohl aber von bestimmten → Hemicellulasen pflanzlichen oder mikrobiellen Ursprungs auch der Darmflora. → Hydrokolloid → Schleimstoff, pflanzlicher → Algenpolysaccharid

Lichesterinsäure → Isländisches Moos

Lichia, *Líchia vadígo* (Bild):

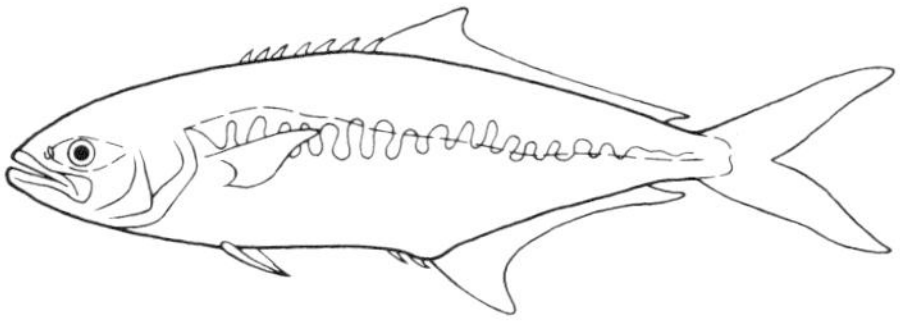

Lichia

Zu den Stachelmakrelen (*Carángidae*) gehörende, pelagisch (auf einen bestimmten Raum begrenzt) lebende Fischart warmer Meere, mit gestrecktem, seitlich etwas zusammengedrücktem Körper ohne Schuppen. Charakteristisch ist die wellenförmige Verzahnung der graugrünen Oberseite mit der weißen Unterseite. Die Länge beträgt meist 40···50 cm. Die Fangmengen sind gering. Die L. findet sich hauptsächlich im Mittelmeer und vor Westafrika. Das feste, saftige Fleisch ähnelt Warmblüterfleisch und enthält je 100 g eßbaren Anteils 21···22 g Eiweiß sowie jahreszeitlich wechselnd 1···8 g Fett.

Lichtgeschmack: unerwünschte geschmackliche Veränderung, die vorwiegend durch schwefelhaltige Verbindungen (3-Methyl-2-buten-1-thiol in Bier, Methional in Milch) hervorgerufen wird.

Lichtsprungei → Ei

Liebensteiner Heilquelle → Heilwasser

Liebesapfel → Tomate

Liebesgras, Behaartes: eine Hirseart, *Eragróstis pilósa* (L.) P. Beauv. (Familie *Poáceae*), deren Körner in Zentralafrika und am Nil zur Mehlgewinnung gesammelt werden. Das B. L. steht morphologisch dem → Teff am nächsten und wird als dessen Hauptstammform betrachtet. → Hirse

Liebesknochen → Eclair

Liebesperlen: bunte Kugeln von etwa 3 mm Durchm. aus Zucker, Geschmacksstoffen und Lebensmittelfarbstoffen (teilw. mit Zusatz von Säuren und Stärkesirup), die vom Zuckerkorn ausgehend im Dragierverfahren hergestellt werden. Den L. ähnlich sind → Nonpareilles. → Dragee → Zuckerware

Liebstöckel, *Maggikraut:* ein in Süd- und Mitteleuropa und den USA angebautes, bis 2 m hohes Doldengewächs, *Levísticum officinále* W. D. J. Koch (Familie *Apiáceae*). Der charakteristische, an Suppenwürze erinnernde Geruch und Geschmack trugen dem L. den Namen *Maggikraut* ein. Der in über 3400 m Höhe Südpersiens wild vorkommende L., *L. pérsicum* Feyn et Born., ist offenbar die Stammpflanze unseres heutigen *Gartenliebstöckels*. Die ganze Pflanze ist als Gewürz beliebt und wird im Wallis (Schweiz) auch als Gemüse (Vitamin-C-Gehalt der Blätter beträgt je 100 g Frischsubstanz 117 mg) angebaut. Früher wurden die Früchte anstelle von Pfeffer als scharfes Gewürz verwendet. Im frischen Kraut des L. befindet sich im Verhältnis zu den Früchten (0,8···1,1 %) und der Wurzel (0,6···1 %) nur noch wenig ätherisches Öl (0,08···0,39 %). Das Schweizerische Lebensmittelbuch fordert für das ganze, getrocknete Liebstöckelblatt 0,12% bei Verwendung als Gewürz. Die Wurzel enthält neben den i. allg. überall vorkommenden Pflanzeninhaltsstoffen noch bestimmte Säuren und Cumarine. Sie wird vorzugsweise medizinisch genutzt, ist aber auch Bestandteil von Kräuterlikör und Bitterschnaps.

Liesen → Flomen

Liesenschmalz → Schweineschmalz

Lightprodukt → Leichtprodukt

Lignane → Östrogene

Lignanglycoside → Glycoside

Lignin, *Holzstoff:* ein im Holz inkrustrierter Stoff, das Gemisch hochpolymerer, verzweigter Produkte von *Coniferyl-, Sinapin-* und *o-Hydroxyzimtalkohol,* der neben Cellulose, Pentosanen und Pectinstoffen Bestandteil der pflanzlichen Zellmembranen ist. Das L. der Nadelhölzer enthält hauptsächlich polymeren Coniferylalkohol (Molmasse etwa 10 000 g/mol); das L. der Laubgehölze stellt ein Mischpolymerisat von Coniferyl- und Sinapinalkohol dar. 20···40% der Holzsubstanz der höheren Pflanzen bestehen aus L. Es bildet eine hellgelbe bis braune, krümelige Masse. Es wird analytisch neben Cellulose, Pentosanen und Cutin als „Rohfaser" erfaßt. Das L. fällt technisch in großen Mengen bei der Zellstoffgewinnung und Holzverzuckerung mit den Sulfitablaugen an. Es dient heute als Zusatz zu Brennmaterialien und Kunststoffen, und bei der *Ligninkrackung* der Sulfitablaugen entstehen in großem Umfang Vanillin und andere aromatische Verbindungen. → Ballaststoffe

Lignocerinsäure, *Cerasinsäure, n-Tetracosansäure:* eine gesättigte Fettsäure der Formel

$CH_3\text{-}(CH_2)_{22}\text{-}COOH$.

Die L. bildet weiße Nadeln, F. 84,1°C. Sie ist charakteristischer Bestandteil der Samenfette von Leguminosen; sie kommt außerdem vor in Buchenholzteer, Walnußöl, Bucheckernöl, hydrierten Fischölen, in Wollfett und in einigen Insektenwachsen. Physiologische Bedeutung hat sie als Bestandteil der → *Cerebroside.*

Lignocerinsäure-5-hydroxy-tryptamid → Carbonsäure-5-(hydroxy)-tryptamide

Likör: süße, sirupartige → Spirituose mit einem Mindestalkoholgehalt von 20%-Vol. Zur Aromatisierung werden Früchte, Beeren, Gewürze, Kräuter oder Extrakte und Destillate von Drogen und Früchten, ätherische Öle oder natürliche Essenzen, Beeren- und Obstweine verwendet. Die L. werden mit 220···500 g/l Zucker oder Stärkesirup gesüßt. Als Alkoholgrundlage dienen Primasprit, Kornfeindestillat oder → Edelbrände. L. werden in folgende Unterarten eingeteilt:

a) *Fruchtsaftliköre.* Sie werden unter Verwendung von Fruchtsaft und Primasprit hergestellt, je nach Qualität und Sorte können auch die entsprechenden → Obstbrände oder → Obstgeiste zugesetzt werden. Der Saft der namengebenden Frucht muß als dominierender Bestandteil geschmacklich deutlich hervortreten. Zur Abrundung des Aromas sind geringe Zusätze von anderen Fruchtsäften gestattet. Folgende Fruchtarten werden zu Fruchtsaftlikören verarbeitet: Ananas, Äpfel, Brombeeren (für *Kroatzbeerlikör* oder *Blackberrylikör),* Kirschen (für *Kirschlikör, Cherry-Brandy, Kirsch mit Rum, Kirsch mit Whisky),* schwarze Johannisbeeren (für *Cassislikör),* Johannisbeeren, Heidelbeeren, Erdbeeren und Himbeeren.

b) *Fruchtaromaliköre.* Sie werden mit natürlichen Essenzen, Destillaten oder Extrakten von Früchten, Fruchtteilen oder -schalen aromatisiert. Je nach Sorte beträgt der Alkoholgehalt 25···40%-Vol. Eine Färbung mit künstlichen Farbstoffen ist bei einigen Sorten, z. B. Orangenlikör und Zitronenlikör, gestattet. Zu Fruchtaromalikören werden verarbeitet: Aprikosen (zu *Aprikosenlikör, Apricot-Brandy), Pflaumen* (zu *Pflaumenlikör, Prünellelikör),* Ebereschen oder Vogelbeeren, Hagebutten, Pfirsiche, Preiselbeeren, Schlehen, Stachelbeeren und Zitrusfrüchte [Zitronen, Orangen, Bergamotten, Pomeranzen, Curaçaofrüchte (zu → *Curaçao),* Mandarinen und Orangen]. Zur geschmacklichen Abrundung und Färbung dürfen auch Fruchtsäfte anderer Früchte zugesetzt werden. Das Aroma der Zitrusliköre stammt überwiegend aus den Schalen, die so gewählt werden, daß nur die äußersten, die wertvollsten ätherischen Öle enthaltenden Randschichten zur Aromadestillatgewinnung verarbeitet werden.

c) *Bitter-, Kräuter-* und *Gewürzliköre.* Sie wurden ursprünglich von Klosterbrüdern und Apothekern als heilkräftige Medizin, häufig nach geheimgehaltenen Rezepten, entwickelt. Ausgehend von diesen Rezepturen wurden in den verschiedenen Ländern im Laufe der Zeit die Geschmacksrichtungen vervielfältigt und verfeinert, so daß heute der bes. Wert dieser L. mehr im edlen Aroma und im Wohlgeschmack, weniger in der gesundheitsfördernden Wirkung liegt. Zur Herstellung dieser 25···40 %-Vol. Alkohol enthaltenden L. werden insbes. bittere und aromatische Drogenauszüge oder -destillate (→ Spirituosen), aber auch Fruchtsäfte, ätherische Öle oder natürliche Essenzen verarbeitet. Typisch für die Aromatisierung eines Kräuter- oder Bitterlikörs ist die gleichzeitige Verwendung zahlreicher Kräuter und Gewürze, so daß das Aroma des L. aus der harmonischen Verbindung der sorgfältig ausgewählten Aromakomponenten resultiert. Im Gegensatz zu den Bitterlikören (*Bittere*) werden zur Bereitung der Kräuterdestillatliköre keine Drogenextrakte, sondern hauptsächlich die von den Bitterstoffen befreiten Aromadestillate verwendet. Bes. harmonisch ausgeglichene Kräuterdestillatliköre, bei denen keine der verwendeten Drogen geschmacklich hervortritt, sind der → *Chartreuse* und der → *Benediktiner,* die auch als *Kartäuser-* bzw. *Abteilikör* nachgeahmt werden. Die wichtigsten Bitter-, Kräuter- und Gewürzlikörsorten sind: *Abteilikör,* → Allasch, Anislikör, (Anisette), Ingwerlikör, Pfefferminzlikör, Angelikalikör, Gold- und Silberwasser, Halb und Halb, Kartäuser, gelb oder grün, Klosterlikör, Kräuterlikör, Kräuter-Bitterlikör, Bayrischer Kräuterlikör, Gewürzlikör, → Aromatique, → Kümmellikör, Getreide-Kümmellikör, Magenbitterlikör, Bitterlikör, Halbbitterlikör, Kalmuslikör, Reiterlikör, Stonsdorfer, Vanillelikör, → Cordial-Medoc.

d) Kakao-, Tee-, Kaffee- und Mokkalikör. Kaffee- und Mokkaliköre (25···35 %-Vol.) sind Auszugsliköre, zu deren Herstellung folgende Mindestmengen Kaffee eingesetzt werden:
für Kaffeelikör 20 g Kaffee/l L.,
für Kaffee-Edellikör 30 g Kaffee/l L.,
für Mokka-Edellikör 50 g Kaffee/l L.

Die *Teeliköre* haben keine große Verbreitung gefunden. Die anregende Wirkung des Coffeins und Theobromins wird von der Wirkung des Alkohols weitgehend überdeckt. Bei *Kakaolikör* werden weißer L. (hergestellt unter Verwendung eines Destillates von Kakaoschalenextrakten) und brauner L. (hergestellt unter direkter Verwendung des alkoholischen Kakaoextraktes) unterschieden.

e) *Emulsionsliköre.* Sie sind emulgierte Mischungen von Alkohol, Zucker, Wasser und verschiedenen Geschmacksstoffen, u. a. von Eiern, Milch, Sahne, Kakao und Kaffee. Für Eierlikör dürfen nur frische Hühnereier verwendet werden. In 1 l Eierlikör müssen mind. 240 g frisches Eigelb enthalten sein, das Eiklar ist weitgehend zu entfernen. Der Zusatz von Dickungsmitteln, Emulgatoren, Eierersatzstoffen (auch Trockeneigelb), Konservierungsstoffen und Farbstoffen ist unzulässig. Zur Abrundung des Geschmacks können natürliche Aromastoffe verwendet werden, z. B. Vanilleschotenauszug, Weindestillate, Zitronendestillat, Kirschwasser, Rosenwasser und Bittermandelöl.

f) *Sonstige Liköre* und *Punschextrakte.* Punschextrakte sind nicht zum unmittelbaren Genuß bestimmte Getränke, sondern stellen konzentrierte Gemische dar, aus denen durch Verdünnen mit heißem Wasser, Tee oder Wein Heißgetränke hergestellt werden. Der *„Schwedenpunsch"* wird unter Verwendung von Arrak, Spiritus, Zucker, Wasser, Weinbrand, Rum und verschiedenen Gewürzen, insbes. Zitronen, hergestellt. Punschextrakte werden mit einem Alkoholgehalt von 25···40 %-Vol. hergestellt. Punschextrakte werden auch auf der Grundlage von Rum, Arrak, Kornbrand oder Wein bereitet. In diese Likörgruppe gehören u. a. auch der *Nußlikör* und der → *Oniglikör* (z. B. der *„Bärenfang"*), der unter Verwendung von 300 g Bienenhonig auf 1 l L. hergestellt wird. *„Kristall-Liköre"* werden meist auf der Grundlage von Gewürzlikören bereitet. Die Flaschen werden vor der Abfüllung mit auskristallisierendem Zucker bizarr beschichtet. Infolge des hohen Zucker- und Alkoholgehaltes dieser L. sind die Zuckerkristalle in der Lösung beständig. Likörsorten, die sowohl als L. als auch als Trinkbranntwein hergestellt werden (z. B. Kümmel, Pfefferminz, Magenbitter), müssen ausdrücklich als „Likör“ bezeichnet werden. Bei Sorten, die nur als L. bekannt sind, kann dieser Zusatz entfallen. Die Bez. „triple sec„ und „sec“ (franz. „trocken“) weisen auf einen mäßigen Zuckergehalt, teilw. aber auch auf einen höheren Alkoholgehalt (→ Curaçao) hin. Mit der alten holländischen Zusatzbez. „Advocaat“ oder „Advokat“ für Eierliköre wurden früher Eierweinbrände bezeichnet, heute ist damit keine bes. Qualitätsbewertung verbunden. L. werden i. allg. in Steinzeug, Glas oder alkohol- und säurefest verkleideten Stahl- und Betontanks, nicht in Fässern, gelagert. → Spirituosen

Likörbonbon → Bonbon

Likörpraline → Praline

Likörwein → Dessertwein

Likörzucker: ein Zucker, der vor der Zugabe zum alkoholischen Ansatz durch Invertase teilw. in Invertzucker überführt wird, um ein Auskristallisieren von Saccharose in Likören zu verhindern.

Lilie, Gleichfarbige → Lilienzwiebel

Lilienzwiebel: Sammelbez. für die frisch, gegart oder getrocknet verzehrten, meist mild-süßlich schmeckenden Speicherorgane (→ Zwiebeln) der vielfach als Zierpflanzen bekannten Arten der Gattung *Lílium L.(Familie Liliáceae).* Hierzu zählen im einzelnen:
a) *Goldbandlilie:* die in Japan und Korea als Gemüse- und Gewürzpflanze angebaute *L. aurátum* Lindl., deren Zwiebeln meist gekocht verzehrt werden;
b) *Feuerlilie, Orangenlilie:* die in Mittel- und Südeuropa als Zier-, in China als Gemüsepflanze kultivierte *L. bulbíferum* L., deren unterirdische Speicherorgane frisch und getrocknet verwendet werden;
c) *Gleichfarbige Lilie:* die in Ostsibirien, Korea und in China (um Shanghai) angebaute *L. cóncolor* Salisb., deren Speicherorgane, meist in gebackener Form, als süßliches Würzmittel verwendet werden;
d) *Maximowitschlilie:* die in Japan und im Fernen Osten der ehem. Sowjetunion angebaute *L. leichtlínii* J. D. Hook *var. maximowiczii* (Regel) Bak., deren unterirdische Speicherorgane als Kochgemüse verzehrt werden;
e) *Tigerlilie:* die in China, Korea, Japan und im Fernen Osten der ehem. Sowjetunion angebaute *L. lancifólium* Thunb., Syn. L. tigrínum Ker-Gawl, deren Zwiebeln als Kochgemüse und die Blüten als Würzmittel genutzt werden;
f) *Riesenlilie:* die in China kultivierte *Cardiócrinum gigantéum* Wall. Syn. *L. gigantéum* (Wall.) Mak., deren stärkehaltige Zwiebeln als → Gemüse genutzt werden;
g) *Herzlilie:* die in Japan und China kultivierte *Cardiócrinum cordátum* (Thunb.) Mak., Syn. *L. cordátum* Thunb., die als → Gemüsezwiebel und zur Stärkegewinnung aus den Zwiebeln verwendet wird.

Lilium spec. → Lilienzwiebel → Gemüsezwiebel

Limabohne, *Mondbohne, Duffinbohne, Sievabohne, Kratokbohne, Rangunbohne, Kapbohne, Madagaskarbohne, Burmabohne, Butterbohne:* Samen der einjährigen windenden Pflanze *Phaséolus lunátus* L. (Familie *Fabáceae).* Die 9 cm langen Hülsen enthalten 2 bis 6flache, ovale, etwa 2 cm große, farblich unterschiedliche Samen. Die ursprünglich aus Mittelamerika stammende Pflanze wurde über die indianischen Handelswege in Südamerika und den wärmeren Gebieten der USA verbreitet und gelangte schließlich nach der Entdeckung Amerikas bis nach Südostasien und u. a. durch den Sklavenhandel nach Afrika. Die L. ist heute eine wichtige Hülsenfrucht im tropischen Afrika und in Burma. Die Samen werden zu Brei, Suppe u. a. verarbeitet. Grüne Samen, junge Hülsen und Blätter werden in geringerem Umfang als Gemüse verzehrt (*Nowee* in Kenia).
Bei Zerstörung der Gewebe (Zerkauen, Mahlen) wird durch ein Enzym Blausäure freigesetzt, deren Konzentration bei einigen Sorten sehr hoch sein kann, meist aber zw. 2,5 mg und 5,5 mg/100 g liegt. Je stärker die Samen gefärbt sind, desto höher ist meist auch der Blausäuregehalt, dieses Merkmal ist jedoch unsicher. Vergiftungen werden durch Kochen der Bohnen und Wechsel des Kochwassers vermieden. Von der botanischen Taxonomie wird die Art *Phaséolus lunátus* von einigen Auto-

ren in 2 Arten getrennt, die als *Ph.liménsis Macf.* *(Limabohne)* und *Ph. lunátus* L.*(Sievabohne)* bezeichnet werden, die Unterscheidung beider Arten ist aber nicht eindeutig möglich, außerdem sind sie gegenseitig uneingeschränkt kreuzbar. In den Südstaaten der USA wird als *Sievabohne* oder *Butterbohne* die Sorte *'Carolina'* bezeichnet.

Limácium spec. → *Hygrophoráceae*

Limande → Plattfische

Limburger: aus der Grafschaft Limbourg (Belgien) stammender *Weichkäse,* mit typischer gelbbrauner bis rötlicher, klebriger Schmierebildung und kräftig pikantem Geruch und Geschmack, wegen seiner ursprünglichen Form auch Backsteinkäse genannt. Das Käseinnere ist weißgelb, weichschnittig, leicht elastisch und zeigt wenig Bruchlöcher. Der L. kann in den Fettstufen 20 %, 40 % und 50 % F. i. Tr. hergestellt werden. → Weichkäse → Käsesorten

Lime Berry → Limoncito

Limequat → Kumquat

Limette, *Lumie, Limonelle:* Frucht des kleinen Baumes oder baumartigen Strauches *Cítrus aurantifólia* (Christm.) Swing. (Familie *Rutáceae*). Die dünne, leicht reißende, lederartige, gelbgrüne oder gelbe Schale der kugeligen oder ovalen Früchte von 3,5···5 cm Durchm. umschließt das sehr saure, saftige, blaßgelbe bis gelbgrüne Fruchtfleisch. Es gibt viele Sorten und Hybriden mit anderen Zitrusarten. Die L. ist die einzige wirklich tropische Zitrusfrucht. Sie stammt aus Ostasien und wird in Mittelamerika, Mexiko und Kalifornien angebaut. Die Früchte werden z. B. zur Saftherstellung, Likörbereitung und als Salatzusatz genutzt. Der Vitamin-C-Gehalt von 100 ml Saft beträgt 24···62 mg. In den Tropen wird die Frucht oft der → Zitrone gleichgesetzt. Es gibt Kreuzungen zw. L. und → *Kumquat.* Die saftarme, sehr aromatische *Kafir-Limette* stammt aus Thailand. Säuerlich-süßes, etwas gewürzhaft schmeckendes zitronengelbes Fruchtfleisch hat die gelbgrün bis gelbe, zitronenähnliche, dünnschalige Frucht der *Süßlimette (Cítrus limétta* Risso), die in Mittelamerika, den USA, Brasilien und Italien angebaut wird. Der Saft wird für Erfrischungsgetränke verwendet, er enthält in 100 ml 58···62 mg Vitamin C.

Limettin, *5,7-Dimethoxycumarin:* ein im ätherischem Öl der Sauren Limette Cítrus aurantiófilia (Christm.) Swingle, Syn. C. líma Lunan enthaltenes Cumarinderivat (s. Formel)

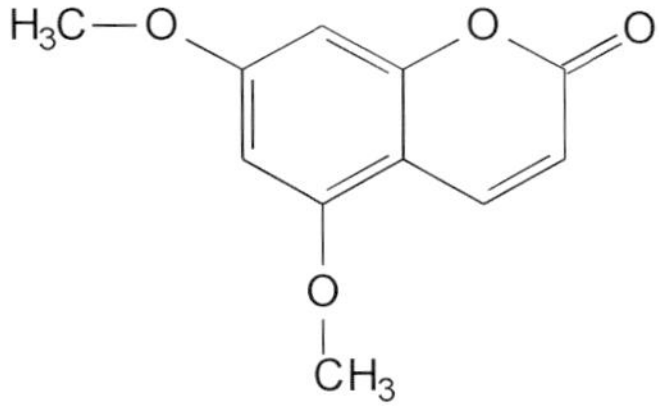

Molmasse 206,19 g/mol, F. 147···148°C. Das Limetteöl wird in der Getränke- und Süßwarenherstellung eingesetzt. → Cumarin

Limnocháris fláva → Wassersalat

Limnochlóa cacudiflóra → Wasserreis, Mandschurischer

Limocitrin → Flavonoide

Limocitrol → Flavonoide

Limonade: Erfrischungsgetränk aus Fruchtsaft, Zucker und Trinkwasser, auch aus künstlichen Essenzen, unter Zusatz von Kohlensäure. → Erfrischungsgetränk, alkoholfreies

Limonadenansatz → Limonadensirup

Limonadensirup, *Limonadenansatz:* ein aus Fruchtrohsäften, Fruchtsaftkonzentraten, natürlichen Grundstoffen oder Mischungen dieser Rohstoffe und durch Zusatz von Zucker sowie zuweilen Genußsäuren hergestelltes Konzentrat, das, mit Trink- oder Mineralwasser im Verhältnis 1:7 verdünnt, ein gesüßtes, alkoholfreies Erfrischungsgetränk ergibt. Angeboten werden z. B. die Geschmacksrichtungen Waldmeister, Apfel (*Friate*), Erdbeere, Zitrone, Kirsche, Orange, Waldhimbeere. → Erfrischungsgetränk, alkoholfreies → Fruchtsaftkonzentrat

Limoncillo → Sauerpflaume

Limoncito, *Kalamansito, Lime Berry:* das Gehölz *Triphásia trifólia* (Burm. f.) P. Wilsan (Familie *Rutáceae*), das aus dem tropischen Asien stammt und in vielen tropischen und subtropischen Ländern kultiviert wird. Die Früchte werden kandiert gegessen oder für die Herstellung von Konserven, Marmelade oder Pickles verwendet.

Limonelle → Limette

Limonen, *1-Methyl-4-isopropyl-cyclohexa-1,8-dien:* monocyclischer Terpen-Kohlenwasserstoff der Struktur

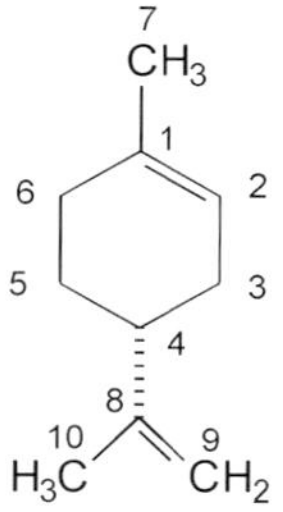

[R]-(+)-Limonen

L. ist eines der am weitesten verbreiteten *Terpene* und kommt in zahlreichen *ätherischen Ölen* vor, wobei sowohl die razemische Form (Terpentin-, Fichtennadel-, Kampferöl) als auch die L-Form (Pfefferminz-, Rauten-, Eukalyptus-, Baldrianöl, Tannenzapfenöl) und die D-Form (Zitronen-, Orangen-, Lemongras-, Bergamott-, Fenchel-, Dill-, Kümmelöl) auftreten. L. ist ein farbloses Öl, Kp. 177···178°C, das angenehm nach Zitronen riecht. In Ethanol und Ester ist L. löslich, in Wasser hingegen unlöslich. Bei Einwirkung von Luft und Licht wird es oxydiert. L. wird als Lösungsmittel, als Aromastoff und als technisches Parfüm u. a. bei der Waschmittel- und Lackherstellung verwendet. → Terpen-Kohlenwasserstoffe

Limonenkraut → Melisse

Limonin: ein bei Orangen auftretender Bitterstoff, s. Formel:

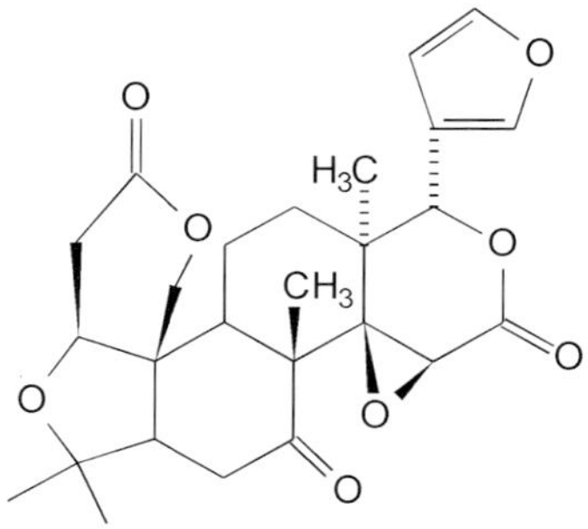

L. entsteht bes. im Saft von Navelorangen durch Lactonringschluß von *Limonoat* bei Kontakt mit Wasserstoffionen unmittelbar nach Zerstörung des Gewebes (Pressung) sowie in anderen Orangensorten bei Frosteinwirkung bzw. zu kühler Lagerung.

Limonoat → Limonin

Limonoide: eine Gruppe von kompliziert aufgebauten Triterpenen, die in den Pflanzenfamilie Meliáceae (Zedrachgewächse), Rutaceae (Rautengewächse) und Cneoráceae vorkommen. Die L. wirken fiebersenkend und werden in der Volksmedizin in Form von Teeaufgüssen der Blätter der entsprechenden Pflanzen in der Therapie der Malaria verwendet.

Limonöl → Zitronenöl

Limousinholz → Cognac → Edelbrand

Linalool, *2,6-Dimethyl-octa-2,7-dien-6-ol, 3,7-Dimethyl-octa-1,6-dien-3-ol:* Terpenalkohol, (s. Struktur),

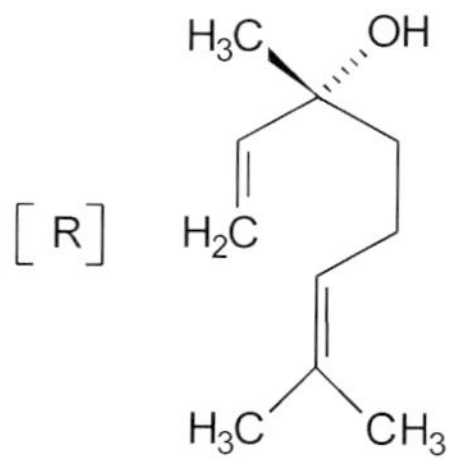

der sowohl in freier als auch in veresterter Form Bestandteil einer Reihe ätherischer Öle, z.B. das

Linalylacetat in Lavendel-, Linalool-, Ingwer-, Zitronen- und Bergamottöl ist. Es ist aromabestimmender Bestandteil des Pfeffers. Die ölige, nach Maiglöckchen duftende Flüssigkeit ist optisch aktiv; D-L. Coriandrol: Kp. 194···198°C, $[\alpha]_D$ +19,2°, L-L. (Licareol): Kp. 190···195°C, $[\alpha]_D$ −19,4···-20,7°. L. löst sich in Ethanol und Ether, in Wasser hingegen wenig. Durch Isomerisierung entstehen aus L. → Geraniol und Nerol. Synthetisch wird L. aus Acetylen und Aceton gewonnen. L. und seine Ester werden in der Riechstoffindustrie verwendet. → Terpen-Alkohole

Linaloolmonoxid, *Linaloolepoxid:* ein ungesättigter aliphatischer Alkohol mit einer Epoxygruppe, s. Formel:

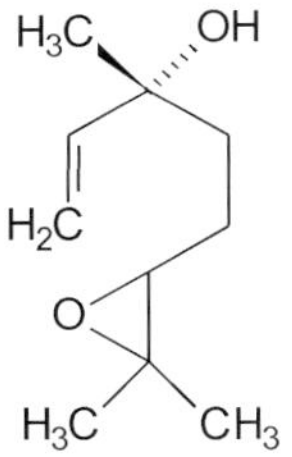

L. kommt frei und verestert vor, so z. B. im Grapefruit-Saft, im Lavendelöl und Cayenne-Linaloeöl. L. ist ein dickflüssiges Öl, Kp. 193···194°C.

Linamarin → Glycoside, cyanogene

Linatin, *1*-L-γ-Glutamylamino-D-*prolin:* toxisches als Vitamin-B_6-Antagonist wirksames Hydrazinderivat (s. Formel) aus Leinsamen. Molmasse 259,26 g/mol. Sehr gut in Wasser löslich.

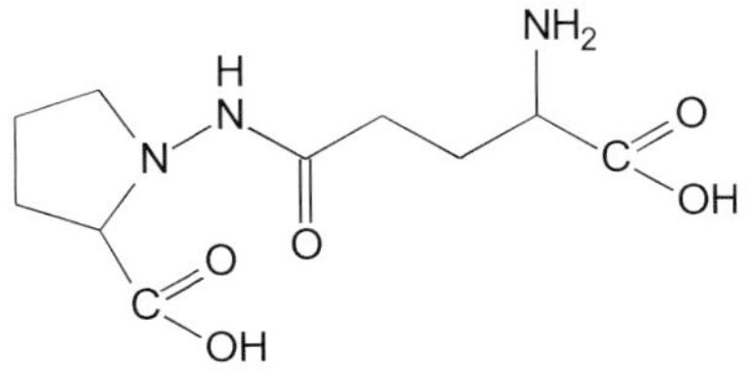

Linde: ein in Laub- und Auenwäldern sowie an Straßenrändern und auf Plätzen vorkommender Baum mit einer Winterform, *Tilia cordáta* Mill., und einer um 2 bis 3 Wochen früher blühenden Sommerform, *Tília platyphýllos* Scop. (Familie *Tiliáceae*). Die Blütenstände werden mit Hochblättern zur Bereitung von krampfstillendem und schleimlösendem sowie schweißtreibendem → Kräutertee gesammelt. Die L. zählen außerdem zu den begehrten Bienenweidepflanzen (*Lindenblütenhonig*). Der lieblich-süße Duft der Blüten ist auf Farnesol zurückzuführen. Die jungen Blätter eignen sich von April bis Juni für Mischsalate.

Lindenblättriger, *Hárslevelü:* frühreifende ungarische Traubensorte für Weißwein. Ergibt aromatische Weine mit voller Blume. → Furmint, Gelber → Tokajer → Wein

Linderasäure → Lauroleinsäure

Lingarofrucht → Ölweide

Lingonbeere → Preiselbeere

Linocinnamarin → Hydroxyzimtsäuren → Phenolglycoside

Linokaffein → Hydroxyzimtsäuren

Linolensäure, *Octadecatri-9,12,15-en-säure:* eine all-cis-Polyenfettsäure der Formel CH_3-CH_2-CH=CH-CH_2-CH=CH-CH_2-CH=CH-$(CH_2)_7$-COOH.
Sie ist neben *Linolsäure* die Hauptfettsäure der trocknenden Öle. Die L. kommt vor im Leinöl, Hanföl, Nußöl, Sojaöl, Rapsöl u. a. Reine L. ist eine farblose Flüssigkeit. Beim Abkühlen bildet L. Kristalle, die beim Erwärmen bei −11,2°C schmelzen. L. ist sehr empfindlich gegenüber Sauerstoff. L. wird meist den essentiellen Fettsäuren zugerechnet. Sie wird im menschlichen Organismus zu höher ungesättigten C_{20}- und C_{22}-Fettsäuren umgesetzt, die eine spezielle Bedeutung für die Nervenzellen haben. → Fettsäuren

Linolsäure, *Octadecadi-9,12-en-säure, Leinölsäure:* eine Monocarbonsäure der Formel CH_3-$(CH_2)_4$-CH=CH-CH_2-CH=CH-$(CH_2)_7$-COOH. Die L. befindet sich in nahezu allen Fetten und Ölen. Reich an L. sind viele Pflanzenöle (z. B. Leinöl etwa 30 %, Mohnöl etwa 62 %, Sonnenblumenöl etwa 52 %, Baumwollsaatöl etwa 45 % u. a.). Hingegen enthält Butter nur etwa 3 % und Schweineschmalz etwa 7 %, z. T. durch die Fütterung erheblich mehr. L. ist eine *essentielle Fettsäure*; der Tagesbedarf wird mit 7···10 g/Tag angegeben. Auf Grund der zwei Doppelbindungen ist L. empfindlich gegen Sauerstoff. L. ist eine wasserhelle Flüssigkeit von öliger Beschaffenheit, F. 5,2°C. Sie wird zur Herstellung von kosmetischen Präparaten, Emulgatoren und leicht trocknenden Anstrichfarben verwendet. Medizinische Bedeutung hat L. bei der Behandlung von Arteriosklerose und Dermatosen. → Fettsäuren

Linse, *Erve, Linsenerve, Speiselinse:* eine der ältesten Kulturpflanzen, *Léns culináris* Medik. (Familie *Fabáceae*), deren unreife Hülsen in Asien (bes. in Indien) als Gemüse, die reifen, flachgewölbten Samen mit 3···7 mm Durchm. und je nach Sorte in unterschiedlichen Farben, von grüngelb bis braun und orangerotfarben, als → Trocken-Speisehülsenfrucht gehandelt werden. Die L. werden in großem Umfang in der ehem. Sowjetunion, in Südamerika, USA und in den Mittelmeerländern produziert. Der ehemals sehr umfassende Anbau in Deutschland (Hessen, Thüringen, Brandenburg, Franken) ist nahezu eingestellt, da andere Länder preiswerter auf den Markt drängen. Dieser Rückgang setzte aber bereits zur Jahrhundertwende ein, indem z. B. in Brandenburg 1878 noch 40 000 ha und 1900 nur noch 19 000 ha mit L. bebaut wurden. L. werden zur Bereitung von → Suppen → Brei → Mehl und Eintopf und früher auch als Brotmehlzusatz verwendet. Die Bez. *Tellerlinsen* bezieht sich auf Größensortierung, wobei es sich hier um die größten L. mit 7 mm Durchm. handelt. Zusammensetzung und Energiewert s. Tab.

Zusammensetzung und Energiewert von Linsen

Bestandteil	in 100 g eßbaren Anteils
Feuchtigkeit	9,5 g
Eiweiß	24 g
Fett	1,2 g
Kohlenhydrate	51 g
Ballaststoffe	11 g
Mineralstoffe	3 g
Natrium	3,6 mg
Kalium	800 mg
Magnesium	75 mg
Phosphor	420 mg
Calcium	78 mg
Eisen	6,8 mg
Zink	5,2 mg
Vitamin B_1	0,45 mg
Vitamin B_2	0,26 mg
Vitamin B_6	0,58 mg
Folsäure	0,04 mg
Pantothensäure	1,3 mg
Niacin	2,5 mg
Energiewert in kJ (kcal) je 100 g	1308 (310)

→ Trockenspeisehülsenfrucht, hydrothermisch aufgeschlossene → Hülsenfrucht

Lintner-Stärke → Stärke, dünnkochende

Línum usitatíssimum → Leinöl → Leinsaat

Lipasen, *Glycerolester-Hydrolasen*: Fett spaltende → Enzyme, die Glycerol-Fettsäureester je nach Hydrolysegrad in Di- und Monoglyceride, Glycerol und freie Fettsäuren spalten. Die L. weisen Proteinstruktur auf (Molmasse je nach Herkunft 7000···200 000 g/mol). Die in der belebten Natur weit verbreiteten L. finden sich z. B. in Pankreas, Leber, Lunge, roher Milch, in Samenölen, Käse und in der Kulturlösung oder in den Zellen von Mikroorganismen. Die Lipasewirkung ist optimal, wenn das Fett hydrophoben Charakter hat und als Emulsion also eine große Oberfläche für die Reaktion vorliegt. Dabei erfolgt die Spaltung bevorzugt an den Kohlenstoffatomen C_1 und C_3 der Glyceride (Fett). Das Optimum der Hydrolyse liegt im neutralen bis schwach alkalischen Bereich. Gallensäuren erhöhen die Aktivität der L. Sie werden neben ihrem Einsatz als Verdauungshilfe begrenzt technologisch zur Reifung von Käse oder zur Fettspaltung eingesetzt. L. sind an unerwünschten Abbaureaktionen von Nahrungsfetten (seifiger Geschmack) oder von fetthaltigen Lebensmitteln beteiligt. → Triglycerid

Lipide → Lipoide

Lipochrome: zusammenfassende Bez. für alle fettlöslichen, natürlich vorkommenden → Farbstoffe. Die L. können in freier oder veresterter Form vorliegen. Bei den Estern kann eine farbige Säure mit einem farblosen Alkohol (z. B. *Chlorophyll)* oder eine farblose Säure mit einem farblosen Alkohol verestert sein (z. B. *Farbwachse*). I. e. S. werden unter den L. Carotenoide verstanden.

Lipoide: mit den Triglyceriden vergesellschaftete Naturstoffe, die sich in ihrem Löslichkeitsverhalten gleichen. Die L. lösen sich in organischen Lösungsmitteln; ihre chemische Struktur kann derjenigen der → *Triglyceride* ähnlich sein, aber auch völlig von jener abweichen. Im deutschen Schrifttum ist folgende Einteilung der L. üblich:
a) einfache L. (*Glyceride, Wachse,* Farbwachse, Sterolester, Triterpenolester),
b) Phosphor und Stickstoff enthaltende Ester *(Phosphatide, Acetalphosphatide, Sphingosinphosphatide*),
c) zusammengesetzte L. (*Saccharolipoide, Lipoproteide*),
d) Begleitstoffe der L. (*Sterole,* Lipovitamine, *Lipochrome, Kohlenwasserstoffe, Pro-* und *Antioxydantien, Geschmacksstoffe*).
Im angelsächsischen Schrifttum wird als Sammelbegriff die Bez. *Lipide* (Lipids) verwendet und setzt sich im deutschsprachigem Raum ebenfalls immer mehr durch. Die Lipide werden eingeteilt in einfache Lipide, zusammengesetzte Lipide und Lipidderivate.

Lipopolysaccharide → Glycolipide

Lipoproteide: Eiweißstoffe, die zusammengesetzte Lipoide, z. B. *Lecithine, Cephaline oder Sphingomyeline,* als prosthetische Gruppe enthalten. Die L. kommen vor allem im Protoplasma und in den Globulinen des Blutplasmas vor. Sie haben große Bedeutung für die Regulierung der Löslichkeit von Lipoiden in der Gewebsflüssigkeit und dienen als Transportmittel für Fette, Fettsäuren und Cholesterol. Man unterscheidet α-L. (an ein α-Globulin gebunden, Molmasse etwa 200 000 g/mol), β-L. (Sphäroproteid mit einer Molmasse von etwa 1,3 Mio g/mol, gebunden an β-Globuline des Blutplasmas) und γ-L. (enthalten, abhängig von Fettgehalt und Fettart der Nahrung, die grobdispersen Chylomikronen, d. s. makromolekulare Lipoproteid- und Neutralfett-Teilchen). Bei *Diabetes mellitus* (Zuckerkrankheit), Arterienverkalkung und Gelbsucht ist oft eine Vermehrung der L. im Blut festzustellen. Durch ihren wasserlöslichen Proteinanteil und ihren wasserunlöslichen Lipoidanteil sind L. wirksame Emulgatoren. Unterteilt werden die Lipoproteine nach ihrer Dichte in high-density Lipoproteine (HDL, Dichte → 1,063) und low-density Lipoproteine (LDL, Dichte 1,019 – 1,063). Die bekanntesten L. sind die Phosphoproteide des Eigelbs *Vitelin* und *Vitellinin.* → Eiweiß → Eier → Phosphoproteide

Lipovitellenin: Artefakt, das aus nativem Lipoprotein (LDL) des Eigelbplasmas durch Diethylether-Behandlung gewonnen wird. L. wird auch synonym für die Lipoproteide des Eigelbplasmas benutzt.

Lipovitellin: Proteid der Granula des Eigelbs mit hoher Dichte (HDL). → Ei

Lipoxidase (EC 1.13.11.12), *Lipoxygenase, Carotenoxidase:* → Enzym, das in Gegenwart von Luftsauerstoff die Oxydation von mehrfach ungesättigten Fettsäuren (Linol-, Linolen-, Arachidonsäure) unter Bildung von Peroxiden katalysiert; letztere unterliegen dem weiteren enzymatischen Abbau. Die L. findet sich in Ölsaaten, bes. der Sojabohne, in Getreidekörnern, Samen von Leguminosen, anderen pflanzlichen Geweben und wahrscheinlich auch in tierischen Geweben (Leber, Muskulatur). L. ist am enzymatischen → Verderb (Ranzigwerden) von Fetten und fetthaltigen Lebensmitteln und an der Bildung von unerwünschtem bitterem Geschmack beteiligt. Ferner ist L. für die Zerstörung von Caroten, dem Provitamin A. verantwortlich. Diesem Abbau wirken Fettoxydantien, z. B. Tocopherol (Vitamin E), entgegen.

Líppia gravéolens → Oregano, Amerikanischer

Líppia microméra → Thymian, Spanischer

Líppia triphýlla → Zitronenverbena

Lippische Leberwurst: einfache Leberwurst, die weniger als 10% Leber enthält → Leberwurst

Liptauer Käse: ursprünglich im Gebiet Liptau (Slowakische Republik) durch feines Vermahlen von Schafmilchkäse, insbes. Brimsenkäse, hergestellter *Streichkäse.* Neben echtem L. unterscheidet man zw. Käse nach Liptauer Art (bayerischer Liptauer) und garniertem Liptauer oder garniertem Käse nach Liptauer Art, der mit Zwiebeln und weiteren Gewürzen vermischt und mit Paprika bestreut ist. („angemachter„ Speisequark). → Käsesorten

Listerien: zur Familie *Corynebacteriáceae* zählende Bakterien, die als Erreger der bei Menschen und Haustieren auftretenden Listeriose gelten. Es sind grampositive Kurzstäbchen (0,5 µm lang), deren Nachweis in die bakteriologische Fleischuntersuchung einbezogen ist. → Fleisch

Litchi → Litchipflaume

Litchi, Behaarte → Rambutan

Litchinektar → Litchipflaume

Litchinuß → Litchipflaume

Litchipflaume, *Litchi, Litschee, Litschi, Lychee, Lee Chee, Chinesische Haselnuß:* die einen Durchm. bis zu 4 cm erreichende Steinfrucht des kleinen, niedrigverzweigten, dichtkronigen *Lee-Chee-Baumes, Lítchi sinénsis* Sonn. (Familie *Sapindáceae*). Die L. hängen in Rispen bis zu 30 Stück. Die dünne, aber harte und brüchige, hell- bis dunkelrote (seltener gelbe) Schale ist mit sechseckigen Schildern bedeckt, von denen jedes einen stumpfen Stachel trägt. Das Fruchtfleisch ist durchscheinend weiß, saftig, süß und löst sich leicht vom Samen. Der Geschmack ist mild säuerlich mit einem Beigeschmack nach Muskat oder Kampfer. Die Schlüsselverbindung des Aromas soll Phenylethanol sein. Zusammensetzung s. Tab. Hauptanbaugebiet ist China (Kwangtung, Fukiën), andere Anbaugebiete sind Südafrika, Neuseeland, Brasilien, Honduras, Japan, Australien, Madagaskar, die USA (Florida und Hawaii) und Nordindien.

Zusammensetzung der Litchipflaume

Bestandteil	Durchschnittl. Gehalt je 100 g eßbaren Anteils
Feuchtigkeit	80,1 g
Eiweiß	1,2 g
Kohlenhydrate	15,1 g
Gesamtsäure (Äpfelsäure)	0,43 g
Rohfaser	0,5 g
Mineralstoffe	0,53 g
Natrium	2 mg
Kalium	228 mg
Calcium	6,3 mg
Phosphate	85 mg
Eisen	0,35 mg
Vitamin B_1	0,05 mg
Vitamin B_2	0,04 mg
Vitamin C	42 mg
Energiewert in kJ (kcal) je 100 g eßbaren Anteils	295 (70)

In den Tropen ist die L. selten, sie kann dort nur in höheren Lagen kultiviert werden. Die L. werden i. allg. getrocknet (*Litchinüsse*) oder als Konserve ohne Haut und Samen sowie als Litchinektar und Litchiwein exportiert. Litchifrüchte oder -nüsse in Sirup gehören in China zu den feinsten Delikatessen. In China wird die L. seit 4000 Jahren kultiviert, die beste Sorte ist 'Chen Purple'. → Longane

Lítchi sinénsis → Litchipflaume

Litchiwein → Litchipflaume

Lithium → Mineralstoffe

Lithódes antárctica → Krebstiere

Litholrubin BK → Lebensmittelfarbstoffe

Lithospérmium officinále → Tee, römischer

Litschee → Litchipflaume

Litschi → Litchipflaume

Littorína littórea → Schnecken

Livarot-Käse: nach der Stadt Livarot in der Normandie (Frankreich) benannter *Weichkäse.* → Käsesorten

Livetine: wasserlösliche Proteine des Eigelbplasmas, wobei drei Hauptfraktionen (α-, ß- und γ-Livetine) im Verhältnis 2:3:5 vorkommen. Die Molmassen der Fraktionen betragen 80 000; 45 000 bzw. 150 000 g/mol. α-Livetine sind kohlenhydratfrei, während β- und γ-Livetine Glycoproteine sind. → Ei

Livistóna chinénsis → Latanenapfel

Lobak → Schlangenrettich

Lobster: engl. Bez. für Hummer und Langusten. → Krebstiere

Löcherpilze → *Polyporáceae*

Löcherschwämme → *Boletáceae*

Lochscheibenschälverfahren → Kartoffel

Lockerfett: zum Backen verwendetes Spezialfett, das - meist durch Zusatz wirksamer Emulgatoren - zur Erhöhung des Lockerungsvermögens des Teiges wesentlich beiträgt. → Backfett → Ziehmargarine → Shortening

Lockerungsmittel, *Backtriebmittel, Teiglockerungsmittel, Triebmittel:* der Lockerung von → Teigen und → Massen dienende mikrobielle oder chemische Hilfsstoffe, deren Aufgabe primär in der Bereitstellung der für die Lockerung erforderlichen Gasmenge (zumeist Kohlendioxid) besteht. Zu den biologischen L. zählen → Hefe und Sauerteig. Zu den chemischen L. zählen Lockerungsgas entwickelnde Verbindungen:
a) mit Säurezusatz, wie → Backpulver → Natriumhydrogencarbonat → Sulfattriebmittel, Kaliumcarbonat und
b) ohne Säurezusatz, z. B. → Ammoniumtriebmittel → Acetondicarbonsäure, Dihydrokohlensäurediethylester → Tyloxapol und Wasserstoffperoxid. Die L. sind sowohl Träger (z. B. Natriumhydrogencarbonat), Erzeuger (z. B. Backhefe) als auch Stabilisatoren (z. B. Backfette) von Lockerungsgasen. In diesem Zusammenhang bilden die → Lockerfette, Backfette → Shortenings → Backkrems eine Gruppe von Hilfsmitteln, die sowohl den → Backhilfsmitteln als auch den L. zugeordnet werden. Verschiedene Quellstoffe, wie Stärke, Ultraamylopectin (UAP), Agar, Pectin, Gelatine und Cellulosederivate stellen wichtige Stoffklassen für L., z. B. in der Süßwarenindustrie, dar.

Locust bean gum → Johannisbrotkernmehl

Locustbeere, *Manteko, Doncella:* Bez. für die Frucht und die Pflanze *Byrsónima spicáta* (Cav.) Rich., (Familie *Malpighiáceae),* die in Mittel- und Südamerika angebaut wird. Die Früchte dienen zur Herstellung von Gelee, Marmelade, Saft oder werden roh verzehrt.

Locustbohne → Johannisbrot → Dawadawa

Locustbohne, Afrikanische: 1. die in Westafrika, bes. in Nigeria, kultivierte Hülsenfrucht, *Párkia filicoidéa* Welw. (Familie *Fabáceae*), aus deren Hülsen gelbes Mehl gewonnen und die proteinreichen Samen zu → Breigerichten und Kuchen verarbeitet werden. → Dawadawa
2. der in den Tropen Westafrikas und Mittelamerikas kultivierte Nittabaum, *Párkia biglobósa* (Jacq.) Benth. (Familie *Fabáceae*), dessen sehr süß schmeckende Fruchtpulpe (bis 30 % Zuckergehalt) zu Fruchtgetränken, die eiweißreichen Samen entweder geröstet als Kaffee-Ersatzmittel oder zur Herstellung → fermentierter Lebensmittel genutzt werden.

Lodde, *Polarstint, Mallótus villosus* (Bild):

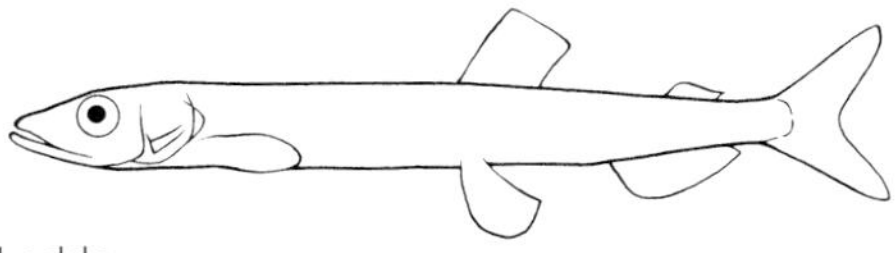

Lodde

Kleiner, in Schwärmen lebender *Meeresfisch* der zirkumpolaren Gebiete des Atlantik und Pazifik, der dem Stint ähnelt, sich jedoch u. a. durch eine längere Fettflosse unterscheidet. Der Fang schwankt zw. 2 Mio und 4 Mio t, die hauptsächlich durch Norwegen, der ehem. Sowjetunion und Island gefangen werden. Die Länge beträgt 13···16 cm, höchst. 21 cm. Die L. wird vorläufig noch überwiegend zu → Fischmehl und -öl verarbeitet. Die Nutzung zur Herstellung von Konserven und anderen Lebensmitteln beginnt sich abzuzeichnen. L. hat weißes, zartes Fleisch mit stark wechselndem, z. T. hohem Fettgehalt. Entweidete Fische ohne Kopf enthalten 14···15 g Eiweiß und 12···13 g Fett. → Fisch

Lodoícea maldívica → Seychellennuß

Löffelbiskuit, *Biskoten,* österr. die *Biskotte* (Sing.) die *Biskotten* (Plur.): ein auf papierbelegten Blechen fingerdick in kleiner Zungenform dressierter Biskuitstreifen. Verschiedentlich sind die L. mit Nugat gefüllt, wobei zwei Biskuits zusammengesetzt und mit Kuvertüre überzogen sind. → Teegebäck → Biskuit → Dressiergebäck

Löffeli → Hirtentäschel

Löffelkraut, Echtes, *Löffelkresse, Bitterkresse :* eine zwei- bis mehrjährige Pflanze, *Cochleária officinális* L. (Familie *Brassicáceae*), mit spindelförmiger Wurzel und einfachem oder verzweigtem, bis 40 cm hoch wachsendem Stengel. Das an Meeresstränden und Flußufern Europas vorkommende, winterharte E. L. schmeckt salzig-säuerlich oder kresseartig und wurde früher als → Küchenkraut (z. B. um Jena) kultiviert, heute sowohl aus Wildbeständen gesammelt als auch kommerziell im Herbst (für die Frühjahrsnutzung) angebaut. Seine Blätter und Blütenstände ergeben das ganze Jahr über eine würzende Beigabe zu → Salaten, Quark und Brotaufstrich, Zusammensetzung s. Tab. → Kresse → Wildkräuter

Zusammensetzung des Echten Löffelkrauts

Bestandteil	Durchschnittl. Gehalt je 100 g eßbaren Anteils
Eiweiß	2 g
Kohlenhydrate	15 g
Kalium	580 mg
Calcium	120 mg
Phosphor	130 mg
Magnesium	36 mg
Mangan	1,2 mg
Kupfer	0,4 mg
Natrium	80 mg
Eisen	2 mg
Vitamin C	55 mg

Löffelkraut, Englisches: von den 25 Arten der Gattung *Cochleária* (Familie *Brassicáceae*) wird neben dem *Echten Löffelkraut* dem E. L., *Cochleária ánglica* L. der beste Geschmack zugesprochen. Bes. in England wird E. L. verbreitet als Salatzutat genutzt. → Wildgemüse

Löffelkresse → Löffelkraut, Echtes → Wildkräuter

Loganbeere: Frucht einer vermutlich 1881 bei *J. H. Logan* (Californien) aus *Rúbus idaeus L. vulgátus (Amerikanische Himbeere)* oder *R. strigósus* Michx. x *R. ursínus* Cham. et Schlecht. *(Bärenbrombeere)* oder *R. vitifólius* Cham. et Schlecht. entstandene Hybride. Die L. wird auch als Mutante von *R. ursínus* angesehen, daher die Bez. *R. ursínus loganobáccus* L. H. Bailey, später nur noch *R. loganobáccus* L. H. Bailey. *Bailey* schließt 1949 die → Boysenbeere in den Formenkreis um *R. ursínus* mit ein. Ob es sich bei *R. loganobáccus* um ein Produkt aus einer gezielten Kreuzung oder um eine ausgelesene, in der freien Natur entstandene Hybride handelt, ist heute nicht mehr festzustellen. Die L. bildet bis 4 m lange, dicht mit Stacheln besetzte Ranken (seit 1934 gibt es auch eine stachellose Mutante: *„Bauers Thornless Logan"*). Die sehr großen, zapfenförmigen Früchte sind fest, rotbraun bis schwarzviolett, saftig und säuerlich-aromatisch. Sie sind zur Bereitung von Saft, Marmelade, Konfitüre gut geeignet. Das Holz ist frostanfällig; deshalb hat die L. in Mitteleuropa keine große Verbreitung. Neue, durch Züchtung entstandene Brombeer-Himbeer-Hybriden werden z. Z. in verschiedenen Ländern auf ihren Anbauwert geprüft. Hierzu zählen u. a. *Marionbeere, Taybeere, Sonnenbeere, Nektar-Himbeere.*

Lokumfeige → Feige

Lolígo → Tintenfisch

'Lollo Bionda': eine grünkrautige Variante des Pflücksalats → 'Lollo Rossa'.

'Lollo Rossa', *Lattúghino, Blattbatavia:* ein aus Italien stammender → Pflücksalattyp, *Lactúca satíva var. críspa* L. (Familie *Asteráceae*) mit mittelgroßen, halbkugelförmigen Pflanzen, die den Eindruck eines Kopfes vermitteln und mit 250···300 g Masse gehandelt werden. Die hell gelblichgrünen Blätter stehen sehr dicht und zeigen einen stark gekrausten, rotbraunen Blattrand. Der L. R. enthält geringe Mengen Bitterstoffe, wirkt sehr dekorativ und läßt sich für längere Zeit frisch halten. Der 'Lollo Bionda' unterscheidet sich vom L. R. nur durch den hellgrünen Farbton ohne Rotfarbanteil. → Salat, Bunter

Lolo → Pfeffer 1.

Lompenzucker, *Lumpenzucker:* eine im Vergleich zu Raffinade geringwertige Zuckersorte.

London Dry → Gin

Longane, *Drachenauge:* die runde, gelb- bis rötlichbraune Frucht des kleinen Baumes *Euphória longána* Lam. (Familie *Sapindáceae),* deren Schale im Gegensatz zu der nahe verwandten → *Litchipflaume* glatt ist. Der Baum ist im Süden von China, in Indien, Vietnam, Laos und Kampuchea verbreitet. Die Früchte erreichen die Litchipflaume in der Qualität nicht, werden aber in China frisch, getrocknet und konserviert viel verzehrt. Der Baum wird häufig auch als Ziergehölz gepflanzt.

Longdrink → Erfrischungsgetränk, alkoholhaltiges

Lonícera edúlis → Heckenkirsche, Eßbare

Lonícera japónica → Heckenkirsche, Japanische

Lonícera kamtschática → Kamschatka-Heckenkirsche

Lontaropalme → Palmyrafrucht

Lontchom → Ontchom

Lontjom → Ontjom

Loofah → Schwammgurke

Loonazain → Reis, angeschälter

Loosbrot: ein Roggen- oder Roggenmischbrot, dessen Teig ohne Säuerung bei niedriger Gärtemperatur geführt wird und bei dem die Mahlerzeugnisse einer vorangehenden Quellung unterzogen werden.

Lóphius piscatórius → Angler

Lophóphoria williámsi → Pilzwirkstoffe, halluzinogene

Loquat → Mispel, Japanische

Lorbeerblatt, *Lorbeerlaub:* das getrocknete, kurzstielige, lederartige bis zu 10 cm lange und 5 cm breite, eiförmige bis lanzettliche Blatt des im Mittelmeerraum beheimateten immergrünen Lorbeerstrauches oder bis zu 10 cm hohen Lorbeerbaumes *Laurus nóbilis* L. (Familie *Lauráceae*). Der charakteristische Geruch und würzig-bittere Geschmack sind auf den Gehalt an ätherischem Öl (bis 3 %) und das darin enthaltene *Zineolöl* (bis zu 50 %) zurückzuführen. Die L. werden zum Würzen von Fleisch, bes. Wild, Fischgerichten, für Soßen, Fischmarinaden, Gemüse (Sauerkraut), Essiggemüse sowie zum Aromatisieren von Likören verwendet. → Lorbeere

Lorbeerblatt, Indisches, *Daoen Salem:* das braune, elliptisch bis längliche, 12 cm lange und bis 5 cm breite, unseren Lorbeerblättern ähnliche Blatt, des in den Regenwäldern Indiens und Indonesiens, bes. Djawa, häufig kultivierten, bis 25 m hohen Baumes *Eugénia polyántha* Wight (Familie *Myrtáceae*). Das I. L. hat einen würzigen Geruch, leicht säuerlichen Geschmack und dient u. a. als Zusatz für ostasiatische → Gewürzmischungen und Gewürzpasten, z. B. *Nasi-Goreng*-Gewürz. → Gewürzzubereitung

Lorbeere: die reife, getrocknete Steinfrucht von *Laurus nóbilis* L. (Familie *Lauráceae*), die etwa 1 % ätherisches Öl, bis zu 30 %, durch Chlorophyll grün gefärbtes fettes Öl, Zucker und Stärke enthält und

u. a. zur Herstellung des → Lorbeeröles sowie vereinzelt pulverisiert für → Gewürzmischungen verwendet wird. → Lorbeerblatt

Lorbeerlaub → Lorbeerblatt

Lorcheln → *Helvélla* → Gyromitra

Lóta vulgáris → Aalrutte

Lotoko: ein in Zaire aus Mais und Maniok hergestellter Branntwein.

Lotos: 1. Sammelbez. für Wasserpflanzen der Gattung *Nelúmbo* und *Nymphǣa* (Familie *Nymphaeáceae*). Die *Indische Lotosblume, Nelumbo nucífera* Gaertn. ist in Indien beheimatet, ihre Blattstiele dienen vor allem in China und Japan, frisch oder getrocknet als Gemüse oder Suppenbestandteil, außerdem werden die stärkereichen Rhizome in Japan unter der Bez. *Renkon,* auch als Dosenware verzehrt. Die *Ägyptische Lotosblume, Nymphǣa lótos* L. ist vor allem wegen ihrer eßbaren Samen geschätzt, ihre Rhizome werden vor allem im tropischen Afrika als Gemüse genutzt. → Bado → Körnerfrucht → Wasserpflanzenrhizom
2. Bez. für → Jujube.
3. Bez. für → Dattelpflaume.

Lotosblume, Ägyptische → Lotos → Bado → Wasserpflanzenrhizom

Lotosblume, Amerikanische: die an der nordamerikanischen Atlantikküste, sowie im Mississippi-Gebiet wild vorkommende oder von den Indianern in Kultur genommene Wasserpflanze, *Nelúmbo lútea* (Willd.) Pers. (Familie *Nymphaeáceae*), deren Blätter und Blattstiele als Gemüse, die Samen in erhitzter Form wie → Nüsse verzehrt werden. → Nuciferin

Lotosblume, Indische → Lotos → Wasserpflanzenrhizom

Lotosfrucht, *Dattelpflaume, Schwarze Dattel:* kirschgroße, schwarzblaue Frucht des Baumes *Diospýros lótus* L. (Familie *Ebenáceae*), der in Ostasien angepflanzt wird. Die L. wird sowohl frisch verzehrt als auch zu Sirup und Wein verarbeitet. – Die Bez. L. wird in Italien auch für die → Kakipflaume verwendet.

Lotosmehl → Bado

Lotossstärke: die aus Rhizomen von → Lotos gewonnene Stärke. → Wurzelstärke → Stärke, tropische

Lottchen, Doppeltes → Zwillingsbrot

Lótus siliquósus → Spargelerbse

Lovi-Lovi: *Flacóurtia inérmis* Roxb. → Flacourtie

Lowbushblueberry → Wildheidelbeere, Nordamerikanische

Löwenzahn, *Kuhblume, Kettenblume:* eine gelbblühende, mehrjährige Pflanze, *Taráxacum officinále* Wiggers und *T. sublaciniósum* Dahlst. (Familie *Asteráceae*), mit grundständigen Blättern, die aufrecht stehen oder flach ausgebreitet sind. Der L. dient vielfach als Wildgemüse (Tab.), indem die jungen Blätter als Salat verzehrt oder wie Spinat zubereitet werden.

Zusammensetzung und Energiewert von Wildlöwenzahnblättern

Bestandteil	Gehalt in 100 g
Feuchtigkeit	85,7 g
Eiweiß	2,55 g
Fett	0,62 g
Kohlenhydrate	6,52 g
Ballaststoffe	2,7 g
Mineralstoffe	2 g
Natrium	76 mg
Kalium	440 mg
Magnesium	36 mg
Calcium	156 mg
Mangan	58 mg
Eisen	3,1 mg
Phosphor	70 mg
Caroten	7,9 mg
Vitamin B_1	0,19 mg
Vitamin B_2	0,17 mg
Niacin	0,8 mg
Vitamin C	30 mg
Oxalsäure	24,6 mg
Energiewert in kJ (kcal) je 100 g	181 (43)

In Frankreich werden die Blätter gelegentlich auch gebleicht. Die getrockneten Wurzeln des L. eignen sich zur Herstellung von Kaffeesurrogat und waren früher ein bedeutender Handels- und Ausfuhrartikel. Der Kulturlöwenzahn mit einigen Sorten wie 'Breitblättriger Treib', 'Delikateß' oder 'Verbesserter Vollherziger' wird in verschiedenen europäischen Ländern angebaut. Im April erfolgt die Aussaat mit 63 cm Reihenabstand, im Herbst wird 20 cm hoch angehäufelt, um einen möglichst hohen Anteil gelbleichter Blätter zu erhalten. Ab Anfang Februar bis Anfang April des nächsten Jahres (zweijährige Kultur) wird geerntet. Die Erntemengen liegen bei 1 kg je m^2. Der L. ist wegen seiner blutdruckregulierenden und blutreinigenden Wirkung geschätzt, sein Provitamin-A-Gehalt liegt höher als bei der Möhre. → Kräutersaft → Bleichgemüse → Wildkräuter → Inulingemüse

Löwenzahnsaft → Kräutersaft → Löwenzahn

'Lowes Auslese': Johannisbeere. → Beerenobst

Loxodónta africána *(Afrikanischer Steppenelefant)* → Fleischtiere

Lubiabohne → Helmbohne

Luciopérca luciopérca → Zander

Luciopérca sándra → Zander

Lucúma bífera → Eierfrucht

Lüdger-Käse → Hopfenkäse

Luffa → Schwammgurke

Lúffa cylíndrica → Schwammgurke

Luft: Gasgemisch der Atmosphäre, es dient als Treibgas und als dispers verteilter Inhaltsstoff in Schäumen.

Luftbrot, *Eiweißbrot, Kleberbrot, Diabetikereiweißbrot:* ein vorwiegend unter Verwendung von Kleber bereitetes, grobporiges, hochvolumiges, hellfarbiges, zur Obergruppe der → kohlenhydratarmen Brote gehörendes Spezialgebäck in Form kleiner, brötchenähnlicher Stücke (zu 10 g) oder in Form und Größe eines üblichen Kastenbrotes, das jedoch auf Grund äußerst geringer Dichte nur eine Masse von 100 g aufweist. Das L. ähnelt im Aussehen, nicht aber im Geschmack dem → Weizenweißbrot. Der Kohlenhydratgehalt beträgt 14···28 %, der Eiweißgehalt 57···71 %, und der Energiewert entspricht 1470···1680 kJ (350···400 kcal). Verschiedentlich werden solche Diabetikereiweißbrote fälschlich als *Aleuronatbrot* bezeichnet. Der zur Eiweißanreicherung verwendete Rohstoff besteht jedoch ausschl. aus Kleber und stammt nicht aus den Aleuronschichten des Getreidekornes, wie früher irrtümlich behauptet. In der ehem. Sowjetunion wird ein L. unter der Bez. *Eiweißbrot* aus 3 Teilen Kleber und 1 Teil Weizenmehl unter Zusatz von Speisesalz, Fett und Saccharin als Kastenbrot zu 100 g und 200 g hergestellt. → Diabetikerlebensmittel → Diabetikerbackwaren → Diätbrot → Spezialbrot → Spezialbackware → Brot

Luftkartoffel → Luftyams

Luftschokolade → Schaumschokolade

Luftyams, *Kartoffelyams, Gathi:* ein Yamswurzgewächs, *Dioscórea bulbífera* L. (Familie *Dioscoreáceae),* dessen stärkehaltige, in den Blattachseln (Bild) sich entwickelnde Bulbillen eine Masse von 0,5···2 kg erreichen.

Luftyams

Die stärkehaltigen Knollen der ungiftigen Sippen werden roh oder gekocht verzehrt oder zu Mehl verarbeitet. Die unterirdischen Knollen werden nur in Notzeiten und dann nur nach Präparierung (Beseitigung des Alkaloidgehalts) genutzt. Zusammensetzung der Luftknollen s. Tab. → Yamswurzel

Zusammensetzung und Energiewert von Luftyams

Bestandteil	Durchschnittl. Gehalt je 100 g eßbaren Anteils
Feuchtigkeit	74,8 g
Kohlenhydrate	19,2 g
Fett	0,4 g
Eiweiß	3,6 g
Ballaststoffe	2 g
Mineralstoffe	0,9 g
Calcium	152 mg
Phosphor	66 mg
Eisen	6,2 mg
Vitamin B_1	0,03 mg
Vitamin B_2	0,08 mg
Niacin	0,17 mg
Vitamin C	5,3 mg
Energiewert in kJ (kcal) je 100 g	396 (95)

Luftzwiebel → Zwiebel 1.

'Luizet' → Aprikose

Lukullus: Gebäck aus → Keksen und schokoladenähnlicher Masse in Schichtform.

Lulo → Naranjilla

Lumb, *Brosme, Brósme brósme* (Bild):

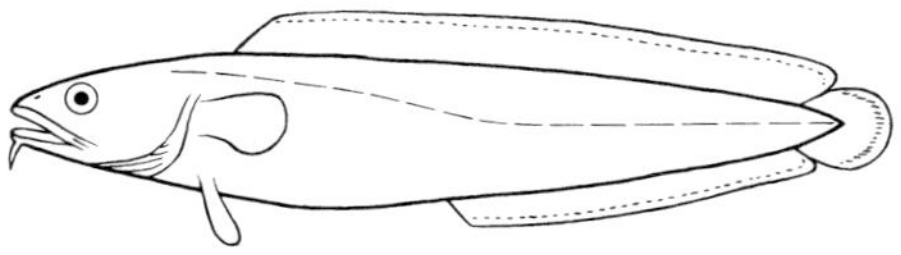

Lumb

Langgestreckter, oben bräunlicher, unten grauweißer *Meeresfisch* aus der Familie der → Gadiden. Die Rücken- und die Afterflosse, beide langgestreckt, sind von der Schwanzflosse abgesetzt und wie diese von einem weißen Saum und einem schwarzen Längsband umgeben. Der Fisch wird durchschnittl. 60···70 cm, höchst. 1 m lang. Auf beiden Seiten des Nordatlantik werden über 40 kt je Jahr gefangen, hauptsächlich von Norwegen. L. ist ein magerer, schmackhafter Speisefisch und enthält je 100 g eßbaren Anteils etwa 17···18 g Eiweiß, 0,3 g Fett und 1 g Mineralstoffe. Der entsprechende Richtwert für den Energiewert liegt bei 335 kJ (80 kcal) je 100 g eßbaren Anteils. → Fisch

Lump → Seehase

Lumichrom: Photolyseprodukt des Riboflavins folgender Formel:

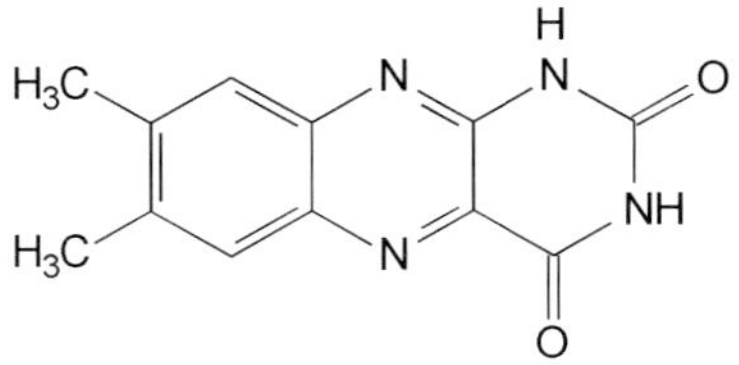

Lumie → Limette

Lumiflavin: Photolyseprodukt des Riboflavins, s. Formel:

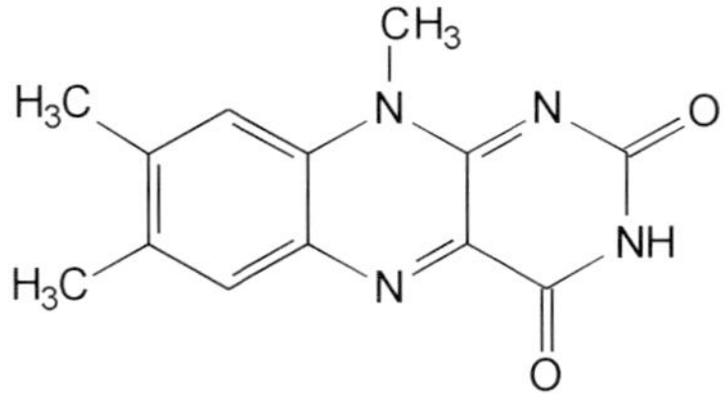

L. bildet sich bes. bei Belichtung mit 420···560 nm unter Dealkylierung.

Lumisterol → Vitamin D

Lunamycin → Pilzgifte

Lunge, *Pulmo* (lat.) (Bild).
Das mit kegelförmigen Flügeln den größten Teil des Brustkorbes ausfüllende Organ, das aus schwammigem, elastischem Lungengewebe und den ein- und austretenden Gebilden, den Bronchien, Blutgefäßen und Nerven besteht. In den L. vollzieht sich der Austausch von Sauerstoff und Kohlendioxid. Die L. zählt zu den → Innereien und

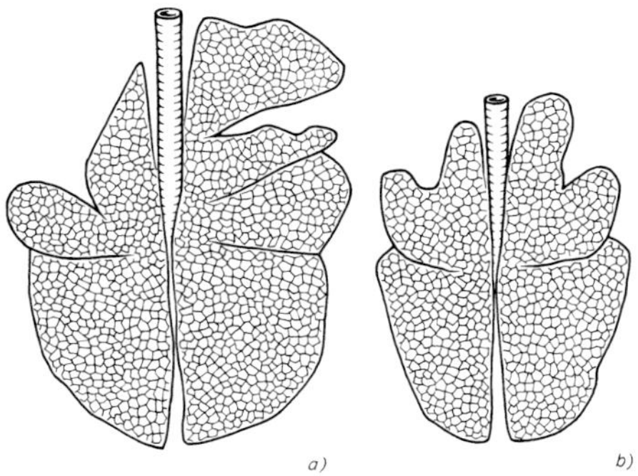

a) Lungen von Rind
b) Lungen vom Schwein

wird zu Kochwurstsorten oder Konserven (Lungenhaschee) verarbeitet, seltener für die küchenmäßige Zubereitung als Organ verkauft.

Lungenflechte → Isländisches Moos

Lungenkraut, Echtes: mehrjährige krautige Pflanze, *Pulmonária officinális* L.(Familie *Boragináceae*), deren rauhe, eiförmig langgezogene Blätter, wenn als Wildpflanze im Garten kultiviert, im Frühjahr den ersten Salat liefern können. In England wird L. großflächig als Salatpflanze angebaut. Für die grünen Teile werden je 100 g folgende Spurenstoffe angegeben: 20 mg Eisen, 3,6 mg Mangan, 3,3 mg Bor, 0,7 mg Nickel, 0,5 mg Kupfer, 5 mg Caroten und 70 mg Vitamin C. Das L. enthält als Rauhblattgewächs Pyrrolizidin-Alkaloide. → Wildkräuter

Lungenwurst: → Brühwurst (mittlere Sorte), zu deren Herstellung Schweinefleisch, Schweinefleisch, Speckabschnitte, Lunge, Speisesalz, Pfeffer, Kümmel, Knoblauch und Senfkörner eingesetzt werden. Als Wursthüllen dienen Naturdärme (Kranzdärme, 40···45 mm Durchm.). Das Schnittbild zeigt eine rosarote, mittelfein gekutterte Wurstmasse, in der noch zerkleinerte Lungenteilchen sichtbar sind. → Wurst

Lünte: Bauchwandfett des Schweines, zur Herstellung von → *Schweineschmalz* eingesetzt.

Luostari: typisch finnischer, halbfester *Schnittkäse* (mit Schmiere), mit 45 % F. i. Tr., der zum Typ *Port Salut* oder *Trappistenkäse* eingeordnet werden kann. → Käsesorten

Luparon → Ketone

Lupeol, β-Viscol, Cautchicol, Momogynol, Fagarasferol: ein Triterpen-Alkohol, s. Formel:

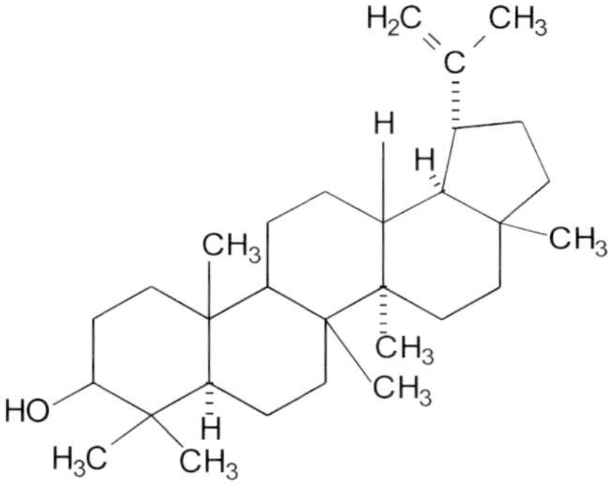

L. kommt häufig frei oder verestert vor, bes. in Milchsäften, Samen und Rinden, so z. B. im Kaugummi von *Áchras zapóta* L. und in der Sheanuß. F. 212···215°C, $[\alpha]_D$ +27° (in Trichlormethan).

Lupeose → Tetrasaccharide

Lupine: einjährige oder ausdauernde, über 200 Arten umfassende Pflanzenart mit wechselständigen, fast stets handförmig geteilten Blättern und einer mehr oder weniger behaarten, lederartigen Frucht in Form einer Hülse. Von wirtschaftlicher Bedeutung sind nur drei Arten: die *Weiße L., Lupínus álbus L.*, die Gelbe Lupine, L. lúteus und die Blaulupine, L. angustifólius *(Familie Fabáceae).* Hauptverbreitungsgebiet der L. ist der amerikanische Kontinent, in geringerem Maße das Mittelmeergebiet bis zum Vorderen Orient und Nordafrika. Wegen des bitteren Geschmacks wurden die Samen früher als würzender Zusatz bei der Bierbereitung verwendet. Die gekochten, ausgelaugten Samen werden gesalzen oder in Soßen verzehrt, aber auch in Italien, Ägypten und in Algerien von Straßenhändlern, mehr als Leckerbissen,

Inhaltsstoffe der gelben Süßlupine (ganze Samen)

Eiweiß	36···48 %
Fett	4··· 7 %
Rohfaser	15···18 %
Kohlenhydrate	5 %
Mineralien	4··· 5 %
Wasser	10 %
Aminosäuren in % des Gesamteiweißes:	
Lysin	2,8···6,4 %
Methionin	0,3···1,0 %
Cystein	0,7···4,8 %
Fettsäuren in % des Gesamtfettes:	
Ölsäure C 18:1	24···40 %
Linolsäure C 18:2	45···49 %
Linolensäure C 18:3	1··· 8 %
Lecithin	2,2 %

in ungesalzener Form angeboten. Seit 1927 gibt es auch die bitterstofffreien gelbweißen L., die sog. Süßlupinen mit einem Eiweißgehalt von 40···45%. Das daraus gewonnene Mehl wurde bis zu 25% dem Brotmehl zugesetzt, und die gerösteten Samen wurden als Kaffee-Ersatz verwendet. Die gelbe Süßlupine liegt im Gehalt an Eiweiß etwa 10% über dem der blauen und weißen L. und der Sojabohne. Die Süßlupine hat Bedeutung für solche Länder, die Sojabohnen nicht anbauen oder auf dem Weltmarkt nicht kaufen können. In Algerien werden heute noch die Samen der Weißen Süßlupine zur Herstellung von *Kemia* (gesalzene Samen, in Essig und Öl zubereitet) verwendet, das in Cafés vor dem Abendbrot in größeren Mengen verzehrt wird. Von der Gelben und Weißen L. existieren mittlerweile zahlreiche alkaloidfreie Sorten. Es werden die Alkaloide Lupinin und Spartein als Bitterstoffe bezeichnet. Eine Klassifizierung der L. nach ihrem Bitterstoffgehalt erfolgt bei der Gelben Süßlupine nach folgendem Alkaloidgehalt:
„bitter" über 0,06% Alkaloidgehalt, „bitterstoffarm" 0,004···0,006% Alkaloidgehalt, „bitterstofffrei" 0,0···0,004 % Alkaloidgehalt. Eine weitere Kulturlupine von geringer Bedeutung ist *L. mutábilis Sweet,* die in Südamerika bis 3000 m über dem Meeresspiegel gedeiht. Von den peruanischen Indios werden diese bitteren Samen nach tagelanger Wässerung als sog. *Chochos* oder *Tarhui* für die menschliche Ernährung verwendet. An der *L. mutábilis* wird züchterisch gearbeitet; sie enthält neben 40% Eiweiß noch 23% Öl mit hohem Anteil an ungesättigten Fettsäuren.
Die Bunte L., *L. várius L.,* wurde früher in Tirol als Kaffe-Ersatz verwendet und daher als *Kaffee-Erbse* bezeichnet. Die Schalen der L. enthalten viele Ballaststoffe; sie eignen sich gut für Anreicherungszwecke und sind Bestandteil zahlreicher Backwaren- und Müslikombinationen. → Körnerhülsenfrucht

Lupinenalkaloide: Gruppe von Chinolizidin-Alkaloiden mit der Grundstruktur

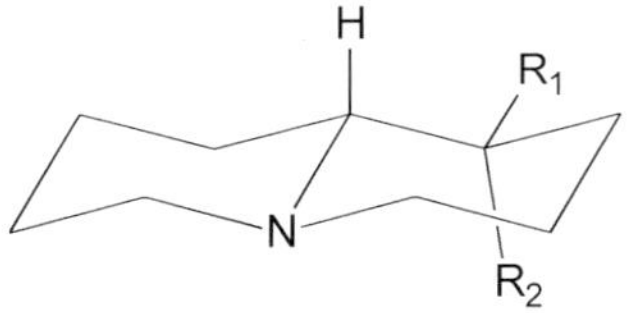

R_1 = H, R_2 = CH_2OH : 1-Lupinin
R_1 = CH_2OH, R_2 = H : Epilupinin

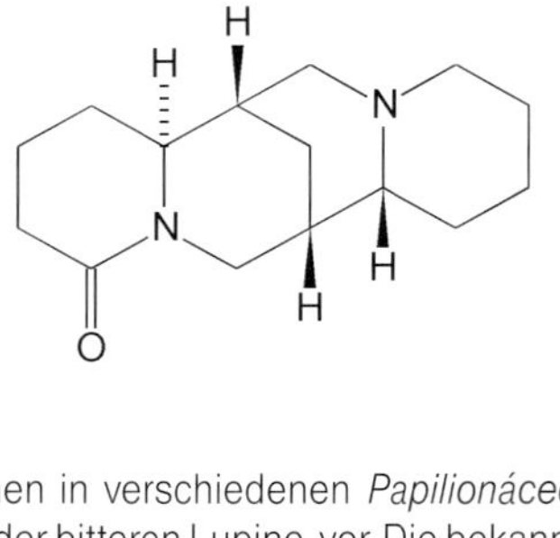

Lupanin

L. kommen in verschiedenen *Papilionáceen,* vor allem in der bitteren Lupine, vor. Die bekanntesten natürlichen L. sind (-)-*Lupinin,* (-)-*Spartein* (Lupinidin), α- und β-Isospartein. Die gezüchteten „süßen Lupinen" enthalten nur noch geringe Alkaloidmengen und können daher als Futter verwendet werden. → Alkaloide

Lupinenquark: ein leicht strukturiertes Lupineneiweißprodukt, das sich aus Süßlupinen wie → Tofu herstellen und weiter verarbeiten läßt. Eine vergleichende Nährwertbetrachtung zw. beiden Quarksorten aus Pflanzeneiweiß s. Tab.

Vergleichende Nährwertbetrachtung zwischen zwei Quarksorten aus Pflanzeneiweiß

	Sojatofu %	Lupinenquark %
Eiweiß	13,6	19,8
Kohlenhydrate	4,0	9,7
Fett	7,5	3,3
Energiewert in kJ (kcal) je 100 g	582 (138)	540 (128)

Lupinidin → Lupinenalkohole

Lupinin → Alkaloide → Lupinenalkaloide

Lupínus spec. → Lupine

Lupinsäure, *Chinolicidincarbonsäure:* ein in den Keimlingen der Schmalblättrigen oder Blau-Lupine (Lupínus angustifólius L. vorkommendes Purinderivat (s. Formel)

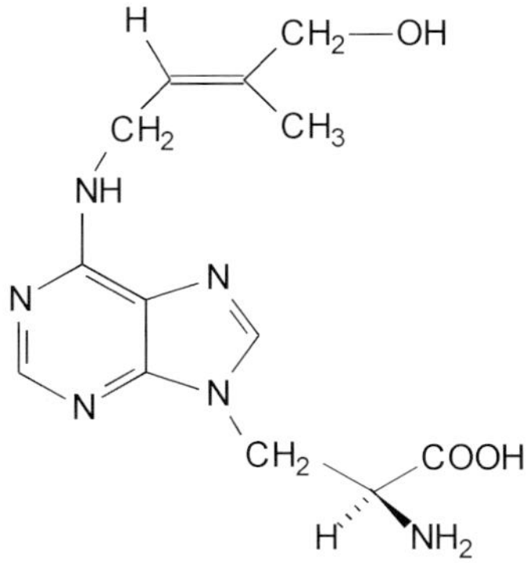

Molmasse 306,30 g/mol, F 216···217°C.

α-Lupulinsäure → Humulon

β-Lupulinsäure → Lupulon

Lupulon, β-Lupulinsäure, β-Hopfenbittersäure: → Phytonzid s. Struktur

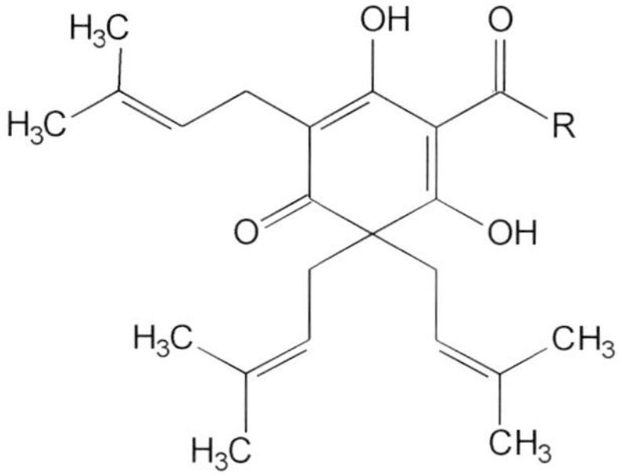

R = $CH_2 - CH(CH_3)_2$:	Lupulon
R = $CH(CH_3)_2$:	Colupulon
R = $CH(CH_3)_2 - CH_2 - CH_3$:	Adlupulon
R = $CH_2 - CH_2 - CH(CH_3)_2$:	Prälupulon
R = $CH_2 - CH_3$:	Postlupulon

L. kommt im *Hopfen (Húmulus lúpulus* L.) vor (getrocknet bis zu 1,5%). Es bildet farblose Kristalle, ist löslich in Ethanol, Ether und Petrolether, F. 92°C. L. schmeckt bitter und zeigt sedative sowie antibiotische Wirkung gegenüber *gram*positiven und *gram*negativen Bakterien sowie einigen Pilzen. Aus Hopfen kann es durch Alkoholextraktion mit anschließender Etherextraktion des mit Kochsalzlösung verdünnten Extraktes isoliert werden. → Adhumulon → Humulon → Cohumulon → Colupulon

Luqui → Orcco malcco

Lusitanicose → Disaccharide

Lutein (E 161 b) → Farbstoffe

Luteolin → Flavonoide

Luteolinglycoside → Flavonoide

Luteoskyrin → Mykotoxine

Lutong: der in Ostasien, insbes. Thailand, Malaysia wildwachsende oder kultivierte *Baum von Dýera costuláta* J. D. (Familie *Apocynáceae*), die zur Kautschukgewinnung herangezogen wird.

Der für den Export vorgesehene und durch Anritzen der Rinde gewonnene Saft wird unter den Bez. *Jelutong, Dead Borneo* oder *Pontianak* gehandelt und dient u. a. auch zur Herstellung von Kaugummi. Auch der → Latex des *Indischen Hanfs, Apocýnum cannábium* L. (Familie *Apocynáceae*), wird zur Herstellung von Kaugummi genutzt.

Lutter, *Rauhbrand:* der vollständige, erste, fuselölhaltige Abtrieb (*Destillat*) aus einer vergorenen Maische. Mit Hilfe einer zweiten Destillation *(Feinbrand)* kann der L. in Fraktionen zerlegt werden. *Korn-* und *Wacholderlutter* dienen als Aromatisierungsmittel. → Edelbrand → Kornbrand

Lützelsachser: Pflaume. → Steinobst

Luzerne, *Alfalfa, Schneckenklee:* eine eiweißreiche Grün- und Trockenfutterpflanze, *Medicágo satíva* L., Familie *Fabáceae*. Die im 17. Jh. in Mitteleuropa auch als Zier- und Heilpflanze in Gärten und heute vorzugsweise in asiatischen Ländern als Gemüse kultivierte, formenreiche Hülsenfruchtpflanze existiert in einer Vielzahl von Land- und Zuchtsorten und wird sowohl zur Gründüngung als auch zur Bienenweide genutzt. Als Gemüse werden in Ghana die Triebspitzen verzehrt; außerdem spielt die L. eine Rolle bei der Gewinnung von Frischkostkeimlingen und als Anreicherungsmittel von Kindernahrung in Afrika. Die Zusammensetzung von 100 g frischem Blattgut: 79,5 g Feuchtigkeit, 6,9 g Eiweiß, 0,13 g Fett, 12,2 g Kohlenhydrate, 1,3 g Mineralstoffe, 16,6 mg Calcium, 0,34 mg Eisen, 1,2 mg Natrium, 137 mg Kalium und 28,1 mg Caroten. (→ Keim).

Luziferasen: bei bestimmten Bakterien und Insekten vorkommende → Enzyme, die von den Organismen gebildete sog. *Luziferine* unter Aussendung von Licht oxydieren. Auf bakteriell infiziertem, nicht mehr genußfähigem Fleisch können derartige Erscheinungen beobachtet werden.

Lycasin → Zuckeraustauschstoff

Lychee → Litchipflaume

Lycin → Betaine

Lýcium chinénsis → Wolfsbeere, Chinesische

Lycoperdáceae, *Staubpilze, Staubschwämme, Weichboviste:* der Ordnung *Lycoperdáles* – innerhalb der Klasse *Basidiomycétes (Ständerpilze)* – zugeordnete Pilzfamilie, bei deren Vertretern die äußere Fruchtkörperhülle in Warzen, Stacheln, polygonale Platten oder dgl. und die innere mit definierter Öffnung oder unregelmäßig zerfällt. Die Fruchtkörper sind vor dem Zersetzungsstadium ungiftig, meist wohlschmeckend, doch sie müssen sofort nach dem Einernten verbraucht werden. Die folgenden großfrüchtigen Arten werden im Jugendstadium als Speisepilze genutzt: *Großboviste, Becherstäublinge:*

Riesenbovist, Riesen-Stäubling [*Langermánnia gigantéa* (Batsch. ex Pers.) Rostk. Syn. Calvátia gigantéa (Batsch. ex Pers.) *Lloyd, C.máxima* (Schaeff.). Morgan], eine weißliche, außerordentlich große (20···50 cm breite) Kugel, bis 10 kg wiegend. Vor der Zubereitung ist die Haut abzuziehen. Das Innere wird in Scheiben oder Streifen geschnitten, die parniert und gebraten werden. Die fade schmeckende Fruchtmasse ist für manchen unbekömmlich. Der Pilz wird aber von vielen Pilzfreunden gern gesammelt und gegessen. Vorkommen: Aug. bis Okt., bes. Sept., auf fettem Boden, auf Wiesen, Weiden, Brachäckern, in Gärten und Parkanlagen unter Gebüsch, einzeln oder in Gruppen, zerstreut, standorttreu, in Europa, Nordamerika, Asien, Südafrika.

Hasen-Bovist oder *Hasen-Stäubling* [*Calvátia utrifórmis* (Bull. ex Pers.) Jaap. Syn. *C. caeláta* Bull. Morgan.)], ein recht großer, heller, kugeliger Fruchtkörper auf kräftigem, stielähnlichem Basalteil. Die Fruchtmasse ist eßbar, solange sie innen reinweiß ist. Vorzüglicher Speisepilz. Die dünn geschnittenen Scheiben knusprig braten; auch zu Suppen verwendbar. Vorkommen: Juni bis Okt. auf Weiden, Heiden, trockenen Wiesen, Brachfeldern, Waldlichtungen, an Waldrändern, im Flachland und Gebirge, häufig, oft truppweise, in der Gestalt sehr veränderlich.

Flaschenbovist oder *Flaschenstäubling* (*Lycopérdon perlátum* Pers.), mit einem bis 10 cm hohen, umgekehrt flaschenförmigen Fruchtkörper, der allmählich in den Basalteil stielähnlich überleitet. Er ist dicht mit feinen, zarten Stacheln und Wärzchen besetzt, die leicht abwischbar sind. Im Alter reißt die sich dunkel verfärbende, pergamentartige Fruchkörperhülle am Scheitel auf und entläßt bei der kleinsten Berührung den Sporenstaub. Die Fruchtmasse ist anfangs weiß, elastisch, trocken markig, später gilbend, braun bis schwarzbraun sich verfärbend, zerfallend. Er muß, wie alle Weichboviste, sofort nach dem Ernten verbraucht werden, weil sich der Reifungsprozeß der Sporenmasse sehr schnell vollzieht und damit der Pilz ungenießbar wird. Der Flaschenbovist ist von Juni bis Nov. sehr verbreitet auf Wiesen, Weiden, an Wegrändern und in lichten Baumbeständen zu finden. Weitere, aber unbedeutende Speisepilze dieser Familie sind: *Beutel-Bovist, Beutel-Stäubling* [*Calvátia excipulifórmis* (Scop. ex Pers.) Perd., Syn. Lycopérdon saccátum (Vahl non Pers.)], *Heide-Stäubling (Lycopérdon pusíllum* Schum. ex Pers.), *Kastanienbrauner Stäubling (Lycopérdon spadíceum* Pers.), *Brauner Stäubling, Weicher Stäubling (Lycopérdon* mólle Pers.), *Igel-Stäubling (Lycopérdon echinátum* Pers. ex Pers.), *Bräunlicher Stäubling (Lycopérdon úmbrinum* Pers. ex. Pers.). Zu den Bovisten zählend: *Schwärzender Eier-Bovist (Bovista nigréscens* Pers. ex Pers.), *Bleigrauer Zwerg-Bovist (Bovísta plúmbea* Pers.). → Pilze → Speisepilze → Ständerpilze

Lycoperdáles → Ständerpilze → *Mycenastráceae* → Lycoperdáceae

Lycopérdon spec. → *Lycoperdáceae*

Lycopersicin → α-Tomatin

Lycopérsicon spec. → Tomate → Obsttomate

Lycophyll → Farbstoffe

Lycophýllum connátum → Pilzgifte

Lycopin (E 160 d) → Farbstoffe → Lebensmittelfarbstoffe

Lycopsamin → Alkaloide

Lycotetraose → α-Tomatin

Lycoxanthin → Farbstoffe

Lyophyllin → Pilzfarbstoffe → Pilzgifte

Lyophyllum spec. → *Tricholomatáceae*

L-Lysin: *(S)-2,6-Diaminohexansäure, Abk.: Lys.:* eine essentielle Aminosäure mit der Formel

$$H_2N\text{-}(CH_2)_4\text{-}\underset{}{CH}(NH_2)\text{-}COOH$$

Molmasse 146,19 g/mol, kristallisiert in farblosen Nadeln oder hexagonalen Blättchen, F. 224°C (Zers.), in Wasser sehr leicht löslich, in Ethanol kaum, in Ether praktisch unlöslich. Während das L-L. in tierischen Proteinen, bes. in den Histonen reichlich vorkommt, enthalten pflanzliche Proteine insbes. Getreideproteine wenig davon. Buchweizen ist eine bemerkenswerte Ausnahme. Der Tagesbedarf eines Erwachsenen an L-L. beträgt ca. 1,6 g. Es fördert das Knochenwachstum und regt Zellteilung und Nucleosid-Synthese an. Da es mit reduzierenden Zuckern leicht Maillardprodukte bildet und Isopeptidbindungen eingeht, verarmen hitzebehandelte Lebensmittel leicht an ungebunden vorliegendem L-L. L. wird u.a. als Geschmacksverstärker in Form von Na- und K-Verbindungen und als Zusatz zu bilanzierten Diäten verwandt. → Aminosäuren

Lysergsäure: in Form der Amide Bestandteil einiger Mutterkornalkaloide (s. Formel)

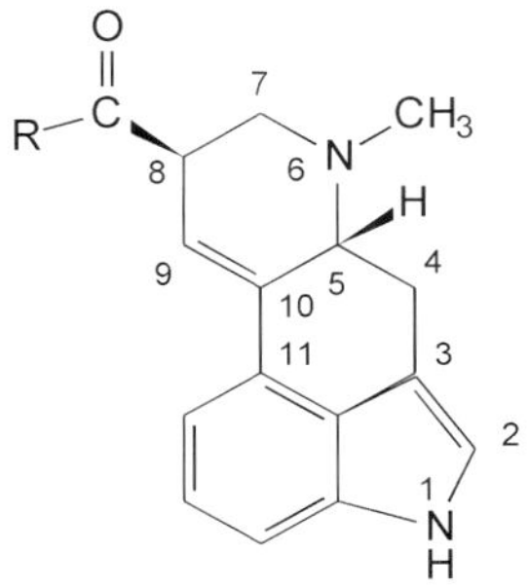

R = OH: Lysergsäure
R = $N(C_2H_5)_2$: Lysergsäure-diethylamid

Lysinoalanin: *N*$^{\varepsilon}$-(DL-*2-Amino-2-carboxymethyl)-*L-*lysin:* eine aus den → Aminosäuren Lysin und Alanin nicht peptidartig aufgebaute Iminoverbindung, die beim Erhitzen und bei einer alkalischen Behandlung von Eiweißen im innermolekularen Bereich der Eiweiße als ein unerwünschtes Sekundärprodukt gebildet wird (s. Formeln unten).
Aus den im Eiweißmolekül gebundenen Aminosäuren Cystin und Serin entsteht durch Abspaltung von Wasser zunächst Dehydroalanin, welches sich mit der ε-1-Aminogruppe des Lysins zum Lysinoalanin verbindet: Durch diese Verknüpfungen entstehen Querverbindungen von einer Polypeptidkette zur anderen (oder auch innerhalb derselben), die von den Eiweiß-Verdauungs-Enzymen (Proteasen) nicht aufgespalten werden können.
Die ernährungstoxikologische Bedeutung des L. ist noch ungekärt. Nierenschäden, die in Fütterungsversuchen an Ratten einmal festgestellt worden sind, haben weitere Bestätigung nicht gefunden. Sicher ist, daß durch die Bildung von L. der ernährungsphysiologische Wert der Eiweiße infolge Verminderung der enzymatischen Spaltbarkeit (Verdaubarkeit) und Blockierung der oft wertbegrenzenden essentiellen Aminosäuren Lysin und Cystin (Verminderung der „Biologischen Wertig-

Lysinoalaningehalt in Lebensmitteln und Lebensmittelzutaten in µg/g Eiweiß

Frankfurter, gekocht oder gebraten	50
Frankfurter, auf Holzkohle gegrillt	100
Hühnchenkeule, roh	0
Hühnchenkeule, autoklaviert	100
Hühnchenkeule, im Ofen gebacken	110
Hühnchenkeule, auf Holzkohle gegrillt	150
Hühnchenkeule, im Mikrowellengerät erhitzt	200
Weißei, frisch	0
Weißei, 3 min gekocht	140
Maischips	390
Kartoffelchips	0
Laugenbrezeln	220··· 500
Tortillas	200
Kondensmilch	200··· 860
Natriumcaseinat	310···6900
Calciumcaseinat	370···1000
Haferflocken, geröstet	160
Puffreis	1000
Sardinen, eingedost	270

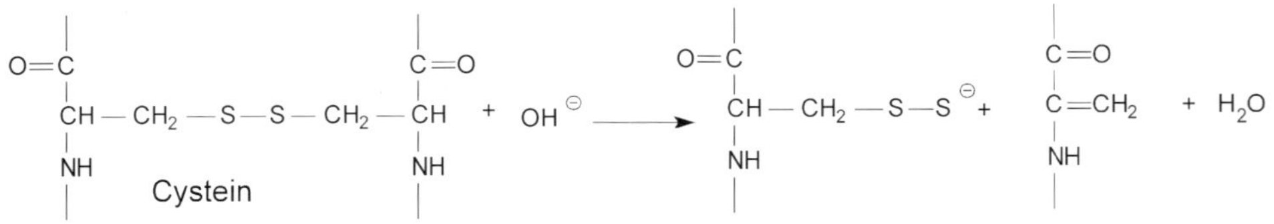

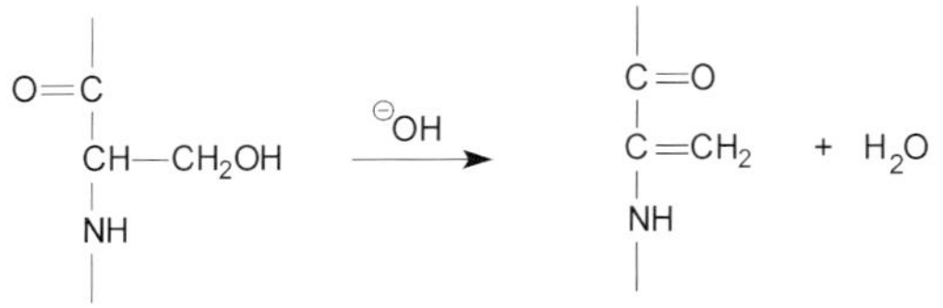

keit", (→ Eiweiß) herabgesetzt wird. Außerdem bindet L. essentielle Spurenelemente wie Zink oder Kupfer, wodurch deren Resorption beeinträchtigt wird.
L. entsteht bei der küchenmäßigen Zubereitung eiweißhaltiger Speisen, vor allem beim Braten, aber auch beim Kochen, und ist somit kein neuartiges Produkt. Bes. in Casein enthaltenden Lebensmitteln wird L. gebildet, da Casein einen bes. hohen Phosphoseringehalt aufweist. L. bildet sich auch bei der Herstellung von Trockenprodukten, wie Trockenmilch, und bei der Gewinnung von Proteinisolaten, wie Sojaproteinisolat, bei denen bekanntlich eine Alkalibehandlung stattfindet. Präventiv kann bes. die Verwendung von Natronlauge in der Lebensmittelherstellung (Schälen, Löslichmachen, Texturierung, Detoxikation, Herstellung von aufgeschlossenem Milcheiweiß) eingeschränkt werden.

Lysolecithine: eine durch Hydrolyse mit Phospholipase A aus Lecithin entstandene Lyso-Verbindung, bei der ein Acylrest abgespalten wurde. Entsprechendes gilt auch für die Lysocephaline. Diese Verbindungen haben eine große Bedeutung für das Volumen einer Backware.

Lysozym (EC 3.2.1.17): ein in verschiedenen tierischen Produkten, insbes. in Hühnereiklar vorkommendes → Enzym, das die Zellwände von verschiedenen Bakterien, darunter auch Fäulniserregern, auflöst („lysiert") und auf diese Weise bakteriostatisch wirkt (Mucopeptid-N-acetylmuramoylhydrolase). Das Apoenzym des L. ist ein Polypeptid mit 129 Aminosäureresten, rel. Molmasse 13000 bis 23 000 g/mol je nach Herkunft. Das Hühnerei-Lysozym hat eine Molmasse von 14 600 g/mol-, einen i. P. von 10,7 und besitzt vier Disulfidgruppen. Die Raumstruktur des Enzyms war die erste die durch Dickerson und Geis aufgeklärt werden konnte.
L. wird bei erhöhten Temperaturen (80 °C) inaktiviert. Da L. auch in einem *p*H-Bereich antibakteriell wirksam ist, in dem die meisten anderen → Konservierungsstoffe (ausgenommen Nitrat) bereits unwirksam sind (*p*H 6 bis 7), kann es dort als Konservierungsstoff eingesetzt werden, wo solche *p*H-Werte vorherrschen, nämlich bei Milch- und Fleischerzeugnissen. Zur Zeit wird es in einigen Ländern zur Haltbarmachung von Hart- und Schnittkäse (hauptsächlich zur Verhinderung des „Spätblähens") anstelle von Nitrat angewendet. Hergestellt wird L. aus Hühnereiklar; aber auch gentechnische Versuche werden durchgeführt.

Lyubitelskii: *Weichkäse* mit Schmiere (50 % F. i. Tr.) aus der ehem. Sowjetunion. → Käsesorten

Lyxitol → Arabitol → Zuckeralkohole

D-Lyxoketose → Pentosen

L-Lyxonsäure → Vitamin C

L-Lyxose → Pentosen

Maasa → Masa

Maasbanker → Schildmakrele

Mabo-Samen → Nikon-Nuß

Mabouge → Natterbaum

Mabulap

Mabulapanfett → Owalafett

Maca → Anu

Macaby → Sauerpflaume

Macadámia integrifólia → Australnuß

Macadámia ternifólia → Australnuß

Macadámia tetraphýlla → Australnuß

Macaíra spp. → Thunfisch

Macao → Honigbeere

Macerat, *Pflanzenmacerat* (lat. *macerare:* erweichen): **1.** kalt hergestellte alkoholische Auszüge aus aromahaltigen Pflanzenteilen.
2. eine aus rohen oder schonend erwärmten Pflanzen bzw. Pflanzenteilen unter der Wirkung von → Pectinasen, vor allem Polygalacturonase, gewonnene dickflüssige Zellsuspension, die aus einem aufgelockerten Zellverband, aber noch weitgehend intakten Zellen besteht und eine hohe Trubstoffstabilität aufweist. Die Erhaltung intakter Einzelzellen vermindert ihre Oxydationsempfindlichkeit im Gegensatz zu Hydrolysaten, bei denen eine Zellwandauflösung und damit die Freisetzung des Zellinhaltes (*Zell-Lyse*) vor sich gegangen ist. Für die Herstellung von M. aus Pflanzenmaterial werden mikrobielle Pectinasen, auch Maceratepräparate genannt, eingesetzt. Es wird hauptsächlich die Protopectinkomponente der pflanzlichen Mittellamelle in lösliche Pectinstoffe umgewandelt, unter Vermeidung weitergehender cellulytischer und proteolytischer Prozesse. Tomaten enthalten ein entsprechendes macerierendes Enzymsystem. Zu den M. zählen vor allem → Möhren- und → Tomatenmacerat; aber auch Sellerie, Weißkohl, Gurken und Zwiebeln lassen sich auf diese Weise verarbeiten. Neben der Herstellung von *Gemüsemaceraten* ist auch die Verflüssigung von Obst zu sog. *Obst-* bzw. *Fruchtmaceraten* üblich. → Markkonzentrat

Macha-macha → Chivaco

Machandel: in Norddeutschland übliche Bez. für → Wacholderbeere und für den daraus hergestellten Trinkbranntwein.

Machaweizen → Weizen → Dinkel

'Machern': Erdbeere. → Beerenobst

Macilensäure, *Mazilensäure:* eine einfach ungesättigte aliphatische Monocarbonsäure mit der Formel
CH_3-$(CH_2)_{10}$-CH=CH-COOH.
Die M. kommt in der Muskatblüte (Macis von *Myrística frágans* Houtt.) vor.

Macilolsäure, *Mazilolsäure* → Monohydrocarbonsäuren, gesättigte, aliphatische

Macisbohne, *Pichuri-Nuß:* die im Amazonasbekken kultivierte *Nectándra puchúry-májor* Nees et Mart (Familie *Lauráceae*), deren Früchte ähnlich der → Muskatblüte für Würzzwecke verwendet werden.

Macle̅a̅nia ecuadorénsis → Cacagüito

Macle̅a̅nia laurína → Cacagüito

Macle̅a̅nia nítida → Cacagüito

Macle̅a̅nia popenoéi → Cacagüito

Macle̅a̅nia rupéstris → Cacagüito

Maco → Honigbeere

Macrolepióta spec. → *Agaricáeae* → Kulturpilze

Macropódidae (*Känguruhs*) → Fleischtiere

Macropon → Aldehyde

Macrorhinus leoninus → Robbenöl

Macrúrus → Grenadierfisch

Mactraxanthin: carotenoider Farbstoff der eßbaren, in Japan an der Brandungszone vorkommenden Muschel Máctra chinénsis (s. Formel S. 93). → Muscheln

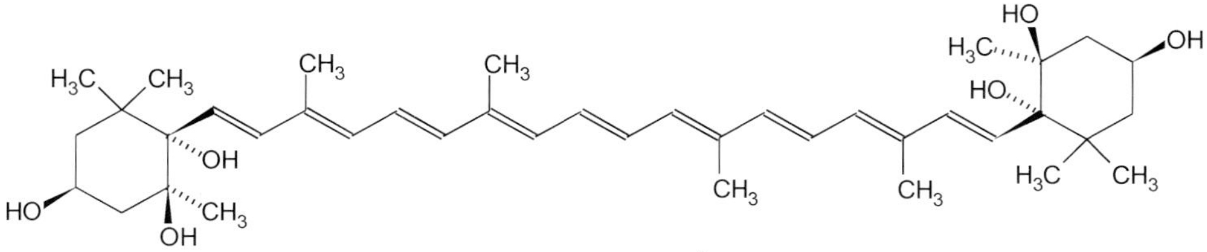

Madagaskarbohne → Limabohne

Madagaskar-Kardamom → Guineapfeffer 2.

Madagaskarpflaume → Flacourtie

Madagaskar-Raffiapalme → Raffiapalme 2.

Madagaskarzimt → Zimt 9.

'Madame Verté' → Birne → Kernobst

Mädchentraube: *Feteaska alba.* → Wein

Madeirawein, *Madeira, Madera* (österr.): portugiesischer, goldbrauner, süßer → *Dessertwein,* hergestellt auf der Insel Madeira aus den hellen Traubensorten *Malvasier, Muskateller* u. a.. Durch Zusatz von Weingeist (4···5 %) zum gärenden Most wird die Gärung unterbrochen. Zusätzlich wird mit stummgemachtem, d. h. gespritetem Most (→ Mistella), nachgesüßt. Die früher bis zu 6 Jahren dauernde Reifungszeit dieser Weine wird heute durch eine Lagerung in Glashallen (Estufas), die sich durch die Sonneneinstrahlung sehr stark erwärmen, verkürzt. M. soll mind. 17 %-Vol. Ethanol enthalten. → Wein → Most

Madera → Madeirawein

Mädesüß → Spierstrauch

Madhúca butyrácea → Fulwatalg

Madhúca índica → Mahuafrucht → Mowrahbutter

Madhúca latifólia → Mowrahbutter

Madhúca longifólia var. latifólia → Mowrahbutter

Madhúca longifólia var. longifólia → Mowrahbutter

Madhúca mottleyána → Katiaufett

Madi, *Ölmadi:* die in Südamerika, Südosteuropa, früher auch in Süddeutschland kultivierte krautige Ölpflanze *Mádia satíva* Molina, (Familie *Asteráceae),* deren Samen das als Speiseöl genutzte Madiöl liefern.

Mádia satíva → Madi

Madid: eine in Jemen übliche Breizubereitung aus Weizenmehl, saurer Milch, Gewürzen und Blattpflanzen. Diese Speise dient ohne Gewürze als traditionelle Kindernahrung. → Brei

Madiöl → Madi

Madrellsches Salz → Phosphate

Madrono → Pitajoni

Madronofrucht, *Jorco:* eßbare, hartschalige, 3···5 cm große Frucht des hohen Baumes *Rhe͞edia acumináta* (Ruiz et Pav.) Planch. et Triana (Familie *Guttíferae*), der im nordwestlichen Südamerika kultiviert wird (Ziergehölz), aber auch, wie in Costa Rica, in Wäldern vorkommt. Das säuerliche und leicht aromatische Fruchtfleisch wird roh verzehrt oder für die Zubereitung von Gelees und Erfrischungsgetränken verwendet. In ähnlicher Weise, vor allem aber für den Frischgenuß, werden die Früchte anderer Rhe͞edia-Arten in Südamerika genutzt.

Mafaffa, *Raskerada, Wasa, Tartago, Yautia:* eine in Westafrika und Südbrasilien kultivierte Gemüsepflanze, *Xanthosóma poeppígii* Schott, Syn. *X. mafáffa* Schott, *X. subandínum* Schott (Familie *Aráceae*), von der außer den Rhizomknollen auch die oberirdischen Teile gegessen werden. Je 100 g frische Blattmasse enthalten: 88,9 g Feuchtigkeit,

0,3 g Eiweiß, 7,6 g Kohlenhydrate, 0,1 g Fett, 0,7 g Mineralstoffe, 15,1 mg Calcium, 0,3 mg Eisen, 1,3 mg Natrium, 144 mg Kalium und 2,5 mg Caroten.

Magen, *Ventrículus* (lat.) *Gaster* (griech): sackartiges, zw. Speiseröhre und → Darm liegendes Organ, das als Teil des Verdauungstraktes als Nahrungsbehälter dient und die Verdauung vorbereitet. Der M. des Rindes wie der des Schafes ist mehrhöhlig, bestehend aus Pansen, Häuten, Psalter, Labmagen, der des Schweines ist einhöhlig. Der M. des Schweines wird als Wursthülle verwendet. Innereien → Pansen

Magenbitter, *Bitter:* verdauungsfördernder → Trinkbranntwein, zu dessen Herstellung diätetisch wirkende, bitter-aromatische Drogenauszüge verwendet werden. Es ist nicht gestattet, pauschalgesundheitsbezogen für M. zu werben, da der Alkohol im M. im Prinzip die gleichen schädlichen Wirkungen wie in jeder anderen Spirituose hat und außerdem Magenkrankheiten bekannt sind, bei denen Alkohol kontraindiziert ist. Es ist jedoch gestattet, auf die appetitanregende, verdauungsfördernde Wirkung von M. hinzuweisen. M. hat neben seiner diätetischen Wirkung einen harmonisch-ausgewogenen, vollmundigen, bitteren Geschmack. Der Ethanolgehalt beträgt 40 %-Vol., mindestens 32 %-Vol., der Gesamtextraktgehalt 200 g/l. Bei Magenbitterlikör ist der Gesamtextraktgehalt durch Zusatz von Zucker auf 220···350 g/l erhöht. → Wermutwein

Magenkraut → Wermut

Magenwurz → Kalmus

Magerfisch → Fisch

Magerkäse: Käse mit einem Fettgehalt unterhalb 10 % F. i. Tr.. → Käse

Magermilch: die aus der Rohmilch durch Abtrennen des Rahms gewonnene Milch, die in erster Linie ein Zwischenprodukt darstellt, da ihr zur Herstellung von Trinkvollmich u. a. Milchprodukten wieder Fett zugefügt wird. M. (ohne Fettzugabe) wird vor allem zur Tierernährung verwendet. Die für die menschliche Ernährung zur Verfügung gestellte M. wird als → entrahmte Frischmilch bezeichnet. Der Unterschied zw. M. und entrahmter Frischmilch liegt also lediglich im Verwendungszweck.

Magermilch mit Pflanzenfettzusatz → Ersatzmilchpräparat, pflanzliches

Magermilchschokolade → Schokolade

Maggikraut → Liebstöckel

Maggipilz → *Russuláceae*

Maghangal → Sorghumhirse

Magnaten-Trüffel → Würzpilze

Magnesia → Magnesiumoxid

Magnesia, gebrannte → Magnesiumoxid

Magnesium → Mineralstoffe

Magnesiumcarbonat → Trennmittel

Magnesiumoxid (530), *Magnesia, Magnesia usta, gebrannte Magnesia, Bittererde, Talkerde:* MgO, ein lockeres, weißes, hitzebeständiges Pulver, das sich nach Herstellungsweise langsam oder gar nicht in Magnesiumhydoxid $Mg(OH)_2$ umwandelt. D. 3,62, F. 2800°C, Kp. 3600°C. Durch Glühen von Magnesit ($MgCO_3$) bei Temperaturen zw. 1600°C und 1700°C wird eine gegen Wasser und Säuren sehr beständige Form erhalten, die in der Lebensmittelverarbeitung, z. B. für die Waffelherstellung, als → *Trennmittel* (5 g/1 kg Teig) verwendet wird.

Magnesiumsilikate (553 a) → Silikate

Magnesiumtartrat → Tartrate

Magou, *Mahewu:* ein alkoholfreies Sauergetränk aus Mais. M. wird von den Bantus im südlichen Teil von Afrika selbst bereitet, indem sie einen dünnen Maisbrei kochen und an einem sonnigen Platz der spontanen Milchsäuregärung überlassen. Industriell wird M. unter Zusatz von Sorghummalz und etwas Weizenmehl, Weizenkleie sowie unter Verwendung von → Starterkulturen hergestellt und als *Trockenmagou,* mitunter auch mit Vitaminen und Mineralstoffen angereichert, in den Handel gebracht. Neben der Pulverform wird M. auch als flüssiges oder pastöses Produkt gehandelt. → Ogi

Maguev: mexikanische Bez. für die Gattung *Agave* (Familie *Agaváceae*), die Fasern, Gemüse und Saft zur Herstellung alkoholischer Getränke liefert. → Agavenschnaps → Pulque

Mahewu → Magou

Mahlzeit → Speise, tischfertige

Mahónia aquifólium → Mahonienbeere

Mahonienbeere: die Frucht des aus Nordamerika stammenden, 0,3···1,5 m hoch werdenden, in Europa verwilderten, vorwiegend als Unterholz an Waldrändern oder als Ziergehölz (gute Bienenweide) vorkommenden Strauches *Mahónia aquifólium* (Pursh) Nutt. (Familie *Berberidáceae*) mit immergrünen, ledrigen Blättern. Die goldgelben Blüten in büscheligen Trauben erscheinen im April/Mai. Die schwachblauen, hell bereiften, erbsengroßen, kugeligen Beeren mit stark färbendem, purpurrotem Saft reifen ab Aug./Sept. und sind roh nicht genießbar. Vorwiegend bei Wurzel-, auch Astrinde sind die Alkaloide Berberin, Berbamin und Oxycanthin vorhanden. Die Früchte sind praktisch frei von Alkaloiden (nur 0,06 %) und damit verwertbar. Ihr Zuckergehalt ist hoch und entspricht dem der Brombeere (je 100 ml Saft 9···10 mg). Der Säuregehalt beträgt 5 g und der Vitamin-C-Gehalt 7 mg je 100 ml Saft. Auf Grund des angenehmen Eigengeschmacks und der hohen Farbintensität ist die M. sehr gut in Mischung, bes. mit säurearmen Arten, wie Apfel, Birne, aber auch mit Pflaume und Erdbeere, geeignet zur Marmeladen-, Konfitüren-, Gelee-, Saft- und Likörherstellung und zur Aufwertung von Milcherzeugnissen. Eine wertvolle Mahoniensorte ist 'Jupiter'.

Mährischer Leibkäse: in der Tschechischen Republik hergestellter *Hartkäse* aus Kuhmilch vom Typ → *Emmentaler.* → Käsesorten

Mährrettich → Meerettich

Mahuafrucht: rohzuckerreiche Frucht des großen südostasiatischen *Moabaumes Madhúca índica* Gmel. (Familie *Sapotáceae*). Die fleischigen Blütenblätter werden getrocknet und als Lebensmittel verwendet, sie enthalten bis zu 60 % Invertzucker. Die Früchte werden gegessen oder zu Mehl verarbeitet, das Samenöl kann als Speiseöl genutzt werden. → Mowrahbutter

Maibowle → Waldmeisterbowle

Maifisch: urspr. Bez. für *heringsartige Wanderfische* der Gattung *Alósa,* jetzt auch der Gattungen *Pomolóbus* und Caspialósa, die zum Laichen ausgesüßte Küstengewässer und Flußläufe aufsuchen und sonst im Meer leben. Die meist heringsgroßen Fische unterscheiden sich von Heringen durch Kielschuppen an der Bauchkante, größere Körperhöhe und ein oder mehrere schwarze Flecke an den Körperseiten. Nur selten erreichen sie 60 cm Länge. Die Bedeutung der *Finte* (Bild)

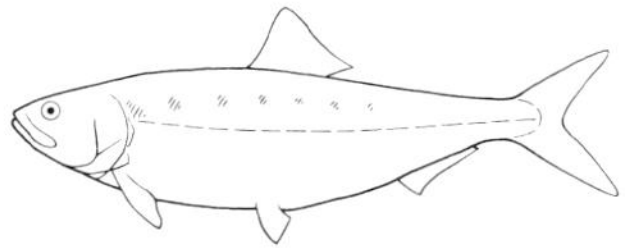

Finte

Zusammensetzung und Energiewert von Maifischfleisch

Bestandteile	Durchschnittl. Gehalt je 100 g eßbaren Anteils in g
Wasser	65···80
Eiweiß	17···20
Fett	2···18 (im Kaspisee bis 30)
Mineralstoffe	1···2
Energiewert je 100 g eßbaren Anteils in kJ (kcal)	400···1090 (95··· 26)
davon aus Eiweiß	320··· 380 (79··· 90)
aus Fett	80··· 710 (19···170)
Richtwert für den Energiewert je 100 g eßbaren Anteils in kJ (kcal)	775 (185)

oder des *Perpels (Alósa fállax)* und der *Alse (Alósa alósa)* an den europäischen Atlantikküsten, des *Kaspisch-Pontischen Herings (Cáspialósa ssp.)* im Schwarzen Meer und der Kaspi-See und des amerikanischen *Shads (Alósa sapidíssima)* nimmt ab. Der *amerikanische M. (Alósa pseudoharéngus)* hat noch gewisse wirtschaftliche Bedeutung. M. entspricht in seinen verwertungsbestimmenden Eigenschaften weitgehend dem → Hering. Wie dieser wird er als industrieller Rohstoff und als Speisefisch verwendet. M. ist den Fettfischen zuzuordnen und weist, abhängig von der Jahreszeit, einen stark schwankenden Fettgehalt auf (s. Tab. S. 95). Dementsprechend kann auch der Energiewert sehr unterschiedlich sein. → Fisch

Maillard-Produkte: die bei der Reaktion von Aminen bzw. Aminosäuren mit reduzierenden Zuckern, der sog. *Maillard*-Reaktion, entstehenden Komponenten. Die *Maillard*-Reaktion ist in erster Linie für die Bräunung von Lebensmitteln beim Erhitzen oder bei der Lagerung verantwortlich. Dabei entstehende *M.-P.* rufen auf der einen Seite erwünschte Aromarichtungen, z. B. beim Braten von Fleisch oder Rösten von Kakao, andererseits aber auch unerwünschte Aromanoten, z. B. bei gelagertem Milchpulver, hervor. Durch Reaktion der Aminoverbindung mit der Aldose entsteht primär über eine *Schiff*sche Base ein N-substituiertes Aldosyl-Amin. Dieses wird mittels der sogenannten *Amadori*-Umlagerung in eine 1-Amino-2-Desoxy-2-Ketose übergeführt. In vielschichtigen Nachfolgereaktionen, wie Spaltung, Dehydrierung oder *Strecker*-Abbau, bilden sich insbes. Carbonylverbindungen, die sich mit aminogruppenhaltigen Verbindungen weiter umsetzen. Durch Kondensationen und Polymerisationen entstehen schließlich stickstoffhaltige, braungefärbte Produkte, die sogenannten *Melanoidine*. Neben den Melanoidinen entsteht bei der *Maillard*-Reaktion auch eine Reihe flüchtiger, aromawirksamer Verbindungen, wie *Furfural, Hydroxymethylfurfural, Diacetyl, Pyrazine* u. a.. Die *Maillard*-Reaktion wird durch Temperaturerhöhung beschleunigt und verläuft optimal bei einem Wassergehalt von 12···18 %. In der Reihe Aldopentosen, Aldohexosen, reduzierende Disaccharide ist eine Abnahme der Reaktivität zu verzeichnen. → Schadstoffe

'Mailot' → Johannisbeere → Süßweichsel

Maikraut → Waldmeister, Echter

Maina → Masa

Mainauer Käse: in zylindrischer, flacher Form hergestellter *Weichkäse* mit Schmierenbildung und 30···50 % F. i. Tr. Die Oberfläche ist fest und zeigt normale Rotschmiere, der Teig ist ziemlich weich und geschlossen. Geruch und Geschmack sind mild und aromatisch. Der M. ist nach der Insel Mainau (Bodensee) benannt und dem → Münsterkäse sehr ähnlich.

Mainesardine in Öl → Fischkonserven

Mais, *Kukuruz, Türkischer Weizen, Welschkorn:* die Getreideart *Zéa máys* L. (Familie *Poáceae*) mit glänzenden oder matten, glatten oder geschrumpften Körnern aus dünner Schale, weiß, gelb, rot, violett oder blau gefärbter Aleuronschicht und aus weißem oder gelbem Endosperm. Die Bez. M. ist aus dem span. *maiz,* dem franz. *mais* oder dem engl. *maize* hergeleitet. Im Vergleich zu allen anderen Getreidearten zeichnet sich der M. durch seine Einhäusigkeit (getrenntgeschlechtliche Blüten) aus: die männlichen Blüten stehen an der Halmspitze in Rispen, die weiblichen Fruchtstände bilden an der gleichen Pflanze einen von Hüllblättern umgebenen Kolben (*Maiskolben*). M. wird vorwiegend in warmen Gegenden sowohl als *Körnerfrucht* als auch als *Gemüsepflanze* angebaut. Zuckermaiskolben werden als Steril- und Gefrierkonserve verarbeitet. Auf dem amerikanischen Kontinent steht der M. als Körnerfrucht an 1. Stelle unter den Getreidearten und wird daher auch als „*Corn*" bezeichnet. In Südamerika ist M. mit 30 %, in Zentralamerika mit 74 % an der Getreideerzeugung für die Ernährung beteiligt. Von der Weltmaisernte werden 30 % für Lebensmittel, der weitaus größere Anteil für Futtermittel verwendet. Vom M. werden entsprechend den verschiedenen Kornmerkmalen 8 Formen unter-

Die verschiedenen Formen des Maises

Botanische Bez.	Englische, zugleich Handelsbez.	Deutsche Bez.
convar. amylácea Sturtev.	flour corn, soft corn	Weich- oder Stärkemais
convar. amyleasaccharáta (Sturtev.) Montg.	starchy sweet corn	zuckersüßer Stärkemais, Hochamylosemais
convar. aorísta Grebensc.	–	–
convar. cerátina Kulesch.	waxy corn	Wachs- oder Chinesischer Mais
convar. dentifórmis Koern.	dent corn	Zahn- oder Pferdezahnmais
convar. microspérma Koern.	pop corn	*Popcorn-*, Puff-, Knall-, Flocken-, Perl-, Spitz- oder Platzmais
convar. saccharáta Koern.	sweet corn	Zuckermais, Süßmais
convar. vulgáris Koern.	flint corn	Hart-, Horn- oder Steinmais

schieden und auf dem Weltmarkt gehandelt (Übersicht oben).
Die Maishybride *Opaque-2* ist eine Hartmaisvarietät mit hohem Lysinanteil im Protein. Außerdem weist diese neuere Zuchtform im Vergleich zu allen bisherigen Maisvarietäten einen höheren Tryptophangehalt und ein besseres Verhältnis zw. Leucin- und Isoleucingehalt auf. M. wird zur Herstellung von → Brei → Fladen → Nährmitteln und in einigen Ländern (vorwiegend in Rumänien und Mexiko) als *Zumischmehl* zur Herstellung von Brot und zur Herstellung glutenfreier Erzeugnisse verwendet. Nach südafrikanischen Patenten wird M. sogar zu 100 % für die Brot-, Keks-, Biskuit- und Teigwarenherstellung verwendet. Erzeugnisse bzw. Zubereitungen aus M. sind auch unter folgenden Bez. bekannt: *Apiti, Akasa, Aflata, Abongo, Ablemanu, Amadama-Brot, Banku, Chicha, Chicla, CSM, CSW, Duryea, Gologlaw, Gofio, Maiszmush, Incarparina, Jaminbang, Katschamak, Kaanga-Kopuwai, Kaklo, Kokize, Kenkey, Magou, Cornflakes, Mamaliga, Mazzamorra, Ofam, Pozol, Projara, Polenta, Rabdi, Ricarepa, Sterz, Tortilla, Tassemano.*
In der Stärkeproduktion werden aus M. *Stärkesirup, Traubenzucker, Stärke, Dextrin* gewonnen, hinzu kommt die Herstellung von alkoholischen Getränken und von *Maiskeimöl.* Aus 100 kg M. lassen sich 66 kg Stärke oder 83 kg Stärkesirup oder 52 kg Glucose gewinnen. Die Zuckergewinnung aus dem saccharosehaltigen Saft des Maisstengels hatte im vorigen Jh. wirtschaftliche Bedeutung; heute wird *Maiszucker* aus der Stärke des Maiskornes gewonnen und bildet als „Cornsirup" das Hauptsüßungsmittel in der amerikanischen Getränkeindustrie. Bei der Verwendung des M. für Nährmittelzwecke (→ Getreideknusperprodukte) wird das Korn grundsätzlich von seinem im Vergleich zu anderen Getreidearten großen Keim (15···20 % vom Kornanteil) auf trockenem (Trokkenentkeimung) oder nassem (Naßentkeimung) Wege befreit.

Maisbier → Chicha

Maisbrei → Polenta

Maische: 1. zerkleinerte Pflanzenmasse zum Abpressen von → Saft
2. Zucker- und/oder stärkehaltiges Ausgangsmaterial für eine Gärung, z. B. a) beim Bierbrauen aus Mehl und Wasser, b) mit Grünmalz versetzte Mischung gedämpfter Kartoffeln mit Wasser zur Herstellung von Alkohol, c) Hülsenfrucht-Getreide-Mischung und Wasser als Ausgangsprodukt für → fermentierte Lebensmittel.

Mais-Chicla → Chicha

Mais, extra süßer → Gemüsemais

Maisflips: ein → Strangpreßerzeugnis aus Maisgrieß mit verschiedenen Geschmacksrichtungen (*Vanilleflips, Czardasflips, Kakaoflips, Pußtaflips, Käseflips, Zimtflips, Erdnußflips* usw.). Da die M.

nach dem Extrusionsprozeß in Fett gebacken werden, liegt ihr Energiewert bei 2230 kJ (530 kcal) je 100 g. Erdnußflips enthalten z.B. 35 % Fett, 2 % Kochsalz, 3 % Feuchtigkeit; ihre Schüttdichte liegt bei 43···72 g/l. Die M. sind, sofern sie nicht zusätzlich angereichert werden, vitaminarme bis -freie Erzeugnisse, die verschlossen und vor Sonneneinwirkung geschützt aufbewahrt werden müssen, damit sie nicht pappig und/oder ranzig werden. Bei optimaler Lagerung beträgt ihre Haltbarkeit 6 Wochen. Als verzehrsfertige → Maisnährmittel zählen die M. auch zu den → Imbißerzeugnissen.

Maisflocken, *Maisknusperflocken, Cornflakes:* ein expandiertes, tischfertiges → Maisnährmittel in Form von → Flocken mit hoher Rösche und Bißfestigkeit. Für die Herstellung der M. wird gelbfarbiger Hartmais bevorzugt, da weißfarbiger auf Grund geringeren Eiweißgehaltes weniger geeignet ist. In der Regel werden die M. aus 88 % *Maisgrits* (→ Maisnährmittel), 7,5 % braunem Zucker, 2,5 % Salz und 2 % nichtdiastatischem Malzsirup hergestellt; diese Komponenten werden nach Mischung zu Brei gekocht, geflockt und anschließend geröstet. In verschiedenen Ländern werden M. mit Vitaminen, Mineralstoffen und auch Eiweiß (Trockenmagermilch) angereichert. M. weisen annähernd folgende Zusammensetzung auf: 88 % verdauliche Kohlenhydrate, davon 10 % Zucker, 7,5 % Eiweiß, 0,5 % Fett, 2 % Asche, 4 % Ballaststoffe, 0,1 mg Vitamin B_1 je 100 g; ihr Energiewert entspricht etwa 1515 kJ (360 kcal) je 100 g. M. werden vorwiegend als → Getreidefrühstückserzeugnis verwendet.

Maisgrieß → Maisnährmittel

Maisgrits → Maisflocken

Maiskeimöl, *Maisöl, Cornöl:* das aus den Samenkeimen des → Maises gewonnene Öl. Die Gewinnung des M. erfolgt meist durch Lösungsmittelextraktion und anschließende Raffination. Das M. ist hellgelb. Die Fettsäuren bestehen zu etwa 10 % aus Palmitinsäure, zu etwa 3 % aus Stearinsäure, zu etwa 30 % aus Ölsäure und zu etwa 56 % aus Linolsäure. M. wird als Salat- und Mayonnaisenöl verwendet oder nach der Hydrierung für die Herstellung von Margarine eingesetzt. → Getreideöl

Maiskeks → Amadama-Brot

Maisknusperflocken → Maisflocken

Maiskolben → Gemüsemais → Kaanga-Kopuwei → Mais

Maiskuchen → Abongo

Maisnährmittel: Sammelbegriff für → Nährmittel aus → Mais in Form von → Flocken, → Grieß, → Grütze, → Puff- und Strangpreßerzeugnissen. Qualitätsgerechte M. können nur erhalten werden, wenn der Mais entkeimt worden ist, da der sonst verbleibende hohe Fettgehalt die Weiterverarbeitung und Lagerstabilität der M. beeinträchtigen würde. Ziel der müllerischen Bearbeitung des Maises (die in den letzten Jahren auf Grund verbesserter Kornaufbereitung technisch vervollkommnet wurde) liegt daher in einer möglichst vollständigen Trennung des Keimes vom Endosperm. Die Auswahl der Maisaufbereitungssysteme wird vom jeweiligen Verwendungszweck bestimmt. Für die Stärke- und Zuckergewinnung werden *Trockenentkeimungsanlagen,* für die Herstellung von Nährmitteln *Naßentkeimungsanlagen* verwendet. Je nach Verarbeitungsziel werden hinsichtlich des Fettgehalts und der Körnung der verschiedenen *Maisgrießarten* (Rohfasergehalt

Qualitätsforderungen bei verschiedenen Maisgrießarten

	Körnung in mm	Fettgehalt in %
Grieß für enzymatische Glucoseherstellung	unter 1,0	1,3
Grieß für Breizwecke	0,30···1,0	2
Grieß für Fladen und Kekse	1,20···5,0	1
Grieß für Flocken	3,50···6,0	0,8
Grieß für Strangpreß-erzeugnisse	0,50···1,0	1
Grieß für Brauerei-zwecke	0,15···1,25	1

0,3···1,2 %) verschiedene Forderungen gestellt (s. Tab. S. 98).
Von der Einhaltung dieser Bedingungen hängt die Qualität der Finalprodukte ab. *Grober* Maisgrieß (*Grits* bzw. *Grütze, Flaking Grits*) wird z. B. für die Herstellung von Maisflocken, sog. *Arepagrieß* für → Fladen, sog. *Polentagrieß* für → Brei, sog. *Snackgrieß* für → Strangpreßerzeugnisse (Flips) und sog. *Brauereigrieß* für die Bierherstellung benötigt. Für Haushaltszwecke wird Maisgrieß vorwiegend in Instantform (*Polenta-Instantgrieß*) bevorzugt. → Maisflips → Puffmais → Maisflocken

Maisnarben → Gemüsemais

Maisnarbentee → Gemüsemais

Maisöl → Maiskeimöl

Maispuder → Getreidestärke

Maisreis → Maizoreis

Maissalat → Gemüsemais

Maissirup → Maisstärkesirup

Mais-Soja-Milch → CSM

Mais-Soja-Weizen-Makkaroni → Teigware, eiweißangereicherte

Maisstärke: eine aus → Mais gewonnene Stärke (Tab.). → Getreidestärke → Getreide, wachsiges

Zusammensetzung und Energiewert von Maisstärke

Bestandteil	Gehalt je 100 g in g
Feuchtigkeit	12,6
Eiweiß	0,40
Fett	0,08
Kohlenhydrate	86,6
Ballaststoffe	0,16
Mineralstoffe	0,22
Energiewert in kJ (kcal)/ 100 g	1540 (367)

Maisstärkedextrin → Dextrin

Maisstärkesirup, *Maiszucker, Maissirup, Mais-Süßstoff:* ursprünglich durch Säurehydrolyse aus Maisstärke gewonnenes Zuckerersatzprodukt (als die Zuckerpreise auf dem Weltmarkt stiegen). Mit Entwicklung der Enzymtechnologie – Ende der dreißiger Jahre – wurde der Gehalt des Sirups an gewünschten Zuckern immer besser gesteuert, entsprechend werden die M. in verschiedene Kategorien eingeteilt, z. B. a) herkömmlicher M. mit reduzierenden Zuckern und höheren Sacchariden, b) Maissirup-Pulver, ein getrockneter Sirup mit geringem Dextroseäquivalent, c) Maissirup mit hohem Fructosegehalt. Der aus dem Mais produzierte Zuckersirup (*Cornsirup*) wird vor allem in der Variante Fructosesirup weitläufig in der Getränkeindustrie eingesetzt und hat den viel aufwendiger zu produzierenden Zucker aus → Zuckerrohr vielfach vom Weltmarkt verdrängt.

Mais, süßer → Gemüsemais

Maitotoxine → Gifte in Meerestieren

Maitrank: → *weinähnliches Getränk,* hergestellt aus mit Waldmeisterkraut aromatisiertem Apfeltischwein. M. wird mit einem Ethanolgehalt von 8···11 %-Vol. hergestellt.

Maitrankkraut → Waldmeister, Echter

Maiwein: → *weinhaltiges Getränk,* hergestellt aus mit Waldmeisterkraut, *Gálium odorátum* (Familie *Rubiáceae*), aromatisiertem Traubenwein. → Cumarin

Maizoreis, *Maisreis:* ein → Kunstreis aus Maismehl, der wie → Reis zubereitet werden kann. Reines Maismehl wird mit 32 % Wasser vermischt. Unter Druck wird das Gemisch in Reiskorngröße gepreßt, danach vorgetrocknet, gekühlt und abgesackt. *Maisreis* braucht 6···8 min zum Garen und kostet bei doppeltem Nährwert halb so viel wie Reis.

Majonäse → Mayonnaise

Majoran, *Meiran, Wurstkraut, Süßmajoran:* ein im Mittelmeergebiet heimisches, in Europa und Amerika kultiviertes ein- oder mehrjähriges Lippenblütlergewächs, *Origánum majorána* L., Syn. *Majo-*

rána horténsis Moench. (Familie *Lamiáceae*), dessen Kraut und Blütenstände als → Gewürz dienen. In Frankreich wird vorwiegend zweijähriger *Blattmajoran* und in Deutschland das mehrjährige Küchenkraut - *Knospenmajoran* - angebaut. Im Handel wird *gerebelter* (abgestreifter) und *geschnittener M.* unterschieden. Der Gehalt an ätherischem Öl (1,5···2,5%, → Majoranöl) mit *Borneol* und *Kampfer* sowie Bitter- und Gerbstoffen rufen den charakteristischen Geruch und Geschmack hervor. Der M. ist ein beliebtes Küchenkraut und dient zum Würzen von Fleischgerichten, z.B. Lamm- und Zickelfleisch, Eintopfgerichten (weiße Bohnen), Soßen, Salaten, Wurstwaren und zur Herstellung von Majoranöl. → Küchenkraut

Majorána horténsis → Majoran

Majudin → Cumarin

Makadamianuß → Australnuß

Makayaöl, *Mocayabutter:* das Samenfett der → *Paraguay-Kokospalme,* einer traditionellen Nutzpflanze der Indianer, die zur Entwicklung einer lokalen Ölindustrie in Paraguay geführt hat. Das hochwertige Öl muß für Speisezwecke gereinigt werden.

Makirnuß → Elefantenlaus, Ostindische

Makkaroni → Nudeln

Makkaroniweizen → Hartweizen

Makrele, *Scómber scómbrus* (Bild):

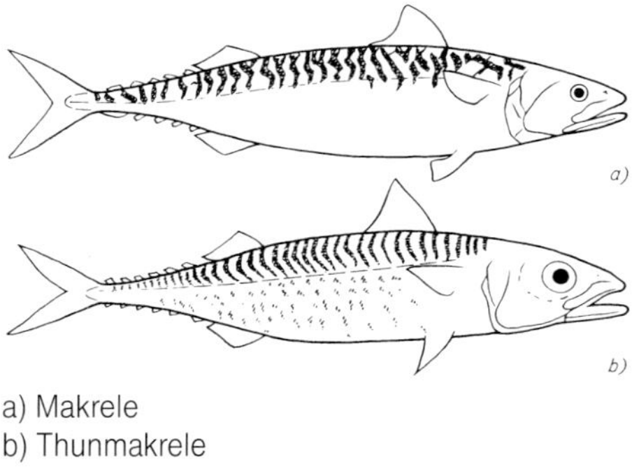

a) Makrele
b) Thunmakrele

Wirtschaftlich bedeutender, in großen pelagischen Schwärmen lebender *Meeresfisch* mit langgestrecktem, torpedoförmigem Körper, zwei weit voneinander getrennten Rückenflossen, die in Furchen versenkt werden können, 5 einzeln stehenden „Flösseln" ober- und unterseits der tief gegabelten Schwanzflosse und einer charakteristischen schwarzen, quergebänderten Rückenzeichnung auf dunkelgrünem bis blauem Grund. Der Bauch ist weiß. Die Schuppen sind sehr klein. Die *Gemeine M.* erreicht eine Länge von 35···50 cm, höchst. 60 cm. Die Hauptfangplätze liegen in der Nordsee und an der amerikanischen Küste. Jährlich werden etwa 700 kt gefangen. Ebenso große Bedeutung hat die nahe verwandte *Japa-*

Zusammensetzung und Energiewert des Makrelenfleisches

Bestandteile	Durchschnittl. Gehalt je 100 g eßbaren Anteils	
	Nordsee-makrele in g	Thunmakrele in g
Wasser	67···71	62···73
Eiweiß	18···20	20···23
Fett	8···15 (höchst. 25)	5···16
Mineralstoffe	1···1,5	1···1,5
Energiewert je 100 g eßbaren Anteils in kJ (kcal)	650···960 (155··· 230)	570···1060 (135··· 253)
davon aus Eiweiß	330···370 (79···88)	370···420 (88···101)
aus Fett	320···600 (76···142)	200···640 (47···152)
Richtwert für den Energiewert je 100 g eßbaren Anteils in kJ (kcal)	770 (185)	770 (185)

nische oder *Mittelmeermakrele, Handelsbez. Thunmakrele (Scómber colías = Pneumatophórus japónicus),* die sich durch graue Flecke auf dem Bauch unterscheidet. Etwa 1,5···2,5 Mio t werden jährlich vor Nord- und Südwestafrika, im Nordwest- und Südostpazifik gefangen. Im Indischen Ozean werden die *Indischen Makrelen (Rástrelliger spp.)* zu etwa 400 kt gefischt. M. sind wertvolle und sehr schmackhafte Fische, deren Eigenschaften – abhängig vom jahreszeitlich schwankenden Fettgehalt – allerdings merkliche Unterschiede aufweisen können. Das Fleisch (Tab.) ist fest und fasrig, seine Saftigkeit nimmt mit dem Fettgehalt zu.
Der Geschmack ist arteigen angenehm, evtl. ganz leicht säuerlich. Damit ähneln M., insbes. Thunmakrelen, den Thunfischen. Bei Thunmakrelen wird häufig gelbes bis gelbgrünes Unterhautfettgewebe festgestellt, das von Vertranungserscheinungen zu unterscheiden ist. Insgesamt wird der Wert und die Eignung von M. – auch im Haushalt – unterschätzt, obwohl der Anteil an ernährungsphysiologisch erwünschten → ω-Fettsäuren relativ hoch ist. M. können in verschiedener Weise zu schmackhaften Gerichten verarbeitet werden. Industriell dominiert die Herstellung von → Fischkonserven. Daneben können → Räucherfischerzeugnisse → Bratfischerzeugnisse und → Marinaden, aber auch → Salzfischerzeugnisse aus M. gefertigt werden. → Fisch.

Makrelenbarsch → Schildmakrele

Makrelenhecht: dem → Hornhecht ähnlicher *Meeresfisch* (Bild), bei dem jedoch ähnlich wie bei der Makrele hinter der Rücken- und der Afterflosse noch 6 bis 8 einzelne Flössel stehen. Die Gräten sind nicht, wie beim Hornhecht, grün gefärbt. Die Fischerei auf den oberflächennah im offenen Atlantik auftretenden M. *Scómberésox sáurus* – auch *Saurie* genannt – befindet sich noch in der Entwicklung. Er wird 25···45 cm, höchst. 60 cm, lang. Von dem im Pazifik verbreiteten verwandten *Saira (Cololábis saira)* wurden in den letzten Jahren bes. durch Japan, der ehem. Sowjetunion und Südkorea Mengen von 180···350 kt gefangen. – Das Fleisch des M. (Tab.) hat in Struktur und Geschmack gewisse Ähnlichkeit mit der → Sardine und eignet sich ausgezeichnet zur Herstellung von → Fischkonserven in Öl.

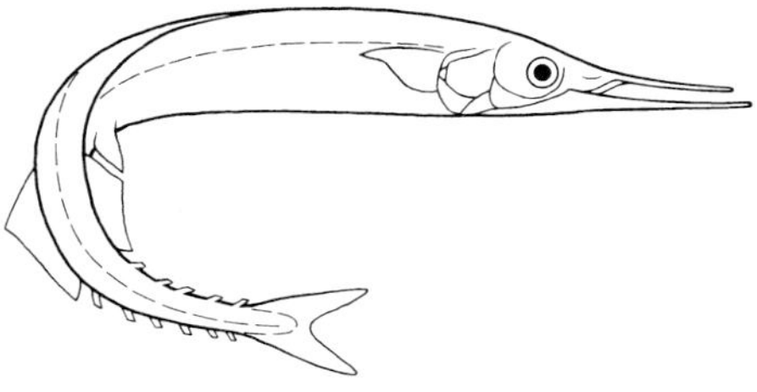

Makrelenhecht

Zusammensetzung und Energiewert des Fleisches vom Makrelenhecht (Cololábis saira)

Bestandteile	Durchschnittl. Gehalt je 100 g eßbaren Anteils in g
Wasser	55···68
Eiweiß	17···20
Fett	11···25
Mineralstoffe	1···1,5
Energiewert je 100 g eßbaren Anteils in kJ (kcal)	750···1360 (180··· 325)
davon aus Eiweiß	310···370 (75···88)
aus Fett	440···990 (105··· 237)
Richtwert für den Energiewert je 100 g eßbaren Anteils in kJ (kcal)	1030 (245)

Makrele, Spanische → Thunfisch

Makrone → Schalenobstmasse

Makronendauergebäck: Sammelbegriff für Dauerbackwaren aus zerkleinerten, eiweißreichen Ölsamen (ausgenommen Erdnußkerne) oder → Schalenobstmasse, wobei ein Zusatz von Mehl oder Stärke mit Ausnahme bei Kokosmakronen nicht üblich ist. Nur *Mandelmakronen* tragen die einfache Bez. *Makronen,* alle anderen Makronenarten werden entsprechend der Art der verwendeten Ölsamen oder Rohmassen bezeichnet. Die Bez. *Makrone* ist seit dem 18 Jh. aus dem franz. *macaron* entlehnt, das *Mandeltörtchen* heißt. Die Makronen, auch Mandelmakronen oder Marzipanmakronen genannt, bestehen aus Marzipanmasse, Marzipanmakronenmasse oder zerkleinerten süßen Mandeln. *Nußmakronen* (Hasel- und Walnußmakronen) bestehen aus Nußmakronenmasse oder zerkleinerten Hasel- oder Walnußkernen. *Persipanmakronen* bestehen aus Persipanmasse, Persipanmakronenmasse oder zerkleinerten entbitterten bitteren oder süßen Mandeln oder entbitterten bitteren Aprikosen- oder Pfirsichkernen. Kokosmakronen bestehen aus Kokosraspeln; ein etwaiger Zusatz von Getreidemehl und Stärke darf höchst. 3 % der Teigmasse betragen.

Makronenmasse, *Mandelmakronenmasse:* eine Mischung aus → *Marzipanrohmasse* mit höchst. der gleichen Menge Zucker und 10···20 % Hühnereiklar. Entsprechend wird aus *Nußrohmasse* bzw. *Persipan-, Nuß-* bzw. *Persipanmakronenmasse* hergestellt. → Schalenobstmasse

Malabargras → Cymbopógongras

Malabar-Kardamom: 1. → Kardamom, Echter
2. *Tavoy-Kardamom:* Bez. für die Pflanze *Amómum xanthioídes* Wall. (Familie *Zingiberáceae*), die in Indien und China kultiviert wird, und deren Samen als Gewürze verwendet werden.

Malabarmandel → Elefantenmandel

Malabaröl → Cymbopógongras

Malabarpfeffer → Pfeffer 2.

Malabarspinat → Spinat, Indischer

Malabartalg: das durch Pressen gewonnene Samenfett des an der ostindischen Malabarküste wachsenden Baumes *Vatéria índica* L. (Familie *Dipterocarpáceae*). Der M. wird in Indien als Speisefett verwendet. Die Fettsäuren bestehen zu etwa 10 % aus Palmitinsäure, etwa 41 % aus Stearinsäuren und etwa 42 % aus Ölsäure.

Malabarzimt → Zimt 8.

Malabarzitronengras → Cymbopógongras

Malachitgrün G → Lebensmittelfarbstoffe

Malagawein: spanischer → *Dessertwein* (benannt nach der andalusischen Stadt Malaga), der vor allem aus der Traubensorte *Pedro Ximenez* gekeltert wird. Der hellfarbige, süße, auch als „Lacrima Christi" bezeichnete *Goldmalaga* wird aus den am Stock eingetrockneten Trauben bereitet und unter Zusatz von Weingeist 2 bis 3 Jahre ausgebaut. Der für den Export bestimmte sehr süße, goldbraune bis dunkle *Malaga-Color* hat einen Ethanolgehalt von 14···15 %-Vol. und einen Zukkergehalt von 12···24 %. Er wird unter Verwendung von eingedicktem Traubensaft, lange gelagertem Wein und Weingeist hergestellt. → Wein

Malakka-Apfel → Rosenapfel

Malanga → Tannia

Malaquina → Mandarine

Malate (350 - 352): Salze der L-, D- und D,L-Äpfelsäure. Sie werden als → Säureregulatoren, Geschmacksstoffe und Feuchthaltemittel in Form von Natrium- (350), Kalium- (351) und Calciummalaten (352) verwendet.

Malaya → Guttapercha

Malbit → Zuckeraustauschstoff

Maledivische Nuß → Seychellennuß

Maleinsäure, *cis-Ethylen-1,2-dicarbonsäure:* einfachste ungesättigte Dicarbonsäure, mit der *Fumarsäure* strukturisomer, Formel

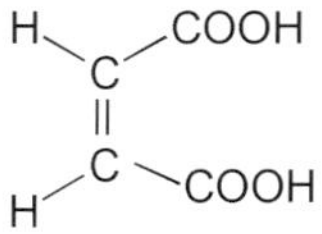

Die M. konnte bisher nur in wenigen Lebensmitteln (z.B. im Champignon) und im Tabak nachgewiesen werden. Sie kristallisiert in farblosen Prismen, F. 130···131°C, Kp. 160 °C (Zers.), *d* 1,609, ist in Wasser, Ethanol und Aceton leicht löslich. Ihre Salze und Ester heißen Maleate. M. ist eine verhältnismäßig starke Säure, sie bewirkt eine starke Reizung der Haut und der Augenschleimhaut.

Maleinsäurehydrazid → Kartoffel

Malfa-Kraftma-Brot → Malzbrot

'Malling Jewel' → Sonnenbeere

Malling-Sonnenbeere → Sonnenbeere

Mallótus villósus → Lodde

Malol → Ursolsäure

Malonsäure, *Methan-1,3-dicarbonsäure, Propandisäure:* eine gesättigte Dicarbonsäure mit der Formel
$HOOC\text{-}CH_2\text{-}COOH$.
M. kommt im Tabak, in franz. Weinen, in Champignons, Gerste, Roggen und Kaffe-Ersatz und als Kaliumsalz im Saft der Zuckerrübe vor. Sie kristallisiert in triklinen Blättchen, löst sich in Wasser, Ethanol und Ether, F. 133,9···134,2°C (Zers.), d_4^{25} 1,618. Die Salze der M. werden als Malonate bezeichnet. Das Diammoniummalonat schmeckt dem Kochsalz sehr ähnlich. M. hemmt eine Reihe von Oxydationsenzymen, insbes. die Succinohydrogenase (kompetitive Hemmung).

Malonyl-Coenzym A → Biotin

Malossol → Kaviar

Malpíghia glábra → Acerola

Malpíghia punicifólia → Acerola

Malpighie → Acerola

Maltase (EC 3.2.1.20)**,** α-Glucosidase: → *Enzym, das Maltose* in *Glucosemoleküle* spaltet. M. wird u. a. von Mikroorganismen gebildet und ist in der Intestinalmukosa des Menschen und der Säugetiere lokalisiert. Sie spielt als Vorstufe der Gärung bei der Bier- und Weingewinnung eine Rolle. Die M. der Hefe hydrolisiert auch Saccharose. → Invertase

Malteser Kreuz® → Aquavit

Maltitol (*Maltit*) → Zuckeralkohole → Zuckeraustauschstoff

Maltobiose → Maltose

Maltodextrin → Dextrin → Maltrin

Maltol, *3-Hydroxy-2-methyl-4H-pyran-4-on, 3-Hydroxy-2-methyl*-γ-pyron, Larixin, Larixinsäure: ein Pyronderivat s. Formel

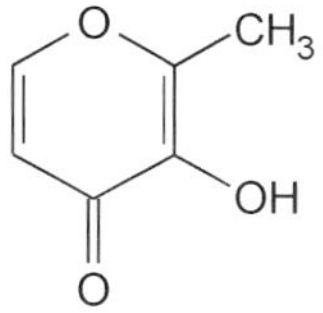

Die farblosen Prismen des M., F. 161···162°C, sind gut löslich in heißem Wasser, Chloroform, weniger gut in Ethanol, schlecht in Benzol, Ether, Petrolether, Molmasse 126,11 g/mol. M. bildet sich beim Erhitzen von Kohlenhydraten, insbes. von Maltose und Lactose, und kommt daher in Produkten wie geröstetem Malz, Kakao, Kaffee, Brot, Milchpulver u. a. vor. Es wird auch in Tannennadeln und Lärchenrinde gefunden, die als Rohstoff für die Maltolgewinnung in der Diskussion ist. M. ist wegen seines charakteristischen Karamelaromas sowohl *Aromastoff* als auch → *Geschmacksverstärker.* Es verleiht obengenannten Produkten teils erwünscht, teils unerwünscht diese Karamelnote. In wäßrigen Lösungen tritt der Karamelgeschmack schon ab 50 ppm klar hervor. Als Geschmacksverstärker ist M. insbes. in süßen, kohlenhydratreichen Lebensmitteln wirksam, wo es vorhandene Geruchs- und Geschmacksnoten verstärkt. Als Zusatzstoff bei Süßwaren spart es bereits in Mengen von 0,005···0,025% etwa 5···15% des Zukkers ein. M. gewinnt man durch Erhitzen von Maltose und Lactose im Autoklaven oder durch ein kombiniertes fermentatives chemisches Verfahren. Als Geschmacksverstärker wird M. Schokolade, Süßwaren u. dgl. in Mengen von 50···250 mg je kg zugesetzt. M. wird in letzter Zeit, in größeren Mengen aufgenommen, als Mutagen verdächtigt. → 5-Hydroxymaltol → Mutagene

Malto-Oligosaccharide: Gruppe von → Sacchariden, die aus 2 (Maltose) und mehr Glucose-Einheiten aufgebaut sind und beim enzymatischen oder Säureabbau der Stärke bzw. des Glycogens entstehen. Die M. können je nach dem Vorliegen der (α 1,4)- und (α 1,6)- glycosidischen Bindungen der Stärke geradkettig oder auch verzweigtkettig sein. M. mit einer größeren Zahl von Glucose-Bausteinen (größenordnungsmäßig mehr als 10) werden als → Dextrine bezeichnet. M. finden sich als Zwischenprodukt meist in geringer Konzentration in Lebensmitteln, bei deren Herstellung eine Stärkehydrolyse vorausgeht, z. B. Stärkesirup, Malzextrakt, Honig, Bier, Brot. M. werden als Zwischenprodukt des Stärkeabbaus im Intestinaltrakt des Menschen enzymatisch gespalten und resorbiert.

Maltoryzin → Mykotoxine

Maltose, *Malzzucker, Maltobiose, 1,4-Glucosidoglucose, 4-(α-D-Glucopyranosyl)-α-D-glucopyranose:* aus zwei Glucoseeinheiten bestehendes Disaccharid.

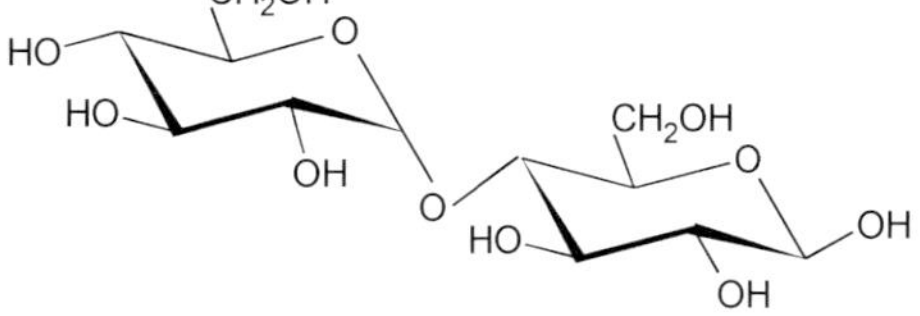

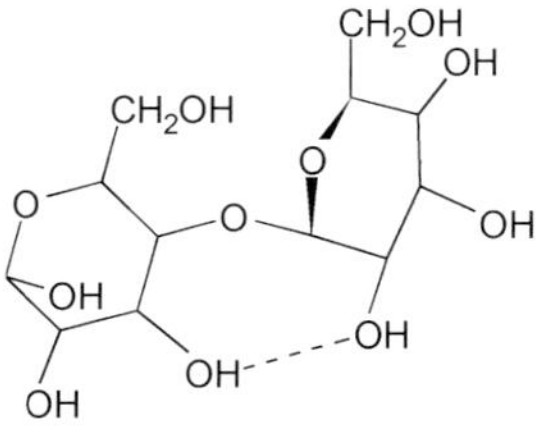

kristallin

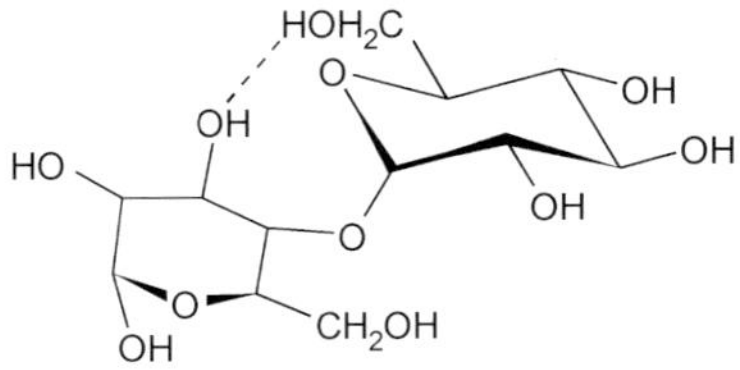

in wäßriger Lösung

Die M. ist im Pflanzenreich weit verbreitet, ist wichtiger Bestandteil des Malzes, findet sich z. B. in Bier, Malzextrakt, Honig und Brot. Als Abbauprodukt der Stärke entsteht M. zusammen mit → Malto-Oligosacchariden beim Keimprozeß, ferner beim enzymatischen Stärkeabbau durch mikrobielle, pilzliche und intestinale Amylasen. M. schmeckt süß und hat eine Süßkraft von 0,36. Wegen des Vorhandenseins eines freien glycosidischen Kohlenstoffatoms reduziert M. – wie die Monosaccharide – *Fehling*sche Lösung; sie läßt sich zur entsprechenden Aldonsäure oxydieren oder zum Alkohol *Maltitol* reduzieren. Maltitol wird neuerdings wegen seines süßen Geschmacks in begrenztem Maß als → Zuckeraustauschstoff verwendet. M. wird technisch aus Stärke durch enzymatische Spaltung mittels β-Amylase gewonnen und bes. als Maltosesirup in der Stärke- und Süßwarenindustrie eingesetzt. Disaccharide → Saccharide

Maltosesirup → Stärkesirup

Maltotetraose → Tetrasaccharide

Maltotriose → Trisaccharide

Maltrin, *Maltodextrin:* ein auf enzymatischem Wege aus Stärke hergestelltes wasserlösliches, sprühgetrocknetes Kohlenhydrat in Pulverform. Das M. hat einen geringen Gehalt an reduzierenden Zuckern und liegt in den Eigenschaften zw. Dextrin und Stärkesirup. Es bewirkt eine Verbesserung der Schaumstabilität, hat eine geringere Gefrierpunktserniedrigung als Stärkesirup, verhindert aber trotzdem die Bildung großer Eiskristalle oder das Auskristallisieren von Zucker.

M. dient auch als Stabilisator und Füllstoff in der Lebensmittelproduktion sowie für Umhüllungen von getrockneten Aromen und Gewürzen in Form von Mikrokapseln. → Stärkeerzeugnis → Stärkehydrolyseprodukt

Maltulose → Disaccharide

Málus baccáta → Holzapfel

Málus coronária ssp. ioénsis → Jowa-Kronenapfel

Málus dasyphýlla → Apfel

Málus doméstica → Holzapfel

Málus doméstica ssp. occidentáli-europāēa → Johannisapfel

Málus doméstica var. hupehénsis → Holzapfel

Málus doméstica var. paradisíaca → Holzapfel

Málus púmila → Apfel

Málus prunifólia → Apfel

Málus sylvéstris → Apfel → Holzapfel

Málus sylvéstris var. doméstica → Apfel

Málva ambígua → Malve, Wilde

Málva eláta → Malve, Wilde

Málva erécta → Malve, Wilde

Málva flexuósa → Malve, Ägyptische

Málva glábra → Malve, Wilde

Malvalinsäure, Malvaliasäure, Halphensäure: eine Cyclopropensäure der Formel unten.
Die M. ist in den Samenfetten der Malvaceen (Malvengewächse) enthalten. Die beim Erhitzen von Baumwollsaatöl (gelöst in Amylalkohol) mit Schwefel (gelöst in Schwefelkohlenstoff) auftretende Rotfärbung (*Halphen-Reaktion*) beruht auf dem Gehalt an M. Rohes Baumwollsaatöl enthält etwa 0,6 % M..

Málva moscháta → Malve

Málva parviflóra → Malve, Ägyptische → Malve

Málva ruderális → Malve, Wilde

'Malvasia del toscana' → Weintraube → Chianti

Malvasier: Weißweinkeltertrauben-Sorte, die bes. auf der portugiesischen Insel Madeira und in den italien. Provinzen Toskana und Piermont angebaut wird und dort die *Chiantiweine* liefert. → Wein

Málva sylvéstris → Malvenblüten

Málva sylvéstris ssp. mauritiána → Malve

Málva sylvéstris ssp. sylvéstris → Malve, Wilde

Málva verticilláta → Malve

Malve: Sammelbez. für verschiedene Wild-, Zier-, Arznei- und Gemüsepflanzen der Gattung *Málva, Familie Malváceae.* Hierzu gehören z. B. → Eibisch → Eibisch, eßbarer → Malvenblüten → Malve, Ägyptische → Malve, Wilde, Stockrose (→ Malvenblüten), Afrikanische Malve → Roselle. Ferner werden Blätter, junge Triebe und Blüten von *M. verticilláta* L., von der *Moschusmalve M. moscháta* L. und von der *Algiermalve M. sylvéstris ssp. mauritiána* (L.) Aschers. et Graebn. insbes. für Mischsalat aber auch für Preßsäfte verwendet.

Malve, Afrikanische → Roselle

Malve, Ägyptische: die im westlichen und südlichen Mittelmeergebiet sowie in Vorderasien und Ägypten seit alter Zeit kultivierte *Málva parviflóra* L., Syn. *M. flexuósa* Hornem., *Althēāa microcárpa* Alef. (Familie *Malváceae*), deren Blätter als Suppenkraut und Gemüse (sog. Sonchalgemüse, in China auch als *Yünnan* oder *Szechuan* bezeichnet) genutzt werden. Etwa 45,8 % der Gesamt-

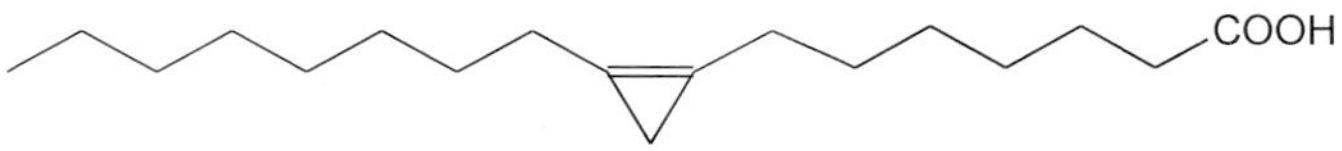

pflanze sind eßbar. In je 100 g frischer Pflanzenmasse sind enthalten: 86,3 g Feuchtigkeit, 4,2 g Eiweiß, 0,16 g Fett, 6,9 g Kohlenhydrate und 0,94 g Rohfaser. Der Energiewert in kJ (kcal) je 100 g beträgt 292 (58).

Malve, Blaue → Malve, Wilde

Malve, Gemeine → Malve, Wilde

Malvenblüten: die nach dem Öffnen mit den Kelchen vorsichtig geernteten rotfarbenen, schwarzbraunen bis schwarzpurpurfarbenen Blüten des → Eibischs und der → Wilden Malve. Nur die dunkelfarbigen Blüten, nicht die gelben oder weißen Spielarten werden auf Grund ihres Farb- und Schleimstoffgehalts für vielerlei Kräutermischungen, z. B. Frühstückskräutertee- oder Heilkräuterteemischungen, insbes. für Hustentee, verwendet. Auch die roten Blüten der *Stockrosenmalve,* auch *Stockmalve, Rosenpappel, Sigmarskraut* oder *Schwarze Malve* genannt, *Málva álcea* L., Syn. *Álcea rósea* L., *Althǣa rósea* (L.) Cav., erfüllen diese Funktion. Alle drei Arten zählen zur Familie *Malváceae.* → Kräutertee → teeähnliches Erzeugnis → Roselle

Malventee → Roselle

Malve, Schwarze → Malvenblüten

Malve, Weiße → Eibisch

Malve, Wilde, *Waldmalve, Käsepappel, Blaue Malve, Wildmalve, Roßpappel, Gemeine Malve:* die in ganz Europa an Wegrändern und Zäunen verbreitete zweijährige oder ausdauernde *Málva sylvéstris ssp. sylvéstris* L., Syn. *M. erécta* Salisb., *M. eláta* Salisb., *M. ruderális* Salisb., *M. glábra* Desr., *M.ambígua* Guss (Familie *Malváceae*), mit kleinen weißlich-rosafarbenen Blüten. Im grünen Teil sind je 100 g 11 mg Caroten und 150 mg Vitamin C, 220 mg Calcium, 420 mg Kalium, 88 mg Phosphor, 55 mg Magnesium und 5,5 mg Eisen enthalten. Als Nahrung werden Triebe und Blätter für Salate, Suppen und Beilagen verwendet; sie weisen einen angenehmen, süßlichen Geschmack auf. Die jungen, noch nicht ausgereiften Früchte werden mariniert und als Beilage z. B. für Soljanka verwendet. Als Salate werden sie vorher gekocht, püriert oder zerhackt. Das Pulver von Malvenblüten wird in der russischen Küche zum Würzen von Suppen, Salaten und Soßen verwendet. Kultivierte Wildmalven bringen höhere Erntemasse und werden auch für Rohkostzwecke genutzt. → Wildkräuter → Malvenblüten

Malvidin → Anthocyane

Malvidinglycoside → Anthocyane

Malz: angekeimtes und gedarrtes Getreide (Gerste, Weizen) zur Bereitung von → Bier oder → Spiritus. Ziel des Mälzens ist es, in der → Rohfrucht Enzyme (Amylase, Protease u. a.) durch Keimen zu induzieren und zu aktivieren, die zur Verzuckerung stärkereicher Rohstoffe und zum Eiweißabbau befähigt sind. Durch das sich anschließende *Darren* wird das gekeimte Getreide (*Grünmalz*) getrocknet und haltbar gemacht, wodurch der Keim zwar abgetötet wird, die Enzyme jedoch erhalten bleiben. Gleichzeitig entstehen beim Darren je nach Darrtemperatur wertvolle Aroma- und Farbstoffe (Melanoidine, Karamelstoffe, *Maillard*-Produkte), die für Farbe, Aroma und Haltbarkeit des Bieres von Bedeutung sind.

Entsprechend dem Einsatzgebiet unterscheidet man *Braumalz* und → *Brennerei-Darrmalz.* Braumalz wird in folgenden Sorten hergestellt: *Pilsner-Malz,* malzaromatisches, sehr enzymreiches helles Gerstenmalz zur Herstellung von Bier vom Pilsner Typ; *Münchner Malz,* malzaromatisches, enzymreiches hellbraunes Gerstenmalz zur Herstellung von Bier vom Münchner Typ; *Weizenbraumalz,* malzaromatisches, sehr enzymreiches helles Weizenmalz zur Herstellung von *Berliner Weißbier; Farbmalz,* dunkelbraunes, bei 190···200°C geröstetes, aber nicht verbranntes M. ohne Enzymaktivität zum Färben dunkler Biere; *Karamelmalz, Kara-Pilz-Malz, Kara-Münch-Malz,* süße karamelisierte M. mit geringer Enzymaktivität zur Herstellung dunkler Biere; *Sauermalz, Proteolytmalz,* Spezialmalz, das vor dem Darren mit gesäuerter Würze versetzt wird, um beim Maischen den *p*H-Wert zu beeinflussen; *RH-Malz, Aminomalz, Melanoidinmalz,* Spezialmalze, durch lange Mälzung bes. viel freie Aminosäuren und Zucker enthaltend, die beim Darren zu Melanoidinen umgesetzt werden und als Reduktone die Haltbarkeit des Bieres verbessern; *Rauchmalz,* Spezialmalz, im Rauch von Buchenholzfeuer gedarrt und zur Herstellung von *Rauchbier (Grätzer Bier)* verwendet.

Herstellung von M.: Zur Malzbereitung wird vorzugsweise eine dünnschalige, stärkereiche, eiweißarme Sommergerste verwendet. Weizen wird nur zu *Spezialmalz* (z. B. → Backmalz) verarbeitet. Das Mälzen gliedert sich in die Arbeitsgänge Putzen, Weichen, Keimen, Darren und Entkeimen. Beim klassischen Mälzereiverfahren erfolgt die Keimung auf der „Tenne" einem feuchtluftigen, temperierbaren Raum mit leicht geneigtem Zementboden zum Wasserablauf. Beim Weichen nimmt die Gerste Wasser auf und wird in Keimstimmung versetzt und auf der Tenne in 30 cm hohen „Beeten" oder „Haufen" aufgeschichtet. Zur Belüftung (Sauerstoffzufuhr, Kohlendioxidabführung) und zur Feuchtigkeits- und Temperaturregelung mußten die Haufen in Handarbeit häufig gewendet („gewidert") werden. Je nach gewünschter Malzart erfolgt die Keimführung bei verschiedenen Temperaturen: *Helles M.* wird in kalter Tennenführung bei 12···17°C in 6 bis 8 Tagen hergestellt, dagegen *dunkles M.* in warmer Tennenführung bei 12···22°C. Das noch nicht lagerfähige Grünmalz wird auf *Darren* bei langsam steigenden Temperaturen getrocknet. Die Darre besteht aus mehreren übereinanderliegenden Horden. Das Grünmalz wird auf der obersten Horde zunächst getrocknet und erst dann auf der unteren, der heißesten Horde gedarrt. Helles M. wird bei 75···85°C, dunkles M. bei 100···105°C 3···5 h gedarrt. Heute ist die Mälzerei mechanisiert und automatisiert. Bei der pneumatischen Mälzerei wird dem mechanisch bewegten Getreide temperatur- und feuchtigkeitsgeregelte Frischluft zugeführt. Bei modernen Mälzereiverfahren erfolgt die Keimung während des gesteuerten kontinuierlichen Transports der Gerste durch die Mälzereianlage, z. B. bei der *Turm-* oder *Schwerkraftmälzerei, der Tunnelmälzerei, der Saturnmälzerei, der Bandmälzerei* oder der *Wanderhaufenmälzerei.*

Die Kennzeichnung der Braumalze erfolgt insbes. durch die jeweilige Sortenangabe und ein vom Hersteller auszufertigendes Qualitätszertifikat über Wassergehalt, Extraktgehalt, Verzuckerungsgeschwindigkeit und Farbe der Würze. Das M. muß vor dem Versand mind. 6 Wochen im Herstellerbetrieb ablagern. Da bei der Braumalzherstellung durch die Atmungstätigkeit des Keimes und den Putzkeimabfall (Wurzel- und Blattkeime) bis zu 20 % Verlust („Mälzungsschwund") entstehen, wurde früher in den ostdeutschen Bundesländern bei der Bierwürzeherstellung Braumalz durch Rohfrucht teilw. ersetzt. → Bier → Rohfrucht für Brauzwecke → Backmalz

Malzamylasen: die bei der Malzbildung wirksam werdenden → *Amylasen* vornehmlich α- und β-Amylase.

Malzbier, *Karamelbier:* dunkles Einfachbier, das bei einem Stammwürzegehalt von 5,8···6,2 % nur einen Ethanolgehalt von etwa 1 %-Vol. hat. Zum Süßen des Bieres ist Saccharin zulässig. Das M. wird sowohl unter- als auch obergärig hergestellt. → Bier → Stammwürze

Malzbonbon → Bonbon → Hustenbonbon

Malzbrot: ein → Spezialbrot in Form von Weizen- oder Roggenmischbrot mit dunkelfarbiger Krume unter Verwendung von mind. 8 % und höchst. 18 % gemälzten Getreides (Getreidemalz), bezogen auf Mehleinsatz, in Form von Flocken *(Malzflocken)* oder Mehl *(Malzmehl). Malfa-Kraftma-Brot* ist ein M., hergestellt aus 90 % Mischmehl (bestehend aus 15 % Weizenmehl W 812 und 85 % Roggenmehl R 1150) und 10 % Gerstenmalzmehl. Der Wert der M. liegt in ihrem schwach malzigen Geschmack und in ihrer guten Bekömmlichkeit auf Grund des rel. hohen Anteils an löslichen Stoffen. Auf Grund seiner krumenlockernden Eigenschaften bzw. Weichhaltung der Brotkrume, wird Malz in seinen versch. Formen (als Malzmehl, -flocken, -extrakt usw.) auch als Backmittel bei etwa 60 % des Brotsortiments zugesetzt. Ein M. unter Verwendung von Weizenmehl und Zusatz von Roggenmalzflocken wird als *Granarybrot* bezeichnet. → Spezialmischbrot

Malzessig → Essig

Malzextrakt, *Malzsirup:* ein angenehm malzartig schmeckender, hell- bis dunkelbraunfarbiger → Sirup aus gekeimter Gerste. Der M. wird durch wiederholtes Ausziehen der gekeimten Gerste mit Wasser bei 50···65°C und anschließendes Eindampfen unter Vakuum (bei 50···58°C) gewonnen und weist eine Trockenmasse von 78 % auf. Je nach Verwendungszweck des M. werden die Enzyme vor dem Eindampfen bei etwa 78°C inaktiviert oder nicht (→ Backmalz). Pasteurisierter M. wird mit oder ohne Zusätze von Eisen, Kalk und Lecithin als Nähr- und Kräftigungsmittel, insbes. für Säuglinge und Kleinkinder, empfohlen und zur Herstellung von *Malzkakao* und *Malzbonbons* verwendet. Charakteristisch für den M. ist sein Gehalt an leicht löslichen Kohlenhydraten. Der Maltosegehalt beträgt mind. 55 %, der Dextringehalt höchst. 12 %. Der Gehalt an Stickstoffsubstanzen schwankt zw. 3 % und 6 %, und der Gehalt an Asche liegt bei 1 %. Da M. im Vergleich zu → Nährzucker einen höheren Maltosegehalt aufweist, wirkt er gärungsfördernd und wird insbes. bei Kleinkindern gegen Verstopfung diätetisch angewandt. Im Sprühverfahren getrockneter M., z. B. *Liebigs M.,* weist einen Trockenmassegehalt von 98 %, einen Maltosegehalt von 65···70 % und einen Dextringehalt von 12···14 % auf und wird wie pasteurisierter M. als Kräftigungsmittel empfohlen. → Gesundheitspflegemittel

Malzextraktschokolade: eine → Schokolade mit 5 % feinverteiltem Malzextrakt. → Kakaoerzeugnis

Malzkaffee, *Gerstenmalzkaffee:* **1.** ein → Kaffee-Ersatzmittel aus gereinigter, gekeimter, gerösteter Gerste, gemahlen oder als Körnerware. Das Keimen bzw. Mälzen wird in einer rotierenden, temperierten sog. Malztrommel vorgenommen und unterbrochen, wenn bei 70 % der Gerstenkörner die Blattkeimanlage bis mind. zur Hälfte der Kornlänge entwickelt ist. Das Keimen bewirkt neben der Lockerung der Kornsubstanz den Abbau der Stärke zu Malzzucker, der beim nachfolgenden Rösten des *Gerstenmalzes* karamelisiert. In gleicher Weise hergestellter Darrmalz, z. B. aus *Weizen-* oder *Roggenmalz,* wird als *Weizen-* oder *Roggenmalzkaffee* bezeichnet. M. wird auch in Form eines Extraktpulvers als Instant-Malzkaffee hergestellt.
2. das aus dem M. bereitete → Aufgußgetränk von mildem, malzigem Geschmack. Bei der Bereitung des M. ist mitunter je nach Sorte ein Überbrühen zur Erzielung des gewünschten Geschmacks nicht ausreichend; der M. muß dann etwa 3 min gekocht werden. Aus diesem Grund erfreut sich *Instant-Malzkaffee* allg. Beliebtheit.

Malzkakao → Mischung, pulverförmige, kakaohaltige

Malzsirup → Malzextrakt

Malzzucker → Maltose

Mamaliga, *Mamalyga:* eine in Rumänien übliche Maisbreizubereitung, ähnlich der italien. → Polenta. → Brei

Mamao → Papaya

Mambi → Reisbohne

Mamchao → Phaak

Mamey-Apfel, *Mammi-Apfel:* kugelige oder abgeflachte Frucht eines etwa 25 m hohen Baumes, *Mámmea americána L.* (Familie *Guttíférae*), der in den amerikanischen Tropen, insbes. im karibischem Raum, als Gartenpflanze eine begrenzte ökonomische Bedeutung hat. Der M. hat einen Durchm. von 7,5···15 cm, die rostbraune, rauhe, dicke, bittere Schale umschließt das feste, hell- bis rötlichgelbe Fruchtfleisch mit 1 bis 4 großen Samen. Die Früchte werden frisch verzehrt, zubereitet oder zu Konserven, Marmeladen oder Soßen verarbeitet. Der Geschmack der besten Sorten erinnert an Aprikosen. Der aus den Zweigen tropfende Saft sowie das unter der Fruchtschale sitzende Mark werden zur Bereitung des *Mamey-Weins* benutzt. Aus den Blüten wird ein Likör (*Eau de Créole*) hergestellt. .

Mamey-Wein → Mamey-Apfel

Mámmea americána → Mamey-Apfel

Mammei-Sapote, *Marmeladenpflaume:* die 10···20 cm lange Beerenfrucht des Baumes *Calocárpum mammósum* (L.) Pierre (Familie *Sapotáceae*), die im tropischen Mittel- und Südamerika beliebt ist. Eine harte, zimtfarbene, rauhe Schale umschließt eine gelbrote, aromatisch-süße Pulpa mit einem großen Kern. Das säurearme Fruchtfleisch wird unter Zusatz von Zitronensaft genossen. Es enthält in 100 g 25 mg Vitamin C. - Eine Verwandte ist die *Grüne Sapote, Calocárpum víride* Pitt., die noch in 1000 m Höhe in tropischen Wäldern wächst und im Hinblick auf den Geschmack der M. vorgezogen wird. Beide Arten müssen einige Tage vor dem Verzehr angeschnitten oder geritzt werden, damit der klebrige Latex abfließen kann.

Mammi-Apfel → Mamey-Apfel

'Mammouth' → Bocksbart

'Mammut' → Holunder, Schwarzer

Mamoncillo → Honigbeere

Mampla → Fischsoße, fermentierte

Mams → Fischsoße, fermentierte

Manchego: spanischer *Hartkäse* aus Schafmilch. M. ist der wichtigste Schafkäse Spaniens, etwa 95 % der Schafmilcherzeugung werden zu M. verarbeitet. → Käsesorten

Mandarine: Frucht des kleinen, 2···8 m hohen Baumes *Cítrus reticuláta* Blanco (Familie *Rutáceae*), die mit 4···7 cm Durchm. zu den kleineren Zitrusfrüchten gehört. Die Schale der abgeflacht-kugelförmigen Früchte ist dünn und reich an ätherischen Ölen. Sie löst sich leicht von den Fruchtsegmenten. Die Segmente haben eine dünne, transparente Haut, die das saftige, orangenfarbene, duftende, süß oder erfrischend säuerlich schmeckende Fruchtfleisch umschließt.
Die systematische Gliederung der „Art" wird unterschiedlich dargestellt. In dem Kollektivtaxon *C. reticuláta* Blanco (der Name wird auch eng begrenzt nur auf die Santara-Orangen angewendet) werden zahlreiche Formen (Sorten und Hybriden) zusammengefaßt, die man z. T. als eigene Arten betrachtet. Sie können in 3 Gruppen gegliedert werden: a) *Typische Mandarinen (C. deliciósa* Ten.) mit gelb bis hellorange gefärbten Früchten ('Willow Leaf', 'Ciaculli'); b) *Tangerinen (C. tangerína* Hort.) mit tieforange-rötlichen Früchten, die die kleinsten der Mandarinengruppe sind und in den USA und Japan auch als M. bezeichnet werden ('Beauty', 'Cleopatra' u. a.); c) *Satsumas (C. únshiu* Marc.) mit meist samenlosen Früchten, die eine glatte Schale haben und saftig, aber säurearm sind. Sie werden in Japan, in den Mittelmeerländern und den USA (Kalifornien, Florida) angebaut. Daneben gibt es die *Saure Mandarine* [*C. súnki* (Hayata) Tanaka], die saures bis stark saures Fruchtfleisch hat; wahrscheinlich handelt es sich um eine Hybride. Echte Hybriden, d. h. Kreuzun-

Zusammensetzung und Energiewert der Mandarine

Bestandteil	Mandarinen	Mandarinensaft
	Durchschnittl. Gehalt in 100 g eßbaren Anteil	
Feuchtigkeit	86,7 g	89,2 g
Eiweiß	0,7 g	0,9 g
Fett	0,3 g	0,3 g
Kohlenhydrate	10,6 g	9,2 g
Rohfaser	1 g	-
Mineralstoffe	0,7 g	0,31 g
Natrium	1 mg	-
Kalium	130 mg	-
Calcium	33 mg	19 mg
Eisen	0,3 mg	0,2 mg
Phosphor	20 mg	16 mg
Selen	17 µg	-
Caroten	0,34 mg	0,25 mg
Vitamin B_1	0,06 mg	0,07 mg
Vitamin B_2	0,03 mg	0,03 mg
Niacin	0,2 mg	0,2 mg
Vitamin C	30 mg	32 mg
Energiewert in kJ (kcal) je 10 g eßbaren Anteils	205 (48)	180 (43)

gen, sind z. B.: *Clementine (Mandarine x Pomeranze),* eine leicht zerlegbare, kernlose bis kernarme, süße, hochrote Frucht; *Tangelo (Mandarine x Grapefruit),* eine orangengroße, sehr süße, dünnschalige Frucht; *Tangor (Tambor) (Tangerine x Orange),* eine mandarinenähnliche Frucht mit Orangencharakter ('Temple', 'Murcott Honey Orange'). Bei den hier angegebenen Eltern handelt es sich um die *vermutliche* Herkunft, die von verschiedenen Autoren auch unterschiedlich angegeben wird. Andere Hybriden sind *Malaquina, Ortanique, Wilking* u. a. Auch die *'King Orange' (C. nóbilis* Lour.) ist wahrscheinlich eine zu den Tangors gehörende Hybride. Anbaugebiete der M. sind das Mittelmeergebiet, China, Indien, Japan, der Malaiische Archipel, Südamerika und die USA. Zusammensetzung und Energiewert s. Tab. S. 109. M. enthalten den höchsten Selengehalt von allen Zitrusfrüchten. Das Aroma von M. wird vorwiegend durch die ätherischen Öle Thymol, N-Methylanthranilsäuremethylester, γ-Terpinen und α-Pinen hervorgerufen. → Zitrusfrucht → Agrume

Mandarine, saure → Mandarine

Mandarin-Orangen: Handelsbez. für Teilstücke von *Satsumas* (→ Mandarine), die in Zuckersirup eingelegt sind.

Mandel: die länglich-eiförmige, mit einer rauhen, braunen, lederartigen Fruchtschale umgebene Steinfrucht des im Mittelmeergebiet und in Kalifornien wachsenden Mandelbaumes *Prúnus dúlcis* (Mill.) D. A. Webb (Familie *Rosáceae*). Botanisch werden 3 Mandelarten unterschieden:

a) die wildwachsende *bittere M. (var. amára* (DC.) Buchheim),

b) die als Edelreis meistens auf die bittere M. aufgepfropfte und demzufolge in Kultur genommene *süße M. (var. dúlcis)* und

c) die *Jordan-, Krach- oder Knackm.* [*var. frágilis* (Borkh.) Buchheim] mit der porösen, leicht zerbrechlichen Steinschale. Morphologisch sind die Bäume der süßen und bitteren M. nicht zu unterscheiden. Daher kommt es häufig vor, daß Partien süßer M. 3···5 % bittere M. enthalten. Die chemische Zusammensetzung ist bei süßen und bitteren M. bis auf den unterschiedlichen Gehalt an Amygdalin, einem blausäurehaltigen Glycosid, das bei Verreiben der M. und Wasserzusatz unter Einwirkung des Enzymgemisches Emulsin in Benzaldehyd (→ Bittermandelöl), Blausäure und Glucose gespalten wird, nahezu identisch. Bei vollständiger Hydrolyse können aus 1 g bitterer M. bis zu 2,5 mg Blausäure freigesetzt werden. Unter Mitwirkung des Enzyms Emulsin, das im wesentlichen aus β-Glucosidase besteht, wird aus süßen, gestoßenen M. eine weiße Flüssigkeit, die sog. *Mandelmilch,* gebildet.

Zusammensetzung und Energiewert der Mandel

Bestandteil	Durchschnittl. Gehalt je 100 g eßbaren Anteils
Feuchtigkeit	6 g
Eiweiß	18 g
Fett	55 g
Kohlenhydrate	9,7 g
Ballaststoffe	9,6 g
Mineralstoffe	2,7 g
Calcium	265 mg
Kalium	945 mg
Phosphor	670 mg
Magnesium	225 mg
Schwefel	220 mg
Eisen	4,6 mg
Kupfer	1,3 mg
Mangan	3,2 mg
Zink	3,5 mg
Vitamin B_1	0,22 mg
Vitamin B_2	0,62 mg
Niacin	4,8 mg
Energiewert in kJ (kcal) je 10 g eßbaren Anteils	2567 (614)

Bittere M. sind zum Rohgenuß ungeeignet, werden aber häufig als Geschmackskorrigens anstelle von Bittermandelöl vor allem bei der Dauerbackwarenherstellung verwendet. Der Blausäuregehalt verflüchtigt sich unter Backhitzeeinfluß um etwa 30 %. Beim → Schälen der M., das in der Regel durch kurzzeitiges Kochen oder Brühen unterstützt wird, sinkt der Blausäuregehalt nicht. Trockenes Erhitzen, wie bei *gebrannten M.*, führt ebenfalls zu keiner Minderung des Blausäuregehaltes. Qualitativ hochwertige *süße M.* müssen unbeschädigt, groß, beim Brechen weiß, mit glatter Samenschale versehen sein und einen feinsüßen, nicht ranzigen Geschmack aufweisen. *Bittere M.* kommen dagegen meist unsortiert in verschiedenen Größen in den Handel. Hinsichtlich Größe und Masse lassen sie sich von süßen M. nicht unterscheiden. Die *süßen M.* werden als Zusatz zu Fein-, Dauerback- und Süßwaren sowie Puddings verwendet. M. sind, wie alle anderen Arten des → Schalenobstes sehr gehaltvolle Erzeugnisse. Zusammensetzung und Energiewert s. Tab. S. 110. Neben den reifen M. werden auch unreife, in grüner oder graugrüner Schale befindliche Früchte in der Konservenindustrie zu *Mandelkompott* verwendet.

Mandelbrot: 1. → Brot, aromatisiertes
2. ein in Spanien unter der Bez. *Turron* hergestelltes Weihnachtsgebäck aus Honig, Zucker, Trockenobst, Kokosmehl, Erdnüssen, Eigelb, Haselnuß- und Pinienkernen. Das M. wird in 3 Qualitätsklassen angeboten, die sich lediglich in ihrem Anteil an verarbeiteter Mandel unterscheiden.

Mandel, Budapester → Florentiner

Mandelgebäck: eine → Feine Backware, die in verschiedensten Kombinationen unter Verwendung von fein zerkleinerten Mandeln (Mandelmasse) oder *Hobelmandeln* bzw. *Mandelsplittern* als Füllung, Belag oder zur Garnierung hergestellt wird: z. B. aus → Plunderteig (Mandelbrezeln, Mandelkränze, Mandelstollen), aus → Mürbeteig (Mandelplätzchen), aus → Hefeteig (Mandelkuchen als → Blechkuchen), aus → Eiklarmasse (Mandelmakronen), aus → Volleimasse (Mandelkuchen als → Formkuchen). → Plätzchen → Brezeln

Mandel, Grüne → Pistazie, Echte

Mandel, Indische, *Javamandel:* Samen des bis 20 m hohen *Katappabaums, Terminália catáppa* L. (Familie *Combretáceae*), der in den Tropen häufig angebaut wird. Die elliptischen, zweikantigen, hartfleischigen Früchte sind 5···8 cm lang. Die Samen schmecken mandelähnlich und enthalten zu etwa 50 % das hellgelbe Katappaöl.

Mandelkaffee: ein → Kaffee-Ersatzmittel entweder aus der → Erdmandel oder aus der → Kaffeezichorie (vgl. auch → Zichorienkaffee), aber nicht aus der Süßmandel (→ Mandel).

Mandelkerne → Ölsamen

Mandelkleie → Mandelöl

Mandel, Krakauer → Florentiner

Mandelmakrone → Makronendauergebäck

Mandelmakronenmasse → Makronenmasse

Mandelmilch → Mandel → Ersatzmilchpräparat, pflanzliches

Mandel, Moskauer → Florentiner

Mandeln, gebrannte: auf offenem Feuer mit geschmolzenem oder karamelisiertem Zucker überzogene, ungeröstete oder geröstete süße Mandelkerne. Gewürze, Lebensmittelfarbstoffe, Gummier- und Glänzmittel dürfen zugesetzt werden. Entsprechend können auch andere Samenkerne (z. T. auch in Hälften oder Vierteln) eingesetzt werden (*gebrannte Nüsse*). Erzeugnisse, die geröstete Mandeln oder Nüsse enthalten, aber nicht auf offenem Feuer, sondern im Dragierverfahren hergestellt sind, gelten als *dragierte Mandeln.* → Mandel → Imbißerzeugnis → Zuckerware

D(-)-Mandelnitril-β-gentiobiosid → Amygdalin → Glycoside

Mandelnitril-glucoside → Glycoside, cyanogene

Mandelnugatrohmasse → Nugatrohmasse

Mandelnußnugatrohmasse → Nugatrohmasse

Mandel-Nuß-Schokolade → Nußschokolade

Mandelöl: das in süßen oder bitteren → *Mandeln* zu 45···55 % enthaltene und durch Pressen gewonnene Öl. Das Öl der süßen Mandeln ist von gleicher Beschaffenheit wie das der bitteren Mandeln. Das M. wird vorwiegend zur Herstellung pharmazeutischer Präparate und kosmetischer Erzeugnisse (zur Hautpflege) verwendet. Das M. ist ein hell- bis tiefgelbes Öl von eigenartigem, angenehmen Geruch und Geschmack. Die Fettsäuren bestehen zu etwa 77 % aus Ölsäure und zu etwa 17···20 % aus Linolsäure. Das M. hat analytische Bedeutung für die Reinheitsprüfung von Mandelerzeugnissen (z. B. Marzipan) und ihre Unterscheidung von Aprikosenkernen bzw. daraus hergestellten Zubereitungen (Persipan). Die bei der Ölgewinnung anfallenden Preßrückstände liefern die sog. *Mandelkleie,* aus der kosmetische Präparate hergestellt werden.

Mandelöl, Indisches → Katappaöl

Mandel, Proskauer → Florentiner

D-Mandelsäure: eine Phenyloxycarbonsäure mit der Formel

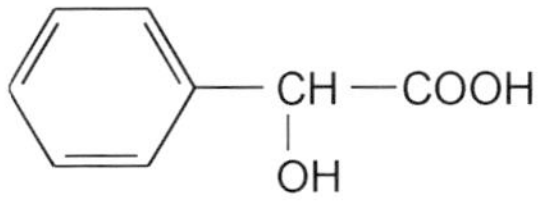

D-M. ist in Form des Nitrils Bestandteil verschiedener cyanogener Glucoside (z. B. *Sambunigrin, Prunasin, Vicianin, Amygdalin*). F. 133°C, $[\alpha]_D$ −130°C (in H_2O). → Glycoside, cyanogene

Mandelsäurenitril → Glycoside, cyanogene

Mandelscheibe → Florentiner

Mandelschokolade → Nußschokolade

Mandelsplitter → Hobelmandel

Mandelsplitterhäufchen → Praline

Mandeltörtchen → Makronendauergebäck

Mandioka → Maniok

Mandioka-Branka → Süßmandioka

Mandiokastärke → Arrowroot

Mandrellsches Salz → Polyphosphate

Mandubinuß → Erdnuß

Mangababaum: der große Strauch oder Baum *Hancórnia speciósa* Gomez. (Familie *Apocynáceae*), der im Nordosten von Brasilien und in Uruguay vorkommt. Das säuerliche Fruchtfleisch der ei- bis birnenförmigen Beerenfrucht (3···6 cm Durchm.) wird roh verzehrt oder für die Herstellung von Marmelade, Konfitüren, Getränken usw. verwendet.

Mangan → Mineralstoffe → Schwermetalle, toxische

Mangettinuß → Ojokbaum

Mangífera foetida → Mango, Stinkender

Mangífera índica → Mango

Mangífera odoráta → Kuwini

Mangle → Honigmangrove

Manglilo: der Baum *Ardísia manglíllo* Cuatr. (Familie *Myrsináceae*), der an der Pazifikküste von Kolumbien und Ekuador vorkommt. Die schwarzbraunen Steinfrüchte (2···2,5 cm Durchm.) schmecken süß und werden roh verzehrt.

Mango: Frucht des mittelgroßen, bis 30 m hoch werdenden Baumes *Mangífera índica* L. (Familie *Anacardiáceae*) mit fast kugeliger, sehr dichter Krone und großen, bis zu 20 cm langen, lanzettlichen Blättern. Die langgestielte Steinfrucht, deren Form sehr variabel ist, ist länglich, maximal 25 cm lang und 10 cm dick. Die grüne, gelbe, gelblichgrüne oder orangefarbene, dicke, terpentinhaltige Schale kann rot oder purpurn überlaufen sein und ist oft mit weißen, erhabenen Lentizellen besetzt. Sie umschließt ein gelbes oder orangefarbenes, sehr saftiges, schmelzendes und würziges Fruchtfleisch, das bei weniger guten Sorten leicht nach Terpentin riecht und schmeckt. Der Stein ist dick, seine Außenschicht besteht aus Fasern, die sich in das Fruchtfleisch fortsetzen können.
Die Mangofrucht wird in allen tropischen Ländern angebaut. Wichtige Sorten sind 'Alphonso' (Indien),'Zill' (Südafrika), 'Carabao' (Philippinen) und die großfrüchtige 'Haden' (USA). Nach Schätzungen gibt es fast 1000 Sorten sehr unterschiedlicher Qualität. In Indien war dieses Obst schon 2000 Jahre v. Chr. bekannt. Die Verbreitung des M.

erfolgte ab 1400 durch portugiesische und spanische Seefahrer. Hinsichtlich ihrer Bedeutung für die Volksernährung der Anbauländer ist der M. der Banane gleichwertig. Das Anbauareal wird im Norden durch die 15°-Juli-Isotherme begrenzt. Durch die geringe Haltbarkeit der M. ist ihr Export begrenzt, jedoch werden auf dem Luftwege ständig Früchte nach Europa gebracht. Die Kühllagerung des kälteempfindlichen M. ist kaum möglich, im Lager unter kontrollierter Atmosphäre werden Lagerfristen von 20 Tagen erreicht. Die M. gehören zu den Obstarten, die am reichsten an Vitamin A und Selen sind (Tab.).

Zusammensetzung und Energiewert der Mango-Frucht

Bestandteil	Durchschnittl. Gehalt in 100 g eßbaren Anteils
Feuchtigkeit	82 g
Eiweiß	0,6 g
Fett	0,3 g
Kohlenhydrate	16 g
Ballaststoffe	1,7 g
Mineralstoffe	0,5 g
Natrium	1 mg
Kalium	150 mg
Calcium	11 mg
Phosphor	12,3 mg
Caroten	2,7 mg
Vitamin B_1	0,044 mg
Vitamin B_2	0,045 mg
Niacin	0,65 mg
Vitamin C	40 mg
Citronensäure	300 mg
Energiewert in kJ (kcal) je 1 g eßbaren Anteils	290 (69)

Über 99% der Früchte werden frisch verzehrt, dazu wird die Frucht geteilt und das Fruchtfleisch herausgelöffelt. Der Geschmack wird durch Vorkühlen und Zitronensaftzusatz noch verbessert. Bei empfindlichen Personen können allergische Reaktionen durch das Allergen 3-Pentadecylcatechol auftreten. Für das Aroma der M. ist eine Mischung aus verschiedenen Estern (Ethylacetat, Methylpyruvat, n-Butylbutyrat, Isobutylbutyrat, Isoamylbutyrat, Ethyldecanoat, Ethyllaurat), Alkoholen (Isoamylalkohol), Terpenverbindungen und Lactonen (Butyrolacton, γ-Hexalacton) verantwortlich. Weiterhin haben auch cis-Ocimen, β-Myrcen und Furaneol eine Bedeutung. Der terpentinartige Beigeschmack soll von α-Pinen und β-Pinen hervorgerufen werden. Durch Kühlschranklagerung und kalten Verzehr kann der Beigeschmack wesentlich verringert werden.
Die M. wird entsteint in Scheiben oder Stücken konserviert oder zu Püree und Mangoflocken, z. T. unter Zusatz von Getreideprodukten, verarbeitet. Unreife Früchte oder Früchte saurer Sorten werden u. a. zu *Mango-Chutney* oder *Naurattan* (→ Chutney) verarbeitet. In Haiti werden die getrockneten M. gehandelt. Da der Anfall der M. in den Produktionsländern sehr hoch ist, werden Versuche unternommen, die Früchte weiteren Verwendungen zuzuführen. Zarte Blätter werden als Gemüse auf Java und den Philippinen gegessen. Geröstete Kerne sind Notnahrung in Afrika und Ostasien. → Kuwine

Mangoingwer → Kurkuma

Mangold, *Gerstenmangold:* eine alte Kulturpflanze, *Béta vulgáris* L. (Familie *Chenopodiáceae*), die sich in zwei Sippen aufteilt: a) den *Schnitt-* oder *Blattmangold* oder *Beißkohl, B. v. var. vulgáris, Syn. var. cícla* L. mit gelbgrünen und dunkelgrünen Blättern und meist grünem Blattstiel und b) den *Stiel-* oder *Rippenmangold, auch Stengelmangold, Römischer Kohl, Römische Bete, Cardonen- Bete oder Schweizer M., B. v. var. flavéscens* DC. mit kräftigen Blattstielen in rein weißer, blutroter oder orangeroter Färbung, die sich von den stark verbreiterten Mittelrippen weit in die grüne Spreitenfläche hinein erstreckt. Charakteristisch hierfür ist die Sorte 'Vulkan', ein rotstieliger, dekorativer M. mit rötlich-grünen Blättern. Die Rippen bleiben beim Kochen von dieser Sorte rot, in der Regel verfärben sie sich unter Hitzeeinwirkung in ein unansehnliches Braun. Während vom Blattmangold in der Regel die Blattspreiten, vom Rippenmangold dagegen die Blattstiele und Mittelrippen wie Spargel zubereitet werden, gibt es neuerdings auch Mangoldsorten, die beides vereint nutzen lassen, wie bei der Sorte 'Charlotte' mit roten Stielen oder bei der alten Sorte 'Lukullus'. Zusammensetzung und Energiewert von M. s. Tab. → Gemüse

Zusammensetzung und Energiewert von Mangold

Bestandteil	Gehalt in 100 g eßbaren Anteils
Feuchtigkeit	92,2 g
Eiweiß	2,13 g
Fett	0,28 g
Kohlenhydrate	0,8 g
Ballaststoffe	2 g
Mineralstoffe	1,68 g
Natrium	90 mg
Kalium	376 mg
Calcium	103 mg
Eisen	2,7 mg
Phosphor	39 mg
Caroten	3,53 mg
Vitamin B_1	0,098 mg
Vitamin B_2	0,16 mg
Niacin	0,65 mg
Pantothensäure	0,17 mg
Vitamin C	39 mg
Energiewert in kJ (kcal) je 1 g	59 (14)

Mangostane, *Banita:* Frucht des langsam wachsenden, 10···15 m hohen Baumes *Garcínia mangostána* L. (Familie *Guttíferae*), der sich, aus dem Malaiischen Archipel stammend, in den Tropen, vor allem in Asien, eingebürgert hat. Die Kultur ist schwierig. Die M., die zu den besten Dessertfrüchten der Tropen gehört, ist etwa mandarinen- bis orangengroß, ihre dicke, dunkelviolette oder tief bräunlich-purpurne Schale enthält einen gelben, bitteren, harzigen Saft. Die Samen sind von weißem, saftigem, süßsäuerlichem, wohlschmeckendem, schmelzendem Fruchtfleisch umgeben, das in vier oder mehrere Segmente aufgeteilt ist, die sich wie eine Mandarine leicht trennen lassen. Die Früchte werden in erster Linie frisch verzehrt, aber auch als Speiseeiszusatz verwendet. Bei der Verarbeitung und Konservierung (z.B. *Halwa manggis*) gehen typische Aromastoffe verloren (Zusammensetzung und Energiewert s. Tab.).

Zusammensetzung und Energiewert der Mangostane

Bestandteil	Durchschnittl. Gehalt in 100 g eßbaren Anteils
Feuchtigkeit	79,9 g
Eiweiß	0,7 g
Fett	0,8 g
Kohlenhydrate	18,6 g
Rohfaser	1,3 g
Mineralstoffe	0,2 g
Calcium	18 mg
Phosphor	11 mg
Eisen	0,3 mg
Caroten	-
Vitamin B_1	0,06 mg
Vitamin B_2	0,01 mg
Niacin	0,04 mg
Vitamin C	2 mg
Energiewert in kJ (kcal) je 10 g eßbaren Anteils	320 (76)

Garcínia pedunculáta Desr. trägt größere Früchte, deren Saft u. a. als Getränk oder Würzmittel verwendet wird. Im Milchsaft sind verschiedene Xanthone isoliert worden, deren Gehalt bei fortschreitendem Reifungsprozeß zunimmt. In teilweise reifen Früchten ist nur Mangostin und ß-Mangostin nachgewiesen worden, während in vollreifen Früchten noch weitere Xanthone wie Gartanin und 8-Desoxy-gartanin vorkommen. Mangostin ist der Hauptfarbstoff der gelben Fruchtschale und des Saftes. Für die rot-violette Färbung ist Cyanidin-3-sophorosid verantwortlich. Als quantitativ wichtige Aromakomponenten

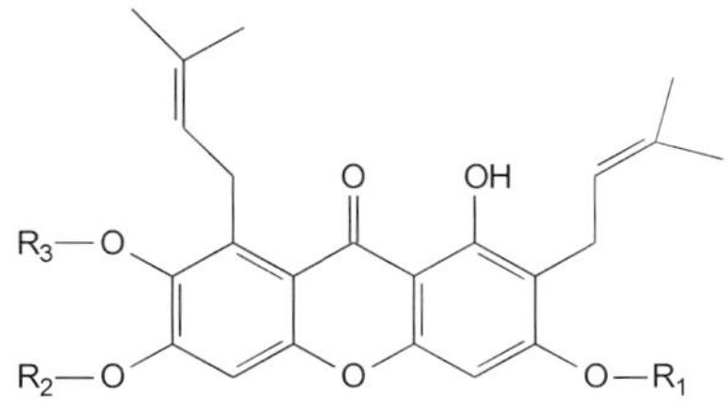

R_1, R_2 = H R_3 = Me Mangostin

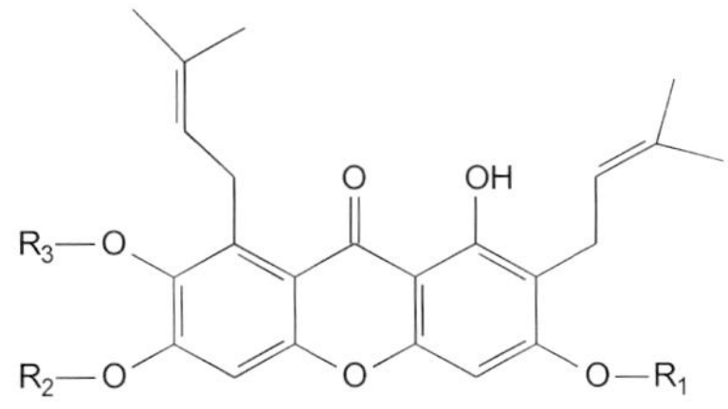

R_1, R_3 = Me R_2 = H β-Mangostin

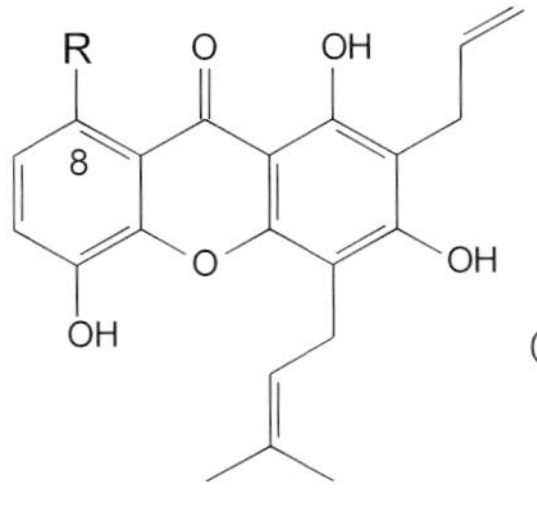

Gartanin

R = OH

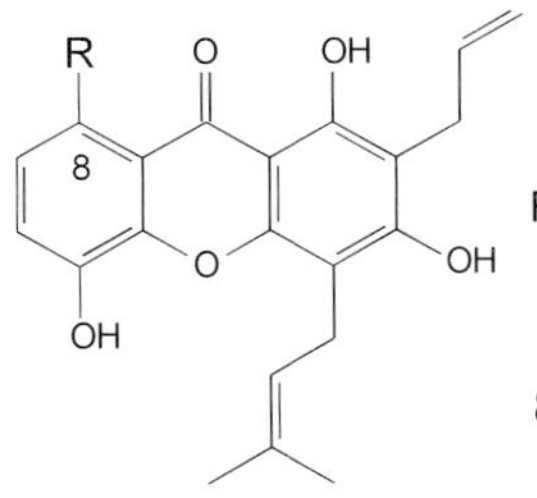

R = H

8-Desoxygartanin

R = OH

sind (Z)Hex-3-en-1-ol, Octan, Hexylacetat und α-Copaen beschrieben.

Mangostane, Falsche → Santolfrucht

Mangostin → Flavonoide → Mangostane

Mango, Stinkender, *Batjang, Grauer Mango:* Frucht eines mittelgroßen Baumes *Mangífera foetida* Lour. (Familie *Anacardiáceae*), der in Indonesien kultiviert wird. Die Früchte sind sauer und adstringierend, sie haben einen starken Terpentingeschmack. Für den Frischverzehr sind sie nicht geeignet; sie werden sowohl unreif als auch reif in verschiedenen Zubereitungen verwendet.

Mánihot brachyándra → Süßmandioka

Mánihot carthaginénsis → Süßmandioka

Mánihot dúlcis var. aípi → Süßmandioka

Mánihot dúlcis var. multítida → Süßmandioka

Mánihot epruinósa → Süßmandioka

Mánihot esculénta → Maniok

Mánihot louréiri → Süßmandioka

Manihotoxin → Glycoside, cyanogene

Manihotstärke → Arrowroot

Manilabohne → Goabohne

Manila-Elemi → Olive, Chinesische

Manilkára zapóta: 1. → Chicle
2. Sapodilla

Maniok, *Mandioka, Kassave, Cassava, Cassada, Yuka:* die buschige Staude *Mánihot esculénta* Crantz. (Familie *Euphorbiáceae*), die schon in prähistorischen Zeiten im tropischen Amerika kultiviert wurde und heute auch in Asien und Afrika angebaut wird. Die Weltproduktion betrug 1990 195 Mio t, Hauptanbauländer sind Brasilien, Thailand, Indonesien, Zaire, Nigeria und Indien. M. ist die Hauptenergiequelle für 300···500 Mio Menschen, vor allem für die ärmere Bevölkerung. Zu den von ihr verzehrten Lebensmitteln aus M. oder unter Zusatz von M. hergestellten Erzeugnissen zählen: *Akasa, Backmehl ohne Weizen, Beiju, Burukutu, Fufu, Gari, Gaplek, Lafun, Mysoremehl, Paushtik Atta, Poi, Yakayake.* Nach Europa wird M. zunehmend als Viehfutterkonzentrat importiert. Die stärkereichen, mehrere Kilogramm schweren Wurzelknollen sind gekocht oder geröstet sowie zu Mehl verarbeitet und als Brei oder Fladen zubereitet eßbar. Nachteilig ist der geringe Gehalt der M.-Knollen an Proteinen, insbes. aber der Mangel an essentiellen Aminosäuren (Tab.).

Zusammensetzung und Energiewert des Maniok

Bestandteil	Durchschnittl. Gehalt in 100 g eßbaren Anteils
Feuchtigkeit	62,5 g
Eiweiß	1,2 g
Fett	0,3 g
Kohlenhydrate	34,7 g
Calcium	33 mg
Eisen	0,7 mg
Caroten	Spuren
Vitamin B_1	0,06 mg
Vitamin B_2	0,03 mg
Niacin	0,6 mg
Vitamin C	36 mg
Energiewert in kJ (kcal) je 10 g eßbaren Anteils	615 (146)

Deshalb wird der Genuß der proteinreichen M.-Blätter als Gemüse empfohlen, um das *Kwashiorkor-Syndrom* zu verhüten. Die Knollen enthalten das Glycosid → *Linamarin,* aus dem bei Verletzung der Knolle bzw. bei der Ernte Blausäure enzymatisch freigesetzt wird. Blausäure und Toxalbumin müssen durch starke Erhitzung zerstört werden, andernfalls treten chronische Vergiftungserscheinungen (*Ataxie-Syndrom, Amblyopie*) auf. Es gibt viele M.-Sorten bzw. -Arten, die je nach dem Linamarin-Gehalt als bitter oder süß bezeichnet werden. Der Knollenertrag ist auch unter ungünstigen Bedingungen sehr hoch (40···60 t/ha). Die Produktion erfolgt vorwiegend im Kleinanbau, der mechanisierte Großanbau ist schwer durchführbar. Die geernteten Knollen sind nicht lagerfähig. Aus M. wird → *Gari* hergestellt, das in West- und Zentralafrika für die Mehrheit der Bevölkerung in verschiedenen Zubereitungen die tägliche Hauptmahlzeit liefert. → Arrowroot → Maniokastärke → Maniokamehl → Tapioka → Kokonte → Wurzelbier

Maniokamehl, *Cipipamehl:* das durch trockenes Vermahlen der gesäuberten und geschälten Maniokawurzelknollen (→ Maniok) hergestellte Erzeugnis. Das M. als → Maniokastärke zu bezeichnen, ist irreführend. Es findet in den Heimatländern des Manioks zur Herstellung von Brot, Brei, Quellmehl u. a. Erzeugnissen und als Futtermittel Verwendung.

Maniokasago → Tapioka

Maniokastärkemehl → Akasa

Maniokastärke: eine aus → Maniok gewonnene Stärke. Zusammensetzung s. Tab. → Arrowroot

Zusammensetzung und Energiewert von Maniokastärke

Bestandteil	Gehalt je 100 g in g
Feuchtigkeit	12,6
Eiweiß	0,58
Fett	0,24
Kohlenhydrate	86,1
Ballaststoffe	0,16
Mineralstoffe	0,29
Energiewert in kJ (kcal) je 100 g	1530 (366)

Maniokastärkemehlzubereitung → Akasa

Maniokglycosid → Glycoside, cyanogene

Mankettinuß → Ojokbaum

Manmophan → Terminália ferdinandiána

Manna (das, österreich. auch die): **1.** Bez. für eßbare, eingedickte, süße Pflanzensäfte oder -harze. In den östlichen Mittelmeerländern kommt die Manna-Tamariske *Támarix mannífera* (Familie

Tamaricáceae) vor, aus deren Blättern nach Anstich (*Manna-Schildlaus*) ein an der Luft erstarrender Saft austritt. Ähnliche Erscheinungen zeigen der *Australische Zuckergummibaum Eucalýptus viminális* Labill.(Familie *Myrtáceae*), die *Manna-Esche Fráxinus órnus* L. (Familie *Oleáceae*), die kalifornische Zuckerkiefer *Pínus lambertíana* Dougl. (Familie *Pináceae*) oder Olivenbäume (*Ólea spp.*, Familie *Oleáceae*).
2. die Hülsen von *Cássia fístula* L. → Kassia, fälschlich auch für die Hülsen des → Johannisbrots verwendet.
3. eine als Notnahrung verwendbare Krustenflechte. → Flechten
4. Waldsauerklee.

Manna-Esche → Manna

Mannaflechte: eine zu den *Wanderflechten* zählende *Laubflechte, Lecanóra esculénta* Eversm. (Familie *Lecanoráceae*), die in den Steppengebieten Kleinasiens, Nordafrikas, Irans, Kirgisiens und auf der Krim kleinlappiges Laub bildet und sehr raschwüchsig ist. Stellenweise bedeckt sie den Boden bis zu 15 cm Höhe. Früher wurde die M. zur Bereitung des *Tatarenbrotes* genutzt und zählt zu den bedeutendsten → *Manna* der alten Israeliten. Die M. ist nahezu geschmacksneutral, enthält bis zu 25% Hydrokolloide, daneben 6,6% Calciumoxalat, 2,5% Inulin und als Rest stickstoffhaltige Substanzen. → Speiseflechte

Mannagras: 1. *Flutender Schwaden, Frankfurter Schwaden, Mannaschwaden, Mannaschwingel, Himmelsbrot, Mannahirse, Himmelstau, Hexenbrot, Hexentau, Süßgras:* eine in Gräben, Sümpfen und Tümpeln wildwachsende, mehrjährige, flachlängliche Grasart, *Glycería flúitans* (L.) R. Br. (Familie *Poáceae*), die in ganz Europa bis zum Kaukasus beheimatet ist und deren bräunliche, 2···3 mm lange, wohlschmeckende entspelzte Körner (wie bei *Wassernuß*) zu Mehl oder Grütze (*Schwadengrütze*) zerkleinert, noch in den 20er Jahren, insbes. in der Frankfurter (Oder) Gegend als → Brei oder → Suppe verzehrt wurden. Im oberen Erzgebirge und in der Lausitz wurde diese Art um 1700 angepflanzt und früher auch in abgelassenen Teichen zuweilen kultiviert.
2. Bluthirse

Mannahirse → Mannagras

Mannalaib: eine aus gekeimten Getreide hergestellte Brotsorte, die nach einer über 2000 Jahre alten Rezeptur der Essener, einer urchristlichen Gemeinde aus Kumran am Roten Meer, nachgestaltet ist.

Mannane, *Polymannane:* aus *Mannose* bestehende, in der Natur weit verbreitete *Polysaccharide.* M. dienen vielen Pflanzen als Reservekohlenhydrate und vorzugsweise auch als Gerüstpolysaccharide. So sind M. der Hauptbestandteil der Samenschale der Steinnuß, des Dattelkernes. M. finden sich auch in der Hefezelle (*Hefegummi*). Durch die Hefe *Hansénula hólstii* Wickerham wird ein M. gebildet, das zudem mit Phosphorsäure verestert als *Phosphomannan,* als Emulgator, Stabilisator und Dickungsmittel, ferner als Zusatz zu energiereduzierten Lebensmitteln dient.

Mannaschwaden → Mannagras

Mannaschwingel → Mannagras

Manna-Tamariske → Manna

Manneotetrose → Tetrasaccharide

Manninotriose → Trisaccharide

Mannit (E 421)(veraltet) → Zuckeralkohole

Manitol (Mannit)→ Alkoholglycoside → Zuckeraustauschstoff → Zuckeralkohole

1,6-D-Mannitol-di-β-D-glycosid → Alkoholglycoside

1-Mannitol-β-glucosid → Alkoholglycoside

D-Manno-D-galaheptit → Zuckeralkohole

D-Mannoheptulosan → Zuckeranhydride

D-Manno-heptulose → Heptosen

D-Manno-ketoheptose → Heptosen

D-Mannomethylose → 6-Desoxyhexosen

D-Mannosamin → Aminozucker

D-Mannose → Hexosen

Mannoside → Glycoside

D-Manno-D-tagato-heptose → Heptosen

D-Manno-D-taloheptit → Zuckeralkohole

Mannotriose → Trisaccharide

D-Mannuronsäure → Uronsäuren → Alginsäure

Mantebrot → Brot, rindenloses

Manteko → Locustbeere

Mantelsackkürbis → Moschuskürbis

Manzanilla-Apfel: Frucht des Baumes *Cratáegus pubéscens* (H.B.K.) Steud. *f. stipulácea* Stapf (Familie *Rosáceae*), der im tropischen Amerika kultiviert wird. Der Vitamin-C-Gehalt je 100 g beträgt 90 mg.

Manzanillo → Sauerpflaume

Manzano → Seetraube

Maracuja → Passionsfrüchte

Maracujasaft: Sammelbez. für trubstabile → Säfte aus verschiedenen → Passionsfruchtarten. Vorwiegend werden die violette Pulpe von *Passiflóra edúlis* oder die gelbe Fruchtpulpe von *P. edúlis f. flavicárpa* genutzt. Da die Passionsfrucht eine rel. teuere Frucht darstellt, besteht die Gefahr von Manipulationen insbes. unter Verwendung von Orangensaft. Über die Bestimmung von Limonen und Hesperidin, die in der Passionsfrucht praktisch nicht vorkommen, sowie über Erfassung des Aminosäurespektrums lassen sich bereits 1···2% Orangensaft im M. erkennen.

Marag → Balady-Brot

Marahonkastanie → Paranuß

Maramabohne, *Tamani:* im tropischen Afrika sowohl als Wildbestand benutzte, in Südafrika auch kultivierte Gehölzart, *Bauhínia esculénta* (Burch.) Trav. (Familie *Fabáceae*), deren Früchte und Samen einen wichtigen Bestandteil bei den noch verbliebenen Naturvölkern (den Kungs in der Kalahari) an der Gesamtnahrungsaufnahme ausmachen. Auch die jungen Knollen werden entweder gebacken, gekocht, oder geröstet verzehrt. Zusammensetzung s. Tab.

Zusammensetzung der Knollen und Samen (Nüsse) der Maramabohne

Bestandteil	in je 100 g eßbaren Anteils	
	Knollen	Samen
Feuchtigkeit	83,3 g	5,2 g
Eiweiß	1,7 g	31,6 g
Fett	0,3 g	36,6 g
Kohlenhydrate	9,4 g	23,2 g
Rohfaser	3,8 g	1 g
Mineralstoffe	1,7 g	2,9 g
Natrium	15 mg	89 mg
Kalium	273 mg	849 mg
Phosphor	4,6 mg	484 mg
Calcium	23,6 mg	136 mg
Magnesium	21,8 mg	258 mg
Eisen	0,27 mg	3,3 mg
Kupfer	0,13 mg	1 mg
Zink	0,49 mg	3,8 mg
Vitamin B_1	0,02 mg	0,94 mg
Vitamin B_2	0,003 mg	0,82 mg
Niacin	0,19 mg	1,86 mg
Caroten	0,04 mg	0,22 mg
Vitamin C	4 mg	2,68 mg
Energiewert in kJ (kcal) je 1 g	192 (46)	2274 (544)

Maräne, *Renke, Felchen* (Bild):

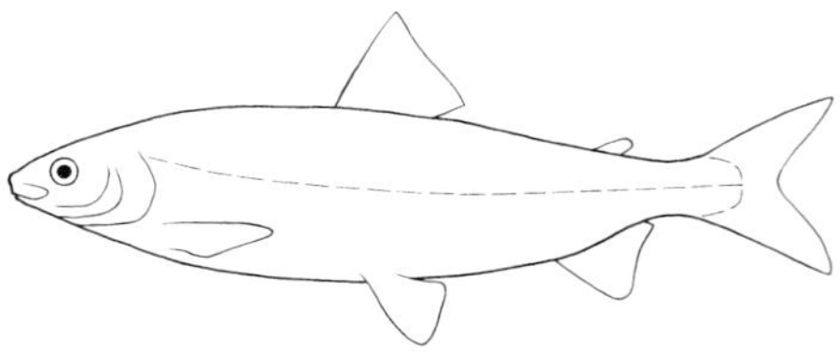

Große Maräne

Morphologisch und ökologisch sehr variable Formengruppe der Gattung *Coregónus,* die teils als *anadrome (in Süßwasser laichende)* Wanderfische, teils als stationäre *Süßwasserfische* arktische Gebiete des Eismeeres, die Flüsse Nordeuropas, Asiens und Nordamerikas bewohnt. Die seitlich zusammengedrückten heringsartigen Fische mit blaugrauem Rücken und silberglänzenden Seiten sind durch eine Fettflosse als Lachsartige gekennzeichnet. Größere wirtschaftliche Bedeutung haben die *Kleine Maräne* (Formenkreis *Coregónus álbula*) mit etwa 15···30 cm Länge und die *Große Maräne* (Blaufelchen), Formenkreis *Coregónus lavarétus,* mit 30···50 cm Länge. Als *anadrome Wanderfische* treten der *Ostsee-Schnäpel* (zu *Coregónus lavarétus*) und der *Nordsee-Schnäpel (Coregónus oxyrhýnchus*) mit 25···40 cm Länge in kleinen Mengen auf. Statistisch werden jährlich etwa 50 kt Weltfang an M. ausgewiesen. M. sind sehr schmackhafte Speisefische, deren Fleisch Ähnlichkeiten mit Forelle und Lachs zeigt. Auch geräuchert ergeben sie ausgezeichnete Erzeugnisse. Der Eiweißgehalt je 100 g eßbaren Anteils liegt bei 17···19 g, der Fettgehalt schwankt mit der Jahreszeit und beträgt in diesem Anteil 3···7 g. Als Richtwert für den Energiewert können 500 kJ (120 kcal) je 100 g eßbaren Anteils angenommen werden. Davon stammen etwa 310 kJ (78 kcal) aus Eiweiß. → Fisch

Maránta arundináceae → Marantastärke → Arrowroot

Marantastärke, *Bermuda-Arrowroot, Jamaica-Arrowroot, Natal-Arrowroot, Pfeilwurzelmehl, St.-Vincent-Arrowroot:* die aus den Knollen der in Guayana und Westbrasilien u. a. tropischen Gebieten angebauten Pflanze *Maránta arundinácea* L. (Familie *Marantácea*) gewonnene → Stärke, die in Korngröße und -form der Kartoffelstärke ähnelt. → Arrowroot

Maraschinolikör → Maraskasprit

Maraschke → Sauerkirsche

Marasin → Speisepilze

Maraskasprit: → Kirschwasser, hergestellt aus Maraskakirschen im ehem. Jugoslawien. Der M. wird zu *Maraschinolikör* weiterverarbeitet. → Obstbrand

Marásmius scorodonius → Würzpilze

Marásmius rameális → Speisepilze

Marásmius spec. → *Tricholomatáceae*

Marc: ein wasserklares Destillat aus Traubentrestern, die längere Zeit in Eichenholzfässern gelagert haben. Durch die Auslaugung der Holzfarbstoffe erhält der M. eine gelbliche Farbe. Es ist aber auch erlaubt, mit Zuckercouleur aufzufärben. Je nach eingesetzter Menge an Färbestoffen kann der M. eine hell- bis tiefdunkelrote Farbe annehmen. → Edelbrand

Märchengebäck → Gebildbackware

Mareka → Yamswurzel

Marena → Aprikose → Steinobst

Marga → Balady-Brot

Margarine: ein der Butter ähnliches *Streichfett,* dessen Fettanteil weitgehend bzw. ausschl. aus Nichtbutterfetten pflanzlicher und tierischer Herkunft besteht. Die Margarine wurde 1866/69 von dem Franzosen H. Megè-Moiriès entwickelt. *Megè-Moiriès* stellte aus *Oleomargarin* und Magermilch ein butterähnliches Produkt her. Die Bez. „Margarine" ist von → *Margarinsäure,* einem Gemisch aus Palmitin- und Stearinsäure, das aus den Fettsäuren des Oleomargarins isoliert worden war, abgeleitet. Die M. wurde ursprünglich als billige *„Kunstbutter"* entwickelt; heute hat sie als hochwertiges → *Streich-* und als *Koch-* → *Back-* und → *Bratfett* große Bedeutung.

Als Rohstoffe der Margarineherstellung verwendet man *Pflanzenöle, Pflanzenfette* oder hydrierte Pflanzenöle und tierische Fette, z. T. auch hydrierte → *Seetieröle* (z. B. hydrierte *Waltrane*). Weitere Inhaltsstoffe sind: Milch oder Wasser → *Emulgatoren* (→ *Phosphatide* → *Mono-* und → *Diglyceride*), Kochsalz, Aroma-, Farb- und Konservierungsstoffe. Bei der *diskontinuierlichen Herstellung der M.* wird bei Temperaturen, bei denen sämtliche Fettbestandteile geschmolzen sind, aus den letzteren und den fettlöslichen Ingredienzen (Lecithin, Vitamine, Caroten, Monoglycerid-Emulgator u. a.) die Fettphase zusammengestellt. In einem weiteren Gefäß wird die wäßrige Phase, die aus Wasser bzw. Milch (gesäuerte oder süße Voll- oder Magermilch), Stärke und wasserlöslichen Aromastoffen und Genußsäuren besteht, aufbereitet. In einer *Kirne,* einem mit Rührwerken ausgerüsteten Behälter, erfolgt die Vereinigung der beiden Phasen; dabei entsteht durch mechanische Bearbeitung eine Wasser-in-Öl-Emulsion. Diese wird auf mit flüssigem Ammoniak gekühlte Kühltrommeln aufgetragen; die Emulsion erstarrt zu Kristallen. Den Kristallbrei schabt man mit einem Messer ab und leitet ihn danach über Walzenstühle; nach einer Ruhezeit kann das Produkt nochmals über Walzenstühle geleitet werden, es kann auch eine andere mechanische Bearbeitung erfolgen. Diese ist erforderlich, um ein Produkt aus einheitlichen kleinen Kristallen von gewünschter Plastizität zu erhalten. Die fertige Margarine wird danach mittels Verpackungsmaschinen abgepackt. Verfahrensweg der diskontinuierlichen Margarineherstellung s. Tab.

Schema der Margarineherstellung

Fette Öle Wasser Ingredienzen

Kirne
↓
Kühltrommel
↓
Walzenstühle
↓
Ruhegefäß
↓
Walzenstühle
↓
Verpackungsmaschine
↓
abgepackte Margarine
↓
Diskontinuierliche Margarineherstellung

Aus dem *diskontinuierlichen Verfahren* sind mehrere *kontinuierliche* hervorgegangen. Beispiele hierfür stellen das *Kombinator-* und das *Votator-Verfahren* dar, deren wichtigstes Aggregat der aus Kratzkühler und Ruherohr bestehende Kombinator bzw. der aus A- und B-Unit bestehende *Votator* ist. Bei solchen *kontinuierlichen Verfahren* werden die Fettkomponenten, Wasser und die übrigen Ingredienzen über Dosierwaagen direkt bzw. unter Zwischenschalten eines Mischgefäßes in den Kratzkühler (A-Unit) gepumpt. Der Kratzkühler ist ein mit flüssigem Ammoniak gekühlter Hohlzylinder, in dem eine Messerwelle rotiert. Im Kratzkühler erfolgen Emulgieren und Kristallisieren in einem Arbeitsgang. Der entstehende Kristallbrei gelangt über ein Ruherohr (B-Unit) in die Verpackungsmaschinen. Die M. wird in Würfeln (als Packmaterialien werden Pergamentpapier oder mit Pergamentpapier und Kunststoff-Folie beschichtete Aluminiumfolie verwendet) oder in Bechern (Kunststoff oder kunststoffüberzogenes Hartpapier) verpackt. Die Verpackung soll vor Licht, Feuchtigkeit, Fremdgerüchen und Luftsauerstoff schützen.

Da die M. durch Mischen verschiedener Komponenten hergestellt wird, kann man durch die Zusammenstellung der Rezepturen die Zusammensetzung der M. in weiten Grenzen variieren. Damit ist eine Anpassung an den jeweiligen Verwendungszweck gegeben. I. allg. stellt man die M. mit einem Schmelzpunkt von 28···32°C her. Durch den Einsatz linolsäurereicher Pflanzenöle (z.B. Sonnenblumenöl, Sojaöl, Maiskeimöl, Baumwollsaatöl, Erdnußöl) erhält man Produkte mit hohem Gehalt an essentiellen Fettsäuren. Die M. wird meist mit den Vitaminen A und D vitaminiert; sie enthält außerdem das in den Pflanzenölen enthaltene Vitamin E. Die Färbung der M. erfolgt hauptsächlich mit Caroten; wichtigste Komponente der Aromastoffe ist Diacetyl. Zum analytischen Nachweis von M. (bes. zur Vermeidung der Verfälschung von Butter mit M.) wird der M. in einigen Ländern Stärke (Blaufärbung nach Iodzugabe) zugesetzt.

Ein wichtiges Problem der Margarineherstellung besteht in der Vermeidung von Infektionen mit

Mikroorganismen, da M. für diese ein gutes Nährsubstrat ist. Durch den Befall mit Mikroorganismen (z.B. Schimmelpilze) kann die M. in wenigen Tagen verderben. Die Wassertröpfchen werden sehr fein verteilt und sind nur wenige µm groß, so daß ein Wachstum der Mikroorganismen in den Wassertropfen vermieden wird (→ Fett). Bei der kontinuierlichen Margarineherstellung befindet sich die M. während des gesamten Produktionsprozesses in einem geschlossenen System, das die Infektion mit Mikroorganismen ausschließt; Sorgfalt erfordert die Keimfreiheit der eingesetzten Rohstoffe. Entsprechend der Wahl der Einsatzstoffe und der Qualität der M. unterscheidet man *Delikateß-, Tafel- und Haushalt-, Spezialbackmargarine* und *Delikateßmargarine mit reduziertem Energiegehalt.* Während der Fettgehalt normaler Margarine mind. 80 % beträgt, enthält die letztgenannte Sorte nur 40% Fett. Bei *Milchmargarine* ist Milch, bei Halbfettmargarine Wasser der Hauptbestandteil der wäßrigen Phase. *Kakaomargarine* ist M., der Kakaopulver (4···8%) und Zucker (10···15%) zugesetzt sind. *Nußmargarine* setzt man feingemahlene Erdnüsse zu. *Schmelzmargarine* ist ein wasserfreies Fettprodukt mit butterschmalzähnlichen Gebrauchseigenschaften, das man aus Margarine-Fettgrundstoffen und Zusatzstoffen herstellt. → Emulgator → Fett, tierisches → Pflanzenfett

Margarinsäure, *Heptadecansäure, Daturinsäure:* eine Fettsäure der Formel
$H_3C\text{-}(CH_2)_{15}\text{-}COOH$.
Die M. kommt in einigen natürlichen Fetten und Ölen in Spuren vor. Der Name „Margarinsäure" wurde von dem franz. Chemiker *Chevreul* eingeführt, der annahm, daß der Margarinerohstoff Oleomargarin eine zw. Palmitin- und Stearinsäure stehende Fettsäure enthalte; später wurde nachgewiesen, daß es sich dabei um ein Gemisch aus Palmitin- und Stearinsäure handelt. M. kristallisiert in farblosen Blättchen, F. 62 °C. M. kommt in geringen Konzentrationen im Hammelfett vor.

'Marianne' → Birne → Kernobst

Maribo: dänischer *Hartkäse,* der als runder Laibkäse oder in quadratischer Form in den Fettstufen 45% F. i. Tr., 30% F. i. Tr. und 20% F. i. Tr. hergestellt wird → Käsesorten

Marienbader Rudolfsquelle → Heilwasser

Marienblatt → Chrysánthemum

Marienblume → Gänseblume

Mariendistel, *Silberdistel:* die in Südeuropa bis Kaukasus, Iran, Nordafrika, Amerika eingebürgerte und kultivierte Heilpflanze Sílybum mariánum (L.) Gaertn., *Syn. Cárduus mariánus* L., (Familie *Asteráceae*), deren Früchte medizinischen Zwecken, deren grundständige Blätter roh oder gekocht der Ernährung dienen. Die Samen werden auch bei der Herstellung von Kräuterlikör verwendet.

Mariengold: eine im Kongo als → Blattgemüse kultivierte Blattsukkulente, *Mesembryánthemum aitónis* Jacq. (Familie *Aizoáceae*).

Mariengras: *Mariengras, wohlriechendes, Duftmariengras, Bisongras, Büffelgras, Heiliges Gras, Vanillegras:* ein auf feuchten Wiesen und an Ufern, vor allem im Hochgebirge der Tropen, in Nord- und Osteuropa sowie Nordamerika vorkommendes, wohlriechendes Rispengras mit der wissenschaftlichen Bez. *Hieróchloë odoráta* P. Beauv. (Familie *Poáceae*), dessen Duftträger das Cumarin ist. Das M. wird als Droge gehandelt und vor allem als Geschmacksträger für Branntwein verwendet. Seine Verwendung ist wegen des geringen Cumaringehaltes (0,2 g je 100 g Frischpflanzenmasse) nicht verboten. Früher aromatisierten die polnischen und russischen Bauern ihren Korn und Kartoffelschnaps mit M., indem sie einen Halm in die Flasche steckten. Eine mit M. aromatisierte Wodka-Variante mit waldmeisterähnlichem Geschmack und leicht grünlicher Färbung wird heute unter der Bez. *„Subrowka"* gehandelt. → Wodka

Marienhofer Käse: österreichischer Käse vom → *Limburger* Typ. → Käsesorten

Marille: in Österreich, Ungarn und der ehem. ČSFR übliche Bez. für → Aprikose, vereinzelt auch in anderen Ländern gebraucht.

Marimiso → Granjeiro

Marinaden: 1. saure Aufgüsse oder flüssige Zubereitungen mit Kräutern, verschiedenen Würzen, Gewürzen und Essig als Vorbereitungsbad oder Beigabe für unterschiedliche Erzeugnisse oder Gerichte.
2. *Kaltmarinaden, Feinmarinaden:* Fischerzeugnisse aus frischen, gefrorenen oder gesalzenen Fischen und Fischteilen, die in einem Essig-Salz-Bad (Garbad) genußfähig und begrenzt haltbar gemacht sind. Im Garbad werden durch fischeigene proteolytische → Enzyme (→ Proteasen) die Eiweißstoffe partiell abgebaut und so Garmachung und Aromabildung bewirkt. Für Feinmarinaden werden bes. ausgewählte Fische, Fischteile und Zutaten verwendet. Die dem Garbad entnommenen Halbfertigerzeugnisse (Garbadware) werden evtl. nachgeputzt, einer geschmacklichen Veredelung in einem Würzbad unterzogen und dann in saure Aufgüsse (1···3% Essig, 3···5% Kochsalz), Remouladen oder → Mayonnaise, Krems oder → Tunken, meist mit pflanzlichen Beigaben, eingelegt. M. haben einen sauer-würzigen Charakter und dienen zur Appetitanregung (Katerfrühstück) und zur Garnierung. Der Fischanteil enthält bis zu 2% Essig bzw. 3,5% Kochsalz. M. sind begrenzt haltbar und chem. konserviert.
Der ernährungsphysiologische Wert der M. wird durch den Fisch- und Beigabenanteil bestimmt. Daher können die wertvollen Eigenschaften des Fischfleisches (hoher Eiweißanteil, geringer Energiewert → Fisch) durch stark fetthaltige Mayonnaisen, Remouladen, Krems oder Tunken gemindert werden. M. wurden urspr. nahezu ausschl. aus → Hering hergestellt. In neuerer Zeit gewinnen weitere Arten (z. B. Makrelen) an Bedeutung. Wichtige Erzeugnisse sind: *Tafelhering (Bismarckhering)* aus frischen oder gesalzenen Heringen, geköpft, entweidet und entgrätet, mit Garnierung von pflanzlichen Beigaben und Gewürzen in saurem Aufguß; *Delikateßhering* (Deli-Hering), identisch mit dem Tafelhering, jedoch nicht entgrätet; *Marinierter* (saurer) Hering (*Hering,* eingelegter) wird entweder wie Delikateßhering, jedoch mit Kopf, oder nach Hausmacherart aus Salzheringen durch Wässern und Einlegen in den Aufguß hergestellt. Häufig wird eine Milchnertunke (→ Tunken) verwendet. Als Gewürzbeigaben dienen vorwiegend Zwiebelringe und Gurkenscheiben. *Kronsardinen, Kronsillinge* (Sardinen, russische) sind M. aus kleinen, geköpften Heringen. Analog werden marinierte Sprotten hergestellt. *Rollmops* besteht aus Heringsfilets (bis 6 cm Breite) mit bis 20% eingerollten pflanzlichen und Gewürzbeigaben (Pfeffer, Senfkörner u. a. Gewürze, Zwiebelstückchen und saure Gurke). *Gabelrollmöpse* haben eine maximale Breite von 4 cm. *Heringshappen, mariniert,* werden aus Heringsfilet, mariniert, in einer Breite von 3···4 cm, Gabelbissen in einer Breite von 1,5···2 cm geschnitten. Die ganz anders hergestellten Erzeugnisse „Seelachsschnitzel in Mayonnaise“ und „Krebsfleisch in Mayonnaise“ werden traditionell den Feinmarinaden zugerechnet.

Marinadengewürz: eine → Gewürzmischung aus Dillsamen, Cayennepfeffer, Ingwer, Koriander, Lorbeerblättern, Piment, Senfkörnern und weißem Pfeffer, die zum Würzen von sauren Zubereitungen (Marinade), Soßen und Salaten dient.

Marionbeere: eine Brombeer-Himbeer-Hybride (→ Loganbeere) aus der *Hybridbrombeere* ('Santian' x 'Himalaya') x *Olattibeere* (Loganbeere x Youngbeere), die 1956 in den Anbau eingeführt wurde und schwarzrote Früchte von 5 g Masse trägt. → Youngbeere → Himbeer-Brombeerhybride → Brimbeere

Marita → Ölpandanus

Mark: 1. a) großzelliges Parenchymgewebe von lockerer, weicher Beschaffenheit meist im Inneren von Pflanzenkörperteilen (z. B. zuckerhaltiges Stengelmark von Zuckerrohr, Palmen- oder Zukkerhirse) oder b) lockeres Zellgewebe im Inneren von Tierkörperteilen (z. B. Knochenmark).
2. fein bis feinst zerkleinertes Pflanzenmaterial, entweder aus Obst (*Obst-* oder *Fruchtmark,* hierzu zählen *z. B. Hagebutten-, Sanddorn-* oder *Ölsamenmark)* oder aus Gemüse (*Gemüsemark, z. B. Tomaten-, Paprika-, Kürbismark).* Industriell wird das M. in der Regel aus frischem, gereinigtem,

erhitztem, ungezuckertem Obst oder aus Gemüse hergestellt und durch Gefrieren oder durch Zusatz gesetzlich erlaubter Konservierungsmittel für begrenzte Zeit haltbar gemacht, da es nicht zum unmittelbaren Genuß, sondern als Halbfabrikat zur Weiterverarbeitung, z. B. zu Marmelade, Markkonzentrat, Mus, oder zu Getränken bestimmt ist. Das *Obstmark* unterscheidet sich von der ebenfalls als Halbfabrikat hergestellten *Obstpulpe* lediglich durch den Feinheitsgrad der Zerkleinerung: Obstmark ist breiig, während Obstpulpe (→ Pulpe) auch Fruchtstücke enthalten muß. → Dickmus → Markkonzentrat → Fruchtmus
3. → Getreideflocken

Markenbutter → Butter

Markenkäse: Bez. für einen Käse der mind. 40 % Fett i. Tr. enthält und bei der amtlichen Güteprüfung auf Aussehen, Konsistenz, Geruch oder Geschmack mind. jeweils 80 % der Bewertungsmerkmale (4 von 5 Punkten) erreicht. Ähnliches gilt auch für andere Lebensmittel wie Markenbutter.

Markenmilch → Milch

Markerbse → Gemüseerbse

Markkonzentrat: 1. ein → Mark aus Obst oder Gemüse, dem auf physikalischem Weg (durch Vakuumverdampfung oder Gefrierkonzentrierung) ein Teil des Wassers abgetrennt worden ist. Frucht- und Gemüsemarkkonzentrate bilden entweder ein Endprodukt [*z. B. konzentriertes Tomaten- oder Paprikamark oder Pflaumenmus* (→ Mark)] oder ein Halbfabrikat, das zu Fruchtsaftgetränken oder anderen Erzeugnissen (→ Ölsamen) weiterverarbeitet wird. → Dickmus → Mus
2. ein konzentriertes → *Macerat* aus Obst oder Gemüse. Bei dem technologischen Prozeß der Gewebemaceration wird das verflüssigte Obst oder Gemüse in die Bestandteile Zellmasse (Pulpe) – etwa 8···12 % Ausbeute – und Saft (*Serum*) – etwa 88···92 % Ausbeute – getrennt. Anschließend wird der Saft unter Aromastoffrückgewinnung auf 75···80 % Trockensubstanz eingeengt. In der Endstufe des Verfahrens wird das Saftkonzentrat mit der Zellmasse und dem Aromakonzentrat zu dem sog. M. vereinigt. Im Vergleich zu → Fruchtsaft- und Gemüsekonzentraten, die in konzentrierter Form nur die in Wasser löslichen Bestandteile enthalten, verfügen die M. über einen höheren ernährungsphysiologischen Wert, da sie die gesammte Trockensubstanz des Rohstoffes – bis auf samenhaltige, grobe Passierrückstände – und damit auch alle wesentlichen Bestandteile, wie Ballast-, Aroma-, Mineral- und Farbstoffe sowie Vitamine, enthalten. Das M. ist als Halbfertigerzeugnis gleichermaßen wie Fruchtsaftkonzentrat für Naß- und Trockenprodukte vielseitig einsetzbar.

Markstammkohl: die in Europa, Nordamerika, in der ehem. Sowjetunion sowie Zentralafrika kultivierte Kohlart *Brássica olerácea var. medullósa* Thell. (Familie *Brassicáceae*), die vorzugsweise als Viehfutter genutzt wird. Das Mark des bis zu 10 cm Durchm. und bis 2 m Höhe erreichenden Stammes ist jedoch genießbar und wird nach Herausschaben meist roh gegessen. Die Blätter und Sproßachsen sind wie Spinat verzehrbar.

Markstammstärke → Markstärke

Markstärke, *Markstammstärke, Stammstärke:* die aus dem → Mark des Stammes verschiedener Palmfarne (→ Palmfarnstärke) und Palmenarten (→ Palmstärke) im Naßverfahren gewonnene → Stärke. → Stärke, tropische → Sago

Marlin → Thunfisch

Marmelade: eine aus einer Obstart (*Einfruchtmarmelade*) oder aus mehreren Obstarten (*Mehrfruchtmarmelade,* z. B. *Zwei-, Drei- und Vierfruchtmarmelade* s. Tab. Seite 124) durch Einkochen von frischem, vorbereitetem, passiertem Obstfruchtfleisch oder Obstmark und Weißzucker unter Zusatz von Genußsäuren, Stärkesirup und Pectin hergestellte, dickbreiige, streichfähige Zubereitung.
Die Bezeichnung M. war früher durchaus üblich, aufgrund der EG-Richtlinie ist sie jedoch überholt und wird nur noch für Citrusfrüchte verwendet. → Konfitüre

Marmeladenpflaume → Mammei-Sapote

Bewährte Zusammenstelllungen von Obstarten für die Herstellung von Mehrfruchtmarmeladen im Haushalt
Apfel und Erdbeere
Apfel und Kirsche (ggf. Süß- und Sauerkirsche gemischt)
Apfel und Aprikose
Apfel und Pflaume
Apfel und Orange
Apfel und Edeleberesche
Apfel und Himbeere
Apfel und Brombeere
Apfel und Hagebutte
Apfel und Holunder
Süßkirsche und Sauerkirsche
Sauerkirsche und Himbeere
Sauerkirsche und Heidelbeere
Sauerkirsche und Brombeere
Erdbeere und Rhabarber
Erdbeere und Johannisbeere
Erdbeere und Stachelbeere
Johannisbeere und Stachelbeere
Johannisbeere und Himbeere
Stachelbeere und Brombeere
Stachelbeere und Himbeere
Stachelbeere und Heidelbeere
Brombeere und rote Johannisbeere
Holunder und Pflaume
Holunder und Sauerkirsche
Holunder und Johannisbeere
Sauerkirsche, Johannisbeere und Apfel
Süßkirsche, Johannisbeere und Apfel
Stachelbeere, Johannisbeere und Erdbeere
Himbeere, Johannisbeere und Kirsche

Marmeladenring → Geleezuckerware

Marmeldose → Genipapo

Marmelosin → Cumarin

Marmesin → Cumarin

Marmoda → Batate

Marmorierung: 1. Strukturierung der Bindegewebe- und Fettanteile der Muskulatur, die besonders am Querschnitt der Rindermuskeln deutlich sichtbar wird.
2. Flammenförmige braungelbe bis grauschwärzliche Verfärbung der Doseninnenwand von Konservendosen. Diese M. entsteht beim Erhitzen der Dosen und wird durch die Bildung von Zinn- und Eisensulfid verursacht.

Marmorkarpfen → Graskarpfen

Marmorkuchen: ein → Sandkuchen als → Asch- oder Kastenkuchen, bei dem ein Teil der → Masse Kakaopulver enthält und mit dem anderen Teil schichtweise in die Backform gefüllt wird, wodurch ein marmoriertes Aussehen und schokoladenartiger Geschmackseindruck entstehen. → Kuchen

'Maro': Johannisbeerensorte. → Beerenobst

Maroilles: *Weichkäse* aus Frankreich. → Käsesorten

Marone: 1. → Eßkastanie
2. → *Boletáceae*

Maronenpilz → *Boletáceae*

Maronenpüree: aus geschälten und weich gekochten → Eßkastanien hergestelltes → Mus. Ein M. mit 35···45% Gesamtzuckergehalt dient als Konditoreihilfsstoff, während ein M. mit 20···28% Gesamtzuckergehalt in verschiedene Formen gepreßt und als abgepackte Gefrierkonserve unter der Bez. *Vermicelles* auf den Markt gelangt. Zur Erzielung einer gewünschten Konsistenz werden zur Vermicelliherstellung auch gelegentlich Stärkesirup und → Hydrokolloide mitverarbeitet, die Farbe ist hell- oder graubraun mit rötlichem Stich. Der Anteil an Eßkastanie liegt bei Vermicelles zw. 73···83% bei M. als Konditoreihilfsstoff um 50%. Der Geschmack von M. ist leicht süßlich mit typischem Eßkastanienaroma.

Maronenstärke → Eßkastanie

Marsala: goldgelbfarbener italien. → Dessertwein, hergestellt aus verschiedenen Traubensorten (*Cattarato*- und *Insoliatrauben*) unter Zusatz von 5···10% eingedicktem Traubensaft. Die fertigen Weine erhalten einen Zusatz von „stummgemachtem", d. h. gespritetem Most (Sifone) und haben etwa 19,5%-Vol. Ethanol. Das Bukett bildet sich während der 2- bis 5jährigen Lagerung heraus. → Wein → Bukettstoffe

Marshmallow: bes. in den USA und in England beliebte weiche → *Schaumzuckerware,* die auch unter Zusatz von Obstmark hergestellt wird. In je 100 g enthalten die M. 17 g Feuchtigkeit, 80 g Kohlenhydrate, 2 g Eiweiß, 18 mg Calcium, 2 mg Natrium und 1,6 mg Eisen; der Energiewert in kJ (kcal) beträgt 1380 (330). → Zuckerware

'Marsh Pink' → Grapefruit

Marsílea quadrifólia → Susni

Maru → Fingerhirse

Marulapflaume: pflaumengroße, gelbe, aromatisch duftende Frucht des afrikanischen, breitkronigen Baumes *Sclerocárya birrōea* Hochst. (Familie *Anacardiáceae*). Das Fruchtfleisch enthält je 100 g 60···250 mg Vitamin C. Im Steinkern befinden sich 2 oder 3 walnußähnlich schmeckende Samen, die sehr ölreich sind. Die Frucht dient auch zur Herstellung alkoholischer Getränke.

Martinique-Ingwer → Zerumbet-Ingwer

Martinshand → Gänsefingerkraut

Márványsajt: ungarischer → *Edelpilzkäse.* → Käsesorten

Märzen → Bier

Marzipan (*das, österr. auch der*), angewirktes Marzipan, *Marzipanware:* eine hochwertige, energiereiche → Zuckerware aus → *Marzipanrohmasse* und Zucker, mit oder ohne Stärkesirup u. a. Zusätzen, von beliebiger Form. Ursprünglich aus dem Orient stammend, ist das M. schon seit Jh. bekannt. Durch die feine Dispergierung der Mandelkernteilchen in der gesättigten Zuckerlösung neigt M. zum Austrocknen und fettet wenig. Zur Weiterverarbeitung können Stärkesirup, Kakaopulver, Schokolade, Milchpulver, Marmeladen, Dickzuckerfrüchte, Nüsse, Bienenhonig, Spirituosen u. a. zur Zuckerwarenherstellung übliche Stoffe Verwendung finden. M. dient zur Füllung und Verzierung von Konditorei- und Süßwaren, zur Herstellung von *Marzipanfiguren (Marzipanbrot, Marzipankartoffel)* und kann auch mit Schokolade überzogen werden (*Pralinen*).

Marzipanrohmasse: aus entschälten, in feuchtem Zustand mit Zucker verriebenen Mandelkernen durch anschließendes Erhitzen hergestellte → *Rohmasse.* Die M. enthält höchst. 35% Saccharose (einschl. Invertzucker und Invertase zur Weichhaltung) und mind. 65% süße Mandelkerne (höchst. 10% dürfen durch bittere Mandeln ersetzt werden). Der Fettgehalt liegt oberhalb von 28% der fertigen Rohmasse. Zur Herstellung von M. werden die gebrühten, geschälten und verlesenen Mandeln in feuchtem Zustand grob zerkleinert, mit Zucker vermischt, auf Porzellanwalzenstühlen fein zerrieben und anschließend in dampfbeheizten, offenen Kesseln erhitzt, bis der Feuchtigkeitsgehalt nicht mehr als 18% beträgt. Durch Zusatz von Zucker zu M. erhält man *Marzipan* (angewirktes Marzipan). Ferner dient M. zur Herstellung von *Makronenmasse.* → Nußrohmasse, marzipanähnliche → Persipanrohmasse

Marzipanschokolade → Schokolade, gefüllte

Märzveilchen → Veilchen

Märzwurzel → Nelkenwurz, Echte

Masa 1. *Maasa, Maina:* eine in Westafrika übliche Hirsezubereitung in Form eines gebratenen Fladens. Zur Bereitung von M. wird vorwiegend *Guineakorn (Sórghum guineénse* Stapf) verwendet, das nach dem Enthülsen (durch Waschen und Schlagen) zur einen Hälfte zu Mehl gestampft und gesiebt wird. Die andere Hälfte wird in ungestampftem Zustand weich gekocht und danach mit dem gesiebten Anteil gemischt und gebraten. Auf den Märkten der nördlichen Savannengegend wird der dicke Fladen auf der Straße warm verkauft. Wird dem Brei Bohnenmehl hinzugefügt, so heißt der daraus hergestellte Fladen *Yaryau.* Ein M. aus feingemahlenem Mehl in der Form eines Kreuzes wird als *Tsattafa* bezeichnet. → Brei → Flachbrot → Fladen
2. → Tortilla

Masamasa → Wein, Karibischer

Masato → Pfirsichpalme

Mascarpone: italien. *Rahmfrischkäse* aus Kuhmilch, der vorzugsweise in der Lombardei erzeugt wird. → Käsesorten

Mascobado: philipp. Bez. für einen auf traditionelle Weise aus Zuckerrohr gewonnenen Vollrohrzucker, der auch in westlichen Ländern unter diesem Namen gehandelt wird.

Masico → Capomo

Mashanshal → Sorghumhirse

Mashua → Anu

Massaitee, *Rooibostee, Redoostee, Roter Buschtee, Rotbuschtee, Roter Tee:* ein rotbraunfarbenes → teeähnliches Erzeugnis aus schmallanzett- oder röhrenförmigen, 0,5···1 mm breiten und 03···1,4 cm langen, holzartigen Teilstücken, den fermentierten Blättern des in Südafrika beheimateten und 1···2 m hoch werden Strauches *Aspaláthus lineáris* (Burm.f.) R. Dahlgr., Syn. *A. contamináta* DC oder *Psoraléa line*áris Burm. (Familie *Fabáceae),* mit den Unterarten *ssp. latipetála* Dahlgr., *ssp. pinifólia* Marl. und *ssp. lineáris.* Die Unterart *lineáris* wird in großem Umfang auf Plantagen in gebirgigen Teilen im Südwesten der Kapregion auf über 16 000 ha kultiviert und auch exportiert. Die 1,5 m langen rutenförmigen Langtriebe werden in kleine Stücke geschnitten, angefeuchtet und in 20 cm hohen Haufen 8···24 h fermentiert, wobei durch den Gerbstoffgehalt die grüne Farbe nach rotbraun wechselt. Schwankende Klimaverhältnisse bringen sehr unterschiedliche Erntemengen von 1000···7000 t pro Jahr. Eine staatliche Kontrollbehörde wacht darüber, daß die genetisch sehr variable, ginsterartige Pflanze nicht gefälscht wird. Es wird nur Ware eines geregelten Anbaus bestimmter Sorten vermarktet. Diese Sorten besitzen Blätter, die nach der Trocknung mit UV-Strahlung entkeimt und verpackt werden, entweder allein oder in Mischung mit Echtem Tee. Der M. enthält kein Coffein, besteht aus 10% Feuchtigkeit, 1,4% Pectin, 1,4% Gerbstoffen, 5,5% Stickstoffverbindungen, etwa 1% Fett und etwa 20% wasserlöslichem Extrakt. Das Aufgußgetränk zeigt goldbraune Farbe, weist aromatischen Geruch auf und kann gesüßt oder ungesüßt getrunken werden. Im Herkunftsland kommt der M. in Mischung mit Echtem Tee in den Handel.

Masse, Lebensmittelmasse: ein ungeformtes, plastisches Zwischenerzeugnis (z.B. Sandmasse) oder Fertigerzeugnis (z.B. Nugat). Das Wort M. kommt vom lat. *massa* (Teig oder Klumpen), das seinerseits aus dem griech. *maza* (Brotteig) entstanden ist. Bei dem heutigen Gebrauch des Wortes M. ist der ursprüngliche Sinn erweitert worden; man versteht darunter einen Stoff, der formfähig oder formveränderlich ist, wobei die Formgebung durch Kneten, Drücken, Rollen, Pressen, zuweilen auch unter gleichzeitiger Erwärmung erfolgt. Die Lebensmittelmassen sind die wichtigsten "Werkstoffe" zur Formgebung insbes. von Back- und Süßwaren. Bestimmte Qualitätsforderungen an eine M. ergeben sich erst auf Grund des Namens bzw. der zusätzlichen Bez., z.B. → Fondantmasse → Trüffelmasse → Backrohmasse → Füllrohmasse → Kaschurohmasse → Kokosrohmasse → Marzipanrohmasse → Nugatrohmasse usw. Auf dem Backwarensektor wird der Begriff M. speziell für Zwischenprodukte der → Feinbackwarenherstellung verwendet, wobei diese Zwischenprodukte auch in anderen Lebensmittelbetrieben, z.B. in der Süßwarenindustrie als Halbfertigerzeugnisse (z.B. → *Rohmasse*), hergestellt und zur Weiterverarbeitung an Backbetriebe abgegeben werden können. Die Bez. M. wird im wesentlichen für zwei Gruppen von Zwischenprodukten der Feinbackwaren angewandt:

a) für halb- bis dickflüssige Gemische, die durch Rühren oder Schlagen aus Eiklar (*Eiklarmasse*) oder Vollei (*Volleimasse*), Zucker, Fett sowie – im Vergleich zu → Teigen – aus relativ *wenig* Mehl oder nur Stärke und, wenn erforderlich, nur mit *chemischen* Lockerungsmitteln bereitet und zur Herstellung von Backwarengrundkörpern verwendet werden. Neben dem → Teig bildet damit die M. den wichtigsten Formstoff zur Gebäckausbil-

dung. Je nach dem Fett- und Eigehalt unterscheidet man zwischen *leichten, sog. fettärmeren (z. B. Brandmasse, Biskuitmasse, Wiener Masse*) und *schweren,* sog. fettreicheren M. (z. B. Sandmasse). Gleichzeitig zählen Gebäcke aus schwereren M. (z. B. *Baumkuchen, Sandkuchen*) zu Feinbackwaren mit verlängerter Frischhaltefähigkeit, da die Genußtauglichkeit über mehrere Tage bis Wochen anhält. Für die Ausbildung des Gefüges und der Lockerung ist bei *gerührten (schwereren)* M. das Schaumigrühren des Fettes und dessen Fähigkeit, Luft und Triebgas in feiner Verteilung zu halten, ausschlaggebend. Bei *geschlagenen (leichteren)* M. ist der Eianteil für den Lufteinschlag entscheidend. Es gibt auch gemischte Herstellungsweisen (Gebäcke aus geschlagenen und/oder gerührten M.), so daß Übergänge in der Zusammensetzung und Beschaffenheit der M. bestehen. Neben *fettarmen* und *fettreichen* M. gibt es noch *zuckerreiche* M. (z. B. *Makronen*- und *Schaummasse*); diese werden bei schwacher Hitze mehr getrocknet als gebacken;
b) für Halbfertigerzeugnisse, die zur Füllung (*Füllmasse*), Belegung (*Belegmasse*), Garnierung (*Dekormasse*) oder als Überzug (*Gußmasse, Glasurmasse, Tunkmasse*) von Backwarengrundkörpern bestimmt sind und auch als → *Rohmasse* bezeichnet werden. Hierzu zählen z. B. auch *Quarkmasse, Mohnmasse, Streuselmasse, Bienenstichmasse, Kremmasse, Marzipanmasse, Nugatmasse* usw.. Die Rohmassen können aber auch zur Herstellung von Backwarengrundkörpern, z. B. in Verbindung mit Eiklar als Bindemittel (häufig anstelle von Mehl), dienen. Auf diese Weise hergestellte Gebäcke werden als *Schalenobstmassegebäck* bezeichnet, wozu z. B. Makronen, Hippengebäck, Florentiner u. a. zählen. → Krem

Masse, biskuitähnliche → Volleimasse

Massée: das bei der Herstellung von Bonbonsirup bei höherer Umsetzung erhaltene feinkristallisierte, von Mutterlauge umhüllte Zwischenprodukt.

Masse, mehlfreie → Baisermasse

Masse, Wiener → Volleimasse

Maßliebchen → Gänseblümchen

Mastate: 1. → Lechero
2. → Cocua

Masterin → Urolsäure

Masthilfsmittel: Stoffe zur Steigerung der Mastleistung von Nutztieren. M. entfalten eine anabole Stoffwechsellage. Darunter ist die Förderung der Zubildung von Körpersubstanz, insbes. der Aufbau von körpereigenem Eiweiß, zu verstehen. Eine anabole Wirkung wurde durch männliche Keimdrüsenhormone, z. B. Testosteron, nachgewiesen. Durch strukturelle Modifikation natürlicher Keimdrüsenhormone wurden Pharmaka mit androgener und anaboler Wirkung, sog. synthetische Steroide, erzielt. Wichtige M. setzen sich neben Hormonen noch aus Fütterungsantibiotika, gelegentlich auch Arsenverbindungen, zusammen. Anabole Steroide werden bei Erkrankungen mit beschleunigtem Eiweißumsatz als Pharmaka eingesetzt. Der Einsatz in der Tierfütterung ist umstritten und in den Rechtsnormen einzelner Länder unterschiedlich geregelt.

Mastika: bulgarischer Anistrinkbranntwein, hergestellt unter Verwendung von Mastixöl und Anethol.

Mastix, *Mastix-Harz:* das blaßgelbe bis gelblichgrüne, bei 105···120°C schmelzende → Harz der mediterranen Mastix-Pistazie, auch Mastixstrauch genannt, *Pistácia lentíscus* L. (Familie *Anacardiáceae*). Für die Harzgewinnung wird die Pflanze vor allem auf der griech. Insel Chios (*Chiosmastictree*) in einer baumförmigen Varietät kultiviert. Das durch Rindeinschnitte gewonnene M. wird als → Überzugsmittel für Süßwaren und Kaugummi sowie als feiner *Lack* verwendet. Die Samen enthalten bis zu 25 % Öl, das wie → Pistazienöl für Speisezwecke verwendet wird.

Mastix, Amerikanischer → Pfeffer, Peruanischer

Mastix-Thymian → Thymian 4.

Mastlachs → Zuchtlachs

Masu-Lachs → Lachs

Mata-Frucht: indische Gemüsefrucht von *Antidésma ghaesembílla* Gaertn. (Familie *Euphorbiáceae*), die viel Eiweiß enthält.

Mataistärke: die aus Knollen der → süßen Sumpfsimse durch Auswaschen gewonnene → Stärke. Die M. hat als Handelsprodukt nur geringe Bedeutung.

Matasano → Sapoto, Weiße

Matcha: ein → japanischer Tee, dessen Blätter zu einem feinen Pulver vermahlen sind. Bei der Teezubereitung wird das Grünteepulver in einer Schale mit heißem Wasser (60°C) übergossen und mit einem rasierpinselähnlichen Bambusbesen schnell gerührt, so daß sich nach Auflösen des Pulvers an der Oberfläche etwas Schaum bildet, der den Geschmack günstig beeinflußt.

Mate, *Erva, Jerba, Herva, Yerba, Jesuitentee, Paraguaytee:* ein → teeähnliches Erzeugnis aus dem in Südamerika wild wachsenden Mate-Baum sowie dem kultivierten *Mate-Strauch, Ilex paraguariénsis* St. Hil. (Familie *Aquifoliáceae*), einer sehr formenreichen Art, aus der Pflanzen mit hohem Coffeingehalt selektiert wurden, so daß der M. dem Echten Tee sehr nahe kommt. Seit ältesten Zeiten zählt M. zu den verbreitetsten Genußmitteln Südamerikas. Zur Gewinnung dienen Blätter, Blattstiele, Blütenstiele und junge Triebspitzen, die ohne Fermentation (wie der grüne Tee) lediglich im Rauch des offenen Feuers getrocknet und danach zerkleinert werden. In der Trockenmasse von 100 g M. sind enthalten: 0,7···2 g Coffein, 0,07 g Theobromin, 0,78 g Eisen, 12 g Protein, 4,2 g Fett, 65 g Kohlenhydrate, 5,4 g Rohfaser und 63 g Mineralstoffe; der wasserlösliche Extrakt beträgt 34 %. M. wird als *„naturgrün"* oder *„geröstet"*, *„feinblättrig"* oder *„pulverisiert"*, auch in Aufgußbeuteln, gehandelt. Etwa ein Drittel der Gesamtsubstanz geht in das Getränk über. Bei der Zubereitung der feinblättrigen Form (der in Europa verbreitetsten Handelsform) werden 2 Eßlöffel (etwa 6···8 g) je l verwendet. *Bombilla* ist ein Saugrohr mit Sieb, mit dem der M. in Brasilien aus einer ausgehöhlten Kalebasse getrunken wird.

Matecit → Inositol

Matiko → Pfeffer 1.

Matjes → Hering → Salzfischerzeugnis

Matjessalat → Fischsalat

Matoke → Kochbanane

Matricária chamomílla → Kamille, Echte

Matricariasäure: eine mehrfach ungesättigte Monocarbonsäure der Formel
CH_3-CH=CH≡C-C≡C-CH=CH-COOH.
Diese Polyinsäure wurde in der falschen Kamille (*Matricária marítima* L.) gefunden. F. 98···99 °C.

Matsutakealkohol → Alkohole

Matsutake-Pilz → Würzpilze → *Tricholomatáceae*

Mattenbohne → Samenmehl, eiweißreiches

Matteuccia struthiópteris → Straußfarn

Mattoni's Giesshübler → Heilwasser

Matulan → Pfeffer 1.

Mantungulu: 1. Regionale Bez. für die in Sambia gesammelten Früchte der wildwachsenden *Aframómum angustifólium* (Sonnerat) K. Schum. (Familie *Zingiberáceae*) mit folgender Zusammensetzung je 100 g: 80 g Feuchtigkeit, 1,02 g Eiweiß, 0,28 g Fett, 15,3 g Kohlenhydrate, 2,4 g Rohfaser, 1,04 g Mineralstoffe, 8 mg Calcium, 80 mg Phosphor und 90 mg Eisen.
2. Regionale Bez. für die in Sambia gesammelten fleischigen Früchte der wildwachsenden *Aframómun stipulátum* K. Schum. mit folgender Zusammensetzung je 100 g: 89 g Feuchtigkeit, 0,11 g Eiweiß, 0,28 g Fett, 7,8 g Kohlenhydrate, 1,5 g Rohfaser, 1,1 g Mineralstoffe, 2,7 mg Calcium, 35 mg Phosphor und 42 mg Eisen.

Matze (die), *Matzen* (der), *Mazzes* (das) (österr.), *Passabrot:* ein ungesäuertes und ungesalzenes, nur aus Mehl und Wasser bestehendes Weizenbrot, das als dünner Fladen als österliches Kultgebäck noch heute von den Juden verzehrt wird. → Fladen

Matzen → Matze

Mauco → Honigbeere

Mauerlaibl → Salzbrötchen

Mauerpfeffer, Weißer → Salatfetthenne

Maulbeere: Sammelbez. für süße, brombeerähnliche Sammel- bzw. Scheinfrüchte. Die wirtschaftlich bedeutungsvollsten Maulbeerarten sind die *Weiße M., Mórus álba L.,* und die *Schwarze M., Mórus nígra* L. (Familie *Moráceae*). Die Weiße M. wird in vielen warmgemäßigten, subtropischen, europäischen, asiatischen und amerikanischen Ländern, bes. aber in China und Japan (dort über 1000 Arten) als Obst- und Straßenbaum oder lebender Zaun kultiviert. Seit 5000 Jahren wird die Weiße M. in China auch als Futterpflanze für Seidenraupen angebaut. Im 12 Jh. kam diese Pflanze nach Südeuropa, und im 18 Jh. wurde der Anbau in Preußen unter Friedrich dem II. sehr gefördert (woran die Maulbeerallee in Potsdam erinnert). Die Blütenblätter der Einzelblüten werden bei der Reife fleischig und liefern den eßbaren Teil dieser im Juli reifenden weißen, selten rotfarbigen Früchte, die zwar fade aber süß schmecken und in jeder Form, roh, eingekocht, getrocknet (wie Rosinen) oder gemahlen verzehrt werden. Aus den Früchten kann auch Saft oder häufig in Mischung mit anderen Obstarten Marmelade hergestellt werden. Die *Schwarze M.* bringt saftreiche schwarz-violettfarbene Früchte, die für Nahrungszwecke wertvoller sind. Den ganzen Sommer über fruchtet die Schwarze M., die auch als Obstbaum kultiviert wird, aber frostempfindlicher reagiert als die *Weiße M.* Neben dem Rohverzehr werden die süßsauren Früchte zu Erfrischungsgetränken, Wein, Kompott, Obstessig und Marmelade verwendet. Borke und Früchte der Pflanze dienen in Indien zur Farbstoffgewinnung. Zusammensetzung und Energiewert s. Tab.

Zusammensetzung und Energiewert von Maulbeere

Bestandteil	Durchschnittl. Gehalt in 100 g eßbaren Anteils
Feuchtigkeit	86,5 g
Eiweiß	1,1 g
Kohlenhydrate	10,3 g
Fett	0,4 g
Mineralstoffe	1,7 g
Calcium	70 mg
Phosphor	30 mg
Eisen	2,3 mg
Vitamin B_1	0,04 mg
Vitamin B_2	0,13 mg
Niacin	0,5 mg
Caroten	0,06 mg
Vitamin C	22 mg
Energiewert in kJ (kcal) je 10 g	210 (50)

Maulbeerfeige, *Eselsfeige, Pharaofeige, Adamsfeige:* walnußgroße, maulbeerartige, gelbe Frucht des mittelgroßen *Sykomorenbaumes Fícus sycómorus* L. (Familie *Moráceae*). Sie wird erst durch Anritzen, nachdem ein bitterer Saft abgeflossen ist, für den Frischverzehr brauchbar und hat dann einen süßen, würzigen Geschmack. → Angola

Maurítia flexuósa → Buritipalme → Palmstärke → Sagopalme

Mauritiushimbeere, *Jawanische Himbeere:* die in Indien, auf den Philippinen, den Südregionen der ehem. Sowjetunion, im tropischen Afrika und Amerika angebaute *Rúbus rosaefólius* Smith (Familie *Rosáceae*), deren Blätter als Salat oder Spinat, die hochwertigen Früchte roh oder verarbeitet genutzt werden.

Mauritiustee → Kubajute

Maus → Schlachtkörperteilstücke

Mäusedarm → Vogelmiere

Mausohr → Feldsalat

Mausschinken → Schinken

Mavi → Balady-Brot

Mavrud: wertvolle bulgarische Rotweinkeltertrauben-Sorte, die einen vollen, kräftigen, farbstoffreichen Wein liefert. Er wird häufig mit Pamidwein verschnitten. *Trakia* wird aus 40% M. und 60% *Pamid* hergestellt. → Wein

Maximowitschlilie → Lilienzwiebel

Mayalu → Spinat, Indischer

Māyna grandifólia → Morrocoy

Mayonnaise, *Majonäse:* eine aufgeschlagene, kremartige Grundsoße aus Eigelb, Würzessig und Speiseöl. Durch intensives Mischen dieser Komponenten wird eine feste, relativ schwer verdauliche Emulsion erzielt. Je nach Fettgehalt werden im Handel verschiedene Mayonnaisesorten unterschieden: *Feinste M.* mit einem Pflanzenölgehalt von 83% und einem Energiewert von 3230 kJ (770 kcal) je 100 g; M. mit einem Pflanzenölgehalt von 65% und einem Energiewert von 2520 kJ (600 kcal) je 100 g und energiereduzierte M. unter der Bez. *Salatcreme* und *Salatsauce* mit einem Pflanzenölgehalt von 33···36% und einem Energiewert von 1455···1575 kJ (350···380 kcal) je 100 g. Über 60% der M. werden industriell zur Herstellung von Fisch-, Fleisch-, Wurst-, Gemüse- oder Feinkostsalat verwendet. Im Haushalt wird die M. zur besseren Verdaulichkeit mit Quark, Sauermilch oder Joghurt gemischt, sofern es sich um sehr fetthaltige Sorten handelt; sie wird zum Anrichten von Salat, Garnieren kalter Speisen oder als Grundsoße für die Bereitung von Remouladensoße, Remoulade mit Kräutern und → Fischeicreme verwendet. → Würzsoße, mayonnaisenartige → Feinkosterzeugnis

Mayonnaisewürzsoße → Würzsoße, mayonnaisenartige

Maysin → Globuline

Mayua → Azu

Mayuen → Hiobsträne

Mazamorra: eine in Süd- und Mittelamerika übliche Maisbreizubereitung. → Brei → Mais

Mazerat → Macerat

Mazis → Muskatblüte

Mazos: Bez. für gebündelte → Vanille.

Mazzes → Matze

MC → Methylcellulose → Cellulosederivat

'Meat Pink' → Grapefruit

Mechal → Himalaya-Birne

Medémia árgun → Argunpalme

'Media Mata' → Banane

Mediásia macrophýlla → Pamir

Medicagensäure: das Aglycon zahlreicher Saponine mit fungizider Wirkung, die in den Wurzeln von Alfalfa (Medicágo satíva L.) u. a. Hülsenfrüchtlern vorkommen, s. Formel. → Saponine

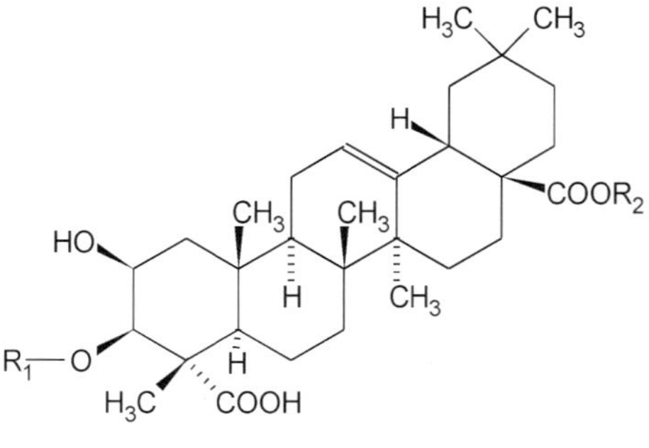

	R_1	R_2
Medicagensäure	H	H
Verbindung F	α-D-Glcp-(1→4-β-D-Glcp)	H
Verbindung G 2	β-D-Glcp	H
Medicosid G	β-D-Glcp	β-Glcp

Medicágo lupulína → Klee

Medicágo satíva → Luzerne

Medicardensäure: Saponin aus den Wurzeln der Luzerne und anderen Leguminosen, z. B. Alfalfa, das gegen pflanzliche und tierische Pilzerkrankungen wirkt.

medium dry → sec

Medizinal-Aloe → Aloe, Echte

Medizinalleberöl → Fischleberöl

Medizinalrhabarber → Rhabarber

Medizinalwein → Arzneiwein

Medoc noir → Egerer Stierblut

Medynsk: aus Kuhmilch, Schafmilch und Ziegenmilch hergestellter *Weichkäse* mit 45 % F. i. Tr. aus der ehem. Sowjetunion. → Käsesorten

Meeraal, *Cónger cónger, Cónger vulgáris* (Bild):

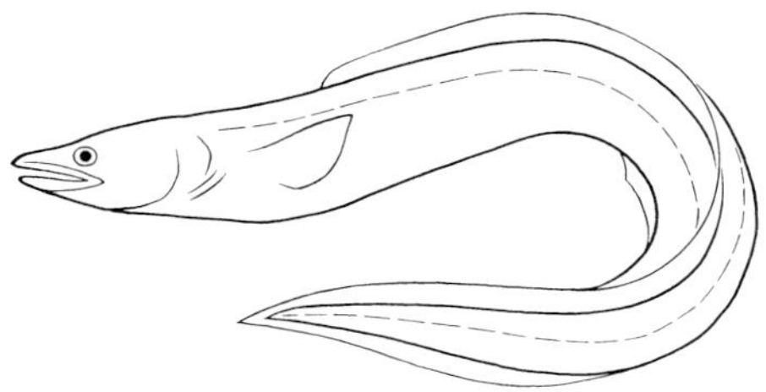

Meeraal

Schuppenloser aalartiger *Meeresfisch,* vom Flußaal (→ Aal) durch den weiter vorn gelegenen Ansatz der Rückenflosse, eine hellere, graubraune Färbung, einen dunkelbraunen Flossensaum, eine schwarze Mund- und Kiemenhöhle und die Körpergröße unterschieden. Der M. wird 1···2 m, höchst. 3 m lang und erreicht eine Masse von 60 kg. Er besiedelt die gemäßtigten Breiten des Nordatlantik und das Mittelmeer. Im Nordostatlantik werden – namentlich durch Frankreich und Spanien – etwa 11 kt im Jahr gefangen. – Das Fleisch des M. ist von gelblicher Färbung und etwas grober, fasriger Konsistenz. Daher steht es in der Qualität hinter dem des → Aals zurück. M. darf nicht als Aal bezeichnet und gehandelt werden. Der Eiweißgehalt je 100 g eßbaren Anteils beträgt 18···19 g, der Fettgehalt dieses Anteils 2···6 g. M. wird als *Speisefisch* verwertet.

Meeräsche, *Múgil ssp.* (Bild):

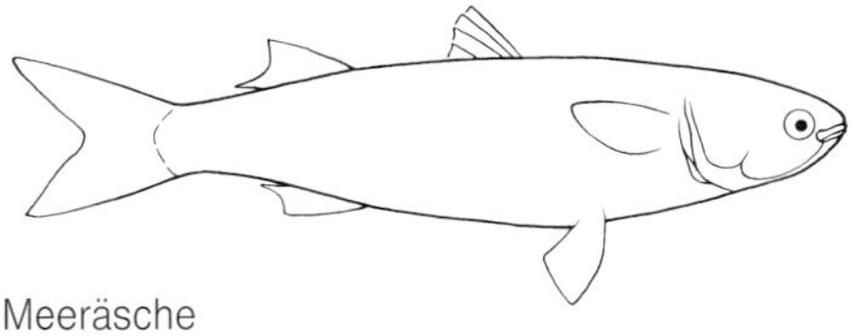

Meeräsche

Langgestreckter, seitlich etwas zusammengedrückter *Meeresfisch* mit einem von oben nach unten abgeplatteten Kopf, großen Schuppen und zwei weit getrennten Rückenflossen, von denen die erste aus 4 Hartstrahlen besteht. Die Färbung ist silbergrau. Die zahlreichen, meist schwer unterscheidbaren Arten besiedeln die tropischen und subtropischen Zonen, wo sie in Schwärmen periodische Wanderungen zwischen den Laichplätzen im Meer und den Weideplätzen in Buchten und Flußmündungen unternehmen. Der Weltfang beträgt rund 180 kt je Jahr, wovon über 50 kt aus dem westlichen Mittel- und Südatlantik und etwa 17 kt aus dem Mittelmeer und dem Schwarzen Meer stammen. Die Länge beträgt meist 20···40 cm, die der *Gemeinen M., Múgil cephálus,* 40···50 cm, höchst. 70 cm.

Meerbarbe (Bild):

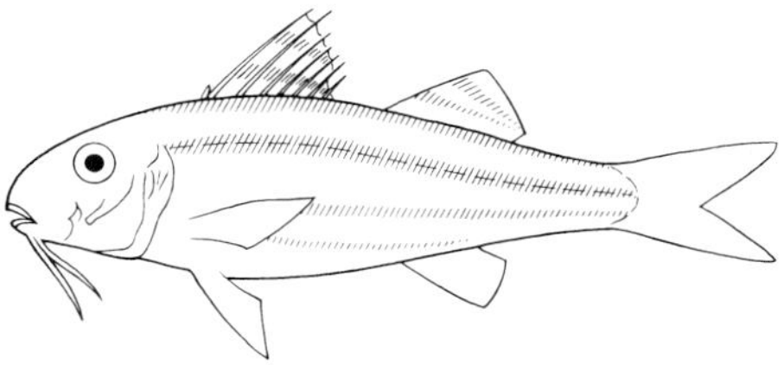

Meerbarbe

Meeresfisch von niedrig gestreckter Körperform, mit 2 langen Barteln am Kinn, einer hart- und einer weichstrahligen Rückenflosse und 1 bis 2 Dornen vor der Afterflosse. Die wichtigsten Arten sind die *Gemeine M. (Múllus barbátus)* im Atlantik und die *Gestreifte M. (Múllus surmulétus)* im mediteranen Gebiet. Beide Arten sind lebhaft rot gefärbt, letztere ist mit 3 gelben Längsstreifen gezeichnet. Vor Nordwestafrika wird außerdem die *Afrikanische M. (Pseudupenéus prayénsis)* gefangen, die an einem Dorn am Kiemendeckel kenntlich ist. Der Weltfang beträgt über 60 kt je Jahr, die Bedeutung ist jedoch auf die Anliegerstaaten beschränkt. Die Länge der M. beträgt meist 20···30 cm, höchst. 45 cm. → Fisch

Meerbrassen: Vertreter der Familie *Spáridae,* die bes. in küstennahen Schilfgebieten mediterraner, subtropischer und tropischer Meere in großer Artenvielfalt vorkommen und namentlich für die Anliegerstaaten des Mittelmeeres und Afrikas wirtschaftliche Bedeutung haben (Weltfang etwa 300 kt je Jahr). Die zu den Barschartigen gehörenden, oft schwer zu unterscheidenden Arten sind meist seitlich etwas zusammengedrückt und hochrückig, haben Hartstrahlen im Vorderteil der Rückenflosse, 3 Dornen vor der Afterflosse und eine Axillarschuppe an der Basis der Bauchflosse. Am Kiemendeckel sind keine Dornen. Gehandelt werden M. beispielsweise nach ihrer Grundfärbung – die Arten der Gattungen *Págrus, Pagéllus* und *Déntex* als *Rotbrassen* (dazu u. a. die sonst als *Zahn-, Höcker-,* Sackbrassen und *Seekarpfen* bezeichneten Arten), die Arten der Gattungen *Sárgus* (Geiß-, Spitz-, *Ringelbrassen*) und *Cántharus* bzw. *Spóndyliosóma (Streifenbrassen)* als *Blaubrassen* (Bild).

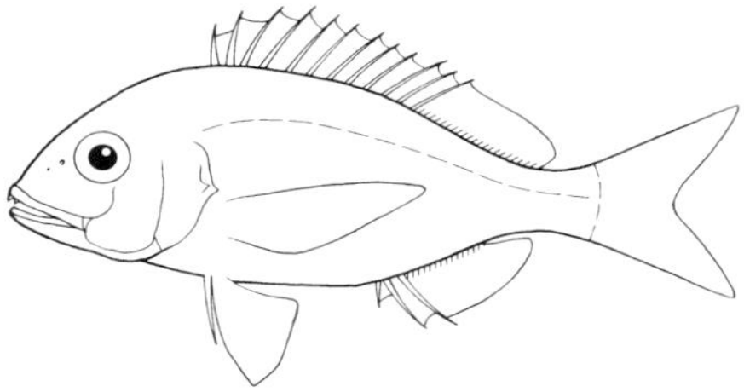

Großäugige Zahnbrasse

Wenn auch einzelne Rotbrassen bis 90 cm lang werden, erreicht die Mehrzahl der M. im Fang nur 20···30 cm, evt. 40 cm Länge. Im Westatlantik hat an der nordamerikanischen Küste die *Amerikanische Brasse (Stenotómus chrýsops)* – amerikanisch als *Scup* bezeichnet – eine gewisse wirtschaftliche Bedeutung. Die meisten M. haben helles bis weißes, zartes und saftiges Fleisch mit mildem Eigengeschmack, insofern sind sie gut als Speisefisch, auch zur Herstellung von Räucherfischerzeugnissen geeignet. Abträglich ist oftmals die geringe Größe und der Schuppenbesatz. Die Zusammensetzung des Fleisches der Meerbrassenarten ist ähnlich, es enthält je 100 g eßbaren Anteils 1···3 g Fett, 19···21 g Eiweiß und 1···1,5 g Mineralstoffe. → Fisch

Meeresalgenextrakt → Algenpolysaccharid → Hydrokolloid

Meeresfisch → Fisch

Meereskokosnuß → Seychellennuß

Meereskristalle, Japanische, *Japanische Kristallmeerespflanze:* eine Lebensgemeinschaft aus Hefen und Milchsäurebakterien, die in Form einer Art *Wasserkefir,* mit etwas Zucker angesetzt, nach Absieben der sog. Kristalle, ein erfrischendes, kohlensäurehaltiges Getränk mit 1···2%-Vol. Ethanol ergeben. Ähnlich dem Kefirpilz sind bei den J. M. die Hefen und Milchsäurebakterien in eine knorpelig-gelatinöse Masse eingebettet, die im 48-Stunden-Rhythmus ein vitaminhaltiges Gärgetränk liefert und wie → *Kombuchá* getrunken, in Frankreich z.B. daneben zur Wasserverbesserung *(Französischer Wasserkefir)* genutzt wird.

Meerestiefenwasser: ein speziell aufbereitetes Meerwasser, das aus den Tiefen des Atlantik am Rande des Eismeeres gefördert wird. Es wird zu Trinkkuren z.B. als Biomarisprodukt mit oder ohne Kohlendioxidzusatz an den Nord- und Ostseebädern angeboten. Die Zusammensetzung ist dem Meerwasser sehr ähnlich. Durch die lange Entwicklungsgeschichte der Meere wurde ein ausgewogener Status der Konzentration der Mineralstoffe und Spurenelemente erreicht. Ein Auszug der Analyse des Meerestiefenwassers s. Tab. Zusammensetzung des Meerwassers → Meersalz Seite 134. → Heilwasser → Meersalz → Meerwasser

Meerfenchel → Seefenchel

Meerforelle → Forelle → Lachsforelle

Meerigel → Seeigel

Meerkirsche → Erdbeerbaum

Meerkohl, *Seekohl:* eine unter Naturschutz stehende Strandpflanze der Küsten von Nord-, Ostsee und des Schwarzen Meeres, *Crámbe marítima* L. (Familie *Brassicáceae*), die früher vorwiegend als Wildgemüse (→ Wildkräuter) gesammelt, in England, Amerika und in der ehem. Sowjetunion auch als Gemüse angebaut wird, indem die Blattstiele im Frühjahr des 2. Anbaujahres durch Anhäufeln gebleicht und dann wie Spargel verzehrt werden; die Wurzeln dienen als Meerettich-Ersatz. Der M. kann auch in Deutschland kultiviert werden, indem die Aussaat mit im Handel erhältlichem Samen vor Wintereintritt erfolgt. Es wächst eine blumenkohlähnliche Pflanze (ohne Blume) mit stark ausladenden blaugraufarbenen, bereiften Blättern heran, die meist erst im 3. Anbaujahr blüht und als Staude 4···5 Jahre beerntet werden kann. Im Spätherbst trocknen die Blätter ein und die Hauptwurzel, welche 3···4 cm erreicht, kann ggf. auch mit Nebenwurzeln geerntet werden. Im 2. Jahr ist der Ertrag an Wurzeln höher. In der ehem. Sowjetunion wird aus Wurzeln ein Gewürzpulver hergestellt, das bis zu einem Jahr ohne Qualitätsbeeinträchtigung haltbar ist und bei der Bereitung von Suppen und Soßen verwendet wird. Die zarten, saftigen Triebe werden ähnlich dem Stangensellerie roh verzehrt oder wie Spargel zubereitet. → Meersalat

Meerkohl, Tatarischer: eine in Steppengebieten Osteuropas, in Niederösterreich und Sibirien vorkommende Kohlart, *Crámbe tatárica* Sebeok, (Familie *Brassicáceae*), deren stärkereichen unterirdischen Organe und Blätter als Wildgemüse gesammelt, in Frankreich auch gelegentlich als Gemüse kultiviert werden.

Meerneunauge → Neunaugen

Meerrettich, *Pfefferwurzel, Kren, Mährrettich:* die zweijährige, spindel- bis walzenförmige, fleischige Wurzel, teils mit mehreren Köpfen (bis 3), eines in Südeuropa heimischen, im Spreewald, in Thüringen, im Raum Braunschweig, Bayern u. a.. Gebieten durch vegetative Vermehrung kultivierten Kreuzblütlers, *Armorácia rusticána* Gaertn., Mey. et Scherb. (Familie *Brassicáceae*). Die Herkunft des Namens hat nichts mit „Meer" zu tun, sondern geht auf das althochdtsch. *mer-ratih* zurück, das vom lat. *Ráphanus májor* (großer Rettich) abgeleitet ist. Der charakteristische, scharfe Geruch und Geschmack sind auf den Gehalt an Allyl-, Phenylpropyl- und Phenylethylen-Senföl zurückzuführen. Die spindel- bis walzenförmigen, außen bräunlich-gelben und innen weißfarbigen Wurzeln mit 2···6 cm Durchm. und 200···500 g Masse werden als *Stangen* bezeichnet und als solche auch gehandelt. Die am unteren Ende der Stangen sich bildenden, etwa fingerdicken Triebe werden als *Fechser* bzw. *Setzer, Walzen, Wurzeln* und die dünnen Seitenwurzeln der Fechser in Bayern und Oberfranken als *Fechserbizzi* bezeichnet.

Der M. wird zunehmend in geriebener Form in den Handel gebracht. Hierzu können auch Fechser und Fechserbizzi verarbeitet werden. M. wird zum Würzen von Fleisch- und Fischgerichten, pikanten Soßen, zur Herstellung von *Meerrettichsenf, Meerrettichessig, Meerrettich-Salatmayonnaisen* und *Meerrettich-Frischkäsezubereitungen* verwendet und in Stücke geschnitten beim Einlegen

Zusammensetzung und Energiewert von Meerrettich

Bestandteil	Durchschnittl. Gehalt in 100 g eßbaren Anteils
Feuchtigkeit	76,6 g
Eiweiß	2,8 g
Fett	0,3 g
Kohlenhydrate	13 g
Ballaststoffe	4,8 g
Mineralstoffe	2,2 g
Natrium	9 mg
Kalium	554 mg
Magnesium	33 mg
Calcium	105 mg
Phosphor	65 mg
Eisen	1,4 mg
Caroten	0,02 mg
Vitamin B_1	0,14 mg
Vitamin B_2	0,11 mg
Niacin	0,6 mg
Vitamin B_6	0,18 mg
Vitamin C	114 mg
Energiewert in kJ (kcal) je 10 g	278 (66)

von Gewürz- und Senfgurken, Mixed Pickles und Meerrettich-Dauerwaren zugesetzt. M. enthält mehr Vitamin C als die Zitrone, ist nicht nur geschmacksanregendes und -verbesserndes Gemüse, sondern trägt auch zur Sekretion der Magensäfte bei. Zusammensetzung und Energiewert von M. s. Tab. Seite 133.
Tafelfertiger M. besteht aus geriebenem M. und enthält ggf. Zusätze von Salz, Konservierungsmitteln, Zucker, Essig, Citronensäure, Rahm und Gewürzen. Er wird in Gläsern oder in Tuben gehandelt. Der M. kann bei später Ernte (Okt./Nov., wo er sich bereits im Stadium der Winterruhe befindet) und schneller Abkühlung auf −2°C sowie anschließender Folienabdeckung bei einer rel. Luftfeuchte von 95 % fast 2 Jahre gelagert werden. Bei zu früher Ernte baut der M. auf Grund erhöhter Stoffwechselaktivität zu schnell ab und verliert an Schärfe. Dies ist auch der Fall, wenn die Lagertemperatur über 0°C steigt, wo der Stoffumsatz nicht genügend gehemmt wird.

Meerrettichbaum → Drumstickgemüse

Meerrettichcreme → Würzsoße, mayonnaisenartige

Meerrettich-Ersatz → Meerkohl

Meerrettichessig → Essig

Meerrettich-Speisesenf: ein unter Zusatz von Meerrettich, Meerrettichextrakt oder Meerrettichauszug hergestellter scharfer → Speisesenf. → Gewürzzubereitung

Meersalat, *Úlva lactúca:* mehrzellige *Grünalge,* die fast an allen Meeresküsten heimisch ist und relativ breite, blattähnliche Zellkörper, den Thallus, bildet. Als Nahrungsmittel hat der M. nur lokale Bedeutung. Er wird frisch als Salat gegessen. → Algenprodukte → Seekohl

Meersalz, *Seesalz:* ein Salzgemisch, das durch Verdunsten von Meerwasser mittels Sonnenwärme in sog. *Salzgärten, Seewasserteichen* oder *Salzbeeten* oder durch Elektrodialyse (aus konzentrierter Sole durch Verdampfungskristallisation) gewonnen wird. Viele Staaten decken heute ihren Bedarf fast nur mit M. Europas größte Meeressaline befindet sich in Torrevieja (Spanien) mit einer Jahresleistung von 2,5 Mio t. M. kommt auch in den Sorten *„streng natriumarm"* und *„jodiert"* in den Handel. Es enthält nahezu alle Elemente, einige davon in Spuren, entspricht aber in seiner Zusammensetzung recht wenig dem Bedarf des Menschen an lebensnotwendigen Spurenelementen. Vgl. Tab. Hauptbestandteile des *Meerwassers* und Tab. Zusammensetzung des Meerwassers.

Hauptbestandteile des Meerwassers
(Angaben in g/l)

Natriumchlorid	28,014
Magnesiumchlorid	3,812
Magnesiumsulfat	1,752
Calciumsulfat	1,283
Kaliumsulfat	0,816
Calciumkarbonat	0,122
Kaliumbromid	0,101
Strontiumsulfat	0,028
Borsäure	0,027

Zusammensetzung des Meerwassers
(Angaben der Konzentration in mg/l)

Element	Meerwasser	Meerestiefenwasser
Wasserstoff	108 000	
Lithium	0,17	0,16
Bor	4,6	
Kohlenstoff	28	
Sauerstoff	857 000	
Fluor	1,3	1,2
Neon	0,0001	
Natrium	10 721	11 070
Magnesium	1 350	1 339
Aluminium	0,01	
Silizium	3,0	
Phosphor	0,07	0,08
Schwefel	901	
Chlor	19 000	19 920
Argon	0,6	

Fortsetzung nächste Seite

Element	Meerwasser	Meerestiefen-wasser
Kalium	398	416
Calcium	410	418
Scandium	0,00004	
Titan	0,001	
Vanadium	0,002	
Chrom	0,00005	
Mangan	0,002	0,008
Eisen	0,01	0,034
Kobalt	0,0001	
Nickel	0,002	
Kupfer	0,003	0,002
Zink	0,01	0,03
Gallium	0,00003	
Germanium	0,00006	
Arsen	0,003	
Selen	0,0004	0,001
Brom	67	69,3
Krypton	0,0003	
Rubidium	0,12	0,010
Strontium	7,7	
Yttrium	0,0003	
Niobium	0,00001	
Molybdän	0,01	0,01
Silber	0,00004	
Cadmium	0,00011	
Indium	0,02	
Zinn	0,0008	
Antimon	0,0005	
Iod	0,06	0,05
Xenon	0,0001	
Cäsium	0,0005	
Barium	0,03	
Lanthan	0,00001	2
Neodym	0,00092	
Wolfram	0,0001	
Quecksilber	0,00003	
Thallium	0,00001	
Blei	0,00003	
Wismut	0,00002	
Thorium	0,00005	
Uran	0,003	

Bei einem täglichen Konsum von ausschließlich 10 g Meersalz würde der Bedarf an Kalium, Calcium, Zink, Mangan, Jod u. a. nur zu einem sehr geringen Prozentsatz an jenen Mengen gedeckt werden, die in einer normalen gemischten Kost enthalten sind. → Meerestiefenwasser → Meerwasser

Meersalz, künstliches: eine dem Meersalz in der Zusammensetzung ähnliche Salzmischung, z. B. → Vollsalz

Meertraube → Seetraube

Meerwasser: Wasser des Weltmeeres, dessen Chemismus durch die in Lösung gegangenen Elemente bestimmt wird. S. Tab. Zusammensetzung des Meerwassers (S. 134).
Die Gesamtmenge des Wassers und der gelösten Salze im Weltmeer können in der Gegenwart wie in der jüngsten geologischen Vergangenheit als konstant angesehen werden. Der mittlere Salzgehalt der Weltmeere liegt bei 35 g Salz in 1 kg Meerwasser. Regionale Unterschiede sind bedingt durch klimatische Einflüsse, wie z. B. Niederschlagsmengen, Verdunstung, Süßwasserzufuhr durch Flüsse in den Küstengebieten sowie die Eisbildung bzw. Eisschmelze in den Polarzonen, s. Tab. Salzgehalt der Weltmeere.

Salzgehalt der Weltmeere (Auswahl)

1 kg Meerwasser enthält durchschnittlich:	
Atlantischer Ozean	
polare Gewässer	32 g
verdunstungsintensive Gewässer	37,3 g
Stiller Ozean	
am nördlichen Wendekreis	35,9 g
am südlichen Wendekreis	36,9 g
Ochotsker Meer	32 g
Mittelmeer	35 g
Nordsee	33 g
Schwarzes Meer	18 g
Kaspisches Meer	15 g
Ostsee	11 g
das Tote Meer	260 g
der große Salzsee (USA)	300 g

Die Meeressalze bestehen zu 88,6% aus Chlorverbindungen, 10,8% aus schwefelsauren Salzen und 0,6% aus kohlensauren Salzen, Bromsalzen und Spurenelementen, s. Tab. Hauptbestandteile des Meereswassers S. 134. Sauerstoff, Kohlendioxid und Stickstoff sind als Gase physikalisch gebunden. Die Zusammensetzung der Salze in den Weltmeeren ist recht einheitlich. Das Meerwasser als physikalisch-chemisches System reagiert schwach alkalisch, weil die Gesamtmenge der Kationen in mval/kg größer ist als die der Anionen. Biologische Prozesse beeinflussen den Salzgehalt wenig. → Meerestiefenwasser → Meersalz

Meerwermut → Wermut 7.

Mehamma → Balady-Brot

Mehl: Sammelbegriff a) *im weitesten Sinn* für alle staubartig bzw. pulverförmig zerkleinerten Lebensmittel, z.B. aus Getreide (*Getreidemehle*), aus entfetteten Ölsaaten (*Ölsaatenmehl, Senfmehl, Baumwollsaatmehl, Sojamehl*), aus Hülsenfrüchten (*Erdnußmehl, Johannisbrotkernmehl*), aus Körnerleguminosen (*Erbsen-, Bohnen-, Linsenmehl*), aus stärkehaltigen Wurzeln (*Kartoffelmehl, Kassavamehl, Batatenmehl*), aus Kaffee (Kaffeemehl), Kakao (*Kakaomehl* bzw. *-pulver*), b) *im engeren Sinne* für alle Arten von → *Getreidemehlen,* die alle Teile des Kornes enthalten oder denen Schalen- und Keimlingsanteile in beliebigen Mengen entzogen sein können. Die Bez. M. stammt vom althochdtsch. *melo,* dem mittelhochdtsch. *mel,* ist verwandt mit dem angelsächs. *melu,* dem engl. *meal* und ist urverwandt mit dem lat. *molare* (mahlen). → Pulver

Mehl, agglomeriertes, *Granulatmehl, Instantmehl, Mehl, instantisiertes, Schnellmischmehl:* ein → Mehl aus Weich- oder Hartweizen, das sich durch hohe Riesel- bzw. Fließfähigkeit, gleichmäßige Partikelgröße, leichte Benetz- und Dispergierbarkeit sowie verbesserte Dosierfähigkeit gegenüber üblichem → Getreidemehl auszeichnet. Das a. M. weist eine griffige, kugelige Struktur auf und läßt sich bei gleichzeitig erhöhter Wasseraufnahmefähigkeit (im Vergleich zu unbehandeltem Mehl um 2%) beschleunigt zu einem ofenfertigen Teig verarbeiten. Der Preis des a. M. liegt etwa um ein Drittel höher als der von üblichem Getreidemehl, so daß sich seine Verwendung bis jetzt vorwiegend auf den Haushaltsektor (→ Fertigmehl) beschränkt. → Spezialmehl → Instantpulver → Nahrungsmittelgranulat

Mehl, airklassifiziertes → Mehl, luftklassifiziertes

Mehl, angereichertes: ein mit Nährstoffen bis zur Höhe des Wertes vom ganzen Getreidekorn angereichertes, helles Mehl. Die zur Verbesserung des Nährwertes geforderte Anreicherung mit Eiweiß, Mineralstoffen und Vitaminen wirft jedoch gesundheitliche und technische Probleme auf. So beeinträchtigt z.B. der Anteil von bereits 6% Sojamehl an der Mehlmischung die Stabilität des Brotteiges. Die Lagerstabilität von Vitamin A, Lysin und Thiamin sind ungewiß, physiologisch wirksame Eisenverbindungen, wie Ferrisulfate oder Eisenpectinate erzeugen Mehlranzigkeit. Unabhängig davon ist in einigen Ländern die Anreicherung heller Mehle zumindest mit Thiamin und Calcium Pflicht. → Getreidemehl → Samenmehl, eiweißreiches

Mehl, aschetypisiertes → Mehl, typisiertes

Mehl, aufgeschlossenes, *voraufgeschlossenes Mehl, Quellmehl, Walzmehl:* ein hydrothermisch vorbehandeltes → Mehl. Durch ein System feuchter Erhitzung (sei es durch Vorkochen, Extrusion, Walzentrocknung oder Backen) und anschließender Zerkleinerung wird ein leicht quellendes → Pulver erhalten, das nach Anrühren mit kaltem Wasser, ohne neuerlicher Erhitzung zu bedürfen, eine breiartige Konsistenz annimmt. Zu den a. M. zählen *Bulgurmehl, Kartoffelwalzmehl, Weizenquellmehl, Roggenquellmehl, Instantreismehl, Instanthafermehl, Knäckemehl, Keksmehl, Strangpreßmehl* (→ Strangpreßerzeugnis), *Waffelmehl, Zwiebackmehl, Quellstärke* bzw. *Stärkequellmehl* usw.. Das a. M. dient als → Instantnährmittel oder als → Backhilfsmittel. Als solches wird es vorwiegend bei der Roggenbrotherstellung eingesetzt, indem es in Mengen von 2···3% (bezogen auf

Mehleinsatz) bes. bei Verwendung von auswuchshaltigen, eiweißarmen, überlagerten Mehlen oder zu groben Schroten die Wasseraufnahmefähigkeit und das Gashaltevermögen des Teiges und darüber hinaus die → Frischhaltung der Brote begünstigt.

Mehl, backfertiges, *Mehlmischung, backfertige, Backvormischung:* ein → *Fertigmehl* in Form einer backfertigen Mehlmischung, die nach Zugabe lediglich von Flüssigkeit zur Herstellung einer (→ Einzweckmehl) bestimmen Gebäckart geeignet ist. Dem b. M. sind daher streng genommen *alle* Zutaten (Mandeln, Rosinen, Zitronat, Gewürze, Zucker, Salz, Milchpulver, Eipulver, Fett) sowie → Lockerungs- oder → Triebmittel beigefügt. Doch werden mitunter unkorrekterweise auch Mehlmischungen als „backfertig" bezeichnet, denen nachträglich noch Ei, Fett oder Hefe zugegeben werden müssen. Das b. M. wird primär für Kleinverbraucherzwecke, aus Kostengründen nur sekundär für betriebliche Weiterverarbeitung verwendet. Die Industrie bevorzugt → Einzweckmehle ohne Zutaten- und Triebmittelzusatz. Zu den b. M. zählen z. B. *Kuchenfertigmehle* für bestimmte Torten, gerührte Teige, Mürbeteige, *Hefeteigfertigmehle* für bestimmte Hefeteiggebäcke (z. B. Pizzateig und Pfannkuchen), *Brotfertigmehle* für bestimmte Mischbrotarten. Charakteristisch für die Weiterverarbeitung der b. M. ist die Einhaltung einer auf der Verpackung angegebenen Rezeptur, insbes. der Menge an Zugußflüssigkeit.

Mehlbanane → Kochbanane

Mehlbeere → Weißdornfrucht

Mehlbeere, Echte, *Mehlbirne:* die mild-säuerlich schmeckenden, 10···15 mm dicken rotorangefarbenen Scheinfrüchte des strauchförmig wachsenden *Mehlbeer-, Weiß-* oder *Silberbaumes, Sórbus ária* (L.) Crantz (Familie *Rosáceae*), der in Nord- und Südeuropa meist als Hecke kultiviert und zur Bienenweide genutzt wird. Die Früchte werden erst nach Frosteintritt eßbar und süß, sie wurden früher in der Volksheilkunde und als Kindernahrung verwendet, eignen sich aber auch als Dörrobst, zur Marmeladen- und Weinherstellung. Der Vitamin-C-Gehalt beträgt je 100 g 80 mg. In China werden die Früchte frisch verzehrt, wobei sich einige Sorten dafür bes. eignen; sie enthalten je 100 g: 85 mg Calcium, 2 mg Eisen, 25 mg Phosphor und 90 mg Vitamin C. Die vorwiegend in Frankreich vorkommende *Bastardelsbeere* oder *breitblättrige Mehlbeere, Sórbus latifólia* (Lam.) Pers., eine Hybride aus E. M. und → *Elsbeere,* liefert größere, angenehm schmeckende Früchte.

Mehlbeerstrauch → Mehlbeere, Echte

Mehlbehandlungsmittel, *Mehlverbesserungsmittel:* Stoffe, die ein Aufhellen der Mehle (Bleichen) oder eine Verbesserung der Klebereigenschaften der Mehle bewirken. Hierzu gehören u. a. Kaliumbromat, Kaliumiodat, Ascorbinsäure und Azodicarbonamid.

Mehlbirne → Mehlbeere, Echte

Mehlbleichmittel: heute bereits verbotene Stoffe oder Verbindungen, die früher zum Aufhellen (Schönen) von Weizenmehl verwendet wurden. Dabei handelt es sich um Substanzen wie Stickstofftrichlorid, Stickoxide, Chlorgas allein oder in Mischung mit Nitrosylchlorid, Chlordioxid, Benzylperoxid sowie die Ganzkornbehandlung mit Natriumbisulfit. Die M. wurden vor allem bei solchen Weizensorten angewandt, die sich durch bes. intensive Kornschalenfärbung auszeichneten oder einen Gelbton bereits im Endosperm aufwiesen. Alle genannten Chemikalien bewirken mehr oder weniger deutliche Veränderungen der Mehlinhaltsstoffe, wie Veränderungen der Aminosäuren, Oxydation der ungesättigten Fettsäuren oder Zerstörung des Vitamin E. → Bleichmittel

Mehl, dekortisiertes: ein → Spezialmehl aus Brotgetreide (Weizen und/oder Roggen), dem vor der Vermahlung durch Naßschälung die äußere Fruchtschale (Hülse, daher auch Enthülsung = Dekortisation) mit Ausnahme der Teile in der Bauchspalte entfernt wurden. Das Naßschälverfahren in seiner heutigen Variante geht auf ein Patent von Stephan Steinmetz um die Jh.-Wende zurück und wird daher als Steinmetzverfahren bezeichnet. → Steinmetzbrot

Mehldornfrucht → Weißdornfrucht

Mehl, durchgemahlenes → Verschnitt → Verbundmehl

Mehlfässel → Weißdornfrucht

Mehlfrucht: I. e. Sinne Sammelbez. für mehlliefernde Samen, insbes. alle Getreidearten, einschl. → Sammelgetreide. I. w. Sinne auch Samenkörner, die nicht von Pflanzen der Gräserfamilie stammen, sowie Speicherorgane, wie → Wurzeln, → Knollen, → Rhizome, die nach Trocknung, vielfach aufgrund ihres hohen Stärkegehaltes, sich mehlartig zerkleinern lassen. → Pseudogetreide → Körnerleguminosen → Batate → Yamswurzel → Fuchsnuß → Okwabaum → Samenmehl, eiweißreiches

Mehl, glattes → Mehl, griffiges

Mehl, griffiges: ein → Getreidemehl, das im Vergleich zu *glattem,* feinst zermahlenem oder auch sog. *totgemahlenem* Mehl eine etwas feinkörnige, dem → Dunst nahekommende Beschaffenheit aufweist. Im Backverhalten sind die g. M. den *glatten Mehlen* überlegen, da sie das Wasser langsamer binden, so daß der Teig eine trockenere und festere Beschaffenheit aufweist als bei glatten Mehlen. Die glatten Mehle haben ein starkes Wasserbindungsvermögen, steifen weniger nach und erschweren die Verarbeitung. Oft besteht bei glatten Mehlen auch infolge mechanischer Korrosion der Stärkekörner (*totgemahlenes* bzw. *schliffiges Mehl*) eine verminderte Verkleisterungsfähigkeit, so daß im Teig ein zu großes Wasserangebot vorliegt, das später von der unter Hitzeeinfluß verkleisternden Stärke nicht voll übernommen werden kann. Daraus hergestellte Gebäcke bleiben feucht und weisen wenig Stand auf.

Mehligkeit: 1. sensorisch (visuell und durch Mundgefühl) wahrnehmbare Konsistenzeigenschaft (als Summe der Eigenschaften Form, Festigkeit, Feuchtigkeit, Körnigkeit), die zu den Gebrauchswerteigenschaften von Speisekartoffeln zählt, die für die Zubereitung von Salzkartoffeln, Kartoffelbrei, -puffern, → Klößen, Suppen und Eintöpfen vorgesehen sind, während Speisekartoffeln als Salatware (für Kartoffelsalat, Pell- und Bratkartoffeln) vorwiegend „festkochende", nicht „mehlige" Eigenschaften aufweisen sollen. Eine eindeutige Beziehung zw. M. und der Dichte oder Größe der Stärkekörner in der rohen Knolle konnte bisher nicht nachgewiesen werden. Demgegenüber scheinen der Gehalt an Trockensubstanz, Stärke u. a. Polysacchariden, Stickstoffverbindungen mit niedriger Molmasse und Amylose wesentlich für die M. zu sein. Auch Calcium spielt beim Kochen der Kartoffeln eine Rolle. Durch Calciumverlust verlieren die Pectine an Bindungsvermögen, die M. erhöht sich, durch Zusatz von Calcium (hartes Wasser) zum Kochwasser wird die M. vermindert.
2. unerwünschte weiche, saftarme Gewebebeschaffenheit von Kern- oder Steinobst auf Grund fortgeschrittenen Reifegrades (→ Reife).
3. weiche, weißfarbene Kornstruktur von stärkereichen Getreidekörnern im Vergleich zu eiweißreichem sog. → glasigem Getreide.
4. Zerkleinerungsgrad von trockenen Pflanzenteilen (Samen, getrockneten Wurzeln, Knollen, Rhizomen und getrocknetem Kraut) bis zu mehliger Beschaffenheit.

Mehl, instantisiertes → Mehl, agglomeriertes

Mehlkern → Auszugsmehl → Kern

Mehl, klebergeschädigtes → Backhilfsmittel, enzymatisches

Mehl, kleberschwaches → Backhilfsmittel, enzymatisches → Mehl, starkes

Mehl, kleberstarkes → Backhilfsmittel, enzymatisches → Mehl, starkes

Mehl, luftklassifiziertes, *Mehl, windgesichtetes, Mehl, airklassifiziertes:* ein → *Getreidemehl,* das durch Windsichtung entsprechend der Schwerkraft der einzelnen Teilchen entstanden ist, z. B. proteinreiche oder proteinarme Fraktion.

Mehlmischung, backfertige → Mehl, backfertiges

Mehl mit Weizenaustauschstoffen → Backmehl ohne Weizen

Mehl, modifiziertes: vorwiegend aus Getreide hergestelltes → Mehl, das physikalisch und/oder chemisch verändert ist, um bestimmten Anforderungen der industriellen Weiterverarbeitung gerecht zu werden. Die dazu erforderliche technische Behandlung erfolgt mit Walzentrockner oder Extrudern. *Extrudierte Mehle* werden vielfältig z.B. als Zusatz von 5···10% konventionellen Mehlen bei der Herstellung von Brot und Backwaren zugesetzt, um die Saftigkeit der Krume sowie ihre Haltbarkeit zu verbessern. → Quellmehl

Mehl nach Maß → Einzweckmehl

Mehlpilz → *Rhodophylláceae*

Mehlräsling → *Rhodophylláceae*

Mehl, rekonstituiertes → Kleieaufschlußmehl

Mehl, schliffiges → Mehl, griffiges

Mehl, starkes, *Mehl, kleberstarkes:* ein → Getreidemehl mit hoher Kleberqualität und Kleberquantität, dessen Gegenstück ein *schwaches* Mehl ist. Für die Beurteilung der Backeigenschaften eines Mehles sind dessen Klebereigenschaften und -menge ausschlaggebend, doch werden nicht für alle Backwarengruppen s. M. gefordert. Für Weizenbrote sind z.B. s. M., für Feinbackwaren sind hingegen schwache (kleberschwache Mehle) bis mittelstarke Mehle mit niedrigem Proteingehalt und schwachem Kleber besser geeignet; für Waffeln und Dauerbackwaren eignen sich vorwiegend schwache Mehle. → Backhilfsmittel, enzymatisches

Mehltaupilze → Pilze

Mehl, totgemahlenes → Mehl, griffiges

Mehl, typisiertes, *Mehl, aschetypisiertes:* ein mittels Aschegehaltbestimmung genormtes → Getreidemehl. Das wichtigste Merkmal eines Getreidemehles ist sein Ausmahlungsgrad (gekennzeichnet durch die in der Mühle anfallende Masse an Mehl, bezogen auf 100 Masseteile Getreide), der sich visuell in der Mehlfarbe (helle oder dunkle Mehle) äußert. Neben dem Geruch und dem Griff (→ Mehl, griffiges) ist die Farbe des Mehles die auffallendste äußere Eigenschaft des Mehles, die vor allem seinen Handelswert bestimmt. Die Mehlfarbe läßt sich direkt durch Helligkeitsmessung, indirekt über die Aschegehaltsbestimmung kontrollieren. Die Aschebestimmung ist die international verbreitetste Methode. Die Helligkeits- bzw. Lichtreflexionsmessung hat sich vor allem in denjenigen Ländern durchgesetzt, die das ganze Jahr über hinsichtlich der Mehlkernfarbe (Farbe des Endosperms) gleichmäßige Rohstoffpartien für die Vermahlung zur Verfügung haben. Als *Mehltypzahl* gilt die Anzahl mg Asche in 100 g Mehltrockenmasse. Ein bestimmter Mehltyp wird durch den Anfangsbuchstaben der betreffenden Getreiderohstoffart und den dahinterstehenden betreffenden Aschewert gekennzeichnet; z.B. enthält ein *Weizenmehl* W 405 in 100 g Mehltrockenmasse 405 mg Asche (s. Tab. Seite 140).
Da der Aschegehalt des Weizenkornes etwa 1,7% beträgt, dem das Weizenvollkornmehl W 1700 entspricht, kann z.B. dem Wert W 405 entnommen werden, daß es sich um ein sehr helles, mineralstoffarmes Mehl handelt. Die Anzahl der einzelnen Mehlsorten und der Prozentsatz der Gesamtausbeute des Getreiderohstoffes (Anteil der Mehlgewinnung aus dem Getreidekorn für menschliche Ernährung) werden in den einzelnen Ländern unterschiedlich und jeweils staatlich festgelegt. Für Deutschland gibt es seit 1992 eine neue Typenregelung, bei der die Zahl der Mehltypen bei Weizen und Roggen auf 5 begrenzt ist, während für Dinkel drei spezielle Typen geschaffen wurden.
Aufgrund unterschiedlicher Kornstrukturbeschaffenheit (die Schale des Roggenkornes ist zäher als die des Weizenkornes) bereitet die vollkommene Trennung der Kleieanteile vom Mehlkern – das Ziel einer jeden müllerischen Bearbeitung des Getreidekornes – bei Roggen größere Schwierigkeiten als bei Weizen. Dies hat neben der gleichzeitig unterschiedlich gehandhabten Vermahlungstechnologie (Weizen mit Hoch-, Roggen mit Flachvermahlung) zur Folge, daß Randpartien in das Roggenmehl gelangen können, die bei gleichem Ausmahlungsgrad zu einer günstigeren Nährstoffbilanz im Vergleich zu *Weizenmehlen* beitragen. Bei gleichem Ausmahlungsgrad ent-

Beziehungen zwischen Mehltypzahl, Mineralstoffgehalt und Ausmahlungsgrad

Mehlart	Typ	Aschegehalt in mind.	% i.T. höchst.	Entspricht annähernd einem durchgemahlenem Mehl mit folgendem Ausmahlungsbereich
Weizenmehl	405	0,38	0,444	40···56%
	550	0,49	0,58	64···71%
	630	0,60	0,70	72···75%
	812	0,75	0,87	76···79%
	1050	1,00	1,15	82···85%
	1200	1,16	1,35	86···88%
	1600	1,55	1,75	89···93%
	2000	1,85	2,20	94···96%
Weizenbackschrot	1700	1,60	1,90	100%
Roggenmehl	815	0,79	0,87	69···72%
	997	0,95	1,07	75···78%
	1150	1,10	1,25	79···83%
	1370	1,30	1,45	84···87%
	1590	1,53	1,63	88···90%
	1740	1,64	1,84	90···95%
Roggenbackschrot	1800	1,65	2,00	100%
Roggengemengemehl	715	0,68	0,78	61···71%
	890	0,85	0,95	71···74%
	1100	1,00	1,20	77···82%
	1320	1,22	1,42	79···83%
Hartweizengrießmehl	1600	1,55	1,75	nach 65%

Roggengemengemehl Typ 715 besteht aus 60% R 815 und 40% W 630
890 besteht aus 60% R 997 und 40% W 812
1100 besteht aus 60% R 1150 und 40% W 1050
1320 besteht aus 60% R 1370 und 40% W 1200

halten die Roggenmehle mehr Vitamine (Bild, s. Seite 141) und Mineralstoffe (Bild, s. Seite 141) als Weizenmehle.
Demnach verfügen helle Roggenmehle noch über 60 %, helle Weizenmehle dagegen nur über etwa 20% des Vitamin-B_1-Gehaltes vom ganzen Korn. Ähnlich liegen die Verhältnisse bei Vitamin B_2 (37% bzw. 27%), bei Niacin (60% bzw. 15%), bei Calcium (56% bzw. 33%) und z.B. bei Eisen (50% bzw. 12%), um nur die wichtigsten Vitamine und Mineralstoffe zu nennen.

Mehl, vitaminangereichertes → Getreidemehl

Mehl, voraufgeschlossenes → Mehl, aufgeschlossenes

Mehl, weizenarmes → Nichtweizenmehl

Mehl, weizenfreies → Nichtweizenmehl

Mehl, windgesichtetes → Mehl, luftklassifiziertes

Mehl, zusammengesetztes → Verbundmehl

Mehrfachzucker → Disaccharide → Saccharide

Normen für Typenregel in Deutschland, Stand: Februar 1992

Mahlerzeugnisgruppe	Mahlerzeugnis Benennung	Type	Kurzzeichen	Mineralstoffgehalt in g je 100 g Trockenmasse 4) Mindestwert	Höchstwert	Siebrückstand in % 1) auf Siebboden 2) Maschenweite [mm] 0,8	0,5	0,315	0,224	0,16
Mehl	Weizenmehl	WM	405	-	0,50					
			550	0,51	0,63					
			812	0,64	0,90					
			1050	0,91	1,20					
			1600	1,21	1,80					
	Durumweizenmehl	DWM	1600	1,55	1,85					
	Dinkelmehl	DM	630	-	0,70					
			812	0,71	0,90					
			1050	0,91	1,20					
	Roggenmehl	RM	815	-	0,90					
			997	0,91	1,10					
			1150	1,11	1,30					
			1370	1,31	1,60					
			1740	1,61	1,80					
Backschrot	Weizenbackschrot	WBS	1700	-	2,10					
	Roggenbackschrot	RBS	1800	-	2,20					
Vollkornmehl 3)	Weizenvollkornmehl	WVM	-	-	-					
	Dinkelvollkornmehl	DVM	-	-	-					
	Roggenvollkornmehl	RVM	-	-	-					
Vollkornschrot 3)	Weizenvollkornschrot	WVS	-	-	-					
	Dinkelvollkornschrot	DVS	-	-	-					
	Roggenvollkornschrot	RVS	-	-	-					
Grieß	Weizengrieß	WG	-	-	-	0	-	≧25	≧90	-
Dunst	Weizendunst	WD	-	-	-	-	0	<25	-	≧90

1) Massenanteil

2) Drahtsiebböden nach DIN 4188, Teil 1.

3) Vollkornmehl und Vollkornschrot müssen die gesamten Bestandteile der gereinigten Körner, einschließlich des Keimlings, enthalten. Die Körner dürfen vor der Verarbeitung von der äußeren Fruchtschale befreit sein.

4) Bei den Grenzwerten handelt es sich um gemessene Werte unter Einschluß der methodisch bedingten Fehlertoleranzen.

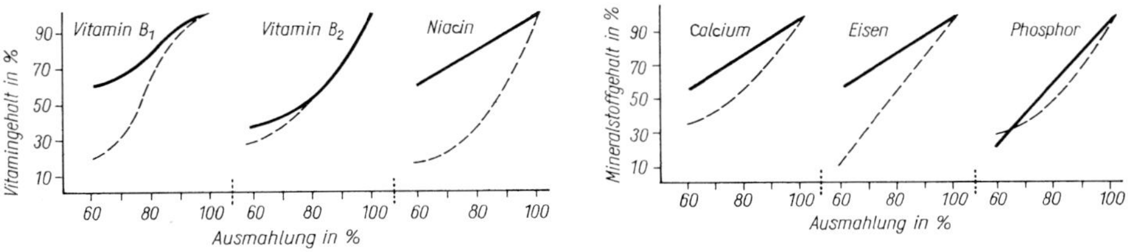

Einige Mineralstoff- und Vitamingehalte von Roggen (–) und Weizenmehl (– – –) in Abhängigkeit vom Ausmahlungsgrad

Mehrfruchtmarmelade → Marmelade

Mehrfruchtsüßmost → Süßmost

Mehrkornbrot: ein Kasten- oder freigeschobenes Brot entweder in Form eines a) Vollkornspezialbrotes, vorwiegend aber b) in Form eines Mischbrotes aus Weizen und Roggen mit Zusätzen von mindestens je 5 % ganzer oder zerkleinerter Körner anderer Getreidearten oder Ölsaaten. Die Vollkornspezialbrote können aus zwei (Zweikornbrot), drei (Dreikornbrot), vier (Vierkornbrot), fünf (Fünfkornbrot), sechs (Sechskornbrot) oder acht (Achtkornbrot) verschiedenen Getreidearten, wie Roggen, Hafer, Gerste, Weizen, Reis, Dinkel, Hirse oder Mais hergestellt werden. Zu den Fünfkornbroten zählt z.B. auch das nach den Grundsätzen des Schweden Are Waerland entwickelte sog. Waerlandbrot aus Roggen, Weizen, Hirse, Hafer, Gerste in Grobschrotform mit dichter Krumenstruktur und einer körnerreichen Kruste, erreicht durch Wälzen der Teigstücke in grobem Getreideschrot. Sog. kernige Brotzusätze bei den weit verbreiteten *Mehrkornmischbroten* sind heute als Fertigmischung im Angebot und bestehen vielfach aus selten verwendeten Körnerfrüchten, wie Hirse, Buchweizen, Amarant, Quinoa, sowie Ölsamen (wie Mandeln, Kürbiskerne) und Ölsaaten (wie Sesam und Leinsamen). Cadmiumgrenzwerte für kernige Brotzusätze s. → Ölsaat.

Mehrkornnahrung → Instant-Kindernährmittel

Meienkäse, *Meientalkäse: Hartkäse* aus dem Meiental (Schweiz). → Käsesorten

Meier, Blitum, Grüner Fuchsschwanz: ein → Gemüseamarant, *Amaránthus lívidus convar. oleráceus* (L.) Thell., Syn. *A. blítum var. oleráceus* (L.) Hook. oder *A. ascéndens* Lois. *var. oleráceus* (L.) Priszt. (Familie *Amaranthàceae*) der früher neben den Mittelmeerländern und in Indien große Bedeutung in Mitteleuropa besaß und vom frühen Mittelalter bis ins 16./17. Jh. als Gemüsepflanze auch in Deutschland angebaut wurde, bis sie der Spinat verdrängte. Heute werden Reliktkulturen dieser alten Kulturpflanze wiederbelebt und entsprechender Samen im Handel angeboten. Die einjährigen, 40 bis 70 cm hoch werdenden Pflanzen können im April/Mai im Freiland ausgesät werden, wobei reichlich Sonne und humoser, lehmiger Boden die besten Erträge bringt. Die rauhen Blätter sind gegen Schnecken gefeit und eignen sich als Spinatgemüse und auch zur Gefrierkonservierung. Als weitere, fast erloschene Kulturpflanze kommt der *Rote Meier* oder *Blutkraut, A. l. convar. lívidus* L. in Betracht.

Meierich → Vogelmiere

Meiran → Majoran

Meitauza: sonnengetrockneter Sojakuchen, der mit weißem Pilzmyzel überzogen ist. Der M. ist ein Nebenprodukt der → Sufu- und → Tofuherstellung. Runde Stücke von 10···14 cm Durchm. und 2···3 cm Dicke werden geformt, danach bei mäßig warmen Temperaturen einem Gärprozeß unterworfen, anschließend sonnengetrocknet und so auf den Markt gebracht. Dieses Halberzeugnis wird nach Ausbacken in Öl oder mit gekochtem Gemüse verzehrt. → Lebensmittel, fermentiertes

Meju: ein in Korea hergestelltes pastenförmiges Würzmittel aus fermentierten Sojabohnen. → Lebensmittel, fermentiertes

Mekocyanin → Anthocyane

Meladden → Balady-Brot

Melaleucol → Terpen-Alkohole

Melampyrin → Zuckeralkohole

Melampyrit → Zuckeralkohole

Melange, *Gemisch, Mischung:* **1.** Milchkaffee (Österreich)
2. Mischfett aus pflanzlichen und tierischen Fetten mit einem Milchfettgehalt von 15···18 % des Gesamtfettgehaltes → Verschnitt

Melanin: braune und schwarze Pigmente, die in den Melanocyten der Epidermis gebildet werden. Der Farbstoff des echten → Kaviars, Tintenfisches und schwarze Pigmentierungen bei Krebsen sind auf M. zurückzuführen, das aus Tyrosin unter Mitwirkung von Tyrosinase gebildet wird. Siehe auch

Formeln der Monomerbausteine des Melanins und Eumelanins. Braune Farbstoffe, die bei der enzymatischen Bräunung, z. B. aus Tyrosin, entstehen, gehören ebenfalls dieser Stoffgruppe an.

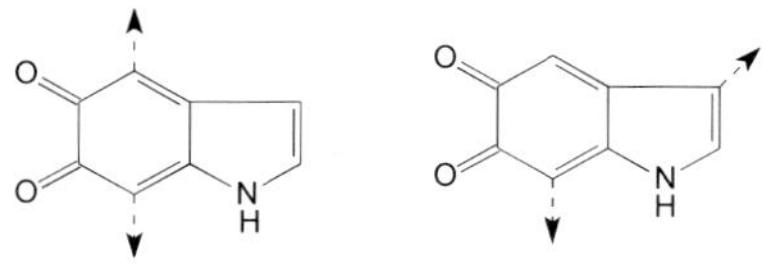

Melanin

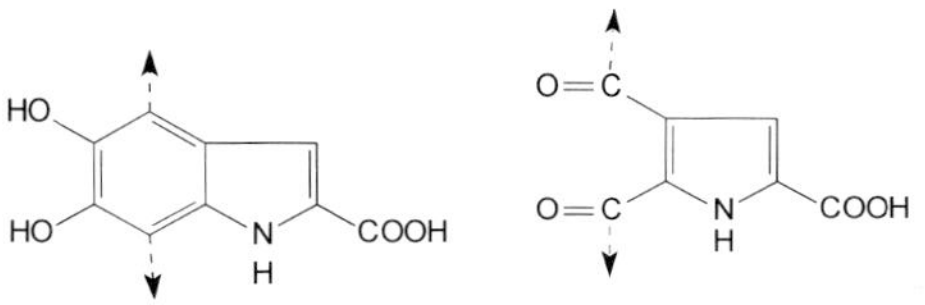

Melanogáster spec. → *Melanogastráceae*

Melanogastráceae, *Schleimtrüffeln:* der Ordnung *Melanogastráles* - innerhalb der Klassen *Basidiomycétes (Ständerpilze)* - zugeordnete Pilzfamilie mit ungestieltem Fruchtkörper. Die M. sind Saprophyten in Laubwaldböden. Die einzigen, nur jung eßbaren, jedoch sehr seltenen Vertreter sind: *Bunte Schleimtrüffel, Bunte Schwarzknolle* [*Melanogáster variegátus* (Vitt.) Tul. et Tul.], *Weißgekammerte Schleimtrüffel, Filzige Schwarzknolle* [*Melanogáster ambíguus* (Vitt.) Tul.]. Beide Arten können wie *Trüffeln* verwendet werden. → Pilze → Speisepilze → Ständerpilze → *Tuberales*

Melanogastráles → Ständerpilze

Melanográmmus aeglefínus → Schellfisch

Melanoidine → Farbstoffe

Melanosin, *Schwarzfleckigkeit, „Schwarzfüßigkeit", black spot:* Schwärzung der Schalen von → Krebstieren; ungefährlich, gilt jedoch als Anzeichen beginnenden Verderbs und ist daher unerwünscht und wertmindernd. M. entsteht durch das Austreten und Ausbreiten natürlicher Pigmente nach dem Tode und wird durch einwandfreie Behandlung wie Konservierung verzögert. Durch fortschreitende M. wird schließlich auch das Fleisch verfärbt.

Melasse: 1. nicht mehr kristallisierbarer, brauner, zähflüssiger Ablauf aus der Zuckerfabrikation, der für die menschliche Ernährung ungeeignet ist. Die M. enthält neben 60 % *Saccharose Raffinose, organische Säuren, Betain* und anorganische Salze. Die Gewinnung von Zucker aus M. ist mit Hilfe von Ionenaustauschern und durch Fällung der Saccharose mit Calcium-, Strontium- oder Bariumoxid möglich. Diese Verfahren sind noch wenig verbreitet. Meist wird M. mit Rübenschnitzeln als Futtermittel oder als Nährsubstrat für Hefe (Alkoholgewinnung, Hefefabrikation) verwendet. → Zucker → Ablaufsirup
2. → Zuckerrohr

Melassehefe → Nährhefe

Melassepulver: ein durch schonende Behandlung aus → Melasse hergestelltes, dunkelbraunes, freifließendes, trockenes, nicht hygroskopisches Erzeugnis mit etwa 60 % Melassefeststoffanteilen, wobei das Wasser durch teilw. gelatinierte Stärke (37 %) ausgetauscht ist. Das M. findet u. a. in der Backwarenindustrie (bis zu 20 % Zusatz) Verwendung.

Melde: 1. Sammelbez. für Gänsefußgewächse der Gattung *Átriplex* (Familie *Chenopodiáceae*) mit etwa 150 Arten, die bis zu 1,5 m Höhe erreichen können und deren Blätter für Spinatzubereitungen aus Wildbeständen gesammelt oder von kultivierten Arten gewonnen werden; die Samen dienen teilw. auch als Nahrungsmittel in Form von Grütze. In Deutschland sind folgende Wild- und Kulturarten bekannt: a) *Gartenmelde, Spanischer Salat, Átriplex horténsis* L., eine einjährige, uralte aus Asien kommende und in Süd- sowie Mitteleuropa eingebürgerte Kulturpflanze, die vorwiegend im Rheinland kultiviert wird, weil sie einen kräftig aromatisch schmeckenden Spinat ohne strengen Beigeschmack ergibt. Es werden jeweils nur die zarten Blattspreiten, nicht die Stengel oder Triebe verzehrt. Von der Gartenmelde gibt es mehrere Spielarten, grün-, kleinblättrige gelbfarbene und rotblättrige Formen, die zuweilen auch als Zierpflanze in Bauerngärten genutzt werden, b) die *Rutenmelde, A. pátula* L., c) die *Glänzende M.,*

A. nítens L., d) die *Langblättrige M., A. hastáta* L., e) *A. répens* Roth, die in Sri Lanka und f) *A. crassifólia* C. A. Mey, die in Indien als Blattgemüse kultiviert werden.
2. → Gänsefuß

Meldengetreide: umgangssprachliche Sammelbez. für Pseudogetreidesamenkörner aus der Familie der *Gänsefußgewächse (Chenopodiáceae)*, die in hohen Gebirgslagen Amerikas, in denen Mais nicht mehr ausreift, Mehlprodukte für große Bevölkerungskreise lieferten, bevor im 16. Jh. die echten, euroasiatischen Getreidearten dort größere Bedeutung erlangten. Zu den wichtigsten domestizierten Meldenarten zählen: → Reismelde (Chenopódium quinóa Willd.) → Indianermelde (Ch. pallidicāule Aellen) und *Huauzontle (Ch. nuttália* Safford). → Kiwicha → Pseudogetreide → Körnerfrucht → Lebensmittel, nostalgisches

Meleágris gallopávo *(Truthuhn)* → Fleischtiere

Meleguetapfeffer → Guineapfeffer 2.

Melibiose → Disaccharide

Melicitose → Trisaccharide

Melicócca bijúga → Honigbeere

Melilótus officinális → Steinklee

Melin → Flavonoide

Melis: veraltete Bez. für gemahlene Weißzuckersorten unterschiedlicher Qualität. → Zucker

Melissae citrátum oleum → Melisse

Melíssa officinális → Melisse

Melisse, *Bienenkraut, Bienenblatt, Immenblatt, Honigblume, Gartenmelisse, Zitronenkraut, Zitronenmelisse, Zitronenkraut, Limonenkraut, Zitronelle:* ein in Europa, Kleinasien, Nordafrika beheimatetes und bereits im Altertum als Heil-, Gewürz-, Duft-, Bienenfutter- und Teepflanze kultiviertes, ausdauerndes, weißblühendes, krautartiges Gewächs, *Melíssa officinális* L. (Familie *Lamiáceae*), dessen Blätter nach Zerreiben nach Zitrone duften. Der Gehalt an ätherischem Öl (0,02···0,2 % in getrockneten Blättern, bei in Spanien angebauter M. bis 0,8 %) übt auf die Honigbiene (Melissa) einen bes. Reiz aus, da der Duft der von der Nasanov-Drüse der Bienen ausgeschiedenen Pheromone dem Geruch des Melissenöles ähnelt. Die Komponenten des Nasanovsekrets (Citral, Geraniol, Neryl- und Geranylsäure) sind auch Bestandteile des ätherischen Öles der M.. Da die Bienen ergiebige Futterquellen mit dem Nasanovsekret markieren, wird die anziehende Wirkung der M. auf die Bienen verständlich. Neben dem Gehalt an ätherischem Öl finden sich in M. noch Gerb- und Bitterstoffe, Cumarine, Flavonoide, organische Säuren, Kohlenhydrate (Stachyose), Vitamine (B_1, B_2, C) und Enzyme (O-Polyphenoloxydase, Peroxydase).
Die M. wird als Droge (Kraut und Blüten) bei der Kräuterteebereitung, als Extrakt in der Süßwaren- und Spirituosenindustrie und in frischer Form zum Würzen von Salat, Obstsuppen sowie zur Herstellung von Kräuteressig verwendet. Da echtes Melissenöl auf Grund seiner hohen Herstellungskosten praktisch nicht zu bekommen ist, werden statt des echten Melissenöles billigere Ersatzöle, wie Citronell- oder Lemongrasöle (von *Cymbopogonarten*) sowie über Melissenkraut destilliertes Zitronenöl (*Melissae citratum oleum*) verwendet.

Melissengeist → Obstgeist

Melissenölersatz → Cymbopogongras

Melissenöl, Japanisches → Cymbopongongras

Melissensaft → Kräutersaft → Melisse

Melisse, Rote → Monarde

Melisse, Türkische, *Drachenkopf, Türkischer:* ein aromatischer (hoher Gehalt an Citral und Geraniol) Lippenblütler, *Dracocéphalum moldávica* L. (Familie *Lamiáceae*), der in Asien, Europa und Nordamerika wegen seines Gehaltes an ätherischem Öl kultiviert (hauptsächlich für die Parfümindustrie) und auch als Heil- und Gewürzpflanze (die aromatischen Blätter für → teeähnliche Erzeugnisse) genutzt wird.

Melissinsäure, *n-Triacontansäure*: eine gesättigte Monocarbonsäure der Formel
CH_3-$(CH_2)_{28}$-COOH.

Die M. kommt in verschiedenen natürlichen Wachsen, bes. reichlich im Bienen- und Montanwachs, vor. In Spuren wurde sie im Palmöl gefunden. M. ist fast unlöslich in Ether und Methanol. Sie kristallisiert aus Ethanol in Form farbloser Nadeln, F. 93,6°C.

Melitose (Raffinose) → Trisaccharide

Melitriose → Trisaccharide

Mellein, *8-Hydroxy-3-methyl-1-isochromanon, Ochracin:* eine in Schimmelpilzen vorkommende Verbindung, die zu den → *Ochratoxinen* gehört s. Formel.

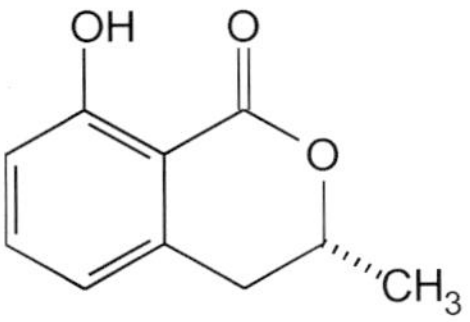

(R-Form)

Mellowfrucht → Pepino

Melocáctus commúnis → Melonenkaktus

Melokych → Tossajute

Melone: 1. Sammelbez. für kletternde, rankende oder kriechende Gurkengewächse, → Wasser- und → Zuckermelonen. Wassermelonen erreichen eine Masse bis zu 20 kg, Zuckermelonen bis zu 4 kg. Bevorzugt werden Zuckermelonen mit einer Masse von 1 kg angebaut.
2. eine aus → Sandmasse hergestellte eigroße, melonenförmige → Feinbackware, die häufig mit Glasur überzogen ist.

Melone, glatte → Zuckermelone

Melonenbaum → Papaya

Melonenbirne → Pepino

Melonengranadilla → Passionsfrüchte

Melonenkaktus: die in Zentralafrika und Mittelamerika vorkommende Kakteenart *Melocáctus commúnis* Link et Otto (Familie *Cactáceae*), die eßbare, säuerliche Früchte trägt.

Melongene → Eierfrucht

Meluchia → Tossajute

Mélva → Thunfisch

Menachinon → Vitamin K

Menadion → Vitamin K

Menadion-Natriumhydrogensulfit → Vitamin K

Menhadenöl: Fischöl des *Menhadens* (heringsartiger Fisch, der nicht für Speisezwecke, aber oft als Bezugssubstanz benutzt wird). Fettsäurezusammensetzung: 6 % Myristinsäure, 16 % Palmitinsäure, 30 % Linolsäure, 19 % C_{20}- und 11 % C_{22}-Säuren.

Menschenfresser-Tomate, *Kannibalentomate:* die auf den pazifischen Inseln als Gemüse (meist zu Fleischgerichten) verwendeten Früchte von *Solánum úporo* Dunal (Familie *Solanáceae*).

Méntha alopecuroídes → Apfelminze 1. → Minze, Breitblättrige

Méntha aquática var. críspa → Krauseminze 1.a

Méntha arvénsis → Ingwerminze → Minze, Japanische

Méntha arvénsis var. haplocályx → Pfefferminze, Japanische

Méntha arvénsis var. piperáscens → Pfefferminze, Japanische

p-Menthadiene → Terpen-Kohlenwasserstoffe

Mentha-1,8(9)-dien-7-ol → Perillaalkohol

p-Mentha-1,8(9)-dien-6-on → Carvon → Terpen-Ketone

Méntha géntilis → Ingwerminze

Menthakampfer → Terpen-Alkohole

Méntha longifólia → Apfelminze 2. → Roßminze → Krauseminze 1. a)

Méntha móllis → Peperina

p-Menthan: Grundkörper vieler natürlicher → Terpene, die neuerdings im Öl des Blaugummibaumes (Eucalýptus glóbulus Labill.) nachgewiesen wurde, s. Formel.

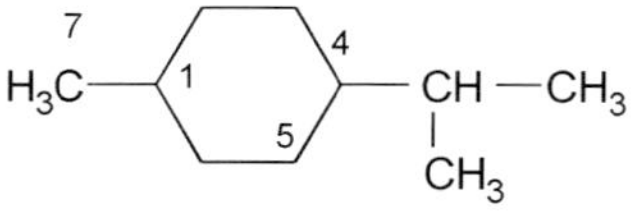

p-M. riecht fenchelartig. Molmasse 140.27g/mol, F. 171 °C, d 0,803.

p-Menthan-3-on-Derivate → Buchu

Méntha patríni → Kamm-Minze

Méntha piperíta var. citráta → Bergamott-Minze → Krauseminze 1.c

Méntha piperíta var. piperíta → Pfefferminze

Méntha pulégium → Poleiminze

Méntha rotundifólia → Apfelminze 2.

Méntha spicáta var. críspa → Krauseminze 2.

Méntha spicáta var. spicáta → Krauseminze 3.

Méntha suavéolens → Apfelminze 2.

Méntha villósa → Minze, Breitblättrige

DL-Menthen → Terpen-Kohlenwasserstoffe

p-Menthenol → Terpen-Alkohole

p-Menth-1-en-3-on → Terpen-Ketone

1-p-Menthen-8-thiol: ein schwefelhaltiges Monoterpen, das ein Aromastoff der Grapefruit ist, s. Formel nächste Spalte oben.

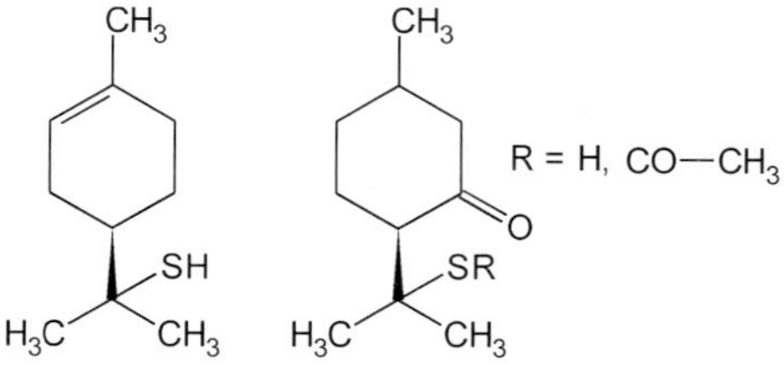

Menthofuran: ein Furanderivat mit der Formel

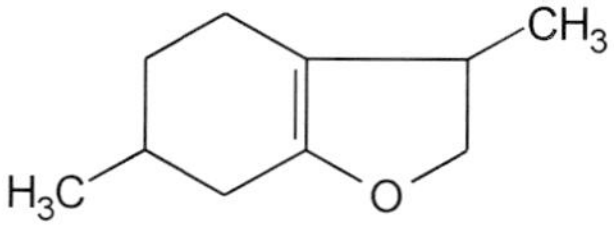

M. kommt reichlich in verschiedenen Pfefferminzölen vor. Es ist eine leicht bewegliche Flüssigkeit, Kp.$_{2400\ Pa}$ 80 °C.

Menthol: monocyclischer *Mono-Terpen-Alkohol* s. Struktur unten.
M. existiert in 4 cis-trans-isomeren, und jede davon noch in 2 optisch isomeren Formen. Davon sind nur 2, das (−)-l-Menthol und das (+)-d-Neomenthol, bisher in Pflanzen nachgewiesen worden, das letztere im japanischen Pfefferminzöl. L-M. *(Pfefferminzkampfer)* ist der Hauptbestandteil der Pfefferminzöle und kommt darüber hinaus noch in anderen Ölen, insbes. denen von Labiaten, vor. Der charakteristische Pfefferminzgeruch ist nur der L-Form eigen. M. bildet farblose Kristalle, F. 43°C, Kp. 216°C, die wenig löslich in Wasser, hingegen gut löslich in Ethanol und Ether sind. M. wirkt antiseptisch, antimykotisch, blutdrucksteigernd, krampflösend und erzeugt beim Aufbringen auf die Haut ein angenehmes Kältegefühl. Es be-

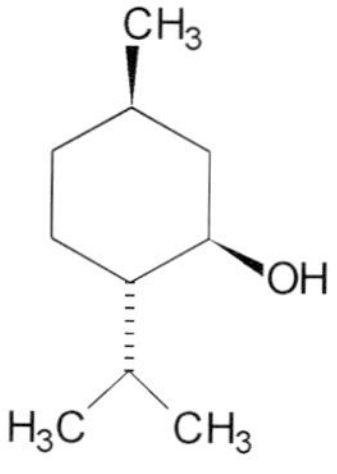

(−)-Menthol

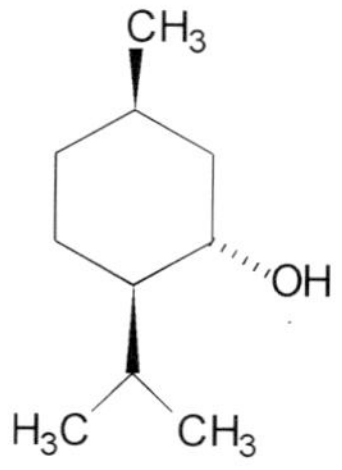

(+)-Isomenthol

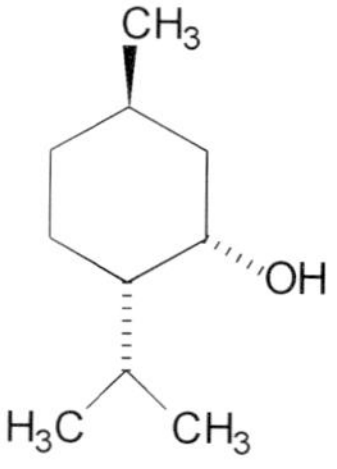

(+)-Neomenthol

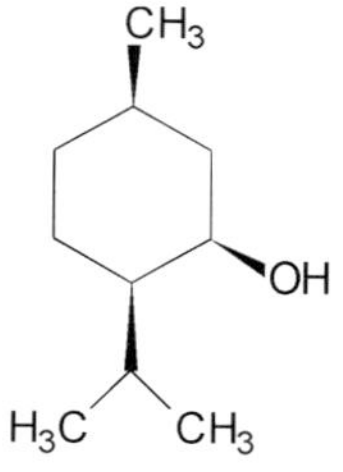

(+)-Neoisomenthol

schleunigt die Magenentleerung. Aus Pfefferminzölen gewinnt man M. durch Ausfrieren. Man erhält es vollsynthetisch aus m-Cresol über Thymol. M. wird verwendet zur Herstellung von Likör, Erfrischungsgetränken, Kaugummi, Füllungen für Backwaren, Süßwaren (Bonbons, Pastillen, Lakritzen, Schokoerzeugnisse, Eis) und von Pfefferminztabletten zur Desinfektion des Mund- und Rachen-Raumes, auch zu Zahnpasten, Migränestiften und in der Medizin. → Terpen-Alkohole → ätherische Öle

Mentholbonbon → Bonbon → Hustenbonbon

L-Menthon → Terpen-Ketone

Meranzin → Cumarin

β-Mercaptomethylamin → Stoffe, Lathyrismus auslösende

Mercurium → Quecksilber

Mergentheimer Mineralwasser → Mineralwasser

Meringe → Baisermasse

Meringue → Baisermasse

Meripílus gigentéus → *Polyporáceae*

Merissa: ein im Sudan aus Sorghum bereitetes → Bier. Die Merissaherstellung verläuft über viele Zwischenstufen: *Ajeen, Soorij, Deboba, Futtara.* Ein 36 h lang fermentierter Brei aus gemahlenem Sorghum (*Ajeen*) wird ohne Wasserzusatz bis zur Dunkelbraunfärbung gekocht. Das dabei entstehende, stark sauer schmeckende, dunkelbraune Zwischenprodukt heißt *Soorij.* Dieses wird mit 5% angekeimtem Sorghum (Malz) und 5% Merissakultur aus der vorangegangenen Produktion versetzt. Nach weiteren 4···5 h Fermentation heißt das nächste Zwischenprodukt *Deboba.* Zwischenzeitlich wurde die doppelte Sorghummehlmenge von *Ajeen* in 2 Teile geteilt, der eine wurde zu einer hellen, der andere zu einer dunklen Paste durch wesentlich längeres Kochen bereitet. Nach Kombination diese beiden Pasten und anschließenden Abkühlung entsteht ein gelatiniertes Erzeugnis mit der Bez. *Futtara.* Nachdem diesem Futtara 5% Sorghumsalz zugegeben worden sind, erfolgt eine Vermischung mit *Deboba.* Nach weiteren 8···10 h Fermentation ist die Verflüssigung soweit vorangeschritten, daß M. als Filtrat gewonnen werden kann, der Rückstand dient als Viehfutter. → Lebensmittel, fermentiertes

Merk → Zuckerwurzel

Merkantillpaprika → Gewürzpaprika

Merlan → Wittling

Merlángius merlángus → Wittling

Merlot: eine in Frankreich, bes. im Bordeaux-Gebiet, weit verbreitete frühreifende Keltertraubensorte für Rotwein, deren Weine körperreich, vollmundig und mild sind. → Bordeaux → Wein → Claret

Merlúccius ssp. → Seehecht

Mesaconsäure → Prop-1-en-1,2-dicarbonsäure

Mescal → Agavenschnaps

Mescal-Agave → Agavenschnaps

Mesembryánthemum aitónis → Mariengold

Mesembryánthemum cordifólium → Mittagsblume

Mesembryánthemum crystállinum → Eiskraut

Meskalinrausch → Pilzwirkstoffe, halluzinogene

Mesogentiogenin → Gentiopikrin

Mesoweinsäure → Weinsäure

Mesoxalsäure, *Ketomalonsäure:* eine Ketodicarbonsäure der Formel HOOC-CO-COOH. Die M. liegt stets in hydratisierter Form (*Dihydroxymalonsäure*) vor, F. 121°C, und ist in Wasser, Ethanol und Ether löslich. M. entsteht als Spaltprodukt der Harnsäure und wurde in der Zuckerrübe nachgewiesen. Das Kaliumsalz wird als Antidiabetikum verwendet.

Méspilus germánica → Mispel

Mesquite, *Chicha algaroba, Alojo:* aus den Fruchtschalen der → Schraubenbohne durch

Gärung bereitetes alkoholisches, schäumendes Getränk, das in Süd- und Mittelamerika getrunken wird. → Lebensmittel, fermentiertes

Mesquitegummi: ein in den USA, Mexiko und Südamerika gewonnenes Exsudat aus dem Mesquitebaum (→ Schraubenbohne), aus D-Galactose, L-Arabinose und 4-O-Methyl-D-Galacturonsäure aufgebautes → Hydrokolloid, ein Polysaccharid, das als Substitut für Gummi *arabicum* verwendet wird. → Gummistoff, pflanzlicher

Mesquitestrauch → Schraubenbohne

Messerschnittschälverfahren → Kartoffel

Mesta → Kenaf

Met: → Honigwein; ein mit Hefe vergorenes → weinähnliches Getränk aus Honig, Wasser und Gewürzen.

Metabisulfite → Sulfitieren

Metallfänger → Komplexbildner

Metallproteide: zusammengesetzte Eiweiße, die ein komplexgebundenes Schwermetall, meist Eisen oder auch Kupfer, Mangan, Cobalt oder Magnesium, als prosthetische Gruppe enthalten. Das Schwermetall ist hierbei oft an ein *Porphyrin* gebunden, wobei farbige M. resultieren, wie das eisenhaltige *Hämoglobin, die magnesiumhaltigen Chloroplastine* und das kupferhaltige Hämocyanin (→ *Chromoproteide*). Zu den M. gehören auch das → *Coeruloplasmin* (Blutplasma), das *Hepatocuprein* (Leber), die *Polyphenoloxydasen, Ascorbinsäureoxydase* und *Uricase,* die Kupfer gebunden enthalten. Zinkhaltige M. sind z. B. *Carbooxypeptidasen* und *Alkoholdehydrogenasen. Ferritin* (in Darmschleimhaut, Knochenmark, Milz, Leber), *Hämosiderin* und *Siderophilin* oder *Transferrin* (Transporteiweiß für Fe-III-Ionen) sind eisenhaltig. → Eiweiß → Eisen → Porphyrine

Metallthionein → Cadmium

Metaweinsäure (E 353) → Zuckersäuren

Meterbrot → Schnittbrot

Methämoglobin → Farbstoffe

Methanal → Formaldehyd

Methandicarbonsäure → Malonsäure

Methanol, *Methylalkohol, Carbinol* (veraltet): ein einwertiger, gesättigter, aliphatischer Alkohol mit der Formel CH_3-OH, erstes Glied der entsprechenden homologen Reihe. M. ist eine farblose, leicht brennbare Flüssigkeit mit angenehmem Geruch und brennend-scharfem Geschmack, F. −97,49°C, Kp. 64,509°C, d_4^{15} 0,796 09. Es wurde 1661 von *Boyle* erstmalig bei der Destillation der neutralen Bestandteile des Holzessigs mit Kalk erhalten. Daher rührt der Name *Holzgeist.* Das M. kommt im Pflanzenreich weit verbreitet, wenn auch in geringen Mengen, frei, aber auch verestert, z. B. im Pectin, in Pflanzenfarbstoffen, in Lignin vor. So wurden beispielsweise im schwarzen Johannisbeersaft bis zu 231 mg je l, im roten Johannisbeersaft bis zu 127 mg je l, im roten Traubensaft bis zu 67 mg je l, und im Apfelsaft bis zu 88 mg je l M. festgestellt. Dieses M. der Säfte stammt vermutlich aus dem Pectin der reifen Früchte, das durch Pectinesterase in Pectinsäure und M. gespalten wird. Für die Bekömmlichkeit der Säfte sind diese Mengen völlig belanglos, da erst ab 10···20 g M. bei sensiblen Menschen Vergiftungserscheinungen auftreten. M. wird vom menschlichen Organismus im Gegensatz zu Ethanol nur teilw. oxydiert, wobei Formaldehyd und Ameisensäure entstehen. Der Rest wird unverändert über Lunge und Harn ausgeschieden. Das entstehende Formaldehyd fällt Eiweiß, wodurch Oxydationsvorgänge im Organismus blockiert werden. Davon ist bes. die Netzhaut des Auges betroffen, die einen hohen Sauerstoffverbrauch hat. Dadurch treten Sehstörungen auf, die zur völligen Erblindung führen können. Die Anfangssymptome einer Methanolvergiftung sind Schwindel, Kopfschmerz, Rausch, verschwommenes Sehen und Augenschmerzen. M. wird als Vergällungsmittel verwendet. → Alkohole

Methansäure → Ameisensäure → Fettsäuren

Methanthiol → Methylmercaptan

Methional, *3-Methylthiopropanal:* mit der Formel H_3C-S-CH_2-CH_2-CHO, besitzt eine Geruchsschwelle von 0,2 μg/kg in Wasser. M. wird für den „Sonnenlichtgeschmack" von Milch verantwortlich gemacht. → Kartoffel

L-Methionin, *2-Amino-4-(methylthio)-buttersäure, Kurzz. Met: eine essentielle* → Aminosäure, eine schwefelhaltige Monoaminomonocarbonsäure, (Formel → Aminosäuren)
Molmasse 149,21 g/mol. Sie bildet farblose Kristalle, F. 280···281°C (Zers.), d 1,34. L-M. ist löslich in Wasser und Ethanol, unlöslich in Ether, Aceton und Benzen. Es nimmt als Eiweißbaustein eine Schlüsselstellung im Stoffwechsel ein und fungiert u. a. in Form des S-Adenosyl-L-Methionins als Methylgruppen-Überträger und steht dabei in Verbindung mit Vitamin B_{12}- und Folsäure- abhängigen Enzymreaktionen.
L-Methioninmangel führt bei Jungtieren u. a. zu Wachstumsverzögerungen, Leberverfettung, Nieren- und Hodendegeneration, Haut- und Haarwuchsschäden, Blutungen, Anämie.
Der Tagesbedarf eines Erwachsenen liegt bei 2,4···3,0 g und kann bei normaler Eiweißversorgung gedeckt werden. Im Wachstumsstadium kann diese Mindestmenge zu 80-90% durch L-Cystin ersetzt werden.
L-M. ist in Äpfeln Ausgangssubstanz für das die Reifung fördernde Ethylen. In Form seiner Natrium- und Kaliumverbindungen und des Hydrochlorids wird L-M. als → Geschmacksverstärker in Konzentrationen von 0,03···0,05% und in Form seiner Calcium- und Magensiumverbindungen zur Herstellung bilanzierter Diäten eingesetzt. → Aminosäuren

Methoxalen → Cumarin

3-Methoxy-4-acetoxybenzaldehyd → Vanillinacetal

4-Methoxy-1-allylbenzen → Estragol

2-Methoxy-4-allylphenol → Eugenol

p-Methoxy-benzaldehyd → p-Anisaldehyd

p-Methoxybenzoesäure → Anissäure

6-Methoxy-2(3)-benzoxazolinon → Benzoxazolinon

6-Methoxy-benzoxazol-2-on → Coixol

7-Methoxy-5-geranoxy-cumarin → Cumarin

Methoxy-hydrochinonglucosid → Phenole → Phenolglycoside

3-Methoxy-4-hydroxy-benzaldehyd → Vanillin

N-Methoxy-3-indolymethyl-isothiocyanat → Senföle

N-Methoxy-3-indolylmethylsenföl → Senföle

2-Methoxy-3-isobutylpyrazin → Aromastoffe → Pyrazine

3-Methoxy-4,5-methylendihydroxy-1-allylbenzen → Myristicin

3-Methoxy-4,5-methylendioxy-1-propenylbenzen → Isomyristicin

4-Methoxyphenylaceton → Anisylaceton

4-(p-Methoxyphenyl)2-butanon → Anisylaceton

p-Methoxypropenylbenzen → Anethol

8-Methoxypsoralen → Cumarin

Methoxyzimtaldehyd → Aldehyde

p-Methoxy-zimtaldehyd, *4-Methoxy-zimtaldehyd:* ein bakterien- und pilzhemmender Bestandteil des Zimtöls s. Struktur:

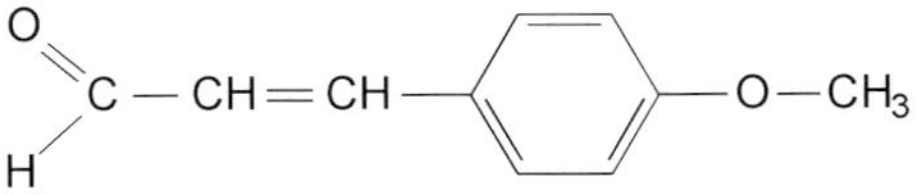

o-M. kommt in zahlreichen Würzpflanzen vor. Molmasse 162 g/mol. Schon in Konzentrationen von weniger als 100 μg/ml werden Staphylococcus aureus, der Botulismuserreger Clostridium botulinum und der die krebserregenden Aflatoxine bildende Schimmelpilz Aspergillus flavus gehemmt.

Methylacetat → Extraktionslösemittel

β-Methylaesculetin → Cumarin

Methylalkohol → Methanol → Alkohole

γ-Methyl-allylalkohol → But-2-en-1-ol

Methylamin → Alkylamine

2-Methylaminobenzoesäure → N-Methylanthranilsäure

Methyl-n-amylcarbinol → Alkohole

Methyl-n-amylketon → Ketone

Methyl-anisyl-keton → Anisylaceton

β-Methylanthionin → Nisin

Methylanthranilat → Anthranilsäuremethylester

N-Methylanthranilsäure, *2-Methylaminobenzoesäure:* eine aromatische Methylaminosäure mit der Formel

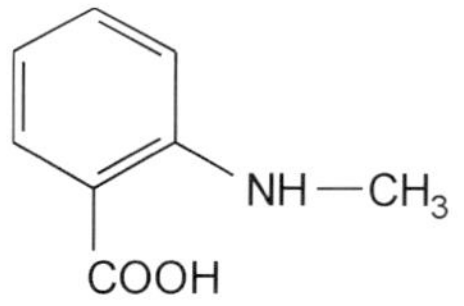

N-M. kommt wie ihr Methylester (N-Methylanthranilsäure-methylester) in Zitrusölen vor. Sie kristallisiert aus Ethanol in Prismen, F. 178···179°C.

N-Methylanthranilsäure-methylester → N-Methylanthranilsäure

α-Methyl-äpfelsäure → L-Citramalsäure

α-Methylbenzylalkohol → Benzaldehyd

Methylbromid → Begasungsmittel

2-Methyl-1,3-butadien → Isopren

Methylbutanol → Fuselöl → Amylalkohole

3-Methylbutan-1-säure → Isovaleriansäure

2-Methylbutansäureethylester → 2-Methylbuttersäureethylester

2-Methyl-3-buten-2-ol → Humulon

4-Methyl-but-2-ensäure → β-Methylcrotonsäure

2-Methylbuttersäureethylester, *2-Methylbutansäureethylester:* Ester der Formel

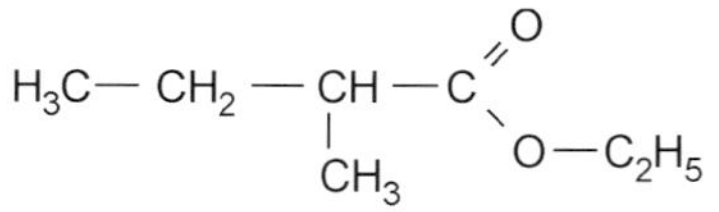

M. beeinflußt entscheidend das Apfelaroma. Er kommt auch in anderen Früchten vor.

16-O-Methylcafestol: ein Diterpen des *Robustakaffes* der nicht im *Arabica-Kafee* vorkommt, und somit zur Unterscheidung dienen kann, s. Formel.

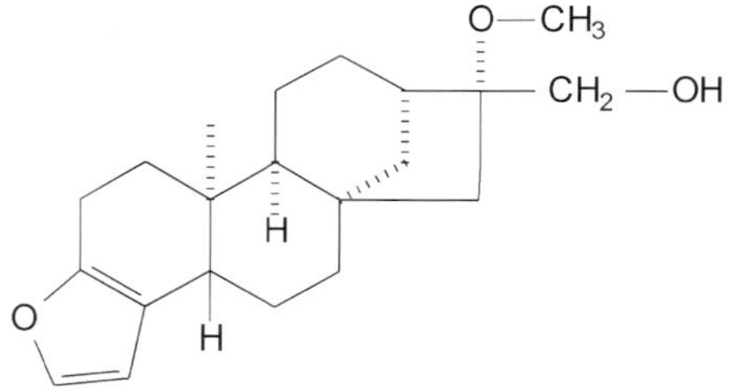

N-Methylcarnosin → Fleischbasen

Methylcellulose *(MC), Tylose:* ein → Cellulosederivat, ein Methylether der Cellulose, hergestellt durch Behandlung von → Cellulose mit einem Methylierungsmittel in Gegenwart von Natronlauge. Da jede Glucose-Einheit im Cellulosemolekül 3 aktive Hydroxylgruppen aufweist, kann der Substitutionsgrad maximal 3 betragen. Die Eigenschaften der M. variieren mit dem Substitutionsgrad. Die M. ist wasserlöslich, gelbildend, filmbildend und mit anderen → Hydrokolloiden mischbar. Sie kann in der Lebensmittelproduktion als Emulsionsmittel, Schutzkolloid, eßbarer Überzug → Verdickungsmittel und Stabilisierungsmittel zur Herstellung von Gebäck, dehydrierten Früchten und Gemüsen, gefrorenen Lebensmitteln, Eiskrems, Salatsoßen und diätetischen Produkten eingesetzt werden. Ähnliche Eigenschaften haben → *Hydroxypropylmethylcellulose* und *Ethylmethylcellulose*. Handelsübliche M. können auch *Hydroxybutoxyl-*, *Hydroxyethoxyl-* und *Ethoxyl-*

gruppen enthalten. M. wird auch als Barriere für die Fett- und Wassermigration in gebratenen Produkten genutzt. Sie kann die durch Stärke bedingte Viskosität erhöhen und stabilisieren. Eine bes. M., die beim Erhitzen Gele bildet und beim Abkühlen wieder schmilzt, eröffnet neue interessante Anwendungsmöglichkeiten.

Methylchavicol → Estragol → Phenole

β-Methylcrotonsäure, (β-Methylkrotonsäure), 4-Methyl-but-2-ensäure, β,θ-Dimethylacrylsäure, Isopropylidenessigsäure, Seneciosäure: eine verzweigtkettige, ungesättigte aliphatische Monocarbonsäure s. Formel

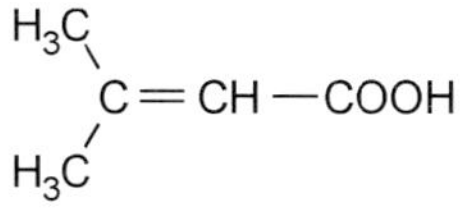

Da die M. ein wichtiges Zwischenprodukt der Biosynthese von Terpenen und Carotenoiden ist, kommt sie weit verbreitet im Pflanzenreich vor. Sie kristallisiert aus H_2O in langen, prismatischen Nadeln, F. 69···70°C.

6-Methylcumarin, *6-Methylbenzopyron, Tonkarin:* eine aromatische Verbindung mit der Strukturformel:

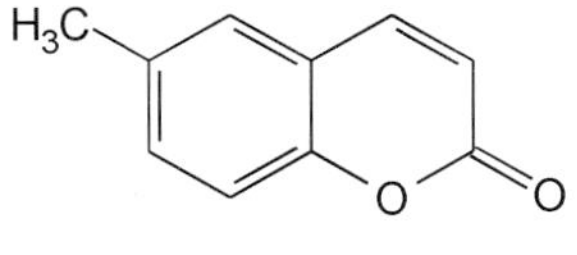

M. bildet weiße Kristalle, die in Wasser kaum, in Ethanol schwer und in Ölen leicht löslich sind, F. 75···77°C. M. mit cumarinähnlichem Geruch wird in verschiedenen künstlichen Aromen, wie Butter, Karamel, Waldmeister, Kokosnuß, Dattel und Feigen, verwendet. M. wird durch Kondensation von Cresoldisulfonsäure mit Fumarsäure in Gegenwart von Schwefelsäure hergestellt. Der höchstzulässige Gehalt nach der Aromen-VO beträgt 30 mg/kg.

S-Methyl-L-cystein → Aminosäuren

S-Methyl-L-cysteinsulfoxid → Aminosäuren

5-Methylcytidin → Nucleotide

5-Methylcytosin → Nucleotide → 5-Methyl-cytosin-desoxyribosid

5-Methyl-cytosin-desoxyribosid, *3-[β-D-2-Desoxyribofuranosyl-*]5-methylcytosin: β-glycosidisches Nucleosid aus D-2-Desoxyribose und *5-Methylcytosin* als Aglykon, s. Formel.

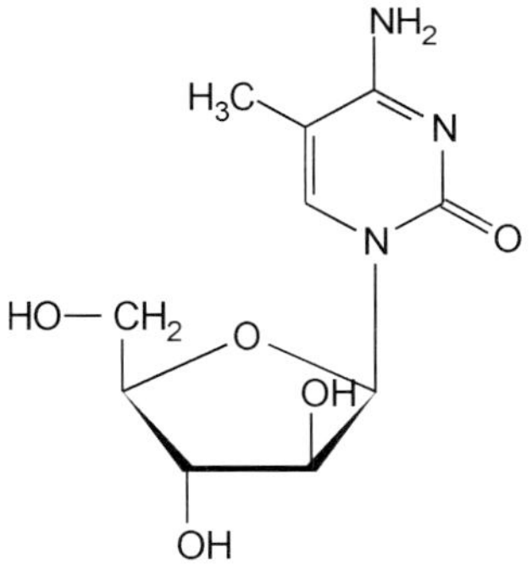

Das. M. ist Baustein der Desoxyribonucleinsäure. Es ist in Weizenkeimlingen gefunden worden.

N-Methylenaminoacetonitril → Stoffe, Lathyrismus auslösende

β-(Methylencyclopropyl)-alanin → Antivitamine → Stoffe, Hypoglykämie erzeugende

α-(Methylencyclopropyl)-glycin → Stoffe, Hypoglykämie erzeugende

3,4-Methylendihydroxy-1-allylbenzen → Safrol

3,4-Methylendioxybenzyl-isobutyrat → Piperonylisobutyrat

4-[**3,4-Methylendioxy-phenyl**]-buta-1,3-dien-1-carbonsäure → Piperinsäure

3,3'-Methylen-bis-(4-hydroxy-cumarin) → Dicumarol

Methylethylcellulose → Cellulosederivat

Methyleugenol → Eugenolmethylether

N-Methyl-N-formylhydrazin → Gyromitrin → Hydrazine

Methylfurfurol: durch innermolekulare Wasserabspaltung aus einer 6-Desoxyhexose entstehender heterocyclischer Aldehyd s. Struktur.

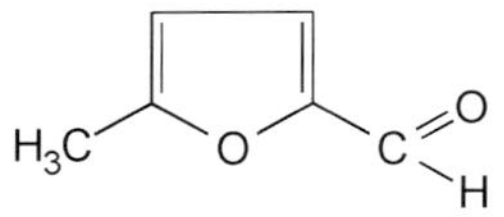

Kp. 186···187°C. M. wurde erstmalig bei der trockenen Destillation von Holz erhalten und im Nelkenöl, in Algen und im ätherischen Öl aus Tabakblättern nachgewiesen. Es entsteht auch bei der Hydrolyse und Destillation von Seetang, Gummi *arabicum, Lignin und Stroh.* → Furfural

4-O-Methyl-D-Galacturonsäure → Mesquitegummi

N-Methyl-glycin → Aminosäuren

Methylglyoxal → Aldehyde

Methylguanidin → Guanidinbasen

N-Methyl-Guanidinessigsäure → Guanidinbasen

α-N-Methylguanidinoacetat → Kreatin

2-Methyl-hept-2-en-6-on → Ketone

5-Methylhept-2-en-4-on → (S)-Filberton

Methylheptincarbonat → Heptinsäuremethylester

Methyl-n-heptylcarbinol → Alkohole

Methyl-n-heptylketon → Ketone

Methylhydrazin → Gyromitrin

Methylhydroxyethylcellulose: Hydrokolloid, mit der → Methylcellulose ähnlichen Eigenschaften.

Methylhydroxypropylcellulose, *Hydroxypropylmethylcellulose* (464): ein Celluloseether, der vom menschlichen Körper nicht abgebaut werden kann (Ballaststoff). M. ist in kaltem Wasser kolloidal löslich; in heißem Wasser flockt sie aus und geht beim Abkühlen erneut in Lösung. Die Lösungen von M. sind in einem weiten pH-Bereich stabil und wenig elektrolytempfindlich. M. wird als Verdikkungsmittel, Stabilisator und Füllstoff bei Backwaren, Fischerzeugnissen, energiereduzierten Lebensmitteln, Kaugummi, Mayonnaise, Milchmischgetränken und Speiseeis eingesetzt.

4-Methylimidazol: ein herstellungsbedingt im Zuckercouleur (E 150) vorkommendes 1,3-Diazol-Derivat, s. Formel

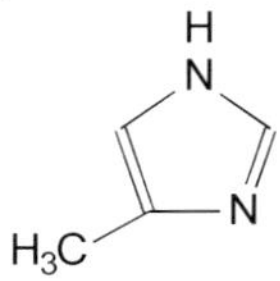

4-M. ist chronisch toxisch, wirkt blutbildverändernd und krampfauslösend. Nach der Zusatzstoff-Zulassungs-VO ist für 4-M. in Zuckercouleur ein Maximalgehalt von 200 mg/kg festgelegt. Der ADI-Wert wird von FAO/WHO mit 0···200 mg/kg Körpermasse angegeben.

1-Methyl-4-isopropenylbenzen → Terpen-Kohlenwasserstoffe

1-Methyl-4-isopropyl-cyclohexa-1,8-dien → Limonen

1-Methyl-4-isopropyliden-cyclohexan-3-on → D-Pulegon

2-Methyl-5-isopropylphenol → Carvacrol

3-Methyl-6-isopropylphenol → Thymol

6-Methyljonon → α-Iron

α-Methylketone → Fett

Methylmaleinsäure → Prop-1-en-1,2-dicarbonsäure

Methylmercaptan, *Methanthiol, Thiomethanol:* niedrigster Thioalkohol, Formel CH_3SH. M. ist ein Gas mit einem intensiven, widerlichen Geruch nach faulendem Kohl, Kp. 5,8°C, d_4^0 0,8961. Es bildet mit Wasser ein Hydrat, das in Ethanol und

Ether leicht löslich ist. M. kommt in geringen Mengen im ätherischen Öl des Rettichs vor.

S-Methylmethionin, *Vitamin U* (veraltet), *Anti-Ulkus-Faktor:* eine Aminosäure mit pharmakologischer Wirkung und folgender Struktur:
$(CH_3)_2$-S-CH_2-CH_2-CH(NH_2)-COOH.
S-M. ist in wäßriger Lösung sehr unbeständig und zersetzt sich beim Erwärmen, Gefrieren und Stehen teilw. unter Bildung von Dimethylsulfid. In trokkenem Zustand ist es sehr viel haltbarer. S-M. kommt in Gemüse, Kräutern und roher Milch vor (Tab.).

S-Methylmethionin-Gehalt verschiedener Gemüsearten

Gemüseart	Durchschnittl. Trockensubstanzgehalt je 100 g in g	S-Methylmethioningehalt je 100 g Trockensubstanz in mg
Tomaten, reif, rot	6,3···6 ,7	18,7··· 47,5
Tomaten, auf 100°C erhitzt	6,4	5,9
Selleriekraut	3,8	17,4
Weißkohl, Blätter	6,4	84,6
Weißkohl, Strunk	9,4	35,9
Spargelspitzen	4,2	100···160

S-M. und Dimethylsulfid spielen z. B. bei der Aromabildung von gegarten Tomatengerichten eine Rolle. S-M. hat Antihistaminaktivität, die Fähigkeit, die Entwicklung experimenteller Arteriosklerose aufzuhalten, und eine Schutz- und prophylaktische Wirkung bei Röntgenbestrahlung. Es zeigt eine spezifische Wirkung gegen Magen- und Zwölffingerdarmgeschwüre und bringt deren klinische Symptome in 10 bis 12 Tagen zum Verschwinden. Es wird heute mit Erfolg, bes. in der ehem. Sowjetunion, Japan und Westeuropa, als Antiulkusmittel eingesetzt. S-M. wurde auch erfolgreich getestet bei chronischer Gastritis, akuter Darminfektion, bei anhaltender akuter Dysenterie, rezidiver aphthöser Stomatitis, Ekzemen, Psoriasis, Neurodermitis, allergischer Oberflächenvaskulitis, es wirkt schwach juckreizhemmend, stimuliert den Heilprozeß bei chirurgischen Patienten, bes. solchen über 50 Jahren, und beschleunigt die Hautregeneration. S-M. zeigt keine Nebenwirkung. Anfangs wurde es in Form von Weißkohlsaft, heute wird es als synthetisch hergestelltes S-Methylmethionin-chlorid in Tablettenform verabreicht. Die biologische Bedeutung ist vermutlich darin zu sehen, daß die äußerst instabile aktive Form des Methionins, das S-Adenosylmethionin, in die gleichfalls aktive, jedoch stabilere Form des S-M. umgewandelt wird. In Pflanzen wird S-M. unter Mitwirkung der entsprechenden Transmethylasen nicht nur für die Methioninsynthese aus Homocystein gebraucht, sondern auch für die Synthese anderer Verbindungen, z. B. von Pectin, Protopectin, Alkaloiden. S-M. ist ein aktiverer Methionindonator als Betain. → Aminosäuren

1-Methyl-4-methoethenyl-cyclohex-1-en-6-on → Carvon

3-Methyl-6-methoxy-8-hydroxy-3,4-dihydroisocumarin → Cumarin

Methyl-2-methylamino-3-methoxybenzoat → Damascenin

2-Methyl-1,4-naphthochinon → Vitamin K

Methyl-n-nonylketon → Ketone

Methylosen → 6-Desoxyhexosen → Saccharide

4-Methylpentansäuremethylester, *Isocapronsäuremethylester* (veraltet), *Isobutylessigsäuremethylester:* Methylester der verzweigtkettigen Fettsäure *4-Methyl-pentansäure,* Formel

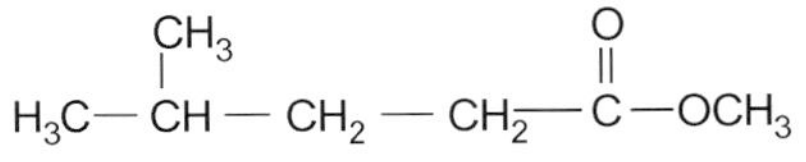

4-M., Kp. 203···204 °C, ist in der Ananasfrucht enthalten (0,14 mg je 100 g).

4-Methyl-pent-2-ensäure → 3-Isopropylacrylsäure

Methylpentosen → 6-Desoxyhexosen → Saccharide

2-Methyl-3-phythyl-1,4-naphthochinon → Vitamin K

L-4-Methylprolin → Aminosäuren

2-Methyl-propan-1-ol → Fuselöl

Methyl-n-propylketon → Ketone

2-Methyl-4-propyl-1,3-oxathian: wichtiger Aromastoff der → Passionsfrucht, s. Formel.

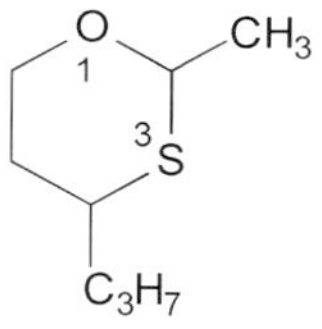

O-Methylpulvichinon → Pilzfarbstoffe

N-Methylpyridiniumhydroxid → Betaine

5-Methylpyrogallol-1,3-dimethylether → Phenole

5-Methylpyrogallol-1-methylether → Phenole

3-(N-Methyl-α-pyrrolidyl)-pyridin → Nicotin

β-Methylpyrrolin, *3-Methyl*-Δ^4-pyrrolin: ein Pyrrolderivat s. Formel.

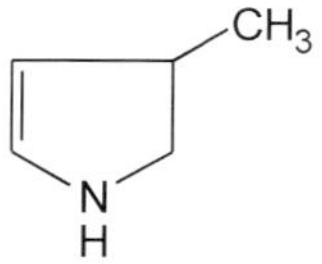

β-M. kommt in geringer Menge im Pfeffer vor.

3-Methylsäure-pentan-2,3-diol-disäure → Hydroxycitronensäure

2-Methyl-3-squalenyl-1,4-naphthochinon → Vitamin K

4-Methylsulfid-n-butylsenföl, *Erucin, 4-Methylthiobutylisothiocyanat, 4-Methylthiobutylsenföl:* zur Gruppe der → Senföle gehörende Verbindung der Formel
CH_3-S-CH_2-CH_2-CH_2-CH_2-N=C=S.
M. kommt u. a. als Glucosid (Glucoerucin) in Samenölen von *Erúca satíva* Mill. (Ölrauke) und *Ibéris sempérvirens* L. (Schleifenblume) sowie in Kohlarten vor. Es ist eine Flüssigkeit, die nach Radieschen bzw. Rettich riecht, Kp. $_{1600\ Pa}$ 136°C.

3-Methylsulfinyl-propyl-isothiocyanat → Senföle

3-Methylsulfinyl-propyl-senföl → Senföle

Methyl-sulfonium-methionin → Aminosäuren

5-Methylsulfoxid-amylen-(4-)-yl-cyanid: eine nach Kraut bzw. Radieschen riechende Flüssigkeit, die wahrscheinlich als Aromastoff im Kohlrabi wirksam ist.
CH_3-S-CH=CH-CH_2-CH_2-CH_2-CN

17-α-Methyltesteron → Anabolica

4-Methylthio-3-butenylsenföl → Senföle

4-Methylthiobutylisothiocyanat → 4-Methylsulfid-n-butylsenföl → Senföle

4-Methylthiobutylsenföl → 4-Methylsulfid-n-butyl-senföl

β-Methylthiopropionsäure-methylester: Ester der Formel CH_3-S-CH_2-CH_2-$COOCH_3$.
M. kommt in Ananasfrüchten vor und beeinflußt deren Aroma.

3-Methylthiopropyl-isothiocyanat → Senföle

3-Methylthiopropyl-senföl → Senföle

Methyl-n-undecylketon → Ketone

5-Methyluracil → Thymin

Methylvalin → Actinomycine

Methylviolett B (C 2) → Lebensmittelfarbstoffe

Methylxanthine: Purinkörper mit der Grundstruktur

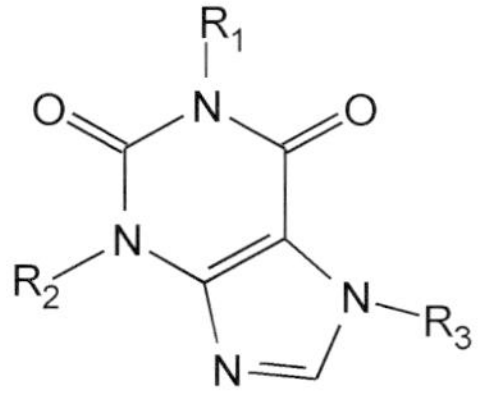

R_1, R_2, R_3 = H: Xanthin

Die wichtigsten M. in der Nahrung sind die Purinalkaloide des Kaffees, des Tees und der Kakaobohne → *Coffein* (1,3,7-Trimethylxanthin), → *Theobromin* (3,7-Dimethylxanthin) und → *Theophyllin* (1,3-Dimethylxanthin). Ein *7-Methylxanthin* (Heteroxanthin, 2,6-Dihydroxy-7-methylpurin) wurde im Harn entdeckt und später aus dem Saft der Zuckerrübe und aus der Bierhefe isoliert.

Metmyoglobin → Farbstoffe

Metróxylon spec. → Sagopalme

Mettwurst: aus zerkleinertem Schweine- und Rindfleisch, Fett, Gewürzen, Speisesalz und Nitritpökelsalz hergestellte frische → *Rohwurst.* M. wird sowohl als schnittfeste Rohwurst, z. b. westfälische grobe M., Schinkenmettwurst, luftgetrocknete M., als auch als streichfähige Rohwurst, z. B. Teewurst, Teewurst Rügenwalder Art, grobe Teewurst, Streichmettwurst (Braunschweiger M.), grobe M. (Hamburger M.), fette M., Kasseler und Berliner M. hergestellt. Sie unterscheiden sich in der Rezeptur.

Mettwurstgewürz → Wurstgewürz

Mettwurst, hausschlachtene: frische → *Rohwurst* (mittlerer Sorte), zu deren Herstellung sehnenarmes und grob entfettetes Schweinefleisch, Schweinebauch ohne Knochen und Schwarte, Speck ohne Schwarten, Schwarten, Speisesalz, Nitritpökelsalz, Zucker, Pfeffer und Majoran eingesetzt werden. Als Wursthüllen dienen Natur- oder Kunstdarm. Das Schnittbild zeigt eine rotweiß gemusterte, mittelgrob geschrotete, schnittfeste Wurstmasse (Körnung etwa 5 mm). → Wurst

Méum athamánticum → Bärwurz

Mevalonsäure, *3,5-Dihydroxy-3-methylvaleriansäure:* eine gesättigte Dihydroxymonocarbonsäure mit der Formel

$CH_2(OH)\text{-}CH_2\text{-}C(CH_3)(OH)\text{-}CH_2\text{-}COOH$.

Die M. ist ein Baustein bei der Biosynthese der Terpene. Sie wurde aus Karotten isoliert.

Mexican Brandy → Agavenschnaps

Mexican Gin → Agavenschnaps

Mexikanischer Holunder → Holunder, Mexikanischer

Mexikoapfel → Sapote, Weiße

Mezcal → Agavenschnaps

Mezkalin → Alkaloide

Micker → Gekröse

Micora: Bez. für ein Eiweißprodukt, das durch gemeinsame Fällung von Casein und Molkenproteinen der Milch durch Hitze und Zusatz von Calciumchlorid erzeugt und als Zusatz zur Herstellung von Kombinationsfleischerzeugnissen verwendet wird.

Micromesístius poutassou → Poutassou

Miesmuschel → Muscheln

'Mieze Schindler': Erdbeere. → Beerenobst

Mignonreseda → Gartenreseda

Mignonschnitte: kleine gefüllte Waffelschnitten mit Schokoladenüberzug.

Mijo → Sorghumhirse

Mike → Bihon

Mikroflora von Lebensmitteln: Bez. für die Gesamtheit der auf oder in bestimmten Lebensmitteln vorkommenden Bakterien, Pilzen und anderen Mikroorganismen. Für viele Lebensmittel ist charakteristisch, daß mehrere Keimarten nebeneinander vorhanden sind. Mit dem Begriff der M. wird dieses Vorkommen sowohl quantitativ (Keimzahl) als auch qualitativ (Keimarten) umschrieben.

Aus Gründen des Gesundheitsschutzes müssen die Keimarten apathogen sein. Milcherzeugnisse, z. B. Joghurt und Käse, oder auch Würste enthalten immer eine spezifische Mikroflora, welche diesen wie anderen Lebensmitteln durch bestimmte Produkte ihres Stoffwechsels charakteristische sensorische Merkmale verleiht.

Mikrokokken: zur Familie der *Micrococcáceae* gehörige Bakterien, die kugelförmig sind, aerob wachsen und sich *gram*-positiv färben. Wichtige Vertreter sind *Staphylocóccus áureus, Micrococcus lácteus, Gáffkya tetragéna, Sarcina* und *Peptocóccus*. Sie sind z. T. pathogen, überwiegend apathogen. Pathogene Mikrokokken sind in der Lage, lebensmittelbedingte Intoxikationen hervorzurufen, z. B. Staphylocóccus áureus als Enterotoxinbildner. Viele apathogene Mikrokokken kommen in Lebensmitteln vor (Wurstwaren, Fleischwaren, Milch) und sind lebensmittelhygienisch unbedenklich.

Mikroorganismen, biogenitisch modifizierte → Nutzpflanze, transgene

Mikroorganismenkulturen, *Starterkulturen:* Bakterien, Hefen oder Schimmelpilze, die als gezüchtete Reinkulturen in Form von Suspensionen oder als gefriergetrocknete Pulver Verwendung finden. Der Einsatz erfolgt z. B. bei Sauerkonserven, Milcherzeugnissen, Rohwurst, Bier und Wein. → Starterkulturen

Mikroverkapslung → Dextrine

Milch: 1. Produkt der Milchdrüsen. Die von den Milchdrüsen des Menschen (→ Frauenmilch) und weiblicher Säugetiere während der Laktation (Stillzeit) abgeschiedene *Nährflüssigkeit* für die Neugeborenen. Unter M. als Handelsware wird ausschl. Kuhmilch verstanden, während die M. anderer Tierarten entsprechend zu kennzeichnen ist (z. B. Ziegenmilch, Schafmilch). Außer *Kuh-, Ziegen-* und *Schafmilch* werden für die menschliche Ernährung *Büffel-* und *Stutenmilch* verwendet, in geringem Umfang auch *Esel-, Kamel-, Elch-* und *Rentiermilch*. Nach den Abschnitten der Laktationszeit unterscheidet man zw. Kolostrum, M. der vollen Laktation und M. altmelkender Tiere. Die ernährungswirtschaftliche Bedeutung der M. kommt durch die im Weltmaßstab ständig steigende jährliche Milchproduktion zum Ausdruck (im Jahr 1977 450 Mio t, im Jahre 1986 520 Mio t). An der Gesamtmilcherzeugung in der Welt haben außer Kuhmilch (etwa 90%) lediglich Büffelmilch (etwa 7%) und die Milch von Schafen (etwa 1,5%) und von Ziegen (etwa 1,5 %) maßgeblichen Anteil. Bei unterschiedlicher wirtschaftlicher Bedeutung der M. in den einzelnen Ländern beträgt der Anteil der Milchproduktion an der gesamten Lebensmittelerzeugung in Europa 25% (z. B. Norwegen 46%, Schweiz 42%). Milch und Milcherzeugnisse liefern für den durchschnittl. Verbraucher in Deutschland 16% des Energiewertes, das entspricht 20% der Eiweiß-, 30% der Fett-, 60% der Calcium- sowie hohe Anteile der Vitamin-A- und -B_2-Versorgung. Die meisten Bestandteile der M. werden in der Milchdrüse synthetisiert (Casein, α-Lactalbumin, Fette, Lactose), einige sind dem Blut entnommen (Serumalbumin, Immunglobuline, Vitamine, Mineralstoffe). Die Milchabgabe wird von Hormonen gesteuert und durch Reflexe beeinflußt.

Das Melken kann mit der Hand oder durch Maschinen erfolgen, wonach die M. sofort durch Wattefilter geseiht und gekühlt wird. Die industrielle Be- und Verarbeitung der M. erfolgt in Molkereien, Käsereien und Dauermilchbetrieben. Der Milchtransport zu den Verarbeitungsstätten erfolgt in Kannen (10 l, 20 l), in Milchtanks und Milchtankfahrzeugen (250···10 000 l), z. T. durch unterirdische Milchpipelines. Die Qualität der Milch wird durch die Art und Weise der Behandlung (Kühlung, Milcherhitzung) bestimmt, denen die M. vom Melkakt bis zum Verbraucher ausgesetzt ist. Das *Temperatur-Zeit-Diagramm* für die Milcherhitzung (Bild) veranschaulicht geruchliche, geschmackliche und äußerliche Veränderungen der M., wenn vom Optimalbereich abgewichen wird.

Dieser ist als schraffierte Fläche gekennzeichnet. Die Geraden markieren einzelne Merkmale (z. B. Bräunung, Hitzekoagulation). Der Mikroorganismengehalt der M. ist eine Funktion der Eutergesundheit und der Stall-, Melk- und Milchhygiene.

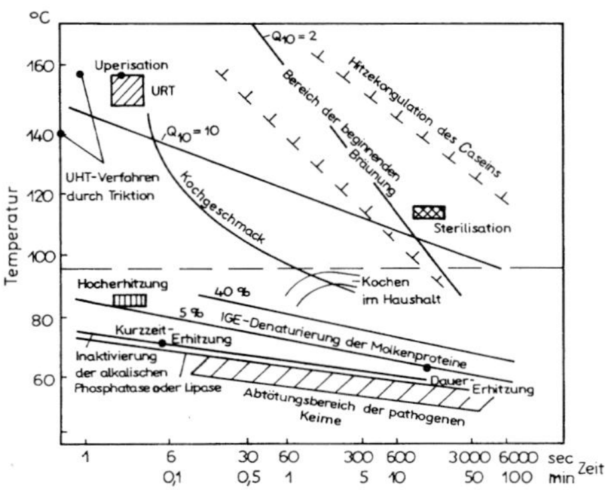

Temperatur-Zeit-Diagramm für Milcherhitzung

In frisch ermolkener M. sind immer → Bakterien, insbes. Mikrokokken (Mammokokken), Streptokokken (→ *Streptococcus lactis*), Enterobakterien *(Escherichia coli)* und Lactobakterien nachweisbar. Durch melk-, stall- und milchhygienische Maßnahmen wird dafür gesorgt, daß die Milch auch in mikrobiologischer Hinsicht einwandfrei ist.
Nach Prüfung der M. (Säuregrad, Fett-, Keimgehalt usw.) wird sie in Separatoren gereinigt und gleichzeitig, je nach Verwendungszweck teilw. oder völlig entrahmt, homogenisiert, pasteurisiert und anschließend einer Kühlung unterzogen. Rohmilch ist frische Kuhmilch ohne Behandlungen. Die Festlegungen für die Milchsorten des Handels sind in den verschiedenen Ländern sehr unterschiedlich. So beträgt z. B. der Fettgehalt der M. in Dänemark und der Schweiz 3,8 %, in Norwegen und Finnland 3,9 %, in Österreich 3,2···3,6 %. In Deutschland handelsübliche Milchsorten sind Markenmilch (3,5 % Fett, eine gehobene Milchsorte) und Vorzugsmilch (Rohmilch mit bes. Anforderungen, die als ungeteiltes Gemelk in den Handel kommt). Im deutschen Angebot dominierende Milchsorten sind ferner M. mit 3,5 % und M. mit 1,5 % Fett, in den ostdeutschen Bundesländern noch mit 2,2 % Fett.
M. stellt ein polydisperses System dar. Die Dichte beträgt 1,028···1,034 g/ml, der *p*H-Wert 6,4···6,7. Die Eiweißstoffe liegen in kolloidaler Lösung, Milchfett in Form einer Emulsion und Milchzucker und Salze in echten Lösungen vor. Die durchschnittl. Zusammensetzung verschiedener Milcharten ist unterschiedlich (s. Tabellen).
Die Zusammensetzung der M., z. B. der Kuhmilch, ist ferner von der Rasse, von Alter und Gesundheitszustand der Tiere, von der Laktationszeit und von der Qualität des Futters abhängig. Die bedeutendsten Eiweiße der M. sind Casein (meist als Calciumsalz vorliegend) und die Milchserumproteine *Lactalbumin* und *Lactoglobulin,* die sich auf Grund ihrer Strukturmerkmale durch unterschiedliches Löslichkeitsverhalten auszeichnen. Mittels elektrophoretischer Trennverfahren sind aus Kuhmilch bisher bis zu 30 Protein- bzw. Proteidfraktionen isoliert worden. Milchfett besteht zu 98···99 % aus *Triglyceriden,* den neutralen Glycerolestern einer Reihe gesättigter und ungesättigter Fettsäuren, die den Kern der Fettkügelchen bilden. Der Fettkern ist von einer Hülle aus Lipoproteiden umgeben, die außer Lipoiden, Triglyceriden und Proteinen Vitamin A, Enzyme, Schwermetalle, Salze und Wasser gebunden halten. Die Mineralstoffe

Zusammensetzung ausgewählter Milcharten in 100 g Milch

Milchart	Wasser	Eiweiß	Fett	Milchzucker	Mineralstoffe in kJ	Energiewert (kcal)
Kuhmilch	87,5	3,1	3,7	4,7	0,8	285 (68)
Ziegenmilch	86,6	3,6	4,2	4,8	0,8	310 (74)
Schafmilch	83,9	5,2	6,2	4,2	0,9	420 (100)
Stutenmilch	90,0	2,0	1,1	7,0	0,4	195 (47)
Büffelmilch	82,7	4,5	8,0	4,7	0,8	470 (112)
Frauenmilch	87,6	1,2	4,1	7,0	0,2	290 (70)

Zusammensetzung der Kuhmilch in g bzw. mg je 100 g

Bestandteil	g	mg
1. Wasser	86,0···88,0	
2. Eiweiß		
Casein	3,2	
β-Lactoglobulin		300
α-Lactalbumin		70
Serumalbumin		30
Euglobulin		30
Pseudoglobulin		30
Sonstige Albumine und Globuline		130
Fettkügelchen-membraneiweiß		20
3. Fett und fettähnliche Substanzen		
a. Milchfett	3,0···5,0	
b. Lipoide		
Phospholipide (Lecithin, Kephalin, Sphingomyelin)		30
Steroide (Cholesterol)		10
Carotenoide		0,01···0,06
4. Kohlenhydrate		
Lactose (Milchzucker)	4,5···5,0	
Glucose, Galactose, Mannose, Fructose, n-Acetyl-glucosamin		100
5. Mineralstoffe und Salze		
Calcium		125
Magnesium		10
Natrium		50
Kalium		150
Phosphate		210
Chloride		100
Bicarbonate		20
Sulfate		10
Citrate		200
Lactate		2
Kupfer, Eisen, Zink, Cobalt, Zinn, Jod, Schwefel, Mangan, Aluminium, Bor, Strontium, Silicium		Spuren

Bestandteil	g	mg
6. Vitamine		
a. Fettlösliche Vitamine		
Vitamin A (Retinol)		0,01···0,05
Vitamin D (Cholecalciferol)		0,04
Vitamin E (Tocopherol)		0,1
Vitamin K (Phyllochinon)		Spuren
b. Wasserlösliche Vitamine		
Vitamin B_1 (Thiamin)		0,02···0,04
Vitamin B_2 (Riboflavin)		0,10···0,25
Vitamin B_6 (Pyridoxin)		0,01···0,09
Vitamin C (Ascorbinsäure)		0,20···3,10
Niacin		0,02···0,12
Pantothensäure		0,15···0,57
Folsäure (Pteroyl-glutaminsäure)		0,10···0,50

7. Enzyme

Amylase, Lactase, Lipase, Phosphatasen (saure und alkalische Proteinasen, Xanthinoxydase, Peroxydase, Katalase, Aldolase, Reduktase.
(Sie werden teils mit der Milch sezerniert, teils durch die in der Milch vorhandenen Bakterien gebildet und sind zu wertvollen Hilfsmitteln bei der Milchuntersuchung geworden.)

8. Stickstoffhaltige Substanzen [Nicht-Eiweiß;

Polypeptide, Peptide, Aminosäuren, Creatin(in), Harnsäure, Harnstoff und Gase (z. B. Ammoniak)].

der M. sind an Eiweiß gebunden bzw. liegen als Ionen vor. M. enthält alle für die Entwicklung und Erhaltung des jeweiligen Lebens anfänglich notwendige Nähr- und Mineralstoffe, und insbes. Kuhmilch ist für den Menschen ein hochwertiges Lebensmittel. Im Milcheiweiß sind sämtliche essentiellen Aminosäuren enthalten. Milchfett ist leicht resorbierbar und verdaulich sowie gut verträglich.

Charakteristisch ist der rel. hohe Anteil an *kurzkettigen gesättigten Fettsäuren.* Die ernährungsphysiologisch wichtigen ungesättigten Fettsäuren (Linol-, Linolsäure) sind nur in geringen Mengen vorhanden. Milchzucker trägt zur Regulierung der Darmfunktion bei. Die M. ist der wichtigste Calciumlieferant in der menschlichen Ernährung. Mit 1 l M. (2,5 % Fett) wird der Bedarf einer Normalperson (18 bis 35 Jahre, männlich, leichte körperliche Arbeit) an den wichtigsten Nährstoffen folgendermaßen gedeckt (Tab.). In der Säuglings- und Kinderernährung ist die M. unentbehrlich. Für den Erwachsenen wird ein Tagesverbrauch von 0,5 l empfohlen.

Nährstoffbedarfsdeckung einer „Normalperson" durch 1 l Milch

Inhaltsstoff	Gehalt	Deckung des durchschnittl. Bedarfs eines Normalverbrauchers in %
Eiweiß	31,3 g	40
Fett	25 g	29
Kohlenhydrate (Milchzucker)	48,7 g	12
Calcium	1,25 g	150
Phosphor	0,873 g	75
Eisen	1,4 mg	14
Vitamin A	0,3 mg	30
Vitamin B_1	0,4 mg	25
Vitamin B_2	1,7 mg	106
Vitamin C	20 mg	28
Energiewert	2385 kJ (570 kcal)	23

Die M. findet im Haushalt und in Großküchen zur Bereitung von Speisen, zum Kochen und Backen und als Trinkmilch Verwendung. In der Lebensmittelproduktion ist M. wichtiger Rohstoff für die Herstellung von Butter, Käse, Milcherzeugnissen und technischen Produkten (z. B. Casein, Milchzucker, Molkenerzeugnisse). Vollmilch, entrahmte Frischmilch und Molke haben in der Tierernährung, insbes. in der Jungtieraufzucht, große Bedeutung. → Trinkmilch

2. Geschlechtsprodukt männlicher Fische, Sperma. → Fischmilch

Milchalbumin → Albumine

Milchbackware, *Milchgebäck, Milchware:* ein Backerzeugnis, dem zum Zwecke der Verbesserung des Geschmacks, des Nährwertes, der Konsistenz oder der Frischhaltung eine bestimmte Menge an frischer Trinkmilch, Sahne, Buttermilch oder Sauermilch oder an Milcherzeugnissen (Kondensmilch, Milch-, Magermilch-, Sauermilch- oder Buttermilchpulver) zugesetzt worden ist. Werden den Backwaren nur aus technologischen Gründen (zwecks Haltbarkeits- oder Konsistenzverbesserung) Milch oder Milcherzeugnisse *ohne* Einhaltung einer bestimmten Mindestmenge zugesetzt, so dürfen diese Erzeugnisse nicht als M. bezeichnet werden. Bei Verwendung des Wortteiles *Milch, Buttermilch* und dgl. für die Bez. einer Backware sind folgende Forderungen an den Mindestgehalt dieser Erzeugnisse zu beachten: Bei *Milchbrötchen* ist nur Trinkvollmilch, und zwar in einer Mindestmenge von 50 l auf 100 kg Mehl zu verwenden; ein gleichzeitig zuzusetzender Zuckeranteil für solche Erzeugnisse beträgt 6···14 %. Bei *Buttermilchbrot* sind auf 100 kg Mehl mind. 40 l Buttermilch, geschlagene Buttermilch, Sauermilch oder entsprechende Mengen an Trockenprodukten zu verwenden. Die *spezielle geschmackliche Note* ist nur bei ganz frischem Buttermilchbrot zu erkennen und läßt mit zunehmendem Alter der Backware rasch nach, so daß die Besonderheit eines *Buttermilchbrotes* weniger auf seiner geschmacklichen, sondern mehr auf seiner veränderten Krumenbeschaffenheit (verbesserte Frischhaltung) beruht. Der Buttermilchanteil läßt sich in Backwaren anhand des Orotsäuregehaltes analytisch überprüfen, er muß in Brottrockenmasse mind. 10 ppm Orotsäure betragen. Neben dem Buttermilchbrot gibt es auch *Joghurt-* und *Kefirbrot*; für diese Brote gelten sinngemäß die gleichen Bedingungen. Bei Milchdauerbackwaren muß die Zugußflüssigkeit aus

Milch bestehen, und zwar aus Trinkvollmilch in einer Menge von mind. 20 l auf 100 kg Mehl oder aus entsprechenden Mengen an kondensierter Milch, Milch- oder Magermilchpulver und den zur Ergänzung des Milchfettanteils nötigen Zusätzen an Butter oder Sahne. Die M. unterscheiden sich von → Wasserbackwaren durch eine dichtporigere und heller erscheinende Krumenstruktur und längere Frischhaltung. → Brötchen → Kleinbackwaren

Milchbonbon → Bonbon → Weichkaramelle

Milchbrötchen → Brötchen → Milchbackware

Milchdauerbackware → Milchbackware → Dauerbackware → Zwieback

Milchcrumb: ein pulverförmiges, seltener stückiges, vorwiegend in angelsächsischen Ländern produziertes Halbfabrikat aus Vollmilch, Zucker und Kakaomasse, das dort den Hauptrohstoff für qualitativ hochwertige Milchschokoladenmassen ausmacht und durchschnittl. aus 35% Milchbestandteilen, 9,5% Kakaomasse, 54% Zucker und 1,5% Feuchtigkeit besteht.

Milcheiweiß, *Milchprotein:* Gesamtheit der Eiweiße der Milch. Die bedeutendsten sind (bezogen auf gesamtes M.) Casein (etwa 80%), α-Lactalbumin (etwa 10%) und β-Lactoglobulin (etwa 3,8%). Wegen seines hohen Anteils an essentiellen Aminosäuren ist M. einer der ernährungsphysiologisch hochwertigsten Eiweiße. Handelsüblich versteht man unter M. auch durch Alkalizusatz in Lösung gebrachtes Casein (Natriumcaseinat). Casein (Nähr-Casein, Käserei-Casein, Technisches Casein) dient als Rohstoff für pharmazeutische Präparate, in der Lebensmittelproduktion (diätetische Erzeugnisse, Zusatz zu bestimmten Fleischerzeugnissen, Käseherstellung) und für technische Zwecke (Kunstfasern, Kunsthorn, Farben, Leim, Kitte). → Casein → Milch

Milcheiweißbrot → Brot, proteinangereichertes

Milchenzyme → Milch

Milcherzeugnis: aus Milch oder Milchbestandteilen hergestelltes Erzeugnis. Man unterscheidet zw. *frischen M.*, wie *entrahmte Frischmilch, Sauermilcherzeugnisse (Joghurt, Kefir, Acidophilusmilch, Buttermilch), Milchmischgetränke* (z.B. Kakaotrunk, Vanilletrunk) und *Sahneerzeugnissen (frische Kaffeesahne, saure Sahne, Schlagsahne) und* → *Dauermilcherzeugnissen.*

Milchfett: das Fett der aus den Milchdrüsen weiblicher Säugetiere abgesonderten Flüssigkeit. Das M. wird in der Milchdrüse z. T. aus Acetatbruchstücken, Buttersäure, Ameisensäure, Kohlendioxid und Kohlenhydraten synthetisiert, z. T. geht es auch direkt aus dem Blut in die Milch über. Das M. befindet sich in Form kleiner Fettkügelchen, die von Lipoproteiden umgeben sind, in der Milch. Auf Grund ihrer Genese enthalten die M. auch kurzkettige Fettsäuren. M. unterscheiden sich in ihrer Fettsäurezusammensetzung wesentlich von derjenigen der Depotfette (Tab.). → Milch

Fettsäurezusammensetzung des Fettes von Kuhmilch im Vergleich zu der des Rindertalges

Fettsäure	Kuhmilch[1] Fettanteil in %	Rindertalg in %
Buttersäure	3··· 4	-
Capronsäure	2	-
Caprylsäure	1··· 1,6	-
Caprinsäure	2··· 3	-
Laurinsäure	3··· 4	0··· 0,5
Myristinsäure	6···11	3··· 6
Palmitinsäure	22···29	25···35
Stearinsäure	6···15	16···28
Arachinsäure	0,4···1	0··· 1
Palmitoleinsäure	6	-
Ölsäure	19···33	26···50
Linolsäure	2··· 3	1··· 2,5
Linolensäure	0,5	0··· 0,5

[1] Das Fett von Kuhmilch enthält neben den aufgeführten Fettsäuren noch eine Vielzahl weiterer Fettsäuren, z. B. ungeradzahlige, mehrfach ungesättigte, verzweigtkettige und trans-Fettsäuren.

Milchgebäck → Milchbackware

Milchhalbfett → Butter, energiereduzierte

Milch, haltbare → H-Milch

Milchimitationsprodukte → Erzeugnis, butterhaltiges

Milchkonserve → Dauermilcherzeugnis

Milchkwaß: ein Molkengetränk, daß durch Vergärung von Molke unter Zusatz von Zucker, Zuckerkaramel und Aromastoffen mittels Bäckerhefe gewonnen wird.

Milchling → *Russuláceae*

Milchling, Wolliger → Pilzgifte, gastrointestinale

Milchmargarine → Margarine

Milchmischgetränk: mittels verschiedener Zusätze (z. B Kakao, Honig, Früchte, Obstsäfte, Fruchtsirupe, Marmeladen, Aromen oder Gewürze) aromatisiertes Getränk aus Trinkvollmilch, entrahmter Frischmilch oder Molke. Handelsüblich sind *frische M.*, z. B. Kakaotrunk, oder Schokotrunk (jeweils fettfrei oder mit unterschiedlichem Fettgehalt) und Milchtrunk (z. B. mit Vanille-, Kokos- oder Fruchtgeschmack) und *haltbare M.*, z. B. H-Schokomilch und H-Vanillemilch, die nach einem zugelassenen Erhitzungsverfahren (z. B. ultrahocherhitzt) hergestellt und aseptisch verpackt sind. Fruchtmilch wird auch auf Sauermilch- oder Joghurtbasis angeboten. Bekannt sind außerdem kohlensäurehaltige M.

Milchmischpulver, kakaohaltiges → Mischung, pulverförmige, kakaohaltige

Milchnahrung, *Säuglingsmilchpräparat, Milchzubereitung:* Zubereitung auf Milchbasis, die der künstlichen Ernährung des Säuglings bei unzureichender Versorgung mit Frauenmilch dient. Für die M. wird fast ausschl. Kuhmilch verwendet (Kuhmilchmischungen, Kuhmilchnahrungen), die nicht unmittelbar verabreicht werden kann, da sie sich in ihrer Zusammensetzung von Frauenmilch wesentlich unterscheidet (Tab.).
Gegenüber haushaltsmäßigen Zubereitungen hat industriell gefertigte M. eine Reihe von Vorzügen, wie gleichmäßige Zusammensetzung, einfachere Zubereitung, geringerer Keimgehalt und höhere

Zusammensetzung und Energiewert von Frauenmilch und Kuhmilch

Gehalt	Frauenmilch	Kuhmilch
Eiweiß in %	1,2	3,3
Fett in %	4,0	3,7
Lactose in %	6,9	4,8
Mineralstoffe in %	0,2	0,8
Energiewert in kJ (kcal) je 100 g	295 (70)	290 (69)

Lagerfähigkeit. Sie kann zudem in ihrer Zusammensetzung bzw. ihrer ernährungsphysiologischen Wirkung der Frauenmilch (als dem optimalen Lebensmittel für den menschlichen Säugling) weitgehend angepaßt werden (z. B. Erhöhung des geringeren Anteils an ungesättigten Fettsäuren im Fett der Kuhmilch). Derartige Nahrungen werden als humanisierte oder *adaptierte M.* bzw. *Säuglingsnahrung* bezeichnet. Daneben kann durch Anreicherung industriell gefertigter Erzeugnisse mit bestimmten Vitaminen (bes. der B-Gruppe) und Mineralstoffen (vornehmlich Eisen) über den Gehalt der Frauenmilch hinaus der Bedarf des Säuglings sichergestellt werden. *Industriell hergestellte M.* kommt entweder in Pulverform oder als *Fertigmilch* auf den Markt. Während eine Fertigmilch vor ihrer Verabreichung lediglich auf Trinktemperatur gebracht zu werden braucht und keiner weiteren küchenmäßigen Vorbereitung bedarf, muß M. in Pulverform durch Aufkochen mit Wasser zur trinkfertigen Nahrung rekonstituiert werden. → Frauenmilch → Milch → Nahrung

Milchnahrung, adaptierte → Milchnahrung

Milchner: allg. Bez. für den geschlechtsreifen männlichen Fisch; bes. beim → Hering angewendet. → Vollhering

Milchnertunke: Tunke für Fischerzeugnisse. → Soße

Milchprodukt: Oberbegriff für sämtliche, durch Verarbeitung von Milch erhaltenen Produkte (nicht identisch mit → Milcherzeugnis). M. sind z. B. → *Butter,* → *Käse* und *Milcherzeugnisse*

Milchprotein → Milcheiweiß

Milchpudding: ein als → Fertig-Dessert industriell hergestellter *Flammeri* (→ Pudding) in Portionspackung. Der M. zeigt eine durch Quellung von Stärke und anderen Gelierstoffen entstandene schnittfeste Konsistenz. Er wird in der Regel kalt und als Nachtisch verzehrt (→ Dessert). Als Zusatz dienen Früchte, künstliche oder natürliche Farb- und Aromastoffe, und im Gegensatz zu → Wasserpudding wird der M. mit Milch aufgekocht und durch Erhitzung haltbar gemacht. Die durchschnittl. Zusammensetzung des auf diese Weise hergestellten Vanille-, Schokoladen- oder Karamelpuddings beträgt je 100 g: 70···75 g Feuchtigkeit, 22 g Kohlenhydrate (davon 14 g Zucker), 3 g Eiweiß, 1,1 g Fett und 0,1 g Calcium. Der Energiewert je 100 g beträgt 470 kJ (112 kcal).

Milchpulver, *Trockenmilch:* aus Vollmilch, entrahmter Frischmilch oder auch Buttermilch mit Hilfe technischer Verfahren auf ein Viertel ihres Volumens gebrachtes Trockenerzeugnis. Die pasteurisierte Milch wird zunächst durch Wasserentzug auf thermischem Wege eingedickt und anschließend nach dem Sprüh- oder Walzenverfahren getrocknet. Beim Sprühverfahren wird die eingedickte Milch im heißen Luftstrom (140···150°C, Trocknungstemperatur des Gutes 50···60°C) fein versprüht. Beim Walzenverfahren erfolgt die Trocknung auf beheizten, sich drehenden Hohltrommeln. Handelsübliche Sorten sind z.B. *Sprüh-* und *Walzenvollmilchpulver* mit 25% F.i.Tr. und *Sprüh-* und *Walzenmagermilchpulver* mit <1,0% F.i.Tr. Sprühmilchpulver ist zwar besser löslich, aber hygroskopischer und oxydationsempfindlicher als Walzenmilchpulver. Das M. dient u.a. als Grundlage für Säuglingsfertignahrung und findet ferner in zunehmendem Maße in der Jungviehaufzucht Anwendung. Trockenbuttermilch findet vor allem in der Säuglingsdiätetik Verwendung. → Dauermilcherzeugnis

Milchreife → Dinkel → Getreide → Gemüsemais → Hülsenfrucht → Leimkleberweizen

Milchreis → Speisereis

Milch, rekombinierte: das durch Zusammenfügen von fettfreier Milchtrockenmasse (Magermilchpulver), wasserfreiem Milchfett und Wasser entstehende Produkt, wobei das für Frischmilch spezifische Verhältnis von Fett zu fettfreier Trokkenmasse und zu Wasser hergestellt sein muß. R. M. hat besondere Bedeutung für die Versorgung der Bevölkerung in Ländern, die keine ausreichende eigene Milcherzeugung haben oder in denen die klimatischen und technischen Voraussetzungen für eine kontinuierliche Trinkmilchversorgung sehr ungünstig sind (Lateinamerika, Ferner Osten, Vorderer Orient, Nord-Afrika, Äquatorial-Afrika).

Milch, rekonstituierte: das durch Zusatz von Wasser zu Trockenmilchpulver (Vollmilchpulver, Magermilchpulver) entstehende Produkt, wobei das milchspezifische Verhältnis von Wasser zu Trockenmasse wieder hergestellt wird. Vollmilchpulver wird wegen der nicht genügend langen Haltbarkeit seltener verwendet.

Milchsäure (E 270), *α-Hydroxypropionsäure* (veraltet), *2-Hydroxy-1-propansäure:* eine einbasische Hydroxysäure s. Formel.

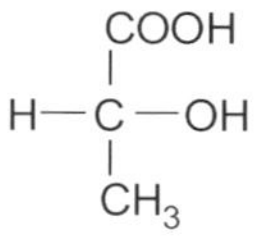

D(−)-Form

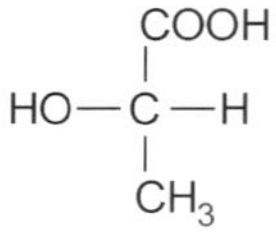

L(+)-Form

Die M. kommt sowohl in diesen beiden optisch aktiven Formen als auch als Racemat (D L-Verbindung, Gärungsmilchsäure) als Stoffwechselprodukt pflanzlicher und tierischer Organismen vor. M. wird vorwiegend auf mikrobiologischem Wege gewonnen. Im Handel befindliche M. ist ein Gemisch aus Wasser, DL-M. und versch., bei der Herstellung entstehenden Zwischen- und Nebenprodukten. M. ist eine klare, farblose bis schwach gelbliche, sauer schmeckende, mit Wasser unbegrenzt mischbare Flüssigkeit mit unterschiedlich stark ausgeprägtem Eigengeruch, *d* je nach Qualität und M.-Gehalt zw. 1,180 und 1,216.

Ob eine L- oder D-M. bei der enzymatischen Reduktion von Brenztraubensäure entsteht, hängt vom Vorhandensein der Enzyme L(+)-Lactatdehydrogenase oder der entsprechenden D(-)-Form ab. Mirkoorganismen können beide Milchsäure-Formen bilden, höhere Organismen fast nur die L(+)-Form; sie haben keine D(-)-Lactatdehydrogenase zu ihrer Verwertung. Trotzdem wird die Hauptmenge der D(-)-Form verstoffwechselt, wenn auch deutlich weniger als die L(+)-M. Die Stoffwechselkapazität des Menschen reicht aus, um eine längerdauernde Akkumulation von D(-)-M. aus der Nahrung zu verhindern und einer D(-)-Lactatacidose vorzubeugen. Es wird eingeschätzt, daß die obere Grenze für eine Aufnahme von D-M. deutlich unter 65 mg je kg und Tag liegen sollte. Die im Sauerkraut, in sauren Gurken und gesäuerter Milch vorhandene M. stammt aus der bakteriellen Zersetzung von Kohlenhydraten (Milchsäuregärung, Silieren). Auch im Wein kommt M. vor. Die L(+)-M. (Fleischmilchsäure) entsteht durch Glycolyse des Blutzuckers (Glucose) im arbeitenden Muskel. Bei der Herstellung von Limonaden und Essenzen wird M. oft anstelle von Wein- und Citronensäure verwendet. Sie hat auch antiseptische Wirkung. Die Salze und Ester der M. heißen *Lactate.* Natrium- und Calciumlactat kann man Backpulvern zusetzen, da die frei werdende M. die im Teig vorhandenen Butter- und Essigsäurebakterien unwirksam macht, das Wachstum der Sauerteighefen unterstützt und den Backwaren angenehmen Geruch und Geschmack verleiht. Freie Milchsäure wird auch für Backpulver verwendet. Eisenlactat dient als Zusatz zu Mitteln gegen Blutarmut. → Säureregulatoren

Milchsäurebakterien → Lactobazillen

Milchschokolade → Schokolade

Milchschokoladenüberzugsmasse → Schokoladenüberzugsmasse

Milch, simulierte → Ersatzmilchpräparat, pflanzliches → Imitationsmilch

Milchteigware → Teigware, eiweißangereicherte

Milchtrunk: aus pasteurisierter, im Fettgehalt eingestellter Milch oder entrahmter Frischmilch unter Zusatz von natürlichen oder künstlich verstärkten geschmacksbestimmenden Aromen und Zucker hergestelltes → Milchmischgetränk, das gegebenenfalls nach nochmaliger Pasteurisierung abgefüllt wird. Handelsübliche Sorten sind Vanillemilchtrunk, Zitronenmilchtrunk, Pfefferminzmilchtrunk, M.-Orange, M.-Himbeere, M.-Ananas, M.-Erdbeere, M.-Kirsche, M.-Banane und M.-Aprikose, jeweils mit handelsüblichen bzw. erniedrigtem Fettgehalt hergestellt.

Milch, vitaminierte: mit Vitaminen, vorzugsweise mit Vitamin D, angereicherte Trinkmilch. Früher hat die Rachitisprophylaxe durch UV-Bestrahlung der Milch zwecks Umwandlung des Provitamin D in Vitamin D verbreitet Anwendung gefunden. Soweit heute der Milch Chole- oder Ergocalciferol beigemischt werden, erfolgt dies meist mit Alkohol oder Propylenglycol als Lösungsmittel. Die Zusatzmengen bewegen sich zw. 0,01 mg und 0,025 mg (400···1000 I.E.). In den USA wird die dort aus diätetischen Gründen reichlich verzehrte fettarme Milch mit Vitamin A versetzt. In europäischen Ländern werden z. Z. Milchpulver enthaltende Fertignahrungen für die Säuglingsernährung mit Vitaminen angereichert, und zwar in komplexer Form.

Milchware → Milchbackware

Milchwurz → Beinwell

Milchzubereitung → Milchnahrung

Milchzucker → Lactose

Milchzuckersäure → Zuckersäuren

mild → soft

Mild Ale → Ale

Mildsalzung → Salzfischerzeugnisse

Milletstärke → Getreidestärke

Milocorn → Sorghumhirse

Milostärke → Getreidestärke

Milz: *Organ* in der Nähe des Magens von Säugern, das u. a. als Bildungsstätte von Lymphozyten und als Speicherorgan für rote Blutkörperchen lebensnotwendig ist. Sie zählt zu den → Innereien und wird zu Kochwürsten verarbeitet.

Mimolette: halbfester *Schnittkäse* (Typ Edamer) bis *Hartkäse* aus Frankreich. → Käsesorten

Mimósa glaūca → Tamarinde, wilde

Mimosin → Aminosäuren → Hämagglutinine

Mimúsops eléngi → Djavefett

'Minaret' → Türmchenblumenkohl

Mindesthaltbarkeitsdatum: dasjenige Datum, bis zu dem ein Lebensmittel seine spezifischen Eigenschaften unter angemessenen Aufbewahrungsbedingungen behält. Es ist kein Verfallsdatum. Das M. ist nicht gleichzusetzen mit der *Verbrauchsfrist.* Das Überschreiten des M. bedeutet deshalb vielfach nicht, daß das betreffende Lebensmittel nicht mehr verkehrsfähig ist.

Mindesthaltbarkeitsdauer: *Verbindliche Frist* innerhalb der die wertbestimmenden Eigenschaften eines Lebensmittels zu gewährleisten sind und entsprechend der Lebensmittel-Kennzeichnungs-VO deklariert werden muß (Tag; Monat; Jahr). Bei Erzeugnissen, deren M. weniger als 3 Monate beträgt, reicht die Angabe des Tages und des Monats aus. Bei Erzeugnissen mit darüber liegender M. genügen Monat und Jahr. Als Bezugstemperatur für die M. eines kühl zu lagernden Lebensmittels gelten 10°C. Nach Ablauf der M. ist die Verkehrsfähigkeit meistens noch gegeben, jedoch liegt das Risiko beim Verkäufer. Sofern nicht merkliche Veränderungen eingetreten sind, ein Zeichen des Verderbs ausgeschlossen, liegt noch keine Veranlassung für eine Beanstandung vor.

Mineralbrunnen → Tafelwasser

Mineralhefe → Hefe

Mineralöl: flüssiges, aus mineralischen Rohstoffen (Erdöl, Braun- und Steinkohle, Holz, Torf) gewonnenes Destillationsprodukt, das im wesentlichen ein Gemisch von gesättigten Kohlenwasserstoffen darstellt. M. können sich infolge Migration aus Verpackungsmitteln wie präparierte Jutesäcke oder Wachspapier sowie durch Übertragung von Geräte-Schmieröl im Lebensmittel einfinden. So wurden z. B. folgende Mineralölmengen nachgewiesen: Im Schokoriegel 50 mg/kg, in Bonbons 14,5 mg/kg, im Kaugummi 7,5 mg/kg und in Reis und Haselnüssen bis 2 g/kg.

Mineralstoffe: anorganische Verbindungen, von denen viele dem pflanzlichen und tierischen Organismus als Bau- und Wirkstoffe dienen und die bei der Veraschung der Körpersubstanz bzw. der Lebensmittel im unverbrennbaren Rückstand verbleiben. Die M. befinden sich im Erdboden, in den Gesteinen, Erzen, Mineralien und teilw. auch im Wasser. Sie werden von den Pflanzen mit Hilfe ihrer Wurzeln aufgenommen, in deren Körpersubstanz eingebaut und über sie in Form von Nahrung an tierische Organismen weitergegeben. Das Mineralstoffbedürfnis von Tier und Mensch wird mit Hilfe dieser pflanzlichen Nahrungsquellen befriedigt. Von der früheren Unterscheidung zw. *Mengenelementen (Makroelementen),* M. die in größeren Mengen angeboten und benötigt werden, und *Spurenelementen (Mikroelementen), M., die* vom Organismus nur in kleinen Mengen aufgenommen und benötigt werden, kommt man ab und faßt die für den Menschen lebensnotwendigen M. unter dem Begriff essentielle M. zusammen. Diese liegen im Organismus teils in Ionenform, teils in anorganischen und teils in organischen Verbindungen vor. Sie sind als Katalysatoren am Stoffwechsel beteiligt, unentbehrlich für die Regulation des *p*H-Wertes, des osmotischen Druckes in den Körperzellen, der Lösungsbedingungen für Kolloide, für die Schaffung von Puffersystemen, für die Ermöglichung der Reizbarkeit und Beantwortung von Reizen, Hemmungen und Förderung von Enzymsystemen, für Sekretion, Resorption und Exkretion; sie sind unentbehrlich als Baustoffe für die Bildung von Gerüstsubstanz, Skelettsystem und einer Vielzahl wichtiger organischer Verbindungen, z. B. Magnesium für das Chlorophyll, Eisen für den Blutfarbstoff, Cobalt für das Vitamin B_{12}, ver-

schiedene andere Spurenelemente für bestimmte Enzyme und Hormone.
Der Organismus verfügt über ausgezeichnet funktionierende Regelmechanismen, um über die Mineralstoffzusammensetzung stets gleichbleibende Milieubedingungen zu erhalten bzw. sich an veränderte Bedingungen anzupassen. Nicht alle im menschlichen Organismus anzutreffenden M. sind für ihn essentiell, bei einigen ist noch ungeklärt, ob sie eine physiologische Bedeutung haben (Übersicht zu den wichtigsten M. siehe Tab. unten).
Fluor wird in zunehmendem Maße dem Trinkwasser und Speisesalz zugesetzt (Trinkwasserfluoridierung, bis zu 1 mg Fluorsalze je l), weil es eine kariesverhütende Wirkung zeigt. Die meisten der M. bewirken, in unphysiologischen Konzentrationen aufgenommen, schwere Stoffwechselstörungen bzw. Vergiftungen.
Die M. des Organismus sind wie alle anderen Bausteine der lebenden Substanz einem ständigen Umsatz und Austausch unterworfen. So müssen die ausgeschiedenen M. mit Hilfe der Nahrung ersetzt werden. Mangel an M. führt zu schweren Erkrankungen des Organismus, völliger Entzug in kurzer Zeit zu seinem Tod. Die physiologische Bedeutung der essentiellen M. s. Übersicht Seite 166/167.
Die M. sind, sofern sie in Ionenform vorliegen, gut wasserlöslich und können darum bei unsachgemäßer Lebensmittelverarbeitung, bes. beim Blanchieren, Wässern, Waschen und Kochen, ausgelaugt werden. In ihrer Gesamtheit bewirken die M. den vollen Geschmack eines Nahrungsmittels. Ihr Verlust läßt sich deshalb durch Kochsalz nicht wieder in vollkommener Weise ausgleichen. Der Gehalt der einzelnen Lebensmittel an M. ist sehr unterschiedlich (s. Übersicht Seite 168–170). → Schwermetalle, toxische → Nährstoffempfehlungen

Mineralstoffgetränk: Sammelbez. für Getränke, die (nach den Richtlinien des Bundesverb. der Deutsch. Erfrischungsgetränkeind. e. V. für M. 1992) durch ihre Zusammensetzung insbes. durch den Zusatz von Mineralstoffen im Rahmen der allg. Ernährung einen Beitrag zum Ausgleich von Wasser- und Mineralstoffverlusten und einen nennenswerten Beitrag zum Mineralstoffhaushalt leisten, insofern müssen sie zw. 10 % und 30 % des Tagesbedarfs an Mineralstoffen liefern. Nach den Bestimmungen der Zusatzstoffzulassungsordnung dürfen Natrium, Kalium, Calcium, Magnesium, Carbonate, Phosphate, Chloride, Sulfate, wasserlösliche Kalium-, wasserlösliche Natrium-

Die wichtigsten Mineralstoffe

Physiologische Funktion erwiesen	Funktions-fördernd	Physiologische Funktion noch fraglich	Ohne physiologische Funktion	Giftige Mineralstoffe
Arsen, Calcium, Chlor, Chromium, Cobalt, Eisen, Fluor, Iod (Jod veraltet), Kalium, Kupfer, Magnesium, Mangan, Molybdän, Natrium, Nickel, Niobium, Phosphor, Schwefel, Selen, Silicium, Zink, Zinn	Brom, Cadmium	Aluminium, Gold, Silber, Titanium, Uranium	Barium, Bismut (veraltet Wismut), Bor, Caesium, Cerium (Cer), Lithium, Edelgase, Rubidium, Strontium	Arsen, Blei, Cadmium, Quecksilber, Radionuclide

Die essentiellen Mineralstoffe und ihre physiologische Bedeutung

Element	Funktion	Mangelerscheinungen
→ *Calcium* (Ca)	Aufbau und Verfestigung des Skelettsystems, Beteiligung an der Blutgerinnung, Regulierung der Erregungsprozesse in den Nerven und der Muskulatur, abdichtende Wirkung auf die Zellmembranen	Entkalkung des Skelettsystems (Osteomalazie, Rachitis), erhöhte Erregbarkeit des Nervensystems und der Muskulatur (Tetanie)
Magnesium (Mg)	Beteiligung am Aufbau des Skelettsystems, Aktivator und Bestandteil zahlreicher Enzyme (u.a. Kinasen, Mutasen, Phosphatasen, Oxydasen, Aminasen, Carboxypeptidasen)	Körpergewichtsabnahme, Muskeltremor, unkoordinierte Bewegungen, mitunter Krämpfe und Delirium
Kalium (K)	Regulierung des osmotischen Drucks der Zellflüssigkeit, des Zustandes der Zellproteine, der Erregbarkeit und des elektrophysiologischen Verhaltens der Zellen, Aktivator und Bestandteil von Enzymen (Oxydasen, glycolytische Enzyme, Pyruvat-Kinase)	Herzmuskelschäden bis zur Nekrose, Muskelerschlaffung, Blutdrucksenkung
Natrium (Na)	Regulierung des osmotischen Drucks in der extrazellulären Flüssigkeit, Aktivator von Enzymen (Amylase, Adenosintriphosphatase der Zellmembran)	Apathie und Schwäche, Übelkeit, Absinken des Blutdrucks, in schweren Fällen Muskelkrämpfe
→ *Phosphor* (P)	wichtiger Bestandteil des intermediären Stoffwechsels, bes. im Bereich der Energiegewinnung und der Energieverwertung (oxydative Phosphorylierungsvorgänge, Glycolyse), Baustein von Nucleinsäuren, Nucleotiden und organischen Phosphaten, Beteiligung am Aufbau des Skelettsystems	Mangelerscheinungen sind beim Menschen praktisch unbekannt. P-Mangel führt in Verbindung mit *Vitamin-D-Mangel* zur *Rachitis*
Chlor (Cl)	Regulierung des osmotischen Drucks in der extrazellulären Flüssigkeit, Bildung von Salzsäure bei der Magensaftsekretion	Mangelerscheinungen sind beim Menschen unbekannt. Experimentell erzeugte Cl-Mangelerscheinungen sind Wachstumsstörungen, Muskelschwäche und Alkalose
→ *Eisen* (Fe)	Aktivator und Bestandteil von Enzymen (Cytochrome, Cytochromoxydase, Katalasen, Peroxydasen), Bestandteil des *Hämoglobins*	Ausbildung einer Anämie (Blutarmut), Depigmentierung der Haut, der Haare, Mangelerscheinungen treten vor allem bei Frauen und Säuglingen auf

Die essentiellen Mineralstoffe und ihre physiologische Bedeutung (Forts.)

Element	Funktion	Mangelerscheinungen
Cobalt (Co)	Aktivator und Bestandteil von Enzymen (Cobalamin-Enzyme, Glycylglycin-Dipeptidase), Zentralatom des *Vitamin-B_{12}*, verantwortlich für eine normale Bildung der roten Blutkörperchen, Erhöhung der Ausnutzung biologisch minderwertiger Proteine	Vitamin-B_{12}-Mangel-Anämie, hohe Dosen wirken stark toxisch ebenfalls unter Ausbildung einer Anämie
Kupfer (Cu)	Aktivator und Bestandteil von Enzymen (Cytochrom-Oxydase, Tyrosinase, Phenoloxydasen)	Mangelerscheinungen beim Menschen unbekannt, beim Tier Störung der Fe-Resorption, Ausbildung von Fe-Mangelanämien, Osteoporose (Knochenentkalkung), Störung der Phosphatid-Synthese, hohe Dosen bewirken Erbrechen und Durchfall
Mangan (Mn)	Aktivator und Bestandteil von Enzymen (Peptidasen, Arginase, Malat-Enzym, Isocitratdehydrogenase)	Mangelerscheinungen beim Menschen unbekannt, beim Tier Störung der Knochenbildung und -verkalkung, Fertilitätsstörungen
Molybdän (Mo)	Aktivator und Bestandteil von Enzymen (Aldehyd-Oxydase, Xanthin-Oxydase)	Mangelerscheinungen beim Menschen unbekannt, bei experimentellem Mo-Mangel Senkung der Xanthin-Oxydase-Aktivität in der Leber
Chromium (Cr)	Stabilisator der Tertiärstruktur von körpereigenem Eiweiß und Nucleinsäuren; Aktivierung von Enzymen (z.B. Phosphoglucomutase)	Verringerung der Glucose-Toleranz im Alter
Fluor (F)	Kariesprävention (Trinkwasser-, Speisesalz- und Zahnpasta-Fluoridierung), Stimulierung des Knochenwachstums. Weitere physiologische Wirkungen noch in der Diskussion	Mangelhafte Widerstandsfähigkeit des Zahnschmelzes gegenüber der Entmineralisation durch die Tätigkeit der Mundflora

und Calciumsalze verwendet werden (mit Ausnahme von Magnesiumsalzen). Die Verwendung von Eisen und anderen Spurenelementen ist untersagt. Ein M. muß mehr als 500 mg Kationen je l aufweisen.

Mineralwasser, künstliches → Tafelwässer

Mineralwasser, natürliches: 1. ein gelöste Mineralstoffe und Kohlendioxid enthaltendes Wasser, das seinen Ursprung in einem unterirdischen, vor Verunreinigungen geschütztem Wasservorkommen hat und aus einer natürlichen oder künstlich erschlossenen Quelle gewonnen und direkt am Quellort in die für den Verbraucher bestimmten Gefäße abgefüllt wird. N. M. besteht aus – dem Kreislauf des Wassers entstammendem – Grundwasser, das juvenil gebildetes Kohlendioxid und der geologischen Beschaffenheit der Gesteine

Mineralstoffgehalt ausgewählter Lebensmittel

Lebensmittel	mittlerer Gehalt an Mineralstoffen in mg/kg (ppm)									
	Na	K	Mg	Ca	Mn	Fe	Co	Cu	Ni	Cr
Fisch										
Kabeljau	720,0	3560,0	250,0	240,0	0,17	4,40	0,0040	2,30	0,020	0,010
Lachs	510,0	3710,0	290,0	130,0	0,14	10,00	0,0280	2,00	0,020	-
Nordseegarnele	1460,0	2660,0	670,0	920,0	0,30	17,60	0,1200	2,40	0,030	-
Miesmuschel	2960,0	2770,0	360,0	270,0	1,80	51,20	-	1,70	-	-
Auster	-	1840,0	-	820,0	6,00	58,00	-	25,00	0,185	0,090
Fleisch										
Schweinemuskelfl.	560,0	4180,0	270,0	32,0	0,80	10,00	0,0010	0,50	0,010	0,014
Schweineleber	770,0	3500,0	210,0	100,0	3,60	221,00	0,0153	54,80	0,011	-
Schweineniere	1730,0	2420,0	-	70,0	0,60	100,00	0,0040	1,70	0,011	0,010
Rindermuskelfl.	570,0	3700,0	210,0	35,0	0,22	19,00	0,0027	0,65	0,010	0,140
Rinderleber	1160,0	2920,0	171,0	70,0	2,50	71,00	0,1050	36,00	-	0,012
Rinderniere	2350,0	2450,0	200,0	110,0	1,10	95,00	0,0300	3,90	0,015	0,030
Eier										
Eigelb	510,0	1380,0	160,0	1400,0	-	72,00	0,3500	3,50	-	0.200
Eiweiß	1700,0	1540,0	120,0	110,0	0,40	2,00	0,0600	1,30	-	-
Milch										
Vollmilch	480,0	1570,0	120,0	1200,0	0,025	0,46	0,0008	0,10	0,025	0,025
Molke	450,0	1290,0	10,0	679,0	-	1,00	-	-	0,040	-
Speisequark 1	350,0	870,0	110,0	850,0	0,60	3,70	0,0012	0,14	0,010	0,010
Emmentaler 2	4500,0	1070,0	350,0	10200,0	0,27	3,10	0,0100	11,70	0,200	0,050
Getreide										
Weizen, ganzes Korn	78,0	5020,0	1470,0	437,0	34,00	33,0	0,020	6,30	0,340	0,030
Weizenmehl Typ 550	30,0	1260,0	-	160,0	-	11,0	-	2,90	-	-
Roggen, ganzes Korn	400,0	5100,0	1200,0	640,0	24,00	46,0	0,031	5,00	-	0,250
Roggenmehl Typ 997	10,0	2400,0	-	310,0	-	22,0	-	-	-	-
Reis, unpoliert	100,0	1500,0	1570,0	230,0	11,00	26,0	-	2,40	-	-
Reis, poliert	60,0	1030,0	640,0	60,0	20,00	6,0	0,006	1,30	-	-
Gemüse										
Kartoffeln	32,0	4430,0	250,0	95,0	1,50	8,0	0,013	1,50	0,260	0,330
Sellerie	770,0	3210,0	93,0	680,0	1,50	5,3	-	0,20	0,050	0,005
Blumenkohl	160,0	3280,0	170,0	200,0	1,70	6,3	-	1,40	0,300	0,020
Spinat	650,0	6330,0	580,0	1260,0	7,60	41,0	0,019	1,20	0,230	0,050
Aubergine	35,0	2660,0	108,0	131,0	1,90	4,2	-	0,90	0,110	-
Erbsen	20,0	3040,0	330,0	240,0	6,60	18,4	0,030	3,80	-	0,020
Sojabohne, trocken	4,0	17400,0	2470,0	2570,0	28,00	85,9	-	1,10	7,000	-
Champignon	80,0	4220,0	130,0	80,0	1,10	12,6	-	4,00	0,020	0,070

Mineralstoffgehalt ausgewählter Lebensmittel (Forts.)

Lebensmittel	mittlerer Gehalt an Mineralstoffen in mg/kg (ppm)									
	Na	K	Mg	Ca	Mn	Fe	Co	Cu	Ni	Cr
Obst										
Apfel	30,0	1440,0	64,0	71,0	0,65	4,8	0,100	1,00	0,110	–
Erdbeere	25,0	1470,0	150,0	260,0	2,00	9,6	0,023	1,20	0,060	0,010
Orange	14,0	1770,0	140,0	420,0	0,29	4,0	0,005	0,67	0,100	0,010
Nüsse										
Haselnuß	20,0	6360,0	1560,0	2260,0	57,00	38,0	0,120	12,80	1,200	0,140
Walnuß	24,0	5440,0	1290,0	870,0	19,70	25,0	0,095	8,80	1,300	–

1 = 20 % F. i. Tr.
2 = 45 % F. i. Tr.

Lebensmittel	mittlerer Gehalt an Mineralstoffen in mg/kg (ppm)							
	Mo	Al	Se	PO_4^{3-}	Cl	F	I	NO_3^-
Fisch								
Kabeljau	–	–	0,270	1840,0	2280,0	0,280	1,2000	–
Lachs	–	–	0,260	2660,0	–	0,300	0,3400	–
Nordseegarnele	0,030	–	0,410	2240,0	–	1,600	1,3000	–
Miesmuschel	0,560	–	0,480	2460,0	4630,0	–	1,3000	–
Auster	–	–	0,60	1570,0	–	1,200	0,5800	–
Fleisch								
Schweinemuskelfl.	0,270	0,030	0,010	2040,0	–	–	–	–
Schweineleber	3,000	–	0,580	3620,0	678,0	2,900	0,1400	–
Schweineniere	0,170	0,024	–	2600,0	1900,0	–	–	–
Rindermuskelfl.	0,280	–	0,030	1940,0	520,0	–	–	–
Rinderleber	–	–	0,350	3580,0	681,0	1,300	0,1400	–
Rinderniere	0,310	0,060	–	2480,0	2510,0	2,000	–	–
Eier								
Eigelb	0,170	–	0,300	5900,0	1800,0	0,300	–	0,06
Eiweiß	0,120	–	–	210,0	1,7	–	0,0680	0,06
Milch								
Vollmilch	0,042	0,460	0,090	920,0	1020,0	0,170	0,0330	0,0008
Molke	0,340	–	–	430,0	670,0	–	–	–
Speisequark 1	0,070	–	0,050	1650,0	1300,0	0,230	0,0370	–
Emmentaler2	0,100	–	0,110	6360,0	3700,0	0,600	–	–
Getreide								
Weizen, ganzes Korn	–	–	–	3444,2	550,0	0,900	0,0060	–
Weizenmehl Typ 550	0,450	–	–	1131,7	–	–	–	–
Roggen, ganzes Korn	–	–	–	3365,5	200,0	1,500	0,0720	–
Roggenmehl Typ 997	–	–	–	1800,0	–	–	–	–
Reis, unpoliert	0,750	–	0,400	3250,0	–	0,500	0,0220	–
Reis, poliert	0,800	–	0,400	1200,0	–	0,500	0,0220	–

Mineralstoffgehalt ausgewählter Lebensmittel (Forts.)

Lebensmittel	mittlerer Gehalt an Mineralstoffen in mg/kg (ppm)							
	Mo	Al	Se	PO_4^{3-}	Cl	F	I	NO_3^-
Gemüse								
Kartoffeln	–	0,250	–	500,0	450,0	0,097	0,0380	130,0
Sellerie	0,020	–	0,011	800,0	1500,0	0,140	0,0283	980,0
Blumenkohl	–	–	0,032	540,0	290,0	0,120	0,0012	420,0
Spinat	–	–	0,017	550,0	540,0	1,100	0,1200	1660,0
Aubergine	–	–	–	214,0	550,0	–	0,0080	200,0
Erbsen	0,700	–	0,003	1080,0	400,0	0,270	0,0420	30,0
Sojabohne, trocken	–	–	0,600	5910,0	70,0	–	0,0630	–
Champignon	–	–	0,070	1230,0	670,0	0,310	0,1800	–
Obst								
Apfel	0,0015	–	–	120,0	22,0	0,066	0,0160	
Erdbeere	0,090	–	–	290,0	140,0	0,240	0,0100	–
Orange	–	–	0,035	230,0	40,0	0,050	0,0210	–
Nüsse								
Haselnuß	–	–	0.020	3330,0	100,0	0,170	0,0150	–
Walnuß	–	–	–	4090,0	230,0	6,800	0,0300	–

1 = 20 % F. i. Tr.
2 = 45 % F. i. Tr.

und des Untergrundes sowie den Grundwasserleitern entsprechende gelöste Mineralstoffe enthält, jedoch frei von Sauerstoff ist. Als Mineralstoffe kommen hauptsächlich Natrium, Calcium, Magnesium, Chlorid, Carbonat, Hydrogencarbonat und Sulfat vor. Die n. M. treten z. T. durch → *Quellen* frei zutage oder werden durch → *Brunnen* gefördert. Entsprechend ihrer therapeutischen Wirkung werden einige n. M. als → *Heilwässer* verwendet.
Die Entstehung der n. M. liegt weit zurück. Bei Thermalsolen des Ruhrgebietes z.B. wurden Alterswerte von über 24 000 Jahren ermittelt. N. M. muß von ursprünglicher Reinheit sein, dies bedeutet, daß alle im n. M. enthaltenen Stoffe natürlichen Ursprungs sein müssen, sie dürfen nicht von außen als Folge von Umweltverschmutzung hineingelangt sein. Das n. M. muß aufgrund seines natürlichen Gehaltes an Mineralstoffen günstige ernährungsphysiologische Wirkungen haben und amtlich anerkannt sein. Ein offener Punkt im Zusammenhang mit der geforderten *ursprünglichen Reinheit* bleibt die Frage des Nitratgehalts. Der Nitratgehalt kann ebenfalls natürlichen Ursprungs sein und die meisten Mineralwasserarten bewegen sich in einem Bereich unter 10 mg Nitrat je l. Es gibt allerdings auch zu beanstandende Sorten mit Werten bis zu 30 mg Nitrat je l.
Die Mineral- und Tafelwasserverordnung schreibt vor, daß im Lokal einem Gast nur voll befüllte Flaschen serviert werden dürfen, ein glasweises Einschenken aus Zapfanlagen oder aus einer großen 0,7-l-Flasche ist nur bei → Tafelwasser zulässig. N. M. mit der Angabe *„geeignet für die Zubereitung von Säuglingsnahrung“* hat die in der Tab. (Seite 171) aufgeführten Forderungen zu erfüllen.
Säuglinge sollten daher nur mineralstoffarme, abgepackte Wässer erhalten. Kriterien zur Abgrenzung der Begriffe → Tafel- → Quell- → Stilles Wasser sowie → Sprudel → Säuerling und → Sole sind der Tab. zu entnehmen, weitere Hinweise s. unter → Heilwasser. Wässer mit mind. 5 g/l Kohlendioxid bleiben bei Zimmertemperatur in gut verschlossenen Flaschen 3 Jahre bakteriologisch einwandfrei und chemisch unverändert.
2. → Tafelwässer

Mineralwasser, natürliches, fluoridhaltig → Tafelwässer

Hinweise auf bestimmte Inhaltsstoffe und bes. Eignung von natürlichem Mineralwasser

Angaben auf der Verpackung	*Anforderungen*
mit geringem Gehalt an Mineralien	< 500 mg/l Mineralstoff
mit sehr geringem Gehalt an Mineralien	< 50 mg/l Mineralstoff
mit hohem Gehalt an Mineralstoffen	> 1500 mg/l Mineralstoffe
Bicarbonathaltig (= Hydrogencarbonatgehalt)	> 600 mg/l Hydrogencarbonat
Sulfathaltig	> 200 mg/l Sulfat
Chloridhaltig	> 200 mg/l Chlorid
Calciumhaltig	> 150 mg/l Calcium
Magnesiumhaltig	> 50 mg/l Magnesium
Fluoridhaltig	> 1 mg/l Fluorid
Eisenhaltig	> 1 mg/l Eisen
Natriumhaltig	> 200 mg/l Natrium
geeignet für die Zubereitung von Säuglingsnahrung	< 20 mg/l Natrium
	< 10 mg/l Nitrat
	< 0,02 mg/l Nitrit
	< 1,5 mg/l Fluorid
	< 200 mg/l Sulfat
	< 0,2 mg/l Mangan
geeignet für natriumarme Ernährung	< 20 mg/l Natrium

Übersicht über die unterschiedlichen Bezeichnungen

Herkunft	Inhaltsstoffe	Art des Wassers
natürliche Wässer	> 1 000 mg/l Mineralstoffe	natürliches Mineralwasser
"	> 1 000 mg/l Mineralstoffe und > 1,5 mg/l F^-	natürliches Mineralwasser, fluoridhaltig
"	>14 000 mg/l NaCl	→ Sole
"	> 250 mg/l CO_2	→ Säuerling
"	< 1 000 mg/l Mineralstoffe	→ *Quellwasser*
"	< 20 mg/l Na^+	natriumarme Wässer
"	durch CO_2-Überdruck zu Tage tretend	→ Sprudel
"	< 4 000 mg/l CO_2	→ stille Wässer
Trinkwasser	< 1 000 mg/l Mineralstoffe	→ *Tafelwasser*
"	1400···2500 mg/l Selterssalz	→ Selterswasser, Tafelwasser
"	> 570 mg/l $NaHCO_3$	→ Sodawasser, Tafelwasser

Mineralwasser, Steinsieker → Natriumarme Wässer

Mini-Erzeugnis → Baby-Erzeugnis

Minguella → Ojokbaum

Minneola: eine vollaromatische → Zitrusfrucht, die als Kreuzungsprodukt aus der *Tangerine,* einer kernlosen Mandarine und Grapefruit hervorgegangen ist. Die M. besitzt am Stielende einen deutlich hervortretenden Höcker und eine feinporige, glatte, dunkelorangefarbene Schale, die sich leicht entfernen läßt. Die M. wird ab Mai im südlichen Afrika geerntet und gelangt nach Deutschland noch bis Anf. Sept. frisch auf den Markt.

Mintai, *Alaska-Pollack, Théragra chalcográmma* (Bild):

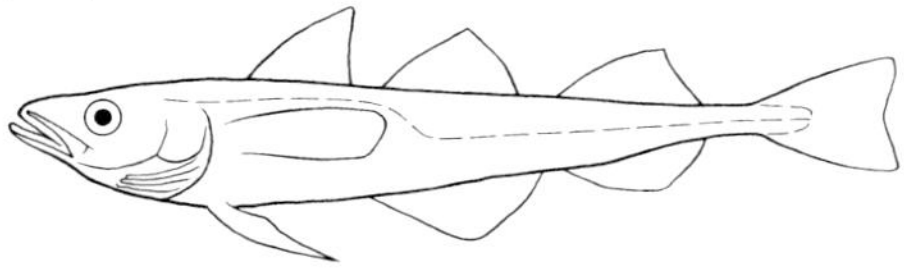

Mintai

Wirtschaftlich bedeutender dorschartiger Meeresfisch des Nordpazifiks von durchschnittlich 40···60 cm Länge. Etwa 5 Mio t M. werden jährlich von der ehem. Sowjetunion, Japan, Korea und den USA gefangen. M. ist ein ausgesprochener Magerfisch (Tab.), dessen Fleisch in seinen sensorischen, ernährungsphysiologischen und Verwertungseigenschaften dem → Kabeljaufleisch ähnelt.

Zusammensetzung und Energiewert des Mintaifleisches

Bestandteile	Durchschnittl. Gehalt je 100 g eßbaren Anteils in g
Wasser	81···82
Eiweiß	16···18
Fett	0,5···1
Mineralstoffe	1···1,5
Energiewert je 100 g eßbaren Anteils in kJ (kcal)	315···370 (75···89)
davon aus Eiweiß	295···335 (70···80)
aus Fett	20···38 (5···9)
Richtwert für den Energiewert je 100 g eßbaren Anteils in kJ (kcal)	335 (80)

In Japan wird M. u. a. zur Herstellung von → Surimi eingesetzt. → Fisch

Minutenreis → Kurzkochreis

Minze: Sammelbez. für aromaintensive Gewürz- und Heilpflanzen der Gattungen *Méntha* und *Hýptis* (Familie *Lamiáceae*). Die M. werden sowohl als Würzmittel als auch als Gemüse kultiviert oder als wildwachsende Pflanzen gesammelt. Die M. dienen zur Herstellung → teeähnlicher Erzeugnisse, zur Aromatisierung von Süßwaren, alkoholischen Getränken, zum Würzen von Salaten und Soßen (→ *Minzsoßen*) und zur Gewinnung von ätherischem Öl (*Minzölen*). Zu den wichtigsten Minzarten zählen: *a) Ackerminze* (→ *Minze, Japanische*), *b)* → *Apfelminze, c) Bachminze* (→ *Krauseminze, 1.a), d)* → *Bergamott-Minze, e) Bowlenminze* (→ *Minze, Breitblättrige*), f) → *Ingwerminze, g)* → *Kamm-Minze, h)* → *Krauseminze, i)* → Minze, Breitblättrige, k) → *Peperina, l)* → *Pfefferminze, Japanische, m)* → *Pfefferminze, n)* → *Poleiminze, o)* → *Roßminze.* Zur Gattung *Hyptis* zählen die → *Buschminzen.* → Eukalyptusöl 2.

Minze, Breitblättrige: die für Hausteezwecke und als → Küchenkraut in Nordafrika, auf Jawa, den Philippinen und in Mitteleuropa kultivierte → Minze, *Méntha villósa* Huds. (Familie *Lamiáceae*). Eine Abart der B. M. ist die *Bowlenminze, M. alopecuroídes* Hull, die in England insbes. zur Herstellung von → Minzsoßen angebaut wird.

Minze, Japanische → Pfefferminze, Japanische

Minze, Rundblättrige → Apfelminze 2.

Minzsoße, *Pfefferminzsoße:* eine englische Soßenspezialität, die auch industriell hergestellt wird und zu deren Aromatisierung verschiedene → Minzarten, insbes. die → Apfelminze 1., die Bowlenminze sowie die → Krauseminze 3. verwendet werden.

Miraa → Kath

Mirabelle, *Wachspflaume, Gelbpflaume:* Frucht von *Prúnus doméstica insitia var. ceréa* L., Syn. *P. doméstica ssp. syriáca* Borkh. (Familie *Rosáceae*); eine Pflaumenvarietät mit sehr süß (13···14 % Zuckergehalt) schmeckenden, runden bis rundlichen Früchten von 2···3 cm Durchm. Die M. werden vorwiegend zu Sterilkonserven verarbeitet. Sie sind auch für Frischverzehr geeignet und werden häufig zu Spirituosen (z.B. *Mirabellengeist*) genutzt. Eine bewährte Sorte ist die *'Nancymirabelle'*. → Pflaume

Mirakelfrucht: rote, im Umriß elliptische, etwa 2 cm lange Beerenfrucht des 2···5 m hohen Strauches *Richardélla dulcífica* (Schum. et Thonn.) Bachni [= *Synsepálum dulcíficum* (Schum. et Thonn.) Baillon] (Familie *Sapotáceae*), der im tropischen Westafrika vorkommt. Der große Samen wird von einem dünnen Fruchtfleisch umhüllt. Es enthält das Glycoprotein *Mirakulin,* das den Geschmack saurer Früchte, wie auch verdünnter organischer und anorganischer Säuren, als süß empfinden läßt, selbst aber nicht süß schmeckt. Dazu muß das Fruchtfleisch vorher gekaut werden. Danach hält die Wirkung 1···2 h an. Der Wirkungsmechanismus ist noch weitgehend unbekannt. Aus 1 kg Beeren können 50 mg Mirakulin isoliert werden. Für die Auslösung des Effektes der Geschmackswandlung reichen 100 µg Mirakulin aus.

Mirakosa: Frucht einer seit 1952 im Anbau befindlichen, aus einer Kreuzung der *'Nancymirabelle'* mit der *Victoriapflaume* hervorgegangenen Pflaumensorte mit spezifischem Geschmack. Diese gelbfrüchtige Sorte gilt als Beispiel für die Vermengung der Merkmale bei Kreuzungspartnern aus zwei verschiedenen Unterarten. Sie ist gut geeignet für Frischverzehr sowie für die Herstellung von Kompott, Marmelade und Dickzukkerfrüchten.

Mirakulin → Mirakelfrucht

Mirin → Sake

Miritipalme → Buritipalme

Miru → Algenprodukt

Miscella → Pflanzenfett

Mischbrot: ein Brot aus Mahlerzeugnissen verschiedener Getreidearten. Zu den verbreitetsten Mischbrotarten gehören: Weizenmischbrot (mit Roggenmehlanteilen bis zu 45%), Roggenmischbrot (mit Weizenmehlanteilen bis zu 45%), Vollkornmischbrot (in Form eines → Mehrkornbrotes oder ein Brot aus Vollkornmehl unter Zusatz heller Brotmehle), Schrotmischbrot (in Form eines → Mehrkornbrotes oder unter Zusatz heller Mehle zum Backschrot).

Mischfetterzeugnis: aus tierischen und pflanzlichen fetten unter Zusatz von Wasser, Magermilch und Emulgatoren ggf. auch Sahne hergestelltes Streichfett. M. enthalten nichtgehärtete Pflanzenöle aus Sonnenblumen, Soja, Palmöl, ferner Butter und je nach Wassergehalt des Erzeugnisses Zusätze an Sahne, Mager- und Buttermilch. Ziel ist sowohl eine Energiereduktion als auch eine ernährungsphysiologisch erwünschte Anreicherung an ungesättigten langkettigen Fettsäuren. Ferner werden damit niedrigere Cholesterolwerte sowie höhere Vitamin-A und -E-Gehalte erreicht. Man unterscheidet zw. Mischfett (80% Fett), Dreiviertelmischfett (60% Fett), Halbmischfett (41% Fett) und Mischfetterzeugnis (25% Fett). → Butter, energiereduziert

Mischfleischextrakt → Fleischextrakt

Mischgel → Geliermittel

Mischgetränk, alkoholisches → Erfrischungsgetränk, alkoholhaltiges

Mischgewürz → Gewürzmischung

Mischkonserven: küchenmäßig vorbereitete, in luftdichten Behältnissen (Gläser, Dosen) haltbar gemachte, nach dem Erwärmen bzw. Aufkochen *verzehrsfertige Erzeugnisse* aus einer oder mehreren Gemüsearten, Hülsenfrüchten, Reis, Teigwaren, Obst und Gewürzen, denen meist Fleisch, Schmalz oder Speck, teilw. noch Kartoffeln zugesetzt sind. Derartige Erzeugnisse sind tischfertigen Sterilkonserven zuzuordnen (→ Konserve, → Fleischkonserven). Bei M. ist vor der Sterilisation eine der Art des Gemüses bzw. der Einsatzstoffe angepaßte Zubereitung vorausgegangen. Das Sortiment ist in den meisten Ländern vielgestaltig und je nach den Verzehrgewohnheiten unterschiedlich. Man kann in *Gemüse-*, *Hülsenfrucht-*, *Teigwaren-* und *Eintopfgerichte* unterscheiden.

Die Energiewerte des Inhaltes variieren erheblich. Zu den energiereichen Gerichten gehören z.B. solche mit Hülsenfrüchten.

Mischlingskäse: österreichischer, nicht ausgereifter *Hartkäse* in Laibform in den Fettstufen 15 % F. i. Tr., 25 % F. i. Tr. und 35 % F. i. Tr. (Vorläufer des → Emmentaler). → Käsesorten

Mischmehl, *Gemengemehl:* ein → Mehl aus zwei oder mehreren Mehlarten oder aus einer auf dem Feld gewachsenen Mischung von Roggen und Weizen. Zu den bekanntesten M. gehören a) *Roggen/Weizen-Mischmehl 85/15* (85 % R 1150, 15 % W 812) und *Roggen/Weizen-Mischmehl 60/40* (60 % R 1150, 40 % W 812), b) sog. *Roggengemengemehltypen.* Das einer bestimmten Brotgetreidemehlart (z.B. Roggen oder Weizen) zugesetzte Mehl anderer Pflanzenarten wird als *Zu- bzw. Beimischmehl* oder auch als → *Streckmehl* bezeichnet.

Mischrohmasse: ein aus dem Gemisch zweier Arten von Samenkernen in gleicher Weise wie die übrigen → *Rohmassen* hergestelltes Erzeugnis. → Backrohmasse → Masse

Mischung, Grusinische → Teemischung

Mischung, Indische → Teemischung

Mischung, pulverförmige, kakaohaltige: ein Trunkpulver, das durch Vermischen von *Kakaopulver* oder *Kakaopulver, stark entölt,* mit anderen zugelassenen Stoffen meist als Instanterzeugnis hergestellt wird. Früher gab es auch Haferkakao (50 % Kakaopulver, 50 % Haferflocken oder -mehl), *Haferkakao, gezuckert* (höchst. 1 Teil Zucker, mind. 2 Teile *Haferkakao*), *Hafermalzkakao* (50 % Kakaopulver, 75 % Hafermalzmehl, Restmenge Hafermehl), *Malzkakao* (50 % Kakaopulver, 50 % Gerstenmalzmehl), *kakaohaltige Milchmischpulver* (30···40 % Zucker, 20···30 % Kakaopulver, stark entölt, 30···40 % Vollmilch- oder – unter Kennzeichnung – Magermilchpulver). Kakaoschalen dürfen nicht zugesetzt werden. Künstliche Aromatisierung und Färbung sind verboten. → Schokoladenpulver

Misho → Sojasoße

Misket-Wein → Muskateller

Misli → Ghee

Miso: ein bereits um 600 v. Chr. in China eingeführtes → *fermentiertes Lebensmittel* in Pastenform, von unterschiedlicher Farbe und süßlichen oder salzigem Geschmack aus Sojabohnen. Heute ist M. unter der Bez. *Chiang* in China, *Jang* oder *Doenjang* in Korea, M. in Japan, *Tauco* in Indonesien, *Tauchao* in Malaysia, *Tao-tjo* in Indien, *Tao-chieo* in Thailand und *Taosi* auf den Philippinen bekannt. Während M. meistens im Haushalt bereitet wird, erfolgt in Japan die Misoherstellung bereits industriell, vielfach unter Zusatz von Getreidearten, wie Reis *(Reismiso)* und Gerste *(Gerstenmiso)*, und unter Nutzung von → Koji als → Starterkultur sowie reinen Laborkulturen von osmophilen Hefen und Bakterien. Der jährliche Prokopfverbrauch an M. in Japan beträgt etwa 7 kg, mit einer geographisch bedingten Schwankungsbreite von 1···14,8 kg, dies entspricht einer tägl. Aufnahme von ca. 20 g Miso, hinzu kommen noch etwa 34 g Shoju. M. wird als Würzmittel oder als Suppengrundlage verwendet. Man unterscheidet 4 Haupttypen von M. in Abhängigkeit von der Menge an zugesetzter Starterkultur, dem Salzgehalt und dem Anteil an Sojabohnen am Gesamtprodukt. So enthält weißer M. (*Shiromiso*) weniger als 50 %, brauner und gelber M. mehr als 50 % Sojabohnen. *Weißer M.* enthält 4···8 %, gelber sowie brauner *(Akamiso)* 11···13 % Salz. Der Feuchtigkeitsgehalt schwankt von 45···55 %, der Eiweißgehalt von 8···20 %, der Kohlenhydratgehalt von 8···30 %, der Fettgehalt von 3···10 %. Die wichtigsten Misotypen hinsichtlich Farbe, Geschmack und Gärzeit s. Tab.

Im Schnitt werden für M. je 100 g folgende Nährwerte angegeben: 13 g Eiweiß, 6 g Fett, 25 g Kohlenhydrate, 12 g Mineralstoffe, 25 mg Calcium, 6 mg Eisen, 0,06 mg Vitamin B_1, 0,130 mg Vitamin B_2, 1,3 mg Niacin und ein Energiewert von 965 kJ (218 kcal). In Deutschland wird M. in verschiedenen Sorten gehandelt, die teils in Lizenz, teils von

Wichtigste kommerziell hergestellte Misotypen in Japan

Rohstoff	Geschmack	Farbe	Gärzeit in Tagen (d) oder Monaten (M)
Reis	süß	gelb-weiß	5···20 (d)
Reis	süß	rotbraun	5···20 (d)
Reis	halbsüß	lichtgelb	5···20 (d)
Reis	halbsüß	rotbraun	3··· 6 (M)
Reis	salzig	lichtgelb	2··· 6 (M)
Reis	salzig	rotbraun	3···12 (M)
Gerste	halbsüß	gelb/rot-braun	1··· 3 (M)
Gerste	salzig	rotbraun	3···12 (M)
Sojabohne	salzig	dunkelrot-braun	5···20 (M)

japan. Firmen selbst hergestellt und in Gläsern oder Polyethylenbeuteln verpackt angeboten werden. Hierzu zählen: a) *Hatcho-Miso,* eine fast zwei Jahre gereifte, sehr konzentrierte Paste aus Sojabohnen, b) *Mugi-Miso,* eine Paste aus Sojabohnen, Meersalz und Gerste, mildaromatisch und von rötlichbrauner Farbe, c) *Kome-Miso,* aus Sojabohnen und poliertem Reis unter Zusatz von → Koji mit 18monatiger Reifezeit, d) *Shiro-Miso* aus gleichen Rohstoffen wie Kome-Miso, aber nur 2···8 Wochen gereift, e) *Genmai-Miso,* aus Vollkornreis mit 18monatiger Reifung und mildem, süßlichen Geschmack, f) *Soba-Miso,* aus Buchweizen mit viermonatiger Reifezeit, g) *Natto-Miso,* ein Flüssigkeitsprodukt aus verdünnter Paste zum Würzen von Reisgerichten.

Die Mikroflora des traditionellen M. besteht aus folgenden Hefe- und Bakterienstämmen: *Leuconostoc paramesenteroides, Micrococcus halobius, Zygossaccharomyces rouxii* sowie den dominierenden *Aspergillus sp.*- und *Pediococcus acidilactic*-Stämmen. Infolge der Bindungsfähigkeit der Mikroorganismen (mit Hilfe ihrer Zellwände und des Cytoplasmas) für → Mutagene, werden den Miso-Erzeugnissen nach japanischen Untersuchungen antikarzinogene Eigenschaften zugeschrieben und die im Vergleich zu westlichen Ländern geringere Erkrankungsrate an Leber- und Magenkrebs in Ostasien mit der dort üblichen tägl. Aufnahme an → fermentierten Lebensmitteln, insbes. M. in Verbindung gebracht.

Mispel, Echte, Gemeine Mispel, Deutsche Mispel, Nespel, Mospel, Aapeneers, Muspel: sehr harte, braune, apfelförmige, etwa 5 cm breite Sammelfrucht des Mispelstrauches oder auch 2···2,5 m hohen Baumes *Méspilus germánica* L. (Familie *Rosáceae*). Im Kaukasus und Südosteuropa kommt die E. M. wild vor, in Mitteleuropa wird sie kultiviert, häufig auf Birne oder Quitte veredelt. Das Fruchtfleisch ist reich an Invertzucker, Pectinstoffen und Fruchtsäuren. Die Früchte sind erst nach Frosteinwirkung oder langem Liegen, im weichen, süßlichen Zustand frisch genießbar. Häufig werden sie in Mischung mit anderen Obstarten zu Marmelade verarbeitet. Der aus E. M. in Mischung mit Äpfeln gewonnene Obstwein (*Cyder*) wird in dieser Form bevorzugt auf italienischen Bauernhöfen hergestellt. Die Früchte bestehen aus 75 % Feuchtigkeit, 12 % Kohlenhydraten, etwa 0,8 % Eiweiß und 0,5 % Gerbstoffen. → Cider → Edeleberesche

Mispel, Italienische → Azarole

Mispel, Japanische, *Wolltraube, Loquat, Japanmispel, Bibasse:* der kleine immergrüne Baum

Eriobótrya japónica Lindl. (Familie Rosáceae), der aus China und Japan stammt, aber auch in Nordindien wie im Mittelmeergebiet (Sizilien, Algerien und Israel) und in den USA in zahlreichen Sorten kultiviert wird. Man unterscheidet zw. kurzstieligen *Apfel-Mispeln* und langstieligen *Birnen-Mispeln*. Die gelbe bis orangefarbene Schale der walnußgroßen Kernfrucht löst sich bei der Reife leicht vom Fruchtfleisch, das fest, saftig und je nach Sorte sauer bis fast süß ist. Die vollreifen Früchte können frisch verzehrt werden. Das Entfernen der gerbstoffreichen Schale ist jedoch notwendig. Das Fruchtfleisch enthält 72,3 g Feuchtigkeit, 0,8 8 Eiweiß, 21,3 g Kohlenhydrate, 0,8 g Gesamtsäure, 3,5···7,5 mg Vitamin C und 5···56 mg Caroten in 100 g. Verarbeitet ergeben die Früchte der J. M. wohlschmeckende Marmeladen und Gelees. Die Jahresproduktion beträgt etwa 15 000 t. Bei 6°C sind die J. M. bis 2 Wochen haltbar. Aus China kommt Frischfrucht, ebenso aus Spanien und Italien (Mai bis Juni) und aus Brasilien (Luftfracht Juni bis Sept.).

Mispel, Welsche → Azarole

Mistel: ein als Halbschmarotzer auf Laubbäumen und auf Kiefern vorkommender zweihäusiger, gabelästiger, immergrüner, kugelförmiger Strauch, *Víscum álbum* L. (Familie *Loranthảceae*), mit gegenständigen, lederartigen Blättern und einer kugeligen, weißen Beere als Frucht. Die ganze Pflanze wird als → Kräutertee oder als alkoholisch-wäßriger Extrakt (Mistelsaft) zur Unterstützung von Bluthochdruckbehandlungen angewandt. → Kräutersaft

Mistella: gespriteter → Dessertwein, hergestellt aus frisch gekelterten oder nur schwach angegorenem Traubenmost, der durch Zusatz von Alkohol „stumm“ gemacht ist. Die Hefeentwicklung in den *Mistellen* wird infolge der hohen Ethanolkonzentration von 15···18 %-Vol. unterdrückt. Dadurch bleibt der Zucker des → Mostes erhalten. Zu den M. zählen der echte → *Samos*, einige span. Dessertweine und der franz. *Pineau des Charentes*.

Mistelsaft → Kräutersaft → Mistel

Misua → Bihon

Mitróphora: zur Familie *Morchelláceae* geordnete Pilzgattung. Von den in Mitteleuropa vertretenen Arten ist die *Glockenmorchel* oder *Halbfreie Morchel* [*Mitróphora hýbrida* (Sow. ex Grev.) Boud. = *M. rimósipes* De Candolle = *Morchélla semilíbera* De Candolle ex Fr.] eßbar, aber nicht von bes. hohem Speisewert. Der 2···5 cm hohe, glockigkegelige, olivbraune oder dunkelbraune Hut weist außen unregelmäßige, wabenartige Gruben auf. Der Stiel ist weißlich bis strohgelb, am Grund schwach verdickt, anfänglich kurz, später langgestreckt, bisweilen gefurcht, 4···7 cm hoch, hohl, glatt, mitunter nur am oberen Ende innen und außen schwach mehlig bestäubt. Das Fleisch ist wachsartig, dünn, zart, zerbrechlich weiß, ohne bes. Geruch und Geschmack. Die *Glockenmorchel* wird von *F. Engel* zur Pilzgattung → *Morchella* gestellt. → Speisepilze

Mittagsblume: die in tropischen Gebieten heimische, bei uns als Zierpflanze bekannte *Mesembryánthemum cordifólium* L. (Familie *Aizoáceae*). Sie wird in Brasilien und in Südafrika als Blattgemüse angebaut.

Mittelkornreis → Speisereis

Mittelmeermakrele → Makrele

Mixed Grill: Fleischspeise auf der Basis von Hammel-, Rind- und Schweinefleisch. Die Zusammenstellung der Rohstoffe ist abwandelbar. Zumeist werden verwendet: Hammelkotelett, Schweineniere, Lendenschnittchen, ein kleines Würstchen und eine Scheibe Speck.

Mixed Pickles: eine Mischung von jungen Gemüsearten in Gewürzessig. Neben frischem Gemüse können als Rohstoffe auch → Salzgemüse und → Essiggemüsesterilkonserven eingesetzt werden. Rohstoffeinsatz für Mixed Pickles:

Gurken, ganz, bis 6 mm Länge Zwiebeln höchst. 25 mm Durchm.	insges. 70–80 %
Blumenkohl	mind. 20 %

oder anstelle des Blumenkohls

Bohnen, ganz Erbsen Speisemöhren, in Würfeln oder in Scheiben Pilze Spargel Gemüsepaprika	insges. 20–30%, je Komponente höchst. 10%, jedoch mind. 3 Komponenten

→ Picalilly → Pickles

Mixgetränk → Bargetränk

Mixpulver → Speisepulver

Mizellkolloide → Kolloid

MKT → Triglyceride, mittelkettige

Mkussabaum: der in Ostafrika vorkommende Baum *Uapáca guineénsis* Müll. Arg. (Familie *Euphorbiáceae*), dessen Früchte zuckerhaltig und wohlschmeckend sind. Ihr Vitamin-C-Gehalt je 100 g beträgt etwa 5,0 mg. Die Samen sind ungenießbar.

Moabaum → Mahuafrucht → Mowrahbutter

Mobby → Batate

Mocayabutter → Makayaöl

Mockturtlesuppe, *falsche Schildkrötensuppe, unechte Schildkrötensuppe:* nur aus gekochten Kalbsköpfen (einschl. Kalbskopfhaut) und/oder Skelettmuskulatur von Kalb oder Rind sowie Zunge, Mehl, Zwiebeln, Rotwein, Ei und Gewürzen hergestelltes Produkt. M. kommt in Dosen oder Würfeln in den Handel.

Modifizierte Stärke → Stärke, modifizierte

Mogdad-Kaffee → Kassia

Mohar → Kolbenhirse

Mohica: die Pflanze *Asystásia schimperi* T. Anders (Familie *Acantháceae*), die in Kenia als Wildgemüse gegessen wird. 100 g gekochter Pflanzenmasse enthalten 0,438 mg Caroten, 38 mg Vitamin C und 0,0009 mg Vitamin B_1, die Kochzeit beträgt 5 min.

Mohinga: eine in Burma verbreitete *Reisteigware* in Nudelform. Der Reis wird zu diesem Zweck für etwa eine Woche im Wasser eingeweicht und unterliegt dabei einer Fermentation bei den landesüblichen Temperaturen von 35°C. Die Fermentation führt zu einer technologischen und geschmacklichen Aufwertung des Reises, aus dem durch anschließende Naßvermahlung zwischen zwei Steinen, Auspressen in Baumwollsäckchen und Knetbearbeitung eine feine Paste gewonnen wird. Mittels hölzener Handpressen erfolgt ein Auspressen zu runden Teigsträngen (Nudeln), die in heißem Wasser gekocht werden. → Teigware

Mohn: eine krautige, bis 1,5 m hohe Pflanze (Familie *Papaveráceae*) mit weißen, violetten, auch roten, einzelnstehenden Blüten und kleinkugeligen, weißen, blauen oder schwarzen Samen, auch *Mohnsaat* genannt. Unter den zahlreichen Arten haben nur der *Schlafmohn, Papáver somníferum* L., vorwiegend zur Speiseölgewinnung und für Drogenzwecke angebaut, und der *Speisemohn, Papáver somniferum* L. *ssp. setígerum* (Dc.) Corb., wirtschaftliche Bedeutung erlangt. Die Frucht ist eine mehrkammerige Kapsel, die beim *Schließmohn* auch bei der Reife geschlossen bleibt und beim *Schüttmohn* (Anbau nur auf Kleinstflächen) sich von selbst öffnet.
Genutzt werden die Alkaloide des getrockneten Milchsaftes der grünen Kapseln und unreifer Köpfe des Schlafmohns für die Weiterverarbeitung zu Schlaf- und Beruhigungsmitteln. Hinter der Hauptbedeutung des M. als Ölfrucht (→ Ölsaat) treten alle weiteren Verwendungsarten in den Hintergrund. Die bis zu 45% Öl enthaltenden Samen ergeben ein gutes Speiseöl (→ Mohnöl). Bei Verwendung des M. für Backzwecke *(Backmohn)* wird im Gegensatz zur Mohnölgewinnung nur großkörniger, vor allem blaugraufarbiger Speisemohn verwendet, jedoch hat die Farbe keinen Einfluß auf den Geschmack. Im Mohnsamen sind auch geringe Gehalte an *Morphin* (frei 0,5⋯1,7 µg/g und gebunden 0,6⋯4,2 µg/g) und *Codein* (frei 0,1⋯0,5 µg/g und gebunden 0,5⋯1,0 µg/g) zu finden. Eine therapeutische Dosis entspräche 3,5 kg Samen. Bei der Lagerung von M. kann ein

brennend bitterer Fehlgeschmack auftreten, der auf Oxydationsprodukte der Linolsäure zurückzuführen ist. Wobei die freie Linolsäure im emulgierten Zustand zu dem Off-Flavour beiträgt. Es gibt auch morphinfreie Mohnsorten, wie die Speisemohnsorte *'Neuga'*. Bei der Herstellung von *Mohngebäck* ist es üblich, auf 100 kg Getreideerzeugnisse mind. 8 kg Mohnsaat zu verwenden. Feinbackwarenfüllungen, die nach M. benannt werden, enthalten mind. 20 % im ungewaschenen Zustand gewogene Mohnsaat, bezogen auf den Mehlanteil. Zuläss. Cadmiumgehalt s. → Ölsaat

Mohnbonbon → Bonbon

Mohnbrot → Brot, aromatisiertes

Mohngebäck: Sammelbegriff für Backwaren, deren geschmacksbestimmender Anteil aus → Mohn besteht, entweder in ungemahlener Form, indem dieser auf die Teigoberfläche gestreut wird (z. B. *Mohnkringel, Mohnzopf), oder als* → Masse, die auf den Teig gestrichen oder in diesen eingerollt wird. Bei der Bereitung der Mohnmasse wird gemahlener, blauer Mohn mit Milch überbrüht und mit Fett, Zucker und Eiern gemischt. Mohnmasse wird verwendet zur Herstellung a) von → Blechkuchen aus → Hefe, → Mürbeteig – auch Kombinationen, wie Mohn-Apfel-Kuchen oder Mohn-Quark-Kuchen, sind üblich –, b) von Gebäck aus → Plunderteig (z. B. Mohnstriezel, Mohnstollen, Mohnkranz, Mohnstangen), c) von Gebäck aus → Mürbeteig (z. B. Mohntorte, Mohnschnitte), d) von Gebäck aus → Strudelteig (z. B. Mohnstrudel).

Mohnkringel → Kringel → Mohngebäck

Mohnöl: das Samenöl des → Mohnes, *Papáver somniferum* L. (Familie *Papaveráceae*). Mohn wird vorwiegend in China, Indien, dem Iran und der ehem. Sowjetunion angebaut. Kaltgepreßtes M. ist direkt als Speiseöl verwendbar, warmgepreßtes M. erst nach einer Raffination. Die wichtigsten Fettsäuren des M., bezogen auf den Gesamtfettsäuregehalt (Etwa-Werte), sind: 9 % Palmitinsäure, 3 % Stearinsäure, 30 % Ölsäure und 62 % Linolsäure. Aufgrund des hohen Linolsäuregehaltes zählt M. zu den trocknenden Ölen und wird zur Herstellung hochwertiger Ölfarben verwendet.

Möhre → Speisemöhre

Mohrenhirse → Sorghumhirse

Möhren, hydrothermisch aufgeschlossene → Trockengemüse, hydrothermisch aufgeschlossenes

Möhrenhydrolysat → Möhrenmazerat

Mohrenkopf, 1. *Indianer, Othello, Schokoladenballen:* ein seit der Jahrhundertwende manuell gefertigtes Konditoreierzeugnis in Form einer Schale mit 5···6 cm Durchm. aus gespritzter → Biskuitmasse, die nach dem Backen a) entweder mit einer kakaohaltigen Schaumkrone versehen wird oder b) mit Krem oder Sahne gefüllt aus zwei zusammengeklappten Schalen besteht, die mit Schokoladenglasur überzogen sind. → Dressiergebäck → Dessertstück
2. → Negerkuß

Möhrenmazerat: eine dickflüssige Zellsuspension mit hoher Trubstoffstabilität, die die gesamte verzehrbare Substanz der → Speisemöhre enthält. Das verlesene, gewaschene, geputzte und zerkleinerte Gemüse wird bei 40···50°C etwa 1 h unter Enzymeinwirkung belassen und danach der aus großem, grobem Zellgewebe bestehende ungelöste Rest durch Passieren oder Pressen entfernt. Diese Art der Saftgewinnung führt auf Grund der Erhaltung intakter Einzelzellen zu einer besseren Schonung von Beta-Caroten und zur Erhaltung der Aroma- und Ballaststoffe. *Möhrenhydrolysat* wird dagegen durch die gleichzeitige Einwirkung von pectin- und cellulosespaltenden Enzymen hergestellt. *Möhrenhydrolysat* und M. zählen beide zu den nach modernen Verarbeitungsverfahren gewonnenen *Säften mit hoher Trübstoffstabililtät,* deren Produktion in großem Maßstab für die Bereitung von flüssiger und breiförmiger Kindernahrung und Gemüsemischsüßmosten erfolgt. → Markkonzentrat → Mazerat

Möhrennudeln → Teigware

Mohrenpfeffer → Guineapfeffer 3.

Mohrrübe → Speisemöhre

Mokgotle → Sorghumhirse

Mokka, *Mocca:* **1.** eine bestimmte Kaffeesorte. **2.** bes. starkes → Aufgußgetränk aus → Kaffee.

Mokkabonbon → Bonbon

Mokka, doppelter → Kaffee

Mokka, Türkischer → Kaffee

Mokkaschokolade: eine *Schokolade* mit mind. 3% geröstetem Bohnenkaffee (oder vollwertigen Zubereitungen daraus). → Schokolade → Kakaoerzeugnis → Süßware

Mol → Himalaya-Birne

Molbo: dänischer Schnittkäse, der in Kugelform in den Fettstufen 45% F. i. Tr. und 40% F. i. Tr. hergestellt wird. M. ist dem Edamer Käse sehr ähnlich. → Käsesorten

Moldavian, smoked: geräucherter Schafmilchkäse (Hartkäse) mit 55% F. i. Tr. aus der ehem. Sowjetunion. → Käsesorten

Molekülkolloide → Kolloid

Molke: bei der Herstellung von Käse aus Milch nach Abscheiden des Käsestoffes (Casein) und des Fettes anfallende Flüssigkeit von gelbgrünlichem Aussehen (Lactoflavin). Nach der Art der Eiweißabscheidung mittels Lab oder durch Säuerung unterscheidet man *Süßmolke* (Labmolke) und *Sauermolke*. Süßmolke (aus der Labkäserei) ist wegen ihres Gehaltes an Eiweiß und Milchzucker bes. wertvoll und kann als *Trinkmolke* verwendet werden. Sauermolke (aus der Sauermilchkäserei) enthält weder Eiweiß noch Zucker. Molkeneiweiß (hauptsächlich Albumin) läßt sich durch Erhitzen ausflocken (→ Zigerkäse) bzw. nativ durch Membranfiltration (Umkehrosmose) gewinnen. M. fällt in relativ großen Mengen an und wird in der Landwirtschaft als Futtermittel verwertet oder industriell aufgearbeitet (Herstellung von Milchzucker, Milchsäure, Molkeneiweiß, -paste → -pulver, Ethanol) und in verschiedenen Zweigen der Lebensmittelproduktion eingesetzt. Für die unmittelbare menschliche Ernährung hat M. trotz ernährungsphysiologisch wertvoller Inhaltsstoffe (Eiweiß, Milchzucker, Mineralstoffe, bes. Ca, wasserlösliche Vitamine) bei rel. niedrigem Energiewert nur geringe Bedeutung.

Molkebrot: ein laktosehaltiges Brot, vorwiegend in Mischbrotart, unter Verwendung von mind. 15 l Molke auf 100 kg Getreidemahlerzeugnisse.

Molkenbutter: *Butter,* bei der dem Süß- bzw. Sauerrahm Lab- bzw. *Sauermolke* (Fettgehalt 0,2···0,7% bzw. 0,2···0,3%) vor der Verbutterung zugesetzt wird. M. wird als *Kochbutter* bezeichnet und nur zum gewerblichen Kochen, Braten und Backen verarbeitet. M. ist wegen höherer Keimzahlen weniger lagerstabil als Marken- oder Tafelbutter. Sie sollte bei 0···5°C gelagert werden. Oft wird M. auch durch Zusatz von Konservierungsmitteln stabilisiert.

Molkenessig → Essig

Molkenfaktor (veraltet) → Orotsäure

Molkengetränk: ein Gärgetränk aus → Molke, die mit Milchzucker vergärender Hefe, *Saccharomyces fragilis,* vergoren ist, wobei 2% Ethanol entsteht. → Lebensmittel, fermentiertes

Molkenhefe → Nährhefe

Molkenkäse: in nordischen Ländern seit Jahrhunderten hergestellte käseähnliche Zubereitungen, die durch Eindampfen von Molke in offenen Wannen, auch unter Zusatz von Milch (z. B. Ziegenmilch oder Schafmilch), Sahne, Butter oder Butterschmalz hergestellt werden. M. werden mehr oder weniger gereift oder auch ungereift in den Handel gebracht. Derzeitig in Norwegen hergestellte M. sind z. B. *Blandet geitost* (gemischter Ziegenmolkenkäse), *Flotemysost* (Rahmmolkenkäse), *Mager Mysost* (Mager-Molkenkäse), *Prim* (streichfähiger Molkenkäse), *Surprim* (Sauerkäse). M. haben in Deutschland keinen Eingang gefunden, da der typische süßlich-verbrannte Geschmack beim Verbraucher nicht beliebt ist.

Molkenpulver: aus Molke durch Wasserentzug mittels technischer Verfahren (Vakuumverdampfer) erhaltenes Trockenprodukt mit 1···2% Fett, 10···14% Eiweißstoffen, 67···72% Kohlenhydraten (Lactose), 8···9% Mineralstoffen und 6···8% Wasser. Der Geschmack ist leicht salzig. Wird der Molke vor der Trocknung ein Teil ihres Mineralstoffgehaltes entzogen, so erhält man süßes M. M. wird in der Lebensmittelindustrie (Backwarenindustrie) und in der pharmazeutischen Industrie eingesetzt. In der Süßwarenindustrie ist M. ein optimaler Rohstoff zur Verdünnung des süßen Geschmacks vieler Zucker- und Kakaoerzeugnisse. → Molke

Molkereibutter → Butter

Molke, süße → Molkenpulver

Molle → Pfeffer, Peruanischer

Mollusken → Weichtiere

Molluskizide → Pflanzenschutzmittel

Moltebeere → Multbeere

Mólva spp. → Leng

Molybdän → Mineralstoffe → Schwermetalle toxische

Mombinpflaume: *Tahitiapfel, Cytherea-Apfel, Ambarella, Kasamango, Apfelmanga, Goldapfel:* Frucht des mittelgroßen Baumes *Spóndias cythérea* Sonn. (Familie *Anacardiáceae*), der von den Südseeinseln stammt, aber auch in anderen tropischen oder warmen subtropischen Gebieten kultiviert wird. Die ellipsoide, leicht rauhschalige, graugelbe oder orangefarbene Steinfrucht wird 5···10 cm lang und hat fleischig-saftiges, weißes oder fahlgelbes Fruchtfleisch (mit säuerlich-aromatischem, aber auch leicht terpentinartigem Geschmack), das von Fasern durchsetzt wird, die vom Kern ausgehen. Die M. ist für den Frischverzehr weniger geeignet, gibt aber sehr wohlschmekkende Konserven und Marmeladen. 100 g der Frucht enthalten 50 mg Vitamin C. Unreife Früchte werden für die Herstellung von Suppen, aber auch Delikatessen verwendet. Andere Vertreter der Gattung *Spóndias* sind die *Gelbe Mombinpflaume, S. mómbin* L., mit kleineren, weniger fleischigen Früchten, die *Rote Mombinpflaume* oder *Jamaikapflaume,* S. purpúrea L. aus dem tropischen Amerika mit tiefroten, selten gelben, 5 cm langen Früchten, deren Qualität höher als die der Gelben Mombinpflaume eingeschätzt wird, sowie die *Imbu* oder *Spanische Pflaume, S. tuberósa* Arruda, und die *Imra, S. mangífera* Willd., aus den amerikanischen Tropen.

Momórdica balsámina → Balsambirne

Momórdica charántia → Balsambirne

Momórdica cochinchinénsis → Ochen

Momórdica grosvenóri → Balsambirne

Momorgenin → Oleanolsäure

Monárda dídyma → Monarde

Monárda fistulósa → Monarde

Monarde, *Indianernessel, Rote Melisse, Scharlachmonarde, Bienenbalsam:* die in den USA und in der ehem. Sowjetunion wegen ihres Gehaltes an ätherischem Öl kultivierte Gewürz- und Heilpflanze *Monárda dídyma* L. (Familie *Lamiáceae*), deren Blätter auch zur Bereitung → teeähnlicher Getränke (*Oswegotee*) verwendet werden. In gleicher Weise finden auch die stark nach Zitrone duftenden Blätter von *Monárda fistulósa* L., auch *Wilde Bergamotte* oder *Oregano* genannt, Verwendung (auch für Fruchtsalate und Fruchtgetränke), die von Kanada bis Mexiko angebaut wird.

Monascus ssp. → Rotreis

12-Monate-Yams → Guineayams, Gelbe

Monatserdbeere: Scheinfrucht von *Fragária vésca var. semperflórens* Duch., einer aus der Wildform (→ *Walderdbeere*) entstandenen, den ganzen Sommer über fruchtenden, kleinbeerigen Erdbeervarietät mit roten oder gelben Beeren. Die zu Einfassungen geeignete, durch Samen sich vermehrende M. war früher wegen der bis zu Frostbeginn heranreifenden Früchte weit verbreitet. Durch Kreuzungen mit großfrüchtigen Sorten der *Gartenerdbeere* entstanden großfrüchtige, mehrmals tragende Erdbeersorten, die die M. verdrängt haben. Die M. dient zum Frischverzehr und wird im Haushalt für Torten und Bowlen verwendet. Für Sterilkonserven ist die M. nicht geeignet.

Monatsrettich → Radieschen

Mon-Chou: niederländischer *Weichkäse* aus Halbrahm (73% F. i. Tr.). → Käsesorten

Mönchskopf → *Tricholomatáceae*

Mönchspfeffer: die kugeligen bis länglichen, 3···5 mm großen Steinfrüchte des strauchigen *Keuschbaumes Vítex ágnus-cáctus* L. (Familie *Verbenáceae*), einer im Mittelmeergebiet und Zentralasien verbreitete Pflanze. Der M. hat einen brennenden, etwas bitteren Geschmack und einen an Salbei erinnernden Geruch. Er wird in Ostgeorgien als Pfefferersatz kultiviert. → Pfeffer

Mönchsrhabarber → Sauerampfer, Großer

Mondbohne → Limabohne

Monellin, *Serendipity-berry-Süßstoff:* Süßungsmittel aus den Früchten der westafrikanischen Pflanze *Dioscoreophýllum cummínsii* (Stapf) Diels. M. ist ein Polypeptid (Molmasse: ≈ 11500 g/mol). Es ist nicht hydrolysestabil. Die → *Süßkraft* beträgt etwa 2000. Bisher ohne wirtschaftliche Bedeutung.

Mondseer Käse: vollfetter *Weichkäse* nach Münsterkäse-Art aus dem Salzkammergut (Österreich). Die M. haben eine gelbe bis rotbraune, leicht klebrige Schmiere. Der Teig ist weich, aber schnittfest mit gleichmäßig verteilten Schlitzlöchern. Geruch und Geschmack sind mild-pikant, ggf. leicht herb. → Münsterkäse → Käsesorten

Mongongofrucht → Ojokbaum

Monoaminodicarbonsäure → Aminosäuren

Monoaminomonocarbonsäure → Aminosäuren

Monochlorhydrin → Monochlorpropandiol

Monochlorpropandiol, *Monochlorhydrin, 3-Chlor-1,2-propandiol, 3-Chlor-propan-1,2-diol, Glycerin-α*-monochlorhydrin: ein zweiwertiger, chlorierter aliphatischer Alkohol mit der Formel

$Cl\text{-}CH_2\text{-}CH(OH)\text{-}CH_2\text{-}OH$

M. ensteht bei der Herstellung von Flüssigwürzen mit Hilfe einer sauren Hydrolyse von pflanzlichen Proteinen. Dabei wirkt die verwendete Säure auf Restmengen der im Ausgangsmaterial enthaltenen Fette ein. In höheren Dosen besitzt M. eine fruchtbarkeitshemmende Wirkung. Durch eine verbesserte Technologie läßt sich der Restgehalt an M. auf 1 mg/kg Flüssigwürze gegenüber früher 100···750 mg/kg senken.

Monodóra myrística → Monodoranuß

Monodoranuß: *Kalebassenmuskat:* muskatartig riechende, würzige Nuß des mittelgroßen Baumes *Monodóra myrística* (Gaertn.) Dun. (Familie *Annonáceae*), der in Westafrika vorkommt, aber auch auf den Antillen eingeführt ist. Die Nüsse werden wie → Muskatnüsse verwendet.

Monoenfettsäuren → Fettsäuren

Monoglyceride: (E 47) die Fettsäuremonoester des Glycerols. Die M. haben die allg. Strukturformeln

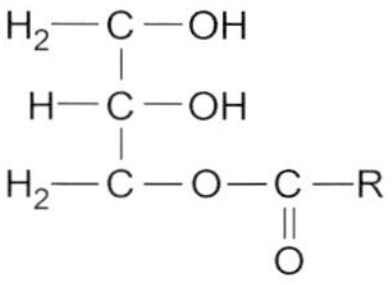

1- bzw. 3-Monoglycerid
R-Fettsäurerest

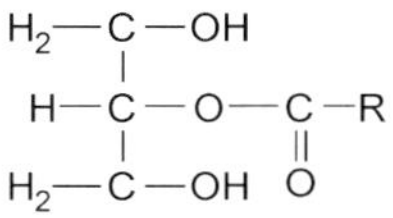

2-Monoglycerid

1- und 2-M. stehen im Gleichgewicht; dabei entfallen auf die 1-Form etwa 80% der M. Nach neueren Untersuchungen bestehen auch gewisse Unterschiede zw. den 1- und 3-M. M. kommen in natürlichen Fetten nur in geringen Mengen vor. Sie entstehen bei der Verdauung (lipatische Spaltung) der Fette im Dünndarm; ein großer Teil der mit der Nahrung aufgenommenen Fette wird als M. von den Mucosazellen des Dünndarms resorbiert. M. sind im Tier- und Pflanzenreich Zwischenstufen bei der Synthese der Triglyceride. M. enthalten im Molekül sowohl hydrophile (polare) als auch lipophile (apolare) Gruppen. Daher sind sie oberflächenaktive Verbindungen. M. werden hergestellt durch Veresterung von Glycerol mit Fettsäuren oder durch Umesterung von Triglyceriden

mit Glycerol (Glycerinolyse). Im letzteren Fall erhält man ein Gemisch aus Mono-, Di- und Triglyceriden, aus dem durch Molekulardestillation M. von großer Reinheit hergestellt werden können.
M. werden in der Lebensmittelproduktion als → Emulgatoren, bes. für die Herstellung von Wasser-in-Öl-Emulsionen, eingesetzt. M. wirken auch als Kristallisationsbeschleuniger von Fetten; sie werden deshalb zur Verhinderung des Ölausflusses („Ausölen") von Fettmaterialien eingesetzt. In der Backwarenindustrie bewirken M. eine Verlängerung der Frischhaltezeit von Gebäck. → Diglyceride → Lipasen

Monoglyceride, säureveresterte → Emulgatoren

Monoglycosylceramid → Ceramid

Monohydroxybernsteinsäure → Äpfelsäure

2-Monohydroxybuten-1,4-disäure → Äpfelsäure

Monohydroxycarbonsäuren, aromatische, Monooxycarbonsäuren, aromatische: eine Gruppe von Phenolcarbonsäuren. Die wichtigsten in pflanzlichen Lebensmitteln vorkommenden a. M. s. Übersicht.

Die wichtigsten in pflanzlichen Lebensmitteln vorkommenden aromatischen Monohydroxycarbonsäuren

Monohydroxycarbonsäure	Formel	Vorkommen
Salicylsäure (o-Hydroxybenzoesäure)	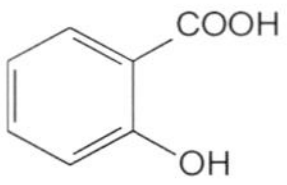	weit verbreitet, frei in ätherischen Ölen, häufiger als Ester verschiedener aromatischer und aliphatischer Alkohole, z. B. in Beeren, in Weinbränden, Sake und südfranzösischen Weinen
Hydroxybenzoesäure (Catalpinsäure)	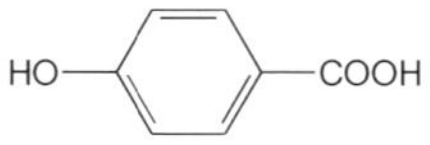	nachgewiesen in Himbeeren, Edelschimmelkäsen, südfranzösischen Weinen, im Tabak und Zigarettenrauch
p-Hydroxyphenylessigsäure (p-Oxyphenylessigsäure)	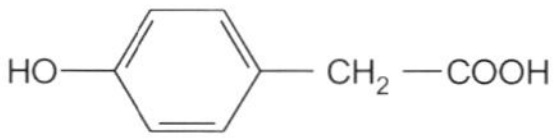	in Hefe, verschiedenen Käsearten
p-Hydroxyphenylpropionsäure	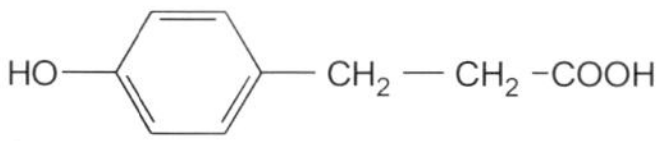	in versch. Käsesorten, im Tabak und Zigarettenrauch
p-Hydroxyphenylbrenztraubensäure	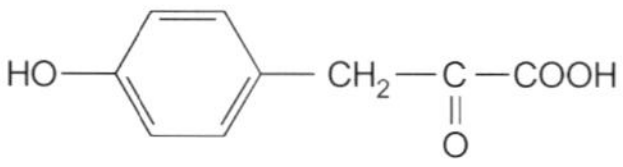	in Milch, Edelschimmelkäsearten
Anacardsäure (Anakardsäure, 6-Oxy-2-penta-deca-8,11-dien-(1)yl-benzoesäure)	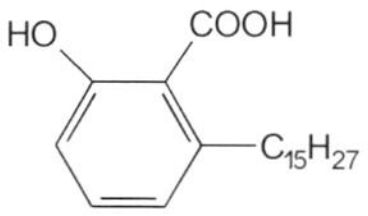	in Pericarp von Acajou- und Kaschunüssen

Die wichtigsten in pflanzlichen Lebensmitteln vorkommenden aromatischen Monohydroxycarbonsäuren (Forts.)

Monohydroxycarbonsäure	Formel	Vorkommen
trans-4-Hydroxyzimtsäure sowie deren Glucoseester und Glucoside	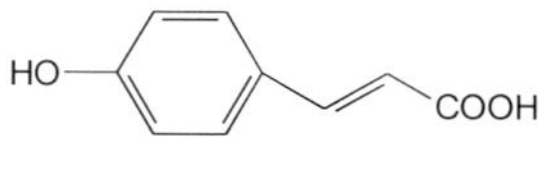	in weichen Früchten von Erdbeeren, Himbeeren, Brombeeren, roten und schwarzen Johannisbeeren, Stachelbeeren, Blaubeeren

→ Dihydroxycarbonsäuren, aromatische → Trihydroxycarbonsäuren, aromatische

In Lebensmitteln vorkommende gesättigte, aliphatische Monohydroxycarbonsäuren

Monohydroxycarbonsäure	Formel	Vorkommen
α-Hydroxyisovaleriansäure	$(CH_3)_2$-CH-CH(OH)-COOH	Baldrianwurzel
15-Hydroxypentadecylsäure	$CH_2(OH)-(CH_2)_{13}$-COOH	als Glycerid in Wacholderbeeren
18-Hydroxyoctadecansäure	$CH_2(OH)-(CH_2)_{16}$-COOH	Karnaubawachs
20-Hydroxyeicosansäure	$CH_2(OH)-(CH_2)_{18}$-COOH	Karnaubawachs
Macilolsäure (Mazilolsäure)	$CH_3-(CH_2)_{17}$-CH(OH)-COOH	Macis (Samenmantel der Muskatnüsse)
Phellonsäure	$CH_2(OH)-(CH_2)_{20}$-COOH	Karnaubawachs
24-Hydroxytetracosansäure	$CH_2(OH)-(CH_2)_{22}$-COOH	Karnaubawachs
26-Hydroxyhexacosansäure	$CH_2(OH)-(CH_2)_{24}$-COOH	Karnaubawachs
28-Hydroxyoctacosansäure	$CH_2(OH)-(CH_2)_{26}$-COOH	Karnaubawachs
30-Hydroxytriacontansäure	$CH_2(OH)-(CH_2)_{28}$-COOH	Karnaubawachs
→ *Cerebronsäure* (Phrenosinsäure)	$CH_3-(CH_2)_{21}$-CH(OH)-COOH	Cerebrin
α-Hydroxycerotinsäure (α-Hydroxycerotinsäure)	$CH_3-(CH_2)_{23}$-CH(OH)-COOH	Pilz- und Hefecerebrin

Monohydroxycarbonsäuren, gesättigte, aliphatische: Gruppe organischer, verzweigt- und unverzweigtkettiger Monocarbonsäuren mit einer Hydroxylgruppe. Die als Bestandteile von Lebensmittel bekannten g. a. M. s. Übers.

Monoiodtyrosin → Aminopropionsäure

Mono-isopropylcitronensäureester → Synergisten

Mononatriumdihydrogenphosphat → Phosphate

Mononatriumglutamat → Natriumglutamat

Monophosphate → Phosphate

Monosaccharide → Saccharide → Zucker

Mono-Stärkephosphat (E 1410) → Stärke-Phosphorsäureester

Mono-stearylcitronensäureester → Synergisten

Monoterpen-Kohlenwasserstoffe → Terpen-Kohlenwasserstoffe

Mono- und Diglyceride der Speisefettsäuren (E 471): durch Veresterung von Fettsäuren und Glycerin hergestellte Partialglyceride, die als Öl-in-Wasser-Emulgatoren eingesetzt werden. Sie verringern die Retrogradation der Stärke und erhöhen die Frischhaltung. M. werden z. B. bei Margarine, Backwaren, Süßwaren, Desserts, Eiscreme, Teigwaren, Kartoffelpüree eingesetzt. → Monoglyceride → Diglyceride

Monroviakaffee → Cóffea libéria

Mónstera deliciósa → Ceriman

Montansäure, *n-Octacosansäure:* eine gesättigte Monocarbonsäure der Formel
CH_3-$(CH_2)_{26}$-COOH.
Die M. kommt in verschiedenen Wachsen, in Montanwachsen bis zu 40 %, vor, F. 90,9°C.

Montanwachs: fossiles Pflanzenwachs, das aus höhermolekularen, gesättigten, geradkettigen Carbonsäureestern besteht. M. wird als braunschwarzes Rohmontanwachs aus bitumenreicher Braunkohle durch Extraktion mit Benzen oder einem Benzen-Ethanol-Gemisch gewonnen. F. 80···90°C., Verseifungszahl 60···70, Säurezahl 28···32. Das Rohmontanwachs kann durch Destillation und Bleichung mit Salpeter- oder Chromsäure veredelt und durch partielle Veresterung und Verseifung modifiziert werden. In Deutschland ist M. zur Oberflächenbehandlung von Zitrusfrüchten zugelassen. → Überzugsmittel

Móntia perfoliáta → Winterportulak

Moorbeere; *Trunkelbeere, Rauschbeere, Sumpfheidelbeere:* Frucht eines Kleinstrauches *Vaccinium uliginósum* L. (Familie *Ericáceae*) mit braunen, der → Heidelbeere ähnlichen, aber in allen Teilen größeren Trieben und Blättern und blauschwarzen, bereiften Beeren. Die M. wächst auf feuchten oder sumpfigen Torfmooren, vorwiegend in freiem Stand, seltener im Schatten. Die Früchte reifen im August. Sie schmecken fade, der Saft ist farblos. Sie werden nur gelegentlich gepflückt. Die Verwertungsmöglichkeit ist die gleiche wie die der Heidelbeere. Die M. wird oft mit der → *Moosbeere* verwechselt, die größere wirtschaftliche Bedeutung hat.

Moorkarpfen → Karausche

Moorwurzel → Pastinak

Moosbeere: *Gemeine Moosbeere, Rote Moosbeere, Sumpfmoosbeere, Torfbeere:* Frucht eines immergrünen Kleinstrauches *Vaccínium oxycóccus* L. (Familie *Ericáceae*) mit kriechenden, holzigen Stengeln und roten, säuerlichen Beeren. Die M. ist nach Frosteinwirkung zum Frischverzehr geeignet. Sie wird zu *Kompott, Gelee* und *Saft* verarbeitet, bisweilen auch getrocknet. Hervorzuheben ist die hohe Gelierfähigkeit der Früchte, wodurch sie als Zusatz zu schlecht gelierenden Früchten bes. geeignet ist. Sie hat große Ähnlichkeit mit der → Preiselbeere, wird aber auch oft mit der → *Moorbeere* verwechselt.

Moosbeere, Gemeine → Moosbeere

Moosbeere, Großfrüchtige, *Cranberry, Gartenpreiselbeere, Kranbeere, Kulturpreiselbeere:* Frucht eines der heimischen → Moosbeere ähnelnden Gehölzes, *Vaccínium macrocárpon* Ait. (Familie *Ericáceae*), das aus Nordamerika stammt, wo es in Kultur genommen worden ist. Obwohl die rote Beere (Durchm. 10···15 mm) größer als die der gewöhnlichen → Preiselbeere ist, hat sie sich in Europa bis jetzt kaum eingebürgert. Wertvolle neuere Sorten machen jedoch den Anbau in Nordamerika und einigen mittel- und osteuropäischen Ländern wieder interessant. Die G. M. eignet sich gut für Fruchtsoßen und Konfitüre (*Cranberry-Konfitüre*).

Moosbeere, Rote → Moosbeere

Moos, Chinesisches → *Gracelaria*-Gummi

Moos, Irisches → Carrageen

Moos, Irländisches → Carrageen

Moosesche → Ebereschenbeere

Moosheedl → *Boletáceae*

Moosstärke → Lichenin

Mora: rundliche bis längliche Wildfrucht von *Rúbus bogoténsis* (Familie *Rosáceae*), die im Geschmack der Brombeere ähnlich ist.

Moral → Gelbholz

Moraya → Chuño

Morchélla, *Morcheln:* zur Familie *Morchelláceae* geordnete Pilzgattung. Die beliebtesten Speisepilze dieser Gattung sind:
a) die *Speise-Morchel* oder *Rund-Morchel* [*Morchélla esculénta* Pers. = *M. crássipes* Vent. ex Fr. = *M. vulgáris* Pers. = M. rotúnda (Pers.) Krbh.] L., gelbbräunlich oder mattgrau, eiförmiger, mit dem Stiel verwachsener Hut mit grubiger oder watteartiger Oberfläche und einem weißlichen bis hellgelblichen, unten verdickten, hohen Stiel. Das Fleisch ist wachsartig, sehr brüchig, zart, von angenehmem Geruch und Geschmack. Vorzüglicher Speisepilz, der sich leicht trocknen läßt und zum Würzen von Fleischspeisen und Tunken bestens geeignet ist. Es wird empfohlen, diesen Pilz, bes. wenn er in größeren Mengen gegessen wird, vor der Zubereitung einmal abzukochen und das Kochwasser zu verwerfen.
b) die *Spitzmorchel* oder *Hohe Morchel* [*Morchélla aláta* Fr. = *M. cónica Pers.* = *M. esculénta* var. *cónica* (Pers.) Fr.] mit eiförmigem bis kegelförmigem, spitzem, 3···7 cm hohem und 2···4 cm breitem Hut mit fast parallel verlaufenden Längsrippen und kurzen Querrippen, die etwa quadratische bis rautenförmige Gruben umschließen. Der Hut ist variierend gefärbt von graubraun bis olivbraun oder schwarzbraun, manchmal mit fleischrosa Einschlag oder ockergelb oder samtig schwarz. Der weiße, mitunter lebhaft fleischrötliche Stiel verfärbt sich im Alter gelblich bis bräunlich und ist zylindrisch geformt, kürzer oder länger als der Hut, glatt oder längsgefurcht, manchmal am Grunde etwas verdickt. Das Fleisch ist wachsartig, dünn, zerbrechlich, geruchlos, von mildem Geschmack. Der gute Speisepilz, von aber etwas zäher Konsistenz, kommt von März bis Juni im Nadel- und Laubwald, an Böschungen, buschigen Hängen und Kahlschlägen, selbst auf Holzlagerplätzen und Brandstellen sowie in Gärten, häufig auf Kalk- und Lehmböden, in Flußauen, vom Flachland bis ins Hochgebirge, gebietsweise häufig, vor.
→ Speisepilze → Verpa → Kulturpilze

Morchélla esculénta → Kulturpilze

Morcheln → *Mitróphora* → Vérpa → Morchélla

'Moreno' → Zucchini

Moringa áptera → Behenöl

Moringa oleífera → Drumstickgemüse → Behenöl

Moringa peregrína → Behenöl

Morisónia americána → Sapote, Falsche

Morocotudo → Sapote, Falsche

Moroctsäure → Stearidonsäure

Moromi → Sojasoße

Morphaktine → Wachstumsregulatoren

Morphin → Alkaloide

Morrocoy: der kleine Baum *Mayna grandifólia* Warb. (Familie *Flacourtiáceae*), der in Panama (Pazifikküste), Kolumbien und Venezuela (Nordküsten) vorkommt. Das gelbe Fruchtfleisch der kugeligen Frucht (2,5···4,5 cm Durchm.) ist saftigsüß und wird roh verzehrt.

Morselle: 1. Zuckertäfelchen mit gehackten Mandeln oder Nüssen.
2. kleine, meist mit Pfefferminzfondant gefüllte und mit Schokolade überzogene Zuckerware. → Fondant

Mortadella: → *Brühwurst* ital. Ursprungs (Aufschnittware; auch als gefüllter Schinken bezeichnet), mittlere Sorte, zu deren Herstellung sehnenarmes und grob entfettetes Schweinefleisch,

Rindfleisch, Schweinebacke ohne Schwarte, Speck, Nitritpökelsalz, Pfeffer, Paprika, Mazisblüte und Pistazien eingesetzt werden. Als Wursthüllen dienen Kunstdärme oder Naturdärme. Das Schnittbild zeigt eine rosafarbene, fein gekutterte Wurstmasse mit reinweißen, fast gleichmäßig verteilten, nicht herausfallenden Speckwürfeln (Kantenlänge etwa 5 mm, sehnenarm) sowie Herzstückchen. → Wurst

Mortadellagewürz → Wurstgewürz

Mortiño → Chivao

Mórus álba → Maulbeere

Mórus nígra → Maulbeere

Moschd → Most → Cider

Moschuserdbeere → Erdbeerblätter

Moschuskörner → Bisamkörner

Moschuskürbis, → Muskatkürbis: eine langtriebige, in der ehem. Sowjetunion auch als ergiebige Carotenquelle genutzte und in Zentralamerika als die am wichtigsten betrachtete Kürbisart, *Cucúrbita moscháta* Duch ex Lam. (Famillie *Curcurbitáceae*), die mehr Wärme beansprucht als der → Gartenkürbis. In Europa ist der *Mantelsackkürbis* die bekannteste Form des M.. Viele Gemüsehochzuchtformen von M. wurden in Japan herausgebracht. → Kürbis

Moschusmalve → Malve

Moschusrose, *Kunja, Kuji:* die in Afghanistan bis Kashmir, Irak, Iran, Mittelmeerländern hauptsächlich zur Gewinnung von Blütenöl kultivierte *Rósa moscháta* Herrm., Syn. *R. ruscinonénsis* Grenier et Degl. (Famile *Rosáceae*). In Indonesien werden nicht nur die jungen Blätter (→ Lablab), sondern auch die Früchte verzehrt, die je 100 g Fruchtfleisch wie folgt zusammengesetzt sind: 65,5 g Feuchtigkeit, 1,02 g Eiweiß, 19,7 g Kohlenhydrate, 0,62 g Fett, 2,56 g Rohfaser, 1,5 g Mineralstoffe, 0,52 mg Eisen, 36 mg Calcium, 51,2 mg Phosphor, 0,48 mg Caroten, 98 mg Vitamin C, 0,042 mg Vitamin B_1, 0,045 mg Vitamin B_2 und 0,37 mg Niacin. Der Energiewert je 100 g in kJ (kcal) entspricht 424 (101).

Moskovskii: *Hartkäse* mit 50% F. i. Tr. aus der ehem. Sowjetunion. → Käsesorten

Moslen → Terpen-Kohlenwasserstoffe

Mospel → Mispel, Echte

Most: 1. angegorener oder noch nicht fertig ausgegorener Traubensaft, dessen Bez. vom althochdeutschen „most" und dem lateinischen „mustum" abgeleitet ist, das *junger, frischer* → *Wein* bedeutet und in verschiedenen Gegenden darüber hinaus die Bez. *Jung-, Brause-, Neuer Wein, Sauser* oder *Bitzler,* nur in Deutschland die Bez. → *Federweißer* und nur in Österreich die Bez. *Heuriger* trägt. Diese Namen können sich aber auch auf einen Wein beziehen, der bis zum Erscheinen des neuen Jahrgangs so bezeichnet wird, wie dies z. B. beim *Heurigen* der Fall ist.
2. ein aus frischem Obst (*Obstmost*), Früchten (*Fruchtmost*) oder Trauben (*Traubenmost*) bereiteter → Saft, der zum unmittelbaren Genuß vorgesehen oder zur Vergärung zu Wein bestimmt ist.
3. ein mit Wasser (u. U. bis zu 50%) versetzter → Apfelwein, den man sich wie z. B. den württembergischen „Moschd" als Haustrunk meist selbst herstellt.

Most, gespriteter, *Most, stumm gemachter:* ein frischer, noch vor Eintritt der Gärung oder in der Gärung abgebrochener Traubensaft, der mittels Weingeistzusatz „stumm" gemacht wurde. Die Gärungserscheinungen und andere mikrobielle Tätigkeiten werden auf diese Weise unterdrückt, und der Zuckergehalt des M. bleibt erhalten. Beim g. M. handelt es sich zugleich um stark mit Alkohol angereicherten Traubenmost, z. B. bei → Mistella → Marsala → Sherry oder → Madeira. → Dessertwein

Mostardkorn → Senf, Weißer

Mostert → Speisesenf

Mostrich → Speisesenf

Mostsaft → Saft → Most

Most, stumm gemachter → Most, gespriteter

Mostobst, *Preßobst:* für die Herstellung von Fruchtsafterzeugnissen geeignetes → Industrieobst. Aus der Sicht der Produzenten von M. sollen sich die Früchte kostendeckend produzieren lassen, früh und regelmäßig im Ertrag, großfrüchtig, pflegearm, wenig anfällig gegen Blütenfrost, gut schüttelbar und zw. Mitte und Ende Okt. vollreif sein. Die alten Spezialobstmostarten wie „Thurgauer Weinapfel" werden noch heute am höchsten eingestuft, doch sind sie meistens wegen zu späten Ertragseintritts nur selten im Anbau. Neuzüchtungen konzentrieren sich in vielen Ländern auf genaue Anbau- und Verwertungseigenschaften, wie hoher Zucker- und Säuregehalt, hohe Farbintensität (bei Kirschen), hohen Aromastoffgehalt, gute Preßeigenschaften (optimale Fruchthärte 11,5 kg/cm, während gelagertes Tafelobst nur noch 3···5 kg/cm aufweist), Reife nicht vor Mitte Sept. und ein Zucker/Säure-Verhältnis von 15···16. Im Handel wird gegenwärtig vielfach kein Unterschied zwischen *M.* und *Tafelobst* gemacht. Die zur Mostproduktion verwendeten Äpfel entstammen meistens der aussortierten Ware der Tafelapfelproduktion nach oder vor der Lagerung und entsprechen demzufolge in vieler Hinsicht nicht den Anforderungen der Verarbeitungsindustrie, zumal diese Äpfel bei Überlagerung nur geringe Texturfestigkeit, geringen Säuregehalt und zu hohe Saftviskosität aufweisen. Bei diesen Früchten werden deshalb die Fließeigenschaften und die Klärung des Saftes infolge zu hohen Trubstoffgehaltes (da Tafelobst wesentlich mehr Pectin enthält) behindert.
War die traditionelle *Packpresse* für die Saftherstellung noch universell einsetzbar, so ist es bei modernen, vollautomatisch arbeitenden Entsaftungsautomaten mit großer Produktionskapazität nicht möglich, bei allen Obstarten und -qualitäten befriedigende Ausbeuten und Ergebnisse zu liefern. Reife und Sortenwahl von M. stehen im Vordergrund der Betrachtung. Unreife Früchte ergeben minderwertige Produkte, weil noch ein Überhang an Stärke im Fruchtfleisch und somit noch ungenügende Mengen an Zucker und Aromastoffen gebildet wurden, dafür aber Grüngeschmack vorhanden ist. Überreife Ware führt zu Produkten mit Fehlgeschmack und unzureichender Ausbeute. Den Mikroorganismen wird oft weniger Aufmerksamkeit geschenkt. Bei mangelnder Sorgfalt im Auslesen verdorbener Partien der Rohware oder bei aufgehobenem Anlagenobst (*Fallobst*) sowie unzureichendem Aussortieren der Kühlhausware kann der Mykotoxingehalt im Saft beträchtlich ansteigen. → Industrieapfel

Motategemüse: Gemüse, das die Faser- und Gemüsepflanze *Bromélia pínguin* L. (Familie *Bromeliáceae*), die in Mittelamerika und auf den Antillen vorkommt, liefert.

Motschenkalb → Fleischtiere

Mouchlia → Tossajute

Mousse au chocolat: eine bes. hochwertige, schaumige Schokoladenkremspeise, die aus Schokoladenarten, Eigelb, Eiklar, Zucker und Butter und/oder Sahne hergestellt und auch als industriell erzeugtes → Fertigdessert oder als → Instantpulver vertrieben wird.

Mousseron → *Tricholomatáceae*

Moutabéa guianénsis → Moutabou

Moutabou: der Strauch *Moutabéa guianénsis* Aubl. (Familie *Polygaláceae*), der in Franz.-Guayana und Brasilien vorkommt. Das gelatinöse Fruchtfleisch ist süß und saftig, es wird roh verzehrt.

Moutarde, *Sauce Moutarde*, Senfsoße: eine industriell hergestellte → Würzsoße für Eierspeisen, gedämpften Fisch und Suppenfleisch auf der Basis von Speisesenf und verschiedenen Gewürzen. → Gewürzzubereitung

Moutwijin: ein speziell zur → Geneverherstellung nach alten Rezepturen in mehrmaligen Brennvorgängen in sog. *Moutwijin-Brennereien* der Niederlande hergestelltes Halbfabrikat. Eine mit Gerstenmalz gesüßte und mit Hefe vergorene Mais-Roggen-Maische wird dabei zu einem aromakräftigen Destillationsprodukt aufbereitet. Bei der Geneverherstellung werden geringe Anteile von M. einer größeren Menge neutralen Alkohols zugesetzt und zusammen mit unvergorenen Wacholderbeeren, ggf. auch noch mit einigen anderen Gewürzen, wie Kümmel oder Anis, zu → Genever weiterdestilliert.

Mowrahbutter: Sammelbez. für das Samenfett der in Indien heimischen *Moabäume* (Familie *Sapotáceae*). Hierzu zählen a) *Madhúca longifólia* var. *longifólia* (Koenig) Macbr., Syn. *M. índica* Hamilton, *Illipe malabrórum* Engler oder *Bássia longifólia* Koenig (→ Mahuafrucht) und b) *Madhúca longifólia* var. *latifólia* (Roxb.) Chevalier, Syn. *Madhúca latifólia* (Roxb.) Macbr., *Íllipe latifólia* (Roxb.) Dub. oder *Bássia latifólia* Koenig, deren Samen für Speisezwecke und Speiseöl genutzt, die Blüten roh oder gekocht verzehrt werden. Die Kerne, die etwa 75 % der Samen ausmachen, enthalten 50···60 % Fett, das säuerlich riecht und bitter schmeckt. Nach Raffination erhält man ein gelblichweißes Fett von neutralem Geruch und nußartigem Geschmack. Die Fettsäuren bestehen zu 24 % aus Palmitin-, 19 % Stearin-, 43 % Linol- und zu 14 % aus Linolensäure. → Bassiafett → Illipebutter → Fett, pflanzliches

Mozzarella: ein in Italien aus Büffelmilch hergestellter → Frischkäse, der etwa 45 % F. i. Tr. enthält. M. setzt sich aus etwa 60 g Wasser, 20 g Protein und 16 g Fett zusammen. Der Energiewert je 100 g M. beträgt 990 kJ (235 kcal). → Büffelmilch

Mozzarella-Frischkäse: ein in Italien aus Büffelmilch hergestellter → Käse, der bis zu 65 % Wasser und etwa 45 % F. i. Tr. enthält. → Käsesorten

MSW-Makkaroni → Teigware, eiweißangereicherte

Mubamwangnoma → Seifenbeerbaum

Mucine → Mucopolysaccharide

Mucinsäure (Muzinsäure) → Zuckersäuren

Muco → Honigbeere

Mucoide → Glycoproteide

Mucoitinschwefelsäure → Mucopolysaccharide

Mucolipide → Ganglioside

Mucopolysaccharide: zusammengesetzte Polysaccharide, die zusätzlich noch andere Bestandteile, wie Eiweiße, Glucuron- und Galacturonsäure, Essigsäure, Aminozucker, Schwefelsäure (als Sulfatrest), Aminosäuren und seltene Monosaccharide, in ihr Gerüst eingebaut haben. Diese umfangreiche Stoffgruppe hat Substanzen, die sich durch hochspezifische Funktionen auszeichnen können. Entsprechend ihren dominierenden Bestandteilen werden sie in neutrale und saure M. eingeteilt. Zu den sauren M. gehören z. B. *Hyaluronsäure, Chondroitinschwefelsäure, Mucoitinschwefelsäure, Heparin* oder *Bakterienpolysaccharide*; zu den neutralen M. gehören z. B. die vielen Blutgruppensubstanzen. M. sind ebenfalls Bestandteile des Binde- und Stützgewebes oder Schleimstoffe (Mucine) mit Gleit- und Schutzfunktionen.

Mucoproteide → Glycoproteide

Mucoráles → Pilze

Mucúna → Kiwicha

Mucúna ssp. → Mukunabohne

Mudda → Sankatti

Muesli → Müsli

Muffelwild *(Ovis ammon musimon)* → Wild

Mufflon → Fleischtiere

Mufungo → Fungo

Múgil ssp. → Meeräsche

Mühlbrunn, Karlsbader → Heilwasser

Mühlennachprodukt: ein bei der Vermahlung des mühlengereinigten Getreides anfallendes Nebenerzeugnis, bei dem die Schalen- oder Mehlanteile überwiegen und der Proteingehalt 14···21 % beträgt. Zu den M. zählen → Bollmehl → Kleie → Nachmehl → Futtermehl.

Muhulu → Graupflaume

Mujuju: die krautige Pflanze *Chenopódium opulifólium* (Schrad.) ex Koch u. Ziz (Familie *Chenopodiáceae*), die in Kenia als Wildgemüse gegessen wird. 100 g gekochter Pflanzenmasse enthalten 1,030 mg Caroten, 49 mg Vitamin C und 0,0007 mg Vitamin B_1, die Kochzeit beträgt 10 min.

Mukago → Japanyams

Mukunabohne, *Juckbohne, Samtbohne:* Samen der einjährigen windenden Kräuter der Gattung *Mucúna* (Familie *Fabáceae),* die in Ostafrika und anderen Tropenländern als Lebensmittel kultiviert werden. Nur die jungen Triebe und Hülsen werden als Gemüse gegessen, da die älteren mit Brennhaaren besetzt sind. Wesentliche Arten sind *Mucúna prúriens* (L.) DC., *M. útilis* Wall. ex Wight und *M. capitáta* (Roxb.) Wight et Arn.

Müller-Thurgau: früh reifende Weißweinkeltertrauben-Sorte, die durch Kreuzung aus den Traubensorten *Riesling* (→ *Riesling, weißer)* und → *Silvaner* gezüchtet wurde. Daher nennt man sie auch in einigen Weinbauländern *Riesling x Silvaner.* Sie bringt auch in rel. ungünstigen Lagen noch gute Erträge, aus denen milde, blumige Weine mit wenig Säure und einer angenehmen Muskatnote hergestellt werden. → Wein

Mulli → Pfeffer, Peruanischer

Mullsoy → Sojamilch

Múllus spec. → Meerbarbe

Mulodo: regionale Sammelbez. für zwei wildwachsende Annonaarten, deren fleischige, leicht säuerlich schmeckende Früchte in Sambia als Obst verzehrt werden. Dabei handelt es sich um *Annóna senegalénsis* Pers. subsp. *senegalénsis* (Familie *Annonáceae*), deren organgefarbene Früchte von Febr. bis April und *A. stenophýlla* Engl. & Diels supsp. *longepetioláta* (R.E. Fries) Robson, deren Früchte von Nov. bis Dez. gesammelt werden. Für *A. senegalénsis* wird folgende Zusammensetzung angegeben: 67% Feuchtigkeit, 4% Eiweiß, 6,7% Fett, 19% Kohlenhydrate, 1,3% Mineralstoffe, 2,2% Rohfaser und in mg je 100 g 19,8 Calcium, 50 Phosphor und 13,2 Eisen. Der Energiewert entspricht 641 kJ (152 kcal).

Multbeere, *Moltebeere, Torfbrombeere, Schellbeere, Zwergbrombeere:* Frucht eines im nördlichen Mitteleuropa, südlich bis in die Sudeten, in Nordjapan, Sibirien und im nördlichen Nordamerika verbreiteten Gehölzes, *Rúbus chamǣmorus* L. (Familie *Rosáceae*). Die gelben Früchte sind säuerlich, aber sehr wohlschmeckend. Die M. wird vielfach für Einkreuzungen in *R. idǣus* L. zur Verbesserung des Fruchtaromas verwendet.

Multivitamingetränk → Fitneßgetränk

Mummel → Seerose

Münchner Weißwurst → Weißwürstchen

Mundbrötchen → Brötchen → Mundsemmel

Mundsemmel, *Mundbrötchen:* Sammelbegriff für die verschiedensten → Kleinbackwaren. Je nach Landschaftsgebiet werden → Brötchen → Wecken → Hörnchen → Stangen, glatte → Semmeln, Mohnzöpfe und dgl. als M. bezeichnet.

Mung-Bohne: *Green Gram, Golden Gram, Jerusalembohne, Katjang idjoe, Mungobohne, Kleine grüne Sojabohne:* Samen der einjährigen krautigen Pflanze *Phaséolus* $\overline{\text{au}}$*reus* Roxb., Syn. *P. múngo* Roxb., *P. hírtus* Retz, *P. max.* Roxb., *Rúdua* $\overline{\text{au}}$*rea* (Roxb.) Maekawa, *Vigna radiáta* (L.) R. Wilczek (Familie Fabáceae*),* die von Indien aus über Ost- und Mittelasien verbreitet wurde und dort eine der wichtigsten Hülsenfrüchte ist. Die M. ist eine alte Kulturpflanze, wie auch die ähnliche → Urdbohne. Es gibt viele Sorten, die sehr schnell reifen und für Trockengebiete geeignet sind. Die Samen enthalten je 100 g Trockensubstanz 55 g Kohlenhydrate, 20 g Proteine und bis zu 2 g Fett. Im Gegensatz zu anderen Bohnen verursacht die M. keine Blähungen. Unreife M. werden analog den Gemüsebohnen als Kochgemüse verzehrt. → Sojasprosse → Papadam → Harusame → Idli

Mungobohne → **1.** Mung-Bohne
2. → Urdbohne

Mungobohnenpaste → Papadam

Mungra → Schlangenrettich

Munkettinuß → Ojokbaum

Munster → Münsterkäse

Münsterkäse: aus Frankreich (Münstertal – la vallée de Munster, Vogesen) stammender milder *Weichkäse* mit langer Reifungsdauer. M. wird in Deutschland auch als halbfester Schnittkäse in den Fettstufen 30% F.i.Tr. und 45% F.i.Tr. produziert. Die Oberfläche ist geschmeidig und mit gelbroter Schmiere bedeckt, das Käseinnere weißgelb und weitgehend geschlossen. Geruch und Geschmack sind rein und leicht aromatisch. M. ist mit dem in Frankreich produzierten *Munster* identisch. → Käsesorten.

Mustíngia calabúra → Jamaikakirsche

Muntokpfeffer: eine Handelsbez. für den Weißen → Pfeffer.

Mupundu → Nikon-Nuß

Muráena hélena → Muräne

Murae̅nophis hélena → Muräne

Muräne, *Muraena (Muraenophis) heléna* (Bild):

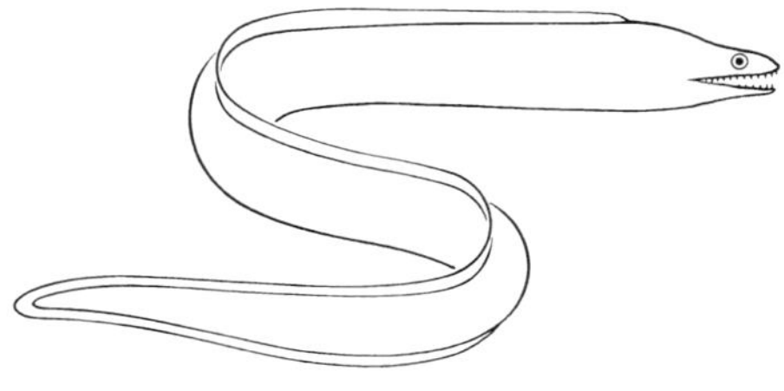

Muräne

Aalartiger *Meeresfisch, vom Flußaal und* → Meeraal u. a. durch die fehlenden Brustflossen und die unmittelbar am Kopf ansetzende, durchgehende Rückenflosse unterschieden. Diese Art ist an ihrer leuchtend gelben und braunen Marmorierung zu erkennen. Sie wird 60···100 cm, höchst. 150 cm lang und besiedelt die Küsten Westeuropas, Westafrikas und des Mittelmeers. Wenn auch nur von lokaler Bedeutung, wurde die M. doch schon im Altertum als Delikatesse geschätzt.

Mürbchen → Keks

Mürbebrötchen → Brötchen

Mürbegebäck → Mürbeteig

Mürbeteig: ein aus Weizenmehl mit wenig Zugußflüssigkeit und viel Fett durch Rühren oder Kneten entstandener fester Teig, der nach Durchkühlung zu verschiedenen Gebäckarten verarbeitet wird. Der M. ist mehrere Tage lagerfähig, und das daraus hergestellte Gebäck ist auf Grund des niedrigen Feuchtigkeits- und hohen Fettgehaltes dem Prozeß des Altbackenwerdens nur sehr langsam ausgesetzt, so daß z. B. *Torteletts* oder *Teegebäck* aus M. zu den Dauerbackwaren zählen. Man unterscheidet zwei Arten von M.: *Schwere M.*, die aus Zucker, Butter (oder anderen Fettarten) und Mehl im Verhältnis 1:2:3 bestehen, daneben werden noch Eier und Gewürze beigefügt. Aus schweren M. werden vor allem ausgestochene, zusammengesetzte, gefüllte, glasierte oder gespritzte Teegebäckarten hergestellt. *Leichte M.* bestehen z. B. aus 800 g Zucker, 400 g Butter oder anderem Fett, 2 kg Weizenmehl und 0,75 l Vollmilch. Infolge des geringeren Fettgehaltes werden leichte M. zusätzlich mit Backpulver gelockert. Aus leichten M. werden vorwiegend *Tortenböden, Förmchen* bzw. *Torteletts* hergestellt. Als charakteristische Merkmale der *Mürbeteiggebäcke* bzw. *Mürbegebäcke* gelten die ausgesprochen mürbe Beschaffenheit bzw. das leichte Auflösen der Krume beim Kauen und eine hell- bis goldgelbe Farbe. Aus M. werden hergestellt a) Gebäcke ohne Belag oder ohne Füllung (Tortenböden, Torteletts), b) Gebäck mit Belag (z. B. *Obsttorte, Mohntorte* bzw. *Fruchttörtchen*) oder c) Gebäck mit Füllung (z. B. *Dessertstücke, gefülltes Teegebäck, Petit fours*). → Keks → Teegebäck → Obstgebäck → Torte → Mohngebäck

Mürbeteigboden → Diabetiker-Backware

Mürbeteigplätzchen → Keks → Diabetiker-Backware

Mürblinge → *Coprináceae*

Mürbungsmittel, *Zartmacher, Weichmacher:*
1. Hilfsmittel, die Zartheit in der Brotkrumenstruktur oder einen mürben Charakter der Backwaren allg. bewirken soll. Die M. setzen sich vor allem aus Fett und Emulgatoren zusammen. Sie werden vorzugsweise in den USA bei Weißbrot eingesetzt und auch als → Shortenings bezeichnet. → Lebensmittelzusatzstoff
2. Reifungssalz

Murraya koenígii → Curryblatt

Mus, *Mark:* eine pastöse oder breiartige Zubereitung. Die Bez. kommt vom althochdeutsch. *mouz* und dem mittelhochdtsch. *maz* (Speise). Früher diente die Bez. M. für Zubereitungen, die man heute auch unter der Bez. → Krem zusammenfaßt. Einen Bedeutungswandel hat das Wort M. in der Bez. "*Gemüse*" erfahren, indem man darunter eßbare, frische Pflanzenteile wildwachsender und in Kultur genommener Feld- und Gartenpflanzen versteht. Es gibt z. B. folgende als M. bezeichnete breiige bzw. pastöse Zubereitungen: Apfelmus, Aprikosenmus, Erbsenmus, Kartoffelmus, Hagebuttenmus, Birnenmus. *Pflaumen-* und *Nußmus* sind auf Grund ihres geringen Wasseranteiles den → Markkonzentraten zuzuordnen. Das M. unterscheidet sich vom → Kraut durch seinen Gehalt an Pflanzenfaserstoffen. → Brei

Músa ensête → Banane, Abessinische

Músa paradisíaca → Kochbanane → Usar

Músa spec. → Banane

Muscadinin → Anthocyane

Muscaridin → Muscarin

Muscarin: *Trimethylammoniumchlorid* des *2-Methyl-3-hydroxy-5-methyl-tetrahydrofurans,* eine zu den biogenen Aminen gehörende quarternäre Ammoniumverbindung der Grundstruktur

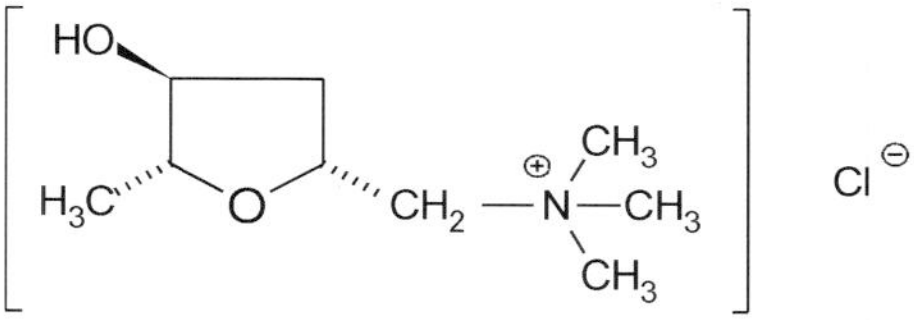

M. ist Bestandteil des Giftes des *Ziegelroten Rißpilzes* (*Inócybe patouillárdii* Bres.) sowie des Rettich-Helmlings (Mycóna púra), von *Clitocybe*-Arten und anderen kleinen weißen *Inocybe*-Arten. Im *Fliegenpilz* [*Amaníta muscária* (L. ex Fr.) Hooke] wurde M. zuerst entdeckt, in dem es jedoch nur in Spuren vorhanden ist. Der frische Fliegenpilz enthält 0,0003···0,0016 %, der Ziegelrote Rißpilz 120- bis 300 mal mehr an M.. Die hygroskopischen, farblosen Kristalle des Chlorids von M. sind in Wasser und Ethanol leicht, in Ether schwer löslich, F. 181···182°C., $[\alpha]_D$ + 1,57 (in H_2O). Von den 8 denkbaren Stereoisomeren des M. sind in den Pilzen in unterschiedlichen Anteilen nachgewiesen: *(+)-(2S, 3R, 5S)-M., (−)-(2S, 3R, 5R)-allo-M., (+)-(2S, 3S, 5S)-epi-M.* und *(−)-epi-allo-M.* (Konfiguration unbekannt). Ein weiteres, dem M. ähnlich aufgebautes Gift ist das *Muscaridin.*
Die Vergiftungssymptome des M. sind Übelkeit, kalter Schweißausbruch, Speichelfluß, Pupillenverengung, Sehstörungen, kolikartige Bauchschmerzen, Erbrechen, Durchfall, asthmaähnliche Atemnot, Muskelkrämpfe, Kreislaufkoma. Die Gift-

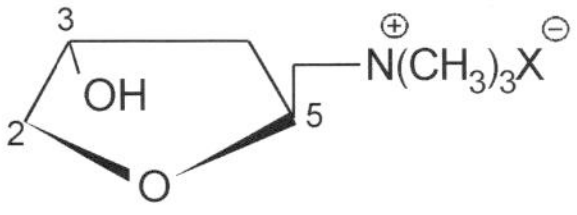

(+)-Muscarin
(2S, 3R, 5S)

(−)-allo-Muscarin
(2S, 3R, 5R)

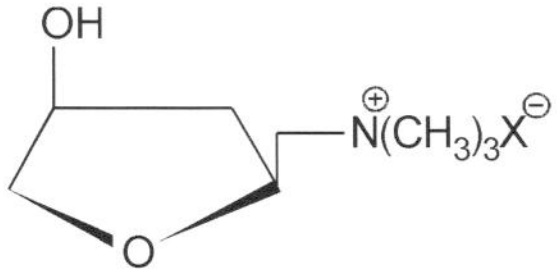

(+)-epi-Muscarin
(2S, 3S, 5S)

wirkung des M. beruht u. a. auf seiner strukturellen Ähnlichkeit mit → Acetylcholin. Die tödliche Dosis an M. für den Menschen beträgt 0,5 g. Durch Entleerung des Magen-Darm-Kanals und Gabe von Atropin (1···2 mg intramuskulär oder sehr langsam intravenös können Muscarinvergiftungen meist leicht beherrscht werden. → Pilzgifte

Muscarufin → Farbstoffe

Muscazon, α-Amino-2,3-dihydro-2-oxo-5-oxazol-essigsäure: eine im Fliegenpilz (Amaníta muscária (L.) Pers.) vorkommende Aminosäure, die vermutlich ein photosensibilisiertes Abbauprodukt mit halluzinoger Wirkung ist, s. Formel

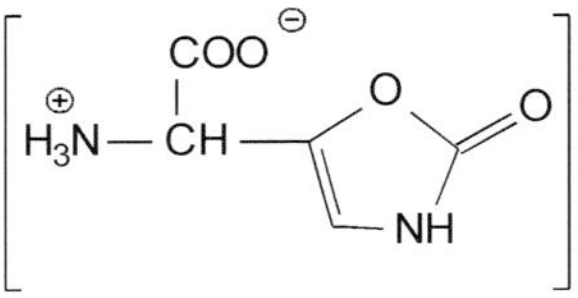

→ Ibotensäure → Pilzgifte

Muschelgifte, *Muscheltoxine:* Gruppe von Giftstoffen, die von Dinoflagellaten (Geißeltierchen) gebildet werden und in Muscheln u. a. Schalentieren vorkommen können. Als M. sind die Verbindungen (s. Formeln unten und S. 193) bisher weltweit beschrieben worden, sowie Calycutin A, Saxotoxin, Gonyautoxine und Neosaxitoxine. Diese Toxine werden von den Dinoflagellaten *Prorocéntrum líma, Dinophýsis fórtii, D. acumináta* und *D. acúta* sowie von den Algengattungen *Gonyaulax* und *Gymnodinum* gebildet, die praktisch in allen Weltmeeren verbreitet sind. Zum typischen, gewöhnlich sehr schweren Vergiftungsbild gehören Durchfall und rasch einsetzende periphere und zentrale Lähmungserscheinungen, weshalb diese Komplikationen nach Muschelgenuß auch als *„paralytic shellfish poisonning“* bezeichnet werden. Rund 10 % aller Muschelvergiftungen verlaufen tödlich. Daneben gibt es noch eine etwas harmloser verlaufende „diarrhetic shellfish poisonning“, die nur Durchfälle, Erbrechen und Bauchschmerzen bewirkt.

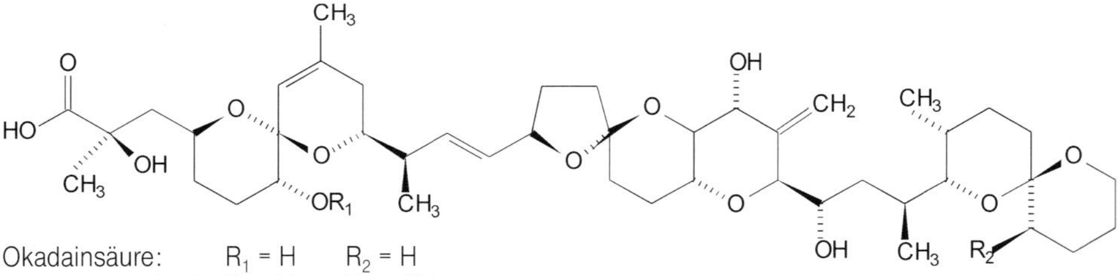

Okadainsäure: R_1 = H R_2 = H
Dinophysistoxin-1: R_1 = H R_2 = CH_3
Dinophysistoxin-3: R_1 = Acyl R_2 = CH_3

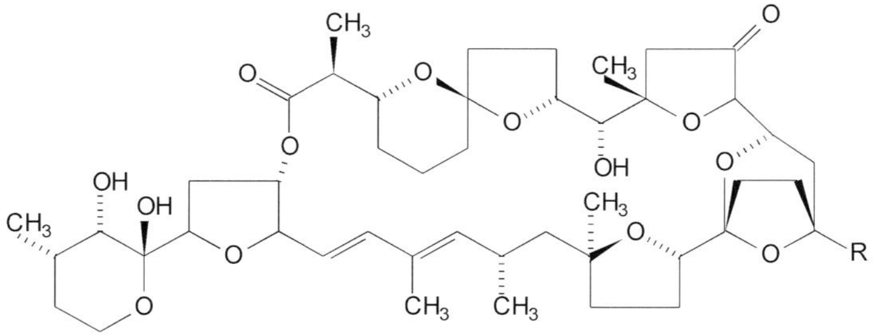

Pectenotoxine-1: R = CH_2OH
Pectenotoxine-2: R = CH_3

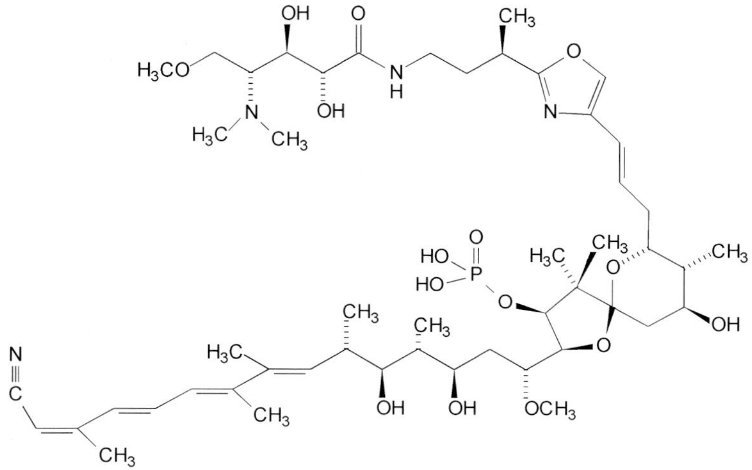

Calycutin-A

Muscheln: 1. Klasse *Bivalvia* des Stammes der *Weichtiere (Mollúsca)*, charakterisiert durch einen seitlich zusammengedrückten Körper mit einem rudimentären Kopf und einem schwellbaren, beilförmigen Fuß, der von einem großen, zweilappigen Mantel umgeben wird und sich in einer zweiklappigen Kalkschale befindet (Bild).

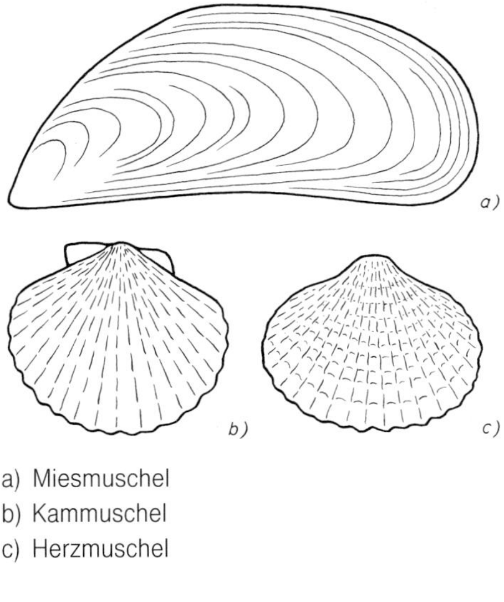

a) Miesmuschel
b) Kammuschel
c) Herzmuschel

Die meisten der etwa 20 000 Arten sind Meeresbewohner, einige Gruppen sind im Süßwasser heimisch. Sie ernähren sich meist von im Wasser schwebenden Partikeln und Plankton, das aus dem Wasser gefiltert wird. Die M. haben große wirtschaftliche Bedeutung. Jährlich werden mind. 3···4 Mio t aus über 1000 Muschelarten zu Speisezwecken verwendet. Am wichtigsten sind die an den Küsten der warmen und gemäßigten Zonen vorkommenden *Austern (Óstreidae)* mit ungleichmäßig großen Schalen und gefalteten Rändern, die mit einer Schalenhälfte auf festem Untergrund angewachsen sind. Von den rund 1 Mio t jährlich geernteten Austern wird der größte Teil in Kulturen aufgezogen, so bes. die *Europäische Auster (Óstrea edúlis)* in Frankreich, deren Bedeutung in den letzten Jahren nachgelassen hat, die *Portugiesische Auster Crassóstrea anguláta (= Gryphea anguláta)* in Frankreich (100 kt), die *Pazifische Auster (Crassóstra gígas)* in Japan und Korea (jeweils über 200 kt) und die *Amerikanische Auster Crassóstrea virgínica)* (über 300 kt) an der Atlantikküste der USA. Auch die bilateral-symmetrischen *Miesmuscheln (Mytílidae)*, die sich durch Byssusfäden an den Untergrund anheften, liefern aus natürlichen Vorkommen und Kulturen über

700 kt im Jahr. Die *Mies-* oder *Pfahlmuschel (Mytilus edúlis),* die auch in der Ostsee vorkommt, wird bes. in Spanien, den Niederlanden, Frankreich, Dänemark, Italien und Deutschland gefangen bzw. kultiviert (300···400 kt). Die *Venusmuscheln,* insbes. die *Venerúpis-* und *Mercenária-*Arten, die im Sandboden tropischer und gemäßigter Breiten leben und in Japan ebenfalls kultiviert werden, liefern in Ostasien, an der amerikanischen Pazifikküste und auch in Westeuropa bedeutende Fangmengen (über 300 kt). Ebenfalls von der Ostsee bekannt sind die *Herzmuschel (Cárdium edúle*), die bes. durch Spanien und Großbritannien gefangen werden, und die *Klaff-* oder *Sandmuschel, auch Strandauster* genannt (Mýa *arenária*), die an der Küste der USA in bedeutenden Mengen gefangen wird. Vertreter der *Kammuscheln (Pectínidae*) - schwimmfähige M. mit meist ungleichklappigen Schalen - liefern im Atlantik für die USA, Frankreich, Großbritannien, im Pazifik u. a. für Japan, China und Australien eine Fangmenge von insges. über 500 kt. Auch die *Süßwassermuscheln* sind, bes. für Ostasien, von Bedeutung (Japan über 50 kt, Philippinen über 150 kt).

Abgesehen von artspezifischen Besonderheiten und Qualitätsunterschieden wird die Verwertbarkeit von M. in erster Linie durch den Grad der Verschmutzung der Muschelbänke mit Fäkal- und Industrieabwässern bestimmt. Die Gründe unterliegen daher einer strengen hygienischen Kontrolle. M. stellen hochverderbliche Lebensmittel und Rohstoffe dar. Tote Tiere und solche mit nur schwachen Reaktionen gelten als verdorben. M. sind in Ländern mit großem Aufkommen z. T. Volksnahrungsmittel, wogegen sie in anderen Gebieten als seltene Feinkost angesehen werden. Dabei gelten Austern als bes. Delikatesse, sie werden vorwiegend roh genossen.

Das Fleisch der M. (10···40 % der Gesamtmasse) hat einen mittleren Gehalt an hochwertigem Eiweiß, es enthält Kohlenhydrate in Form von Glycogen und nur sehr wenig Fett (Tab.).

Daher sind M. als energiearme Träger von tierischem Eiweiß einzuschätzen. Der Gehalt an Vitaminen und Mineralstoffen ist dem von → Fisch vergleichbar.

Bei der Verarbeitung werden die M. nach Sortierung und gründlicher Reinigung blanchiert oder

Zusammensetzung und Energiewert von Muschelfleisch

Bestandteil	Durchschnittl. Gehalt je 100 g eßbaren Anteils in g			
	Auster	Miesmuschel	Pilgermuschel	Klaffmuschel
Wasser	80,5···87,5	80,4···86,7	79,7···80,3	80,3···87,9
Eiweiß	6,0···10,7	8,0···11,7	14,8···16,4	8,5···12,8
Fett	0,8··· 2,1	0,8··· 1,9	0,1	1,2··· 1,4
Kohlenhydrate	4,8··· 5,6	3,9	2,9	3,1
Mineralstoffe	2,0	1,3··· 2,4	1,4	2,0··· 2,1
Energiewert je 100 g eßbaren Anteils in kJ (kcal)	225···380 (54···90)	245···360 (59···86)	325···355 (78···85)	255···345 (61···82)
davon aus Eiweiß	110···195 (26···47)	145···215 (35···51)	270···300 (65···72)	155···235 (37···56)
Richtwert für den Energiewert je 100 g eßbaren Anteils in kJ (kcal)	195 (70)	295 (70)	335 (80)	295 (70)

gedämpft und geschält. Die Byssussfäden werden entfernt. Zur Herstellung von Konserven wird das so gewonnene Fleisch (evtl. auch geräuchert) in Dosen verpackt, mit einer Salzlösung, Tunken, Öl oder anderen Aufgüssen versehen und nach dem Verschließen sterilisiert. An weiteren Erzeugnissen werden hergestellt: M. in Aspik, Muschelpaste, M. mit Tunke oder Mayonnaise oder auch mit Aufgüssen, M., gebraten, gebacken, gegrillt, M. gefroren. Abfälle der Verarbeitung, tote und zu kleine M. sowie solche mit zu hoher Keimbelastung werden zu Futtermehl (Muschelmehl) verarbeitet.
2. eine Teigwarensorte (→ Teigwaren), bestehend aus kleinen, muschelförmigen Teigstücken, vorwiegend als Suppeneinlage verwendet.

Muscheltoxine → Muschelgifte

Muschpel → Felsenbirne

Muscimol, α-Aminomethyl-3(2H)-isoxazolon, Agarin. *Pantherin:* ein sich im Fliegenpilz durch Decarboxylierung der → Ibotensäure bildender Giftstoff, s. Formel

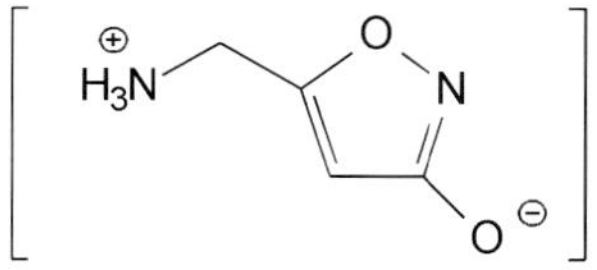

→ Pilzgifte

Musiasi: Regionale Sammelbez. für die im März sammelreifen fleischigen Früchte zweier Seifenbaumgewächse, *Allophýus rubifólius* (Hochst. et A. Rich.) Engl. und *A. africánus* P. Beauv. (Familie *Sapindáceae*), die in Sambia roh, als Obst, verzehrt werden und folgende Zusammensetzung aufweisen: Feuchtigkeit 67,7 bzw. 84,8 %, Eiweiß 2,5 bzw. 1,7 %, Fett 4,4 bzw. 3,2 %, Kohlenhydrate 23,3 bzw. 9,2 %, Mineralstoffe 0,7 bzw. 0,4 %, Rohfaser 1,5 bzw. 0,48 %, und in mg je 100 g Fruchtfleisch 11,3 bzw 4,5 Calcium, 80,8 bzw. 30 Phosphor, und 9,7 bzw. 6 Eisen. Der Energiewert je 100 g Fruchtfleisch entspricht 604 bzw. 320 kJ (143 bzw. 76 kcal).

Muskatblüte, *Mazis, Macis, Folie:* der orangefarbene bis rötliche, 2,5···4 cm lange und 10 mm dicke, ganze oder gebrochene Samenmantel *(Arillus)* der → Muskatnuß. Der charakteristische Geruch und Geschmack sind auf den Gehalt an ätherischem Öl (10···15 %) mit Myristicin sowie an fettem Öl (etwa 30 %), Harz u. a. zurückzuführen. Es werden *Siauw-, Westindische* und *Papua-* oder *Makassar-Mazis* unterschieden und folgende Forderungen gestellt: Mind. 4 % ätherisches Öl bei *Siauw-* und *Westindischer Mazis* und 2 % bei *Papua-Mazis.* Die M., ganz oder gepulvert, findet in der Küche, Bäckerei und Konditorei wie → Muskatnuß Verwendung. Sie dient ferner zur Herstellung des → *Muskatblütenöls.*

Muskatblütenöl: das aus den → Muskatblüten durch Wasserdampfdestillation gewonnene farblose bis leicht hellgelbe ätherische Öl von charakteristischem Geruch und Geschmack. Das M. wird zum Aromatisieren von Likören, von Feinbackwaren und Süßwaren verwendet.

Muskatbutter: das Fett der Samen des in den Tropen wachsenden Baumes *Myrística frágans* Houtt. (Familie *Myristicáceae*). Die wichtigsten Fettsäuren und ihre Anteile, bezogen auf den Gesamtfettsäuregehalt, sind Myristinsäure (39···76 %), Palmitinsäure (10···32 %) und Ölsäure (8···44 %). Das gelblichrote Fett hat eigentümlichen Muskatgeruch.

Muskatdattel → Dattel

Muskateller: Weißweinkeltertraube mit würzigem Muskatgeschmack, die bukettreiche, starkwürzige Weine liefert, bes. in der Spielart *Muskat Ottonel.* Die *Misket-Weine* der südosteuropäischen Länder und viele Dessertweine der südlichen Weinbauländer werden aus *Muskateller*-Trauben gekeltert. → Wein → Sherry → Sauvignon

Muskatellererdbeere → Erdbeerblätter

Muskatellersalbei, *Muskatsalbei:* die in der ehem. Sowjetunion, Südeuropa, Iran, Türkei und in Kenia kultivierte Salbeiart *Sálvia sclárea* L. (Familie *Lamiáceae*). Das ätherische Öl der Blätter und Blütensprosse dient zur Aromatisierung von Likör und Wein. Der *Scharlach-Salbei, S. víridis* L.

diente früher in Mitteleuropa zum Würzen von Bier und Wein, heute wird er fast nur noch als Bienenweidepflanze kultiviert. Aus *Chia (S. pótus* Epling) und *Chia blanco (S. hispánica* L.), den teils schleimigen Samen dieser Salbeiarten, werden in Mittelamerika Erfrischungsgetränke hergestellt.

Muskatkürbis → Moschuskürbis

Muskatnuß: der von dem Samenmantel (*Arillus*) und von der Samenschale befreite Samen des in den Tropen, bes. in Ost- und Westindien heimischen und kultivierten, 8···12 m hohen Muskatnußbaumes *Myrística frágans* Houtt. (Familie *Myristicáceae*). Die M. werden nach der Größe sortiert und in vielen Anbaugebieten in Kalkmilch getaucht, um sie vor Insektenbefall zu schützen. Sorten s. Übersicht.

Muskatnußsorten

Muskatnußsorte	Unterscheidungsmerkmal
Siauw- oder Ostindische Muskatnuß Westindische Muskatnuß	graubraune, rundovale, gekalkte oder ungekalkte Samen, 20...35 mm lang, mit einem Durchm. von 15···24 mm
Papua-Muskatnuß	graubraune, langovale, gekalkte oder ungekalkte Samen, bis 35 mm lang, mit einem Durchm. von 10···18 mm
Geschrumpfte Muskatnuß	graubraune, rundovale, ungekalkte, stark gerunzelte Samen mit inneren Hohlräumen

Verschiedentlich werden auch bereits durch Insektenbefall geschädigte M. gekalkt (als Schönen bezeichnet) und als sog. *Rompen* gehandelt; dies sind jedoch Verfälschungen. Der Gehalt an fettem Öl (bis 40 %, → *Muskatbutter*) mit Trimyristin sowie an ätherischem Öl (bis 10 %) mit Myristicin u. a. Komponenten rufen den charakteristischen Geruch und Geschmack hervor. Als haluzinogen wirkende Inhaltsstoffe kommen das *Myristicin* und *Elemicin* in M. vor. Das → *Myristicin* ist verantwortlich für den typischen brennenden Geschmack der M.

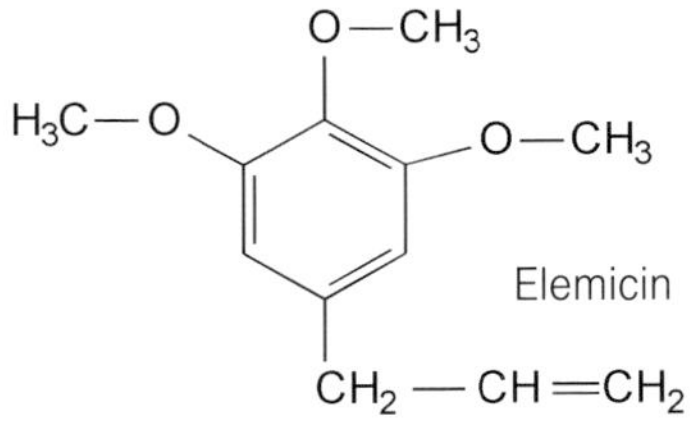

Elemicin

Die M. wird fein gerieben oder als Pulver zum Würzen von Suppen, Soßen, Gemüse und für bestimmte Fleisch- und Fischspeisen sowie für Wurstwaren, in der Bäckerei und Likörherstellung verwendet.

Muskat Ottonel: eine Muskatellerkellersorte, die in Österreich, Italien, Frankreich und insbes. in der Nähe der südrumänischen Stadt *Breasta,* an den Hängen des Hügels Obedin angebaut wird und dort etwa 250 bis 260 Tage im Jahr Sonnenschein bekommt. Die reifen Beeren bringen einen vollmundigen Weißwein mit 17 %-Vol. Ethanol. → Muskateller → Wein

Muskatpelargonie → Apfelpelargonie

Muskeladenylsäure → Nucleotide → Adenosinphosphorsäuren

Muskelfarbstoff → Farbstoffe

Muskelfellfett → Hammeltalg

Muskelmagen: Teil des Verdauungskanals beim Geflügel. Er besteht aus 2 kräftigen Muskeln, einem vorderen und einem hinteren Hauptmuskel. Sie gehen in einen flachen Zwischenmuskel über. Magen von Hühnern, Puten und Gänsen werden im gefrorenen Zustand zum Verkauf angeboten.

Müsli: eine vom Schweizer Arzt *Bircher-Benner* ursprüngl. in der Rekonvaleszentenkost eingeführte rohe Frühstücksnahrung, bestehend aus frisch geschrotetem Getreide, Früchten (je nach Jahreszeit) und Milchprodukten; heute, im Rahmen der Bestrebungen zu einer vollwertigen Ernährung allg. verbreitete, im Haushalt individuell zubereitete Mahlzeit *(Frischkornmüsli)*, im Handel auch als *Fertig-* oder *Trockenmüsli* angebotenes Kombinationsprodukt mit stabilisiertem Getreide als Hauptkomponente. Anstelle von frisch gemahlenem Getreide werden bei *Frischkornmüsli* auch *angekeimte Samen* von eingeweichtem Getreide, Hülsenfrüchte, Ölsaaten oder Ölsamen verwendet. *Original Bircher Müsli* kann nicht käuflich erworben werden (selbst wenn verschiedene Fertigmischungen diesen Namen tragen), da der Urheber nur an einer Getreidemischung aus frischen Erzeugnissen interessiert war. Der Name M. oder auch *Muesli* ist weder geschützt noch lebensmittelrechtlich geregelt. Dies hat zur Folge, das viele Produkte, die etwas mit Getreide und Trockenobst zu tun haben die Zusatzbez. M. tragen (z. B. Müsliriegel, Müsliflocken, Müslitabletten, Müslischnitte, Müslizwieback, Crunchy-Müsli, Müslibälle, Müslikekse, Müslitorte, Müslikuchen, Müslibrötchen usw.). Nach Auffassung der deutschen Landwirtschaftsgesellschaft sollte ein M. aus mehreren Getreidearten bestehen (flockiert und/oder geschrotet und/oder gequetscht) und mind. zwei weitere Zutaten aus den Gruppen Ölsaaten/Ölsamen und Trockenfrüchten aufweisen. Fertigmüsli sind hitzebehandelte Produkte, um einem eventuellen Gehalt an Mykotoxinen vorzubeugen oder Ranzigkeit bei den gequetschten oder geschroteten Getreidearten lange hinauszuzögern. Obgleich ein Zuckerzusatz bei den meisten Fertigmüslimischungen neuerdings unterbleibt, läßt die Kontrolle der Mengenanteile verschiedenen Müslikomponenten wegen der fehlenden Regelung eine große Variationsbereite erkennen: 50···95 % Getreideartenanteile, 0···35% Ölsaatenanteile, 0···15% Ölsamenanteile, 6···18% Trokkenfruchtanteile; dementsprechend schwankt die chemische Zusammensetzung der Fertigmüsli wie folgt: 45···70% Kohlenhydrate, 4···22% Fett, 7···14% Ballaststoffe, 9···13 % Eiweiß und 12···25% Zucker (je nach Trockenfruchtanteil). Verschiedene Produkte enthalten auch Trockenhonig oder Rohzucker. Um den Anteil an knusprigen Komponenten zu erhöhen, werden vielfach extrudierte Mais-, Reisflocken und → Fruchtperlen zugesetzt. Bei Bio-Erzeugnissen sollte man erwarten können, daß cadmiumfreie Ölsaaten verwendet werden (Richtwerte → Ölsaaten). → Keim → Frischkornerzeugnis

Müslipreßling → Müsliriegel

Müsliriegel, *Müßlipreßling:* ein portionsverpacktes → Komprimat aus kandierten oder nicht kandierten Getreideflocken, Ölsamen, Ölsaaten, Trokkenfrüchten unter Zusatz von Emulgatoren, Glucosessirup, Aroma- und Konservierungstoffen, vielfach entgegen den Erwartungen mit mittlerem bis geringem Ballaststoffgehalt, jedoch hohem Gesamtzuckergehalt mit Werten zw. 20···54%. → Riegel

Musodo → Ojokbaum

Muspel → Mispel, Echte

Mustélus canis → Haifisch

Mustélus mustélus → Haifisch

Mutagene: Stoffe bzw. Agentien, die vererbbare Veränderungen des genetischen Materials (Mutationen) auslösen, wie bestimmte chemische Substanzen, ionisierende Strahlen und UV-Licht. Einige M. sind primär krebserregend. Mit der Nahrung können u. a. folgende M. aufgenommen werden: → *Nitrosamine, Nitrite* (→ Pökelsalz) → *Maillardprodukte, Hydrazinderivate* (→ Hydrazine), die beim Erhitzen tierischer Eiweißstoffe entstehenden heterocyclischen aromatischen Pyrolysenprodukte (*Nitropyrene*) sowie γ-Pyronderivate (→ 5-Hydroxymaltol) und bakteriell gebildete Substanzen wie die *Fecapentaëne* (d. s. Enolether des Glycerols, in dem der Wasserstoff einer der primären Hydroxylgruppen durch eine Kohlenwasserstoffkette mit 5 konjugierten Doppelbindungen substituiert ist), die *Aminoimidazoazarene*
2-Amino-3-methylimidazo(4,5-f)chinolin,
2-Amino-3,8-dimethylimidazol(1,5-f)chinolin,
2-Amino-n,n,n-trimethylimidazo(4,5-f)chinolin
und 2-Amino-n,n,n-trimethylimidazopyridin.
Mutagene Pyrolysenprodukte entstehen bes. beim Grillen über offenem Feuer, wobei sich das abtropfende Fett zersetzen kann, sowie beim Räuchern, wenn sich feste Rauchpartikeln auf dem

Räuchergut niederschlagen können. Auch die Aglykone der Flavonolglycoside Quercetin und Kämpferol wirken mutagen. Über die Giftigkeit der M. entscheiden die Häufigkeit der Aufnahme und die Menge. → Giftstoffe in pflanzlichen Lebensmitteln → cancerogene

Mutasie → Anisölersatz

Mutere: getrocknete Scheiben grüner Bananen für die Vorratshaltung in Notzeiten (Uganda).

Mutschelmehl → Semmelmehl

Mutterkamille → Kamille, Echte

Mutterkornalkaloide: Alkaloide mit einem tetracyclischen Ringsystem, die sich von der *Lyserg-* bzw. *Isolysergsäure* ableiten und in den Sklerotien auf Gräsern, bes. Roggen, enthalten sind. Die Sklerotien (bei Austrocknung sich bildende Dauerzellen von Pilzen) werden von dem schmarotzendem Pilz *Clavíceps purpúrea* (Fr.) Tul. gebildet. Als erstes M. wurde 1918 das *Ergotamin* von *Stoll* rein isoliert. Bei den M. handelt es sich um optisch aktive Substanzen, von denen die linksdrehenden stark gefäßverengend und uteruskontrahierend wirken. Die M. der *Ergotamin-* und der *Ergotoxin-*Gruppe sind wasserunlöslich, die der *Ergometrin-*Gruppe wasserlöslich (Übers.).

Einteilung der Mutterkornalkaloide

Ergotamingruppe	Ergotoxingruppe	Ergometringruppe
Ergotamin	*Ergocristin*	*Ergometrin*
Ergotaminin	*Ergocristinin*	*(Ergobasin)*
Ergosin	*Ergocryptin*	*Ergometrinin*
Ergosinin	*Ergocryptinin*	
	Ergocornin	
	Ergocorninin	
wasserunlöslich	wasserunlöslich	wasserlöslich

Sie sind farblos und z.T. sehr giftig.
Schon im frühen Mittelalter führte der Verzehr von mit Mutterkorn kontaminierten Broten häufig zu epidemieartig auftretenden Vergiftungen. Bei mehr als 1 % Mutterkorn im Brot treten Erbrechen, Durchfall usw. und bei mehr als 7 % Mutterkorn im Brot schwere Vergiftungen (Delirium, Herzkrämpfe) oder sogar der Tod ein. Die M. stellen ein Gemisch von mehr als 40 Substanzen dar, die sehr empfindlich gegen Licht, Sauerstoff und höhere Temperaturen sind. Als Leitalkaloid kann das *Ergometrin* dienen.
Ein Besatz von Getreide durch *Clavíceps purpúrea* tritt bei uns infolge der Saatgutbehandlung (Beizen) kaum mehr auf, so daß in Verbindung mit gewissenhaftem Sichten eine Verunreinigung des Mehles durch Mutterkorn auszuschließen ist. Die M. werden aus dem 1···2 cm langen Mutterkorn für pharmakologische Zwecke isoliert. → Alkaloide

Mutterkornzucker → α-α-Trehalose → Disaccharide

Mutterkraut → Kamille, Echte

Mutterkümmel, *Römischer Kümmel, Kreuzkümmel, Kumin, Kala:* die reifen, getrockneten, 5···6 mm langen, gelblichen bis bräunlichen Spaltfrüchte eines im Mittelmeergebiet heimischen einjährigen Doldengewächses, *Cumínum cymínum* L. (Familie *Apiáceae*). Der stark aromatische, aufdringliche und scharf bittere Geschmack ist auf den Gehalt an ätherischem Öl (2···3 %) mit *Cuminaldehyd, ferner fettem Öl, Harz und Gerbstoff zurückzuführen. Der M. wird verschiedentlich als Ersatz für* → Kümmel, in den Niederlanden zum Würzen von Käse, Suppen und vereinzelt als Zusatz zu Curry-powder verwendet. Gemahlener M. (*Djinten, Djenten*) ist Bestandteil von Reistafelgerichten und fernöstlichen Gerichten.

Muttermilch → Frauenmilch

Mutternelken: die vor der völligen Reife gesammelten, etwa 2,5 cm langen, bis zu 1 cm dicken Früchte des Gewürznelkenbaumes. Die M. haben als Gewürz keine praktische Bedeutung mehr. → Gewürznelken

Muttersaft → Fruchtsaft → Saft

Mutzen → Muzen

Muzen, *Mutzenmandeln, Muzenmandeln, Schmalzmuzen, Mutzen:* ein ungefülltes → Fettgebäck aus z. B. mit Rum aromatisiertem → Mürbeteig, der dünn ausgerollt und mit gezacktem Rädchen zu etwa 8 cm langen *Rauten* geschnitten oder ausgestochen, zu kleinen birnenförmigen Gebilden, in heißem Fett gebacken und auf der einen Seite mit Staubzucker bestäubt wird. Die M. sind eine rheinische Spezialität für die Karnevalszeit.

Mýa arenária → Muscheln

Mycella: dänischer *Weichkäse* in runder Laibform, der zur Gruppe der Blauschimmelkäse oder Grünschimmelkäse zählt. M. ist dem → *Gorgonzolakäse* sehr ähnlich. → Käsesorten

Mycéna pura → Pilzgifte → *Tricholomatáceae*

Mycéna spec. → *Tricholomatáceae*

Mycenastráceae: der Ordnung *Lycoperdáles* - innerhalb der Klasse *Basidiomycétes (Ständerpilze)* - zugeordnete Pilzfamilie, bei deren Vertretern die äußere Fruchtkörperhülle hinfällig, die innere derb und lederartig ist und lappig aufreißt. Der einzige, jung eßbare Vertreter ist der bei uns seltene, dem Kartoffelbovist ähnliche *Stern-Stäubling (Mycenástrum córium* Guers.). → Pilze → Speisepilze → Ständerpilze

Mycenástrum córium → *Mycenastráceae*

Mycétes → Pilze

Mycose (Mykose) → α-α-Trehalose → Disaccharide

Mycobakterien: zur Gattung der *Mycobacteriáceae* zählende Bakterien, die unterschiedliche säurefeste, *gram*positive, unbewegliche Stäbchen bilden. Neben apathogenen Arten gibt es pathogene Arten. Die wichtigsten pathogenen Vertreter sind die Erreger der Tuberkulose des Menschen und der Tiere (*Mycobactérium tuberculósis var. hóminis, M. t. var. bóvis, Mycobactérium ávium*). Durch tierhygienishe und lebensmittelhygienische Maßnahmen (Sanierungsprogramme, tierärztliche Fleischuntersuchungen wird erreicht, daß Lebensmittel tierischer Herkunft (Milch, Fleisch und Eier) frei von Tuberkulosebakterien sind.

Mykosterole → Sterole

Mykotoxine: Stoffwechselprodukte verschiedener Schimmelpilze mit stark toxischen Eigenschaften. M. werden vorwiegend von den Pilzarten *Aspergíllus, Penicíllum* und *Fusárium* gebildet. Die wichtigsten bekannten Vertreter der M. sind die *Aflatoxine* (s. nachfolgende Formeln),

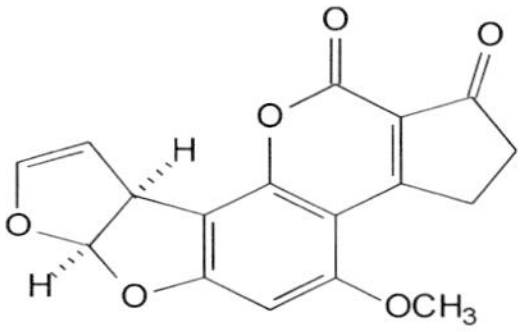

Aflatoxin B_1

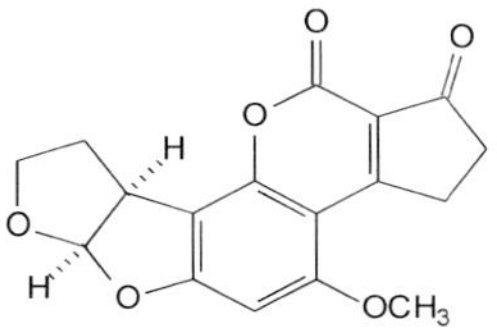

Aflatoxin B_2

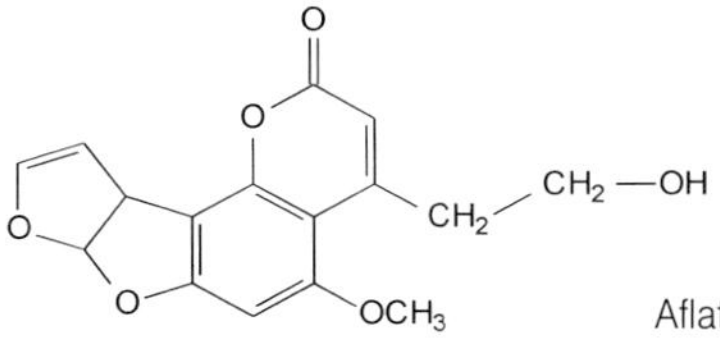

Aflatoxin B_3

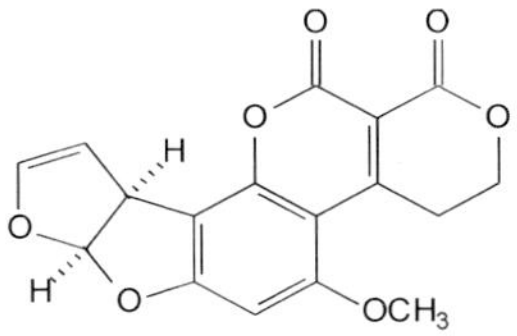

Aflatoxin G_1

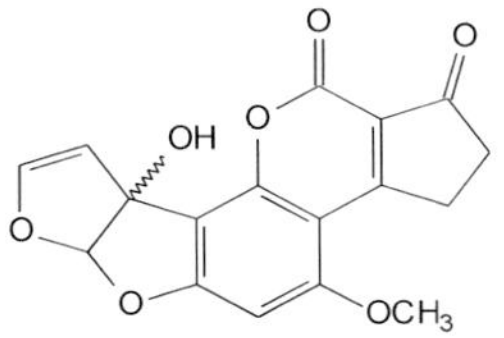

Aflatoxin M_1

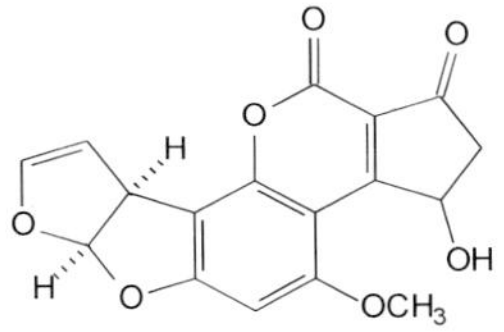

Aflatoxin Q_1

das *Aspertoxin, Ochratoxin A, Maltorycin, Luteoscyrin, Cearalenon* (s. Formel),

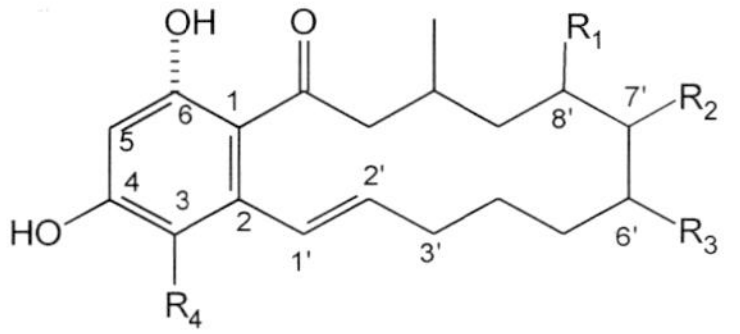

Cearalenolgrundgerüst

	R_1	R_2	R_3	R_4
Cearalenol	H_2	H_2	=O	H
Cearalenol	H_2	H_2	OH	H
6'8-Dihydroxycearalenon	OH	H_2	OH	H
8'-Hydroxycearalenon	OH	H_2	OH	H
7'-Dehydroxycearalenon	H	H	=O	H
5-Formylcearalenon	H_2	H_2=O	CHO	

Vomitoxin, die Byssochlaminsäure sowie die auch antibiotisch wirksamen Stoffe *Gliotoxin, Citrinin* und *Patulin.* In Abhängikeit von der Qualität der Produktion und den Lagerbedingungen in den Erzeugerländern können bevorzugt Erdnüsse, Paranüsse, Feigen und Pistazien mit M. kontaminiert sein. Eine neue Gruppe von M. sind die *Trichothezene, die von den Schimmelpilzgattungen Fusarium, Cephalosporium, Myrothecium, Trichothecium, Trichoderma* und *Stachybotris* gebildet werden und fast alle Lebensmittel befallen. M. können in verschimmelten Lebensmitteln vorhanden sein, und auch über kontaminiertes Futter z.B. in die Kuhmilch gelangen. Wirtschaftseigenes Futter weist in der Regel keine M. auf, da unter mitteleuropäischen Klimabedingungen die Schimmelpilze nur schwerlich zur Aflatoxinbildung angeregt werden. In der Bundesrepublik Deutschland sind Grenzwerte für den Aflotoxingehalt von Lebensmitteln festgelegt. Der zulässige Aflatoxin-M_1-Gehalt liegt bei Milch mit 50 ng/kg um das 40-fache niedriger als für die übrigen Lebensmittel. Nach der Diät-VO gilt für die Säuglings- und Kleinkindernahrung ein noch strengerer Grenzwert von 10 ng/kg. Durch Sterilisieren, Backen oder andere küchentechnische Vorgänge werden die meisten M., z.B. die krebserregenden Aflatoxine, nicht zerstört. Eine Migration von M. in unverschimmelte Lebensmittelanteile konnte nachgewiesen werden. Deshalb genügt es nicht, wenn nur verschimmelte Anteile vernichtet werden, das Produkt muß im ganzen verworfen werden. → Pilzgifte → Kanzerogene → Schadstoffe

Myogen → Albumine

Myoglobin → Farbstoffe → Natriumnitrit → Albumine → Chromoproteide

Myokinin → Betaine

Myomere: Muskelabschnitte bei der Fischmuskulatur, die durch Bindegewebe getrennt sind, wobei transversal *Myokommata* und horizontal *Myosepten* genannt werden.

6-Myoporol → Furanosesquiterpene

Myosin → Globuline

Myrcen *(Myrzen)* → Terpen-Kohlenwasserstoffe

Myrciária cauliflóra → Jaboticaba

Mýrica rúbra → Baumerdbeere, Chinesische

Myricetin → Flavonoide

Myricetin-3-monoglucosid → Flavonoide

Myricin → Bienenwachs

Myricylalkohol *(Myrizylalkohol)* → Fettalkohole

Myrística frágans → Muskatnuß → Muskatbutter

Myristicin *(Myristizin), 3-Methoxy-4,5-methylendihydroxy-1-allyl-benzen:* ein Phenylpropenoid der Struktur

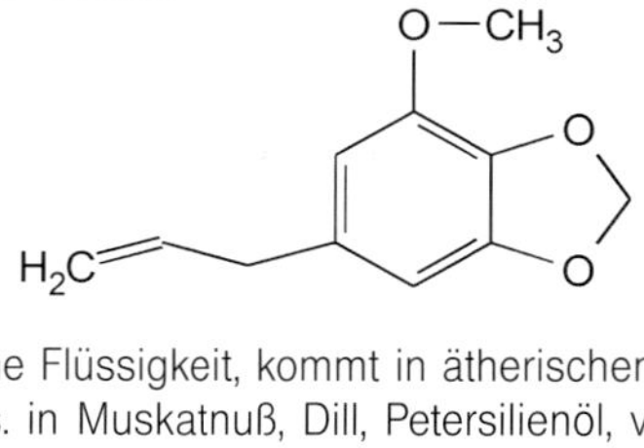

M., eine Flüssigkeit, kommt in ätherischen Ölen, insbes. in Muskatnuß, Dill, Petersilienöl, vor, Kp. 276···277°C, d_{20} 1,144; n_D *1,540.* M. wirkt auf den Darm tonusdämpfend und auf den Uterus tonusfördernd. Die Muskatnuß wird als Universalheilmittel angesehen und gegen Zahnschmerzen, Ruhr, Rheumatismus, Halitosis und zur Einleitung eines Abortus u. a. verwendet. Das dabei wirksame M. zeigt aber auch unangenehme Nebenwirkungen, wie Übelkeit, Verstopfung, Tachykardie (Herzjagen) und Betäubung. → Giftstoffe in pflanzlichen Lebensmitteln → Phenole

Myristinsäure, *n-Tetradecansäure:* eine gesättigte Monocarbonsäure der Formel
CH_3-$(CH_2)_{12}$-COOH.
Die M. kommt in den Samenfetten von *Myristica*-Arten (→ *Muskatbutter*) und Palmenarten (Kokosfett, Palmkernfett), daneben in geringen Mengen in sehr vielen tierischen und pflanzlichen Fetten vor. M. bildet farblose Blättchen, F. 58°C, ist leicht löslich in Ethanol, Aceton und Ether, unlöslich in Wasser. Mit Wasserdampf ist sie wenig flüchtig. M. wird zur Herstellung von Seifen und Fettalkoholen verwendet.

Myristoleinsäure, *Tetradec-9-en-säure:* eine einfach ungesättigte Monocarbonsäure der Formel
CH_3-$(CH_2)_3$-CH=CH-$(CH_2)_7$-COOH.
Die M. kommt in vielen tierischen Milch- und Depotfetten, auch in verschiedenen Seetierölen vor. Isomere der M. sind *Tsuzusäure* (Tetradec-4-ensäure), die sich in den Samenfetten der Lauraceen (Lorbeergewächse) befindet und mit Laurinsäure vergesellschaftet zu sein scheint, sowie *Physetersäure* (Tetradec-5-säure), die in zahlreichen Seetierölen (Heringsöl, Sardinenöl, Spermöl) vorkommt.

Myrmecophágidae *(Ameisenbären)* → Fleischtiere

Myrobalane, Ägyptische → Seifenbeerbaum

Myrobalanenbaum → Amblabaum

Myrosinase → Senföle → Senfölglycoside

Myrrhe: 1. die kleinen dornigen, meist als Hecke gepflanzten Bäumchen *Commíphora múkul* (Hook. ex Stocks), Engl. (Familie *Burseráceae*), deren (meist durch künstlich angebrachte Verletzung der Rinde) zum Fluß gebrachtes Gummiharz (Myrrhenharz) in Westindien und Arabien neben seiner Nutzung als Räuchermittel (Weihrauch) oder zu medizinischen Zwecken auch als Gewürzzusatz für Süßigkeiten und Limonaden verwendet wird.
2. die in der Lüneburger Heide, den Alpen, Pyrenäen, auf dem Balkan aus ehemaligen Anpflanzungen meist verwilderte, anisartig duftende *Süßdolde, Aniskerbel* oder *Gartenmyrrhe, Mýrrhis odoráta* (L.) Scop., (Familie *Apiáceae*), deren Wurzel, Blätter und Früchte medizinisch oder als Kochgemüse, die Blätter auch als Küchengewürz genutzt werden. Die bis 1,30 m hochwachsende Staude entwickelt im Mai/Juni weißblühende Blütendolden. → Lebensmittel, nostalgisches

Mýrrhis odoráta → Myrrhe

Myrte, *Brautmyrte:* wilde oder kultivierte, in Gebüschformationen bis zu 3 m hohe, vom Mittelmeergebiet bis China verbreitete alte Gewürz-, Heil- und Zierpflanze, *Mýrtus commúnis* L. (Familie *Myrtáceae*). Die M. blüht im Mai und fruchtet sehr reich im Sept., wo ihre Beeren getrocknet als Gewürz für Soßen und Fleisch verwendet werden. Schon *Plinius* schätzte die Myrtensoße als Delikatesse, heute wird sie hauptsächlich zu Wildschweinbraten verwendet. Das ätherische Öl der Blätter, bes. in Südfrankreich, Italien und Jugoslawien gewonnen, stammt vielfach aus Wildbeständen und wird als Zusatz zu Essenzen verwendet.

d-Myrtenal → Terpen-Aldehyde

Myrticolorin → Flavonoide

Myrtille: der Zwergstrauch *Gaulthéria sphagnícola* Rich. (Familie *Ericáceae*), der in Hochmooren auf den Antillen vorkommt. Die von einem fleischigen Kelch umschlossene, kugelige, violette bis rote Frucht (2···10 mm Durchm.) schmeckt leicht süßlich und wird roh verzehrt. Ähnlich ist die Frucht der auf den Kleinen Antillen im Bergland vorkommenden *Hornemánnia racemósa* Vahl (Familie *Ericáceae*).

Mýrtus commúnis → Myrte

Mysore-Himbeere → Ceylon-Himbeere

Mysoremehl: eine in Indien übliche Mehlmischung aus 25 Teilen Erdnußmehl und 75 Teilen

Kassavamehl. Das M. ist für diejenigen Regionen bestimmt, in denen Tapioka in großen Mengen angebaut wird. M. enthält 12% Protein. → Backmehl ohne Weizen → Mischmehl

Myrzen → Terpen-Kohlenwasserstoffe

Mýtilus edúlis → Muscheln

Myxácium spec. → *Cortinariáceae*

Myxomycétes → Pilze

Naaldtee → Massaitee

'Nabal' → Avocado

Nabari → Sorghumhirse

Nabel → Schlachtkörperteilstücke

Nabel, dünner → Schlachtkörperteilstücke

Nabelorange → Orange

Nachmehl: ein schalenreiches Nachprodukt (→ Mühlennachprodukt) von mehlähnlichem Feinheitsgrad und einem rel. hohen Stärkegehalt (über 35 %), der Rohfaserwert liegt unter 5 %, der Eiweißgehalt kann zw. 14···21 % schwanken. In das N. wandern zum großen Teil die eiweißreichen Aleuronschichten des Getreidekornes. Bei der Weizenvermahlung fallen etwa 7 % Weizennachmehl, bei der Roggenvermahlung etwa 8···10 % Roggennachmehl an, während der Rest der Kornschale als → Kleie gewonnen wird. Nachmehle werden u. a. für Anreicherungszwecke (zur Erhöhung des Gehaltes an B-Vitaminen und Ballaststoffen) genutzt. → Auszugsmehl → Verbundmehl → Skutellummehl

Nachmühlenöl → Olivenöl

Nachpreßsaft: 1. ein nicht über normale Pressung, sondern im Anschluß an diese, über sog. Nachpressung (zwecks Erhöhung der Saftausbeute) im Rahmen der modernen Fruchtsaftgewinnung erzieltes Produkt, bei dem das zugesetzte Wasser den hauptsächlichen, die aus der Frucht stammende Flüssigkeit dagegen den geringsten Anteil ausmacht. Der Nachpreßvorgang ist z. B. üblich bei Beerenobst oder auch bei Apfelschnitzeln. Wenn man den Fruchtsaftanteil solcher → Säfte nicht genau deklariert, läßt sich die Höhe des Wasserzusatzes kaum nachkontrollieren.
2. *Pulp-wash:* aus Fruchtpulpe von Zitrusfrüchten gewonnener → Saft in Form eines pectinreichen, wäßrigen Extraktes, der zu → Trübungsmitteln aufbereitet oder direkt zur Herstellung trubstoffhaltiger Erfrischungsgetränke genutzt wird.

Nachschlagöl → Pflanzenfett

Nachtkerze → Wildkräuter

Nacken → Schlachtkörperteilstücke

Nacktaugenkalmar → Tintenfisch

Nacktgerste → Getreide

Nackthafer → Getreide → Hafer

NaCMS → Ultra-Amylopectin

Nacumagemüse: zarte Sproßspitzen der palmenartigen, stammlosen, auch *Panamapalme* genannten Pflanze *Carludovíca palmáta* Ruiz et Pav. (Familie *Cyclantháceae*), die in Zentralamerika bis Peru und Westbrasilien vorkommt und auch in Ostafrika zur Gewinnung von Flechtmaterial (Panamahüte) angepflanzt wird.

NAD^+ *(Nicotinsäure-adenin-dinucleotid)* → Nucleotide → Niacin

Nadelholz-Täubling → Amatoxine → Pilzgifte → *Strophariáceae*

NAD^+ *(Nicotinsäureamid-adenin-dinucleotid-phosphat)* → Nucleotide → Niacin

Naematolóma spec. → *Strophariáceae*

Nagami → Kumquat

Nägelein → Gewürznelken

Nagelholz → Trockenfleisch

Nagelkraut → Gartenpimpinelle

Nagelrochen → Rochen

Nährhefe, *Nährhefeflocken, Vitaminhefe, Hefeflocken, inaktivierte Trockenhefe, Eiweißhefe, Pulverhefe, Flockenhefe, Edelhefe:* eine durch weitgehenden Entzug des Zellwassers haltbar gemachte → *Wuchshefe* auf Melasse-, Bier-, Holzzucker- *(Holzzuckerhefe)* oder *Molkenbasis (Molkenhefe)*, von hellgelber Farbe, angenehm würzigem, nicht bitterem Geschmack und einer Feuchtigkeit von 6···10 %. Die N. ist eine *inaktivierte* Hefe, die folglich im Vergleich zu *getrockneter* → *Backhefe* keine Gärkraft mehr hat. Aufgrund ihres Gehaltes an wertvollen Eiweißen, Vitaminen der B-Gruppe und Mineralstoffen (Tab.) wird sie wie → Hefeextrakt in großem Umfang für die menschliche Ernährung und für pharmazeutische Zwecke verwendet.

Zusammensetzung und Energiewert von Nährhefe, bezogen auf getrocknete Bierhefe

Bestandteil	Durchschnittl. Gehalt je 100 g
Feuchtigkeit	6,00 g
Eiweiß	47,60 g
Fett	1,30 g
Kohlenhydrate	36,10 g
Rohfaser	0,80 g
Mineralstoffe	7,90 g
Kalium	1,41 mg
Mangan	0,53 mg
Eisen	17,60 mg
Phosphor	1,90 mg
Vitamin B_1	12,00 mg
Vitamin B_2	3,17 mg
Niacin	44,80 mg
Pantothensäure	7,21 mg
Vitamin B_6	4,41 mg
Biotin	0,018 mg
Folsäure	3,17 mg
Energiewert in kJ (kcal) je 100 g	1440 (344)

Die N. unterscheiden sich je nach ihrer Herkunft nur unwesentlich. Lediglich die Trockenhefe aus *Bierhefe,* die, im Gegensatz zu ihrer Verwendung als Futtermittel, vor der Aufbereitung für Lebensmittelzwecke gewaschen und entbittert wird (*entbitterte Hefe*), weist einen wesentlich höheren Vitamin-B_1-Gehalt auf, sofern die anderen N. bei ihrer Herstellung nicht mit Vitaminen angereichert worden sind (Tab.). Die N. wird zur Geschmacksverbesserung und Vitaminanreicherung über die verschiedensten Speisen gestreut oder z. B. bei der Herstellung von Suppen, Backwaren und Süßwaren verwendet.

Nährhefeflocken → Nährhefe

Nährmittel: Sammelbegriff für koch-, tisch- oder verzehrsfertige Trockenerzeugnisse aus Getreide (*Getreidenährmittel*), Stärke (*Stärkenährmittel*) oder Hülsenfrüchten (*Hülsenfruchtnährmittel*). Die Bez. kommt von nähren, das vom althochdtsch. *nerian* bzw. dem mittelhochdtsch. *nern* hergeleitet ist und „genesen machen“ oder „am Leben erhalten“ bedeutet. Im weitesten Sinne zählen daher sämtliche Lebensmittel zu den N. I. e. S. bleibt die Bez. N. nur Erzeugnissen vorbehalten, deren Ausgangsprodukte einer Bearbeitung in der Mahl- bzw. Schälmühlenindustrie bedürfen. Je nach *Ausgangsmaterial, Verwendungszweck* und *Bearbeitungsgrad* werden die N. in verschiedene Gruppen (Übers.) eingeteilt.

Beispiele für die Einteilung der Nährmittel nach verschiedenen Gesichtspunkten

I. entsprechend den Ausgangsmaterialien

Ballaststoffreiche Getreidenährmittel

Amarantnährmittel	Hirsenährmittel
Buchweizennährmittel	Hülsenfruchtnährmittel
Bulgurnährmittel	Maisnährmittel
Dinkelnährmittel	Perureisnährmittel
Gerstennährmittel	Reisnährmittel
Getreidespeisekeim	Roggennährmittel
Getreidespeisekleie	Stärkenährmittel
Getreidespeiseschrot	Vollkorngetreide-nährmittel
Grünkernnährmittel	
Hafernährmittel	Weizennährmittel

II. entsprechend dem Verwendungszweck

Getreidefrühstücksnährmittel
Säuglingsnährmittel
Kindernährmittel

III. entsprechend dem Grad der Vorfertigung

a) *kochfertige Nährmittel*

Getreiderohflocken (gequetschtes Speisegetreide)
Haferflocken
Roggenflocken
Hirseflocken
Gerstenflocken
Weizenflocken
Quinoaflocken

Beispiele für die Einteilung der Nährmittel nach verschiedenen Gesichtspunkten (Forts.)

Parboiled Getreide	*Teigwaren*
Parboiled Reis	Speisereis
Parboiled Weizen	Wildreis
Parboiled Erbsen	Naturreis
Parboiled Bohnen	Körneramarant
Parboiled Linsen	kochfertige Pudding-pulver
Avorioreis	kochfertige Soßen
	kochfertige Süßspeisen
	kochfertige Suppen
	Buchweizen
	Bulgur
	Speisehafer
	Speisehirse
	Quinoaschrot
	Speiseweizen
	Speiseroggen
	Wurld-Weizen
	Gries
	Graupen
	Grütze
	Flocken
	Mehl
b) Instantnährmittel	
Instant-Süßspeise-pulver	Instantgrieß
Instant-Soßenpulver	Quellmehl
Instant-Kremspeise-pulver	Instantreis
Instant-Suppenpulver	Instantmehl
	Instantschleim
c) tisch- bzw. verzehrfertige Nährmittel	
Expandierte bzw. geblähte N.	
c_1 Getreideknusperflocken	
Gerstenknusperflocken	Weizenknusperflocken
Haferknusperflocken	Roggenknusperflocken
Hirseknusperflocken	Kleieknusperflocken (Kleieflakes)
Reisknusperflocken	Haferkleieflocken
Maisknusperflocken (Cornflakes)	
c_2) Pufferzeugnisse	*c_3) Getreiderohflocken*
Puffmais	Haferrohflocken (Haferflocken)
Puffhirse	Hirserohflocken
Puffweizen	Gerstenrohflocken
Puffreis	Weizenrohflocken
	Reisrohflocken
	Müsliarten
	Weizenkeimflocken
c_4) Dosenerzeugnisse	
Dosensuppen	Dosenreis
Dosenweizen	Dosensoßen
Dosenbulgur	Dosenkörner
c_5 Kochextrusionserzeugnisse, bzw. Strangpreßerzeugnisse, Getreideextrudate	
Flips	Flekes (Flakes)
Chips	Pellets
Crispies	
Brotgranulat	

Die *kochfertigen N.* bedürfen eines Kochprozesses, dessen Dauer auf der jeweiligen Verkaufspackung angegeben ist. Kochfertige N., deren Garzeit infolge hydrothermischer Vorbehandlung verkürzt ist, werden als *Schnellkochnährmittel* (z. B. *Schnellkochreis, Schneeflocken, Tempolinsen*) bezeichnet. Die *Instant-Nährmittel* bedürfen keines Kochprozesses, sondern sind in kalter oder warmer Flüssigkeit vollöslich. Die *tischfertigen* bzw. *tafelfertigen* N. sind Erzeugnisse, die ohne Kochvorgang, z. B. mit Obst, Milch oder Honig, zu einer tischfertigen Speise bereitet werden (Getreidefrühstücksgericht). Die *verzehrsfertigen* bzw. *mundfertigen N.* werden in der Regel ohne andere Zutaten als Imbißerzeugnisse aufgenommen.
Die *expandierten N.* bilden eine Gruppe von *geblähten, porösen* bzw. *voluminösen* Erzeugnissen mit sehr geringer Dichte; zu ihnen zählen → Pufferzeugnisse → Strangpreßerzeugnisse und → Getreideknusperflocken. Moderne Verfahren der Kochextrusion lösen die herkömmlichen Walzentrocknungsprodukte allmählich ab. Dies läßt sich am Herstellungsprozeß von *Cornflakes* am besten verdeutlichen. Beim konventionellen Herstellungsprozeß werden gebrochene, entkeimte Maiskörner zusammen mit Malz, Zucker, Kochsalz

und Wasser 2···3 Stunden in Drucktrommelkochern bei 0,12···0,13 MPa (1,2···1,3 bar) Druck (entsprechend 115···125°C) aufgeschlossen, wobei nichtenzymatische Bräunungsreaktionen entstehen. Nach Erreichen einer Restfeuchte von ca. 25 % werden die Graupen einer Flockierwalze zugeführt und danach folgt der Röstprozeß bei etwa 400°C. Beim weiterentwickelten Extrusionskochprozeß wird die Produktionszeit auf die Hälfte reduziert. Die durch die Verfahrensschritte Gelatinisieren, Lösen, Kristallisieren, Denaturieren, Texturieren, Rösten, Mischen, Ausformen und Expandieren eingetretenen Nährstoffeinbußen lassen sich innerhalb des Kochextrusionsprozesses durch Zusätze synthetischer Vitamine und Aminosäuren sowie Mineralstoffe wieder ausgleichen.

Nährmittel, gepufftes → Pufferzeugnis

Nährmittelsuppe → Suppe, kochfertige, nicht süß

Nährstoffe: Sammelbez. für Inhaltsstoffe von Lebensmitteln, die auch bei der Bewertung von → Futtermitteln Anwendung finden. Die wichtigsten Gruppen sind:
a) Energie liefernde N., wie Kohlenhydrate Eiweiß und Fette; b) Schutz gewährende (Immunabwehr) N.: Vitamine, Mineralstoffe, Spurenelemente, Ballaststoffe, Sekundäre Pflanzenstoffe; c) geschmackgebende N.: Aroma- und Geschmackstoffe. → Nahrungsinhaltsstoffe

Nährstoffempfehlungen: die im Durchschnittsbedarf einer bestimmten Personengruppe an Eiweiß, esentiellen Fettsäuren, essentiellen Mineralstoffen und Vitaminen hinzuaddierter Sicherheitszuschlag von 20···30 %. Die Sicherheitszuschläge dienen dazu, allen physiologischen, individuellen Schwankungen gerecht zu werden und einen ausreichenden Vorrat an Nährstoffen im Körper sicherzustellen (s. Tab. im Anhang). So sollen möglichst alle Personen der jeweils angegebenen Gruppe vor ernährungsbedingten Gesundheitsschäden geschützt werden. Die N. gelten für gesunde Personen. Ein veränderter Bedarf durch chronischen Arzneimittelverbrauch, erhöhten Genußmittelkonsum, Krankheiten, Stoffwechselstörungen und diätetische Bedürfnisse bleibt unberücksichtigt. Die N. können und müssen nicht an jedem einzelnen Tag erreicht und schon garnicht anteilig von einer einzelnen Mahlzeit erfüllt werden. Für einige Nährstoffe ist der Bedarf nicht mit der wünschenswerten Genauigkeit zu ermitteln. Hier wurden *Schätzwerte* festgesetzt, die zwar experimentell gestützt, aber nicht genug abgesichert sind. Dies ist der Fall bei *Biotin, Pantothensäure* und einigen esssentiellen *Mineralstoffen.* → Richtwerte für die Energiezufuhr

Nahrung: 1. Nahrungsbestandteile, die von einem lebenden Organismus aufgenommen und von diesem benötigt werden, um seinen physiologischen Bedarf an lebensnotwendigen (essentiellen) Nähr-, Bau- und Wirkstoffen für Lebenserhaltung, Wachstum, Geweberegeneration, Bewegung, körperliche Arbeit und geistige Leistung zu decken. → Nahrungsinhaltsstoffe
2. biologisches Material, das von einem Individuum oder einer Gruppe von Individuen in der Regel bis zum Tode oder manchmal auch aus sozialen oder anderen Gründen vom Menschen in Form von → Lebensmitteln und vom Tier in Form von Futter bzw. Futtermitteln aufgenommen wird und geeignet ist, alle physiologischen Funktionen zu gewährleisten. Art, Zusammensetzung und Zustand (roh, gegart, konserviert usw.) der aufgenommen Nahrung können sehr unterschiedlich sein und werden von einer Reihe verschiedener Faktoren beeinflußt und geprägt, z. B. von Bedürfnis, Klima, kulturellem Entwicklungsstand, Gesellschaftsordnung, Religion, überlieferten Gewohnheiten, individuellen Faktoren (Geschmacksempfindung, Alter, Gesundheitszustand, Stimmung, Bewegungsgrad u. a.). → Nahrungsgüter → Brei → Flaschennahrung → Frühgeborenennahrung → Säuglingsfertignahrung → Sondernahrung

Nahrungsenergie → Richtwerte für die Energiezufuhr

Nahrungsergänzungsprodukt: Sammelbez. für Lebensmittel, die die Tageskost mit einem oder mehreren Nährstoffen anreichern, lebensmittelrechtlich aber nicht definiert sind. Es handelt sich vorzugsweise um Vitamine, Mineralstoffe, Ballaststoffe oder Eiweißpräparate, die in Form von Trockenerzeugnissen als Komprimate (Calciumpräparate, Eisenpräparate), als → Riegel oder in rieselförmiger Form sowie als Getränke (→ Konditionsgetränk, → Fitneßgetränk) gehandelt werden. Die Aufnahme vieler Nährstoffe in erhöhter Konzentration hat keine vorteilhaften physiologischen Auswirkungen und kann möglicherweise in toxische Bereiche gelangen. Lediglich unter bestimmten Bedingungen, als Aufbaukost bei Magersüchtigen oder bei starken sportlichen Belastungen usw. können die N. sinnvoll sein. Sie sind nicht als Ersatz für eine vollwertige Mischkost zu betrachten. → Getränk, isotonisches → Gesundheitspflegemittel

Nahrungsfett → Speisefett

Nahrungsgüter: Oberbegriff für → Lebensmittel sowie für die landwirtschaftlichen und fischwirtschaftlichen Erzeugnisse, die als Rohstoffe zur Lebensmittelgewinnung dienen. Als N. gelten z.B. sowohl die Getreidearten als auch deren Verarbeitungs- bzw. Veredlungsprodukte (Mehl, Nährmittel, Brot usw.).

Nahrungsinhaltsstoffe: die in den Lebensmitteln enthaltenen chemischen Stoffe, die in Pflanze und Tier teils primär durch Stoffwechselprozesse oder exogene Einflüsse (Mikroorganismen, Verarbeitung) teils sekundär nach Ernte oder Tod, durch endogene Vorgänge meist enzymatischer Art entstanden oder bei Lagerung, Verarbeitung usw. zugesetzt oder – vom Menschen ungewollt – hinzugekommen sind und in ihrer Gesamtheit sowohl Beschaffenheit als auch Qualität des Lebensmittels bestimmen oder beeinflussen.
Man unterscheidet N. anorganischer (→ Mineralstoffe, bestimmte Zusatzstoffe) und N. organischer Natur. Nach ihrer Bedeutung für den menschlichen Organismus teilt man ein in
a) → *Grundnährstoffe*;
b) *essentielle* (lebensnotwendige) N., zu denen 8 → *Aminosäuren, einige* → *Fettsäuren* → *Wasser* → *Vitamine* und *Mineralstoffe* gehören, die der Organismus nicht selbst zu synthetisieren vermag und die in der Regel nicht mit anderen austauschbar sind;
c) *accessorische* (semiessentielle) N., die dem Organismus förderlich sind, z.B. antimikrobielle Stoffe zur Unterstützung der unspezifischen Resistenz, oder anregend wirken auf den Appetit (→ Farb- → Geschmacks- → Aromastoffe), die Verdauung (sekretionsfördernde Stoffe → Ballaststoffe) oder das Wachstum (bestimmte Aminosäuren);
d) N., die Einfluß auf die Beschaffenheit und die technologischen Eigenschaften der Lebensmittel haben, wie → Farbstoffe, strukturbildende oder konsistenzverbessernde Stoffe, Quell-, Gelierstoffe, Bindemittel, natürliche Konservierungsstoffe;
e) toxische oder ernährungsphysiologisch bedenkliche N., wie → Alkaloide, bestimmte → Glycoside → Mykotoxine;
f) N., denen keine bes. Bedeutung zukommt oder deren Bedeutung bis jetzt unbekannt ist.

Nahrungsmittel: aus dem Tier- und Pflanzenbereich stammende Stoffe oder Stoffgemische, die Wachstum, Erhaltung und Funktionstüchtigkeit des menschlichen Organismus sicherstellen. Sie sind meist verarbeitet und können auch aus technisch isolierten oder synthetisch gewonnenen Nähr-, Farb-, Aromastoffen oder weiteren Hilfsstoffen zusammengesetzt sein. Der Verbraucher entscheidet mehr nach praktischen Gesichtspunkten (Preis, Geschmack, Aussehen, Zubereitung u.a.) als nach dem Frische- oder Gesundheitswert. Wesentliche Bestandteile der N. sind: → *Grundnährstoffe* → Mineralstoffe → Vitamine → Ballaststoffe → Farbstoffe → Geschmacks- und → Aromastoffe. Den N. übergeordnet ist der Begriff → *Lebensmittel.*

Nahrungsmittelaerosol → Lebensmittelaerosol

Nahrungsmittel, diätetisches → Lebensmittel, diätetisches

Nahrungsmittel, energiereduziertes → Lebensmittel mit reduziertem Energiewert

Nahrungsmittel, fermentiertes → Lebensmittel, fermentiertes

Nahrungsmittelgranulat → Lebensmittelgranulat

Nahrungsmittel, kochsalzarmes → Lebensmittel, natriumarmes

Nahrungsmittel mit reduziertem Energiewert → Lebensmittel mit reduziertem Energiewert

Nahrungsmittel, natriumarmes → Lebensmittel, natriumarmes

Nahrungsmittelpulver, schnellösliches → Instantpulver

Nahrungspflanze, transgene → Nutzpflanze, transgene

Nährwert → Qualität

Nährwertkennzeichnung: EG-weit in Aussicht genommene gesetzliche Pflicht, auf den Verpackungen von Lebensmitteln den Energiewert und den Gehalt an ausgewählten Nahrungsinhaltsstoffen auszuweisen. Grundlage dafür ist die vom EG-Ministerrat am 24. 9. 1990 verabschiedete „Richtlinie für die N. von Lebensmitteln". Vorgesehen sind 2 Gruppen von Angaben.
In Gruppe 1: Energiewert, Gehalt an Eiweiß, Kohlenhydraten und Fett.
In Gruppe 2: Zusätzlich gesätigte Fettsäuren, Zukker, Ballaststoffe und Kochsalz (Natrium).
Der Kennzeichnungspflichtige kann zw. diesen beiden Alternativen wählen. Die Gruppe 2 wird erst ab 1. 10. 1995 verbindlich. Ab 1. 10. 1993 ist untersagt, Erzeugnisse in den Handel zu bringen, die nicht der neuen N. entsprechen. Die N. muß sich immer auf 100 g bzw. 100 ml beziehen. Zusätzlich kann die Angabe je Portion erfolgen. Zusätzliche Angaben über Vitamine und Mineralstoffe sind zulässig, müssen aber in Prozent der im Anhang der Richtlinie aufgeführten empfohlenen Tagesmengen ausgedrückt werden (s. Übersicht nächste Spalte).
In der Regel sollte eine Menge von 15 % der empfohlenen Tagesdosis in 100 g oder 100 ml oder in einer Packung, sofern diese nur eine einzige Portion enthält, bei der Festsetzung der signifikanten Menge berücksichtigt werden.
Festgelegt wird, daß die anzugebenden Zahlen sowohl auf einer Analyse als auch auf einer Berechnung auf der Grundlage der bekannten tatsächlichen und durchschnittl. Werte der verwendeten Zutaten sowie auf einer Berechnung beruhen können, die auf der Grundlage von generell nachgewiesenen und akzeptierten Daten (z.B. Nährwerttabellen) erfolgt. Die empfohlenen Tagesmengen (Recommended Daily Allowance) für Vitamine und Mineralstoffe

Vitamin A	800 µg	Folsäure	200 µg
Vitamin D	5 µg	Biotin	150 µg
Vitamin E	10 mg	Pantothensäure	6 mg
Vitamin C	60 mg	Calcium	800 mg
Vitamin B_1	1,4 mg	Phophor	800 mg
Vitamin B_2	1,6 mg	Eisen	14 mg
Niacin	18 mg	Magnesium	300 mg
Vitamin B_6	2 mg	Jod	150 µg
Vitamin B_{12}	1 µg	Zink	15 mg

Nährzucker: ein Gemisch von überwiegenden Mengen an → Dextrinen und → Maltose, das durch partielle enzymatische Hydrolyse aus Stärke gewonnen wird. N. mit 12 % Maltose wird unter der Bez. *Kindernährzucker* aus Kartoffelstärke mit Gerstendiastasemalz hergestellt. Der N. ist von geringer Süßkraft, fördert Gärungsvorgänge im Darm nicht und wird deshalb in der Diätetik darmempfindlicher oder ernährungsgestörter Säuglinge verwendet. → Malzextrakt

'Nalina' → Süßkirsche → Steinobst

Naltajute → Tossajute

Nameko → Pickles

Nameko-Pilz → Kulturpilze

'Namosa' → Steinobst

Nan: ein in Indien und in Pakistan auf verschiedene Art bereiteter Fladen. Der sog. *Pashawri Nan* wird aus Weizenmehl (Atta) unter Zusatz von Kichererbsenmehl, der sog. *Faney Nan* aus Buchweizen- oder Weizenmehl unter Zusatz von Eiern, Gewürzen und Joghurt hergestellt. → Flachbrot → Fladen

Nancymirabelle: Pflaume. → Steinobst → Mirakosa

Napfkuchen → Aschkuchen

Naphthalin: ein aus zwei kondensierten Benzenkernen bestehender aromatischer Kohlenwasserstoff s. Formel.

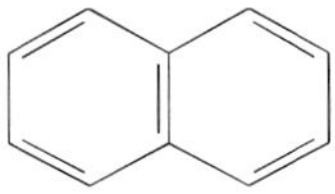

N. wurde im Steinkohlenteer entdeckt und später im Nelkenstielöl von *Syzýgium aromáticum* (L.) Merr. et L. M. Perry (= *Eugénia caryophylláta* Thunbg.) gefunden.

Naphthanthracen → 1,2-Benzanthracen

Naphthochinone → Farbstoffe

Naphtholrot S → Lebensmittelfarbstoffe

α-Naphthylessigsäuremethylester → Kartoffel

β-Naphthylmethylketon, *2'-Acetonaphton, Nerolon:* eine aromatische Verbindung s. Strukturformel.

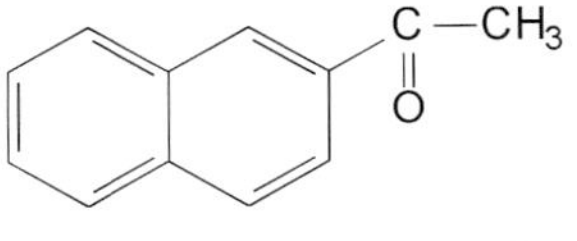

N. bildet weiße, in Ethanol lösliche, an Orangenblütenduft, in starker Verdünnung an Erdbeeren erinnernde Kristalle, F. 55···56°C, Kp. 300···301°C, n_D^{20} 1,6752.
Es wird bei der Herstellung von künstlichen Erdbeer-, Trauben-, Zitrus- und Beerenaromen verwendet. Hergestellt wird N. durch *Friedel-Kraft-Synthese* aus Naphthalin und Acetylchlorid. Der höchstzulässige Gehalt in verzehrfertigen Lebensmitteln ist durch die Aromen-VO auf 5 mg/kg festgesetzt.

Napoleon → Curaçao → Cognac

Napolitain: massives, etwa 3 cm x 2 cm großes Täfelchen aus Vollmilch- oder Halbbitterschokolade. Es werden auch *Diabetiker-Napolitains* hergestellt. → Schokolade

Naranjilla, *Quito-Orange, Terongfrucht, Lulo:* tomatenähnliche, kugelige, goldgelbe, flaumig behaarte Frucht der bis zu 2,5 m hohen, großblättrigen, strauchigen Staude *Solánum quitoénse* Lam. (Familie *Solanáceae*). Die Fruchthaut ist lederig, das samenreiche Fruchtfleisch ist schleimig und schmeckt säuerlich bis süß mit einem Aroma, das an Erdbeere und Ananas erinnert. Der Anbau weitet sich erst seit 1940 aus, vorher wurde die Pflanze nur in Ekuador und den angrenzenden Bergländern kultiviert. Zusammensetzung s. Tab.

Zusammensetzung der Naranjilla

Bestandteil	Naranjilla-Fruchtmark	Naranjilla-Nektar
	Durchschnittl. Gehalt in 100 g eßbaren Anteils	
Feuchtigkeit	85,8···88,40 g	
Eiweiß	0,9···1,3 g	0,33 g
Fett	0,15···0,24 g	0,04 g
Kohlenhydrate	6···12 g	15,20 g
Rohfaser	3,3···4,6 g	–
Gesamtsäure	keine Angabe	0,89 g
Mineralstoffe	0,61···0,75 g	0,32 g
Natrium	keine Angabe	1,30 mg
Kalium	keine Angabe	91,00 mg
Calcium	keine Angabe	5,00 mg
Phosphate	39···78 mg	13,00 mg
Caroten	0,7···0,23 mg	0,027 mg
Niacin	1,2···1,8 mg	keine Angabe
Vitamin C	31···78 mg	22,00 mg

Der grünliche Saft wird zu Getränken verwendet oder als gefrorenes Konzentrat, wie auch das Fruchtmark, exportiert. Durch seinen hohen Polyphenoloxydase-Gehalt verbräunt der Saft sehr schnell, wodurch die industrielle Verwertung behindert wird. Die Früchte werden ferner zur Herstellung von Konfitüre, Gelees, Konserven und als Speisezusätze benutzt. *Naranjillanektar* ist eine

Mischung von Naranjilla mit Aprikosenpulpe. Der Anbau ist im wesentlichen auf Kolumbien, Ekuador und in geringem Umfang auf Peru beschränkt. → Cocona → Kumquat

Naranjillanektar → Naranjilla

Naranjito → Sapote, Falsche

Narcotin → Alkaloide

Nardek → Wassermelone

Nardenblüte, Deutsche → Lavendel, Echter

Naringenin → Flavonoide

Naringenin-7-neohesperidiosid → Flavonoide

Naringeninsäure → Hydroxyzimtsäure → Phenolglycoside

Naringetol → Flavonoide

Naringin: Bitterstoff des Grapefruitsaftes. → Flavonoide → Naringinase

Naringinase: → Enzym, welches das sehr bitter schmeckende, in der Pulpe (→ Obstpulpe) von Zitrusfrüchten, insbes. Pampelmusen, vorkommende Glycosid *Naringin* unter Bildung von *Rhamnose,* Glucose und *Naringinin* hydrolysiert (s. Formel)

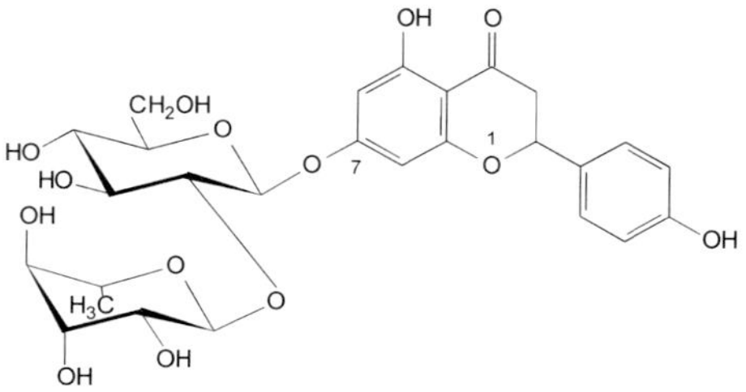

Diese Abbauprodukte sind nicht bitter, zumal Naringin in Wasser unlöslich ist. N. wird auch von *Aspergíllus níger* van Tiegh. gebildet. Sie wird zur Entbitterung der Rohpulpe von Zitrusfrüchten eingesetzt. → Flavonoide

Naringosid → Flavonoide

Narras: dornig-warzige, bis 1,5 kg wiegende Frucht des stark dornigen, fast blattlosen, stark verzweigten Strauches *Acanthosícyos hórridus* Welw. ex Hook. f. (Familie *Curcurbitáceae),* der auf Dünen und Abhängen im Südwesten Afrikas wächst. Das gelblich-weiße, fast flüssige Fruchtfleisch ist dort frisch, ein Hauptnahrungsmittel, jedoch von lokaler Bedeutung. Es wird auch zubereitet (Mus, Fladen, Sirup, alkoholische Getränke). Die ölhaltigen Kerne können zur Speiseölgewinnung genutzt werden.

Narsan → Heilwasser

Nase, *Chondrostóma násus* (Bild):

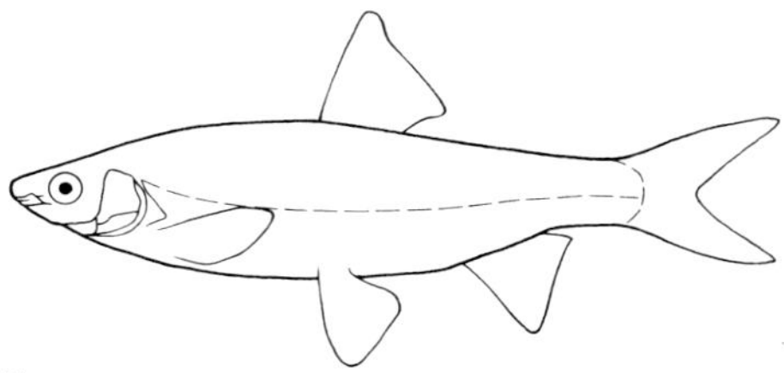

Nase

Spindelförmig gestreckter *Süßwasserfisch* mit weit vorragender Schnauze und unterständigem Maul, oberseits graublau bis blaugrün, unterseits weißlich, Brust-, Bauch- und Afterflossen gelblichrot bis violett gefärbt. Die N. wird meist 25···40 cm, höchst. 50 cm lang (Masse 1,5 kg) und kommt als Schwarmfisch in Fließgewässern und Seen nördlich der Alpen von Westfrankreich bis zum Kaspischen Meer vor. Wirtschaftliche Bedeutung hat sie nur im Donau- und Rheingebiet. → Fisch

Nashi, *Nashibirne, Japanische Birne, Apfelbirne, Asienbirne, Asiatische Birne, Chinesische Birne, Sandbirne:* eine im Hochland von Nord- und Zentralasien beheimatete Birnenart, *Pýrus pyrifólia* N.L Burm., Syn. *P. serotína* Rehd., *P. montána* Nakai *P. sohayakiénsis* Koidz., *P. kleinhofiána* Koidz. (Familie *Rosáceae*), die mit ihrer Form und den ausgeprägten Tüpfeln großer Lentizellen auf der gelben oder braunen, rauhschaligen Schale einem Apfel gleicht. Die N. hat helles, saftiges, aber festes Fruchtfleisch von angenehmer Süße und birnenähnlichem Geschmack. Die N. wird in Neuseeland, Australien, Kalifornien, Korea, China und Japan angebaut, aber auch in warmen Gegenden Deutschlands kultiviert. Obgleich sie sehr frosthart ist, benötigt sie im Sommer viel Wärme. Mittlerweile stehen in den Baumschulen verschiedene Sorten zur Verfügung: 'Shinseiki' (gelbe Farbe, Reife Mitte Aug. bis Sept.), 'Housi' (gelbe Fruchtfarbe Reife Mitte Aug. bis Mitte Sept.), 'Nijisseiki' (gelblich-grüne Fruchtfarbe, Reife, Ende Aug. bis Ende Sept.), 'Kumoi' (gelbe Fruchtfarbe, Reife Ende Sept.), 'Kosui' (bronzefarbene Fruchtschale, Reife Anf. Aug.). Die Genußreife läßt sich bei der Sorte 'Kumoi' über 5 Monate im Kühllager verlängern.

Nasi Goreng: ein Gericht der indischen Küche aus gekochtem, gebackenem Reis mit Zwiebeln, Gewürzen, Gemüse und Fleisch. N. G. wird als Vollkonserve oder Gefrierkonserve auf den Markt gebracht.

Naßfäule → Kartoffel

Naßkleber → Kleber

Naßschälverfahren → Nafamehl

Naßsorbit → Trockensorbit → Glucitol

Nastúrtium microphýllum → Winterkresse

Nastúrtium officinále → Brunnenkresse

Nasunin → Anthocyane

Natal-Arrowroot → Marantastärke → Arrowroot

Natalorange: orangenähnliche, 3⋯10 cm Durchm. erreichende Frucht des niedrigen, dornigen Baumes *Strýchnos spinósa* Lam. (Familie *Loganiáceae*), die im tropischen Afrika und z. T. auf Madagaskar verzehrt wird. Andere *Strýchnos*-Arten haben ähnliche Früchte, die jedoch z. T. giftig sind.

Natalpflaume: 1. der große, dornige Strauch *Caríssa grandiflóra* A. DC. (Familie *Apocynáceae*), der aus Südafrika stammt. Die eiförmigen bis ellipsoiden, 4 cm langen Früchte enthalten ein rötliches, süßlich-herbes Fruchtfleisch mit weißem Milchsaft und etwa 12 braunen kleinen Samen. Sie werden zur Geleeherstellung und als Zutat zu Moosbeerenkompott verwendet. Eßbare Früchte haben auch *Caríssa edúlis* Vahl (tropisches Afrika) und *C. cárandas* L. (Indien).
2. → Christusdorn

Natamycin: Pimaricin (235). → Konservierungsstoffe

Nativ-Stärke: eine auf schonende Weise unter Verwendung von destilliertem Wasser hergestellte → Stärke, bes. Kartoffelstärke. *Zellreine Stärke* wird zu den N. gerechnet; sie kann als primäre Form der N. gelten und wird auch als *Urstärke* bezeichnet.

Natrium → Mineralstoffe

Natriumacetat: das Natriumsalz der Essigsäure (CH_3COONa). Das N. ist ein wirksames Mittel zur Bekämpfung des Fadenziehens (Fadenzieherbrot, → Weizenbrot) von hefegelockertem Brot (Zusatz bis zu 0,4 %, bezogen auf die verwendete Mehlmenge). N. findet sich häufig als Zusatz zu → Mischbackhilfsmitteln.

Natriumalginat → Algin → Alginsäure

Natriumbicarbonat → Natriumhydrogencarbonat

Natriumbisulfit → schweflige Säure

Natriumcarboxymethylstärke → Ultra-Amylopectin

Natriumchlorid → Speisesalz

Natriumcyclohexylaminosulfonat → Cyclamat

Natriumdisulfit → schweflige Säure

Natriumglutamat, *Mononatriumglutamat, Glutamat:*

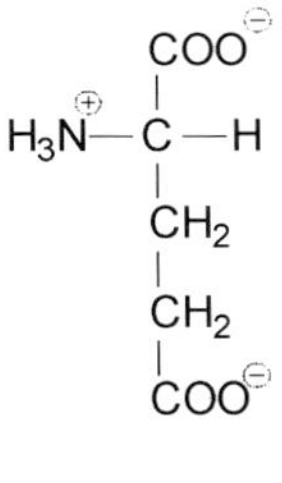

Mononatriumsalz der L-*Glutaminsäure* (→ Aminosäuren), das in großen Mengen hergestellt und als → *Geschmacksverstärker* eingesetzt wird. N. dient zum Ausgleich, zur Mischung und Abrundung des in Lebensmitteln vorhandenen Geschmacks, wobei es den in nur geringer Menge vorhandenen salzigen oder süßen Eigengeschmack verstärken sowie unerwünschte saure und bittere Geschmackswirkungen unterdrücken kann. Nicht geeignet ist N. für Früchte, Fruchtsäfte, Milchprodukte und viele gegarte Getreideerzeugnisse. N. ist, bedingt durch die Herstellung (Hydrolyse von Eiweiß), in beachtlichen Mengen in verschiedenen Würzmitteln, Brühpasten und Soßenwürzen zu finden. Auch der natürliche Gehalt einer Reihe von Lebensmitteln liegt so hoch, daß dadurch geschmacksverstärkende Effekte hervorgerufen werden. Hierbei ist der *p*H-Wert von großer Bedeutung, da nur die im Bereich von *p*H 5 bis *p*H 8 vorliegende Dissoziationsform wirksam ist.

N. ist ein weißes, in Wasser leichtlösliches Pulver mit einem arteigenen Geschmack. Seine Geschmacksschwelle in Wasser liegt bei 0,012···0,025 %. N. entfaltet seine geschmacksverstärkende Wirkung vornehmlich in salzigen (Fleisch-) Speisen, denen es in Mengen von 0,2···0,5 % zugesetzt wird. Hauptanwendungsgebiete sind Trockensuppen sowie Fleisch-, Fisch- und Gemüsekonserven. In Verbindung mit 5'-*Nucleotiden* ergeben sich synergistische Wirkungen. So liegt die Geschmacksschwelle von N. in einer 0,01 %igen Inosinmonophosphatlösung bei nur 0,002 %. Gegenüber reinem N. hat eine Mischung von 95 Teilen N. mit 5 Teilen 5'-Nucleotiden die 10fache Wirksamkeit.

Nach Aufnahme großer Mengen N., d. h. 5 g und mehr, kann es zu Erscheinungen wie Nackensteife, Schwäche und Herzklopfen kommen, die in der Literatur unter der Bez. „Chinarestaurant-Syndrom" beschrieben worden sind.

Die Herstellung von N. erfolgt in erster Linie auf mikrobiologischem Wege; die auf chemischer Hydrolyse eiweißhaltiger Produkte, wie Weizen- oder Maiskleber bzw. Sojaweiweiß, basierende Herstellung ist – im Weltmaßstab gesehen – von untergeordneter Bedeutung. Zuckerrübenschlempe kann auch zur Gewinnung von N. dienen. Zunehmende Bedeutung erlangt die chemische Synthese von N., wobei von Acrylnitril und Synthesegas ausgegangen wird und die Racemattrennung durch selektive Ausfällung der L-Glutaminsäure erreicht wird. → 5'-Nucleotide

Natriumguanylat → Geschmacksverstärker

Natriumhydrogencarbonat (veraltet: *Natriumbicarbonat, Natron*): ein Natriumsalz der Kohlensäure ($NaHCO_3$), das in Mineralwasser vorkommt und als kohlendioxidfreisetzende Verbindung in → Backpulver und → Brausepulver sowie als Mittel gegen Hyperazidität des Magens (überdies auch als Puffer und zur Schaumerzeugung in Handfeuerlöschern) zur Anwendung gelangt. Für Lebensmittel wird das N. durch Einleiten von Kohlendioxidgas in eine, in einer Druckkammer befindliche Natriumcarbonat-(Na_2CO_3)-Lösung hergestellt. Es ist ein weißes, kristallines, geruchloses Pulver, das sich in Wasser mit schwach alkalischer Reaktion löst. Das N. zersetzt sich beim Erwärmen (etwa 50°C) unter Abgabe von Kohlendioxid. Zur restlosen Spaltung von N. sind jedoch saure Verbindungen notwendig:

$$NaHCO_2 + KHC_4H_4O_6\text{-} \rightarrow KNaCH_4O_6 + H_2O + CO_2\uparrow$$

Natrium-hydrogen-carbonat	Weinstein	Kalium-Natrium-tartrat	Wasser	Kohlen-dioxid

N. kommt als Pulver und in Tablettenform in den Handel und ist kühl und trocken, am besten in Glasgefäßen, aufzubewahren. → Lockerungsmittel

Natriumhydrogensulfit → Sulfitieren → schweflige Säure

Natriumhydroxid: (524) Base des Dinatriumoxids. Molmasse 40 g/mol. Wasserfreies N. (Ätznatron) F. 318°C, Kp. 1390°C, d 2,13. Ätznatron löst sich unter starker Erwärmung sehr leicht in Wasser zur stark alkalisch reagierender Natronlauge. Beim Umgang mit Ätznatron und Natronlauge ist wegen ihrer stark ätzenden Wirkung größte Vorsicht geboten. N. wird als Aufschlußmittel für Kakaobutter, Rohkakao und Milcheiweiß sowie Säureregulator bei Trinkwasser, nach der Stärke- und

Roheiweißhydrolyse mit Mineralsäuren und der Saccharoseinversion verwendet. Zur charakteristischen Geschmacksgebung trägt es bei Laugengebäcken bei, in dem das N. beim Eintauchen in eine 2···4%ige Lösung mit dem bei der Gärung des Teiges enstehenden CO_2 zu Soda reagiert.

Natriuminosinat → Geschmacksverstärker

Natrium-, Kalium- und Calciumsalze der Speisefettsäuren: (E 470) im alkalischen und neutralen pH-Bereich sehr wirkungsvolle Öl-in-Wasser-Emulgatoren aufgrund der Dissoziation in Fettsäure- und Metallionen und deren Wechselwirkung mit Wasser (→ Emulgatoren). Sie werden oft auch zur Verstärkung anderer Emulgatoren verwendet. Calciumsalze dissoziieren nicht und werden bevorzugt für Wasser-in-Öl-Emulsionen eingesetzt. Anwendung finden die Fettsäuresalze noch als Rieselhilfsmittel bei Backtriebmitteln, Süßwaren, Süßstofftabletten, Würfelzucker, Granulate und Kaugummi.

Natrium-Kalium-Tartrat → Tartrate

Natriumnitrat → Nitrat → Konservierungsstoffe

Natriumnitrit: Natriumsalz der salpetrigen Säure, Formel $NaNO_2$. Das N. wird zum Pökeln von Fleisch und Fleischwaren in Form von → Pökelsalz verwendet, das ist Speisesalz mit einem Gehalt von 0,4···0,5% N. Durch Bildung von *Nitrosomyoglobin* aus dem Muskelfarbstoff *Myoglobin* ruft es die kochbeständige rote Farbe des Fleisches hervor. N. hat eine signifikante bakteriostatische Wirkung gegenüber dem gefährlichen Bakterium *Listeria monocytogenes, die z. B. bei geräucherten Fleischerzeugnissen in Kombination mit hohem Salzgehalt, saurem p*H-Wert, Vakuumverpackung und angemessener Kühlung genutzt werden kann. → Farbstoffe → Konservierungsstoffe

Natrium-o-phenylphenolat (E 232) → Konservierungsstoffe

Natriumpropionat → Propionsäure

Natriumpyrolusit → schweflige Säure

Natriumsilikat (500) → Silikate

Natriumstearoyllactylat (E 481) → Emulgatoren

Natriumsulfit → Sulfitieren → schweflige Säure

Natriumtartrat → Tartrate

Natriumtetraborat → Konservierungsstoffe

Natron → Natriumhydrogencarbonat

Natronsalpeter → Nitrat → Konservierungsstoffe

Natternbaum, *Sacha-poroto, Mabouge, Pan y agua:* der Strauch oder kleine Baum *Cápparis cynophallóphora* L. (Familie *Capparáceae*) des tropischen Amerikas, dessen zylindrische, 5···16 cm lange, dunkelrote Früchte gekocht eßbar sind.

Natternkopf, Gemeiner: das in Europa und Asien verbreitete, bis 1 m Höhe erreichende Rauhblattgewächs *Échium vulgáre* L. (Familie *Boragináceae*), mit roten, später blauen Blüten, dessen Blätter und Sproßspitzen als → Wildkräuter gesammelt werden. Der für Rauhblattgewächse charakteristische Pyrrolicidingehalt beträgt beim G. N. je 100 g Gesamtpflanze 140···250 mg, so daß ein häufiger Gebrauch dieser Pflanze für Nahrungszwecke nicht unbedenklich erscheint.

Natternwurz → Knöterich

Natto: Sammelbez. für japanischen Sojakäse, mit betonter Ammoniaknote, ein würzpastenähnliches Erzeugnis aus fermentierten Sojabohnen, wobei Farbe, Aroma und Geschmack von der jeweils verwendeten Mikroorganismenkultur und der Fermentationszeit abhängt. N. ist auch unter der Bez. *Toushih* oder *Tusi* auch *Tusu* in China, *Taotjo* in Ostindien und *Taosi* auf den Philippinen bekannt. N. wird wie Sojasoße oder Senf und vorwiegend zu gekochtem Reis oder als Würzmittel für Fleisch-, Gemüse- und Algenzubereitungen verwendet. Die Zusammensetzung der Nattoerzeugnisse zeigt einen hohen Schwankungsbereich: Feuchtigkeit 50···60%, Eiweiß 16···23%, Fett 1···9%, Kohlenhydrate 5···7% und Mineralstoffe 2···4 %. Der Vitamin-B_1-Gehalt ist in der Regel dreimal und der Vitamin-B_{12}-Gehalt fünfmal so hoch wie bei unfermentierten Sojabohnen. In

Japan werden vorwiegend 3 Haupttypen von N. unterschieden:
a) *Itohiki-Natto,* meistens auch nur als N. bezeichnet. Er wird in Ostjapan verzehrt und mit Bacillus natto, einer Variante von B. subtilis, mittels 16stündiger Fermentation bei 42°C hergestellt.
b) *Yukiwari-Natto,* das aus einer Mischung von Itohiki-Natto, Salz und → *Koji* besteht, die 2 Wochen bei 25···30°C fermentiert wird, wobei der bestimmende Mikroorganismus *Aspergillus orzyzae* ist.
c) → *Hamanatto,* zu dessen Herstellung ebenfalls → Koji als Impfmaterial dient. → Lebensmittel, fermentiertes

Naturalfeige → Feige

naturbelassen → Lebensmittel, naturbelassenes

Natur-Dessertwein: ein → Dessertwein, der nicht konzentriert oder gespritet ist, sondern ohne Zusatz, also auf natürlichem Wege, durch vergärbaren oder sehr zuckerreichen Traubenmost gewonnen wird. In der Regel weisen N.-D. einen etwas niedrigeren Ethanolgehalt (etwa 15 %-Vol.) auf als die Mehrzahl der Dessertweine, die nach dem „gespriteten" Verfahren hergestellt werden. Zu den N.-D. können z. B. → *Tokajer Aszú, Cotnari* (→ Dessertwein) und → *Haute Sauternes* gezählt werden.

naturel foods → Lebensmittel, alternative

Naturellerzeugnis → Fischkonserven

naturidentisch: gebrauchter Begriff für Aromastoffe, die chemisch den gleichen Aufbau wie natürliche Aromastoffe besitzen, jedoch durch chemische Synthese aus anderen Ausgangsmaterialien gewonnen werden. → Aromastoffe

natürlich: verwendeter Begriff für natürliche Aromastoffe, die durch Destillation, Extraktion oder durch enzymatische, mikrobiologische und möglicherweise auch bald gentechnologische Verfahren aus pflanzlichem und tierischem Ausgangsmaterial gewonnen werden. → Aromastoffe

naturnah → Lebensmittel, naturnah produziertes

Naturprodukt, unverfälschtes → Lebensmittel, naturbelassenes

naturrein → Lebensmittel, naturreines

Naturreis → Braunreis

Natursauer → Roggenbrot

Natursauerbrot → Brot → Roggenbrot → Sauerteig

Naturstoffextrakt → Oleoresin 2.

Naturwein → Lebensmittel, naturreines

'Naundorfer': Pfirsich. → Steinobst

Naurattan → Mango

Nauten → Bonbon

Navane → Kolbenhirse

Navelorange → Orange

NDGA *(Nordihydroguajaretsäure)* → Antioxydantien

Ndolo: ein aus Hirse bereitetes Bier (*Hirsebier* → Bier), das in Mali, Senegal und Niger verbreitet ist. → Kafirbier → Merissa → Sorghumbier

Neapolitaner: 1. → Haselnuß
2. gefüllte Waffelschnitte.

Nebelkappe → *Tricholomatáceae*

Nebenvalenzgel → Geliermittel

Nebularin → 9-D-Ribosylpurin → Speisepilze

Nectándra puchury-májor → Macisbohne

Neemfrucht, *Nimfrucht:* Frucht des in Indien, Djawa, Sri Lanka und Nordamerika kultivierten Baumes *Antelǣa azadiráchta* (L.) Adelbert (Familie *Meliáceae*) mit angenehm schmeckendem Fruchtfleisch. Aus den Samen wird das u. a. medizinisch verwendbare Zedrachöl gewonnen.

Nefuen → Haselnuß, Chilenische

Negerhirse → Perlhirse

Negerkuß, *Mohrenkopf, leichter Kuß:* eine seit den 50er Jahren industriell gefertigte, sehr weiche → Schaumzuckerware aus Hühnereiklar, welches im Druckschlagverfahren mit Zucker zu luftiger →

Masse verwandelt, auf Rundwaffeln dressiert und mit einer zarten, kakaohaltigen Fettglasur oder mit Kuvertürefilm überzogen ist. Die Haltbarkeit ist in der warmen Jahreszeit begrenzt. → Lebensmittelschaum → Schaumzuckerware → Aufschlagmittel

Negretein → Anthocyane → Hydroxyzimtsäure

Nehai, *Bootfarn:* der Palmfarn *Angiópteris evécta* (G. Forst.) Hoffm. (Familie *Angiopteridáceae*), dessen Wurzelstock eßbar ist. Er kommt auf den Sandwichinseln vor. → Farn

Nektar: 1. wasserklare eiweiß- und zuckerhaltige Flüssigkeit, die von den Saftdrüsen (*Nektarien*) der Pflanzen ausgeschieden wird. Bei den *Nektarien* handelt es sich um ein durchlässiges Drüsengewebe in der Blüte *(florale Nektarien)*, das den Endpunkt für die Leitbündel bildet, in denen der Siebröhrensaft *(Phloemsaft)* bis in den Blütenboden aufsteigt und als N. austritt. Neben diesen *inneren Nektarien* gibt es auch *äußere, sog. extraflorale Nektarien.* Ihre Saftdrüsen liegen außerhalb der Blüte, entweder am Blattrand oder am Übergang des Blattstiels zur Blattspreite, an den Nebenblättern der Knospe (nicht zu verwechseln mit den Guttationstropfen an Blatträndern, die durch erhöhten Wurzeldruck in der Pflanze verursacht werden). Der im Inneren der Blüte bis zur Befruchtung austretende N. ist reicher an Zucker (20···40 %, max. 80 %), vorwiegend Fructose und Glucose (keine Trisaccharide, wie bei → Honigtau) und eiweißartigen Substanzen als N. der äußeren Nektarien, deren Absonderung geringer ist und mehr Gerbstoffe enthält. Etwa 3 kg N. ergeben 1 kg → Honig.
2. Mischgetränk aus Orangenscheiben, Weißwein und Sekt.
3. Ursprünglich die verflüssigte Ganzfrucht, analog einem → Mazerat. Heute aus kommerziellen Gründen genutzte Sammelbez. für industriell hergestellte, flüssige Obst- und Gemüseerzeugnisse von unterschiedlicher Konsistenz, dabei unterscheidet man:
- fruchtfleischhaltiges, daher trubreiches, sämiges Obst- oder Gemüseerzeugnis (sog. *Obst-, Frucht-* oder *Gemüsenektar*), das alle unlöslichen Zellbestandteile der Ausgangsrohstoffe enthält und dessen industrielle Herstellung über → Mark, → Markkonzentrate, Frucht- oder Gemüsesaft, Fruchtsaft- oder Gemüsesaftkonzentrate oder aus Mischungen dieser Zubereitungen erfolgt. Bevorzugte Rohstoffe sind Aprikosen, Pfirsiche, Zitrusfrüchte, Erdbeeren, Birnen, Pflaumen, Johannisbeeren, Möhren, Tomaten, Kürbis, Sellerie usw.
- blank filtriertes, trubstoff-freies Fruchtsaftererzeugnis, das mit der früheren Bez. Süßmost in Aussehen und Geschmack nahezu identisch ist, so daß z. B. zw. *Apfelnektar* und *Apfelsüßmost* kein Unterschied festzustellen ist. Die blank filtrierten N. liefern nur ein Viertel, höchstens die Hälfte der im Ausgangsmaterial enthaltenen, ernährungsphysiologisch wünschenswerten Inhaltsstoffe, bei gleichzeitig rel. hohem Kohlenhydratgehalt (durch Zuckerzusatz) und damit hohem Energiegehalt. Für N. aus Zitrusfrüchten ist nach der VO über Fruchtnektare ein Fruchtsaftanteil von 50 % gefordert., so daß die N. für Diabetiker nicht geeignet sind. → Fruchtsaft

Nektarbeere → Brombeere, Arktische → Youngbeere

Nektar-Himbeere: eine Brombeer-Himbeer-Hybride aus der Himbeersorte *'Malling Promise'* x arktische Brombeersorte *'Merva'*. Die N. ist 1975 unter dem Namen 'Heija' in den Handel gekommen und zeigt einen Wuchs ähnlich der Himbeere und eine Frucht ähnlich der Brombeere. → Loganbeere

Nektarine: Bez. für Pfirsichsorten mit glatter, nicht wolliger Schale, (*Prúnus pérsica* L., Batsch *var. nucipérsica* Schneid.). Die N. stellen hohe Ansprüche in bezug auf Wärme. Der Anbau sollte nur an südlichen Wandspalieren erfolgen. N. sind zum Frischverzehr sowie zur Bereitung von Sterilkonserven und Konfitüren geeignet. γ-C_8···C_{12}- und δ-C_{10}-Lactone sind charakteristische Aromastoffe der N.. Größere Anbaugebiete befinden sich in den südlichen Ländern. Dort werden die N. eingeteilt in solche mit *vom Stein sich ablösendem Fleisch* und in solche mit *nicht ablösendem Fruchtfleisch,* letztere werden *Prünellen* (Brünellen) genannt.

Nelken → Gewürznelken

Nelkenöl → Gewürznelkenöl

Nelkenpfeffer → Piment

Nelkensäure → Eugenol → Phenole

Nelkenwurz, Echte, *Benediktenkraut, Märzwurzel, Weinwurzel:* die früher in England und Polen als → Blattgemüse kultivierte Pflanzenart *Géum urbánum* L. (Familie *Rosáceae*), deren frische Wurzeln und grundständige Blätter (Rosettenblätter) sich wie bei *Bachnelkenwurz, G. riväle* L., das ganze Jahr über für Mischsalate und zur Spinatzubereitung eignen. Der getrocknete und entsprechend zerkleinerte Wurzelstock dient als *Gewürznelkenersatz* und wird wegen seines Bitterstoffgehaltes auch als mildaromatische Droge in der Spirituosen- und Essenzenindustrie verarbeitet. → Spirituosen

Nelúmbo lútea → Lotosblume, Amerikanische

Nelúmbo nucífera → Lotos → Lotosblume, Indische

Nematizide → Pflanzenschutzmittel

Nematolóma spec. → *Strophariáceae*

Neoagarobiose → Agarose

4-O-β-Neoagarobiosylneoagarobiose → Tetrasaccharide

Neoagarotetraose → Tetrasaccharide

Neochlorogensäure → Hydroxyzimtsäuren

Neoglucobrassicin → Senföle

Neohesperidin: Bitterstoff der Pomeranze und bitteren Orange, s. Formel. → Flavonoide

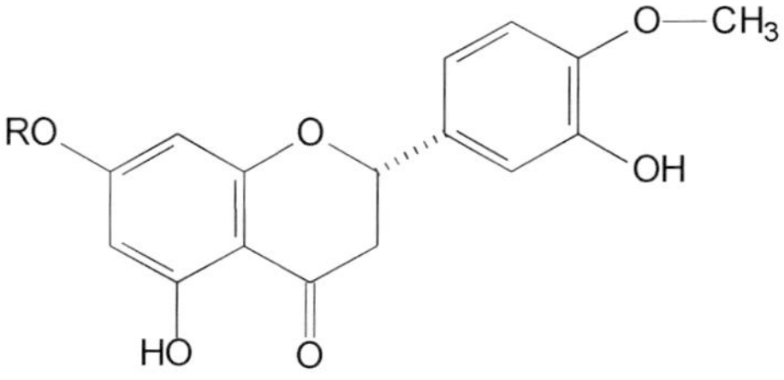

R = 2-O-6-Deoxy-α-L-manno-pyranosyl-β-D-glucopyranosyl

Neohesperidindihydrochalcon, (E 959) *NHDC, 2',3,4',6'-Tetrahydro-4-methoxy-dihydrochalcon-4'-β-neohesperidosid:* synthetisches → Süßungsmittel, aus Citrusschalen darstellbar, s. Formel unten.
N. ist nur begrenzt hydrolysestabil. Die Wasserlöslichkeit ist gering, sie steigt unter alkalischen Bedingungen. Die → Süßkraft beträgt etwa 1000. N. weist einen nachhaltigen mentholartigen Nebengeschmack auf. ADI: noch nicht bewertet. N. ist in Belgien als → Süßungsmittel zugelassen. Es wurden noch weitere süße *Dihydrochalcone* synthesiert, die aber bisher ohne Bedeutung geblieben sind.

Neohesperidose → Flavonoide → Disaccharide

Neokestose → Trisaccharide

d-Neomenthol → Menthol → Terpen-Alkohole

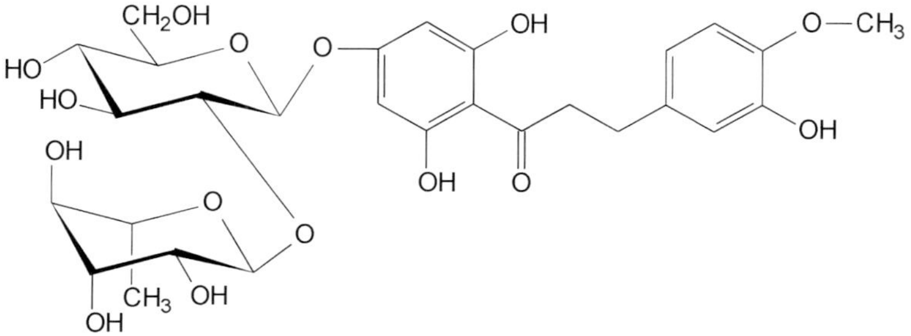

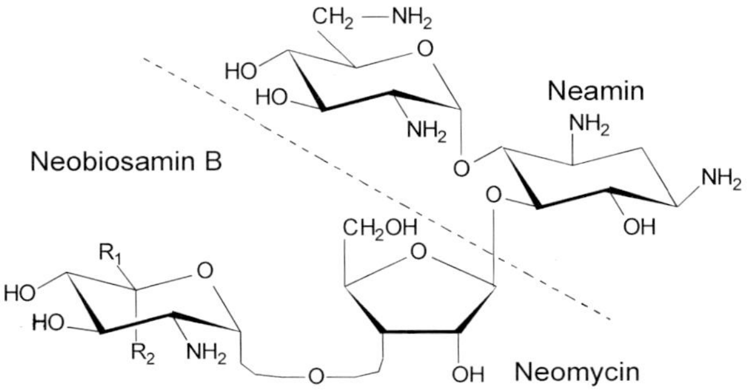

	R_1	R_2
Neomycin B	H	CH_2NH_2
Neomycin C	CH_2NH_2	H

Neomycin: ein von Streptomýces frádiae produziertes, aus 3 Komponenten zusammengesetztes Antibiotikum, s. Formel oben.
N. wirkt gegen grampositive und gramnegative Bakterien und ist ein Inhibitor der Proteinsynthese
→ Streptomycin → Antibiotika

Neosaxitoxin → Gifte in Meerestieren

Neosin → Alkanolammoniumbasen, quartäre

Neo-Tuberosum: Sammelbez. für Kartoffelhybriden, die in modernen Züchtungsprogrammen aus der Unterart *ssp. andigénum* von *Solánum tuberósum* entwickelt werden (Familie *Solanáceae*) und *Solánum tuberósum ssp. tuberósum* sehr ähnlich sind. Die *ssp. andigénum* stellt die älteste Kultursippe der Andengebiete dar und wurde auch nach Europa eingeführt. Zur Unterart *ssp. tuberósum,* die ebenfalls von der in Zentralchile entstandenen *ssp. andigénum* abgeleitet sein soll, gehören die meisten der in Europa, Nordamerika und in der übrigen Welt angebauten Sorten.

Neovitamin A_1 → Vitamin A

Nepalkardamom → Bengalkardamom 1. und 2.

Népeta catária → Katzenminze

Nephélium lappáceum → Rambutan

Nephélium mutábile → Pulasan

Néphrops norvégicus → Krebstiere

Neptunfilet: Handelsname für den fettreichen Bauchkiel von atlantischen *Makrelen,* der heißgeräuchert, auch als Konserve in Öl, angeboten wird.

Neral → Citral

Nerflin → Aland

'Nero' → Aronie

Nerol → Terpen-Alkohole → Linalool

Nerolidol → Terpen-Alkohole

Neroliöl → Orangenblütenöl

Nerolon → β-Naphthylmethylketon

Nervon: aus Gehirn isolierbares Cerebrosid mit D-Galactose und Nervonsäure, s. Struktur nächste Seite oben.
→ Cerebroside

Nervonsäure, *Tetracos-15-ensäure, Selacholeinsäure:* eine ungesättigte Fettsäure der Formel CH_3-$(CH_2)_7$-CH=CH-$(CH_2)_{13}$-COOH.
Die natürliche Säure hat eine cis-Konfiguration, F. 39 °C. Die N. kommt in den → *Cerebrosiden* sowie frei in Fischölen vor.

Nerylalkohol → Terpen-Alkohole

Nespel → Mispel, Echte

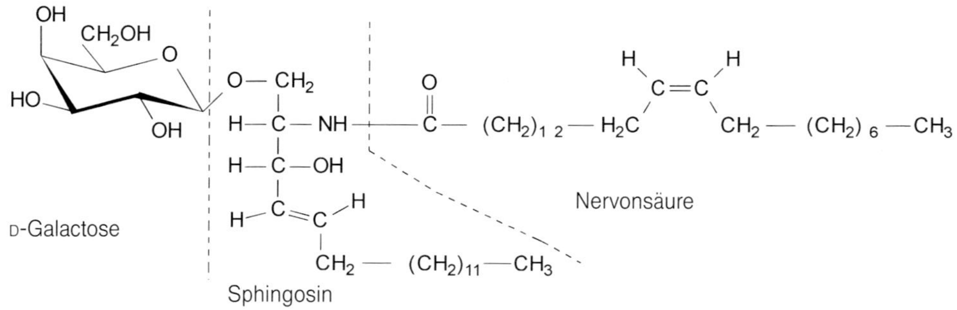

Nesselkraut → Brennessel

Neteton → Dawadawa

Netz: hautartiges Bindegewebe, das die inneren Organe in der Bauchhöhle zusammenhält. → Innereien

Netzanone → Cherimoya

Netzfett → Hammeltalg → Schweineschmalz

Netzmelone → Zuckermelone

Netzmittel, *Detergenzien, Tenside:* bei der Haltbarmachung (Verlängerung der Lagerfähigkeit pflanzlicher Erzeugnisse) und in der landwirtschaftlichen Praxis eingesetzte natürliche oder synthetische Verbindungen, die die Ober- oder Grenzflächenspannung von Flüssigkeiten, bes. von Wasser, herabsetzen und somit zur Benetzbarkeit von Fasern, Pulvern, wachs- oder fetthaltigen, glasigen und metallenen Oberflächen führen. Im weiteren Sinne gehören sie zu den → Emulgatoren. Die natürlichen N., die Saponine, sind heute weitgehend durch synthetische N., wie Alkylsulfate, Alkylsulfonate, Alkylarylsulfonate, Fettsäurekondensationsprodukte, Polyglycolether u. a., ersetzt. N. werden u. a. verwendet zur Förderung der schmutz- und fettlösenden Wirkung von Waschmitteln, zur Verbesserung der Verteilung und Haftfähigkeit von Pflanzenschutzmitteln, Holzschutzmitteln. Die N. werden Vorernte- (wie Herbiziden, Fungiziden, Isektiziden) und Nacherntebehandlungsmitteln (Vorratsschutzmitteln) zugesetzt, um a) eine bessere Durchmischung polarer Komponenten zu erzielen und um b) bei der Ausbringung der Pflanzenbehandlungsmittel einen feinen Sprühnebel mit kleinsten Tröpfchen zu erhalten. Hierdurch wird eine gleichmäßigere Benetzung der pflanzlichen Oberfläche gewährleistet und das Eindringen der aktiven Wirkstoffe begünstigt. Bislang wurden die N. (als Zusatzstoffe in geringen Mengen) lediglich hinsichtlich ihrer physikalischen Wirkungsweise überprüft. Neuerdings hat man jedoch festgestellt, daß ihre biologischen Wirkungen nicht unerheblich sein können. Hierzu zählen insbes. bei Kern- und Steinobst verminderte Biosynthese bzw. verstärkter Abbau der Chlorophyllfarbstoffe, Blattnekrosen, Beeinträchtigung äußerer Fruchtmerkmale, wie verzögerte Ausfärbung, verlangsamte Größenentwicklung, vermehrte Platzneigung (bei Kirschen) oder vermehrte Schalenberostung (insbes. bei Äpfeln). Diese Nebeneffekte müssen daher bei entsprechenden Rezepturzusammenstellungen (Zusatzhöhe und Art des Netzmittelpräparates) berücksichtigt werden.

Neucoccin → Lebensmittelfarbstoffe

Neufchâteler Käse: *Weichkäse* mit Camembertschimmel, von reinem, champignonartigem Geruch und Geschmack, der in den Fettstufen 45 %, 50 %, 60 % und 70 % F. i. T. hergestellt werden kann. Das Käseinnere ist weiß bis rahmgelb, geschlossen und etwas kurz. → Käsesorten

'Neuga' → Mohn

Neugewürz → Piment

Neukomstärke → Stärke-Phosphorsäureester

Neunauge: Familie der den Fischen nahestehenden Klasse der *Rundmäuler (Cyclostómata)*, die durch eine wurmförmige Gestalt, schuppenlose Haut, einen scheibenförmigen, von Hornzähnen umgebenen Saugmund, ein knorpeliges Skelett sowie das Fehlen eines Kiefers, der Gräten und der paarigen Flossen gekennzeichnet sind (Bild).

Meerneunauge

Der Name leitet sich von den bei seitlicher Betrachtung sichtbaren neun Öffnungen (7 Kiemenöffnungen, Auge, unpaare Nasenöffnung) her. Das *Meer-* oder *Seeneunauge (Großes N., Lamprétra, Petromýzon marínus)* erreicht eine Länge von 80···100 cm, spielt aber an den europäischen Küsten wegen seiner Seltenheit keine Rolle. In Nordamerika findet es wegen seines hohen Fettgehaltes trotz häufigeren Vorkommens keinen Absatz. Das nur 10···15 cm, höchst. 30 cm lange, bleistiftdicke *Bachneunauge (Kleine Pricke, Lampétra pláneri)* hat keine Bedeutung. Gewisse wirtschaftliche Bedeutung hat nur das *Flußneunauge (Lampétra fluviátilis, Pricke)*, das 30···40 cm, höchst. 50 cm Länge erreicht. Es besiedelt die europäischen Küsten und Flüsse von Norditalien bis Westnorwegen und die Ostsee und wird bei der Laichwanderung in die Flüsse gefangen. Es wird als Speisefisch verwendet und dient auch als Rohstoff für die industrielle Verarbeitung zu → Bratfischwaren. Wie das aller N. ist auch das Fleisch des Flußneunauges eiweißarm und fettreich, je 100 g eßbaren Anteils sind durchschnittl. 14···15 g Eiweiß und 13···17 g, in Einzelfällen über 33 g Fett enthalten.

Neuraminsäure: eine cyclische, zu den → Nonulosaminsäuren zählende Polyoxyaminosäure s. Formel nächste Spalte oben.
N. ist ein Bestandteil der → *Ganglioside.* N. ist verwandt mit N-*Acetylneuraminsäure* (→ Aminozukker) und → *Sialinsäure.*

Neurin → Alkylammoniumbasen, quartäre

Neurophýllum clavátum → *Gompháceae*

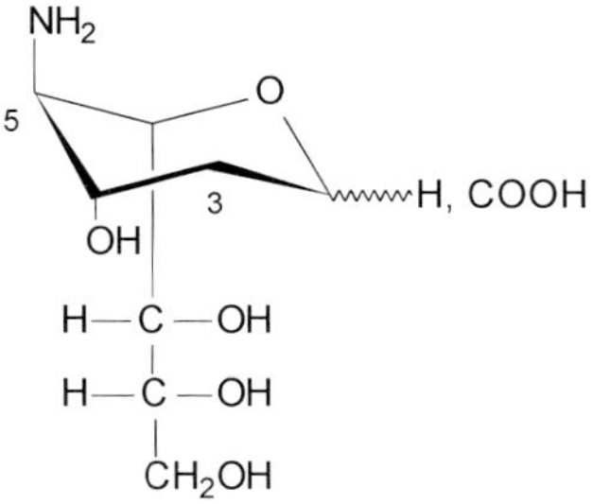

pyranoside Form

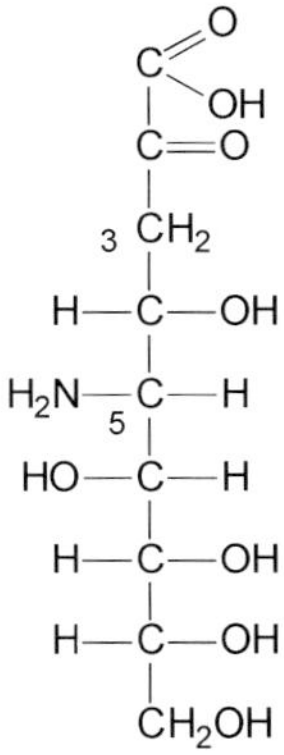

offenkettige Form

Neuseelandspinat: *Neuseeländer, Spinat:* eine vorwiegend in England kultivierte kriechende, üppige Pflanze, *Tetragónia tetragonioídes* (Pall.) O. Kuntze (Familie *Aizoáceae*), mit fleischigen, rhomboiden, spitzen Blättern, die den ganzen Sommer geschnitten werden können und wie Spinat zubereitet werden. In Japan wird N. von wildwachsenden Beständen gesammelt und unter der Bez. *Touruna* als Wildgemüse verzehrt. Der N. zeigt in 100 g Frischmasse folgende Zusammensetzung: 95,2 g Feuchtigkeit, 1,39 g Eiweiß, 0,12 g Fett, 0,88 g Kohlenhydrate, 1,23 g Mineralstoffe und 1,19 g Ballaststoffe. → Gemüse

Neutralfette → Triglyceride

New-Jersey-Tee: ein → teeähnliches Erzeugnis, das aus den Blättern des *Säckelstrauches* oder *Wilden Schneeballs, Ceanóthus americánus* L. (Familie *Rhamnáceae*), eines fast 1 m hohen Strauches gewonnen wird, der in Amerika auf felsigen Prärien und in offenen Wäldern wächst. Der N.-J.-T. wird häufig als Ersatz für → Tee getrunken.

Ngaikampfer → Terpen-Alkohole

Ngampyaye → Fischsoße, fermentierte

Ngapi → Fischsoße, fermentierte

NHDC → Neohesperidindihydrochalcon

Niacin, (375) *Nicotinsäure, Pyridin-3-carbonsäure, β-Pyridincarbonsäure, PP-Faktor (pellagra preventive factor)*, liegt auch als Amid vor *(Niacinamid, Nicotinsäureamid, Nicotylamid)*: Vitamin des wasserlöslichen B-Komplexes, das als *Pellagraschutzstof* wirkt (s. Formeln).

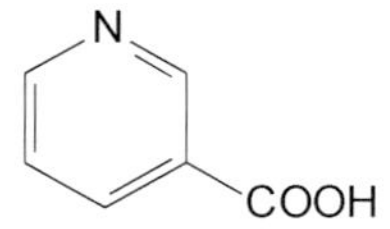

Niacin

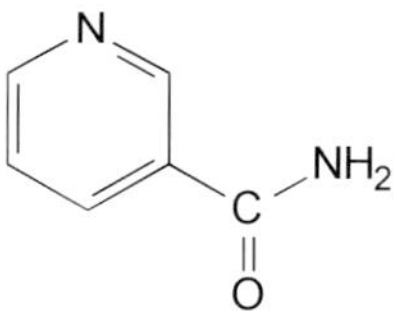

Niacinamid

Beide Formen bilden farblose, bitter schmeckende Kristalle, sind in Wasser, Ethanol und Aceton löslich, in Ether schwer löslich und in fetten Ölen unlöslich, Niacin: F. 230···231°C, Niacinamid: F. 129···131°C. Gegenüber Hitze, Licht und Oxydationsmitteln ist N. stabil, weniger stabil gegenüber Alkalien. Im Pflanzenreich kommt es vorwiegend in Form freier oder esterartig gebundener *Nicotinsäure,* im tierischen Organismus in Form von *Derivaten des Nicotinsäureamids* vor. Beide Substanzen haben etwa die gleiche Vitaminwirksamkeit. Für die Ernährung sind Leber und Fleisch von Huftieren als Niacinquelle von Bedeutung. Im Mais und in anderen Getreidearten liegt es auch in einer vom Menschen nicht verwertbaren Form *(Niacytin)* vor.

Obgleich in Mittelamerika überwiegend Getreide mit geringem Niacingehalt verzehrt wird, gibt es bei der dortigen Bevölkerung selten Niacin-Mangelerscheinungen, weil das Getreide vor der Herstellung von Tortillas mit Calciumhydroxid behandelt wird, wobei aus dem Niacytin das N. freigesetzt wird. Kaffeebohnen liefern auch N.; beim Röstprozeß entsteht es aus dem reichlich enthaltenen *Trigonellin* (→ *Betaine*) durch Demethylierung. N. greift in Form der *Codehydrasen* (Codehydrase I = Diphosphopyridinnucleotid [*DPN*] bzw. Nicotinamidadenin-dinucleotid [*NAD*] und Codehydrase II = Triphosphopyridinnucleotid [*TPN*] bzw. Nicotinamidadenin-di-nucleotidphosphat [*NADP*] verbreitet in den wasserstoffübertragenden Intermediärstoffwechsel (z. B. Ab- und Aufbau von Fettsäuren, Kohlenhydraten und Aminosäuren über den Citronensäurezyklus) ein (Bild).

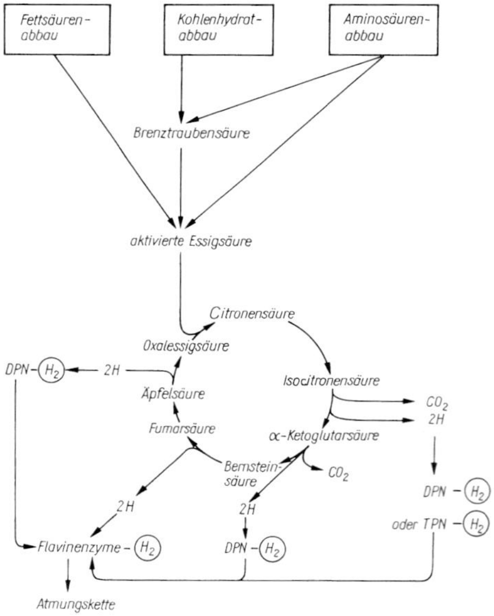

Eingreifen von Niacin in den intermediären Stoffwechsel

Mangel an N. verursacht bei Mensch und Tier Hautdefekte (Pellagra), Störungen im Verdauungstrakt sowie im zentralen und peripheren Nervensystem (Schlaflosigkeit, Müdigkeit, Schwindel, Kopfschmerzen, in schweren Fällen Depressionen und Verwirrungszustände). Für viele Mikroorganismen ist N. ein unentbehrlicher Wachstumsstoff. Seine Bildung erfolgt aus der Aminosäure, L-Tryptophan, die das *Provitamin* darstellt.

Die Eigensynthese von N. aus L-Tryptophan reicht zur Bedarfsdeckung nicht aus, daher ist N. essentiell. Als Richtzahl (sog. Niacinäquivalent) für die Umwandlungsquote von Tryptophan in N. gilt: 60 mg L-Tryptophan ersetzen etwa 1 mg N.. Die wünschenswerte Zufuhr wird in Abhängigkeit vom Alter auf 4···20 mg Niacinäquivalent je Tag geschätzt. Erhöhter Bedarf besteht u. a. bei Verdauungsstörungen, fieberhaften Erkrankungen, Wachstumsperioden, schwerer körperlicher Arbeit, Schwangerschaft und Stillzeit sowie bei Zufuhr großer Flüssigkeitsmengen. Überdosierungen durch therapeutische Aufnahme von N. kann zu Vergiftungserscheinungen führen. → Vitamine → Vitamin-B-Komplex

Niacinamid → Niacin

Niacytin → Niacin

Nichtweizenmehl → Backmehl ohne Weizen

Nickel, *Ni:* chemisches Element der VIII. Nebengruppe des Periodensystems mit der Ordnungszahl 28 und der rel. Atommasse 58,69. Reines N. ist ein silberweißes, stark glänzendes, sehr korrosionsbeständiges Metall. Es ist als Spurenelement im Böden mit 40 ppm, in Pflanzen mit 0,5 ppm und im menschlichen Körper mit etwa 10 mg enthalten. N. zählt zu den essentiellen Mineralstoffen, über seine physiologische Funktion ist aber noch wenig bekannt. Es scheint am Kohlenhydratstoffwechsel beteiligt zu sein. Atembare Stäube und Aerosole von N. und seinen Verbindungen gelten als gesundheitsgefährdende und kanzerogen wirkende Stoffe. N. kann beim Menschen eine Allergie (Dermatitis) auslösen. Deshalb sollten von Nickelallergikern Nahrungsmittel mit mehr als 50 mg N./100 g mit Vorsicht verzehrt werden. Solche Nahrungsmittel sind:

Nüsse: Pekan-, Cashew-, Erd-, Wal- und Haselnüsse, süße Mandeln sowie Pistazien;

Hülsenfrüchte: Sojabohnen, Linsen, Bohnen, Erbsen;

Getreide und Getreideprodukte: Hafer, Roggen, Weizen, Gerste, Mais, Hirse und Buchweizen;

Gemüse, Obst: Broccoli, Wirsingkohl, Süßkirschen;

Fisch und Schalentiere: Bücklinge, Hecht, Hummer, Muscheln;

Kakaopulver und Schokolade. → Mineralstoffe

Nicotiána rústica → Tabak

Nicotiána tabácum → Tabak

Nicotin, *3-[N-Methyl*-α-pyrrolidyl]-pyridin: Hauptalkaloid des Tabaks, s. Formel.

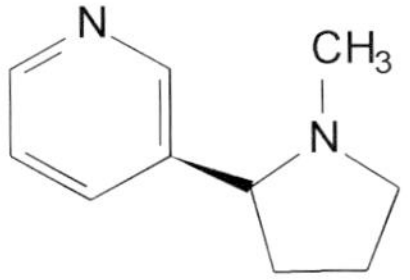

Das N. wird in den Wurzeln verschiedener Nachtschattengewächse (*Solanáceen*), bes. von Tabak, gebildet und in die oberirdischen Pflanzenteile transportiert, wo es in Blättern zu etwa 1,2···1,5 %, in nicotinreichen Sorten bis zu 8 %, bezogen auf Trockensubstanz, neben anderen Alkaloiden enthalten ist. Es bildet eine farblose, leichtbewegliche und wasserdampfflüchtige Flüssigkeit, die in Chloroform und Wasser unter 60°C leicht löslich ist. N. liegt in der Natur in der L- und DL-Form vor; Kp. 246°C (L-Form), 267°C (DL-Form), d 1,0093, $[\alpha]_D$ -169° (in Wasser). Unter Einwirkung von Luft tritt Bräunung und Verdickung ein. Der Geschmack von N. ist scharf und langanhaltend. Wegen seiner hohen Giftigkeit, 40···60 mg innerlich verabreichtes N. können bereits den Tod des Menschen verursachen, ist es der Giftabteilung 1 zugeordnet. Pharmakologisch wirkt N. in kleinen Dosen erregend, in großen Dosen lähmend auf die Reizübertragung des vegetativen Nervensystems. Es bewirkt einen Blutdruckanstieg sowie eine Kontraktion mit anschließender kurareähnlicher Lähmung der quergestreiften Muskulatur. N. wird als stark wirkendes Insektizid im Pflanzenschutz verwendet. Seine Darstellung erfolgt vorwiegend durch Extraktion aus Abfällen der Tabakindustrie. → Alkaloide

Nicotinamid-adenin-dinucleotid *(NAD)* → Nucleotide → Niacin

Nicotinamid-adenin-dinucleotid-phosphat *(NADP)* → Niacin

Nicotinsäure → Niacin

Nicotinsäureamid → Niacin

Nicotinsäure-hydrazid → Stoffe, Lathyrismus auslösende

Nicotoflorin → Flavonoide

Nicotylamid → Niacin

Nicotyrin → Alkaloide

Nidle: (schweiz.) Bez. für → Sahne

Nieheimer → Hopfenkäse

Nieren, *Renes* (Bild):

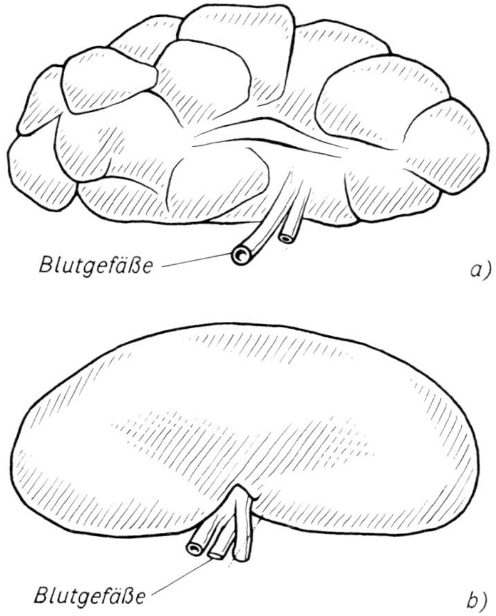

a) Niere vom Rind
b) Niere vom Schwein

Paariges Organ, das aus zwei bohnenförmigen, gelappten (Rind) oder ungelappten (Schwein) retroperitoneal neben der Wirbelsäule liegenden Teilen bestehen und die konstante Zusammensetzung der Körperflüssigkeit sichert. Die N. der Schlachttiere zählen zu den → Innereien. Sie werden zu Konserven (Nierenragout), zu Wurstwaren (Kochwürste) verarbeitet oder für die küchenmäßige Zubereitung im Einzelhandel abgegeben.

Nierenbaum → Kaschunuß

Nierenbraten → Schlachtkörperteilstücke

Nierenstück → Schlachtkörperteilstücke

Nierentalg → Rindertalg

Niersteiner Domtal: eine mittlere bis einfache Weißweinsorte aus Rheinhessen, deren Qualität mit der der großen Niersteiner Lagen (Rehberg, Olberg, Auflangen) nicht verwechselt werden darf. → Niersteiner Gutes Domtal → Qualitätswein → Tafelwein

Niersteiner Gutes Domtal: eine Herkunftsbez. für einen guten Tischwein von Niersteiner Weinbergen, dessen ordnungsgemäße Herkunft aus Niersteiner Lagen auf Grund der Kellerbücher jederzeit den zuständigen Kontrollorganen gegenüber nachweisbar sein muß. Der N. G. D. darf nur dann auch aus anderen Gemeinden kommen, wenn sie nicht mehr als 15 km von den Niersteiner Lagen entfernt liegen. → Qualitätswein

Nigapalme, *Atap-Palme:* eine in Südostasien und in Westafrika vorkommende Palmenart, *Nýpa frúticans* Wurmb. (Familie *Arecáceae*), deren durch Anzapfen der Interfloreszensachse gewonnener zuckerreicher Saft zur Alkohol-, Essig- und Zukkergewinnung dient. Die unreifen Samen werden roh oder gekocht verzehrt. → Palmzucker → Palmwein

Nigélla spec. → Schwarzkümmel 3.

Nigellin → Damascenin

Niger → Guttapercha

Nigeran: lineares Glucan (Molmasse etwa 50 000 g/mol) mit alternierenden α-(1→3)- und α(1→4)-glucosidischen Bindungen, das von *Aspergíllus*

níger aus den meisten Kohlenhydraten gebildet und durch α- und β-Amylase nicht abgebaut wird.

Nigeröl, *Ranilöl, Ramtilöl:* das aus den Samen (Nigersaat) des in Ostafrika, Äthiopien und Indien angebauten *Gingellikrautes, Guizótia abyssínica* (L.f.) Cass. (Familie *Asteráceae*) gewonnene Öl. Das helle Öl hat einen nußartigen, aromatischen Geschmack. Die wichtigsten Fettsäuren und ihre Anteile, bezogen auf den Gesamtfettsäuregehalt, sind Palmitinsäure (5···8%), Stearinsäure (2···5%), Ölsäure (31···39%) und Linolsäure (52···54%). Das N. wird in den Ursprungsländern als Speiseöl verzehrt.

Nigerose → Disaccharide

Nigersaat → Nigeröl

'Nijisseiki' → Nashi

Nikon-Nuß, *Mabo-Samen:* die im Sept./Okt. reifenden Früchte des *Mobola-Pflaumenbaumes Parinári curatellifólium* Planch. (Familie *Chrysobalanáceae*), dessen Kultur in tropischen Gebieten Südamerikas und Afrikas als Obstbaum verbreitet ist. Die wohlschmeckenden, als N. bezeichneten Samen weisen folgende Zusammensetzung je 100 g auf: 2,7 g Eiweiß, 53,7 g Fett, 37,3 g Kohlenhydrate, 3,8 g Rohfaser, 2,5 g Mineralstoffe, 100 mg Calcium, 500 mg Phosphor und 90 mg Eisen. In der im Westafrikanischen als *Mupundu* bezeichneten Frucht sind, bezogen auf 100 g frisches Fruchtfleisch, enthalten: 70,8 g Feuchtigkeit, 0,72 g Eiweiß, 0,15 g Fett, 26,8 g Kohlenhydrate, 0,76 g Rohfaser und 0,44 g Mineralstoffe. → Graupflaume → Ingwerbrotpflaume

Nimfrucht → Neemfrucht

Nino → Umiri

Ninsi-Zuckerwurz → Zuckerwurzel

Niobium (*Niob*) → Mineralstoffe

Nisin: (234) ein hochmolekulares, Molmasse 3354,25 g/mol, aus 34 Aminosäuren aufgebautes, antibiotisch wirksames Peptid (s. Formel).
Die Aminosäuren bilden über Schwefelbrücken 5 cyclische Struktureinheiten. N. wird von Milchsäurebakteerien (*Streptocóccus láctis, S. cremóris* u. a.) gebildet. N. ist im Sauren hitzeresistent und weist ein breiteres Wirkungsspektrum auf als andere von Milchsäurebakterien gebildete Bacteriocine. So wirkt es gegen zahlreiche grampositive Bakterien, vor allem gegen Bazillen und Clostridien und verringert die Hitzeresistenz von Bakteriensporen.
Bisher wurden solche bacteriogenen Lactococcen primär aus Milchprodukten isoliert. N. wird in einigen Ländern, nicht aber in Deutschland zur

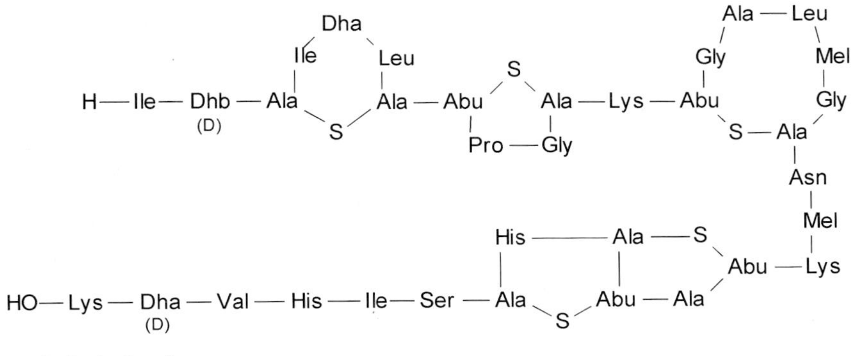

Abu α-Aminobuttersäure
Dha Dehydroalanin
Dhb Dehydrobutyrin

Lebensmittelkonservierung, bevorzugt bei der Käseherstellung und bei Gemüse- und Obstkonserven eingesetzt. → Antibiotica → Konservierungsstoffe

Nisinsäure, *Tetracosahexa-4,8,12,15,18,21-ensäure:* eine mehrfach ungesättigte Monocarbonsäure der Formel
CH_3-$(CH_2$-$CH{=}CH)_4$-$(CH_2)_2$-$CH{=}CH$-$(CH_2)_3$-$CH{=}CH$-CH_2- COOH.
Die N. wurde im japanischen Sardinenöl in Form ihres Methylesters gefunden; auch Heringsöl enthält N. in geringen Mengen.

Nisorhafrucht, *Schwarze Brustbeere:* süße, schleimige Frucht des Strauches *Córdia mýxa* L. (Familie *Boragináceae*), der von Ägypten bis zum tropischen Australien vorkommt. Die Frucht von *Córdia dentáta* L. wird *Chachalaca* genannt.

Nisperos → Sapodilla

Nisslsalat → Feldsalat

Nitrate: (Salpeter E 251-E 252) Salze der Salpetersäure mit der allg. Formel Me^INO_3. Sie sind die Endprodukte des biologischen Abbaus von organischen Stickstoffverbindungen, wie Eiweiß, Nucleinsäuren. N. sind in Wasser leicht löslich. Sie sind neben Ammoniak die von der Pflanze aufnehmbare und verwertbare Stickstofform, durchschnittl. Nitratgehalte von Gemüsearten s. Tab. Hohe Stickstoffdüngung führt bei einer Reihe von Pflanzen, bes. Ruderalpflanzen (wie Spinat), zu einer hohen Nitratanreicherung. N. sind nicht giftig, aber durch Reduktion des N. entsteht giftiges *Nitrit,* Salz der salpetrigen Säure mit der allg. Formel Me^INO_2, das durch Bildung von Methämoglobin den Sauerstofftransport im Blut behindert. Folgeerscheinungen der Vergiftung sind Übelkeit, Magenbeschwerden, Atemnot; bei Kleinkindern können lebensbedrohliche Zustände auftreten. Ursache von Vergiftungen bei Kleinkindern kann der Genuß von stickstoffüberdüngtem Spinat und Möhren sein, vor allem, wenn diese wieder aufgewärmt wurden. Aufbewahren und Wiederaufwärmen von Resten dieser Gemüsearten für Babykost sind unbedingt zu vermeiden.

Richtwerte für Nitrat in Gemüse in der Bundesrepublik (in mg Nitrat/kg Frischsubstanz)

Spinat	2000 mg
Feldsalat	2500 mg
Kopfsalat (Sommer)	2500 mg
Kopfsalat (Winter)	3500 mg
Radieschen	3000 mg
Rettich	3000 mg
Rote Bete	3000 mg

Nitratgehalte in Gemüsearten

Hohe Nitratgehalte ca. 1000...4000 mg/kg	Mittl. Nitratgehalte ca. 500...1000 mg/kg	Niedrige Nitratgehalte unter 500 mg/kg
Chinakohl	Aubergine	Bohnen, grüne
Endivie	Blumenkohl	Chicorée
Feldsalat	Kohlrabi	Erbsen
Fenchel	Lauch/Porree	Gurken
Grünkohl	Möhren	Kartoffeln
Kopfsalat	Rotkohl	Paprika
Mangold	Sellerie	Rosenkohl
Radies		Tomaten
Rettich		Zwiebeln
Rote Rübe		
Spinat		
Weißkohl		
Wirsing		

Die Nitrite können mit sekundären Aminen (→ biogene Amine) die krebserregenden → *Nitrosamine* und → Nitrosamide bilden (→ Kanzerogene). In Lebensmitteln wird die Nitritbildung hauptsächlich durch Mikroorganismen, im Verdauungstrakt des Menschen durch die Darmflora bewirkt. Nitrite können auch auf chemischem Wege in geöffneten verzinnten Weißblechdosen entstehen. Vermieden werden kann dies, indem übriggebliebene Gemüsespeisen, insbes. Spinatspeisen, nicht aufgehoben (Ausnahme Einfrieren) und wieder aufgewärmt sowie geöffnete Koservendosen sofort geleert werden. Die gleichzeitige Anwesenheit von reichlichen Mengen an Vitamin C in der

Speise verhindert die Nitrosaminbildung im Verdauungstrakt. Die WHO empfiehlt, nicht mehr als 220 mg N./Tag aufzunehmen. Das gesundheitliche Bewertungskriterium ist der ADI-Wert der WHO mit 3,65 mg N. kg KM. In der Trinkwasser-VO ist der tolerierbare Höchstwert für N. mit 50 mg/l festgelegt. Richtwerte des Bundesgesundheitsamtes für Nitrit sowie für Richt- und Grenzwerte für Nitrat in Trink- und Mineralwasser s. Tab.

Richt- und Grenzwerte für Nitrat in Trink- und Mineralwasser (in mg Nitrat pro Liter)

Trinkwasser	Grenzwert Bundesrepublik seit Okt. 1986[1]	50 mg
	Grenzwert EG 2[2]	50 mg
	Richtwert EG 2[2]	25 mg
Natürliches Mineralwasser	keine Regelung	
Quellwasser, Tafelwasser	Grenzwert	50 mg
Mineralwasser und Trinkwasser für Säuglingsnahrung geeignet[3]	Grenzwert Bundesrepublik	10 mg

[1] VO über Trinkwasser und über Wasser für Lebensmittelbetriebe vom 22. Mai 1986

[2] Richtlinie des Rates der Europäischen Gemeinschaft vom 15. Juli 1980 über die Qualität von Wasser für den menschlichen Gebrauch (80/778/EWG)

[3] VO über natürliches Mineralwasser, Quellwasser und Tafelwasser vom 1. August 1984

Salpeter, Kaliumnitrat (KNO_3) und *Natron-* oder *Chilesalpeter, Natriumnitrat* ($NaNO_3$) werden als → Pökelsalz (Umrötungsmittel) für Fleisch und Fleischerzeugnisse verwendet. N. wird auch bei der Käseherstellung verwendet, um die durch Buttersäurebakterien verursachte Gasbildung und die daraus resultierende Verformung der Käselaibe zu unterdrücken. Die Buttersäurebakterien gelangen aus dem Silofutter über die Milch in den Käse und verursachen hier während der Reifephase eine Spätblähung.
In der Käse-VO der BRD sind die Nitrathöchstmengen auf 60 mg/kg Frischkäse begrenzt, und die Anwendung von N. ist auf die Herstellung der Schnittkäsesorten Tilsiter, Gouda, Leerdamer beschränkt. Sie dürfen erst 4 Wochen nach der Herstellung in den Handel gebracht werden. In dieser Zeit reduziert sich das N. in der Regel auf weniger als 4 mg/kg Käse und entweicht als Ammoniak. → Natriumnitrit

Nitratreduktase: → *Enzym* (EC 1.6.6.2), das *Nitrate,* die Salze der Salpetersäure, in die in höherer Konzentration toxisch wirkenden Nitrite, Salze der salpetrigen Säure, überführt. Die N. besteht aus einem Proteid (→ Eiweiß), das Flavin enthält. N. findet sich in Bakterien, Schimmelpilzen und Hefen, aber auch in Pflanzen. Diese Reaktion ist für die *Umrötung* von Rohwurst von Bedeutung. N. ist für die bei Kleinkindern gelegentlich beobachtete Intoxikation durch Spinat mit verantwortlich zu machen, wenn dieser auf mit Nitraten überdüngtem Boden kultiviert und fehlerhaft (Überlagerung, Sekundärinfektion) verarbeitet worden ist. Die Spinat enthaltende → Säuglingsfertignahrung sollte der bes. Kontrolle hinsichtlich des Nitratgehaltes unterliegen, was in zahlreichen Ländern der Fall ist.

Nitrile → Goitrin

Nitrit (E 250) → Nitrat → Natriumnitrit

Nitritpökelsalz → Pökelsalz → Natriumnitrit

p-Nitrobenzoesäure-hydrazid → Stoffe, Lathyrismus auslösende

Nitroliside → Glycoside, cyanogene

1-Nitro-2-phenylethan: Geruchsträger des Zimtaromas der brasilianischen Pflanze *Aníba canellíla* (H. B. K.) Mez. folgender Struktur:

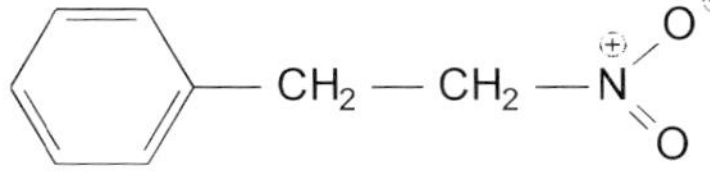

→ Zimtaldehyd → Aníba canelílla

Nitropyrene → Mutagene

Nitrosamide: eine aliphatische Stickstoffverbindung mit der allg. Formel:

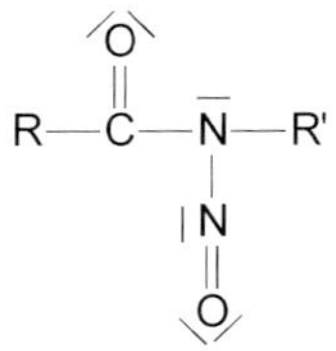

N. sind wie die → Nitrosamine hochwirksame → Kanzerogene und können wie diese sekundär in Lebensmitteln und im sauren Milieu des Magens gebildet werden.

Nitrosamine: organische Verbindungen mit der allg. Formel

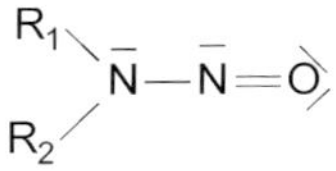

N. sind hochwirksame → Karzinogene und erzeugen nach Verfütterung an Tiere u. a. Leber-, Speiseröhren-, Blasen-, Lungen-, Nierenkrebs. Sie können in Spuren als → Kontaminanten in Lebensmitteln auftreten. Sie bilden sich aus Nitrit (in Pökelwaren u. a.) und natürlich vorkommenden Aminen, Diaminen, Diaminocarbonsäuren bzw. Amiden in Lebensmitteln, aber auch im sauren Milieu des Magens. Die reaktiven Formen der Nitrite sind das Nitrosylkation (Nitrosoniumion $^{+}N{=}O$ und Nitrosylhalogenide. In Fleischwaren werden vor allem *Nitrosodimethylamin,* aber auch *N-Nitrosopiperidin, N-Nitrosopyrrolidin* und *N-Nitrosoprolin* gefunden. Die mittlere tägliche Aufnahme von N. durch den Menschen wird auf 0,1···1,0 µg geschätzt (vgl. Tab.).

Nitrosamingehalte in Lebensmitteln (zusammengestellt aus Analysen versch. Autoren)

Lebensmittel	Gehalt in µg/kg	Art des Nitrosamins
Schinken, roh	30	NDMA
	1,5	NPy
	1,5	NDEA
Schinken, gebacken	1···112	NPy
	1···39	NDMA
	12	NHOPro
Schinken, gebacken, ohne Fett	6···207	NPy
Schinken, geräuchert	1···4	NDMA
Schinken, gekocht	2···28	NHOPro
Schweinefleisch, roh	1···4	NDMA
	1···4	NDEA
Schweinekeule, roh	1···18	NDMA
Fleischkonserven	2···35	NDMA
	2···91	NDEA
	2···105	NPy
Schweineleber, roh	1,5	NPy
	1,5	NDEA
Schweineleber, gekocht	1,1	NPy
Frankfurter Würstchen	11···84	NPy
Wurst, gebraten	13···105	NPy
	50···60	NPi
Salami	1···4	NDMA
Fisch, roh	1···6	NPy
	1···9	NDMA
	1···1,5	NDEA
Fisch, geräuchert und als Konserve	2,5···45	NDMA
Fisch, gesalzen	40···1000	NDMA
Garnelen, getrocknet	1···10	NDMA
versch. Käsesorten	1···4	NDMA
	1,5	DDEA
	1···14	NPy
Sojaöl	4···20	NDMA
Fette, erhitzt	5	NPy
Getränke, alkoholische	0,05···10	NDMA
	0,05···4,8	DDEA
	0,05···2,6	NDPA
Bier	0,05···10	NDMA
	0,05···0,8	NDEA
Wein	0,05···0,6	NDMA

NDMA = Nitrosodimethylamin
NDEA = Nitrosodiethylamin
NOHPro = Nitrosohydroxyprolin
NPy = Nitrosopyrrolidin
NPro = Nitrosoprolin

Zu den Bemühungen um Einschränkung der exogenen und endogenen Nitrosaminbildung gehören: Senkung des Nitrat- und Nitritgehaltes in Fleischwaren, Trinkwasser und Gemüse, Vermeidung N-nitrosierbarer Arzneimittel und der Zusatz von Hemmstoffen der Nitrosaminbildung wie Ascorbinsäure, Ascorbylpalmitat und Tocopherole. Ascorbinsäure reagiert unter Bildung einer ungiftigen Verbindung mit dem Nitrosylkation 230 mal schneller als ein sek. Amin. → Kanzerogene → Nitrate → Nitrosamide → Schadstoffe

N-Nitrosodimethylamin → Nitrosamine

Nitrosohämoglobin → Farbstoffe

Nitrosomyoglobin → Farbstoffe → Natriumnitrit

N-Nitrosopiperidin → Nitrosamine

N-Nitrosoprolin → Nitrosamine

N-Nitrosopyrrolidin → Nitrosamine

Nittabaum → Locustbohne, Afrikanische 2.

Niu rotuna (Metróxylon upoléuse) → Sagopalme

Niva-Käse: in der Tschechischen und Slowakischen Republik aus Kuhmilch und auch aus Schafmilch hergestellter *Blauschimmel-* bzw. *Grünschimmelkäse (tschechoslowakischer Roquefort).* → Käsesorten

Nizzaöl → Olivenöl

No-adverse-effect-level → Lebensmittelzusatzstoffe

Nobben → Fischerzeugnisse

Nobiletin → Flavonoide

Nobiru, *Wasserknoblauch:* eine Zwiebelart, *Állium gráyi* Regel, Syn. *Á. nippónicum* Franch et Sav. (Familie *Liliáceae*), die in China kultiviert, in Japan vorzugsweise als Wildgemüse gesammelt wird, und folgende Zusammensetzung aufweist: 85,4 % Feuchtigkeit, 1,9 % Eiweiß, 0,2 % Fett, 0,73 % Mineralstoffe, 11,8 % Kohlenhydrate und 0,5 % Ballaststoffe. Der Energiewert entspricht 240 kJ (57 kcal).

Nocardien: in der Natur verbreitete Keimgattung, die sporadische Erkrankungen bei fleisch- und milchproduzierenden Tieren hervorrufen kann.

Noisette: ein *Nußlikör,* hergestellt unter Verwendung von Haselnuß-, Walnuß- und Kakaoextrakten sowie Dessertwein. → Likör

Noisetterohmasse → Nugatrohmasse

Noisetterose → Japanrose

Noisetteschokolade → Nugatschokolade → Schokolade

Nokkelost: norwegischer *Hartkäse* aus Kuhmilch mit Gewürzen (45 % F. i. T.). → Käsesorten

Nomilin: ein zu Triterpenoiden zählende Verbindung, die mit dem Limonin verwandt ist, s. Strukturformel.

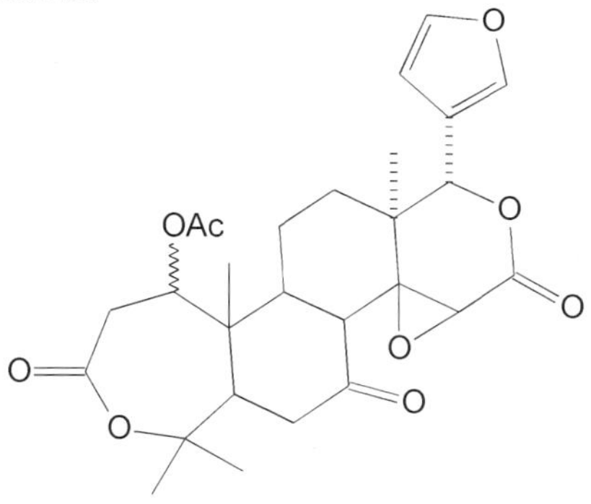

Nonacosanol *(Nonakosanol)* → Fettalkohole

Nonacosanon → Ketone

Nonacosansäure → Fettsäuren

Nonadecansäure → Fettsäuren

Nonadecylresorcinol → 5-n-Alkylresorcinole

n-Nona-2,6-dien-1-al, *Nona-trans-2,cis-6-dien-1-al, Gurkenaldehyd, Veilchenblätteraldehyd:* ungesättigter Aldehyd der Formel CH_3-CH_2-CH=CH-$(CH_2)_2$-CH=CH-CHO.
N. kommt in Veilchenblütenöl, Veilchenblätteröl und in Gurken vor, wo es entscheidend das Aroma

beeinflußt. Es ist eine ölige Flüssigkeit, Kp. $_{1466\ Pa}$ 85···87°C. N. wird in der Parfümindustrie verwendet.

n-Nona-2,6-dien-1-ol, *Gurkenalkohol, Veilchenblätteralkohol:* einwertiger primärer, ungesättigter Alkohol der Formel
CH_3-CH_2-CH=CH-CH_2-CH_2-CH=CH-CH_2OH
wobei in 2- Stellung trans- und in 6-stellung cis-Konfiguration vorliegt. N. kommt in Gurken-, Veilchenblätter- und Veilchenblütenöl vor. Es ist eine farblose, nach Veilchen riechende Flüssigkeit, Kp. $_{1466\ Pa}$ 96···100°C, d_4^{26} 0,8622. Synthetisches N. wird in der Parfümindustrie verwendet. → Alkohole

n-Nonanal → Aldehyde → Alkohole

Nonan-2-on → Ketone

n-Nonansäure → Pelargonsäure → Fettsäuren

Nonnenklosterwurzel, *Indische Sarsaparilla:* das in Indien wildwachsende oder kultivierte Seidenpflanzengewächs *Hemidésmus índicus* (L.) R. Brown (Familie *Asclepiadáceae*), dessen Pflanzenteile, einschl. Latex, vorwiegend medizinisch genutzt werden. Der aus den Wurzeln hergestellte Dicksaft dient zum Aromatisieren.

Nonpareilles: 1. *Streukügelchen:* bunte dragierte Zuckerkörner von etwa 1 mm Durchm., die im Gegensatz zu den → *Liebesperlen* bis zu 20 % Stärkepuder und 1 % Calciumcarbonat enthalten dürfen. Die N. dienen hauptsächlich zum Verzieren von Konditorei- und Süßwaren, wobei sie auf Grund ihres Stärkepudergehaltes ein besseres Aussehen auf fettreichen Oberflächen behalten. → Dragee → Zuckerware
2. → Kapern

Nonulosaminsäuren: eine sich vom D-Mannosamin ableitende, nach Art einer Aldolkondensation mit Brenztraubensäure entstandene Polyoxycarbonsäure mit einem pyranoiden Halbacetalring, s. Grundformel oben.
Je nach Art des Restes R unterscheidet man verschiedene N.. I. allg. trägt die Aminogruppe einen Acetylrest, aber auch eine N-Glycolyl-Gruppie-

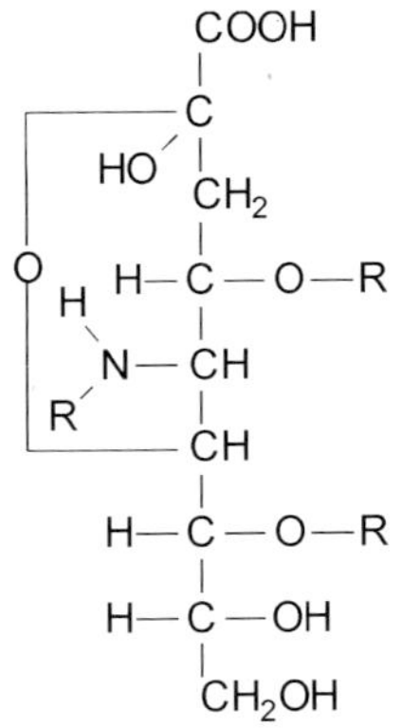

rung wurde nachgewiesen. Zusätzlich können die Hydroxylgruppen am C_4 und C_7 mit Essigsäure verestert sein. Die N. sind am Aufbau sehr vieler Muco- und Lipopolysaccharide beteiligt und finden sich deshalb in tierischen Produkten weit verbreitet und wurden zuerst aus den Submaxillarisdrüsen und später aus Gangliosiden isoliert. Die *N-Acetylneuraminsäure* kommt am häufigsten vor und läßt sich bequem aus Kuhkolostrum gewinnen. → *Neuraminsäure* und *Sialinsäure* (eine acylierte Neuraminsäure) sind u. a. Bestandteile der Mucoproteine und der γ-Globuline des Blutplasmas, des Fibrinogens, des ϰ-Caseins, eines Glycoproteins der Milch, der Lipoproteine des Eigelbs und des Prothrombins.

n-Nonylaldehyd → Aldehyde

n-Nonylalkohol → Alkohole

γ-Nonyllacton → Lactone

n-Nonylsäure → Pelargonsäure

Nootkaton: *Sesquiterpenketon* der Struktur

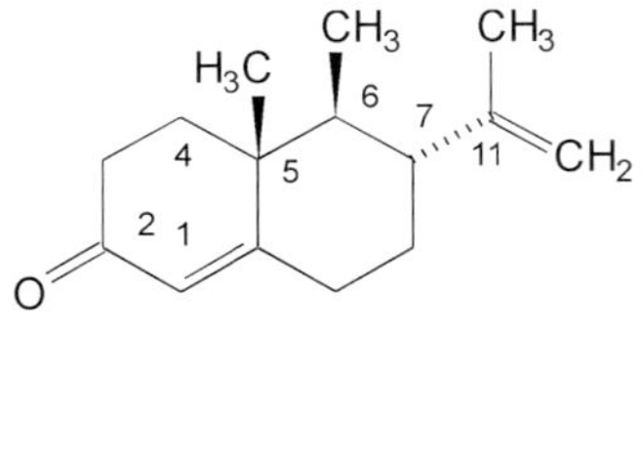

N. ist der essentielle Träger des Grapefruit- und Pampelmusenaromas, es wurde auch im Zitronenöl nachgewiesen. Es entsteht auch aus dem *Valencen,* einer Aromakomponente der Orange, beim Lagern von Orangensaft in unlakkierten Weißblechdosen, worauf die nachteilige Geschmacksveränderung solcher Säfte beruht. N. besitzt einen Geruchsschwellenwert von (+)-N. = 0,001 und (-)-N. = 1,0 mg/l bei 20°C in Wasser. → Terpen-Ketone → Sesquiterpene

Nopalitos → Kaktusbirne

Nopinen → Pinen → Terpen-Kohlenwasserstoffe

Noradrenalin → Phenylalkylamine

Norbadion → Pilzfarbstoffe

Norbixin → Lebensmittelfarbstoffe

Nordhäuser: → Trinkbranntwein mit Geschmackszusätzen. Der Ethanolgehalt beträgt 32 %-Vol.

'Nordhäuser Winterforelle' → Birne → Kernobst

Nordihydrocapsaicin: scharfschmeckender Inhaltsstoff von Paprika, s. Struktur.

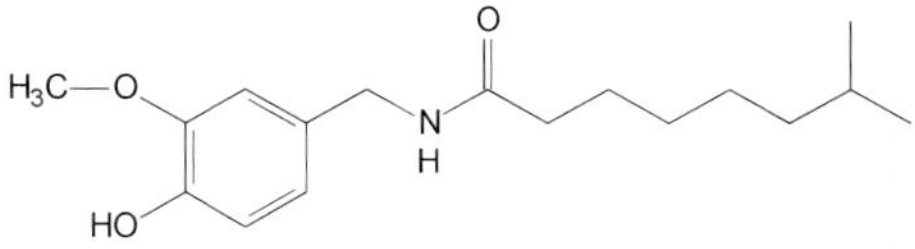

Nordihydroguajaretsäure *(NDAG)* → Antioxydantien

Nordkaper → Wal

Nordseegarnele → Krebstiere

Nordseekrabbe → Krebstiere

Nori: Sammelname für Lebensmittel, die in Japan aus kultivierten *Pórphyra*-Arten (Rotalgen), vorwiegend *Pórphyra ténera* Kjellmann, Familie Bangiáceae, bereitet werden. Das N. wird gekocht zu Reis, Fisch oder Fleisch gegessen. Es ist mineral-, vitamin- und proteinreich. Ähnliche Produkte werden auch in Südost- und Ostasien, in den USA und Europa verwendet. → Algenprodukt → Porphyran

C_{13}-Norisoprenoide: Gruppe von Aromastoffen, die sich von Carotenoiden ableiten. β-Damascenon (s. Formel) kommt z. B. im schwarzem Tee, Kaffee, Tomate, Wein, Bier, Honig, Apfel vor.

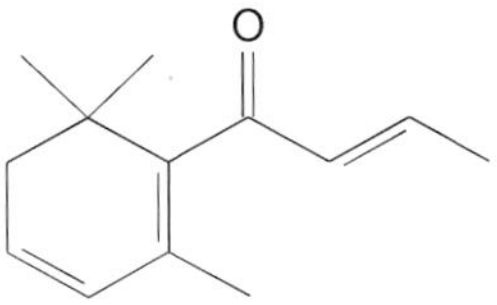

β-Damascenon

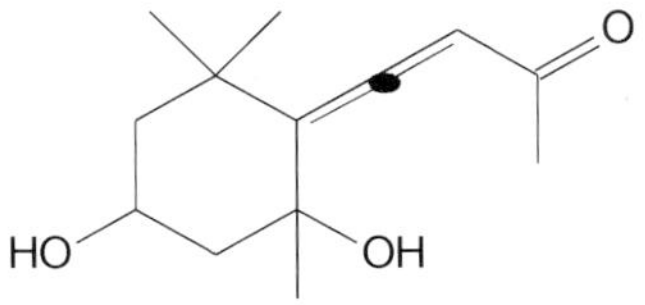

Grashopper Keton

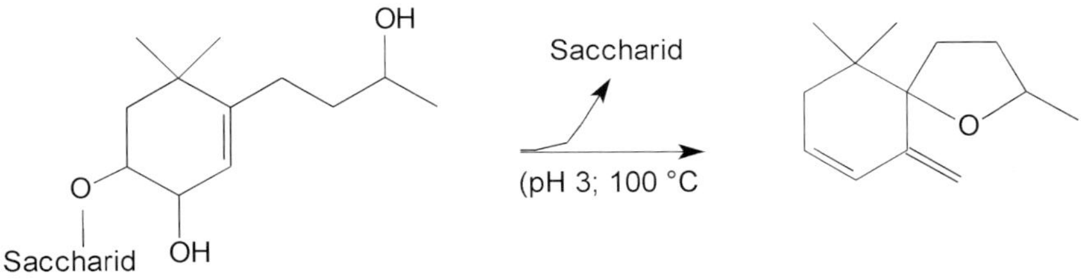

3-Hydroxy,7,8-dihydro-β-ionol

Vitispiran

Hydroxylierte C_{13}-N. (z.B. Grashopper Keton, 3-Hydroxy-β-damascon), die in Pflanzen häufig als Glycoside vorliegen, werden durch enzymatische oder saure Hydrolyse freigesetzt, die das Aroma von erhitztem Saft oder Marmelade prägen. Im Wein bildet sich Vitispiran aus glycosidisch gebundenem 3-Hydroxy-7,8-dihydro-β-ionol. Die Geruchsschwelle des Vitispirans ist mit 800 µg/kg Wein relativ hoch und liegt bei einigen Portweinsorten noch deutlich darüber. Es trägt auch zum typischen Aroma lange auf der Flasche gelagerten Weißweines bei.

Normannaost: norwegischer *Weichkäse* (Blauschimmelkäse). → Käsesorten

Nornicotin → Alkaloide

Norphytan → Pristan

Norpseudoephedrin → Alkaloide

19-Norsteron → Anabolica

Norvegia: norwegischer *Schnittkäse* mit 45% F. i. Tr. → Käsesorten

Notbrot → Dauerbrot

Novel Food → Lebensmittel, neues

Notothénia: Meeresfisch der Familie *Nototheníidae, in der Gestalt den Kabeljauartigen ähnlich.* Die Gattung ist u. a. durch 2 Seitenlinien ausgezeichnet, von denen die untere oft kürzer ist und durch die Mitte der Schwanzwurzel verläuft. Von den 30 meist bodenbewohnenden Arten, die nur in der Antarktis und den unmittelbar angrenzenden Meeresgebieten vorkommen, haben in den letzten Jahren der *Marmor-Polarfisch (N. róssii),* der *Rotbraune N. (N. neglécta)* und *N. squamifrons* wirtschaftliche Bedeutung erlangt.

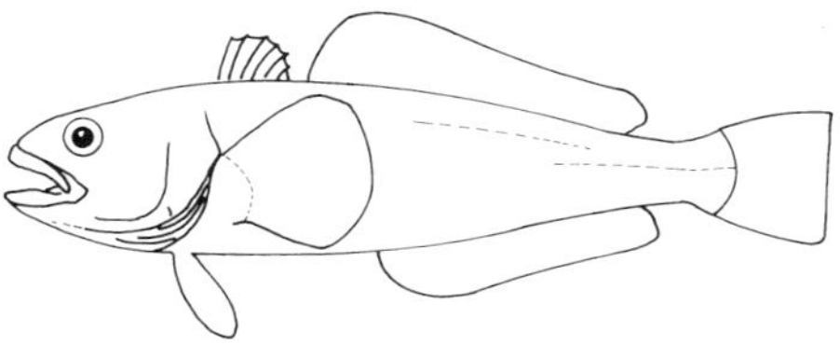

Marmor-Polarfisch

Hauptlängenbereich und Masse variieren zw. 30 cm und 50 cm (etwa 300···1600 g) beim Grünen N. und 30···65 cm (etwa 300···4000 g) beim Marmor-Polarfisch (Maximum 88 cm, 6800 g). Die Hauptfanggebiete liegen südlich der Falkland- und der Kerguelen-Inseln sowie bei Südgeorgien. Die Fangmengen stiegen in den letzten Jahren vorübergehend auf über 100 kt und wurden überwiegend durch die ehem. Sowjetunion erzielt. Nahe verwandt ist der *Zahnfisch* oder *Klykatsch (Dissóstichus eleginóides, D. máwsoni*) von seehechtähnlicher Gestalt, der in geringen Mengen im gleichen Gebiet im Längenbereich von 33···56 cm (Maximum 180 cm bei 70 kg Masse) gefangen wird. N. haben rotbarschähnliches, weiß-gelbliches bis hellgelbes Fleisch von saftiger und recht fester Textur. Bes. *N. róssii* hat im gegarten Zustand eine ausgessprochen feste Fleischbeschaffenheit von herzhaft-saftigem, typischem Geschmack. Nur *N. neglécta* weist bei sonst ähnlichen Eigenschaften eine etwas lockere Textur auf. Der Fettgehalt, er unterliegt jahreszeitlich starken Schwankungen, ist mittel bis hoch (Tab.).

Zusammensetzung und Energiewert des Fleisches von Nothothénia

	Durchschnittlicher Gehalt in g je 100 g		
	N. róssii	*N. gibberifrons*	*Dissóstichus eleginóides*
Eiweiß	12···18	17···19	12···14
Fett	6···24	0,4···4	12···24
Energiewert in kJ (kcal)	440···1240 (105···295)	315···490 (75···117)	670···1160 (160···276)
davon aus			
Eiweiß	51···77	72···81	51···60
Fett	54···217	3···36	108···217
Richtwert für verwertbare Gesamtenergie in kJ (kcal) je 100 g	880 (210)	400 (95)	1000 (240)

Herausragende Fettanteile (über 30 %) werden für *Dissostichus mawsoni* berichtet. Die Fischarten dieser Gruppe sind küchentechnisch in jeder Hinsicht gut verwertbar, bei fester Fleischbeschaffenheit besonders zum Braten geeignet. Der Rogen von *N. róssii* (10···24 % der Körpermasse) ist leuchtend gelb-orange gefärbt und kann hervorragend zur Herstellung kaviarähnlicher Erzeugnisse verwendet werden.

Nototodaródes sloáni → Tintenfisch

Notreife → Getreide → Reife

Notwaffel → Waffelbrot

Nougat → Nugat

Novain → Carnitin

Novovanillin → Ethylvanillin

Nowee → Limabohne

Nswe → Sorghumhirse

Nubialblüten-Tee → Roselle

Nubia-Gin → Busa

Nuciferal: ein Sesquiterpenaldehyd, das in der eßbaren Frucht der Nußeibe (Torrēya nucífera (L.) Sieb. el Zucc.) vorkommt, s. Formel

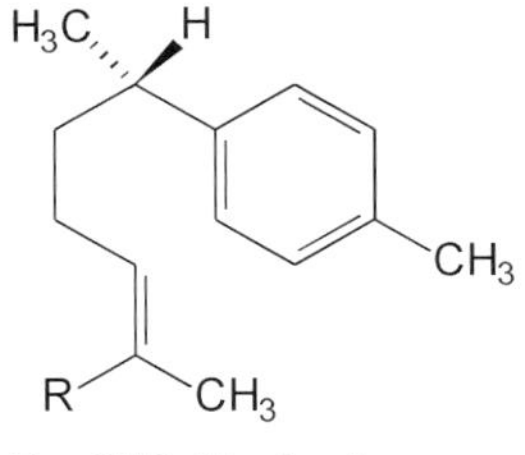

R = CHO, Nuciferal
R = CH_2OH, Nuciferol

Nuciferin, *5,6-Dimethoxyaporphin:* ein giftiges Aporphin-Alkaloid, das in Lotos-Pflanzen (Nelumbo nucifera Gaertn. und N. lútea (Willd.) Pers., → Berberitzen und → Mohn vorkommt, s. Formel rechts oben.
→ Lotos, Indischer, → Lotos, Amerikanischer

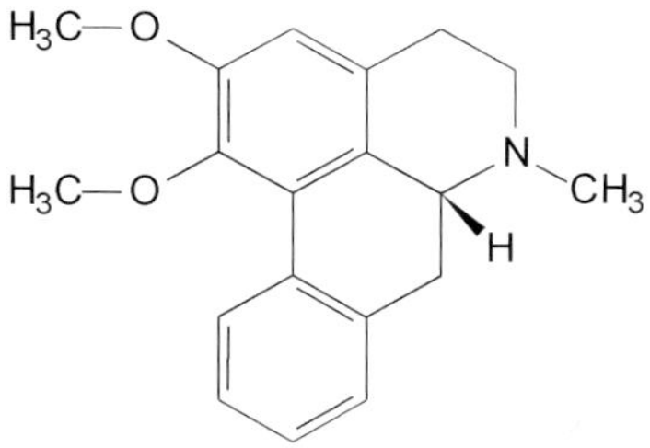

Nucleinsäuren: Gruppe der wichigsten hochmolekularen Stoffe aller Zellen, die aus Nucleotiden aufgebaut sind und die jeweils aus einer heterocyclischen Base, einer Pentose als Kohlenhydrat und Phosphorsäure zusammengesetzt sind. Die Nucleotide sind durch die Phosphorsäure über Phopsphordiesterbrücken miteinander verbunden. Je nach der Kohlenhydratkomponente unterscheidet man *Ribonucleinsäure (RNS)* mit D-Ribose als Kohlenhydrat und *Desoxyribonucleinsäure (DNS)* mit 2-Desoxy-D-ribose als Kohlenhydrat. Die Nucleotide der DNS enthalten als heterocyclische Basen Adenin, Guanin, Cytosin und Thymin. Im Falle der RNS tritt an die Stelle des Thymins das Uracil. – Die DNS dient vorzugsweise der Speicherung der genetischen Information und ist zum allergrößten Teil im Zellkern lokalisiert. – Die RNS, von der drei Haupttypen unterschieden werden, Mesenger-RNS, ribosomales RNS und Transfer-RNS, dient der Übermittlung der genetischen Information an die Orte der Proteinbiosynthese in der Zelle (Ribosomen).
Die mit der Nahrung aufgenommenen N. werden durch spezifische Pankreasenzyme gespalten (Ribonuclease bzw. Desoxyribonuclease), bevor deren Bruchstücke resorbiert werden. Der menschliche Körper ist zur Synthese seiner eigenen verschiedenen N. nicht auf die Zufuhr fremder N. bzw. von deren Bruchstücken angewiesen. Die verschiedenen heterocyclischen Basen werden unter direkter und indirekter Beteiligung von Aminosäuren synthetisiert. → Nucleotide → Aldose-N-glycoside

Nucleoproteide: zusammengesetzte, Nucleinsäuren als prosthetische Gruppe tragende Eiweißstoffe. Die saure Gruppe der Nucleinsäure, die

Phosphorsäure, vermittelt die Bindung mit den meist basischen Proteinkomponenten, bes. → *Provitaminen* und → Histonen. N. kommen vor allem in den Zellkernen vor und sind so an vielen Vorgängen, wie Zellteilung und Biosynthese von Eiweißen, beteiligt. → Eiweiß

Nucleoside → Nucleotide

Nucleosidphosphate → Nucleotide

Nucleotide: niedermolekulare Stoffe mit der makromolekularen *Nucleinsäuren* analogen oder teilw. abgewandelten Grundstruktur: Base-Pentose-Phosphat.

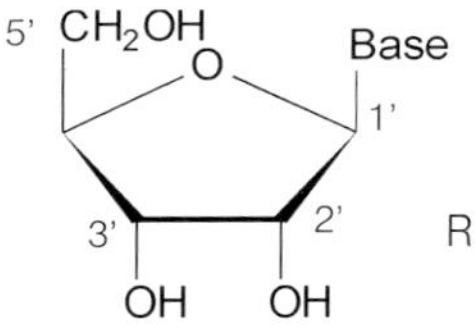

Ribosid

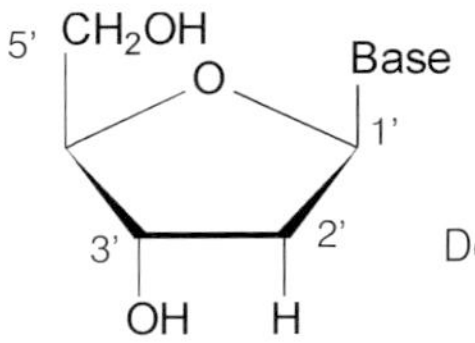

Desoxyribosid

Die phosphatfreie Struktur Base-Pentose heißt *Nuecleosid*; entsprechend der beteiligten Pentose (D-Ribose, *2-Desoxy-D-ribose*) spricht man von *Ribonucleosiden* oder *Desoxyribonucleosiden*. Nucleoside sind Zwischenprodukte der Nucleinsäuresynthese (Übers.).
N. sind Nucleosidphosphate. Bei Ribosiden stehen drei freie Alkoholgruppen in den Positionen 2', 3' und 5' zur Veresterung durch Phosphorsäure zur Verfügung, bei Desoxyribosiden stehen nur die Positionen 3' und 5' zur Verfügung. Bei freien Nucleosiden erfolgt die Veresterung grundsätzlich in Position 5'. Eine freie Alkoholgruppe kann auch durch Di- oder Triphosphorsäure verestert

Nucleotide

Base	Pentose	Nucleosid	Vorkommen der entsprechenden Nucleotide
Pyrimidinbasen:			
→ *Cytosin* 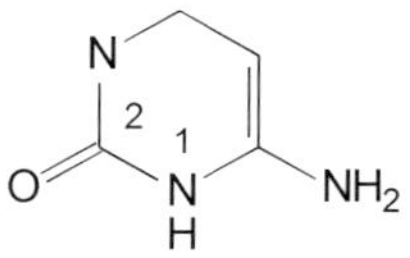	D-Ribose	→ Cytidin (Zytidin, Cytosin-D-ribosid, 3-[β-D-Ribofuranosyl]-cytosin	in allen Arten von Nucleinsäuren
	D-Desoxyribose	→ Cytidin-desoxyribosid (Zytidin-desoxyribosid, 3-[β-D-2-Desoxyribofuranosyl]-Cytosin)	in allen Arten von Nucleinsäuren
→ *Thymin* 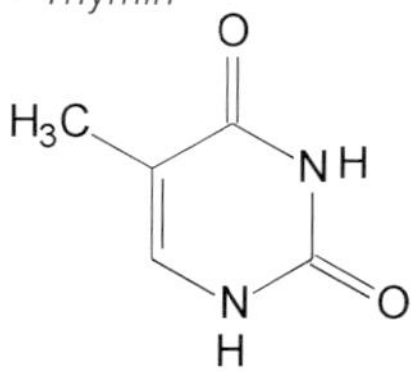	D-Desoxyribose	→ Thymidin (Thymosin, 3-[β-D-2-Desoxyribofuranosyl]-thymin)	fast nur auf Desoxyribonucleinsäuren beschränkt
	D-Ribose	Thymidin-desoxyribosid (Desoxythymidin, 3-[β-D-Ribofuranosyl]-thymin)	in t-RNS (transfer-RNS)

Nucleotide (Forts.)

Base	Pentose	Nucleosid	Vorkommen der entsprechenden Nucleotide
→ *Uracil* 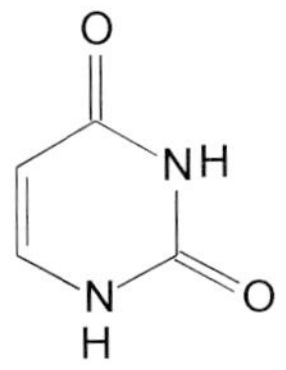	D-Ribose	→ Uridin (Uracil-D-ribosid, 3-[β-D-Ribofuranosyl]-uracil)	den Boten-Ribonucleinsäuren (t-RNS oder in RNS), die Vermittler beim Vorgang der Eiweißsynthese und Überträger der in der DNS enthaltenen genetischen Informationen darstellen
5-Methylcytosin (2-Hydroxy-5-methyl-6-aminopyrimidin) 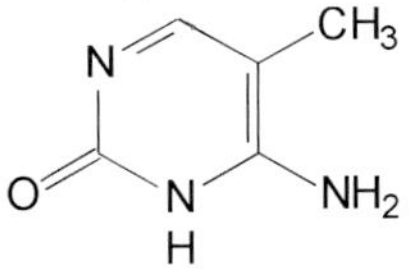	D-Ribose	5-Methylcytidin (5-Methylzytidin, 3-[β-D-Ribofuranosyl] 5-methyl-cytosin)	als Nebenbasen in den Transfer-Ribonucleinsäuren (t-RNS) die Aminosäuren an den Ort der Eiweißsynthese transportieren. Für jede Aminosäure existiert mind. eine spezifische t-RNS
Dihydrouracil (2,4-Dihydroxy-dihydropyrimidin) 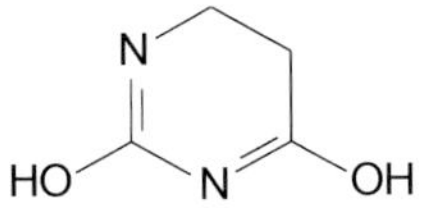	D-Ribose	Dihydrouracilribosid	als Nebenbasen in den Transfer-Ribonucleinsäuren (t-RNS) die Aminosäuren an den Ort der Eiweißsynthese transportieren. Für jede Aminosäure existiert mind. eine spezifische t-RNS
Purinbasen: → *Adenin* (6-Aminopurin) 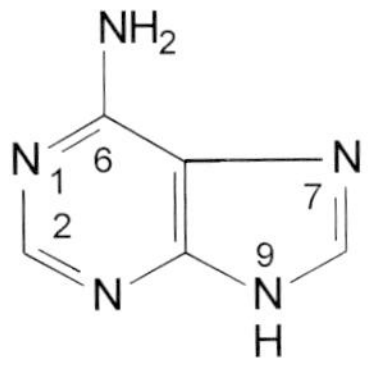	D-Ribose	→ Adenosin (α-β Ribofuranosido-adenin, 9-[β-D-Ribofuranosyl]-adenin)	in allen Arten von Nucleinsäuren
	D-Desoxyribose	Desoxyadenosin (*Adenindesoxyribosid,* 9-[β-D-Desoxyribofuranosyll]-adenin	in allen Arten von Nucleinsäuren

Nucleotide (Forts.)

Base	Pentose	Nucleosid	Vorkommen der entsprechenden Nucleotide
→ *Guanin* (2-Amino-6-hydroxypurin) 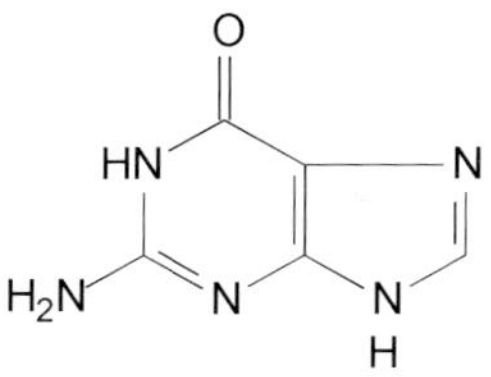	D-Ribose	→ Guanosin *(Vernin,* (9-[β-D-Ribofuranosyl]-guanin)	in allen Arten von Nucleinsäuren
	D-Desoxyribose	Desoxyguanosin (Guanin-desoxyribosid, 9-[β-D-2-Desoxyribofuranosyl]-guanin)	in allen Arten von Nucleinsäuren
Hypoxanthin (6-Hydroxypurin, Sarkin) 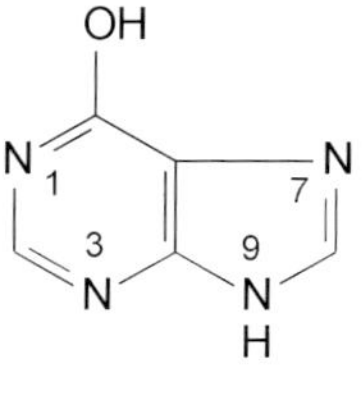	D-Ribose	Inosin	in t-RNS

sein: z.B. Nucleosid-5'-diphosphat bzw. Nucleosid-5'-triphosphat. Ebenso können zwei freie Alkoholgruppen mit zwei Phosphatresten verestert sein: z.B. Nucleosid-3',5'-diphosphat, oder ein Phosphatrest ist gleichzeitig mit zwei freien Alkoholgruppen verestert; z.B. cyclisches Nucleosid-3'-5'-phosphat. Freie N. können 1. als derartige Zwischenprodukte auftreten oder 2. hochspezifische Stoffwechselfunktionen haben. Diese sind von denen der Nucleinsäuren grundsätzlich verschieden. N. mit der Base Adenin nehmen eine zentrale Stellung im Zwischenstoffwechsel ein. Die Hauptvertreter sind das *Adenosin-5'-monophosphat (AMP, Muskeladenylsäure),* das *Adenosin-5'-diphosphat (ADP)* und das *Adenosin-5'-triphosphat (ATP), das zwei Pyrophosphatbindungen hat. ATP* ist der wesentliche Energiespeicher der während der biologischen Oxydation freigesetzten Energie und gleichzeitig unmittelbar oder mittelbar Energieüberträger auf fast alle energieverbrauchenden körpereigenen Stoffwechselvorgänge. Es spielt auch bei der postmortalen Fleischreifung eine Rolle. Die Mono-, Di- und Triphosphate des Guanosins, Uridins und Cytidins sind mit dem Adenylsäuresystem eng verbunden. Sie erfüllen außerdem spezifische Funktionen im Lipoid- und Kohlenhydratstoffwechsel. Das gilt auch für das Adenosin-3'-5'-monocyclophosphat (cyclisches AMP, cyclisches Adenosin-3'-5'-phosphat), wichtiges intrazelluläres Stoffwechselprodukt bei der hormonellen Steuerung durch fast alle Hormone. Zu den freien N. mit bedeutenden Stoffwechselfunktionen, in denen die Nucleotidstruktur teilw. abgewandelt ist, gehören *Nicotinsäure-adenin-dinucleotid* (*NAD*$^+$) (Baustein: Adenosin-5'-phosphat) und *Nicotinsäure-amid-adenin-dinucleotidphosphat* (*NADP*$^+$) (Baustein: Adenosin-2'-5'-diphosphat) sowie *Flavonmononucleotid* (*FMN*) und *Flavin-adenindinucleotid* (*FAD*) (Baustein: Adenosin-5'-phosphat). Diese N. sind wasserstoffübertragende Coenzyme in verschiedenen Stoffwechselreaktionen oder, wie im Falle der Flavinnucleotide, als Wasserstoffüberträger ein Glied der Atmungskette. Eine nucleotidähnliche Substanz ist das *Coenzym A* (*CoA*) (Baustein: Adenosin-3'-5'-diphosphat), das sowohl eine entscheidende Rolle im Stoffwechsel der Fettsäuren spielt als auch einen Knotenpunkt im Endabbau von Kohlenhydraten und einem Teil der Aminosäuren darstellt.

5'-Nucleotide, *5'-Ribonucleotide:* Gruppe von → *Nucleotiden* der Struktur (siehe unten), die als → *Geschmacksverstärker* Bedeutung haben. Strukturelle Vorraussetzungen für die geschmacksverstärkende Wirkung sind eine Purinbase mit einer OH-Gruppe in 6-Stellung, die in 9-Stellung glycosidisch mit einer Ribose in 1'-Stellung verknüpft

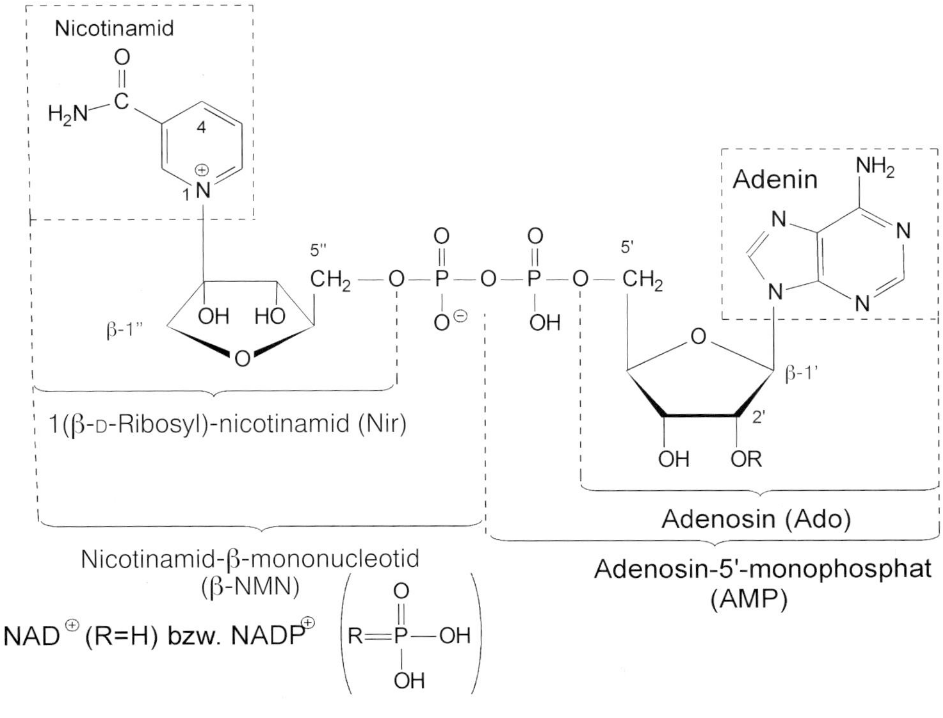

ist, und ein esterartig gebundener Phosphorsäurerest in der 5'-Stellung. Wichtigste Vertreter der 5'-N. sind *Inosin-5'-monophosphat* (X=H) und *Guanosin-5'-monophosphat* (X=NH_2). *Xanthosin-5'-monophosphat* (X=OH) wirkt zwar ebenso wie die entsprechenden Desoxynucleotide geschmacksverstärkend, jedoch haben diese Verbindungen keine praktische Bedeutung erlangt. *Adenosin-5'-monophosphat* (X=H, NH_2 in 6-Stellung) zeigt eine verminderte geschmacksverstärkende Wirkung, die jedoch auf Grund des relativ hohen Gehaltes einiger Lebensmittel an diesem Stoff, z. B. bestimmter Fischarten, noch den Effekt anderer 5'-N. unterstützen kann. 5'-N. sind in Lebensmitteln weit verbreitet. In Fisch und Fleisch findet man bis 0,3 %, wobei den Hauptanteil das Inosin-5'-monophosphat ausmacht, das aus dem ATP-Anbau resultiert und selbst über *Inosin* das zu Hypoxanthin abgebaut wird. Auch in Lebensmitteln pflanzlicher Herkunft kommen 5'-N. vor, davon das Inosin-5'-monophosphat nur selten. 5'-N. haben nur einen schwachen Eigengeschmack, sie haben jedoch analog dem → *Natriumglutamat* eine ausgeprägte geschmacksverstärkende Wirkung in salzigen Speisen, wobei sie insbes. den für Fleischspeisen typischen Geschmack abrunden. Die Geschmacksschwellen in Wasser liegen für das Dinatriumsalz des 5'-Inosinmonophosphats bei 0,012 %, für das entsprechende Salz des Guanosin-5'-monophosphats bei 0,0035 %. Mit dem Natriumglutamat besteht ein wechselseitiger Synergismus, wobei die Glutamatwirkung durch Zusatz von 5'-N. auf das 10- bis 15fache, die Wirkung der 5'-N. durch Zusatz von Natriumglutamat auf das 100fache verstärkt werden können. Aus ökonomischen Gründen werden daher in erster Linie Mischungen von Natriumglutamat und 5'-N. im Verhältnis 95:5 in der Praxis eingesetzt, wobei die Zusatzmenge 0,02···0,75 % beträgt. Die 5'-N. werden dabei in Form der wasserlöslichen Dinatriumsalze verwendet. Gewonnen werden 5'-N. durch Hydrolyse von Ribonucleinsäure aus Hefe oder durch mikrobiologische Synthese. Eine weitere Möglichkeit besteht in der mikrobiologischen Gewinnung von Inosin mit nachfolgender Phosphorylierung auf chemischem Wege.

Nudel, Chinesische → Teigware, glutenfreie

Nudeln: eine → Teigware in Form schmaler oder breiter Bänder. Früher war die Bez. N. mit dem heutigen Sammelbegriff *Teigwaren* identisch, und so wurde z. B. unter *Makkaroni* eine N. in Form weiter Röhren verstanden. Es wird je nach Länge, Dicke und Breite zw. *Fadennudeln* (mind. 15 mm Länge, 0,1 bis 1,1 mm Dicke), *Preßbandnudeln* (mind. 25 mm Länge, bis 1,0 mm Dicke und 2 mm, 4 mm oder 88 mm Breite), *Walzbandnudeln* (mind. 30 mm Länge, bis 2 mm Dicke und 3 mm, 5 mm oder 7 mm Breite), *Krausbandnudeln* (mind. 25 mm Länge) unterschieden; außerdem gibt es *Schnittnudeln* mit 2 mm und 3 mm Breite sowie *Wellenbandnudeln,* die mit den sog. *Krausbandnudeln* identisch sind. Zu den *Figurennudeln* zählen *Buchstaben, Zahlen* und Tiere, die meist zusammen mit Sternchen und Gräupchen als Suppeneinlage verwendet werden. *Drehband-* oder *Spiralnudeln* sind gedrehte, kurzformatige Nudeln, die für Gerichte mit reichlich Soße oder Aufläufe geeignet sind. *Muscheln* sind Suppennudeln in unterschiedlicher Größe. *Schleifchen* sind Suppennudeln in Schleifchenform unterschiedlicher Größe durch Ausstechen von gewälzten Nudeln. *Vermicelli* ist der italienische Ausdruck für Bandnudeln. *Gemüsenudeln* enthalten Extrakte, z. B. aus Spinat, Mohrrüben, Roten Rüben, die den Geschmack und das Aussehen dieser *Spezialnudeln* bestimmen.

Nudinsäure, in versch. höheren Pilzen vorkommende antibiotisch wirksame *7-Cyan-2-hepten-4,6-diinsäure* mit der Struktur

N≡C–C≡C–C≡C–CH=CH–COOH.

Molmasse 145,11 g/mol, bildet farblos Kristalle, F. 179···180°C (Zers.). Träger von N. sind Pilze der Gattungen Clitócybe, Camarophýllus, Lepista und Tricholóma.

Nu-Film: ein → Stärkeester, bei dem die Hydroxylgruppen der Stärke unter Vernetzung teilw. mit Carboxyl- und Sulfonsäuregruppen verestert sind. Der N. gibt in Wasser viskose Lösungen, zeigt aber keine Neigung zum Gelatinieren. Er findet zur

Herstellung von Suspensionen und Emulsionen Verwendung.

Nugat, *Nougat, angewirkter Nugat, Nugatware:* Sammelbez. für verschiedenartige Erzeugnisse aus → *Nugatrohmasse* (mind. 65 %) und Zucker (höchst. 35 %), auch mit anderen zur Süßwarenherstellung geeigneten Stoffen außer Speisefetten. *Wiener Nugat* besteht aus hellen und dunklen Nugatschichten. Der oder das N. wird zur Füllung von *Schokoladen, Pralinen* und *Konditoreiwaren* verwendet und ist auch als Nugatartikel in verschiedener Form mit oder ohne Schokoladendekor beliebt. N. gibt es auch als → diätetisches Lebensmittel in Form von *Diabetiker-Nugat.* → Zuckerware → Süßware → Diabetikerlebensmittel

Nugatbonbon → Bonbon

Nugat, Orientalischer: ein verfeinerter *Türkischer Honig,* der neben Nuß- oder Mandelkernen meist noch geschmacksverbessernde Zusätze, wie Dickzuckerfrüchte, Kakaopulver u. ä. enthält und auch abgeröstet sein kann. Häufig wird der O. N. zwischen Oblaten oder Waffelblättern angerichtet und ganz oder halb mit Schokolade überzogen. → Honig, Türkischer → Schaumzuckerware, Orientalische

Nugatrohmasse: fettreiches, zartes, geschmeidiges Gemenge aus Zucker und bestimmten, zum größten Teil geschälten, in jedem Fall gerösteten oder gebrannten Kernen, meist mit Zusatz von Kakaobestandteilen u. a. zugelassenen Stoffen, wie Milch, Sahne, Butter, Honig, Kaffee, Dickzuckerfrüchte. Bei allen N. darf die Milch-Zucker-Trockenmasse 50 % nicht übersteigen. *Noisetterohmasse* wird aus Haselnüssen mit 6 % Kakaobutterzusatz hergestellt. N. wird zu *Nugat* weiterverarbeitet. Auf Grund des Fettgehaltes ist N. auch bei optimalen Bedingungen nicht unbegrenzt haltbar. → Rohmasse → Ölsamen

Nugatschokolade: eine → Schokolade mit einem Zusatz von Nugatmasse. *Noisetteschokolade* enthält entsprechend Noisettemasse. → Kakaoerzeugnis → Süßware

Nugattörtchen: ein → Dessertstück, das zweimal mit Nugatkrem und Kirscheinlage gefüllt, außen mit Krem eingestrichen, in Schokoladentrüffel gerollt sowie mit einer Kompottkirsche und einem Schokoladenstück garniert ist, die in eine dressierte Kremspirale eingedrückt sind.

Nullapansafett → Owalafett

Numidínae (*Perlhühner*) → Fleischtiere

Nuoc Mam: eine scharfe, klare, braune oder orangegelbe Würzsoße, die in großer Vielfalt, auch kommerziell, in Vietnam, Burma und anderen asiatischen Ländern hergestellt wird. Die Grundsubstanz besteht aus Fischen, Salz und Mehl. Um die Fermentation zu beschleunigen, wird durch Zusatz von Papaya und Ananas, als enzymreiche Früchte, die proteolytische Aktivität von *Aspergíllus orýzae* erhöht. In hohen Gärbottichen aus Holz oder Keramik wird das Fischeiweiß bis zu 15 Wochen der Tropensonne ausgesetzt. Danach wird die Tunke meistens auf Flaschen oder kleine Holzfässer abgezogen oder in Steinkrügen gehandelt, aber auch als Pulver oder Paste auf den Markt gebracht. Die Würzsoße wird zu Reis, Gemüse, Fisch und Fleisch verzehrt. → Fischsoße, fermentierte → Lebensmittel, fermentiertes

Nuß: 1. botanisch einsamiger Fruchttyp in Form einer → Schließfrucht, bei der der Samen von einer holzigen, ledrigen oder häutigen Fruchtwand umschlossen ist (z. B. Haselnuß, Eichel, → Buchecker), der bei ihrer Reife nicht von selbst aufspringt. Eine Sonderform der N., wo Frucht- und Samenschale eng aneinandergepreßt sind, wird als *Karyopse* bezeichnet, wenn es sich um oberständige Grasfrüchte, wie beim → Getreide handelt. Bei unterständigen Früchten, z. B. bei Korbblütlern, wird diese Sonderform der N. als *Achäne* bezeichnet. **2.** handelsübliche Bez. für eßbare Samen, die mit einer festen, trockenen Schale umgeben sind, zu der Obstartengruppe *Schalenobst* (→ Obst) gezählt werden und botan. keine echten Nüsse darstellen. Auch die Bez. Schalenobst umfaßt demzufolge Obstarten, deren Früchte botan. verschiedenen Fruchtarten zuzurechnen sind. So ist Erdnuß eine Hülsen- und damit keine Schließfrucht, die Zirbel- oder Piniennuß ein einseitig geflügelter

Samen, Muskatnuß eine Beere. Wal-, Kokos- und Kaschunuß zählen wie Mandel, Pistazie, Pecannuß zu den Steinfrüchten, einer Unterart der Schließfrucht.
3. Bez., worunter im lebensmittelrechtlichen Sinn nur Hasel- und Walnuß verstanden werden.
4. Bez. für Samenkerne, die auf Grund ihres hohen Fettgehaltes gleichzeitig als → *Ölsamen* bezeichnet werden. Nach ihren Inhaltstoffen werden die N. außerdem eingeteilt in a) N. mit hohem Fettgehalt (Ölsamen), b) N. mit hohem Kohlenhydratgehalt (→ Getreide) und N. mit hohem Eiweißgehalt, die gleichzeitig zur Herstellung eiweißreicher Erzeugnisse (→ pflanzliche Ersatzmilchprodukte) herangezogen werden. Unechte N. liefern außerdem Aromastoffe (Muskatnuß, Sassafrasnuß) oder Coffein (Colanuß).
Bei allen Lebensmitteln, bes. aber bei N. ist darauf zu achten, daß schimmelbefallene und mißgestaltete Früchte ausgesondert werden, da bei solchen äußeren Erscheinungsformen die Gefahr eines Mykotoxingehaltes nahe liegt. Seit Mai 1991 ist eine *Aflatoxinverordnung* in Kraft getreten, die eine drastische Heruntersetzung der Grenzwerte beeinhaltet. Statt bisher 5 Mikrogramm für Aflatoxin B1 und 10 Mikrogramm für die Summe der Aflatoxine B und G, jeweils bezogen auf 1 kg N., gelten nunmehr 2 Mikrogramm für B1 und 4 Mikrogramm für die Summe der Aflatoxine B und G, jeweils bezogen auf 1 kg N. Ebenfalls neu sind die Grenzwerte von 0,05 Mikrogramm für die Aflatoxine B, G (einzeln oder als Summe) und von 0,01 Mikrogramm für Aflatoxin M1 in diätischen Lebensmitteln für Säuglinge und Kleinkinder, jeweils bezogen auf 1 kg Substanz. Diese strengen Regelungen haben eine hohe Sorgfaltspflicht, vor allem der Importeure und Lieferanten zur Folge, indem durch Kontrollen, Sortenwahl, geeignete Sortierung, Verarbeitungs- und Lagermethoden, dieser nachzukommen ist. Auch bei der Beschaffung von Rohmaterial für die Nußmusherstellung haben die Einkäufer auf Zertifikate zu achten, die eine Aflatoxinfreiheit der Chargen bestätigen; bei bes. gefährdeten Erdnüssen wird jede Charge einzeln überprüft. → Kerne → Frucht
5. → Schlachtkörperteilstück

Nußbonbon → Bonbon

Nußbrot → Brot, aromatisiertes

Nüsse, gebrannte → Mandeln, gebrannte

Nußeibe: der in Zentral- und Südchina in mehreren großsamigen Sorten kultivierte Baum, *Torrēya grándis* Fort. (Familie *Taxáceae*), dessen Früchte eßbar sind. Der durchschnittliche Nußertrag je Baum liegt bei 25···30 kg. → Nuciferin

Nußgebäck: eine → Feinbackware, die ähnlich dem → Mandelgebäck in verschiedenster Kombination hergestellt wird.

Nußgras → Erdmandel

Nußkerne → Ölsamen

Nußkiefer → Pinienkern

Nüßlesalat → Feldsalat

Nußmakrone → Makronenmasse

Nußmakronenmasse → Makronendauergebäck

Nuß, Maledivische → Seychellennuß

Nußmargarine → Margarine

Nußmark → Mark

Nußmus → Ölsamen → Mus

Nuß-Nougat-Creme: eine streichfähige Paste aus Nußmus, Milch, Fett und Zucker, die mind. 10 % Nüsse enthalten muß. Bei den meisten Handelserzeugnissen liegt der Haselnußgehalt zw. 10···20 % der Calciumgehalt zw. 53···230 mg je 100 g, der Fettgehalt zw. 30···54 % und der Gehalt an mehrfach ungesättigten Fettsäuren zw. 3···23 g. Auf Grund des hohen Energie- und Zuckergehaltes sind N. für den Dauergebrauch nicht geeignet.

Nußnugatrohmasse → Nugatrohmasse

Nußrohmasse, marzipanähnliche: analog der *Marzipanrohmasse* aus verschiedenen Samenkernen gewonnene Masse. → Mischrohmasse → Rohmasse → Makronenmasse

Nußschinken → Schinken

Nußschokolade: eine → Schokolade mit mind. deutlich wahrnehmbaren Haselnuß- oder Walnußstücken. Gleiches gilt für *Mandelschokolade, Mandel-Nuß-Schokolade, Paranußschokolade, Erdnußschokolade* und *Kaschuschokolade.* → Kakaoerzeugnis → Süßware

Nuß, Syrische → Pistazie, Echte

Nußtörtchen: ein Konditoreierzeugnis aus Nußmasse mit 4···5 cm Durchm., das nach dem Backen (in Förmchen) aufgeschnitten und mit weicher Masse aus gerösteten Haselnüssen, Rumläuterzucker und Krokantbröseln gefüllt, danach wieder zusammengesetzt und mit weißem Fondant überzogen wird. Auf der Oberfläche wird eine halbierte Walnuß oder Haselnuß eingedrückt. → Dessertstück

Nutrasweet® → Aspartam

Nutria, *Sumpfbiber:* Nagetierart. N. werden hauptsächlich zur Fellgewinnung gezüchtet. Das Sumpfbiberfleisch kann als Lebensmittel Verwendung finden. Eine lebensmittelhygienische Untersuchung ist angezeigt.

Nutzpflanze, transgene, *transgene Nahrungspflanze, transgene Pflanze, gentechnisch modifizierte Nutzpflanze, gentechnisch veränderte Nutzpflanze, biogenetisch veränderte Nutzpflanze:* durch gentechnologische, bzw. biotechnologische (molekulare und zellbiologische) Verfahren veränderte N.. Nach Auffassung der US-amerikanischen Nationalen Akademie der Wissenschaften 1992 unterscheiden sich die t. N. in Zielsetzung und Risiko nicht wesentlich von den nach herkömmlichen Züchtungsverfahren veränderten Pflanzen. In beiden Fällen wird fremde DNA (= Erbsubstanz) einer Pflanze in das Genom einer anderen übertragen. Mit den bisherigen Methoden war es aber nur möglich, Kreuzungen zw. Pflanzen derselben Art vorzunehmen. Demgegenüber macht es die Gentechnologie möglich, Kreuzungen auch zw. nicht verwandten Arten durch DNA-Rekombination durchzuführen. Dadurch eröffnen sich dem Züchter erheblich größere Möglichkeiten an austauschbaren Merkmalen zur gewollten Umformung von Nahrungspflanzen.
Zu den erweiterten und wirtschaftlich attraktiven Zielen der Modifizierung von Nahrungspflanzen zählen z. B. a) höhere Frostresistenz; von Interesse z. B. bei Erdbeeren, b) erhöhte mechanische Stabilität gegen Transport- und Lagerschäden; von Interesse z.B. bei Tomaten, Kartoffeln, Gurken. c) Veränderung bestimmter Inhaltssoffe; von Interesse z.B. zur Eiweißaufwertung die durch Gentransfer von Hülsenfruchteiweiß auf Getreide und umgekehrt oder z.B. von Phaseolin (Bohnenvorratseiweiß) oder Zein (Maiseiweiß) auf Sonnenblumen gelungen ist d) Verzögerung der Reife (bislang müssen sehr viele Früchte unreif geerntet werden, um sie in haltbarer Form vermarkten zu können, was insbes. Aroma- und Geschmackseinbußen zur Folge hat) entweder durch Reduzierung des für das Weichwerden verantwortlichen Enzyms, insbes. Polygalacturonidase oder durch Einschleusen eines Gens, daß die Produktion eines Enzyms veranlaßt, daß die Vorläuferverbindungen des Reifehormons Ethen abbaut. e) Steigerung der Herbizidresistenz; um Unkräuter mit bewährten Breitband-Herbiziden bekämpfen zu können, ohne die Nutzpflanze dabei zu schädigen. Bisher gibt es z. B. den *transgenen Raps* (auch *Designer-Raps* genannt), der Herbizidanwendungen gegen Konkurrenzkräuter auf diese Weise gut übersteht. f) Schutz vor Insektenbefall; bisher mit Erfolg bei Kartoffeln, Tomaten und Tabak angewendet, indem Gene für Insektentoxine aus *Bazillus thuringiensis* in die Pflanzen eingebracht werden. Das in Kristallen vorliegende Genprotein ist toxisch nur für Larven, von Käfern, Fliegen, Motten, nicht aber für andere Insekten, höhere Tiere und Menschen. g) Resistenzerzeugung gegen durch Viren und Bakterien ausgelöste Krankheiten; inzw. gelungen bei Zuckerrübe und Kakao. h) Modifizierung bestimmter Eigenschaften für die Weiterverarbeitung der pflanzlichen Rohware (*maßgeschneiderte Pflanzen, auch Designerpflanzen* genannt), um sie ihrer industriellen Verarbeitung, bzw. wirtschaftlichen Nutzung besser anpassen zu können. Inzw. gibt es *koffeinfreie Kaffeebohnen,* die zur Herstellung koffeinfreien Kaffees nicht

eines Extraktionsverfahrens zum Koffeinentzug bedürfen, oder den sog. *Doppel-Null-Raps* mit stark erniedrigtem Isothiocyanatgehalt. Künftig soll für die Lebensmittelindustrie Rohware erzeugt werden, die den Anforderungen der Technologie und Ernährungsphysiologie in erhöhtem Maße Rechnung trägt. In der angels. Lit. wurde hierzu der Begriff "Customs-Designed Crops" geprägt.

Zu weiteren Zielen gehören die gentechnische Erzeugung von Zusatzstoffen, wie z.B. Enzyme für die Backmittelindustrie, Vitamine, Aminosäuren, Aroma- und Geschmacksstoffe. Auch biogenetisch modifizierte Gärungsorganismen werden in großem Umfang entwickelt, wie die sog. *transgene Hefe* für die Brot- und Bierherstellung. Selbst bei Biolebensmitteln dürfen (gem. EG-Bioverordnung 1993) gentechnisch veränderte Hefen eingesetzt werden.

Bisher ließen sich in der Züchtungspraxis nur Merkmale abändern, die auf drei bis höchstens fünf Genen beruhten. Die ersten t. N. wurden 1982 entwickelt. Seitdem gibt es bereits über 50 gentechnisch erfolgreich veränderte Pflanzenarten (s. Tab.).

Transgene Pflanzen

Apfel	Luzerne	Sellerie
Aubergine	Mais	Sojabohne
Baumwolle	Meerrettich	Sonnenblume
Blumenkohl	Mohrrübe	Spargel
Brokkoli	Papaya	Süßkartoffel
Erbse	Pappel	Tabak
Erdbeere	Pfeffer	Tomate
Fichte	Pflaume	Walnuß
Flachs	Preiselbeerenart	Weintraube
Gurke	Raps	Weizen
Himbeere	Reis	Zuckermelone
Kartoffel	Roggen	Zuckerrohr
Kiwi	Salat	Zuckerrübe
Kohl		

Bei der Gentechnik lassen sich 2 Methoden zur Genübertragung unterscheiden: a) entweder Bakterien (z.B. *Agrobacterium tumefaciens*) als Genfähre benutzt oder, da das Agrobacterium nicht alle Pflanzen zu infizieren vermag, wird zum Einschleusen b) eine DNA-Partikelpistole benutzt. Dabei werden DNA-beschichtete Metallkügelchen in Pflanzenteile katapultiert. In beiden Fällen wird fremde DNA in die pflanzlichen Chromosomen eingebaut und bei anschließender Zellteilung vervielfältigt.

Da die Pflanzenzellen zu jeder Differenzierung fähig sind, können aus einer einzigen Zelle – auch aus einer gentechnisch manipulierten, über Explantat (auf Kulturmedien übertragene Gewebestücke) fortpflanzungsfähige Pflanzen entwickelt werden, so daß schließlich gentechnisch veränderte Pflanzen über Saatgut dem Landbau zur Verfügung gestellt werden können.

Biogenetisch verändertes Gemüse und Obst bedarf in den USA keiner bes. Kennzeichnung, so daß dort seit 1993 süße Tomaten, Paprika mit längerer Frische gehandelt und trockenresistente Getreidearten sowie insektensichere Baumwollpflanzen angebaut werden. In Deutschland liegen z. Zt. noch keine Genehmigungen für den Handel mit biogenetisch modifiziertem Gemüse und Obst vor. → Gen-Lebensmittel → Designerpflanze → Nutztier, transgenes

Nutztier, transgenes, *transgenes Nutztier:* durch gentechnologische bzw. biotechnologische Verfahren verändertes Nutztier. Dabei handelt es sich um die Übertragung einer fremden Erbsubstanz von einem Tier in das Genom eines anderen. Es wird von einem Spenderorganismus ausgegangen, der die gewünschte Eigenschaft besitzt, das entsprechende Gen identifiziert, isoliert, in den Empfängerorganismus überführt und dort zur Expression bringt. Dazu wird das Gen, dessen stofflicher Träger der Erbinformation die DNS (englisch DNA) ist, isoliert. Die hochmolekulare Spender-DNA wird durch spezifisch wirkende Restriktionsenzyme (Endonukleasen) in kleinere Fragmente zerlegt und diese mittels einer sog. Fähre, auch Vektor genannt, in die Empfängerzelle eingeschleust. Bei Bakterien werden solche Vektoren als Plasmide bezeichnet. Das rekombinierte Plasmid wird von der Zelle aufgenommen und kann der Zelle eine neue Erbinformation verlei-

hen. Dieser skizzenhaft umrissene Ablauf genetischer Manipulationen ermöglicht die Verleihung gewollter Eigenschaften wie z.B. Tiere mit einer erhöhten Leistung, einem verbesserten Gesundheitszustand, einem geringeren hygienischen Risiko und einer verbesserten ökologischen Anpassung. Die Landwirtschaft könnte von vornherein eine „Rohware" produzieren, die den Anforderungen der Verarbeitung bzw. der Ernährungsphysiologie mehr als bisher Rechnung trägt. Nach dem gegenwärtigen Stand der Kenntnisse erfolgt die Gewinnung von t. N. überwiegend durch sog. Mikroinjektion. Darunter ist die Isolierung befruchteter Eier zu verstehen, in die eine Mikroinjektion von erwünschten Genen in den männlichen Vorkern erfolgt. Diese werden noch im frühen Embryonalstadium in ein pseudoträchtiges Muttertier (Amme) übertragen. Nach der Geburt der Nachkommen werden somatische Gewebeproben (Zellen, die mit der geschlechtlichen Fortpflanzung nicht zusammenhängen) entnommen, um in diesen Zellen das eingepflanzte Gen nachzuweisen. Die Methode wurde am Schwein, Schaf, Rind, Ziege und Kaninchen erprobt, hat sich bisher noch nicht effizient genug erwiesen, so daß mit t. N. in absehbarer Zeit nicht gerechnet werden muß.
Mit t. N. und deren Freisetzung werden aus verschiedenen Beweggründen potentielle Risiken verknüpft, wie die Beeinflussung des vorhandenen Ökosystems und deren Rückwirkung auf die menschliche Gesundheit, mögliche abträgliche Effekte (Toxizität) u. a. Sie machen das Gesamtgebiet der t. N. im besonderen Maße problematisch. → Nutzpflanze, transgene

Nyctanthin → Farbstoffe

Nymphāēa caerúlea → Wasserpflanzenrhizom

Nymphāēa lótos → Lotos → Wasserpflanzenrhizom → Bado

Nymphāēa maculáta → Wasserpflanzenrhizom

Nymphoídes brevipedicelláta → Wasserpflanzenrhizom

Nýpa frúticans → Nipapalme

Nystatin: eine gegen Pilze wirksames *Antibiotikum* aus *Streptomýces nōūrsei* Brown, Hazen et Mason. Es wird in der Human- und Veterinärmedizin zur Bekämpfung von Pilzkrankheiten eingesetzt; als Lebensmittelzusatzstoff (→ Konservierungsstoffe) wird N. nicht verwendet. In Lebensmitteln tierischer Herkunft können Rückstände an N. durch vorangegangene Verabreichung von N. an Nutztiere auftreten. → Antibiotica

Obacunon: Triterpen, das eine Vorstufe des *Limonins* darstellt (s. Formel unten).

Oberflächenbehandlungsmittel: Substanzen, die die Oberfläche eines Lebensmittels gezielt verändern. O. werden z. B. als → Überzugsmittel → Rieselhilfsmittel und → Schaumverhütungsmittel eingesetzt.

Oberkohlrübe → Kohlrabi

Oberländerbrot → Bauernbrot

Obers: (österreich.) Bez. für → Sahne.

Oberschale → Tierkörperteilstücke

Oblate: 1. *Oblatenblatt, Eßpapier:* eine dünne, blatt-, bzw. pergamentartige, rein weißfarbene Dauerbackware, die als Unterlage oder Bestandteil von Gebäck Verwendung findet. Die O. wird aus ungegorenem, ungesäuertem, ungesüßtem, dünnflüssigem Teig (helles Getreidemehl) zw. erhitzten Flächen hergestellt und weist im Vergleich zur *Waffel* keine wabenähnliche Struktur auf. Die Bez. O. kommt vom althochdtsch. *oblate,* das vom lat. *oblata (Entgegengebrachte* bzw. *Hostie)* abgeleitet ist. In christlichen Kirchen bilden kleine weiße O. das *Abendmahlsbrot.* Es wird zw. ungefüllten, den sog. *Back-* oder *Tafeloblaten,* und gefüllten O. unterschieden, die meist in Verbindung mit einer Ortsangabe bezeichnet werden. Die *Karlsbader O.* werden aus Mehl, Eigelb und Milch mit typischer Prägung gebacken, danach werden je 2 Blätter mit heißer Butter bestrichen, Zimtzukker eingestreut und beide Teile zusammengeklebt oder im Apparat zusammengebacken. Es werden auch Nugatfüllungen, Füllungen aus Fett, Zucker und zerkleinerten Mandeln, Haselnuß- oder Kaschukernen verwendet und O. mit allseitigem Kuvertüreüberzug hergestellt. Der Füllungsanteil muß stets 15 % betragen. *Pischinger* Erzeugnisse sind aus mehreren Oblatenblättern, mind. 2 Schichten mit Nuß- oder Kaschunugatfüllung, eine zusammengesetzte Dauerbackware mit mind. 15 % allseitigem Schokoladen-Tunkmasseüberzug. Für die Haltbarkeit von O. gelten die gleichen Bedingungen wie bei → Waffeln.

Oblate, Karlsbader → Oblate

Obst: eßbare Früchte von mehrjährigen, meist in Kultur genommenen Gewächsen. Der Begriff O. wird vom Althochdtsch. «ob - az» = die Speise, die über das Essen (azen) hinausgeht, abgeleitet und bedeutet «Zukost». Das O. hat schon in vorgeschichtlicher Zeit Bedeutung für die menschliche Ernährung gehabt, davon zeugen Funde in den Pfahlbauten der Jungsteinzeit. Die damaligen Wildformen wurden allmählich zu Kulturformen des O. entwickelt und durch Einführung weiterer Obstarten aus südlichen Ländern ergänzt. Neben dem *Kulturobst* werden auch *Wildfrüchte,* wie *Heidelbeere, Hagebutte, Sanddornbeere u. a.,* verwertet. Obstarten aus wärmeren Ländern werden als → *Südfrüchte* bezeichnet. O. wird geglie-

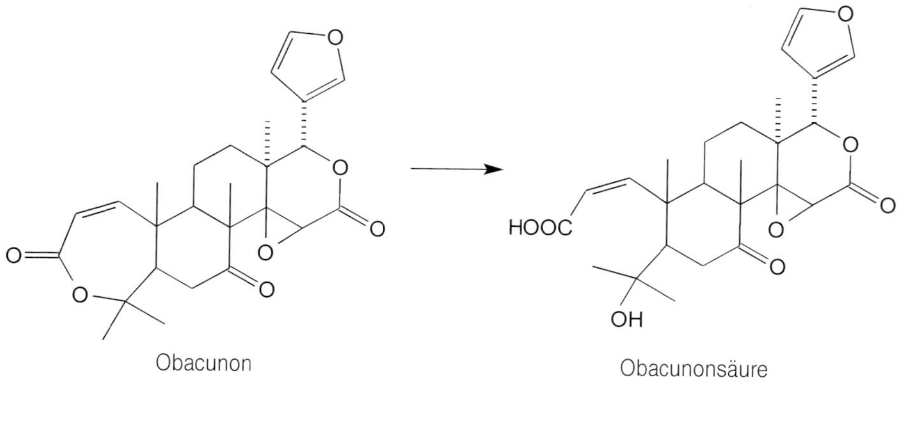

Obacunon Obacunonsäure

dert in → *Kern-, Stein-, Beeren-* und *Schalenobst.* Nach Güte und Verwendung unterscheidet man → *Tafelobst,* das vorwiegend für den Frischverzehr, und *Wirtschaftsobst,* das in verarbeitetem Zustand verwendet wird, nach der Beschaffenheit des Fruchtfleisches *Weichobst* (Beerenobst, Steinobst, Frühäpfel und Frühbirnen) und *Hartobst* (erst nach Lagerung genußreifes Kernobst). Einteilung des O. nach der Reifezeit (s. Übers.).

Einteilung des Obstes nach der Reifezeit

Bezeichnung	Lagerfähigkeit	Genußreife
Früh- oder Sommerobst	gering, früheste Sorten nur wenige Tage	sofort nach der Ernte oder nach kurzer Lagerzeit, je nach Sorte bis spätestens Ende September
Herbstsorten	etwa 2 bis 3 Wochen nach der Ernte	je nach Sorte bis etwa Mitte November
Winterobst	mehrere Monate	bis über Ende März hinaus
Dauerobst	mehrere Monate	bis über Ende März hinaus

O. wird für die Marktversorgung in Großpflanzungen, für die Selbstversorgung in Gärten erzeugt. Im modernen Obstbau wird als Baumform der Niederstamm bevorzugt. Bei O. unterscheidet man folgende Reifestadien: *Baum-* oder *Pflückreife* sowie *Genuß-* bzw. *Mundreife.* Die Baum- oder Pflückreife wird in der Regel als Erntetermin verwendet. In diesem Stadium sind die Früchte bei Steinobst genußreif, so daß hier Pflückreife und Genußreife zusammenfallen. Bei Kernobst gibt es frühe Sorten, wo die Zeitspanne zw. *Pflück-* und *Genußreife* nur einige Tage dauert, bei mittelfrühen Sorten beträgt die Phase zw. beiden Reifestadien einige Wochen und bei Winter- oder Dauersorten mehrere Monate (Übers.). Die Dauer der Reifephasen, womit zugleich die Haltbarkeit der Früchte zusammenhängt, ist vor allem temperatur-, sorten- und arttypisch. Für den Transport wird meistens unreif geerntet, und dann läßt man nachreifen (z. B. Bananen). Für die Kühllagerung wird baum- bzw. plückreifes O. verwendet, wenn es sich um eine Langzeitlagerung handelt. Die vollkommene Reife ist bei O. eine wichtige Beschaffenheitsanforderung. Erst in der reifen Frucht sind die Inhaltsstoffe in optimalem Maße vorhanden: Zukker-Säure-Verhältnis, Aromaspektrum und Konsistenz weisen die optimale *Genuß-* bzw. *Mundreife* auf. Im unreifen O. ist der Stärkegehalt noch nicht richtig abgebaut, Säure- und Gerbstoffgehalt überwiegen und ergeben den einseitigen *Grüngeschmack,* weil Zucker und Aromastoffe fehlen. Im *überreifen* Stadium häufen sich Atmungs- und Stoffwechselprodukte in der Frucht immer mehr an, es kommt zu unerwünschten Veränderungen der Konsistenz und die erwünschten Stoffe, wie Zucker, Säuren, Vitamine, Farb- und Aromastoffe bzw. deren harmonisches Zusammenspiel nehmen immer schneller ab. Jede Kernobstsorte zeigt im Zustand optimaler Reife eine charakteristische Ausfärbung und Gewebebeschaffenheit. So hat z. B. die Apfelsorte 'Golden Delicious' nur im Zustand goldgelber Ausfärbung, bei einem Fruchtdurchm. von 65 mm an aufwärts, sowie saftigknackiger Fruchtfleischbeschaffenheit ihre vollkommene Genußreife. Das Angebot von grünfarbigen, blaßgrünen oder wäßriggelbfarbenen Früchten hat dem Ansehen dieser Apfelsorte sehr geschadet. Bei einigen Obstarten, wie Pfirsich, Pflaume, Stachelbeere, Birne wird zw. *Hartreife* und Genußreife (= *Vollreife*) unterschieden. In der Regel werden diese Früchte für die industrielle Verwertung (z. B. grünharte Stachelbeeren für die Pektingewinnung oder für Sterilkonservenware) oder wegen ihrer Fruchtfleischempfindlichkeit aus Transportgründen *hartreif* geerntet. Nicht jede Obstart erreicht durch Nachreifen, insbes. dann, wenn sie auf dem Transport beschädigt oder im unreifen Stadium geerntet wurde, ihr volles Aromaspektrum. Auch im Zuckergehalt lassen z. B. verschiedene Südfrüchte zu wünschen übrig. Zumal der Nachreifevorgang einer Steuerung bedarf und nicht dem Zufall überlassen bleiben darf. (→ Reife).

O. ist im trockenem Zustand zu ernten. *Lagerobst* erfordert sorgfältige Behandlung bei der Ernte und beim Transport, da Druckstellen und Beschädigungen die Haltbarkeit vermindern. Maschinell geerntetes O. ist vorwiegend für die industrielle Verarbeitung bestimmt. Zur Sicherung der Obstversorgung für einen längeren Zeitraum dient die *Obstlagerung*. Kurzfristige Lagerung von Weichobst kann im Haushalt in einem kühlen Raum, im Kühlschrank oder dgl. erfolgen, in Großbetrieben in speziellen Lagerräumen oder auf Leichtkühlflächen. Hartobst (Winter- und Dauersorten von Apfel und Birne), wird in Speziallageräumen, Kühlhäusern oder Gaskühllagerräumen eingelagert. Im Haushalt wird das O. in kühlen, durchlüftbaren Räumen, bes. in Kellerräumen, aufbewahrt. Kleine Mengen von O. können auch in Folienbeuteln aufbewahrt werden. Günstige Lagertemperatur 4···6°C, günstige rel. Luftfeuchte 80···90%. O. dient zum Frischverzehr und zur Herstellung von Dauerwaren.
Der Apfel ist das meistverzehrteste Obst in Deutschland. Der jährliche Pro-Kopf-Verbrauch liegt bei etwa 30···40 kg, je nach Ernte und Angebot. Davon wird die Hälfte als frisches Tafelobst verzehrt. Der Verbrauch aus Haus- und Kleingartenanlagen läßt sich nicht schätzen. Zur Herstellung von → Oststerilkonserven werden vorwiegend Früchte guter Qualität verwendet. Leicht verderbliche, aber auch fehlerhafte Früchte sowie Ernteüberschüsse, die nicht kurzfristig frisch verzehrt werden können, lassen sich zu *Konfitüre* → Marmelade → Obstgelee → Fruchtmus → Fruchtsaft → Fruchtsüßmost → Fruchtsirup → Dickzuckerfrüchten und → Obstwein verarbeiten. Zur Überbrückung von Arbeitsspitzen in der Verarbeitungsindustrie werden beträchtliche Obstmengen in der Zeit des Fruchtanfalles zu Halbfabrikaten, wie Fruchtrohsäfte → Fruchtsaftkonzentrate, → Obstpulpe oder → Obstmark verarbeitet. Diese werden durch Sterilisation (Pasteurisieren), im Gefrierverfahren, mittels Entkeimungsfiltern bei Fruchtsäften, durch Einzuckern, Essig-und Alkoholkonservierung und Trocknungsverfahren haltbar gemacht. O. hat hohen gesundheitlichen Wert durch den Gehalt an organisch gebundenen Mineralsalzen, Fruchtsäuren, Frucht-, Trauben- und Rohrzucker, an Ballast-, Farb-, Geruchs- und Geschmacksstoffen. Die Inhaltstoffe einiger wichtiger Obstarten und Verarbeitungsprodukte s. die zu der jeweiligen Obstart bzw. dem Verarbeitungsprodukt gehörige Tab. Der Wert des Obstes ist bei Frischverzehr am höchsten.

Obstbanane → Banane

Obstbrand: → Edelbrand aus Steinobst, Kernobst oder Beeren. Zur Herstellung sind ausschl. die vergorenen Früchte bzw. Säfte ohne Zusatz von zukkerhaltigen Stoffen, Zucker oder Alkohol anderer Art zu verwenden. Zu O. werden bes. zuckerreiche Früchte verarbeitet, z.B. Zwetschgen, Kirschen, Mirabellen, Pfirsiche, Pflaumen, Schlehen, Äpfel, Birnen, Brombeeren, Erdbeeren, Heidelbeeren, Himbeeren, Holunderbeeren, Johannisbeeren, Ebereschenbeeren. Die O. werden unter Angabe der verarbeiteten Obstart als «-wasser» oder «-brand» bezeichnet, z.B. → *Kirschwasser, Kirschbrand, Zwetschgenwasser, Zwetschgenbrand.* Kirschwasser wird ausschließlich aus der vollen, vergorenen Frucht (ohne Stiel und nur mit einem geringen Kernanteil) durch Destillation hergestellt. Andere Zusätze, wie Zucker sind nicht erlaubt. Beim *Schwarzwälder Kirschwasser* müssen die Kirschen aus dem Schwarzwald und seines genau abgegrenzten Vorlandes stammen. Kirschwasser muß längere Zeit in Edelholzfässern lagern, um die erforderliche → Reife zu bekommen. Der Mindestethanolgehalt beträgt 37,5%-Vol., bei Schwarzwälder Kirschwasser 40%-Vol.. Zu den O. zählt auch *Slibowitz (Slivowitz, Sliwowitz).* Diese Bez. darf auch ein in der EG hergestellter *Pflaumenbrand* tragen. Als Mutterland des Slibowitz ist das ehem. Jugoslawien anzusehen. Die Bez. leitet sich ab vom serb. *sliva, das Pflaume bedeutet.*
Um die Bildung von Ethylcarbamat (→ Urethan) in Steinobstdestillaten auszuschließen, sollten Steinzertrümmerungen vermieden werden. Der O., insbes. das Kirschwasser, gehört neben den Erzeugnissen der Korn- und Weinbrennerei zu den hochwertigsten Spirituosen. O. werden bisweilen als Verfeinerungsmittel verschiedenen Likören zugesetzt.

Obstbrei: → Säuglingsfertignahrung. → Obst- und Gemüsebrei

Obstdauerware → Trockenobst

Obstdicksaft → Fruchtsaftkonzentrat

Obst-Essig-Konserve, *Zucker-Essig-Konserve:* eine vorwiegend im Haushalt vorgenommene, insbes. bei Pflaumen und Birnen gebräuchliche Zubereitung von Früchten für Kompottzwecke oder als Beilage zu Schmor- und Schweinebraten. Die Früchte werden mit einer kombinierten Essig-Zuckerlösung übergossen und in Gläsern pasteurisiert oder in Steintöpfen mit Plastfolie oder Pergamentpapier verschlossen gehalten.

Obstextrakt → Fruchtpulver

Obstfertigbrei → Instant-Kindernährmittel

Obst, füssiges → Fruchtsüßmost → Saft

Obstgebäck: Sammelbegriff für → Feine Backwaren, deren geschmacksbestimmender Anteil aus frischen oder konservierten Früchten besteht. Die Bez. eines O. richtet sich nach der im Geschmack hervortretenden Obstsorte. Das O. läßt sich in vielen Variationen herstellen, als → *Kuchen,* z.B. *Kirsch-, Apfel-, Pflaumen-, Stachelbeerkuchen,* als → *Schnitte* (Obstschnitte), als *Törtchen* (Obst- bzw. *Fruchttörtchen*) und als → *Torte (Obst-* bzw. *Fruchttorte), z.B. Erdbeer-, Ananas-, Pfirsich, Stachelbeer-, Apfel-, Aprikosentorte.* Aus Hefe- oder Mürbeteig werden vorwiegend Blechkuchen hergestellt, die mit einer Gußdecke (Tortenguß), mit Quarkmasse, mit gespritzten Gittern oder einer → Schneedecke aus → Baisermasse oder mit Mohn, Streuseln oder Rosinen abgedeckt sein können. Aus Plunderteig werden vorwiegend Früchtetaschen (z.B. Apfeltaschen) oder Früchtestriezel (z.B. Pflaumenstriezel) und aus Brandmasse meist → Krapfen, (z.B. Apfel oder Ananaskrapfen) hergestellt. O. aus Hefe- oder leichtem Mürbeteig liegt im Energiewert am niedrigsten von allen Obstgebäckarten. Der Energiewert von O. schwankt zw. 504···840 kJ (120···kcal) je 100 g. Die Bevorzugung des O. im Vergleich zu trockenem Gebäck beruht vor allem auf seinem saftig-erfrischenden Geschmack. → Kuchen → Torte → Volleimasse → Schnitte → Tortelett → Hefeteig → Mürbeteig → Plunderteig → Blechkuchen

Obstgefrierkonserve, *gefrorenes* Obst: ein nach entsprechender Vorbereitung, bisweilen Blanchierung, mit oder ohne Zuckerzusatz im Schnellgefrierverfahren haltbar gemachtes Obsterzeugnis, das bei einer Lagertemperatur von −18°C oder darunter aufbewahrt wird und einer Unterbrechung der Kühlkette nicht ausgesetzt sein darf. Die früher verwendeten Bez. *Feinfrost, Feinfrostobst* usw. sollten nicht mehr verwendet werden, da sie Phantasiebezeichnungen darstellen und zu falschen Rückschlüssen auf Technologie und Rohstoff Anlaß bieten.

Obst, gefrorenes → Obstgefrierkonserve

Obstgeist, Geist: Spirituose, hergestellt unter Verwendung aromatischer, zuckerarmer Früchte, die mit Primasprit angesetzt und ohne Vergärung destilliert wird. Dabei werden die mit Hilfe des Ansatzsprits aus den Früchten extrahierten Aromastoffe zusammen mit dem Alkohol abdestilliert. Im Gegensatz zu den → Obstbränden wird bei O. der in den Früchten enthaltene Zucker nicht zu *Alkohol* vergoren. Zu O. werden Himbeeren, Brombeeren, Heidelbeeren, Johannisbeeren, Mirabellen, Äpfel, Pfirsiche, Aprikosen oder Ebereschenbeeren verarbeitet. → *Himbeergeist* nimmt unter den O. eine führende Stellung ein. Die O. dienen sowohl dem direkten Genuß als auch der Verfeinerung zahlreicher Liköre, z.B. *Himbeergeist* und *Brombeergeist* für *Blackberry-Brandy, Cassisgeist* für *Cassislikör, Aprikosengeist* für *Apricot-Brandy.* Nach ähnlichen Verfahren wie die O. werden aus Kräutern *Kräutergeiste, z.B. Melissengeist,* hergestellt. Der Ethanolgehalt von O. wird auf 45 bis 50%-Vol. eingestellt.

Obstgelee, *Fruchtgelee:* eine aus dem aufbereiteten Saft frischer Früchte oder aus wäßrigen Auszügen einer Fruchtart oder mehrere Fruchtarten durch Einkochen mit Weißzucker und Pectin, bisweilen unter Zusatz von Stärkesirup, hergestellte gallertartige, streichfähige Zubereitung. Der Mindestgehalt an löslicher Trockenmasse der fertigen

Erzeugnisse beträgt 60 %. Im Handel werden „Gelee extra" und „Gelee einfach" unterschieden. Bei „Gelee extra" sind für je 1000 g folgende Mindestmengen an Saft oder wäßrigen Auszügen zu verwenden: 350 g bei schwarzen Johannisbeeren, Hagebutten und Quitten. 250 g bei Ingwer, 230 g bei Kaschuäpfeln, 80 g bei Passionsfrüchten, 450 g bei anderen Früchten. Bei „Gelee einfach" sind für 1000 g Gelee folgende Mindestmengen an Saft oder wäßrigen Auszügen vorgeschrieben: 250 g bei Schwarzen Johannisbeeren, Hagebutten und Quitten, 150 g bei Ingwer, 160 g bei Kaschuäpfeln, 60 g bei Passionsfrüchten und 350 g bei anderen Früchten. Im Haushalt werden O. nicht nur aus den industriell üblichen Fruchtarten, sondern z. B. auch aus Edelebereschen, Heidelbeeren, Preiselbeeren und Holunderbeeren, letztere zusammen mit Äpfeln, hergestellt. → Konfitüre

Obstgeliersaft, *Geliersaft:* ein durch Eindicken von unvergorenem Fruchtsaft hergestellter konzentrierter Obstsaft (→ Fruchtsaftkonzentrat) zur Gewinnung von gelierenden Stoffen. Der O. wird bei der Herstellung von Konfitüre und Gelee pectinarmen Fruchtmassen zugesetzt. Zur Herstellung von O. werden Obstarten mit hohem Pectingehalt, wie Äpfel, Weißdornfüchte, verwendet.

Obstgetränk: veraltete Bez. für ein zum unmittelbaren Genuß bestimmtes, alkoholfreies, geklärtes Erzeugnis, das aus → Fruchtsaftkonzentraten und Wasser hergestellt und durch geeignete Verfahren – außer chemischer Konservierung – haltbar gemacht worden ist. Für die industrielle Herstellung kamen Apfel und Weintraube in Betracht. Durch Rückverdünnung aus Obstsaftkonzentrat hergestellte Apfel- und Traubensäfte konnten seinerzeit mit den auf übl. Weise hergestellten Apfel- und Traubensaft nicht konkurrieren, so daß sie als *Apfel-* und *Traubengetränk* bezeichnet werden mußten. Inzw. ist die Konzentrattechnologie so verbessert, daß Kochgeschmack und Bräunungen zurücktreten und das Aroma durch Aromarückgewinnungsanlagen so angehoben werden konnte, daß die O. größtenteils aus dem Sortiment genommen wurden und an ihre Stelle die Bez. *Äpfel-* und *Traubennektar* treten konnten.

Obst, gewachstes: zur Minderung der Verdunstung und damit Verlängerung der Haltbarkeit mit Wachs behandelte importierte Früchte. Als Behandlungsmittel werden entweder Carnaubawachs, Bienenwachs, Schellack oder paraffinhaltige Formulierungen verwendet. Auf Grund des Eigenwachsgehaltes, z. B. bei Äpfeln, läßt sich insbes. bei Mischungen verschiedener Wachse untereinander der Einsatz synthetischer bzw. Fremdwachse analytisch nur schwer nachweisen. → Apfel, gewachster

Obst, glasiges → Glasigkeit

Obstkraut: eine im Haushalt hergestellte streichfähige Zubereitung aus dem frischen, durch Dämpfen oder Kochen sowie Abpressen gewonnene Saft der Früchte einzelner Obstarten, vorwiegend von Apfel (*Apfelkraut*) und Birne (*Birnenkraut*), die ohne Zusatz von Zucker wie Obstgelee eingedickt wird. Nachdem eine honigartige Beschaffenheit (daher auch *Obsthonig* oder *Seim* genannt) erreicht worden ist, wird das O. heiß in Gläser gefüllt, die sofort zu verschließen sind. Das O. wird als Brotaufstrich verwendet. Industriell hergestelltes *Apfelkraut* (in 1000 g sind mind. 2100 g Äpfel, höchst. 600 g Birnen und 400 g Zuckerarten zu verwenden) und *Birnenkraut* (auf 1000 g Fertigerzeugnis sind mind. 3500 g Birnen und höchst. 700 g Äpfel sowie 300 g Zuckerarten zu verwenden) enthalten entgegen der ursprünglichen Form von O. auch Zuckerzusätze.

Obstkuchen → Blechkuchen → Obstgebäck → Kuchen

Obstkuchen, gefüllter → Blechkuchen

Obstkwaß → Kwaß

Obstmark → Mark

Obstmazerat → Pflanzenmazerat

Obstmus → Fruchtmus

Obstmuttersaft → Fruchtsaft

Obstnaßkonserve → Obststerilkonserve

Obstnektar → Nektar 1.

Obstpaste, *Fruchtpaste:* ein im Haushalt aus → Obstmark oder aus → Fruchtsäften durch Zuckerzusatz und nachfolgendes Eindicken hergestelltes Erzeugnis, das an einem warmen Ort getrocknet, dann in Würfel geschnitten und als Süßigkeit verzehrt wird. Bekannt sind *Apfelpaste, Quittenpaste* und *Kirschpaste*. Die O. unterscheidet sich vom haushaltsüblichen → Obstkraut durch einen hohen Zuckerzusatz.

Obstpastengewürz: eine in England und den USA geschätzte → Gewürzmischung aus Gewürznelken, Ingwer, Mazis, Muskatnuß, Piment, und Zimt, bes. für Apfelpastete.

Obstpulpe → Mark → Pulpe

Obstpulver → Fruchtpulver

Obstrose → Hagebutte

Obstsaft → Saft → Fruchtsaft

Obstsaft, alkoholfreier → Most

Obstsaftkonzentrat → Fruchsaftkonzentrat

Obstschnitte → Schnitte → Obstgebäck

Obstsirup → Fruchtsirup

Obststerilkonserve, *Obstnaßkonserve, Dosenobst:* Früchte, die durch Pasteurisieren in luftdichten Behältnissen haltbar gemacht worden sind. Das Obst wird entsprechend vorbereitet, bisweilen überbrüht oder blanchiert, mit oder ohne Weißzucker konserviert und in manchen Fällen der industriellen Zubereitung mit zugelassenen Lebensmittelfarben gefärbt und durch Zusatz von Genußsäuren geschmacklich ergänzt. Ohne Weißzuckerzusatz konserviertes Obst bezeichnet man als *Dunstobst*. Als Behältnisse dienen Gläser (Einkochgläser, Konservengläser) und Blechdosen (Konservendosen). Von den letzteren wird der gelegentlich angewendete Begriff *«Dosenobst»* abgeleitet.

Zusammensetzung einiger Obststerilkonserven

Bestandteil	Apfelmus in Dosen	Aprikosen in Dosen	Birnen in Dosen	Erdbeeren in Dosen	Heidelbeeren in Dosen	Heidelbeeren in Dosen ohne Zuckerzusatz
	Durchschnittl. Gehalt in 100 g eßbaren Anteils					
Feuchtigkeit	80,0 g	76,0 g	81,0 g	78,0 g	77,0 g	90,0 g
Eiweiß	0,2 g	0,5 g	0,3 g	0,6 g	0,9 g	0,4 g
Fett	0,1 g	0,1 g	0,1 g	0,2 g	0,6 g	0,4 g
Kohlenhydrate	19,0 g	23,0 g	18,0 g	20,0 g	20,0 g	8,0 g
Rohfaser	0,4 g	0,4 g	0,9 g	0,4 g	1,2 g	1,0 g
Mineralstoffe	0,2 g	0,4 g	0,2 g	0,3 g	0,3 g	0,2 g
Caroten	0,036 mg	1,17 mg	0,01 mg	–	–	0,024 mg
Vitamin B_1	0,01 mg	0,02 mg	0,01 mg	0,01 mg	0,01 mg	0,012 mg
Vitamin B_2	0,02 mg	0,02 mg	0,02 mg	0,03 mg	0,02 mg	0,012 mg
Niacin	0,12 mg	0,5 mg	0,13 mg	0,30 mg	0,39 mg	0,20 mg
Vitamin C	2,00 mg	4,00 mg	2,00 mg	30,00 mg	–	12,0 mg
Kalium	0,1 mg	0,1 g	66,0 mg	0,1 g	59,0 mg	–
Calcium	4,4 mg	11,0 mg	7,0 mg	7,0 mg	12,0 mg	11,0 mg
Eisen	0,3 mg	–	0,4 mg	1,9 mg	2,6 mg	–
Energiewert in kJ (kcal) je 100 g eßbaren Anteils	330 (79)	388 (93)	301 (72)	360 (86)	324 (90)	155 (37)

Zusammensetzung einiger Obststerilkonserven (Forts.)

Bestandteil	Himbeeren in Dosen	Kirschen in Dosen	Pfirsiche in Dosen	Pflaumen in Dosen	Preiselbeeren in Dosen	Preiselbeeren in Dosen ohne Zuckerzusatz
	Durchschnittl. Gehalt in 100 g eßbaren Anteils					
Feuchtigkeit	73,0 g	74,0 g	79,0 g	77,0 g	49,0 g	88,0 g
Eiweiß	0,7 g	0,6 g	0,4 g	0,48 g	0,5 g	0,68 g
Fett	0,3 g	0,17 g	0,1 g	0,1 g	0,3 g	0,1 g
Kohlenhydrate	25,0 g	17,0 g	19,0 g	22,0 g	47,0 g	8,9 g
Rohfaser	0,8 g	0,16 g	0,4 g	0,4 g	–	1,6 g
Mineralstoffe	0,3 g	0,47 g	0,4 g	0,5 g	0,2 g	0,2 g
Caroten	–	0,38 mg	0,26 mg	0,14 mg	–	–
Vitamin B_1	0,01 mg	0,028 mg	0,01 mg	0,028 mg	–	–
vitamin B_2	0,06 mg	0,017 mg	0,02 mg	0,027 mg	–	–
Niacin	0,27 mg	0,167 mg	0,63 mg	0,37 mg	–	–
Vitamin C	5,00 mg	4,7 mg	4,00 mg	1,5 mg	–	–
Kalium	92,0 mg	1,2 g	107,0 mg	0,12 mg	69,0 mg	72,0 mg
Calcium	18,0 mg	11,2 mg	4,0 mg	10,3 mg	11,0 mg	13,0 mg
Eisen	1,8 mg	0,47 mg	0,35 mg	1,1 mg	2,7 mg	1,5 mg
Energiewert in kJ (kcal) je 10 g eßbaren Anteils	435 (104)	334 (80)	330 (79)	380 (91)	815 (195)	180 (43)

Obstsüßmost, *Fruchtsüßmost* → Süßmost

Obsttomate, *Cocktailtomate:* Sammelbez. für sehr kleinfrüchtige, bes. süß schmeckende, orange, rot oder goldgelb gefärbte Früchte, die vorwiegend zum Garnieren von Käseplatten oder → Salaten und für Imbißhappen mit Spieß verwendet werden. Die zur Familie *Solanáceae* gehörenden O. sind zwei unterschiedlichen Arten zuzurechnen: a) den in dicht besetzten Trauben sich bildenden kirschgroßen *Kirsch-* oder *Cherrytomaten, Lycopérsicon esculéntum var. cerasifórme* (Dunal.) Alef., die als Kübelpflanze oder im Freiland kultiviert, hochgebunden werden müssen und vielfach als Balkonpflanze genutzt werden und b) den *Wild-* bzw. *Johannisbeertomaten, L. e. var. pimpinellifólium* (Juslen.) Mill., die häufig auch als Kübelpflanze zur Dekoration benutzte, ganz kleine, johannisbeergroße, unter einem Gramm wiegende, sich in dichten Trauben bildende Früchte entwickeln, nicht entgeizt und nicht aufgebunden werden müssen. Beide Obsttomatenarten bilden farbintensive, meist sehr dünnhäutige, daher leicht platzende Früchte mit einem etwa dreimal so hohem Vitamin C-Gehalt (25···35 mg je 100 g) als normale Rundtomaten. Die kleine birnenförmige gelbe Kirschtomatensorte *'Yellow Pearshaped'* wächst bes. stark und kann als Spaliertomate bis 3 m Höhe erreichen.

Obsttörtchen → Tortelett → Obstgebäck → Mürbeteig → Volleimasse

Obsttorte → Torte → Obstgebäck

Obsttrockenkonserve → Trockenobst

Obst- und Gemüsebrei: sterilkonservierter Brei aus frischen Früchten und Gemüse zur vorwiegenden Verwendung als Beikost in der Säuglingsernährung ab 4. Lebensmonat. → Breinahrung → Säuglingsfertignahrung

Obst- und Gemüsesaft: vorwiegend für die Säuglingsernährung bestimmter Teil der → Beikost aus industriell verarbeitetem Obst und Gemüse zu Saft. Der O. wird dem Säugling von der 6. Lebenswoche an in steigenden Mengen gegeben und dient vornehmlich der zusätzlichen Versorgung mit Vitaminen (vor allem A und C) und Mineralstoffen (bes. Eisen). → Kinderzusatznahrung

Obstwein: → *Fruchtwein;* vielfach ein Verschnitt aus Apfel- und Birnenwein. O. unterscheidet sich vom *Fruchttischwein* bes. durch seinen niedrigeren Ethanolgehalt von etwa 5%-Vol.

Obtusifoliol: $4\alpha,14\alpha$-Dimethyl-24-methylen-5α-cholest-8-en-3 β-ol: ein Dimethylsterol, das in Pflanzenölen vorkommt.

Obtusilsäure → Caproleinsäure

Ocapatate: die dicken, stärkereichen Wurzeln des Sauerkleegewächses *Óxalis carnósa* Mol. (Familie *Oxalidáceae*), die vorwiegend in Chile als Gemüse gekocht verzehrt werden. → Waldsauerklee → Gemüse

Occa, *Oka, Aracacha:* die ausdauernde Knollenpflanze *Óxalis tuberósa* Mol. (Familie *Oxalidáceae*), die in Peru (Anden) Bolivien und Nordargentinien angebaut wird. Ihre Blätter werden als Gemüse genutzt. Die weiß-, gelb- oder rotfleischigen Sproßknollen werden bis zu 7 cm lang und enthalten 10···12% Stärke. Aus ihnen wird u. a. *Caya,* ein Pflanzenkäse, hergestellt. Der säuerliche Geschmack der Knollen wird durch Sonnenbestrahlung beseitigt. → Waldsauerklee

Ochen: die ausdauernde Pflanze *Momórdica cochinchinénsis* (Lour.) Spreng. (Familie *Cucurbitáceae*), deren Knollen in Südostasien wie Kartoffeln gegessen werden.

Ochratoxin A → Mykotoxine

Ochse: kastriertes männliches Rind, das i. allg. ein feinfaseriges, zartes und saftiges Fleisch (Mastochsenfleisch) liefert. O. mit einer Lebendmasse von 600···800 kg können als schlachtreif gelten. Die Schlachtausbeute liegt bei 50···60%. Die Ochsenmast verliert immer mehr an Bedeutung, da durch die Kastration eine Wachstumsstagnation eintritt. Dagegen gewinnt die Mast von Jungbullen an Bedeutung, zumal das Fleisch dieser Tiere dem Ochsenfleisch gleichwertig ist. → Fleischtiere

Ochsenherz → Cherimoya

Ochsenschwanzsuppe: eine industriell hergestellte pikant schmeckende, gebundene oder klare, tafelfertige oder kochfertige → Suppe unter Verwendung von Rindfleisch, Fleischextrakt, Ochsenschwanz und Ochsenschwanzsuppengewürz.

Ochsenschwanzsuppengewürz: eine → Gewürzmischung aus Gewürzpaprika oder Pfeffer, Lorbeerblättern, Zwiebel- oder Knoblauchpulver, Speisesalz und Zitronensäure zur Würzung von → Ochsenschwanzsuppe.

Ochsenzunge: 1. Sammelbez. für Vertreter der Gattung *Anchúsa* (Familie *Boragináceae*), deren Blätter und Sproßspitzen als würzende Salatbeilage oder als Spinat zubereitet, gelegentlich auch als Volksmedizin genutzt werden. Aufgrund des Pyrrolizidingehaltes sollte die O. nur gelegentlich genutzt werden. Zu den in Europa vorkommenden Arten zählen die *Gebräuchliche O., A. officinális* L., mit einem Pyrrolizidin-Alkaloid-Gehalt von 30···120 mg je 100 g Pflanzenmasse und die *Akker-Ochsenzunge* oder *Krummhals, A. arvénsis* (L.) M.-Bieb., die früher auch als Gemüsepflanze kultivierte, heute meist nur gesammelte O., mit einem Pyrrolizidin-Alkaloid-Gehalt je 100 g Pflanzenmasse von 10···50 mg. → Alkaloide → Wildkräuter
2. → Fistulináceae

Ocimen, *Ozimen* → Terpen-Kohlenwasserstoffe

Ócimum spec. → Basilikum

'Ockerwitzer Lange' → Walnuß → Schalenobst

Ocote → Arizonakiefer

Octacosan-1-ol → Fettalkohol

Octacosansäure → Fettsäuren → Montansäure

Octadecan-1-ol → Fettalkohole → Alkohole

n-Octadecansäure → Stearinsäure

Octadecatetra-4,8,12,15-en-säure → Stearidonsäure

Octadecatetra-9,11,13,15-en-säure → Parinarsäure

Octadecatri-9,12,15-en-säure → Linolensäure

Octadecatri-9,11,13-en-säure → Elaeostearinsäure

Octadec-17-en-9,11-diin-säure → Isansäure

Octadec-9-en-1-ol → Fettalkohol

Octadec-6-en-säure → Petroselinsäure

cis-Octadec-9-en-säure → Ölsäure

trans-Octadec-9-en-säure → Elaidinsäure

trans-Octadec-11-en-säure → Vaccensäure

Octadecyl-9-en-alkohol → Fettalkohole

4,7-Octadiensäure: ungesättigte Fettsäure der Formel $H_3C{=}CH{-}CH_2{-}CH{=}CH{-}CH_2{-}CH_2{-}COOH$, die in der cis-Form als Aromastoff in der Roten Passionsfrucht vorkommt.

n-Octanal → Aldehyde

Octan-α-δ-dicarbonsäure → Sebacinsäure

Octan-6,8-dithiolsäure → Thioctsäure

n-Octan-1-ol → Alkohole

Octan-2-on → Ketone

n-Octansäure, *Caprylsäure (Kaprylsäure)(veraltet), n-Octylsäure:* eine gesättigte Monocarbonsäure der Formel $CH_3{-}(CH_2)_6{-}COOH$. Die C. ist Bestandteil der Kokos- und Palmkernfette (bis zu 9%), der Milchfette und vieler ätherischer Öle, z. B. von Grapefruit und Orangen. Meist ist sie mit Caprinsäure vergesellschaftet. C. ist eine farblose Flüssigkeit mit unangenehmem Geruch; F. 16,7°C, Kp. 239,7°C. Sie wird durch fraktionierte Destillation aus Kokosfettsäuren oder den Vorlauffettsäuren der Paraffinoxydation gewonnen. Auf Grund ihrer ernährungsphysiologischen Besonderheiten wird sie zur Herstellung von *mittelkettigen Triglyceriden* verwendet. Die Ester werden als Lösungsmittel und Weichmacher in der Kunststoff-, Lack- und Parfümindustrie eingesetzt; die Salze dienen der Herstellung von antimykotisch wirksamen Salben und Pudern. → *Fettsäuren, mittelkettige*

Octaviána asterospérma → *Octavianináceae*

Octavianináceae: der Ordnung *Hymenogastráles* - innerhalb der Klasse *Basidíomycetes* (Ständerpilze) - zugeordnete Pilzfamilie mit knollenförmigen, etwa hasel- und walnußgroßen, in mehrere Kammern geteilten Fruchtkörpern und einfacher, ein oder mehrschichtiger Fruchtkörperhülle. Der einzige, aber unbedeutende Speisepilz dieser Familie ist die *Sternsporige Laubtrüffel* [*Octaviána asterospérma* Vitt. = *Arcangeliélla asterospérma* (Vitt) Zell. et Dodge]. → Pilze → Speisepilze → *Ständerpilze*

Oct-1-en-3-ol: Inhaltsstoff mit charakteristischem Pilzaroma, der aber auch in Krabben, Hummern und frischen Fischen vorkommt, s. Formel.

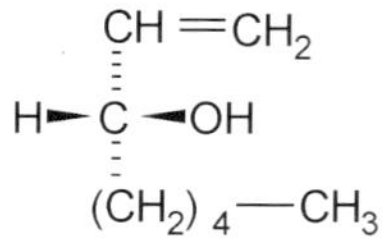

→ Alkohole

L-Octopin → Aminosäuren

Octopus → Tintenfisch

Octulosen: Kohlenhydrat, das als D-Glycero-D-manno-2-octulose in der Avocadobirne vorkommt.

n-Octylaldehyd → Aldehyde

n-Octylalkohol → Alkohole

ω-(2n-Octylcyloprop-1-enyl-octansäure) → Sterculsäure

Octylen → Kohlenwasserstoffe, aliphatische

Octylgallat → Antioxydantien

n-Octylsäure → Caprylsäure

Odenwälderbrot → Bauernbrot

Odjom → Guineapfeffer 2.

Odongae → Sorghumhirse

Odumbaum → Gelbholz

Oechsle-Grade: eine für die Weinherstellung und Weinbeurteilung wichtige Meßgröße zur Ermittlung des Zuckergehaltes von Traubenmost. O. basieren auf der höheren Dichte des Mostes im Vergleich zu Wasser (γ = 1,000/ 4°C). Ein Most einer Dichte von γ = 1,104 entspricht 104° O.. Daraus kann der nach der Gärung zu erwartende Ethanolgehalt abgeleitet werden. Most mit O. von 55···70° führen zu Ethanolgehalten von 55···70 g/l. Meßgeräte sind die *Mostwaage* bzw. das *Refraktometer.* Weintrauben mit höheren O. wie Spät- und Auslesen ergeben allgemein erlesene und edle Weine.

Oenocárpus bacába → Bacaba-Öl

Oenóthera biénnis → Nachtkerze → Wildkräuter

Ofam: eine in Westafrika übliche Kuchenzubereitung aus Mais, wobei ein Teil eines 8 h fermentierten Maisteiges mit 3 Teilen steifgeschlagenem Bananenbrei sowie Palmöl, Eiern und Erdnüssen vermischt und verbacken wird. → Kochbanane

Off-Flavour: in der angelsächsischen Literatur vorkommender Begriff für negative Geruchs- oder Geschmacksabweichungen in Lebensmitteln. O.-F. kann durch normalerweise in dem betreffenden Lebensmittel nicht vorkommende artfremde Aromastoffe oder durch übermäßiges Hervortreten einzelner arteigener Aromastoffe hervorgerufen werden. Beispiele für O.-F. sind Ranzigkeit bei Fetten, gäriger Geruch bei Wein, Geruch nach Aminen oder Schwefelwasserstoff bei verdorbenen Lebensmitteln und Fremdgerüche, hervorgerufen durch Schädlingsbekämpfungsmittel. → Flavour

Ogenmelone: eine zur Gruppe der Kantalupen zählende und aus Israel importierte → Zuckermelone. Die O. ist eine Neuzüchtung aus Netz- und Kantalupenmelone von leicht ovaler Form, grüngelb gefleckt und von der Größe eines Fußballs. Bei der Reife gibt sie auf Fingerdruck leicht nach und klingt beim Anklopfen hohl. Die O. läßt man bei Zimmertemperatur reifen. Sie entwickelt ein volles Aroma und zartschmelzendes Fruchtfleisch. Die O. wird vielfältig verwendet. Als Schnitzel, Keil, Würfel, Kugel wird sie mit Alkohol (Gin, Rot- oder Portwein) beträufelt oder unter einen Pudding gezogen, der mit Rum aromatisiert ist. Die O. wird auch für Käseplatten verwendet oder mit Cervelatscheiben serviert.

Ogi: Sammelbez. für fermentierte traditionelle Nahrungsmittel in Westafrika, insbes. Nigeria, die in Abhängigkeit von ihrer Konsistenz, bzw. ihrem Feststoffgehalt unterschiedliche Bez. tragen, wie *Eko, Agidi, Kefa* → Magou, Kamu (→ Akasa) → Kenkey oder *Akamu.* Die Ogiprodukte sind im Vergleich zu den → Ogiri-Erzeugnissen dadurch gekennzeichnet, daß sie aus kohlenhydrat- bzw. stärkereichen Rohstoffen bestehen, mit einem stickstoffreiem Extrakt, bezogen auf Trockenmasse, von 85 %. Es werden hauptsächlich Mais, Hirse, Sorghum, zuweilen auch Maniok oder Batate für die Ogiherstellung benutzt. Für die Gärungsprodukte und ihre Qualität sind die rheologischen Eigenschaften von *Akamu,* einem Brei aus Getreide verantwortlich, der durch Übergießen von O. mit kochendem Wasser gewonnen wird, so daß eine Masse mit 10 % Feststoffgehalt entsteht.

Danach wird der Akamu 5 min bis zur vollständigen Stärkequellung gekocht und vor der Fermentierung mit 2 % Zucker versetzt. Je nach Fermentationstemperatur und Dauer der Gärung werden Produkte von unterschiedlicher Konsistenz erhalten. Es werden → Starterkulturen benutzt oder das Ganze spontaner Gärung überlassen. → Lebensmittel, fermentiertes

Ogiri: ein in Nigeria, meist in Handwerksbetrieben aus eiweißreichen Samen → Wassermelonen-, Faltenkürbissamen oder Sojabohnen hergestelltes Fermentationsprodukt. Die Samen werden 2 h gekocht, danach durch Fingerdruck von der Samenschale befreit, zerkleinert, mit Salzzusatz (1 g Kochsalz auf ein kg Brei) zu einer Paste geformt. in blanchierten Bananenblättern zu 150 g-Portionen abgepackt 5 Tage bei ca 30°C fermentiert, anschließend bei 60°C getrocknet und zu einem mehlartigen Erzeugnis mit vielseitigen funktionellen Eigenschaften vermahlen. Soll aus dem vergorenem Produkt ein → Würzmittel entstehen, so wird die Paste vor der Fermentation durch Erhitzen der Bananenblätterpakete entfettet. Die Würzpaste dient zur Aromatisierung einheimischer Fisch-, Fleisch- und Gemüsegerichte.

Ohotnichii: *Weichkäse* mit Schmiere (50% F. i. Tr.) aus der ehem. Sowjetunion. → Käsesorten

Öhrling → Becherlinge

Oingsuey → Chinatee

Oiticicaöl: zur Autoxydation neigendes Öl aus den Nüssen des brasilianischen Oiticica-Baumes *„Grigri" Licánia rígida* Benth. (Familie *Chrysobalánaceae*). Zu 73···83% ist Licansäure, eine 4-Oxo-octadeca-9,11,13-triensäure (s. Formel unten) enthalten.

Ojo → Guarana

Ojokbaum, *Anwama, Andjejang, Engessan, Ekku, Ekok, Erimado, Koor, Minguella, Musodo:* der in Westafrika (Senegal bis Angola) und Ostafrika (Uganda, Kenia, Tansania) wild vorkommende und in Kamerun auch kultivierte 10 m hohe Baum *Ricinodéndron heudelótii* (Baill.) Pierre ex Pax, Synonym *R. africánum* Müll. (Familie *Euphorbiáceae*). Die eßbaren 3 cm langen und 2 cm breiten *Mongongofrüchte* werden von den Einheimischen von April bis Sept., der ölhaltige Samen (*Mankuettinuß, Mangettinuß, Munkettinuß)* von Okt. bis März verzehrt. Das aus den Samen gewonnene *Essang-Öl* dient als Zugabe zu Fisch-, Fleisch- und Gemüsespeisen, aus den Blättern wird ein Getränk bereitet. Die Frucht besitzt eine dicke, mehlige, eßbare, süße Schale. Die Zusammensetzung ist der Tab. (s. nächste Seite) zu entnehmen.

Oka → Occa

Okadainsäure: Polyethersäure (s. Formel nächste Seite oben), wird als Ursache für die *Diarretic Shellfish Poisoning (DSP)* angesehen. → Muschelgifte

Okadasäure: Polyetherverbindung, die als Muscheltoxin gilt (s. Formel nächste Seite unten). → Muschelgifte

Ökobrot → Biobrot

Ökoerzeugnis → Bioprodukte

Ökogemüse: ein → Gemüse, das im ökologischen Landbau erzeugt und vorwiegend über Direktvermarktung oder aufbereitet und vorverpackt auf den Frischmarkt, in Lebensmittel-Filialen oder Naturkostläden gelangt, so daß es mit Ökosymbol zur besseren Unterscheidung von konventioneller Ware gekennzeichnet werden kann. Über Anbau-

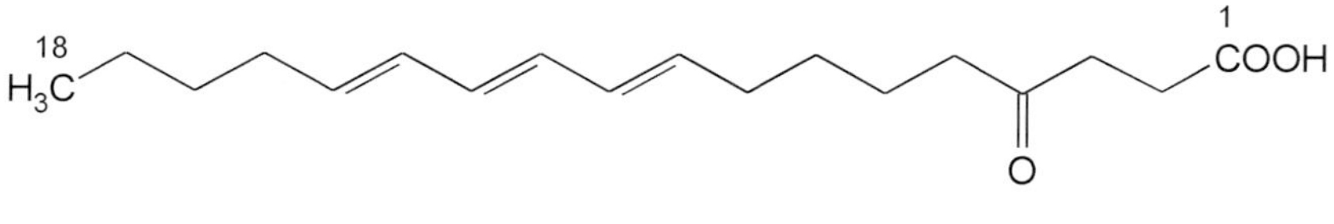

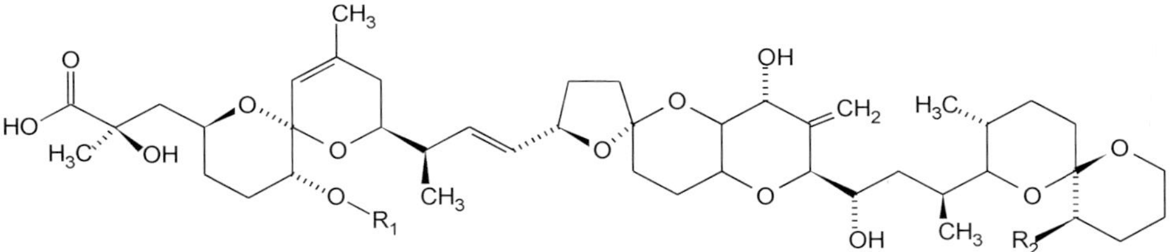

$R_1 = R_2 = H$: Okadainsäure
$R_1 = H$, $R_2 = CH_3$: Dinophysistoxin-1

Zusammensetzung und Energiewert von trockenem Fruchtfleisch und der Nuß der Mongongofrucht

Bestandteil	Gehalt je 100 g eßbaren Anteils	
	Fruchtfleisch	Nuß
Feuchtigkeit	13,4 g	4,8 g
Eiweiß	6,6 g	28,8 g
Kohlenhydrate	70,2 g	2,4 g
Rohfaser	3,5 g	2,7 g
Fett	0,6 g	57,3 g
Mineralstoffe	5,6 g	4,0 g
Natrium	1,0 mg	2,15 mg
Kalium	1750,0 mg	748,0 mg
Phosphor	46,0 mg	840,0 mg
Calcium	90,0 mg	452,0 mg
Eisen	0,74 mg	2,31 mg
Magnesium	195,0 mg	432,0 mg
Kupfer	0,45 mg	1,35 mg
Zink	1,39 mg	3,08 mg
Vitamin B_1	0,28 mg	0,22 mg
Vitamin B_2	0,11 mg	0,13 mg
Niacin	0,12 mg	0,42 mg
Vitamin C	8,50 mg	–
Energiewert in kJ (kcal) je 100 g	1304 (312)	2680 (641)

verträge wird ein Teil des Ö. auch der Verarbeitungsindustrie, insbes. zur Herstellung von → Fertignahrung für Kinder, zugeführt. Da es bislang wenige Gartenbaubetriebe gibt, die auf Ö. umgestellt sind, herrschen im Sortiment an Ö. gegenüber dem Feingemüse die Feldgemüsearten vor. Gleichmäßige Erzeugung größerer Mengen an Qualitätsgemüse und die Warenpflege auf dem Weg vom Anbau bis zum Verbraucher sind bei Ö. z. Zt. noch oft unbefriedigend, bes. wenn die Ware über große Strecken transportiert und lose (ohne Verdunstungsschutz, z.B. Folie) vertrieben wird. Damit wird einem raschen Qualitätsverlust, äußerlich erkennbar als Verdunstungs- bzw. Welkerscheinungen (bes. bei Blatt- und Wurzelgemüse), Vorschub geleistet. → Lebensmittel aus kontrolliert-ökologischem Anbau

Ökogetreide: ein → Getreide, das im ökologischem Landbau erzeugt wird. Bis 1992 kam es in allen europäischen Ländern zu Überschüssen an Ö., da sich durch fehlendes Ökosiegel die Ware nicht eindeutig zwischen sog. „kontrolliertem Anbau" aus integrierter Produktion und „kontrolliert ökologischem Anbau" trennen ließ. Ab 1993 gilt das Öko- bzw. Biosiegel nur für Betriebe, die ihre

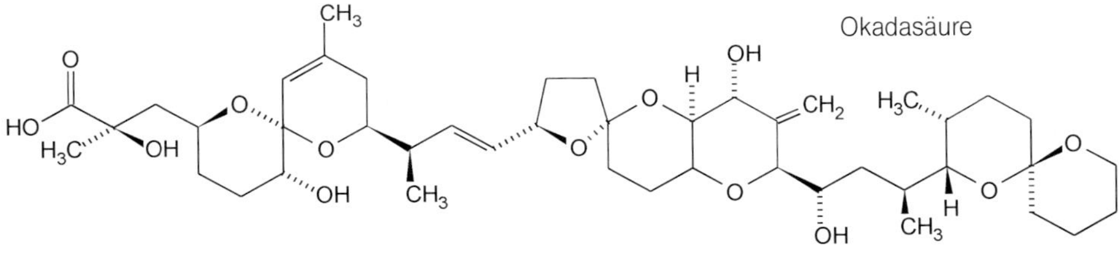

Okadasäure

Anbauform eindeutig nachweisen können. Für die Wahrung der Rückstandsfreiheit von Pflanzen- und Vorratsschutzmitteln ist es erforderlich, daß Ö. in Speichern und Mühlen getrennt vom konventionell erzeugtem Getreide bevorratet wird, da sonst die Gefahr einer noch höheren Rückstandsbelastung durch Desinfektion der Räume und Bekämpfung von Lagerschädlingen, als durch die Art der Erzeugung (lediglich ubiquitäre Belastung) gegeben sein kann. Das Ö. wird zur Backwarenherstellung, zur Müsli- und Nährmittelherstellung und bei der Erzeugung von → Imbißartikeln verwendet. → Lebensmittel aus kontrolliert-ökologischem Anbau

Okoho → Cupa

Ökolebensmittel → Lebensmittel, alternatives

Okolo → Eibisch, Eßbarer

Ökoobst: Früchte, die im ökologischen Landbau erzeugt oder von Streuobstwiesen gewonnen werden. Sie gelangen über Direktvermarktung der Erzeuger oder über den Frischmarkt, Lebensmittel-Fialen und Naturkostläden, sowie über den Umweg über vielfältigste Verarbeitung an den Verbraucher. Gleichmäßige Erzeugung genügender Mengen an gewünschten Früchten, ihre Qualitätsschwankungen und Warenpflege auf dem Weg vom Erzeuger über Lager- und Aufbereitungsstationen (z. B. Kernobst) bis zum Verbraucher sind zum Teil noch problematisch, zumal ein getrennter Transport, gesonderte Aufbewahrung, sowohl in Kühlhäusern als auch in Verarbeitungsbetrieben erforderlich, aber kostspielig sind. Die Bergung des dünnhäutigen, saftreichen Beeren- und Steinobstes innerhalb eines physiologisch bedingten und begrenzten Erntezeitraumes ist sehr arbeitsintensiv und erreicht ohne entsprechende Zusatzkräfte beim Pflücken und ohne eine entsprechende, der Fruchtart angemessene Verpackung, den Verbraucher nicht in der erwünschten Frischequalität, durch die Geschmack und Nährstoffgehalt entscheidend beeinflußt werden. Das Ökobeerenobst wird daher vorwiegend der weiterverarbeitenden Industrie zur Saft- und Kindernahrungsherstellung zugeführt. → Lebensmittel aus kontrolliert-ökologischem Anbau → Obst

Ökowein: ein nach den 1985 in Deutschland verabschiedeten Richtlinien für den ökologischen Weinbau erzeugter → Wein. Die Produktion von Qualitätswein aus kontrolliert ökologischem Anbau hat in Deutschland beachtenswerte Fortschritte gemacht. → Lebensmittel, alternatives

Ökowildreis: ein in traditioneller Weise erzeugter → Wildreis, der von kleinen Genossenschaften ohne chemische Hilfsmittel aus Samen des *echten Wildreises* und nicht aus *Kulturwildreis-* bzw. *Wildreishybridsorten* gewonnen und schonend gedarrt wird. Zu den seit 7 Jahren bestehenden Ökogenossenschaften zählt auch die Kagiwiosa-Manomin-Gruppe, die im tausendjährigen Wildreis-Ursprungsgebiet Kanadas (hierzu zählen die Seen und Flußufer der kanadischen Provinzen Manitoba, Ontario und Saskatchewan) den sog. *Manomin-Wildreis* produziert, der auch in Deutschland gehandelt wird. „Manomin" ist zurückzuführen auf „Manitou„ (der große Geist) und „meenum" (Leckerbissen). → Lebensmittel, alternatives

Okra → Eibisch, Eßbarer

Okragummi: ein wasserlösliches Polysaccharid, bestehend aus D-Galactose, L-Rhamnose und D-Galacturonsäure (Struktur nicht völlig geklärt), das aus den Sorten der Okra (→ Eibisch, Eßbarer) gewonnen wird. Der O. ergibt viskose Lösungen und kann als → Verdickungsmittel, Emulsionsmittel, Schutzkolloid sowie Antioxydans in der Lebensmittel-Produktion eingesetzt werden. → Hydrokolloid → Schleimstoff, pflanzlicher → Samenschleimstoff

Okraschka, *Okroschka:* eine kalt zu verzehrende russ. → Suppe auf Basis von → Weißem Okraschkakwaß, der bedeutend saurer ist als normaler Trinkkwaß. Die Hauptkomponente von O. ist stets Gemüse und nicht Brot, wie bei *Tjurja.* Die Gemüsemasse wird in der Regel 1:1 mit gekochtem Fleisch (*Fleischokraschka*), Fisch (*Fisch-*

okraschka) oder Lebensmitteln mit pflanzlichem Eiweiß (*Gemüseokraschka*) gemischt.

Okraschkakwaß, Weißer: ein aus Roggen-, Buchweizen-, Weizenmehl, Roggenmalz, Gerstenmalz, Hefe, Sauerteig, unter Zusatz von getrockneter → Krauseminze 3., etwa 12 h lang gegorener → Kwaß.

Okumo → Tannia

Okwabaum: der mittelgroße Baum, *Trecúlia africána* Decne. (Familie *Moráceae*), der mit dem *Brotfruchtbaum* (→ Brotfrucht) eng verwandt ist und in Westafrika vorkommt. Die Scheinfrüchte (Fruchtstände), oft als *Afrikanische Brotfrucht, in Nigeria als Afon* bezeichnet, sind eiweiß- und kohlenhydratreich, aber mineralstoffarm, wiegen bis zu 25 kg und haben bis zu 50 cm Durchm.. Aus den gekochten, geschälten und zerquetschten Samen wird Paprika *Pembe,* ein gelbbräunlicher, saurer Pflanzenkäse, hergestellt. Die Samen lassen sich auch wie Mais zerkleinern und dienen zur Bereitung von Fladenbrot. Durch Kochen der Samen läßt sich die Eiweißverwertbarkeit um das Dreifache erhöhen. In 100 g frischen Samen sind enthalten: 87 g Feuchtigkeit, 0,5 g Eiweiß, 1,1 g Fett. 9,3 g Kohlenhydrate, 1,3 g Rohfaser, 0,78 g Mineralstoffe, 10,4 mg Calcium, 91 mg Phosphor und 42 mg Eisen.

Öl: Bez. für das bei Zimmertemperatur flüssige → Fett.

Olanda: rumänischer *Schnittkäse* aus Kuhmilch mit 45 % F. i. Tr.. → Käsesorten

Olattibeere → Marionbeere

Ölbaum → Olivenöl

Ölbohne: 1. *Opochala:* Samen des 15···30 m hohen Baumes *Pentacléthra macrophýlla* Benth. (Familie *Fabáceae*), der im tropischen Afrika vorkommt. Sie enthalten 26 % Eiweiß und etwa 40 % Fett und werden zur Herstellung des *Dikabrotes* mit den Samen des → *Dikabaumes* gemischt. → Owalafett
2. → Kaffee

Ölbohnenfett → Owalafett

Öl, Chinesisches → Zimt 2.

'Oldenburg', *'Geheimrat Dr. Oldenburg':* eine selten mit vollständigem Namen bezeichnete alte, frühe Liebhaberapfelsorte, die 1897 in Geisenheim gezüchtet wurde, aus einer Kreuzung zw. 'Hammerstein' und 'Baumanns Renette' hervorgegangen ist und deren Pflückreife im Sept., die Genußreife im Okt./Nov. liegt. Die mittelgroßen, stumpfkegeligen Früchte von 120 g Masse besitzen eine gelbgrüne Grundfarbe und im reifen Zustand eine rötlich-gelbe, sonnenseits dunkelorangegetönte Deckfarbe. Der Geschmack ist mittelmäßig. Die Sorte ist für Standorte bis zu 400 m Höhenlage geeignet, wobei der Kleinfrüchtigkeit durch Schnittmaßnahmen begegnet werden kann.

Ólea europǣa → Olivenöl

Oleahexadecadien → Kohlenwaaserstoffe, aliphatische

Oleahexacosan → Kohlenwasserstoffe, aliphatische

Oleanolsäure, *Araligenin, Caryophyllin, Guagenin, Karyophyllin, Momorgenin, Oleanol, Panaxsapogenin, Rübenharzsäure, Swertiasäure, Taraligenin, Viscumsäure, Zuckerrübensapogenin* : ein Triterpen mit der Struktur.

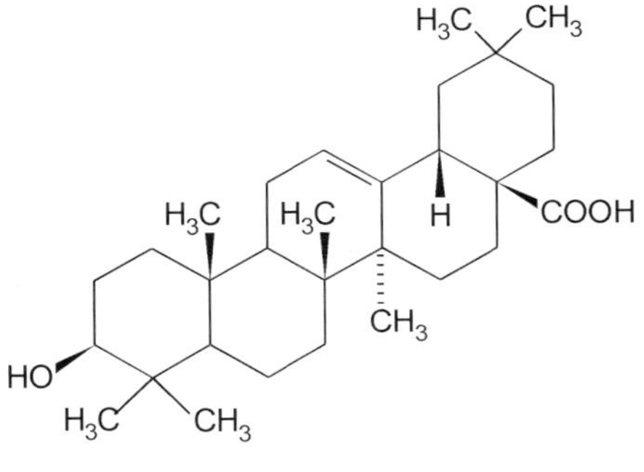

O. kommt in zahlreichen Pflanzen, z. B. in Gewürznelke, Basilikum, Zwiebel, Zuckerrübe, Tausendgüldenkraut, Thymian, Salbei, Heidelbeere, Moosbeere, Olive sowie im Apfeltrester frei und als Genin mehrerer *Saponine* bzw. Glycoside vor. Es kristallisiert aus Ethanol in Nadeln, F. 305···310°C, $[\alpha]_D$ +80° (in Methanol). → Saponine

Oleanolsäuresaponine: zu den Triterpen-Saponinen zählende O-Glycoside, deren Aglykon *Oleanolsäure* ist. Bis jetzt kennt man zehn verschiedene O., die sich durch ihren Zuckerrest unterscheiden. Das *Zuckerrüben-Saponin* weist z. B. einen D-Glucuronsäurerest auf. → Saponine

Oleanonadecadien → Kohlenwasserstoffe, aliphatische

Oleaoctacosatrien → Kohlenwasserstoffe, aliphatische

Oleate (E 470): Salze der Ölsäure, sie dienen als Überzugsmittel. → Ölsäure

Oleatetracosan → Kohlenwasserstoffe, aliphatische

Öle, ätherische → ätherische Öle

Oleatricosatrien → Kohlenwasserstoffe, aliphatische

Oleatridecadien → Kohlenwasserstoffe, aliphatische

Olein → Ölsäure

Oleinsäure → Ölsäure

Oleocyanin → Anthocyane

Oleomargarin → Rindertalg

Oleoresina Petrosilini → Apiol

Oleoresin, 1. *Balsame:* pflanzliches, häufig wohlriechendes Ausscheidungsprodukt (Exkret) von halb-, dickflüssiger oder sirupöser Konsistenz, das aus einer Mischung von Harz und ätherischem Öl besteht. Beim Trocknen an der Luft verflüchtigen sich die darin enthaltenen Mono- und Sesquiterpene. Zurück bleiben die nichtflüchtigen Diterpene und polymerisieren zu Harz. Die von epidermalen Drüsen gebildeten und ausgeschiedenen O. werden unter der Cuticula abgelagert oder durch Exkretgänge (z. B. Harzgänge der Nadelgehölze) ausgeschieden. Die Gewinnung erfolgt durch Sammeln der meist nach Verletzung der Exkretgänge abgeschiedenen Massen oder durch Auskochen der Pflanzenteile. Wichtige O. sind Terpentine, Kanada-, Peru- und Tolubalsam. Letzterer wird als Hustenmittel verwendet. → Perubalsam
2. mit Hilfe niedrig siedender Lösungsmittel gewonnene Naturstoffextrakte. Zu den bekanntesten O. zählen die → Paprikaoleoresine, die etwa 50 Pigmente enthalten. Die Lösungsmittelextrakte bilden insbes. bei Gewürzextrakten gegenüber Destillationsextrakten (Wasserdampfdestillation) eine verbesserte Generation von Naturstoffextrakten, die wiederum durch das in den letzten Jahren entwickelte Hochdruckextraktionsverfahren (Extraktion mit überkritischen Gasen, vorzugsweise Kohlendioxid) allmählich abgelöst wird. Die O. geben demzufolge das typische Gewürzaroma oft besser wieder als Destillate. Bei den O. kann es jedoch zu unerwünschter Anreicherung von Begleitstoffen (wie Wachse, Fette) kommen, da die Lösungsmittel unspezifische Eigenschaften aufweisen. Bei der Oleoresinherstellung muß daher zugleich toxikologische Unbedenklichkeit und hoher Reinheitsgrad der Lösungsmittel gegeben sein. Diese Probleme fallen bei der Hochdruckextraktion mit kritischen Gasen weg; außerdem kommen die sensorischen Eigenschaften der mit Hochdruck isolierten Extrakte dem Aroma des Ausgangsproduktes im Vergleich zu Lösungsmittel- und Destillationsextrakten am nächsten. So werden z. B. Kaffee- bestimmte Gewürz- und Hopfenextrakte zu einem hohen Anteil bereits über Hochdruckextraktion gewonnen.

Oleuropin → Oliven, marinierte

Oleylalkohol → Fettalkohol

Öl-Faserlein → Leinsaat

Öl, geblasenes → Pflanzenöl, polymerisiertes und oxydiertes

Ölhering: Trivialbez. für bes. fetthaltigen → Hering, der auch zur Herstellung von → Fischöl und → Fischmehl bestimmt sein kann.

Oligopeptide → Peptide

Oligosaccharide → Disaccharide → Saccharide

Olive: die Frucht des im Mittelmeergebiet beheimateten *Ölbaumes Ólea europāēa* L. (Familie *Oleáceae*). Die O. ist eine 2···3 cm lange, im reifen Zustand purpurfarbene bis schwarzblaue Steinfrucht. Sie besteht aus Fruchtfleisch und Stein, der 14···16 % ihrer Masse beträgt. Die O. werden frisch oder konserviert als Speisezugaben verwendet. Der größte Teil der Ernte dient der Herstellung von → Olivenöl → Oliven, marinierte

Olive, Chinesische: Sammelbez. für die in China und Vietnam kultivierten Baumarten der Gattung *Canárium* L.(Familie *Burseráceae*) und deren sehr fetthaltigen Früchte. Diese werden entweder frisch, gekocht oder gesalzen, die Samenkerne meist geröstet verzehrt oder medizinischen Zwecken zugeführt. Man unterscheidet die *Weiße Chinesische Olive, C. álbum* (Lour.) Raeusch. und die *Schwarze Chinesische Olive, C. pímela* C. Koenig. Neben diesen, als C. O. bezeichneten, gibt es noch viele andere *Canariumarten,* deren Bäume im tropischen oder subtropischen Asien, Afrika oder Amerika für verschiedene Zwecke genutzt werden. Hierzu zählen der auf den Philippinen anzutreffende *Pilinußbaum, C. ovátum* Engl., sowie die Kanariennuß, deren zu 75% aus Öl bestehenden Fruchtkerne entweder im gerösteten Zustand verzehrt oder zu Kanarien- oder Pinußöl verarbeitet werden. Zur Speiseölgewinnung wird auch *C. vulgáre* Leenh. herangezogen. In Westafrika werden die Früchte von *C. schweinfúrthii* Engl. im rohen oder gekochten Zustand verzehrt. Dieser Baum liefert nach Anritzen der Rinde außerdem ein vielseitig (zu Räucherzwecken als Weihrauch, für Lack- und Leuchtzwecke sowie als → Überzugsmittel) genutztes → Harz, das als *Afrikan-* oder *Uganda-Elemi* bezeichnet wird. Wegen der genießbaren Samenkerne werden auch *C. salomonénse* Gaertn. auf den Salomoninseln, *C. megalánthum* Merr in Brunei, *C. decumánum* Gaertn. auf Jawa und *C. luzónicum* (Blume) A. Gray auf den Philippinen kultiviert; die letztere Canariumart liefert zugleich das als *Manila-Elemi* bezeichnete Harz, das ebenfalls zur Oberflächenbehandlung von Lebensmitteln verwendet wird. Die fleischigen Früchte von der in Westafrika (Sambia) vorkommenden *C. schweinfúrthii* zeigen in je 100 g folgende Zusammensetzung: 43,3 g Feuchtigkeit, 1,73 g Eiweiß, 17,8 g Fett, 1,26 g Mineralstoffe, 3,16 g Rohfaser, 19,4 g Kohlenhydrate, 143 mg Calcium, 35 mg Phosphor und 21,7 mg Eisen. Der Energiewert je 100 g entspricht in kJ (kcal) 1030 (244).

Olivenbaum → Manna → Olivenöl

Oliven, marinierte, *Picciolini, Picholines, Tafeloliven, Speiseoliven:* die kleinen, dünnschaligen, fingerhutgroßen, hellgrünen oder schwarzen Früchte der vorwiegend fettärmeren spanischen Sorten des Ölbaumes Ólea europāēa L. (Familie *Oleáceae*), die nach einer Milchsäuregärung entsteint, mit Sardellen, Mandeln, Kapern, Zwiebeln, überwiegend aber mit Gewürzpaprika gefüllt und als Sterilkonserve angeboten werden. Seit etwa 5000 Jahren ist die Verwendung der O. als Gemüse im Mittelmeerraum verbreitet. Die O. werden nicht unmittelbar nach der Ernte verzehrt, sondern vor der 1 bis 3 Monate währenden Milchsäuregärung mit alkalischer Lösung (0,5- bis 2%ige Natronlauge) behandelt, damit sich der glycosidische Bitterstoff, das Oleuropin, verliert, s. Formel. M. O. enthalten auch das hypotensiv wirkende α-Pyron-Derivat *Elenolid.*

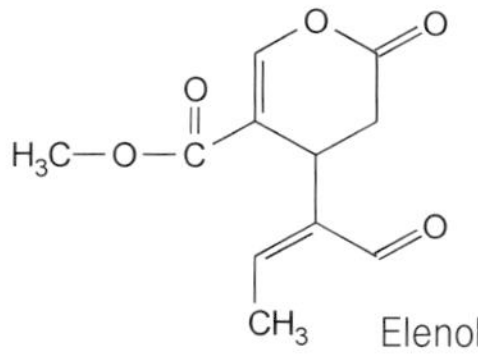

Elenolid

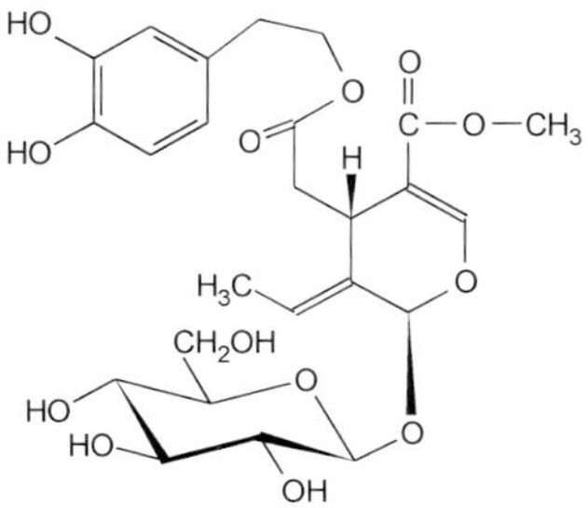

Oleuropin

Die m. O. zeigen folgende Zusammensetzung des Fruchtfleisches: 56,5 % Feuchtigkeit, 13,6 % Eiweiß, 20,8 % Fett, 1,2 % Kohlenhydrate, 2,4 % Ballaststoffe und 5,3 % Mineralstoffe. Der Energiewert je 100 g Fruchtfleisch in kJ (kcal) entspricht 1038 (246).

Olivenöl: das aus dem Fruchtfleisch des *Öl-* bzw. *Olivenbaumes, Ólea europǣa* L. (Familie *Oleáceae*) gewonnene Öl, gehandelt meistens als Gemisch aus raffiniertem und *nativem* O. Das O. ist das wichtigste Speiseöl der Mittelmeerländer. Das Fruchtfleisch der Olive enthält 14···25 % Öl; ein Olivenbaum bringt etwa 60···65 kg Früchte. Bes. hochwertig sind das ohne Pressung aus der Frucht austretende Öl, das als *Jungfernöl* bezeichnet wird, und das durch erste Kaltpressung gewonnene sog. native Öl; bei diesen Ölen kann auf eine Raffination verzichtet werden. Durch eine zweite Pressung (Warmpressung) erhält man O., das vor der Verwendung als Speiseöl raffiniert werden muß. Aus den Preßrückständen (*Sansa*) gewinnt man durch Lösungsmittelextraktion (vorwiegend mit Hexan) *Oliventresteröle,* die vor allem für industrielle Zwecke (Seifenfabrikation, Brennöle, Schmiermittel) verwendet werden. Solche Öle werden als *Sulfuröl, Sansaöl, Orujoöl, Baumöl, Tournanteöl, Lavalöl, Höllenöl* oder *Nachmühlenöl* bezeichnet. *Oliventresteröl* als Gemisch von raffiniertem und nativem O. darf als vergleichsweise minderwertiges Öl (s. Tab.) verkauft werden, wird aber in der BRD kaum angeboten. *Provence-, Aixer-* und *Nizzaöl* sind bes. wertvolle O. südfranzösischer Herkunft. Die Farbe des O. ist grünlichgelb (Chlorophyll) bis goldgelb; unter Lichteinwirkung wird das O. allmählich gebleicht. Das O. ist fast geruchslos und schmeckt eigentümlich schwach süßlich, es ist dickflüssiger als andere Speiseöle; bei Temperaturen um 0°C beginnt es zu erstarren und nimmt dann butterartige Konsistenz an. Die Fettsäuren des O. enthalten meist über 80 % Ölsäure und unter 9 % Linolsäure, ferner etwa 0,9 % Linolensäure, 0,7 % Arachinsäure, 0,5 % Eicosensäure, 0,2 % Behensäure, 0,5 % Lignocerinsäure, 2,5 % Stearinsäure, 11 % Palmitinsäure, 1 % Palmitoleinsäure und 0,1 % Myristinsäure. Bestes O. des Handels darf bis zu 2 % freie Fettsäuren enthalten. Für Speisezwecke darf es nicht mit anderen Speiseölen verschnitten werden. Wegen des hohen Preises sind Verfälschungen mit Pflanzensamenölen (Erdnuß-, Sesam- und Baumwollsaatöl) vorgekommen. → Pflanzenfett

Handelsbez. von Olivenöl in Deutschland, Frankreich, Italien, Spanien

natives Olivenöl extra	Huile d'olive vierge extra	Olio di oliva vergine extra	Aceite de oliva virgen extra
natives Olivenöl	Huile d'olive vierge	Olio di oliva vergine	Aceite de oliva virgen
Olivenöl	Huile d'olive	Olio di oliva	Aceite de oliva
Oliven-tresteröl	Huile de grignons d'olive	Olio di sansa d'oliva	Aceite de orujo de oliva

Olive, Wilde, Elefantenapfel, Jalpaifrucht, Kalomalafrucht: ölhaltige Frucht des Baumes *Elaeocárpus floribúndus* Blume (Familie *Elaeocarpáceae*), der in den asiatischen Tropen vorkommt. Die schmackhaften, aber seltenen Früchte enthalten je 100 g bis 100 mg Vitamin C; sie werden gekocht oder in Essig eingelegt. → Sauerpflaume

Öl, kaltgeschlagenes → Pflanzenfett

Ölkonserve → Fischkonserven

Öl-Lein → Leinsaat

Ölmadi → Madi

Olmützer Quargel: in der Tschechischen Republik aus Sauermilchquark hergestellter *Sauermilchkäse.* → Käsesorten

Ölnußbaum → Butternuß

Olong-Tee, *Oolong-Tee, Ulong-Tee:* ein halbfermentierter hauptsächlich in China verbreiteter → Tee. Der O. nimmt eine Mittelstellung zw. *schwarzen* und *grünen* Tee ein.

Oloroso → Sherry

Öl, oxydiertes → Emulgatoren → Pflanzenöl, polymerisiertes und oxydiertes

Ölpalme: die in Afrika, in Südamerika und auf Sumatra kultivierte Palme, *Elaēis guineénsis* Jacq. (Familie *Arecáceae*), mit etwa 60% Öl in ihren Früchten (→ Palmöl). Der zuckerreiche, durch Anzapfen der Blütenstandsachse gewonnene Blutungssaft liefert geschmacklich den besten → Palmwein. Daneben wird die Ö. zur Gewinnung von → Palmzucker und → Palmkohl genutzt.

Ölpandanus: die auf Jawa und in Indonesien wild vorkommende, in Höhenlagen Neuguineas zw. 500···1400 m als Ersatz für Kokosnuß kultivierte Schraubenbaumart *Pándanus conoidéus* Lam. (Familie *Pandanáceae*) mit rotfarbigen Früchten, die reich an Fett und Vitamin A sind. Durch Auskochen des Mesokarps der Steinfrüchte wird Speisefett gewonnen. Aus dem Fruchtfleisch und den Samen wird ein ölhaltiger Brei bereitet, der zu Nahrungsmitteln gereicht wird. Von den Einheimischen werden die Früchte des Ö. auch als *Marita, Rotfrucht* oder *Tawifrucht* bezeichnet. Die getrockneten Früchte enthalten bei 6,7% Feuchte etwa 20% rotes Fett. Der Gehalt an Fettsäuren, bezogen auf den Gesamtfettsäuregehalt beträgt 67,6% Ölsäure, 18,7% Palmitinsäure und 7,6% Linolsäure. Das Fett weist einen ungewöhnlich hohen Gehalt an freien Fettsäuren auf, der auf den Gehalt an fettspaltenden Enzymen zurückgeführt wird, wie dies auch bei den Früchten der *Afrikanischen Ölpalme* (*Elaēis guineénsis* Jacq.) anhand von Lipasebestimmungen nachgewiesen werden konnte. → Pandanusfrüchte

Ölperilla → Schwarznessel

Öl, polymerisiertes → Emulgatoren → Pflanzenöl, polymerisiertes und oxydiertes

Ölpräserven: begrenzt haltbare *Salzfischwaren* in Öl, *Kräuterfischwaren in Öl* bzw. *Anchosen in Öl*. Auf verschiedene Weise hergestellte und verfeinerte salzgare Erzeugnisse, die in Pflanzenöl, überwiegend in luftdicht verschlossenen Kleinabpakkungen, begrenzt haltbar (→ Präserven) und chem. konserviert hergestellt werden. Als Ö. können alle → Anchosen sowie feine → Salzfischerzeugnisse (z.B. *Matjesfilet in Öl, Salzheringsfilet in Öl, zuckergesalzenes Heringsfilet in Öl)* und kaltgeräucherte Fischerzeugnisse (→ Räucherfischerzeugnisse, z. B. Lachsheringsfilet in Öl) angeboten werden. Die *Seelachserzeugnisse* stellen eine bes. Gruppe der Ö. dar. Sie werden aus gesalzenem, kaltgeräuchertem Seelachs oder Kabeljau als Seelachsscheiben,- scheibchen oder -schnitzel analog den gleichartig hergestellten Produkten aus echtem Lachs (*Lachsscheiben in Öl, Lachsschnitzel in Öl, Lachs in Öl*), jedoch gefärbt gefertigt. Sie müssen als *Lachsersatz* gekennzeichnet sein und enthalten maximal 8···10% Kochsalz. Anstelle der Kalträucherung wird in neuerer Zeit mit Erfolg geräuchertes Pflanzenöl eingesetzt. Ähnliche Ö. werden aus Heilbutt und verschiedenen *Notothenia*-Arten sowie aus zerkleinertem Fischfleisch (Partyscheiben) mit 5···8% Salz hergestellt. Zur Gewährleistung der Haltbarkeit darf der Wassergehalt der Seelachserzeugnisse 65···70% nicht überschreiten. Ö. sind hochwertige Fischerzeugnisse und dienen der Garnierung und Verfeinerung vorwiegend kalter Gerichte (s. Tab.).

Zusammensetzung und Energiewert von Ölpräserven

Erzeugnis	Richtwerte für den Gehalt je 100 g Fischanteil				
	Eiweiß in g	Fett in g	Zucker in g	anhaftendes Öl in g	Energiewert in kJ (kcal)
Salzheringsfilet in Öl	17,4	13,0	–	13,0	1345 (320)
Kräuterheringsfilet in Öl	15,7	13,0	4,3	13,0	1385 (330)
Seelachsscheiben in Öl	17,4	–	–	13,0	840 (200)
Seelachsschnitzel in Öl	15,4	–	–	23,0	1220 (290)

Ölrauke → Jambaraps → Raukenöl

Ölrettich: die in Ostasien bereits v. Chr. kultivierte Ölpflanze *Ráphanus satívus var. oleifórmis* Pers. (Familie *Brassicáceae*), deren ölreiche Samen noch heute in China für die Speiseölgewinnung genutzt werden. Früher wurde der Ö. auch in südeuropäischen Ländern angebaut, neuerdings in westlichen Ländern. Dabei ist das Kraut der schnellwüchsigen Pflanze nicht nur für Salatzwecke geeignet, sondern vor allem der *angekeimte Samen* sowohl für Speisezubereitungen fernöstlicher Küche als auch für Frischkostzwecke allg. verbreitet (→ Keim). Die feurig scharf schmeckenden *Ölrettichkeimlinge (Ölrettichsprossen)* dienen darüberhinaus zum Abschmecken von pikanten Soßen, für → Salate und für Gemüsezubereitungen. → Senföle

Ölsaat: handelsübliche Sammelbez. für Pflanzen, deren im Vergleich zu Ölsamen bes. kleinkörnige Samen vorwiegend der Ölgewinnung dienen. Als Nebenprodukt anfallende Ölsaatenmehle, insbes. die *entfetteten Ölsaatenmehle,* auch *Ölsaatenextraktionsmehle* genannt, werden wegen ihres rel. hohen Proteingehaltes vielfach im teilw. Austausch gegen Weizenmehl als sog. *Substitutionsmehle* für Anreicherungszwecke bei der Backwaren- und Nährmittelherstellung eingesetzt. Aus den Ö. werden außerdem Proteinkonzentrate gewonnen, die zu → neuen Lebensmitteln weiterverarbeitet werden. Zu den Ö.zählen neben → Raps und → Rübsen auch → Sonnenblumenkerne → Leinsamen → Mohn → Sesam → Baumwollsaat und → Senf. Knapp die Hälfte der Proteinmenge der Weltgetreideernte fällt bei der Ölgewinnung aus Ö. und Ölsamen als Nebenprodukt an.
Die Hersteller von → Imbißerzeugnissen verarbeiten Ö. für → Fruchtschnitten → Müsliriegel, Knabbermischungen usw. in großem Umfang. Auch das Sortiment der Backwaren hätte sich ohne den umfangreichen Einsatz von Ö. nicht in die heutige Breite entwickeln können. Die Ö. sind jedoch, wie aus Unters. 1989 und 1990 hervorgeht bes. stark mit Cadmium belastet. Im Durchschnitt enthielten in je einem kg z. B. die Sonnenblumenkerne 0,43 mg (mit einem Höchstwert bei 150 Proben von 0,97), Mohnsaat 0,36 mg (Maximalwert 1,63 mg), Sesamsaat 0,14 mg (Maximalwert 2 mg). Cadmiumgrenzwerte für Ö. gibt es nicht, dafür aber Richtwerte. Dieser liegt für Leinsamen bereits seit längerem bei 0,3 mg. Im Sinne des vorbeugenden Gesundheitsschutzes sind die Richtwerte vom Bundesgesundheitsamt neu überarbeitet worden. So gelten ab Mai 1992 die Richtwerte für Sonnenblumenkerne von 0,6 mg je kg und für Sesam und Mohn jeweils 0,8 mg je kg Ö. → Samenmehl, eiweißreiches

Ölsaatenprotein → Lebensmittel, neues

Ölsamen: Sammelbegriff für Samenkerne mit einem Ölgehalt von mind. 35 % in der Trockenmasse. Zu den Ö. zählen *Aprikosen-, Erdnuß-, Kaschu-, Mandel-, Hickorynuß-, Soja-, Pecannuß-, Pinien-, Paranuß-, Pistazien-, Haselnuß-, Walnuß-* (beide als *Nußkerne* bezeichnet) und *Pflaumenkerne.* Das sog. *Kerngut* besteht demzufolge vorwiegend aus *Hülsen*-(Erdnuß- und Sojabohne) und *Steinfrüchten.* Bei letzteren werden die Samenkerne von den harten Außenschichten befreit (*ausgekernt*), bzw. geschält und je nach Vollständigkeit in ganze, halbe oder auch in kleinere Stücke (Bruch) eingestuft und preislich unterschieden. Die *unzerkleinerten* Ö. werden vielfach als Tafelfrüchte oder → Imbißerzeugnisse (geröstet oder ungeröstet bzw. gesalzen) z. B. *Salzmandeln, gesalzene Erdnüsse, gesalzene Pistazienkerne)* verzehrt. Bei den *Haselnußkernen* wird der größte Teil (in der Süßwaren-, Öl-, Fett- und Feinbackwarenherstellung) industriell verarbeitet und der kleinste Teil des Produktionsaufkommens als *Tafelfrucht* konsumiert. *Baumnüsse* (wie Wal-, Para-, Pecannuß usw.) werden größtenteils in Schale importiert; dagegen werden nur 15···20 % der Haselnüsse mit Schale eingeführt.
Ö. neigen auf Grund des hohen Ölgehaltes zum oxydativen Verderb (Ranzigwerden). Bei unzureichender Vortrocknung und zu hoher Lagertemperatur besteht außerdem die Gefahr des Bitterwerdens und Verschimmelns. Ö. sollten daher sofort nach der Ernte bis unter 10 % Feuchtigkeit heruntergetrocknet werden. Bei Lagertemperaturen von -3°C und 65···70 % Luftfeuchte sind die Ö. 12 Mo-

nate gut haltbar. Bei Lagertemperaturen über 0°C sollte die rel. Luftfeuchte nicht über 60% steigen. Beste Qualitätserhaltung wird bei Einlagerung unter annähernd reiner Stickstoffatmosphäre erreicht; auch in gasdichten Behältnissen im Kühlraum bei 0°C und unter Stickstoffatmosphäre behalten die Ö. 2 Jahre ihre Verkaufsqualität. Die Haltbarkeit beschädigter oder verletzter Ö. ist im Vergleich zu ganzen Ö. um 50% geringer. Da Ö. leicht Gerüche und Feuchtigkeit aufnehmen, sollten sie nicht mit Obst oder Gemüse zusammen gelagert werden. Zu den *zerkleinerten Ö.* zählt das *Ölsamenmark* bzw. -mus: a) *Haselnußmark,* auch als *Nußmark* bezeichnet (eine durch Feinzerkleinerung von geschälten und gerösteten Haselnüssen hergestellte pastenartige oder halbflüssige Masse),
b) *Erdnußmark,* auch als *Erdnußmus* bezeichnet (eine durch Feinzerkleinerung von geschälten Erdnußkernen hergestellte pastenartige oder halbflüssige Masse),
c) *Indisch-Mandel-Mark, auch als -Mus* bezeichnet (eine durch Feinzerkleinerung von geschälten Kaschukernen hergestellte pastenartige, halbflüssige Masse).
Darüber hinaus gibt es noch *Mischungen,* z. B. aus 50% Indisch-Mandel- und 50% Erdnußmark oder 50% Indisch-Mandel und 50% Haselnußmark. *Gesüßtes Nußmark bzw.-mus* wird ausschl. aus geschälten Nußkernen und Zucker hergestellt und enthält höchst. 55% Zucker, 8% Eiweiß und 32% Fett. Das *gesüßte* Nußmark wird, sofern es nicht mehr als 10% Kakaobestandteile enthält, zu → *Nugatrohmasse* gerechnet. Das *Ölsamenmark, -mus* oder auch die Ölsamenpaste wird als vorwiegend gesüßtes, kakaohaltiges, rel. fettreiches und damit hoch-energetisches Produkt mit 2300 kJ (550 kcal) je 100 g gehandelt. Es wird zu Getreidefrühstückskost, als Brotaufstrich, zur Geschmacksaufwertung von Süßspeisen, für Milchmischgetränke und dgl. verwendet. Ohne Zucker dient es als Diabetikerlebensmittel (*Diabetikernußmus*). Es weist einen Energiewert von 1765 kJ (470 kcal) je 100 g auf und enthält 13% Eiweiß, 27% Fett, 8% verdauliche Kohlenhydrate, 28% Glucitol (Sorbit) sowie 3% Feuchtigkeit. → Mus → Kern → Mark

Ölsamenkohl → Rübsen

Ölsardine → Fischkonserven

Ölsäure, *cis-Octadecen-9-säure, Oleinsäure, Rapinsäure, Elainsäure:* eine Monocarbonsäure der Formel CH_3-$(CH_2)_7$-CH=CH-$(CH_2)_7$-COOH. Die Ö. kommt in fast allen natürlichen Fetten und Ölen vor; bes. reich daran sind u. a. Olivenöl, Mandelöl, Erdnußöl, Palmöl. Ö. wird aus Fetten und Ölen durch Fettspaltung gewonnen, ist eine farb-, geruch- und geschmacklose Flüssigkeit und kommt in zwei Modifikationen vor, F. 13,4 °C bzw. 16,3°C. Technische Ö., die auch als *Olein, Elain* bzw. *Stearinöl* bezeichnet wird, dient zur Herstellung von Seifen und von Textilhilfsmitteln. Reine und gemischte Glycerinoleate werden auch als Oleine bezeichnet. Die Natrium- und Kalisalze der Ölsäure (Oleate, E 470) werden als → Überzugsmittel für Zitrusfrüchte verwendet.

Öl, thermisch polymerisiertes → Emulgatoren → Pflanzenöl, polymerisiertes und oxydiertes

Ölweide, kleine Bäume oder Sträucher aus der Gattung *Elaeágnus* L. (Familie *Elaeagnáceae*) mit eßbaren, ölhaltigen Früchten, die frisch verzehrt oder zu Kompott verarbeitet werden. Die Ö. wird in Ostasien, Iran und den Mittelmeerländern angebaut. Zu den Elaeagnusfrüchten gehört auch die *Lingarofrucht.* Als *Gumi* wird der sanddornähnliche Strauch *Elaeágnus multiflóra* Thunb., der in Japan und China vorkommt, bezeichnet. Seine Früchte werden roh verzehrt oder zu Kompott verwendet.

Ölziest → Lallemantia, Kaukasische

Omelettenmehl → Eierkuchenmehl

Omum: Früchte der in Indien heimischen Pflanze *Trachyspérmum ámmi* (L.) Sprague (Familie *Apiáceae*), die z.T. auch im Vorderen Orient als Gewürz verwendet werden.

Önanthsäure: Trivialname der Heptansäure. → Fettsäuren

Onchom → Ontjom

Oncom → Ontjom

Oncorhýnchus spec. → Lachs

Ondo → Sorghumhirse

Önin → Anthocyane

Onoto → Anattobaum

Onsäuren → Aldosäuren

'Ontario': eine seit 1882 in Europa verbreitete, in USA 1820 entstandene, sehr großfrüchtige, um 200 g Masse erreichende Apfelsorte aus einer Kreuzung zw. 'Wagener' x 'Northern Spy'. Bei der sehr saftigen, säuerlich schmeckenden glattschaligen, flachkugeligen Frucht mit grüngelblicher Grund- und schwach rötlicher Deckfabe handelt es sich um eine der wichtigsten Langzeitlagersorten für Selbstversorger, da sie wegen ihrer Dünnschaligkeit und Saftigkeit für eine kommerzielle Dauerlagerung und Aufbereitung zu empfindlich ist. Der Baum liebt weder zu feuchten noch zu trokkenen Boden. Bei schonender Ernte der Früchte reicht ihre Haltbarkeit bis März → Apfel → Kernobst

'Ontariopflaume' → Rundpflaume → Steinobst

Ontjom, *Oncom, Onchom, Lontjom:* ein im Orient verbreitetes, aus Erdnußkuchen bei 30°C im Verlauf von 24 h gewonnenes → fermentiertes Lebensmittel. Bei Beimpfung des Preßkuchens mit Neurospóra sitóphila wird sog. roter O., bei Verwendung von Mikroorganismenkulturen aus Rhizópus oligósporus sog. weißer O. erzielt. Durch den Fermentationsprozeß nimmt der Gehalt an löslichem Eiweiß von 5 % auf 24 % zu, und der Phytingehalt wird im Vergleich zum Ausgangsmaterial drastisch gesenkt. O. wird geröstet, gekocht mit Salz, Zucker oder Ingwersoße gewürzt als Frühstückserzeugnis verzehrt. Bevorzugt wird die in Fett gebackene snackartige Zubereitung.

On the Rocks → Bargetränk

Oolong-Tee → Olong-Tee

Opaque-2 → Mais → Getreide, angereichertes

Opaquemais: eine genetische Variante des → Maises mit einem im Vergleich zu anderen Maissorten erhöhten Lysingehalt. Der O. liegt im Ertrag um 10···15 % niedriger als die Standardmaissorten, primär als Folge einer weicheren Kornbeschaffenheit, die gleichzeitig auch dem Angriff von Schadinsekten stärker ausgesetzt ist. → Getreide, angereichertes → Ricarepa → Duryea

Ophiopógon japónicus → Ginseng-Ersatz

Opochala → Ölblume

Opúntia fícus-índica → Kaktusbirne

Opúntia megacántha → Kaktusbirne

Opúntia ssp. → Kaktusapfel

Opuntie → Kaktusbirne

Orange, *Apfelsine:* gelbe bis orangefarbene, ovale bis kugelige Frucht des niedrigen, 6···10 m hohen Baumes *Cítrus sinénsis* (L.) Osbeck (Familie *Rutáceae*), dessen Wuchsform stark umweltabhängig ist. Die ziemlich glatte Schale umschließt das gelbe bis gelblich orangefarbene, auch rötliche, süße bis säuerliche, aromatische Fruchtfleisch, dessen 8 bis 13 Segmente sich um eine feste Zentralschale gruppieren und fest aneinanderhängen. Während die Mittelmeerländer den Wintermarkt in Europa mit O. beliefern (November bis Juni), kommen die Sommerorangen aus Amerika (Brasilien, Florida, Kalifornien, Kuba, auch Argentinien und Uruguay) und Südafrika. Die Sommerorangen sind weniger aromatisch und zartfleischig als die Winterorangen, jedoch in bezug auf Zusammensetzung und Energiewert (s. Tab. nächste Seite) gleichwertig.
Das Hauptflavonoid ist Hesperidin. Als Schlüsselverbindung für das Orangenaroma gelten α- und β-Sinensal (s. Formel).

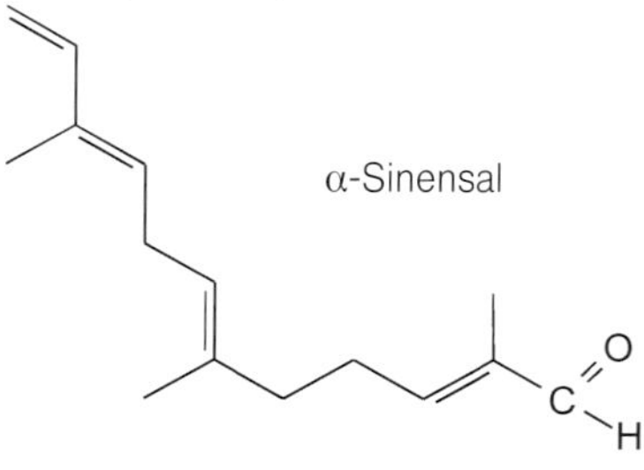

Zusamensetzung und Energiewert der Orange

Bestandteil	Orange	Orangensaft
	Durchschnittl. Gehalt in 100 g eßbaren Anteils	
Feuchtigkeit	85,7 g	87,0 g
Eiweiß	0,96 g	0,8 g
Fett	0,26 g	0,3 g
Kohlenhydrate	9,14 g	10,2 g
Rohfaser	0,53 g	0,1 g
Mineralstoffe	0,5 g	0,33 g
Natrium	3,0 mg	3,0 mg
Kalium	170,0 mg	164,0 mg
Calcium	44,0 mg	20,0 mg
Eisen	0,5 mg	0,28 mg
Phosphor	23,0 mg	16,0 mg
Selen	3,5 µg	–
Caroten	0,14 mg	–
Vitamin E	0,20 mg	–
Vitamin B_1	0,071 mg	0,09 mg
Vitamin B_2	0,051 mg	0,30 mg
Niacin	0,26 mg	0,27 mg
Vitamin B_6	0,05 mg	–
Vitamin C	51,00 mg	53,0 mg
Citronensäure	1,28 g	1,3 g
Energiewert in kJ (kcal) je 1000 g eßbaren Anteils	230 (54)	195 (47)

Die Sommerorangen werden vorwiegend zur Saftgewinnung verwendet. Von den etwa 400 Sorten sind nur wenige Standardsorten im internationalen Handel von Bedeutung. Die Systematik nach botanischen Aspekten ist schwierig. Nach praktischen Gesichtspunkten werden die frühreifen *Blondorangen* (November bis Januar), die mittelfrühen *Blutorangen* (Januar bis April) und die Spätfrüchte (April bis Juni) unterschieden. Diese Einteilung gilt allerdings nur für den Mittelmeerraum (Spanien, Italien). In Amerika werden z. B. Blutorangen so gut wie nicht produziert. Hauptsorten der Blondgruppe sind 'Valencia', die '*Navelorangen' (Nabelorangen)* sowie die 'Shamouti' der östlichen Mittelmeerländer. "Navelorangen" (Typen: "Washington Navel", "Thompson Navel", "Navelina") sind kernarme O., deren «Nabel» durch eine kleine Tochterfrucht gebildet wird. 'Shamouti' sind i. allg. runde, aromatische, kernlose bis kernarme, dickschalige Früchte, der israelische Typ (*"Jaffaorange"*) ist länglich und kernlos. Die geschützte Herkunftsbez. "Jaffa" darf nur für israelische O. verwendet werden. Bei Blutfrüchten (Mutationen normaler O.) ist das Fruchtfleisch vollkommen blutrot oder gestreift. Eine der Hauptsorten ist 'Doblefina'. Bei 'Halbblut' ist die Schale nicht rot gefärbt. Tief- bis blaurot gefärbte Früchte werden als "Doppelblut" bezeichnet ('Ruby' aus Florida). Die rote Färbung ist stark umweltabhängig, daher können als Folge bestimmter Witterungsbedingungen Blutsorten fast ohne Färbung erscheinen. Kubanische O. bilden unter dem konstanten tropischen Sonnenschein ohne starken Temperaturwechsel zw. Tag und Nacht grün gefleckte bis grüne Schalen aus; es sind also keine Zeichen von Unreife sondern typische Merkmale der Sorten ('Valencia Late', 'Navel', 'Criolla'), die als Sommerorangen vorwiegend für die Saftgewinnung angebaut werden (durchschnittlich 50% Saftanteil der Fruchtmasse).
Die Weltproduktion von Orangen betrug 1985 41,3 Mio t, größter Produzent ist Brasilien mit etwa 34% der Welternte. Spanien als größter Exporteur liefert etwa 30% des Weltexports an O.. Die italienischen Exporte enthalten bis zu 70% Blutorangen. Die O. wurde wahrscheinlich um 400 n. Chr. im Mittelmeergebiet eingeführt, nach Amerika kam sie durch die frühen portugiesischen und spanischen Eroberer. Die Heimat der O. ist vermutlich China. → Zitrusfrucht → Agrume

Orangeade: allg. Bez. für Getränke aus Orangensäften, die z. T. mit Zitronensaft gesäuert sind. Vgl. entsprechende Ableitung der Bez. Limonade vom ital. «limone» → Erfrischungsgetränk, alkoholfreies

Orangeat: kandierte Schalen der → Pomeranzen und → Orangen, die als → Backgewürz und zur Aromatisierung von Getreidefrühstückskost, Süßwaren, Süßspeisen und Würzsoßen verwendet werden → Dickzuckerfrucht. Blanchierte und glasierte (rötliche) Pomeranzen heißen *Chinois.* Unglasierte Ware wird in der Regel als „abgelaufen“ deklariert.

Orangegaletten → Florentiner

Orangenblütenöl, *Neroliöl:* das aus den frischen, voll geöffneten Blüten von *Cítrus aurántium* L. *subspec. aurántium* (Familie *Rutáceae*) durch Wasserdampfdestillation gewonnene, hellgelbe, fluoreszierende ätherische Öl mit charakteristischem Geruch und zuerst süßem, dann bitterem Geschmack. Hauptbestandteile sind Pinen, Camphen, Linalool, Geraniol, Nerol, Farnesol u. a. Es dient zur Aromatisierung von Fruchtlikören sowie als Geruchs- und Geschmackskorrigens für Limonaden, Back- und Süßwaren.

Orangenlilie → Lilienzwiebel

Orangensaft → Fruchtsaft, trubstoffstabiler → Freeze-Flow-Lebensmittel

Orangenschalenöl → Pomeranzenschalenöl

Orange Pekoe → Tee

Orangequat → Kumquat

Orange RGL → Lebensmittelfarbstoffe

Orbígnya autrecasána → Taparo

Orbígnya cohúne → Cohunepalme

Orbígnya martiána → Babassupalme → Palmkohl → Babassufett → Babassunuß

Orcco malco, *Luqui:* die im Hochland von Peru und Bolivien rel. frostresistente und nur in Kultur bekannte Kartoffelhybride *Solánum juzepczúkii* Buk. Syn. *S. j. var. párco* Hawkes (Familie *Solanáceae*), deren Knollen in der Regel durch Wasserentzug konserviert und dann als → *Chuño* bezeichnet werden.

Orcein → Farbstoffe

Orchis spec. → Salepmannan

Orconéctes limósus → Krebstiere

Oregano: 1. → Dost, Echter
2. → Monarde
3. Sammelbez. für die Blätter der Origanumarten. → Dost

Oregano, Amerikanischer, *Oregano, Mexikanischer:* die im tropischen und subtropischen Amerika vielfach zum Export kultivierte Gewürzpflanze *Líppia gravéolens* L.(Familie *Verbenáceae).*

Oregano, Mexikanischer → Oregano, Amerikanischer

Orellanin: ein Pilzgift des *Orangefuchsigen Rauhkopfs* [*Cortinárius orellánus* (Fr.) Fr.]. Die Hauptkomponente ist ein bis-N-oxid des *3,3',4,4'-Tetrahydroxy-2,2'-bipyridyls.* Das langsam wirkende Toxin ist lichtempfindlich. Beim Erhitzen geht es in das ungiftige *Orellin* über.

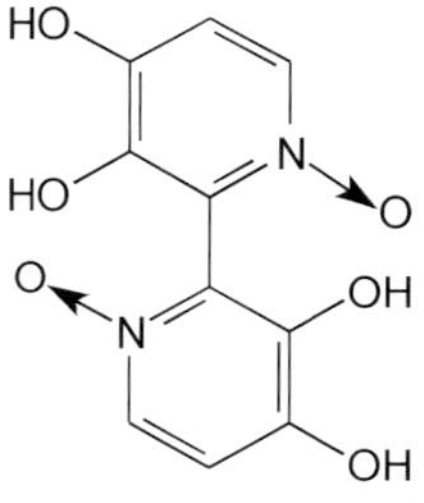

Orellanin

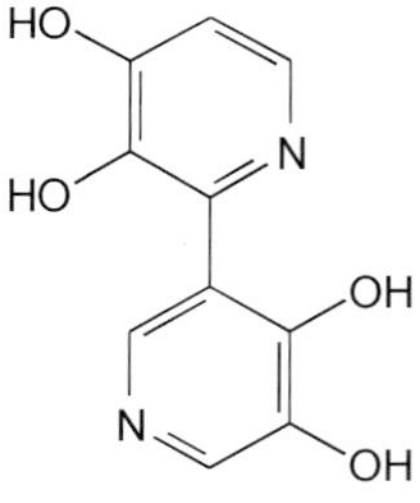

Orellin

Ein zweites, schnell wirkendes, nur in geringen Mengen vorhandenes Toxin ist in seiner Konstitution noch nicht aufgeklärt. Es ist nicht licht- und temperaturempfindlich, aber gegenüber Säuren unbeständig. Wichtigste Vergiftungssymptome sind: Müdigkeit, Appetitlosigkeit, Kopfschmerzen; starker Durst mit Trockenheit der Mundschleimhäute, Lippen- und Zungenbrennen, Zunahme der Harnmenge, Erbrechen, Durchfall; Schüttelfrost, Kältegefühl ohne erhöhte Temperatur; Schmerzen in der Lendengegend, Gelenk- und Muskelschmerzen, durch Nierenschädigung später Nachlassen der Urinausscheidung; Verstopfung. Latenzzeit: 2⋯17 Tage. → Pilzgifte

Orellin → Orellanin

Oreodaphnol → Terpen-Ketone

Orfe → Aland

Organfett: tierisches Fett, das bestimmte Organe umgibt. Zum O. gehören insbes. das Herz- und das Nierenfett. O. wird zur Speisefettgewinnung verwendet. → Fett

Organic grown foods → Lebensmittel, alternative

Organically grown foods → Lebensmittel, alternative

Organoleptik → Sensorik

Organophosphate → Alkylphosphate

Orientel → Sareptasenf

Origánum dictámnus → Dost 2.

Origánum heracleóticum. → Dost 7.

Origánum majorána → Majoran

Origánum onítes → Dost 3.

Origánum sýriacum → Dost 5.

Origánum vulgáre ssp. hírtum → Dost 7.

Orinko → Guarana

Orinoco-Apfel → Cocona

Orlando → Suntina

Orlean → Lebensmittelfarbstoffe → Farbstoffe

Orleansstrauch → Anattobaum

L-Ornithin → Aminosäuren → Harnstoff

L-Ornithintaurylhydrochlorid → Peptide

'Oroblanco' → Grapefruit

Orogbo: kaffeebohnenähnlicher, bitterer Samen der *Garcínia cóla* Heckel. (Familie *Guttíferae*), der in Afrika (Nigeria) als Austauschprodukt für die → *Kolanuß* verwendet wird.

Oroko → Faltenkürbis

Orotidin → Orotsäure

Orotidin-5'-monophosphat → Orotsäure

Orotsäure, *Uracil-4-carbonsäure, Molkenfaktor* (veraltet), *Vitamin B_{13}* (Benennung fraglich): ein Pyrimidinderivat s. Formel.

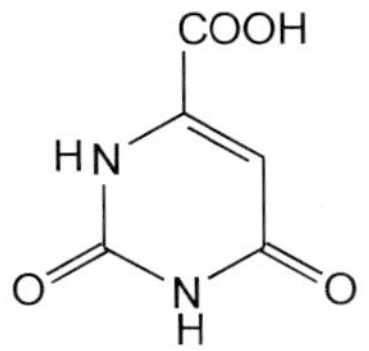

Molmasse 156,10 g/mol; farblose Kristalle, F. 345···346°C. Die O. ist schwer löslich in Wasser, leichter in Alkalihydroxidlösung, fast unlöslich in den gebräuchlichen organischen Lösungsmitteln. Die O. wurde aus Milch isoliert. Dort und in Leber und Hefe ist sie reichlich vorhanden. Sie entsteht biosynthetisch im Säugetierorganismus durch Ringschluß zw. L-Asparaginsäure und Carbamoylphosphat und anschließende Dehydrierung und ist als Vorstufe der Pyrimidinnucleotide von großer biochemischer Bedeutung. *Orotidin* (3-β-D-Ribufuranosylorotsäure), das in Orotidin-5'-monophosphat enthaltene Nucleosid der O. tritt im Gegensatz zur O. nicht frei auf. Der O. werden noch zugeschrieben: leberzellenregenerierende Wirkungen (Bau- und Schutzstoff bei Leberzellschäden), günstige Einflüsse auf den RNS-Stoffwechsel des Gehirns (verbessertes Lernvermögen, Steigerung der Gedächtnisleistung) und harnsäurespiegelsenkende Effekte. Typische Mangelsymptome sind nicht bekannt. Es gibt aber eine erbliche Stoffwechselstörung der Pyrimidin-Biosyn-

Gehalt an Orotsäure in verschiedenen Säugetiermilcharten in µg/ml bzw. µg/g Trockenmasse (gerundete Werte)

Rind	74···18
Ziege	7···17
Büffel	12···28
Mensch	2
Süße Kondensmilch	153···221
Eiskrem	152···177
Kindernahrung	114···173
Käse	105···123
Magermilchpulver	32···79

these, die *hereditäre Orotazidurie* (Wachstumsverzögerungen, Megaloblasten-Anämie und Verminderung der Leukozyten).

Orseille → Farbstoffe

Ortanique → Mandarine

Orthophenylphenol, *o-Phenylphenol, Hydroxybiphenyl* (E 231): Konservierungsstoff, der in der Zitruskonservierung eingesetzt wird. Die antimikrobielle Wirkung richtet sich vor allem gegen Schimmelpilze und Bakterien.

Orthophosphate, *Monophosphate* (E 339 - E 341, E 343): Salze der Orthophosphorsäure, sie kommen natürlicherweise in fast allen Lebensmitteln vor. O. begünstigen und stabilisieren Emulsionen. Anwendung finden vor allem die Natrium-, Kalium-, Calcium-, Magnesium- und Aluminiumverbindungen. → Phosphate

Orthophosphorsäure, → *Phosphorsäure* (E 338): dreibasische Mineralsäure, die beim Lösen von Phoshorpentoxid (P_2O_5) in Wasser entsteht, mit der Formel H_3PO_4. Sie dient aufgrund ihres rein sauren Geschmacks in der Lebensmittelproduktion als → Säuerungsmittel und → Säureregulator sowie als → Aufschlußmittel → Synergist und → Trägerlösemittel für alkoholfreie Getränke (insbes. Cola-Getränke) und zur Herstellung von Säure-Nährkasein.

Ortlesbeer → Elsbeere

Orujoöl → Olivenöl

Oryctólagus cunículus (*Kaninchen*) → Fleischtiere → Wild

Oryzaekäse: unter Verwendung von *Aspergíllus oryzae* hergestellter japanischer *Blauschimmelkäse*. Geschmacklich ist O. dem Cheddar-Käse ähnlich, wobei ein der Fleischwürze ähnlicher Nebengeschmack auftritt. → Blauschimmelkäse

Orýza glabérrima → Reis

Orýza satíva → Reis

Oryzenin → Gluteline

Oryzópsis hymenoídes → Reisgras, Indianisches

Os → Knochen

Osajin → Flavonoide

Osetian: aus Kuhmilch, Schafmilch und Ziegenmilch hergestellter *Schnittkäse* mit 45 % F. i. Tr. aus der ehem. Sowjetunion. → Käsesorten

Osjotr: russ. Bez. für → Stör.

Osmolarität: Merkmal eines Lebensmittels bzw. einer Kostform hinsichtlich osmotisch aktiver Verbindungen und des nach Nahrungsaufnahme (enteral, parenteral) und Absorption in den Gefäßen (Blut, Leber, Niere) zu erwartenden Druckes. Er kommt dadurch zustande, daß Wasser aus Lösungen niederer Konzentration durch Zellmembranen (semipermeable Membran) in diejenigen Zellen diffundiert, in denen konzentriertere Lösungen vorliegen und deren Innendruck erhöht. Niedermolekulare Verbindungen (Salze, Glucose, Aminosäuren) erhöhen die O., hochmolekulare Verbindungen (Stärke, Proteine) weisen niedrige O. auf. Die Regulierung des osmotischen Druckes erfolgt vor allem durch die Niere, wird hormonal durch Vasopressin gesteuert. Die O. ist definiert als diejenige Menge an osmotisch aktiven Verbindungen in Millimol (z. B. 0,1 M Glucose = 0,1 osmolar; 0,1 M Natriumchlorid = 0,2 osmolar), die entweder in einem Kilogramm Lösung (Osmolalität) oder in einem Liter Lösung (Osmolarität) gelöst sind. Die O. wird durch Messung der Gefrierpunktserniedrigung ermittelt. Die molare Gefrierpunktserniedrigung von 1 Mol gelöster Teilchen in Wasser beträgt 1,84°C und hat einen Druck von 2,24 MPa. Die O. spielt in der Diätetik zur Beurteilung diätetischer Erzeugnisse eine bedeutende Rolle. Sie sollte 450 mmol/kg Wasser nicht überschreiten. → Osmose

Osmose: Bez. für die Diffusion von Wasser oder anderen Flüssigkeiten durch eine semipermeable Membran in die Lösung mit höherer Konzentration bis zum Konzentrationsausgleich. Die O. ist bedeutsam für den Stofftransport. Der O. bedient man sich bei Konservierungsverfahren von Lebensmitteln (Einsalzen, Einzuckern, Pökeln). → Osmolarität

Osmúnda japónica → Zenmai

Osmundalacton, *5,6-Dihydro-5-hydroxy-6-methyl-2H-pyran-2-on, 4-Hydroxy-2-hexen-5-olid:* Aglykon des in den Blättern des Farnes Osmúnda japónica vorkommenden Glucosids *Osmundalin,* s. Formel.

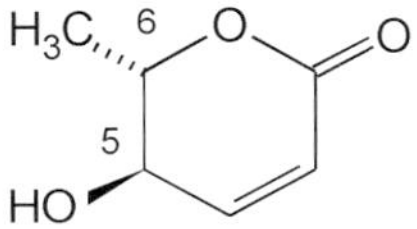

Molmasse 128,13 g/mol, F. 82°C

Osmundalin → Osmundalacton

Osseomucoid → Glycoproteide

Ossetra: Korn des Kaviars vom *kaspischen Ossetra-Stör (Acipenser).* Es ist von schwarzer, stahlgrauer bis dunkelgrauer ganz selten heller Färbung und im Vergleich zum Korn des Beluga-Störs fester. O. gilt als besonders geschätzter Kaviar, der auch in einer geöffneten Dose länger ansehnlich bleibt.

Ostara → Beerenobst

Osterberg-Quelle → Mineralwasser → Heilwasser

Österzola: österreichischer *Grünschimmelkäse* (Weichkäse) in Laibform (Typ Gorgonzola) mit 45% F. i. Tr. → Käsesorten

Östradiol → Östrogene

Ostrea edúlis → Muscheln

Östriol → Östrogene

Östrogene: natürliche bzw. synthetische Substanzen mit der biologischen Wirkung der *weiblichen Sexualhormone* (Follikelhormone). Sie haben Steroidstruktur mit dem Grundskelett des *Östrans* (18 Kohlenstoffatome).

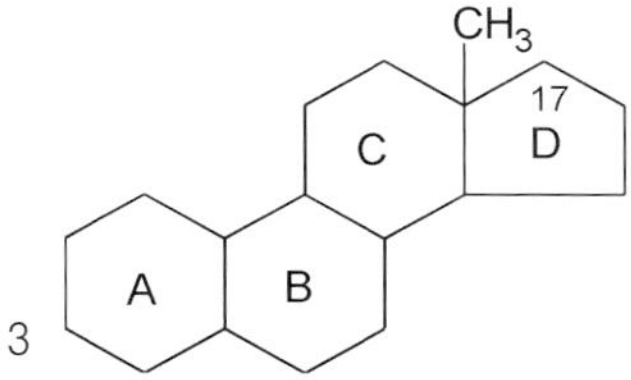

Östrogene

Für die östrogene Wirkung mit verantwortlich sind eine Hydroxylgruppe in 3-Stellung bzw. eine Keto- oder Hydroxylgruppe in 17-Stellung. Von Bedeutung sind die natürlichen Ö.. *Östradiol, Östriol* und *Östron* sowie die synthetischen Ö. *Stilböstrole, Hexöstrol* und *Dienöstrol.* Ö. wirken auf normalen Brunft- und Menstruationsablauf und gehören zu den biologisch hochwirksamen Substanzen. In der Tiermast bewirken sie unter bestimmten Bedingungen eine beschleunigte Masseentwicklung. Wegen der noch nicht abgeklärten Frage der Auswirkungen auf den Menschen ist ihre Verwendung in der Tiermast z. Z. nicht erlaubt.
Stoffe mit östrogenähnlicher Wirkung sind auch in versch. Pflanzen enthalten, im wesentlichen sind dies *Commestane, Resorcylsäurelactone, Lignane* und *Isoflavonglycoside* (→ Flavonoide). Östron wurde aus Palmkernen (*Elaeis guinéensis* Jacq.) isoliert. Im Anisöl befindet sich das östrogenwirksame → Anethol, und in verschiedenen anderen pflanzlichen Nahrungsmitteln, wie Mohrrüben, Sojabohnen, Getreide, Kartoffeln, Äpfeln, Kirschen, Pflaumen, sowie in Pflanzenölen aus Baumwollsaat, Weizenkeimen, Leinsaat, Erdnuß, Olive, Sojabohne, Kokosnuß sind schwach östrogenwirkende *Isoflavonglycoside* enthalten, wie *Genistein* und *Daidcein* (Sojabohne), *Biochanin A* (Kichererbse) und *Prunetin* (Kirsche, Pflaume). Hopfen enthält den höchsten Gehalt an pflanzlichen Ö. (2 bis 30 mg/100 g). Frauen reagieren daher beim Hopfenpflücken mitunter mit Menstruationsstörungen. *Lignane,* die ein Dibenzylbutan-Grundgerüst aufweisen, werden durch die Darmflora aus Vorstufen pflanzlicher Nahrung (z. B. in Getreide, Leinsaat) gebildet. Ihre biologische Wirkung beim Menschen besteht in Beeinträchtigung der Fruchtbarkeit und der Beeinflus-

sung hormonabhängiger Tumore. → Giftstoffe in pflanzlichen Lebensmitteln

Östron → Östrogene

Ostseegarnele → Krebstiere

Ostseekrabbe: fälschliche Bez. für Ostseegarnele. → Krebstiere

Oswegotee → Monarde

Osyritrin → Flavonoide

Ota: die in Mittelamerika, Brasilien und Indien als Gemüsepflanze kultivierte *Xanthosóma nígrum* (Vell.) Mansf.(Familie *Aráceae*), deren Blattstiele und Tochterknollen der Rhizome als Kochgemüse, die Knollen als Quelle der Stärkegewinnung genutzt werden.

Othello: 1. → Schokoladenballen
2. mit Schokolade überzogenes Stangeneis.

Otídea → Becherlinge

Otolíthus → Adlerfisch

Ottélia alismoídes → Espada

Oudemansiélla spec. → *Tricholomatáceae*

'Oullins' → Pflaume → Steinobst

Ouzo: eine vorwiegend mit Anis, Fenchel und Mastix aromatisierte, farblose griech. Spirituose mit einem Mindestethanolgehalt von 37,5 %-Vol. und einem Zuckerzusatz bis zu 50 g je l. Der durch Destillation mit würzenden Samen aromatisierte Alkohol muß nach EG-VO mind. 20 %-Vol. des Ethanolgehaltes des O. ausmachen.

Ovalbumin: Protein des Eiklars. → Eialbumin → Albumine → Glycoproteide

Ovalpflaume: Frucht von *Prúnus doméstica L. ssp. doméstica P. oeconómica* Borkh. *var. oxycárpa* (Familie *Rosáceae*) einer Pflaumenvarietät mit ellipsoiden, saftreichen, weichfleischigen Früchten, Beispiel: die Sorte 'Czar'. Die O. schmecken gekocht säuerlich, sie sind nicht zum Dörren geeignet. Die Bez. O. ist irreführend, da die Früchte nicht eiförmig, sondern an beiden Enden nahezu gleichförmig abgerundet sind. Darin unterscheiden sie sich von den Sorten der Varietät → Eierpflaume. → Pflaume

Ovicide → Pflanzenschutzmittel

Ovinala → Yamszwiebel

Ovis platyura aegýptica → Fettschwanzschaf-Fett

Ovoester → Farbstoffe

Ovoflavoprotein: ein Riboflavin bindendes Protein des Eiklars mit einer Molmasse von 32 000 g/mol und dem i.P. von 3,1. → Eiklar

Ovofotsy → Yamswurzel

Ovoglobuline: Proteine des Eiklars, es sind drei Globuline G_1, G_2 und G_3 beschrieben, wobei das G_1 mit → Lysozym identisch ist. Die G_2- und G_3-Globuline machen etwa 4 % der Eiklarproteine aus, sie besitzen eine große Bedeutung für die Schaumbildung. Molmasse von G_3 58 000 g/mol, i.P. 4,8, Molmasse von G_2 40 000···43 000 g/mol, i.P. 5,5. → Ei → Globuline

Ovoinhibitor: neben Ovomucoid und → Cystatin der dritte Inhibitor des Eiklars mit einer Molmasse von 49 000 g/mol. Enthält Glucosamin und Hexose, aber kein Galactosamin und keine Sialinsäure.

Ovomakroglobulin: hochmolekulares Protein des Eiklars, Molmasse 720 000 g/mol, das sich in 4 identische Untereinheiten (180 000 g/mol) aufspalten läßt. Der i.P. beträgt 4,5. → Eiklar

Ovomucin: ein fibrillenbildendes (≈ 20···100 Å) Protein, das in höheren Konzentrationen im dicken Eiklar vorkommt und dessen höhere Viskosität ausmacht. Die Konzentration beträgt etwa 1,5···2,0 % der Eiklarproteine, besitzt aber die Hälfte der Sialinsäure und hat eine kohlenhydratarme und eine -reiche Komponente. Letztere verflüssigt sich bei der Lagerung (Flüssigwerden des Eiklars nach längerer Lagerung). Die Hagelschnüre des Eiklars besitzen ebenfalls erhöhte Konzentrationen von Ovomucin. Die Teilchengewichte werden mit 23 x 10^6 bis 240 x 10^6 g/mol in Abhängigkeit vom *p*H-Wert angegeben. Gelöstes Ovomucin besitzt eine Molmasse von 8 300 000 g/mol, das in weitere Untereinheiten zerfällt. → Ei

Ovomucoid: Protein des Eiklars. Aktives Allergen im Eiklar mit hoher Hitzestabilität, die durch 9 Disulfidgruppen hervorgerufen wird. Der Kohlenhydratanteil beträgt etwa 25···30 %, die Molmasse 28 000 g/mol. → Ei → Glycoproteide

Ovotransferrin: Protein des Eiklars, Molmasse 76 600 g/mol, i.P. 6,6. Bildet mit Kupfer, Eisen etc. leicht Komplexe mit jeweils 2 Metallionen auf einem Proteinmolekül, wodurch es zu Verfärbungen kommen kann. Als Synonym wird Conalbumin verwandt.

Owalabutter → Owalafett

Owalafett, *Owalabutter, Attabohnenfett, Mabulapanfett, Nullapansafett, Ölbohnenfett, Pauconußfett:* das Samenfett des an der Westküste Afrikas und in Brasilien vorkommenden *Pentacléthra macrophýlla* Benth. (Familie *Fabáceae*). Die etwa 7 cm langen, 5 cm breiten und 1 cm dicken Samen wiegen mit Schale 8···20 g. Das in den Samen zu 30···40 % vorliegende Fett (Öl) weist eine goldgelbe Farbe, erdnußähnlichen Geschmack und leicht stechenden Geruch auf. Das O. kann nach Raffination als Speisefett dienen; es verfügt über einen hohen Anteil an Linolsäure (60 %) und an Fettsäuren mit mehr als 18 C-Atomen (15 %). Der Gehalt an Tocopherolen beträgt etwa 450 ppm. → Pflanzenfett → Ölbohne

Owalaöl → Owalafett

Owe-Cola → Colanuß

Oxalaldehydsäure → Oxocarbonsäuren

Oxalat → Oxalsäure

Oxalbernsteinsäure → Oxocarbonsäuren → Citronensäure

Oxalessigsäure → Citronensäure → Oxocarbonsäuren

Óxalis acetosélla → Waldsauerklee

Óxalis carnósa → Ocapatate

Óxalis corniculáta → Hornsauerklee

Óxalis déppei → Sauerklee, eßbarer

Óxalis stricta → Hornsauerklee

Óxalis tetraphýlla → Sauerklee, eßbarer

Óxalis tuberósa → Aracacha → Occa

Oxalsäure, *Ethandisäure, Kleesäure:* einfachste gesättigte, unverzweigte aliphatische (kettenförmige) Dicarbonsäure mit der Formel HOOC-COOH.
Die O. ist im Pflanzen- und Tierreich in Form ihrer Salze (*Oxalate*) weit verbreitet. Bes. oxalsäurereich sind Schokolade, Mangold, Rhabarber (die Blätter deutlich reicher als die Stengel mit 0,5···0,8 %), Spinat, Sauerklee, Sauerampfer und Rübenblätter, die bis zu 16 % der Trockensubstanz O. enthalten können. Größere Mengen O. werden auch innerhalb des Citronensäurecyclus im menschlichen und tierischen Stoffwechsel gebildet. O. kristallisiert in farblosen Prismen, die 2 Moleküle Wasser enthalten und in Wasser, Ethanol und Ether löslich sind, F. 101,5 °C bzw. wasserfrei 189,5 °C. O. wirkt als freie Säure oder als Alkalisalz stark toxisch (minimale tödliche Dosis 5 g.); das schwer lösliche Calciumsalz wird nicht resorbiert, die O. verliert damit ihre Giftwirkung. Durch die Bindung an O. im Organismus wird das Calcium dem Körper entzogen, es kann zu Störungen des Calciumstoffwechsels sowie zu starken Calciummangelerscheinungen, wie Porösität des Knochengerüsts, kommen. Durch Calciumentzug im Blut können akute Herz-Kreislaufschäden (Kollaps) und später durch das ausgefallene Calciumoxalat in der Niere Nierenverschluß und Urämie eintreten. Oxalsäurereiche Gemüse sollten mit einer aus der calciumreichen Milch hergestellten weißen Grundtunke (Béchamel) zubereitet werden, um den Calciumverlust etwas auszugleichen. Das ist bes. wichtig in der Kleinkinderernährung. 100 g Spinat fällen das Ca aus 200 g Milch aus. Die Oxalsäurekristalle, bes. in o. g. Gemüsen, bewirken das Stumpfwerden der Zähne. → Glycolsäure

γ-N-Oxalyl-L-α,γ-diaminobuttersäure → Stoffe, Lathyrismus auslösende

β-N-Oxalyl-L-α,β-diaminopropionsäure → Aminosäuren → Stoffe, Lathyrismus auslösende

Oxantin → Dihydroxyaceton

Oxathiane: Aromastoffe der Passionsfrucht, wobei die typische Aromanote das 2S,4R-Isomere darstellt (s. Formel). Das ebenfalls vorkommende *3-Methylthiohexanol* gilt als Vorstufe der 1,3-O. → Passionsfrucht

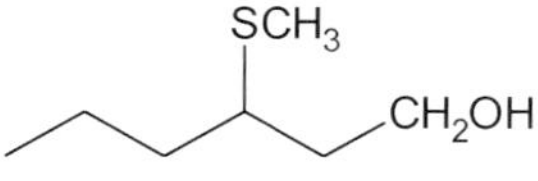

3-Methylthiohexanol

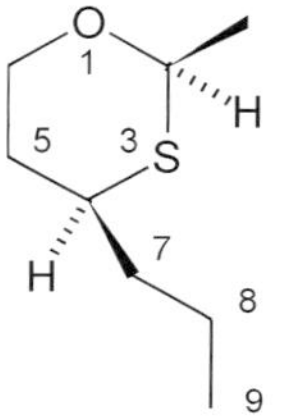

cis-2-Methyl-4-propyl-1,3-oxathian

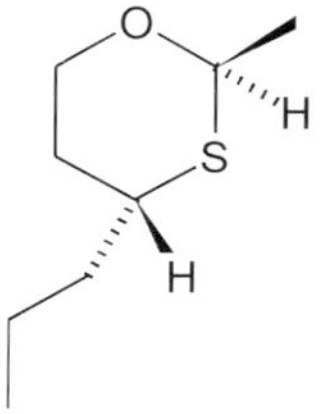

trans-2-Methyl-4-propyl-1,3-oxathian

1,4-Oxido-p-menthan → 1,4-Cineol

1,8-Oxido-p-menthan → 1,8-Cineol

2,8-Oxido-p-menthan → Terpen-Alkohole

Oxidopropionsäure → Glycidsäure

Oxirane → Epoxide

4-Oxo-5-amino-pentansäure(1) → Aminosäuren

2-Oxobutansäure → Oxocarbonsäuren

Oxocarbonsäuren: *Aldehyd-* und *Ketocarbonsäuren*. O. kommen auf Grund ihrer Einbeziehung in biochemische Prozesse vielfältig in Lebensmitteln vor (s. Übersicht unten).

α-Oxo-dicarbonsäuren → Oxocarbonsäuren

Oxoessigsäure → Oxocarbonsäuren

2-Oxo-hexandisäure → Oxocarbonsäuren

3-Oxo-hexansäure → Oxocarbonsäuren

2-Oxo-4-imino-tetrahydropyrimidin → Cytosin

2-Oxo-3-methylbutan-1-säure → Ococarbonsäuren

Vorkommen der Oxocarbonsäuren in Lebensmitteln

Oxocarbonsäure	Formel	Vorkommen
α-Oxo-monocarbonsäuren:		
Glyoxylsäure (Oxoessigsäure, Oxalaldehydsäure)	O C-COOH H	Metabolit im Glyoxylsäurezyklus, einem Nebenweg des Citronensäurezyklus, weit verbreitet bes. in unreifen Früchten und Knospen
Brenztraubensäure (α-Oxopropionsäure)	H_3C-CO-COOH	in allen Zellen vorhandener Metabolit des Kohlenhydrat-, Fett- und Eiweißstoffwechsels, in zahlreichen Lebensmitteln nachgewiesen
2-Oxobutansäure (α-Ketobuttersäure)	H_3C-CH_2-CO-COOH	Vorstufe der Iso-Leucinsynthese, Metabolit beim Threoninabbau, im Käse und in der Milch nachgewiesen
α-*Keto-isovaleriansäure (2-Oxo-3-methylbutan-1-säure)*	$(CH_3)_2$-CH-CO-COOH	Zwischenprodukt beim Auf- und Abbau des Valins, im Käse nachgewiesen

Vorkommen der Oxocarbonsäuren in Lebensmitteln (Forts.)

Oxocarbonsäure	Formel	Vorkommen
2-Oxo-4-methyl-pentan-1-säure (α-Keto-isocapronsäure) (veraltet)	$(CH_3)_2$-CH-CH_2-CO-COOH	steht im Aminosäure-Stoffwechsel im Gleichgewicht mit dem Valin, im Käse nachgewiesen
Phenylbrenztraubensäure (α-Oxo-phenylpropionsäure)	C_6H_5-CH_2-CO-COOH	Metabolit des Phenylalaninstoffwechsels, nachgewiesen im Tabak
α-Oxo-dicarbonsäuren:		
Oxalessigsäure	HOOC-CH_2-CO-COOH	Metabolit im Citronensäurezyklus, weit verbreitet, nachgewiesen in Preiselbeeren, Milch, Äpfeln, Käse
4-Oxo-pentandinsäure (α-Keto-glutarsäure)	HOOC-CO-CH_2-CH_2-COOH	Metabolit im Citronensäurezyklus, nachgewiesen u.a. in Milch, Käse, Äpfeln, Roggen und Preiselbeeren
2-Oxo-hexandisäure α-Keto-adipinsäure)	HOOC-$(CH_2)_3$-CO-COOH	nachgewiesen in Milch, Erbsen
α-Oxo-tricarbonsäure:		
Oxalbernsteinsäure (1-Oxo-propan-1,2,3-tricarbonsäure)	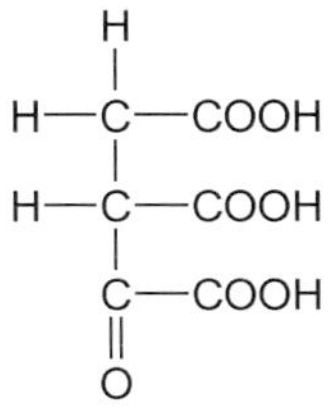	Metabolit im Citronensäurezyklus, nachgewiesen in Milch, Käse
β-Oxo-monocarbonsäuren:		
Acetessigsäure	CH_3-CO-CH_2-COOH	Metabolit des Fettstoffwechsels Vorstufe der Mevalonsäure, nachgewiesen in Käse, Milch
3-Oxo-hexansäure β-*Ketocapronsäure (veraltet)*	CH_3-$(CH_2)_2$-CO-CH_2-COOH	Käse
3-Oxo-5-methyl-pentansäure (β-*Keto-isocapronsäure,* veraltet)	$(CH_3)_2$-CH-CO-CH_2-COOH	Käse
3-Oxo-octansäure *(β-Keto-caprylsäure,* veraltet)	CH_3-$(CH_2)_4$-CO-CH_2-COOH	Käse

Vorkommen der Oxocarbonsäuren in Lebensmitteln (Forts.)

Oxocarbonsäure	Formel	Vorkommen
γ-Oxo-monocarbonsäuren:		
Lävulinsäure (4-Oxo-pentan-1-säure, Ketovaleriansäure)	CH_3-CO-CH_2-CH_2-COOH	bildet sich beim Kochen mit verdünnten Säuren aus Ketosen oder Polysacchariden, deshalb in Marmelade und Suppenwürze enthalten
Lävulinsäureethylester	CH_3-CO-$(CH_2)_2$-CO-O-CH_2-CH_3	in frischem Weißbrot
ε-Oxo-monocarbonsäuren:		
6-Ketostearinsäure (6-Oxo-octadecansäure, Lactarinsäure)	CH_3-$(CH_2)_{11}$-CO-$(CH_2)_4$-COOH	im Milchsaft einiger Pilze, bes. *Lactarius*-Arten, in getrockneten Pilzen (2···3%)
Hydroxy-oxo-monocarbonsäuren:		
3-Hydroxy-2-oxo-buttersäure (β-Oxy-α-ketobuttersäure, 3-Hydroxy-2-oxo-butansäure)	CH_3-CH(OH)-CO-COOH	Preiselbeeren
4-Hydroxy-2-oxo-buttersäure (γ-Oxy-α-ketobuttersäure, 4-Hydroxy-2-oxo-butansäure)	CH_2(OH)-CH_2-CO-COOH	Preiselbeeren, Moosbeeren
Acetmilchsäure (2-Hydroxy-3-methyl-3-oxo-buttersäure, 2-Hydroxy-3-methyl-3-oxo-butansäure)	CH_3-CO-C(CH_3)OH-COOH	Käse

3-Oxo-5-methyl-pentansäure → Oxocarbonsäuren

Oxo-monocarbonsäuren → Oxocarbonsäuren

6-Oxo-octadecansäure → Oxocarbonsäuren

4-Oxo-octadeca-9,11,13-trien-säure → α-Licansäure → Oiticicaöl

3-Oxo-octansäure → Oxocarbonsäuren

4-Oxo-pentandisäure → Oxocarbonsäuren

4-Oxo-pentan-1-säure → Oxocarbonsäuren

α-Oxo-phenylpropionsäure → Oxocarbonsäuren

1-Oxo-propan-1,2,3-tricarbonsäure → Oxocarbonsäuren

α-Oxopropionsäure → Oxocarbonsäuren

(+)-5-Oxopyrrolidin-2-carbonsäure → Aminosäuren

α-Oxo-tricarbonsäuren → Oxocarbonsäuren

Oxybenzaldehyd → Aldehyde

p-Oxybenzylsenföl → Senföle

Oxyberberin → Alkaloide → Berberitze

2-Oxybutylen-3-isothiocyanat → Senföle

Oxycitronensäure → Hydroxycitronensäure

Oxycoccicyanin → Anthocyane

p-Oxycumol → Phenole

Oxydierte Stärke (E 1404) → Stärke, oxydierte

Oxydihydrocitronellal → Hydroxycitronellal

Oxydoreduktase → Enzym

Oxyhämoglobin → Farbstoffe

Oxy-ketokuttersäure → Oxocarbonsäuren

L-Oxylysin → Aminosäuren

Oxymalonsäure → Tartronsäure

L-4-Oxymethylprolin → Aminosäuren

Oxymyoglobin → Farbstoffe

Oxynervon → Cerebroside

2-Oxynervonsäure (veraltet) → 2-Hydroxynervonsäure

Oxyneurin → Betaine

12-Oxyölsäure → Ricinolsäure

Oxypeucedanin → Cumarin

p-Oxyphenylessigsäure → Monohydroxycarbonsäuren, aromatische

5-Oxy-piperidin-2-carbonsäure → Aminosäuren

L-Oxyprolin → Aminosäuren

1-Oxy-propan-1,3-dicarbonsäure → D-α-Hydroxyglutarsäure

1-Oxypropan-1,2,3-tricarbonsäure → Isocitronensäure

Oxystearin → Pflanzenöl, polymerisiertes und oxydiertes

Oxytetracyclin → Tetracyclin

6-Oxy-2-thiopyrimidin → 2-Thiourazil

p-Oxytoluol → Phenole

p-Oxyzimtsäure → Hydroxyzimtsäuren

Oyokpo: ein aus → Perlhirse 1. bereitetes Bier, das vorwiegend in Nigeria für Handelszwecke produziert und in Flaschen gefüllt angeboten wird.

Oyster: 1. → Bargetränk
2. engl. Bez. für Austern. → Muscheln

Ozon, *Trisauerstoff, Trioxygen, O_3:* Molmasse 48,00 g/mol, farbloses giftiges Gas, Kp. −111,9 °C. O. ist ein außerordentlich reaktives Molekül, das in mehreren Resonanzstrukturen mit unterschiedlicher Ladungsverteilung vorliegt und spontan entsprechend der Gleichung
$O_{3^-} \rightarrow O_2 + 1/2\ O_2 + 284$ kJ
zerfällt. Wegen seiner antimikrobiellen Wirkung wird O. als Desinfektions- und Entkeimungsmittel bei der Trinkwasseraufbereitung eingesetzt. O. bzw. seine Spaltprodukte können an empfindlichen Lebensmitteln, insbesondere Fett mit mehrfach ungesättigten Fettsäuren unerwünschte Wirkungen verursachen, die bei Lagerung und Handel berücksichtigt werden müssen. In diesem Zusammenhang sind auch die möglichen Risiken der bei warmen Wetterlagen in Städten verbreitet nachgewiesenen erhöhten Ozonwerte zu sehen.

Paarbrot → Semmel

Paarwecke → Semmel → Wecke

Paaskebröd → Hamburger 2.

PABS → p-Aminobenzoesäure

Pac choi → Chinakohl

Pac soi → Chinakohl

Pachyrrhízus ahípa → Yamsbohne

Pachyrrhízus erósus → Yamsbohne

Pachyrrhízus tuberósus → Yamsbohne

Pacoury-Uvas → Bacuri

Padang Cassia → Padangzimt

Padang-Cassa-lignea → Zimt 3.

Padang-Zimt → Zimt 3.

Paddystroh-Pilz → Kulturpilze

Padouk, Afrikanischer → Kino

Paeónia lactiflóra → Pfingstrose, Echte

Paeónia officinális → Pfingstrose, Echte

Pagéllus → Meerbrassen

Págrus → Meerbrassen

Pains: Fleischpasteten, vornehmlich aus Wild- und Geflügelfleisch hergestellt. Das feingehackte Fleisch wird mit Fett, Trüffeln und Gewürzen verschiedener Art zu einem wohlschmeckenden Brotaufstrich verarbeitet. Im Handel erscheint es meistens in Gläsern oder Dosen.

Pajura: die fleischige, große, wohlschmeckende Frucht, des in Südamerika kultivierten Baumes *Parinári montánum* Aubl., dessen Samen eine Delikatesse darstellen und wie Mandeln verzehrt werden. *Parinári campéstris* Aubl. wird in Brasilien und auf den Antillen wegen der eßbaren Samen und Früchte kultiviert. Beide Arten gehören zur Familie *Chrysobalanáceae.* → Nikon-Nuß → Graupflaume

Pak choi → Chinakohl

Pak choy → Chinakohl

'Pak choy green' → Chinakohl

Pakai → Inga ssp.

Pakit → Yamswurzel

Pak soi → Chinakohl

Palaēmon squílla → Krebstiere

Palatinit®: ein aus zwei Stoffen bestehendes Produkt der Hydrierung des Disaccharids *Isomaltulose.* Es besteht zu etwa gleichen Teilen aus *1-O-α-D-Glucopyranosyl-D-sorbit (Isomalt)* und *1-O-α-D-Glucopyranosyl-D-mannitdihydrat* (s. Formel unten).

P. ist ein weißes, geruchloses Pulver, von rein süßem Geschmack mit mindestens 98 % Trs., F. 145···150°C. Es ist als Zuckeraustauschstoff für die Herstellung von Zuckerwaren, Kaugummi, Marzipan und Nugaterzeugnissen zugelassen. Zur Herstellung von leichten und schweren Hefegebäcken, Fettgebäcken, Mürbeteiggebäcken, Keksen, Sand- und Rührkuchen sowie Tortenböden ist P. ebenfalls gut geeignet. Das Backverhal-

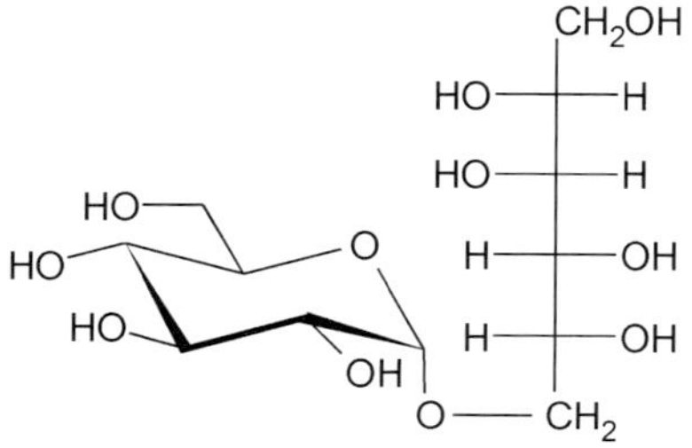

1-O-α-D-Glucopyranosyl-D-sorbit

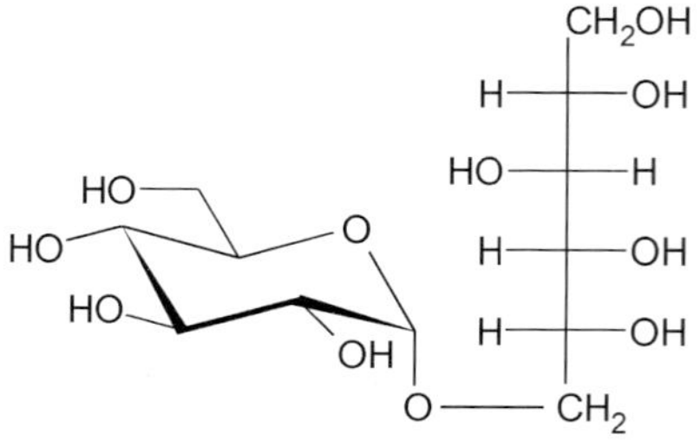

1-O-α-D-Glucopyranosyl-D-mannitdihydrat

ten ist deutlich vorteilhafter als mit Fructose. Aufgrund der geringen Hygroskopizität bietet P. gegenüber Saccharose sensorische und technologische Vorteile in der Herstellung von Hartkaramellen und Getreideextrudaten.
→ Zuckeraustauschstoffe

Palatschinke (die): feiner gefüllter → Eierkuchen; *Mehrz.* Palatschinken. → Eierkuchenmehl

Palast-Nuß → Haselnuß

Palazzo: schwedischer *Grünschimmelkäse* in Laibform (Typ → Gorgonzola). → Käsesorten

Pale Ale → Ale

'Palla Rossa' → Radicchio

Palmarosaöl → Cymbopógongras

Palmbutter → Palmöl

Palmenherz → Palmkohl

Palmenhonig: eingedickter Saft der Palme *Jubǣa chiléns1is* (Mol.) Baill. (Familie *Arecáceae) (Honigpalme, Coquitopalme).* Der Saft wird durch Anbohren oder Entfernen des oberen Stammendes gewonnen, er fließt mehrere Monate. Eine Palme liefert 400···800 l. Der Saft wird zu Sirup eingedickt. Seit 1971 ist die Saftgewinnung zum Schutz der aussterbenden Palmen verboten. Der kirschgroße Samenkern der Honigpalme wird *Coquito* genannt. → Blutungssaft

Palmenkaffee → Dattel

Palmensaft → Palmenhonig → Palmwein

Palmensago → Sago → Palmfarnstärke

Palmensirup → Zucker → Palmenzucker → Palmwein

Palmenzucker, *Palmzucker, Jaggery:* der nach Anritzen der Blütenstandsstiele (Infloreszenzachse) oder Siebröhren des Stammes verschiedener Palmenarten austretende, zuckerhaltige (bis 15 % Saccharose enthaltende) → Blutungssaft (*Toddy*) in flüssiger, eingedickter oder getrockneter Form. Für die Palmzuckergewinnung werden folgende Palmenarten genutzt: *Dattel-* → Dum- → Buri- → Honig- (→ Palmenhonig) → Kokos- → Moritz- → Nipa- → Raffia- → Öl- → Walddattel- und → Zuckerpalme (→ Palmwein). → Braunzucker

Palmfarn → Adlerfarn

Palmfarnstärke, *Cycasstärke*: Sammelbez. für die seit alten Zeiten für die Sagoherstellung genutzte → Stammstärke
a) von der in Japan, Indonesien und im tropischen Afrika kultivierten Palmfarnart *Cýcas revolúta* Thunb., deren nußartiger Samen genießbar ist,
b) von *Dióon edúle* Lindl., das in Mexiko und Brasilien wegen des aus dem Stamm gewinnbaren Sagos und der verzehrbaren Samen angebaut wird, sowie
c) von *Zamia* (→ Zamiastärke). Alle drei Pflanzengattungen gehören zur Familie Cycadáceae, und ihre eßbaren Samen werden als *Cycadnuß* bezeichnet. → Cycasin

Palmfett → Palmöl

Palmgras: ein im Hochland von Neuguinea in Gärten kultiviertes Hirsegewächs, *Setária palmifólia* (J. G. Koenig) Stapf (Familie *Poáceae*), das als Gemüsepflanze dient, wobei das Innere der Sprosse frisch oder erhitzt verzehrt wird. → Hirse

Palmin → Kokosfett

Palmitinsäure, *n-Hexadecansäure, Cetylsäure (Zetylsäure):* eine gesättigte Fettsäure der Formel CH_3-$(CH_2)_{14}$-COOH.
Die P. kommt nahezu in allen tierischen und pflanzlichen Fetten vor, in größeren Mengen im Palmöl (35···45 %), Kakaobutter (25···35 %), Schweineschmalz (25···32 %), Rindertalg (25···30 %) u. a. P. bildet farblose Schuppen, F. 62,6°C, und wird zur Herstellung pharmazeutischer und kosmetischer Präparate verwendet.

Palmito → Palmkohl

Palmitoleinsäure, *Hexadec-9-en-säure, Physetölsäure, Zoomarinsäure:* eine einfach ungesättigte Monocarbonsäure der Formel
CH_3-$(CH_2)_5$-CH=CH-$(CH_2)_7$-COOH.

Die P. kommt in Pflanzen und Tierfetten, bes. in Kaltblüterfetten, vor. F. −0,5···+0,5gC. Die Fettsäuren der Fischöle bestehen zu 3···25 % aus P., Rinder- und Pferdefett enthalten 14···17 % P.

Palmitoyl-ascorbinsäure → Ascorbylpalmitat

Palmkernfett, *Palmkernöl:* das aus den Fruchtkernen der Ölpalme (→ Palmöl) gewonnene Fett. Die Fruchtkerne befinden sich in einer sehr harten, dreikantigen Nuß und machen 9···25 % der Palmfrucht aus; sie enthalten 40···52 % Fett, das nach Zerkleinerung der Kerne durch Extraktion gewonnen wird. Das P. ist ein weißes bis gelbliches Fett; es ähnelt in seiner Zusammensetzung dem → *Kokosfett.* Die wichtigsten Fettsäuren und ihre Anteile (Etwa-Werte), bezogen auf den Gesammtfettsäuregehalt, sind Caprylsäure (3 %), Caprinsäure (5 %), Laurinsäure (49 %), Myristinsäure (15 %), Palmitinsäure (8 %), Stearinsäure (2 %), Ölsäure (17 %) und Linolsäure (1 %). Raffiniertes P. wird als Speisefett und zur Herstellung von Margarine verwendet. Auch bei der Bereitung von Süßwaren und Karamellen wird P. eingesetzt.

Palmkernöl → Palmkernfett

Palmkohl: 1. *Palmito, Palmenherz:* die als Gemüse verzehrten Blattknospen oder Sämlinge mit zartem Mark von Palmenarten, z. B. der *Assai-, Buri-, Bastard-Sago-, Babassu-, Coyoli-, Dum-, Honig-* (→ Palmhonig), Königs-, Kokos-, Kohl-, Lontaro- (→ Palmyrafrucht), Öl-, Pina-, Paraguay-Kokos-, Raffia-, Senegal-Dattel-, Talipot- und *Zuckerpalme.* Die Palmen sterben nach der Palmkohlernte ab. Der P. wird von Brasilien als Konserve exportiert, dabei werden *Assai-* und *Babassupalme* bevorzugt.
2. *Italienischer Kohl:* die in Frankreich kultivierte Grünkohlsorte *Bróssica oleràcea var. palmifólia* DC. (Familie *Brassicáceae),* die bis zu 1 m hoch wird.

Palmlilie → Costa-Rica-Arrowroot

Palmöl, *Palmfett*: das Fruchtfleischfett der → *Ölpalme.* → Palmkernfett ist das aus den Kernen gewonnene Fett. Die Ölpalme wird auf großen Plantagen im Kongoraum, in Indonesien und Malaysia angebaut. Auch in zentral- und südamerikanischen Ländern gedeihen ähnliche Palmarten *(Elǣis melanocócca* Jacq., u. a.). Die Ernte der 10···25 kg wiegenden Fruchtbündel erstreckt sich über das ganze Jahr. Früher wurde aus den Fruchtbündeln durch Vergären der reifen Früchte und Kochen des zerkleinerten Fruchtfleisches das P. gewonnen. So erhaltenes P. enthält 10···50 % freie Fettsäuren. Heute erhitzt man die Fruchtbündel in dampfbeheizten Zylindern und gewinnt durch Zentrifugieren und Pressen das Rohpalmöl, das infolge seines hohen Gehaltes an Carotenen rot gefärbt ist. Durch Raffination erhält man ein weißes bis gelbliches Speisefett mit butterartiger Konsistenz („*Palmbutter*") und angenehmem Geschmack. Die wichtigsten Fettsäuren des P. und ihre Anteile, bezogen auf den Gesamtfettsäuregehalt, sind Myristinsäure (1···2 %), Palmitinsäure (32···45 %), Stearinsäure (3···6 %), Ölsäure (38···52 %) und Linolsäure (6···10 %). Das P. dient zur Herstellung von Margarine und als Backfett; technische Qualitäten dienen als Hilfsmittel beim Verzinnen von Weißblech und werden zur Herstellung von Seifen verwendet. *Lagosöl* und *Kongoöl* sind bekannte Handelssorten. Die Weltproduktion beträgt über 1 Mio t P. → Pflanzenfett

Palmsaft → Palmwein

Palmstärke: Sammelbez. für → Markstärke aus dem Mark des Stammes verschiedener Palmenarten. Zu den Stärke liefernden Palmen (Familie *Arecáceae)* gehören: *Königspalme (Arecástrum romanzoffiánum* Cham.) → *Buritipalme* → Sagopalme, Rumphspalme (Metróxylon rúmphii Willd.) → *Talipotpalme, Sogo* und *Wake* (→ Sagopalme), Buripalme, Lako (Metróxylon upolénse Becc.) → *Bastard-Sagopalme* → Zuckerpalme.

Palmwein: ein durch Gärung des zuckerhaltigen Palmsaftes (*Toddy)* in Afrika, Mittel- und Südamerika sowie in Asien bereitetes Getränk aus verschiedenen Palmarten. Der a) durch Anschneiden der Stiele junger Palmenblütenstände (Inflorreszenzachsen), b) durch Anzapfen der bis zu 60 m hoch werdenden Palmenstämme oder c) durch

Fällen der Palmen gewonnene zuckerhaltige → *Blutungsaft* dient entweder zur Gewinnung von *Palmsaft* (frischer Saft oder alkoholhaltiges Erfrischungsgetränk), von → *Palmzucker* → Palmenhonig oder P. Durch Destillation von P. entsteht *Arrak*. Blutungssaft, durch Anzapfen der Stiele von Infloreszenzen, wird von → Bastard-Sago- → Buri- → Cohune- → Dum- → Kokos- Lontaro- (→ Palmyrafrucht) → Moritz- → Nipa- → Öl- und → *Zuckerpalme* gewonnen. Für das Anzapfen der Siebröhren des Baumstammes zur Blutungssaftgewinnung werden folgende Palmarten genutzt: → *Dattel-* → Pina-Honig-(Palmhonig) → Raffia- → Senegal- und *Walddattelpalme*. Bevorzugter Blutungssaft für die Palmweingewinnung kommt in Afrika von der Ölpalme. Sie liefert den geschmacklich besten P., dessen Alkoholgehalt sehr hoch getrieben werden kann. In ortsüblichen Palmweinstuben, auf Märkten und an ambulanten Ständen wird der begehrte Trank aus Kalebassen (getrockneten → Flaschenkürbissen) bis zu Bierfaßgröße gereicht. Viele Verbraucher mischen den P. noch mit Wasser. Neuerdings wird der P. auch auf Flaschen abgezogen, in denen er sich bis zu einem Jahr hält. Der P. wird ferner zu weltlichen und religiösen Feierlichkeiten und in der traditionellen Medizin, vermischt mit heilkräftigen Kräutern, genutzt.

Palmyrafrucht: große Frucht der hohen *Lontaro-* oder *Palmyrapalme Borássus flabéllifer* L. (Familie *Arecáceae*), die in Indien, Sri Lanka, Burma, im Malaiischen Archipel vorkommt und in Afrika kultiviert wird. Das Fruchtfleisch sowie die gerösteten und rohen, bis zu 2 kg wiegenden Kerne (→ Nüsse) sind ein wichtiges Lebensmittel. Die Keimlinge bzw. jungen Sämlinge wie auch die Endknospe werden als Gemüse (→ Palmkohl) verzehrt. Aus den Infloreszenzachsen (Stielen junger Blütenstände) wird Zuckersaft (→ Palmzucker → Palmwein) gewonnen. In Afrika wird außerdem die *Deleb-* oder *Äthiopische Fächerpalme, Borássus aethíopum* Mart. kultiviert und in gleicher Weise genutzt.

Palo de vaca → Lechero

Palta → Avocado

Palytoxin → Gifte in Meerestieren

Pamid: älteste bulgarische Keltertraubensorte für Rotwein, die fruchtige, leichte Weine von hellroter Farbe ergibt. P. wird oft mit *Mavrudwein* verschnitten. → Trakia → Mavrud → Wein

Pamidwein → Mavrud → Pamid

Pamir, *Alaj:* das in Mittelasien und in der ehem. Sowjetunion kultivierte Doldengewächs, *Mediásia macrophýlla* Regel, Synonym *Séseli macrophýllum* Regel (Familie *Apiáceae*), dessen Blätter als Gemüse, die Früchte als Gewürz, insbes. zum Aromatisieren von Erfrischungsgetränken dienen.

Pampelmuse: 1. *Pummelo, Pumelo, Toronja, Riesenorange, Shaddok:* große, kugelige (javanische Sortengruppe) oder birnenförmige (siamesische Sortengruppe), 1···3 kg wiegende und einen Durchm. bis zu 30 cm erreichende Frucht des großen Baumes *Cítrus máxima* (Burm.) Merr., Syn. C. grándis (L.) Osbeck (Familie *Rutáceae*) mit großer, spreizender Krone und typischen Hängezweigen. Die 1,5···2,0 cm dicke Fruchtschale ist goldgelb mit grünlichen, drüsigen Tüpfeln und umschließt ein gelblichgrünes bis hellrotes Fruchtfleisch, das einen süßen Saft enthält. Die P. wird vor allem im Malaiischen Archipel und in Südostasien angebaut, jedoch nur selten exportiert. Die besten Früchte werden in Thailand produziert. Das Fruchtfleisch wird frisch durch Auslöffeln aus der Schale verzehrt. → Zitrusfrucht
2. → *Grapefruit*

Panachés: Bez. für alkoholhaltige Erfrischungsgetränke (engl. = Mix), die durchschnittl. zu 50 % aus Bier bestehen und 2···3 %-Vol. Ethanol aufweisen.

Panāeolus spec. → Pilzwirkstoffe, halluzinogene

Panade, *Panierung:* **1.** Umhüllung von Bratfisch- und anderen Fritier- und Braterzeugnissen. Die P. kann aus Mehlmischungen grober Vermahlung oder Semmelmehl (→ Paniermehl, Bratmehl, sog.

Trockenpanade), aus einem dünnflüssigen Teig (z.B. Wasser, Mehl, Eipulver, Milchpulver und Gewürze, sog. Flüssigpanade) oder aus einer Kombination von Flüssig- und Trockenpanade (Semmelmehl) bestehen. Die P. vermindert die Austrocknung des Produktes während des Bratens (→ Bratfischerzeugnisse) und bestimmt die sensorische Charakteristik der gebratenen Erzeugnisse weitgehend. Bei Fischerzeugnissen kann der Anteil der P. bis zu 35 % ausmachen und damit bei der Beurteilung des Nährwertes von Bedeutung sein.
2. auch *Panadel* oder *Panadi* österr.: → Suppeneinlage aus Weißbrot und Ei.

Panakillon → Ginseng

Panamakirsche → Jamaikakirsche

Panamapalme → Nacuma-Gemüse

Panaquilon → Ginseng

Pánax gínseng → Ginseng

Panaxillon → Ginseng

Panaxin → Ginseng

Pánax japónicus → Ginseng

Pánax psēūdoginseng → Ginseng

Pánax quinquefólius → Ginseng

Panaxoside → Ginseng

Panaxsapogenin → Oelanolsäure → Ginseng

Panaxsäure → Ginseng

Pándalus boreális → Krebstiere

Pándanus brósimos → Karakafrucht 2.

Pándanus conoidéus → Ölpandanus

Pandanusfrüchte: ananasähnliche Früchte einiger tropischer, fasernliefernder Kletter- oder Strandpflanzen mit Stelzwurzeln aus der Gattung *Pándanus* Soland ex Parkins. *Schraubenpalmen* (Familie *Pandanáceae).*

Pándanus julianéttii → Karakafrucht 2.

Panela → Zuckerrohrsaft

Panetone, *Panetoni:* ein Gebäck aus einem eier- und butterreichen Hefeteig mit Vorteigführung unter Zusatz von Früchten. In Italien und im ehem. Jugoslawien wird P. bes. zum Osterfest in relativ hohen Blechformen gebacken. Als Spezialität wird es in 250- und 500-g-Stücken zellglasverpackt auch exportiert.

Pangametin → Pangaminsäure

Pangaminsäure, *Pangamsäure, Pangametin, Vitamin* B_{15}, *D-Glucono-dimethyl-aminoacetat, O-(N,N-Dimethylglycyl)-6-D-gluconsäure:* sekundäres Aminoderivat der Glucuronsäure mit vitaminartiger Wirkung (s. Formel unten).
P. ist nur in Wasser löslich und wird als kristallinisches Natriumsalz isoliert und in dieser Form auch vorwiegend in pharmazeutischen Zubereitungen verwendet. Molmasse 281,26 g/mol. P. kommt in vielen Nahrungsmitteln in der Regel vergesellschaftet mit anderen B-Vitaminen vor. Bes. reichlich vorhanden ist P. in Reiskleie, Brauereihefe, pflanzlichen Samen, Leber und Blut. P. greift im Zwischenstoffwechsel in Transmethylierungsvorgänge ein. Sie wirkt auch lipotrop, aktiviert den Sauerstoffwechsel der Gewebezellen, ist möglicherweise auch am oxydativen Abbau der Glucose beteiligt sowie an Detoxikationsvorgängen. Mangelsymptome und Überdosierungserscheinungen von P. sind bisher nicht bekannt. Die wünschenswerte tägliche Zufuhr wird auf weniger als 2 mg geschätzt. Therapeutisch wird P. bei Leberschäden, degenerativen Gefäßerkrankungen (arteriosklerotische Beschwerden), Herzkranzgefäß-

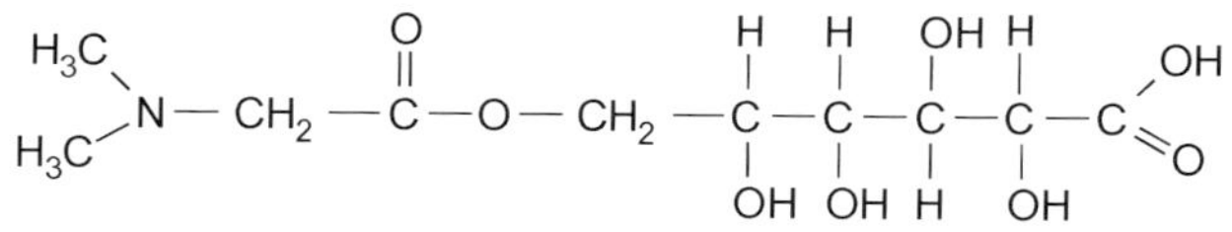

beschwerden, Migräne und peripheren Durchblutungsstörungen fast ausschließlich mit anderen Wirkstoffen eingesetzt.

Paniala → Flacourtie

Pánicum caffrórum → Sorghumhirse

Pánicum cruciátum → *Digitária cruciáta*

Pánicum crús-gálli var. edúle → Weizenhirse

Pánicum crús-gálli var. frumentácum → Weizenhirse

Pánicum defléxum → Guineahirse

Pánicum itálicum → Kolbenhirse

Pánicum miliáceum → Rispenhirse

Pánicum miliáre → Kutkihirse

Pánicum ramósa → *Brachiária ramósa*

Pánicum stagnínum → *Echinóchloa stagnína*

Pánicum sumatrénse → Kutkihirse

Paniermehl, *Panierbrösel:* ein → Fertigmehl in mehr oder weniger gekörnter Form. Das P. wird aus bereits gebackenem Brot und Brötchen durch Zerreiben bereitet. Es ist demzufolge kein Mahlerzeugnis und unterliegt auch nicht den Typenvorschriften für Mehl. Gegenwärtig werden auch enzymatisch modifizierte Mehle und Stärken angewendet. Die Bez. P. ist hergeleitet vom lateinischen *panis* (Brot) bzw. panieren (mit geriebenem Brot bestreuen, einkrusten). Die Farbe des P. ist ohne Bedeutung, da der beim Braten erfolgende Röstprozeß bei hellen wie dunklen Mehlen die gleiche Braunfärbung auslöst. Handelsübliche P. sind vorwiegend aus → Semmelmehl mit Zusatz von Vollei, Eiklar oder Milcheiweiß und Gewürzen hergestellte, gebrauchsfertige Erzeugnisse. Handelsübliche Sorten sind: a) *P. mit Vollei, gewürzt, b) P. mit Eiklar, gewürzt, und c) P. mit Milcheiweiß.* Der Feuchtigkeitsgehalt darf bei P. höchst. 12 %, die Korngröße höchst. 2 mm betragen. P. wird z.B. zum Panieren von Fisch und Fleisch, in der Industrie vorwiegend von Kroketten und Fischstäbchen verwendet.

Panir: Bez. für *ungereiften Frischkäse* in Indien, wie Surti, Bandal und Dakka. → Käsesorten

Panjabiwaries → Waries

Pankreatin: Präparat, das die → *Enzyme* der *Pankreasdrüse* enthält und im wesentlichen aus → *Proteasen* (Trypsin und Chymotrypsin), α-Amylase (→ Amylasen) und → *Lipase* zusammengesetzt ist. Das P. wird aus der Pankreasdrüse von Schweinen hergestellt und dient vor allem als Arzneimittel (Verdauungshilfe) und technisch zur Hydrolyse von Proteinen.

Pannagemüse → Amarant

Panose → Trisaccharide

Panosorb® → Sorbinsäure

Pansen: größte *Magenabteilung* der Wiederkäuer, in der sich durch die darin vorhandene Mikroflora der enzymatische Abbau von Cellulose und celluloseähnlichem Material vollzieht (Bild).

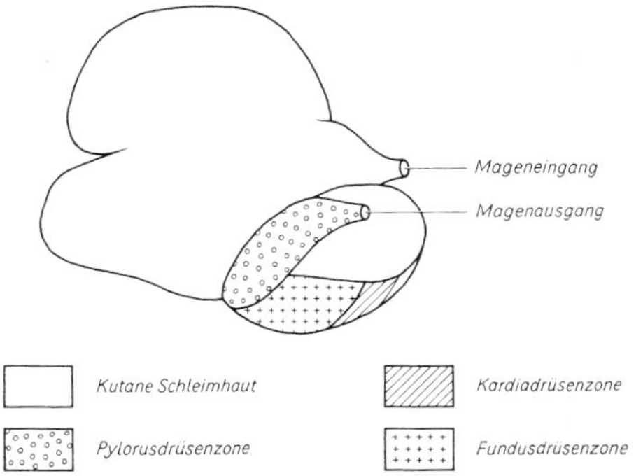

Magen des Schweines

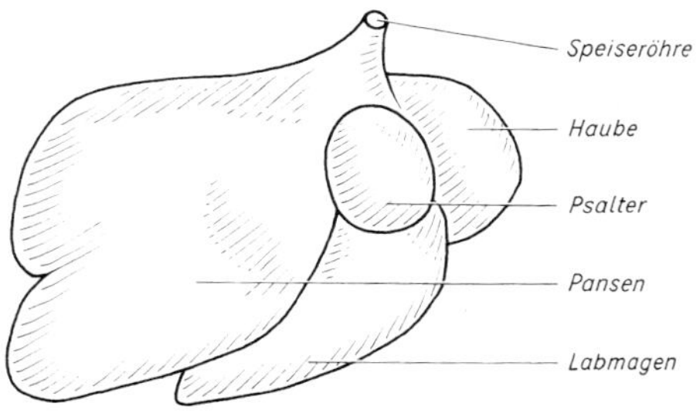

Magen der Wiederkäuer (Rind, Schaf, Ziege)

Der P. faßt beim erwachsenen Rind etwa 200 l. P. werden zur Gewinnung von → *Flecken* (auch *Kaldaunen* oder *Kutteln* genannt) oder zu Kochwürsten (Leberwürsten) verwendet. → Magen

Pantethein → Pantothensäure

Panthenol → Pantothensäure

Pantherpilz → *Amanitáceae* → Pilzgifte

Pantherschwamm → *Amanitáceae*

Panther-Wulstling → *Amanitáceae*

Pantothensäure, *Pantoyl*-β-alanin, D*(+)2,4-Dihydroxy-3,3-dimethyl-N-(3-hydroxypropyl)-butyramid, Anti-Grauhaar-Faktor* (veraltet), *Kücken-Antidermatitis-Faktor* (veraltet): eine zur Gruppe der B-Vitamine zählende Verbindung, in der die α,γ-Dihydroxy-β,β-dimethylbuttersäure mit dem β-Alanin säureamidartig verknüpft ist.

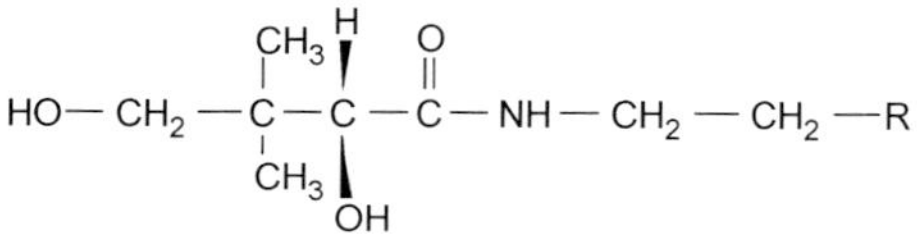

Pantothensäure: R = COOH
Panthenol: R = CH_2-OH
Pantethein: R = CO-NH-CH_2-CH_2-SH

Alle 3 Formen sind pantothensäurewirksam. Die P. ist ein hellgelbes, viskoses Öl, deren Salze farblos kristallisieren und stark hygroskopisch sind, F. 200°C (Ca-Salz), etwa 160···165°C (Na-Salz), $[\alpha]_D$ je nach Form +26···+31,5°C (in Wasser). Vor Feuchtigkeit geschützt und kühl gelagert sind alle Formen ziemlich beständig gegenüber Sauerstoff- und Lichteinwirkung. Wäßrige Lösungen der P. sind dagegen hitzeempfindlich und werden bes. in alkalischem und saurem Milieu hydrolytisch gespalten. In der Natur liegt die P. nur in Ausnahmefällen in freier Form vor. Weit verbreitet ist sie in Form des *Coenzyms A* und findet sich in jeder lebenden Zelle, bes. reichlich in Leber, Niere, Muskel, Hirn und Eigelb, weiterhin in Hefe, Getreidearten und in einigen grünen Gemüsen (vor allem Hülsenfrüchten). P. ist optisch aktiv; vitaminwirksam sind nur die rechtsdrehenden Formen. P. bildet die prosthetische Gruppe des Coenzyms A und greift damit zentral in den Intermediär-Stoffwechsel der Kohlenhydrate, Fette und vieler Aminosäuren ein (Bild).

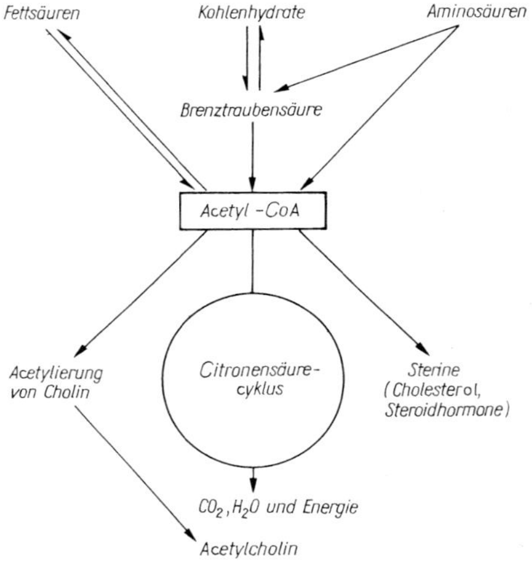

Zentrale Stellung des Acetyl-Co A im Stoffwechsel

Das *Acetyl-Coenzym A (Acetyl-CoA), die „aktivierte Essigsäure", kann außerdem über den Citronensäurezyklus* in den oxydativen Endabbau bzw. in den Aufbau von langkettigen Fettsäuren, Sterolen und Steroiden, Gallensäuren, Phosphatiden, Acetylcholin und Mucopolysacchariden sowie in Entgiftungsprozesse eingreifen. Es erhöht die Resistenz der Schleimhäute gegenüber Infektionen, reguliert u. a. den Stoffwechsel in epithelialen Geweben und der Haut mit und fördert Wachstum und Pigmentation der Haare. Der Tagesbedarf wird auf 10 mg geschätzt. Da die P. in der Natur weit verbreitet ist, treten Mangelsymptome beim Menschen sehr selten auf. P. wird häufig kosmetischen Präparaten zugesetzt. → Vitamine

Pantoyl-β-alanin → Pantothensäure

Panuala, *Yams:* die im südlichen Indien und in Vietnam wegen der eßbaren Knollen, in Sri Lanka wegen der als Blattgemüse genutzten Blätter kultivierte Aronstabpflanze, *Typhónium trilobátum* (L.) Decne.(Familie *Arecáceae).* In China, Japan und Indien sowie Indonesien wird *T. divaricátum* (L.) Decne. wegen der als Gemüse dienenden Knollen kultiviert.

Pan y agua → Natternbaum

Päonidin → Anthocyane → Anthocyanglycoside

Päonidinglycoside → Anthocyane

Papadam: runde tortillaähnliche → Fladen aus einer Mischung von Mungobohnenpaste und Gewürzen, die 4···6 h einer Fermentation ausgesetzt wird. P. wird geröstet oder in Fett ausgebacken und als Beikost verzehrt. → Lebensmittel, fermentiertes → Urdbohne → Mungbohne

Papageienblatt → Ponnanganni

Papaifrucht → Papaya

Papain: (EC 3.4.22.2) pflanzliche → Protease aus dem Saft der Früchte des tropischen Melonenbaumes *(Cárica papāya* L.). P. (Molmasse 23 900 g/mol) besteht aus 212 Aminosäuren mit bekannter Sequenz (Reihenfolge). Es hat wie *Ficin* und *Bromelin* ein Wirkoptimum um den Neutralpunkt und ist bis 75°C noch stabil. Das P. wird aus den noch unreifen Früchten durch Anritzen der Haut und Sammeln des milchartigen Saftes gewonnen. Bes. in angelsächsischen Ländern wird P. als → *Zartmacher* von *Fleisch* eingesetzt (in den USA mehr als 200 t je Jahr, davon ein Drittel in Haushalten). In tropischen Ländern ist es üblich, angeritzte Blätter zw. die Fleischscheiben zu legen. Durch die Wirkung des P. wird die Zähigkeit des Fleisches wesentlich herabgesetzt; bei der Zubereitung durch Braten usw. wird P. weitgehend inaktiviert.

Pápa lísa → Ullucu

Pápa monatequílla → Phinu

Pápa palmáta → Phinu

Papaton → Seetraube

Papaverin → Alkaloide

Papáver setígerum → Mohn

Papáver somníferum → Mohnöl

Papaya, *Papaifrucht, Baummelone, Kressenfeige, Pawpaw, Mamao, Engelfrucht:* melonenartige Frucht einer schnellwachsenden, bis zu 10 m hohen, verholzenden Staude des Melonenbaumes, *Cárica papáya* L. (Familie *Caricáceae),* die einen Schopf großer, handförmig geteilter Blätter trägt. Die Pflanze stammt aus dem tropischen Amerika und wird in Plantagen in Florida, Hawaii, Ost- und Südafrika, Sri Lanka, in Indien, dem Malaiischen Archipel, Australien u. a. Gegenden angebaut. Die eiförmig-länglichen bis zylindrischen Früchte werden etwa 25 cm lang. Ihr festes, gelbes bis rotes Fruchtfleisch schimmert durch die druckempfindliche, dünne, glatte oder leicht rauhe grüne Schale, die sich bei der Reifung leicht gelblich färbt. Das Fleisch ist 2,5···5 cm dick, umgibt die in einen Milchschleim gebetteten, pfeffergroßen Samen und schmeckt mild-süß. Als Schlüsselverbindungen des Papayaaromas sind Benzylisothiocyanat und Linalool beschrieben, wobei beide Verbindungen erst bei der Zerkleinerung auf enzymatischem Wege entstehen. Die Gehalte an Linalool und Benzylisothiocyanat betragen mehr als 0,5 mg/kg. Die Früchte werden mit Zukker und Zitronensaft frisch verzehrt, das Papayamark wird für Getränke (Papayanektar), Eiskrem und Marmeladen verwendet. Außerdem werden die P. in Stücken in Sirup konserviert oder kandiert angeboten. Die Frucht kann im Gemüsefach des Kühlschrankes (8···10°C) bis zu 2 Wochen aufbewahrt werden. Wenn die Frucht noch hart ist, muß sie bei Raumtemperatur (18···20°C) so lange aufbewahrt werden, bis sie weich und damit genießbar ist. Ihr Vorzug ist, daß sie arm an Energie und Natrium, dafür reich an Kalium und Vitamin C ist. Zusammensetzung und Energiewert s. Tab. nächste Seite.

Eine der Hauptsorten ist *'Solo',* weltweit als Spitzensorte auch hinsichtlich der Exportmengen. Daneben scheint die Sorte *'Bahia'* aus Brasilien mit 1 kg Fruchtgewicht, schwarzen, kaviarähnlichen Samenkernen und lachsfarbenem Fruchtfleisch,

Zusammensetzung und Energiewert der Papaya

Bestandteil	Papaya-Fruchtfleisch Durchschnittl. Gehalt in 100 g eßbaren Anteils	
Feuchtigkeit	85···89	g
Eiweiß	0,5···0,7	g
Kohlenhydrate	9···10	g
Fett	0,1	g
Gesamtsäure	0,14	g
Ballaststoffe	1,8	g
Mineralstoffe	0,5···0,6	g
Calcium	20	mg
Phosphate	37	mg
Caroten	0,06···0,24	mg
Vitamin C	18···180	mg
Vitamin B_1	0,04	mg
Niacin	0,20	mg
Energiewert in kJ (kcal) je 100 g eßbaren Anteils	59 (14)	

ebenso erfolgreich zu werden. Von größerer Bedeutung als der Frischverzehr ist die Nutzung der Früchte als Quelle für → *Papain,* einem eiweißspaltenden Enzym, das als Fleischzartmacher, Bierklärer sowie Droge gegen Verdauungsstörungen, Verwendung findet. Für die Papaingewinnung werden die unreifen Früchte mit nichtmetallischen Werkzeugen angezapft und der Latex getrocknet. Eine Verwandte der P. ist die in kühleren Gebirgszonen von Panama über Peru bis nach Chile verbreitete kleine, faustgroße *Bergpapaya* oder *Papayuela, Cárica candamarcénsis* Hook., die in begrenztem Umfang wegen ihrer rötlichen Blüten und ihrer eiförmigen, grüngelb gestreiften, eßbaren Früchte angebaut wird. Als *Gemüsepapaya* werden sehr unreif geerntete Früchte bezeichnet, die sich noch nicht für den Rohverzehr eignen und daher nur gekocht gegessen werden. *Babaco* ist die Bez. für meist parthenocarpe Früchte von *C. pentagóna* Heilborn, einem in Südamerika heimischen und in Neuseeland und Chile kultivierten Obstbaum. Die großen, saftigen Früchte werden roh, gekocht oder konserviert verzehrt. Der Selengehalt der P. schwankt je 100 g eßbarer Fruchtmasse zw. 0,8···2,8 µg.

Papaya, transgene → Nutzpflanze, transgene

Papayuela → Papaya

Papeda, *Combava:* mandarinengroße, sehr unebene, gelbgrüne, dickschalige Frucht des kleinen strauchigen Baumes *Cítrus hýstrix* DC. (Familie *Rutáceae),* der in Südostasien, im Malaiischen Archipel und auf den Philippinen begrenzt kultiviert wird. Die Pulpa ist ätzend sauer. Die intensiv duftende Schale wird häufig zum Fleischwürzen verwendet, manchmal wird sie auch kandiert. → Zitronenblatt, Indisches

Pappel, Weiße → Eibisch

Pappelpflaume → Baumerdbeere, Chinesische

Pappelrose → Eibisch, Eßbarer

Paprika: 1. Sammelbez. für mild bis brennendscharf schmeckende Früchte (Beeren, nicht → Schoten) verschiedener wildwachsender oder in Kultur genommener Arten der Gattung *Cápsicum* (Familie *Solanáceae),* die in allen wärmeren Ländern angebaut wird und je nach Größe und Geschmack entweder als → Gemüsepaprika (die großen, mild schmeckenden Formen), als → Gewürzpaprika (die kleinen, scharf schmeckenden Formen), zur Farbstoffgewinnung oder, bes. die kleinen gelb- oder rotfrüchtigen Sorten, als Zierpflanzen genutzt werden.

2. *Spanischer Pfeffer, Beißbeere, Türkischer Pfeffer, Indischer Pfeffer, Roter Pfeffer, Rosa Pfeffer, Schotenpfeffer, Cápsicum ánnuum* L.: die verbreiteste, nur als Kulturform bekannte Paprikaart mit gelben, braunen, organgefarbenen, leuchtend- oder dunkelroten Beeren mit mildschmeckenden großfrüchtigen Gemüsesorten oder kleinen scharf schmeckenden Gewürzsorten, die auch als Medizin genutzt werden.

3. *Cápsicum baccátum var. péndulum* (Willd.): der in Japan, Indien, Europa, USA, Mittel- und Südamerika kultivierte und wie *C. ánnuum* genutzte P.

4. *Cápsicum chinénse* Jacq.: der vorwiegend im Amazonasgebiet, in Mexiko, USA und Südamerika kultivierte P., der wie *C. ánnuum* genutzt wird.
5. *Cápsicum frutéscens* L.: der von den USA bis zum nördlichen Südamerika, Afrika, Südostasien wild vorkommende oder kultivierte und wie *C. ánnuum* genutzte P.
6. *Cápsicum pubéscens* Ruiz.: der vorwiegend in Mittel- und Südamerika kultivierte und wie *C. ánnuum* genutzte P..

Paprika, edelsüßer → Gewürzpaprika

Paprika-Oleoresin: ein in Ungarn produzierter Paprikaextrakt in Form eines tiefroten, zähflüssigen, alle Farb- und Geschmacksstoffe des Paprika enthaltenden Lösungsmittelextraktes. Das P. wird in den Sorten „schärfefrei" und „scharf" gehandelt und ist hinsichtlich seines Capsaicin- und Farbstoffgehaltes standardisiert. → Oleoresin 2.

Paprikapilz → Russuláceae

Paprika, transgener → Nutzpflanze, transgene

Para-Arrowroot → Arrowroot

Paracentrótus lívidis → Seeigel

Paradiesapfel: 1. → Tomate
2. → Holzapfel

Paradieskörner → Guineapfeffer 2. → Spezerei

Paradiesnuß → Sapucajanuß

Paraffin, festes → Hartparaffine

Paraffinöl: (905) Gemisch flüssiger Kohlenwasserstoffe, das aus Erdöl oder Braunkohlenteerparaffinen gewonnen werden kann. Das P. wird vom Körper nicht verwertet und ist deshalb als energiefreier Fettersatz denkbar. Jedoch wirkt das P. stark abführend; die Resorption von Calcium und fettlöslichen Vitaminen wird gehemmt. Das P. wird u. a. zur Herstellung flüssiger Wachsemulsionen (mit denen Obst, auch Gemüse, zwecks Verdunstungsschutz besprüht oder getaucht werden) oder als Zusatz (0,2 %) zu Stärke benutzt, wenn diese als Formpuder, z. B. zur Herstellung von Süßwaren, zum Einsatz gelangt. → Hartparaffin

Paraguave: sehr wenig bekannte Frucht des subtropischen Baumes *Britóa ácida* Beng. (Familie *Myrtáceae)*. Die Früchte dieses Verwandten der → *Guave* schmecken sauer und haben moschusartiges Aroma.

Paraguay-Kokospalme: die in Süd- und Mittelamerika wild vorkommende und kultivierte Palme *Acrocómia tótai* Mart., (Familie *Arecáceae)*, deren ölreiche Fruchtpulpe verzehrt oder zur Gewinnung des Pulpaöles (→ Makayaöl) genutzt und deren Endknospe roh oder gekocht als Gemüse (→ Palmkohl) verwendet wird.

Paraguaytee → Mate

Parahydroxybenzoesäure → Phytonzide

Parakresse, *Husarenkopf, Brasilianische Kresse, Französische Kresse:* eine im tropischen Südamerika, Westindien und in den Tropen allg. verbreitete einjährige, bis 30 cm hoch wachsende Pflanze, *Spilánthes oleráceae* L. (Familie *Asteráceae)* mit langstieligen Blütenköpfchen in den Blattachseln, die sich aus gelb-orangefarbenen Röhrenblüten zusammensetzen. Die P. wird wegen ihrer Scharfstoffe als → Salat angebaut und ist für pharmazeutische Zwecke sehr geschätzt. Der scharfe, brennende Geschmack beruht auf dem Gehalt an *Spilanthol,* einem Säureamid, das im Kraut und in den Blütenköpfchen bis 1,25 % enthalten ist.

Paralithódes camtschática → Krebstiere

Paranuß, *Brasilnuß, Juvianuß, Tucanuß, Rahmnuß, Steinnuß, Marahonkastanie, Amazonenmandel, Brasilianische Kastanie:* Samen des in südamerikanischen Tropenwäldern wild wachsenden, sehr großen, bis 50 m hohen Baumes *Berthollétia excélsa* Humb. et Bonpl. (Familie *Lecythidáceae)*. Der Baum wird selten angepflanzt. Die Kapselfrucht hat etwa 30 cm Durchm. und enthält etwa 25 bis 40 wie Orangenschnitten angeordnete dreikantige Nüsse mit hohem Fettgehalt (s. Tab. nächste Seite).
Die Früchte werden im Januar und Februar von Sammlern über die Flüsse zu den Sammelstellen

Zusammensetzung und Energiewert der Paranuß

Bestandteil	Durchschnittl. Gehalt in 100 g eßbaren Anteils
Feuchtigkeit	5,62 g
Eiweiß	14,0 g
Fett	66,8 g
Kohlenhydrate	3,53 g
Ballaststoffe	6,4 g
Mineralstoffe	3,65 g
Natrium	2,0 mg
Kalium	644,0 mg
Calcium	–
Eisen	3,4 mg
Phosphor	674,0 mg
Caroten	Spuren
Vitamin B_1	1,0 mg
Vitamin B_2	0,035 mg
Niacin	0,20 mg
Vitamin B_6	0,11 mg
Vitamin C	–
Energiewert in kJ (kcal) je 100 g eßbaren Anteils	2807 (671)

gebracht. Exportiert werden ungeschälte, geschälte und polierte Nüsse. → Sapucajanuß → Paranußöl

Paranußöl: das Öl der → Paranuß. Die Fettsäuren und ihre Anteile, bezogen auf den Gesamtfettsäuregehalt, sind Palmitinsäure (14 %), Stearinsäure (3 %), Ölsäure (58 %) und Linolsäure (23 %) (Etwa-Werte). Das P. wird in Brasilien als Speiseöl verwendet.

Paranußschokolade → Nußschokolade

Parapalme → Pinapalme

Parasol → *Agaricáceae*

Parasorbinsäure, *5,6-Dihydro-6-methyl-2H-pyran-2-on, 2-Hexen-5-olid, 5-Hydroxy-2-hexensäure-lacton:* bitterschmeckender Inhaltsstoff in den Beeren der Eberesche (*Sórbus aucupária* L.) mit der Formel

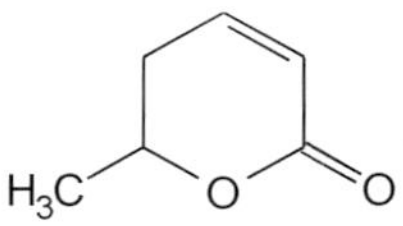

Sie kommt in den Vogelbeeren – mit der Reife zunehmend – als Monoglycerid (Molmasse 516,54 g/mol) mit 0,92 g/100 g Frucht und etwa 2···3 g/l Preßsaft vor. Bei der Hydrolyse entstehen Sorbinsäure und Galactose. Die veredelten Ebereschensorten hingegen, z. B. *Sórbus aucupária* L. *var. edúlis* Dieck, sind auf einen niedrigen Gehalt an P. gezüchtet worden (50···100 mg/l).

Paratha → Chapati

Parathúnnus → Thunfisch

Paraweinsäure → Weinsäure

Parboiledreis → Reis, parboiled

Parboilingreis → Reis, parboiled

Parchinggetreide, *geröstetes Getreide:* ein Getreide, das nach einer der ältesten Getreidezubereitungsarten durch Rösten der Körner, z. B. in heißer Asche oder in breiten, offenen Pfannen, gewonnen wird. Dieses Verfahren ist heute noch in Asien, Afrika und Südamerika verbreitet und wird z. B. zur Bereitung von → Pito → Ablemanu → Kokize → Tassemana → Kavruga und → Fereek angewandt. → Samenmehl, eiweißreiches

Parchment → Kaffee

Parenica: geräucherter *Schafmilchkäse* in der ehem. ČSFR, der aus gut gesäuertem, 3 Tage altem *Hrúdka-Käse* hergestellt wird. → Käsesorten

Parilla, *Grosella, Anden-Johannisbeere:* der buschige Strauch *Ríbes punctátum* Ruiz et Pav. (Familie *Saxifragáceae*), der an den Gebirgsflüssen der Anden vorkommt. Seine gelborangefarbigen Beeren (4···6 mm Durchm.) schmecken säuerlich und werden roh verzehrt.

Parinári campéstris → Pajura

Parinári curatellifólium → Nikon-Nuß

Parinári excélsa → Graupflaume

Parinári macrophýlla → Ingwerbrotpflaume

Parinári montánum → Pajura

Parinarsäure, *Octadecatetra-9,11,13,15-ensäure:* eine Polyensäure der Formel

CH_3-CH_2-CH=CH-CH=CH-CH=CH-CH=CH-$(CH_2)_7$-COOH.

Die P. wurde im Kernfett der in Japan heimischen *Rosáceae Parinárium laurínum* A. Gray nachgewiesen. Auch im Samenfett einheimischer *Balsamináceae (Impatiens-*Arten) wurde P. gefunden.

'Paris' → Birne → Kernobst

Párkia africána → Dodoa

Párkia biglobósa → Locustbohne, Afrikanische 2.

Párkia filicoída → Dawadawa → Locustbohne, Afrikanische

Párkia speciósa → Dodoa → Petehbohne

Parkinsónia aculeáta → Jerusalemdorn

Parmentiéra edúlis → Cuachilote

Parmesankäse: Sammelbez. für aus pasteurisierter Kuhmilch (in Italien aus Rohmilch) hergestellte zylindrische *Reibkäse* (40% F. i. Tr.) aus Norditalien (Parma) mit langen Reifungszeiten. P. stellt ein Bindeglied zw. der Cheddar- und Emmentaler Art dar. Entsprechende Käse mit kürzerer Reifungsdauer werden wegen ihrer körnig-bröckeligen Beschaffenheit als *Granakäse* bezeichnet. Die P. haben eine geölte, schwarze Oberfläche, der Teig ist körnig und sehr fest (jedoch plastisch), Geruch und Geschmack sind pikant. Die P. sind auch gerieben im Handel und dienen vorwiegend als Zutaten zu Suppen und Speisen aus Teigwaren.

Parmigiano Reggiano: italien. *Hartkäse* aus Kuhmilch mit → 32% F. i. Tr., der vorwiegend als Reibkäse verwendet wird. → Käsesorten

Parotta → Chapati

Parra → Wein, Karibischer

Partygebäck → Cocktailgebäck

Pashawri Nan → Nan

Páspalum scrobiculátum → Kodahirse

Passabrot → Matze

Passagenmehl → Verbundmehl → Skutellummehl → Einzweckmehl → Verschnitt

Passiflóra spec. → Passionsfrüchte

Passionsfrüchte, *Granadilla, Grenadilla:* Früchte von mehrjährigen, immergrünen Rankenpflanzen der Gattung *Passiflóra* (Familie *Passifloráceae)* mit großen, prächtigen Blüten. Eine wichtige Art ist *Passiflóra edúlis* Sims. (*Purpurgranadilla, Kalabasch),* die 2···3 m hoch wird und handförmig gelappte Blätter hat. Sie wird i. allg. an Spalieren gezogen. Hauptanbaugebiete sind Australien, Hawaii, Sri Lanka, das Mittelmeergebiet, Südafrika und Kenia. Die bräunlich-violetten glatten Früchte sind rund oder eiförmig, 5···9 cm lang und enthalten viele dunkelviolette Samen mit sehr saftigen Samenmänteln, die an der Fruchtbasis gelb, an der Spitze fleischfarben sind. I. allg. werden die Früchte frisch verzehrt, wobei sie geteilt werden und das sehr saftige, spritzige Fruchtfleisch mit

Zusammensetzung und Energiewert der Passionsfrüchte

Bestandteil	Purpurgranadilla Durchschnittl. Gehalt in 100 g eßbaren Anteils
Feuchtigkeit	80···85 g
Kohlenhydrate	16,0 g
Caroten	0···0,3 mg
Vitamin B_1	–
Vitamin B_2	0,10 mg
Niacin	1,5 mg
Vitamin C	15···60 mg
Mineralstoffe	
Calcium	10,0 mg
Eisen	1,0 mg
Energiewert in kJ (kcal) je 100 g eßbaren Anteils	385 (92)

etwas Zucker ausgelöffelt wird. Daneben hat die Verarbeitung zu Getränken eine große Bedeutung, ferner wird das Fruchtfleisch der P. Süßspeisen, Fruchtsalaten, Halbgefrorenem u. a. zugesetzt. Das Aroma ist sehr hitzeempfindlich, so daß bei der Pasteurisation Verluste entstehen. Zusammensetzung und Energiewert s. Tab. Seite 285. Der Vitamin-C-Gehalt, in frischen Früchten unterschiedlich, beträgt in Säften je nach Herkunft 20,0···70,0 mg je 100 g. Den Säften wird aus konservierungstechnischen Gründen Citronensäure zugesetzt. Die ertragreiche *var. flavicárpa* hat eine gelbe bis rötliche Schale. Die *var. maracúja* (*Maracuja)* liefert einen goldgelben Saft, der erdbeer- oder pfirsichähnlich schmeckt und bes. in Brasilien aus den frischen Früchten gewonnen wird. Zwei purpurne Ionone, die folgende Struktur besitzen, sind in der Passionsfrucht nachgewiesen worden.

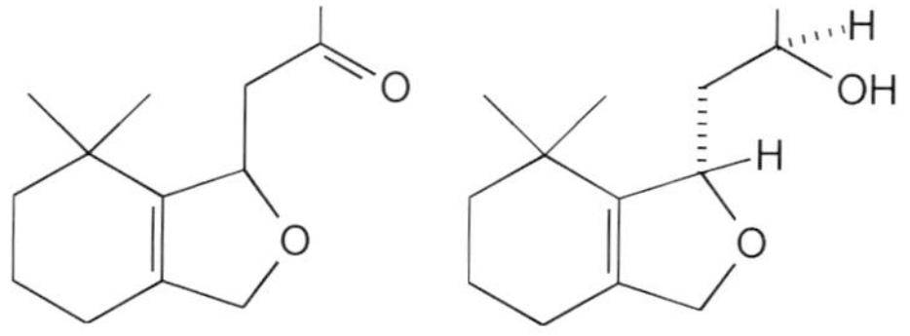

Als typische Aromanote werden → Oxathiane beschrieben. Die purpurne Farbe in der Schale wird durch ein Anthocyan hervorgerufen, einem Pelargonidin-3-diglucosid.
Ähnliche Verwendung wie die P. findet die im tropischen Amerika angebaute *Wasserlimone* (*Gelbe Granadilla, Wasserzitrone)* von *Passiflóra laurifólia* L.. Die Früchte sind gelblich-weiß gefleckt. Die größte Passionsfrucht ist mit 25 cm Länge die *Riesengranadilla* (*Königsgranate, Barbadine, Melonengranadilla)* von *Passiflóra quadranguláris* L., die im tropischen Amerika und in Australien angebaut wird. Ihr Fruchtfleisch ist schwammig-mehlig und schmeckt fade. Sie enthält auch Stärkekörner von 10···15 μm Durchm., die beim Erhitzen die Viskosität des Saftes ansteigen lassen. Unreife Früchte werden manchmal als Gemüse gekocht, mit Essig oder süß konserviert. Auch die großen Knollen werden gegessen. Ebenfalls im tropischen Amerika (Venezuela, Peru) wird die *Curuba* (*Passiflóra malifórmis* L.) kultiviert, die saftiges, saures, aber hocharomatisches Fruchtfleisch hat, das von einer sehr harten Schale umgeben wird. Die Frucht ist nur wenige Tage haltbar. Die *Süße Granadilla P. liguláris* A. Juss. hat ein weißgelbes Fruchtfleisch mit sehr feinem Aroma, es wird von einer harten Schale umschlossen. Sie wird in Südamerika (Nordargentinien bis Mexiko) und auf Hawaii kultiviert.

Pasta 1. → Paste
2. Sammelbez. für Teigwaren.

Paste: eine plastische, streichfähige Zubereitung, in der pulverförmige Bestandteile suspendiert sein können. Die Bez. P. ist im 17. Jh. aus dem italienischen „pasta" (Teig) und dem griechischen „paste" (Brei) entstanden.

Pastengetränk → Trübungsmittel

Pastenring → Geleezuckerware

Pasterle → *Russuláceae*

Pastete: 1. eine in Hefe-, Nudel- oder Blätterteig gehüllte Fleisch-, Fisch-, Gemüse-, Pilz-, Frucht- oder Quarkmasse. Die P. wird kalt oder warm als Vorspeise oder kleines Gericht verzehrt. P. werden entweder nach dem Backen gefüllt, wie dies z. B. bei den *Blätterteighäuschen* (kleine, runde, mit Deckel gebackene Gebäckstücke) üblich ist, oder die Füllung wird in die rohe Teighülle gegeben und mitgebacken. Dies ist z. B. bei den in Osteuropa verbreiteten P. der Fall, die in sehr unterschiedlicher Größe und mit unterschiedlichster Füllung unter der Bez. *Pirogge* (auch *Piroschka)* bekannt sind. Diese P. werden aus Hefe- oder Nudelteig entweder in Fett, in Dampf (auf Wasserbad) gegart oder auf einem Blech im Ofen gebacken. Als *Fruchtpasteten* aus Hefeteig und Fruchtmark werden häufig → Fettbackwaren bezeichnet. Kleine Würstchen, die mit Teig umhüllt und gebacken werden, heißen *Wurstpasteten.* Gefüllte Teigstücke werden häufig auch in gefrorenem Zustand an den Verbraucher geliefert, so daß sie selbst gebacken werden können bzw. nach kurzer Mikrowellenbehandlung genußfertig sind. Gebackene

Teighüllen, die zum nachträglichen Füllen vorgesehen sind, werden auch als *Blindgebäck* oder *Blindbackware* bezeichnet, unabhängig davon, ob sie aus Hefe-, Mürbe- oder Blätterteig hergestellt sind.
2. eine → *gefüllte Schokolade* mit mind. 3 verschiedenen Füllungen je Stück.

Pastete nach Wildschweinart → Fleischpastete

Pastetengewürz: eine → Gewürzmischung für Fleischpasteten aus Ingwer, Lorbeerblättern, Macis, weißem Pfeffer und Zimt, der je nach Geschmack noch andere Gewürze, wie Basilikum, Gewürznelken und Salbei, zugefügt werden können.

Pastetenkürbis → Patisson

Pasteurella: in der Natur verbreitete Keimgattung, deren Vertreter (Pasteurellen) in Wasser und auf Schleimhäuten gesunder Tiere angetroffen werden. Die P. sind als pathogene Keime Erreger der Geflügelcholera, der Wild- und Rinderseuche und der Kälberpneumonie.

Pastille → Zuckerwarenkomprimat

Pastináca satíva → Pastinak

Pastinak, *Pastinake, Hammelmöhre, Moorwurzel, Gartenpastinak:* das wildwachsende oder kultivierte Doldengewächs *Pastináca satíva* L. (Familie *Apiáceae)*, dessen außen gelbliche bis bräunliche, innen weißfleischige Pfahlwurzel von 300···1500 g Masse und 20···40 cm Länge sowie bis zu 8 cm Dicke am Wurzelkopf einen würzhaft süßlichen Geschmack aufweist. Dem P. wird sowohl wegen seines niedrigen Nitratgehaltes (stets unter 1000 mg/kg Frischmasse) als auch wegen seiner einfachen Kulturweise erneut Beachtung geschenkt. Der P. ist frosthart und kann unter günstigen Bedingungen auf dem Acker überwintern. P. wird roh für Salatzwecke oder gekocht als Gemüse verwendet. Die Blätter und Sprossen eignen sich als Zugabe zu Kräutersuppen und in Mischung mit anderen Wildpflanzen auch als Salat; die Früchte können wie Dill verwendet werden. Wegen Verwechslungsgefahr mit dem hochgiftigem *Wasserschierling, Cicúta* virósa L. (Familie *Asteráceae)* sollten verwilderte P. im Freiland an Wegrändern und in Wiesen nicht gesammelt werden. Die für Kulturzwecke vorgesehene Sorte 'Halblange Weiße' kann bei Märzaussaat im Sept./Okt. geerntet werden. Die P. werden im Vergleich zu Möhren (z. B. Möhrenfliege) nicht von Schädlingen und Krankheiten befallen. Zusammensetzung und Energiewert s. Tab. → Lebensmittel, nostalgisches

Zusammensetzung und Energiewert von Pastinak

Bestandteil	Gehalt in 100 g eßbaren Anteils
Feuchtigkeit	80,2 g
Eiweiß	1,31 g
Fett	0,43 g
Kohlenhydrate	14,9 g
Rohfaser	1,96 g
Mineralstoffe	1,18 g
Natrium	8 mg
Kalium	469 mg
Magnesium	22 mg
Calcium	51 mg
Eisen	0 mg
Phosphor	73 mg
Vitamin B_1	0,08 mg
Vitamin B_2	0,13 mg
Niacin	0,94 mg
Vitamin B_6	0,11 mg
Vitamin C	18 mg
Energiewert in kJ (kcal) je 100 g	190 (70)

Pastis: Bez für einen Anis-Aperitif. Neuerdings wird P. auch alkoholfrei als sog. *Pastis ohne Alkohol* gehandelt. Dies ist ein Erfrischungsgetränk aus Trink- oder Tafelwasser mit trüber Beschaffenheit, bei dem die ätherischen Öle des *Pastis-Grundstoffes* mit einem Emulgator (Zuckerglyceride) in einer Gesamtmenge von 5 g/l in Lösung gehalten werden. → Trübungsmittel

Pat → Tossajute

Pata → Sauerpflaume

Patacones → Kochbanane

Patatin: Hauptproteid der Kartoffelknolle. Seine Molmasse beträgt 88 000 g/mol. Der Anteil des P. am löslichen Kartoffeleiweiß liegt bei 40 %. → Eiweiß → Kartoffel

Pataua-Öl: das aus der *Seje-* oder *Pataua-Palme, Jessénia batāua* (Mart.) Burret (Familie *Arecáceae)* von den Indianern hauptsächlich in Südamerika gewonnenes olivenölartiges Fruchtfleischöl.

Patchouli → Patschuliöl

Patchouliöl → Patschuliöl

Patentblau V (E131) → Lebensmittelfarbstoffe

Patentmehl → Auszugsmehl

Patience-Gebäck → Russisch-Brot

Patir → Igelgurke, Große

Patis → Fischsoße, fermentierte

Patisson, *Bischofsmütze, Kaisermütze, Pastetenkürbis, Scallop:* eine als Sommergemüse im Fruchtknotenstadium genutzte, kleinfrüchtige Gemüse-Kürbissortengruppe, *Curcúrbita pépo convar. patissonína* Greb. (Familie *Curcurbitáceae),* mit diskusförmigen, flachrunden Früchten von hellgrüner, hellgelber oder elfenbeinfarbener Schale. Früher wurde diese Kürbisart ausschl. als Zierkürbis genutzt, heute werden die Früchte im unreifen Zustand von 4 max. 20 cm Durchm. geerntet, und nur wenn die Patissonen reif und damit sehr hartschalig geworden sind, dienen sie gelegentlich dekorativen Zwecken. Die Bez. P. geht auf das franz. *„pâte"* (Teig) zurück. Ein P. sieht in seiner hellen Farbe und fladenförmigen Form wie ein großes Stück geknetEter Teig aus. Je kleiner die Früchte, um so besser der Geschmack. Der P. wird im gewaschenen, ungeschälten Zustand in Scheiben geschnitten und roh als Salat oder gedünstet zubereitet. → Kürbis

Patschuli, *Patchouli:* der bis 1,20 m Höhe erreichende Halbstrauch *Pogostémon cáblin* (Blanco) Benth. (Familie *Lamiáceae),* der in ganz Südosteuropa wegen seiner stark nach Sandelholz duftenden Blätter kultiviert wird, aus denen ein ätherisches Öl mit stark durchdringendem Duft, sowie bactericider, antirheumatischer, insektenabweisender Wirkung gewonnen wird. Dieses *Patschuliöl* wird bevorzugt in der pharmazeutischen und kosmetischen Industrie, aber auch zum Aromatisieren von Tabakwaren verwendet.

Patulin → Mykotoxine

Pauconußfett → Owalafett

Paullínia cupána → Guarana

Paullínia élegans → Guarana

Paullínia macrophýlla → Guarana

Paullínia pinnáta → Guarana

Paullína sórbilis → Guarana

Paullínia yóco → Yoco

Paushtik Atta: eine in Indien übliche Mehlmischung (aus 75 Teilen Weizenmehl, 17 Teilen Kassavamehl und 8 Teilen Erdnußmehl), die anstelle von Weizenvollkornmehl zur Herstellung ungelokkerter Fladen („Chapatti") verwendet wird. In den Gegenden, wo das P. A. erhältlich ist, wird es von über 50 % der Bevölkerung dem Weizenvollkornmehl aus geschmacklichen Gründen vorgezogen. Der Nährwert des P. A. ist mit Weizenvollkornmehl nahezu identisch. → Backmehl ohne Weizen → Mischmehl → Fladen

Pávo *(Pfau)* → Fleischtiere

Pawpaw → Papaya

Paxíllus extenuátus → *Tricholomatáceae*

Pazifarine: antibiotisch gegen Salmonellen wirkende und in Weizen, Mais, Roggen, Gerste, Tee und Ei vorkommende Hemmstoffe. → Antibiotica

Pazote → Epasote

PCDD → Dibenzodioxine

PCDF → Dibenzodioxine

Pearlweizen → Weizengraupe

Pecorino Romano: italien. → *Hartkäse* aus Schafmilch mit → 36 % F. i. Tr. → Käsesorten

Pecorino Siciliano: italien. → *Hartkäse* aus Schafmilch mit → 40 % F. i. Tr. → Käsesorten

Pectase → Pectinasen

Pectat → Pectin

Pectatlyase → Pectinasen

Pectenotoxin → Muschelgifte

Pectin: (E 440) ein → Hydrokolloid, das aus den Preßrückständen bei der Apfelsaft- und Citrussaftproduktion (→ Apfeltrester → Citrusschalen) extrahiert wird (→ Pflanzenextrakte). Auch Sonnenblumenkronen und Zuckerrübenschnitzel sind als Rohstoffe geeignet. Siehe Schema.

Gewinnung von Pectin

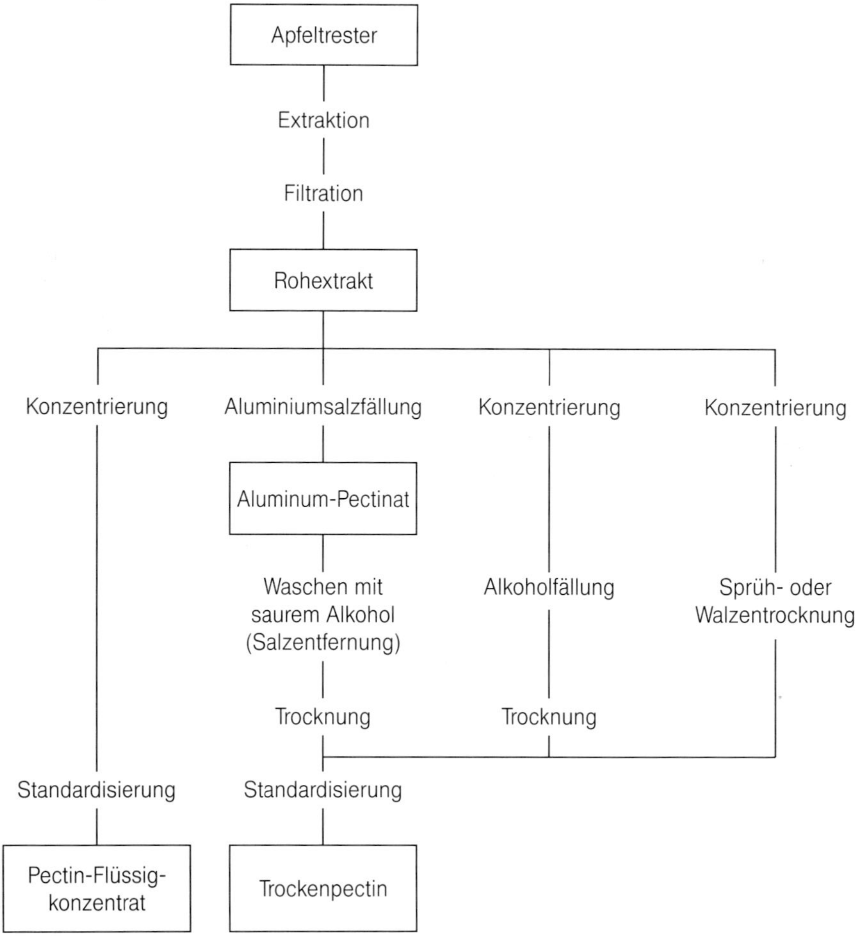

Die jährliche Weltproduktion beträgt etwa 10 kt. Das P. ist ein weißes, kremfarbiges bis bräunliches Pulver.
Daneben sind auch Flüssigkonzentrate handelsüblich. P. ist ein lineares Polysaccharid aus teilw. mit Methanol veresterten α-1.4-verknüpften D-Galacturonsäure-Molekülen. Struktur siehe unten.
Die Molmasse beträgt etwa 20 000 bis 100 000 g/mol. 1 g P. vermag bis zu 60 g Wasser zu binden, 1 g Cellulose bzw. 1 g Weizenkleie nur 1 g resp. 3 g Wasser. Hochveresterte P. mit einem Veresterungsgrad (VG) oberhalb von 70 % sind schnellgelierend, bei einem VG um 65 % spricht man von langsam gelierenden P.. Die hochveresterten P. bilden in Gegenwart einer hohen Zuckerkonzentration und eines *p*H von 2,7 bis 3,4 *Nebenvalenzgele*. Niederveresterte P. haben einen VG kleiner als 50 %. Sie bilden in Gegenwart von zweiwertigen Ionen (Ca, Mg) im *p*H-Bereich von 2,6 bereits bei niedrigem Zucker- und Trockensubstanzgehalt temperaturreversible *Hauptvalenzgele*. Sie können deshalb als Geliermittel von Erzeugnissen mit geringerem Zuckergehalt, energiereduzierten und Diabetiker-Lebensmitteln (Konfitüre, Gelee u. ä.) verwendet werden, wodurch der Anwendungsbereich der P. stark erweitert wird.
Die Salze des P. heißen *Pectinate*. Die weitestgehend entesterte *Pectinsäure* kann in Form eines Salzes (*Pectat*) einwertiger Kationen als → *Verdickungs-* und *Schönungsmittel* verwendet werden. P. ergibt in kaltem Wasser viskose Lösungen. Seine technologisch wichtigste Eigenschaft ist die Gelbildung. Das P. ist im mittleren sauren *p*H-Bereich beständig; unbeständig ist es im alkalischen und bei Temperaturerhöhung im neutralen Bereich. Enzymatisch wird es von den in vielen Mikroorganismen und Pflanzen vorkommenden → *Pectinasen* (Polygalacturonasen, Pectin- und Pectatlyasen) sowie *Pectinesterasen* (→ Pectinasen), im Gastrointestinaltrakt durch die Mikroflora abgebaut. P. hat verschiedene physiologische Wirkungen (es ist z. B. cholesterolsenkend).
In der Lebensmittelproduktion wird es vor allem als → *Geliermittel* zur Produktion von Konfitüren, Gelees und energiereduzierten Konfitüren, als Stabilisierungsmittel für Fruchtsäfte, Geleefrüchte, Tortenguß, gefrorene Desserts, Krems, Emulsionen, Milchprodukte, als Dickungsmittel und zur Qualitätserhöhung bei Speiseeis, zur Frischhaltung einiger Gebäcksorten und u. a. als eßbarer Überzug für Lebensmittel verwendet.
Das P. kommt in der Mittellamelle und in der primären Zellwand pflanzlicher Gewebe in weitgehend wasserunlöslicher Form *(Protopectin)* mit anderen Zellwandpolysacchariden vergesellschaftet vor (s. Tab. Seite 291).
Es unterliegt während der Entwicklung, Reife, Lagerung und Verarbeitung von Obst und Gemüse verschiedenen Veränderungen, die sich auf Konsistenz, Textur und Festigkeit auswirken. Bei der

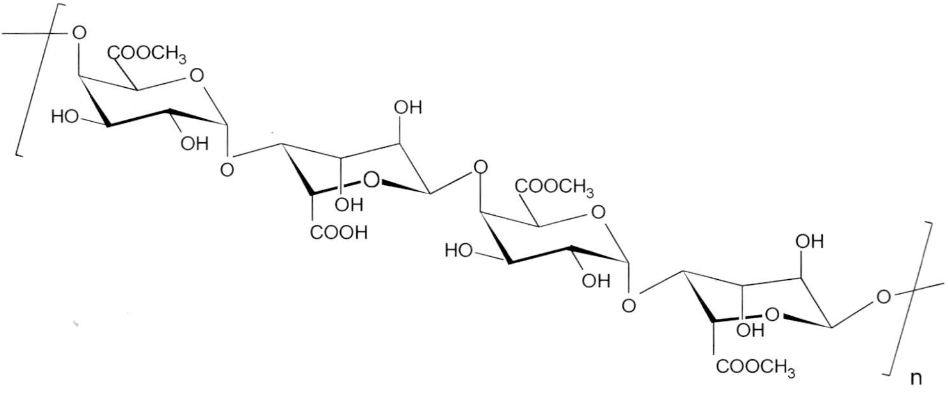

Pectingehalt ausgewählter Obst- und Gemüsearten

Obst-, Gemüseart	Gehalt, bezogen auf Frischsubstanz in %
Äpfel	0,4···1,6
Aprikosen	0,7···1,3
Birnen	0,2···1,2
Erdbeeren	0,6···0,7
Grapefruit	1,6···4,5
Kirschen	0,2···1,0
Pfirsiche	0,3···1,2
Pflaumen	0,7···1,0
Schwarze Johannisbeeren und Stachelbeeren	0,9···1,7
Zitronen	3,0···4,0
Blumenkohl	0,2···0,8
Gurken	0,2···0,3
Kartoffeln	0,4···0,8
Kürbis	0,2···0,5
Möhren	1,0···2,0
Spargel	0,2···0,3
Tomaten	0,2···0,5
Weintrauben	0,2···0,5
Zwiebeln	0,3···0,6
Apfeltrester	15
Zitronenschalen	30
Zuckerrübenschnitzel	20

Maischefermentierung zur Frucht- oder Gemüsesafterhöhung, der Mazeration und der enzymatischen Fruchtsaftklärung werden die P. partiell oder weitgehend abgebaut. Das P. ist Bestandteil der *Rohfaser* bzw. der → Ballaststoffe. → Geliermittel

Pectinaseinhibitoren → Enzyminhibitoren

Pectinasen: Sammelbez. für → *Enzyme, die* → *Pectin,* einen Bestandteil der Interzellularsubstanz und Zellwand pflanzlicher Gewebe, spalten. Man muß zwei Gruppen von pectinspaltenden Enzymen unterscheiden (Übers.), die eigentlichen *Pectinasen* [*Polygalacturonase; (EC. 3.2.1.15)*], die den Kettenabbau des Pectinmoleküls verursachen, und die *Pectinesterase* (EC. 3.1.1.11), die die Methylestergruppen hydrolysiert.

Pectinspaltende Enzyme

Enzym (Trivialname)	Spezifität
a) Pectinasen	
1. Polymethylgalacturonase	hydrolysiert bevorzugt hochverestertes Pectin (Methylester der Pectinsäure)
2. Polygalacturonase	hydrolysiert bevorzugt Pectinsäure bzw. niederverestertes Pectin
3. Pectinlyase	spaltet bevorzugt hochverestertes Pectin unter Bildung ungesättigter Abbauprodukte
4. Pectatlyase	spaltet bevorzugt Pectinsäure bzw. niederverestertes Pectin unter Bildung ungesättigter Abbauprodukte
b) Pectinesterase (Pectinmethylesterase, Pectase)	spaltet Methylestergruppen des Pectins unter Freisetzung von Methanol; dadurch wird der Veresterungsgrad des Pectins erniedrigt

Die P. können die glycosidischen Bindungen zw. den Galacturonsäure-Einheiten im Pectin hydrolytisch oder eliminativ (Pectatlyase; EC. 4.2.2.2), d. h. unter Bildung von 4,5-ungesättigten Abbauprodukten, spalten (Formel s. Seite 292 oben).
In jeder dieser 4 Gruppen von P. gibt es Enzymtypen, die das Polysaccharid statistisch spalten (Endo-Enzyme) oder von einem Kettenende her abbauen (Exo-Enzyme). Die P. werden insbes. von Mikroorganismen (Schimmelpilzen, Bakterien) gebildet, kommen aber auch in Pflanzen vor. – Das Wirkungsoptimum der Polygalacturonasen und mikrobiellen Pectinesterasen liegt im sauren *p*H-Bereich (*p*H 4···5), während die eliminativ spalten-

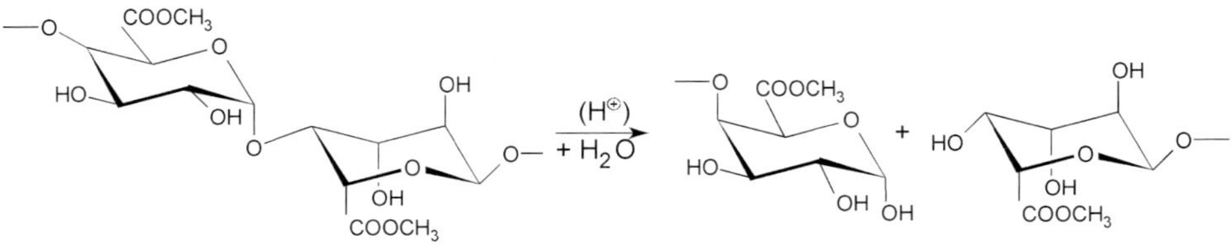

Hydrolytische Spaltung von Pectin

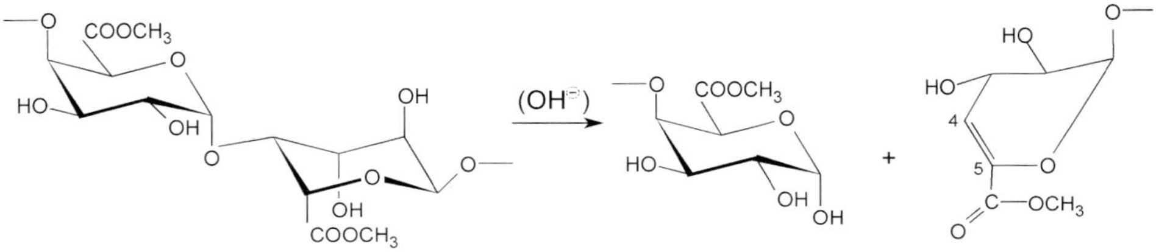

Eliminative Spaltung von Pectin

4,5-ungesättigtes Spaltprodukt

den Pectinasen und pflanzlichen Pectinesterasen neutrale *p*H-Werte bevorzugen. Der Pectinesterase ist die Bildung des Methanolgehaltes von Obst- und Gemüsesäften zuzuschreiben, der jedoch bei richtiger Technologie sehr niedrig ist und als unbedenklich angesehen wird. Die P. werden im industriellen Maßstab vorwiegend durch Fermentation von Schimmelpilzen gewonnen. Sie stellen stets ein Gemisch verschiedener pectinspaltender Enzyme dar, das letztlich neben der Aktivität für die speziellen Wirkeigenschaften des Enzym-Präparates verantwortlich ist. Die P. haben erhebliche volkswirtschaftliche Bedeutung; bei der Maischefermentierung zur Erhöhung der Saftausbeute, bei der Fruchtsaftklärung sowie zur Herstellung von Mazeraten aus Gemüse und Obst.

Pectinat → Pectin

Pectinesterase → Pectinasen

Pectinlyase → Pectinasen

Pectinmethylesterase → Pectinasen

Pectinose → Arabinose

Pectinsäurelyase → Pectinasen

Pectinsäuren → Pectin → Poly-D-galacturonsäure

Pedro Ximenez → Sherry

Pehyueh → Laochao

Pejibaye → Pfirsichpalme

Pekannuß: die Frucht des in USA und Mexiko in zahlreichen Sorten kultivierten Pekannußbaumes (*Cárya illinoénsis* (Wangenh.) K. (Familie *Juglandáceae)*. Die bis zu 50 m hoch werdenden Bäume tragen leicht süßliche, äußerst schmackhafte, dünnschalige Nüsse, die glatten Haselnüssen ähneln, aber etwas länger sind. Die P. zählen zu den Grundnahrungsmitteln der Indianer und sind auch im Ausland zur Verfeinerung von Süß- und Backwaren, Fleischgerichten und als Bestandteil von → Müslis sehr geschätzt. Die P. liefert ein dem Olivenöl ähnliches Speiseöl, und das eiweißreiche Nußmehl (Tab. nächste Seite) wird für Konditoreizwecke verwendet.
Die P. besteht etwa zu 70 % aus Fett. Eine geeignete Verpackung für P. ist mit Polyvinylchlorid beschichteter Cellophanfilm, damit ist eine Lagerfähigkeit bis zu 6 Monaten bei 24°C möglich. → Hikkorynußöl → Hickorynuß → Farbstoffe

Pekannußöl → Hickorynußöl

Pekingkohl → Chinakohl

Pekinglauch → Lauch

Zusammensetzung und Energiewert von Pekannuß

Bestandteil	Durchschnittl. Gehalt in 100 g eßbaren Anteils
Feuchtigkeit	5,4 g
Eiweiß	9,1 g
Fett	69,2 g
Kohlenhydrate	11,0 g
Rohfaser	2,6 g
Mineralstoffe	2,7 g
Kalium	590 mg
Calcium	73 mg
Phosphor	290 mg
Vitamin E	20 mg
Vitamin C	1,8 mg
Energiewert in kJ (kcal) je 100 g eßbaren Anteils	3065 (733)

Pekko → Tee

Pekoe → Tee

Pekoe Souchong → Tee

Pekmez → Fruchtmus

Pelagische Fische → Fisch

Pelamide → Thunfisch

Pelanin → Anthocyane

Pelargonaldehyd → Aldehyde

Pelargonidin → Anthocyane

Pelargonidinglycoside → Anthocyane

Pelargónium odoratíssimum → Apfelpelargonie

Pelargonsäure, *n-Nonansäure, n-Nonylsäure:* eine gesättigte Monocarbonsäure der Formel CH_3-$(CH_2)_7$-COOH.
Die P. kommt in Lavendelöl sowie in ranzigen Fetten und Ölen vor und entsteht bei der Oxydation (z. B. Ozonolyse) von Ölsäure. P. ist auch im nordamerikanischen Erdöl und in → *synthetischen Fettsäuren* enthalten. Sie ist eine farblose Flüssigkeit; F. 12,5°C, Kp. 253···254°C. P. ist in Wasser und Ethanol wenig löslich und wird zur Herstellung von Weichmachern und modifizierten Alkylharzen gewonnen.

Pelécus cultrátus → Ziege 2.

Pellagraschutzstoff → Niacin

Pelletierin → Alkaloide

Pelzigkeit: poröse, aufgelockerte, trocken erscheinende Zellstruktur, wie sie bei pflanzlichen Erzeugnissen mit fortgeschrittener Reife, insbes. bei Radieschen, Kohlrabi, Rettich und Sellerie, angetroffen werden kann und als Folge zu später Ernte oder zu langer Lagerung auftritt. → Frische → Holzigkeit

Pembe → Okwabaum

Pemmikan: Trockenfleisch indianischer Herkunft (Nordamerika)).

Penáeus spec. → Krebstiere

Penicillin: wichtigster Vertreter der *Penicilline, einer Gruppe von* → *Antibiotica* aus einigen Arten der Gattung *Penicillium.* Die P. sind vorwiegend gegen *gram*-positive Bakterien wirksam. Sie werden in großer Breite in der Human- und Veterinärmedizin angewendet, finden auch als Futtermittelzusatzstoff bei der Nutztieraufzucht Verwendung, aber nicht als → Konservierungsstoff für Lebensmittel. Da P. ein universelles Arzneimittel in der Humanmedizin ist, sind Rückstände dieses Antibioticums in Lebensmitteln unerwünscht, da sie zur Ausbildung penicillinresistenter pathogener Keime bzw. zu Allergieerscheinungen führen können.

Penicillium → Pilze → Penicillin

Pennisétum americánum → Perlhirse

Pennisétum glaūcum → Perlhirse

Pennisétum itálicum → Kolbenhirse

Pennisétum typhoídes → Perlhirse

Pentacléthra macrophýlla → Ölbohne → Owalafett

Pentacosansäure → Fettsäuren

cis-8-Pentadecanal → Aldehyde

Pentadecansäure → Fettsäuren

cis-Pentadecen-(8)-al-(1) → Aldehyde

Pentadecylresorcinol → 5-n-Alkylresorcinole

Pentadecylsäure → Fettsäuren

Pentadigalloylglucose → Gerbstoffe

Pentamethoxyflavon → Flavonoide

n-Pentanal → Aldehyde

Pentandisäure → Glutarsäure

Pentan-2-ol-disäure → D-α-Hydroxyglutarsäure

Pentanole → Amylalkohole → Alkohole → Fuselöl

Pentan-2-on → Ketone

Pentan-3-on-disäure → Acetondicarbonsäure

n-Pentansäure → n-Valeriansäure

n-Pentatriacontan → Kohlenwasserstoffe, aliphatische

Penteneicosylresorcinol → 5-n-Alkylresorcinole

Pent-4-enyl-isothiocyanat → Senföle

Pentite → Zuckeralkohole

Pentosanasen: (EC. 3.2.1.32, 3.2.1.37) → Enzyme, die aus → Pentosen aufgebaute hochmolekulare Verbindungen (Xylan, Arabinoxylan) pflanzlicher Zellwände hydrolysieren. Man unterscheidet – etwa analog dem Celluloseabbau – *Endo*-β-1,4-Xylanase, die Xylan im Inneren des Moleküls spaltet, die *Exo*-β-1,4-Xylanase, die das Disaccharid Xylobiose abspaltet, und die Xylobiase, die aus Xylobiose Xylose bildet. Ferner gibt es eine α-L-Arabinofuranosidase, die Seitenketten der Xylankette abtrennt. P. sind ein Teil der → Hemicellulasen.

Pentosane → Hemicellulose → Ballaststoffe

Pentosen: Monosaccharide mit je 5 Kohlenstoff- und Sauerstoffatomen. Die P. sind i. allg. von Hefe nicht vergärbar. Sie sind in der Natur in Form von Pentosanen und in Glycosiden sehr verbreitet. Einzelne P. finden sich auch in der Leber und der Bauchspeicheldrüse. Die wichtigsten in Lebensmitteln vorkommenden P. s. Übersicht Seiten 295 und 296. → Saccharide

Pentulosen → Pentosen

α-Pentylzimtaldehyd → α-Amylzimtaldehyd

Peonanin (Päonanin) → Anthocyane

Peperina, *Peperita:* eine in Ekuador, Argentinien und anderen südamerikanischen Ländern kultivierte → Minze, *Méntha móllis* Benth. (Familie *Lamiáceae)*, deren getrocknetes Kraut zur Bereitung von Essenzen und zum Aromatisieren von → Spirituosen sowie Süßwaren verwendet wird.

Peperita → Peperina

Peperoni → Gewürzpaprika

Pepino, *Birnenmelone, Kachuma, Melonenbirne, Mellowfrucht:* hell-cremeweiße bis blauviolett-marmorierte melonenartige, 5···20 cm lange Beerenfrucht der krautigen Pflanze *Solánum muricátum* Ait. (Familie *Solanáceae)*, die von Kolumbien über Ekuador, Peru, Bolivien bis Chile verbreitet ist und auch im Mittelmeergebiet, auf Neuseeland und in Australien vorkommt. Die süße und saftige Frucht wird frisch genossen oder zu Konfitüre verarbeitet. Sie enthält in 100 g 48···68,8 mg Vitamin C. 90 % der nichtflüchtigen Säuren sind Citronensäure.

Pepo → Flaschenkürbis

Pepper-Sauce → Pfeffersoße

Pepsin: (EC. 3.4.23.1,2) → *Proteinase* des *Magensaftes, deren inaktive Vorstufe Pepsinogen* (Molmasse etwa 42 000 g/mol) in der Magenschleimhaut gebildet und durch Säureeinwirkung aktiviert wird (Molmasse 35 000 g/mol). Das Wirkungsoptimum liegt im sauren *p*H-Bereich (2···4,0); gegen Alkalien ist P. empfindlich. Das P. findet als Ver-

Die wichtigsten in Lebensmitteln vorkommenden Pentosen[1]

Pentose	Formel	Vorkommen
Aldopentosen:		
L- *und* D-*Arabinose*	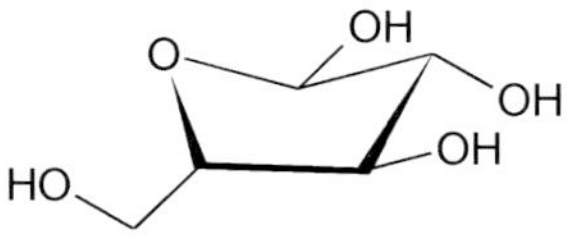 α-L-Arabinofuranose 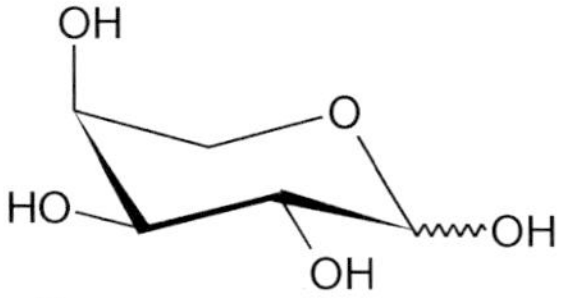 L-Form 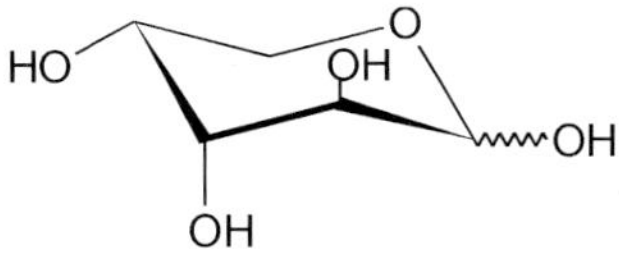 D-Form	Baustein vieler Polysaccharide, in Pflanzengums, Hemicellulosen, Pectinen
D-*Ribose*	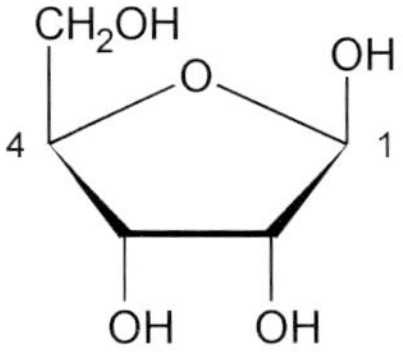	als Kohlenhydratkomponente der Ribonucleinsäuren und einer Reihe von Co-Enzymen
D-*Xylose* (*Holzzucker,* L-*Lyxose,* veraltet)	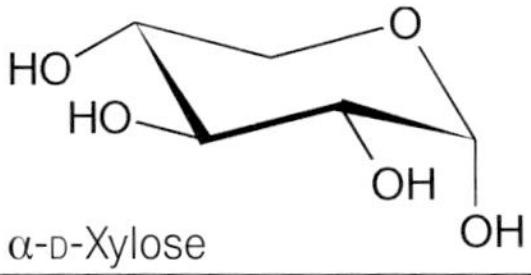 α-D-Xylose	als Polysaccharid (Xylane) weit verbreitet (Holzgummi, Maiskolben, Bambus), in freier Form in einigen Früchten
Ketopentosen (Pentulosen):		
D-*Xylulose* (D-*Xyloketose,* D-*Lyxoketose,* D-*Threo-pentulose)*	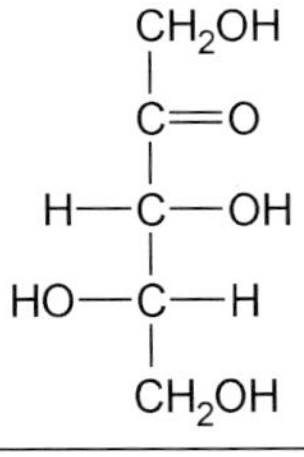	wahrscheinlich in Sorghumwurzeln

Die wichtigsten in Lebensmitteln vorkommenden Pentosen[1] *(Forts.)*

Pentose	Formel	Vorkommen
D-*Ribulose* (D-*Erythropentulose)*	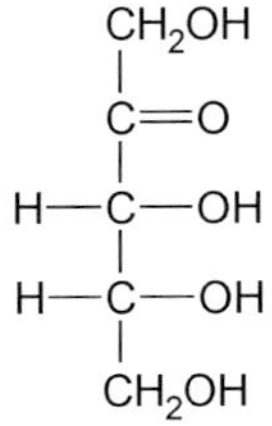	Zwischenprodukt des biologischen Abbaus von 6-Phosphor-gluconat
Desoxyzucker:		
2-Desoxy-β-D-*ribose*	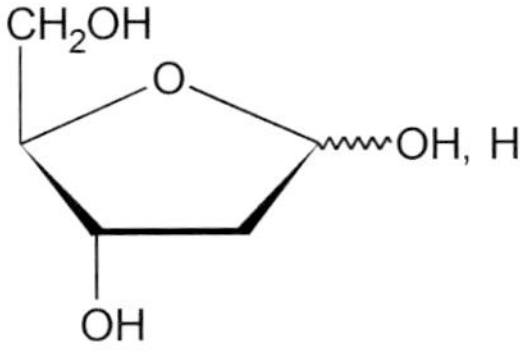	als Kohlenhydratkomponente der Nucleinsäuren des Zellkerns (Chromosomen)

[1] Auch der → Desoxyzucker L-Rhamnose zählt zu den Pentosen

dauungshilfe, z.B. als Bestandteil von → Pepsinwein und zur Herstellung von → Peptonen, Bestandteilen bestimmter diätetischer Lebensmittel, Verwendung.

Pepsinwein: ein → *Arzneiwein,* hergestellt unter Verwendung von Traubenwein, Primasprit, Pepsin, verdünnter Salzsäure, Pomeranzentinktur, Glycerol und Invertzucker. Er enthält mind. 15 %-Vol. Ethanol. P. zählt zu den appetitanregenden, magenstärkenden → Gesundheitspflegemitteln.

Peptide: Verbindungen aus zwei oder mehreren Aminosäuren, deren Carboxyl- und Aminogruppen säureamidartig miteinander verknüpft (Peptidbindungen) sind. Je nach der Anzahl der beteiligten Aminosäuren unterscheidet man *Di-, Tri-, Tetra-, Pentapeptide.* Als *Oligopeptide* bezeichnet man P. mit 2 bis 10, als *Polypeptide* solche mit mehr als 10 Aminosäureeinheiten. P. dialysieren zum Unterschied zu den Proteinen durch Zellglasmembrane. Die Grenze zw. beiden bilden Verbindungen mit einer Molmasse von etwa 10 000 g/mol, in denen sich etwa 80 bis 90 Aminosäureeinheiten befinden. Man unterscheidet nach ihrem Aufbau zw. *linearen* und *cyclischen P.*. Bei den ersteren steht am Kopfende eine Aminosäure mit freier Aminogruppe (N-terminal) und am Schwanzende eine Aminosäure mit freier Carboxylgruppe (C-terminal). Alle hochmolekularen Polypeptide und die überwiegende Mehrzahl der in der Natur vorkommenden P. haben lineare Struktur. Bei den cyclischen P. sind die erste und die letzte Aminosäure der Peptidkette ebenfalls mit einer Peptidbindung verknüpft. Zu den natürlich vorkommenden P. gehören z.B. *Glutathion, Peptidhormone,* → Phalloidin (Hauptgift des grünen Knollenblätterpilzes) und das antibiotisch wirkende *Gramicidin.* Nach einem Beschluß des V. Europäischen Peptidsymposiums in Oxford 1962 werden die P. durch eine Kurzschreibweise charakterisiert (→ Aminosäuren). Die systematische Benennung, nach der die Aminosäure, deren Carboxylgruppe in Reaktion tritt, die Endung -yl erhält, z.B. Glycylalanyltyrosin, vereinfacht sich nach der Kurzschreibweise zu Gly-Ala-Tyr. Dabei wird vereinbarungsgemäß die aminoendständige Aminosäure stets nach links geschrieben. Zur vollständigen Charakterisiergung ist auch die Reihenfolge der Verknüpfung (Sequenz) entscheidend. So sind Ala-Leu und Leu-Ala verschieden verbunden. Das Tripeptid *Glutathion* (Glu-Cys-Gly) kommt in fast allen tierischen und pflanzlichen Zellen vor. Es wirkt als Wasserstoffüberträger bei biochemischen Redoxvorgängen, da es unter Wasserstoffabgabe leicht in das Disulfid des Glutathions übergehen kann. Es dient dem Schutz der aktiven SH-Gruppe vieler Enzyme und spielt bei Transaminierungs- und Transpeptidierungsreaktionen eine bedeutsame Rolle. Seine Biosynthese erfolgt in der Leber → *Carnosin (*β-Alanyl-histidin), Anserin (β-Alanyl-l-methyl-histidin) und *Balenin (*β-Alanyl-3-methylhistidin) kommen in Muskeln von Wirbeltieren vor. Ihre biologische Funktion ist noch nicht eindeutig geklärt; es wird eine Beteiligung an der Wiederherstellung der Erregbarkeit und Kontraktionsfähigkeit des ermüdeten Skelettmuskels diskutiert. Sie haben auch in der Lebensmittelanalytik zur Charakterisierung von Fleischextrakten Bedeutung. Über ihr Vorkommen informiert die Übersicht.

Vorkommen von Carnosin, Anserin und Balenin im Muskelfleisch (in % bezogen auf Extrakt mit 20 % Wasser)

	Carnosin	Anserin	Balenin
Rindfleisch	0,20	0,03	
Hühnerfleisch	0,05	0,10	
Rindfleisch-extrakt	4,0	0,7	
Hühnerfleisch-extrakt	1,0	3,0	
Walfleisch-extrakt (versch. Walarten)	4,0	0,4	18

Weitere natürlich vorkommende P. sind: *Folsäurekonjugate (*→ Folsäure), Strepogenin [*Stimulans für das Wachstum von Lactobacíllus bulgáricus* (Orla-Jens.) Rog et Hansen und *L. cásei* (Orla-Jens.) Hansen et Lessel], das blutzuckersenkende Hormon der Bauchspeicheldrüse *Insulin* (Polypeptid mit einer Molmasse von 6 000 g/mol), der blutzuckererhöhende Insulinantagonist *Glucagon,* das *Secretin* der Darm-Mukosa, der *Trypsin-Inhibitor* aus Pankreas und eine Reihe weiterer Hormone sowie Toxine des grünen Knollenblätterpilzes. Das synthetische Dipeptid L-*Ornithintauryl-hydrochlorid* (s. Formel unten) schmeckt ebenso salzig wie Kochsalz und kann als kochsalzfreier Ersatz von Zuckerkranken und Hochdruckkranken genutzt werden. Weitere in Lebensmitteln vorkommende P. siehe Übersicht auf Seite 298. Kettenförmige Polypeptide nicht näher beschriebener Struktur, die durch Einwirkung proteolytischer Enzyme entstehen, sollen den Bittergeschmack von Käse hervorrufen. → Eiweiß

Peptidtoxine → Gifte in Meerestieren

Peptone: hochmolekulare Spaltprodukte von Eiweißstoffen, die als Zwischenstufen bei deren partieller Hydrolyse, z. B. mit Hilfe von bestimmten Enzymen, wie Pepsin oder Trypsin, auftreten. Die P. sind ebenso wie die *Albumosen* nicht genau abgegrenzte, amorphe, uneinheitliche Stoffe. Meist enthalten sie auch einen beträchtlichen Anteil an freien Aminosäuren. Die aus Casein oder Muskelproteinen hergestellten P. verwendet man zur Herstellung mikrobiologischer Nährböden. P. sind auch Bestandteil bestimmter diätetischer Lebensmittel. → Pepsin

Pérca fluviátilis → Flußbarsch

Percha → Guttapercha

Perchlorethylen → Tetrachlorethylen

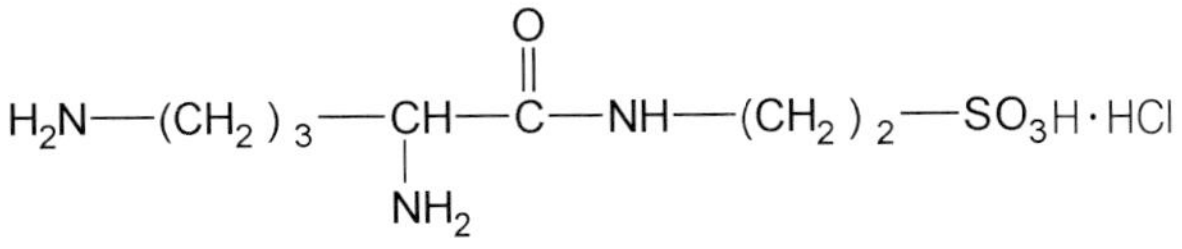

In Lebensmitteln vorkommende Peptide:

Peptid	Formel	Vorkommen
γ-L-Glutamyl-L-valin	L-Glu-L-Val	Knoblauch
γ-L-Glutamyl-L-leucin	L-Glu-L-Leu	Knoblauch, Mondbohne
γ-L-Glutamyl-L-isoleucin	L-Glu-L-Ile	Knoblauch
γ-L-Glutamyl-L-phenylalanin	L-Glu-L-Phe	Knoblauch, Zwiebel
γ-L-Glutamyl-S-methyl-L-cystein	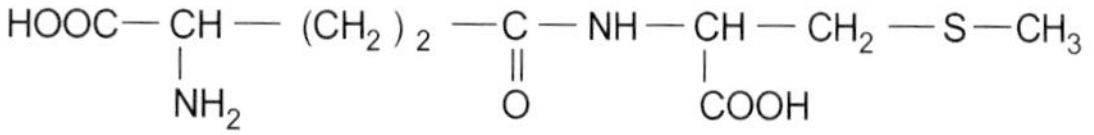	Mondbohne, Gartenbohne, Knoblauch
γ-L-Glutamyl-S-allyl-L-cystein	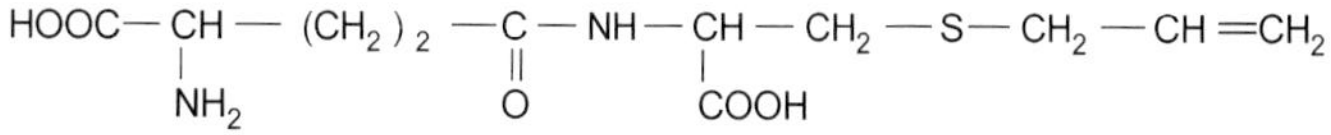	Knoblauch
γ-L-Glutamyl-S-methyl-L-cystein-sulfoxid	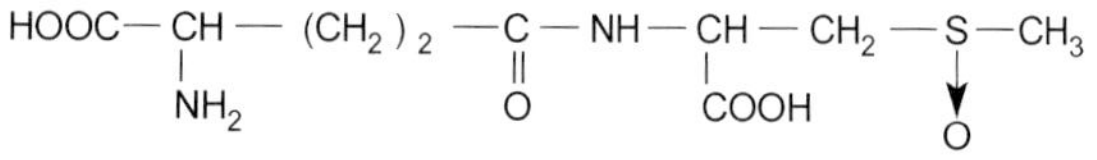	Knoblauch
γ-L-Glutamyl-S-(prop-1-enyl)-L-cysteinsulfoxid	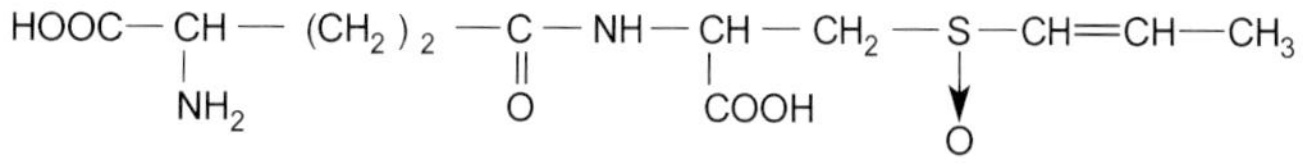	Knoblauch
γ-L-Glutamyl-L-methionin	L-Glu-L-Met	Steinpilz, Knoblauch
Hypoglycin B (γ-L-Glutamyl-hypoglycin A)	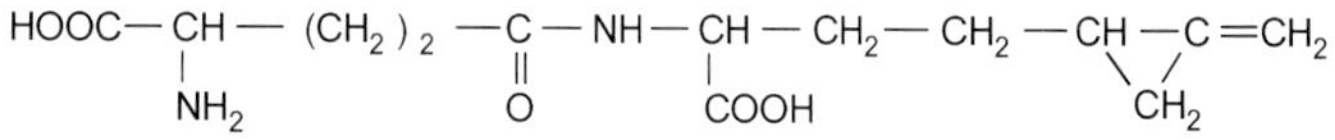	Akipflaume
γ-L-Glutamyl-S-(β-carboxypropyl)-L-cysteinyl-glycin	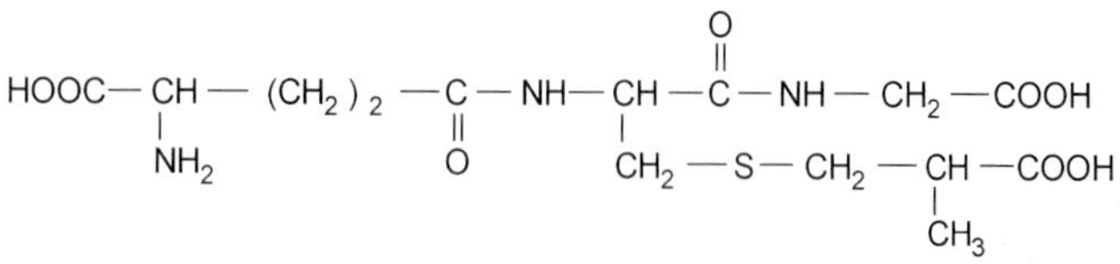	Knoblauch, Zwiebel

Pérdix pérdix: *Rebhuhn* → Wild

Peréskia aculeáta → Barbadosstachelbeere

Pergamino → Kaffee

Perhydrol → Wasserstoffperoxid

Perilla: 1. die in Hausgärten Boliviens und Argentiniens kultivierte *Iochróma austrále* Griseb. (Familie *Solanáceae)*, deren Früchte frisch verzehrt werden.
2. → Schwarznessel

Perillaalkohol, *Dihydrocuminalkohol, Mentha-1,8(9)-dien-7-ol:* ein sich vom p-Menthan ableitender aromatischer Alkohol s. Formel.

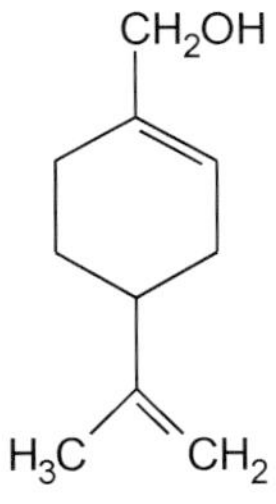

P. kommt natürlich in 2 optisch isomeren Formen vor, die L-Form wesentlich häufiger, so z. B. im Gingergrasöl, Bergamotteöl, Bergbohnenkraut (*Saturéja montána L.),* Kümmelöl, Krauseminzöl. → Terpen-Alkohole

Perílla frutéscens → Perillaöl → Dschiso → Shiso →Schwarznessel

Perílla frutéscens var. críspa f. víridis → Schwarznessel

Perillaöl: das Samenfett der in Japan, China und Nordindien wachsenden → *Schwarznessel, Perílla frutéscens* (L.) Britt. (Familie *Lamiáceae).* Die wichtigsten Fettsäuren und ihre Anteile, bezogen auf den Gesamtfettsäuregehalt, sind Ölsäure (4···10 %), Linolsäure (32···42 %) und Linolensäure (44···49 %). Das P. wird hauptsächlich zu Anstrichzwecken eingesetzt; in Asien soll es auch als Speiseöl verwendet werden. In Geruch und Geschmack ähnelt es dem → *Leinöl.* → Pflanzenfett

Perillartin → Süßungsmittel

Perimysium, dünne Bindegewebsschichten des Muskels → Endomysium → Epimysium

Perita → Pitajoni

Perlen-Schwamm → *Amanitáceae*

Perlen-Wulstling → *Amanitáceae*

Perlflocken → Getreideflocken

Perlgräupchensuppe → Suppe, kochfertige, nicht süß

Perlhafer → Hafernährmittel

Perlhirse, *Pinselhirse, Rohrkolbenhirse, Negerhirse, Kolbenhirse, Katzenschwanzhirse, Bajra, Sajje, Bulrushhirse, Cumbu:* **1.** eine in Afrika und Indien als Körnerfrucht angebaute → Hirse (pearl millet, bulrush millet, cattail millet), *Pennisétum glaūcum* (L.) R. Br. (Synonyme: *P. typhoídes* (Burm. F.) Stapf et C. E. Hubb., *P. americánum* K. Schum., *Pánicum americánum* L. [*Familie Poáceae*]), deren Halme 1,0···4,5 m hoch, deren Blütenstand (Kolben) 10···60 cm lang werden und deren Durchm. in der Mitte 1,5···4,5 cm betragen kann. Die Kornfarbe variiert je nach Sorte von weiß über gelb, rötlich bis fast schwarz. Die Tausendkornmasse beträgt bei den meisten Sorten 5···10 g, selten bis 15 g. Das Korn liefert ein weißfarbiges Mehl von annehmbarem Geschmack. Je nach Bodenart schwanken die Erträge zw. 2···35 dt/ha. Neuzüchtungen bringen einen Proteingehalt der Körner bis 15 % und Mehrerträge um 60 % (Zusammensetzung und Energiewert s. Tab. Seite 300).
Die P. bildet das Hauptnahrungsmittel in Form von → Brei und → Fladen der trockneren Teile des tropischen Afrikas und bes. der nördlichen Territorien Westafrikas und Indiens, wo sie die viertwichtigste Getreideart nach Reis ist.
2. die Bez. P. wird auch für enthülste (pearled) Hirse (Nährmittelhirse analog Perlgraupen) verwendet. → Hirsenährmittel

Perlhirsestärke → Getreidestärke

Perlhühner *(Numidínae)* → Geflügel

Zusammensetzung und Energiewert von Perlhirse

Bestandteil	Durchschnittl. Gehalt in 100 g eßbaren Anteils
Feuchtigkeit	12,5 g
Eiweiß	10,6 g
Fett	5,3 g
Kohlenhydrate	68,0 g
Rohfaser	1,9 g
Mineralstoffe	1,7 g
Calcium	38 mg
Eisen	7 mg
Energiewert in kJ (kcal) je 100 g eßbaren Anteils	1585 (380)

Perllauch → Perlzwiebel

Perlmoos → Carrageen

Perlpilz → *Amanitáceae*

Perlreis → Weißreis

Perlsago → Sago

Perlsilber → Fischsilber

Perlwein: restsüßer Rot- oder Weißwein (30···40 g/l Zuckergehalt), der unter Kohlendioxiddruck steht (im Unterschied zu Schaumwein max. 0,125 MPa Überdruck bei 10°C erlaubt), aus Grundwein z. T. im Tankgärverfahren oder durch Imprägnieren mit Kohlendioxid hergestellt wird und auf Schlegel- oder Rotweinflaschen abzufüllen ist.

Perlweizen → Weizengraupe

Perlzwiebel: 1. Sammelbez. für kleine, runde (bis 15 mm Durchm.), unzerteilte Zwiebeln verschiedener → Laucharten: a) *Állium chinénse* G. Don, b) *Állium ascalónicum L.*, c) *Állium satívum L. var. ophioscoródon.* Die enthäuteten *Neben-* oder *Blütenstandszwiebelchen,* auch *Brutzwiebeln* genannt, werden vorwiegend für → Essiggemüsesterilkonserven, z. B. *Mixed Pickles,* oder auch meist in marinierter Form zum Garnieren von Fleisch-, Fischgerichten und von Feinkostsalaten verwendet. → Zwiebel
2. *Silberzwiebel:* die kleinen, runden, weiß bis silberfarbig schimmernden Nebenzwiebeln von einer sterilen (nicht blühenden), schwach wachsenden, schmalblättrigen, dem → Porree nahe verwandten Pflanze, *Állium pórrum var. sectívum* F. H. Lueder. Die P. werden oft verwechselt mit kleinen Zwiebeln anderer Alliumarten, wie a) den zahlreichen Brutzwiebeln inmitten des Blütenstandes von → *Schlangenknoblauch* [*Állium satívum var. ophioscoróden* (Link) Döll], b) den Zwiebelchen, die aus der Mutterzwiebel von → Schalotte *(Állium ascalónicum* Lour.) hervorgehen, c) den Zwiebelchen des Chinesischen Schnittlauchs *(Állium chinénse* G. Don), d) den Brutzwiebeln der → Catawissa-Zwiebel [*Állium cépa L. var. prolíferum* (Moench) Aschers.].

Peronóspora → Fungizide

Peronóspora destrúctor → Pilze

Peronosporáles → Pilze

Peroxydase: (EC 1.11.1) → *Enzym, das Wasserstoffperoxid* bei gleichzeitiger Dehydrierung eines Substrates (Amine, Phenole) zu Wasser reduziert. P., in tierischen und pflanzlichen Geweben verbreitet, ist aus dem Rettich isoliert worden. Die P. (Molmasse etwa 40 000 g/mol) ist wenig spezifisch, bei höheren Temperaturen stabil (80···115°C) und läßt sich nach bestimmter Hitzeeinwirkung regenerieren. Die P. der Milch dient zum Nachweis auf Hitzebehandlung. → Verderb

Perpel → Maifisch

Pérsea americána → Avocado

Pérsea gratíssima → Avocado

Pérsea schiedeána → Coyo-Avocado

D-Perseitol (D-*Perseit)* → Zuckeralkohole

Pérsica vulgáris → Pfirsich

Persimone: mispelähnliche Frucht des Baumes *Biospýros virginiána* L. (Familie *Ebenáceae),* der in China und in Japan verbreitet ist und auch in Kalifornien in großen Plantagen angebaut wird. Kernlose Persimonen haben hellgelbes Fruchtfleisch, und ihr Gerbstoffgehalt ist sehr hoch. Sie müssen daher künstlich nachgereift werden. Die dunkelfleischigen Sorten mit mehr als 4 Kernen sind ohne Vorbehandlung genießbar. Der Carotengehalt der P. liegt über 1,2 mg je 100 g.

Persimone, Japanische → Kakipflaume

Persipan, *angewirktes Persipan, Persipanware:* durch Mischen von → *Persipanrohmasse* (40 %) mit Zucker (60 %) hergestelltes Erzeugnis, das als preiswerter Ersatz für *Marzipan* dient. → Makronenmasse

Persipanmakrone → Makronendauergebäck

Persipanmakronenmasse → Makronenmasse

Persipanrohmasse: aus Aprikosen-, Pfirsich-, Bergmandelkernen und Zucker entsprechend der *Marzipanrohmasse* hergestellte Masse. Durch Wässerung wird das in den Kernen enthaltene Amygdalin aufgespalten und die Blausäure entfernt. Die P. enthält mind 65 % Kerngut, höchst. 35 % Zucker und 20 % Wasser. Zur besseren Unterscheidung der P. von *Marzipanrohmasse* wird der P. 0,5 % Stärke zugesetzt. → Nußrohmasse, marzipanähnliche → Rohmasse → Makronenmasse

Persischer Tragant → Tragant

Perubalsam, *Tolubalsam:* ein aus verschiedenen, in tropischen Wäldern Zentral- und Südamerikas verbreiteten, zur Familie *Fabáceae* gehörenden Perubalsambaumarten [*Hauptvertreter: Myróxylon bálsamum var. perēirae* (Royle) Harms gewonnenes Harz, das neben medizinischer Anwendung auch für die Herstellung von Kaugummi, Limonaden und Süßwaren verwendet wird. Das Harz ist in ätherischen Ölen der Pflanze gelöst und scheidet sich beim Verflüchtigen dieser Öle aus. P. wird fast ausschließl. von Wildbeständen der Sippe aus Früchten und Stamm gewonnen.

Perureis, *Reismelde, Peruspinat, Quinoa, Reisspinat, Bergreis, Quinua, Heidenkorn:* die einjährige, ästige, bis zu 2 m hohe krautige Pflanze *Chenopódium quinóa* Willd. (Familie *Chenopodiáceae)*, deren weiße, stärkereiche, hirsekornähnliche Samen in den Anden und Kordilleren ein wichtiges Nahrungsmittel sind. Es gibt verschiedene Sorten mit weißlichen, rötlichen oder schwarzen Samen, die reisähnlich schmecken und somit zur Namensgebung dieser Pflanze beitrugen. Die Samenhaut enthält Saponine, die vor der Zubereitung durch verschiedene Behandlungen entfernt werden müssen (Laugenbad, Rösten, Schälen). Aus den zerkleinerten Samen wird Brei bereitet, das Mehl wird in Bolivien zu einem harten, sehr haltbaren Brot, dem *Kispins*a (auch als *Kiris penase* oder Quispina bezeichnet) verbacken. Die Früchte sind Rohstoff für die Herstellung von Konfitüren (Ekuador) sowie für ein alkoholfreies Getränk. Die Blätter werden als Gemüse und Salat verwendet. Die Asche der Stengel ist Bestandteil einer harten, spröden Masse, der *Yista,* die als Zutat beim Coca-Kauen dient. Geröstetes Perureismehl dient zur Herstellung eines kaffeeähnlichen Getränkes, *Carapulque.* Gekaute Samen ergeben ein leicht schäumendes Getränk, namens → Chicha 4. Während des 1. Weltkrieges wurde in Europa vergeblich versucht, den Perureis zu kultivieren. Zusammensetzung und Energiewert s. Tab. bei → Kiwicha.

Peruspinat → Perureis

Peruviol → Terpen-Alkohole

Pestell: ein türkischer Traubenmost, der mit Weizenmehlzusatz eingekocht und dann geklärt wird.

Pestizide → Pflanzenschutzmittel → Schadstoffe

Petanin → Anthocyane

Peteh-Asin → Peteh-Bohne

Peteh-Bohne: der 2,5 cm lange und bis 1,5 cm breite, bohnenförmige Samen des in Indonesien heimischen Baumes *Párkia speciósa* Hassk. (Familie *Fabáceae).* Die P. haben einen knoblauchartigen Geruch und Geschmack. Sie werden roh, gekocht oder gesalzen (Peteh-Asin) zu Reis gegessen und dienen auch zur Bereitung von Sambal-Peteh. → Sambal → Dodoa

Petermännchen, *Trachínus dráco* (Bild).

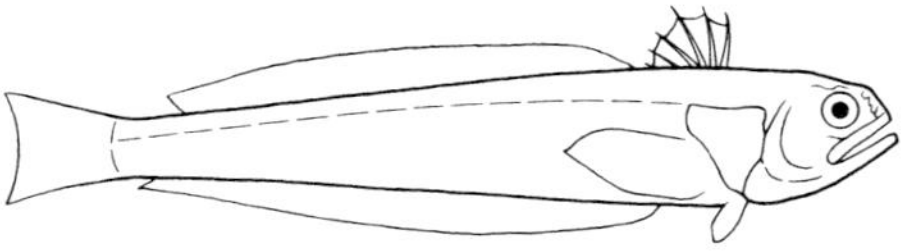

Petermännchen

Langgestreckter, mittelgroßer *Meeresfisch* mit einer kurzen, stachelstrahligen und einer langen, weichstrahligen Rückenflosse sowie einer langen Afterflosse. An der Basis eines Dornes am Kiemendeckel und der 1. Rückenflosse befinden sich Giftdrüsen, deren Sekret in Wunden Entzündungen hervorruft. Das etwa 25···30 cm, höchst. 40 cm lange P. ist in den Seegebieten vor Westeuropa und Nordwestafrika, im Mittelmeer sowie im Schwarzen Meer verbreitet, hat aber nur geringe wirtschaftliche Bedeutung. Mit dem P. verwandt ist der vor der westafrikanischen Küste beheimatete *Himmelsgucker, Sterngucker (Uranoscópus búfo* [*Bild*]), dessen Augen auf der Kopfoberseite noch enger als beim P. zusammengerückt sind.

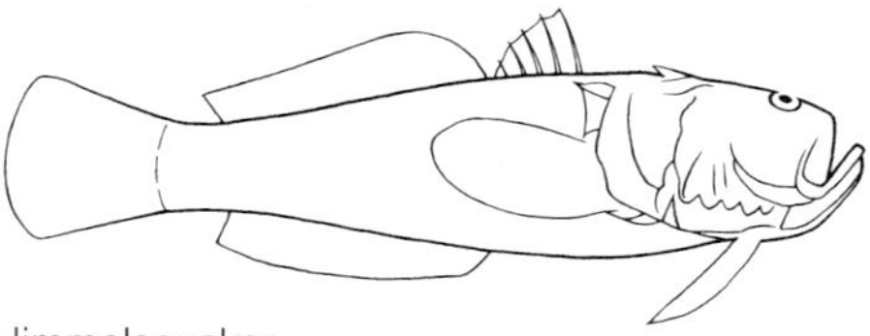

Himmelsgucker

Er wird meist 35···40 cm lang und kommt gelegentlich im Beifang vor. → Fisch

Petersfisch → Heringskönig

Petersilie: ein Doldengewächs, *Petroselínum críspum* (Mill.) Nym. ex A. W. Hill (Familie *Apiáceae),* mit charakteristischen Geruchs- und Geschmackseigenschaften sowohl der oberirdischen Teile (→ Blattpetersilie) als auch der Wurzel (→ Wurzelpetersilie). → Hundspetersilie

Petersilienblatt → Blattpetersilie

Petersilienkampfer → Apiol

Petersilie, Japanische, *Mitsuba:* die in China, Japan und Indonesien als Gemüse kultivierte ausdauernde Pflanze, *Cryptoaēnia canadénsis* (L.) DC. *ssp. japónica* Hassk. (Familie *Apiáceae),* deren Blätter und Blattstiele, ähnlich dem Sellerie grün oder gebleicht verzehrt werden. Die J. P. gedeiht auch gut in Mitteleuropa, wo sie wie Petersilienblatt oder Sellerieblatt als → Würzkraut für Suppen, Soßen, Salate, seltener als alleiniges Gemüse verwendet wird. Es gibt grün- und rotblättige Formen, der Samen wird im Frühjahr ausgesät.

Petersilienöl: das aus den reifen, getrockneten und zerkleinerten Früchten der → Petersilie durch Wasserdampfdestillation gewonnene, gelbe bis grünliche ätherische Öl (2···7 %), das zu 69···95 % die Phenylpropanderivate *Apiol, Myristizin* und *Allyltetramethoxybenzol* enthält. Hinsichtlich des unterschiedlichen Gehaltes an diesen Verbindungen unterscheidet man folgende 3 chemischen Rassen (Tab.).

Zusammensetzung des Petersilienöles

	Myristizin-Rasse (I)	Apiol-Rasse (II)	Allyltetramethoxybenzol-Rasse (III)
I	55···75 %	0···3%	1···23 %
II	9···30 %	60···80 %	bis 6 %
III	25···37 %	Spuren	bis 55 %

Das P. wird in der Lebensmittelproduktion zur Herstellung von Würzmittelzubereitungen oder -extrakten verwendet.

Petersiliensaft → Kräutersaft → Petersilie

Petersilienwurzel → Wurzelpetersilie

Petits fours: kleine Sandmassen- (→ Volleimasse) oder Mürbeteigkapseln (→ Mürbeteig), die mehrfach mit Konfitüre → Schalenobstmasse oder → Krem gefüllt sind. Diese kleinen Gebäcke werden mit Fondantmasse oder Kuvertüre überzogen, mit Marzipan abgedeckt, mit → Dekormaterial belegt oder mit Spritzmasse mit den verschiedensten Garnierungen versehen und stets in kleinen Papiermanschetten verkauft. Die P. f. werden in der Regel in mundgerechter Größe von ein, höchstens zwei Bissen hergestellt. Diese kleinen Leckerbissen unterscheiden sich in den einzelnen Ländern weniger in der Größe, aber in ihrer Zusammensetzung. Neben P. f. franz. und schweizer Art gibt es solche ungarischer und österreichischer Art. Die Wiener P. f. sind etwas größer als alle anderen, hierzu zählen aus Mohrenkopfmasse, Baumkuchenmasse (schwere Wiener Masse) aufdressierte und gebackene Schalen in Halbkugel-, Birnen-, Bohnen- und Zungenform. Die P. f. werden zum Kaffee bzw. Mokka zum Abschluß eines Menüs oder auch bei Kalten Büfetts angeboten. → Kuchen → Dessertstück

Petit-Suisse-Käse: ursprünglich in der Normandie (Frankreich), gegenwärtig auch in der Schweiz hergestellter *Frischkäse* mit Rahmzusatz (mind. 75% F. i. Tr.), der in kleinen Portionen ungesalzen in den Handel kommt. Der Geschmack ist angenehm frisch und leicht säuerlich.

Petromýzon marínus → Neunaugen

Petroselaidinsäure → Petroselinsäure

Petroselidinsäure → Petroselinsäure

Petroselinin → Apiose

Petroselinsäure, *Octadecen-6-säure:* eine einfach ungesättigte Monocarbonsäure der Formel

CH_3-$(CH_2)_{10}$- CH=CH-$(CH_2)_4$-COOH.

Die P. ist eine cis-Isomere der *Petroselidinsäure* (*Tarelaidinsäure, Petroselaidinsäure).* P. verdankt ihren Namen dem Vorkommen im Samenöl der Petersilie. Sie ist ein charakteristischer Bestandteil der Samenöle von Asteraceen (Umbelliferen) z. B. Petersilie, Koriander, Fenchel, Möhre, Kerbel, Kümmel. Die Petroselidinsäure wurde in den Samenölen von Sellerie, Petersilie und Möhre gefunden.

Petroselínum críspum → Petersilie

Petroselínum críspum convar. críspum → Blattpetersilie

Petroselínum críspum convar. radicósum → Wurzelpetersilie

Pe-Tsai → Chinakohl

Petunidin → Anthocyane

Petunidinglycoside → Anthocyane

Peucédanum nappurénsis → Epedong

Peucenin, *(Peukenin)* → Chromone

Pezíza → Becherlinge

Pezizáles: Pilzordnung, bei welcher die Fruchtkörper meist scheiben- oder becherförmig (Scheibenpilze), seltener hut- oder keulenförmig sind. Alle P. sind Saprophyten und überwiegend bodenbewohnend. Die P. werden von *Le Gal* in 6 Familien untergliedert, von denen nur die folgenden und die angegebenen Gattungen wegen ihrer z. T. eßbaren und in Mitteleuropa heimischen Vertreter von Interesse sind: *Pyronemáceae* (→ Calóscypha, Otídea, Pezizáceae (Pezíza, Plicária), Helvelláceae (→ Discína → Gyromítra → Helvélla, Acetábula → Rhízina), Morchelláceae (→ Morchélla → Mitróphora → Vérpa). → Pilze → Becherlinge

Pfahlmuschel → Muscheln

Pfannensalz → Speisesalz

Pfannkuchen, *Berliner Pfannkuchen, Berliner, Ballen:* das verbreitetste → *Fettgebäck* aus *Hefeteig,* sog. *Hefefettgebäck* (evtl. unter zusätzlicher Verwendung von Eiern bei der Teigbereitung), das, meist mit Marmelade, Konfitüre oder Pflaumenmus gefüllt, ein hochgewölbtes, rundes, ballenförmiges → Feingebäck mit *hellem Ring* in der Mitte und goldbrauner Kruste ergibt. Die P. werden entweder vor oder nach dem Backen mit Hand oder maschinell mit 7···15 g Füllmasse versehen, anschließend glasiert oder in Zucker gewälzt. Die P. sind zum alsbaldigen Verzehr bestimmt und sollten nicht älter als 12 h sein. Bei der Pfannkuchenherstellung kommt es darauf an, daß der Teig sich leicht teilen läßt, seine Form behält, wenn er ins Fett kommt, und nicht zu viel Fett beim Backen aufnimmt. *Hefepfannkuchen* benötigen eine Fetttemperatur von 204···215°C und eine Backzeit von 45···60 s. Neben den üblichen Hefepfannkuchen gibt es noch P., zu deren Lockerung Backpulver oder Eier dienen.

Pfannkuchenbrezel: ein zu Brezeln geformter Pfannkuchenteig, der in Fett gebacken und anschließend in Kristallzucker gewälzt ist. → Fettgebäck → Brezel

Pfau *(Pávo)* → Fleischtiere

Pfeffer: 1. i. w. S. Sammelbez. für ein mehr oder weniger scharf schmeckendes Naturgewürz (in Form von Blättern, Samen, Früchten oder Wurzeln), das von unterschiedlichen Pflanzenarten stammen kann, die teilw. gleichzeitig auch als → Blattgemüse oder als Bestandteil von → Salat genutzt werden (s. Übersicht nächste Spalte oben). Die Früchte und Blätter einiger der genannten Arten werden mitunter auch als Ersatz für Pfefferarten aus der Gattung *Piper* genutzt.
2. i. e. S. die Frucht der in Vorderindien heimischen, in vielen tropischen und subtropischen Gebieten, in sog. Pfeffergärten, angebauten Sträucher oder Bäume verschiedener Pfefferarten (s. Übersicht Seite 305) aus der Familie *Piperáceae*, deren wichtigste Vertreter Schwarzer und Weißer Pfeffer sind, die aus derselben Pflanze gewonnen werden: *Schwarzer Pfeffer:* die unreifen, ungeschälten, an der Sonne oder über offenem Feuer getrockneten, 3···6 mm großen Früchte von *Píper nigrum* L. Die Früchte erhalten beim Trocknen eine dunkelbraune bis schwarze Farbe und eine geschrumpfte Oberfläche. *Weißer Pfeffer:* die völlig ausgereiften, nach einem 2- bis 3tägigen Fermentationsprozeß *von* der äußeren Fruchtschale befreiten, getrockneten, glatten, 2···4 mm großen, gelben bis schmutziggelben Früchte von *Píper nígrum* L. Der Weiße P. ist im Geschmack feiner, aber weniger kräftig als der Schwarze P. Folgende Pfeffersorten werden unterschieden, jeweils nach Anbaugebieten oder Versandhäfen benannt (Übersicht s. nächste Spalte oben).
Heller Pfeffer ist *geschälter Schwarzer Pfeffer* und darf nicht als *Weißer P.* bezeichnet werden. Der charakteristische, aromatische Geruch und der scharfe, brennende Geschmack sind auf den Gehalt an ätherischem Öl (1···3,5 %), Piperin (4,5···7,5 %), Piperidin und dem Harz Chavizin zurückzuführen. Der P. gehört zu den ältesten und

Auftreten der Bez. Pfeffer in verschiedenen Pflanzenfamilien

Pflanzenart	Gattungsbezeichnung	Familienbezeichnung
→ *Guineapfeffer 2.*	*Aframómum*	*Zingiberáceae*
→ *Cayennepfeffer*	*Cápsicum*	*Solanáceae*
Spanischer Pfeffer (→ Gewürzpaprika)	*Cápsicum*	*Solanáceae*
→ *Pfefferfenchel*	*Foenículum*	*Apiáceae*
→ *Nelkenpfeffer*	*Piménta*	*Myrtáceae*
→ *Pfefferwurzel*	*Pimpinélla*	*Apiáceae*
→ *Pfeffer* (s. Übersicht unter Pfeffer 2.)	*Píper*	*Píperáceae*
Wasserpfeffer (→ Knöterich)	*Polýgonum*	*Polygonáceae*
Pfefferkraut (→ Bohnenkraut)	*Saturéja*	*Lamiáceae*
→ *Pfeffer, Peruanischer*	*Schínus*	*Anacardiáceae*
Mauerpfeffer (→ Salatfetthenne)	*Sédum*	*Crassuláceae*
→ *Mönchspfeffer*	*Vitex*	*Verbenáceae*
→ *Guineapfeffer 3.*	*Xylópia*	*Annonáceae*
→ *Pfeffer, Japanischer*	*Zanthóxylum*	*Rutáceae*
→ *Pfeffer, Chinesischer*	*Zanthóxylum*	*Rutáceae*

Pfeffersorten

Sorte	Unterscheidungsmerkmal
Tellicherypfeffer *Malabarpfeffer*	dunkelbraun bis schwarz, netzrunzelig, kugelförmig, hart, schwer
Lampongpfeffer *Sarawakpfeffer* *Kambodschapfeffer*	bräunlich bis schwarz, ungleichmäßig, nicht ausgeprägt netzrunzelig, kugelförmig

Pfefferarten der Familie Piperáceae

Botanische Bez.	Volkstümliche Bez.	Vorkommen	verwendete Pflanzenteile B.: Blätter F.: Früchte Fs.: Fruchtstände
P. adúncum L.	*Cordoncillo* (Mexiko)	Mittel- und Südamerika	F.
P. aurítum Kunth.	*Abjan* (Mexiko)	Mittel- und Südamerika	B.
	Matulan (USA)	tropische Asien und	B.
P. bétle L.	*Betelpfeffer* (→ Betel-pflanze)	Amerika	
P. cubéba L.	→ Kubebenpfeffer	Indonesien	F.
P. elongátum Vahl	*Matiko*	Südamerika	F.
P. guineénse Schum. et Thonn.	*Guineapfeffer 1.*, (→ Aschantipfeffer)	Zentral- und Westafrika	F.
P. lóngum L.	→ Pfeffer, Langer Langpfeffer, Bengalpfeffer	Indien	Fs.
	Indischer Langpfeffer	Mexiko	B.
P. megalophýllum C. DC.	*Acoyo*		
P. methýsticum G. Forst.	*Rauschpfeffer* (→ Kawa)		B.
P. nígrum L.	→ Pfeffer 2.	Asien, Südamerika, Westafrika	F.
P. peepuloídes (A. Dietr.) Roxb.	—	Indien	Fs.
P. retrofráctum Vahl	*Langpfeffer, Jawanischer*	Indonesien	Fs.
P. ribesioídes Wall.	–	Indochina, Malaysia	F.
P. saigonénse C. DC.	*Lolo*	Vietnam	F.
P. trichostáchyon (Miq.) C. DC.	*Beutelpfeffer*	Indien	F.

auch heute noch weitest verbreiteten scharfen Gewürzen und wird meist gemahlen verwendet (Pfefferpulver). Er dient zum Würzen von Fleisch- und Fischspeisen, Wurstwaren, Soßen, Suppen, Salaten, Gewürzgurken und wird Gewürzmischungen zugesetzt.

Pfeffer, Afrikanischer → Guineapfeffer 3.

Pfeffer, Äthiopischer → Guineapfeffer 3.

Pfefferbruch: die beim Schälen von Schwarzem Pfeffer anfallenden Teile, die gemahlen und als → Pfefferersatz verwendet werden. Die Zugabe von P. zu Pfefferpulver gilt als Verfälschung. → Pfeffer

Pfeffer, Chinesicher, *Chinapfeffer:* die in China und in der ehem. Sowjetunion kultivierte Pflanze *Zanthóxylum símulans* Hance (Familie *Rutáceae),* deren Samen ähnlich dem → Pfeffer (s. unter Übersicht) als Gewürz verwendet werden.

Pfefferersatz, *Kunstpfeffer:* **1.** mit Piperidin oder Extrakten aus Pfefferschalen versetzte Füllstoffe. → Verfälschen
2. die an Stelle von → Pfeffer 2. verwendeten unzerkleinerten oder gemahlenen Früchte mit pfefferähnlichem Geschmack, wie → Aschantipfeffer u. a.
3. → Pfeffer, Peruanischer

Pfefferfenchel: die reife, getrocknete bitter schmeckende Frucht des aus Italien stammenden Doldengewächses *Foeniculum pipéritum* L. (Familie Apiáceae*)*, mit der vereinzelt → Fenchel verfälscht wird. In Italien wird der P. als Gemüse kultiviert, indem die ungebleichten Stengel und Blattstiele genutzt werden.

Pfeffer, Gestreifter → Guineapfeffer 3.

Pfeffergurke → Essiggurke

Pfeffergurke, Westindische → Igelgurke, kleine

Pfeffer, Indischer → Paprika

Pfeffer, Japanischer: die in Nordchina, Japan, Korea kultivierte, pfefferähnlich schmeckende *Zanthóxylum piperítum* DC. (Familie *Rutáceae)*, die im Jugendstadium – bes. in Japan – als Blattgemüse, die Früchte dagegen als Gewürz für Suppen und Fischgerichte genutzt werden. → Pfeffer

Pfefferkäse: allg. Bez. für eine tischfertige Zubereitung aus Vollrahmfrischkäse (70% F. i. Tr.) mit Pfeffer als geschmacksbestimmendem Zusatzstoff. P. ist auch unter der Bez. *Fromage fine* im Handel.

Pfefferkraut: 1. → Kresse, Breitblättrige
2. → Bohnenkraut

Pfefferkuchen → Lebkuchen

Pfefferkuchenpalme → Dumpalme

Pfeffer, Langer, *Bengalpfeffer, Indischer Langpfeffer, Langpfeffer:* die getrockneten, unreifen, kolbenartigen, bis zu 4 cm langen, schwarzbraunen Fruchtstände eines in Bangladesh, Vorderindien und auf den Inseln des Indischen Archipels heimischen und kultivierten Strauches *Píper lóngum* L. (Familie *Piperáceae).* Zu den scharfschmeckenden Alkaloiden des L. P. zählen *Piperin, Piplartin, Piperlongumin* und *Piperlonguminin.* In Indien und anderen asiatischen Ländern wird er an Stelle von Schwarzem → Pfeffer verwendet.

Pfefferling → *Hydnáceae*

Pfeffermatta: ein Gemisch von pulverisierten Abfällen pflanzlicher Herkunft, wie Mandel-, Palm-, Oliven-, Weinkernen, Piment, Wacholderbeeren, Ölpreßkuchen, mit und ohne Zusatz von mineralischen Beschwerstoffen, das als Grundlage für → Pfefferersatz dient und zur Verfälschung von Pfefferpulver verwendet wird.

Pfeffer-Milchling → *Russuláceae*

Pfefferminz: ein → Trinkbranntwein oder → Likör.

Pfefferminzbruch → Konserve

Pfefferminze, *Schwarze Pfefferminze:* die wildwachsende oder kultivierte, wirtschaftlich wichtigste → *Minze, Méntha x piperíta* L. *var. piperíta* L. (Familie *Lamiáceae)*, ein Bastard aus *Bachminze (M. aquática* L. und → *Krauseminze* 3. (*M. spicáta* L. *var. spicáta).* Das ätherische Öl der Blätter (1···3%, bei Hochleistungssorten bis 4% im Trockengut) enthält insbes. *Menthol,* bewirkt den charakteristischen Geruch und kühlen Geschmack. Eine sehr ertragreiche Sorte ist *'Black Mitchem'.* Die P. dient zum Würzen von Fleisch- und Fischgerichten, Gemüse, Suppen und Soßen, bildet Bestandteile von Haustee und Rohkostsalaten, wird zur Gewinnung von Pfefferminzessenzen und → Pfefferminzöl sowie zur Aromatisierung von → Spirituosen verwendet.

Pfefferminze, Blaue → Eukalyptusöl 2.

Pfefferminze, Breitblättrige → Eukalyptusöl 2.

Pfefferminze, Japanische, *Japanische Minze:* die in Ostasien wildwachsende oder kultivierte *Méntha arvénsis* L. *(Ackerminze)*, von der nur eine von 4 Varietäten, die *var. piperáscens* Malinv. (Familie *Lamiáceae)* sowohl als Gemüse- als auch als Gewürzpflanze kultiviert wird. Das aus der J. P. gewonnene → Japanische Pfefferminzöl ist im Aroma einseitiger, aber wesentlich mentholreicher als das der → Pfefferminze. Die J. P. wird nicht nur in Japan, sondern auch in Europa und in den USA kultiviert. → Minze

Pfefferminze, Schmalblättrige → Eukalyptusöl 2.

Pfefferminze, Schwarze → Eukalyptusöl 2.

Pfefferminzessenz: ein ethanolischer Auszug der → Pfefferminze oder in Ethanol gelöstes → Pfefferminzöl. Die P. dient zur Herstellung von Pfefferminzlikör und zum Aromatisieren von Süßwaren.

Pfefferminzkampfer → Menthol → Terpen-Alkohole

Pfefferminzküchel → Konserve

Pfefferminzkwaß → Kwaß

Pfefferminzöl: das aus den stark welkenden oder getrockneten oberirdischen Teilen der → Pfefferminze durch Wasserdampfdestillation gewonnene, schwach gelbliche bis hellgrünlich-gelbe ätherische Öl mit charakteristischem Geruch und Geschmack von anfangs brennender, dann – infolge des hohen Gehaltes an → Menthol (etwa 50 %) – kühlender Wirkung. Ferner sind *Menthon, Zineol, Menthylacetat, Menthofuran, Jasmon, Phellandren* u. a. enthalten. Im Handel sind *Deutsches* und *Englisches P. (Mitcham-P.)* geschätzt. *Japanisches* und *Chinesisches P.* sind im Geschmack bitter und müssen vor der Verwendung rektifiziert werden. Das P. dient zum Aromatisieren von Likören (Pfefferminzlikör), Essenzen, Süßwaren, bes. Kaugummi, und wird zur Herstellung von → Pfefferminzspiritus verwendet. → Krauseminze

Pfefferminzpastille → Zuckerwarenkomprimat

Pfefferminzplätzchen → Konserve

Pfefferminzsoße → Minzsoße

Pfefferminzspiritus: eine Mischung von einem Teil → Pfefferminzöl und 9 Teilen Ethanol. Die farblose Flüssigkeit mit starkem Geruch und Geschmack nach Pfefferminze wird zum Aromatisieren von Likören verwendet.

Pfeffernuß: eine → Lebkuchenbackware aus hellem oder dunklem Teig in Form kleiner, runder, hart gebackener, gewürzter Plätzchen von höchst. 3 cm Durchm.. → Lebkuchen

Pfeffer, Peruanischer, *Rosa Pfeffer, Rosa Beere:* die korallenroten bis blaßgelben, pfefferkorngroßen Steinfrüchte des *Peruanischen Pfefferbaumes, Schínus mólle* L., Synonym *S. arēira* L. (Familie *Anacardiáceae)*, die sowohl als *Pfeffer-Ersatz* als auch zum Verfälschen von Schwarzem Pfeffer, zur Herstellung von Sirup, Essig und zu alkoholischen Getränken, in Mexiko bes. für → Pulque, benutzt werden. Die Blätter des P. P. liefern einen gelben Farbstoff; aus dem → Blutungssaft der Pflanze wird (durch künstliche Verletzung der Baumrinde) sog. *Amerikanischer Mastix* gewonnen, der vorwiegend Heilzwecken dient. → Schinusfrucht

Pfefferpotthastgewürz: eine → Würzmischung, die neben viel gemahlenem Weißem Pfeffer und Zimt noch andere Gewürze in kleinen Mengen enthält und zum Würzen der westfälischen Rindfleischspezialität Pfefferpotthast dient.

Pfeffer, Rosa → Pfeffer, Peruanischer → Schinusfrucht → Paprika

Pfeffer, Roter → Paprika

Pfeffersoße, *Pepper-Sauce, Tabasco-Sauce, Tobasco-Sauce:* eine industriell hergestellte, bes. scharfe → Würzsoße aus Essig, Salz und Cayenne-Pfeffer. Die P. ist in kleinsten Mengen zum Würzen von Salaten, Fleisch und Fischgerichten, Eierspeisen und Cocktails geeignet.

Pfeffer, Spanischer → Paprika

Pfeffer, transgener → Nutzpflanze, transgene

Pfeffer, Türkischer → Paprika

Pfeffer, Westafrikanischer, Schwarzer → Aschantipfeffer

Pfefferwurzel: 1. *Kleine Bibernelle, (die) Pimpernelle, (der) Pimpernell, Steinbrechbibernelle, Bockwurzel, Pinellekraut, Weiße Theriakwurzel, Steinpetersilie:* die in Europa und Nordamerika wildwachsende, in Indien kultivierte *Pimpinélla saxífraga* L. (Familie *Apiáceae)*, deren Samen ein anisartig duftendes Gewürz, die Wurzeln eine bitterstoffhaltige Droge liefern. Die oberirdischen

Pflanzenteile dienen frisch als würzende Beigabe zu Mischsalaten; die Droge wird meist für → teeähnliche Erzeugnisse und zur Aromatisierung von → Spirituosen herangezogen.
2. *Große Bibernelle, Deutsche Theriakwurzel:* die wie unter 1. verwendete *Pimpinélla májor* L., deren Gehalt an ätherischem Öl in den getrockneten Wurzeln älterer Pflanzen 0,4 % beträgt und sowohl Gerbstoffe als auch Pimpinellin als Hauptkomponenten enthält.
3. → Meerrettich

Pfefferzelt → Lebkuchen

Pfeilkalmar → Tintenfisch

Pfeilkraut: das in Europa bis Südostasien angebaute Froschlöffelgewächs *Sagittária sagittifólia* L. (Familie *Alismatáceae*), eine Wasserpflanze mit pfeilförmigen Blättern sowie weißen, braunrot gefleckten Blüten, die in stehenden und fließenden Gewässern bis 1,2 m Höhe erreicht. Die jungen Sprosse und Wurzeln dienen als Gemüse.

Pfeilkraut, Chinesisches, *Konwai, Wappatoo:* die stärkehaltigen Knollen einer in Japan, Korea, China, Indien und bis zur südlichen europäischen ehem. Sowjetunion heimischen und angebauten Pflanze *Sagittária sinénsis* Sims (Familie *Alismatáceae*), die jung als Gemüse gegessen oder ausgereift zu Mehl verarbeitet wird.

Pfeilwurzelmehl → Marantastärke → Arrowroot

Pfennigkresse → Ackerhellerkraut → Wildkräuter

Pferd, *Equus cabállus:* → Fleischtier, das ein feinfaseriges, dunkel aussehendes, einen schwach bläulichen Schimmer annehmendes → Fleisch liefert. Pferdefleisch schmeckt etwas süßlich, es weist einen gegenüber dem Fleisch anderer Tiere erhöhten Glycogengehalt auf. Pferdefleisch muß in gesonderten Räumen verkauft werden (Tab. oben).

Pferdebanane → Kochbanane

Pferdebohne → Helmbohne

Grundnährstoffe und Energiewert von Pferdefleisch

Bestandteil	Durchschnittl. Gehalt je 100 g
Eiweiß	17,6 %
Fett	16,3 %
Kohlenhydrate	0,3 %
Energiewert in kJ (kcal) je 100 g	990 (235)

Pferdeeppich, *Schwarzes Gemüse, Alisander:* ein in Südeuropa, Nordafrika und auf den Kanarischen Inseln kultiviertes Doldengewächs, *Smýrnium olusátrum* L. (Familie *Apiáceae*), dessen Wurzeln, junge Sprosse und gestielten Blätter als Gemüse und Salat genutzt werden. *Smýrnium perfoliátum* L., die *Stengelumfassende Gelbdolde,* wird vorwiegend in der Schweiz als Gemüse verwendet.

Pferdefeige → Hottentottenfeige

Pferdefett: aus den fettreichen Teilen der Pferde (*Equidae*) gewonnenes Fett. Das P. ist durch Caroten goldgelb bis braungelb gefärbt. Der Geruch des P. erinnert an → Gänseschmalz, der Geschmack an → Rapsöl. Die wichtigsten Fettsäuren sind, bezogen auf den Gesamtfettsäuregehalt: Myristinsäure (3···6 %), Palmitinsäure (20···30 %), Stearinsäure (5···7 %), Myristolein- und Palmitoleinsäure (3···10 %), Ölsäure (38···55 %), Linolsäure (11···25 %) und Linolensäure (2···8 %). Den Gehalt der Linolensäure benutzt man zum analytischen Nachweis der Verfälschung von → Schweineschmalz mit P.. Das P. ist weicher als Schweineschmalz: der Schmelzpunkt liegt bei 29···43°C. Das P. ist ein gutes Backfett; es wird außerdem zur Seifenherstellung verwendet. → Fett, tierisches

Pferdeknoblauch → Lauch

Pferderettich, Japanischer → Wasabi

Pferderettichbaum → Drumstickgemüse → Behenöl

Pferdeschwanz → Ackerschachtelhalm

Pfifferling → *Hydnáceae*

Pfifferling, Falscher → Hydnáceae

Pfingstrose, Echte, *Bauernpfingstrose, Paeonie:* die in Süd- und im südlichen Mitteleuropa verbreitete *Paeónia officinális* L. (Familie *Paeoniáceae)*, die wohl als Heil- und Zierpflanze als auch zur Gewinnung von Farbstoff kultiviert wird. Die sich im Mai öffnenden Blütenblätter eignen sich zum Färben von Marmelade, Likör und Kräutertee. In China wird sog. *Pfingstrosenlimonade* aus einem Extrakt getrockneter Wurzeln hergestellt. Ein Getränk, das im Geschmack der Cola ähneln und wegen seiner, die Blutgefäße erweiternden Wirkung bei der Heilung von Herz-Kreislauf-Erkrankungen begünstigend wirken soll. Hierzu wird auch bevorzugt die *P. lactiflóra* Pall. genutzt.

Pfingstrosenlimonade → Pfingstrose, Echte

Pfirsich: Frucht des Pfirsichbaumes, *Pérsica vulgáris* Mill., Synonym *Prúnus pérsica* (L.) Batsch, eine aus China stammende, dort seit etwa 4000 Jahren bekannte → Steinobstart (Familie *Rosáceae)*. Der P. ist in allen wärmeren Ländern der Erde verbreitet. In der gemäßigten Zone ist der Anbau an wärmebegünstigten Standorten wirtschaftlich. Der Pfirsichbaum gedeiht am besten auf durchlässigen Böden und in Gebieten mit warmer, trockener Herbstwitterung. Dort kann das Holz des Baumes gut ausreifen und ist weniger frostgefährdet. Standorte mit hoher Feuchtigkeit sind für den Pfirsichbaum ungeeignet. Pfirsichsorten → Steinobst. Da aus dem Stein herangezogene Pfirsichbäume vielfach ansehnliche Früchte bringen, sind neben den pomologisch festgelegten Sorten noch zahlreiche unbenannte Sämlinge im Anbau. Bei den Sorten und Sämlingen sind die Steine unterschiedlich leicht vom Fruchtfleisch lösbar, bei den meisten Frühsorten lösen sich die Steine schlecht vom Fleisch, und die Früchte kommen deshalb vorwiegend für den Frischverzehr, weniger für die Verarbeitung in Betracht. Am Pfirsicharoma sind γ-Lactone (C_6 bis C_{12}) und δ-Lactone (C_{10} und C_{12}) beteiligt.Die hier besprochene P. haben eine wollige Schale; Sorten mit glatter Schale werden → *Nektarinen* genannt. Die Früchte sind nur begrenzt haltbar und müssen sofort nach der Ernte verbraucht werden. Für weitere Transporte werden sie kurz vor Baumreife geerntet.

P. sind edle *Tafelfrüchte* für den Frischverzehr. Sie werden ferner für Sterilkonserven, Marmelade, Warenje, kandierte Früchte, Belegfrüchte und Nektare verwendet. Zusammensetzung und Energiewert der P. → Steinobst. Die Samen der *Pfirsichsteine* dienen wie die der *Aprikosensteine* bisweilen als Ersatz für bittere Mandeln. Da in beiden Steinen → Amygdalin enthalten ist, das bei Anwesenheit von Säure und Wärme zerfällt, wobei Blausäure entsteht, können größere Mengen zu Vergiftungen führen. In der Süßwarenindustrie werden die Kerne der Pfirsich- und Aprikosensteine anstelle von Mandeln zur Herstellung von → *Persipan* verwendet, nachdem das Amygdalin zuvor ausgewaschen worden ist.

Pfirsichaldehyd → Lactone

Pfirsichpalme, *Pejibaye, Contaduropalme, Amana:* die dornige, fiederblättrige, bis zu 18 m hohe Palme *Báctris gasipäës* H. B. K., Synonym *Báctris ùtilis* Oerst (Familie *Arecáceae)*, deren Früchte in Mittelamerika und dem Norden von Südamerika eine wichtige Rolle in der Ernährung der einheimischen Bevölkerung spielen. Die in großen Büscheln wachsenden, eiförmigen, bis zu 5 cm langen Früchte haben unter der dünnen, gelben bis rotorangefarbenen Schale ein trockenes, mehliges, aber festes, hellorangefarbenes bis gelbes Fruchtfleisch. Sie werden in Salzwasser 3 h gekocht und so zubereitet gegessen. Nach dem Kochen getrocknet, können die Früchte bis zu 6 Monaten gelagert und durch erneutes Kochen (30 min) wieder in den ursprünglichen gegarten Zustand zurückgeführt werden. Die gekochten Früchte erinnern in Geschmack und Textur an Eßkastanien. Der harte, weiße, ölreiche Kern wird zu Mehl verarbeitet, zu Kuchen verbacken und schmeckt kokosnußartig. Aus dem Fruchtmark werden auch Getränke, z.B. *Masato,* bereitet. Gekochte Pfirsichpalmenfrüchte enthalten je 100 g

49 g Feuchtigkeit, 2,8 g Eiweiß, 6,7 g Fett und 40 g Kohlenhydrate (vorwiegend Stärke), der Energiewert je 100 g eßbaren Anteils beträgt 1055 kJ (252 kcal).

Pfirsichtomate → Cocona

Pfirsichtorte → Obstgebäck

Pflanze, biotechnisch veränderte → Nutzpflanze, transgene

Pflanze, gentechnisch modifizierte → Nutzpflanze, transgene

Pflanzenbehandlungsmittel → Pflanzenschutzmittel

Pflanzeneiweiß → Kleber → Lebensmittel, glutenfreies

Pflanzenexsudat → Gummistoff, pflanzlicher → Hydrokolloid

Pflanzenextrakte → Extrakt → Hydrokolloid

Pflanzenfett: das aus fetthaltigen, pflanzlichen Rohstoffen gewonnene → *Fett.* Das P. ist als Reserve- und Nährstoff in vielen Samen, bei einigen Pflanzen auch im Fruchtfleisch enthalten. Entsprechend ihrer Herkunft kann man bei P. *Fruchtfleischfette* und *Samenfette* unterscheiden. Wichtigste Vertreter der Fruchtfleischfette: → Palmöl → Olivenöl und → Avocadoöl. Einteilung der Samenfette:

1. *Feste und halbfeste Samenfette*

a) Laurin- und myristinsäurereiche Fette (Kokos-, Palmkern-, Babassufett, Muskatbutter)

b) Palmitin- und stearinsäurereiche Fette (Kakao-, Sheabutter, Borneotalg)

2. *Pflanzensamenöle*

a) Palmitinsäurereiche Öle (Baumwollsaatöl, Kapok-, Maiskeimöl

b) Palmitinsäurearme, öl- und linolsäurereiche Öle (Mandel-, Sesam-, Sonnenblumen-, Walnuß-, Hanf-, Leinöl)

c) Leguminosenöle (Erdnuß-, Sojaöl)

d) Cruciferenöle (Raps-, Senföl)

e) Umbelliferenöle (Petersilienöl)

f) Nichtspeiseöle mit bes. physiologischer Wirkung (Chaulmoogra-, Rizinusöl).

Zur Gewinnung der P. (Bild) werden die Samen *(Ölsaat)* gereinigt und danach zerkleinert (Stachel-, Riffel- und Quetschwalzen).

Gewinnung von Pflanzenfetten

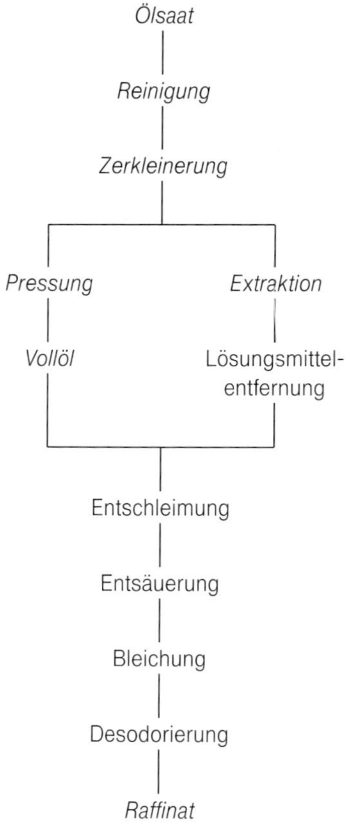

Die Ölgewinnung kann durch Pressen oder Extraktion erfolgen. Das Pressen geschieht mit diskontinuierlichen Kasten-, Trog-, Topf- und Ringpressen (z.B. bei Kakaobutter) oder mit kontinuierlichen Schneckenpressen. Vielfach erfolgt eine Vorpressung auf einen Restölgehalt von 15···20 % und nach einer weiteren Zerkleinerung eine Nachpressung bis auf 4···5 % Restölgehalt; die resultierenden Öle werden als Preßöle bezeichnet. Die erste Pressung liefert sehr reine Öle (*Vorschlagöle*), bei der Nachpressung erhält man die *„Nachschlagöle"*. Bei relativ niedrigen Temperaturen (unterhalb 60 °C) gepreßte Öle (*kaltgeschlagene Öle)* können bei sorgfältiger Auswahl der Rohstoffe und Verfahrensbedingungen direkt für den Verzehr verwendet werden (*Vollöl).* Aus Samen mit Fettgehalten von etwa 20 % oder auch aus vorgepreßten Samen wird das Öl durch Extraktion gewonnen. Moderne Verfahren der *Direktextraktion* gestatten auch die extraktive Entfettung fettreicher Pflanzensamen. Als Extraktionsmittel werden vor allem aliphatische Kohlenwasserstoffe, bes. n-Hexan, aber auch Benzin (Siedebereich 65···98°C) ferner flüssiges Propan, Alkohole oder chlorierte Kohlenwasserstoffe, insbes. Trichlorethylen, verwendet. Man arbeitet diskontinuierlich in Extraktionsbatterien nach dem Gegenstromprinzip; kontinuierliche Anlagen beruhen auf dem Prinzip der Korb- und der Bandextrakteure. Im Ergebnis der Extraktion erhält man ein *„Miscella"* genanntes Extraktionsmittel/Öl-Gemisch, aus dem in Verdampfern (Umlauf-, Dünnschichtverdampfer) das Lösungsmittel abgetrennt wird. Das resultierende *Extraktionsöl* ist ein *Rohöl,* das für Speisezwecke einer Raffination unterzogen wird. Die anfallenden Extraktionsschrote sind nach Entfernung des Lösungsmittels eiweißreiche Futtermittel und gewinnen zunehmend Bedeutung als Proteinquellen für die menschliche Ernährung.

Die *Raffination* der Rohöle hat das Ziel, gesundheitsschädliche Inhaltsstoffe und solche Stoffe, die den Genußwert, die Haltbarkeit, das Aussehen und die technische Weiterverarbeitung nachteilig beeinflussen, zu entfernen, wobei die ernährungsphysiologisch erwünschten Fettbestandteile und -begleitstoffe erhalten bleiben sollen. Die Raffination beinhaltet die Verfahrensschritte Entschleimung, Entsäuerung, Entfärbung und Desodorierung. Bei der Entschleimung werden Schleimstoffe, Phosphatide, eiweiß- und kohlenhydratartige Verbindungen, Harze und andere Beimengungen entfernt. Die Entschleimung kann durch Hydratation, Erhitzen (z.B. „Brechen" von technischem Leinöl) oder Zusatz von anorganischen (bes. Phosphorsäure oder Schwefelsäure) oder organischen Säuren erfolgen. Die Abtrennung der ausfallenden Schleimstoffe kann mittels Zentrifugen geschehen. Bei der Hydratation quellen die Schleimstoffe auf und fallen aus; dieses Verfahren ist für die Gewinnung von → *Phosphatiden* von Bedeutung. Im nächsten Verfahrensschritt, der Entsäuerung, werden die freien → *Fettsäuren,* deren kürzerkettige Vertreter geschmacklich und geruchlich unangenehm in Erscheinung treten, entfernt. Dies kann erfolgen durch Neutralisation mit alkalischen Mitteln (nach Zusatz von Ätzalkalien oder Alkalicarbonaten Bildung der entsprechenden Seifen – *Soapstock* –, die mittels Zentrifugen abgetrennt werden), durch Veresterung (Zugabe von Glycerol zur Veresterung der freien Fettsäuren), durch Lösungsmittel-Extraktion (die freien Fettsäuren werden selektiv durch Extraktion mit Alkohol, Furfurol bzw. verflüssigtem Propan – *Solexol-Verfahren* – gelöst) oder durch destillative Entsäuerung (Wasserdampfdestillation im Vakuum). Die Entfernung von Farbstoffen erfolgt meist durch Einrühren von → *Bleicherden,* wobei erstere adsorptiv gebunden werden.

Der Bleichung schließt sich die Desodorierung an: Einleiten von Wasserdampf bei Temperaturen von etwa 180 °C (Europa) oder 240···260°C (USA) und einem Vakuum von 400···670 Pa. Die raffinierten Fette können nun als Speisefette verwendet werden. Sollen Speiseöle als *Tafelöle* verwendet werden, erfolgt oftmals eine Kältebehandlung, wobei hochschmelzende Triglyceride ausfallen (*Winterisierung, Entstearinisierung),* die sonst eine Trübung der Öle hervorrufen könnten. Die Lagerung der raffinierten Speiseöle sollte kühl, unter Ausschluß von Licht und unter Inertgas-Atmosphäre (Stickstoff) erfolgen, damit die Autoxydationsvorgänge weitgehend vermieden werden (→ Fett). Die P. sind wertvoll als Speiseöle, als Margarinegrundstoff und als Koch-, Back- und Bratfette. Der hohe Linolsäuregehalt einiger P. macht sie zu einem wünschenswerten und notwendigen Bestandteil einer gesunden Ernährung. Technologische Verfahren, wie Hydrierung, Umesterung oder Fraktionierung (→ *Fett),* sichern einen großen Anwendungsbereich.

Pflanzenfettemulsion, milchfreie → Ersatzmilchpräparat, pflanzliches

Pflanzengummi → Gummistoff, pflanzlicher → Hydrokolloid

Pflanzenkohle, medizinische → Lebensmittelfarbstoffe

Pflanzenmazerat → Mazerat

Pflanzenmilch → Ersatzmilchpräparat, pflanzliches

Pflanzen mit kochsalzeinschränkender Würzwirkung, *Gewürz mit kochsalzeinschränkender Würzwirkung, Küchenkräuter mit kochsalzeinschränkender Würzwirkung:* Sammelbez. für meist flachwurzelnde Pflanzen, deren krautige Teile, frisch oder getrocknet, zur Reduzierung eines zu hohen Kochsalzgehaltes bei der Speisenzubereitung beitragen können. Hierzu können z. B. gerechnet werden: *Kerbel, Kresse, Rosmarin, Basilikum, Salatchrysantheme, Salbei, Dongo, Seefenchel, Löffelkraut, Amaránthus víridis, Meerkohl, Eisenkraut, Queller, Thymian.*

Pflanzenöl: bei Zimmertemperatur flüssiges → Pflanzenfett.

Pflanzensaft → Kräutersaft → Saft → Zucker, brauner → Palmzucker → Palmwein

Pflanzenschleim → Schleimstoff, pflanzlicher

Pflanzenschutzmittel, Pflanzenbehandlungsmittel, *Pestizide:* natürliche bzw. synthetische chemische Verbindungen zur Vernichtung bzw. Vertreibung von Schädlingen, Unkräutern sowie zur Vorbeugung und Behandlung von Pflanzenkrankheiten. In den Staaten der Europäischen Gemeinschaft sind z. Zt. etwa 20 000 bis 24 000 P. zugelassen, in denen rund 7000 Wirkstoffe enthalten sind. Eine Unterteilung der P. erfolgt hinsichtlich ihres Einsatzbereiches (Übers.). Auch Köder- (Attractants) und Abschreckmittel (Repellents) sind zu den P. zu rechnen. Die P. stellen ein Gemisch des wirksamen Stoffes mit nicht wirksamen Beistoffen (Lösungsmittel, Emulgatoren, Haftmitteln, Netzmittel, feste Trägerstoffe usw.) dar. Die Wirkstoffe können anorganischer (Kupfer, Schwefel) oder organischer Herkunft (meist synthetische Verbindungen) sein. Nach ihrer Ausbringungsart werden Stäube-, Spritz-, Nebel-, Gieß-, Streu-, Beiz-, Inkrustier-, Räucher- und Begasungsmittel

Einsatzbereiche der Pflanzenschutzmittel

Wirkstoffgruppe	Mittel zur Bekämpfung von
→ *Insectizide*	schädlichen Insekten (Fliegen, Mücken, Käfer, Läuse usw.)
→ *Acarizide*	Milben
Algizide	Algen
Aphizide	Blattläuse
Bakterizide	Bakterien
Larvizide	Insektenlarven
Ovizide	Milbeneiern
→ *Fungizide*	pilzlichen Krankheitserregern
→ *Herbizide*	Unkräutern und Ungräsern
Molluskizide	Weichtieren (z. B. Schnecken)
Nematizide	Boden- und Pflanzenälchen
Rodentizide	schädlichen Nagetieren
Virizide	Viren

Wirkstoffe, für die in der BRD ein vollständiges Anwendungsverbot besteht

Acrylnitril	*Ethylenoxid*
Aldrin	*Fluoressigsäure u. Deriv.*
Aramit	*HCH, techn.*
Arsen-Verb.	*Heptachlor*
Blei-Verb.	*Hexachlorbenzol*
Cadmium-Verb.	*Isobenzan*
Captafol	*Isodrin*
Carbaryl	*Kelevan*
Chlordan	*Morfamquat*
Chlordecone	*Nitrofen*
Chlordimeform	*Pentachlorphenol*
Chloroform	*Polychlorterpene*
Chlorpikrin	*Quecksilber-Verb.*
Crimidin	*Quintozen*
1,2-Dibromethan	*Selen-Verb.*
1,2-Dichlorethan	*2,4,5-T*
Dieldrin	*Tetrachlorkohlenstoff*
Endrin	

unterschieden. Die Anwendung von P. in Landwirtschaft und Hygiene ist eine Notwendigkeit, um die Verluste an Ernte- und Vorratsgütern zu reduzieren sowie durch Insekten übertragbare Krankheiten (z. B. Malaria) einzudämmen. Die gesundheitlichen Belange, die sich aus der Anwendung von P. ergeben, werden durch Vorschriften zur Einhaltung von Karenzzeiten und Anwendungsbegrenzungen sowie über Rückstände von Pflanzenschutz- und Schädlingsbekämpfungsmitteln geregelt. → Kanzerogene

Pflanzenstoffe, sekundäre: bisher für den Menschen als nicht essentiell erkannte Inhaltsstoffe pflanzlicher Lebensmittel mit mehr oder weniger stimulierender Wirkung auf Sekretion, Verdauung, Stoffwechsel und Immunsystem. Im Gegensatz zu ihnen sind die Grundnährstoffe Eiweiß, Kohlenhydrate, Fette sowie essentielle Mineralstoffe und Vitamine als primär anzusehen. Bes. reich an s. P. sind Würz- und Heilkräuter, Wildfrüchte und versch. Gemüsearten. Zu den s. P. gehören u. a. → *Amine, biogene* → Anthocyane → Aromastoffe → Betaine → Bitterstoffe → ätherische Öle → Farbstoffe → Flavonoide, Polyphenole (z. B. → Ellagsäure) → Purinkörper → Senföle → Terpene. Neben antimutagenen und antikanzerogenen werden den s. P. antioxydative, antimikrobielle, antithrombische, entzündungshemmende, immunmodellierende, cholesterolspiegelsenkende, blutzuckerregulierende, blutdrucksenkende und verdauungsfördernde Wirkungen zugeschrieben (s. Abb. und Tab.).

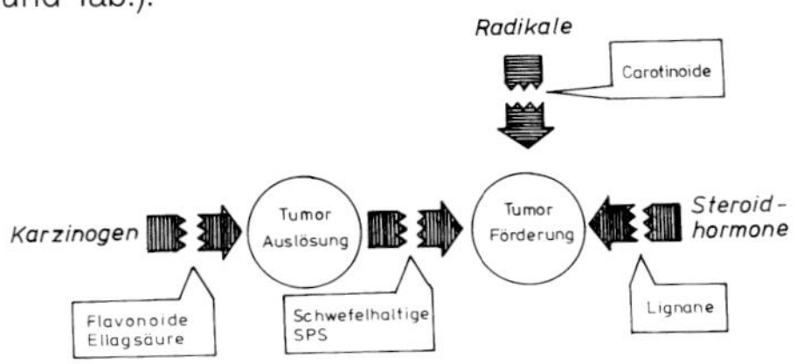

Angriffspunkte von sekundären Pflanzenstoffen bei der Kanzerogenese

Diese physiologischen Wirkungen der s. P. können sowohl kurzfristig als auch erst bei langzeitiger Aufnahme spürbar werden, und sie hängen von

Sekundäre Pflanzenstoffe mit antikanzerogener Wirkung

Sekundäre Pflanzenstoffe	Vorkommen
Carotinoide	Gemüse, Obst
Phytosterine	Getreide, Gemüse, Obst
Flavonoide	Gemüse, Obst, Getreide
Protease-Inhibitoren	Hülsenfrüchte, Getreide, Kartoffeln
Isothiocyanate (Senföle)	alle Kohlarten, Zwiebelgewächse, Kresse, Meerrettich
Polyphenole	Kaffee, Tee, Obst, Getreide, Kartoffeln
Indole	alle Kohlarten
Monoterpene	Zitrusfrüchte, Kümmel

Gesundheitsfördernde Wirkungen schwefelhaltiger sekundärer Pflanzenstoffe

Sekundäre Pflanzenstoffe	Wirkung	Vorkommen
Allicin	antibiotisch	Knoblauch
Alkyl-Cystein-sulfoxide	antibiotisch cholesterolspiegelsenkend	Zwiebelgewächse, alle Kohlarten
Methyl-Allyl-Trisulfid	gerinnungshemmend	Knoblauch
S-Methyl-methionin	Antiulkusfaktor	Weißkohl
Indole	antikanzerogen	alle Kohlarten
Isothiocyanate	antibiotisch	Senf, Meerrettich
	antikanzerogen	Kresse, Kohlarten
Diallylsulfide	antikanzerogen	Zwiebelgewächse

ihrer Dosis-Wirkungskurve (→ Giftstoffe in pflanzlichen Lebensmitteln) ab. Eine übermäßige Aufnahme kann aber auch zu negativen Wirkungen führen.

Pflanzen-Streßmetabolite → Phytoalexine

Pflanze, transgene → Nutzpflanze, transgene

Pflanzenwachs → Wachs

Pflanzkartoffel → Kartoffel

Pflasterstein: eine → *Lebkuchenbackware* aus Leb- oder Honigkuchenteig in Form eines runden, gewölbten Plätzchens, das mit dicker, weißer Zuckerglasur überzogen ist. → Steinpflaster → Lebkuchen

Pflaume: Frucht des Pflaumenbaumes, *Prúnus doméstica* L., eine sehr alte, formenreiche Steinobstart (Familie *Rosáceae).* Wildformen der P. sind in der Jungsteinzeit nachweisbar. Aus ihnen entstanden Kulturformen mit sehr unterschiedlichen Merkmalen. Sie führten zur Bildung von Unterarten und Varietäten, die von *Lucas* nach obstbaulichen und von *Hegi* und *Roeder* nach botanischen Gesichtspunkten geordnet worden sind (Übers.). Durch Kreuzung von Sorten aus verschiedenen Unterarten lassen sich aber die Glieder der einzelnen Unterarten heute nicht mehr eindeutig abgrenzen. Die Gliederung ist jedoch deshalb von Bedeutung, weil sie viele Bez. von Pflaumensortengruppen enthält, die noch immer verwendet

Gliederung der Obstart Pflaume (botanische Art: Prúnus doméstica L.) *in Unterarten und Varietäten nach Hegi und Roeder (in Anlehnung an das Pflanzensystem von Lucas)*

Unterart	Varietät	Charakteristik
subspec. insitítia L., Haferschlehen, Kriechen	*var. juliána* L., Haferschlehen	runde Pflaumen, als Tafelobst nicht brauchbar
	var. pomariórum Bout, Spillinge	längliche Früchte, die meisten Sorten als Tafelobst nicht brauchbar
	var. cérea L., Mirabellen	kleine, runde oder rundliche Früchte mit süßem Fruchtfleisch
subspec. itálica Borkh., Edelpflaumen	*var. claudiána* Poir., Renekloden	runde oder rundliche Früchte mit edlem Geschmack
	var. ovoidéa Mart., Eierpflaumen	große bis sehr große, nach dem Stiel stark verjüngte, weichfleischige Pflaumen
subspec. oeconómica Borkh., Zwetschen	*var. subrotúnda* Bechst., Rundpflaumen	rundliche, saftreiche, weichfleischige Früchte, gekocht säuerlich
	var. oxycárpa Bechst., Ovalpflaumen	Frucht länger als breit, sonst wie Rundpflaumen
	var. mamilláris Schüb. et Mart., Dattelpflaumen	sehr lange, ellipsoide Früchte, Fleisch mehr pflaumen- als zwetschenartig
	var. Halbzwetschen	Frucht ellipsoid, nach Stiel- und Griffelseite gleichmäßig abgerundet, Fleisch zwetschenartig knorpelig
	var. pruneauliánia Ser. apud D.C., Echte Zwetschen	länglich, nach Stiel- und Griffelseite hin verjüngt, Fleisch süß, fest, knorpelig, Schale ohne Säure

werden. So unterscheidet z.B. der Obstbauer

→ *Spillinge* (Bild)

→ *Mirabellen* (Bild)

→ *Renekloden* (Bild)

→ *Rundpflaumen* (Bild)

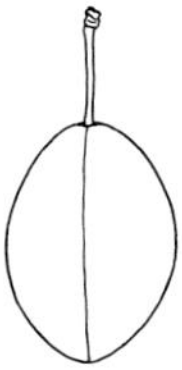

→ *Halbzwetschen* und → *Zwetschen* (Bild)

Zur Abgrenzung von *Größengruppen* sind im Handel die Begriffe *Runde Pflaumen, Zwetschen* und *Mirabellen* üblich, zur Kennzeichnung der *Reifezeit* die Begriffe → *Frühpflaume* → Frühzwetschen für solche Sorten, die bis etwa Anfang September (vor Beginn der Hauszwetschenernte) reifen. Die mehr oder weniger ausgeprägte Lösbarkeit des Steines vom Fruchtfleisch (sog. Steinlöslichkeit) der P. ist sortentypisch. In Jahren mit hohen Niederschlägen und relativ niedrigen Temperaturen während der Vegetation löst sich das Fruchtfleisch bei wenig steinlöslichen Sorten bes. schlecht vom Stein. Um die *Steinlöslichkeit* positiv zu beeinflussen, sollten die Früchte so lange wie möglich am Baum verbleiben.

Der Pflaumenanbau war zu Beginn des 20. Jh. dominierend im Obstbau. 1900 betrug der Anteil der P. am gesamten Obstbaumbestand in Deutschland 41,2 %. Bevorzugt im Anbau war die *"Hauszwetsche"*. Seitdem ist der Pflaumenanbau ständig zurückgegangen zugunsten des Kernobstanbaues. Die P. gedeiht in allen nicht zu trockenen Böden; der Baum ist sehr anpassungsfähig an den Standort.

Die Früchte haben nur begrenzte Haltbarkeit und müssen sofort nach der Ernte verarbeitet werden. Die P. wird z. T. frisch verzehrt, das gilt vor allem für die frühreifenden Sorten. Der größte Teil der anfallenden Erntemengen wird jedoch industriell verarbeitet. Festfleischige Sorten werden zu diesem Zweck vielfach maschinell geerntet. Die P. ist für alle Verarbeitungsarten geeignet. Linalool, Benzaldehyd, Zimtsäuremethylester, C_6-Aldehyde und γ-Dekalacton sind typische Aromastoffe der Pflaume. Eine japanische Spezialität ist dunkelbraunfarbiger, wohlschmeckender *Pflaumenwein*. Unreife Zwetschen werden als → Geliermittel für Marmelade, Mus und Konfitüre verwendet. Pflaumenmark wird mit dem → Obstmark anderer Sorten, z.B. auch von Zitrusfrüchten, zu neuartigen Mischkonfitüren verarbeitet. Das früher sehr verbreitete Dörren von Pflaumen wird in der Gegenwart vorwiegend in Ländern mit wärmerem Klima betrieben. Zusammensetzung und Energiewert der P., Renekloden und Mirabellen → Steinobst.

Pflaume, Japanische → Susine

Pflaumenbrandy → Pflaumenkern → Obstbrand

Pflaumeningwer: auf Pflaumengröße (2···3 cm) geschnittener und in Zuckersirup eingelegter Ingwer. → Chylong

Pflaumenkern: der von der harten Steinschale (*Pflaumenstein)* befreite Samen der → Pflaume. Die Pflaumensteine fallen bei der Produktion von Pflaumenmus, Pflaumenmarmelade oder Pflaumenbrandy (Slibovitz) an und können nach Entsteinung wie die *Aprikosenkerne* in der Süßwarenindustrie genutzt werden. Da jedoch die Ausbeute an P. aus Pflaumensteinen nur etwa 24 % beträgt, werden sie relativ selten weiterverarbeitet. Die P. enthalten etwa 7% Feuchtigkeit, 50 % Fett, 12 % Eiweiß und 115 mg Blausäure je 100 g. → Kern → Ölsamen → Aprikosenkerne → Obstbrand → Persipan

Pflaumenkuchen → Obstgebäck → Blechkuchen

Pflaumenlikör: ein Fruchtaromalikör, hergestellt aus aromatischen Pflaumensorten (Mirabellen, Renekloden) unter Verwendung von Fruchtsäften und alkoholischen Extrakten der Preßrückstände oder deren Destillate. *Prünellelikör* wird in Frankreich aus aprikosenähnlichen Prunussorten, aus nach dem Frost geernteten Schlehen oder aus gelben Pflaumen (Zibarte) wie P. bereitet. → Likör → Prunelle

Pflaumenmus → Fruchtmus → Mus

Pflaumenpilz → *Rhodophylláceae*

Pflaumenstein → Pflaumenkern → Kern

Pflaumenwein → Pflaume

Pflaume, Spanische → Mombinpflaume

Pflaume, transgene → Nutzpflanze, transgene

Pflaume, Türkische: Frucht der aus türkischen Herkünften ausgelesenen, züchterisch bearbeiteten und durch Veredelung vermehrten großfrüchtigen Sorten [*Prúnus cerasífera* Ehrh. (Familie *Rosáceae)*] der → *Kirschpflaume.* Sie sind für die Anpflanzung auf leichten, dürftigen Standorten bestimmt. Die Früchte sind vorwiegend zur Herstellung von Sterilkonserven, Konfitüren und Saft vorgesehen.

Pflückbohne → Gemüsebohne

Pflückerbse → Gemüseerbse

Pflückfisch: ungleichmäßige Stückchen gegarten Fischfilets, die durch manuelles Abtrennen des Fleischanteils von gedämpften oder gekochten, entweideten Fischrümpfen entstehen (Pflücken); vorwiegend für Fischkonserven in Mischungen mit diversen Tunken genutzt.

Pflücksalat, *Stechsalat, Krausesalat:* Sammelbegriff für → Gartensalat, *Láctuca satíva var. críspa* L. (Familie *Asteráceae)* mit gekrausten, gelappten, ausgeschnittenen oder eichenblattförmigen, hellgrünen, roten oder mehrfarbigen Blättern. Man unterscheidet mehrere Typen: a) mit aufrechten Sprossen, z. B. 'Amerikanischer Brauner', bei der mehrere Schnitte, bzw. Folgeernten üblich sind und b) Formen mit gestauchten Sprossen und krausen oder fiederspaltigen Blättern, die als Ganzpflanze geerntet werden; hierzu zählen z. B. der grünblättrige → 'Lollo Bionda' → Eichenblattsalat → Lollo Rossa. → Blattsalat → Salatmischung.

Pfötchen → Schlachtkörperteilstücke

PHA → Hämagglutinine

Phaak, *Mamchao:* eine fermentierte Fischpaste aus gesalzenem Fisch, Wachsreis und Hefe, die je nach gewünschter Geschmacksvariation und Farbe in den einzelnen Landesteilen von Indonesien mit Gewürzen (Pfeffer und Ingwer) oder Zucker verwendet wird. → Fischsoße, fermentierte → Lebensmittel, fermentierte

Phalángium quámash → Camasie

Phaláris canariénsis → Kanariengras

Phalláceae, *Rutenpilze*: der Ordnung *Phalláles (Rutenpilzartige)* – innerhalb der Klasse *Basidiomycétes* – zugeordnete Pilzfamilie. Der bereits vorgebildete Fruchtkörper der Stinkmorchel

(Phállus impudícus L. ex Pers.), unter der Bez. *Hexenei* bekannt, wird von verschiedenen Pilzsammlern als Delikatesse geschätzt und schmeckt rettichähnlich. Der im Jugendstadium befindliche Pilz ist in einer eiförmigen, weißen Hülle zusammengedrängt, die auch noch eine Gallertmasse enthält. Vorkommen: in altem Laub und Humus verborgen, überall in Parkanlagen, Gebüschen und Mischwäldern. Der vollentwickelte Pilz weist aufdringlichen Aasgeruch auf und ist ungenießbar. → Pilze → Speisepilze → Ständerpilze

Phallacidin → Phallotoxine

Phallacin → Phallotoxine

Phalláles → *Phalláceae*

Phallin → Phallolysin

Phallisacin → Phallotoxine

Phallisin → Phallotoxine

Phalloidin → Phallotoxine

Phalloin → Phallotoxine

Phallolysin, *Phallin:* ein hämolytisches Pilzgift mit Proteincharakter. Es kommt im *Grünen Knollenblätterpilz* [*Amaníta phalloídes* (Fr.) Link] u. a. Amaniten vor, zerstört die Zellwand der roten Blutkörperchen. Molmasse 20 000 g/mol, reagiert basisch, verliert bei 62···64°C seine Aktivität. → Pilzgifte

Phallotoxine: Gemisch mehrerer nahe verwandter, hitzebeständiger Pilzgifte, die biocyclische Heptapetide darstellen (s. Formel unten).

	R_1	R_2	R_3	R_4	R_5	LD_{50} (mg/kg)
Phalloidin	OH	H	CH_3	CH_3	OH	2,0
Phalloin	H	H	CH_3	CH_3	OH	1,5
Prophalloin	H	H	CH_3	CH_3	H	>100
Phallisin	OH	OH	CH_3	CH_3	OH	2,5
Phallacin	H	H	$CH(CH_3)_2$	COOH	OH	1,5
Phallacidin	OH	H	$CH(CH_3)_2$	COOH	OH	1,5
Phallisacin	OH	OH	$CH(CH_3)_2$	COOH	OH	4,5

Molmasse etwa 1000 g/mol. Die P. sind wie die ähnlich aufgebauten *Amatoxine* bes. im *Grünen Knollenblätterpilz* [*Amaníta phalloídes* (Fr.) Link.] und einigen verwandten Amanita-Arten enthalten, die von unkundigen Sammlern mit Champignons, Grünlingen oder Grünen Täublingen verwechselt werden. Die Giftwirkung ist an der Thioetherbindung (-C-S-C-) lokalisiert. In 100 g Frischpilzen sind etwa 20···60 mg P. enthalten. *Phalloídin* dringt vor allen in die Leberzellen ein und zerstört die Zellmenbranen. Vergiftungssymptome: Erbrechen und Durchfall. Latenzzeit: 8···40 h. → Pilzgifte

Phállus impudícus → *Phalláceae*

Phalsafrucht: Beerenfrucht des Strauches *Gréwia asiatíca* L. (Familie *Tiliáceae),* die in Südwest-

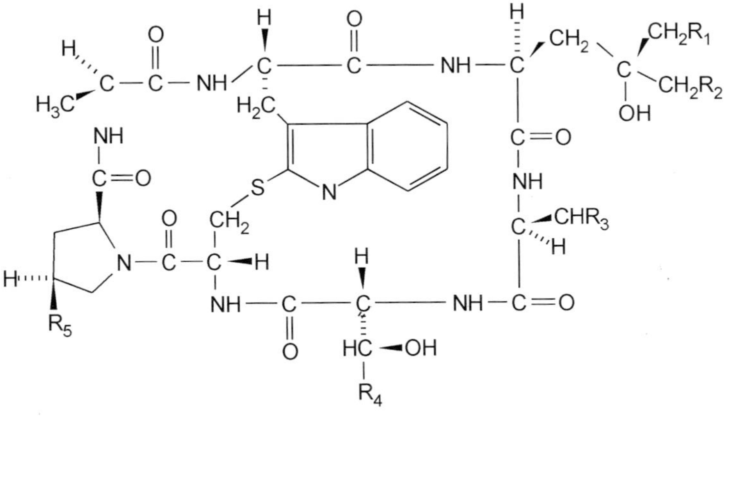

afrika gesammelt und verzehrt sowie zur Herstellung eines alkoholischen, bierähnlichen Getränkes genutzt wird.

Phäophorbide: Abbauprodukte der Chlorophylle, enthalten nicht mehr den Phytolrest und sind hydrophil.

Phäophytine, Abbauprodukte der Chlorophylle, die lipophil sind und noch den Phytolrest enthalten, s. Formel unten.

Pharaofeige → Maulbeerfeige

Phaselin → Albumine

Phasenkolloide → Kolloid

Phaseolin → Phytoalexin der Gartenbohne (Phaséolus vulgáris L.) mit fungizider Wirkung, s. Formel rechts oben.
→ Globuline

Phaseolotoxin A → Hämagglutinine

Phaseolunatin → Glycoside, cyanogene

Phaséolus acutifólius → Teparybohne

Phaséolus anguláris → Adzukibohne

Phaséolus āureus → Mungbohne

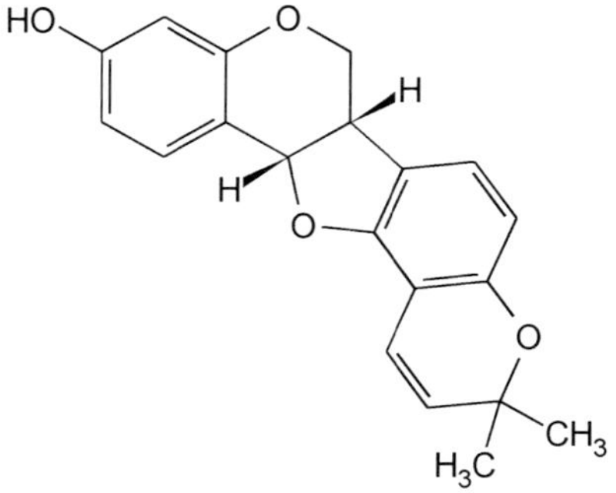

Phaséolus calcarátus → Reisbohne

Phaséolus coccíneus → Prunkbohne

Phaséolus hírtus → Mungbohne

Phaséolus liménsis → Limabohne

Phaséolus lunátus → Limabohne

Phaséolus múngo → Mungbohne → Urdbohne

Phaséolus mungóreous: Kreuzung zwischen → Urdbohne und → Mungbohne.

Phaséolus radiátus → Samenmehl, eiweißreiches → Urdbohne → Mungbohne

Phaséolus vulgáris → Gemüsebohne

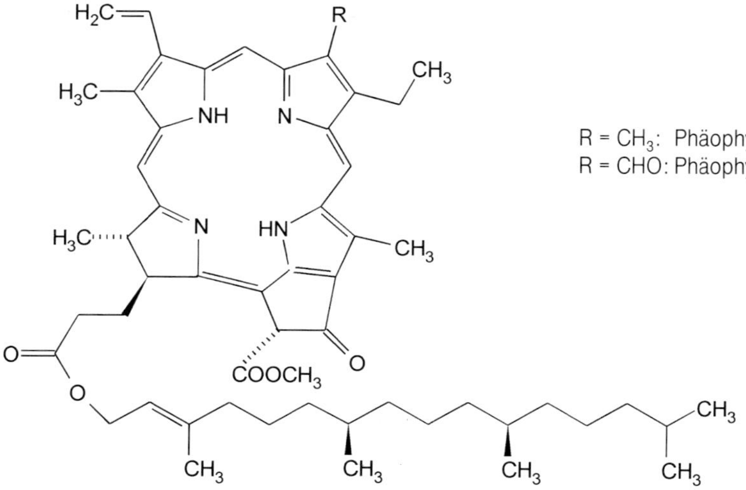

R = CH_3: Phäophytin a
R = CHO: Phäophytin b

Phaseomannit → myo-Inositol

Phasiánus cólchicus: Fasan. → Fleischtiere → Wild

PHB-Ester → Konservierungsstoffe

l-Phellandral → Terpen-Aldehyde

Phellandrene: monocyclische Monoterpen-Kohlenwasserstoffe. Es werden z. Z. Strukturisomere mit je zwei optischen Isomeren unterschieden. Die P. sind leicht verharzende, in Ether und Ethanol leicht lösliche und wasserunlösliche Öle (s. Tab. unten).

Phellonsäure → Monohydroxycarbonsäuren, gesättigte, aliphatische

Phellopterin → Cumarin

Phenacetonitril → Benzylcyanid

p-Phenetidincarbamid → Süßungsmittel

Phenolase → Polyphenoloxydasen

Phenole: Gruppe von Verbindungen, die sich vom Benzen durch Ersatz von Wasserstoffatomen gegen Hydroxylgruppen ableiten. Man unterscheidet ein- und mehrwertige P.. Das einwertige Phenol Hydroxybenzen kristallisiert in farblosen Nadeln, die sich an der Luft rötlich färben, F. 40°C, Kp. 182°C. Es ist in Wasser und sehr leicht in Ethanol und wäßrigen Alkalilösungen löslich. Die wäßrige Lösung (Carbolsäure) reagiert sauer. Die Salze heißen Phenolate. In Lebensmitteln, bes. in den ätherischen Ölen, sind P. und deren Derivate enthalten (s. Übersicht Seiten 320–324).

Phenolglycoside: zu den O-Glycosiden gehörige Verbindungsgruppe, bei der das Aglykon über eine phenolische Hydroxylgruppe einfacher oder substituierter Phenole mit der lactolischen Hydroxylgruppe des betreffenden Zuckers verknüpft ist. Zwar kommen im Pflanzenreich viele Vertreter dieser Glycosidgruppe vor, in Lebensmitteln ist ihre Zahl jedoch sehr begrenzt (s. Übersicht Seite 325).

Phenoloxydase → Polyphenoloxydasen

Phenoxazonfarbstoffe → Farbstoffe

Phenoxyessigsäureallylester → Allylphenoxyacetal

Phenylacetataldehyd → Benzaldehyd

β-Phenylacrolein → Zimtaldehyd

β-Phenylacrylsäure → Zimtsäuren

L-Phenylalanin → Aminosäuren

Phenylalkylamine: basische, zu den biogenen Aminen zählende N-Verbindungen. Die bekanntesten in Lebensmitteln vorkommenden P. s. Übersicht Seite 325/326.

Phenylbrenztraubensäure → Oxocarbonsäure

Phenylcarbinol (veraltet) → Benzylalkohol

Phellandrene

Phellandren	Formel	Dichte *d*	Kp. in °C	spez. Drehung $[\alpha]_D^{20}$	Vorkommen
D-α-Phellandren	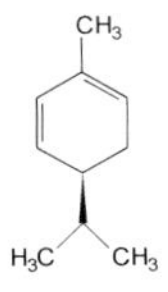	d_4^{13} 0,844	175...176	+40,7°	Dill, Fenchel, Wermut, Sternanis
L-α-Phellandren		d_4^{20} 0,83	173...175	−84°...−140°	Eukalyptus, Sternanis, Pfeffer, Zimt, Piment, Ingwer
D-β-Phellandren	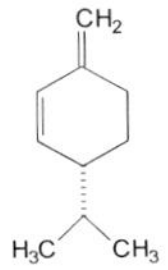	d_4^{20} 0,852	171...172	+15°...18,5°	Sternanis, Ingwer
L-βPhellandren		d_4^{15} 0,843	172...174	−74,4°	Sternanis, Zimt

Phenole und Phenolderivate in Lebensmitteln

Phenol, Phenolderivat	Formel	Vorkommen
Einwertige Phenole und Phenolderivate:		
p-Cresol (p-Kresol, p-Oxytoluol, Taurylsäure, p-Hydroxytoluol)		verbreitet in geringen Mengen, Anissamenöl
m-Cresol (m-Kresol)	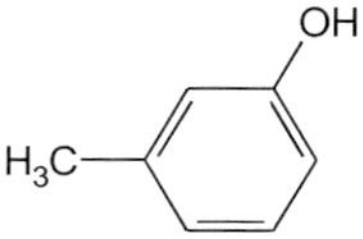	ätherisches Öl des schwarzen Tees
Chavicol (Chavikol, p-Allylphenol)	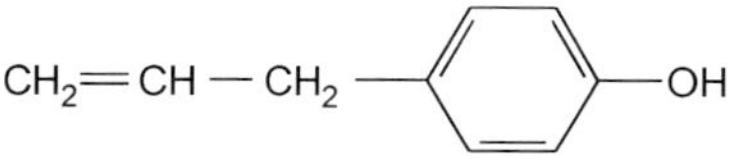	Piment, Dost, Betelpfeffer
→ *Estragol (Esdragol, Isoanethol, Methylchavikol, Methylchavicol)*	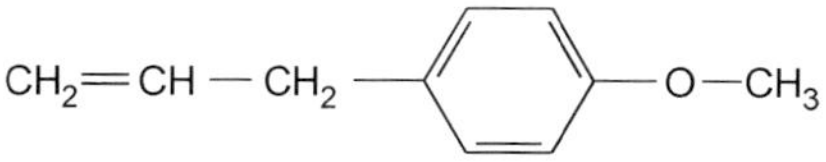	Estragon-, Sternanis-, Kerbel-, Basilikum-, Fenchel-, Anisöl
→ *Anethol*	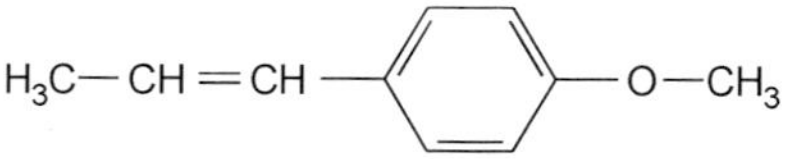	Pimpinelle, Sternanis-, Anis-, Fenchel-, Basilikumöl
Foeniculin	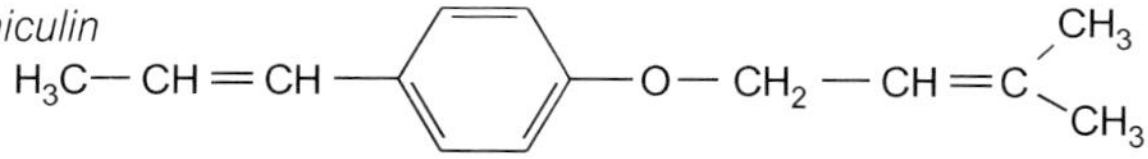	Fenchel-, Sternanisöl
p-Isopropylphenol (p-Oxycumol, Australol)	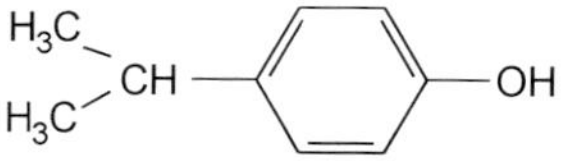	Eukalyptusöl
Anacardol (Cardanol) Gemisch von 4 verschiedenen Verbindungen	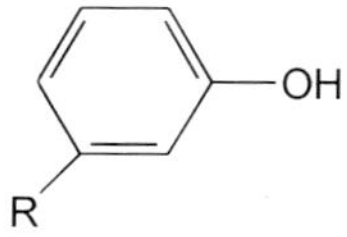	Kaschunuß
$R = (CH_2)_{14} - CH_3$ $R = (CH_2)_7 - CH = CH - (CH_2)_5 - CH_3$ $R = (CH_2)_7 - CH = CH - CH_2 - CH = CH - (CH_2)_2 - CH_3$ $R = (CH_2)_7 - CH = CH - CH_2 - CH = CH - CH_2 - CH = CH_2$		
→ *Carvacrol (Karvakrol)*	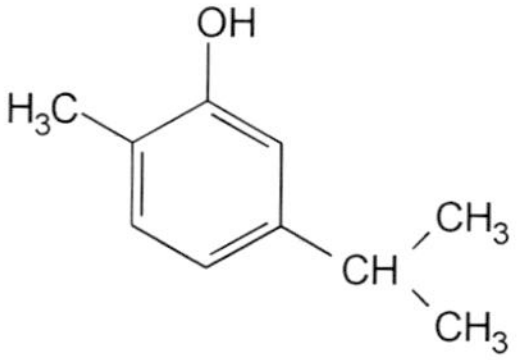	Kümmel-, Dost-, Bohnenkraut-, Thymian-, Rautenöl

Phenole und Phenolderivate in Lebensmitteln (Forts.)

Phenol, Phenolderivat	Formel	Vorkommen
→ *Thymol*	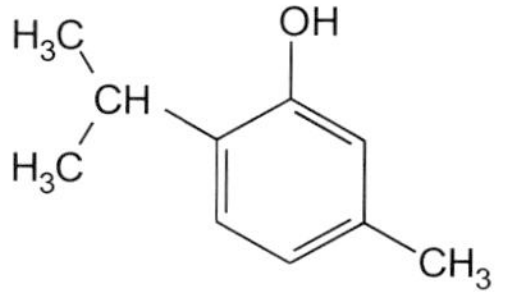	Thymianöl
Zweiwertige Phenole und Phenolderivate:		
Brenzcatechin (Brenzcatechusäure, Pyrocatechin, Pyrocatechusäure)	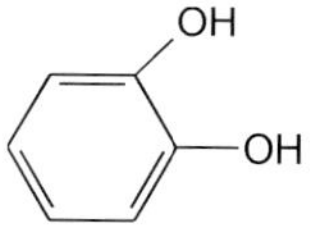	als Baustein vieler Gerbstoffe, Rüben-, Rohrzucker, pigmentierte Zwiebelschalen, Grapefruit
Guajacol	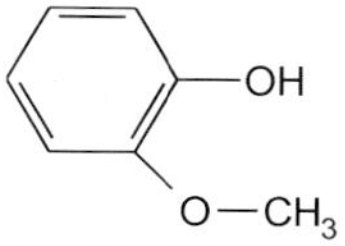	Saft des Zuckerahorns, Rauten-, Selleriesamen, Tabakblätteröl, → Rauchbestandteil
Creosol (Kreosol, Homoguajacol)	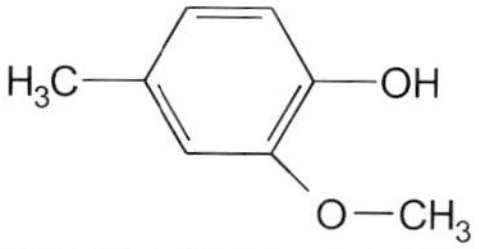	Anisöl
→ *Eugenol (4-Allylguajacol, Nelkensäure, Eugensäure)*	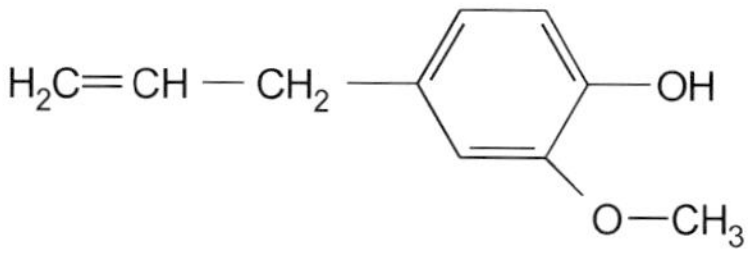	Nelken-, Piment-, Nelkenzimtöl
→ *Isoeugenol* (Gemisch von 2 cis-trans-Isomeren)	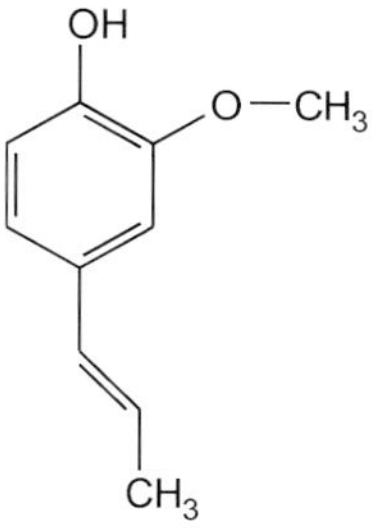 trans-Form 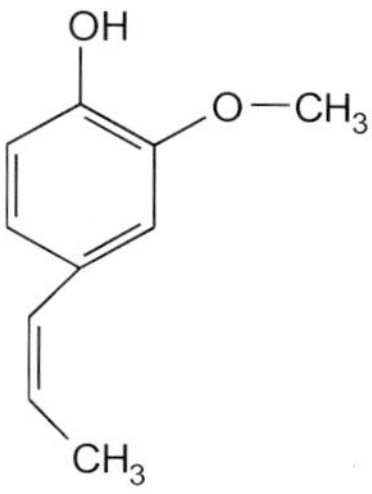 cis-Form	Muskatnußöl
→ *Eugenolmethylether*	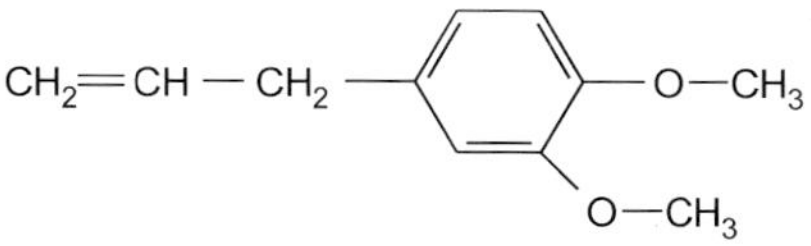	Betel-, japan. Kalmus-, Basilikum-, bulg. Rosenöl

Phenole und Phenolderivate in Lebensmitteln (Forts.)

Phenol, Phenolderivat	Formel	Vorkommen
Cardol (Gemisch von 2 Verbindungen)	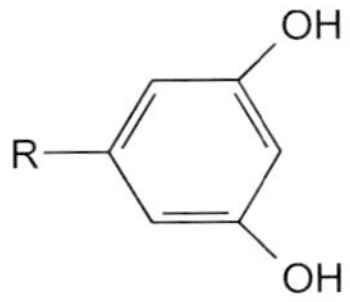 $R = (CH_2)_7 - CH = CH - CH_2 - CH = CH - (CH_2)_2 - CH_3$ $R = (CH_2)_7 - CH = CH - CH_2 - CH = CH - CH_2 - CH = CH_2$	Kaschufruchtschale
Hydrochinon (Arctuvin, Pyrogentisinsäure)		Anissamenöl, als Aglycon des *Arbutins* in Heidelbeeren, Brombeerblättern
Hydrochinon-monoethylether	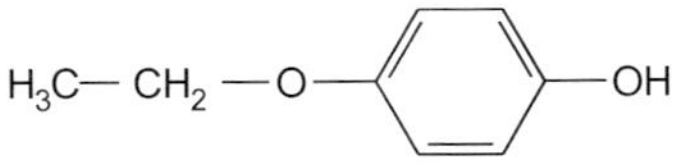	Sternanisöl
Dreiwertige Phenole und Phenolderivate:		
Pyrogallol (Pyrogallussäure)	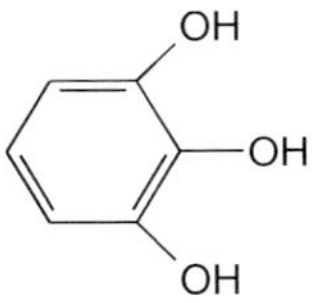	als Baustein vieler Gerbstoffe
Pyrogallol-methylether	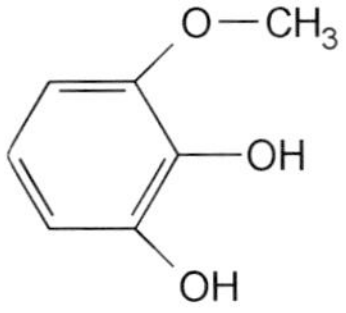	im Buchenholzteerdestillat und damit in Räucherwaren
Pyrogallol-1,3-dimethylether	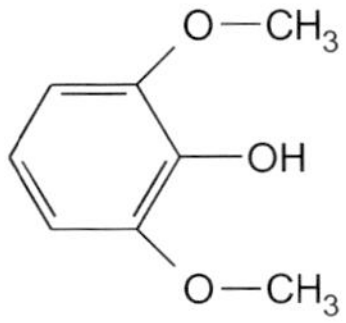	im Buchenholzteerdestillat und damit in Räucherwaren
5-Methylpyrogallol-1-methylether	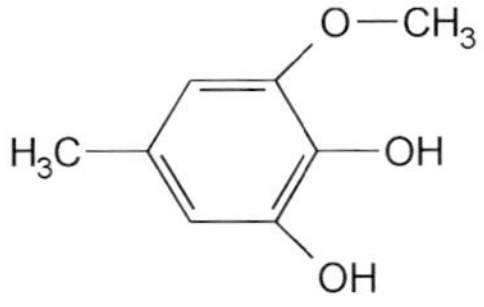	im Buchenholzteerdestillat und damit in Räucherwaren

Phenole und Phenolderivate in Lebensmitteln (Forts.)

Phenol, Phenolderivat	Formel	Vorkommen
5-Methylpyrogallol-1,3-dimethylether	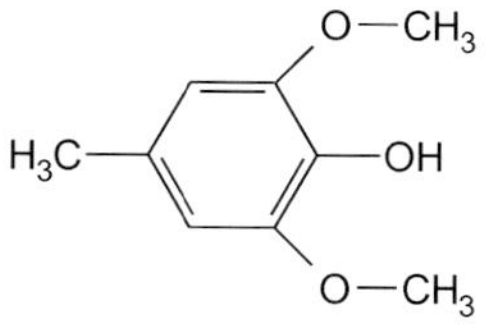	im Buchenholzteerdestillat und damit in Räucherwaren
5-Ethylpyrogallol-1,3-dimethylether	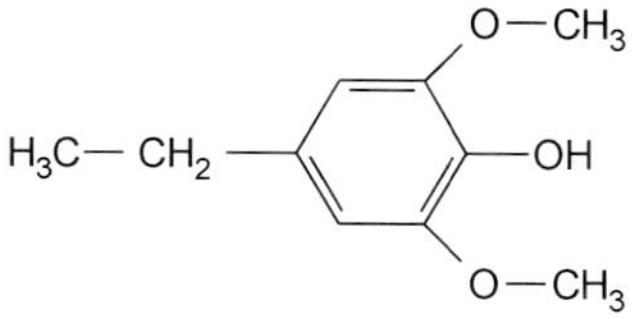	im Buchenholzteerdestillat und damit in Räucherwaren
5-Propylpyrogallol-1,3-dimethylether	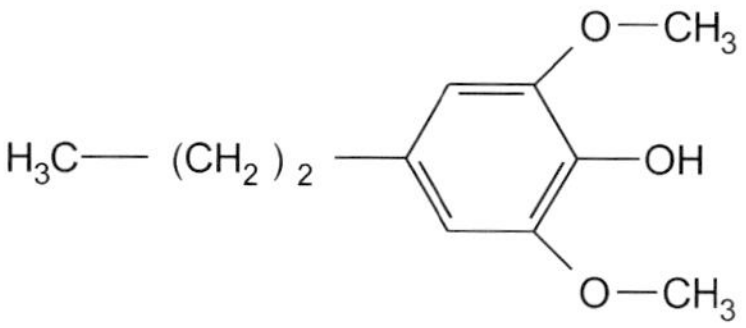	im Buchenholzteerdestillat und damit in Räucherwaren
Methoxy-hydrochinonglucosid	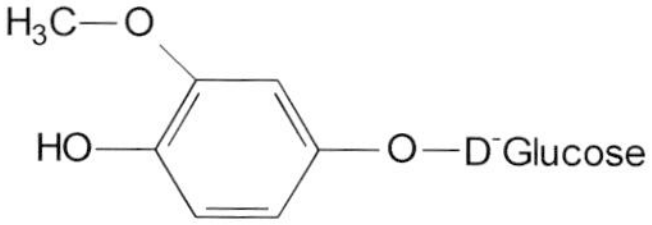	Weizenkeimlinge
Sesamol	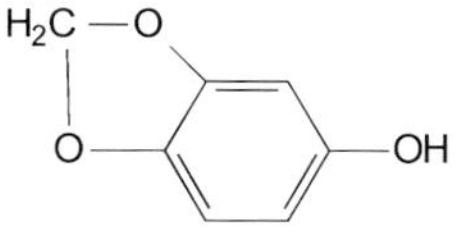	Sesamöl
Asaron (Asarit, Asarumcampher) (Gemisch von 2 cis-trans-Isomeren)	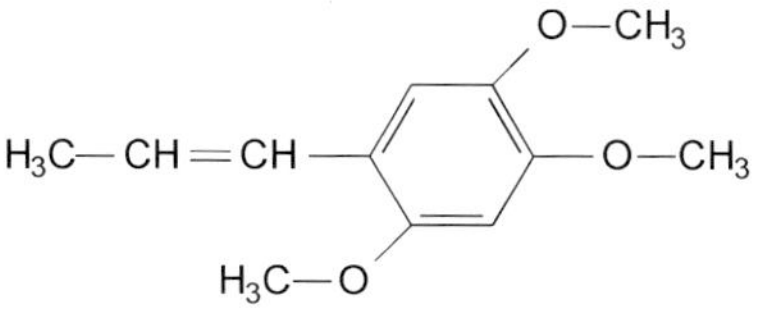	Maticoöl, Kalmusöl

Phenole und Phenolderivate in Lebensmitteln (Forts.)

Phenol, Phenolderivat	Formel	Vorkommen
1-Allyl-2,3,4,5-tetra-methoxybenzen	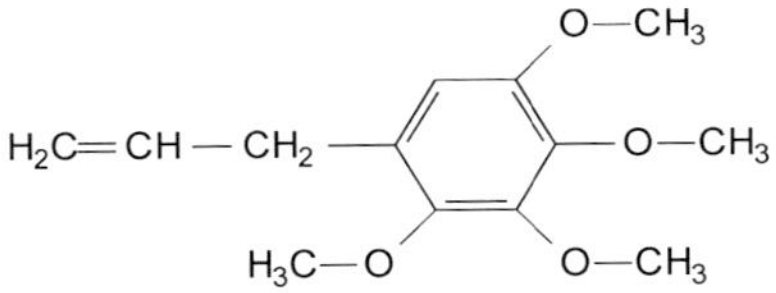	Petersilienöl
→ *Safrol*	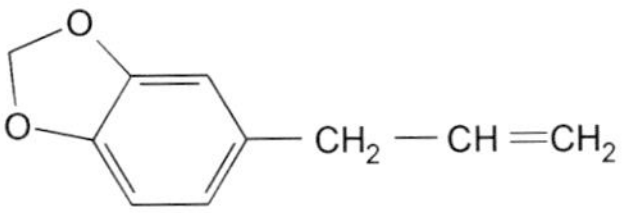	Sternanis-, Lawang-, Kampfer-, Sassafraöl
Isosafrol	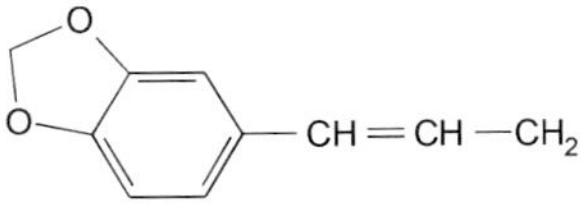	Sternanisöl
1-Undecenyl-3,4-methylen-dioxybenzen	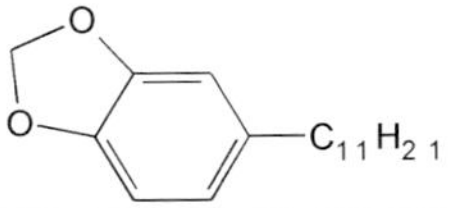	Pfeffer *(Píper lóngum* L.)
→ *Myristicin*	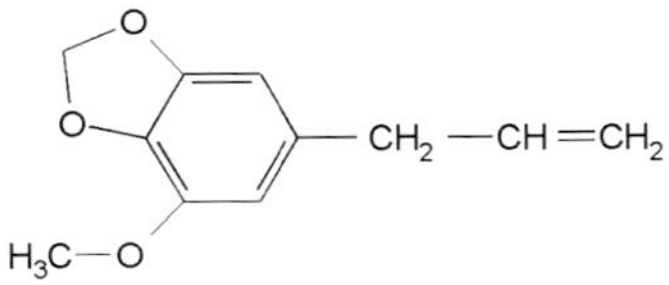	Muskatnuß, Petersilien-, Dillkrautöl
→ *Isomyristicin*	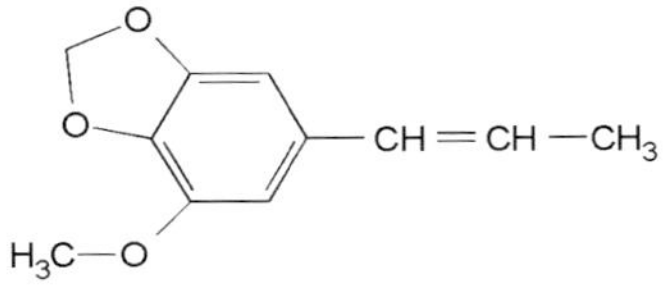	Dillkrautöl
→ *Apiol*	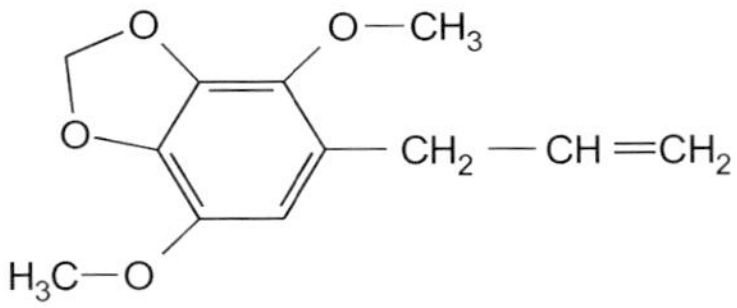	Petersilien-, Maticoöl
→ *Dillapiol*	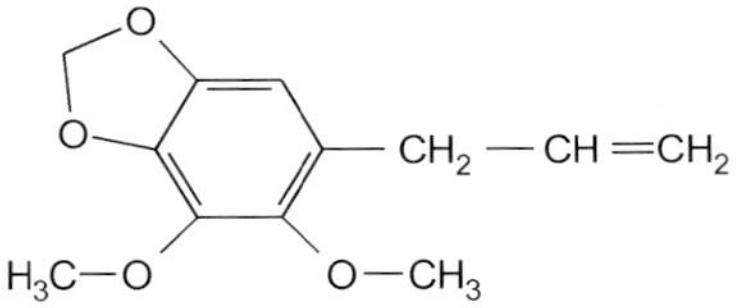	Dill-, Maticoöl

In Lebensmitteln vorkommende Phenolglycoside

Glycosid	Aglykon	Formel	Vorkommen
→ *Glucovanillin (Vanillosid)*	Vanillylalkohol	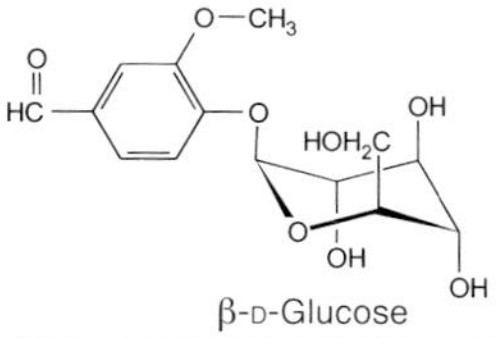	Aromaträger der Vanilleschote
Coniferin (Koniferin, Abietin, Koniferosid, Coniferosid)	Coniferylalkohol	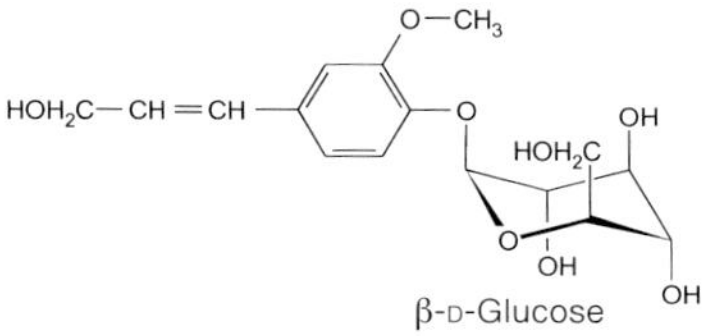	in Zuckerrübe, Spargel, Schwarzwurzel u.a.
Arbutin (Arbutosid, Ericolin)	Hydrochinon	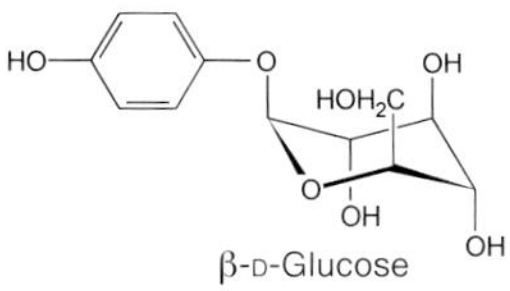	in Heidelbeeren, Brombeerblättern
Methoxy-hydrochinonglucosid	Methoxyhydrochinon	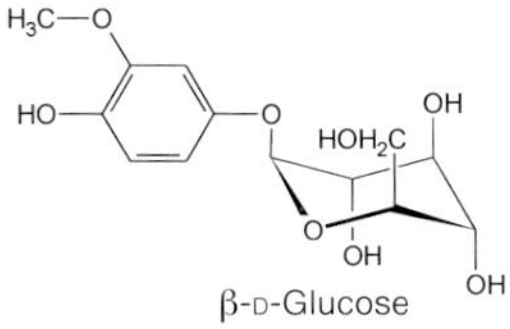	in Weizenkeimlingen
Linocinnamarin	p-Cumarsäure (p-Hydroxyzimtsäure, Naringeninsäure)	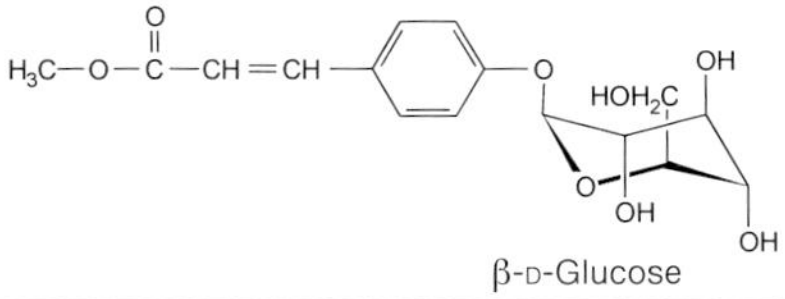	in Leinsamen

Phenylalkylamine in Lebensmitteln

Phenylalkylamin	Formel	Vorkommen
β-Phenylethylamin	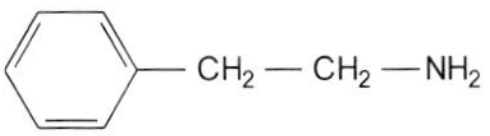	im Mutterkorn, in versch. Pflanzen, in Pilzen, in Schokolade, beim bakteriellen Eiweißabbau (z.B. Käse)
Tyramin [β-(p-Hydroxyphenyl)-ethylamin, p-Hydroxyphenylethylamin]	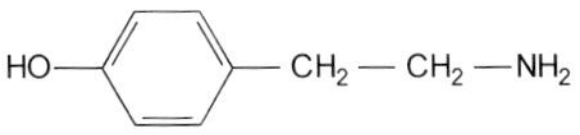	im Mutterkorn, beim bakteriellen Abbau von Eiweiß (z.B. Käse), in Tintenfisch, in zahlreichen Früchten und Gemüsearten, Pilzen

Phenylalkylamine in Lebensmitteln (Forts.)

Phenylalkylamin	Formel	Vorkommen
Dopamin (Hydroxytyramin)	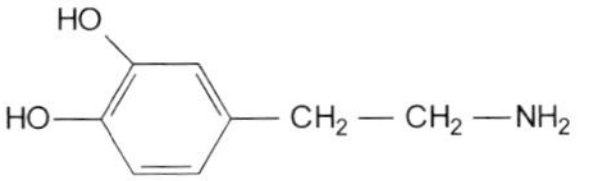	in zahlreichen Früchten und Gemüsearten
Hordenin [β-(p-Hydroxyphenyl)-ethyl-N-dimethylamin, N-Dimethyltyramin]	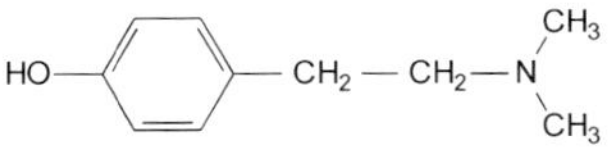	Gerstenkeimlinge, Hirsekeimlinge
Adrenalin	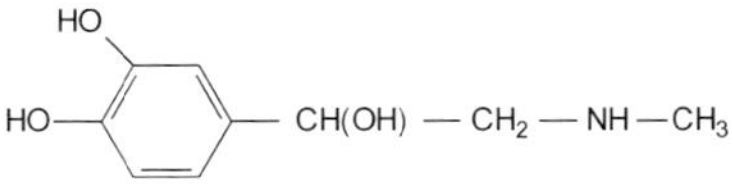	Nebennierenmark, haben vasokonstriktorische Wirkungen und führen durch Förderung der Glycogenolyse zu Hyperglycämie
Noradrenalin	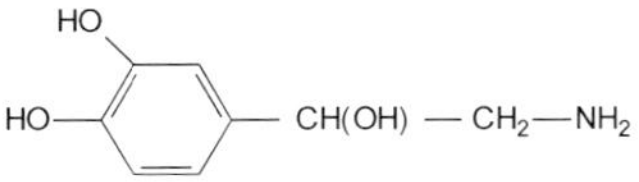	

Phenylessigsäure → Carbonsäure, aromatische

Phenylessigsäurenitril → Benzylcyanid

2-Phenylethanol, *Benzylcarbinol, β-Phenylethanol,* β-Phenylethylalkohol: einwertiger aromatischer Alkohol der Formel C_6H_5-CH_2-CH_2OH.
Der P. kommt sowohl in freier Form als auch verestert in zahlreichen → *ätherischen Ölen* vor, insbes. in Rosenöl, aber auch in Fenchelöl, Nerolöl, Geraniumöl, Orangenblütenöl, in Himbeeren, Weintrauben, Tee, Bier, Tabak u. a.. P. ist ein farbloses Öl mit angenehm blumigem Geruch, F. −26°C, d_4 1,0110. Es entsteht in der Natur aus *Phenylalanin.* Synthetisch gewinnt man P. durch Reduktion von Phenylessigsäureethylester. P. und seine Ester werden in der Parfümindustrie verwendet.

β-Phenylethylalkohol → 2-Phenylethanol

β-Phenylethylamin → Phenylalkylamine

Phenylethylaminoalanin → Aminosäuren

Phenylethyl-isothiocyanat → Senföle

Phenylethylsenföl → Senföle

Phenylmethanol → Benzylalkohol

o-Phenylphenol → Konservierungsstoffe

2-Phenylpropanal → 2-Phenylpropionaldehyd

3-Phenylpropenal → Zimtaldehyd

2-Phenylpropionaldehyd, *2-Phenylpropanal, Hydratpropaldehyd, Hyacinthal:* eine aromatische Verbindung mit der Strukturformel

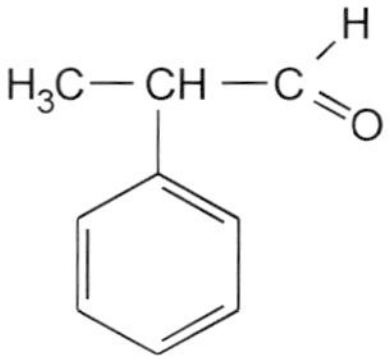

P. ist eine farblose, in Ethanol und in Ölen lösliche Flüssigkeit mit stark grün-blumigem Geruch, in starker Verdünnung an Hyazinthen erinnernd. Es dient zur Herstellung von künstlichen Aprikosen-, Kirsch-, Pfirsich-, schwarzen Johannisbeeren- und Pflaumenaromen. P. wird durch alkalische Kondensation von Acetophenon mit Ethylchloracetat gewonnen. Die zulässige Höchstmenge nach der Aromen-VO beträgt 1 mg/kg.

Phenylpropionsäure → Carbonsäuren, aromatische

Phenylpropionsäurenitril: ein aromatisches Blausäurederivat mit der Formel

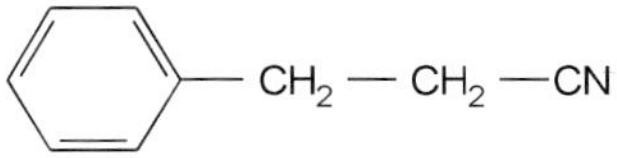

P. kommt im Öl der Brunnenkresse vor, Kp. 261 °C.

Phenylpropylaldehyd → Aldehyde

Phenylpropylisothiocyanat → Senföle

Phenylpropylsenföl → Senföle

Phinu, *Pápa mantequílla, Pápa palmáta:* ein in den Hochlandregionen von Südamerika angebautes, rel. frostresistentes Nachtschattengewächs *Solánum stenotómum* Juz. (Familie *Solanáceae*), dessen Knollen reiche Ernteerträge bringen und von den Indianern als ein Grundnahrungsmittel kultiviert werden.

Phlegmacine: in der Gewürzrinde (Cassia spec.), in Leguminosen und höheren Pilzen der Gattungen Cortinarius (Schleimköpfe, Klumpfüße) vorkommende Präanthrachinon-Farbstoffe mit der Grundstruktur

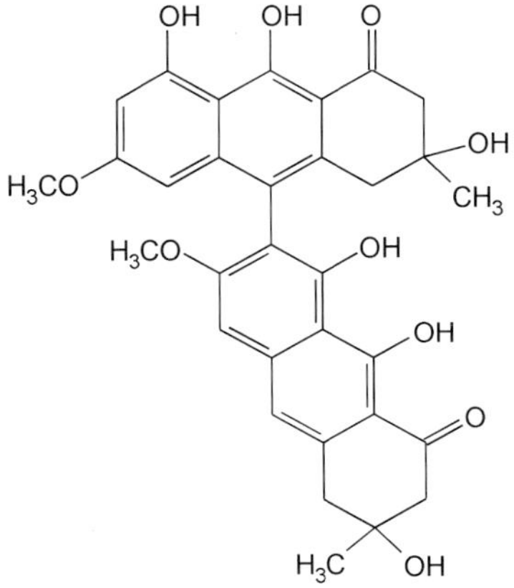

Phlegmácium spec. → *Cortinariáceae*

Phlobaphene → Farbstoffe

Phloemsaft → Blutungssaft → Nektar

Phloretin → Flavonoide

Phloridzin → Flavonoide → Ketone

Phlorizin → Ketone

Phlorizosid → Ketone

Phlorrhizin → Ketone

Phoca vitulina → Robbenöl

Phoenix dactylífera → Dattel

Phoenix reclináta → Senegal-Dattelpalme

Phoenix sylvéstris → Walddattelpalme

Pholióta naméko → Kulturpilze

Pholióta spec. → *Strophariáceae*

Pholióta squarrósa → *Tricholomatáceae*

Phosphatasen: (EC 3.1.3) den *Esterasen* zugehörige Gruppe von → *Enzymen, die Mono- und Diester* der *Orthophosphorsäure, der Pyro-, Meta-* und *Polyphosphorsäure* spalten. Je nach Wirkungsoptimum werden saure, neutrale und alkalische P. unterschieden. Sie sind allg. verbreitet und finden sich in Milch, Innereien, Fleisch u. a. Lebensmitteln. Die Abwesenheit von Phosphataseaktivität in der Milch ist ein Indikator für eine ausreichende Pasteurisierung.

Phosphate: 1. die Salze der Phosphorsäuren. Je nach Zahl der Wassermoleküle, die bei der Säurebildung mit dem Phosphorpentoxid (P_2O_5) reagieren, unterscheidet man:

$P_2O_5 + H_2O \rightarrow 2\ HPO_3$ Metaphosphorsäure

$P_2O_5 + 2\ H_2O \rightarrow H_4P_2O_7$ Pyrophosphorsäure

$P_2O_5 + 3\ H_2O \rightarrow 2\ H_3PO_4$ Orthophosphorsäure

und dementsprechend zw. Meta-, Pyro- oder Orthophosphaten.

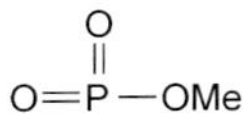

Mono-Metaphosphat

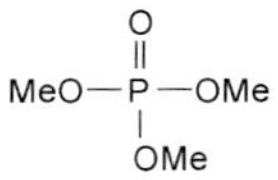

Orthophosphat

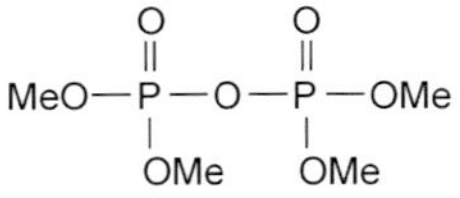

Pyrophosphat (Diphosphat)
Me = ($Na^{\oplus}$, $K^{\oplus}$)

Da die *Orthophosphorsäure* dreibasisch ist, kann man wiederum 3 Reihen von Salzen unterscheiden. z. B.

NaH_2PO_4 *primäres Natriumphosphat* (Mononatriumhydrogenphosphat)

Na_2HPO_4 *sekundäres Natriumphosphat* (Dinatriumhydrogenphosphat)

Na_3PO_4
tertiäres Natriumphosphat (Trinatriumphosphat).

Die wäßrigen Lösungen der primären Orthophosphate reagieren schwach sauer (≈ *p*H 4,5), die der sekundären schwach alkalisch (≈ *p*H 9) und die der tertiären stark alkalisch (≈ *p*H 11,5). Die Alkalisalze sind durchweg in Wasser löslich, von den Erdalkalisalzen nur die primären. Von den 4 theoretisch möglichen Salzreihen der *Pyrophosphorsäure* sind nur 3 bekannt, z. B. *Dinatriumdihydrogendiphosphat* bzw. *-pyrophosphat* ($Na_2H_2P_2O_7$, saures Natriumpyrophosphat), *Trinatriummonohydrogendiphosphat* bzw. *-pyrophosphat* ($Na_3HP_2O_7$) und *Tetranatriumdiphosphat* bzw. *-pyrophosphat* ($Na_4P_2O_7$, neutrales Natriumpyrophosphat). Die Metaphosphate treten mehr oder weniger polymerisiert auf *(Polyphosphate, kondensierte Phosphate).* Es sind Polyphosphate bis zu Kettenlängen von 10^6 Metaphosphateinheiten bekannt. Es gibt auch P. von ringförmiger Struktur (siehe rechts oben).
Von *Kiermeier* und *Möhler* wird folgende Phosphat-Nomenklatur vorgeschlagen (auszugsweise):

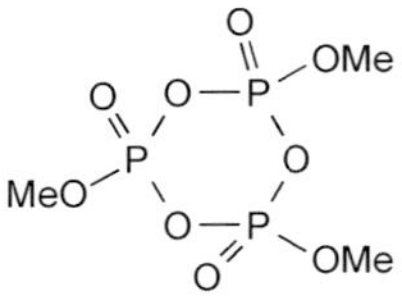

Me = ($K^{\oplus}$, $Na^{\oplus}$)

Trimetaphosphat

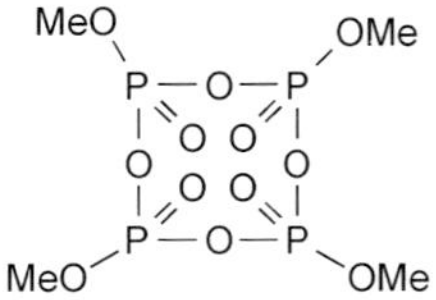

Me = ($K^{\oplus}$, $Na^{\oplus}$)

Tetrametaphosphat

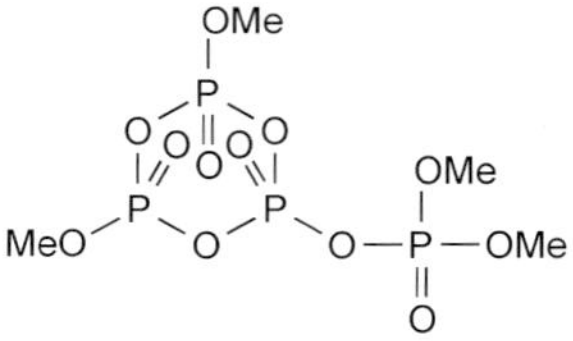

Me = ($K^{\oplus}$, $Na^{\oplus}$)

Isotetrametaphosphat

Bezeichnungsvorschlag	**Bisherige Bezeichnung**
Monophosphate	*Orthophosphate*
Kondensierte Phosphate:	
A. kettenförmig kondensiert	
Diphosphate	*Pyrophosphate*
Triphosphate	*Tripolyphosphate* ($Na_5P_3O_{10}$)
Tetraphosphate	*Tetrapolyphosphate* ($Na_6P_4O_{13}$)
Madrellsches Natrium-polyphosphat	*Madrellsches Salz*
Grahamsches Natrium-polyphosphat	*Grahamsches Salz oder Na-hexametaphosphat*
Kurrolsches Kalium-(Natrium-)-polyphosphat	*Kurrolsches Salz, Kaliumoctametaphosphat*
Tammansches Kalium-Natrium-polyphosphat	*Tammansches Salz*
B. ringförmig kondensiert	
Cyclotriphosphat	*Trimetaphosphat*
Cyclotetraphosphat	*Tetrametaphosphat*
Untergruppe: ringförmig und kettenförmig	
Isocyclotetraphosphat	*Isotetrametaphosphat*

Nur die Ionen der Orthophosphorsäure ($\equiv PO_4^{3-}$, $=HPO_4^{2-}$, $-H_2PO_4^-$) können in die lebende Zelle eintreten und von ihr verwendet werden. *Calciumphosphat* [$Ca_3(PO_4)_2$] bzw. *Hydroxylapatit* [$3Ca_3(PO_4)_2Ca(OH)_2$] sind Bausteine der Knochen. Kondensierte Phosphate kommen nur ausnahmsweise im menschlichen und tierischen Organismus vor. Die in der Lebensmittelproduktion verwendeten Phosphate s. Tab. rechts.
Zur Vermeidung einer Störung des Calcium-Phosphor-Verhältnisses unserer täglichen Kost sollten die Phosphatzusätze möglichst niedrig gehalten werden und nur dort erfolgen, wo sie durch kein anderes physiologisch unbedenkliches Mittel oder Verfahren ersetzbar sind.
Die Anwendung der P. basiert insbes. auf zwei Wirkungen:
a) Beeinflussung des *p*H-Wertes der Lebensmittel über einen weiten Bereich,
b) Beeinflussung des kolloid-chemischen und kolloid-physikalischen Verhaltens der Lebensmittel u. a. durch komplexe Bindung von Metallionen, insbes. Kupfer und Eisen, sowie von Eiweiß, Stärke u. a. Makromolekülen (Stabilisierung kolloidaler Lösungen).
P. werden häufig als → *Synergisten* für Gallate, Butylhydroxyanisol und Nordihydroguajaretsäure verwendet. Die Zugabe von Polyphosphaten bedingt bessere Farberhaltung und bessere Haltbarkeit von Vitamin C; der Pökellake zugesetzt, verbessert P. das Safthaltevermögen und die Farbe von Kochschinken. Im Gemisch mit sauren Phosphaten wird es in der Wurstfabrikation (guter Fettemulgator), im Gemisch mit Na-hexametaphosphat oder auch allein zur Schinkenherstellung verwendet. Ein Zusatz von saurem Calciumdiphosphat verbessert die Backfähigkeit von Mehlen. Kleine Mengen organischer Phosphate (z. B. Hexosephosphat, Dodecylphosphat) verhüten die Oxydation von Lebensmitteln (z. B. Stabilisierung von Sojaöl); Monophosphate dienen zur *p*H-Regulierung bei technologischen Prozessen, als Stabilisatoren bei der Kondensmilchherstellung, der Schmelzkäsezubereitung, zur Garzeitverkürzung von Hülsenfrüchten, zur Verhinderung der Kesselsteinbildung im Trinkwasser, zur Stabilisierung von

In der Lebensmittelproduktion verwendete Phosphate

Phosphat	Formel	*p*H-Wert der 1%igen Lösung	Löslichkeit[1] in mg
Monophosphate:			
Mononatrium-dihydrogen-phosphat	NaH_2PO_4	4,2	85,2
Dinatrium-hydrogen-phosphat	Na_2HPO_4	8,5	7,2
Trinatrium-phosphat	Na_3PO_4	12,3	14,1
Kondensierte Phosphate:			
Dinatrium-dihydrogen-diphosphat	$Na_2H_2P_2O_7$	4,2	13
Trinatrium-hydrogen-diphosphat	$Na_3HP_2O_7$	7,3	10
Tetranatrium-diphosphat	$Na_4P_2O_7$	10,7	5,5
Natriumhexa-metaphosphat	$(NaPO_3)_6$	6,5	unbegrenzt löslich
Kaliumocta-metaphosphat	$(KPO_3)_8$	-	unlöslich
Natriumtri-polyphosphat	$Na_5P_3O_{10}$	10,1	17
Kondensierte Polyphosphate	$Na_{n+2}P_nO_{n+1}$	7,5	bindet mit einer geringen Wassermenge

[1] bei 20 °C in 100 ml Wasser gelöste Phosphatmenge

Eiweißschäumen, als Säureträger in Backpulvern (auch Diphosphate), zur Qualitätsverbesserung in der Wurstfabrikation, bes. bei der Verarbeitung von gekühltem und aufgetautem Fleisch, von Fleisch ermüdeter und abgezehrter Tiere und „wäßriger" Schweine (Erhöhung der Wasserbindungsfähigkeit). Phosphatzusätze verhindern die Bildung von Gelee-Fettablagerungen und verbessern die Bindung zw. den einzelnen Teilchen der Füllmasse. Freie Phosporsäure wird als Säuerungsmittel, z. B. bei coffeinhaltigen Getränken, verwendet. Bei der Herstellung von Kaltpudding wird durch Zusatz von Alkaliphosphat ein Geliereffekt bewirkt.
Der Aufnahme von P. mit der Nahrung sind Grenzen gesetzt, weil größere Mengen Laxation bewirken infolge Veränderung der osmotischen Bedingungen im Darm (zulässige Menge für den Erwachsenen je Tag 2 g P.). → Alkylphosphate → Phosphatide → Polyphosphate
2. die Ester der Phosphorsäure.

Phosphatide: eine Gruppe der Lipoide, die durch die Anwesenheit von Phosphorsäure und mind. einer Fettsäure im Molekül gekennzeichnet ist. Zu den P. gehören → *Cephaline* → Lecithine → Inositolphosphatide → Acetalphosphatide und → *Sphingosinphosphatide.* Die P. haben eine hydrophile und eine hydrophobe Gruppe, wodurch sie als Lösungsvermittler zw. hydrophilen und hydrophoben Stoffen wirken können. Daher sind sie fähig, beständige Emulsionen in Wasser zu bilden. In den lebenden Zellen befinden sie sich an Grenzflächen und Membranen. P. stellen zudem im Organismus eine Transportform der Fettsäuren dar; dies betrifft den Transport der Fettsäuren sowohl im Blut als auch durch die Zellwände. I. allg. ist der Gehalt eines Organs an P. um so größer, je lebensnotwendiger dieses ist. P. finden sich bes. in Mark (6···11 %), Gehirn (4···6 %), Leber (1···5 %) und Herz (1···3 %), bei Pflanzen in Samen, Wurzeln und unterirdischen Reservestoffbehältern. Native Pflanzenöle enthalten bis zu 4 % P.. Bes. Bedeutung für die Lebensmittelproduktion haben die Cephaline und Lecithine. Sie werden aus phosphatidreichen Pflanzenfetten (z. B. Sojaöl) durch Extraktion mit Ethanol oder aus den Rohölen durch Behandlung mit Wasser oder Wasserdampf (Quellung der P.) gewonnen. P. werden als Emulgatoren in der Margarineindustrie (P. bewirken beim Braten der Margarine das Schäumen und Bräunen und verhindern das Spritzen), in der Schokoladenindustrie (sie verleihen den gewünschten Schmelz) und zur Herstellung von Eierteigwaren u. ä. verwendet. P. haben eine ausgeprägte Reaktionsbereitschaft, so daß relativ leicht Verderbsreaktionen eintreten.

Phosphatstärke: Stärkephosphate (E 1410–E 1411) → Stärke-Phosphorsäuereester

Phosphattriebmittel: Backpulver, die als saure Bestandteile Calcium- und/oder Natriumsalze, seltener die Kaliumsalze der Ortho- und Pyrophosphorsäure enthalten. Als wichtigstes P. gelangt Dinatriumdihydrogendiphosphat ($Na_2H_2P_2O_7$) zur Verwendung. → Backpulver

Phosphoinoside → Inositolphosphatide

Phospholipasen, *Lecithinasen:* Gruppe von → *Enzymen,* die *Lecithin* (Triacylglycerol-Lipase, EC 3.1.1.3) wie auch andere *Phosphatide* (Glycerophosphocholin-Phosphodiesterase, EC 3.1.4.2) spalten. Je nach den hydrolysierten Bindungen unterscheidet man 4 verschiedene P.. Diese Enzyme finden sich im Pankreas, im Gehirn, in der Leber, Milz, aber auch im Bienen- und Schlangengift. Durch die Hitzebehandlung bei der Zubereitung wird eine unerwünschte Enzymwirkung ausgeschaltet.

Phospomannan → Mannane → Polysaccharide, mikrobielle

Phosphonsäuren → Wachstumsregulatoren

Phosphoproteide, *Phosphorproteine:* zusammengesetzte Eiweiße, die meist an die Hyroxylgruppe des Serins bzw. Threonins esterartig Phosphorsäure gebunden enthalten. Sie kommen vor allem in Milch und Eigelb vor, enthalten alle essentiellen Aminosäuren, aber nicht immer in optimalem Verhältnis. Als hochwertige Eiweißstoffe sind sie von großer Bedeutung für die Ernährung.

Die P. reagieren sauer und lösen sich leicht in Laugen. Die nativen P. sind meist als Calciumsalze gelöst. Das wichtigste P. ist das *Casein* (0,85 % P.), das in der Milch zu etwa 3% enthalten ist. Durch das Labenzym wird es bei der Käseherstellung zur Gerinnung gebracht, wobei ein Glycopeptid abgespalten wird. Weitere P. kommen im Hühnerei vor: z. B. → *Phosvitin* (9,7 % P.) → Eiweiß

Phosphor: chemisches Element aus der V. Hauptgruppe des Periodensystems, Symbol P., ein lebensnotwendiger und in relativ großen Mengen erforderlicher Nährstoff für Pflanzen, Tiere und Mensch.

Der natürliche Kreislauf des Phosphors

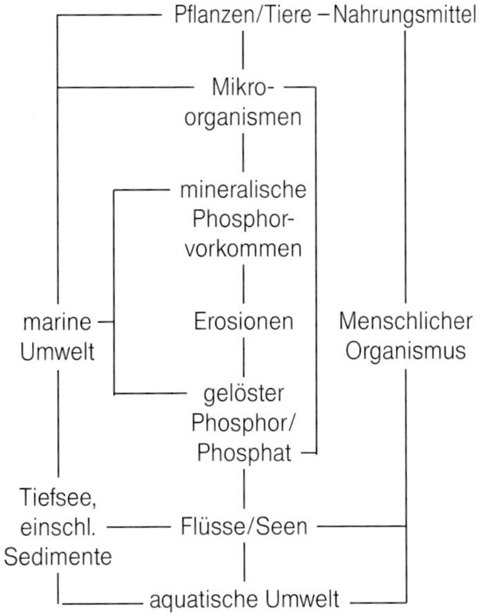

Es kommt in lebenden Organismen nur als → Phosphat entweder frei als Anion, gebunden als schwerlösliches Salz – Hydroxylapatit $(Ca[Ca_3(PO_4)_2]_3)^{2+}.20H^-$ im Knochengerüst – oder organisch gebunden vor. Rund 0,5 kg Phosphat-Phosphor enthält ein erwachsener Mensch, davon 90% in den Knochen. Der P. spielt eine bes. Rolle bei allen Energiestoffwechselvorgängen. Zahlreiche Stoffwechselvorgänge werden damit eingeleitet, daß das Ausgangsprodukt durch eine enzymatische Veresterung mit Phosphat auf ein höheres Energieniveau gehoben wird. Phosphatspender sind die energiereichen Phosphate Adenosintriphosphat (ATP), andere Nucleosidtriphosphate, Kreatinphosphat, Carbamylphosphat, Acylphosphate und Enolphosphate. Bei ihrer Hydrolyse werden mehr als 21 kJ (5 kcal) pro mol freigesetzt bzw. transferiert. Zahlreiche Coenzyme sind nach dem Muster der → Nucleotide aufgebaut und enthalten ebenfalls Phosphat. P. kommt auch noch in Lipoiden (Phosphatide) und Eiweißen (→ Phosphoproteide, Casein) vor. Das größtenteils in organischer Bindung vorliegende Nahrungsphosphat muß vor der Resorption hydrolytisch gespalten werden. Ein hoher Ca-Ionen-Überschuß vermag die Phosphat-Resorption wegen der Bildung von unlöslichen tertiärem Ca-Phosphat zu beeinträchtigen. Auf den Phosphat-Stoffwechsel wirken Vitamin D und das Nebenschilddrüsen-Hormon ein. Die phosphatreichsten Lebensmittel sind Milch und Milcherzeugnisse.

Phosphatgehalt (berechnet als Phosphor) von Milch, Käse und Ei (mg/100 g)

Chester	45 % F. i. Tr.	530
Tollenser	30 % F. i. Tr.	580
Emmentaler	45 % F. i. Tr.	860
Schmelzkäse	45 % F. i. Tr.	940
Harzer Käse	10 % F. i. Tr.	120
Camembert	45 % F. i. Tr.	180
Brie	50 % F. i. Tr.	180
Limburger	40 % F. i. Tr.	260
Romadur	20 % F. i. Tr.	280
Speisequark	10 % F. i. Tr.	190
Speisequark	20 % F. i. Tr.	200
Buttermilchquark		200
Milch		93
Ei		220

Auch ungeschälte Getreidekörner sind phosphatreich.

Phosphatgehalt (berechnet als Phosphor) von Nährmitteln und Backwaren (mg/100 g)

Naturreis	330	Knäckebrot	350
Reis, poliert	120	Vollkornbrot	223
Weizenmehl	100	Mischbrot	130
Maisstärke	7	Weißbrot, Brötchen	85
Haferflocken	370	Quarkkuchen	155
		Stolle, einfach	100
		andere Gebäcke	50···70

Wegen des hohen Phytinanteils (bis 90 % des Gesamt-Phosphors) ist dieses Phosphat jedoch nur teilw. ausnutzbar. Tierische Lebensmittel enthalten meist wesentlich mehr P. als Calcium. Bei Früchten und Gemüsen sind die Unterschiede nicht sehr groß.

Phosphatgehalt (berechnet als Phosphor) von Fleisch und Fisch (mg/100 g)

Muskelfleisch	150···220	Seehecht	140
Leber	360	andere Fischsorten	200···250
Niere	250	Ölsardinen (abgetropft)	430
Hirn	330		
Herz	130		

Phosphatgehalt (berechnet als Phosphor) von Pilzen, Gemüse und Obst (mg/100 g)

Pilze, frisch	120···150
Champignons (Dose)	69
Erbsen, frisch	110
Erbsen, Sterilkonserve	62
Rosenkohl, frisch	86
Rosenkohl, Gefrierkonserve	62
Grünkohl, frisch	87
Grünkohl, Gefrierkonserve	57
andere Gemüsearten	30···50
alle Obstarten	15···40

Der Phosphatbedarf ist bei ausreichender Ca- und Eiweißversorgung auf jeden Fall bei unseren Kostgewohnheiten gedeckt.

Phosphatgehalt (berechnet als Phosphor) verschiedener Lebensmittel (mg/100 g)

Kakao, schwach entölt	660
Kakao, stark entölt	700
Kinderschokolade	330
Schokolade, bitter	290
Erdnüsse	370
Walnüsse	410
Mandeln, süß	450
Datteln	110
Feigen	100
Hülsenfrüchte	370

Ein alimentärer Phosphormangel ist nicht bekannt. Eine überhöhte Phosphorzufuhr kann die Ausnutzung von Eiweiß, Fett und Mineralstoffen beeinträchtigen. Die maximal duldbare Phosphorzufuhr wird mit 6,6 g bei 11760 kJ (2800 kcal) Energieaufnahme angegeben. Dieses Problem wurde vor allem im Zusammenhang mit der Verwendung kondensierter Phosphate (→ Polyphosphate) in der Lebensmittelproduktion aufgeworfen. → Mineralstoffe → Phosphate → Phytinsäure

Phosphorsäure: in Colagetränken, auch zur geschmacklichen Beeinflußung zugesetzt. → Komplexbildner → Säureregulatoren → Synergisten

Phosphorsäureester → Alkylphosphate

Phosphorsäureester, organische → Alkylphosphate

Phosphorsäuretricresylester → Tricresylphosphat

Phosphorwasserstoff → Begasungsmittel

Phosvitin: Protein des Eigelbs. Ein etwa 10 % Phosphor enthaltendes Protein, das an der Oberfläche der Granula lokalisiert ist. Das Hauptprotein besitzt eine Molmasse von 35 000 g/mol mit einem Oligosaccharidanteil bekannter Sequenz.

Die isoelektrischen Punkte liegen bei pH-Werten um 4 und darunter. Die Aminosäurensequenz des Hauptphosphytins ist ebenfalls bekannt. Es ist ein hitzestabiles Protein. → Ei → Phosphoproteide

Phragmítes austrális → Schilf

Phragmobasídiomycetídae → Ständerpilze

Phrenosinsäure → Cerebronsäure → Monohydroxycarbonsäuren, gesättigte, aliphatische

Phthalide: Lactone der 2-(Hydroxymethyl)-benzoesäure, die als Geruchsstoffe in Sellerie und Liebstöckel vorkommen.

Phthalocyaninblau (C 13): blaues zur Gruppe der Porphyrinfarbstoffe gehörendes Pigment, Farbstoff zum Stempeln der Oberfläche von Lebensmitteln und Verpackungsmitteln, Färben und Bemalen der Schale von Eiern.

Phthalocyaningrün (C 14): grünes zur Gruppe der Porphyrinfarbstoffe gehörendes Pigment, Farbstoff zum Stempeln der Oberfläche von Lebensmitteln und Verpackungsmitteln, Färben und Bemalen der Schale von Eiern.

Phthalsäure → Carbonsäuren, aromatische

Phul Varhia: ein in der Pfanne gebackener Fladen aus Reis, dessen Herstellung in Indien verbreitet ist. → Flachbrot → Fladen

Phýcis → Gabeldorsch

Phycokolloide → Algenpolysaccharid

Phycomycétes → Pilze

Phycophýta → Algen

Phycoxanthin → Farbstoffe

Phyllánthus spec. → Amblabaum

Phyllochinon → Vitamin K

Phyllodulcin, *8-(3-Hydroxy-4-methoxy-phenyl)-3-hydroxybenzo*[*c*]-dihydropyran-2-en: pflanzliches Dihydroisocumarinderivat, aus *Hydrangéa macrophýlla* (Thunb. ex Murr.) Ser. isoliertes → Süßungsmittel.

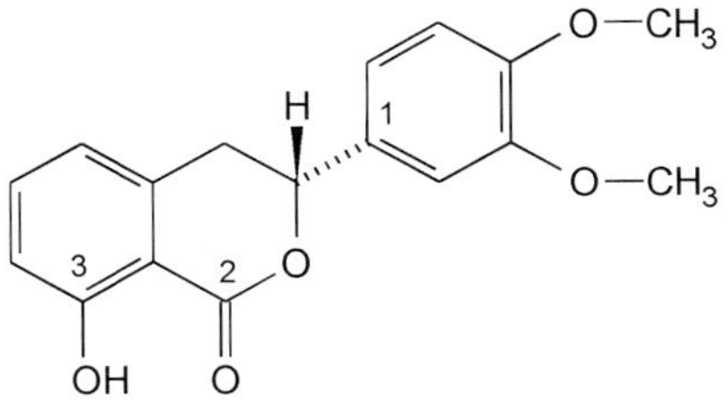

→ *Süßkraft* etwa 200. P. weist eine verzögerte Süße und einen lakritzartigen Nebengeschmack auf. Bisher ohne wirtschaftliche Bedeutung.

Phyllophoran: ein → Hydrokolloid aus *Phyllóphora críspa* (Huds.) Dixon syn. *Phyllóphora rúbens* (G. et W.) Grev. und *Phyllóphora nervósa* (De Cand.) Grev. (Rotalgen), das zu den → Agaroiden gezählt wird. Das Polysaccharid wird seit etwa 1930 in der ehem. Sowjetunion (am Schwarzen Meer) produziert. Das P. ähnelt in Struktur, Eigenschaften und Verwendung dem → Agar-Agar. Es kann als → Geliermittel (Konfitüren, Marmeladen, Gelees) und → Verdickungsmittel (Soßen, Suppen, Eiskrems, Milchprodukte) eingesetzt werden. → Algenpolysaccharid

Phyllóporus rhodoxánthus → *Boletáceae*

Phyllóstachys → Bambus

Physalien *(Physalin)* → Farbstoffe

Phýsalis: Gattung einjähriger, krautiger Pflanzen (Familie *Solanáceae*), deren etwa kirschgroße Beeren von einer blasigen, dünnen, papierartigen Hülle umgeben sind. Die Früchte werden frisch verzehrt oder zu Konfitüren verwendet. Am bekanntesten ist die *Kapstachelbeere (Peruanische Judenkirsche, Ananaskirsche, Alkekende, Uchúva, Tomate, Topetorope, Guchúva, Blasenkirsche), Phýsalis peruviána* L., die in Südamerika, Südafrika, Vorderindien, auf Djawa und in Australien angebaut wird und gelbe, aromatische, süßsäuerliche Beeren trägt. In je 100 g sind 2,8 mg

Vitamin B_1 und 30 mg Vitamin C enthalten. Die in Nordamerika angebaute *Erdkirsche* oder *Erdbeertomate Phýsalis pruinósa* L. hat süße Früchte. Die mexikanische *Tomatillo*-Frucht von *Phýsalis ixocárpa* Brot. ex Hornem. ist roh nicht genießbar, sie wird zur Herstellung von Soßen und bei der Zubereitung von Fleisch verwendet. Von der in Indien und Südafrika angebauten *Sonnenbeere, Phýsalis mínima* L., werden die Früchte frisch oder als Konserve genutzt. Die gegarten Früchte von *Phýsalis longifólia* Null. dienen den nordamerikanischen Zumi-Indianern als Gemüse. Die hocheisenhaltige *P. peruviána* weist je 100 g folgende Zusammensetzung auf: 79 g Feuchtigkeit, 0,2 g Eiweiß, 1,4 g Fett, 1,02 g Mineralstoffe, 2,02 g Rohfaser, 16,1 g Kohlenhydrate, 14,7 mg Calcium, 10,5 mg Phosphor und 158 mg Eisen. → Tomate

Phýsalis anguláta → Tomatl

Phýsalis ixócarpa → Tomatl

Phýsalis longifólia → Physalis

Phýsalis mínima → Physalis

Phýsalis peruviána → Physalis

Phýsalis phyladélphica → Tomatl

Phýsalis pruinósa → Physalis

Physcion: *1,8-Dihydroxy-3-methoxy-6-methylanthrachinon, Parietin:* ein in Pilzen. Rhabarberwurzeln, Sennesblättern vorkommendes, meist glycosidisch gebundenes Hydroxyanthrachinonderivat, s. Formel.

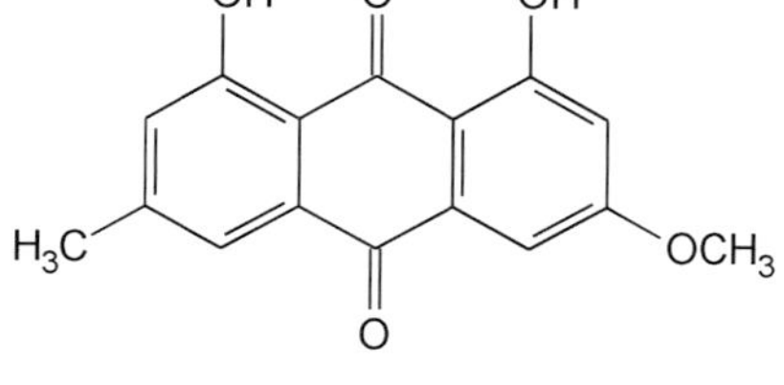

Molmasse 284,27 g/mol, kristallisiert in orangefarbenen Nadeln, F. 209···210°C. P. wirkt schwach spasmolytisch

Phýseter catódon → Wal

Physetersäure → Myristoleinsäure

Physetölsäure → Palmitoleinsäure

Phytase: (EC 3.1.3.26) → *Enzym,* das den *Hexaphosphorsäureester* des → *myo-Inositols* (→ Phytinsäure) hydrolysiert. P. ist in der Kleie verschiedener Getreidearten, wie Roggen und Gerste, vorhanden, weniger dagegen in Weizen und Hafer. Sie wirkt beim Gehen des Teiges (Temperaturoptimum 53···58°C). Die P. verhindert den ungünstigen Einfluß des Phytins (Calciumsalz der Phytinsäure) auf die Calciumresorption.

Phytat → Phytinsäure

Phytin → Phytinsäure

Phytinsäure *meso-Inositol-hexaphosphorsäure:* Hexaphosphorsäureester des sechswertigen Alkohols *myo-Inositol,*

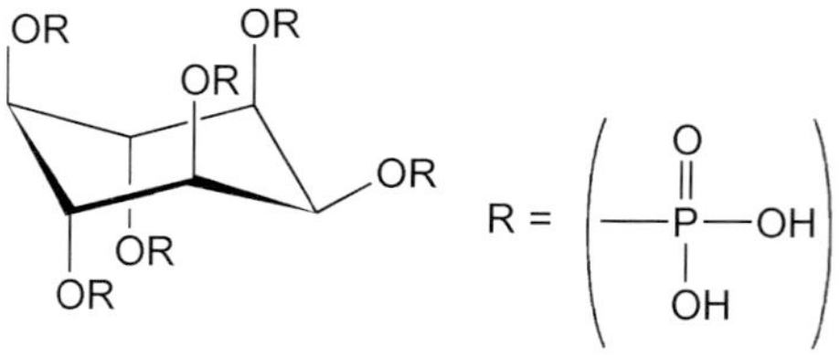

Die P. kommt vor allem in Getreide-, Hülsenfrucht- und Ölsamen vor. Sie ist eine viskose, gelbe Flüssigkeit, die mit Eisen(II), Zink sowie Calcium und Magnesium schwer- bis unlösliche Chelatkomplexe (Phytate) bildet. Diese, wie auch die P. selbst vermögen Eiweißstoffe zu binden und unlöslich zu machen. Dadurch ist deren Verwertung sowie die essentieller Mineralstoffe vermindert. Das durch die Bildung von *Phytin* gebundene Calcium ist vom Menschen auch nicht resorbierbar. Phytin ist das saure Ca-Mg-Salz der P.. Bei einer ausgeglichenen Ernährung kommt es jedoch nicht zu Calcium-, Eisen- oder Zinkmangelerscheinungen durch P. Kochen verringert den Phytinsäuregehalt nicht. Möglichkeiten des Phytinabbaus sind jedoch:

1. Fermentation (→ Lebensmittel, fermentiertes) bis 90 % z. B. bei der Sauerteiggärung bei Brot,
2. Erweichen im sauren Milieu (z. B. Sauermilcherzeugnisse, Obstsäfte),
3. Ankeimen (nach 4 Tagen können über 33 bis 90 % abgebaut sein) und
4. Rösten (ist in Afrika bes. bei Körnerfrüchten für Kindernahrung und nicht nur für Getreide üblich).
Die P. scheint auch positiv zu wirken, indem sie die Bildung von Hydroxyradikalen verhindert, die an der Krebsentstehung beteiligt sind. → Calcium → Phytase

Phytoagglutinine → Hämagglutinine

Phytoalexine, *Pflanzen-Streßmetabolite:* Gruppe von Stoffen geringer Molmasse, die antimikrobiell wirken und von Pflanzen dann synthetisiert und angereichert werden, wenn diese von Mikroorganismen, Viren, Nematoden oder Insekten befallen bzw. geschädigt sind (gr. Phyton = Pflanze, alexein = abwehren). Verschiedentlich wird der Begriff P. weitergefaßt und darüberhinausgehende Auslöser (Elizitoren), wie mechanische Beschädigung, Licht, Einwirkung von Fremdstoffen (Pestizide, Herbizide, Schwermetalle, Ozon), einbezogen. Man kann derzeit etwa 150 chemisch unterschiedlich aufgebaute P., zu denen Phenole, Isoflavonoide (→ Flavonoide), Diterpene, Sesquiterpene → Furanosesquiterpene → Furanacetylene, Polyacetylene und Stilbene zählen. P. können sich in beachtlicher Menge bilden. Ihre Wirkung auf Säugetiere ist noch weitgehend unbekannt. Eine der bekannten Wirkungen ist die Auflösung der roten Blutzellen. Beispielsweise wirken *Furanoterpenoide,* die bei der Infektion von Kartoffeln mit Schimmelpilzen entstehen, bei Mäusen toxisch auf Lunge, Leber und Nieren. Von Parasiten befallene Kartoffelknollen reichern 10···40 µg/g Frischmasse an dem Sesquiterpen *Rishitin* an, Tomaten 1···13 µg/g. Bohnen, die von *Monilia-fructicola*-Sporen befallen sind, erzeugen Iso-Flavone. Ein anderes P. ist das *Fascarindiol.* P. finden sich vorwiegend auf Schmetterlingsblütlern *(Fabáceae),* Nachtschattengewächsen *(Solanáceae)* und Getreidearten. → Giftstoffe in pflanzlichen Lebensmitteln → Phytonzide

Phytochelatine: Isopeptid, das von Pflanzen bei Schwermetallbelastung gebildet wird und als Komplexbildner wirkt, s. Formel

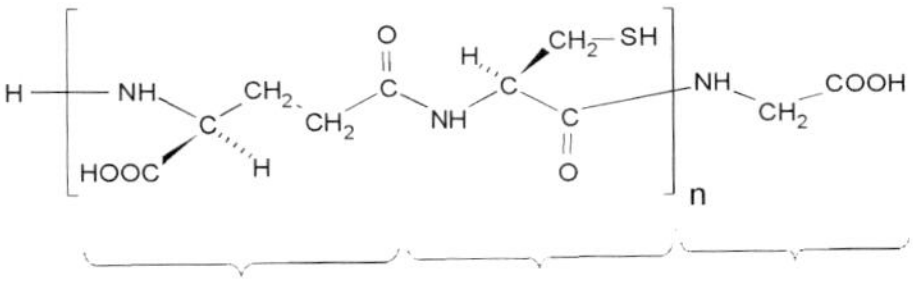

Phytoen → Farbstoffe

Phytofluen → Farbstoffe

Phytohämagglutinine → Hämagglutinine

Phytol: ein einfach ungesättigter aliphatischer, aus 4 Isoprenresten aufgebauter Diterpen-Alkohol mit der Struktur (s. unten).
P. ist ein viskoses, mit Ether und Ethanol unbegrenzt mischbares, farbloses Öl; $Kp._{1333\ Pa}$ = 202···204°C, *d* 0,855, $[\alpha]_D^{18}$ 0···+ 20°. Es ist als Bestandteil des *Chlorophylls* allg. verbreitet und bedingt dessen Lipoidlöslichkeit. Der Phytylrest hat als Baustein der *Vitamine E* und K_1 *bes. Bedeutung.*

Phytolácca spec. → Kermesbeere

Phytonzide: Gruppe von antimikrobiell wirkenden Stoffen der höheren Pflanzen. Sie sind den Antibiotica in ihrer Wirkung ähnlich und von diesen oft schwer abzugrenzen. Zu den P. gehören schwefelhaltige Bestandteile der ätherischen Öle, wie *Allicin, Senföle* sowie *Kampher, Thymol, Humu-*

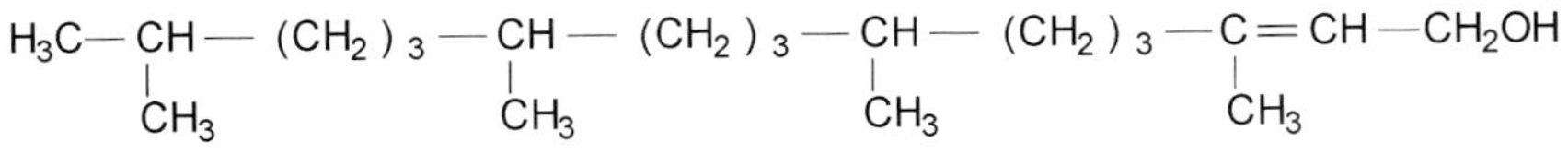

lon, Lupulon, Benzoxazolinon u. a. Verschiedene Obst- und Gemüsearten haben teilw. hohe phytonzide Wirkung, bes. die Zwiebelgewächse und die zu den Kreuzblütlern zählenden Gemüsearten (Kohl, Rettich, Meerettich, Senf, Raps, Gartenkresse usw.) und die Kapuzinerkresse *(Tropaeolum*-Arten) auf Grund ihres Senfölgehaltes. In Möhren sind beispielsweise als mikrobielle Substanzen *Benzoesäure, Parahydroxybenzoesäure, Vanillinsäure, Ferulasäure, Kaffeesäure* und *Chlorogensäure* nachgewiesen worden.
P. sind Gegenstand intensiver Forschung, weil sie die Sterilisationszeiten bzw. -temperaturen bei Sterilkonserven herabsetzen. Das thymolhaltige Thymian-Gewürzkraut hat haltbarkeitsverlängernde Wirkung in Fleischwaren. Allylsenföl wurde zur Verhinderung des Schimmels von Silofutter und das Ethylsenföl zur Konservierung von Obstsäften und Obstmusen (10 mg/l Saft bzw. 25 mg/kg Mus) erprobt. Zur Unterdrückung der Lebenstätigkeit von Schimmel und Hefen soll eine Allylsenfölkonzentration von 0,001 %, für eine bakterizide Wirkung eine solche von 0,05···0,003 % genügen. In der ehem. Sowjetunion konnten Marinaden durch Verwendung von Senfpulver oder reinem Allylsenföl ohne Sterilisation mit kleineren Essigsäuremengen haltbar gemacht werden. Auch in Beutel verpacktes Brot konnte mit diesem Senföl vor Schimmelbefall bewahrt werden. Da sich das Senföl nach einigen Monaten zersetzt, ist keine nachteilige Geruchseinwirkung zu befürchten. Die fungizide Wirkung des Senföls wurde auch in der Medizin zur Bekämpfung von Mykosen (durch Pilze verursachte Hautkrankheiten) benutzt. → Antibiotica

Phytophthora → Fungizide

Phytóphthora inféstans → Pilze

Phytosphingosin → Sphingolipoide

Phytosterine → Sterole

Phytovitellin → Globuline

3-Phytyl-menachinon → Vitamin K

3-Phytyl-menadion → Vitamin K

'Pi Ro 3': Pillnitzer Vitaminrose. → Hagebutte

Piassavapalme → Babassupalme

Piassavanuß → Babassunuß

Piastärke → Arrowoot

Picalilly: eine Abart der Mixed Pickles, wobei als Auffüllung eine Senfölzubereitung verwendet wird.→ Essiggemüsesterilkonserve

Picciolini → Oliven, marinierte

Picholines → Oliven, marinierte

Pichuri-Nuß → Macisbohne

Pickert, Lippischer: ein Kartoffelreibekuchen mit Eiern und Mehl

Pickles: Sammelbez. für *junges Gemüse* oder *junge Früchte in Salz- oder Essigaufgüssen.* So werden z. B. kleine junge Gurkenfrüchte, kleine Gemüsekolben, kleine Speisemöhren, Perlzwiebeln oder ganz kleine Pilze (in Japan unter der Bez. *Nameko* geführt) als P. bezeichnet und meist als Dosenkonserven gehandelt.

Picrocrocin, *Pikrokrozin, Safranbitter:* ein Glucosid des 4-Oxy-β-cyclocitrals mit der Formel

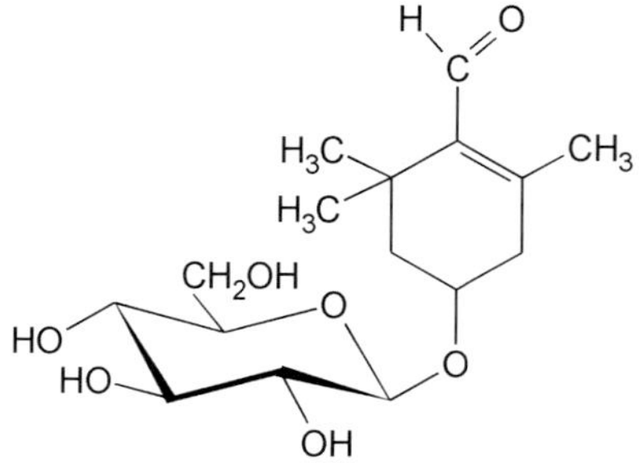

P. kommt im Safran, in den Narben der Blüten von *Crócus satívus* L. vor und trägt wesentlich zum Geschmack des Safrans bei.

Pidanei → Eier, faule

Pie: 1. ←angels.→ feiner Obstkuchen mit Decke. **2.** ←angels.→ mit Fleisch gefüllte → Pastete.

Piemonteser Nuß → Haselnuß

Pigmentfarbstoffe, anorganische → Lebensmittelfarbstoffe → Pigmentfarbstoffe für Lebensmittel

Pigmentfarbstoffe für Lebensmittel: färbende → *Lebensmittelzusätze,* die sich im Gegensatz zu Farbstoffen nicht lösen sondern durch eine gleichmäßige Verteilung im Produkt oder an der Oberfläche (z.B. bei Dragees) Farbwirkung zeigen. Man unterscheidet anorganische und organische P.. Wichtige P. sind: *Calciumcarbonat (E 170), Titandioxid (E171), Eisenoxide und -hydroxide (E 172), Aluminium (E 173), Silber (E174), Gold (E 175), Rubinpigment BK (Litholrubin BK) (E 180), Ultramarin (C 12), Phthalocyaninblau (C 13) und Phthalocyaningrün (C 14).*

Pigmentfarbstoffe, organische → Lebensmittelfarbstoffe → Pigmentfarbstoffe für Lebensmittel

Pignoli → Pinienkern

Pikano: österr. *Schnittkäse* mit Gewürzen (Bergkräuter) in Blockform mit → 45% F. i. Tr.. → Käsesorten

Pikrasmin → Quassiin

Pilai → Ceylon-Himbeere

Pilchard → Sardine

Pilézucker: in unregelmäßige Stücke zerschlagener → *Plattenzucker.* Er findet ebenso wie die feinstückigen *Knoppern* Verwendung in Konditoreien. → Zucker

Pilgermuschel: Meeresmuschel geringer wirtschaftlicher Bedeutung. Die schönen Schalen werden gelegentlich als Ragoutschalen genutzt; verzehrt werden Schließmuskel und Rogen. → Muscheln

Pilinuß → Kanariennuß → Olive, Chinesische

Pilinußöl → Kanariennuß → Olive, Chinesische

'Pillnitzer Vitaminrose' → Hagebutte

'Pilot': Pfirsich.→ Steinobst

Pilsner, Deutsches → Bier

Pilzcellulose → Chitin

Pilze, *Fúngi, Mycophýta, Schwämme:* Abteilung der *Thallophyten* (Lagerpflanzen), die sich gegen die Algen und Moose durch das Fehlen von Chromatophoren und gegen die Bakterien durch das Vorhandensein echter Zellkerne abgrenzen lassen. Die in manchen Pflanzensystemen wohl zu Unrecht zu ihnen gestellten *Schleimpilze (Myxomycétes)* unterscheiden sich durch das Vorhandensein amöboid beweglicher, vielkerniger und querwandloser Protoplasmamassen (Plasmodien), die sich in Sporangien umbilden.
Infolge des Fehlens von Chlorophyll haben P. nicht die Fähigkeit zur Assimilation, d. h. zum Aufbau körpereigener organischer Substanzen aus einfachen anorganischen Nährstoffen. Sie leben deshalb entweder saprophytisch (Entnahme der Nährstoffe aus toten Substraten) oder parasitisch, viele auch in Symbiose mit anderen Pflanzen und Tieren. Als Reservestoffe werden vorwiegend Glycogen und Fette gebildet.
Die P. lassen sich in 4 Klassen gliedern: 1. *Archimycétes (Urpilze),* 2. *Phycomycétes (Algenpilze),* 3. *Ascomycétes (Schlauchpilze),* 4. *Basídiomycétes (Trägerpilze,* → Ständerpilze). Die drei letztgenannten Klassen werden als echte P. *(Eumycétes),* die Schlauch- und die Ständerpilze zusammen als höhere P. bezeichnet. Beide Pilzklassen unterscheidet man nach der Art und Weise ihrer Sporenbildung. Bei den Schlauchpilzen werden in der Regel acht Sporen innerhalb der mikroskopisch kleinen Schläuche, *Asci,* gebildet, bei den Ständerpilzen entwickeln sich meist vier Sporen auf mikroskopisch kleinen Ständern, *Basidien.*

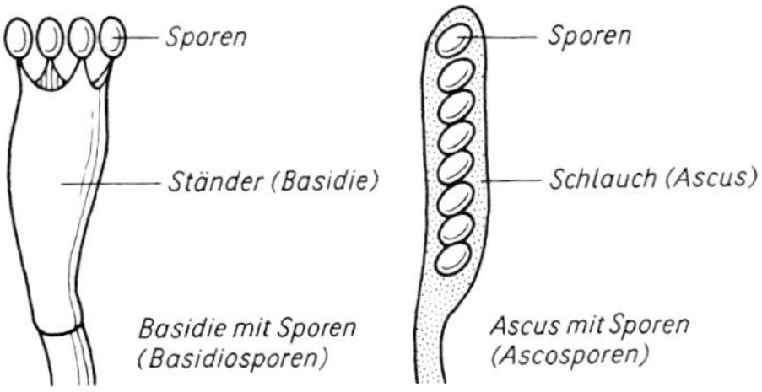

Art der Sporenlage

Urpilze sind einzellig (meist nackter Protoplasmaklumpen, ohne Zellwand) und leben parasitisch in Zellen von Wasser- und Landpflanzen. Sie vermehren sich meist ungeschlechtlich. Zu ihnen gehören Erreger von Pflanzenkrankheiten, wie der Erreger des *Kartoffelkrebses* [*Synchýtrium endobióticum* (Schilb.) Perciv.] und der Verursacher der *Kohlhernie (Plasmodióphora brássicae* Wor.). *Algenpilze* (über 1000 Arten) haben einen meist mehrzelligen, immer von einer Chitin- oder Cellulosemembran umschlossenen Vegetationskörper, zeigen Ansätze zur Bildung von Fruchtkörpern. Einige, vorwiegend zur Ordnung *Peronosporáles* gehörende Algenpilze treten ebenfalls als Krankheitserreger an Naturpflanzen auf, z. B. die Erreger des falschen Mehltaus des Weines [*Plasmópara vitícola* (Berk. et Curt ex D. By) Berl. et De Toui], der Zwiebel [*Peronóspora destrúctor* (Berk.) Casp.], verschiedener Kohlgewächse, des Rapses, des Senfes *(Peronóspora brássicae* Gäum.), der Erreger der Kraut- und Knollenfäule der Kartoffel bzw. der Kraut- und Fruchtfäule der Tomaten [*Phytóphthora inféstans* (Mont.) de Bary].
Zur Ordnung der *Mucoráles* gehören einige verbreitete *Schimmelpilze,* z.B. *Rhízopus stolonífer* (Ehrenb. ex Fr.) Lindt [*Synonym: R. nígricans* Ehrenb.] auf Brot und Speiseresten.
Schlauchpilze (etwa 25 000 bis 35 000 Arten) haben stets septierte (geteilte) Hyphen (einzelne Zellfäden, die den Vegetationskörper, das Myzel, bilden) und chitinhaltige Zellmembranen. Sie vermehren sich sowohl ungeschlechtlich (meist durch Konidien) als auch geschlechtlich. Zu den Schlauchpilzen gehören
a) die *Blastomycétes (Hefepilze, Sproßpilze),* z. B. *Saccharomýces cerevísiae* Hansen (Bier-, Wein- und Backhefe) und *Schizosaccharomýces pómbe* Lindner, der an der spontanen Gärung des ostafrikanischen *Hirsebreies* Pombe beteiligt ist,
b) die *Taphrináles,* von denen einige Vertreter Pflanzenschädlinge sind, z.B. *Paphrína prúni* (Fuck.) Tulasne (Verursacher der „Narrentaschen" bei Pflaumen),
c) die *Plectascáles,* deren wichtigste Gattungen der *Gießkannenschimmel (Aspergíllus,* mit etwa 600 Arten) und der *Pinselschimmel (Penicíllium,* mit über 100 Arten) sind, zu denen die wichtigen Produzenten des Penicillins *(Penicíllium notátum* Westling und *P. chrysógenum* Thom., → Antibiotica) und der für die Bereitung des Roquefort-Käses wichtige *P. roquefórti* Thom. zählen,
d) die *Erysipháles* mit den echten *Mehltaupilzen,*
e) die *Sphaeriáles* mit dem Erreger einer in Japan vorkommenden Reiskrankheit [*Gibberélla fujkurói* (Saw.) Wollenw.], der den Pflanzenwuchsstoff → *Gibberelline* liefert,
f) die *Clavicipitáles* mit dem Mutterkornpilz [*Cláviceps purpúrea* (Tr.) Tul.], → Mutterkornalkaloide,
g) die → *Pezizáles* und
h) die → *Tuberáles* mit einigen als Speisepilze nutzbaren Vertretern. → Speisepilze

Pilze, biologisch gesäuerte → Pilze, silierte

Pilze, eingesalzene → Salzpilze

Pilze, eingesäuerte → Pilze, silierte

Pilze, gefriergetrocknete: durch – zunehmend, bes. für Kulturchampignons, angewendete – Gefriertrocknung haltbar gemachte Pilze. Gefriergetrocknete Pilze (3···6% Feuchtigkeit) zeichnen sich durch bes. niedrige Masse und geringes Volumen, schöne Farbe und gute Quellfähigkeit aus. → Pilzerzeugnisse → Trockenpilze

Pilze, gefrierkonservierte: nach Vorbehandlung (Blanchieren) durch Gefrieren bei −30···−40°C haltbar gemachte, aus *einer* Pilzart bestehende Erzeugnisse, die die Pilzart noch erkennen lassen. Zur Gefrierkonservierung eignen sich bes. Kulturchampignons, Steinpilze, Schopftintlinge und Pfifferlinge im ganzen. Sie müssen frisch geerntet und völlig unbeschädigt sein. Nach dem Blanchieren und Gefrieren werden sie bei −18°C gelagert. Die Gefrierkette darf bei Transport und Lagerung nicht unterbrochen werden. Nach dem Auftauen müssen die g. P. sofort verwendet werden. → Pilzerzeugnisse

Pilze, marinierte → Essigpilze

Pilze, milchsaure → Pilze, silierte

Pilze, Ritterlingsartige → *Tricholomatáceae*

Pilze, Rostblättrige → *Bolbitiáceae*

Pilzerzeugnisse, *Pilzkonserven:* durch Konservierung haltbar gemachte Speisepilze. Die hierfür gebräuchlichen Konservierungsarten sind Sterilisieren in Dosen und Gläsern *(Dosenpilze* → Pilzsterilkonserven), Trocknen (→ *Trockenpilze,* Pilzpulver, Pilzgrieß), Gefriertrocknen (→ Pilze, gefriergetrocknete), Gefrieren (→ Pilze, gefrierkonservierte), Einsalzen (→ *Salzpilze),* Einsäuern (→ Pilze, silierte), Einlegen in Essig (→ *Essigpilze)* und die Herstellung von → *Pilzextrakt* und → *Pilzkonzentrat.* Das Sterilisieren ist meist die angewandte Konservierungsmethode für Pilze. Die nächstgebräuchliche Konservierung ist das Trocknen. Aus Trockenpilzen kann durch Vermahlen *Pilzgrieß* (grobe Vermahlung) und *Pilzpulver* (feine Vermahlung) hergestellt werden. Es ist leichter verdaulich als die Trockenpilze und eignet sich vorzüglich zur Speisenwürzung. Der Wassergehalt dieser beiden Erzeugnisse soll höchst. 9% betragen (wasserdampfdichte Verpackung). Der Sandgehalt darf 0,2%, bezogen auf das Fertigerzeugnis, nicht überschreiten. Auch die Gefriertrocknung wird zunehmend für Pilze, bes. für Kulturchampignons, angewendet. Das Einsalzen von Pilzen ist ein Notbehelf, da ihrer Verwendung wegen des hohen Kochsalzgehaltes (15···20%) Grenzen gesetzt sind. Auch die Silierung und das Einlegen in Essig sind in osteuropäischen Staaten und Italien von größerer Bedeutung als in Deutschland. → Speisepilze

Pilze, saure → Pilze, silierte

Pilze, Schmierlingsartige → *Gomphidiáceae*

Pilze, silierte, *biologisch gesäuerte Pilze, saure Pilze, eingesäuerte Pilze, milchsaure Pilze:* durch Milchsäuregärung haltbar gemachte Speisepilze. Bes. in der ehem. Sowjetunion und in der ehem. ČSFR werden erhebliche Mengen an Pilzen in der Industrie und im Haushalt siliert. Die Silierung erfolgt in Fässern aus Eichen- oder Kastanienholz, ähnlich der Sauerkrautherstellung. Um Fehlfabrikationen zu vermeiden, ist ein sauberes Arbeiten erforderlich. Gut bewährt hat sich folgende Herstellungsvorschrift: Die leicht vorblanchierten Pilze werden zusammen mit 1,5 % Kochsalz, 1,5 % Zucker und etwas saurer Milch eingestampft, das Faß wird verschlossen und durch den Spund eine Pilzpreßsaftlösung (1 Teil Preßsaft : 2 Teile Wasser oder Blanchierwasser) aufgegossen. Das Faß muß während der 14tägigen Milchsäuregärung bei 13···18°C spundvoll gefüllt bleiben. Sobald sich am Spund kein Schaum mehr zeigt, wird das Faß verschlossen und kalt gelagert. Bei hinreichendem Luftabschluß halten sich die s. P. etwa 9 Monate. Sie schmecken angenehm säuerlich. Ihr Milchsäuregehalt schwankt zw. 0,5 % und 1,2 %. S. P. sind leichter verdaulich als frische Pilze. Für die Silage eignen sich bes. gut Pfifferling, Habichtspilz, Schafporling *(Polyporáceae),* Reifpilz, Sand-Röhrling, Brätling und viele Blätterpilzarten. Steinpilze und ähnliche Röhrlingsarten eignen sich weniger gut, weil sie zu weich werden. → Pilzerzeugnisse

Pilze, Tintlingsartige → *Coprináceae*

Pilze, Träuschlingsartige → *Strophariáceae*

Pilze, Trichterlingsartige → *Tricholomatáceae*

Pilze, Wurzeltrüffelartige → *Rhizopogonáceae*

Pilzextrakt: eingedickte und mit Kochsalz haltbar gemachte Pilzpreßsäfte mit mind. 20% Pilztrokkensubstanz und höchst. 20% Kochsalz. Zur Herstellung von P. werden die Pilze geputzt, gewaschen (dabei 10···20 % Wasseraufnahme), in einer Zerreißmaschine grob zerkleinert und abgepreßt (hydraulische Presse). Der Pilzpreßsaft (100 kg Pilze ergeben 70···80 kg Preßsaft) wird im Vakuum eingedickt (*d* 1,15···1,20, entspricht etwa 30 % Trokkenmasse) und danach mit etwa 4 % Kochsalz und 0,1 % Konservierungsmittel (Sorbinsäure oder p-Hydroxybenzoesäureester) – haltbar gemacht. Aus einem Gemisch möglichst vieler Pilzarten erhält man ein Produkt von bes. gutem Aroma und Geschmack. Die Verwendung künstlicher Aromen, Konservierungsmittel sowie andere Fremdstoffe oder Zusatzstoffe ist unzulässig. Es dürfen in der BRD nur die in den Leitsätzen für Pilze und Pilzerzeugnisse aufgeführten Pilzarten verarbeitet werden. → Pilzerzeugnisse → Pilzkonzentrat

Pilzfarbstoffe: Gruppe von Farbstoffen, die in Pilzen vorhanden sind bzw. bei Zutritt des Luftsauerstoffs zum angebrochenen Fleisch verschiedener Pilze entstehen und dessen charakteristische Verfärbung bewirken. Bei vielen dieser P. ist die chemische Konstitution noch nicht aufgeklärt, bzw. viele P. sind noch nicht identifiziert. In Speisepilzen vorkommende P. sind z. B. das rotviolette *Lactaroviolin (Laktaroviolin)* und der Kohlenwasserstoff *Lactarazulen (Laktarazulen)*

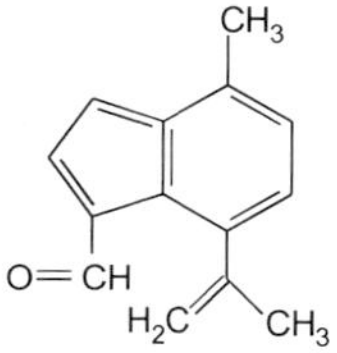

mit der Summenformel $C_{15}H_{18}$ sowie das *Boletol,* das die Blaufärbung verschiedener Röhrlinge an frischen Bruch- und Schnittstellen bewirkt. Boletol ist die chinoide Form einer Hydroxyanthrachinoncarbonsäure, die durch enzymatische Umwandlung aus der kaum gefärbten Purpurin-α-carbonsäure entsteht. Die Fruchtkörper des *Weißen Raslings* [*Lyophýllum connátum* (Schumm. ex Fr.) Sing.] zeigen beim Betüpfeln mit wäßriger Eisen-III-Chlorid-Lösung eine intensiv blauviolette Farbreaktion, die maßgeblich durch folgende Substanzen verursacht wird:

N'-Hydroxy-N,N-dimethylharnstoff,
Fp. 104···106°C

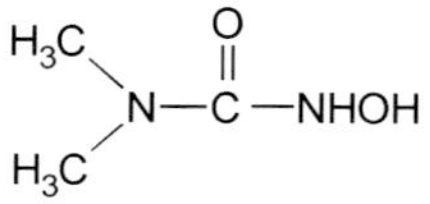

Connatin (N^{δ}-Hydroxy-N^{ω}, N^{ω}-dimethylcitrullin) als Hauptkomponente, Fp. 184···188°C (Zers.), $[\alpha]^{22}_{589}$ +28,5° (c = 1,0, H_2O), Molmasse 219 g/mol

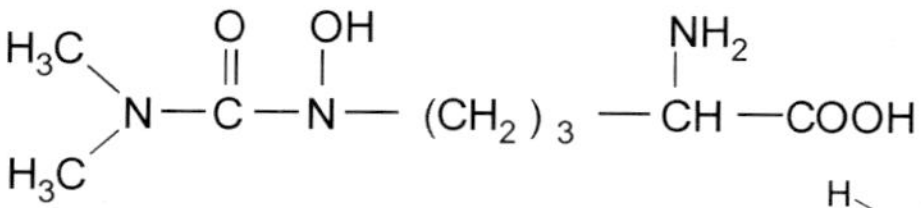

Lyophyllin, Fp. 27···28°C (N,N-Dimethyl-methylazoxycarboxamid, 2,N,N,-Trimethyl-2-oxydiazencarbamid)

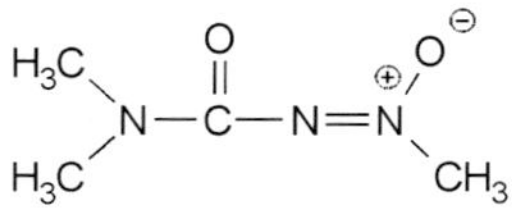

Lyophyllin

Einfache Azoxyverbindungen und diesem Strukturtyp angehörende Naturstoffe, wie das Lyophyllin, die p-Cyanazoxybenzoesäure *(Calvatsäure)* der *Großstäublinge (Calvátia spec.)* und das → *Cycasin,* wirken stark mutagen. Da auch N-Hydroxyharnstoffe in den DNA-Stoffwechsel eingreifen, ist vor dem Genuß des Weißen Raslings zu warnen. 1 kg davon enthalten 400 mg Lyophyllin und mehr als 2 g Connatin.

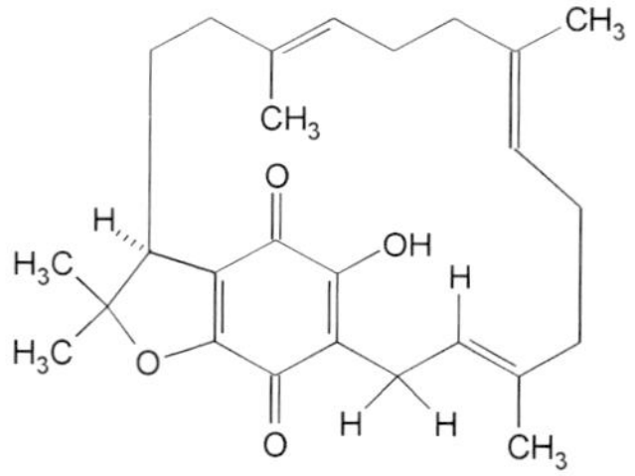

Tridentochinon

Der *Rostrote Lärchenröhrling* [*Suíllus tridéntinus* (Bres.) Sing.] enthält den roten Farbstoff *Tridentochinon, ein* [*13*](3,6)Benzofuranophan.

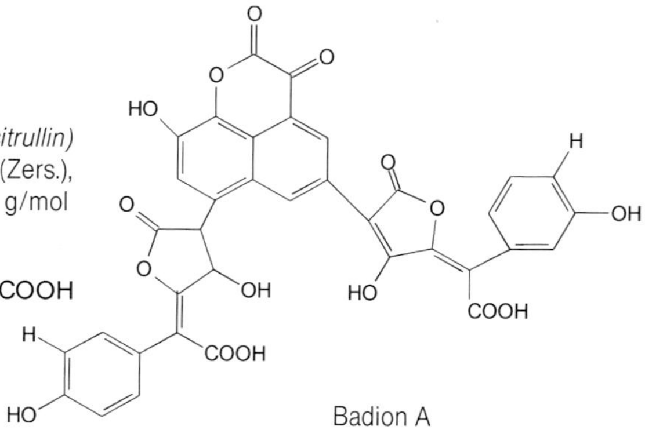

Badion A

Badion. Norbadion, Bisnorbadiochinon und *O-Methylpulvichinon* sind die Hutfarbstoffe des Maronenröhrlings [*Xerócomus bádius* (Fr.) Kühn ex Gilb.]. Badion ist ein Kondensationsprodukt aus 2 Pulvinsäuremolekülen. → *Pulvinsäure* und Xerocomsäure bewirken bei Verletzung der Fruchtkörper die Blaufärbung des Fleisches.

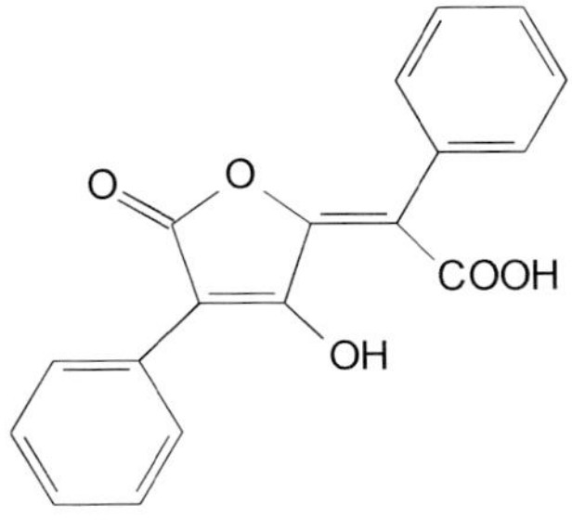

Anthrachinonfarbstoffe, z. B. *Dermocybin* und *Dermorubin, befinden sich im Blut-Hautkopf* [*Dermócybe sanguínea (Wulf. ex Fr.) Wünsche*].

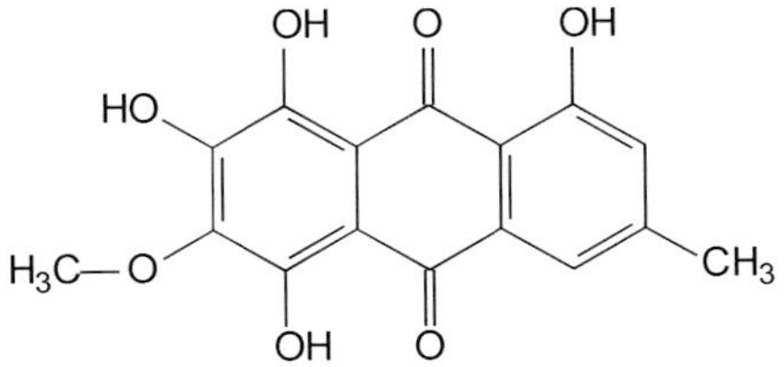

Dermocybin

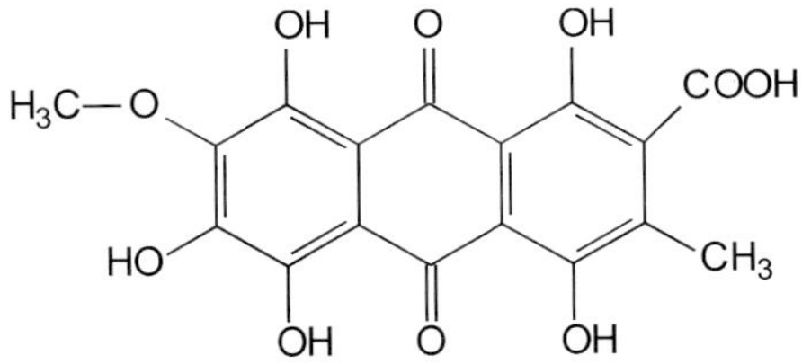

Dermorubin

→ Pilze → Pilzgifte → Pilzwirkstoffe

Pilzgifte: i. e. S. die von verschiedenen höheren Pilzen gebildeten, teilw. hochwirksamen Stoffe, die schon in geringen Mengen resorbiert, krankhafte Veränderungen bewirken und zum Tode des Organismus führen können. Sie gehören unterschiedlichen chemischen Stoffklassen an. In Mitteleuropa kommen etwa 80 bis 90 Giftpilzarten vor, d. s. 1,6···1,8 % aller hier heimischen Großpilze. Je nach ihrer Wirkung kann man die P. einteilen in akut organschädigende, hämolytisch wirkende, halluzinogen wirkende, auf den Magen-Darm wirkende und disulfuramähnlich wirkende Toxine (s. Übersicht Seite 342–344).
Disulfuram ist ein gegen Alkoholismus wirkendes Medikament. Die P. sind in der Regel hitzebeständig, also auch nach der Zubereitung voll wirksam. Es gibt aber auch P., die durch Erhitzen unwirksam werden. So sind z. B. der *Hallimasch* [*Armillariélla polymýces* (Pers. ex S. F. Gray) Sing. et Clém] und die *Hexenröhrlinge* [*Bolétus erýthropus* (Fr.) Krbh. und *B. lúridus* Schaeff. ex Fr.] nur im rohen Zustand giftig. Der Genuß einiger Pilze, wie des *Netzstieligen Hexenröhrlings (Bolétus lúridus)*, des *Faltentintlings* [*Cóprinus atramentárius* (Bull. ex Fr.) Fr.] und anderer *Tintlingsarten* in Kombination mit Ethanol kann auch zu unangenehmen Vergiftungen führen. Diese äußern sich in einer intensiven Rötung des Gesichtes mit Ausnahme von Nase und Ohrläppchen, die oft auf andere Körperteile übergreift und von Kopfschmerz, Schwindelgefühl, Atemnot, Schweißausbruch und Kollaps begleitet sein kann. Auch andere Genußmittel, wie Bohnenkaffee, schwarzer Tee oder best. Arzneimittel sind als Verursacher bekannt geworden.
Die Latenzzeiten (Zeitraum zw. Verzehr des Giftpilzes und Auftreten der ersten Vergiftungserscheinungen) sind bei den einzelnen Arten unterschiedlich lang. Der Ablauf einer Vergiftung durch Pilze mit P. langer Karenzzeit ist bes. ungünstig, weil das P. seine Wirkung meist schon entfaltet hat und eingeleitete Behandlungen oft zu spät einsetzen. Bei kürzeren Latenzzeiten kann das Gift durch Erbrechen oder künstliche Magenentleerung bald aus dem Körper entfernt und die Therapie rechtzeitig eingeleitet werden. Erste Anzeichen einer Pilzvergiftung sind Kratzen und Brennen im Hals, Taumel, Benommenheit, starker Speichelfluß, Schweißausbruch, Übelkeit, Brechreiz und Durchfall. Sobald der Verdacht auf eine Pilzvergiftung besteht, ist unverzüglich ein Arzt zu rufen. Erste Hilfemaßnahmen bis zu seinem Ein-

Wichtigste Vorkommen der bekanntesten Pilzgifte

Pilzgift	Pilzart
→ Phallotoxine → Amatoxine	Grüner Knollenblätterpilz *(Amaníta phalloídes)* u.a. *Amanita*-Arten, Lilabrauner Giftschirmling *(Lepióta brúnneolilácea),* Nadelholz-Täubling *(Galerína margináta)* u.a. *Galerina*-Arten
→ Virotoxine	Spitzhütiger oder Kegelhütiger Knollenblätterpilz *(Amaníta vírosa)*
→ Gyromitrin	Frühjahrslorchel *(Gyrómitra esculénta)*
→ Ibotensäure, Muscimol, Muscazon	Pantherpilz *(Amaníta panthérina),* Fliegenpilz *(Amaníta muscária), Narzissengelber Wulstling (Amaníta gemmáta),* Königsfliegenpilz *(Amaníta regális)*
→ Muscarin	Ziegelroter Rißpilz *(Inócybe patouillárdii)* u.a. Rißpilze, Rettich-Helmling *(Mycéna púra),* versch. kleine Trichterlinge *(Clytócybe spec.)*
→ Orellanin	Orangefuchsiger Schleierkopf *Cortinárius orellánus)*
→ Cortinarine	60 Arten der Gattung *Cortinárius* (Haarschleierlinge)
→ Bufotenin	Gelber Knollenblätterpilz *(Amaníta citrína),* Porphyrbrauner Wulstling *(Amaníta porphýria)*
→ Agaritin u.a.	eßbare Champignons im rohen Zustand
→ Hydrazine	Speisemorchel *(Morchélla esculénta)*
Aliphatische Azoxyverbindungen (Lyophyllin, → Calvatsäure) → Pilzfarbstoffe)	Weißer Rasling *(Lyophýllum connátum),* Großstäublinge
Indolalkaloide *Infractin* (s. Formel), 6-Hydroxy-infractin, Infractopicrin	Bitterer Schleimkopf *[Cortinárius infráctus* (Pers. ex Fr.) Fr.]

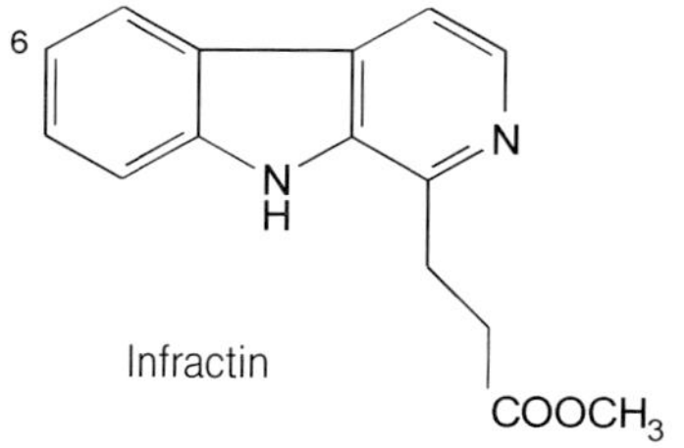

Infractin

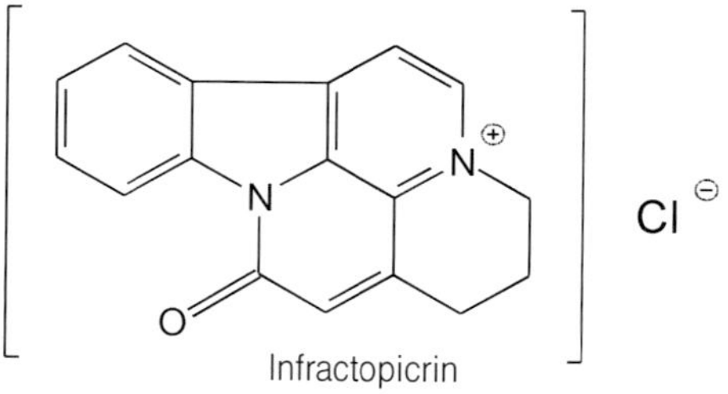

Infractopicrin

Wichtigste Vorkommen der bekanntesten Pilzgifte (Forts.)

Pilzgift	Pilzart
Coprin [N^5-(1-Hydroxycyclo-propyl-)-L-glutamin (s. Formel)	Faltentintling *[Coprinus atramentárius* (Bull.) Fr.] 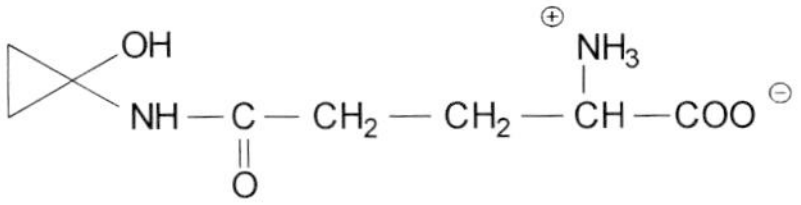
4,4'-Dihydroxy-azobenzol (s. Formel)	Karbol-Egerling *(Agáricus xanthodérma* Gen.) 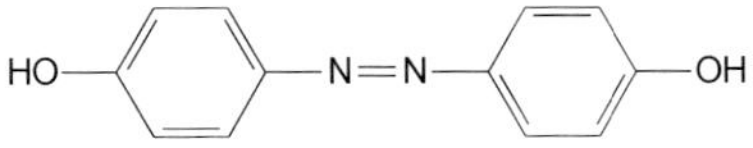
Ester des Triterpens *Crustulinol* (s. Formel)	Tonblasser Fälbling *[Hebelóma crustuliniförme* (Bull. ex. Fr.) Quél.] 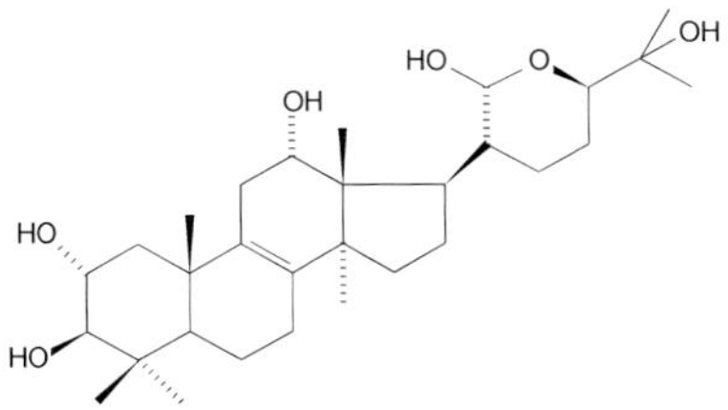
Fasciculole (Triterpene) (s. Formel)	Grünblättriger Schwefelkopf *[Hypholóma fasciculáre* Huds. ex Fr.) Kummer] 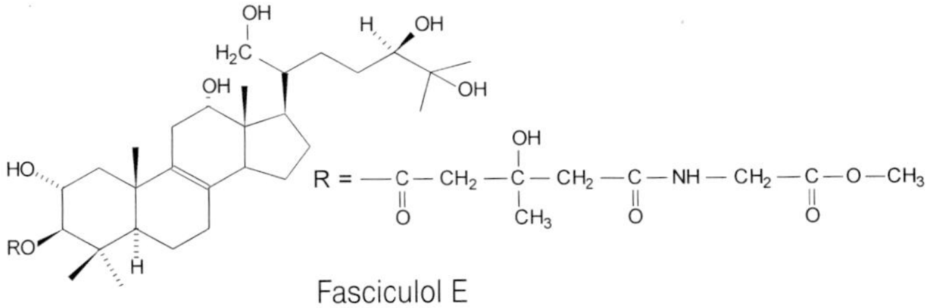 Fasciculol E
Sesquiterpen *Illudin S* (s. Formel) *(Lunamycin, Lampterol)*	Japanischer Laternenpilz *[Lampteromyces japónicus* (Kawamura) Sing.] 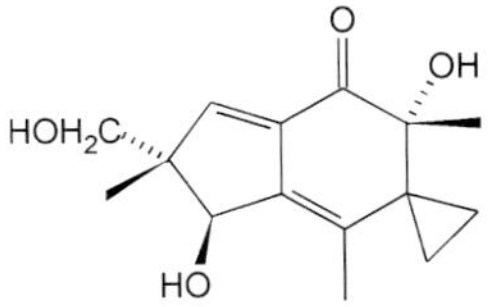
→ Gastrointestinale Pilzgifte	Satanspilz *(Bóletus satánus)*, Giftchampignon, Schöne Koralle *(Ramária formósa)*, Bauchweh-Koralle *(Ramária pállida)*, Kartoffelbovist *(Sclero-dérma citrínum)*, versch. *Cortinária*-Arten

Wichtigste Vorkommen der bekanntesten Pilzgifte (Forts.)

Pilzgift	Pilzart
Hämolytische Gifte (Phallolysin)	Grüner Knollenblätterpilz *(Amaníta phalloídes)*
→ Hämagglutinine	viele auch eßbare Pilze im rohen Zustand
→ Wirkstoffe, halluzinogene (Psychogene)	versch. tropische *Psilocybe*-Arten

treffen sind: Erbrechen herbeiführen (warmes gesalzenes Wasser – keinesfalls Ethanol oder Milch trinken und/oder mechanisch reizen durch Finger in den Hals stecken, evtl. Kitzeln der rückwärtigen Schlundwand mit einer in Öl getauchten Feder), danach ruhig liegen lassen, mit Decke und gegebenenfalls mit Wärmflasche Körper warmhalten, Ohnmächtige durch Bespritzen des Gesichtes wiederbeleben. Kalte Umschläge auf dem Kopf helfen, Erregungszustände zu dämpfen. Es gibt gegenwärtig noch kein einfaches universelles Verfahren die Giftigkeit eines Pilzes nachzuweisen. Die Prüfung auf Verfärben des rohen Fruchtkörpers oder von Zwiebeln bzw. eines Silberlöffels beim Erhitzen der Pilze sind trügerische und lebensgefährliche Methoden. Der einzige sichere Schutz vor einer Pilzvergiftung ist genaue Kenntnis der Pilze, die man sammelt, und im Zweifelsfall der Rat eines Pilzsachverständigen.

Gelegentlich verursachen auch eßbare (toxinfreie) Pilze Erkrankungen (Lebensmittelvergiftungen). Gründe für solche „unechten" Pilzvergiftungen können sein: Entwicklung von Krankheitserregern auf dem relativ guten Nährboden Pilz, Eiweißzersetzung verdorbener Pilze (überständige, nicht sachgerecht transportierte Fruchtkörper, unsachgemäß hergestellte oder überlagerte Pilzkonserven – hitze- und gefrierkonservierte –) sowie aufgewärmte Pilzgerichte. Da Pilze rel. schwer verdaulich sind, können sie bei Verzehr größerer Mengen Verdauungsstörungen hervorrufen. Verdächtige Pilzinhaltsstoffe, deren Giftwirkung noch nicht abgeklärt ist, sind *Grifolin, Scutigeral* und *Christatsäure*

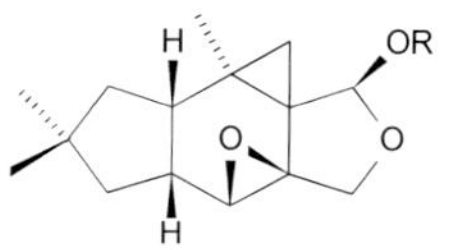

R = Stearyl

Stearyl-velutinal

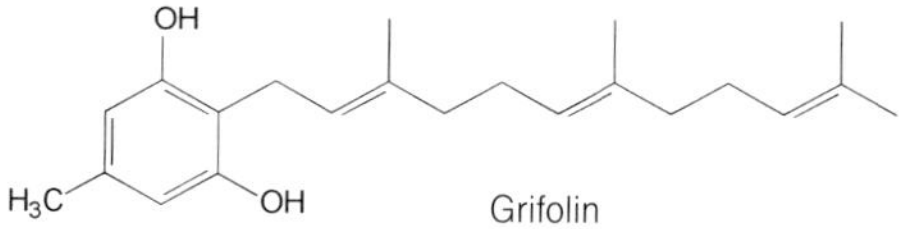

Grifolin

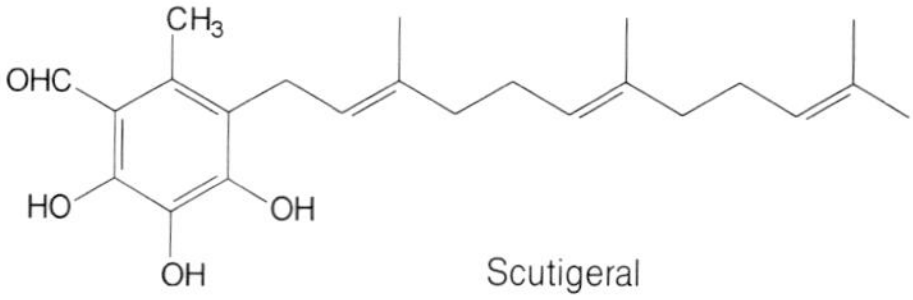

Scutigeral

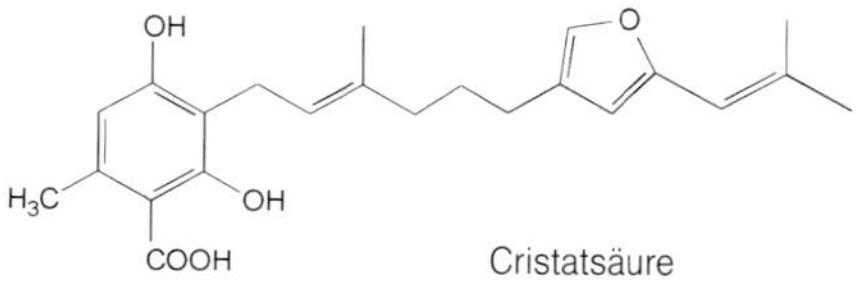

Cristatsäure

in versch. Albatrellus-Arten, *Stearyl-velutinal* und *Necatoron* in versch. Lactarius-Arten (Milchlinge), Hygroaurine in Hygrocybe-Arten (Saftlinge) sowie *Xerocomsäure* und *Variegatsäure* in versch. Röhrlingen (Boletáles).

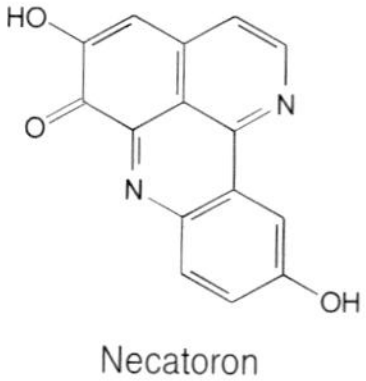

Necatoron

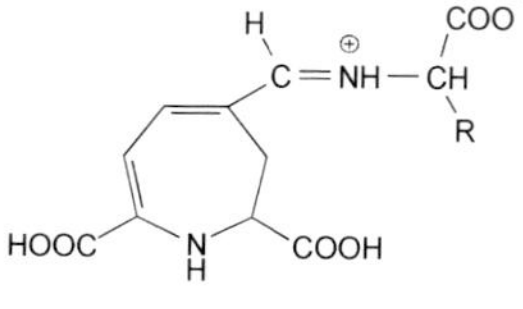

Hygroaurine

Da fast alle eßbaren Pilze mit Ausnahme von Steinpilzen, Austernseitlingen und Zuchtchampignons im rohen Zustand → Hämagglutinine (Hämolysine) enthalten, die die äußere Umhüllung der roten Blutkörperchen (Erythrozyten) zerstören, muß vor dem Rohgenuß von Pilzen gewarnt werden. Diese Giftstoffe werden durch Hitzebehandlung unwirksam. Zu den P. gehören i. w. S. auch die Mutterkornalkaloide. → Mykotoxine → Pilze → Speisepilze

Pilzgifte, gastrointestinale: die Schleimhäute des menschlichen Magen-Darm-Kanals reizende Stoffe. Ihre chemische Konstitution ist größtenteils noch unbekannt. Vermutlich handelt es sich um harzige Stoffe oder Terpenderivate, die auch identisch mit den scharf schmeckenden Stoffen der scharfen Täublinge und Milchlinge zu sein scheinen. Das im ungenießbaren *Wolligen Milchling* oder *Erdschieber* [*Lactárius velléreus* (Fr.) Fr.] vorkommende *Isovelleral,* ein Sesquiterpendialdehyd, wurde strukturmäßig aufgeklärt.

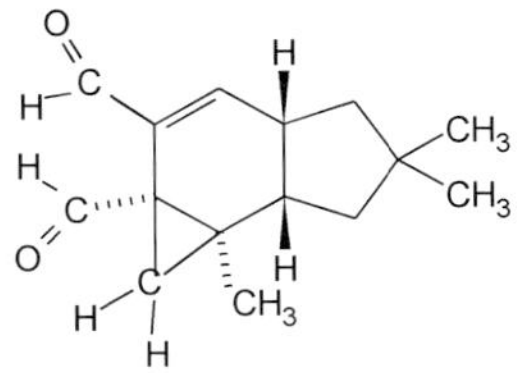

Zu den g. P. rechnet man einige anthrachinoide Farbstoffe, wie Flavonamin-, Phlegmacin- und Vitellinderivate in einigen Cortinariusarten. → Pilzgifte

Pilzgrieß → Trockenpilze → Pilzerzeugnisse

Pilzkonserven → Pilzerzeugnisse

Pilzkonzentrat: bis zur pastenförmigen oder festen Konsistenz eingedickte Pilzpreßsäfte mit mind. 40 % Pilztrockensubstanz und höchst. 20 % Kochsalz. Es dürfen in der BRD nur die in den Leitsätzen für Pilze und Pilzerzeugnisse aufgeführten Pilzarten verarbeitet werden. Am besten eignet sich ein Gemisch verschiedener Pilze. P. können es an Aroma und Wohlgeschmack mit den besten Suppenwürzen aufnehmen und dienen wie diese zur Aromatisierung vieler Speisen. P. können auch aus → Trockenpilzen hergestellt werden. *Pilztrockenkonzentrate* werden durch Trocknen von Pilzextrakten gewonnen. Die Feuchtigkeit darf nicht mehr als 9 %, der Kochsalzgehalt höchst. 5 % betragen. → Pilzerzeugnisse → Pilzextrakt

Pilzpulver → Trockenpilze → Pilzerzeugnisse

Pilzreis → Koji → Reis

Pilzsterilkonserven, *Dosenpilze:* nach Vorbehandlung (Putzen, Waschen und Blanchieren) durch Erhitzen in luftdicht verschlossenen Behältnissen haltbar gemachte, aus *einer* Pilzart bestehende Erzeugnisse, die die Pilzart noch erkennen lassen. P. können in der BRD aus den Leitsätzen für Pilze und Pilzerzeugnisse aufgeführten Pilzarten hergestellt werden. Durch das Blanchieren werden die Enzyme inaktiviert, die Zellstruktur gelockert, das Volumen auf etwa die Hälfte und die Keimzahl verringert. Es darf nur einwandfreie und gesunde Rohware verwendet werden. → Pilzerzeugnisse

Pilztrockenkonzentrat → Pilzkonzentrat

Pilzwirkstoffe: Sekundäre Inhaltsstoffe von genießbaren Pilzen mit pharmakologischer Wirkung. Bes. in der traditionellen ostasiatischen Volksmedizin werden P. noch immer in Form von Extrakten pulverrisierten Aufbereitungen verwendet. Wissenschaftliche Untersuchungen haben versch. P. isoliert und ihre pharmakologischen Wirkungen nachgewiesen. So konnten z. B. bei der Gattung Lackporlinge u.a. blutzuckersenkende, antiallergische und entzündungshemmende Wirkungen, beim Schopftintling [*Cóprinus comátus* (Müller ex Fr.) S. F. Gray] ebenfalls blutzuckerhemmende Wirkungen nachgewiesen werden. Dem Samtfußrübling oder Winterrübling [*Flammúlina velútipes* (Curt. ex Fr.) Sing.] wird eine cholosterolsenkende und krebsvorbeugende Wirkung zugesprochen. Das Judasohr [*Auriculária aurícula* (L. ex Fr.) Schroet.] wird wegen seiner blutgerinnungshemmenden Inhaltsstoffe vorbeugend gegen den Herzinfarkt und gegen Uterusblutungen sowie gegen Hämmorrhoiden, Bauch- und Zahnschmerzen verwendet. Der Shii-Take-Pilz [*Lentínus edódes* (Berk.) Sing.] enthält mehrere P. So wirkt das

→ *Eritadenin* durch Hemmung der Synthese eines Lipoproteins, das Cholesterol in der Leber zurückhält, cholosterolsenkend, eine doppelsträngige RNS (→ Nucleinsäuren) antiviral durch vermehrte Bildung von Interferon und kleine Mengen des Polysaccharids *Lentinan* bewirken vollständige Rückbildung verschiedener Tumorplantate bei Mäusen.
Das Lentinan ist aus einer β-1.3-Glucopyranose-Hauptkette mit β-1.6-Glucopyranose-Seitenketten an jeweils 2 von 5 Glucose-Einheiten aufgebaut. Der Shii-Take-Pilz soll auch bei Hautausschlägen und Leberverhärtung wirksam sein. Aus Hallimasch [*Armillariélla méllea* (Vahl ex Fr.) Karst.] wird in China ein schmerzlinderndes Präparat gewonnen, das vor allem gegen rheumatische Beschwerden und bei Erkältungskrankheiten aber auch bei Rachitis Anwendung findet. Der Ringlose Hallimasch [*Armillariélla tabéscens (Scop. ex Fr.) Emel.*] wirkt gegen versch. Entzündungen der Verdauungsorgane wie Hepatitis, Cholezystitis, Appendizitis und bei Oritis. Der Riesenstäubling [*Langermánnia gigantéa* (Batsch. ex Pec.) Rostk.] sowie *Calvátia lilacína* Fr. werden bei Husten, Heiserkeit, Halsschmerzen und als Blutstiller eingesetzt. Sie sollen auch Vergiftungen unterschiedlicher Art kurieren. *Collýbia albumósa* (Berk.) Perch ist ein Magentonikum und soll gegen Hämorrhoiden helfen. Der Faltentintling [*Cóprinus atramentárius* (Bull.) Fr.] enthält entzündungshemmende, der Zunderschwamm [*Fómes laricifómes* (Vitt. ex Fr.) Bond. et Sing.] auswurffördernde und urintreibende Wirkstoffe. Die Lackporlinge *Ganodérma japónicum* (Fr.) Lloyd und *G. lúcidum* (Leyss. ex Fr.) Karst (Glänzender Lackporling) werden als Tonikum, gegen Asthma, Husten, Diuretikum und Laxativ und der Feuerschwamm [*Phéllinus igniárius* (L. ex Fr.) Quél.] gegen Blutungen der Harnwege, Leukorrhoe und Amenorrhoe genutzt. Der *Phállus rugulósus* Fisch. soll entzündungshemmend und der Austernseitling [*Pleurótus ostreátus* (Jacq. ex Fr.) Kumm.] schmerzlindernd wirken.

Pilzwirkstoffe, halluzinogene: in sog. *Rauschpilzen* oder halluzinogenen Pilzen enthaltene Stoffe, die rauschähnliche Zustände und Halluzinationen bewirken. Diese Wirkstoffe sind im wesentlichen in tropischen Kahlköpfen *(Psilócybe-*Arten) und *Düngerlingen (Panaeolus*-Arten) enthalten. Die Nutzung dieser Pilze als Rauschmittel sind auf Teile Mexikos und Mittelamerikas beschränkt. Schon im 16. Jh. wurde der Gebrauch durch Indianer von einem spanischen Mönch beschrieben. Die Pilze werden roh gekaut und allmählich heruntergeschluckt. Nach 30 min beginnt sich die Wirkung zu zeigen, die etwa 4···5 h anhält und dem durch den mexikanischen Kaktus *Lophóphoria williámsi* (Lem. ex Salm-Dyck) Coult. (Familie *Cactáceae)* hervorgerufenen *Meskalinrausch* ähnelt. Der Rauschzustand beginnt mit Gliederschwere und optischen Visionen (farbige, sich bewegende geometrische Gebilde) gefolgt von Illusionen (Gegenstände der Umgebung erscheinen in Farben, Formen, Konsistenz und Bewegung verändert) und Halluzinationen (Erscheinung von in Wirklichkeit nicht anwesenden Dingen und Personen), allg. Euphorie, Bewußtseinsspaltung und in der Endphase teilw. Angstzustände. Diese Wirkung wurde für rituelle Zwecke genutzt. Die den Mutterkornalkaloiden verwandten Substanzen *Psilocin* und *Psilocybin* wurden als die für die psychotrope Wirkung verantwortlichen Substanzen erkannt.

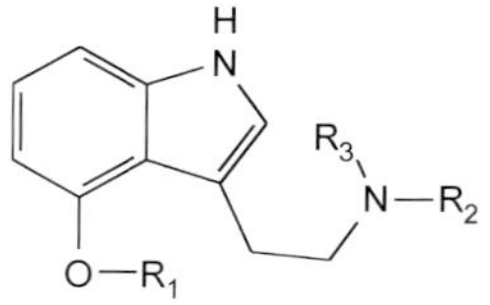

	R_1	R_2	R_3
Psilocybin	PO_3H_2	CH_3	CH_3
Psilocin	H	CH_3	CH_3
Baeocystin	PO_3H_2	CH_3	H
Norbaeocystin	PO_3H_2	H	H

Von den in Europa selten vorkommenden Pilzen *Spitzkegeliger Kahlkopf* [*Psilócybe semilanceata* (Fr.) Kumm.], *Blaufleckender Kahlkopf (Psilócybe cyanéscens* Wakf.), *Runzliger Düngerling* [*Panaeolus retirúgis* (Fr.) Gill.] und *Dinkelrandiger* oder *Gezonter Düngerling* [*Panaeolus subbalteátus* (Berk. et Br.) Sacc.] sind Vergiftungen mit

Rauschzuständen, Brechreiz, Erbrechen, Mundtrockenheit u. a. Erscheinungen bekannt. Vor dem Versuch, solche keineswegs harmlosen Pilze als Halluzinogene zu nutzen, muß dringend gewarnt werden. → Pilzgifte

Pilzzucker → α-α-Trehalose → Disaccharide

Pimaricin → Konservierungsstoffe

Piment, *Nelkenpfeffer, Allerleigewürz, Gewürzkörner, Neugewürz, Englischgewürz,* Jamaikapfeffer: die nicht ausgereifte, getrocknete, kugelige, 5···10 mm große rotbraune bis schwarzbraune Beere des in Westindien (Jamaika), Zentral- und dem nördlichen Südamerika kultivierten immergrünen, bis 13 m hohen Pimentbaumes *Piménta dioíca* (L.) Merrill, (Familie *Myrtáceae).* Der an Nelken, Pfeffer und Zimt erinnernde charakteristische Geruch und Geschmack ist auf den Gehalt an ätherischem Öl (3···5 %) mit *Eugenol, Cineol, Caryophyllen* und einem *Phellandren* zurückzuführen. Die Würzkraft von reifem P. ist sehr gering. Verschiedentlich wird der P. durch den minderwertigen → *Kronpiment* verfälscht. Der (österr. *das)* P. dient, ganz oder gemahlen, zum Würzen verschiedener Back- und Wurstwaren, von Soßen, Fisch- und Fleischgerichten, das ätherische Öl *(Pimentöl)* zum Aromatisieren von Bitterlikören.

Piménta dioíca → Piment

Piménta racemósa → Kronpiment → Bay-Blätter

Pimiento → Gewürzpaprika

'Pimona' → Kernobst

Pimpernell → Pfefferwurzel

Pimpernuß → Pistazie, Echte

Pimpinélla anísum → Anis

Pimpinélla májor → Pfefferwurzel

Pimpinélla mínor → Gartenpimpinelle

Pimpinélla saxífraga → Pfefferwurzel

Pimpinelle, Kleine → Gartenpimpinelle → Wildkräuter → Pfefferwurzel

Pimpinellin, *5,6-Dimethoxy-2H-furol* [*2,3-h*]-1-benzopyran-2- on: ein in Doldengewächsen (Umbelliferae) vorkommendes Furocumarin, s. Formel.

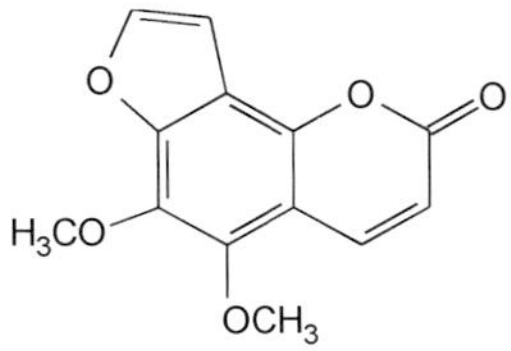

Molmasse 246,21 g/mol, kristallisiert zu farblosen Nadeln, F. 119°C, unlöslich in Wasser, löslich in Ethanol. Es wurde in den Wurzeln der Großen (Pimpinella major (L.) Huds.) und der Kleinen Pimpinelle (P. saxifrage L.) nachgewiesen. → Pfefferwurzel → Gartenpimpinelle

Pinangpalme → Betelnuß

Pinapalme: eine im tropischen Südamerika vorkommende Palme, *Eutérpe olerácea* Mart. (Familie *Arecáceae),* deren Stamm für die Gewinnung von Palmsaft (→ Palmwein) angezapft wird. Die Endknospen werden als Gemüse (→ Palmkohl) verzehrt. Die verwandte Art *Eutérpe edúlis* Mart., die *Assai-* oder *Parapalme,* wird für Gemüsezwecke (→ Palmkohl) kultiviert. Ihr Fruchtfleisch wird auch zur Getränkebereitung genutzt.

Pineapple → Ananas

Pineau des Charentes → Mistella

Pinellekraut → Pfefferwurzel

Pinen: bicyclischer Terpen-Kohlenwasserstoff, in der Natur in 2 isomeren Formen (α und β-P.) sowie in der optischen L- und D-Form wie auch als Razemat DL als Bestandteil vieler ätherischer Öle vorkommend. Die D-Form des α-P. wird auch *Australen,* die L-Form *Terebenthen* und das β-P. *Nopinen* oder *Pseudopinen* genannt (Formel s. nächste Seite oben).
P. ist Hauptbestandteil der Terpentinöle, aus denen es rein dargestellt werden kann. α-P. ist ein Öl mit typischem Terpentingeruch, das durch Autoxydation leicht verharzt, in Ethanol, Ether, Chloroform leicht löslich und in Wasser unlöslich ist. Es ist Ausgangsprodukt u. a. für die Synthese von Kampher

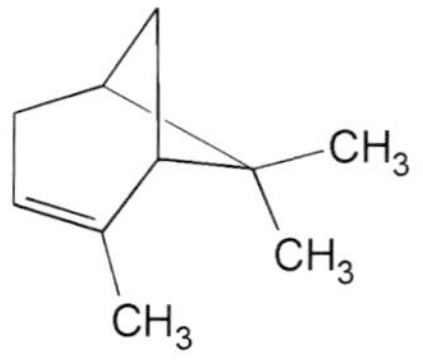

α-Pinen

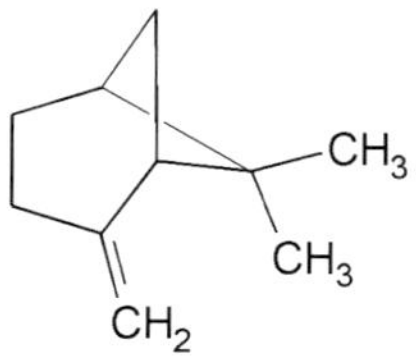

β-Pinen

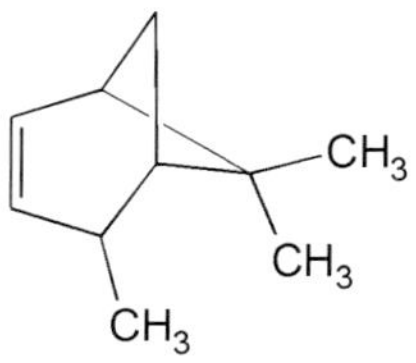

γ-Pinen

und wird vor allem zur Geruchsverbesserung (z. B. bei Badesalzen) verwendet. β-P. ist eine in Ethanol und Ether lösliche und in Wasser unlösliche Flüssigkeit. → Terpen-Kohlenwasserstoffe → ätherische Öle

Pineole → Pinienkern

Pinguícula vulgáris → Fettkraut

Pinicolsäure A → Polyporensäure A

Pinienkern → Piniennuß

Piniennuß: *Pineole, Pignole, Piniole, Pinoli, Pignoli:* Samenkern des im Mittelmeergebiet wachsenden und kultivierten, bis 30 m hohen Baumes *Pínus pínea* L. (Familie *Pináceae).* Der von einer harten Schale befreite, weiße Samenkern *(Pinienkern)* schmeckt mandelartig. Er enthält 30 % Eiweiß, 50 % Fett und 11 % Kohlenhydrate. Das Fett wird leicht ranzig. Die P. werden roh verzehrt, zu Backwaren verwendet oder mit Zucker konserviert. Die Pinie wird erwerbsmäßig in Italien (Sizilien, Kalabrien) und Spanien (Navarra) angebaut. Ähnliche Verwendung, auch zur Ölgewinnung, finden die Samen der Nußkiefer, *Pínus monophýlla* Torr. et Frém. (in Kalifornien) und anderer *Pínus*-Arten. → Zirbelnuß

Piniole → Piniennuß

Pinit → Inositol

L-Pinocamphen → Ketone

L-Pinocampheol → Terpen-Alkohole

Pinocamphon → Terpen-Ketone

L-Pinocarveol → Terpen-Alkohole

L-Pinocarvon → Terpen-Ketone

Pinon → Pionero

Pinonate: unter Verwendung von Kokoßnuß und Milch vor allem in der Dominikanischen Republik hergestellte Konfitüre.

Pinone: stark ölhaltiger Samen von südamerikanischen Bäumen der Gattung *Araucária* (Familie *Araucariáceae),* u. a. von *Araucária angustifólia* (Best.) O. Ktze., der von den Indianern gesammelt und an Stelle von Getreide für Gebäck oder als Beikost zu Fleisch verwendet wird.

Pinonere, *Pinon, Chilenische Araukarie:* der hohe Nadelbaum *Araucária imbricáta* Pav. (Familie *Araucariáceae),* der am Ostabhang der Anden in Chile und Argentinien wächst. Der hell-kastanienbraune, keilförmige, geschnäbelte Samen, der ohne Schnabel 5 cm lang ist, wird geröstet oder gekocht verzehrt, er schmeckt ähnlich der Eßkastanie. Aus dem angerösteten Mehl wird mit Mehl und Zucker ein Getränk bereitet. Die Samen enthalten u. a. je 100 g 34,9 g Stärke und 14,5 g Eiweiß. Ähnlich werden die Samen von *A. angustifólia* Kuntze und *A. brasiliána* A. Rich. verwendet.

Pinot blanc → Burgunder, Weißer → Wein

Pinot gris → Ruländer → Wein

Pinot noir → Burgunder, Blauer Später → Wein

'Pinova' → Kernobst

Pinselhirse → Perlhirse

Pinselschimmel → Pilze

Pínus cémbra → Zirbelnuß

Pínus cembroídes → Arizonakiefer

Pínus lambertiána → Mauna 1. → Inositol

Pínus monophýlla → Piniennnuß

Pínus nelsónii → Arizonakiefer

Pínus parrayána → Arizonakiefer

Pínus pinceána → Arizonakiefer

Pínus pínea → Piniennuß

Pínus sibírica → Zirbelnuß

Pinzgauer Bierkäse: ein vorwiegend in Salzburg (Österreich) aus Kuhmilch (teilw. unter Zumischung von Ziegenmilch) hergestellter *Schnittkäse.* → Käsesorten

Piora-Käse: weichschnittiger, vollfetter Rundkäse aus der Schweiz. Es werden 3 Arten von P. unterschieden: *Vero-Piora, Tipo-Piora* (beide aus Kuhmilch), *Uso-Piora* (aus Mischungen von Kuh- und Ziegenmilch). → Käsesorten

L-Pipecolinsäure → Aminosäure

Píper adúncum → Pfeffer 2.

Píper aurítum → Pfeffer 2.

Píper bétle → Betelpflanze

Píper cubéba → Kubebenpfeffer

Píper elongátum → Pfeffer 2.

Píper guineénse → Aschantipfeffer

Piperidin, *Hexahydropyridin:* gesättigte heterocyclische Verbindung.

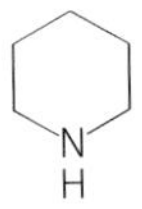

P. kommt als Hydrolyseprodukt des → *Piperins* in Pfefferkörnern vor. Es ist eine farblose Flüssigkeit, F. −10,5°C, Kp. 106°C, die in Wasser, Ethanol und Ether leicht löslich ist.

Piperidin-Alkaloide → Alkaloide

Piperidin-2-carbonsäure → Aminosäuren

Piperidinsäure → Aminosäuren

Piperin: ein zu den *Alkaloiden* zählendes Säureamid der Formel

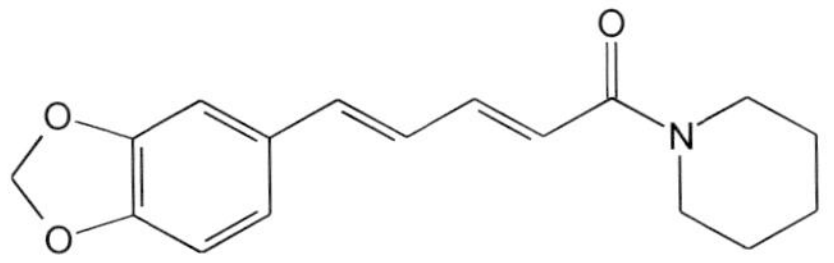

P. kommt im Pfeffer vor und verursacht dessen scharfen Geschmack. Es ist eine farblose Substanz, F. 129,5°C, die in Wasser schwer, in Ethanol und Ether leicht löslich ist. Bei hydrolytischer Spaltung des P. entstehen *Piperinsäure* und *Piperidin.*

Chavicin

Das P. wird begleitet von dem cis-isomeren, ebenfalls scharf schmeckenden Chavicin. → Säureamide

Piperinsäure, γ-Piperonyliden-crotonsäure, 4-[*3,4-Methylendioxyphenyl*]-buta-1,3-dien-1-carbonsäure: Methylether einer zweifach ungesättigten Phenyl-n-valeriansäure.

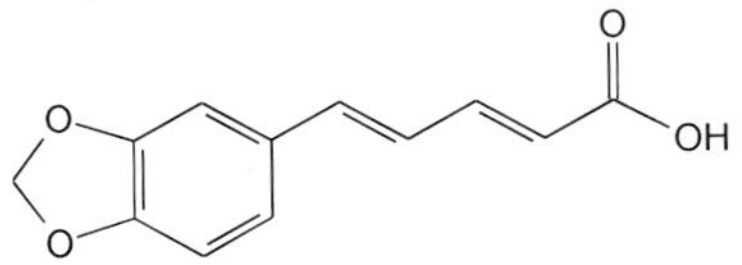

Die 2 im Molekül vorhandenen Ethylenlücken bedingen die Existenz von 4-cis-trans-isomeren Formen:

Piperinsäure	α-trans,	γ-trans
Isopiperinsäure	α-cis,	γ-trans
Chavicinsäure	α-cis,	γ-cis
Isochavicinsäure	α-trans,	γ-cis

Mit Piperin ergeben sie Piperidide (z.B. Piperinsäure das *Piperin,* Chavicinsäure das *Chavicin).*

Piperitenon → Terpen-Ketone

L-Piperitol → Terpen-Alkohole

Píperiton → Ketone → Terpen-Ketone

Píper lóngum → Pfeffer, Langer

Píper megalophýllum → Pfeffer 2.

Píper methýsticum → Kawa

Píper nígrum → Pfeffer

Piperonal, *Heliotropin, Dihydroxymethylenprotocatechualdehyd:* Methylenether des Protocatechualdehyds.

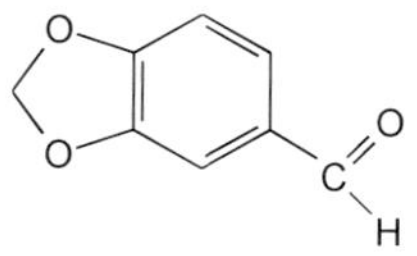

P. ist Bestandteil verschiedener ätherischer Öle, z. B. der Tahiti-Vanille und des Veichenblütenextrakts. Es bildet farblose Kristalle mit heliotropartigem Geruch, ist löslich in heißem Wasser, Ethanol und Ether, wenig löslich in kaltem Wasser, F. 37°C, Kp. 263°C, wasserdampfflüchtig und oxydabel unter Braunfärbung bei Einwirkung von Sauerstoff und Licht, P. wird vorwiegend als Riechstoff in der Parfümerie verwendet.

γ-Piperonyliden-crotonsäure → Piperinsäure

Piperonylisobutyrat, *Heliotropyl-iso-butyrat, 3,4-Methylen-dioxybenzylisobutyrat:* eine aromatische Verbindung mit der Srukturformel:

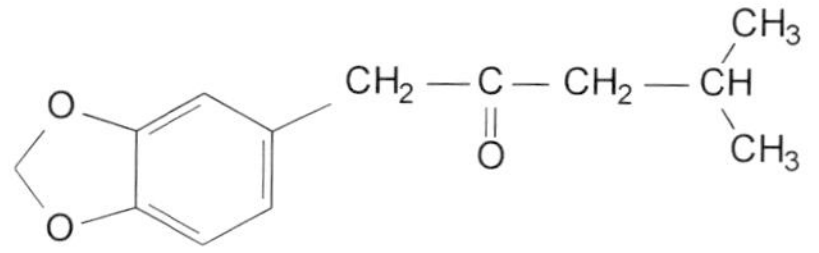

P. ist eine farblose, ölige Flüssigkeit, die in Wasser praktisch unlöslich, in Ethanol und Ölen löslich ist. Es riecht süßlich-fruchtig, beerenähnlich. P. wird zur Herstellung künstlicher Pfirsich-, Pflaumen- und Beerenaromen für alkoholfreie Getränke, Eiskrem, Zuckerwaren und Backwaren verwendet. P. wird durch Veresterung von Heliotropylalkohol mit Isobuttersäure gewonnen.

Piperonylsäure → Dihydroxycarbonsäuren, aromatische

Píper peepuloídes → Pfeffer 2.

Píper retrofráctum → Pfeffer 2.

Píper ribesioídes → Pfeffer 2.

Píper saigonénse → Pfeffer 2.

Píper trichostáchyon → Pfeffer 2.

Piping Jellys: aus Alginat hergestellte, feste Geleekugeln verschiedener Geschmacksrichtungen, die in England dem Kuchenteig anstelle von Rosinen beigegeben werden.

Piptóporus betúlinus → Speisepilze

Pirnaer Bitter → Trinkbranntwein

Pirogge: ein russ. Nationalgericht, bestehend aus Teighülle und Füllung, die aus Fleisch, Fisch, Kraut, Rüben → Kascha oder Pilzen hergestellt werden kann. P. mit schichtweiser Füllung werden *Kulebjaka,* bes. kleine P. *Piroschka* genannt. Daneben, aber weniger häufig, gibt es auch P. mit süßer Füllung (Quark, Obst). Piroggen können als Mittagessen gereicht oder als → Fast-Food-Erzeugnis hergestellt werden. → Pastete → Teig

Piroggenblini → Blini

'Piros' → Kernobst

Piroschka → Pastete → Pirogge

Pisang: 1. Synonym für → Banane.
2. in Malaysia (auf Malakka) Sammelbegriff für alle Pflanzenarten der Familie *Musáceae.*

Pischinger → Oblate

Pisólithus arhízos → *Sclerodermatáceae* → Würzpilze

Pistácia véra → Pistazie, Echte

Pistazie, Echte, *Pistazienmandel, Pimpernuß, Syrische Nuß, Alepponuß, Tunisnuß, Grüne Mandel:* die einsamige *Steinfrucht* des im östlichen Mittelmeergebiet heimischen, immergrünen Strauches oder Baumes *Pistácia véra* L. (Familie *Anacardiáceae).* Die bis zu 2 cm langen, gelb- bis grünfarbigen Samenkerne *(Pistazienkerne)* sind dreikantig und von einer verschieden (bräunlich, tiefrot, violett bis grünlich-gelb) gefärbten, harten Samenschale umgeben. P. enthält etwa 2,9···3,7 % Saccharose und jeweils 0,1 % Glucose und Fructose. Durch den Röstvorgang bilden sich Aldehyde und Pyrazine. Die P. haben einen süßlichen, mandelartigen, aber kräftig würzigen Geschmack und sind sehr ölreich.

Zusammensetzung und Energiewert der Pistazienkerne

Bestandteil	Durchschnittl. Gehalt in 100 g eßbaren Anteils
Feuchtigkeit	5,9 g
Eiweiß	20,8 g
Fett	51,6 g
Linolsäure	9,5 g
Kohlenhydrate	10,4 g
Ballaststoffe	6,0 g
Mineralstoffe	2,7 g
Natrium	–
Kalium	1,02 mg
Calcium	136,0 mg
Eisen	7,3 mg
Phosphor	500,0 mg
Caroten	0,15 mg
Vitamin B_1	0,68 mg
Vitamin B_2	0,20 mg
Niacin	1,45 mg
Vitamin B_6	–
Vitamin C	7,0 mg
Energiewert in kJ (kcal) je 100 g eßbaren Anteils)	2469 (590)

Infolge des hohen Ölgehaltes (→ Pistazienöl) werden P. leicht ranzig und auch von Schädlingen befallen. Sie müssen kühl gelagert werden. Man unterscheidet nach den Ursprungsländern: *Syrische (Aleppo-), Levantinische, Italienische, Tunesische* und *Iranische P.*. P. werden anstelle von Mandeln für Feinbackwaren, Zuckerwaren, Konfekt, gesalzen und für Marzipan verarbeitet und dienen zur Würzung von Fleischfüllungen und feinen Wurstwaren, z. B. von Mortadella. Im Orient werden sie gesalzen, frisch oder geröstet gegessen und dienen u. a. zur Bereitung des persischen Nationalkuchens „*Gas*“ sowie des türkischen Gerichtes "Tschek-Tscheck“.

Pistazienmandel → Pistazie, Echte

Pistazienöl: das Samenfett der → Echten Pistazie. Das P. ist ein goldgelbes Speiseöl. Da der größte Teil der Pistazien-Nüsse als solche verzehrt wird, ist die Gewinnung von P. von zweitrangiger Bedeutung. Die wichtigsten Fettsäuren und ihre Anteile, bezogen auf den Gesamtfettsäuregehalt, sind Palmitinsäure (etwa 8 %), Ölsäure (etwa 70 %) und Linolsäure (etwa 20 %). → Pflanzenfett

Pistillarin: in den Hymenien (Sporenlagern) versch. Vertreter der Pilzgattungen Clavariadelphus, Ramaria und Gomphus vorkommender Bitterstoff (Formel s. unten).
Ob das P., daß man durch seine blaugrüne Farbreaktion mit Eisen-III-chlorid-Lösung leicht erkennen kann, in einem Zusammenhang mit Vergiftungen von Vertretern der genannten Pilgattungen steht, ist noch ungeklärt. → Clavariáceae → Gompháceae → Pilzgifte → Pilzfarbstoffe

Písum satívum convar. medullosaccharátum → Gemüseerbse

Pit → *Sáccharum édule*

Pitahaya: Sammelbez. für süß-säuerliche, wohlschmeckende Früchte des in Mittelamerika, im Mittelmeergebiet, auf den Philippinen verwildert vorkommenden oder in den tropischen und subtropischen Gebieten als Heckenpflanze kultivierten

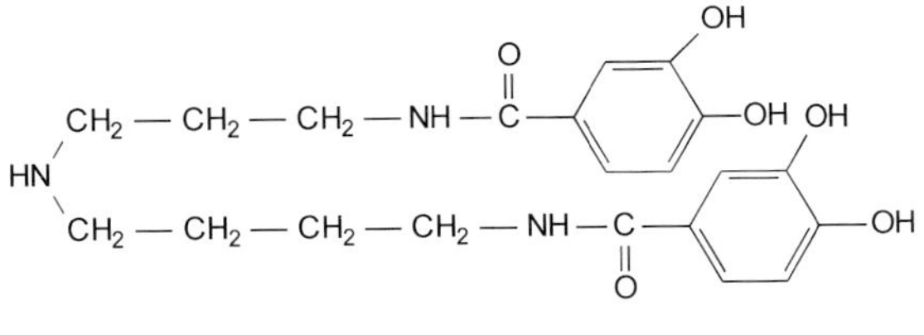

Pistillarin

a) *Hyclocéreus undátus* (Haw.) Britt.,
b) der in Mexiko kultivierten Zierpflanze mit eßbaren Früchten *H. ocámponis* (Salm-Dyk) Britt. et Rose und
c) den in Kolumbien, Brasilien, Uruguay, Guatemala und auf den Antillen wegen der eßbaren Früchte kultivierten *H. trianguláris* Britt. et Rose (Familie *Cactáceae).* Die P. besitzen einen Energiewert von 150 kJ/100 g und gehören damit zu den energiearmen exotischen Früchten. Der Ascorbinsäuregehalt liegt bei 8 mg je 100 g Frischmasse. → Cereus

Pitajoni, *Madrono, Perita:* die genießbare Frucht von *Gardénia edúlis* Poir., Synonym *Alibértia edúlis* (L. C. Rich.) A. Rich. ex DC.(Familie *Rubiáceae).* Die Pflanze wird wie *Pururi grande* (= Sammelbez. für mehrere *Alibertisarten: A. sórbilis* Huber, *A. stipuláris* (Ducke) und *A. verticilláta* (Ducke) im Amazonasgebiet, Westindien und Mexiko zur Fruchtgewinnung (als Obst) kultiviert.

Pitanga → Surinamkirsche

Pithecellóbium lobátum Benth.: südostasiatischer Baum (Familie *Fabáceae),* dessen stärkereiche Samen in Indonesien in Öl gebacken oder gebraten verzehrt werden. Die rohen Samen enthalten ein Toxin, das Cystitis und Hämaturie verursacht und durch Vorbehandlungen (Einweichen in Salzwasser oder Ankeimen und Verwerfen der Keimsprosse) beseitigt werden muß.

Pito: 1. eine im Hochland Boliviens übliche Breizubereitung aus Gerste. Die Körner werden geröstet, anschließend zw. Steinen zerkleinert und gesiebt. Das grobe Mehl wird trocken oder angerührt mit Wasser (Brei) verzehrt. Wird das Ganze zu einer Brühe gekocht und mit Zwiebeln, Salz sowie Fleisch verbessert, so heißt diese Mischung *Gerstenbrühe* oder *Chuchocka.* Bei Verwendung von Weizen anstelle von Gerste heißt diese Speise *Weizenbrühe.* → Parching-Getreide → Brei
2. eßbare Knospen und Blüten von *Erythrína berteroána Urb.* (Familie *Fabáceae),* die je 100 g etwa 70 mg Vitamin C enthalten.

Pitomba: der in Brasilien kultivierte Baum *Eugénia luschnathiána* Klotzsch et Berg (Fam. *Myrtáceae, der kleine, orangefarbene, aprikosenähnlich riechende Früchte trägt.*

Pitpit → *Sáccharum édule*

Pizza: eine → Feine Backware aus unterschiedlichem Grundteig, einer dünnen Hefe-, Strudel-, Blätter- oder Eierkuchenteigschicht, die je nach Rezeptur mit Zutaten sehr abwechslungsreich belegt, in einer Pfanne oder in einem Ofen bei etwa 370°C gebacken und warm verzehrt wird. Ihren Ursprung hat diese Gebäckart in Italien. Sie gelangte von dort aus in verschiedensten Varianten in andere europäische Länder und nach Übersee. Die P. werden auch in industriell vorgefertigten Teigstükken als Halbfabrikat mit Belag in Folienverpackung in gefierkonservierter Form angeboten und bedürfen vor dem Verzehr lediglich eines Erhitzungsprozesses. Als Zutaten für die Belagkombination dienen je nach Rezeptur Champignons, Gewürze, Eier, Kapern, Krebsfleisch, Kaviar, Lachs, Salami, Hartkäse, Oliven, Paprika, Peperoni, Salz, Sprotten, Thunfisch, Wurst und Zwiebel. → Imbißerzeugnis → Fast-Food-Erzeugnis

Plantágo áfra → Wegerich

Plantágo arenária → Flohsamenschleim

Plantágo coronópus → Wegerich

Plantágo lanceoláta → Wegerich → Spitzwegerich

Plantágo májor → Wegerich

Plantágo odoráta → Wegerich

Plantainstärke → Arrowroot

Plante → Kochbanane

Plasmaalbumin → Albumine

Plasmaglobuline → Globuline

Plasmalogene → Acetalphosphatide

Plasmodióphora brássicae → Pilze

Plasmópara vitícola → Pilze

Plastikware → Hartkaramelle

Plastizität: rheologische Eigenschaft eines Stoffes, der bei mechanischer Belastung aus dem Ruhezustand bis zu einer bestimmten Belastungsgrenze elastisches Verhalten und anschließend Fließeigenschaften zeigt (Teilmerkmal der → Konsistenz). Der Spannungsgrenzwert τ_0, bei dem das Fließen des Materials einsetzt, wird als Fließgrenze bezeichnet. Die Fließgrenze ist insbes. bei viskoelastischen Flüssigkeiten, z.B. Lebensmittelsuspensionen, schwer bestimmbar. Er wird häufig aus der Fließkurve (→ Viskosität) extrapoliert. Plastische Lebensmittel nehmen ihre ursprüngliche Gestalt nach Aufheben der Krafteinwirkung nicht wieder vollständig an, eine sog. plastische Verformung kann z.B. bei Brotkrume eintreten. Typische Vertreter für plastische Stoffe unter den Lebensmitteln sind z.B. Kaugummi, Lakritzwaren sowie Verpackungsmittel aus Plasten und treib- bzw. schmiedbaren Metallen. → rheologische Eigenschaften

Plateau: ausschl. aus Kuhmilch in Belgien hergestellter *Weichkäse.* → Käsesorten

Platichthys: Flunder → Plattfische

Platónia esculénta → Bacuri

Plattenkuchen → Blechkuchen

Plattenzucker, *harter Zucker:* ein auskristallisierter oder gepreßter Zucker in Plattenform, der durch Schleudern reiner Füllmassen in Formen (Gußware) oder durch Brikettieren feuchten Zuckers (Preßware) hergestellt wird. Die Platten können zu Stangen zersägt und diese zu *Würfelzucker* geknippt oder in unregelmäßige Stücke *(Pilézucker, Knoppern)* zerschlagen werden. Ebenso wie der P. wird in entsprechenden Formen *Brotzucker* (Brotlaibform) und *Hutzucker (Zuckerhut)* hergestellt. → Feuerzangenbowle

Platterbse, *Saatplatterbse, Graserbse, Deutsche Kichererbse:* die einjährige Pflanze *Láthyrus satívus* L. (Familie *Fabáceae),* die vor allem in Indien angebaut wird. Die Samen werden hauptsächlich von der ärmeren Bevölkerung verzehrt. Ihr Genuß über längere Zeit bewirkt Lähmungserscheinungen der Beine *(Lathyrismus).* Durch Rösten der Samen werden bei 150°C 75 % des Neurotoxins zerstört. Die Samen enthalten je 100 g Trockenmasse 25 g Eiweiß, 43 g Kohlenhydrate und 8,8 g Fett.

Platterbse, Rote → Knollenplatterbse

Platterbse, Schneidige → Knollenplatterbse

Plattfische: *Meeresfische,* die durch einen seitlich stark zusammengedrückten asymmetrischen Körper charakterisiert werden.

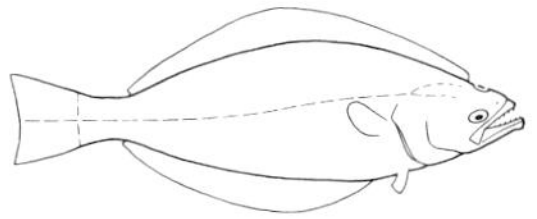

Schwarzer Heilbutt

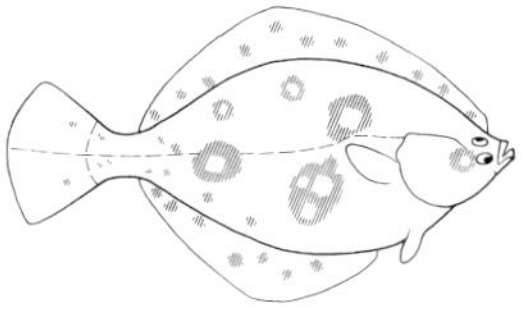

Flunder

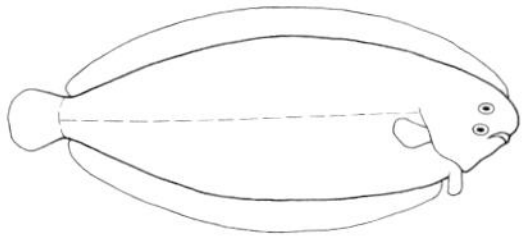

Seezunge

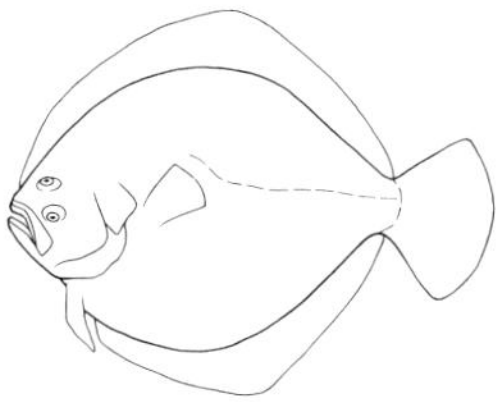

Steinbutt

In Anpassung an eine seitliche Schwimmlage am Boden wurde eine Körperseite als Oberseite (Augenseite) umgebildet, auf die das Auge der anderen Körperseite (Blindseite) während der Jugendentwicklung hinüberwandert. Die zahlreichen Arten ergeben einen Weltfang von etwa 1 Mio t jährlich. Zu den bekanntesten P. des Nordatlantiks zählen u. a. die Heilbutt- und Schollenarten sowie Fische der Familien der Zungen und Butte. Der *Schwarze Heilbutt, Reinhardtius hippoglossóides,* der vorwiegend größere Tiefen besiedelt, hat im letzten Jahrzehnt mit 100 kt Jahresfang große Bedeutung gewonnen. Bei ihm ist als einzigem der P. auch die Blindseite dunkel pigmentiert. Das linke Auge steht an der Kopfoberkannte. Die Länge beträgt 50···60 cm, höchst. 120 cm, bei einer Masse von 5···10 kg, höchst. 40 kg. Demgegenüber ist der bis zu 2,5 m lang werdende *Weiße Heilbutt, Hippoglóssus hippoglóssus,* mit 7 kt Jahresgesamtfang nur noch für Norwegen, Kanada und Island von Bedeutung. Wegen ihrer geringen Größe von nur 20···25 cm, höchst. 35 cm, hat auch die *Doggerscharbe (Rauhe Scholle), Drépanopsetta (Hippoglossóides) platessóides,* nur für Kanada (Jahresfang 80 kt) größere Bedeutung. Aus der Familie der Schollen (Augen rechts- oder linksseitig) ist die *Europäische Scholle (Goldbutt), Pleuronéctes platéssa,* mit über 140 kt Jahresfang, von wirtschaftlichem Wert. Sie wird 20···60 cm, selten über 75 cm lang und hat auf der glatten, bräunlichen Oberseite hell- und dunkelrote Flecke. Von ihr unterscheidet sich die *Flunder (Struffbutt, Elbbutt), Platichthys (Pleuronéctes) flésus,* durch die von bedornten Schuppenplatten bes. an den Flossen und an der Seitenlinie erzeugte rauhe Oberfläche. Auf grünlich- oder gelblich-grauem Grund sind orangegelbe Flecke ausgebildet. Die Flunder wird höchst. 50 cm lang und kann auch in Brack- und Süßwasser leben. Beide Arten kommen auch in der Ostsee vor. Weitere Schollenarten sind die *Limande,* die *Rotzunge* und die *Kliesche.* Aus der Familie der Zungen (Augen rechts), die bes. in wärmeren Gebieten verbreitet sind, wird die *Seezunge, Sólea sólea,* in einer Menge von etwa 30 kt Jahresfang gefischt. Sie hat einen zungenförmigen Körper, einen kleinen, abgerundeten Kopf und ein kleines Maul. Die Rükkenflosse setzt vor den Augen an. Die Körperlänge beträgt 30 cm, höchst. 50 cm. Aus der Familie der Butte, die durch ein großes Maul, linksseitige Augen und eine vor den Augen ansetzende Rückenflosse charakterrisiert sind, haben der *Steinbutt, Psétta máxima (Rhómbus máximus, Scophthálmus máximus),* der *Glattbutt (Tarbutt), Scophthálmus rhómbus (Rhombus laevis)* und der *Flügelbutt (Scheefsnut), Lépidorhómbus whiffiagónis,* Bedeutung. Der Steinbutt wird auch in der Ostsee gefangen, wo er bis zu 50 cm lang wird. In der sonst schuppenlosen Haut sind zahlreiche Verhärtungen (Steine) ausgebildet. - Das Fleisch der P. unterscheidet sich trotz einiger Gemeinsamkeiten je nach den einzelnen Arten, Fanggebieten und -zeiten. Meist ist die Konsistenz angenehm zart, aber fest und nur wenig fasrig. Größere Exemplare (z. B. Weißer Heilbutt, Steinbutt) können recht festes Fleisch aufweisen.

P. haben einen typischen, angenehmen Eigengeschmack. *Schwarzer Heilbutt* hat wegen des geringen Eiweiß- und höheren Fettgehaltes eine sehr zarte Fleischkonsistenz, die eine bes. schonende Zubereitung erfordert. Mit Ausnahme dieses Fleisches haben P. in der Regel einen Eiweißgehalt von 16···18 g je 100 g eßbaren Anteils und einen geringen bis mittleren Fettgehalt.

P. sind gefragte Speisefische, die in erster Linie als Frischfisch gehandelt, in Gastronomie und Haushalten gebraten oder gegrillt, aber auch gedünstet oder gekocht zubereitet werden. Auf Grund ihrer hervorragenden Fleischeigenschaften sind Seezungen, Weißer Heilbutt und Steinbutt bes. geschätzt. Während die zählebigen P. der Küstenfänge nur gekühlt, teilw. sogar lebend gehandelt werden, gelangen Seezungen und Heilbutte vorwiegend gefroren und teilw. filetiert in den Handel. Insbes. kleinere Flundern und Schollen werden häufig heißgeräuchert (→ Räucherfischerzeugnisse). Ein gefragtes Räuchererzeugnis liefert in Stücke geschnittener Schwarzer Heilbutt. Auch → Fischkonserven und → Fischerzeugnisse in Aspik werden aus P. hergestellt.

Platz: 1. Stollen, 2. → Blechkuchen

Zusammensetzung und Energiewert des Fleisches verschiedener Plattfische

Bestandteil	Durchschnittl. Gehalt je 100 g eßbaren Anteils			
	Flunder in g	Weißer Heilbutt in g	Schwarzer Heilbutt in g	Scholle in g
Wasser	80···83	75···81	75···80	79···82
Eiweiß	15···18	16···19	10···12	16···18
Fett	0,5···6	1,5···6,5	8···14	0,4···4
Mineralstoffe	1···1,5	1···1,7	1	1···1,5
Energiewert je 100 g eßbaren Anteils in kJ (kcal)	295···570 (70···136)	355···610 (85···145)	305···780 (120···186)	310···490 (74···117)
davon aus Eiweiß	275···330 (66···70)	295···355 (70···84)	185···225 (44···53)	295···335 (70···80)
aus Fett	20···240 (5···57)	65···250 (15···60)	320···560 (76···133)	15···155 (4···37)
Richtwert für verwertbare Gesamtenergie je 100 g eßbaren Anteils in kJ (kcal)	380 (90)	380 (90)	630 (150)	380 (90)

Plätzchen: ein kleines Gebäck in verschiedener Form, ungefüllt und mit Ei bestrichen oder mit Mandeln, Nüssen und dgl. bestreut. Die Bez. ist dem lat. *placenta (Kuchen)* entlehnt.

Platzfestigkeit: eine nicht in direktem Zusammenhang mit der Wasseraufnahmefähigkeit stehende, sondern spezielle, die Qualität von Früchten und Gemüse beeinflussendes sortentypische Eigenschaft, die aber weitgehend durch Umweltbedingungen beeinflußbar ist. Das Aufplatzen von Fruchtfleisch ist z.B. bei Kirschen bes. verbreitet, wobei das Platzen bei der einen Sorte bereits bei einer Wasseraufnahmefähigkeit von 0,4 %, bei einer anderen Sorte erst bei 2 % einsetzt. Weißfleischige Kirschsorten zeigen i. allg. eine höhere Rate des Aufplatzens als dunkelfleischige Sorten. Das Aufplatzen von Reservegewebe tritt z.B. bei Möhren oder Kohl in Erscheinung.

Pleasure foods: Nahrungsmittel und Speisen, die nicht zum Zweck der Nahrungszufuhr und Stillung des Hungers, sondern ausschließlich zur Steigerung der Freude verzehrt werden. Dazu gehören z.B. Süßigkeiten, die man Kindern zur Belohnung oder zum Trost für erlittenen Schmerz und Kummer oder zur Beruhigung gibt. Auch Knabberartikel, die in einsamen Stunden oder zu alkoholischen Getränken oder vor dem Fernseher verzehrt werden, gehören dazu.

Plectascáles → Pilze

Plectránthus amboinícus → Borretsch, Indischer

Plectránthus edúlis → Galla-Kartoffel

Pleuronéctes → Plattfische

Pleurótus 'Florida' → Kulturpilze → Speisepilze

Pleurótus ostreátus → Speisepilze → Kulturpilze

Pleurótus túber-régium → *Polyporáceae*

Plicária → Becherlinge

Plicte → Güster

Plinsenblini → Blini

Plockwurst, hart ausgereift: → *Rohwurst* (Dauerware). Zusammensetzung vgl. → Plockwurst, schnittfest. → Wurst

Plockwurst, schnittfest: → Rohwurst (Halbdauerware, Spitzensorte), zu deren Herstellung Rindfleisch, Schweinefleisch, Speck, Speisesalz, Nitritpökelsalz, Zucker und Pfeffer eingesetzt werden. Als Wursthüllen dienen Kunstdärme. Das Schnittbild zeigt eine rotweiß gemusterte, grob geschrotete (etwa 6···8 mm) Wurstmasse, die frei von Sehnen ist. → Wurst

Plötze, *Rotauge, Rútilus rútilus, Leuciscus rútilus:*

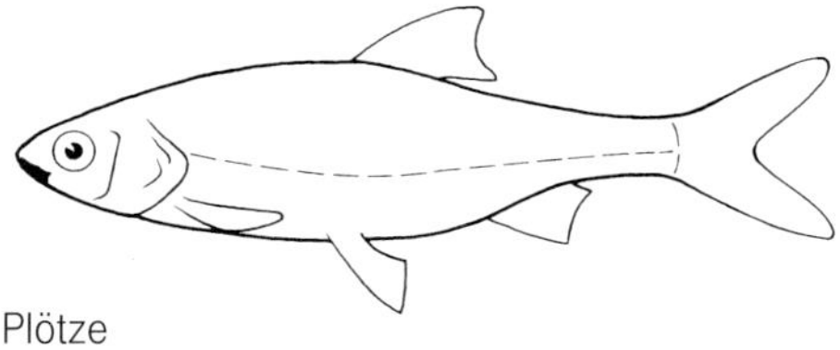

Plötze

Süßwasserfisch mit gedrungenem, seitlich abgeflachtem, aber gestrecktem Körper von oberseits olivbrauner bis blaugrüner, seitlich grau- bis gelblichsilberner Färbung. Brust-, Bauch- und Afterflossen sowie der Augenring sind rot, die übrigen Flossen grau mit rötlichem Anflug. Die P. unterscheidet sich von der sehr ähnlichen → Rotfeder durch die erst unter der Rückenflosse ansetzende Bauchflosse. Sie ist in stehenden und langsam fließenden Gewässern von den Pyrenäen bis Sibirien sowie in den Haffen der Ostsee verbreitet. Bei einer mittleren Länge von 15···30 cm, höchst. 45 cm, hat sie nur örtlich gewisse Bedeutung. Die P. dient als Speisefisch und als Rohstoff zur industriellen Verarbeitung insbes. zu Konserven. Das Fleisch enthält je 100 g eßbaren Anteils 17···18,5 g Eiweiß und 2···4 g Fett. Der Richtwert für verwertbare Gesamtenergie beträgt 460 kJ (110 kcal) je 100 g eßbaren Anteils. Davon stammen etwa 325 kJ (77 kcal) aus Eiweiß. → Fisch

Pluméria rúbra → Jasmin, Roter vom Jamaika

Plumpudding → Pudding

Plunderbrötchen → Fettbrötchen

Plunder mit Mohnfüllung → Diabetiker-Backware

Plunderteig: ein *gezogener* → Hefeteig, dessen Beschaffenheit zw. der des Hefe- und des → Blätterteiges liegt, der aber weniger Fett als Blätterteig enthält. Die Lockerung des P. erfolgt biologisch durch Hefe (Volumenbildung) und physikalisch durch Einarbeiten von Ziehfett (Erzielung blättriger Beschaffenheit). Aus dem P. werden folgende Gebäcksorten mit oder ohne Belag oder Füllung hergestellt: *Brezeln, Fruchtecken, Hörnchen, Kämme, Kränze, Ringe, Stangen, Stollen, Striezel, Splitterbrötchen, Schnecken, Taschen* u. a.. Man unterscheidet zw. *deutschem P.* mit maximal 185 g Ziehfett und *dänischem P.* mit maximal 310 g Ziehfett je kg Teig. Bei ungefülltem Plunderteiggebäck liegt die Feuchtigkeit bei 7 %, der Fettgehalt bei 14···18 % und der Zuckergehalt bei 18···22 %; der Energiewert entspricht etwa 1250···1460 kJ (300···350 kcal) je 100 g. Plunderteig-Halbfertigerzeugnisse in gefrierkonservierter Form haben eine Verbrauchsfrist von 3 Monaten.

Plutárchia guascénsis → Uvito

Plúteus spec. → *Amanitáceae*

Pneumatophórus japónicus → Makrele

Pobo → Samtfeige

Pochljobka: eine heiß zu verzehrende russ. → Suppe - auch in kochfertiger Form - aus starkem Gemüsesud (→ Schtschi wird im Gegensatz dazu mit Fleisch oder Fisch zubereitet). In der P. überwiegt stets eine Gemüseart (z.B. *Linsenpochljobka, Kartoffelpochljobka* oder *Zwiebelpochljobka).*

Pockennarbigkeit → Gurke → Glasigkeit

Podina-Chutney → Chutney

Poephágus grunniens → Yak

Pogostémon cáblin → Patchouliöl

Poi: Nationalgericht auf Hawaii, das aus zerstoßenen, geschälten und gekochten Wurzelknollen von → *Taro* bereitet wird. Diese Masse wird unter Luftabschluß zu einer zähen Paste vergoren.→ Lebensmittel, fermentiertes

Pökelfisch → Salzfischerzeugnisse

Pökelhering → Salzfischerzeugnisse

Pökelhilfsstoffe: Zusatzstoffe, die den Pökelvorgang beschleunigen und unterstützen, mit dem Ziel der Ausbildung einer stabilen roten Farbe und des Pökelaromas sowie einer konservierenden Wirkung. Früher wurde das Konservieren von Fisch und Fleisch durch Einsalzen als Pökeln bezeichnet. Heute versteht man darunter die Behandlung mit Pökelsalzen, die eine Mischung von Kochsalz und Umrötemittel darstellen. Das Pökeln wird gewöhnlich nur als Zusatzverfahren, bspw. zum Räuchern, angewendet. Das P. wird bei ungefähr 8°C durchgeführt; dabei wird die normale, erwünschte Pökelflora ausgebildet, die das Umröten des Myoglobins in Nitrosomyoglobin bewirkt und aromabildend sein soll. Im Prinzip sind 3 Arten des P. gebräuchlich: *Trockenpökeln, Naßpökeln* und *Schnellpökeln.*
Beim Trockenpökeln wird das Fleisch mit dem Pökelsalz, das Natriumnitrit enthält, eingerieben und in Fässern oder Steingutgefäßen eingelagert. Der austretende Fleischsaft wird als Pökellake bezeichnet. Das Fleisch muß damit bedeckt sein, um in 4 bis 8 Wochen ein haltbares Produkt zu ergeben.
Beim Naßpökeln wird das eingelagerte Fleisch mit einer 10···23%igen Pökelsalzlake übergossen. Das Pökeln dauert hierbei 3 bis 4 Wochen, woran sich eine Abhängezeit von einigen Tagen anschließt. Das aus ökonomischen Gründen häufig durchgeführte Schnellpökelverfahren, wie Spritzpökeln, Vakuumschnellpökeln, beruht auf dem Einspritzen von Pökellake in die Adern oder direkt in das Fleisch bzw. auf dem bei Anlegen von Vakuum beschleunigten Eindringen des Pökelsalzes in das Fleisch.
Die sich beim Pökeln vollziehenden enzymatisch-chemischen Vorgänge können durch Zugabe nachfolgender P. unterstützt werden: versch. Zukkerarten, Ascorbinsäure (E 300), Ascorbate (E 301 u. E 302), Isoascorbinsäure, Gluconsäure-δ-Lacton (575), Citrate (E 331–E 333), Diphosphate (E 450a), Triphosphate (E 450b) und Polyphosphate (E 450c).

Pökelkäse → Salzlakekäse

Pökellake: *Flüssigkeit,* in der sich das Pökelgut (Fleisch) befindet. Sie enthält sowohl die beim Pökeln zugesetzten Salze, wie Kochsalz, Nitrat und Nitrit, ferner Inhaltsstoffe des Fleisches und eine spezifische Mikroflora (Pökelflora), → Mikroflora von Lebensmitteln. Diese Mikroorganismen sind halophil (salzliebend) und zählen zu den Bakterienfamilien der Mikrokokken, Bazillen, Pseudomonas u. a.. → Pökelsalz → Salzfischerzeugnisse

Pökelrinderbrust: aus entbeinter Ochsenbrust durch Pökeln und Räuchern hergestelltes Fleischerzeugnis. P. kommt nur gesalzen und gekocht oder auch leicht angeräuchert, dann jedoch gewickelt, zum Verkauf.

Pökelsalz, *Nitritpökelsalz:* ein → Spezialsalz, das aus einem Gemisch von → Speisesalz und Natriumnitrit (0,4···0,5%) besteht und die Aufgabe hat, den Fleisch- oder Wurstwaren ihre Rotfärbung zu erhalten und Pökelaroma zu verleihen. Aus dem Nitrit und den Säuren bildet sich im Fleisch Stickoxid, das sich mit dem Myoglobin (→ Farbstoffe) zu stabilem, rotbleibendem Stickoxidmyglobin *(Nitrosomyglobin)* umsetzt. Wegen der Gefahr einer Bildung von → Nitrosaminen bei Nitritverwendung sind bis jetzt über 700 Verbindungen als alternative Zusatzstoffe überprüft worden; keine hat sich bislang dem P. als gleichwertig erwiesen. Inzwischen sind einige Länder (z.B. Norwegen) dazu übergegangen, einen Großteil ihrer Fleisch- und Wurstwaren nicht mehr mit P. zu behandeln.

Polakówskia tacácco → Takakefrucht

Polarfisch → Notothénia

Polarstint → Lodde

Poleiminze: die in Europa und Amerika angebaute *Méntha pulégium* L. (Familie *Lamiáceae*), die nur in Westgeorgien und auf Jawa als Gewürz verwendet wird. Das pulegonreiche Öl *(Poleiöl)* wird hauptsächlich in der Heilkunde und zur Vertreibung von Ungeziefer eingesetzt. → Minze

Poleiöl → Poleiminze

Polenta, *Maisbrei:* ein fester → Brei aus gelben Maismehl oder Maisgrieß, der von den Dörfern der Po-Ebene aus seinen Siegeszug über die Apenninhalbinsel angetreten hat. Die P. wird auch als Halbfabrikat und als tischfertiges Gericht *(Fertigpolenta)* auf den Markt gebracht, da die Herstellung im Haushalt mit umständlichem Rühren und langem Kochen verbunden ist.

Polentagrieß → Maisnährmittel

Polláchius spp. → Seelachs

Pollack → Seelachs

Pollen, *Blütenstaub, Blütenpollen:* aus den Staubbeuteln von Blütenpflanzen stammende als männliche Geschlechtszellen der Befruchtung dienende mikroskopisch kleine Teilchen, die auf Grund ihrer wirkstoffreichen Zusammensetzung von den Bienen als Futterreserve eingetragen und eingelagert werden. Dazu werden die Blütenstaubkörner (5···20 μm Größe) mit Honig zu sog. Pollenhöschen von 4···10 mg Masse an den Hinterbeinen der Bienen geformt. Die Gewinnung des P. für kommerzielle Zwecke erfolgt entweder über sog. Pollenfallen *(zoophiler* P.), indem die Bienen gitterförmige Vorrichtungen passieren müssen, so daß die Pollenklümpchen vom Hinterleib abgestreift werden oder über Geräte *(anemophiler* P.), die staubsaugerähnlich den P., vorzugsweise von Roggen und Kiefern, einfangen. Ein Bienenvolk trägt pro Jahr 20···70 kg P. ein. Im Handel angebotener P. stellt zum größten Teil Mischprodukte von 5···20 Pflanzenarten dar, wobei die Zusammensetzung zusätzlich nach Erntetermin und Herkunft sehr stark schwankt. In 100 g getrockneten, handelsüblichen, meist in Gläsern verpackten, von Verunreinigungen (Wabenresten, Bienenteilen) befreiten P. sind enthalten: 50 g Kohlenhydrate, 10···30 g Eiweiß, 1···20 g Fett (darunter Linol-, Linolen- und Eicosansäure), bis 1,2 mg Vitamin B_2, bis 0,7 mg Folsäure, bis 0,9 mg Vitamin B_6, bis 8,5 mg Niacin, bis 1,6 mg Pantothensäure, bis 8 mg Caroten, bis 20 mg Tocopherole, bis 70 mg Vitamin C, 100···7000 mg Phytosterole (darunter β-Sitosterol, 24-Methylencholesterol, Campesterol, Fucosterol) und 380···1850 mg Flavonoide. Pro Jahr werden in der BRD etwa 500 t P. benötigt, die hauptsächlich durch Importe aus den südlichen Ländern z. B. Spanien gedeckt werden. Der größte Teil davon wird in der pharmazeutischen Industrie zu bislang etwa 50 verschiedenen Präparaten, vielfach verpackt in Gelatinekapseln, aufbereitet. Bislang zählen die Pollenpräparate (wie die meisten Knoblauchpräparate) noch zu den → Gesundheitspflegemitteln, da ihnen lediglich unspezifische Wirkungen, wie günstiger Einfluß bei Schwächezuständen, Appetitlosigeit oder kräftigende Wirkung bei Kindern und älteren Menschen zugeschrieben werden konnten, wobei von den unbearbeiteten Mischpräparaten die tägliche Aufnahmemenge 20 g betragen soll. Spezifische Wirkungen lassen sich bislang nur bei wirkstoffstandardisierten Präparaten erkennen oder z. B. bei dem als Arzneimittel geltenden Roggenpollen-Ganzextrakt mit prostatatroper Wirkung.

'Pollock' → Avocado

Polnische, rohe: frische → *Rohwurst* (mittlere Sorte), zu deren Herstellung grob entsehntes und und entfettetes Rind- und Schweinefleisch, Schweinebauch ohne Knochen, Speck ohne Schwarte, Schwarten, Speisesalz, Nitritpökelsalz, Zucker, Pfeffer und Knoblauch eingesetzt werden. Als Wursthüllen dienen Schweinedärme (36 mm Durchm.). Das Schnittbild zeigt eine rot-weiß gemusterte, grob geschrotete (etwa 8···10 mm) Wurstmasse. Der Richtwert für den Energiewert beträgt 2345 kJ (560 kcal) je 100 g Wurst. → Wurst

Polochoco → Huaje

Poltawaer: → Brühwurst (Halbdauerware), Spitzensorte, zu deren Herstellung Rindfleisch, Schweinefleisch und Schweinebauch, Speck, Speisesalz, Zucker, Pfeffer, Kümmel, Kardamom und Knoblauch eingesetzt werden. Als Wursthüllen dienen Naturdärme oder Kunstdärme. Das Schnittbild zeigt blaßrosa Fleischstücke und reinweiße Fettstücke in einer mittelgroben (etwa 6···8 mm) Wurstmasse verteilt. → Wurst

Polyalkohole, *Polyole:* mehrwertige aliphatische Alkohole. Von den P. kommen *frei* in Lebensmitteln nur das *2,3-Butylenglycol (Butandi-2,3-ol)* im keimenden Getreide und als Ausscheidungsprodukt reifer und überreifer Früchte sowie das → *Sorbitol* und *verestert* das → *Glycerol* vor. Die folgenden Glycole werden neben Glycerol hauptsächlich als Feucht- und Weichungsmittel bei Lebensmitteln (z. B. Süßwaren) verwendet:
Ethylenglycol (Glycol, Ethandiol),
$CH_2OH\text{-}CH_2OH$, Kp. 197,4 °C;
1,2-Propylenglycol (1,2-Propandiol),
$CH_3\text{-}CHOH\text{-}CH_2OH$, Kp. 185···189 °C;
1,3-Butylenglycol (1,3-Butandiol)
$CH_2OH\text{-}CH_2\text{-}CHOH\text{-}CH_3$, Kp. 207···209 °C;
Diethanolether,
$CH_2OH\text{-}CH_2\text{-}O\text{-}CH_2\text{-}CH_2OH$, Kp. bei 245 °C.
Bestimmte P. wurden auch zur Verbesserung der Schlagfähigkeit von Eiklar vorgeschlagen. Die P. sind wasserlöslich und stark hykroskopisch, ihre Ether sind gute Lösungsmittel für Aromen und Farbstoffe. Die P. weisen unterschiedliche Toxizität auf; das *1,2-Propylenglycol* ist das harmloseste. Von der FAO/WHO (1964) wurden für Propylenglycol als Tageshöchstmenge ohne Einschränkung 20 mg/kg Körpermasse festgelegt. → Alkohole → Zuckeralkohole

Polycylen → Kohlenwasserstoffe, polycyclische aromatische

Polydextrose: (1200) Kondensationsprodukt aus Glucose, Glucitol und Citronensäure. P. wird in Form von Lösungen und in der weniger sauer schmeckenden Kaliumverbindung als Füllstoff und Feuchthaltemittel bei energiereduzierten Lebensmitteln, bes. in Backwaren, Süßwaren und Getränken eingesetzt. P. wird im menschlichen Körper nur wenig verstoffwechselt, wodurch der Brennwert mit 4,2 kJ/g niedrig liegt. Verträglich für Diabetiker, ohne Süßgeschmack. In Deutschland bisher nicht zugelassen.

Polyenalkohole → Farbstoffe

Polyencarbonsäuren → Farbstoffe

Polyenepoxide → Farbstoffe

Polyenfarbstoffe → Farbstoffe

Polyenfettsäuren → Fettsäuren

Polyenketone → Farbstoffe

Polyethylen → Polymere

Polyethylenoxid → Polymere

Polyethylenwachsoxydate: teilw. anoxydiertes Polyethylen. → Überzugsmittel

Polyfructose, *Fructosane, Fructane:* Gruppe von nahezu vollständig aus → *Fructose* bestehenden *Polysacchariden.* Es liegen im wesentlichen zwei verschiedene Bindungsarten der Fructose an den C-Atomen 1,2 bzw. 2,6 (→ Saccharide) vor.

Bindungsart und Vorkommen der Polyfructose

Polyfructose	Bindungsart	Vorkommen Pflanzenreich/Mikroorganismen
Inulin	1,2	Zichorie, Dahlie, Topinambur, Artischocken, Roggen
Graminin (Trifructosan)	1,2	Roggen
Asparagosin	1,2	Spargel
Secalin	2,6	Roggen
Pyrosin	2,6	Weizen
Lävan	2,6	*Bacillus súbtilis* (Ehrenb.) Cohn, *Streptocóccus salivárius* Andrewes et Horder, *Bac. mesentéricus* Trev.

Die P. enthalten häufig einen geringen Anteil an Glucose, bei Inulin etwa 5%. P. finden sich vor allem in Knollen und Wurzeln und dienen als Reservestoffe. Bei Wachstumsbeginn werden die P. enzymatisch (Fructosidasen) unter Freisetzung von Fructose mobilisiert. P., z.B. Inulin, ist in Säuren leicht hydrolysierbar, in Wasser sind P. i. allg. löslich. Sie enthalten die Fructose in furanosider Form. Das Lävan von *Streptocóccus salivárius* spielt bei der Entstehung der Zahnkaries eine Rolle. Wird Inulin zur Herstellung von Diabetikererzeugnissen (Gebäck) sowie in begrenztem Ausmaß zur Gewinnung von Fructose genutzt. Inulin ist als Bestandteil der Zichorie bei der Röstaromabildung von Kaffee-Ersatz beteiligt. Durch Enzyme des menschlichen Verdauungstraktes sind P. meist nicht spaltbar, wohl tritt unter dem Einfluß der Magensäure teilw. Hydrolyse ein. P. gelten dennoch als schwer verwertbare Polysaccharide.

Polygalacturonase → Pectinasen

Poly-D-galacturonsäure, *Pectinsäure:* aus unveresterter bzw. veresterter Galacturonsäure aufgebautes Polysaccharid. → Pectin → Uronsäuren

Polyglycerate: ethoxylierte Mono- und Diglyceride. Nichtionische Emulgatoren, teilweise wasserlöslich mit starker vom *p*H-Wert unabhängiger lösungsvermittelnder Wirkung. Hauptsächlich für O/W-Emulsionen und Backwaren eingesetzt. In Deutschland nicht zugelassen.

Polyglycerolester: (E 475) durch Kondensation von Glycerol und partielle Veresterung des Kondensationsproduktes mit Fettsäuren oder anderen Säuren hergestellte Verbindungen folgender Grundstruktur:

$CH_2OH\text{-}CHOR\text{-}CHO\text{-}[CH_2\text{-}CHOR\text{-}CH_2O]_n\text{-}CH_2\text{-}CHOR\text{-}CH_2OH$.

P. werden als → *Emulgatoren* und Antispritzmittel für Margarine verwendet. Sie sind allein und in Kombination mit anderen Emulgatoren gute Aufschlagemulgatoren. → Pseudofette

Polyglycerol-Fettsäureester → Pseudofette

Polyglycerol-polyricinoleate, (E 476) *Polyglycerolester polykondensierter Ricinolsäure:* die Ester von polykondensierten Ricinusölfettsäuren mit polykondensiertem Glycerol. P. entstehen bei
a) Herstellung des Polyglycerols, durch Kondensation des Glycerols,
b) Herstellung der Polyricinusölfettsäuren durch Erhitzen der Ricinusöl-Fettsäuren zur Erzielung einer linearen Veresterung, insbes. der Ricinolsäure,
c) Veresterung des Polyglycerols mit den Polyricinusölfettsäuren. Die P. stellen einen wirkungsvollen Emulgator dar, ihre wichtigste spezielle Eigenschaft liegt in der Herabsetzung der Viskosität und der Beeinflussung des Fließverhaltens von Schokoladenmassen.

Polyglycolether → Pseudofette

Polýgonum plebéium → Chimti

Polýgonum spec. → Knöterich

Polymannane → Mannane

Poly-D-mannuronsäure → Uronsäuren

Polymere: aus Monomeren durch Polymerisation, Polykondensation oder Polyaddition hergestellte Makromoleküle mit gleichmäßigem inneren Aufbau. Die versch. P. unterscheiden sich in der Regel hinsichtlich Polymerisationsgrad, Molmasse und Kettenlänge (siehe Übersicht nächste Seite).
Polyethylen ist gering wasserdampfdurchlässig, aber rel. gering aromadicht. Er wird als → *Klärmittel, als Kaumasse für Kaugummi vermengt mit Poly-butadien-styrol, Poly-isobutylen-isopren und zusammen mit natürlichem Hartparaffin als* → Überzugsmittel bei Hartkäse sowie als Material für die Herstellung von Trinkbechern und Verpackungsfolien für Lebensmittel verwendet. *Polystyrol* ist für Lebensmittelverpackung zugelassen und wird zur Herstellung von Einweggeschirr und Trinkbechern verwendet. *Polyvinychlorid* dient zur Herstellung von Getränkeflaschen. *Polyvinylacetat* ist geeignet für Verpackungsfolien und zur Beschichtung von Papier und Lebensmitteln (Wurst-

Nomenklatur häufig im Lebensmittelsektor verwendeter Polymere

Monomer	Struktur	Polymer: strukturbezogener Name	Polymer: herkunftsbezogener Name
Ethylen	$[-CH_2-CH_2-]_n$	Polymethylen	*Polyethylen*
Styrol	$[-CH(C_6H_5)-CH_2-]_n$	Poly(1-phenylethylen)	*Polystyrol*
Vinylchlorid	$[-CH(Cl)-CH_2-]_n$	Poly(1-chlorethylen)	*Polyvinylchlorid*
Vinylacetat	$[-CH(O-CO-CH_3)-CH_2-]_n$	Poly(1-acetoxyethylen)	→ *Polyvinylacetat*
Ethylenoxid	$[-O-CH_2-CH_2-]_n$	Polyoxyethylen	*Polyethylenoxid*
N-Vinylpyrrolidon	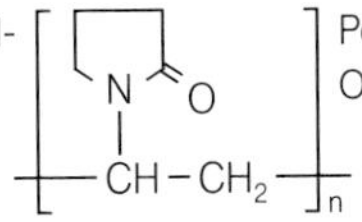	Poly-2-Oxopyrrolidin	→ *Polyvinylpyrrolidon*

und Käsebeschichtung). *Polyvinylpyrrolidon* dient sowohl als Klärmittel, als auch als Verpackungsfolie.

Polymethylendiamine: basische, zu den biogenen Aminen zählende N-Verbindungen mit 2 Aminogruppen an einem linearen Alkan. Vorkommen in Lebensmitteln siehe Übersicht rechts.

Polymethylgalacturonase → Pectinasen

Polýmnia édulis → Yacon

Polýmnia sonchifólia → Yakon

Polyole → Polyalkohole → Alkohole → Energiewert eines Lebensmittels

Polyoxyethylenstearate: Verbindungen, bei denen eine oder beide endständige Hydroxylgruppen von Polyethylenen (Polyethylenglycole) mit Stearinsäure verestert sind. Formel: $HO-CH_2-CH_2-[-O-CH_2-CH_2-]_n-O-CO-(CH_2)_{16}-CH_3$. Die Anzahl der Ethylenoxid-Bausteine variiert zw. 8 und 400; dadurch schwanken die Eigenschaften auch in weiten Grenzen. Die P. werden empfohlen als → Emulgatoren für Speiseeis und gefrorene Milcherzeugnisse, zur Verzögerung der Fettreifbildung von Schokolade und des Altbackenwerdens von Brot und Gebäck.

Polypeptide → Peptide

Polyphenoloxydasen, Catecholoxidase (EC 1.10.3.1.): *Enzyme*, wie *Catechinase, Phenolase, Phenoloxydase, Kartoffeloxydase*, die *Catechin, Phenol* und bes. im planzlichen Gewebe vorkommende *verwandte Verbindungen* in Gegenwart von Luftsauerstoff über Zwischenstufen (Chinone) zu dunkelbraunen bis schwarzen *Melani-*

Die bekanntesten in Lebensmitteln vorkommenden Polymethylendiamine

Polymethylendiamin	Formel	Vorkommen
Putrescin (1,4-Diaminobutan)	$H_2N-(CH_2)_4-NH_2$	Orangensaft, als Produkt bakterieller Eiweißzersetzung in Käse, Sauerkraut
Cadaverin (Kadaverin, 1,5-Diaminopentan)	$H_2N-(CH_2)_5-NH_2$	wie Putrescin
Spermin	$H_2N-(CH_2)_3-NH-(CH_2)_4-(CH_2)_3-NH_2$	im Sperma, in geringen Mengen in verschiedenen Säugetierorganen
Spermidin	$H_2N-(CH_2)_3-NH-(CH_2)_4-NH_2$	

→ Amine, biogene

nen oxydieren. Die im Pflanzenreich weit verbreiteten P. finden sich insbes. in Kartoffeln, Äpfeln, Spargel, Sellerie und Pilzen. Sie verursachen das unerwünschte Braunwerden frischer Schnittflächen. Die P. (Molmasse etwa 34 000 g/mol) enthalten Kupfer im Proteinmolekül. P. wirken im sauren bis schwach alkalischen Bereich. Niedrige Kochsalzkonzentrationen, Kupfer bindende Agentia, *Ascorbinsäure* und Schwefeldioxid hemmen die Bräunungsreaktion und werden teilw. bei der Obst-, Gemüse- und Kartoffelverarbeitung herangezogen.

Polyoxyethylen-Sorbitan-Fettsäureester, *Tweens, Polysorbate:* aus → *Sorbitan-Fettsäureestern* durch Addition von Ethylenoxid an die freien Hydroxylgruppen erhältliche Verbindungen, Strukturformel siehe unten.
P. sind wasserlösliche oder in Wasser dispergierbare → *Emulgatoren.* In Verbindung mit den → *Sorbitan-Fettsäureestern* ergeben sich vielfältige Anwendungsbereiche. Von der FAO/WHO (1964) wurden 25 mg/kg KM/Tag für Erwachsene als Grenzwert festgelegt. Die Handelsbez. sind Tween 20, Tween 40, Tween 60 usw.. Die Ziffern haben die gleiche Bedeutung wie bei den *Sorbitan-Fettsäureestern,* z. B. ist Tween 20 Monolaurinsäureester. Die Polyoxyethylenkette besteht i. allg. aus 20 Ethylenoxidgliedern.

Polyphosphate: (E 450 c, 543, 544) Salze der Polyphosphorsäuren, allg. Formel: $Me^{I}_{n+2}(P_nO_{3n+1})$, die sich von den → Phosphaten durch Wasserabspaltung ableiten. Bekannt sind das *Grahamsche Salz,* ein Natriumhexametaphosphat, das beim Erhitzen unter bestimmten Bedingungen in *Kurrolsches Salz* und danach in *Mandrellsches Salz,* ein langkettiges Polyphosphat, übergeht. Die wäßrigen Lösungen der P. reagieren alkalisch, oberhalb 60°C werden die P. hydrolytisch zu Trimetaphosphat abgebaut. P. finden sich als regelmäßige Bestandteile in Hefen und vielen anderen Mikroorganismen. Tierische Gewebe und auch die Darmschleimhaut spalten enzymatisch nur niedere, nicht ringförmige P.. Die P. bleiben ohne Einfluß auf die Resorption von Calcium, Eisen, Kupfer usw.. Durch das natürliche Vorkommen von P., z. B. in Hefen, soll die Polyphosphataufnahme mit der Nahrung durchaus physiologischer Natur sein. Verwendung finden P. technisch u. a. zur Enthärtung von Wasser. Sie werden auch verschiedenen Lebensmitteln, wie Fleisch- und Wurstwaren, zugesetzt und spielen eine wichtige Rolle bei der Käsezubereitung, bes. bei der Schmelzkäseherstellung.
Biologisch wichtige Vertreter sind die *Di-, Tri-* und *Tetra-Phosphate* des *Adenosins,* die als Energieüberträger im Stoffwechsel fungieren. Das *Grahamsche* Natriumpolyphosphat zeigt von allen Phosphaten die beste synergistische Wirkung für Gallate, Butylhydroxyanisol und Nordihydroguajaretsäure. Die Zugabe von P. zu Lebensmitteln bewirkt bessere Farberhaltung und bessere Haltbarkeit von Vitamin C. Als Zusatz zur Pökellake verbessern P. das Safthaltevermögen und die Farbe von Kochschinken durch Verhinderung oxydativer Veränderungen von Hämpigmenten. In der Schmelzkäseherstellung dienen die P. der Verhinderung einer Entmischung der Bestandteile. Weitere Anwendungsgebiete: die Verhinderung der Blutgerinnung, die Brühwurst- und Kondensmilchherstellung, der Zusatz zu Speiseeis, die

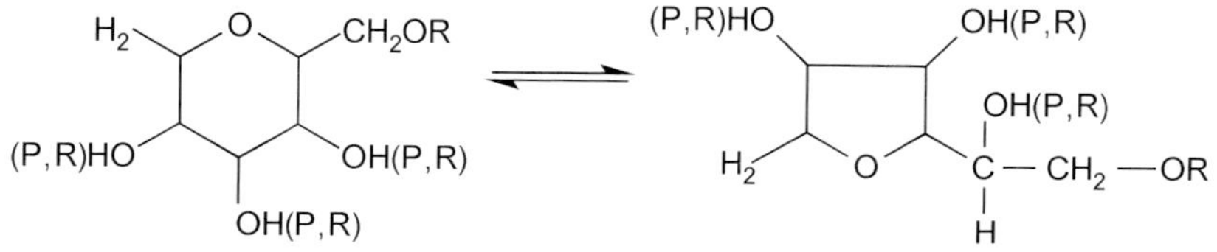

P = Polyoxyethylen-Ketten
R = Laurinsäure-, Palmitinsäure-, Stearinsäure-, Ölsäure-Reste

Verhinderung des Ausflockens von naturtrüben Fruchtsäften sowie als Mittel gegen die Weinsteinausscheidung und Metalltrübungen im Wein. Für P. wurden von der FAO/WHO (1964) als Tageshöchstmenge ohne Einschränkung 30 mg/kg KM (2,25 g für den Erwachsenen) festgelegt, berechnet als Phosphor und bezogen auf zugesetztes und natürlich vorkommendes P.. → Synergisten

Polypódium vulgáre → Adlerfarn

Polyporáceae, *Porlinge, Löcherpilze:* der Ordnung *Polyporáles* - innerhalb der Klasse *Basidiomycétes (Ständerpilze)* - zugeordnete Pilzfamilie. Die P. sind fast sämtlich holzbewohnende Saprophyten. Ihr Fruchtkörper ist meist gestielt (pleurotoid, cantharelloid oder cyphelloid), einjährig oder einjährig-überwinternd von fleischiger, zähfleischiger oder lederiger Konsistenz; einige Arten werden fast holzhart, die Hyphenschicht, die das Sporenlager (Hymenium) trägt, ist lamellig, wabig, röhrig, selten fehlend. Eßbare Vertreter dieser Familie sind:
Schafeuter, Schaf-Porling [*Albatréllus ovínus* (Schaeff. ex Fr.) Kotl. et Pouz.] mit weißlich bräunlichen, unregelmäßigen, oft miteinander verwachsenen Hüten auf niedrigen, derben Stielen und weißem, derben, hartem, brüchigem Fleisch. Jung sehr schmackhaft, im Alter bitter, meist madig. Vorkommen: Juli bis Okt. in Nadelwäldern, stellenweise häufig.
Semmel-Porling [*Albatréllus cónfluens* (Alb. et Schweinitz ex Fr.) Kotl. et Pouz. Synonym *Polýporus cónfluens* Alb. et Schweinitz ex Fr.] mit semmelgelben Hüten, dachziegelartig über- und nebeneinander stehend, auf kurzen, weißlichen sich strunkartig in mehrere Teile verästelnden Stielen, dem Semmelstoppelpilz ähnlich. Vorkommen: Ab Juli in Nadelwäldern, bes. im Gebirge. Nur jung schmackhaft, im Alter zäh und bitter. Oberhaut und Röhren wegen ihres Bitterstoffgehaltes entfernen. Beim Garen verfärbt sich das Fleisch hellrötlich. Vorkommen: ab Juli in Nadelwäldern, bes. im Gebirge.
Nur jung eßbar sind noch der *Eichhase* oder *Ästige Büschel-Porling* [*Polýporus umbéllatus* (Pers.) ex Fr. Synonym Grífola umbéllata (Pers. ex Fr.) Pil.]
Nicht für den Handel zugelassen sind: *Schwefel-Porling* [*Laetíporus sulphúreus* (Bull. ex Fr.)], schwefel-orangegelber, wulstig-knollig aus der Rinde lebender und toter Bäume hervorbrechender Pilz mit anfangs gelbem, dann heller werdendem Fleisch von herb-säuerlichem Geschmack und angenehm aromatischem Geruch. Nur ganz junge Fruchtkörper verwendbar, roh unbekömmlich. Zubereitung am besten in dünnen Scheiben, kurz abgebrüht und gebraten, oder zu Pilzklopsen aus in Salzwasser gekochter, abgetropfter und feingewiegter Pilzmasse. Vorkommen: Mai bis Sept. an Eichen, Pappeln, Weiden, Robinien, ausnahmsweise auch an Nadelbäumen. *Schuppiger Porling* oder *Schwarzfuß-Porling* [*Polýporus squamósus* [*(Hudson) ex Fr.*] mit gelblichem, flachem, fächerförmigem, bräunlich beschupptem Hut, blaßgelbem, am Grunde schwarzem, kurzem, dickem Stiel und weißlichem Fleisch, jung von mildem Geschmack und nach frischen Gurken riechend. Nur jung, ohne Stiel und Haut genießbar, ergibt er eine gute Brühe. Vorkommen: Mai bis Okt. an verschiedenen lebenden und toten Laubbäumen und Stümpfen.
Der *Ziegenfuß-Porling* [*Albátrellus pes-cáprae* (Pers. ex Fr.) Pouz.] ist jung ein vorzüglicher, zarter Speisepilz. Vorkommen: Aug. bis Okt. in Nadelwäldern, bes. Berglagen Bayerns und des Südwestens von Deutschland.
Nur jung eßbar sind noch: *Laub-Porling* oder *Klapperschwamm* [*Grífola frondósa* (Dicks. ex Fr.) S. F. Gray], *Gemeiner Riesen-Porling* [*Meripílus gigantéus* (Pers. ex Fr.) Karst.]. Die Gattungen *Albátrellus* und *Grífola* werden neuerdings zur Familie *Scutigeráceae* gestellt. Zur Familie P. gehören auch die knollenartigen in Kanada wachsenden Pilze *Polýporus tuberáster* (Pers.) ex Fr. Synonym *Polýporus túckahoe* (Güssow) Lloyd und *Pória cócos* (Schw.) F. A. Wolf, die von nordamerikanischen Indianern gegessen werden *(Indianerbrot), und der Polýporus mylíttae* Cke. et Massee, dessen harter, knollenartiger, unterirdischer Teil von den Eingeborenen Australiens verzehrt wird. Ähnliche unterirdische Sklerotien von *Pleurótus túber-*

régium (Fr.) Sing. Synonym *Lentinus túber-régium* (Fr.) Fr. dienen der afrikanischen Bevölkerung als Nahrung.

Auch der in Japan hochgeschätzte, angenehm würzige, mousseronartige, knoblauchähnlich schmeckende *Shiitakepilz* [*Lentínus edódes* (Berk.) Sing. Synonym *Cortinéllus berkeleyánus* Ito et Imai] (→ Kulturpilze) gehört zu dieser Familie. → Pilze → Pilzwirkstoffe → Speisepilze → Ständerpilze

Polyporáles → Ständerpilze → *Polyporáceae*

Polyporensäure A, *Ungulinsäure:* eine zu den Steroiden zählende Carbonsäure.

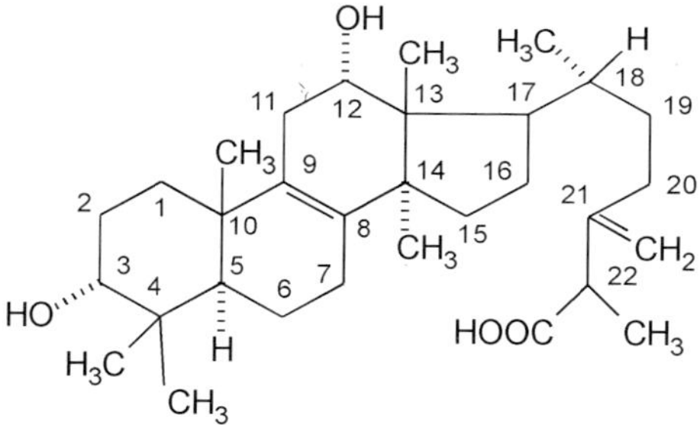

Die P. kommt zusammen mit einer Reihe ähnlich aufgebauter Carbonsäuren in Pilzen der Gattung *Polýporus* vor. Die P. A. und verwandte Carbonsäuren (s. Tab.).

Polyporsäure, *2,5-Dihydroxy-3,6-diphenyl-2,5-cyclohexadien-1,4-dion:* ein bronzefarbener Farbstoff, der das Grundgerüst für die in versch. höheren Pilzen, bes. Baumpilzen vorkommenden Terphenylchinone bildet, s. Formel. → Farbstoffe

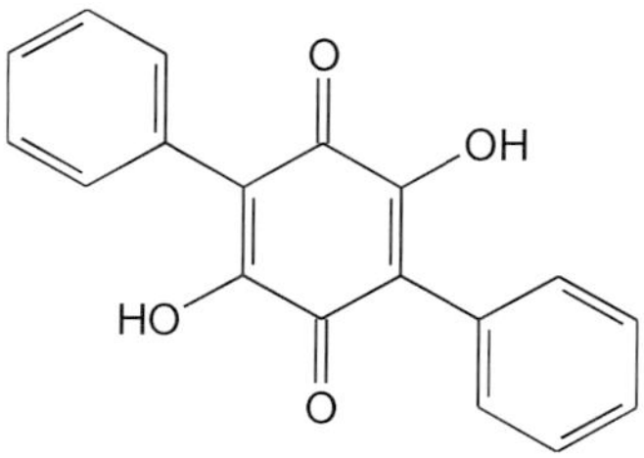

Polýporus spec. → *Polyporáceae* → *Thelephoráceae*

Polysaccharide → Saccharide → Energiewert eines Lebensmittels

Polysaccharide, mikrobielle: auf biosynthetischem Wege aus Mikroorganismen (Bakterien, Hefen, Pilzen) isolierte → Hydrokolloide, die vorwiegend als → Verdickungsmittel dienen. In dieser Hinsicht sind vor allem die Schleimartigen extrazellulären Polysaccharide von Interesse. Obwohl die Synthesemöglichkeiten, Struktur, Eigenschaften und Verwendungsmöglichkeiten einer Vielzahl von m. P. (z. B. *Bakteriencellulose, Bakterien-*

Die Polyporensäure A und ähnliche Carbonsäuren

Carbonsäure	Lage der Doppelbindung	C_3	C_{12}	C_{16}	C_{18}	C_{22}
Eburicolsäure	Δ 8.9	-OH	-H	···H	···COOH, -H	$-CH_3$, $-CH_3$
Tumulosinsäure (*15α*-Hydroxy-eburicolsäure)	Δ 8.9	-OH	-H	···OH	···COOH, -H	$-CH_3$, $-CH_3$
Pinicolsäure A (α-Pinicolsäure)	Δ 8.9	=O	-H	···H	···COOH, -H	$-CH_3$, $-CH_3$
Polyporensäure C	Δ 7.8, 9.11	=O	-H	···OH	···COOH, -H	$-CH_3$, $-CH_3$
Dehydroeburicolsäure	Δ 7.8, 9.11	-OH	-H	···H	···COOH, -H	$-CH_3$, $-CH_3$
Dehydrotumulosinsäure (*15α*-Hydroxy-dehydroeburicolsäure)	Δ 7.8, 9.11	-OH	-H	···OH	···COOH, -H	$-CH_3$, $-CH_3$

alginat, Levan, Phosphomannan, Polysaccharid Y-1401, Arthrobacter- und *Azotobacter-Polysaccharide)* ausführlich untersucht wurden, sind nur → *Xanthan* und → *Dextran* handelsüblich. In naher Zukunft ist mit dem Einsatz von gebildenden → β-1,3-Glucanen sowie von → *Gellan,* → *Rhamsan* und *Welan* zu rechnen.

Polysaccharid S-60 → Gellan

Polysaccharid S-130 → Welan

Polysaccharid S-194 → Rhamsan

Polysaccharid Y-1401 → Polysaccharide, mikrobielle

Polysorbate (E 432 - E 436) → Polyoxyethylen-Sorbitan-Fettsäureester

Polystyrol → Polymere

Polytran → Scleroglucan

Polyuronide → Saccharide

Polyvinylacetat: ein glasklarer, spröder, licht- und wärmebeständiger Thermoplast mit der Grundformel:

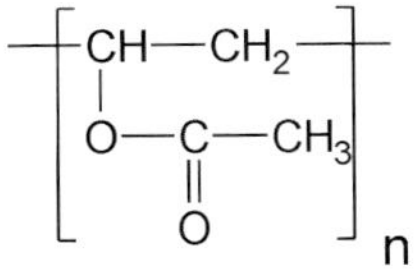

Das P. ist in niederen Alkoholen, Estern, Ketonen und Chlorkohlenwasserstoffen leicht, in höheren Alkoholen, Wasser und Benzin nicht löslich. P. mit niedrigem Polymerisationsgrad wird im Bereich der Lebensmittelverarbeitung zur Herstellung von Kaugummi und in Form wäßriger Dispersionen als Überzugsmittel, z. B. für Schnittkäse verwendet. → Polymere

Polyvinylalkohol → Hydrokolloid, synthetisches

Polyvinylchlorid → Polymere

Polyvinylpyrrolidon, (1201) *PVP:* ein → synthetisches Hydrokolloid, das um 1930 entwickelt wurde.

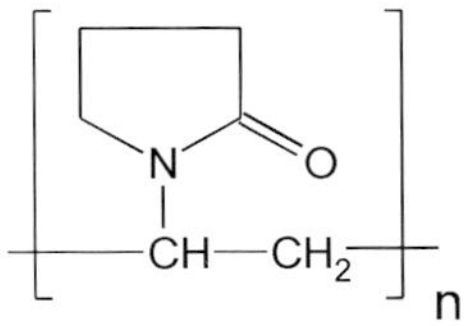

Es ist in Wasser und organischen Lösungsmitteln gut löslich. Die Viskosität, die sich im *p*H-Bereich von 0···10 nicht verändert, ist von der Molmasse abhängig. Auf Grund der guten Schutzkolloidwirkung der Suspensions- und filmbildenden Eigenschaften sowie der Binde- und Stabilisierungswirkung kann es in der Lebensmittelproduktion vielseitig eingesetzt werden (Klärmittel und Stabilisierungsmittel in der Getränkeindustrie, Stabilisierung von Vitaminpräparaten). Das P. gilt als physiologisch unbedenklich. → Hydrokolloid → Klärmittel → Polymere

Pomazánkové máslo → Butter, energiereduziert

Pomatómus saltatrix → Tassergal

Pomelo → Grapefruit

Pomeranze, *Bitterorange, Sevilla-Orange, Bigaradie:* kugelige, orangeähnliche Frucht des Baumes *Cítrus aurántium* L. (Familie *Rutáceae).* Die dicke, bitter schmeckende Schale umschließt ein saures, frisch ungenießbares Fruchtfleisch, das als Grundstoff für Marmeladenprodukte dient. Aus den Schalen wird durch Kandieren *Orangeat* hergestellt (Backgewürz). Blüten und Blätter werden wegen ihres hohen Gehaltes an ätherischen Ölen seit langer Zeit für Zwecke der Parfümerie und Medizin genutzt. Eingemachtes aus unreifen P. in Zucker und Branntwein wird als Chinois bezeichnet. Die echten P. oder *Bitterorangen* werden der *subspec. amára* Engl. zugeordnet. Die *var. myrtifólia* Ker.-Gawl. *(Chinotto)* wird in Italien und Algerien kultiviert. Die rötlich-gelben Früchte sind säuerlich bitter, ihr Saft wird für ein Getränk gleichen Namens verwendet. Chinottos sind kleiner als die echten P.. Sie eignen sich auch gut zum Kandieren. Das Schalenöl (Chinoisöl) ist Limonadenzusatz. Die *subspec. bergámia* (Risso et Poit.) Engler *(Bergamotte)* trägt gelbe, birnenförmige, stark saure Früchte. Sie wird hauptsächlich in Italien (Kalabrien) angebaut, da man aus ihrer Schale Bergamotteöl für die Parfümindustrie gewinnt. Die Frucht ist frisch ungenießbar. Der Saft dient zur Produktion von Sirup und Erfrischungsgetränken. *Cítrus aurántium* ist wichtig als Veredlungsunterlage für Zitrusgehölze. → Zitrusfrucht

Pomeranzenöl → Pomeranzenschalenöl

Pomeranzenschalenöl, *Pomeranzenöl, Orangenschalenöl:* das aus den Schalen reifer Orangenfrüchte (→ Orangen und → Pomeranzen) durch Destillation gewonnene, orangegelbe ätherische Öl von charakteristischem Geruch und Geschmack. Man unterscheidet a) das bittere P. und b) das süße P., auch als *Orangenschalen-* oder *Portugalöl* bezeichnet. Beide P. werden zum Aromatisieren von Likören und Süßwaren sowie für kosmetische Artikel verwendet.

Pommes chips → Kartoffelchips

Pommes frites: etwa 1 cm dicke und etwa 4···5 cm lange, aus Speisekartoffeln geschnittene und in heißem Fett oder Öl goldgelb gebackene Stifte. Die geschälten und geputzten Kartoffeln (Stärkegehalt 14···19 %) werden mit Hilfe eines Pommes-frites-Schneiders geschnitten; auf Rollenseparatoren werden die ungleich geformten Randstücke aussortiert, mit Hilfe von Wasser in rotierenden Drahtsieben von anhaftender Stärke befreit, in einem Schneckenblancheur bei etwa 0,3 MPa auf ungefähr 3 mm Tiefe angedämpft, in Durchlauffritüren stufenweise bei 140°C bzw. 160°C etwa 20 min lang gebacken, über einem Vibrator von überschüssigem Fett befreit, gekühlt und gefroren. Die P. werden entweder als tischfertiges Erzeugnis in gefrierkonservierter Form oder als blanchiertes und kurz angebackenes Halberzeugnis, das erst beim Verbraucher fertig in der Fritüre oder im Backofen ausgebacken wird, gehandelt. → Kartoffel → Kartoffelveredlungsprodukt → Kartoffelchips → Lebensmittel, vorgefertigtes

Pomolóbus spp. → Maifisch

Pombonvanille → Vanillon

Poncanetin → Flavonoide

Ponceau 4R (E 124) → Lebensmittelfarbstoffe

Poncirin → Flavonoide

Poncírus trifoliáta → Zitrusfrucht

Pongge → Durian

Ponkanetin → Flavonoide

Ponnanganni, *Papageienblatt:* die Staude *Alternanthéra amo͞ena* (Lem.) Voss (Familie *Amaranthácea*e), deren Blätter in Südostasien als Gemüse gegessen werden. Der Eiweißgehalt beträgt je 100 g 5 g, der Kohlenhydratgehalt etwa 12 g.

Pontianak → Lutong

Pont Levéque: *Weichkäse* aus Frankreich. → Käsesorten

Popcorn → Puffmais → Mais

Popcornaroma: durch Maillardreaktion entstehende für das P. charkteristische Aromastoffe aus Pyrrolin-[*(2-Acetyl)-1-pyrrolin und 2-Propionyl-1-pyrrolin*] und Pyridinderivaten [*2-Acetyltetrahydropyridin*]

Popgetreide → Pufferzeugnis

Popnährmittel → Pufferzeugnis

Pops → Imbißerzeugnis

Popsorghum → Sorghumhirse

Poraque͞iba serícea → Umari

Pória cócus → *Polypóraceae*

Poriáles → Ständerpilze → Thelephoráceae

Pork → Fleischtiere

Pörkölt → Schweinspörkölt

Porlinge → *Polyporáceae* → *Thelephoráceae*

Poronótus triacánthus → Butterfisch

Porphyran: ein Polysaccharid (Galactan) aus Rotalgen (*Pórphyra*-Arten), bestehend aus D- und L-

Galactose, 6-0-Methyl-D-galactose, 3,6-Anhydro-L-galactose und L-Galactose-sulfat. Die *Porphyra*-Algen werden in Japan für Nahrungszwecke kultiviert und in Westeuropa sowie in den USA (→ Slack, → Laverbread) verwendet. → Hydrokolloid → Algenpolysaccharid → Algenprodukt

Pórphyra ténera → Algenprodukt

Porphyrine: aus 4 Pyrrolringen durch Methinbrücken verknüpftes Ringsystem (Porphin), das unter Einbeziehung von Metallionen als prosthetische Gruppe in einer Reihe von Proteinen auftreten kann, s. Übersicht unten.
Der Einbau von zweiwertigem Eisen führt zum Häm, der prothetischen Gruppe des *Hämoglobins,* der Einbau von dreiwertigem Eisen zum *Hämin* (s. Formeln Seite 368).
Der Einbau von Magnesium führt zum grünen Blattfarbstoff *Chlorophyll.* Der Abbau des Hämoglobins, der vorwiegend in der Leber und Milz stattfindet, beginnt mit der Abspaltung von Eisen und der Proteinkomponente Globin und setzt sich fort mit dem stufenweisen Abbau des Porphinringes. Dabei entsteht eine Reihe gefärbter Abbauprodukte *(Pyrrolfarbstoffe): Biliverdin (grün), Bilirubin (*orangerot, *Gallenfarbstoffe).* Biliverdin wird mit Glucuronsäure gekoppelt durch die Galle in den Darm ausgeschieden. Dort erfolgt ein weiterer stufenweiser Abbau, wobei ein Teil der Abbauprodukte einer Rückresorption unterliegt. Im Abbau der in den Dickdarm gelangten Anteile sind die Darmbakterien beteiligt. → Farbstoffe

Porree, *Suppenlauch, Breitlauch, Winterlauch, Welschzwiebel:* ein Lauchgemüse (→ Lauch), *Állium pórrum L.* (Familie *Liliáceae),* das nicht aus einer Zwiebel, sondern einem Schaft aus weißen, bis zu 20 cm langen, längsgestreiften Blattschei-

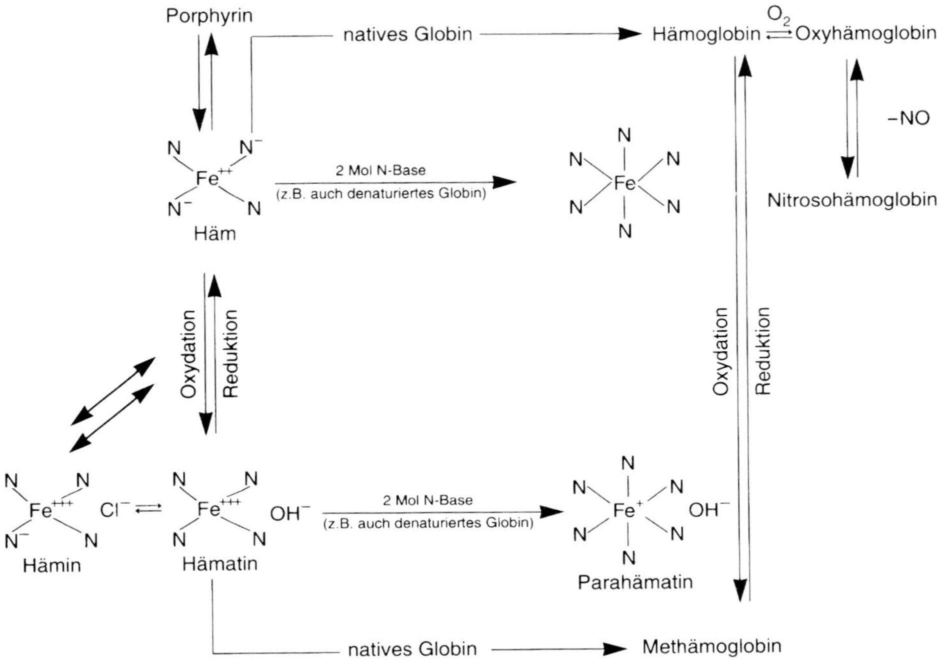

Porphyrine

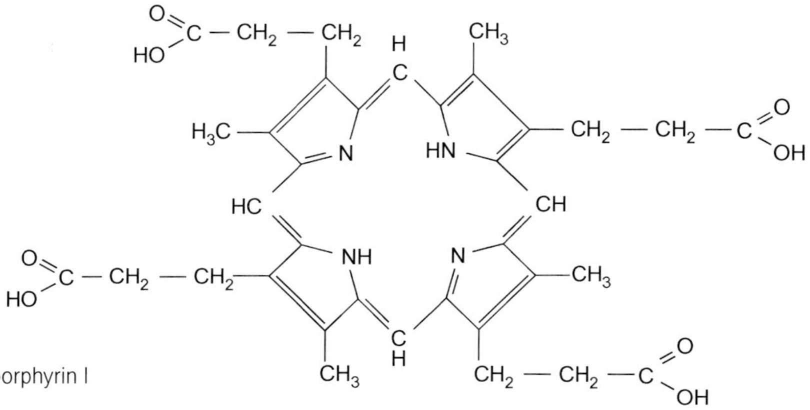

Coproporphyrin I

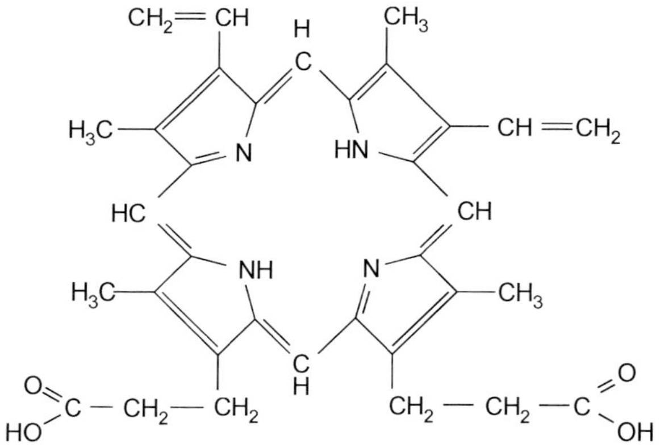

Protoporphyrin

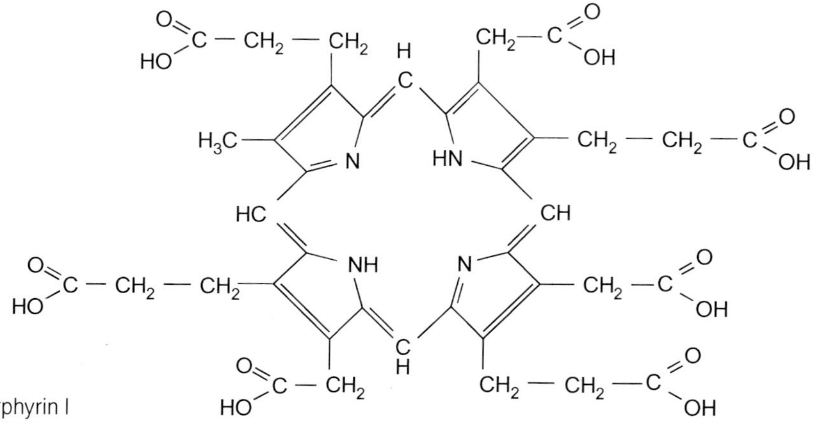

Uroporphyrin I

den sowie grünen, breiten, flachen Blattspreiten gebildet wird. Der Anbau erfolgt meist als dunkelgrüner *Winterporree,* seltener als hellgrüner *Sommerporree.* Die langachsigen, schlanken, relativ schwachen hellgrünen Sorten sind nicht winterhart.

Zusammensetzung und Energiewert von Porree

Bestandteil	Gehalt in 100 g eßbaren Anteils
Feuchtigkeit	89,0 g
Eiweiß	2,24 g
Fett	0,34 g
Kohlenhydrate	1,8 g
Ballaststoffe	4,40 g
Mineralstoffe	0,86 g
Natrium	5,0 mg
Kalium	225,0 mg
Magnesium	18,0 mg
Calcium	87,0 mg
Eisen	1,00 mg
Phosphor	46,0 mg
Vitamin E	2,0 mg
Vitamin B_1	0,1 mg
Vitamin B_2	0,06 mg
Niacin	0,53 mg
Vitamin C	30,0 mg
Caroten	0,03 mg
Energiewert in kJ (kcal) je 100 g	80 (19)

Je länger der Weißanteil, um so besser ist die Marktqualität; der P. wird deshalb extra tief gepflanzt. Aus P. lassen sich Eintopf, Porreegemüse und Porreesalat sowie Rohkostzubereitungen herstellen. Im Kühllager ist selbst gewaschene Bündelware bei 0°C und rel. Luftfeuchte von 95% – je nach Sorte – 3 Monate, bei −1···2°C sogar 5 Monate verkaufsfähig zu halten. Das Ende der Haltbarkeit zeigt sich durch beginnendes Vergilben der Blätter an.

Porree, Französischer → Lauch

Porridge → Brei

Porter: obergäriges, stark gehopftes dunkles Starkbier mit weichem, vollmundigem, bittersüßem Geschmack. *Deutscher Porter* hat einen Stammwürzegehalt von 17,7···18,3% und einen Ethanolgehalt bis zu 5%-Vol. Deutscher P. wird meist untergärig hergestellt. Ursprungsland für P. ist England; er hat dort aber bei sonst gleichem Charakter nur 12% Stammwürze. Deutscher P. entspricht etwa dem englischen *Stout.* Zur Herstellung von P. wird dunkles Münchner Malz, Zuckercouleur, Karamel- und Farbmalz mit viel Hopfen (600···700 g/hl) bei 18···24°C weitgehend vergoren. Zur Herausbildung des weinigen Charakters wird das Jungbier mit Zuckerlösung nachgestochen, mit *Brettanomyces* beimpft und auf kleine Lagerfässer geschlaucht. Vor der Flaschenabfüllung wird nochmals mit 50 g/hl Zucker und *Brettanomyces* zur Erzeugung eines kräftigen „Triebes" beimpft. Der P. wird zur Erhöhung der Haltbarkeit meist pasteurisiert. → Bier

Portionsleberwurst: → *Kochwurst* (einfache Sorte), zu deren Herstellung Rinderleber, Schweinebacken, → Mickerfett, Kesselfett, Innereien, Sehnen, Schwarten, Semmeln bzw. Grütze, Speisesalz, Zwiebeln, Kardamom, Majoran eingesetzt werden. Als Wursthüllen dienen Kranzdärme von 37/40 mm Durchm. Das Schnittbild zeigt eine graue, breiigweiche und fettige Wurstmasse. → Leberwurst → Wurst

Portionswurst mit Semmel: → *Kochwurst* (einfache Sorte), zu deren Herstellung Schweinebacken, Schweinekopffleisch, Wurstfett, Innereien, Schwarten, Blut, Semmeln, Nitritsalz, Pfeffer, Zwiebeln, Piment, Majoran und Paprika eingesetzt werden. Als Wursthüllen dienen Naturdärme. Das Schnittbild zeigt eine dunkelrotbraune Masse von weicher Konsistenz. → Wurst

Portlandrose → Rose, Damaszener

Portlandsago: aus Colocasiastärke (Portland-Arrowroot) hergestellter → Sago. → Arrowroot

Port-Salut-Käse: ursprünglich in Frankreich und z. Zt. in vielen europäischen Ländern (Dänemark, Schweden, Norwegen, Österreich, Jugoslawien)

hergestellter weicher *Schnittkäse* (45 % F. i. Tr.) mit Rotschmiere. Das Käseinnere ist zart und geschmeidig, buttergelb und fast ohne Lochung, der Geschmack mild bis leicht pikant. → Käsesorten

Portugallauch → Berglauch → Lauch

Portugalöl → Pomeranzenschalenöl

Portugalzwiebel → Berglauch

Portugieser → Egerer Stierblut

Portugieser, Blauer: eine frühreife, fruchtbare Rotweinkeltertrauben-Sorte, die in fast allen Weinbauländern angebaut wird. Sie liefert säurearme, angenehme fruchtige Tischweine von blaß rubinroter Farbe. → Wein

Portuláca olerácea ssp. sativa → Portulak

Portulak, *Burzelkraut, Küchengartenportulak, Sauburtzel:* eine einjährige niedergestreckte, 8···20 cm lange Sprosse bildende Dickblattpflanze, *Portuláca olerácea ssp. sativa* (Haw.) Celak. (Familie *Portulacáceae),* deren länglich-keilige und fleischige Blätter im frischen Zustand als Salat oder Gewürz verwendet oder wie Spinat zubereitet werden. Der P. gilt als eine bes. kalium- und eisenreiche Gemüsepflanze.

Zusammensetzung und Energiewert von Portulak

Bestandteil	Gehalt in 100 g eßbaren Anteils
Feuchtigkeit	92,5 g
Eiweiß	1,48 g
Fett	0,34 g
Kohlenhydrate	3,47 g
Rohfaser	0,80 g
Mineralstoffe	1,41 g
Natrium	2 mg
Kalium	375 mg
Magnesium	151 mg
Calcium	95 mg
Eisen	3,60 mg
Phosphor	11 mg
Caroten	1,06 mg
Vitamin B_1	0,03 mg
Vitamin B_2	0,10 mg
Niacin	0,50 mg
Vitamin C	22 mg
Energiewert in kJ (kcal) je 100 g	100 (24)

→ Gemüse

Portwein: portugiesischer → *Dessertwein,* hergestellt unter Verwendung blauer Traubensorten aus den Weinbaugebieten zu beiden Ufern des Douro. Noch vor Beendigung der Gärung wird der P. *abgestochen,* d. h. abgelassen und in Kastenholzfässer mit Weindestillat umgefüllt. Bei jedem weiteren Abstich erfolgen erneut Zugaben von Weindestillat, bis ein Ethanolgehalt von 15···22 %-Vol. erreicht ist. Die → Bukettstoffe bilden sich während des 2···4jährigen Ausbaus des P.. Er ist schwer, körperreich und tief dunkelrot. → Wein

Poshhonskii: *Weichkäse* mit 45 % F. i. Tr. aus der ehem. Sowjetunion. → Käsesorten

Postelein → Winterportulak

Patato wafer → Kartoffelwaffeln

Potentílla anserína → Gänsefingerkraut

Potentílla erécta → Tormentillwurzel

Pottasche → Kaliumcarbonat

Poulsénia armáta → Cocua

Pourōuma, *Caimaron, Tararanga:* die Baumarten *Pourōuma guianénsis* Aubl. und *P. móllis* Trec. (Familie *Moráceae*), die im tropischen Südamerika vorkommen. Ihre 15 mm langen, eiförmigen Früchte werden roh verzehrt. Die Früchte anderer *Pourōuma*-Arten werden auch lokal zur Getränkebereitung verwendet.

Poutassou, *Blauer Wittling, Micromesístius (Gadus) poutassou:*

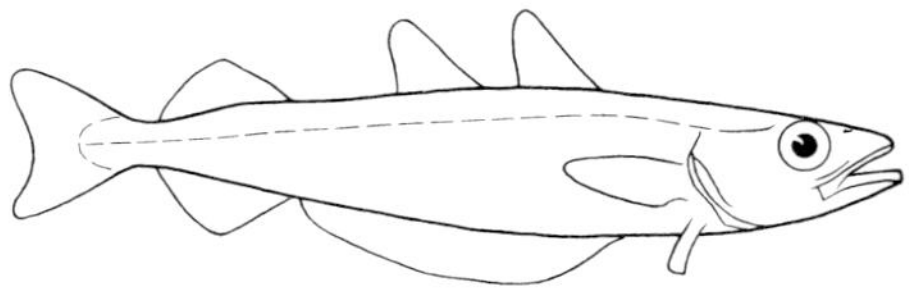

Langgestreckter, heringsfarbener → Gadide mit 3 Rücken- und 2 Afterflossen, großen Augen und schwarzer Mundhöhle, jedoch ohne Bartfaden. Der durchschnittl. 30···40 cm große *Meeresfisch* ist von Nordnorwegen bis zum Mittelmeer verbreitet. Von 1975 bis 1980 wurde der Jahresfang von 60 kt auf über 1 Mio t gesteigert, sank aber schnell wieder auf die Hälfte ab. Den Hauptanteil haben daran die ehem. Sowjetunion und Norwegen. Der P. ist ein Magerfisch mit weißem, kurzfasrigem und festem Fleisch, das je nach Zubereitung etwas trocken wirken kann. Es hat einen angenehmen Eigengeschmack und kann sehr gut zur Zusammenstellung von fettarmen und leichten Kostformen verwendet werden. Die Verwertung des vornehmlich auf See gefrorenen Fisches erfolgt in erster Linie als Speisefisch in unterschiedlichen Zubereitungsformen. → Fisch

Zusammensetzung und Energiewert des Poutassoufleisches

Bestandteil	Durchschnittl. Gehalt je 100 g eßbaren Anteils
Wasser	79
Eiweiß	19
Fett	1
Mineralstoffe	1
Energiewert je 100 g eßbaren Anteils in kJ (kcal)	390 (93)
davon aus Eiweiß	350 (83,5)
aus Fett	40 (9,5)
Richtwert für verwertbare Gesamtenergie je 100 g eßbaren Anteils in kJ (kcal)	380 (90)

Poutéria caimíto → Chiclegummi

Poutéria campechiána → Chiclegummi

Poutéria lucúma → Chiclegummi

Powidi → Fruchtmus

'Poyo' → Banane

Pozol: eine in Mexiko verbreitete Maisteigzubereitung, die als Grundnahrungsmittel roh verzehrt oder – in Wasser aufgelöst – als Getränk aufgenommen wird. Der P. war bereits den Mayas bekannt. Nachdem gekochte Maiskörner abgespült, gemahlen und zu Teig geknetet sind, werden Teigstücke zu Rollen von 6 cm Breite und 12 cm Länge geformt und 5 bis 8 Tage in Bananenblättern fermentiert. → Lebensmittel, fermentiertes

Pozonque → Kakaoblütentee

PP-Faktor → Niacin

Prachtbecherlinge → *Calósypha*

Prager Schinken → Schinken

Prahoc: eine in Kambodscha hergestellte fermentierte Fischpaste, die als Suppengrundlage dient. Salz und Fisch werden im Verhältnis 1:10 gemischt und über verschiedene Fermentationsstufen zu einem halbtrockenen Produkt verarbeitet. → Fischsoße, fermentierte → Lebensmittel, fermentiertes

Praline: ein beliebig geformtes Kakaoerzeugnis mit einer Masse bis höchst. 15 g, einem allseitigen Überzug von Schokoladenüberzugsmasse und einer Füllung aus zugelassenen Roh- und Zusatzstoffen. Es werden unterschieden: P. mit *Krem-* und *Fondant*-Füllungen (*Krempralinen*) mit künstlichen oder natürlichen Geschmacksstoffen und auch anderen Zusätzen. P. mit *Roh-* oder *Wirkmasse*-Füllungen (z. B. *Marzipan-* oder *Kokospralinen*), P. mit Füllungen aus *Gelee-* und *Fruchtpasten (Geleepralinen)*, P. mit *flüssigen alkoholhaltigen* oder *alkoholfreien* Füllungen mit oder ohne Zuckerkruste (*Likörpralinen, Weinbrandbohnen*) und P. mit Füllungen aus *ganzen oder geteilten Früchten* oder *Fruchtbestandteilen* (jedoch nicht feinzerteilten oder passierten Früchten) mit und ohne Zusatz von Spirituosen (*Mandelsplitterhäufchen, Weinbrandkirschen*). Es werden auch *Diabetiker-Pralinen* hergestellt. Die Pralinenherstellung erfolgt nur noch in beschränktem Umfang manuell. Die wichtigsten Verfahren sind heute:

a) Das maschinelle Überziehen von festen Füllungen, wobei die gestanzten, geschnittenen oder von Dressiermaschinen vorgefertigten Kerne auf einem Gittersieb durch die Schokoladenüberzugsmasse gezogen und gleichzeitig besprüht werden. *Flüssig gefüllte P. mit Kruste* (sie werden durch Eingießen einer übersättigten Zuckerlösung in Stärkepuderform gewonnen, wobei sich eine Zuckerkristallschicht um die flüssige Füllung bildet) können ebenfalls maschinell überzogen werden.
b) Das Formguß- oder Einstreichverfahren zur Herstellung von *Schleuder-* und *Reliefpralinen.* Bei diesem Verfahren werden Hohlformen mit Schokoladenüberzugsmasse gefüllt, und die übrige Schokolade wird abgeschleudert. Anschließend werden flüssige Füllungen eingegossen, halbfeste eingestrichen und abgedeckelt. Bei flüssigen Füllungen wird vor dem Abdeckeln ein dünner Film von Schokoladenüberzugsmasse aufgesprüht und zum Erstarren gebracht. Künstliche Färbung von P. ist verboten, künstliche Aromatisierung und Konservierung der Füllung sind unter Kennzeichnung gestattet. Zur Dekoration können Schokoladenüberzugsmasse, Schokoladenstreusel, geschälte Kerne u. ä. sowie Blattgold verwendet werden. → Schokolade, gefüllte → Fettreif → Zuckerreif → Kakaoerzeugnis → Süßware

Pralinenmischung: eine Mischung von mind. 6 verschiedenen Pralinensorten, auch unter Beifügung von *Konfekt* und massiven Schokoladenerzeugnissen. → Kakaoerzeugnis → Süßware

Pralinentafel: eine gefüllte *Tafelschokolade* mit einer oder auch verschiedenen, voneinander getrennten Füllungen, die in mind. 8 tiefgekerbten Würfeln oder Blöcken verteilt sind. → Schokolade, gefüllte

Prä mortem Inspectio → Schlachttieruntersuchung

Prämuscimol → Ibotensäure

Präriekartoffeln: die eßbaren Wurzelknollen des in Nordamerika wachsenden Asphaltklees, *Psoraléa bituminósa* L. (Familie *Fabáceae*), die heute aber nur noch vereinzelt verzehrt werden. Die P. diente den ersten Siedlern als wichtigste Nahrungsquelle.

Präriekerze, *Camas, Quamash:* 50···80 cm hoch wachsende Staudenpflanzen der in Nordamerika vorkommenden Gattung *Camássia* Lindl. (Familie *Liliáceae*), die vier Arten umfaßt, die teils in Halbkultur, teils wildwachsend als Gemüse verzehrt und in Europa als Zierpflanzen angebaut werden. Zu den bevorzugten Arten zählt
a) die *Echte, Blaue* oder *Gemeine P., C. esculénta* (Nutt.) Lindl. non Robins., Synonym: *C. quámash* (Pursh) Greene oder *Phalángium quámash* Pursh und
b) *C. leichtlínii* (Baker) s. Wats., Synonym *C. esculénta var. leichtlínii* Baker oder *Chlorogálum leichtlínii* Baker. Insbes. die Indianer Nordamerikas (Montana, Idaho, Oregon, Utah) bauen die P. als Gemüsepflanze an und nutzen die Speicherorgane (Zwiebel), die gekocht oder geröstet verzehrt werden.

Prasselkuchen: eine vielfach aus Resten von Blätterteig hergestellte → Feine Backware. Der Teig wird etwa 4 mm dick ausgerollt und in Stücke von 60 mm x 130 mm geschnitten, mit Vollmilch dünn bestrichen, je Stück mit etwa 20 g Streuseln belegt und nach dem Backen mit Zuckerglasur oder mit Zucker versehen. → Blätterteig → Streuselkuchen

Prästkäse: schwedischer *Schnittkäse.* → Käsesorten

Prawns: engl. Bez. für *Garnelen,* oftmals syn. mit → *Shrimps,* oder kommerziell meist für die größeren Arten benutzt, insbes. für *Pándalus-, Penāēus-* und *Palāēmon*-Arten. *Shrimps* wird dagegen kommerziell für kleinere Arten, z. B. der Gattung *Crángon* benutzt. → Krebstiere

Preferment → Vorgäransatz

Preiselbeere, *Grantl, Kranichbeere, Lingonbeere, Bickbeere, Fuchsbeere, Grantlbeere, Kronsbeere, Krackbeere:* Frucht eines immergrünen, wenig verzweigten Zwergstrauches *(Vac-*

cínium vítis – idāea L. (Familie *Ericáceae*), der auf Moorböden sowie auf Sand- und Heideböden weit verbreitet ist. Die dunkelscharlachroten Beeren reifen von Aug. bis Okt. Sie sind zum Frischverzehr weniger geeignet, sondern werden zu *Sterilkonserven, Konfitüre, Gelee, Sirup, Saft* und *Süßmost* verarbeitet, oft auch mit Birnen zu Mischprodukten verwendet. Zusammensetzung der P.

Zusammensetzung und Energiewert von Preiselbeeren

Bestandteil	Durchschnittl. Gehalt je 100 g eßbaren Anteils
Feuchtigkeit	87,00 g
Eiweiß	0,3 g
Fett	0,5 g
Kohlenhydrate	9,9 g
Rohfaser	1,2 g
Mineralstoffe	0,15 g
Kalium	72 mg
Phosphor	9,7 mg
Eisen	0,5 mg
Natrium	2 mg
Magnesium	5,5 mg
Calcium	14 mg
Mangan	0,45 mg
Kupfer	0,26 mg
Vitamin B_1	0,01 mg
Vitamin B_2	0,02 mg
Vitamin B_6	0,01 mg
Niacin	0,20 mg
Vitamin C	12 mg
Energiewert in kJ (kcal) je 100 g	190 (45)

→ Moosbeere, Großfrüchtige

Preiselbeere, transgene → Nutzpflanze, transgene

Premium: eine nicht geschützte, sehr unterschiedlich gebrauchte Markenbez., die weder durch Erfahrung noch durch Tradition mit einer konkreten Wertvorstellung verbunden ist (wie z. B. die festgelegte Qualitätsbez. „Handelsklasse A" oder die Herkunftsbez. „Steinhäger"). I. allg. wird unter P. „Auserlesenes", „Erstklassiges", „Herausragende Qualität", „ansprechende Ausstattung", „Marke der 1. Klasse" u. v. a. verstanden, so daß die Bez. P. entsprechend der veralteten Bez. „Luxus" zur Profilierung von Produkten mit höchster Qualität dient. P. drückt daher keine arteigene Warenkategorie aus, sondern stellt eine zusätzliche unspezifische Deklaration aus Beweggründen dar, um den Marktanteil eines bestimmten Produktes zu erhöhen. Dabei ist zu erkennen, daß nicht nur mit einem höheren Qualitätsprädikat oder durch bes. Verpackung eine höhere Plazierung im Warensortiment angestrebt wird. Einige Produzenten verstehen unter dem Begriff P. hohe Qualität in allen Unternehmensbereichen sowie bei allen Aktivitäten, im Auftreten gegenüber dem Kunden, Lieferanten und in der Öffentlichkeit zu dokumentieren. Hierbei handelt es sich um ein sog. Total-Premium-Management, in das auch ein Geschäftspartner mit einbezogen werden soll. Premiumprodukte zählten ursprünglich zu den seltenen Gütern, die teuer und knapp waren, sowie einen Hauch von Luxus vermittelten. Premienvorreiter waren die Brauereien, ihnen folgten viele andere Produktgattungen, so daß manche Hersteller bereits vor einer Überflutung mit diesem Begriff in der Marketingsprache warnen.

Preßblutwurst: → *Kochwurst* (mittlere Sorte), zu deren Herstellung Schweinefleisch ohne Knochen, schwach entsehntes und entfettetes, Bakken mit Schwarte, Blut, Schwarten, Abschwartfett, Kochsalz, Pfeffer, Zwiebeln, gemahlener Piment, Majoran und gemahlene Nelken eingesetzt werden. Als Wursthüllen dienen Naturdärme. Das Schnittbild zeigt eine dunkelrotbraune Blutmasse, in welcher Stücke von Speck und Schweinekopffleisch mit anhaftender Schwarte fast gleichmäßig verteilt sind. → Wurst

Preßhefe → Backhefe

Preßkaviar → Kaviar

Preßkopf, weiß: → *Kochwurst* (→ Sülzwurst, mittlere Sorte), zu deren Herstellung Schweinekopffleisch, ferner Eisbeinfleisch, Schwarten,

Schweinebacken, Nitritpökelsalz, Pfeffer, Kümmel und Zwiebeln zum Einsatz kommen. Als Wursthülle dienen Schweinemagen. Das Schnittbild zeigt 15···25 mm große Schweinekopffleisch-, Dickbein- und Fettstücke mit anhaftender Schwarte, die nahezu gleichmäßig in der feuchtglänzenden Bindemasse verteilt sind. → Wurst

Preßkörper → Komprimat

Preßling → Komprimat → Zuckerwarenkomprimat

Preßobst → Mostobst

Preßöl → Pflanzenfett

Preßsauerkirsche → Weichsel

Preßstrangerzeugnis → Strangpreßerzeugnis

Preßtalg → Rindertalg

'Prettiner Hauszwetsche' → Pflaume → Steinobst

Pricke → Neunaugen

Priem → Kautabak

Primasprit → Spirituosen → Ethanol

Primastärke → Getreidestärke → Kartoffelstärke

Prímula véris → Schlüsselblume → Wildkräuter

Primulin → Anthocyane

Primverose: Disaccharid aus Xylose und Glucose der Formel.

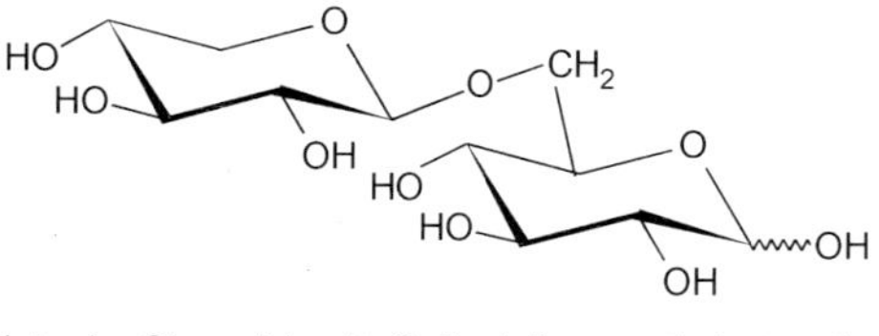

Ist als Glycosid mit Salicylsäuremethylester in Wintergrünöl zu finden.

Printe, *Brente, Brinte:* eine knusprig harte oder saftig weiche → *Lebkuchenbackware* in Rechteck-, Platten- oder → Gebildeform. Ursprünglich verstand man unter einer P. einen Pfefferkuchen mit eingepreßtem Heiligenbild, denn das Wort P. kommt vom niederländischen *prenten, das wie das lateinische premere* drücken, drucken oder pressen bedeutet. Die P. enthalten auf 100 kg Getreidemehl mind. 80 kg Zuckertrockenmasse, teilw. in Form *ungelöst gebliebener Kandiskrümel:* Die Verwendung von Rohzucker, Rübensirup oder Rübenmelasse ist nicht zulässig. Lediglich bei *Gewürzprinten* darf bis zu 15 % des Zuckeranteils in Form von Rübensirup verwendet werden. *Aachener P.* ist eine Herkunftsbez.. Dieses Produkt wird nur im Raum Aachen hergestellt. → Lebkuchen

Prinzeßbohne: 1. → Goabohne
2. Bez. für ausgesuchte, junge, grüne, schlanke, kleine → Gemüsebohnen von gleicher Länge, mit kleinem Korn, die in ganzen Früchten als Gemüsesterilkonserve angeboten werden.

Pristan, *Norphytan, 2,6,10,14-Tetramethylpentadecan:* ein verzweigter, gesättigter Kohlenwasserstoff mit der Formel
CH_3-$CH(CH_3)$-$(CH_2)_3$-$CH(CH_3)$-$(CH_2)_3$-CH (CH_3)-$(CH_2)_3$-$CH(CH_3)$-CH_3.
P. ist eine farblose, in Ethanol lösliche Flüssigkeit; Kp. 296 °C, d_4^{15} 0,7868···0,7871, n_D^{15} 1,4389···1,4410. Es wurde aus dem Leberöl einer Haifischart in Mengen von 6···10 % isoliert und wurde auch in Sardinen-, Herings- u. a. Fischölen nachgewiesen.

Proamanullin → Amatoxine

Proanthocyanidine, *Procyanidine, Leukoanthocyanidine, Flavolane:* aus zwei und mehr Flavan-3-ol-Grundeinheiten aufgebaute Vorstufen der Pflanzenfarbstoffe. → Anthocyane

Prochlada: ein Getränk aus mit *Lactobacillus* (L.) *bulgaricus, L. acidophilus* und *Hefen* fermentierter geklärter Speisequarkmolke.

Procyanidine → Anthocyane → Proanthocyanidine

Prodigiosin, *4-Methoxy-5-[(5-methyl-4-pentyl-2H-pyrrol-2-yliden)methyl]*-1H, 1'H-bi-pyrrol: von verschiedenen auf kohlenhydrathaltigem Substrat (z. B. Hostien) wachsenden Bakterien (z. B.

Serratia marcescens, früher als *Bacterium prodigiosum* bezeichnet) gebildeter, antibiotisch wirksamer tiefroter Pyrrolfarbstoff, s. Formel.

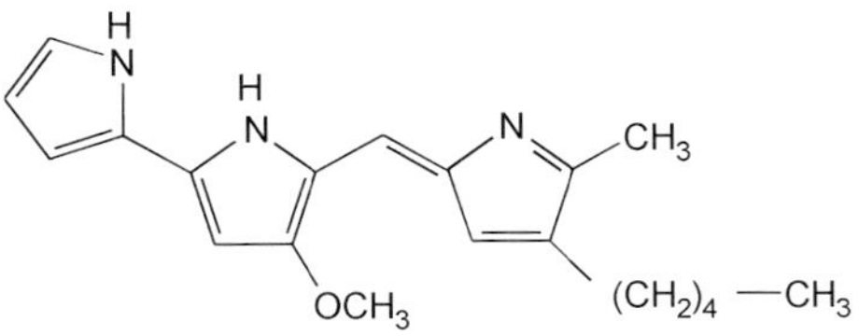

Molmasse 323,44 g/mol, bildet dunkelrote, pyramidale Kristalle, F. 151···153°C. P. weist antifungizide und antileukämische Eigenschaften auf und wirkt gegen Malaria. P. war verantwortlich für die „Blutenden Hostien", durch die im Mittelalter Priester auf dem Scheiterhaufen endeten. → Farbstoffe

Produkt, biogenetisches → Nutzpflanze, transgene

Produkt, milchähnliches → Ersatzmilchpräparat, pflanzliches

Produktionshilfsmittel → Verarbeitungshilfen

Produktionswert → Qualität

Profam → Kartoffel

Progoitrin → Senföle → Goitrin → Senfölglycoside

Projara: eine in Jugoslawien übliche Kuchenbrotzubereitung aus → Maismehl.

Prolamine: einfache, zu den Sphäroproteinen zählende Eiweiße, engl. Gliadine, die bes. reichlich Glutaminsäure (bis zu 46%), Prolin (bis zu 25%), Leucin und Isoleucin enthalten. Die P. bilden zusammen mit den *Glutelinen* den Haupteiweißbestandteil des Getreidemehls. P. unterscheiden sich von allen anderen Eiweißen durch ihre Löslichkeit in 70- bis 80%igem Ethanol. In absolutem Alkohol und in Wasser sind sie unlöslich. Da P. wenig oder gar kein Lysin enthalten, weisen sie eine geringe biologische Wertigkeit auf. Zu den P. gehören das *Gliadin* (in Weizen, Roggen, Hafer), das *Hordein* (in Gerste), das *Zein* (in Mais). → Eiweiß → Kleber

L-Prolin → Aminosäuren

L-Prolinbetain → Betaine

Prolycopin (Prolykopin) → Farbstoffe

Prooxydantien: Stoffe, die die Autoxydation (d. h. die von selbst einsetzende Oxydation mit Luftsauerstoff) beschleunigen und so den Wert des Lebensmittels verringern (Verlust an Vitamin C, Aromaverlust, Verschlechterung des Aussehens) oder sogar das Lebensmittel verderben (Ranzigwerden von Fetten, oxydativer Fettverderb). Prooxydativ wirken *Peroxide, Chlorophyll, Hämine* (→ Porphyrine), *Peroxydasen* und vor allem *Schwermetallionen.* Alle P. sind schon in geringsten Konzentrationen wirksam. Von den Schwermetallionen sind vor allem Eisen-, Kupfer-, Mangan-, Cobalt- und Nickelionen prooxydativ. Ihre Wirkung hängt in erster Linie mit ihrer Fähigkeit zusammen, leicht von einer Wertigkeitsstufe in die andere zu wechseln. Durch Bildung stabiler Komplexe mit → Komplexbildnern wird die prooxydative Wirkung gewöhnlich unterbunden (→ Antioxydantien). Es gibt jedoch auch Komplexe, die stärker prooxydativ wirken als das freie Metallion (z. B. Kupfer-Chlorophyll-Komplex). → Verderb

Propan → Extraktionslösemittel

Propan-1,2-diol → Polyalkohole

D-Propan-2,3-diol-1-al → Aldehyde

Propan-1,3-diol-2-on → Dihydroxyaceton

Propandisäure → Malonsäure

n-Propanol, *Ethylcarbinol, Propan-1-ol, Propylalkohol:* einwertiger, aliphatischer Alkohol der Formel
CH_3-CH_2-CH_2OH.
n-P. kommt wie das strukturisomere Isopropanol frei und als Esterkomponente im Aromastoffgemisch vieler Früchte, insbes. der Äpfel, sowie im Fuselöl vor. n-P. ist eine farblose, brennbare Flüssigkeit von schwach betäubendem Geruch, F. −126,2°C, Kp. 97,15°C, d_4 0,8036. Mit Wasser und Ether ist n-P. in jedem Verhältnis mischbar. → Alkohole

Propanolamin → Amine, biogene

Propanon → Aceton

Propansäure → *Propionsäure*

Propanthial-S-Oxid: der aus S-(1-Propenyl)-cysteinsulfoxid durch Allinase freigesetzte Reizstoff. Zu 95 % liegt er in der cis-Form vor.
Der das Augentränen verursachende Inhaltsstoff der Küchenzwiebel kommt in den folgenden zwei Konformationen vor:

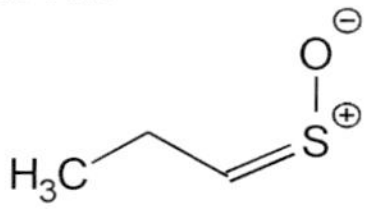

P. ist leicht flüchtig und zerfällt in wäßriger Lösung unter Bildung von Schwefelsäure, die vermutlich beim Freiwerden in dem dünnen Flüssigkeitsfilm auf dem Augapfel die Tränenproduktion induziert. Schneiden unter Wasser oder in unterkühltem Zustand mindert die Flüchtigkeit des P.

Propantricarbonsäure → Tricarballysäure

Propan-1,2,3-triol → Glycerol

Propenal → Acrolein

Prop-1-en-1,2-dicarbonsäure: eine in 2 stereoisomeren Formen existierende ungesättigte aliphatische Dicarbonsäure. Formen und Vorkommen der P. s. Übersicht unten.
Die Citraconsäure verstärkt die Wirkung von Antioxydantien (Synergist) und zeigt wachstumshemmende Wirkung auf *Bactérium cóli* und andere Bakterien.

Prop-1-en-1,2,3-tricarbonsäure → Aconitsäure

Propenyl-carbinol (veraltet) → But-2-en-1-ol

Propenylguaethol, *1-Ethoxy-2-hydroxy-4-propenyl-benzen, Hydroxyethylanethol, Vanitron:* eine aromatische Verbindung s. Strukturformel.

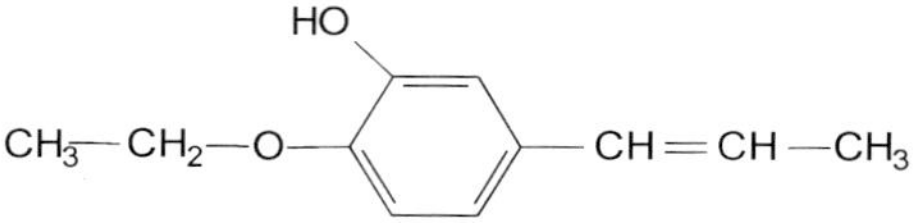

P. ist ein weißes, kristallines, in Wasser wenig, in Ethanol leicht lösliches Pulver, das unter Vakuum sublimiert, F. 85···88°C. Bes. in starker Verdünnung ähnelt es im Geruch der Vanille. Es wird zur Herstellung künstlicher Vanille-, Schokoladen-, Nuß-, Karamel- und Rumaromen verwendet. P. wird durch alkalische Hydrolyse von 1-Ethoxy-2-methoxy-4-propenylbenzol in alkoholischer Lösung bei 150···190°C unter Druck gewonnen.

4-Propenylguajacol → Isoeugenol

Prophalloin → Phallotoxine

Prophetengurke: die einjährige Pflanze *Cúcumis prophetárum* Jacq. (Familie *Cucurbitáceae*), deren Früchte ein bitteres, abführend wirkendes Mus enthalten, das im Orient zusammen mit Mehl zu verschiedenen Speisen verarbeitet wird.

Prop-1-en-1,2-dicarbonsäuren, Formeln und Vorkommen

Prop-1-en-1,2-dicarbonsäure	Formel	F.	Vorkommen
cis-Prop-1-en-1,2-dicarbonsäure Citraconsäure (*Methylmaleinsäure*)	H_3C-C-COOH ‖ H-C-COOH	92,8 bis 93,8°C	Himbeere
trans-Prop-1-en-1,2 dicarbonsäure, Mesaconsäure	H_3C-C-COOH ‖ HOOC-C-H	204,5°C	Zuckerrohrsaft

Prophetenkuchen → Aufläufer

β-Propiobetain → Betaine

Propionsäure, (E 280): eine gesättigte Monocarbonsäure der Formel CH_3-CH_2-COOH.
P. ist eine farblose, stechend riechende Flüssigkeit, F. −22°C, Kp. 141°C. Sie ist in der Milch, im Kaffeearoma, in Weißbrot, Gerste, Roggen, schwarzem Tee, Bier und Räucherrauch nachgewiesen worden. Bei der Reifung von Emmentaler Käse spielt die Vergärung von Bernsteinsäure zu P. eine wichtige Rolle; das gebildete Kohlendioxid führt zur Lochbildung. Auf Grund der Wirksamkeit gegen Schimmelpilze verwendete man früher die Natrium- und Calciumsalze der P. (Natrium- (E 281) bzw. Calciumpropionat (E 282)) zur Konservierung von Lebensmitteln, bes. bei Brot, und gleichzeitig auch gegen das „Fadenziehen" bei Weißbrot. Diese Propionate wurden deshalb häufig → Backmitteln zugesetzt. In Deutschland nicht mehr zugelassen. Technisch stellt man P. durch Carboxylierung von Ethylen dar. P. wird zur Herstellung von Kunststoffen verwendet. → Konservierungsstoffe→ Fettsäuren

3-Propylacrolein → trans-2-Hexenal

Propylalkohol → n-Propanol

Propylallylalkohol → n-Hex-2-en-1-ol

Propylallyldisulfid: ungesättigtes Sulfid der Formel
CH_3-CH_2-CH_2-S-S-CH_2-CH=CH_2.
P. kommt in Knoblauch- und Zwiebelöl vor und ist eine nach Zwiebeln riechende Flüssigkeit, $Kp._{2133\,Pa}$ 66···69°C.

n-Propylamin → Alkylamine

1,2-Propylenglycol → Polyalkohole

Propylenglycolalginat, (E 405) → Alginsäure

Propylgallat → Antioxydantien

n-Propylmercaptan: schwefelhaltige Verbindung der Struktur
CH_3-CH_2-CH_2-SH.
n-P. soll Einfluß auf das Zwiebelaroma ausüben. Es ist eine wasserhelle Flüssigkeit, Kp. 67···68°C.

5-Propylpyrogallol-1,3-dimethylether → Phenole

n-Propylthiosulfinsäure-S-n-propylester: ein bei der Zerkleinerung von rohen Zwiebeln und beim Auspressen des Saftes durch Enzymkatalyse entstehender Thiosulfinsäureester mit der Formel.

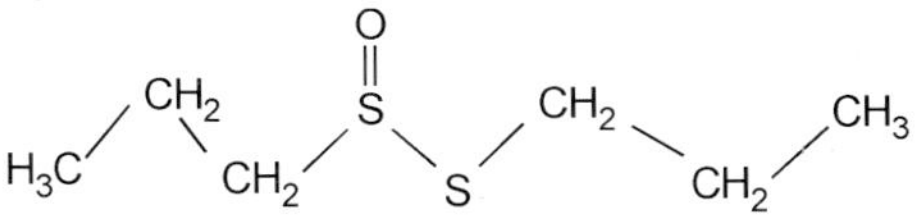

n.-P. zeigt antiasthmatische bzw. antiallergisch-antiphlogistische Wirkung. Die in der Volksmedizin bekannte Wirkung von Zwiebelsaft und -sirup gegen Husten u. a. Atemwegserkrankungen und gegen entzündliche Folgereaktionen nach Bienen- oder Wespenstichen beruht hauptsächlich auf einer Hemmung der Biosynthese von Entzündungsmediatoren durch die Enzyme Cyclooxygenase und 5-Lipoxygenase durch n-P. und einer neu entdeckten Wirkstoffgruppe, den → *Cepaënen.*

'Proskauer': Pfirsich. → Steinobst

Proso → Rispenhirse

Prosohirse → Rispenhirse

Prosópis juliflóra → Schraubenbohne

Prosópis spp.: tropische Baumarten (Familie *Fabáceae*), deren Hülsen und Samen als Nahrungsmittel und Viehfutter verwendet werden.

Prostacyclin → Prostaglandine

Prostaglandine: aus hochungesättigten Fettsäuren gebildete Hormone, die in fast allen tierischen Geweben vorkommen. Man unterscheidet strukturell mehr als 10 verschiedene P. Sie wirken blutdrucksenkend sowie auf die Kontraktion der glatten Muskulatur und auf die Blutplättchenzusammenballung. Von bes. Bedeutung im Hinblick auf eine Vorbeugung von Herz-Kreislauf-Erkrankungen sind *Prostacyclin* und *Thromboxan*$_{A2}$, die antagonistisch wirken und an deren Aufbau die essentiellen Fettsäuren Linol-, Linolen- und Arachidonsäure beteiligt sind.

Protamine: die am einfachsten gebauten natürlichen, zu den Sphäroproteinen zählenden Eiweiße. P. sind die stickstoffreichsten Eiweiße, während ihnen Phosphor und Schwefel fehlen. In allen P. scheinen die Aminosäuren Alanin, Arginin, Isoleucin, Prolin, Threonin, Valin vorzukommen. Viele P. enthalten noch Histidin und Lysin. Die P. reagieren stark basisch. Die Molmassen betragen bis zu 10 000 g/mol. P. finden sich nur im Tierreich, bes. im Fischsperma, und zwar salzartig gebunden an Nucleinsäuren. → Eiweiß

Proteaseinhibitoren: Verbindungen, die proteinspaltende Enzyme inaktivieren. Die P. sind meist hochmolekulare Eiweiße, die bes. die Verdauungsenzyme Trypsin (→ Trypsininhibitoren) und Chymotrypsin, aber auch andere Proteasen, wie Elastase, Papain, Thromboplastin, Plasmin, Subtilisin, Pronase, hemmen. P. sind im Pflanzenreich weit verbreitet. In pflanzlichen Nahrungsmitteln wurden sie bisher nachgewiesen in den eßbaren Samen bzw. Früchten von Erdnuß, Jakbaum (*Artocárpus heterophýlla* Lam.), Hafer, Straucherbse [*Cajánus cájan* (L.) Millsp.], Jackbohne [*Canaválìa ensifórmis* (L.) DC.], Johannisbrotbaum (*Ceratónia síliqua* L.), Judasbaum (*Cércis canadénsis* L.), Rebhuhnerbse [*Cássia (Chamaecrísta) fasciculáta Michx.*], Kichererbse (Cícer arietínum *L.),* Cyamópsis psoraloídes DC., Helmbohne (*Dólichos láblab* L.), Saubohne (*Vícia fába* L.), Buchweizen (*Gledítsia triacánthos* L.), Sojabohne [*Gymnócladus dioícus* (L.) Koch], Gerste, Linse [*Mucúna deeringíana* (Bort) Merr.], Reis, Mungbohne (*Phaséolus āureus* Roxb.), Feuerbohne, Mondbohne (*Phaséolus lunátus* L.), Mungobohne *(Phaséolus múngo* L.), Gartenbohne, Gartenerbse, Goabohne [*Psophocárpus tetragonólobus* (L.) DC.], Roggen, Schnurbaum (*Sophóra japónica* L.), Augenbohne [*Vígna sinénsis* (L.) Savi ex Hassk. subspec. sinénsis], Mais, im Weizenkeim, in den Wurzeln bzw. Knollen von Taro [*Colocásia esculénta* (L.) Schott.], Roter Bete, Weißer Rübe (*Brássica rápa* L. emmend. Metzger var. rápa), Batate und Kartoffel. In manchen Vegetabilien finden sich gleichzeitig mehrere P., z. B. in der Sojabohne 8 verschiedene. Die P. werden in der Regel beim Zubereiten bzw. Behandeln mit Hitze unwirksam. → Giftstoffe in pflanzlichen Lebensmitteln → Enzyminhibitoren

Proteasen, *Proteinasen:* große, biochemisch wie lebensmitteltechnologisch wichtige Gruppe von *Proteine* und Peptide spaltenden → *Enzymen.* Man unterteilt in *Endopeptidasen,* die Proteine unter Bildung von *Peptiden* unterschiedlicher Molgröße spalten, und *Exopeptidasen,* die Bindungen am Ende einer Peptidkette unter Bildung von *Aminosäuren* spalten. Die P. haben Proteinstruktur und unterschiedliche Molmasse (10 000 g/mol bis weit über 100 000 g/mol). Die Aminosäuresequenz (Reihenfolge) einzelner P. (Papain und Chymotrypsin) sowie deren aktives Zentrum sind bekannt. Wichtige P. sind die pflanzlichen Vertreter → *Papain* → *Chymopapain* → *Bromelin* → *Ficin,* die tierischen Vertreter → *Pepsin* → *Trypsin, Chymotrypsin* → *Lab* → *Kathepsin, Elastase* und mikrobielle Vertreter, z. B. → *Subtilisin.* P. unterscheiden sich in der Spaltungsspezifität, d. h. der Fähigkeit, die Bindungen zw. bestimmten Aminosäuren zu lösen. Viele Lebensmittel (Fleisch, Käse, Fisch) enthalten zelleigene oder durch Reifung (Mikroorganismen) hinzugekommene Proteasen. P. werden industriell aus Mikroorganismen, aus tierischen Organen wie aus Pflanzen hergestellt. Pflanzliche P. werden zur Verbesserung der Konsistenz von Fleisch und Fisch herangezogen. Mikrobielle P. dienen zur Herstellung von Proteinhydrolysaten, zur Kältestabilisierung von Bier, der Milchkoagulation zur Labkäseherstellung, zur Herstellung von Würzen und Soßen (z. B. Sojasoße), zur Verbesserung der Qualität von Backwaren und als Zusatz zu Waschmitteln. P. können den Verderb von proteinhaltigen Lebensmitteln verursachen, sie bewirken schmierige Konsistenz von Fleisch, Genußuntauglichkeit von Eipulver und Verbacken von Mehlen. → Proteaseinhibitoren

Proteid → Eiweiß

Protein → Eiweiß

Proteinase → Proteasen

Proteine, emulgierende → Eiweiß, emulgierendes

Proteine, mikropartikulierte → Eiweiß, mikropartikuliertes

Protein-Extrakt → Fleischextrakt

Protein-N-glycoside → Aldose-N-glycoside

Proteusbakterien: aerob wachsende, bewegliche Stäbchen, die zu langen Fäden auswachsen können. Der bedingt pathogene Keim führt bei massivem Vorkommen zur Genußuntauglichkeit von Lebensmitteln. → Lebensmittelvergiftung

Protexan → Wachse

Prothrombin → Glycoproteide

Protocatechualdehyd → Aldehyde

Protocatechualdehyd-3-ethylether → Ethylvanillin

Protocatechualdehyd-3-methylether → Vanillin

Protocatechusäure → Dihydroxy-carbonsäure, aromatische

Protocetrarsäure → Isländisches Moos

Protoleucomelon: ein Phenolderivat mit 7 Methoxygruppen im Molekül (Formel s. unten).
P. kommt neben Leucomelon im Grauen Porling [*Boletópsis (Polýporus) leucómelas* (Pers.) Fayod] vor.

Protolichesterinsäure → Isländisches Moos

Proton → Sojamilch

Protopanaxadiol → Ginseng

Protopanaxatriol → Ginseng

Protopectin → Pectin

Protoporphyrin → Farbstoffe

Protozoen: Kleinstlebewesen, zu denen Wurzelfüßler *(Rhizopóda)*, Geißeltierchen *(Flagelláta)*, Sporentierchen *(Sporozóa)*, Wimperntierchen *(Ciliáta)* zählen. Auch die *Sarcosporídien, die in der Muskulatur von Schlachttieren parasitieren, gehören zu den P.. Eine Gesundheitsschädigung findet beim Genuß von sporidienhaltigem Fleisch nicht statt.*

Provenceöl → Olivenöl

Provitamin A → Lebensmittelfarbstoffe → Carotene → Vitamin A → Farbstoffe → Provitamine

Provitamin D: in Hefen (*Ergosterol*) bzw. in verschiedenen tierischen Produkten *(Dehydrocholester-7-ol)* vorkommende Sterole, die unter Einwirkung von UV-Strahlung in Vitamin D übergeführt werden. Die Provitamine sind für den Menschen die wichtigste Versorgungsquelle von Vitamin D. Sie werden vor allem in der Haut gespeichert und unter Einwirkung von Sonnenlicht in die vitaminaktive Verbindung umgewandelt, wobei aus Ergosterol das *Ergocalciferol (Vitamin D_2)* und aus dem Dehydrocholester-7-ol das *Cholecalciferol (Vitamin D_3)* entsteht. → Vitamin D → Sterine

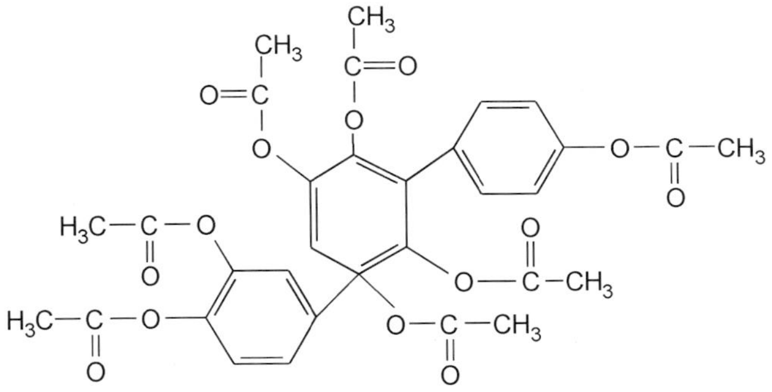

Provitamine: chemische Verbindungen, die im Warmblüterorganismus in eine vitaminwirksame Substanz umgewandelt werden können. Aus den Carotenen (Provitamin A) entsteht durch Spaltung das *Vitamin A, aus dem Ergosterol* bzw. *Dehydrocholesterol* durch UV-Strahlung das *Vitamin D.* → Vitamine → Vitamin A → Vitamin D → Provitamin D

Provolone-Käse: aus Italien stammender, ausschl. aus Kuhmilch hergestellter *Hartkäse* mit mind. 45 % F. i. Tr.. Die typische Form des P. ist die eines Kegelstumpfes, doch wird er auch in Birnen-, Melonen-, Wurst- oder Ziegelsteinform hergestellt. Die Rinde ist goldgelb bis hellbraun, glatt und glänzend, der Teig ist rahmfarbig oder strohgelb, weich und hat nur spärliche Lochung. Der Geschmack ist butterartig mild und nach längerer Reifung pikant. → Käsesorten

Prunasin → Glycoside, cyanogene

Prunella, *Braunelle:* die in Europa bis Mittelasien verbreitete Staude *Prunélla vulgáris L.* (Familie *Apiáceae*), deren krautige Pflanzenteile als würzende Beigabe zu Mischsalaten (insbes. aus → Wildkräutern) verwendet werden.

Prunélla vulgáris → Prunella

Prünellelikör → Pflaumenlikör

Prünellen: 1. *Brünellen, Brignoles:* nur im Pl. gebrauchte Sammelbez. für entsteinte, aromareiche, gelbfleischige, getrocknete Fruchthälften aromatischer Pflaumen- und Pfirsichsorten. Die P. kommen hauptsächlich aus der Provence, vor allem aus dem Ort Brignoles in Südfrankreich und aus Südtirol (Oberitalien) und schmecken fein-säuerlich. Die P. werden als Trockenfruchtbestandteil von Fertigmüslimischungen oder auch zur Branntwein- und Likörherstellung verwendet.
2. → Nektarine

Prunetin → Flavonoide → Östrogene

Prunin → Naringinase

Prunkbohne, *Bohne, Türkische, Feuerbohne:* sehr lange, mittelbreite bis breite, grüne, rauhe, fleischige, eßbare Hülsen von *Phaséolus coccíneus* L. (Familie *Fabáceae*). Die weiß- oder scharlachrotfarbenen blühenden P. liefern große, zarte *Stangenbohnen* mit dickem Faden, schwarzem, rot gesprenkeltem Samen und ausgeprägtem Bohnengeschmack. → Gemüse → Gemüsebohne

Prunol → Ursolsäure

Prúnus ácida → Sauerkirsche

Prúnus armeníaca → Aprikose

Prúnus ávium → Vogelkirsche

Prúnus cerasífera → Kirschpflaume → Pflaume, Türkische

Prúnus cérasus → Sauerkirsche

Prúnus cérasus var. marásca → Sauerkirsche

Prúnus cérasus var. ávium → Süßkirsche

Prúnus doméstica → Pflaume

Prúnus doméstica ssp. insitítia → Haferschlehe

Prúnus doméstica ssp. insitítia var. cérea → Mirabelle

Prúnus doméstica ssp. insitítia var. juliána → Haferschlehe

Prúnus doméstica ssp. insitítia var. pomarióórum → Spilling

Prúnus doméstica ssp. itálica → Edelpflaume → Reneklode

Prúnus doméstica ssp. itálica var. claudiána → Reneklode

Prúnus doméstica ssp. itálica var. ovoidéa → Eierpflaume

Prúnus doméstica ssp. oeconómica → Zwetsche

Prúnus doméstica ssp. oeconómica var. Halbzwetsche → Halbzwetsche

Prúnus doméstica ssp. oeconómica var. mamillária → Dattelzwetsche

Prúnus doméstica ssp. oeconómica var. oxycárpa → Ovalpflaume

Prúnus doméstica ssp. oeconómica var. pruneauliána → Zwetsche, Echte

Prúnus doméstica ssp. oeconómica var. subrotúnda → Rundpflaume

Prúnus doméstica ssp. syríaca → Mirabelle

Prúnus dúlcis var. amára → Mandel

Prúnus dúlcis var. dúlcis: Süße Mandel. → Mandel

Prúnus dúlcis var. frágilis: Krachmandel. → Mandel

Prúnus marásca → Sauerkirsche

Prúnus myrobálana → Myrobalane

Prúnus pérsica → Pfirsich

Prúnus salicína → Susine

Prúnus spinósa → Schlehe

Prussien → Schweinsohr

Psallióta spec. → *Agaricáceae*

Psáthyra spec. → *Coprináceae*

Psathyrélla spec. → *Coprináceae*

PSE-Fleisch: Bez. für eine bei Schlachtschweinen (Fleischschweinen) nicht selten in bestimmten Muskeln (*musculus longíssimus dórsi, m. semimembránaceus, m. adductor, m. glutaeus médius*) vorkommende Qualitätsverschlechterung, die durch blasse Farbe, weiche Konsistenz und Wäßrigkeit (engl. **p**ale, **s**oft, **e**xudative = PSE) gekennzeichnet ist und durch eine außerordentliche Beschleunigung der postmortalen Glycolyse (Milchsäurebildung) hervorgerufen wird. Die eigentlichen Ursachen liegen in Anomalien des Herz-Kreislauf-Systems und des oxydativen Stoffwechsels sowie in einer hormonellen Dysregulation begründet, sind genetisch bedingt und im einzelnen noch nicht bekannt. Die Veränderungen treten vorwiegend in der Muskulatur wertvoller Schlachtkörperteilstücke (→ Kotelett → Keule) auf.

Psétta máxima → Plattfische

Pseudoacetylpyrrol → Pyrrol-α-methylketon

Pseudofette: Verbindungen mit fettähnlichen physiko-chemischen Eigenschaften, aber andersartiger chemischer Struktur. Die P. werden in der Regel unverändert ausgeschieden und können daher als energiefreier Fettersatz eingesetzt werden. Zu den P. sind *Saccharose-Fettsäure-Octaester* (→ Zucker-Fettsäure-Ester), Polyglycerol-Fettsäure-Ester, Polyglycolester und *-ether, Ether des Glycerols mit Fettalkoholen und* → *Retrofette* zu rechnen. Probleme des Einsatzes der P. werden gegenwärtig noch untersucht.

Pseudofructose → Hexosen

Pseudogetreide: → Körnerfrüchte von Pflanzen, die nicht der Gräserfamilie *Poáceae* angehören. Hierzu zählen z. B. Samen von Gänsefußgewächsen (→ *Perureis* → Kiwicha), von Fuchsschwanzgewächsen *(→ Körneramarant)* ferner → Buchweizen und andere → *Knötericharten* → *Halocmémum, Lotossamen* (→ *Bado*) und weitere Samen von Pflanzen, insbes. aus tropischen Gebieten.

Pseudoglobulin → Globuline

Pseudoherkunft, geographische: Bez. eines Erzeugnisses, das auf einen geographischen Bezirk oder Ort hindeutet, obwohl der Name einen anderen Ursprung hat, z. B. „Wiener Würstchen". → Herkunft, geographische

Pseudohýdnum gelatinósum → *Tremelláceae*

Pseudokubebin → Sesamin

Pseudomédia rígida → Guaimarillo

Pseudopinen → Terpen-Kohlenwasserstoffe

D-Psicose → Hexosen

Psídium spec. → Guave

Psilocin → Pilzwirkstoffe, halluzinogene

Psilocybe spec. → Pilzgifte → Pilzwirkstoffe, halluzinogene

Psilocybin → Pilzwirkstoffe, halluzinogene

Psorálene → Cumarine

Psophocárpus palústris → Goabohne

Psophocárpus tetragonólobus → Goabohne

Psorálea bituminósa → Präriekartoffel

Psorálea lineáris → Massaitee

Psyllum → Flohsamenschleim

Psyllium, Blonder → Wegerich

Psylliumsamenschleim → Flohsamenschleim

Psyllium, Schwarzer → Wegerich

Pterídium aquilínum → Adlerfarnstärke → Adlerfarn

Pterine: in der Natur weitverbreitet vorkommende Farbstoffgruppe, die sich vom Pteridingrundgerüst ableitet, das aus einem Pyrimidin- und einem Pyrazinring zusammengesetzt ist.

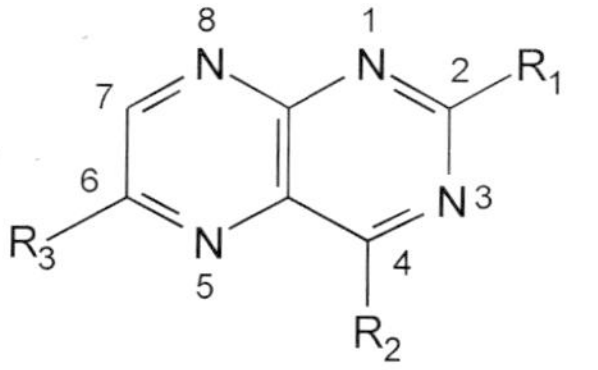

	R_1	R_2	R_3
Pteridin	H	H	H
Pterin	NH_2	O	H
Biopterin	Nh_2	OH	CH(OH)-CH(OH)-CH_3
Neopterin	NH_2	OH	CH(OH)-CH(OH)-CH_3
Xanthopterin	NH_2	OH	OH
Leucopterin	NH_2	OH	OH

(an C_7 eine OH-Gruppe)

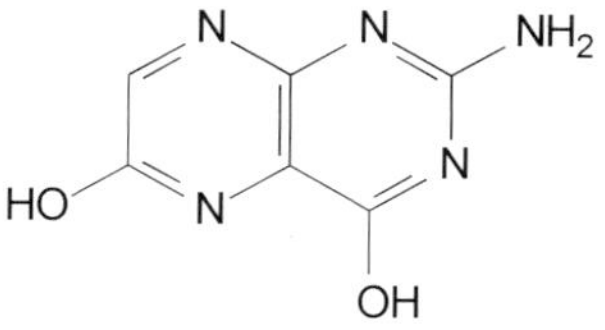

Xanthopterin

Alle natürlich vorkommenden P. tragen in 2-Stellung eine Aminogruppe und in 4-Stellung eine Hydroxylgruppe. In folgenden pflanzlichen Lebensmitteln wurden Xanthopterin, Isoxanthopterin (7-Hydroxypterin), threo-Neopterin (L-threo-Trihydroxypropylpterin), D-erythro-Neopterin (D-erythro-Trihydroxypropylpterin), 6-Hydroxymethyllumazin, 6-Methylpterin und 6-Hydroxymethylpterin nachgewiesen: Erbse, Saubohne, Gartenbohne, Sesam, Paranuß, Cashewnuß, Haselnuß, Erdnuß, Pistazie, Mandel, Reis, Weizenkeimling, Kohl, Spinat, Petersilie, Banane, Bäckerhefe und Shiitakepilz. Auch im Gelée royal und im menschlichen Harn ist es vorhanden. Das Pteringerüst ist Baustein der → Folsäure und der → Flavine.

Pterocarpane: von *Pterocarpan* sich ableitende Dihydro-benzofuro-benzopyran-derivate, die in Leguminosae vorkommen, s. Formeln

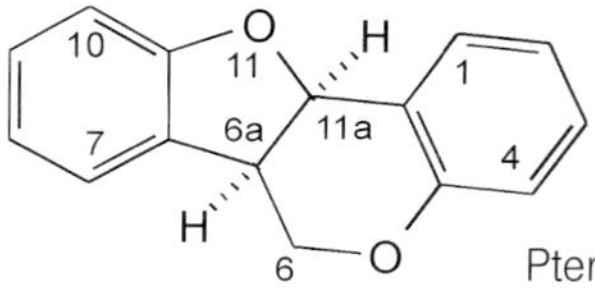

Pterocarpan

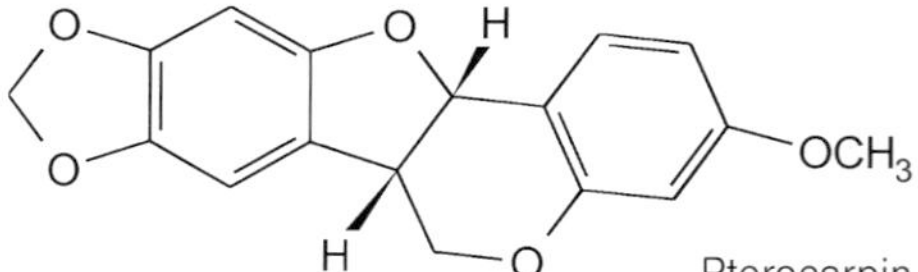

Pterocarpin

Pterocárpus erináceus → Kino

Pterocárpus marsúpium → Kino

Pterocárpus santalinus → Sandelholz, Rotes → Kino

Pterocárpus soyāūxii → Kino

Pteroyl-hepta-glutaminsäure → Folsäure

Pteroyl-mono-glutaminsäure → Folsäure

Pteroyl-triglutaminsäure → Folsäure

Puar: die im tropischen und subtropischen Ostasien kultivierte *Alpínia malaccénsis* (Burm. f.) Rosc. (Familie *Zingiberáceae*), aus deren Rhizomen ein Aromaöl (*Essence d'Amali*) gewonnen wird. Die Blätter der Pflanze dienen zum Einwickeln vorgekochten Reises, die Früchte werden als Gemüse verzehrt.

Puccínia cáricis → Ständerpilze

Pückler-Eis-Torte, *Fürst-Pückler-Eistorte:* eine → Torte aus → Wiener Boden oder → Mürbeteigboden, der mit Johannisbeermarmelade bestrichen, mit einem Ring umstellt und dann mit einer Masse mit drei Geschmacksarten gefüllt, anschließend gefroren und danach mit Sahne, Kuvertürespänen, Kirschen und Schokoladenornamenten verziert wird. Die Füllmasse besteht aus Zucker, Eigelb, Sahne, Vanille, Maraschinolikör, zu einem Drittel wird zusätzlich Erdbeermark und zum letzten Drittel Kuvertüre und Krokant untergezogen. → Eistorte

Pückler-Torte, *Fürst-Pückler-Torte:* eine gefüllte → Torte aus → Mürbeteig oder → Wiener Boden, der jeweils dreimal, und zwar mit dunkler, weißer und rotgetönter Butter- oder Sahnekrem gefüllt, mit Kuvertüre glattgestrichen und am Rand mit Pistazien verziert ist.

Pudding: 1. eine meist warm verzehrte, im Wasserbad gegarte süße oder salzige Zubereitung mit wenig Mehl, aber beträchtlichem Ei- und Fettgehalt, vielfach auch in Auflaufform, wie der heiß zu verzehrende Rosinenauflauf engl. Herkunft mit der Bez. *Plumpudding* (der auch industriell hergestellt und als Konserve vertrieben wird) oder die nicht süß schmeckenden, vielfach unter Verwendung von Fleischsaft hergestellten P., wie der *Yorkshire-Pudding,* der als Sättigungsbeilage dient.
2. umgangssprachlich benutzte Bez. für → *Flammeri,* einer im kalten Zustand zu verzehrenden Süßspeise, die schnittfest, sturzfähig und kremig ist und unter Verwendung von Fruchtsaft, Milch, Früchten und Bindemitteln – wie Stärke und Grieß – hergestellt wird. Der Flammeri wird durch kurzes Aufkochen, Abfüllen in eine Form, Abkühlen und Stürzen bereitet und meistens mit Früchten und Fruchtsoße als Nachspeise gereicht. Er kann auch aus industriell vorgefertigtem kochfertigem Pulver bereitet werden, das unter der Bez. *Puddingpulver* gehandelt wird. Wird dagegen Instantpulver verwendet, das durch Anrühren mit kalter Flüssigkeit eine Süßspeise ergibt, so wird diese als *Kremspeise* und das dafür zur Verfügung stehende Pulver als *Kremspeisepulver* bezeichnet.
3. Bez. für industriell gefertigte, sog. *Fertig-Desserts,* die unter den Gruppennamen → *Milch-* oder → *Wasserpudding* in Portionspackungen gehandelt und durch Erhitzen haltbar gemacht werden. Genau genommen handelt es sich auch hierbei nicht um P., sondern um *Flammeris.*

Puddingpulver: ein → Süßspeisepulver aus vorbehandelter Kartoffelstärke, Mais- oder Weizenstärke (→ Puddingstärke) mit geschmackgebenden natürlichen und/oder künstlichen Zusätzen, teils mit einem anderen Dickungsmittel gemischt, das entsprechend der Kochanweisung einen → Pudding ergibt.

Puddingstärke: einfache oder modifizierte Stärke, die nach dem Aufkochen mit Wasser oder Milch beim Abkühlen einen sturzfähigen und mit einem Löffel teilbaren Pudding ergibt.

Pudding, tafelfertig → Pudding, tischfertiger

Pudding, tischfertiger, *Dosenpudding, tafelfertiger Pudding:* eine verzehrsfertige, in Dosen abgepackte Süßspeise aus Reis, Sago, Grieß, Makkaroni oder Tapioka u. a. Rohstoffen, mit Milch oder Sahne, mit Zusatz von Zucker und natürlichen oder synthetischen Geschmacksstoffen. → Fertig-Dessert

Puder → Pulver

Puderzucker, *Staubzucker:* ein fein vermahlener → *Weißzucker. Puderraffinade* ist vermahlene *Raffinade.* → Zucker

Puderschokolade → Schokoladenpulver

Puderstärke → Getreidestärke

Puerária tuberósa → Kudzu, Indische

Puerto-Rico-Kirsche → Acerola

Puffarina: eine ungarische Eierteigware in abgerundeter Brockenform aus Weizenmehl unter Zusatz von Hafermehl, die gepufft und geröstet wird. Die P. ist sehr porös und findet als Suppeneinlage Verwendung. → Teigware

Puffbohne, *Feldbohne, Ackerbohne, Dicke Bohne, Fababohne, Saubohne:* die unreifen, jungen, hellfarbigen, länglich-eiförmigen oder allseitig abgerundeten, flachen Samen mit möglichst dünner Schale der bis fast 1 m hoch wachsenden, standfesten *Vícia fába* L. *ssp. fába var. equína* Pers. (Familie *Fabáceae*). Die fleischigen, grünen, in der Reife lederartigen, schwärzlichen, langen Hülsen, die nur 1 bis 5 Samen enthalten, werden verworfen, die unreifen Samen als Gemüse gekocht oder im reifen Stadium industriell für die Gewinnung von Proteinkonzentraten bearbeitet. Dieser alten Kulturpflanze wird in Europa, Amerika, Afrika in Forschung und Züchtung bes. Bedeutung beigemessen, um der zunehmenden Eiweißverknappung und Verteuerung auf dem Weltmarkt zu begegnen und die Importabhängigkeit vom nord- und südamerikanischen Sojamarkt zu mindern.
Begrenzend für die Neu- und Wiedereinführung oder Flächenausdehnung des Puffbohnenanbaues wirkte bislang die gegenüber Getreide größere Ertragsunsicherheit.
Spezialerzeugnisse aus P. – ohne aufdringlichen Bohnengeschmack – gewinnen zunehmend an Bedeutung, da sich die Hauptkomponenten (Eiweiß, Stärke, Fett) relativ leicht isolieren lassen. Puffbohnenspezialmehle dienen zur Eiweißanreicherung. Puffbohneneiweiß kann so modifiziert werden, daß es als Stabilisator in Öl-Wasser-Emulsionen fungieren kann. *Puffbohnenstrukturate* (Faser, Extrudate) ergeben in Mischung mit anderen Eiweißrohstoffen (Hackfleisch- oder Fischbuletten) eine Strukturverbesserung und ermöglichen auch eine Einsparung an tierischem Eiweiß. In 100 Samen, bezogen auf feuchtigkeitsfreie Substanz, sind enthalten: 24···30 g Protein, 1···2 g Fett, 49 g Kohlenhydrate, 2,2 g Mineralstoffe, 4 g Rohfaser, etwa 1,2 mg Pantothensäure und 1,5 mg Vitamin B_1. Im Protein der P. sind etwa 0,7 % Methionin, 0,8 % Cystin und 6,6 % Lysin enthalten. → Hülsenfrucht → Falafel → Gerbstoffe

Pufferzeugnis: 1. Getreideerzeugnis (→ Puffgetreide)
2. dehydratisiertes Obst- oder Getreideerzeugnis, dem das Wasser bis auf 2···3 % Restfeuchtigkeit entzogen ist. Die dazu bereits 1960 in den USA entwickelte Explosions-Pufftrockung führt z. B. bei Äpfeln, Birnen, Johannisbeeren, Süßkirschen, Sellerie, Paprika, Kartoffeln usw. zu Trockenerzeugnissen mit gehobener Qualität: die Trockengüter sind poröser, wodurch sich die Rehydrierung erleichtern läßt, so daß Früchte und Gemüse sehr schnell ihren ursprünglichen Geschmack sowie ihre im Vergleich zu frisch bereitetem Gemüse nicht abweichende Form und Farbe zurückerhalten. Mit dieser beschleunigten Wasseraufnahme verkürzt sich zugleich der Kochprozeß von puffgetrockneten Erzeugnissen. P. können direkt verzehrt, in Desserts und Backwaren eingearbeitet werden oder als Suppeneinlage und zur Zubereitung von Gemüsegerichten dienen. Kosten und Arbeitsaufwand der Explosionstrocknung liegen über denen der konventionellen Trocknungsverfahren. → Imbißerzeugnis

Puffgetreide, *Popgetreide, Puffnährmittel, Popnährmittel, gepufftes Getreide, gepufftes Nährmittel:* ein geblähtes (expandiertes) → Nährmittel, das durch Puffen von Getreidekörnern (Erhitzung auf etwa 220°C bei etwa 1,0 MPa Druck und anschließender Druckminderung durch Ausstoßen aus einer sog. Puffkanone) gewonnen wird; dabei erfährt das Erzeugnis eine Ausdehnung um das Mehrfache seines ursprünglichen Volumens. Die dabei entstehende charakteristische Schaumstruktur ist auf die Expansion des Endosperms, insbes. der verkleisternden Stärke, zurückzuführen.
Die P. werden vorwiegend aus Mais (→ *Puffmais*), Reis *(Puffreis)*, Weizen (→ *Puffweizen*) und Hirse (→ *Puffhirse*) hergestellt. Für das Puffen eignen sich nicht alle Getreidearten und -sorten, was sich darin äußert, daß z. B. bei Weizen und Gerste entweder nur ein Teil der Stärkekörner wohl verkleistert, aber nicht ausreichend expandiert oder ein

Teil der verkleisternden Stärkekörner nach der Expansion schmilzt, was zu harten, nicht kaubaren Körnern führt. Für das Ausmaß der Expansion sind das Verhältnis von glasigem zu mehligem Endosperm sowie der Feuchtigkeits- und Amylosegehalt der Körner ausschlaggebend. Reis z. B. mit einer Feuchtigkeit von 13···15 % zeigt eine 24fache, die höchste Volumenzunahme; Hirse zeigt bei 18···20 % Feuchtigkeit die besten Puffergebnisse. Infolge hoher Druck- und Temperaturverhältnisse während des Puffvorganges werden Vitamine und essentielle Aminosäuren des Ausgangsrohstoffes weitgehend zerstört, so daß in manchen Ländern das P. mit einer vitamin- und aminosäurehaltigen Zuckerlösung nachträglich wieder angereichert wird. Ein z. B. aus gepufftem Weizen hergestelltes P. kann nicht als *Vollkornpufferzeugnis* bezeichnet werden. Für die Herstellung von *Puffreis* wird prinzipiell als Ausgangsmaterial → Speisereis verwendet, der ohnehin von nährstoffreichen Randschichten befreit ist. Bei den P. handelt es sich um voraufgeschlossene (vorgekochte) Erzeugnisse, die leicht verdaulich sind und nur einen geringen Energiewert von 120···150 kcal je 100 g aufweisen. Man unterscheidet zw. unbehandelten und behandelten P.. Die unbehandelten P. zählen als → tischfertige Nährmittel zu den → Getreidefrühstückserzeugnissen. Die behandelten P. werden teils zu verzehrsfertigen → Nährmitteln, teils zu → Süßwaren gezählt, je nachdem, in welchem Industriezweig die weitere Behandlung des P. erfolgt. Die *behandelten* P. werden auch als sog. *veredelte* P. bezeichnet, wobei sich die Veredlung auf eine Behandlung der Oberfläche mit → Glasurmitteln bezieht, durch die das P. äußerlich und geschmacklich ansprechender gestaltet werden soll. Beim sog. Veredeln wird das gepuffte Getreidekorn grundiert, kandiert und poliert bzw. geglänzt. Auf 1 kg P. rechnet man mit folgenden Mengen an Glasurkomponenten: 46 g Gummi *arabicum,* 1500 g Zucker, 200 g Wasser für die Grundierung; 8100 g Puderzucker, 550 g Kakaopulver, 500 g Wasser oder 600 g Puderzucker, 75 g Citronensäure und 200 g Wasser für die Decke; 62,5 g Hartparaffin, 33 g Rüböl und 5 g Talkum für das Poliermaterial. Die P. werden neben ihrer Weiterverarbeitung zu → Dragees in der Süßwarenindustrie sowohl in ganzen Körnern als auch in Form von *Raspel* vielseitig verarbeitet (z. B. *Puffreisriegel, Puffreisschokolade*).

Puffhirse: ein geblähtes → Hirsenährmittel, das in vielen Ländern, insbes. Indien, vorwiegend im Haushalt zubereitet wird. Zu diesem Zweck werden sehr kleine Hirsen mit hornigem Endosperm und harter Samenschale (meist Sorghum- und Popsorghumarten) in einer heißen Pfanne über offenem Feuer bewegt. In dem Moment, wo die Samen aufspringen, werden sie vom Feuer genommen. Die P. wird entweder unbehandelt oder nach Wälzen in Zucker oder nach Zubereitung mit süßer Milch, Buttermilch, Salz und Chillies verzehrt. → Puffgetreide → Getreidefrühstückserzeugnis

Puffmais, *Popcorn, Perlmais, Spitzmais, Platzmais, Knallmais, Flockenmais:*

1. eine kleinkörnige Varietät des → Maises, *Zéa máys convar. microspérma* Koern., mit hornigem, hartem Endosperm.

2. das → Pufferzeugnis aus der Maisvarietät *Zéa máys convar. micorspérma* Koern.. Beim Erhitzen (Puffen) quillt das nahezu völlig verfestigte Korninnere als lockere, weiche Masse aus der leicht zerspringenden Frucht- und Samenschale, wobei sich das Kornvolumen um das Mehrfache (20- bis 30fache) vergrößert. Man unterscheidet spitz- (*Spitzmais*) und rundförmige (*Perlmais*) Puffmaissorten. Zur Puffmaisherstellung eignen sich nur Maissorten mit hohem Anteil an hornigen Schichten im Korninneren, was bei den botanischen Sorten *Hart-, Zahn-* und *Puffmais* der Fall ist. Der P. zeigt auf dem amerikanischen Kontinent den höchsten Umsatz; bereits 1890 begann die Entwicklung der sog. Popcorn-Industrie, weil in Amerika der P. bes. gut gedeiht. Anbauversuche in Europa und Nordafrika haben bisher diese Qualität nicht erreichen können. Auch gilt es als alte Tradition in Amerika, den *Popcorn* über dem Kaminfeuer in durchlöcherten Metallgefäßen selbst zu bereiten. Der P. wird entweder *unbehandelt,* daher ohne Zusatzstoffe hergestellt, oder gesalzen, gezuckert oder mit Vitaminen, Käse, Paprika, Vanillin, Butterkaramel, Erdnußsplittern usw. aufgewertet.

Der Verkauf des P. liegt vorwiegend in den Händen des Süßwarenhandels; außerdem wird der P. an Ständen im Theater, Kino oder auf der Straße frisch «gepopt». Der P. zählt in seiner behandelten Form zu den am meisten verbreiteten → Imbißerzeugnissen. → Maisnährmittel → Puffgetreide → Pufferzeugnis

Puffnährmittel → Puffgetreide

Puffreis → Puffgetreide

Puffreisschokolade: eine → Schokolade mit unzerkleinertem Puffreis.

Puffs → Imbißerzeugnis → Pufferzeugnis

Puffweizen: ein → Pufferzeugnis aus Weizen. Der P. ist als unbehandeltes Erzeugnis ein vitaminfreies Erzeugnis. Es dient vielfach als → Getreidefrühstückserzeugnis. → Puffgetreide

Pulasan: mittelgroßer Baum, *Nephélium mutábile* Bl. (Familie *Sapindáceae*), der in größerem Maße in Westjawa (Indonesien), aber auch in Thailand, Malaysia angebaut wird. Die eiförmige, dunkelrote, seltener gelbe Frucht ist dicht besetzt mit konischen Fortsätzen. Der Samenmantel ist gelblichweiß, durchscheinend, saftig und süß, er wird als Dessertfrucht oder Kompott gegessen. → Rambutan

Pulasari: das in Indonesien kultivierte Hundsgiftgewächs in Form von Sträuchern mit weitnervigen Blättern und kleinen Blüten, *Alýxia lúcida* Wall. (Familie *Apocynáceae*), dessen Rinde, ähnlich der Zimtrinde, für Würzzwecke verwendet wird.

D-Pulegon, *1-Methyl-4-isopropyliden-cyclohexan-3-on:* ungesättigtes monocyclisches Terpen-Keton.

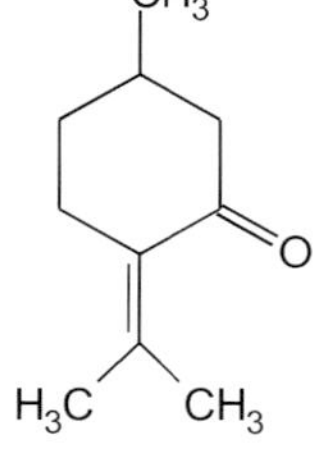

P. ist weit verbreitet in Lippenblütlern und Hauptbestandteil des ätherischen Öles von *Méntha canadénsis* L.. Es ist ein farbloses, kampferartig süßlich riechendes Öl, unlöslich in Wasser, leicht löslich in Ethanol und Ether. Verwendung findet P. zur Darstellung von Menthol. → Terpen-Ketone

Pullulan: vom Mikroorganismus *Aureobasídium púllulans* (de Bary) Ärnaud = *A. vítis* = *Pullulária púllulans* Berkh. fide Cook gebildetes, aus Glucosebausteinen bestehendes *Polysaccharid, das aus Maltotriose-Einheiten zusammengesetzt ist, die über* α-1,6-glycosidische Bindungen miteinander verknüpft sind (Formel s. Seite 387).
P. ist stark quellfähig und wirkt ähnlich sättigend wie Stärke, wird aber von Intestinalenzymen kaum hydrolysiert. Es ist im trockenen Zustand ein weißes Pulver und kann nach Wasserzusatz zu dünnen, durchsichtigen Folien gepreßt werden. P. wird als Zusatz zu energiereduzierten Lebensmitteln (Brot, Teigwaren) und als biologisch abbaubares Verpackungsmaterial verwendet. → Hydrokolloid

Pullulanase, *Isoamylase, Amylo-1,6-glucosidase* (EC 3.2.1.41): → Enzym, das α-1,6-glycosidische Verzweigungsstellen von Polysacchariden, z.B. von → Stärke oder → Pullulan, spaltet. Nach der Wirkung der P. auf Stärke verbleiben die aus α-1,4-glycosidischen Bindungen bestehenden Hauptketten (→ Amylose). Das aus verschiedenen Mikroorganismen *(Bacíllus céreus, Cytophaga, Streptomyces)* biotechnisch gewonnene Enzym wirkt bei höherer Temperatur (60°C) und im sauren Milieu (*p*H 5) und wird zur Herstellung von Amylose sowie vor allem zusammen mit Glucoamylase, zur effektiveren Herstellung von Glucose eingesetzt.

Pulmo → Lunge

Pulmonária officinális → Lungenkraut, Echtes

Pulpa, *Pulpe:* botan. Bez. für saftreiches Fruchtgewebe verschiedener Obstarten (z.B. Zitrusfrüchte, Bananen, Passionsfrucht, Mango). Die P. entwickelt sich als Emergenz (Auswuchs) subepidermalen Gewebes der Fruchtknoteninnenwand (Endokarp), indem die Ausstülpungen in die

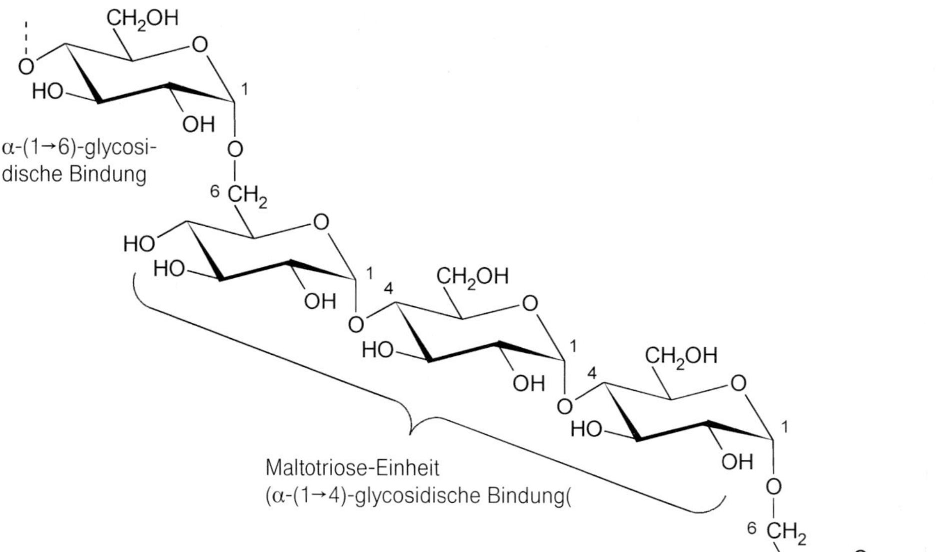

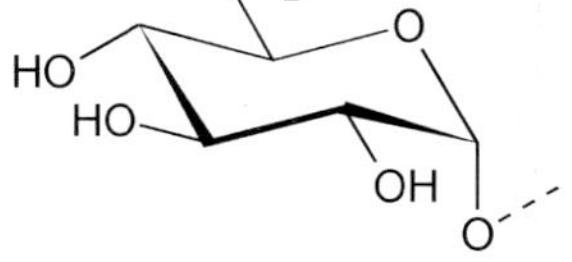

Fächer des Fruchtknotens hineinwachsen und damit zugleich die Samen einbetten. Ursachen für solche Fruchtentwicklungen sind in der Verbreitungsbiologie solcher Pflanzen zu finden. → Flavedo → Fruchtschale, expulpierte

Pulpe, *Pulp, Pülpe:* **1.** ein → Mazerat aus ungezuckertem *Frucht-* oder *Gemüsezellbrei.* Die Bez. *pulpös* bedeutet fleischig, aus weicher Masse bestehend. Das Gegenstück zu P. ist der fast klare, fleischlose Saft, auch *Serum* bzw. *Fruchtserum* genannt, das bes. augenscheinlich z. B. bei enzymatisch unbehandeltem Sanddornsaft zutage tritt. Fruchtfleischhaltige Säfte werden auch als → Nektare oder Pulpsäfte bezeichnet. P. dient zur weiteren Verarbeitung zu → Markkonzentrat.
2. ein stückiges Halbfabrikat aus frischem, gereinigtem und zubereitetem (entkelchtem, entstieltem, entkerntem) aber, im Vergleich zu → Mark, nur teilw. zerkleinertem Obst (*Obst-* oder *Fruchtpulpe*), das durch Gefrieren oder durch Zusatz von Konservierungsmitteln für begrenzte Zeit haltbar gemacht und nicht zum unmittelbaren Genuß bestimmt ist. Die Herstellung von Obstpulpe ist vorteilhaft zur Überwindung von Arbeitsspitzen bei hohem Anfall von Verwertungsobst bzw. zur gleichmäßigen Auslastung der Verarbeitungsbetriebe. → Fruchtmus
3. → Pulpa

Pülpe → Knollenstärke → Pulpe

Pulque, *mexikanisches Bier, Agavenwein:* **1.** mexikanisches Nationalgetränk, ein → weinähnliches Getränk, das aus dem Saft der mexikanischen Agave, insbes. aus *Agáve atróvirens* Karwinski et Salm (Familie *Agaváceae*), auch *Bier-* oder *Pulque-Agave* genannt, aber auch anderer *Agave*-Arten gewonnen wird. Dazu wird die Knospe des Blütenstandes angeschnitten und der aus der Wunde in großen Mengen ausfließende, zuckerhaltige, süßsäuerliche Saft (→ Aguamiel) vergoren. Eine 7jährige Agave liefert in 6 Monaten etwa 1000 l Saft, der etwa 10 % Zucker enthält. Der P. wird frisch vergoren getrunken. Das Getränk enthält einen hohen Anteil Fuselöle. Gelegentlich wird durch Destillation des 4···8 % Ethanol enthaltenden P.

ein Branntwein (*Mezcal de pulque, Aguardiente de pulque*) hergestellt.
2. scharfes alkoholisches Getränk aus Mais.

Pultost: norwegischer *Sauermilchkäse,* der vorwiegend mit Gewürzzusätzen hergestellt wird. → Käsesorten

Pulver: ein Haufwerk trockener, fester Teilchen, die die kleinsten Unterteilungseinheiten unterschiedlicher Größe und Form eines festen Stoffes darstellen. Diese Unterteilungseinheiten sind vom Zerkleinerungsverfahren (z.B. Mahlen, Brechen, Hacken, Reiben, Klopfen) abhängig, sind stabil und bleiben beim Rühren und Mischen im trockenen Milieu erhalten. Für die Charakterisierung eines P. sind vor allem die Teilchengröße, die Fließeigenschaften und die Streufähigkeit maßgebend. Ein P. mit einer Teilchengröße unter 100 µm wird als *Puder* (z.B. Stärkepuder, Puderzucker) bezeichnet. Dementsprechend ist → *Mehl* mit dem üblichen Körnungsbereich zw. 75 µm und 230 µm ein sehr feines bis mittelfeines P., der → *Grieß* mit dem Körnungsbereich zw. 250 µm und 475 µm (feiner Grieß), zw. 475 µm und 620 µm (mittelfeiner Grieß) und zw. 620 µm und 1000 µm (grober Grieß) ein mittelfeines bis grobes P. und der → *Dunst* mit einem Körnungsbereich zw. 150 µm und 240 µm (feiner Dunst) und 240 µm und 360 µm (grober Dunst) ein feines bis mittelfeines P. → Instantpulver

Unterscheidung der Pulver nach der Teilchengröße

Maschenweite des Siebes bzw. der Seidengaze in µm	Pulverfeinheit
800	grob
315	mittelfein
160	fein
100	sehr fein

Pulverhefe → Nährhefe → Backhefe

Pulverkaffee-Ersatz, schnellöslicher → Kaffee-Ersatz-Extraktpulver

Pulverkaffee, schnellöslicher → Kaffee-Extraktpulver

Pulverkuchen → Rührkuchen

Pulvermilch: eine durch Auflösen einer entsprechenden Menge Milchpulver in Wasser rekonstituierte Milch.

Pulvertee, schnellöslicher → Tee-Extraktpulver

Pulvinsäure eine Carbonsäure mit drei cyclischen Gliedern, die in zahlreichen Flechten und höheren Pilzen vor allem in Röhrlingen (Boletáles) als Farbstoff vorkommt.

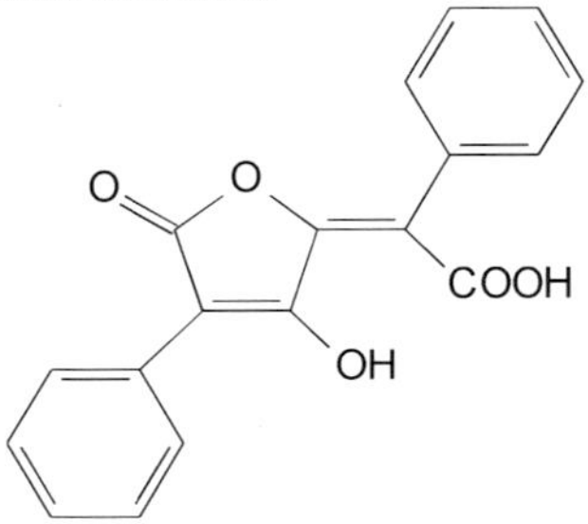

Molmasse 308,29 g/mol. P. wird durch Dimerisierung von Phenylalanin bzw. Phenyltraubensäure zu Polyporensäure, nachfolgender enzymatischer Oxydation, Ringöffnung und erneutem Ringschluß gebildet. In 3,3'- und 4,4'-Position hydroxylierte Pulvinsäurederivate wie *Gomphidsäure, Variegatsäure* und *Xerocomsäure* sind für die Braunverfärbung und die Bildung blaugefärbter chinoider Anionen durch den Luftsauerstoff bzw. Oxydation vieler Röhrlinge bei Verletzung des Gewebes verantwortlich. → Badione → Pilzfarbstoffe

Puma → Erfrischungsgetränk, proteinhaltiges

Pumacua → Anattobaum

Pumelo → Pampelmuse

Pummelo → Pampelmuse

Pumpernickel: ein aus Roggenvollkorn- oder Roggenbackschrot unter Anwendung von Sauerteig in bes. langer Backdauer (16···24 h) hergestelltes rindenloses → Spezialbrot mit leicht süßlichem, aromaintensivem Geschmack und saftiger Krume. Der P. wurde erstmals 1845 in Westfalen von *E. Sökeland* hergestellt, den *Justus von Liebig* als den ersten wissenschaftlichen Bäcker bezeichnete. Bis heute hat der P. seine Bedeutung insbes. als → Delikateßbrot, dem eher die Rolle einer Beikost als eines Hauptnahrungsmittels zukommt, erhalten, indem es zu Festlichkeiten oder auf Reisen zu den beliebtesten → Spezialbrotsorten zählt. Wortgeschichtlich wird unter der Bez. P. ursprünglich ein ungeschlachter, ungehobelter Mensch verstanden. Der erste Wortteil ist aus dem frühhochdeutschen „Pumper" (abgehende Blähung) und „Nickel" auf *Nikolaus* zurückzuführen. P. bedeutete demzufolge dasselbe wie *Stinknickel*. Später wurde dieses Spezialschwarzbrot wegen seiner mitunter blähenden Wirkung so genannt. P. wird nur als allseitig in Aluminium- oder Polyethylenfolie verpacktes oder hitzekonserviertes Schnittbrot gehandelt. P. ist als Folge der langen Backzeit trotz seines Vollkornrohstoffcharakters frei von Vitamin B_1, da der gesamte Herstellungsprozeß auf die Erzielung bes. Geschmacksmomente ausgerichtet ist. → Restbrot → Brot, rindenloses → Vollkornbrot → Brot

Pumpkingewürz → Kürbisgewürz

Púnica granátum → Granatapfel

Punicinsäure → Elaeostearinsäure

Punsch: eine aus dem indischen *panca* abgeleitete Bez., die *aus fünf Teilen bestehend* bedeutet. Heute versteht man unter P. ein alkoholisches Mischgetränk. Die Mehrzahl von P. lautet *Pünsche*. → Bargetränk

Punschextrakte: → Spirituosen, zu deren Herstellung neben Sprit bzw. Edelbränden, Zucker oder Zucker und Stärkesirup auch Traubenweine, Fruchtweine, Fruchtsäfte und Auszüge oder Destillate von aromatischen Drogen verwendet werden. P., gehandelt unter der Bez. *„Rum-Punschextrakt"* ist mit mind. 5% Rum, *„Arrak-Punschextrakt"* mit mind. 10% Arrak und *„Korn-Punschextrakt"* mit 100% Kornfeindestillat, bezogen auf den Gesamtethanolgehalt, herzustellen. *Wein-Punschextrakte* müssen in 100 l Fertigerzeugnis mind. 20 l Wein enthalten. Die Verdünnung von einem Teil P. mit zwei Teilen kaltem oder heißem Wasser wird als → *"Punsch"* bezeichnet.

Punschtorte: eine Torte aus → Wiener Boden, der mit Punschläuterzucker getränkt und mit Aprikosen- oder Apfelmarmelade gefüllt sowie mit Punschglasur glasiert ist. → Volleimasse

Punzen → Spilling

Purbon: österreichischer *Schnittkäse* (Typ *Gouda*) in Stangenform mit 45% F. i. Tr. → Käsesorten

Püree → Brei

Purin-Alkaloide → Alkaloide

Purinkörper, *Purine, Purinbase:* Derivate des Purins, einer heterocyclischen Verbindung, in der Pyrimidin und Imidazol kondensiert sind.

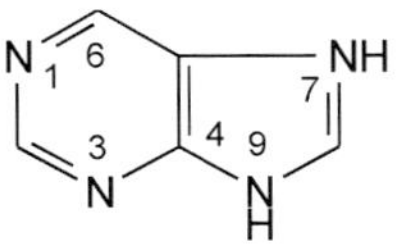

Purin ist bisher in freier Form in der Natur nicht aufgefunden worden. Von großer physiologischer Bedeutung sind die Hydroxy-, Amino- und Methylderivate des Purins: *Hypoxanthin* (6-Hydroxypurin), → Adenin (6-Aminopurin) und → *Guanin* (2-Amino-6-hydroxypurin), die Bausteine der für die Biosynthese von Proteinen bzw. für die Übermittlung genetischer Informationen wichtigen *Nucleinsäuren* sind. Im Unterschied zum Guanin kommt Adenin auch als freie Base in Hefe, Zuckerrüben, Hopfen, Tee und Steinpilzen vor. Das *Xanthin* (2,6-Dihydroxypurin) ist in kleinen Mengen in Pflanzen verbreitet. Im schwarzen Tee tritt es als Begleiter des Coffeins auf, im tierischen Organismus kommt es im Blut, in der Leber und im Harn vor. Die Purinalkaloide → *Theophyllin* (1,3-Dimethylxanthin, *Theobromin* (3,7-Dimethylxanthin), → *Coffein* (1,3,7-Trimethylxanthin) sind Bestandteile von schwarzem Tee, Mate, Kakao, Kaffee bzw. Colanuß. Die P. werden vom Organismus in Form von *Harnsäure* (2,6,8-Trihydroxypurin) mit dem Harn ausgeschieden. Bei Auftreten von Gicht und Harnsäuresteinen infolge Störungen der Harnsäureausscheidung dürfen keine purinkörperreichen Lebensmittel, wie Fleischextrakte, Bries, Leber, Lunge, Milz, Nieren, Zunge, Wild, Geflügel, Fische, Hefe, Pilze, Hülsenfrüchte, Kohlrabi, Blumenkohl, Sellerie, Spargel, Spinat sowie Alkohol verzehrt werden; beschränkt erlaubt sind Kaffee, Kakao, Schokolade, schwarzer Tee, Mate und leichte, naturreine Weine. Zur Biosynthese von P. und Nucleinsäuren sind der *Citrovorum factor* und die → Folsäure unentbehrlich. → Harnsäure → Nucleotide → Nucleinsäuren

Puris → Chapati

Purpurfisch, *Rotauge, Emmelichtys spp.:*

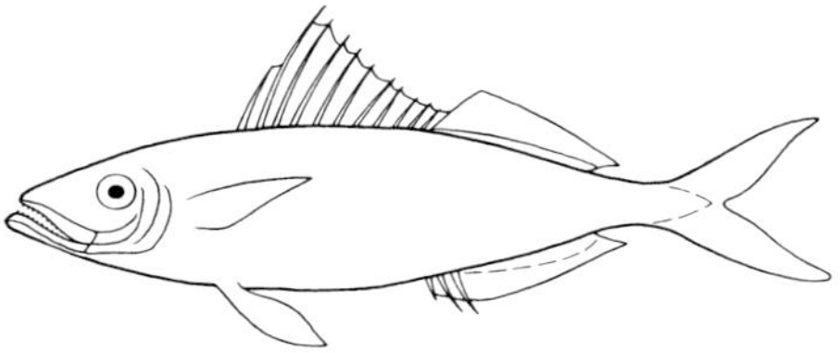

Purpurfisch

Spindelförmiger, lebhaft rot gefärbter, pelagischer *Meeresfisch* mit 2 getrennten Rückenflossen, einem gegabelten Schwanz mit einem Kiel zu beiden Seiten des Schwanzstiels und einem weit vorstülpbaren Maul. Die meisten Arten sind im Indopazifik beheimatet. Eine Art kommt als Beifang auf den westafrikanischen Fangplätzen vor. Sie erreicht 40···50 cm Länge. - Das dunkelrote, feste, wildähnliche Fleisch enthält je 100 g eßbaren Anteils meist weniger als 1 g Fett und etwa 22 g Eiweiß. → Fisch

Purpurforelle → Forelle

Purpurgranadilla → Passionsfrüchte

Pururi grande → Pitajoni

Purpurin → Farbstoffe

Pustulan: ein unverzweigtes Polysaccharid aus der Flechte *Umbillicária pustuláta, das aus* β-1,6-verknüpften D-Glucoseeinheiten besteht. Im nativen Zustand sind etwa 10 % der Glucoseeinheiten acetyliert. P. bildet in Wasser viskose Lösungen und in deacetylierter Form in einem zeitabhängigen Prozeß Gele. → Polysaccharide, mikrobielle

Puten (Meleagrídidae): Bez. für Truthühner. → Fleischtiere

Putha → Tossajute

Puto: ein → fermentiertes Lebensmittel in Form eines kleinen Reiskuchens mit Snackcharakter. Die Qualität von P. ist von der Mikroflora abhängig, die sich auf dem Reiskorn befindet und somit als Ausgangsflora dient. Reissorten mit hohem Amylosegehalt führen zu gewünschter Volumenbildung. Für industriell hergestellten P. werden zur Abkürzung des Fermentationsprozesses als → Starterkulturen *Leuconóstoc mesenteroídes, Streptocóccus faecális* und *Saccharomýces cerevísiae* verwendet. P. ist nahezu identisch mit dem in Indien hergestellten → *Idli* oder dem auf Thailand vorkommenden *Toyfu.*

Putra: ein lettisches → fermentiertes Lebensmittel aus Getreide, saurer Milch oder saurer Sahne, das nach Gärung (Säuerung) zu püreeartiger Masse verarbeitet und entweder mit Fisch (*Vec-Putra)* oder mit Gerstengraupen *(Skaba-Putra)* verzehrt wird.

Putrescin → Amine, biogene → Polymethylendiamine

PVP → Polyvinylpyrrolidon

Pyranosen → Saccharide

Pyranoside → Glycoside → Saccharide

Pyrazine: heterocyclische Verbindungsklasse, deren Muttersubstanz das Pyrazin ist.

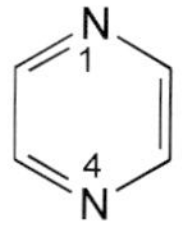

Das Pyrazingrundgerüst ist in vielen Naturstoffen enthalten, z. B. in Flavinen (→ Farbstoffe) und Pteridinen (→ Folsäure, → Pterine). Alkylierte P. sind in versch. Lebensmitteln als geschmacksgebende

Substanzen z. B. in den Röstaromen von Kaffee, Kakao, gebratenem Fleisch, gebackenen Kartoffeln (Pommes frites, Kartoffelchips), getrockneten Pilzen, Brot, Puffmais, Erdnüssen, Erbsen, Tomaten, Paprika und Pfeffer nachgewiesen worden. Ihre Bildung erfolgt über die *Maillard*-Reaktion (→ *Maillard*-Produkte). Daher kommen P. insbes. in hitzebehandelten Lebensmitteln vor und beeinflussen deren Aroma. Einige Vertreter dieser Klasse sind äußerst geruchsintensiv. So hat z. B. *2-Methoxy-3-isobutylpyrazin* in Wasser einen Schwellenwert (→ Sensorik) von 0,002 μg/l.

L-Pyrazolyl-alanin → Aminosäuren

Pyrethrin: natürliches Pyrethroid mit insektiziden Eigenschaften. P. ist ein gelber bis schwach gelber, öliger Pflanzenextrakt mit etwa 10 % Pyrethrin I, 9 % Pyrethrin II, 3 % Cinerin I und 3 % Cinerin II, der in Wasser unlöslich, in Kohlenwasserstoffen leicht löslich ist. Die P. und Cinerine sind optisch aktive, flüssige, farblose und hochsiedende Ester der (+)-trans-Pyrethrinsäure bzw. (+)-trans-Chrysanthemumsäure mit den Ketoalkoholen (+)-Pyrethrolon bzw. (+)-Cinerolen. Gewonnen wird das P. hauptsächlich aus den Blüten von *Chrysánthemum cinerariifólium* (Trevir.) Vis. und *Chrysánthemum coccíneum* Willd., in denen es mind. zu 1,3 % enthalten ist. Bei Insekten tritt durch Kontaktwirkung der Tod sofort ein (knockdown-Effekt). Durch Zusatz z. B. von Piperonylbutoxid tritt eine starke Erhöhung der Insektizidwirkung auf (Synergismus). → *Chrysánthemum* L.

Pyréthrum spec. → *Chrysánthemum* L.

Pyridin-Alkaloide → Alkaloide

Pyridine: heterocyclische Verbindungsklasse, deren Muttersubstanz das Pyridin ist.

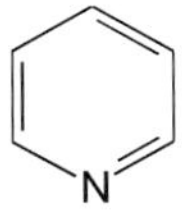

Das P. ist Baustein u. a. des → *Niacins, der Pyridin-Nucleotid-Coenzyme, des Piperins* und des *Nicotins*. P. werden unter den flüchtigen Komponenten von Kaffee und Fleisch nachgewiesen. Ihr Einfluß auf das Aroma ist bisher ungeklärt. P. dient auch als *Vergällungsmittel* für Ethanol.

Pyridin-3-Carbonsäure → Niacin

Pyridoxal → Vitamin B_6

Pyridoxalphosphat → Vitamin B_6

Pyridoxamin → Vitamin B_6

Pyridoxaminphosphat → Vitamin B_6

Pyridoxin → Vitamin B_6

Pyridoxinphosphat → Vitamin B_6

Pyridoxol → Vitamin B_6

ε-Pyridoxyl-lysin → Vitamin B_6

Pyrocatechin → Gerbstoffe → Phenole

Pyrocatechusäure → Phenole

Pyrodextrin → Dextrin

Pyrogallol → Phenole

Pyragallol-1,3-dimethylether → Phenole

Pyrogallol-methylether → Phenole

Pyrogallussäure → Phenole

Pyrogen, bakterielles → Endotoxine

Pyrogentisinsäure → Phenole

Pyroibotensäure → Ibotensäure

Pyrokohlensäurediethylester → Konservierungsstoffe

Pyrokohlensäuredimethylester → Konservierungsstoffe

Pyrolfarbstoffe, eisenhaltige → Farbstoffe

Pyrolyseprodukte → Schadstoffe

Pyronemáceae → *Pezizáles*

γ-Pyronfarbstofe → Flavonoide → Farbstoffe

Pyrosin → Polyfructose

Pyrosulfite → Sulfitieren

Pyrrol-Alkaloide → Alkaloide

Pyrrole: heterocyclische Verbindungsklasse, deren Muttersubstanz das Pyrrol ist.

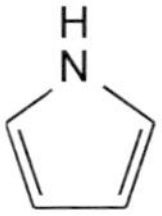

P. kommen in thermisch behandelten Lebensmitteln, wie Kaffee, Kakao, Brot, Getreide, Nüssen, vor und werden für das Aroma dieser Erzeugnisse mitverantwortlich gemacht.

Pyrrolfarbstoffe → Farbstoffe

Pyrrolicidin-Alkaloide: große Gruppe von ähnlich aufgebauten Estern, die sich aus einem basischen Pyrrolicingerüst (s. Formel) mit einer oder zwei Hydroxylgruppen und ein- oder zweibasigen aliphatischen Carbonsäuren aufbauen.

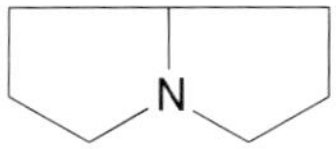

Die P. und ihre N-oxide sind weltweit in höheren Pflanzen, vor allem der Familien *Asteráceae, Fabáceae, Apocynáceae, Boragináceae, Orchidáceae* und *Poáceae* verbreitet. Etwa 260 P. sind bisher entdeckt und strukturell aufgeklärt worden. Die P. dienen den Pflanzen als Fraßschutz. Sie wirken beim Menschen karzinogen, mutagen, leber- und zellschädigend. → Alkaloide

L-Pyrrolidoncarbonsäure: heterocyclische Verbindung der Struktur

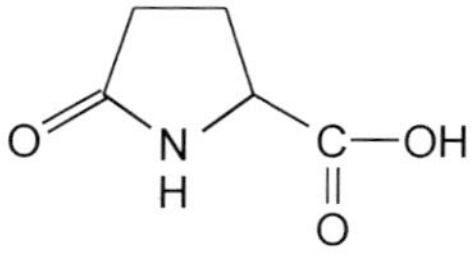

L-P. bildet sich beim Erhitzen von L-Glutamin unter Ammoniakabspaltung und soll für den unangenehmen bis bitteren Kochgeschmack von Konserven verantwortlich sein.

Pyrrol-α-methylketon, *Pseudoacetylpyrrol* (veraltet): ein Pyrrolderivat mit der Formel

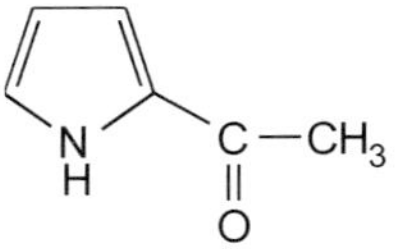

P. wurde aus Baldrianwurzel und dem ätherischen Öl des schwarzen Formosatees isoliert, F. 90°C.

Pýrus bretschnēīderi → Birne, Weiße

Pýrus commúnis → Birne

Pýrus commúnis ssp. pyráster → Holzbirne

Pýrus doméstica → Birne

Pýrus elaeagrifólia → Birne

Pýrus kleinhófia → Nashi

Pýrus montána → Nashi

Pýrus nivális → Schneebirne

Pýrus pyráster → Holzbirne

Pýrus pyrifólia → Nashi

Pýrus serótina → Nashi

Pýrus sínai → Birne

Pýrus sohayakiénsis → Nashi

Pýrus ussuriénsis → Ussuri-Birne

Quakeroats → Hafernährmittel

Qualität: Gesamtheit der wesentlichen Eigenschaften und Merkmale eines Lebensmittels, die den Grad seiner Nutzung für den vorgesehenen Verwendungszweck bestimmt. Dabei ist zwischen der objektiven Beschaffenheit eines Produktes und seiner Q. streng zu unterscheiden. Zur Einschätzung der Q. bedient man sich der *Qualitätsmerkmale,* die z.B. die für die Konsumtion wichtigsten Eigenschaften eines Lebensmittels ausdrücken. Das können chemische, physikalische, technische, ökonomische und ästhetische Parameter sein. Nur die Merkmale der Beschaffenheit, die für den Konsumenten oder für Interessengruppen von Bedeutung sind, werden durch die Bewertung zu Qualitätsmerkmalen. Bei Lebensmitteln unterscheidet man im allgemeinen zwischen folgenden Teilqualitäten: *Schauwert* (äußere Beschaffenheit, Aussehen), *Genußwert, Nährwert, Einsatzwert, Verkehrsfähigkeit, Produktionswert, Handelswert, Verbrauchsanreiz.* Diese werden aus vier Interessengebieten heraus unterschiedlich gewichtet: 1. *Ernährungswissenschaft,* 2. *Lebensmittelproduktion,* 3. *Lebensmittelzubereitung, -handel* und *-konsum,* 4. amtliche Lebensmittelkontrolle.
Im Interessengebiet Ernährungswissenschaft dominieren die Teilqualitäten Nährwert, Genußwert, Schauwert. Der Nährwert wird durch die ernährungsphysiologischen Eigenschaften bestimmt. Schau- und Genußwert werden durch die mit den Sinnen wahrnehmbaren Eigenschaften, wie Aussehen, Geruch, Geschmack und Konsistenz, geprägt. Sie hängen erheblich von der chemischen Zusammensetzung, aber auch von physikochemischen und biologischen Eigenschaften ab. In der Lebensmittelproduktion sind die ökonomisch orientierten Teilqualitäten sowie Einsatzwert und Produktionswert ausschlaggebend. Im 3. Interessengebiet sind die Teilqualitäten Verbrauchsanreiz, Einsatzwert und Handelswert vorherrschend. Der Einsatzwert ist ein Sammelbegriff für die Eignung eines Rohmaterials, Zwischenproduktes oder Fertigerzeugnisses für Verarbeitung, Zubereitung sowie für bestimmte Verwendungszwecke. Für alle Lebensmittelgruppen gemeinsam sind dabei die Gesichtspunkte für Haltbarkeit und Annehmlichkeit der Zubereitung vorrangig. Wenn dabei Operationen vorgenommen werden, die die chemische Zusammensetzung beeinflussen, so können alle vorgenannten Teilqualitäten verändert werden.
Im Gebiete der amtlichen Lebensmittelkontrolle ist die Verkehrsfähigkeit die vorrangige Teilqualität. Es liegen Anforderungen vor, die entweder eingehalten werden oder nicht, z.B. Reinheit, Verunreinigungen, Echtheit, Verfälschung, Frische, Verdorbenheit, Behandlung und Aufmachung. Ein Lebensmittel ist dann nicht verkehrsfähig, wenn es mind. einer der gestellten Anforderungen nicht genügt. Der maßgebliche Standpunkt der Betrachtung ist der des Durchschnittsverbrauchers. Er wählt ein Lebensmittel gewöhnlich nach den sinnenfälligen Merkmalen aus, also nach dem Genußwert, dem Schauwert, aber auch nach dem Prestigewert sowie gewissen Gewohnheiten. Dem Verbraucher häufig unbekannt sind die in seinem Sinne vorgenommene Beurteilung der Verkehrsfähigkeit und der Nährwert.

Qualitätswein: gesetzl. vorgeschriebene Kennzeichnung für einen deutschen → Wein eines bestimmten Anbaugebietes (b. A.), wobei zw. „Q." und „Qualitätswein mit Prädikat" (entspricht Spitzenqualität des Weinbaues) unterschieden wird. Die Q. müssen ausschl. von Weintrauben empfohlener und zugelassener Rebsorten stammen und in einem einzigen Anbaugebiet (bei Qualitätswein mit Prädikat dagegen in einem bestimmten Bereich) gewachsen sein. Im Vergleich zu → Tafelwein sind jegliche Verschnitte mit Wein aus anderen Anbaugebieten (bei Q.) oder anderen Bereichen (bei Q. mit Prädikat) nicht zulässig. Q. mit Prädikat dürfen nicht mit Zucker angereichert sein. Der Termin für die Lese der Weintrauben in den betreffenden Gemeinden mit Weinbau wird behördlich festgelegt. Je nach Jahreswitterung und dem daraus resultierenden Zuckergehalt, als wichtigstem Kriterium für die Einordnung in Qualitätstufen, werden die Prädikate *„Kabinett", „Spätlese", „Auslese", „Beerenauslese", „Trockenbeerenauslese"* und *„Eis-*

wein" auf Antrag, unter Erteilung einer auf dem Flaschenetikett einzutragenden Prüfnummer zuerkannt. *Kabinettwein* darf nach Beginn der amtlich erlaubten Weinlese geerntet werden. Er darf nicht vor dem 1. Jan. des Jahres, das dem Erntejahr folgt, auf Flaschen abgefüllt sein. Für höhere Qualitätsstufen gilt der 1. März, damit die Weine eine bestimmte Zeit reifen können. *Spätlesewein* bezieht sich auf einen Wein, der aus vollreifen Trauben während der amtlichen Spätlesezeit hergestellt wird. Das Prädikat „Auslese" (Auslesewein) wird einem Wein zuerkannt, bei dem die verwendeten Weinbeeren ausschl. von empfohlenen Rebsorten stammen und alle beschädigten, kranken und nicht reifen Beeren vor dem Keltern ausgelesen worden sind. Die Beeren müssen außerdem einem ganz bestimmten Standort als *Spätlesebeeren* entnommen sein. Bei *Auslesewein* dürfen die Rohstoffe und der Wein selbst nicht mit Hilfe von Behandlungsmitteln entsäuert werden; er muß frei von Fehlern und typisch für die bezeichnete Herkunft sowie Rebsorte sein. Die Bez. "*Beerenauslese*" darf nur verwendet werden, wenn die Bedingungen der „*Auslese*" erfüllt sind und ausschließl. edelfaule oder übereife Weinbeeren verwendet werden. → Eiswein wird aus Trauben erzeugt, die dem Frost ausgesetzt waren und im gefrorenen Zustand geerntet und abgepreßt werden. Bei Q. mit Prädikat übersteigen die gesetzl. erlaubten Höchstgrenzen an schwefliger Säure (zur Erhöhung der Haltbarkeit) diejenigen von → Tafelwein um bis zu 100 %. Auch *Q. b. A.* und *Kabinettwein* enthalten weniger schweflige Säure als *Q.* mit höheren Prädikaten: Es sind in mg/l als Höchstgrenzen zugelassen: Bei Tafel- und Q. b. A. für Rotwein 175, für Weißwein 225; bei Q. mit Prädikat für Spätlese 300, für Auslese 350, für Trockenbeerenauslese 400. → Trockenbeerenauslese

Qualle, Russische → Kombuchá

Quamash → Päriekerze

Quandong: ein in Australien wegen seiner genießbaren Früchte kultivierter Baum, *Sántalum acuminátum* (R. Br.) A. DC. (Familie *Santalanáceae*). Für den sehr unangenehmen Geschmack der Samen, bzw. *Quandongkerne* ist Methylbenzoat verantwortlich, das mittels Druck-Hitzeeinwirkung um ein Drittel verringert werden kann.

Quappe → Aalrutte

Quararibéa funébris → Kakaoblütentee

Quargel: dem Harzer verwandter, ursprünglich als Ölmützer Quargel bekannt gewordener Sauermilchkäse, der nur in kleinen Portionen und als Magerkäse (weniger als 10 % F. i. Tr.) hergestellt werden darf. Die Oberfläche ist mit einer feuchten, gelb-roten Schmiere bedeckt. Der Teig ist geschlossen und geschmeidig, aber schnittfest. Geruch und Geschmack sind kräftig pikant. → Käsesorten

Quark: allg. Bez. für das aus pasteurisierter Vollmilch oder entrahmter Frischmilch durch Zusatz von Lab und/oder Säureweckerkulturen ausgefällte Casein. Der Herstellungsweise entsprechend unterscheidet man *Labquark* (aus Milch und Labenzym) und *Sauermilchquark* (aus Milch und Säuerungskulturen, ohne Lab). Beide Quarksorten sind Halbfertigerzeugnisse und dienen als Rohstoffe für die Herstellung von Koch- und Sauermilchkäse. Der Verbraucher versteht unter Q. vor allem *nichtreifende Käse* (z. B. Speisequark, Frischkäse), bei denen das Casein unter Zusatz von Lab und Säureweckerkulturen vornehmlich durch Milchsäurebildung ausgefällt wird. → Käse, nichtreifende

Quark aus pflanzlichem Eiweiß → Tofu → Lupinenquark

Quarkkuchen, *Käsekuchen:* ein → Blechkuchen, vorwiegend unter Verwendung von → Hefeteig und Quarkmasse, häufig auch als Kombinationserzeugnis mit Obst, Streuseln, Rosinen und Mandeln. Mit Quarkmasse unterschiedlichen Fett- und Eigehaltes werden auch Feine Backwaren aus Blätterteig (z. B. *Quarkspitzen*), Mürbeteig (z. B. *Quarktorte,* auch *Käsetorte* genannt) und Plunderteig (z. B. *Quarkspitzen, Quarktaschen,* auch *Käsetaschen* genannt) hergestellt.

Quarkpasten: in der tschechischen und slowakischen Republik aus geschlagenem, fettem Quark unter Zusatz von Rahm und Obst hergestelltes und abgepacktes Produkt.

Quarkspitzen → Quarkkuchen

Quarkstollen → Diabetiker-Backware

Quarktasche → Quarkkuchen

Quarktorte → Quarkkuchen

Quássia amára → Quassiaholz

Quassiaholz, *Bitterholz:* das bitterstoffhaltige Holz des *Quassiaholzbaumes, Quássia amára* L. (Familie *Simaroubáceae*), das als Würzdroge für Spirituosen, teilw. als Hopfenersatz, vorwiegend jedoch als Heilmittel (z.B. Magentonicum), verwendet wird.

Quassiin → Quassinoide

Quassinoide, *Picrasmin:* ein Gemisch von mehreren zu den Triterpenen zählenden Bitterstoffen, von denen die Struktur des Quassins bekannt ist (s. Formel).

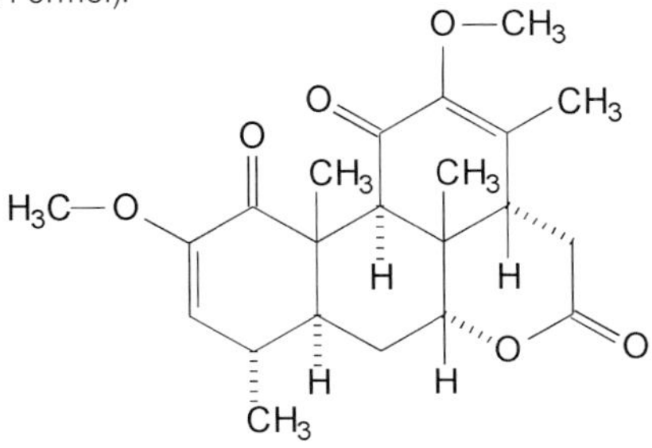

Sie haben die Summenformeln $C_{35}H_{46}O_{10}$ (F. 204°C) und $C_{36}H_{48}O_{10}$ (F. 209 bis 212°C). Q. kommt im Surinambitterholz (*Quassia amára* L.) und im Jamaikabitterholz (*Picrásma excélsa* (sw.) Planch.) vor und wird von den Einheimischen als Mittel gegen Magenbeschwerden und Fieber verwendet.

Quecke, *Graswurzel:* ein auf Äckern und Wegen, auf Schutthalden sowie in Gärten vorkommendes ausdauerndes Unkraut, *Agropýron répens* (L.) P. Beauv. (Familie *Poáceae*), das aus einem weitkriechende Ausläufer treibenden Wurzelstock meist glatte, kahle Stengel bis zu 1,5 m Höhe erhebt. In armen Gegenden wurden früher die Wurzelstöcke als Kaffeesurrogat verwendet, oder es wurde durch Abkochung der Queckenwurzel und Einengung des Auszuges ein Sirup gewonnen, der als Süßungsmittel diente. Aus den getrockneten und vermahlenen Wurzeln erhält man ein Mehl, das sich zur Herstellung von Backwaren, Brei und Bier eignet, zumal die Q. sehr schmackhaft ist. Aus den frischen Wurzeln, die bis zu 11 % Eiweiß enthalten, stellt man in Japan Salate und Zutaten für Gemüse- und Fleischspeisen her. → Wildkräuter

Quecksilber, *Merkurium:* chemisches Element der II. Nebengruppe des Periodensystems, Symbol Hg (von *Hydrargyrum, griech.-lat.),* das stark giftig wirkt. Das Q. kommt in der Natur vorwiegend als rotes Sulfid (HgS, Zinnober) vor, ist bei Zimmertemperatur eine leicht bewegliche, silberglänzende Flüssigkeit mit relativ hohem Dampfdruck, F. −38,8°C, Kp. 357 °C, *d* 13,5. Q. ist löslich in ver-

Richtwerte zur Begrenzung bzw. Minimierung des Gehaltes an Quecksilber in Lebensmitteln in mg/kg bzw. mg/l, bezogen auf Frischsubstanz bzw. Angebotsform

Lebensmittel	Hg-Gehalt
Milch	0,01
Kondensmilch	0,01
Käse	0,01
Hühnereier	0,03
Rind-, Kalb-, Schweinefleisch	0,03
Hackfleisch	0,03
Hühnerfleisch	0,03
Rinder-, Kalb-, Schweine-	
leber und -niere	0,10
Fleischerzeugnisse	0,05
Wurstwaren	0,05
Fisch- und Fischwaren	0,50
Krusten-, Schalen-, Weichtiere	0,50
Weizen-, Roggen-, Reiskörner	0,03
Kartoffeln	0,02
Blattgemüse	0,05
Küchenkräuter	0,05
Sproßgemüse	0,05
Fruchtgemüse	0,05

dünnter Salpetersäure. Die Giftigkeit der organischen Quecksilberverbindungen ist von ihrer Wasserlöslichkeit abhängig und beruht auf der Blockierung von sulfhydrylgruppenhaltigen Enzymen. Akute Vergiftungen treten bei Überschreiten eines Blutspiegels von 0,2···0,3 mg/100 ml auf. Sie sind gekennzeichnet durch verstärkten Speichelfluß, Erbrechen, Anurie und Diarrhöen.
Chronische Vergiftungen führen zu gesteigerter Nervosität, verbunden mit Kopfschmerzen, Gedächtnisschwäche, Stomatitis, wobei ein schwarzer Saum im Zahnfleisch durch Ablagerung von Quecksilbersulfid charakteristisch ist. Organische Quecksilberverbindungen werden durch Einwirkung von Alkyl- bzw. Arylhalogeniden auf Q. dargestellt. Verwendung finden Quecksilberverbindungen noch im Pflanzenschutz als Beizmittel für Getreidesaatgut und in geringem Umfange als Fungizide. Bei pflanzlichen Lebensmitteln tritt Q. als Oberflächenkontaminant auf. Organisches Q. wird durch bakterielle Reduktion in biologisch inaktives HgS umgewandelt, das aufgrund der Barrierefunktion der Wurzel nicht in die eßbaren Teile der Pflanze gelangt. Anreicherungen befinden sich vor allem bei Pilzen (Steinpilze und Agaricusarten). Fische, Krebse, Muscheln und andere Weichtiere stellen die Hauptkontaminationsquelle für Menschen dar. Mehr als 77% liegen im Fisch als Methylquecksilber vor und sind vorwiegend an schwefelhaltige Aminosäuren der Proteine gebunden. → Schwermetalle, toxische

Queen Crab → Krebstiere

Queensland-Arrowroot → Achira

Queenslandhanf → Kubajute

Queenslandnuß → Australnuß

Queensland-Pfeilwurzel → Achira

Quelle: örtlich begrenzter, dauernder oder zeitweiliger natürlicher oder künstlich gefaßter Austritt von *Grundwasser* aus der Erdoberfläche als a) Sturz-, Sprudel- oder Fließquelle im Gebirge mit frei abfließendem Quellwasser, b) Tümpelquelle am Grunde einer flachen Mulde oder c) Sumpf- oder Sickerquelle im Flachland. Vielfach wird die Bez. einer Q. auch gleizeitig als Bez. für das auf Flaschen abgefüllte Mineralwasser verwendet, z. B. bei der *Sachsenquelle* (bei Bad Elster) oder *Laura-Quelle* (bei Schmalkalden). Die *Gerolsteiner Stille Quelle* (Eifel) und die *Valser St. Petersquelle* (Walsertal) sind → Stille Wässer, das sind Mineralwässer mit geringem Kohlendioxidgehalt. Eine bes. Art der Q. sind die *Thermen*. Aus dem *Thermalquellen* fließt meist mineralsalzarmes, gelöste Gase enthaltendes Wasser mit konstanten Temperaturen über 20°C (s. Übers. Einteilung der → Heilwässer nach chemischen und physikalischen Eigenschaften).
Quellwasser ist ein oberflächennahes, unterirdisches *Grundwasser,* das durch versickernde Niederschläge aufgefüllt und durch undurchlässige Ton-, Schluff- oder Mergelschichten vom tiefen Grundwasser getrennt wird. Die Inhaltsstoffe des Quellwassers sind unterschiedlich, sie entsprechen den durchflossenen geologischen Bodenformationen. Das Quellwasser ist meist gleichmäßig kühl, rein, frei von biologischen Verunreinigungen und sauerstoffreich. Das tiefe Grundwasser, das z. T. auch Quellwasser sein kann, ist sauerstoffrei und zeigt in der chemischen Zusammensetzung - unabhängig von den verschiedenen Gebieten der Erde sowie den geologischen Formationen - nur geringe Abweichungen. → Heilwasser → Mineralwasser → Tafelwässer → Quellwasser, handelsübliches

Quelle, Gerolsteiner Stille → Stille Wässer

Queller, Gemeiner, *Glaschmelz:* ein an den Meeresküsten (z. B. in Wattgebieten der Nordsee) und Salzstellen des Binnenlandes bestandsbildendes, dickblättriges → Gänsefußgewächs *Salicórnia europāea* L. (Familie *Chenopodiáceae*), dessen junge Triebe roh verzehrt, aber auch als Essiggemüse eingelegt werden können und einen sehr beliebten, wohlschmeckenden Salat (wie Bohnensalat) liefern. Der Q. zählt zu den ganz wenigen Pflanzen, die hohe Salzgehalte und ständigen Wechsel von Ebbe und Flut ertragen, in deren Verlauf sie abwechselnd trocken stehen und völlig überflutet werden. Am Persischen Golf wurde eine 300 ha große Queller-Farm, als Pilotprojekt in

Saudi Arabien, zur Gewinnung von Speiseöl aus den eiweißreichen Samen errichtet. Preßrückstände dienen als eiweißreiches Viehfutter. Früher diente der G. Q. zur Soda-Gewinnung.

Quellgemüse: in verschiedenen Ländern anzutreffende Bez. für → Trockengemüse, das nach modernen Verfahren auf sehr schonendem Wege hergestellt und leicht quellfähig ist.

Quellmehl: ein → aus verschiedenen Getreidearten mit variablen Kaltkleistereigenschaften aufgeschlossenes Mehl, das zu Verdickungs- oder Backhilfsmitteln weiter verarbeitet wird. Neben das Verfahren der schonenden Walzentrocknung ist das Extrusionskochverfahren (→ Strangpreßerzeugnis) als Aufschlußverfahren getreten. Dabei werden die gewonnenen Extrudate zu Granulat vermahlen und ggf. durch Rösten zu *Röstquellmehl* weiterverarbeitet. Aus Q. lassen sich ferner → Instantkindernährmittel und Instantgetränkepulver mit variablem Quellverhalten weiterverarbeiten. → Getreide, wachsiges → Instantpulver

Quellmittel → Verdickungsmittel

Quellreis → Speisereis

Quellschrotbrot → Brot → Schrotbrot

Quellsalze → Kutterhilfsmittel

Quellstärke, *verkleisterte Stärke, gelatinierte Stärke:* eine im kalten Wasser lösliche und quellbare → Stärke. Die Q. wird durch Erhitzen feuchter bzw. gequollener Stärke und anschließendes Trocknen gewonnen. Die Bez. *Stärkequellmehl* ist veraltet. Q. wird zur Bereitung von Instantnährmitteln und als → Backhilfsmittel verwendet.

Quellstück → Brühstück

Quellung: durch Aufnahme von Flüssigkeit oder Wasserdampf verursachte Volumenvergrößerung bei bestimmten makromolekularen Stoffen oder Stoffsystemen, z. B. → *Hydrokolloiden,* unter Änderung der Festigkeit und Elastizität der Stoffe und bei weitgehender Erhaltung der Form. Dabei können → Gallerte oder Gele entstehen (→ *Gelierung,* → Verdickungsmittel). Bei einer unbegrenzten Q. geht aber der Gelzustand schließlich in die viskose Lösung über. → Gelierung → Verdickungsmittel → Viskosität → Quellmehl → Keim 3. → Teig

Quellwasser → Tafelwässer → Quelle

Quellwasser, handelsübliches: ein Wasser unterirdischer Herkunft, das am Quellort abgefüllt sein muß. Im Gegensatz zu natürlichem Mineralwasser muß Q. weder eine vorgegebene Mindestmenge an Mineralstoffen und Spurenelementen enthalten, noch die anderen Kriterien für → natürliche Mineralwässer erfüllen. Das Q. darf bis auf Ausfiltern von Eisen und Schwefelverbindungen, sowie Zusatz oder Entzug von Kohlensäure keinem anderen Behandlungsverfahren unterzogen werden.

Quendel → Thymian 5. und 8.

Quendelgeist → Thymian 8.

Quenepa → Honigbeere

Quenettier → Honigbeere

Quercetin → Flavonoide → Antioxydantien

Quercetin-glucoside → Flavonoide

Quercetin-3-monoarabinosid → Flavonoide

Quercimeritin → Flavonoide

Quercin → Inositol

Quercitrin → Flavonoide → Antioxydantien

Quercitronsäure → Flavonoide

Quércus ílex: Steineiche. → Edelbrand

Quercus-Lacton: Ein auch als Whisky-Lacton bezeichnetes Lacton (3-Methyl-4-octanolid), das in alkoholischen Getränken vorkommt und nach Kokusnuß riecht. Das Q. entsteht bei Getränken, die in Eichenfässern gelagert sind, wobei die 3-Methyl-4-(3,4-dihydroxy-5-methoxybenzo)octansäure aus dem Holz herausgelöst wird und nach der Abspaltung eines Benzensäurerestes zum Lacton cyclisiert. Das cis-Lacton (3 R, 4 R und 3 S, 4 S) besitzt eine ungefähr zehnmal niedrigere Geruchsschwelle als die beiden trans-Verbindungen.

Quércus palústris → Eichelöl

'Querfurter Königskirsche' → Süßkirsche → Steinobst

Querrippe → Schlachtkörperteilstück

Quick-Lunch → Fast-Food-Erzeugnis

Quinggombo → Eibisch, Eßbarer

Quinnat → Lachs

Quinoa → Perureis

Quinoaflocken → Kiwicha

Quinua → Kiwicha

Quito-Orange → Naranjilla

Quinoabrot, *Kinoabrot:* ein helles oder Weizenvollkornmischbrot unter Verwendung von Samen des → Perureises mit einem Anteil von mind. 30 %.

Quinoaöl: das aus den Samen von *Chenopódium quinóa* Willd. (Familie *Chenopodiáceae*) gewonnene Samenöl mit, bezogen auf den Gesamtfettsäuregehalt, 48 % Ölsäure, 50,7 % Linolsäure, 0,8 % Linolensäure und 0,4 % gesättigten Fettsäuren. → Kiwicha → Perureis

Quispina → Perureis

Quitschbeere → Ebereschenbeere

Quitte, Chinesische → Sharonfrucht

Quitte, *Küttene, Schabaäpfel:* Sammelbalgfrucht des Quittenstrauches *Cydónia oblónga* Mill. (Familie *Rosáceae*), die im alten Griechenland als „Apfel aus Kydonia", heute je nach apfel- oder birnenförmiger Fruchtform als *Apfel-* oder *Birnenquitte* bezeichnet wird, in südlichen Breiten einen ausreichenden Süßgeschmack erlangt und nur dort roh verzehrt wird; bei uns wird die Q. auschl. zu Konservierungszwecken (Gelee, Marmelade, Kompott, Most, Sirup, Wein und Paste bzw. Quittenbrot) angebaut. Die Sorten *'Wudonia', 'Radonia'* und *'Vranja'* werden im Okt. baumreif und halten sich bis Anfang bzw. Mitte Dez.. Da die Säure- und Aromastoffe bald nach der Ernte abgebaut werden, ist eine baldige Verwertung nach der Ernte sinnvoll. Die Q. verfügt über ein kräftiges, arteigenes Aroma. Die *Quittenkerne,* deren Oberfläche stark verschleimt ist, sind offizinell; ihr kaltwäßriger Auszug wird bei Husten, Magen- und Darmerkrankungen angewendet. → Apfelpelargonie

Quitte, Chinesische → Kakipflaume

Quitte, Japanische, *Scheinquitte, Scharlachquitte, Zierquitte:* Frucht eines Zier-, Hecken- und Obstgehölzes *Chaenoméles japónica* (Thunb.) Lindl. ex Spach (Familie *Rosáceae*). Die quittenähnlichen, aber kleineren Früchte sind wie echte Quitten verwertbar, bes. in Mischung mit säurearmen Obstarten (J. Q. enthält 6 % Weinsäure), jedoch nicht zur Kompottbereitung geeignet. Der Vitamin-C-Gehalt liegt mit 100 mg je 100 g sehr hoch. → Wildfrüchte

Quittenbrot: volkstümliche Bez. für → Quittenpaste.

Quittenmus → Fruchtmus

Quittenpaste, *Quittenbrot:* eine aus stark gesüßtem Quittensaft durch Eindicken hergestellte Fruchtmasse, die auf ein mit Pergamentpapier belegtes Kuchenblech 2 cm dick aufgetragen wird, nach mehreren Tagen des Trocknens schneidbar ist und als Süßigkeit verzehrt wird. Diese im Haushalt hergestellte Q. kann auch aus in Stücken geschnittenen, gedünsteten und passierten Früchten durch Süßen mit Weißzucker und nachfolgendes Eindicken bereitet werden. → Obstpaste

Quittenpfeffer: nicht oder nur wenig scharfe, saftige Früchte der *Paprika*-Art *Cápsicum cydonifórme* L. (Familie *Solanáceae*), die frisch verzehrt werden.

Quittensamenschleim: ein aus den Samen von → Quitten gewonnenes → Hydrokolloid. Der Q. besteht aus einem Gemisch von Cellulosemikrofibrillen und Polysacchariden, die aus D-Glucose, D-Galactose, L-Arabinose, D-Xylose und Hexuronsäuren aufgebaut sind. Er bildet hochviskose Lösungen und wird als Stabilisierungsmttel für Speiseeis und Getränke eingesetzt. → Schleimstoff, pflanzlicher → Samenschleimstoff

Rabdi: Ein in Indien hergestelltes halbfestes Erzeugnis, das als → Brei mit Gemüse verzehrt wird und aus einer vergorenen Mischung von Buttermilch und Mais besteht. → Lebensmittel, fermentiertes

Rabinschen → Rapunzel, Echte

Räckeldornstrauch → Wacholderbeere

Radankuchen → Aschkuchen

Radi → Rettich

Radicchio, *Radic-Zichoriensalat, Cicorino, Kopfzichorie, Italienischer Kopfsalat, Roter Zichoriensalat, Rosettensalat, Rosettenzichorie, Rote Endivie:* eine Kulturform der *Salatzichorie, Cichórium íntybus var. foliósum* L. (Familie *Asteráceae*) mit auffälliger Farbgebung (meist weinrote oder rotgetupfte Blätter, auch mit weißen Blattrippen). Der R. stammt aus Italien und bildet je nach Sorte kleine oder große Röschen bis fest geschlossene Köpfe, die bei der Ernte aus dem meist grünen Umblatt geschnitten werden und 160···260 g Masse aufweisen. Bekannte Sorten sind 'Verona', 'Lollo Rosso', 'Red Salad Bowl', 'Valeria', 'Augusto', 'Palla Rossa'. Der auffällige Bittergeschmack tritt im Sommer bei ungleichmäßiger Wasserversorgung deutlicher in Erscheinung als in der kühleren Jahreszeit. Durch satzweisen Anbau (Pflanzung April bis August) kann der Markt bis Nov. beliefert werden; einige Sorten vertragen auch Frost bis −5°C. In den Wintermonaten bleiben verschiedene Typen zu leicht und locker im Aufbau sowie ungenügend rot gefärbt. Bei zu frühem Pflanztermin können sich → Schosser bilden. Im Kühllager (1···4°C) ist der R. etwa 1 Woche marktfähig zu halten. Der R. weist als rotblättrige Salatart, wie der rotblättrige Buttersalat einen höheren Nitratgehalt auf als grünblättriger Zichoriensalat. → Blattgemüse → Blattsalat → Salatmischung → Salat, Bunter → Zichoriensalat

Radic-Zichoriensalat → Radicchio

Radieschen, *Monatsrettich:* die knollig verdickte, scharf schmeckende Wurzel von *Ráphanus satívus* L. *var. satívus* (Familie *Brassicáceae*), die kugelig, eiförmig, länglich geformt, aber wesentlich kleiner als der → Rettich ist und rot, scharlachrot, karmin- oder leuchtendrot, auch halbrot, gelb, violett, halbweiß oder weiß gefärbt sein kann. Die lange weiße Form bezeichnet man als *Eiszapfen.* Während die Sorte 'Eiszapfen' und 'Runde Weiße' als sehr zeitige Sorten leicht pelzig werden, erreichen die gelbe Sorte 'Helios' und die violette 'Plum Purple' ein wesentlich größeres Ausmaß und bleiben auch im Sommer lange Zeit butterweich. Beim Zerkleinern entsteht aus Glucosinolat das 4-Methylthio-trans-3-butenyl-isocyanat, der scharfe Geschmack. Die R. werden roh verzehrt.

Zusammensetzung und Energiewert von Radieschen

Bestandteil	Gehalt in 100 g eßbaren Anteils
Feuchtigkeit	94,40 g
Eiweiß	1,05 g
Fett	0,14 g
Kohlenhydrate	2,40 g
Ballaststoffe	1,60 g
Mineralstoffe	0,36 g
Natrium	17,00 mg
Kalium	255,00 mg
Calcium	34,00 mg
Eisen	1,50 mg
Phosphor	26,40 mg
Caroten	0,023 mg
Vitamin B_1	0,033 mg
Vitamin B_2	0,030 mg
Niacin	0,25 mg
Pantothensäure	0,18 mg
Vitamin B_6	0,06 mg
Vitamin C	29,00 mg
Energiewert in kJ (kcal) je 100 g	63 (15)

R. mit Laub als Bündelware sind nur wenige Tage zu lagern. Um das Vergilben der Blätter zu verzögern, sollte so schnell wie möglich nach der Ernte auf 0°C abgekühlt werden. Zur Verlängerung des frischen Aussehens und zur Verhinderung von Fäule werden die R. meist in gechlortem Wasser (20 ppm) gewaschen. R. ohne Laub sind bei gleicher Temperatur 6 Wochen haltbar, wenn sie in fast verschlossenen Folienbeuteln aufbewahrt werden. → Gemüse

Radikale: Moleküle, Atome und Ionen, die ungepaarte Elektronen enthalten. Im weiteren Sinne zählen dazu auch solche mit gerader Elektronenzahl, bei denen 2 Elektronen ungepaart vorliegen. Radikale werden i. allg. durch elektronenübertragende Reaktionen gebildet. Sauerstoff ist ein Biradikal, weitere natürliche R. sind Stickstoffmonoxid (NO) und Stickstoffdioxid (NO_2). R. entstehen bei Verbrennungsprozessen und sind bei der Autoxydation von Fetten direkt beteiligt. Ihre zumeist agressive Wirkung wird durch die Gegenwart von → Antioxydantien (z.B. → Vitamin E) gemindert. Umweltbedingte Belastungen (Strahleneinwirkungen, Xenobiotika, Schwermetalle) können das Niveau der Belastungsverträglichkeit für die lebende Zelle jedoch überschreiten und zum sog. „Oxydativen Streß" und zu Schädigungen der Zelle führen. Welche Rückwirkungen sich hinsichtlich einer erhöhten Aufnahme antioxydativer Verbindungen über die Nahrung ergeben, bleibt eine Forschungsaufgabe der Zukunft.

Radionuklide: radioaktive Nuklide (Kerne) von Elementen, die durch Abgabe von Energie in Form von α-, β- oder γ-Strahlung bzw. durch Neutronenstrahlung in stabile Elemente übergeführt werden. Man unterscheidet zwischen natürlichen R., die durch den natürlichen radioaktiven Zerfall entstehen und Bestandteile der Elemente 81 bis 92 sind, sowie künstliche R. (Transuranen) mit Ordnungszahlen $>$ 92, die u. a. bei der Bestrahlung von Elementen mit energiereichen Teilchen, z.B. Kernreaktionen, entstehen. Verwendung finden R. u. a. im Bereich der Biologie, Medizin, Chemie, Physik, Technik als Radioindikatoren bzw. als Strahlenquelle. Als Folge von Kernwaffenversuchen und Reaktorunfällen erfolgt über den „fall out" eine zeitweilige Anreicherung von R. in der Nahrung. Das radioaktive Strontiumisotop 90Sr (Halbwertszeit 28 Jahre) aus dem „fall out" gelangt über die Pflanzen in die Nahrungskette, z.B. Rind – Milch – Mensch und wird auf Grund seiner nahen chemischen Verwandtschaft zum Calcium wie dieses in das Knochengerüst eingebaut. Pilze reichern sich mit R. an, bevorzugt mit Cäsiumisotop 137Cs und werden dadurch u. U. zu einer potentiellen Gefahr für den Konsumenten. → Schwermetalle, toxische

Radon: Radioaktives, der Gruppe der Edelgase zugeordnetes Element aus der VIII. Hauptgruppe des Periodensystems mit der Ordnungszahl 86 und der Wertigkeit 0; Symbol Rn. R. ist ein farb-, geruch- und geschmacksloses, einatomiges chemisches außerordentlich reaktionsträges Gas. Es kommt in 16 versch. Isotopen vor. Das Radon-222 (Halbwertszeit 3,825 Tage) ist in versch. → Mineralwässern vorhanden. Es entsteht beim radioaktiven Zerfall von Radium-224. Es wird nicht als gefährlich eingeschätzt, da es weitestgehend mit dem Stoffwechsel wieder ausgeschieden wird. Radongehalte unter 100 Becquerel/l Mineralwasser gelten als unbedenklich.

Radonia → Quitte → Kernobst

Rafan → Rettich

Raffiabastpalme → Raffiapalme

Raffiabutter → Raffiapalme

Raffiapalme, *Bambuspalme, Weinpalme:* Sammelbez. für verschiedene Palmenarten der Gattung *Ráphia* (Familie *Arecáceae*), deren ölhaltige Fruchtpulpe und Samen u. a. zur Speisefettherstellung (*Raffia-Butter*), deren Blutungssaft für → Palmzucker- und Palmweingewinnung dienen, deren Samen gekocht oder geröstet und deren Endknospe als Gemüse (→ Palmkohl) verzehrt werden. Hierzu zählen a) die auf Madagaskar und an der ostafrikanischen Küste wild vorkommende, in Nigeria und Indien kultivierte *Raffiawein-, Raffiabastpalme, Madagaskar-Raffiapalme, Bamenda-Raffia, Ráphia farinífera* (Gaertn.) Hyl., b) die in Indien, in Nigeria und auf der malaiischen Halbinsel kultivierte *Hookerpalme, Tombopalme, Aikopalme, Ráphia hōōkeri* Mann et Wendl., c) die in Nigeria kultivierte *Ráphia sudánica* A. Chev. und d) die in Westafrika, Brasilien wild vorkommende, in

Indien, Kamerun, Nigeria kultivierte *Echte Weinpalme, Ráphia vinífera* Pal. Beauv.

Raffiaweinpalme → Raffiapalme

Raffinade: eine durch Raffination (Umkristallisieren) aus *Weißzucker* gewonnene Zuckersorte. *Doppelraffinade* ist ein bes. reiner Weißzucker, der vorwiegend in der Süßwarenindustrie verwendet wird. → Zucker

Raffinadeablauf → Ablaufsirup → Zucker

Raffinadeküchel → Konserve

Raffination → Zucker

Raffinose: bei der Zuckerrübenverarbeitung sich im Muttersirup anreichernde → Trisaccharose, was zu einer Reduktion des Kristallwachstums der Saccharose führt (Formel s. unten).
In Hülsenfrüchten kommt R. verbreitet vor. → Trisaccharide → Stoffe, Flatulenz erzeugende

Ragi: 1. die indonesische Bez. für eine Art Hefe, einem enzymreichen Erzeugnis, das in Indonesien als → *Starterkultur* für verschiedene → fermentierte Lebensmittel verwendet wird. So wird z. B. indonesisches Hefebrot (*Roti*) mit sog. *Ragiroti* → *Tempeh* mit *Ragitempeh* → Tape mit *Ragitape* usw. hergestellt. Jede *Ragisorte* hat ihr eigenes Mikrofloraprofil.
2. → Fingerhirse

Ragiroti → Ragi 1.

Ragistärke → Getreidestärke

Ragitape → Ragi 1.

Ragi-tempeh → Ragi 1.

Ragout fin: Fleischfeinkosterzeugnis aus fein zerkleinerten würfelförmigen Kalbfleischstückchen, Gewürzen, Wein, sauren Gurken und z. T. auch Pilzen. Bei Verwendung von anderem Fleisch ist der Name „Ragout fin" unzulässig, es ist dann eine andere Benennung, z. B. „Würzfleisch" zu verwenden.

Ragusano: italienischer *Hartkäse* aus Kuhmilch mit → 44 % F. i. Tr., der auch als Reibkäse Verwendung findet. → Käsesorten

Rahm → Sahne

Rahmapfel → Cherimoya

Rahmbutter, Frische → Butter, energiereduzierte

Rahmfrischkäse: Frischkäse mit 50 % F. i. Tr. → Käse, nichtreifende

Rahmkäse: Käse mit einem Fettgehalt von mind. 50 % F. i. Tr. → Käse

Rahmnuß → Paranuß

Rahne → Rübe, Rote

Rája spec. → Rochen

Rakkyo → Schnittlauch, Chinesischer 2.

Rama → Roselle

Ramária pállida → Pilzgifte

Ramária spec. → *Clavulináceae* → *Gompháceae* → *Clavariáceae*

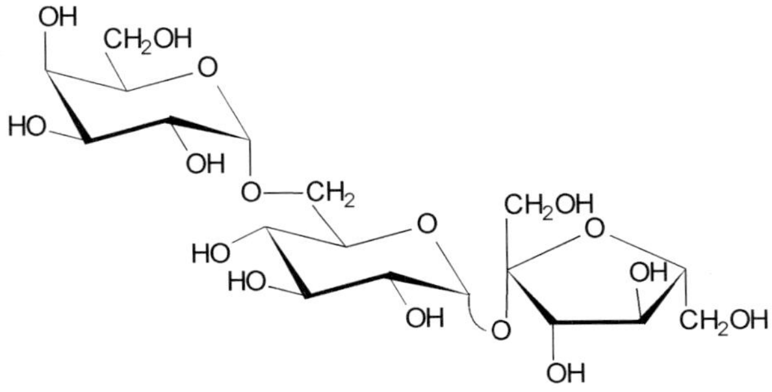

Rambai: die in Südostasien kultivierten Sträucher *Baccauréa motleyána* Muell.-Arg. und *B. sípida* Muell.-Arg. (Familie *Euphorbiáceae*), die eßbare Früchte tragen.

Rambutan, *Behaarte Litchi:* die Früchte des mittelgroßen (15···20 m hohen) Baumes *Nephélium lappáceum* L. (Familie *Sapindáceae*), der aus Malaysia stammt und im tropischen Asien und in Kostarika angebaut wird. Die Frucht ist kastaniengroß, gelb bis rot und meist mit langen, weichen Stacheln besetzt. Sie enthält einen Samen, der von einem durchscheinend weißen, süßsauren saftigen Samenmantel umgeben ist. Dieser kann frisch und zubereitet, z. B. als Kompott, genossen werden. 100 g der Frucht enthalten 53 mg Vitamin C. Die geschälten und entsteinten Früchte werden als Dosenkonserven exportiert. Die Samen werden manchmal geröstet; sie liefern auch den Rambutantalg. Im Malaiischen Archipel ist der R. einer der häufigsten Obstbäume. → Pulasan

Ramlösa → Mineralwasser

Rammler → Fleischtiere → Wild

Ramon, *Catalox, Lechero:* ein Baum oder kleiner Strauch *Tróphis racemósa* Urb. (Familie *Moráceae*), der in Mexiko und Mittelamerika vorkommt. Das nur schwach ausgebildete, fade schmekkende Fruchtfleisch wird roh verzehrt.

Ramontschi → Flacourtie

Rams: 1. → Zwiebel
2. → Bärenlauch

Ramsar, *Bugadi:* die in Indien und Thailand angebaute *Valláris solanácea* (Roth) Kuntze (Familie *Apocynáceae*), deren Früchte und Blüten als Nahrungsmittel dienen.

Ramtilöl → Nigeröl

Rande → Rote Rübe

Rángifer tarándus: Rentier, Ren. → Fleischtiere

Rangunbohne → Limabohne

Ranilöl → Nigeröl

Rankholderstrauch → Wacholderbeere

Ranting: die in Ostasien kultivierte *Alpínia conchígera* Griff., (Familie *Zingiberáceae*), deren Rhizome als Gewürz für alkoholische Getränke und Speisen dienen und deren Früchte als Gemüse genutzt werden.

Ranúnculus ficária → Kapernersatz → Wildkräuter

Ranzigkeit, *Ranzidität:* Bez. für die Verdorbenheit von Nahrungsfetten. R. entsteht als Ergebnis chemischer und enzymatischer Verderbsreaktionen. Innerhalb dieser Reaktionen sind Oxydationsvorgänge (Autoxydation, Oxydation) und Fettspaltungen (Hydrolyse, Lipolyse) zu unterscheiden. Sensorisch treten vor allem flüchtige Verbindungen (Aldehyde, Ketone, niedere Säuren) und kürzerkettige Fettsäuren (Buttersäure, n-Hexansäure, n-Octylsäure, n-Decansäure) in Erscheinung. Nach der dominierenden Verbindungsklasse werden verdorbene Fette auch als talgig, peroxidig, sauer, ketonig oder aldehydig bezeichnet. → Fett → Verderb

Rapfen, *Aspius áspius:*

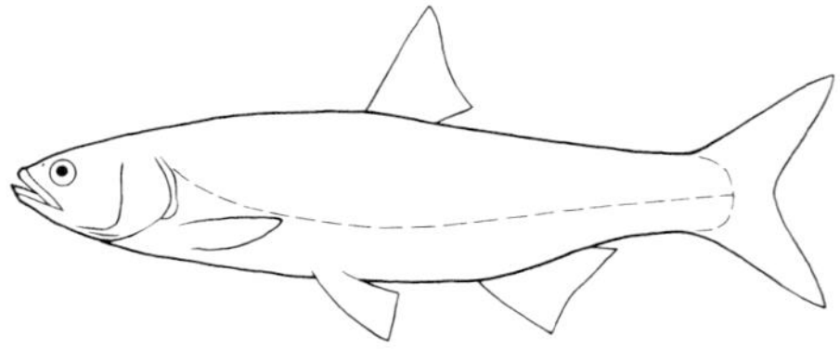

Rapfen

Langgestreckter, seitlich etwas zusammengedrückter *Süßwasserfisch* mit oberständigem, weit gespaltenem Maul. Der vorstehende Unterkiefer ist am Ende etwas verdickt. Die Oberseite ist dunkel-olivgrün, der Bauch weißlich, die Brust-, die Bauch- und die Afterflosse sind rötlich gefärbt. Der R. wird durchschnittl. 40···60 cm, höchst. 1 m lang. Er bewohnt die Flüsse und damit verbundenen Seen sowie Brackwassergebiete zwischen Elbe und Ural, von Südskandinavien bis zu den Alpen, zum Schwarzen Meer und Kaspischen Meer. Die wirtschaftliche Bedeutung des R. ist gering, nimmt jedoch nach Osten zu. Das wohlschmeckende Fleisch ist eiweißreich und fettarm (je 100 g eßbaren Anteils 17···20 g Eiweiß und 2···5 g Fett). Dabei treten örtlich und jahreszeitlich deutliche Unterschiede auf. Als Richtwert für verwertbare Gesamtenergie können 460 kJ (110 kcal) je 100 g eßbaren Anteils angenommen werden. Davon entfallen etwa 315 kJ (75 kcal) je 100 g auf Eiweiß. → Fisch

Raphanin → Senföle

Ráphanus caudátus → Schlangenrettich

Raphanusin → Anthocyane

Ráphanus raphanístrum → Wildkräuter

Ráphanus raphanístrum ssp. caudátus → Schlangenrettich

Ráphanus satívus var. caudátus → Schlangenrettich

Ráphanus satívus var. mōūgri → Schlangenrettich

Ráphanus satívus var. níger → Rettich

Ráphanus satívus var. oleifórmis → Ölrettich

Ráphanus satívus var. satívus → Radieschen

Ráphia farinífera → Palmkohl → Raffiapalme

Ráphia hōōkeri → Raffiapalme

Ráphia sudánica → Raffiapalme

Ráphia vinífera → Raffiapalme

Rapinsäure → Ölsäure

Rapontik → Rhabarber

Raps, *Ölraps, Colza, Kolza, Kohlraps, Schwedischer Raps, Lewat, Ölreps, Rapssaat, Kohlsaat, Kohlsamen:* ein insbes. zur Pflanzenfettgewinnung (→ Pflanzenfett) kultivierter, gelbblühender Kreuzblütler, *Brássica nápus L. emend. Metzger var. nápus* (Familie *Brassicáceae*), mit runden, braunen bis rotbraunen typischen Kohlsamen, die etwas dunkler sind als bei → Rübsen. Der Korndurchm. beträgt 1···2 mm, ihr Ölgehalt liegt bei etwa 40 % und ihr Proteingehalt bei 20 %. Neuere Qualitätsrapssorten enthalten nur noch 0,5···1,5 % Erucasäure im Öl und weisen einen deutlich erhöhten Gehalt an essentiellen Fettsäuren auf. Von der heute wichtigsten Ölpflanze Europas wurden früher auch die jungen Blätter als Schnittkohl genutzt. Eine Abart des R. ist der *Hakuran,* der bes. in Japan als kopfbildendes Blattgemüse angebaut wird.

Rapsdotteröl → Leindotteröl

Rapshonig → Honig

Raps, Indischer, *Brauner Sarson, Toria:* die vorwiegend in Indien angebaute Ölpflanze *Brássica rápa ssp. dichótoma* (Roxb.) Hanelt (Familie *Brassicáceae*), deren Samen der Speiseölgewinnung dient. → Rüböl → Sarson

Rapsöl, *Rübsenöl, Rüböl, Kohlsaatöl, Kolzaöl:* das aus den Samen verschiedener Kohlarten (Familie *Brassicáceae*) gewonnene Öl. → Raps und → Rübsen werden auch angebaut in China, der ehem. Sowjetunion, in Indien, Pakistan, Japan und Kanada. Die Ölsaat enthält 40···50 % Öl. Das R. wird durch Pressen oder Extraktion gewonnen. Sein Gehalt an Allylsenföl verleiht ihm oft einen beißenden Geschmack. Raffiniertes R. hat neutralen Geruch und Geschmack. Es wird als Speiseöl, zur Herstellung von Margarine und Backfetten verwendet. Weniger gereinigtes R. wird als Brennöl, Schmieröl, Lederöl u. dgl. eingesetzt. Die wichtigsten Fettsäuren und ihre Anteile, bezogen auf den Gesamtfettsäuregehalt, sind Ölsäure (12 bis 24 %), Eicosensäure (3···6 %), Erucasäure (45 bis 53 %), Linolsäure (12···16 %) und Linolensäure (6···10 %). Heute werden Sorten gezüchtet, die erucasäurearm bzw. -frei sind (→ Erucasäure). Das R. gehört zu den wichtigsten → Pflanzenfetten. → Kolza

Raps, Schwedischer → Raps

Raps, transgener → Nutzpflanze, transgene

Rapünzchen → Rapunzel, Echte → Feldsalat

Rapunzel, Echte, *Rapünzchen, Rabinschen, Rapunzel-Glockenblume:* eine vorwiegend in Westfalen und in der Rheingegend vorkommende Glockenblume, *Campánula rapúnculus* L. (Familie *Campanuláceae*), von der die rübchenartigen, bis fingerdicken, weißen Wurzeln und Blätter, als Salat oder Kochgemüse zubereitet, ein wohlschmekkendes Wintergemüse liefern. Auch von der *Wuchernden Glockenblume, Campánula rapunculoídes* L., werden die Blätter zu Rohkostsalat verwendet. → Feldsalat → Wildkräuter → Lebensmittel, nostalgisches

Rapunzel-Wau: die in warmen Gebieten Mitteleuropas als Gemüse angebaute *Reséda phyteuma* L. (Familie *Resedáceae*).

Raskerada → Mafaffa

Raslinge → *Tricholomatáceae*

Rasling, Weißer → Pilzfarbstoffe → Pilzgifte

Rasmasni → Kascha

Raspelhiebschälverfahren → Kartoffel

Raspelschokolade → Schokoladenpulver

Rasperon → 1-(p-Hydroxyphenyl)-butan-3-on

Rasselerbse: die krautige Pflanze *Crotolária longirostráta* Hook. et Arn. (Familie *Fabáceae*), deren Blüten, Stengel und Schößlinge als Gemüse genutzt werden. Der Vitamin-C-Gehalt dieser Teile liegt zw. 48,0 mg und 152,0 mg je 100 g.

Rassolnik: eine heiß zu verzehrende → Suppe der russ. Küche – auch in kochfertiger Form – mit zartem, schwach saurem Geschmack auf der Basis von Gurkenlake. Passend zur jeweiligen Fleischart enthält R. entweder Reis, Gerstengraupen oder Buchweizengraupen.

Rastrélliger ssp. → Makrele

Ratonkuchen → Aschkuchen

Ratta → Tahiti-Kastanie

Ratten-Antidermatitis-Faktor → Vitamin B_6

Raucharoma → Aromen

Rauchbestandteile, *Rauchstoffe:* ein Gemisch von Substanzen, die im Holzrauch vorkommen, sich beim Räuchern auf dem Lebensmittel niederschlagen und das Raucharoma bewirken. Mehr als 200 chemisch definierte R. sind nachgewiesen worden. Man unterscheidet gasförmige oder wasserdampfflüchtige Substanzen, wie Phenole, Säuren, Carbonyle als wichtigste R., und mit Wasserdampf nicht flüchtige Stoffe, wie Teer und Harze, die als Aerosole übertragen werden. Art und Konzentration der R. hängen ab von Räucherverfahren, Holzart, Rauchgewinnungsart, Feuchtigkeitsgehalt des Holzes, Brenntemperatur, Luftzufuhr. Der anteilmäßige Übergang der erzeugten R. auf das Räuchergut wird zusätzlich beeinflußt durch die Anwendungsart (konventionelle oder elektrostatische Beeinflussung), die Oberflächenfeuchte des Räuchergutes und dessen Temperatur beim Rauchübergang. Das beste Raucharoma ergeben Buchen-, Eichen- und Platanenholz. Koniferenholz erzeugt ein strenges Aroma. Bisweilen werden zusätzlich auch Zweige von Koniferen, Wacholder sowie Heidekraut, Samen von Tannen, Fichten und Wacholder zugesetzt. Die R. sind in überhöhten Konzentrationen teilw. physiologisch bedenklich.

Rauchbier: Bier, zu dessen Herstellung Rauchmalz (→ Malz) verwendet wird.

Rauchbrand → Lutter

Räucheraal → Aal → Räucherfischerzeugnis

Räucherfisch → Räucherfischerzeugnisse

Räucherfischerzeugnisse, *Fischräucherware, Räucherfisch:* Fische und Fischteile, die einer Behandlung mit Holzrauch unterzogen wurden. Die Räucherei ist eine der ältesten Zubereitungs- und Konservierungsformen, sie leitet sich vom Trocknen oder Garen über dem offenen Feuer ab. Der Räucherrauch wird durch Verschwelen verschiedener Holzarten (vorwiegend Laubhölzer) bei 350···700°C erzeugt. Die Räucherbestandteile (etwa 200 verschiedene höhere Säuren, Phenole, Carbonylverbindungen und Ester wurden bisher isoliert) verleihen den R. die typischen sensori-

schen Eigenschaften (goldgelbe bis goldbraune Färbung, Geruch und Geschmack). Obwohl die keimhemmende und antioxydative Wirkung vieler dieser Komponenten bekannt sind, wird wegen der geringen Mengen bei den üblichen Erzeugnissen kaum eine Konservierung erzielt. Beim Verfahren der *Heißräucherung* (z.B. von *Bückling, Heilbutt* und *Aal)* arbeitet man bei Temperaturen von 75···150°C, wodurch im Inneren der Erzeugnisse 70···90°C erreicht und ein thermisches Garen (Luftkochen) sowie ein Wasserentzug von 10···20% bewirkt werden. Die *Kalträucherung* (z. B: von Lachshering) wird bei Temperaturen unter 30°C, die *Warmräucherung* bei 35···40°C durchgeführt; da ein Garen nicht eintritt, werden salzgare Fische (z.B. Salzhering → Salzfischerzeugnisse) als Rohstoff verwendet. In anderen Ländern (Großbritannien) werden auch nur angesalzene Fische kaltgeräuchert und erst im Haushalt einer endgültigen Zubereitung (Braten, Kochen) unterzogen bzw. industriell weiterverarbeitet. Während die Heißräucherung, je nach Art der R., in der Regel 1···3 h beansprucht, werden bei der Kalträucherung mind. 6···8 h (Hering), mehrere Tage oder sogar Wochen benötigt.
R. sind hinsichtlich ihrer Zusammensetzung als wertvolle Lebensmittel einzuschätzen.
Die sensorische Qualität der R. wird in hohem Maße durch den Fettgehalt der eingesetzten Fische bestimmt. Fettarme R. wirken meist weniger saftig und etwas fest. R. werden zu kalten, weniger zu warmen Mahlzeiten genossen und industriell zu → Fischkonserven → Ölpräserven oder Fischerzeugnissen in Aspik (Gelee) (→ Aspikware) verarbeitet. Sie sind sehr begrenzt haltbar, heißgeräucherte Fische etwa 3 Tage bei 10···12°C, kaltgeräucherte bei gleicher Temperatur etwa 6 Tage.
Bekannte *heißgeräucherte R.* sind: *Bückling* und *Kleinbückling* aus unentweidetem Hering und Kopf; *Bücklingsfilet* aus Heringsfilet mit Haut; *Delikateßbückling* aus ausgenommenen Heringen ohne Kopf; *Stroh-* oder *Korbbücklinge* sind durch längere Räucherung hart und trocken und daher etwas länger haltbar. Bei *gefüllten Bücklingen* werden Rogen und Fischmilch entnommen und vor dem Räuchern durch einen Streifen Gewürzgurke ersetzt. *Fleckhering* ist vom Rücken her gespaltener, entweideter und geköpfter Hering. *Räucherrollmops* wird aus Rollmops (→ Marinaden) hergestellt. Den Heringserzeugnissen ähnliche R. können auch aus anderen Fischen vergleichbarer Größe und Eigenschaften (z. B: Maifisch, Makrele) gewonnen werden (z. B: Räuchermakrele, Räuchermakrele gefleckt usw.). Weitere heißgeräu-

Zusammensetzung und Energiewert einiger Räucherfischerzeugnisse

Erzeugnis	Durchschnittl. Gehalt je 100 g eßbaren Anteils			
	Wasser in g	Eiweiß in g	Fett in g	Richtwert für verwertbare Gesamtenergie in kJ (kcal)
Aal	50,3···55,0	18,0···19,0	24,0···28,0	1340 (320)
Bückling	57,4···67,5	20,0···22,6	9,6···20,8	940 (225)
Karpfen	64,7···74,1	17,2···21,8	3,0···10,5	670 (160)
Kabeljau, Dorsch	77,6···80,0	18,4···20,7	0,1··· 0,7	380 (90)
Lachshering	40,0···47,2	20,0···25,5	15,0···27,8	1050 (250)
Makrele	61,2···65,9	20,7···23,0	11,5···18,5	940 (225)
Rotbarsch	67,1···76,5	18,4···24,1	2,5···11,5	590 (140)
Schellfisch	75,3···78,8	18,4···20,7	0,1··· 0,3	380 (90)
Sprotten	59,8···61,7	16,7···22,0	16,6···20,0	1050 (250)

cherte R. sind: *Räuchersprotten (Kieler Sprotten)* aus unentweideten Sprotten mit Kopf; *Seeaal* aus dem Rückenstreifen; *Schillerlocken* aus den enthäuteten Bauchlappen des Dornhais; *Räucheraal* aus entschleimten, entweideten Aalen mit Kopf. Größere Fische werden in Stücken (*Stückenfisch*) geräuchert. Hervorragende R. werden aus Lachs (*Stremellachs*), Karpfen, schwarzem Heilbutt, Stör und Thun gewonnen. Entsprechend werden Rotbarsch, Schellfisch, Katfisch, Kabeljau und eine Vielzahl weiterer See- und Süßwasserfische verarbeitet (→ Kalbfisch → Speckfisch).
Kaltgeräucherte R. sind: *Lachsbückling* (Heringsbückling) aus entweidetem Salzhering mit Kopf; *Lachshering* (Räucherhering) aus Salzhering; *Delikateß-Lachshering* aus entweidetem Salzhering ohne Kopf; *Bratbückling* aus angesalzenen, frischen Heringen (zur weiteren Zubereitung im Haushalt bestimmt); *Reds* (Großbritannien) aus frischen, angesalzenen Heringen durch etwa 6 Wochen Räucherung; *Bloater* (Großbritannien) wie Reds, jedoch mit 10···12 h Räucherung; *Kippers* (*Brado*) aus frischen, angesalzenen, vom Rücken her gespaltenen und entweideten Heringen; *Smoked Haddock* (Schellfisch) aus angesalzenen Fischen (Großbritannien) (→ Seemannsschinken). Größere Fische werden als Seiten, Hälften, Stücke, Streifen oder Stremel (→ Fischerzeugnisse) verarbeitet. Dabei werden bes. gefragte R. z. B. aus Lachs (*Räucherlachs*) hergestellt, die meist als Scheiben in Öl eingelegt werden (→ Ölpräserven). Thun kann ähnliche Ergebnisse liefern. Auch gesalzener Seelachs und andere Magerfische werden zur Produktion von Seelachserzeugnissen (→ Ölpräserven) einer Kalträucherung unterzogen. Nach beiden Verfahren ergibt auch → Rogen ansprechende und ernährungsphysiologisch wertvolle Erzeugnisse (Räucherrogen).

Räucherfleischerzeugnisse: Sammelbez. für Fleisch- und Wursterzeugnisse, bei deren Verarbeitung ein Räucherprozeß angewendet wird, der für Aussehen, Geruch und Geschmack wertbestimmend ist. Zusätzlich wird eine allerdings begrenzte konservierende Wirkung erzielt. Man unterscheidet wie bei → *Räucherfischerzeugnissen* zw. *heiß-* und *kaltgeräucherten* Erzeugnissen. Zu den ersteren, die bei Temperaturen zw. 65 °C und 80°C geräuchert werden, zählen → *Brühwürste* (Wiener, Frankfurter, Halberstädter und Bockwürste, Jagd- und Bierwurst, Mortadella u. a.). Erzeugnisse, die kalt, d. h. bei Temperaturen zw. 18°C und 25°C, geräuchert werden, sind → *Rauchfleisch* → *Schinken* → *Speck* und → *Kasseler Rippenspeer*; ferner die große Gruppe der → *Rohwürste, wie* → Salami → Zervelat → Schlack- und Teewurst, Braunschweiger, Mett- und Katenwurst u. a. Zur Räucherung dienen Weich- und Hartholzspäne, überwiegend von Eiche, Birke, Ahorn und Weißbuche, denen zur Aromatisierung Holz und Beeren von Wacholder zugesetzt werden. Die *Torfräucherung* ist bes. in Norddeutschland verbreitet (Katensalami). Die Heißräucherung je nach Erzeugnis 6···8 h, einige Tage oder mehere Wochen, z. B. Schinken 4 bis 5 Wochen. Beim Räuchern kommt es zur Verringerung des Wassergehaltes, beispielsweise bei Brühwurst um 10···15 %. Kanzerogene Kohlenwasserstoffe entstehen vorzugsweise dann, wenn bei der Raucherzeugung Temperaturen von 600°C überschritten werden, was in der Praxis ausgeschlossen wird.

Räucherflüssigkeiten, *Rauchextrakt, Rauchkondensat:* auf unterschiedliche Weise durch Schwelen von Holz aus dem Rauch gewonnene Kondensate, die zum Räuchern notwendigen Komponenten (Farb-, Geruch- und Geschmacksgebung) enthalten sollen. Damit reduziert sich die eigentliche Rauchbehandlung auf ein Besprühen oder Tauchen. Solche Präparate können auch zur Unterstützung des Räucherprozesses eingesetzt werden. Sie sind zulassungspflichtig. → Rauchbestandteile

Räucherlachs → Räucherfischerzeugnisse

Räucherpräparate: → Räucherflüssigkeit → Rauchsalz, geräuchertes Öl (Rauchöl) oder andere geräucherte Flüssigkeiten zur Geschmacksgebung.

Räucherrauch, konservierende und aromatisierende Wirkung seit den ältesten Zeiten bekannt, einer der ältesten Lebensmittelzusatzstoffe. Herstellung durch gezieltes Verschwelen von naturbelassenem Holz, vorzugsweise weichem Laubholz, kleiner Zweige, Späne, Nadelholzzapfen oder Torf, oft mit Zusatz von Gewürzen. Je nach Höhe der Rauchtemperatur und der Rauchdauer unterscheidet man zwischen Kalt-, Warm- und Heißräucherung sowie Lang- und Kurzrauchverfahren. Besteht aus einer Aerosolkomponente und einer Gasphase, deren Aldehyd- und Phenolanteile im wesentlichen für die konservierende Wirkung verantwortlich sind. Toxikologisch relevante Leitsubstanz ist 3,4-Benzpyren, dessen Kanzerogenität bekannt ist. Konzentrationen von 1 µg/kg im eßbaren Anteil des Räucherproduktes wird als akzeptable Höchstmenge angesehen und ist bei sachgemäßer Durchführung des Räucherprozesses erreichbar. Aromastoff, Konservierungsstoff und Farbstoff, Anwendung bei Fleisch-, Fisch- und Käseerzeugnisse, Knabberartikeln, Whisky, Rauchbier. Teilweise wird mehr die konservierende, die aromatisierende oder die farbgebende Wirkung ausgenützt. Bei Fleischerzeugnissen und Käse auch in Form von Raucharomen. → Rauchbestandteile

Räucherrogen → Räucherfischerzeugnisse → Rogen

Räucherrollmops → Räucherfischerzeugnisse

Räuchersprotte → Räucherfischerzeugnisse

Rauchextrakt → Räucherflüssigkeiten

Rauchfleisch: durch Kalträuchern (17···22°C) haltbar gemachtes Fleisch. Produkte der Kalträucherung, die über einige Stunden oder Wochen ausgedehnt wird, sind u. a. *Pökelfleisch, auch Geselchtes* genannt, *Speck, Katenschinken* (Torfräucherung, Katenrauch), manche *Koch-* und *Rohwurstsorten.* → Fleischerzeugnisse → Kaßler → Räucherfischerzeugnisse

Rauchkondensat → Räucherflüssigkeiten

Rauchkorn: Spirituose mit einem dem → Whisky entsprechenden Geschmacksbild.

Rauchöl → Räucherpräparate

Rauchpunkt: Temperatur, bei der ein Fett oder Öl zu Rauchen beginnt. Beim Erhitzen eines Fettes beginnt in einem von der Zusammensetzung abhängigen Temperaturbereich die Zersetzung unter Bildung von → Acrolein und weiteren Verbindungen. Der R. liegt allgemein bei etwa 210°C. Fette sollten infolge der gesundheitlichen Risiken der gebildeten Verbindungen nicht über den R. hinaus erhitzt werden, auch nicht bei Erhitzen durch Mikrowellen.

Rauchsalz: ein über Holzfeuer geräuchertes → Speisesalz, das als → *Spezialsalz* zum Würzen von Steaks, Eierspeisen, Soßen und Käse dient.

Rauchstoffe → Rauchbestandteile

Rauchtabak: ein Tabakerzeugnis, das als *Fein-* (bis 1,5 mm), *Krüll-* (1,5···2,25 mm), *Mittel-* (2,25···3,5 mm) oder *Grobschnitt* (über 3,5 mm) zum Rauchgenuß nur mit einem Hilfsmittel, z. B. Tabakpfeife, geeignet ist. Auch in Strängen gesponnener → Tabak gilt als R.. *Pfeifentabake* dürfen als *„nikotinarm"* bezeichnet werden, wenn sie nicht mehr als 0,6 % Nicotin, als *„nicotinfrei"*, wenn sie nicht mehr als 0,1 % Nicotin i. Tr. enthalten. → Tabak

Rauhbrand → Lutter

Rauhkopf, orangefuchsiger → Orellanine → Pilzgifte

Rauhstielröhrling → *Boletáceae*

Rauhweizen, *Welscher Weizen, Englischer Weizen, Kegelweizen:* Nacktweizen der Emmerreihe (s. → Weizen), *Triticum túrgidum* L. (Familie *Poáceae*), bei dem auch verzweigtährige, daher bes. breite Ährenformen auftreten; daher auch die Bez. *Wunderweizen* haben. Es gibt auch Zuchtsorten vom R., z. B. die Sorte 'Brauner Wunderweizen' mit braunen oder die Sorte 'Schwarzer Wunderweizen' mit schwarzbraunen Spelzen. Der Eiweißgehalt liegt bei 15 %, die Tausendkornmasse zw. 45···50 g. Der R. wird in Nordafrika, Südengland, Südeuropa, Österreich, im Mittelmeergebiet und im europäischen Teil der Sowjetunion kultiviert und vielfach auch als Beimischung in Hartweizenfeldern angetroffen.

Rauke → Jambaraps

Raukenöl, *Jambaöl:* das Samenfett von → Jambaraps. Das R. muß vor der Verwendung als Speiseöl raffiniert werden. Die wichtigsten Fettsäuren und ihre Anteile (Etwa-Werte), bezogen auf den Gesamtfettsäuregehalt, sind Erucasäure (37 %), Ölsäure (24 %), Eicosensäure (12 %), Linolsäure (9 %), Linolensäure (7 %) und Palmitinsäure (5 %).

Raukensenf → Senf 10.

Rauschbeere → Moorbeere

Rauschpfeffer → Kawa

Rauschpilze → Pilzwirkstoffe, halluzinogene

Raute: 1. → Weinraute
2. → Baisermasse

Ravenélia esculénta → Ständerpilze

Reaktionsaromen: Erzeugnisse, die durch Erhitzung einer Mischung aus aminohaltigen Gruppen und Zuckern entstehen (Maillardprodukte). Neben Schokoladenaromen werden vorwiegend Fleischaromen hergestellt, dabei wird eine Temperatur von 180°C und eine Zeit von 15 min nicht überschritten. Bei niedrigeren Temperaturen kann die Zeit auch entsprechend länger sein. Die Temperatur- und Zeitbegrenzung verhindert die Bildung von toxokolgischen nicht unbedenklichen Stoffen. In der Anlage 1 zu § 1 der Aromen-V ist zum erstenmal der Begriff gesetzlich festgelegt. → Aromen

Reaktionskinetik: als Teil der Lebensmittelwissenschaft das Wissensgebiet, das die Zeitgesetze der chemischen, enzymatischen, physikalischen, mikrobiologischen und sensorischen Veränderungen von Lebensmitteln untersucht, um sie berechen- und optimierbar zu gestalten. Zur Berechnung thermischer Prozesse, wie Sterilisation, Lagerung usw., benutzt sie für kleinere Temperaturbereiche eine vereinfachte Form der Arrheniusgleichung mit Q_{10}- und *z*-Werten bzw. *D*- und *H-Werten* anstelle der Aktivierungsenergie bzw. Reaktionsgeschwindigkeitskonstante. Hierin bedeuten *D*-, *H*- und $t_{x\%}$- Werte: benötigte Reaktionszeiten für einen 90 %igen, 10 %igen und x %igen Umsatz. Die $t_{x\%}$- und *H*-Werte gelten für einfache Reaktionen aller Ordnungen, während der *D*-Wert nur für 1. Ordnung und daher auch oft für die Mikroorganismenabtötung bzw. Enzyminaktivierung gilt. Der Q_{10}-Wert gibt an, um wieviel die Reaktionsgeschwindigkeit bei einer Temperaturerhöhung von 10 K ansteigt. Der *z*-Wert entspricht der Temperaturdifferenz in K, die erforderlich ist, um eine der obigen Reaktionszeitgrößen (*H, D* oder t_x) um eine Zehnerpotenz zu verändern ($z = 10/\lg Q_{10}$). Für die Temperaturabhängigkeit gilt:

$\lg H = (T - T_{H=1})z;$ $\lg D = (T = T_{D=1})z;$

$\lg t_{x\%} = (T - T_{x\%=1})/z;$ $\lg F = (T - 121{,}1)/z.$

Der *F*-Wert ist die Zeit in Minuten bei einer beliebigen Temperatur, die einer Reaktionszeit von 1 min bis 121,1°C (250°F) entspricht. Der F_o-Wert ($F_o = 1/F\ dt$) ist die Zeit in Minuten bei 121,1°C, die man erhält, wenn man die bei einem Sterilisationsprozeß durchlaufenen Reaktionszeiten und -temperaturen auf eine äquivalente schlagartige Erhitzung von 121,1°C umrechnet. Er dient zur Berechnung, inwieweit Keimzahlreduktionen bestimmter Mikroorganismen, Enzyminaktivierungsvorgänge bzw. Stoffumsetzungen abgelaufen sind und stellt ein Maß für die Wärmebelastung des Gutes dar.

Rebhuhn (*Perdix perdix*) → Wild

Reblochon: halbfester *Schnittkäse* bzw. *Weichkäse* aus Frankreich, der in runder Form im Handel ist. → Käsesorten

Reckholderstrauch → Wacholderbeere

'Red Gauntlet' → Erdbeere → Beerenobst

'Redhaven': Pfirsich. → Steinobst

'Red Lake' → Johannisbeere → Beerenobst

'Red Mc Intosh' → Apfel → Kernobst

Reds → Räucherfischerzeugnisse

'Red Sails' → Eissalat

'Red Salad Bowl' → Eichenlaubsalat

'Redspur' → Apfel → Kernobst

Reduktase → Aldehyddehydrase

Reduktinsäure: ein Cyclopentendiolon, das *Fehlingsche* Lösung in der Kälte reduziert, sich aus Kohlenhydraten (z. B. Pectinen) beim Erhitzen mit Basen oder Säuren bildet und u. a. im Tabakrauch enthalten ist.

Reduktone, *Endiole:* reduzierend wirkende Kohlenstoffverbindungen, zu denen die Ascorbinsäure (→ Vitamin C) gehört. Bei thermischer Behandlung schwach alkalisch reagierender, gleichzeitig Zucker enthaltender Lebensmittel (bes. Gemüse und Kartoffeln) muß mit der Entstehung anderer R. als Vitamin C gerechnet werden, die bei Anwendung einer unspezifischen Bestimmungsmethode einen zu hohen Vitamin-C-Wert vortäuschen. R. entstehen z. B. auch beim Rösten von Kaffee.

Reformjoghurt → Acidophilusmilch

Regenbogenforelle → Forelle

Regensburger → Bierwurst

Reh → Wild

Rehbock → Wild

Rehfüßchen → *Hydnáceae*

Rehling → *Hydnáceae*

Rehpilz → *Thelephoráceae* → *Hydnáceae*

Rehrücken: 1. halbkugelförmiges Konditoreierzeugnis aus Sandmasse, in länglich gerillter Backform gebacken, zweimal mit Schokoladenbutterkrem gefüllt, mit Butterkrem abgedeckt und mit Mandeln bespickt. Der R. hat äußerlich eine gewisse Ähnlichkeit mit dem → Baumstamm. → Schnitte → Sandmasse
2. → Schlachtkörperteilstück vom Reh.

Rehwild → Wild

Rehydrovitamin A → Vitamin A

Reibekuchen → Speisekuchen

Reibkäse: durch einen Wassergehalt von weniger als 47 % charakterisierte, sehr harte, reibfähige Käse mit langer Haltbarkeit. Als R. werden sowohl die zum Reiben bestimmten Hartkäse (z. B. Parmesan, Provolone) als auch das schon geriebene Erzeugnis bezeichnet.

Reibsch → Ackerschachtelhalm

Reife: unterschiedlich gebrauchter Begriff, der z. B. „im Wachstum und Farbe voll entwickelt", durch Fermentierung oder Lagerung „in Geruch und Geschmack voll entfaltet" oder „abgelagert", bzw. „gut ausgebaut" bedeuten kann. Die Bez. *„reif"* kann daher sowohl wertneutral verwendet werden als auch hervorzuhebendes Qualitätsmerkmal sein (z. B. erreicht reifer Wein zum gegebenen Zeitpunkt seine höchste Vollendung, ist gut ausgebaut und seine edlen geschmacklich aromatischen Eigenschaften sind voll entwickelt.) „Vollkommene Reife" ist bei Früchten eine wichtige Beschaffenheitsanforderung, da verschiedene Inhaltsstoffe erst in der *reifen* Frucht ihre optimale Kombination erreicht haben; im *unreifen* Obst ist dagegen der Aroma- und Zuckergehalt gering. R. kann darüber hinaus den Entwicklungsablauf eines Produktes (mit *Reifegrad* und *Reifestadium*) beschreiben, z. B. *baum-* (*pflück*)*reif* oder *genuß-* (*mund*)*reif,* bei Obst oder *milchreif, gelbreif* bzw. *wachsreif, vollreif, todreif* bei → Körnerfrüchten oder *„schwachreif" (ungar), „reif" (gar)* oder *"überreif" (übergar),* z. B. bei der Teiggärung. Allgemeine Regeln zur Beschreibung des *Reifezustandes* gibt es nicht, wohl aber die Möglichkeit zur Feststellung der R. bei den einzelnen Lebensmitteln anhand bestimmter *Reifekriterien* (z. B. Festigkeitstest, Daumendruckmethode, Stärketest, Säuretest, Trockensubstanztest, Gewichtstest, Zuckertest, Farbtest, Alkoholtest, Frischetest, Geschmackstest).
Reifung ist ein zeitlicher Prozeß der Struktur-, Haltbarkeits-, Geschmacks- und Aromabildung durch enzymatische oder mikrobielle Tätigkeit, je nachdem, auf welcher Stufe dieser Vorgang abgebrochen oder beendet wird. Die Bildung eines *Reifemaßstabes* zur Beschreibung der *Reifeunterschiede* innerhalb einer Pflanzensorte und z. B. bei den einzelnen Sorten selbst, innerhalb einer Pflanzenart, ist sehr schwierig, da jede Sorte ein genetisches Individium darstellt, das auf bestimmte Witterungsbedingungen in eigener

Weise reagiert. Unterschiede in der Kältetoleranz können die vegetative Entwicklung verkürzen und verlängern, damit auch die Blütezeit und die Fruchtausbildung. Stärkere Anfälligkeit gegen Trockenheit führt z. B. bei manchen Sorten zur *Notreife,* stärkere Anfälligkeit gegen kalte, nasse Witterung und Krankheiten kann ebenfalls zu *Halbreife* mit Verkümmerung der Früchte führen ohne Möglichkeit ins biologisch normale Reifestadium zu gelangen. Man spricht bei landw. Erzeugnissen auch von schlechten Jahrgängen (witterungsbedingte Beeinträchtigung mit schwacharomatischem, zuckerarmem Obst oder eiweißarmen und vitaminarmen Körnerfrüchten) oder von guten Jahrgängen (hoher Zucker- und Aromagehalt (Bukett) bei Obst und eiweißreiche, vitaminreichere Körnerfrüchte).

Reifebeschleuniger: Stoffe oder Verbindungen zur Förderung der Reifung pflanzlicher Erzeugnisse oder verarbeiteter Produkte. → Starterkulturen (Fermentations- oder Gärbeschleuniger) werden z. B. bei der Herstellung → fermentierter Lebensmittel zur Reifebeschleunigung, Ethen zur Reifung von Bananen und Silber als Katalysator bei der Branntweinreifung eingesetzt.

Reifepilze → *Cortinariáceae*

Reifungskulturen → Milchwirtschaftliche Kulturen → Spezialkulturen

Reifungssalz: ein → Spezialsalz, das die Funktion eines → *Zartmachers* übernehmen soll und aus einem Gemisch von Proteasen aus Mikroorganismen oder pflanzlichen Ursprungs (Papain, Bromelin, Ficin), Würzstoffen (Glutamat, Pfeffer usw.), Hilfsstoffen, wie Glycerol, Propylenglycol, Glucose, aus Farbstoffen (z. B. Paprika) und Füll- bzw. Trägerstoffen, wie Natriumchlorid, besteht. Das R. kommt in Streudosen in den Handel und wird sowohl für zu grillendes Fleisch als auch für die Vorbereitung von Kochfleisch empfohlen.

Reihenwecke → Semmel

Reiherente, *Aýthya fulígula* → Wild

Reineclaude → Reneklode

Reinhárdtius hippoglossóides → Plattfische

Reinzuchthefe → Hefe

Reis: ein → Getreide, zu dem die einjährige, über 10 000 Varietäten umfassende Art *Orýza satíva* L. (Familie *Poáceae*) und die mehrjährige nur zu einem geringen Anteil lediglich in Afrika angebaute kleinkörnigere Art *Orýza glabérrima* Steud. gehören. Die Varietäten von *Orýza satíva* werden in 3 Subspezies eingeteilt; ssp. *índica, ssp. japónica, ssp. javánica.* Die Unterart „indica" ist die verbreitetste Gruppe in den tropischen Regionen. Sie hat ein längliches, schmales Korn mit unbegrannten Spelzen (*Langkornreis*). Die bekannteste Sorte mit hoher Qualität ist der *Patna-Reis* (mit glasigem, hartem, weißem *Langkorn*), eine neuere Sorte ist der *Basmati-Reis* (mit perlweißem, 6···8 mm langem und 1,5···2 mm dickem Langkorn, das ein bes. Aroma aufweisen soll). Der *Indica-Reis* enthält i. allg. mehr Amylose im Stärkeanteil als die *Japonica-* und *Javanica-Reissorten.* Die Unterart *„japonica"* hat ein rundes, dickes Korn (*Rundkornreis*) mit begrannten Spelzen, und die Unterart „javanica" die kleinste Gruppe, hat ein dickes, breites Korn (*Mittelkornreis*), das vorwiegend auf den tropischen Inseln Indonesiens angebaut wird.
Eine weitere Unterteilung des R. erfolgt nach der Kornstruktur, indem man zw. a) *glasigen, harten* Körnern (wozu die meisten Reissorten zählen) und b) *mehligen* Körnern unterscheidet, die als *Klebreis* bezeichnet werden. Dieser Klebreis trägt auch die Bez. *Wachsreis, wachsiger R.* oder *Süßreis.* Der Klebreis läßt sich im Vergleich zu *glasigem R.* nur bedingt verbacken; er enthält entweder keine oder nur geringe Mengen Amylose, und zwar bis 6% des Stärkegehaltes (→ Getreide, wachsiges). R. ist auf hohe Temperaturen während der Vegetationsperiode angewiesen und wird entweder als *Sumpf-* oder *Wassereis* – die wirtschaftlich wichtigste Form mit hohen Erträgen – (1,5···3 t/ha) oder als *Berg-, Land-* oder *Trockenreis* (0,5···2 t/ha) bis 2000 m Höhe angebaut. Ein Unterschied in der Aufbereitung als Lebensmittel zw. Sumpf- oder Trockenreis besteht nicht. Der Trockenreis wird jedoch wegen seines besseren Geschmacks von den Einheimischen im allg. bevorzugt.

R. wird im Vergleich zu anderen Getreidearten vorwiegend als *Nahrungsgetreide* angebaut. Die Weltproduktion belief sich 1991 auf 505 Mio Tonnen Paddyreis, davon wurden 374 Mio Tonnen zu → Weißreis verarbeitet und 13 Mio Tonnen exportiert. 75% der Welternte wurden für Ernährungszwecke, 9 % für Futter- und Saatzwecke, der Rest für industrielle Zwecke (Bier, Wein, Stärke usw.) verwendet. R. dient fast der Hälfte der Erdbevölkerung als Haupternährungsbasis vorwiegend in Form von → Brei. Allein 90% der Welternte werden in Südostasien gewonnen, die übrigen 10% verteilen sich auf etwa 70 Länder der Erde. China (mit etwa 40%) und Indien (mit etwa 22% der Weltproduktion) sind die größten Reisproduzenten. Etwa 16% der Welternte werden für industrielle Zwecke eingesetzt: für Brauzwecke, Reisbranntwein (*Arrak*), Reiswein (*Sake*), *Reisstärke*; der dabei anfallende „*Reiskleber*" wird für → Speisewürze und → Würzsoßen verwendet. Aus den Nachprodukten der Reisvermahlung kann → *Reisöl* gewonnen werden, das als hochwertiges → Speiseöl bes. als Salat- und Kochöl geeignet ist.

Nach dem Dreschen des geernteten R. erhält man den von Spelzen umschlossenen *Rohreis* oder *Paddy* (rough rice, rice in husk), ein sog. ungeschälter R., aus dem 65% *Vollreis* und *Bruchreis* (milled rice), 2% *Polierabfälle* (bestehend aus 2,4% Rohfaser, 58% Kohlenhydraten, 12% Fett, Energiewert 1118 kJ (265 kcal) je 100 g), 8% Kleie [bestehend aus 51% Kohlenhydraten, 11% Rohfaser, 10% Fett; Energiewert 1165 kJ (276 kcal) je 100 g] und 25% *Spelzen* gewonnen werden. Der Rohreis enthält etwa 12% Feuchtigkeit, 9% Rohfaser, 5% Asche, 8% Rohprotein, 2% Rohfett und 64% Kohlenhydrate.

Je nach Bearbeitungsgrad wird R. unterschiedlich bezeichnet als → *angeschälter R.* → Weißreis → glasierter R. → polierter R. → Parboiledreis → Braunreis. Aus R. wird ein alkoholisches Getränk (*Reisbier, japan. Sake, Sakhi*) bereitet, und die *Reisstärke* wird als → Puder verwendet. *Reisstroh* dient zur Herstellung von *Zigarrettenpapier* und zur Kultur des *Reisstrohpilzes* [*Volariélla volváceae (Bull. ex Fr.)* Sing.]. Zu den orientalischen Lebensmitteln aus R. zählen: *Bihon, Busa, Dosai, Idli, Korimochi, Khir, Laochao, Mochunga, Phul-Varhia, Puto, Phaak, Rotreis, Torani, Tape, Yolowreis, Taotjew, Tamtalem, Pilzreis.* → Speisereis → Kunstreis → Kurzkochreis → Getreide, wachsiges → Blaureis

Reis, angeschälter, *Loonazan, Cargoreis, Halbrohreis:* ein für den Export vorgeschälter → Reis, der u. U. noch einen Anteil von 15···20% ungeschälter Körner enthält.

Reisbohne, *Kletternde Bergbohne, Orientalische Bohne, Mambi:* die in Asien und im pazifischen Raum kultivierte *Vígna umbelláta* (Thunb.)Ohwi et Ohashi, Syn. *Phaséolus calcarátus* Roxb. (Familie *Fabáceae*). Die jungen Blätter, Keimlinge, Samen und unreifen Hülsen der krautigen Pflanze werden als Gemüse verzehrt, aus den Samenmehl werden *Reisnudeln* in Form weißer Fadennudeln hergestellt. → Glasnudeln

Reisbraugrieß → Bruchreis

Reisbrot → Brot

Reiscrispies → Reisflocken

Reis, enthülster → Braunreis

Reis, entspelzter → Braunreis

Reisflocken: auf beheizten Walzen zu dünnsten → Flocken gepreßter → Weiß- oder → Bruchreis. Die R. zählen zu den *kochfertigen* → *Nährmitteln* und werden vorwiegend in der Kinderernährung eingesetzt. *Reisknusperflocken (Reiskrispies, Reiscripies)* sind verzehrsfertige → Nährmittel, die zu den → Getreidefrühstückserzeugnissen zählen. Die Reisknusperflocken werden aus → poliertem Reis, Malzsirup, gemahlener Weizenkleie (als Bindemittel), Zucker, Stärkesirup und Salz hergestellt. Diese Mischung wird zu einem Brei bereitet und anschließend auf 5% Feuchtigkeit getrocknet, danach wird die Masse wieder mit Dampf versetzt (konditioniert) und bei einer Walzentemperatur von 50°C geflockt. Zur Herstellung von Röstflokken werden diese fertigen Flocken bei 290···315°C geröstet.

Reis, gemahlener: ein in unterschiedlichem Ausmaß (Ausmahlungsgrad) von seinen Außenschichten befreites Reiskorn. Obgleich der → Reis als Schälgetreide in Kornform und nur in seltenen Fällen als Mehl (Reismehl) verzehrt wird, ist es üblich, den mehr oder weniger stark geschälten Reis auch als g. R. zu bezeichnen. Analoge Bez. sind bei Gerstengraupen, die einer fast gleichen Aufbereitung durch Schälen und Polieren unterliegen, nicht üblich. Je nach dem Gehalt an Randschichten ergeben die Reisprodukte folgende Reihenfolge:

Rohreis	(intaktes Korn mit Spelzen)
angeschälter Reis	(Spelzen teilweise entfernt)
Braunreis	(Spelzen entfernt, alle anderen Randschichten sind erhalten ca. 100%ige Ausmahlung)
Weißreis	(ca. 93%ige Ausmahlung),
polierter Reis	(ca. 82···85%ige Ausmahlung).

Reis, geschliffener → Bruchreis → Reis, polierter → Weißreis

Reis, glasierter: ein → polierter Reis, dessen Oberfläche mit Hilfe einer Mischung aus Glucose und Talkum in rotierenden Trommeln u. a. zum Schutz gegen Schädlinge und Witterungseinflüße glänzend gemacht ist (*coated rice*). Da sich diese Schutzwirkung wissenschaftlich nicht bestätigen läßt, wird z. B. in der Bundesrepublik Deutschland ab 1975 kein g. R. mehr hergestellt. In Japan ist man der Ansicht, daß Magenkrebs auf regelmäßigen Verzehr von g. R. zurückzuführen ist, nachdem man festgestellt hat, daß das Talkum (ein wasserhaltiges Magnesiumsilikat) rel. hohe Mengen feinster Asbestfaser enthalten kann. Das zum Glasieren benutzte Talkum muß daher asbestfrei sein. Ein Teil des Glasiermittels wird in der Regel durch Waschen des Reises unter fließendem Wasser vor dem Kochen abgespült. → Vollreis

Reis, glasiger → Getreide, glasiges

Reisgranulat → Kunstreis

Reisgras, *Grannenhirse:* ein im Mittelmeergebiet, auf den Kanaren, in Arabien und auf dem Sinai kultiviertes, stark trockenresistentes Futtergras, *Oryzópsis miliácea* (L.) Aschers. et Schweinf., Syn. *Uráchne parviflóra* Trin. (Familie *Poáceae)* dessen Samen auch der menschlichen Ernährung dienen können und früher zum → Sammelgetreide zählten.

Reisgras, Indianisches: ein von Nordamerika bis Nordmexiko sowie in Halbwüsten verbreitetes Büschelgras, *Oryzópsis hymenoídes* (Roem. et Schult) Ricker ex Piper (Familie *Poáceae*), dessen hirseartige, sehr dunkelfarbige Samen von den Indianern gesammelt, zu Grütze und Mehl sowie zur Bereitung von Fladen verwendet werden. Das I. R. zählt wie der → Wildreis zum → Sammelgetreide.

Reisgraupe → Speisereis

Reis, Indischer → Wildreis

Reiskeimöl → Reisöl

Reiskleber: der bei der Reisstärkegewinnung aus Bruchreis als Kopplungs- oder Nebenprodukt anfallende → Kleber. Der R. bildet keine zusammenhängende Masse, wie das bei Weizenkleber (→ Kleber) der Fall ist, da die sehr kleinen Reisstärkekörner sehr fest mit den Eiweiß- und Schleimstoffen verkittet sind. Die Weiterverwendung des R. erfolgt analog dem → Maiskleber.

Reiskleieöl → Reisöl

Reisknusperflocken → Reisflocken

Reis, konservierter → Reis, parboiled

Reiskrispies → Reisflocken

Reismehl, *Reisspeisemehl:* entweder aus → Bruchreis auf Walzenstühlen und Siebanlagen gewonnenes Mehl, das zu Speisezwecken hergestellt wird, oder eine *Mischung* von *Schleifmehl* (Rice meal, Polishings) und *feinem Bruch,* die in bester Qualität für Säuglingsnahrungsmittel, zum Großteil aber als Viehfutter verwendet wird. Aus *Wachsreis* (→ Getreide, wachsiges) läßt sich eine weitere Reismehlart herstellen, die sich vor allem für die Gefrierkonservierung eignet, da es beim Auftauen damit hergestellter Erzeugnisse (Suppen, Soßen, Puddings usw.) nicht zu der sonst üblichen Phasentrennung (Absetzen von Wasser) kommt. → Reisnährmittel → Getreidemehl → Mehl

Reismelde → Perureis

Reismiso → Miso

Reis-Mungobohnen-Idli → Idli

Reisnährmittel: Sammelbegriff für → Nährmittel aus → Reis in Form von → Flocken → Graupen → Grieß → Mehl → Stärke → Pufferzeugnissen. Zu den kochfertigen R. zählen: *Speisereis, Parboiledreis, Schnellkochreis, Reisflocken, Reisstärke, Kunstreis.* Zu den *Instantreisnährmitteln* zählen: *Instantreis, Reisquellmehl;* zu den *tischfertigen R.* zählen *Reisknusperflocken, Puffreis, Dosenreis*; und zu den *verzehrsfertigen R.* zählen glasierte *Puffreiserzeugnisse* und *Reiskrispies.*

Reisnudel: 1. ein nach verschiedenen Patenten aus Reisgrieß hergestelltes → Nährmittel in Form von → Nudeln, das vorwiegend für eine glutenfreie Ernährung bestimmt ist. → Diätlebensmittel → Teigwaren, glutenfreie → Bihon
2. aus → Reisbohnen hergestellte → Glasnudel.

Reisöl, *Reiskleieöl, Reiskeimöl:* das aus der Kleie von → Reis gewonnene Öl. Reiskleie besteht aus Reisschalen und -keimlingen und enthält etwa 12···15 % Öl. Unraffiniertes R. enthält eine Lipase, die aus dem R. Fettsäuren freisetzt, es muß deshalb im frischem Zustand raffiniert werden. Raffiniertes R. ist ein hellgelbes Speiseöl mit guter Haltbarkeit. Die wichtigsten Fettsäuren sind Palmitinsäure (etwa 18 %), Stearinsäure (etwa 3%), Ölsäure (etwa 48 %) und Linolsäure (etwa 30 %). → Getreideöl

Reis, parboiled, *Parboiledreis, Parboilingreis, Reis, konvertierter:* ein mittels hydrothermischer Vorbehandlung natürlich angereicherter → Reis. Vor dem Schälen wird der Reis mit Dampf und Druck behandelt, damit ein Teil einiger Vitamine und Mineralstoffe aus den Außenschichten und dem Keim in das Innere des Kornes wandern. Der p. R. wird nach der Naßbehandlung getrocknet und anschließend geschliffen, aber nicht glasiert; er behält daher eine stumpfe Oberfläche und weist eine leicht gelbliche Farbe auf. Neben einer verbesserten Nährstoffzusammensetzung weist p. R. gegenüber dem polierten Reis gleichzeitig verbesserte Struktureigenschaften (höheren Dextrin-, niedrigeren Amylosegehalt) und bessere Verkleisterungsfähigkeit der Stärkegranulate auf, was eine verringerte Kochzeit zur Folge hat. Der p. R. bleibt körnig und trocken beim Kochen und ist ergiebiger als normaler → Speisereis (polierter Reis). Der Vitamin-B_1-Gehalt (gleichzeitig ein Index für den Grad des Gehaltes an anderen essentiellen, wasserlöslichen, hitzelabilen Stoffen) liegt bei p. R. zw. 0,5···1,0 mg/100 g, der Eisengehalt zw. 3,5···6,5 mg/100 g. Wenn der Reis mit einem modifizierten Verfahren durch Druck- und Vakuumanwendung anstelle des traditionellen Parboiling-Verfahrens (Dämpfen und anschließendes Trocknen an der Sonne) auf industrieller Basis hydrothermisch behandelt wird, so wird er als *konvertierter R.* bezeichnet. Etwa ein fünftel der Weltreisproduktion wird zu p. R. verarbeitet. Auf Grund eines FAO-Beschlusses soll der Mindestgehalt an Vitamin B_1 bei sog. → *gemahlenem Reis* in Süd- und Ostasien 0,18 mg je 100 g betragen. Ohne Anreicherungsverfahren, wie z. B. das Parboilingverfahren, könnte diese Forderung nicht eingehalten werden. → Getreide, angereichertes

Reispaste → Tape

Reis, polierter: ein *geschliffener* → Reis (polished rice, milled rice), bei dem die Silberhaut (die sog. *weiße Kleie* = polish), der Embryo bzw. Keim sowie die Aleuronschicht durch Schleifen völlig entfernt sind, so daß nur noch das Stärkeendosperm übrig ist (→ Braunreis). Der p. R. wird unter der Bez. → Speisereis im Handel angeboten.

Reispuder → Getreidestärke

Reisquellmehl: ein durch Walzentrocknung aufgeschlossenes → Reisspeisemehl, das bei der Zubereitung zu → Brei oder → Suppe bzw. → Schleim keines weiteren Kochprozesses bedarf, sondern als *Instantreisnährmittel* nach Anrühren mit Milch oder Wasser verzehrsfertig ist. Das R. wird verwendet bei der Herstellung von *Instant-Reistrokkenschleim* vor allem für die Kinderernährung. Ferner findet R. Verwendung als → Backhilfsmittel. → Quellmehl → Mehl, aufgeschlossenes

Reissbeere → Berberitze

Reis-Soja-Idli → Idli

Reisspeisemehl → Reismehl

Reisspinat → Perureis

Reisstärke: eine aus → Reis gewonnene Stärke.

Zusammensetzung und Energiewert von Reisstärke

Bestandteil	Gehalt in 100 g in g
Feuchtigkeit	13,8
Eiweiß	0,76
Fett	0
Kohlenhydrate	85,0
Mineralstoffe	0,44
Energiewert in kJ (kcal) je 100 g	1500 (360)

→ Getreidestärke → Getreide, wachsiges

Reisstroh → Reis

Reisstroh-Scheidling → Kulturpilze

Reissuppe → Suppe, kochfertige, nicht süß

Reis, synthetischer → Kunstreis

Reis, transgener → Nutzpflanze, transgene

Reiswasser: ein in Westafrika, insbes. in Ghana übliches Frühstücksgetränk, das nach dem Kochen von Reis abgenommen und gesüßt getrunken wird. → Brei

Reiswein → Sake

Reizker →*Russuláceae* → Speisepilze

Reliefpraline → Praline

Remoulade → Mayonnaise

Remouladensoße → Würzsoße, mayonnaisenartige

Ren → Fleischtiere

Reneklode, *Ringlotte* (österr.), *Reineclaude:* Frucht von *Prúnus doméstica* ssp. *itálica* Borkh., einer Pflaumenvarietät mit runden oder rundlichen, mittelgroßen, süß und aromatisch schmeckenden Früchten, für Frischverzehr und Verarbeitung gleichermaßen gut geeignet. Beispiel: die alte, weitverbreitete '*Große Grüne Reneclode*'. → Pflaume → Prünellen

Renes → Nieren

Renke → Maräne

Renkon → Lotos

Rennin → Lab

Reséda odoráta → Gartenreseda

Reséda phyteūma → Rapunzel-Wau

Resene → Harze

Reservekohlenhydrate → Saccharide

Residualstoffe → Rückstände

Resinole → Harze

Resinosäure → Harze

Resinotannole → Harze

Resorcin → 5-n-Alkylresorcinole

Resorcindimethylether, *1,2-Dimethoxybenzen:* eine aromatische Verbindung mit der Strukturformel:

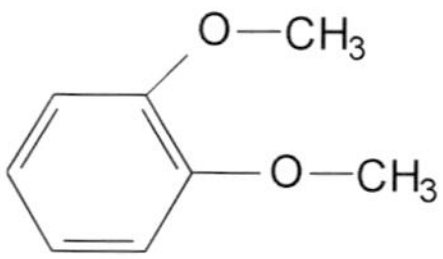

R. ist eine farblose, mit Wasser wenig, mit Ethanol, Ether und Benzen leicht mischbare Flüssigkeit mit haselnußähnlichem Aroma, Kp. 215···217 °C, d_4^{15} 1,081. Er ist geeignet für die Herstellung von künstlichem Nußaroma, seltener von Fruchtaromen. Er wird angewendet in Konzentrationen von 3···8 mg/kg bei Getränken, Backwaren, Süßwaren und Eiscreme. R. wird durch Methylierung von Resorcin mit Dimethylsulfat in wäßriger alkalischer Lösung gewonnen.

Resorcinol → 5-n-Alkylresorcinole

Resorcylsäurelactone → Östrogene

Restbrot, *Altbrot:* für einen direkten Verkauf nicht mehr zugelassenes Brot in Form von *altbackenem, fehlerhaftem, sog. Ausschußbrot* oder *Brotabschnitten.* Die Wiederverwendung von R. als Zusatz bei der Brot- oder Kleingebäckherstellung ist an bestimmte Bedingungen geknüpft; das R. muß (einschl. der bei der Schnittbrotherstellung anfallenden Abfälle) im gleichen Herstellerbetrieb angefallen und darf weder verschimmelt, verschmutzt noch anderweitig verdorben sein. Der Zusatz bei der Brotherstellung darf nicht mehr als 3% des zur Brotherstellung verwendeten Mehles oder diesem gleichberechtigter mehlartiger Rohstoffe betragen. Dieser Höchstsatz gilt nicht für frische, im Betrieb anfallende *Brotreste* von Pumpernikel, Schrot- oder Vollkornbrot, soweit diese Brotreste für die Herstellung derselben Brotsorte verwendet werden. Der Zusatz darf in diesem Fall bis zu 10% betragen. Das zugesetzte R. muß so fein in der Teigmasse verteilt (feingemahlen oder in Wasser eingeweicht und zu einem völlig gleichmäßigen Brei verteilt) werden, daß es im fertigen Brot mit dem bloßen Auge nicht zu erkennen ist. Diese Bedingungen gelten entsprechend, wenn *altes Kleingebäck* bei der Herstellung von Kleingebäck wieder verwendet wird. Der Zusatz von R. erfolgt nicht nur aus wirtschaftlichen, sondern auch aus geschmacklichen Gründen. Zur zusätzlichen Geschmacksverbesserung kann das zerkleinerte R. vor der Zugabe zum Teig im Backofen geröstet werden.

Restsüße → Wein

Restzucker → Wein

Resveratrol, *(E)-1-(3,5-Dihydroxyphenyl)-2-(4-hydroxyphenyl)ethylen, Stilben-3,4',5-triol, Piceid:* ein in der Weinrebe (Vitisvinifera L.) und Erdnuß (Árachis hyppogāēa L.) vorkommende → Phytoalexin, s. Formel.

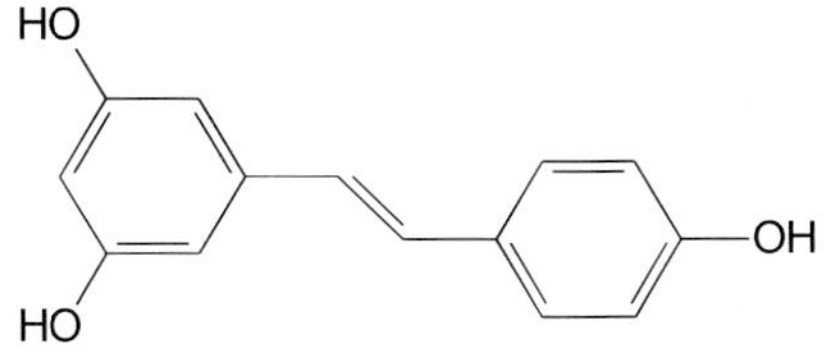

Reten, 7-Isopropyl-1-methylphenanthren,

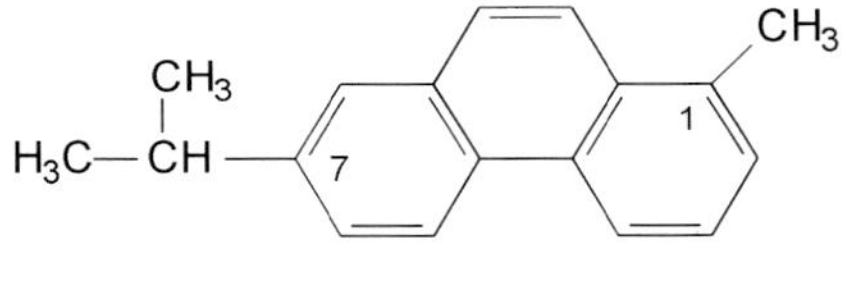

beim Verbrennen von Nadelhölzern entstehende Verbindung, die als Leitsubstanz für PAK im Räucherrauch dienen kann.

Reticulin, 1. schwefelhaltiges Protein des Bindegewebes, das feine elastische Fasern ausbildet und als Kollagentyp 3 bezeichnet wird, s. Formel.

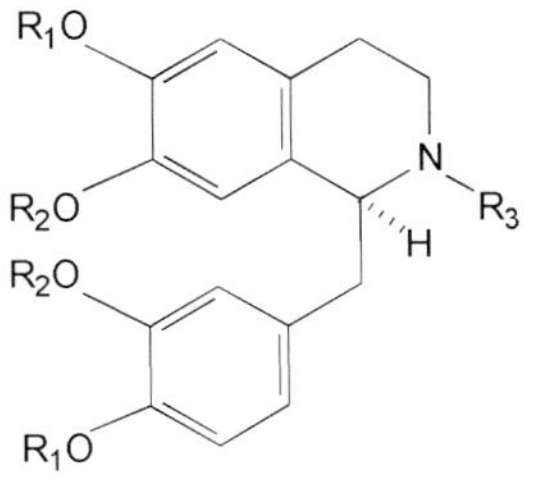

Name	R_1	R_2	R_3
S-Norlaudanosolin	H	H	H
S-Norlaudanosin	CH_3	CH_3	H
S-Laudanosin	CH_3	CH_3	CH_3
S-Norreticulin	CH_3	H	H
S-Reticulin	CH_3	H	CH_3

2. Laudanosolin-4',6-dimethylether, ein Isochinolen-Alkaloid, das als Zwischenprodukt in der Biosynthese versch. Alkaloide bes. von Papaverin in Mohngewächsen auftritt.

Retinal → Vitamin A

Retinin → Chromoproteide

Retinol → Vitamin A

Retinoläquivalent → Vitamin A

Retrofett, *inverses Fett:* die Triester bzw. Tetraester von Propan-1,2,3-tricarbonsäure (→ Tricarballylsäure) bzw. Butan-1,2,3,4-tetracarbonsäure mit langkettigen Alkoholen. Die R. ähneln in ihren Eigenschaften → Fetten. Sie werden jedoch nicht von Pflanzen- oder Pankreaslipasen gespalten. Daher durchlaufen sie den Darmtrakt ohne Resorption, so daß der Einsatz von R. als energiefreier Fettaustauschstoff diskutiert wird.

Retrogradation: Bez. für das Unlöslichwerden von kolloidal gelöster verkleisterter Stärke oder von Stärkederivaten. Die R. beginnt mit der Abkühlung des stärkehaltigen Systems und führt mit der Gel- oder Niederschlagsbildung zur Verhärtung und Verdichtung des Gefüges. Die langkettige → Amylose retrogradiert schneller als das vernetzte → Amylopectin. R. vollzieht sich als unerwünschter Prozeß beim Altbackenwerden von Brot und Frischbackwaren. R. läßt sich durch Störung des Verhärtungsprozesses mit Hilfe von Fetten, Emulgatoren oder α-Amylasewirkung verzögern.

Rettich, *Radi, Rafan:* Sammelbez. für eine weltweit kultivierte, sehr alte Öl-, Knollen- bzw. Rüben- und Fruchtgemüsepflanze, *Ráphanus satívus* L. (Familie *Brassicáceae*), die in 4 Varietäten zusammengefaßt wird: (var. oleifórmis → Ölrettich var. mōūgri → Schlangenrettich var. níger → Knollenrettich var. satívus → Radieschen). Die *chinesischen, japanischen* und *indischen R.* werden meist als selbständige Arten abgetrennt oder als Unterarten von *R. satívus* aufgefaßt. In Rettich ist ebenfalls das scharfschmeckende 4-Methylthio-trans-3-butenyl-isocyanat wie in Radieschen enthalten. → Rübe → Knolle

Rettichglycosid → Senföle

Rettichgrün → Daikonkers

Rettich-Helmlinge → Pilzgifte

Reversionsgeschmack, ein bohnig-strohig, butterartiger Geschmack, der aus verzweigten Furanfettsäuren bei Sojaöl entstehen kann und auf 3-Methyl-2,4-nonadion zurückgeführt werden kann.

Reynoutin → Flavonoide

Rhabarber: Sammelbez. für verschiedene, teils wildwachsende, teils kultivierte Arten der Gattung *Rhéum* L. (Familie *Polygonáceae*). Im frischen Zustand wird R. als *Stengelgemüse,* die getrockneten Rhizome und dicken Wurzeln werden dagegen als Arzneimittel oder Würzdroge genutzt. Die Abgrenzung der Kulturrhabarberarten ist durch die Hybridisierung der Sippen, insbes. bei gemeinsamem Anbau, nicht endgültig. Zu den wichtigsten *Gemüserhabarberarten* zählen der *Gartenrhabarber, Rhabarber* oder *Rapontik, R. rhapónticum* L. (vorwiegend in West- und Mitteleuropa, USA und Ostasien kultiviert; in Zentralasien und in den Rhodopen wildwachsend) und der *Krause Rhabarber, R. rhabárbarum* L. (vorwiegend in Ostasien und Ostsibirien, Westeuropa und Nordamerika kultiviert). Die als Gemüse genutzten Organe, die 3···4 cm dicken und bis zu 60 cm langen Blattstiele, zeigen unterschiedliche Farbkombinationen: a) grünstielig und grünfleischig, b) rotstielig und grünfleischig, c) rotstielig und rotfleischig. Der *grünstielige R.* ist im Ertrag, der *rotstielige* in der Qualität (höherer Säuregehalt) besser. Die Standardsorte ist 'Holsteiner Blut' mit rotfleischigen Stengeln und rotem Fleisch. Zum Treiben wird die engl. Sorte 'The Sutton' bevorzugt, die sehr früh treibt, rotstielig und grünfleischig ist und den besten Geschmack aufweist. Bes. mild schmeckt der sog. *Himbeerrhabarber* mit zartrosafarbenem Fleisch mit z. B. den Sorten 'Elmsblitz' und 'Elmsjuwel'. Stengelware wird, aus Wurzelballen in dunklen Räumen getrieben, von Jan. bis März angeboten. Der größte Ertrag wird jedoch im Freilandanbau erzielt, zwecks Verfrühung unter Folienabdeckung kultiviert. Der R. gehört zu den wenigen Gemüsearten, die über einen hohen Fruchtsäuregehalt verfügen und daher bevorzugt für die Saftgewinnung herangezogen wird. Der Oxalsäuregehalt in den Stengeln des *Gemüserhabarbers* (*R. rhapónticum* und *R. rhabárbarum*) beträgt je 100 g Trockenmasse 2···8 g, je 100 g

Frischmasse 0,1···0,4 g und ist im zeitigen Frühjahr niedriger als bei späterer Ernte. Zusammensetzung und Energiewert des R. s. Tab.

Zusammensetzung und Energiewert von Rhabarber

Bestandteil	Durchschnittl. Gehalt je 100 g eßbaren Anteils
Feuchtigkeit	95,00 g
Eiweiß	0,50 g
Fett	0,10 g
Kohlenhydrate	3,30 g
Rohfaser	0,70 g
Mineralstoffe	0,40 g
Calcium	52,00 mg
Phosphor	24,00 mg
Eisen	0,50 mg
Kalium	270,00 mg
Magnesium	13,00 mg
Mangan	0,13 mg
Kupfer	0,05 mg
Vitamin B_1	0,027 mg
Vitamin B_2	0,030 mg
Vitamin B_6	0,035 mg
Folsäure	0,025 mg
Vitamin C	10,00 mg
Vitamin E	0,20 mg
Oxalsäure	500···800 mg
Energiewert in kJ (kcal) je 100 g	85 (20)

Die Blätter sind durch den Gehalt an Anthrachinonen ungenießbar. Frisch geerntete Blattstiele können bei 0···1°C und hoher rel. Luftfeuchte (95%) bis zu 3 Wochen in verkaufsfähigem Zustand gehalten werden. Die Haltbarkeit von Treibrhabarber ist bei gleichen Temperaturen auf 1 Woche verkürzt. Hier ist bes. Schutz vor Austrocknung erforderlich. Ein Vergilben der belassenen Blattreste wird durch schnelles Abkühlen verhindert. Im Kühllager muß der R. außerdem zur Vermeidung von Wärmenestern guter Luftzirkulation ausgesetzt sein. Ein Verpacken des R. in gelochte Folienbeutel ist zweckmäßig.
Die als Arzneipflanze genutzten R., Medizinalrhabarber, *R. palmátum* L. und *R. offinicale Baill., China-, Türkischer* oder *Kantonrhabarber* kommen zw. China und Tibet in den obersten Waldregionen des Gebirges wildwachsend vor und werden auch kultiviert (China, Europa, Rußland). Die als → Würzdroge für Kräuter- und Bitterliköre verwendete Rhabarberwurzel wird vor allem von *Kronrhabarber R.* palmátum var. tangúticum (Maxim.) Stapf genutzt und aus China importiert. Weitere Rhabarbersorten sind der Altairhabarber, R. *altáicum* A. Los und R. *compáctum* L., die beide in der Mongolei und in Sibirien kultiviert werden; ferner der *Emodi, Indische* oder *Himalajarhabarber, R. emódi* Wall. der in Indien als Arznei- und Gemüsepflanze angebaut wird, sowie der R. *hybrídicum* Murr. ein Bastard aus R. *rhapónticum L.* und R. *palmátum* L., der in Westeuropa, insbes. in England, und in Hochlagen der Tropen kultiviert wird.

Rhabarber, Indischer → Rhabarber

Rhabarber, Ostindischer → Rhabarber

Rhabarber, Türkischer → Rhabarber

L-Rhamnose: eine 6-Desoxyhexose; Bestandteil von Pflanzengummi und -schleimen und von bakteriellen Immunopolysacchariden. → 6-Desoxyhexosen

L-Rhamnosidosobiose → Trisaccharide

L-Rhamnosyl-D-glucose → Disaccharide

Rhamsan, *Polysaccharid S-194:* ein → mikrobielles Polysaccharid, das von einem Alcaligenes-Stamm (ATCC 31961) gebildet wird. Die Hauptkette, bestehend aus D-Glucose, D-Glucuronsäure und L-Rhamnose im molaren Verhältnis 2:1:1 ist gekennzeichnet durch die sich wiederholende Anordnung wie bei → Gellan und → Welan. Die Grundeinheit ist ein Hexasaccharid, weil eine Seiteneinheit aus Glucosemolekülen vorhanden ist. Je Grundeinheit wird etwa eine O-Acetylgruppe im Polysaccharid gefunden. R. bildet keine Gele. Es zeigt ähnliche Eigenschaften wie Welan, aber auch einige Unterschiede in der Stabilität und in der Verträglichkeit mit anderen Lebensmittelbestandteilen. Struktur von R. (s. unten).

Rhapontik → Rhabarber

Rhēēdia acumináta → Madronofrucht

Rhein, *4,5-Dioxy-anthrachinon-2-carbonsäure:* chinoide, tricyclische Säure vom Anthrachinon-Typ.

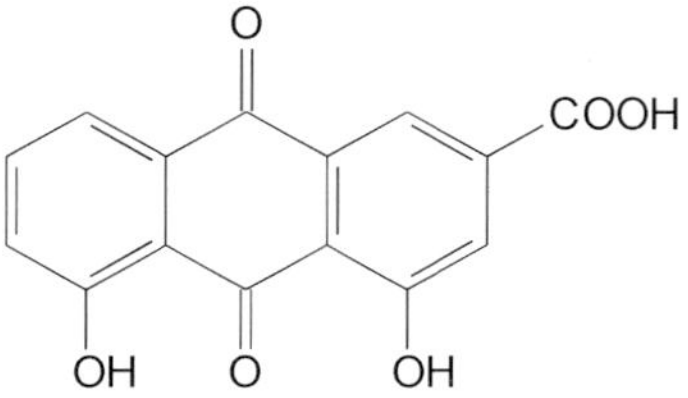

R. kommt frei oder glycosidisch gebunden in den Wurzeln und Blätter von *Rheum*-Arten (Rhabarber), Sauerampfer und Sennesblätter vor. Es kristallisiert in gelben Nadeln, die in Wasser unlöslich, wenig löslich in Ethanol und den meisten organischen Lösungsmitteln und leicht löslich in heißem Pyridin, in Alkalien und Schwefelsäure sind, F. 321°C, sublimiert im Vakuum. Der eingedickte Saft von Rhabarberwurzeln wird als Laxantia (Abführmittel) benutzt, die Wirkung beruht auf dem Gehalt an R..

Rheinanke: syn. Bez. für das Blaufelchen. → Maräne

Rheinriesling: Riesling, Weißer. → Wein

Rheologische Eigenschaften: Charakterisierung des Deformationsverhaltens fester, kolloidaler resp. flüssiger Systeme bei anisotropen (nicht in allen Richtungen gleich wirkenden) Kräften. Ursprünglich umfaßte die *Rheologie* die Fließeigenschaften der Stoffe, heute das gesamte Gebiet der *physikalischen Konsistenzcharakterisierung* von flüssigen Systemen bis zum formbeständigen festen Körper mit allen Übergangszuständen. Geprüft wird das Verformungsverhalten eines Mediums als Folge einer von außen wirkenden Kraft und der Dauer seiner Einwirkung. Das rheologische Verhalten von Lebensmitteln steht in direktem Zusammenhang mit ihrer *Texturqualität.* Zur besseren Beschreibung der r. E. der häufig sehr kompliziert zusammengesetzten Lebensmittel nutzt man in der sog. *Makrorheologie* für die Darstellung der vier rheologischen Grundeigenschaften → *Viskosität* → *Elastizität* → *Plastizität* und → *Festigkeit* die einfachen Modellkörper von *Newton* (*ideales viskoses Fließen*), *Hooke (ideale plastische Verformung)* sowie *Saint Venant (ideale elastische Dehnung).* Festkörper zeigen zunächst elastisches Verhalten, Flüssigkeiten fließen bereits bei Einwirkung kleiner Kräfte. Zw. den idealen Grenzfällen „Newtonsches Fließverhalten" und „Festkörper„ ordnen sich die realen Systeme mit sowohl viskosen als auch elastischen Eigenschaften nebeneinander in unterschiedlicher Ausprägung ein (s. Bild S. 419).

Das rheologische Verhalten ist direkt abhängig von den im Medium enthaltenen Strukturen. Sind diese in der Lage, die wirkende Kraft unter Formveränderung als Energie vollständig zu speichern und unter Rückverformung wieder vollständig abzugeben, handelt es sich um ideal-elastische Körper. Wird die wirkende Kraft durch formverändernde Umlagerungen der Strukturen energetisch vollständig irreversibel umgesetzt, handelt es sich um ideales Fließen.

Rheologische Meßgeräte sollen so ausgelegt sein, daß die gemessene Kraft im Medium einen

→[*3)*-β-D-Glc(1→4)-β-D-GlcU(1→4)-β-D-Glc(1→4)- α-L-Rha(1→]$_n$

6

↑

β-D-Glc(1→6)-α-D-Glc

Glc = Glucose

Rha = Rhamnose

GlcU = Glucuronsäure

Schema der rheologischen Eigenschaften

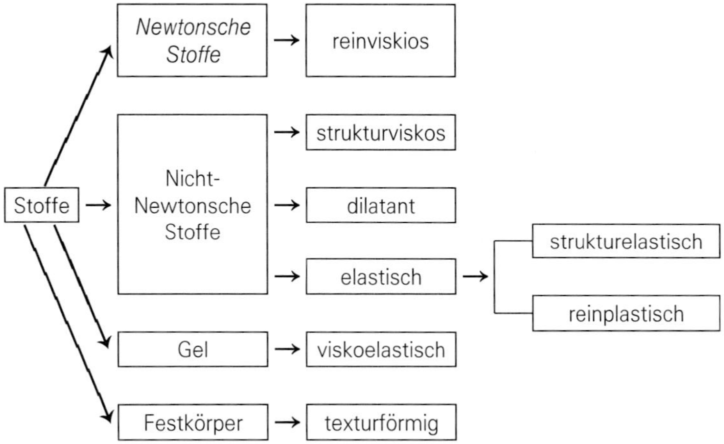

einheitlichen Spannungszustand erzeugt und daß die gemessene Deformationsgröße mit einem einheitlichen Verformungszustand in der Probe korreliert. Unter diesen Bedingungen sind die rheologischen Daten stoffspezifische Kenngrößen des Mediums.
Die r. E. der *Elastizität* wird mit der *Spannungs-Deformations-Kurve* dargestellt, in der die bei steigender Verformung resultierenden Spannungszustände im Material bis zum Vorgang der Zerstörung des Materials dargestellt sind.
Die Fließeigenschaften eines Materials werden in der *Fließkurve* veranschaulicht. Dazu werden die bei steigender Verformungsgeschwindigkeit resultierenden Spannungszustände im Material registriert. Als Maßzahl für die Fließeigenschaft dient die *Viskosität*.
Plastizität ist ein Fließverhalten, bei dem bei kleinen Schubspannungswerten nur elastische Deformation eintritt, sowie von einem bestimmten Schubspannungswert (*Fließgrenze*) an das Fließen beginnt. Man unterscheidet *idealplastisches (reinplastisches)* und *nichtidealplastisches (quasiplastisches, strukturplastisches)* Fließverhalten.
Neben der Abhängigkeit vom Deformationszustand und von der Deformationsgeschwindigkeit ist die Zeitabhängigkeit dieser Zustände zu beachten. Die Eigenschaften, daß mit zunehmender Scherzeit eine Verfestigung eines flüssigen Systems entsteht, wird als *Rheopexie* bezeichnet. Das entgegengesetzte Verhalten – die mit zunehmender Zeit resultierende Verflüssigung – wird als *Thixotropie* bezeichnet, wobei sich in beiden Fällen nach Entspannung der ursprüngliche Zustand wieder einstellt.
Gallertartige Stoffe zeigen Thixotropie, indem sie bei Bewegung flüssig bleiben, im Ruhezustand aber erstarren. Der viskosere Endzustand wird als *Gelzustand, der weniger viskose als Solzustand* bezeichnet. Je nach Art der Fließkurve können verschiedene Arten der Thixotropie und Rheotropie unterschieden werden.
Stoffspezifische Absolutkenngrößen erhält man mit Zug-Dehnungs-Prüfgeräten, Rotationsrheometern, Oszillationsrheometern und Kapillarviskosimetern. Quantitativie Relationsmeßwerte erhält man mit einer Vielzahl anwendungsspezifischer Prüfgeräte (Penetrometer , Ridgelimeter, Farinograph etc.). Sie bieten die Möglichkeit, aus der Kenntnis der chemischen Zusammensetzung, der molekularen Struktur und des Zellaufbaus Schlüsse auf das mechanische Verhalten eines

Lebensmittels zu ziehen. Rheologische Messungen (*Rheometrie*) werden damit zu wichtigen Hilfsmitteln bei der Herstellung qualitativ hochwertiger Lebensmittel.
Die r. E. pflanzlicher Produkte ändern sich, wenn die am Aufbau des Zellgerüstes beteiligten Stoffe, wie Cellulose, Hemicellulosen und bes. Pectin, die für die Konsistenz von maßgeblicher Bedeutung sind, im Laufe der Verarbeitung durch enzymatische oder chemische Vorgänge verändert bzw. abgebaut werden. Die Rheologie hilft in zunehmendem Maße, die subjektiven Sinneseindrücke, wie Fingerdruck, Mundgefühl, Rißfestigkeit, Gare, Zähigkeit, mittels mechanisch-physikalischer Meßmethoden zu objektivieren.

Rhéum spec. → Rhabarber

Rhinóceros unicórnis: Nashorn (Indisches Panzernashorn). → Fleischtiere

Rhízina, *Wurzel-Lorchel***:** zur Familie *Helvelláceae* geordnete Pilzgattung. Als einziger örtlich bedeutender Pilz der in Mitteleuropa vertretenen Arten dieser Gattung ist die wellige *Wurzel-Lorchel Rhízina unduláta* Fr. ex Fr. = *Rhízina infláta* (Schaeff.) Quel. = *Elvélla infláta* Schaeff. genießbar, aber ohne jeden Geschmack. → Speisepilze

Rhízina helvética → *Discina*

Rhizom: ein dicht unter der Erdoberfläche wachsender, mehr oder minder verdickter und gestauchter Sproß, an dem sich Wurzeln befinden. Landläufig wird R., auch als Wurzelstock bezeichnet, obgleich es keine Wurzel ist. Von den Wurzeln unterscheidet sich das R. dadurch, daß jährl. ein neues Sproßstück hinzuwächst, während das hintere Ende des R. abstirbt. Verdicken sich die R. so entstehen Sproßknollen, wie sie die Kartoffel aufweist.

Rhizomgewürz: Sammelbez. für die zum Würzen verwendeten getrockneten, meist zerkleinerten Rhizome (Wurzelstock), z. B. von Galgant, Ingwer, Kalmus, Kurkuma und Zitwer, die als → Gewürz dienen.

Rhizopogonáceae, *Wurzeltrüffelartige Pilze:* der Ordnung *Rhizopogonáles* – innerhalb der Klasse *Bassidiomycétes* (*Ständerpilze*) – zugeordnete Pilzfamilie mit knollenförmigem Fruchtkörper, in Waldböden lebend und ektotrophe Mykorrhiza vorzugsweise oder ausschl. mit Nadelgehölzen bildend. Drei Arten der Gattung Rhizopogon (*Wurzeltrüffel*) sind jung eßbar, jedoch unbedeutend: die *Rötliche Wurzeltrüffel* [*Rhizópogon roséolus* (Fr. ex Fr.) Th. M. Fries = *R. rubéscens* Tul. et Tul.], die *Gelbbräunliche Wurzeltrüffel* [*Rhizópogon obtéxtus* (Sprengel) R. Rauschert = *R. lutéolus* Fr.] und die seltene *Grünliche Wurzeltrüffel* [*Rhizópogon virens* (Alb. et Schw. ex Fr.) Rick.]. → Pilze → Speisepilze → Ständerpilze

Rhizopogonáles → Ständerpilze → Rhizopogonáceae

Rhizópogon spec. → *Rhizopogonáceae*

Rhízopus arrhízus → Ketjap

Rhízopus nígricans → Pilze

Rhízopus oligospórus → Tempeh → Ketjap

Rhodanide → Kropfnoxen

Rhodanwasserstoffsäure, *Rhodanwasserstoff, Thiocyansäure:* Verbindung der Formel HSCN. R. kommt im frischen Saft von Zwiebeln sowie in geringen Mengen in Pflanzenwurzeln, bes. von Kreuzblütlern und Doldenblütlern, sowie in tierischem Gewebe vor. R. steht im tautomeren Gleichgewicht mit der Isothiocyansäure:

$$HS\text{-}C{\equiv}N \rightleftharpoons S{=}C{=}N\text{-}H$$

Bei der freien Säure liegt vorwiegend die Thiocyansäureform vor. R. ist ein unbeständiges Gas, F. –110°C, Kp. 5°C. Die wäßrige Lösung reagiert stark sauer. R. hat einen scharfen Geruch und wirkt bactericid.

Rhodinol → α-Citronellol

Rhododendron-Nektar: von Pflanzenarten der Gattung *Rhododéndron* L. (Familie Ericáceae) gebildeter → Nektar. Die Rhododendronarten enthalten in unterschiedlichen Konzentrationen ein Andromedototoxin, das nicht nur in Blättern, sondern auch im Nektar enthalten sein kann, wie z. B. bei *R. pónticum* L., der in Kleinasien, auf dem Balkan, in Südspanien, sowie Mittel- und Südportugal beheimatet ist. Hierauf beruhen bereits seit dem Altertum bekannte Angaben über sog. giftigen türkischen Honig. Neuerdings wurde der Blütennektar verschiedener Rhododendronarten in Zentral-Nepal untersucht und dabei festgestellt, daß als Schadstoff das Diterpen Acetylandromedol in Frage kommt, das mit dem Giftstoff des Seidelbastes und der Euphorbien verwandt ist. Unter mitteleuropäischen Verhältnissen ist die Gefahr von Vergiftungserscheinungen über die Aufnahme von *Rhododendronhonig* äußerst gering.

Rhododéndron pónticum → Rhododendron-Nektar

Rhodopaxíllus spec. → *Tricholomatáceae*

Rhodophylláceae, *Rötlinge, Rotblätter, Rosasporer:* der Ordnung *Agaricáles (Blätterpilze)*: - innerhalb der Klasse *Basidiomycétes (Ständerpilze)* - zugeordnete Pilzfamilie mit agaricoid geformtem Fruchtkörper.
Eßbare Vertreter der R. sind: a) der roh giftige *Schild-Rötling* [*Entolóma (Rhodophýllus) clypeátum* (L.) Kumm.] mit einem in der Farbe recht unterschiedlichen Hut, bald heller, bald dunkler, braun oder rußigbraun, auch graubräunlich, blaßbräunlich, fast grau oder graugelb, 5···12 cm breit, anfänglich glockig, später flach ausgebreitet, mit leichtem Buckel, dünnfleischig, mit wellig geschweiftem Rand. Die Oberseite ist kahl, trocken, die Oberhaut durchscheinend, schwach seidig glänzend. Die Blätter sind erst blaß, später durch den Sporenstaub schmutzig fleischrosa gefärbt, mit gekerbter oder unregelmäßig buchtiger Scheide, abgerundet angewachsen, 7···15 mm breit. Der weißliche, an der Spitze schwach bereifte und nach oben schwach verjüngte Stiel gilbt bei Druck. Er ist 7···10 cm lang, 1···2 cm dick und faserig-filzig überkleidet. Das weiße Fleisch riecht und schmeckt schwach mehlartig. Der *Schild-Rötling* kommt im Mai und Juni gesellig und meist häufig in Gärten, Anlagen, Gebüschen und Laubwäldern im Flach- und Hügelland vor, stets unter Rosengewächsen, bes. Pflaumenbaum, Schlehe, Weißdorn, Vogelbeer- und Birnbaum.
b) der *Blaßbraune Rötling* oder *Schlehenrötling* [*Entolóma (Rhodophýllus) sépium* (Noullet et Dassier) Rich. et Rose] mit weißlichem, strohgelblichem bis bräunlichem, trocken hellerem, 3···10 cm breiten, ziemlich dünnem, am Rande eingerolltem Hut, der jung schwach schmierig und kegelig-gewölbt-gebuckelt ist. Die Blätter sind anfänglich weiß, später rosa, zuletzt braunrötlich, ausgerandet und herablaufend. Der weiße, etwas glänzende Stiel weist mitunter mehr oder weniger feine rötliche Fasern oder Flecken auf. Das Fleisch ist weiß, in der Hutmitte dick, knorpelig. Der Schlehenrötling kommt im Mai und Juni außerhalb des Waldes unter Schlehengebüschen, auch in Gärten unter Pflaumenbäumen und anderen Rosengewächsen, stellenweise häufig (z. B. in Sachsen und Thüringen) vor;
c) der *Mehlpilz, Mehlräsling, Pflaumenpilz* [*Clitópilus prúnulus* (Scop. ex Fr.) Kummer], dessen 10 cm breiter Hut anfangs gewölbt ist, mit eingerolltem Rand, später flach ausgebreitet bis schwach trichterförmig, in der Mitte dickfleischig. Die Blätter sind schmal, weit am Stiel herablaufend, anfangs weiß, dann fleischrosa. Der 2···6 cm hohe weißliche, faserige Stiel geht, sich oben verbreiternd, in den Hut über. Das stark nach Mehl riechende Fleisch ist zart, weich und weiß. Dieser Pilz ist leicht mit giftigen weißen Trichterlingen zu verwechseln. → Pilze → Speisepilze → Ständerpilze

Rhodophýllus spec. → *Rhodophylláceae*

Rhodopsin → Vitamin A

Rhodoxanthin, (E 161 f), gelbes öllösliches zur Gruppe der Xanthophylle gehörendes Carotenoid. Ohne technische Bedeutung (Formel s. Seite 422 oben).

Rhoifolin → Flavonoide

Rhómbus → Plattfische

Rhús coriária → Sumach

Ríbes multiflórum → Johannisbeere

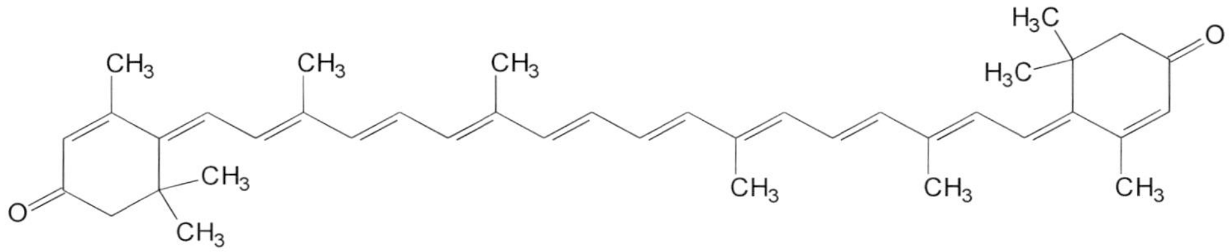

Ríbes nígrum → Johannisbeere → Jostabeere

Ríbes petrāeum → Johannisbeere

Ríbes punctátum → Parilla

Ríbes rúbrum → Johannisbeere

Ríbes spicátum → Johannisbeere

Ríbes úva-críspa → Stachelbeere

Ríbes vulgáre → Johannisbeere

Ribisel → Johannisbeere

Ribitol *(Ribit)* → Zuckeralkohole

2-Ribodesose → 2-Desoxyribose

Riboflavin (E 101 und E 101 a) → Vitamin B_2 → Farbstoffe → Lebensmittelfarbstoffe

Riboflavinphosphat → Vitamin B_2

α-β-Ribofuranosido-adenin → Adenosin

9-[β-D-Ribofuranosyl]-adenin → Adenosin

3-[β-D-Ribofuranosyl]-citosin → Cytidin → Nucleotide

9-[β-D-Ribofuranosyl]-guanin → Guanosin

3-β-D-Ribofuranosylorotsäure → Orotsäure

3-[β-D-Ribofuranosyl]-uracil → Uridin

9-β-D-Ribofuranosylzeatin → Cytokinine

Ribonuclease → Nucleinsäuren

Ribonucleinsäure (RNS) → Nucleinsäuren

Ribonucleoside → Nucleotide

5'-Ribonucleotide → 5'-Nucleotide

D-Ribose → Pentosen → Nucleotide

Ribose-5-phosphorsäure → Zuckerester

Riboside → Nucleotide

9-D-Ribosylpurin, *Nebularin*; ein Ribosid des Purins.

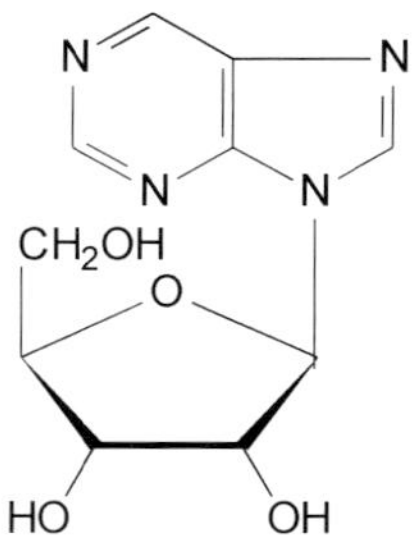

R. ist eine antibiotisch wirkende Substanz, die in dem Pilz *Clitócybe nebuláris* (Batsch ex Fr.) Kummer vorkommt, F. 181···182°C, $[\alpha]_D$ −47,5° (in H_2O). → Purinkörper → Nucleotide

D-Ribulose → Pentosen

Ribulose-1,5-biphosphatcarboxylase → Blattprotein

Ricarepa: ein → *Instant-Kindernährmittel* aus Opaque-Maismehl (hochlysinhaltigem → Mais), das vorwiegend in Kolumbien der Kinderernährung dient, aber auch von Erwachsenen verzehrt wird.

Richardélla dulcífica → Mirakelfrucht

Richtwerte für die Energiezufuhr: Orientierungshilfe für eine ausgewogene, dem Energiebedarf angepasste Aufnahme an den Energieträgern unserer Nahrung, um Über- und Unterernährung vorzubeugen. Neben den Grundnährstoffen Kohlenhydrate, Fette und Eiweiß liefern auch freie Aminosäuren, organische Säuren und Ethanol dem

menschlichen Organismuns verwertbare Energie. Die R.f.d.E. sind nicht ohne weiteres auf einzelne Personen anwendbar, da neben Geschlecht und Körpermasse vor allem die körperliche Aktivität einen großen Einfluß auf den Energiebedarf des einzelnen hat. Der tatsächliche Energiebedarf einer einzelnen Person kann nur durch fortlaufende Gewichtskontrollen beurteilt werden.
Weitere Richtwerte im Sinne von Orientierungshilfen werden für die Zufuhr von Wasser, Fett, Cholesterol, Saccharose, Ballaststoffen, Natrium, Kalium, Fluorid und β-Caroten in den Empfehlungen für die Nährstoffzufuhr der Deutschen Gesellschaft für Ernährung genannt. Bei Wasser, Natrium und Kalium ist der Bedarf normalerweise gedeckt; der Richtwert dient der Orientierung im deutlich darüberliegenden Bereich der tatsächlichen Zufuhr. Bei Fett, Cholesterol, Saccharose, Ballaststoffen und Fluorid handelt es sich um keine essentiellen Nährstoffe im engeren Sinn, aus gesundheitlichen Gründen ist jedoch eine Regelung der Zufuhr innerhalb bestimmter Grenzen notwendig. → Nährstoffempfehlungen

Ricin *(Rizin)*: ein den Bakteriengiften ähnliches Toxalbumin (Phytotoxin), das in den Preßrückständen der Rhizinussamen enthalten ist. → Alkaloide → Hämagglutinine

Ricinodéndron heudelóttii → Ojokbaum

Ricinolsäure, *12-Hydroxy-octadecen-9-säure, Ricinusölsäure, 12-Oxyölsäure:* eine Monocarbonsäure, s. Formel

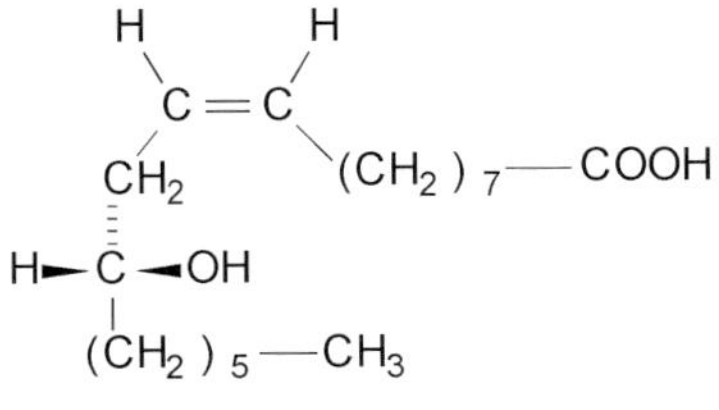

R. ist die wichtigste Fettsäure des → Ricinusöles, das 80···85 % R. enthält, F. 5,5°C. Sie kommt auch ziemlich häufig, meist als Bestandteil von Glyceriden, im Maiskeim-, Hirse- und Weizenöl, sowie in den Ölen der Leinsamenselektionen Syllinum (zw. 3 % und 5 %) vor. R. ist optisch aktiv – $[\alpha]_D^{22}$ 86,7° (flüssig), $[\alpha]_D$ 6,25···7,5° (in Aceton). R. wird für die physiologische Wirkung des Ricinusöls verantwortlich gemacht. Sie dient zur Herstellung von Seifen mit großer Schaumkraft und zur Herstellung kautschukähnlicher Produkte. Die Ester werden als Weichmacher verwendet.

Rícinus commúnis → Rizinusöl

Ricinusölsäure → Ricinolsäure

Ricke → Fleischtiere

Ricottakäse: italienischer *Käse* aus Molkeneiweiß, das bei der Herstellung von *Cheddar, Emmentaler* oder *Provolone* anfällt. Er wird sowohl frisch als auch gereift verzehrt oder findet als Reibkäse Verwendung. R. setzt sich aus etwa 75 g Wasser, 9,5 g Protein und 15 g Fett je 100 g zusammen. Das entspricht etwa 40 % F. i. Tr.. Der Energiewert beträgt je 100 g 760 kJ (180 kcal). Käse vom R.-Typ sind in anderen Ländern unter dem Namen Ziger oder Schottenziger bekannt. → Kräuterkäse → Käsesorten

Riechgras → Ruchgras

Riechstoffe → Aromastoffe

Riedgras → Simse

Riednuß → Erdmandel

Riegel: ein → Imbißartikel in länglicher Rechteckform, als kleine oder größere Stange, die sich mit 1 bis 3 Bissen verzehren läßt. Die R. kommen in unterschiedlichen Produktgruppen vor: z. B. als Schokoladen-, Kaugummi-, Wirkmasse-, Krokant-, Nugat-Nuß-Dessert-, Trockenfrüchte-, Feinback- oder Dauerbackwaren- (z. B. Waffel- oder Kuchen-Dessert-Riegel) und als sog. → Müsliriegel (bestehend aus Getreideflocken, Ölsamen und Ölsaaten sowie Trockenfrüchten). Bei den R. handelt es sich in der Regel um konzentrierte Lebensmittel, die auf Grund der Verwendung von Fett- und Zuckerstoffen, auch bei Zusatz von Ballaststoffen, meistens energiereich sind.

Rieselfähigkeitsstabilisatoren → Stabilisierungsmittel

Rieselhilfsmittel: Stoffe zur Erhaltung der Rieselfähigkeit, zum Trennen und zur Verhinderung des Zusammenbackens oder Klumpens von pulverförmigen Lebensmitteln oder deren Vorprodukten oder Zubereitungen. Sie verhindern auch das Aneinanderkleben von stückigen Gütern. Im weiteren Sinne gehören hierher auch → Trennmittel, die bei Backpulver das vorzeitige Reagieren von Säure und Kohlensäureträgern miteinander verhindern. R. wirken aufgrund ihrer physikalischen Eigenschaften, z. B. Hygrophobizität. Sie sind abzugrenzen von den Formtrennmitteln. Angewandt werden die R. in Konzentrationen zwischen 20 mg/kg und 2% bei Kochsalz, Getränkepulvern, Gewürzsalzen, Tomaten- und Fruchtpulvern, Trokkensuppen, Trockensoßen, Backwaren, Süßwaren und Backpulver. Wichtige R. sind: E 170 Calciumcarbonat, 479 thermooxydiertes Sojaöl, 504 Magnesiumcarbonat, 53 Magnesiumoxid, 535-536 Ferrocyanide, 551 Kieselsäure, 570 Stearinsäure und Stearate, 553 b Talkum, 552 Calciumsilikate, Bienenwachs, Candelillawachs, Carnaubawachs, Spermöl, Walrat

Riesenbovist → *Lycoperdáceae*

'Riesen-Cavendish' → Banane

Riesengebirgs-Bierkäse: in der tschechischen und slowakischen Republik produzierter stark gesalzener *Weichkäse* mit scharfem, pikantem Geschmack, der nach Art von Weißlackerkäse hergestellt wird. → Käsesorten

Riesengemüse, *Maxigemüse:* Sammelbez. für bes. große eßbare Teile krautiger Pflanzenarten, die trotz ihrer außergewöhnlichen Größe einen guten Geschmack aufweisen können. Hierzu zählen u. a. Riesenzwiebeln, z. B. Sorte 'Kelsae', fußballgroße Kohlrabi, z. B. 'Superschmelz', unterarmlange Rettiche, z. B. 'Minovase' oder pfundschwere Fleischtomaten, z. B. 'Cantatos'; Letztere können auch 1000 g Masse erreichen. → Baby-Erzeugnis.

Riesengranadilla → Passionsfrüchte

Riesenhai → Haifisch

Riesenlilie → Lilienzwiebel

Riesenlorchel → *Gyromítra*

Riesenorange → Pampelmuse

Riesenroggen → Gommer

Riesenstäubling → *Lycoperdáceae*

Riesenträuschling → Kulturpilze

Riesenzwiebel → Zwiebel 3.

Riesling, Italienischer: Welschriesling. → Wein

Rieslingsekt: ein → Sekt, dessen Grundwein mind. zu 75% aus Rieslingtrauben stammen muß.

Riesling, Weißer, *Rheinriesling:* die edelste Weißweinkeltertrauben-Sorte der Erde. Für den in den nördlichen Weinbaugegenden beheimateten R. bestehen in einigen Weinbaugebieten Deutschlands, z. B. im Rhein-Mosel-Gebiet, in der Rheinpfalz und in Württemberg, bes. gute Wachstumsbedingungen. Er wird aber auch im Elsaß, in Österreich, im ehem. Jugoslawien, in der Schweiz, in Australien und in Kalifornien angebaut. Er liefert, in geeigneten Lagen angebaut, edle, rassige und sehr blumige Weine mit fruchtiger, erfrischender Säure. Aus *edelfaulen* und etwas eingetrockneten Rieslingtrauben werden in günstigen Witterungslagen und in sonnenreichen Jahren die berühmten *Trockenbeerenauslesen* hergestellt. Riesling-Spitzenweine eignen sich zur langen Lagerung, wobei sie erst in der Flasche die hohe Güte entwickeln. → Wein

Rigor mortis → Fleischreifung

Rilos: österreich. in Folien gereifter, rindenloser *Schnittkäse* (Typ *Gouda*) in Blockform. → Käsesorten

Rind (*Bós taúrus*) → Fleischtiere

Rindengewürz: getrocknete Rinde verschiedener Zimtarten, die als → Gewürz dient. → Zimt

Rinderfett → Rindertalg

Rinderfinne, *Cysticércus inérmis:* geschlechtslose Zwischenform des sog. *feisten Bandwurms* (*Tāēnia saginàta*) aus dem sich bei Genuß von infiziertem rohem Fleisch im menschlichen Darm der feiste Bandwurm oder Rinderfinnenbandwurm entwickelt. Durch die gesetzlich geregelte tierärztliche Fleischuntersuchung wird erreicht, daß finnenhaltiges Rindfleisch erkannt und ausgesondert wird. Finniges Fleisch ist genußuntauglich, kann aber bei geringem Befall unter bestimmten Bedingungen zum Genuß zugelassen werden, da die R. durch Kochen, Pökeln und Gefrieren abgetötet wird.

Rindertalg, *Talg, Rinderfett***:** das aus den Fettgeweben von Rindern gewonnene Fett. Der R. wird aus *Gekrösefett* (Mickerfett), Herzfett, Nierenfett, Eingeweidefett und Sackfett durch Ausschmelzen (→ *Fett, tierisches*) hergestellt. *Feintalg* (Premier Jus) ist das aus frischen, ausgewählten Rohmaterialien durch vorsichtiges Schmelzen und sorgfältiges Reinigen gewonnene Produkt. Der R. ist ein weißes, grauweißes oder gelbliches Fett (bei Weidegang Färbung durch Caroten), das bei 40···45°C schmilzt und bei Zimmertemperaturen hart und spröde ist. *Kalbsfett* ist weicher als R.. Wird der R. über längere Zeit bei 26···27°C temperiert, so kann durch Pressen eine Trennung in zwei Fraktionen erfolgen: a) in flüssiges *Oleomargarin,* das der erste Rohstoff zur Herstellung von → Margarine gewesen ist, und b) in kristallisierten Preßtalg, der bei über 50°C schmilzt und zur Herstellung von Backfetten geeignet ist. Die wichtigsten Fettsäuren und ihre Anteile, bezogen auf den Gesamtfettsäuregehalt, sind Myristinsäure (3···6%), Palmitinsäure (25···35%), Stearinsäure (16···28%), Ölsäure (26···50%) und Linolsäure (1···3%). Der R. wird zum direkten Verzehr als *Speisetalg* (bevorzugt wird der niedrig schmelzende *Nierentalg* = Nierenfett) und als Margarinerohstoff eingesetzt. Hochschmelzender R. wird in der Seifen- und Kerzenindustrie, zur Herstellung von Stearinsäure, Lederschmiermitteln und Salben verwendet.
Der R. besteht im wesentlichen aus Fett (96,5%) und weist wie alle Fette einen hohen Energiewert auf: etwa 3860 kJ (920 kcal) je 100 g. Der Vitamin-E-Gehalt beträgt 1,3 mg, der Cholesterolgehalt 100 mg je 100 g. → Fett, fraktioniertes → Fett, tierisches → Körperfett

Rindfleischextrakt → Fleischextrakt

Rindfleischgewürz: eine → Gewürzmischung aus Basilikum, Bohnenkraut, Majoran, Rosmarin, Pfeffer und/oder Gewürzpaprika, Salbei und Thymian. Das R. dient zum Würzen von Rindfleisch und Rindfleischgerichten.

Rindfleischpastete → Fleischpastete

Rindfleischsalami: → *Rohwurst, Halbdauer-* und *Dauerware* (mittlere Sorte), zu deren Herstellung entsehntes Rindfleisch, Speck, Speisesalz, Nitritpökelsalz, Zucker, Pfeffer und Knoblauch eingesetzt werden. Als Wursthüllen dienen Natur- oder Kunstdärme. Das Schnittbild zeigt eine rot-weiß gemusterte, mittelgrob geschrotete (etwa 4···6 mm) Wurstmasse. → Wurst

Rindfleischsalat, ungarische Art → Fleischsalat

Rindsdarm → Darm

Ring → Kranz

Ringapfel → Trockenobst → Trockenapfel

Ringelblume: die krautige, bis 70 cm hoch wachsende Pflanze *Caléndula officinális* L. (Familie *Asteráceae*), deren vorwiegend gefüllte gelbe und orangefarbene Blütenköpfe von 6···9 cm Durchm. für die Drogengewinnung und als farbliches Verschönerungsmittel für Kräutertee, als Beilage zu Speisen, als Einlage für Suppen sowie zum Aromatisieren und Färben von Käse verwendet werden. Die Blätter dienen der Salatzubereitung. → Feminell

Ringelbrassen → Meerbrassen

Ringeltaube *(Colúmba palúmbus)* → Wild

Ringlotte → Reneklode

Ringpilz → *Boletáceae*

Rippe, dicke → Schlachtkörperteilstücke

Rippe, Hohe → Schlachtkörperteilstücke

Rippenkohl, *Trochudakohl, Portugiesischer Kohl:* ein vorwiegend in Portugal angebauter Kohl,

Bráßica oleráceae var. costáta DC. (Familie *Brassicáceae*) dessen verdickte Blattstiele und Blattrippen, weniger die Blattspreiten, als Kochgemüse verzehrt werden.

Rippenmangold → Stielmangold

Rippenspeck → Schlachtkörperteilstücke

Rishitin → Phytoallexine

Rispenfuchsschwanz: eine in Mittelamerika eingebürgerte Kulturpflanze, *Amaránthus cruéntus* L. (Familie *Amaranthâceae*), die sowohl als → Gemüseamarant, als → Körneramarant als auch als Zierpflanze genutzt wird. Die tiefroten Formen werden im Südwesten der USA von den Indianern auch als Färbemittel für Maisbrot verwendet, die hellsamigen Formen dienen zur Mehlherstellung. Im 18. Jh. kam der R. auch nach Europa. In Neuguinea, im tropischen Afrika und in Südasien ist der R. die wichtigste Gemüsepflanze der Gattung Amaránthus, während in Mittelamerika die Körnernutzung im Vordergrund steht.

Rispengras → Süßgras

Rispenhirse, *Echte Hirse, Prosohirse, Baraga, Proso:* eine in Zentralasien, im Mittleren Osten, in den Donau- und Mittelmeerländern, vor allem aber im Süden Rußlands angebaute → Hirseart, *Pánicum miliáceum* L. (*common millet*), aus der Unterfamilie *Panicoídeae* (Familie Poáceae) mit 30···120 cm hohen Halmen und 10···30 cm langen, nickenden oder aufrechten Rispen. Die Körner werden als → Brei oder → Fladen verzehrt. Mehl ist nur bei eiweißreichen (*Kleberhirsen*) backfähig. In Rumänien wird R. zur Bierbereitung (*Braga*) verwendet, es wird aber auch Branntwein aus R. hergestellt. Man unterscheidet 3 Unterarten: *Flatterhirse (ssp. effúsum)* mit allseits wendiger Rispe, *Klumphirse (ssp. contráctum)* mit unten dichter, oben einseitig überhängender Rispe und *Dickhirse (ssp. compáctum)* mit aufrechter, gedrungener Rispe. Die Tausendkornmasse beträgt bei unbespelzten Körnern 4···8 g. Je nach Bodenbeschaffenheit schwanken die Erträge zw. 4···6 dt/ha auf Trockenboden, 10···17 dt/ha bei Bewässerung und 25···50 dt/ha auf fruchtbaren, schweren Böden. In Rußland wurden Sorten gezüchtet, die nicht ausfallen, mit Mähdrescher geerntet werden können und einen Eiweißgehalt bis zu 18 % sowie einen Ölgehalt bis zu 5 % aufweisen. Im ausgehenden Mittelalter wurde die R. auch in Deutschland und Frankreich angebaut. Mit der Abkehr von der Breinahrung ist der Anbau stark zurückgegangen. Neben der R. hat die → Kutkihirse (*Panícum miliáre* auct. non Lam.) aus der Unterfamilie *Panicoídeae* noch Bedeutung. Weitere *Panicum*arten dienen lediglich in Indien und auch dort nur in Notzeiten als Nahrung.

Rispenhirsestärke → Getreidestärke

Rissole: ein mit Fleisch gefülltes Pastetchen. → Pastete

Rißpilz → *Cortinariáceae*

Rißpilz, Ziegelroter → *Tricholomatáceae* → Muscarin → Pilzgifte

Ritterling → *Tricholomatáceae*

Rizinin → Alkaloide

Rizinolsäure → Ricinolsäure

Rizinus, *Wunderbaum, Kreuzbaum, Kastorölpflanze:* ein in den Tropen und Subtropen bis zu 10 m hoch wachsender Baum, in den kühleren Gebieten meist eine einjährige Zierpflanze, *Rícinus commúnis* L., (Familie *Euphorbiáceae*), die wegen ihrer 40···60 % Öl (*Rizinusöl*) enthaltenden Samen hauptsächlich in Indien, Brasilien und in den USA angebaut wird. Die jungen Blätter und Triebe werden auch als Gemüse genutzt. Aus den Samen muß erst das Toxalbumin *Ricin* beseitigt werden, bevor sie der menschlichen Ernährung, z. B. als *Kastormehl* (früher zum Strecken von Weizenmehl verwendet) dienen. Die Preßrückstände der Ölgewinnnung können daher auch nicht als Viehfutter verwendet werden.

Rizinusöl, *Kastoröl:* das Samenfett der Rizinuspflanze, *Rícinus commúnis* L. (Familie *Euphorbiáceae*). Die Rizinuspflanze wächst als einjährige

Staude oder mehrjährig als Baum (bis zu 10 m Höhe) in Brasilien, Mexiko, China, Thailand, Tansania, Kenia, Moçambique und in den USA. Das R. wird als Abführmittel verwendet. Die physiologische Wirkung beruht auf dem Gehalt an → Rizinolsäure (87···95 % der Fettsäuren). R. wird technisch verwendet als trocknendes Öl (nach Dehydratisierung), zur Herstellung von Kunstfasern und Duftstoffen, als Weichmacher für Lacke und Kunststoffe, zur Herstellung von Seifen, kosmetischen und pharmazeutischen Präparaten. → Pflanzenfett

Rizinusölsäure → Ricinolsäure

Rjaschenka: ein mit *Streptococcus thermophilus* fermentiertes → Sauermilcherzeugnis mit 6···8 % Fett. R. ist in der Ukraine Nationalgetränk.

RNS (*Ribonucleinsäure*) → Nucleinsäuren

Roastbeef: → *Schlachtkörperteilstück* vom *Rind*. Es besteht in der Hauptsache aus dem langen *Rückenmuskel longíssimus dorsi, ferner den Lenden* bzw. *Brustwirbeln* sowie *Bindegewebe* und *Fettanteilen*. Das R. zählt zu den qualitativ und ernährungsphysiologisch hochwertigen Schlachtkörperteilstücken. Aus dem R. werden Fleischscheiben zum Kurzbraten gewonnnen (*Rumpsteak*). Voraussetzung für eine gute Qualität der Rumpsteaks ist die ausreichende Reifung des Roastbeefs.

'Roba' → Apfel → Kernobst

Robbenöl: das Körperöl des *Seehundes (Phoca vitulina)*, des *Seelöwen (Otavia byromia blaim)*, des *Seebären* und des *Walrosses (Odobenus rosmarus)*. Die R. sind ein wichtiges Nahrungsmittel der arktischen Bevölkerung; für die Hydrierung zu Speisezwecken werden sie nur in geringen Mengen verwendet. In der Zusammensetzung und den Eigenschaften ähneln die R. dem → Walöl. → Seetieröl → Fett, gehärtetes → Fett, tierisches

Robínia pseudoacácia → Akazienkaffee → Blütenmarmelade → Robinie → Honig

Robinie, *Falsche Akazie:* in vielen Ländern der gemäßigten Breiten, bes. in Europa und Ostasien forstlich und als Ziergehölz genutzter Baum, *Robínia pseudoacácia* L. (Familie *Fabáceae*), dessen Sekundärnutzung als Bienenweide, vor allem in Ungarn wirtschaftliche Bedeutung hat. → Honig → Blütenmarmelade

Robinienhonig → Honig

Robinienkaffee → Akazienkaffee

Robusta → Banane

Robusta-Kaffee → *Cóffea canéphora*

Rocambole → Schlangenknoblauch

Rocamboll → Schlangenknoblauch

Roccambole → Schlangenknoblauch

Rochen: *Knorpelfische* mit symmetrischem und durch die stark entwickelten Brustflossen scheibenförmigem Körper. Der dünne Schwanz ist scharf vom Körper abgesetzt. Auf der Bauchseite befinden sich 5 Paar Kiemenöffnungen. Auf der Oberseite sind häufig Dornen ausgebildet. Die meisten Arten leben in den Küstengewässern der Tropen und Subtropen, einige wirtschaftlich wichtigere Arten der Familie *Rajidae* auch in der gemäßigten und kalten Zone. Im Nordostatlantik werden über 30 kt je Jahr gefangen, hauptsächlich durch Frankreich, Großbritannien und Spanien.

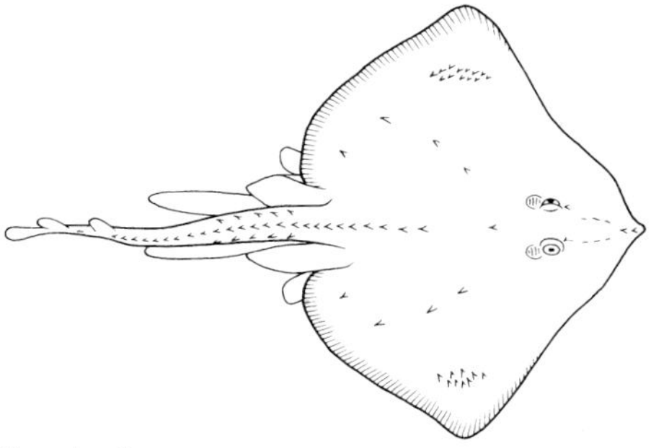

Nagelrochen

Die wichtigsten Arten sind der *Nagel-* oder *Keulenrochen (Rája bátis)* mit Längen bis 1 m, in begrenzten Gebieten auch die *Blonde (R.*

brachyúra), der *Kuckucksrochen (R. náevus*) und der *Chagrinrochen (R. fullónica*). Hinsichtlich der Eigenschaften des Fleisches und der allg. Verwertung bestehen große Ähnlichkeit zu → Haifischen. Das Fleisch ist meist sehr eiweißreich (bis zu 25 %) und fettarm (etwa 1 %). Auch im frischen Zustand enthält das Fleisch freies Ammoniak, das wie bei Haifischen das Aroma stark beeinflußt. → Fisch

Rochiwari → Kresse, Virginische

Rock crab: amerikanische Bez. für Taschenkrebse *(Cancer spec.)* an der amerikanischen Küste. → Krebstiere

Rockenbolle → Schlangenknoblauch

Rocks: eine aus dem Englischen stammende Bez. für Fruchtbonbons, bes. für solche, die aus mehrfarbigen und walzenförmigen Strängen geschnitten werden. → Hartkaramelle → Bonbon

Rodentizide → Pflanzenschutzmittel

Rodon → Aschkuchen

Rogen: Geschlechtsprodukt vom *weiblichen* → Fisch (Laich). Die einzelnen Rogenkörner (Fischeier) sind von einer festen Membran (Rogensack) umschlossen. Zur Laichzeit kann der R. bis zu 20 % der Gesamtmasse des Fisches ausmachen. R. und → Fischmilch sind wegen ihres Eiweiß- und Vitamingehaltes wertvolle Lebensmittel (s. Tab. unten).
Der Vitamingehalt des Fischrogens ist höher als der des Fischfleisches (s. Tab. oben).
Trotz seines meist geringen Fettgehaltes enthält R. beträchtliche Mengen an Vitamin A (Seelachsrogen 0,12 mg/100g). Auch Vitamin C ist enthalten (10···40 mg/100g). Bes. beim R. von Hering und kabeljauartigen → Fischen entfällt der Gesamtenergiewert des R. zu 80···90 % auf Eiweiß. R. und → Fischmilch fallen mit Ausnahme der Kaviargewinnung als Neben- oder Abfallprodukt beim Schlachten und Filetieren der Fische an. Sie werden häufig nicht entsprechend ihrem Wert genutzt und zu → Fischmehl oder → Fischsilage verarbeitet. R. kann durch Kühlen oder Gefrieren begrenzt haltbar gemacht und zu verschiedenen Erzeugnissen verarbeitet werden. Dazu gelangt vorrangig R. von Magerfischen (→ Fisch) zum Einsatz. Gekochter R. kann, in Scheiben geschnitten, kalt gegessen oder gegrillt werden. Als bes. Variante des gekochten R. ist Rogenwurst anzusehen, eine gekochte Zubereitung, im Darm gefüllt. Auch durch Salzen (bis zu 10 % Kochsalz) nach verschiedenen Rezepturen (Gewürze, Zucker, Natriumnitrat) wird R. veredelt und genußfähig gemacht. Man erhält auf diese Weise pikante Pasten und *kaviarartige Erzeugnisse (*→ Kaviar → Kaviarersatz). Durch Kalt-

Vergleich des Vitamingehaltes von Fischfleisch und Fischrogen

Vitamin	Durchschnittl. Gehalt je 100 g in µg			
	Heringsfleisch	Heringsrogen	Schellfischfleisch	Rogen kabeljauartiger Fische
B_1	30	30···45	30···90	600···1200
B_2	350	390	170	600

Nährstoffe und Energiewert von Rogen

Nährstoff/ Energiewert	Durchschnittl. Gehalt je 100 g			
	Heringsrogen in g	Dorschrogen in g	Ketalachsrogen in g	Sternhausenrogen in g
Eiweiß	23···28	23···24	29	26
Fett	1···5	2···3	15	15
Energiewert in kJ (kcal)	590 (140)	500 (120)	1130 (270)	1090 (260)

räuchern (→ Räucherfischerzeugnisse) des gesalzenen R. wird *Räucherrogen* hergestellt. Das Serum der Rogenkörner hat hervorragende Emulgatoreigenschaften, die zur Herstellung von Krem oder mayonnaiseartigen Zubereitungen ausgenutzt werden können (→ *Fischeikrem*). Rogenkonserven werden in der Art des gekochten R., der Rogenwurst oder von pastenartigen Erzeugnissen hergestellt. Auf Grund des hohen Eiweißgehaltes neigen alle erhitzten Erzeugnisse zu einer etwas festen und trockenen Konsistenz. Bes. Tradition und Verbreitung haben die Erzeugnisse aus R. in Schweden, Dänemark und Norwegen. → Kaviar → Frischmilch

Roggen, *Korn:* eine → alte Kulturgetreideart, *Sécale cereále* L. (Familie *Poáceae*), mit länglich schmalem, an einem Ende abgeplattetem, bläulichgrünem bis bräunlichgrünem oder gelbfarbigem (*Hellkornroggen*), kurz begranntem Korn mit gering ausgebildetem Spalt (Bauchfurche). Der *tetraploide R.* unterscheidet sich vom *diploiden R.* in Volumen, Oberfläche und dem Verhältnis von Kornvolumen und Oberfläche um 10···60 %. In diesen geometrischen Kennwerten nähert sich der tetraploide R. mehr dem Weizenkorn als dem diploiden R.. Der R. ist das wichtigste Brotgetreide in Nordeuropa bis Sibirien (etwa 60 % der Roggenanbaufläche in der ehemaligen Sowjetunion, etwa 15 % in Polen und etwa 15 % im restlichen Europa). Der R. ist in Deutschland bis Mitte des vorigen Jh. die Hauptgetreideart (*Korn*) gewesen; zwei Drittel der Brotgetreideernte bestanden aus R.. Inzwischen haben sich die Anbauverhältnisse mehr zugunsten des Weizens verschoben. In Deutschland werden nur noch 40···50 % des Brotgetreideanteils an R. zur Brotherstellung verwendet. Der *Winterroggen* stellt im Vergleich zu Weizen eine wichtige Brotgetreideart dar, die geringste Ansprüche an Boden und Witterung aufweist; der *Sommerroggen* wird vor allem in Gegenden angebaut, wo der Winterroggen auswintert, z. B. auf Moorböden.
Als Fremdbestäuber zeigt R. eine hohe Formenmannigfaltigkeit, die weniger sorten-, sondern ökologisch bedingte Unterschiede aufweist. So wird z. B. zw. *Moorroggen,* der nur für Moorböden geeignet ist, *Gebirgsroggen,* der in Höhenlagen und bei rauhem Klima noch Ernten bringt, wo der Weizen nicht mehr angebaut werden kann, und *Sandroggen* unterschieden, der sehr dünnschalig und ertragsreich und auf sandigem Boden dem Weizen überlegen ist. Zunehmende Bedeutung haben Hybridsorten des R. (z. B. 'Amando', 'Marder', 'Cero', 'Lucks') durch gezielte Kreuzung aus zwei selektierten Erbkomponenten. Sie zeichnen sich durch höhere Erträge, eine bessere Qualität und Resistenz aus. R. wird sowohl als Futtergetreide (als Grünschnitt und als Körnerfrucht z. B. die Sorte 'Bernburger Futter') wie auch als Nahrungsgetreide angebaut.
Aus R. werden Brotmehle verschiedenen Ausmahlungsgrades für die Herstellung von Laib- und Flachbrot verschiedenster Sorten gewonnen. Ein geringer Anteil dient zur Bereitung von → *Nährmitteln* → Kornbranntwein und → *Getreidekaffee.* Früher wurde *Roggengrütze* (grober Roggengrieß) als Ersatz für Gerstengraupen insbes. dann hergestellt, wenn aus wirtschaftlichen Gründen die Gerste zu Gerstenmehl (als Zumischmehl für die Brotbereitung) vermahlen werden mußte.

Roggenbackschrot → Backschrot

Roggenblini → Blini

Roggenbrot: ein mittels → Sauerteig gelockertes, aus Mahlerzeugnissen des Roggens mit höchst. bis zu 10 % Weizenmehlanteil hergestelltes Laibbrot (*Sauerteigbrot)* mit kräftig-aromatischem Geschmack, saftiger Krumenbeschaffenheit und natürlicher Frischhaltung (→ Frischbackware). Die zur Roggenbrotherstellung erforderliche Säure wird entweder durch eine Sauerteigführung (*Natursauer* bei *Natursauerbrot*) erzeugt oder in Form von Fertigpräparaten (→ Trockensauer → Sauerteigstarter, daher *Fertigsauerbrot*) zugesetzt. Im Verlauf der mehrstufigen Teigführung wird das für qualitätsgerechtes R. typische Gärungsaroma gebildet, das Phytin wird abgebaut. Reines R. ist aus technologisch bedingten Gründen im Handel selten anzutreffen, mit Ausnahme von Roggenvollkornbrot. R. wird vorwiegend als Roggenmischbrot hergestellt. *Ungesäuertes* bzw. *sauerteigfreies R.* wird mit Hefelockerung hergestellt und stellt ein Roggenspezialbrot mit neutralem Geschmackscharakter dar. Der meist frisch vermahlene Roggen wird in Form von Mehl oder Schrot nach dem Anteigen mit Wasser bei sehr niedriger Temperatur (welche die Entwicklung von Säure bildenden Bakterien unterbinden soll) ohne besondere Zusätze einer langen Teigruhe zum Zwecke des völligen Ausquellens überlassen. Hierdurch wird die für den Backprozeß erforderliche Bindungsfähigkeit des Teiges erzielt, die sonst durch die Sauerführung erreicht wird. Das sauerteigfreie R. dient auf Grund seines niedrigen Säuregrades vorwiegend diätetischen Zwecken. → Ballaststoffe

Roggenbrötchen → Salzbrötchen

Rogener: geschlechtsreifer, weiblicher → Hering. → Vollhering

Roggenflocken: Sammelbegriff für → Flocken aus vollem Korn in Form von *Roggenroh-* und *Roggenknusperflocken.* Die *Roggenrohflocken* werden vorwiegend als *Spezial-Roggenflocken* zur Roggen- und Roggenmischbrotherstellung verwendet. Roggenrohflocken sind hydrothermisch vorbehandelte (stabilisierte) Erzeugnisse, die in verschiedener Größe mit Preßdruck von über 10 MPa Überdruck hergestellt werden, wodurch sie strukturstabil bleiben. Bei Einsatz von 10···30% des zur Schrotbrotherstellung verwendeten Schrotes kann die Teigführung mit Quell- oder Brühstück eingespart werden. Die sog. *Spezialroggenflocken* weisen ein hohes Wasserbindevermögen auf, was zu besserer Quellwirkung und Frischhaltung bei Roggenmischbrot sowie Pumpernickel führt. Frisch bereitete (z. B. mit Flockenquetsche im Haushalt hergestellte Rohflocken) und hydrothermisch aufgeschlossene Flocken dienen als → Getreidefrühstücksflocken → Flokkenbrot

Roggengemengemehl → Mischmehl

Roggenkleinbackware → Kleinbackware

Roggenkleingebäck → Kleinbackware → Backware

Roggenkwaß → Kwaß

Roggenmalz → Malzkaffee

Roggenmehl: ein → Mehl aus → Roggen, das geringe Mengen (bis 5%) von Mehl anderer Getreidearten (z. B. Weizen) enthalten darf. → Getreidemehl → Brotgetreidemehl → Mehl, typisiertes → Spezialmehl

Roggenstärke → Getreidestärke

Roggen, transgener → Nutzpflanze, transgene

Roggentrespe: ein in fast ganz Europa, Nordafrika, Nordamerika sowie im Fernen Osten verbreitetes Gras, *Brómus secalínus* L., (Familie *Poáceae*), das früher als → Getreide kultiviert wurde.

Roggenvollkornbrot: ein aus Roggenvollkornmehl oder -schrot und Sauerteig hergestelltes → Vollkornbrot mit schnittfester, nicht klebender Krume und mildsaurem Geschmack. → Vollkornmehl → Vollkornschrot → Schrotbrot

Roggenvollkornwaffel → Waffelbrot

Roggen-Weizen-Mischmehl → Mischmehl

Röggling → Franzbrötchen

Rohbohne → Kaffee

Rohfaser → Ballaststoff → Hemicellulose

Rohflocken → Getreiderohflocken

Rohfrucht für Brauzwecke: unvermälztes Getreide (Gerste, Weizen, Reis), das früher in den ostdeutschen Bundesländern bei der Bierwürzebereitung aus ökonomischen Gründen verwendet wurde und einen Teil des → Malzes ersetzte. R. f. B. hat im Gegensatz zu Malz eine ungenügende Enzymaktivität zur Stärkeverzuckerung und zum Eiweißabbau. Gutes Braumalz kann beim Maischen bis zu 20% R. f. B. mit verzuckern. Bei größerem Rohfruchteinsatz mußten industriell hergestellte, mikrobielle Enzyme zugesetzt werden. Die fehlenden malztypischen Aroma- und Farbstoffe konnten durch Zusatz von Spezialmalzen ausgeglichen werden. Bei entsprechender Technologie ist ein Rohfruchtanteil von 60 % sensorisch nicht feststellbar. In Deutschland darf Malz durch Rohfrucht nicht ersetzt werden (Reinheitsgebot aus dem Jahre 1516). → Bier → Enzyme → Malz

Rohkonserve → Gemüse, milchsaures

Rohkostsalat → Wildkräuter

Rohmasse: durch Vermischen hergestelltes Gemenge aus entschalten Samenkernen u. a. Stoffen in feinzerriebener oder gewalzter Form, mit Zusatz von Zucker. Die R. dienen zur Herstellung von Back-, Konditorei- und Süßwaren. Es zählen zu den R.: *Marzipanrohmasse, Persipanrohmasse, Kaschu-, Kokos-, Misch-, Back-* und *Füllrohmasse:* R. dürfen nicht gefärbt werden, chemische Konservierung ist erlaubt. Die günstigsten Lagerbedingungen sind 3···18°C und 60···70 % rel. Luftfeuchte. weitere R., die meist Kakao enthalten, sind → Nugat-, Trüffel- und → Apricaorohmasse. → Masse

Rohmilch: ein durch regelmäßiges, vollständiges Ausmelken des Euters sauber gewonnenes und anschließend gekühltes Produkt von einer oder mehreren Kühen, aus einer oder mehreren Melkzeiten, dem nichts entzogen und nichts hinzugesetzt ist. R. von mehreren Kühen wird auch als *Sammelmilch* bezeichnet und wird molkereimäßig bearbeitet (Reinigung, Pasteurisierung und Kühlung, aber auch Homogenisierung und Abfüllung). Die Versorgung der Bevölkerung mit R. und mit aus R. hergestellten Milcherzeugnissen ist wegen der mikrobiellen Belastung (evtl. vorhandene Krankheitserreger) nicht möglich. Es kann lediglich qualitativ hochwertige R. von ausgewählten gesunden Rinderbeständen aus diätetischen Gründen für den Frischverzehr in rohem Zustand verwendet werden (z. B. → Vorzugsmilch). Entsprechend den Forderungen der milchverarbeitenden Industrie an die Qualität der R. (betreffs Temperatur, Dichte, *p*H-Wert, Seuchenstatus, Hemmstoffnachweis, SH-Zahl, sensorische Beschaffenheit, Zellzahl, Rheinheitsgrad) erfolgt die Einstufung in Qualitätsklassen. → Milch

Rohöl → Pflanzenfett

Rohr → Schilf

Röhrenkassie → Kassia

Röhrenpilze → Ständerpilze

Röhrenzwiebel → Winterzwiebel → Lauch

'Röhrigs Weichsel' → Weichsel

Rohrkolbenhirse → Perlhirse

Rohrkolbenhirsestärke → Getreidestärke

Röhrlinge → *Boletáceae*

Rohrzucker → Saccharose → Zucker

Rohschneider → Schinken

Rohspiritus → Ethanol

Rohtabak → Tabak

Rohwurst: aus roher Skelettmuskulatur und Depotfett ohne Wasserzusatz hergestellte geräucherte Wurst, zu der einige wichtige Sorten, wie → Salami → Zervelatwurst → Schlackwurst → Plockwurst → Katenwurst → Mettwurst u. a., gerechnet werden. Nach Zerkleinerung der Muskulatur und des Depotfettes (→ Rückenspeck) mit Hilfe des Fleischwolfes, Kutters oder Wiegemessers wird die → Rohwurstmasse gemischt, mit Kochsalz, Nitritpökelsalz, Zucker und Wurstgewürzen durchmengt, in Kunst- oder Naturdärme gespritzt bzw. geformt und anschließend Trocknungs- und Räucherungsverfahren (meist Kalträucherung) unterworfen. Während der Reifung, die mehrere Wochen dauern kann, kommt es zum Entzug von Wasser und zur Ausbildung des charakteristischen Aromas, an dem die Mikroflora beteiligt ist (bes. Laktobakterien und Mikrokokken); diese kann in ihrer Zusammensetzung und Wirksamkeit durch den Zusatz von → *Starterkulturen* oder Glucono-delta-lacton (→ *Rohwurstmasse*) beeinflußt werden. Die Zahl der Keime, die zur Familie der Enterokokken zählen, nimmt während der Reifung ab. Der Zusatz von Nitritpökelsalz hat den Zweck, die Umrötung der Wurst zu bewirken, die mit einer Farbstabilisierung des Myoglobins durch Bildung von Nitrosomyoglobin verbunden ist (→ Pökeln). Man unterscheidet *frische Rohwurst, die zum Sofortverzehr* bestimmt ist, *Rohwurst-Halbdauerware* und *Rohwurst-Dauerware:* Die Lagerfähigkeit einer Rohwurst hängt vornehmlich von ihrem Reifezustand ab, auf den verschiedene innere (z. B. Wasser-, Fettgehalt, Mikroflora) und äußere Faktoren (Temperatur, Luftfeuchte, Wurstkaliber, Darmmaterial) Einfluß nehmen. Der Verderb ist am Ende hauptsächlich einer Fettranzigkeit zuzuschreiben. → Wurst

Rohwurstbrät → Rohwurstmasse

Rohwurstmasse, *Rohwurstbrät:* aus zerkleinertem, rohem Skelettmuskelfleisch, Fettgewebe, Kochsalz, Gewürzen, Nitritpökelsalz und Zucker bestehende Masse, die ein Zwischenprodukt der → *Wurst*-Herstellung darstellt. Der sich in einer je nach Rohwurstsorte unterschiedlich langen Reife- oder Abhängezeit ausbildende typische Geruch und Geschmack ist vornehmlich auf die Wirkung von Mikroorganismen zurückzuführen, die bereits in der R. vorhanden sind. Eine ungenügende oder schlechte Zusammensetzung der Bakterienflora kann zu irreparablen Rohwurstfehlern führen. Um das zu vermeiden, wird häufig versucht, die Bakterienflora durch Zugabe bestimmter und erwünschter Bakterien günstig zu beeinflussen (→ Starterkulturen). Eine andere Möglichkeit besteht im Zusatz von Glucono-delta-lacton, das in der R. zu Gluconsäuren hydrolysiert wird. Das bewirkt eine so schnelle Senkung des *p*H-Wertes, daß der für die Entwicklung der fäulniserregenden, proteolytischen wirksamen Bakterien günstige *p*H-Bereich rasch durchschritten wird (→ Rohwurstreifung). Der beigefügte Zucker dient der Mikroflora neben den fleischeigenen Kohlenhydraten (Glycogen) als Nährstoff. Die frisch hergestellte R. wird i. allg. 12···24 h bei Kühlraumtemperatur in Ballenform aufbewahrt, bevor sie in natürliche oder künstliche Wursthüllen gespritzt wird. → Wurst

Rohzucker: aus Zuckerrüben oder -rohr gewonnener, nicht gereinigter *Zucker,* der durch anhaftende Melassereste braun und klebrig ist und einen kratzigen Geschmack aufweist. Der R. ist schlecht haltbar und hat ernährungsphysiologisch gesehen keine Vorzüge gegenüber gereinigtem Zucker. → Zucker, brauner

Rokambole → Schlangenknoblauch

Rokambole, Echte → Schlangenknoblauch

Rokkenbolle → Schlangenknoblauch

Rokpol, *polnischer Roquefort:* aus Schafsmilch, aus Kuhmilch oder einem Gemisch von beiden hergestellter polnischer *Blauschimmel-* oder *Grünschimmelkäse* mit 50 % F.i.Tr.. → Käsesorten

Rolle → Rouladengebäck

Rollerbse → Gemüseerbse

Rollmops → Marinaden

Rollschinken → Schinken

Rolltabak → Rauchtabak

Romadurkäse: ursprüngl. in der belgischen Provinz Lüttich und gegenwärtig in zahlreichen europäischen Ländern hergestellter *Weichkäse* mit gelbroter Schmierebildung nach Limburger Art, der wie dieser zu den Herve-Käsen gehört (benannt nach dem Städtchen Herve zw. Aachen und Lüttich). Er unterscheidet sich vom → Limburger durch die kleinere Form und einen etwas milderen Geschmack. In Deutschland wird R. in den Fettstufen 20 %, 40 % und 50 % F. i. Tr. hergestellt. → Weichkäse → Käsesorten

Romanasalat → Bindesalat

Romanesco, Italienischer → Türmchenblumenkohl

Rompe: eine wurmstichige → Muskatnuß. Dieser Mangel kann durch Kalken überdeckt werden, was aber als Verfälschung zu betrachten ist.

'Rondom': Johannisbeere. → Beerenobst

Roohafza: eine in Indien aus etwa 20 Pflanzenarten hergestellte und rege gehandelte Essenz, aus der ein → Hitzegetränk bereitet wird. Die Extrakte aus Koriander, Sandel, Spinat, Pfefferminze, Rosenblättern, Möhren, Orangen und Ananas sowie verschiedenen Gräsern und Wurzeln werden in lokaltraditioneller Weise gemischt und zu einem dikken Sirup aufgekocht, der nur verdünnt genießbar ist. Bes. bei Sommertemperaturen von über 40°C soll dieser sog. *Kühlsirup* erfrischende Wirkung auslösen. Gleichzeitig reguliert er die Verdauung, den Kreislauf und den Wasserhaushalt des Körpers, indem das Ausschwemmen von Mineralstoffen reduziert wird.

Rooibostee → Massaitee

Roosiya: *Hartkäse* mit 50 % F. i. Tr. aus der ehem. Sowjetunion → Käsesorten

Rootbier → Wurzelbier

Roquefort-Dressing → Fertig-Dressing

Roquefortine: von Schimmelpilzen der Gattung *Penicillium* gebildete neurotoxische, den Indol- und Indolizidin-Alkaloiden zuzuordnende Mykotoxine, s. Formeln nächste Spalte.
R. kommen auf Blauschimmelkäsesorten, z. B. → Roquefortkäse vor.

Roquefortkäse: nach dem Dorf Roquefort (Frankreich) benannter und dort bzw. in der Umgebung aus roher, nicht entrahmter Schafmilch hergestellter zylindrischer Vollfett- oder Rahmkäse mit grünem Schimmel (*Penicillium roqueforti*), von bröckliger Beschaffenheit und pikantwürzigem Geschmack. Der R. gehört zu den *Grün-* bzw. *Blauschimmelkäsen*. Die deutsche Bez. für entsprechende Käse aus Kuhmilch ist → Edelpilzkäse. → Käsesorten

Roríppa nastúrtium → Brunnenkresse

Roríppa nastúrtium aquáticum → Brunnenkresse

Rosa Beere → Pfeffer, Peruanischer → Schinusfrucht

Rósa canína → Hagebutte → Vitaminrose

Rósa centifólia → Mairose

Rósa damascéna → Rose, Damaszener → Lablab → Rosenöl

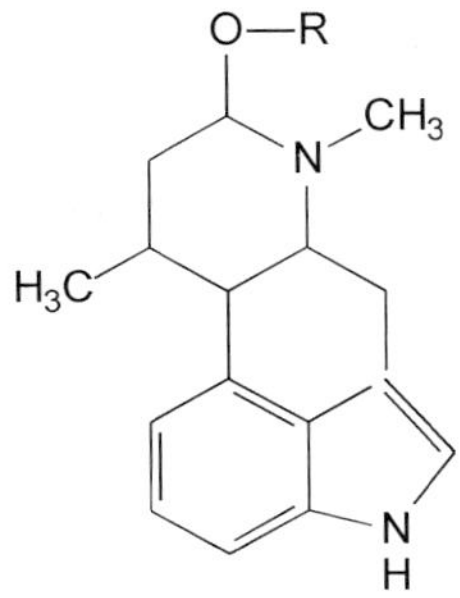

R. A.: R = $CO-CH_3$
R. B.: R = H

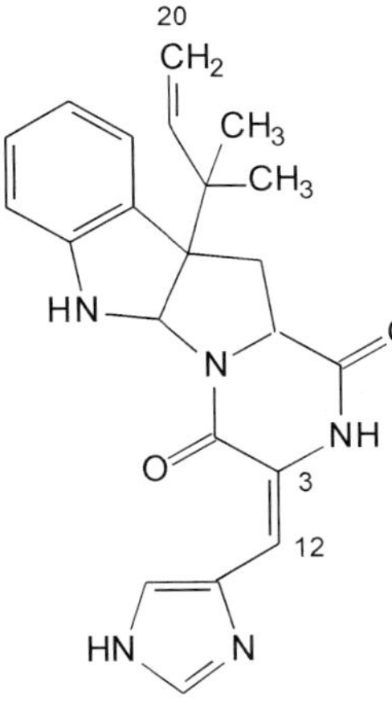

R. C.
R. D.: 3,12-Dihydro

'Rosa di Kasanlyk' → Rosenöl

Rósa dumális → Vitaminrose

Rósa dumetórum → Rosenöl → Vitaminrose

Rósa foetida → Kapuzinerrose

Rósa gállica → Hagebutte → Rosenöl → Samtrose

Rósa glauca → Vitaminrose

Rósa kamtschática → Kartoffelrose

Rósa majális → Vitaminrose

Rósa moscháta → Lablab

Rósa pendulína → Hagebutte → Vitaminrose

Rosa Pfeffer → Pfeffer, peruanischer → Schinusfrucht

Rósa pomífera → Apfelrose → Hagebutte

Rósa roxbúrghii → Lablab

Rósa rubiginósa → Weinrose → Hagebutte → Vitaminrose

Rósa rugósa → Hagebutte → Vitaminrose → Kartoffelrose

Rósa ruscinonénsis → Moschusrose

Rosasporer → *Rhodophylláceae*

Rósa tomentósa → Vitaminrose

Rósa usitatíssima → Lablab

Rósa villósa → Vitaminrose

rösch → Knusprigkeit

Rose → Schlachtkörperteilstücke

Rose, Damaszener, *Portlandrose:* die nur in Kultur bekannte und wichtigste Art zur Gewinnung von → Rosenöl in Mitteleuropa, *Rósa damascéna* P. Miller, (Familie *Rosáceae*), die vor allem in Südfrankreich, Bulgarien, Marokko, in der Türkei, in Syrien, Indien, China und der ehemaligen Sowjetunion angebaut wird, die u. a. das bulgarische und anatolische Rosenöl liefert und deren Früchte, Blüten und Knospen im getrockneten Zustand Bestandteil → teeähnlicher Erzeugnisse sind. → Lablab

„Rose des Eigelbs": optimaler Temperaturbereich bei der thermischen Gelbildung von Eigelbmassen. Es bilden sich auf einem Kochlöffel mit Eigelbmasse beim Anpusten Konturen, die aussehen wie eine Rosenblüte.

Rose, Gelbe → Kapuzinerrose

Rose, Französische → Samtrose

Rosé-Grapefruit: rosa- und rotfleischige Sorten der → *Grapefruit,* deren Färbung durch Lycopin hervorgerufen wird.

Roselle, *Rama, Carcade, Afrikanische Malve, Sabdariffa-Malve, Sabdariffa-Eibisch, Sudan-Eibisch:* die tropische, einjährige, buschig wachsende, in Afrika und Asien verbreitete Hausgartenpflanze *Hibíscus sabdaríffa* L. (Familie *Malváceae*), eine → Schleimstoffpflanze mit 4 Kulturformen, die sich durch unterschiedliche Pigmentierungen unterscheiden. Im europäischen Gebrauch ist vor allem die *var. rúbra* mit roten Stengeln und Kelchen, die vor allem für Teegetränke und als Ausgangsmaterial für Lebensmittelfarbstoffe benutzt wird. Die Bez. *Hibiscusblüten* bzw. *Hibiscusblüten-* oder *Nubiablüten-Tee* ist in botan. Hinsicht nicht ganz korrekt, da es sich bei der Droge ausschl. um den fleischigen Fruchtkelch handelt, der eine fünffächrige Fruchtkapsel umschließt, die jedoch im Drogenmaterial nicht vorhanden sein sollte. Unter der Drogenbez. *Hibiscusblüten* wird daher nur der zur Fruchtzeit geerntete Kelch und die Außenkelche verstanden, die im trockenen Zustand leicht brüchig und leuchtend hellrot bis dunkelviolett gefärbt sind sowie einen erfrischend säuerlichen Geschmack aufweisen.
Die Konzentration an organischen Säuren ist in *Hibiscusblüten* relativ hoch: etwa 15 % → *Hibiscussäure,* 12···20 % *Citronensäure,* 2···9 % *Apfelsäure* und 8 % *Weinsäure.* Der Gesamtsäuregehalt, berechnet als Citronensäure, sollte mind. bei 13,5 % liegen. Die → *Anthocyane* aus *Hibiscusblüten* haben sich als färbender Zusatz bei Fruchtzubereitungen, wie Marmeladen, Gelees und Chutneys, bewährt. Auch bei Getränken entsteht bei kühler Lagerung kein Farbstoffverlust; lediglich in kohlensäurehaltigen Getränken erfolgt eine relativ rasche Zersetzung der Farbstoffe. Junge Blätter und Triebe der R. werden als Salat und Gemüse gegessen sowie zum Würzen von Curry genutzt. Die ölhaltigen Samen werden in Afrika zu Mehl verarbeitet. → Flavonoide

Rosenapfel: *Apfeljambuse, Aprikosenjambuse, Jambos:* Früchte mittelgroßer Bäume oder Sträucher der Gattung *Syzýgium* (Familie *Myrtáceae*), die meist aromatisch riechen und ihren Namen nach dem in den Tropen allg. verbreiteten, kugeligen, gelben *Echten Rosenapfel* oder *Jambose, Syzýgium jámbos* (L.) Alston, (Synonym Eugénia jámbos L., Jambósa vulgáris D.C.) haben, der nach Rosen duftet. Die meisten Syzygiumfruchtbäume sind im Malaiischen Archipel bzw. im tropischen Asien in Kultur. Zu den bedeutendsten Vertretern gehört der *Malakka-Apfel oder Malaiische Rosenapfel, Syzýgium malaccénsis* Merr. & L. M. Perry, der mit einigen Sorten auch im tropischen Amerika eingeführt ist. Seine Früchte sind ellipsoid, kugelig oder birnenförmig, etwa 8 cm lang, hellrot oder gelb mit dunkelroten oder purpurnen Längsstreifen und haben weißes, dickes, saftiges, würzig duftendes Fruchtfleisch. Der *Samarang-Rosenapfel, Java- oder Wachsapfel Syzýgium javánicum* (Blume) Merr. et L.M. Perry, trägt zusammengedrückt-birnenförmige, milchweiße oder rosagefärbte, oft samenlose Früchte mit saftigem, weißem, erfrischend säuerlich schmeckendem Fruchtfleisch, die zu den besten der Gattung *Syzýgium* gehören. Weniger bedeutend ist der *Wässrige Rosenapfel (Jambu ayer), Syzýgium áquaeum* Merr. & L. M. Perry, dessen Früchte adstringierend süßlich schmecken und für Getränke und Sirup verwendet werden.

Rosenblütenöl → Rosenöl → Samtrose

Rosenbrötchen, *Bärmbrot, Bärmbrötchen:* ein → Brötchen aus hellem Weizenmehl, als → Wasser- oder → Milchbackware bereitet, dessen Teigstücke mit Hilfe eines Stabes zu einer Rosette geformt oder mit der Wirkmaschine rund und nicht ganz zugewirkt wird, so daß der nicht zugewirkte Schluß beim Backen rosenförmig aufreißt. Das R. wird im Norden *Bärmbrötchen* oder *Bärmbrot* genannt. → Ausbundbackware → Kleinbackware

Rosenholzbaum, Afrikanischer → Kino

Rosenholz, Echtes: das in den Tropen Südamerikas kultivierte Lorbeergewächs *Aníba rosaeodóra* Ducke (Familie *Lauráceae*), dessen öldrüsenreiches Holz für die Lebensmittelaromatisierung herangezogen wird.

Rosenkohl, *Brüsseler Kohl, Kohlsprossen, Brabanter Kohl, Sprossen, Sprossenkohl, Rosenwirsing:* ein typisches Wintergemüse (Tab.) in Form von ovalen, glatten, festen, walnußgroßen Seitenknospen (Röschen), die an der hochgeschossenen Sproßachse von *Brássica olerácea convar. olerácea var. gemnífera* D. C. (Familie *Brassicáceae*) gebildet werden.

Zusammensetzung und Energiewert von Rosenkohl

Bestandteil	Gehalt in 100 g eßbaren Anteils
Feuchtigkeit	85,00 g
Eiweiß	4,45 g
Fett	0,56 g
Kohlenhydrate	3,04 g
Ballaststoffe	4,10 g
Mineralstoffe	1,40 g
Natrium	7,00 mg
Kalium	411,00 mg
Magnesium	20,00 mg
Calcium	29,00 mg
Mangan	0,27 mg
Eisen	1,10 mg
Phosphor	86,40 mg
Caroten	0,47 mg
Vitamin B_1	0,11 mg
Vitamin B_2	0,16 mg
Niacin	0,67 mg
Vitamin B_6	0,28 mg
Vitamin C	104,00 mg
Energiewert in kJ (kcal) je 100 g	146 (35)

Die Röschen stellen kleine Kohlköpfe dar, die eine graue bis dunkelgrüne Farbe aufweisen und deren Festigkeit von der Witterung abhängt. Bei gekochtem Rosenkohl sind 2-Propenyl-, 3-Butenyl-, 2-Phenylenethylisothiocyanat als Aromageber wichtig, aber auch Schwefelverbindungen wie Dimethylsulfid und Dimethyltrisulfid. Für den Bittergeschmack des R. ist Goitrin verantwortlich. Zur Aufbewahrung sollten nur frisch geerntete Röschen, ohne Frostschäden, verwendet werden; am besten in Portionen von 0,5···1 kg in Netzbeutel abgepackt und schnell auf 0°C heruntergekühlt. Auf diese Weise ist der R., bei gleichzeitig hoher rel. Luftfeuchte von 90···95%, mind. 4 bis 5 Wochen zu halten, ohne daß die äußeren Hüllblätter vergilben. Im Haushalt sind in Polyethylen-Folienbeuteln eingelagerte Röschen bei 7···10°C (Kühlschrank) etwa 3 Wochen haltbar. → Gemüse → Kohl → Gemüsesterilkonserve

Rosenöl, *Rosenblütenöl:* das aus den frischen Kronblättern verschiedener Rosenarten gewonnene ätherische Öl. Es ist weißlichgelb bis grünlich und dickflüssig mit einem durchdringenden, betäubenden Geruch. Erst in sehr großer Verdünnung riecht es rosenartig. Das R. erstarrt bei Zimmertemperatur zu einer weichen, durchsichtigen Masse. Aus 3000···5000 kg Rosenblättern wird etwa 1 kg R. gewonnen. Daher ist es sehr teuer und wird häufig verfälscht. Hauptanbaugebiete für Rosenarten zur Gewinnung von R. finden sich in Bulgarien, Südfrankreich, in der Türkei und neuerdings auch in der ehemaligen Sowjetunion. Die wichtigste Rosenart zur Gewinnung von R. ist *Rósa damascéna* Mill., ferner werden *Rósa álba* Fl. *(Rósa gállica x Rósa dumetórum Thuill), Rósa moscháta* J. Herrm. und *Rósa biféra (Poir.)* Pers. *(ein Bastard aus Rósa moscháta x Rósa gállica L.)* herangezogen.
Über ein Drittel der Weltproduktion an R. wird in Bulgarien erzeugt. Ende Mai bis Anfang Juni werden im etwa 100 km langen und 15 km breiten "Rosental" von Kasanlyk, einer Senke zw. dem Balkan und dem Sredna-Gora-Gebirge, innerhalb weniger Tage etwa 1500 ha der unscheinbaren 'Rosa di Kasanlyk' geerntet, die nur in den frühen Morgenstunden vor Sonnenaufgang ihren höchsten Ölgehalt aufweist. Die Zucht der Rosen als Nutzpflanze hat in Bulgarien alte Tradition. Woher die ölhaltige Rose Ende des 17. Jh. ins Land kam, weiß heute niemand mehr zu sagen. - R. besteht aus über 150 Aromakomponenten. Hauptbestandteile des R. sind Geraniol, Nerol, Citronellol, Linalool, Phenylethanol und Eugenol. Verwendet wird. R. zur Herstellung von → *Rosenwasser,* zum Aromatisieren von kosmetischen Erzeugnissen und in geringem Maße auch für Liköre, Süß- und Dauerbackwaren. → Rose, Damaszener

Rosenöl, Anatolisches → Rose, Damaszener

Rosenöl, Bulgarisches → Rose, Damaszener

Rosenpappel → Eibisch, Eßbarer → Malvenblüten

Rosenpaprika → Gewürzpaprika

Rosenwasser: 1. das bei der Gewinnung von → Rosenöl durch Wasserdampfdestillation anfallende Nebenprodukt oder durch Schütteln von 4 Tropfen Rosenöl mit 1000 ml Wasser hergestellte Erzeugnis. Im letzteren Falle wird das Rosenöl in 20 ml Ethanol gelöst und dann mit der Wassermenge (35···40 °C) verdünnt. Das R. ist eine farblose, angenehm nach Rosen duftende, aber nicht unbegrenzt haltbare Flüssigkeit und dient zum Aromatisieren von Likören, Feinen Backwaren, Marzipan und Süßwaren sowie für kosmetische Präparate. → Claret
2. → Knollenplatterbse

Rosenwirsing → Rosenkohl

Rosettensalat → Radicchio

Rosettenzichorie → Radicchio

Rose, weichhaarige → Apfelrose

Roséwein: franz. Bez. für a) einen → Wein aus blauen Beeren, die schnell abgekeltert werden oder b) einen Mischwein (→ Verschnitt) aus blauen und weißen Weintrauben. Die Farbe von R. ist mit der des deutschen → Schillerweines identisch. Nur in Württemberg darf R. auch *Rotling* genannt werden, wenn er den Anforderungen eines → Qualitätsweines b. A. genügt. Ein R. darf nicht als → Weißherbst bezeichnet werden, wenn zur Süßung Traubenmost einer anderen Rebsorte als derjenigen verwendet worden ist, aus der der Wein bereitet ist. → Claret

Rosina → Edeleberesche → Kernobst

Rosine, *getrocknete Weinbeere:* stark eingetrocknete Weinbeere (Tab.).

Zusammensetzung und Energiewert von Rosinen

Bestandteil	Gehalt in 100 g
Feuchtigkeit	24,20 g
Eiweiß	2,25 g
Fett	0,50 g
Kohlenhydrate	64,20 g
Ballaststoffe	7,03 g
Mineralstoffe	1,86 g
Natrium	144,00 mg
Kalium	630,00 mg
Magnesium	65,00 mg
Calcium	31,00 mg
Eisen	3,00 mg
Caroten	0,03 mg
Vitamin B_1	0,12 mg
Vitamin B_2	0,06 mg
Niacin	0,50 mg
Vitamin B_6	0,11 mg
Vitamin C	1,00 mg
Energiewert in kJ (kcal) je 100 g	1130 (270)

Die R. werden vor allem in Griechenland, der Türkei, in Israel, Bulgarien, Ungarn, Rumänien, Spanien, Südfrankreich, Italien, Nord- und Südafrika, Kalifornien, Australien und in der ehemaligen Sowjetunion gewonnen. Die wichtigsten Arten sind: *Smyrna-Rosinen* (weiche Kerne, dunkelfarbig), *Sultaninen* (hellfarbig, kernlos), *Korinthen* (sehr kleinbeerig, mit und ohne Kerne) und *Zibeben* (am Strauch getrocknete Früchte mit Kernen. Die kernlosen getrockneten Früchte kalifornischer oder südafrikanischer Weinreben werden vorzugsweise als *getrocknete Weinbeeren* bezeichnet. Das Schwefeln ist kenntlich zu machen (bei mehr als 500 ppm „stark geschwefelt"), Höchstgehalt 1000 ppm. Um ein Zusammenkleben der R. zu verhindern, sind die Früchte teilw. mit Spezialöl behandelt; die Verwendung von Paraffin ist unzulässig. → Überzugsmittel → Trockenobst

Rosinenwein: 1. Dessertwein, hergestellt aus Traubenwein, Rosinen (Zibeben), Zucker und Alkohol. In Deutschland ist die Herstellung von Wein und Most (Zibebenmost) aus Trockenfrüchten für gewerbliche Zwecke untersagt.
2. → Ausbruchwein → Dessertwein → Sherry

Rosmadiol → Rosmarinextrakt

Rosmanol → Rosmarinextrakt

Rosmarichinon → Rosmarinextrakt

Rosmarin: ein im Mittelmeergebiet verbreiteter, immergrüner, bis 1,50 m hoher Halbstrauch, *Rosmarínus officinális* L. (Familie *Lamiáceae*), dessen 2···3 mm lange und 2···4 mm breite Blätter und junge Triebe während und nach der Blüte gesammelt werden. Der Gehalt an ätherischem Öl (1···2%), Bitterstoffen, Gerbstoff und Saponin verleiht ihnen den charakteristischen Geruch und Geschmack. Der frische oder getrocknete R. dient häufig mit anderen Gewürzen zum Würzen von Soßen, Suppen, Fleischspeisen, bes. Hammelbraten, Wildbret und mariniertem Fisch. → Küchenkraut

Rosmaridiphenol → Rosmarinextrakt

Rosmarinextrakt: Öllösliche, weitmöglich standardisierte Anreicherung von antioxydativ wirksamen Inhaltstoffen der Rosmarinblätter. Dem R. werden die ätherischen Öle weitgehend entfernt, um eine bessere geruchliche Neutralität zu erzielen. Der Zusatz von R. zu Lebensmitteln schützt die enthaltenen Fette vor Oxydation, stabilisiert oxydationsempfindliche Naturstoffe und konserviert wasserhaltige Lebensmittel auf Grund seiner antimikrobiell wirkenden Inhaltstoffe. Die antioxydative Wirkung des R. geht von den Inhaltsstoffen → *Carnosolsäure und Carnosol* (Hauptkomponenten des Rosmarinblattes 80 : 20) und der während der Extraktion gebildeten Stoffe wie Rosmanol, Rosmandiol, Epirosmanol, Isorosmanol und Rosmaidiphenol (s. Übersicht nächste Seite) aus.
Am wirksamsten und den 2- und 3-tertiär-Butyl-4-Hydroxy-anisolen (BHA) deutlich überlegen sind mit Abstand Carnosolsäure, Rosmanol und Carnosol. Ein weiterer Inhaltsstoff mit schwach ausgeprägter antioxydativer Wirksamkeit ist die Rosmarinsäure (→ Hydroxyzimtsäure). Die Deklaration

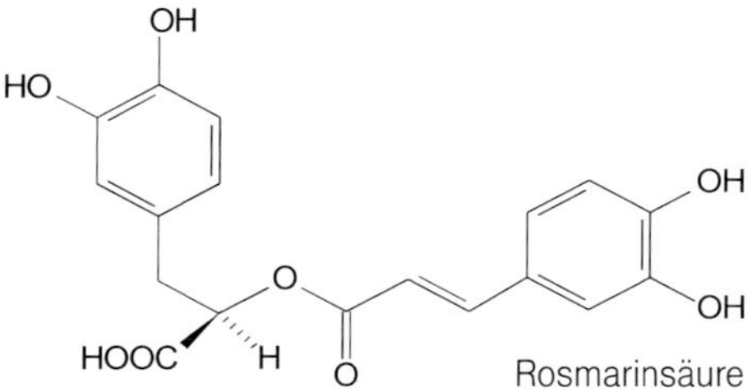

Rosmarinsäure

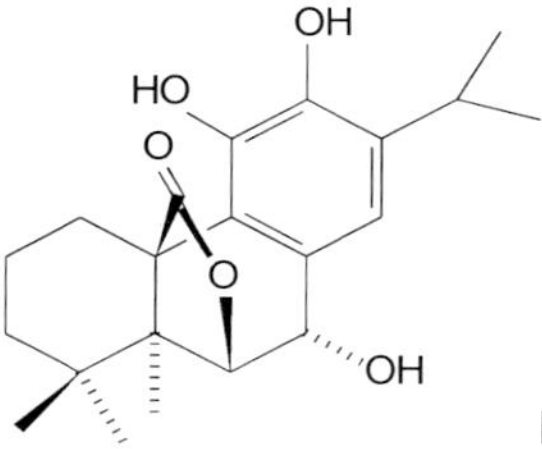

Rosmanol

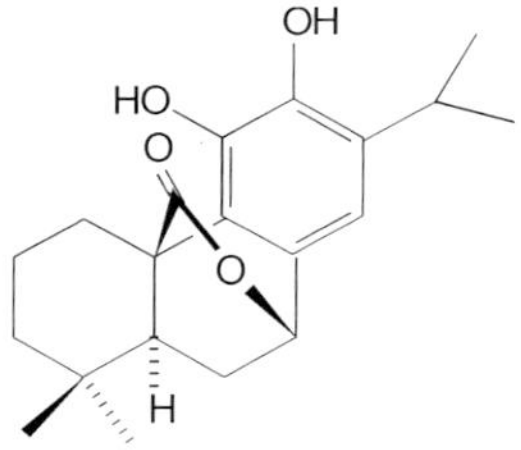

Carnosol

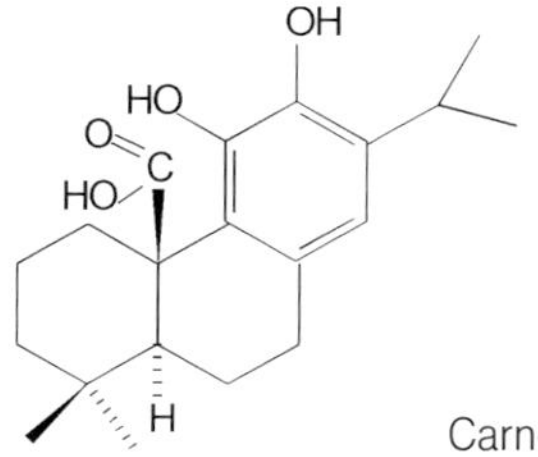

Carnosolsäure

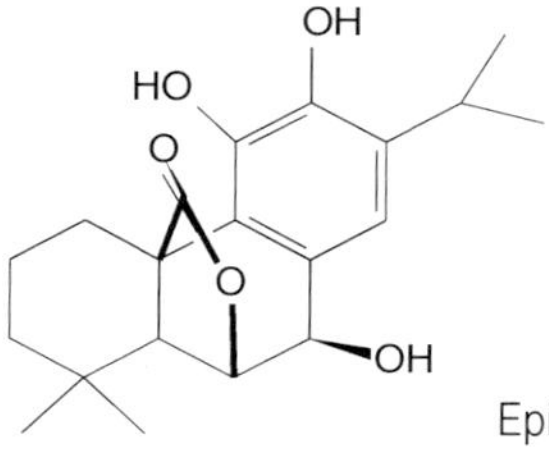

Epirosmanol

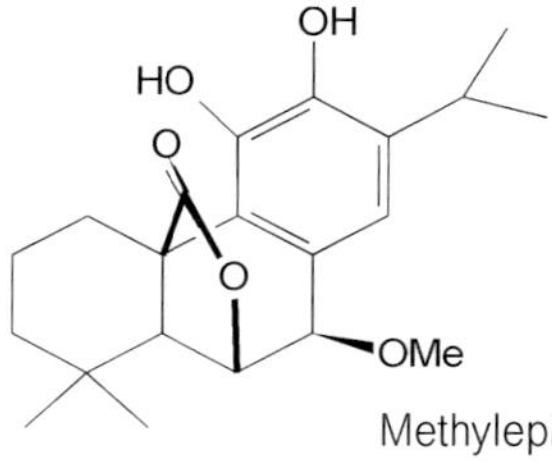

Methylepirosmanol

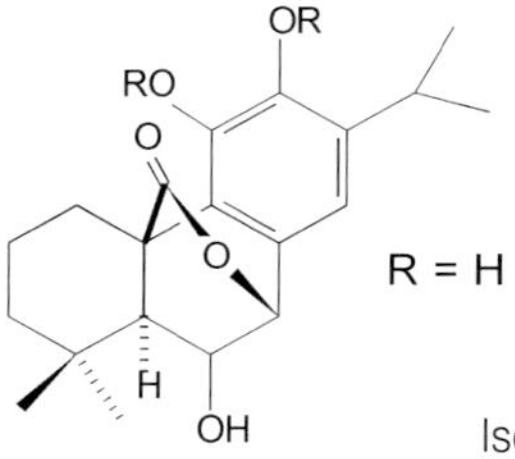

Isorosmanol

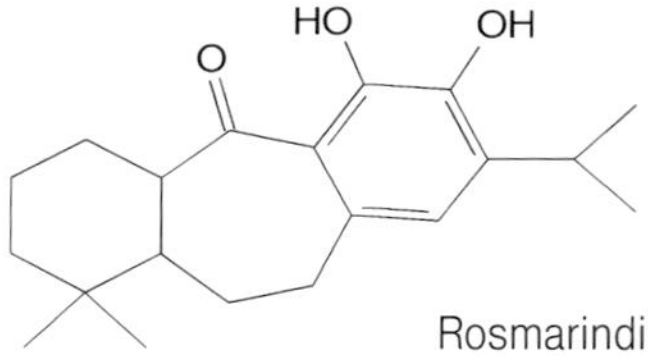

Rosmarindiphenol

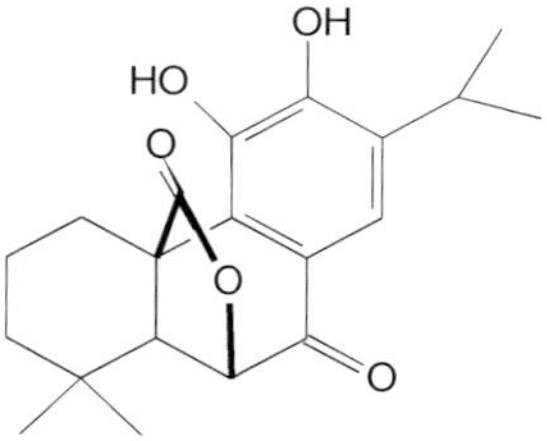

Galdosol

von R. erfolgt auf der Zutatenliste des entsprechenden Lebensmittels mit *„Gewürzextrakt"* oder *„Rosmarinextrakt"*. R. hat sich in Europa als natürliches Antioxydans bereits weitgehend durchgesetzt. Der Umsatz beträgt fast die Hälfte an → Antioxydantien.

Rosmarinsäure → Hydroxyzimtsäuren → Rosmarinextrakt

Rosmarínus officinális → Rosmarin

Rosmarinchinon: ein *Diterpen* mit folgender Struktur:

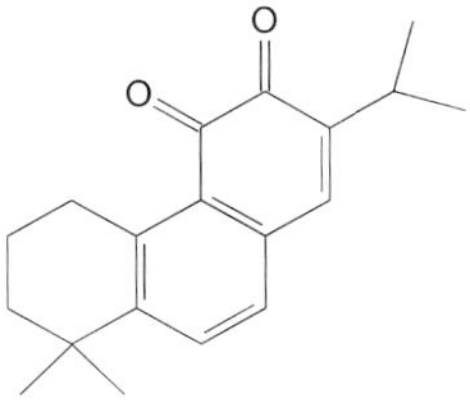

R. ist neben den Diterpenen *Carnosol, Rosmanol* und *Rosmaridiphenol* in Rosmarinblättern (*Rosmarínus officinális* L.) nachgewiesen. → Antioxydantien → Terpene → Rosmarinextrakt

Rosoglio, *Rosolio* (Plural: Rosollis): feiner italien. Likör aus Orangen und/oder Orangenblüten.

Rosolio → Rosoglio

Rossiya: Hartkäse mit 50 % F. i. Tr. aus der ehem. Sowjetunion. → Käsesorten

Roßkümmel, Dreilappiger: das in Süd- und Osteuropa verschiedentlich als Gewürzpflanze angebaute Doldengewächs *Láser trílobum* (L.) Borkh. (Familie *Apiáceae*).

Roßminze: die sehr formenreiche, in Europa, Asien und Afrika verbreitete → Minze, *Méntha longifólia* (L.) Huds., (Familie Lamináceae) deren Blätter für → teeähnliche Erzeugnisse und als Gemüse sowie zum Aromatisieren von Süßwaren und Würzsoßen dienen. → Krauseminze 1.b

Roßminze, Grüne → Gingerminze → Krauseminze 3.

Roßpappel → Malve, Wilde

Röstbiskuit → Zwieback → Biskuit

Röstbitterstoffe → Bitterstoffe

Röstbrot → Toast

Röstdextrin → Dextrin

Röstgummi → Dextrin

Röstkaffee → Kaffee

Röstkaffeemischung: eine zur Gewährleistung gleichbleibender Geschmacksqualität hergestellte Mischung verschiedener Röstkaffeesorten und -herkünfte in gerösteter Form. → Kaffee → Kaffee, entcoffeinierter → Spezialkaffee → Harze

Röstmasse → Brandmasse

Röstmischbrot → Toast

Rostocker Doppel-Kümmel: → Kümmel 2.

Rostpilze → Ständerpilze

Röstvollkornbrot → Toast

Röstweißbrot → Toast

Röstzwiebelextrakt → Zwiebel 3.

Rotalgen → Agaroid → Algenpolysaccharid → Algenprodukt → Dulsan → Dulse → Eucheumann → Furcellaran → Gelan → Laverbread → Nori → Phyllophoran → Porphyran → Slack

Rotauge → Plötze → Purpurfisch

Rotbars → Rotbarsch

Rotbarsch, *Sebástes marínus, Rotbars, Goldbarsch* (Bild):

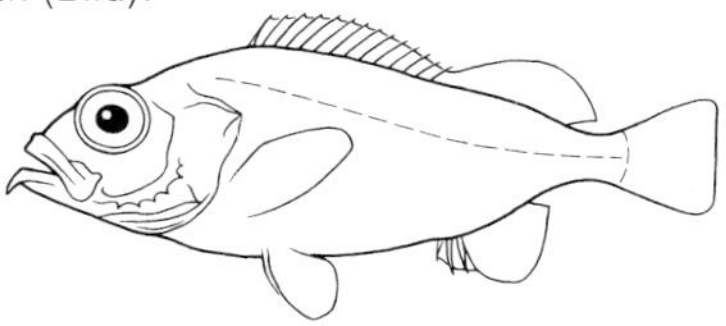

Schnabel-Rotbarsch

Wichtiger barschähnlicher Meeresfisch der borealen Zone des Nordatlantik. Der lange Vorderteil der Rückenflosse wie die ersten Strahlen der Afterflosse bestehen aus kräftigen Stachelstrahlen. Am Kopf befinden sich dornenartige Erhebungen. Körper und Flossen sind leuchtend rot gefärbt; an der Spitze des Kiemendeckels befindet sich ein dunkler Fleck. Man unterscheidet verschiedene Formen. Der *Tiefen-* oder *Schnabelbarsch (S. mentélla)* ist durch die großen Augen und einen spitzen Fortsatz am Unterkiefer am auffälligsten. Der R. erreicht eine Länge von 30···60 cm, höchst. 100 cm. Die wichtigsten Fangplätze befinden sich in der Barents-See, bei Spitzfundland. Der Fang schwankt zw. 300 kt und 500 kt. Auch die Fang-

mengen des verwandten Pazifik-R. (*S. alútus*) ist in den letzten Jahren abgesunken. Der R. wird bereits auf See, je nach Größe, filetiert oder geköpft und entweidet und in diesen Formen gefroren angelandet. R. wird vorwiegend als *Speisefisch* gehandelt und daneben in geringerem Umfang zu → Räucherfischerzeugnissen verarbeitet. - Das Fleisch (Tab.) ist von zart-gelblicher Färbung und fester, aber saftiger Konsistenz.
Es hat einen milden Eigengeschmack. → Fisch

Zusammensetzung und Energiewert des Rotbarschfleisches

Bestandteil	Durchschnittl. Gehalt je 100 g eßbaren Anteils in g
Wasser	72···80
Eiweiß	16···21
Fett	2···10
Mineralstoffe	1,5
Energiewert je 100 g eßbaren Anteils in kJ (kcal)	380···780 (90···185)
davon aus Eiweiß	290···385 (70···92)
aus Fett	85···400 (20···95)
Richtwert für verwertbare Gesamtenergie je 100 g eßbaren Anteils in kJ (kcal)	500 (120)

Rotblättler → *Rhodophylláceae*

Rotbrassen → Meerbrassen

Rote-Beten-Farbstoff → Betanin

Rote-Bete-Saft → Rote-Rüben-Saft → Gemüsesaft

Rote-Grütze-Pulver: ein → Süßspeisepulver aus Weizengrieß und/oder Stärke und/oder Sago mit geschmacksgebenden natürlichen Zusätzen.

'Rote Holländische' → Johannisbeere → Beerenobst

Rötelritterlinge → *Tricholomatáceae* → Kulturpilze

Rotenone → Insektizide

'Rote Preisbeere': Stachelbeere. → Beerenobst

'Roter Boskoop' → Apfel → Kernobst

'Rote Riesen' → Speisemöhre

Rote-Rüben-Pulver → Gemüsepulver

Rote-Rüben-Saft, *Rote-Beeten-Saft:* ein aus Roten Rüben hergestellter → Gemüsesaft.

Rote-Rüben-Sterilkonserve → Gemüsesterilkonserve

'Rote Spätlese' → Johannisbeere → Beerenobst

Roter Thun → Thunfisch

'Rote Triumphbeere': Stachelbeere. → Beerenobst

Rotfeder, *Scardínius erythrophthálmus* (Bild):

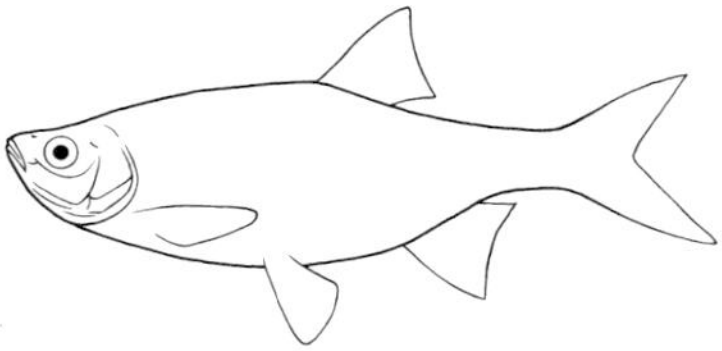

Rotfeder

Süßwasserfisch, von der sehr ähnlichen → Plötze durch den weit vor der Rückenflosse befindlichen Ansatz der Bauchflosse, die scharf gekielte Bauchkante und den gelbroten bis gelben Augenkreis unterschieden. Die R. ist in stehenden und langsam fließenden Gewässern Europas von den Pyrenäen bis zum Aralsee verbreitet und kommt auch im Brackwasser vor. Sie wird 20···30 cm, höchst. 40 cm lang. Ihre Bedeutung als Speisefisch ist gering. → Fisch

Rotfrucht → Ölpandanus

Rothäuptchen → *Boletáceae*

'Rotherz' → Speisemöhre

Rothirsch → Wild

Rotholz: 1. → Achua
2. → Kino

Roti → Ragi

Rotkabis → Kopfkohl

Rotkappe → *Boletáceae*

Rotklee → Klee

Rotkohl → Kopfkohl

Rotkoppe → *Boletáceae*

Rotkraut → Kopfkohl

Rotling → Roséwein

Rötlinge → *Rhodophylláceae*

Rotpilz → Salzfischerzeugnisse

Rotreis, *Angkak, Anghak, Angquac, Agakoji, Benikoji:* ein mit pigmentbildender Pilzflora (*Monascus ssp.*) beimpfter glasiger Reis (seltener Mais), der in China nach einmonatiger Fermentationszeit getrocknet, als ganze Körner oder pulverisiert auf den Markt gelangt und als Gewürz oder Färbemittel, z. B. für *Rotreiswein (Shao Hsing),* für → *fermentierte Fischsoßen* usw. verwendet wird. Die traditionelle Herstellung von R. ist heute nur noch in wenigen Gebieten Chinas bekannt. I. allg. wird R. industriell unter sterilen Bedingungen mit Laborkulturen (→ *Spezialkulturen*) hergestellt. Zu den von *Monáscus purpuréus* und *M. ánka* produzierten Hauptpigmenten zählen z. B. *Monascorubin* (Rot) und *Monascin* (gelb). → Lebensmittel, fermentiertes → Farbstoffe

Rotreiswein → Rotreis

Rotscheer → Trockenfischerzeugnisse

Rotten → Kakobohne

Rotti: 1. ein in Indien üblicher runder Fladen aus Sorghum-(Hirse)mehl. → Flachbrot → Fladen
2. Sorghumhirse

Rotwild (*Cervus elaphus*) → Wild

Rotwurst: 1. regionale Bez. für → Blutwurst (Kochwurstart).
2. → Rotwurst, Thüringer.

Rotwurst, Thüringer: → *Kochwurst* (→ Blutwurst, mittlere Sorte), zu deren Herstellung Schweinebauch ohne Knochen, Schweinebacken, Speck, Schweineherzen, Schwarten, Blut, Nitritpökelsalz, Pfeffer und Majoran verwendet werden. Als Wursthüllen dienen Kunstdärme. Das Schnittbild zeigt Speck- und Backenstücke von etwa 8 mm Kantenlänge fast gleichmäßig in der dunkelotbraunen Masse verteilt. → Wurst

Rotzunge → Plattfische

Roucou → Anattobaum

Roulade: 1. aus einer mageren, möglichst sehnenfreien Rind- oder Schweinefleischscheibe von 1/2 cm Dicke und etwa 8 cm · 15 cm Größe, mit verschiedenen Füllungen versehenes gerolltes, gebundenes oder gestecktes angebratenes und geschmortes Produkt. Als Füllungen werden eingesetzt: Pikant gewürzte Hackfleischmassen, Sauerkraut, Speck mit Senf, Gewürzen sowie Sauergurke.
2. → Rouladengebäck

Rouladengebäck: ein → Schnittdessert, vorwiegend aus → Biskuitmasse, die mit Fruchtgelee, Butterkrem, Nuß- oder Schokoladenmasse gefüllt ist, z. B. *Baumstamm, Kirschroulade.* Die Gebäckform *Roulade, auch Rolle* genannt, entsteht dadurch, daß der ausgerollte Teig (*Rouladenkapsel*) vor oder nach dem Backen mit einer Füllung versehen und aufgerollt wird. Die Besonderheit des R. besteht in dem dekorativen Schnittbild in Form einer Spirale, die durch eine lockere Krume in Verbindung mit verschiedenen Füllungen hervorgerufen wird. → Schnitte

Royéna pállens → Affenpflaume

Roystónea oleráceae → Palmkohl → Kohlpalme

Roystónea régia → Königspalme → Palmkohl

Rozítes caperáta → *Cortinariáceae*

Rubba → Sorghumhirse

Rübchen, Teltower: eine Spielart der → Speiserübe, *Brássica rápa* L. emend. Metzger *var. rápa f. Teltoviénsis* (Familie *Brassicáceae*) von bes. Delikatesse, die ihre beste Qualität auf nährstoffarmem Sandboden erreicht, da sie dort klein und zart bleibt. Zu den T. R. gehört demzufolge auch das karge Teltower Anbaugebiet, der Boden des hohen Teltows, ein Landschaftsgebiet, das von der Nuthe im Westen, der Notte im Südosten und der Spree im Norden begrenzt wird. Auf schweren Böden oder nach organischer Düngung werden die Rüben zu groß und bringen schlechtere Qualität, sie können auch hohl werden. Der Anbau der T. R. ist demzufolge an die Teltower Hochfläche gebunden. Versuche zum Nachbau z. B. in guten Heidelberger Böden im vorigen Jahrhundert scheiterten, da man nur übergroße, verwässerte, dazu madige Rüben ohne Geschmack erntete. Der richtige Erntezeitpunkt ist erreicht, wenn die fleischigen, kegelförmigen Rüben etwa 6···8 cm lang und schlank sind und einen Durchm. von etwa 3 cm an der dicksten Stelle aufweisen. Verzehrt werden die T. R. als feingeraspelter, roher → Salat oder gedünstet. Schon um 1700 waren die T. R. an Fürstenhöfen ganz Europas geschätzt und Goethe hat sich von seinem Freund Zelter die T. R. mit der Expreßpost schicken lassen. Die Aufbewahrung der T. R. erfolgt in gleicher Weise wie bei → Kohlrüben.

Rübe: längliches Gebilde in Form einer vollständig oder nur teilw. verdickten Hauptwurzel (Pfahlwurzel), die insbes. zur Gattung *Béta, Brássica* oder *Daūcus* gehören. Am Aufbau des Rübenkörpers können noch wesentliche Teile des Hypokotyls (Verbindungsstück zw. Wurzelhals und Keimblättern beteiligt sein, so daß trotz äußerer Ähnlichkeit die einzelnen Pflanzenarten im anatomischen Aufbau der R. große Unterschiede zeigen können: Bei der *Möhre* und Zuckerrübe bildet die Hauptwurzel selbst den größten Anteil des Speicherorgans. Beim *Rettich* sind bereits Teile des Sprosses am Bau des Rübenkörpers beteiligt. Bei Sellerie, Kohl- und Steckrüben handelt es sich um einen basal mit → Laubblättern besetzten Sproßabschnitt, der oberhalb des Hypokotyls aufsitzt. Die R. werden roh, als sog. *Salatrüben* oder gekocht verzehrt. → Knolle

Rübe, Gelbe → Speisemöhre

Rübe, Rote, *Rote, Bete, Rande, Rahne, Salatrübe:* fleischige, runde oder rübenartige, dunkelrote, aus dem Hypokotyl gebildete Wurzelknolle von *Béta vulgáris var. conditíva* Alef. Syn. B. v. var. rúbra DC. non L.(Familie *Chenopodiáceae*). Die runden bis plattrunden Sorten der R. R. werden vorwiegend im Haushalt verwendet, während die halblangen und langen, walzenförmigen Sorten der Konservenindustrie zugeführt werden, da sie der mechanischen Verarbeitung besser zugängig sind. Als Schlüsselverbindung für das Aroma ist → Geosmin anzusehen.

Der rote Farbstoff der R. R. ist auf ein Glycosid, das *Betanin* zurückzuführen, dessen Anteil 50···140 mg je 100 g Rübenfrischmasse beträgt. Sorten mit grünen Blättern und roten Adern weisen in der Wurzel einen höheren Farbstoffgehalt auf als Sorten mit roten Blättern. Ein Zusammenhang zw. Betaningehalt und Intensität der Rübenfarbe besteht nicht. Der rote Farbstoff wird zur Lebensmittelfärbung herangezogen. Der Gehalt an rotem Farbstoff ist in jungen Rüben am höchsten und nimmt mit fortschreitendem Wachstum ab. Die Ausfärbung ist daher bei *Baby-Beets,* den sog. *Minirüben* (60···70 g Masse) bes. hoch, z. B. bei der seit 1871 im Handel befindlichen Sorte '*Rote Kugel'*. Diese Sorte hat sich bis heute gehalten und weist zugleich den höchsten Saccharosegehalt von allen Sorten auf (zu denen *'Pronto', 'Motora', 'Amigo', 'Probat'* usw. gehören). Im Nitratgehalt liegen keine Sortenunterschiede vor, er ist umweltabhängig (je nach Düngung und Klima). Der Oxalsäuregehalt wird vorwiegend in den Blättern gespeichert. Im Rübenkörper sind diese Gehalte sehr gering. Im Kühllager wird die R. R. bei 0···1°C und 95 % Luftfeuchte über mehrere Monate verkaufsfähig gehalten. Kleinere Mengen lassen sich im Keller (in Sand oder Erde) oder mit Folienabdekkung bei 4°C für einige Zeit gut aufbewahren. Bei der Ernte verletzte Wurzeln verlieren viel Saft und sind dadurch in ihrer Lagerfähigkeit beeinträchtigt. Die R. R. wird vorwiegend als Salat, auch als Rohkost verzehrt (Tab.) oder dient zur Garnierung.
Bevorzugt werden Wurzeln mit dunkelrotem Fleisch ohne weiße oder hell hervortretende Ringe. → Gemüse → Gemüsesaft → Essigsteril-

Zusammensetzung und Energiewert von Roter Rübe

Bestandteil	Gehalt in 100 g eßbaren Anteils	
Feuchtigkeit	88,8	g
Eiweiß	1,53	g
Fett	0,1	g
Kohlenhydrate	6,28	g
Ballaststoffe	2,3	g
Mineralstoffe	1	g
Natrium	86	mg
Kalium	336	mg
Magnesium	1,4	mg
Calcium	29	mg
Eisen	0,93	mg
Phosphor	45	mg
Caroten	0,011	mg
Vitamin B_1	0,022	mg
Vitamin B_2	0,042	mg
Niacin	0,23	mg
Vitamin B_6	0,05	mg
Vitamin C	10	mg
Energiewert in kJ (kcal) je 100 g	134 (32)	

konserve → Gemüse, gewürztes → Betalaine → Knolle → Rübe → Baby-Erzeugnis

Rüben, Rote, dehydratisiert → Rüben, Rote, getrocknet

Rüben, Rote, getrocknet, *Rote Rüben, dehydratisierte:* in Streifen oder Würfel geschnittenes, fein zu Flocken zerkleinertes oder als Pulver (→ Gemüsepulver) hergestelltes Trockenerzeugnis, das in der Suppen-, Backwaren- und insbes. der Getränkeindustrie (auch zum Färben) eingesetzt wird. → Borschtsch

Rübe, Weiße → Speiserübe

Rübenharzsäure → Oleanolsäure

Rübenkaffee: ein → Kaffeezusatzstoff aus der Zuckerrübe. Nach der Ernte werden die Rüben gesäubert, in Würfel (Kantenlänge 2 cm) geschnitten, gedarrt und geröstet (Trockenröstung). → Kaffee-Ersatzmittel

Rübenkerbel → Kerbelrübe

Rübenkräude → Zuckerrübensirup

Rübenkraut: 1. → Zuckerrübensirup
2. → Speiserübe

Rübensaft → Zuckerrübensirup

Rübensirup → Zuckerrübensirup

Rübenzucker → Saccharose → Zucker

Rubichlorsäure → Asperulosid

Rubidium → Mineralstoffe

Rubinpigment Litholrubin BK (E 180) → Lebensmittelfarbstoffe

Rubixanthin (E161 d) → Farbstoffe

Rüblinge → *Polyporáceae* → Tricholomatáceae

Rüböl: Sammelbez. für raffiniertes Speiseöl aus Samen verschiedener Kreuzblütler, die bis zu 40% Öl aufweisen können. Hierzu zählen z. B. Öle von → Raps → Rübsen → Senf → Sareptasenf → Indischem Raps → Ölrettich → Sarson und → Jambaraps. → Rapsöl → Canolaöl → Raukenöl → Ölsaat

Rubrobrassicin → Hydroxyzimtsäuren

Rubrobrassin → Anthocyane

Rübsaat → Rübsen → Senf 7.

Rübsen, *Ölrübe, Rübsaat, Ölsamenkohl, Feldsenf, Rübenraps:* eine zur Pflanzenfettgewinnung (→ Pflanzenfett) angebaute → Ölsaat, *Brássica rápa L. ssp. oleífera* DC.(Familie *Brassicáceae*), mit einem um die Hälfte kleineren Samenkorndurchm. (0,5···1 mm) als der → Raps. Das aus R. gewonnene Öl wird mit Rapsöl als eine Ölart geführt (→ Rüböl). Der Anbau von Raps überwiegt jedoch bei weitem. → Ölsaat

Rübsenöl → Rapsöl

Rübstiel → Speiserübe

Rúbus árcticus → Brombeere, Arktische

Rúbus bogoténsis → Mora

Rúbus chamaēmorus → Multbeere

Rúbus eriocárpus → Himbeere, Weiße

Rúbus fructicósus → Brombeere

Rúbus idaēus → Himbeere

Rúbus idaēus ssp. vulgátus → Himbeere, Amerikanische → Loganbeere

Rúbus illecebrósus → Lampionbeere

Rúbus loganobáccus → Loganbeere

Rúbus multiflórum → Johannisbeere

Rúbus nígrum → Johannisbeere

Rúbus petraēum → Johannisbeere

Rúbus phoenicolásius → Weinbeere, Japanische

Rúbus rosafólius → Mauritiushimbeere

Rúbus rúbrum → Johannisbeere

Rúbus spec. → Brombeere

Rúbus spicátum → Johannisbeere

Rúbus strigósus → Loganbeere

Rúbus ursínus → Loganbeere

Rúbus ursínus var. loganobáccus → Loganbeere

Rúbus útile → Hagebuttenstachelbeere

Rúbus vitifólius → Loganbeere

'Ruby Red' → Grapefruit

Ruchgras, *Riechgras, Geruchsgras, Goldgras, Süßgras, Waldmeistergras, Lavendelgras, Wilder Lavendel, Fuchsmiell:* ein auf Wiesen, Weiden und in lichten Wäldern Europas, Asiens und Nordafrikas vorkommendes ausdauerndes, nach Cumarin duftendes Gras, *Anthoxánthum odorátum* L. (Familie *Poáceae*), das wie → Waldmeister verwendet wird. → Mariengras

Rücken → Schlachtkörperteilstücke

Rückenfett → Schweineschmalz

Rückstände, *Residualstoffe:* Restmengen bzw. Restkonzentrationen von Fremdstoffen (z.B. von Pflanzenschutzmitteln) in oder auf Lebensmitteln bzw. von Stoffen aus einer gezielten Behandlung von Lebensmitteln und deren Vorprodukten im Enderzeugnis, sofern sie toxikologisch von Bedeutung sind und für bestimmte Zeit auf dem Lebensmittel bzw. in der Umwelt verbleiben. Eine gesetzliche Regelung über zulässige R. bzw. Rückstandsmengen erfolgt durch entsprechende Verordnungen zum Lebensmittel- und Bedarfsgegenständegesetz. → Fremdstoffe

Rúdua auréa → Mungbohne

Rúdua múngo → Urdbohne

Ruhrbirn → Elsbeere

Rührkraut → Portulak

Rührkuchen, *Pulverkuchen:* ein → *Sandkuchen* aus mittelschwerer → Masse. Nach Schaumigrühren von Zucker, Fett und Eiern wird meist Mehl anstelle von Weizenstärke und Backpulver untergerührt. Der R. wird als → Formkuchen gebacken und mit Zuckerguß überzogen oder mit Puderzucker bestreut. R. weist im Vergleich zu *Sandkuchen aus schweren Massen* eine etwas grobporige Krume auf. Der Feuchtigkeitsgehalt liegt bei 16 %, der Fettgehalt bei 7 % und der Energiewert entspricht etwa 1600 kJ (380 kcal) je 100 g. Zusammengefallene Gebäcke oder Gebäcke mit Klitschstreifen sind qualitätsgemindert und unverkäuflich. → Kuchen → Volleimasse → Aschkuchen → Diabetiker-Backware

Rukam → Flacourtie

'Rukasalatrauke' → Jambaraps

Ruke → Jambaraps

Ruländer, *Grauer Burgunder, Pinot gris:* Weißweinkeltertrauben-Sorte, die hochwertige, volle Weine mit zartem Bukett liefert. Sie wird sowohl im Kaiserstuhlgebiet (Baden) wie auch in Burgund, Elsaß und in Ungarn angebaut. Eine Spielart des R.

ist in Ungarn der „Graue Mönch". Der Name geht auf den Kaufmann *Ruland* aus Speyer (Rheinpfalz) zurück, der die Reben der Sorte „Pinot gris" aus Burgund an den Rhein brachte. Der R. gehört zu den edelsten mitteleuropäischen Weißweinen (alkoholreich und säurearm), in der Schweiz fälschlich als *Tokajer* bezeichnet. → Wein

Rüllöl → Leindotteröl

Rum, *Edelbrand:* gebrannt aus einer vergorenen Maische, zu deren Herstellung Zuckerrohrmelasse, „Skimmings" (ein Zuckerschaum) und „Dunder" (gesäuerte Zuckerrohrschlempe) verwendet werden. Die einzelnen Rumsorten unterscheiden sich voneinander sehr stark im Aroma. Der *Kuba-Rum* hat ein weinbrandähnliches, leichtes Aroma; der *Jamaika-Rum* schmeckt vollmundiger und intensiver; der dunkle *Martinique-Rum* zeichnet sich durch ein starkes, schweres Aroma aus. Das Brennen erfolgt in einfachen Blasenapparaten. Das Hauptdestillat wird in einer Stärke von 80···88%-Vol. Ethanol erzeugt. Erst durch eine längere Lagerung in Eichenholzfässern bildet sich unter dem Einfluß des Luftsauerstoffs und durch Aufnahme von Extraktstoffen aus dem Holz, insbes. durch Neubildung von Rumestern (bis zu 2%), das für R. charakteristische Aroma. Die Lagerung dauert mind. 3 Jahre. Die braune Farbe resultiert aus dem Zusatz von Zuckercouleur. Entsprechend traditionellen Rezepturen werden der Rummaische verschiedentlich wohlriechende Kräuter und dem Rumdestillat Ananasschnitzel (Ananas-Note) zugesetzt. Spezielle Sorten des Jamaika-Rums haben eine typische Juchtennote. Die Rumbrennerei ist bes. verbreitet in den Zuckerrohr anbauenden Ländern, d. h. auf den Großen und Kleinen Antillen (Jamaika, Kuba, Martinique und Barbados). *Übersee-Rum* wird meist mit einem Ethanolgehalt von 75 %-Vol. importiert und auf eine Trinkstärke von 40···45%-Vol. herabgesetzt. *Taffia* ist die spanische Bez. für R. .
Kunst-Rum oder *Fasson-Rum* sind gefälschte Kunstprodukte, hergestellt unter Verwendung von Ethanol, Ameisensäureethylester und anderen Aromaträgern. *Original-Rum* bezeichnet einen Übersee-Rum, an dem im Inland keinerlei Veränderungen mehr vorgenommen worden sind, d. h. der bereits in den Exportländern fertiggestellt wurde. *Echter R.* wird aus Übersee-Rum erst im Inland auf Trinkstärke herabgesetzt und fertiggestellt. *Deutscher R.* wird in Anlehnung an Originalrezepte aus Zuckerrübenabfällen mit einem Mindestethanolgehalt von 38%-Vol. hergestellt. Bei *Rum-Verschnitt* müssen mind. 5% des Gesamtethanolgehaltes aus dem Originalrum stammen, nach dem er benannt ist (z. B. Jamaika-Rum-Verschnitt). Auf Grund seiner großen Ergiebigkeit und seines kräftigen Aromas eignet sich R. zum Aromatisieren von Süßwaren (z. B. Trüffelmasse, Rumkugeln), von Schokoladen- und Konditoreiwaren und Früchten (z. B. Rumtopf). Außerdem wird R. zur Herstellung von → Grog und Punsch (→ Punschextrakte) verwendet. → Edelbrand

Rúmex acetósa var. horténsis → Sauerampfer, Großer

Rúmex alpínus → Sauerampfer

Rúmex patiénta → Gartenampfer

Rúmex rugósus → Sauerampfer, Großer

Rúmex scutátus → Gartenampfer

Rumfrucht → Rumtopf

Rumicin → Farbstoffe

Rumkugel → Streuselkugel

Rumphs-Sagopalme → Sagopalme → Markstärke

Rumpsteak: aus dem Roastbeef (→ Schlachtkörperteilstücke) meist fingerdick geschnittene Fleischscheibe.

Rumtopf: eine Verwertungsart für Frischobst, wobei ungedünstete Früchte in der Reihenfolge ihrer Reife in einem Steintopf in Ethanol (Rum oder Arrak mit mind. 54···57%-Vol. Ethanol) gelegt und lagenweise mit Zucker bestreut werden. Der Topf wird mit einem Deckel oder Pergamentpapier verschlossen. Sobald weiteres Obst zur Verfügung steht, wird nachgefüllt, bis der Topf voll ist. Die Konservierung erfolgt durch den Alkohol in Verbindung mit der Zuckerzugabe. Das Verhältnis von Früchten : Zucker : Alkohol beträgt 1:1:¼ bis ½. Das eingelegte Obst (vorwiegend Beeren- oder Steinobst) dient auch zum Garnieren als sog. *Rumfrüchte*.

Rumverschnittkugel → Streuselkugel

Rundbrötchen, *Hamburger Rundstück, Bayrische Rundsemmel:* ein → Brötchen mit glatter, knuspriger, goldbrauner Oberfläche (wenn als Wasserbackware gebacken) in vollrunder oder ovalrunder Form aus hellem Weizenmehl, in den letzten Jahren auch mit Milch- und /oder Fettzusatz. Der Fettgehalt im Fertigerzeugnis beträgt bis zu 4 % (bezogen auf Trockenmasse). → Kleinbackware

Rundfisch → Fisch

Rundkornreis → Speisereis

Rundling → Zwiebel 1.

Rundpflaume: Frucht von *Prúnus doméstica ssp. oeconómica var. subrotúnda* Bechst. (Familie *Rosáceae*), einer Pflaumenvarietät, die rundliche, saftreiche, weichfleischige Früchte hat. Die R. schmecken gekocht säuerlich, sie sind nicht zum Dörren geeignet. Beispiel: die Sorte *'Ontariopflaume'*. → Pflaume

Rundsemmel, Bayrische → Rundbrötchen

Rundstück, Hamburger → Rundbrötchen

Runke → Kohlrübe

Runkelrübe → Kohlrübe

Runzelschüppling → *Cortinariáceae*

Rupicápra: Gemse. → Wild

Rüsselwurst: → *Kochwurst (Blutwurst, einfache* Sorte), zu deren Herstellung Schnauzen ohne Knochen (ca. 50 %), Backen mit Schwarte (ca. 15 %), Schweinekopffleisch (ca. 15 %), Blut (ca. 20 %), Nitritsalz, Pfeffer, Piment, Zwiebeln und Thymian eingesetzt werden. Als Wursthüllen dienen Naturdärme. Das Schnittbild zeigt Stücke von Schweineschnauze, Schweinebacken und Schweinekopffleisch mit anhaftender Schwarte fast gleichmäßig in dunkelrotbrauner Blutmasse verteilt. → Wurst

Russisch-Brot, *Russisches Brot, Buchstabenkeks, Patience-Gebäck, Geduldbiskuit, Geduldgebäck:* eine rösche Dauerbackware aus einer schaumigen, dickflüssigen Teigmasse ohne Fett, in Form von Ziffern, Buchstaben oder Ornamenten. R. enthält mind. 50 % Zucker und höchst. 6 % Feuchtigkeit; die Haltbarkeit beträgt 6 Monate. Verbreitet ist folgende Rezeptur: 50 % Staubzucker, 25 % Weizenmehl, 5 % Zuckercouleur, 20 % Eiweißlösung, gelegentlich auch 2 % stark entöltes Kakaopulver. Die geformten Teigstücke werden vor dem Backen bei 45···60°C von etwa 26 % Feuchtigkeit auf 19 % heruntergetrocknet, damit sich eine unveränderliche, glatte Haut bildet. Unzulängliche Trocknung führt zu einer geschrumpften oder eingesunkenen Oberfläche. → Gebildbackware → Dressiergebäck

Rußkopf → *Tricholomatáceae*

Russuláceae, *Täublingsähnliche:* der Ordnung *Russuláles* – innerhalb der Klasse *Basidiomycétes* (Ständerpilze) – zugeordnete Pilzfamilie mit agaricoid geformten, oft lebhaft gefärbtem Fruchtkörper mit Sphaerocysten im Fleisch. Die nutzbaren Speisepilze dieser Familie:
Milchlinge, Sprödblättler (mit Milchsaft): *Echter Reizker, Edelreizker, Karotten-Milchling* [*Lactárius deliciósus* (L.) S. F. Gray], ein mittelgroßer, niedriger Pilz mit rötlichgelblich gefärbtem Hut mit zuweilen lebhaft grünen, konzentrisch angeordneten Kreisen und gleichfarbigem Stiel, kräftig orangefarbenen Zonen und gelbroten, breiten Blättern. Das weißliche, durch ausquellende Milch, bes am Stielrand, lebhaft orangerot oder karottenrot gefärbte Fleisch ist locker und brüchig, würzig und schmeckt angenehm mild, nach einiger Zeit herb. Milch karottenrot, nicht verfärbend, höchst. ausblassend. Ein vorzüglicher Speisepilz, der sich bes. zum Braten, zum Einlegen in Essig und für Suppen eignet. Vorkommen: Juli bis Nov., meist truppweise auf feuchten Waldlichtungen, am Rande von Kiefernschonungen, Sandböden be-

vorzugend, mancherorts massenhaft, andernorts fast ganz fehlend.
Ganz nahe damit verwandt sind: der *Blut-Reizker* [*Lactárius sanguífluus (Fr.)*] mit von Anfang an wein- bis blutroter Milch, fahlorange gefärbtem Hut und etwas weinrötlichen Blättern; sehr schmackhaft. Vorkommen: bei Kiefern auf Kalk, selten auch bei Wacholder, in Thüringen und südlichen, wärmeren Gegenden.
Der *Fichten-Reizker (Lactárius detérrimus* Gröger), der im Unterschied zum *L. deliciósus* blaßorange, stark grün sich verfärbenden, mittelgroßen Hut und beim Eintrocknen weinrot sich verfärbende Milch hat; er schmeckt leicht bitter. Vorkommen: scharenweise unter Fichten, sehr häufig.
Der *Lachsrote Reizker (Lactárius salmonícolor* Heim et Lecl.) und der *Umfärbende Kiefernreizker (Lactárius semisanguífluus* Heim et Lecl.) sind ohne oder von nur geringer Bedeutung.
Der *Brätling* [*Lactárius volémus (Fr.) Fr.*] ist ein kräftiger, mittelgroßer Pilz mit orangebraunem Hut, an Bruchstellen reichlich weiße Milch absondernd. Das weißliche bis gelbliche, harte Fleisch riecht erst süßlich, dann nach Hummer, schließlich nach Hering, schmeckt jung angenehm mild, später tranig. Beliebter Speisepilz, der nur im scharf gebratenen Zustand schmackhaft ist. Vorkommen: Juli bis Nov. zerstreut in Laub- und Nadelwäldern.
Im Erzgebirge viel gesammelt wird der *Mohrenkopf-Milchling, Schwarzkopf-Runzel-Milchling, Schornsteinfeger* oder *Pasterle (Lactárius lignyótus* Fr.). Der *Rotbraune Milchling, Paprikapilz* [*Lactárius rúfus* (Scop. ex Fr.) Fr.] ist nur eßbar, wenn er kleingeschnitten, eine Nacht lang gewässert, ein- bis mehrmals abgekocht wurde und wenn das Kochwasser verworfen wurde. Dann eignet er sich zum Einlegen wie Mixed Pickles sowie als Brat- und Salatpilz.
Giftig, nicht als Speisepilz, aber getrocknet in sehr kleinen Mengen als Gewürzpilz für den Eigenbedarf verwendbar ist der *Bruch-Reizker, Filzige Milchling* oder *Maggipilz* [*Lactárius hélvus* (Fr.) Fr.] mit gelblich-rötlicher Hutfarbe und wäßriger, farbloser Milch. In frischen Zustand riecht er schwach, getrocknet jedoch sehr stark nach Maggiwürze oder Liebstöckel. Vorkommen: Juli bis Okt. an feuchten, moosigen Stellen im Nadelwald und auf Hochmooren, auch an trockneren Standorten, aber stets auf kalkarmem Boden.
Trotz seines scharfen, pfefferartigen Geschmacks wird der *Pfeffer-Milchling* [*Lactárius pergaménus* (Sow. ex Fr.) Fr. = L. piperátus (L. ex Fr.) Pers.] in manchen Gegenden gegessen. Sein großer dickfleischiger Hut ist erst weiß, aber bald durch schmutzige, ockerfuchsige Flecke gescheckt. Der Stiel ist lang. Große Ähnlichkeit mit dem ungenießbaren *Wolligen Milchling* [*Lactárius velléreus* (Fr.) Fr.]. Vorkommen: im Frühsommer unter Buchen und in Eichen-Hainbuchen-Wäldern. Er wird direkt auf der blanken Herd- oder Bratplatte oder in heißem Fett gebraten; von einigen Liebhabern sehr geschätzt, ist er jedoch nicht jedermanns Geschmack.
Täublinge (ohne Milchsaft): *Grünfeldriger Täubling, Gefelderter Grüntäubling* [*Rússula viréscens (Schaeff. emend. Pers.) Fr.*] mit spangrünem Hut mit derber, schuppigfeldriger Oberhaut, blassen Blättern und gleichmäßig dickem, derbem, bis 10 cm langem Stiel. Das weiße, feste, krümelnde Fleisch schmeckt schwach süßlich und nußartig, beim Vergehen etwas heringsartig. Ergiebiger Mischpilz. Zum Braten und roh zu Salat, auch zu Gemüse, jung auch zum Sterilisieren und zum Einlegen in Essig geignet. Vorkommen: unter Buchen und Eichen, nicht überall häufig.
Violettgrüner Täubling, Frauen-Täubling [*Rússula cyanoxántha* (Schaeff.) Fr.], ein großer, derber Pilz mit violettgrünem Hut, weißen, weichen, biegsamen, verklebenden, nicht splitternden Blättern und dickem, kräftigem Stiel. Das weiße Fleisch ist geruchslos und schmeckt angenehm mild. Guter Speisepilz. Vorkommen: Juli bis Okt. in Laubwäldern, bes. unter Buchen verbreitet.
Fleischroter Speisetäubling (Rússula vésca Fr.), höchst. mittelgroßer Pilz mit fleischrötlichem Hut und weißen, manchmal rostfleckigen Lamellen. Das weiße, feste Fleisch ist fast geruchlos und schmeckt angenehm haselnußartig. Sogar roh wohlschmeckend und genießbar. Verwechselung mit anderen roten, z.T. sehr scharfen Arten möglich, z.B. mit dem schwach giftigen *Kirschroten Speitäubling* [*Rússula emética* (Schaeff.) Pers. ex

Fr.] und dem giftigen *Zitronenblättrigen Violett-Täubling (Rússula sardonia* Fr. = *R. chrysodácryon* Sing.). Vorkommen: Juni bis Okt. in Laub- und Nadelwäldern, Parkanlagen, häufig.
Wiesel-Täubling (Rússula mustelína Fr.) mit 6···15 cm breitem, wieselfarben-dunkelbraun bis lehmbraun gefärbtem, radial geadertem, hartem, scharfberandetem Hut, dessen Haut zur Hälfte abziehbar ist, mit weiß- bis kremfarbenen, oft braunfleckigen, am Stiel ausgebuchteten Blättern und mit weiß bis bräunlich gefärbtem, festem Stiel. Fleisch schmeckt nußartig. Vorkommen: in Fichtenwäldern, bes. im Gebirge.
Weitere eßbare, aber unbedeutende oder seltene Täublinge:
Ledertäublinge: Rotstieliger Ledertäubling [*Rússula olivácea* (Schaeff.) Pers.], *Brauner Ledertäubling* [*Rússula íntegra* (L.) Fr.] sowie der *Heringstäubling* [*Rússula xerampélina* (Schaeff.) Fr.], der *Apfeltäubling (Rússula paludósa* Britz.) und der *Orangerote Graustieltäubling* [*Rússula decolórans* (Fr. ex Fr.) Fr.]. Daneben werden in geringem Umfang weniger häufige oder weniger bekannte Täublinge [*R. grísea* Fr. = *R. palumbína* Quél., *rósea, clarofláva, coerúlea,* roméllii, túrci, auréa] und leicht scharfe Täublinge, wie der *Grüne Birkentäubling (Rússula aerugínea* Lindbl.), der Zitronentäubling (*R. ochroleuca* Pers.) gesammelt. → Pilze → Speisepilze → Ständerpilze

Russuláles → Ständerpilze → *Russuláceae*

Rússula spec. → *Russuláceae*

Rüsterstaude → Spierstrauch

Rúta gravéolens → Weinraute

Rutenpilze → *Phalláceae*

Rútilus rútilus → Plötze

Rutin → Flavonoide → Antioxydantien

Rutinose → Flavonoide → Disaccharide

Rutinsäure → Flavonoide

Saalfelder Grahlsquelle → Heilwasser

Saanenkäse: *Hartkäse* aus der Schweiz mit → 50 % F. i. Tr. → Käsesorten

Saaristojuusto: halbfester *Schnittkäse* aus Finnland. → Käsesorten

Saatdotteröl → Leindotteröl

Saatgans, *Anser fabalis* → Wild

Saatkartoffel → Kartoffel

Saatplatterbse → Platterbse

Saatrübe → Speiserübe

Saatweizen, *Weichweizen:* der wichtigste Brotweizen, *Tríticum aestívum* L. (Familie *Poáceae*), der den Sorten- und Produktionsumfang aller anderen Getreidearten übertrifft. Zu den unbegrannten Formen zählt der *Kolbenweizen* und zu den begrannten der *Bartweizen.* → Weizen

Saatwucherblume → *Chrysanthemum* L.

Sabdariffa-Eibisch → Roselle

Sabdariffa-Malve → Roselle

Sabinen → Terpen-Kohlenwasserstoffe

Saccharase → Invertase

Saccharide, *Kohlenhydrate:* im wesentlichen aus Kohlen-, Wasser- und Sauerstoffatomen aufgebaute aliphatische Monooxopolyhydroxyverbindungen, die i. allg. die Bruttoformel $C_x(H_2O)_y$ haben. Die S. [Energiewert 1700 kJ (410 kcal) je 100 g] gehören mit den Eiweißen und Fetten zu den Energiegrundnährstoffen aller Lebewesen, sind in tierischen und pflanzlichen Zellen als Betriebs- und Reservestoffe enthalten, stellen die Gerüstbaustoffe der Pflanzen dar und bilden somit die Hauptmenge der biologischen Substanzen auf der Erde. Kohlenhydratreiche Lebensmittel sind u. a. Süßwaren, Getreideprodukte, Hülsenfrüchte, Kartoffeln (Tab.).
S. werden nach Kondensationsgrad, chemischem und physikalischem Verhalten in *Mono-, Oligo-* und *Polysaccharide* eingeteilt (Übersicht siehe Seite 450).

Kohlenhydratgehalt verschiedener Lebensmittel

Lebensmittel	Gehalt je 100 g käuflicher Rohware in g (Durchschnittswerte)	
Rindfleisch, mager	0,5	überwiegend als Glycogen
Schweineleber	1,0	
Eiklar	0,7	überwiegend als Glucose und Glycoproteid
Trinkvollmilch	4,7	überwiegend als Lactose
Vollmilchpulver	38,0	
Zucker	99,9	fast ausschl. Saccharose
Bienenhonig	81,0	überwiegend als Invertzucker
Roggenmischbrot	51,0	überwiegend als Stärke
Roggenvollkornbrot	46,0	
Weißbrot	50,0	
Knäckebrot	78,0	
Puddingpulver	85,4	
Nudeln, Makkaroni	75,9	
Grüne Bohnen	4,7	
Gurke	1,0	überwiegend als Glucose und Saccharose
Rosenkohl	5,0	überwiegend Glucose und Fructose
Weißkohl	3,2	
Tomate	3,1	
Zwiebel	8,2	überwiegend als Fructose
Apfel	12,0	überwiegend als Fructose, Glucose und Saccharose
Birne	12,0	
Banane	16	überwiegend als Glucose, Fructose, Saccharose und Stärke
Erdbeere	7,3	überwiegend als Glucose und Fructose
Heidelbeere	13,0	
Johannisbeere, schwarz	11,0	
Johannisbeere, rot	8,9	
Rosinen	64,0	überwiegend als Glucose, Fructose und Saccharose
Mehrfruchtmarmelade	59,0	Überwiegend als Saccharose

Mono- und Oligosaccharide sind im Gegensatz zu Polysacchariden meist mehr oder weniger stark süßschmeckend und wasserlöslich, gelten deshalb als *Zucker* und werden durch die Endung *-ose* gekennzeichnet. Alle S. sind wegen ihres asymmetrischen Molekülbaus (asymmetrische

Ordnungsschema der in Lebensmitteln vorkommenden Saccharide und deren Abkömmlingen

Saccharide (Kohlenhydrate)

- Monosaccharide
  - Aldosen, Ketosen
    - Triosen (z.B. Glyceraldehyd
    - Tetrosen (z.B. Threose)
    - Pentosen (z.B. Arabinose)
    - Hexosen (z.B. Glucose)
    - Heptosen (z.B. Sedoheptulose)
    - Glycoside
    - Anhydrozucker
    - Zuckeranhydride
    - Zuckeracetale
    - Zuckerketale
    - Zuckerether
    - Zuckerester
    - Desoxyzucker
    - Aminozucker
    - Zuckeralkohole (z.B. Glucitol)
    - Glyconsäuren (Onsäuren)
    - Glycuronsäuren (Uronsäuren)
    - Glycarsäuren (Arsäuren, Zuckerdicarbonsäuren)
- Oligosaccharide
  - reduzierende, nichtreduzierende
    - Disaccharide (z.B Maltose)
    - Trisaccharide (z.B. Raffinose)
    - Tetrasaccharide (z.B. Stachyose)
- Polysaccharide (Glycane)
  - Homo-Polysaccharide
    - Monosaccharid-Homopolysaccharide
      - Glucane (z.B. Stärke, Glycogen)
      - Fructane (z.B. Inulin, Lävane)
    - Aminozucker-Homo-Polysaccharide (z.B. Chitin)
    - Uronsäure-Homo-Polysaccharide (z.B. Pectine)
  - Hetero-Polysaccharide
    - Monosaccharid Hetero-Polysaccharide
      - Mannoglycane (z.B. Carubin, Guaran)
      - Hemizellulosen u. Pentosane
    - Uronsäure-Hetero-Polysaccharide (z.B. Alginsäure)
    - Monosaccharid-Uronsäure-Heteropolysaccharide
      - Uronsäurehaltige Gummi von Landpflanzen (z.B. G. arabicum, G. Ghatti, Karaya-G., Tragant
      - Mikrobielle Gummi (z.B. Xanthan)
    - Hetero-Polysaccharide mit Anhydrozucker-Struktureinheiten (z.B. Carrageenan, Agar-Agar)
    - Hetero-Polysaccharide mit Aminozucker-Struktureinheiten
      - Mucopolysaccharide (z.B. Hyaluronsäure, Chondroitinsulfat, Heparin)

Kohlenstoffatome) optisch rechts- (+) bzw. linksdrehend (−) aktiv *(Spiegelbildisomere, optische, Antipoden).* Nach *E. Fischer* werden sie durch Projektionsformeln strukturell dargestellt, in dem die Oxogruppe bei senkrechter Schreibweise oben, bei waagerechter rechts steht, und konfigurativ auf Glycerolaldehyd bezogen.

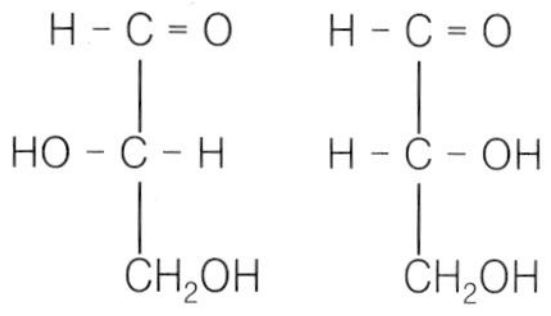

L- D-

Glycerolaldehyd

Ein Zucker der D-Reihe liegt vor, wenn das von der Carbonylgruppe entfernteste asymmetrische Kohlenstoffatom seine Hydroxylgruppe rechts trägt; in der L-Reihe sitzt diese Hydroxylgruppe links. Die fortlaufende Numerierung der Kohlenstoffatome beginnt bei der Aldehydgruppe bzw. bei dem der Ketogruppe benachbarten C-Atom mit 1.

a) *Monosaccharide* (*Einfachzucker)* lassen sich hydrolytisch nicht weiter in S. spalten.

Sie werden nach Art bzw. Stellung der Oxogruppe in *Aldosen* (mit Aldehydgruppe) und *Ketonen* (mit Ketogruppe) unterschieden. Die Zahl der enthaltenen Kohlenstoffatome (oft identisch mit der der Sauerstoffatome) wird durch Einschalten des entsprechenden griech. Zahlwortes vor die Endung *-ose* gekennzeichnet, z.B. (*Aldo-* bzw. *Keto-) Triose,* → *Tetrose* usw. Am verbreitetsten und wichtigsten sind die → *Pentosen* [Vertreter sind z. B. L-*Arabinose* (→ Arabinose), D-*Xylose* (→ Xylose), die physiologisch wichtige D-*Ribose*] und → *Hexosen* [Vertreter sind z. B. D-*Glucose* (→ Glucose), D-*Mannose,* D-*Galactose* (→ Galactose) als Aldosen, D-*Fructose* (→ Fructose) und L-*Sorbose* als Ketosen] (s. Tab. Seite 452).

Alle natürlich vorkommenden Ketosen tragen ihre Oxo-Gruppe am C_2. Zur Unterscheidung von den Aldosen erhalten sie die Endung «ulose». So ist die Fructose eine D-*Arabino-Hexulose.* Die Kohlenstoffkette fast aller natürlichen Monosaccharide ist unverzweigt; die Anzahl asymetrischer C-Atome entspricht den im Molekül vorhandenen CHOH-Gruppen (Ausnahme: → *Desoxyzucker*). Die unterschiedliche Stellung der Substituenten an den C-Atomen der Kohlenstoffkette bedingt das Auftreten zahlreicher isomerer Verbindungen, wobei nach dem *van't Hoffschen* Gesetz in Verbindungen mit n Asymmetriezentren maximal 2^n Stereoisomere möglich sind. Aldosen, die sich nur durch die Konfiguration am gleichen C-Atom der

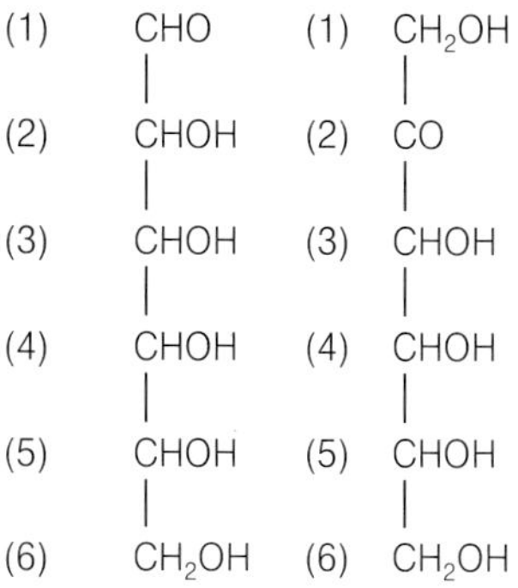

Aldehexose Ketohexose

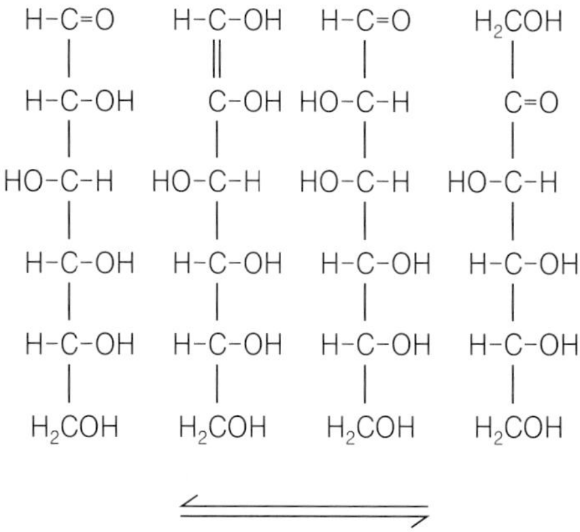

D-Glucose Endiol (instabil) D-Mannose D-Fructose

Die IUB-IUPAC-Nomenklatur empfiehlt folgende verkürzte Terminologie für Mono- und Disaccharide:

Allose	= All	Arababinose	= Ara
Altrose	= Alt	Lyxose	= Lyx
Galactose	= Gal	Xylose	= Xyl
Gulose	= Gul	Rhamnose	= Rha
Idose	= Ido	Fucose	= Fuc
Mannose	= Man	Fructose	= Fru
Talose	= Tal		
Glucose	= Glc		
-pyranose	= p		
-furanose	= f		

Kohlenstoffkette unterscheiden, bezeichnet man als einander epimer (z. B. D-Glucose und D-Mannose am C-Atom 2). Die offenen Aldehyd- und Ketoformeln spiegeln nicht alle Eigenschaften der Monosaccharide richtig wider. So addiert z. B. die Aldehygruppe einer Aldose weder Natriumhydrogensulfat noch gibt sie die für Aldehygruppen typische Farbreaktionen mit Fuchsinschwefliger Säure. Die CO-Gruppe reagiert innermolekular mit einer OH-Gruppe zu einem cyclischen Halbacetal *(Oxocyclo-Tautomerie)*, wobei 5- und 6- sowie mitunter auch 7gliedrige Ringe stabil sind. Monosaccharide in der Ringform werden auch als *Furanosen* (1.4), *Pyranosen* (1.5) bzw. *Septanosen* (1.6) bezeichnet (Formeln s. Seite 453).
Durch die Ringbildung wird auch das ursprüngliche Carbonyl-C-Atom asymmetrisch, so daß das S. in zwei weiteren Diastereomeren (*Anomerenpaar*) auftritt, die man als α- und β-Form bezeichnet, die keine Mischkristalle bilden und sich in ihren physikalischen Konstanten unterscheiden. In der D-Reihe wird das am stärksten rechtsdrehende, in der L-Reihe das am weitesten linksdrehende Isomer als α-Form bezeichnet. Der exakten Konfiguration entsprechend, wird die halbacetalische OH-Gruppe bei den α-D- und β-L. S. rechts, bei den β-D- und α-L-S. links der C-Kette geschrieben. In wäßriger Lösung stellt sich ein Gleichgewicht zw. den im kristallinen Zustand stabilen α- und β-Formen ein, womit eine Änderung der spezifischen Drehung (*Mutarotation*) verbunden ist.

Zur genaueren Wiedergabe des räumlichen Baues der S. wurden von *Boeseken* und *Haworth* sterische Projektionsformeln eingeführt. Hierbei stellt man sich den heterocyclischen Ring senkrecht zur Papierebene gelegt vor, wobei die stark gezeichneten Kanten aus der Papierebene nach vorn herausragen, α- und β-Form lassen sich durch die cis- bzw. trans-Stellung am C-Atom 1 und 2 unterscheiden. Noch besser werden bei S. die wahren sterischen Verhältnisse durch die sog. Konformationsformeln wiedergeben. Wie bei Cyclohexanderivaten liegt der Tetrahydropyranring der Hexosen in der energetisch begünstigten Sesselform vor, in der die Substituenten der einzelnen C-Atome entweder axial (a) oder äquatorial (e) angeordnet sind.
Die Oxoform steht mit mind. zwei Cycloformen im Gleichgewicht und ist selbst nur in geringer Konzentration vorhanden, worauf die nur geringe Intensität der Banden der Oxogruppe im Absorptionsspektrum hinweist (s. Formel Seite 453 unten).
Für allg. Betrachtungen wird heute bevorzugt die *Haworth*-Darstellung benutzt; für das genauere Verständnis chemischer Reaktionen am Saccharidmolekül ist jedoch die Kenntnis der Konformation (Konstellation) unerläßlich.
Bei *Desoxyzuckern* ist mind. eine alkoholische OH-Gruppe im Molekül durch Wasserstoff ersetzt. Von ihnen sind die 6-Desoxyhexosen (*Methylosen* oder *Methylpentosen*) am längsten bekannt. Zunehmendes wirtschaftliches Interesse finden enzymatisch-mikrobielle Partialsynthesen sowie Isomerisierungen, die zu erwünschten, definierten S. aus kostengünstigen Rohstoffen führen. Zur Darstellung schwer zugänglicher Tetrosen und Pentosen sowie zur Konfigurationsermittlung haben sich definierte Abbaumethoden, z. B. die nach *Wohl, Zemplén, Ruff, Weerman, H. O. L. Fischer, Rieche* und *Schulz,* solche mittels Bleitetraacetat- oder Perjodatoxydation als unentbehrlich erwiesen. Von den biochemischen Abbauwegen sind bes. die *Glycolyse, die alkoholische Gärung* und der *Pentosephosphatzyklus* zu nennen.
b) *Oligosaccharide* (Mehrfachzucker) bestehen aus 2 (→ *Disaccharide)* bis 7 *(Heptasaccharide)*

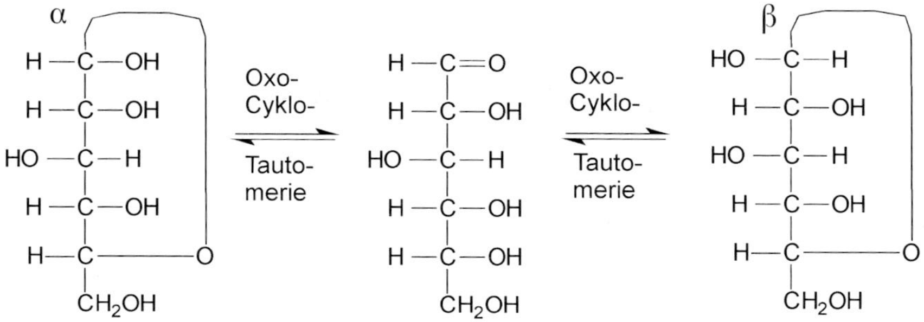

α-D-Glucopyran
Lactolform

al-D-Glucose,
kettenförmige
Aldehyd(al)-Form)

β-D-Glucopyranose,
Lactolform

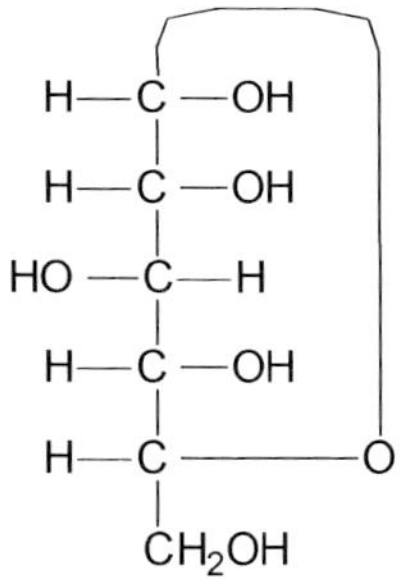

α-D-Glucopyranose,
Lactolform
(Darstellung nach Fischer-Tollens)

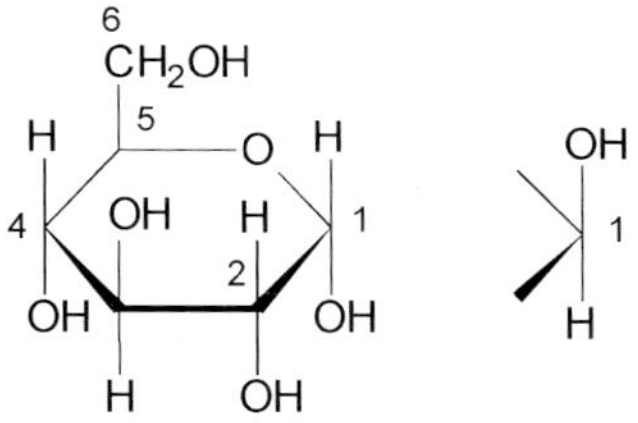

D-Glucopyranose
(Projektionsformel nach Haworth)

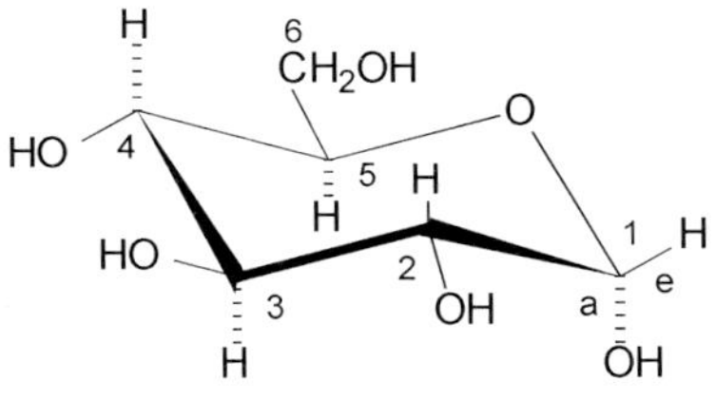

α-D-Glucopyranose
Konformationsformeln
($^4C_1$-Konformation)

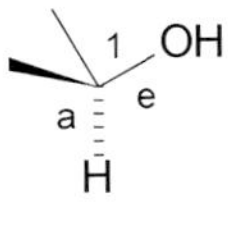

β-D-Glucopyranose

über Glycosidbindungen kettenförmig miteinander verknüpften Monosacchariden, ähneln diesen in Löslichkeit und chemischen Eigenschaften und bilden wie diese u. a. Ether, Ester und Glycoside. Von ihnen sind die in der Natur häufig vorkommenden Disaccharide praktisch am bedeutsamsten. Zwei Monosaccharide können sich zu einem Disaccharid entweder durch Reaktion beider lactolischen OH-Gruppen oder einer lactolischen mit einer alkoholischen OH-Gruppe glycosidisch verbinden. Im ersten Fall entsteht ein sog. nichtreduzierendes S. (*Trehalose*-Typ), im zweiten ein sog. reduzierendes S. (*Maltose*-Typ, mit einer freien glycosidischen OH-Gruppe). Oligosasccharide werden mit verdünnten Säuren (*Furanoside* schneller als *Pyranoside*) oder spezifischen Enzymen, den *Glycosidasen*, als Katalysatoren unter Wasseraufnahme schrittweise zu Monosacchariden abgebaut. Gegenüber Basen sind nichtreduzierende Oligosaccharide, z. B. α-α-Trehalose → Sacharose, relativ beständig, reduzierende, z. B. → *Maltose* → Lactose, Cellobiose unterliegen prinzipiell den gleichen Umwandlungen wie Monosaccharide.

c) *Polysaccharide (Vielfachzucker)* Molmassen zwischen 30 000 g/mol und 14 Mio g/mol, bestehen aus zahlreichen, kettenförmig (oft verzweigt, z. T. spiralig oder kugelig, mitunter cyclisch angeordnet, wie in den nichtreduzierenden *Schardinger*-Dextrinen) glycosidisch verbundenen Monosaccharideinheiten gleicher *(Homopolysaccharide,* z. B. → Cellulose → Stärke → Pectin) oder verschiedener *(*Heteropolysaccharide z. B. Hemicellulosen → *Mucopolysaccharide*) Zucker bzw. -derivate. Ihre Bausteine sind bes. → *Glucose* → Fructose → Galactose, Mannose → Arabinose → Xylose, Galacturon- und *Glucuronsäure* sowie → *Glucosamin.* Polysaccharide sind zuckerunähnlich, da Wasserlöslichkeit, süßer Geschmack, Kristallisations- und Reduktionsvermögen der Mono- und Oligosaccharide mit steigender Molmasse abnehmen, lassen sich aber wie diese verestern, verethern und wieder zu einfachen Zuckern hydrolysieren. Sie sind als Reserve- und Gerüststoffe in Pflanzen sowie Tieren (z. B. *Glycogen, Chitin)* von großer Bedeutung. Von ihnen sind, entsprechend der biologischen Aufgabe, eigentliche Gerüstsubstanzen (Cellulose, Chitin) völlig wasserunlöslich, wenig quellfähig und werden in den betreffenden Organismen enzymatisch nicht abgebaut, während Reservestoffe (Reservekohlenhydrate, z. B. → Stärke, Glycogen, *Inulin, Lichenin*) gut quellbar, kolloidal löslich und enzymatisch leicht spaltbar sind. Einige Polysaccharide, z. B. → *Mannane* und → Galactane, können beide Funktionen übernehmen. Technisch am bedeutungsvollsten sind Cellulose und Stärke.

Polyuronide stellen aus Uronsäure aufgebaute Polysaccharide dar, z. B. das aus D-Galacturonsäureeinheiten bestehende Pektin. Viele verschiedene spezifische Polysaccharide werden von Mikroorganismen gebildet, von bestimmten Bakterien z. B. die als Blutplasma-Ersatzstoffe wichtigen → *Dextrane.* Einige davon sowie andere in höheren Tieren und im Menschen aufgefundene Verbindungen (z. B. die Blutgruppensubstanzen des Menschen) zeigen immunologische bzw. antigene Eigenschaften. Die Struktur ist noch nicht bei allen Polysacchariden endgültig geklärt. Im pflanzlichen Organismus werden die S. leicht abgebaut und zu anderen lebenswichtigen Kohlenstoffverbindungen umgewandelt. So sind die Zwischenprodukte des Kohlenhydratabbaus gleichzeitig Ausgangsstoffe u. a. für organische Säuren, Fette, Wachse, Aminosäuren, Eiweiße, Terpene, Carotenoide, Kautschuk, Chlorophyll, Farbstoffe, Gerbstoffe, Glycoside, Alkaloide, Purine, Pyrimidine. Weiterhin steht die in den S. gespeicherte Bindungsenergie leicht für den Gesamtstoffwechsel zur Verfügung. Die S. werden in den chlorophyllhaltigen Pflanzen im Verlauf der Photosynthese unter Ausnutzung der Sonnenlichtenergie aus Wasser und Kohlendioxid aus der Luft synthetisiert. Dabei entstehende Monosaccharide können zu Oligo- und Polysacchariden kondensiert werden.

Dem tierischen Organismus dienen die S. als Energiequelle (Glucose). Bei den Fleischfressern, die mit der Nahrung nur sehr wenig S. aufnehmen, werden die für den Zwischenstoffwechsel benötigten S. aus Milchsäure, Brenztraubensäure sowie verschiedenen Aminosäuren aufgebaut

(Gluconeogenese). In der Nahrung enthaltene verdauliche Oligo- und Polysaccharide werden nach der Aufnahme durch den tierischen oder menschlichen Organismus durch hydrolysierende Enzyme in Monosaccharide zerlegt, die die Darmwand passieren können (Resorption).

Saccharin, *1,2-Benzisothiazol-3(2H)-on-1,1-dioxid, o-Benzoesäuresulfimid:* (E 954) synthetisches → Süßungsmittel, dessen Süßgeschmack 1879 von *Fahlberg* und *Remsen* zufällig entdeckt wurde. Sowohl die freie Säure als auch verschiedene Salze haben einen Süßgeschmack. Am gebräuchlisten ist das Natriumsalz, das mit zwei Mol Kristallwasser kristallisiert:

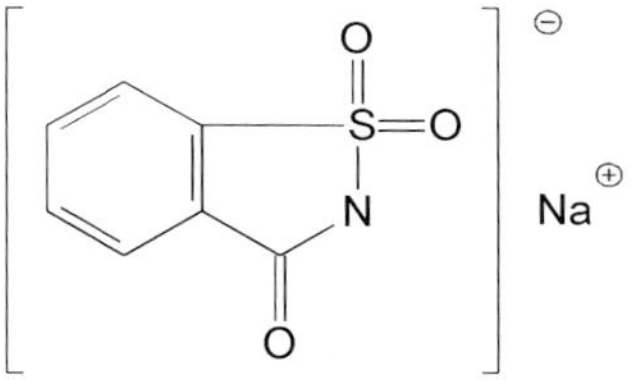

S. ist bei den in der Lebensmittelverarbeitung üblichen *p*H-Werten und Temperaturen stabil. Die Wasserlöslichkeit insbes. des Natriumsalzes ist gut. Die maximale → *Süßintensität* beträgt Rm = 46, die → *Süßkraft* des kristallwasserfreien Natriumsalzes ist 560. Mit steigender Konzentration tritt ein metallisch bitterer Beigeschmack auf (untere Nachweisgrenze in Wasser etwa 0,055 g/l). ADI: 0···2,5 mg/kg KM. S. ist in den meisten Ländern der Welt zugelassen.

Saccharolipoide: Derivate des → *Sphingosins,* die in ihrem Molekül Kohlenhydrate enthalten. Hierzu gehören die → *Ganglioside* und → *Cerebroside.* Cerebroside, die am C_6-Atom der Galactose mit Schwefelsäure verestert sind, werden auch als *Sulfolipoide* bezeichnet.

Saccharomýces cerevísiae → Bierhefe → Bäkkerhefe → Pilze → Puto → Kombuchá

Saccharomýces cerevísiae var. ellipsoídeus → Weinhefe

Saccharopin → Aminosäuren

Saccharose, *Rübenzucker, Rohrzucker, ß-h-1,2-Glucosidose-fructose:* aus → *Glucose* und → *Fructose* bestehendes *Disaccharid* (Oligosaccharid), das als gewöhnlicher Zucker zu den Grundnahrungsmitteln zählt.

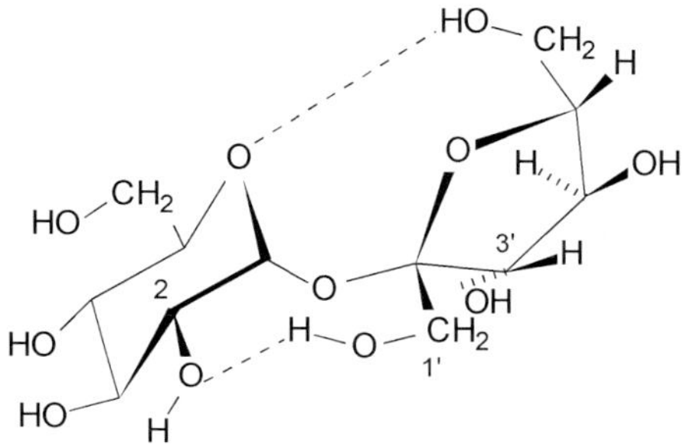

Die S. ist im Pflanzenreich weit verbreitet und findet sich im Saft von Blättern und Stengeln (Zukkerrohr 12···16 %, Zuckermais und -hirse 10···18 %, Zuckerahorn 3···4 %), in Früchten in meist geringer Konzentration (Kern- und Steinobst, Kürbis, Ananas, Gemüse), in Samen (Eßkastanie) und in Wurzeln bzw. Rhizomen (Zuckerrübe 18···20 %, Süßkartoffel 2···3 %). Im Verlauf der letzten 150 Jahre ist als Ergebnis der Züchtung zuckerreicher Rüben- und Rohrzuckerarten und einer entsprechenden Verarbeitung (→ Zucker) die Weltzuckererzeugung von 250 000 t (1800) auf über 86 Mio t (1976) angestiegen. Der jährliche Prokopfverbrauch an Zucker einschl. Zuckererzeugnissen in Deutschland betrug 1991 35,1 kg, entsprechend einer täglichen Zufuhr von knapp 100 g. In einigen Ländern, z. B. Dänemark (39,6 kg), Irland (38,7 kg), Niederlande (40,2 kg) ist der Prokopfverbrauch höher, in einigen Ländern, z. B. Italien (28,5 kg), China, Indonesien niedriger (5···10 kg).
S. dreht die Ebene des polarisierten Lichtes nach rechts ($[\alpha]_D$ + 66,5°, in H_2O), wirkt nicht reduzierend - im Gegensatz zu anderen Oligosacchariden, wie Maltose, Lactose - und ist in Wasser leicht und in Ethanol schwer löslich. Durch Einwirkung von Säuren oder enzymatisch durch Fructosidase (→ Invertase) bzw. bestimmte Glucosidasen (→ Maltase) wird S. in das äquimolekulare Gemisch von

Fructose und Glucose, den Invertzucker, gespalten, der ein wesentlicher Bestandteil des → Honigs und → Kunsthonigs ist. Saccharose kristallisiert aus der gesättigten Lösung bei langsamer Kristallisation in Form großer Prismen aus (Kandiszucker). S. ist farb- und geruchlos, hat einen rein süßen Geschmack und ist das Standardsüßungsmittel (→ Süßintensität → Süßkraft). Weiterhin zeichnet sich S. durch ein auch für die Verarbeitung günstiges Verhältnis von Süßintensität und Masse aus, das sich mit anderen Geschmacksrichtungen, wie bitter (Schokolade, Likör), sauer (Obst), herb (Tee), vorteilhaft ergänzen läßt. Ferner ist S. in höheren Konzentrationen keimhemmend und dient zugleich als ein wirksames Konservierungsmittel (Konfitüre).
S. wird nach ihrer enzymatischen Spaltung im Dünndarm bei hohem Angebot wie die übrigen Kohlenhydrate im Körper in Fett umgewandelt, wobei bes. der Baustein Fructose eine Erhöhung der Lipogenese der Leber (Fettsynthese) bewirkt. Ferner belastet S., in großen Mengen genossen, den Vitamin-B-Spiegel, bes. Vitamin B_1, da diesem Lebensmittel die notwendigen Vitamine fehlen. Außerdem geht ein hoher Zuckerkonsum erfahrungsgemäß zu Lasten des Brotverzehrs, einem wichtigen Vitamin-B-Lieferanten. Schließlich zählt S. zu denjenigen Kohlenhydraten, die die höchste kariogene (zahnzerstörende) Wirkung aufweisen. S. geht praktisch vollständig in den Energiestoffwechsel ein, 100 g Zucker entsprechen 1720 kJ (410 kcal). Aus ernährungsphysiologischer Sicht ist der Zuckerkomsum in vielen Ländern mit stetig steigender Tendenz zu hoch und steht mit Zivilisationserkrankungen, wie Zahnkaries, Fettsucht, Diabetes und Herz-/Kreislauf-Erkrankungen, in unmittelbarer bzw. mittelbarer Beziehung. Dieser Entwicklung versucht man u. a. durch im Zuckergehalt reduzierte → Spezialnahrungsmittel Einhalt zu gebieten. → Saccharide → Zucker → Zuckeraustauschstoff → Süßungsmittel

Saccharose-Fettsäure-Octaester → Pseudofette

Saccharoseoctaacetat → Tonicgetränk → Zuckerester

Sáccharum edúle (Hassk.): eine Zuckerrohrart (Familie *Poáceae*), die auf den Fidschi-Inseln *Duruka,* in Malaysia *Teboe telor* oder *Teboo tebor, in Neuguinea Pit* oder *Pitpit* bezeichnet und als Gemüsepflanze angebaut wird. Dabei werden nur die in den obersten Blattscheiden befindlichen Blütenstände verzehrt. Gleichermaßen finden die jungen Blätter und Blütenstände einer anderen Zuckerrohrart, *S. spontáneum* L., Mant., *ssp. spontáneum* Verwendung, die auch unter der Bez. *Kash* oder *Kans* (Bengalen) sowie *Glagah* (Jawa) bekannt ist und ferner in Mittelasien, Afghanistan, Indien bis Philippinen kultiviert wird.

Sáccharum láctis → Lactose

Sáccharum officinárum → Zuckerrohr

Sáccharum sinénse → Zuckerrohr

Sáccharum spontáneum → *Sáccharum édule*

Sacha-poroto → Natternbaum

Sachertorte: eine fettreiche, dunkelfarbige Torte aus Butter, Eiern, Zucker und Schokolade. Die Rezeptur der berühmtesten Torte Österreichs wurde 1832 von dem Wiener Konditor Franz Sacher entwickelt. Die mit oder ohne gehackte Mandeln hergestellte Sachermasse muß auf 100 Teile Weizenmehl und/oder Stärke mind. 200 Teile flüssiges Vollei enthalten. Die Verwendung von Butter ist in Deutschland zwingend vorgeschrieben; ebenso für den Überzug nur Kochschokolade oder Kuvertüre. Für die Füllung wird Aprikosenkonfitüre oder Johannisbeergelee verwendet.

Sachsenquelle → Heilwasser

Saci → Erfrischungsgetränk, proteinhaltiges

Sackbrassen → Meerbrassen

Säckelstrauch → New-Jersey-Tee

Säcklichrut → Hirtentäschel

Sacoglóttis guianénsis → Achua

Saflor, *Bürstenkraut, Färbersaflor, Färberdistel, Falscher Safran:* die vom Mittelmeer bis Mittelasien angebaute Öl-, Farbstoff-, Gewürz- und Heilpflanze, *Cárthamus tinctórius* L. (Familie *Asteráceae*). Als Droge ist S. Bestandteil von → teeähnlichen Erzeugnissen. Im Haushalt und in der Industrie wird S. zum Nachfärben von Lebensmitteln verwendet. Die jungen Triebe werden in Indien und Mittelasien als Gemüse verzehrt. Die Samen enthalten bis zu 48 % Öl, das als Speiseöl und für medizinische Zwecke genutzt wird. Die gerösteten Samen werden gekaut oder dienen als Aromatisierungsmittel. In den Blütendrogen sind an Farbstoffen je 100 g enthalten: 20···30 g Gelbpigment, 2,0···2,6 g Isocarthamin und 0,3···0,6 g Carthamin. Je m^2 werden 20,3 g trockene Blütenblätter geerntet, das entspricht einer Menge von 300 frischen Blütenköpfen. → Safloröl

Safloröl, *Distelöl:* das aus den Früchten von → Saflor gewonnene Öl. Saflor wird im Süden der ehem. Sowjetunion, in den USA, in Indien und Vorderasien als Ölpflanze angebaut. Das S. hat goldgelbe Farbe, eigentümlichen Geruch und etwas scharfen Geschmack. Das Hauptprotein der Samen ist das → *Carmin.* Die wichtigsten Fettsäuren und ihre Anteile bezogen auf den Gesamtfettsäuregehalt, sind Palmitinsäure (etwa 4 %), Ölsäure (14···24 %) und Linolsäure (67···79 %). Das S. wird als Speiseöl, hauptsächlich aber zur Herstellung nicht nachgilbender Lacke verwendet.

Safran: die getrockneten, gelb-orangefarbenen, bis 2,5 cm langen Narbenschenkel mit Narbe, des in Südeuropa und Vorderasien beheimateten Safrancrocus, *Crócus satívus* L. (Familie *Iridáceae*). Für die Qualität des S. spielt der Trocknungsprozeß der Narben eine entscheidende Rolle, da erst während dieses Vorgangs das für das charakteristische Aroma verantwortliche *Safranal* ($C_{10}H_{14}O$) aus dem Bitterstoff → *Picrocrocin* gebildet wird. Das enthaltene Farbstoffglycosid Crocin, im Verhältnis mit Wasser 1:100 000 verdünnt, färbt die Flüssigkeit noch deutlich gelb. Es werden zwei Sorten unterschieden: Elagierter Safran, nur aus den getrockneten Narben ohne Griffel und Natureller Safran, dem weniger wertvollen, aus getrockneten Narben mit anhaftenden Griffelteilchen bestehend. Der S. wird als Gewürz und zum Färben von Teigwaren, Käse, Wurst (z. B. Gelbwurst im Naturdarm), Butter, Kuchen und Likören verwendet. Der *Safrancrocus* ist eine sehr anspruchsvolle Pflanze, die leichte Böden ohne stauende Nässe, Niederschläge zur Pflanzenentwicklung im März/April und im Sept. zur Förderung der Blütenbildung benötigt. Diese Voraussetzungen sind z. B. im Kaschmir-Tal (Indien), im Iran und in Mittelmeerländern gegeben, wo ab Mitte Okt. 6 Wochen lang jährlich riesige Safranfelder in violettfarbener Blüte stehen. Infolge des hohen Preises (etwa 1600 DM/kg) wird S. häufig durch die Narben mit Griffelteilen anderer Pflanzen, Röhrenblüten (→ Feminell) oder organische sowie anorganische Stoffe (Beschwerung) verfälscht. S. kommt meist pulverisiert in den Handel. Er ist sehr lichtempfindlich und hygroskopisch und muß deshalb gut verschlossen vor Licht geschützt aufbewahrt werden.

Safranbitter → Picrocrocin

Safrancrocus → Safran

Safranersatz → Feminell

Safran, Falscher → Saflor

Safranwurz → Kurkuma

Safranzwiebel: Zwiebel von *Crócus satívus* L. und *C. edúlis* (Familie *Iridáceae*), die im Orient roh oder gekocht verzehrt wird. → Gemüsezwiebel

Safrol, *Allylbrenzcatechinmethylenether, 4-Allyl-1,2-methylendioxybenzen, 3,4-Methylendihydroxy-1-allylbenzen, Shikimol:* aromatische Verbindung s. Struktur.

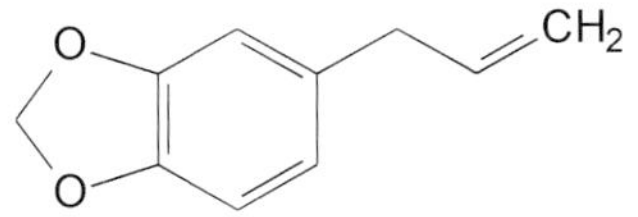

S. kommt in zahlreichen ätherischen Ölen, z. B. in Kampfer- und Sassafraöl sowie im Buschtee der Eingeborenen, der aus den betreffenden Blättern bereitet wurde, vor. S. ist eine farblose Flüssigkeit, Kp. 234,5°C, die in Wasser schwer, in Ethanol und Ether hingegen leicht löslich ist. Es erzeugt bei Ratten nach Verfüttern Leberkrebs. Bis zum Bekanntwerden seiner kanzerogenen Eigenschaften diente S. z. B. in den USA zum Aromatisieren verschiedener alkoholfreier Getränke, von Kaugummi und Zahnpasta. S. wird vor allen Dingen zur Herstellung von Heliotropin und als Riechstoff bei der Seifenherstellung eingesetzt. → Kanzerogene

Saft: 1. Sammelbez. für Körperflüssigkeit tierischen oder pflanzlichen Ursprungs. Die Bez. S. kommt aus dem althochdeutsch. *saf* und ist urverwandt mit dem latein. *sapa*, das *Mostsaft* bedeutet. Der bekannteste S. unter den tierischen Produkten ist neben dem *Blut* der *Fleischsaft*.
2. durch Anritzen von Rinde oder Abschlagen von Sproßachsen gewonnener → *Blutungssaft* in Form von *Milchsaft* (→ Latex → Lattich), *Zuckersaft* (von Palmen und Agaven, Ahorn, Birke) oder *Farbsaft* (→ Kino).
3. Preßsaft aus unterirdischen Speicherorganen (z. B. Möhrensaft) oder oberirdischen Vegetationsorganen (Gemüsesaft, Kräutersaft).
4. aus Früchten gewonnener, sog. *Fruchtsaft*. Man unterscheidet a) aus frischem Obst oder Gemüse durch Pressung oder Extraktion gewonnener S., dem weder Wasser noch andere Stoffe, wie Zucker (wie z. B. bei Süßmost) zugefügt sind oder b) durch Ganzverflüssigung hergestelltes sog. *flüssiges Obst* oder *flüssiges Gemüse*. Mit modernen Verfahren, unter Anwendung von Enzympräparaten, gelingt es, pflanzliche Produkte unter Erhaltung der Aroma-, Nähr-, Ballast- und Farbstoffe zu verflüssigen, d. h., ohne Preßvorgang herzustellen. Dabei entstehen entweder *markreiche* S. (→ Mazerate), die noch intakte Zellen enthalten oder *trubstabile, fruchtfleischhaltige* S., sog. *Hydrolysate*, bei denen die Zellen mittels sog. Totalverflüssigung weitgehend zerstört und aufgelöst sind. Während *keltertrübe* S. nur kolloidal gelöste Zellbestandteile enthalten, sind in *fruchtfleischhaltigen* S. alle unlöslichen, im Preßrückstand normalerweise zurückbleibenden Anteile enthalten. Im Vergleich zu *klarem*, sog. *blank filtriertem S.* wird dem *keltertrüben* und *fruchtfleischhaltigen S.* ein volleres Aroma zugesprochen. Bei *fruchtfleischhaltigem S.* erwartet der Verbraucher gleichzeitig einen trubstabilen S. Ausschl. für *ungeklärte S.* wird die engl. Bez. *Juice* auch außerhalb des angelsächsischen Sprachraumes verwendet, wenn es sich dabei um Citrussäfte handelt. In Deutschland heißt es *der Juice, in Österreich dagegen das Juice*. → Apfelsaft, keltertrüb → Saft, trubstabiler → Saft, geklärter → Freeze-Flow-Lebensmittel → Nachpreßsaft

Saft, blanker → Saft → Saft, geklärter → Apfelsaft, keltertrüber → Nektar

Saft, fruchtfleischhaltiger → Saft → Nektar → Pulpe → Markkonzentrat

Saft, geklärter: ein durch → Klärhilfsmittel, Filtration, Dekantieren oder maschinelle Separation von Trübungen befreiter → Saft, in dem feste, wasserunlösliche Stoffe abgetrennt, gelöste Stoffe, wie Zucker und organische Säuren, dem Filtrat nicht entzogen sind. Beim Einsatz von → Klärhilfsmitteln werden die Bestandteile chemisch oder adsorptiv gebunden und gehen in den abzutrennenden Trub über. Zu den erwünschten Wirkungen der Klärung zählen z. B. Ausfällung brauner Farbstoffe bei Kernobstsäften, Entfernung oxydierender Enzyme sowie Schwermetallionen. Aus ernährungsphysiologischer Sicht ist die Entfernung bestimmter Metallionen, wie Kalium, oder die Schwächung des Geschmackseindruckes durch Verringerung der an den Trub gebundenen Aromastoffe unerwünscht. → Bukettstoffe → Trubstoffe

Safthaltevermögen → Wasserbindungsvermögen

Saft, keltertrüb → Saft → Apfelsaft, keltertrüb

Saft, klarer → Saft, geklärter → Nektar

Saftlinge → *Hygrophoráceae*

Saft, markreicher → Saft → Pulpe → Markkonzentrat

Saft, trubstoffstabiler: ein aus Früchten oder Gemüse gewonnener, fruchtfleischhaltiger *ungeklärter* → Saft von homogener Beschaffenheit. Mittels Zusatz ausgewählter Enzympräparate kommt es bei t. S. weder zu einer Entmischung (z. B. Trennung zw. Mark und Serum, wie das z. B. bei Sanddornsaft bei haushaltsmäßiger Bereitung bes. deutlich zutage tritt), noch zu einem Absetzen der Festbestandteile auf dem Flaschengrund oder an der Flüssigkeitsoberfläche. Ein sog. *Ausklaren* zählt demzufolge bei fruchtfleischhaltigen Säften (z.B. Orangensaft, gehandelt unter der Bez. Orangennektar) zu den wesentlichen Qualitätsmängeln. → Trub → Möhrenmazerat

Saft, ungeklärter → Saft → Saft, trubstoffstabiler → Pulpe

Sagalito → Chaquilulo

Sägebarsch → Zackenbarsch

Sage Derby: englischer *Hartkäse* (Typ Cheddar) mit durch Kräuterzusatz grün gefärbten Streifen an der Randseite. → Käsesorten

Sägegarnele → Krebstiere

Sagel → Himalaya-Birne

Sagittária sagittifólia → Pfeilkraut

Sago: eine teilw. verkleisterte Sagostärke in Granulatform mit einer Korngröße von 1,6···3,5 mm. Die mit Wasser eingeteigte Stärke wird durch entsprechende Siebe gedrückt und getrocknet, oder das Granulat fällt auf rotierende heiße Platten, so daß bei gleichzeitiger Abrundung die Trocknung erfolgt (*Perlsago*). Heute wird unter der Bez. S. nur das geperlte Erzeugnis verstanden. Der Begriff S. allein darf nur für ein auf der Grundlage von Sagostärke hergestelltes Erzeugnis verwendet werden. Bei Verwendung anderer Stärkearten ist das Wort S. durch die Bez. des verwendeten Rohstoffes zu ergänzen, z.B. Kartoffelstärkesago oder → *Cycas-Sago*. Nach der verwendeten Stärkeart werden unterschieden: a) *Palmensago, Echter Sago, Ostindischer Sago:* aus → Sagostärke. b) *Portlandsago:* aus Colocasiastärke. c) *Künstlicher Sago:* in der ehem. Sowjetunion und den USA übliche Bez. für S. aus Mais- und Weizenstärke. d) *Kartoffelstärkesago, Deutscher Sago:* aus Kartoffelstärke. S. hat unbehandelt eine weiße bis hellgraue Farbe, in gekochtem Zustand ist er glasig bzw. transparent. Geruch und Geschmack sind arteigen rein. Der Feuchtigkeitsgehalt darf höchst. 15%, der Abkochverlust höchst. 72 ml Sediment/ 5 g S. betragen. Das Quellvermögen muß für 5 g Kartoffelstärkesago mind. 36 ml betragen. Der S. dient zur Bereitung von Süßspeisen und als Einlage für Kaltschalen.

Sagobaum → Sagopalme

Sagobrot → Sagopalme

Sagokuchen → Sagopalme

Sagomehl: das durch *trockene* Vermahlung des Markes der → Sagopalmen gewonnene Erzeugnis, das noch in geringem Maße Faserbestandteile, Eiweißstoffe u. a. Verunreinigungen enthält. Das S. als → Sago oder Sagostärke zu bezeichnen, ist irreführend.

Sago, Ostindischer → Zuckerpalme, Echte

Sagopalme: Sammelbez. für die bis zu 12 m hohen Fiederpalmen der Gattung *Metróxylon* Rottb. (Familie *Arecáceae*), die Hauptlieferant des → *Sago* sind und im Malaiischen Archipel, Neuguinea, Malaysia, Sri Lanka, Jawa und auf den Philippinen sowie in Indien gepflanzt werden. Im westlichen Teil des Mailaiischen Archipels überwiegt die *Echte Sagopalme* oder *Sagobaum Metróxylon ságu* Rottb., im östlichen die dornige *Rumphs-Sagopalme Metróxylon rúmphii* (Willd.) Mart. Die S. blüht nur einmal, zw. dem 10. und 15. Lebensjahr, hat zur Zeit des Erscheinens der Blütenknospen den höchsten Stärkegehalt und erreicht eine Höhe von 8···12 m bei 0,6···1 m Stammdicke. Das aus dem Mark des Stammes gewonnene Stärkemehl mit 60% Fremdbestandteilen dient der einheimischen Bevölkerung als Nahrungsmittel und wird zu Brot (*Sagobrot*) und feinen Backwaren (*Sagokuchen*) verwendet. Das frische Mark wird auch geröstet verzehrt. Für den Export wird die Stammstärke mehrmals ausgewaschen und getrocknet, wobei der sog. *Rohsago* entsteht, der meistens zu glasigem, weißem *Perlsago* verarbeitet wird. Sago wird auch aus dem Mark des Stammes von *Sogo, Metróxylon vitiénse* (H. Wendl.) *Benth. M. upolénse* Becc. (Niu rotuna) hergestellt.

Sagopalme, Echte → Sagopalme

Sagostärke: die aus dem Mark des Stammes der → Sagopalme, der → *Buri-, Buriti-* und → *Talipotpalme (Talipotstärke)* im Naßverfahren auf mechanischem Wege gewonnene Stärke, die bes. zur Herstellung von → Sago und Perlsago dient. → Stärke, tropische

Sagwire-Palme → Zuckerpalme, Echte

Sahne, *Rahm, Schmant, Nidle, Obers, Schmetten:* das aus Milch durch Abscheiden von Magermilch gewonnene und nach einem zugelassenen Pasteurisierungsverfahren erhitzte und evtl. auch homogenisierte Erzeugnis mit unterschiedlichem Fettgehalt. Die S. wird aus der Entrahmungszentrifuge direkt einem Plattenerhitzer zugeführt, wo sie hocherhitzt (8···15 s auf 85°C) und anschließend sofort gekühlt wird. Handelsübliche Sorten sind *Kaffeesahne, Saure Sahne* und *Schlagsahne* (österr. *Schlagobers*). Alle Sahnesorten zeichnen sich durch einen relativ hohen Fettgehalt (10···30 %) aus, der sich wie Butter zu einem hohen Anteil aus gesättigten und einem geringen Anteil aus ungesättigten Fettsäuren zusammensetzt. Ferner sind Phosphatide und die Vitamine A, D und E in der S. enthalten. → Butter → Kaffeesahne → Sahne, saure → Schlagsahne

Sahnebaiser → Baisermasse

Sahnebonbon → Bonbon

Sahneeis → Speiseeis

Sahnegebäck: Sammelbegriff für alle → Konditoreierzeugnisse, deren geschmacklich hervortretende Substanz aus Sahne besteht. Es werden zwei Gruppen von Sahneartikeln unterschieden:
a) Gebäck aus *geschlagener Sahne:* die Sahne wird mit Geschmacksstoffen sowie 10···12 g je kg gelöster Gelatine als Bindemittel gemischt. Nach dem Schlagen wird sie z. B. zum Füllen verwendet für Windbeutel, *Sahnetorte, Sahneschnitte;*
b) Gebäck aus Sahnekrem: geschlagene Sahne wird mit Geschmacksstoffen in Form von Wein- oder Fruchtsaft sowie Ei als Bindemittel zu sog. Sahnekrem gemischt. Diese Sahnekrem wird verwendet zum Füllen von *Sahnekremtorte,* Kirsch-Sahne-Torte, Aprikosen-Sahne-Torte, Zitronen-Sahnekrem-Schnitte u. a. Der Fettanteil bei Erzeugnissen mit Sahnefüllung beträgt gegenüber Erzeugnissen mit Kremfüllung etwa 40 %. Als → Dekormaterial werden für S. geröstete und geriebene Nußkern- oder Schokospäne verwendet. → Kremgebäck → Torte → Schnitte → Schaumtorte

Sahne, geschlagene → Lebensmittelschaum

Sahnekäse (*Gervais*): in der ehem. ČSFR aus frischem, fettem Quark unter Zusatz von Geschmacksstoffen hergestelltes und abgepacktes Produkt. → Käsesorten

Sahnekremgebäck → Sahnegebäck

Sahnekremschokolade → Schokolade, gefüllte

Sahnekremtorte → Sahnegebäck

Sahnepulver: durch technische Verfahren aus Sahne gewonnene Trockenbestandteile mit 42···45 % Fett, 21 % Eiweißstoffen, 28,5 % Lactose, 4 % Mineralstoffen (jeweils i. Tr.) und maximal 4 % Feuchtigkeit. Man unterscheidet Sprüh- und Walzensahnepulver. S. wird fast ausschl. für die Herstellung von Sahneschokolade verwendet. → Dauermilcherzeugnis → Sahne

Sahne, saure: Sahne (10 %, 20 % oder 30 % Fett), die einer reinen *Milchsäuregärung* unterliegt. Zu ihrer Herstellung werden der erhitzten und wieder auf 15···20°C abgekühlten Sahne etwa 2···4 % Säureweckerkulturen (Lactobazillen) zugesetzt und auf den geforderten Fettgehalt eingestellt. Nach ausreichender Säuerung wird auf 2···4°C abgekühlt und in Flaschen oder Einwegpackungen abgefüllt. Die S. dient küchentechnischen Zwecken (bes. zur Suppen- und Soßenherstellung). Seltener wird sie für Getränke verwendet. 100 g s. S. (10 % Fett) enthalten etwa 3,1 g Eiweiß, 10,5 g Fett und 3,5 g Kohlenhydrate, was einem Energiewert von 510 kJ (122 kcal) entspricht. → Sahne

Sahneschokolade → Schokolade

Sahnetorte → Sahnegebäck

Sahti-Bier: ein lokaltraditionelles Gärgetränk aus Wasser, Gerstenmalz, Wacholder, Stroh und Hefe, das in Finnland verbreitet ist, zumeist im Haushalt hergestellt und vor allem nach der Sauna als Erfrischungsgetränk begehrt ist. → Lebensmittel, fermentiertes

Saiblinge (Bild):

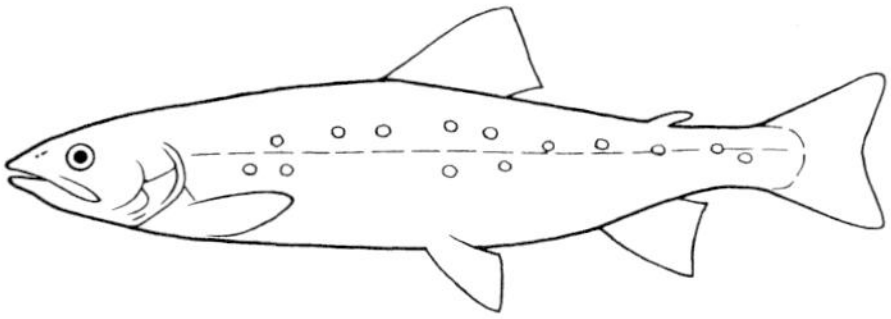

Saibling

In verschiedenen Arten vorkommende Gruppe von *Süßwasser-* und *Wanderfischen* der Gattung *Salvelínus,* dem → Lachs nahe verwandt. Der *Wandersaibling (Salvelínus alpínus)* steigt zur Laichzeit aus den zirkumpolaren Gebieten des nördlichen Eismeeres in die Flüsse Nordeuropas, -amerikas und Asiens auf. Die dort aufwachsenden Jungfische wandern nach 3 bis 4 Jahren ins Meer, wo sie mit 6 bis 7 Jahren geschlechtsreif werden. Auf blaugrauem bis olivgrünem Grund leuchten zur Laichzeit kleine rote oder orangegelbe Flekken, der sonst silberfarbene Bauch färbt sich rot. Die Länge beträgt meist 50···60 cm (Masse 1,4···1,8 kg), höchst. 70···80 cm (Masse 6···7 kg). Verschiedene Rassen leben stationär in Süßwasserseen, z.B. der *Seesaibling (Salvelínus salvelínus)* der Alpen und Voralpen mit einer Länge von 25···40 cm. Aus Nordamerika wurde 1884 der *Bachsaibling (Salvelínus fontinális)* nach Europa eingeführt, der u. a. durch einen schwarzen Streifen hinter dem hellen Vorderrand der paarigen Flossen und der Afterflosse charakterisiert ist und kühle, stark strömende Fließgewässer besiedelt. Die Länge beträgt meist 20···40 cm, höchst. 45 cm. Alle Arten haben wegen der geringen Fangmenge nur lokal wirtschaftliche Bedeutung. Auch in den Eigenschaften des Fleisches erinnern die S. an Lachs. Es ist wohlschmeckend, fest und wird als Delikatesse eingeschätzt (Seesaibling). Es enthält je 100 g eßbaren Anteils 18···19 g Eiweiß und 2···5 g Fett. Vom Wandersaibling werden jedoch auch Fettwerte über 10 g erreicht. Als Richtwert für verwertbare Gesamtenergie können 500 kJ (120 kcal) je 100 g eßbaren Anteils angesetzt werden. → Fisch

Saigonzimt → Zimt 5.

Saingorlon: Käse mit Innenschimmel (Grünschimmelkäse oder Pilzkäse) aus Frankreich. → Käsesorten

Saint Florentin: *Weichkäse* aus Frankreich. → Käsesorten

Saint Marcellin: französischer *Weichkäse* mit grünlichem Schimmel. S. M. wird aus Kuhmilch, aber auch aus Schafsmilch oder Ziegenmilch hergestellt. → Käsesorten

Saint Nectaire: *Weichkäse* aus Frankreich. → Käsesorten

Saint-Paulin-Käse: aus Frankreich stammender, gepreßter, halbfester *Schnittkäse* mit mind. 45 % F. i. Tr. und leichter Rotschmierebildung, der ausschl. aus Kuhmilch hergestellt wird. Die Rinde ist glatt und feucht, das Innere strohgelb, sowohl schnitt- als auch streichfähig und von wenigen Löchern (Stecknadelkopfgröße) regelmäßig durchsetzt. Der Geschmack ist aromatisch und leicht pikant. → Käsesorten

Saira → Makrelenhecht

Saishikomi → Sojasoße

Saisonbackware, *Saisongebäck:* eine Backware, die zu einer bestimmten Jahreszeit hergestellt wird. Hierzu gehören z. B. *Weihnachtsstollen, Lebkuchen* und *Gebildbackwaren* für die Oster- und Fastnachtszeit, für Silvester usw..

Saisongebäck → Saisonbackware

Saitling: Schafdarm. → Darm

Saj → Tannouri-Brot

Sajje → Perlhirse

Sake, *Reiswein:* → weinähnliches Getränk, hergestellt bes. in Ostasien aus verzuckerten und vergorenen Reismaischen. Die Ethanolgehalte liegen zwischen 4 %-Vol. und 17 %-Vol. Der S. wird temperiert (nach Erwärmung auf 45···60°C im heißen Wasserbad) getrunken und ist beim Kochen, bes. der sehr süße → *Mirin* ein für die japan. Küche unentbehrlicher Würzstoff, der ggf. durch trockenen Sherry ersetzt wird.

Sa Knolle: die im tropischen Afrika wildwachsende *Vígna dínteri* L. (Familie *Fabáceae*), deren Wurzelknollen von Naturvölkern (z. B. den Kungs in der Kalahari) gesammelt werden und ein Hauptnahrungsmittel bilden. In je 100 g frischen Knollen sind enthalten: 78,4 g Feuchtigkeit, 3,0 g Eiweiß, 16,6 g Kohlenhydrate, 0,9 g Rohfaser, 0,1 g Fett, 1,0 g Mineralstoffe, 0,4 g Natrium, 319 mg Kalium, 16,4 mg Phosphor, 15,2 mg Calcium, 58,0 mg Magnesium, 0,9 mg Eisen, 0,2 mg Kupfer, 0,4 mg Zink, 0,09 mg Vitamin B_1, 0,05 mg Vitamin B_2, 0,86 mg Niacin, 0,03 mg Beta-Caroten und 9,8 mg Vitamin C.

Salácca edúlis → Salakpalme

Salácia laevigáta → Gogo

'Salad Bowl' → Eichenlaubsalat

Salakpalme: die kleine, bis zu 5 m hohe, fast stammlose, sehr dornige Palme *Salácca edúlis* Reinw. (Familie *Arecáceae*) mit 4···7 m langen Fiederblättern. Sie wird im Malaiischen Archipel kultiviert. Die Früchte, die von einer schuppig-dornigen Schale umgeben sind, haben durchscheinend gelblich-weißes, weiches, säuerliches, leicht adstringierendes Fruchtfleisch und werden i. allg. als Dessertfrucht verzehrt. Zur kurzfristigen Haltbarmachung werden sie eingezuckert. In je 100 g frischer Fruchtmasse sind enthalten: 78 g Feuchtigkeit, 0,4 g Eiweiß, 4,0 g Fett, 15 g Kohlenhydrate, 316 mg Phosphor, 21 mg Chlor, 28 mg Natrium und 22 mg Vitamin C.

Salamanderbaum, *Bignay, Flachsbaum:* der in den Tropen angebaute, aber wirtschaftlich wenig bedeutende Baum *Antidésma búnius* (L.) Spreng. (Familie *Euphorbiáceae*). Die kleinen, blauvioletten, traubig angeordneten Früchte (Durchm. 1 cm) sind wegen ihres stark sauren Geschmacks nicht für den Frischverzehr geeignet. Da sie sehr viel Pektin enthalten, werden sie u. a. für die Gelee- und Marmeladenherstellung sowie als Getränke- und Speiseeiszusatz verwendet. Aus dem vergorenen Saft kann Branntwein hergestellt werden.

Salami: 1. hart ausgereifte → *Rohwurst* (Dauerware). Die Bez. ist italienischer Herkunft: salme = Salzfleisch. Bes. bekannte Sorten sind *Ungarische, Rumänische, Italienische* und *Thüringer Salami,* die sich im Anteil an Rind- und Schweinefleisch sowie in der Reifungsdauer unterscheiden. Die Ungarische S. enthält überwiegend Schweinefleisch, bei Italienischer S. wird zuweilen auch Esel- oder Pferdefleisch verarbeitet. In den östlichen Bundesländern wird neben → S., hart ausgereift → S., schnittfest → Thüringer S., eine Salami, ungarische Art als Spitzenqualität aus sehnen- und fettgewebsarmem und grobentsehntem Rindfleisch, fettgewebs- und sehnenarmem sowie grob entfettetem Schweinefleisch, Speck, Speisesalz, Salpeter, Zucker, Pfeffer und Knoblauch hergestellt. Als Wursthüllen dienen Naturdärme (50···55 mm Durchm.), die äußerlich mit einer weißen Tauchmasse versehen sind. Diese besteht aus Hefepilzen und Mikrokokken, die an der Ausbildung des Aromas beteiligt sind. Das Schnittbild zeigt eine rot-weiß gemusterte, mittelgrob geschrotete (etwa 2···4 mm Durchm.) Wurstmasse von harter Konsistenz und aromatisch würzigem Geruch und Geschmack. → Rohwurst → Wurst
2. allg. Bez. für Käse in Wurstform (Salamiform).
3. polnischer *Schnittkäse* (Typ Trappistenkäse) mit 40 % F. i. Tr. → Käsesorten

Salami, französische: *Rohwurstspezialität,* zu deren Herstellung 70 % Schweinefleisch (stark entsehntes und entfettetes) und 30 % Speck eingesetzt werden. Neben den üblichen Gewürzen, wie Salz und Pfeffer, werden Knoblauch und Rotwein, wie bei der → Mailänder Salami, zugefügt. Die Körnung der Wurstmasse beträgt 5 mm. Die Wurstreifung dauert etwa 6 Wochen, wobei die S. jedoch nicht geräuchert wird. Als Wursthülle wird Schweinekrausedarm verwendet.

Salami, hart ausgereift: → *Rohwurst* (Dauerware). Zusammensetzung → Salami, schnittfest. → Wurst

Salami, Mailänder: *Rohwurstspezialität,* zu deren Herstellung 70 % fettgewebs- und sehnenarmes Schweinefleisch und 30 % Speck eingesetzt werden. Neben den üblichen Gewürzen, wie Salz und Pfeffer, werden Knoblauch und Rotwein der Wurstmasse zugefügt. Die Körnung der Wurstmasse beträgt 5 mm. Als Wursthüllen werden Naturdärme (Pferdedünndarm oder Krausedärme vom Schwein) verwendet. Die Wurst wird oft mit Bindfaden, ähnlich wie Rollschinken, geschnürt. → Wurst

Salami, schnittfest: → *Rohwurst* (Halbdauerware, Spitzensorte), zu deren Herstellung sehnen- und fettgewebsarmes Rindfleisch, grob entsehntes Rindfleisch, fettgewebs- und sehnenarmes Schweinefleisch, grob entfettetes Schweinefleisch, Speck, Speisesalz, Nitritpökelsalz, Zucker, Pfeffer und Knoblauch eingesetzt werden. Als Wursthüllen dienen Naturdärme (60···65 mm Durchm.). Das Schnittbild zeigt eine kräftig rotweiß gemusterte, mittelgrob (etwa 4···6 mm) geschrotete Wurstmasse, die frei von Sehnen ist. → Wurst

Salami, Thüringer: → *Rohwurst* (Dauerware, Spitzensorte), zu deren Herstellung sehnen- und fettgewebearmes Rind- und Schweinefleisch, Speck und Gewürze (darunter Knoblauch) eingesetzt werden. Die S. wird i. allg. im Kutisindarm (Kaliber 55 bis 65 mm) hergestellt. Die Reifungszeit beträgt etwa 35 Tage. Das Schnittbild zeigt rot-weiße Musterung, mit einer Körnung von 4···6 mm Durchm., wobei Pfefferkörner sichtbar sind. Eine leichte Porosität und ein leichter Fettrand sind zulässig. Geruch und Geschmack sind aromatisch, würzig mit leichter Knoblauchnote. → Salami → Wurst

Salat: 1. Sammelbez. für mehr oder weniger zerkleinertes, appetitanregendes Gemisch in Form kalter Speisenzubereitungen aus frischen und/oder gegarten, pflanzlichen und/oder tierischen Lebensmitteln unter Zusatz von → Würzmitteln. Der S. wird lose oder in Portionspackung gehandelt. Nach den Hauptkomponenten werden z. B. unterschieden: Gemüse-, Obst- (Frucht-), Fleisch-, Fisch-, Ei-, Wurst- und Reissalat. Nach der Beschaffenheit wird zw. *rohem* (*Roh-* bzw. *Frischkostsalat*) und *gegartem* (z. B. Kartoffel-, Teigwaren-, Bohnensalat) sowie *fermentiertem S.* (z. B. Sauergemüsesalat, Sauerkrautsalat oder → Kimchi) unterschieden. Mit Mayonnaise bereitete S. zählen zu den *Feinkostsalaten* (→ Feinkosterzeugnis).
2. Kurzform für → Blattsalat. Hierzu zählen → Gartensalat → Kopfsalat → Lattich → Pflücksalat → Schnittsalat → Buttersalat → Bindesalat → Zichoriensalat.

Salat, Bunter: *Buntsalat, bunter Blattsalat:* handelsübliche Bez. für rotfarbene, rot oder braun betupfte → Blattsalatformen, die bei → Schnitt- und Pflücksalat, bei → Bindesalat, bei → Radicchio, bei den Frühsommer- und Sommersorten von → Buttersalat und bei → Chicorée (Neuzüchtung aus *Radicchio Rosso* und Chicorée, die als *Roter Chicorée* bezeichnet wird) zu finden sind. Beim Kochen verliert sich die rote Farbe des Roten Chicorées. Da es für weniger intensiv gefärbte Frischware Preisabschläge gibt, wird seit 1991 eine Farbtafel z. B. an den niederländischen Veilingen benutzt, um dunkel- und hellrote Sorten besser trennen zu können, außerdem ist für Klasse I eine Mindestfärbung festgelegt. I. allg. enthalten die rotgefärbten Sorten einen geringeren Vitamin-C-Gehalt als die grünblättrigen Salatsorten.

Salatchrysantheme → *Chrysánthemum*

Salatdressing → Würzsoße

Salatfetthenne, *Fettkraut, Tripmadam:* die für Steingärten geeignete, ausdauernde, wild an trokkenen Standorten, wie Felsen oder im Wald, auch kultiviert vorkommende und einen zusammenhängenden Rasen bildende Fetthennenpflanze *Sédum refléxum* L. (Familie *Crassuláceae*), deren dicht beblätterte Stengel in einen endständigen Blütenstand auslaufen und ungestielte, fleischige, scharf schmeckende Blätter aufweisen, die im frischen Zustand Salat, Gurken, Pilzen und Suppen zugegeben werden. Ebenfalls an gleichen Standorten vorkommende Sedumarten, wie *S. máximum* L., die *Große Fetthenne, S. teléphium* L., die *Rote Fetthenne, S. álbum* L., der *Weiße Mauerpfeffer,* sind allein oder gemischt mit anderen Kräutern, mit ihren säuerlich schmeckenden Blättern und Spitzen (vor der Blüte gesammelt) für Saft und Salatzwecke verwendbar.

Salatgemüse: i. e. S. Sammelbez. für Blätter und zarte Triebe von → Wildkräutern (Wildkräutersalat) oder in Kultur genommener Pflanzenarten, die allein oder in Mischung, im frischen Zustand als → Salat verzehrt werden. Hierzu zählen alle geläufigen Wildgemüse- und Blattsalatarten wie → *Garten-* → Zichorien- und → *Feldsalat.* I. w. S. Sammelbez. für alle anderen Blattgemüsearten (Z. B. Spinat, Mangold, Salatchrysantheme, Portulak, Kresse), die im rohen Zustand, oder Frucht-, Blüten-, Wurzel-, Knollen-, Sproß-, Zwiebel- und Kohlgemüsearten, die entweder in ungegartem oder gegartem Zustand zur Bereitung von Salat verwendet werden. → Lattich

Salat, glasiger → Glasigkeit

Salat, Grüner → Kopfsalat → Gartensalat

Salatkräuter: Sammelbez. für die zum Würzen von Salat geeigneten frischen Kräuter, wie Borretsch, verschiedene Kressearten, Estragon, Löwenzahn, Kerbel, Melisse, Pfefferminze, Brennessel, Petersilie, Schafgarbe und Schnittlauch. → Küchenkraut

Salatlauch → Kurrat

Salatmarinadengewürz: eine → Gewürzmischung aus Kurkuma, Liebstöckel, Melisse, Knoblauchpulver, Petersilie, Pfeffer, Sellerie, Zwiebelpulver, Glutal, Speisesalz und Citronensäure zum Würzen von Salatfonds für Rohkostsalate und Salatmayonnaisen.

Salatmayonnaise → Mayonnaise

Salatmischung: 1. Mischung aus verschiedenen → Wildkräutern mit oder ohne Kultursalat, um die geschmackliche Überbetonung (scharf oder bitter, auch adstringierend) mancher Wildkräuter zu kompensieren.
2. Mischung aus verschiedenen Kultursalatarten, vorwiegend → Blattsalat, der meist als sog. *Fertigsalat* mit je 200···250 g Masse je Folienbeutel gehandelt wird. Dieser portionsverpackte Salat wird aus Haltbarkeitsgründen unter CA-Bedingungen (= kontrollierte Atmosphäre) transportiert und vermarktet, indem zw. die Blätter ein Stickstoff-Kohlendioxidgemisch geblasen wird. Die S. bestehen aus Weißkohl mit Endivie, rotem Chicorée (s. → bunter Salat), auch Gemüsemais (als Ausgleich für bitterstoffhaltige Salatsorten). Eissalat ist wenig geeignet; vorwiegend werden → Zichoriensalatsorten und solche mit dickeren Blättern bevorzugt. Folienbeutel mit küchenfertigem Mischsalat sollten im Haushalt kühl und bei geöffnetem Beutel gelagert werden. Auf diese Weise wird die Umwandlung von Nitrat in Nitrit am ehesten unterdrückt. Nach Untersuchungen der Bundesforschungsanstalt für Ernährung in Karlsruhe stieg der Nitritgehalt innerhalb einer vier- bis fünftägigen Haltbarkeitsfrist für Fertigsalat von etwa 1 mg auf 45 mg je kg S. an. → Frischkosterzeugnis → Fertigsalat
3. → Salat 1.

Salatöl: Sammelbez. für Pflanzenöle mit einem hohen Gehalt an mehrfach ungesättigten Fettsäuren, wie z. B. Maiskeimöl, Distelöl, Sonnenblumenöl. Aus ernährungsphysiologischer Sicht sollten S. in der „Kalten Küche“ verwendet werden, da sie nicht hitzestabil sind. Die Hitzestabilität der Öle hängt von ihrem Gehalt an ungesättigten Fettsäuren, ihrem Eiweiß- und Wassergehalt ab. Bei Temperaturen über 100 °C verkohlen die Eiweiße, die mehrfach ungesättigten Fettsäuren werden zerstört, das Fett wird schwarz und ungenießbar. Eiweißfreie Fette, wie Kokosfett und Schmalz führen nicht zu Bräunungserscheinungen. → Speiseöl

Salatrauke → Jambaraps

Salat, Römischer → Bindesalat

Salatrübe → Rübe, Rote

Salat, Spanischer → Melde

Salat, transgener → Nutzpflanze, transgene

Salattunke → Würzsoße

Salatzichorie → Chicorée → Zichoriensalat

Sälauchzwiebel: winterharte Zwiebelsorte oder -art, die nicht gepflanzt (Pflanzen von Steckzwiebeln, Zehen oder Teilzwiebeln), sondern ausgesät wird. Die S. wird in der Regel im Sommer ausgesät, so daß die kleinen Pflanzen überwintern und in günstigen Jahren (Ende Mai) eine frühere und höhere Ernte bringen können als Steckzwiebeln. Zum Aussäen eignen sich nur bestimmte Zwiebelsorten, die wie „Stuttgarter Riesen" kein hohes Auswinterungsrisiko mit sich bringen. Als S. kommen weiter → Winterzwiebeln, als frühe *Bunchingzwiebel,* in Betracht, wobei diese Mitte Juni ausgesäte S. bereits ab März des nächsten Jahres geerntet werden kann. Wird von den *Wintersälauchzwiebeln* nur das Laub abgeschnitten und nicht die ganze Pflanze vermarktet, so läßt sich von gleichen Pflanzen mehrere Jahre hindurch *Zwiebellauch* gewinnen. → Lauch → Gemüsezwiebel

Salbei, *Gartensalbei:* der im Mittelmeergebiet beheimatete, in Europa und den USA kultivierte Halbstrauch *Sálvia officinális* L. (Familie *Lamiáceae*), dessen oberirdische Pflanzenteile bis Blütenbeginn gesammelt werden. Geruch und Geschmack des S. sind charakteristisch und auf den Gehalt an ätherischem Öl (bis 2,5 %) mit *Borneol, Pinen, Thujon* und *Cineol* sowie an Bitterstoffen und Gerbstoff, Harz und Saponinen zurückzuführen. Der S. dient zum Würzen von Suppen, Soßen, Wermutwein, Wildbret, Geflügel u. a. Fleischgerichten, Fischspeisen, Pasteten, Salaten, Kräuterkäse und -essig und findet als → *teeähnliches Erzeugnis* (die verbreitetste Hausteesorte in Großbritannien) Verwendung.

Salbeisaft → Kräutersaft → Salbei

Salemgummi → Ghattigummi

Salep → Salepmannan

Salepmannan, *Salepschleim:* ein wasserlösliches Polysaccharid, das als → Hydrokolloid verwendet wird und aus β-1,4-verknüpfter D-Mannose besteht. Es kommt in Pflanzen der Familie *Orchidáceae* als Reservekohlenhydrat vor und wird aus der sog. Salepwurzel (den ungeteilten Knollen, z. B. von *Órchis máscula* L., *Órchis militáris* L., *Órchis mório* Off., *Gymnadénia conopéa* (L.) R. Br. sowie *Anacámptis pyramidális* (L.) L. C. Rich. gewonnen, indem die getrockneten, 2···3 cm langen und etwa 2 g schweren Knollen zu Pulver zerkleinert und mit Wasser extrahiert werden. Das sog. *Salep* (getrocknete Wurzelknollen der *Orchidáceae*) oder Saleppulver dient im Orient als Grundstoff für → Erfrischungsgetränke und wird zu schleimigen Abkochungen (*Mucilago Salep)* in der Pharmazie verwendet. → Schleimstoff, pflanzlicher

Salepschleim → Salepmannan

Salicylaldehyd → Aldehyde

Salicylsäure, *o-Hydroxybenzoesäure:* eine aromatische Monohydroxycarbonsäure, eine Phenolcarbonsäure s. Formel.

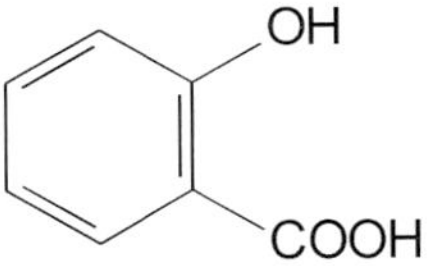

S. kristallisiert in farblosen, süßlich schmeckenden Nadeln; F. 158,3°C. Sie sublimiert unterhalb des F. unzersetzt, ist in kaltem Wasser sehr schwer, in heißem Wasser, Ethanol und Ether leicht löslich und wasserdampfflüchtig. Beim Erhitzen mit Säuren wird sie zersetzt. Die Salze und Ester der S. heißen Salicylate. S. kommt sowohl in freiem Zustand als auch verestert und z. T. auch glycosidisch gebunden in zahlreichen ätherischen Ölen, auch in vielen Stein- und Kernobstarten, u. a. eßbaren Pflanzenteilen praktisch aller Gemüsearten sowie in Weinbrand und Sake, wenn auch nur in geringen Mengen (etwa 1 mg/kg), vor. S. hat bakteriostatische und bakterizide Eigenschaften, hemmt deshalb die Gärung und verhindert Fäulnis. S. wurde früher als Konservierungsstoff verwendet. S. wird heute als gesundheitlich bedenklich eingeschätzt, weil sie im Körper kumuliert, in die Muttermilch übergeht und in höherer Dosierung organische Schäden verursacht (Nieren, Schleimhäute, Gefäßsystem, Gehör, Nerven). → Konservierungsstoffe

Salm → Lachs

Salmiakbonbon: Ammoniumchlorid und Lakritzsaft enthaltendes schleimlösendes Bonbon. → Hustenbonbon

Salmiakpastille → Zuckerwarenkomprimat

Salmin: Stark basisches Protamin des Lachses (Spermien) mit der Molmasse 6000 - 7000. i. P. 12,1.

Sálmo gáirdnerii → Forelle

Salmonella-Toxine → Endotoxine

Salmonellen: bewegliche, stäbchenförmige, zur Familie der *Enterobacteriáceae* gehörige Keime. Die S. wachsen aerob, bilden *Endotoxine* und sind die Hauptursache von bakteriell bedingten → Lebensmittelvergiftungen. Lebensmittel tierischen Ursprungs sind häufiger Infektionsquellen als solche pflanzlicher Herkunft. Bisher sind über 1000 Serotypen bekannt. Eine Vielzahl davon wurde bei der Aufklärung von Lebensmittelvergiftungen gefunden. Alle Serotypen gelten entsprechend dem jetzigen Erkenntnisstand und der gesetzlichen Bestimmungen als pathogene (krankmachende) Keime. Bei Lebensmittelvergiftungen treten häufig folgende Serotypen auf: *S. typhimúrium, S. anátum, S. newport, S. oranienburg, S. enterítidis, S. derby, S. chólerae suis, S. cottbus.* Die serologischen Bez. richten sich nach den Erstfunden (Ort oder Tierart). Menschliche Dauerausscheider können Salmonellosen über die Infektion von Lebensmitteln oder Wasser auslösen.

Sálmo sálar → Lachs

Sálmo trútta → Forelle

Salpeter: *Kali-, Natronsalpeter* (KNO_3, $NaNO_3$): Kalium- bzw. Natriumsalz der Salpetersäure. S. wird als Pökelsalz, einem Gemisch aus S. und Kochsalz, dem Muskelfleisch zugesetzt, um Haltbarkeit zu erzielen und die Graufärbung zu verhindern. → Pökeln → Nitrat

Saltines → Kräcker

Salvelínus → Saiblinge

Salven → Terpen-Kohlenwasserstoffe

Sálvia hispánica → Muskatellersalbei

Sálvia officinális → Salbei

Sálvia pótus → Muskatellersalbei

Sálvia sclaréa → Muskatellersalbei

Sálvia víridis → Muskatellersalbei

Salviol → Terpen-Ketone

Salvon → Terpen-Ketone

Salz → Speisesalz

Salzbrezeln → Laugendauerbackwaren

Salzbrot → Salzbrötchen

Salzbrötchen, *Roggenbrötchen, Mauerlaibl, Berliner Salzkuchen, Berliner Schusterjunge, Salzbrot:* ein → Brötchen mit kräftigem, aromatischem Geschmack, eine → Wasserware, die neben der → Schrippe und dem → Knüppel ein typisches Berliner → Kleingebäck darstellt. Früher wurde das S. aus gleichen Teilen hellen Weizen- und hellen Roggenmehls hergestellt, heute wird es nur zu einem Drittel aus Roggenmehl bereitet. Die teils rundlichen, teils länglichen, unter Verwendung von Hefe und Sauerteig bereiteten Teigstücke weisen entweder eine glatte Oberfläche auf oder werden bemehlt und in der Regel mit Salz und/oder Kümmel bestreut. In der Pfalz versteht man unter dem S. eine Wasserbackware aus hellem Weizenmehl, in Bayern ein sternförmiges Wassergebäck, das in der Mitte einen Knopf aufweist (aus hellem Weizen- und etwas Roggenmehlzusatz), im Rhein-Main-Gebiet stellt das S. ein Weizenmehlerzeugnis unter Verwendung von Milch dar und wird in der in Bayern üblichen Form gehandelt. → Kleinbackware

Salz, Buntes → Scharena Ssol

Salzdillgurke → Gurke, saure

Salzfisch → Salzfischerzeugnisse

Salzfischerzeugnisse, *Salzfisch, Pökelfisch, eingesalzener Fisch:* Fische und Fischteile, die durch *Salzung* (milde, weiche Salzung unter 10% Salz im Fischfleisch, mittlere Salzung mit 10···14% und harte Salzung mit mehr als 14%) genußfähig und begrenzt haltbar gemacht sind. Das Salzen stellt eines der ältesten Konservierungsverfahren dar. Durch den hohen Salzzusatz kommt es rasch zum osmotischen Austritt von Zellwasser, so daß bei den meisten Verfahren der Salzfisch in der gebildeten Lake (Mutterlake) lagert. Gleichzeitig erfolgt durch Diffusion der Salzeintritt, der eine Hemmung bzw. Abtötung der salzempfindlichen, nicht aber der aeroben, salztoleranten (halotoleranten) oder salzliebenden (halophilen, z.B. Rotpilz) Mikroorganismen führt. Die fischeigenen proteolytischen → Enzyme werden nicht inaktiviert und bewirken die Genußfähigmachung (Gärung und Reifung) der S. in 2 bis 6 Wochen, wobei auch das typische Aroma gebildet wird. S. verderben durch Mikroorganismen und bes. durch Oxydation des → Fischfettes (Vertranung), wenn bei längerer Lagerung durch Ablaufen der Lake im Faß oder durch unzureichende Verpackung der Luftabschluß nicht gewährleistet ist. S. stellen preiswerte Quellen von vollwertigem tierischem Eiweiß dar (Tab.).

Zusammensetzung und Energiewert einiger Salzfischerzeugnisse:

Bestandteil	Durchschnittl. Gehalt je 100 g eßbaren Anteils in g			
	Matjes-hering	Salz-hering	Salz-kabeljau	Klipp-fisch
Wasser	54,5	48,8	40,0	34,1
Eiweiß	16,0	19,8	38,0	44,7
Fett	22,6	15,4	0,6	0,7
Energiewert je je 100 g eßbaren Anteils in kJ (kcal)	1195 (285)	985 (235)	335 (175)	860 (205)

Die Salzung wird traditionell mit festem Salz (Trokkensalzung) in Fässern (Tonnen; Faßsalzung) verschiedener Größe, in Containern und in Bunkern (Bunkersalzung) ausgeführt. Dabei können zusätzlich oder auch ausschl. Salzlösungen verwendet werden (Naßsalzung). Der Salzfisch verbleibt in der Lake. Wird der Prozeß (bei Magerfischen, → Fische) in Stapeln (*Stapelsalzung*) oder Kisten (*Kistensalzung*) durchgeführt, so läuft die gebildete Lake ab. Zur Herstellung von S. können nahezu alle Fischarten verwendet werden, wenngleich in Europa dem *Salzhering (Pökelhering)* die größte Bedeutung zukommt, die bis ins Mittelalter zurückreicht. Die Qualität steigt mit dem Fettgehalt des → Herings, der zur Salzung unverändert, gekehlt, genobbt oder auch geköpft (→ Fischerzeugnisse) eingesetzt wird. Mildgesalzene Heringe (z. B. *Matjes,* → Hering) sind hinsichtlich Aroma und Konsistenz von höchster Qualität, jedoch verderbgefährdet und daher bei +2···+3°C zu lagern. Hartgesalzene S. können ohne bes. Bedingungen 6 bis 12 Monate in der Lake gelagert werden. Salzheringe werden streng nach Größe, Fettgehalt und Füllung (Entwicklung von → Rogen und → Fischmilch) sortiert. Dementsprechend gibt es eine Vielzahl spezieller Bez. der Sortierungen (z.B. nach Größen: Large, Medium, Selected, *Sloe-Hering, Vaar-Hering*) oder nach Füllung: Large Full, Vollhering, Filling, Large Spent, Yhlen usw.).

Salzheringe werden zu → Marinaden → Räucherfischerzeugnissen → Ölpräserven → Fischsalaten und → Fischpasten weiterverarbeitet und als Filet, als Ganzfisch oder in anderen Bearbeitungsformen in Kleinabpackungen oder Fässern (*Faßware*) zum direkten Verzehr bzw. zur Weiterveredelung im Haushalt angeboten. Bei der *Zuckersalzung* liegt eine mittlere Salzung vor, die unter Einsatz von 3···6% Zucker und Natriumnitrit durchgeführt wird (→ Anchosen). Auf diese Weise werden bes. in Island Heringe gesalzen und dann in Norwegen, Schweden und anderswo zu süßpikanten Fileterzeugnissen in verschiedenen Aufgüssen und Tunken (Wein-, Tomate-, Senf-, Zwiebel- u.a.) verarbeitet *(Schwedenhappen, schwedische Gabelbissen*). Der Zuckersalzung ähnliche Bedingungen liegen bei der Kräutersalzung

(Kräuterung) vor, → Anchosen. Weitere S. größerer Bedeutung sind *Klippfisch, der nach der Salzung noch getrocknet wird* (→ Trockenfischerzeugnisse), *gesalzene Magerfische* als Halbfabrikate für die Herstellung von Seelachserzeugnissen (→ Ölpräversen), *Lachs* und *Sardellen.* Gravlax, Gravadlax ist Lachs, der in einer trockenen Mischung aus Salz, Zucker und Dill gesalzen wurde. Dieses ursprünglich skandinavische Produkt gewinnt als Feinkost international Bedeutung. *Salzsardellen* werden einer speziellen harten Salzung unterzogen, enthalten über 16 % Salz und sind daher weit über 1 Jahr haltbar. Sie werden bes. zu → Ölpräserven und → Fischpasten weiterverarbeitet. Als *Laberdan* werden in Fässern gesalzene Magerfische (bes. Kabeljau) bezeichnet.

Salzgebäck: Sammelbez. für gesalzenes Gebäck in Form von *Hartkeks, Stäbchen, Brezeln, Kringeln* und *Stangen,* zu deren Herstellung entweder → Hefe-, Blätter- oder Laugenteig verwendet wird. Das S. wird vorwiegend zu alkoholischen Getränken gereicht und trägt wie → *Käsegebäck* auch die Bez. *Cocktailgebäck.*

Salzgemüse: ein nach entsprechender Vorbereitung (Waschen, Putzen, meist durch Blanchieren und Salzen) ohne Gärungsprozeß und ohne Erhitzung begrenzt haltbar gemachtes Halberzeugnis, das vor der Weiterverarbeitung entsalzt werden muß. Es werden z.B. folgende Salzgemüsearten gehandelt: Spargel, gesalzen; Brech- oder Schnittbohnen, gebrüht, gesalzen; Brech- oder Schnittbohnen, ungebrüht, gesalzen; Petersilie, gesalzen; Suppengrün, gesalzen; Pilze, gesalzen. → Gemüsedauerware

Salzgurke → Gurke, saure

Salzhering → Salzfischerzeugnisse

Salz, Karlsbader → Spezialsalz → Gesundheitspflegemittel

Salzkringel → Kringel → Salzgebäck

Salzkuchen → Salzbrötchen

Salzlakekäse, *Pökelkäse* (engl. *Pickled cheese*): in Salzbädern (Salzlake) gereifte und gelagerte Käse. S. werden insbes. in Südosteuropa und in den östlichen Mittelmeerländern (z.B. Ägypten, Bulgarien, Griechenland, Jugoslawien, Rumänien, Türkei, GUS) vorwiegend aus Schafmilch hergestellt. → Käsesorten

Salzlaugenware → Laugendauerbackware

Salzlaugengebäck → Laugendauerbackware

Salzpilze, *Eingesalzene Pilze:* Erzeugnisse, die artenrein aus für den Verkehr zugelassenen – ganzen oder geschnittenen – Pilzen ohne Vorbehandlung oder blanchiert hergestellt und durch Zugabe von Kochsalz ohne Gärung begrenzt haltbar gemacht werden. Bes. geeignet sind der Edelreizker und verschiedene Milchlingsarten → Russuláceae. Die vorbereiteten Pilze können entweder mit heißem Wasser blanchiert oder roh eingelegt werden. Ihr Kochsalzgehalt muß mind. 10 % betragen und darf 20 % nicht übersteigen. → Pilzerzeugnisse

Salzsardelle → Anchovis → Salzfischerzeugnisse

Salzsauerbrot → Brot → Sauerteig

Salzsäure: (507) ein Säureregulator und Aufschlußmittel zur Hydrolyse von Stärke, Eiweißen bei der Herstellung von Würze, Inversion von Saccharose und von Säure-Casein. Kommt im Magensaft vor und bewirkt die pH-Wertabsenkung auf ca. 1,5, Anteil 0,4–0,5 %.

Salzstäbchen → Laugendauerbackware

Salzstange → Stange → Salzgebäck

Salzsticks → Laugendauerbackware

Salzwermut → Wermut 8.

'Sam' → Süßkirsche → Steinobst

Samarang-Rosenapfel → Rosenapfel

Sambaiba → Caimbe

Sambal: (Plural: *Sambals*), Sammelbez. für industriell gefertigte Würzpasten der indonesischen Reisküche. Je nach Art dieser → Gewürzzubereitungen werden verschiedene Sambaltypen, z.B. salzig, mild oder scharf schmeckende unterschie-

den: Grundlage aller S. bildet *S. Oelek:* eine rotfarbige, brennendscharf schmeckende Würzpaste mit angenehm fruchtigem Geschmack aus zerstoßenem → Gewürzpaprika unter Zusatz von braunem Zucker und Salz. Je nach Abwandlung von S. Oelek durch würzende Beigaben gibt es z. B. noch folgende Sambaltypen:
a) *S. Asem:* mildschmeckende Würzpaste unter Verwendung von Tamarindenmus und → Serehgras,
b) S. Bajak: eine scharfschmeckende Zubereitung unter Verwendung von Knoblauch → Kemirisamen, Tamarindenmus → Schalotten → Chillies, Speisesalz, Garnelenpaste (Trassi) und Pflanzenöl,
c) *S. Cuka:* eine mildschmeckende Würzpaste unter Verwendung von gerösteten Erdnüssen, Zwiebeln, Knoblauch, Speiseessig und Zucker,
d) *S. Goreng:* eine fettige und sehr scharf schmeckende rotfarbige Paste, aus Chillies, Knoblauch, → Koriander → Mutterkümmel und Zwiebeln,
e) *S. Ihan:* eine pikant schmeckende Paste aus Thunfisch oder Aal, Knoblauch, Schalotten, Kemiri, Chillies, Tamarindenmus, Tomatenpüree und Pflanzenöl,
f) *S. Ketjap:* eine pikant schmeckende Paste aus süßer Sojasoße, Zitronensaft, Chillies, Knoblauch und Schalotten,
g) *S. Kelapa:* eine scharf schmeckende Paste aus Kokosraspeln, Knoblauch, Tamarindenmus, Chillies, Zwiebeln und Speisesalz,
h) *S. Manis:* eine mildschmeckende Würzpaste unter Verwendung von süßem Paprikapulver,
i) *S. Trassi:* mit Krabbenpaste angereicherte S. Oelek,
j) *S. Peteh:* mit → Petehsamen angereicherte S. Oelek,
k) *S. Tauco:* scharf schmeckende Paste unter Verwendung von gesalzenen Wachsbohnen (Tauco), Knoblauch, grünen Chillies, Ingwer, Schalotten, Tamarindenmus, braunem Zucker und Pflanzenöl,
l) *S. Terasi:* eine scharf schmeckende Paste aus grünen Chillies, Schalotten, Knoblauch und Limonensaft,
m) *S. Terong:* eine Paste aus gesalzenen Auberginen, Tomatenpüree, gerösteten Zwiebeln, Knoblauch, Chillies, braunem Zucker und Speiseöl.

Sambala → Bockshornkleesamen

Sambangangou: ein → Honigwein, der in Zentralafrika hergestellt wird.

Sambubiose → Disaccharide → Anthocyane

Sambucin → Anthocyane

Sambúcus austrális → Holunder, mexikanischer

Sambúcus canadénsis → Holunder, Schwarzer

Sambúcus mexicána → Holunder, mexikanischer

Sambúcus nígra → Holunder, Schwarzer

Sambúcus peruviána → Holunder, mexikanischer

Sambúcus racemósa: Roter Holunder, Traubenholunder → Holunder, Schwarzer

Sambucyanin → Anthocyane

Sambunigrin → Glycoside, cyanogene → Holunder, Schwarzer

Samen, angekeimte → Keim

Samenfett → Pflanzenfett

Samengewürz: der getrocknete oder zerkleinerte Samen von Pflanzen aus verschiedenen Familien, wie → Bittermandel → Muskatnuß → Pistazie → Senf und → Tonkabohne. → Gewürz

Samenkeimling → Keim

Samenkern → Kern → Nußkern → Ölsamen

Samenmehl, eiweißreiches: das meist aus → Hülsenfrüchten → Ölsaaten und → Ölsamen der tropischen Länder in Mischungen mit Getreidearten (z. B. → Weizenhirse oder → Kolbenhirse) gewonnenes, entfettetes Mehl, das vorwiegend in Regionen mit Eiweißunterversorgung an Kleinkinder verabreicht wird. Um störende Begleitsubstanzen auszuschalten, werden die Samen vor der Zerkleinerung vielfach geröstet oder angekeimt und anschließend getrocknet. Bereits durch einfaches Erhitzen von 2 h bei 70 °C in einem Haushaltofen läßt sich der Phytingehalt um 40% (z.B. bei → Kichererbse), der Saponingehalt um 50% (z.B. bei der wilden Mungbohne, *Vígna radiáta* (L.) R. Wilczek, bei der → Strauchbohne und bei der → Augenbohne) reduzieren. Auch über die Fermentation dieser Samen, mit nachfolgender Trocknung und Vermahlung läßt sich der Gehalt an oben genannten Substanzen wesentlich verringern. → Keim → Lebensmittel, fermentiertes → Parchinggetreide

Samenschleimstoff: ein → Hydrokolloid, das zu den pflanzlichen → Schleimstoffen gehört. Die S. werden aus den Samen von Leguminosen (→ Johannisbrotkernmehl → Guaran → Taragummi) und anderen Pflanzen (→ Okragummi → Tamarindenschleim → Leinsamenschleim → Quittensamenschleim) gewonnen und als → Verdickungsmittel und → Geliermittel verwendet.

Samenstärke: die aus verschiedenen stärkereichen Pflanzensamen gewonnene → Stärke. → Getreidestärke → Leguminosenstärke

Sammelfrauenmilch: die durch Abpumpen gewonnene und in den Frauenmilchsammelstellen des Gesundheitswesens erfaßte Frauenmilch. Die S. wird (meist in verschlossenen 250-ml-Flaschen) durch fünf- bis siebenminütiges Erhitzen auf 100°C keimarm gemacht (*Frauenmilchkonserve*) und läßt sich bei 2···5 °C über mehrere Wochen aufbewahren. S. wird in Kinderkliniken vornehmlich zur Aufzucht von Frühgeborenen und zur Behandlung ernährungsgestörter Säuglinge verwendet.

Sammelfrucht: Fruchttyp in Form einer *zusammengesetzten Frucht,* die im Gegensatz zur *Einzelfrucht* (die aus einem einzigen Fruchtknoten hervorgeht), aus mehreren Fruchtknoten gebildet wird, die durch ihre Fruchtwände oder durch bes. Achsengewebe zu einer Verbreitungseinheit verbunden sind. Wenn bei den *zusammengesetzten Früchten* die Blütenstandsachse und andere außerhalb der Fruchtknoten liegende Blütenteile fleischig verdickt sind, wie das bei der Erdbeere, Feige, Ananas und dem Apfel der Fall ist, so bezeichnet man sie auch als *Scheinfrüchte.* Himbeere und Brombeere sind z.B. *Sammelsteinfrüchte,* weil sich die einzelnen Steinfrüchte auf einer kegelförmigen Achse vereinigen. Erdbeere und Hagebutte zählen zu den *Sammelnußfrüchten,* weil die fleischige Blütenachse zahlreiche Nüßchen vereinigt. → Frucht

Sammelgetreide: vorwiegend wildwachsende Süßgräserarten (Familie *Poáceae*), deren Samenkörner zum Zwecke der menschlichen Ernährung gesammelt oder, wenn überhaupt, dann nur gelegentlich lokal angebaut bzw. in sog. Halbkultur gehalten werden. Hierzu zählen z.B. → *Bluthirse, Digitária sanguinális* (L.) Scop., ferner → *Digitária cruciáta* Nees *var. esculénta* Bor. → *Digitária ibúrua* L. → *Guineahirse, Brachiária defléxa* Schumach. → *Liebesgras, behaartes, Eragróstis pílosa* L. Pal. → *Mannagras, Glycería flúitans* L. R. Br. → *Roggentrespe, Brómus secalínus* L. → *Sandhafer, Élymus arenárius* L. → *Sporóbulus fimbriátus* Nees → *Teosinte, Zéa mexicána* Schrad. → *Reisgras, Oryzópsis miliácea* (L.) Aschers. et Schweinf. und *Wildreis, Zizánia aquática* L. → Körnerfrüchte, die nicht zur Familie der → Süßgräser zählen, fallen nicht unter den Begriff S.

Sammelnußfrucht → Sammelfrucht

Sammelspelzfrucht, *Vesen:* Sammelfruchtausbildung bei Ährengräsern (→ Süßgras) in Form eines Ährenspindelgliedes mit vollständigem Ährchen, das sich aus meist 1 bis 3 einfachen Spelzfrüchten zusammensetzt und von zwei Hüllspelzen umschlossen wird. Die *einzelnen Spelzfrüchte* werden aus einer Deckspelze, einer Bauchspelze und der eigentlichen Frucht (dem Korn) gebildet. Die Früchte *(Körner),* meist auch *Kernen* genannt (→ Grünkern), sind in den Spelzen fest eingeschlossen, aber nicht mit diesen verwachsen. Der Spelzengehalt z.B. der kultivierten Spelzweizenarten schwankt zw. 19···28%, bei wildwachsenden liegt er bedeutend höher. Beim Spelzgetreide gibt es Sorten und Formen mit hohem und niedrigem Spelzengehalt; außerdem ist der Spelzengehalt von der Witterung, Düngung und Reife des Erntegutes abhängig. → Spelzweizen → Silicium

Sammelsteinfrucht → Sammelfrucht

Sammetpilz → *Boletáceae*

Samna → Ghee

Samoswein: griech., auf der Insel Samos hergestellter Dessertwein aus frisch gepreßtem oder wenig angegorenem, zuckerreichem Traubensaft, dem vor Beginn der Gärung Ethanol zugesetzt wird, so daß der Ethanolgehalt 15···19 %-Vol. beträgt. Der Zuckergehalt mit 150···220 g/l unvergorenem Zucker ist ebenfalls sehr hoch. → Wein → Mistella

Samsoe: → Samsoekäse

Samsoekäse, *Samsoe:* aus Dänemark stammender, ausschl. aus Kuhmilch in den Fettstufen 30 % und 45 % F. i. Tr. hergestellter *halbfester Käse* mit harter und trockener Rinde, von geschmeidiger, doch schnittfester Konsistenz und mit mittlerer Rundlochung im Käseinneren. Der Geschmack ist nußkernartig, insgesamt mild. → Käsesorten

Samtbohne: 1. *Velvetbohne,* Samen der krautigen, etwa 80 cm hohen Pflanze *Mucúna deeringiána* (Bort) Merr. (Familie *Fabáceae*), die je 100 g 24 g Eiweiß, 5 g Fett und 53 g Kohlenhydrate enthalten. Die S. wird in Südostasien, im tropischen Afrika, auf Hawaii, in den USA und in Westindien vor allem für Futter- und Gründüngungszwecke angebaut.
2. → *Mukunabohne*

Samtfeige, *Araguato, Higueron, Pobo:* der kleine Baum *Fícus velùtina* Humb. et Bonpl. (Familie *Moráceae*), der im nördlichen Südamerika, im venezolanischen Bergland wächst. Die kleine Feigenfrucht von etwa 12···20 mm Durchmesser schmeckt angenehm und wird roh oder getrocknet verzehrt. Andere südamerikanische Feigenarten, deren Früchte meist roh genossen werden, sind *F. gigantosýne* Dugand (Kolumbien), *F. mónckii* Hassl. (Argentinien, Paraguay), *F. padifólia* H. B. K. (Mexiko) und *F. pállida* Vahl. (Nordkolumbien). → Feige

Samtfußrübling → Kulturpilze → Speisepilze → *Tricholomatáceae*

Samtheedl → *Boletáceae*

Samtkappe → *Boletáceae*

Samtpappel → Eibisch

Samtrose, *Essigrose, Französische Rose:* die in Mittel- und Südeuropa kultivierte *Rósa gállica* L. (Familie *Rosáceae*), deren Blüten zur Ölgewinnung (*Rosenblütenöl* z. B. zur Marzipanaromatisierung), die Vitamin-C-reichen Früchte als Droge oder frisch als Obst verwendet werden. → Hagebutte

Sancocho → Kochbanane

Sandapfel → Ingwerbrotpflaume

Sandarak → Harze

Sandarakharz: ein gelbglasiges → Harz, das aus dem Rindensaft der in Australien wildwachsenden *Sanrakazypresse, Cállitris prēissii* Miq.und der Gliederzypresse, Tetraclínis articúlata (Vahl) Mast.(Syn. *Cállitris quadriválvis* Vent.) (beide Familie *Cupressáceae*), gewonnen und zur Oberflächenbehandlung von Zuckerwaren als Schutz gegen Austrocknung verwendet wird. → Überzugsmitttel

Sandbeere: 1. → Erdbeerbaum
2. → Bärentraube, Echte

Sandbirne → Nashi

Sandbrötchen → Ammonplätzchen

Sanddornbeere, *Seedornbeere, Sprengbeere, Weidendornbeere, Fasanbeere, Korallenstrauchbeere:* Frucht des 1,5···4 m, maximal 6 m hoch werdenden, baumartigen, zweihäusigen Sanddornstrauches, *Hippóphae rhamnoídes* L. (Familie *Elaeagnáceae),* mit kugelig-runden oder ovalen bis walzenförmigen, stark sauer schmeckenden Schein-Steinfrüchten, die orangerote oder korallenrote, seltener gelbe Farbtöne und eine Masse von 10···90 g je 100 g Früchte aufweisen. Natürliche Vorkommen befinden sich in den Ost- und

Nordseeanliegerstaaten (maritime Formen). Kontinentale Formen des S. sind in den Pyrenäen, Alpen, Karpaten, Kaukasus, Ural bis hin zum Altai, Baikal und nach Tibet (vorwiegend in Flußtälern bis über 3000 m Höhe) anzutreffen. Die verschiedenen Ökotypen unterscheiden sich in Wuchs- und Fruchtformen sowie im Gehalt an Inhaltsstoffen wesentlich voneinander (Tab.).

Zusammensetzung und Energiewert von Sanddornbeeren

Bestandteil	Gehalt in 100 g eßbaren Anteils	
Feuchtigkeit	83,0	g
Eiweiß	1,4	g
Kohlenhydrate	5,7	g
Fett	5,9	g
Ballaststoffe	3,2	g
Mineralstoffe	0,8	g
Kalium	133,0	mg
Magnesium	30,0	mg
Phosphor	9,0	mg
Eisen	0,44	mg
Calcium	42,0	mg
Natrium	3,5	mg
Vitamin B_1	0,22	mg
Vitamin B_2	0,21	mg
Folsäure	0,01	mg
Vitamin B_6	0,11	mg
Niacin	0,28	mg
Vitamin C	450,0	mg
Vitamin E	13,0	mg
Energiewert je 100 g in kJ (kcal)	343 (82)	

Früchte, teilw. Blätter und Rinde, werden seit Jh. in der Volksheilkunde verwendet. Eine bes. Bedeutung kommt dabei dem → Sanddornöl vor allem in Sibirien und in der Mongolei zu. Nachdem analytische Untersuchungen in den 40er Jahren den hohen ernährungsphysiologischen Wert des S. herausgestellt haben, begann die Selektion wertvoller Klone sowie die Züchtung von Sorten. Während in europäischen Ländern bes. der Vitamingehalt und hohe Ertragsleistung im Vordergrund stehen, wird in asiatischen Ländern vor allem dem Ölgehalt im Fruchtfleisch und Samen sowie der Dornenlosigkeit bes. Beachtung geschenkt. Das Weltsortiment umfaßt bisher etwa 30 weibliche und etwa 5 männliche Sorten (Anbauverhältnis 10:1). Der S. gehört zu den pflegearmen und damit wenig energie- und chemieaufwendigen Obstarten und stellt eine die Umwelt nicht belastende Nutzpflanze dar. Darüber hinaus gehört S. zu den wertvollsten Gehölzen für biologische Verbauungsmaßnahmen und ist für Kippen, Halden (Rohböden) und Küstenschutz (salz- und windverträglich) eine ausgesprochene Pionierpflanze.
Bekannte Erntemethoden sind: Auspressen der Früchte am Strauch, Abstreifen der Beeren mit Hilfsmitteln; im Plantagenanbau Schneiden der Fruchtäste (Schnitterntеverfahren) mit anschließendem industriellem Pressen oder Einzelbeerenernte durch Rütteln oder durch vorheriges Frosten der abgeschnittenen Zweige. S. ist roh kaum genießbar.
Die Früchte werden zu flüssigen (Saft, Sirup, Süßmost) und streichfähigen Produkten verarbeitet, meist mit weniger säurehaltigen Früchten gemischt; ferner zum Würzen von Speisen, als Likör, als Füllmasse für Bonbons, bes. für Erzeugnisse mit diätetischem Charakter und für die Kindernahrung verwendet. In der Pharmazie dient der Preßrückstand zur Herstellung teeähnlicher Erzeugnisse. Das Öl wird in der Kosmetik und Medizin eingesetzt. Das aus Samen gewonnene Öl ist dem aus Fruchtfleisch extrahiertem in der Lagerfähigkeit und Haltbarkeit überlegen. In den östlichen Bundesländern sind seit 1979 folgende vegetativ vermehrten Sorten für den Anbau zugelassen: 'Leikora', 'Hergo', 'Frugana' (weiblich) und 'Pollmix' 1, 2 und 3 (männlich). 1988 betrug die Anbaufläche für Intensivanbau 180 ha. Der Durchschnittsertrag schwankt je nach Sorte zw. 80···150 dt/ha. → Sammelfrucht

Sanddornfruchtfleischöl → Sanddornöl

Sanddornöl: Sammelbez. für das in den Beeren (zu 8 %) und im Samen (zu 12 %) der → Sanddornbeere vorliegende dünnflüssige Öl. Das *Frucht-*

fleischöl ist orangerot und weist je 100 g 330 mg Tocopherole sowie 380 mg Carotenoide auf; sein Geruch entspricht dem des → Sanddorns. Das *Samenöl* ist gelb, ohne charakteristischen Geruch und weist je 100 g etwa 260 mg Tocopherole und 38 mg Carotenoide auf. Die Fettsäurezusammensetzung, s. Tab., weist bei Samenöl wesentlich höhere Anteile an Linol- und Linolensäure, bei Fruchtfleischöl dagegen höhere Anteile an Palmitin- und Palmitoleinsäure aus.

Fettsäurezusammensetzung der Samen- und Fruchtfleischöle von Sanddorn

	Samenöl von Sanddorn in %	Fruchtfleischöl von Sanddorn in %
Myristinsäure $C_{14:0}$	0,1	1,0
Palmitinsäure $C_{16:0}$	7,2	30,1
Palmitoleinsäure $C_{16:1}$	1,8	37,6
Stearinsäure $C_{18:0}$	2,8	1,1
Oleinsäure $C_{18:1}$	18,4	11,2
Linolsäure $C_{18:2}$	39,0	14,9
Linolensäure $C_{18:3}$	30,3	1,8
Arachinsäure $C_{20:0}$	0,4	0,3

Das Fruchtfleischöl wird vorwiegend für Anreicherungszwecke, das Samenöl in der ehem. Sowjetunion als Heilmittel, insbes. gegen Strahlenschäden eingesetzt und gilt als wertvoller Rohstoff für die Arzneimittelindustrie.

Sanddornmark → Mark

Sanddornsamenöl → Sanddornöl

Sandelbaum, Roter → Kino

Sandelholz, Rotes: (166) das getrocknete, harte, außen schwarzbraune, innen blutrote Kernholz des in Südindien, auf den Philippinen, auf Sri Lanka heimischen Sandelbaumes *Pterocárpus santalínus* L. (Familie *Fabáceae*). Das R. S. findet wegen der enthaltenen Farb- und Geschmacksstoffe, wie Santalin, Gerbstoffe, Harz u. a., als fein gemahlenes Pulver oder als wäßriger Auszug, als Würz- und natürliches Färbemittel, bes. für Fischkonserven (Anchosen), und Liköre Verwendung. → Angostura → Rotholz, afrikanisches

Sandgarnele → Krebstiere

Sandgras → Sandhafer

Sandhafer: *Strandhafer, Strandgerste, Haargerste, Strandroggen, Sandroggen, Sandgras, Blauer Helm:* das meist in Dünen verbreitete Gras *Élymus arenárius* L., (Familie *Poáceae*), das in Mitteleuropa, Nordeuropa und Nordamerika vorkommt, früher auf Island als → Getreide angebaut wurde.

Sandholz → Berberitze

Sandkuchen, *Sandstreifen, Schlagkuchen:* Sammelbegriff für jede Art von Kuchen aus gerührten oder geschlagenen → Massen. Der S. weist eine deutliche Kruste und dichte, gleichmäßig geporte, saftige, weiche Krume auf. Früher war die Bez. → *Rührkuchen* für alle Kuchen aus gerührten und geschlagenen Massen der Oberbegriff, und unter S. wurde eine spezielle Art von Rührkuchen mit ausgeprägt trockener, sandiger und zarter Krume verstanden. Da vom Verbraucher wegen besseren Frischhaltevermögens eine saftige Krume vorgezogen wird, erfolgt die Herstellung der S. größtenteils nur noch in dieser Art, und unter Rührkuchen wird nur noch ein Kuchen aus leichteren Massen verstanden. Die Form des S. wird durch die Backform bestimmt. Man unterscheidet zwei Gruppen von S.: Zu der Gruppe aus *leichten Sandmassen* zählen z. B. Rührkuchen verschiedener Art, und zu der Gruppe der *schweren Sandmassen* zählen z. B. *Frankfurter Kranz, Sandtorte, Nußkuchen* und *Englischer Früchtekuchen.* Bei Verwendung geeigneter Fette (z. B. gehärtetes Erdnußfett) ist ein in Folie verpackter S. mit einem Feuchtigkeitsgehalt von 16···18 % bei 20°C bis zu 5 Monaten haltbar und zählt damit zu Backwaren mit verlängerter Frischhaltung, teilw. auch zu Dauerbackwaren bzw. Dauerkuchen. → Volleimasse → Kuchen → Diabetiker-Backware

Sandmasse → Volleimasse

Sandmassemehl → Einzweckmehl

Sandmuschel → Muscheln

Sandóricum koetjápe → Santolfrucht

Sandpapierbaum → Caimbe

Sandpilz → *Boletáceae*

Sandroggen → Sandhafer

Sandstreifen → Sandkuchen

Sand-Thymian → Thymian

Sandtorte: eine ungefüllte → Torte aus → Sandmasse, mit Fondantglasur überzogen und ggf. mit Belegfrüchten garniert. → Volleimasse

Sandwich: 1. eine belegte Delikateß-Weißbrotschnitte, die zw. zwei mit Butter bestrichenen Scheiben entweder Wurst oder Salat, Käse, Pastete und dgl. enthält. Das S. ist demzufolge ein *Weißbrotdoppelschnittchen,* das, nach einer Idee des englischen Grafen John Sandwich, als Imbiß dienen soll.
2. ein *offenes, belegtes* bzw. *einfaches* Weißbrotschnittchen, das in Skandinavien unter der Bez. *Smorbrod* verbreitet ist und aus *einer* dick mit Butter bestrichenen Weißbrotscheibe besteht, die mit allen möglichen Delikatessen belegt sein kann. In Kopenhagen z. B. werden in den Imbißläden etwa 200 (verschieden belegte) Sorten dieses S. angeboten.

Sandwichbrot: ein in schmalen, langen Kästen gebackenes Weißbrot, das nach dem Schneiden gleich- und nicht zu großförmige Scheiben zur Bereitung von → Sandwiches dient.

'Sandwich island' → Bocksbart

Sandwichkeks, *gefüllter Keks:* ein mit einer Füllung versehener Keks. Auf modernen Keksmaschinen, die vielfach als *Sandwichmaschinen* bezeichnet werden, wird die Unterseite des Kekses mit einer süßen Masse bespritzt und der andere Keks auf diese gepreßt. → Keks

Sandwichkrem → Sandwich Spread

Sandwichpaste → Fischpaste

Sandwich Spread, *Sandwich-Krem:* eine Mischung aus fein gehacktem Gemüse, Früchten, Olivenöl und geschlagenem Eigelb, die vorwiegend als Aufstrich oder Füllung für → Sandwiches dient. → Krem

Sandzucker → Kristallzucker → Zucker

Sangaree → Bargetränk

Sangiovese → Chianti

Sangrita: ein pikant gewürzter Gemüsesaft, nach original mexikanischen Rezept, bei dem der Hauptbestandteil Tomate ist.

Sanguisórba spec. → Gartenpimpinelle

Sankatti, *Mudda, Kali:* eine in Indien übliche Hirsezubereitung in Form von Klößen. Zu diesem Zweck wird grobgemahlene Hirse mit der dreifachen Menge Wasser gekocht, bis eine pastenartige Konsistenz erreicht ist. Danach wird feingemahlene Hirse zugemischt und das Ganze zu einem steifen Teig gekocht, der im Anschluß an die Formung zu Kugeln verzehrt wird. → Brei → Kloß

Sankt-Jacobs-Muscheln: zwei bes. an den Küsten Australiens, Schottlands und der Ostküste Kanadas gefangene, zur Klasse der Weichtiere geordnete Muschelarten, *Pécten operculáris* und *Pécten máximus.* Die S. werden ganzjährig, in Kanada nur von Dez. bis Juni gefangen. Bis zu 70 Muscheln wiegen 1 kg. Bei der Verarbeitung im Ursprungsland werden die Schalen gelöst, das Muschelfleisch gesäubert und im Block oder einzeln gefroren. Verwendet werden sie als Vor- und Hauptspeise. Sie können gekocht, gedünstet und gegrillt werden. Qualitätsforderungen: gleichmäßige Größensortierung, helles, festes Fleisch, gut gesäubert mit bzw. ohne Rogenbesatz. → Muscheln

Sansa → Olivenöl

Sans Egal: *Weißschimmelkäse* (Typ Brie) aus Luxemburg. → Käsesorten

San Sirnón: spanischer, halbfester bis fester *Schnittkäse* aus Kuhmilch mit 40 % F. i. Tr. → Käsesorten

Sántalum acuminátum → Quandong

Santa-Maria-Kraut → *Chrysánthemum*

'Santian' → Marionbeere

Santolfrucht, *Kepachifrucht, Falsche Mangostane:* orangegroße, eßbare, säuerliche Früchte des hohen Baumes *Sandóricum koetjápe* (Burm. f.) Merrill (Familie *Meliáceae*), der in Südostasien vorkommt und auch kultiviert wird.

Santonin, 6-α-Hydroxy-3-oxo-1,4-eudesmadien-12-säure-γ-lacton: eine in Zitwer aus Turkestan und auch in Beifuß vorkommende, giftige, bitterschmeckende Substanz, s. Formel.

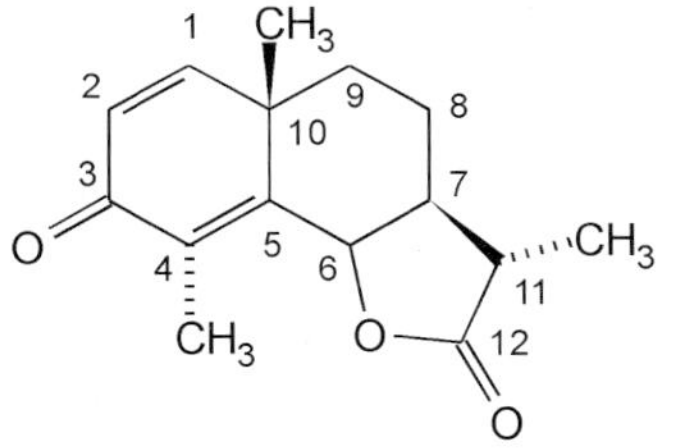

Santoquin → Ethoxyquin

Sanwahirse → Weizenhirse

Sápium sebíferum → Stillingiatalg

Sapodilla, *Sapotillpflaume, Sapotillapfel, Sapote, Breiapfel, Westindische Mispel, Chico, Nisperos:* Frucht des bis zu 20 m hohen *Sapotill-Baumes Áchras sapóta* L., Syn. *Manilkára zapóta* (L.) Van Royen (Familie *Sapotáceae*). Die je nach Sorte in Form und Farbe sehr unterschiedlichen, meist runden bis elliptischen, stumpf rötlichen bis gelblichbraunen Früchte von etwa 3···6 cm Durchm. enthalten bei den besten Sorten ein saftiges, gelblich- oder rötlichbraunes, säurearmes Fruchtfleisch, das süß-würzig, mispelähnlich schmeckt und karamelartig riecht. Es enthält gewöhnlich 3 bis 6 Samen. Die Früchte werden i. allg. als Dessertfrüchte gegessen. Sie müssen nach der Ernte 14 Tage liegen, um weich zu werden. Außerdem werden sie für Marmeladen, Getränke, Sirup, manchmal auch als aromatisierender Zusatz zu Brot verwendet. Die S. wird vor allem in den amerikanischen Tropen, auch in Asien, wenig in Afrika (Kamerun) kultiviert. Wenn vor der Vollreife geerntet wird, sind die Früchte 5 Wochen lager- und transportfähig. 100 g enthalten 10···14 mg Vitamin C, 74 g Wasser, 0,5 g Eiweiß, 0,9 g Fett, 19 g Kohlenhydrate, 5 g Ballaststoffe. Den verhältnismäßig kleinen Anlagen zur Obstgewinnung stehen die großen Pflanzungen in Mexiko und Mittelamerika gegenüber, die zur Gewinnung des Milchsaftes (Latex) zur Produktion von → *Chiclegummi,* einem Grundstoff des → *Kaugummis* betrieben werden. Dazu werden die Bäume alle 2 bis 3 Jahre angezapft. Der Milchsaft enthält 20···40 % gummiartige Substanzen, die durch Kochen des gehärteten Latex gewonnen werden. *Chiclegummi* wurde schon von den Azteken gekaut. → Sternapfel

Sapogenine → Saponine

Saponine: O-Glycoside mit kapillaraktiven Eigenschaften. Die Aglykone der S. sind vom Triterpen- bzw. Steroidtyp. Die Aglykone der Steroid-Saponine werden *Sapogenine* genannt; die der Triterpen-Saponine bauen sich aus einem pentacyclischen Triterpengerüst (6 Isoprenresten) mit 30 Kohlenstoffatomen auf:

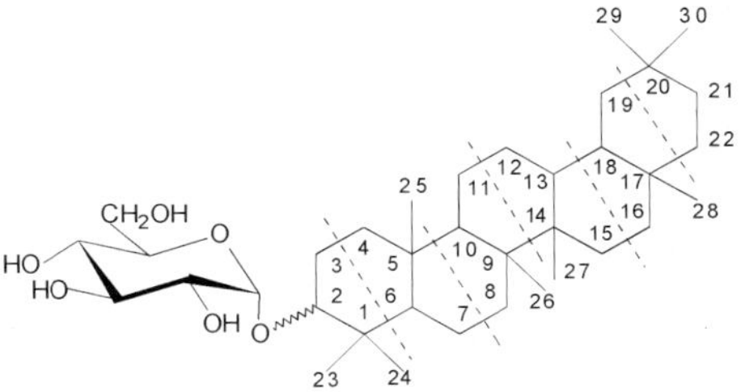

Typ eines Saponins (α-D-Glucose-glycosid)

Der Kohlenhydratteil kann aus bis zu 6 Monosaccharidresten (D-Glucose, D-Galactose, D-Fructose, Xylose, Glucuronsäure und einfachere Desoxyzucker) bestehen. Die wichtigsten in Lebensmitteln vorkommenden S., → Oleanolsäuresaponine

(Zuckerrübe, n-Saponine) → Glycirrhicin, Glycyrrhetinsäure, Glycyrrhicinsäure – ein Zuckerether – (Süßholz), *Bassiasäure* (Mimusopssapogenin, Sapotoapfel) und → *Sojabohnen-Saponine* (Genine = Soja-Sapogenole) gehören der Reihe der *Triterpen-Saponine* an. Die letzteren wurden auch in der Erdnuß nachgewiesen. Auch Tomaten, Bohnen (*Phaséolus vulgáris spec.*), Luzerne, Spargel, Hafer, Sonnenblumenkerne, Spinat, Zuckerrübe und die Blätter des grünen Tees enthalten S. (weitere Strukturformeln → Sojasaponine). (Formeln siehe Seite 477.)
Die S. setzen die Oberflächenspannung herab, häufen sich an den Grenzflächen an und haben Lipoidaffinität. Auf letzterer beruht die hämolytische und sekretolytische Wirkung der S.. Überdies wirken S. reizend auf die Schleimhäute ein. Die Fähigkeit der S., mit freiem und an Zellmembranen gebundenem Cholesterol Assoziate zu bilden, führt zu einer Auflösung der Erythrocyten und anderer Zellen. Andererseits steigern die S. die Durchlässigkeit des Darmes, beschleunigen die Resorption von Natur- und Wirkstoffen aus dem Darminhalt in den Organismus. Mit ihrer Hilfe werden auch Substanzen aufgenommen, die ohne sie nicht resorptionsfähig sind. Dabei wirken sie nur als Vermittler, ohne selbst resorbiert zu werden. Normalerweise werden die S. nicht resorbiert, aber versch. toxische Verletzungen der Darmwand ermöglichen den S. in den Blutstrom überzutreten. Dabei kann die letale orale Dosis auf das tausendfache ansteigen. Im Ergebnis treten Leberschädigungen, Hämolyse der roten Blutkörperchen, Atembeschwerden, Krämpfe und Koma auf. Es wird empfohlen, bei Benutzung kräftig wirkender Abführmittel, bei Entzündungen des Darms oder bei Leberzirrhose, alle S. enthaltenen Nahrungsmittel zu meiden. Die physiologische Wirkung der S. hängt von ihrer Art ab. Teilw. sind hochtoxische Stoffe darunter. Ein Teil der hämolysierenden Aktivität der S. (etwa 40 %) wird beim Erhitzen zerstört. S. werden als Zusatz zu Speiseeis, als Schaumstabilisatoren, z. B. für Schlagrahm, Faßbrause und Bier, sowie als Zusatz zu türkischem Honig empfohlen. Ihre Verwendung für Lebensmittel ist jedoch in Deutschland nicht zugelassen. Das Hauptanwendungsgebiet der S. liegt auf kosmetischem und pharmazeutischem Gebiet. → Terpene → Steroide → Glycoside

Sapote: 1. → Sapodilla
2. → Mammei-Sapote

Sapote, Falsche, *Naranjito, Morocotudo:* der Strauch oder kleine Baum *Morisónia americána* L. (Familie *Capparáceae*), der von Mexiko bis zum nördlichen Südamerika vorkommt. Seine kugeligen bis eiförmigen Beerenfrüchte haben süßes, eßbares Fruchtfleisch.

Sapote, Grüne → Mammei-Sapote

Sapote, Weiße, *Mexikoapfel, Matasano:* orangegroße, gelblichgrüne Frucht des subtropischen, mittelgroßen Baumes *Casimiróa edúlis* Llave et Lex. (Familie *Rutáceae*). Die membranartige, dünne Schale umschließt ein gelbliches, weich schmelzendes, süß oder zartbitter schmeckendes Fruchtfleisch. Hauptanbaugebiete sind Mexiko und Mittelamerika; der Baum gedeiht auch an der Riviera. Außerhalb der Anbauländer ist die Frucht nur wenig bekannt. Sie ist reich an Vitamin C. *Casimiróa edúlis* ist die einzige *Casimiróa*-Art, deren Früchte frei von Terpentingeruch- und -nachgeschmack sind.

Sapotillapfel → Sapodilla

Sapotillpflaume → Sapodilla

Sapucajanuß, *Brasilnuß, Paradiesnuß:* Frucht des kleinen Baumes *Lecýthis ellíptica,* H. B. K. *Topfbaum* (Familie *Lecythidáceae*), der in kleinen Mengen in Trinidad und Mittelamerika angebaut wird. Die Früchte hängen niedrig, zur Reifezeit fallen die Nüsse aus. Die S. ist eine enge Verwandte der → *Paranuß,* wird aber nur selten wie diese gesammelt. Die Samen der S. sind eßbar und stark ölhaltig.

Sarantigemüse: aus der Staude *Althernanthéra séssilis* L. (Familie *Amarantháceae*) bereitetes Blattgemüse, das in Südostasien verzehrt wird. Der Eiweißgehalt beträgt je 100 g 4,1 g, der Kohlenhydratgehalt 4,7 g.

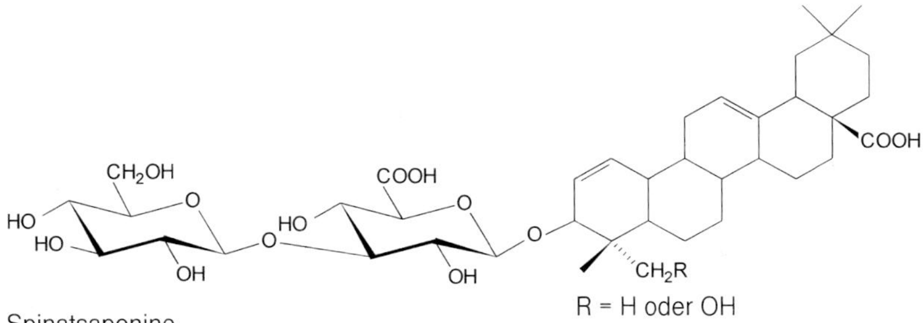

Spinatsaponine

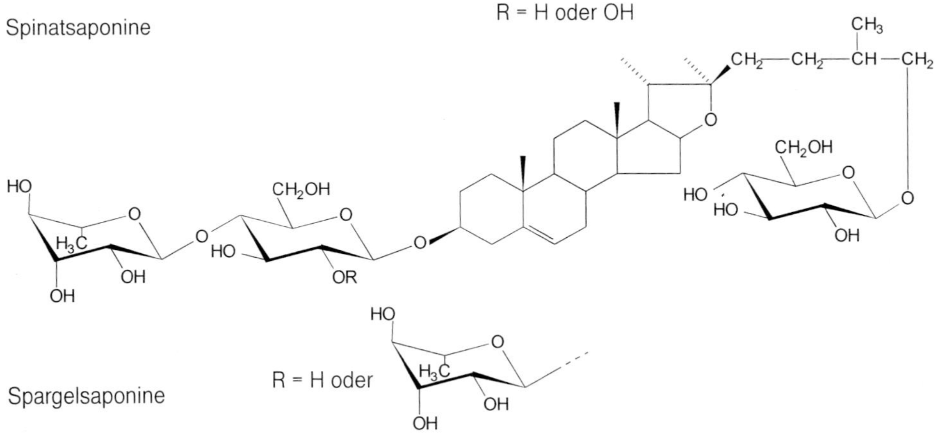

Spargelsaponine

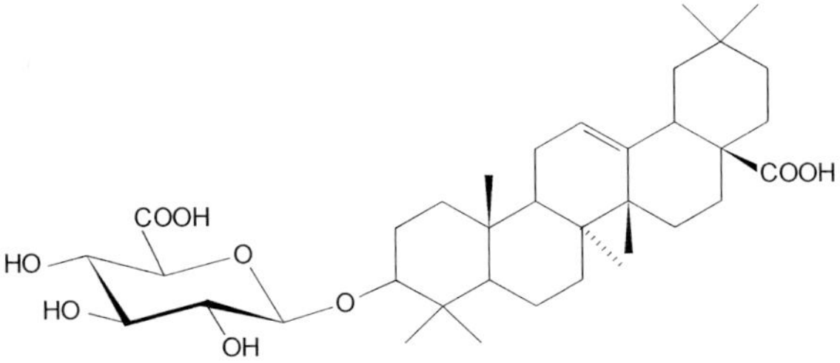

Zuckerrübensaponin

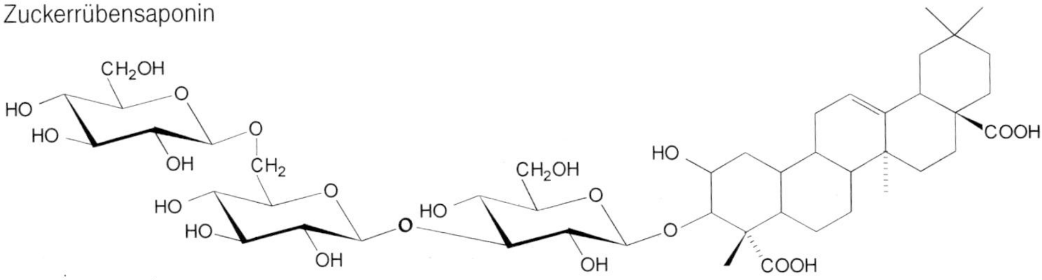

Luzernesaponin

Sarawakpfeffer → Pfeffer 2.

Sárcodon spec. → *Thelephoráceae*

Sárda sárda → Thunfisch

Sardelle → Anchovis

Sardellenbutter → Fischpaste

Sardellenleberwurst: → *Kochwurst* (mittlere Sorte), zu deren Herstellung Schweineleber, Schweinefleisch, Schweinebauch ohne Knochen, Schweinebacken, Sardellen (→ Anchovis), Nitritsalz, Zucker, Pfeffer, Zwiebeln, Koriander und Ingwer verwendet werden. Als Wursthüllen dienen Naturdärme. Das Schnittbild zeigt eine hellrötlichgraue bis rötlichgraue, fein gekutterte, vollkommen glatte, homogene und knorpelfreie Wurstmasse. Ein dünner Fettrand an der Darmwand ist zulässig. → Leberwurst → Wurst

Sardellenpaste → Fischpaste

Sardellenringe → Sardellenröllchen → Anchovis → Anchosen

Sardína pilchárdus → Sardine

Sardine (Bild):

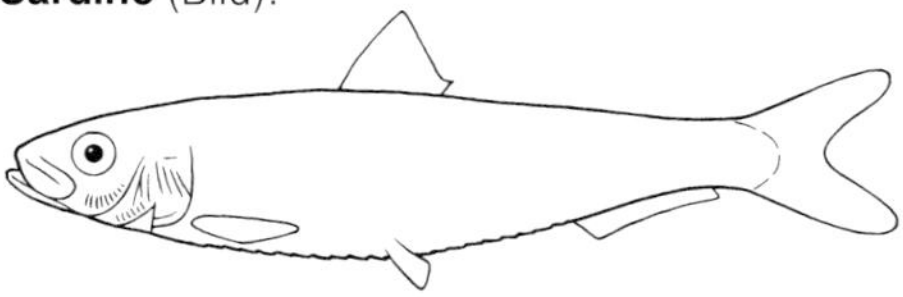

Sardine

Bez. für eine Anzahl heringsartiger pelagischer *Meeresfische* von 15···25 cm Länge aus tropischen, subtropischen und gemäßigten Breiten. Die bedeutendsten Arten sind die *Chilenische S. (Sárdinops ságax), Kalifornische S. (S.caerúlea), Japanische S. (S. melanostícta)*, der *Südafrikanische Pilchard* (*S. ocelláta*) und die *Europäische S. (Sardína pilchárdus)*, von denen zusammen über 7 Mio t Jahresfang erzielt werden. Häufig werden auch *Sardinella*-Arten als S. bezeichnet → Sardinelle. Die *Europäische S.* ist an den großen, leicht ausfallenden Schuppen, einer radialen Streifung an den Kiemendeckeln und einer Reihe mehr oder weniger dunkler Flecke an den Seiten erkennbar. In Küstennähe gefangene Jungfische bis zu 16 cm Länge sind wichtiger Rohstoff für die Konservenindustrie Frankreichs, Spaniens, Portugals, Marokkos und Jugoslawiens, die sie vorwiegend zu *Ölsardinen* (→ Fischkonserven) verarbeitet. Die weiter seewärts lebenden, bis zu 30 cm langen erwachsenen Tiere werden als *Pilchard* oder *Große Biskaya-Sardine* bezeichnet. Die S. ist ein mittelfetter bis fetter Fisch, dessen Fettgehalt starken jahreszeitlichen Schwankungen unterliegt. Das Fleisch (Tab.) ist leicht gelblich und je nach Fettgehalt saftig und zart bis leicht trocken.

Zusammensetzung und Energiewert des Fleisches der Großen Biskaya-Sardine

Bestandteil	Durchschnittl. Gehalt je 100 g eßbaren Anteils in g
Wasser	66 ···76
Eiweiß	18 ···19
Fett	4 ···13
Mineralstoffe	1,5··· 2,5
Energiewert je 100 g eßbaren Anteils in kJ (kcal)	490···865 (117···207)
davon aus Eiweiß	330···350 (79···84)
aus Fett	160···515 (38···123)
Richtwert für verwertbare Gesamtenergie je 100 g eßbaren Anteils in kJ (kcal)	710 (170)

Dabei weisen Jungfische stets bessere Qualitäten auf. Der Geschmack des Fleisches ist dem des Herings ähnlich mit zusätzlichen sardinentypischen, leicht säuerlichen bis etwas strengen Noten. Sardinen sind als Speisefisch wenig geeignet. Ihre internationale Bedeutung liegt in der Verarbeitung zu Konserven, wobei neben den traditionellen Ländern (s. o.) auch Südamerika (Chile und Peru) steigende Bedeutung gewinnt. Daneben werden auch → Salzfischerzeugnisse von der Art der Salzsardellen hergestellt. Zur Verarbeitung zu → Räucherfischwaren und → Marinaden ist die Große Biskaya-S. geeignet. → Sardinelle

Sardinella spp. → Sardinelle → Sardine

Sardinelle (Bild):

Sardinelle

Bez. für *heringsartige Schwarmfische* der subtropischen und tropischen Meere der Gattung *Sardinella* mit einer Länge bis zu 35 cm. Von den rund 1,5 Mio t Weltfang stammt der größte Teil aus dem Indik. Wichtige Fangplätze liegen außerdem vor Nordwest- und Südwestafrika und vor Brasilien. Die S. ist ein mittelfetter Fisch mit jahreszeitlich schwankendem Fettgehalt. Das Fleisch (Tab.) ist weißgrau, zart und saftig, jedoch fester als beim Hering.

Zusammensetzung und Energiewert des Sardinellenfleisches

Bestandteil	Durchschnittl. Gehalt je 100 g eßbaren Anteils in g
Wasser	71···78
Eiweiß	17···21
Fett	4···7
Mineralstoffe	1,5
Energiewert je 100 g eßbaren Anteils in kJ (kcal)	475···670 (113···160)
davon aus Eiweiß	315···390 (75 ···93)
aus Fett	160···280 (38 ···67)
Richtwert für den Energiewert je 100 g eßbaren Anteils in kJ (kcal)	525 (125)

Die S. hat einen heringsähnlichen und arteigen leicht säuerlichen Geschmack. Die feinen Fleischgräten können bei verschiedenen Verarbeitungsformen stören. S. sind daher als Frischfisch wenig geeignet, können aber zu Konserven guter Qualität verarbeitet werden; die Verwertung zu Marinaden, Räucherfischerzeugnissen und Bratfischerzeugnissen ist bedingt möglich. → Fisch

Sardínops ssp. → Sardine

Sareptasenf, *Russischer Senf, Indischer Senf, Chinesischer Senf, Würzsenf, Scharfer Senf, Würzmehl, Braunsenf:* die im getrocknetem Zustand bis 1,8 mm großen braunen, roten, gelben Samen des in Süd- und Ostasien, in trockenen Gebieten der GUS, in den USA und Kanada, in Indien, China, Nordafrika und in Europa angebauten *Senfblattkohls, Brássica júncea* (L.) Czern. et Coss. (Familie *Brassicáceae*), der sowohl als *Körner-* als auch als *Gemüse-* und *Ölpflanze* dient. Der S. hat den *Schwarzsenf, Brássica nígra* (L.) W.D.J. Koch in Westeuropa und Nordamerika aus dem Anbau als Speisesenfpflanze völlig verdrängt. *Brássica júncea* ist die formenreichste Art der Gattung *Brássica*. An der züchterischen Verbesserung einer Vielzahl von Sorten und Lokalformen für die Ölgewinnung wird vor allem in Japan, Indien und in der ehem. Sowjetunion gearbeitet, während in England und Kanada die Züchtung von Sorten für die Speisesenf-Herstellung vorangetrieben wird. In China, Japan, Indien, Pakistan, Indonesien ist der S. vor allem als Gemüse im Anbau, wobei der größte Formenreichtum in China anzutreffen ist. Hier gibt es Formen mit verschiedenartigem Blattwerk, in Rosetten-, Krause- Glattform, ferner Formen mit fleischigen Blütenstandsachsen, verdickten Blattstielen oder Wurzelknollen, wobei auch das Sammeln von Trieben aus Wildbeständen sehr verbreitet ist.
Der Blattmasse von S. wird folgende Zusammensetzung zugeschrieben: 86,6% Feuchtigkeit, 4,7% Eiweiß, 1,6% Mineralstoffe, 0,8% Rohfaser, 5,5% Kohlenhydrate, und in mg je 100 g: 16 Cal-

cium, 10,8 Phosphor und 2,7 Eisen. Der Energiewert in kJ (kcal) je 100 g beträgt 194 (46). Für die Speisesenfherstellung sind in Deutschland 1977 die spätreife Sorte 'Vitasso' und 1982 die frühreife Sorte 'Aurea' zugelassen worden. Mit der Hochzuchtsorte 'Domo' ließen sich auf einer Fläche von 1200 ha im Regenschatten des Harzes Erträge von 15 dt/ha, mit einem Allylsenfölgehalt von 1,26 % (Mindestforderung für lufttrockenes Material liegt bei 1,0 %), als Durchschnitt von 7 Anbaujahren erzielen. Da die Schärfe des Speisesenfs durch den milden → Weißen Senf allein nicht erreicht werden kann, ist in jeder Speisesenfrezeptur mind. ein Drittel S. enthalten. Braunschalige Sareptasenfherkünfte werden auch als *Braunsenf, Würzsenf, Würzmehl, Scharfer Senf* oder *Indischer Senf* bezeichnet, während gelbschalige Herkünfte unter der Bez. *Orientel* geführt werden. Haupteinfuhrländer für Deutschland sind Ungarn und Kanada.

Sárgus → Meerbrassen

Saridel → Sojamilch

Sari Lob → Feige

Sarisa → Sarson

Sarkin → Nucleotide

Sarkosin → Aminosäuren

Sarligemüse: Blätter und Stengel einer Staude aus der Gattung *Vanguéria* Juss. (Familie *Rubiáceae*). S. wird in Südostasien (Indien) verzehrt.

Sarothámnus scopárius → Kapern-Ersatz

Sarsaparilla, Indische → Nonnenklosterwurzel

Sarson, *Gelbsarson, Indische Kolza, Sarisa:* die in Indien angebaute, eng mit dem → Raps verwandte Ölpflanze *Brássica rápa ssp. triculáris* (Roxb.) Hanelt, Syn. *Brássica nápus var. gláuca* (Roxb.) O. E. Schulz (Familie *Brassicáceae),* deren Blätter als Gemüse gegessen werden. → Rüböl → Raps, Indischer

Sarson, Brauner → Raps, Indischer

Sarumen → Algenprodukt

Sasanquaöl → Teesamenöl

Sashimi, *Sushi* (japan.): dünne Scheibchen vom Filet ausgewählter Fischarten, die roh gegessen werden. Sie erfahren eine unterschiedlich würzende Vorbehandlung und werden mit verschiedenen Würzsaucen und anderen Beilagen gereicht.

Sasini → Dschiso

Satanspilz → *Boletáceae* → Pilzgifte

Sativinsäure, *9,10,12,13-Tetrahydroxystearinsäure:* eine gesättigte aliphatische Monocarbonsäure mit 4 Hydroxylgruppen der Formel
CH_3-$(CH_2)_4$-CH(OH)-CH(OH)-CH_2-CH(OH)-CH(OH)-$(CH_2)_7$-COOH.
Die S. kommt in verschiedenen stereoisomeren Formen vor, wurde nachgewiesen im Traubenkernöl und im Reisembryo. Es ist ungeklärt, ob diese Vorkommen primärer Natur sind oder ob die S. durch Oxydation aus *Linolsäure* entstanden ist.

Sato-Moroskoslu → Sorghumhirse

Satsuma → Mandarine

Satsuma-age: japan. Fischerzeugnis. → Kamaboko → Surimi

Sättigungsbeilage: Speisenkomponente, die im wesentlichen aus Kohlenhydratträgern zubereitet wird und die durch Kombination mit anderen Komponenten, wie Hauptspeise, Gemüse- oder Salatbeilage, Suppe, Nachtisch, eine Mahlzeit vervollständigt und im bes. zur Sättigung beiträgt. Bei den S. unterscheidet man folgende Gruppen: a) Kartoffelbeilagen (z.B. Salzkartoffeln, Bratkartoffeln, Kartoffelbrei, Pommes frites), b) Klöße, Knödel (z.B. Kartoffel- oder Hefeklöße, Mehl- und Semmelknödel), c) S. aus Teigwaren und Nährmitteln (z.B. Nudeln, Makkaroni, Spaghetti, Spirelli, Reis, Gräupchen), und d) S. aus Hülsenfrüchten (z.B. Erbsbrei, Erbsenkrusteln). Verschiedene S. werden als Convenienceerzeugnisse angeboten. → Speise, tischfertige → Gefrierkost, tischfertige

Saturei → Bohnenkraut

Saturei-Thymian → Thymian, Echter

Saturéja calamíntha ssp. ascéndens → Wald-Bergminze

Saturéja horténsis → Bohnenkraut

Saturéja montána → Bohnenkraut

Sau → Fleischtiere

Saubohne → Puffbohne

Sauburtzel → Portulak

Sauce → Soße

Sauce-Béarnaise-Reduktion: eine industriell hergestellte → Würzsoße, die nur das Konzentrat der würzenden Bestandteile der *„Bearner Soße"* (Sauce Béarnaise) darstellt, da die zur *Bearner Soße* außerdem gehörenden Bestandteile, wie Butter, Eigelb, gegen Lagerung empfindlich sind. Neuere technologische Verfahren haben dieses Problem gelöst, so daß tischfertige Soßen nach Bearner Art angeboten werden. Die S. B. R. besteht aus Fleischextrakt, Tomatenkonzentrat, Zitronen, Weißwein, Estragonessig und Champignonextrakt. Sie dient vorwiegend zur Herstellung von *Bearner Soße,* zur Verfeinerung von Frikassee und aller heller Soßen sowie zum Würzen von Fisch- und Eigerichten.

Sauce Moutarde → Moutarde

Sauce, tafelfertige → Würzsoße

Sauce,tischfertige → Würzsoße

Sauco, → Holunder, mexikanischer

Saudistel → Gänsedistel

Sauerampfer, Großer, *Gartensauerampfer:* eine ausdauernde Pflanze *Rúmex acetósa* L. *var. horténsis* Dierb., Syn. *R. rugósus* Campd. (Familie *Polygonáceae*), deren sauer schmeckende, gestielte, pfeilförmige, fast fleischige Blätter als Küchengewürz zu Salaten, Suppen (Sauerampfersuppe), Soßen verzehrt werden. Der *Alpensauerampfer, R. alpínus* L., auch *Mönchsrhabarber* genannt, ist in gebirgigen Teilen Europas, meist verwildert anzutreffen; früher wurde er in der Schweiz kultiviert, heute wird er nur noch in China als Gemüse wegen der Blattstiele angebaut.

Zusammensetzung und Energiewert von Sauerampfer

Bestandteil	Gehalt in 100 g eßbaren Anteils	
Feuchtigkeit	91,7	g
Eiweiß	2,25	g
Fett	0,44	g
Kohlenhydrate	3,63	g
Rohfaser	0,69	g
Mineralstoffe	1,29	g
Natrium	4,2	mg
Kalium	362	mg
Magnesium	40,7	mg
Calcium	54	mg
Mangan	49	mg
Eisen	8,45	mg
Phosphor	71	mg
Caroten	3,5	mg
Vitamin C	47	mg
Energiewert in kJ (kcal) je 10 g	118 (28)	

In je 100 g *Wiesensauerampfer* (→ Wildkräuter) sind 1 g Oxalsäure enthalten. Neben dem wildwachsenden G. S. gibt es Zuchtformen mit unterschiedlicher Blattgröße, -form und Geschmack. Zu den wohlschmeckenden Kultursorten des S. zählt die Sorte 'Belleville' aus Frankreich → Gartenampfer → Wildkräuter → Kikushi

Sauerbirla → Elsbeere

Sauerbratengewürz: eine → Gewürzmischung aus Cayennepfeffer, Gewürznelken, Koriander, Schwarzem Pfeffer, Wacholderbeeren, Senfkörnern, Zimt und Zwiebelpulver, verschiedentlich unter Zusatz von Ingwer und Zimt, die zum Würzen von Sauerbraten bestimmt ist.

Sauerbrunnen → Säuerling → Tafelwässer

Sauerdattel → Tamarinde

Sauerdorn → Berberitze

Sauergemüsesterilkonserve: nach entsprechender Vorbereitung unter Verwendung von Speisesalz und Gewürzen durch eine natürliche Milchsäuregärung bis auf einen *p*H-Wert unter 4 und anschließende Pasteurisation in luftdichten Behältnissen haltbar gemachtes Gemüse. Zu den S. zählen die verschiedenen Sorten von Sauerkraut und milchsauer vergorene Gurken in sterilisiertem Zustand. → Säuerung.

Sauergras → Süßgras → Simse

Sauerkirsche: Frucht des Sauerkirschbaumes *Cérasus vulgáris* Mill., Syn. *Prúnus cérasus* L., eine alte, wahrscheinlich aus der Vogelkirsche *Cérasus ávium* (L.) Moench *ssp. ávium* hervorgegangene Obstart (Familie *Rosáceae)*. Aus der Wildform der S. haben sich mehrere Abarten entwickelt, so die *Strauchweichsel, C. a. ssp. ácida* Janchen., die *Maraschke, C. a. var. marásca* (Host) Vis. u.a. Aus Kreuzungen und Mutationen entstanden die Kulturformen, die bereits 1819 von *Truchseß* nach Wuchs- und Fruchtmerkmalen systematisch in → *Süßweichseln, Glaskirschen, Weichseln* und *Amarellen* eingeteilt wurden. Diese pomologische Einteilung wird nur noch selten gebraucht.
Der Sauerkirschbaum gedeiht am besten in durchlässigen, nicht zu trockenen Böden. Er verträgt keine hohe Feuchtigkeit. Der Anbau erfolgt vorwiegend als niedrigere Baumform. Für eine rationelle Erzeugung wird Wert auf die Eignung der Sorten zur maschinellen Ernte gelegt. Die Reifezeit der Sauerkirschsorten (→ Steinobst) liegt zw. Mitte Juli und Anfang Aug. Die S. haben nur begrenzte Haltbarkeit und müssen sofort nach der Ernte verwertet werden. Sie sind fast ausschl. zur Verarbeitung bestimmt, für den Frischverzehr kommt wegen des hohen Säuregehalts nur eine verhältnismäßig geringe Menge in Betracht. S. eignen sich zu allen Verarbeitungsarten. Zur Pralinenfüllung und für die Herstellung von → *Cherry Brandy* wird die *'Schattenmorelle'* bevorzugt, für → Maraschino die in Jugoslawien angebaute *'Maraska'*. Zusammensetzung der S. → Steinobst.

Sauerklee, eßbarer, *Glücksklee:* der aus Mexiko kommende, stets vierblättrige, lachsfarben blühende Klee *Óxalis déppei* Lodd. ex Sweet (Familie *Oxalidáceae*) mit braun gezeichneten Zonen auf dem Blattwerk. Die Blätter des bei uns häufig als Zierpflanze anzutreffenden Klees sowie die kleinen, dicken, rübenartigen Wurzeln und die sie kranzförmig umgebenden Brutzwiebeln sind eßbar. Die gleichen Pflanzenteile sind auch vom *vierblättrigen Sauerklee* mit hellvioletten Blüten, *O. tetraphýlla* Cav. non hort nec Link et Otto, genießbar. Beide Sauerkleearten sind bei uns nicht winterhart und müssen aus der Erde genommen werden. → Waldsauerklee → Gemüse → Wildkräuter

Sauerklee, gehörnter → Hornsauerklee

Sauerkraut, *Sauerkohl:* ein aus Weißkohl unter Verwendung von Speisesalz durch eine natürliche Milchsäuregärung begrenzt haltbar gemachtes Erzeugnis (Tab.).

Zusammensetzung und Energiewert von Sauerkraut, frisch, abgetropft

Bestandteil	Gehalt in 100 g
Feuchtigkeit	90,7 g
Eiweiß	1,52 g
Fett	0,31 g
Kohlenhydrate	2,32 g
Ballaststoffe	2,8 g
Mineralstoffe	2,35 g
Natrium	355 mg
Kalium	288,0 mg
Calcium	48,0 mg
Eisen	0,6 mg
Phosphor	43,0 mg
Caroten	0,018 mg
Vitamin B_1	0,027 mg
Vitamin B_2	0,05 mg
Niacin	0,17 mg
Vitamin C	20 mg
Milchsäure	1,6 g
Energiewert in kJ (kcal) je 100 g	75 (18)

Als wesentliche Mikroorganismen bei der Sauerkrautherstellung gelten: Láctobacillus brévis, L. plantárum, Leuconóstoc mesenteroídes, Pediocóccus cerevísiae und Streptocóccus faecális. Die bei der Gärung entstehenden Stoffwechselprodukte sind Milchsäure, Essigsäure, Kohlendioxid, Ethanol, Dextran und Mannit. Es werden folgende Arten von S. gehandelt: Sauerkraut, Weinsauerkraut, Delikateßsauerkraut, Delikateß-Weinsauerkraut, Sauerkraut mit Speisemöhren. Bei *Weinsauerkraut* werden je 100 kg Fertigware für Beutelware 4 l Trauben- oder 8 l Apfelwein, für Faßware 2 l Trauben- oder 5 l Apfelwein verarbeitet. *Delikateßsauerkraut* enthält je 100 kg Fertigware: 1,5 kg Speisesalz, 3,0 kg Speisemöhren, geraspelt, gewürfelt oder in Scheiben, 0,12 kg Kümmel, ganz oder gemahlen, 0,08 kg Senfkörner, 0,05 kg Wacholderbeeren und einen Zusatz von geschälten Apfelstücken. Das *Delikateß-Weinsauerkraut* wird nach der gleichen Rezeptur hergestellt und enthält zusätzlich die angegebenen Mengen Wein. *S. mit Speisemöhren* wird unter Zusatz von 5 % Speisemöhren hergestellt.
Qualitätsware muß knackfest, aber trotzdem zart im Biß, frei von zähen, weichen oder holzigen Teilen sein und darf weder scheibenförmige Strunkteile noch große Blattstücke enthalten. Das S. als offene Faßware muß stets mit Lake bedeckt und vor Sauerstoffzutritt und Wachstum aerober Mikroorganismen geschützt sein. Der Gesamtmilchsäuregehalt im S. beträgt etwa 1,5 %. Milchsäurewerte unter 6 g je l weisen auf nicht genügend vergorenes Kraut hin; der günstigste *p*H-Bereich liegt bei 3,5···3,9. Das Vitamin C, ein wichtiger Bestandteil des S., erfährt in Plastbeuteln eine rasche Abnahme. *Sterilisiertes S.* ist ein in Lake befindliches S., das auf 80°C erhitzt (blanchiert), heiß in Dosen gefüllt und anschließend bei 100°C sterilisiert wird. → Sauergemüsesterilkonserve → Lebensmittel, fermentiertes

Sauerkrautbrot → Brot, aromatisiertes → Brot mit Gemüsezusatz

Sauerkrautsaft → Gemüsesaft

Säuerling: 1. *Sauerbrunnen* → Mineral- und → Heilwasser mit mehr als 1 g je l natürlichem, freiem, gelöstem Kohlendioxid, unabhängig von der Menge an gelösten Mineralstoffen. Die S. sind klar, geruch- und farblos, haben prickelnden, etwas salzigen Geschmack und entstammen meist kalten Quellen oder Brunnen. Bei überwiegendem Gehalt an Natriumhydrogencarbonat werden die S. als *alkalische Säuerlinge* oder *Sodawasser,* bei überwiegendem Natriumchloridanteil als *Kochsalzsäuerlinge* bezeichnet. Sprudeln die kohlendioxidreichen Wässer unter natürlichem Druck zutage, werden sie als *natürliche Sprudel* bezeichnet. Ein Zusatz von Kohlendioxid zu abgefüllten Mineralwässern ergibt die *Sprudel.* Der hohe Gehalt an Kohlendioxid hat physiologische Bedeutung, er fördert die Salzsäuresekretion des Magens, wirkt appetitanregend, bessert die Verdauung und wirkt harntreibend. → Heilwasser → Mineralwasser → Tafelwässer
2. → Bonbon

Sauermilch: durch natürliche Säuerung von Frischmilch (z. B. nach längerer Bevorratung ohne Kühlhaltung, Infektion mit saurer Milch, unhygienischer Milchgewinnung usw.) auftretendes oder durch Zusatz von Milchsäurebakterien-Reinkulturen (→ Starterkulturen) hergestelltes Erzeugnis. Volkstümliche Bez. für S. sind *Setzmilch, Dickmilch, Satte, Stockmilch, Dickete, Schlickemilch, Glumse, Schlotter, Selber.* → Sauermilcherzeugnis

Sauermilch des Südens: ein in der ehem. Sowjetunion beliebtes joghurtähnliches → *Sauermilcherzeugnis* ohne Anreicherung der Trockensubstanz, das auch Hefen enthalten kann.

Sauermilcherzeugnis: aus Milch (Vollmilch, entrahmter oder teilentrahmter Milch, rekonstituierter Milch aus entrahmtem oder teilentrahmtem Milchpulver) hergestelltes, homogenisiertes oder nicht homogenisiertes, pasteurisiertes oder sterilisiertes und mittels spezifischer Mikroorganismen vergorenes Milcherzeugnis. Durch die für die einzelnen Sauermilcherzeugnisse spezifischen Milchsäurebakterien und deren Enzyme wird unter Abbau eines Teils des in der Milch enthaltenen Milchzuckers Milchsäure gebildet. Dieser Säuerungsprozeß bewirkt das Ausflocken der Eiweißstoffe der Milch und deren teilw. Proteolyse. S. gelangen in den meisten Fällen als Getränke, aber auch als festes Koagulum (jeweils mit unterschiedlich eingestelltem Fettgehalt und auch aromatisiert) zum Verzehr. Zu den S. zählen *Buttermilch, Sauermilch (Dickmilch, geschlagene Buttermilch), saure Sahne, Kefir, Kumys, Joghurt* und *Acidophilus-Milcherzeugnisse.* S. sind ernährungsphysiologisch wertvoll. Das teilw. aufbereitete Eiweiß bedingt in Verbindung mit wichtigen Stoffwechselprodukten der Mikroorganismen gute Magenverträglichkeit und leichte Resoprtion im Darm. Der Stoffwechsel wird angeregt. → Starterkulturen

Sauermilchkäse: unter Verwendung von zugelassenen Hilfs- und Zusatzstoffen hergestellter Magerkäse (← 10 % F. i. Tr.) aus Sauermilchquark, bei Edelschimmelkäse auch unter Zusatz von Speisequark. Die Oberfläche von S. ist mit Gelbschmiere und/oder Edelschimmel bedeckt. Der S. kommt in verschiedenen Reifegraden in den Handel. Bekannte S. sind *Harzer, Mainzer, Landkäse, Korbkäse, Ölmützer Quargel, Kräuterkäse, Stangenkäse, Zigerkäse* u. a. In den östlichen Bundesländern handelsübliche Sorten sind *Gelbkäse* und *Edelschimmelkäse.* Gelbkäse ist mit gelblich bis rötlich-brauner Schmiere bedeckt und speckigglänzend. Edelschimmelkäse ist überwiegend mit Edelschimmelrasen bedeckt, daneben kann Gelbschmiereentwicklung auftreten. Das Käseinnere der S. ist geschmeidig und schnittfest. Der Kern ist weiß, die gereifte äußere Schicht gelblich. Die Reifung erfolgt von außen nach innen, wobei der weiße Quarkkern zunehmend opak und und geschmeidig fest wird. Geruch und Geschmack sind rein und würzig bis pikant. Nährstoffe und Energiewert s. Tab.
Die S. sind bes. dann zu empfehlen, wenn eine fettarme Diät angezeigt ist. → Käse

Nährstoffgehalt und Energiewert von Sauermilchkäse

Bestandteil	Durchschnittl. Gehalt je 100 g	
	in g	in mg
Eiweiß	39,0	
Fett	2,7	
Kohlenhydrate	4,0	
Calcium		1050,0
Phosphor		530,0
Eisen		0,6
Vitamin A		48
Vitamin B_1		0,03
Vitamin B_2		0,36
Energiewert in kJ (kcal)	840 (200)	

Sauermilchquark → Quark

Sauerpflaume, *Limoncillo, Manzanillo, Jocomico, Albarillo, Yana, Tigrito, Pata, Macaby, Wilde Olive:* mirabellenähnliche, ölhaltige Frucht des dornigen Baumes oder Strauches *Ximénia americána* L. (Familie *Olacáceae*). Das säuerlich-aromatische Fruchtfleisch wird meist für die Zubereitung von Konfitüren verwendet. Der Samenkern schmeckt süß und wird roh oder geröstet verzehrt.

Sauersack → Cherimoya

Sauerstoff: Farbstabilisator und oxydatives Agens. Er besitzt im Gemisch mit Kohlendioxid und/oder Stickstoff eine farbstabilisierende Wirkung bei Frischfleisch durch Bildung von Oxymyoglobin. Oft kann durch ihn eine unerwünschte Oxydation hervorgerufen werden.

Sauerteig: ein auf biologischem Wege spontan gesäuerter Mehlteig, der durch Gasentwicklung der Hefe, Milch- und Essigsäurebakterien gelokkert wird. In Backbetrieben wird der S. mit gezüchteten Hefe-Säurebakterien vermehrt; man entnimmt zum Impfen bzw. Anstellen (*Anstellgut*) des S. einem in voller Gärung befindlichen S. (*Vollsauer* genannt) eine geringe Portion, die mit Mehl und Wasser angeteigt (angefrischt) und bei geeigneten Temperaturen sowie Abstehzeiten neuer Gärungsintensität überlassen wird. Diese kann *mehrstufig* entsprechend dem Fortschreiten der Gärung über den sog. *Anfrischsauer, Grundsauer* und *Vollsauer* erfolgen oder auch *einstufig (Kurz-*

sauerführung bei *Kurzsauerbrot)* vor sich gehen. Je nach Geschmacksrichtung der Konsumenten können die zu versäuernden Roggenmehlanteile bei der Brotherstellung 5···50% vom Gesamtmehleinsatz betragen. Auch in der Art der Sauerteigführung, die vom Mehl-Wasser-Verhältnis, der Sauerteigtemperatur und der Abstehzeit je nach Art der Sauerteigstufe bestimmt wird, sind zahlreiche Variationsmöglichkeiten gegeben: a) *Einstufenführung* (Vollsauer von Vollsauer), b) *Zweistufenführung* (Grundsauer, Vollsauer und 1,0···1,5% Hefezusatz) bei *Zweistufensauerbrot, c) Dreistufenführung* (Anfrisch-, Grund-, Vollsauer) bei Dreistufensauerbrot. Daneben gibt es noch sog. Sauerteigspezialführungen, zu denen z.B. die *Salzsauerführung* nach Herrn *vom Stein* (für *Salz-Sauerbrot)* unter Anwendung eines Temperiergefäßes (36°C) zur Erzielung eines *Langsauers* mit einer Haltbarkeit von etwa 90 h, ferner die sog. *Berliner Kurzsauerführung* und die *Schaum*- oder *Flüssig*- bzw. *Dünnsauerführung* zählen.

Der S. enthält als wesentliche Mikroorganismenarten *Lactobacillus plantárum* und *Lactobacillus brévis*. Diese bilden vor allem Milchsäure, Kohlendioxid, daneben Essigsäure u. a. Aroma- bzw. Geschmackskomponenten des Sauerteigbrotes. Fälschlicherweise wird teilw. in Bäckereibereichen heute noch die Auffassung vertreten, daß das Essigsäureaufkommen im Sauerteig Resultat einer Essigsäuregärung sei. Eine Kombination des S. mit Hefe bei der Brotherstellung ist heute üblich. Bes. Vorzüge der Sauerteigführung liegen in der Aktivierung der Gärungsorganismen und im enzymatischen Abbau aller organischen Inhaltsstoffe zugunsten einer Anreicherung von wasserlöslichen, gut resorbierbaren Nährstoffen. Im sauren Milieu (*p*H-Wert 5,2···5,5) wird durch Phytase auch der Phytinsäure-Mineral-Komplex gespalten. → Lebensmittel, fermentiertes → Trockensauer → Starterkultur

Sauerteigbrot → Brot → Sauerteig → Roggenbrot

Sauerteigkonzentrat → Trockensauer

Sauerteigpräparat → Trockensauer

Sauerteigstarter: eine in Bäckereien selbst hergestellte (Anstellsauer, s. → Sauerteig) aber auch handelsübliche *Fertigsauerkultur* aus Rein- oder Mischkulturen selektierter Milchsäurebakterien mit oder ohne Hefe zur Bereitung eines Sauerteiges, dessen Aufgabe darin besteht, die Quell- und Backfähigkeit des Roggenmehles durch Gärung einzuleiten. I. allg. ist eine einwandfreie Brotqualität hinsichtlich Strukturbeschaffenheit und Arobildung dann gesichert, wenn 30···35% des zu verarbeitenden Roggenmehles versäuert werden. Die Verwendung von Sauerteig ist dann angezeigt, wenn in der Brotrezeptur der Roggenmehlanteil bereits 20···25% beträgt. Die S. werden in flüssiger, halbfester, getrockneter oder gefriergetrockneter Form, meist nicht offenbarter Zusammensetzung und mit unterschiedlichem *p*H-Wert, folglich auch mit spezieller Gebrauchsanleitung gehandelt. Der in Bäckereien selbst bereitete S. in Form von Anstellsauer läßt sich etwa 1 Woche bei einer Temperatur von 6···8°C und einer Teigausbeite von 190 lagern. Eine Konservierung des Anstellsauers über mehrere Wochen ist nur durch Einkneten von Mehl bis zu einer Teigausbeute von 130 möglich. Diese Form des Anstellsauers wird *Gerstl* oder *Krümelsauer* genannt, der zur Reaktivierung der Sauerteigbakterien, für einen halben Tag, entsprechend mit Wasser verdünnt, eine Zwischenstufe erhält. → Trockensauer → Starterkulturen

Säuerungsmittel: Klassenname im Zutatenverzeichnis für → *Genußsäuren* und für deren Salze oder andere sauer wirkende Stoffe. Durch die Zugabe von S. zu Lebensmitteln, aber auch durch Entwicklung von Säuren im Lebensmittel werden das Mikroorganismenwachstum, die Enzymaktivitäten und wichtige chemisch-physikalische Eigenschaften beeinflußt. Die mikrobizide Wirkung von Säuren beruht einmal auf der *p*H-Senkung im Substrat und zum anderen auf der Toxizität einiger undissoziierter Säuren, die als → Konservierungsstoffe i. e. S. verwandt werden. Jede Mikroorganismenart hat für ihre Entwicklung einen optimalen *p*H-Bereich mit einer praktischen unteren Wachstumsgrenze. Für pathogene Bakterien liegt diese

Grenze zw. *p*H 6,0 und *p*H 4,0, wobei zusätzlich in Abhängigkeit von der Zeit bei *p*H 4 ein Abtötungseffekt für die Erreger von Typhus, Ruhr, Cholera und anderen Krankheiten eintritt. Im genießbaren *p*H-Bereich ist eine Reihe von Hefen und Schimmeln jedoch noch gut entwicklungsfähig. Deshalb wird zur Herstellung von haltbaren Erzeugnissen die Säuerung sehr häufig mit den Verfahren der Pasteurisation verbunden, wobei die Verminderung der Hitzeresistenz von Mikroorganismen bei erniedrigten *p*H-Werten ausgenutzt wird. Der mikrobiologische Status dieser Erzeugnisse entspricht dem von Vollkonserven.
Ein Beispiel für die Beeinflussung ungünstiger enzymatischer Vorgänge ist die Hemmung der Polyphenoloxydase bei der Gemüseverarbeitung durch Zusatz von Citronensäure, wodurch Bräunungserscheinungen unterdrückt werden. Zusätzlich wird dabei eine bessere Erhaltung der Ascorbinsäure erzielt. Neben den Genußsäuren werden zur künstlichen Säuerung auch anorganische Säuren, wie Schwefel- (E 513), Salz- (E 507) und Orthophosphorsäure (E 338) eingesetzt (vgl. → Säureregulatoren). Die natürliche Säuerung beruht auf der mikrobiellen Entwicklung von Milchsäure im Substrat (milchsaure Gärung). Erzeugnisse, die durch künstliche S. haltbar gemacht werden, sind Essigzwiebeln, Gurken, Mixed Pickles, eine Reihe von Obst- und Gemüsesäften sowie Konserven. Durch milchsaure Gärung werden Sauerkraut, Salzgurken und andere Sauergemüse gewonnen, die als Rohkonserven gelten und kühle Lagerbedingungen erfordern.

Säuglingsfertignahrung: eine vornehmlich für Säuglinge im 1. bis 8. Lebensmonat, aber auch für ältere Säuglinge und Kleinkinder bestimmte → Fertignahrung. Die S. für den jungen Säugling (1. bis 4. Lebensmonat) ist i. allg. auf Milchbasis aufgebaut (→ Milchnahrung) und für die künstliche Ernährung oder die Zwiemilchernährung vorgesehen. In ihrer Zusammensetzung ist S. der Frauenmilch mehr oder weniger angepaßt (*adaptierte Milchnahrung*). S. kann sowohl in trinkfertiger Form steril verpackt als auch pulverförmig in den Handel kommen. Für den älteren Säugling (4. bis 8. Lebensmonat) werden *löffelfertige S.* auf *Obst-* und *Gemüse-*, *Milch-* und *Getreidebasis* hergestellt (s. Tab.).

Typenzusammensetzung des Sortiments löffelfertiger Säuglingsfertignahrung und Energiewert der Erzeugnisse

Bestandteil	Gehalt je 100 g	
	S. ab 4. Monat	S. ab 5. Monat
Eiweiß	1,2···2,0 g	2,3···3,5 g
Fett	2,2···2,7 g	2,4···3,0 g
Kohlenhydrate	9,6···14,0 g	11,0..16,0 g
Mineralstoffe	0,7···1,4 g	0,7···1,5 g
Eisen	0,5···1,5 mg	0,6···5,5 mg
Kupfer	0,1···0,5 mg	0,12..1,2 mg
Vitamin B_1	0,2 mg	0,2 mg
Vitamin C	10,0 mg	10,0 mg
kJ je 100 g	294···365	340···400
(kcal) je 100 g	(70···85)	(81···95)

S. enthalten mind. eine der Grundmassen Möhren, Äpfel, Reis, Bananen, deren antidyspeptische, stuhlverbessernde Eigenschaften in der Pädiatrie seit langem bekannt sind. Dadurch, aber auch infolge der Homogenisierung der Nahrung, lassen sich dem jungen Säugling Lebensmittel zuführen, die allein gegeben in diesem Alter unverträglich wären, z. B. vitamin- und eisenreiche Gemüse, Leber und Fleisch. → Kinderzusatznahrung

Säuglingsmilchpräparat → Säuglingsfertignahrung → Milchnahrung

Säuglingsnährmittel → Kindernährmittel

Säuglingsnahrung, adaptierte → Milchnahrung

Säuglings-Sauermilchnahrung: eine aus pasteurisierter Kuhmilch hergestellte, pulverförmige Sauermilchnahrung, die 30,8 % Eiweiß, 14,0 % Fett, 40,0 % Lactose, 6,5 % Mineralstoffe und 4,7 % Milchsäure enthält und bei Ernährungsstörungen des Säuglings als Heilnahrung verwendet wird. → Nahrung

Säuglingszusatznahrung → Kinderzusatznahrung

Säukraut → Gänsefingerkraut

Saumelde → Gänsefuß

Saumpilz → *Coprináceae*

Saupilz → *Russuláceae*

Saura → Berberitze

Saurau̅ia pausiceráta → Capulinfrucht

Säure: im herkömmlichen Sinn eine chemische Verbindung, die ionogen gebundenen Wasserstoff enthält, der durch Metallionen unter Salzbildung ersetzt werden kann (Neutralisation). S. röten Lackmuspapier, schmecken sauer, dissoziieren in wäßriger Lösung in Ionen und leiten den elektrischen Strom. Die Stärke der S. wird durch ihren Dissoziationsgrad bestimmt. Anorganische S. sind kohlenstofffrei, organische S. enthalten die Carboxylgruppe -COOH. Die menschliche Magenschleimhaut produziert Salzsäure, die für die Einweißverdauung benötigt wird. → Essigsäure (CH_3COOH), die sowohl synthetisch als auch durch Gärung aus Wein gewonnen wird, ist die bei der Speisenzubereitung am meisten verwendete Genußsäure. → Base → Fruchtsäuren

Säureamide: eine Gruppe von Carbonsäurederivaten, bei denen eine oder mehrere Hydroxyl-(OH)-Gruppen durch eine Amino-($-NH_2$)-Gruppe ersetzt sind, Grundformel

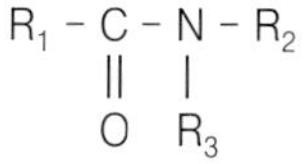

Dabei können die Reste R_2 und R_3 aus je einem Wasserstoffatom, einer Alkyl- oder Aryl-Gruppe bestehen bzw. kann das Stickstoffatom heterocyclisch eingebunden sein. Zweibasige Säuren können *Diamide* bilden. Der wichtigste Vertreter ist der → Harnstoff $CO(NH_2)_2$, der das Diamid der Kohlensäure darstellt. Mit Ausnahme des flüssigen Formamids sind die S. bei Zimmertemperatur kristalline feste Stoffe. Neben → *Capsaicin* → *Piperin* und seinem trans-Isomeren, dem → *Chavicin,* wurden in Lebensmitteln noch folgende weitere S. nachgewiesen (Übersicht siehe unten).

Säuredextrin → Dextrin

Säuregummi → Dextrin

Sauregurkenbaum → Affenbrotbaum

Saure Lappen: Bez. für marinierte Heringsfilets. → Marinaden

Säuremilch: eine durch Säurezusatz gekennzeichnete Kuhmilchzubereitung, die der künstlichen Säuglingsernährung dient. Zur Säuerung finden vornehmlich Citronen- oder Milchsäure, aber auch Adipinsäure Verwendung. Als Vorteile der S. gegenüber ungesäuerten Säuglingsnahrungen wurden in der Vergangenheit bessere Haltbarkeit und bessere Verdaulichkeit zufolge feinerflockiger Gerinnung des Caseins angesehen.

Weitere in Lebensmitteln nachgewiesene Säureamide

Säureamid	Formel	Vorkommen
Acetamid	CH_3-CO-NH_2	Zuckerrübe
N.N'-Diphenylharnstoff (Carbanilid, Karbanilid)	C_6H_5-NH-CO-NH-C_6H_5	Kokosnußmilch
Theanin (Glutaminsäureethylamid)	HOOC-$(CH_2)_2$-CH(NH_2)-CO-NH-CH_2-CH_3	wäßriger Extrakt von grünen Teeblättern
Agrocybin (Agrozybin)	CH_2-(OH)-$(C\equiv C)_3$-CO-NH_2	Pilz *Agrócybe dúra* (Bolt. ex. Fr.) Singer (Garten-Erdschüppling)

Die nach neuen Technologien (Sprüh- oder Walzentrocknung) hergestellten *Säuglingsfertignahrungen* weisen diese Vorzüge jedoch ebenfalls auf, ohne den kindlichen Organismus durch eine Säurezufuhr zu belasten. → Milchnahrung → Milch → Nahrung

Säureregulatoren: Stoffe, die den Säuerungsgrad eines Lebensmittels regeln. S. sind entweder Säuren, die den Säuregehalt verstärken oder alkalisch reagierende Stoffe, die den Säuregrad senken können. Als S. dürfen (s. Übers.) verwendet werden:

EWG-Nummer	Name
E 325	Natriumlactat
E 326	Kaliumlactat
E 327	Calciumlactat
E 330	Citronensäure
E 331	Natriumcitrate
E 332	Kaliumcitrate
E 333	Calciumcitrate
E 334	L(+)Weinsäure
E 335	Natriumtartrate
E 336	Kaliumtartrate
E 337	Natrium-Kaliumtartrat
E 338	Orthophosphorsäure
E 339	Natriumorthophosphate
E 340	Kaliumorthophosphate
E 341	Calciumorthophsphate
343	Magnesiumorthophosphate
350	Natriummalate
351	Kaliummalate
352	Calciummalate
353	Metaweinsäure
354	Calciumtartrat
355	Adipinsäure
363	Bernsteinsäure
375	Nicotinsäure
442	Ammoniumsalze von Phosphatidsäuren
E 450 a	Natrium- und Kalium-Diphosphate
E 450 b	Natrium- und Kalium-Triphosphate
E 450 c	Natrium- und Kalium-Polyphosphate
500	Natriumcarbonate, Soda
501	Kaliumcarbonate (Pottasche)
503	Ammoniumcarbonate (Hirschhornsalz)
504	Magnesiumcarbonat
507	Salzsäure
508	Kaliumchlorid
509	Calciumchlorid
510	Ammoniumchlorid (Salmiak)
511	Magnesiumchlorid
513	Schwefelsäure
514	Natriumsulfat, Natriumhydrogensulfat (Glaubersalz)
515	Kaliumsulfat, Kaliumhydrogensulfat
516	Calciumsulfat (Gips)
520	Aluminiumsulfat
523	Aluminiumammonsulfat (Alaun)
524	Natriumhydroxid (Natronlauge)
525	Kaliumhydroxid (Kalilauge)
526	Calciumhydroxid (Kalkmilch)
527	Ammoniumhydroxid (Ammoniak)
528	Magnesiumhydroxid
529	Calciumoxid (gebrannter Kalk)
574	Gluconsäure
575	Glucono-delta-lacton
576	Natriumgluconat
577	Kaliumgluconat
578	Calciumgluconat
579	Eisengluconat

→ Säuerungsmittel

Säurewecker → Starterkulturen → Lactobacillen

Saurie → Makrelenhecht

Saurópus andrógynus → Chekkur

Sauser → Most → Federweißer

Sauterneswein → Sauvignon

Sauvignon: edle, franz. Weißweinkeltertrauben-Sorte des Sauternes-Bordeaux-Gebietes, die zusammen mit den Trauben der Sorte *Sémillon* und *Muscadell* zu den weltberühmten weißen Sauternes-Weinen, den Spitzenweinen Frankreichs, verarbeitet werden. Bes. wertvolle Weine werden aus edelfaulen S.-Trauben gekeltert. → Wein → Sémillon

Savoyerkohl → Wirsing

Sawahirse → Weizenhirse

Sayoor → Durian

Saxitoxin → Gifte in Meerestieren

Sazava-Käse (Briekäse): in der Tschechischen Republik ähnlich dem Camembert hergestellter *Weichkäse.* → Käsesorten

Sbiten: ein dickflüssiges, bernsteinfarbenes, würziges russ. Nationalgetränk in Form eines → Heißgetränkes, das wie Glühwein selbst bereitet oder an ambulanten Ständen, bes. zur Winterzeit angeboten und nach folgender Rezeptur hergestellt wird: 1 l Wasser, 200 g Honig, 150 g Stärkesirup, 2 g Nelken, 2 g Zimt, 2 g Hopfen, 2 g Muskatnuß, 2 g Piment. Nach kurzem Aufkochen (etwa 5 min) läßt man den S. etwa 30 min ziehen und seiht ihn danach ab.

Sbrinz-Käse: vorzugsweise in der Schweiz ausschl. aus Kuhmilch hergestellter gepreßter *Hartkäse* in runder Laibform mit mind. 45 % F. i. Tr.. Die Rinde ist hart und trocken und von goldgelber bis brauner Farbe, der Teig weist nur geringe Lochung (Stecknadelkopfgröße) auf. Geruch und Geschmack sind aromatisch, bei reifen Käsen leicht pikant. S. findet als Reib- und Hobelkäse Verwendung. Jüngerer S. wird auch *Spalenkäse* genannt. → Hartkäse → Reibkäse

Scallop → Patisson

Scampi → Tiefseekrebsschwänze → Krebstiere

Scampo: ital. Bez. für Kaisergranat. → Krebstiere

Scandalida → Spargelerbse

Scardínius erythrophthálmus → Rotfeder

Scatol, *3-Methylindol:* eine in geringen Konzentrationen nach Fäkalien übel riechende Verbindung, die auch in Runkelrüben vorkommt (s. Formel).

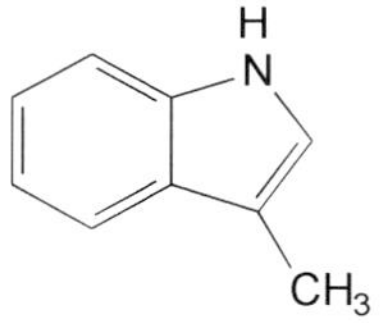

Der Geruchsschwellenwert für Scatol beträgt 10 µg pro kg Wasser.

Scatolcarbonsäure → Auxine

C-2-Scatyl-ascorbinsäure → Vitamin C

Sceletum → Skelett

Scenedesmus-Algen → Algenproukt

Schabaäpfel → Quitte

Schabasamen → Schwarzkümmel 2.

Schabefleisch → Hackfleisch

Schabziger: ursprünglich im Schweizer Kanton Glarus hergestellter, sehr harter und trockener *Zigerkäse* für Reibzwecke. → Kräuterkäse

Schabzigerkleesamen → Zigerklee

Schachbrettblume, Gebüschelte → Kaiserkrone, Große

Schachtelhalm → Ackerschachtelhalm

Schadstoffe: 1. Sammelbegriff für alle chemischen Verbindungen (oder auch Metallionen), die mit der Nahrung in den menschlichen Organismus gelangen und dort Schädigungen hervorrufen. Die Zahl der bis heute bekannt gewordenen S. ist unübersehbar groß. Sie gehören den unterschiedlichsten Stoffklassen an. Meist teilt man sie jedoch nach ihrer Herkunft ein, was oft fälschli-

cherweise mit einer Klassifizierung nach Gefährlichkeitsgraden verwechselt wird. Dabei werden die S. natürlicher Herkunft in alter Überlieferung als weniger gefährlich und die industrieller Herkunft als sehr gefährlich eingestuft. In Wirklichkeit finden sich jedoch in allen Herkunftsklassen Stoffe mit hoher und geringer Giftigkeit und ebenso Stoffe mit hauptsächlich akuter Wirkung (*Konzentrationsgifte*) und solche mit Langzeit- (*Kumulationsgifte*) bzw. Spätwirkung (*Summationsgifte*). Der Herkunft nach lassen sich die S. einteilen in:
a) *Native Schadstoffe:* Giftstoffe, die in den Pflanzen oder Tieren, die dem Menschen als Nahrungsquelle dienen, artbedingt vorhanden sind. Am bekanntesten sind die Giftstoffe der Giftpilze (→ Pilzgifte), der giftigen Beeren und der ungenießbaren Tiere (→ Gifte in Meerestieren), doch dazu gehören auch bestimmte Inhaltsstoffe von Nahrungs- und Futterpflanzen (blausäurehaltige Glycoside in der Maniok-Wurzel, Solanin in der Kartoffel-Knolle, Thioglucoside (Glucosinolate) in sämtlichen Kohlsorten und im Rapssamen, Vicin und Convicin in der Ackerbohne (um nur einige zu nennen), sowie wertgebende Bestandteile von Genuß-, Gewürz- und Heilpflanzen (z.B. Coffein in Kaffee und Tee, ß-Asaron im Ingwer, trans-Anethol in Anis und Fenchel, α- und β-Thujon in Salbei und Wermut, Pyrrolicidine in Huflattich und Kreuzkraut). Die nativen S. sind Produkte eines sekundären Stoffwechsels der Pflanzen (und Tiere), in denen sie vorkommen.
b) Von *Schadorganismen,* hauptsächlich von Schimmelpilzen, wilden Hefen und Bakterien, *produzierte Schadstoffe.* Dazu gehören so hochtoxische Stoffe wie die Botulinumtoxine und die den Antibiotica nahestehenden → *Mykotoxine* (vor allem die karzinogenen *Aflatoxine* und die auch als militärische Kampfstoffe einsetzbaren Trichothecene). Diese S. sind Produkte eines sekundären Stoffwechsels von Kleinstlebewesen, die als Nahrungskonkurrenten des Menschen auf Lebensmitteln vorkommen können.
c) *Umsetzungsprodukte zwischen Lebensmittelbestandteilen untereinander oder mit Stoffen aus der Umwelt* (Sauerstoff, Nitrat, Nitrit), die entweder spontan oder unter der beschleunigenden Wirkung von Enzymen oder Energiezufuhr (Licht, Wärmeenergie) entstehen. Dazu gehören → *Maillard-Produkte* (toxikologisch relativ harmlos, zumindest in den Anfangsstadien der Reaktion), *Fettautoxydationsprodukte, Brenzprodukte* (karzinogene polycyclische Kohlenwasserstoffe), *Pyrolyseprodukte* (mutagene heterocyclische Kohlenwasserstoffe), zu Nitrit reduziertes Nitrat und daraus gebildete → *Nitrosamine, Rauchbestandteile* (Formaldehyd, Phenole u. a.). Alle diese Stoffe entstehen durch natürliche Vorgänge und unter Bedingungen, die unabhängig vom Menschen existieren, allerdings kann ihr Vorkommen zivilisationsbedingt erheblich erhöht sein.
d) *Abfallprodukte der Industrie, der Energieerzeugung, des Verkehrs, der Landwirtschaft (Düngemittel), von menschlichen Ansiedlungen und des gesteigerten Konsums generell.* Dazu gehören toxische Schwermetallionen (Quecksilber, Cadmium, Blei, Thallium), *chlororganische Verbindungen* (polychlorierte Biphenyle und Terphenyle, Chlorbenzene, Chlorphenole, chlorierte Dibenzodioxine und chlorierte Dibenzofurane), *polycyclische Kohlenwasserstoffe*) Nitrat (aus organischem und mineralischem Stickstoffdünger) und (nach einer Kernreaktor-Havarie) → *Radionuclide.* Diese S. sind zwar anthropogenen Ursprungs, aber ihr Vorkommen in Lebensmitteln (zu denen auch das Trinkwasser gehört) läßt sich nur schwer steuern. Wenn sie erst als unerwünschte Rückstände eingedrungen sind, lassen sie sich nur mit großem technischen Aufwand und meist auch nur unvollkommen wieder entfernen. Das Sicherste ist es, ihr Auftreten von vornherein zu verhindern oder zumindest genügend einzuschränken, was aber nur mit langfristigen, großräumigen Maßnahmen möglich ist. (→ *Kontaminanten).*
e) *Rückstände von* „langlebigen", d. h. in der Natur schwer abbaubaren *Pestiziden* (insbes. chlororganische Insektizide wie DDT, Lindan und Endosulfan, Herbizide vom Triazintyp wie Atrazin, Prometryn und Simazin) und → *Wachstumsregulatoren* (z.B. Chlormequat) sowie von → *Masthilfsmitteln* (Transquilizern, Ergotropica, Anabolika). Die Anwendung von Präparaten dieser biologisch hochwirksamen Substanzen in der Landwirtschaft unterliegt gesetzlichen Bestimmungen, die das Auf-

treten von Rückständen in den späteren Lebensmitteln auf ein tolerierbares Minimum (höchstzulässige Rückstandsmenge) reduzieren oder dort, wo das gesundheitliche Risiko zu hoch erscheint, gänzlich verbieten. Allerdings ist bei der Festlegung solcher Bestimmungen jedem Staat weitgehend freie Hand gelassen, sofern er sich nicht einer übergeordneten Wirtschaftsgemeinschaft unterwirft, und da er sich nach ihm eigenen ökonomischen, klimatischen u. a. Bedingungen richtet, können diese Bestimmungen sehr unterschiedlich ausfallen.

f) → *Lebensmittelzusatzstoffe* mit chemischer Wirkung (→ *Konservierungsstoffe* → Antioxydantien → Bleichmittel) oder physiologischer Wirkung (*künstliche Farbstoffe, künstliche Süßstoffe* u. ä.). Nach einer Entscheidung des deutschen Bundesgerichtshofes darf Zucker wegen seiner gesundheitsgefährdenden Wirkung auch als S. bezeichnet werden. Ihre Zugabe zu Lebensmitteln erfolgt bewußt und direkt; sie beschränkt sich auf solche Stoffe, die für den menschlichen Organismus in relativ weiten Grenzen verträglich sind und auf unschädliche Mengen.

Bei weitem nicht alle denkbaren S. treten auch tatsächlich in den jeweils in Betracht kommenden Lebensmitteln auf. Andererseits bestehen über die gegenseitigen Beeinflussungen der toxischen Wirkungen, über gegenseitigen Toxizitätserhöhung (*Synergismus*) und gegenseitige Toxizitätsabschwächung (*Antagonismus*) bisher keine klaren Vorstellungen. Wichtig für die toxikologische Bewertung eines S. ist jedoch, daß neben der qualitativen Seite auch die quantitative Seite beachtet wird. Die Schadstoffaufnahme kann wirkungsvoll verringert werden, indem Obst und Gemüse gründlich gewaschen, geschält bzw. geputzt und Wildpilze, Innereien von Wild und älteren Schlachttieren seltener verzehrt werden.

2. Alle in der Umwelt vorhandenen chemischen Stoffe, die auf Grund ihres Gefährdungspotentials eine unerwünschte (toxische) Wirkung ausüben bzw. ausüben können. Der Begriff S. wird hier umfassender gebraucht, weil er sich nicht nur auf die mit der Nahrung aufgenommenen Stoffe beschränkt, sondern auch die Stoffe einschließt, die auf anderen Expositionswegen (z.B. Atmung, Hautkontakt) in unseren Organismus gelangen, wobei Wirkung = Toxizität x Konzentration und Schädigung = Toxizität x Exposition sind. → Lebensmittelzusatzstoffe → Xenobiotica

Schaf, *Ovis áries:* → Fleischtiere

Schafdarm → Darm

Schafeuter → *Polyporáceae*

Schaffett → Hammeltalg

Schaffleischextrakt → Fleischextrakt

Schafgarbe, Schafrippe: die wollig-zottigen, behaarten, im Umriß lanzettlichen, doppelt fiederteiligen Blätter von *Achilléa millefólium* L. (Familie *Asteráceae*), die im Frühjahr als Wildgemüse – meist roh – verzehrt werden. Zuchtsorten, die ausschl. zur Zierde der Gärten bestimmt sind, haben für die Verwendung als Droge oder für Rohkostzwecke keine Bedeutung. → Gemüse → Wildkräuter

Schafgarbensaft → Kräutersaft → Schafgarbe

Schafkäse → Schafmilchkäse

Schafmaul → Feldsalat

Schafmilch: durch vollständiges Ausmelken eines gesunden Schafes erhaltene gesamte frische Milchsekretion, die frei von Kolostrum ist. S. wird in geringem Umfang als Trinkmilch verwendet, vorwiegend aber zu Käse verarbeitet. S. unterscheidet sich von Kuhmilch insbes. durch einen höheren Eiweiß- (5···6%) und Fettgehalt (5···10%). → Milch

Schafmilchkäse, *Schafkäse:* aus Schafmilch bzw. Mischungen von Schaf- und Kuhmilch hergestellte Käse, die analog den Kuhmilchkäsen als Reib-, Hart-, Schnitt-, Weich- und Frischkäse gehandelt werden. Die Hauptherstellungsgebiete für S. sind Südosteuropa, Nordafrika, Kleinasien, Italien und Frankreich. In Deutschland hat die Herstellung von S. keine nennenswerte Bedeutung. Zu den bekanntesten Schafkäsesorten gehören *Roquefort* (Frankreich), *Kaschkaval* (Jugoslawien,

Bulgarien), *Brimsenkäse* (Ungarn), *Friesischer S.* und *Abertamer Käse* (Deutschland), *Liptauer* und *Weißkäse*. → Käsesorten

Schafrippe → Schafgarbe

Schafszunge → Knöterich

Schaftheue → Ackerschachtelhalm

Schaftosin, *Apigenin-6-C-β-D-glucopyranosyl-8-C-α-L -arabinopyranosid:* phenolischer Inhaltsstoff in Feigen, der als Indikatorsubstanz für die Verfälschung von Säften verwendet werden kann.

Schälbrot mit Lösekruste: ein von dem Belgier *Verdheman* entwickeltes → helles Weizenspezialbrot mit Ziehfäden, die aus der knusprigen Kruste herausragen und die einzelnen Krustenringe ablösen, die zur Dekoration sowie Füllung mit Salaten dienen. Zur Folieneinkleidung und Oberteigbeschichtung sind entsprechende Maschinen entwickelt worden, mit deren Hilfe der Brotteig vor dem Backen mit einer Folie mit Ziehfädengerippe umlegt und darauf eine zweite Teigschicht aufgetragen oder aufgerollt wird. Der Brotteil unter der sog. *Lösekruste* erhält unter der Zwischenfolie einen glatten, unverfärbten Abschlußrand, ist von feinporiger Beschaffenheit, bleibt unter der Folie längere Zeit frisch und wird als *Glattdelikateßbrot* bezeichnet. → Brot

Schalenbräune des Apfels: nur auf die Fruchtschale beschränkte Erscheinung, die sich in brauner Sprenkelung oder schlierenartiger sowie unregelmäßiger Flächenverbräunung äußert und dabei trockene, rauhe, narbig-lederartige Flecken hinterläßt. Die S. ist leicht zu verwechseln mit der → Altersfleischbräune oder Druckstellenverbräunungen. → Apfelfehler

Schalenbrot → Brot, ballaststoffangereichertes

Schalenfleckigkeit → Kaltlagerkrankheiten

Schalenobst: Sammelbegriff für Obstarten, bei welchen die genießbare Samenanlage von einer ungenießbaren, harten Schale umgeben ist. Von heimischen Obstarten gehören hierzu → Walnuß und → Haselnuß. Wichtige ausländische Schalenobstarten sind → Erdnuß → Edelkastanie → Kaschunuß → Mandel → Paranuß → Pinienkern → Pistazie u. a. Die Früchte des S. zeichnen sich durch ihren relativ hohen Ölgehalt aus. Von beiden heimischen Schalenobstarten gibt es folgende Sorten (s. Übersicht Seite 493).

Schalenobstmasse: ein Halbfertigerzeugnis, u.a. zur Herstellung von *Makronen,* das zur Gruppe der → Eiklarmassen zählt und aus zerkleinerten eiweißreichen Ölsamen sowie Eiklarschaum und Zucker besteht. Zu den S. zählen *Makronenmasse, Nußmakronenmasse, Persipanmakronenmasse (Makronenersatzmasse).* → Makronendauergebäck → Masse

Schalentee → Erzeugnis, teeähnliches

Schalentiergift, paralytisches → Gifte in Meerestieren

Schalenwild → Wild

Schalerbse → Gemüseerbse

Schälerbse → Speiseerbse, geschält → Trockenspeiseerbse

Schälmittel: Stoffe, die zum Entfernen oder Lösen der Schalen von Obst, Gemüse und Kartoffeln verwendet werden. Bevorzugt dienen diesem Zweck Kalilauge (Kaliumhydroxid) und Natronlauge (Natriumhydroxid), manchmal auch heiße Kochsalzlösungen. Verschiedentlich werden auch → Netzmittel und → Enzyminhibitoren, um Verfärbungen zu vermeiden, hinzugefügt. → Kartoffeln

Schälnuß → Walnuß, grüne

Schalotte, *Aschlauch, Askalonzwiebel, Batatenzwiebel, Charlotte, Eschalote, Eschlauch, Kartoffelzwiebel, Klöben, Schlotte:* eine Abart der → Speisezwiebel , *Állium ascalónicum* L., Syn. *Állium, cépa var. aggregátum* C. Don (Familie *Liliáceae*), bei der die zu Büscheln gehäuften, schiefeiförmigen Haupt- und Nebenzwiebeln auf einem gemeinsamen Zwiebelboden sitzen und während des Wachstums (später nicht mehr) von einer gemeinsamen, trockenen, rötlichen Schale umgeben sind. Die S. kommt im Orient wildwachsend vor, wird bevorzugt in den Tropen, in Europa ledig-

Ausgewählte Schalenobstarten und -sorten

Art und Sorten	Zeit der Einführung als Handelsobjekt	Entstehung	Genußreife Baumreife	Zeit der Aufnahme in die Sortenliste	Anbauart	Verwendung	Bemerkungen
Walnuß 'Ockerwitzer Lange' 'Seifersdorfer Runde'	1954	in systematischen Auslesearbeiten gewonnen und durch Veredlung vermehrt	Mitte September	1954	allg. Anbau	Frischverzehr	
Haselnuß							
'Cosford'	1816	unbekannt	Mitte bzw. nach Mitte September	1970	allg. Anbau	Frischverzehr	
'Hallesche Riesen'	1788	aus 'Gunsleber Zellernuß'					
'Webbs Preisnuß'		wahrscheinlich Sämling vom 'Lambert Filbert'					

lich in Gärten kultiviert. Der Anbau der anspruchslosen Pflanze erfolgt durch Pflanzen einzelner Teilzwiebeln mit 12···15 cm Abstand und 25···30 cm zwischen den Reihen. Die Blätter werden als → Küchenkraut genutzt. Die Nebenzwiebeln von 1···2 cm Länge und 0,5···2 cm Dicke schmecken im Vergleich zur → Speisezwiebel sehr mild und werden sowohl für Rohverzehr als auch zum Würzen von eingelegten Gurken und als → Essiggemüse verwendet. → Gemüsezwiebel

Schalotte, Chinesische → Schnittlauch, Chinesischer 2. → Lauch

Schälpilz: Pilzbez., die je nach landschaftsgebundenem Sprachgebrauch, für zwei verschiedene Pilze der Pilzfamilie *Boletáceae* und für den einzigen bedeutenden Speisepilz der Familie *Amanitáceae* gebraucht wird:
1. eines der vielen Synonyme für den eßbaren Goldgelben Lärchen-Röhrling (*Suíllus grevíllei* Klotzsch). → *Boletáceae*.
2. eines der vielen Synonyme für den eßbaren Butterpilz [*Suíllus lúteus* (L. ex Fr.) s. F. Gray] → *Boletáceae*.
3. eines der Synonyma für den eßbaren Perlpilz und den *Gedrungenen Wulstling* [*Amaníta excélsa* (Fr.) Bert.] (*Amaníta rubéscens* Pers. ex Fr.). → Amanitáceae

Schaltiere: gelegentlich in Gastronomie oder Handel gebrauchte Bez., die für marine → Krebstiere und für marine → Muscheln angewendet wird.

Schantungkohl → Chinakohl

Scharbockskraut → Kapernersatz → Wildkräuter

Schardinger-Dextrin → Dextrin

Schardinger-Enzym → Aldehyddehydrase

Scharena Ssol, *Buntes Salz:* eine bulgarische → Würzmittelmischung, bestehend aus Gewürzpaprika, Bohnenkraut, Steinklee und Speisesalz zum Würzen von Fleischgerichten.

Scharfgewürz: Sammelbez. für brennend scharf schmeckende Gewürze wie z. B. Ingwer, Paprika, Pfeffer und Sambal. → Dihydrocapsaicin → Spilanthol

Scharlacherdbeere → Erdbeere

Scharlachkraut → Muskatellersalbei

Scharlachmonardo → Monardo

Scharlachquitte → Quitte, japanische → Wildfrüchte

Scharlachsalbei → Muskatellersalbei

Schaschlyk: auf Spieße (Holz) ursprünglich in wechselnder Folge aufgereihte und gebratene bzw. gegrillte Hammelfleischstücke, Nieren in Scheiben, Speck-, Leber- und Herzwürfel sowie Zwiebel-, Gurken- und Tomatenscheiben. Neuerdings werden auch Stücke aus Rind- und Schweinefleisch verwendet.

Schaschlykgewürz: eine → Gewürzmischung aus Gewürzpaprika als Hauptbestandteil, Estragon, Koriander, Muskatnuß, Mazis, Cayennepfeffer, Piment und Pfeffer, die zur Bereitung von Schaschlyk bestimmt ist.

Schattenmorelle → Sauerkirsche → Weichsel → Steinobst

Schaumbackware → Baisermasse

Schaumbaisermasse → Baisermasse

Schaumdessert → Schaumspeise

Schaum, eßbarer → Lebensmittelschaum

Schaumgelatinezuckerware → Gelatinezuckerware → Schaumzuckerware

Schaumgeleezuckerware → Geleezuckerware

Schaummasse → Baisermasse

Schaumsauerbrot: ein Roggenspezialbrot, dessen Teigbereitung auf Anwendung des sog. Schaumsauerverfahrens nach *Lubig* beruht. Kennzeichnend für das Schaumsauerverfahren ist eine durch Schlagen schaumig gewordene Sauerteigführung (Heranführung relativ wasserreicher, schaumbildender Sauerstufen, *Flüssigsauerbrot*). Das Verfahren lehnt sich an die vorwiegend in Wien eingebürgerte Dünnsauerführung (*Dünnsauerbrot*) an, schließt jedoch noch einige Besonderheiten ein: Die Sauerteigflora weicht deutlich von der des Normalsauers ab (mehr Hefen, starker Trieb, geringere Säurebildung, bessere Ausquellung der Eiweißstoffe und Stärke und damit in Zusammenhang stehende Steigerung des Volumens, erhöhte Porengleichmäßigkeit der Krume, etwas hellere Krumenfarbe und angenehmer Geschmack). Der starke Trieb des Schaumsauers erleichtert gleichzeitig die Verarbeitung von sog. Brotstreckungsmitteln (z. B. Hafer-, Gersten-, Buchweizen- oder Maismehl). → Sauerteig

Schaumschokolade, *Luftschokolade, Aeroschokolade:* eine → Schokolade von schaumigem Gefüge mit zahlreichen Hohlräumen. Sie wird durch Abkühlen der flüssigen Schokoladenmasse in Formen unter Vakuum hergestellt.

Schaumspeise, *Dessertschaum, Schaumdessert:* eine mit Gas (Luft, Stickstoff, Kohlendioxid) aufgeschäumte, süße, teils auch aromatisierte, z. B. Weinschaum (Chaudeau), Zubereitung unter Verwendung von → Aufschlagmitteln. Für die Bereitung im Haushalt stehen kaltlösliche Pulver zur Verfügung, die mit Milch zu schlagen sind und meistens Pflanzenfett sowie Hydrokolloide und Verdickungsmittel enthalten. Industriell produzierte S. gelangen in Portionspackungen als sog. → Fertig-Desserts auf den Markt und werden in verschiedenen Geschmacksrichtungen und sowohl als ein- als auch als mehrschichtige Produkte angeboten. Ihr Energiewert liegt auf Grund des höheren Fettgehaltes gegenüber Milchpuddings je 100 g bei 840 kJ (200 kcal). → Lebensmittelschaum

Schaumstabilisatoren → Stabilisierungsmittel → Schleierkraut

Schaum, süßer → Schaumzuckerware

Schaumtorte: eine Sortimentsgruppe von Konditoreiwaren in runder, rechteckiger oder quadratischer Form, die im Vergleich zu traditionellen Kremerzeugnissen eine Energiereduzierung von etwa 25 % aufweisen. Die S. bestehen im wesentlichen aus einer Schicht Wiener Boden, einer Schicht Eiklar-Zucker-Schaum und einem Überzug aus Hartfettglasur. Man unterscheidet z. B.

Fruchtschaumtorten unter Zusatz von Fruchtmark und *Kakaoschaumtorten* mit Zusatz von Kakaopulver. → Lebensmittelschaum

Schaumverhütungsmittel, *Antischaummittel, Entschäumer:* Stoffe, die unerwünschte Schaumbildung in Lebensmitteln hauptsächlich während der Herstellung bzw. Verarbeitung verhindern oder vermindern. Vorallem werden sie angewendet bei Würzen, Zucker, Konfitüren, Süßwaren. Wichtige S. sind:

E 471 Mono- und Diglyceride von Speisefettsäuren

E 470 Natrium-, Kalium- und Calciumverbindungen der Speisefettsäuren

E 472 veresterte Mono- und Diglyceride von Speisefettsäuren

E 475 Polyglycerinester von Speisefettsäuren

900 a Dimethylpolysiloxan

905 Paraffinöl

Fettalkohole, Speiseöle und -fette.

Schaumwein → Sekt

Schaumweinhefe: eine Reinzuchthefe, die gegen relativ hohen Alkoholgehalt resistent ist und spezifische Bukettstoffe bildet. Zu dieser Heferasse zählt z.B. auch die kälteresistente *Champagner Epernay.* → Hefe

Schaumzuckerware: schaumiges Erzeugnis aus Zucker, Stärkesirup, Eiklar und Quellmitteln (Agar-Agar, Pektin, Speisegelatine). Die süßen Schäume werden je nach Gefüge der Massen gegossen, dressiert, geschnitten oder gehackt. Es handelt sich um weiche oder harte Produkte. Zu den weichen Produkten zählen *Negerküsse, Meringen, Baisers, Marshmallows* und sehr leichte Einlagen. Zu den weniger weichen zählen leichte Fondantmassen, Kaubonbons und Karameleinlagen. Zu den *harten* S. zählen *türkischer Honig. Harte S.* werden durch Trocknen meist in eine mit Ornamenten verzierte Form gebracht. *Elastische S.* zählen zu den *weichen S.* und enthalten keine → Pflanzengummen; fälschlicherweise werden sie oft als *Gummizuckerware* bezeichnet. → Lebensmittelschaum → Aufschlagmittel

Schaumzuckerware, Orientalische: zu den → *Zuckerwaren* zählendes halbfestes oder fast hartes, meist zähklebriges Erzeugnis aus aufgeschlagenen und abgerösteten Massen mit verschiedenen Zusätzen. Sorten von O. S. sind *Türkischer Honig, Orientalischer Nugat* und *Halva.* → Lebensmittelschaum

Schauwert → Qualität

Scheefsnut → Plattfische

Scheiben-Becherlinge → *Díscina*

Scheibeningwer: die in Scheiben geschnittenen Wurzelstöcke von → Ingwer. Sie dienen u. a. zur Herstellung von Likör und kandiertem Ingwer.

Scheibenlorchel → *Díscina*

Scheibenpilze → *Pezizáles*

Scheiberich → Sellerie

Scheidenschwamm → *Amanitáceae*

Scheidenstreiflinge → *Amanitáceae*

Scheidlinge → *Amanitáceae*

Scheidling, Schwarzstreifiger → Kulturpilze

Scheidsaft: Saft aus gerbstoffreichen, hartreif geernteten Früchten (z.B. speziellen Birnensorten, Ebereschen, Edelebereschen, Mispeln, Schlehen, Quitten), der früher gerbstoffarmen Säften, insbes. Apfelsaft, zur Erleichterung des Klärprozesses zugesetzt wurde.

Scheinbeere: die kugeligen, aromatischen, roten Früchte von 8···15 cm Dicke des im östlichen Nordamerika beheimateten immergrünen Kleinstrauches *Gaulthéria procúmbens* L. (Familie *Ericáceae*). Die Beeren bleiben den Winter über als Schmuck an der Pflanze hängen, können aber auch als Kuchenfüllung verwendet werden. Früher wurde aus den Blättern das sog. *Wintergrünöl* als Aromaträger für Zuckerwaren (Bonbons oder Kaugummi) gewonnen. Aus den Blättern läßt sich auch der sog. *Bergtee* bereiten.

Scheinfrucht → Sammelfrucht

Scheinquitte → Quitte, Japanische → Wildfrüchte

Scheinstammstärke → Stärke, tropische

Schellack → Harze

Schellbeere → Multbeere

Schellfisch, *Melanográmmus aeglefínus, Gádus aeglefínus* (Bild):

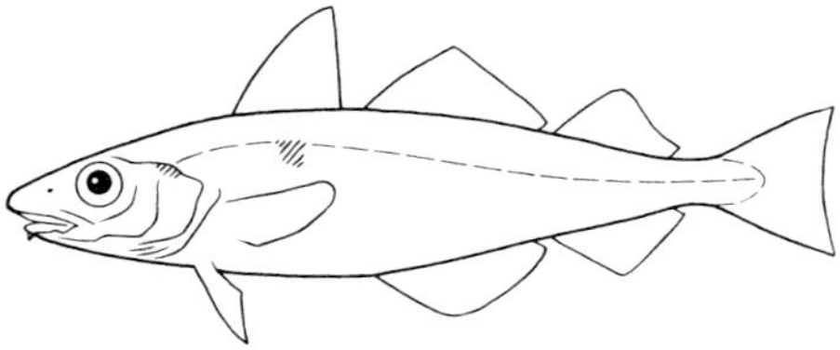

Schellfisch

Dorschartiger Meeresfisch mit charakteristischem schwarzem Fleck über der Brustflosse. Durch die starke Abfischung liegt die mittlere Länge meist unter 40 cm. Die Fänge liegen im Westatlantik zw. 50···80 kt, im Nordatlantik um 300 kt jährlich. Der S. ist ein typischer *Magerfisch* mit weißem Fleisch (Tab.), das einen angenehmen zarten Eigengeschmack hat.

Zusammensetzung und Energiewert des Schellfischfleisches

Bestandteil	Durchschnittl. Gehalt je 100 g eßbaren Anteils
Wasser	79···82
Eiweiß	16···18
Fett	0,1···0,2
Mineralstoffe	1,1···1,8
Energiewert je 100 g eßbaren Anteils in kJ (kcal)	293···340 (71···81)
davon aus Eiweiß	297···330 (70···79)
aus Fett	4···8 (1···2)
Richtwert für verwertbare Gesamtenergie je 100 g eßbaren Anteils in kJ (kcal)	315 (75)

S. ist sehr gut zur Zusammenstellung von fettarmen und leichten Kostformen geeignet. Die Verwendung des bereits auf See filetierten und gefrorenen Fisches erfolgt vornehmlich als Speisefisch. Die industrielle Verarbeitung des S. spielt eine untergeordnete Rolle. S. wird teilw. geräuchert und kann als küchenfertig bearbeiteter oder tischfertig zubereiteter S. gefroren angeboten werden. Bes. in England wird ein spezielles → Räucherfischerzeugnis (*Smoked Haddock*) zur weiteren Zubereitung im Haushalt hergestellt. → Fisch

Scherg → Störe

Scherkohl → Schnittkohl

Scherzel: (österr.) Oberschale vom Rind. → Schlachtkörperteilstücke

Scherzgebäck → Gebildbackware

Scheuerkraut → Ackerschachtelhalm

Schibaum → Butterbaum

Schiblette → Kringel

Schibulette → Kringel

Schibutter → Sheabutter

Schichtbrot → Semmel

Schichtkäse → Käse, nichtreifende

Schieler → Schillerwein

schier: Bez. für fettarmes Gewebe, bes. bei Fleisch.

Schierei → Ei

Schierlingstanne → Bier

Schiffsbrot → Dauerbrot

Schildampfer → Gartenampfer

Schildbrötli → Waldsauerklee

Schildkröte: ein Kriechtier, das in zahlreichen Arten vorkommt. Einige liefern ein als Delikatesse früher sehr geschätztes Fleisch, das zu Ragout, Suppen, Frikassee und Marinaden verarbeitet wurde. Die Produkte kamen fast ausschl. in Dosen in den Handel. Der Hauptlieferant solcher Produkte ist die *große Suppenschildkröte (Chelónia* [= *Chelone*] mýdas), die in allen Meeren der tropischen und subtropischen Zonen gefangen wird und bis zu mehreren Zentnern wiegt. Aufgrund des Artenschutzes und weil Verbraucherproteste sich gegen den Verzehr von Schildkrötensuppe wandten, ist sie in Deutschland nicht mehr im Angebot. Eine nachgemachte Schildkrötensuppe ist als → Mockturtlesuppe bekannt.

Schildkrötensuppe, Echte → Suppe, tafelfertige

Schildkrötensuppe, Falsche → Suppe, tafelfertige → Mockturtlesuppe

Schildmakrele, *Stöcker, Bastardmakrele, Maasbanker, Trachúrus spp.* (Bild):

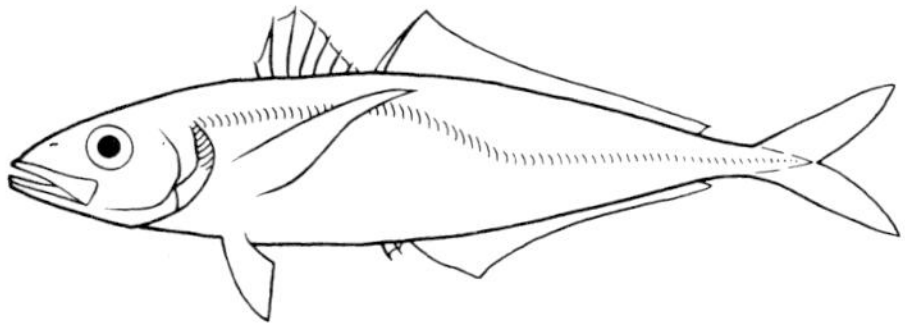

Schildmakrele

Handelsbez. für pelagische Schwarmfische der Gattung *Trachúrus* und *Decápterus, Familie der Stachelmakrelen (Carangídae)*. Die langgestreckten, spindelförmigen Fische werden durch eine mehr oder weniger lange Reihe schildförmiger, bedornter Platten in der Seitenlinie, bes. in ihrem hinteren Teil, charakterisiert. Sie haben eine hart- und eine weichstrahlige Rückenflosse, 2 einklappbare Dornen vor der Afterflosse und eine tief gegabelte Schwanzflosse. Die Oberseite ist olivgrün bis stahlblau, die Unterseite silberweiß. Von den zahlreichen Arten, die in allen gemäßigten und warmen Meeren vorkommen, werden jährlich 2,5···3,5 Mio t wirtschaftlich genutzt. Die wichtigsten Fangplätze liegen an der nordwest- und südwestafrikanischen Küste und im Mittelmeerraum sowie vor Chile und Peru. In den Anlandungen herrschen Längen von 20···40 cm vor. Als Beifang kommen gelegentlich größere Arten von Stachelmakrelen der Gattung *Caranx* als *Makrelenbarsch* in den Handel, die sich durch einen hochrückigen, leicht zusammengedrückten Körper, eine schuppenlose Brust und eine Reduktion der Seitenschilder unterscheiden. Die Eigenschaften des Schildmakrelenfleisches variieren je nach Art und Fangplatz, der Fettgehalt unterliegt jahreszeitlichen Schwankungen. Das Fleisch (Tab.) ist meist fettarm, auch mittelfett, aber eiweißreich.

Zusammensetzung und Energiewert des Schildmakrelenfleisches

Bestandteil	Durchschnittl. Gehalt je 100 g eßbaren Anteils		
	Decapterus ronchus in g	*Trachurus trachurus* in g	*Trachurus pectoratus* in g
Wasser	69···74	73···75	70···74
Eiweiß	21···22	19···20	19···22
Fett	0,5···8	0,5···9	2···10
Mineralstoffe	1	1···1,5	1···1,5
Energiewert je 100 g eßbaren Anteils in kJ (kcal)	405···725 (97···173)	370···725 (88···173)	430···805 (103···192)
davon aus Eiweiß	385···405 (92···97)	350···370 (84···88)	350···405 (84···97)
aus Fett	20···320 (5···76)	20···355 (5···85)	80···400 (19···95)
Richtwert für verwertbare Gesamtenergie in kJ (kcal)	545 (130)	500 (120)	525 (125)

Die Qualität sinkt mit dem Fettgehalt. Beachtenswert ist der relativ hohe Anteil des Fettes an → ω-3-Fettsäuren. Die gestreifte S. (*Decapterus ronchus*) wird wegen des helleren, fetteren und saftigeren Fleisches bevorzugt. Bes. zart und fett sind die kleinen S. der Biskaya. Das Unterhautfettgewebe von S. ist häufig von gelber bis gelbgrüner Färbung, die nicht auf Vertranung (→ Fischöl) zurückzuführen ist. Die industrielle Verarbeitung zu Lebensmitteln wird durch die Schildplatten behindert, die weder durch die üblichen Zubereitungsarten noch durch Sterilisieren genußfäig gemacht werden können. Daher sind zur massenhaften Verarbeitung bes. Bearbeitungsmaschinen zweckmäßig. Dennoch gewinnt diese Fischgruppe rasch an Bedeutung. Bei S. dominiert die Herstellung von → Fischkonserven und → Räucherfischerzeugnissen. → Fisch

Schilf, *Rohr, Schilfrohr:* fast über die ganze Erde verbreitetes Sumpfgras, *Phragmítes austrális* (Cav.) Trin. ex Steud. (Familie *Poáceae*), das in China, bes. um Shantung, in Teichen kultiviert und ähnlich dem → Mandschurischen Wasserreis die jungen Sprosse als Gemüse verzehrt werden.

Schill → Zander

Schiller → Schillerwein

Schillerlocke → Räucherfischerzeugnis

Schillern: Eigenschaft eines Lebensmittels, Licht teilw. hindurchtreten zu lassen und es an kleinsten Teilchen zu beugen, wodurch ein Farbenspiel mit wechselndem → Glanz entsteht. → Schillerwein

Schillerwein, *Schiller, Schieler:* bleicher, rosafarbiger, farbenspielender → Wein, hergestellt durch Keltern von roten und weißen Weintrauben oder aus dem Saft von nur kurz eingemaischten roten Weintrauben. Die Farbe von S. ist rosa bis hellrot. In Württemberg wird S. auch *Rotling* genannt. → Roséwein

Schimmelfleckei → Ei

Schimmelkäse: Bez. für Käse, bei denen Schimmelpilze als spezifische Reifungsflora entweder an der Oberfläche (z.B. *Penicíllium camembérti* beim Camembert) oder im Inneren (z.B. *Penicíllium roquefórti* beim Roquefort) auftreten. S. können als Hart-, Schnitt-, Weich-, Frisch- und Sauermilchkäse hergestellt werden. → Käsesorten

Schimmelpilze → Pilze

Schinken: 1. aus *Schweinefleisch,* meist aus der Keule, durch Pökeln und Räuchern hergestelltes Erzeugnis. Je nach Art und dem Zuschnitt des Fleisches, der Zusammensetzung des Pökelsalzes, der Pökelzeit sowie der Räucherdauer und Räuchertemperatur erhält man unterschiedliche Produkte. S. (*Rohschneider*) und *Katenschinken* sind gepökelte und geräucherte Schweinehinterkeulen mit Knochen; bekannte Sorten sind z.B. der *Westfälische, der Schwarzwälder* bzw. *Hamburger Rohschneiderschinken.* Für *Rollschinken* werden langgezogene, magere S. ohne Knochen gewählt; diese werden nach dem Pökeln gerollt, mit Bindegarn fest umwickelt und dann geräuchert. Für *Nuß-* oder *Mausschinken* wird die sog. → Kugel verwendet, während *Lachsschinken* aus dem Kernfleischstück des Kotelettstranges hergestellt wird. *Prager Schinken* wird aus hellem Fleisch des Keulenstückes gewonnen. Er wird nur geräuchert und anschließend gekocht oder in Brotteig gebacken. → Kochschinken
2. *Keulenstück* vom Schwein. → Schlachtkörperteilstücke

Schinkenbockwurst: → *Brühwurst* (Würstchen), die sich als Spitzensorte durch geringen Fett- und hohen Eiweißgehalt auszeichnet. Als Rohstoffe werden sehnen- und fettgewebsarmes Rind- und Schweinefleisch, Schweinebacken ohne Schwarte, Fettabschnitte, Nitritpökelsalz, Pfeffer, Muskat, Mazisblüte und Kardamom eingesetzt. Als Wursthüllen dienen enge Schweinedärme. Das Schnittbild zeigt eine rosarote, fein gekutterte, mit Fleischstücken durchsetzte Brätmasse. → Wurst

Schinken, gefüllter → Mortadella

Schinkenhäger → Steinhäger

Schinkenkraut → Hirtentäschel

Schinkenpolnische, schnittfest, *Polnische:* → Rohwurst (Halbdauerware, mittlere Sorte), zu deren Herstellung grob entsehntes Rindfleisch, fettgewebsreiches Schweinefleisch, Schweinebauch ohne Knochen, Speck ohne Schwarte, Speisesalz, Nitritpökelsalz, Zucker, Pfeffer, Knoblauch und Piment eingesetzt werden. Als Wursthüllen dienen Naturdärme (Kranzdärme). Das Schnittbild zeigt eine rotweiß gemusterte, grob (8···12 mm) geschrotete Wurstmasse. → Wurst

Schinkenschmalz → Schweineschmalz

Schinkenwurst, grobe: → Brühwurst, der → Jagdwurst ähnlich.

Schinkenwurst, schnittfeste, *Schinkenplockwurst*: → Rohwurst (Halbdauerware, Spitzensorte), zu deren Herstellung sehnen- und fettgewebsarmes Rind- und Schweinefleisch, Schweinebauch ohne Knochen, Speck, Speisesalz, Nitritpökelsalz, Zucker und Pfeffer zum Einsatz kommen. Als Wursthüllen dienen Kunst- oder Naturdärme. Das Schnittbild zeigt eine rotweiß gemusterte, grob (etwa 10···12 mm) geschrotete, sehnenfreie Wurstmasse. → Wurst

Schínus depéndens → Chicha 3.

Schinusfrucht, *Rosa Pfeffer, Rosa Beere:* Sammelbez. für getrocknete ungeschälte, orange- bis rotfarbene handelsübliche Steinfrüchte von *Schínus mólle* L. und *Schínus terebinthifólius* Raddi (Familie *Anacardiáceae*), als die wirtschaftlich wichtigsten Arten unter den zahlreichen Schinusarten, die in Südamerika kultiviert werden und in Eurpoa als Zierpflanzen bekannt sind. Im reifen Zustand weisen die Steinfrüchte einen Durchm. von 4···10 mm auf; beim Trocknen schrumpfen sie auf 50···75% ihrer ursprünglichen Größe. Das ätherische Öl (*S. mólle:* 3,4···5,2%; bei *S. terebinthifólius:* 1,5···10%) enthält Phellandren, Alpha- und Beta-Pinen, Limonen, p-Cymol und 3-Caren als Hauptkomponenten. Da dem 3-Caren eine hautsensibilisiernde Wirkung zugeschrieben wird, sollte sein Anteil im ätherischen Öl einen bestimmten Wert (max. 15 gaschromatographische Flächenprozente) nicht übersteigen. S. aus Réunion zeigen bislang die niedrigsten 3-Caren-Werte. Rein äußerlich lassen sich die als Gewürz verwendeten S. (vielfach sind sie auch zu Pulver vermahlen) nicht voneinander unterscheiden. Braun- bis bläulich oder schwarzfarbene Beeren oder Beeren mit einem Durchm. unter 4 mm deuten darauf hin, daß es sich um andere Schinusarten außer *S. mólle* oder *terebinthifólius* handelt. Steinfrüchte aller Schinusarten enthalten keine Scharfstoffe vom Typ des Piperins, aber ein Aroma, das dem des Schwarzen Pfeffers nahe kommt.

Schínus mólle → Pfeffer, Peruanischer → Schinusfrucht

Schínus terebinthifólius → Schinusfrucht

Schipka: deutsche Schreibweise für → Šipka. → Käsesorten

Schirmholz → *Agaricáceae* → Kulturpilze

Schirmlinge → *Agaricáceae*

Schirmpalme, Große → Talipot-Palme

Schisándra chinénsis → Spaltkörbchen

Schizomyceten → Bakterien

Schizosaccharomýces pómbe → Pilze

Schlachtabgänge: Körperteile von Schlachttieren, die neben der Muskulatur, dem eigentlichen Fleisch, anfallen, wie → *Innereien* → Blut, innensekretorische Drüsen, Schwarten, Därme, Knorpel, Knochen und sonstige Nebenprodukte. Zu den S. gehören beim Rind: *Haut* und *Schwanz, Kopf, Füße,* die Organe der *Brust-, Bauch-* und *Beckenhöhle* mit den anhaftenden Fettpolstern; beim Schwein: die Eingeweide der *Brust-, Bauch-* und *Beckenhöhle* nebst *Zunge, Luftröhre* und *Schlund.* Beim Schaf: *Fett, Füße, Kopf* sowie die Eingeweide der *Brust-, Bauch-* und *Beckenhöhle*; bei Böcken und Hammeln zusätzlich die *äußeren Geschlechtsteile* und beim Mutterschaf auch das *Euter.* Mitunter werden S. auch wenig exakt als Schlachtabfälle bezeichnet. Durchschnittl. ein Drittel der Masse der Schlachttiere entfällt auf Schlachtabgänge.

Schlachtabschnitte: bestimmte Teile des Schlachtkörpers, die bei der Schlachtung und Zerlegung der Schlachttiere anfallen und für die menschliche Ernährung bestimmt sind. Vom Rind sind es: Kopf, Maul, Fußhäute, Euter, Schwanz. → Kronfleisch, Stichfleisch; vom Schwein sind es:

Kopf, Spitzbein, Schwanz, Kronfleisch, Stichfleisch. Die S. werden in der Hauptsache zu Fleischerzeugnissen verarbeitet. → Innereien → Schlachtkörperteilstücke

Schlachtfleischteilstücke → Tierkörperteilstücke

Schlachtkörperteilstücke, *Tierkörperteilstücke:* nach der Schlachtung der Fleischtiere durch Grob- und anschließende Feinzerlegung anfallende Teilstücke. Die Zerlegung der wichtigsten Fleischtiere (Schwein, Rind, Kalb und Schaf) erfolgt nach bewährten Schnittführungen, die regional unterschiedlich sein können. Die erhaltenen Teilstücke werden als Frischfleisch angeboten bzw. verarbeitet (Übersichten Seite 501–503).

Schlachttierbeschau → Schlachttieruntersuchung

Schlachttieruntersuchung, *Schlachttierbeschau, Prä mortem Inspectio, Lebenduntersuchung:* vorgeschriebene Untersuchung kurze Zeit vor der Schlachtung. Sie ist erforderlich, um Tierseuchen und Krankheiten zu erkennen, die von Einfluß auf die Genußtauglichkeit des Fleisches sein können.

Schlackwurst, hart ausgereift: → *Rohwurst* (Dauerware) von Spitzenqualität, zu deren Herstellung sehnen- und fettgewebsarmes Rind- und Schweinefleisch, Speck, Speisesalz, Nitritpökelsalz, Zucker und Pfeffer eingesetzt werden. Als Wursthülle dient Naturdarm (Fettenden; die Bez. leitet sich von Schlacke = Enddarm des Schweines her). Das Schnittbild zeigt rotweiße Musterung mit annähernd gleicher Fleisch- und Fettverteilung und einer Körnung von 3···4 mm. Eine leichte Porosität ist zulässig. Geruch und Geschmack sind aromatisch, angenehm rauchig. → Wurst

Schlackwurst, schnittfest: → Rohwurst (Halbdauerware) von Spitzenqualität, zu deren Herstellung sehnen- und fettgewebsarmes Rind- und Schweinefleisch, schwach entsehntes und entfettetes Schweinefleisch, Speck, Speisesalz, Nitritpökelsalz, Zucker und Pfeffer eingesetzt werden. Als Wursthüllen dienen Naturdärme. (Die Bez. leitet sich von Schlacke = Enddarm des Schweines her.) Das Schnittbild zeigt eine rotweiß gemusterte, feinkörnig geschrotete Wurstmasse, die frei von Sehnen ist. → Wurst

Schlafbaum, *Federbaum:* ein in Asien kultivierter Baum, *Albízia julibríssin* Durazz (Familie *Fabáceae*), dessen Blätter in China als Gemüse verzehrt werden.

Schlagkuchen → Sandkuchen

Schlagobers: österr. Bez. für → Schlagsahne.

Schlagrahm → Schlagsahne

Schlagsahne, *Schlagrahm, (*österr. *Schlagobers*): handelsübliche Sahne mit einem Fettgehalt von 30 %. Durch zweitägige Alterung der S. bei 2···5°C werden eine gleichmäßige Härtung des Fettes und damit gute Schlageigenschaften erreicht. Erst kurz vor ihrer Verwendung wird das Volumen der S. durch Einschlagen von Luft auf etwa das Doppelte vergrößert. Es entsteht ein fester, feinglasiger Schaum, der durch Zusatz von → Stabilisierungsmitteln bes. steif gehalten und portionierungsfähig gemacht werden kann. Der Energiewert von 100 g S. beträgt 1265 kJ, davon entfallen 1175 kJ auf Fett. Die S. zählt zu den bes. energiereichen Lebensmitteln (Tab.).

Nährstoffgehalt und Energiewert von Schlagsahne

Bestandteil	Durchschnittl. Gehalt je 100 g	
	in g	in mg
Eiweiß	2,2	
Fett	30,0	
Kohlenhydrate	2,9	
Calcium		75,0
Phosphor		63,0
Eisen		0,1
Vitamin A		0,24
Vitamin B_1		0,025
Vitamin B_2		0,17
Energiewert in kJ (kcal)	1265 (305)	

Schlachtkörperteilstücke und deren Verwendung

Tierart	Nr. Fleischteil	Verwendung: Verkauf im Einzelhandel	Verwendung: Verarbeitung in Handwerk und Industrie
Schwein (Bild) 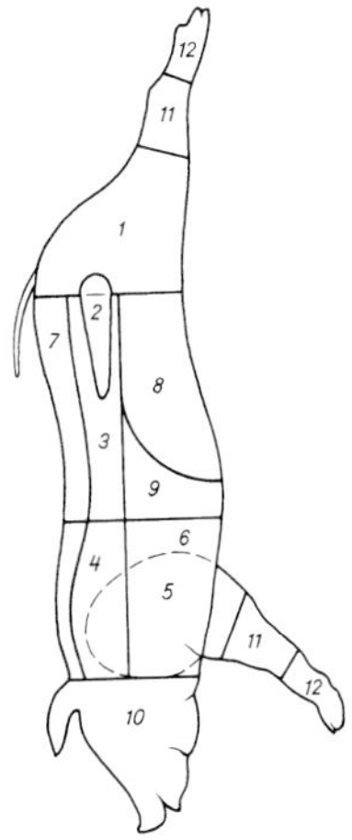	1. *Keule, Schinken, Schlegel*	Bratenstücke, Schnitzel	Brühwurst, Rohwurst, Schinkenspeck, Rollschinken, Nußschinken, Kochschinken
	2. *Filet, Lende*	Bratenstücke	Filetwurst
	3. *Kotelett*	Koteletts, Braten	Kasseler Rippenspeer, Lachsschinken
	4. *Kamm, Nacken*	Braten, Koteletts	Pökelkamm, Brühwurst
	5. *Vorderschinken, Bug, Blatt Schulter*	Bratenstücke	Brühwurst, Rohwurst
	6. *Brust, Stich*	Brat- und Kochfleisch	Pökelware
	7. *Speck*	Schweineschmalz	Räucherspeck, Wurstherstellung
	8. *Bauch, Wamme*	Kochfleisch	Pökelware, Rauchfleisch, Bauchspeck, Wurstwaren
	9. *Rippenspeck*	Kochfleisch	Brühwurst, Pökelfleisch
	10. *Kopf mit Backe*	Kochfleisch	Sülze, Koch- und Brühwurst
	11. *Dickbein (Eisbein), Haxe*	Kochfleisch	Sülze, Pökelware, Dosenware
	12. *Spitzbein, Pfötchen, Sülzfüße*	Kochfleisch	Sülze, Pökelware, Räucherware

Schlachtkörperteilstücke und deren Verwendung (Forts.)

Tierart	Nr. Fleischteil	Verwendung	
		Verkauf im Einzelhandel	Verarbeitung in Handwerk und Industrie
Rind, Vorderviertel (Bild) 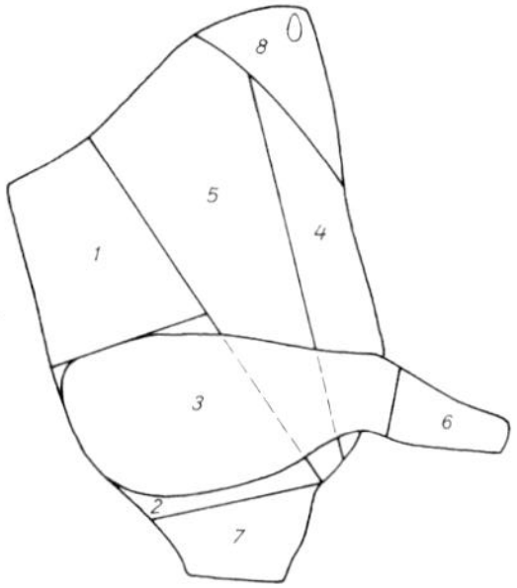	1. *Hohe Rippe*	Kochfleisch, Bratenfleisch	–
	2. *Kamm, dicke Rippe, Vorschlag*	Kochfleisch, Gulasch, → Gehacktes oder → Schabefleisch, gespickt als Schmorbraten	Brühwurst
	3. *Bug, Schulter, Blatt*	Koch- und Schmorfleisch, Sauerbraten, Gulasch, → Gehacktes	Brühwurst, Rohwurst
	4. *Brust*	Koch- und Suppenfleisch	Pökelrinderbrunst
	5. *Querrippe*	Suppenfleisch	–
	6. *Hesse, Wadschenkel*	→ Hackfleisch, Gulasch	Brühwurst
	7. *Hals*	→ Gehacktes	Brühwurst
	8. *Lappen, Dicker Nabel*	Suppenfleisch	Brühwurst
Rind, Hinterviertel (Bild) 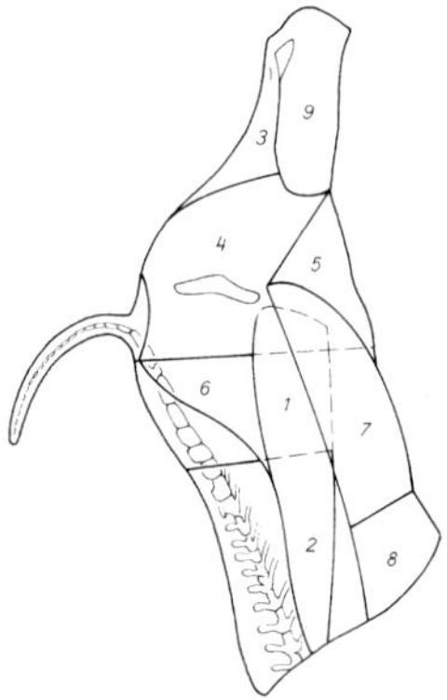	1. *Filet, Lende*	Filetsteak, Filetbraten	–
	2. *Roastbeef, Nierenstück*	Rumpsteak, Bratenfleisch	bei Bullen, älteren und mageren Tieren für Roh- und Brühwurst
	3. *Schwanzstück, Unterschale, Bodenschlegel*	*Rouladen*, Schmorfleisch, Kochfleisch	Brüh- und Rohwurst
	4. *Oberschale, Kappe, Euterschale*	*Rouladen*, Braten- und Kochfleisch	Brüh- und Rohwurst
	5. *Kugel, Nuß, Maus*	Schmorfleisch, *Rouladen*, Schabelfleisch, Gulasch	Brüh- und Rohwurst
	6. *Blume, Hüfte, Rose*	Schmorfleisch, Sauerbraten, Gulasch	Brüh- und Rohwurst
	7. *Bauchlappen, Dünning*	Kochfleisch	Rohwurst
	8. *Spannrippe, Dünner Nabel*	Koch- und Suppenfleisch	Brühwurst
	9. *Hesse, Wadschenkel*	→ Hackfleisch, Gulasch	Brühwurst

Schlachtkörperteilstücke und deren Verwendung (Forts.)

Tierart	Nr. Fleischteil	Verwendung	
		Verkauf im Einzelhandel	Verarbeitung in Handwerk und Industrie
Kalb (Bild) 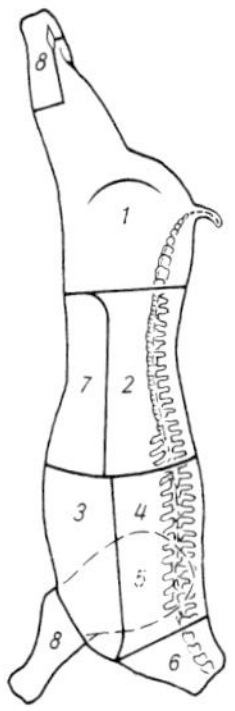	1. *Keule, Bodenschlegel*	Bratenstück, Schnitzel	Alle Teile werden zur Herstellung von Brühwurst und Sülze verwendet.
	2. *Nierenbraten, Schlößl*	Braten	
	3. *Brust*	Braten, → Frikassee	
	4. *Kamm, Grat*	Braten, → Frikassee	
	5. *Bug, Blatt, Schulter*	Braten, Rouladen, → Frikassee	
	6. *Hals, Nacken*	Frikassee, Ragout	
	7. *Bauch, Dünnung*	Frikassee	
	8. *Kalbshaxe*	gebratene Kalbshaxe	
Schaf (Hammel) (Bild) 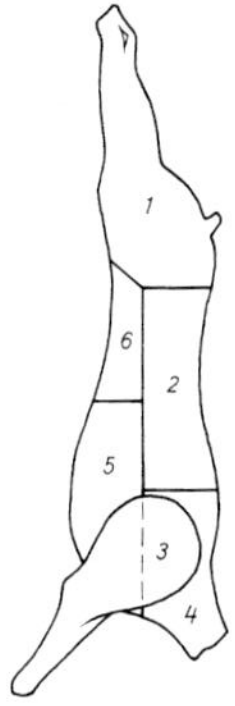	1. *Keule, Schlegel*	Bratenfleisch	–
	2. *Nierenstück, Rücken*	Bratenfleisch	–
	3. *Bug, Blatt, Schulter*	Schmor- oder Bratenfleisch	–
	4. *Kamm mit Hals, Grat*	Braten- oder Schmorfleisch	–
	5. *Brust*	Suppen- oder Schmorfleisch	–
	6. *Bauch*	Suppen- oder Schmorfleisch	–

Schlagsahne-Ersatz → Ersatzmilchpräparat, pflanzliches

Schlangenbart, Japanischer → Ginseng-Ersatz

Schlangenhaargurke → Schlangenkürbis

Schlangenknoblauch, *Echte Rokambole, Rocamboll, Rockenbolle, Roccambole, Rokkenbolle, Schlangenlauch:* eine auf allen Kontinenten in Kultur befindliche Abart des → Knoblauchs, *Állium satívum var. ophiocoródon* Link (Familie *Liliáceae*). Der S. wird wie → Knoblauch verwendet; die Brutzwiebelchen des Blütenstandes werden wie → Perlzwiebeln in Essigsoße eingelegt (mariniert) verwendet. → Gemüsezwiebel

Schlangenkürbis, *Schlangenhaargurke:* die einjährige, kletternde Pflanze *Trichosánthes anguína* (L.) Haines (Familie *Cucurbitáceae*), deren gurkenähnliche Früchte in Südostasien (Indien) viel für Salate und als Gemüse verwendet werden. Es wird nur die unreife Frucht zubereitet, die reifen Schlangenkürbisse sind faserig und bitter. Gut bekömmliche Früchte trägt die *Spitzgurke, Trichosánthes dioíca* Roxb..

Schlangenlauch → Schlangenknoblauch → Lauch

Schlangenrettich, *Lobák, Mungra, Sungra:* die in Indien und Indonesien kultivierte knollenlose Rettichart, *Ráphanus caudátus* L. Mant. Synonyme: *R. satívus var. caudátus* (L.) Vilmorin, *R. satívus* L. *var. mōugri* Helm, *R. raphanístrum ssp. caudátus* (L.) Thell. (Familie *Brassicáceae*), deren extrem lange, reife Schoten roh oder mariniert als Salat, mitunter auch zusammen mit den Blättern gekocht gegessen werden. Die bis zu 30 cm lange Hülsen weisen folgende Zusammensetzung einschließlich des darin befindlichen unreifen Samens in je 100 g auf: 89,3 g Feuchtigkeit, 1,26 g Eiweiß, 0,92 g Fett, 4,56 g Kohlenhydrate, 0,81 g Mineralstoffe, 1,52 g Rohfaser, 1,87 mg Eisen, 75,6 mg Calcium, 109 mg Phosphor, 65 μg Caroten, 61,9 mg Vitamin C, 0,019 mg Vitamin B_1, 0,046 mg Vitamin B_2 und 0,306 mg Niacin.

Schlankheitsbrot → Brot, proteinangereichertes

Schlauchbeutelbrot: ein zur Verpackung in eine Schlauchfolie eingeführtes Brot. Vor der Sterilisation mit Hochfrequenz wird der Schlauch zwischen den Broten so verschweißt, daß noch eine kleine Öffnung zum Dampfausgleich verbleibt. Nach der Sterilisation wird der Schlauch vollständig verschweißt und abgeschnitten, so daß einzelne Brotpackungen, sog. S. entstehen. → Brot

Schlauchpilze → Pilze

Schlegel Schlachtkörperteilstücke

Schlehe, *Haagpflaume, Effken, Krietschpflaume, Schlinken, Bockbeeri:* schwarzblaue, bereifte Frucht des sparrigen Strauches *Hagdorn, Dornschleh, Schlehdorn, Schwarzdorn, Prúnus spinósa* L. (Familie *Rosáceae*), die kirschgroß wird und sehr herb schmeckt. Sie ist erst nach Frosteinwirkung genießbar. Allerdings sind dann die Früchte sehr weich und lassen sich schlechter pflücken. Man sollte daher besser die noch festen Früchte vor dem 1. Frost pflücken und für 1···3 Tage im Gefrierfach lagern. Die S. wächst in lichten Wäldern, in Gebüschen, auf Ödland und ähnlichen Standorten wild. Sie blüht sehr früh, die Früchte reifen ab September. Sie können zu *Saft, Likör* und *Branntwein, Sirup, Mix, Wein* und *Gelee* verarbeitet werden. Eingelegt in Zucker und Essig, verlieren die S. ihre Herbheit und bilden eine angenehme Zugabe zu Rindfleisch. Mit *Apfelmark* gemischt, dienen sie zur Herstellung von *Marmelade*. Auch die Konservierung in Zucker und Essig und das Trocknen der Früchte sind möglich. Blätter und Blüten der S. werden zu Tee-Ersatz (Haustee) verarbeitet. Die S. enthalten je 100 g eßbaren Anteils: 84 g Feuchtigkeit, 10,8 g Kohlenhydrate, 0,8 g Eiweiß, 0,8 g Rohfaser, 1 g Mineralstoffe, 0,1 mg Caroten, 0,08 mg Vitamin B_1, 0,05 mg Vitamin B_2, 0,3 mg Niacin und 10 mg Vitamin C. → Pflaumenlikör

Schleie, *Tínca tínca* (Bild):

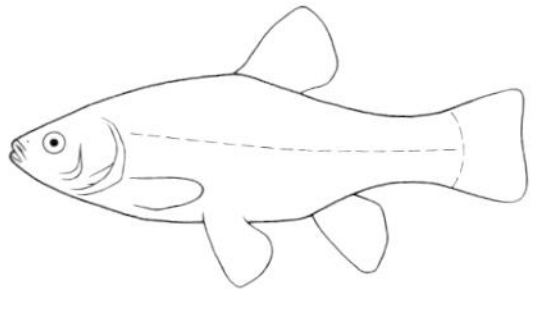

Schleie

Süßwasserfisch mit gedrungenem Körper, abgerundeten Flossen, je einer Bartel in den Mundwinkeln des kleinen endständigen Mauls, kleinen Augen und kleinen Schuppen unter der dicken, schleimigen Oberhaut. Die Färbung ist meist variabel, oberseits meist dunkel bis hellolivgrün, unten heller. Die im Mittel 20···30 cm lange, 125···270 g wiegende, höchst. 50···70 cm lange und 2 kg wiegende S. bewohnt stehende und langsam fließende Gewässer in fast ganz Europa bis Sibirien und die östliche Ostsee. Sie hat Bedeutung in der Teichwirtschaft. Die S. dient als wertvoller Speisefisch. Ihr schmackhaftes, jedoch grätenreiches Fleisch erinnert in seinen Eigenschaften an Karpfen. → Fisch

Schleiereule → *Cortinariáceae*

Schleierkopf, Orangefuchsiger → Pilzgifte

Schleierkraut: das als Zierpflanze weit verbreitete, in Jugoslawien, Bulgarien und in Usbekistan kultivierte Nelkengewächs, *Gypsóphila paniculáta* L. (Familie *Caryophylláceae*) dessen saponinhaltigen Rhizome (früher unter der Bez. *Weiße Levantinische Seifenwurzel* gehandelt) als Ausgangsmaterial für Schaumstabilisatoren dient, die z. B. auch in der Konditorei eingesetzt werden.

Schleierlinge → *Cortinariáceae*

Schleifmehl → Reismehl

Schleimchen → *Boletáceae*

Schleimfüße → *Cortinariáceae*

Schleimköpfe → *Cortinariáceae*

Schleimpilze → Pilze

Schleimröhrlinge → *Boletáceae*

Schleimrüblinge → *Tricholomatáceae*

Schleimsäure, *Galactarsäure:* eine → Zuckersäure, die bei Grauschimmelbefall eine Weintrübung hervorruft.

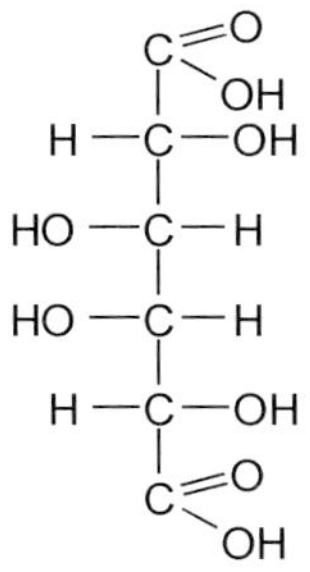

Schleimstoff, pflanzlicher, *Pflanzenschleim:* hochmolekulares, teilw. komplexes Polysaccharid unterschiedlicher Struktur, das kolloidale Lösungen in Wasser bildet (→ Hydrokolloid). Die p. S. kommen u. a. in Wurzeln, Rinden, Stielen, Blättern, Blüten, in Schalen und im Endosperm von Samen höherer Pflanzen und Algen vor. Von bes. Bedeutung sind die *Algenschleimstoffe* (→ Algenpolysaccharid), die *Leguminosensamenschleime* (→ Galactomannane) → Salepmannan → Konjacmannan und andere → Samenschleimstoffe (→ Flohsamenschleim → Leinsamenschleim → Quittensamenschleim → Tamarindenschleim). → Gummistoff, pflanzlicher

Schleimtrüffeln → *Melanogastráceae*

Schließfrucht: ein Fruchtyp, bei dem der Samen von einer Fruchtwand umschlossen ist, die sich bei Reife nicht öffnet. Hierzu gehören → *Nüsse* → Beeren → Steinfrüchte. Im Gegensatz dazu sind beim Fruchtyp der *Spring-* oder *Streufrüchte* die Samen von einer derben Schale (→ *Hülse* → Schote oder *Kapsel)* umgeben, die sich bei Reife öffnet, so daß die Samen herausfallen können. → Frucht

Schließlein → Leinsaat

Schlinken → Schlehe

Schloßkäse: österr., gereifter *Weichkäse* (Typ Romadur). → Käsesorten

Schlößl → Schlachtkörperteilstücke

Schlotte → Lauch → Schalotte

Schlüsselblume → Wildkräuter

Schluß-Salat → Bindesalat

Schlüpfe → Knöterich

Schlüterbrot: ein Roggenspezialbrot aus → Kleieaufschlußmehl. → Brot

Schlütermehl → Kleieaufschlußmehl

Schmachtkorn → *Triticale*

'Schmahlfelds Schwarze' → Süßkirsche → Steinobst

Schmalz → Schweineschmalz

Schmalzfleisch: aus entschwartetem Schweinefleisch (2/3 fettes und 1/3 mageres) unter Zusatz von Gewürzen durch Kochen hergestelltes Dosenerzeugnis. → Fleischkonserven

Schmalzgebäck → Fettgebäck

Schmalzler → *Boletáceae*

Schmalzöl, *Specköl:* das beim Abpressen von → Schweineschmalz bei Temperaturen von 10···15°C erhaltene Öl. Das S. wird als Speise- oder Schmieröl verwendet. → Fett, tierisches

Schmalzringe: ein ungefülltes → *Fettgebäck,* das aus Mürbe- oder einem Gemisch aus Hefe- und Backpulverteig bereitet wird. In die flachgepreßten Teigstücke wird ein Loch gerissen und ein Teigende durchgeschlungen, so daß eine Schleifenform entsteht. Gleich nach dem Ausbacken werden die S. in aromatisiertem Zucker gewälzt.

Schmalzschwamm → *Boletáceae*

Schmalzstearin → *Solarstearin:* Bez. für den Preßrückstand, der beim Abpressen des → *Schmalzöles* aus Schweineschmalz erhalten wird. → Fett, tierisches

Schmant: Bez. für → Sahne.

Schmeckstoffe → Geschmackstoffe

Schmeerbirne → Speierling

Schmelzkäse: ein Labkäse in einem mit oder ohne Zusatz von Schmelzsalzen und zugelassenem Farbstoff durchgeführten Erhitzungsprozeß hergestelltes Erzeugnis mit mind. 20 % F. i. Tr., das bis zu 1 % Gewürze enthalten kann. Schmelzkäsezubereitungen können zur Erzielung eines gewünschten Geschmacks über 1 % Gewürze (z. B. Paprika, Kümmel), Fleischerzeugnisse (Wurst, Schinken) oder andere Lebensmittel enthalten. Die Rohstoffe und Fertigerzeugnisse dürfen geräuchert werden. Die S. sind rindenlos und unterliegen keiner Reifung. In den östlichen Bundesländern handelsübliche Sorten sind *Schmelzkäse, schnittfest, Schmelzkäse, streichfähig, Schmelzkäsezubereitungen, schnittfest* und *Schmelzkäsezubereitungen, streichfähig,* jeweils in den Fettstufen 20 %, 30 %, 45 %, 50 %, 60 % und 70 % F. i. Tr. → Käse

Schmelzmargarine → Margarine

Schmelzsalze: Salze mehrbasischer organischer oder anorganischer Säuren, die als Zusatzstoffe bei der Herstellung von Schmelzkäse beim Schmelzprozeß zugegeben werden, um das Absondern von Molke und Fett aus dem Käse zu verhindern. S. inaktivieren die Calcium-Ionen, die für die Stabilität des vernetzten Casein-Komplexes des Rohkäses verantwortlich sind. Das Gel aus Paracasein-Calcium wird in ein Sol aus Paracasein-Natrium umgewandelt. Nach dem Abkühlen bildet sich wieder ein mehr oder weniger festes homogenes Schmelzkäse-Gel. In der Milchwirtschaft gebräuchliche S. sind Mono- und Polyphosphate, Citronen-, Milch- und Weinsäuren sowie deren Natrium-, Kalium- und Calciumsalze. → Phosphate

Schmelzzucker → Fondantmasse

Schmer: Bauchwandfett des Schweines, das zur Herstellung von → *Schweineschmalz* eingesetzt wird.

Schmierekäse: *Weichkäse,* dessen Oberfläche mit Schmiere bedeckt ist, z. B. Limburger, Romadur oder Weißlacker. Unter der Bez. S. versteht man zuweilen auch weiche, streichfähige Käse, z. B. Schmelzkäse (Streichkäse). → Käsesorten

Schmierinfektion: Lebensmittelinfektion durch Kontakt mit anderen Lebensmitteln oder Geräten. Eine S. kann auftreten, wenn z. B. mit → Salmonellen behaftete Schlachttierkörper in Kontakt mit salmonellenfreien Tierkörpern gebracht werden. Deshalb kommt es bei Not- und Krankschlachtungen bes. darauf an, die Tierkörper kontaktfrei zu lagern.

Schmierling → *Gomphidiáceae* → Boletáceae (Suíllus bovínus und *S. lúteus)*

Schmierröhrlinge → *Boletáceae*

Schminkbohne → Gemüsebohne

Schmutzei → Ei

Schmutzpartikel → Lebensmittelverunreinigungen

Schnabelbarsch → Rotbarsch

Schnäpel → Maräne

Schnaps: volkstümliche Bez. für → Trinkbranntwein und → Edelbrände. → Branntwein

Schnaps-Agave → Agavenschnaps

Schnecken: 1. Klasse von *Weichtieren,* die z. T. auf dem Land (Landschnecken), z. T. im Süß- und Salzwasser (Meeresschnecken) leben und teilw. als Lebensmittel dienen (Tab.).

Hauptnährstoffe und Energiewert von Schnecken

	in 100 g eßbaren Anteils in %	
Eiweiß	16	
Fett	1	
Kohlenhydrate	2	
kJ (kcal)	335	(80)

a) Landschnecken: In Italien, Frankreich und Deutschland sind S. eine geschätzte Delikatesse, wobei fast ausschl. das Fleisch der großen *Weinbergschnecke (Helix pormatia)* verzehrt wird. Die S. werden wild gesammelt, vorwiegend jedoch in Schneckengärten mit Salat und Kohl oder im Keller auf Weizenkleie und Blättern gemästet. S. müssen lebend oder konserviert in den Handel kommen. Die Hauptverarbeitungsländer sind die Türkei und Frankreich, Hauptfangzeit ist Sept. bis März. Bei der Verarbeitung werden die S. vorgekocht, Fleisch und Schneckenhäuschen getrennt, das Fleisch in Blöcke gefroren und die Häuschen in Säcke verpackt. Zur Weiterverarbeitung im Empfängerland wird das Fleisch nochmals in einem speziellen Sud gekocht, die Schneckenhäuschen werden gründlich gesäubert, die Häuschen mit Fleisch, etwas Kochsud und Kräuterbutter gefüllt, gefroren und in Einheiten abgepackt. S. werden zu etwa 1 Dtzd. als Vorspeise verzehrt. Qualitätsanforderungen: gleichmäßig große S.; garantiert reines Muskelfleisch ohne Besatz von Fett; Verwendung von reiner Butter; pikante Würzung.
b) Meeresschnecken werden insbes. im Indopazifischen Raum als Nahrung verwendet. Von mehr als lokaler Bedeutung ist das *Seeohr* (Arten der Gattung *Haliotis*), das eine flache, ohrförmige Schale hat, bei welchem eine Jahresproduktion von 23 kt in Australien, Japan, Mexiko und Südafrika erreicht wird. Von der Küstenbevölkerung Westeuropas, bes. Großbritanniens, Frankreichs, Belgiens und Irlands, werden die *Wellhornschnecke (Buccínum undátum)* von etwa 12 cm Länge (Bild)

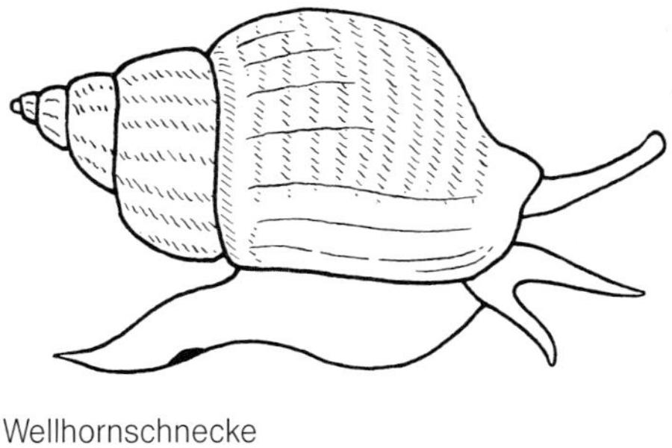

Wellhornschnecke

und die kleinere *Strandschnecke (Littorina littorea),* die an der französischen Atlantikküste als einzige Meeresschnecke in Schneckenparks kultiviert wird, teils roh, teils gekocht gegessen.
2. ein gewickeltes Weizengebäck, vorwiegend aus → Hefeteig. Der ausgerollte Teig wird in schmale

Stücke geschnitten, anschließend zusammengewickelt und auf einem Blech gebacken. Die flachen Teigstücke werden mit verschiedenen Auflagen bestreut oder belegt (Streusel-, Kokos-, Obst-, Käse-, Mohnschnecke) oder mit Zuckerglasur überzogen (Zuckerschnecke). Die am weitesten verbreitete S., die Zuckerschnecke, enthält 15% Zucker und 10% Butter oder Margarine.

Schneckenklee → Luzerne

Schnecklinge → *Hygrophoráceae*

Schneeball, Wilder → New-Jersey-Tee

Schneebirne, *Lederbirne:* eine in Südosteuropa und in Kleinasien zur Obstweinbereitung und als Pfropfunterlage angebaute Birnenart, *Pýrus nivális* Jacq. (Familie *Rosáceae*); vermutlich die Stammform der → Bergamottenbirne.

Schneedecke → Baisermasse

Schneegitter → Baisermasse

Schneeflocken → Nährmittel

Schneepilz → *Tricholomatáceae*

Schneiderbeutel → Hirtentäschel

Schneidergras → Waldsauerklee

Schneiderkarpfen → Karausche

Schnellflocken → Hafernährmittel

Schnellhefe → Backhefe

Schnellimbiß-Erzeugnis → Fast-Food-Erzeugnis

Schnellkochreis → Kurzkochreis → Nährmittel

Schnellküchenerzeugnis → Fast-Food-Erzeugnis

Schnellmischmehl → Mehl, agglomerisiertes

Schnellsuppe → Instantsuppe

Schnelltriebhefe → Backhefe

Schnellverpflegung → Fast-Food-Erzeugnis

Schnepfe → Fleischtiere

Schnittbohne → Gemüsebohne

Schnittbonbon → Hartkaramelle

Schnittbrot: ein in Scheiben geschnittenes Laibbrot oder Teile davon, die nur verpackt gehandelt werden dürfen. Das zur Schnittbrotherstellung vorgesehene Laibbrot wird als *Ganzbrot* oder in Überlänge als sog. *Strang-* oder *Meterbrot* gebakken. Das S. kann physikalisch z.B. durch Hitze oder Strahlen oder chemisch durch Zusatz gesetzlich zugelassener chemischer Konservierungsmittel begrenzte Zeit haltbar gemacht werden; es sollte im Haushalt, trocken und nur für kurze Zeit gelagert werden. Vorherrschend ist die Pasteurisation oder Sterilisation. Zumindest müssen 75°C überall im Inneren der Brotpackung für etwa 10···15 min gehalten werden, um eine Hemmung des Schimmelbefalls für etwa 3 Wochen zu erreichen. → Brot, konserviertes

Schnitte, 1. *Dessertschnitte, Schnittdessert, Dessertstreifen:* ein → Konditoreierzeugnis aus → Massen → Blätter-, → Plunder- oder → Mürbeteig, das nach dem gleichen Grundsatz wie → Torte, aber in Streifenform hergestellt wird. Solche Erzeugnisse sind unter verschiedenen Bez. bekannt und ermöglichen eine vielfältige geschmackliche Zusammenstellung von bunten Platten, die in verschiedenen Farben und Formen sehr beliebt sind: z.B. *Wiener Schnitte, Obst-* bzw. *Fruchtschnitte* je nach Obstart sowie *Eichen* und *Rehrücken.* → Kremgebäck → Sahnegebäck → Mohngebäck → Obstgebäck → Dessertstück
2. belegte Scheibe Brot.

Schnitten → Gefrierfischerzeugnisse

Schnitte, Wiener: eine → Schnitte aus drei mit Aprikosenkonfitüre und gehackten Früchten gefüllten Schichten. Der Rand und die Oberfläche der W. S. sind aprikotiert und mit feingehackten eingedrückten Nüssen versehen. Die Oberfläche ist mit ausgerollter Marzipan- oder Persipanmasse abgedeckt und mit Belegfrüchten garniert.

Schnittfestigkeit: Gebrauchswerteigenschaften von Lebensmitteln. Die Konsistenz z.B. einer Wurst ist schnittfest, wenn der Zusammenhalt der Wurstpartikel durch Gelbildung so fest ist, daß sich Scheiben ohne Deformationen abschneiden lassen. Eine davon abgrenzbare Konsistenz stellt die → Streichfähigkeit dar.→ Eigenschaften, funktionelle

Schnittkäse: Bez. für eine Gruppe schnittfester oder halbfester im Trockenmassegehalt zw. Hart- und Weichkäse liegender, mit einer Rinde umgebener oder rindenloser Labkäse aus pasteurisierter, im Fettgehalt eingestellter Milch unter Verwendung von zugelassenen Hilfs- und Zusatzstoffen (z.B. Käsereikulturen, Lab, Salze, Farbstoffe), die gleichmäßig durch die ganze Masse und/oder auch gleichmäßig von außen nach innen reifen. In den östlichen Bundesländern handelsübliche Sorten sind a) *feste S.* (mit festem, schnittfähigem Teig), wie *Gouda, Edamer, Tollenser, Stralsunder Käse* und *Steppenkäse*; b) *halbfeste S.* (mit mittelfestem, schnittfähigem Teig), wie *Edelpilzkäse, Münsterkäse, Zeulenrodaer Delikateßkäse, Butterkäse* und *Steinbuscher.* S. sind ferner *Asiago mild, Danbo, Fontina, Harvarti, Norbo, Samso* und *Tilsiter.* → Käse

Schnittkohl, *Butterkohl, Scherkohl:* ein rapsähnliches, schnittfähiges Blattkohlgemüse in grünen, gelben, violettfarbenen Sorten, *Bríssica nápus var. pabulária* DC. (Familie *Brassicáceae*), das wie Spinat ausgesät und zubereitet wird. Im Geschmack ähnelt es dem → Grünkohl.

Schnittlauch, *Binsenlauch, Graslauch:* die röhrenförmigen Blätter von *Állium schoenóprasum* L. (Familie *Liliáceae*). Die mehrmals im Jahr erntefähigen, lauchartig riechenden, zwiebelartig schmeckenden Blätter dienen in frischem, kleingeschnittenem Zustand zum Würzen von gekochten und ungekochten Speisezubereitungen und als Brotbelag. Der S. wird im Freiland angebaut, im Winter auch getrieben. Der S. erlangt als Bund- und Topfware zunehmend an Bedeutung. Er läßt sich unter gleichen Bedingungen wie bei → Blattpetersilie aufbewahren, doch ist seine Haltbarkeit verkürzt (Tab.). → Küchenkraut → Lauch

Zusammensetzung und Energiewert von Schnittlauch

Bestandteil	Gehalt in 100 g
Feuchtigkeit	83,0 g
Eiweiß	3,5 g
Fett	0,7 g
Kohlenhydrate	5,4 g
Ballaststoffe	5,3 g
Mineralstoffe	1,7 g
Natrium	3,0 mg
Kalium	434,0 mg
Magnesium	44,0 mg
Calcium	167,0 mg
Eisen	13,0 mg
Phosphor	75,0 mg
Caroten	0,3 mg
Vitamin B_1	0,14 mg
Vitamin B_2	0,15 mg
Niacin	0,6 mg
Vitamin C	47,0 mg
Energiewert in kJ (kcal) je 10 g	167 (40)

Schnittlauch, Chinesischer: 1. *Chinesische Zwiebel:* die ausdauernde Pflanze *Állium tuberósum* Rottl. ex Spreng. (Familie *Liliáceae*), die von Ostasien über die Philippinen bis Nordindien wild wächst oder kultiviert wird. Die linealen, abgeflachten, grasähnlichen Blätter werden gegessen, und die jungen Blütenstände, die stark knoblauchähnlich riechen, werden als Würzmittel verwendet. Die Blätter sollen eine Substanz mit Antitumorwirkung enthalten. Der Anbau in Europa als Treibgemüse scheint erfolgreich zu sein.

2. *Schalotte, Knoblauch-Schnittlauch, Schnittlauch-Knoblauch, Chinesische, Rakkyo, Chiaotou:* die in China und Japan, auch in den USA in Gebieten mit chin. Bevölkerung angebaute alte Kulturpflanze *Állium chinénse* G. Don. (Familie *Liliáceae*), deren kleine Zwiebeln, ähnlich den

→ Perlzwiebeln, meist für Konserven verwendet werden. Die Blätter und zarten Blütenstengel dienen als Kochgemüse oder werden roh verzehrt. Der Pflanzenwuchs ist vergleichbar mit Schnittlauch. Die Blätter sind 1 cm breit und etwa 40 cm hoch. In Deutschland werden die nach Knoblauch riechenden und schmeckenden Blätter auch als „Schnittlauch mit mildem Knoblaucharoma" oder als „milder Schnittlauch" bezeichnet. Samen einer Kultursorte sind unter der Bez. *Knolau* im Handel, die wie Schnittlauch kultiviert werden.

Schnittlauch, milder → Schnittlauch, Chinesischer

Schnittlauch mit mildem Knoblaucharoma → Schnittlauch, Chinesischer

Schnittlauch, Sibirischer → Lauch

Schnittsalat, *Loseblattsalat, Blattsalat:* meist glattblättriger Salat, der durch Aussaat bestimmter Schnittsalatsorten oder auch durch dicht ausgesäten Kopfsalat gewonnen wird. Wie → Pflücksalat trägt der S. die wissenschaftliche Bez. *Lactúca satíva var. críspa* L. (Familie *Asteráceae*). → Blattsalat

Schnittsellerie → Blattsellerie → Sellerie

Schnittsemmel → Ausbundbackware

Schnöck → Hecht

Schnupftabak: ein mehlartiges Tabakerzeugnis, bei dem gesoßte, gemahlene und nachfermentierte Tabakblätter mit verschiedenen Ingredienzien gemischt werden. → Tabak

Schokokremtorte → Diabetiker-Backware

Schokolade: 1. *Schokoladenmasse:* ein Kakaoerzeugnis, das aus Kakaomasse, Kakaobutter und Saccharose, auch unter Zusatz anderer zugelassener Stoffe, durch Vermischen und Bearbeiten mit Spezialmaschinen entsteht. Die S. ist ein wohlschmeckendes, sehr energiereiches Lebensmittel (2300 kJ [*550 kcal*] in 100 g). Der Energiewert entstammt zu etwa gleichen Teilen dem Kakao- bzw. Milchfett und dem Zucker. Der Eiweißgehalt ist gering, der Vitamingehalt spielt praktisch keine Rolle (→ Süßwaren, Tab.). Die anregende Wirkung ist gegenüber der anderer Genußmittel, wie Tee und Kaffee, nur gering. S. soll eine glänzende Oberfläche ohne *Fett-* und *Zuckerreif* und ein kompaktes, inniges Gefüge aufweisen. Wertbestimmend für die S. ist ihr Gehalt an Kakaobestandteilen, der stets auf der Verpackung angegeben ist. Er ist am höchsten in bitterer Schmelzschokolade und am geringsten in Speise- und Milchschokolade. Nach weiteren zu kennzeichnenden Zusätzen, die in der S. homogen verteilt sind, unterscheidet man z.B. *Honig-, Lecithin-, Malz-, Mokka-, Nugat-, Noisette-, Vanilleschokolade* und *S. mit Fruchtgeschmack.* In stückiger Form (nicht fein zerrieben) müssen die kennzeichnungspflichtigen Zusätze bei *Gebäck-, Erdnuß-, Kaschu-, Mandel-, Nuß-, Paranuß* und *Puffreisschokolade* vorliegen. *Frucht-* und *Kokosschokolade* können sowohl Fruchtstücke bzw. Kokosraspeln als auch fein zerriebene Bestandteile enthalten. Die Herstellung von S. siehe Bild Seite 511.
Maßgebenden Einfluß auf die Qualität der S. hat das *Konchieren.* Durch Reiben, Rühren und Kneten in Rund- oder Längskonchen etwa 24 h bei 40···95°C wird Luft eingearbeitet, Wasser und unerwünschte Geschmacksstoffe werden ausgetrieben, und durch Ausbildung der kontinuierlichen Fettphase wird der Schmelz der S. verbessert. *Schokoladenüberzugsmasse* wird in gleicher Weise, aber mit höherem Gehalt an Kakaobuttersubstanz hergestellt. Neben *massiven Schokoladenerzeugnissen* werden *Schokoladenhohlkörper, gefüllte S.* und *Schokoladenpulver* erzeugt. *Massive S.* werden im Gußverfahren hergestellt, *Vollschokoladefiguren* durch Zusammensetzen der gegossenen Hälften. Zur Kennzeichnung muß neben der Angabe der kennzeichnungspflichtigen Zusätze die Nettomasse aufgeführt werden. *Massive Tafelschokoladen* dürfen nur mit festgelegten Nettomassen (25 g, 50 g, 100 g, 250 g, 500 g) hergestellt werden (ausgenommen Automatenpackungen und Täfelchen unter 20 g). Auf Grund ihres Kakaobuttergehaltes sind S. nicht unbegrenzt ohne Veränderung in Aussehen und Geschmack haltbar. → Fettreif → Zuckerreif → Süßware → Kakaoerzeugnis
2. Getränk aus Schokoladenpulver.

Herstellung von Schokolade

Kakaomasse

↓

(Milchpulver) → Mischen ← Zucker

↓

Walzen

↓

Kakaobutter → Konchieren ← (Lecithin bis zu 0,3 %)

↓

Schokoladenmasse

↓

Temperieren

↓

Eintafeln

↓

Kühlen

↓

Austafeln

↓

massive Schokoladenerzeugnisse

Schokolade, gefüllte: ein beliebig geformtes Kakaoerzeugnis mit einem allseitigen Überzug aus Schokoladenüberzugsmasse und einer Füllung aus Krem, Fondant-, Roh- und Wirkmasse, Gelee und Fruchtpasten oder flüssigen Füllungen mit oder ohne weitere Zusätze. *Gefüllte Tafelschokolade* sind g. S. in Form von *Tafeln, Riegeln* oder *Blöcken. Kremschokoladen* (z.B. *Fruchtkrem-* oder *Sahnekremschokolade*) enthalten einen Kern aus *Krem* mit verschiedenen Zusätzen. Für *Dessertschokoladen* sind Füllungen aus wertvolleren Ausgangsstoffen gefordert, z.B. Marzipanmasse (Marzipanschokolade), Trüffelmasse (Trüffelschokolade), Konfitüren, Spirituosen u. ä. Die g. S. können durch Überziehen eines festen Zuckerwarenkerns mit Schokoladenüberzugsmasse oder durch Formguß bzw. Einstreichverfahren hergestellt werden (→ Praline). Der Gehalt an Schokoladenüberzugsmasse muß mind. 15% betragen. Um Verwechselungen mit *massiven Schokoladenerzeugnissen* zu vermeiden, müssen g. S. als solche gekennzeichnet sein. → Eisschokolade → Krembruch → Pastete → Pralinentafel

Schokolade mit erfrischender Füllung → Eisschokolade

Schokolade mit Fruchtgeschmack → Fruchtschokolade

Schokolade mit Kokosgeschmack → Kokosschokolade

Schokolade mit Traubenzuckerzusatz → Traubenzuckerschokolade

Schokolade mit Vanillegeschmack → Vanilleschokolade

Schokoladenerzeugnis → Schokolade

Schokoladengetränk → Schokoladenpulver

Schokoladenhohlkörper: ein aus *Schokolade* hergestelltes Erzeugnis mit deutlich wahrnehmbarem Hohlraum. Die S. werden in Hohlraumkörperanlagen gegossen oder im Schleuderverfahren hergestellt. → Praline → Kakaoerzeugnis → Schokolade

Schokoladenlack → Benzoelack

Schokoladenmasse → Schokolade

Schokoladenpudding → Milchpudding

Schokoladenpulver, *Schokoladentrunkpulver, Puderschokolade, Trinkschokolade:* ein im Schokoladenverfahren hergestelltes, pulverisiertes oder gekörntes Erzeugnis, bestehend aus mind. 35% Kakaomasse und höchst. 65% Zucker. *Raspelschokolade* entspricht in ihrer Zusammensetzung dem S. Das S. dient zur Bereitung von *Schokoladengetränken.* → Aufgußgetränk

Schokoladensirup: ein pastöses oder sirupöses Erzeugnis aus Schokolade, Zucker und Wasser, das als Brotaufstrich und zur Bereitung von Getränken dient.

Schokoladenstreusel, *Trüffelstreusel:* → *Streusel,* die nicht weniger als 38 % Kakaobestandteile enthalten dürfen.

Schokoladentrunkpulver → Schokoladenpulver

Schokoladenüberzugsmasse, *Kuvertüre:* eine Schokolade mit erhöhtem Kakaobuttergehalt (40···45 %) zur Herstellung von gefüllten Schokoladen, Pralinen u. a. Bei der Anwendung von S. unterscheidet man Vollüberzug, Halbtauchung und Dekor (eine Verzierung, die keine zusammenhängende Fläche bildet). → Schokolade → Tunkmasse → kakaohaltige Fettglasur

Schokolade, weiße, *Kinderschokolade:* eine → Schokolade, die nur aus Kakaobutter, Zucker, Milchpulver und geschmacksbildenden Zusatzstoffen besteht.

Schokotrunk: aus pasteurisierter, im Fettgehalt eingestellter Milch unter Zusatz von Soßenpulver (für Schokoladensoße) und Zucker hergestelltes und nach einem zugelassenen Verfahren pasteurisiertes Erzeugnis.

Scholle → Plattfisch

Schöllkraut: eine 30···50 cm hohe, ausdauernde Pflanze, *Chelidónium május* L. (Familie *Papaveráceae*), mit kurzem, ästigem Wurzelstock, abstehendem, behaartem Stengel, orangefarbenem Milchsaft und gelben Blüten. Die getrocknete Pflanze ist Bestandteil von → Gallen- und Lebertee. → Kräutertee

Schöne Koralle → Pilzgifte

'Schönemann': Himmbeere. → Beerenobst

Schönköpfe → *Tricholomatáceae*

Schönungsmittel → Klärhilfsmittel

Schopfpalme → Talipot-Palme

Schopftintling → *Coprináceae* → Kulturpilze

Schoppepetzer → Hessen-Cidre

Schöpsentalg → Hammeltalg

Schorf: eine bei Kern- und Steinobst durch pilzliche Erreger (*Venturia ssp.*) hervorgerufene Krankheit, die sich auf der Frucht zunächst in wenigen millimetergroßen, mattschwarzen Flecken äußert, die später flüchtig zusammenfließen können und tiefschwarze Farbe annehmen. Beim Befall junger Früchte wächst das tote Gewebe erkrankter Schalenpartien nicht mehr mit, so daß Risse auf der Frucht und Verkrüppelungen entstehen können. Bei ausgewachsenen Früchten bleiben die Flecke kleiner. Als Folge sehr später Infektion bilden sich Schorfflecke oft erst nach der Einlagerung (Lagerschorf). → Apfelfehler

Schorle → Erfrischungsgetränk, weinhaltiges

Schorle-Morle → Bargetränk → Erfrischungsgetränk, weinhaltiges

Schornsteinfeger → *Russuláceae*

Schosser: sich vorzeitig entwickelnde Samentriebe von zweijährigen Pflanzen, bei denen ein plötzliches Streckenwachstum aus einer gestauchten Wuchsform einsetzt, verbunden mit der Ausbildung von Blüten oder Blütenständen. Die Schosserbildung wird hormonell gesteuert und durch Temperatur- oder Lichteinwirkung ausgelöst. Schoßempfindliche Gemüsearten sind → Zwiebeln → Knoblauch, Rote Rüben (daher Aussaat nicht vor Juni/Juli), Sellerie (unter Kälteeinwirkung, wenn er zu früh gepflanzt wurde), ferner bestimmte Chinakohl-, Chicorée-, Radicchio-, Kohlrabi- und Kohlsorten. Handelsprodukte dürfen keinen fühlbaren oder optisch wahrnehmbaren Mittelsproß mit Blatt- oder Samenanlagen aufweisen. → Keim → Sproß

Schote: 1. Fruchttyp vieler Kreuzblütler in Form einer *Spring-* oder *Streufrucht* (→ Schließfrucht), bestehend aus zwei Fruchtblättern, die in manchen Fällen auch durch eine Längsscheidewand in zwei Fächer geteilt sind. Bei der Fruchtreife lösen sich die beiden Fruchtblätter voneinander und geben

den Samen frei (z.B. bei → Schöllkraut → Schlangenrettich → Raps → Senf).
2. botanisch unzutreffende, aber weit verbreitete Bez. für Gemüseerbsen.
3. botanisch unzutreffende, aber weit verbreitete Bez. für die → Beeren von Paprika.
4. botanisch unzutreffende, aber weit verbreitete Bez. für die → Kapselfrüchte von Vanille.

Schotenerbse → Gemüseerbse

Schotenpfeffer → Paprika

Schotte: in der Schweiz gebräuchliche Bez. für durch Erhitzen und Ansäuern enteiweißte → Molke (abgeleitet von dem italien. Wort „scotta" = das Gekochte).

Schottenziger-Käse → Kräuterkäse → Käsesorten

Schoyu → Sojasoße

Schraps → Brösel

Schraubenbohne: Samen des in Trockengebieten Amerikas vorkommenden, gummiliefernden *Mesquitestrauches Prosópis juliflóra* (Sw.) DC. (Familie *Fabáceae*), die etwa 25% Eiweiß enthalten. Sie dienen zur Herstellung von Grütze und Viehfutter und sind ferner die Basis für ein alkoholreiches, schäumendes Getränk, die *Chicha algaroba* oder *Alojo.* Die Hülsen enthalten bis zu 50% Zucker. → Mesquite

Schraubenpalme → Pandanusfrüchte

Schrippe: ein Brötchen von 45 g aus hellem Weizenmehl, Hefe und Trinkwasser (→ Wasserbackware) mit einem kräftigen Ausbund, der mittels einer geschnittenen oder mit Handkante gedrückten Längsfurche erzielt wird. Das Wort S. trat im 18. Jh. in Berlin das erste Mal in Erscheinung und kommt von schripfen, schrappen oder schröpfen, das Aufreißen (der Kruste) bedeutet und von *scrobis* (lat.), die Grube, abgeleitet ist. Eine qualitätsgerechte S. soll einen über die gesamte Brötchenoberfläche reichenden Ausbund haben; dies führt im Vergleich zu anderen Brötchen (30···35%) zu einer Vermehrung des Krustenanteils auf 40···45% und einer damit verbundenen Geschmacksverbesserung. Je leichter der → Hefeteig ist, um so besser gelingt der Ausbund, während Fett- und Backmittelzusätze ein Aufreißen des Teiges beeinträchtigen. Die S. weist als → Wasserbackware eine sehr ungleichmäßige geporte Krume auf. → Kleinbackware → Ausbundbackware

Schrot: ein durch Schroten, Quetschen oder Mahlen grob zerkleinertes Mahlgut vorwiegend aus Getreide, das je nach Feinheitsgrad als *Grobschrot* (→ 2000 μm, evtl. noch halbe oder fast ganze Körner enthaltend) oder als *Feinschrot* (1000···1400 μm, fast mehlartig) bezeichnet wird. Man unterscheidet zw. *weichem* und *scharfem S.*. Der *weiche S.* wird durch verstärkte *Reibung* (kleinere Riffel, größerer Drall), der *scharfe S.* durch vermehrtes *Schneiden* während der Vermahlung (wobei weniger Mehl und Dunst als bei weichem S. anfällt) gewonnen. Neben den Feinheitsgradbewertungen grob und fein gibt es für Backschrot auch noch die Bez. *extra grob* (Quetschkörner) sowie *mittelfein.* Durch Beachten des in der jeweiligen Rezeptur vorgesehenen Feinheitsgrades für Backschrot lassen sich Brotfehler vermeiden.

Schrotbrot: ein aus → Backschrot verschiedenartig (z.B. *Quellschrotbrot*) hergestelltes → Brot mit wenig gelockerter, etwas dichter Krumenausbildung. → Vollkornschrotbrot

Schrotbrot, Rheinisches → Schwarzbrot, Rheinisch-Westfälisches

Schrotspeise → Getreidefrühstückskost

Schrotschußkrankheit → Stippigkeit

Schrumpfkorn → Triticale

Schtschi, *Stschi:* die wichtigste heiß zu verzehrende → Suppe der russ. Tafel, auch in kochfertiger Form, mit säuerlichem Geschmack als Hauptmerkmal. Der S. besteht aus folgenden Grundbestandteilen: a) frischem oder gesäuertem Kopfkohl (oder die ihn ersetzenden wichtigsten Arten, wie → Sauerampfer → Giersch → Brennessel → Steckrüben oder Rettich [*dann als Rubaschtschi* bezeichnet]), b) Fleisch, c) Fisch, d) Pilze, e) Wurzelgemüse (Kartoffeln, Petersilienwurzel, Möhren), e) Gewürze (Zwiebeln, Sellerie, Knoblauch, Dill, Pfeffer, Lorbeerblatt), f) saure Sahne, Apfel, Sauerkrautsaft.→ Pochljobka

Schubat: Bez. für in Kasachstan aus Kamelmilch hergestellten → *Kumys.*

Schulter → Schlachtkörperteilstücke

Schuppenanone → Cherimoya

Schuppenkarpfen → Karpfen

Schuppenrinden-Hickorie → Hickorynuß

Schüpplinge → *Strophariáceae*

Schüppling, Sparriger → *Tricholomatáceae*

Schüppling, Südlicher → *Bolbitiáceae*

Schuschu → Sorghumhirse

Schusterbrot → Dreierbrötchen

Schuster, Dresdner →Dreierbrötchen

Schusterjunge, Berliner → Salzbrötchen

Schusterpilz: Pilzbez., die je nach landschaftsgebundenem Sprachgebrauch für verschiedene Pilze der Pilzfamilie *Boletáceae* gebraucht wird.
1. Synonym für den eßbaren Kuhpilz, Kuh-Röhrling, Schmierling [*Suíllus bovínus* (L.) O. Kuntze].
2. Synonym für den im rohen Zustand giftigen, gut durchgegart aber wohlschmeckenden und genießbaren Netzstieligen Hexenpilz oder Hexen-Röhrling, Zigeuner (*Bolétus lúridus* Fr. ex Schaeff.).
3. Synonym für den ebenfalls roh giftigen, aber gut durchgegart sehr schmackhaften Flockenstieligen Hexenpilz oder Hexen-Röhrling [*Bolétus erýthropus* (Fr. ex Fr.)] Krbh.
4. Synonym für den jung wohlschmeckenden Pilz Ziegenlippe, Filziger Röhrling, Sammetpilz, Moosheedl [*Xerócomus submentósus* (L.) Quél.].

Schüttelbrot: eine südtiroler Krustenbrotspezialität aus einer Roggen-Weizenmehl-Mischung unter Zusatz von etwas Sauerteig, Hefe und Gewürzen. Das S. ist ein → Flachbrot in leicht gewölbter Rundform mit unregelmäßiger Porung, zartsplittriger Struktur und leicht säuerlichem Geschmack sowie auf Grund seines geringen Feuchtigkeitsgehaltes (unter 20 %) von verlängerter Haltbarkeit. Das S. wird nach lokaltraditionellem Rezept aus sehr weichem Teig bereitet, der nach 75 %iger Gare in kleine Teigstücke (Teiglinge) geformt und auf runde Brettchen aufgetragen sowie nach Flachlaufen durch manuelles Schütteln von 10 s Dauer in den Ofen geschoben wird. → Krustenbrot

Schutzgase: reaktionsträge Gase, sog. inerte Gase, die zur Verdrängung von Sauerstoff dienen, dadurch vor mikrobiellem und oxydativem Verderb und anderen unerwünschten Veränderungen von Lebensmitteln schützen und so die Haltbarkeit verlängern. Bevorzugt werden Stickstoff und Kohlendioxid angewendet. Letzteres wird z. B. zur Lagerung von Getreide, Obst und Gemüse in kontrollierter Atmosphäre (ausgetauschte Atmosphäre) genutzt. Zur Schutzbegasung von Kleinverpackungen von Lebensmitteln mit geeigneten Verpackungsmaschinen werden zwei Funktionsprinzipien angewendet:
1. Evakuieren mit anschließender Begasung: Dabei wird zunächst über eine Vakuumpumpe der Luftsauerstoff aus der Packung entfernt und anschließend das erzeugte Vakuum durch die Zugabe von S. aufgehoben. Dann wird die Packung zugeschweißt. Mit diesem Verfahren lassen sich Restsauerstoff-Werte von ca 0,1 %-Vol. in der Packung erreichen. Geeignet ist dieses Prinzip z. B. für Fleisch- und Wurstwaren, Fischprodukte, Fertiggerichte, Brot und Backwaren, Käse, Salate, Erdnüsse.
2. Sauerstoffverdrängung durch Schutzgas-Spülung. Sie wird eingesetzt: a) bei vertikal und horizontal arbeitenden Schlauchbeutelverpackungsmaschinen. Dabei läßt sich der Restsauerstoffgehalt in der Packung je nach Aufwand und Erfordernis auf unter 1 %-Vol. einstellen. Sie eignet sich z. B. für Wurstwaren, Brot und Backwaren, Kuchen, Marzipanprodukte, Käse, Milchpulver, Gewürze, Trockenhefe, Röstkaffee, Sauerkraut, Frischsalate. b) bei den Becher-Abfüll- und Verschluß-Maschinen, mit denen überwiegend flüssige oder pastöse Produkte abgefüllt werden, soll

der im Kopfraum des Bechers vorhandene Luftsauerstoff unmittelbar vor dem Verdeckeln durch eine Schutzgas-Spülung verdrängt werden. Dieses Verfahren wird überwiegend angewendet bei Joghurt und Quark, Sauer- und Fruchtmilch, Dessertprodukten, Feinkostsalaten. Die Haltbarkeitsverlängerung kann erheblich sein, wenn beispielsweise der Restsauerstoff durch CO_2 auf unter 1 % reduziert wird, bleibt verpacktes Brot auch ohne zusätzliche Konservierungsstoffe 10 bis 20 Tage je nach Temperatur frisch. Die Sporenbildner haben unter diesen Bedingungen keine Möglichkeit der Entfaltung, das Schimmelwachstum wird erheblich verzögert oder sogar verhindert (Tab.).

Haltbarkeit von Brotpäckchen

Schimmelbefall nach Tagen	Vergleichsversuch ohne Schutzgas	mit CO_2-Schutzgas
Toastbrot	5	28
Roggenmischbrot, Sauerteig	6	14
Roggenmischbrot, (Trockensauermethode)	5	12
Roggenschrotbrot, (Trockensauermethode)	5	12

Gegenüber den ohne S. verpackten Proben zeichnete sich das CO_2-begaste Brot noch durch eine wesentlich höhere Aromastabilität, geringfügigere Masseverluste und außerordentlich geringe Feuchtigkeitsverluste aus. Die Schutzgase fungieren sowohl als Verpackungsgase als auch als Füllgase, Konservierungsmittel und Antioxydantien.

Schwaden → Mannagras

Schwadengrütze → Mannagras

Schwalbennestersuppe: eine exotische → Suppe, die als tafelfertiges Erzeugnis (Dosenware) industriell hergestellt wird. Die S. wird aus den bis zu 10 g schweren Brutnestern bereitet, die ein schwalbenartiger Vogel, *Salangane* genannt, *Collocália frucphága* Thunb., insbes. auf den Sundainseln aus dem Sekret seiner Speicheldrüsen baut. Die zu einer eiweißhaltigen, weißlichen Masse erstarrten Nester werden nach gründlicher Reinigung mit verschiedenen Gewürzen, in einem Hühner- oder Kalbfleisch-Fond gekocht, wobei sich die Nester auflösen und eine delikate Suppe ergeben.

Schwämme → Pilze

Schwammgurke, *Loofah, Luffa:* die einjährige Schlingpflanze *Lúffa cylíndrica* M. J. Roem. (Familie *Cucurbitáceae*), die zylindrische, bis 40 cm lange Früchte trägt. Die jungen Früchte werden als Gemüse verwendet, aus den Samen wird Speiseöl gewonnen.

Schwammstärke → Stärkeschwamm

Schwanzfett → Fettschwanzschaf-Fett

Schwanzstück → Schlachtkörperteilstücke

Schwartenmagen: → Kochwurst (→ Sülzwurst, einfache Sorte), zu deren Herstellung Schwarten, Innereien, Euter, Schweinekopffleisch, Schweinebacken mit Schwarte, Nitritpökelsakz, Pfeffer, Kümmel und Ziebeln verwendet werden. Als Wursthülle dient der Magen des Schweines. Das Schnittbild zeigt 15···20 mm große Schweinekopffleisch-, Euter- und Organstücke, die nahezu gleichmäßig verteilt in feuchtglänzender Bindemasse eingeschlossen sind. → Wurst

Schwarzbeere → Heidelbeere

Schwarzbeinigkeit → Kartoffel

Schwarzbrot: Sammelbegriff für Brote mit dunkler Krume. Diese können aus Mehl hohen Ausmahlungsgrades (z.B. Vollkornmehl, Vollkornschrot) oder aus helleren Mehlsorten hergestellt sein, indem bei der Verarbeitung dunkelfärbende Zusätze in Form von Malzmehl, Malzsirup oder z. B. Zuckercouleur verwendet werden.

Schwarzbrot, Holsteiner: ein grobes Roggenschrotbrot, dessen Teig mit mehrstufiger Sauerteigführung bereitet und mit einer Backzeit von etwa 90 min gebacken wird. Das H. S. ist von kräftig säuerlichem Geschmack und weist eine aromaintensive Kruste auf. → Bauernbrot → Brot, vorgebackenes → Vollkornbrot → Brot

Schwarzbrot, Oldenburger: ein grobes Roggenschrotbrot, dessen Teig mit langer Backzeit (8 h) im Dampfbackkammerverfahren gebacken wird, wodurch ein leicht süßlicher Geschmack und eine dunkle Krumenfarbe entstehen. Das O. S. hat durch Wälzen der Teigstücke in Schrot eine rauhe, körnige Oberfläche. → Vollkornbrot → Brot → Brot, rindenloses

Schwarzbrot, Rheinisch-Westfälisches, *Rheinisches Schwarzbrot, Rheinisches Schrotbrot, Rheinisches Vollkornbrot:* ein im Kasten gebackenes oder freigeschobenes, grobes Roggenschrotbrot in Laib- oder Schnittbrotform mit säuerlich kräftigem Geschmack aus Vollkorn- oder Backschrot. Das R. S. wird etwa 6 h gebacken und zählt zu den sog. → Delikateßbrotsorten.

Schwarzbrottorte → Brotsorte

Schwarzdorn → Schlehe

'Schwarze' → Haselnuß

Schwarzer-Johannisbeer-Likör → Johannisbeerlikör

Schwarzfleckigkeit: Alterungserscheinung bei toten Krebsen. → Melanosin

Schwarzforelle: Bachforelle. → Forelle

Schwarzknollen → *Melanogastráceae*

Schwarzkümmel: 1. Sammelbez. für Gewürzpflanzen der Gattung *Nigélla* (Familie *Ranunculáceae*), die wildwachsend in Süd- und Mitteleuropa, Vorderasien und Nordafrika vorkommen, aber auch kultiviert werden und deren Samenkörner zum Aromatisieren von Lebensmitteln dienen. Hierzu zählen:
2. *Schwarzkümmel, Schwarzer Koriander, Schabasamen, Neue Würze, N. satíva* L.: ein früher noch in Mitteleuropa, heute nur noch in Asien und Afrika angebautes muskatartiges, scharf schmeckendes Würzmittel (mit einem Gehalt an ätherischem Öl von 0,5···1,5 % und 40 % fettem Öl), das verschiedentlich auch zum Verfälschen des → Kümmels verwendet wird. Der S. eignet sich zum Würzen von Brot, Suppen und Soßen und wird gleichzeitig als Heilmittel verwendet.
3. *Damaszener Schwarzkümmel, Jungfer im Grünen, N. damascéna* L.: eine weit verbreitete Zierpflanze, deren Samen ein Würzmittel und vielseitig genutztes Öl zum Aromatisieren, vorzugsweise in der Kosmetikindustrie, ergeben. → Damascenin
4. *Acker-Schwarzkümmel, N. arvénsis* L.: der vorwiegend wildwachsend gesammelte, lediglich im Iran kultivierte S. Er dient als Pflanze zur Bereitung von Suppen, die Samen ergeben ein Würzmittel.
5. *Zira, Búnium pérsicum* (Boiss.) Fedch. (Familie *Apiáceae*): ein in der GUS, in Indien, Pakistan kultiviertes, wie → Kümmel aussehendes Doldengewächs. Die Wurzelknollen dienen als Gemüse, das in Afghanistan auch roh verzehrt wird. Die Früchte und das aus den Samenkörnern gewonnene ätherische Öl werden als Aromatisierungsmittel genutzt.

Schwärzling, Spindelsporiger → *Tricholomatáceae*

Schwarznessel, *Perilla, Ölperilla, Shiso:* die in Ostasien, Indien, im Iran und Südeuropa kultivierte, bis 1,5 m hoch wachsende Gewürz-, Heil-, Duft-, Öl- und Gemüsepflanze *Perílla frutéscens* (L.) Britt. (Familie *Lamiáceae*), deren Samen etwa 40 % fettes Öl enthalten und daher in China und Japan auch feldmäßig als Ölpflanze angebaut wird. In Japan wird darüber hinaus aus den getrockneten Blättern und Blütenständen ein ätherisches Öl gewonnen, das neben Limonen hohe Mengen an Perilla-Aldehyd (etwa 50 %) enthält. Es dient sowohl als Geschmacksstoff zum Süßen, z. B. von Tabak, Soßen, Kaugummi, Zucker- und Konditoreiwaren, als auch als Aromatisierungsmittel. Die Samen dienen darüber hinaus als Verdikkungsmittel in Chutney oder als Aromabestandteil von Curry. Die Schwarznesselsamen weisen folgende Zusammensetzung je 100 g auf: 6 g Feuchtigkeit, 22,5 g Eiweiß, 39,8 g Öl, 10,3 g Rohfaser, 17,7 g Kohlenhydrate, 3,71 g Mineralstoffe, 9,2 mg

Eisen, 200 mg Calcium, 342 mg Phosphor, 0,2 mg Caroten, 5,5 mg Vitamin C, 0,15 mg Vitamin B_1, 0,22 mg Vitamin B_2 und 0,32 mg Niacin. Jungpflanzen, Blütenstände und Blätter dienen auch zu Speisezwecken. Die Blätter dienen nicht nur als Blattgemüse, sondern ergeben vor allem von der *var. críspa fórma víridis* einen purpurfarbenen Lebensmittelfarbstoff (→ Shiso). → Perilla-Öl → Dschiso

Schwarznuß: die meist unreif geernteten und sauer eingelegt verzehrten Früchte des in den USA in verschiedenen Sorten kultivierten Baumes *Júglans nígra* L. (Familie *Juglandáceae*).

Schwarzwälderbrot → Bauernbrot

Schwarzwild → Wild

Schwarzwurz → Beinwell

Schwarzwurzel, *Winterspargel:* die zylindrisch oder leicht spindelförmige Hauptwurzel von *Scorzonéra hispánica* L. (Familie *Asteráceae*) mit zwei Subspezies: *S. h. var. glastifólia* (mit länglicher, eirunder oder lanzettlicher Blattform) und *S. h. var. asphodeloídes* (mit schmallinealer Blattform). Die S. wird in Mittel-, Südeuropa sowie in den gemäßigten Zonen und Höhenlagen der Subtropen angebaut. Das als → Wurzelgemüse genutzte unterirdische Speicherorgan nimmt eine Mittelstellung zw. → Rübe und Pfahlwurzel ein, in der sich zahlreiche Milchröhren mit einem weißen, rahmartigen Saft befinden, so daß die S. vor ihrer Verwendung als → Gemüse nur zu Heilzwecken (vor 1600) genutzt wurde. Die Wurzeln werden gekocht, wie Spargel, oder als → Salat, gerieben oder geraspelt, meist mit anderen Gemüsearten gemischt, verzehrt. Die Blätter sind schwach süßschmeckend und werden grün oder gebleicht (→ Bleichgemüse) für Rohkostzwecke verwendet. Früher dienten die getrockneten und gerösteten Wurzeln auch als → Kaffee-Ersatz. Auf Sizilien wird noch eine weitere Art, *S. deliciósa* Guss., angebaut, nach der schlangenähnlichen Form auch als *Scorzone, Viparia* oder *Viparina* genannt. Die sehr süßen Wurzeln dieser Art werden auch kandiert sowie zur Herstellung von Speiseeis und Getränken verwendet (Tab.). → Gemüse

Zusammensetzung und Energiewert von Schwarzwurzeln

Bestandteil	Gehalt in 100 g eßbaren Anteils	
Feuchtigkeit	78,6	g
Eiweiß	1,39	g
Fett	0,43	g
Kohlenhydrate	13,3	g
Ballaststoffe	5,3	g
Mineralstoffe	0,99	g
Natrium	5,0	mg
Kalium	320,0	mg
Calcium	53,0	mg
Eisen	3,3	mg
Phosphor	75,7	mg
Magnesium	23,0	mg
Caroten	0,02	mg
Vitamin E	6,0	mg
Vitamin B_1	0,11	mg
Vitamin B_2	0,035	mg
Niacin	0,35	mg
Vitamin C	4,0	mg
Energiewert in kJ (kcal) je 100 g	264 (63)	

Schwedenbrot, kuchengefülltes → Brotkrustenkuchen

Schwedenbrötchen, *Brötchen, Schwedisches:* ein Kleinbrot, das eine kuppelförmige Form und einen kreuzförmigen Einschnitt aufweist und aus 20% Roggen- und 80% Weizenmehl mit 400 g Masse bereitet wird.

Schwedenhappen → Salzfischerzeugnisse

Schwedenpunsch: in nördlichen Ländern beliebter Likör, hergestellt unter Verwendung von Arrak und Gewürzen. Der S. wird eisgekühlt mit Strohhalm getrunken. Der Ethanolgehalt beträgt mind. 25%-Vol..

Schwefel: nichtmetallisches Element der VI. Hauptgruppe des Periodensystems, Symbol S, lat. *sulphurium*. S. kommt in der Natur frei oder gebunden *(Sulfide, Sulfate)* vor. Von Bedeutung für die

Nahrung ist nur der gebundene S., z.B. als Baustein von Thioglycosiden, Senfölen, Sulfiden, Sulfaten, Vitamin B_1, den Aminosäuren Methionin und Cystein sowie von SH-Gruppen-haltigen Enzymen. Im Stoffwechsel hat S. noch in Form des Sulfats Bedeutung für Entgiftungsreaktionen. Der elementare S. hat antiparasitäre Wirkung, innerlich verabreicht wirkt S. als Abführmittel. Verwendung finden S. und eine Reihe organischer Schwefelverbindungen als Fungizide. → Fungizide

Schwefeldioxid (E 220) → Konservierungsstoffe → Schweflige Säure → Sulfitieren

Schwefelköpfe → *Strophariáceae* → Kulturpilze

Schwefeln → Sulfitieren

Schwefelsäure (513) → Säureregulator

Schwefelwasser → Heilwasser

Schwefelwasserstoff, *Wasserstoffsulfid:* bereits in geringen Konzentrationen stark nach faulen Eiern riechendes giftiges Gas mit der Formel H_2S. S. ist in Wasser wenig, in Ethanol besser löslich, Litermasse 1,5384 g, F. -85,6 °C, Kp. -60,75°C, mit der kritischen Temperatur 100,4°C, dem kritischen Druck 9 MPa, der kritischen Dichte *d* 0,31. Außer seinem natürlichen Vorkommen in vulkanischen Gasen und schwefelhaltigen Wässern entsteht S. bei der Einwirkung von starken Säuren auf verschiedene Sulfide, bes. Pyrit (FeS), sowie bei der Zersetzung von Eiweißen als Abbauprodukt schwefelhaltiger Aminosäuren. Mit Schwermetallionen reagiert S. unter Bildung schwerlöslicher Sulfide. Darauf beruhen u. a. die Marmorierung der Konservendosen (FeS) und das Anlaufen von Silberbestecks und -geschirr (AgS).

Schweflige Säure: eine nur in wäßriger Lösung beständige Säure mit der Formel H_2SO_3. Ihr Anhydrid *Schwefeldioxid* (SO_2) sowie ihre Salze, *Natriumsulfit* ($Na_2SO_3 \cdot 7\ H_2O$), *Natriumhydrogensulfit (Natriumbisulfit* $NaHSO_3$), *Natriumpyrosulfit (Natriumdisulfit* $Na_2S_2O_5$), *Kaliumpyrosulfit (Kaliumdisulfit* $K_2S_2O_5$), werden als → Konservierungsstoffe bei Obstpülpen, Obstmark u. dgl., bei der Herstellung von Wein, Trockenobst-, Stärke- und Kartoffelerzeugnissen (Chips, Kartoffelkloßmehl) sowie zur Behandlung von Pilzen, Nüssen, geschälten Äpfeln u. dgl. verwendet und dienen zur Desinfektion von Fässern und Flaschen (Ausschwefeln). Neben der antimikrobiellen spielen auch farberhaltende und antioxydative Wirkungen eine Rolle (Verhinderungen der enzymatischen Bräunung, z.B. bei geschälten Kartoffeln). Die stärkste antimikrobielle Wirkung wird der undissoziierten s. S. (H_2SO_3) und dem Hydrogensulfition (HSO_3-) zugeschrieben, während das Sulfitanion (SO_3-) weniger wirksam ist. Die antiseptische Kraft der s. S. und ihrer Salze ist darum *p*H-abhängig, sie ist bei *p*H 4 am stärksten; Bakterien werden wesentlich stärker angegriffen als Hefe- oder Schimmelpilze. Am effektivsten ist s. S. in einer Konzentration von 0,5 %. Mit reduzierenden Zuckern bildet sie Additionsprodukte (z. B. glucoseschwefligsaures Natrium), die im Magen unter dem Einfluß der Magensäure wieder zerfallen. Schwefelhaltige Verbindungen (z. B. Glutathion und → Vitamin B_1) werden zerstört, wobei toxische Produkte gebildet werden können. Die risikolos aufnehmbare Tagesdosis für den Menschen (ADI) beträgt nach Festlegung der WHO bis 0,7 mg/Kg Körpergewicht. → Sulfitieren.

Schwein, *Sus doméstícus:* → Fleischtiere

Schweinebratengewürz: eine → Würzmittelmischung aus Basilikum, Beifuß, Borretsch, Estragon, Koriander, Kümmel, Majoran, Melisse, Gewürznelken, Gewürzpaprika, Salbei, Thymian, Ysop, Zimt, Zwiebelpulver und Speisesalz, die zum Würzen von fetten Fleischspeisen dient.

Schweinefett → Schweineschmalz

Schweinefinne, *Cysticércus cellulósae:* geschlechtslose Zwischenform des sog. Einsiedlerbandwurms des Menschen *(Tāenia sólium),* aus dem sich bei Genuß von rohem infiziertem Schweinefleisch im Darm der Schweinefinnenbandwurm entwickeln kann. Durch die gesetzlich geregelte tierärztliche Fleischuntersuchung wird erreicht, daß finnenhaltiges Schweinefleisch erkannt und ausgesondert wird. Die S. ist gefährlicher als die → Rinderfinne, sie ist recht widerstandsfähig. Pökeln, Kochen, Dämpfen und Gefrieren tötet sie, doch muß das Gefrieren länger und bei tieferer Temperatur erfolgen als im Falle der Rinderfinne.

Schweinefleischextrakt → Fleischextrakt

Schweinefleischpastete mit Paprika → Fleischpastete

Schweinegras → Knöterich

Schweinekresse, *Gemeiner Krähenfuß:* die in ganz Europa verbreitete, früher gegen Skorbut als Heilpflanze verwendete *Corónopus squamátus* (Forssk.) Aschers., Synonym *Cochleária corónopus* L. (Familie *Brassicáceae*), die heute nur noch gelegentlich in Gärten kultiviert oder als → Salatpflanze gesammelt wird. → Wildkräuter → Kresse

Schweineschmalz, *Schmalz, Schweinefett:* das aus dem Fettgewebe des Schweines gewonnene Fett. Zur Herstellung von S. verwendet man *Bauchwandfett (Wammenfett,* Liesen → Flomen → Schmer → Lünte) → *Gekrösefett* (Mickerfett) und *Netz-* oder *Bauchfett; Rückenfett* wird meist als Speck verarbeitet. Das S. wird durch Ausschmelzen der Fettgewebe (→ *Fett, tierisches)* gewonnen, wobei meistens die Fettgewebsreste (*Grieben*) abgetrennt werden. Es ist ein weißes Fett von angenehmem Geruch und Geschmack, schmilzt bei 36···42°C und ist bei Zimmertemperatur gut streichbar. Durch Pressen bei 15°C kann man die Fraktionen → *Schmalzöl* und *Schmalzstearin* erhalten. Das S. besteht zu 99,7 % aus Fett. Die wichtigsten Fettsäuren des S. sind Palmitinsäure (24···32 %), Stearinsäure (8···15 %), Ölsäure (47···50 %) und Linolsäure (6···13 %). Die Fettsäurezusammensetzung kann durch die Fütterung stark beeinflußt werden.
Das S. ist ein gern verwendetes Speisefett, das als *Brotaufstrichfett* und zum Kochen, Backen und Braten verwendet wird. Wichtige Arten des S. sind: *Bratenschmalz:* durch Erhitzen von S. mit Gewürzen, Äpfeln oder Zwiebeln hergestellt. *Griebenschmalz:* durch Zusatz von frischen Grieben von Rückenspeck oder Flomen zu S. hergestellt. *Flomenschmalz (Liesenschmalz):* aus Flomen (Liesen) hergestellt. *Wurstschmalz (Wurstfett):* kann beim Kochen von Würsten abgeschöpft werden. Es besteht vorzugsweise aus S. Durch die Gewürze ist es meist grau gefärbt. *Schinkenschmalz:* das ausschl. aus den Fetteilen von geräucherten Schinken gewonnene Schmalz. *Griebenschmalz* enthält ca. 10 % Grieben. Der Vitamin-E-Gehalt beträgt 2,2 mg und der Cholesterolgehalt 86 mg je 100 g. → Fett, tierisches → Streichfett → Körperfett

Schweinsdarm → Darm

Schweinskopfblutwurst: → *Kochwurst,* zu deren Herstellung Schweinskopffleisch ohne Knochen, Schweinebacken, Schwarten, Blut, Nitritsalz, Zukker, Pfeffer, Zwiebeln, Majoran und Piment eingesetzt werden. Als Wursthüllen dienen Pergamentdärme. Das Schnittbild zeigt Backenstücke und Schweinekopffleischstücke mit anhaftender Schwarte fast gleichmäßig in dunkelblutrotbrauner Blutmasse liegend. → Wurst

Schweinskopfsalat → Fleischsalat

Schweinskopfsülzwurst: → Kochwurst, und zwar aus Schweinekopffleisch bestehende → *Sülzwurst* (mittlere Sorte), bei deren Herstellung Schweinekopffleisch, Schweinebacken, Schwarten, Nitritpökelsalz, Pfeffer, Kümmel und Zwiebeln zum Einsatz kommen. Als Wursthüllen dienen weite Perfoldärme. Das Schnittbild zeigt 15···20 mm große Schweinekopffleisch- und Fettstücke mit anhaftender Schwarte nahezu gleichmäßig verteilt in feuchtglänzender Masse. → Wurst

Schweinsmelde → Gänsefuß

Schweinsohr: 1. ein mit Zucker eingerolltes Gebäck aus → Blätterteig, in dünne Scheiben geschnitten und knusprig gebacken. Als *Prussien* werden bes. kleine S. bezeichnet.
2. → *Gompháceae*

Schweinspörkölt: Fleischspeise auf der Basis von Schweinefleisch. Dazu werden gulaschgroße Schweinebugstücke verwendet.

Schweinsschnauze: Fleischspeise auf der Basis von Schweinefleisch. Dazu wird die Schnauze gekocht.

Schweizer Bergkäse → Alpkäse

Schweizer Bitter → Trinkbranntwein

Schweizer Käse → Emmentaler Käse

Schweizer Orangenapfel → Apfel → Kernobst

Schwermetalle, toxische: Elemente, deren Dichte größer als 5 ist und die bereits in relativ geringen Mengen bei Mensch und Nutztier giftige Wirkung haben. Diese ist zumindest teilw. auf eine Hemmung lebenswichtiger Enzymreaktionen zurückzuführen. In die Gruppe der t. S. werden wegen ihre Bedeutung vor allem die Elemente *Blei, Arsen, Quecksilber* und *Cadmium* einbezogen. Andere Elemente können in geringen Mengen lebensnotwendig, in größeren Mengen jedoch ebenfalls giftig sein, z. B. *Molybdän, Mangan, Kupfer, Cobalt.* → Mineralstoffe → Radionuclide

Schwertbohne → Jackbohne

Schwertfisch → Thunfisch

Schwertlilie, Blaue → Veilchenwurzel

Schwertwurzel → Veilchenwurzel

Schwiderholz → Berberitze

Schwindelkorn → Koriander

Schwindlinge → *Tricholomatáceae* → Würzpilze → Speisepilze

Sciáena áquila → Adlerfisch

Scírpus califórnicus sp. tatóra → Simse

Sclareol → Terpen-Alkohole

Sclerocárya birrōea → Marulapflaume

Sclerodérma citrínum → Pilzgifte

Sclerodermatáceae: der Ordnung *Sclerodermatáles (Hartboviste)* - innerhalb der Klasse *Basidiomycétes (Ständerpilze)* - zugeordnete Pilzfamilie, die sich durch sitzende oder mit unscharf abgesetztem Stiel versehene Fruchtkörper auszeichnet. Der einzige eßbare, jung als Gewürzpilz verwendbare Vertreter ist der Erbsenstreuling [*Pisólithus arhízos* (Pers.) S. Rausch. = *P. tinctórius* (Mich. ex Pers.) Cocker et Couch] mit anfangs okkergelbem, gelbbraunem, schmutzig bräunlichem oder schmutzig grünlichbraunem, dann rötlich bis dunkelbraunem, rundlich-knolligem bis nierenförmigen oder birnen- bis beutelförmigen Fruchtkörper. Die Fruchtmasse zeigt im Jugendstadium im Längsschnitt ein Mosaik von zahlreichen kleinen bräunlichen Kammern mit sehr brüchigen Wänden. Bei der Reife zerfällt das Innere in eine braune Sporenmasse. Zum Gebrauch wird die äußere Hülle abgeschält, das Fleisch in Scheiben geschnitten und getrocknet. Bereits eine dünne Scheibe reicht aus, Suppen oder Tunken einen würzigen Geschmack und eine tiefbraune Farbe zu verleihen. Der Geschmack des Erbsenstreulings wird unterschiedlich bewertet. Vorkommen: Juli bis Sept. auf sandigen Heideplätzen, Triften und Halden, in Sandgruben, an Wegrändern, Böschungen und Bahndämmen. Der zur Gattung Hartboviste gehörende Kartoffelbovist *(Sclerodérma citrínum* Pers. = *S. aurántium* Pers.) wurde früher vielfach in sehr kleinen Mengen als Würze für Wurst und Fleischspeisen verwendet. Auf Grund seiner Giftigkeit ist das nicht mehr zulässig. → Pilze → Speisepilze → Ständerpilze

Sclerodermatáles → Ständerpilze → Sclerodermatáceae

Scleroglucan (Handelsname *Polytran):* eine von der Flechte *Sclerótium glucánium* u. a. *Sclerotium*-Arten gebildetes → β-1,3-Glucan, dessen Hauptkette aus β-1,3-verknüpften D-Glucosemolekülen besteht, an die über β-1,6-Bindungen D-Glucoseeinheiten als Seitenketten geknüpft sind:

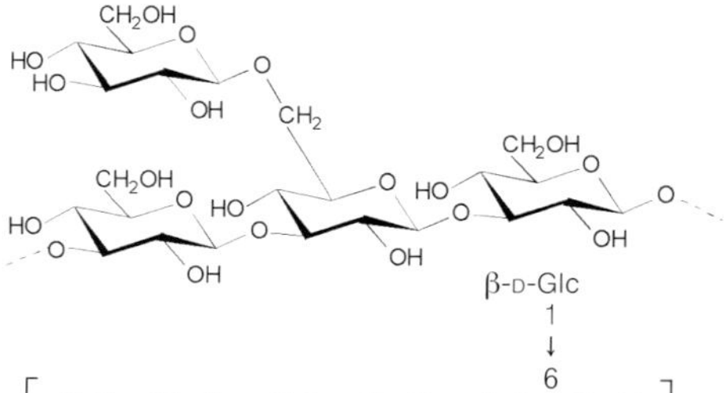

$$\left[\rightarrow 3)\text{-}\beta\text{-D-Glc}\ (1 \rightarrow 3)\text{-}\beta\text{-D-Glc}\ (1 \rightarrow 3)\text{-}\beta\text{-D-Glc}\ (1 \rightarrow \right]_n$$

S. bildet pseudoplastische, viskose Lösungen, die in einem weiten *p*H-Wert (*p*H 1···12) und Temperaturbereich sowie in Gegenwart von Salzen stabil sind. → β-1,3-Glucane → Polysaccharide, mikrobielle

Scolymosid → Flavonoide

Scólymus hispánicus → Goldwurzel

Scómberésox sáurus → Makrelenhecht

Scómberomórus → Thunfisch

Scómber scómbrus → Makrele

Scophthálmus → Plattfische

Scopolamin → Alkaloide

Scopoletin (*Skopoletin*) → Cumarin → Cumaringlycoside

Scopolin (*Skopolin*) → Cumaringlycoside

Scorbaminsäure: Ein Zwischenprodukt der Reaktion der Ascorbinsäure mit einer Aminosäure (Strecker-Abbau), aus dem ein roter Farbstoff entsteht (s. Formel).

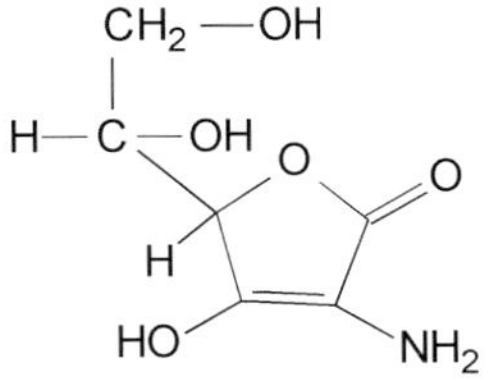

Scordinin, *Skordinin:* Peptid mit einer dem *Glutathion* ähnlichen physiologischen Wirkung. S. ist enthalten im Graslauch (*Állium scorodoprásum* L.) und findet auf Grund seiner stoffwechselaktivierenden Wirkung auf die Haut Verwendung in der Kosmetik. S. ist sauerstoffempfindlich. → Peptide

Scorodose → Tetrasaccharide

Scorzone → Schwarzwurzel

Scorzonéra hispánica → Schwarzwurzel

Scorzonéra hispánica var. asphodeloídes → Schwarzwurzel

Scorzonéra hispánica var. glastifólia → Schwarzwurzel

Scotch → Whisky

SCP → Einzellerprotein

Scutigeráceae → *Polyporáceae*

Scutigerol → Pilzgifte

Scyliorhínus → Haifisch

Scylitt → Inositol

Seatron → Algenprodukt

Sebacinsäure (*Sebazinsäure), Ipomsäure, Oktan-α,δ-*Dicarbonsäure, Decandisäure: eine gesättigte Dicarbonsäure mit der Formel

$HOOC\text{-}(CH_2)_8\text{-}COOH$

S. wurde aus Hefe isoliert, entsteht beim Ranzigwerden von Ölsäure enthaltenden Fetten und findet sich nach Genuß von Kokosfett im menschlichen Harn. Sie ist nahezu ungiftig und zeigt bes. in Gegenwart von Steroiden diuretische Wirkung. S. kristallisiert in Blättchen oder Federn, F. 133···134,5°C, Kp.$_{13330\ Pa}$ 295°C. S. wird technisch zur Herstellung von synthetischen Fasern (Nylon), Kunstharzen und Weichmachern verwendet. Das Diammoniumsalz der S. hat einen dem Kochsalz ähnlichen Geschmack und dient deshalb verschiedentlich als Kochsalzersatz. Seine Verwendung für diesen Zweck ist genehmigungspflichtig.

Sebástes ssp. → Rotbarsch

sec, *trocken, dry:* Bez. für einen auf herbe Geschmacksrichtung abgestimmten a) → Sekt, dessen Zuckergehalt zw. 17···35 g/l betragen darf, b) Wein, der höchst. 4 g/l Zucker enthält oder c) für einen → Likör, bei dem es nicht auf herben Geschmack ankommt, sondern mit der Bez. s. auch *Triple sec* (dreifach trocken) eine hohe Qualität und erhöhter Alkoholgehalt angezeigt werden soll. Bei Sekt sind darüber hinaus noch die Sortenbez. „extra trocken" oder „sehr trocken", „extra dry" (engl.), „extra sec" (franz.) üblich, hier beträgt der Zuckergehalt 12···20 g/l. Bei „halbtrocken", „medium dry", „demi doux" oder „demi sec" beträgt der Zuckergehalt des Sektes 33···50 g/l. Bei den Bez.

„doux", „süß" oder „mild" beträgt der Zuckergehalt über 50 g/l. → Curaçao → Gin

Sécale cereále → Roggen

Secalin → Polyfructose

Séchium edúle → Chayote

Sechskornbrot → Mehrkornbrot

Sedanolid: ein Lacton der Sedanolsäure, s. Formel.

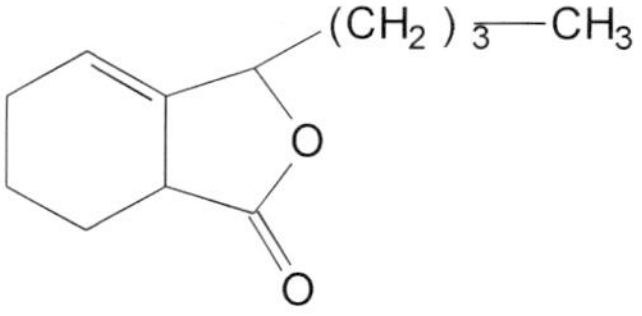

S. ist das riechende Prinzip des ätherischen Öls von Sellerie und Liebstöckl; geht beim Erhitzen in Sedanolsäure über. Es ist ein dickes Öl, Kp. $_{2225\ \mathrm{Pa}}$ 185°C, $[\alpha]_D^4$ −50,2°.

Sedanonsäure, *2-[Pentylon-(2')]-cyclohexen-(6)-carbonsäure-(1), 2-n-Valeryl-6-cyclohexen-1-carbonsäure:*

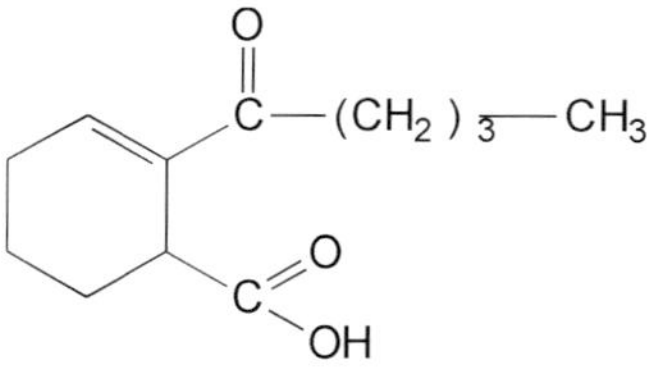

S. findet sich unter den hochsiedenden Bestandteilen des Sellerieöls und in geringen Mengen in der chinesischen Droge Msiung-Ch'uang (der Wurzel von *Cnídium officinále* Mak. Familie *Apiáceae*).

Sedoheptit → Zuckeralkohole

D-Sedoheptulosan → Zuckeranhydride

Sedo-heptulose → Heptosen

Sédum spec. → Salatfetthenne

Seeaal → Räucherfischerzeugnisse

Seebarsch, atlantischer → Flußbarsch

Seedornbeere → Sanddornbeere

Seefenchel, *Meerfenchel:* der Halbstrauch *Caríthmum marítimum* L. (Familie *Apiáceae*), der auf den Felsen der Mittelmeer- und Atlantikküste wild wächst. Die fleischigen, salzigbitter schmeckenden Blätter werden für Salate, Essig- oder Kochgemüse und als Küchengewürz verwendet.

Seefisch → Fisch

Seeforelle → Forelle

Seegras: ein im nördlichen Golf von Kalifornien vorkommendes *Gras, Zostéra marína* L. (Familie *Potamogetonáceae),* dessen Früchte (Körner) im Frühjahr geerntet werden und in der traditionellen Seri-Kost und -Kultur (Seri-Indianer) eine Rolle spielen. Die Bedeutung des S. als Grundnahrung für den Menschen ist erheblich, sein „Anbau" erfordert weder Frischwasser noch Pflanzenschutzmittel oder Kunstdünger.

Seegurken → Seewalzen

Seehase, *Lump, Cyclópterus lúmpus:* schuppenloser *Meeresfisch* von charakteristischer kugelförmiger Gestalt, mit 7 Längsreihen dorniger Platten sowie einer aus den Bauchflossen gebildeten Saugscheibe (Bild).

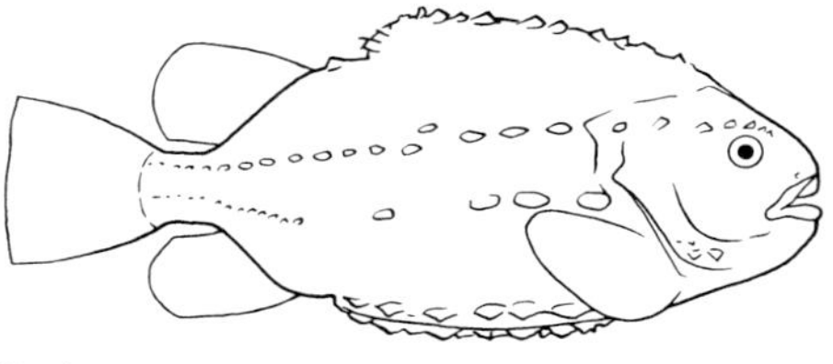

Seehase

Der am Grund im ganzen Nordatlantik verbreitete S. erreicht im Mittel 40 cm, höchst. 60 cm Länge und höchst. 5,5 kg Masse. Der Gesamtfang von etwa 8 kt wird vor allem von Island, Norwegen und Dänemark erzielt. Als Fleischlieferant ist S. unbedeutend. Aus dem relativ großkörnigen Rogen wird schwarzgefärbter „Deutscher Kaviar" (→ Kaviar) hergestellt. → Fisch

Seehasenrogen: → Rogen des Seehasen; Rohstoff für „Deutschen Kaviar".

Seehecht: oben schwarzgrau, seitlich und unten silberglänzend gefärbter, schlanker, räuberischer *Meeresfisch* mit 2 Rücken- und einer langen Afterflosse sowie schwarzer Mundhöhle (Bild).

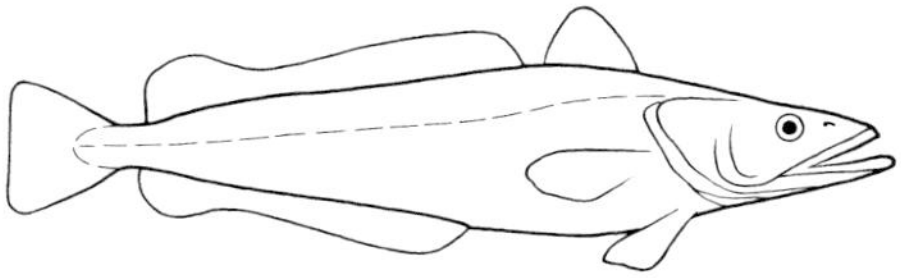

Seehecht

Der *Europäische S. (Merlúccius merlúccius),* der Längen um 50 cm, höchst. über 1 m erreicht, wird hauptsächlich von Frankreich, Spanien und Italien in Mengen von etwa 100 kt je Jahr gefischt. Der kleinere *Silberhecht (M. bilinearis)* wird im Atlantik von der russischen und der amerikanischen Fischerei in Mengen von etwa 100 kt jährlich gefischt, der *Patagonische S. (M. húbbsi)* und *Kaphecht (M. capénsis)* vor Südafrika liefern jeweils über 300 kt, der *Nordpazifische S. (M. prodúctus)* und der *Chilenische S. (M. gayi)* jeweils über 100 kt Jahresfang. Der S. ist ein fettarmer Speisefisch, hinsichtlich der Fleischeigenschaften dem Kabeljau ähnlich. Sein Fleisch (Tab.) ist weiß, zart und saftig und von angenehmem, mildem Eigengeschmack.

Zusammensetzung und Energiewert von Kaphechtfilet

Bestandteil	Durchschnittl. Gehalt je 100 g eßbaren Anteils in g
Wasser	81···82
Eiweiß	16···18
Fett	1···2
Mineralstoffe	1
Energiewert je 100 g eßbaren Anteils in kJ (kcal)	335···410 (80···98)
davon aus Eiweiß	295···330 (70···79)
aus Fett	40···80 (10···19)
Richtwert für verwertbare Gesamtenergie je 100 g eßbaren Anteils in kJ (kcal)	355 (85)

Dabei treten zw. den verschiedenen Arten geringe Unterschiede auf. S. wird neben verschiedenen → Gefrierfischerzeugnissen auch zu → Räucherfischerzeugnissen verarbeitet. S. ist zur Zusammenstellung fettarmer und leichtverdaulicher Kostformen geeignet. → Fisch

Seeigel, *Meerigel, Echinoídea:* Klasse der *Stachelhäuter (Echinodérmata)* mit kugeligem, ei-, herz-, manchmal scheibenförmigem Körper, der von einem Panzer aus unbeweglichen Kalkplatten umgeben und meist mit Stacheln bedeckt ist (Bild).

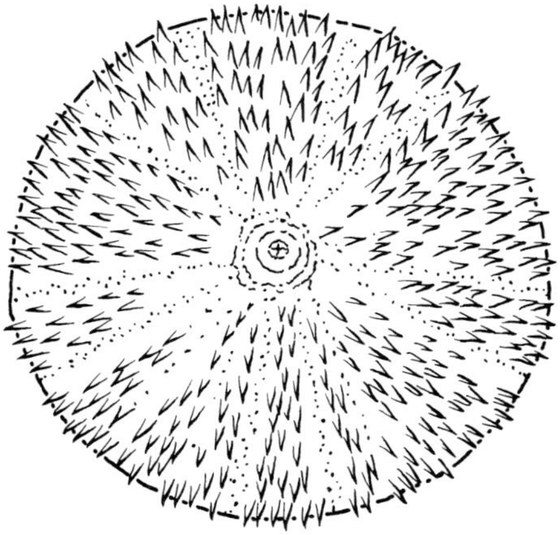

Seeigel

Die ursprünglich fünfstrahlige Symmetrie wird bei manchen Arten von bilateraler Symmetrie verdrängt. Die S. leben kriechend oder grabend auf dem Meeresboden, vor allem in borealen und arktischen Gewässern. Bedeutung als Lebensmittel haben die S. in Asien (z.B. Japan 27 kt), in Südamerika (z.B. Chile 9 kt, USA 7 kt) und im Mittelmeerraum und Südwesteuropa. Die wichtigsten Arten sind die *Strongylocentrótus*-Arten und im europäischem Raum der *Eßbare Seeigel (Échinus esculéntus)* und der *Steinseeigel (Paracentrótus lívidus)*. – Bes. gefragt sind Milch (Sperma) und → Rogen (Eier), die je 100 g 20···30 g Eiweiß und mehr als 30 g Fett enthalten können.

Seekanne → Wasserpflanzenrhizom

Seekarpfen → Meerbrassen

Seekohl, *Laminaria (Familie Laminariáceae), Laminaria-Algen:* in Küstennähe am Meeresgrund festsitzende, mehrere Meter Länge erreichende *Braunalgen* mit breiten, blattähnlichen Zellkörpern, die vorwiegend in Japan, China und Rußland, aber auch in Südostasien und in Australien und in den USA zu einer Vielzahl von Lebensmitteln und Lebensmittelzusätzen verarbeitet werden und in frischer, getrockneter oder konservierter Form als Bestandteil von Suppen, Soßen, Salaten, Füllungen, Konditoreiwaren, Marmeladen und Süßwaren, als Brotzusatz, Tee (in Pulverform, insbes. in Japan), Gemüse, Gewürz angeboten werden. Der *Zuckertang, Laminária saccharína,* wird auch in Norwegen als Gemüse und Salat verzehrt. Seekohlkonserven werden bes. in Japan („*Kombu*", „*Kobu*") und in der ehem. Sowjetunion („*Morskaja Kapusta*") hergestellt. An der fernöstlichen Küste Rußlands werden auf einer etwa 75 ha großen Unterwasserplantage jährlich 2000 t S. geerntet. S. enthält viel Eiweiß, Kohlenhydrate und Mineralstoffe. → Algenprodukt → Meerkohl → Meersalat

Seelachs, *Blauer, Köhler, Polláchius vírens, Gádus vírens* (Bild):

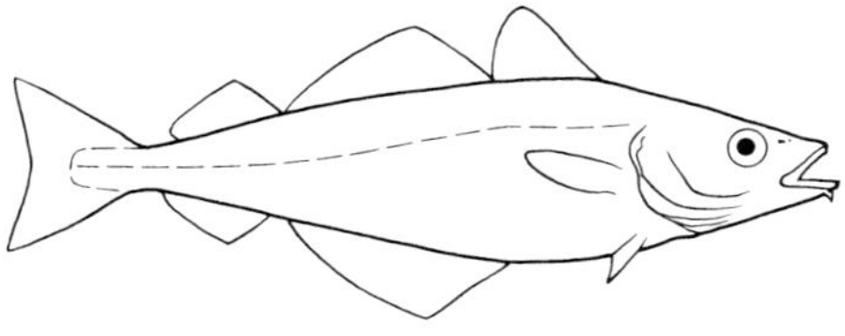

Seelachs

Oberseits dunkelgrün bis schwarz, unterseits grauweiß gefärbter *Meeresfisch* von kabeljauähnlicher Gestalt. Die weißliche Seitenlinie verläuft gerade, die Mundhöhle ist dunkel. An den europäischen und amerikanischen Küsten des Nordatlantik betragen die Fänge rund 400 kt jährlich. Der nahe verwandte *Pollack* oder *Helle Seelachs (P. polláchius, Gádus polláchius)* kommt nur im Nordostatlantik in geringen Mengen vor. Die dunkle Seitenlinie ist stark gebogen, die Seiten sind messinggelb gebändert. – S. ist ein typischer *Magerfisch* und zur Zusammenstellung fettarmer und leichtverdaulicher Kostformen geeignet. Das Fleisch (Tab.) ist von zarter Konsistenz, grauweißer Färbung, deutlichem Eigengeschmack; es ist langfasriger und gröber als das von Kabeljau oder Schellfisch.

Zusammensetzung und Energiewert des Seelachsfleisches

Bestandteil	Durchschnittl. Gehalt je 100 g eßbaren Anteils in g
Wasser	80···81
Eiweiß	18···19
Fett	0,2···1
Mineralstoffe	1
Energiewert je 100 g eßbaren Anteils in kJ (kcal)	340···390 (81···93)
davon aus Eiweiß	330···350 (79···84)
aus Fett	10···40 (2···9)
Richtwert für den Energiewert je 100 g eßbaren Anteils in kJ (kcal)	335 (80)

Daher stehen die Erzeugnisse aus S. in der Regel hinter denen aus Kabeljau zurück. Die Verwendung des bereits auf See filetierten und gefrorenen Fisches erfolgt vornehmlich als Speisefisch, und zwar gebraten, gekocht, gedünstet oder in anderen Formen zubereitet. Die industrielle Verarbeitung liefert → Ölpräserven (Seelachsscheiben und -schnitzel) → Gefrierfischerzeugnisse und teilw. → Räucherfischerzeugnisse. Leber (→ Fischleber → Fischleberöl) und → Rogen werden gesondert verwertet. → Fisch

Seelachserzeugnisse → Ölpräserven

Seelachspaste → Fischpaste

Seemannsschinken: kaltgeräuchertes Fischerzeugnis aus gesalzenem Filet von Dorsch (Kabeljau) oder ähnlichen Magerfischen, das eingebunden geräuchert wird. → Räucherfischerzeugnisse

Seemuschel: Miesmuschel. → Muscheln

Seeneunauge → Neunaugen

Seeohr → Schnecken

Seenuß → Wassernuß

Seerose: verschiedene Arten der Gattung *Nymphāea* L. (Familie *Nymphaeáceae*), deren stärkereiche Rhizome früher als Lebensmittel, und zwar getrocknet, gemahlen als Zusatz bei der Brotbereitung, verwendet wurden (z. Zt. des 1. Weltkrieges noch amtlich empfohlen). Dem gleichen Zweck dienten auch verschiedene Arten der Gattung *Núphar (Teichrose* oder *Mummel*). → Wasserpflanzenrhizom

Seesaibling → Saiblinge

Seesalz → Meersalz

Seespinne: Meeresspinne, *Maja squinado;* Krabbenart. → Krebstiere

Seesterne: Klasse der *Stachelhäuter (Echinodermáta),* deren sternförmiger Körper aus einer flachen, radiärsymmetrischen Scheibe mit unverzweigten Armen (meist 5 Stück) besteht. Der Körper ist mit Kalkplatten gepanzert. Die S. leben am Meeresboden und ernähren sich räuberisch hauptsächlich von Weichtieren. Die Geschlechtsorgane des *Kammseesterns (Astropécten aurantíacus)* aus dem Mittelmeer, von der Biskaya und den Azoren, der bis 0,5 m Spannweite erreicht, sind eßbar. Sonst haben die S. neben ihrer negativen Rolle als Feinde der Muschelkulturen nur geringe Bedeutung als Dünge- und Futtermittel sowie als Heildroge.

Seeteufel → Angler

Seetierfleischextrakt → Fleischtierextrakt

Seetieröl: aus Meerestieren, bes. Walen, Robben und Fischen, gewonnenes Öl. Als *Tran* bezeichnet man minderwertige S., die für technische Zwecke verwendet werden. Die S. werden i. allg. erst nach der Hydrierung als Speisefette verwendet. Sie zeichnen sich durch einen hohen Gehalt an langkettigen und mehrfach ungesättigten Fettsäuren aus und enthalten vielfach größere Mengen an → *Unverseifbarem.* Man unterscheidet mehrere Gruppen: a) Öle von Bartenwalen (→ *Walöl),* b) Öle von Robben (→ *Robbenöl), c) Körperöl von Fischen (→ Fischöl), d) Leberöle von Fischen und Walen (→ Fischleberöl),* e) Öle von Knorpelfischen (→ Haiöl) und f) Öle der Sperm- oder Zahnwale (→ *Spermöl*). Der analytische Nachweis der S. gelingt über die Reaktion nach *Tortelli* und *Jaffé* (Grünfärbung bei Zugabe von Brom zu den in Eisessig/Chloroform gelösten S.); die Reaktion ist auf den Gehalt an Ergosterol (→ Provitamin D) zurückzuführen. → Körperfett → Fett, tierisches → Fett, gehärtetes

Seetraube, *Meertraube, Manzano, Arahueque, Papaton:* der Strauch *Coccóloba uvífera* (L.) L. (Familie *Polygonáceae*), dessen eßbare, sauer bis süßliche, häufig etwas herbe Früchte je 100 g 17 mg Vitamin C enthalten. Sie werden frisch verzehrt, aber auch zu alkoholischen Getränken verarbeitet. Der Strauch kommt an tropischen Küsten, u. a. von Mexiko bis zum nördlichen Südamerika, und in Westindien vor. Ähnlich schmecken die Früchte vieler anderer *Coccóloba*-Arten des tropischen Südamerika, wie *C. ascéndens* Duss., *C. diversifólia* Jacq., *C. latifólia* Lam. oder *C. laurifólia Jacq.*.

Seewalzen, *Seegurken, Holothuródea:* Klasse der Stachelhäuter (*Echinodermata*) von langgestreckter, walzen-, gurken- oder kürbisförmiger Gestalt (s. Bild nächste Seite).
Die skelettlosen S. bewegen sich auf dem Meeresboden kriechend fort und leben von Kleintieren. Wirtschaftliche Bedeutung haben die S. bes. in Ostasien. Von Japan und Südkorea werden z. B. jährlich über 12 kt gefangen. Die Hauptfangplätze

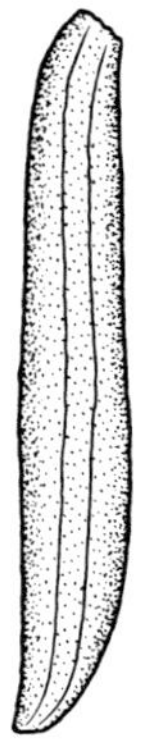

Seewalze

befinden sich im Indomalaiischen Archipel, vor Ostafrika und im Mittelmeer. Von den etwa 25 bis 30 als Nahrung verwerteten Arten haben *Stíchopus japónicus (Trepang)* in Ostasien, *Holothuría tubulósa* und *H. fórskali* sowie die *Königsholothurie Stíchopus régalis* im Mittelmeergebiet Bedeutung. – Verwertet wird der Muskel (Mantel), dessen Fleisch (Tab.) durchsichtig und fest ist.

Zusammensetzung und Energiewert von Seewalzenfleisch

Bestandteil	Durchschnittl. Gehalt je 100 g eßbaren Anteils in g
Wasser	80,0···92,0
Eiweiß	4,8···8,0
Fett	0,5
Kohlenhydrate	1,5
Mineralstoffe	3,5
Energiewert je 100 g eßbaren Anteils in kJ (kcal)	135···190 (32···46)

Beim Kochen nimmt es eine knorpelige bis gelatinöse Konsistenz an (Trepang). Das Eiweiß von S. enthält 40···65 % Collagen und ist von geringerem Nährwert als das von Fischen oder Krebstieren. S. werden vorwiegend getrocknet gehandelt. Sie werden bes. zu *Suppen* (z.B. Trepangsuppe), Ragouts, Frikassees und Würzen, industriell aber auch zu Konserven verarbeitet.

Seewolf → Katfisch

Seezunge → Plattfische

Sefi → Sorghumhirse

Sehnen: aus straffem, fibrillärem Bindegewebe bestehende Fasern, die die Verbindung des Muskels mit den Knochen herstellen. Sie haben eine weißlich-bläuliche Farbe. Die Verdaulichkeit ist infolge des sehr begrenzten Abbaues durch proteolytische Enzyme im Verdauungstrakt gering; deshalb kommt den Sehnen kaum eine ernährungsphysiologische Bedeutung zu.

Seidenbonbon → Hartkaramelle

Seidenkissen → Hartkaramelle

Seidenproteine → Eiweiß

Seidenwurzel, Weiße, levantinische → Schleierkraut

Seifenbeerbaum: der im ganzen tropischen Afrika, Vorder- und Südasien bis Burma vorkommende 6···8 m hohe Baum, *Balanítes aegyptiáca* (L.) Del. (Familie *Zygophylláceae*) der in Ägypten und Äthiopien wegen der eßbaren Blätter und Blüten, aber auch wegen des wohlschmeckenden Fleisches der Früchte (*Ägyptische Myrobalane*) und eßbaren Samen mit 40 % Öl, kultiviert wird. In Sambia werden zw. Mai und Juli die Früchte wildwachsender Bäume gesammelt. Die Früchte der wildwachsenden *B. aegyptiáca var. quárrei* (in Sambia *Mubambwangnoma* genannt) weisen folgende Zusammensetzung auf: 76,8 % Feuchtigkeit, 9,8 % Eiweiß, 0,6 % Fett, 10,6 % Kohlenhydrate, 0,9 % Mineralstoffe, 1,5 % Rohfaser, und in mg je 100 g Fruchtfleisch 58 Calcium, 18,6 Phosphor, 9,3 Eisen und 150 Vitamin C auf. Die Samen (Nüsse) bestehen aus 27,6 % Eiweiß, 34% Fett, 3,7 % Mineralstoffen, 32,8 % Kohlenhydraten, 1,9 % Rohfaser und in mg je 100 g Samenmasse sind 90 Calcium, 720 Phosphor, 40 Eisen vorhanden.

'Seifersdorfer Runde' → Walnuß → Schalenobst

Seifigkeit → Fett

Seimbohne → Helmbohne

Seitan: mit → Tamari, Sojamehl → Kombu und verschiedenen Gewürzen vermengtes Weizenklebereiweiß, das zu Bratlingen, bzw. sog. vegetarischem Schnitzel weiterverarbeitet wird.

Seiten → Fischerzeugnisse

Seitlingsarten → Kulturpilze

Seje-Palme → Pataua-Öl

Sekt, *Schaumwein:* moussierender (franz., aufbrausen, schäumen) → Wein mit einem Gehalt von mind. 6 g/l Kohlendioxid bzw. einem Kohlendioxid-Überdruck von mind. 0,2 MPa in der geschlossenen Flasche bei 10°C. Sekt wird in folgenden Sorten hergestellt: *Brut, Extra trocken* (engl. *extra dry), Trocken* (franz. *sec,* engl. *dry*), *Halbtrocken* (franz. *demi-sec*), *Halbsüß, Süß* (franz. *doux*) und *Dessert.* Nach der Farbe können *weiße, rosé* und *rote* Sektsorten unterschieden werden.
Herstellung von S: S. wird heute nach drei verschiedenen Verfahren hergestellt: als *Flaschengärsekt,* als *Tankgärsekt* oder als *Imprägniersekt.*
Flaschengärverfahren: Mehrere meist junge, aber fertige Weiß-, Rosé- oder Rotweine, die sog. Sektgrundweine, werden in einem großen Behälter zu einer *Cuvée* gemischt, d. h. verschnitten. Zur Einleitung der zweiten Gärung wird eine genau berechnete Menge, in der Regel 20⋯25 g/l Kandis- oder Raffinadezucker und Schaumwein-Reinzuchthefe zugegeben und gut vermischt. Dieser Gäransatz wird in Schaumweinflaschen gefüllt und mit einem Korken, dem *Tiragekorken,* der von einem Stahlbügel gehalten wird, oder mit einem Kronenkorken verschlossen. Danach werden die Flaschen in den auf 9⋯12°C temperierten Flaschengärkeller übergeführt. Die Flaschen dürfen hierbei – da sich Kohlendioxid entwickelt – nicht vollständig gefüllt sein, d. h. man läßt einen Luftraum von etwa 15 ml. Der Gärverlauf wird von Zeit zu Zeit stichprobenartig mit Hilfe einer Stechkanüle kontrolliert. Nach der etwa 4 bis 6 Wochen dauernden Gärung werden die Flaschen umgesetzt, dabei wiederum waagerecht gestapelt und je nach der Qualität für 1½ oder mehrere Jahre gelagert. Während dieser Zeit gehen von den abgestorbenen Hefezellen geschmacksbestimmende Inhaltsstoffe an den S. über. Außerdem wird das Kohlendioxid als Kohlensäureethylester chemisch teilw. gebunden. Danach werden die Flaschen mit dem Hals schräg nach unten in *Rüttelpulte* gesteckt und dabei täglich in steilere Lage angehoben, gerüttelt und um 45° gedreht, bis sie auf dem Rüttelpult senkrecht stehen. In 8 Tagen vollführt die Flasche eine volle Drehung. Während des 4 bis 6 Wochen dauernden Rüttelprozesses wandert die abgestorbene Hefe spiralförmig in den Flaschenhals nach unten und setzt sich auf dem Tiragekorken als festes *Hefegeläger* ab. Um das Hefegeläger zu entfernen, durchlaufen die mit dem Hals nach unten stehenden Flaschen eine Kühlsohle von −20°C, so daß der im Flaschenhals sitzende Hefepfropfen gefriert. Das Entfernen des Tiragekorkens zusammen mit dem Hefepfropfen, das *Degorgieren,* erfordert eine bes. hohe manuelle Geschicklichkeit. Um den beim Degorgieren entstandenen Flüssigkeitsverlust auszugleichen und um den *Brutsekt* geschmacklich harmonischer und lieblicher zu gestalten, wird *Dosagelikör,* hergestellt aus Wein und Kandiszucker, zugegeben. Der Dosagelikör bestimmt im wesentlichen den Extrakt- und Zuckergehalt des S. Abschließend wird der nun fertige S. mit dem Expeditionskorken, der auch ein Plaststopfen sein kann, verschlossen und außerdem mit einem Drahtbügel gesichert. Nach einer noch mind. 6 Wochen dauernden Quarantänezeit ist der S. versandfertig.
Heute wird vielfach das zeitraubende und arbeitsaufwendige Rütteln und Degorgieren der Flaschen mit Hilfe des *Transvasier-* oder *Transvasions-Verfahrens* umgangen. Der in 1½- bis 2-l-Flaschen vergorene Rohsekt wird nach dem Reifelager unter CO_2-Gegendruck mit der gewünschten *Dosage* versetzt, durch Filtration von der Hefe befreit und auf Flaschen gefüllt.
Tankgärverfahren: Um S. mit geringerem ökonomischem Aufwand, aber ohne wesentliche Qualitätsverluste herzustellen, wird die mit Zucker und Schaumweinhefe versetzte Cuvée in druckfesten

Stahltanks vergoren, wobei der Kohlendioxidüberdruck bis auf 0,7 MPa ansteigt. Der −4°C abgekühlte Rohsekt wird mit Hilfe von Plattenfiltern entheft, mit Dosagelikör versetzt und auf Sektflaschen gefüllt. Heute können die Tankgärsekte – eine entsprechend lange Lagerzeit zur Hefeautolyse vorausgesetzt – den Flaschengärsekten qualitativ durchaus gleichgestellt werden. In der ehem. Sowjetunion wurde das diskontinuierlich arbeitende Tankgärverfahren zu einem kontinuierlichen Verfahren weiterentwickelt.

Imprägnierverfahren: Im Gegensatz zu den vorgenannten Verfahren entsteht beim Imprägnierverfahren das Kohlendioxid nicht durch Gärung, sondern es wird in die bereits dosierte Cuvée mit einem Mindestdruck von 0,3 MPa hineingepreßt. Imprägniersekten fehlt das typische Gärungsbukett, und das Kohlendioxid wird leicht wieder abgegeben. Der Zusatz von Kohlendioxid muß auf dem Etikett deklariert werden.

Lagerung von S.: Sektflaschen dürfen nicht direkter Sonneneinstrahlung ausgesetzt sein. Sie sind liegend zu transportieren und zu lagern. Die günstigste Lagertemperatur für S. beträgt 8···12°C bei einer rel. Luftfeuchte von höchst. 75%. Eine Abweichung von diesen Temperaturen, z.B. beim Transport, darf höchst. ± 8°C betragen und nicht länger als 24 h andauern. Deutscher S. muß 6 Monate ohne Qualitätseinbußen gelagert werden können.

Angebotsformen und Kennzeichnung: Die 0,75 l, 0,375 l oder 0,2 l fassenden Sektflaschen sind mit einer Verschluß- und Halsverkleidung, meist aus Stanniol, einer Halsschleife und einem Hauptetikett ausgestattet. Im Inland hergestellter S. muß als „Deutscher Sekt“ oder “Deutscher Schaumwein“ gekennzeichnet sein. Zusätzliche Phantasiebezeichnungen zu der Sortenbezeichnung sind zulässig. Die Bez. *Champagner* ist eine gesetzlich geschützte Bez. für Flaschengär-S., hergestellt aus bestimmten Traubensorten der Champagne. S. aus anderen franz. Weinbaugebieten darf nur als „vin mousseux“ oder „Französischer Sekt“ bezeichnet werden.

Chemische und sensorische Untersuchungsmethoden: Die Prüfmethoden für S. entsprechen im Prinzip denen für → Wein. Der Ethanolgehalt für weiße Sektsorten beträgt 10···12,5%-Vol., für rote und rosé Sektsorten 10···13,5%-Vol. und für Dessert-S. 10···15%-Vol.. Der Gesamtsäuregehalt, berechnet als Weinsäure, beträgt für weiße Sorten mind. 6 g/l und für rote und rosé Sorten mind. 4,5 g/l. Der Kohlendioxidgehalt von Deutschem Sekt soll mind. 6 g/l betragen.

Ernährungsphysiologischer Wert von S.: Entsprechend den verschiedenen Ethanol- und Extraktgehalten hat S. einen Energiewert von 334···627 kJ (80···150 kcal) je 100 g. Der praktisch zuckerfreie *Brutsekt* wird auch als *Diät-* oder *Diabetikersekt* bezeichnet. → Wein → sec

Sekundärprodukte: Sammelbegriff für eine Reihe verschiedenartiger Stoffe, die in Lebensmitteln vorkommen, dort aber erst nachträglich (sekundär) entweder als Folge unerwünschter Verderbnis- oder Alterungsprozesse (→ *Mykotoxine, Bakterientoxine* [*Toxine*], Fettoxydationsprodukte, → Maillard-Produkte) oder im Ergebnis von Be- oder Verarbeitungsprozessen erwünscht (→ *Aromastoffe* → *Maillard-Produkte*) oder ebenfalls unerwünscht (*Oxydationsprodukte, Pyrolyseprodukte*) entstehen. Verwechseln sollte man die S. nicht mit *Produkten eines „sekundären“ Stoffwechsels* von Pflanzen und Tieren, die dem Menschen als Ausgangsmaterial für die Herstellung von Lebensmitteln dienen. Unter einem „sekundären“ Stoffwechsel versteht man solche Stoffumwandlungen in Lebewesen, die nicht zur Bildung der „normalen“ Körpersubstanz (Eiweiße, Fette, Kohlenhydrate) führen, sondern zur Entstehung artspezifischer Stoffe (→ *Farbstoffe, Duftstoffe* → *Geschmackstoffe, Heilstoffe, Giftstoffe, wie* → *Alkaloide* und → *Glycoside* u. v. a.). Diese Stoffe sind native Inhaltsstoffe der Lebensmittel, stehen jedoch den S. sehr nahe, zumal einige sekundäre Stoffwechselprodukte von Pilzen und Bakterien (wozu beispielsw. auch die Antibiotika gehören) zugleich auch S. des Verderbs oder der mikrobiellen Behandlung von Lebensmitteln sein können. S. treten i. allg. nur in kleinen und sehr kleinen Konzentrationen auf, dennoch können ihre Wirkungen auf den menschlichen Organismus groß sein. Die verursachten Effekte können sowohl erwünscht als auch unerwünscht sein. Von den S., die im Verlauf althergebrachter Behandlungsverfahren (Backen, Rösten, Räuchern, Fermentieren, Vergären, usw.) entstehen, wird i. allg. angenommen, daß sie gesundheitlich unbedenklich sind, falls dem neuere Forschungsergebnisse nicht widersprechen und falls nicht extreme Bedingungen auftreten, wie extrem hohe Temperaturen über 200°C, die zur Bildung krebserregender Polyaromaten und zur Bildung mutagen wirkender Pyrolyseprodukte von Eiweißen führen können. Neuere Erkenntnisse können nötigenfalls Veranlassung sein, herkömmliche Behandlungsverfahren einzuschränken bzw. nur noch unter stärker kontrollierten Bedingungen zu gestatten (z. B. das Pökeln von Fleisch, bei dem Nitrit oder Nitrat zum Einsatz gelangen). Maßgebend für Entscheidungen dieser Art ist stets das gegenseitige Abwägen von gesundheitlichem Nutzen (z. B. die Unterdrückung von schädlichen Bakterien und Pilzen) und gesundheitlichem Risiko (etwa der Entstehung von *Schadstoffen*), die mit der Durchführung eines bestimmten Verfahrens verbunden sind. Neuartige Behandlungsverfahren werden grundsätzlich erst eingehend geprüft, ob und unter welchen Bedingungen sie angewendet werden dürfen. Dazu gehören der Einsatz von Enzymen in der Lebensmittelindustrie, die Anwendung ionisierender Strahlen, das Garen mit Mikrowellen u. ä.

Sekundastärke → Getreidestärke → Kartoffelstärke

Selacholeinsäure → Nervonsäure

Selen: chemisches Element der VI. Hauptgruppe des Periodensystems, Symbol Se (griech. *selene* = Mond), Ordnungszahl 34, rel. Atommasse 78,96, *d* 4,81, F. 220°C, Kp. 688°C. S. ist ein Halbmetall, das in seinen Eigenschaften dem Schwefel ähnelt, jedoch eine wesentlich höhere Toxizität aufweist. Trotzdem ist es in geringen Mengen essentiell. Der Selengehalt von Pflanzen beträgt durchschnittl. 0,01···0,1 mg/kg. Der menschliche Körper enthält 16···20 mg. Vom S. der Nahrung werden 30···70 % resorbiert. Die Selenaufnahme sollte bei Erwachsenen im Bereich von 0,05···0,2 mg/Tag liegen. Bei einer täglichen Aufnahme von 2 mg aufwärts wirkt S. toxisch. Aus vielfältigen Bodenanalysen in weiten Teilen Europas ist eine Selenunterversorgung abzuleiten, verdeutlicht am Beispiel der Selengehalte in Vollkornweizen aus verschiedenen europäischen Ländern gemäß einer Studie der FAO (Tab.).

Selengehalte in Vollkornweizen (1989)

Land	Gehalt (µg/g)
Türkei	21
Österreich	34
Schweiz	54
Finnland	174
Deutschland	60
Schweden	61
Schottland	76

S. kommt im Enzym *Glutathionperoxydase* im Organismus zur Wirkung. Das Enzym wirkt als Wasserstoffperoxid-Oxydoreductase in Eythrozyten und versch. Organen. Die Bildung zelltoxischer Verbindungen wird durch Verhinderung der Lipidperoxydation in Membranen von Zellen und Zellorganellen wahrscheinlich über einen Radikalabbruch-Mechanismus inhibiert. Auch in Muskeln finden sich selenbindende Proteine, die bei an Muskeldystrophie erkrankten Tieren stark vermindert sind. Die höchste Selenkonzentration findet sich in den Thrombozyten. Die Glutathionperoxidase-Aktivität kann bei suboptimaler Versorgung als Maß zur Abschätzung des Selenstatus und der Selenzufuhr genutzt werden. S. kann anstelle von Schwefel in schwefelhaltige Aminosäuren eingebaut sein. So ist z. B. S. in Proteinfraktionen von Getreide als Selenmethionin und Selencystein angereichert. In tierischen Lebensmitteln findet sich S. in der Muskulatur, vor allem aber in Innereien. Eine Selenunterversorgung beim Menschen beeinträchtigt seinen Immunzustand. Es besteht, gemessen an anderen essentiellen Mineralstoffen, ein verhältnismäßig geringer Unterschied zw. Unterversorgung und toxischen Konzentrationen.

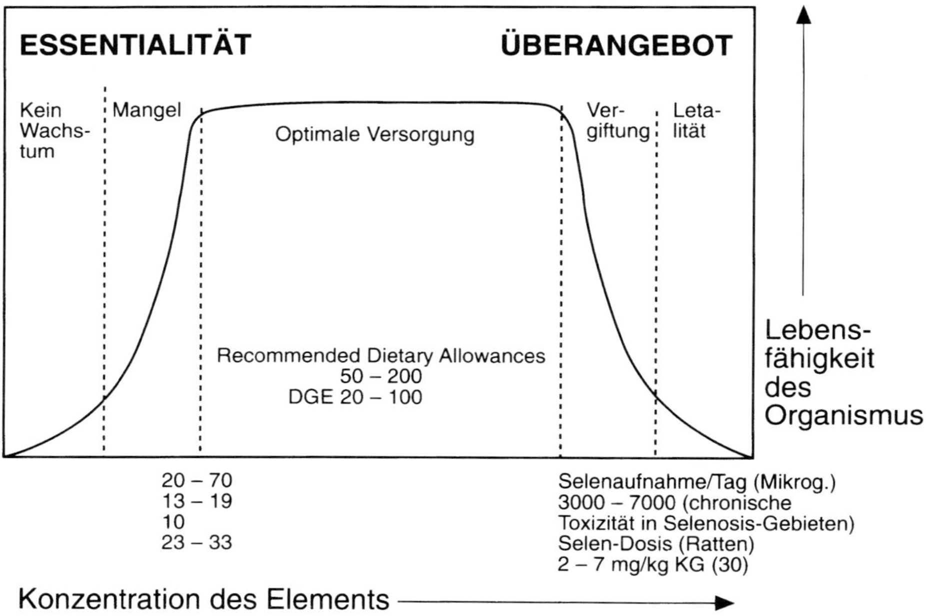

Dosis-Wirkungsbeziehung für Selen beim Menschen

Seleno-cystathionin → Aminosäuren

Sellerie, *Eppich, Scheiberich, Zeller:* ein sehr unterschiedlich genutztes, aromaspezifisches Doldengewächs, *Ápium gravéolens* L. (Familie *Apiáceae*). Die Blätter (→ Sellerieblatt) und Früchte (→ Selleriefrucht) werden als Würzmittel, die Speicherorgane (→ Knollensellerie) und die gebleichten Stiele (→ Bleichsellerie) als Gemüse genutzt. Die Schlüsselverbindung des Selleriearomas sind 3-n-Butylphthalid und 3-n-Butyl-4,5-dihydrophthalid (Sedanenolid). Diese Verbindungen kommen auch im Liebstöckl vor und sind für den ähnlichen Geruch verantwortlich. → Nutzpflanze, transgene

Sellerieblatt → Blattsellerie

Selleriefrucht: die rundliche bis eiförmige, bräunliche, bis 5 mm große Spaltfrucht des → Selleries, die zur Herstellung von → Gewürzsalz, bes. Selleriesalz, ferner als Zusatz zu verschiedenen Currysorten dient und vor allem in amerikanischen Braten- und Grillgewürzen (*Barbecue-Gewürz*) vorkommt.

Selleriesaft → Gemüsesaft

Selleriesaft, milchsaurer → Gemüsesaft

Selleriesalat → Bindesalat 2.

Selleriesalz: eine → Würzmittelmischung aus Speisesalz und gemahlenen Selleriesamen, seltener Selleriekrautpulver. Man unterscheidet a) S. (mit mind. 50 % Selleriesamen) und b) *Speisesalz mit Selleriegeschmack* (mit weniger als 50 % Selleriesamen). → Gewürzsalz

Selters: ein natürlich vorkommendes, aus Quellen gewonnes → Mineralwasser aus Niederselters (Kr. Limburg, Hessen-Nassau), das als Erfrischungsgetränk sehr beliebt ist. Es ist ein Natriumhydrogencarbonat – Natriumchlorid – *Säuerling* (alte Bez.: alkalisch-muriatisch), dessen Gehalt an freiem Kohlendioxid 1 g/l übersteigt. Analoge Zusammensetzung haben die Quelle Nr. 4 von Jessentuki (→ Heilwasser) und die warme Quelle von Bad Ems. Die synthetische Nachahmung gilt heute allg. als Selterswasser. → Erfrischungsgetränk

Selterswasser → Tafelwasser

Semecárpus anacárdium → Elefantenlaus, Ostindische

Sémillon: edle franz. Weißweinkeltertrauben-Sorte, die zusammen mit Sauvignon- und Muscatell-Trauben zu den weltberühmten Sauternes-Weinen verarbeitet wird. → Wein → Sauvignon

Seminose → Hexosen

Semmel: weit verbreiteter Ausdruck für ein → Brötchen (vorwiegend als → *Wasserbackware*), das aus Weizenmehl, Hefe, etwas Salz und Trinkwasser als Zugußflüssigkeit hergestellt wird. Die S. trägt in den verschiedenen Gegenden unterschiedliche Bez. und wird auch in unterschiedlicher Form und Oberflächenbeschaffenheit – z.B. als glatte, gedrückte, geschnittene (*Schnittsemmel*), gehackte (Hacksemmel) oder als *Zopfsemmel* bzw. *Flechtsemmel* – hergestellt. Die aus aneinandergesetzten, runden Teigstücken gebakkene S. ist die verbreitetste Form und trägt die verschiedensten Bez.: *Doppelsemmel, Doppelwecke, Paarbrot, Paarsemmel, Paarwecke, Zweierbrötchen, Zweiling, Wasserdoppelsemmel.* Daneben gibt es noch mehrteilige S.: *Reihensemmel, Reihenwecke, Reihenwassersemmel, Schichtbrot, Trögelsemmel, Zeile, Zeilenbrot, Knödelbrotsemmel, Knödelbrot* oder *Tiroler Knödel* (sechsteilige S.). → Kleinbackware → Flechtbackware → Ausbundbackware

Semmelbrösel ← Semmelmehl

Semmelkloßmehl → Semmelknödelmehl

Semmelknödelmehl, *Semmelkloßmehl:* eine → Fertigmehlmischung aus Semmelmehl unter Zusatz von Eipulver, Fett und Gewürzen, die zur Herstellung von Semmelknödeln, aber auch als → Paniermehl geeignet ist. Das S. wird mit Milch oder Wasser angerührt und zu → *Klößen* geformt. Die Haltbarkeit beträgt mind. 12 Monate. Die Semmelknödel gelangen auch in gefrierkonservierter Form in den Handel.

Semmelkrem → Backkrem

Semmelmehl: 1. *Mutschelmehl, Semmelbrösel:* ein Erzeugnis aus getrocknetem und zerkleinertem *Klein-* (z.B. Semmeln) oder *Großgebäck* (Weißbrot), das als → Wasserbackware gebacken sein muß und weder zugesetztes Fett noch zugesetzten Zucker enthalten darf. Bei der industriellen Herstellung werden Weißbrote (vielfach übriggebliebene) entweder zu *Weißbrotwürfeln* (für *Suppeneinlagen* oder *Kloßfüllung*) oder durch Trocknung bei 70°C aufbereitet. Das S. dient z.B. der Weiterverwendung für Panierzwecke und zur Herstellung von Knödeln bzw. Klößen. → Semmelknödelmehl → Einzweckmehl → Paniermehl → Brösel → Kloß
2. ein → Weizenmehl bis zu einem Ausmahlungsgrad von 73%, das zur Herstellung von Weizenkleingebäck, insbes. Brötchen bzw. → Semmeln, verwendet wird.

Semmelpilz: Pilzbez., die je nach landschaftsgebundenem Sprachgebrauch für verschiedene Pilze der Pilzfamilie → *Boletáceae* gebraucht wird.
1. Eines der vielen Synonyma für den eßbaren Sand-Röhrling (*Bolétus variegátus* Schwartz. ex Fr.).
2. Eines der vielen Synoynma für den eßbaren Körnchen-Röhrling [*Suíllus granulátus (L. ex Fr.) O. Kuntze*].

Semmel-Pohrling → *Polyporáceae*

Semmel-Stacheling → *Hydnáceae*

Semmel-Stachelpilz → *Hydnáceae*

Semmel-Stoppelpilz → *Hydnýáceae*

Sencha: die meistgetrunkene Grünteesorte in Japan. Der S. in Spitzenqualität wird zu bes. Anlässen verwendet, während mittlere Qualitäten in jeden Haushalt zu finden sind. Die im Juli ausgereiften Blätter werden sofort nach der Ernte 30 min gedämpft und anschließend mit Heißluft getrocknet, bis sie eine Feuchtigkeit von 3% erreichen. Die Blätter sehen wie grüne Nadeln aus, das Aufgußgetränk bildet eine helle Farbe. → Tee, Japanischer

Senecionin → Alkaloide

Seneciosäure → β-Methylcrotonsäure

Senegal-Dattelpalme: eine im tropischen Afrika vorkommende *Wilddattelart, Phōēnix reclináta* Jacq. (Familie *Arecáceae*), deren Endknospe als → Palmkohl und deren Stammsaft zur → Palmweinbereitung genutzt werden. Die Früchte werden verzehrt. → Blutungssaft

Senegalgummi → Gummi *arabicum*

Senegalkaffee → *Cóffea stenophýlla*

Senf: 1. abgekürzte Bez. für → Speisesenf. Für das Aroma sind Glucosinolate verantwortlich, die nach der Zerstörung der Zellen durch Thioglucosidase in Isothiocyanate (Senföle) umgelagert werden. Es entsteht aus Sinigrin das Allylisothiocyanat und aus Sinalbin das p-Hydroxybenzylisothiocyanat.
2. Sammelbez. für scharf schmeckende Pflanzenteile oder Samen (*Senfsaat* bzw. *Senfkörner*) verschiedener wildwachsender oder kultivierter Pflanzenarten der Gattungen *Brássica, Erúca, Sinápis,* die alle zur Familie *Brassicáceae* gehören und als Gewürze, Blattgemüse und/oder zur Ölgewinnung genutzt werden. Hierzu zählen:
3. *Abessinischer S., Brássica carináta* A. Braun: ein in Nord- und Ostafrika zur Ölgewinnung kultivierter S., dessen Blätter als Kochgemüse verzehrt werden.
4. *Russischer S., Brauner S., Indischer S., Senfblattkohl,* → *Sareptasenf, Brássica júncea* (L.) Czern., Synonym *Sinápis júncea* L.
5. *Französischer S., Roter S., Brauner S.,* → *Schwarzer S., Brássica nígra* (L.) Koch.
6. *Senfspinat, Brássica pervirídis* (Bailey) Bailey: ein in den USA und Japan als → Blattgemüse kultivierter S., dessen Blätter auch als Rohkost, die rübenförmigen Wurzeln meist als Kochgemüse verzehrt werden.
7. *Feldsenf, Rübsaat,* → *Rübsen, Brássica rápa ssp. oleífera* (DC) Metzg., Synonym *Brássica rápa var. silvéstris* (Lam.) Briggs: ein S., der ausschließlich der Ölgewinnung dient. → Rüböl
8. *Persischer S., Ölrauke, Rauke,* → *Jambaraps, Erúca satíva* L.
9. *Wilder S.,* → *Ackersenf, Sinápis arvénsis* L.
10. *Wegesenf, Wegrauke, Raukensenf, Sisýmbrium officinále* (L.) Scop.: die an Wegrändern und auf Ödland als häufiges Unkraut vorkommende Pflanze, deren grob gekerbte, herzförmigen oder nierenförmigen Blätter und Neutriebe von April bis Juni für Mischsalate gesammelt werden können. Der S. trägt im Juni weiße Blüten in einer Trugdolde.
11. *Englischer S., Wildsenf, Gelbsenf, Gartensenf,* → *Weißer Senf, Sinápis álba* L.

Senfblattkohl → Sareptasenf

Senf, Brauner: 1. → Senf, Schwarzer
2. → Sareptasenf

Senf, Chinesischer → Sareptasenf

Senf, Englischer → Senf, Weißer → Senf 11.

Senf, Französischer → Senf, Schwarzer

Senf, Gelber → Senf, Weißer

Senfgurke, *Aziagurke:* aus frischer, geschälter, vom Kernhaus befreiter Gurke unter Zusatz von Kochsalz-Essig-Lösung, Saccharin und Gewürzen begrenzt haltbar gemachtes Erzeugnis. Die S. werden in Hälften, Streifen (40···150 mm Länge) oder Stücke (unter 40 mm Länge) geteilt. Die Richtrezeptur für die Gewürzmischung ist mit der von → sauren Gurken identisch. → Säuerung → Salzen

Senfgurkengewürz: ein → Würzmittel aus Gewürzpaprika, Estragon, Weißem Pfeffer, Meerrettich, Muskatnuß, Lorbeerblättern und Senfkörnern, das zum Einlegen von Senfgurken verwendet wird.

Senf, Indischer → Sareptasenf

Senfkörner → Körnerfrucht → Keim 3. → Senf → Weißer Senf

Senfmayonnaise → Würzsoße, mayonnaiseartige

Senfmehl: das aus den getrockneten Senfsamen durch Vermahlen hergestelltes gelbes bis ockergelbes (Weißer Senf) oder grünlichgelbes (Schwarzer Senf) Erzeugnis. Das S. aus entölten Senfsamen hat höhere Würzkraft und ist haltbarer; es muß als „entölt" gekennzeichnet sein. → Speisesenf → Senföl

Senföl: das aus den Samen vom *Schwarzen Senf* (auch *Roter* oder *Brauner Senf* genannt), *Bráss̈ica nígra* L., und vom *Weißen Senf, Sinápis álba* L. (beide zur Familie *Brassicáceae* gehörend), gewonnene Öl. Die Samen enthalten 30···35% Öl. *Schwarzsenföl* hat einen milden Geschmack und ist dunkelgelb gefärbt; *Weißsenföl* schmeckt brennend scharf und ist gelb gefärbt. Der scharfe Geschmack wird durch Allylsenföl hervorgerufen, das durch enzymatische Spaltung des zu 1% enthaltenen Sinigrins entsteht. Wichtigste Fettsäuren und ihre Anteile (Etwa-Werte), bezogen auf den Gesamtfettsäuregehalt, sind: Ölsäure (22%), Eicosensäure (7%), Erucasäure (42%), Linolsäure (16%) und Linolensäure (7%). → Senfmehl → Speisesenf → Pflanzenfett → Senföle

Senföle, *Isothiocyanate:* Ester der hypothetischen Isothiocyansäure, Formel R-N=C=S, die sich durch einen scharfen Geruch und Geschmack auszeichnen. Farblose, leicht flüchtige, Augen und Schleimhäute reizende Verbindung. Sie sind ein Teil der beim enzymatischen Abbau von → Senfölglycosiden entstehenden Verbindungen. S. prägen das Aroma einiger Gemüsearten (Kohlarten, Kohlrabi, Rettich, Meerrettich, Laucharten, Kresse u. a.) und Gewürze, vor allen Dingen des Senfes. Die Isolierung der S. aus entsprechenden Pflanzenmaterialien erfolgt bei den stabileren Vertretern mittels Wasserdampfdestillation, bei den empfindlicheren durch Extraktion. S. werden zur Herstellung von Gewürzaromen und in der Medizin verwendet. Ihnen wird neuerdings eine bedeutende antibiotische Wirkung, bes. gegen Erreger von Erkältungskrankheiten, zugeschrieben. 1 mg Allylsenföl/100 g vermag die Lebenstätigkeit von Schimmel und Hefe zu unterdrücken. Infolge ihrer leichten Flüchtigkeit und Zerstörbarkeit durch Licht, Luft, Schwermetalle und bes. Wärme bleibt die Schutzkraft der S. auf Rohkost beschränkt. Vorkommen von S. in pflanzlichen Lebensmitteln und Würzkräutern → Senfölglucoside → Senföl

Senfölglucoside, *Thioglycoside, Glucosinolate:* Bes. in Gemüse- und Gewürzpflanzen der Familie Cruciferae vorkommende Gruppe von schwefel- und stickstoffhaltigen Verbindungen, die aus einer Glucoseeinheit, einer schwefelhaltigen Gruppierung mit einem Aglukonrest und einer Sulfatgruppe gemäß folgender Grundstruktur bestehen:

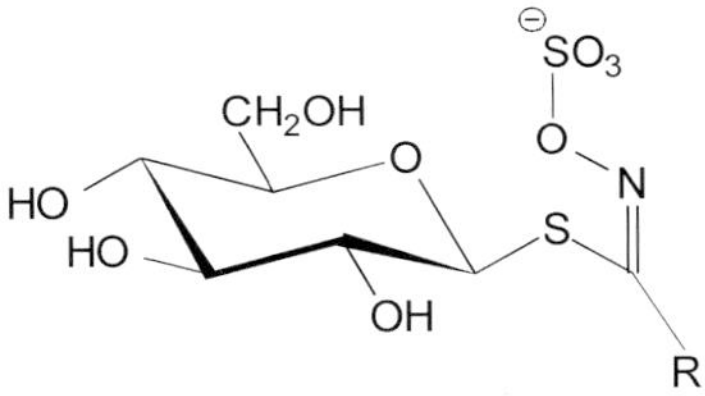

Im einzelnen unterscheiden sie sich nur im Aglukon, das eine Alkyl-, Alkenyl-, Aryl- oder Indolylstruktur aufweisen kann. Mehr als 50 versch. S. sind bekannt. Die bedeutendsten s. Übersicht Seite 534–537.
Bis zu 20 versch. S. können gleichzeitig in den der menschlichen Ernährung dienenden Kruziferenarten vorhanden sein, die Mehrzahl davon allerdings nur in Spuren. Die S. werden durch β-Thioglucosidasen gespalten (s. Bild Seite 538); diese kommen sowohl im pflanzlichen wie im tierischen und menschlichen Organismus vor. Bei Einwirkung des als *Myrosinase* bezeichneten Enzyms können neben Glucose und Sulfat in Parallelreaktionen Isothiocyanate (→ Senföle), Thiocyanate und Nitrile entstehen. Die mit R bezeichneten Aglukone sind am charakteristischen Aroma der Kruziferen (senf-, zwiebel-, kohlrüben-, kresseähnlich) sowie am scharfen Geschmack und stechenden Geruch beteiligt. Ihnen kommen auch antimikrobielle und wahrscheinlich auch antikanzerogene Eigenschaften aber auch toxische Wir-

Ausgewählte Senfölglucoside in pflanzlichen Lebensmitteln

Senfölglucosid	Senföl	Name und Strukturformel des Aglukons R	Kp. in °C	Vorkommen
Alkylglucosinolate				
–	Ethylsenföl (Ethyl-isothiocyanat)	Ethyl- CH_3-CH_2-	131,5...132	*Lepidium*(-Kresse-)Arten
–	D-sek. Butylsenföl (n-Butyl-isothiocyanat)	n-Butyl- CH_3-CH_2-$CH(CH_3)$-	159...160	Kapuzinerkresse u. a. Kreuzblütler
Glucoputranjivin	Isopropylsenföl (Isopropyl-isothiocyanat)	Isopropyl- $(CH_3)_2$-CH-CH_2-CH_3-	137...138	Samenöle der Kapuzinerkresse, *Lepidium*-(Kresse-) Arten u. a.
Glucoerucin	4-Methylsulfid-n-butylsenföl (4-Methylthiobutylisothiocyanat)	4-Methylthiobutyl- CH_3-S-$(CH_2)_4$-	130...140 (1 200 Pa)	Kohlarten
Glucoibervirin	3-Methylsulfid-n-propylsenföl (3-Methylthiopropylisothiocyanat)	3-Methylthiopropyl- CH_3-S-$(CH_2)_3$-	–	Kohlrübe, Kohlarten, Sauerkraut
Glucoibervin	4-Methylsulfid-n-pentylsenföl	4-Methylthiopentyl- CH_3-S-$(CH_2)_3$-N=C=S	–	Kohlarten, Kohlrübe, Sauerkraut
Glucoiberin	3-Methylsulfinylpropylsenföl	3-Methylsulfinylpropyl- CH_3-S-$(CH_2)_3$- || 0	–	Kohlarten, Kohlrübe, Sauerkraut
Glucoalyssin	5-Methylsulfinylpentylsenföl (5-Methylsulfinylpentylisothiocyanat)	5-Methylsulfinylpentyl- CH_3-S-$(CH_2)_5$- || 0	–	Kohlarten

Ausgewählte Senfölglucoside in pflanzlichen Lebensmitteln (Forts.)

Senfölglucosid	Senföl	Name und Strukturformel des Aglukons R	Kp. in °C	Vorkommen
Alkylenglucosinolate				
Sinigrin	→ Allylsenföl (Allyl-isothiocyanat)	Allyl- $CH_2{=}CH{-}CH_2{-}$	151...153	Schwarzer Senf, Sarepta-senf, Kohlarten, Meerrettich
Gluconapin	→ Crotonylsenföl (But-3-enyl-isothiocyanat)	But-3-enyl- $CH_2{=}CH{-}CH_2{-}CH_2{-}$	174...176	Raps, weiße Rübe, Chinakohl
Glucobrassicanapin	Pentenylsenföl (Pent-4-enyl-isothiocyanat)	Pent-4-enyl- $CH_2{=}CH{-}(CH_2)_3{-}$	75	Raps, Kohlrübe
–	Angelylsenföl	Isobut-2-enyl- $CH_3{-}CH{=}C(CH_3){-}$	–	Weiße Rübe
Progoitrin	2-Hydroxybutylensenföl (2-Hydroxybutylen-3-isothiocyanat)	2-Hydroxy-3-butenyl- $CH_2{=}CH{-}CH(OH){-}CH_2{-}$	–	Weiße Rübe, Kohlarten, Samen versch. *Brassica*-Arten (Kohl, Raps, Kohlrabi u.a.)
–	4-Methylthio-3-butenyl-senföl (4-Methylthio-3-butenyl-isothiocyanat)	4-Methylthio-3-butenyl- $CH_3{-}S{-}CH{=}CH{-}(CH_2)_2{-}$	–	Rettich
–	Butylsulfidcrotonylsenföl	4-Butylthio-3-propenyl- $CH_3{-}(CH_2)_3{-}S{-}CH{=}CH{-}(CH_2)_2{-}$	140...142 (2 666 Pa)	Rettich
Gluconapoleiferin	2-Hydroxy-4-pentenyl-senföl	2-Hydroxy-4-pentenyl- $CH_2{=}CH{-}CH(OH){-}(CH_2)_2{-}$	–	Kohlarten, Kohlrübe, Sauerkraut
Sulforaphenglucosid (Glucoraphanin, Rettich-glucosid	L-Sulforaphen (Raphanin)	4-Methylsulfinyl-3-butylen- $CH_3{-}S({=}O){-}CH{=}CH{-}CH_2{-}CH_2{-}$	–	Rettich
Glucoberteroin	5-Methylthio-4-pentenyl-senföl	5-Methylthio-4-pentenyl- $CH_3{-}S{-}CH{=}CH{-}(CH_2)_3{-}$	–	Kohlarten, Kohlrübe, Sauerkraut

Ausgewählte Senfölglucoside in pflanzlichen Lebensmitteln (Forts.)

Senfölglucosid	Senföl	Name und Strukturformel des Aglukons R	Kp. in °C	Vorkommen
Arylglucosinolate				
Glucotropaeolin	Benzylsenföl	Benzyl- 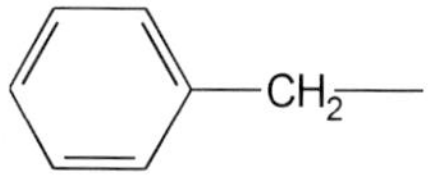	242...243	Gartenkresse, Kapuzinerkresse, Papaya
Gluconasturtin	Phenylethylsenföl (Phenylethyl-isothiocyanat)	Phenylethyl- 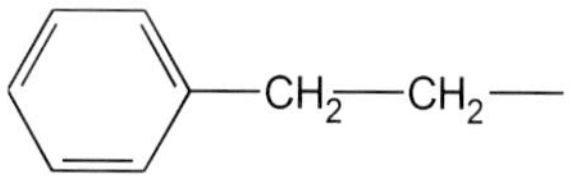	255...256	Samen der weißen Rübe, Brunnenkresse, Meerrettich
Sinalbin	Sinalbinsenföl (p-Hydroxybenzylsenföl, p-Hydroxybenzyl-isothiocyanat)	p-Hydroxybenzyl- 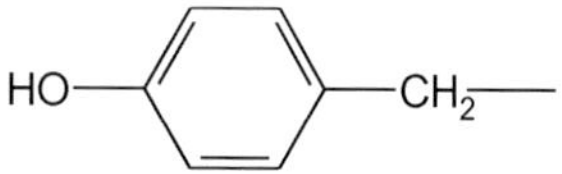	–	Weißer Senf
–	Phenylpropylsenföl (Phenylpropyl-isothiocyanat)	Phenylpropyl 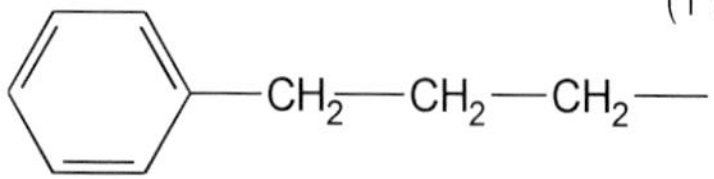	156...160 (1 600 Pa)	Meerrettich

Ausgewählte Senfölglucoside in pflanzlichen Lebensmitteln (Forts.)

Senfölglucosid	Senföl	Name und Strukturformel des Aglukons R	Kp. in °C	Vorkommen
Indolylglucosinolate				
Glucobrassicin	3-Indolylmethylsenföl (3-Indolylmethyl-isothiocyanat)	3-Indolylmethyl- 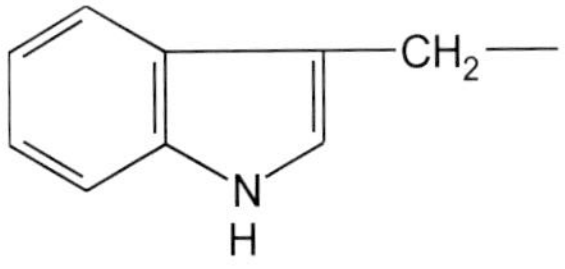	–	Kohlarten, Kohlrabi, Kohlrübe, Rettich
Neoglucorbrassicin	N-Methoxy-3-indolyl-methylsenföl (N-Methoxy-3-indolyl-isothiocyanat)	N-Methoxy-3-indolylmethyl- 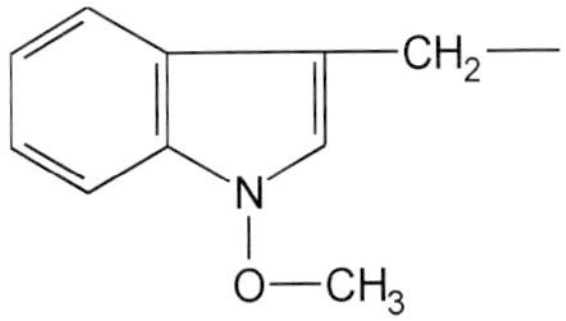	–	Kohlarten, Kohlrabi, Kohlrübe, Rettich
Hydroxyglucobrassicin	4-Hydroxy-3-indolyl-methylsenföl (5-Hydroxy-3-indolyl-methyl-isothiocyanat)	4-Hydroxy-3-indolylmethyl- 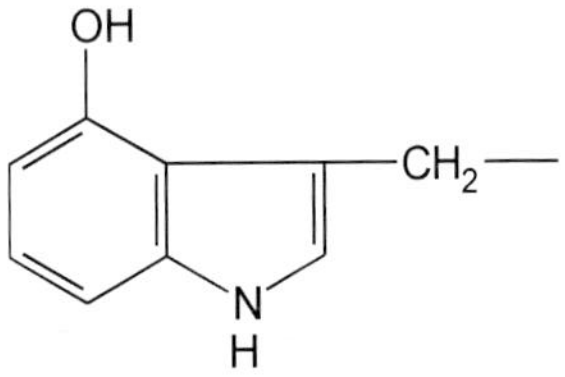	–	Raps

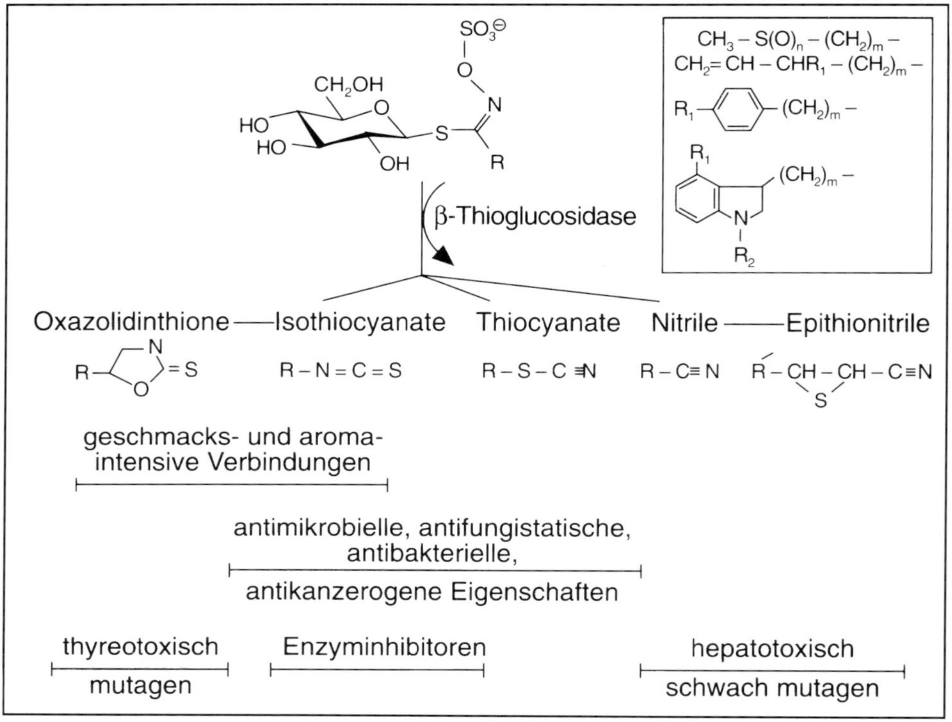

Schema der enzymatischen Spaltung von Glucosinolaten

kungen auf Schilddrüse (→ Goitrin) und Leber sowie Mutagenität zu, die im einzelnen vom Aglukon abhängt. Die Aglukone können auch Enzyme hemmen und auf diese Weise Stoffwechselabläufe im Biotransformationssystem, in der Schilddrüse, der Leber und der Niere beeinflussen.

Die Aglukone sind von großer Bedeutung für die Pflanzen als Schutzmechanismen gegenüber Fraß, Schädlingsbefall und Infektion. Dies erklärt ihre teilw. antinutritiven Effekte. Dabei sind die S. die chemisch stabilen Vorstufen der eigentlich wirksamen Stoffe. Der enzymatische Abbau der S. wird ausgelöst, wenn die natürliche Trennung der Verbindungen von der Myrosinase infolge der Zerstörung des pflanzlichen Zellgewebes bei Ernte, Verarbeitung, Zubereitung, Konservierung, Verzehr u. a. aufgehoben wird. Welche der möglichen Abbauprodukte dabei entstehen, hängt nicht nur vom Aglukonrest des S. sondern auch von der Art der Behandlung des Gemüses ab. Nitril- und Thiocyanatbildung erfolgen bevorzugt im frischen luftgelagerten Gemüse, beim Fermentieren, nach dem Gefrierkonservieren, Ansäuern und starkem Salzen ihrer Zubereitungen. Mit vermehrter Isothiocyanat- und Oxazolidinbildung ist nach längerer Lagerung der Gemüse, beim Einwecken und Kochen sowie bei Zusatz von Ascorbinsäure oder Glutaminsäure zu rechnen, die die Myrosinaseaktivität erhöhen.

Näherungsweise liegt die Gesamtaufnahme an S. in den alten Bundesländern Deutschlands bei 43 mg/Person/Tag. Die größte Senfölaufnahme erfolgt über Weißkohl, gefolgt von Rosenkohl und Blumenkohl zu gleichen Teilen (Tab.).

Tägliche durchschnittliche Senfölglucosinolataufnahme in Deutschland (alte Bundesländer)

Senföl-glucosid-aufnahme[1]	Weiß-kohl	Rosen-kohl	Blumen-kohl	Gesamt
	Angaben in mg/Person/Tag			
I. Aromabildner Enzyminhibitoren	26,5	5,6	4,4	36,5
II. Goitrogen-Präkursoren	3,0	1,8	0,9	5,7
III. Glucosinolate mit wahrscheinlich antikanzerogener Wirkung	12,2	1,5	4,6	18,3
Summe	28,2	6,9	8,0	43,1

[1] Kohlrüben und Rettich sind nicht einbezogen, da sie im Pro-Kopf-Verbrauch nicht erfaßt sind

Aufgrund der aus der Ernährungstradition gewonnenen Erfahrungen sind akute Gefährdungen durch den Kruziferenverzehr nicht zu erwarten.

Senf, Persischer → Jambaraps → Senf 2.

Senf, Roter → Senföl → Senf, Schwarzer

Senfsaat → Senf → Weißer Senf → Körnerfrucht → Keim 3.

Senf, scharfer → Sareptasenf

Senf, Schwarzer, *Brauner Senf, Französischer Senf, Roter Senf:* die bis zu 1 m hohe, aufrechte Pflanze *Brássica nígra* (L.) W. D. J. Koch (Familie *Brassicáceae*), deren bis zu 30 % Öl enthaltenden Samen als Gewürz und für die Bereitung von Tafelsenf dienen und deren Blätter als Gemüse verwendet werden. → Senföl → Senfmehl → Speisesenf

Senfsoße → Moutarde

Senf, Russischer → Sareptasenf → Senf 2.

Senf, Weißer, *Englischer Senf, Gelber Senf, Gartensenf, Wildsenf, Mostardkorn:* der in vielen Ländern Europas bis Sibirien und in Amerika wild vorkommende, aber auch mit vielen Hochzuchtsorten angebaute, meist hellfarbige Samen bildende *Sinápis álba* L. (Familie *Brassicáceae*). Zusammen mit dem → Sareptasenf ist der W. S. der wichtigste Rohstoff zur Herstellung von Öl (Senföl), Mehl (→ Senfmehl) und Paste (→ Speisesenf). Die Samen (*Senfsaat, Senfkörner* → Körnerfrucht) sind darüber hinaus ein wichtiges Gewürz, vor allem für → Essiggemüse. Junge Pflanzen werden, wie → Ackersenf, Wegrauke (→ Senf 10.), als Bestandteil von Rohkostsalat (Anteil bis zu 30 %) und als Kochgemüse genutzt, während der → Schwarze Senf, außer in Äthiopien, als Gemüse kaum verwendet wird.

Senf, Wilder → Ackersenf

Senfwürze: eine nur in Notzeiten hergestellte, dem → Speisesenf ähnelnde Zubereitung, die neben Senfsamen (14···16 %) geschmacksbildende Zusätze und Füllstoffe, z. B. Getreidemehle, enthält.

'Senga Sengana': Erdbeere. → Beerenobst

Senkirkin → Alkaloide

Sennit → Inositol

Sensorik, *Organoleptik, organoleptische Analyse, sensorische Analyse:* Beurteilung sinnenfälliger Eigenschaften von Lebensmitteln, Aromen und Riechstoffkompositionen durch Prüfpersonen, wobei insbes. Geruch, Geschmack, Aussehen und Textur der Probe bewertet werden. Trotz der Zunahme chemisch-physikalischer Verfahren nimmt bei der Qualitätsbeurteilung von Lebensmitteln die Sinnesprüfung nach wie vor einen breiten Raum ein. Von Methode und Zielstellung sind zu unterscheiden a) analytische oder objektive Prüfungen und b) Beliebtheits- oder subjektive Prüfungen. Die analytischen Prüfungen haben die objektive Einschätzung eines Produktes zum Ziel.

Als Methoden werden Unterschiedsprüfungen, wie Paartest, Dreieckstest und Duo-Trio-Test, Rangordnungsprüfungen, sowie Qualitätsprüfungen, das sind Punktbewertung und Profilanalyse, angewandt. Voraussetzung für derartige Prüfungen ist ein geschultes Testteam. Bei Beliebtheitsprüfungen hingegen wird eine größere Anzahl ungeschulter Personen um ihre Meinung befragt. Hierbei werden der Vorzugstest oder die Einordnung der Proben nach ihrer Beliebtheit durchgeführt. Bedeutung bei der Einschätzung der Aromawirksamkeit einzelner Aromastoffe hat der mit Hilfe der S. zu ermittelnde *Schwellenwert* einer Substanz erlangt. Darunter ist die Konzentration in Luft oder einem Lösungsmittel, meist Wasser, zu verstehen, die gerade noch geruchlich oder geschmacklich wahrnehmbar ist.

Sépia officinális → Tintenfisch

Sepíola → Tintenfisch

Septanosen → Saccharide

Septanoside → Glycoside

Serehgras, *Lemongras, Westindisches Zitronengras:* die aromatischen Blätter von *Cymbopógon citrátus* (DC.) Stapf (Familie *Poáceae*) einer in Ostasien heimischen, in den Tropen weltweit kultivierten, mit einem Schwerpunkt im südlichen Asien, bis 1,50 m hohen Pflanze. Geruch und Geschmack sind charakteristisch zitronenartig, was auf den Gehalt an *Citral* zurückzuführen ist. S. wird im frischen Zustand in den Herkunftsländern zum Würzen verwendet. Das S. ist in den meisten indonesischen → Gewürzmischungen und -zubereitungen enthalten und dient ferner zur Bereitung von Getränken. Die jungen Herzblätter werden zuweilen auch gekocht und als Gemüse verzehrt. Ferner dient S. als Teepflanze und liefert das Serehgrasöl. → Cymbopógongras

Serendipity-berry-Süßstoff → Monellin

L-Serin, *2-Amino-3-hydroxypropionsäure, ß-Hydroxyalanin,* α-Amino-3-hydroxypropionsäure: eine nicht essentielle Monoaminomonocarbonsäure (s. Formel)

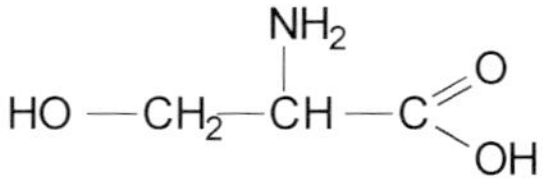

Kurzzeichen der L-Form ist Ser. Molmasse 105,09 g/mol, F. 210···220°C (Zers.), nadelförmige Kristalle oder feinkristallines, weißes Pulver, löslich in Wasser unlöslich in Ethanol und Ether, süßlich schmeckend. In der Natur kommt es vor in fast allen Proteinen sowie als Phosphorsäureester im → Phosvitin und in Phospholipiden (→ Cephaline). S. ist an den Wasserstoffbrückenbindungen im Protein, an den aktiven Zentren vieler Proteinasen, an der Biosynthese von L-Cystein, L-Cystathion und L-Tryptophan, sowie am Aufbau des → Subtilisins beteiligt. S. gehört zu den glucogenen Aminosäuren, weil es in D-Glucose umgewandelt werden kann. Verwendet wird S. in der L-Form, ihrer Natrium- und Kaliumverbindungen oder des Hydrochlorids in Konz. von 0,03···0,05% als Geschmacksverstärker sowie als Calcium- und Magnesiumsalz bei bilanzierten Diäten. → Aminosäuren → Lysinoalanin

Serincephalin → Synergisten → Cephaline

Serinphosphatide → Cephaline

Serotonin → Alkaloide → Amine, biogene → Indolylalkylamine

Serratia: zur Familie der *Enterobacteriáceae* zählende, kokkoid bis stäbchenförmig gestaltete, bewegliche und sporenlose Bakterien. Die Keime wachsen unter aeroben und anaeroben Bedingungen. Der wichtigste in Lebensmitteln, z. B. der Milch, vorkommende Vertreter ist *Serrátia marcéscens (Bacterium prodigiósum).* Er ist ein Farbstoffbildner (Rotfärbung der Milch und anderer Lebensmittel).

Serum → Pulpe → Markkonzentrat

Serumalbumin → Albumine

Serumglobulin → Globuline

Sesam: die einjährige, wärmebedürftige, in Afrika, Asien, Zentral- und Südamerika angebaute krautige Ölsaatpflanze *Sésamum índicum* L. (Familie *Pedaliáceae*) mit zweifächrigen Kapselfrüchten, die zahlreiche kleine Samen (0,3···0,15 cm) und neben 20% Eiweiß, 16% Kohlenhydraten etwa 50% Öl, das *Sesamöl,* enthalten. Die Samen enthalten darüber hinaus in je 100 g: 1 mg Vitamin B_1, 0,25 mg Vitamin B_2, 5 mg Niacin, 10 mg Eisen und 150 mg Calcium; der Energiewert je 100 g in kJ (kcal) entspricht 2470 (590). Neben der Ölgewinnung dient die Sesamsaat in Asien und Afrika für Breizubereitungen, in Europa auch als Aromatisierungsmittel, indem die kleinen Samenkörner, wie Mohn, auf die Oberfäche von Back- und Dauerbackwaren gestreut oder bei der Süßwarenherstellung verwendet werden. Der Gehalt an Cadmium in S. soll 0,8 mg je kg nicht überschreiten. Entfettetes Sesammehl wird auf Grund seines relativ hohen Gehaltes an schwefelhaltigen Aminosäuren und Tryptophan vor allem für Anreicherungszwecke bei Getreide- und Leguminosenzubereitungen verwendet. Nach Festlegungen der FAO muß entfettetes Sesammehl für Nahrungszwecke eine bestimmte Zusammensetzung aufweisen (Tab.).

Zusammensetzung von entfetteten Sesammehl (FAO-Festlegung)

Bestandteil	Gehalt je 100 g in g, bezogen auf Trockenmasse	
Feuchtigkeit	höchst.	9,0
Fett	höchst.	1,5
Eiweiß	mind.	50,0
Mineralstoffe	höchst.	6,2
verfügbares Lysin	mind.	2,4
Oxalsäure	höchst.	0,5
Rohfaser	höchst.	6,0

Die jungen Blätter werden in Westafrika als Suppengemüse verwendet. → Chalbe → Ölsaat

Sesambrot: ein → Spezialbrot unter Verwendung von Sesamsaat in einer Menge von mind. 8%, bezogen auf Mehleinsatz. → Brot, aromatisiertes

Sesamin, *Pseudokubebin:* ein Lignanderivat, das in 2 stereoisomeren Formen vorkommt.

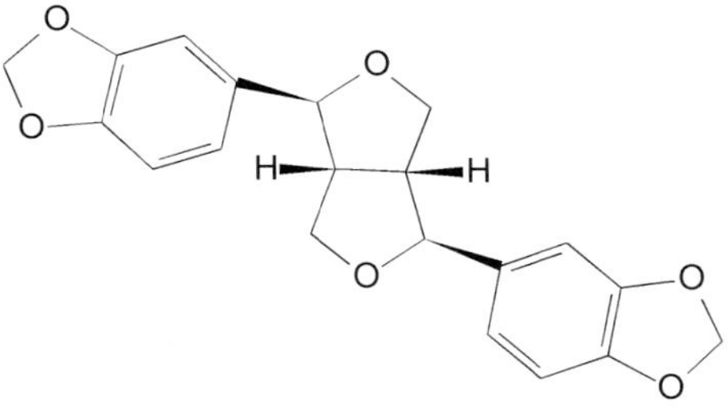

Die D-Verbindung in cis-Stellung wurde aus Sesamöl und aus Pfeffer (*Píper lówong* Blume) isoliert, F. 122,5···124°C, $[\alpha]_D$ +68···+72° (in Trichlormethan). Das Transisomere, das L-*Asarinin (Xanthoxylin S)* ist im Unverseifbaren des Sesamöls nachgewiesen F. 121···122°C. Es wird angenommen das es durch Isomerisation aus S. entsteht und so auch in geringen Mengen in Sesamöl vorkommt.

Sesamol → Phenole → Antioxydantien → Sesamolin

Sesamöl: das aus den schwarzen und weißen Samen *(Sesamsaat)* von → *Sesam* gewonnene Fett. Das S. wird in China, Indien, Burma, Ägypten, in Mexiko, der Türkei und in Sudan gewonnen. Die Samen enthalten 44···54% Öl, das durch Pressen und anschließende Extraktion gewonnen wird; der Preßkuchen kann als Viehfutter verwendet werden. Die wichtigsten Fettsäuren sind, bezogen auf den Gesamtfettsäuregehalt, Palmitinsäure (8···9%), Stearinsäure (4···6%), Ölsäure (35···46%) und Linolsäure (30···48%). Das S. enthält im unverseifbaren Sesamöl, das mit Furfurol und Salzsäure (Reaktion nach *Baudouin*) eine Rotfärbung ergibt. Kaltgeschlagenes S. kann direkt als Salatöl verwendet werden. Warmgepreßtes und extrahiertes S. ergibt nach der Raffination ein helles Speiseöl. Hydriertes S. wird zur Herstellung von Margarine und Backfetten verwendet.

Sesamöl, Deutsches → Leindotteröl

Sesamolin: ein Lignanderivat, das aus Sesamöl isoliert wurde. F. 94···94,5°C, $[\alpha]_D$ +212° (in Trichlormethan). Aus S. (I) bildet sich durch Hydrolyse Sesamol (II), s. Formel.

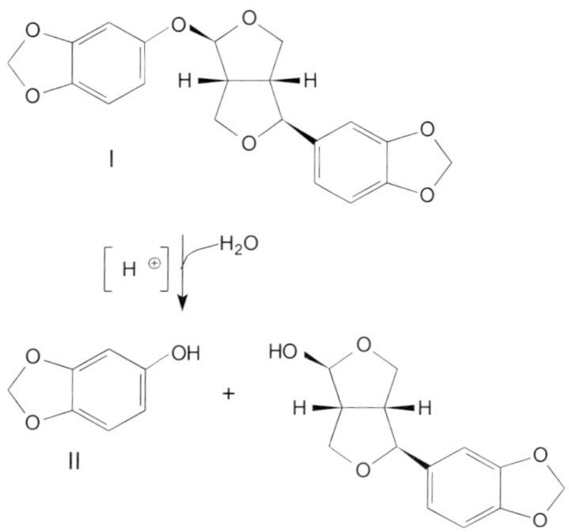

Entstehung von Sesamol (II) bei der Hydrolyse von Sesamolin (I)

Sésamum índicum → Sesam

Sesbánia grandiflóra → Agathiblüten

Séseli macrophýllum → Pamir

Sesquiterpen-Aldehyd → Sinensal

Sesquiterpen-Alkohole → Terpen-Alkohole

Sesquiterpene: Isoprenoide, die sich biosynthetisch vom Farnesylpyrophosphat ableiten und eine C_{15}-Grundstruktur aufweisen. Sie stehen biogenetisch zw. den Mono- und den Diterpenen. Zu den S. werden sowohl die Terpen-Kohlenwasserstoffe als auch die von ihnen abgeleiteten Derivate gestellt. Die S. stellen die variantenreichste Gruppe der Isoprenoide dar. Das am weitesten in der Natur verbreitete Farnesol, eine acycylische Verbindung, gehört zu den sog. *Farnesanen.* Die überwiegende Mehrzahl der S. besitzt mono-, bi-, tri- und tetracyclische Grundgerüste. Monocyclisch sind z.B. *Bisabolen, Curcumen, Zingiberen, Humulen, bicyclisch Cadinen, Eudesmol, Nootkaton, mit Naphthalingerüst Guajacol, Daucol, mit Azulengerüst Caryophyllen,* tricyclisch die → *Trichothecene.* → Sesquiterpen-Lactone → Terpenkohlenwasserstoffe → Terpenalkohole

Sesquiterpen-Lactone: in ihrer Struktur einen γ-Lactonring aufweisende Untergruppe der → Sesquiterpene. Unter ihnen sind die mit einem α-Methylen-γ-butyrolactonring ausgestatteten zellschädigend (cytotoxisch) und wirken als Phytotoxine und Allergene. → Giftstoffe in pflanzlichen Lebensmittel

Setária germánica → Kolbenhirse

Setária itálica → Kolbenhirse

Setária palmifólia → Palmgras

Setzer → Meerettich

Severny: halbfester *Schnittkäse* (Typ Saint Paulin) mit 50% F. i. Tr. aus der ehem. Sowjetunion → Käsesorten

'Sevilla-Orange' → Pomeranze

Sevrúga: Korn des Sevruga Kaviars. Es ist kleiner als das anderer Kaviarsorten und zeichnet sich durch kräftiges Aroma aus. → Störe

Seychellennuß, *Meer-Kokosnuß, Doppelte Kokosnuß, Maledivische Nuß:* zweiteilige Frucht der Palme *Lodoícea maldívica* (J. F. Gmel.) Pers. (Familie *Arecáceae*); die auf den Seychellen vorkommt. Sie wird bis zu 45 cm lang, 20···25 kg schwer und benötigt zur Reife 7 Jahre. Die S. wird wie die Kokosnuß gegessen. Die Früchte werden mit Meeresströmungen über große Entfernungen getrieben, daher auch die Bez. *Meereskokosnuß* oder *Salomons Wundernuß.*

Seychellenzimt → Zimt 9.

Shaddock → Pampelmuse

Shae-Hsing-Wein → Rotreis

Shake: alkoholfreies Mischgetränk, z.B. aus Fruchtsirup und Milch.

Shallu → Sorghumhirse

Shami → Balady-Brot

Shantungkohl → Chinakohl

Sharonfrucht, *Japanische Aprikose, Chinesische Quitte:* eine kernlose, leuchtend orangerote → Kakipflaumenzüchtung *Diospýros káki* L. f. (Familie *Ebenáceae*) aus Israel mit dünner Schale in Tomatengröße. Die S. hat weniger Gerbsäure als die Kakifrucht und auch nicht deren schwarze Kerne. Weiche Kakis verderben schnell, werden daher unreif angeboten und müssen bei Zimmertemperatur nachreifen, bis die Schale glasig aussieht, da sie wegen des hohen Gerbsäuregehaltes bitter schmecken würden. Die S. kann man dagegen verzehren, wenn sie noch hart ist. Auf Grund ihrer Schnittfestigkeit eignet sie sich gut zur Obstsalatherstellung, kann aber auch pur verzehrt werden. Das Aroma der S. erinnert an eine Mischung von Quitte, Birne und Aprikose, einen bitteren Nachgeschmack läßt sie nicht erkennen.

Sheabaum → Butterbaum

Sheabutter, *Schibutter, Karitébutter, Karitéfett, Galambutter, Kade:* das Samenfett des in Westafrika und Sudan wachsenden → *Butterbaumes.* Der Kern befindet sich in pflaumengroßen Nüssen, die 45···55% Fett enthalten. S. hat butterähnliche Konsistenz. Raffinierte S. kann als Speisefett verwendet werden. Eine hochschmelzende Fraktion der S. (*Sheabutter-Stearin*) wurde als Kakaobutterersatz vorgeschlagen. Die wichtigsten Fettsäuren und ihre Anteile (Etwa-Werte), bezogen auf den Gesamtfettsäuregehalt, sind Palmintinsäure (6 %), Stearinsäure (41 %), Ölsäure (49 %) und Linolsäure (4 %). → Bassiafett

Shelsheleih → Sorghumhirse

Shen-Schen → Ginseng

Shephérdia argéntea → Büffelbeere

Sherbet: ein Fruchteis mit einem geringen Gehalt an Milchtrockenstoffen (2···5%), Fruchtanteil (10···20%), Zuckeranteil (28···30%), Aufschlag (25···40%). → Speiseeis → Sorbet

Sherry, *Jerez, Xeres:* Ursprungsbez. für die in der span. Provinz Cadiz erzeugten trockenen und süßen *Aperitif-* und *Dessertweine,* hergestellt aus vollreifen, nach der Lese an der Sonne getrockneten Trauben in einem 2 bis 5 Jahre dauernden Gärungs- und Ausbauverfahren unter Luftzutritt in nur $^3/_4$ gefüllten Holzfässern. Die sich dabei an der Weinoberfläche bildende dicke, gelblich-weiße Hefedecke, bestehend aus echten Weinhefen, den Sherryhefen, trägt zur Herausbildung des bes., leicht bitteren Buketts bei. Der Ethanolgehalt der verschiedenen Sorten, von 16···20 %-Vol. schwankend, wird durch Zusatz von Weinsprit erreicht. Die Bez. S. ist gesetzlich geschützt, Namen wie griechischer S. oder *Valencia-Sherry* sind daher unzulässig. Beim S. gibt es keine *Vintages* (Jahrgangs-Sherrys), da ständig jüngere mit sehr alten Weinen vermischt werden, um Typenweine von einheitlicher Farbe und von einheitlichem Charakter zu bekommen. Man unterscheidet a) die *Vinos* (leichte, trockene, helle S. von herbem Geschmack), der bekannteste ist der *Amontillado* (wegen seiner Ähnlichkeit mit → Montilla), ein trokkener, etwas körperreicher *Vino* von bernsteingelber Farbe, mit einem Ethanolgehalt von 18 %-Vol., b) die *Olorosos,* der klassische Sherry-Typ von 18···20 %-Vol., mit viel Bukett, trocken bis süß, farblich dunkler als *Amontillado,* c) die *Dulces,* der *Süßwein-* oder *Cream-Sherry,* ein fast heidelbeerfarbener → Dessertwein, meist aus den eingetrockneten Beeren der *Pedroximenez-* oder *Muskatellertraube.* Die *Dulces* sind z. T. auch unter der Bez. *Rosinenwein* bekannt. Die Haltbarkeit der S. übertrifft, mit Ausnahme der → Tokajer, die aller anderen → Weine

Sherryhefe: eine Reinzuchthefe, die bei alkoholischer Gärung schnell zu Hautbildung führt und mit Hilfe des Luftsauerstoffs die charakteristischen Bukettstoffe der Sherryweine entwickelt. Es sind gegen höhere Zuckerkonzentrationen (über 30 Masse-%) resistente Hefestämme, die Ethanolausbeuten von 10···13 %-Vol. zu liefern vermögen. → Hefe → Weinhefe

Shigellen: unbewegliche, stäbchenförmige, zur Familie *Enterobacteriáceae* gehörende Bakterien. Mit S. behaftete Lebensmittel sind genußuntauglich und Ursache für von Lebensmitteln ausgegangene Epidemien gewesen. → Lebensmittelvergiftung

Shiitakepilz → Lenthionin → Kulturpilze → *Polyporáceae* → Speisepilze

Shikimifrucht: die reife, getrocknete Frucht des *Japanischen Sternanisbaumes Illícium anisátum* L. (Familie *Illiciáceae*), die sehr giftig ist und mit der echten *Sternanisfrucht* nicht verwechselt und vermengt werden darf. Die S. sind etwas kleiner und bauchiger als → Sternanis und riechen nach Kampfer, sie enthalten kein Anethol. Sie enthalten Stoffe, die Krämpfe, Durchfall und Speichelfluß erzeugen. → Sternanis, Japanischer

Shikimisäure, *3,4,5-Trihydroxycyclohex-1-en-1-carbonsäure:* eine alicyclische Carbonsäure der Formel

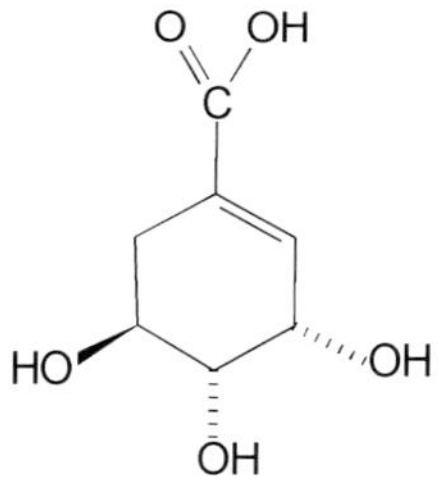

F. 184°C, *d* 1,599, $[\alpha]_D^{22}$ −176° (in Ethanol). Die S. wurde 1885 aus japan. Sternanis isoliert, ihr Name wurde von der japan. Bez. dieser Pflanze „shikimi-noki" abgeleitet. S. ist ein wichtiges Zwischenprodukt bei der Biosynthese aromatischer Verbindungen, z. B. der aromatischen Aminosäuren, der Flavone, Anthocyane, der Kaffeesäure und deren Derivaten in Mikroorganismen und höheren Pflanzen, die von einem C_7-Zucker ausgeht. Deshalb ist die S. im Pflanzenreich weit verbreitet. Sie wurde u. a. in Äpfeln, Birnen, Stachelbeeren, Holunderbeeren, Kokosnüssen, in den Schößlingen des Teestrauches, in Karotten und Sellerie nachgewiesen. → Gerbstoffe

Shikimol → Safrol

'Shinseiki' → Nashi

'Shinsui' → Nashi

Shiritaki → Elefanten-Yams

Shiro → Sojasoße

'Shire'→ Susine

'Shiro Rosa' → Susine

Shiso: 1. in Japan zum Färben von Speisen verwendetes Pigment der Blätter des Lippenblütlers *Perílla frutéscens* (L.) Britt. (Familie *Lamiáceae*). Dieses Pigment stellt chemisch eine Mischung der → Anthocyane Cyanidin-3,5-diglucosid (Shisonin A) und Cyaninmono-3-p-cumarat (Shisonin B) dar.
2. Schwarznessel

Shisonin A → Anthocyane

Sho → Sojasoße

Shogaol → Shiso

Shogaole: eine Gruppe von aromatischen Verbindungen, die sich in ihrer Länge der Seitenkette unterscheiden mit folgender Grundstruktur:

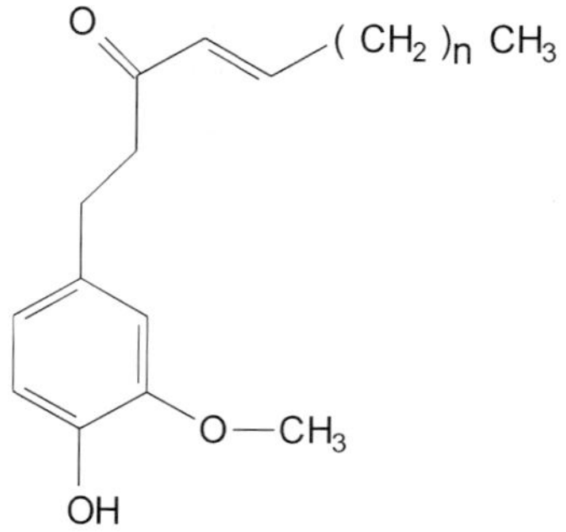

Die S. gehören zusammen mit den → *Gingerolen* zu den die Schärfe des Ingwers bedingenden Inhaltsstoffen. Das S. n=6 kommt anteilmäßig mit der höchsten Konzentration vor.

Shórea spec. → Borneotalg

Shortdrink, *Kurzer:* ein alkoholisches Getränk, das im Vergleich zum Longdrink mit einem Schluck aufgenommen wird. → Bargetränk → Drink

Shortening: bes. in den USA gebräuchlicher Ausdruck für *Back-* und *Bratfett*. Der Name ist abgeleitet von der Eigenschaft der Fette, den Teig *„kurz"*, d. h. mürbe zu machen. Die S. werden aus pflanzlichen (→ Pflanzenfett) und → tierischen Fetten hergestellt. Vielfach werden zur Verbesserung der küchentechnischen Eigenschaften Emulgatoren zugesetzt. Um die Geschmeidigkeit zu erhöhen, werden manchmal die S. mit 20···50 %-Vol. Luft oder Stickstoff hergestellt. Auch *„flüssige"* und *„pumpfähige"* S. sind im Handel. „Flüssige" S. bestehen aus Ölen, die geringe Mengen (5 %) an hochschmelzenden Glyceriden oder Monoglyceriden enthalten. „Pumpfähige" S. enthalten bei 20°C 20···30 % festes Fett; durch intensives Rühren beim Abkühlen erhält man einen Kristallbrei, der in Tankwagen zu den Abnehmern (z. B. Backbetrieben) transportiert und dort in Vorratsbehältern (mit Rührwerken) gelagert wird.

Shotistärke → Arrowroot → Gajutsu-Stärke → Kurkumastärke → Zitwer

Shottsuru → Sojasoße

Shoyu → Sojasoße

SHP → Stärkehydrolyseprodukt

Shrikhand: ein durch Milchsäuregärung aus *Büffelmilch* in Indien hergestelltes → *Sauermilcherzeugnis*. Die Milch wird mittels → Säureweckerkulturen dickgelegt, die Molke durch Zentrifugieren abgetrennt und der Bruch mit Rahm, Zucker und aromagebenden Zutaten versetzt.

Shrimps: engl. Bez. für Garnelen. → *Prawns* → Krebstiere

Siak → Guttapercha

Sialinsäure: eine acylierte → *Neuraminsäure*. S. wurde in → *Ganglisoiden* gefunden. Sie ist Bestandteil von Muco- und Lipopolysacchariden und Glycoproteinen.

Siamgalgant → Galgant

Siam-Ingwer → Galgant

Sicána odorífera → Engelsgurke

Sichtersalz → Speisesalz

Sída rhombifólia → Kubajute

Siderophilin → Metallproteide → Eisen

Siebenstundenkraut → Zigerklee

Siedefett → Bratfett

Siedesalz → Speisesalz

Siegelrubin → Lebensmittelfarbstoffe

'Sieger': Pfirsich. → Steinobst

Siegerrebe: ein durch Kreuzung der franz. Tafeltraube Madleine Angevine und Gewürztraminer hervorgegangene Traube. Sie ergibt Weißweine mit kräftiger Farbe und ausgeprägtem Bukett. S. ist relativ früh reif, weist hohe Mostgewichte auf und liefert edle Weine. In Deutschland wird S. auf ca. 210 ha angebaut.

Sierra-Leone-Kaffee → *Cóffea stenophýlla*

Sievabohne → Limabohne

Sigmarskraut → Malvenblüten

Sikkanten: Mittel zur Krautabtötung (z. B. bei Kartoffeln oder Hülsenfrüchten), vor allem zur Erleichterung von Erntearbeiten. → Pestizide

Silber (E 174): (lat: argentum), chemisches Element aus der 1. Nebengruppe des Periodensystems, chemisches Symbol Ag, Ordnungszahl 47, Atommasse 107,870. S. besitzt antimikrobielle Wirkung (oligodynamische Wirkung), die aber durch Eiweiße und Trubstoffe eingeschränkt wird. Auch Silberchlorid und -sulfat und der Natrium-Silber-Komplex wirken in Konzentrationen von 0,1···1 ppm im Trinkwasser, Mineralwasser, Limonade und Essig antimikrobiell. Silberchlorid bindet Mercaptane und verhindert dadurch Böckserbildung im Wein. Zur Oberflächenbehandlung von Dragees, Dekoration und Erzielung von Glanzeffekten bei Süßwaren wird es quasi als Farbstoff verwendet. → Lebensmittelfarbstoffe → Mineralstoffe

Silberchrut → Gänsefingerkraut

Silber, oligodynamisches → Konservierungsstoffe → Silber

Silberaprikose → Ginnan

Silberbaum → Mehlbeere, Echte

Silberdistel → Mariendistel

Silberhecht → Seehecht

Silberkarpfen → Graskarpfen

Silberkastanie → Eßkastanie

Silberkraut → Gänsefingerkraut

Silberraute → Wermut 9.

Silberzwiebel → Perlzwiebel

Sild in Öl → Fischkonserve

Siléne vulgáris → Leimkraut, aufgeblasenes → Wildkräuter

Silicium: chemisches Element aus der IV. Hauptgruppe des Periodensystems, Symbol Si, relative Atommasse 28,086, Ordnungszahl 14. S. ist als Silikat bzw. Kieselsäure Bestandteil vieler verhärteter Pflanzenteile. S. ist essentiell und hat Bedeutung für die Regulation des Zellwasserhaushaltes. In der Nahrung liegt es vorwiegend als silicumhaltiger Komplex von Kohlenhydraten (Pflanze) bzw. Eiweißstoffen (Tier) vor. Der menschliche Organismus enthält etwa 1 g S. Der höchste Siliciumgehalt ist in Getreide enthalten (Tab.). → Mineralstoffe

Mittlere Siliciumgehaltswerte in verschiedenen Getreidearten und daraus hergestellten Produkten (in mg/100 g Tr.S.) nach Rothe u. Tunger

Mais	2,7 ± 1,9
Roggen	10,4 ± 5,6
Weizen	11,6 ± 5,1
Haferflocken	12,1 ± 4,0
Hafergrütze	13,5 ± 4,5
Hirse, geschält	26,7 ± 1,5
Gerste	209,0 ± 82,7
Hafer	561,0 ± 214,7
Hirse	1306,0 ± 346,3
Reis	2366,0 ± 459,8

Silikate: Salze der Kieselsäure, die sich aus mehr oder weniger vielen miteinander verknüpften Silicium-Sauerstoff-Tetraedern (SiO_2) aufbauen, wobei jedes Siliciumatom von 4 Sauerstoffatomen umgeben ist. Die *Kieselsäure* (E 551) sowie deren *Natrium-* (E 550), *Calcium-* (E 552), *Magnesium-* (E 553a) und *Aluminiumsalze* (E 554) und *Talkum* {$Mg_3(OH)_2[Si_4O_{10}]$} (E 553b) werden als → *Trennmittel* für Kaugummi, Hart- und Weichkaramellen, Frucht-, Gemüse-, und Suppenpulver (E 551, E 552) verwendet.

Silikonöl → Trennmittel → Überzugsmittel

Silúrus glánis → Wels

Silvaner, *Grüner Silvaner:* Weißweinkeltertraube, die in vielen Weinbauländern häufig angebaut wird. Die Weine sind in günstigen Jahren angenehm fruchtig mit leichter Säure.

Sílybum mariánum → Mariendistel

Simmóndsia chinénsis → Jojoba

Simonsbrot: ein → Spezialbrot in Form eines grob- oder feinschrotigen, rindenlosen Roggenvollkorn- oder Vollkornmischbrotes von dunkler Farbe. Die ganzen Getreidekörner werden nach dem sog. Simonsverfahren 6···12 h eingeweicht, zum schwachen Keimen gebracht, zu Brei zerquetscht, der Teig wird mit Hefe oder Sauerteig gelockert. → Keimbrot

Simplesse®: geschützter Handelsname. in Deutschland wird mikropartikuliertes Eiweiß nur von Molkenproteinen angeboten. Entsprechende Formulierungen aus Eiklar werden zur Zeit nicht angeboten, da 95 % der technologischen Anwendungen alleine mit mikropartikuliertem Molkenprotein durchgeführt werden können. → Eiweiß, mikropartikuliertes

Simse: Sammelbez. für *Ried-* bzw. *Sauergräser* (Familie Cyperáceae*)* der Gattung *Scírpus,* deren Perianth aus Borsten besteht und von denen verschiedene Arten, z.B. die *Tatora-Simse, Scírpus califórnicus ssp. tatóra* (Kunth) T. Koyama als menschliche Nahrung dienen. Die in großen Beständen bes. am Titicaca-See (Südam.) kultivierte

Tatora-Simse bildet die Hauptnahrungsquelle verschiedener Indianerstämme, indem die basalen, weichen Stengelteile verzehrt werden. Eine weitere Simsenart ist die → Sumpfsimse.

Sinalbin → Senföle → Senfölglucoside

Sinalbinsenföl → Senföle

Sinapin → Hydroxyzimtsäuren

Sinapinalkohol → Lignin

1-Sinapinoyl-glucose → Hydroxyzimtsäuren

Sinapinsäure → Hydroxyzimtsäuren

Sinápis álba → Senföl → Senfmehl → Senf, Weißer

Sinápis arvénsis → Ackersenf

Sinduargemüse → Amarant

Sinensal: *Sesquiterpenaldehyd* der in 2 isomeren Formen vorkommt.

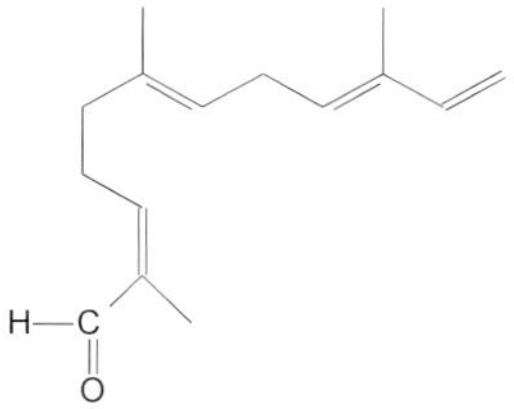

α-Sinensal

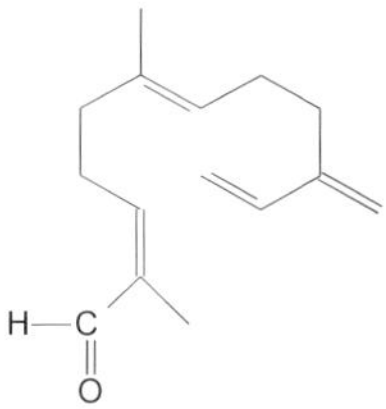

β-Sinensal

Beide Formen des S. wurden in Orangenöl nachgewiesen und als charakteristische Aromastoffe des Orangenaromas erkannt. → Terpen-Aldehyde

Singharanuß → Wassernuß

Single-Cell-Protein → Einzellerprotein

Sinigrin → Senföle → Senfölglucoside → Allylsenföl

Šipka: Export-Bez. für *Bjalo sirene* (Weißkäse) oder *Bjalo salamureno sirene* oder *Belo sirene* oder einfach *Sirene, einem Schafmilchkäse* aus Bulgarien. S. macht etwa 75 % der in Bulgarien aus Schafmilch hergestellten Käse aus und etwa 40 % der gesamten Käseerzeugung aus Schafmilch.

Sirihbissen → Betelbissen

Siriuba → Honigmangrove

Sirte: in der Emmentaler Käserei (Schweiz) gebräuchliche Bez. für aus der Labgallerte zuerst abgeschiedene *Molke.* Fettsirte: 0,3···0,6 % Fett; Magersirte: weniger als 0,3 % Fett.

Sirup: eine konzentrierte, dickflüssige Lösung von Saccharose und/oder anderen Zuckerarten. Die S. werden gewonnen durch Lösen von Zucker in aromatischen Pflanzenauszügen, z. B. Kräutersäften (*Fenchelsirup*) oder Fruchtsäften (*Fruchtsirup*); durch Eindicken von wäßrigen Extrakten aus Zuckerrübenschnitzeln (*Zuckerrübensirup, Rübensaft, Rübensirup, Speisemischsirup*) oder anderen saccharosehaltigen Pflanzen (z. B. *Ahornsirup, Dattelsirup*), auch aus Malz (*Malzsirup* bzw. *Malzextrakt*); durch Behandlung von Stärke mit verdünnten Säuren oder Enzymen (*Stärkesirup*); durch Auflösen von Zucker in Wasser (*flüssiger Zucker*) und als Abläufe bei der Zuckergewinnung (Ablaufsirup).

Sissie-Tee: die Blätter der in Südafrika vorkommenden, stark aromatischen Pflanze, *Adenándra frágrans* (Sims.) Roem. et Schult. (Familie *Rutáceae),* die als → teeähnliches Erzeugnis verwendet werden.

Sisýmbrium officinále → Senf 10.

β-Sitostanol → Sterole

β-Sitosterol → Bitterstoffe

β-Sitosterol-O-β-Glucopyranosid → Bitterstoffe

Síum lancifólium → Zuckerwurzel

Síum nínsi → Zuckerwurzel

Síum sísarum → Zuckerwurzel

Skelett, *Sceletum:* Gesamtheit der Knochen. Es ist Teil des passiven Bewegungsapparates und besteht aus unterschiedlichen Knochenarten: Kurze Knochen, platte Knochen und Röhrenknochen.

Skelettine → Eiweiß → Skleroproteine

Skimmetin → Cumarin

Skimming → Sherry

Skleroproteine, *Gerüsteiweißstoffe, Faserproteine:* einfache fibrilläre Eiweiße, die im tierischen Organismus die Gerüstsubstanzen bilden. Sie enthalten nur wenige aromatische Aminosäuren. Die S. sind von großer mechanischer Festigkeit und sind weitgehend in wäßrigen Lösungen, selbst in verdünnten Säuren und Laugen, unlöslich. Für die Ernährung haben sie wegen ihrer geringen biologischen Wertigkeit und ihrer schweren Verdaulichkeit wenig Bedeutung. Zu den Skleroproteinen zählen die *Collagene* (→ Bindegewebe, Sehnen, Bänder, Knochen, Knorpel, Haut), *Elastin* (Sehnen, elastische Fasern, Blutgefäße, Bindegewebe), *Keratine* (Haare, Nägel, Wolle, Federn, Schuppen, Hufe), Seidenfibroin (Kokonfäden des Seidenspinners) und die *Skelettine* (halogenhaltige S., Gerüstsubstanz der wirbellosen Tiere). Collagene gehen bei längerem Kochen in Wasser in Lösung und bilden kolloidal löslichen Leim, der beim Erkalten erstarrt. Die so erhaltene → *Gelatine* ist enzymatisch spaltbar. Sie findet bes. in der Fleisch- und Fischindustrie und in der Speisenzubereitung als Geliermittel Verwendung. → Eiweiß

Skototenin → Auxine

Skutellummehl: ein relativ hell aussehendes, vitamin-B_1-reiches *Nachmehl,* das durch Zusammenführung skutellumreicher *Passagenmehle* gewonnen wird. Das S. wird als → *Spezialmehl* z. B. zur natürlichen Anreicherung der Backwaren und Kindernahrungsmittel verwendet und findet auch bei der Herstellung von → Vollkornmischbrötchen Anwendung. → Getreidemehl → Getreide

Skyr: ein auf Island mit einer → Starterkultur (*Streptococcus thermophilus, Lactobacillus bulgaricus*) und Labenzym hergestelltes → *Sauermilcherzeugnis* mit erhöhtem Trockenmassegehalt (Isländischer Speisequark). Der Geschmack ist mildsauer und deutlich butteraromatisch.

Slack, *Sloke: Pórphyra laciniáta,* eine Rotalgenart, die – als Salat oder als gekochtes Frühstücksgericht bereitet – an der Atlantikküste in Westeuropa (England, Wales seit dem 15 Jh.) und in USA bekannt ist. In Japan wird aus *Porphyra*-Algen das Lebensmittel → Nori bereitet. → Algenprodukt → Porphyran

Slibowitz → Obstbrand

Sling → Bargetränk

Slivowitz → Obstbrand

Sliwowitz → Obstbrand

Sloe-Hering → Salzfischerzeugnisse

Sloke → Slack

Smoked Haddock → Räucherfischerzeugnisse

Smolenskii: *Weichkäse* mit 45 % F. i. Tr. aus der ehem. Sowjetunion. → Käsesorten

Smorbrod → Sandwich

Smyrnafeige → Feige

Smýrnium olusátrum → Pferdeeppich

Smýrnium perfoliátum → Pferdeeppich

Snackgrieß → Maisnährmittel

Snacks → Imbißerzeugnis

Snow crab, *Queen crab* → Krebstiere

Soapstock → Pflanzenfett

Soda: 1. Natriumcarbonat
2. (die), in Getränken vorhandenes Kohlendioxid.
3. (das), *Sodawasser:* mit Kohlensäure künstlich angereichertes Wasser als Erfrischungsgetränk. → Tafelwässer
4. → Säuerling

Sodawasser → Soda

Sofortflocken → Hafernährmittel

soft, *mild, weich:* sensorischer Eindruck, der im Sinne einer sanften und angenehmen Weise den Geschmack, die Augen, das Gehör und das Gefühl anspricht. Softprodukte sind arm an Säure, Zähigkeit, Grobheit und geben bei einem physikalischen Druck leicht nach, sie sind nicht widerstandsfähig gegen Verformungen, Schneiden usw..

Softcrab: frisch gehäutete und daher bes. zarte Krabben. → Krebstiere

Softdrink → Light-Getränk

Softeis → Speiseeis

Softeispulver → Speiseeispulver

Softzucker → Bastardzucker

Sogo → Sagopalme → Palmstärke

Soh → Guttapercha

Sohler Brunnen → Mineralwasser

Sohler mit Fruchtgeschmack → Erfrischungsgetränk, alkoholfreies

Soja-Backmittel: eine Gruppe von → Mischbackmitteln, die mind. zu 30 % aus Vollsoja oder Sojamehl bestehen. Sie zeichnen sich durch antioxydative sowie wasserbindende Eigenschaften aus. → Backmittel

Sojabohne, *Soja, Glycine:* einjährige, krautige Pflanze *Glycíne max.* (L.) Merr. (Familie *Fabáceae*), die aus Ostasien stammt, aber in vielen Ländern (USA, Brasilien, ehem. Sowjetunion, Kanada u. a.) angebaut wird. Die USA produzierten 1985 56 % der durchschnittl. Welternte von 100,8 Mio t. In China wurde die S. schon vor 2800 v. Chr. kultiviert. Sie hat dreizählig gefiederte Blätter, ist behaart und wird bis zu 180 cm hoch. Die Hülsen sind 3···6 cm lang und stehen zu mehreren, meist 3 bis 5 in einer Traube zusammen. Jede Hülse enthält 1 bis 5 (meist 2 bis 3) Samen. Diese haben kugelige, flache, gewölbte, ei- oder nierenförmige Gestalt und können gelb, olivgelb bis -grün, braun oder schwarz bzw. zweifarbig sein. Die Samengröße ist ebenfalls sehr unterschiedlich, wie die starke Schwankung der Tausendkornmasse von 50···450 g zeigt. Die große Sortenzahl kann in 3 Sortengruppen zusammengefaßt werden: frühreife Sorten (85 bis 95 Tage Vegetationsdauer, 30···70 cm Höhe), mittlere Sorten (95 bis 110 Tage Vegetationsdauer, 50···100 cm Höhe) und spätreife Sorten (110 bis 125 Tage Vegetationsdauer, meist über 100 cm hoch). Zusammensetzung und Energiewert der reifen ganzen S. s. Tab.

Zusammensetzung und Energiewert der Sojabohne

Bestandteil	Sojabohne, ganzes Korn Durchschnittl. Gehalt in 100 g eßbaren Anteils
Feuchtigkeit	8,5 g
Eiweiß	36,9 g
Fett	18,1 g
Kohlenhydrate	24,8 g
Ballaststoffe	6,3 g
Mineralstoffe	4,7 g
Natrium	4,0 mg
Kalium	1,74 mg
Calcium	257,0 mg
Eisen	8,59 mg
Phosphor	591,0 mg
Caroten	0,38 mg
Vitamin B_1	0,99 mg
Vitamin B_2	0,52 mg
Niacin	2,51 mg
Pantothensäure	1,92 mg
Vitamin B_6	1,19 mg
Vitamin C	Spuren
Isoleucin	1,95 g
Leucin	3,11 g
Valin	1,93 g
Methionin	0,64 g
Cystin	0,65 g
Phenylalanin	2,15 g
Tyrosin	1,37 g
Threonin	1,63 g
Tryptophan	0,49 g
Lysin	2,08 g
Histidin	0,91 g
Arginin	2,58 g
Energiewert in kJ (kcal) je 100 g eßbaren Anteils	1715 (410)

Diese Werte werden aber durch Boden- und Klimabedingungen sowie Sorteneigenschaften wesentlich abgewandelt, z. B. haben schwarzsamige Sorten den höchsten Proteingehalt bei niedrigem Fettgehalt. Umgekehrt haben gelbsamige Sorten hohe Fett-, aber geringe Proteingehalte. Unverarbeteitete S. sind schwer verdaulich und durch Bitterstoffe geschmacklich beeinflußt. Das ist u. a. auf den Gehalt an Saponinen zurückzuführen, die auf eiweißabbauende Verdauungsenzyme hemmend wirken. Wachstumshemmung bei Haustieren nach Verfütterung von S. werden auf den Hämagglutiningehalt der S. zurückgeführt. Durch Erhitzen und andere Bearbeitungsverfahren werden diese unerwünschten Wirkungen vermieden.
Die S. ist die Grundlage für eine sehr große Anzahl von Lebensmitteln und industriellen Erzeugnissen. Ein Grundprodukt ist das *Sojamehl. Orientalische* Lebensmittel aus S. sind: *Bal-Amul, Kemina, Meju, Meitauza, Miso, Natto, Sojasoße, Tofu, Tempeh.* Ferner wird die S. für *Ersatzmilchpräparate, Würzsoßen* und nährwertreiche Kombinationspräparate wie → CSM → CSW und → WSB eingesetzt. Das *Sojaöl* wird als Speiseöl und als Zusatz zu Schokoladenüberzugsmassen, Mayonnaisen u. a. verwendet. Daneben wird es vielseitig industriell genutzt. Sojaprodukte sind auch die Grundlage für Fleischimitationen. In den USA werden Erfrischungsgetränke mit Cola-Geschmack angeboten, die durch Sojaerzeugnisse mit Proteinen angereichert werden. In China werden junge Pflanzen als Gemüse gegessen, getrocknete Sojablätter dienen in der Mandschurei und in Korea als Tabakersatz. Unreife Hülsen werden frisch oder als Konserven verwendet, sie dienen u. a. zur Herstellung von → *Succotash,* einem amerikanisch-indischen Mischgemüse aus Sojafrüchten und Mais oder Reis. Darüber hinaus haben Samen, Sojapreßkuchen und ganze Pflanzen große Bedeutung als Futtermittel. → Nutzpflanze, transgene

Sojabohne, Kleine grüne → Mung-Bohne

Sojabohnengetränk → Sojamilch

Sojabohnen-Glycosid → Sojabohnen-Saponine

Sojabohnenhämagglutinin → Hämagglutinine

Sojabohnenkern → Kern

Sojabohnenöl → Sojaöl

Sojabohnen-Saponine, *Sojabohnen-Glucosid:* zu den *Triterpen-Saponinen* zählende O-Glycoside, die im Gemisch in den Samen der Sojabohne vorkommen. Bisher strukturell aufgeklärte Aglykone und Sapogenole s. Formeln. → Glycoside → Saponine

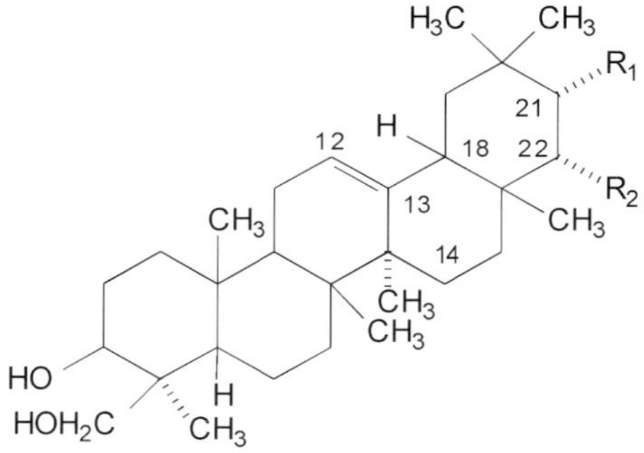

Sojasapogenol

C-Atom	A	B	C	D
14	H	CH_3	H	H
21	OH	OH	21, 22-en	OCH_{3X}
22	OH	H		
-en	12, 13	12, 13	12, 13	13, 18

X: entweder in C_{21} α- oder C_{22} β-Stellung (ungeklärt)

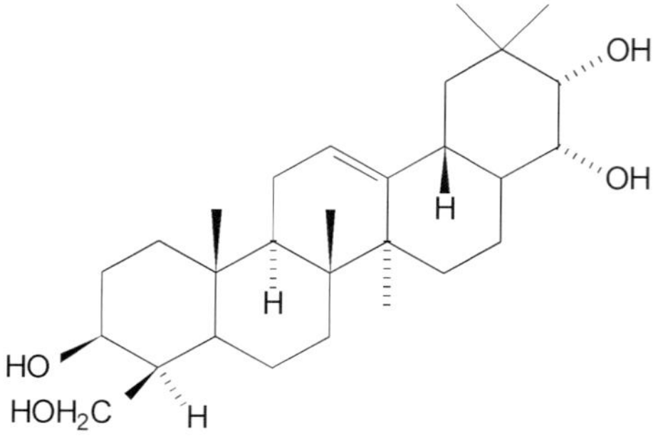

Sojasapogenol A

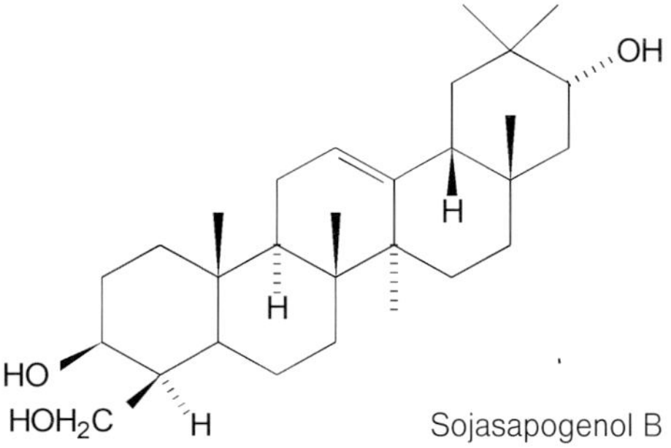

Sojasapogenol B

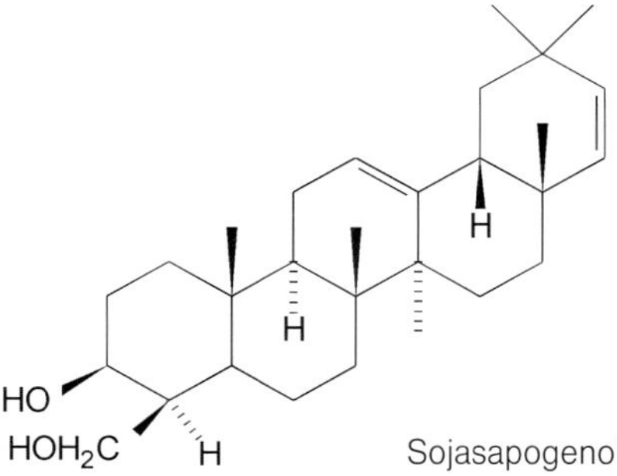

Sojasapogenol C

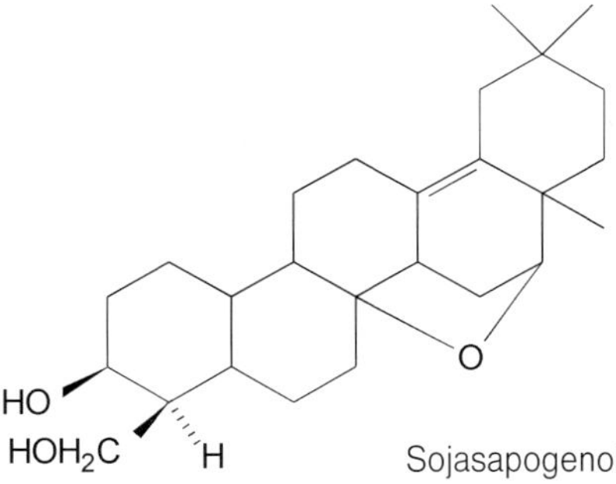

Sojasapogenol D

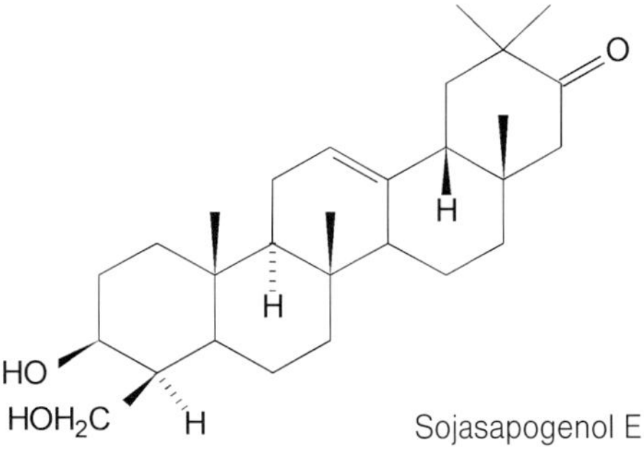

Sojasapogenol E

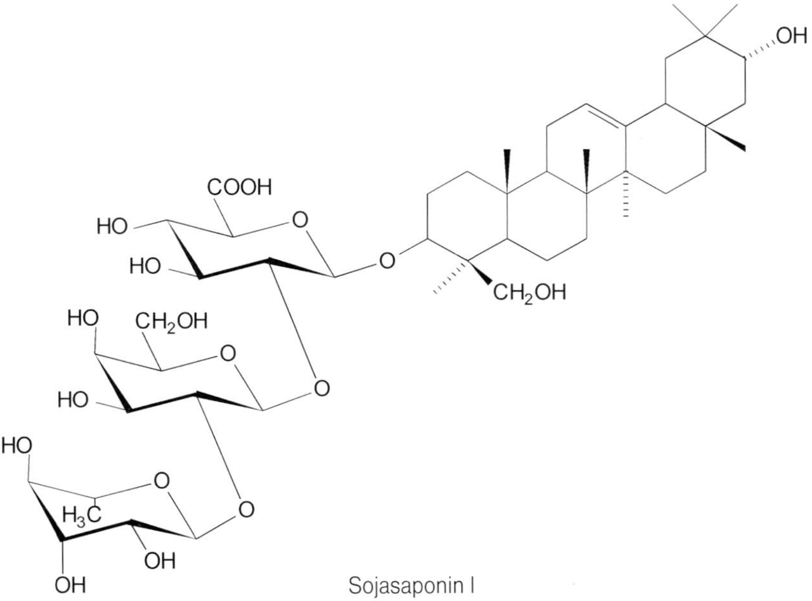

Sojasaponin I

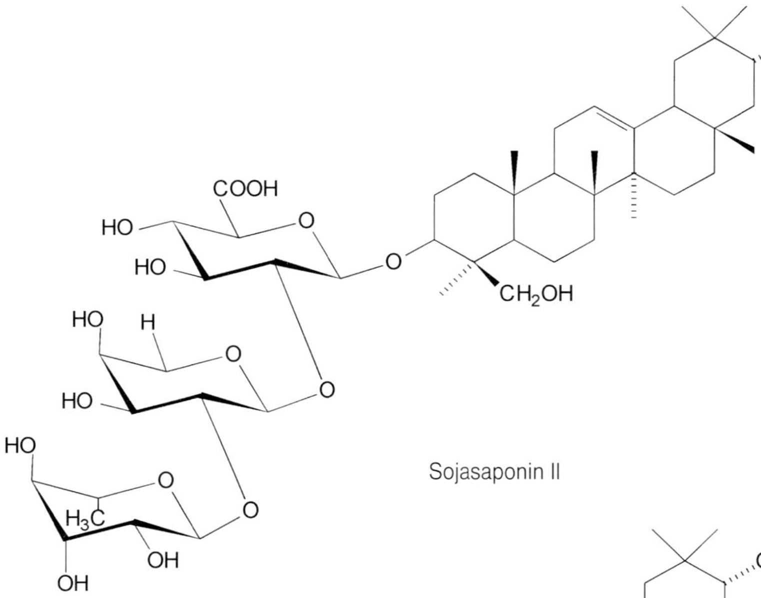

Sojasaponin II

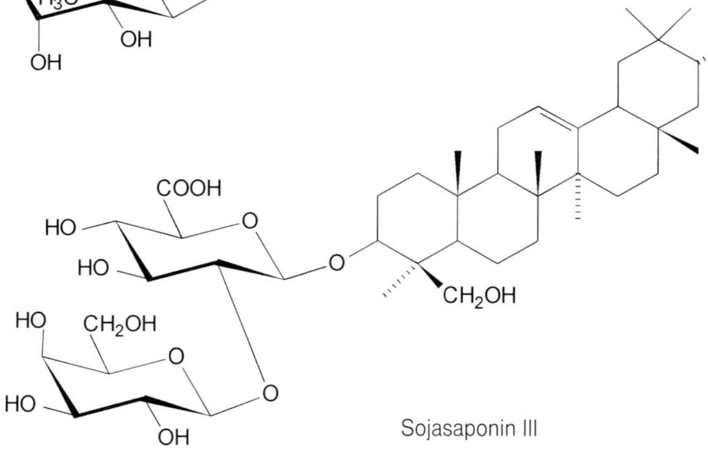

Sojasaponin III

Sojaeiweiß, *Sojaprotein:* **1.** aus der Sojabohne gewonnenes Trockenprodukt in Mehl- oder Flokkenform mit unterschiedlichem Eiweißgehalt. Die 4 wichtigsten Handelserzeugnisse sind *vollfettes Sojamehl* (auch *Sojaflocken, Edelsoja* oder *Vollsoja* genannt mit 40 % Eiweißgehalt), *entfettetes Sojamehl* (auch *Agumamehl* genannt mit 50 % Eiweißgehalt), *Sojaeiweiß-* bzw. *Sojaproteinkonzentrat* mit 60 ··· 70 % Eiweißgehalt. Vollfettes Sojamehl ist ein aus enthülsten Sojabohnen gewonnenes, hitzestabilisiertes Erzeugnis mit 18 ··· 20 % Fett und 38 % Eiweiß (Tab.).
Aufgrund seines Gehaltes an natürlichen Antioxydantien eignet sich das Sojamehl zur Vorbeugung oder Verzögerung des Fettverderbs in Süß- und Dauerbackwaren. Ferner dient es als Stabilisator für Emulsionen und disperse Systeme. Die stark emulgierenden Eigenschaften von Vollsojamehl

Zusammensetzung und Energiewert von vollfettem Sojamehl (Sojaflocken)

Bestandteil	Sojamehl, vollfett Durchschnittl. Gehalt je 100 g eßbaren Anteils
Feuchtigkeit	9,1 g
Eiweiß	37,3 g
Fett	20,8 g
Kohlenhydrate	24,4 g
Ballaststoffe	4,2 g
Mineralstoffe	4,4 g
Natrium	4,0 mg
Kalium	1,87 mg
Calcium	195,0 mg
Eisen	12,1 mg
Phosphor	553,0 mg
Caroten	0,084 mg
Vitamin B_1	0,77 mg
Vitamin B_2	0,28 mg
Niacin	2,2 mg
Pantothensäure	1,8 mg
Vitamin C	–
Vitamin B_6	0,8···9,5 mg
Isoleucin	2,19 g
Leucin	3,15 g
Valin	2,14 g
Methionin	0,55 g
Cystin	0,73 g
Phenylalanin	2,02 g
Tyrosin	1,30 g
Threonin	1,61 g
Tryptophan	0,56 g
Lysin	2,58 g
Histidin	0,97 g
Arginin	2,95 g
Energiewert in kJ (kcal) je 100 g eßbaren Anteils	1816 (434)

mit seinem relativ hohen Gehalt an Lecithin bewirken eine innige Verbindung fett- und wasserhaltiger Rohstoffe miteinander, wodurch ein Austritt von Öl und Fett aus Füllungen, Massen und Pasten verhindert wird. Entfettetes Sojamehl wird aus Preßkuchen der Sojaölherstellung produziert und erhält 1 % Fett sowie 50 % Eiweiß. Sojaeiweißkonzentrat wird aus entfettetem Sojamehl hergestellt und enthält etwa 70 % Eiweiß. Auf Grund seines hohen Wasserhalte- und Fettabsorptionsvermögens eignet sich das Sojaproteinkonzentrat sehr gut für hitzestabile Emulsionen und wird vorwiegend bei der Fleischwaren-, Kindernahrungs- und Backwarenproduktion eingesetzt.
Bei der Extrusion von Sojaproteinkonzentraten entstehen unter bestimmten Extrusionsbedingungen faserartige Strukturen, die nach Hydratation in heißen Flüssigkeiten eine fleisch- oder Fleischprodukten ähnliche Struktur erhalten. Diese, vorwiegend aus Sojamehl und -konzentrat hergestellten Produkte werden als Textured Vegetable Protein (TVP) bezeichnet. Es werden i. allg. zwei Typen von TVP unterschieden: a) Produkte, die durch Extrusion aus Sojamehl hergestellt werden und als Fleischextender zu Soßen zugegeben werden, b) durch Extrusion aus Sojakonzentrat gewonnene Fleischsurrogate, deren Struktur und Geschmack dem tierischen Fleischeiweiß nahekommt. Entsprechende fleischanaloge Produkte werden in den USA bis zu 35 % in Fast-Food-Erzeugnissen (z. B: Hamburgern, Gulasch oder Wurst) eingesetzt, wodurch hohe Kosten zur Erzeugung tierischen Eiweißes (jährliche Senkung bis zu 40 Mio Dollar) eingespart werden. Sojaproteinisolat wird aus Sojaproteinkonzentrat gewonnen und ist ein weißflockiges, sprühgetrocknetes Erzeugnis mit etwa 90 % Eiweißgehalt. Es ist als Fettemulgator sowie für die Verspinnung und Texturierung universell einsetzbar. → Ölsaat → Lebensmittel, simuliertes

2. das in den Samen der Sojabohne vorliegende Eiweiß.

Sojakäse: 1. → Hamanatto
2. → Natto

Sojakern → Nußkern

Sojamehl → Sojaeiweiß

Sojamilch, *Sojabohnengetränk:* ein bereits vor 100 Jahren im Orient aus eingeweichten Sojabohnen hergestelltes → *Ersatzmilchpräparat.* Um das Sojaprotein in wäßriger Phase zu extrahieren, werden die eingeweichten Bohnen mit Wasser zermahlen, der sich ergebende Schlamm wird gefiltert und gekocht. Die S. ist über 2 Wochen unter Kühlbedingungen lagerfähig. Neuerdings wird die S. nach dem gleichen Prinzip in modernen Anlagen hergestellt und nach dem Kochen gegebenenfalls schonend zu *Sojatrockenmilchpulver* getrocknet. Der bittere, bohnenartige Geschmack wird durch Behandlung der Bohnen mit Enzymen oder Säuren weitgehend beseitigt. S. wird meist mit Calciumsalzen, Vitaminen und Malzextrakt angereichert und vielfach als Trockenprodukt unter der Bez. *„Soyalac"*, *„Mullsoy"*, *„Soybee"* (USA), *„Proton"* (Japan), *„Saridel"* (Indonesien) oder *„Solein"* (Brasilien) gehandelt. Die Zusammensetzung einiger Trockenprodukte s. Tab. → Imitationsmilch

Zusammensetzung verschiedener Sojamilchtrockenpräparate im Vergleich zu Vollmilchpulver

Bestandteil	Saridel	Soyalac	Mullsoy	Vollmilchpulver
Feuchtigkeit in g	3,0	2,9	3,5	3,5
Eiweiß (N x 6,25) in g	30,0	22,8	24,0	22,2
Fett in g	22,6	25,7	30,0	26,2
Asche in g	5,0	3,0	5,4	7,0
Kohlenhydrate in g	49,2	44,3	37,1	38,1
Calcium in g	0,45	0,72	1,0	0,92
Phosphor in g	–	0,33	0,9	0,71
Eisen in mg	3,7	17,2	3,0	0,7

Sojanahrung: in der Säuglings- und Kinderernährung verbreitete Zubereitung, in der anstelle von Milcheiweiß Sojaeiweiß enthalten ist. Die S. gewährleistet bei bestimmten angeborenen Erkrankungen, z.B. bei Milchallergie, eine normale Entwicklung der betroffenen Kinder. Die S. ist meist eine milch- und lactosefreie künstliche → Säuglingsnahrung, die im wesentlichen aus getoastetem Vollsojamehl, Reisschleimpulver, Malzextrakt, Kindernährzucker, Saccharose und Pflanzenfett mit Zusätzen von Kochsalz, Calcium- und Eisen-(II)-salzen, Kaliumjodid, D,L-Methionin und Vitaminen besteht. Die pulverförmige Nahrung ist nur über Apotheken erhältlich. Die trinkfertige Auflösung enthält etwa 3,2 % Eiweiß, 2,6 % Fett, 8 % Kohlenhydrate, 0,7 % Mineralstoffe und 295 kJ (70 kcal) je 100 g Auflösung. Da S. frei von Milcheiweiß, Weizenkleber und Lactose ist, stellt es ein Substitut für Milchnahrungen beim jungen Säugling in Fällen von Milchallergien, Lactoseintoleranz und Galactosämie, teilw. auch bei Zöliakie, dar. → Sojanahrung → Nahrung

Sojaöl, *Sojabohnenöl:* das Samenfett der in Ostasien, der GUS, in Südeuropa und in den USA angebauten → Sojabohne. Das S. wird durch Extraktion gewonnen; der verbleibende Extraktionsschrot stellt eine wichtige Eiweißquelle dar und wird zunehmend für die menschliche Ernährung genutzt. Raffiniertes S. schmeckt angenehm mild und kann im frischen Zustand als Speiseöl verwendet werden. Hydriertes S. wird zu Weich- und Hartfetten hydriert und für die Herstellung von Margarine sowie Back- und Bratfetten eingesetzt. Die wichtigsten Fettsäuren und ihre Anteile (Etwa-Werte), bezogen auf den Gesamtfettsäuregehalt, sind: Ölsäure (26 %), Linolsäure (55 %) und Linolensäure (6 %). Auf Grund des hohen Gehaltes an mehrfach ungesättigten Fettsäuren ist das S. nur begrenzt haltbar. Bei der Raffination des S. fällt ein „Schlamm" an, aus dem → Phosphatide gewonnen werden. In der Produktion von *Pflanzenölen* (→ Pflanzenfette) steht S. an erster Stelle. → Sojaeiweiß

Sojaquark → Tofu

Soja-Sapogenole → Sojabohnen-Saponine

Sojasoße: ein vor Jahrtausenden in China entwickeltes aromaintensives, enzymatisch gewonnenes Proteinhydrolysat, früher aus Legumino-

Charakteristika der in Japan hergestellten 5 Sojasoßenhaupttypen

Typ	Farbe	*p*H-Wert	NaCl in g/100 ml	Gesamt-Stickstoff in g/100 ml	Reduzierende Zucker in in g/100 ml	Ethanol in %-Vol.
Koikuchi	tiefbraun	4,7	17,6	1,55	3,8	2,2
Usukuchi	hellbraun	4,8	19,2	1,17	5,5	0,6
Tamari	dunkelbraun	4,8	19,0	2,55	5,3	0,1
Saishhikomi	dunkelbraun	4,8	18,6	2,39	7,5	Spuren
Shiro	gelblich	4,6	19,0	0,50	20,2	Spuren

sen-, Mais-, Gersten- oder Reisprotein, heute fast nur noch aus Sojabohnen und Weizen hergestellt, wobei als Enzymquelle der Schimmelpilz *Aspergíllus orýzae* dient. Heute wird S. im gesamten ostasiatischen Raum hergestellt und in alle Länder exportiert. Die S. wird in Japan *Shoyu, Shoya* oder *Schoyu, in China Chiangyu,* in Indonesien *Kecap,* in Korea *Kanjang* und auf den Philippinen *Toyo* genannt. In Japan werden fünf Haupttypen von S. (s. Tab.) hergestellt.
Als Vorläufer der S. können die unter Einwirkung hoher Salzkonzentrationen fermentierten Produkte aus Fisch- und Fleischprotein betrachtet werden, die noch heute auf primitive Art vereinzelt in Japan als *Shottsuru* und auf Djawa unter der Bez. *Nuoc-Mam* (→ Fischsoßen, fermentierte) hergestellt werden. Einer hochwertigen S. liegt eine Fermentationszeit von mehreren Jahren zugrunde. Eine solche S. weist je 100 ml 18 g Kochsalz und 1,5 g Gesamtstickstoff auf, sie hat einen *p*H-Wert zw. 4,6 bis 4,8, ist von dunkelbrauner Farbe und hat ein ausgeprägtes Aroma. Aus Rationalisierungsgründen (Verkürzung der Fermentationszeit) stellen manche Firmen die S. auf Säurehydrolysebasis her. Der wenig befriedigende Geschmack solcher Erzeugnisse wird dann vielfach durch Zusatz von fermentierter S. ausgeglichen. Der in Japan zu 90 % vorherrschende Sojasoßentyp heißt *Koikuchi (Usukuchi* ist von geringerer Qualität) und besteht zur Hälfte aus einem auf chemischem Weg erzeugten Hydrolysat. Die Rohstoffbasis für Koikuchi bilden 50 % entfettetes Sojamehl und 50 % gerösteter und anschließend gequetschter Weizen. In China wird hauptsächlich der traditionelle *Tamari-Typ,* und zwar aus einem hohen Anteil Sojabohnen oder nur aus diesen, produziert. Die Fermentation von S. wird mit einem Gäransatz (→ *Koji*) eingeleitet, indem zunächst auf einer Mischung von Weizenkleie und Sojamehl unter Wärme 72 h lang eine Vermehrung der Pilzkulturen angestrebt wird. Anschließend wird der Koji mit gleichen Teilen Salzwasser vermischt, um die Maische (*Moromi*) zu bilden, die bei Zimmertemperatur mind. 1 Jahr steht. Früher wurde diese Maische ohne weitere Behandlung verwendet und die S. als *Soy* oder *Sho* bezeichnet. Die heutige → *Miso* bzw. *Misho,* eine dickbreiige Sojabohnenzubereitung, erinnert noch daran. Bei der Sojasoßenherstellung werden jedoch die festen Bestandteile nach Beendigung der Gärung abgetrennt und die rohe, flüssige S. wird zwecks Stabilisierung auf 80°C erhitzt. Der Kochsalzgehalt muß aus Haltbarkeitsgründen mind. über 13 g je 100 ml S. liegen. Für Exportzwecke wird die S. zusätzlich mit Natriumbenzoat konserviert. Die S. wird in ihren verschiedensten Variationen in alle Länder exportiert. → Würzsoße → Lebensmittel, fermentiertes

Sojasprosse: zur Verwendung als Gemüse nach mehrtägigem Ankeimen gewonnene Keimsprosse der → *Sojabohne* oder der → *Mung-Bohne,* die auch in hitzekonservierter Form (meist Gläser mit Twist-Off-Verschluß) als Naßkonserve und zugleich als tafelfertiges Erzeugnis gehandelt werden. → Keim

Sojateigware → Teigware, eiweißangereicherte

Soko → Yamswurzel

Solabiose → Disaccharide

Solanesol → Terpen-Alkohole

Solanidin → Solanin

Solanin: *Steroid-Alkaloid, das aus dem Aglykon Solanidin* und einer Zuckerkomponente aufgebaut ist.

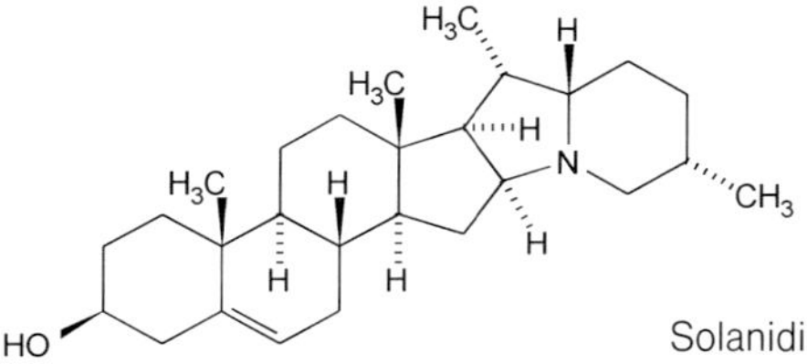

Solanidin

Im α-S. besteht R aus je einem Molekül L-Rhamnose, D-Glucose und D-Galactose (Trisaccharid Solanose = Solatriose), im β-S. aus D-Glucose und D-Galactose (Solabiose), im γ-S. nur aus D-Galactose. S. ist Bestandteil der Früchte, Blätter, Stengel und Knollen der *Nachtschattengewächse (Solanaceen)*. Es kristallisiert in wasserhaltigen Nadeln, F. 285°C (Zers.), [α]D -60°C (in Pyridin), ist löslich in Essigsäure, Pyridin, Chloroform und Dioxan, wenig löslich in Wasser und Ethanol. In Kartoffelknollen ist S. in unschädlichen Mengen von 0,002···0,01% vorhanden. In höheren Mengen, die zu Vergiftungserscheinungen führen können, liegt es in grünen Tomaten und in den Schalen grüner Kartoffeln bzw. in den Kartoffelkeimen vor. S. hemmt die Cholinesterase. Vergiftungen treten in Form von Kopfschmerzen, Mattigkeit, Übelkeit, Erbrechen, Magen- und Darmreizungen, Nierenentzündungen sowie Diarrhoe auf, in schweren Fällen führen sie bis zu Kreislauf- und Atemstörungen, Hirnödemen, Krämpfen und Lähmungen. S. wirkt gewebeschädigend und hämolytisch und ist dabei den Wirkungen der Saponine sehr ähnlich. Weitere Steroid-Alkaloide → Solanum-Alkaloide. → Alkaloide → Giftstoffe in pflanzlichen Lebensmitteln

Solanose → Trisaccharide

Solanum-Alkaloide: in den eßbaren Solanaceen Kartoffel, Tomate, Paprika, Aubergine vorkommende Gruppe von Alkaloiden mit Steroidstruktur. Sie liegen meist als Glykoside vor. Bes. hervorzuheben sind die Alkaloid-Aglykone → Solanin, Demissidin, Tomatidin, Solanidin, Solasodin, Soladulcidin, Solanocapsin, Solacallinidin, Solanocastrin, s. Formeln.

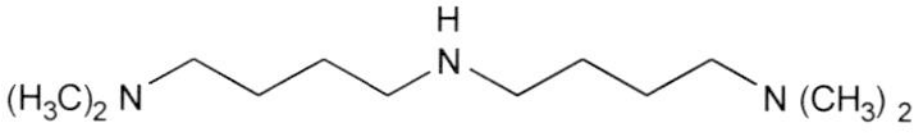

Solamin

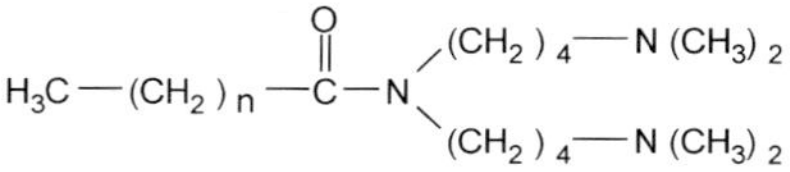

n = 4: Solacaproin
n = 14: Solapalmitin

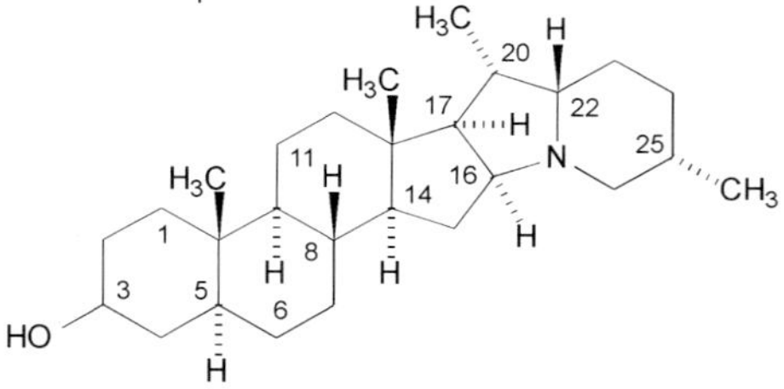

Demissidin
Solanidin (Doppelbindung C-5/6)
Rubijervin (12 α-OH, Doppelbindung C-5/6)

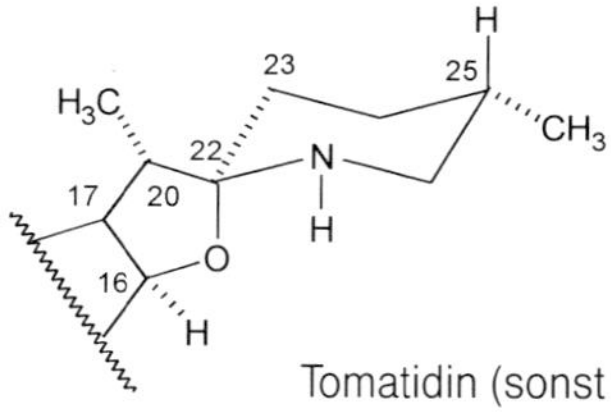

Tomatidin (sonst wie Demissidin)

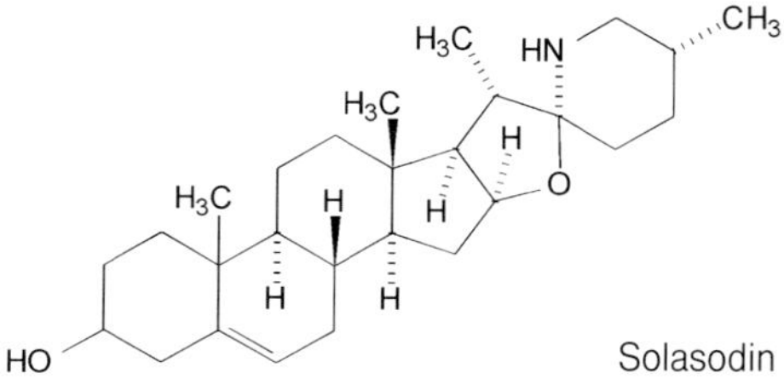

Solasodin

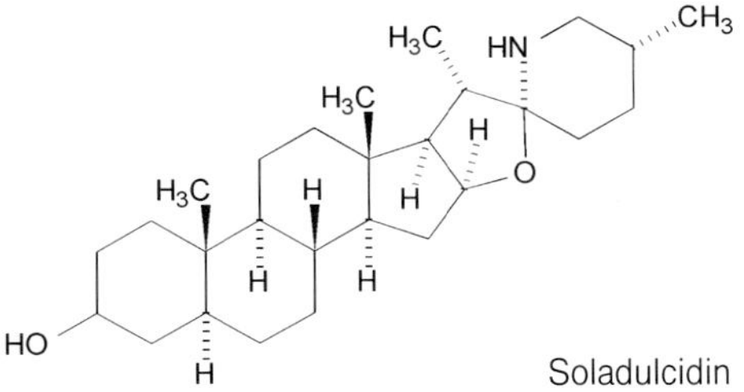

Soladulcidin

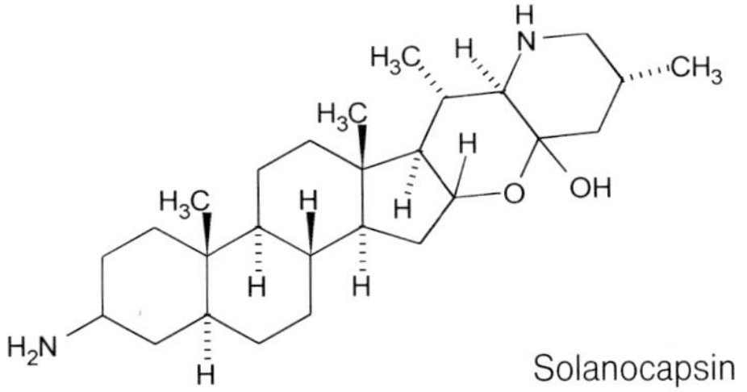

Solanocapsin

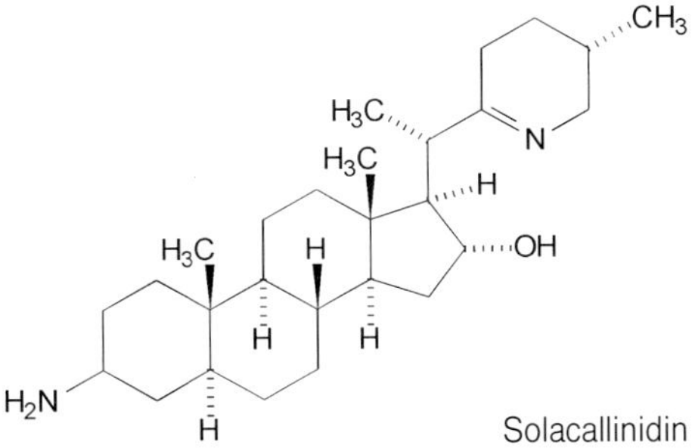

Solacallinidin

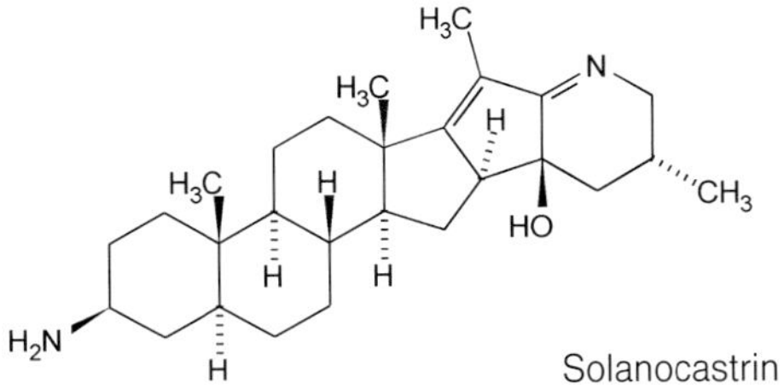

Solanocastrin

Solánum chaūcha → Chaucha

Solánum coágulans → Labpflanze

Solánum curtilóbum → China malcco

Solanum-Glycoside → Glycoside

Solánum hygrothérmicum → Urahji

Solánum hyporhódium → Cocona

Solánum ixocárpa → Tomatl

Solánum juzepczúkii → China malcco → Orcco malcco

Solánum melóngena → Eierfrucht

Solánum melóngena var. incánum → Labpflanze

Solánum muricátum → Pepino

Solánum nígrum → Inagu

Solánum quitoénse → Naranjilla

Solánum sessiliflórum → Cocona

Solánum stenótonum → Phinu

Solánum topíro → Cocona

Solánum tuberósum → Kartoffel

Solánum tuberósum ssp. andígenum → China malco → Neo-Tuberosum

Solánum tuberósum ssp. tuberósum → Neo-Tuberosum

Solarstearin → Schmalzstearin

Solatriose → Trisaccharide

Solbrunnen → Sole

Soldatenbrot, *Truppenbrot, Heeresbrot:* ein → Spezialbrot, das für die Verpflegung von Truppen und bes. Anlässe (Katastrophenfälle) Verwendung findet und sich bes. hinsichtlich Haltbarkeit und Nährstoffangebot vor anderen Brotarten auszeichnen soll. Zu den S. zählen z. B. → Kommißbrot und → Dauerbrot (bestimmte → *Dosenbrotsorten,* bestimmte *Flachbrotsorten, getrocknete Laibbrotscheiben).* → Feldzwieback → Schiffszwieback

Soldatenpetersilie → Gundermann

Sole → Tafelwasser

Sole, *Solbrunnen, Solquelle:* **1.** kochsalzreiches → Mineralwasser (mit einem Gehalt von mehr als 240 mval Natrium- und Chlorionen je l – entsprechend etwa 14 g Natriumchlorid je l), das

durch natürliche Bohrförderung oder durch künstliche Auslaugung unterirdischer Salzlager gewonnen wird. Die S. sind → *Heilwässer,* sie werden zu Trinkkuren oder Heilbädern genutzt. Meerwasser oder meerwasserhaltige Wässer gelten nicht als S. i. e. S.
2. Die Bez. S. gilt allg. auch für ein salzreiches Wasser. → Heilwasser → Mineralwasser → Tafelwässer

Sólea sólea → Plattfische

Solei: hartgekochtes, eingelegtes Ei, dessen Schale vor dem Einlegen in eine Kochsalzlösung angeschlagen wurde.

Solein: eine pulverartige Mischung aus 70% Sojamehl und 30% Casein, die als eiweißangereichertes → Kindernährmittel in Brasilien verwendet wird.

Solenóstemon monostáchys → Affenkartoffel

Soljanka: eine sämige, scharf schmeckende → Suppe der russ. Küche, die als Bestandteile diejenigen von Schtschi und → Rassolnik in sich vereint. Es gibt mehrere Arten von S. *(Fisch-, Fleisch-* oder *Pilzsoljanka*). Die S. kommt auch als tischfertiges Erzeugnis auf den Markt. → Suppe, tafelfertige

Soljankagewürz: eine → Würzmittelmischung aus Dill, Petersilie, Gewürzpaprika, Pfeffer, Knoblauch-, Zwiebelpulver und Speisesalz, die zum Würzen der Soljanka verwendet wird.

'Solo' → Papaya

Solquelle → Sole

Solsalz → Speisesalz

Somatrin: Hormon, das für den Wachstumsprozeß verantwortlich ist. Beim Menschen mit einer Molmasse 21 500 g/mol und bekannter Aminosäuresequenz. Gentechnisch hergestelltes bovines Somatropin wird in der USA zur Erhöhung der Milchleistung bis 40% und des Fleischansatzes eingesetzt.

Somen: Bez. für dünne Nudeln aus Weizenmehl (identisch mit Spaghetti) in Japan. Dicke Bandnudeln werden dort, ebenfalls aus Weizenmehl, unter der Bez. *Udon* gehandelt.

Sommerknoblauch → Lauch

Sommerkürbis → Gurkenkürbis → Kürbis

Sommerlein → Leinsaat

Sommersalat → Eissalat → Blattsalat

Sommersquash → Gartenkürbis

Sommer-Thymian → Thymian, Echter

Sommerzwiebel → Lauch → Zwiebel 3.

Somniósus microcéphalus → Haifisch

Sónchus arvénsis → Gänsedistel 2.

Sónchus ásper → Gänsedistel 4.

Sónchus bipóntini → Gänsedistel

Sónchus oleráceus → Gänsedistel 3.

Sónchus taraxifólius → Wildsalat

Sondennahrung: eine Nahrung in flüssiger Form, die bei bestimmten Erkrankungen der oberen Verdauungswege unter Vermeidung des Schluckaktes durch einen Kunststoffschlauch in den Magen oder den Zwölffingerdarm befördert wird. → Nahrung

Sonderbrot → Spezialbrot

Sonderlebensmittel → Speziallebensmittel

Sondermehl → Spezialmehl

Sondernahrungsmittel → Speziallebensmittel

Songo → Sorghumhirse

Sonnenbeere, *Malling-Sonnenbeere:* eine Brombeer-Himbeer-Hybride (→ Loganbeere) aus *Rúbus ursínus* und der Himbeere 'Malling Jewel'. Die S. trägt große, längliche Früchte und ist 1981 in Deutschland in den Anbau gekommen. → Youngbeere

Sonnenblume: eine einjährige, bis 3 m hoch wachsende Pflanze, *Heliánthus ánnuus* L. (Familie *Asteráceae*) mit großem, nickendem Blütenkopf, dessen 1000 bis 1500 braune Samenkörner (botan.: Nüßchen) etwa 36 %, die neuen Sorten über 50 % Fett enthalten. Die S. nimmt den 2. Platz in der Weltölproduktion ein und bildet die viertgrößte Quelle für Ölsaatprotein in der Welt. Allein in der GUS werden zwei Drittel der Weltproduktion an S. erzeugt. Ein geringer Teil der Sonnenblumensamen wird direkt verbraucht und in gerösteter, geschälter Form vielfach zu Back- und Süßwaren verarbeitet und ist Bestandteil von Müslimischungen. Nach Untersuchung des Gesundheitsamtes sind Sonnenblumensamen mit Cadmium bes. hoch belastet (im Mittel mit 0,43 mg je kg; Höchstwert 0,97 mg je kg). Seit Mai 1992 beträgt der Richtwert 0,6 mg je kg, s. → Ölsaat (Tab.).

Zusammensetzung und Energiewert von Sonnenblumensamen

Bestandteil	Durchschnittl. Gehalt in 100 g eßbaren Anteils
Feuchtigkeit	8,0 g
Eiweiß	27,0 g
Fett	40,0 g
Kohlenhydrate	19,0 g
Mineralstoffe	2,0 g
Ballaststoffe	4,0 g
Calcium	100,0 mg
Eisen	7,0 mg
Phosphor	670,0 mg
Vitamin B_1	1,9 mg
Vitamin B_2	0,2 mg
Niacin	5,8 mg
Energiewert in kJ (kcal) je 100 g	2200 (525)

Sonnenblumenproteinkonzentrate werden zur Herstellung von Snacks, Back- und Fleischwaren sowie Milchgetränken verwendet. → Kern → Ölsaat → Nutzpflanze, transgene

Sonnenblumenkern → Kern

Sonnenblumenkernmehl: ein aus Sonnenblumensaat (→ Sonnenblume) gewonnenes, meist entfettetes, eiweißreiches Mehl, das für Anreicherungszwecke, vor allem in der Backwarenproduktion, verwendet wird. Das Mehl weist einen nußartigen Geschmack auf. Zusammensetzung s. Tab. → Ölsaat

Zusammensetzung von entfettetem Sonnenblumenkernmehl und Gehalt an essentiellen Aminosäuren (in g je 16 g Stickstoff)

Inhaltsstoff	in g je 100 g
Feuchtigkeit	8,0
Eiweiß	58,8
Fett	0,9
Kohlenhydrate	15,0
Ballaststoffe	9,6
Mineralstoffe	7,6
Lysin	3,83
Methionin	1,85
Cystin	1,60
Leucin	6,80
Isoleucin	6,10
Valin	5,10
Phenylalanin	5,20
Threonin	3,60
Tryptophan	1,10
Tyrosin	2,65

Sonnenblumenöl: das Samenfett der → *Sonnenblume*. Die Sonnenblume wird in der GUS, Ungarn, Rumänien und Bulgarien, aber auch in China, in Tansania, Südafrika, Argentinien und Kanada angebaut. Die Sonnenblumenkerne enthalten 22···35 % (geschält 42···63 %) Öl. Das S. wird, meist nach vorher erfolgtem Schälen, durch Pressen oder Extraktion gewonnen. Es kann durch Wachsbestandteile der Schale getrübt sein; diese Wachse lassen sich durch Filtration entfernen (aus 100 kg Schalen können 3 kg Wachs gewonnen werden). Kaltgepreßtes S. kann direkt als Speiseöl verwendet werden. S. kann zu Weich- oder Hartfett hydriert werden und wird zur Margarineherstellung eingesetzt. Die wichtigsten Fettsäuren und ihre Anteile, bezogen auf den Gesamtfettsäuregehalt, sind Palmitinsäure (4···6 %), Stearinsäure (1···3 %), Ölsäure (20···40 %) und Linolsäure (51···72 %). Auf Grund des hohen Gehaltes an → *Linolsäure* ist das S. von Bedeutung für die Herstellung linolsäurereicher Fette.

Sonnenblumenvollöl: Bez. für ein → Sonnenblumenöl, das wie das → Lein-Vollöl unter schonenden Bedingungen hergestellt ist. → Pflanzenfett

Sonnenkakao → Kakaobohne

Soorji → Merissa

Sophorin → Flavonoide

Sophorose → Disaccharide

Sorbate (E 201 - 203): Salze der Sorbinsäure, die als Konservierungsmittel eingesetzt werden. Sie sind physiologisch ebenso unbedenklich wie → Sorbinsäure. Die antimikrobielle Wirkung der S. ist im sauren, auch schwach sauren pH-Bereich am stärksten und vorzugsweise gegen Schimmelpilze und Hefen gerichtet. Es werden aber auch Bakterien gehemmt. Antimikrobiell wirksam ist der Sorbinsäureanteil. Von Vorteil ist die geruchliche und geschmackliche Neutralität der S.. Am meisten verwendet wird leicht wasserlösliches Kaliumsorbat (E 202) in Konzentrationen von 0,02···0,2 % bei Fettemulsionen wie Margarine, Mayonnaise und Feinkostsalaten, weiterhin bei Käse, Rohwurst, Fischpräserven, Trockenfisch, Essig- u. a.. Sauerkonserven, Oliven, Obstprodukten, wie Trockenobst, Konfitüren, Gelees und Säfte, bei Getränken, wie alkohofreien Erfrischungsgetränken und Wein (nur Kaliumsorbat), bei Feinbackwaren und Süßwarenfüllungen. Natriumsorbat (E 201) ist in trockener Form instabil und nur in Form frisch bereiteter wässriger Lösungen verwendbar. Calciumsorbat (E 203) ist wegen seiner bes. hohen Oxydationsstabilität zur Herstellung fungistatischer Verpackungsmaterialien geeignet.

Sorbet, *Sorbett, Scherbet, Scherbett, Sherbet,* (jeweils *der* und *das*): **1.** ein limonadenähnliches, gesüßtes und mit Zitrone gesäuertes, durstlöschendes, eisgekühltes Erfrischungsgetränk, das in Südosteuropa und im Orient (dort vorherrschend Sherbett genannt und auch als Konserve im Handel) aus dem Fruchtsaft des → *Granatapfels* oder der → *Kornelkirsche* oder der → Tamarinde, in Mitteleuropa aus Trinkwasser mit Eiswürfeln (Mundeis) und Fruchtsaft, -sirup oder unter Zusatz jeder Art zerkleinerter Früchte, Zucker, Wein oder Sekt, hergestellt wird.
2. ein dickflüssiges *Fruchteis,* ähnlich dem *Sherbet,* aber ohne Milchtrockenstoffe, mit höherem Zuckeranteil (30···32 %) und geringerem Aufschlag (15···25 %). → Speiseeis

Sorbette → Speierling

Sorbierit → Zuckeralkohole

L-Sorbinose → Hexosen

Sorbinsäure (E 200): eine in den Früchten der Eberesche (*Sórbus aucupária* L.) entdeckte trans-trans-2,4-Hexadiensäure, die als → Konservierungsstoff verwendet wird, s. Formel.

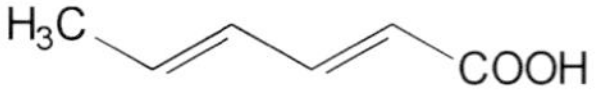

Molmasse 112,12 g/mol, farblose Nadeln, F.: 134°C, Kp.: 228°C (Zers.). S. ist in kaltem Wasser sehr wenig, in heißem Wasser, Ethanol, Eisessig und Aceton löslich. S. wird im Organismus wie eine natürliche Nahrungsfettsäure verstoffwechselt und ist deshalb physiologisch unbedenklich. Seine antimikrobielle Wirkung ist im sauren bis schwach sauren *p*H-Bereich am stärksten und vorzugsweise gegen Hefen und Schimmelpilze gerichtet. S. ist geruchlich und geschmacklich neutral. Sie ist zugelassen für Süßstofflösungen, energiereduzierte Konfitüren, Margarine, Schnittbrot, wein- und schaumweinähnliche Getränke (bis 200 mg/l), Wein (bis 200 mg/l), zur Behandlung der Oberfläche von Rohwürsten und Rohschinken (bis 1500 mg/kg). Grobkörnige Sorbinsäure mit gärschonenden Eigenschaften ist unter dem Namen Panosorb® für die Konservierung von hefegetriebenen Backwaren im Handel. Auch in Form einiger ihrer Salze, der → Sorbate wird die S. eingesetzt.

Sorbit (E 420) → Glucitol → Zuckeraustauschstoffe

Sorbitan → Sorbitan-Fettsäureester

Sorbitan-Fettsäureester, *Spans* (E 491–495): die Fettsäureester des *Sorbitans.* Sorbitan entsteht durch Wasserabspaltung von Glucitol (1,4- und 1,5-Stellung, 1,4-Sorbitan = *Arlitan, 1,4-Anhydro-*D*-glucitol*). S. haben folgende Formel (siehe unten).
Sie werden als → *Emulgatoren* in der Lebensmittelproduktion verwendet und zur Verzögerung der Fettreifebildung von Schokolade und des Altbakkenwerdens von Brot und Gebäck eingesetzt. Von der FAO/WHO (1964) wurden 25 mg/kg Körpergewicht für Erwachsene zugelassen. S. sind öllösliche Emulgatoren, die sich in Wasser nur schwer dispergieren lassen. Folgende Handelsbez. sind üblich: Span 20 = Sorbitanmonolaurat (E 493), Span 40 = Sorbitanmonopalmitat (E 495), Span 60 = Sorbitanmonostearat (E 491), Span 65 = Sorbitantristearat (E 492), Span 80 = Sorbitanmonooleat (E 494), Span 85 = Sorbitantrioleat.

Sorbitbonbon → Bonbon → Diabetikerlebensmittel

Sorbitol → Glucitol → Zuckeralkohole → Zuckeraustauschstoffe

Sorbole → Speierling

L-Sorbo-pyranose → Hexosen

Sorbopýrus auriculáris → Hagebuttenbirne

L-Sorbose → Hexosen → Saccharide → Zuckeraustauschstoff

Sórbus ária → Mehlbeere, Echte → Hagebuttenbirne

Sórbus aucupária → Ebereschenbeere 2.

Sórbus aucupária L. var. edúlis → Edeleberesche 2.

Sórbus aucupária var. morávica → Ebereschenbeere

Sórbus chamaeméspilus → Zwergvogelbeere 2.

Sórbus doméstica → Speierling

Sórbus latifólia → Mehlbeere, Echte

Sórbus melanocárpa → Aronie

Sórbus torminális → Elsbeere

Sorghumbier: ein stark sauer (pH-Wert 3,4) schmeckendes alkoholisches Getränk aus → Sorghumhirse. Bevorzugt werden dunkelfarbige Sorghumsorten genutzt, die einen leichten Bittergeschmack von Natur aus aufweisen. Das S. wird auf Grund seines Nährstoffgehaltes als wertvolle Ergänzungsnahrung in den afrikanischen Ländern betrachtet. In je 100 ml sind durchschnittl. enthalten: 95 mg Vitamin B_1, 65 mg Vitamin B_2, 315 mg Niacin und 0,07 mg Vitamin C. Als Folge des Fermentationsprozesses wird der Vitamin-B_1-Gehalt um 15···30 %, der Vitamin-B_2-Gehalt um 70···400 % und der Niacingehalt um 1···10 % gegenüber dem Ausgangsrohstoff erhöht. Das S. enthält ferner in je 100 ml: 3 g Ethanol, 5,4 g Gesamtextrakt (löslich), 3,7 g Gesamtextrakt (unlöslich), Gesamtstickstoff 0,1 g und 0,02 g löslichen Stickstoff. Der Gehalt an Fuselöl beträgt 23 mg je 100 ml gegenüber normalem Bier (aus Gerste und Hopfen) mit etwa 10 mg je 100 ml. S. aus einer ganz bestimmten Sorghumart ist → Kafirbier. → Busa → Hirsegetränk → Merissa

Sorghumhirse, *Mohrenhirse,* Kaffernhirse: eine der wichtigsten Sammelarten unter den → Hirsen mit der botanischen Bez. *Sórghum bícolor* (L.)

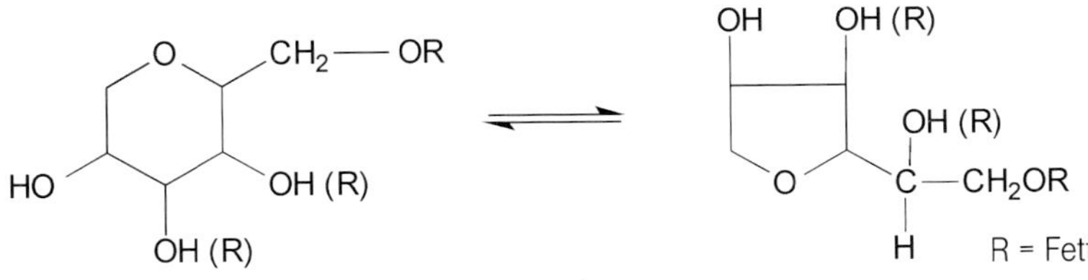

R = Fettsäurerest

Moench (Synonyma sind *S. vulgáre* Pers., *Andrópogon sórghum* L. Brot) mit relativ großen, weiß-, gelb-, rot- oder braunfarbigen Körnerfrüchten. Die wichtigsten S. produzierende Länder sind Indien, China, Pakistan, Afrika, Australien, Israel und die GUS. Über 75 % der Weltsorghumernte dient der menschlichen Ernährung vorwiegend in → Brei- und → Flachbrotform. In weiten Teilen Chinas, Indiens und Afrikas deckt die S. oft mehr als 70 % der Energieaufnahme. S. wird nicht nur als Körnerfrucht, sondern auch als Futterpflanze (→ Hirse) angebaut. S. hat Ähnlichkeit mit dem → Mais, wie dieser hat sie einen markgefüllten (bei → Zuckerhirse, auch *Sorgo* genannt, enthält das Mark etwa 10 % Saccharose) Stamm von 0,6···5 m Höhe und zweizeilig stehende große Blätter. Die endständige Rispe wird 10···60 cm lang und 4···20 cm breit. Die Tausendkornmasse liegt bei 15···38 g bei neuen Hybridsorten zw. 24···44 g; die Erträge schwanken von 500···4000 kg/ha und liegen bedeutend höher als bei den echten → Hirsen. S. schließt als Fremdbefruchter eine Vielzahl von Formen (hohe und kurze Halme, spät- und frühreifende Typen, verschiedenste Rispen- und Kornformen) mit unzähligen Bez. ein. In Indien wird die S. regional unterschiedlich als *Cholam, Jowar, Juar, Mijo, Jonna* oder *Jola,* in Japan als *Morokoshi, Tabakibi* (große Hirse), *Sato-Moroskoslu* (Zuckerhirse) oder als *Tokibi* (kleine Hirse), in China als *Kaoliang* bezeichnet. Die bisherigen Gliederungssyteme des Sorghum-Verwandtschaftskreises sind sehr unterschiedlich – wie bei den → Hirsen insgesamt – und teilw. widersprechend. In der Tab. wird ein Überblick zu den wichtigsten Sorghumformen in Anlehnung an *Rudolf Mansfelds* Verzeichnis über die landwirtschaftlichen Kulturpflanzen vermittelt (s. Tab. Seite 563–566).

Entsprechend der Formenmannigfaltigkeit schwankt auch der Nährstoffgehalt (z. B. der Eiweißgehalt von 7,5···26 % und der Lysingehalt des Proteins von 0,5···4 %). Die Nutzung von S. ist vielfältig. Vollkornprodukte mit Keimling werden meistens frisch – da sie schnell ranzig werden – zu → Suppe (*Uji* in Ostafrika) oder dickem → Brei (*Ugali* in Ostafrika) bereitet. *Uji* wird in der Regel allein, *Ugali* dagegen stets zusammen mit Fisch und Curry verzehrt. *Furra* ist die Bez. für Klöße aus Sorghummehl, die in Wasser gekocht werden. Geschälte S. enthält 10···20 % weniger Protein als *Vollkornsorghum* und wird vorwiegend als Reis-Ersatz, als → Graupen verzehrt oder zu Mehl vermahlen. Das gekochte Korn wird in Indien als *Annam,* das aus dem Mehl hergestellte Fladenbrot als *Rotti* bezeichnet. Für die Fladenbrotherstellung werden harte, glasige Körner vom *Shallu-Typ* (vgl. Tab.) bevorzugt, damit das Brot nicht so leicht bricht, wie das bei Verwendung von Mehl aus mehligem Endosperm der Fall ist (*Wachs-Sorghum*), das vorwiegend zur *Sorghumstärkegewinnung* herangezogen wird.

Das *Sorghumöl* dient zum Kochen und stellt ein schmackhaftes Salatöl dar (ähnlich dem Maisöl). *Zuckersorghum* wird zur *Sorghum-Sirupherstellung* genutzt; oder die Halme mit süßem Mark werden von den Einheimischen gekaut, ähnlich dem Zuckermais. *Popsorghum* wird aus kleinsten, harten Körnern, vorzugsweise vom *Shallu-Typ* gewonnen, die sich beim Puffen um das 10fache aufblähen. *Sorghumbier* wird vor allem aus dunkler, meist bitter schmeckender S. gewonnen. Zusammensetzung und Energiewert von Vollkorn-Sorghumhirse s. Tab. Seite 567 → Getreide, wachsiges → Puffhirse → Wachsgerste → Hirsegetränk

Sórghum saccharátum convar. saccharátum → Zuckerhirse

Sorghum spec. → Sorghumhirse → Zuckerhirse → Kafierbier → Fula

Sorghumstärke → Getreidestärke

Sorgo → Sorghumhirse → Zuckerhirse

Sorgohirse → Sorghumhirse → Zuckerhirse

Sorva → Lechero 3.

Sorveira, *Dukaballi:* der kleine Baum *Coūma guianénsis* Aubl. (Familie *Apocynáceae*), der in den Wäldern von Guayana und Nordbrasilien vorkommt. Die kugelige Beerenfrucht (4 cm Durchm.) enthält einen herben Milchsaft, das Fruchtfleisch ist süß und wird roh verzehrt.

Die wichtigsten Formen der Sorghumhirse

Rasse	Wissenschaftl. Bez.	Regionale Bez.	Vorkommen	Merkmale und Verwendungszweck
Bicolor-Gruppe	*S. bícolor* (L.) Moench Syn.: *S. vulgáre* Pers. *var. bícolor* Pers., *S. satívum* Husnot, *Andropógon sórghum* Brot.		Ostafrika, Ostasien, Amerika, südl. Europa	vorwiegend Futtergras oder süßes Mark der Halme gekaut, Körner selten verzehrt; wirtsch. unbedeutend
	S. exsértum Snowden, Synonym: *Andropógon sórghum var. inhonéstus* Pilger		Nigeria und Benin	Körner zu Mehl verarbeitet
	S. spléndidum (Hack.), Snowden, Syn.: *Andropógon sórghum ssp. satívus var. campánus subvar. spléndidus* Hackel	*Kleberhirse*	Südostasien	eiweißreiche Körner zu Backwaren verarbeitet oder als → Brei verzehrt
	S. saccharátum (L. emend. L.) Moench *convar. saccharátum*, Syn.: Andropógon saccharátus Raspail, S. *dóchna* (Forssk.) Snowden	*Zuckerhirse Ambersorghum, Süßsorghum, Zuckersorghum, Dochna, Sorgo*	Afrika, Ostasien, Amerika, Indien	Mark der Halme zur Gewinnung von Zuckersirup, nur selten als Nahrungsgetreide. Zuckerhirsesirup gilt als Delikatesse in den USA
	S. nervósum Besser ex Schult, Synonym: *Andropógon bésseri* Kunth., *Andropógon sórghum ssp. satívus var. nervósus* Hackel, *S. vulgáre* Pers. *var. nervósum* (Bess. ex Schult.) Forbes et Hemsley	*Kaoliang, Kaulien, Kowliang, Kauliang, Gaolien, Goolan, Kiauliang, Schuschu*	Nordamerika, Indien, Ostasien, (wichtigstes Getreide in Nordostchina)	kleine, runde, braune Körner, die zu Mehl verarbeitet werden oder zur Weinherstellung dienen

Die wichtigsten Formen der Sorghumhirse (Forts.)

Rasse	Wissenschaftl. Bez.	Regionale Bez.	Vorkommen	Merkmale und Verwendungszweck
Guinéa-Gruppe	*S. guineénse* Stapf. *S. margaritiferum* Stapf, Synonym: *Andropógon sórghum ssp. satívus var. ovulífer* Hackel	*Guineakorn, Kunav*	Nigeria, Gambia	mittelgroße Körner zu Mehl und Bier verarbeitet, kleine Körner werden wie Graupen verzehrt oder zu Mehl vermehlen
	S. conspícuum Snowden, Synonym: Andropógon sórghum var. usaraménsis Busse		Kenia bis Mocambique	große Körner werden als Graupen verzehrt oder zu Mehl vermahlen
Caudátum-Gruppe	*S. caudátum* (Hackel) Stapf, Synonyma: *S. vulgáre* Pers. var. *caudátum* (Hackel) Hill, *Andropógon sórghum ssp. satívus var. caudátus* Hackel			
	S. caudátum var. caudátúm	*Kaura*	Afrika, Amerika, Indien	vorwiegend große Körner zur Mehl- und Bierherstellung; eine der wichtigsten Rassen mit dichten Rispen, süßes Mark der Halme
	S. caudátum var. feteríta Stapf, Synonym: *S. caudátum var. gassábi* Massey	*Feteritahirse, Gassabihirse, Hegari, Ondo, Rubba, Sudangras*	Westafrika, USA, Äthiopien, Indien	braunfarbige Körner zur Mehl- und Bierherstellung
	S. caudátum var. cólorans (Pilger) Snowden		Westafrika	Pflanze liefert roten Farbstoff
	S. nígricans (Ruiz et Pavon) Snowden, Syn.: *S. vulgáre var. nígricans* (Ruiz et Pavon) Hill	*Sumach-Sorghum*	Afrika	Körner selten zu Mehl, da bitter schmeckend, vorwiegend zur Getränkeherstellung

Die wichtigsten Formen der Sorghumhirse (Forts.)

Rasse	Wissenschaftl. Bez.	Regionale Bez.	Vorkommen	Merkmale und Verwendungszweck
Kafigruppe	*S. coriáceum* Snowden	*Chimbowa, Nswe*	Ostafrika	Körner für Mehl- und Bierherstellung; teilw. auch Nutzung des süßen Marks der Halme
	S. caffrórum (Retz.) Pal. Beauv., Synonyma: *Pánicum caffrórum* Retz., *Andropógon caffrórum* Kunth, *Sórghum vulgáre var. caffrórum* Hubb., *Sórghum bícolor var. caffrórum* (Retz.) Mohlenbrock	*Kafir, Kafircorn, Odongae, Urus, Albufosum, Albidum*	Afrika, Mittel- und Südamerika, Indien, Mittelasien	Nutzung des saftigen, süß schmeckenden Marks der Halme; mittelgroße Körner in weiß für Mehl, in dunkelbraun zur Bierbereitung
Dúrra-Gruppe	*S. dúrra* (Forsk.) Stapf, Synonyma: *Sórghum vulgáre var. dúrra* (Forsk.) Hubb., *Andropógon sórghum ssp. satívus var. dúrra* Hackel	*Durra, Durrha, Akaicha, Akaifah, Idra, Baidha, Sefi*	Westafrika, Äthiopien, Indien, Arabien, Südeuropa, Japan, USA	Körner als Graupen verzehrt
	S. cérnuum (Ard.) Host, Synonyma: *Andropógon sórghum, var. cérnuum* Koern., *S. vulgáre var. cérnum* Fiori et Paol, *S. bícolor var. cérnuum* Ard.	*Nickende Mohrenhirse, White durra, Jerusalemkorn, Ägyptisches Korn*	Nordafrika, Ostafrika, Indien, Südeuropa, Mittelmeergebiet bis Mittelasien, USA	große weiße Körner als Mehl oder zu Graupen verarbeitet
Guinéa-bícolor-Gruppe	*S. mellitum* Snowden	*Isodomba, Ziboyana, Mokgotle, Takanda*	Trop. West- bis Südafrika	wegen des süßen Marks der Halme in Gärten kultiviert
	S. melaleucum Stapf.	*Shelsheleih*	Sudan	große Körner zu Mehl und Getränk (Abri) verarbeitet

Die wichtigsten Formen der Sorghumhirse (Forts.)

Rasse	Wissenschaftl. Bez.	Regionale Bez.	Vorkommen	Merkmale und Verwendungszweck
Dúrra-bicolor-Gruppe	*S. ankólib* (Hackel) Stapf.		Sudan	wegen des süßen Marks der Halme kultiviert
	S. rígidum Snowden		Sudan	Körner zu Mehl vermahlen
	S. subglabréscens (Steud.) Schweinf. et Aschers., Syn.: *S. vulgáre* Pers. *var. subglabréscens* (Steud.) Hill, *Andropógon subglabréscens* Steud.	*Milokorn, Milo, Utavli*	Ostafrika, Indien, USA	Körner zu Mehl vermahlen; große gelbe, runde Körner
Guinéa-caudátum-Gruppe	*S. dulcicāule* Snowden	*Songe*	Kongo	Körner zu Mehl und Bier verarbeitet
Guinéa-Káfir-Gruppe	*S. roxbúrghii* Stapf, *Synonyma: Andropógon saccharátus* Roxb., S. vulgáre var. roxbúrghii (Hackel) Haines	*Shallu, Shallus*	Ostafrika, Indien, USA	mittelgroße, mehrfarbige Körner werden zu Mehl, Bier oder Pufferzeugnissen verarbeitet. Die Shallutypen weisen den besten Geschmack auf und sind auf Grund ihrer harten, glasigen Beschaffenheit auch gut zum Backen geeignet.

Zusammensetzung und Energiewert von Sorghumhirse

Bestandteil	Durchschnittl. Gehalt in 100 g eßbaren Anteils
Feuchtigkeit	12,5 g
Eiweiß	11,0 g
Fett	3,5 g
Kohlenhydrate	57,3 g
Ballaststoffe	14,2 g
Mineralstsoffe	1,5 g
Kalium	380,0 mg
Calcium	50,0 mg
Phosphor	350,0 mg
Silicium	560,0 mg
Magnesium	190,0 mg
Eisen	5,0 mg
Mangan	1,6 mg
Kupfer	1,1 mg
Caroten	0,13 mg
Vitamin B_1	0,46 mg
Vitamin B_2	0,15 mg
Vitamin B_6	0,6 mg
Pantothensäure	1,3 mg
Niacin	4,8 mg
Energiewert in kJ (kcal) je 100 g	1276 (305)

Sorwa → Guttapercha

Soso → Yamswurzel

Soße, *Sauce, Tunke:* eine hell- oder dunkelfarbige, klare oder gebundene (sämige), süß oder nicht süß schmeckende, flüssige Lebensmittelzubereitung, die als Beigabe zu anderen Speisenkomponenten verzehrt wird. Die S. dienen als Bindemittel, zum Abdecken von Bratenscheiben oder zur Verbesserung des Geschmacks anderer Speisenkomponenten. Das Wort S. kommt von *salse* (mittelhochdtsch.) und bedeutete im 16. Jh. *Salzbrühe*; auch die franz. Bez. *Sauce* ist vom lat. *salsa* (salzig) abgeleitet. Die industriell hergestellten S. kommen als sog. *kochfertige S.* (Soßenkonzentrate) in trockener (Soßenpulver) oder pastöser Form (Soßenpaste, Soßenwürfel), als *Instantsoßen* (sofort in Trinkwasser oder Trinkmilch lösliches Pulver) oder als *tafel-* bzw. *tischfertige S.* in Form von Soßendosenkonserven (Soßenkonserve, flüssige) in den Handel und tragen zur Verkürzung der Zubereitungszeit von Speisen in Großküche und Haushalt bei. Im Vergleich zu → Würzsoßen treten die S. als bes. Bestandteil bei den mit ihnen versetzten Gerichten in Erscheinung oder sind als solcher erkennbar. – S. (im Handel oft als Tunken bezeichnet) werden vor allem als Zugabe zu Fleischgerichten verwendet. Bei → Fischkonserven u. a. → Fischerzeugnissen werden *Bier-, Curry-, Meerrettich-, Pilz-, Sahne-, Senf-, Tomaten- und Weintunke* bevorzugt. *Lukullustunke* ist eine verfeinerte Tomatensoße, *Cumberlandtunke* eine Tomatensoße mit Zusätzen von Fruchtgelee und Rotwein. *Milchnertunke* wird unter Zusatz von fein zermahlener → Fischmilch hergestellt und speziell für → Marinaden verwendet. Da bei Soßen für Fischkonserven ein Mindestgehalt an Trockenmasse von 22% vorgeschrieben ist, wird den S. in der Regel ein hoher Anteil Pflanzenöl (10···15%) zugesetzt. Dadurch wird der Energiewert dieser Erzeugnisse mitunter wesentlich erhöht. Der Einsatz von S. in Fischkonserven wirft insofern Probleme auf, als bei der Sterilisation wertbestimmende Geschmacksstoffe zerstört oder durch austretendes Zellwasser verdünnt werden.

Soße nach Holländische Art, *Tunke nach Holländischer Art, Hollandaise:* eine helle und gebundene → Soße, unter Zusatz von Zitronensaft und milden Gewürzen. Die H. S. wird vorwiegend für Spargel-, Blumenkohlgemüse, Kalbfleisch und Geflügelgerichte verwendet und kommt als Instanterzeugnis auf den Markt.

Soße, flüssige → Würzsoße

Soße, kochfertige, nicht süß, *Trockensoße, Soßenkonzentrat, Soßenextrakt, Soßentrockenkonzentrat, Soßenkonserve, trocken:* eine pasten- oder pulverförmige, nicht süße Zubereitung, die lediglich eines (auf der Herstellerpackung angegebenen) Zusatzes von Trinkwasser und einer Kochzeit von 1···10 min bedarf, um eine genußfertige Soße herzustellen. Die Bez. einer k. S. richtet sich nach dem geschmackgebenden Bestandteil (z. B. Tomatensoße) oder nach dem Verwendungszweck (z. B. Bratensoße). Kochfertige süße Soßen werden als → Soßenpulver bezeichnet.

Soßenkuchen → Speisekuchen

Soßenpulver: ein kochfertiges Trockenerzeugnis ausschl. auf Stärkebasis (Mais- und/oder Weizenstärke) oder unter Zusatz anderer konsistenzgebender Stoffe mit geschmackgebenden natürlichen und/oder künstlichen Zusätzen, das entsprechend der Kochanweisung für die Herstellung einer süßen Soße bestimmt ist.

Soße, tafelfertige → Würzsoße → Soße

Soße, tischfertige → Würzsoße → Soße

Sour → Bargetränk

'South Haven': Pfirsich. → Steinobst

Sovetskii: *Hartkäse* mit 50 % F. i. Tr. aus der GUS. → Käsesorten

Soy → Sojasoße

Soyalac → Sojamilch

Soyanal → Aldehyde

Soybee → Sojamilch

Spaghetti: eine → Teigware in Form langer Schnüre. Die Bez. S. kommt vom italienischen *spaghetto*, das die Verkleinerungsform von *spago* (Schnur) ist. Es werden *lange S.* (210···245 mm) und *kurze* oder *Gabelspaghetti* (30 mm) unterschieden.

Spaghettikürbis → Winterportulak

Spalenkäse → Sbrinz-Käse

Spaliererdbeere, *Hängeerdbeere:* Sammelbez. für sehr dekorativ wirkende, mehrmals tragende (remontierende) langrankige Erdbeersorten, bei denen durch Kreuzung die Großfrüchtigkeit der → Gartenerdbeere mit der Wuchsfreudigkeit und dem Aroma der → Walderdbeere vereinigt worden sind. Die langen, bis 1,5 m Länge erreichenden Ranken werden entweder an Stäben oder Klettergerüsten befestigt oder aus mehreren Pflanzen zu einem Turm aufgebaut, mitunter auch wie eine Ampelpflanze (daher Hängeerdbeere) gehalten. Die S. sind winterhart, lassen sich je nach Sorteneignung auch im Balkonkasten halten oder zu einer Erdbeerwiese gestalten, wozu sich bes. die Sorten 'Spadeka' und 'Florida' mit kurzen Erntezeiten eignen.

Spaltapfel → Trockenapfel

Spaltfrucht: Fruchttyp in Form einer mehrsamigen, trockenen → Schließfrucht, die in einsamige Teilfrüchte zerfällt, indem bei der Fruchtreife die einzelnen Fruchtblätter längs ihrer Verwachsungsnähte auseinanderweichen. Zu den Pflanzen mit S. zählen die Doldengewächse, z. B. Fenchel. → Frucht

Spaltkörbchen, *Chinesisches Spaltkörbchen, Chinesische Zitrone:* das aus Ostasien stammende, bis 8 m hoch schlingende, zwei-, in seltenen Fällen einhäusige Gehölz *Schisándra chinénsis* (Turcz.) Baill. (Familie *Schisandráceae*). Die wohlriechenden Blüten erscheinen im Mai/Juni. Im Sept./Okt. reifen die erbsengroßen, scharlachroten, fast runden, beerenartigen, säurereichen Scheinfrüchte an 5···10 cm langen, hängenden Fruchttrauben. Aus den Früchten lassen sich nach Entfernung (Passieren) der bitteren Samen Marmelade, Kompott, Saft und Sirup herstellen. Getrocknete Früchte, ebenso Blätter und Rinde eignen sich zur Teeherstellung. In Japan und Nordchina wird S. auch als Heilpflanze genutzt; außerdem hat der Saft tonisierende Wirkung. Das S. bringt hohe Erträge auf gut gelockerten und drainierten Böden; es verträgt keine Trockenheit.

Spaltpilze → Bakterien

Spanferkel → Fleischtiere

'Spanische Knorpel' → Süßkirsche → Steinobst

Spannrippe → Schlachtkörperteilstücke

Spans → Sorbitan-Fettsäureester

Sparassidáceae: der Ordnung *Cantharelláles* – innerhalb der Klasse *Basidiomycétes (Ständer-*

pilze) – zugeordnete Pilzfamilie, Wurzelparasiten mit ramarioid geformten Fruchtkörper mit abgeflachten Ästen, ohne Hymenophor. Der einzige bekannte eßbare und für den Handel zugelassene Vertreter ist die *Krause Glucke (Sparássis críspa* Wulfen ex Fr.) mit anfangs weißlichem, dann gelblich, im Alter bräunlich gefärbtem Fruchtkörper. Der Strunk kommt tief aus der Erde, ist fleischig und in zahlreiche flachgedrückte, gekröseartig gewundene Äste geteilt, deren Enden abgestutzt, wellig-kraus oder gelappt sind. Das weiße, wachsartige Fleisch schmeckt nußartig und riecht würzig. Ältere, bräunliche Pilze schmecken bitter und rufen Verdauungsstörungen hervor. Ein ergiebiger und wertvoller Speisepilz. Vorkommen: Aug. bis Nov., bes. in Kiefernwäldern am Grunde alter Bäume oder an deren Wurzeln; erscheint meist regelmäßig Jahr für Jahr an derselben Stelle wieder. → Pilze → Speisepilze → Ständerpilze

Sparássis spec. → *Sparassidáceae*

Spargel, *Gartenspargel, Gemüsespargel:* die aus den Wurzelstöcken aufrecht treibenden jungen Stengelsprosse von *Aspáragus officinális* L. (Familie *Liliáceae*). Solange die Stengelsprosse in der Erde wachsen, sind sie chlorophyllfrei (Weißspargel, Bleichspargel). Wenn ihre mit kleinen, schuppenförmigen, niederen Blättern bedeckte Spitze (Kopf) die Erddecke der angehäufelten Dämme durchbricht, wird sie durch Anthocyanbildung erst blau und später infolge Chlorophyllbildung grün. Als Schlüsselverbindung sind das Dimethylsulfid und das beim Kochen entstehende S-Methylmethionin beschrieben. Weiterhin entsteht aus der Asparagussäure beim Kochen ein 1,2-Dithiocyclopenten, das am Aroma ebenfalls beteiligt ist. In der Regel wird der S. im Mai/Juni geerntet (gestochen), in wärmeren Gebieten (z. B. Frankreich) schon im April, und jeweils dann, wenn der Kopf die Erde anhebt. Je leichter der Boden, desto zarter die Stangen. Der *Grünspargel* wird nicht, wie der Weißspargel, gestochen, wenn er die Erdkruste zu durchbrechen beginnt, sondern der Spargelsproß wird weiter dem Wachstum überlassen, bis er eine Höhe von 20···30 cm über dem Erdboden erreicht. Infolge der dabei einsetzenden Chlorophyllbildung wird er grün. Grünspargel wird vor allen in den USA und Japan dem Weißspargel vorgezogen. In der Industrie wird der Weißspargel (auch *Bleichspargel* genannt, Zusammensetzung s. Tab.) vorwiegend zu Sterilkonserven, der Grünspargel dagegen vorwiegend zu Gefrierkonserven, seltener zu Grünspargelsterilkonserven verarbeitet.

Zusammensetzung und Energiewert von Weißspargel

Bestandteil	Gehalt je 100 g eßbaren Anteils
Feuchtigkeit	93,6 g
Eiweiß	1,9 g
Fett	0,14 g
Kohlenhydrate	1,9 g
Ballaststoffe	1,84 g
Mineralstoffe	0,62 g
Natrium	4,0 mg
Kalium	207,0 mg
Magnesium	20,0 mg
Calcium	21,0 mg
Eisen	1,0 mg
Phosphor	46,0 mg
Caroten	0,03 mg
Vitamin B_1	0,11 mg
Vitamin B_2	0,12 mg
Niacin	1,0 mg
Pantothensäure	0,62 mg
Vitamin B_6	0,06 mg
Folsäure	0,09 mg
Vitamin C	21,0 mg
Energiewert in kJ (kcal) je 100 g	71 (17)

Von Bleichspargel werden Stangenspargel (Länge 13 cm) und *Brechspargel* (Länge mit Kopf 6 cm, ohne Kopf 5 cm), *Spargelköpfe* (Länge höchst. 11 cm, stehend, und 6 cm liegend), *Spargelabschnitte* (Länge 3···5 cm) sowie Spargelmark (passierter Bleichspargel) hergestellt. Ein ähnliches Sortiment an Verarbeitungsprodukten wird aus Grünspargel hergestellt, doch wird dieser als Frischgemüse bevorzugt. S. gehört zu den leicht verderblichen Gemüsearten. Die nachteiligen stofflichen Umsetzungen vollziehen sich bei 20 °C etwa 10mal so schnell wie bei optimaler Lagertemperatur von 1,5···2°C. Es empfiehlt sich, den frisch geernteten S. sofort in eiskaltem Wasser abzukühlen (bei längerem Liegen im Wasser, über 1 h, kommt es zu merklichen Geschmackseinbußen) und dann in perforierte Folienbeutel zu 0,5···1 kg zu verpacken. Unter diesen Bedingungen ist S. 2 Wochen haltbar. Bei Temperaturen von 0°C darf der S. höchst. 1 Woche aufbewahrt werden, sonst werden die Stangen von der physiologischen Kältekrankheit befallen und werden gummiartig. Bei Grünspargel ist die Verderbsgefahr wegen seiner Zartheit bes. groß; die Deckblätter an der Triebspitze neigen sehr rasch zum Lockern. Vitaminverluste können an einem Tag schon zu 40···50 %, an 2 Tagen bis zu 80 % auftreten. Kühllagerung bei 0 °C und 90 % rel. Luftfeuchte hat sich für eine Zeit von 3 Wochen Aufbewahrung bewährt. Verpackter Grünspargel hält sich bei 10°C und 60 % rel. Luftfeuchte mehrere Tage, je nach Sorte. → Gemüse → Gemüsesterilkonserve → Gemüse, gemischtes → Essiggemüsesterilkonserve → Salzgemüse → Nutzpflanze, transgene

Spargelbohne: 1. *Spargelerbse, Flügelerbse, Tetralobarbohne, Kaffee-Erbse, Englische Erbse:* die einjährige, krautige Pflanze *Tetragonólobus purpúreus* Moench. (Familie *Fabáceae*), die aus dem südwestlichen Mittelmeergebiet stammt. Ihre jungen Hülsen werden wie Bohnen oder Spargel zubereitet. In Zeiten mit Mangel an echtem Kaffee dienten die reifen, gerösteteten Samen neben Zichorienwurzeln und Gerste zur Herstellung eines kaffeeähnlichen Getränkes.
2. → Chinabohne
3. → *Goabohne*

Spargelerbse: 1. *Spargelklee, Scandalida:* die ausdauernde, krautige Pflanze *Lótus siliquósus* L. (Familie *Fabáceae*), die in West-, Süd- und Mitteleuropa vorkommt. Ihre jungen Triebe können wie Spargel zubereitet werden.
2. → *Spargelbohne*

Spargelfisole: 1. → Chinabohne
2. → Gemüsebohne

Spargelklee → Spargelerbse

Spargelkohl → Brokkoli

Spargelpilz → *Coprináceae* → Kulturpilze

Spargelsalat: 1. die in Europa, USA und in China kultivierte Salatart *Lactúca satíva var. angustána* hort ex L. H. Bailey (Familie *Asteráceae*), deren junge, stark verdickte Achsen roh oder gedünstet (wie → Spargel) verzehrt werden.
2. *Stachellattich, Wilder Lattich, Stachelsalat:* die 30···150 cm hohe Pflanze, *Lactúca serríola* L. (Familie *Asteráceae*) mit gelben Blütenköpfen und schraubig angeordneten Blättern, die vertikal durch Torsion in Nord-Südrichtung (Kompaßstellung, daher auch die Bez. *Kompaßpflanze*) gestellt werden, so daß das schwache Morgen- oder Abendlicht die Blattflächen, das starke Mittagslicht dagegen nur die Blattkanten trifft. Der S. wird bei uns als Wildpflanze gesammelt, im Iran, Irak, Armenien, Nordafrika auch stellenweise kultiviert, wobei bes. die noch unverzweigten, jungen Stengel als Gemüse genutzt werden. → Lattich → Blattsalat → Wildkräuter

'Spartan' → Apfel → Kernobst

Spartein → Alkaloide → Lupinenalkaloide

Spätburgunder, Blauer, *Pinot noir:* die Rotweinkeltertrauben-Sorte der großen franz. Rotweine Burgunds, die auch in Deutschland, Österreich, in der Schweiz und zunehmend in den osteuropäischen Ländern und in Übersee angebaut wird. Der Spätburgunder liefert edle, kräftige, feingewürzte Weine mit tiefroter Färbung. → Wein

Spateling, Dottergelber → *Helotiáles*

Spathulária spec. → *Helotiáles*

Spätlese → Qualitätswein

Spätzle: eine leicht rundförmige → Teigware, genannt nach der Form eines Spatzens. Die S. werden vor allem in Schwaben bevorzugt und vielfach im Haushalt selbst hergestellt.

Spearmint-Minze → Gingerminze → Krauseminze 3.

Speck → tierische Fette → Schlachtkörperteilstücke

Speckbohne → Kaffee

Speckblutwurst, frische: → *Kochwurst* (mittlere Sorte), zu deren Herstellung Speck, Schwarten/Sehnen, Blut, Nitritpökelsalz, Pfeffer, Zwiebeln, Nelken, Piment und Majoran eingesetzt werden. Als Wursthüllen dienen Naturdärme. Das Schnittbild zeigt reinweiße Speckwürfel von etwa 8 mm Kantenlänge fast gleichmäßig in dunkelrotbrauner Blutmasse verteilt. → Wurst

Speckfisch: Handelsname für heißgeräucherte Stücke von Grauhai. → Haifische → Räucherfischerzeugnisse → Kalbfisch

Specköl → Schmalzöl

Speckrollmops: Fischerzeugnis, → Marinade. Rollmops mit Einlage z. T. aus Speck.

Speierling, *Speyerling, Spierapfel, Schmeerbirne:* die kleinen apfel- oder birnenförmigen, grün, gelb, später braun und je nach Sonnenseite auch rotbackigen, stark sauer scmeckenden, 2···4 cm langen Früchte (Sorbólen) des in Mittel- und Südeuropa bereits im Altertum verbreiteten *Sperberbaumes, Spierlings, Zahmer Eberesche, Escheritze* oder *Altlitze, Sórbus doméstica* L. (Familie *Rosáceae*). Der Bestand des vom Aussterben bedrohten Baumes ist in Deutschland (Stand 1992) auf etwa 4000 Exemplare zusammengeschrumpft. Von den deutschen Bundesländern verfügt Bayern mit 43 % über den höchsten Anteil an dieser typischen mittel- und südeuropäischen Baumart, gefolgt von Baden-Württemberg mit 24 % , Rheinland-Pfalz mit 14 %, Hessen 19 %, Nordrhein-Westfalen 5 %, Thüringen 2 %, Sachsen-Anhalt 2 %. Die Früchte sind erst beim Weichwerden (im überreifen Stadium) genießbar und dienen auch zur Herstellung von Konfitüre, Saft, Essig, Branntwein (*Sorbette*), Likör (*Azu*) und Obstwein. Der stark gerbstoffhaltige Speierlingsmost wirkt auf Apfel- und Birnenmost gärungslenkend und dient für Fruchtmost als Konservierungsmittel. In Südeuropa wurde der S. wegen der im überreifen Zustand eßbaren Früchte schon von den Griechen und Römern kultiviert. → Hessencidre

Speisebohne → Trockenspeisebohne

Speisedistel → Artischocke, Echte

Speiseeis: ein durch einen Gefrierprozeß in einen festen, krem- oder pastenartigen Zustand überführtes Lebensmittel. S. war in China (3000 v. Chr.) und auch im antiken Griechenland und Rom bereits bekannt. Mit Erfindung der mechanischen Kälteerzeugung (Linde 1873) begann die kontinuierliche Speiseeisherstellung. Seit der Möglichkeit der industriellen Fertigung in Freezern hat der Speiseeiskonsum stark zugenommen. Ernährungsphysiologisch ist der hohe Energiewert von 500···1000 kJ (120···300 kcal) je 100 g zu beachten, der hauptsächlich dem Zucker- und Fettanteil des S. entstammt. Ausgangsstoffe für S. sind Milch, Milcherzeugnisse, Milchfett, Obst, Obstzubereitungen, andere geschmacksbestimmende Komponenten (z. B. Kakao, Kaffee) und Bindemittel oder Speiseeiskonserven bzw. -pulver. Über weitere Zusatzstoffe (z. B. Pflanzenfette) existieren international unterschiedliche Bestimmungen.
Zur Herstellung von S. werden die Rohstoffe vermischt, pasteurisiert, homogenisiert und abgekühlt. Der flüssige Ansatz wird unter Lufteinschlag im Speiseeisbereiter durch ständige Spatelung (*Streicheis*) oder im Freezer (*Softeis*) gefroren. Für Eiskrem wird der pasteurisierte Ansatz vor dem Gefrieren einem Reifungsprozeß (Stehenlassen bei 8°C bis zu 24 h) unterzogen. Zur Lagerung als verpackte Eiskrem wird nach dem Gefrieren bei −20···−30°C gehärtet.
Halbgefrorenes stellt man durch Mischen des gekühlten, pasteurisierten Speiseeisansatzes mit aufgeschlagener Schlagsahne und anschließendes schnelles Gefrieren her. Nach den Inhaltsstoffen werden die Sorten *Milcheis, Sahneeis, Fruchteis, Einfacheis, Kunstspeiseeis* und *Diabetikereis* unterschieden, wobei Zulassung und Anforderungen für die einzelnen Sorten international unter-

schiedlich geregelt sind. Geschmack und Gefüge des S. sind außer von den eingesetzten Rohstoffen vom Bindemittel, von Gefriergeschwindigkeit, Lufteinschlag und Lagerbedingungen abhängig. S. sollte nicht lange aufbewahrt werden, weil der Geschmack beeinträchtigt wird. Mit der Zeit friert aus dem Eis die Feuchtigkeit aus, die Luft geht heraus, und die Konsistenz wird fest und gummiartig. Da der Speiseeisansatz bzw. aufgetautes S. ein idealer Bakteriennährboden ist, muß eine strenge hygienische Überwachung von Herstellung und Vertrieb gewährleistet sein. S. hat i. allg. eine Temperatur von −8 °C; bis zum Verzehr ist es meist auf −4°C erwärmt. In der Mundhöhle erfolgt dann ein schneller Temperaturausgleich, so daß es zu 75 % erwärmt, bereits zu Beginn des Schluckens schon 8···10°C erreicht hat. Thermische Versuche haben ergeben, daß Kaltgetränke von 4···10°C Ausgangstemperaturen die gleichen Temperaturen im Magen erzeugen, wie ein Eis mit Ausgangstemperatur von −12°C. Der bei Genuß von S. ausgehende Kältereiz bewirkt im Mund einen verstärkten Speichelfluß. → Aufschlagmittel → Speiseeisbindemittel → Stabilisator

Speiseeisbindemittel: die dem Speiseeisansatz vor dem Gefrieren zur Konsistenzverbesserung und Stabilisierung eines hohen Aufschlages zugefügten Stoffe, wie Speisegelatine, Pektine, modifizierte Stärke u. ä. → Speiseeis → Aufschlagmittel → Stabilisator

Speiseeis, energiearmes, *Diabetikereis:* ein → *Speiseeis,* bei dem nicht nur das Fett als Energiequelle ausgeschaltet ist (*Einfacheis, Kunstspeiseeis*), sondern auch der Zucker durch energiefreie Süßungsmittel ersetzt ist. Die kremartige Konsistenz wird u. a. durch partiell hydrolysierte pflanzliche Eiweiße oder Stärkederivate erreicht und unterscheidet sich nicht von der des herkömmlichen Speiseeises. → Sherbet

Speiseeiskonserve: zähflüssige, durch Erhitzen in luftdichten Behältnissen haltbar gemachte Zubereitung aus Saccharose, Stabilisatoren, Geschmacks- und Geruchsstoffen, Obsterzeugnissen mit oder ohne Eizusatz, die zur Bereitung von Speiseeis dient.

Speiseeispulver, *Eiskrempulver, Softeispulver, Fertigspeiseeispulver, Mixpulver:* Mischung aus Saccharose, Stabilisatoren, Geschmacks- und Geruchsstoffen, z. T. auch Milchpulver, Lactose oder Eiprodukten, die als Halbfabrikat zur Herstellung von *Speiseeis* dient. Das S. wird auch in Kleinhandelspackungen zur Speiseeisbereitung im Tiefkühlfach des Haushaltskühlschrankes abgegeben oder industriell für die Softeisherstellung verwendet.

Speiseeiswaffel: eine → Waffel, die zum Schutz vor dem Durchnässen bei der Aufbewahrung von Speiseeis einen Stabilisatorüberzug, z. B. eine Agar-Agar enthaltende Zuckerlösung, nach dem Backen erhält.

Speiseerbse → Trockenspeiseerbse

Speiseessig → Essig

Speisefenchel → Gemüsefenchel

Speisefett, *Nahrungsfett:* für die menschliche Ernährung geeignetes Fett, das pflanzlichen oder tierischen Ursprungs sein kann. → Fett → Pflanzenfett → Fett, tierisches → Margarine → Butter

Speisefrischkeimling → Keim

Speisegarnele → Krebstiere

Speisegelatine → Gelatine

Speisegetreide, *Getreidekörner:* die gereinigten, hygienisch einwandfreien Samen verschiedener Getreidearten, die nach Zerkleinerung im Haushalt durch Mahlen oder Quetschen, als Ganzkorn erst nach Quellung zum unmittelbaren Verzehr geeignet sind. Der Pro-Kopf-Verbrauch an S. ist steigend und belief sich in Deutschland-West 1990 auf 3 kg. Frischekriterien für S. und Getreidemahlerzeugnisse sowie Haltbarkeitszeiten sind gesetzlich nicht geregelt. Bei sachgemäßer Aufbewahrung (rel. Luftfeuchtigkeit unter 65 % und Temperaturen unter 20°C) kann die auf den Fertigpackungen angegebene Mindesthaltbarkeit garantiert werden. Getreidekörner in eßfertiger Form werden als *Dosenkörner* gehandelt. Hierbei werden gequollene, mundfertige, vakuum-sterilisierte Getreidekörner einer oder mehrerer Arten in Weißblechdosen oder Gläsern gehandelt. Der nichtverbrauchte Inhalt einer Dose läßt sich nach Herstellerangaben bis zu 5 Tagen im Kühlschrank aufbewahren. → Getreidefrühstückskost

Speisekartoffel → Kartoffel

Speisekrabbe → Krebstiere

Speisekuchen, *Soßen-Lebkuchen, Soßenkuchen, Fischsoßenkuchen, Reibekuchen, Gewürzkuchen:* ein als Speisezusatz dienendes → Lebkuchengebäck aus 42 % Weizenmehl W 630, 22 % Roggenmehl R 1150, 1 % Gewürz und 35 % Backmalz. Der S. hat eine Trockenmasse von 95 % und ist 12 Monate haltbar. S. wird zum Dunkelfärben, Dicken und zur geschmacklichen Verfeinerung insbes. bei Fischsoßen (z. B. Karpfensoße, Wildbret- und Sauerbratensoße verwendet, indem er in der Flüssigkeit aufgeweicht oder als harter, trockener Lebkuchen gerieben wird. S. ist nicht zum unmittelbaren Verzehr bestimmt, sondern dient als Hilfsmittel bei der Speisenzubereitung.

Speisekürbis → Kürbis

Speiselinsen → Trockenspeisehülsenfrucht

Speisemais → Gemüsemais

Speisemischsirup: ein Erzeugnis aus *Zuckerrübensirup* und *Weißzucker,* dem *brauner Kandisablauf* zugesetzt werden kann. Der S. ist ähnlich dem *Zuckerrübensirup* von dunkelbrauner Farbe, bei 18°C gut streichfähig und entspricht in allen übrigen Forderungen dem Zuckerrübensirup. → Ablaufsirup

Speisemöhre, *Möhre, Mohrrübe, gelbe Rübe, Karotte, Gartenmöhre:* die gelb- bis dunkelorangefarbenen, im oberen Teil fleischig verdickten, nach unten spitz oder stumpf auslaufenden Speicherwurzeln (Rüben) von *Daūcus caróta ssp. satíva* (Hoffm.) Arcang. (Familie *Apiáceae*). Der Wortursprung *Möhre* ist auf das urgermanische *„morphon"* (gelbe Wurzel) und das daraus abgeleitete althochdtsch. *"morha"* zurückzuführen, das auch in mehrere slawische und baltische Sprachen übernommen worden ist. Mit dem Wort „Mohr", die älteste Bez. für dunkelhäutige Afrikaner, entlehnt aus dem latein. „Maurus", in der Bedeutung „Einwohner Mauretaniens" (Nordafrika) hat die Möhre keinerlei sprachliche Verwandtschaft. Die Bez. *Mohrrübe* ist seit dem 17. Jh. nur in Obersachsen schriftlich belegt, während in Süddeutschland diese Bez. heute noch weithin ungebräuchlich ist und dort nur von *Karotte, Möhre, gelber Rübe* gesprochen wird.
Ein Querschnitt durch die Rübe zeigt die dicke, orangefarbene Rinde (das Fleisch), das dünne Kambium (die Wachstumsschicht) und das meist heller gefärbte Herz (den Zentralzylinder des Wurzelkörpers mit dem Mark). Die für den menschlichen Genuß (Tab.) wertvollste Zone ist die dicke, carotenreiche Rindenschicht; der Zentralzylinder, auch Holzkörper genannt, soll möglichst klein sein, er schmeckt auch weniger süß.

Zusammensetzung und Energiewert von Speisemöhren

Bestandteil	Gehalt je 100 g eßbaren Anteils
Feuchtigkeit	89,7 g
Eiweiß	1,0 g
Fett	0,2 g
Kohlenhydrate	5,47 g
Ballaststoffe	2,8 g
Mineralstoffe	0,83 g
Natrium	45,0 mg
Kalium	282,0 mg
Magnesium	21,0 mg
Calcium	35,0 mg
Eisen	0,7 mg
Kupfer	0,08 mg
Phosphor	31,0 mg
Caroten	8,1 mg
Vitamin E	2,6 mg
Vitamin B_1	0,067 mg
Vitamin B_2	0,055 mg
Niacin	0,81 mg
Pantothensäure	0,27 mg
Vitamin B_6	0,065 mg
Vitamin C	5,7 mg
Energiewert in kJ (kcal) je 100 g	117 (28)

Botanisch und anbautechnisch besteht zw. *Möhren* und *Karotten* kein Unterschied, doch werden vom Verbraucher die frühen, mit Laub gehandelten S. (sog. *Bundmöhren*) vielfach als Karotten bezeichnet. Es gibt zahlreiche Möhrensorten, die sich bezüglich Erntezeit, Form und Farbe unterscheiden (Bild S. 575).

I. allg. setzt sich die Jahresernte aus etwa 25% kleinen bis mittelgroßen frühen und 75% großen späten Speisemöhrensorten zusammen. Entsprechend unterscheidet man zw. Jungmöhren und *Dauer-* bzw. *Herbstmöhren*. Ihre Haltbarkeit ist durch Austrocknung (Schrumpfung) und Fäulnis begrenzt. Lagersichere Spätmöhrensorten müssen im unbeschädigten Stadium bei 0···1°C und hoher Luftfeuchte (Folienabdeckung) aufbewahrt werden und sind dann bis zu 6 Monaten zu halten. Bei 2°C besteht bereits die Gefahr vorzeitigen Austreibens (→ Keim). I. allg. halten sich große Möhren besser als kleine und spät geerntete (ausgereifte) Wurzeln von Spätsorten besser als zu früh geerntete. Gewaschene, in Folienbeutel abgepackte S. sind auch bei 0···1°C nur wenige Wochen haltbar. Eine Verbesserung der Haltbarkeit wird bei *Bundmöhren* durch Chlorieren des Waschwassers (10···20 ppm) erreicht, wie dies auch bei → Brunnenkresse der Fall ist.

Zur Herstellung von Säuglingsnahrungsmitteln werden zusätzliche Qualitätsanforderungen an S. gestellt. Vor allem ist nichtinkrustiertes (frei von systemischen Insektiziden) Saatgut zu verwenden. Hinsichtlich des Nitratgehaltes ist zu beachten, daß mit zunehmender Stickstoffdüngung der Nitratgehalt im Rübenkörper zunimmt. Bei schönem Wetter nimmt der Nitratgehalt auf Grund seiner Lichtabhängigkeit gegen Ende der Vegetationsperiode ab. Bes. auf mineralischen Böden ist es daher wichtig, die S. nicht zu früh zu ernten. Unreife, kleinere S. haben stets einen höheren Nitratgehalt als größere S.. Generell müssen S. für die Kindernahrung frei von Schädlingsbekämpfungsmitteln und sonstigen chemischen Rückständen sein. → Gemüse → Gemüse, milchsaures → Gemüsesterilkonserve → Gemüse, gemischtes → Gemüse, gewürztes → Essiggemüsesterilkonserve → Salzgemüse → Rübe

Speise-Morchel → *Morchélla* → Würzpilze

Speisemuschel: Sammelbez. für eßbare → Muscheln, bes. für Miesmuscheln.

Speiseöl: bei Zimmertemperatur flüssige Speisefette pflanzlicher Herkunft (Ausnahme Schmalzöl). Im nördlichen Teil Europas und in Nordamerika werden als S. → *Erdnußöl* → Baumwollsaatöl → Sonnenblumenöl → Maiskeimöl → Sojaöl und → Rapsöl bevorzugt. Die S. sollen bei normalen Lagertemperaturen mehrere Monate haltbar sein. Die Farbe der S. ist hellgelb bis goldgelb, der Geschmack vorwiegend neutral. Als *Tafelöle* werden qualitativ bes. hochwertige S. bezeichnet. *Salatöle* sind hochwertige S., aus denen durch Winterisieren (→ Pflanzenfette) die hochschmelzenden Anteile entfernt worden sind, so daß sie auch bei Aufbewahrung im Kühlschrank klar bleiben.

Speiseoliven → Oliven, marinierte

Speisepilze: willkürliche Zusammenfassung der vom Menschen genießbaren Pilze aus den beiden Pilzklassen *Schlauchpilze* und *Ständerpilze*. S. im Sinne der Leitsätze für Pilze und Pilzerzeugnisse der BRD in der Neufassung vom 25. 7. 1975 sind die in den Verkehr gebrachten oder zu Pilzerzeugnissen verarbeiteten, eßbaren Fruchtkörper der in der Übersicht (Seite 576–578) genannten Pilzarten.

S. im Sinne dieser Leitsätze sind auch Zuchtpilze (→ Kulturpilze). Die in unseren Wäldern wachsenden S. (Waldpilze) werden als Nahrungsquelle nur in sehr bescheidenen Anteilen genutzt. Die Hauptmenge der tatsächlich geernteten S. wird vom Sammler selbst verwertet, ein Teil geht in den Handel und in die Industrie. In Deutschland werden jährlich 275 000 t S. verzehrt (durchschnittl. Pro-Kopf-Verbrauch 3,4 kg). Weltweit werden auch eine zunehmende Zahl versch. Pilzarten kultiviert (→ Kulturpilze). Die Zusammensetzung der S. (Tab. Seite 578) weist große Unterschiede auf in Abhängigkeit von Standort, Bodenbeschaffenheit und Entwicklungsstufe.

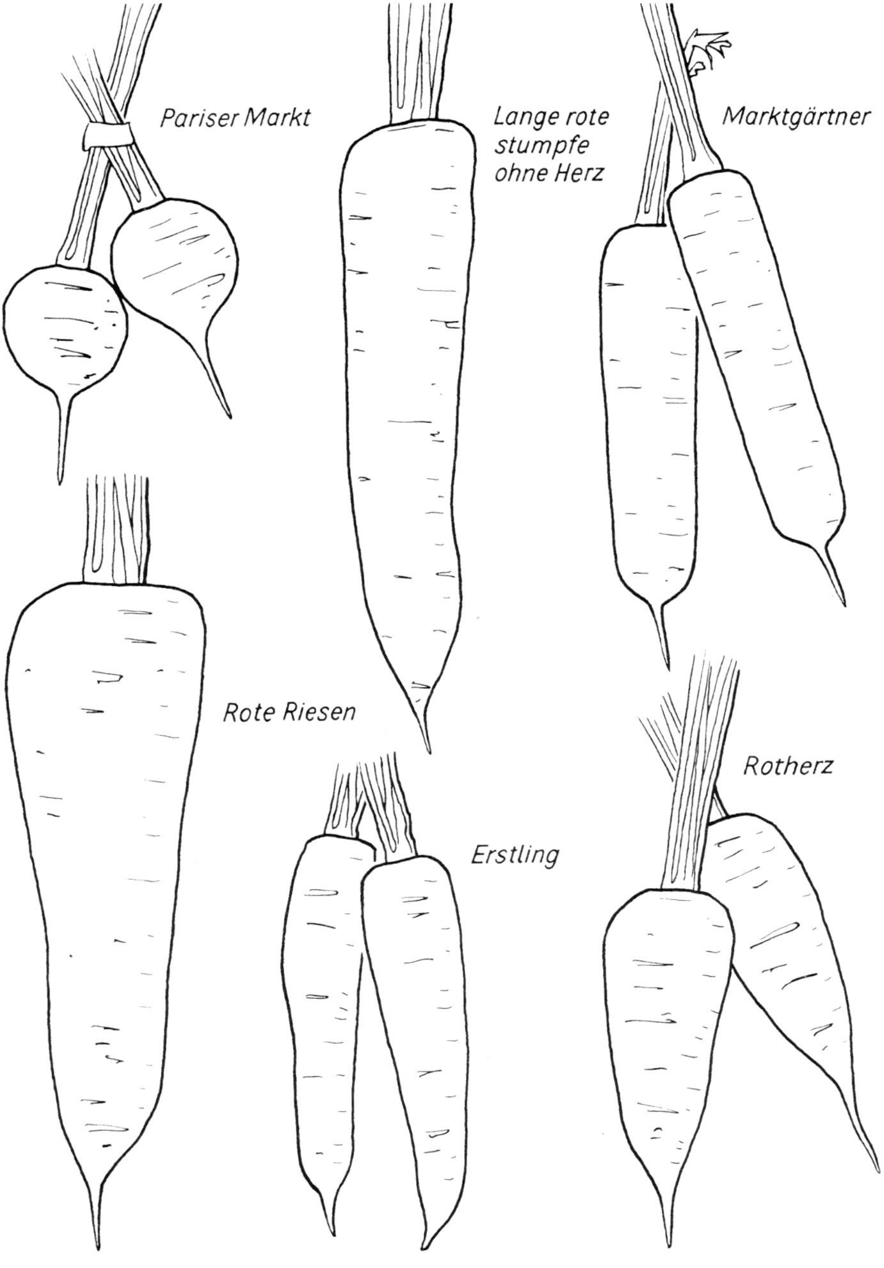
Pariser Markt
Lange rote stumpfe ohne Herz
Marktgärtner
Rote Riesen
Erstling
Rotherz

Speisepilze

Verkehrsbezeichnung	Botanische Bezeichnung	Herkunft	Bemerkungen
Apfeltäubling	*Russula paludosa* Britz.	W	
Austernseitling, Austernpilz	*Pleurotus ostreatus* (Jacq.: Fr.) Kummer s. 1., im weiteren Sinne verwandte Arten eingeschlossen	Z/W	
Birkenpilz*	*Leccinum scabrum* (Bull.: Fr.) S. F. Gray	W	*Hut fest (vorzugsweise nicht größer als 8 cm Durchmesser)
Brätling*	*Lactarius volemus* (Fr.) Fr.	W	*nur frisch, nicht konserviert, nicht getrocknet
Burgundertrüffel	*Tuber unicatum*	W	
Butterpilz	*Suillus luteus* (L.) S. F. Gray	W	
Chinesisches Stockschwämmchen (Nameko)	*Pholiota namenko* (T. Ito) S. Ito et Imai	Z	
Egerling	*Agaricus bitorquis* (Quél.) Sacc.	Z/W	
Elfenbeinröhrling	*Suillus placidus* (Bon.) Sing.	W	
Erdritterling	*Tricholoma terreum* (Schaeff.: Fr.) Kumm.	W	
Flockenstieliger Hexenröhrling*	*Boletus erythropus* (Fr.: Fr.) Krombh.	W	*roh giftig
Frauentäubling	*Russula cyanoxantha* (Schaeff.) Fr.	W	
Gefelderter Grüntäubling	*Russula virescens* (Schaeff.) Fr.	W	
Goldröhrling	*Suillus grevillei* (Klotzch: Fr.) Sing	W	
Grauer Ritterling	*Tricholoma portentosum* (Fr.) Quél.	W	
Grünling	*Tricholoma auratum* (Paul.: Fr.) Gillet und *Trocholoma flavovirens* (Pers.: Fr.) Lundell	W	
Hallimasch*	*Armillaria mellea* (Vahl: Fr.) Kummer	W	*nur Hüte mit 1 cm Stiel, roh giftig, wird auf dem Frischmarkt nicht verkauft
Herbsttrompete	*Craterellus cornucopioides* (L.)	W	auch als Gewürzpilz
Kaiserling*	*Amanita caesarea* (Scorp.: Fr.) Pers.	W	*roh giftig
Kalahari-Trüffel	*Terfezia pfeilii* Hennings	W	
Knoblauchschwindling, Mousseron	*Marasmius scorodonius* (Fr.: Fr.) Fr.	W	
Körnchenröhrling, Schmerling	*Suillus granulatus* (L.) O. Kuntze, im weiteren Sinne alle verwandten Arten	W	

Speisepilze (Forts.)

Verkehrsbezeichnung	Botanische Bezeichnung	Herkunft	Bemerkungen
Krause Glucke, Bärentatze	*Sparassis crispa* Fr. Wulf ex Fr.	W/Z	
Kulturchampignon	*Agaricus bisporus* (Lge.) Imbach	Z	
Löwentrüffel	*Terfezia leonis* Tul.	W	
Maipilz	*Calocybe gambosa* (Fr.) Sing.	W	
Maronenröhrling	*Xerocomus badius* (Fr.) Kühn. ex Gilb.	W	
Matsutake	Tricholoma matsutake (Ito et Imai) Sing.	Z	
Morchel, Speisemorchel	*Morchella esculenta* Pers. s.l.	W	
Spitzmorchel	*Morchella conica* Pers. s.l.		
Hohe Morchel	*Morchella elata* Fr.		
Mu-err-Pilz	*Auricularia polytricha*	*W*	
*Nelkenschwindling**	*Marasmius oreades* (Bolt: Fr.) Fr.	W	*nur Hüte
Ohrlappenpilz, Judasohr, Black fungus	*Hirneola auricula-judae* (Bull.: Fr.) Berk., im weiteren Sinne verwandte Arten eingeschlossen	W/Z	
Perigordtrüffel	*Tuber melanosporum* Vitt.	W	
Piemont-Trüffel, Weiße Piemont-Trüffel	*Tuber magnatum* Pico Vitt.	W	
Perlpilz*	*Amanita rubescens* (Pers.: Fr.)	W	*roh giftig
Pfifferling	*Cantharellus cibarius* Fr.	W	
Reifpilz, Runzelschüppling	*Rozites caperatus* (Pers.: Fr.) Karst.	W	
Reisstrohpilz, Scheidling	*Volvariella volvacea* (Bull.: Fr.) Sing.	Z	
Reizker	*Lactarius deliciosus* (L.) S. F. Gray s.l.	W	
Riesenträuschling, Kulturträuschling	*Stropharia rugosoannulata* Farlow	W/Z	
Rotfußröhrling	*Xerocomus chrysenteron* (Bull.) Quél.)	W	
Rotkappe	*Leccinum versipelle* (Fr.) Snell s.l., im weiteren Sinne verwandte Arten eingeschlossen	W	
Safranpilz, Rötender Schirmpilz*	*Macrolepiota rhacodes* (Vitt.) Sing.	W	*nur Hüte
Parasol, Riesenschirmpilz*	*Macrolepiota procera* (Scop.: Fr.) Sing.		*nur Hüte
Samtfußrübling	*Flammulina velutipes* (Curt.: Fr.) Sing.	W/Z	
Sandröhrling*	*Suillus variegatus* (Sw.: Fr.) O. Kuntze	W	*Hut fest, (vorzugsweise nicht größer als 6 cm Durchmesser)
Schafchampignon, Anisegerling	*Agaricus arvensis* Schaeff.	W	
Schafporling	*Albatrellus ovinus* (Schaeff.) Kotl. & Pouz.	W	
Semmelstoppelpilz	*Hydnum repandum* L.	W	

Speisepilze (Forts.)

Verkehrsbezeichnung	Botanische Bezeichnung	Herkunft	Bemerkungen
Shan Fu* (Igelstachelbart)	*Hericium erinaceus* (Bull.: ex Fr.) Pers.	W	*nur zum Trocknen
Shiitake	*Lentinus edodes* s.l. (Berk.) Sing.	Z	
Sommertrüffel	*Tuber aestivum* Vitt.	W	
Speisetäubling	*Russula vesca* Fr.	W	
Steinpilz	*Boletus edulis* Bull.: Fr. s.l., im weiteren Sinne alle Steinpilzarten	W	
Südlicher Schüppling	*Agrocybe aegerita* (Brig.) Sing.	Z/W	
Violetter Rötelritterling	*Lepista nuda* (Bull.: Fr.) Cke.	W	
Waldchampignon	*Agaricus silvaticus* Schaeff.	W	
Weiße Trüffel	*Choiromyces maeandriformis* Vitt.	W	
White fungus* (Silberohr)	*Tremella fuciformis*	W/Z	*nur zum Trocknen
Wiesenchampignon	*Agaricus campestris* L.	W	
Wintertrüffel	*Tuber brumale Vitt.*	*W*	
Ziegenlippe	*Xerocomus subtomentosus* (L.) Quél.	W	

W = Wildpilze, Z = Zuchtpilze

Zusammensetzung und Energiewert verschiedener Pilze

Bestandteil	Champignon *(Agáricus campéstris* L. ex Fr.)	Speisemorchel *(Morchélla esculénta* L. ex ST.AM.)	Pfifferling *(Cantharéllus cibárius* Fr.)	Steinpilz *(Bolétus edúlis* Bull. ex Fr.)	Trüffel *(Túber melanósporum* Vitt.)
	Durchschnittl. Gehalt je 100 g eßbaren Anteils				
Eiweiß	2,8 g	1,7 g	1,5 g	2,8 g	5,5 g
Fett	0,2 g	0,3 g	0,5 g	0,4 g	0,5 g
Kohlenhydrate	2,9 g	5,4 g	3,0 g	4,8 g	7,4 g
Mineralstoffe					
Kalium	486,0 mg	390,0 mg	507,0 mg	486,0 mg	526,0 mg
Calcium	9,0 mg	11,0 mg	8,0 mg	9,0 mg	24,0 mg
Phosphor	115,0 mg	162,0 mg	44.0 mg	115,0 mg	62,0 mg
Vitamin B_1	0,1 mg	0,1 mg	0,02 mg	0,03 mg	–
Vitamin B_2	0,4 mg	0,06 mg	0,2 mg	0,4 mg	–
Niacin	6,2 mg	–	6,5 mg	4,9 mg	–
Vitamin D	4,2 µg	13,0 µg	8,3 µg	8,30 µg	–
Energiewert in kJ (kcal) je 10 g eßbaren Anteils	100 (24)	130 (31)	96 (23)	140 (34)	235 (56)

S. enthalten sehr viel Wasser (88···92%), 1/4 bis 1/3 ihrer Trockensubstanz besteht aus Eiweiß. Das Pilzeiweiß ist wegen seines Gehaltes an essentiellen Aminosäuren relativ hochwertig (Tab.), seine Ausnutzung liegt jedoch relativ niedrig, zw. 72% und 83%.

Der Gehalt des Eiweißes einiger Pilzarten an essentiellen Aminosäuren im Vergleich zu Fleisch- und Kartoffeleiweiß

Essentielle Aminosäure	Steinpilz	Champignon	Trüffel	Fleisch	Kartoffeln
	Durchschnittl. Gehalt in %				
L-Threonin	3,8	2,6	6,8	5,3	3,7
L-Valin	2,8	2,7	4,4	5,8	4,8
L-Methionin	2,1	0,5	–	3,2	1,6
L-Isoleucin	1,1	1,1	2,9	6,3	–
L-Leucin	4,2	5,4	7,3	8,0	11,3
L-Phenylalanin	3,7	4,0	3,5	4,5	5,4
L-Lysin	6,8	9,4	8,8	7,6	5,0
L-Tryptophan	7,4	11,8	0,3	1,2	0,8

Der Nucleinsäuregehalt der S. ist so niedrig, daß selbst bei einem täglichen Verzehr keine diätetischen Nachteile erwachsen. S. enthalten größere Mengen an Monosacchariden (Glucoseanteil bis zu 92%). Es wurden noch nachgewiesen Galactose, Mannose, Ribose, Xylose, Glucosamin, in japanischen S. noch Mannit und Trehalose. Der Gehalt der Pilze an unverdaulichen Faserstoffen (→ Ballaststoffen) liegt ungefähr zw. 10 und 25 g/100 g Tr. S., davon entfallen rund 2···4% auf Cellulose, der Rest dürfte überwiegend → Chitin sein. Verdaulichkeit und verwertbarer Energiegehalt der S. sind deshalb schwer bestimmbar. Der Gesamtfettgehalt frischer S. schwankt zw. 0,2% und 1,6% und zeichnet sich durch einen hohen Anteil an freien Fettsäuren und Phosphatiden, insbes. Lecithin, aus. Frische S. enthalten 0,34···2,0% Mineralstoffe (Hauptbestandteile Kalium und Phosphat), relativ wenig Natrium und des weiteren Mangan (26,5 mg/100 g Asche), Fluor (0,2···1,0 mg/kg Fr.-S.), Zink, Kupfer, Brom, Silber, Titanium, Rubidium, Vanadium, Lithium, Chromium. S. gelten als wichtige Selenquelle. Der Gehalt schwankt jedoch stark in Abhängigkeit von der Pilzart und dem Sammelzeitpunkt. Pilze haben die Fähigkeit, Schadstoffe (toxische Schwermetalle, insbes. Cadmium und Quecksilber, Agrochemikalien) aus der Umwelt unselektiv aufzunehmen. Wenngleich die nicht unbedeutende Bindung der Schwermetallionen an Ballaststoffe im Verdauungstrakt diese Aufnahme wieder relativiert, empfiehlt es sich, keine S. in der Nähe von Hüttenwerken, Kohlekraftwerken, Autostraßen und auf mit Insektiziden behandelten Flächen zu sammeln. Bei regelmäßigem Wildpilzverzehr sollten wegen der Verschmutzung der Waldböden mit Schwermetallen und Radionukliden pro Woche nicht mehr als 200 bis 250 g Wildpilze verzehrt werden. Ein gelegentlicher Verzehr einer größeren Menge ist unbedenklich. Kinder sollten entsprechend ihrem Körpergewicht weniger Wildpilze als Erwachsene essen.

An Vitaminen enthalten die S. Caroten (bes. viel in Pfifferlingen), den B-Komplex (bes. reichlich Niacin), Vitamin C in kleinen Mengen (4,8···52 mg/kg Fr.-S.), Vitamin D (0,83···1,25 I. E. in 1 g Fr.-S.), Vitamin E (9 bis 130 mg/kg Tr.-S.) und Vitamin K; S. enthalten darüber hinaus Aromastoffe, die bes. in Form von Extrakten als Würze für Suppen, Soßen usw. verwendet werden. In S. sind auch zahlreiche Farbstoffe enthalten. In höheren Pilzen wurden Calciumoxalat, Essigsäure, Ameisensäure, Buttersäure, Stearinsäure, Malonsäure, Citronensäure, Weinsäure und Milchsäure nachgewiesen. Extrakte des enzymbehandelten Shiitakepilzes [*Lentínus edódes* (Berk.) Sing.] werden zur Herstellung von Getränken verwendet (Horesuterin-

soda, Shiitake-„Tee“ und ein weinähnlicher Drink). Aus höheren Pilzen sind auch Antibiotika isoliert worden, so das *Clitocybin* aus dem *Riesen-Krempentrichterling,* [*Atropáxillus gigantéus* (Sow. ex Fr.) Kühn et Mre.], das *Nebularin* aus dem *Nebelgrauen Trichterling* [*Clitócybe nebuláris (Batsch ex Fr.) Kummer*] und das *Lactaroviolin* aus dem *Echten Reizker* [*Lactárius deliciósus* (L.) S.F. Gray], alle wirksam gegen Tuberkelbazillen, und das *Marasin* aus dem Ast-Schwindling [*Marásmiellus rameális* (Bull. ex Fr.) Sing.]. Im Maipilz [*Calócybe gambósa (Fr.) Sing.*], im Birkenporling [*Piptóporus betúlinus* (Bull. ex Fr.) Karst.] und im *Wiesen-Champignon* [*Agáricus campéstris* (L.)] finden sich gegen Typhuserreger wirkende Antibiotika.
Da S. leicht verderblich sind, müssen sie in frischem Zustand schnell an den Verbraucher gebracht werden. In Zersetzung begriffene S. dürfen keinesfalls verwendet werden. Beim Eiweißabbau treten, ähnlich wie bei der Fäulnis von Fleisch und Fisch, außerordentlich giftig wirkende Abbauprodukte auf.
Da es S. gibt, die ungenießbaren oder giftigen Pilzen ähnlich sehen, müssen sie für den Verkauf in frischem Zustand oder zur Verarbeitung zu Pilzerzeugnissen bestimmten S. sorgfältig überprüft werden. Sie dürfen nur von einem pilzkundigen Aufkäufer oder einem Pilzsachverständigen aufgekauft und nach Prüfung für den Handel freigegeben werden. An frische S. werden folgende Qualitätsanforderungen gestellt: jung (bei Abgabe an den Verbraucher nach dem Ernten bis zu 2 Tage alt), tauglich für den menschlichen Genuß und für die Verarbeitung, gesund, sauber geputzt, trocken, nicht gewaschen, frei von Madenbefall, artenrein, ganz (bei Steinpilzen ab 30 mm und Maronen ab 60 mm Kopfdurchm. längs geschnitten), frei von Fehlern, nicht überständig oder verdorben, versandfähig. Es werden maximal 2% der Masse an Erdbesatz und Verschmutzungen toleriert. Die Verpackung muß hygienisch einwandfrei, luftdurchlässig und ohne fremdartigen Geruch sein. Auch beim Sammeln von Pilzen für den eigenen Bedarf sollten diese sofort vom anhaftenden groben Schmutz und Fremdkörpern befreit und gleichzeitig durch Anschneiden von Haut und Stiel auf Madenfreiheit geprüft werden, da der Madenbefall sehr schnell auf die gesunden Pilze übergreift. Das Waschen der Pilze ist auf das unbedingt notwendige Maß zu beschränken, um ein Vollsaugen mit Wasser zu vermeiden.
Um den Geschmack der S. bei der häuslichen Zubereitung möglichst voll zur Entfaltung kommen zu lassen, sollten sie, von Ausnahmen abgesehen (z.B. *Hallimasch* oder *Dickfüßige Morchel*) nicht gebrüht, sondern in Fett angeschmort und etwa 20 min im eigenen Saft, zugedeckt auf kleiner Flamme, gargedünstet werden. Diese Garzeit ist zu empfehlen, weil viele Speisepilze im rohen Zustand gesundheitsschädigende Stoffe enthalten, die durch ausreichendes Erhitzen unwirksam werden. Reste zubereiteter S. können ohne Gefahr der Bildung von Toxinen im Kühlschrank aufbewahrt werden, jedoch keinesfalls in Metallgefäßen, und in der Pilzspeise dürfen keine Kartoffeln und keine frische Petersilie enthalten sein. Da das chitinöse Grundgerüst der Pilze nicht verdaut wird, sollten S. gut gekaut werden. Darmverschlüsse nach Pilzgenuß sind diagnostiziert worden. Im Haushalt bevorraten lassen sich S. durch Einwecken, Trocknen, Einlegen in Essig oder Salz und Gefrieren. S. werden auch industriell zu einigen Dauerwaren verarbeitet. → Pilzerzeugnisse → Pilzgifte → *Helotiáles* → Pezizáles → Tuberales → Ständerpilze → Pilze → Pilzwirkstoffe

Speisequark → Käse, nichtreifende

Speisequark mit Pflanzenöl → Käse, nichtreifende

Speisequarkzubereitung → Käse, nichtreifende

Speise, regenerierfertige → Speise, tischfertige

Speisereis, *Reisgraupe:* ein durch Schälen, Schleifen, Polieren und/oder Glasieren aufbereiteter → Reis. Entsprechend seinem Kochverhalten wird der S. in 3 Typen eingeteilt: in *Langkorn* (über 6 mm Länge, etwa 3- bis 5mal so lang wie dick), *Mittelkorn* (5⋯6 mm Länge) und *Kurz-* bzw. *Rundkorn* (weniger als 5 mm Länge und etwa 1,5- bis 2mal so lang wie dick). Der *Langkornreis* weist einen harten, glasigen Kern auf, dies führt dazu, daß der Langkornreis beim Kochen locker, trocken und körnig bleibt und daher gegenüber dem *Rundkornreis,* der häufig zum Kleben neigt, bevorzugt wird. Doch gibt es Unterschiede beim Rundkornreis: *transparente, glasige* Rundkörner sind besser für die Zubereitung von *Wasser-* bzw. *Brüh, Koch-* oder *Bouillonreis, kalkig-weiße* Rundkörner sind besser für die Zubereitung von *Quell-* oder *Milchreis* geeignet. Der kalkig-weiße Rundkornreis nimmt mehr Feuchtigkeit auf, gibt bis zu 15% Stärke an das Kochwasser ab und bleibt im kalten Zustand weich. Der *Mittelkornreis* hat einen weichen, kalkigen Kern und ähnliche Eigenschaften wie der Rundkornreis. Zu Speisezwecken wird er in Europa wenig verwendet. Die besten Langkornsorten kommen aus Thailand, Suriname und aus den USA, die besten Rundkornsorten aus Ägypten, aus Italien, Spanien und Kalifornien. S. soll, wenn er richtig gegart ist, noch bißfest sein, aber keinen harten Kern aufweisen. Da die verschiedenen Herkünfte in ihren Kocheigenschaften variieren, können weder für die erforderlichen Kochzeiten noch für die benötigte Wassermenge einheitliche Werte angegeben werden. I. allg. ergibt eine Tasse S. etwa 3 Tassen gekochten Reis. Oft wird S. speziellen Behandlungen unterzogen, um bestimmte Eigenschaften zu erzielen, damit er z.B. schneller weich wird. Für die Herstellung von → Kurzkochreis werden nur Langkornsorten verwendet. Bei der Aufbereitung des S. wird im Anschluß an das Polieren eine Auftrennung in *Vollkorn-* bzw. *Voll-, Halbkorn-* und *Bruchreis* vorgenommen. Ein S. von hoher Qualität kommt fast ausschl. als Vollreis in den Handel. Die Halbkorn- und Bruchreispartien werden zu Reisflocken, Reismehl, Reisstärke weiterverarbeitet. S. weist einen durchschnittl. Energiewert von 1500 kJ (370 kcal) je 100 g auf; er ist leicht verdaulich und fördert auf Grund seines geringen Natriumgehaltes (6 mg/100 g) und hohen Kaliumgehaltes (105 mg/100 g) die Ausschwemmung des Wassers aus dem Organismus. S. ist arm an Mineralstoffen und Vitaminen und wird in Europa nur als Beikost verzehrt. → Braunreis → Reis, parboiled → Kunstreis → Reis, glasierter → Reis, polierter → Weißreis → Vollreis → Reisnährmittel

Speiserübe, *Rübe, Weiße, Wasserrübe, Turnip, Mairübe, Saatrübe, Halmrübe, Herbstrübe, Stoppelrübe:* die rübenförmigen Wurzeln von *Brássica rápa* L. emend. Metzger *var. rápa* (Familie *Brassicáceae*). Die relativ groß werdenden Rüben weisen einen milden, aber charakteristischen, an Rettich erinnernden Geschmack auf (Tab.).

Zusammensetzung und Energiewert von Speiserüben

Bestandteil	Gehalt je 100 g eßbaren Anteils
Feuchtigkeit	90,3 g
Eiweiß	0,99 g
Fett	0,22 g
Kohlenhydrate	4,7 g
Ballaststoffe	2,86 g
Mineralstoffe	0,73 g
Natrium	58,0 mg
Kalium	238,0 mg
Calcium	49,4 mg
Eisen	0,44 mg
Phosphor	30,8 mg
Energiewert in kJ (kcal) je 100 g	105 (25)

Man unterscheidet je nach Erntetermin zw. den runden oder plattrunden, weiß- bis gelbfleischigen *Mairüben* und den *Herbst-* bzw. *Stoppelrüben* mit Kreisel- oder Pfahlform, bisweilen auch rotviolettem Kopf. Zu den bekanntesten Sorten der Mairüben zählen die *Teltower Rübchen* mit 8 cm langer Pfahlwurzel, die einen Umfang von 3···4 cm annehmen. Als Handelsqualität muß die pfahlförmige Wurzel der Herbstrübe, wozu u. a. die Sorte *Holländische Weiße* gehört, einen Durchm. von mind. 16 cm aufweisen. Mit *Stielmus* bzw. *Rübstiel* oder *Rübenkraut* bezeichnet man vorwiegend in der niederrheinischen Gegend als Blattgemüse angebaute S., die durch dichte Aussaat ins Kraut schießen. Die sich dabei bildenden langen Stiele werden in kleine Würfel geschnitten und wie Spinat zubereitet. Die Aufbewahrung der S. erfolgt in gleicher Weise wie bei der → Kohlrübe. → Rübchen, Teltower

Speisesalz, *Kochsalz, Salz:* mehr oder minder mit Beimengungen (Wasser, Spurenelemente u. a.) behaftetes Natriumchlorid (NaCl), das je nach Gewinnung, Herkunft und Verwendung unterschieden wird in: *Stein- Siede-* → Meer- → Steppensalz oder in → *Spezialsalz, Koch-* und *Pökelsalz.* Das S. kommt in großen Lagerstätten fest oder in gelöster Form vor, so z. B. bei Staßfurt, Bad Salzungen, bei Berchtesgaden und Bad Reichenhall, ferner in Österreich (Salzkammergut), in der GUS (Donezbecken), in Polen (Wieliczka, dort als → *Knistersalz*). Das S. ist seit altersher ein begehrter Handelsartikel, wovon die bekannten Salzstraßen Zeugnis ablegen. – Vorwiegend wird das S. als → Würzmittel verwendet, ohne dessen Zusatz viele Speisen reiz- und geschmacklos wären.

Für die Regulierung des Wasserhaushaltes im menschlichen und tierischen Organismus, die Erhaltung des osmotischen Druckes in den Körperflüssigkeiten und zur Bildung der Magensalzsäure ist das S. lebensnotwendig. Eine übermäßige Kochsalz- (genauer Natrium-) aufnahme kann für die Entstehung von Bluthochdruck (Hypertonie) und deren Folgen (z. B. Arteriosklerose, Herzinfarkt, Angina pectoris, ungenügende Durchblutung des Herzens, Nierenversagen) verantwortlich sein. Auch eine gewisse Beziehung zum Entstehen von Magenkrebs wird angenommen. Ein Zusatz von Natrium- oder Kaliumiodit als Jodspender zum S. trägt zu einer Verringerung der Schilddrüsenerkrankungen bei (→ Speisesalz, jodiertes). Die zugesetzte Jodmenge entspricht im wesentlichen dem in verschiedenen Ländern aus Meerwasser gewonnenem S. Der tägliche Bedarf des Menschen an S. beträgt etwa 5 g. Die Aufnahme erfolgt neben der reinen Zugabe durch das in Lebensmitteln bereits enthaltene S. (Tab.).

Speisesalzgehalt einiger Lebensmittel

Lebensmittel	Speisesalzgehalt je 100 g in mg	
Rindfleisch	etwa	90
Seefisch	bis zu	320
Trinkvollmilch	etwa	50
Gemüse	bis zu	250
Knäckebrot	etwa	460

Steinsalz wird bergmännisch gewonnen und durch Brechen, Mahlen und Sieben (Sichtern) aufbereitet. Es wird im Handel nach dem Zerkleinerungsgrad eingestuft. Steinsalz ist hart und schwerer löslich als Siedesalz. Das abgepackte Steinsalz für Speisezwecke ist stets Sichtersalz und enthält mind. 98,5 % NaCl. Es kommt unter der Bez. *Kristallsalz* in den Handel. Nicht völlig gereinigtes Steinsalz findet technische Verwendung (*Industriesalz*). – *Hüttensalz* ist durch Schmelzen von Verunreinigungen befreites Steinsalz, das bes. rein, im Korn gleichmäßig und als Tafelsalz erhältlich ist. – Zur Gewinnung von *Siedesalz* wird Salzsole in großen, flachen, offenen Pfannen erhitzt. Das auskristallisierende S. wird von den abgesetzten Verunreinigungen (Pfannenstein) abgezogen, gesiebt, getrocknet, gemahlen und gesiebt (*Sol- oder Pfannensalz*). Ein bes. Verfahren ist das Sieden im Vakuum (*Vakuumsalz*). Siedesalz ist flockig und leicht löslich; es wird nach Feinheitsgraden (Korngröße) und NaCl-Gehalt differenziert:

Speisesalz A (*Vakuumsalz*) mind. 99 % NaCl,
Speisesalz B (*Pfannensalz*) mind. 97,5 % NaCl,
Industriesalz mind. 96 % NaCl.

Neben der Verwendung als wichtigstes → Würzmittel wird S. als Konservierungsmittel, z. B. bei der Herstellung von Salzdillgurken → Salzfischerzeugnissen (Salzhering) → Gewürzsalz → Spezialsalz u. a. benutzt. – S. ist hygroskopisch und deshalb trocken, aber nicht in Metallgefäßen zu lagern. → Gewürz mit kochsalzeinschränkender Wirkung.

Speisesalzersatz, natriumfreier → Kochsalzersatz, natriumfreier

Speisesalz, fluoridiertes, *Speisesalz mit Fluoridzusatz:* ein Speisesalz, das nach Genehmigung des Bundesministeriums für Gesundheit seit Sept. 1991 im Lebensmittelhandel vertrieben werden darf und je kg 250 mg Fluorid (und 15 mg Iodid) enthält. Man geht bei dieser lange Zeit umstrittenen Genehmigung davon aus, daß es bei einem täglichen durchschnittl. Gebrauch des f. S. von 4 g anstelle des normalen Speisesalzes zu einer optimalen kariesprophylaktischen Fluoridaufnahme von täglich 1 mg bei gleichzeitig ausreichender Kropfprophylaxe kommt.

Speisesalz, jodiertes, *Jodspeisesalz, Jodsalz:* ein → Spezialsalz, bei dem der Iodgehalt je 1000 g mind. 15 mg und höchst. 25 mg beträgt. Es werden Natrium- und Kaliumiodat eingesetzt. Das j. S. unterliegt seit 1989 nicht mehr der Diätverordnung und trägt den Status eines Lebensmittels des allg. Verzehrs, so daß es auch zur Herstellung von Speisen und Lebensmitteln aller Art anstelle von normalem Speisesalz verwendet werden kann. Das j. S. dient der Vorbeugung von Jodmangelerscheinungen.

Speisesalz mit Fluoridzusatz → Speisesalz, fluoridiertes

Speisesenf, *Mostrich, Mostert, Senf:* eine Zubereitung von breiartiger Konsistenz und aromatisch mildem bis scharf brennendem Geschmack aus teilw. entöltem → *Senfmehl* unter Verwendung von Essig, Speisesalz, Zucker, verschiedenen Gewürzen und Trinkwasser. Zu den wichtigsten Gewürzen gehören Bohnenkraut, Dill, Estragon, Kardamom, Koriander, Liebstöckel, Majoran, Meerrettich, Muskatnuß, Paprika, Pfeffer, Piment, Thymian, Zimt oder deren Extrakte und Auszüge. – Zur Gewinnung von S. wird vorwiegend das *Dijon-Verfahren* angewendet. Hierbei wird das Senfmehl mit Essig, Kochsalz und Gewürzen zwecks Freisetzung der ätherischen Öle eingemaischt (1···4 h). Die Maische wird nach Inaktivierung der Enzyme in mehreren Mahlgängen bis zu einer pastenförmigen Konsistenz weiterverarbeitet. – Je nach geschmackswirksamem Zusatz sind z.B. folgende Senfsorten im Handel: *Estragon-Speisesenf, Meerrettich-Speisesenf* und *Paprika-Speisesenf.* Der S. enthält etwa 17% Trockenmasse, mind. 1,6% Gesamtsäure, höchst. 2% Zucker und 3% Speisesalz sowie Konservierungsstoffe entsprechend den lebensmittelrechtlichen Vorschriften. Als *Mostrich* oder *Mostert* bezeichnete man übrigens schon im 13. Jh. einen Senf, bei dessen Herstellung der Essig durch *Most,* auch *Wein,* ersetzt wurde und damit eine höhere Qualität besaß. – Der S. dient vorwiegend zum Würzen von Salaten, Soßen (→ Moutarde), Eigerichten, Fleisch- und Fischspeisen sowie von Wurstwaren. → Senf, Weißer

Speise, servierfertige → Speise, verzehrsfertige

Speisetalg → Rindertalg

Speise, tischfertige, *Speise, regenerierfertige, Speise, tafelfertige:* nach einer Rezeptur industriell zubereiteter Teil eines Gerichtes bzw. einer Mahlzeit, der nur noch durch Erwärmen oder Temperieren bzw. Auftauen und Erwärmen (im Falle von Gefrierspeisen) zum Anrichten bzw. Servieren hergerichtet zu werden braucht. Dabei ist der Begriff Speise von dem Begriff *Gericht* abzugrenzen. Ein Gericht ist entweder eine Kombination mehrerer Speisen, nicht ganz korrekt auch als Speisenkomponenten bezeichnet, oder ein durch seine bes. Art der Zusammensetzung ohne Beilagen zum Verzehr gelangender Mahlzeitenbestandteil (z.B. Eintopf). In der Regel besteht ein Gericht aus einer sättigenden sowie einer Fleisch-, Fisch- oder Ei- und manchmal noch einer Gemüsekomponente und eine *Mahlzeit* (Menü) aus Suppe und/oder Vorspeise, Fisch- oder Fleischspeise, Sättigungsbeilage, Salatbeilage, Kompott, Getränk. Folgende Speisengruppen sind als t. S. handelsüblich: Fleischspeisen mit oder ohne Tunke, Fischspeisen mit oder ohne Tunke, Sättigungsbeilagen (wie Salzkartoffeln, Kartoffelbrei, Reis, Teigwaren), Gemüsebeilagen, Eintöpfe, Suppen und Brühen. Durch Kombination dieser t. S. untereinander bzw. mit → *verzehrfertigen Speisen* erhält man Gerichte und Mahlzeiten.
Für t. S. sind die folgenden Konservierungsverfahren gebräuchlich: Gefrierkonservierung (→ *Gefrierkost*), Sterilkonservierung, Gefriertrocknung, Kühllagerung (*Kühlkost*). Als Verpackungsmittel sind für die Gefrierkonserven Einzelportionen-Assietten aus Aluminium, Plast oder Verbundfolien, Mehrportionen-Assietten aus dem gleichen Material, kochfeste Beutel aus Plast oder beschichtetem Karton, für Sterilkonserven bevorzugt Weiß-

blechdosen, aber auch Gläser, Aluminiumdosen und neuerdings Plast, für Gefriertrockenkonserven anspruchsvolle Schutzgasverpackung, auf jeden Fall aber eine wasserdampf- und gasdichte, plastbeschichtete Aluminiumfolie und für Kühlkost Assietten aus Aluminium oder Plast und kochfeste Plastbeutel geeignet.
An die Qualität der Rohstoffe sind bes. bei Gefrierkonserven hohe Forderungen zu stellen und bei Obst, Gemüse und Speisekartoffeln bes. zum Gefrierkonservieren bzw. auch für die Gefriertrocknung geeignete Sorten auszuwählen. Für tischfertige Gefrierspeisen können in der Praxis etwa die folgenden Lagerfristen bei einer konstanten Lagertemperatur von −18°C in einer geschlossenen Truhe oder einem Gefrierschrank ohne nachweisbare Qualitätseinbußen veranschlagt werden:

zu Speise, tischfertige

Fleisch mit Tunke	3 bis 4 Monate
Fleisch, gebraten, ohne Tunke	1 Monat
Gemüsebeilagen	4 bis 6 Monate
Sättigungsbeilagen	4 bis 6 Monate
Gefriergerichte je nach Fleischkomponente	1 bis 2 Monate

T. S. dienen der Erleichterung der Arbeit der Hausfrau bzw. der Rationalisierung in Gaststätten- und Gemeinschaftsküchen. Zum Erwärmen und Auftauen von Gefrierkonserven in Assietten eignen sich Auftaugeräte, wie Brat- und Backröhren, Konvektionsgeräte, Heißwasserschwallgeräte, Mikrowellengeräte (diese nur für Plastassietten), von Gefrierkonserven in kochfesten Plastbeuteln, Wasserbäder und in Mehrportionenpackungen nach dem Entleeren Töpfe und Kippbratpfannen. Sterilkonserven werden nach dem Entleeren in konventionellen Gargefäßen erwärmt, die Kühlkost in Plastbeuteln in Wasserbädern und die Menü-Therm-Assietten in Auftaugeräten. Gefriertrockenkonserven müssen durch Zugabe von Wasser aufgequellt und dann in herkömmlicher Weise erwärmt werden. Die Erhaltung der Qualität ist bei der Gefrierkonservierung am besten gewährleistet, bei der Gefriertrockenkonservierung können gewisse Verluste an Aromastoffen auftreten, bei Sterilkonserven und Kühlkost sind neben Konsistenz- und Farbverlusten manchmal auch Verluste an Vitamin C in Kauf zu nehmen. → Lebensmittel, garfertiges → Lebensmittel, vorgefertigtes → Speise, verzehrsfertige

Speise, verzehrsfertige: nach einer Rezeptur industriell zubereiteter Teil eines Gerichtes bzw. einer Mahlzeit, der ohne Erwärmen aber evtl. nach Auftauen und kurzem Anrichten verzehrt werden kann. Man unterscheidet dabei noch *servierfertige Speisen,* die in einer – unmittelbar zum Servieren oder Anbieten in einer Selbstbedienungseinrichtung – geeigneten Verpackung geliefert werden. Nur in Ausnahmefällen können in dieser Form komplette Gerichte angeboten werden, da sich v. S. in der Regel auf kalt zu verzehrende beschränken. Das Sortiment umfaßt kalt zu verzehrende Fleischspeisen, gefrorenes Frischobst, gefrorene Obst- und Gemüsesalate, gefrorene Quarkspeisen, Speiseeis und verschiedene Eiszubereitungen, Milchzubereitungen (z. B. Joghurt mit Früchten, Milchmischgetränke), Backwaren, Obststerilkonserven, Fischmarinaden, Fischräucherwaren, Fischpräserven, Desserts. Die für v. S. bevorzugte Konservierungsform ist die Gefrierkonservierung, die Kühlung (Milchzubereitungen), die Hitzekonservierung bzw. chemische Konservierung. Als Verpackungsmittel werden bevorzugt Assietten aus Aluminium oder Plastik, Becher, Gläser u. ä. verwendet. → Speise, tischfertige → Lebensmittel, garfertiges → Lebensmittel, vorgefertigtes → Konservierung

Speisewürze, *Würze:* ein flüssiges, pastöses oder trockenes *Proteinhydrolysat,* das aus hygienisch einwandfreiem, proteinreichem Rohstoff (Fleisch-, Blutmehl, Rückständen der Fischverarbeitung, Knochenbrüheextrakt, Casein, Hefe, Kleber, Sojabohne, Lupine, Preßrückständen der Speiseölgewinnung u.a.) durch Hydrolyse mit Salzsäure hergestellt wird. Die S. wurde erstmals von *Julius Maggi* 1888 entwickelt und in den Handel gebracht. Die als S. bezeichneten Erzeugnisse können entweder aus einer Proteinquelle oder aus mehreren Proteinquellen unter Zusatz von Pilz-, Gemüse- und Kräuterauszügen gewonnen werden. Träger des charakteristischen, brühartigen Geschmacks solcher Erzeugnisse sind verschiedene Peptide sowie bestimmte Aminosäuren. Der hohe Gehalt an Glutaminsäure in fast allen Proteinen bringt es mit sich, daß sich als wesentliche Komponente in derartigen Hydrolysaten auch Glutaminsäure bzw. deren Salz, das *Mononatriumglutamat* (→ Natriumglutamat) befindet, das geeignet ist, bei vielen pflanzlichen und tierischen Lebensmitteln und Speisen den *Geschmackseindruck zu verstärken.* Die S. wird daher im Haushalt in flüssiger Form (Spritzverschlußflasche) oder in Pulverform gehandelt zur Würzung und Geschmacksabrundung verwendet. Auf industriellem Sektor bildet die S. eine der wesentlichsten Rohstoffgrundlagen für die Herstellung von → Brüherzeugnissen → Soßen und → Suppen. → Flüssigwürze

Speisezwiebel → Zwiebel → Lauch → Gemüsezwiebel

Spekulatius: ein Weichkeks als Form- bzw. Gebildbackware von knuspriger Beschaffenheit und würzigem Geschmack. Je nach Rezeptur unterscheidet man bei diesem Pfefferkuchengebäck zw. *Butter-*, *Mandel-* und *Konsumspekulatius.* Für Mandelspekulatius werden z. B. auf Mehl bezogen 33% Fett, 27% Zucker, 15% Marzipanmasse, 0,5% Gewürz, 6,6% Milch, 0,4% Speisesalz und 0,7% Ammonium (als Lockerungsmittel) verwendet. Konsumspekulatius enthält auf Mehl bezogen 37% Zucker, 22% Butter oder Margarine, 3,5% Gewürzmischung; er wird aus Weizenmehl W 630 hergestellt. → Keks → Gebildbackware

Spekulatiusgewürz: ein → Würzmittel aus Gewürznelken, Kardamom, Mazis, Piment, Vanille und verschiedentlich auch Tonkabohnen zur Herstellung von → Spekulatius.

Spelz → Weizen

Spelzen → Getreide → Grünkern → Hafer

Spelzfrucht → Süßgras

Spelz, Kleiner → Einkorn → Weizen

Spelzweizen: Sammelbez. für die in Mitteleuropa kultivierten Weizenarten → Einkorn, Emmer (→ Wildemmer) und → Dinkel. Während die Körner bzw. Kerne der Emmer- und Dinkelweizen stark an die Fruchtform des Nacktweizens erinnern, sind im Gegensatz dazu die Früchte des Einkornweizens deutlich abgeflacht und haben meist eine ockergelbe Farbe. Bei allen drei genannten Spelzweizenarten gibt es Sommerformen; Winterformen kommen nur bei S. vor, der zur Einkorn- oder Dinkelreihe (s. Übers. bei → Weizen) zählt. → Sammelspelzfrucht → Süßgras

Spenling → Spilling

Sperberbaum → Speierling

Sperber, Wilder → Elsbeere

Spermidin → Polymethylendiamine → Amine, biogene

Spermin → Polymethylendiamine → Amine, biogene

Spermöl: das aus den Kopfhöhlen und dem Speck des Pottwales gewonnene Öl. Die S. sind flüssige → *Wachse,* d. h., sie bestehen aus Estern hochmolekularer Fettsäuren und Alkoholen. Beim Abkühlen des S. scheidet sich der feste *Walrat* in Form einer reinweißen, durchscheinenden, blättrigen Masse (als Rückstand) ab. Walrat dient in der pharmazeutisch-kosmetischen Industrie als Zusatz zu Salben und Krems, in der Back- und Süßwarenindustrie als → Trennwachs. Die Fettalkohole können für die Seifenherstellung verwendet werden. Aufgrund des Artenschutzabkommens sind in Deutschland entsprechende Produkte obsolet. → Seetieröl → Körperfett → Trennfett → Trennwachs

Spermwalfleischextrakt → Fleischextrakt

Spezerei: 1. meistens in der Mehrzahl (Spezereien) seit dem Mittelalter benutzter Sammelbe-

griff für exotische Substanzen, die stark und apart duften und aus dem Orient nach Europa eingeführt wurden. Früher glaubte man, daß die S. übernatürlichen Ursprungs wären, so daß die venetianischen Händler den → *Pfeffer Paradieskorn* tauften. Dabei handelt es sich insbes. um den indischen und afrikanischen *Guineapfeffer, Aframómum meleguéta* (Rosc.) K. Schum., der früher für den Import nach Europa die größte Bedeutung hatte.
2. in verschiedenen europäischen Ländern übliche Bez. für → Gewürze ausländischen Ursprungs.

Spezialbackhefe → Backhefe

Spezialbackwaren, *Spezialgebäck:* ein → Speziallebensmittel, das sich gegenüber vergleichbaren Backerzeugnissen durch veränderten Nähreffekt, abweichende Herstellungsweise und/oder vorteilhafte Geschmacksveränderung unterscheiden muß. Zu den S. zählen z.B. *Spezialbrot, Spezialkleinbackwaren* bzw. *Spezialkleingebäck (Spezialbrötchen, Diätbrötchen), Diätfeinbackwaren (z.B. Diabetikerfeinbackwaren), Diätdauerbackwaren* (Diätkeks, Diätzwieback). *Diätbackwaren* bzw. *Diätgebäck* sind S., die nach Zusammensetzung und Eigenschaften für eine Ernährung bestimmt sind, die bes. körperlichen Zuständen, bes. Umweltbedingungen oder einem bestimmten Lebensalter Rechnung tragen und den Forderungen der Diät-Verordnungen entsprechen. → Diätlebensmittel → Diabetikerlebensmittel

Spezialbrot, *Sonderbrot:* eine → Spezialbackware, die z.B. als *Spezialroggen-, Spezialmisch-, Spezialvollkorn-* oder *Spezialweizenbrot* mind. in einer wesentlichen Eigenschaft vom üblichen und vergleichbaren Brot aus dem Standard- bzw. Grundsortiment abweichen muß: abweichende Herstellungsweise, veränderter Nähreffekt, vorteilhaftere Geschmacksveränderung oder spezielle diätetische Wirkung. Die sich teilw. auch überschneidenden Forderungen können erreicht werden (s. Übersicht unten), z.B. durch Mitverarbeitung von Mahlerzeugnissen, die in einem bes. Verarbeitungsvorgang gewonnen werden, wie Steinmetzmehl, Malzflocken oder → Malzmehl → glutenfreie Mehlmischung → Nichtweizenmehl → Skutellummehl → Keimlingsmehl, Driftspezialmehl (→ Weizenschalenbrot) → Kleieaufschlußmehl, durch Mitverarbeiten von tierischem oder pflanzlichem Eiweiß (z.B. Casein, Buttermilch, Kleber, Ölsaatenmehl), durch Mitverarbeitung von Gewürzen, Gemüse, Früchten, Getreideschalen oder durch Weglassen üblicher Brotzusätze, wie Speisesalz oder Sauerteig bei Roggenbroten. Mit speziellen Backverfahren und Backzeiten (z.B. Pumpernickel, Knäcke-, Waffelbrot, Dampfback-

Beispiele für die Einordnung verschiedener Spezialbrote

Abweichende Herstellung	Veränderter Nähreffekt	Vorteilhafte Geschmacks-veränderung	Diätetische Wirkung
Nafabrot	Keimbrot	Früchtebrot	Brot, natriumarmes
Loosbrot	Keimlingsbrot	Malfa-Kraftma-Brot	Brot, glutenfreies
Luftbrot	Brot, angereichertes	Malzbrot	Brot, energiereduziertes
Brot, rindenloses	Bircher-Brot	Leinsamenbrot	Eiweißkleiebrot
Brot, sauerteigfreies		Sesambrot	Getreideschalenbrot
Grahambrot	Depotbrot	Delikateßbrot	Stärkebrot
Toastbrot	Mehrkornbrot	Pumpernickel	
Schälbrot mit Lösekrust	Schlüterbrot		
	Soldatenbrot		
	Simonsbrot		
	Waerlandbrot		

kammerbrot) lassen sich spezifische Geschmacksrichtungen erzielen. → Lebensmittel, diätetisches → Diätbrot

Spezialbrötchen: ein → Brötchen, das von der üblichen Herstellungsweise eines zum → Kleingebäck zählenden Brötchens abweicht, indem es entweder einen veränderten Nähreffekt und/oder vorteilhaftere Geschmacksveränderungen und/oder sonstige Vorzüge aufweist. Zu den S. zählen u. a. die *Kur-* oder sog. *Weizen-Vollkornmischbrötchen.* → Brötchen → Kleingebäck → Speziallebensmittel → Vollkornmischbrötchen

Spezialfette: Fette mit genau definierter Zusammensetzung und meist eng begrenztem Einsatzgebiet in der Lebensmittelverarbeitung. S. werden neben der üblichen Raffination und ggf. einer Umesterung und/oder Hydrierung fraktioniert. Speziell für den Einsatz in der Süßwarenindustrie unterscheidet man Extender-, Äquivalent- und Substitutfette. Sie sind farblos sowie praktisch geruch- und geschmacklos. *Extenderfette* sind bei 20°C fest, jedoch nicht so hart und spröde wie Kakaobutter, zu deren Streckung in Kakaoerzeugnissen sie i. allg. bis zu 10 % ohne nachteiligen Einfluß auf die Verarbeitbarkeit dienen. *Äquivalentfette* gleichen in der Fettsäurezusammensetzung, nicht jedoch in der Glyceridstruktur weitgehend der Kakaobutter, weshalb sie ohne technologische Nachteile in jedem Verhältnis mit dieser verarbeitbar sind. Beide S. sind laurinsäurefrei. *Substitutfette* sind bei 20°C hart bis spröde. Sie werden i. allg. nur in Mengen von 5 % bis höchst. 20 % in Ausnahmefällen als Ersatz für Kakaobutter verwendet. Sie verändern deren Schmelz- und Erstarrungsverhalten wesentlich. Bei laurinsäurehaltigen Substitutfetten kann durch Abspaltung kurzkettiger Fettsäuren, bewirkt durch anwesende Lipasen oder Alkalienreste aus alkalipräparierten Kakaopulvern, ein seifenähnlicher Geschmack entstehen. Für diätetische Nahrungsmittel werden → Triglyceride, mittelkettige eingesetzt.

Spezialfolie, eßbare → Verpackung, eßbare

Spezialgebäck → Spezialbackware

Spezialgetränk: ein → Getränk, das a) in seinem Energiewert reduziert ist, z. B. → Light-Getränk oder b) speziellen Anforderungen bei körperlichen Leistungen genügen muß, z. B. → Hitzegetränk → Konditionsgetränk oder c) bes. Erfordernissen bei der Säuglingsernährung und Diätkost gerecht werden muß, z. B. → Diabetikerbier → Diabetikerlikör.

Spezialkaffee: ein → Kaffee, dessen Zusammensetzung auf Grund bestimmter Aufbereitungsverfahren der Rohbohne von dem üblichen Röstkaffee abweicht. Der S. ist z. B. für Personen bestimmt, denen der Kaffee in seiner üblichen Zusammensetzung nicht zuträglich ist. Zum S. zählen z. B. der → entcoffeinierte und der → entsäuerte Kaffee. Die Bekömmlichkeit des Kaffees wird jedoch sehr unterschiedlich beurteilt. Neben dem Coffein werden auch andere Purinkörper sowie Säuren (z. B. Chlorogensäure, die mit dem Coffein einen lockeren Komplex bildet), gewisse Röstprodukte und phenolische Substanzen im Kaffeewachs als Reizstoffe vermutet, die bei empfindlichen Personen Beschwerden und gewisse Dysfunktionen des Verdauungstraktes nach Kaffeegenuß auslösen können. Die Möglichkeit der Beeinflussung der Kaffeeinhaltsstoffe durch gezielten Röstprozeß (Berücksichtigung geeigneter Röstdauer, Rösttemperatur, Luftgeschwindigkeit, der Arten der Wärmezufuhr und des geeigneten Röstdrucks) ist jedoch noch nicht genügend erforscht, um verschiedene Röstkaffeesorten mit spezifischen physiologischen Wirkungen erzielen zu können. Auch konnte für die bekannte „Umkehrwirkung" des Kaffeegenusses, eine sowohl bei Gesunden als auch bei Kreislaufgeschädigten mögliche Reaktionsweise des menschlichen Körpers, bei welcher anstelle einer anregenden Wirkung Müdigkeit auftritt, noch keine pharmakologische Erklärung gefunden werden. Prinzipiell bestehen bei gesunden Personen gegen Kaffeegenuß in angemessenen Grenzen keine Bedenken. → Röstkaffeemischung → Kaffee-Extraktpulver

Spezialkleinbackware → Kleinbackware

Spezialkleingebäck → Kleinbackware

Spezialkulturen: bei der Herstellung von Käse und Sauermilcherzeugnissen, aber auch Würzsoßen, Getränken, Soja- und Getreideerzeugnissen eingesetzte *Bakterien-* und *Pilzkulturen* bzw. *Bakterien-Pilz-Mischkulturen.* Bei den S. handelt es sich vorwiegend um Aroma- und Reifungskulturen, bei denen die glycolytische Aktivität zugunsten der proteolytischen oder anderer käsereifenden Eigenschaften in den Hintergrund tritt. So ist an der Ausbildung der typischen Oberflächenschmiere bei Schnitt- und Weichkäse (z. B. Tollenser, Tilsiter, Steinbuscher, Romadur) vor allem *Brevibacterium* (B.) *linens,* das *Rotschmierebakterium,* zusammen mit anderen *coryneformen Bakterien, pigmentierten Mikrokokken* und *Hefen* beteiligt. Die proteolytischen und lipolytischen Enzyme aus *B. linens* bewirken das charakteristische pikante Aroma. Für die Entwicklung des typischen Aromas und der Lochbildung im Emmentaler Käse ist die *Propionibacterium*-Kultur verantwortlich. Es kommen in erster Linie Stämme von *P. freudenreichii subsp. shermanii* (meist als *P. shermanii* bezeichnet), in den Kulturen zum Einsatz. Wichtige Stoffwechselprodukte sind die in wechselndem Verhältnis gebildete Propionsäure, Essigsäure und Kohlendioxid, ferner Isovalerian-, Ameisen-, Bernstein- und Milchsäure. Die Einsatzbreite von Pilzkulturen ist verhältnismäßig gering. Die Roquefortkultur *Penicillium* (P.) *roqueforti* bewirkt die Schimmelentwicklung im Inneren von Roquefortkäse, Edelpilzkäse und Blue Cheese, die Camembertkultur (*P. camemberti*) die Bildung von Schimmelpilzrasen auf der Oberflächen verschiedener Weich- und Frischkäse sowie Sauermilchkäse, z. B. Camembert, Brie, Neufchâteler und Harzer. Reifungsverlauf und Aromabildung dieser Käse sind weitgehend von der proteolytischen, aber auch von der lipolytischen Aktivität der Pilzkultur abhängig. Die Kefirkultur ist eine Bakterien-Pilz-Kultur. Die bedeutendsten Mikroorganismen sind *Latobacillus* (L.) *kefir, L. brevis, L. helveticus, Streptococcus lactis, Leuconostoc kefir, Candida kefir, Saccharomyces.* → Starterkulturen

Speziallebensmittel, *Spezialnahrungsmittel, Sonderlebensmittel, Sondernahrungsmittel:* ein Lebensmittel, das auf Grund bestimmter Herstellungsbedingungen, Nähreffekte, Geschmackswirkungen, Form, Haltbarkeit und Texturbeschaffenheit von anderen Lebensmitteln gleicher Gattung abweicht. Der Wortteil *„Spezial"* ist vom lat. *„specialis"* (besonders, eigentümlich) bzw. von dem im 18. Jh. daraus gebildeten *„spezifisch"* abgeleitet. Zu den S. zählen z. B. → *Spezialmehl* → Spezialbrot, Spezialbrötchen → Diätlebensmittel → Imbißerzeugnis → Lebensmittel, energiereduzierte → Spezialkaffee → Säuglingsfertignahrung → Sondennahrung → Kindernahrung.

Spezialmehl, *Sondermehl:* ein → Speziallebensmittel aus einer Rohstoffart oder als homogene Mehrkomponentenmischung. Ein S. weicht in seiner Beschaffenheit vom jeweiligen *Standardmehl-Sortiment* eines Landes ab und ist nicht unbedingt, aber vielfach in seiner Zusammensetzung auf einen bestimmten Verwendungszweck ausgerichtet. → Mehl → Getreidemehl

Spezialmischbrot: ein → Mischbrot mit Geschmack und Nährwert verändernden Zusätzen. Das S. wird z. B. als → *Malfa-Kraftma-Brot,* als *Leinsamenbrot,* als *Buttermilchbrot* (je 100 kg Fertigerzeugnis 45,6 kg Buttermilch) hergestellt. → Brot mit Gemüsezusatz → Frischbackware → Milchbackware → Spezialbrot → Brot

Spezialnahrungsmittel → Speziallebensmittel

Spezialsalz: eine spezielle → Speisesalzart oder ein → Gesundheitspflegemittel, das speziellen Verwendungszwecken dient, und zwar a) für bestimmte Aromatisierungszwecke (*Aromasalz,* z. B. → *Rauchsalz, Gewürzsalz*), b) für *Dekorzwecke (Dekorsalz,* z. B. grobkörniges Salz für Salzbackwaren), c) für technologische Zwecke (z. B. → *Pökelsalz* → Reifungssalz → Quellsalz), d) für diätische Zwecke (*Diätsalz,* z. B. → *natriumfreier Kochsalzersatz* → Fluorspezialsalz → Jodspeisesalz oder → *Antimalariasalz*). Zu den Gesundheitspflegemitteln zählen z. B. bestimmte Mineralbrunnen in Trockenform, z. B. Karlsbader Salz, die nicht als Speisesalz zum Würzen verwendet werden, sondern durch kurmäßigen Gebrauch zur Erhaltung der Gesundheit dienen.

Sphaeriáles → Pilze

Sphenostýlis margináta → Yamsbohne, Afrikanische

Sphenostýlis stenocárpa → Yamsbohne, Afrikanische

Sphingolipoide: Gruppe zusammengesetzter Lipoide, die durch die Anwesenheit langkettiger (meist mit 18 C-Atomen) hydroxylhaltiger Stickstoffbasen charakterisiert sind. Die wichtigsten Basen sind → *Sphingosin, Dihydrosphingosin, Phytosphingosin* und *Dehydrophytosphingosin.* Die Stickstoffbasen kommen in Verbindung mit Fettsäuren, Phosphorsäure und als Zuckerderivate vor (Formel s. unten).
Sphingosin und Dehydrosphingosin kommen ausschl. in tierischen Fetten vor; sie sind Bestandteile der Lipoide von Gehirn, Rückenmark und Pankreas. Die in Pflanzenölen vorkommenden Derivate des Phytosphingosins und Dehydrosphingosins sind bisher nur unvollständig charakterisiert. → Sphingosinphosphatide → Sphingosinglycolipide

Sphingomyeline → Sphingosinphosphatide → Lipoproteide

Sphingosin: ein zweiwertiger ungesättigter Alkohol der Formel

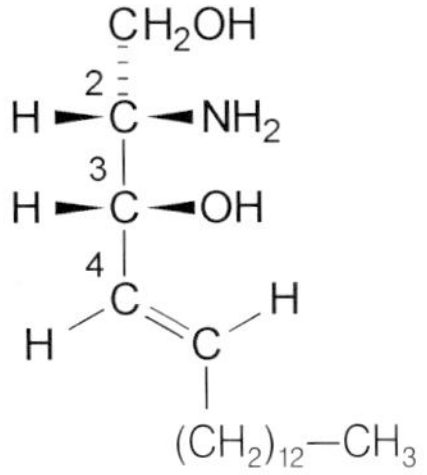

Sie ist Bestandteil der → *Sphingosinphosphatide* und der → Cerebroside. → Glycolipide

Sphingosinglycolipide: mit langkettigen Fettsäuren N-acylierte Derivate des → *Sphingosins,* die in ihrem Molekül Kohlenhydrate enthalten. Hierzu gehören die → *Ganglioside* und → *Cerebroside.* Cerebroside in denen eine Hydroxylgruppe am C-3- oder C-6-Atom des Kohlenhydrates mit Schwefelsäure verestert ist, zählen zu den *Sulfatiden,* die ihrerseits mit den Alcylsulfaten die Gruppe der Sulfolipoide bilden.

Sphingosinphosphatide, *Shingomyeline:* zu den → *Phosphatiden* gehörige Verbindungen der Formel (s. Seite 590).
S. bestehen demnach aus → *Sphingosin,* Phosphorsäure, Cholin und einer Fettsäure. Die

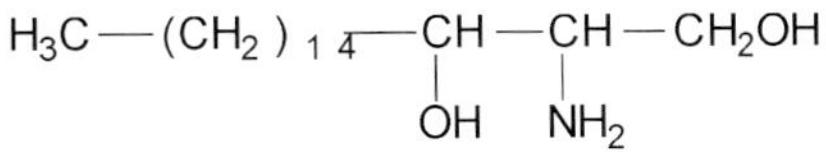

Dihydrosphingosin

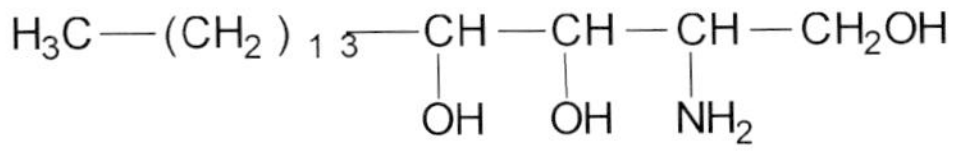

Phytosphingosin

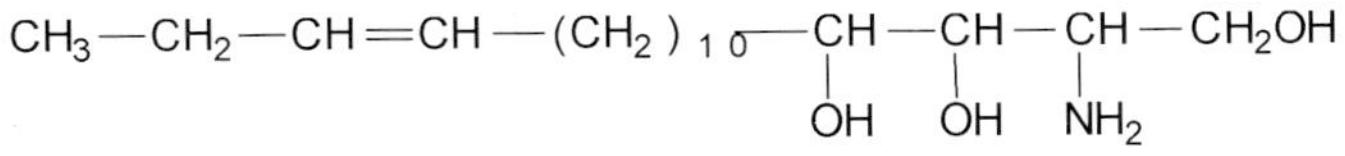

Dehydrophytosphingosin

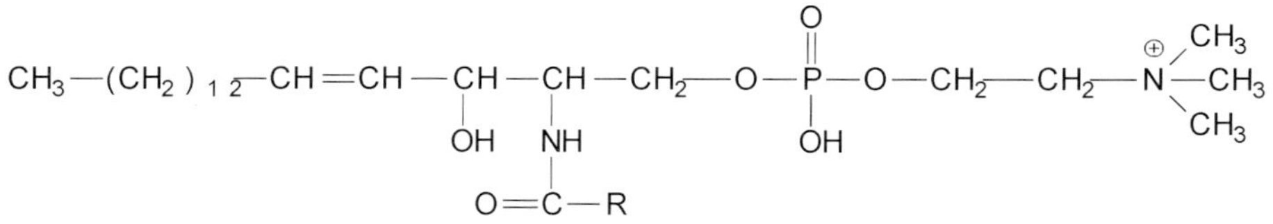

R: Fettsäurerest

Fettsäure ist an das Sphingosin amidartig gebunden; dieses Amid wird als Ceramid bezeichnet. S. werden im Gehirn, im Rückenmark, in der Milz und in der Blutflüssigkeit gefunden. → Sphingolipoide

Sphondin → Cumarin

Spiegelkarpfen → Karpfen

Spierapfel → Speierling

Spierstrauch, *Geißbart, Mädesüß, Wiesengeißbart, Wiesenkönigin, Rüsterstaude, Knollen-Spierstaude:* die bis 1,5 m hoch wachsende, ausdauernde Pflanze, *Filipéndula ulmária* (L.) Maxim. (Familie *Rosáceae*). Die Blätter und Triebe weisen bis 11 % Eiweiß, 3 % Fett, 33 % Cellulose und 6 % Mineralstoffe auf. In je 100 g frischer Blattmasse sind ferner 7,4 mg Caroten und 300 mg Vitamin C enthalten. Für Speisezwecke verwendet man die jungen Blätter und Triebe, roh für → Salate oder als Kochgemüse. Aus den Blüten läßt sich aromatischer → Kräutertee herstellen. Wegen der stärkereichen Wurzelknollen (bis 14 % Stärke) wurde der S. früher im Norden Europas für Nahrungszwecke kultiviert und zugleich zur Bierherstellung genutzt.

Spilánthes olerácea → Parakresse

Spilling, *Spenling, Haferpflaume:* Frucht von *Prúnus doméstica L. ssp. insititia (Just.) Schneider insitítia var. pomariórum* (Bout.) Werneck, eine Pflaumenvarietät mit auffallend länglichen, meist fade schmeckenden Früchten, die als Tafelobst zu minderwertig sind. Die früher wegen ihrer großen Fruchtbarkeit viel angebauten S. haben in der Gegenwart keine wirtschaftliche Bedeutung mehr. In Südeuropa und in Österreich werden lokal noch alte Spillingsorten kultiviert, die unter den Bez. 'Ziparte', 'Zibarte', 'Ziberl', 'Punzen', 'Zwiespitze' bekannt sind und auf Grund ihres hervorragenden Fruchtaromas für Trinkbranntwein- und Likörherstellung genutzt werden. → Pflaume

Spinácea oleráceae → Spinat

Spinacin (*Spinazin*): ein im Spinat vorkommendes Protein. Es ist in Wasser und Salzlösungen unlöslich, aber in schwachen Säuren und Alkalien löslich. → Eiweiß

Spinastanol → Sterole

Spinasterol → Sterole

α-Spinasterylglycosid → Sterole

Spinat: 1. ein vitamin- und mineralstoffreiches Blattgemüse *Spinácea olerácea* L. (Familie *Chenopodiáceae*), das im gekochten Zustand und als Rohkostsalat verzehrt wird (s. Tab. nächste Seite). Je nach Ernteart wird zw. *Blattspinat* (bis 10 cm lange Stiele oberhalb der Erde geerntet) und *Wurzelspinat* (als ganze Pflanze unmittelbar unter dem Wurzelhals gestochen), je nach Wachstumszeit zw. grobem *Winterspinat (*Ernte Spätherbst oder März/April) und zartem Sommerspinat (Ernte bis Nov.) unterschieden. Zur Schonung der Inhaltsstoffe wird der S. vorwiegend zu Gefrierkonserven verarbeitet. Der S. als passierte breiige Masse in Dosen oder Gläsern als Sterilkonserve ist daher im Handel immer seltener anzutreffen. Hohe Stickstoffgaben beim Spinatanbau führen zu nennenswerter Nitratanreicherung in den Blättern. Bei Inverkehrbringen von S. für den Direktverzehr beträgt die Nitrathöchstgrenze seit 1993 2500 mg je kg S. In Konserven abgepackter oder Gefrierspinat darf nicht mehr als 2000 mg Nitrat je

Zusammensetzung und Energiewert von Spinat 1.

Bestandteil	Gehalt je 100 g eßbaren Anteils
Feuchtigkeit	92,7 g
Eiweiß	2,45 g
Fett	0,41 g
Kohlenhydrate	1,6 g
Ballaststoffe	1,2 g
Mineralstoffe	1,51 g
Kalium	450,0 mg
Calcium	130,0 mg
Natrium	65,0 mg
Phosphor	45,0 mg
Magnesium	23,0 mg
Zink	0,22 mg
Kupfer	0,12 mg
Vitamin B_1	0,11 mg
Vitamin B_2	0,23 mg
Vitamin B_6	0,22 mg
Folsäure	0,08 mg
Caroten	0,7 mg
Vitamin C	30,0 mg
Vitamin E	2,5 mg
Oxalsäure	800,0 mg
Energiewert in kJ (kcal) je 100 g	84,5 (20)

kg S. enthalten. Bei längerer Aufbewahrung bei Zimmertemperatur oder bei langem Transport kann Nitrat unter Einfluß von Bakterien zu Nitrit reduziert werden. Daher sollten Spinatzubereitungen nie außerhalb des Kühlschrankes, im Kühlschrank auch nur einige h aufbewahrt werden. Wegen der Gefahr einer Methämoglobinämie (dies ist die auf Grund des giftigen Nitrats auftretende Erkrankung) darf dem Säugling erst ab 3. Monat S. verabreicht werden. Die Eisenresorption von gekochtem S. ist (möglicherweise durch den Oxalsäuregehalt) stark gemindert und beträgt nur 1,4 % des im Spinat vorhandenen Eisens. Gekochter S. kann daher nicht als reichhaltige Eisenquelle, wie früher fälschlich angenommen, betrachtet werden. Anders ist es beim Verzehr von rohem S., wo das durch das Kochen nicht zerstörte Vitamin C die Eisen-Bioverfügbarkeit verbessert. → Nitrat
2. Kochgemüse (→ Gemüse), das außer S. 1. auch aus anderen → Blattgemüsearten bestehen kann.

Spinatbaum → Gänsefuß

Spinat, Chinesischer → Amarant

Spinat, Englischer → Gartenampfer

Spinat, Französischer → Gartenampfer

Spinat, Indischer, *Ceylonspinat, Malabarspinat:* die in den Tropen und Subtropen weit verbreitete Salat- und Gemüsepflanze *Basélla álba* L., Syn.: *B. rúbra* L., *B. lúcida* L., *B. japónica* Burm., *B. cordifólia* Lam., *B. nígra* Lour., *B. olerácea* Alef., *B. crassifólia* Salisb. (Familie *Baselláceae*), die in Indien auch für Arzneizwecke genutzt wird. Analysen aus indonesischem Anbau haben für die frischen Blätter folgende Durchschnittswerte je 100 g ergeben: 92,8 g Feuchtigkeit, 1,4 g Eiweiß, 0,25 g Fett, 3,4 g Kohlenhydrate, 0,72 g Rohfaser, 1,35 g Mineralstoffe, 11,1 mg Eisen, 203 mg Calcium, 38,2 mg Phosphor, 5,6 mg Caroten, 25 mg Vitamin C, 0,016 mg Vitamin B_1, 0,17 mg Vitamin B_2 und 0,11 mg Niacin.

Spinat, Neuseeländer → Neuseelandspinat

Spinatnudeln → Teigware

Spinat, Römischer → Gartenampfer

Spinat, Südamerikanischer → Kermesbeere

Spinat, Wilder → Gänsefuß

Spinazen → Squalen

Spinnlich → Ackerschachtelhalm

Spiny Lobster: engl. Bez. für Languste. → Krebstiere

Spiraeosid → Flavonoide

Spirituosen: alkoholreiche Gruppe von Getränken, deren Ethanolanteil durch Destillation aus zuckerhaltigen oder verzuckerten und gegorenen

Rohstoffen gewonnen wird. S. werden in 4 Hauptgruppen eingeteilt: a) → *Trinkbranntweine* mit den Unterarten Trinkbranntweine ohne Geschmackszusätze, Trinkbranntweine mit Geschmackszusätzen und gesüßte Trinkbranntweine, b) → *Edelbrände* und *Verschnitte von Edelbränden,* c) *Liköre* und *Punschextrakte* mit den Unterarten *Fruchtsaftliköre, Fruchtaromaliköre, Bitter-, Kräuter-* und *Gewürzliköre, Kakao-, Tee-, Kaffee-* und *Mokkaliköre, Emulsionsliköre,* sonstige *Liköre* und *Punschextrakte* und *d)* alle nach bes. Verfahren oder unter Verwendung bes. Rohstoffe hergestellten S., z. B. → Enzian → Gin → Genever → Korn → Obstgeist → Steinhäger → Whisky und → Wodka

Rohstoffe zur Spirituosenherstellung: Die Alkoholdestillation von Edelbränden (→ Edelbrand → Cognac) und von *Primasprit* (→ *Ethanol*) erfolgt nach zwei voneinander prinzipiell unterschiedlichen Verfahren. Bei der Edelbranddestillation wird angestrebt, die rohstoffeigenen oder die im Verlaufe der Gärung gebildeten Aromastoffe und Fuselöle in optimaler Konzentration im Destillat zu belassen, da diese Stoffe die wertgebenden typischen Aromakomponenten der Edelbrände darstellen. Im Gegensatz dazu werden bei der Primaspritherstellung die aus den Rohstoffen stammenden Aromakomponenten und die Gärungsnebenprodukte nahezu vollständig abgetrennt, um einen möglichst reinen, hinsichtlich seiner sensorischen Eigenschaften neutralen Alkohol zu gewinnen, da dieser Alkohol als Rohstoff für verschiedene klare, gewürzte oder bittere Trinkbranntweine oder für Liköre verwendet wird. Zur Herstellung von S. werden an alkoholischen Rohstoffen verwendet: Prima- oder Wodkasprit (→ Ethanol), Kornfeindestillat (→ Kornbrand), Weindestillat (→ Edelbrand) → Obstbrände → Obstgeiste → Wein und Fruchtwein. Synthese- oder Gärungsalkohole aus nichtlandwirtschaftl. Erzeugnissen (z. B. Sulfitablaugenalkohol) sind nicht zulässig. Je nach gewünschter Geschmacksrichtung werden die S. durch Zusätze von Fruchtsäften oder -konzentraten, Drogen, Früchten, Essenzen, Citronen- und Weinsäure und Zucker aromatisiert. Häufig ist zur Aromatisierung einer Spirituose eine Vielzahl verschiedener Drogen erforderlich.

Ausgewählte Drogen, zusammengestellt nach Verwendungsgruppen zur Aromatisierung von S.: Drogen mit stärksten ergiebigen Bitterstoffen: Aloe, Wermut.

Drogen mit kräftigen Bitterstoffen: Chinarinde, Enzianwurzel, Kalmuswurzel, Tausendgüldenkraut, Kardobenediktenkraut.

Drogen mit milden, aromatischen Bitterstoffen: Alpenbeifuß, Angosturarinde, Curaçaoschalen, Hopfenblüten, unreife Pomeranzenfrüchte und -schalen, Rhabarberwurzel, Schafgarbenkraut.

Drogen mit kräftigaromatischen Stoffen ohne spezifischen Beigeschmack: Angelikawurzel, Baldrianwurzel, Dillsamen, Kamille, Koriander, Kubeben, Kümmel, Pfefferminz, Rosmarinblätter, Teeblätter, Thymian, Wacholderbeeren, Zitronenschalen, Zitwerwurzel.

Drogen mit mildaromatischen Stoffen ohne wesentlichen Bittergeschmack: Arnikablüten, Backpflaumen, Hagebutten, Holunderblüten, Kamille, Kakaobohnen, Lavendelblüten, Melissenblätter, Nelkenwurzel, Veilchenwurzel, unreife Walnußschalen, Ysopkraut.

Drogen mit schwacharomatischen Stoffen: Guajak-Holz.

Drogen mit aromatischen, scharf-brennend schmeckenden Stoffen: Enzianwurzel, Galgantwurzel, Paradieskörner, weißer Zimt.

Drogen mit aromatisch-süßlich schmeckenden Stoffen: Anis, Orangenschalen, Fenchel, Lakritze, Johannisbrot, Sternanis, Süßholzwurzel.

Drogen mit Vanille- und Honiggeschmack: Vanilleschoten, Königskerzenblüten, Bienenhonig.

Gewürzdrogen: Kardamom, Kassiablüten, Mazis, Nelken, Piment, Zimt.

Farbstoffdrogen: Holunderbeeren, Safran, Blaubeeren, Rotes Sandelholz.

Herstellung von S.: Die in den Drogen, d. h. in den Pflanzenteilen, Blättern, blühenden Kräutern, Samen, Gewürzen, Holzarten und Rinden enthaltenen Aromastoffe werden unter Zusatz von Alkohol durch Anwendung von *Mazerations-, Digestions-* oder *Perkolationsverfahren* extrahiert oder durch *Destillation* isoliert. Die Gewinnung der aromagebenden Extrakte oder Destillate gehört zu den wichtigsten Aufgaben bei der Likör- und Trinkbranntweinherstellung. Bei der *Mazeration* werden die zerkleinerten Drogen in einem Mazeriergefäß auf einem Siebboden geschichtet und mit 20···96 %igem kaltem Spiritus bedeckt („angesetzt"). Der sich durch das Auslaugen bildende spezifisch schwerere Extrakt sammelt sich am Boden des Gefäßes und kann von dort abgezogen werden. Mit Hilfe von höherprozentigem Spiritus gehen vorwiegend alkohollösliche Komponenten, wie ätherische Öle, Harze und Fette, in Lösung, durch den Einsatz von niedrigprozentigem Spiritus dagegen mehr die wasserlöslichen Stoffe, z. B. Bitterstoffe, Gerbstoffe, organische Säuren, Kohlenhydrate und Stickstoffverbindungen. Bei der *Digestion* werden die Drogen im Gegensatz zur Mazeration mit heißem Spiritus bes. intensiv, wirtschaftlich und zeitsparend ausgezogen. Da bei der Heißbehandlung Aromaveränderungen eintreten können, ist die Digestion für empfindliche Aromastoffe ungeeignet. Deshalb dürfen z. B. → Typagestoffe für Weinbrände nicht durch Digestion gewonnen werden. Bei der *Perkolation* erfolgt die Extraktion während des langsamen Durchflusses des Spiritus (*„Anstellsprit"*), der vorher einige Tage auf den Drogen gestanden hat, durch das Extraktionsgut. Die alkoholischen Extrakte werden teils direkt zur Aromatisierung von bitteren Trinkbranntweinen und Likören eingesetzt, teils werden vor der Verwendung die wertvollen, edlen, leichtflüchtigen Aromastoffe durch Destillation von den unerwünschten, unbrauchbaren Nebenprodukten, Harzen, krautig schmeckenden Substanzen, Farb- und Bitterstoffen abgetrennt. Diese Aromadestillate werden zur Herstellung bes. edler Trinkbranntweine und Liköre benötigt (z. B. → Chartreuse → Kartäuser).

Zusammenstellung der S.: In 100···5000 l großen Mischbottichen werden die Rohstoffe zur Spirituosenbereitung, insbes. Spiritus, Zucker, Wasser, Aromaträger und Edelbrände, vermischt und dabei der Alkoholgehalt nach dem Kontraktions- oder Auffüllverfahren (→ Ethanol) eingestellt. Danach werden die S. filtriert und auf Flaschen gefüllt.

Lagerung und Pflege von S.: S. sind auf Grund ihres hohen Alkoholgehaltes und durch die luftdichte Flaschenabfüllung vor mikrobiellem Verderb bzw. gegen äußere Einflüsse weitgehend geschützt. Bei direkter Sonneneinstrahlung und bei starker Erwärmung können jedoch Aromaveränderungen eintreten. Bes. lichtempfindliche S. werden deshalb in dunkle Flaschen oder Tonkrüge abgefüllt. Zur Schaufensterdekoration sollten ausschl. die von den Herstellerbetrieben zur Verfügung gestellten *Schauflaschen* verwendet werden. Fruchtsaft- und Emulsionsliköre haben eine Mindesthaltbarkeit von 6 Monaten. Kaffeeliköre sollten nur 3 Monate gelagert werden. Alle übrigen Spirituosenarten sind länger als 6 Monate haltbar.

Kennzeichnung der S.: Das Hauptetikett auf der Spirituosenflasche muß insbes. folgende Angaben enthalten: Die Auffangbez. „S." oder „alkoholisches Getränk", die Bez. der S., Ethanolgehalt in %-Vol. Die Bez. *„Doppel"* oder *„doppelt"* darf nur bei einem Mindestethanolgehalt von 38 %-Vol. verwendet werden. Die Endsilbe *„brand"* ist nur für Edelbrände zulässig. Die Bez. *„Brandy"* bleibt *Apricot-Brandy, Blackberry-Brandy* und *Cherry-Brandy* vorbehalten. Die Bez. *Branntwein* darf eine S. nur noch tragen (EG-Spirituosen-VO Nr. 1576/89), wenn sie ausschließlich auf der Grundlage von Wein hergestellt wurde. Seit Jh. wurde in Deutschland jeder gebrannte Rohstoff (z. B. Obst, Getreide, Kartoffeln) als *Branntwein* bezeichnet. Heute sind die Bez. *Obstbranntwein* oder z. B. *Kornbranntwein* nicht mehr zulässig. Die Zusatzbez. *„Edel"* ist nur für S. zulässig, die bestimmte qualitative Mindestforderungen erfüllen. Die Abb. und Texte auf den Flaschenetiketten dürfen beim Verbraucher keine Irrtümer über Herkunft, Qualität, Zusammensetzung, Alter oder Herstellung aufkommen lassen. Bez. wie *„Meisterstück"*, *„Privat"*, *„Cabinett"*, *„Reserve"*, *„Jubiläumsmarke"* dürfen nur bei bes. wertvollen Edelbränden Verwendung finden. Das Wort *„echt"* darf verwendet werden, wenn die Gattungsbez. der S. der Herkunft tatsächlich entspricht, z. B. *„Echter Cottbuser"*, wenn in Cottbus hergestellt. Ausländischen S. kann das Wort *„Original"* hinzugefügt werden, wenn sie in ihrem Originalzustand nicht verändert sind. Werden ausländische S. durch Zusatz von Wasser auf Trinkstärke herabgesetzt, dürfen sie nur den Zusatz *„echt"* tragen. S. mit einer deutli-

chen Bitternote dürfen als „verdauungsfördernd" oder "anregend für die Verdauung" bezeichnet werden. Weitere Hinweise auf eine heilende, stärkende oder vorbeugende Wirkung der S. sind nicht statthaft.
Ernährungsphysiologischer Wert der S.: S. haben auf Grund ihres hohen Ethanolgehaltes (1 g Ethanol = 30 kJ [*7,1 kcal*]) einen erheblichen Energiewert (Tab.).

Zusammensetzung und Energiewert von Weinbrand und Whisky

Bestandteil	Weinbrand	Whisky
	Gehalt je 100 g in g	
Wasser	64,9	64,7
Ethanol	33,1	35,2
Extrakt	1,98	0,11
Gesamtsäure	0,08	0,03
Methylalkohol	0,02	–
Mineralstoffe	0,026	0,005
davon		
Natrium	2,4 mg	0,14 mg
Kalium	1,6 mg	2,80 mg
Calcium	–	1,50 mg
Energiewert in kJ (kcal) je 100 g	1020 (245)	1045 (250)

Sie sind den Genußmitteln zuzuordnen. Der Energiewert der zuckerreichen Liköre ist bes. hoch. S. enthalten keine essentiellen Wirkstoffe. Bei ständigem übermäßigem Verzehr von S. können gesundheitliche Schäden entstehen (→ Ethanol).

Spirituose, rektifizierte → Edelbrand

Spirituosenkulör → Zuckerkulör

Spiritus → Ethanol

Spirulina → Algenprodukt

Spitzbeere → Berberitze

Spitzbein → Schlachtkörperteilstücke

Spitzbrötchen → ein schrippenähnliches → Brötchen, dessen Enden zugespitzt sind und dessen Teigoberfläche zur Erzielung eines Ausbundes geschnitten ist. → Ausbundgebäck

Spitze: einjähriger → Hering.

Spitzkopf → Aal

Spitzgurke → Schlangenkürbis

Spitzkohl → Spitzkraut

Spitzkraut, *Filderkohl, Filderkraut, Spitzkohl:* eine zarte, spitzköpfige alte, lokale Weißkohlsorte, die vorwiegend im Schwäbischen in der Filderebene nahe des Stuttgarter Flughafens angebaut wird und einen sehr schmackhaften, spitzen, bzw. kegelförmigen Hut aufweist. Das S. zählt zum Frühweißkohl und eignet sich nicht für die maschinelle Ernte. Die großlappigen, dünnen Blätter sind dicht und fein geschichtet, schmecken angenehm süßlich und eignen sich vor allem für Rohkostzwecke, zum Selbstherstellen von Sauerkraut und bes. gut für Kohlrouladen (Krautwickel). S. wurde weitgehend vom robusteren, rundköpfigen → Kopfkohl verdrängt.

Spitzkuchen: eine mit Schokolade überzogene gefüllte oder ungefüllte → *Lebkuchenbackware* aus braunem Lebkuchenteig in Dreieck- oder Trapezform und in der Größe eines Bissens. → Lebkuchen

Spitzmorchel → *Morchélla*

Spitznuß → Wassernuß

Spitzwegerich: ein 10···30 cm hoher → *Wegerich, Plantágo lanceoláta* L. (Familie *Plantagináceae*) mit grundständiger Rosette und lanzettlichen Blättern. An der Spitze des aufrechten und gefurchten Stengels befinden sich an einer kurzen Ähre kleine, unscheinbare Blüten. Die Blätter des jungen S. sind im Frühjahr Bestandteil von Kräutersalatmischungen; außerdem werden sie auf Grund ihres Schleimstoffgehaltes zu hustenlindernden → Kräutersäften (*Spitzwegerichsaft*) oder → Sirup (*Spitzwegerichsirup*) verarbeitet. Der S. ist

Bestandteil zahlreicher → teeähnlicher Erzeugnisse (→ Kräutertee). In je 100 g Spitzwegerichblättern sind 80 mg Vitamin C enthalten.

Splitterbrötchen → Fettbrötchen

Spóndias spec. → Mombinpflaume

Spóndyliosóma → Meerbrassen

Sporenbildner → Bazillen

Sporóbolus fimbriátus Nees: eine zu den Gräsern (Familie *Poáceae*) zählende Pflanze, deren Körner in Südafrika als → Getreide verwendet werden.

Sportgetränk → Konditionsgetränk

Spread → Mayonnaise → Lebensmittelaerosol

Sprengbeere → Sanddornbeere

Sprengmittel → Tablettierhilfsmittel

Sprießkorn: warenzeichenrechtlich geschützte Bez. für Vollkorngetreide. S. bezieht sich sowohl auf Nackt- als auch auf Spezialgetreide, dessen Körner von der äußeren Fruchtschale befreit sind.

Springfrucht → Hülse → Kapsel → Nuß → Schote → Schließfrucht

Springgurke, bittere → Balsambirne

Springlein → Leinsaat

Sprit → Ethanol

Spritzgebäck → Diabetiker-Backware

Spritzkeks → Keks

Spritzkuchen: ein ungefülltes, ringförmiges → *Fettgebäck* aus → Brandmasse von sehr zarter, lockerer, goldgelber Beschaffenheit, das deutlich die Spritzkonturen erkennen läßt und mit Fondantmasse glasiert ist. → Kringel

Sprödblättler → *Russuláceae*

Sprödigkeit: Eigenschaft eines festen Lebensmittels, die sich bei Einwirkung von Kräften in Brüchigkeit oder leichtem Zerspringen äußert, da ein spröder Stoff im Vergleich zu einem geschmeidigen, plastischen Stoff hart und nicht formbar ist. → Härte

Sproß, *Trieb, Austrieb, Sprößling, Sproßaustrieb:* in der Regel oberirdisch wachsender Teil des Körpers hoher Pflanzen. Er besteht aus der Sproßachse und den Blättern und setzt sich nach unten in die Wurzel fort. Der Sproßaustrieb von Chicoréewurzeln wird umgangssprachl. auch als *Sprosser, der von* → Zwiebeln und → Knoblauch auch als → *Schosser* bezeichnet. Als *Sproßkeimling* bezeichnet man den Sproßaustrieb z. B. der Zwiebel, wenn die im Inneren des Speicherorgans liegende Endknospe nach Beendigung oder vorzeitiger Brechung der Keimruhe anschwillt und sich gelb färbt. Oberhalb des Zwiebelhalses nimmt sie dann grüne Farbe an. (Die Intensität der vorzeitigen Sproßkeimung, z. B. bei Speisezwiebeln auf Lager, hängt von der Lagertemperatur ab und kann bis Mai verzögert werden.) Als *Wurzelkeimung* wird die vorzeitige Ausbildung sproßbürtiger Wurzeln während der Lagerung von Wurzeln oder anderen Speicherorganen bezeichnet. Als *Sprossengemüse* werden Spargel, Brokkoli, Blumenkohl und Chicorée bezeichnet. → Auswuchsgetreide

Sproßaustrieb → Keim

Sprosse → Keim

Sprossen → Rosenkohl

Sprossengemüse: 1. → Sproß
2. selbstgezogene Pflanzenkeimlinge. → Keim

Sprossenkohl: 1. → Rosenkohl
2. → Brokkoli

Sprosser → Sproß

Sproßknolle → Knolle

Sproßkohl → Brokkoli

Sprößling → Keim

Sprößlingsmehl → Keimlingsmehl

Sproßpilze → Pilze

Sprott → Sprotte

Sprotte, *Sprott, Brisling, Breitling, Clúpea sprát- tus* (Bild):

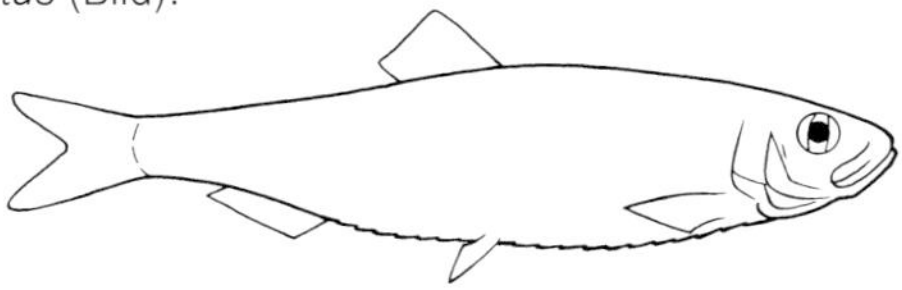

Sprotte

Heringsartiger Schwarmfisch mit scharfen Kielschuppen von Kehle bis After, vom Hering außerdem durch den weiter vorn gelegenen Ansatz der Bauchflosse (unter oder vor dem Ansatz der Rükkenflosse) und größere Augen unterscheidet. Die S. ist in mehreren Beständen an den europäischen Küsten von Tromsö bis zum Schwarzen Meer verbreitet. Jährlich werden etwa 300···600 kt gefangen, insbes. aus der Ostsee und aus der Nordsee. Die Länge beträgt meist 8···14 cm, höchst. 17 cm. – Die S. ist ein mittelfetter bis fetter Fisch mit jahreszeitlich stark schwankendem Fettgehalt. Das Fleisch (Tab.) ist dem des Herings sehr ähnlich.

Zusammmensetzung und Energiewert der Sprotte, ganz, unverarbeitet

Bestandteil	Durchschnittl. Gehalt je 100 g
Wasser	69···.78,0 g
Eiweiß	16···.17,0 g
Fett	5···.15,0 g
Mineralstoffe	1,5···2,5 g
Energiewert je 100 g in kJ (kcal)	495···915 (118···218)
davon aus Eiweiß	295···315 (70···75)
aus Fett	200···600 (48···143)
Richtwert für den Energiewert je 100 g eßbaren Anteils in kJ (kcal)	670 (160)

Die Konsistenz ist zarter als bei Hering und gleichfalls vom Fettgehalt stark abhängig. Daher wirken Erzeugnisse aus mageren Fischen fester und weniger saftig. Die S. wird in Deutschland ausschl. industriell verarbeitet, und zwar zu → Räucherfischerzeugnissen *(Räuchersprotten, „Kieler Sprotten“)* → Fischkonserven, auch → Marinaden und → Anchosen (Anchovis, Kräutersprott). In der ehem. Sowjetunion und in Polen wird die S. auch gesalzen oder gebraten, evtl. ohne Aufguß, zum sofortigen Verzehr angeboten.

Sprotte, Kieler → Räucherfischerzeugnisse → Sprotte

Sprudel → Säuerling → Tafelwässer

Sprudel, Gerolsteiner → Heilwasser

Spurenelemente → Mineralstoffe

Squalen, *Spinazen:* ein aus 6 Isoprenresten aufgebauter, hochungesättigter acyclischer Kohlenwasserstoff der Struktur (s. unten).
In der Mitte des Moleküls liegt eine anomale Verknüpfung der Isoprenreste vor. Die Doppelbindungen des natürlichen S. weisen alle trans-Konfiguration auf. S. steht hinsichtlich der Konstitution den Carotenoiden nahe und ist ein farbloses, ungiftiges, in Ether, Petrolether, Chloroform und Aceton leicht lösliches Öl. *d* 0,8584, Kp.$_{1333 Pa}$ 262···264°C. Es kommt reichlich im Leberöl verschiedener Fische und in geringeren Mengen in Säugetierlebern und in fast allen gebräuchlichen Pflanzenölen, im Apfeltrester, im Fett der Brauereihefe, der Torulahefe, im Knollenblätterpilz und im Mutterkorn vor. In perhydrierter Form wird S. vielfach Kosmetika zugesetzt.

Squamosa → Cherimoya

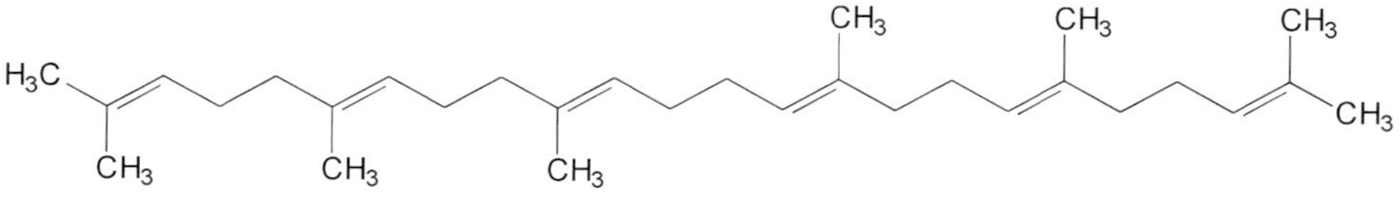

Squash: 1. → Kürbis → Zucchini
2. → Trübungsmittel

Squid: engl. Bez. für Kalmar. → Tintenfisch

Ssimitt: eine in den Balkanländern verbreitete Brotsorte aus hellem Weizenmehl.

Ssminduch: eine bulgarische Würzmittelmischung für Fleischgerichte, hauptsächlich bestehend aus Gewürzpaprika und Steinklee.

St. Emilon → Cognac

St. Margareten Heilwasser → natriumarme Wässer

Stäbchen → Gefrierfischerzeugnisse

Stabilisierungsmittel, Stabilisatoren: Stoffe, die der Unveränderlichkeit, Dauerhaftigkeit und Lagerbeständigkeit dienen. Die S. haben die Aufgabe, negative chemische und/oder physikalische Erscheinungen, wie Veränderungen im Aroma, Geschmack, Aussehen und in der Konsistenz (Gefüge) von Lebensmitteln zu verhindern oder zu verzögern. Durch den Einsatz von S. sollen folgende Vorgänge im einzelnen unterbunden werden:
1. Schwund oder Veränderungen im Aroma oder Geschmack (*Aroma-* oder *Geschmacksstabilisatoren*), z. B. natürliche Hydrokolloide (Zellwandbestandteile) in Säften, daher trubstoffreiche Säfte angestrebt, Glasieren von Kaffee-Ersatzmitteln mit Carnaubawachs (→ *Glasur*), Mikroverkapselung von Aromastoffen mit → *Cyclodextrinen* als → *Trägerstoff* sowie Glutaminsäure, Zuckercouleur, Zucker, Säuren.
2. Veränderungen in der Farbe (*Farbstoffstabilisatoren*), z. B. Einsatz stabiler Naturfarbstoffe von → Holunder → Aronie → Schlehe.
3. Veränderungen in der Konsistenz:
a) Entmischung von Emulsionen (*Emulsionsstabilisatoren*), z. B. Hydrokolloide, Eigelb, Ackerbohnenprotein,
b) Zerfall von Schäumen (*Schaumstabilisatoren*), z. B. Sahnestabilisator, Speiseeisstabilistor, Hydrokolloide,
c) Ausklaren von trubstoffhaltigen → Säften (*Trubstabilisatoren*), z. B. Enzyme, insbes. Pectinasen,
d) Erweichen durch vorzeitigen Saftaustritt bei Weichobst (*Gewebestabilisatoren*), z. B. Calciumverbindungen,
e) Schrumpfung pflanzlicher Rohware (*Feuchtigkeitsstabilisatoren*), z. B. Wachse, Harze, Paraffine, Fettsäureester, Oleate,
f) Verhärtungen, z. B. des Krumengefüges bei Backwaren (*Krumenstabilisatoren*), durch Fette oder Verhärtungen durch Austrocknen von Schnittkäse durch Wachsüberzüge,
g) Fettveränderungen (*Fettstabilisatoren* → *Antioxydantien*),
h) Klumpenbildung bei hygroskopischen Gemischen, wie Speisesalz, Soßen-, Suppen-, Frucht- und Gemüsepulver (*Rieselfähigkeitsstabilisatoren,* → Trennmittel), z. B. Blutlaugensalz, Stearate, kolloidale Kieselsäure.
Folgende Stoffe oder Stoffgruppen haben Stabilisatorwirkung: Quellstoffe, Eiweiß, Fette, Aromastoffe, Stärkederivate, Farbstoffe, Wachse, Öle, Harze. Zu den S. können gerechnet werden: → *Überzugsmittel* (→ Glasurmittel → Härtungsmittel → Feuchthaltemittel) → Trennmittel → Gleitmittel → Emulgatoren → Füllstoffe → Trägerstoffe → Aufschlagmittel → Verdickungsmittel → Geliermittel und *Konservierungsstoffe.*

Stabwurz → Eberrraute

Stachelanone → Cherimoya

Stachelbart, ästiger → Kulturpilze

Stachelbeere: Frucht eines dichtverzweigten, stacheligen, zur Gattung *Ribes* der Familie der Steinbrechgewächse (*Saxifragáceae*) gehörenden Kleinstrauches (*Ríbes úva-críspa* L.), der rote, grüne, weißlich grüne oder gelbe, in Europa heimische Früchte trägt. Aus der Wildform sind gegen Ende des Mittelalters die ersten Kulturformen entstanden, später wurden zahlreiche Sorten gezüchtet. Die S. gedeiht auf jedem nicht zu trockenen Boden und liebt eine leichte Beschattung. Der Anbau ist in Strauchform üblich. In der Neuzeit gewinnt der Anbau in Stämmchenform, der vordem nur im Selbstversorgeranbau gebräuchlich war, an Bedeutung, weil bei diesem die Ernte erleichtert wird. Die Früchte reifen in der Zeit von Ende Juni bis Ende Juli. Für die Verarbeitung werden häufig Früchte *hartreif,* etwa Ende Mai bzw. Anfang Juni geerntet. Diese sind besser transportfähig als *vollreife* S. Da die Früchte leicht verderblich sind, müssen sie sofort nach der Ernte verwertet werden. Die S. dient zum Frischverzehr und zur Verarbeitung zu Steril- und Gefrierkonserven, zur Herstellung von Konfitüre, Marmelade, Gelee, Sirup, Dicksaftfrüchten, Süßmost und Wein. Chemische Zusammensetzung und Energiewert der S. s. Beerenobst. Der Vitamin-C-Gehalt ist bei vollreif geernteten Früchten am höchsten. → Beerenobst

Stachelbeere, Chinesische → Aktinidie, Großfrüchtige

Stachelbeere, Indische → Amblabaum

Stachelbeerkuchen → Blechkuchen → Obstgebäck

Stachelbeertorte → Obstgebäck

Stachelbirne → Kaktusbirne

Stachellattich → Spargelsalat → Lattich

Stachelmakrele → Schildmakrele

Stachelnuß → Wassernuß

Stachelpilze → *Hydnáceae* → *Thelephoráceae*

Stachelschwamm → *Thelephoráceae*

Stachelsalat → Spargelsalat 2.

Stachydrin → Betaine

Stachyose → Tetrasaccharide → Stoffe, Flatulenz erzeugende

Stáchys affínis → Knollenziest

Stáchys siebóldii → Knollenziest

Stahlkopfforelle → Forelle

Stammstärke → Markstärke

Stammwürze: alle in der Anstellwürze des Bieres gelösten Extraktstoffe (Dextrine, Malzzucker, Peptide, Aromastoffe, Aminosäuren, Salze u. a.). Ihre unmittelbar vor Zugabe der Bierhefe in der Anstellwürze vorhandene Konzentration wird als *Stammwürzgehalt* bezeichnet. Im Gegensatz zum Ethanolgehalt ist für jede Biersorte ein bestimmter Stammwürzegehalt gesetzlich vorgeschrieben; er kann aus dem Ethanol- und dem unvergorenen Extraktgehalt berechnet werden. → Bier

Standardbrot → Brot

Standardmarkenwein → Wein

Standardmehl: ein → Getreidemehl von gleichbleibender (genormter bzw. typisierter) Beschaffenheit. Zu den S. zählen die *aschetypisierten,* die → *Einzweck-* und *die Fertigmehle.* → Spezialmehle

Ständerpilze, *Trägerpilze, Basidiomycétes:* höchstentwickelte Klasse der Pilze, die meist ein gut ausgebildetes, ausdauerndes Myzel aufweisen, das aus vielen septierten, chitinhaltigen Hyphen besteht. Die S. umfassen etwa 15 000 bis 20 000 Arten, zu denen die meisten der bekannten Speisepilze zählen. Für die S. ist die geschlechtliche Fortpflanzung – hier sehr einheitlich – charakteristisch. Die letzte Phase dieses Vorganges, die Kernverschmelzung, die meist erst längere Zeit nach der Plasmaverschmelzung erfolgt, geschieht in dem kennzeichnendsten Organ der Ständerpilze, in der Ständerzelle oder Basidie, einer meist keulen- oder birnenförmig ausgebildeten Zelle, die an ihrer Spitze nach der Reduktionsteilung exogen Sporen bildet. Die systematische Gliederung der Ständerpilze wird im wesentlichen auf Grund der Ausbildung der Basidien (geteilt oder nicht geteilt) und der Gestalt der Fruchtkörper vorgenommen (Bild Seite 599).
Die wissenschaftliche Systematisierung der S. ist nicht einheitlich und noch nicht abgeschlossen. Die wissenschaftliche Nomenklatur folgt dem Internationalen Code der Botanischen Nomenklatur (ICBN)) in der vom Internat. Botanischen Kongreß in Sydney 1981 angenommene Fassung (Übersicht Seite 600).
Die S. werden danach unter Beschränkung auf die Familien, die eßbare Speisepilze enthalten, eingeteilt. Zu den S. zählen noch die Brand- und Rost-

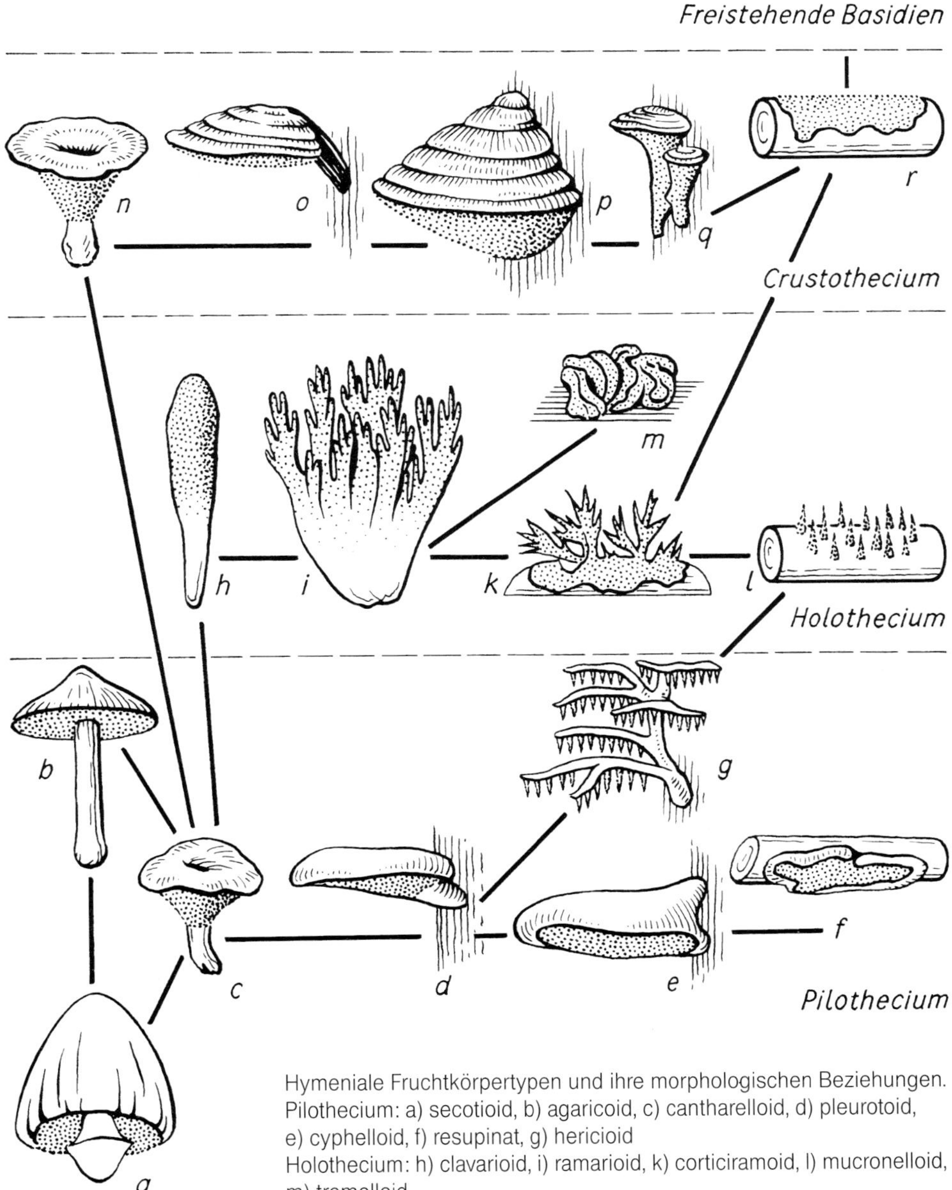

Hymeniale Fruchtkörpertypen und ihre morphologischen Beziehungen.
Pilothecium: a) secotioid, b) agaricoid, c) cantharelloid, d) pleurotoid, e) cyphelloid, f) resupinat, g) hericioid
Holothecium: h) clavarioid, i) ramarioid, k) corticiramoid, l) mucronelloid, m) tremelloid
Crustothecium: n) hydnelloid, o) ganodermatoid, p) fomitoid, q) stereoid, r) corticioid

Einteilung der Ständerpilze nach Internationaler Code der Botanischen Namenklatur (ICBN) unter Beschränkung auf Pilzfamilien mit Speisepilzen

Unterklasse:	*Gasteromycetídae (Innensporer)*
Ordnung:	*Sclerodermatáles*
Familie:	→ *Sclerodermatáceae (Hartboviste)*
Ordnung:	*Melanogastráles*
Familie:	→ *Melanogastráceae*
Ordnung:	*Rhizopogonáles*
Familie:	→ *Rhizopoganáceae* (Wurzeltrüffelartige Pilze)
Ordnung:	*Lycoperdáles* (Stäublingsartige)
Familie:	→ *Mycenastráceae*
Familie:	→ *Lycoperdáceae*
Ordnung:	*Hymenogasteráles*
Familie:	→ *Octavianináceae*
Unterklasse:	*Hymenomycetídae* (*Außensporer)*
Ordnung:	*Russuláles*
Familie:	→ *Russuláceae* (Sprödblättler)
Ordnung:	*Boletáles (Röhrenpilze)*
Familie:	→ *Boletáceae* (Röhrlinge)
Familie:	→ *Gomphidiáceae* (Gelbfüßler, Schmierlingsartige Pilze)
Ordnung:	*Agaricáles (Blätterpilze)*
Familie:	→ *Hygrophoráceae* (Dickblättler, Wachsblättler)
Familie:	→ *Tricholomatáceae* (Ritterlings- und Trichterlingsartige Pilze)
Familie:	→ *Rhodophylláceae* (Rötlinge, Rotblättler, Rosasporer)
Familie:	→ *Cortinariáceae* (Haarschleierlinge)
Familie:	→ *Crepidotáceae* (Stummelfußartige Pilze)
Familie:	→ *Amanitáceae* (Wulstlinge)
Familie:	→ *Agaricáceae* (Schirmlings- und Egerlingsartige Pilze)
Familie:	→ *Strophariáceae* (Träuschlingsartige Pilze)
Familie:	→ *Bolbitiáceae* (Rostblättrige Pilze)
Familie:	→ *Coprináceae* (Tintlingsartige Pilze)
Ordnung:	*Polyporáles*
Familie:	→ *Polyporáceae* (Porlinge, Löcherpilze)
Ordnung:	*Cantharelláles*
Familie:	→ *Hydnáceae* (Stachelpilze)
Familie:	→ *Clavulináceae* (Korallenpilze)
Familie:	→ *Gompháceae*
Familie:	→ *Fistulináceae*
Familie:	→ *Clavariáceae* (Keulenpilze, Korallenpilze)
Familie:	→ *Sparassidáceae*
Familie:	→ *Auriscalpiáceae*
Ordnung:	*Poriáles* (= *Aphyllophoráles*)
Familie:	→ *Thelephoráceae* (Erdwarzenpilze)
Familie:	*Scutigeráceae*
Unterklasse:	*Phragmabasídiomycetídae*
Ordnung:	*Tremelláles*
Familie:	→ *Tremelláceae* (Gallertpilze, Zitterlinge)

pilze, die als Parasiten auf vielen Nutzpflanzen vorkommen. Von diesen werden zu Speisezwecken verwendet der auf Taiwan auf dem kanadischen Reis (*Zizánia aquática* L.) parasitierende Brandpilz *Ustilágo esculénta* P. Henn. = *Yénia esculénta* (P. Henn.) Lion, in Indien die Aecidienformen (*Aecidium:* becherförmiges Sporenlager an der Blattunterseite) der Rostpilze *Puccínia cáricis* Schroet., auf einer Brennessel (*Urtíca* parvilflóra Roxb.), *Chrysomýxa* woroninii Tranzschel auf einer Fichte [*Pícea glāūca* (Moench) Voss] und *Ravenélia esculénta* Narasimhan et Thirum = Aecídium esculéntum Barclay auf einer Akazie (*Acácia ebúrnea* Willd.) parasitierend. → Pilze → Speisepilze

Stange: vorwiegend als Feinbackware aus Hefe-, Blätter- oder Plunderteig in verschieden langer Stangenform hergestelltes Weizengebäck, das ähnlich den → Hörnchen, aber ohne Rundbiegung, hergestellt oder industriell im Teigformapparat zu gleichmäßigen Strängen geformt wird. Die S. werden in verschiedenen Geschmacksrichtungen als *Butter-, Mandel-, Kümmel-, Salz-, Mohn-, Käse-* und *süße S.* mit unterschiedlicher Haltbarkeit hergestellt. Bei einem Fettgehalt von 10 % und einem Feuchtigkeitsgehalt unter 6 % halten sich die S. in der Verpackung 3 bis 4 Wochen; Plunderstangen sind schon nach 2 Tagen altbacken. Echte italienische S. werden als *Grissini* bezeichnet; sie enthalten 10 % Fett und 2 % Zucker. *Süße S.* bestehen aus 10% Zucker und 1 % Fett. *Vollkorn-* oder sog. *Grahamstangen* werden aus gleichen Teilen Weizenvollkornschrot und hellem Weizenmehl hergestellt und weisen je 3 % Zucker- und Fettgehalte auf. *Bouillonstangen* sind bes. kleine S., die wie → Tafelbrötchen verwendet werden. → Mohngebäck → Salzgebäck → Käsegebäck

Stangenbohne → Gemüsebohne

Stangenbrot → Brot, Französisches

Stangenkäse: in Österreich in verschiedenen Fettstufen (25 %, 35 %, 45 % F. i. Tr.) hergestellter *Schnittkäse* in Stangenform. Der strohgelbe bis gelbliche Käseteig hat reichliche Schlitzlochung. Der Geschmack ist leicht säuerlich und schwach pikant.

Stangensellerie → Bleichsellerie

Stangenzimt, *Zimtstangen, Canehl, Caneel, Kaneel* (der): die als Stangen in verschiedener Qualität (je nach Dicke der Rinde in mm und Gehalt an ätherischem Öl) gehandelte, getrocknete Rinde verschiedener Zimtbaumarten (→ Zimt). Die beste Qualität von S. kommt vom *Ceylon-Canehl* (→ Zimt 8.).

Stange, Pariser → Brot, Französisches

Stange, Potsdamer: Kohlensäurereiches, stark moussierendes, etwas säuerliches, lokal-traditionelles Bier, das in hohen, henkellosen Gläsern serviert wird. → Gose

Stanislavskii: *Hartkäse* mit 45 % F. i. Tr. aus der ehem. Sowjetunion → Käsesorten

'Stanley': Pflaume. → Steinobst

'Stanza' → Beerenobst

Staphylokokken: kugelförmige, aerob wachsende, unbewegliche Keime. Sie zeichnen sich durch hohe Resistenz gegenüber Hitze, Austrocknung und Desinfektionsmittel aus. Lebensmittelvergiftungen werden durch das von den S. gebildete → *Enterotoxin* hervorgerufen. Dieses ist auch bei Abwesenheit lebender Staphylokokken wirksam und nach 20minütiger Kochdauer noch nachweisbar. Als infizierte Lebensmittel, die enterotoxische Vergiftungen auslösen können, sind Fleisch, Milch, Fischsülze, Hühnerbrühe, Schinken, Kartoffelsalat und Kuchen zu erwähnen. → Lebensmittelvergiftung

Stärke, 1. native: ein in den chlorophyllhaltigen Pflanzenteilen als Folge der Photosynthese in Form von Assimilationsstärke gebildetes Produkt, das nach enzymatischem Abbau am Entstehungsort in der Pflanze transportiert und in anderen Pflanzenteilen als Reservestärke wieder gespeichert werden kann. In den Reserveorganen – Knollen, Zwiebeln, Wurzeln, Rüben, im Mark von Stützorganen (Stammstärke), und als Reserve-

nährgewebe in Samen – wird die Stärke in Form von mikroskopisch kleinen Körner abgelagert, deren Größe und Form, physikalische und chemische Eigenschaften für jede Pflanzenart charakteristisch sind.
2. *Amylum:* das aus stärkehaltigen Rohstoffen (pflanzliche Reservekohlenhydrate, Tab.) im Naßverfahren gewonnene, von Faserbestandteilen, Protein u. a. Begleitstoffen weitgehend befreite, getrocknete und gesicherte, chemisch und physikalisch unveränderte Polysaccharid mit den Hauptbestandteilen → *Amylopectin* → *Amylose* und Wasser.

Stärkegehalt einiger Rohstoffe

Rohstoff	Stärkegehalt in %
Kartoffel	17···24
Roggen, Gerste, Hafer	50···60
Weizen	60···70
Mais	65···75
Reis	70···80
Batate, Manioka, Yams	15···21

Die S. ist ein weißglänzendes bis leicht gelbliches Pulver, das aus mikroskopisch kleinen Körnern besteht, deren unterschiedliche Form und Größe als Differenzierungsmerkmal dienen kann. Mit Iod gibt S. eine blaue bis rotviolette Färbung. Diese Iod-Stärke-Reaktion dient als Nachweis von S. in Lebensmitteln. Das geruch- und geschmacklose, beim Reiben zw. den Fingern knirschende Pulver ist in kaltem Wasser unlöslich; in heißem Wasser oder in Gegenwart von Alkalien bildet es einen Kleister, der beim Erkalten gelatinös erstarrt („Puddingeffekt"). Die Bez. der einzelnen Stärkearten richtet sich nach ihrer Herkunft, z. B. Kartoffel-, Weizen-, Mais-, Reis-, Maniokstärke. Die S. kann aus den Knollen und Wurzeln (→ *Knollenstärke*), den Samen (→ *Getreidestärke* → Leguminosenstärke) oder dem Stamm (→ *tropische S.*) der Pflanzen herrühren. – Sie wird bei Einwirkung von Säuren unter Wärme oder mit Enzymen über → Dextrin → Maltose bis zu → Glucose abgebaut. Dieser Vorgang erfolgt u. a. auch beim Backen, Rösten und Mälzen.

Die S. dient in der Lebensmittelproduktion zur Herstellung von Pudding-, Suppen- und süßen Soßenpulvern, Kindernährmitteln, Fein- und Dauerbackwaren sowie als Bindemittel und Konsistenzbildner bei gestreckten Mayonnaisen, bei Remouladen, Tunken, Salatsoßen, Quark-, Fruchtjoghurt-, Speiseeis-Zubereitungen, Kremfüllungen und Fischkonserven. Ferner dient die S. zur Herstellung von → Stärkeerzeugnissen, u. a. von → Sago und Perlsago → Tapioka und Perltapioka → Stärkesirup → Glucose-Fructose-Sirup; sie wird auch bei der Süßwarenproduktion (Dragees und Schaumzuckerwaren) eingesetzt sowie als → Formpuder, als Füllmittel für Backpulver, als Trägersubstanz für Aromastoffe und Gewürze sowie als Zusatz zu Margarine (0,2 %) und Persipanrohmasse (0,5 %) zwecks analytischer Unterscheidung (Verfälschungsnachweis) von Butter bzw. Marzipanrohmasse. → Geliermittel

Stärkeacetat (E 1420)**:** Essigsäureester der Stärke, durch Acetylierung modifizierte Stärke, mit unterschiedlichem Substitutionsgrad, die durch Behandlung von Stärke mit Acetanhydrid unter alkalischen Bedingungen (pH-Wert 8···8,5) hergestellt werden können. Die Derivatisierung bewirkt eine Änderung einiger funktioneller Eigenschaften (z. B. Verkleisterungsverhalten, Retrogradationsgeschwindigkit, Viskosität, Klarheit). S. haben in wäßrigen Medien eine gute Viskositätsstabilität gegenüber höheren Temperaturen, niedrigen pH-Werten und Scherung. Sie können flexible wasserlösliche Filme bilden. Bei der Lebensmittelproduktion können S. als Verdickungsmittel, z. B. für eingedoste, gefrorene, gebackene und trockene Produkte, Instantprodukte oder Tortenfüllungen verwendet werden. → Stärkeester

Stärkebrot, *proteinarmes Brot, eiweißarmes Brot:* ein mit Getreide- und/oder Knollenstärke unter Zusatz von Hydrokolloiden, Backfett und ggf. bis zu 10 % Zucker hergestelltes → Diätbrot, das im Vergleich zu Standardweizenbrot (8 % Protein bzw. 2,7 % Gliadin) nur etwa 0,2···0,3 % Weizeneiweiß, davon höchst. 0,1···0,3 % Gliadin, enthält und eine dichte, krümelige, kuchenähnliche Struktur von geringer Elastizität aufweist. Die Funktion des

Teigbindemittels können bei solchen Broten anstelle des Klebers verschiedene Quellstoffe (Hydrokolloide), vorwiegend Fruchtkernmehle (z. B. Johannisbrotkernmehl) übernehmen.
Diätbrote mit niedrigem Proteingehalt sind für drei Gruppen von Diätbedürftigen bestimmt, die ihre Proteinaufnahme einschränken müssen: a) für an *Coeliakie* bzw. nichttropischer Sprue Erkrankte, die ihre Aufnahme an bestimmten spezifischen Getreideproteinen beschränken müssen; in diesem Fall wird anstelle von Weizenstärke meist Maisstärke und Reismehl verwendet (→ Mehlmischung, glutenfreie), b) für Patienten, die unter Phenylketonurie leiden und ihre Aufnahme an Phenylalanin beschränken müssen und c) für Patienten, die infolge Versagens der Niere (Urämie und andere Erkrankungen) nicht in der Lage sind, Harnstoff und andere stickstoffhaltige Abfallprodukte auszuscheiden. Solche Patienten müssen die Gesamtaufnahme an Protein stark einschränken, während *Coeliakie*-Patienten Milchprotein und Milchproteinhilfsstoffe im Brot vertragen können. → Lebensmittel, diätetisches → Brot → Backware, eiweißarme

Stärke, dünnkochende, *lösliche Stärke:* eine leicht abgebaute Stärke, die in kaltem Wasser fast unlöslich ist, beim Erhitzen bis zum Sieden mit Wasser klare, kolloidale Lösungen von geringerer Viskosität als die Ausgangsstärke gibt, beim Abkühlen dünnflüssig bleibt und bei längerem Stehen keine oder nur eine geringe Retrogradation (Ausflockung) aufweist. Gegenüber stärkespaltenden Enzymen ist die d. S. widerstandsfähiger als native Stärke. Zu den d. S. zählen: *Lintner-Stärke,* die nach *C. J. Lintner* durch eine längere schonende Behandlung von Kartoffelstärke mit verdünnter Salzsäure gewonnen wird; *Zulkowski-Stärke,* die durch Mischen von Stärke mit Glycerol und Erhitzen unter fortwährendem Rühren hergestellt wird; *Dialdehydstärke (DAS),* ein durch Behandeln von Stärke mit Oxydationsmitteln, z. B. Periodat, hergestelltes → Stärkeerzeugnis. Hierbei wird die Glycolkonfiguration der Glucoseeinheiten des Stärkemoleküls zw. den benachbarten C-Atomen 2 und 3 unter Bildung zweier endständiger Aldehydgruppen aufgespalten (Formel s. unten). D. S. findet als Dickungsmittel und Füllmittel in der Lebensmittelproduktion und Pharmazie Verwendung.

Stärkeerzeugnis: eine durch Bearbeitung von Stärke hergestelltes Erzeugnis, wobei entweder Stärke mit bes. Eigenschaften oder Erzeugnisse gewonnen werden, die durch Abbau oder Umwandlung von Stärkemolekülen entstehen (→ Stärke, modifizierte), oder ein unter Verwendung von → Stärke hergestelltes Erzeugnis, z. B. → Puddingpulver, → Kremspeisepulver (Übersicht s. Seite 604).

Stärkeester (E 1410–E 1411, E 1413–E 1414, E 1420, E 1422 und 1423)**:** ein durch teilw. oder vollständige Veresterung mit einer Säure, z. B. Phosphorsäure, hergestelltes Stärkederivat, das als Binde- und Verdickungsmittel in der Lebensmittelproduktion verwendet wird, u. a. bei Backwaren, Trockensuppen, Konserven, Gefrierlebensmitteln und Pudding. Wichtige Stärkeester sind Monostärkephosphat (E 1410), Distärkephosphat (E1411), phosphatiertes Stärkephosphat (E 1413), acetyliertes Distärkephosphat (E 1414), Stärkeacetat (E 1420), acetyliertes Stärkeadipat (E 1422),

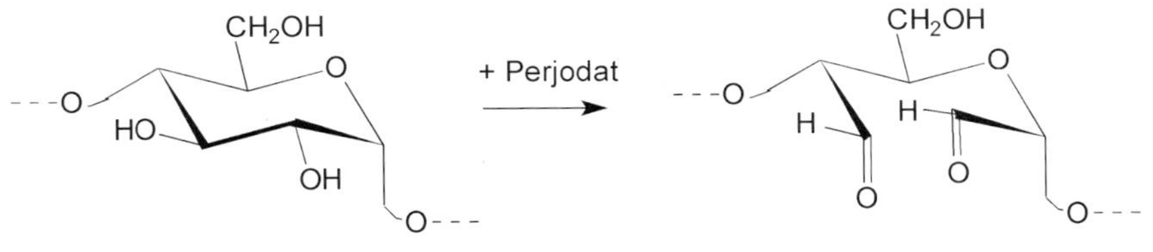

Stärke Dialdehydstärke

Durch Modifizierung von Stärke hergestellte und in der Lebensmittelproduktion verwendete Stärkeerzeugnisse

Stärke

Verformte Stärke	Partiell abgebaute Stärke	Vollständig abgebaute Stärke (Stärkehydrolyseprodukte)	Substituierte Stärke	Stärkefraktionen
ohne Hitzeeinwirkung: - Brockenstärke - Strahlenstärke durch Hitzeeinwirkung: - Flockenstärke - Quellstärke (Instantstärke) Sago bzw. Tapioka - Perlsago - Perltapioka durch Hitze- und Kälteeinwirkung: - Stärkeschwamm	H-Stärke Kationenstärke Dünnkochende Stärke - Lösliche Stärke (durch Säure) - Dialdehydstärke (durch Oxydationsmittel) Dextrin - Röstdextrin - Säuredextrin - Cyclodextrin Maltrin	Stärkesirup - Hydrol Glucose	Vernetzte Stärke Stärkeester - Stärkephosphate Stärkeether	Amylose Amylopectin

acetylierte Stärken, vernetzt mit Glycerol (E 1423). → Stärke-Phosphorsäureester → Nu-Film → Stärkeerzeugnis

Stärkeether (E 1430, E 1440–E 1442)**:** ein Stärkederivat, bei dem die im Stärkemolekül hauptsächlich vorhandenen freien Hxdroxylgruppen je Gluсoseeinheit nach den üblichen Verfahren verethert werden. Vereinzelnt findet der S. auch als Binde- und Verdickungsmittel in der Lebensmittelproduktion Verwendung. Er besitzt eine gute Hitze- und Säurestabilität und wird für Tortenfüllungen und Salatsoßen verwendet. Wichtige Stärkeether sind: Stärke, vernetzt durch Glycerol (E 1430), Hydroxypropylstärke (E 1440), Hydroxypropylstärke, vernetzt durch Glycerol (E 1441), Hydroxypropyldistärkephosphat (E 1442). → Ultra-Amylopectin → Stärkeerzeugnis

Stärke, gelatinierte → Quellstärke

Stärke-Glycolsäureester → Ultra-Amylopectin

Stärke, grüne → Knollenstärke

Stärkegummi → Dextrin

Stärkehydrolyseprodukt: 1. → Stärkeverzuckerungsprodukt

2. Substanzen, die durch partielle enzymatische Hydrolyse einer wäßrigen Kartoffelstärkesuspension und anschließender Sprühtrocknung als Verdickungsmittel, zur Wasserbindung oder als Zusatzstoff zur energiemäßigen Verdünnung fetthaltiger Erzeugnisse Verwendung finden, z. B. für Tortenkrem und-füllungen, Schlag- und Schokoladenmassen, Fettkremfüllungen für Waffeln und Pralinen, Speiseeis, Mayonnaise und Remouladen, Käsekrems, Brotaufstriche sowie Fleisch- und Wursterzeugnisse, klardickende Suppengrundlagen. S. sind weiße, freifließende Pulver, die in Abhängigkeit vom Abbaugrad der Stärke, neutral bis schwach süßlich schmecken und geruchsneutral sind. Sie sind in kaltem Wasser schwer, in heißem Wasser leicht löslich, bilden Gele und sind mit Fetten, Eiweißstoffen u. a. Lebensmittelbestandteilen gut mischbar. → Stärkeerzeugnis

Stärke, lösliche → Stärke, dünnkochende

Stärkemais, zuckersüßer, *Hochamylosemais:* eine Varietät des → Maises, *Zéa máys convar. amyleasaccharáta* (Sturtev.) Montg. (Familie *Poáceae*), die aus dem → *Zuckermais* hervorging und neben Stärke bedeutende Mengen an löslichem Zucker enthält. Im unteren Kornteil ist der z. S. mit dem → *Weichmais* nahezu identisch. → Maisnährmittel

Stärkemilch → Knollenstärke

Stärke, modifizierte: ein durch chemische, enzymatische oder physikalische Verfahren gewonnenes → Stärkeerzeugnis mit veränderten Eigenschaften. Die verschiedenen Verfahren rufen eine unterschiedliche Modifikation hervor und führen zu einer höheren Hitze-, Kälte- und/oder Säurestabilität. Chemische Verfahren: Stärkeester, -ether, dünnkochende Stärken und Cyclodextrine. Hierbei bleibt der Stärkecharakter und die Kornstruktur überwiegend erhalten und die Produkte sind von Stärkeverzuckerungsprodukten zu unterscheiden. Wichtige modifizierte Stärken: säurebehandelte Stärke (E 1401), alkalibehandelte Stärke (E 1402), gebleichte Stärke (E 1403), oxydativ abgebaute Stärke (E 1404), Monostärkephosphat (E 1410), Distärkephosphat (E 1411), phosphatiertes Distärkephosphat (E 1413), acetyliertes Distärkephosphat (E 1414), Stärkeacetat (E 1420), acetyliertes Distärkeadipat (E 1422), acetylierte Stärke, vernetzt mit Glycerol (E 1423), Stärke, vernetzt durch Glycerol (E 1430), Hydroxypropylstärke (E 1440), Hydroxypropylstärke, vernetzt durch Glycerol (E 1441), Hydroxypropyldistärkephosphat (E 1442). → Stärkesirup

Stärkenährmittel → Nährmittel

Stärkenudel: 1. → Teigware, glutenfreie
2. vorwiegend auf Stärkebasis hergestellte Teigware,meist in Form feiner dünner, durchsichtiger Fadennudeln aus Reis-, Mungobohnen-, Bataten- oder Reisbohnenstärke. → Glasnudel

Stärkephosphat → Stärke-Phosphorsäureester

Stärke-Phosphorsäureester, *Stärkephosphat, Phosphatstärke:* Sammelbegriff für Mono- und Di-Stärkephosphate (Formel s. Seite 606).
a) Die Mono-Stärkephosphate, Neukomstärke (Bez. nach dem Erfinder), sind → Stärkeester, die durch Behandlung von Stärke mit Alkali-Orthophosphat, Entfernung der flüssigen Phase und längeres Erhitzen auf 120···170°C hergestellt werden.
b) Die *Di-Stärkephosphate* erhält man z. B. durch Behandlung einer wäßrigen Stärkesuspension mit Trinatriummetaphosphat bei Temperaturen unterhalb der Quellungstemperatur. Hierbei verbinden sich ein oder mehrere benachbarte Stärkemoleküle über das Phosphat miteinander.
Die S. bilden durchscheinende Kleister mit einem größeren Dickungsvermögen als solche von nativer Stärke. Je höher der Veresterungsgrad, bes. bei den Di-Stärkephosphaten, desto unlöslicher werden sie, auch in siedendem Wasser. Die S. zeichnen sich durch eine gute Gefrier-Tau-Stabilität aus. Sie finden in der Lebensmittelproduktion als Verdickungsmittel breite Verwendung. → Stärkeerzeugnis

Stärkepuder → Getreidestärke

Stärkequellmehl → Quellstärke

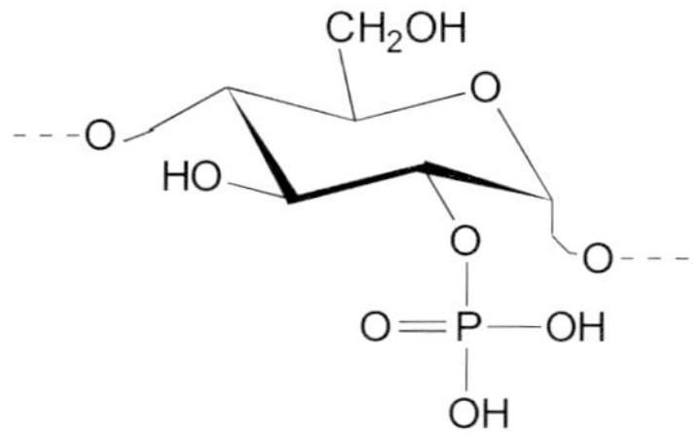

Mono-Stärkephosphat

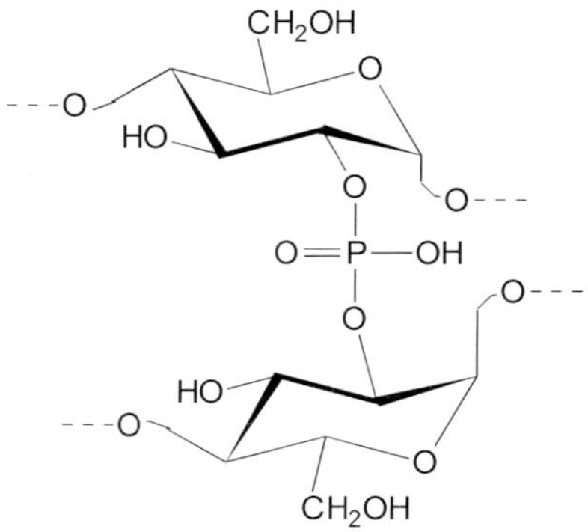

Di-Stärkephosphat

Stärkeschwamm, *Schwammstärke:* ein Stärkegel aus verkleisterter, langsam eingefrorener, anschließend wieder aufgetauter und mit Ethanol ausgewaschener Stärke. Je nach Konzentration (7,5···12 % Stärke), Temperatur sowie Stärkeart erhält man einen fein- bis grobporigen S., der in den USA, teils unter Zusatz von Gelatine, in der Süßwarenindustrie Verwendung findet.

Stärkesirup, *Maltosesirup, Glucosesirup, Backsirup:* ein durch teilw. Hydrolyse von Stärke mit Säure und/oder Enzymen in wäßriger Lösung gewonnenes Gemisch aus unterschiedlichen Anteilen von Monosacchariden, Oligosacchariden und Dextrin (Bild Seite 607).
Der S. ist eine farblose bis gelbliche, blank bis milchigtrübe sirupöse Flüssigkeit von süßem Geschmack. Die Trübung tritt nur bei niedrig verzukkerten S. auf und ist auf unlösliche Dextrine zurückzuführen. S. ist in Wasser in jedem Verhältnis leicht löslich. Die Süßkraft ist im Vergleich zu Saccharose je nach dem Verzuckerungsgrad nur 25···50 %. Entsprechend dem Verzuckerungsgrad unterscheidet man 4 Qualitätsklassen: „Kapillär" (*Kapillärsirup*). „Halbweiß", „Spezial" (*Bonbonsirup*) und „Extra" (*Fondantsirup*). Die Verzuckerungsgrade werden in Glucose-(Dextrose-)-Äquivalenten (DE) angegeben:

Stärkesirup	*DE-Wert*
niedrigverzuckert	20···38
normalverzuckert	39···48
mittelverzuckert	49···58
hochverzuckert	59···68
extra hochverzuckert	68

Qualitätsforderungen s. Übersicht Seite 608.
S. findet hauptsächlich in der Süßwarenindustrie Anwendung; er verhindert das Auskristallisieren von Saccharose z. B. bei Hartkaramellen und bewirkt gleichzeitig auch eine Verbesserung der Struktur und längere Frischhaltung von Weichkaramellen, Fondant, Gummi- und Schaumzuckerwaren sowie Kaugummi. Weiterhin dient S. zur Herstellung von → *Trockenstärkesirup,* als Zusatz zu Speiseeis, Likören, alkoholfreien Erfrischungsgetränken, Obstkonserven, wie Marmelade, Konfitüren, Fruchtgelees, für die Herstellung von Kunsthonig und als Teigverbesserungs-, Süß- und Bräunungsmittel für Backwaren, als → Überzugsmittel für Fleischwaren und Müslibestandteile, in Süßspeisepulver, Salatsoßen, Fruchtpulver, alkoholische Getränke, Sirupherstellung.

Stärke, tropische: die aus Pflanzen tropischer und subtropischer Gewächse, vorwiegend aus Knollen und Rhizomen (→ Arrowroot), aber auch

Sirupherstellung (schematisch)

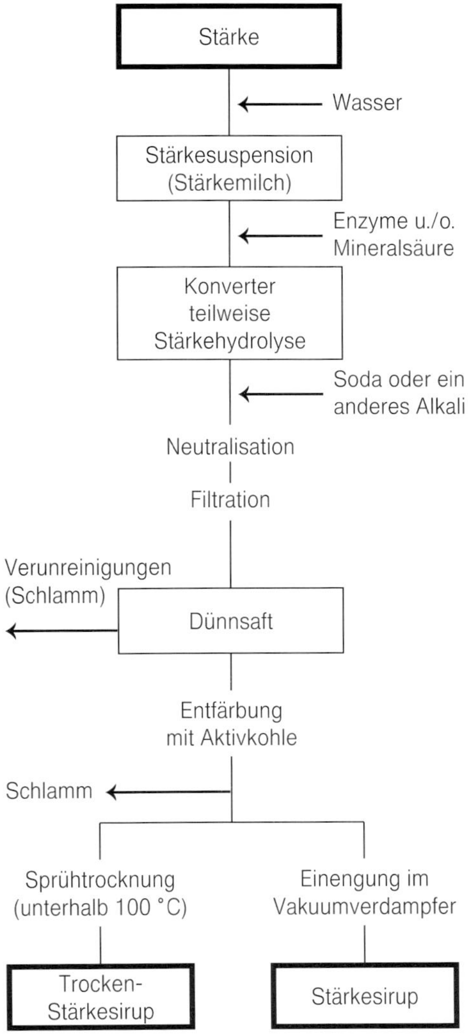

aus Stamm-Mark *(Sagostärke)* und Samen im Naßverfahren mechanisch gewonnene → Stärke. Verschiedentlich werden zu den t. S. auch Reis- und Hirsestärke, seltener Maisstärke gerechnet. Mit Ausnahme einiger Arrowroots und Sagostärke (die zu den *Handelsstärken* zu rechnen sind) haben t. S., z.B. *Erdmandel-* und *Chufastärke* (Rhizomstärke), *Artocarpus-* oder *Brotfruchtbaumstärke* (Fruchtfleischstärke), *Chayote-* oder *Christophienstärke* (Knollenstärke), *Yamsbohnenstärke* (Knollenstärke) und *Lotosstärke* (Rhizomstärke), als Handelserzeugnis keine größere Bedeutung erlangt.

Stärke, verkleisterte → Quellstärke

Stärke, vernetzte: durch Umsetzung mit di- oder polyfunktionellen Verbindungen, z.B. Phosphoroxydchlorid, Natriummetaphosphat und Adipinsäureanhydrid, erhaltene geruch- und geschmacklose Erzeugnisse, wobei mind. zwei Hydroxylgruppen in benachbarten Molekülen zur Umsetzung gelangen (Formel s. unten).
Die v. S., deren gequollene Stärkekörner größere Widerstandsfähigkeit gegenüber mechanischer Beanspruchung und Einwirkung von Hitze und Säuren aufweisen, findet wie → Stärke als Verdikkungsmittel in der Lebensmittelproduktion Verwendung. → Stärkeether → Stärkeester → Stärkeerzeugnis

Stärkeverzuckerungsprodukt: durch teilweise oder vollständige Hydrolyse von Stärke mit Enzymen und/oder Säuren gewonnenes Erzeugnis, das vorwiegend Glucose, teils noch Oligosaccharide und/oder Dextrine mit einem bestimmten Dextroseäquivalent enthält. → Hydrol → Glucose → Stärkehydrolyseprodukt → Stärkesirup → Trockenstärkesirup → Maltrin

Starkhefe → Backhefe

$$2\ \text{Stärke-OH} + H_3C-\overset{\overset{O}{\|}}{C}-O-\overset{\overset{O}{\|}}{C}(CH_2)_n-\overset{\overset{O}{\|}}{C}-O-\overset{\overset{O}{\|}}{C}-CH_3 \longrightarrow$$

$$\text{Stärke}-O-\overset{\overset{O}{\|}}{C}-(CH_2)_n-\overset{\overset{O}{\|}}{C}-O-\text{Stärke} + 2\ H_3C-C\genfrac{}{}{0pt}{}{\nearrow O}{\searrow ONa^+}$$

Di-Stärkeadipinat

Qualitätsmerkmale von Stärkesirup

Merkmale		Stärkesirup			
		„Kapillar"	„Halbweiß"	„Spezial"	„Extra"
Aussehen		blank, fast farblos	blank, gelblich	milchig-weiß	blank, schwach gelblich
Geruch		arteigen, rein			
Geschmack		schwach, süß, ohne fremden Beigeschmack			
Trockenmasse in % mind.		78,3			
Direkt reduzierende Substanz	in % i. Tr.	38...45		24...35	54...62
pH-Wert		4,8...5,5			
Schweflige Säure, berechnet als SO_2	in mg/100 g Substanz höchst.	15			
Säuregrad (Acidität)	in ml 1N NaOH/ 100 g Substanz höchst.	2,2			
Mineralstoffgehalt	in % i. T. höchst.	0,6			
Lichtdurchlässigkeit	in %	mind. 75...85	55...75	keine Forderungen	

Starktriebhefe → Backhefe

Starterkulturen, *Starterorganismen:* lebende Einzellerorganismen, die in der Lebensmittelproduktion eingesetzt werden. Sie haben i. allg. die Aufgabe, Säuerungsprozesse in Gang zu setzen, zu beschleunigen und mit mehr Sicherheit eine gleichmäßige Produktionsqualität zu erzielen. S. wurden vor allem für die milchverarbeitende Industrie entwickelt; werden aber zunehmend auch in der gemüse- und fleischverarbeitenden und Backwaren-Industrie eingesetzt. Sie gehören unterschiedlichen Bakterienfamilien an. Die wichtigsten sind *Streptokokken, Mikrokokken* und *Laktobakterien.* Es wird zw. *Einstamm*-(ein Stamm einer Art), *Mehrstamm*- (mehrere definierte Stämme einer oder mehrerer Arten) und *Mischkulturen* (mehrere nicht genau definierte Stämme einer oder mehrerer Arten) unterschieden. Handelsüblich sind S. in flüssiger Form (Flüssigstarter), getrockneter Form, lyophilisiert (Trockenstarter) und gefrorener (−40 °C) bzw. tiefgefrorener (−196 °C) Form (Gefrierstarter). Es gibt *mesophile S.* und *thermophile S.. Mesophile S.* haben ein Wachstumsoptimum zw. 18 °C und 30 °C, *thermophile S.* oberhalb von 37 °C.
Eine bes. wichtige Funktion der S. ist die Glycolyse und die daraus resultierende Säuerung fermentierter Lebensmittel. Die Umwandlung von Sacchariden (Glucose, Lactose) zu Milchsäure vollzieht sich über komplexe Stoffwechselprozesse. Ferner haben einige S. die Fähigkeit zur Proteolyse und Lipolyse, die zur Bildung geruchs- und geschmacksintensiver Verbindungen führt, die

das typische Aroma eines Produktes ausmachen (→ Aromakulturen). Ferner haben S. durch die Senkung des *p*H-Wertes bakterizide Eigenschaften und können durch das zahlenmäßige Übergewicht unerwünschte Mikroorganismen in ihrem Wachstum hemmen. Gefriergetrocknete S. werden zunehmend zur Eigenherstellung von fermentierten Produkten, z.B. Joghurt, Rohwurst, Sauerteig, angeboten.

Milchwirtschaftlich genutzte Kulturen: Man unterscheidet je nach Verwendungszweck Kulturen für *Sauermilcherzeugnisse, Butterei-, Käserei-* und *Aromakulturen.* Mesophile S., die zu den Gattungen *Streptococcus* und *Leuconostoc* (Familie *Streptococcáceae*) zählen, sind hauptsächlich *Streptococcus (St.) lactis, St. cremoris* und *St. lactis subst. diacetylactis.* Während *St. lactis* und *St. cremoris* vor allem Milchsäure bilden, treten bei *St. lactis subst. diacetylactis* zusätzlich weitere Stoffwechselprodukte, wie Kohlendioxid, flüchtige Säuren, Acetoin, Diacetyl und Acetaldehyd, auf. Aus der Gattung *Leuconostoc (Leu.)* wird vor allem *Leu. cremoris* eingesetzt. Die genannten Kulturen dienen zur Herstellung von Sauerrahmbutter, Buttermilch, saurer Sahne, Speisequark, Frischkäse und verschiedenen Labkäsesorten. Die am häufigsten verwendeten *thermophilen S.* sind *St. thermophilus, Lactobacillus bulgaricus, L. lactis, L. helveticus* und *L. acidophilus.* Im weitesten Sinne kann die Gattung *Bifidobacterium* (Familie *Actinomycetáceae*) dazu eingeordnet werden. Sie werden zur Herstellung von Joghurt, Acidophilusmilch, Sauermilchquark sowie Käse mit hohen Nachwärmtemperaturen (z.B. Emmentaler) eingesetzt (→ Spezialkulturen).

Fleischwirtschaftlich genutzte Kulturen: Man verwendet zur Herstellung von Rohwürsten Kombinationen aus *Lactobakterien, Mikrokokken, Hefen, Streptomyceten* und *Schimmelpilzen.* Die Mikrokokken bewirken insbes. die Reduktion des dem Wurstbrät zugesetzten Nitrats, da diese Mikroorganismengruppe → Nitratreduktase bildet. S. unterstützen damit den erwünschten möglichst niedrigen Wert von Nitrat/Nitrit im Endprodukt und ermöglichen geringere Nitratzusätze.

S. für die Gemüseverarbeitung: Zur Herstellung von gesäuertem Gemüse werden *Lactobacillus bavaricus, L. casei, L. sharpae* und *Streptococcus lactis* eingesetzt. Damit wird im Gegensatz zur Spontangärung die bevorzugte Bildung der L(+) Milchsäure unter Vermeidung der unphysiologischen D(−) Milchsäure ermöglicht.
S. für die Backwarenherstellung sind *Sauerteigstarter* aus *L. brevis ssp. lindneri, L. brevis, L. fructivorans* und *L. plantarum,* für Hefegebäck *Saccharomyces cerevisiae.* Weitere Anwendungen des sich stark entwickelnden Fachgebietes s. Tab. Seite 610−611.

Stäublinge → *Lycoperdáceae*

Staubpilze → *Lycoperdáceae*

Staubschwämme → Lycoperdáceae

Staubzucker → Puderzucker

Staudenmajoran → Dost 5.

Staudensellerie → Bleichsellerie → Blattsellerie

Steak: im deutschen Sprachgebrauch aus Schweine- oder Rinderfilet bzw. Roastbeef, wie gewachsen, etwa 2 cm dicke Fleischscheiben, die zum Kurzbraten (2···4 min) geeignet sind. Vornehmlich in den USA werden durch enzymatische Behandlung auch andere Fleischteile kurzbratfähig gemacht. Auch Hackmassen werden durch entsprechende Formgebung als S. (Hacksteak) angeboten.

Steakgewürz: eine → Würzmittelmischung aus Bohnenkraut, Estragon, Gewürzpaprika, Pfeffer, Melisse, Gewürznelken, Salbei, Thymian, Ingwer, Knoblauchpulver und Speisesalz, vorwiegend für kurz zu bratendes Fleisch.

Stearidonsäure, *Octadeca-4,8,12,15-tetraensäure, Moroctsäure:* eine Polyenfettsäure der Formel

$CH_3\text{-}CH_2\text{-}CH{=}CH\text{-}CH_2\text{-}CH{=}CH\text{-}(CH_2)_2\text{-}CH{=}CH\text{-}(CH_2)_2\text{-}CH{=}CH\text{-}(CH_2)_2\text{-}COOH$.

S. wurde in Seetierölen nachgewiesen.

Starterkulturen zur Verarbeitung pflanzlicher Lebensmittel

Produktgruppe	Erzeugnis	Mikroorganismus	Bemerkung
Frischbackwaren auf Hefe- und Sauerteigbasis	Weizengebäck Roggen-, Mischbrot	*Sacharomyces cerevisiae* *Lactobacillus brevis ssp. lindnen* *L. brevis* *L. fructivorans* *L. plantarum* *L. farciminis*	Absenkung des pH-Wertes Verhalten Milch-/Essigsäure Gärungsquotient
Obst- und Gemüseverarbeitung	Sauerkraut Bohnen Oliven Getränke	*L. bavaricus* *Streptococcus lactis* *L. sharpal*	Bildung von L(+)Milchsäure (kein Stereoisomeres D(-)M.) Verkürzung der Fermentation
Alkoholische Getränke	Bier Wein Ethanol Hefe	*Sa. cerevisiae*	Aroma
Milchverarbeitung	Butter Rahm Quark	*St. cremoris, St. lactis, St. diacetylactis* *Leuconostoc cremoris*	
	Joghurt	*St. thermophilus* *L. bulgaricus*	
	Sauermilch *Kefir*	*St. cremoris, St. lactis, St. lactis ssp. diacetylactis,* *Leu. dextranicum, Leu. cremoris, Leu. kefir*	 Beschleunigung Aroma
	Käse Weichkäse/Schnittkäse, Hartkäse Camembert Edelpilzkäse	*St. cremoris, St. lactis, Leu. cremoris* *Brevibacterium linens* *Propionibacterium shermanii, Propionibacterium* *Penicillium caseicolum* *Penicillium roqueforti*	
Fleischverarbeitung	Rohwurst	*Pediococcus sp.* *Lactobacillus* *Micrococcus* *Streptomyces* *Streptomyces durans (SSHK 76)*	Aroma, pH-Wert-Absenkung Nitratreduktasebildner

Starterkulturen zur Verarbeitung pflanzlicher Lebensmittel (Forts.)

Produktgruppe	Erzeugnis	Mikroorganismus	Bemerkung
Einzellerprotein (SCP)	Proteine	*Methylanonas clara* *Spirulina platensis (Blaualge)* *Scenedesmus obliquus (Grünalge)*	
Citronensäure		*Aspergillus niger* *Candida lipolytica*	
Aminosäuren	L-Methionin L(+)Glutaminsäure L(+)Lysin L(+)Cystein	*Corynebacterium glutamicum* *Arthrobacter paraffines,* *Brevibacterium flavum,* *C. glycinophilum* *Aerobacter aerogenes*	
Geschmacks-Aromastoffe	Inosinsäure	*Brevibacterium ammoniagenes*	Fertiggerichte
	Guanylsäure	*Bacillus subtilis, C. glutamicum*	Fertiggerichte
	Käsearoma	*Penicillium roqueforti*	Käsecreme
Geliermittel	Alginat Xanthan Pullulan	*Azotobacter vinelandii* *Xanthomonas campestris* *Aureobasidium pullulans*	Speiseeis Instantpudding Schmelzkäsezubereitung Getränke
Ostasiatische Spezialitäten	Tempeh	*Rhizopus oligosporus* *Actinomucor elegans*	(Fischsauce)
	Sake, Miso, Shoyu	*Aspergillus oryzae*	(Sojasauce)
Erläuterungen:	C. - Corynebacterium L. - Lactobacillus Leu. - Leuconostoc Sa. - Saccharomyces St. - Streptococcus		

Stearin: eine hauptsächlich aus Palmitin- und Stearinsäure bestehendes Gemisch. S. wird durch Fettspaltung und anschließende Reinigung der Fettsäuren durch Wasserdampf- oder Hochvakuumdestillation hergestellt. Durch Pressen werden Anteile flüssiger Fettsäuren, z. B. Ölsäure, entfernt. S. ist ein weißes bis gelbliches Produkt, F. zw. 50°C und 56°C, und wird zur Herstellung von Kerzen sowie in der Textil-, Seifen-, Gummi-, Leder- und kosmetischen Industrie verwendet.

Stearinalkohol → Fettalkohole

Stearinöl → Ölsäure

Stearinsäure (570), *n-Octadecansäure:* eine gesättigte Monocarbonsäure der Formel CH_3-$(CH_2)_{16}$-COOH.
S. kommt als Bestandteil von Triglyceriden in nahezu allen tierischen und pflanzlichen Fetten vor z.B. in Milchfett (5···15 %), Schweineschmalz (10···12 %), Rindertalg (14···30 %), Kakaobutter

(30···35 %), in großen Mengen in hydrierten Fetten und Ölen sowie in Phosphatiden, z. B. den Cephalinen. Frei kommt sie z. B. in Kornfuselöl, verschiedenen Pilzen, Hopfen und Rindergalle vor. S. bildet weiße, glänzende Blättchen, F. 69,6 °C. Ihre Salze und Ester heißen *Stearate*. S. wird verwendet zur Herstellung von Kerzen, Seifen, Netz- und Schaummitteln, kosmetischen und pharmazeutischen Präparaten und bei der Kautschukverarbeitung. Außerdem dient die S. sowie deren Calcium- und Magnesiumsalze als → *Trennmittel* für Süßwaren, Backpulver, Zwiebel- und Knoblauchgranulate.

Stearylalkohol → Fettalkohole

Stearyltartrat (E 483): Mono- und Diester gesättigter Fettalkohole mit Weinsäuren. Sie besitzen ähnliche Eigenschaften wie die Mono- und Diglyceride der Speisefettsäuren. Sie werden als Backmittel und zur Verbesserung der Backeigenschaft von Weizenmehl eingesetzt.

Stearyl-velutinal → Pilzgifte

Stechsalat → Pflücksalat

Steckrübe → Kohlrübe

Steckzwiebel → Säzwiebel → Lauch 3.

Steinbeere → Bärentraube, Echte

Steinbeißer → Katfisch

Steinbirne → Felsenbirne

Steinböckle → Felsenbirne

Steinbrecherbibernelle → Pfefferwurzel

Steinbuscher: erstmals um 1860 im ehem. Gut Steinbusch in der Nähe von Choszcna (Polen) hergestellter *halbfester Schnittkäse,* der eine Mittelstellung zw. Tollenser und Limburger einnimmt. S. wird in den östlichen Bundesländern mit 30 %, 45 % und 50 % F. i. Tr. hergestellt. Die Rinde ist glatt mit möglichst wenig gelb-brauner bis rötlicher, etwas feuchter Schmiere. Das strohgelbe und geschmeidige Käseinnere weist vereinzelt Bruchlöcher auf. Der Geruch ist rein und aromatisch, der Geschmack mild, leicht pikant und schwach säuerlich. → Schnittkäse

Steinbutt → Plattfische

Steineiche → Edelbrand

Steinforelle → Bachforelle → Forelle

Steinfrucht: 1. Fruchttyp in Form einer saftigen → Schließfrucht, bei der nur der äußere Teil der Fruchtwand fleischig, der innere dagegen hart ist. Zu den S. zählen z. B. *Achua, Acaitumo, Acerola, Aprikose, Kirsche, Kokosnuß, Pflaume, Mandel, Walnuß.* → Steinobst
2. Frucht verschiedener Birnensorten, deren Fruchtfleisch eine Erkrankung aufweist, die sich im nestartigen Auftreten von Festigungsgewebe bzw. sog. *Steinzellen* zeigt. Für die sog. *Steinfrüchtigkeit* gibt es verschiedene Ursachen: a) ungeeigneter, bes. flachgründiger Boden, der zum Krüppelwuchs der Birnenfrüchte führt, b) vernarbte Wunden durch Hagelschlag, die buckelige Früchte mit Steinzellen zur Folge haben können, c) Steinzellenbildung durch Wanzen-Einstiche und d) viröse Birnensteinigkeit, die zu buckeligen Früchten führt, ohne am Baum etwas krankhaftes festzustellen.

Steingarnele → Ostseegarnele → Krebstiere

Steinhäger: eine wacholderhaltige Spirituose, gebrannt aus Wacholderlutter (→ Lutter) und Primasprit (= Neutralalkohol). Der bisherige Gattungsbegriff S. ist durch EG-Recht wieder zur Herkunftsangabe umgewandelt, so daß der S. nur noch im westfälischen Steinhagen hergestellt werden darf. Im Vergleich zu → Wacholder oder → Genever müssen bei einem S. zumindest teilweise Wacholderbeeren vergoren werden. Das Steinhäger-Destillat wird bei einem Ethanolgehalt von 75 %-Vol. und mit aufbereitetem Trinkwasser auf Trinkstärke mit einem Mindestethanolgehalt von 38 %-Vol. herabgesetzt und in glasierten Steinzeugkrügen oder typischen Glasflaschen vermarktet.

Steinhirse → Tee, römischer

Steinklee: die getrockneten Blätter und blühenden Triebe von *Melilótus officinális* Lam. emend. Thuill. (Familie *Fabáceae*), die in der Medizin und vereinzelt für bestimmte → Würzmittelmischungen, z. B. → *Scharena Ssol* und → *Ssminduch,* Verwendung finden.

Steinklee, blauer → Zigerklee

Steinkrabbe → Krebstiere

Steinmetzbrot → Nafamehl → Nafabrot

Steinmetzmehl: ein → Spezialmehl aus Brotgetreide (Weizen und/oder Roggen), dem vor der Vermahlung durch Naßschälung der größte Teil der äußeren Fruchtschale (Hülse, daher auch Enthülsung = *Dekortisation),* mit daran möglicherweise anhaftenden Schmutz- und Fremdstoff-Verunreinigungen entzogen ist. Bei dem Naßschälverfahren, das auf ein Patent von *Stephan Steinmetz* um die Jahrhundertwende zurückgeht, wird der Ballaststoffgehalt des Kornes um 25···30 % reduziert. Das aus dem S. hergestellte Brot heißt *Steinmetzbrot.*

Steinnuß → Paranuß

Steinobst: handelsübliche Sammelbez. für einsamige, fleischige, saftige, als → Obst verwendete *Steinfrüchte* von Süßkirsche, Sauerkirsche, Pflaume, Pfirsich, Aprikose. Die Früchte des S. haben eine äußere Schicht, die Fruchtschale, darunter das Fruchtfleisch, das den ungenießbaren Samen (Fruchtstein) umschließt. Die zahlreichen Sorten der Steinobstarten s. Übersicht folgende Seiten, Zusammensetzung und Energiewert s. Tab. Seite 618.

Ausgewählte Steinobstarten und -sorten (nach der Genußreife geordnet)

Art und Sorten	Zeit der Einführung als Handelsobjekt	Entstehung	Genußreife	Anbauart	Verwendung	Bemerkungen
Süßkirschen						
'Kassins Frühe'	1860	Zufallssämling	2. bis 3. Kirschenwoche	allg. Anbau	Frischverzehr	
'Early Rivers'	1869	Sämling von 'Early Purple'	2. bis 3. Kirschenwoche	allg. Anbau	Frischverzehr	
'Nalina'	1986	aus 'Braunauer' frei abgeblüht	2. bis 3. Kirschenwoche	allg. Anbau	Frischverzehr	
'Burlat'	1983	alte franz. Sorte	2. bis 3. Kirschenwoche	allg. Anbau	Frischverzehr	
'Knauffs Schwarze'	zwischen 1820 u. 1940	wahrscheinlich Zufallssämling	3. Kirschenwoche	allg. Anbau	Frischverzehr	
'Valerij Tschkalow'	in den 30er Jahren	Sämling von *Desowaja*	3. Kirschenwoche	allg. Anbau	Frischverzehr	
'Teickners Schwarze Herzkirsche'	um 1920	Zufallssämling	3. Kirschenwoche	allg. Anbau	Frischverzehr und Verarbeitung	

Ausgewählte Steinobstarten und -sorten (nach der Genußreife geordnet) (Forts.)

Art und Sorten	Zeit der Einführung als Handelsobjekt	Entstehung	Genußreife	Anbauart	Verwendung	Bemerkungen
'Werdersche Braune'	Mitte des 19. Jh.	unbekannt	3. Kirschenwoche	allg. Anbau	Frischverzehr und Verarbeitung	
'Schmahlfelds Schwarze'	um 1870	unbekannt	4. Kirschenwoche	allg. Anbau	Frischverzehr und Verarbeitung	
'Farnstädter Schwarze'	unbekannt	unbekannt	4. Kirschenwoche	allg. Anbau	Frischverzehr und Naßkonserve	
'Sam'	1953	Sämling von *'Windsor'*	4. Kirschenwoche	allg. Anbau	Frischverzehr und Naßkonserve	
'Van'	1944	Sämling von *'E. Eugenie'*	4. Kirschenwoche	allg. Anbau	Frischverzehr und Naßkonserve	
'Spanische Korpel'	unbekannt, vor 1910 schon im Anbau	unbekannt	4. Kirschenwoche	allg. Anbau	Frischverzehr und Verarbeitung	
'Hedelfinger'	Mitte des 19. Jh.	Sämling	5. Kirschenwoche	allg. Anbau	Frischverzehr und Verarbeitung	
'Querfurter Königskirsche'	Mitte des 19. Jh.	unbekannt	5. Kirschenwoche	allg. Anbau	Frischverzehr und Verarbeitung	
'Altenburger Melonenkirsche'	1806	Sämling	5. Kirschenwoche	allg. Anbau	Frischverzehr und Verarbeitung	
'Große Schwarze Knorpel'	unbekannt sehr alte Sorte	unbekannt	5. Kirschenwoche	allg. Anbau	Frischverzehr und Verarbeitung	
Sauerkirschen						
'Werdersche Glaskirsche'	unbekannt	Findling	3. bis 4. Kirschenwoche	für Kleinerzeuger	Frischverzehr und Verarbeitung	
'Namosa'	1986	*'Farnstädter Schw.'* frei abgeblüht	5. Kirschenwoche	allg. Anbau	Frischverzehr und Verarbeitung	

Ausgewählte Steinobstarten und -sorten (nach der Genußreife geordnet) (Forts.)

Art und Sorten	Zeit der Einführung als Handelsobjekt	Entstehung	Genußreife	Anbauart	Verwendung	Bemerkungen
'Kordia'	1983	unbekannt Sämling ČR und SR	5. Kirschenwoche	allg. Anbau	Frischverzehr und Verarbeitung	
'Fanal'	1964	unbekannt	5. Kirschenwoche	allg. Anbau	für alle Verarbeitungsarten	
'Kelleris 16'	in den 50er Jahren	aus *('Ostheimer Weichsel' x 'Früheste der Mark x Königin Hortense'*	5. Kirschenwoche	allg. Anbau	für alle Verarbeitungsarten	
'Schattenmorelle'	unbekannt sehr lange im Anbau	unbekannt	6. Kirschenwoche	allg. Anbau	für alle Verarbeitungsarten	
Pflaumen						
'Lützelsachser'	1914	Zufallssämling	Mitte Juli bis Anfang August	allg. Anbau	Frischverzehr und Belegfrucht	
'Frigga'	1970	aus *'Frühe Fruchtbare'* frei abgeblüht	Ende Juli bis Anfang August	allg. Anbau	Frischverzehr, Kompott, Marmelade, Saft	
'Czar'	um 1870	aus *'Prinz Engelbert' x 'Early Prolific'* gezogen	Anfang bis Mitte August	allg. Anbau	Frischverzehr	folgert in der Reife
'Ontariopflaume'	1874	unbekannt	Anfang bis Mitte August	für Kleinerzeuger	Frischverzehr und Kompott	
'Oullins'	1860	unbekannt	Mitte August	für Kleinerzeuger	Frischverzehr und Kompott	
'Nancymirabelle'	unbekannt, sehr lange im Anbau	unbekannt	Mitte bis Ende August	allg. Anbau	Frischverzehr und Verarbeitung	
'Althann'	zwischen 1850 und 1860	aus *'Große Grüne Reneklode'*	Ende August bis Anfang September	allg. Anbau	Frischverzehr und Verarbeitung	
'Große Grüne Reneklode'	unbekannt, sehr lange im Anbau	unbekannt	Anfang bis Mitte September	allg. Anbau	Frischverzehr und Verarbeitung	

Ausgewählte Steinobstarten und -sorten (nach der Genußreife geordnet) (Forts.)

Art und Sorten	Zeit der Einführung als Handelsobjekt	Entstehung	Genußreife	Anbauart	Verwendung	Bemerkungen
'Wangenheim'	1837	wahrscheinlich Zufallssämling	Ende August bis Anfang September	allg. Anbau	Frischverzehr und alle Verarbeitungsarten	
'Stanley'	1913	aus *'Agen'* x *'Großherzog'*	Anfang bis Mitte September	allg. Anbau	Frischverzehr, Sterilkonserve, Saft	
'Werdersche Hauszwetsche' *'Stendaler Hauszwetsche'* *'Prettiner Hauszwetsche'*	1959	aus dem Formengemisch der heimischen September-Hauszwetschen ausgelesen	September	allg. Anbau	Frischverzehr und alle Verarbeitungsarten	
'Anna Späth'	1870	als Sämling gefunden	Ende September bis Anfang Oktober	Selbstversorgeranbau	Frischverzehr und häusliche Verarbeitung	
Pfirsiche						
'Sieger'	1901	als Sämling gefunden	2. Pfirsichwoche	allg. Anbau	Frischverzehr	nicht steinlösend
'Amsden'	1868	als Sämling gefunden	3. Pfirsichwoche	allg. Anbau	Frischverzehr	nicht steinlösend
'Elma'	1975	aus *'Elberta'* x *'Mayflower'*	3. Pfirsichwoche	allg. Anbau	Frischverzehr	bei Vollreife steinlösend
'Sunhaven'	um 1940	aus *'Redhaven'* x *'SH 50'*	4. bis 5. Pfirsichwoche	versuchsweiser Anbau	Frischverzehr und Verarbeitung	steinlösend, gelbfleischig
'Triumph'	1895	aus Sämling von *'Alexander'*	5. Pfirsichwoche	Selbstversorgeranbau	Frischverzehr und häusliche Verarbeitung	gelbfleischig
'Redhaven'	1930	aus *'Halehaven'* x *'Kalhaven'*	5. bis 6. Pfirsichwoche	versuchsweiser Anbau	Frischverzehr und Verarbeitung	steinlösend, gelbfleischig

Ausgewählte Steinobstarten und -sorten (nach der Genußreife geordnet) (Forts.)

Art und Sorten	Zeit der Einführung als Handelsobjekt	Entstehung	Genußreife	Anbauart	Verwendung	Bemerkungen
'Bero'	1970	Auslese aus *'Beste von Rothe'*	6. bis 7. Pfirsichwoche	versuchsweiser Anbau	Frischverzehr und Verarbeitung	steinlösend
'Pilot'	1971	als Sämling *'Prinz'* eingeführt	6. bis 7. Pfirsichwoche	versuchsweiser Anbau	Frischverzehr und Verarbeitung	steinlösend
'South Haven'	1911	als Knospenmutation gefunden	8. bis 9. Pfirsichwoche	versuchsweiser Anbau	Frischverzehr und Verarbeitung	steinlösend, gelb-fleischig
'Naundorfer'	in der 1. Hälfte des 20. Jh.	Zufallssämling	8. bis 9. Pfirsichwoche	allg. Anbau	Frischverzehr und Verarbeitung	steinlösend
'Proskauer'	1871	aus Sämlingsbeständen ausgelesen	9. Pfirsichwoche	allg. Anbau	Frischverzehr und Verarbeitung	steinlösend
'Vorgebirgspfirsich'	Ende des 19. Jh.	aus Sämlingsbeständen ausgelesen	10. Pfirsichwoche	allg. Anbau	Frischverzehr und Verarbeitung	steinlösend
Aprikosen						
'Marena'	1971	aus Sortimentsbeständen ausgelesen	Anfang August	allg. Anbau	Frischverzehr und Verarbeitung	nur für erprobte Standorte
'Ungarische Beste'	um 1860	Zufallssämling	Anfang bis Mitte August	allg. Anbau	Frischverzehr und Verarbeitung	nur für erprobte Standorte

Steinofenbrot → Brot → Holzofenbrot

Steinpetersilie → Pfefferwurzel

Steinpflaster: eine → Lebkuchenbackware mit einem Oberflächenmuster (aus weißem oder rosafarbenem Zuckerüberzug), das wie Pflastersteine aussieht und die Form eines kleinen, gewölbten Ringstückes aufweist. → Pflasterstein

Steinpilz → *Boletáceae* → Würzpilze

Steinquendel → Wald-Bergminze → Katzenminze

Steinsalz → Speisesalz

Steinsalz, denaturiertes: ein durch Zusatz von mind. 0,1 % Eisenoxid (Fe_2O_3) für den menschlichen Genuß ungenießbar gemachtes → Speisesalz. Das rötlich gefärbte steuerfreie d. S. dient zur Verfütterung an Tiere (*Viehsalz*), für technische Zwecke, z. B. als Zusatz zu Kältemischungen und zur Verhinderung des Einfrierens von Weichen usw. → Speisesalz

Steinsame → Tee, römischer

Zusammensetzung und Energiewert ausgewählter Steinobstarten

		Süß-kirschen	Sauer-kirschen	Pflaumen	Mirabellen	Renekloden	Pfirsiche	Aprikosen
		Durchschnittl. Gehalt im eßbaren Anteil von 100 g käuflicher Rohware						
Feuchtigkeit	in g	74,40	75,50	80,60	77,50	77,50	80,50	79,30
Eiweiß	in g	0,71	0,801	0,66	0,686	0,758	0,66	0,88
Fett	in g	0,45	0,445	0,09	0,188	-	0,09	0,09
Kohlenhydrate	in g	11,3	10,9	10,1	12,8	14,2	8,5	10,2
Ballaststoffe	in g	1,7	1,0	2,2	2,5	3,2	1,8	2,0
Mineralstoffe	in g	0,53	0,445	0,47	0,432	0,576	0,50	0,56
Caroten	in mg	0,267	0,027	0,143	-	0,173	0,423	1,07
Vitamin B_1	in mg	0,029	0	0,066	-	-	0,037	0,037
Vitamin B_2	in mg	0,030	0	0,036	-	-	0,046	0,046
Vitamin B_6	in mg	0,040	-	0,042	-	-	0,029	-
Vitamin C	in mg	9,40	10,70	5,60	6,77	5,57	10,20	6,50
Natrium	in mg	1,63	1,80	2,07	-	0,72	2,80	1,40
Kalium	in g	0,202	0,102	0,157	0,216	0,233	0,202	0,281
Calcium	in mg	14,20	-	12,50	11,30	12,80	4,60	13,20
Eisen	in mg	0,40	0,534	0,38	0,47	1,09	1,20	0,60
Energiewert in kJ (kcal) je 100 g eßbaren Anteils		218 (52)	209 (50)	184 (44)	234 (56)	251 (60)	159 (38)	188 (45)

Steinseeigel → Seeigel

Stellária média → Vogelmiere → Wildkräuter

Stempelfarben: Farbstoffe und Pigmente, die ausschl. zum Stempeln der Oberfläche von Lebensmitteln oder deren Verpackungsmittel verwendet werden dürfen. Bedarf dafür kann bestehen z. B. in der Fleischbeschau zum Stempeln der Schlachttierkörper (→ Fleisch), zum Färben, Bemalen und Lackieren der Schale von Eiern (Eierfarben). Wichtige und zugelassene Stempelfarben sind:

C2 Methylviolett B	C9 Ceresgelb GRN
C3 Viktoriablau R	C11 Sudanblau II
C4 Viktoriablau B	C12 Ultramarin
C5 Acilanbrillantblau FFR	C13 Phthalocyanblau
C7 Naphtholgrün B	C14 Phthalocyangrün
C8 Acilanechtgrün 10G	Echtsäureviolett R

sowie alle anderen zur Färbung von Lebensmitteln zugelassenen Farbstoffen. → Lebensmittelfarbstoffe

'Stendaler Hauszwetsche' → Pflaume → Steinobst

Stengelgemüse, *Stielgemüse:* eine nach dem benutzten Pflanzenteil handelsübliche Sammelbez., z. B. für → Spargel → Rhabarber → Stielmangold → Bleichsellerie und → Gemüsefenchel.

Stengelmangold → Stielmangold

Stenocéreus thúrberi → Céreus

Stenotómus chrýsops → Meerbrassen

Stepnoi: *Hartkäse* mit 45 % F. i. Tr. aus der GUS. → Käsesorten

Steppenkäse: ein *fester Schnittkäse,* der in den Fettstufen 30 % und 45 % F. i. Tr. hergestellt wird. S. hat eine glatte Rinde mit gut angetrockneter rötlich-gelber Schmiere oder Plastsuspension. Das strohgelbe, geschmeidige Innere zeigt geringe Gerstenkorn- oder Schlitzlochung. Der Geruch ist rein und aromatisch, der Geschmack mild bis leicht pikant, auch leicht säuerlich. Weite Verbreitung haben der dänische S. (Danboekäse) und der Stepnoi aus der GUS gefunden. → Schnittkäse

Steppensalz: aus Ablagerungen der Salzsteppen, z. B. im Süden der GUS, gewonnenes → Speisesalz, das je nach dem Gehalt an Verunreinigungen noch aufbereitet wird.

Stercúlia foetida → Elefantenmandel

Stercúlia gum → Karayagummi

Stercúlia úrens → Karayagummi

Sterculiasäure → Sterculsäure

Sterculsäure (*Sterkulsäure*), *Sterculiasäure, Cyclopropylen-nonadec-9-en-säure, ω-(2n-Octylcycloprop-9-enyl)-octansäure:* eine Monocarbonsäure der Formel

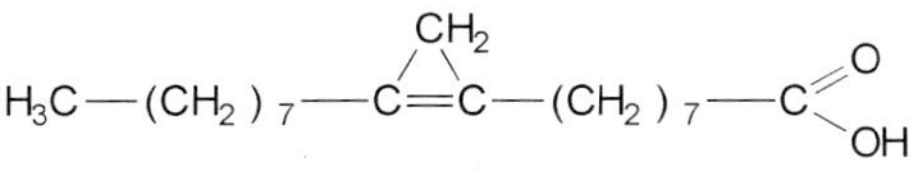

Die Fettsäuren des Samens von *Stercúlia foetida* L. enthalten 70 % S., Kapoköl enthält 15 % S.; im Baumwollsaatöl ist sie in geringen Mengen vorhanden. Auf Grund ihrer chemischen Eigenschaften ist S. in der Lage, schon bei Zimmertemperatur sehr schnell zu polymerisieren. S. wirkt bei Verfütterung größerer Mengen (etwa 1···2 % im Futter) stark toxisch; bes. junge Tiere weisen eine hohe Sterblichkeitsrate auf, ältere Tiere werden steril. Außerdem findet man Störungen im Eisenstoffwechsel, und neuerdings wird der S. eine cokanzerogene Wirkung zugeschrieben. Wirkungen auf den menschlichen Organismus sind noch wenig erforscht.

Sterilmilch: innerhalb von 22 h nach dem Melken homogenisierte und nach einem anerkannten Sterilisierungsverfahren erhitzte *Vollmilch mit langer Haltbarkeit.* Ernährungsphysiologisch ist die S. der frischen Trinkvollmilch nicht ebenbürtig, da bei der angewendeten hohen Temperatur (→ 100 °C) einige Vitamine, vor allem aber Geschmacksstoffe, beeinträchtigt werden. Sie wird deshalb bevorzugt zum Backen und zur Bereitung von Speisen verwendet. → Dauermilcherzeugnis

Sterine → Sterole

Sterlet → Störe

Sternanis, *Badian:* die reife, getrocknete, sternförmige Sammelfrucht mit 6 bis 8 ungleich großen (12···17 mm) kahnförmigen Einzelfrüchten, die je einen braunen, glänzenden, glatten, eiförmigen Samen enthalten, von *Illícium vérum* Hook (Familie *Illiciáceae*) eines in Südostasien (China, Vietnam) heimischen Baumes. Der Gehalt an ätherischem Öl (2,5···5 %), das hauptsächlich → *Anethol,* ferner verschiedene Carbonsäuren (Protokatechu-, Shikimisäure u. a.) enthält, und fettes Öl (bis 20 %) verleiht dem als Gewürz (auch für Likör, z. B. *Anisette*) verwendeten S. den stark aromatischen Geruch und Geschmack. S. wird gemahlen zum Würzen für verschiedene Backwaren, wie Pfefferkuchen, Feingebäck, Brezeln, für Süßspeisen und Süßwaren, Marmelade, Pudding und Bonbons verwendet. In den Herkunftsländern dient er mit anderen Gewürzen, wie Knoblauch, Pfeffer u. a. zur Bereitung von Soßen für Reis-, Eier- und Gemüsegerichte.

Sternanis, Heiliger → Sternanis, Japanischer

Sternanis, Japanischer, *Heiliger Sternanis:* ein in Japan und Korea kultivierter Anisbaum, *Illícium anisátum L.,* Syn. *I. religiósum* Sieb. et Zucc. (Familie *Illiciáceae*), dessen Früchte und Blätter vorwiegend medizinischen und in sehr geringem Ausmaß auch Würzzwecken dienen, da die Früchte im Vergleich zum → Sternanis die giftigen Sesquiterpenlactone Anisatin und Neoanisatin aufweisen, die Lähmungserscheinungen hervorrufen können. → Shikimifrucht

Sternanisöl: das meist aus den frischen Früchten des → Sternanis durch Wasserdampfdestillation gewonnene ätherische Öl. Die farblose bis hellgelbe Flüssigkeit enthält 85···90 % *Anethol, Phellandren, Safrol, Eugenol, Pinen* u. a. Das S. erstarrt durch den hohen Anetholgehalt bereits bei +15°C zu einer weißen, weichen kristallinen Masse. Der Geruch ist würzig anisartig, der Geschmack süßlich aromatisch. Das S. dient den gleichen Verwendungszwecken wie Sternanis.

Sternapfel: grünliche oder rötlichpurpurne Frucht des *Goldblattbaumes, Chrysophýllum cainíto* L. (Familie *Sapotáceae*), der in den amerikanischen Tropen als Zier- und Obstbaum angebaut wird. Der Querschnitt der Frucht zeigt die sternförmig angeordneten Samen. Der S., der ein weißes gallertartiges Fruchtfleisch hat, wird nach Entfernen der Fruchtschale, die einen unangenehm schmeckenden Milchsaft enthält, frisch verzehrt. Er ist ein wenig bedeutender Verwandter der → *Sapodilla*.

Sternapfel, Weißer: die Früchte des im tropischen Westafrika bis 30 m Höhe erreichenden und in Nigeria als Bini, Igbo oder Yoruba bezeichneten gigantischen Obstbaumes *Chrysophýllum álbidum* G. (Familie *Sapotáceae*). Die jährlich von Dez. bis März zu Tausenden heranwachsenden Steinfrüchte werden als Ganzes verzehrt, bevor die in ihnen befindlichen 1···6 Samen reif sind. Im reifem Stadium ist die Samenschale (Testa) so hart, daß die Früchte vor dem Verzehr geschält werden müssen. Der Extrakt aus Samen und Wurzeln des Baumes wird als Dermatikum verwendet, das Antihistaminaktivität besitzt. Der hohe Eiweißgehalt der Samen (mit 12,2 % Feuchtigkeit im Durchschnitt) läßt den W. S. für Anreicherungszwecke geeignet erscheinen, zumal der Gehalt an essentiellen Aminosäuren rel. hoch ist (s. Tab.). Die geschälten, von den harten Samenschalen befreiten Früchte weisen, (bezogen auf 100 g Trockenmasse) folgende Zusammensetzung auf: 36,4 g Eiweiß, 5,2 g Fett, 3,16 g Kohlenhydrate, 7,1 g Ballaststoffe, 10,9 g Mineralstoffe, 580 mg Kalium, 350 mg Calcium, 2130 mg Magnesium und 210 g Phosphor. Der Gehalt an reduzierenden Zuckern beträgt bezogen auf den Gesamtkohlenhydratgehalt: 9,5 % Arabinose, 25,6 % Galactose, 22,0 % Glucose und 38,4 % Mannose.
Das Fett des W. S. enthält, bezogen auf den Gehalt an Gesamtfettsäuren: 16,3 % Palmitin-, 5,9 % Stearin-, 41,5 % Öl-, 30,9 % Linolen- und 1,6 % Arachidonsäure. → Samenmehl, eiweißreiches

Der Aminosäuregehalt von Samen (ohne Testa) des Weißen Sternapfels (in % des Gesamtaminosäuregehaltes)

Essentielle Aminosäuren	
Lysin	5,82
Histidin	3,13
Phenylalanin	5,0
Leucin	8,06
Isoleucin	4,6
Threonin	4,1
Methionin und Cystin	3,0
Valin	2,85
Nicht essentielle Aminosäuren	
Asparaginsäure	12,84
Serin	5,72
Glutaminsäure	17,55
Prolin	7,06
Glycin	3,26
Alanin	6,2
Tyrosin	4,45

Sternchen → Cräcker

Sterngucker → Petermännchen

Sternhausen → Störe

Sternkraut → Labkraut, Echtes

Sternmiere → Vogelmiere

'Sternsbär' → Weichsel

Sternstäubling → *Mycenastráceae*

Steroid-Alkaloide → Alkaloide → Solanin

Steroide: im Tier- und Pflanzenreich weit verbreitete Gruppe von Polyaromaten komplizierter chemischer Struktur. Grundgerüst der S. ist das Steran (1H-Cyclopenta[a]perhydrophenanthren,

Perhydro-1H-cyclopenta[*a*]phenanthren), bestehend aus einem hydrierten Phenanthrenringsystem (A, B, C) mit ankondensiertem Fünfring (D).

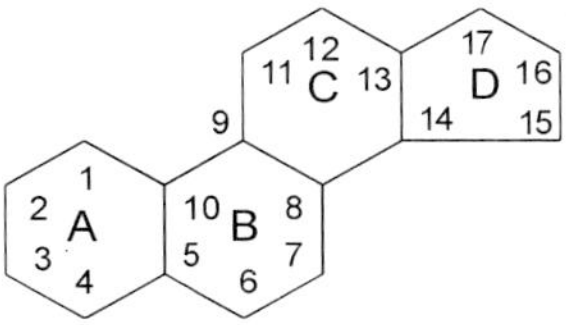

Die meisten natürlichen S. enthalten an den C-Atomen 10 und 13 je eine anguläre Methylgruppe und am C-Atom 17 eine aliphatische Seitenkette. Auf Grund der unterschiedlichen Stellung der substituierten Methylgruppen zur Ringebene zeigen die S. cis-trans-Isomerie. Auch die Ringe A und B können diese Isomerie haben. Bisher kennt man über 15 000 S. Die wichtigsten Gruppen der S. sind die *Sterole (Cholesterol, Ergosterol* u. a.), *Gallensäuren, Steroidhormone (*Sexualhormone, Nebennierenrindenhormone), *Saponine, Steroidalkaloide* (Solanidin), *Digitalisglycoside, Kröten-* und *Salamandergifte.* Als Homosteroide werden Verbindungen mit einem Sechsring (Ring D der Formel), als Norsteroide Verbindungen mit einem Vierring (Ring D der Formel) bezeichnet. → Sterole → Gallensäuren → Alkaloide

Sterole, *Sterine:* stickstofffreie, polycyclische, hydro-aromatische Verbindungen, Derivate des Sterans bzw. des Perhydro-1H-cyclopenta[a]phenanthrens (Formel s. unten).

Die Kohlenstoffringe können miteinander in cis- oder trans-Stellung verknüpft und die Substituenten an den C-Atomen 3, 5, 8, 10, 14 und 17 β-ständig (oberhalb der Ringebene, ausgezogene Verbindungslinie) oder α-ständig (unterhalb der Ringebene, punktierte Verbindungslinie) gebun-

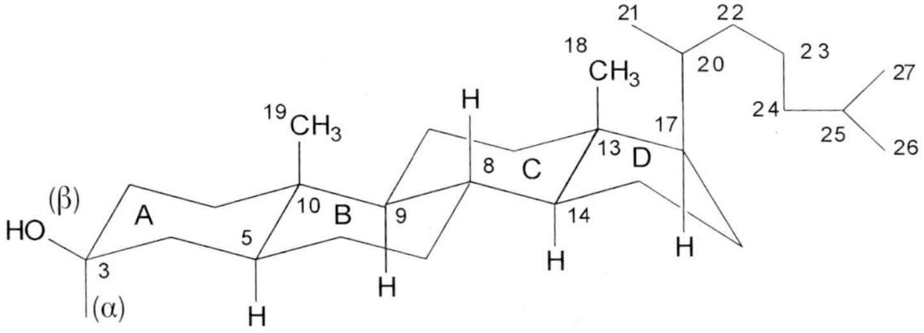

(5 α-Dihydrocholesterol (5 α-Cholestan-3-β-ol))
(Stellung der Ringe A–D: trans)

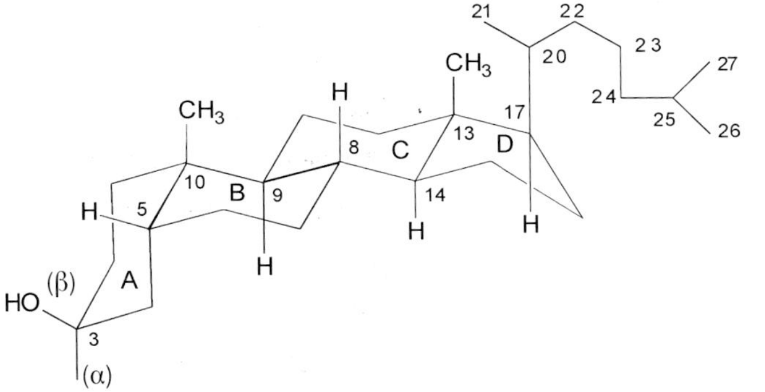

(5 β-Cholestan-3-ol) (Stellung der Ringe AB: cis, BCD: trans)

den sein. Während die Ringe A und B sowohl in cis- als auch trans-Stellung auftreten, sind die Ringe B und C sowie C und D bei allen natürlichen S. trans-ständig. Die S. sind sekundäre Alkohole und kommen in freier Form, z. T. aber auch mit Fettsäuren verestert, vor. S. sind gut kristallisierende, in Wasser unlösliche, aber in Fett und Fettlösungsmitteln gut lösliche Verbindungen. Sie sind ständige Begleiter der Phosphatide. Entsprechend ihrem Vorkommen teilt man die S. ein in tierische Sterole (*Zoosterole*), pflanzliche Sterole (*Phytosterole*) und Pilzsterole (*Mykosterole*). Freie S. bilden mit Digitonin schwer lösliche Molekülverbindungen; deshalb dient die Digitoninfällung der Isolierung der S. Die Identifizierung der S. läßt Rückschlüsse auf die Herkunft der Fette zu und hat damit analytische Bedeutung für den Nachweis pflanzlicher Fette, in tierischen bzw. tierischer Fette in pflanzlichen. Die in Lebensmitteln vorkommenden Sterole s. Übersicht Seite 623–626. → Steroide

Sterolester → Lipoide

Sterz: eine in Südosteuropa verbreitete steife → Breizubereitung aus → Mais (*Maissterz*) oder → Buchweizen (*Heidensterz*).

Steviosid [13-(2-0-β-D-Glucopyranosyl-α-D-glucopyranosyl)oxyl]-kaur-16-ensäure-19-β-D-glucopyranosyl-ester: Süßungsmittel aus der westafrikanischen Pflanze *Stévia rebaudíana* (Bertoni) Hemsl. Es ist ein Glycosid aus Steviol, einem Diterpen und drei Glucosemolekülen, von denen zwei in Form des Disaccharids Sophorose vorliegen. Formel:

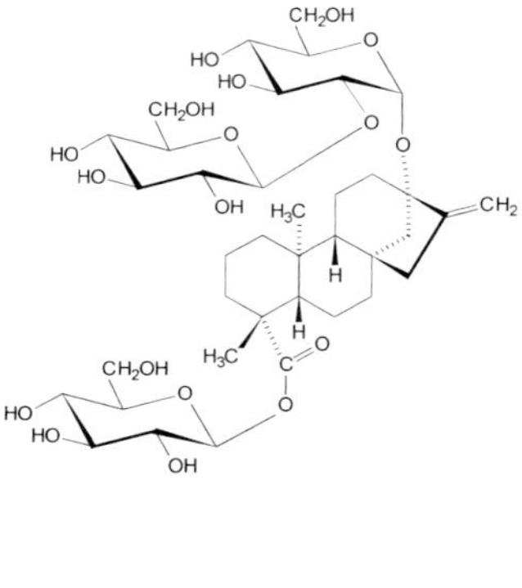

Die Löslichkeit in Wasser ist gering. Neben der Süße tritt ein lakritzartiger Nebengeschmack auf. Die → *Süßkraft* beträgt etwa 300. S. wird in Japan gehandelt.

Stich: Schlachtkörperteilstücke

Stichopus → Seewalzen

Sticklets → Fritini

Sticks: 1. → Gefrierfischerzeugnisse
2. → Laugendauerbackware

Stickstoff: Schutzgas, Treibgas und Kontaktgefriermittel. Durch Verdrängung des Sauerstoffs mit S., oft auch in Mischung mit Kohlendioxid, kann einer unerwünschten oxydativen oder mikrobiologischen Veränderung entgegengewirkt werden. Weiterhin findet es Einsatz zum Kühlen und Gefrieren von Lebensmitteln. Das Mahlen von Gewürzen unter tiefkühlem S. verringert Aromaverluste. Anwendung bei Fisch-, Fleisch- und Käseerzeugnissen, Snackprodukte, Obsterzeugnisse, Getränke und Gewürze. → Schutzgase

Stielmangold, *Stengelmangold, Rippenmangold, Römischer Kohl, Schweizer Mangold, Römische Bete, Cardonen-Bete:* eine Varietät des → Mangolds mit stark verbreiterter Mittelrippe bei gleichzeitiger Verminderung der verbleibenden Blattspreitenfläche, *Béta vulgáris, var. flavéscens* DC. (Familie *Chenopodiáceae*), dessen Stiele und Blattrippen wie Spargel zubereitet werden können. Intensiv gefärbte Sippen werden auch als Zierpflanzen genutzt. Es gibt weiß-, gelb-, grün- und rotstieligen S. → Gemüse

Stielmus → Speiserübe

Stielpfeffer → Kubebenpfeffer

Stielsellerie → Bleichsellerie

Stier → Fleischtiere

Stierkalb → Fleischtiere

Stigmastanol → Sterole

Δ^7-Stigmastenol → Sterole

Sterole in Lebensmitteln (die OH-Gruppe am C_3 ist β-ständig)

Sterin	Stellung der Ringe A und B	Ligand in °C	Ligand am C_{24}	F in °C	$[\alpha]_D^{20}$	Vorkommen
Zoosterole:						
→ *Cholesterol (Cholesterin, veraltet) (Cholest-5en-3β-ol)*	–	–OH	–H	148,5	–31,59° (in Ether)	in allen tierischen Fetten, bes. reich im Rückenmark und Gehirn
Cholestenon (Cholest-4en-3-ol)	–	=O	–H	–	–	Schweineschmalz
Coprosterol (Koprostanol, Cholestan-3β-ol)	cis	–OH	–H	101	+23,5°	tritt als Fäulnisprodukt im Darm auf
Dihydrocholesterol (Cholestanol, Cholestan-3β-ol)	trans	–OH	–H	141...142	+28,8°	in geringen Mengen meist zusammen mit Cholesterol
Dehydrocholesterol-(7) (→ Provitamin D_3, Cholest-5,7-dien-3β-ol)	–	–OH	–H	142...143	–113°	Schweineschwarte, Haut
Phytosterole:						
Δ^7-Avenasterol (24-Ethyl-7,11-dien-3β-ol)	trans	–OH	$-C_2H_5$	145	+8,75° (in Thrichlormethan)	Haferöl
Daucosterol (Glycosid: 24-Ethyl-cholest-5en-3β-ol + 1 Mol Glucose)	–	–	–	305	–40,1 –49,6° (in Pyridin)	Mohrrüben, Orangen, Grapefruit
Brassicasterol (24-Ethyl-Cholest-5,22-dien-3β-ol)	–	–OH	$-CH_3$	148	–64,5° (in Trichlormethan)	Rüböl, Zuckerrohrwachs
Δ^5-Avenasterol (24-Ethyl-cholest-5,11-dien-3β-ol)	–	–OH	$-C_2H_5$	137	–37,6° (in Trichlormethan)	Haferöl

Sterole in Lebensmitteln (die OH-Gruppe am C_3 ist β-ständig) (Forts.)

Sterin	Stellung der Ringe A und B	Ligand in °C	Ligand am C_{24}	F in °C	$[\alpha]_D^{20}$	Vorkommen
α-Spinasterol (Bessisterol) (24-Ethyl-cholest-7,22-dien-3β-ol)	trans	-OH	$-C_2H_5$	169...175	−3,7° (in Trichlormethan)	Spinat, Koloquinten [*Citrúllus colocýnthis* (L.) Schrad.], Luzernesamöl]
β-Spinasterol	?	-OH	$-C_2H_5$	145...150	+5,9° (in Trichlormethan)	Spinat
γ-Spinasterol	?	-OH	$-C_2H_5$	159,5...160	optisch inaktiv	Spinat (als Glucosid)
α_1-Sitosterol (Cholestol, 24-Ethyl-cholest-5,8-dien-3β-ol)	–	-OH	$-C_2H_5$	144...166	−1,8° (in Ether)	sehr verbreitet, bes. in Mais-, Roggenkeim-, Weizenkeim-, Reiskeim-, Soja-, Sesam-, Lein-, Baumwollsamen-, Olivenöl sowie Apfeltrester[1]
α_2-Sitosterol (Cholestol)	–	-OH	?	156	+3,5° (in Trichlormethan)	
α_3-Sitosterol (Cholestol)	–	-OH	?	142...143	+5,2°	
β-Sitosterol (Cinchol, 24-Ethyl-cholest-5en-3β-ol)	–	-OH	$-C_2H_5$	136...137	−34,2° (in Ether)	
γ-Sitosterol (24-Ethyl-cholest-5,16-dien-3β-ol)	–	-OH	$-C_2H_5$	146	−42° (in Ether)	
δ-Sitosterol	?	-OH	?	146...147	−23,9° (in Trichlormethan)	Weizenkeimöl
Dehydro-β-sitosterol (Fukostanol, β-Sitostanol, Spinastanol, Stigmastanol, 24-Ethyl-cholestan-3β-ol)	trans	-OH	$-C_2H_5$	138...141	+24...28° (in Trichlormethan)	Mais-, Weizenkeim-, Reiskeimöl, Sojabohnenmehl
α-Spinasterylglycosid (α-Spinasterol + 1 Mol Glucose)	–	–	–	292	−34,1° (in Pyridin)	Zuckerrübenpulpe
Δ^7-Stigmastenol (24-Ethyl-cholest-7en-3β-ol)	trans	-OH	$-C_2H_5$	146	+9,1° (in Trichlormethan)	Weizen-, Roggenkeimöl

[1] gilt nur für β-Sitosterol

Sterole in Lebensmitteln (die OH-Gruppe am C_3 ist β-ständig) (Forts.)

Sterin	Stellung der Ringe A und B	Ligand in °C	Ligand am C_{24}	F in °C	$[\alpha]_D^{20}$	Vorkommen
Stigmasterol (24-Ethyl-cholest-5,22-dien-3β-ol)	–	-OH	$-C_2H_5$	174	−45°	Mais-, Kokosnuß-, Raps-, Reiskeim-, Sojaöl, Kakaofett
Campesterol (24-Methyl-cholest-5-en-3β-ol)	–	-OH	$-CH_3$	158	−33° (in Ether)	Raps-, Soja-, Weizenkeimöl
Mykosterole						
Ergosterol (→ Provitamin D, 24-Methyl-cholest-5,7,22-trien-3β-ol)	–	-OH	$-CH_3$	163	−132° (in Trichlormethan)	Butter, Lebertran, Milch, Eigelb, Hefe, Pilze
5,6-Dihydroergosterol (24-Methyl-cholest-7,22-dien-3β-ol)	–	-OH	$-CH_3$	174	−20,1° (in Trichlormethan)	Hefe, Mutterkorn
22(28)-Dehydroergosterol (24-Methylen-cholest-5,7-22-trien-3β-ol)	–	-OH	$=CH_2$	118...120	−78° (in Trichlormethan)	Hefe
α-Dihydroergosterol (24-Methyl-cholest-7,22-dien-3β-ol)	trans	-OH	$-CH_3$	172...175	−19...−20° (in Trihlormethan)	Hefe, Mutterkorn, Weizenkeimöl, grüner Tee
Ascosterol (24-Methyl-cholest-8,23-dien-3β-ol)	trans	-OH	$-CH_3$	140...142	+45° (in Trichlormethan)	Hefe
Episterol (24-Methylen-cholest-7en-3β-ol)	trans	-OH	$=CH_2$	150...151	−5° (in Trichlormethan)	Hefe
Fungisterol (24-Methyl-cholest-7-en-3β-ol)	trans	-OH	$-CH_3$	145...149	−0,2° (in Trichlormethan)	Pilze, Mutterkorn

Sterole in Lebensmitteln (die OH-Gruppe am C_3 ist β-ständig) (Forts.)

Sterin	Stellung der Ringe A und B	Ligand in °C	Ligand am C_{24}	F in °C	$[\alpha]_D^{20}$	Vorkommen
Faecosterol (*24-Methylen-cholest-8-en-3β-ol*)	trans	-OH	$=CH_2$	160...162	+42° (in Trichlormethan)	Hefe
Fukosterol (*24-Ethyl-cholest-5,24-dien-3β-ol*)	-	-OH	$=CH-CH_3$	124	-42° (in Trichlormethan)	Meeresalgen
Zymosterol (*Cholest-8,24-dien-3β-ol*)	trans	-OH	-	107...110	+49...50° (in Trichlormethan)	Hefe

Stigmasterol → Sterole

Stilböstrole → Östrogene

Stillingiatalg, *Chinesischer Talg:* das aus der Frucht des in China wachsenden Talgbaumes *Sápium sebíferum* (L.) Roxb. (Familie *Euphorbiáceae*), gewinnbare Fett. Die Fettsäuren bestehen zum großen Teil aus Palmitinsäure. Der S. wird vorzugsweise als Beimischung zu weicheren Nahrungsfetten benutzt, dient jedoch bevorzugt für die Herstellung von Seifen und Kerzen.

Stilton-Käse: aus Großbritannien stammender und vorzugsweise dort hergestellter und (bes. zur Weihnachtszeit) gehandelter *Blauschimmelkäse* aus Kuhmilch, der in Aussehen, Gefüge und Geschmack dem Roquefort ähnelt. Die Rinde ist hart, trocken und faltig, der Teig weich und von blauen Schimmeladern durchzogen. → Edelpilzkäse

Stilton, weiß: *Halbhartkäse* aus England. → Käsesorten

Stinkasant → Asant

Stinkbohne → Kaffee

Stinkesche → Ebereschenbeere

Stinkfrucht → Durian

Stinkmorchel → *Phalláceae*

Stint, *Ósmerus eperlánus* (Bild):

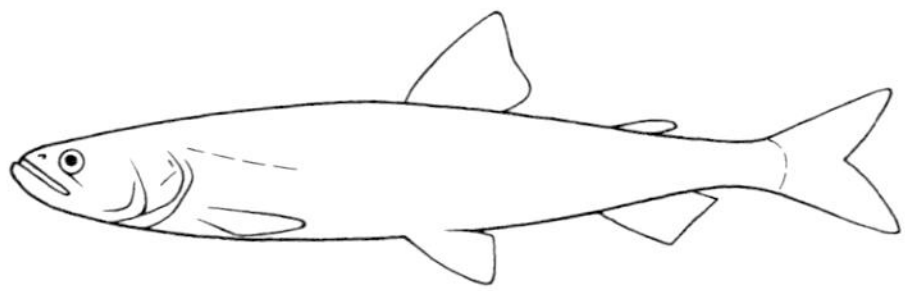

Stint

Kleiner durchscheinender, spindelförmiger Schwarmfisch mit Fettflosse und gegabeltem Schwanz, von heringsartiger Färbung. Der kleinere *Binnenstint* (meist bis 10 cm, höchst. 15 cm lang) bewohnt die nordeuropäischen Seen, der größere *Seestint* oder *Wanderstint* (meist bis 20 cm, höchst 40 cm lang) die Küsten Europas von

Westspanien bis Südnorwegen und die Ostsee. Zum Laichen steigt der S. in die Flußmündungen auf. Mit 8 kt, insbes. aus dem Kurischen Haff, weist die GUS den Hauptanteil am Gesamtjahresfang aus. S. findet teilw. als Rohstoff zur Konservenherstellung Verwendung. Sein Fleisch ist eiweißarm und fettarm bis mittelfett. → Fisch

Stippe, 1. *kleines Stückchen, kleiner Fleck* (Mehrzahl: die *Stippen*): dunkler Partikel in Grieß, Dunst, Mehl auftretend, der a) beim Zerkleinern und Sieben von Getreidemahlerzeugnissen, b) durch hitzegeschädigte Getreidekörner, c) durch dunkelgefärbte Keimlinge, d) durch Unkrautsamen, e) durch mineralische Beimengungen usw. entstehen kann. → Stippenmehl
2. Bez. für → Soße oder Tunke. → Dip
3. Bez. für eine physiologische Erkrankung des Apfels. → Stippigkeit → Apfelfehler

Stippefleckigkeit → Stippigkeit

Stippenmehl: ein → *Getreidemehl,* das kleinste Schalenteile (Stippen) erkennen läßt. Mehle niedrigen Ausmahlungsgrades (z.B. Weizenmehl W 405) müssen stippenfrei sein. Mit zunehmendem Ausmahlungsgrad nimmt der Stippengehalt zu, und die Mehle werden entsprechend dunkler.

Stippigkeit, *Stippefleckigkeit, Schrotschußkrankheit, Korkfleckigkeit:* weltweit verbreitete, zu den wichtigsten qualitätsmindernden physiologischen Erkrankungen des Apfels zählende, mit der industriellen Erzeugung verbundene Erscheinung, die sich in leicht braun- oder dunkelgrüngefärbten Flecken (sog. *Stippeflecken, Kurzform „Stippe", engl.: bitter pit oder cork spot)* von 3···10 mm Durchm. äußert. Die S. wird nicht nur auf der Schale (*Schalenstippe*), sondern auch im Fruchtfleisch (*Fleischstippe*), dann aber nur nach Aufschneiden des Apfels sichtbar. Die sog. *Baumstippe* ist bereits an Früchten erkennbar, wenn sie noch am Baum hängen. Die *Lagerstippe* tritt erst beim Lagern auf und zeigt sich in allmählich vergrößernden Pusteln, die zudem einen Bittergeschmack aufweisen, so daß befallene Früchte als Tafeläpfel nicht mehr handelsfähig sind. Optimale Lagerregimeführung kann das Erscheinungsbild der Krankheitsdisposition verzögern. Die S. tritt gewöhnlich zuerst an der Kelchseite der Fruchtzone mit der geringsten Calciumversorgung auf und hier bes. auf der Schattenseite des Apfels. Vorstadien dieser sich in abgestorbenen Zellgruppen äußernden Krankheit lassen sich an chemisch erfaßbaren Stoffwechselanomalien gegenüber gesundem Fruchtgewebe nachweisen.

Stizostédion luciopérca → Zander

Stockente (*Anas platyrhyndeos*) → Wild

Stöcker → Schildmakrele

Stockfisch → Trockenfischerzeugnisse

Stockmalve → Malvenblüten

Stockrose → Malvenblüten

Stockrosenmalven → Malvenblüten

Stockschwämmchen → *Strophariáceae* → *Coprináceae* → Speisepilze → Würzpilze → Kulturpilze

Stoffe, Flatulenz erzeugende: Nahrungsinhaltsstoffe, die eine übermäßig große Gasbildung im Dickdarm bewirken. Neben anaeroben sporenbildenden Bakterien können Flatulenz auslösen: ein hoher Ballaststoffgehalt der Nahrung, → *Trypsininhibitoren* und → *Hämagglutinine* durch Anregung der Bauchspeicheldrüse zu überhöhter Bicarbonatsekretion sowie bestimmte Oligosaccharide, wie *Raffinose* (→ Trisaccharide) und Stachyose (→ Tetrasaccharide). → Giftstoffe in pflanzlichen Lebensmitteln (s. Tab. Seite 628)

Stoffe, Hypoglykämie erzeugende: Verbindungen mit blutzuckersenkender Wirkung. Beim Genuß der Früchte von *Blíghia sápida* Kön. tritt bei unterernährten Menschen bes. in Jamaika eine Krankheit auf, die mit Erbrechen und schüttelkrampfartigem Koma einhergeht und mit dem Tod enden kann. Als wirksames Prinzip wurde β-(*Methylencyclopropyl)-alanin* erkannt (Formeln s. nächste Seite).

Flatulenz-Index verschiedener Lebensmittel

Normale Flatulenz (bis zu 19 Gasabgänge pro Tag)	mäßige Flatulenz (20...40 Gasabgänge pro Tag)	Extreme Flatulenz (40 oder mehr Gasabgänge pro Tag)
Fleisch, Fisch, Geflügel		Milch und Milcherzeugnisse
Gemüse: Salat, Gurken, Broccoli, Blumenkohl, Tomaten, Zucchini, Okra	Kartoffeln, Auberginen	Zwiebel, Sellerie, Karotten, Rosenkohl
Früchte: Beeren, Weintrauben, Zuckermelone, Oliven	Zitrusfrüchte, Äpfel	Bananen, Birnen, Aprikosen, Pflaumenmus
Kohlenhydratreiche Lebensmittel: Reis, Maischips, Puffmais, Kartoffelchips, Graham-Crackers	Brot, Feingebäck	Laugenbrezel, Weizenkeime
Sonstiges: Alle Nüsse, Eier, milchfreie Schokolade		

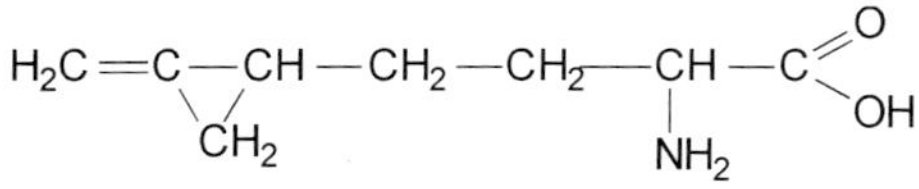

(β-(Methylencyclopropyl)-alanin)

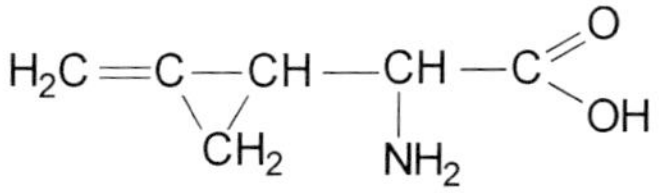

(α-(Methylencyclopropyl)-glycin)

Die Litchipflaume (*Lítchi chinénsis* Sonn.) enthält α-(*Methylencyclopropyl)-glycin* mit ähnlicher Wirkung. → Giftstoffe in pflanzlichen Lebensmitteln

Stoffe, Lathyrismus auslösende, Lathyrogene: in *Lathyrus*-Arten enthaltene Inhaltsstoffe unterschiedlicher chemischer Struktur, die nach Genuß bei Mensch und pflanzenfressenden Säugetieren Vergiftungserscheinungen auslösen. Die Symptome des Lathyrismus beim Menschen sind Pulsbeschleunigung und Atembeschwerden. Man unterscheidet 2 Formen des Lathyrismus, den Osteo- und den Neurolathyrismus. Bei ersterem tritt im Tierversuch u. a. eine unregelmäßige Vermehrung des Knorpels an den Gelenkstücken der Knochen, bei der zweiten u. a. Muskelstarre, Schwäche, Lähmung der Beinmuskulatur auf. Lathyrismus tritt bes. in Indien und Algerien häufig auf, seltener in anderen Ländern Afrikas und Asiens sowie Europa (z. B. Frankreich, Italien, Spanien). Vor allem der dort teilw. übliche Genuß von Saatplatterbsen (*Láthyrus satívus* L. und *L. cícera* L.), wohlriechender Platterbsen (*L. odorátus* L. und *L. clýmenum* L.) führt zu Vergiftungen. Aus *Lathyrus*-Arten isolierte Verbindungen, die dafür verantwortlich gemacht werden, s. Übersicht Seite 629/630. → Giftstoffe in pflanzlichen Lebensmitteln

Stoffe, kropferzeugende → Kropfnoxen

Stolitschnaya: wasserheller, weicher → Wodka von hoher Qualität mit einem Ethanolgehalt von 40%-Vol. aus der ehem. Sowjetunion.

Stöllchen → Brötchen

Stollen, *Stolle:* Sammelbegriff für länglich geformte, unter Zusatz von Dickzucker- und/oder Trockenfrüchten und Mandelkernen hergestelltes Großgebäck aus *leichtem, mittelschwerem* oder *schwerem* → Hefeteig. Zu der Gruppe der *echten S.* zählen lediglich *Rosinen-* und *Mandelstollen. Mohn-* und *Quarkstollen* sind keine echten S. und können sowohl aus Hefe- als auch aus Mürbeteig

Lathyrismus auslösende Stoffe aus Lathyrus-Arten

Verbindungen mit osteolathyrogener Wirkung	Formel
Aminoacetonitrile	
N-Methylenamino-acetonitril	$N{\equiv}C{-}CH_2{-}NH_2$
3-Aminopropionitril (2-Cyanopropylamin)	$N{\equiv}C{-}CH_2{-}CH_2{-}NH_2$
4-Glutamyl-3-amino-propionitril (β-(γ-L-Glutamyl)-aminopropionitril)	$N{\equiv}C{-}CH_2{-}NH{-}C({=}O){-}(CH_2)_2{-}CH(NH_2){-}C({=}O)OH$
Hydrazine	
N.N.'-Dimethylhydrazin	$HN(CH_3){-}NH(CH_3)$
N.N.-Dimethylhydrazin	$H_2N{-}N(CH_3)_2$
Thiosemicarbicide	
β-Mercaptomethylamin	$HS{-}CH_2{-}NH_2$
3,3'-Iminodipropion-nitril (β.β'-Iminodipro-piontril)	$N{\equiv}C{-}CH_2{-}NH{-}NH{-}(CH_2)_2{-}C{\equiv}N$
Acetonsemicarbazone	
Glycinhydrazid	$H_2N{-}NH{-}C({=}O){-}CH_2{-}NH_2$
Glutaminsäure-hydrazid	$H_2N{-}NH{-}C({=}O){-}CH_2{-}CH(NH_2){-}C({=}O)OH$
p-Nitrobenzoesäure-hydrazid	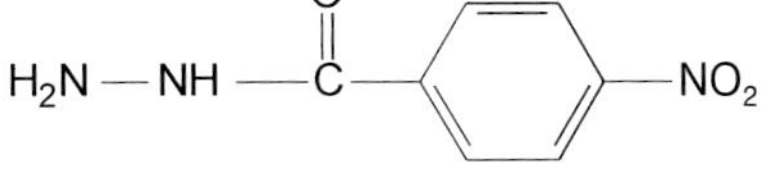
Isonicotinsäure-hydrazid	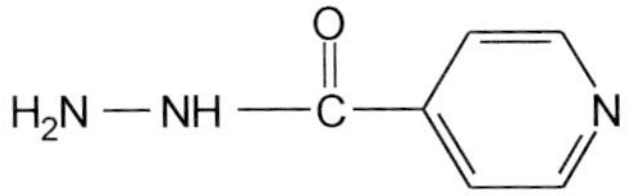
Nicotinsäure-hydrazid	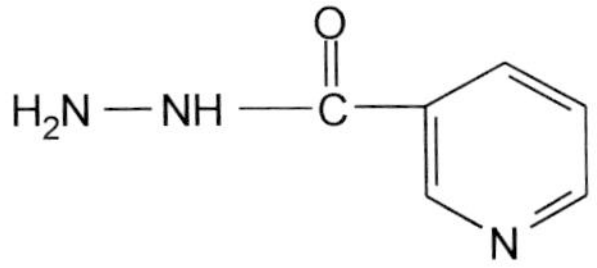

Lathyrismus auslösende Stoffe aus Lathyrus-Arten (Forts.)

Verbindungen mit osteolathyrogener Wirkung	Formel
Cyanamid	$N \equiv C-NH_2$
Carbohydrazid	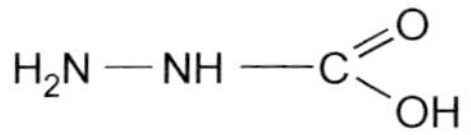
Thiocarbohydrazid	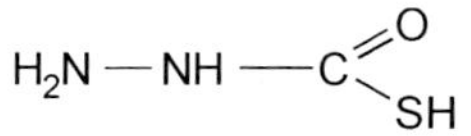
Benzoesäure-hydrazid	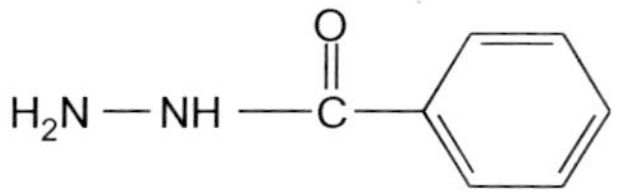

Verbindungen mit neutrolathyrogener Wirkung	Formel
Aminoacetonitrile	
β-*Cyano-*L*-alanin*	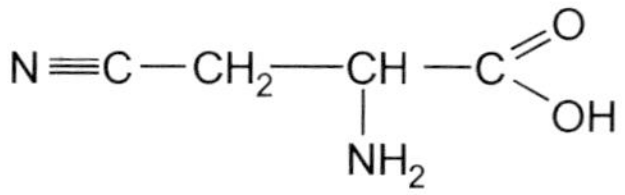
γ-*Glutamyl-*β-*cyanoalanin*	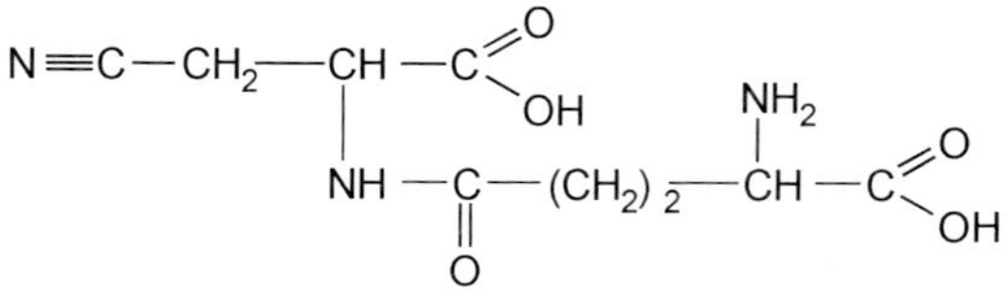
α, γ-*Diaminobuttersäure*	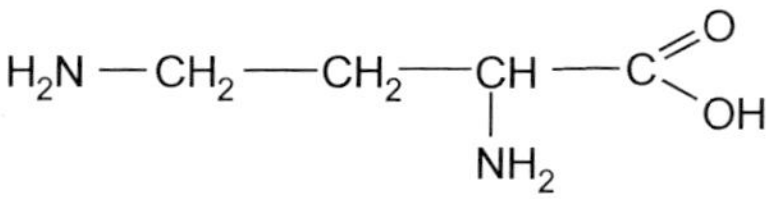
γ-*N-Oxalyl-*L-α, γ-*diaminobuttersäure*	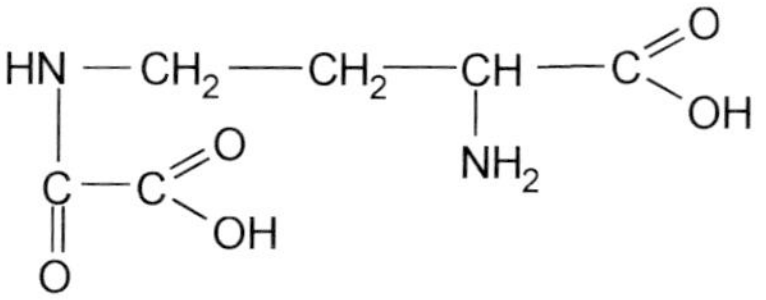
*2-Amino-3-oxalylaminopropionsäure (*β-*N-Oxalyl-*L-α,β-*diaminopropionsäure)*	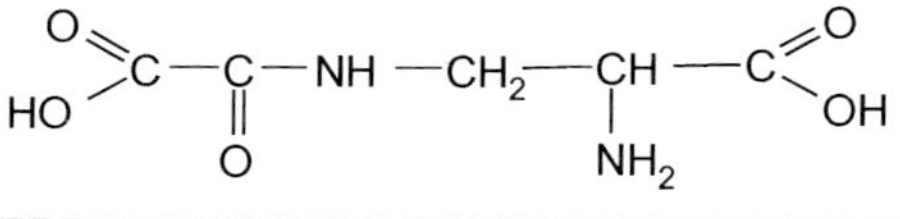

hergestellt werden und weisen je nach Aufarbeitung des Teiges eine *gerissene, gerollte* oder *gefüllte* längliche Form auf; lediglich die brotförmige Gestalt sowie die gerissene und gerollte Aufarbeitung des Teiges haben sie mit dem echten S. gemeinsam. Ursprünglich soll der gerollte S. im Erzgebirge, der gerissene S. im Dresdener Raum entstanden sein. Ein S. aus schwerem Hefeteig (bis zu 50% der Mehlmenge Fett, bis zu 20% Zucker, bis zu 50% Sultaninen und bis zu 10% Mandeln) wird auch als *Weihnachtsstollen, Christstollen, Dresdner S., Dresdner Christstollen, Dresdner Weihnachtsstollen* bezeichnet und wird von jeher exportiert. Der Ausdruck *Dresdner S.* ebenso die Bez. *Dresdner Christstollen, Dresdner Weihnachtsstollen* sowie *Original Dresdner S.* oder *Echter Dresdner* sind alle an die Erzeugung nach überliefertem Originalrezept im Dresdner Raum geknüpft. Vor der Wiedervereinigung Deutschlands gab es Gerichtsentscheidungen, die den Dresdner S. als Gattungsbegriff aufgefaßt haben. Zur Zeit ist eine Festlegung zur qualifizierten Herkunftsangabe wahrscheinlich.

Der S. wird entweder wie Langbrot geformt und die Oberfläche des Teiges zur Erzielung eines kräftigen Ausbundes mit dem Messer eingeschnitten (*gerissener S.*), oder der Teig wird lediglich gerollt (*gerollter S.*) und ebenfalls frei geschoben. Diese beiden Stollenformen sind die verbreitetsten. Nach dem Backen wird S. sofort mit heißer Butter bestrichen und mit Zucker zu einer dichten Fettzuckerkruste bestreut, um ein Austrocknen zu verhindern. Der typische Weihnachtsstollen wird vorwiegend in Klarsichtfolie verpackt und mit oder ohne Umkarton bereits im Okt./Nov. im Handel angeboten. Ein S. aus leichtem bis mittelschwerem Hefeteig ist ein *Konsumstollen*, im norddeutschen Raum auch *Klaben, Klöben, Klöwen, Kluben, Klabernbrot, Kletzenbrot, Klotzenbrot, Kluwabrot, in Westfalen und im Rheinland Stute* oder *Stuten, Bauernstute, süße Stute, Rheinische Stute, Platz, Blate* genannt. Diese Erzeugnisse weisen im Vergleich zum Weihnachtsstollen keine so lange Haltbarkeit auf. Ein S. mit einem hohen Anteil an Trokkenfrüchten (50···60% des Mehlanteils Rosinen) wird auch als *Rosinenstollen*, mit einem hohen Anteil an Mandeln (20···30% des Mehlanteils) und ohne Rosinenzusatz wird auch als Mandelstollen, mit einem hohen Anteil an Butter (etwa 40% des Mehlanteils) wird auch als *Butterstollen* oder als *Dresdner Butterstollen* bezeichnet. Der *Quarkstollen* wird vorwiegend mit Backpulver hergestellt und enthält 40···60% des Mehlanteils an Quark. Der *gefüllte S.* ist unter den Bez. *Nußstollen, Marzipanstollen, Persipanstollen, Mohnstollen* oder *Plunderstollen* verbreitet. Dabei werden die Füllungen auf den ausgerollten Teig aufgetragen, einfach oder zu einer Doppelschnecke aufgerollt und in Formen, auch in Kranzformen (Kranzstollen) gebacken. → Striezel → Strudel → Teig → Diabetiker-Backware

Stollengewürz: eine → Würzmittelmischung für die Stollenbäckerei, bestehend aus Kardamomen, Mazis, Muskatnuß, Vanille oder Vanillinzucker.

Stonsdorfer: Gewürzlikör mit fruchtigem Heidelbeergeschmack und kräftigem Gewürzcharakter. Das Erzeugnis ist nach dem früheren Herstellungsort bei Jelenia Gora in Polen benannt. Heute wird der S. in Cunnersdorf bei Dresden hergestellt. Der Ethanolgehalt beträgt 30%-Vol., 32%-Vol. oder 35%-Vol., der Gesamtextraktgehalt 220···400 g/l. → Likör

Stoppelrübe → Speiserübe

Stör: langgestreckter, spindelförmiger Fisch, dessen Körper statt der Schuppen 5 Längsreihen *Knochenschilder* trägt. Der obere Lappen der Schwanzflosse ist stark verlängert, die Rückenflosse setzt weit hinten kurz vor der Afterflosse an. Die Schnauze ist meist verlängert und von oben nach unten zusammengedrückt. Vor dem unterständigen Mund stehen in einer Reihe 4 Barteln. Die meisten Arten sind *Wanderfische*, die zum Laichen aus dem Meer in die Flüsse aufsteigen. Die größte Bedeutung haben die S. in der GUS, wo über 25 kt gefangen werden. Die wichtigsten Arten sind der *Hausen* oder *Beluga (Húso húso)*, im Mittel 9 m Länge, mit einer Masse von 100···250 kg, höchst. 1,5 t, der *Sternhausen (Scherg, Sevruga,*

Acipénser stallátus), höchst. 190 cm lang, Masse 10,4 kg, und der *Waxdick (Osetr, A. güldenstaedti*) mit durchschnittl. Länge von 1,3···2,5 m und Masse von 20···30 kg, höchst. Länge 4 m und Masse 160 kg. Geringe Bedeutung haben der *Glattdick (A. nudivéntris*) mit durchschnittl. 2 m Länge und 8···10 kg bis höchst. 40···50 kg Masse, der nur im Süßwasser lebende *Sterlet (A. ruthénus,* Bild) bei 1 m Länge mit etwa 6 kg bis höchst.

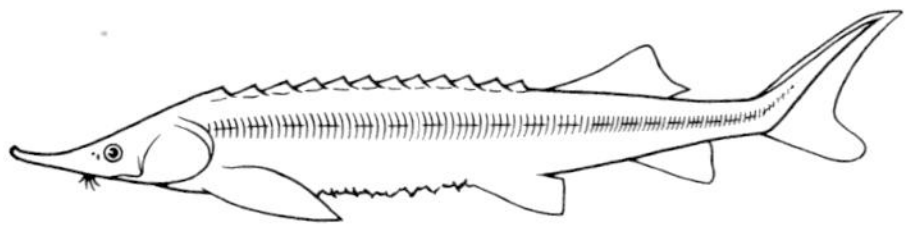

Sterlet

10···16 kg Masse, und der selten gewordene *Baltische Stör (A. sturio*) bei 1,5···4 m, höchst. 5,5 m Länge, mit 20···250 kg Masse. Die genannten S. kommen fast ausschl. im Schwarzen und Asowschen Meer, Kaspischen Meer und Aralsee bzw. den in sie einmündenden Flüssen vor, der Sterlet auch in den Flüssen am Nördlichen Eismeer und der baltische Stör an den europäischen und amerikanischen Atlantikküsten. S. stellen sowohl begehrte Speisefische als auch wertvolle Rohstoffe für die industrielle Verarbeitung dar. Sie werden zu → Fischkonserven, verschiedenen → Räucherfischerzeugnissen, klopsartigen Zubereitungen → *Balik-Erzeugnissen* und Suppen verarbeitet. Aus Störrogen wird der echte → *Kaviar* hergestellt. Das Fleisch ist dem Geflügelfleisch ähnlich und weist art- und fangortbedingte Unterschiede auf. Es enthält 17···20 % Eiweiß und etwa 10 % Fett. Extremwerte des Fettgewebes liegen etwa bei 2 % und 25 %. → Fisch

Störbrot: ein in Oberösterreich verbreitetes, sehr helles Weizenmischbrot mit stark aromatischer Kruste. Das S. besteht aus 70 % Weizenmehl W 500 und 30 % Roggenmehl R 700 unter Zusatz (bezogen auf Mehleinsatz) von 1,6 % Hefe, 1,6 % Salz, 2,7 % Backfett, 0,4 % Gewürzmischung (aus Anis, Kümmel und Fenchel), 4,3 % Magermilchpulver, 0,8 % Quellmehl und 2,7 % Teigsäuerungsmittel. → Brot

Storchnest: ein in Nestform aus dünnen → *Mürbeteig-Streifen* in speziellen Blechringen gebackenes → Fettgebäck, das mit Zimtzucker bestreut ist.

Storsild → Hering

Stout: obergäriges engl. Starkbier mit einem Stammwürzegehalt bis zu 25 %. S. entspricht ungefähr dem Deutschen Porter. → Bier → Porter

Stouvit: kleine Kristalle von Magnesium-Ammonium-Sulfat, die gelegentlich in Fischkonserven (bes. aus Lachs, Thun und Krebstieren) auftreten. Wenngleich harmlos, ist S. unerwünscht.

Stracchino-Crescenza: italien. *Weichkäse* aus Kuhmilch mit → 48 % F. i. Tr. → Käsesorten

Stragel → Kaffeewicke

Strahlenstärke: unbehandelte Stärke in Form von unregelmäßigen Stücken bis zu einer Länge von mehreren Zentimetern, mit einem strahlenförmigen Bruch. Die S. wird durch langsames Trocknen eines in Papier eingewickelten Filterkuchens aus feuchter Stärke, bes. Reisstärke, hergestellt und wie → Stärke verwendet. S. wird nur noch sehr vereinzelt hergestellt.

Straight → Verschnitt

Strandauster → Muscheln

Stranddornbeere → Sanddornbeere

Strandhafer → Sandhafer

Strandgerste → Sandhafer

Strandkrabbe → Krebstiere

Strandschnecke → Schnecken

Strandroggen → Sandhafer

Strangbrot → Schnittbrot

Strangpreßerzeugnis, *Preßstrangerzeugnis, Extrusionserzeugnis, Extrudererzeugnis, Extrudat:* ein geblähtes, zartknuspriges, hygroskopisches, bruchanfälliges, aufgeschlossenes, verzehrsfertiges Erzeugnis von geringer Dichte, in

vielfältigster Form und Geschmacksrichtung, aus Stärke oder stärkehaltigen Rohstoffen verschiedener Herkunft (Maisgrieß, Maismehl, Reismehl, Hafer-, Hirse-, Weizen-, Roggen- und Tapiokamehl, Kartoffelstärke und sonstiger Produkte stärkehaltiger Wurzeln und Knollen). Das S. wird durch Extrusionskochung (Dampf-Druck-Kochung und Ausformung durch Matrizen in kohärente Stränge) bewirkt, wobei die plötzliche Verringerung des Drucks beim Auspressen ein Aufblähen und gleichzeitiges Trocknen der Produkte zur Folge hat. Nach einem gelinden Nachtrocknen werden die Stränge in kleine Stücke geschnitten, aromatisiert, dragiert oder frittiert, wobei sie zusätzlich aufblähen. Diese, bereits vor der Jahrhundertwende bekannte Extrusionstechnologie, hat in den letzten 30 Jahren neuen Aufschwung erfahren und den Markt der → *Imbißerzeugnisse* sowie neuartiger Erzeugnisse, wozu auch die *Extruderschnitten* (→ Knusperbrot) als neuartige → Flachbrote zählen, anschwellen lassen.
Die Qualität eines Extrusionserzeugnisses hängt vor allem von einer gut verkleisterten Stärke ab, so daß beim Auspressen und Trocknen die geringe Dichte der Erzeugnisse zustande kommt. Je nach Art der Preßdüsen werden Enderzeugnisse in jeder gewünschten Form (oval, kugelig, raupen-, spiralförmig, stabförmig oder hohl) erzeugt. Die Grundstoffe werden in einem Hochleistungsmischer vorgemischt, mit Dampf vorbehandelt und ggf. mit Fett, Wasser, Sirup angereichert. Anschließend gelangt das Material in den Kocher, wo die Temperatur auf 116···175 °C gesteigert wird (je höher die angewandten Temperaturen sind, um so höher ist die Ausdehnung der Erzeugnisse). Die gummiartigen Eigenschaften der Stärke ermöglichen, daß sich das Material nach Austritt aus der Presse in der Atmosphäre durch Verdampfen der Feuchtigkeit stark erweitert, so daß eine poröse Struktur entsteht. Die S. werden in stark aromatisierter Form (teilw. mit Überzug versehen) als → Imbißerzeugnisse, mit neutralem Geschmack als → Getreidefrühstückserzeugnisse verwendet. Diese Prozeßtechnik ist mit Nährwerteinbußen verbunden, die etwa in gleicher Höhe wie bei Walzenkocherzeugnissen (z. B. Getreideknusperflocken) liegen; verschiedentlich werden daher S. vitaminiert.

Strangpreßmehl → Mehl, aufgeschlossenes

Straßburger Platte: Fleischspeise auf der Basis von Schweinefleisch und Geflügelleber. Dazu wird gebratenes Schweinefilet, Schinkenspeck, ein kleines Würstchen und Gänseleber verwendet.

Strauchapfel → Apfel

Strauchbohne → Katjangbohne → Samenmehl, eiweißreiches

Strauchflechte → Speiseflechte

Strauchkohl, Wilder → Kohl

Strauchweichsel → Sauerkirsche

Straußenei: Ei des größten, in den Steppen Afrikas lebenden Vogels. Das etwa 1400 g wiegende Ei (Hühnerei durchschn. 58 g) setzt sich aus 53 % Eiklar, 32,5 % Eigelb und 14,1 % Schalenbestandteilen zusammen. Bes. in Afrika dient S. auch als Lebensmittel.

Straußfarn: eine in Skandinavien, Südosteuropa, Kaukasus, im östlichem Nordamerika und Japan (dort die Bez. *Kogomi*) verbreitete Straußenfarnart, *Mattēuccia struthiópteris* (L.) Todaro (Familie *Onocleáceae*), deren junge, noch eingerollte Wedel als Salat verzehrt werden. Die Blätter zeigen folgende Zusammensetzung: 89,7 % Feuchtigkeit, 3,8 % Eiweiß, 0,2 % Fett, 2,5 % Kohlenhydrate, 1,1 % Hemicellulose, 1,2 % Cellulose und 1,0 % Mineralstoffe. Der Energiewert je 100 g Blattmasse entspricht 114 kJ (27 kcal). → Farn

Streber → Zingel

Streckmehl, *Streckungsmehl, Brotstreckmittel:* ein → Mehl, das nicht zum → Brotgetreidemehl zählt, daher aus anderen Getreidearten (außer Roggen und Weizen), auch z. B. aus Körnerleguminosen (Hülsenfruchtmehl, Erbsen-, Bohnen-, Linsenmehl) oder stärkehaltigen Pflanzen (Kartoffelwalzmehl, Sagomehl, Batatenmehl, Yamswurzelmehl, Kassavamehl, Kastanien-, Sorghum-, Buchweizenmehl, Marantamehl usw.) bestehen kann und dem Brotgetreidemehl zwecks Streckung (nicht Mehlverbesserung im Sinne eines Backmittels) insbes. in Notzeiten zur Herstellung des sog. *Notbrotes* zugesetzt wird. Um 1910 war es z. B. im Rheinland und bes. im süddeutsch. Raum allg. üblich, dem → Backmehl 2···3 % Bohnenmehl zuzusetzen, um die damals erwünschte Gelbfärbung des Mehles zu erzielen. Das für Backzwecke in den Mühlen hergestellte Bohnenmehl wurde unter der Bez. *Kastormehl* gehandelt. → Backmehl ohne Weizen

Streckmittel, *Streckungsmittel:* Substanzen, die zur Streckung der Masse von Lebensmitteln oder Lebensmittelhilfsstoffen (z. B. Backpulver) dienen, ohne nach Möglichkeit deren Gehalt an wesentlichen Inhaltsstoffen (*essentielle Mineralstoffe, Vitamine* u. a.) zu verändern. S. sollen die Verarbeitbarkeit eines Produktes und seinen spezifischen Charakter nicht oder nur unwesentlich beeinflussen. I. w. S. dienen sie auch zur Verdünnung von Nahrungsenergie, z. B. → Pufferzeugnisse zur Herstellung von Süßwaren (Dragees, Schokolade). Als S. dienen insbes. → Wasser → Carboxymethylcellulose und chemisch speziell verknüpfte Polydextrosen. Bei Verwendung von Wasser muß ein Gelier- oder Verdickungsmittel mitverwendet werden. Des weiteren dient Mehl als S. in Lakritzerzeugnissen und Haferkakao, Stärke bei Backpulver (gleichzeitig als → Trennmittel) sowie Kreide (Calciumcarbonat) und Silikate bei Kaugummi. S. werden teilw. auch als → Trägerstoffe verwendet. → Füllstoffe

Streicheis → Speiseeis

Streichfähigkeit: wertbestimmendes Merkmal von Lebensmitteln. Die Konsistenz, z. B. einer Wurst, gilt als streichfähig, wenn diese ohne überdurchschnittl. manuelle Anstrengung als Brotbelag aufgestrichen werden kann. Eine streichfähige Rohwurst stellt die Sorte → Braunschweiger, fein dar. Die S. hängt i. w. S. von den funktionellen Eigenschaften der Inhaltsstoffe ab. Ein weiteres Merkmal stellt die → Schnittfestigkeit dar. → Eigenschaften, funktionelle → Streichfett

Streichfett: Spezialfett, das bes. als *Brotaufstrichfett* verwendet wird. Beispiele für S. sind *Butter, Margarine* und *Schweineschmalz*. Für die Streichfähigkeit eines Fettes ist Voraussetzung, daß eine feste (festes Fett) und eine flüssige (Öl) Phase vorhanden sind, daß zwischen beiden Phasen ein bestimmtes Mengenverhältnis besteht und daß die feste Phase genügend verteilt ist und durch Kohäsionskräfte zusammengehalten wird. Die Streichfähigkeit ergibt sich dadurch, daß die einzelnen Kristallebenen gleiten. Der Anteil an fester Phase sollte 15···25 % betragen. Durch Temperaturänderungen wird auch die Streichfähigkeit beeinflußt. Bei Temperatursenkung nimmt die Menge an fester Phase zu, damit wird das Fett weniger streichfähig; bei Temperaturerhöhung kann die feste Phase schmelzen, so daß das Fett weicher wird. Die Streichfähigkeit von Fettmischungen läßt sich durch die Wahl der Einzelkomponenten in weiten Grenzen variieren; gleichzeitig können hierbei ernährungsphysiologische Aspekte (z. B. hoher Gehalt an Linolsäure) berücksichtigt werden.

Streifen → Fischerzeugnisse

Streifenbrassen → Meerbrassen

Stremel → Fischerzeugnisse

Stremellachs → Räucherfischerzeugnisse

Streptocóccus cremóris → Lactobazillen

Streptocóccus faecális → Puto

Streptocóccus láctis → Lactobazillen

Streptokokken (Einzahl lat. *Streptocóccus*): wichtige, häufig vorkommende, aerob wachsende, sporenlose, unbewegliche, kugelförmige Bakterien, die Verbände bilden, die ketten- oder perlschnurartig angeordnet sind. Die Morphologie der einzelnen Streptokokkenarten ist verschieden, man unterscheidet a) gleichmäßig runde Einzelglieder, b) Doppelglieder, c) Staketform, d) ungleiche, z. T. ovale Einzelglieder. Zu den Streptokokken zählen pathogene, in der Mehrzahl aber apathogene Keime. *Pathogene* Keime sind z. B. *Streptocóccus pyogénes humánus* (Erreger des Scharlach, der Angina), *Streptocóccus agaláctiae* (Erreger einer häufigen Rindermastitis) *apathogene* Keime sind z. B. *Streptocóccus láctis* (Milchsäurebildner), *Streptocóccus cremóris* (Käsereifer). In der Lebensmittelproduktion werden S. für die Steuerung technologischer Prozesse genutzt (z. B. Herstellung von Milcherzeugnissen oder Dextran). S. können bedingt, d. h. unter bestimmten Voraussetzungen, pathogen sein, z. B. *Streptocóccus faecális,* die im Magen-Darm-Kanal von Menschen und Tieren vorkommen. → Laktobazillen

Streptomycin: wie *Neomycin* ein *Antibiotikum* aus der Gruppe der Aminoglycoside, hergestellt aus *Streptomýces gríseus* (Krainsky) Waksman et Henrici, *Streptomýces bikiniénsis* Johnstone et Waksman oder *Streptomýces mashuénsis* Sawazaki et al. S. und Neomycin werden in der Human- und Veterinärmedizin eingesetzt, als Lebensmittelzusatzstoff (→ Konservierungsstoffe) kommen sie nicht in Betracht. Die Rückstände in Lebensmitteln tierischer Herkunft, die nach Verwendung von S. und Neomycin als Tierarzneimittel oder Futtermittelzusatzstoff auftreten können, dürfen nach WHO-Angaben 0,2 mg/kg S. und 0,15 mg/kg Neomycin in Milch, 1,0 mg/kg bzw. 0,5 mg/kg in Fleisch und 0, 5 mg/kg bzw. 0,2 mg/kg in Eiern nicht übersteigen. Innerhalb dieser Grenzen ist mit kleinen akut toxischen und allergischen Erscheinungen beim Verbraucher zu rechnen. Resistenzerscheinungen bei *gram*negativen Mikroorganismen sind jedoch nicht auszuschließen. → Antibiotika

Streufrucht → Schote → Hülse → Schließfrucht → Spaltfrucht → Kapsel → Nuß

Streukügelchen → Nonpareille

Streumehl → Trennmehl

Streusel: dünne, kurze, aus Mehl, Zucker und Fett oder aus Schokolade bestehende Stäbchen (3···5 mm lang, 1 mm dick), die zum Garnieren von Konditorei- und Süßwaren verwendet werden. Zur Herstellung von S. wird die Masse durch die Öffnungen eines gelochten Bleches gedrückt. Die fadenförmigen Stränge werden getrocknet, gebrochen und können anschließend dragiert und geglänzt werden. S. wird in mehreren Sorten hergestellt: *Schokoladen-* oder *Trüffelstreusel* → Kakao- oder *Konsumstreusel* → Zuckerstreusel und → Kachous. → Zuckerware → Dekormaterial

Streuselkuchen: ein gefüllter oder ungefüllter → *Blechkuchen* mit einer Auflage aus Streuseln, die in der Regel aus einer Mischung von Mehl, Fett und Zucker im Verhältnis 2:1:1 bestehen. Der S. kann unter der Streuseldecke auch eine Schicht Pudding- oder Vanillekrem enthalten. Unter Verwendung von Streuseln werden sehr viele Gebäckarten, z. B. auch aus Plunder- (z. B. Streuseltaschen) oder Blätterteig (z. B. Prasselkuchen) hergestellt.Bei *Butterstreuselkuchen* muß der gesamte Butteranteil bezogen auf die Getreidemahlerzeugnisse mind. 30 % Butter oder 24,6 % Butterreinfett betragen.

Streuselkugel: eine mit Streuseln überzogene → *Zuckerware,* bestehend aus einem Gemenge von Zucker, Stärkesirup, Fondantmasse, Butter, pflanzlichen Fetten, Kakaomasse, Kakaopulver, auch unter Zusatz von Spirituosen, Milch, Sahne u. a. für die Herstellung von Zuckerwaren üblichen Stoffen. Den S. ähneln die Rum- oder Arrakkugeln (mit oder ohne Bestreuselung) bzw. *Rumverschnittkugeln* und die Erzeugnisse mit anderen Spirituosen oder Aromen. Der Zusatz von Aromen ist kennzeichnungspflichtig. (Die äußerlich ebenfalls ähnlichen → *Trüffeln* zählen zu den Kakaoerzeugnissen.) Die Gütegewähr für S. erstreckt sich bei optimalen Lagerbedingungen (10···20°C, relative Luftfeuchte 70 %) auf 3 Monate.

Streuzucker → Kristallzucker

Striezel, 1. *Berche, Barche:* ein relativ flaches Gebäck aus → *Plunderteig.* Der gefüllte und eingerollte Teig wird an der Oberfläche längs eingeschnitten oder aus *leichtem* → Hefe- oder *Briocheteig* zu zwei, drei oder vier Zöpfen geflochten. Ein auf diese Weise entstandener sog. *Flechtstriezel* stellt einen länglichovalen, je nach Anzahl der Teigstränge erhöhten oder flachen Zopf dar. *Plunderteigstriezel* werden in Langform hergestellt und nach dem Backen in Schnitten zerlegt.

→ Flechtgebäck → Strudel → Mohngebäck → Ausbundbackware
2. *Strozel, Strutzel, Christbrot:* heute nur noch selten gebrauchte Bez. für das spezielle Festgebäck, den heutigen *Christ-* oder *Weihnachtsstollen.* Da der → Stollen in den sächsischen Gegenden bes. gepflegt wurde, ist von den für die Herstellung feiner Weihnachtsstollen bekanntesten Städten Dresden am berühmtesten geworden. Schon 1380 wird der Dresdner Weihnachtsstollen (eine bislang geschützte Herkunftsbez.) in den Akten der Stadt erwähnt.

Strohbückling → Räucherfischerzeugnis

Strohfenchel → Fenchel

Strömling: Ostseehering. → Hering

Strongylocentrótus → Seeigel

Strontium: chemisches, zu den Erdalkalimetallen gehörendes Element aus der II. Hauptgruppe des Periodensystems, Symbol Sr. S. kommt als Spurenelement in Böden und Pflanzen in unterschiedlichen Mengen vor und kann in allen menschlichen und tierischen Organen nachgewiesen werden. Eine bes. Gefährdung des Menschen stellt die Anreicherung des radioaktiven Isotops des S. (Sr90) dar, das bei Kernwaffenexplosionen entsteht, in große Höhen emporgeschleudert, dort über weite Strecken transportiert wird und langsam wieder als radioaktiver Staub (Fall out) auf die Erde herunterfällt. Dieses Sr90 wird auf Grund seiner dem Calcium ähnlichen Eigenschaften von den Pflanzen aufgenommen und gelangt in die Nahrungskette Pflanze – Tier – Mensch. Durch heteroionischen Austausch kann es im Knochengerüst angereichert werden und als Quelle harter Strahlung die Keimzellen schädigen. → Radionuklide → Mineralstoffe

Strophariáceae, *Träuschlingsartige Pilze* der Ordnung *Agaricáles (Blätterpilze)* – innerhalb der Klasse *Basidiomycétes (Ständerpilze)* – zugeordnete Pilzfamilie mit agaricoid geformtem Fruchtkörper, hyphig gebauter Huthaut und am Stiel angewachsenen Lamellen. Eßbare Vertreter sind:
Zu den *Schüpplingen* zählend:
Stockschwämmchen, Laubholzschüppling [*Kuehneromýces mutábilis* (Schaeff. ex Fr.) Sing. et A. H. Smith = *Pholióta mutábilis (Schaeff. ex Fr.) Kumm.*] mit bräunlichgelbem Hut mit dunkler Mitte, dunkler Randzone, zimtfarbigen Blättern sowie schuppigem Stiel mit kleinem Ring. Das im Hut blaßbraune, im Stiel dunklere Fleisch schmeckt mild und riecht angenehm nach frisch gesägtem Holz. Nach Entfernen der Stiele ein ergiebiger und wohlschmeckender Pilz. Marktpilz. Es besteht große Verwechslungsgefahr mit dem tödlich giftigen *Nadelholz-Häubling* [*Galerína margináta* (Batsch) Kühn.] Vorkommen: April bis Nov. an alten Stümpfen von Laubbäumen, sie oft bedeckend, verbreitet, häufig.
Kulturträuschling, Zuchtträuschling, Rotbrauner Riesen-Träuschling (Strophária rugósoannuláta Farlow = *S. ferríi* Bres.) mit sehr klebrigem bis leicht schmierigem, aber nie schleimigem Hut, der in verschiedenen Brauntönen, je nach Alter und Trockenheit, auftritt. Anfangs halbkugelig, später aufschirmend, mit erst weißlichem, später weißbräunlichem, bis zu 20 cm langem, am Grunde etwas verdicktem Stiel, mehr oder weniger doppeltem Ring. Das weiße, unter der Huthaut schwach strohgelbliche, feste Fleisch schmeckt mild und riecht schwach rettichartig. Vorkommen: Aug. bis Okt. auf verrottetem Stroh. Er wächst auch auf Kunstsubstrat und wird heute zunehmend kultiviert.
Zu den *Schwefelköpfen* zählend:
Graublättriger, Rauchblättriger oder *Milder Schwefelkopf* [*Hypholóma (Nematolóma)* capnoídes (Fr. ex Fr.) Kumm.], büschelig verwachsene, orange-gelb-bräunlich bis bräunlichgelb gefärbte Fruchtkörper mit rauchgrauen Blättern und meist gekrümmten, unten rostbraunen, nach oben weißlichen oder schwach hellgelben, immer hohlen Stielen. Das gelblichweiße, unten im Stiel rostbraune Fleisch riecht angenehm und schmeckt mild. Vorzüglicher Speisepilz, gibt eine gute Pilzbrühe. Verwechslungsgefahr besteht mit dem giftigen *Grünblättrigen Schwefelkopf* [*Hypholóma (Nematolóma) fasciculáre* (Hudson ex Fr.) Kumm.]. Auch Verwechslung mit Stockschwämmchen und

mit den ungenießbaren Flämmlingen (*Gymnópilus spec.)* möglich. Vorkommen: Spätherbst und Frühjahr an Nadelhölzern bzw. Fichten und Kiefern, gleich häufig im Gebirge und Flachland. Weitere, eßbare, aber unbedeutende Vertreter sind: der *Hochthronende* oder *Goldhäuptige Schüppling* oder *Goldfell-Schüppling* [*Pholióta aurivélla* (Batsch ex Fr.) Kumm.] und der *Krönchen-Träuschling* [*Stropharia coronílla* (Bull. ex Fr.) Quél.] → Pilze → Speisepilze → Ständerpilze

Strophária férrii → Speisepilze

Strophária spec. → *Strophariáceae*

Strozel → Striezel 2.

Strudel: ein längliches, stollenförmiges Großgebäck aus sehr dünnem, ausgezogenem, gefülltem und eingerolltem Weizenmehlteig, z.B. Apfelstrudel, Früchtestrudel, Mohnstrudel, Quarkstrudel. Zur Herstellung eines Strudelteiges sind Weizenmehl mit hohem Klebergehalt (um für das Ziehen des Teiges zu dünnen Blättern, die bei der Aufnahme der Füllung nicht reißen dürfen, eine günstige Elastizität zu erzielen), Trinkwasser und etwas Salz, aber keine Hefe noch Zucker erforderlich. Der mittelfeste, gut geknetete Teig wird nach einer bestimmten Zeit der Teigruhe über Tischplatten ausgezogen und nach kurzem Antrocknen in Blätter geschnitten. *Strudelteigblätter* werden auch als Halbfertigerzeugnis, mehrfach zusammengeschlagen und in Polyethylenfolie verpackt, zur Weiterverarbeitung im Haushalt hergestellt. Bei der industriellen Fertigung dieser Strudelteigblätter werden etwas Fett und Weinsäure als Lokkerungsmittel verwendet. In der Form ist ein aus Hefe- oder Plunderteig hergestellter → *Striezel* oder → *Stollen* einem S. ähnlich, so daß diese Gebäckarten häufig fälschlich als S. bezeichnet werden. → Mohngebäck

Struffbutt → Plattfische

Strukturierungsmittel → Texturizer

Strutzel → Striezel 2.

Strýchnos spinósa → Natalorange

Stschi → Schtschi

Stückenfisch → Fischerzeugnisse → Räucherfischerzeugnisse

Studentenfutter: eine Mischung aus wechselnden Mengen Mandeln, Nüssen aller Art, Rosinen und anderen Trockenfrüchten. Verschiedentlich wird die Bez. S. in der Süßwarenindustrie auch angewandt a) für Mischungen aus *Waffelbruch, b) für Mischungen aus billigen* → *Zuckerwaren* oder c) aus *Lakritzwaren.* → Imbißerzeugnis

Stumpen → Zigarre

Sturzbrot: ein fehlerhaftes Brot mit Krumenriß über der Oberfläche. Dieser → Brotfehler tritt durch Vernachlässigung des Einstäubens der Brotschüsseln mit → Streumehl in Erscheinung, indem die Oberfläche des Brotes an dem Schüsselboden haftet, so daß beim Stürzen die Porenwände über der Brotoberfläche reißen. Es entsteht dann beim Backen durch Ausdehnung der Gärgase ein Hohlraum unter der Kruste.

Stutenmilch → Milch

'Stuttgarter Riesen' → Sälauchzwiebel

St.-Vincent-Arrowroot → Marantastärke → Arrowroot

Stýrax spec. → Benzoe

Styrol → Terpen-Kohlenwasserstoffe

Suberin: Gemisch hochmolekularer Polymerer gesättigter und ungesättigter miteinander veresteter Fett- und Oxyfettsäuren, die beim Wundverschluß von Pflanzen mitwirken. Durch Suberineinlagerungen verkorken die unter der Wunde liegenden Zellen, die absterben und das Eindringen von Mikroorganismen verhindern.

Subrowka → Mariengras

Substitutfette → Spezialfette

Substitutionsmehle → Ölsaat

Subtilin: → *Antibiotikum* aus der Gruppe der Polypeptide, Stoffwechselprodukt des *Bacíllus súbtilis*

Ehrenberg. S. ist gegen Hitzeanwendung ziemlich stabil und kann dadurch auch nach einer Sterilisation auskeimende Sporen noch abtöten. Es setzt außerdem die Hitzeresistenz von Sporen, z. B. der wichtigen Lebensmittelverderber *Clostrídium botulinum* (van Ermengem) Bergey et al. und *Bacíllus putrefáciens* (Mc Bryde) Sturges et Drake, herab. So kommt man mit einer milderen Hitzebehandlung aus, wenn dem Konservengut (bevorzugt Fleisch-, Erbsen- und Bohnensterilkonserven) S. zugesetzt wird, als ohne diesen Zusatz.

Subtilisin: aus dem Kulturfiltrat verschiedener Stämme der Gattung *Bacíllus súbtilis* Ehrenberg gewonnene mikrobielle → *Protease* (EC 3.4.21.62). Das S. (Stamm BPN) weist eine Molmasse von 27 000 g/mol auf, das Molekül besteht aus 275 Aminosäuren, deren Reihenfolge (Sequenz) bekannt ist. Das aktive Zentrum (→ Enzym) enthält in Position 221 die Aminosäure *Serin*. S. besteht aus 2 bis 6 proteolytisch wirksamen Komponenten, die im neutralen wie alkalischen Bereich aktiv sind. Es wird in vielen Staaten industriell gewonnen. S. wie auch Pilzproteasen dienen zur Herstellung von Proteinhydrolysat, zur Klärung von Bier, zum Zartmachen von Fleisch, in der Backwarenindustrie zur Kleberschwächung und pharmazeutisch als Verdauungshilfe.

Succinate, *Sukzinate:* Salze der Bernsteinsäure, allg. Formel $HOOC\text{-}CH_2\text{-}CH_2\text{-}COOMe^I$. Das in der Natur am weitesten verbreitete S. ist das Calciumsuccinat. Es kommt z. B. in unreifen Früchten, in Algen, Pilzen und Flechten vor. Die Bernsteinsäure ist die Zwischenstufe zur Citronen- und Weinsäurebildung in den Früchten. → Citronensäure

Succotash → Sojabohne

Sucroglyceride → Emulgatoren

Sucralose, *Trichlorgalactosaccharose, TGS, 1,6-Dichlor-1,6-didesoxy-β-D-fructofuranosyl-4-chlor-4-desoxy-α-D-*galactopyranosid: Synthetisches → Süßungsmittel, das 1976 bei gezielten Saccharosederivatisierungen in Großbritannien erhalten wurde. Formel: $C_{12}H_{19}O_8Cl_3$

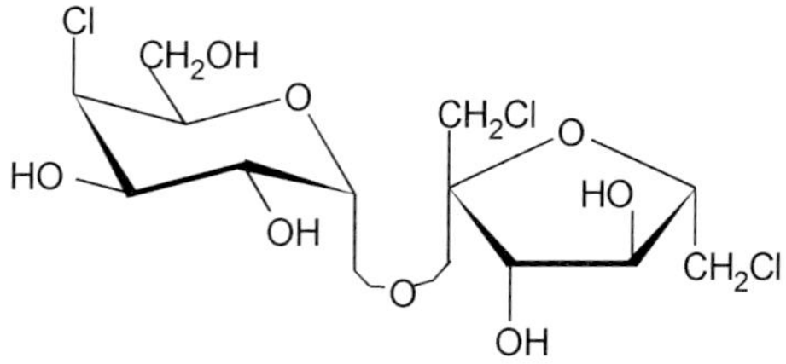

S. ist eine weiße, kristalline, nichthygroskopische Verbindung, ist in saurer Lösung hydrolysierbar, soll jedoch bei den in der Lebensmittelverarbeitung üblichen Bedingungen ausreichend stabil sein. Die Wasserlöslichkeit ist gut (28,3 g/100 ml bei 20 °C). Die → Süßkraft ist in bezug auf 20 g Saccharose/l etwa 750. ADI: noch nicht bewertet. S. soll einen reinen Süßgeschmack aufweisen. S. ist bisher noch in keinem Land zugelassen, befindet sich aber in Kanada in Erprobung.

Sudangras → Sorghumhirse

Sudangummi → Gummi *arabicum*

Sudankaffee → Kassia

Südfrüchte: i. w. S. alle in subtropischen und tropischen Ländern erzeugten Früchte; i. e. S. die importierten frischen Früchte (Zitrusfrüchte, Bananen, Ananas u. a.). → Obst

Südsee-Arrowroot → Taccastärke → Arrowroot

Südwein → Dessertwein

Sufu, *Fuju, Toufuju, Toufuru, Furu, Tosufu, Fusu, Fuyu:* ein im Orient verbreiteter Sojakäse, der durch weitere Fermentierung des → Tofu gewonnen und mit hohem Salzgehalt, ähnlich dem Salzlakenkäse, als Würzmittel oder als Beilage zu Gemüse und Fleisch verwendet wird. In den Handel gelangt der S. in hitzesterilisierter Form und in Dosen oder Gläsern verpackt. In Vietnam wird S. als *Chao, auf den Philippinen als Tahuri, in Indonesien als Taokaoan* und in Thailand als *Tachuyi* bezeichnet. → Lebensmittel, fermentiertes

Suíllus spec. → *Boletáceae*

Sujiko: Lachskaviar → Kaviar

Sukkade → Zitronat

Sulfatase → Senföle

Sulfate (514–516, 520 und 523): Salze der Schwefelsäure. Verwendet werden sie in Form von Nartiumsulfaten (514), Kaliumsulfaten (515) und Calciumsulfaten (516) als Füllstoffe → Trägerstoffe und → Säureregulatoren; Aluminiumsulfat (520) und Aluminiumammoniumsulfat als Vorbehandlungsmittel für erhitztes Eiereiweiß und eßbare Kunstdärme sowie → Klärmittel für Trinkwasser und zur Anreicherung diätischer Lebensmittel; Kupfersulfat als Gärhilfe bei Wein und Silbersulfat als Entkeimungsmittel bei der Trinkwasseraufbereitung → Mineralstoffe → Schwefel

Sulfatide: Glycosphingolipide der folgenden Formel (s. unten).
Es sind Schwefelsäureester der Cerebroside mit einem Monosaccharidbaustein, in der Regel D-Galactose.

Sulfattriebmittel: Verbindungen aus Aluminiumsulfat [$Al_2(SO_4)_3 \cdot 18\,H_2O$] und Kalium-Aluminiumalaun [$KAl(SO_4)_3$], die verschiedentlich als Säureträger für → Backpulver dienen. Durch S. werden die Gebäcke geschmacklich beeinflußt und auch verfärbt. → Lockerungsmittel

Sulfatwasser → Heilwasser

α-Sulfinyldisulfide → Cepaëne

Sulfite (E 221–E 228): Salze der → schwefligen Säure, die wie diese als → Konservierungsstoffe verwendet werden. → Sulfitieren

Sulfithefe: eine Reinzuchthefe, die befähigt ist, auch bei geschwefeltem Most eine Gärung einzuleiten. → Hefe → Weinhefe

Sulfitieren: Behandeln von Gemüse, Obst oder Kartoffeln mit der Lösung eines Salzes der schwefligen Säure *(Sulfite)* der pyroschwefligen Säure oder mit *Schwefeldioxid* zum Zwecke der Enzyminhibierung meist mittels Tauchen. Das S. wird bes. zur Verhinderung der enzymatischen und nichtenzymatischen Bräunung bzw. Verfärbung bei Kartoffeln und hellfleischigen Früchten von Kern- und Steinobstsorten angewendet. Es zeigt auch Wirkung als Antioxydans, Konservierungsstoff und Reduktionsmittel. In der Regel wird es nur dann verwendet, wenn entweder vor dem Verzehr das Schwefeldioxid wieder entfernt wird (z.B. Waschen sulfitierter geschälter Kartoffeln) oder kein anderes Mittel oder Verfahren verfügbar ist (z.B. Desinfektion von Weinfässern). Bevorzugt verwendet werden *Natriumsulfit* (Na_2SO_3), *Natrium-* und *Kaliumhydrogensulfit* (früher *Bisulfite*, $NaHSO_3$ bzw. $KHSO_3$), die sich von der hypothetischen dischwefligen (pyroschwefligen) *Säure* ($H_2S_2O_5$) ableitenden *Disulfite (Pyrosulfite,* früher *Metabisulfite*) Natrium- und Kaliumpyrosulfit ($Na_2S_2O_5$ und $K_2S_2O_5$) sowie das Anhydrid der schwefligen Säure, das *Schwefeldioxid* (SO_2).

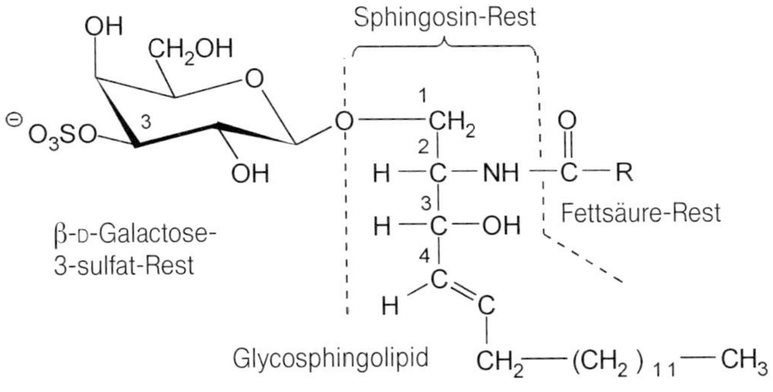

Weitere Anwendungsgebiete für diese Sulfite sind die Konservierung von Fruchtrohsäften, Obstpulpen und Obstmark, flüssigem Obstpectin, Speisegelatine und des Aufgusses für Sauergemüse, wie Gurken, rote Rüben, grüne Tomaten usw., ausgenommen Sauerkraut, das Bleichen von Trockenobst, die Oberflächenbehandlung von Obstkonfitüren, -marmeladen und -gelees sowie das *Schwefeln* (Desinfizieren) von Weinfässern, ein Verfahren, das schon den alten Griechen, Ägyptern und Römern bekannt war. Für die verschiedenen Erzeugnisse sind unterschiedliche Höchstmengen zugelassen. Dabei entsprechen 1 g SO_2 3,94 g $Na_2SO_3 \cdot H_2O$, 1,98 g Na_2SO_3 wasserfrei, 1,63 g $NaHSO_3$, 1,88 g $KHSO_3$, 1,48 g $Na_2S_2O_5$ bzw. 1,74 g $K_2S_2O_5$. Schwefeldioxid zerstört das Vitamin B_1, stabilisiert aber das Vitamin C. Da bei geschälten und vorschriftsmäßig sulfitierten Speisekartoffeln das SO_2 nicht in das native Gewebe einzudringen vermag, mindert das S. den Nährwert nicht. Hingegen ist beim Schwefeln geriebener Kartoffeln, die zum Zubereiten von Klößen aus rohen Kartoffeln oder Kartoffelpuffern dienen, mit einem vollständigen Vitamin-B_1-Verlust zu rechnen.

Das SO_2 wird individuell sehr unterschiedlich vertragen, teilw. in Abhängigkeit von der Vitamin-B_1-Versorgung. Manche Menschen reagieren empfindlich darauf mit Reizung der Schleimhäute des Verdauungskanals und der Atemwege. 7 mg SO_2, täglich aufgenommen, werden aber als unbedenklich selbst für sehr empfindliche und mit Vitamin B_1 schlecht versorgte Erwachsene angesehen. Eine Kumulierung der schädlichen Wirkung tritt normalerweise nicht ein, da der menschliche Organismus mit Hilfe einer sehr aktiven Sulfitoxydase das Sulfit in unschädliches Sulfat zu oxydieren vermag. Bei sensiblen Menschen allerdings, bes. bei Asthmatikern, kann die Zufuhr von Sulfiten mit der Nahrung zu Unverträglichkeitsreaktionen führen. Die Symptome zeigen sich mit unterschiedlichem Schweregrad an versch. Organen und können asthmatische Zustände, Urticaria, Quincke-Ödem, Vasculitis allergica und anaphylaktoide Reaktionen umfassen. Die wichtigsten sulfithaltigen Lebensmittel sind:

Trockenfrüchte (Aprikosen, Birnen, Pfirsiche, Ananas, Äpfel, Quitten, Weinbeeren)
glasierte, halbfeuchte Trockenfrüchte
zerkleinerter Meerrettich
Obstgeliersaft, flüssiges Pektin
Spargel, Sellerie, Zwiebeln, Blumenkohl, Weiße Rüben, Pastinaken, jedoch nur getrocknete Erzeugnisse
zerkleinerte Zwiebeln, Zwiebeln in Essig, zerkleinerter Knoblauch
Glucosesirup zur ausschließlich gewerbsmäßigen Herstellung von Zuckerwarenerzeugnissen
Würzmittel aus Zitronensaft
alkoholfreier Wein
kandierte Früchte, andere kandierte Pflanzenteile und Belegfrüchte
zerkleinerte Zitronenschalen für gewerbliche Backzwecke
Gerstengraupen, Gerstengrütze
Kartoffelerzeugnisse (roher Kartoffelteig, tiefgefrorene Kartoffelerzeugnisse, geschälte, auch zerkleinerte Kartoffeln)
luftgetrocknete Speisegelatine
Zitronat und Orangeat
Trockenstärke, Maltodextrine
Gemüse in Essig
Hart- und Weichkaramellen, Fondanterzeugnisse aus Fruchtpülpe und Fruchtmark hergestellte Erzeugnisse für Süßwaren und Backwaren
Konfitüre, Gelee, Marmelade

Sulfolipoide → Saccharolipoide

L-Sulforaphen → Senföle

Sulforaphenglycosid → Senföle

Sulfuröl → Olivenöl

Sultanine → Rosine

Suluguni: *Weichkäse* mit 40 % oder 50 % F. i. Tr. aus der GUS. → Käsesorten

Sülze → Gallert

Sülzen: aus leimgebenden Fleischteilen, wie Schweine-, Kalbs- oder Rinderkopffleisch, Dickbein (Eisbein), Spitzbein, Speck, Schwarten, ggf.

auch Innereien und geringerwertigen Fleischteilen, hergestellte *selbstgelierende Fleischprodukte,* die mit sauren Gurken, Kapern, Mohrrüben usw. gewürzt bzw. verziert sind. Je nach Qualität werden auch gepökelte, sonst ungepökelte Fleischanteile eingesetzt. S. kommen als Portions- oder Aufschnittware in den Handel. → Gallert

Sülzfleischwurst: → Kochwurst (→ Sülzwurst, Spitzensorte), zu deren Herstellung Schweinefleisch, Eisbeinfleisch, Schweinebacke, Schwarten, Kochsalz, Pfeffer, Kümmel, Zwiebeln und Muskat verwendet werden. Als Wursthüllen dienen Schweineblasen. Das Schnittbild zeigt 10···15 mm große, rosafarbene, gepökelte Schweinekopffleischstücke und reinweiße Fettstücke, nahezu gleichmäßig in feuchtglänzender Bindemasse verteilt. Der Anteil der Skelettmuskelfleischstücke muß etwa 50 % betragen. → Wurst

Sülzfüße → Schlachtkörperteilstücke

Sülzwurst: fast ausschl. aus Schweinefleisch hergestellte → *Kochwurst,* wobei charakteristisch ist, daß die Schnittfestigkeit im erkalteten Zustand aus Fleischbrühe, zerkleinerten Schwarten und anderen collagenreichen Schlachtkörperteilstükken (z. B. Schweinskopf, Rindsmaul, Kalbsfüße, Schulter und Bauch vom Schwein) herbeigeführt wird. - Bekannte Sülzwurstsorten sind *Schweinskopfsülzwurst, Preßkopf, Schwartenmagen* und *Sülzfleischwurst.* Als Wursthüllen werden Natur- oder Kunstdärme verwendet. Die relativ grobgestückten Fleisch- und Fettwürfel sollen nahezu gleichmäßig in der feuchtglänzenden, durchsichtigen Bindemasse verteilt sein. → Wurst

Sumach, *Gerbersumach:* die rundlichen 4···7 mm großen, rotbraunen Früchte von *Rhus coriária* L. (Familie *Anacardiáceae*), einer in der Türkei und im Iran heimischen Pflanze. Als Gewürz für Fleisch dient das Sumachpulver allein oder im Gemisch mit Speisesalz, oder die Früchte werden mit wenig Wasser gekocht und der Auszug zum Ansäuern von Speisen, bes. von grünen Bohnen und Auberginengemüse, verwendet.

Sumach-Sorghum → Sorghumhirse

Sumationsgifte → Schadstoffe → Giftstoffe in pflanzlichen Lebensmitteln

Sumpfdotterblume → Kapernersatz

Sumpfheidelbeere → Moorbeere

Sumpfkrebs: Galizischer Krebs → Krebstiere

Sumpfschachtelhalm → Ackerschachtelhalm

Sumpfsimse, süße, *Wasserkastanie:* ein in Asien, Westafrika, Madagaskar und Neukaledonien bis zu 150 cm hohes, in stehendem Wasser angebautes Sumpfgras, *Eleócharis dúlcis* Burmef Trinius ex Henschel (Familie *Cyperáceae*), dessen an dem Rhizomende gebildeten, stärkehaltigen Sproßknollen wegen ihres weißen, süßlichen, festen, apfelartigen Fleisches roh oder gekocht als Gemüse zu zahlreichen Gerichten gegessen werden. → Mataistärke

Sunett → Acesulfam-K

Sungra → Schlangenrettich

'Sunhaven': Pfirsich. → Steinobst.

Sunset Yellow FCF → Lebensmittelfarbstoffe

Suntina: eine leicht schälbare, kernlose → Zitrusfrucht aus Israel, die aus einer Kreuzung von *Clementine* und *Orlando* (Orlando ist aus einer Kreuzung von → Grapefruit und → Tangerine entstanden) hervorgegangen ist.

Suosan: N-[*(p-Nitrophenyl)carbamoyl)*]-β-alanin. Süßstoff, der etwa 700mal süßer ist als Saccharose.

Supinin → Alkaloide

Suppe: eine dünnflüssige Zubereitung (mit einem Feuchtigkeitsgehalt von mind. 90 %), die warm oder kalt verzehrt als Vorspeise oder Hauptmahlzeit dient. (Eine dickflüssige Zubereitung mit 70···80 % Feuchtigkeit wird als → Brei bezeichnet). Die Bez. einer S. kann sich richten nach

a) *geschmacksbestimmenden Rohstoffen,* z. B. Fleisch-, Fisch-, Gemüse-, Bier-, Haferflocken-, Brot-, Frucht- oder Mehlsuppe;

b) *konsistenzmäßiger Beschaffenheit, z. B. ungebundene (klare) S., gebundene S.* (dazu gehören *legierte S.* mit Magermilch- oder Volleipulver veredelt), *Kremsuppe* (mit Milch- und Volleipulver veredelt), Püreesuppe (aus passierten Bestandteilen) und *Schleimsuppe* (als helle S. oder als Getreideschleim);
c) *industriell erzeugter Angebotsform, z. B. kochfertige S.* (trockene oder pastöse Halbfabrikate, die nach Trinkwasserzugabe und kurzer Kochzeit verzehrsfertig sind), *tafel-* oder *tischfertige S.*, auch *Suppenkonserven* genannt (verzehrsfertig nach Erwärmen des Doseninhalts), *Instantsuppen* (verzehrsfertig nach Auflösen des Pulvers in kaltem oder heißem Trinkwasser).
Zur Unterscheidung der klaren S. ohne Einlage von → Brühen wird ein Gehalt von mind. 2,5 g stickstofffreier Extraktstoffe je 1 l genußfertiger Zubereitung für erforderlich gehalten, denn S. enthalten zum Unterschied von → Brüherzeugnissen je nach ihrem Charakter unterschiedliche Mengen Bindemittel, Einlagen oder Bindemittel neben Einlagen. *Klare S.* werden in der Regel mit größerer Einlage und aus Tellern, Brühen dagegen als Trinkbrühe aus Tassen verzehrt. → Fleischextrakt → Hefeextrakt

Suppe, kochfertige, *Suppentrockenkonserve, Trockensuppe, Suppenkonzentrat, Suppenextrakt:* ein pulverisiertes oder pastöses Konzentrat (in Würfel-, Tabletten-, Wurstform, z. B. Erbswurst, oder lose in Beuteln oder Dosen verpackt), das zur Herstellung einer Suppe dient. Es gibt 2 Gruppen, die → *süßen* und die → *nicht süßen k. S.*. Die k. S. dürfen nicht über 15°C gelagert werden, die relative Luftfeuchte soll nicht über 60 % betragen; unter diesen Bedingungen halten sich die süßen k. S. 6, die nicht süßen k. S. 12 Monate. → Suppe

Suppe, kochfertige, nicht süß: eine → kochfertige Suppe auf Fleisch-, Fisch-, Gemüse- oder Pilzbasis als geschmacksbestimmdem Bestandteil.

Suppe, kochfertige, süß: eine → kochfertige Suppe mit Süßgeschmack aus Getreide- und/oder Stärkeerzeugnissen und/oder Teigwaren unter Zusatz von Zucker sowie natürlichen und/oder künstlichen Aromen. Diese Erzeugnisse können auch Trocken- oder gefriergetrocknetes Obst enthalten. → Suppe

Suppenbund → Suppenkraut

Suppeneinlage: eine vorwiegend für klare → Suppen bestimmte Einlage aus Gebäck (z.B. → Backerbse), Teigwaren (z.B. → Puffarina → Nudeln), Fleisch (z.B. Fleischklößcken), Ei (z.B. Eierstich) oder Nährmitteln (z.B. Reis oder Graupen). → Croutons → Fridatte → Julienne → Tarhonya

Suppengrün → Suppenkraut

Suppenkraut, 1. *Suppengrün, Suppenbund, Gemüsebündel, Gewätzel, Wurzelwerk:* eine geeignete *Gemüsezusammenstellung* aus aromaintensiven Pflanzenteilen, die nicht roh, sondern ausschl. zum Auskochen verwendet werden, um einen schmackhaften Extrakt zu bereiten, der zum Würzen von Suppen, Brühen, Fleisch- und Fischgerichten dient. Die Gemüsezusammenstellung besteht in der Regel aus Sellerie, Petersilie, Möhren, Porree, ggf. auch Kohlrabi, wobei diese Gemüsearten auch mit geteiltem Wurzelkörper, zu kleinen Bündeln abgepackt, in den Handel kommen. Ein Laubanteil bei Sellerie, Porree sowie anderen Zwiebelgewächsen ist erwünscht; er läßt zugleich den → Frischcharakter dieser Produkte erkennen. → Küchengewürz
2. *Küchenkräuter, Kräuterbündel:* geeignete Küchenkräuterzusammenstellung, die meist in roher aber auch in getrockneter Form zum Würzen nach dem Kochprozeß bestimmt ist, indem Suppen oder Brühen damit aufgewertet werden. Die S. 2 werden im Vergleich zu S. 1 aus Gemüse nicht ausgekocht.

Suppenlauch → Porree

Suppenminze → Borretsch, Indischer

Süppli → Waldsauerklee

Supramine: ein in Ägypten speziell für Säuglinge entwickeltes, kombiniertes Lebensmittel aus Hartweizenmehl und Milchpulver unter Zusatz von

Kichererbsenmehl, Zucker und Linsenmehl. Der Proteingehalt dieses → Kindernährmittels beträgt 20%.

Surenbaum → Zederntriebe

Surfines → Kapern

Surimi, *Surumi:* lagerfähiges Zwischenprodukt zur Herstellung einer Gruppe typischer japanischer Fischerzeugnisse (*Kamaboko*-Erzeugnisse). Zur Gewinnung von S. wird grätenfreies, feinzerkleinertes Fleisch (→ Farsch) ausgewählter Fischarten (bes. → Mintai) mit sehr viel frischem Wasser gewaschen. So werden lösliche Eiweißstoffe, Enzyme, Mineralstoffe und Mikroorganismen entfernt. Nach Abtrennung des überschüssigen Wassers werden Zucker (bis 10%), Salz und Polyphosphate zugesetzt. Auf diese Weise behält das S. seine Fähigkeit, die typische, abgebundene, fast gummiartige Textur auszubilden und viel Wasser zu binden; zugleich wird eine lange Gefrierlagerung ermöglicht. Entsprechend kann bei kurzer Lagerung der Zuckerzusatz verringert werden oder entfallen. S. wird heute hauptsächlich an Bord großer Fischereifahrzeuge produziert und gefroren gelandet. Zur Verarbeitung wird S. aufgetaut, mit verschiedenen Zusätzen, bes. Würz- und Farbstoffen, gemischt, unterschiedlich geformt und schließlich wärmebehandelt; *Kamaboko* ist der Sammelname dieser Erzeugnisse: Durch verschiedene Brat- und Fritierverfahren erhält man *Satsuma-age,* durch Grillen *Chikuwa* und durch Dämpfen *Kamaboko* i. e. S.; weitere Verarbeitungsprodukte sind *Chanpon, Tikuwa* und *Konokjaki.* Ursprünglich auf Japan beschränkt, werden derartige Erzeugnisse heute z. B. auch in Korea und in den USA in beträchtlichem Umfang genossen und produziert. Etwa seit den 70er Jahren werden auf der Basis von S. auch Crab Meat (→ Krebstiere), Garnelen- und Muschelfleisch imitiert. Solche *Kamaboko*-Erzeugnisse werden mit typischen Aroma- und Farbstoffen in weitgehend automatisierten Anlagen hergestellt und meist durch Gefrieren konserviert. Die Palette der *Kamaboko*-Erzeugnisse umfaßt weiterhin verschiedene Würstchen- und Wurstarten, Pizza-Beläge, Klopse u. a. Alle diese Produkte haben einen hohen Eiweißwert und enthalten kaum Fett.

Surinamkirsche, *Pitanga, Cayennekirsche:* Frucht des kleinen Gehölzes *Eugénia uniflóra* L. (Familie *Myrtáceae*), das in den Subtropen und Tropen weit verbreitet ist und z. B. in Brasilien und Florida als Heckenpflanze angepflanzt wird. Die einen Durchm. von 4 cm erreichenden, meist hellrötlichen Beeren sind kugelig mit stark hervortretenden Rippenwülsten und haben ein weiches, saftiges, süß bis säuerlich und etwas harzig schmeckendes Fruchtfleisch.

Surmous → Suurbrod

Surrogat → Lebensmittelsurrogat

Sürsöta-Brot: ein in Schweden verbreitetes Brot aus einer Mehlmischung von 20% Roggenmehl Typ 1150, 72% Weizenmehl Typ 550 und 8% Roggenvollkornschrot. Das S. wird mit Brühstück und Vorteig sowie unter Gewürzzusatz (Kümmel, Fenchel, Orangeat, Anis, Kardamom) hergestellt. → Brot

Surugatoxin: Toxin der Meeresschnecke Babylonia japonica, die es über die Nahrung (einzellige Algen) aufnimmt. Vergiftungsfälle sind in Japan schon aufgetreten. s. Strukturformel Seite 644.

Sús doméstiсus (Schwein) → Fleischtiere

Susine: die glänzend gelb- bis rotfarbene (nicht blaufarbene), saftige, leicht säuerliche, leicht steinlösende Frucht der *Japanischen Pflaume, Prúnus salicína* Lindl. (Familie *Rosáceae*). Diese in Südostasien und bes. in Kalifornien angebaute Edelpflaume wird vorwiegend als Naß- oder Trokkenkonserve mit den Sorten 'Shiro', 'Shiro Rosa', 'Burback', 'Formosa', 'Florentina', 'Methley', 'Golden Japan' auf den Markt gebracht.

Susni: kleiner Wasserfarn, *Marsílea quadrifólia* L. (Familie *Marsileáceae*), der in Indien als Blattgemüse verzehrt wird.

Sús scrófa (Schwarzwild) → Wild

süß → sec

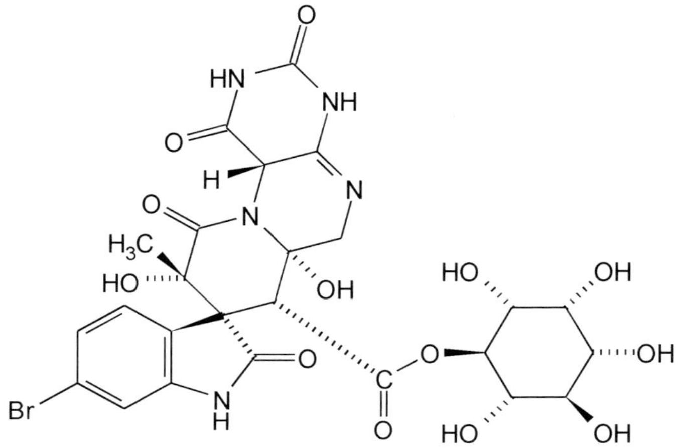

Surugatoxin

Süßdolde → Myrrhe

Süßgras: 1. → Ruchgras
2. Mannagras
3. Sammelbez. für einkeimblättrige Pflanzen aus der über 8000 Pflanzen umfassenden Familie *Poáceae* (bislang *Gramíneae* genannt). Die überwiegend ein- oder mehrjährigen krautigen, selten verholzten Pflanzen, bestehen aus hohen, knotigen, meist stielrunden Stengeln (Halmen), deren süßes Mark zur Zucker- oder Sirupgewinnung genutzt wird, wie dies bei einigen Sorghumarten oder Zuckerrohr der Fall ist. Die Blüten stehen in viel- bis einblütigen Teilblütenständen, den *Ähren,* die wiederum zu ährigen, traubigen oder rispigen Gesamtblütenständen vereinigt sind. Je nach Gestalt des Blütenstandes unterscheidet man a) *Ährengräser* (Ähre oder Traube), hierzu zählen z.B. Weizen und Roggen, b) *Rispengräser* (Rispe), hierzu zählen z.B. die → Getreidearten → Hafer, Eleusine → Mais → Reis → Hirse → Wildreis, ferner → Zuckerrohr → Bambus → Phyllostachys usw., c) *Ährenrispengräser* (Rispe mit stark verkürzten Rispenästen), z.B. → Gerste.
Alle S. (Familie *Poáceae*) haben zweizeilige, die *Sauergräser* (Familie *Cyperáceae*) dagegen dreizeilige Blattanordnungen. Zu den Sauergräsern zählen z.B. → Erdmandel → Wasserkastanie oder → Simse. Grassamen können im botanischen Sinn des Wortes entweder Früchte, d. h. das, was aus dem Fruchtknoten hervorgeht, oder Scheinfrüchte (→ Sammelfrucht) sein. Bei der *Grasfrucht* oder *Karyopse* sind Samen- und Fruchtschale miteinander verwachsen, und die *Früchte* sind wie bei Roggen und Weizen nackt. Gewöhnlich ist der Grassamen botanisch eine *Scheinfrucht,* indem die nackte Frucht noch von anderen Blütenbestandteilen umgeben ist; die einzelnen Blüten werden noch von einer Deckspelze und der ihr nach innen zu gegenüberliegenden Vorspelze umgeben, während ein Ährchen am Grunde mit zwei Hochblättern, den Hüllspelzen, umschlossen ist. Diese Scheinfrüchte werden auch Spelzfrüchte genannt. → Schließfrucht → Nuß → Sammelspelzfrucht → Spelzweizen → Getreide

Süßholz: die süßlich schmeckende, holzige Wurzel verschiedener in den gemäßigten und subtropischen Zonen wildwachsender oder kultivierter Süßholzsträucher der Gattung *Glycyrrhíza,* (Familie *Fabáceae*). Die fleischige Wurzel wird in einigen Ländern (z.B. USA) auch als Gemüse, hauptsächlich als Trockenprodukt (Würzdroge) verwendet. Der aus den glucosidreichen Wurzeln gewonnene Saft (*Lakritzensaft*) wird bes. von *G. glábra* L. der als *S.* oder *Lakritze* bezeichneten

Pflanze gewonnen, deren Wurzeln von kultivierten oder wildwachsenden Pflanzen stammen. Der Lakritzensaft wird medizinisch genutzt und für die Aromatisierung von Getränken (Porterbier, Spirituosen), von Tabak und von Süßwaren eingesetzt. Die in kleine gelbliche Stücke geschnittene Süßholzhandelsware trägt Herkunftsbezeichnungen und kann von unterschiedlichen Süßholzarten, aus kultivierten oder Wildbeständen stammen: *Spanisches, Griechisches* oder *Italienisches S.* kommt von *G. glábra, Chinesisches, Anatolisches* oder *Russisches S.* kommt von *G. uralénsis* Fisch, *Russisches, Römisches* und *Italienisches S.* kommt von dem in beiden Ländern wildwachsenden und kultivierten Süßholzstrauch *G. echináta* L., *Amerikanisches S.* kommt von dem in Amerika vorkommenden Strauch *G. lepidota* (Nutt.) Pursh. Die Würzdroge ist vor allem auch Bestandteil von Haus- und Arzneiteezubereitungen (→ teeähnliches Erzeugnis).

Süßholzsaft: wäßriger, eingedickter Extrakt aus *Süßholz,* der neben dem wertbestimmenden Anteil → *Glycyrrhizin* oder Süßholzzucker (22%) noch andere Zucker sowie Stärke, Dextrin und Gummi enthält und zur Herstellung von *Lakritzware* dient. → Süßware

Süßintensität: Angabe der Intensität des Süßgeschmacks einer Verbindung in wäßriger Lösung in Einheiten einer absoluten Skala. Die Einheit bezieht sich auf die standardisierte Bestimmung der Unterschiedsempfindlichkeit (Unterschiedsschwelle) beim paarweisen Vergleich mit der Differenzierungswahrscheinlichkeit $p = 0{,}75$, bei einer Temperatur von 20°C.
Ähnlich der Molarität bzw. Normalität in der Chemie ermöglicht die S. eine von süßwirksamen Stoffen losgelöste Betrachtung. Der Zusammenhang von Konzentration *(S)* und S. *(R)* wird im allg. durch eine Exponentialfunktion mit dem Begriff Sättigung beschrieben, welcher zwei stoffspezifische Parameter hat, nämlich die maximale Süßintensität *(Rm)* und einen Konzentrationsmittelwert $(\bar{S})$. Für eine große Zahl süßer Verbindungen gilt: $R = Rm\,(1\text{-}\exp(\text{-}S/\bar{S})$. Saccharose hat die Parameter $Rm = 89$ und $\bar{S} = 83{,}3$ g/l. In der Übersicht werden für einige süße Kohlenhydrate, Zuckeralkohole und Süßungsmittel für äquidistante Abstände der S. die zugehörigen Konzentrationen angegeben. Für die Einordnung weiterer süßer Verbindungen genügt die Bestimmung der Intensitätsgleichheit mit beispielsweise Saccharose als Standard auf mehreren Konzentrationsniveaus und nachfolgender Parameterberechnung. Stoffe mit niedrigem Konzentrationsmittelwert $\bar{S}$ (hohe → Süßkraft!) haben im allg. eine niedrige Maximalintensität. Vergleich intensitätsgleicher Konzentrationen einiger Süßungsmittel und Zuckeraustauschstoffe sowie Saccharose (Lösungen in Wasser bei 20°C) s. Übersicht Seiten 646/647. → Süßkraft

Süßkartoffel → Batate

Süßkartoffel, Chinesische → Yams, Kleines

Süßkartoffelstärke → Arrowroot

Süßkirsche: Frucht des Süßkirschbaumes *Cérasus ávium* (L.) Moench. var. *cerásus, Synonym Prúnus cerásus var. ávium* L., einer frühzeitig in Kultur genommenen Steinobstart (→ Steinobst), (Familie *Rosáceae).* Fruchtsteine der S. unterschiedlicher Größe wurden in Pfahlbauten gefunden und deuten auf das Vorhandensein mehrerer Formen bereits in der Mittleren Steinzeit hin. Als Stammform gilt die wilde → *Vogelkirsche, Cérasus ávium L.* Moench. ssp. *ávium,* aus der sich durch Kreuzungen und Mutationen die Kultursorten entwickelt haben. Die pomologische Einteilung der S. erfolgt in:

1. *Wild-* oder *Vogelkirschen* (franz. *Merise)*

2. *Kultur-* oder *Tafelkirschen* a) *Weichfleischige* oder *Herzkirschen* (franz. *Guigne)* b) *Festfleischige* oder *Knorpelkirschen* (franz. *Bigarreau).*

Zwischen diesen beiden Gruppen sind Übergänge vorhanden. Die Gliederung kann ferner nach Farbe der Früchte bzw. nach deren Saftfarbe (dunkelrot, rot, bunt, gelb bzw. farblos) ergänzt werden. Süßkirschensorten s. Steinobst. Der Süßkirschbaum gedeiht am besten in durchlässigen Böden, er verträgt keine stauende Nässe. Der bisherige Anbau in hohen Baumformen wird z. Z. zur

Vergleich intensitätsgleicher Konzentrationen einiger Süßungsmittel und Zuckeraustauschstoffe sowie Saccharose

Süß-intensität	Saccharose in g/l	Maltose in g/l	Lactose in g/l	Glucose in g/l	Fructose in g/l	Galactose in g/l	Xylose in g/l	Glucitol in g/l	Mannitol in g/l	Xylitol in g/l	Lactitol in g/l	Palatinit in g/l	Saccharin Na in mg/l	Cyclamat-Na in g/l	Acesulfam-K in mg/l	Aspartam in mg/l
2	1,8	5,5	6,8	3,4	1,5	4,1	3,2	3,5	3,8	2,1	6,3	19,6	3,5	0,05	7,9	9,6
4	3,8	11,2	13,6	6,8	3,1	8,3	6,4	7,0	7,6	4,2	12,7	27,7	5,2	0,11	16,2	19,6
6	5,8	16,9	20,5	10,4	4,7	12,5	9,7	10,7	11,6	6,4	19,2	35,4	8,0	0,17	24,8	30,0
8	7,8	22,7	27,6	14,0	6,4	16,7	13,1	14,4	15,6	8,6	25,9	42,8	10,9	0,23	33,8	40,8
10	9,9	28,7	34,7	17,7	8,0	21,0	16,5	18,2	19,6	10,9	32,7	50,0	14,0	0,30	43,3	52,1
12	12,1	34,8	41,9	21,4	9,8	25,3	20,0	22,1	23,8	13,3	39,7	57,0	17,2	0,36	53,3	63,9
14	14,3	40,9	49,2	25,3	11,6	29,6	23,7	26,1	28,0	15,7	46,8	63,8	20,7	0,43	63,9	76,2
16	16,5	47,3	56,5	29,3	13,4	34,0	27,4	30,2	32,3	18,2	54,0	70,4	24,4	0,50	75,0	89,2
18	18,8	53,7	64,0	33,3	15,3	38,4	31,2	34,4	36,7	20,7	61,4	76,9	28,3	0,58	86,9	103
20	21,2	60,3	71,6	37,5	17,2	42,9	35,1	38,6	41,1	23,3	69,0	83,2	32,5	0,66	99,6	117
22	23,7	67,0	79,3	41,8	19,2	47,4	39,1	43,1	45,7	26,0	76,8	89,4	37,1	0,74	113	132
24	26,2	73,9	87,1	46,1	21,3	51,9	43,2	47,6	50,3	28,7	84,8	95,6	42,0	0,82	128	148
26	28,8	81,0	95,0	50,6	23,4	56,4	47,4	52,2	55,0	31,6	93,0	102	47,5	0,92	144	165
28	31,5	88,2	1o3	55,3	25,6	61,1	51,8	57,0	59,9	34,5	101	108	53,5	1,01	161	184
30	34,2	95,5	111	60,1	27,9	65,7	56,2	62,0	64,8	37,5	110	114	60,2	1,11	180	203
32	37,1	103	119	65,0	30,2	70,4	60,9	67,1	69,9	40,6	119	120	67,8	1,22	201	224
34	40,1	111	128	70,1	32,7	75,2	65,6	72,3	75,0	43,8	128	126	76,7	1,33	225	248
36	43,2	119	136	75,3	35,2	80,0	70,5	77,8	80,3	47,2	137	133	87,0	1,45	252	273
38	46,4	127	145	80,7	37,8	84,8	75,6	83,4	85,7	50,6	147	139	99,7	1,58	284	301
40	49,7	135	154	86,3	40,6	89,7	80,9	89,2	91,2	54,2	157	146	116	1,72	322	332
42	53,2	144	162	92,1	43,4	94,6	86,4	95,2	96,9	57,9	167	153	139	1,88	369	367
44	56,8	153	172	98,1	46,4	99,6	92,0	101	103	61,8	177	160	179	2,04	433	408
46	60,6	162	181	104	49,6	105	97,9	108	109	65,8	188	167	-	2,23	530	456
48	64,6	171	190	111	52,9	110	104	115	115	70,1	200	174	-	2,44	739	516
50	68,8	181	200	118	56,4	115	110	122	121	74,5	211	182	-	2,67	-	592

Vergleich intensitätsgleicher Konzentrationen einiger Süßungsmittel und Zuckeraustauschstoffe sowie Saccharose (Forts.)

Süß-inten-sität	Sac-charo-se in g/l	Mal-tose in g/l	Lac-tose in g/l	Glu-cose in g/l	Fruc-tose in g/l	Galac-tose in g/l	Xylose in g/l	Gluci-tol in g/l	Manni-tol in g/l	Xyli-tol in g/l	Lacti-tol in g/l	Pala-tinit in g/l	Sac-charin Na in mg/l	Cycla-mat-Na in g/l	Acesul-fam-K in mg/l	Aspar-tam in mg/l
52	73,1	191	209	125	60,0	120	117	129	128	79,1	223	190	–	2,94	–	699
54	77,8	201	219	132	63,9	125	124	137	134	84,0	236	198	–	3,26	–	883
56	82,7	212	229	140	68,0	130	131	145	141	89,1	249	207	–	3,65	–	–
58	87,9	223	239	148	72,4	136	139	153	148	94,6	263	216	–	4,16	–	–
60	93,4	234	250	156	77,1	141	147	162	155	100	277	226	–	4,87	–	–
62	99,4	246	260	165	82,2	147	156	172	–	106	292	236	–	6,09	–	–
64	106	259	271	175	87,7	152	165	182	–	113	307	246	–	–	–	–
66	113	272	282	185	93,7	–	174	192	–	120	324	257	–	–	–	–
68	120	–	293	196	100	–	185	204	–	128	341	268	–	–	–	–
70	129	–	304	208	108	–	196	216	–	136	359	280	–	–	–	–
72	138	–	316	220	116	–	208	229	–	145	337	293	–	–	–	–
74	148	–	328	234	125	–	221	244	–	155	399	306	–	–	–	–
76	160	–	–	248	136	–	235	260	–	166	420	320	–	–	–	–
78	174	–	–	265	150	–	251	277	–	179	444	–	–	–	–	–
80	191	–	–	282	165	–	269	296	–	194	469	–	–	–	–	–
82	212	–	–	303	188	–	289	318	–	211	496	–	–	–	–	–
84	240	–	–	326	222	–	312	344	–	232	526	–	–	–	–	–
86	282	–	–	353	294	–	339	374	–	259	559	–	–	–	–	–
88	374	–	–	386	–	–	373	411	–	298	595	–	–	–	–	–
90	–	–	–	427	–	–	416	459	–	364	636	–	–	–	–	–
92	–	–	–	481	–	–	477	526	–	–	683	–	–	–	–	–
94	–	–	–	564	–	–	581	640	–	–	737	–	–	–	–	–
96	–	–	–	–	–	–	–	–	–	–	803	–	–	–	–	–
98	–	–	–	–	–	–	–	–	–	–	885	–	–	–	–	–
100	–	–	–	–	–	–	–	–	–	–	995	–	–	–	–	–

Erleichterung der Bewirtschaftung auf niedrigere Baumformen umgestellt. Die Reife der S. erstreckt sich auf 6 Kirschwochen (Übers.); die frühesten Sorten reifen in der Junidekade.

Einteilung der Süßkirschsorten nach Reifezeitwochen

Reife-woche	Gruppen-bezeichnung	Sortenbeispiele
1.	Herzkirschen	'Müncheberger Frühernte'
		'Nalina'
2.		'Kassins Frühe'
		'Knauffs Schwarze'
3.		'Teickners Schwarze Herzkirsche'
		'Werdersche Braune'
4.		'Schmahlfelds Schwarze'
5.	Knorpelkirschen	'Sam'
		'Van'
		'Spansche Knorpel'
		'Hedelfinger'
		'Altenburger Melonenkirsche'
		'Querfurter Königskirsche'
		'Große Schwarze Knorpel'
		'Kordia'

Die manuelle Ernte erfordert hohen Arbeitsaufwand, deshalb wird das maschinelle Abernten der Süßkirschbäume angestrebt. Versuche hierzu haben bei festfleischigen Sorten und bei Früchten für die Verarbeitung gute Ergebnisse gebracht. Die S. haben nur begrenzte Haltbarkeit und müssen sofort nach der Ernte verwertet werden. Sie dienen in erster Linie zum Frischverzehr, werden aber auch zu Sterilkonserven, Gefrierkonserven, Konfitüre, Belegfrüchten, Fruchtsäften verarbeitet. Da die S. nur wenig Fruchtsäure enthält, wird sie meist mit säurereicheren Obstarten zu Mehrfruchtkonserven verwendet. Für den Frischverzehr und die Verarbeitung ungeeignete (geplatzte oder vermadete) Früchte können zur → Branntweinherstellung verwendet werden. In einzelnen Gebieten werden bestimmte Süßkirschensorten speziell für die Erzeugung von Branntwein (Schwarzwälder → Kirschwasser) angebaut (→ Brennkirsche). Chemische Zusammensetzung und Energiewert der S. s. Steinobst.

Süßkirsche, wilde → Vogelkirsche

Süßkraft: dimensionslose Maßzahl zur Einschätzung der relativen Süßwirksamkeit eines Stoffes, ausgedrückt durch das Konzentrationsverhältnis Saccharose/Stoff in wäßriger Lösung bei gleicher → *Süßintensität.* Die zugrundeliegenden Konzentrationen werden aus Gründen der Anschaulichkeit und Praktikabilität in Masse je Volumeneinheit gewählt. Da die S. besonders für Süßungsmittel sehr erheblich von der → Süßintensität bzw. der Konzentration abhängig ist (Saccharin beispielsweise S.: 3,8/0,0052~731···56,8/0,179~317, beide Konzentrationen in g/l entsprechen einer Süßintensität von 4 bzw. 44 Einheiten), aber auch die Verzehrtemperatur nicht vernachlässigt werden kann, kommt ihr nur eine orientierende Bedeutung zu. Wenn die Konzentrationsabhängigkeit Beachtung findet, erfolgen die Angaben meist mit Bezug auf 30 g/l, seltener auf 100 g/l Saccharose.

Süßlimette → Limette

Süßmais → Gemüsemais

Süßmajoran → Majoran

Süßmandioka, *Aipi, Aipim, Manioka-Branka:* die in Mexiko, Kolumbien, Australien und in Brasilien angebaute Manihotpflanze, *Mánihot dúlcis* (J. F. Gmel.) Pax *var. aípi* (Pohl) Pax, (Familie *Euphorbiáceae),* deren Wurzelknollen hauptsächlich, wie auch diejenigen der in Brasilien kultivierten *var. multífida* (Grah.) Pax zur Stärkegewinnung dienen. Neben den Süßmandiokaarten werden zur Stärkegewinnung auch die Wurzelknollen von der in Mittelamerika und in Venezuela kultivierten *Berg-Yuca,* auch *Yuquilla, M. carthaginénsis* (Jacq.) Müll., von den in Brasilien kultivierten *M. epruinósa* Pax et Hoffm. und *M. brachyándra* Pax et Hoffm. sowie der in Ostasien kultivierten *M. louréiri* Pohl verwendet.

Süßmost, *Fruchtsüßmost, Obstsüßmost*: ein trinkfertig gemachter → Fruchtsaft. S. ist auf industriellem Sektor eine nur noch selten benutzte und durch die Bez. *Fruchtnektar* abgelöste Benennung für ein Getränk, das ausschl. unter Verwendung von nicht zum unmittelbaren Genuß geeigneten Fruchtsäften oder Fruchtsaftkonzentraten, unter Zusatz von Zucker und Trinkwasser hergestellt wird. Sauer schmeckende Früchte (z. B. Johannisbeere, Sanddorn, Stachelbeere oder Rhabarber) werden auf diese Weise (auch als *Mehrfruchtsüßmost)* trinkfertig gemacht. Die Verwendung von Fruchtmark oder Fruchtpulpe ist dabei ausgeschlossen. Als S. wird auch ein → Saft bezeichnet, der im Haushalt mittels Dampfentsafter oder Saftzentrifuge oder in Kleinmostereien mittels Spindelpresse aus sauren Früchten oder sog. Fallobst gewonnen wird, der entweder vor dem Pasteurisieren oder unmittelbar vor dem Gebrauch Zusätze von Zucker und Trinkwasser erhält. Hier ist die Bez. *Apfelsüßmost* z. B. noch sehr verbreitet, während diese auf industriellem Sektor durch die Bez. *Apfelnektar* abgelöst ist, obgleich es sich um ein gleichartiges Produkt handelt. → Most → Fruchtsaft

Süßsack → Cherimoya

Süßsorghum → Zuckerhirse

Süßspeisepulver: ein Gemisch aus konsistenzgebenden Stoffen, wie Dickungs- und Geliermitteln und auch Nährmitteln mit natürlichen und/oder künstlichen geschmackgebenden Zusätzen, das mit Flüssigkeit, z. B. Milch, Trinkwasser oder Fruchtsaft, und vielfach unter Zusatz von Zucker entsprechend einer auf der Verpackung angegebenen Kochanweisung zubereitet, eine Süßspeise ergibt. Zu den S. zählen folgende Erzeugnisse, die je nach dem verwendeten Dickungs- und/oder Geliermittel unterschieden werden: Grießflammerie-Pulver, Kaltschalen- und Fruchtsuppen-Pulver, Puddingpulver, Rote-Grütze-Pulver, Götterspeisepulver, Soßenpulver, Soßenpulver für süße Speisen. Hierzu gehören auch die *Kremspeisepulver,* die „ohne Kochen" eine verzehrsfertige Süßspeise ergeben. Alle S. einschl. der stärkehaltigen Erzeugnisse ohne Fruchtzusätze sind vitamin-, eiweiß- und mineralstoffarme Erzeugnisse und je nach Zuckermenge von relativ hohem Energiewert.

Süßstoffe: Verbindungen, welche bei wesentlich geringeren Konzentrationen als süße Kohlenhydrate oder Zuckeralkohole einen Süßgeschmack aufweisen. 1879 entdeckte *C. Fahlberg* im Labor von *I. Remsen* durch Zufall den süßen Geschmack von o-Benzoesäure-sulfimid (→ *Saccharin). Fahlberg* begann im Jahr 1884 in Magdeburg mit der kommerziellen Verwertung dieser Verbindung, welche auch als der Süßstoff bekannt wurde. S. sind entweder unverdaulich oder tragen durch ihre geringe Aufnahmemasse nicht, bzw. sehr wenig zum Nährwert der sie enthaltenden Lebensmittel bei. Deshalb sind sie zum Austausch von Saccharose oder anderen süßen Kohlenhydraten in Lebensmitteln mit dem Ziel der Energiereduzierung sowie eines insulinunabhängigen Stoffwechsels (→ Diabetikerlebensmittel) geeignet. Weiterhin werden im Zusammenhang mit Karies diskutierte Eigenschaften von Saccharose und anderen Kohlenhydraten nicht eingebracht. Einige Nachteile von → Saccharin und ein erhöhtes Diätbewußtsein führten zur Synthese weiterer S. und der Auffindung natürlicher S. pflanzlicher Herkunft. Neuere Untersuchungen weisen darauf hin, daß einige S. das Hungergefühl stimulieren und damit eine erhöhte Nährstoffaufnahme bewirken.
Synthetische S. von Bedeutung sind: → *Acesulfam-K* → Aspartam → Cyclamat → Neohesperidindihydrochalcon und → Saccharin in alphabetischer Reihenfolge. Pflanzliche S. meist von geringerer Bedeutung, sind: *Glycyrrhicin* → Hernandulcin → Monellin → Phyllodulcin → Steviosid und → Thaumatin. In Deutschland sind Saccharin, Cyclamat, Aspartam und Acesulfam zugelassen. Früher gebräuchliche oder diskutierte S. wie Dulcin (Süßhilfe), Suosan, Perillartin, Ultrasüß u. a. sind aus verschiedenen Gründen nicht mehr gebräuchlich bzw. zugelassen.
Die toxikologischen Anforderungen an S. zur Sicherstellung der gesundheitlichen Unbedenklichkeit sind hoch. Es ist ein Nachweis über das Fehlen

kanzerogener, mutagener, teratogener und chronisch toxischer Wirkungen zu erbringen, der bei einem gemeinsamen Komitee der Weltgesundheitsorganisation (WHO) und der Welternährungsorganisation (FAO) bewertet wird und zu einem ADI-Wert (acceptable daily intake) führt. Dieser Wert gibt die lebenslang tolerierbare Tagesdosis in mg je kg Körpermasse an.
Für den Einsatz der S. in Lebensmitteln sind neben gesundheitlicher Unbedenklichkeit, ökonomische Belange, wie Verfügbarkeit und Preis, im Zusammenhang mit der → *Süßkraft,* insbesondere die sensorischen und technologischen Eigenschaften ausschlaggebend. Bei den sensorischen Eigenschaften sind es die Reinheit des Süßgeschmacks und die erzielbare maximale → *Süßintensität.* Als technologisch bedeutsam sind die Stabilität der Verbindungen gegenüber Hydrolyse und thermischer Belastung sowie die Löslichkeit anzusehen. Selbstverständlich können S. außer dem Süßgeschmack keine anderen Eigenschaften süßer Kohlenhydrate (Masse und Volumengebung sowie damit zusammenhängende Phänomene) einbringen. Aus diesem Grunde müssen, wenn nötig, produktspezifische Kombinationen mit geeigneten Zuckeraustauschstoffen (→ Zuckeraustauschstoff) vorgenommen werden. Die lebensmittelrechtliche Zulassung von S. in den einzelnen Staaten ist unterschiedlich geregelt und verbindet die Unbedenklichkeit mit ökonomischen sowie gesundheitspolitischen Kategorien. Die erlaubten Höchstmengen für den Einsatz von Süßstoffen in ausgewählten Produkten in Deutschland s. Tab. unten.

Süßtafel, *Desserttafel*: eine → *Zuckerware* in Form einer massiven Tafel aus Zucker, gehärtetem Pflanzenfett, Kakaomasse, Kakaopulver u. a. zur Zuckerwarenherstellung gebräuchlichen Stoffen. Künstliche Geschmacksstoffe müssen gekennzeichnet sein. Der maximale Gehalt an Kakaobestandteilen ist mit 7,5 % festgelegt.

Süßungsmittel: Stoffe, die zum Süßen von Lebensmitteln, Speisen, Getränken und Arzneimitteln dienen. Dazu gehören alle süß schmeckenden Saccharide → Zuckeralkohole → Süßstoffe und → Zuckeraustauschstoffe.

Süßware: Sammelbez. für eine heterogen zusammengesetzte Gruppe von vorwiegend zukkerhaltigen Erzeugnissen (s. Tab. S. 651).
Zu den S. zählen *Zuckerwaren, Dauerbackwaren, Kakaoerzeugnisse, Speiseeis* (und Halbfertigerzeugnisse) und *Kunsthonig,* aber auch Erzeugnisse, die keinen Zucker enthalten, ihrer Eigenart entsprechend aber zu den S. gerechnet werden, z. B. *Diabetikersüßwaren,* Erzeugnisse aus Mandeln u. ä. → Imbißerzeugnis → Diabetikerlebensmittel → Lebensmittel, diätetisches

Süßware, zuckerlose: eine nicht mit Zuckerraffinade (Saccharose), sondern mit Zuckeraustauschstoffen (z. B. Aspartam oder Acesufam) her-

Erlaubte Höchstmengen in der Bundesrepublik Deutschland für Süßstoffe in ausgewählten Produkten

Produkt	Saccharin	Cyclamat (jeweils mg/kg oder l)	Aspartam	Acesulfam
Energieverminderte Erfrischungsgetränke	100	400	600	350
Kaugummi	1000	–	4000	3000
Zuckerwaren	–	–	2000	600
Milcherzeugnisse mit Fruchtzubereitungen	–	–	600	400
Obstkonserven	–	–	1000	1000

Zusammensetzung und Energiewert ausgewählter Süßwaren nach Finke

	Gehalt je 100 g								
	Feuchtigkeit in g	Eiweiß in g	Fett in g	Kohlenhydrate in g	Mineralstoffe in g	Vitamin B_1 in g	Vitamin B_2 in g	Niacin in g	Energiewert je 100 g in kJ (kcal)
Zuckerwaren									
Hartkaramellen	2	–	–	97	0,1	–	–	–	1651 (395)
Weichkaramellen	5	3	10	81	1,0	–	–	–	1797 (430)
Fondants und Fondantwaren	9	–	–	90	0,1	–	–	–	1526 (365)
Gelee-Erzeugnisse	18	–	–	75	–	–	–	–	1283 (307)
Marzipanrohmasse	15	10	32	41	1,5	0,13	0,3	2,0	2090 (500)
Marzipan, angewirkt	8	5	16	70	0,8	0,07	0,15	1,0	1880 (450)
Nugatrohmasse	1	9	35	53	1,3	0,05	Spuren	–	2404 (575)
Schokoladenwaren									
Koch- und Speiseschokolade	1	5	25	67	1,2	0,03	0,08	0,3	2215 (530)
Bittere Schmelzschokolade	1	6,5	33	57	1,6	0,07	0,07	0,6	2340 (560)
Vollmilchschokolade	1,5	9	31	57	2,1	0,09	0,40	0,8	2300 (550)
Pralinen (Mittelwerte)	5···8	3···5	15···18	70···74	0,5···1,5	–	–	–	1880···1986 (450···475)

gestellte Süßware. 1992 lag der Anteil an z. S. am Gesamtumsatz der Süßwarenbranche noch unter 10 %, die Tendenz ist jedoch steigend. Lediglich bei zuckerfreiem Kaugummi oder zuckerfreien Kaugummidragees lag der Anteil bereits bei 48 %, was einem Wert von 250 Mio DM entspricht.

Süßwasserfische → Fisch

Süßweichsel: selten verwendete Bez. für eine Kulturform der → *Sauerkirsche* mit starkem, aufstrebendem Wuchs und aufrechten bzw. waagerecht stehenden Seitenästen sowie dunklen und leuchtend roten Früchten mit färbendem Saft. Die S. haben vorzüglichen, süß-säuerlichen Geschmack und sind auch für den Frischverzehr geeignet. Sie ergeben auch schmackhafte Verarbeitungsprodukte. Leider ist die Ertragsleistung der überwiegend selbstunfruchtbaren Sorten meist unbefriedigend, deshalb haben die S. für den Marktobstanbau keine Bedeutung. Im Selbstversorgeranbau werden sie gelegentlich angetroffen. Zu den S. gehören die Sorten *„Rote Maikirsche"* und *„Mailor"*.

Süßwein → Dessertwein

Süßwurzel → Zuckerwurzel

Suurbrod → Waldsauerklee

Sveciakäse: schwedischer *Schnittkäse* aus Kuhmilch, der mit Gewürzen (Nelken, Kümmel) oder ohne Gewürze in den Fettstufen 30···60 F. i. Tr. hergestellt wird. → Käsesorten

Sweeti: eine gut lagerfähige, 300···1200 g schwere, saftige → Zitrusfrucht aus Israel mit grüner, grüngelber bis gelber glänzender Schale. S. ist aus einer Kreuzung zwischen Grapefruit und Pomelo hervorgegangen und wird von Okt. bis April im Handel angeboten. Das intensiv gelbfarbene Fruchtfleisch eignet sich zum Löffeln.

Swértia perénnis → Chiretta

Swertiasäure → Oleanolsäure

Sykomorenbaum → Maulbeerfeige

Sympectothion → Betaine

Sýmphytum spec. → Beinwell

Synärese: Flüssigkeitsabsonderung (Entquellung) beim Altern von Gelen oder → Gallerten unter Volumenabnahme, wobei die Form weitgehend erhalten bleibt. → Geliermittel

Synchýtrium endobióticum → Pilze

Synemin: Protein der Z-Linie der Muskulatur mit einer Molmasse von 23 000 g/mol.

Synephrin: Amin, das in verschiedenen Obstarten nachgewiesen wurde und durch Decarboxylierung von Aminosäuren oder durch Aminierung oder Transaminierung von Aldehyden entsteht.

Synergisten: i. allg. Substanzen, welche die Wirkungen bestimmter anderer Substanzen verstärken, i. e. S. Stoffe, die → *Antioxydantien* in ihrer Wirkung unterstützen, ohne selbst antioxydativ wirksam zu sein. Die S. der Fettantioxydantien geben an diese Wasserstoff ab und reaktivieren sie auf diese Weise. Oft werden zu den S. auch die → Komplexbildner gezählt (deren autoxydationshemmende Wirkung aber auf der Inaktivierung prooxydativer Metallionen beruht), da viele Substanzen beide Fähigkeiten haben. Der bekannteste S., die Ascorbinsäure (Vitamin C), ist auch Komplexbildner. Die wichtigsten S. und Komplexbildner s. Übersicht Seite 654–657.

Synsepálum dulcíficum → Mirakelfrucht

Syoyu-Aldehyd → Aldehyde

Syringasäure → Trihydroxy-carbonsäuren, aromatische

Syzýgium áqueum: Wässeriger Rosenapfel. → Rosenapfel

Syzýgium aromáticum → Gewürznelken

Syzýgium cumínii → Jambolanabaum

Syzýgium jámbos: Echter Rosenapfel. → Rosenapfel

Syzýgium javánicum: Samarang-Rosenapfel. → Rosenapfel

Syzýgium malaccénsis: Malaiischer Rosenapfel. → Rosenapfel

Szamorodni, *Szamarodni, Tokaj Szamorodni:* ein edler ungarischer *Weißwein.* S. bedeutet „so wie er gewachsen ist". In weniger günstigen Jahren, in denen die Herstellung von → *Tokajer Aszu* nicht lohnt, werden im Tokaj-Gebiet die Trauben normal geerntet. War das Jahr sehr ungünstig, gewinnt man einen trockenen Wein (= Szaraz), ist der Anteil überreifer Beeren größer, erhält man den süßen Szamorodniedes, der sich dann mit einem 2- bis 3buttigen Aszú vergleichen läßt. Der Ethanolgehalt liegt bei etwa 11,8 %-Vol. Die Weine sind feurig, von gelber bis dunkelgelber Farbe und haben ein feines Aroma. → Wein → Tokajer → Ausbruchwein

Szaras → Szamorodni

Szechuan, 1. → Chinatee
2. → Malve, Ägyptische

Szegediner Goulasch: Fleischspeise auf der Basis von Schweinefleisch. Dazu werden grobe Fleischwürfel geschnitten und geschmort, mit Paprika gewürzt. Außerdem wird saure Sahne und Sauerkraut verwendet.

Die wichtigsten Synergisten und Komplexbildner

Synergist/ Komplexbildner	Formel	Vorkommen
→ *Lecithine Cephaline, Serincephaline*	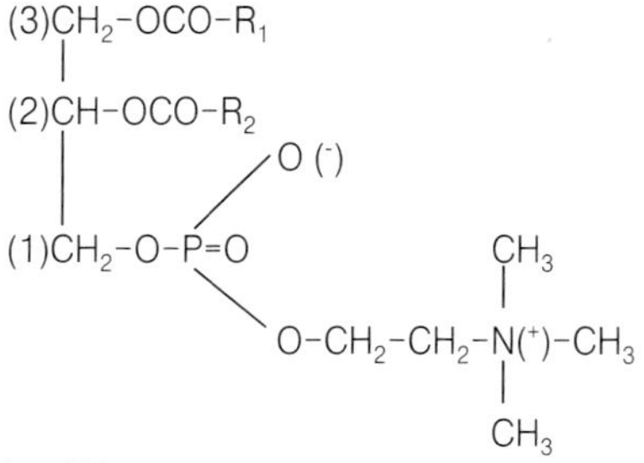 Lecithine: $OCO-R_1$ Fettsäurereste $OCO-R_2$ Cephaline: anstelle des Cholinrests $-CH_2-CH_2-N^{(+)}(CH_3)_3$ ein Colaminrest $-CH_2-CH_2-N^{(+)}H_3$ Serincephaline: anstelle des Cholinrests $-CH_2-CH_2-N^{(+)}(CH_3)_3$ ein Serinrest $-CH_2-CH(COOH)-N^{(+)}(CH_3)_3$	in Eigelb, Hirnsubstanz, Hefe, ölreichen Pflanzensamen (Sojaöl, Rapsöl)
→ *Zitronensäure und Zitronensäurealkylester*	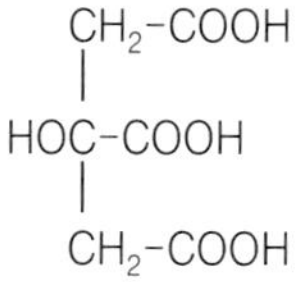 Citronensäure: R = H *Mono-isopropylcitronensäureester:* R = i-C_3H_7 *Mono-stearylcitronensäureester:* R = $C_{18}H_{37}$	in der Tier- und Pflanzenwelt weit verbreitet, vor allem in Zitronen (bezieht sich nur auf die freie Säure, die Ester kommen in der Natur nicht vor)

Eigenschaften	Verwendung	Toxizität, von der WHO als zulässig deklarierte Tages-Aufnahmemenge für den Menschen (ADI) in mg/kg KM)
Rohlecithin ist eine hellgelbe bis braune, geruchslose Masse wechselnder Zusamensetzung. Bestandteile sind Lecithin, Cephaline sowie Fette, Sterine und Tocopherole, quillt in Wasser unter Bildung kolloidaler Lösungen, guter Emulgator, inaktiviert Metallionen durch Komplexbildung	in der Hauptsache als Emulgator, daneben gleichzeitig zur Hemmung des oxydativen Verderbs von Fetten und Fettemulsionen;	ohne Einschränkung
weiße, geruchlose Substanzen, Citronensäure: in Wasser leicht löslich, in Fetten nicht. Die Ester (Mischungen aus Mono-, Di- und Triestern) sind fettlöslich. Wichtigster Synergist, guter Komplexbildner, Voraussetzung dafür ist das Vorhandensein freier Carboxylgruppen; Metallionen inaktivierend wirken darum die Citronensäure und ihre Monoester, Di- und Triester vermitteln die Löslichkeit in Fetten	Margarine, Backwaren und Fleischerzeugnisse, zur Verhinderung des Dunkelwerdens von Kartoffelerzeugnissen, sowie allg. gegen Verfärbungen, die durch Metallionen bedingt sind (vgl. Gallate), auch als Geschmacksstoff (Säuerungsmittel) und konsistenzverbesserndes Mittel (z. B. Käse).	Citronensäure: ohne Einschränkung Citronensäureester: ohne Einschränkung

Die wichtigsten Synergisten und Komplexbildner (Forts.)

Synergist/ Komplexbildner	Formel	Vorkommen
→ *Weinsäure*	HO-CH-COOH | HO-CH-COOH	L(+)-Weinsäure: in den meisten Früchten, vor allem in Weinbeeren, nur in Pflanzen DL-Weinsäure: synthetisch
Phosphorsäure und ihre Kondensationsprodukte	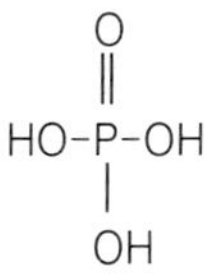 Monophosphorsäure 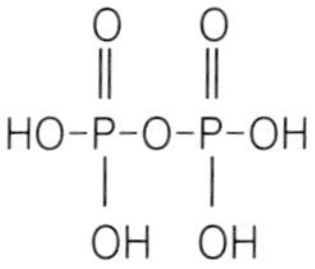 Diphosphorsäure 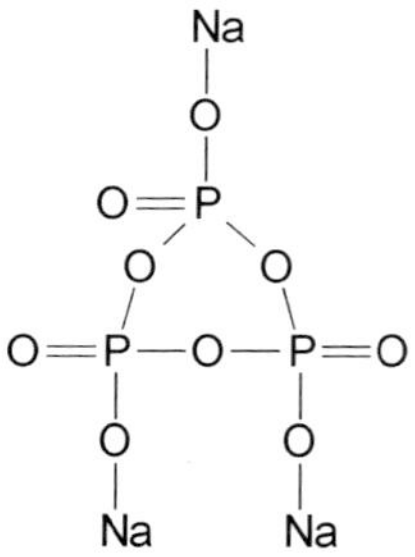 dementsprechend Tri- und Polyphosphorsäuren (nur als Na- oder K-Salze bekannt) cyclische Phosphate (Metaphosphate) Summenformel: $(NaPO_3)_n$ (n = 3 oder 4)	in der gesamten Pflanzen- und Tierwelt
Ethylendiamintetraessigsäure (EDTA)	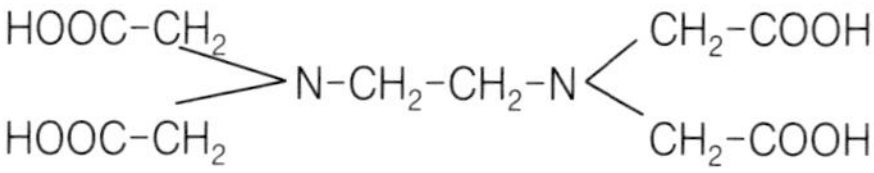 	kommt in der Natur nicht vor

Eigenschaften	Verwendung	Toxizität, von der WHO als zulässig deklarierte Tages-Aufnahmemenge für den Menschen (ADI) in mg/kg KM)
weiße, geruchlose kristalline Substanz, gut löslich in Wasser und Ethanol, unlöslich in Fetten, wirkt inaktivierend auf Metallionen	für Talg und Schmalz vor allem Geschmacksstoff (Säuerungsmittel und konsistenzverbesserndes Mittel, z. B. Käse)	DL-Weinsäure: ohne Einschränkung L(+)-Weinsäure: 0...30 g
farblose, sirupöse Flüssigkeit, sehr leicht löslich in Wasser, nicht in Fetten, wirkt inaktivierend auf Metallionen, Synergist, insbes. für Gallate, BHA und NDGA, beste synergistische Wirkung hat *Graham*-sches Salz (ein hochmolekulares Natriumpolyphosphat), Polyphosphate wirken farbstabilisierend und schützen Vitamin C	vielseitige Anwendung: außer einer Verhinderung oxydativer Vorgänge (z. B. Farbveränderung bei Fleischwaren, Vitamin-C-Zerstörung) zur Verbesserung der Konsistenz von Fleischwaren, Schmelzkäse u. a., zur pH-Regulierung und auch als Säuerungsmittel	0...70 (bezogen auf P)
weiße, geruchlose Substanz, löslich in Wasser, unlöslich in Fetten; guter Komplexbildner, schützt vor allem Vitamin C vor Autoxydation	Magarine, Backfette, Emulsionen, verhindert Verfärbung geschälter Kartoffeln, in Deutschland nicht zugelassen	noch nicht festgelegt

Tabak: nicotinhaltiges → *Genußmittel,* das geraucht, gekaut und geschnupft werden kann. T. sowie tabakhaltige und tabakähnliche Erzeugnisse sind nach dem Lebensmittelgesetz den Lebensmitteln gleichgestellt. T. wird aus den getrockneten, fermentierten sowie durch Soßung geschmacklich veredelten Blättern der zur Familie *Solanáceae* gehörenden Tabakpflanzen, *Nicotiána tabácum* L. und *Nicotiána rústica* L., hergestellt. Von den zahlreichen Arten der Pflanze werden 18 praktisch genutzt. Mit einer Ausnahme sind alle Arten amerikan. Ursprungs und von dort in alle Erdteile verpflanzt worden. Für ausgedehnte Kulturen sind vor allem *Nicotiána tabácum* und – seltener – *Nicotiána rústica L.,* der sog. *Bauerntabak,* von Bedeutung, aus dem u. a. *Machorka* hergestellt wird. *Nicotiána tabácum* bildet bis zu 1,5 m hohe Halbsträucher mit drüsenartigen, bis 60 cm langen und 15 cm breiten, lanzettförmigen Blättern. Die sehr kleinen Samen werden Anfang März in Triebkästen gesät, nach Erscheinen des 4. und 5. Blattes pikiert und im Mai in freies Feld überpflanzt. Nach der Bildung von 8 bis 12 Blättern erfolgt das Köpfen der sonst Blüten treibenden Spitzen und die Entfernung der Seitentriebe (Geizen). Die Ernte beginnt mit den zwei bis drei untersten Blättern (*Sandgut*), danach pflückt man das Mittelgut (*Bestgut*) und schließlich zwei bis drei Blätter (*Obergut*). Die Blätter werden getrocknet und fermentiert. Bei Pfeifentabak (→ Rauchtabak) wird nach dem Entrippen und Schneiden der *Rohtabak* meist vor dem Rösten mit einer Beize behandelt.

Tabak, alkalischer: zur Zigarrenherstellung stark fermentierter T., dessen Hauptstromrauch alkalisch reagiert und einen Nicotinschub liefert. Der a. T. glimmt durch seinen höheren Mineralstoffgehalt im ganzen Blatt.

Tabakersatzstoffe: zur Herstellung von *Tabakmischwaren* gemeinsam mit Tabak zugelassene Stoffe, die aber zur Herstellung von Zigarren verboten sind. Auf Grund des internationalen Trends ist in Zukunft mit Austauschstoffen für Tabak zu rechnen, die jedoch keinen natürlichen Ursprung haben, sondern durch bestimmte Verfahrenswege chemisch hergestellt werden.

Tabakmischwaren → Tabakersatzstoffe

Tabakpuder → Zigarre

Tabaksamenöl: das Samenfett des → *Tabaks.* Das T. enthält 73···77 % Linolsäure. Es wurde in Bulgarien und in Griechenland zeitweilig als Speiseöl genutzt. → Pflanzenfett

Tabak, saurer: für die Zigarettenherstellung und für Pfeifentabak schonend, nur kurz fermentierter Tabak, dessen Hauptstromrauch sauer reagiert und keinen Nicotinschub ergibt.

Tabak, transgener → Nutzpflanze, transgene

Tabasco-Sauce → Pepper-Sauce

Tablettierhilfsmittel, *Formulierhilfsmittel:* zur Herstellung von Tabletten z. B. von Brausetabletten, Süßwaren und Süßstoffen geeignete Stoffe. Manche Stoffe lassen sich allein nicht verpressen und bedürfen solcher T. Die Kombination von Carbonaten mit Wasserstoffionen freisetzenden Substanzen ergeben z. B. Brausetabletten, bei denen der Wirkstoff leichter freigegeben und die Löslichkeit erhöht wird. Sog. *Sprengmittel* verbessern die Auflösung der Wirkstoffe z. B. bei Süßstofftabletten → Komprimat

Tácca leontopetaloídes → Taccastärke

Taccastärke, *Fidjii-Arrowroot, Ostindisches Arrowroot, Fiji-Arrowroot, Südsee-Arrowroot, Tahiti-Arrowroot, Tarolostärke, Williams-Arrowroot:* die aus den Knollen von *Tahiti-Pfeilwurz Tácca leontopetaloídes* (L.) O. Kuntze (Familie *Taccáceae*) gewonnene Stärke. In Vorderasien bis Neu-Guinea und Polynesien war der Tahiti-Pfeilwurz früher ein wichtiges Nahrungsmittel, indem die stärkereichen, durch Auswaschen entbitterten Knollen verzehrt wurden. → Arrowroot

Tachibanaorange: die in China und Japan vorkommende eßbare → *Citrusfrucht* der *Citrus-Art Cítrus tachibána* (Mak.) Tan. (Familie *Rutáceae*). Die T. hat keine wirtschaftliche Bedeutung.

Tachysterine: Produkte des Provitamins D_2, D_3 und des Ergosterins, die durch photochemische Isomerisierung gebildet werden.

Taco → Tortilla

Taēnia saginàta: Bandwurm. → Rinderfinne

Taēnia sólium: Bandwurm. → Schweinefinne

Tafelbrötchen: ein bes. *kleines* → Brötchen aus hellem Weizenmehl, das in ovaler, runder, länglicher Form, eingeschnittener, gedrückter, geflochtener, bestreuter oder glatter Oberfläche hergestellt wird. *Bouillonbrötchen* bzw. *Bouillonsemmeln* dienen ebenfalls als T., indem sie als Beilage zu Suppen oder Getränken gereicht und vielfach ohne Aufstrich oder Belag verzehrt wurden. → Stränge → Kleinbackware

Tafelbrunnen → Mineralbrunnen → Tafelwasser

Tafelbutter → Butter

Tafelente (*Aýthya ferína)* → Wild

Tafelhering → Marinaden

Tafelkirsche → Süßkirsche → Tafelobst

Tafelmargarine → Margarine

Tafelobst: Qualitätsbez. für Früchte bester Beschaffenheit hinsichtlich des Aussehens und des Geschmacks, die frei von äußeren Fehlern sind und mit Stiel angeboten werden müssen. Das T. ist vorwiegend zum *Frischverzehr* bestimmt.

Tafelöl → Speiseöl → Pflanzenfett

Tafeloliven → Oliven, marinierte

Tafelreis → Vollreis

Tafelsauce → Würzsoße

Tafelschokolade → Schokolade → Schokolade, gefüllte → Kakaoerzeugnisse

Tafelschokolade, diätetische: eine *Tafelschokolade* mit bes. Zusätzen, die zu den diätetischen Lebensmitteln zählt. Zu den d. T. gehört z. B. Diabetikerschokolade. → Lebensmittel, diätetisches → Diabetikerlebensmittel

Tafelschokolade, gefüllte → Schokolade, gefüllte → Kakaoerzeugnis → Schokolade

Tafelsoße → Würzsoße

Tafeltee: ein ergiebiger → Tee feinkörniger Struktur, der aus besseren Sorten von *Fannings* (→ Tee) bzw. *Teegrus* hergestellt wird.

Tafelsalz → Speisesalz

Tafeltraube → Weintraube

Tafelwasser: Sammelbez. für ein industriell hergestelltes Wasser aus Trinkwasser und zulässigen Zusatzstoffen, wie Natriumchlorid, Calciumchlorid, Natriumcarbonat, Natriumhydrogencarbonat, Calciumcarbonat, Magnesiumcarbonat, Kohlensäure, Meerwasser und salzreiches Wasser (Natursole und im Gehalt an Salzen angereichertes natürliches Mineralwasser). Das T. darf keinen Quellen- oder Brunnennamen tragen und muß auf dem Etikett als T. deklariert sein. Mikrobiologisch unterliegt es denselben Anforderungen wie → natürliches Mineralwasser.

Tafelwein: ein aus empfohlenen und zugelassenen Rebsorten hergestellter → Wein der untersten Kategorie nach EG-Recht mit einem Ethanolgehalt zw. 8,5···15 %-Vol. Der T. kann, mit Ausnahme von Lagenamen und Namen von → Qualitätsweinen bestimmter Anbaugebiete, sämtliche geographischen Bez. tragen. Er darf aus Trauben hergestellt werden, die im Zuckergehalt relativ niedrig liegen und darf mit Zucker oder süßem Traubenmost angereichert sein. Zu den T. zählen auch die *Landweine,* die in einem bestimmten zugelassenen Weingebiet erzeugt werden. Bei Verschnitt von T. muß der maßgebende Anteil mind. 75 % der Gesamtmenge betragen.

Tafelweizen → Getreidefrühstückserzeugnis

Taffia → Arrak

D-Tagatose, D-*lyxo-2-Hexulose:* Monosaccharid, das in Pfanzengummen vorkommen kann und auch bei hocherhitzter Milch aus Lactose gebildet wird (s. Formel nächste Seite).

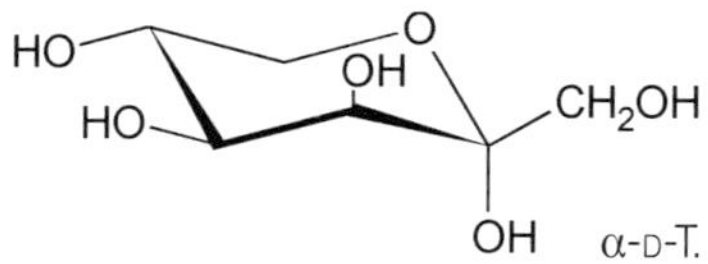
α-D-T.

Taglilie: Sammelbez. für Pflanzen der Gattung *Hemerocállis* L. (Familie *Liliáceae*), deren getrocknete Blüten in Südostasien als Gewürz, die Knollen und Blütenknospen als Gemüse verzehrt werden. Insbes. werden die Arten *H. lílio-asphódelus* L. (= *Gelbe T.*), *H. fúlva* L. (= *Rotgelbe T.)* und *H. mínor* Mill. (= *Kleine T.*) genutzt.

Tahiti-Apfel → Mombinpflaume

Tahiti-Arrowroot → Taccastärke → Arrowroot

Tahiti-Kastanie, *Ratta, Komo, Kayam:* Samen des auf den pazifischen Inseln vorkommenden Baumes *Inocárpus fágifer* (Parkins.) Fosb., Syn. *I. edúlis* J. et G. Forster, *Bocóa edúlis* Baill. (Familie *Fabáceae*), die vor der Vollreife geerntet werden. Auf Samoa, Tahiti und den benachbarten Inseln sind sie roh, gekocht oder geröstet ein wichtiges Nahrungsmittel.

Tahiti-Pfeilwurz → Taccastärke

Tahiti-Vanille → Vanille 8.

Tahuri → Sufu

Taiacha → Anu

Taimen → Huchen

Taioba → Taro

Taisai → Chinakohl

Taj: ein in Äthiopien verbreitetes, leicht alkoholisches Getränk aus Honig. → Honigwein

Takakibi → Sorghumhirse

Takakofrucht: Frucht der in Kostarika wild und in Halbkultur vorkommenden Séchium tacaco (Pitt.) C. Jeffrey, Syn. *Polakówskia tacáco* (Pitt.) C. Jeffrey (Familie *Cucurbitáceae*). Die Frucht wird als Gemüse gegessen. Sie ist der → *Chayote* sehr ähnlich.

Takanda → Sorghumhirse

Talahgummi: ein Exsudat aus *Acácia sénegal* (L.) Willd., das im Sudan gewonnen wird. Es wird als → Hydrokolloid verwendet und hat ähnliche Eigenschaften wie → Gummi *arabicum.* → Gummistoff, pflanzlicher

Talani → Tannouri-Brot

Talerkürbis: 0,5···1 m lange und bis zu 30 kg wiegende Frucht der bis zu 30 m langen *Kwemme-Liane Telfaíria pedáta* (Sm. ex Sims) Hook (Familie *Cucurbitáceae*). Die talergroßen, mit einem Fasernetz überzogenen Samen (*Austernnüsse*) werden in Kenia, Madagaskar, Sansibar geröstet gegessen und haben einen angenehmen, mandelartigen Geschmack. Das aus den Samen gewonnene Speiseöl hat einen leicht unangenehmen Geruch.

Talg → Rindertalg

Talgbaum, Chinesischer → Stillingiatalg

Talg, Chinesischer → Stillingiatalg

Talin → Thaumatin

Talínum portulacifólium → Abu

Talínum trianguláre → Ceylon-Spinat

Talipot-Palme, *Große Schirmpalme, Schopfpalme:* die in Indien, auf Sri Lanka und in Burma kultivierte Palmenart, *Córypha umbraculífera* L. (Familie *Arecáceae),* aus deren Mark des Stammes Sago hergestellt wird. → Sagostärke → Palmkohl

Talipotstärke → Arrowroot

Talisayöl → Katappaöl

Talkerde → Magnesiumoxid

Talkum → Silikate → Trennmittel → Überzugsmittel

Tamari → Sojasoße

Tamarillo → Baumtomate

Tamarinde: 1. Tamarindenschleim
2. *Sauerdattel, Indische Dattel:* Frucht des 10···30 m hohen, immergrünen Baumes *Tamaríndus ín-*

dica L. (Familie *Fabáceae*), der aus dem tropischen Ostafrika stammt und in Indien, den arabischen Ländern und in Mittelamerika angebaut und auch als Ziergehölz gepflanzt wird. Die bis 14 cm lang werdenden, graubraunen Hülsen enthalten ein süß-säuerliches, faserdurchzogenes Mark *(Asem koenjing)*, in das nur wenige Samen eingebettet sind. Dieses Mark (Tamarindenmus = *Asem*) wird gehandelt und zur Bereitung eines erfrischenden Getränkes (*Asemwasser*) sowie für Marmeladen, Sirup und als Würzmittel (z. B. als Bestandteil der Worcestershire-Sauce) verwendet, es hat abführende Wirkung. In Indien werden die T. eingesalzen zu Fisch gereicht (*Tamarindenfische*) und die Samen als Notnahrung genutzt. Die Blüten und Blätter werden für Salate, Suppen und Curryzubereitungen verwendet.

Tamarindenschleim, *Tamarinde:* ein aus dem Samen der → Tamarinde vorwiegend in Indien gewonnenes → Hydrokolloid, das aus β-1,4-verknüpften D-Glucose-Einheiten in der Hauptkette und mit D-Xylose, D-Galactose und L-Arabinose-Resten als Verzweigungen besteht. Die Molmasse beträgt etwa 50 000 g/mol. Der T. ist in kaltem Wasser zu hochviskosen Lösungen löslich, die auch ohne Säure in Gegenwart von Saccharose gelieren. Die Gelstärke ist doppelt so hoch wie bei Pektin. Die optimale Saccharosekonzentration beträgt 65···72 %. Der T. ist in Trockenform ein helles Pulver, das auch Zellfragmente, Proteine und Fette zu geringem Anteil enthält. Das Tamarindenschleimpulver wird in der Lebensmittelproduktion als → Geliermittel (anstelle von Pektin) → Verdickungs- und Stabilisierungsmittel (Speiseeis, Mayonnaisen) verwendet. → Schleimstoff, pflanzlicher → Samenschleimstoff

Tamarinde, Wilde: der kleine Baum oder Strauch *Leucaēna glaūca* (L.) Benth. Syn. *Mimósa glaūca* L. (Familie *Fabáceae*), der aus dem tropischen Amerika stammt und in den Tropen allg. verbreitet ist. Seine jungen Früchte werden z. T. als Beilage zu Gerichten gegessen. Den reifen Samen wird eine enthaarende Wirkung auf Schweine und Pferde sowie Menschen zugeschrieben.

Tamaríndus índica → Tamarinde

Támarix mannífera → Manna

Tambor: Bez. für → Tangor. → Mandarine

Tammansches Salz → Phosphate

Tammer → Dattel

Tamoe keontjii → Chekkur 2.

Tampala → Amarant

Tampanja → Cereus

Tamtalem: ein in Westafrika hergestellter gebratener Fladen aus Reismehl und geschlagenem Bananenbrei. Nach einer zweistündigen Fermentation wird der Teig löffelweise in Öl gebraten. In manchen Gegenden wird diese Speise anstelle von Reis auch aus Hirse, Mais (→ Bankuteig) oder → Tuozaafi bereitet. → Brei → Flachbrot → Kochbanane → Fladen → Lebensmittel, fermentiertes

Tanacetylalkohol → Terpen-Alkohole

Tang → Algen

Tangelo → Mandarine

Tangeretin → Flavonoide

Tangerine: Sortengruppe der → *Mandarine* mit den kleinsten Früchten. Die Bez. wird im Englischen auch für alle Mandarinen gebraucht.

Tangila → Espada

Tangkawangfett → Borneotalg

Tangon → Igelgurke, Große

Tangor → Mandarine

Tania → Tannia

Tannenhonig → Honigtauhonig

Tanner Crab → Krebstiere

Tannia, *Okumo, Tania, Malanga, Yautia, Coco-Yam:* Die Pflanze *Xanthosóma sagittifólium* (L.) Schott (Familie *Aráceae*), die aus dem tropischen Amerika stammt, aber auch nach Afrika eingeführt wurde und dem → *Taro* ähnlich ist. Die stärkereichen, stark oxalathaltigen Knollen werden gekocht oder geröstet gegessen, sie werden in Westafrika dem *Taro* vorgezogen, wo sie zur Bereitung des → *Fufu* verwendet werden. Die Qualität der T. wird gegenüber dem *Taro* geringer eingeschätzt, sie ist aber leichter zu kultivieren. Die jungen Blätter können als Spinat gegessen werden, jedoch müssen die Calciumoxalatkristalle durch Kochen entfernt werden. 100 g der Knollenfrischmasse enthalten durchschnittl. 70···77 g Feuchtigkeit, 1,3···1,7 g Eiweiß, 17···26 g Kohlenhydrate, 0,2···0,4 g Fett, 0,6···1,9 g Rohfaser und 0,6···1,3 g Mineralstoffe. Der Name *Tannia* wird im englischsprachigen Westindien auch für *Colocasia*-Arten (→ Taro) verwendet.

Tannin → Gerbstoffe → Antioxydantien

Tannouri-Brot, *Tannour-Brot, Khubz markouk, Saj, Talani:* ein in arabisch sprechenden Ländern verbreiteter, dünner, gelockerter Fladen von 35 cm Durchm. und 15···18 % Feuchtigkeit aus dunklem Weizenmehl auch unter Zusatz von Leguminosen- oder Knollenmehl (→ Batate). Der Backvorgang erfolgt auf Eisenplatten oder an den Seitenwänden eines aus Lehm und Ton gebauten Ofens (Tannouri-Ofen) in Tonnenform, dessen Durchm. sich nach oben verengt. Ein sog. T. stellt auch der *Gubbuz* dar, dessen Verzehr im Irak verbreitet ist. Im Geschmack entspricht das T. infolge des Sauerteigzusatzes dem → Baladybrot. Verschiedentlich wird das T. mit Thymian und Sesam gewürzt. → Fladen

Taochieo → Miso

Taohuyi → Sufu

Taokaoan → Sufu

Taosi: ein auf den Philippinen übliches Würzmittel in halbflüssiger Form, das mittels Fermentation von Soja- und Weizenmehl gewonnen wird. → Lebensmittel, fermentiertes → Miso → Natto

Taotje, *Taotjo:* **1.** eine in Ostindien verbreitete halbfeste Beikost aus fermentierten Sojabohnen, geröstetem Weizenmehl oder Wachsreis. → Lebensmittel, fermentiertes → Natto
2. → Hamenatto → Natto

Taparo: Frucht der Palme *Orbígnya autrecasána* (Familie *Palmae*), die in Süd- und Mittelamerika vorkommt und deren Fruchtfleisch eßbar ist.

Tape: eine in Indonesien verbreitete süßsaure, mildalkoholisch schmeckende Reispaste, die mit Hilfe von → Ragi hergestellt wird. Während *Tape-Ketan (= Tepej)* aus Wachsreis mit korneigener Mikroflora hergestellt wird, besteht *Tape-Kebella* (indonesische Bez.) nicht aus Reis, sondern aus Maniok. T. wird meistens in Öl gebacken verzehrt. → Lebensmittel, fermentiertes

Taphrináles → Pilze

Taphrína prúni → Pilze

Tapioka: eine teilw. verkleisterte, weiß- bis hellgraufarbene Maniokstärke in Granulatform. Die mit Wasser angeteigte Stärke wird durch entsprechende grobe Siebe gedrückt und getrocknet, oder das Granulat fällt auf ständig rotierende heiße Platten, so daß es bei gleichzeitiger Abrundung trocknen kann (*Perltapioka*). Der Begriff T. allein darf nur für ein auf der Grundlage von Maniokastärke hergestelltes Erzeugnis verwendet werden. Bei Verwendung anderer Stärkearten ist das Wort T. durch die Bez. des verwendeten Rohstoffes zu ergänzen, z. B. *Kartoffelstärke-Tapioka.* Sowohl der T. als auch der Perltapioka dienen zur Bereitung von Süßspeisen. *Manioka-Sago* ist eine ältere, nicht eindeutige Bez. für T. → Stärkeerzeugnis

Tapioka, Ostindische → Zuckerpalme, Echte

Taragummi: ein → Hydrokolloid, das aus dem Samenendosperm der Leguminose *Caesalpínia tinctória* Domb. ex DC. Prod. in Peru gewonnen wird. Dieses → Galactomannan (ein Polysaccharid) wird als → Verdickungsmittel verwendet und bildet mit → Xanthan ein thermoreversibles Gel, das für → Süßspeisepulver geeignet ist. Es wird als Austauschstoff für → Johannisbrotkernmehl verwendet. → Schleimstoff, pflanzlicher → Samenschleimstoff

Taraligenin → Oleanolsäure

Taranome: die japanische Bez. für eine in Asien als Gemüse genutzte wildwachsende und auch kultivierte Aralienart, *Arália eláta* (Miq.) Seem., Syn. *A. mandshúrica* Maxim., *A. chinénsis* L. *var. mandshúrica* Maxim. (Familie *Araliáceae*) mit folgender Zusammensetzung: 83% Feuchtigkeit, 7% Eiweiß, 0,4% Fett, 7,8% Kohlenhydrate und 1,7% Mineralstoffe. Der Energiewert von 100 g frischem Sprossengemüse entspricht 266 kJ (63 kcal). → Wildkräuter

Tararanga → Pourouma

Taráxacum officinále → Löwenzahn

Taráxacum sublaciniósum → Löwenzahn

ψ-Taraxasterin → Psi-Taraxasterol

Taraxasterol, *Pyrethrol* , α-Lactucerol, α-Anthesterin, Taraxasterin: ein Triterpen (s. Formel)

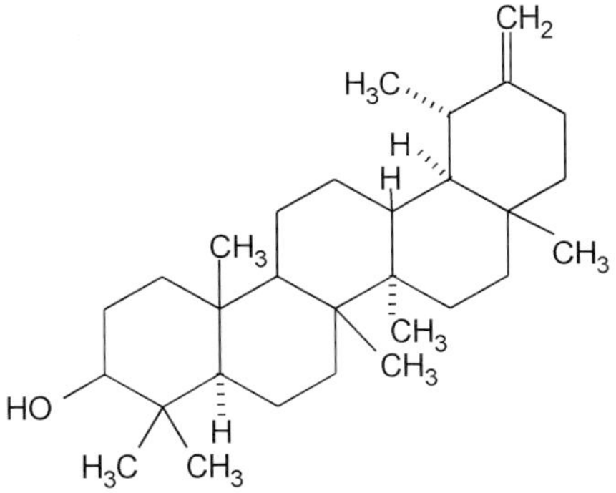

T. ist ein Bestandteil des Milchsaftes bzw. des Unverseifbaren der Endivie (*Cichórium endívia* L.), des Chicorée (*Cichórium íntybus* L.) und der Artischocke *(Cýnara scólymus* L.).

ψ-Taraxasterol, *Calendol, Heterolupeol, Psi-Taraxasterin:* ein Triterpen (s. Formel nächste Spalte oben).
T. kommt im Unverseifbaren der Artischocke (*Cýnara scólymus* L.) vor.

ψ-Taraxasterolacetat → Bitterstoffe

Tarbutt → Plattfische

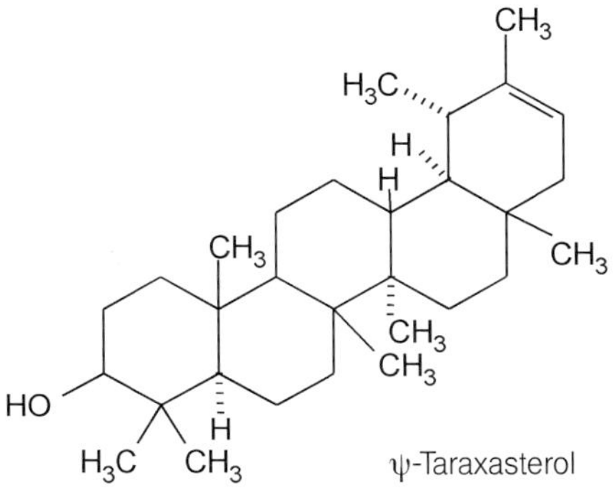

ψ-Taraxasterol

Tarelaidinsäure → Petroselinsäure

Tarhana: eine traditionelle türkische Trockensuppe, deren Herstellung über die Fermentation eines Parboiled-Weizen-Joghurt-Teiges mit anschließender Trocknung verläuft. Eine Proteinanreicherung wird mit Milch oder Sojagrütze vorgenommen. Das T. wird entweder aus 42% Parboiled-Weizenmehl, 42% Joghurt, 13% Tomaten und 3% Salz oder 30% Parboiled-Weizenmehl, 15% Sojagrütze, 40% Joghurt, 13% Tomaten und 2% Salz hergestellt. → Suppe, kochfertige

Tarhui → Lupine

Taro, *Wasserbrotwurzel, Karibischer Kohl, Coco-Yams, Taioba:* die Varietäten der kallaähnlichen Pflanze *Colocásia esculénta* (L.) Schott (Familie *Aráceae*), die aus Indo-Malaysia stammen und in den Tropen und Subtropen angebaut werden. Die *var. esculénta* L. (*Dasheen*) hat eine große, stärkereiche Wurzelknolle von 30 cm Länge und 15 cm Durchm., die im pazifischen Raum und auf den Antillen ein wichtiges Lebensmittel ist. Einige Sorten enthalten Calciumoxalatkristalle, die durch Kochen entfernt werden müssen. Die nur 2 bis 3 Wochen lagerfähigen Knollen werden – wie Kartoffeln verwendet – gekocht, gebacken oder geröstet gegessen oder dienen als Zutaten für → Poi. Ein wichtiges Produkt ist die Tarostärke (→ Arrowroot). Die jungen Blätter und ihre Stiele werden gekocht (da roh giftig) als Gemüse gegessen. Junge Sprosse werden manchmal gebleicht und wie Spargel verzehrt. Die Blätter werden auch als Zutat für die →

Callaloo-Suppe verwendet. Die *var. antiquórum* (Schott) Habb. et Rehd. hat nur eine kleine zentrale Knolle mit vielen Seitenknollen, die gekocht, geröstet oder gebacken verzehrt werden. Die jungen Blätter können als Spinat gegessen werden, sie schmecken aber scharf. Die Wurzelknollen enthalten je 100 g Frischmasse 85 g Feuchtigkeit, 1,6 g Eiweiß, 10,4 g Kohlenhydrate, 0,6 g Fett, 1,63 g Rohfaser, 0,72 g Mineralstoffe 3,23 mg Eisen, 42,3 mg Phosphor, 60,5 mg Calcium, 33,7 mg Caroten, 4,0 mg Vitamin C, 0,022 mg Vitamin B_1, 0,041 mg Vitamin B_2 und 0,28 mg Niacin.

Tarolostärke → Taccastärke → Arrowroot

Tarostärke → Arrowroot

Tarragona-Nuß → Haselnuß

Tartago → Ojokbaum

Tartelett → Tortelett

Tartersäure → Weinsäure

Tartrate: Salze der → Weinsäure. Verwendet werden *Ammoniumtartrat, Natriumtartrat* (E 335), *Kaliumtartrat* (E 336), *Natrium-Kaliumtartrat* (E 337), *Calciumtartrat* (E 354) und *Magnesiumtartrat.* Als Säurekomponenten in Backtriebmitteln dienen saure T. Weiterhin werden T. eingesetzt als → *Säureregulatoren* und → *Säuerungsmittel* für Marmeladen, Konfitüren, verarbeitetes Obst und Gemüse sowie diätetische Lebensmittel, als Kutterhilfsmittel für die Verarbeitung von Kalt- und Gefrierfleisch zu Brühwurst und ähnlichen Erzeugnissen sowie für Sülzen und Aspikwaren, Wursthüllen, Fischerzeugnissen und fetthaltigen Lebensmitteln. Natriumtartrat darf weder als Kochsalzersatz noch bei natriumarmen diätetischen Lebensmiiteln verwendet werden.

Tartrazin → Lebensmittelfarbstoffe

Tartronsäure, *Oxymalonsäure, 2-Hydroxypropandisäure:* eine aliphatische Dicarbonsäure mit einer sekundären Hydroxy-Gruppe folgender Formel: HOOC-CHOH-COOH.
T. findet sich in Getreide, Gurken u. a. Pflanzen. Es soll im Körper die Umwandlung von Stärke zu Fett verhindern.

Tary → Balady-Brot

Taschenkraut → Hirtentäschel

Taschenkrebs → Krebstiere

Tasmanon → Ketone

Tassajo: Trockenfleisch, in Uruguay üblich.

Tassemana: eine in Indien übliche Maisbreizubereitung. Mais wird in Asche geröstet, dann mit Zukker gestoßen und schließlich mit Wasser zu einem dünnen → Brei gekocht. → Mais

Tassensuppe → Instantsuppe

Tassergal, *Pomotómus saltatrix* (Bild):

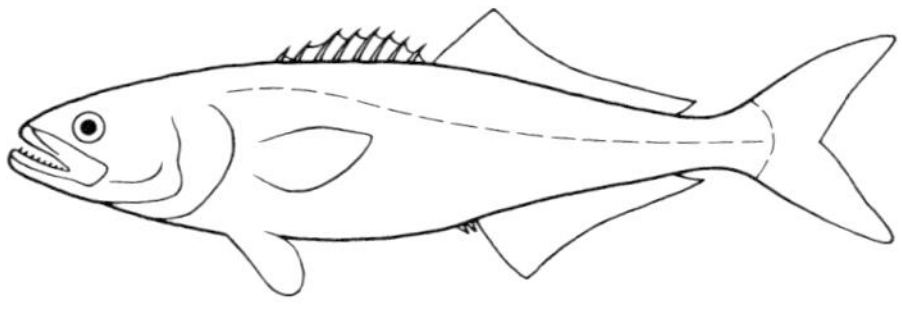

Tassergal

Oberseits blaugrün bis bräunlich, unterseits weiß gefärbter, pelagisch lebender spindelförmiger *See-* und *Raubfisch.* Die erste, niedrige und oft zusammengeklappte Rückenflosse besteht aus Hartstrahlen, die zweite aus Weichstrahlen. Die Schuppen sind gut ausgebildet. Der T. ist in allen warmen und gemäßigten Meeren verbreitet und wird meist 50···80 cm lang. Die bei uns angelandeten Fänge stammen von Nordwestafrika. Der Weltfang beträgt etwa 30 kt je Jahr. Der T. hat festes eiweißreiches (etwa 21 %) und mageres (1···1,5 % Fett) Fleisch, das insbes. zur küchenmäßigen Zubereitung geeignet ist. → Fisch

Tatajuba: 1. → Bagasse
2. → Gelbholz

Tatale → Kochbanane

Tatarenbrot → Mannaflechte

Tatarenkorn → Buchweizen

Tatora-Simse → Simse

Tättemilch, *Langmilch:* durch Alkohol- und Milchsäuregärung hergestelltes nordisches Sauermilcherzeugnis mit langer Haltbarkeit. → Sauermilcherzeugnis → Fettkraut

Taube → Fleischtiere → Wild

Taubeere → Heidelbeere

Taubenerbse → Katjangbohne 1.

Taubenkropfleimkraut → Leimkraut, aufgeblasenes → Wildkräuter

Täublinge → *Russuláceae*

Taubnessel, Weiße → Wildkräuter

Tauchao → Miso

Tauco: 1. ein in Indonesien verbreitetes Gärgetränk aus Sojabohnen und Getreide.
2. → Hamenatto

Tauglichkeit: Bez. für die bei der Fleischuntersuchung (→ Fleischbeschau) an Schlachttieren vorgenommene Bewertung des Fleisches. Gemäß der von Tierärzten durchzuführenden Prüfung wird Fleisch nach gesetzlich vorgegebenen Kriterien klassifiziert. In den einzelnen Ländern wird nicht einheitlich verfahren; für Deutschland gelten z. B. folgende Qualitätsbez. (Tab.). Nach vollzogener Untersuchung erfolgt die Kennz. des Fleisches durch festgelegte Stempelaufdrücke.

In Deutschland gültige Bewertungsbezeichnungen für Fleisch

Bezeichnung	Begriffsbestimmung
tauglich	zum uneingeschränkten Genuß auch im rohen Zustand, z. B. Rohwurst
minderwertig	Vorliegen von Qualitätsmängeln, nach vorgeschriebener Behandlung zweckgebunden, z. B. für Konserven, Kochwurst
bedingt tauglich	nach festgelegten Auflagen zu behandeln und zu verarbeiten (→ Freibankfleisch)
untauglich	für die menschliche Ernährung unzulässig

Tauglichkeit, bedingte → Tauglichkeit

Tauhonig → Honigtauhonig

Taunou → Natto

Taurin, *Aminoethansulfonsäure:* eine aliphatische Aminosulfonsäure mit der Formel:
$H_2N\text{-}CH_2\text{-}CH_2\text{-}SO_3H$.
T. bildet farblose, monoklin-prismatische Kristalle, die in wasser löslich, in Ethanol und Ether unlöslich sind, F. 328···329°C. T. ist in fast allen niederen Tieren und Pflanzen, bes. in Meerespflanzen in relativ großen Mengen vorhanden (Bsp. s. Tab.).

Tauringehalte einiger niederer Pflanzen in nmol/g Feuchtmasse

Rhodophyta	*Gelídium subcostátum*	998,7 ± 15,7
	Grateloúpia ellíptica	198,2 ± 5,3
Phaeophyta → Komu, → Seekohl	*Laminária japónica* Aresch.	132,6 ± 0,03
Hondawara	*Wargássum fúlvellum*	51,5 ± 1,3
Chlorophyta		
Miru	*Codium frágile* (Suring.) Hav.	15,1 ± 0,02
Pilze		
Enokitake	*Flammúlina velútipes* Curtis ex Fr.	7,41 ± 0,23
Shiitake	*Lentínus edódes* (Berk.) Sing.	4,53 ± 0,06
Shimejitake	*Lyophyllum aggregátum* (Schaeff. ex Fr.) Kühn	3,88 ± 0,08

Häufig liegt es in phosphorylierten Derivaten vor. T. entsteht durch Oxydation des Cysteins über Cystinsäure und stellt neben Sulfat die Endstufe des Schwefelstoffwechsels im Organismus dar. Dabei wird es amidartig als Taurocholsäure an Cholsäure (→ Gallensäuren) gebunden und so ausgeschieden. T. wird verwendet in Form der Natrium- und Kaliumverbindungen oder als Hydrochlorid in

Konzentrationen von 0,03···0,05 % zu Beeinflussung des Geschmacks, als Natrium-, Kalium-, Calcium- und Magnesiumverbindungen oder Hydrochlorid für bilanzierte Diäten und Säuglingsernährung. → Amine, biogene

Taurocholsäure → Gallensäure

Taurylsäure → Phenole

Tausendgut, *Ezerjö:* eine ungarische Weißweinkeltertrauben-Sorte, angebaut bes. um Mor, die alkoholreiche, kräftige Weine liefert. → Wein

Tausendschön → Gänseblume

Tavoulistärke → Arrowroot → Taccastärke

Tavoy-Kardamom → Malabarkardamom 2.

Tawifrucht → Ölpandanus

Taxiphyllin → Glycoside, cyanogene

Taybeere: eine Brombeer-Himbeer-Hybride (*Aurorabrombeere* x *Himbeere*) mit purpurroten, großen, länglichen Früchten, die sich gut für die Frischmarktversorgung, aber auch für die Gefrierkonservierung eignen. → Loganbeere → Youngbeere

TBHQ (*tert.-Butylhydrochinon; tertiary Butylhydroquinone*) → Antioxydantien

Teaksamen: die jährlich im südostasiatischen Raum zu etwa 0,3 Mill. Tonnen anfallenden Früchte des *Teakbaumes, Tectóna grándis* L. (Familie *Verbenáceae*), die etwa 2 % Kerne enthalten, aus denen Öl gewonnen werden kann. Das Samenfett besitzt eine dunkelrote, nach dem Bleichen eine gelbe Farbe, mit einer Jodzahl von 122 und einer Verseifungszahl von 189. Die Kerne enthalten etwa 40 % Öl. Das entfettete Samenmehl weist einen angenehmen süßen Geschmack auf und enthält 60 % Eiweiß.

Teboe tebor → *Sáccharum edúle*

Teboe telor → *Sáccharum edúle*

Tectóna grándis → Teaksamen → Usar

Tee: 1. die nach den in den Anbauländern üblichen Verfahren zubereiteten (gerollten, fermentierten und getrockneten) Blattknospen, jungen Blätter und jungen Triebe des im alten China bereits vor 2000 Jahren kultivierten immergrünen Teestrauches *Caméllia sinénsis* L. O. Kuntze (Familie *Theáceae*). Der Teestrauch gedeiht in Gebieten von 45 Grad nördlicher bis 30 Grad südlicher Breite. *Hochlandtees* bringen, wie bei → Kaffee, die besten Qualitäten. Charakteristisch dafür ist als Spitzensorte der Hochlandtee aus dem nordindischen Distrikt Darjeeling (*Darjeeling-Tee*). Der T. wird in Plantagen oder sog. Teegärten kultiviert und in den Anbauländern zu einem Drittel selbst verbraucht. Die Hauptanbauländer sind Indien, Sri Lanka, China, Argentinien, Kenia, Bangladesh und die GUS. Je nach Verarbeitung der frischen Blätter und Blattknospen erhält man *schwarzen* (fermentierten), *grünen (unfermentierten)* → CTC-Tee oder *Olongtee* (halbfermentierten T.).

Die Hauptmenge der Welternte wird zu schwarzem Tee verarbeitet, indem die Blätter *fermentiert* und danach bis auf 3 % Feuchtigkeit getrocknet werden. Während der Fermentation erhält der T. sein charakteristisches Aroma und eine kupferne Farbe, die durch die Trocknung in Schwarz übergeht.

Der *grüne T.* ist ein *unfermentiertes* Erzeugis, dem das gewohnte, typische Teearoma fehlt; er dient vorwiegend dem Eigenverbrauch Japans, Brasiliens, Chinas und der GUS. Die Inaktivierung oxydierend wirkender Enzyme erfolgt durch eine Dampfbehandlung, wobei der T. auch nach dem anschließenden Trocknen in der Sonne seine grüne Farbe behält.

Im Gegensatz zum *grünen T.* erhält *gelber T.* seine Farbe durch eine im Schatten vorgenommene Trocknung. Die Qualität des *schwarzen T.* ist von Alter und Größe der Blätter abhängig. Am besten sind die jüngsten, weißlich behaarten Blattknospen *(Pekko,* von Pekoe = Silberhaar). Auf dem internationalen Markt werden die Handelssorten durch Aussieben (Rüttel- oder Zylindersiebung) nach Blattgröße und Korn eingestuft:

a) *Flowery Orange Pekoe* (Spitzenqualität, bestehend aus Pekospitze und den kaum gebrochenen ersten Blättern),

b) *Orange Pekoe* (aus Pekospitze, d. h. Blattknospe und den folgenden zwei jüngsten Blättern des Teestrauches
c) *Pekoe* (aus Pekospitze und den folgenden dritten Blättern),
d) *Pekoe Souchong* (aus Pekospitze und den folgenden, bereits gröberen, vierten bis sechsten Blättern),
e) *Fannings* (feinblättriger Abfall, sog. *Teegrus* bzw. *Grustee,* der weder Stiele noch Blattrippen enthält,
f) *Dust* (Teestaub).
Aus diesen verschiedenen Gradierungen werden schließlich → *Teemischungen* und verschiedene Teevarianten unter den Bez. → *Tafeltee* → Ziegeltee → Broken-Tee, Tippy-Tee, Teeaufgußbeutel und nach Extraktion des T. auch das → *Tee-Extraktpulver* hergestellt.
2. das aus den Teeblättern hergestellte → Aufgußgetränk (*Teegetränk*), dessen Beliebtheit auf seinem herben, aromatischen, feinbitteren Geschmack und der anregenden Wirkung des Coffeins (früher als „Thein" bezeichnet) beruht. Malziges, feinfruchtiges Aroma wird gegenüber rauchigen, fischigen, erdigen oder dumpfen Geruchsnuancen bevorzugt. Auch ohne Zucker wird der T. als durststillendes Getränk geschätzt. Normalerweise werden 1,25···1,5 g T. für eine Tasse (200 ml) verwendet, in diesem Fall nimmt der Organismus etwa 0,03···0,07 g Coffein auf. Doch weisen die einzelnen Teesorten Schwankungen im Coffeingehalt auf. Ceylon- (Sri-Lanka-), Südindien- und China-Tees weisen den geringsten Coffeingehalt auf. Unfermentierter T. (grüner T.) enthält stets mehr Coffein als fermentierter T. (schwarzer T.).
T. sollte nicht länger als 3 min ziehen, damit nicht zuviel Gerbstoffe extrahiert werden, die den Bittergeschmack erhöhen. Die Extraktmengen in Zubereitungen hängen von der Teeblattgröße und den Ziehzeiten ab. Aus grobem *Blatt-Tee* werden in 2 min, aus grobem bis feinem *Broken-T.* in 1 min etwa 3/4 des Coffeins herausgelöst. Der Teeaufguß aus grünem T. ist von hell-strohgelber Farbe, aus schwarzem T. von goldgelber bis rotbrauner Farbe. Beim T. ist die Coffeinresorption verzögert, so daß bei Teegenuß i. allg. die anregende Wirkung auch länger anhält als nach Kaffeegenuß. T. enthält neben Coffein, dem Hauptalkaloid, noch Theobromin (0,07 bis 0,17 %), Theophyllin (0,002···0,013 %) und neben freien Purinkörpern weitere Stickstoffverbindungen (Proteine, freie Aminosäuren, Amine, Amide) sowie Gerbstoffe (etwa 80 % der im T. enthaltenen Polyphenole, darunter → Catechine), Flavonglycoside, Leukanthocyanine, Theaflavine (1 %) und Thearubigene. Letztere sind für die Braunfärbung des Teeaufgusses verantwortlich. Daneben finden sich noch freie Zucker, Polysaccharide, Pektine, Säuren, Carotenoide, ätherische Öle (0,05···0,1 %), Aromastoffe. T. ist kaliumreich, außerdem enthalten die Teeblätter etwa 10 mg Fluor je 100 g. Mit 5 bis 6 Normaltassen (150···200 ml) werden etwa 1 mg Fluor in Form von Fluoriden aufgenommen. Insbes. wird den Tannin-Catechin-Komplexen im T. kapillarstärkende Wirkung zugeschrieben. Die Gerbstoffe können andererseits zur Hemmung der Eisenresorption durch Bildung schwerlöslicher Komplexe beitragen, wodurch ein Eisenmangel, bes. bei Vegetariern mit viel Teegenuß, denkbar wäre. Für schwarzen T. sind ferner die Vitamine der B-Gruppe erwähnenswert (→ fermentiertes Lebensmittel). Der erforderliche Tagesbedarf kann mit 5 bis 6 Tassen für Vitamin B_1 zu 1 %, für Riboflavin zu 8 %, für Folsäure zu 6 %, für Pantothensäure zu 4 % und für Niacin zu 9 % gedeckt werden. *Teeaufgußbeutel* sind in der Regel mit feinblättrigen (Fannings) indischen Sorten gefüllt. → Tee, japanischer

Tee, alternativer → Biotee

Tee, arabischer → Kath

Tee, aromatisierter, *Aromatee:* ein mit Blütenblättern, getrockneten aromatischen Pflanzenteilen, Trockenfrüchten, ätherischen Ölen oder naturidentischen Aromastoffen angereicherter Grün- oder Schwarztee. Die Teearomatisierung geht auf eine jahrtausendealte Tradition in China zurück, wo die Aromatisierung bei der Teetrocknung ihren Anfang nahm. Zu den bekanntesten aromatisierten Teesorten auf dem Weltmarkt zählen heute z. B. *Earl Grey,* eine Teemischung mit Bergamotteölzusatz, *Lapsang-Souchong,* ein großblättriger China-Tee mit Räucheraromazusatz, *Black Currant,* ein a. T. mit Zusatz von Aroma schwarzer Johannisbeeren, *Kaneel-Tee,* ein a. T. mit Zimtölzusatz. Es werden darüber hinaus auch Holunderblüten, Ingwer, Lavendelblüten, Gewürznelken, Vanille, Zitronen-, Pfefferminz-, Mandarinen- und Grapefruitöl zum Aromatisieren verwendet.

Teebisquit → Biskuit → Teegebäck

Teebusch → Basilienkraut

Tee, coffeinarmer → Banchatee → Kukicha-Tee

Tee, entcoffeinierter: ein → Tee, dem im mit Wasser vorgequollenem Zustand das Coffein mit einem Lösungsmittel oder mit überkritischen Gasen (z. B. Kohlendioxid) entzogen ist. In der Trockenmasse enthält e. T. weniger als 0,1 % Coffein. Schwarzer Tee ohne Coffein hat in Deutschland nur einen Marktanteil um 1 %.

Tee-Ersatz → Erzeugnis, teeähnliches

Tee-Extraktpulver, *Extraktpulver aus Tee, Instanttee, schnellösliches Teepulver, schnellöslicher Pulvertee, Tee-Trockenextrakt:* ein sofortlöslicher Tee-Extrakt in Pulverform, der durch Zerstäubungs- oder Gefriertrocknung eingedickter wäßriger Teeauszüge gewonnen wird. Der Extraktanteil beträgt etwa 40 % der eingesetzten Teemenge. → Zitronen-Tee-Getränk → Tee

Teegebäck, *Kaffeegebäck:* mehrere Arten von kleinstückigem Gebäck (Waffeln, Kekse, Plätzchen) aus Biskuitmasse (*Teebiskuit*), Mürbeteig oder Sandmasse. Die Besonderheit liegt darin begründet, daß die einzelnen Kekssorten und sonstigen Gebäcke so klein wie möglich angefertigt sind. → Keks → Waffel → Biskuit → Plätzchen

Tee, Japanischer, *Japanischer Grüntee:* ein unfermentierter → Tee, der in Japan zu 100 % den Teeverbrauch bestimmt. Der J. T., daher stets ein Grüntee, schmeckt leicht bitter und hat eine hellgrüne Farbe. Bei den hochwertigen Grünteesorten, wie → Sencha → Gyokuro und → Matcha, wird empfohlen, das gekochte Wasser vor dem Aufguß auf 90···60°C abkühlen zu lassen, um den bitteren, strengen Geschmack zu mildern. Der J. T. wird in der Regel ohne Milch, Zucker oder Zitrone genossen, um das natürliche Aroma nicht zu verfälschen. Auf einer etwa 60 000 ha umfassenden Anbaufläche wird in Japan eine Gesamtproduktion von 100 000 Tonnen Grüntee erreicht, woran etwa 600 000 Familienplantagen beteiligt sind. Analysen über die Zusammensetzung des J. T. s. Tab. (Seite 669). Zusammensetzung von Japanischem Tee im Vergleich zu fermentiertem Tee und zu anderen Aufgußgetränken, bezogen auf 100 g Substanz.

Teekraut, Mexikanisches → Epasote

Tee, Kroatischer → Tee, Römischer

Teekwaß: eine vielfach anstelle von → Kombucha 1. gebrauchte Bez., die jedoch nicht zutreffend ist, da der sog. T. nur den säuerlichen Geschmack mit → Kwaß gemeinsam hat und ein Fermentationsprodukt aus Schwarzem Tee und japanischem Teepilz darstellt.

Tee, Mexikanischer → Epasote

Teemischung: eine Mischung verschiedener Teesorten und – herkünfte zur Erzielung gewünschter und gleichbleibender Geschmacksrichtungen.

Teepilz, Japanischer → Kombuchá

Teepulver, schnellösliches → Tee-Extraktpulver

Tee, Römischer, *kroatischer Tee:* ein → teeähnliches Erzeugnis aus den Blättern von *Steinsamen, Steinhirse, Echter Cromwell, Lithospérmum officinále* L. (Familie *Boragináceae*). Früher wurde die in der ČSFR und in Südeuropa angebaute Pflanze auch medizinisch genutzt. Steinsamen enthält toxisch wirkende Pyrrolicidin-Alkaloide.

Tee, Roter → Massaitee

Teesamenöl: das durch Pressen gewonnene Samenöl verschiedener Teesträucher. In China, Japan und Nordostindien wird *Caméllia sasánqua*

Zusammensetzung von Japanischem Tee im Vergleich zu fermentiertem Tee und zu anderen Aufgußgetränken, bezogen auf 100 g Substanz

	Feuchte g	Eiweiß g	Fett g	Kohlenhydrate g	Ballaststoffe g	Mineralstoffe g
Japantee						
Gyokuro, Blätter	3,1	29,8	4,1	32,7	11,1	6,4
Matcha	4,8	30,7	5,3	28,6	10,0	7,4
Sencha, Blätter	4,9	24,0	4,6	35,2	10,6	5,4
Fired Tea, Blätter	5,0	24,2	3,5	35,6	10,7	5,5
Bancha, Blätter	4,4	19,7	4,4	33,5	19,5	5,5
Houjicha, Blätter	2,2	18,2	4,8	39,2	18,7	5,5
Genmaicha	2,9	13,0	3,4	62,9	7,9	3,1
Fermentierter Tee:						
Oolong Tee, Blätter	5,4	19,4	2,8	39,8	12,4	5,3
Schwarzer Tee, Blätter	6,0	20,6	2,5	32,1	10,9	5,2
Röstkaffee, Bohnen	2,2	12,6	16,0	46,7	9,0	4,2

	Calcium mg	Phosphor mg	Eisen mg	Natrium mg	Kalium mg	Caroten µg
Japantee						
Gyokuro, Blätter	390	410	10,4	11	2800	21,0
Matcha	420	350	17,0	6	2700	29,0
Sencha, Blätter	440	280	20,0	3	2200	13,0
Fired Tea, Blätter	490	250	24,0	4	2200	13,0
Bancha, Blätter	740	210	38,0	4	1900	14,0
Houjicha, Blätter	490	280	12,9	6	1900	12,0
Genmaicha	270	230	10,3	6	960	7,0
Fermentierter Tee:						
Oolong Tee, Blätter	310	230	32,4	7	1800	15,0
Schwarzer Tee, Blätter	470	320	17,4	3	2000	0,9
Röstkaffee, Bohnen	120	170	4,2	13	2000	0

	Vit. A, D IE	Vit. B_1 mg	Vit. B_2 mg	Niacin mg	Vit. C mg
Japantee					
Gyokuro, Blätter	12000	0,30	1,16	6,0	110
Matcha	16000	0,60	1,35	4,0	60
Sencha, Blätter	7200	0,35	1,40	4,0	250
Fired Tea, Blätter	7200	0,35	1,80	7,0	200
Bancha, Blätter	7800	0,25	1,40	5,4	150
Houjicha, Blätter	6700	0,10	0,82	5,6	44
Genmaicha	3900	0,16	0,71	3,9	75
Fermentierter Tee:					
Oolong Tee, Blätter	8300	0,13	0,86	5,7	8
Schwarzer Tee, Blätter	500	0,10	0,80	10,0	0
Röstkaffee, Bohnen	0	0	0,12	3,5	0

Thunb. (Familie *Theáceae*) zur Erzeugung von T. kultiviert. Das hieraus hergestellte *Sasanquaöl* wird im rohen Zustand als technisches Öl, nach Raffination als Speiseöl verwendet. In Japan wird aus den Samen der *Kamelie, Caméllia japónica* L., das *Tsubakiöl* gewonnen, das ebenfalls als Speiseöl Verwendung findet. Die Fettsäuren des T. und ihre Anteile sind: etwa 74 % Ölsäure und etwa 14 % Linolsäure. Der Erstarrungspunkt des T. liegt unter 0°C.

Teet → Kair

Tee-Trockenextrakt → Tee-Extraktpulver

Tee, vergorener → Kombuchá

Teewurst, fein und grob: Teewurst Rügenwalder Art, Grobe Teewurst, Mettwurst, Streichmettwurst 1a: frische → *Rohwurst,* zu deren Herstellung sehnen- und fettgewebsarmes Schweinefleisch, Speck bzw. Schweinebauch ohne Schwarten, an weiteren Zutaten Speisesalz, Nitritsalz, Zucker, Pfeffer und Kardamom eingesetzt werden. T. kommt portioniert zu etwa 300 g in den Verkehr; als Wursthüllen dienen Kunstdärme (40···45 mm Durchm.). Das Schnittbild zeigt eine kräftig rote, feine, streichfähige, jedoch schnittfeste, sehnenfreie Wurstmasse. T. ist sortenabhängig gereift und nicht für eine längere Lagerung bestimmt. → Wurst

Teff, *Tefi:* eine Kulturhirse, *Eragróstis tef* (Zucc.) Trotter Syn. *E. abyssínica* Link (Familie *Poáceae*), mit 40···80 cm hohen Halmen, 15···35 cm langen Rispen und hellgelben oder braun rötlich gefärbten Körnern, die 1···1,5 mm lang sind und 0,35···0,47 g Masse aufweisen. Der hellkörnige T. bildet die wichtigste Nahrungspflanze in Äthiopien. Sein Mehl wird dort im Vergleich zu anderen Getreidemehlen bevorzugt. Der Ertrag liegt zw. 3···30 dt/ha. Er ist sehr eisen- und calciumreich. → Hirse → Injera

Teichschachtelhalm → Ackerschachtelhalm

'Teickners Schwarze Herzkirsche' → Süßkirsche → Steinobst

Teig: ein durch Einwirkung mechanischer Energie (Kneten, Schlagen oder Rühren) gebildetes weiches, zusammenhängendes (zähflüssiges bzw. plastisches) Gemisch aus Mehl und Flüssigkeit, vorwiegend Wasser. Zutaten zum T. können sein: Salz, Lockerungsmittel, Backhilfsmittel sowie Lebensmittel verschiedener Art. Unter biologischer (Hefe- oder Sauerteigführung) chemischer (z. B. Backpulver) oder physikalischer (Wasserdampf oder Lufteinschlagen) Lockerung und anschließendem Hitzeprozeß bildet sich aus diesem Zwischenprodukt eine mehr oder weniger dichte Struktur (Gefüge) der Backwaren. Bei biologischer Teigführung spielt der Reifezustand des T. eine entscheidende Rolle. Die Reife des T. oder der Teigstücke ist dann das Stadium, bei dem sich alle physikalischen, chemischen und biologischen Vorgänge im T. (Quellung, Substanzabbau, Vermehrung der Mikroorganismen) bis zu einem optimalen Wert entwickelt haben und alle Teigeigenschaften im Gleichgewicht miteinander stehen. Bei der *Teigreife* sind Trieb und Quellung der Mehlsubstanz soweit fortgeschritten, daß mit dem Aufarbeiten begonnen werden kann.
Das Wort T. kommt von *teic* (mittelhochdtsch.), hat gewisse Beziehungen zu *deigan* (gotisch), das Kneten, aus Ton bilden bedeutet, und ist urverwandt mit *fingo* (lat.), das *bilden* bzw. *figura* (Gestalt) bedeutet. Der T. ist daher ein zum Backen angesetztes Gemisch, gewissermaßen ein Formstoff, das wichtigste *Zwischenprodukt der Backwarenherstellung* neben der → Masse und steht für Kleinverbraucherzwecke auch als *Halbfertigerzeugnis* zur Verfügung. Er wird in Frischhaltepakkung (z. B. → Strudelteigblätter oder Hefekloß), in konservierter Form (z. B. → Tubenbrotteig) oder in gefrierkonservierter Form bzw. als *Gefrierteig* (z. B. → Blätterteig oder chemisch gelockerter Kuchenteig, der in kleinen Einzelstücken eingefroren ist, nach Bedarf aus der Gefriertruhe entnommen, in eine Backform gelegt und ohne vorheriges Auftauen gebacken werden kann) angeboten.
Man kann T. unterteilen a) je nach verwendeten Zutaten in *schwere* (viel Fett und Zucker) und *leichte* T.(keine oder nur geringe Anteile an Fett und Zucker), b) je nach verwendetem Gärungsgemisch in *Hefe-* und *Sauerteig* und c) je nach Charakter des aus dem T. entstandenen Enderzeug-

nisses z.B. in *Blätterteig, Mürbeteig, Plunderteig, Brotteig, Brötchenteig, Kuchenteig.* Gebäcke aus *schwerem T.,* z.B. Stollen, weisen im Vergleich zu Gebäcken aus *leichtem* T. eine längere Frischhaltung auf. → Backware → Lebensmittel, fermentiertes

Teiglockerungsmittel → Lockerungsmittel

Teigreife → Teig

Teigsäuerungsmittel: einer schnellen Säuerung des → Teiges dienende → Backhilfsmittel mit einem bestimmten Gehalt an Essig-, Milch-, Wein- und/oder Citronensäure, sauren Calcium- oder Natriumsalzen dieser Säuren oder auch an sauren Natrium- und Calciumsalzen der Ortho- und Pyrophosphorsäure. Zu den T. gehört auch der → Trockensauer.

Teigware: Sammelbegriff für verschieden geformte, kochfertige → Nährmittel aus einem mittels hohem Druck durch verschiedenförmige Matrizen preßgeformten und anschließend schonend getrockneten Weizenteig. Der geeignetste Rohstoff für die Teigwarenherstellung ist der Hartweizen, doch wird auch glasiger Saatweizen verwendet.
Man unterscheidet je nach Rohstoffeinsatz zw. a) *Grießteigwaren* (wenn der Grundrohstoff Grieß bzw. Dunst ist. In der EG werden jedoch etwa 3% Weichweizen die aus Beimischung stammen können toleriert. b) *Hartgrießteigwaren* (wenn der Rohstoff ausschl. Hartgrieß bzw. Hartweizendunst ist): die noch immer gültige deutsche Teigwaren-Verordnung aus dem Jahre 1934 schreibt vor, daß als Hartweizenteigware deklarierte Erzeugnisse ausschl. aus Hartweizen, *Tríticum dúrum, bestehen müssen. c) Mehlteigwaren* (wenn der Grundrohstoff Mehl oder Mischungen von Mehl und Grieß sind), d) *Graumehlteigwaren* (wenn der Rohstoff aus 80···85%ig ausgemahlenem Weizenmehl besteht), e) *Stärketeigwaren* (wenn der Grundrohstoff aus Stärke oder vorwiegend aus Stärke besteht), f) *Eierteigwaren* (wenn dem Mehl eine bestimmte Menge Eigelbpulver, Volleipulver oder Frischei zugesetzt ist), g) *Milchteigwaren* (wenn eine bestimmte Menge Milch oder Milchpulver zugesetzt ist), h) *Roggenteigwaren* (wenn ausschl. aus Roggenmehl unter 75%iger Ausmahlung), i) *Sojateigwaren* (wenn eine bestimmte Menge Sojamehl zugesetzt wird), k) *Kleberteigwaren* (wenn eine bestimmte Menge Weizenkleber zugesetzt ist), l) *Wasserteigwaren* (wenn die Zugußflüssigkeit bei der Teigbereitung ausschl. aus Wasser besteht) oder m) *Vollkornteigwaren* (wenn die T. aus Vollkornmehl hergestellt werden).
Gestanzte T. sind kleine Figuren (auch als *Figurenteigwaren* bezeichnet) in Form von Sternchen, Körbchen, Buchstaben, Gräupchen, Schleifchen, Röschen, Zahlen usw., die auch unter dem Sammelbegriff *Bologneserwaren* vor allem als Suppeneinlage verwendet werden. Zu den *Spezialteigwaren* zählen z.B. *Diätteigwaren* (z.B. *glutenfreie T.* oder *Stärketeigwaren*), *Gemüse-, Kräuterteigwaren* (z.B. *Spinat-* oder *Möhrennudeln*), *eiweißangereicherte T.* (z.B. *Kleberteigwaren).* T. gehören zu den ältesten industriell → vorgefertigten Lebensmitteln, die ursprünglich in China hergestellt wurden und im 12. Jh. nach Italien gelangten. T. werden als *Beilage* (→ Sättigungsbeilage), als Suppeneinlage, für Aufläufe sowie als Bestandteil tischfertiger Konserven verwendet.
Hauptrohstoff der Teigwarenherstellung ist der Hart- oder Saatweizendunst verschiedenster Ausmahlung, vorwiegend wird aber heller Dunst verarbeitet. Die Qualität der T. wird maßgeblich von dem verwendeten Rohstoff bestimmt. T. werden stets in das siedende Wasser geschüttet; mit warmem Wasser angesetzte T. werden breiig und pappig. Nach dem Kochen werden die T. (sofern sie nicht Bestandteil von Suppen sind) stets auf ein Sieb geschüttet und mit kaltem oder warmem Wasser gut abgespült (abgeschreckt), damit sie nicht aneinanderkleben. Einwandfreie T. sollen nicht miteinander verkleben, in sich beweglich sein und eine glatte Oberfläche aufweisen. Qualitätsmängel äußern sich in schlechtem Zusammenhalt und damit hoher Kochempfindlichkeit sowie Mangel an Elastizität. T. aus reinem Hartweizendunst zeichnen sich durch hohe Quellkraft und Kochfestigkeit aus. Sie nehmen nach 15 min Kochzeit das 2 bis 3fache ihres ursprünglichen Volumens ein. T. aus Saatweizendunst (Weichweizen) quellen weniger, zerfallen leichter und hinterlas-

sen eine trübe Kochbrühe. Hartweizenteigwaren zeichnen sich durch ein bernsteinfarbenes Aussehen sowie die gewünschte Transparenz aus.
Die örtlich und mengenmäßig beschränkte Erzeugung von Durumweizen führt auf dem Weltmarkt zu starken Preisschwankungen; die aus Durumweizen hergestellten Dunste sind mind 30 % teurer als die Saatweizendunste. Aus diesem Grund werden häufig Mischungen aus Hart- und Weichweizen eingesetzt. Durch Zugabe von Eiern können Nachteile des Saatweizens gegenüber Hartweizen ausgeglichen werden. Der analytische Nachweis des Zusatzes von Weichweizen ist durch die Bestimmung des Sitosterolpalmitatgehaltes möglich.
Zu schnelles Trocknen beim Herstellungsprozeß verursacht ein Reißen oder Platzen, ungenügendes Trocknen ein Schimmeln der Ware. Der gesetzlich vorgeschriebene Feuchtegehalt muß unter 13 % liegen. Der Teigwarenteig wird mit einer Schneckenpresse bearbeitet. Je nach Sorte wird der austretende Teig mittels rotierender Messer kurz (*kurze T.*) oder lang (*lange T.*) geschnitten. Die verbreitetsten Formen sind *Nudeln, Makkaroni, Spaghetti. Schnellkochteigwaren* sind vorgekochte T. Es gibt auch *Instantteigwaren,* vielfach Bestandteil von Fertiggerichten oder Fertigsuppen, zu deren Herstellung lediglich Zusatz kochenden Wassers erforderlich ist. Der Verbrauch an T., mit und ohne Zusatz von Eiern, den beiden wichtigsten Teigwarensorten, hält sich in Europa nahezu die Waage. 1991 bestanden 64 % der insges. 241 000 t in Deutschland hergestellten T. aus Hartweizengrieß, während die italien. T. (auch *Pasta* genannt) ausschl. aus Hartweizen bestehen und meistens ohne Eieinsatz angeboten werden. → Hartweizen

Teigware, eiweißangereicherte: Sammelbegriff für eine Vielzahl von Teigwarensorten, deren Eiweißgehalt durch Zusatz eiweißhaltiger Stoffe erhöht ist. Zu den e. T. zählen *Eierteigwaren, Kleberteigwaren* (Zusatz von Weizenkleber auf 25 % Eiweißgehalt des Fertigerzeugnisses), *Sojateigwaren* (mit 5···10 % Sojazusatz, auf Weizenmehleinsatz bezogen), *Milchteigwaren* (mind. 20 g Milchtrockenmasse oder entsprechende Trockenmilch auf 1000 g Weizenrohstoff). Häufig werden auch Mischungen von Trockenmagermilch und Ölsaatenprotein verwendet. Sog. *Mais-Soja-Weizen-Makkaroni (MSW-Makkaroni)* bestehen zu 60 % aus Mais, zu 30 % aus entfetteter Soja und zu 10% aus Weizen. Diese Makkaroni werden in Brasilien hergestellt und enthalten 20 % hochwertiges Protein, herkömmliche Makkaroni enthalten 12,5 % Protein.

Teigware, glutenfreie: eine Spezialteigware für diätetische Zwecke aus Kartoffel-, Reis- oder Maisstärke oder aus Mischungen dieser Komponenten. Die g. T. werden daher auch als *Stärkenudeln* oder *chinesische Nudeln* bezeichnet. Die frühesten Teigwarenerzeugnisse in China und Japan wurden aus Stärke oder Mehl stärkehaltiger Wurzeln, aber auch aus Kastanien-, Hirse-, Gersten-, Mais- oder Buchweizenmehl hergestellt. Im Haushalt und in Diätküchen können g. T. wie folgt hergestellt werden. (Angaben für 500 g Fertigware): 230 g Kartoffelstärke, 230 g Maisstärke, 35 g Vollsojamehl, 1 Ei, 5 g Salz und 330 g Wasser. Der Teig wird gewirkt, zu einer dünnen Platte ausgerollt und in schmale Streifen geschnitten. Nach dem Trocknen beträgt die Haltbarkeit 3 Monate, die Kochzeit 15 min. → Reisnudeln → Diätlebensmittel → Glasnudeln

Teigwarensuppe → Suppe, kochfertige, nicht süß

Tejate → Kakaoblütentee

Telamónia armilláta → *Cortinariáceae*

Telemea: aus Schafmilch oder Kuhmilch hergestellte Lake-Käse *(Salzlakekäse)* mit 45 % F. i. Tr. nimmt den 1. Platz in der Käseerzeugung Rumäniens ein. → Käsesorten

Telfaíria occidentális → Faltenkürbis

Telfaíria pedáta → Talerkürbis

Tellerkraut → Winterportulak

Tellerkresse → Gartenkresse

Tellicherrypfeffer → Pfeffer 2.

Tempeh: ein rund 1000 Jahre altes indonesisches Volksnahrungsmittel aus angekeimter und fermentierter Sojabohne *(Sojatempeh).* Im Herkunftsland trägt T. aus Sojabohnen auch die Bez. *Kedelee* oder *Kedele* bzw. *Tempeh-Kedelee* oder *Tempeh-Kedele.* T. kann auch aus Weizen *(Weizentempeh),* Gerste, Hafer, Roggen, Reis oder aus Mischungen dieser Getreidearten, mit oder ohne Sojabohne, zuweilen unter Zusatz anderer Leguminosen oder z. B. ausschl. aus Kokosnußpreßkuchen *(Tempeh-Bonkrek)* hergestellt sein. Solche Erzeugnisse sind in der Regel viel billiger als *Sojatempeh* und werden häufig auch als *tempehähnliche* Erzeugnisse bezeichnet, hierzu zählt z. B. auch T. aus *Goabohne (Tempeh-Kecipir)* oder aus → Thoroko (Cowpeas). In Indonesien gibt es neben Sojatempeh etwa 30 verschiedene Tempehsorten.
Nach dem Ankochen der ausgewachsenen Samen wird der → Brei mit verschiedener Mikroflora (meistens *Rhizopus-Species)* beimpft, indem kleine Mengen T. aus vorangegangener Herstellung als → Starterkultur verwendet werden. In der Regel verläuft die Fermentation bei 30···38°C über 24···72 h, je nach gewünschter Geschmacksrichtung. Im Vergleich zu traditioneller Herstellung im Haushalt wird T. industriell unter Verwendung von Handelshefe, z. B. *Ragitempeh* (→ Ragi), und anderen Zusätzen zur Verkürzung des Fermentationsprozesses bereitet. Das mit Pilzmyzel durchsetzte kuchenartige Endprodukt wird aufgeschnitten und als Beilage zu Suppen oder in gebratenem Zustand verzehrt. Frisches T. sollte angenehmen nußartig riechen und gekühlt mind. 1 Woche haltbar sein. Zur Aufbewahrung bzw. Frischhaltung werden die Tempehscheiben an der Sonne getrocknet. Bei industrieller Produktion werden die Scheiben bei 93°C 90···120 min getrocknet oder vakuumverpackt. Der T. wird als potentielle Proteinquelle auch in der westlichen Kost geschätzt, bes. bei den 15 Millionen Vegetariern in den USA. In Westeuropa wird er importiert oder wie in den USA inzw. industriell hergestellt. In Deutschland gibt es z. B. 6 Produktionsstätten für T. T. ist auch eine akzeptable Alternative für Fleisch in vielen Regionen, wo Soja nicht verfügbar ist.
T. enthält je 100 g etwa 20 g Eiweiß, reichl. ungesättigte Fettsäuren und 14 mg je 100 g Vitamin B_{12}, der Kohlenhydratgehalt beträgt 11 % und der Energiewert in kJ (kcal) je 100 g entspricht 640 (153). → Lebensmittel, fermentiertes

Temple: eine von Jan. bis Mai aus Israel eingeführte → Zitrusfrucht, deren Kreuzungspartner umstritten und möglicherweise auf Bitterorange und Mandarine zurückzuführen sind. Das sehr kernreiche Fruchtfleisch zeigt einen intensiveren Geschmack als bei Clementine, welcher T. in Form und Farbe ähnelt.

Tempobrot, *Brot, fehlerhaftes, Ausschußbrot:* ein fehlerhaftes Brot, dessen mangelhafte Qualität auf Zeiteinsparung, sei es bei der Teigbereitung oder beim Backprozeß, zurückzuführen ist. Diese Mängel äußern sich häufig erst beim Anschneiden in zu schwacher Krustenbildung, zu dichter Krumenstruktur, in ringförmigen Schatten in der Krume, unelastischer, ballender, klebriger Krumenbeschaffenheit und einem zu schwach aromatischem Geschmack. Die Herstellung qualitativ hochwertigen Brotes setzt eine genaue Beachtung der Rezeptur und Verarbeitungsweise voraus, d. h. die Einhaltung der vorgeschriebenen Mehlmischung, Zutaten, Backhefe- oder Sauerteigmenge, Teigtemperaturen, Teigruhezeiten und der erforderlichen Backzeiten sowie Backtemperaturen. → Vollkornbrot

Tempoflocken → Hafernährmittel

Tempolinsen → Nährmittel

Temporeis → Kurzkochreis

Tempoya → Durian

Tempra → Fischpaste

Tenderizer → Zartmacher

'Tenira' → Beerenobst

Tenkawangfett → Borneotalg

Tenkawangnuß → Borneotalg

Tenside → Netzmittel

Teosinte: Sammelbez. für *ein- (Zéa mexicána* Schrad.) und *mehrjährige (Zéa perénnis* Hitchc.) Gräser (Familie *Poáceae*), die in großer Formenmannigfaltigkeit in Zentralamerika beheimatet, dort als Pionierpflanzen oder als Unkraut in Maisfeldern anzutreffen sind und als Kreuzungspartner für Kulturmais dienen. Es gibt mehrere Unterarten, z.B. die *Durango-Teosinte (Zéa mexicána ssp. mexicána* L.), die *Florida-Teosinte (Zéa mexicána ssp. luxúrians* Dur.), die Mehrjährige *T. Diplo-Teosinte (Zéa perénnis ssp. diploperénnis* Iltis) oder die Mehrjährige T. *(Zéa perénnis ssp. perénnis* Hitchc.). Die T. gilt als nächste Verwandte des Maises oder wird als direkter Vorfahre des Kulturmaises betrachtet. Archäologische Untersuchungen erhärten die Annahme, daß die T. bereits in prähistorischen Zeiten als → Sammelgetreide diente, vorzugsweise in Gemeinschaft mit Wildbohnen und Kürbis aufwuchs und das Nahrungsangebot bereicherte.
Die T. sind lichtempfindliche Pflanzen (Kurztagspflanzen) und stellen das Wachstum ein, wenn sie täglich mehr als 12 Sonnenstunden ausgesetzt sind. Im Vergleich zu Kulturmais sitzen die Samen bei der Reife sehr lose und können leicht durch Wind oder mechanische Einwirkung ausfallen. Der Eiweißgehalt der T. varriert zw. 11···28%. Mittelwerte im Vergleich zu Kulturmais werden in der Tab. angegeben. Der Ernährungswert der T. wird aufgrund des hohen Eisen-, Ballaststoff- und Eiweißgehaltes (insbes. für energieärmere Kostzusammenstellungen) günstiger im Vergleich zu Kulturmais eingeschätzt.

Teparybohne: die einjährige Pflanze *Phaséolus acutifólius* A. Gray (Familie *Fabáceae*), die wegen ihrer etwa 24% Eiweiß enthaltenden Samen in Mittelamerika angebaut wird.

Tepej → Tape

Tequila-Agave → Agavenschnaps

Tequila, Echter → Agavenschnaps

Tequila Mariachi → Agavenschnaps

Tequila Olmeca → Agavenschnaps

Terebenthen → Pinen

Terfaz → *Tuberáles*

Terfézia spec. → *Tuberáles*

Terminália catáppa → Katappaöl → Mandel, Indische

Terminália ferdinandiána Excell ex S. T. Blake: Baum (Familie *Combretáceae*) an der Nordwestküste Australiens mit 2 cm langen, hellgrünen bis gelben Früchten, die sehr reich an Vitamin C sind (2300···3150 mg in 100 g eßbaren Anteils) und als Wildfrüchte (Mammophan) gegessen werden.

Durchschnittliche Zusammensetzung von Einjähriger Teosinte (Zéa mexicána) im Vergleich zu Kulturmais (Zéa máys) nach *Robson*

Bestandteil	Vollkorn-teosinte Gehalt je 100 g	Teosinte ohne Schale	Vollkorn-mais	Mais ohne ohne Schale
Feuchtigkeit	10,5 g	12,0 g	10,6 g	12,0 g
Fett	3,5	2,5 g	4,3 g	1,2 g
Eiweiß	10,7 g	21,6 g	9,4 g	7,9 g
Rohfaser	18,2 g	0,4 g	1,8 g	0,6 g
Mineralstoffe	2,6 g	0,8 g	1,3 g	0,5 g
Eisen	5,7 mg	3,3 mg	2,5 mg	1,1 mg
Calcium	5,0 mg	9,0 mg	9,0 mg	6,0 mg
Energiewert in kJ (kcal) je 100 g	1585 (380)	1396 (334)	1510 (360)	1520 (365)

Terongfrucht → Naranjilla

Teropterin → Folsäure

Terpen-Aldehyde: aus Isoprenmolekülen aufgebaute, zu den Terpenen zählende Aldehyde (s. Übersicht).

Terpen-Alkohole: aus Isoprenmolekülen aufgebaute, zu den Terpenen zählende sekundäre Alkohole. Die T. kommen bes. als Bestandteile der ätherischen Öle weit verbreitet in der Natur vor und riechen aromatisch. Sie sind in der Regel unlöslich in Wasser und löslich in Fettlösungsmitteln.

Die wichtigsten Terpen-Aldehyde

Terpen-Aldehyd	Strukturformel	$[\alpha]_D^{20}$	Vorkommen
Citral (Zitral)	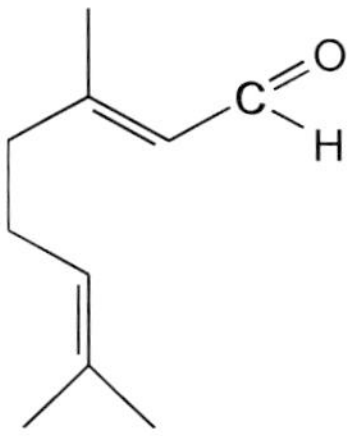	0	Citronen-, Eukalyptus-Zitronellöle, Ingwer, Zimt, Piment, Pfeffer, Melisse
D-Citronellal (D-Zitronellal)	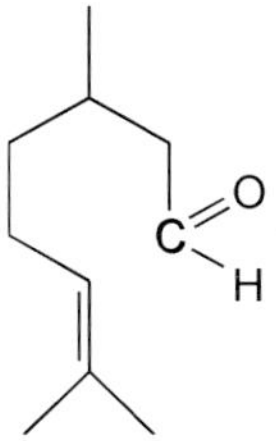	+11···35°	Zitronell-, Citronen-, Eukalyptusöle, Melisse
l-Phellandral	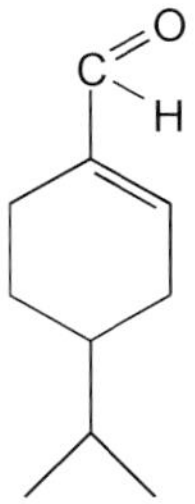	−133,4···−138,9°	Eukalyptusöl
d-Myrtenal	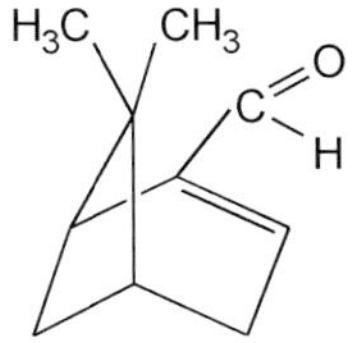	+13···+17°	Eukalyptusöl

Die wichtigsten Vertreter dieser Verbindungsklasse ordnen sich in die *acyclischen, monocyclischen, bicyclischen Monoterpen-Alkohole* und *Sesquiterpen-Alkohole* ein (s. Übers. S. 677–687).

Terpene: natürlich vorkommende Verbindungen des Isoprens. Bei der Verknüpfung der Isoprenreste können acyclische und cyclische (mono-, bi- usw. cyclische) Verbindungen entstehen. Bei den acyclischen T. unterscheidet man folgende Verknüpfungsvarianten (Formel s. unten).
Nach der Zahl der Isoprenmoleküle unterscheidet man einfache Terpene (*Monoterpene*) mit 2, *Sesquiterpene* mit 3, *Diterpene* mit 4, *Triterpene* mit 6 Isoprenresten usw.. Eine weitere Unterteilung erfolgt nach zugehöriger Stoffklasse, wie → *Terpen-Kohlenwasserstoffe* → Terpen-Alkohole → Terpen-Aldehyde und → *Terpen-Ketone.*

Wichtige T. sind die Bestandteile der *ätherischen Öle,* die *Aculene, Phytol, Vitamin A* (Diterpen) und *Squalen* (Triterpen), ein Zwischenprodukt der Biosynthese der Steroide, sowie die hochpolymeren Isoprene des Naturkautschuks.

Terpen-Ketone: aus Isoprenmolekülen aufgebaute, zu den Terpenen zählende Ketone. Die wichtigsten T. sind Monoterpen-Ketone. Sie kommen in ätherischen Ölen vor (s. Übers. S. 687–691).

Terpen-Kohlenwasserstoffe: aus Isoprenmolekülen aufgebaute, zu den Terpenen zählende acyclische und cyclische Kohlenwasserstoffe. Die T. kommen bes. als Bestandteile der ätherischen Öle weit verbreitet in der Natur vor und riechen aromatisch. Die wichtigsten Vertreter dieser Verbindungsklasse ordnen sich in die *acyclischen, monocyclischen* und *bicyclischen Monoterpen-Kohlenwasserstoffe,* die → *Sesquiterpen-Kohlenwasserstoffe* und die → *Azulene* ein (s. Übers. S. 692–699).

Terpenoide: 1. Sammelbez. für Mono-, Sesqui-, Di-, Sester-, Tri- und Tetraterpene.
2. Sammelbez. für solche Verbindungen, bei denen ein terpenähnliches, insbes. isoprenoides Bauprinzip erkennbar ist, selbst wenn ihre Bruttoformel von den C_{10}-, C_{15}-, C_{20}- usw.. Gesetzmäßigkeiten abweichen, wie z.B. → Jonone (C_{13}) → Iron (C_{14}) oder Gentisin (C_{14}). → Terpene → Sesquiterpene

Terpilen → Terpen-Kohlenwasserstoffe

Terpinen → Terpen-Kohlenwasserstoffe

D-Terpinen-4-ol → Terpen-Alkohole

***α*-Terpineol** → Terpen-Alkohole

Terpinolen → Terpen-Kohlenwasserstoffe

***α*-Terpinylacetat** → Terpen-Alkohole

Terramycin → *Tetracycline*

Terzen → Kaffee

Tête de Moine (*Bellelay*): halbfester *Schnittkäse* mit Schmiere aus der Schweiz, in Laibform mit → 52% F. i. Tr.. → Käsesorten

Tetracarpídium conóphorum → Asala

2,3,7,8-Tetrachlordibenzo-p-dioxin → Dibenzodioxine

Tetrachlorethylen, *Tetrachlorethen, Perchlorethylen:* ein farbloses, chloroformähnlich riechendes, nicht brennbares Extraktions- und Lösungsmittel mit der Formel $Cl_2C{=}CCl_2$.
Molmasse 165,83 g/mol, *d* 1,624, F. −23°C, Kp. 121°C, in Wasser unlöslich, mit den meisten organischen Lösungsmitteln mischbar.
T. wird zur Extraktion pflanzlicher und tierischer Fette und Öle eingesetzt; für kosmetische Mittel ist seine Verwendung untersagt. Da das T. im Verdacht steht, kanzerogen zu wirken, unterliegen die in den Fetten und Ölen verbleibenden Rest-

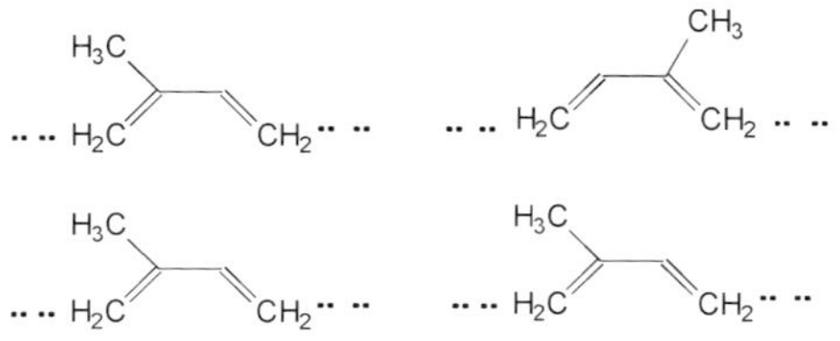

Die wichtigsten Terpen-Alkohole

Terpen-Alkohol	Strukturformel	Dichte	Schmelzpunkt/ Siedepunkt in °C	Spezifische Drehung $[\alpha]_D^{20}$ in °	Vorkommen
Monoterpen-Alkohole:					
a) acyclische: → *Citronellol* *(Zitronellol, 2,6-Dimethyloct-2-en-8-ol)*	β-C. 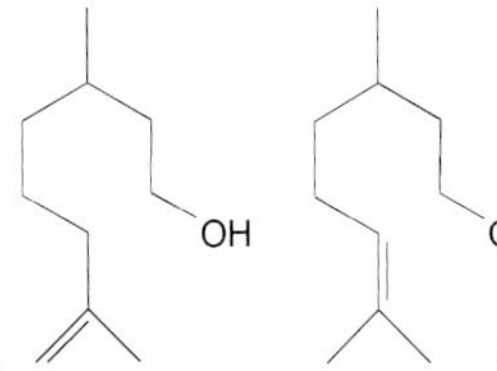 α-C.	d_4^{20} 0,855	Kp. 225···226	D: +2···+50 L: −1,7···−4,3	Geranium-, Citronellöl, Rosen-, Geraniumöl, Wein
→ *Linalool* *(2,6-Dimethylocta-2,7-dien-ol, 3,7-Dimethylocta-1,6-dien-3-ol)*	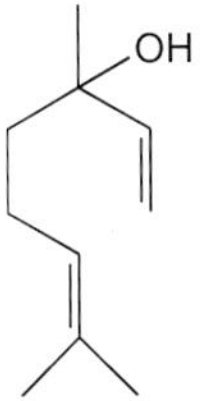	d_4^{20} 0,861	Kp. 198···200	D: (Coriandrol): +19 L: (Licareol): −21	weit verbreitet, z. B. Ingwer, Hopfen, Muskatnuß, Wein, Zimt, Pfirsich, Citrusöle, Tee, Melisse, Thymian, Koriander
→ *Geraniol* *(2,6-Dimethylocta-2,6-dien-8-ol)*	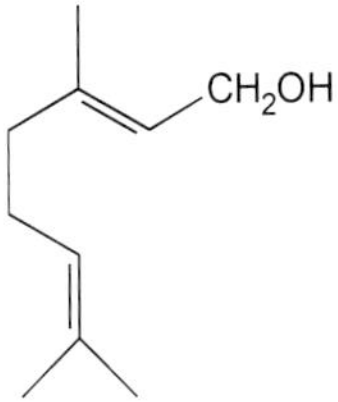	d_4^{20} 0,878	Kp. 230	0	weit verbreitet, z. B. Citronellöl, Hopfen, Muskatnuß, Lorbeer, Citrusöle, Eukalyptus, Koriander, Melisse, Himbeere, Wein
→ *Nerol* *(Nerylalkohol, 2,6-Dimethyl-octa-2,6-dien-8-ol)*	cis: *Geraniol* trans: *Nerol*	d_{15}^{15} 0,878	Kp. 225···226	0	Lavendel, Wermut, Wein

Die wichtigsten Terpen-Alkohole (Forts.)

Terpen-Alkohol	Strukturformel	Dichte	Schmelzpunkt/ Siedepunkt in °C	Spezifische Drehung $[\alpha]_D^{20}$ in °	Vorkommen
Solanesol	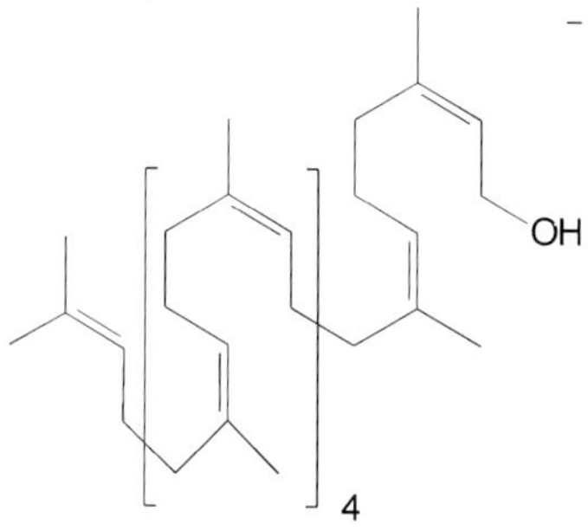	–	F. 41,5 ··· 42,5	–	Tabakblätter
b) monocyclische: → *(−)-1-Menthol* (1-Methyl-n-iso-propyl-cyclohexan-3-ol, p-Menthan-3-ol, Hexahydrothymol, *Pfefferminzkampfer, Menthakampfer*	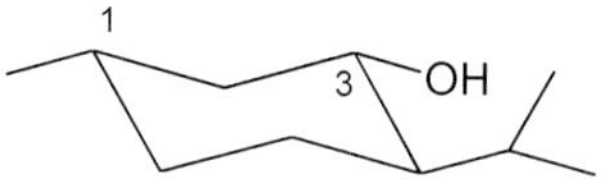	d $^{15}_{15}$ 0,904	F. 42 ··· 43 Kp. 216	−48,5	Pfefferminzöle
(+)-d-Neomenthol	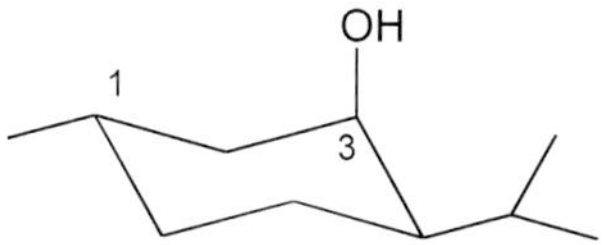	d $^{20}_{4}$ 0,900	Kp. 212	+19,6	japan. Pfefferminzöl

Die wichtigsten Terpen-Alkohole (Forts.)

Terpen-Alkohol	Strukturformel	Dichte	Schmelzpunkt/ Siedepunkt in °C	Spezifische Drehung $[\alpha]_D^{20}$ in °	Vorkommen
α-Terpineol (1-Methyl-4-(α-oxy-isopropyl)-cyclohex-1-en, p-Menth-1-en-8-ol)	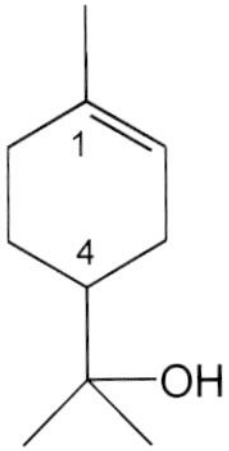	d_4^{15} 0,938	F. 35···40 Kp. 218···221	D: +31···+111 L: −27···+106	weit verbreitet, z. B. D: Kardamomen, Sternanis, Liebstöckel, Majoran, Baldrian, Wein L: Lorbeer beide: Citrus-, Eukalyptus-Species
α-Terpinylacetat	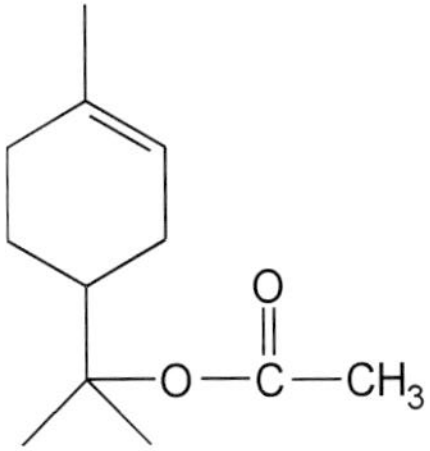				L: Malabar-Kardamomenöl
cis-Anethol (4[Propen-(1)-yl-(1c)]-anisol, 4-cis-Propenyl-anisol)	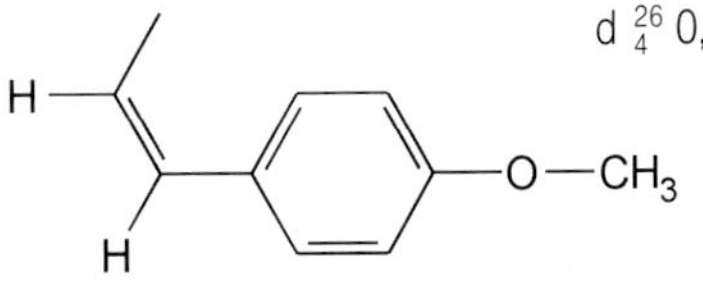	d_4^{26} 0,9878	Kp. $_{12}$ 104		Fenchel- und Anisöl

Die wichtigsten Terpen-Alkohole (Forts.)

Terpen-Alkohol	Strukturformel	Dichte	Schmelzpunkt/ Siedepunkt in °C	Spezifische Drehung $[\alpha]_D^{20}$ in °	Vorkommen
D-*Terpinen-4-ol* (1-Methyl-4-isopropyl-cyclohex-1-en-4-ol, p-Menth-1-en-4-ol)	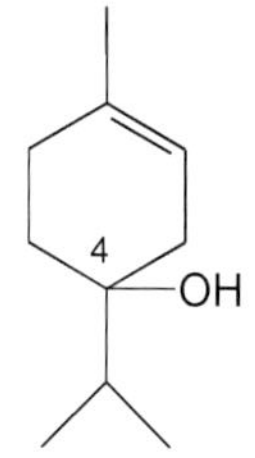	d_4^{25} 0,928	F. 4 Kp. 208···212	+21,4···+25	Kubeben, Kardamomen, Muskatnuß, Majoran, Lavendel, Thymian
Dihydrocarveol (p-Menth-8,9-en-2-ol)	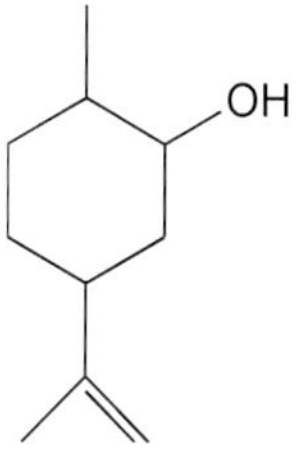	d_4^{15} 0,924	Kp. 98···102	D: etwa +34 L: etwa −33	Kümmel (Gemisch aus D-, L-neo- und L-neo-iso-Dihydrocarveol)
Isopulegol (p-Menth-8,9-en-3-ol)	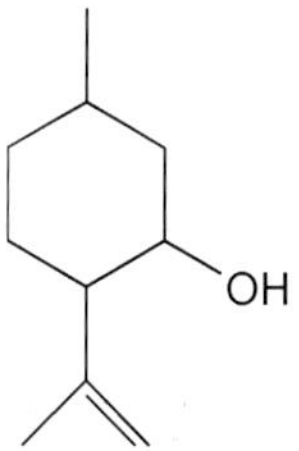		Kp. 91	–	Lemongrasöl, Java-Citronellöl

Die wichtigsten Terpen-Alkohole (Forts.)

Terpen-Alkohol	Strukturformel	Dichte	Schmelzpunkt/ Siedepunkt in °C	Spezifische Drehung $[\alpha]_D^{20}$ in °	Vorkommen
Guajol *(Champacol)*	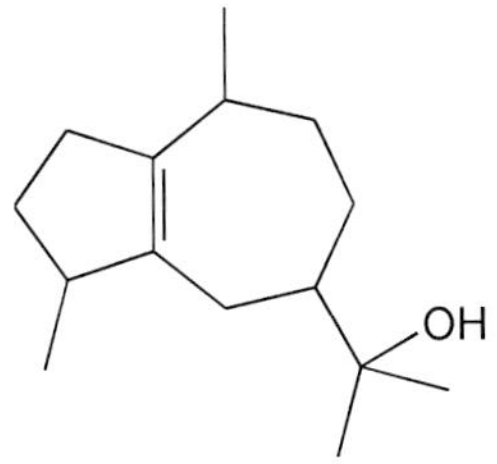		F. 91	−30	Eukalyptusöl
Globulol	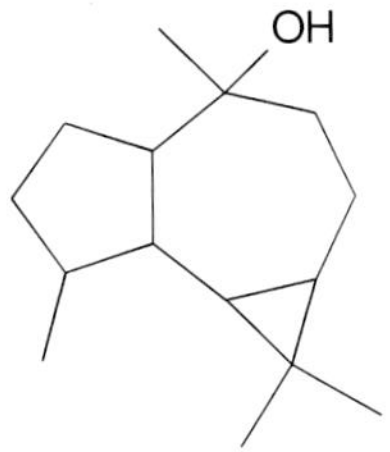		F. 88,5	−35,3 (in Trichlormethan)	Eukalyptusöl
L-*Piperitol* (1-Methyl-4-isopropylcyclohex-1-en-3-ol, p-Menth-1-en-3-ol)	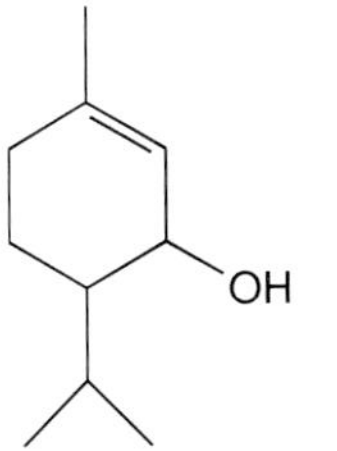	d_4^{22} 0,9320	Kp. 95···96 (1333 Pa)	−34,1	Eukalyptusöl

Die wichtigsten Terpen-Alkohole (Forts.)

Terpen-Alkohol	Strukturformel	Dichte	Schmelzpunkt/ Siedepunkt in °C	Spezifische Drehung $[\alpha]_D^{20}$ in °	Vorkommen
α-Dihydropinol (2,8-Epoxy-p-menthan, 2,8-Oxido-p-menthan)	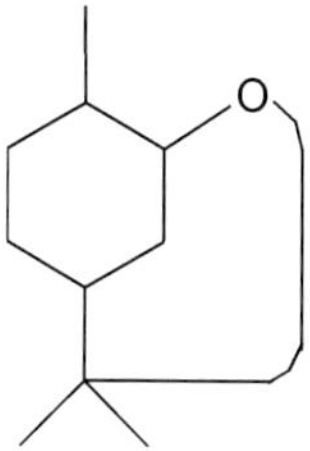	d_4^{20} 0,0192	Kp. 186···188	+104	Kümmelöl
c) bicyclische:	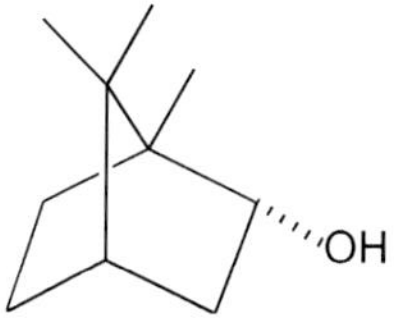				
Borneol (Borneokampfer, Ngaikampfer, 1,7,7-Trimethyl-bicyclo-1,2,2-heptan-2-ol-Camphan-2-ol)	D: Borneokampfer L: Ngaikampfer *(Linderol)*	d 1,01···1,02	F. 203···204	D: +36···+37 (in Alkohol) L: −36···−37 (in Alkohol)	D: Muskatnuß, Salbei, Lavendel, (brennend, kampferartig), Rose, Wein L: Citronellöl, Baldrian-wurzelöl, Korianderöl
L-*Pinocampheol* (2,6,6-Trimethyl-bicyclo-1,3,3-heptan-3-ol)	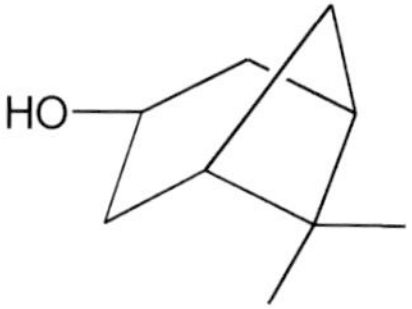	d_4^{15} 0,9678	F. 217···218	−55,33 (in Alkohol)	Ysopöl

Die wichtigsten Terpen-Alkohole (Forts.)

Terpen-Alkohol	Strukturformel	Dichte	Schmelzpunkt/ Siedepunkt in °C	Spezifische Drehung $[\alpha]_D^{20}$ in °	Vorkommen
dl-Fenchol *(Fenchylalkohol* 1,3,3-Trimethyl-bicyclo-1,2,2-heptan-2-ol)	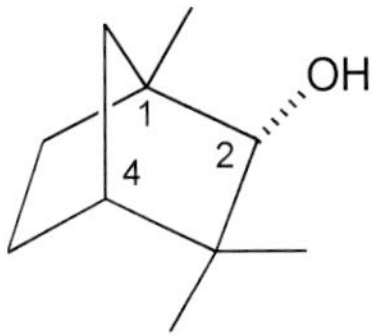		F. 38···39 Kp. 201	–	Terpentinöl, Wein, Fenchelöl
Ethylfenchol	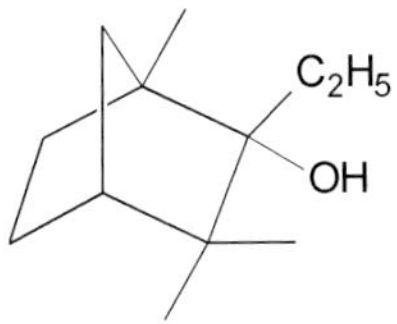	–	–	–	Fenchelöl
L-Pinocarveol *(L-Pinokarveol* 6,6-Dimethyl-2-methylen-bi-cyclo-1,1,3-heptan-3-ol)	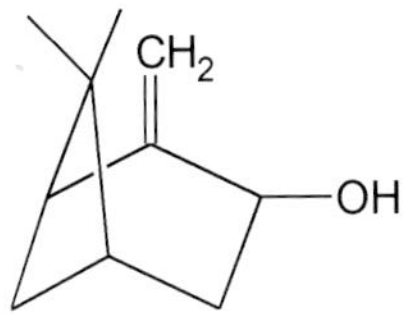	d_4^{20} 0,981	F.7 Kp. 208···209 (99975 Pa)	−62,2	Eukalyptusöl
Thujylalkohol (Tanacetylalkohol, 4-Methyl-1-meth-oxyethylbicyclo-0,1,3-hexan-3-ol)	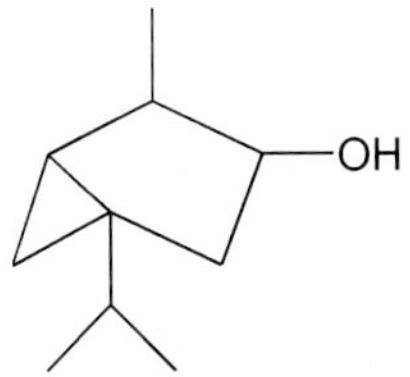	d_4^{20} 0,938	Kp. 208···210	+22,2	als Gemisch von Stereoisomeren in Wermutöl

Die wichtigsten Terpen-Alkohole (Forts.)

Terpen-Alkohol	Strukturformel	Dichte	Schmelzpunkt/ Siedepunkt in °C	Spezifische Drehung $[\alpha]_D^{20}$ in °	Vorkommen
Sesquiterpen-Alkohole:					
Nerolidol (2,6,10-Trimethyl-dodeca-2,6,11-trien-10-ol, *Peruviol, Melaleucol)*	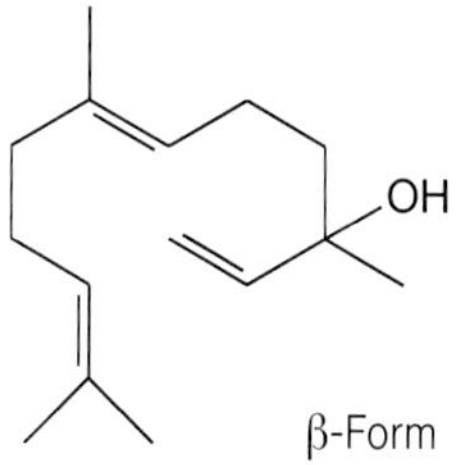 β-Form	d_4^{20} 0,878	Kp. 113···114	+14···+15	Orange
Farnesol (2,6,10-Trimethyl-dodeca-2,6,10-trien-12-ol)	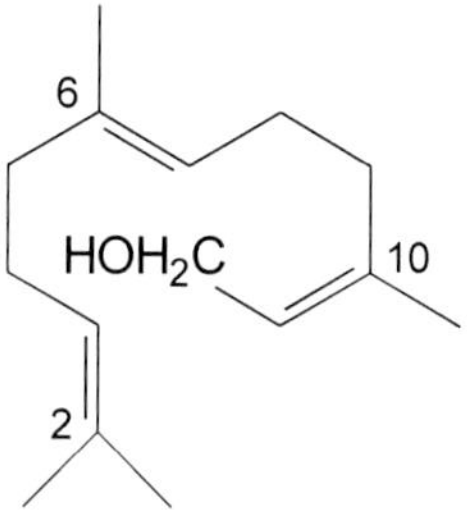	d_4^{20} 0,888	Kp. 131···132	–	Orange
α-*Eudesmol* (1,10-Dimethyl-7-(α-oxyisopropyl)-Δ^1-octahydronaphtalin)	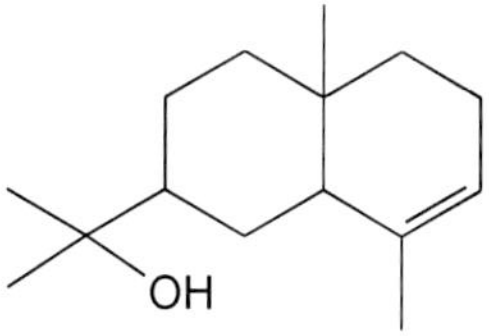		F. 81···82	+30,5	der wichtigste Sesquiterpen-Alkohol der Eukalyptusöle (Gemisch)

Die wichtigsten Terpen-Alkohole (Forts.)

Terpen-Alkohol	Strukturformel	Dichte	Schmelzpunkt/ Siedepunkt in °C	Spezifische Drehung $[\alpha]_D^{20}$ in °	Vorkommen
β-*Eudesmol* (10-Methyl-7-(α-Oxy-isopropyl)-1-methylen-decahydronaphtalin)	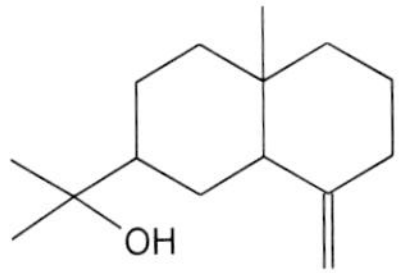		F. 75···76	+65,1	der wichtigste Sesqui-terpen-Alkohol der Eu-kalyptusöle (Gemisch)
Cafestol (Kafestol, Cafesterol, Coffeol)	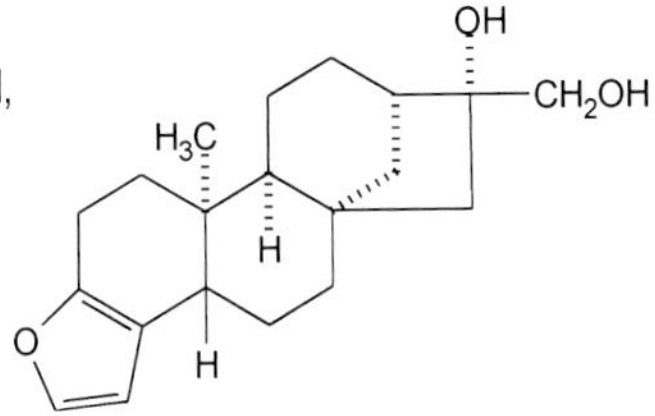		F. 157···162	−103···−107 (in Trichlor-methan)	Kaffee
Grifolin → *Terpene*	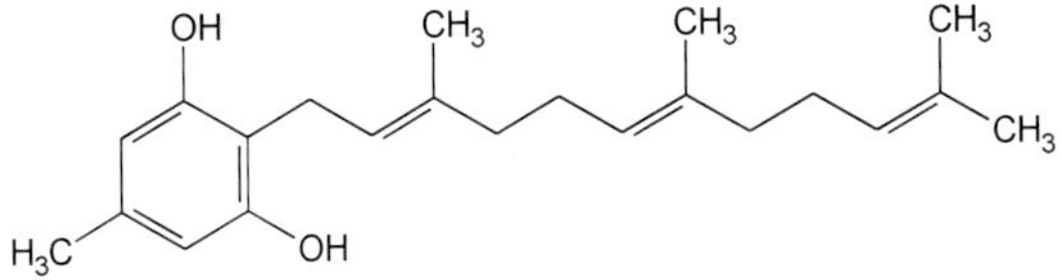	–	F. 40···41	–	Pilz *Polyporus (Grífola) cónfluens* Fr. ex Albert. et Schweinitz
Sclareol	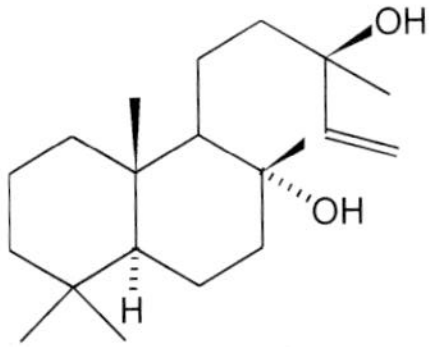	d_4^{100} 0,9568	F. 104···105	−14,7 (Alkohol)	Muskateller, Salbei, Pilze der Gattung Albatrellus

Die wichtigsten Terpen-Alkohole (Forts.)

Terpen-Alkohol	Strukturformel	Dichte	Schmelzpunkt/ Siedepunkt in °C	Spezifische Drehung $[\alpha]_D^{20}$ in °	Vorkommen
Zingeron (4-Oxy-3-methoxy-benzylaceton, Methyl-[4-oxy-3-methoxy-β-phenethyl]-keton)	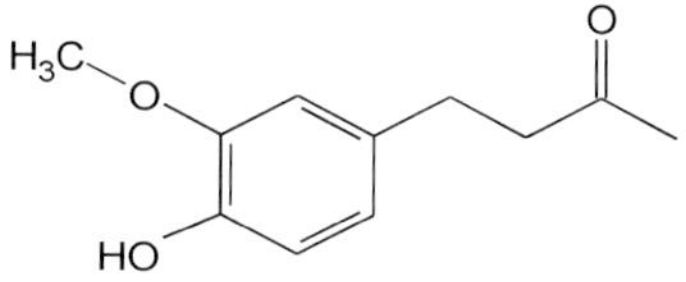		F. 41···42 Kp. 159···160		Ingwer (Scharfstoff)
Shogaol (1-[4-oxy-3-methoxy-phenyl]-4-decen-3-on, α-Heptenyl-[4-oxy-3-methoxy-β-phenethyl]-keton)	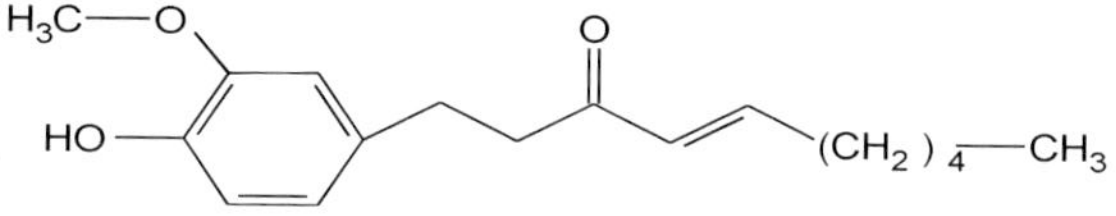	d_4^{25} 1,0488	Kp. 232		Ingwer (Scharfstoff)
Rishitin	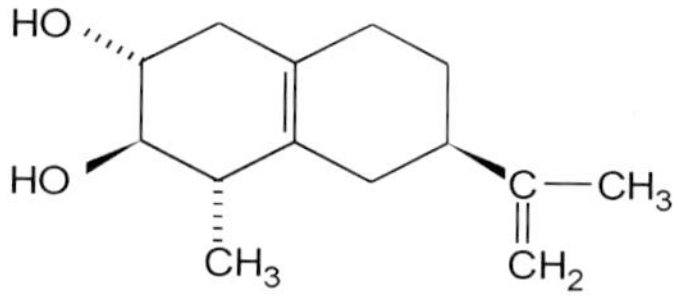				
Lubimin	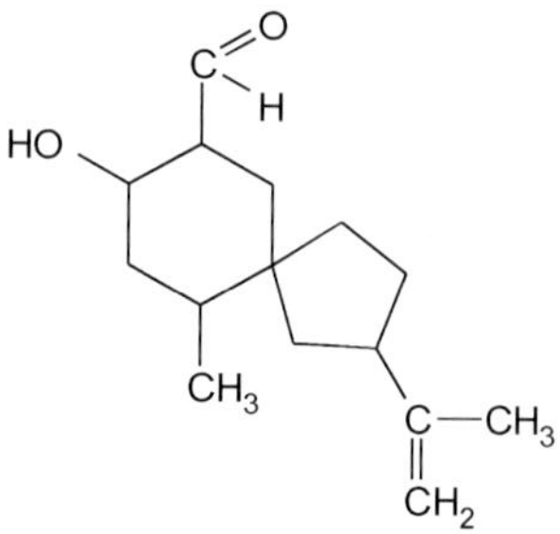				Kartoffel (nach Pilzinfektionen, Kälteeinwirkung, Ethylen)

Die wichtigsten Terpen-Alkohole (Forts.)

Terpen-Alkohol	Strukturformel	Dichte	Schmelzpunkt/ Siedepunkt in °C	Spezifische Drehung $[\alpha]_D^{20}$ in °	Vorkommen
Phytuberin					
Capsidiol	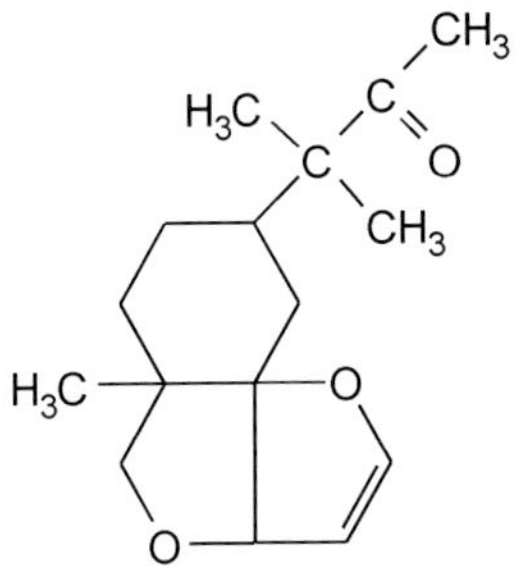				süßer Pfeffer

Monoterpen-Ketone in ätherischen Ölen

Monoterpen-Keton	Strukturformel	Dichte	Schmelzpunkt/ Siedepunkt in °C	Spezifische Drehung $[\alpha]_D^{20}$ in °	Vorkommen
a) monocyclische:					
Carvon ((Karvon), 1-Methyl-4-isopropenyl-cyclo-hex-1-en-6-on, p-Men-tha-1,8(9)dien-6-on)	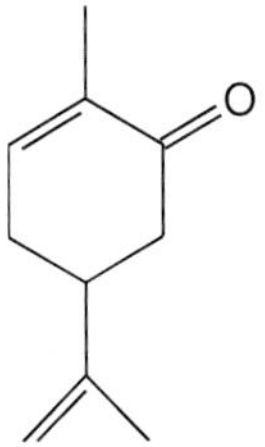	d_4^{15} 0,965	Kp. 230···231	bis (±)62	D: Kümmel, Dill L: Krauseminze, Eukalyptusarten

Monoterpen-Ketone in ätherischen Ölen (Forts.)

Monoterpen-Keton	Strukturformel	Dichte	Schmelzpunkt/ Siedepunkt in °C	Spezifische Drehung $[\alpha]_D^{20}$ in °	Vorkommen
L-Dihydrocarvon (1-Methyl-4-isopropenyl-cyclohexan-2-on; p-Menth-8(9)-en-2-on)	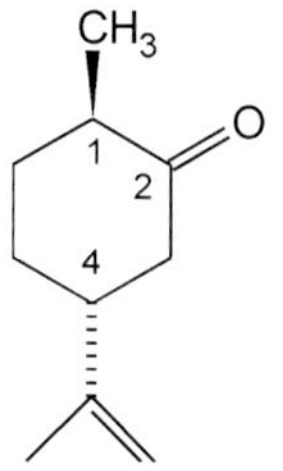		Kp. 220···222	−18···−19	Kümmel
→ *D-Pulegon* (β-Pulegon, 1-Methyl-4-isopropylidencyclohexan-3-on, p-Menth-4(8)-3-on)	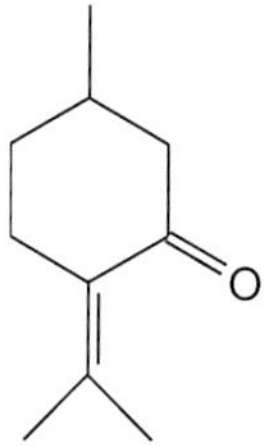	d_4^{15} 0,940	Kp. 222···224	+23···28	verbreitet in Labiaten (Lippenblütlern)
D-Isopulegon (α-Pulegon, 1-Methyl-4-isopropenyl-cyclohexan-3-on, p-Menth-8(9)-en-3-on)	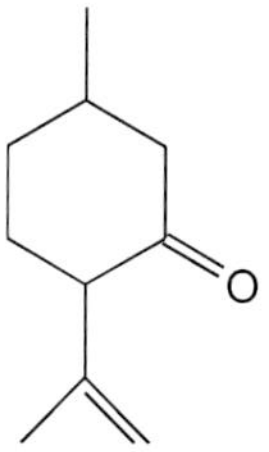	d_4^{20} 0,9209	Kp. 101···102 (2266 Pa)	+34	Minzearten

Monoterpen-Ketone in ätherischen Ölen (Forts.)

Monoterpen-Keton	Strukturformel	Dichte	Schmelzpunkt/ Siedepunkt in °C	Spezifische Drehung $[\alpha]_D^{20}$ in °	Vorkommen
Piperiton (*p-Menth-1-en-3-on,* Δ^1-Menthen-3-on, 1-Methyl-4-isopropyl-1-cyclohexan-3-on, p-Menth-1-en-3-on)	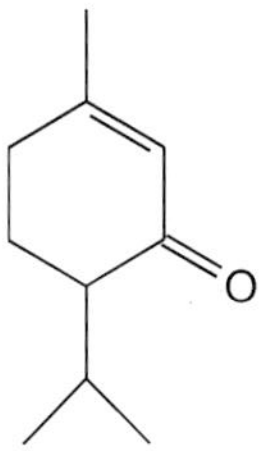	d_4^{20} 0,933	Kp. 232···235	D: bis +62,5 L: bis −67,8	Pfefferminzarten Eukalyptusarten (verbreitet)
Piperitenon	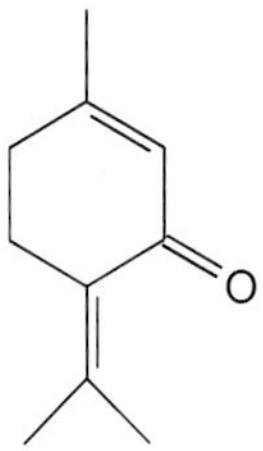		Kp. 92 (533 Pa)	–	Pfefferminzarten
L-Menthon (1-Methyl-4-isopropylcyclohexan-3-on, p-Menthan-3-on)	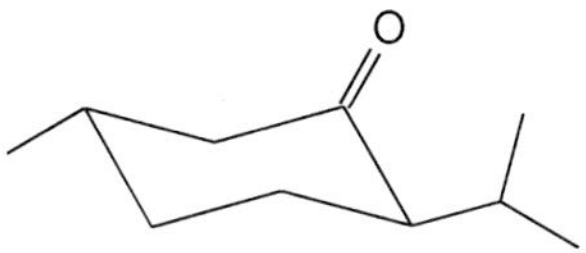	d_4^{20} 0,894	Kp. 207···210	bis −29	Pfefferminze
D-Isomenthon [(+)-Isomenthon]	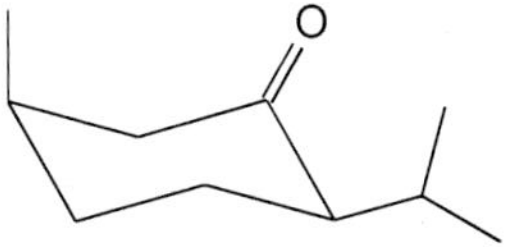		Kp. 212	D: +93,2	Pfefferminze

Monoterpen-Ketone in ätherischen Ölen (Forts.)

Monoterpen-Keton	Strukturformel	Dichte	Schmelzpunkt/ Siedepunkt in °C	Spezifische Drehung $[\alpha]_D^{20}$ in °	Vorkommen
Isopiperitenon	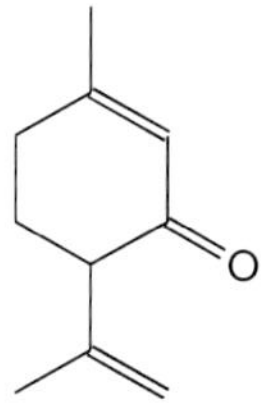		Kp. 97 (333,5 Pa)	–	Pfefferminzarten
b) bicyclische:					
Campfer *(Kampher,* Camphanon, 1,7,7-Trimethyl-bicyclo-(1,2,2)-heptan-2.on)	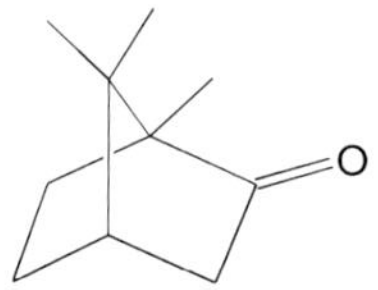		F. 178···179	(+)40···44,1	bes. D-Form verbreitet in Lauraceaen, Labiaten, Asteraceaen
Fenchon (Fenchan-2-on, 1,3,3-Trimethyl-bicyclo-(1,2,2)-heptan-2-on)	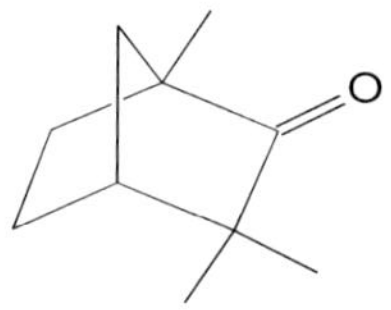	d_4^{18} 0,984	Kp. 192···193 F. 5···6	D: bis +72 L: bis −67	Fenchel Thujaöl
Thujon *(Absinthon, Absinthol, Thujol, Salviol, Salvon,* 4-Methyl-1-iso-propyl-bicyclo-(0,1,3)-hexan-3-on)	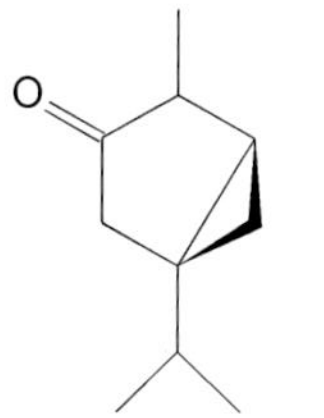	d_4^{20} 0,916	Kp. 200···202	α: etwa −10 β: etwa 76	Thujaöl, verbreitet, z.B. Wermut, Salbei (längerwährende Aufnahme führt zu körperlich-geistigem Verfall, begleitet von Krämpfen)

Monoterpen-Ketone in ätherischen Ölen (Forts.)

Monoterpen-Keton	Strukturformel	Dichte	Schmelzpunkt/ Siedepunkt in °C	Spezifische Drehung $[\alpha]_D^{20}$ in °	Vorkommen
Pinocamphon (Pinokamphon, 2,6,6-Trimethyl-bicyclo-(1,1,3)-heptan-3-on)	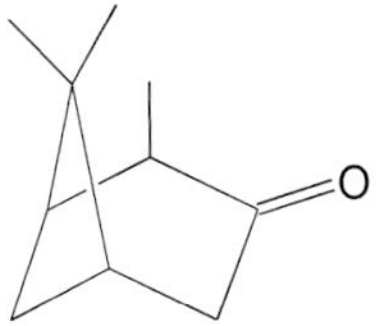	d_{15}^{15} 0,9643	Kp. 212···214 F. −25	cis: (+)18 trans: (+)22,5	Ysop
Umbellulon (Umbellol, Oreodaphnol, 4-Methyl-1-methoethyl-bicyclo-(0,1,3)-hex-3-en-2-on	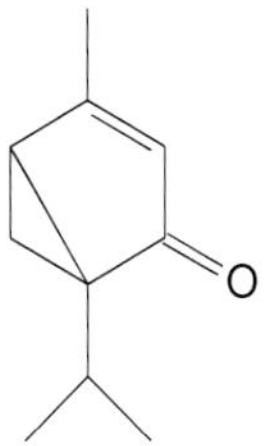	d_{15}^{15} 0,9581	Kp. 219···200	−36···−37	Lorbeerarten
L-Pinocarvon (Isocarvon, 6,6-Dimethyl-2-methylen-bicyclo-(1,1,3)-heptan-3-on	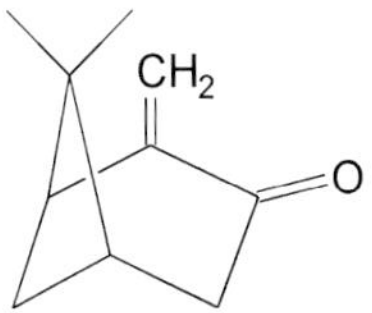	d_{15}^{15} 0,986	Kp. 222···223	−68,5	Eukalyptusarten

Terpen-Kohlenwasserstoffe

Terpen-Kohlenwasserstoff	Strukturformel	Dichte	Schmelzpunkt/ Siedepunkt in °C	Refraktion n_D	Spezifische Drehung $[\alpha]_D^{20}$ in °	Vorkommen
Monoterpen-Kohlenwasserstoffe:						
a) acyclische:						
Myrcen (β-Myrzen, 2-Methyl-6-methylen-octa-2,7-dien, 7-Methyl-3-methylen-octa-1,6-dien)	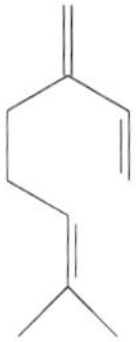	d_4^{25} 0,785	Kp. 166···168	1,468 (25°C)	0	weit verbreitet, z.B. Hopfen, Koriander, Lemongras, Salbei, süßes Pomeranzenöl, Lavendel
Ocimen (Ozimen, 2,6-Dimethyl-octa-1,5,7-trien)		d_4^{20} 0,800	Kp. 176···178	1,468 (20 °C)	0	verbreitet, z.B. Fenchel, Lavendel, Basilikum, Estragon, Salbei, Sellerie, Tomate, Piment, Zitrusfrüchte
b) monocyclische:						
→ *Limonen* (p-Mentha-1,8(9)-dien, D,L-*Menthen)*		d_4^{25} 0,841	Kp. 177···178	1,470 (25 °C)	D: (Carven) +123···+126 L: −122···−126	weit verbreitet, Hauptbestandteil der Citrusschalenöle
Dipenten (D,L-Limonen, *Diisopren, Cynen, Zynen, Cinen, Isoterebenthen, Cajeputen, Kajeputen, Kautschin, Zinen)*	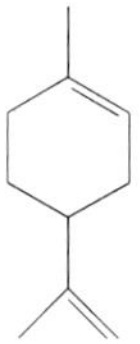	d_4^{25} 0,842	Kp. 175···176	1,472 (20 °C)	0	verbreitet

Terpen-Kohlenwasserstoffe

Terpen-Kohlenwasserstoff	Strukturformel	Dichte	Schmelzpunkt/ Siedepunkt in °C	Refraktion n_D	Spezifische Drehung $[\alpha]_D^{20}$ in °	Vorkommen
α-Terpinen (Terpilen, p-Mentha-1,3-dien, 1-Methyl-4-isopropylcyclohexa-1,3-dien)	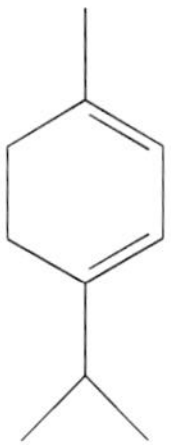	d_4^{20} 0,838	Kp. 173···175	1,476 (25 °C)	–	Majoran, Koriander, Fenchel, Orangenöl, Kümmel, Kardamom, Wacholder, Eukalyptus, u. a.
Terpinolen (p-Mentha-1,4(8)-dien)	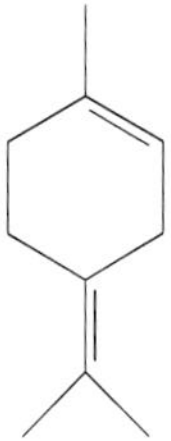	–	Kp. 186	–	–	süßes Pomeranzenöl, u. v. a. äther. Ölen
Styrol (Cinnamol, Cinnamen, Cinnamonein)	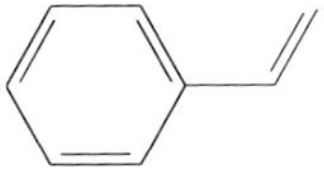	d_4^{20} 0,974	Kp. 145···146	1,5446 (20 °C)	–	Aromastoff der Schwarzen Johannisbeere
1-Methyl-4-isopropenylbenzen (p-Isopropenyltoluol, p-α-Dimethylstyrol)	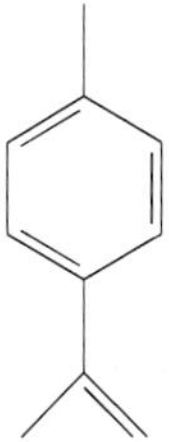	$d_4^{18,5}$ 0,9024	Kp. 186	1,528 (16 °C)	–	ätherische Öle vieler Früchte

Terpen-Kohlenwasserstoffe

Terpen-Kohlen-wasserstoff	Strukturformel	Dichte	Schmelzpunkt/ Siedepunkt in °C	Refraktion n_D	Spezifische Drehung $[\alpha]_D^{20}$ in °	Vorkommen
β-*Terpinen*	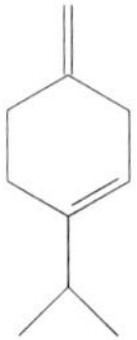	d_4^{22} 0,838	Kp. 173···174	1,475 (22 °C)	–	erst vor kurzem aufgefunden
γ-*Terpinen* (1-Methyl-4-isopropyl-cyclohexa-1,4-dien, Crithmen, Moslen, p-Mentha-1,4-dien)	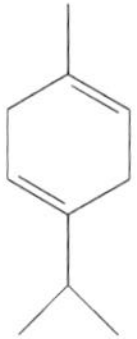	d_4^{20} 0,849	Kp. 183	1,476 (14,5 °C)	–	äther. Öl vieler Pflanzen, u. a., Thymian, Kümmel, Koriander, Citronenöl, Eukalyptus
→ D-α-*Phellandren* *(p-Mentha-1,5-dien)*	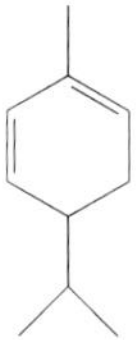	d_4^{19} 0,844	Kp. 175···176	1,473 (19 °C)	+40,7	Lorbeerblatt, Pfefferminz, Dill, Fenchel, Wermut, Sternanis, Kurkuma, Pfeffer
→ L-α-*Phellandren*		d_4^{20} 0,843	Kp. 173···175	1,473 (25 °C)	−84···−140	Eukalyptusarten, Sternanis, Pfeffer, Zimt, Piment, Ingwer, u. a.
→ D-β-*Phellandren* (p-Mentha-2,1(7)-dien, 4-Isopropyl-1-methylen-2-cyclohexan)	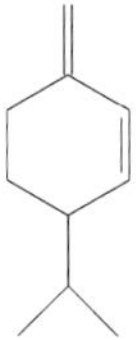	d_4^{20} 0,852	Kp. 171···172	1,479 (25 °C)	+15···+18,5	Sternanis, Ingwer, Eukalyptus
→ L-β-*Phellandren* (p-Mentha-1,5-dien)		d_{15}^{15} 0,843	Kp. 172···174	1,843 (20 °C)	−74,4	Sternanis, Zimt, Eukalyptus, u. a.

Terpen-Kohlenwasserstoffe

Terpen-Kohlen-wasserstoff	Strukturformel	Dichte	Schmelzpunkt/ Siedepunkt in °C	Refrak-tion n_D	Spezifische Drehung $[\alpha]_D^{20}$ in °	Vorkommen
c) bicyclische:						
α-Thujen (4-Methyl-1-metho-ethylbicyclo-(0,1,3)-hex-3-en)	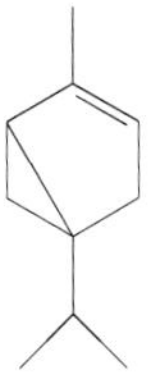	d_4^{20} 0,830	Kp. 151···152	1,452 (20 °C)	−37,2	Thymian, Eukalyptus, Dost, Citrusschalenöl, Pfeffer, u.a.
Δ^3-Caren (Isodipren)	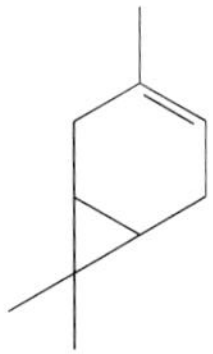		Kp. 167···170		+14,63	ätherisches Öl vieler Pflanzen
Sabinen (1-Methoethyl-4-methylen-bicyclo-(0,1,3)-hexan, 4(10)-Thujen)	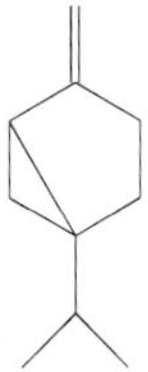	d_4^{18} 0,841	Kp. 163···165	1,468 (17 °C)	D: +67···+92	Kubeben, Kardamomen, Majoran, Wermut, Wacholder, u.v.a. Gewürze, sowie Citrus-Arten

Terpen-Kohlenwasserstoffe

Terpen-Kohlen-wasserstoff	Strukturformel	Dichte	Schmelzpunkt/ Siedepunkt in °C	Refrak-tion n_D	Spezifische Drehung $[\alpha]_D^{20}$ in °	Vorkommen
Salven	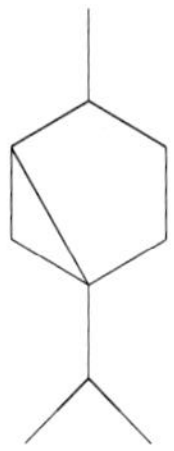	d_4^{20} 0,80	Kp. 142···145	–	L: bis −46	Möhrensamenöl, Salbeiöl
→ *α-Pinen* (2,6,6-Trimethyl-bicyclo-(1,1,3)-hept-2-en)	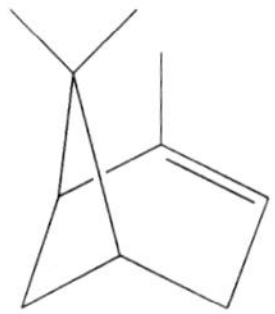	d_4^{25} 0,857	Kp. 155···156	1,463 (25 °C)	D: +51,5 L: −58,0	außerordentlich weit verbreitet, z. B. D-Form: Zimt-, Eukalyptus-, Pfefferminz-, Lavendel-, Wacholderbeereöl L-Form: Eukalyptus, Sternanis, Muskatnuß-, Basilikum-, Korianderöl
→ *β-Pinen* (6,6-Dimethyl-2-methylenbicyclo-(1,1,3)-heptan, Nopinen, Pseudopinen)	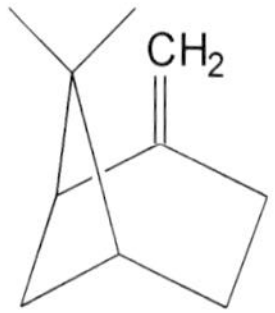	d_4^{25} 0,867	Kp. 164···166	1,477 (25 °C)	D: +28,6 L: −23,4	weit verbreitet
→ *Camphen* (2,2-Dimethyl-3-methylen-bicyclo-(1,2,3)-heptan, Kamphen)	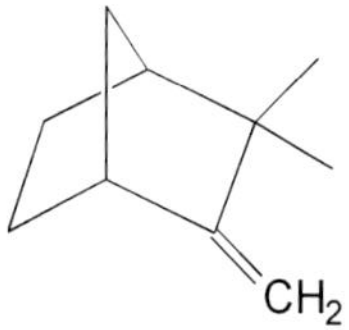	d_4^{25} 0,842	F. 50···52 Kp. 158,5···159,5	1,455 (54 °C)	D: +104 L: −113,5 (in Ether)	weit verbreitet, z. B. Ingwer-, Lavendel-, Fenchel-, Eukalyptusöl weit verbreitet, z. B. Citronen-, Baldrianöl

Terpen-Kohlenwasserstoffe

Terpen-Kohlen-wasserstoff	Strukturformel	Dichte	Schmelzpunkt/ Siedepunkt in °C	Refraktion n_D	Spezifische Drehung $[\alpha]_D^{20}$ in °	Vorkommen
Sesquiterpen-Kohlenstoffe:						
γ-Bisabolen	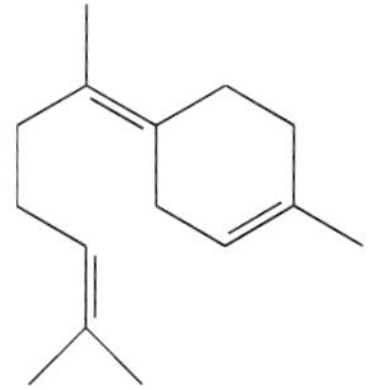	d_4^{21} 0,872	Kp. 261···262	1,492 (21 °C)	0	Möhren, Citrusöle, Wermut, Ingwer, Sternanis
(−)-*Zingiberen*	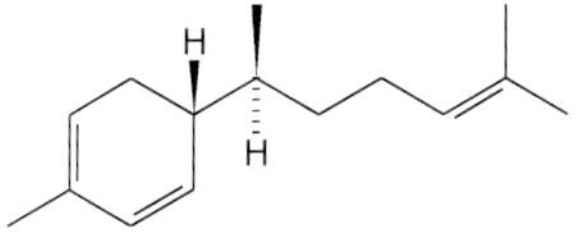	d_4^{20} 0,871	Kp. etwa 270	1,494 (20 °C)	−60···−120	Hauptbestandteil des Ingwer, Kurkuma, Thymian
α-Farnesen (3,7,11-Trimethyl-dodeca-1,3,6,10-tetraen, 2,6,10-Trimethyl-dodeca -2,6,9,11-tetraen)	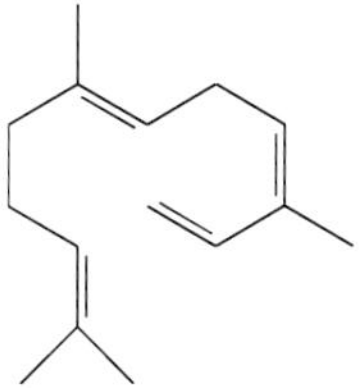	d_4^{20} 0,8410	Kp. 129···133	1,4836 (20 °C)	–	Salbei, Möhre, Cuticula von Äpfeln, Birnen, Quitten
β-Farnesen (2,6-Dimethyl-10-methylendodeca-2,6,11-trien)	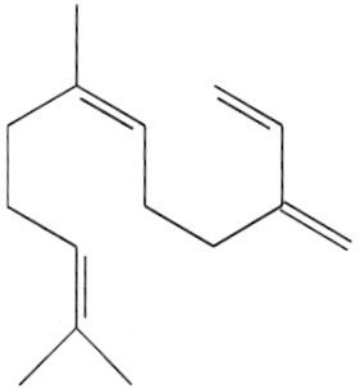	d_4^{20} 0,8365	Kp. 121···122 (1 200 Pa)	1,4899 (20 °C)	–	Hopfenöl (riecht nach Orangen)

Terpen-Kohlenwasserstoffe

Terpen-Kohlen-wasserstoff	Strukturformel	Dichte	Schmelzpunkt/ Siedepunkt in °C	Refrak-tion n_D	Spezifische Drehung $[\alpha]_D^{20}$ in °	Vorkommen
Humulen (α-Caryophyllen, α-Karyophyllen)	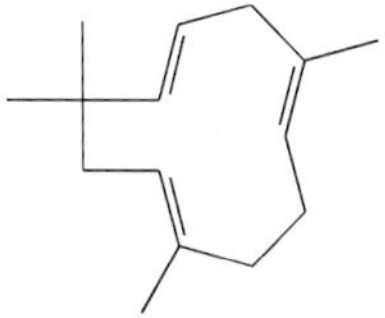	d_4^{25} 0,887	Kp. 263···266	1,502 (25 °C)		Hopfenöl, Wacholder, Kalmus
α-,β-,γ-,δ-,ε-*Cadinen* (1,6-Dimethyl-4-iso-propyl-1,2,5,8,9,10-hexahydro-naphtalin)		d_4^{20} 0,924	Kp. 274···275	1,506 (20 °C)	−251	das verbreiteste Sesquiterpen, z. B. Kubeben, Grapefruit, Kümmel, Lavendel, Pfefferminze, Wermut, Kamille, Zitrone
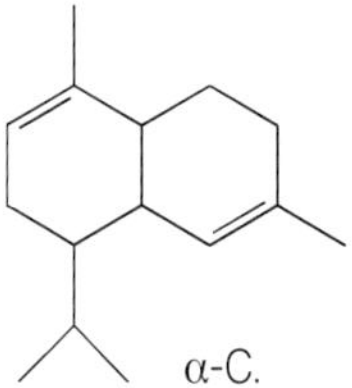 α-C.	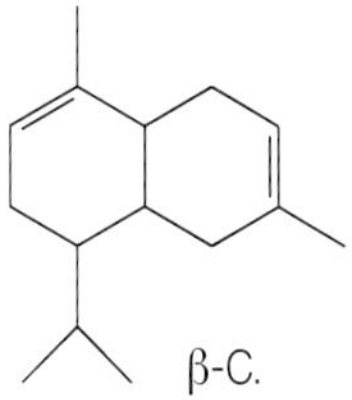 β-C.	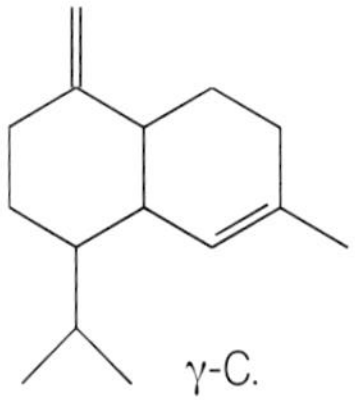 γ-C.	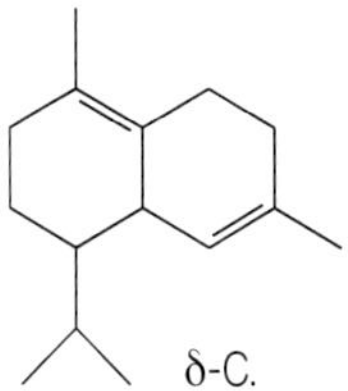 δ-C.	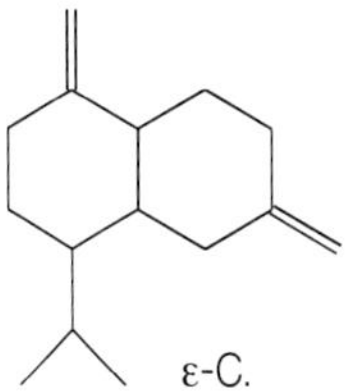 ε-C.		
α- *und* β-*Curcumen* (β-*Kurkumen*)	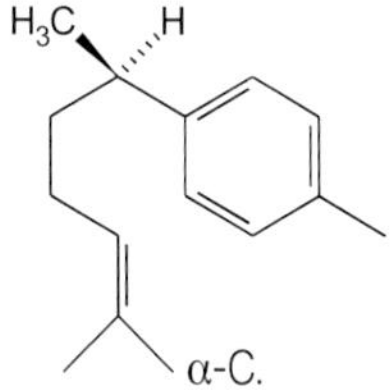 α-C.	d_{25}^{25} 0,8670 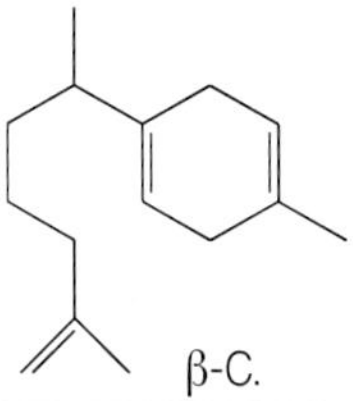 β-C.	Kp. 142 (1 200 Pa)	1,491 (20 °C)	L: 37,4	äther. Öl vieler Pflanzen

Terpen-Kohlenwasserstoffe

Terpen-Kohlenwasserstoff	Strukturformel	Dichte	Schmelzpunkt/Siedepunkt in °C	Refraktion n_D	Spezifische Drehung $[\alpha]_D^{20}$ in °	Vorkommen
β-Caryophyllen (β-Karyophyllen)	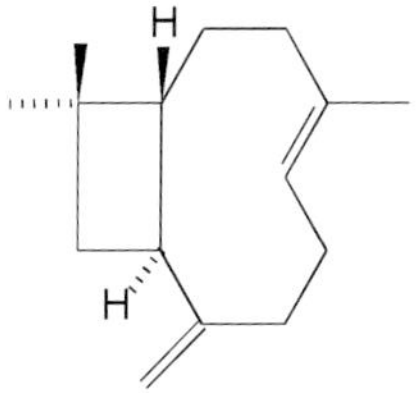	d_4^{20} 0,900	Kp. 254···257	1,501 (20 °C)	−8···−22	verbreitet, z. B. Hauptbestandteil der Gewürznelken, weiterhin Kalmus, Pfeffer, Zimt, Lavendel, Thymian, Pfefferminze, Rosmarin, Majoran, Wermut
Caryophyllenoxid (Epoxy-dihydro-caryophyllen)	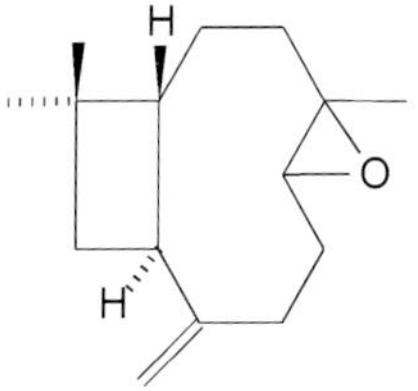	–	F. 63···64	–	−68	ätherische Öle von Pfefferminz, Lavendel, schwarzem Pfeffer, Gewürznelke
Aromadendren	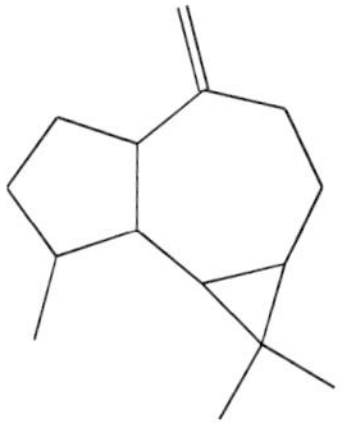	d_4^{20} 0,912	Kp. 260···265	1,498 (20 °C)	+5···−6	Eukalyptusöle
Cedren (Zedren)	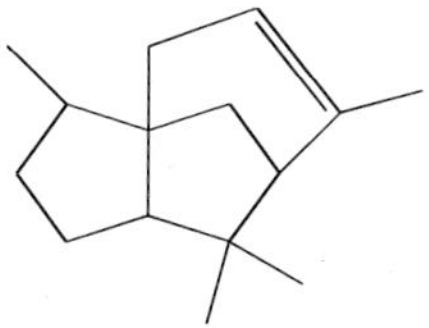	d_4^{20} 0,934	Kp. 262···263	1,500 (20 °C)	bis etwa −60	Lavendel, Salbei, Wacholder

mengen einer Höchstmengenregelung. So ist z. B. festgelegt, daß im Einzelhandel Oliven- und Oliventresteröl nur vermarktet werden darf, dessen Gehalt an T. 0,1 mg/kg nicht überschreitet. Bei Einhaltung dieses Grenzwertes besteht für den menschlichen Organismus keine Gefahr. Vorsicht ist jedoch beim Umgang mit dem T. in der Produktion geboten, weil Mengen über 100 ppm in der Atemluft bereits Augen und Atemwege reizen und der Kontakt mit der Flüssigkeit zu Reizungen der Haut führt und auch über diese aufgenommen werden kann. T. schädigt dann Leber und Nieren.

2,3,5,6-Tetrachlornitrobenzol → Kartoffel

Tetracosa-4,8,12,15,18,21-hexaen-säure → Nisinsäure

n-Tetracosan → Kohlenwasserstoffe, aliphatische

Tetracosan-1-ol → Fettalkohole

n-Tetracosansäure → Lignocerinsäure → Fettsäuren

n-15-Tetracosensäure → Nervonsäure

n-Tetracosylalkohol → Fettalkohole

Tetracycline: Gruppe von → *Antibiotika* mit breitem antibakteriellem Wirkungsspektrum. T. werden in großem Umfang für medizinische Zwecke angewendet; als Tierarzneimittel und Futtermittelzusatzstoffe für die Nutztieraufzucht werden vorwiegend drei T. verwendet: *Chlortetracyclin (Aureomycin), Hydroxytetracyclin (Terramycin)* und *Tetracyclin* i. e. S.

In einigen Ländern werden diese Antibiotika Tauchlösungen für die Konservierung von Fischen und Geflügeln bzw. Eis, das zur Kühlhaltung dieser Produkte dient, zugesetzt. Ein direkter Zusatz zu Lebensmitteln als → Konservierungstoff ist nicht gebräuchlich. Rückstände von T. in Lebensmitteln, die durch Tierbehandlung oder die oben genannten Konservierungsverfahren auftreten, führen zu Resistenzerscheinungen, wenn sie eine Höhe von 5···7 mg/kg erreichen. Rückstände bis 1 mg/kg werden hingegen als unbedenklich angesehen. In diesen Grenzen werden auch keine akut toxischen und allergischen Folgen erwartet. Alle Anwendungsarten, die zu Rückständen von T. in

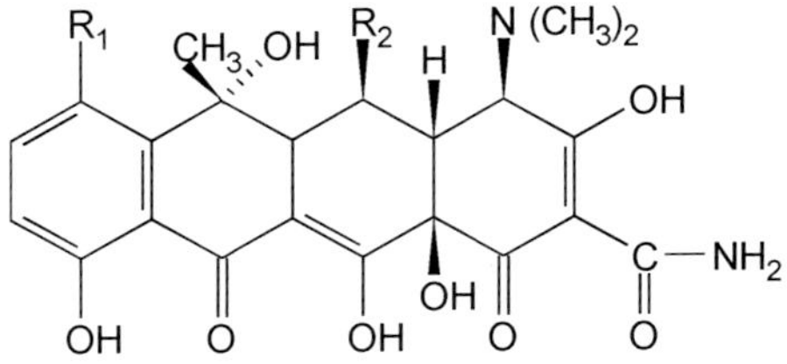

R_1	R_2	
H	H	Tetracyclin
H	OH	Oxytetracyclin
Cl	H	Chlortetracyclin

Lebensmitteln führen können, sind jedoch verboten.

n-Tetradecansäure → Myristinsäure → Fettsäuren

Tetradecen-9-säure → Myristoleinsäure

Tetraglycosylceramid → Ceramid

Tetragónia tetrafonioídes → Neuseelandspinat

Tetragonólobus purpúreus → Spargelbohne

Tetrahydrofolsäure → Folsäure → Vitamin C

4d,15,11ß,13-Tetrahydroridentin B → Bitterstoffe

1,3,4,5-Tetrahydroxy-cyclohexansäure → L-Chinasäure

9,10,12,13-Tetrahydroxystearinsäure → Sativinsäure

Tetralobarbohne → Spargelbohne

Tetramethylammoniumhydroxid → Alkylammoniumbasen, quartäre

1,3,7,9-Tetramethylharnsäure: ein → Purinkörper der Formel:

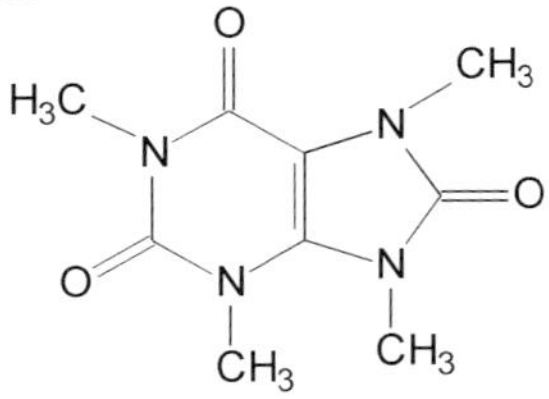

T. wurde aus Tee-Extrakt isoliert.

2,6,10,14-Tetramethylpentadecan → Pristan

Tetranatriumphosphate → Phosphate

Tetrasaccharide: zu den *Oligosacchariden* gehörige, aus 4 Monosaccharideinheiten aufgebaute Gruppe von Zuckern, von denen die meisten nicht frei, sondern als Baugruppen von Polysacchariden in der Natur vorkommen (s. Übersicht Seiten 702–706).

Tetrodotoxin → Alkaloide → Gifte in Meerestieren

Tetronsäure, *2,4(3H,5H-) Furandion:* in Schimmelpilzen und Pflanzeninhaltsstoffen als Stoffwechselprodukt vorkommende stark einbasische Säure. T. ist der Grundkörper der Ascorbinsäure (s. Formel).

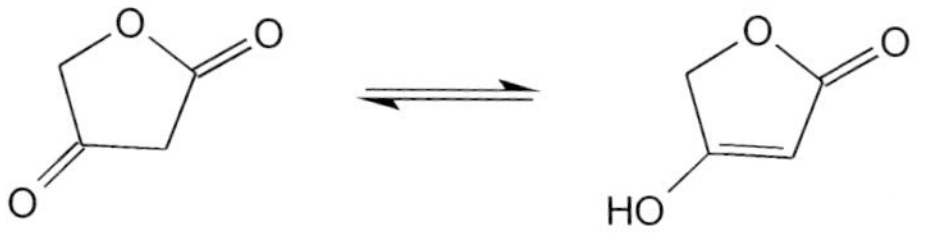

Tetrosen: Monosaccharide mit 4 Sauerstoffatomen. Die wichtigsten T.:

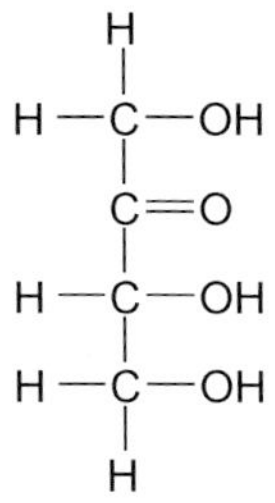

D-Erythrulose

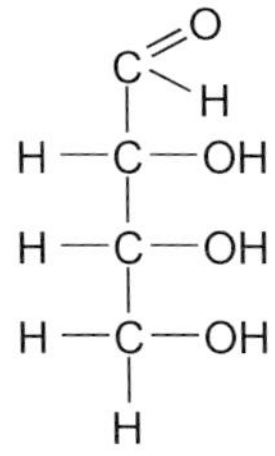

D-Erythrose

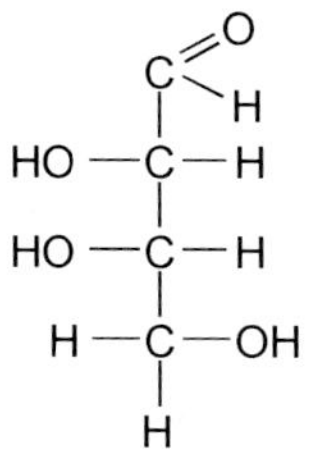

L-Erythrose

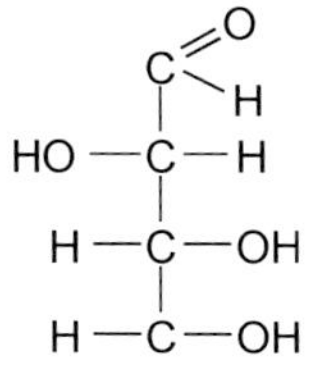

D-Threose

Ihre Phosphorsäureester treten als Zwischenprodukte bei manchen biochemischen Umwandlungen (z. B. Photosynthese) auf. → Saccharide

Teufelsdreck → Asant

Teufelssoße → Diable-Soße

Textur: sensorisches Merkmal von Lebensmitteln, das Eigenschaften umfaßt, die in vielfältiger Weise beim Befühlen und Verzehren (Mundgefühl) mittels Tastsinn und Muskelspannung wahrgenommen werden. Die T. beruht auf der Struktur, d. h. auf Größe und Beschaffenheit von Teilchen bzw. Komponenten, auf deren Verteilung bzw. Ordnung in histologischen Systemen (z. B. pflanzliches und Muskelgewebe) sowie auf Bindungen und Wechselwirkungen zw. denselben. Während der Begriff T. Lebensmittel mit fester Netzwerkstruktur kennzeichnet, die sich bei Belastung ohne Ausbildung eines kontinuierlichen Geschwindigkeitsgefälles verändern, also z. B. brechen oder reißen, sollte der Begriff → Konsistenz nur für fluide (fließfähige) Stoffe verwendet werden. → Rheologische Eigenschaften

Texturizer, *Strukturierungsmittel:* ein Sammelbegriff amerikan. Ursprungs für → *Hydrokolloide* (→ Gelier- und → Verdickungsmittel, Emulgatoren und

Gruppen und Vorkommen der Tetrasaccharide

Tetrasaccharid, -gruppe	Formel	Charakteristische Daten	Vorkommen
a) *reduzierende Tetrasaccharide:*			
D-*Xylotetraose* [O-β-D-Xylopyranosyl-(1→4)-xylotriose] (vgl. Xylotriose)	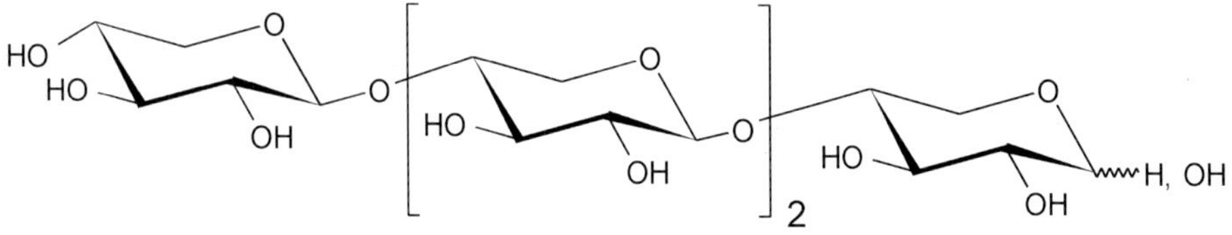	Molmasse 546,5 g/mol F. 219···220 °C	Abbauprodukt der Xylane
Lactodifucotetraose *[O*-α-L-Fucopyranosyl-(1→2)-O-β-D-galactopyranosyl-(1→4)-O-β-D-galactopyranosyl-(1→4)-O-[α-L-fucopyranosyl-(1→3)]-α-D-glucopyranose	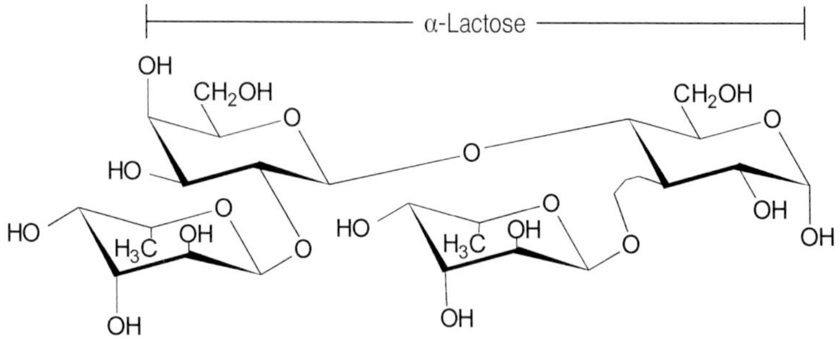	Molmasse 634,6 g/mol $[\alpha]_D^{20}$ −106 ° (in Wasser, 1%ige Lösung)	in Frauenmilch, mit Eigenschaften einer Blutgruppensubstanz Le^b in serologischen Hemmungsversuchen

Gruppen und Vorkommen der Tetrasaccharide (Forts.)

Tetrasaccharid, -gruppe	Formel	Charakteristische Daten	Vorkommen
Maltotetraose *[Amylotetraose,* O-α-D-Glucopyranosyl-(1→4)-Maltotriose] (vgl. Maltotriose)	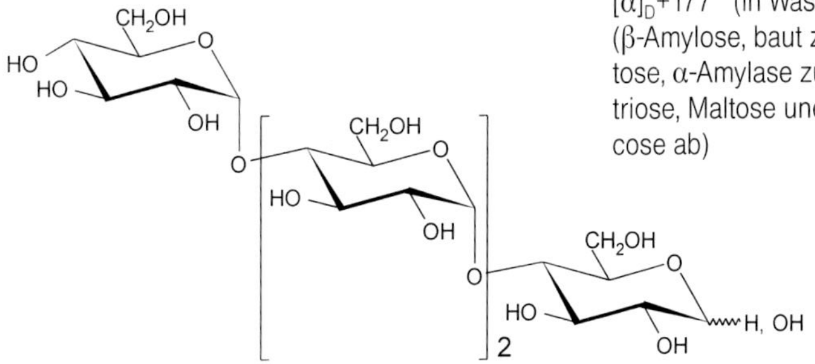	Molmasse 666,6 g/mol $[\alpha]_D$+177 ° (in Wasser) (β-Amylose, baut zu Maltose, α-Amylase zu Maltotriose, Maltose und Glucose ab)	Abbauprodukt der Stärke (u.a. in Stärkesirupen)
Scorodose	$C_{24}H_{42}O_{21}$ 4 Fructoseeinheiten (Verknüpfung noch nicht restlos aufgeklärt)	–	Zwiebel
Isomaltotetraose *[Dextrantetraose,* O-α-D-Glucopyranosyl-(1→6)-isomaltotriose] (vgl. Isomaltrose)	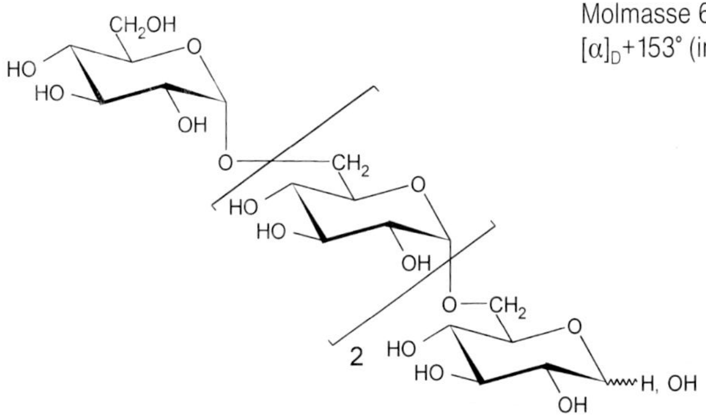	Molmasse 666,6 g/mol $[\alpha]_D$+153° (in Wasser)	Baugruppe von Dextran [aus *Leuconóstoc mesenteroídes* (Tsenkovskii) von Tieghem]

Gruppen und Vorkommen der Tetrasaccharide (Forts.)

Tetrasaccharid, -gruppe	Formel	Charakteristische Daten	Vorkommen
Cellotetraose [O-β-D-Glucopyranosyl-(1→4)-cellotriose] (vgl. Cellotriose)	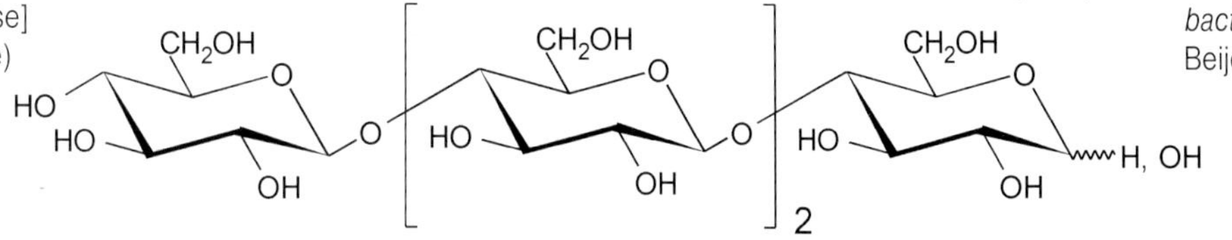	Molmasse 666,6 g/mol F. 252···253°C (Zers.)	Abbauprodukt der Zellulose, Bildung durch *Acetobacter acéti* Pasteur) Beijer., aus Glucose
Gentiotetraose [O-β-D-glucopyranosyl-(1→6)-gentiotrose] (vgl. Gentiotriose)	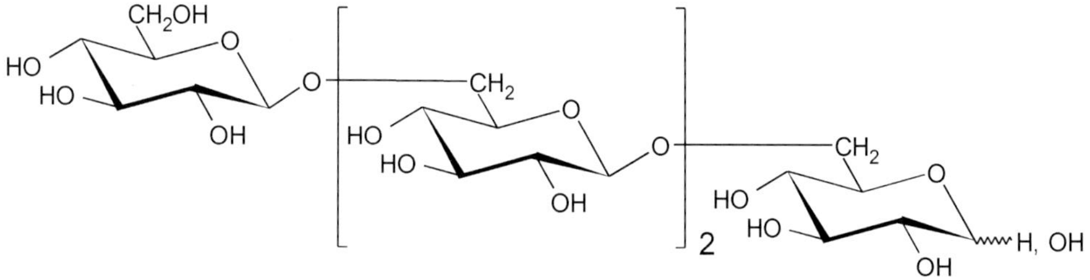	Molmasse 666,6 g/mol $[\alpha]_D$ −19,5° (in Wasser)	Baugruppe des Glucans aus Bäckerhefe
Neoagarotetraose [4-O-β-Neoagarobiosyl-neoagarobiose, O-3,6-Anhydro-α-L-galactopyranosyl-(1→3)-O-β-D-galactopyranosyl-(1→4)-O-3,6-anhydro-α-L-galactopyranosyl-(1→3)-D-galactopyranose]	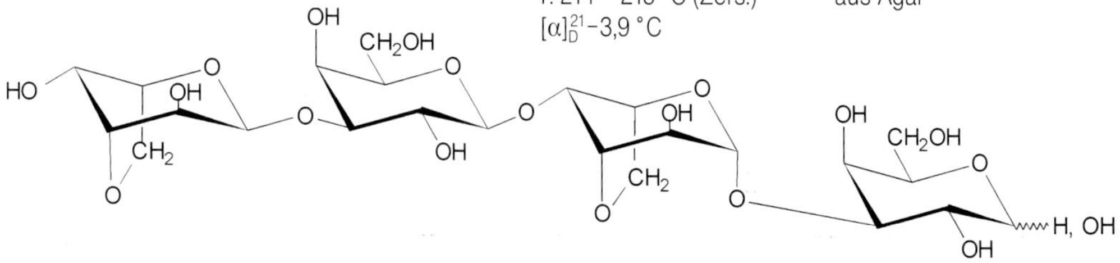	Molmasse 630,6 g/mol F. 214···218 °C (Zers.) $[\alpha]_D^{21}$ −3,9 °C	Baugruppe der Agarose aus Agar

Gruppen und Vorkommen der Tetrasaccharide (Forts.)

Tetrasaccharid, -gruppe	Formel	Charakteristische Daten	Vorkommen
b) *Nichtreduzierende Tetrasaccharide:*			
Bifurcose [Bis (2→1Fru, 2→6Fru)-D-fructofuranosyl-saccharose, O-β-D-Fructofuranosyl-(2→1)-O-[β-D-fructofuranosyl-(2→6)]-O-β-D-fructofuranosyl-(2→1)-α-D-glucopyranosid]	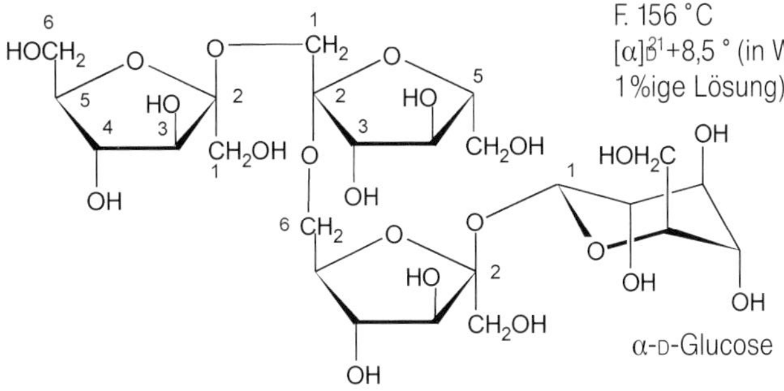	Molmasse 666,6 g/mol F. 156 °C $[\alpha]_D^{21}$ +8,5 ° (in Wasser, 1%ige Lösung)	in grünem Hafer, in Roggenhalmen
Fungitetraose O-β-D-Fructofuranosyl-(2→1)-O-β-D-fructofuranosyl-(2→1)-O-β-D-fructofuranosyl-(2→1)-α-D-glucopyranosid]	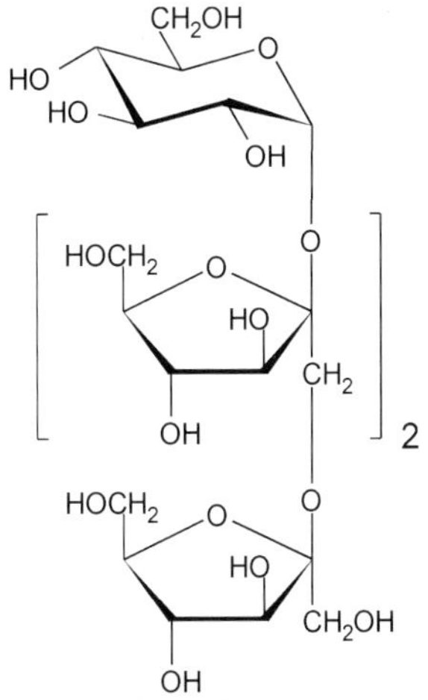	Molmasse 666,6 g/mol F. 110···115 °C Monohydrat: F. 85 °C $[\alpha]_D^{10}$+17,9 (in Wasser, 7,9 %ige Lösung)	Bildung durch *Aspergillus oryzae* (Ahlb.) Cohn, aus Saccharose

Gruppen und Vorkommen der Tetrasaccharide (Forts.)

Tetrasaccharid, -gruppe	Formel	Charakteristische Daten	Vorkommen
Stachyose *[Lupeose, β-Galactan, Manneotetrose,* O-α-D-Galactopyranosyl-(1→6)-O-α-D-glucopyranosyl-(1→2)-β-D-fructofuranosid]	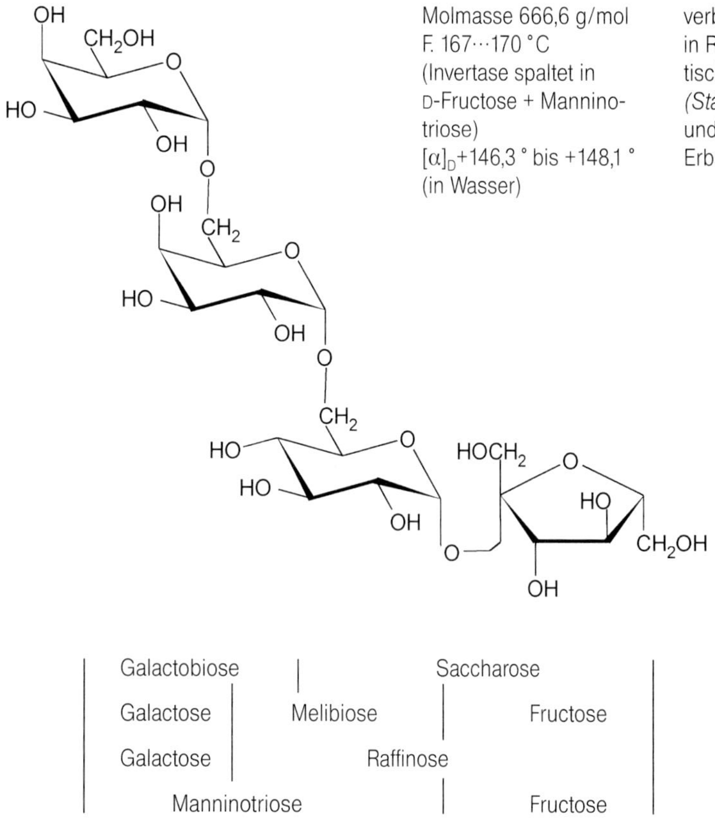	Molmasse 666,6 g/mol F. 167···170 °C (Invertase spaltet in D-Fructose + Manninotriose) $[\alpha]_D$+146,3 ° bis +148,1 ° (in Wasser)	verbreitet in Pflanzen, bes. in Rhizomen der japan. Artischocke, Knollenziest *(Stáchys siebóldii* Miq.) und Sojabohne, in Linsen, Erbsen und Eschen-Manna

Stabilisatoren), die als strukturgebende Stoffe in der Lebensmittelproduktion eingesetzt werden.

TGS → Sucralose

Thallium: chemisches Element der III. Hauptgruppe des Periodischen Systems, Symbol Tl, Molmasse 204,39 g/mol, Ordnungszahl 81. T. ist das giftigste Element seiner Hauptgruppe. T. und Thalliumverbindungen verursachen im menschlichen Organismus ähnlich wie Blei infolge Inaktivierung lebenswichtiger Enzym-Sulfhydryl-Gruppen schwere, schleichende Vergiftungen, die zu Haarausfällen, Grauem Star, Nervenschwund, Sehstörungen, Wachstumshemmungen, Neuralgien und Psychosen führen können. T. kommt in Tieren und Pflanzen regelmäßig in Spuren vor. Vor allem im Umkreis von Zementfabriken, Eisen- und Nichteisenmetallhütten und Heizkraftwerken fossiler Brennstoffe tritt T. als Umweltgift auf. Die tägliche Aufnahme mit der Nahrung wird auf 2 µg geschätzt, und es wurden ADI-Werte von 0,53 µg/kg und 1,2 µg/kg ermittelt (versch. Wege der Berechnung). Vom Bundesgesundheitsamt wurde ein tolerierbarer Richtwert für T. in Obst und Gemüse in Höhe von 0,5 mg/kg Frischsubstanz festgelegt.

Thaumatin, *Talin, Katemfe:* pflanzliches Süßungsmittel und Geschmacksverstärker. Vorkommen im Arillus (Samenmantel) der Frucht von *Thaumatocóccus daniéllii* (Benn.) Benth.. T. ist ein Gemisch von drei Polypeptiden. T. ist in wäßriger Lösung nicht hydrolysestabil. Die Hitzedenaturierung ist *p*H-abhängig. Die Süßwahrnehmung ist verzögert und von großer Nachhaltigkeit. Es tritt ein lakritzartiger Nebengeschmack auf. Die → *Süßkraft* beträgt etwa 3000. T. wird in Japan und Großbritannien vermarktet.

Theaflavine: durch enzymatische Oxydation aus Flavonolen gebildete, gut wasserlösliche Inhaltsstoffe des Schwarzen Tees (s. Formel). T. sind für die Farbe und das Aroma von Tee bedeutsam, die T. liegen häufig als Gallate vor (Formel s. unten).

Theanin → Säureamide → Aminosäuren

Theanobana → Knollenziest

Theaspirane: Cyclische Ether, die als Aromastoffe von Tee bedeutsam sind (s. Formel Seite 708 oben).

Thebain → Alkoloide

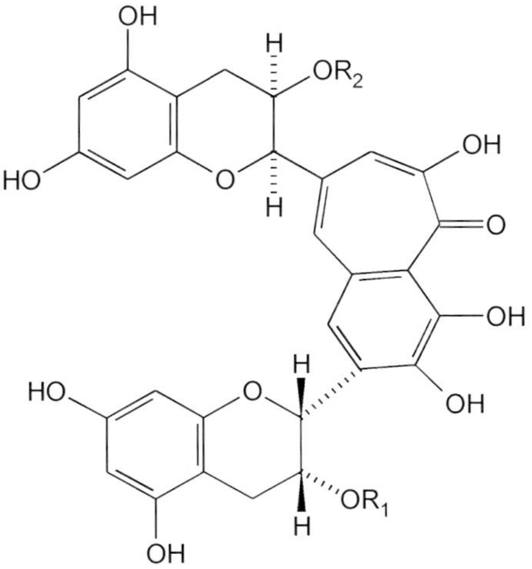

R_1	R_2		
H	H	TF:	Theaflavin
Galloylrest	H	TF-3-g:	Theaflavin-3-gallat
H	Galloylrest	TF-3'-g:	Theaflavin-3'-gallat
Galloylrest	Galloylrest	TF-3, 3'-g:	Theaflavin-3,3'-digallat

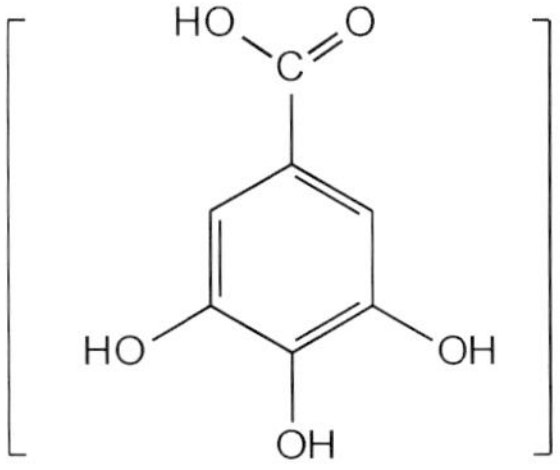

Gallussäure

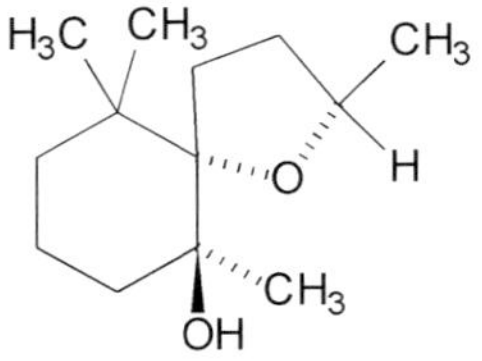

I Hydroxytheaspiran

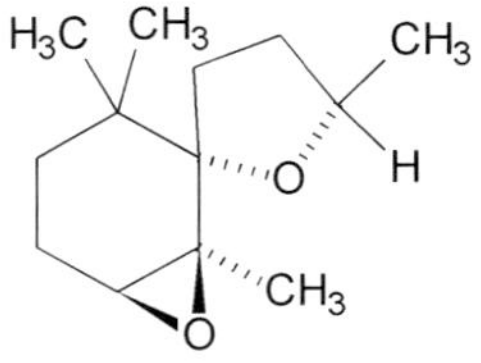

II Epoxytheaspiran

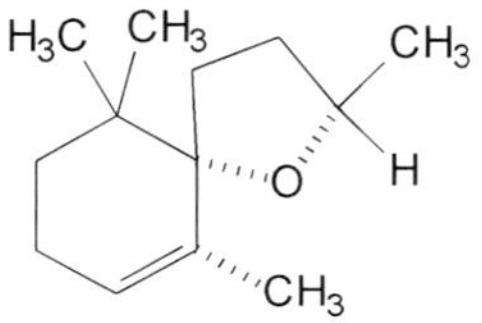

III (+)-Theaspiran A

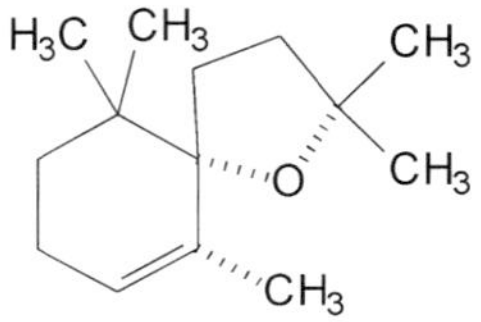

IV (+)-Theaspiran B

Thein → Coffein

Thelephoráceae, *Erdwarzenpilze:* der Ordnung *Poriáles* – innerhalb der Klasse *Basidiomycétes (Ständerpilze)* - zugeordnete Pilzfamilie mit hydnelloid, stereoid oder corticioid geformtem Fruchtkörper und mit stacheligem, röhrigem, warzigem oder fehlendem Hymenophor. Die Fruchtkörper enthalten → Thelephorsäure. Nur ein Vertreter der T. ist als Speisepilz geeignet, der *Habichtspilz (Rehpilz, Stachelpilz, Stachelschwamm)* [*Sárcodon imbricátus* (L.) Karst., ein oft sehr großer Pilz mit schwarzbraunem, rundem, wie Habichtsgefieder geschupptem und unterseits mit grauen Stacheln dicht besetztem Hut und weißlichem, später graubräunlichem, festem und derbem Fleisch. Jung eßbar, aber stark vorschmeckend, bes. geeignet als Pilzpulver zum Würzen von Suppen und Tunken. Vorkommen: Aug. bis Nov., bes. in sandigen Kiefernwäldern, sehr häufig. Verwechslungsgefahr mit dem *Bitteren Gallenstachling* [*Sárcodon scabrósus* Fr.) Karst.] Der *Rußgraue Porling* [*Polýporus leucoméla* (Pers.) Fayod] ist zwar eßbar, aber ohne Bedeutung. → Pilze → Speisepilze → Ständerpilze

Thelephorsäure: ein Phenanthrenderivat der Formel (s. unten). T. wurde in 4 Arten der Pilzgattung *Hýdnum* sowie in *Cantharéllus*- und *Thelephóra*-Arten nachgewiesen.

Theobromin, *3,7-Dimethylxanthin:* N-methyliertes Xanthin folgender Struktur (s. nächste Spalte oben).

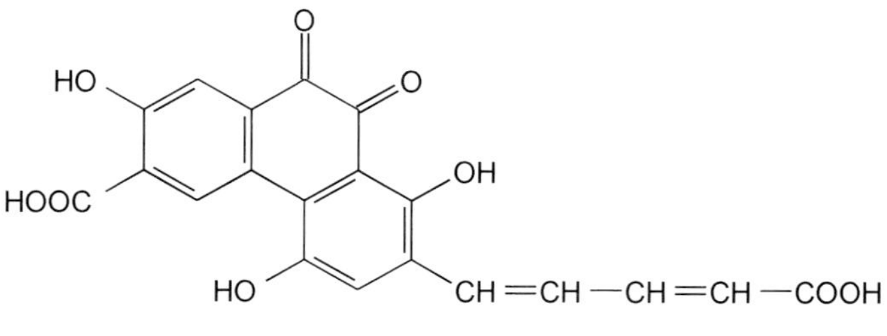

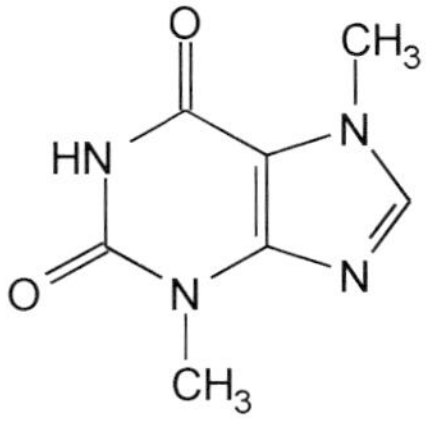

T. kommt in verschiedenen Teesorten, im Kaffee und in Colanüssen, hauptsächlich aber in Kakaobohnen bis zu 1,8% vor, aus denen es technisch gewonnen wird. Es kristallisiert aus Wasser in weißen Rhomben, F. 337°C, und sublimiert bei 290···295°C. Es ist löslich in heißem Wasser, Benzen, Chloroform, Alkalien und Säuren, leicht löslich in Phenol, wenig löslich in Ether. T. hat diuretische Wirkung. → Coffein → Purinkörper → Methylxanthine

'Theodor Reimers': → Brombeere. → Beerenobst

Theophyllin, *1,3-Dimethylxanthin:* N-methyliertes Xanthin folgender Struktur:

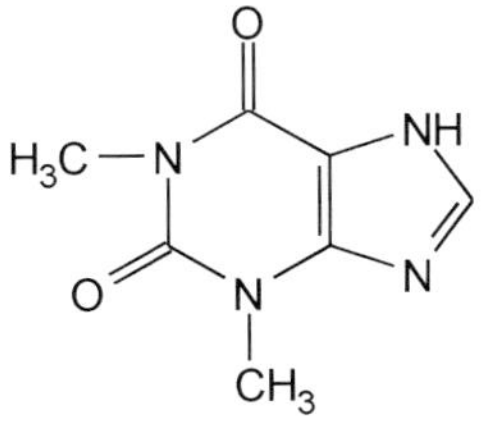

T. kommt in kleinen Mengen in Teeblättern vor. Es kristallisiert aus Wasser in dünnen, schmalen Tafeln oder Nadeln, F. 264°C. T. hat diuretische Wirkung. → Methylxanthine → Coffein

Théragra chalcográmma → Mintai

Theriak → Knoblauch

Theriakwurzel, Deutsche → Pfefferwurzel

Theriakwurzel, Weiße → Pfefferwurzel

Thermalquelle → Heilwasser → Quelle

Therme → Heilwasser

Thiabendazol → Konservierungsstoffe

Thiamin → Vitamin B_1

Thiaminasen: Gruppe von → *Enzymen,* die Thiamin (→ Vitamin B_1) zerlegen und wirkungslos machen. Die T. sind in Eingeweiden von rohen Fischen (z.B. Karpfen), in Innereien von Säugern (z.B. Kaninchen) und in Bakterien nachgewiesen worden. Da Fisch selten roh genossen wird, kommt die auf diese Weise durch Thiaminmangel verursachte Krankheit selten vor. → Antivitamine → Enzyminhibitoren

Thiasin → Betaine

Thibāūdia floribúnda → Chaquilulo

Thibāūdia grantii → Chaquilulo

Thioacetamid: organische Schwefelverbindung mit der Formel $H_3C\text{-}CS\text{-}NH_2$.
T. wurde als Konservierungsstoff für Orangen und Zitrusfrüchte verboten, nachdem tierexperimentell nachgewiesen wurde, daß es Leber- und Gallengangskrebs erzeugt. → Kanzerogene

Thiocarbamid → Thioharnstoff

Thiocarbohydrazid → Stoffe, Lathyrismus auslösende

Thioctsäure, *Liponsäure, Thioctansäure, Thioctinsäure, (R)-5-(1,2-Dithiolan-3-yl)-pentansäure:* das cyclische Disulfid der 6,8-Dimercaptooctansäure der Formel:

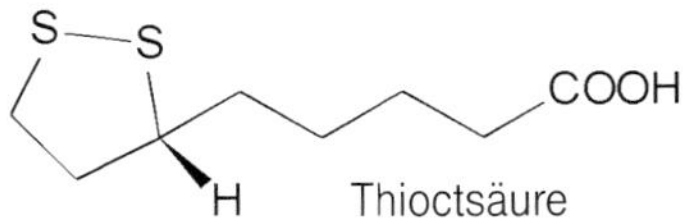

Thioctsäure

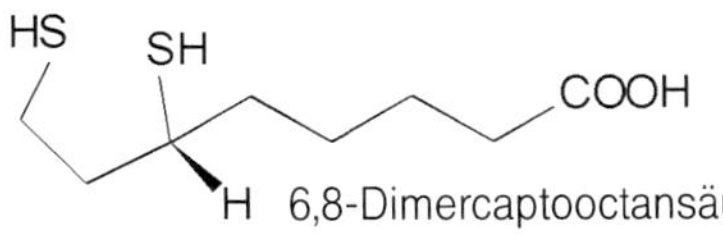

6,8-Dimercaptooctansäure

T. ist ein gelbes, kristallines Pulver, in Wasser wenig, in organischen Lösungsmitteln gut löslich; bei Lichteinwirkung neigt es zur Polymerisation. T. kommt in unterschiedlichen Mengen und Modifikationen, teilw. an Eiweiß gebunden, praktisch in allen pflanzlichen und tierischen Zellen vor, bes. reichlich in der Leber. T. ist ein unentbehrlicher Faktor für die oxydative Decarboxylierung in Form eines Biokatalysators zur Aktivierung des Coenzyms A. Zusammen mit der *Octan-6,8-dithiolsäure* bildet die T. im Organismus ein mit NAD gekoppeltes Redoxsystem. Weitere Bedeutung kommt der T. zu bei der oxydativen Phosphorylierung in den Mitochondrien, in ihrem Einfluß auf enzymatische Reaktionen vor allem in der Leber, in ihrer Schutzfunktion für andere Wirkstoffe, z. B. die Vitamine C und E. Spezifische Mangelsymptome sind nicht bekannt, bei bestimmten Krankheitsbildern scheint jedoch auch ein Thioctsäure-Mangel vorzuliegen. Gelegentlich wird sie zu den B-Vitaminen gezählt. Da sie für den Menschen nicht essentiell ist, besteht die gelegentliche Zuordnung zu den B-Vitaminen zu Unrecht. Überdosierungserscheinungen sind nicht bekannt. → Vitamine

Thiocyanate: 1. Ester der Thiocyansäure (Rhodanwasserstoffsäure) mit der Formel R–S–C≡N, die lauchartig riechen. Die Thiocyansäure steht mit der Isothiocyansäure tautomer im Gleichgewicht. T. sind bes. reichlich in den versch. Kohlsorten enthalten. → Goitrin → Isothiocyanate
2. *Rhodanide:* Salze der Thiocyansäure von der allg. Formel $Me^{I}S{-}C{\equiv}N$. Das Thiocyanation ist ubiqutär in der belebten Natur verbreitet (s. Übers.) und findet sich auch in den Körperflüssigkeiten des Menschen.

Thiocyanatgehalt einiger pflanzlicher und tierischer Nahrungsmittel

Pflanzliche Lebensmittel	mg SCN/kg Feuchtmasse
Brassica-spec.	10···1500
Grünkohl	1500
Weißkohl	20
Rotkohl	25
Wirsingkohl	80
Rosenkohl, Rettich	13
Kohlrabi	33
Blumenkohl	30
Brokkoli	50
Chinakohl	40
Meerettich	37
Radieschen	7
Kohlrübe	8
Stachelbeere, Birne, Kirsche, Pflaume, Apfel, Apfelsine, Zitrone, süße Mandel, Petersilie, Dill, Kopfsalat, Zwiebel, Tomate	0,1···0,5
Johannisbeere, Gartenerdbeere, Himbeere, Pfirsich,	0,6···1,0
Gurke, Paprikaschote, Kartoffel Banane	1,3

Tierische Lebensmittel	
Milcherzeugnisse	mg SCN/l
Trinkmilch	3,1 ± 0,5
Buttermilch	4,2 ± 0,9
Vollmilch-Joghurt	4,8 ± 1,3
Saure Sahne, 10%Fett	3,5 ± 0,7
Trinkmilch	2,9 ± 1,1
Käse (Labkäse, 45 % F. i. Tr.)	4,8

Tierische Lebensmittel und Zubereitungen	mg SCN/kg Feuchtmasse
Muskelfleisch: Rind	
Schwein	0,8 ± 0,2
Muskelfleisch: Ostseefische	0,4 ± 0,2
Makrelenfilet in Senftunke	30
Speisesenf	70
Sauerkraut (Konserve)	11
Sonnenblumenöl	0,5
rote Beete-Apfelsaft	1,0
Rotkohlsalat	7

Im Serum wird der Thiocyanatspiegel durch Regulationsmechanismen relativ konstant auf ungefähr 2···4 mg SCN/l Serum gehalten. Etwa 40 % des im Organismus vorhandenen T. werden über die Nahrung aufgenommen und der Rest wird aus einem Schwefeldonator und Cyanid – beide entstammen dem Eiweißstoffwechsel – synthetisiert. Der Säugetierorganismus verfügt über spezielle Enzyme, die die Synthese bzw. den Abbau von T. steuern. Am bedeutendsten sind die Rhodanase (Cyanid-Sulfurtransferase), die Mercaptopyruvat-Sulfurtransferase und die Thiosulfat-Reduktase. Die

Voraussetzung für die Konstanz des Thiocyanatspiegels im Serum ist das Vorhandensein eines eigenen Regelsystems für den Thiocyanatstoffwechsel. Bei bestimmten Belastungen des Organismus wie Infektionen oder Streß steigt der Thiocyanatspiegel im Serum auf ein Mehrfaches des Ausgangswertes. Dem T. kommen drei physiologische Hauptwirkungen zu:

1. eine proliferationsfördernde (die Zellvermehrung erheblich fördernde). Von Bedeutung für blutbildende, im Wachstum befindliche, immunkompetente und Keimzellen.
2. eine antiinfektiöse. Mitwirkung am Wasserstoffperoxid-Peroxydase-Halogenid-System und zugleich Förderung der Immunantwort durch den proliferationsfördernden Effekt.
3. eine protektive (schützende). Unspezifisch antiinfektiös, unspezifisch antimutagen, unspezifisch antiteratogen, unspezifisch antitoxisch und antiallergisch. Bei einem ausreichenden Iodangebot und einer Thiocyanatkonzentration in physiologischen Mengen wirken die T. nicht kropferzeugend (thyreostatisch, iodoantagonistisch), wie ihnen nachgesagt wird.

Thiocyansäue → Rhodanwasserstoffsäure

Thioglycosidase → Senföle

Thioglycoside → Glycoside → Senfölglucoside → Senföle

Thioharnstoff, *Thiocarbamid:* in Samen verschiedener Kruziferen (Kreuzblütler) sowie Arten des *Genus Labúrnum* Medik. *(Fabáceae)* enthaltene organische Schwefelverbindung mit der Formel:

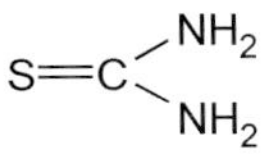

Nach Verfüttern an Ratten wurden Leber-, Schilddrüsen- und Gehörgangskrebs induziert. Beim Menschen verursacht die wiederholte Aufnahme von T. ein Absinken des Grundumsatzes und eine Vermehrung des Gallenfettes. Der Iodstoffwechsel wird nachteilig beeinflußt, und es kommt zur Vergrößerung der Schilddrüse (Kropfbildung). Als → Konservierungsstoff ist T. verboten. → Kanzerogene

Thiohydroxamsäure → Senfölglucoside

Thiomethanol → Methylmercaptan

Thionein → Betaine

Thiophene: heterocyclische Verbindungsklasse, deren Muttersubstanz das Thiophen ist.

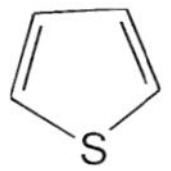

T. sind in Lebensmitteln bisher nur unter den flüchtigen Stoffen des Kaffees nachgewiesen worden. Ein Einfluß der T. auf das Kaffeearoma wird diskutiert.

Thiophosphopyridinnucleotid → Niacin

Thiosemicarbazide → Stoffe, Lathyrismus auslösende. Daneben enthält der Zwiebelsaft noch die cis- und trans-Form des *n-Propylthiosulfinsäure-S-1-propylesters,* denen die o. g. Wirkung fehlt.

Thiosulfinsäureester: für die antiasthmatische Wirkung der Küchenzwiebel (Állium cépa L.) verantwortliche Gruppe von schwefelhaltigen Substanzen, s. Formel.

1: 2: cis-1

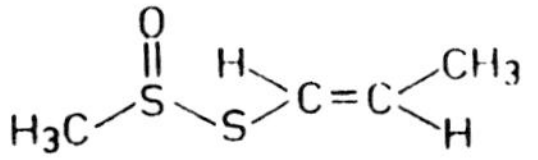

1: Methylthiosulfinsäure-S-trans-l-propenylester
2: Methylthiosulfinsäure-S-cis-propenylester

3: 4: trans-5

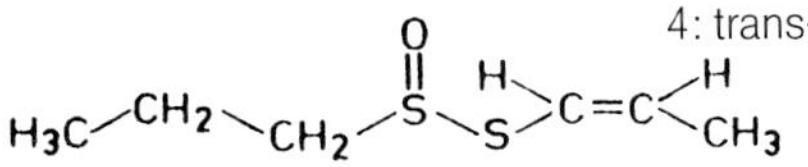

3: n-Propylthiosulfinsäure-S-cis-l-propenylester
4: n-Propylthiosulfinsäure-S-trans-propenylester

5:

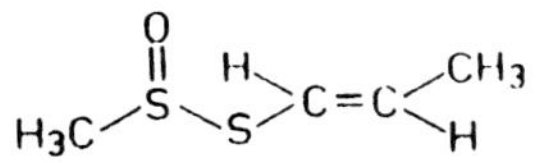

5: n-Propylthiosulfinsäure-S-n-propylester

Die T. sind nicht ursprünglich in der Zwiebel enthalten, sie entstehen erst bei der Gewebezerstörung durch Enzymkatalyse und Folgereaktionen. Sie finden sich deshalb im frisch gepreßten Saft und ihre pharmakologische Wirksamkeit hängt in starkem Maße von den Extraktionsbedingungen ab. Die Wirkung geht auch beim Erhitzen verloren. Die Wirkung der T. dürfte ausschließlich oder zumindest weitgehend durch eine Hemmung der Biosynthese von Entzündungsmediatoren (Vermittlersubstanzen) auf der Stufe der Cyclooxygenase und 5-Lipoxygenase vermittelt werden. → Cepaëne

2-Thiourazil, *6-Hydroxy-2-thiopyrimidin, 6-Oxy-2-thiopyrimidin*: heterocyclische Verbindung mit 2-N-Ring, Formel:

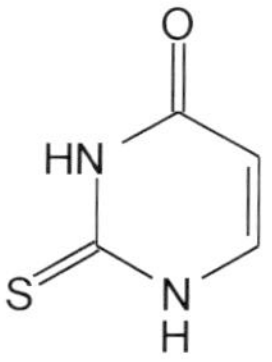

T. ist ein Antagonist des *Urazils* und hemmt die Bildung der Schilddrüsenhormone. Die Hemmwirkung wird durch Methyl- bzw. Propylgruppensubstitution, noch stärker durch die Einführung einer Merkaptogruppe erhöht. T. wurde als Mast-Hilfsmittel vorgeschlagen, weil es als Thyreostatikum den Stoffwechsel reduziert und damit den Fleisch- und Fettansatz fördert. In Deutschland ist die Verwendung von T. für diesen Zweck nach dem Lebensmittelgesetz untersagt.

Es kommt in verschiedenen Kohlpflanzen vor.

Thlápsi arvénse → Ackerhellerkraut → Wildkräuter

Thonine → Thunfisch

Thoroko → Chinabohne

Thornfree: Brombeere. → Beerenobst

Thousand-Island-Dressing → Fertig-Dressing

D-Threit, *Erythrit:* als (2R, 3R-) Form im Speisepilz Hallimasch (*Armellaria mellea*) vorkommender → Zuckeralkohol.

L-Threonin, *2-Amino-3-hydroxybuttersäure* (Abk.: Thr): Essentielle Monoaminomonocarbonsäure mit der Formel:

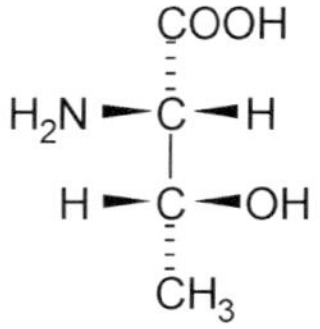

Molmasse 119,12 g/mol, farblose Kristalle, F. 251···253°C. In Wasser ist T. leicht löslich, in Ethanol, Ether und Chloroform unlöslich. T. war die erste Aminosäure, deren Lebensnotwendigkeit erkannt wurde. Die empfohlene Tagesdosis beträgt für Erwachsene 0,5 g. T. ist in tierischen Produkten mit etwa 5 %, in Getreide, Kartoffeln, Hülsenfrüchten und Kohl mit etwa 3···4 % beteiligt. Bes. reich an T. ist das Eiproteid → *Avidin.* Das T. wird in der L-Form, ihrer Natrium- und Kaliumsalze und des Hydrochlorids in Konzentrationen von 0,03···0,05 % zur Geschmacksbeeinflußung sowie in Form der Calcium- und Magnesiumsalze bilanzierten Diäten als Nährstoff zugesetzt. → Aminosäuren

D-Threo-pentulose → Pentosen

D-Threose → Tetrosen

Thrombin → Glycoproteide

Thujen → Terpen-Kohlenwasserstoffe

Thujin → Flavonoide

Thujol → Terpen-Ketone

Thujon → Terpen-Ketone

Thujylalkohol → Terpen-Alkohole

Thumba, *Bojah:* ein in Indien verbreitetes, mild alkoholisches Getränk aus Hirse (Millet). → Lebensmittel, fermentiertes

Thun → Thunfisch

Thunfisch: pelagische Schwarmfische der warmen und gemäßigten Meeresgebiete von elegantem, spindelförmigem Körperbau, charakterisiert durch je eine Reihe kurzer einstrahliger Flössel zw. der halbmondförmigen Schwanz- und der meist sichelförmigen zweiten Rücken- bzw. Afterflosse.

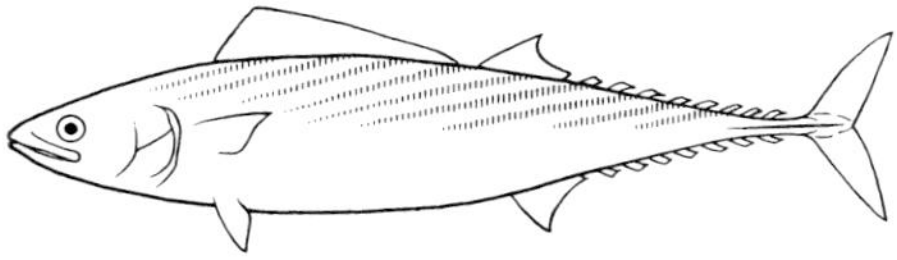

Pelannid (zu den Thunartigen zählend)

An den Seiten des Schwanzstiels befindet sich ein Kiel. Die Oberseite ist dunkelblau, die Unterseite hell gefärbt. Es gibt eine Reihe von Arten, die meist nach Form und Entfernung der beiden Rücken- und der Brustflossen und der Anzahl der Flössel sowie an der Rückenz. unterschieden werden. Viele Arten führen großräumige Wanderungen durch. Zu den echten Thunfischen zählt man meist nur die großen Arten der Gattungen *Thúnnus* bzw. *Parathúnnus,* von denen vor allem 4 Arten Bedeutung haben (s. Tab. unten).

Zur Familie der Thunartigen gehört daneben eine große Zahl kleinerer Arten (Tab.), deren Bez. jedoch häufig nicht eindeutig ist (z. B. *Bonito*). Die Hauptfangplätze liegen im Atlantik, im Mittelmeer und im Schwarzen Meer sowie vor Westafrika, für die meisten *Scómberomórus*-Arten vor der amerikanischen Küste. Mit den Thunartigen sind auch der *Schwertfisch (Xíphias gládius*), die *Marlin*-Arten (*Macaíra ssp.*) und die *Fächerfische (Istiophórus ssp.*) verwandt, deren Hauptfangplätze in den tropischen Regionen des Pazifik liegen. Vom Schwertfisch werden im Atlantik etwa 20 kt gefangen. Er wird etwa 2···3,5 m, höchst. 5 m lang und wiegt 100···200 kg, höchst. 400 kg. T. sind bes. eiweißreiche und gefragte Rohstoffe für die Fischverarbeitung. Die Zusammensetzung des festen,

Thúnnus-Arten

Name Deutsch	Wissenschaftlich	Länge durchschnittl. in m	höchst. in m	Masse höchst. in kg	Weltfang in kt
Gelbflossenthun	*Thúnnus albacáres*	1···1,5	2,2	45	500..600
Weißer Thun, Germon, Langflossenthun, Albakore	*Thúnnus alalúnga*	0,5···0,7	1	30	150···200
Großaugenthun	*Thúnnus óbesus*	1···1,5	1,9	35	180···220
Roter Thun	*Thúnnus thynnus*	1···4	5	900	30··· 50
Thunartige (die wichtigsten Arten)					
Echter Bonito, Bauchstreifiger Bonito	*Katsuonus pélamis*	0,4···0,7	1	-	650···780
Pelamide, Unechter Bonito (Bild)	*Sárda sárda*	0,3···0,5	0,7	-	30··· 50
Melva, Fregattmakrele	*Auxis thazard*	0,3···0,4	0,6	-	80···140
Kleiner Thun, Thonine	*Euthynnus alleterátus*	0,2···0.7	1,25	-	6··· 10
Spanische Makrelen, Königsmakrelen	*Scómberomórus spp. (Cybium spp.)*	0,5···0,8	0,9	-	200···300

geflügelähnlichen Fleisches (s. Tab. unten) schwankt zw. den Arten, es differiert bes. im Fettgehalt.
Der Eiweißgehalt beträgt in der Regel 22···24%. Von den thunverarbeitenden Ländern ist in Standards festgelegt, welche Fische als T. gehandelt werden dürfen. Die Verarbeitung erfolgt vorwiegend zu → Fischkonserven nach hohen Qualitätsstandards. Die Produkte dürfen keine Gräten oder Teile braunen Fleisches enthalten und sind nach der Stückgröße in die Klassen „solid", „solid pack", Bez. für wenige große, festgepackte Fleischstücke, „chunk", „chunk style", Bez. für größere Bruchstücke, „flake", „flakes", Bez. für Schnitzel unterschiedlicher Größe, „grated", Bez. für Raspel gleicher Größe, eingestuft.
Auch nach der Fleischfärbung wird gesondert unterschieden. Das Fleisch wird meist gekocht (Ausnahmen sind „Naturell-Erzeugnisse"), in die Dosen gepackt und mit Öl, Tunken, Aufgüssen oder Salzlösung bedeckt. Schnitzel und Raspel werden z. T. mit Gemüse oder Obst verarbeitet (z. B. Antipasto). Die Weltproduktion von Thunkonserven liegt bei 400 kt je Jahr. Daneben wird T. zu anderen Erzeugnissen verarbeitet (z. B. → Fischwurst → Fish Ham → Kamaboko. T. ergibt ausgezeichnete lachsartige → Räucherfischerzeugnisse; er findet auch als Speisefisch Verwendung. → Fisch

Thunmakrele → Makrele

Thúnnus → Thunfisch

Thüringer Knackwurst, hausschlachtene Art: *frische* → Rohwurst (mittlere Sorte), zu deren Herstellung grob entfettetes Schweinefleisch, Schweinebauch ohne Knochen, Fettabschnitte, Speisesalz, Nitritsalz, Pfeffer und Kümmel verwendett werden. Als Wursthüllen dient Rinderkranzdarm. Das Schnittbild zeigt eine rot-weiße Masse aus grob zerkleinerten Fleischpartikeln (5···7 mm). → Wurst

Thüringer Rostbratwurst: → *Brühwurst* (mittlere Sorte), die zum Braten auf offenem Rost über Holzkohlefeuer hergestellt wird. Als Rohstoffe kommen grob entfettetes Schweinefleisch, Backen, Schweinebauch ohne Knochen, grob entsehntes Kalb- oder Rindfleisch, Pfeffer und Kümmel zum Einsatz. Es erfolgt keine Umrötung. Als Wursthül-

Zusammensetzung und Energiewert des Thunfischfleisches (frisch oder konserviert)

Bestandteil	Durschschnittl Gehalt je 100 g eßbaren Anteils		
	diverse Thune (Atlantik) in g	diverse Thune (Stiller Ozean) in g	Thun in Öl, Konserve (fester und flüssiger Teil) in g
Wasser	57···66	61··· 75	52,5
Eiweiß	18···24	18··· 27	23,8
Fett	4···15 (höchst. 24)	2··· 15	20,9
Mineralstoffe	1··· 1,5	1··· 2	2,3
Energiewert je 100 g eßbaren Anteils in kJ (kcal)	500···1 050 (120···250)	420···1 090 (100···260)	1 275 (304)
Richtwert für verwertbare Gesamtenergie je 100 g eßbaren Anteils in kJ (kcal)	840 (200)	840 (200)	1 215 (290)
davon aus Eiweiß	400 (95)	400 (95)	430 (102)

len dienen enge Schweinedärme (28···30 mm Durchm.). Das Schnittbild zeigt eine graurosafarbene (in gebrühtem Zustand hellgraue), mittelfein geschrotete, mit etwa erbsengroßen Fleisch- und Fettstücken durchsetzte Wurstmasse. Bratwürste tragen regionale Namen, wie auch Fränkische-, Pfälzer-, Hessische-, Rheinische und Nürnberger Bratwurst → Wurst

Thymállus thymállus → Äsche

Thymian: 1. Sammelbez. für das aromaintensive Kraut von Pflanzen der formenreichen Gattung *Thýmus* L. (Familie *Lamiáceae*). Der T. wird entweder im frischen Zustand als → Küchenkraut oder getrocknet als Würzmittel für verschiedene Speisen, als Bestandteil → teeähnlicher Produkte, zur Herstellung von Essenzen und Sirup sowie zur Herstellung ätherischer Öle genutzt:

2. *Zitronenthymian, Zitronenquendel* 1. Sammelbez. für eine Reihe von Thymianarten mit zitronenartigem Duft. Hierzu gehören T. 3 bis T. 6

3. *Thýmus x citriodórus* (Pers.) Schreb., ein Bastard aus *T. pulegioídes* x *T. vulgáris* L. mit stark zitronenartigem Duft, mit vielen Zuchtsorten.

4. *Thýmus capitátus* Hoff. et Link, ein im Mittelmeergebiet angebauter T. zur Gewinnung von *Thymianöl.*

5. *Thýmus mastíchina* L. *Mastix* oder *Spanischer T.*, in Spanien und Argentinien angebaut, vor allem als Würzmittel. → Thymian 10.

6. *Quendel, Thýmus pulegioídes* L., in ganz Europa angebaute Gewürzpflanze mit zitronenartigem Duft. → Thymian 2.

7. *Thýmus quinquecostátus* Celat., in Asien, vor allem in Japan als → Küchenkraut angebaut.

8. *Saturei-Thymian, Marokkanischer T., Thýmus satureioídes* Coss. et Bal. , ein in Marokko angebauter T. → Thymian 10.

9. *Feldthymian, Quendel, Feldpolei, Kunerle, Sand-Thymian, Wildthymian, Thýmus serpýllum* L., eine in ganz Europa auf sonnigen Hügeln, steinigen Orten, in lichten Wäldern vorkommende, rötlich blühende Art mit niederliegenden, am unteren Teil verholzten Stengeln, meist einen dichten Rasen bildend. Der Feldthymian wird wie → T., Echter zur Herstellung von → Kräutergeist *(Quendelgeist)* verwendet; es gibt auch viele Zuchtsorten von Feldthymian.

10. *T., Echter, Gartenthymian, Römischer Quendel, Spanischer Majoran, Kuttelkraut, Welscher Quendel:* der im westlichen Mittelmeergebiet beheimatete, u. a. in Deutschland, der GUS, den USA kultivierte, bis 45 cm hohe, meist mehrjährige Halbstrauch *Thýmus vulgáris* L., dessen Blätter und Zweigspitzen kurz vor oder während der Blüte gesammelt werden. An Thymiansorten werden der oft nur einjährige *Französische* oder *Sommer-Thymian* und der zwei- oder dreijährige *Deutsche* oder *Winterthymian,* der weniger frostempfindlich ist, auf größeren Flächen angebaut. Geruch und Geschmack sind auf den Gehalt an ätherischem Öl (0,75···6,3 %) mit darin enthaltenem *Thymol, Thymolmethylether, Carvacrol, Cineol, Cymol* sowie auf Gerbstoffe, Kaffeesäure und Saponine zurückzuführen. Das frische oder getrocknete (abgestreifte) Kraut des Echten T. wird zum Würzen von Fleisch- und Wurstwaren, Kroketten, Salaten, zum Einlegen von Gurken, für → Gewürzmischungen und Kräuteressig (→ Essig) sowie zur Herstellung des *Benediktinerlikörs* verwendet. Als Verfälschung von Echtem T. wurden *Saturei-Thymian, Thýmus satureioídes* Cosson et Balansa, mit einem strengen Geschmack und *Mastix-Thymian, Thýmus* mastíchina L., mit einem balsamischen Geruch festgestellt. → Küchenkraut

11. *T., Spanischer:* Sammelbez. für

a) *Thýmus cýgis* L. (Familie *Lamiáceae*), in Spanien und Portugal kultivierter T., dessen Blätter als → Küchenkraut verwendet werden.

b) *Líppia microméra* Schau. (Familie *Verbenáceae*), ein insbes. auf Trinidad in Gärten kultivierter T., dessen Blätter als → Küchenkraut verwendet werden.

c) *Thýmus mastíchina* L. → Thymian 5.

Als antioxidativ wirksame Inhaltsstoffe kommen bicyclische phenolische Verbindungen vor (s. Formel S. 716).

Thymiankampfer → Thymol

Thymianöl: das aus dem frisch getrockneten, blühenden Kraut von → Thymian 10. durch Wasserdampfdestillation gewonnene ätherische Öl.

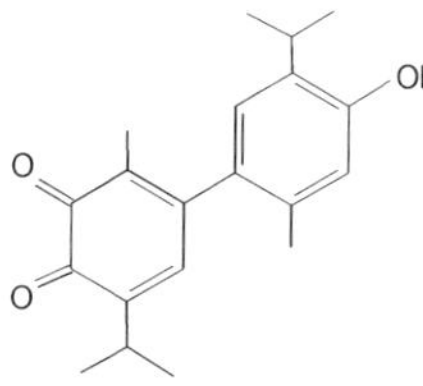

4'-Hydroxy-5,5'diisopropyl-2,2'-dimethylbiphenyl-3,4-dion

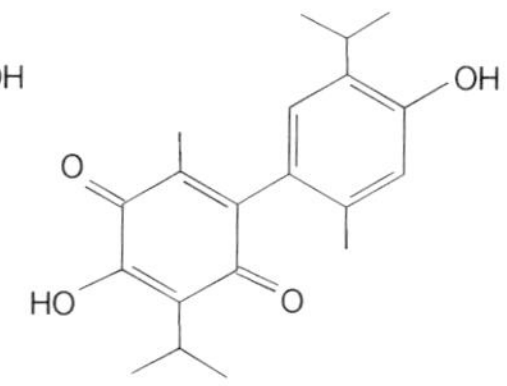

4,4'-Dihydroxy-5,5'-diisopropyl-2,2'-dimethylbiphenyl-3,6-dion

Das Aroma des schwach gelblichen bis grüngelblichen T. besteht vor allem aus Thymol und Carvacrol. Das T. dient zum Aromatisieren von Kräuterlikören, wird aber in größerem Umfang für pharmazeutische Zubereitungen, z. B. Hustenmittel, verwendet.

Thymiansäure → Thymol

Thymidin, *Thymosin, 3-(β-D-2-Desoxy-ribofuranosyl)-thymin:* β-glycosidisches Nucleosid aus D-2-Desoxyribose und Thymin als Aglykon, Formel:

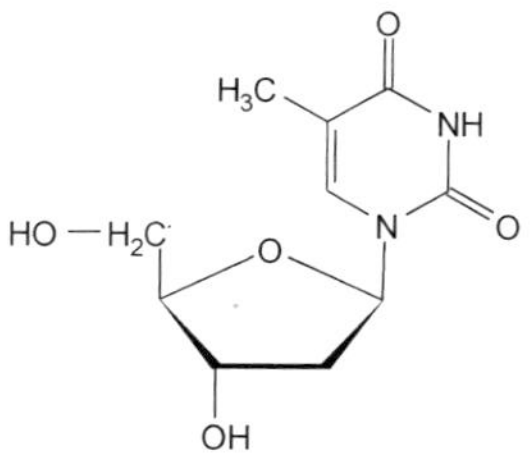

Das T. kommt als Baustein der Desoxyribonucleinsäuren vor und ist in Pflanzenkeimlingen gefunden worden. → Nucleinsäuren

Thymin, *5-Methylurazil, 2,6-Dihydroxy-5-methylpyrimidin, 2,6-Dioxy-5-methylpyrimidin:* natürlich vorkommende heterocyclische Verbindung mit der Formel:

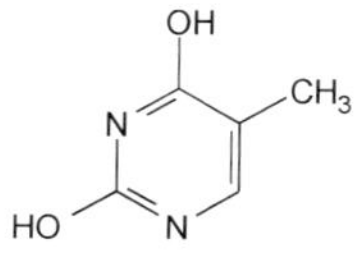

T. ist Bestandteil der *Desoxyribonucleinsäuren* des Zellkerns. Mit D-2-Desoxyribose bildet T. das Nucleosid → Thymidin. Es kristallisiert in bitter schmeckenden Nadeln oder Tafeln, F. 318···321°C (Zers.), sublimiert, ist löslich in Wasser, Alkalien und Säuren, wenig oder unlöslich in organischen Lösungsmitteln. → Nucleotide

Thyminose → 2-Desoxyribose

Thymol, *3-Hydroxy-p-cymol, p-Isopropyl-m-cresol, 3-Methyl-6-isopropylphenol, Thymiankampfer, Thymiansäure:* Phenolderivat der Struktur:

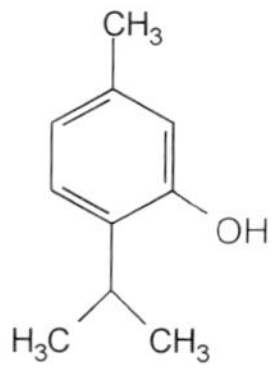

T. kommt in zahlreichen ätherischen Ölen, insbes. in Thymianölen, vor. Es bildet farblose, nach Thymian riechende Kristalle. F. 51,5°C, Kp. 233,5°C, die sich in Wasser wenig, in Ethanol und Ether dagegen gut lösen. Synthetisch wird T. aus *p-Cymol, m-Cresol* oder *Piperiton* gewonnen. T. seinerseits dient zur Synthese von Menthol. T. wirkt expektorierend, stark antiseptisch, übertrifft in diesen Eigenschaften das Phenol beträchtlich, ist stark gegen Spulwürmer wirksam und wird deshalb auch in der Medizin verwendet. Dauernde Zufuhr von T. in Form thymolhaltiger Mundwässer, Zahnpasten usw. kann Thyreotoxikosen (Schilddrüsenüberfunktion) auslösen. T. wird zur Stabilisierung von Ölen und Fetten sowie zur Komposition von Parfümölen eingesetzt. → Phytonzide

Thymosin → Thymidin → Nucleotide

Thymus, *Kalbsmilch:* gelapptes Organ, das in voller Ausbildung nur bei jugendlichen Tieren vorhanden ist. Beim Kalb erreicht der T. seine stärkste Ausbildung (höchste relative Masse) mit 5 bis 7 Lebenswochen. Der T. besteht aus einem Brustteil und einem paarigen Halsteil.

Thýmus spec. → Thymian

Thyreoglobulin → Globuline → Glycoproteide

Thyroxin → Aminosäuren

Tiefenbarsch → Rotbarsch

Tiefenscald → Kaltlagerkrankheiten

Tiefländer Käse: in den östlichen Bundesländern nach Emmentaler Art hergestellte Hartkäsesorte mit 45% F. i. Tr. Der T. hat eine glatte, geschlossene Rinde oder ist rindenlos (Folienverpackung). Das Innere ist geschmeidig, mattgelb und zeigt vereinzelt erbsen- bis kirschgroße Lochung. Geruch und Geschmack sind rein und leicht aromatisch. → Emmentaler → Hartkäse

Tiefseegarnele → Krebstiere

Tiefseehummer, *Tiefseekrebs, Kaisergranat* → Krebstiere

Tienchiuniang → Laochao

Tiergebäck → Gebildbackware

Tierkörperteilstücke → Schlachtkörperteilstücke

Tigerbrot: ein etwa 400 g wiegendes Mischbrot in Form einer → Gebildbackware mit tigerähnlichem Aussehen. Solche auch als Märchenfiguren hergestellte Brote werden vor allem in touristenreichen Gegenden in kleinen Handwerksbetrieben vertrieben.

Tigerlilie → Lilienzwiebel

Tigernuß → Erdmandel

Tiglinsäure: eine einfach ungesättigte Fettsäure mit verzweigter Kette und der Strukturformel:

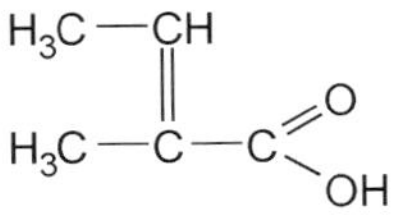

T. ist die charakteristische Fettsäure des → *Crotonöls*. Der Schmelzpunkt beträgt 64,5°C. Das Isomere zur T. ist die *Angelikasäure* (Schmelzpunkt F. 45,5°C) mit der Formel:

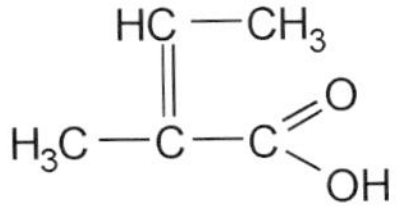

Tigrito → Sauerpflaume

Tikmehl → Arrowroot

Tikormehl → Arrowroot

Tikorstärke → Kurkumastärke

Tikstärke → Kurkumastärke

Tikur → Kurkuma

Tikuwa: japanisches Fischerzeugnis Kamaboko. → Surimi

Tilapia nilotica → *Bolti Fisch*

Tília cordáta (Winterlinde) → Linde

Tília platyphýllos (Sommerlinde) → Linde

Tilsiter: ursprüngl. in Tilsit (im ehem. Ostpreußen, heute Klaipeda) seit etwa 1840 hergestellter, fester Schnittkäse, der gegenwärtig unter diesem Namen o. ä. in zahlreichen europäischen Ländern (z. B. Schweiz, Österreich, Deutschland, Polen, Norwegen, Schweden) in runder Laibform oder als Brotkäse in verschiedenen Fettstufen (30%, 40%, 45% und 50% F. i. Tr.) produziert wird. Die Oberfläche ist glatt und gelblich, das Innere blaßgelb mit gleichmäßiger Schlitzlochung. Der Teig ist geschmeidig, aber schnittfest, der Geschmack leicht säuerlich und leicht herb bis pikant. In den östlichen Bundesländern wurde T. unter dem Namen Tollenser produziert. → Käsesorten

Timbale: eine Becherpastete, die als → Blindbackware oder als gefüllte → Pastete gebacken wird.

Tínca tínca → Schleie

Tindora: eine → *Cornichon*-Art in Indien, die gekocht als Gemüse verzehrt wird.

Tinker: Johannisbeere. → Beerenobst

Tintenfisch: Ordnung der zu den Weichtieren gehörenden Kopffüßer (*Cephalópoda*) die sich durch 10 mit Saugnäpfen ausgestattete Fangarme am Kopf auszeichnen, wovon 2 verlängert werden können (Bild siehe Seite 718).
Der Rumpf ist von einem sog. Mantel umgeben, der bei den *Kalmaren* mit seitlichen Flossen aus-

a) Kalmar
b) Tintenfisch

gestattet ist und nach dem Rückstoßprinzip schnelles Schwimmen ermöglicht. Der Rumpf wird durch eine Conchinschale (Schulp) gestützt. Die T. leben räuberisch in allen Meeren in Tiefen bis zu 5000 m. Mit den T. sind die *Kraken* nahe verwandt, die nur 8 (gleichgestaltete) Arme haben, zw. denen eine Schirmhaut ausgebildet ist. Ihr Rumpf ist kurz und sackförmig. T. und Kraken haben große wirtschaftliche Bedeutung (Weltfang über 1,5 Mio t). Die Hauptfangplätze liegen im Westpazifik, im Nordwest- und Südwestatlantik und im Mittelmeerraum. T. und Kraken spielen eine traditionell große wirtschaftliche Rolle für die Mittelmeeranliegerstaaten und für die ostasiatischen Länder, an der Spitze Japan (über 600 kt) sowie Korea, Thailand, Spanien (jeweils über 100 kt)). Einen bedeutenden Anteil stellen die Nacktaugenkalmare (*Architheutóidea*) mit dem nordwestpazifischen *Nototodarodes sloani,* dem Pfeilkalmar, *Todaródes sagittátus,* im westlichen Mittelmeer und vor Südwesteuropa, dem Kurzflossenkalmar, *Illex illecebrósus,* im Mittelmeer und vor Nordwestafrika und im Nordwestatlantik. Für Europa sind der Gemeine Kalmar, *Lolígo lolígo,* zw. Faröern, Mauretanien und im Mittelmeer vorkommend, von 50···70 cm Länge, und der Nordische Kalmar, *L. forbésii,* von etwa gleicher Verbreitung und Größe am wichtigsten. Im Mittelmeerraum werden auch die nur 15···20 cm großen Zwergkalmare, *Allotheūtis ssp.,* gegessen. Der bekannteste Vertreter der eigentlichen T. im Mittelmeer und an den westeuropäischen Küsten ist der *Gemeine Tintenfisch, engl. Cuttlefish, Sépia officinális.* Sehr beliebt sind auch die Zwergtintenfische der Gattung *Sepíola, die meist nur 10 cm, höchst. 25 cm lang werden. Von den Kraken* werden fast alle Arten der Gattung *Óctopus* gegessen, im Mittelmeer und Westeuropa bes. der *Gemeine Krake, Óctopus vulgáris.* T. sind in Gebieten ihres Aufkommens z. T. wichtige Lebensmittel. Sie werden gezielt oder als Beifang erbeutet und in Haushalt und Gaststätten verschiedenartig zubereitet oder in der Industrie verarbeitet. Dabei haben Kalmare insges. die größte Bedeutung und führen zu Erzeugnissen mit den besten Qualitäten. Als Lebensmittel werden Mantel (Filet), Kopf und Fangarme verwertet. Das Filet liefert das feinere Fleisch, das infolge senkrecht zueinander verlaufende Faserschichten strukturlos oder schwach blättrig wirkt. Die Fleischfarbe ist weiß bis elfenbeinfarben, durch Hautreste oft rötlich angefärbt. Der Geschmack ist angenehm, bei Kalmaren oft delikat krebsartig. Hinsichtlich seiner Zusammensetzung (Tab.) ist das Fleisch von T. als fettarm und eiweißreich einzustufen.

Zusammensetzung und Energiewert von Kalmarfleisch

Bestandteil	Durchschnittl. Gehalt je 100 g eßbaren Anteils	
	Mantel (Filet) in g	Kopf/Fangarme in g
Wasser	76,4···81,6	79,0···84,6
Eiweiß	16,7···20,3	14,2···17,4
Fett	1,3··· 2,0	1,0··· 2,0
Mineralstoffe	1,0··· 2,3	0,7··· 1,8
Energiewert in kJ (kcal) je 100 g	360···450 (86···108)	300···400 (72···96)
davon aus Eiweiß	305···375 (73···89)	260···322 (62···77)
Richtwert für den Energiewert in kJ (kcal)	380 (90)	

Die Aminosäurezusammensetzung weist das Eiweiß als vollwertig aus, Vitamine und Mineralstoffe entsprechen denen des Fischfleisches. T., bes.

Kalmare, werden in beträchtlichen Mengen zu Konserven (→ Fischkonserven) verarbeitet (Japan, USA). Dabei werden z. T. die Tintenbeutel zur Erzielung dunklerer Färbungen der Tunken mit verarbeitet. Aus „naturell" verarbeiteten Kalmaren und Speisen lassen sich ausgezeichnete krebsartige Salate anrichten. In Ostasien werden T. zu verschiedenen → Fischpasten, -frikadellen, -klopsen, Trocken- und Räucherprodukten verarbeitet.

Tintlinge → *Coprináceae* → Pilzgifte

Tippy-Tee: ein gelblichhell bis silberhell bleibender → Tee, eine Spitzensorte aus China, aus ganz jungen, noch von einem dichten Haarkleid umgebenen Trieben (*Tips*) der Maiernte. Der T. hat feinstes, edles Aroma, aber keine geschmackliche Fülle; er ist vor allem für → Teemischungen sehr begehrt.

Tiramisu, *Tirami Su, Tira mi su:* ein lokaltraditionelles Konditoreierzeugnis aus der Gegend von Venedig. Die Bez. T. bedeutet "richte mich auf", „zieh mich hoch", „zieh mich auf". Man nimmt an, daß es sich dabei um eine alte lombardische Zubereitung zur Stärkung schwächlicher Kinder handelt. Der Echte T. ist gekennzeichnet durch zwei wesentliche Komponenten: a) Mascarpone (einem Weichkäse, der durch Säuerung frischer Sahne gewonnen wird) b) einem Biskuitboden, der in Kaffeelikör oder -extrakt getränkt worden ist. Einheitliche Herstellungsrichtlinien für T. gibt es weder im Ursprungsland Italien, noch in Österreich oder Deutschland. I. allg. besteht T. aus 40 % Frischkäse (Doppelrahmstufe 60 % F. i. Tr.), 6 % Eigelb und 1 % Alkohol. Vielfach handelt es sich um eine geschichtete Nachspeise, bzw. Dessert, das auch als portionsverpacktes Fertigprodukt unter Kühlung (bei 4···8°C) mehrere Wochen haltbar ist. Daneben gibt es noch andere Versionen von T.: z. B. als Halbfertigerzeugnis in Trockenform, als Speiseeiszubereitung oder als Torte. Die Füllcreme der Torte wird mit Speisegelatine und Verdickungsmitteln steif gehalten. Als Alkohol dienen vorwiegend Amaretto, Weinbrand, Mandellikör, Rum oder Marsala. In Deutschland wird meistens hochwertiger Biskuit (Löffelbiskuit)) und schaumige Creme aus Eiern, neben sehr fettreichem Frischkäse verwendet und die Oberfläche dieser Süßspeise mit Schokoladenraspeln oder Kakao bestreut. → Fertigdessert

Tirmánia africána → *Tuberáles*

Tiroler Graukäse: aus Sauermilchquark hergestellter *Sauermilchkäse* mit graugrünem Schimmel in Laibform, der in den österreichischen Alpenländern beheimatet ist. → Käsesorten

'Tiroler Riesen' → Eisbergsalat

Tischwein: Bez. für einen → Wein, der sich als Beigetränk zu Mahlzeiten gut eignet.

Titanium (*Titan*) → Mineralstoffe

Titaniumdioxid (*Titandioxid*) → Lebensmittelfarbstoffe

Titling: ungespaltener Stockfisch. → Trockenfischerzeugnisse

Titus → Kornelkirsche

Tjurja → Okraschka

Toaka: ein in Madagaskar verbreiteter harter Schnaps. → Harter

Toast: 1. *Brotscheibe, angeröstete, Brotschnitte, angeröstete, Toastschnitte:* eine unmittelbar vor dem Verzehr durch Erhitzen gold- bis dunkelbraun gefärbte Brotscheibe von zartknuspriger Oberfläche und röstaromatischem Geschmack. Bei Gebrauch eines handelsüblichen Röstapparates (*Toasters*) beträgt die zum Toasten (250···260°C) benötigte Zeit bei zweiseitiger Hitzeeinwirkung etwa 1,5···2 min und bei einseitig beheizter Toastplatte 2···2,5 min. Der T. kann auf Grund seines Eigengeschmacks auch ohne Belag verzehrt werden. Da der Geschmack im warmen Zustand am besten ist, wird T. meist in einer Serviette eingewickelt angeboten.

2. *Röstbrot, Toastbrot:* ein zum Toasten bzw. Rösten bestimmtes, mit bis zu 10 % Fett- und/oder Zuckerzusätzen versehenes Laib- oder Schnittbrot, das auch ungetoastet verzehrt werden kann. Zum Toasten eignen sich prinzipiell alle Frischbrotarten (*Röstweißbrot, Röstmischbrot, Röstvollkornbrot*), doch wird vorwiegend Weißbrot verwendet. Im Vergleich zur üblichen → Wasserware ist das zum Toasten bestimmte Brot ein Spezialbrot, dem u. a. auch Vitamine und geschmackgebende Zutaten beigefügt sein können. In bestimmten Formen gebacken (runden, recht- oder viereckigen Kastenformen) dient T. auch zur Herstellung von → Sandwiches und wird nicht angeröstet.

Tobasco-Sauce → Peppersoße

Tocochromanole → Vitamin E

Tocopherole → Antioxydantien → Vitamin E

Tocotrienole → Vitamin E

Tocusso → Fingerhirse

Todaródes sagittátus → Tintenfisch

Toddy → Palmwein → Palmzucker

Toffee → Weichkaramelle

Tofu, *Sojaquark:* ostasiatisches Lebensmittel, das aus → *Sojamilch* gewonnen wird und festen Puddingstücken ähnelt. Die Sojamilch wird mit Salz oder Säuren behandelt, wobei sie gleichzeitig auch erhitzt werden kann. Nach dem Absetzen des Quarks und dem Abgießen des Wassers wird das Produkt durch Pressen weiter entfeuchtet. Der T. wird frisch zusammen mit → Sojasoße und in Suppen gegessen. Gekochter oder in Fett gebackener T. wird zu Fleisch, Fisch oder Gemüse verzehrt. 100 g des frischen T. enthalten 84···90 g Feuchtigkeit, 5···8 g Eiweiß, 3···4 g Fett, 2···4 g Kohlenhydrate und 0,6 g Mineralstoffe. Der T. erfreut sich wachsender Beliebtheit in westlichen Ländern, wo er als potentielle Proteinquelle bes. bei Vegetariern geschätzt ist. → Lebensmittel, fermentiertes → Lupinenquark

Togbey: ein in Westafrika übliches Hefegebäck aus Weizenmehl, Ei, Zucker, Palmwein und Gewürzen. Diese Mischung wird wie Eierkuchen in einer Pfanne gebacken. → Fladen → Lebensmittel, fermentiertes

Toggenburger Ploderkäse: *Sauermilchkäse* aus der Schweiz mit 4···15 % F. i. Tr.→ Käsesorten

Togotia: die Pflanze *Erucástrum arábicum* Fisch et Mey (Familie *Brassicáceae*), die in Kenia als Wildgemüse gegessen wird. Je 100 g gekochter Pflanzenmasse enthalten 0,274 mg Caroten, 64 mg Vitamin C und 0,0012 mg Vitamin B_1, die Kochzeit beträgt 10 min.

Tois les Mois → Arrowroot

Tokajer: edler ungarischer → *Dessertwein* des Weinbaugebietes Tokaj-Hegyalja, hergestellt aus den drei Traubensorten *Furmint* (mehr als 50 %), *Lindenblättriger* und *Muskateller.* Der T. wird in folgenden Sorten hergestellt: *Tokajer Szamarodner* oder *Tokaj Szamorodni* (ungarisch: so, wie gewachsen), *Tokajer Aszu* oder *Tokajer Ausbruchwein* und die seltene, nicht handelsübliche *Tokajer Essenz* oder *Eszencia.* Obwohl die Tokajer-Weine nach deutschem Weingesetz zu den Weißweinen gezählt werden können, stehen sie den Dessertweinen näher. Sie werden deshalb auch als *Naturdessertweine* bezeichnet. Der starke, feurige, goldgelbe *Tokajer Szamarodner* wird aus überreifen *Furmint*-Trauben gekeltert und weitgehend vergoren. Die zuckerreichen Moste vergären sehr langsam und nur so weit, daß bei einem Ethanolgehalt von 80···120 g/l noch 10···15 % unvergorener Zucker erhalten bleiben. → Wein → Ruländer

Tokajer Aszu, *Tokajer Ausbruchwein:* edler ungarischer → Dessertwein des Weinbaugebietes Tokaj-Hegyalja, hergestellt aus den drei Traubensorten *Furmint* (etwa 70 %), *Lindenblättriger* (20···25 %) und *Muskateller* (5 %). Von den edlen Rebsorten werden in trockenen Jahren die *Zibeben (Trockenbeeren* am Stock) und in den Jahren mit etwas feuchterem Herbst die dann von der Edelfäule (mit dem Pilz *Botrytis cinerea*) befallenen Edelbeeren ausgebrochen (daher *Ausbruch-* oder *Beerenauslesewein* → Auslesewein). Die ausgebrochenen Beeren werden sorgfältig gequetscht und mit frischem Traubenmost vermischt (gemaischt). Je nachdem, wieviel Butten (12···15 kg) Trockenbeeren einem Faß Most (136 l) zugesetzt werden, wird der T. A. als zwei- bis fünfbuttiger (ungarisch puttonyos) Ausbruchwein gekennzeichnet, wobei am häufigsten der dreibuttige hergestellt wird. Die zuckerreichen Moste vergären sehr langsam und nur so weit, daß bei einem Ethanolgehalt von höchst. 15 %-Vol. noch 10···15 % unvergorener Zucker erhalten bleiben. → Wein → Szamorodni → Trockenbeerenauslese → Natur-Dessertwein → Ausbruchwein

Tokaj Szamorodni → Szamorodni

Tokibi → Sorghumhirse

Tollenser Käse: in den Ostdeutschen Bundesländern in den Fettstufen 30 %, 40 % und 50 % F. i. Tr. hergestellter, fester → Schnittkäse. Die Oberfläche des naturgereiften T. ist glatt und geschlossen mit gut angetrockneter rötlich-gelber Schmiere oder mit Plastsuspension. In Folie gereifte T. sind rindenlos. Das Käseinnere ist hellgelb bis buttergelb, geschmeidig, die zahlreichen Schlitzlöcher (bis Gerstenkorngöße) sind über die Schnittfläche gleichmäßig verteilt. Geruch und Geschmack sind rein, aromatisch und leicht säuerlich. → Tilsiter → Käsesorten

Tolstolob → Graskarpfen

Tolubalsam → Perubalsam

p-Tolylmethylcarbinol → Alkohole, aromatische

Tomate, *Paradiesapfel, Paradeiser, Liebesapfel:* die Beerenfrucht der einjährigen, krautigen Nachtschattenpflanze *Lycopérsicon lycopérsicum* (L.) Farw. Syn. *L. esculéntum* Mill. (Familie *Solanáceae*). Die T. hat ihre Heimat im Andengebiet Perus. Als tropische Wildpflanze mit kirschgroßen Früchten wurde sie ursprünglich mit der aztekischen Bez. *„tomatl"* versehen, was *„Schwellpflanze"* bedeutet, wovon sich der heutige Name ableitet. Für die Fruchtfarbe sind Carotenoide verantwortlich, an denen das Lycopin, bes. bei roten Sorten, mit bis zu 95 % beteiligt ist. Die äußere Form kann sehr stark variieren. Die runden, glatten, sog. *Kugeltomaten* (auch *Markttomaten* genannt) werden für Frischverzehr, die länglichen, gerippten, auch platten Früchte für die Verwertungsindustrie (sog. *Püreetomaten*) bevorzugt (Tab.).

Zusammensetzung und Energiewert der Tomaten

Bestandteil	Gehalt je 100 g eßbaren Anteils
Feuchtigkeit	94,2 g
Eiweiß	0,95 g
Fett	0,21 g
Kohlenhydrate	1,53 g
Ballaststoffe	2,5 g
Mineralstoffe	0,61 g
Natrium	6,3 mg
Kalium	297 mg
Magnesium	20 mg
Calcium	14 mg
Mangan	0,14 mg
Eisen	0,5 mg
Phosphor	26 mg
Caroten	0,82 mg
Vitamin B_1	0,057 mg
Vitamin B_2	0,035 mg
Niacin	0,53 mg
Pantothensäure	0,31 mg
Vitamin B_6	0,10 mg
Vitamin C	24,20 mg
Energiewert in kJ (kcal) je 100 g	50 (12)

Schnittfeste Früchte mit nur wenigen Herzkammern werden auch als *Fleischtomaten* und solche mit vielfächrigen Herzkammern, oft wäßrige Früchte, als *Suppentomaten* bezeichnet. *Glashaustomaten* sind gegenüber *Freilandtomaten* ärmer an wichtigen Inhaltsstoffen. I. allg. überwiegt die rote oder die gelbe Farbe, es gibt auch weißfarbige (wie die italienische 'Weißer König Humbert'). Die violetten Früchte, auch *Flaschen-* oder *Eiertomaten* von birnen- oder pflaumenförmigem Aussehen, werden wegen ihrer leichten Schälbarkeit vorwiegend in Italien, Spanien und Jugoslawien zu geschälten T. in Dosen verarbeitet. Kleinfrüchtige, sog. *Obsttomaten,* dienen vorwiegend dem Frischverzehr und zu Garnierungszwecken. Diese wohlschmeckenden T. stammen meistens aus

Eigenanbau. Eine der aromatischsten Fleischtomaten ist die Sorte 'Ponderosa'. *Nachgereifte T.* weisen typische Verhärtungen im Fruchtinnenraum, vorwiegend um die Kelchgrube auf; außerdem ist der Gehalt an Trockenmasse, Gesamtzukker und Vitaminen im Vergleich zu vollgereiften T. geringer. Der Vitamin-C-Gehalt ist in der Fruchtschale dreimal so hoch wie im Fruchtfleisch und im Saft und bei rasch gereiften T. höher als bei langsam gereiften.

Für die große Beliebtheit der T. ist ihr Aroma verantwortlich, so daß sie nicht nur direkt verzehrt wird, sondern auch an vielen Speisen und Getränken als geschmacklicher Bestandteil beteiligt ist. Die T. wird in rohem, gekochtem und geschmortem Zustand in Form von ganzen Früchten, als Püree oder Saft verzehrt. Etwa 80% der Tomatenernte werden industriell verarbeitet, hauptsächlich zu Tomatenmark und Tomatenpulver (das meist über die Stufe des Tomatenmarks gewonnen wird) und zu Konserven mit ganzen, geschälten T. bzw. Mischgemüse. In verschiedenen Ländern wird aus Tomatensamen Öl gewonnen (35 t Tomatensamen ergeben 9 t Öl), das bei der Konservierung verwendet wird (in der GUS), indem es den Konserven einen spezifischen angenehmen Geschmack verleiht und deren Lagerfähigkeit erhöht. Von reifen T. wird technologisch der pektinolytische Enzymkomplex genutzt, z. B., bei der Herstellung hochwertiger → Mazerate.

Bei der Herstellung von Tomatenkonserven ist darauf zu achten, daß Beimengungen von verschimmelten Tomatenfrüchten vermieden werden. Unter etwa 30 Schimmelpilzarten, die sich auf verfaulenden Tomaten finden können, herrschen *Alternaria*-Arten vor.

Tomaten sind wie Gurken, Grüne Bohnen und Paprika kälteempfindlich. Reife Tomaten können nur dann bei 0°···2°C gelagert werden, wenn sie anschließend unmittelbar verbraucht oder verarbeitet werden. I. allg. richtet sich die Lagertemperatur nach dem Reifegrad. Für ausgefärbte, festfleischige T. (dreiviertelreif) beträgt die Lagertemperatur 8···10°C; halbreife T. mit beginnender Rotfärbung müssen, damit sie normal ausreifen können, oberhalb von 12···15°C gehalten werden. Grüne T. reifen am besten bei 17···20°C. Die rel. Luftfeuchtigkeit sollte dabei zw. 80···85 % liegen. Dunkelgrün geerntete T. erreichen selten die sortentypische Rotfärbung, sondern werden vorher weich und welk. → Dickzuckerfrucht → Obsttomate → Gemüse → Gemüse, milchsaures → Essiggemüsesterilkonserve → Gemüse, gewürztes → Ketchup → Mykotoxine

Tomate, glasige → Glasigkeit

Tomate, grüne → Tomate, kandierte → Dickzukkerfrucht → Lebensmittelsurrogat → Gemüse, milchsaures

Tomate, kandierte: nach Vorbehandlung mit Michsäure kandierte, grüne Tomaten, die mit einem zitronenähnlichen Charakter anstelle von Zitronat in der Backwarenindustrie Verwendung finden. → Dickzuckerfrucht

Tomate, kleinfrüchtige → Obsttomate

Tomatenketchup: eine aus Tomatenmark unter Zusatz von Essig, Weißzucker, Würzgemüse sowie natürlichen Gewürzen und deren Auszügen zubereitete → *Würzsoße*. An Gewürzen können Zimt, Ingwer, Nelken, Pfeffer, Piment und Muskat, an Zusatzstoffen neben Zucker und Essig Speisezwiebeln, frisch oder getrocknet, Knollensellerie, frisch, Sellerie, getrocknet oder gesalzen, modifizierte Stärke, Stabilisatoren, Süßstoff, Glucosesirup und Geschmacksverstärker enthalten sein.

Tomatenleberwurst: → *Kochwurst* (mittlere Sorte), zu deren Herstellung Leber, Schweinskopffleisch, Schweinsmicker oder Flomen, Schweinebauch, Tomaten, Zwiebeln und die Gewürze Pfeffer, Mazisblüte, Ingwer und Kardamom eingesetzt werden. Das Schnittbild zeigt eine rosarote, feingekutterte, streichfähige Wurstmasse. → Leberwurst → Wurst

Tomatenmark: eine → Gemüsesterilkonserve aus eingedicktem fein passiertem, von Schalen und Samen befreitem Mark reifer Tomaten (Lochdurchm. des Passiersiebes maximal 1 mm), das in drei Sorten hergestellt wird: *Tomatenpüree* mit 10%, mit 20% und mit 28% Trockenmasse. Die

Tomatenmarkerzeugnisse dürfen keinen bitteren Nachgeschmack haben, keine schwarzen Stellen oder Wasserabsonderungen zeigen und müssen eine gleichmäßige breiige Konsistenz aufweisen (Tab.).

Zusammensetzung und Energiewert von Tomatenmark (10%ig)

Bestandteil	Gehalt je 100 g
Feuchtigkeit	86,0 g
Eiweiß	2,3 g
Fett	0,5 g
Kohlenhydrate	9,0 g
Rohfaser	0,5 g
Mineralstoffe	1,7 g
Natrium	590 mg
Kalium	1160 mg
Calcium	60 mg
Eisen	1 mg
Phosphor	34 mg
Caroten	1,24 mg
Vitamin B_1	0,093 mg
Vitamin B_2	0,058 mg
Niacin	1,48 mg
Vitamin B_6	0,18 mg
Vitamin C	9 mg
Energiewert in je 100 g kJ (kcal)	208 (49,8)

Tomatenmayonnaise → Würzsoße, mayonnaisenartige

Tomatenmazerat: ein auf enzymatischen Weg gewonnener dickflüssiger Tomatenzellbrei. Die zur → Mazeration erforderlichen pektinolytischen Enzyme kommen aus der reifen Tomate selbst. Die technologische Nutzung dieses in der Tomate enthaltenen Enzymkomplexes ermöglicht auch die Herstellung hochwertiger → Pflanzenmazerate aus anderen Gemüse- und auch Obstarten. → Möhrenmazerat → Markkonzentrat

Tomate, mexikanische → Tomatl

Tomatenpaprika → Gemüsepaprika

Tomatenpaste → Tomatenmark

Tomatenpüree → Tomatenmark

Tomatensaft → Gemüsesaft

Tomatensamenöl → Tomaten

Tomatensoße → Soße, kochfertige, nicht süß

Tomatensterilkonserve → Gemüsesterilkonserve

Tomatensuppe, Mailänder → Suppe, tafelfertige

Tomate, transgene → Nutzpflanze, transgene

Tomatidin → α-Tomatin

Tomatillo → Phýsalis → Tomatl

α-Tomatin, *Lycopersicin:* ein Steroidglycoalkaloid mit *Tomatidin* als Aglykon und *Lycotetrose* als Zuckerkomponente (Formel s. unten).
Die Zuckerkomponente besteht aus 2 Mol Glucose und je 1 Mol Galactose und Xylose. α-T. kommt vorwiegend in den Schalen von Tomaten, Auberginen und Paprika vor, begleitet von geringeren Mengen β-T. Die Mengen an T. hängt von Art, Sorte, Vegetationsperiode und meterologischen

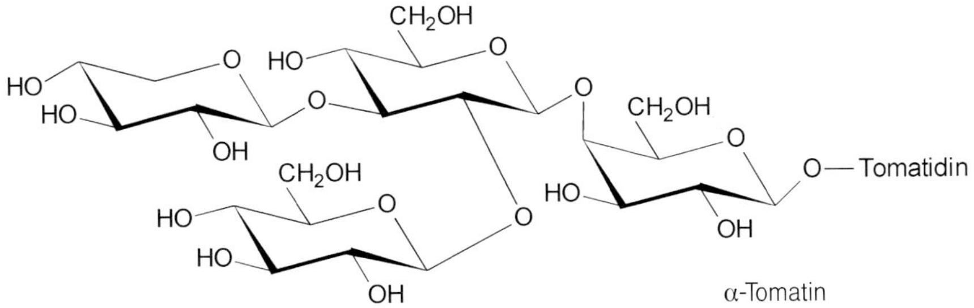

α-Tomatin

Bedingungen des Anbaujahres ab, ist jedoch in reifen Früchten so gering, daß Vergiftungen ausgeschlossen sind. → Alkaloide

Tomatl: 1. *Tomatillo, mexikanische Tomate, Jamberry:* die in Mittelamerika und in der Ukraine kultivierte Zuchtform von *Physális ixócarpa* Brot., Syn. *Solánum ixócarpa* Auct., *Physális philadélphica* Lam. (Familie *Solanáceae*). Die schwachvioletten, etwa 3 cm dicken alkaloidfreien Beeren, oft verwechselt mit den Früchten von *Physális anguláta* L., dienen vor allem der Herstellung von *grüner Tomatensoße,* die als Würzsoße vor allem für Fleischspeisen herangezogen wird; ferner werden die Beeren zur Bereitung von Erfrischungsgetränken und Marmelade verwendet.
2. → Tomate

Tombopalme → Raffiapalme

Tomme de Savoie: halbfester *Schnittkäse* aus Frankreich. → Käsesorten

Tomme vaudoise: *Weichkäse* mit Weißschimmel aus dem Waadtland (Schweiz) mit → 45 % F. i. Tr. → Käsesorten

Tompo: Regionalbez. für das wildwachsende Wolfsmilchgewächs *Antidésma vogeliánum* Müll. (Familie *Euphorbiáceae*) in Ostafrika, dessen fleischige, säuerlich schmeckende Früchte in Sambia im März gesammelt und als Obst verzehrt werden. Für die Zusammensetzung von T. werden folgende Werte angegeben: 76% Feuchtigkeit, 18,3% Kohlenhydrate, 0,9% Eiweiß, 2,4% Fett, 1,2% Mineralstoffe und 1,2% Rohfaser, der Energiewert von 100 g Fruchtmasse entspricht 414 kJ (98 kcal).

Tondine → Arancini

Tonikgetränk, *chininhaltiges Erfrischungsgetränk, chininhaltiges Getränk, Tonic water:* ein ungesüßtes alkoholfreies Erfrischungsgetränk mit gesteigerter *Bitternote,* das hauptsächlich aus natürlichem → Mineralwasser durch Zusatz von höchst. 80 mg Chinin je l hergestellt wird. Die Bitterstoffe haben physiologische Bedeutung, sie steigern den Appetit, regen die Magensaftsekretion an und verbessern die Verdauung (vgl. die positive Wirkung der Bitterliköre und Magenbitter). Größere Mengen Chinin schaden Leber- und Nierenkranken, bei verschiedenen T. wird die Bitternote daher auch durch Zusatz von Saccharoseoctaacetat, einem Zuckerester (2···2,4 g je hl) bewirkt.

Tonic water → Tonikgetränk

Tonkabohnenbaum: der hohe, immergrüne Baum *Dípteryx odoráta* (Aubl.) Willd. (Familie *Fabáceae*), der im tropischen Amerika (Nordbrasilien, Guayana, Surinam) meist wild vorkommt. Die mangopflaumenähnlichen Früchte enthalten bräunlich-violette Samen, Tonkabohnen die wegen ihres Cumaringehaltes als Gewürz (Backgewürz), zum Parfümieren von Tabak, Aromatisieren von Likören sowie als Vanille-Ersatz bei der Speiseherstellung dienen. Infolge der synthetischen Herstellung von → *Cumarin* hat die T. an Bedeutung verloren. In Deutschland ist die Verwendung der T. für Nahrungszwecke nicht erlaubt. Die Samen enthalten ein festes Fett, die *Tonkabutter.*

Tonkabutter → Tonkabohne

Toóna sinénsis → Zederntriebe

Topas: eine → Zitrusfrucht, die aus einer Kreuzung von Tangerine x Orange hervorgegangen ist und runde bis flache Form mit einer dünnen, orangefarbenen Schale aufweist. T. kommt in Deutschland von März bis Mai in den Handel → Mandarine.

Topetorope → Physalis

Topfbaum → Sapucajanuß

Topfen: in Österreich und im Süden Deutschlands übliche Bez. für *Speisequark.* → Käse, nichtreifende

Topfkuchen → Aschkuchen

Topinambur, *Erdartischocke, Erdbirne, Grundbirne, Erdapfel, Jerusalemartischocke:* die birnen- oder spindelförmigen, frostresistenten Rhizome mit 10···15 cm Länge und 4···5 cm Dicke von *Heliánthus tuberósus* L. (Familie *Asteráceae*). Die Topinamburknollen, etwa 24···36 Stück pro Pflanze, weisen eine hauchdünne, braune Schale sowie gelbes, weißes, rotes oder violettes Fleisch auf und schmecken roh als Salat oder gekocht eigenartig süßlich (Tab.).

Zusammensetzung und Energiewert von Topinambur

Bestandteil	je 100 g eßbaren Anteils	
Feuchtigkeit	78,9	g
Eiweiß	2,44	g
Fett	0,41	g
Kohlenhydrate	4,8	g
Ballaststoffe	11,7	g
Mineralstoffe	1,74	g
Kalium	478	mg
Magnesium	20	mg
Calzium	27	mg
Eisen	3,7	mg
Phosphor	78	mg
Caroten	0,012	mg
Vitamin B_1	0,2	mg
Vitamin B_2	0,06	mg
Niacin	1,3	mg
Vitamin C	4	mg
Energiewert in kJ (kcal) je 100 g	138 (33)	

Die Trockenmasse besteht hauptsächlich an Stelle von Stärke aus Inulin als Reservekohlenhydrat; aus diesem Grund werden die Topinamburknollen den Diabetikern anstelle von Kartoffeln empfohlen. Die Knollen gelten als rel. eisenreich, sie werden auch zur Alkohol- und Fruchtzuckergewinnung herangezogen. Der hohe Biomasseertrag macht T. auch als Energiepflanze interessant. Der Ertrag an Trockenmasse (Knollen und Kraut) liegt zw. 100···200 dt/ha. → Gemüse → Inulingemüse

Topinamburbrand: → Edelbrand, dessen Alkohol ausschl. aus Topinamburknollen gewonnen wird.

Topinambursaft: ein aus dem Knollen des T. gewonnener Gemüsesaft, bei dem das Inulin in der Regel soweit enzymatisch abgebaut ist, daß im Konzentrat nur noch 50% verstoffwechselbare Monosaccharide enthalten sind. Das Verhältnis Fructose zu Glucose wird technologisch auf 5:1 eingestellt. Wegen der schwer abbaubaren Kohlenhydrate wird der T. Diabetikern empfohlen, wobei jedoch auf eine begrenzte Aufnahme wegen des rel. hohen Fructosegehaltes bes. bei denjenigen Diabetikern zu achten ist, die eine Niereninsuffizienz oder Hypertriglyceridämie aufweisen. → Knolle → Inulin

Topiro → Cocona

Torani: ein in Indien durch Fermentation hergestelltes flüssiges Gemüsewürzmittel aus Reis. → Lebensmittel, fermentiertes

Torfbeere → Moosbeere

Torfbrombeere → Multbeere

Toria → Raps, Indischer

Tormentillwurzel, *Blutwurzel:* die getrockneten, rötlich gefärbten Rhizome einer auf Wiesen und in Wäldern Europas, bes. in der GUS heimischen, ausdauernden, 10···50 cm hohen Pflanze, *Potentílla erécta* (L.) Raeuscher (Familie *Rosacéae*). Der charakteristische Geruch und adstringierende Geschmack beruhen auf dem Gehalt an ätherischem Öl, Catechin-Gerbstoffen (15···20%), Farbstoff (Tormentillrot), Chinovasäure, Ellagsäure sowie dem Glycosid Tormentol. Neben der medizinischen Verwendung dient der wäßrige alkoholische Auszug der T. in der GUS verschiedentlich zur Geschmacksverbesserung und zum Färben von Fruchtsäften.

Toronja → Pampelmuse

Tortas fritas → Tortilla

Törtchen → Tortelett

Torte: ein meist in Rundform mit vielen Varianten des Geschmacks und in der Ausführung, ohne oder mit gefülltem oder ungefülltem Boden hergestelltes Spitzenerzeugnis der Konditorei. Das Wort T. ist von *tortus* (lat.) abgeleitet und bedeutet *gedreht, gewunden.* Die Bez. einer T. beruht auf Phantasienamen, aus denen nichts über die Zusammensetzung oder Beschaffenheit hervorgeht (so sind z.B. unter den Namen *Punschtorte,*

Wiener Torte, Alexandertorte, Trüffeltorte, Havannatorte, Sachertorte, Dobostorte, Schwarzwälder-Kirschtorte u. a. Erzeugnisse bekannt, die bestimmten geschmacklichen Eigenschaften, Formen und speziellen Merkmalen der Garnierung unterworfen sind), oder sie richtet sich a) nach der Form, z. B. *Fassontorte* (alle Formen außer rund betreffend, also herzförmig, oval oder kranzförmig), *Stufentorte* bzw. *Terrassentorte* (aus ungleichen Böden zusammengesetzt), b) nach den für Füllung, Auflage, Überzug oder Garnierung verwendeten Rohstoffen, z. B. *Obsttorte (Fruchttorte), Mohntorte, Quarktorte* mit oder ohne Boden, *Eistorte, Kremtorte, Sahnetorte, Sahnekremtorte* oder c) nach der Angebotsform, z. B. *Anschnittorte* (eine T., deren Bestandteile bzw. Stücke für den Einzelverkauf vorgesehen sind; die Tortenteilung wird mit dem Tortenteiler vorgenommen, sie muß auch noch nach dem Garnieren gut erkennbar sein) oder *Verkaufstorte* (eine T., die ungeschnitten und meist in Plastringen transportiert bzw. verkauft wird). Die *Tortenböden* bestehen aus → Mürbe-, Blätterteigen → Baisermassen (z. B. *Baisertorte*) oder → Volleimassen (*Volleimasse-Boden),* wobei auch geschmackswirksame Substanzen, wie Schokoladenpulver, gemahlene Nüsse u. dgl., mitverwendet werden. Die Tortenböden sind hinsichtlich ihrer Bräunung immer glanzlos, sie sollen zart, etwas saftig sein und nicht – wenn gefüllt oder belegt – zum Durchfeuchten neigen. Für Füllungen der Tortenböden und für deren Zwischenschichtenbelegung werden Marmeladen, Konfitüren, leichte und schwere Krems, verschiedene → Rohmassen sowie Krokant, Sahne, Eis u. a. bevorzugt. Als Garnierungen und Auflagen werden frische und konservierte (Dickzuckerfrüchte), als Überzug bzw. zum Abdecken werden Kuvertüre, kakaohaltige Speisefett-, Fondant-, Eiweiß- und Stärkeglasuren und Tortenguß verwendet. Die Füllungen müssen sich gut mit der Krume verbinden, ohne in sie einzuziehen. Die Aufbewahrung der T. muß im Sommer im Kühlschrank oder in Kühlvitrinen erfolgen; T. sind je nach verwendetem Belag nur kurz haltbar.
Als *Halbfertigerzeugnis* werden Tortenböden in verschiedenen Sorten im Handel angeboten: a) als *Wiener Boden* aus → Wiener Masse, b) als *Biskuitboden* aus → Biskuitmasse und c) als *biskuitähnlicher Boden* aus → biskuitähnlicher Masse. Auch *Frucht-* bzw. *Obsttortenbelag* kann als Halbfertigerzeugnis je nach Wahl der Obstsorte in vakuumverschlossenen Weißblechdosen, als sog. *Dosentortenbelag* bzw. *Tortset* für eine individuelle Tortenbelegung aus dem Handel bezogen und bei Bedarf in fertig glasierter Form auf den Tortenboden gekippt werden. Von allen → Feinen Backwaren tragen Obsttorten und Obstkuchen am wenigsten zu energetischem Überverzehr und Körperübergewicht bei. → Feine Backware → Kuchen → Obstgebäck → Mohngebäck → Nußgebäck → Mandelgebäck → Quarkkuchen → Grillagemasse → Volleimasse → Kremgebäck → Sahnegebäck → Baisergebäck → Diabetikerbackware

Tortelett, *Tortelett, Torteletti, Törtchen, Torte, kleine:* ein kleiner, aus → Mürbeteig hergestellter Tortenboden oder eine Schale. Die T. kommen zu mehreren Stücken abgepackt als Dauerbackware in den Handel und können individuell mit Früchten (*Obsttörtchen, Fruchttörtchen*) belegt werden.

Tortenboden → Torte → Volleimasse → Mürbeteig → Dosentorte

Tortenfertigmehl, *Tortenmehl:* ein → backfertiges Mehl zur Herstellung bestimmter Tortenarten. Das T. wird in verschiedenen Varianten mit genau festgelegten Verarbeitungshinweisen gehandelt. Die Art der Zutaten sowie Haltbarkeits-, Lagerungs- und Verkaufsbedingungen des T. entsprechen denen des → Kuchenfertigmehles.

Tortengußpulver, *Geleeguß:* ein ungefärbtes oder gefärbtes Gelierpulver auf Agar-Agar-, Speisegelatine-, Pektin- oder Stärkegrundlage, häufig mit einem Fruchtsäurezusatz (meist Citronensäure), das bei rezeptgemäßer Zubereitung einen schnittfesten, mehr oder weniger durchsichtigen Geleeguß, z. B. für Obsttorten ergibt. → Gallert

Tortenmehl → Tortenfertigmehl → Auszugsmehl

Tortenspray → Dosentorte

Torte, Pischinger: eine mit Kuvertüre überzogene → Torte, bestehend aus sechs Waffelböden (18 bis 20 cm Durchm.) und weichgemachter Nugatfülle.

Torte, Türkische: eine → Torte, deren Boden aus → Wiener Masse oder Mandelmasse besteht, der zweimal aufgeschnitten, mit Aprikosenmarmelade gefüllt und aprikotiert ist. Auf der Tortenoberfläche befindet sich ein Muster aus dressierter Makronenmasse.

Torte, Wiener: eine → Torte, deren Boden aus → Wiener Masse besteht, der zweimal aufgeschnitten, mit Himbeermarmelade bestrichen und mit Butterkrem gefüllt ist. An den aprikotierten Tortenrand sind geröstete Mandeln gedrückt; die Tortenoberfläche ist mit zartgefärbtem Fondant überzogen und mit Belegfrüchten sowie dunkler Spritzglasur garniert.

Tortilla: ein kleiner Fladen aus Maismehl, Fett und Zucker, der in Mittel- und Südamerika vorwiegend warm verzehrt wird. In Uruguay wird dieser Fladen als *Tortas fritas* und in Kolumbien als *Arepa* bezeichnet. In Kolumbien wird er auch aus Reis hergestellt. Der T. ist ein traditionelles mexikanisches Nahrungsmittel, das heute auch industriemäßig hergestellt wird. Bei der Herstellung von T. werden die Maiskerne in eine Kalk-Wasser-Mischung gelegt (24 h bei 82°C), bis sie aufgebrochen sind. Nach Abgießen des Wassers wird das Ganze zu einem Teig (*Masa*) vermahlen (der eine Feuchtigkeit von 50···65 % aufweist) und danach getrocknet. Der getrocknete Tortillateig ist haltbar und kann gelagert oder unmittelbar zur Tortillaherstellung verwendet werden. In modernen sog. Tortillaöfen wird der Tortillateig über Extrusionswalzen geleitet, um flache Fladen zu erzielen, die in 45 s bei 400 °C gebacken werden, wobei die Innentemperatur der T. etwa 100°C erreicht. Die T. verlassen mit etwa 40···50 % Feuchtigkeit den Ofen und werden in Beuteln verpackt zum Verkauf angeboten oder auch in gefrierkonservierter Form gehandelt. Die verkauften T. werden im Haushalt in Öl gebraten und dadurch in die gewünschte Form und Konsistenz gebracht. Zum Belegen und Füllen werden vorwiegend Bohnen und Fleisch verwendet. T. werden zur Bereitung von *Enchilades* (zusammengeklappte T. wie → Sandwich, zu Soße, meist Chillisoße verzehrt) oder *Tacos* (gefüllte und gerollte T., ohne Soße verzehrt) verwendet. → Fladen → Capomo

Tortset → Torte

Tossajute, *Judenmalve, Cochorus, Langkapseljute, Naltajute, Putha, Pat, Melokych, Mouchlia, Meluchia:* die einjährige, meist unverzweigte Faser- und Gemüsepflanze *Córchorus olitórius* L. (Familie *Tiliáceae),* deren längliche, zugespitzte, schleimreiche Blätter in Indien, im tropischen Afrika, im Sudan, in Ägypten sowie in Griechenland und auf Kreta wie Spinat verzehrt werden. In je 100 g Blattmasse sind enthalten: 94 g Feuchtigkeit, 1,6 g Protein, 0,14 g Fett, 2,7 g Kohlenhydrate und 0,9 g Rohfaser. Die gemüseliefernden Formen sind kleiner (Höhe 30 cm) als die als Faserpflanze angebauten und im Gegensatz zu diesen verzweigt.

Tostado → Honigbaum, Wilder

Tosufu → Sufu

Totentrompete → *Hydnáceae*

Totumu → Kalebassenbaum

Toufuju → Sufu

Toufuri → Sufu

Touristenblutwurst: → *Kochwurst* (mittlere Sorte), ähnlich der *Speckblutwurst,* frisch, aber durch geringeren Wassergehalt (maximal 12 %) und damit längere Haltbarkeit gekennzeichnet.

Tournanteöl → Olivenöl

Tournedos: aus dem Filet des Rindes (→ Tierkörperteilstücke) geschnittenes, gebratenes oder gegrilltes Fleisch.

Toushik → Natto 2. → Hamanatto

Toxine: Giftstoffe, die von Bakterien, Pflanzen oder Tieren gebildet werden und antigene Eigenschaften haben. Man unterscheidet → Exotoxine,

→ Enterotoxine, → Endotoxine und Mykotoxine. → Giftstoffe in pflanzlichen Lebensmitteln

Toyfu → Puto

Toyo → Sojasoße

TPN (Triphosphopyridinnucleotid) → Niacin

Trachínus dráco → Petermännchen

Trachúrus ssp. → Schildmakrele

Trachyspérmum ámmi → Omum

Trachyspérmum roxburghiánum → Ajmuda

Tragacanth → Tragant

Tragacanthin → Tragant

Tragacanthgummi → Uronsäuren

Tragant, *Persischer Tragant, Anatolischer Tragant, Tragacanth:* ein aus Gummiexsudat von in Iran, in der Syrischen Arabischen Republik und in der Türkei wachsenden *Astragalus-Arten (*Familie *Fabáceae)* gewonnenes → Hydrokolloid. Der T. ist ein komplexes, verzweigtes Polysaccharid, bestehend aus D-Galacturonsäure, L-Arabinose, D-Galactose, L-Fucose und D-Xylose mit einer Molmasse von etwa 840 000 g/mol. Man unterscheidet eine wasserlösliche Fraktion (*Tragacanthin*) und den quellfähigen Bestandteil (60···70 %), das *Bassorin.* Das helle Pulver quillt in kaltem Wasser und ergibt relativ säurestabile viskose Lösungen. Ein gelartiger Zustand (ohne echte Gelierung) wird bei einer Konzentration von 2···4 % erreicht. In der Lebensmittelproduktion wird der T. z. B. bei der Herstellung von → Würzsoßen → Speiseeis → Geleezuckerwaren, flüssigen Gewürzextrakten als Emulsions- und → Stabilisierungs-, Binde- und → Verdickungsmittel eingesetzt. → Gummistoff, pflanzlicher

Tragant, Anatolischer → Tragant

Tragant, Indischer → Karayagummi

Tragant, Persischer → Tragant

Tragant, Schwedischer → Kaffeewicke

Tragant, Spanischer → Kaffeewicke

Trägerlösemittel: flüssige Stoffe, die wie → Trägerstoffe die Einarbeitung von → Zusatzstoffen oder anderen Zutaten zu Lebensmitteln erleichtern oder ermöglichen, indem man die einzuarbeitenden Stoffe zuvor im T. auflöst und in dieser Form dem Lebensmittel zugibt. T. werden angewendet bei Antioxydantien, Lebensmittelfarbstoffen, Aromastoffen. Wichtige T. sind: Wasser, Ethanol, Orthophosphorsäure (E 338), Glucitol (E 420), 1,2-Propylenglycol, Glycerol (E 422), Glycerolacetat.

Trägerpilze → Pilze → Ständerpilze

Trägerstoffe: feste Zusätze zu Lebensmitteln anorganischer oder organischer Natur, die lediglich zur Aufnahme, Fixierung und besseren Handhabung (Dosiserleichterung, Schutzfunktion, Schutzkolloid) anderer Stoffe wie Süß-, Aromastoffe, Enzyme u. a. dienen. Solche T. sind z. B. Cyclodextrine zur Mikroverkapselung von flüchtigen oder oxydationsempfindlichen Aromastoffen, Kochsalz für Iodid zur Prophylaxe von Iodmangelzuständen, pflanzliche Fette oder Öle bei Gewürzextrakten und → Trübungsmitteln, Maltodextrin oder Weizenstärke bei → Trockenhonig, Kartoffelstärke bei → Diätsalz → Quellmehl bei → Trockensauer, Alkohol bei Citrusölen, Traubenzucker bei Zitronenteegranulat, Emulgatoren bei Trockenhefe, verschiedener Zuckerarten zur Aromaerhaltung bei der Herstellung von Frucht- und Gemüsepulver, verschiedene Dextrine bei der Herstellung von Instantkaffee oder Kaffee-Ersatzmitteln. T. dienen auch zum Standardisieren von Stoffen und Extrakten, die bei der Gewinnung in wechselnder Stärke anfallen und auf einheitliche Gebrauchskonzentrationen gebracht werden müssen. Wichtige T. sind: Lecithin (E 322), Alginate (E 401···404), Traganth (E 413), Gummi arabicum (E 414), Glucitol (E 420), Pektine (E 440a), Carboxymethylcellulose (E 466), Saccharose, Milchzucker und Stärke. → Füllstoffe → Stabilisierungsmittel → Überzugsmittel

Tragopógon porrifólius → Bocksbart → Haferwurzel

Trakia → Mavrud

Traminer: spätreifende, zuckerreiche Weißweinkeltertrauben-Sorte, die bes. in der Spielart des *Gewürztraminers* alkohol- und bukettreiche, würzige Weine liefert. Sie gehört zu den qualitativ besten Sorten der nördlichen Weinanbaugebiete. T. wird in Deutschland und in Frankreich (Elsaß) angebaut. → Wein

Tran: übliche aber irreführende Bez. für → Fisch- und → Seetieröle. Die Bez. T sollte nur für bereits autoxydierte und polymerisierte, verdorbene („tranige") Öle verwendet werden.

Tranquilizer, *(Tranquillantia)*: engl. Bez. für *Beruhigungsmittel*. Verbindungsgruppe psychisch dämpfender Pharmaka. Es ist zw. *Tranquillantia minora* (Ataraktika) und *Tranquillantia majora* (Neuroleptika) zu unterscheiden. Die ersteren (Meprobamate, Diphenylmethanderivate, Benzodiacepinderivate, Abkömmlinge mehrwertiger Alkohole) sind milde Psychopharkama, die durch Dämpfung bestimmter Areale des Zentralnervensystems ohne stärkere Müdigkeitserscheinungen psychische Spannungen lösen, die letzteren (Phenothiazinderivate, Thioxanthene, Dibenzoazepine, Butyrophenone, Benzochinoliazine, Rauwolfia-Alkaloide) setzen den zentralnervösen Grundtonus herab. Auch an Schlachttiere werden in einigen Ländern vorzugsweise für Transportzwecke T. verabreicht, so daß dem Reststoffnachweis erhöhte Bedeutung zukommt. In Deutschland ist der Einsatz derartiger Pharmaka für den Transport von Schlachttieren nicht zugelassen.

Transaminasen: Gruppe von → *Enzymen* (EC 2.6.1), die die Übertragung von *Aminogruppen* von Aminosäuren (z. B. Glutaminsäure) auf Ketosäure (z. B. Brenztraubensäure) katalysieren. Die Wirkgruppe der T. enthält als Coenzym Pyridoxalphosphat, einen Bestandteil des Vitamins B_6. Die T. sind in Geweben weit verbreitet, sie spielen bei Reifungsvorgängen, z. B. von Käse, eine Rolle und sind in der klinischen Diagnostik von bes. Interesse.

Transferrin → Metallproteide → Eisen

Transfettsäure: ungesättigte Fettsäure mit mindestens einer Doppelbindung in trans-Konfiguration. Die Fettsäuren von Pflanzen und Tieren haben – von ganz seltenen Ausnahmen abgesehen – durchgängig cis-Konfiguration. Die T. entstehen bei der katalytischen Hydrierung (Aufhebung der C-C-Doppelbindungen durch Anlagerung von Wasserstoff-Atomen) von höher ungesättigten Fetten (Pflanzenöle und Seetieröle), sowie bei der mikrobiellen Hydrierung im Pansen von Wiederkäuern. Wiederkäuerfette, also auch Milch, Butter, Rindertalg, Hammeltalg, enthalten darum stets T. In unserer Nahrung gibt es T. in größeren Mengen erst seit Herstellung von Margarine zu Beginn dieses Jh. auf der Basis von teilw. hydrierten Pflanzenölen; bei Totalhydrierung wären die Fette bei Zimmertemperatur hart und physiologisch schwer verwertbar. Die Behauptung, daß sie gesundheitlich bedenklich wären, weil sie in Membranen eingebaut werden und diese unelastisch machen könnten, ist nicht erwiesen. Zwar werden die T. in die Zellmembran eingebaut, aber deren Funktionalität ist nicht vermindert. Die Haltbarkeit leicht verderblicher Pflanzenöle, vor allem dem Sojaöl, wird durch schwaches Anhydrieren erhöht. Dabei werden die dreifach ungesättigten Fettsäuren (Linolensäure) beseitigt, die ölige Konsistenz wird aber erhalten. Fette, die T. enthalten, werden heute sehr verbreitet verwendet. Außer in Margarine sind T. in Überzugsfetten, süßen Brotaufstrich-Cremes (z. B. Nuß-Cremes) u. a. hartfetthaltigen Produkten sowie in bestimmten Bratfetten und Salatölen anzutreffen.

Trápa spec. → Wassernuß

Trappe → Fleischtiere

Trappistenbier → Abteibier

Trappistenkäse: erstmals in Frankreich in einem Trappistenkloster, gegenwärtig in vielen europäischen Ländern, bes. in Jugoslawien, hergestellter *halbfester* → Schnittkäse aus Kuhmilch, der als Dreiviertelfett-, Vollfett-, Rahm- und Doppelrahmkäse in Stangen- oder dicker Wurstform gehandelt wird. Der T. hat eine glatte Rinde mit angetrockneter gelblich-bräunlicher Schmiere. Der buttergelbe, geschmeidige und schnittfeste Teig zeigt reichliche runde bis schlitzartige Lochung. Der Geschmack ist mild bis leicht pikant. Der T. wird gelegentlich auch einem Räucherprozeß unterzogen.

Traubengetränk → Obstgetränk

Traubenholunder → Holunder, Schwarzer

Traubenkernöl: das aus den Kernen der → Weintraube gewonnene Samenfett. Traubenkerne fallen bei der Weinbereitung als Nebenprodukt an und können, bes. in Notzeiten, zur Ölgewinnung genutzt werden (vor 1940 produzierte Frankreich 9 000 t je Jahr). Europ. Traubenkerne enthalten etwa 10 %, amerikanische Varietäten bis zu 15 % Öl. Das T. kann als Speiseöl verwendet werden. Die wichtigsten Fettsäuren sind, bezogen auf den Gesamtfettsäuregehalt, Palmitinsäure (4···11 %), Stearinsäure (2···5 %), Ölsäure (12···33 %) und Linolsäure (45···72 %)

Trauben-Korallenpilz → *Clavariáceae*

Traubenmost → Most

Traubensaft → Fruchtsaft

Traubensäure → Weinsäure

Traubensüßmost → Fruchtsaft

Traubenzucker → Glucose

Traubenzuckerkomprimat → Zuckerwarenkomprimat

Traubenzuckerschokolade: eine Schokolade, bei der die Saccharose durch Traubenzucker ersetzt ist.

Träuble, Schwarze → Johannisbeere

Träubli → Johannisbeere

Traumatinsäure, *Traumatin, trans-Decen-1-en-1,10-dicarbonsäure:* eine ungesättigte aliphatische Dicarbonsäure der Formel
$HOOC\text{-}(CH_2)_8\text{-}CH{=}CH\text{-}COOH$.
Die T. ist aus den Schalen junger Bohnen *(Phaséolus vulgáris* L.) isoliert worden. Sie gehört zu den pflanzlichen «Wundhormonen» und kristallisiert aus Ethanol in Blättchen, F. 165···166°C.

Traumelfenchel → Fenchel

Träuschlinge → *Strophariáceae*

Träuschlingsartige Pilze → *Strophariáceae*

Travancorestärke → Arrowroot → Kurkuma 1. → Kurkumastärke

Trebbiano → Chianti

Treber, *Biertreber***:** Nebenprodukt der Bierherstellung, das nach Extraktion des Darrmalzes zurückbleibt und die unlöslichen Bestandteile des Gerstenkornes, darunter das beim Maischeprozeß ausgefällte Eiweiß sowie Ballaststoffe enthält. Aus 100 kg Gerstenmalz entstehen etwa 110 kg *Naßtreber,* nach Trocknung etwa 22 kg *Trockentreber* und nach entsprechender Fraktionierung etwa 18 kg *Speisetreber,* der u. a. zur Herstellung von *Treberbrot* (bis zu 12 % Zusatz, → Brot, ballaststoffangereichertes) und zur allg. Ballaststoffanreicherung von Lebensmitteln dient. Eiweißreiche Treberfraktionen finden Anwendung für eiweißangereichertes Brot. Im *Speisetreber* finden sich keine Hopfenanteile. Der Anteil an einzelnen Ballaststoffen beträgt in Trockensubstanz je 100 g Ballaststoffgehalt 50 g Hemicellulose, 35 g Cellulose, 15 g Lignin. Bei Weizenkleie sind die Relationen ähnlich: 55 g Hemicellulose, 33 g Cellulose und 12 g Lignin. → Bier

Trecúlia africána → Okwabaum

Treibgase: komprimierte oder verflüssigte Gase, deren Dampfdruck bei Zimmertemperatur oberhalb von 0,1 MPa (1 bar) liegt und die zum Versprühen oder Verschäumen eines Füllgutes aus einem Behälter oder zum Saugen, Blasen, oder Drücken von Füllgütern durch Rohrleitungen dienen. Eingesetzt werden T. bei flüssigen Lebensmitteln, bes. Öle und Sahneerzeugnisse sowie bei Getreide und Mehl. Bevorzugt werden Kohlendioxid (E 290), Luft, Stickstoff und Distickstoffoxid als T. verwendet.

Trehala-Manna → Disaccharide

***α-α*-Trehalose,** *Pilzzucker, Mycose, Mutterkornzucker:* aus 2 Molekülen Glucose aufgebautes nicht reduzierendes Disaccharid (s. Formel) das in Hefe und Pilzen (im Mutterkorn erstmalig entdeckt) vorkommt, jedoch nicht generell vergoren wird.

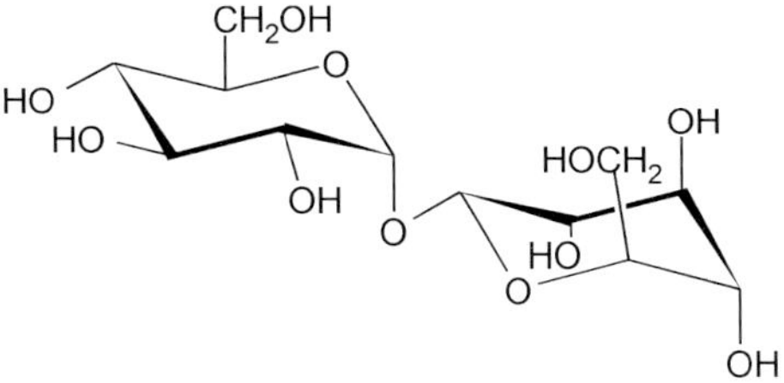

Im Intestinaltrakt des Menschen wird α-α-T. enzymatisch gespalten. T. dient, wie neuere Untersuchungen zeigen, weniger als Speicherstoff sondern mehr als Schutzstoff. So erhöht sich die Thermotoleranz von Bäckerhefe, indem sie Schutzfaktoren aufbaut, um die Denaturierung hitzestabiler Proteine zu verhindern. Ein zweiter Mechanismus beruht auf der Renaturierung hitzegeschädigter Proteine durch Hitzeschockproteine. Dieser Vorgang ist für das Wachstum bei mäßig hohen Temperaturen wichtig. Es wurden außerdem denaturierte Proteine festgestellt, und Hitzestreß aktiviert die Proteolyse-Systeme der Zellen. → Disaccharide → Saccharide

Treibhausgemüse, *Foliengemüse, Gewächshausgemüse, Unterglasgemüse:* mittels wärmeschützender Vorrichtungen kultiviertes → Gemüse. Das T. zeichnet sich gegenüber Freilandgemüse durch einen erhöhten Nitratgehalt aus. Dies hat zu Empfehlungen geführt, den Verzehr bestimmter Gemüsearten in den Wintermonaten einzuschränken. Die Tab. verweist auf die hohe Streubreite einzelner Gemüsearten hinsichtlich ihres Nitratgehaltes.
Im Gesundheitsministerium wird insbes. für Kopfsalat eine Festlegung vorbereitet, mit Aufspaltung in einen *Sommerwert* (bis höchst. 2500 mg Nitrat je 1000 g Frischmasse) und einen *Winterwert* (bis höchst. 4500 mg, ab 1995 nur noch 3500 mg Nitrat je 1000 g Salat). Zu den nitratreichen Gemüsearten zählen Blattgemüse, wie Kopfsalat, Eissalat, Endivien, Feldsalat und Spinat, Kohlgemüse, Rote Rüben und vor allem Rettich und Radieschen. Zu den nitratarmen Gemüsearten zählen Erbsen, Bohnen, Paprika, Gurken, Tomaten, Rosenkohl, Knoblauch, Zwiebeln, Kartoffeln. Der Nitratgehalt in den Gemüsepflanzen wird wie folgt klassifiziert: *hohe Nitratgehalte* (1000···4000 mg je kg Frischmasse), *mittlere Nitratgehalte* (500···1000 mg je kg Frischmasse) und *niedrige Nitratgehalte* (0···unter 500 mg je kg Frischmasse). Der Verbraucher kann sich vor zu hoher Nitrataufnahme schützen, indem er die Gemüsearten häufig wechselt, dabei das Angebot der Saison bevorzugt und wenig nitratreiches Gemüse im Winter verzehrt, dagegen nitratärmeres Frischgemüse in der lichtreicheren Jahreszeit aufnimmt. Nitrat findet sich vorzugsweise in bestimmten Pflanzenteilen, wie Strünken, Stielen, Blattrippen, Außenrippen und Schalen. Diese Pflanzenteile sollten in den Wintermonaten gemieden werden; außerdem ist bei Kochgemüse das Kochwasser wegzuschütten.

Nitrat im Gemüse (Angaben in mg/kg Rohware)

	Mittelwerte	Streuwerte
Kopfsalat	2196	10···5570[1)]
Feldsalat	1156	10···4125
Spinat	1376	10···3894[2)]
Kohlrabi	1045	10···4424
Rettich	1352	10···6684
Radieschen	1654	10···3865
Rote Bete	1749	10···6798

1) Richtwert 3000 mg/kg
2) Richtwert 2000 mg/kg

Treibzichorie → Chicorée

Tremelláceae, *Gallertpilze, Zitterlinge:* der Ordnung *Tremelláles* – innerhalb der Klasse *Basidiomycétes (Ständerpilze)* – zugeordnete Pilzfamilie mit cantharelloid, pleurotoid, tremelloid, cyphelloid oder corticioid geformtem Fruchtkörper, freiliegendem Hymenium und teilw. vorhandenem

Hymenophor. Die eßbaren, aber unbedeutenden Vertreter sind: *Rötlicher* oder *Rotbrauner Gallert-Trichter, Tremíscus helvelloídes (DC. ex Fr.)* Donk = *Guepínia helvelloídes* (DC. ex Fr.) Fr. = *Gyrocéphalus rúfus* (Jacq.) Bref., *Gallertartiger Zitterzahn, Eispilz* [*Psēūdohýdnum gelatinósum* (Scop. ex Fr.) Karst. = *Treméllodon gelatinósum* (Scop. ex Fr.) Fr.], bedingt eßbar ist der *Blattartige* oder *Rotbraune Zitterling (Tremélla foliáceae* Pers.). In den Tropen kommen farbenprächtige, große, schöne Gallertpilzarten vor. In China werden große Zitterlinge als Leckerbissen geschätzt und zu Suppen verarbeitet. → Pilze → Speisepilze → Ständerpilze

Tremélla foliáceae → *Tremelláceae*

Tremelláles → *Ständerpilze* → Tremelláceae

Treméllodon gelatinósum → *Tremelláceae*

Tremíscus helvelloídes Tremelláceae

Trendbrot → Weizenschalenbrot

Trennemulsion → Trennfett

Trennfett: ein Spezialfett, das als → Trennmittel vorwiegend bei der Backwarenherstellung verwendet wird. Neben den T. werden auch *Trennemulsionen,* z.B. Öl-in-Wasser-Emulsionen mit 10···40% Fettgehalt oder Wasser-in-Öl-Emulsionen (etwa 20 bis 30% Fettgehalt) verwendet. Die Trennemulsionen weisen im Vergleich zu den T. und Trennölen (z.B. Spermöl) eine bessere Auftragbarkeit (Streich- und Zerstäubungsfähigkeit) auf. Die gehandelten Trennemulsionen haben einen Fettgehalt von 8 %, 20% oder 35%.

Trennmehl, *Streumehl:* ein → Trennmittel aus gewöhnlichem Brotmehl, *Getreideschalen-, Kartoffelwalz-, Buchweizen-* oder aus *Holzstreumehl* von mehliger bis grießartiger Beschaffenheit und heller Farbe. Unter den Getreideschalenmehlen ist die Verwendung von feinst zerkleinerten Deck- und/oder Hüllspelzen von Hafer (*Haferschalenmehl, auch Haferschalenpuder* oder *Haferspelzpuder* genannt) am verbreitetsten. Das *Holzstreumehl* darf nur von naturbelassenen Fichten-, Tannen-, Buchen-, Eschen-, Eichen- oder Ahornholz gewonnen werden; beim Schleifen dieser Hölzer anfallende Produkte sind ausgeschlossen. Ein T. darf nicht bitter, harzig, dumpf noch fremdartig schmecken. Dem Teig darf es nur von außen anhaften und in einer Menge von maximal 1,5 g je kg Teig eingesetzt werden.

Trennmittel: ein Hilfsstoff a) zur Verbesserung und Erhaltung der Streu- und Rieselfähigkeit von → Pulvern, b) zur Vermeidung des Anhaftens der Lebensmittel, z.B. an der Umhüllung, Unterlage oder Form. Zu den T. zählen *Trennfette* bzw. *-öle, Trennemulsionen, Trennwachse, Silikone, Trennmehle,* [z.B. auf dem Backwarensektor zur Isolierung von Teig und Backform (bei Kuchen oder Kastenbrot), Masse und Backform (bei Rühr- und Sandkuchen), Teig und Backblech (Blechkuchen u. a. Backwaren), Teigstück und Unterlage (z.B. Brotteig in Schüsseln oder auf Brettern) sowie zur Verhinderung des Anhaftens der Seitenflächen bei angeschobenem Brot verwendet]. Trennspray besteht aus einem T. in Druckgasverpackung und dient vorwiegend im Haushalt zur Vermeidung des Anklebens von Lebensmitteln (an Pfannen, Töpfen, Blechen und Formen) → Talkum (E 553 b) (in der Süßwarenindustrie bei Hart- und Weichkaramellen sowie für Glucoseglasuren bei Schälerbsen), Natrium-, Kalium- und Calciumhexacyanoferrat II (zur Erhaltung der Rieselfähigkeit von Speise- und Gewürzsalz), Magnesium- und Calciumcarbonat (E 170 bei Speisesalz und Kaugummi), Cellulose (E 460 bei Kaugummi), Magnesiumoxid (E 530 in Form eines hitzebeständigen, weißen Pulvers als wärmestabiles T. z.B. bei Waffelherstellung), Calcium- und Magnesiumstearat (E 572 als Salze der Stearinsäue bei gepreßten Süßwaren und Würfelzucker, in Backhilfsmitteln, bei Zwiebel- und Knoblauchgranulaten), kolloidale Kieselsäure (E 551 bei Kaugummi, Trockensuppen, Speisesalz, Soßenpulver, Fruchtpulver, Gemüsepulver), Natrium- (E 550), Magnesium- (E 553a), Calcium- (E 552) und Aluminiumsilikat (E 554) bei Kaugummi, Calciumsilikat (bei Speisesalz). Weiterhin werden zu den T. gezählt: → Bentonit (E 558), Dicalciumdiphosphat (E 540), Calciumnatriumpolyphosphat (E 543), Natriumhexacyanoferrat II (E 535), Kaliumhexacyanoferrat (II)

(E 536), Calciumpolyphosphate (E 544) und Stearinsäure (E 570). → Backpulver

Trennspray → Trennmittel

Trennwachs: ein → Trennmittel vorwiegend aus a) Bienen- → Carnauba- oder → Candelillawachs, denen meist ein Pflanzenöl beigemischt ist oder b) aus → Spermöl, das ein flüssiges → Wachs darstellt. Die T. werden bei Gebäckarten bevorzugt, die gegen ein Ranzig- oder Seifigwerden des Fettes anfällig sind. Sie werden daher vor allem bei der Dauerbackwarenherstellung und in der Süßwarenindustrie eingesetzt.

Trepang → Seewalzen

Trepangsuppe, Chinesische → Suppe, tafelfertige

Tresterbranntwein: ein aus Rückständen (Schalen, Kerne, Stiele) ausgepreßter Trauben durch Gärung und anschließender Destillation hergestellter → Branntwein. Bekannte T. sind der span. → *Aguardiente,* in der Schweiz und Italien der *Grappa, in Frankreich der Marc.* Die T. erreichen je nach Herstellung und Lagerung ein mehr oder weniger feines Aroma. Ihr Mindestalkoholgehalt beträgt 37,5 %-Vol..

Tresterwein → Wein

'Trévoux' → Birne → Kernobst

Triacontan-1-ol → Fettalkohole

n-Triacontansäure → Melissinsäure → Fettsäuren

Triammoniumcitrat → Säureregulatoren

Tricarballylsäure *(Trikarballylsäure), Karballylsäure,* Carballylsäure, Propantricarbonsäure, 3-Carboxylglutarsäure: eine gesättigte Tricarbonsäure der Formel
$HOOC\text{-}CH_2\text{-}CH(COOH)\text{-}CH_2COOH$.
T. wurde erstmals aus Aconitsäure erhalten. Sie kommt vor im Saft der Zuckerrüben und des Zuckerahorns (*Ácer sáccharum* Marsh) und in grünen Getreidepflanzen. Die T. kristallisiert aus Wasser in großen Prismen, F. 162···165°C. Sie dient zur Herstellung von → Retrofetten.

Tricetinidin → Anthocyane

Trichine, *Trichinélla spirális* (Bild):

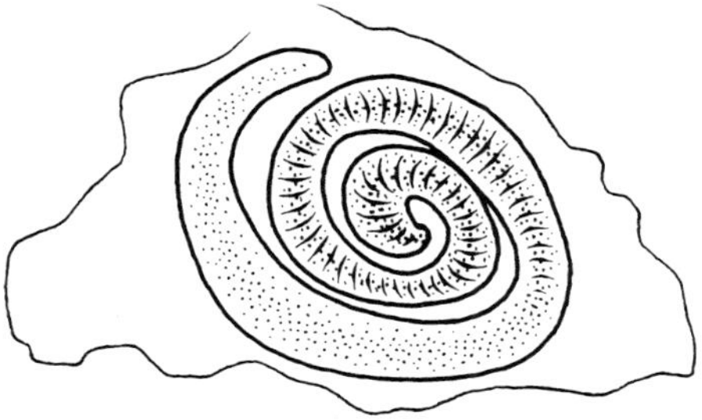

Trichine (junge invasionstüchtige Muskeltrichine)

Zu den Rundwürmern gehörender Parasit, der während des Larvenstadiums im Skelettmuskelfleisch von bestimmten schlachtbaren Haustieren und Wildtieren vorkommen kann. Trichinenträger sind Schweine, Wildschweine, Hunde, Bären, Katzen, Füchse, Dachse und andere fleischfressende oder allesfressende Tiere. Durch Genuß trichinenhaltigen Fleisches wird beim Menschen die Trichinenkrankheit (Trichinose) ausgelöst. Durch gesetzlich geregelte, tierärztlich geleitete Trichinenuntersuchung (Fleischbeschau) wird erreicht, daß trichinenhaltiges Fleisch nicht zum Verbraucher gelangt. Trichinen können durch Kochen bzw. Dämpfen des Fleisches oder durch Bestrahlen mit γ-Strahlen abgetötet werden.

Trichinélla spirális → Trichine

Trichiúrus leptúrus → Degenfisch

Trichlorgalactosaccharose, TGS → Sucralose

Tricholomasäure → Aminosäuren → Geschmacksverstärker

Tricholóma spec. → *Tricholomatáceae* → Würzpilze

Tricholomatáceae, *Ritterlings-* und *Trichterlingsartige Pilze:* der Ordnung *Agaricáles (Blätterpilze)* – innerhalb der Klasse *Basidiomycétes (Ständerpilze)* – zugeordnete Pilzfamilie mit cantharelloid, agaricoid, pleurotoid

oder cyphelloid geformtem Fruchtkörper. Eßbar und lohnenswert sind:
Trichterlinge: Hallimasch, Honigpilz, [*Armillária méllea* (Vahl ex Fr.) Kumm. = *Armillariélla perymýces* (Pers. ex S. F. Gray) Sing. et Clém], ansehnlicher Pilz mit weißlichem oder honiggelbem bis rotbraunem oder dunkelbräunlichem Hut und fast gleichfarbenen Blättern und gelbem bis braunem, an der Basis schwärzlichem, auch gelblichem Stiel, der oben einen weißlichen, dickhäutigen, weichflockigen Ring trägt. Oberhalb des Ringes laufen die Lamellen strichförmig am Stiel abwärts. Das blasse, weiche, am Stiel zähe Fleisch riecht schwach und schmeckt anfangs mild, ist aber sehr bald stark zusammenziehend, kratzend; sehr ergiebiger und schmackhafter Speisepilz (Marktpilz), jedoch nur nach intensivem Dünsten genießbar, roh giftig. Verwechslung ist mit dem ungenießbaren *Sparrigen Schüppling* [*Pholióta squarrósa* (Müll. ex Fr.) Kumm.] möglich. Vorkommen: ab Sept. auf Laub- und Nadelholzstümpfen und auf deren unterirdisch verlaufenden Wurzeln. Nur jung eßbar ist der *Falbe Riesen-Trichterling, Mönchskopf* [*Clitócybe geótropa* (Bull.) Quél.].
Raslinge, Büschel- oder *Knäuelritterling, Grauer Knäuelritterling, Brauner Rasling, Brauner Büschelritterling, Frostrasling* [*Lyophýllum decástes* (Fr. ex Fr.) Sing. = L. *aggregátum* (Schaeff.) Kühn.], Pilze mit unregelmäßig verbogenen, dunkelbraunen Hüten mit speckig-seidigem Glanz, weißblassen, später rötlich überhauchten Blättern und mit weißen, glatten, büschelig zusammengewachsenen Stielen. Das fast weiße, nicht graue Fleisch weist angenehmen Geruch und Geschmack auf. Guter Mischpilz, sehr lohnend. Vorkommen: Sept. bis Anfang Dez. im humosen Laubwald, in Parkanlagen, Gärten und auf Komposterde. *Geselliger Rasling, Frostrasling, Knäuelritterling* [*Lyophýllum fumósum* (Pers. ex Fr.) Orton = *Tricholóma conglobátum* (Vitt.) Ricken], mit mittelgroßem, dunkelgraubraunem, oft unregelmäßig geformten Hut, dessen Rand lange eingerollt bleibt, mit weißlichen bis graulichen Blättern, blassem Stiel, die Stiele knäuelig verwachsen. Fleisch riecht nach Mehl. Vorkommen: Sept. bis Dez. im Laub- und Nadelwald, oft in Hexenringen.
Rötelritterlinge: Violetter Rötelritterling [*Lepísta (Rhodopaxíllus) núda* (Bull. ex Fr.) Cooke], ein farbenprächtiger Pilz, der jung kräftig violett gefärbt ist, sich später mit Ausnahme des Stieles verfärbt; Hut braun, die violetten Töne verlieren sich ganz, die Blätter sind bräunlich, behalten aber den violetten Ton. Der Pilz riecht angenehm, ist wohlschmeckend, solange er nicht zu durchwässert und schwammig ist, das kräftige Aroma sagt jedoch nicht jedem zu; er ist roh schwach giftig. Vorkommen: Spätherbst im Wald und in Parkanlagen, im Fallaub in Kreisen und Reihen stehend. *Lilastieliger* oder *Maskierter Rötelritterling* [*Lepísta (Rhodopaxíllus) personáta* (Fr. ex Fr. Cooke = *L. sǣva* (Fr.) Orton], mit großem, bis zu 15 cm breitem, blaßgrauem bis blaßbraunem Hut ohne violette Tönung, weißlichen bis bräunlichen Blättern, oft kurzem, kräftigem, außen violett gefärbtem Stiel, blassem, oft wäßrig durchzogenem, angenehm riechendem, jung eßbarem Fleisch. Vorkommen: Okt. bis Nov. auf Wiesen, in Parkanlagen, in Reihen und in Hexenringen stehend.
Schwindlinge: *Nelkenschwindling* [*Marásmius oréades (*Bolt ex Fr. = *M. caryophýlleus* (Schaeff.) Schroet.], blasser, kleiner Pilz mit ledergelbem bis lederbräunlichem Hut auf blassem, unten weißzottigem, zähem, schlanken Stiel, Hut mit weitstehenden, dicklichen Blättern. Das blaß ockerfarbige Fleisch riecht angenehm nach Kuchengewürz, häufig nach Bittermandelöl. Vorzüglicher Speise- und Würzpilz, für Suppen und Soßen geeignet. Vorkommen: Mai bis Nov. im Rasen und in lichten, grasigen Wäldern, einzeln oder truppweise, oft massenhaft, auch in Reihen oder Hexenringen. Verwechslungsgefahr mit kleinen, giftigen Rißpilzarten (*Inocýbe*) und kleinen, weißlichen Gifttrichterlingen (*Clitócybe*).
Ritterlinge: Grünling, Echter Ritterling [*Tricholóma flavóvirens* (Pers. ex Fr.) Lundell], niedriger Pilz mit gelbgrünem bis olivgelbgrauem Hut mit erdiger Oberhaut, in der Mitte oft bräunlich gefärbt, mit leuchtendgelben bis grünlichgelben Blättern und mit schwefelgelbem Stiel. Das gelblichweiße, unter der Huthaut grüngelbe, kernige Fleisch riecht schwach mehlartig und schmeckt angenehm mild. Hervorragender Speisepilz, wichtiger

Marktpilz in Nordeuropa. Vorkommen: Sept. bis Nov. in Nadelwäldern, bes. sandigen Kiefernwäldern, unter Nadeln oder im Sande halb versteckt, bes. auf Sandwegen, oft massenhaft. Der Grünling wird mitunter mit dem tödlich giftigem *Grünen Knollenblätterpilz* und dem *Schwefelgelben Ritterling* [*Tricholóma sulphúreum* (Bull. ex Fr.) Kumm.] verwechselt. Diese beiden kommen jedoch im Gegensatz zum Grünling nur in Laub- und Mischwäldern vor. *Grauer* oder *Schwarzfaseriger Ritterling, Schnee-Ritterling, Schneepilz* oder *Rußkopf* [*Tricholóma portentósum* (Fr.) Quél.] mit dunkler, radial angeordneter Faserung auf grünlichgrauem Hutgrund und gründlich angehauchten Blättern und Stielen. Das Hutfleisch ist schwärzlich durchgefärbt. Das Fleisch im Stiel ist weißlich, wäßriggrau, in der oberen Stielrinde oft gelbgrünlich, Geruch und Geschmack schwach mehlartig, mild. Sehr guter Speisepilz. Die Oberhaut ist abzuziehen. Vorkommen: Sept. bis Dez. in sandigen Nadelwäldern, sehr häufig, oft in großen Trupps. *Graublättriger* oder *Mausgrauer Erd-Ritterling* [*Tricholóma térreum* (Schaeff. ex Fr.) Kumm.], meist recht kleiner Pilz mit hell- bis dunkelgrauem, dichtfilzigem, trockenem Hut, grauen, sehr zerbrechlichen Blättern. Das weißgraue, im Hut dunklere Fleisch riecht erdig und schmeckt mild. Er ist aber mit ungenießbaren Erdritterlingen leicht zu verwechseln und sollte deshalb nicht gesammelt werden. Vorkommen: Aug. bis Nov. in Nadelwäldern, unter Gebüsch und an Wegrändern, sehr gesellig und sehr veränderlich. *Gilbender Erd-Ritterling* [*Tricholóma argyráceum* (Bull.) Gill. = *T. scalpturátum* (Fr.) Quél.] mit grauem, filzig-faserschuppigem Hut, zuerst reinweißen, im Alter und bes. am Rande gilbenden Blättern. Das weiße, kaum grauliche Fleisch riecht und schmeckt mehlartig, wohlschmeckend. Vorkommen: Mai bis Nov. in Wäldern, Parks und Gärten, bes. an grasigen Wegrändern, scharenweise bis rasig, sehr häufig. *Maipilz, Mai-Ritterling* [*Calócybe gambósa* (Fr.) Sing] [*Tricholóma geórgii* (L.) Quél.], mittelgroßer, dickfleischiger Pilz mit weißgelblichem bis gelblichgrauem, auch ockergelbem, anfänglich am Rande eingerolltem, später wellig verbogenem Hut auf etwa gleichgefärbtem, etwas faserigem, gedrungenem, häufig nach unten zu verdicktem Stiel. Das weiße bis blaßgelbliche, weiche Fleisch riecht nach kienigem Holz, Mehl oder Gurke und schmeckt mild, manchmal leicht nach Terpentin. In der pilzarmen Jahreszeit sehr geschätzter und ergiebiger Speisepilz, Marktpilz. Im Jugendstadium mit dem sehr giftigen *Ziegelroten Rißpilz (Inócybe patouillárdii* Bres.) verwechselbar. Vorkommen: Ende April bis Juni an grasigen Stellen im Walde, bes. unter Haselnußbüschen, in großen Halbkreisen oder Hexenringen, häufig, fehlt aber mancherorts. Der *Rosenblättrige Helmling* [*Mýcéna galericuláta* (Scop. ex Fr.) S. F. Gray = *M. rugósa* (Fr.) Quél.] ist nicht lohnend, weil er wenig Masse ergibt.

Weniger bedeutende eßbare Vertreter der T. sind: *Trichterlinge: Gelbbräunlicher* oder *Ockerbrauner Trichterling* [*Clitócybe gíbba* (Pers. ex Fr.) Kumm. = *C. infundibulifórmis* (Schaeff.) Quél.], der im Mischgericht eßbar ist; *Keulenfuß-Trichterling* [*Clitócybe clávipes* (Pers. ex Fr.) Kumm.], *Nebelgrauer Trichterling, Graukappe, Nebelkappe* [*Clitócybe nebuláris* (Batsch ex Fr.) Kumm.], bedingt eßbar, nicht allen bekömmlich; *Grüner Anis-Trichterling* [*Clitócybe odóra* (Bull. ex Fr.) Kumm.], als Würzpilz geeignet; *Buchsblättriger Trichterling* [*Clitócybe alexándri* (Gill.) Konr. = *Paxíllus extenuátus* (Fr.) ss. Rick. = *P. alexándri (Gill.) Fr.*]; Lärchen-Trichtling, Wurzelschopf-Trichterling [*Clitócybe vermiculáris* (Fr.) Quél. = *C. rhizophóra* Velenowsky]; *Duft-Trichterling, Weißer Anis-Trichterling* [*Clitócybe frágans* (With. ex Fr.) Kumm.] – Nicht häufig sind der *Erdsilberling* [*Lyophýllum fumósum* (Pers. ex Fr.) Orton = *L. cineráscens* (Bull.) Konr. et Maubl.], der *Ulmenrasling* [*Lyophýllum ulmárium* (Bull. ex Fr.) Kühn.], der nur jung genießbar ist; der seltene *Hygrophane* oder *Spindelporige Schwärzling* [*Lyophýllum semitále* (Fr.) Kühn.].

*Schwindlinge: Küchen-Schwindling, Echter Mousseron, Knoblauchpilz (Marásmius scorodónius (*Fr. ex Fr.) Fr. = *M. alliátus* (Schaeff.) Schroet.], kleiner, zierlicher Pilz mit weißlichbräunlichem, runzeligem, pfenniggroßem Hut auf hohem, dünnem, dunkelrotbraunem, zähem Stiel. Das blasse, zähe Fleisch riecht stark nach Knoblauch, der Ge-

ruch wird beim Einweichen bes. intensiv. Ein alter geschätzter vorzüglicher Gewürzpilz für Braten und Soßen. Kann mehrere Jahre getrocknet bevorratet werden. Vorkommen: Juni bis Okt. außerhalb des Waldes an grasigen Stellen, oft in großen Mengen. Es gibt noch mehrere kleine, dem Mousseron sehr ähnliche Schwindlinge, die schwächer oder stärker nach Knoblauch riechen.
Helmlinge: Der *Samtfuß-Rübling, Winterrübling* oder *Winterpilz* [*Flammúlina (Collýbia) velútipes* (Curtis ex Fr.) Karst.], bildet Rasen von honiggelben Hüten mit schwarzsamtigen Stielen an Baumstümpfen und lebenden Bäumen. Das weiße bis blaßgelbliche Fleisch ist erst zart, im Alter etwas zäh, mit roh schwach laugenartigem, gekocht jedoch angenehmerem, würzigem Geruch. Ohne Stiel eßbar, liefert sogar im Winter schmackhafte Speisen, bleibt zum Unterschied zu anderen Speisepilzarten nach mehrmaligem Einfrieren und Auftauen genußtauglich. Vorkommen: Sept. bis April, bes. in milden, feuchten Wintermonaten, zuweilen sogar unter dem Schnee verborgen an verschiedenen lebenden oder abgestorbenen Laubhölzern (bevorzugt Weiden, Buchen).
Schleimrüblinge: Gemeiner Wurzelrübling oder *Wurzel-Schleimrübling* [*Xérula radicáta* (Relh. ex Fr.) Dörfelt = *Collýbia r.* (Relh. ex Fr.) Quél.] = *Oudemansiélla r.* (Relh. ex Fr.) Sing.] ist geringwertig.
Ritterlinge: Braungefleckter oder *Gestiefelter Ritterling, Krokodil-Ritterling* [*Tricholóma caligátum* (Viv.) Rick. = *Armillária caligáta* (Viv.) Gill. = *A. matsutáke* Ito et Imai], weit verbreitet in Mitteleuropa, Schweden, in Asien; im Bayrischen Wald und in Japan häufig. Beliebtester japan. Speisepilz. Das Suchen dieses Pilzes ist ein seit alters geübter japan. Nationalsport. *Weißseidiger Ritterling* [*Tricholóma columbétta* (Fr.) Kumm.]. Nicht immer schmackhaft und vor dem Garen abzubrühen sind der *Pappel-Ritterling (Tricholóma populínum* Lge.) und der schwer verdauliche, am besten für Pilzpulver geeignete *Riesen-Ritterling, Hartpilz (Tricholóma colóssus* (Fr.) Quél.].
Schönköpfe: Rosenroter Schönkopf [Calócybe persícolor (Fr.) Sing. = Tricholóma persícolor (Fr.) Karst.]; *Fleischrötlicher Schönkopf* [Calócybe cárnea (Bull. ex Fr.) Donk.]; der seltene *Veilchenblaue Schönkopf* [Calócybe ionídes (Bull. ex Fr.) Donk. = Trocholóma ionídes (Bull. ex Fr.) Kumm.].
Zu den Giftpilzen zählend: Kahler oder *Empfindlicher Krempling* [Paxillus involútus (Batsch. Fr. ex Fr.)], galt früher als ausgezeichneter Speisepilz und nur in rohem Zustand als giftig bzw. für einzelne Personen als unverträglich. Auf Grund neuer wissenschaftlicher Untersuchungen ist dieser Pilz jedoch als gefährlich giftig für jedermann anzusehen. Er ist roh giftig (Giftwirkung auf Magen-Darmtrakt mit Kollaps, Bauchkoliken, Erbrechen, Durchfälle und Hämoglubinurie). Außerdem liegt seine Gefährlichkeit darin, daß der Organismus bei seinem Genuß Antigene aufnimmt, die zur Bildung von Antikörpern führen, an die die Antigene gebunden werden (Immunisierung). Dabei erfolgt eine Sensibilisierung des Blutes gegen die Pilzantigene. Bei wiederholtem Genuß dieses Pilzes kommt es dadurch zu einer intestinalen Allergie, die zu einer schweren Hämolyse führt → Pilzgifte. Daraus wird verständlich, warum eine Pilzvergiftung nicht unbedingt bei allen Personen auftreten muß, die vom selben Pilzgericht gegessen haben. Um zu erkranken, muß eine Sensibilisierung vorausgegangen sein. Diese Sensibilisierung kann jahrelang anhalten. → Pilze → Speisepilze → Ständerpilze

Tricholomópsis spec. → Tricholomatáceae

Tricholomsäure, α-Amino-3-oxo-5-isoxazolidinessigsäure: Die Aminosäure kommt als Aromastoff im Ritterling *Tricholóma muscárium* vor (s. Formel).

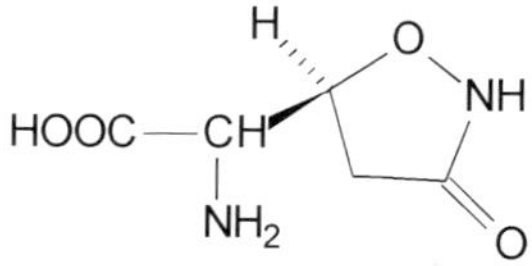

Trichosánthes anguína → Schlangenkürbis

Trichosánthes dióica → Schlangenkürbis

Trichosánthes ovígera → Haarblume

Trichothecene: eine Gruppe von Mykotoxinen mit folgender Grundstruktur:

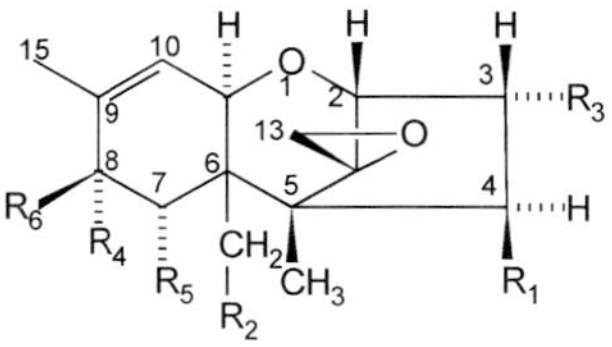

	R_1	R_2	R_3	R_5	R_4	R_6
Vomitoxin	H	OH	OH	OH	O	
Nivalenol	OH	OH	OH	OH	O	
T_2-Toxin	$OCOCH_3$	$OCOCH_3$	OH	H	$OCOCH_2CH(CH_3)_2$	H

T. sind biologisch aktive Stoffwechselprodukte der Schimmelpilzgattungen Fusarium, Cephalosporium, Myrothecium, Trichoderma und Stachybotris. Sie befallen fast alle Lebensmittel. Bisher sind 37 T. bekannt. Durch die Anwesenheit der 12–13-Epoxygruppe ist das Trichothecengrundmolekül chemisch sehr stabil, woraus sich hohe Toxizität ableitet. Die Wirkung zeigt sich bes. am Verdauungstrakt, am Knochenmark und an der Haut mit Nekrosen und Blutungen. Diese zellaktiven Toxine greifen in Geweben an, die Zentren aktiver Zellteilung sind wie Schleimhäute, Lymphe und Blutzellsysteme, durch Hemmung der Eiweiß- und DNA-Synthese. → Mykotoxine

Trichterlinge → *Trichcholomatáceae* → Pilzgifte → Speisepilze

Trichterling, Orangeroter → Hydnáceae

Tricin → Flavonoide

Tricosansäure → Fettsäuren

Tricresylphosphat, *Phosphorsäuretrikresylester:* organische Phosphorverbindung, die als ortho- und para-Derivat vorliegt.

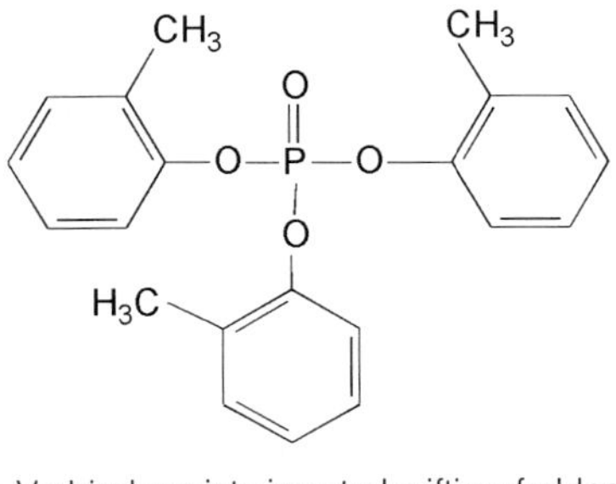

Die o-Verbindung ist eine stark giftige, farblose bis gelbliche Flüssigkeit, die in Wasser wenig, in Ethanol, Ether, Benzen, Chloroform, Eisessig und Fett leicht löslich ist, F. 11°C, Kp. 410°C, d_4^{25} 1,183. T. wird leicht über die Haut resorbiert und wirkt lähmend auf das ZNS. Das reine p-Derivat ist nicht toxisch. Die Verwendung von T. als Weichmacher für Kunststoffe (bes. Polyvinylchlorid) ist wegen seiner Giftigkeit weitgehend eingeschränkt und bei Plasten zur Verpackung von Lebensmitteln verboten.

Tridecan-2-on → Ketone

Tridecansäure, *Tridecylsäure:* eine Monocarbonsäure der Formel
CH_3-$(CH_2)_{11}$-COOH,
F. 41,6 °C. Die T. ist Bestandteil des menschlichen Haarfettes und im Fettsäuregemisch der Paraffinoxydation enthalten. In der Niere wird T. zu Propionsäure, Kohlendioxid und Wasser oxydiert. T. hat fungizide Wirkung.

Tridecylsäure → Tridecansäure

Tridschataka: eine scharfe, indische → Gewürzmischung, die Ingwer, Langen sowie Schwarzen Pfeffer enthält und zum Würzen verschiedener Reisgerichte dient.

Triebmittel → Lockerungsmittel

Triebkohl → Brokkoli

Trifoliin → Flavonoide

Trifólium praténse → Klee

Trifoliúm répens → Klee

Trifructosan → Polyfructosane

Trígla spec. → Knurrhahn

Tríglidae → Knurrhahn

Triglyceride: Fettsäureester des Glycerols, bei denen die 3 Hydroxylgruppen des → Glycerins mit → *Fettsäuren* verestert sind. Die T. werden auch als *Neutralfette* bezeichnet. Sie sind die wichtigsten Bestandteile der → *Fette*. Nach der Anzahl der verschiedenen Fettsäuren innerhalb eines Triglyceridmoleküls spricht man von ein-, zwei- und dreisäurigen T.. Die T. haben die allg. Sturkturformel:

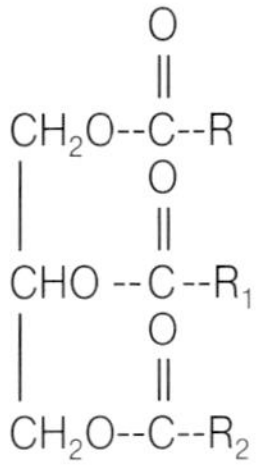

Die physikalischen und chemischen Eigenschaften der T. sind wesentlich von den konstituierenden Fettsäuren abhängig, z.B. nimmt der Schmelzpunkt mit der Kettenlänge und dem Sättigungsgrad der Fettsäuren zu. Hinsichtlich der räumlichen Anordnung der Fettsäuren im Triglyceridmolekül werden die Stimmgabelform („tuning fork"), die Stäbchenform („rodlet") und die Sesselform („chair") diskutiert. Ebenso wie andere Kristallsysteme haben T. im festen Aggregatzustand mehrere Modifikationen. Im allgemeinen nimmt man die Existenz von 4 polymorphen Formen an. Die thermodynamisch stabilste Form, die zugleich den höchsten Schmelzpunkt aufweist, wird als β-Form bezeichnet, die Modifikation mit dem niedrigsten Schmelzpunkt als α-Form und die dazwischenliegende wird mit β' bezeichnet. Bei Unterkühlung der α-Form wird die mit sub-α bezeichnete erhalten. Modifikationsänderungen können zu Änderungen der Konsistenz, zum Auskristallisieren und Entmischen (z.B. Fettreifbildung von Schokolade) führen. Die verschiedenen polymorphen Formen können durch Anwendung der Röntgenographie, Kristallographie und Spektroskopie charakterisiert werden.
Die Nomenklatur der T. geht von deren konstituierenden Fettsäuren aus. Dabei stehen die kurzkettigen Fettsäuren vor den langkettigen und bei Fettsäuren gleicher Kettenlänge die gesättigten vor den ungesättigten (z.B. Palmitostearin, Oleolinolo-linolenin). Hinsichtlich der Stellung der Fettsäuren in den Triglyceridmolekülen natürlicher Fette ist festgestellt worden, daß ungesättigte Fettsäuren bevorzugt in der 1- und 3-Stellung verestert werden. Von den chemischen Eigenschaften der T. sind für die Lebensmittelchemie und -produktion vor allem die Stabilität gegenüber Autoxydation (Fettverderb) und Hydrolyse von Interesse, weil davon die Haltbarkeit der Nahrungsfette in entscheidendem Maße abhängt. Je höher der Anteil an ungesättigten Fettsäuren im Triglyceridmolekül ist, desto größer ist die Bereitschaft zum oxydativen Verderb. Die Freisetzung von Fettsäuren durch Hydrolyse erfolgt bei kürzerkettigen und ungesättigten Fettsäuren leichter als bei langkettigen gesättigten.

Triglyceride, mittelkettige, *MKT:* Triglyceride, die die mittelkettigen → *Fettsäuren* → *n-Octansäure* und → n-Decansäure enthalten. Die m. T. kommen als solche in der Natur nicht vor. Zu ihrer Herstellung wird Kokos- oder Palmkernfett gespalten, aus den dabei erhaltenen Fettsäuren werden durch Destillation n-Octan- und n-Decansäure abgetrennt. Diese werden mit Glycerol verestert; die entstehenden Triglyceride werden raffiniert und können als Speisefett verwendet werden. Die m. T. zeigen einige physiologische Besonderheiten. Sie werden im Dünndarm schneller hydrolysiert als die langkettigen Triglyceride. Geringere Konzentrationen oder Fehlen von Gallensäuren beeinflussen die durch Pankreaslipase erfolgende Hydrolyse nur wenig. Die verminderte Aktivität von Pankreaslipase wirkt sich auf die Hydrolyse der m. T. viel weniger als auf die langkettiger Triglyceride aus. Die Hydrolyseprodukte der m. T. werden schneller resorbiert; auch intakte Triglyceridmoleküle können durch die Mucosazellen des Dünndarms aufgenommen werden. Die Bausteine der m. T. werden als freie Fettsäuren aus den Mucosazellen über die Pfortader in die Leber geleitet und dort im Zwischenstoffwechsel weiter verwertet; zum größten Teil werden sie zur Energiegewinnung ausgenutzt.

Wichtige therapeutische Anwendungen der m.T. erfolgen bei gestörter Triglyceridemulgierung im Magen infolge Magenresektion, bei Gallensaftmangel infolge Gallengangsverschluß, -fistel oder Ileoektomie, bei Lipasemangel infolge Pankreasinsuffizienz (z.B. zystische Pankreasfibrose), bei Störung oder Verminderung der Resorption durch Dünndarmresektion, einheimische oder tropische Sprue oder Zöliakie, bei Störung der Lipoproteinsynthese und Störungen des Chylomikronentransportes (A-β-Lipoproteinämie, Lymphangiectase, Chylothorax, Chylurie, Lymphsarkom). Die m. T. senken den Cholesterolspiegel des Blutes. Sie werden als Speiseöl, Margarine und Bestandteil von Formula-Diäten angeboten. → Fett, synthetisches

Triglycerosylceramid → Ceramid

Trigonélla coerúlea → Zigerklee

Trigonélla corniculáta → Bockshornkleesamen

Trigonélla fōenum-grǣcum → Bockshornkleesamen → Fenugreekgemüse

Trigonélla melilotís-coerúlea → Zigerklee

Trigonélla suavíssima → Bockshornkleesamen

Trigonellin → Betaine → Niacin

Trigo pelada: eine in Nordafrika und Südamerika, insbes. in Peru verbreitete Bez. für → Bulgur, der dort in kleinen Paketen abgepackt als → Frühstücksgetreideerzeugnis gehandelt wird.

3,4,5-Trihydroxybenzoesäure → Trihydroxycarbonsäuren, aromatische

Trihydroxycarbonsäuren, aromatische: eine Gruppe von Phenolcarbonsäuren mit 3 phenolischen OH-Gruppen. Die wichtigsten in pflanzlichen Lebensmitteln vorkommenden a. T. und deren Derivate s. Übersicht Seite 740.

3,4,5-Trihydroxycyclohex-1-carbonsäure → Shikimisäure

6-α-11,12-Trihydroxy-7,10-(epoxymethano)abieta- 8,11,13-trien-20-on → Isorosmanol

7-β-11.12-Trihydroxy-6,10-(epoxymethano)abieta- 8,11,13-trien-20-on → Epiromarol

3',5,7-Trihydroxy-4'-methoxyflavon-7-rhamnoglycosid → Diosmin → Flavonoide

2,6,8-Trihydroxypurin → Purinkörper

3,4,5-Trimethoxybenzoesäure → Trihydroxycarbonsäuren, aromatische

Trimethylamin: einfachstes tertiäres Methylderivat des Ammoniaks, $(CH_3)_3N$. Das T. tritt als Stoffwechselprodukt in Pflanzen und Tieren auf und stellt eine Vorstufe der quarternären Ammoniumverbindungen → *Betain* und → *Cholin* dar. Es kommt in Pilzen, Algen, Flechten, Heringslake sowie in Zuckerrübenmelasse und im Hopfen, außerdem in Zersetzungsprodukten von Fischen, Hefen und Käse vor. T. ist ein bei Zimmertemperatur stark fischig riechendes, farbloses und brennbares Gas, das in Wasser und Ethanol leicht löslich ist und mit Salzsäure zerfließliche Kristalle des Hydrochlorids bildet, F. −117,1°C, Kp. 2,87°C, *d* 0,632. Löslichkeit in Luft 2,5804 g/l bei 17°C. Pharmakologisch hat T. eine Nicotin- und Muskarinwirkung und lähmt dadurch das ZNS. Verwendung findet T. vor allem zur Herstellung von Desinfektionsmitteln und Emulgatoren. → Alkylamine

Trimethylamin-N-oxid: Abbauprodukte von → *Cholin* oder *Glycocollbetain,* das besonders in Meeresfischen und anderen Meerestieren enthalten ist (20···100 mg/100 g Trockensubstanz). Bei Mensch und Säugetieren entsteht das T. als bakterielles Abbauprodukt im Verdauungstrakt. T. wird vom Menschen nicht gespeichert, sondern unverändert mit dem Harn ausgeschieden. → Alkylammoniumbasen, quartäre

N-Trimethylglycin → Betaine

Trimethylglycokoll → Betaine

5,7,8-Trimethyltocol → Vitamin E

Die wichtigsten, in pflanzlichen Lebensmitteln vorkommenden aromatischen Trihydroxycarbonsäuren und ihre Derivate

Aromatische Trihydroxycarbonsäure	Strukturformel	Vorkommen
Gallussäure (3,4,5-Trihydroxybenzoesäure)	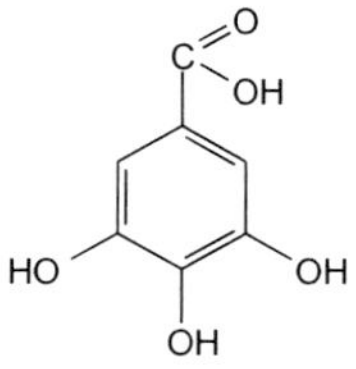	frei als Glucosid weit verbreitet, Muttersubstanz der Gallate, Bauelement des Tannins u. a. Gerbstoffe
Syringasäure (3,5-Dimethyoxy-4-hydroxybenzoesäure	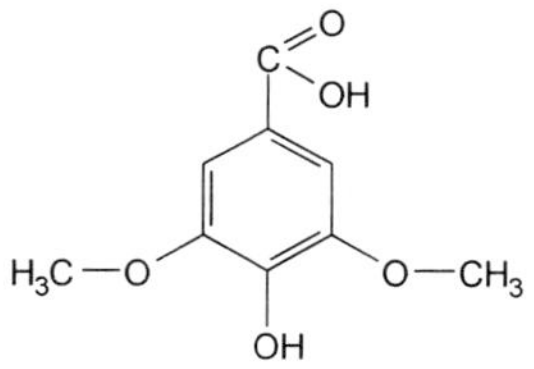	verbreitet, z. B. nachgewiesen in Zuckerrohrsaft
Glucogallin (1-Galloyl-β-glucose)	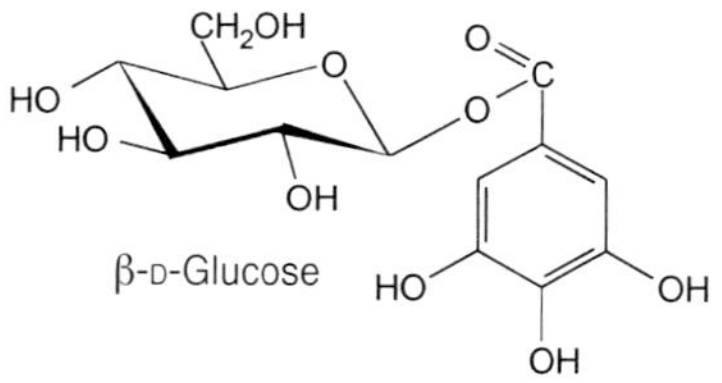	Rhabarber
Eudesminsäure (3,4,5-Trimethoxybenzoesäure)	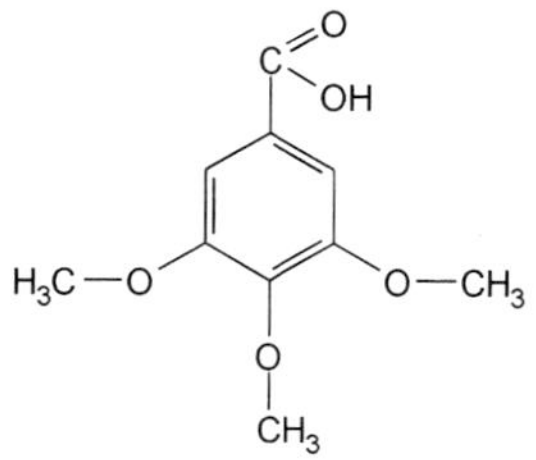	Eukalyptusöl
m-Digallussäure (m-Galloylgallussäure)	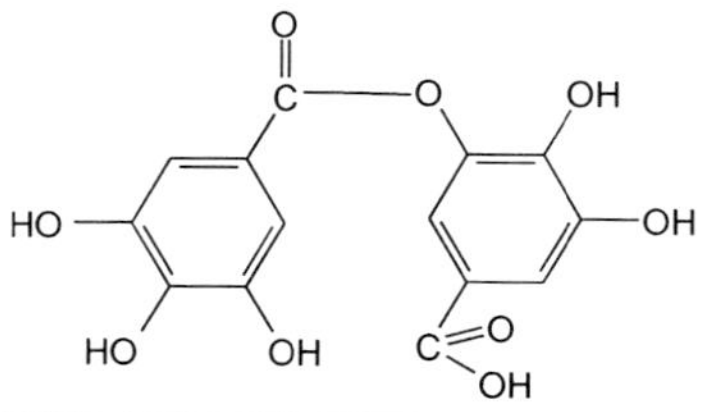	als Glucosid in Tanninen, frei im Saft der Teeblätter, chines. Rhabarber

→ Monohydroxycarbonsäuren, aromatische → Dihydroxycarbonsäuren, aromatische → Gerbstoffe

1,3,7-Trimethylxanthin → Coffein → Purinkörper

Trinatriumphosphate → Phosphate

Trineicosylresorcinol → 5-n-Alkylresorcinole

Trinkbouillon → Brüherzeugnis

Trinkbranntwein: → Spirituose, hergestellt unter Verwendung eines Ethanol/Wasser-Gemisches mit einem Ethanolgehalt von 32···50%-Vol., dem je nach Sorte Geschmacksstoffe zugesetzt werden können. Die *klaren T.*, z.B. → *Wodka* und *Klarer,* werden unter Verwendung von hochgereinigtem Getreide- oder Kartoffelsprit hergestellt, wobei der «spritige» Eigengeschmack des Ethanol/Wasser-Gemisches durch → Bonifikateure und → Alterungsmittel verbessert werden kann. Ziel der Zusätze ist es, den T. geschmacklich abzurunden und «weich» zu machen. Zur Aromatisierung der *T. mit Geschmackszusätzen* dienen → *Kornbrand, Kornlutter* (→ Lutter) → *Obstbrand,* ferner Auszüge (→ Likör) und Destillate von Drogen sowie ätherische Öle und natürliche Essenzen. Beispiele für *T. mit Geschmackszusätzen* sind die Sorten *Nordhäuser, Cottbuser* → Aquavit → Koem, Rostocker, Doppelkümmel, Kümmel, Berliner Kümmel → Wacholder, Anis, Fenchel, Ingwer und *Pfefferminz.* Zur Aromatisierung der *bitteren T.* werden insbes. bittere und aromatische Pflanzenauszüge und -destillate (→ Likör) verwendet. Bittere T. wurden ursprünglich als diätetische Heilmittel verwendet, heute sind sie bes. wegen ihres ausgewogenen Bittergeschmacks geschätzt. Vorbild für zahlreiche bittere T. wurde der → Boonekamp. Weitere bittere T. sind z.B. *Gewürzbitter, Kräuterbitter, Gebirgsbitter, Bayrischer Bitter, Schweizer Bitter, Halbbitter, Pirnaer Bitter* → Magenbitter, Bitter, Bittere Tropfen, Angostura und *Aromatique.*

Trinkbrei: ein seit 1990 auf dem Markt befindliches sämig-flüssiges Fertigprodukt, bei dem die Stärke einer Vollkorngetreidefrüchtemischung enzymatisch zu Maltose und Glucose abgebaut ist. Der T. wird laut Herstellerangaben ab dem 12. Lebensmonat für den Säugling als Zwischenmahlzeit bzw. Beikost empfohlen. Die Deutsche Gesellschaft für Kinderheilkunde hält dieses Erzeugnis für überflüssig, da es zur Kaufaulheit, sowie zur Karies- und Fettsuchtentwicklung bei Kleinkindern beitragen kann.

Trinkbrühe → Brüherzeugnis

Trinkei: höchst. 14 Tage altes → Ei. T. müssen die für frische Eier erforderlichen Eigenschaften aufweisen. Wegen des neuerdings häufigen Vorkommens von Salmonellen in rohen Eiern ist vom Genuß von T. abzuraten.

Trinkhonig → umgangssprach. Bez. für berauschendes Getränk aus Fruchtsaft, Gewürzen und Honig. Der T. ist nahezu identisch mit dem → Honigwein.

Trinkjoghurt → Joghurt

Trinkjoghurtzubereitung → Joghurt

Trinkkwaß → Okraschka

Trinkmilch: ein in Molkereien aus roher Kuhmilch durch Reinigung, Einstellung auf einen bestimmten Fettgehalt – gegebenenfalls auch Homogenisierung – und Erhitzung nach einem zugelassenen Pasteurisierungsverfahren sowie anschließende Tiefkühlung aufbereitetes Erzeugnis, das für den unmittelbaren Genuß bestimmt ist. Die Bez. T. entspricht etwa der gegenwärtig üblichen *Konsummilch.* Zu T. darf nur Milch von gesunden Kühen (frei von Infektionskrankheiten) verarbeitet werden. Durch chemische, physikalische, bakteriologische und sensorische Prüfungen der T. werden die festgelegten Qualitätsforderungen garantiert. Handelsübliche Sorten sind *Vollmilch* (Vorzugsmilch, Konsummilch) mit 3,5 % Fett, *fettarme Milch* mit 1,5% Fett, *Kuhmilch, ultrahocherhitzt, mit 3,5 und 1,5 % Fett, Vollmilch* mit 2,2% Fett (in den östlichen Bundesländern gelegentlich noch angeboten) und *Magermilch* mit 0,7 % Fett. In traditionellen Milchländern, z.B. Schweiz, Österreich, Dänemark, Finnland wird eine im Fettgehalt der Rohmilch nahekommende T. von 3,2···3,9% in den

Verkehr gebracht. Zunehmend wird aus ernährungsphysiologischen Erwägungen T. mit reduziertem Fettgehalt (z. B. 1···1,5 %) gehandelt. Trinkvollmilch ist weiß bis schwach gelblich, der Geschmack ist rein, vollmundig und leicht süßlich. Entrahmte Frischmilch ist schwach weiß, in dünner Schicht leicht bläulich, der Geschmack ist rein und etwas leer. Außer Milchfett und den fettlöslichen Vitaminen enthält sie alle Bestandteile der Trinkvollmilch (Tab. s. unten). → Milch

Trinkschokolade → Schokoladenpulver

Trinkvollmilch → Trinkmilch

Trinkwasser: das wichtigste und durch keinen anderen Stoff ersetzbare Lebensmittel, das als *Grundwasser* aus Tiefbrunnen, als *Quellwasser* oder als *Oberflächenwasser* aus Talsperren oder Flüssen gewonnen, für den menschlichen Genuß aufbereitet wird und dessen Inhaltsstoffe und hygienische Unbedenklichkeit überwacht werden. Das T. muß auch zur Verarbeitung von Lebensmitteln, zur Reinigung der dazu benötigten Gegenstände und zur Körperpflege geeignet sein. Die Gütebedingungen erfordern die Einhaltung der gesetzlich festgelegten Richtwerte (Tab. rechts), die genehmigten Grenzwerte dürfen nicht überschritten werden, damit beim ständigen Genuß gesundheitsgefährdende Beeinträchtigungen ausgeschlossen werden.

Wasserinhaltsstoffe nach der Trinkwasserverordnung (alle Angaben in mg pro l)

Zu bewertendes Merkmal	Richtwert	Grenzwert	EG-Norm
Aluminium (Al)	-	0,2	0,2
Ammonium (NH_4)	0,1	0,5	0,5
Antimon (Sb)	-	-	0,01
Arsen (As)	0,02	0,04[1]	0,05
Barium (Ba)			
Blei (Pb)	0,02	0,04	0,05
Borat (BO_3^{3-})			
Chlorid (Cl)	40	-	-
Chlorverbindungen organische;			
gesamt	-	0,025	-
Chrom (Cr)	-	0,05	0,05
Cadmium (Cd)	-	0,005	0,005
Calcium (Ca)	170	-	-
Cyanid (CN)	-	0,05	0,05
Eisen(Fe)	0,1	0,2	0,2
Fluorid (F)	-	1,5	0,7···1,7
Kalium (K)	-	12	12

[1] ab 1. 1. 1996 0,01

Fortsetzung nächste Seite

Nährstoffgehalt und Energiewert von Trinkmilch

Bestandteil	Vollmich	Fettarme Milch	Trinkvollmilch	Entrahmte Frischmilch (Magermilch)
	3,5 % Fett	1,5 % Fett (höchstens 1,8 %)	2,2 % Fett	0,7 % Fett
	Durchschnittlicher Gehalt je 100 g in g			
Wasser	87,7	89,6	89,2	90,4
Eiweiß	3,3	3,3	3,2	3,4
Fett	3,6	1,6	2,2	0,7
Kohlenhydrate	4,7	4,8	4,7	4,7
Mineralstoffe	0,7	0,7	0,7	0,8
Energiewert in kJ (kcal)	270 (65)	200 (48)	210 (50)	125 (30)

Wasserinhaltsstoffe nach der Trinkwasserverordnung (alle Angaben in mg pro l)

Zu bewertendes Merkmal	Richtwert	Grenzwert	EG-Norm
Kohlenwasserstoffe, polycycl., aromat. (berechnet als Kohlenstoff)	-	0,0002	0,0002
Kupfer (Cu)	0,05	-	-
Magnesium (Mg)	100	050	-
Mangan (Mn)	0,03	0,05	0,05
Natrium (Na)	50	150	175
Nickel (Ni)	-	0,05	0,05
Nitrat (NO_3^-)	30	50	50
Nitrit (NO_2^-)	0,01	0,1	0,1
Pestizide, polychlororierte und einzeln		0,0001	0,0001
polybromierte Bi- und Terphenyle, gesamt		0,0005	0,0005
Phenole	-	-	0,0005
Phosphat (PO_4^{3-})	0,03	-	-
pH-Wert	8	6,5···9,5	6,5···8,5
Quecksilber (Hg)	-	0,001	0,001
Schwefelwasserstoff (H_2S)	**	-	-
Selen (Se)	0,008	-	0,01
Silber (Ag)	-	0,01	0,01
Sulfat (SO_4^{2-})	50	240	250
Tenside	**	0,2	-
Tetrachlor-Kohlenstoff (CCl_4)	-	0,003	-
Zink (Zn)	0,5	2	-

** Sollte nicht nachweisbar sein

Das T. muß stets frei von Krankheitserregern, soll möglichst keimfrei, farblos, klar, kühl, frei von fremdartigem Geschmack und Geruch sein, soll nicht zu viele Härtebildner enthalten, keine Korrosion hervorrufen und der Bevölkerung in ausreichender Menge zur Verfügung stehen. Die Versorgung mit T. unterliegt den gesetzlichen Regelungen. Chlor darf im Bedarfsfall zur Desinfektion im T. zugesetzt werden. Der Gehalt an Chlor darf bis auf 6 mg/l erhöht werden, wenn die mikrobiologischen Anforderungen an das T. auf anderem Wege nicht eingehalten werden können. Nicht behandeltes T. bleibt beim Stehen (selbst bei idealen Voraussetzungen) nicht länger als eine Woche bakteriologisch einwandfrei. Ein bes. reines T. wird z. Zt. aus jahrtausendealtem Grönlandeis erschmolzen, das in seiner Reinheit unübertroffen ist. Als sog. T *im Stück* werden diese Eisblöcke exportiert. → Brunnen → Quelle

Triosen → Saccharide

Triosereduktor *Prop-1-en-1,2-diol-3-al:*

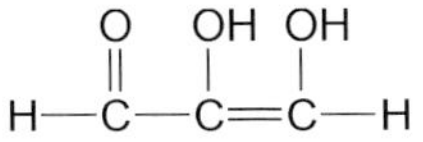

eine im Tabak enthaltene mittelstarke Säure mit der Molmasse 88,06 g/mol. Es bildet sich beim Erhitzen verschiedener Kohlenhydrate in Gegenwart von Basen oder Säuren und wird durch Ascorbinsäureoxydase bei Anwesenheit von Sauerstoff oxydiert.

Triphásia trifólia → Limoncito

Triple Créme: *Frischkäse* aus Frankreich.

Triple sec → Curaçao → sec

Tripmadam → Salatfetthenne

Trisaccharide: zu den *Oligosacchariden* gehörige Zucker, die aus drei Monosaccharideinheiten aufgebaut sind. Die bekanntesten in Lebensmitteln vorkommenden T. s. Übersicht Seiten 744–751. → Saccharide

Triterpene → Terpene

Triterpenolester → Lipoide

Triterpen-Saponine → Saponine

Triticale, *Weizen-Roggen-Hybride, Weizen-Roggen-Bastard:* ein Gattungsbastard (Familie *Poáceae*) aus einer erstmals vor 100 Jahren gelungenen Kreuzung sowohl von Hartweizen (*Tríticum dúrum* Desf.) als auch Weichweizen (*Tríticum aestívum* L.) mit Roggen (*Secále cereále* L.). Die Bez. T. wurde aus der Kombination der wissenschaftlichen Namen der Kreuzungspartner gebildet.

Die bekanntesten in Lebensmittel vorkommenden Trisaccharide

Trisaccharid	Strukturformel	Charakteristische Daten	Vorkommen
a) *Reduzierende Trisaccharide*			
β-D-Xylotriose [O-β-D-Xylopyranosyl-(1→4)-O-β-D-xylopyranosyl-(1→4)-β-D-xylopyranose]	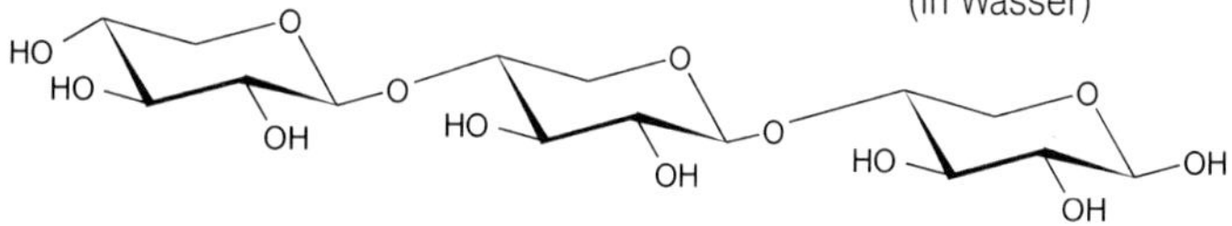	Molmasse 414,36 g/mol F. 205···206°C $[\alpha]_D$ −39,4°→−47,0° (in Wasser)	Abbauprodukt des Xylans
2-Fucosido-lactose [O-α-L-Fucopyranosyl-(1→2)-O-β-D-galactopyranosyl-(1→4)-α-D-glucopyranose]	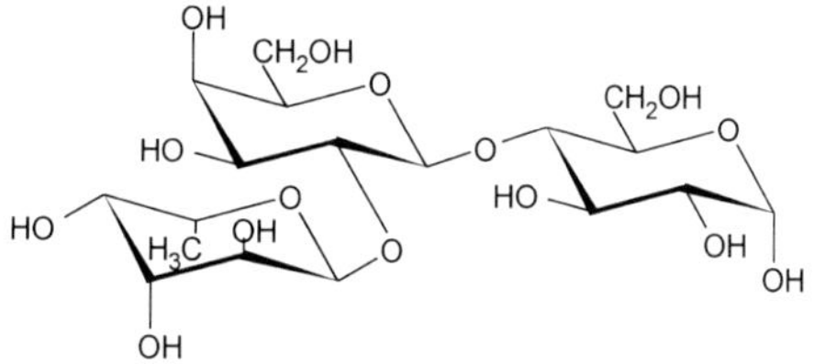	Molmasse 448,36 g/mol F. 230···231 °C (Zers.) $[\alpha]_D$ −57 ° (in Wasser)	in Frauenmilch
β-Solatriose [Solanose, L-Rhamnosidosolabiose, O-β-D-Glucopyranosyl-(1→3)-O-[α-L-rhamnopyranosyl-(1→2)-]-β-D-galactopyranose]	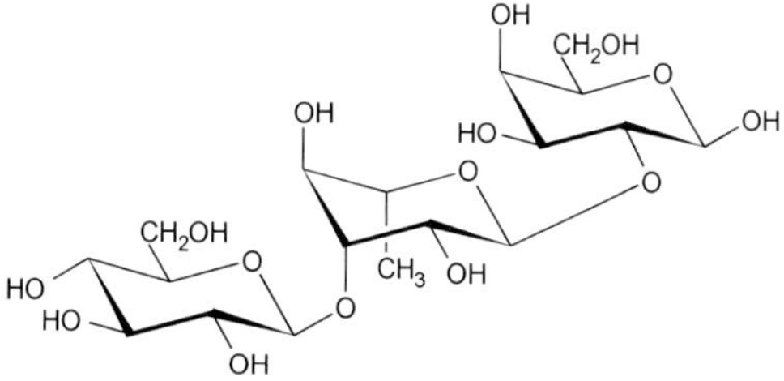	Molmasse 488,44 g/mol F. 200 °C (Zers.), nach Aufschäumen ohne Verfärbung bei 160···170 °C $[\alpha]_D$ −4,5 ° (in Wasser)	Zuckerkomponente u.a. des α-Solanins (in Nachtschattengewächsen), u.a. der Kartoffel

Die bekanntesten in Lebensmittel vorkommenden Trisaccharide (Forts.)

Trisaccharid	Strukturformel	Charakteristische Daten	Vorkommen
α-D-*Manninotriose* [O-α-D-Galactopyranosyl-(1→6)-O-α-D-galacto-pyranosyl-(1→6)-α-D-glucopyranose	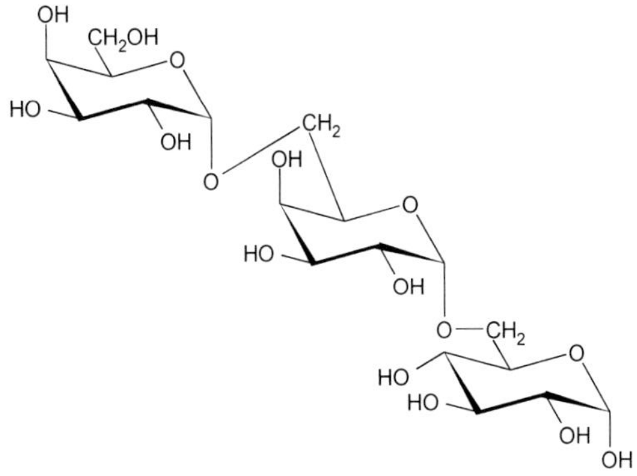	Molmasse 504,44 g/mol F. 150 °C $[\alpha]_D$+167 ° (in Wasser), 1,2 %ige Lösung)	in Eschen-Manna aus *Fráxinus órnus* L. und F. *rotundifólia* Mill., Spaltstück der Stachyose
Maltotriose [Amylotriose, O-α-D-Glucopyranosyl-(1→4)-O-α-D-Gluco-pyranosyl-(1→4)-D-glucopyranose]	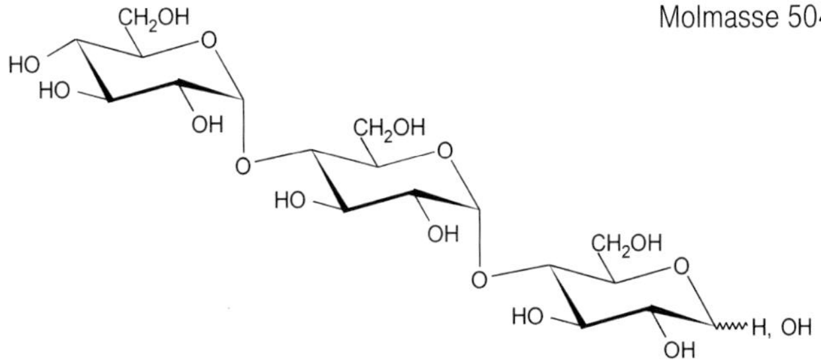	Molmasse 504,44 g/mol	Abbauprodukt der Stärke, auch des Amylopektins, enzymatischer Abbau durch α-, aber nicht durch β-Amylase

Die bekanntesten in Lebensmittel vorkommenden Trisaccharide (Forts.)

Trisaccharid	Strukturformel	Charakteristische Daten	Vorkommen
Isomaltriose [Dextrantriose, O-α-D-Glucopyranosyl-(1→6)-O-α-D-glucopyranosyl-(1→6)-D-glucopyranose]	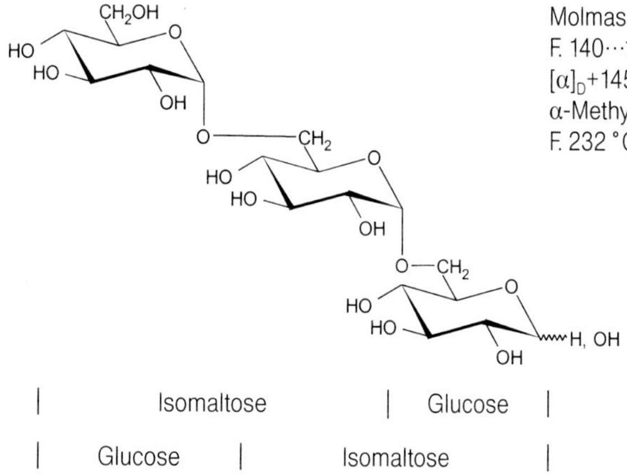	Molmasse 504,44 g/mol F. 140···146 °C $[\alpha]_D$+145 ° (in Wasser) α-Methylglucosid: F. 232 °C	in Dextran aus *Leuconóstoc mesenteroídes* (Tsenkovskii) van Tieghem, in Bienenhonig, in Glycogenpartialhydrolysaten aus Rinderleber
Panose [O-α-D-Glucopyranosyl-(1→6)-O-2-D-glucopyranosyl-(1→4)-D-glucopyranose]	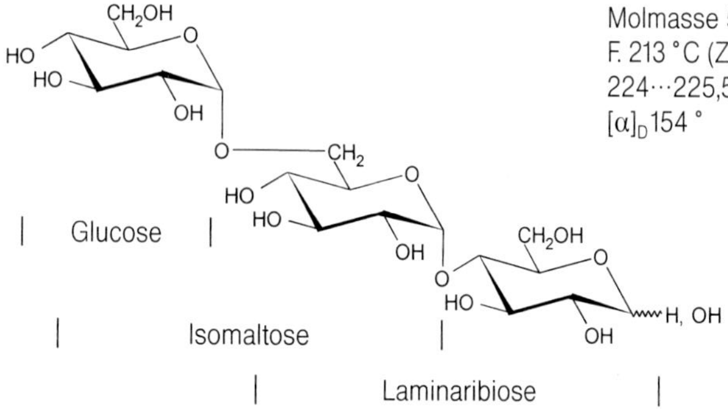	Molmasse 504,44 g/mol F. 213 °C (Zers.) 224···225,5 °C $[\alpha]_D$154 °	in Submerskulturen von *Aspergíllus niger* und im Bienenhonig, Baugruppe des Amylopektins, durch Bäckerei- und Brauereihefe nicht vergärbar

Die bekanntesten in Lebensmittel vorkommenden Trisaccharide (Forts.)

Trisaccharid	Strukturformel	Charakteristische Daten	Vorkommen
O-β-D-Glucopyranosyl-(1→4)-β-D-glucopyranosyl-(1→3)-α-D-glucopyranose	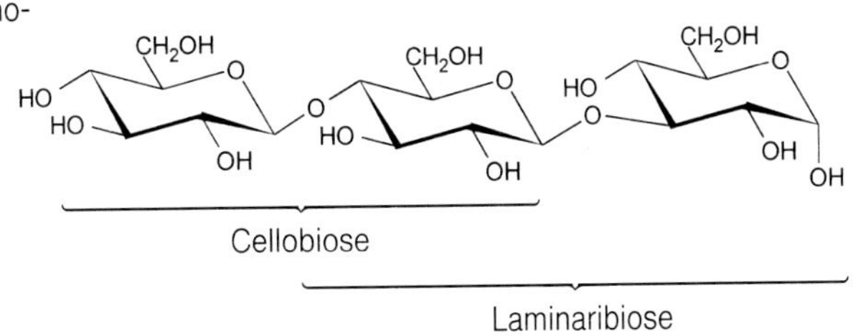	Molmasse 504,44 g/mol F. 236···239 °C $[\alpha]_D$+16,5 ° →11,7 ° (in Wasser, 1,5 %ige Lösung)	im Gärrückstand von Gerstehydrolysaten, Baugruppe des Lichenins
Cellotriose [O-β-D-Glucopyranosyl-(1→4)-O-β-D-glucopyranosyl-(1→4)-β-glucopyranose, „Procellulose"]	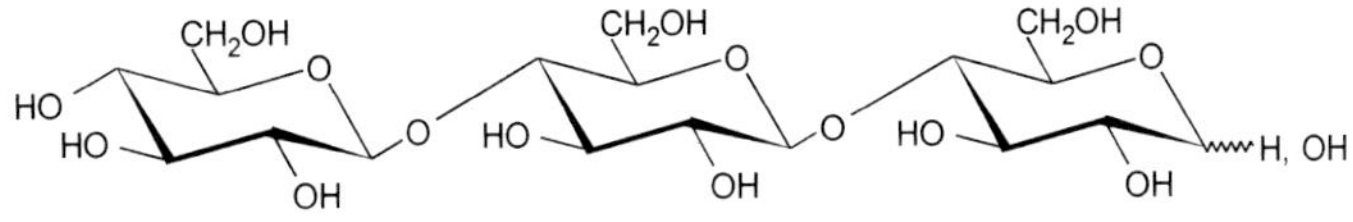	Molmasse 505,55 g/mol F. 209···210 °C (unter Zers.), $[\alpha]_D$+35 °→+21,6 ° (in Wasser)	Abbauprodukt der Cellulose
Gentiotriose [O-β-D-Glucopyranosyl-(1→6)-O-β-D-Glucopyranosyl-(1→6)-D-glucopyranose	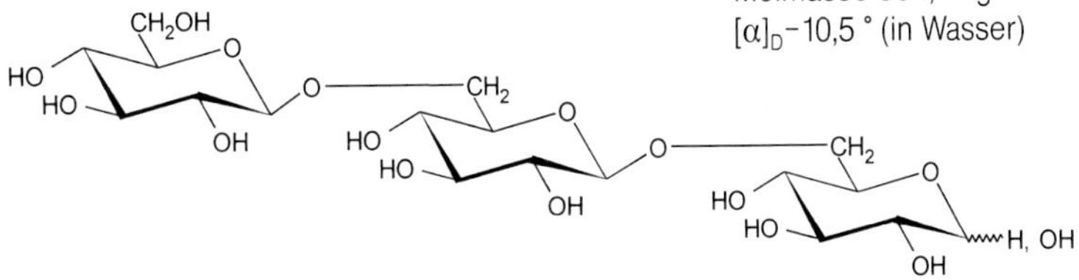	Molmasse 504,44 g/mol $[\alpha]_D$−10,5 ° (in Wasser)	Baugruppe des Glucans aus Bäckerhefe

Die bekanntesten in Lebensmittel vorkommenden Trisaccharide (Forts.)

Trisaccharid	Strukturformel	Charakteristische Daten	Vorkommen
O-α-D-*Galactopyranosyl-* *(1*→6)-O-β-D-mannoyranosyl- (1→4)-β-D-mannopyranose]	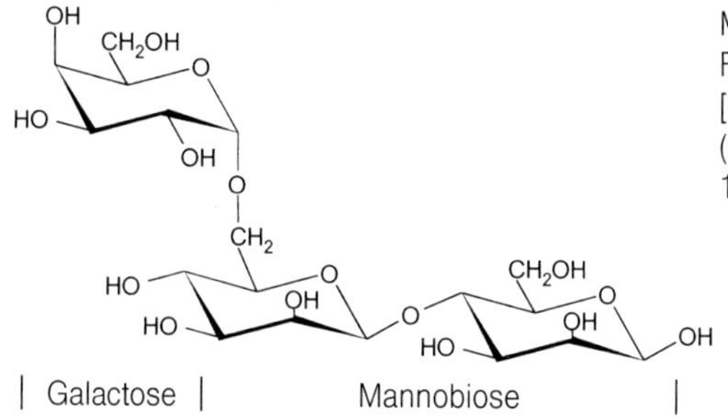	Molmasse 504,44 g/mol F. 228···229 °C $[\alpha]_D^{25}$+93 °→98,4 ° (in Wasser, 1,22 %ige Lösung)	im Guaran
Mannotriose [O-β-D-Mannopyranosyl- (1→4)-β-D-mannopyranosyl- (1→4)-β-D-mannopyranose]	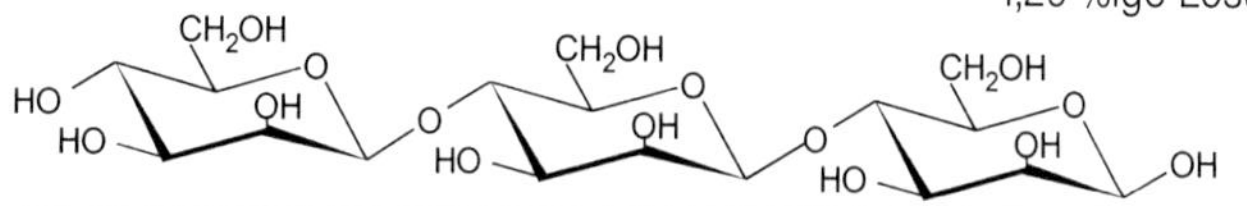	Molmasse 504,44 g/mol F. 137···137,5 °C $[\alpha]_D^{21}$–24,7 °→23,3 ° (in Wasser, 1,29 %ige Lösung)	in enzymatischen Hydrolysaten von Guaran
b) *Nichtreduzierende Trisaccharide:*			
Erlose [4^G-Glucosylsaccharose, O-α-D-Glucopyranosyl- (1→4)-O-α-D-glucopyranosyl- (1→2)-β-D-fructofuranosid]	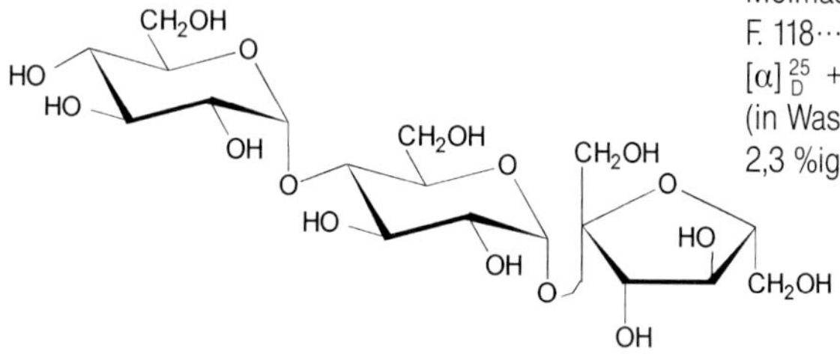	Molmasse 504,44 g/mol F. 118···124 °C $[\alpha]_D^{25}$ +121,8 ° (in Wasser, 2,3 %ige Lösung)	in Bienenhonig (Einwirkung von Honig-Invertase auf Saccharose)

Die bekanntesten in Lebensmittel vorkommenden Trisaccharide (Forts.)

Trisaccharid	Strukturformel	Charakteristische Daten	Vorkommen
Melecitose [3F-α-D-Glucosyl-saccharose, O-α D-Glucopyranosyl- (1→3)-O-β-L-fructo- furanosyl-(2→1)-Gluco- pyranosid]	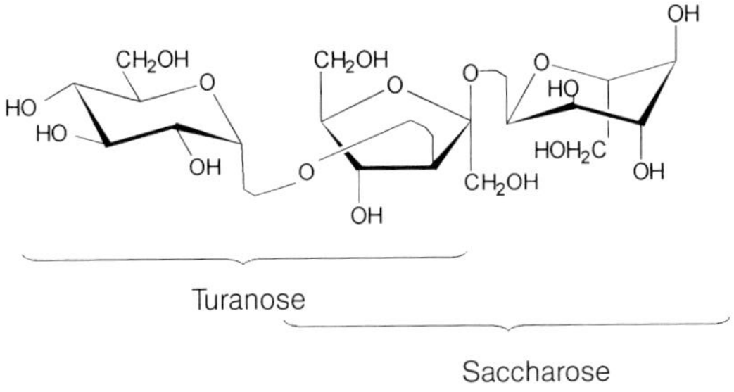	Molmasse 504,44 g/mol F. 153···154 °C $[\alpha]_D$+88,5 ° (in Wasser), wird durch Bäckerhefe nicht vergoren	in Manna und Nektar zahlreicher Pflanzen, in Bienenhonig, bes. „Honigtau“-Honigen
Gentianose [6G-β-D-Glucosyl-saccharose, O-β-D-Glucopyranosyl- (1→6)--O-α-D-glucopyranosyl- (1→2)-β-D-fructofuranosid]	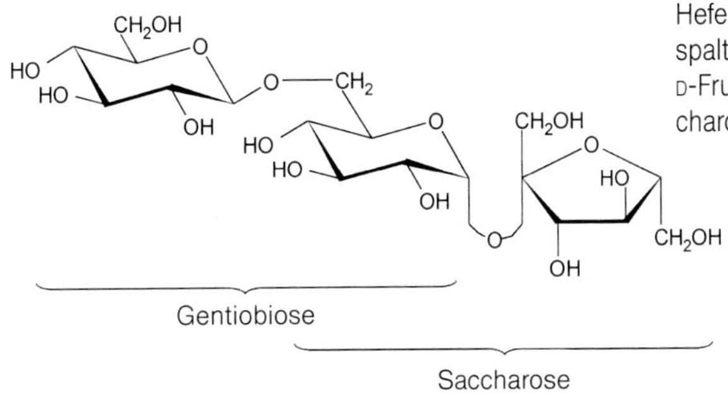	Molmasse 504,44 g/mol F. 209···211 °C $[\alpha]_D$+31,5···+33,4 ° (in Wasser), wird durch Hefe vergoren; Invertase spaltet in Gentiobiose + D-Fructose, Emulsin in Sac- charose + D-Glucose	in den Rhizomen vieler *Gentianáceae* (Enzianarten)

Die bekanntesten in Lebensmittel vorkommenden Trisaccharide (Forts.)

Trisaccharid	Strukturformel	Charakteristische Daten	Vorkommen
6-Cestose [6F-β-D-Fructosylsaccharose, O-α-D-Glucopyranosyl-(1→2)-O-β-D-fructofuranosyl-(6←2)-β-D-fructofuranosid]	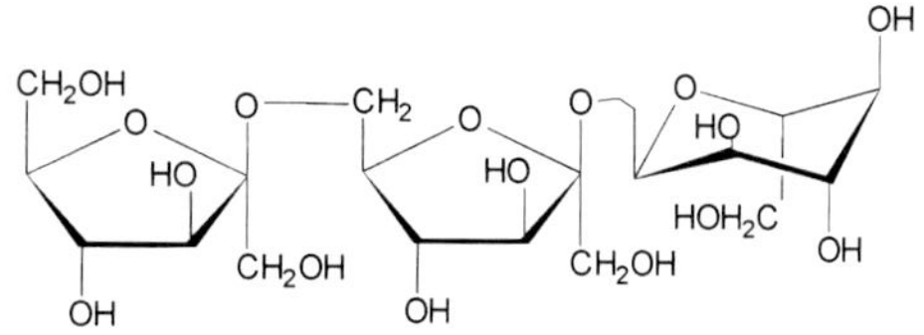	Molmasse 504,44 g/mol F. 145 °C $[\alpha]_D$+28,3···27,3 ° (in Wasser)	in Bienenhonig und als Produkt der Einwirkung von Hefesaccharase auf Saccharose, in Artischockenknollen
Neo-Cestose [6G-β-Fructosylsaccharose, O-β-D-Fructofuranosyl-(2→6)-O-α-D-glucopyranosyl-(1→2)-D-fructofuranosid]	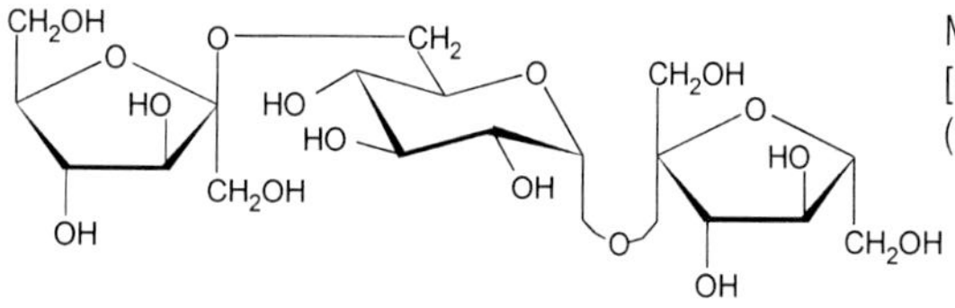	Molmasse 504,44 g/mol $[\alpha]_D$+22,2 ° (in Wasser)	als Fermentationsprodukt bei Einwirkung von Invertase (aus Hefe bzw. Zuckerrübe, *Béta vulgáris* L.) auf Saccharose
Umbelliferose [Isoraffinose, 2G-α-D-Galactosylsaccharose, O-α-D-Galactopyranosyl-(1→2)-O-α-D-glucopyranosyl-(1→2)-β-D-fructofuranosid]	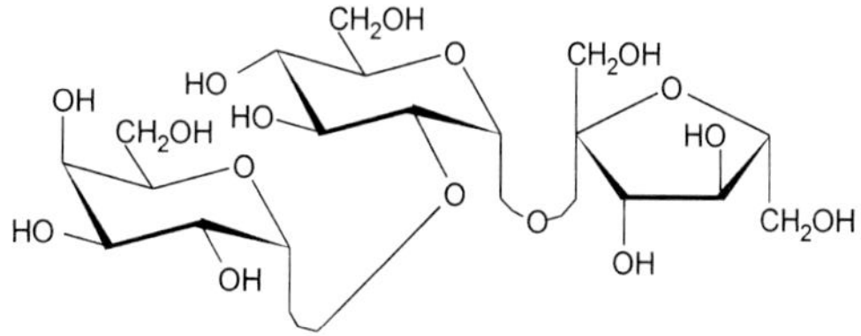	Molmasse 504,44 g/mol	in den Wurzeln von Umbelliferen (Doldengewächsen) zu denen u.a. die Möhre, Sellerie und Pastinake gehören

Die bekanntesten in Lebensmittel vorkommenden Trisaccharide (Forts.)

Trisaccharid	Strukturformel	Charakteristische Daten	Vorkommen
Raffinose [Gossypose, Melitose, Melitriose, 6^G-α-D-Galactosylsaccharose, O-α-D-Galactopyranosyl-(1→6)-O-α-D-glucopyranosyl-(1→2)-β-D-fructofuranosid]	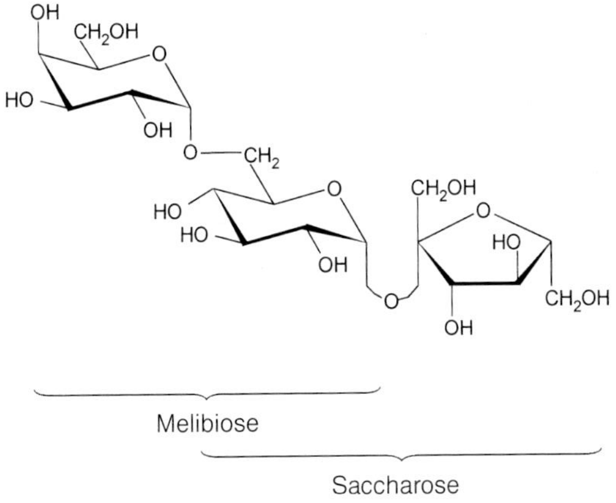	Molmasse 504,44 g/mol F. 118···119 °C, $[\alpha]_D$+104 ° (in Wasser) täuscht infolge seiner hohen spezifischen Drehung in Rübenmelasse einen höheren Saccharosegehalt als vorhanden vor (Pluszucker), teilw. Vergärung durch Bäckerhefe, vollständig durch Bierhefe (Invertase spaltet in Melibiose +D-Fructose, Galactosidase in Saccharose + Galactose	weit verbreitet, z. B. 0,05 % in Zuckerrüben (angereichert in Melasse), Bienenhonig, Baumwollsamen, Tabak, Eukalyptusmanna

Triticale-Sorten werden in über 30 Ländern der Erde experimentell angebaut und geprüft mit dem Ziel, die Vorzüge des Roggens (z. B. Anspruchslosigkeit an Bodenverhältnisse, Winterfestigkeit, bessere Proteinwertigkeit als Weizen) mit denen des Weizens (hoher Ertrag, gute Backfähigkeit, kurzes Stroh) zu vereinen. In manchen Gebieten der Erde, z. B. in Nordafrika, Kenia und Indien, bringt heute der T. unter gewissen Anbaubedingungen schon höhere Erträge als einheimische Getreidesorten. Der Proteingehalt der ersten Triticale-Züchtungen lag bei 18···20 %, beruhte jedoch auf dem hohen *Schrumpf-* bzw. *Schmachtkornanteil.* Mit zunehmender Füllung des Kornes fiel auch dessen Proteingehalt bis auf den heutigen Wert von 13 %. Der Lysingehalt des T. liegt höher als bei Weizen und niedriger als bei Roggen; alle anderen Aminosäurewerte sind mit denen des Weizens identisch. Als Aufmischmehl für die Brotherstellung ist T. gut geeignet. Die *Triticalestärke* weist wie im Roggen eine hohe Amylaseaktivität auf. Die ungewöhnliche Tendenz der meisten Triticale-Stämme, während der Ernteperiode zu keimen bzw. auszuwachsen, wirkt extrem vermindernd auf die Backqualität. Trotz entscheidender Verbesserungen, die mit der Entwicklung der hexaploiden T. Anfang der 50er Jahre einsetzten, wird die Konkurrenzfähigkeit des T. gegenüber den konventionellen Getreidearten immer noch durch Meiosestörungen, reduzierte Fertilität und Kornschrumpfung eingeschränkt.

Triticalestärke → Getreidestärke → Triticale

Tríticum aestívum → Weizen → Saatweizen

Tríticum boeóticum → Einkorn

Tríticum cárthlicum → Weizen → Weizen, Persischer

Tríticum dicoccoídes → Wildemmer

Tríticum dicóccon → Weizen → Wildemmer

Tríticum dúrum → Weizen → Hartweizen

Tríticum mácha → Weizen → Dinkel

Tríticum monocóccum → Weizen → Einkorn

Tríticum polónicum → Weizen → Gommer

Tríticum sinskájae → Einkorn

Tríticum spélta → Weizen → Dinkel

Tríticum sphaerocóccum → Weizen → Kugelweizen, Indischer

Tríticum turánicum → Weizen → Khorassan-Weizen

Tríticum túrgidum → Weizen → Rauhweizen

'Triumph': Pfirsich. → Steinobst

Triúrus leptúrus → Degenfisch

trocken → sec

Trockenapfel, *Dampfapfel*: aus geschälten Äpfeln entweder getrocknete Apfelscheiben mit ausgestochenem Kernhaus (*Ringäpfel*) oder getrocknete Apfelstücke (*Spaltäpfel*). Der Ertrag an T. aus Rohware liegt im Verhältnis 1:7. Bevorzugte Apfeltrockenware kommt aus Californien (schneeweiß mit etwas höherem Säuregehalt) oder Oregon (ebenfalls USA) im gelb-weißem Farbton mit etwas weniger Säure als bei den weißen Sorten. Die T. werden bevorzugt in Trockenfertigmischungen, wie Müsli, Riegel, Studentenfutter, auch für Fruchtsuppenpulver u. ä. verwendet.

Trockenbackfett → Backfett

Trockenbackhefe → Backhefe

Trockenbeerenauslese: → Qualitätswein.
1. eine Form der Beerenauslese bei der Weintraubenernte (Weinlese). In guten Weinjahren, bei warmer und sonniger Herbstwitterung, können in einigen Weinbaugebieten Deutschlands, in der Sauterne (südlich von Bordeaux) und im Tokajer-Gebiet die reifen Trauben solange am Stock belassen werden, bis sie vom *Edelfäulepilz (Botrýtis cinérea)* befallen werden. Der Pilz zerstört die Beerenschale und fördert damit die Verdunstung überschüssigen Wassers. Die Beeren schrumpfen rosinenartig ein. Der aus Trockenbeeren gewonnene Most ist sehr zuckerreich, relativ säurearm und reich an Geschmacksstoffen.
2. eine Qualitätsbez. für bes. wertvolle Weißweine, hergestellt aus Trockenbeeren. T. gehört zu den

kostbarsten Weinen der Welt. → Auslesewein → Qualitätswein → Riesling → Wein

Trockenbrot → Flachbrot

Trockenbutter, *Butterpulver:* ein aus Butter hergestelltes Trockenprodukt. Durch Wasserfreiheit soll lange Haltbarkeit erreicht werden. Die T. wird hergestellt, indem man Butter oder Rahm mit Magermilchpulver und Wasser mischt, danach homogenisiert und das Homogenat sprühtrocknet. Das Endprodukt besteht zu etwa 80% aus Milchfett und etwa 18% aus fettfreier Milchtrockenmasse. Durch Zugabe von Emulgatoren soll ein Ausölen des Butteröles aus dem Trockenpulver verhindert werden. Die T. wird vorwiegend zu Backzwecken und Speiseeiszubereitungen verwendet. Aus ihr läßt sich durch Zugabe von Wasser ein der → Butter ähnliches Erzeugnis herstellen. → Fett

Trockenei, *Trockenvollei:* durch Trocknung des gesamten Eiinhaltes gewonnenes Erzeugnis. Bei getrennter Trocknung des Eigelbs bzw. des Eiklars erhält man *Trockeneigelb* bzw. *Trockeneiklar,* auch als *Trockeneiweiß* oder *Eieralbumin* bezeichnet. Das Verfahren, das bes. zur Verarbeitung des saisonbedingten Angebots dient, besteht aus mehreren Arbeitsgängen (→ Ei). Dabei muß die Trocknung (z.B. Sprühtrocknung, Trocknung in Kammern oder Vakuumtrommeln) unter schonenden Bedingungen erfolgen, beispielsweise darf sie 45°C nicht überschreiten. Aus etwa 90 Frischeiern erhält man 1 kg T., aus etwa 114 Eigelb 1 kg Trockeneigelb, aus etwa 7,3 kg Eiklar (221 Eier) 1 kg Trockeneiklar. Durch eine geeignete Kühllagerung (5°C) des ggf. wegen des Eiklargehaltes an Glucose (führt durch Reaktion mit Aminosäuren zu Geschmacksabweichungen und Verfärbungen) mit → Glucoseoxydase versetzten T. wird es für längere Zeit lagerfähig. Trockenvollei, Trockeneigelb bzw. Trockeneiklar unterscheiden sich im Anteil an Fett und Eiweißstoffen (Tab.).

Zusammensetzung von Trockenvollei, Trockeneigelb und Trockeneiklar

Bestandteil	Trockenvollei	Trockeneigelb	Trockeneiklar
	in 100 g eßbaren Anteils in %		
Wasser	6,13	3,4	9,02
Eiweiß	46,00	31,7	77,30
Fett	41,80	59,3	0,12
Kohlenhydrate	2,40	2,1	8,10
Mineralstoffe	3,67	3,5	5,46
Energiewert in kJ (kcal)	2565 (613)	2987 (714)	1586 (379)

Der ernährungsphysiologische Wert von T. hängt von der Technologie des Trocknens ab. Unter schonenden Bedingungen (Zerstäubungstrocknung unter Vakuum) erhält man die biologisch hochwertigen Eiweißstoffe des Eies fast vollständig; sie werden zu etwa 95% ausgenutzt. Trockeneiprodukte dienen vorzugsweise zur Herstellung von Back-, Süß- und Teigwaren, ferner als Zusatz zu Halbfertig- und Fertigerzeugnissen (Soßen, Suppen). Eieralbumin wird überdies zur Verbesserung der Schlagfähigkeit von Sahne, zum Klären von Wein, als Bindemittel in simulierten Fleischerzeugnissen, für Eiskrempulver u. a. eingesetzt.

Trockeneigelb → Trockenei

Trockeneiklar → Trockenei

Trockeneis → Kohlendioxid

Trockenfischerzeugnisse: Fische und Fischteile, auch Fischerzeugnisse, die durch Verringerung des Wassergehaltes auf Werte unter 15···18% begrenzt haltbar gemacht sind. Zum Trocknen sind bes. magere Fische geeignet, da bei fetthaltigen durch Oxydation des → Fischfettes rasch Verderb durch Vertranung eintritt. Das Trocknen an freier Luft ist das älteste Verfahren der Fischkonservierung. Insbes. an den Küsten der nördlichen Meere bestehen dafür günstige Bedingungen (niedrige Temperatur, große Luftbewegung, keimarme Luft), weshalb dort auch größere Fische erfolgreich getrocknet werden können. *Stockfisch* wird vorwiegend in Norwegen aus entweideten und geköpften Kabeljauen, Schellfischen, Seelachsen und Lengfischen ungesalzen durch Trocknen an Stangen hergestellt (*Tidling*). *Rotscheer* ist das entsprechende T., bei dem die Fische jedoch bis zur Schwanzwurzel aufgespalten werden. *Klippfisch* wird aus den gleichen Fischarten durch Spalten (klippen = aufspalten) und teilweises Entfernen der Hauptgräte gewonnen. Dabei werden die Fische zuerst gesalzen (→ Salzfischerzeugnisse) und dann auf Steinen getrocknet. *Wobla* ist ein ähnliches Erzeugnis, das in der GUS aus Süßwasserfischen, bes. Plötze, Blei und Barsch hergestellt wird. *Tschirus* sind an der bulgar. Schwarzmeerküste getrocknete magere Makrelen. T. haben meistens hohe Haltbarkeit und werden in bedeutendem Maße in Länder mit warmem Klima exportiert. Ihre Herstellung erfolgt zunehmend in modernen Trockenanlagen. Ferner werden örtlich differenziert nahezu an allen Küsten und vielen großen Binnengewässern spezielle T., meist in geringerem Umfang, hergestellt.

Trockenfleisch: durch Wasserentzug (ursprünglich Lufttrocknung, später künstliche Erwärmung mit oder ohne Anwendung von Vakuum bzw. mit Hilfe von Infrarotstrahlern, Hochfrequenztechnik oder anderen physikalischen Verfahren) hergestelltes Produkt, das in vielen Ländern Afrikas und Südamerikas aus klimatischen Gründen verbreitet anzutreffen ist, z. B. *Pemmikan, Tassajo, Carne secca, Bilton.* In Deutschland hat T., von dem geringen Bedarf an Trockensuppen abgesehen, nur geringe Bedeutung. Ernährungsphysiologisch günstige Produkte werden durch Gefriertrocknung erhalten. Regional sind durch Salztrocknung hergestellte Produkte, z. B. *Bündnerfleisch* (bis zu 5 % Kochsalz, gewürzt unter Pressung bei 2···10°C über 3 bis 6 Monate getrocknet, s. Tab.), *Nagelholz* (Nagelfleisch), Heimat Niedersachsen, oder *Landjäger* (Thüringen) als Delikatessen von lokaler Bedeutung.

Zusammensetzung von Bündnerfleisch

Bestandteil	Gehalt je 100 g in g
Wasser	45,0
Eiweiß	39,0
Fett	9,5
Kohlenhydrate	0,5
Mineralstoffe	6,0
Energiewert in kJ (kcal)	1104 (264)

Trockengemüse, *Dörrgemüse:* aus einer Gemüseart hergestelltes, nach entsprechender, von der Art des Gemüses abhängiger Vorbereitung und Blanchierung sowie durch indirekte Hitzeeinwirkung getrocknetes oder mittels Gefrier- oder Vakuumgefriertrocknung (Trocknung tiefgefrorener Produkte bei tiefer Temperatur unter reduziertem Druck) gewonnenes Erzeugnis. Der Feuchteanteil stellt für T. einen wichtigen Kennwert dar. Eine gute Haltbarkeit kann nur gewährleistet werden, wenn die Feuchtigkeit unter die für das Bakterienwachstum kritischen Grenze gesenkt wird. Deshalb sollten T. bevorzugt mit einem Restfeuchteanteil von 4···8 % hergestellt und aufbewahrt werden; handelsüblich sind oft Werte zw. 9···15 % zu beobachten. Gefriergetrocknete Produkte behalten ihre Form, Farbe und Inhaltsstoffe weitgehend. Der erlaubte Restfeuchtegehalt liegt bei max. 4 %; ein feuchtigkeitsdichtes Verpacken dieser Produkte ist erforderlich. Nicht jede Gemüseart und -sorte eignet sich gleichgut zum Gefriertrocknen. Bevorzugte Arten sind Möhren, Blumenkohl, Erbsen, Petersilie; sie werden Instantsuppen und Fertiggerichten auf Trockenbasis beigefügt. → Gemüse

Trockengemüse, hydrothermisch aufgeschlossenes: ein vorbereitetes Gemüse, das durch Dämpfen im Autoklaven und anschließendes Trocknen hergestellt wird und bei Zubereitung nach maximal 10 min Kochzeit gar ist, z. B. *hydrothermisch aufgeschlossene grüne Bohnen, hydrothermisch aufgeschlossene Möhren.* → Hülsenfrüchte, hydrothermisch aufgeschlossene

Trockenglucosesirup → Trockenstärkesirup

Trockenhefe → Backhefe

Trockenhefe, inaktivierte → Nährhefe

Trockenhonig, *Honigpulver, getrockneter Bienenhonig:* ein bei Niedrigtemperaturen (max. 10°C) gewonnener rieselfähiger Honig. Aufgrund seiner hohen Hygroskopizität sind bei der Herstellung Zusätze von Trägerstoffen, z.B. 30% Maltodextrin oder Weizenstärke erforderlich. Der T. wird z.B. in der Back-, Süßwaren-, Süßspeisenherstellung und bei der Müslibereitung, sowie für bestimmte Imbißerzeugnisse verwendet.

Trockenkleber → Kleber

Trockenmaltosesirup → Trockenstärkesirup

Trockenmilch → Milchpulver

Trockenmüsli → Müsli

Trockenobst, *Trockenfrüchte, Dörrobst, Backobst, Obsttrockenkonserve: Obstdauerware* aus gereinigten ganzen oder geteilten (in Stücke oder in Scheiben geschnittenen, auch entsteinten oder entkernten) Früchten, deren Feuchtigkeitsgehalt auf natürliche Weise durch Trocknen an der Luft oder in der Sonne, im Herd oder durch industrielle Bearbeitung in speziellen Dörrapparaten soweit herabgesetzt ist, wie er zur Gewährleistung der Haltbarkeit erforderlich ist. Als getrocknetes Baumobst kommen vorwiegend Äpfel (*Ringäpfel*), Birnen (*Dörrbirne* oder *Kletze*), Aprikosen, Pfirsiche, Pflaumen (*Backpflaumen*), bisweilen auch Sauerkirschen und Wildfrüchte in Betracht. Trockenpflaumen mit Feuchtigkeitsgehalt über 20% sind ein Erzeugnis eigener Art, das ohne vorheriges Wässern verzehrsfertig und weich ist und meistens mit Sorbinsäure konserviert ist. Zu den getrockneten Weinbeeren zählen Korinthen und Sultaninen, und unter den getrockneten Südfrüchten sind außerdem Datteln, Feigen, Bananen, Ananas und Mangos die verbreitetsten Arten. Aus einheimischem Obst zählen zu den Handelsprodukten Ringäpfel, Apfelschnitten, Backpflaumen, getrocknete Aprikosen sowie Mischobst aus diesen Obst-

Zusammensetzung einiger Trockenobstarten

Bestandteile	Äpfel getrocknet	Aprikosen getrocknet	Pfirsiche getrocknet	Pflaumen getrocknet	Weinbeeren getrocknet
	Durchschnittliches Gehalt je 100 g eßbaren Anteils				
Feuchtigkeit	27,0 g	19,0 g	24,0 g	20,0 g	24,0 g
Eiweiß	1,4 g	5,0 g	3,0 g	1,9 g	2,3 g
Fett	1,6 g	-	0,6 g	0,5 g	0,5 g
Kohlenhydrate	65,0 g	68,0 g	66,0 g	59,0 g	64,0 g
Rohfaser	4,0 g	-	3,5 g	14,0 g	7,0 g
Mineralstoffe	1,5 g	-	3,0 g	1,8 g	1,9 g
Caroten	-	3,9 mg	0,5 mg	0,57 mg	0,03 mg
Vitamin B_1	0,1 mg	-	0,01 mg	0,13 mg	0,12 mg
Vitamin B_2	0,1 mg	-	-	0,10 mg	0,06 mg
Niacin	0,8 mg	3,2 mg	-	1,47 mg	0,50 mg
Vitamin C	12,0 mg	11,0 mg	16,7 mg	3,4 mg	1,0 mg
Natrium	0,1 g	-	-	-	-
Kalium	0,6 g	-	-	-	-
Calcium	30,0 mg	-	44,0 mg	35,0 mg	31,0 mg
Eisen	1,2 mg	-	6,9 mg	2,0 mg	2,7 mg
Phosphor	50,6 mg	-	-	-	-
Energiewert je 100 g eßbaren Anteils in kJ (kcal)	1170 (280)	1254 (300)	1179 (282)	1225 (293)	1129 (270)

arten. Im Haushalt werden außerdem Preiselbeeren, Heidelbeeren und Holunderbeeren für die Hausapotheke getrocknet. Zur Herstellung von T. sind Früchte guter Qualität erforderlich, die in erprobten Dörrverfahren getrocknet werden. Im Haushalt ist das Trocknen von Obst ein Notbehelf zur Verwertung übermäßig hoher Obsternten. Die Zusammensetzung einiger Trockenobstarten s. Tab. Seite 755.

Trockenpilze: durch Trocknen erhaltene Erzeugnisse aus für den Verkehr zugelassenen Speisepilzen. Speisepilze und die daraus hergestellten Pilzerzeugnisse werden in Trockenpilze, artenrein und in Mischungen, sowie Industrietrockenpilze als Halbfabrikate, artenrein und in Mischungen, unterschieden. Während der Trocknung sollen sie die qualitativen Eigenschaften, vor allem Geschmack, Aussehen und Nährwert, möglichst wenig verändern. Zum Trocknen eignen sich nur feste, ganze und junge Pilze. Um häßliche Verfärbungen (bes. bei Steinpilzen) zu vermeiden, dürfen daher die Pilze bei der Herstellung von T. nicht gewaschen werden. Bei haushaltsmäßiger Verarbeitung werden sie nach dem Putzen lediglich mit einem feuchten Tuch abgerieben. Der Stiel wird abgeschnitten, große Hüte in Scheiben geschnitten. Die geputzten und geschnittenen Pilze werden industriell bei Temperaturen von 60°C unter Lüftung der Kammern bzw. Horden- oder Bandtrocknern getrocknet. Auf einen Feuchtigkeitsanteil von 10 % getrocknete und in heißgesiegelte Polyethylenbeutel verpackte Pilze sind am besten haltbar. Die T. sollen sich durch Wiederaufquellen in Wasser in einen der Rohware möglichst weitgehend ähnlichen Zustand zurückführen lassen.
T. gewinnen zunehmende Bedeutung für Großküchen und Expeditionen. *Trockenmischpilze* dürfen aus höchst. 4 Pilzarten bestehen, und der Mindestanteil einer Art muß 15 % betragen. T. dürfen nur in aromadichten Packungen in den Verkehr gebracht werden. Die Lagerung muß kühl und trocken erfolgen. Industrietrockenpilze sind ausschl. für die industrielle Weiterverarbeitung bestimmt. T. sollten höchst. 12 % Wasser und höchst. 2 % Sand (salzsäureunlösliche Asche) enthalten. Die Aufbewahrung von T. verdient, wie die von *Pilzpulver,* bes. Aufmerksamkeit, da diese Erzeugnisse leicht von Milben oder anderen Schädlingen befallen werden.
Zum Trocknen eignet sich auch das nährwert- und aromaschonende Gefriertrocknen. *Gefriergetrocknete Pilze* behalten ihre ursprüngliche Form und Größe und nehmen in wenigen Sekunden zugegebenes Wasser wieder auf. T. werden in zunehmendem Maße mit Hilfe von speziellen Zerkleinerungsmaschinen unmittelbar nach nochmaligem scharfen Nachtrocknen zu sog. *Kibbelware* verarbeitet. Je nach Korngröße unterscheidet man *Pilzpulver* (fein- gemahlen) und *Pilzgrieß* (grobgemahlen). Beide Erzeugnisse dürfen nur eine Feuchtigkeit von höchst. 9 % aufweisen.
Ungenügend getrocknete Pilze schimmeln leicht, zu stark getrocknete werden brüchig und hart, quellen nicht in Wasser und werden nicht gar beim Kochen. Sie eignen sich dann höchstens zum Pulverisieren. Sie werden wasserdampfdicht verpackt. Während man für T. den Pfefferling, den Schafporling und den Habichtspilz wegen ihrer Härte weniger empfehlen kann, sind diese zur Herstellung von Pilzpulver wegen ihres würzigen Geschmacks hervorragend geeignet. Pilzpulver muß man wie T., weil beide hygroskopisch sind, im Haushalt in Blechbüchsen oder Glasbehältern gut verschlossen, kühl und trocken aufbewahren. Pilzpulver ist in der Küche vielseitig als Würze verwendbar. Es braucht vor der Verwendung nicht eingeweicht zu werden. Der Gesamteiweiß- und Mineralstoffgehalt der Pilztrockenprodukte liegt höher als bei Frischpilzen und Pilznaßkonserven. Pilzpulver ist leichter verdaulich als T. → Pilzerzeugnisse

Trockenpülpe → Knollenstärke

Trockensauer, *Fertigsauer, Sauerteigkonzentrat, Sauerteigpräparat:* **1.** ein rieselfähiges → Backhilfsmittel, bestehend aus einem Gemisch von Quellmehl unter Zusatz künstlich isolierter Säuren, daher auch *Kunstsauer* genannt. Der T. kann in Verbindung mit Backhefe anstelle einer zeitaufwendigen, stufenweisen Sauerteigführung bei der Roggenbrot- oder Roggenmischbrotherstellung

angewendet werden (*Trockensauer-* bzw. *Fertigsauerbrot).* Die dabei erzielte Arbeitsersparnis wird jedoch durch die Folge eines einseitigen Brotgeschmacks wieder aufgehoben. Bisher hat sich daher eine generelle Anwendung von T. bei der Roggenbrotherstellung nicht durchsetzen können. Durch den T. wird zwar ein ausreichender Säuregehalt erreicht, doch fehlt die Vielzahl der im Gärungsgeschehen des Sauerteiges normalerweise gebildeten Gärungsaromastoffe. Die Anwendung des T. beschränkt sich daher auf eine Kombination mit natürlicher Sauerführung, je nach Säureanteil in einer Zusatzhöhe von 0,5···1 % (bezogen auf Mehlanteil).
2. Schonend getrockneter Sauerteig, auch als *Sauerteigkonzentrat* bezeichnet. Hierzu zählt z. B. das Handelsprodukt *Backferment.* Er besteht aus einem standardisiertem Sauerteig aus Weizen, gelber Saaterbse und Honig. Nach Wasserzugabe ergibt das Backferment einen gäraktiven Teig, der Hefen und Milchsäurebakterien beinhaltet und wie Natursauerteig zur Herstellung von Brot aus Getreide und Nichtbrotgetreidesorten geeignet ist. → Teig → Sauerteig → Starterkultur

Trockensauerbrot → Brot → Sauerteig

Trockenschleim → Kindernährmittel

Trockensorbit: ein durch Konzentration wäßriger Glucitol-(Sorbitol-)lösung oder aus Sorbitschmelze nach verschiedenen Patenten gewonnenes rieselfähiges Erzeugnis, das als Süßungsmittel für Diabetiker geeignet ist. T. ist leicht löslich sowie koch- und backbeständig. Bei zu hoher Luftfeuchte bzw. schlechter Lagerung kann T. hart werden und ist dann vor Gebrauch durch Reiben zu zerkleinern. Aus diesem Grund wird Sorbit in den Sommermonaten auch in flüssiger Form (Naßsorbit) gehandelt. → Diabetikerlebensmittel → Glucitol

Trockensoße → Soße, kochfertige, nicht süß

Trockenspeisebohne: eine vorwiegend weißkörnige Hülsenfrucht, s. Tab.

Zusammensetzung und Energiewert von Trockenspeisebohnen, weiß

Bestandteil	Gehalt in 100 g
Feuchtigkeit	11,6 g
Eiweiß	21,3 g
Fett	1,6 g
Kohlenhydrate	42,6 g
Ballaststoffe	18 g
Mineralstoffe	3,9 g
Natrium	2 mg
Kalium	1310 mg
Magnesium	132 mg
Calcium	106 mg
Mangan	2 mg
Eisen	6 mg
Phosphor	429 mg
Caroten	0,4 mg
Vitamin B_1	0,46 mg
Vitamin B_2	0,16 mg
Niacin	2,1 mg
Pantothensäure	0,98 mg
Vitamin B_6	0,28 mg
Vitamin C	2,5 mg
Energiewert je 100 g in kJ (kcal)	1130 (270)

→ Hülsenfrucht → Trockenspeisehülsenfrucht, hydrothermisch aufgeschlossene

Trockenspeiseerbse, *Speiseerbse, Erbsen, trocken:* eine ungeschälte oder geschälte (*Schälerbse* bzw. T., *geschält*), ganzkörnige oder gespaltene, unpolierte oder polierte, grün- oder gelbfarbige → Trockenspeisehülsenfrucht. Die T. werden entweder als *Trockenerbse* (→ Erbse) hergestellt, indem die halbreife Frucht an der Luft, auf Darren oder in Vakuumapparaten getrocknet wird, oder in dem die Erbsen durch Ausreifen am Strauch auf dem Feld trocknen. Bes. die großen, gelben, ausgereiften Erbsen werden zu Erbsmehl, *Erbswurst* und Suppenerzeugnissen verarbeitet.

Zusammensetzung und Energiewert von geschälten Speiseerbsen

Bestandteil	Gehalt in 100 g
Feuchtigkeit	10,9 g
Eiweiß	22,9 g
Fett	1,4 g
Kohlenhydrate	46,3 g
Ballaststoffe	15,8 g
Mineralstoffe	2,67 g
Natrium	30 mg
Kalium	944 mg
Magnesium	125 mg
Calcium	45 mg
Eisen	5 mg
Phosphor	300 mg
Caroten	0,11 mg
Vitamin B_1	0,71 mg
Vitamin B_2	0,21 mg
Niacin	2,98 mg
Vitamin B_6	0,075 mg
Vitamin C	1,3 mg
Energiewert je 100 g in kJ (kcal)	1209 (289)

→ Hülsenfrucht → Trockenspeisehülsenfrucht

Trockenspeisehülsenfrucht, hydrothermisch aufgeschlossene: einheimische sortenreine *Trockenspeisebohnen, Trockenspeiseerbsen* oder *Speiselinsen,* die zwecks Verkürzung der erforderlichen Kochzeit, durch Einweichen, Dämpfen und anschließendes Trocknen industriell vorbehandelt worden sind und beim Zubereiten nach maximal 10 min Kochzeit gar sind. → Trockengemüse, hydrothermisch aufgeschlossenes

Trockenspeisekartoffel: quellfähiges Trockenerzeugnis, das aus gewaschenen, geschälten und zu Streifen, Würfeln oder Scheiben geschnittene weißgelbfleischige Speisekartoffeln hergestellt und durch Verdunstungstrocknung haltbar gemacht wird. Die T. sind Ausgangsprodukt für die weitere küchenmäßige oder industrielle Verarbeitung, z. B. als Zusatz für Fleisch- und Gemüsekonserven. Zur Enzyminaktivierung, Verminderung der Keimzahl und Verbesserung der Rekonstitutionseigenschaften werden die geschnittenen Kartoffeln vor der Trocknung, je nach der gewünschten Beschaffenheit des Fertigerzeugnisses, zw. 2 min und 12 min blanchiert. Zu intensives Blanchieren führt zu starkem Schwund und Schrumpfung beim Trocknen und hohem Nährwertverlust. Zur Trocknung werden Bandtrockner bevorzugt. Durch große Trocknungsgeschwindigkeiten wird die Dichte des Fertigerzeugnisses verringert, und die Rekonstitutionseigenschaften werden verbessert. Eine bes. schnelle Wasseraufnahme weisen T. auf, die zw. Blanchieren und Trocknen im nassen Zustand gefroren und wieder aufgetaut wurden oder denen durch eine Expansionsbehandlung eine poröse Struktur verliehen wurde. T. sollen gut quellen, schnell weichkochen und in gekochtem Zustand in Aussehen, Geruch, Geschmack und Konsistenz Frischkartoffeln möglichst nahekommen. Dumpfer oder muffiger Geruch deutet auf feuchte Lagerung. Der Feuchtigkeitsanteil darf 10% nicht überschreiten. Rost- oder Schwarzfleckigkeit können bei feucht gewordener Ware mikrobiell bedingt oder auf ungenügendes Blanchieren wie auch auf Kontakt mit Eisenteilen zurückzuführen sein. → Kartoffel → Kartoffelveredlungsprodukt

Trockenstärkesirup, *Trockenglucosesirup:* ein nach dem Zerstäubungsverfahren aus → Stärkesirup durch Feuchtigkeitsentzug hergestelltes hygroskopisches, lockeres, weißes bis schwach gelbliches → Pulver mit der Handelsbez. *Trockenmaltosesirup.* Der T. ist in Wasser und verdünntem Ethanol leicht löslich und entspricht im Süßwert zu etwa 20% der Saccharose. Im T. sind etwa 50% Dextrine, 30% Maltose und 20% Glucose enthalten. T. darf höchst. 3,5% Feuchtigkeit, 0,5% Mineralstoffe, 0,015% schweflige Säure, berechnet als SO_2, und 24···32% direkt reduzierende Substanz (i. Tr.) enthalten; der *p*H-Wert liegt zw. 4,8 und 5,5. T. findet hauptsächlich Verwendung als Kräftigungsmittel für Kleinkinder, zum Süßen von Milch- und Breispeisen, als Zusatz zu Backwaren und zur Farberhaltung bei der Wurstherstellung sowie beim Pökeln (fördert die Bildung von Nitrosomyoglobin).

Trockensuppe → Suppe, kochfertige, nicht süß

Trockenvollei → Trockenei

Trockenweißei → *Trockeneiklar* → Trockenei

Trollinger, blauer, *Vernatsch*: Traditionelle Rotweinkeltertrauben- und Tafeltrauben-Sorte, angebaut bes. in Württemberg und Italien (Südtirol), deren große Trauben leichte, aber rassige, blaßrosafarbene Weine liefert. → Wein

Trompetenbaum → Kanonenbaum

Trompeten-Schnitzling → *Crepidotáceae*

Tronchon → Aragon

Tronchudakohl → Rippenkohl

Tropāeolum május → Kapernersatz

Tropāeolum tuberósum → Anu

Tropan-Alkaloide → Alkaloide

Tropenbrot: 1. *Brot aus Backmehl ohne Weizen, Brot aus weizenfreiem Mehl, Brot aus weizenarmen Mehl, Brot mit Weizenaustauschstoffen*: ein aus hohem Anteil an Pflanzenknollenmehl (Kassava, Süßkartoffel, Yams usw.) unter Zusatz von Mais, ggf. Hirse sowie Knollenstärke hergestelltes Brot, dem als Proteinkomponente entfettete Ölsaatenmehle oder entfettete Ölsamenkernmehle oder Fischmehl beigefügt sein können. Das T. ist nach unterschiedlichen Rezepturen für Länder entwickelt worden, in denen der Weizen nicht wächst oder nur geringe Ernten bringt. → Backmehl ohne Weizen
2. ein Brot in Form von → Dauerbrot, das auf Grund bes. Verpackung unter tropischen Klimaverhältnissen insbes. auf Reisen oder bei Expeditionen eine genügende Haltbarkeit aufweist. → Brot

Tropenkirsche → Flacourtie

Tróphis racemósa → Ramon

Tropomyosin → Globuline

Troponin: Protein des dünnen Filamentes der Muskelfibrillen. Steuert die Konformationsänderung zwischen den Myosin- und Actinfilamenten. Ist aus den Komponenten T (259 AS), I (179 AS) und C (159 AS) aufgebaut.

Troque → Erdbirne

Trub → Trubstoff

Trubgetränk → Aufgußgetränk

Trubstabilisatoren → Stabilisierungsmittel

Trubstoff, *Trub*:
1. Sammelbegriff für heterogenes Substanzgemisch (aus Pektin-, Eiweiß-, Gerb- und Mineralstoffen sowie Stärke, Polyphenolen und Zellwandbruchstücken) in preß- oder keltertrüben → Säften. Bei der industriellen Fruchtsaftherstellung sind die Trubstoffanteile, insbes. diejenigen aus Kernobst unerwünscht, da deren Geliereffekt bei der Saftkonzentrierung und Weinherstellung stört, andererseits auf dem Lager Nachtrübungen zur Folge haben können, die sich jedoch (wie unter 3. erläutert) in der chemischen Zusammensetzung von naturtrüben Stoffen unterscheiden. Zur Qualitätserhöhung und Qualitätsstabilisierung werden daher die meisten Apfelsäfte durch Klärung von ihren trübenden bzw. keltertrüben Stoffen (→ Apfelsaft, keltertrüb) befreit, danach konzentriert (Saftkonzentrierung ist aus ökonomisch-technischen Gründen am weitesten verbreitete Konservierungsmethode für Apfelsaft) und nach Rückverdünnung als blank filtriertes Erzeugnis auf Flaschen gezogen. Bei anderen Fruchtsäften, wie z. B. Zitrussäften, sind dagegen die T. erwünscht. Es werden auch Verfahren zur Gewinnung von *Trubstoffbildnern* genutzt, indem Zitrusschalen nach der Preßsaftgewinnung gemahlen, gemaischt, erhitzt, mit pektinolytischen und cellulolytischen Enzymen behandelt und dann als Zusatz in Mehrfruchtsäften oder Erfrischungsgetränken usw. verwendet werden. → Trübungsmittel
2. Gesamtheit der sich bei der Klärung von Wein und Bier absetzenden Stoffe, die z. B. von Gärhefen (Hefetrub), Hopfen (Hopfentrub) herrühren.
3. Sammelbegriff für Nachtrübungen, die als sog. *Trübungsfehler,* den Saft-, Bier-, Weinfehlern zuzurechnen sind. Sie treten auf z. B. als schleier-

artige *Kältetrübungen* bei Bier, oder sind verursacht durch Metalle (*Metalltrübungen*), durch Harze, durch Kleister (*Kleistertrübungen* infolge nicht völlig abgebauter Stärke), ferner durch Kolloidänderungen (*Flockungen,* die von Eiweißgerbstoffkomplexen herrühren) oder durch Oxydation (*Oxydationstrübungen*).

Trubstoffbildner → Trübungsmittel

Trübung: Eigenschaft eines Lebensmittels Licht teilweise hindurchtreten zu lassen und es dabei zu streuen. → Trübstoff → Trübungsmittel

Trübungsmittel, *Trubstoffbildner, Squash:* ein → Lebensmittelzusatzstoff, dessen Funktion bei der Getränkeherstellung (Erfrischungsgetränke oder Fruchtsafterzeugnisse) im Auslösen eines gewünschten Trübungseffektes besteht, der den Anschein eines Fruchtsaftanteils im Getränk erweckt. Neben enzymatisch gewonnenen Trubstoffbildnern (→ Trubstoff) werden für die Herstellung von T. kaltlösliche Trockenmischungen verwendet. Dabei handelt es sich um Instantprodukte, die über Sprühtrocknung entsafteter und zerkleinerter Zitrusfrüchte bzw. Zitrusschalenextrakten mit oder ohne Zusatz pflanzlicher Fette, Trägerstoffe, Phosphat, ggf. synthetischer Aromastoffe oder mikroverkapselter Zitrusöle, als Aromaverstärkung, gewonnen werden. Mit Hilfe von T. lassen sich fruchttrübe Getränke herstellen (comminuted drinks), wobei der Fruchtsaftanteil reduziert oder völlig ersetzt ist. Die T. ergeben z. B. → Pastis-Grundstoffe, und die daraus hergestellten Erfrischungsgetränke werden verschiedentlich als *Pastengetränke* bezeichnet.

Trüffel, *Konfekttrüffel*: aus Trüffelrohmasse hergestelltes *Konfekt,* das in der Form an *Trüffelpilze* erinnert. Trüffelrohmasse enthält als Hauptbestandteile Kakaomasse, Kakaobutter u. a. wertvolle Stoffe (z. B. Butter und Spirituosen).

Trüffel, Italienische → Würzpilz

Trüffelleberwurst: → *Kochwurst, deren Herstellung der* → Kalbsleberwurst entspricht, wobei der Gesamtmasse zusätzlich 5% gedünstete Zwiebeln und 1···2% gehackte Trüffelschalen oder → Trüffeln zugesetzt werden. → Leberwurst → Wurst

Trüffeln → *Tuberáles* → Melanogastráceae → Würzpilze

Trüffelpastete: bes. feines, mild gewürztes, gekochtes, in Kastenform hergestelltes *Fleischfeinkosterzeugnis,* zu dessen Herstellung Rindfleisch, Schweinefleisch, Kochsalz, Nitritpökelsalz, Trüffeln (→ Tuberales) und Gewürze eingesetzt werden. Die T. ist mit einer Speckhülle versehen, die 10% der Grundmasse nicht überschreiten darf. Im Schnittbild müssen Trüffelteile erkennbar sein. Sie betragen mind. 8% der Gesamtmasse. Die Pastetenfarce (→ Farce) wird ähnlich wie Brühwurst hergestellt. Da die Qualität und damit der Preis der verwendeten Trüffeln beträchtliche Unterschiede aufweisen, verlangt der deutsche Gesetzgeber zum Schutze des Verbrauchers, daß auf der „getrüffelten" Ware die genaue Art der Trüffeln ausgezeichnet wird.

Trüffelrohmasse: fettreiches, schokoladenähnliches, hochwertiges Kakaoerzeugnis, das zur Herstellung von → *Trüffeln,* für Pralinenfüllungen und zur Füllung und Verzierung von Konditoreiwaren verwendet wird. Die T. enthält mind. 12% Kakaomasse, 30 % Kakaobutter und höchst. 50% Zukker. Weitere Zusatzstoffe: Milch, Sahne, Butter, Honig, Ei, Kaffee, Nuß, Mandel, Spirituosen. Die Haltbarkeitsgarantie erstreckt sich bei optimalen Lagerbedingungen (3···10°C, 60···70 % rel. Luftfeuchte) auf 3 Monate. → Rohmasse

Trüffelschokolade → Schokolade, gefüllte

Trüffelstreusel: qualitativ hochwertige → Schokoladenstreusel. → Rum → Streusel

Trüffeltorte: eine Torte aus vier Schokoladenböden, die mit einer Mischung aus Sahne und Kuvertüre (diese Mischung wird in der Konditorei als *Trüffel* bezeichnet) gefüllt und mit Schokoladen-Ornamenten garniert ist. → Torte

Trunkelbeere → Moorbeere

Trunkpulver → Schokoladenpulver → Mischung, pulverförmige, kakaohaltige

Truppenbrot → Soldatenbrot

Truthuhn → Fleischtiere

Trypsin: zur Gruppe der → Proteinasen gehöriges *Verdauungsenzym* (EC 3.4.21.4), das in der *Pankreasdrüse* als inaktive Vorstufe (Trypsinogen) gebildet und nach der Sezernierung (Absonderung) in den Dünndarm durch das Enzym Enterokinase aktiviert wird. Das T. ist ein Protein (Molmasse 24000 g/mol) und setzt sich aus 223 Aminosäuren mit bekannter Sequenz (Reihenfolge) zusammen. T. wirkt optimal im neutralen bis schwach alkalischen Bereich. Es wird überwiegend als Verdauungshilfe angewandt.

Trypsininhibitoren: Substanzen, die die Wirkung des Trypsins auf den Abbau von Eiweißen (Protease) durch Bildung eines inaktiven Komplexes hemmen. T. wirken dabei als *Antienzyme.* Sie kommen u. a. in Soja-, Lima- und anderen Bohnen, im Rindercolostrum, Blutplasma und Ei (Ovomucoid, Molmasse 29 000 g/mol) vor. Der in der Sojabohne entdeckte *Bowman-Birk-Inhibitor* (Molmasse 8 000 g/mol) hemmt auch Chymotrypsin und enthält bes. viele Disulfidbindungen. Die T. sind mit verantwortlich, daß z.B. die genannten Bohnenarten in rohem Zustand schlecht verwertet werden. Eine totale Zerstörung der Inhibitoren kann durch Autoklavieren bei 108···110°C erreicht werden. → Enzyminhibitoren → Proteaseinhibitoren → Stoffe, Flatulenz erzeugende

Tryptamin → Indolylalkylamine → Amine, biogene

L-Tryptophan, *2-Amino-3-(indol-3-yl)-propionsäure,* α-Aminoindol-3-propionsäure (Abk. Trp).: eine essentielle, aromatische Aminosäure, s. Formel.

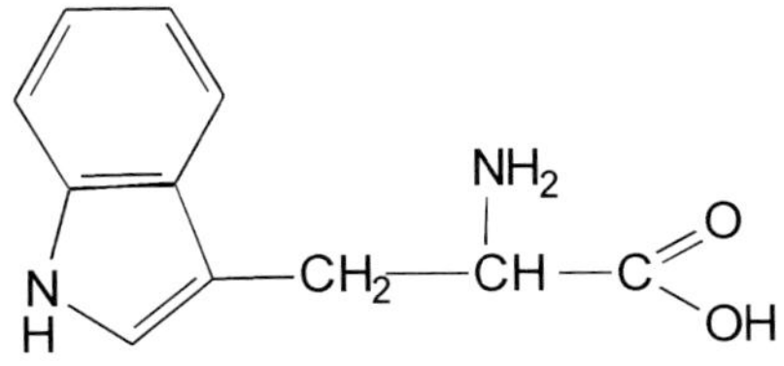

Molmasse 204,23 g/mol, kristallisiert in seidenglänzenden, fluoreszierenden Blättchen, F. 290···295°C (Zers.), in kaltem Wasser oder Ethanol wenig, in heißem hingegen gut löslich, in Chloroform unlöslich, empfindlich gegen Säuren und Oxydationsmittel. T. bildet mit einer Reihe von Metallionen Komplexe.
Der tägliche Mindestbedarf eines Erwachsenen liegt bei 0,25 g. T. gehört zu den die biologische Wertigkeit der Proteine limitierenden Aminosäuren. Ein Teil der T. wird über Chinolinsäure (Pyridin-2,3-dicarbonsäure) zu dem Vitamin → *Nicotinsäureamid* metabolisiert. Deshalb treten Nicotinsäuremangelerscheinungen nur bei tryptophanarmer Ernährung auf. Ein anderer Abbauweg des T. erfolgt über 5-Hydroxytrytophan zu Serotonin und Melatonin. Mehr als 40 aromatische Metaboliten des T. wurden schon aufgefunden. Mangelhafte Zufuhr an T. führt zur Hartnap-Krankheit, die sich in Pellagrasymptomen, Defekten im ZNS und in vermehrter Ausscheidung von Tryptophanmetaboliten zu erkennen gibt. T. wird in seiner L-Form, ihrer Natrium-, Kalium-, Calcium- und Magnesiumverbindungen und des Hydrochlorids in bilanzierten Diäten eingesetzt. → Aminosäuren

Tsamma-Melone → Wassermelone

Tsao → Jujube

Tsattafa → Masa

Tschek-Tschek → Pistazie, Echte

Tschirus → Trockenfischerzeugnisse

Tschubritza: bulgarische Gewürzkombination aus Bockshornklee, Bohnenkraut, scharfem Paprika, geröstetem Maismehl und Salz. T. wird zu verschiedenen Fleischgerichten gereicht.

Tsubakiöl → Teesamenöl

Tsunomato → Algenprodukt

Tsuruna → Neuseelandspinat

Tsuzusäure → Myristoleinsäure

Tubária spec. → *Crepidotáceae*

Tubenbrotteig, *Brotteig in Tuben:* eine von dem Belgier *Nielsen* und dem Amerikaner *Blackwood* stammende Erfindung, nach der Brotteig in den Sorten *Mischbrot, Sauerteigbrot* und *Weizenbrot* seit 1970 in Tuben zu je 200 g, 400 g oder 500 g mit einer Haltbarkeit von 2 bis 3 Jahren angeboten wird. Nach entsprechender Backanleitung kann je nach Bedarf aus dem T. im Haushalt unter der Backhaube Brot gebacken werden, das auch als *Tubenteigbrot* bezeichnet wird.

Tuberales, Trüffeln: Pilzordnung mit knolligen, meist bräunlichen Fruchtkörpern mit glatter oder warziger Oberfläche, die sich meist unter der Erdoberfläche befinden (weshalb begehrte Trüffelarten z. T. mit Hilfe von abgerichteten Hunden gesucht werden). Die Fruchtkörper sind im Innern von Hohlräumen durchzogen, die an den Wandungen das Sporenlager (Hymenium) tragen. Ihre Größe variiert zw. 0,5 cm und 8 cm. Die T. gliedern sich in 27 Gattungen mit etwa 200 Arten. Die wichtigsten eßbaren Trüffelarten sind:

Winter-Trüffel (Túber brumále Vitt.) mit fast schwarzem, großem, knollenförmigem, außen oft höckrigem und grubigem, mit spitzen Stacheln besetztem Fruchtkörper, der innen zuerst weißlich, schließlich schwarzgrau gefärbt und mit labyrinthisch gewundenen weißlichen Adern marmoriert ist. Vorkommen: Nov. bis März in lichten Laubwäldern im Südwesten Deutschlands, in der ehem. ČSFR, bes. häufig in Italien und Südfrankreich. Sehr wohlschmeckend.
Perigord-Trüffel, Franz. Trüffel, Echte Trüffel (Túber melanósporum Vitt.), 2···10 cm hoch, mit schwarzvioletter Gleba (Fruchtmasse). Die Adern verfärben sich bei Berührung mit Luft weißlich-rötlich. Riecht stark und aromatisch.
Sommer-Trüffel (Túber aestívum Vitt.) mit unterirdischer, schwarzbrauner höckeriger Knolle mit sehr großen Warzen (5···10 mm) und mit anfangs grauweißer, später gelblichbräunlicher, marmorierter Innenmasse. Vorkommen: Aug. bis Febr. in lichten Laub- und Kiefernwäldern des Rhein-, Elbe- und Odergebietes, ziemlich verbreitet. Sehr delikat im Geschmack (begehrter Gewürzpilz), wenngleich der echten franz. Trüffel weit nachstehend, wird meist getrocknet gehandelt.
Burgunder-Trüffel (Túber uncinátum Chatin) mit nur kleinen Warzen (2···5 mm). *Gekröse-Trüffel (Túber mesentéricum* Vitt.) mit kleinen Wärzchen auf der Rinde (2···3 mm) und schlangenförmigen Adern und Gängen im Fleisch. *Großsporiger Trüffel (Túber macrósporum* Vitt.) mit dunkelbraunem, hasel- bis walnußgroßem, kleinwarzigem und mit kleinen Vertiefungen und Höckern versehenem Fruchtkörper und purpurfarbiger, mit weißen Adern durchsetzter Fruchtmasse. Vorkommen: Nov. bis Dez. unter Laubbäumen, einzeln. Wert und Geruch wie bei der Sommer-Trüffel.
Weiße Trüffel [*Choirómyces venósus* (Fr) Th. Fr.], eine kartoffelähnliche, grauweiße bis gelblichbraune, 4···10 cm breite und 250···500 g wiegende Knolle mit weißlicher, später weißgrauer Innenmasse. Zur Reifezeit stark aromatisch überständig, aber weich und unangenehm riechend. Vorkommen: Juli bis Sept., bes. in Buchenwäldern, im Süden Deutschlands, in Italien, Österreich, in der ehem. ČSFR, Ungarn weit verbreitet. Im zaristischen Rußland wurde sie früher mit Hilfe von Bären gesucht.
Rotbraune Rasen-Trüffel (Hydnótrya tulásnei Berk. et Br.), fleischgelbe, reif fleischrote, rundlichknollige oder nierenförmige, hasel- bis walnußgroße, höckrige, mit grubigen Vertiefungen versehene Fruchtkörper mit grauweißer, später rötlichbrauner, schließlich durch die roten Schläuche bunter, derbfleischiger, von weißlichen Gängen durchzogener Fruchtmasse. Vorkommen: Aug. bis Okt. in lichten Buchen-, Eichen- und Nadelwäldern, nicht häufig, fast immer mit dem Scheitel bis zu einem Drittel über dem Boden. Ähnlich ist *Hydnótrya cárnea* Corda..
In Afrika vorkommende Arten sind die *Löwentrüffel* oder *Terfaz (Terfézia leónis* Tul.), die *Lybische Trüffel (Terfézia boudier* Chatin*)* und die *Afrikanische Trüffel (Tirmánia africána* Chatin). Im Irak geschätzte und in großen Mengen geerntete Arten sind: *Terfézia hafízi* und *Terfézia claveréyi* Chat.. Letztere Art wird auch in Südeuropa, in Teilen Nordafrikas und in anderen Mittelmeerländern

gesammelt und gehandelt. Das gilt auch für die *Terfézia metataxásis* Chat.
Eßbar aber nicht schmackhaft und damit bedeutungslos sind die *Hohle* oder *Olivbraune Trüffel* [*Túber (Aschion) excavátum* Vitt.], die *Rotbräunliche Trüffel (Túber rúfum* Pico), die *Weißliche Trüffel (Túber bórchii* Vitt. = *Túber álbum* Bull.) und die *Michaels Löcher-Trüffel* [*Geoporélla michaélis* (Fischer) Soehner].
In westeuropäischen Ländern werden Trüffeln als Würzpilze bes. für Pasteten und Trüffelleberwurst verwendet. Im zwischenstaatlichen Verkehr haben *Túber brumále* und *T. melanospórum* einige Bedeutung. Da die Qualität und damit der Preis von Trüffeln beträchtliche Unterschiede aufweisen, verlangt der deutsche Gesetzgeber zum Schutze des Verbrauchers, daß bei Lebensmitteln, die mit Trüffeln verarbeitet sind, die genaue Trüffelart ausgezeichnet wird. Sommertrüffeln sind z.B. graubraun. So haben Hersteller verbotenerweise versucht, die Trüffeln einzufärben oder bei Abbildungen unverhältnismäßig dunkel zu zeigen. Mit der Aufnahme der Pilzfamilie Terfeziáceae in die Leitsätze unter der deutschen Bez. Trüffel mit entsprechendem Zusatz ist die Möglichkeit von Verwechslungen noch größer geworden. Dies trifft vor allem für die sog. Löwentrüffeln aus Nordafrika und die nach ihrer Herkunft benannten *Kalaharitrüffeln* aus Namibia zu. Beide Sorten müssen eigentlich einer eigenen Pilzfamilie zugeordnet werden. → Speisepilze → Würzpilze → 5-α-Androst-16-en-3-α-ol

Tuberin → Globuline → Kartoffel

Tuberinin → Kartoffel

Tuber spec. → Tuberáles → Würzpilze

Tucanuß → Paranuß

Tucumöl → Awarra-Öl

Tuki, *Gab:* Frucht des Bidiblatt-Baumes *Diospýros melanóxylon* Roxb. (Familie *Ebenáceae*), der in Indien, Pakistan und Sri Lanka verbreitet ist. Die Blätter werden bei der Herstellung sog. Bidi-Zigaretten verwendet.

Túlipa clusiána → Tulpenzwiebel

Tulpenzwiebel: die frisch oder gegart verzehrte → Zwiebel von *Túlipa clusiána* DC. (Familie *Liliáceae*), die im Irak angebaut wird. → Gemüsezwiebel

Tulsipflanze → Basilienkraut

Tumulosinsäure → Polyporensäure A

Tuna → Kaktusbirne

Tungöl, *Elaeococcaöl, Holzöl:* das Samenfett von *Aleurítis fórdii* Hemsl. und *Aleurítis cordáta* (Thunb.) R. Br. ex Steud. (Familie *Euphorbiáceae*). Die wichtigste Fettsäure des T. ist α-Elastearinsäure (über 75% der Gesamtfettsäure). Das T., dessen Genießbarkeit umstritten war, ruft bei oraler Aufnahme Brechreiz hervor und führt äußerlich zu schwer heilenden Hautentzündungen. Es ist von großer Bedeutung für die Lackindustrie. → Elaeostearinsäure.

Tunke → Soße

Tunkmasse: fein geschmeidiges Gemenge aus Kakaobestandteilen und Zucker, bei dem ein Teil der Kakaobutter durch Hartfett ersetzt ist. T. dienen zum Überziehen von Backwaren (*Backwarentunkmasse*), Zuckerwaren und Speiseeis. → Schokoladenüberzugsmasse → Kakaohaltige Fettglasur

Tunisnuß → Pistazie, Echte

Tunta → Chuño

Tüpfelfarn → Adlerfarn

Tüpfel-Hartheu → Johanniskraut

Turanose → Disaccharide

Turibaum → Agathiblüten

Turicin (*Turizin*) → Betaine

Türkentaube, *Streptopélia decaóto:* → Wild.

Türmchenblumenkohl, *Kuppelblumenkohl, Italienischer Romanesco:* seit 1979 zuerst in den Niederlanden angebaute, fälschlich als Brokkoli bezeichnete Blumenkohlvariante, bei der sich auf dem Kopf lichtgrüne Türmchen bilden, die zum Erntezeitpunkt (Mitte Sept. bis Ende Nov.) fest und gut ausgebildet sein müssen. Die Anbaumaßnahmen dieser Neuheit, zu der auch die mittelfrühreifende Blumenkohlsorte 'Minaret' mit pyramidal aufgebauten, gelbgrünen Kuppeln oder Höckern zählt, gleichen denen des weißen Blumenkohls.

Turmerik → Kurkuma

Turmerikersatz → Kurkuma 1.

Turmerik, Wilder → Kurkuma 1.

Tuozaafi, *Tuwo:* eine in Westafrika übliche Breizubereitung aus Guineakorn (*Sórghum guineénse* Stapf). Das Mehl wird mit heißem Wasser überschüttet, zu einem dicken oder dünnen → Brei verrührt oder geformt und gebacken. Der zu einem harten Fladen gebackene Hirsebrei wird zerbrochen und in Wasser aufgelöst als Getränke aufgenommen, oder die zerbrochenen Stücke werden zu einer Suppe verzehrt. → Brei → Hirse → Flachbrot

Tur → Katjangbohne

Túrnera diffúsa → Damianablätter

Turnip → Speiserübe

Turron → Mandelbrot

Turumgemüse: Wurzelknollen der indischen Pflanze *Curcúligo orchioídes* Gaertn. (Familie *Hypoxidáceae*). Die süßen Früchte einer anderen Art, *Curcúligo latifólia* Dryand., werden auf den Sundainseln gegessen.

Turunmaa: ein typisch finnischer Käse, der als *Schnittkäse* mit 50 % F. i. Tr. hergestellt wird. → Käsesorten

Turu-Palme → Bacaba-Palme

Tusu → Natto

Tussilagin → Alkaloide

Tussilágo fárfara → Huflattich

Tutanni → Danwake

Tutin, (Tutu): *Toxisches Sesquiterpen aus Coriária-Arten (Familie Coriariáceae)*, das in Japan und Neuseeland vorkommt. Wird von Bienen aufgenommen und gelangt in den Honig (s. Formel).

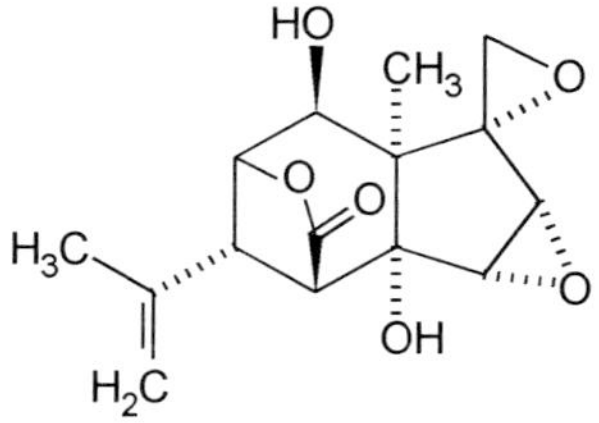

Tuwo → Touzaafi

Tweens → Polyoxyethylensorbitanfettsäureester

Tybo: dänischer *Schnittkäse* oder *Halbhartkäse* in Stangenform. → Käsesorten

Tylópilus félleus → *Boletáceae*

Tylose® → Methylcellulose

Tylosin: ein *Antibiotikum* aus *Streptomýces frádiae* (Waksman et Curtis) Waksman et Henrici, das bes. gegen *Chlostrídia* und andere sporenbildende Bakterien wirksam ist Formel s. Seite 765 oben).

In der Humanmedizin wird T. nicht verwendet, in einigen Ländern aber als Tierarzneimittel und als Futtermittelzusatzstoff zur Verbesserung der Aufzucht von Nutztieren. Auch sein Einsatz als → Konservierungsstoff ist erwogen, aber nicht vorgenommen worden. Lebensmittel sollen keinerlei Rückstände an T. enthalten. Die Anwendung von T. ist weder in der Landwirtschaft noch in der Lebensmittelproduktion erlaubt. → Antibiotika

Tyloxapol: ein *oxyethylierter Alkylphenol-Formaldehyd,* der als chemisches Lockerungsmittel kuchenfertigen Mehlen zugesetzt wird. Mit dieser ohne Säurezusatz Kohlendioxid entwickelnden Verbindung liegen bis jetzt noch keine großen praktischen Erfahrungen vor. → Lockerungsmittel

Typagestoffe: Extrakte aus Eichenholzspänen, Backpflaumen, grünen Walnußschalen oder getrockneten Mandelschalen, hergestellt durch Ma-

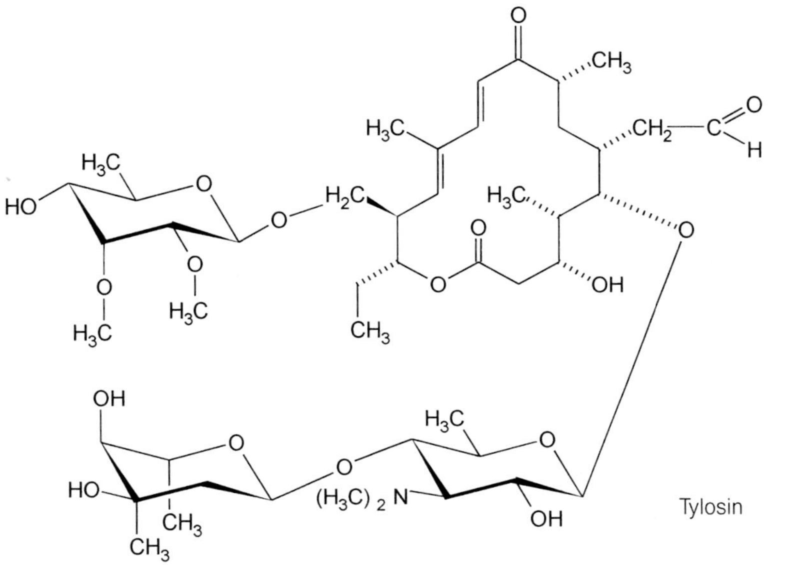

Tylosin

zeration oder Perkolation (→ Spirituosen) mit kaltem Weindestillat. T. dienen der geschmacklichen Abrundung von → Weinbrand. Zusätze von T. sind jedoch nur in so geringen Mengen zulässig, daß sie geschmacklich nicht hervortreten. Je wertvoller ein Weinbrand, um so geringere Mengen an T. werden zugesetzt. T. dürfen nicht mißbraucht werden, um z. B. ein hohes Alter des Weinbrandes oder eine bes. lange Lagerung in Eichenholzfässern vorzutäuschen. → Weinbrand

Týpha angustifólia → Typhastärke

Typhastärke: die aus dem Wurzelstock von *Týpha angustifólia* L. u. a. *Týpha*-Arten, aus der in Europa, Nordamerika und Nordasien heimischen Familie der Rohrkolbengewächse (*Typháceae*), gewonnene Stärke (etwa 30 %), die hauptsächlich in Notzeiten zur Verwendung kommt.

Typhónium divaricátum → Panuala

Tyramin, *4-(2-Aminoethyl)-phenol, Hydroxyphenylethylamin* (veraltet): ein → Biogenes Amin (s. Formel).

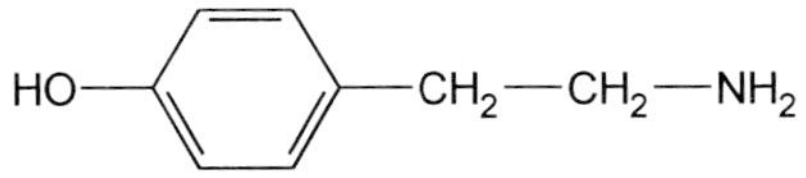

Molmasse 137,18 g/mol, süßlich riechende und bitter schmeckende Blättchen oder Nadeln, F. 161°C, Kp. 210°C (0,075 Pa), wenig löslich in siedendem Ethanol. T. entsteht im Organismus und bei Eiweißfäule durch enzymatische Decarboxylierung von L-Tyrosin durch Tyrosindecarboxylase (EC 4.1.1.25), die als Coenzym Pyridoxal-5'-phosphat enthält. T. ist verbreitet in pflanzlichen und tierischen Geweben enthalten, z. B. in Kartoffeln, Erbsen, Tomaten, Spinat, Bananen, Orangen, Wein, Schokolade, Leber, Blut. Seinen Namen erhielt es vom Käse (griech. tyros), in dem T. bes reichlich enthalten ist. Es wirkt blutdrucksteigernd, uteruskontrahierend und löst gegebenfalls auch Migräne aus. → Phenylalkylamine → Amine, biogene

L-Tyrosin, *3-(4-Hydroxyphenyl)-alanin, 2-Amino-3-(4-hydroxyphenyl)-propionsäure* (Abk. Tyr.):

eine nichtessentielle aromatische Aminosäure (s. Formel).

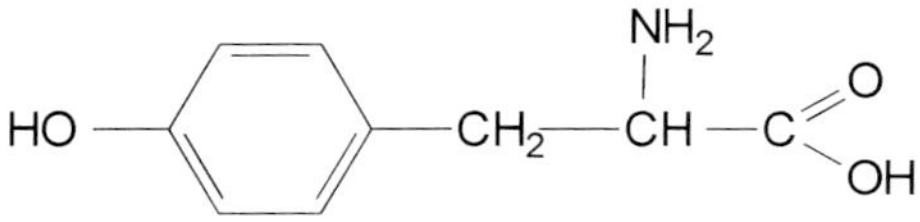

Molmasse 181,19 g/mol. T. kristallisiert in farblosen, seidig glänzenden Nadeln, *d* 1,456, F. 344°C (Zers.). T. ist in Wasser schwer, in Ethanol, Ether, Aceton unlöslich, in Alkalien und Säuren gut löslich und bildet mit Metallionen Komplexe. Es ist regelmäßiger Bestandteil von Proteinen, bes. reichlich enthalten in Papain und Casein. T. ist in den aktiven Zentren von Katalasen, an Redox-Reaktionen im pflanzlichen Photosynthese-Zentrum, am Aufbau der für die Hautbräunung verantwortlichen Melamine mit Hilfe von Tyrosinase, an der Biosynthese des Neurotransmitters Dopamin und der Nebennierenhormone L-Noradrenalin und L-Adrenalin beteiligt. Im menschlichen Organismus kann die essentielle Aminosäure Phenylalanin enzymatisch durch Phenylalanin-4-Hydrolase (EC 1.14.16.1) im Verein mit dem Cofaktor Tetrahydrobiopterin zur T. hydrolysiert werden. Bei Ausfall dieses Enzyms kommt es zu einem Tyrosin-Defizit und der Enzymopathie Phenylketonurie. T. wird in der L-Form und als Natrium-, Kalium-, Calcium- und Magnesiumsalze bei bilanzierten Diäten eingesetzt.

Tyrosol → Alkohole, aromatische

UAP → Ultra-Amylopectin

Uapáca guineénsis → Mkussabaum

Uaxaca → Achua

Übergangsmilch: transitorische → Frauenmilch

Überzugsmasse → Überzugsmittel

Überzugsmittel, *Überzugsmasse, Umhüllungsmittel, Umhüllungsmasse:* ein Stoff oder eine Verbindung a) als *Film* (aus → Wachs → Harz → Paraffin als *Verdunstungs-, Aromaschutz* oder *eßbarer Verpackungsfilm*) b) in dickflüssiger Aufbereitung als eine mehr oder weniger hohe Schicht (z.B. Tortenguß, Schokoladentunkmasse, ablösbarer *Wachsüberzug* bei Schnittkäse, *Gewürzüberzug* mit Gelatine bei Fleischwaren) und c) in trockener Aufbereitung, um mittels puderförmiger bis grobkörniger Substanzen (z.B. Ölsaaten, Hagelzucker, Gewürze) eine mehr oder weniger dicke Auftragung bei dem behandelten Produkt zu erzeugen. Die Ü. werden eingesetzt:
1. zur Erzielung von *Glanz* (→ Glasurmittel → Glanzstreiche, Glänzmittel),
2. zur Verlängerung der Frischhaltung (→ *Frischhaltemittel),*
3. als Schutz vor Feuchtigkeitsverlusten (→ *Feuchthaltemittel* und *Verdunstungshemmer* bei Obst und Gemüse z.B. Polyethylenwachs-Oxydate bei Zitrusfrüchten),
4. als Schutz vor Aromaverlusten (→ *Stabilisierungsmittel,* ferner *Mikroverkapselung* von Aromastoffen durch Trägerstoffe aus Stärkederivaten bei der Sprühtrocknung),
5. zur Hebung des Geschmacks als *Aromatisierungsmittel* (aromatisierter Zuckerguß, Tortenguß; Ölsamen und Ölsaaten sowie Streusel oder andere → Massen zum Abdecken bzw. Überziehen von Backwaren, Süßwaren usw.)
6. als *Gewebeverfestigungsmittel (*→ Härtungsmittel in Form von Calciumcarbonat zur Verlängerung der Haltbarkeit, z.B. von Erdbeeren oder mit anderen Calciumverbindungen bei → *Blattgemüse),* ferner mit Zucker als Härtungsmittel beim Dragieren und Kandieren (→ *Kaugummi* → Arancini → Citronat usw.)
7. zur Verbesserung des Aussehens (→ *Dekormittel* → Glanzmittel → Glasurmittel → Garniermittel, bes. bei Ostereiern durch → *Colophonium* und → *Copal)* sowie Farbstoffe bei Süß- und Konditoreiwaren,
8. zur Verbesserung der *Riesel-* und *Dosierfähigkeit* durch Ummantelung (mit Harzen und Wachsen, z.B. bei Kaffee-Ersatzmitteln → Glasur → Glättungsmittel → Gleitmittel) oder → *Trennmittel* (bei Speisesalz, Zwiebel- oder Knoblauchgranulaten mit Stearaten als Schutz vor Verhärtung (Klumpenbildung),
9. als *Schutz vor dem Zerfall* oder der *vorzeitigen Löslichkeit* bestimmter Substanzen (z.B. kann mittels *semipermeabler Membran* aus *Calciumpectat* als Ü., das osmotische Gefälle bei der Trocknung von Lebensmitteln aufrechterhalten werden (Obst, Fisch, Fleisch usw.), zwecks Osmosetrocknung in eine 50%ige Saccharoselösung getaucht, nimmt auf diese Weise keinen süßen Geschmack auf und zeigt nach Rekonstitution weitgehende Ähnlichkeit mit dem eingesetzten frischen Lebensmittel).
Als Ü. dienen Einzelsubstanzen oder Präparate, z. B. Stärkederivate, Fette, Dextrin, Gelatine, Pectin (E 440), Casein, Lecithin (E 322), Gummi arabicum (E 414), Traganth (E 413) u. a. Hydrokolloide, ferner Emulgatoren, Zuckerarten, Eiklar, Eigelb, Gewürze, Lebensmittelfarben, Paraffine, Glycerol (E 422), Talkum, Silikonöl, Alkalisalze der Ölsäure (E 470), Essigsäureester der Monoglyceride von Speisefettsäuren (E 472a) → Bienenwachs (901), Candelillawachs (902), Carnaubawachs (903), Schellack, Paraffinöl (905), Benzoeharz (→ Benzoelack) (906), Wachsester (→ Wachse) (E 910), z. B. Cumaron-Indien-Harze, Kopal, Montansäureester, Polyethylenwachsoxydate, Polyolefinharze, Mastix, Sandarakharz.

Ubichinone, *2,3-Dimethoxybenzochinone, Vit. Q:* eine erst in neuerer Zeit aufgefundene essentielle Wirkstoffgruppe, die dem Vit. K und dem Vit. E nahesteht und durch Lichteinfluß leicht in Ubichromenole übergehen (Formeln s. Seite 768).
Die Bez. U. ist auf ihre weite Verbreitung in Pflanzen, Tieren und Mikroorganismen zurückzufüh-

ren, wobei sie bes. in der Lipoproteinfraktion der Mitochondrien zu finden sind. Als Seitenkette enthalten die U. einen isoprenoiden Rest unterschiedlicher Länge von 6 bis 10 Dehydroisopreneinheiten.

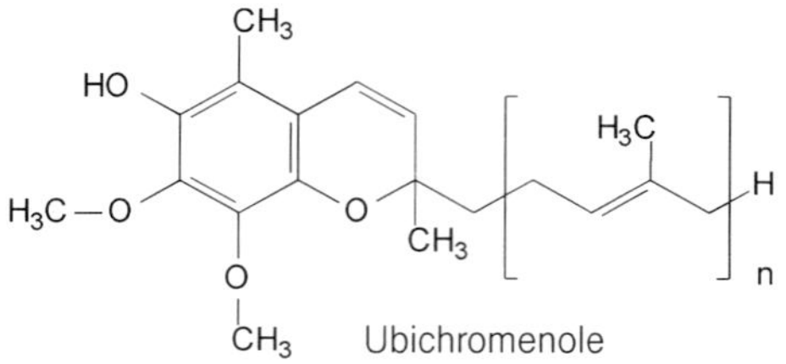

Ubichromenole

Wegen ihrer Beteiligung als Coenzyme an der Atmungskette, wobei sie als Überträger des Wasserstoffs zwischen Flavoproteiden und den Cytochromen eingeschaltet sind, werden sie neuerdings auch als *Coenzyme Q bezeichnet.* Reine Mangelzustände sind beim Menschen nicht bekannt. In der Diskussion ist, ob nicht beim Bluthochdruck u. a. ein Mangel an Coenzym Q vorliegt. Man schätzt, daß mit der Nahrung täglich 5···10 mg U. zugeführt werden. I. allg. synthetisiert der menschliche Organismus U. selbst in ausreichender Menge wenn eine entspr. Versorgung mit den Aminosäuren Phenylalanin bzw. Tyrosin erfolgt. → Vitamine

Uchuva → Physalis

Udo: die japanische Bez. für eine seit langem in Asien kultivierte und in den USA eingeführte Aralienart, *Arália cordáta* Thunb. (Familie *Araliáceae),* deren junge Sprosse als Gemüse genutzt werden und folgende Zusammensetzung aufweisen: 94 % Feuchtigkeit, 1,2 % Eiweiß, 0,2 % Fett, 2,6 % Kohlenhydrate, 0,5 % Hemicellulose, 0,5 % Cellulose, 0,8 % Mineralstoffe. Der Energiewert von 100 g Frischgemüse entspricht 72 kJ (17 kcal). → Wildkräuter

UDPG (Uridindiphosphat-glucose) → Uridin-5'-phosphat

Uferehrenpreis → Wasserehrenpreis

Ugali → Sorghumhirse

Uganda-Elemi → Olive, Chinesische

Ugli, *Ugly:* ein von Febr. bis Juni in Deutschland erhältliches Kreuzungsprodukt aus → Tangerine x Grapefruit, von süßaromatischem Zitrusgeschmack, mit rauher, dicker Schale, die grüne oder gelbbraune Färbung aufweist. → Zitrusfrucht

Uglicheskií: *Hartkäse* mit 45 % F. i. Tr. aus der ehem. Sowjetunion, benannt nach der russischen Stadt Uglitsch. → Käsesorten

UHT-Milch

UHT-Milcherzeugnis → H-Milcherzeugnis

Uji → Sorghumhirse

Uliginosin → Anthocyane

Ullucu, *Ulluco, Papa lisa:* die krautige Pflanze *Ullúcus tuberósus* Caldas (Familie *Baselláceae),* die in den Anden wächst und eine wichtige Nahrungspflanze im Gebiet von Bolivien bis Ekuador und Kolumbien ist. Die kleinen, kugeligen oder länglichen Knollen enthalten je 100 g 12 g Kohlenhydrate, 1 g Protein, 85 g Feuchtigkeit sowie 20 mg Vitamin C, werden wie Kartoffeln zubereitet und gegessen. Sie können auch getrocknet und gelagert werden. → Kipa uljako

Ulmensamenöl: das aus dem Samen der *Feldulme Úlmus carpinifólia* L., und der *Weißulme, U.*

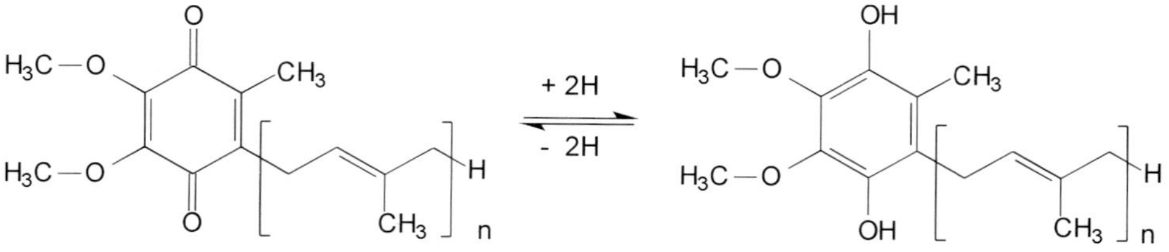

Ubichinone (Coenzym) Ubihydrochinon

americána L. (Familie *Ulmáceae)*, gewonnene Öl. Auf Grund seines hohen Caprinsäuregehaltes nimmt das U. eine Sonderstellung ein. Die Fettsäuren setzen sich zusammen aus (Etwa-Werte): 5% Caprylsäure, 61% Caprinsäure, 6% Laurinsäure, 5% Myristinsäure, 3% Palmitinsäure, 3% Ölsäure und 9% Linolsäure.

Úlmus americána → Ulmensamenöl

Úlmus carpinifólia → Ulmensamenöl

Ulong-Tee → Olong-Tee

Ultra-Amylopektin, *Stärke-Glycolsäureester, UAP, Natriumcarboxymethylstärke, NaCMS:* ein → Stärkeether, der durch Behandlung von → Stärke mit Natriumalcoholat und einer Halogenfettsäure, z.B. Chloressigsäure gewonnen wird. Hierbei ist die Glycolsäure etherartig über die Oxygruppe an die Stärke gebunden. Das U. (s. Struktur) ist ein

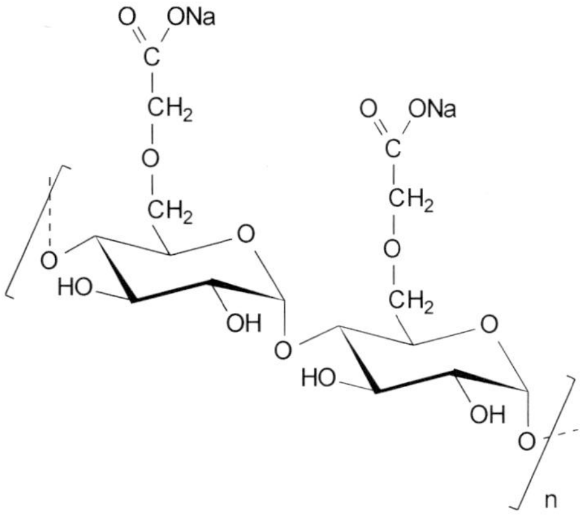

rein weißes, grießiges, geruchs- und geschmacksloses Pulver, das in kaltem Wasser und verdünntem Ethanol sofort aufquillt. Es ist bereits bei 1···3% salbenartig und bei 3···4% geleeartig. Das U. findet in der Lebensmittelproduktion und Pharmazie als Verdickungsmittel für geleeartige Zubereitungen sowie als viskositätserhöhendes Mittel Verwendung. Handelsprodukte: UAP «N» mit Stabilisator (mittelviskos), UAP «N» ohne Stabilisator (hochviskos), UAP «OL» mit oder ohne Stabilisator (niedrigviskos).

Ultrahocherhitzte Milch → H-Milch

Ultrasüß → Süßungsmittel

Úlva láctuca → Meersalat → Algenprodukte

Umami: Bez., die neben den vier bekannten Geschmacksnoten, eine Geschmacksqualität darstellt. Wird auch als fünfte Grundgeschmacksart bezeichnet, Zusatz von Geschmacksharmonisierern wie z.B. Natriumglutamat rufen diese Geschmackswirkung hervor. Auch der Süßstoff Thaumatin führt zur Eigenschaft U.

Umari: der Baum *Poraqueíba serícea* Tul. (Familie *Icacináceae)*, der in den Wäldern Brasiliens, Kolumbiens, Ekuadors und Perus vorkommt. Das Fruchtfleisch der 3···4 cm langen, ovalen, dunkelroten Steinfrüchte ist ölhaltig. Es ist wenig wohlschmeckend, wird aber von der einheimischen Bevölkerung gern roh gegessen.

Umbelliferon → Cumarin

Umbelliferose → Trisaccharide

Umbellol → Terpen-Ketone

Umbellulon → Terpen-Ketone

Umberfisch → Adlerfisch

Umblatt → Zigarre

Umbrina spp. → Adlerfisch

Umeboshi: eine japanische Spezialität, bestehend aus Aprikosen, die in Meersalz eingelegt sind.

Umeboshipaste: ein aus → Umeboshi hergestelltes Würzmittel, das zum Bestandteil japanischer Küche zählt.

Ume-Essig: aus → Umeboshi hergestellter Essig, der in der japanischen Küche als Würzmittel verwendet wird.

Umhüllungsmasse → Überzugsmittel

Umhüllungsmittel → Überzugsmittel

Umiri, *Nino, Wilder Kakao:* der in den Savannen von Guayana und Nordbrasiliens vorkommende Strauch *Humíria floribúnda* Mart. (Familie *Lináceae)*, dessen kugelige bis eiförmige Steinfrucht von 8 bis 14 mm Durchm. süßes, aber leicht harzig schmeckendes Fruchtfleisch hat, das roh genossen wird. Ähnlich ist *H. balsamífera* St. Hil.

Umrötungsmittel → Nitrate → Pökelsalz

Uncária gámbir → Betelbissen

Undecalacton → Lactone

Undecan → Ketone

Undecansäure, *Undecylsäure:* eine Monocarbonsäure der Formel CH_3-$(CH_2)_9$-COOH.
U. ist Bestandteil des menschlichen Haarfettes und im Fettsäuregemisch der Paraffinoxydation enthalten, F. 27°C, Kp. 284°C. In der Niere wird U. zu Propionsäure, Kohlendioxid und Wasser oxydiert.

1-Undecenyl-3,4-methylendioxybenzen → Phenole

Undecylsäure → Undecansäure → Fettsäuren

Underberg → Boonekamp

'Undine' → Apfel → Kernobst

Ungarische Beste → Aprikose → Steinobst

Ungulinsäure → Polyporensäure A

Unicum: ungarischer bitterer Trinkbranntwein mit einem Ethanolgehalt von 42%-Vol. Er wird in dunkelgrüne Kugelflaschen abgefüllt.

Unkraut → Wildkräuter

Unschlitt: selten gebräuchliche Bez. für → Rindertalg.

Untauglichkeit: Beurteilungsmöglichkeit bei der Fleischuntersuchung. Untauglich beurteiltes Fleisch darf nicht in den → Lebensmittelverkehr gebracht werden. Die Augen, die Geschlechtsteile und die Tonsillen (Mandeln) sind bei allen Schlachttieren untauglich für den menschlichen Genuß. Untauglich beurteilte Teile von Tieren oder ganze Tiere stellen → Konfiskate dar. → Fleisch → Tauglichkeit

Unterglasgemüse → Treibhausgemüse

Unterkohlrabi → Kohlrübe

Unterschale → Tierkörperteilstücke

Unverseifbares: Gesamtheit aller der Stoffe, die in einem natürlichen Öl gelöst, nach der Verseifung des Fettes wasserunlöslich und bei 100°C nicht flüchtig sind. Zum U. zählen Kohlenwasserstoffe, Sterole, Fettalkohole, fettlösliche Vitamine u. a.. Natürliche Öle und Fette enthalten 0,2···2% U. Ausnahmen sind z.B. Sheabutter (3,6···10%), Spermwalöl (35···44 %) und Haileberöl (0,7···90%). U. besteht bei tierischen Fetten vorwiegend aus *Cholesterol,* bei pflanzlichen Fetten aus *Phytosterolen,* so daß hierin eine analytische Möglichkeit zur Bestimmung der Herkunft eines Fettes besteht. Auch die Verfälschung mit Mineralölen läßt sich über die Bestimmung des U. nachweisen.

Upenéus prayénsis → Meerbarbe

Uracil *(Urazil), 2,6. Dihydroxy-pyrimidin, 2,4-Dioxotetrahydroxypyrimidin:* Pyrimidinbase mit der Formel

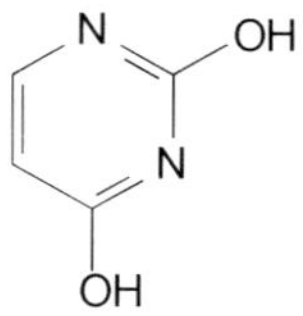

U. ist der Baustein des Nucleosids *Uridin.*
Es tritt bei der hydrolytischen Spaltung von Nucleinsäuren auf. In freiem Zustand wurde es bisher nur aus Mutterkornextrakten (→ Mutterkornalkaloide) erhalten. → Uridin

Uracil-4-carbonsäure → Orotsäure

Uracil-D-ribosid → Nucleotide

Uracilsäure → Uridylsäure

Urahji: eine im Tiefland von Peru (Amazonasbecken) kultivierte und als Grundnahrungsmittel dienende Kartoffelart, *Solánum hygrosthémicum* Ochoa (Fam. *Solanáceae).*

Uranium *(Uran)* → Mineralstoffe

Uranoscópus búfo → Petermännchen

Urbrot → Fladen

Urdbohne, *Black Gram:* kleiner, graugrüner bis schwarzer Samen der einjährigen, schnellwüchsigen Pflanze *Phaséolus múngo* L., Syn. Vígna múngo (L.) Hepper, Phaséolus radiátus Roxb., Rúdua múngo (L.) Maekawa (Familie *Fabáceae),* die in Indien, Iran, Malaya, Japan und Afrika schon sehr lange kultiviert wird. Die 7 cm langen Hülsen haben einen runden Querschnitt von 0,5 cm Durchm. Die U. werden meist zerkleinert als *Dhal,* eine Art Grütze, für die Zubereitung von Suppe oder Brei, auch mit Reis zusammen verwendet. Da die Samen Blausäure enthalten, muß das Kochwasser weggegossen werden. Das aus angerösteten Samen gewonnene Mehl wird in Brot oder Biskuits verbacken bzw. für die Zubereitung von Gerichten verwendet. Die grünen Hülsen werden als Gemüse gegessen. Zusammensetzung und Energiewert s. Tab. Sehr ähnlich ist die → Mungbohne

Zusammensetzung und Energiewert der Urdbohne

Bestandteil	Trockene Urdbohnen Durchschnittl. Gehalt in 100 g eßbaren Anteils
Feuchtigkeit	9,7 g
Eiweiß	23,4 g
Fett	1,0 g
Kohlenhydrate	44,3 g
Ballaststoffe	16,8 g
Mineralstoffe	4,8 g
Energiewert in kJ (kcal) je 100 g eßbaren Anteils	1167 (279)

5-Ureido-hydantoin (veraltet) → Allantoin

Uréna lobáta → Aramina

Urethan (lat. urina = Harn); **1.** systematische Bezeichnung für Salze und Ester (historischer Name Urethane) der Carbamidsäure.
2. i. e. S. Ethylester, der Carbamidsäure, auch unter den Namen *Ethylurethan, Ethylcarbamat* und *Carbamidsäureester* bekannt (s. Formel).

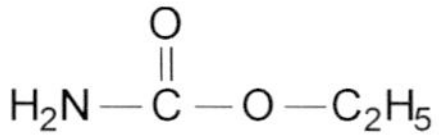

Molmasse 89,09 g/mol, F. 48···50°C, gut löslich in Wasser, Ethanol, Glycerol und Diethylether. U. ist natürlicher Bestandteil von Spirituosen und fermentierten Lebensmitteln. In Steinobstbränden, Sake, Whisky und Sojasoßen kann der Urethangehalt überdurchschnittlich hoch sein (vgl. Tabelle).

Urethangehalte in Spirituosen und fermentierten Lebensmitteln

	Urethangehalt Schwankungsbereich (in µg/l)	Mittelwert
Steinobstbrände (Kirsche, Aprikose)	100···20 000	2000
Sake	10··· 90	130
Bourbon Whisky	< 30···350	90
Andere Whiskysorten	< 10···170	40
Gin, Wodka	< 1···10	< 1
Wein	< 1···110	10···15
Likörweine (Sherry, Malaga)	10···250	50
Bier	0,3···18	1
Sojasoße	< 1···95	18
Brot	< 1···8	2
Joghurt	0···3	< 1
Käse	< 1···6	< 1

Eine mögliche Ursache für die Kontamination von Bier mit U. kann der Austritt von Azodicarbon-

säureamid aus geschäumten Dichtungsmassen in den Flaschenverschlüssen sein. Im Anhang VI der Gefahrenstoff-VO ist U. als Gift eingestuft. In Konzentrationen über 1 % gilt U. als stark wirksames Kanzerogen. Das Bundesgesundheitsamt empfiehlt als Richtwert für Spirituosen maximal 0,4 bzw. 0,8 mg U./l 40 %-Vol.. Da aber bis jetzt keine gute Herstellungspraxis definiert werden konnte, sind diese Werte noch nicht in Kraft gesetzt worden.
In Steinobstdestillaten bildet sich das U. unter Lichteinwirkung und mit Kupfer-Ionen als Katalysator. Peroxydierte Dicarbonylverbindungen, Carbamylphosphat und Cyanide, die aus cyanogenen Glycosiden freigesetzt werden und in Steinobstkernen reichlich vorhanden sind, werden als Präkursoren für U. angesehen. Zur Reduzierung des Urethangehaltes werden folgende Maßnahmen empfohlen: Zusatz von Ascorbinsäure, Lagerung in Braunglasflaschen und Redestillation nach einigen Lagerwochen. Die LD_{50} (Maus, oral) von U. beträgt 2500 mg/kg.

Uri → Dawadawa

Uricase → Metallproteide

Uridin, 3-[β-Ribofuranosyl]-*uracil:* ein aus D-*Ribose* und *Uracil* als Aglycon aufgebautes Nucleosid, s. Formel.

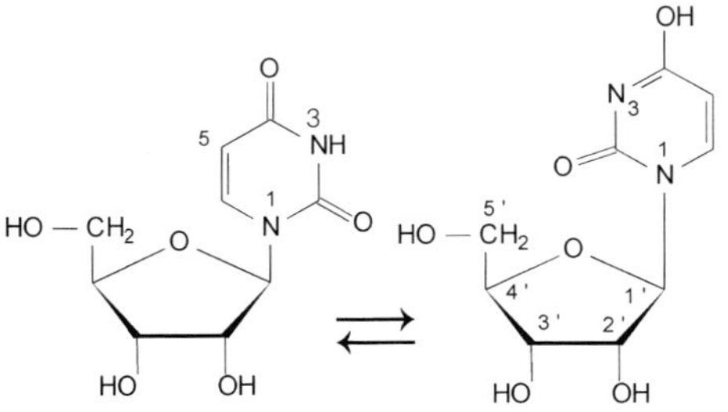

Das U. zählt auf Grund seines chemischen Aufbaues zu den N-Glycosiden (Glycosylaminen). Es kommt als Baustein der Nucleotide → *Uridylsäure, Uridin 5'-phosphat, Uridin 5'-triphosphat* der *Ribonucleinsäuren* und der Coenzyme *Uridindiphosphat, Uridin-diphosphatglucose, Uridintriphosphat* vor.

Uridin-5'-diphosphat → Nucleotide → Uridin

Uridindiphosphat-galactose, Uridin-5'-D-galactopyranosyl-diphosphat (Abk. nach IUPAC: UrD-5'PP-Gal): → Uridin-5'-phosphat

Uridindiphosphat-glucose, Uridin-5'-α-D-glucopyranosyl-diphosphat: (Abk. nach IUPAC: UrD-5'PP-Glc): → Uridin-5'-phosphat

Uridin-3'-phosphat → Uridylsäure

Uridin-5'- phosphat (*Abk. UMP-5' oder Urd-5'*): ein aus D-Ribose, Uracil als Aglycon und Phosphorsäure aufgebautes → Nucleotid der Formel

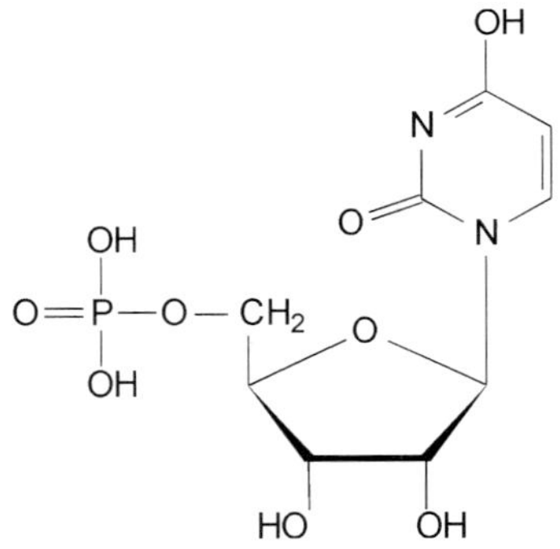

Die U. zählt auf Grund ihres chemischen Aufbaues zu den N-β-Glycosiden (Glycosylaminen). Sie kommt als Baustein des Coenzyms *Uridindiphosphat-glucose* (UDPG oder UDP-Glc) der C_1-Glucosyltransferasen vor, die die Synthese von *Saccharose* und *Trehalose*, z. B. in Keimlingen und Samen, katalysieren. In Bindung an ein Leberenzym wird die Glucose zu Glucuronsäure oxydiert (wichtig u. a. bei der Entgiftung z. B. phenolischer Substanzen und für den Transport des *Bilirubins),* und in Bindung an das Enzym Galactowaldenase sind Glucose und Galactose über UDP-Glc und Uridinphosphat-galactose (UDP-Gal) ineinander verwandelbar, was u. a. Bedeutung für die Galactoseverwertung im Organismus und die Lactosebildung während der Laktation hat. Die UDP-Glc ist weiterhin von Bedeutung z. B. für die Glycogensynthese, bei der Glucosamin- und der Hyaluronsäurebildung. Mit Hilfe von *ATP* wird die *UDP-Glc* in *Uridintriphosphat (UTP)* übergeführt, das ein Coenzym für die Übertragung für die von Glycosylresten (große Bedeutung im Kohlenhydratstoffwechsel) ist.

Uridin-triphosphat (UTP) → Glycogen → Uridin-5'-phosphat

Uridylsäure, *Uridin-3'-phosphat, Uracilsäure, Uridylsäure b:* ein aus D-*Ribose, Uracil* als Aglycon und Phosphorsäure aufgebautes Nucleotid, s. Formel

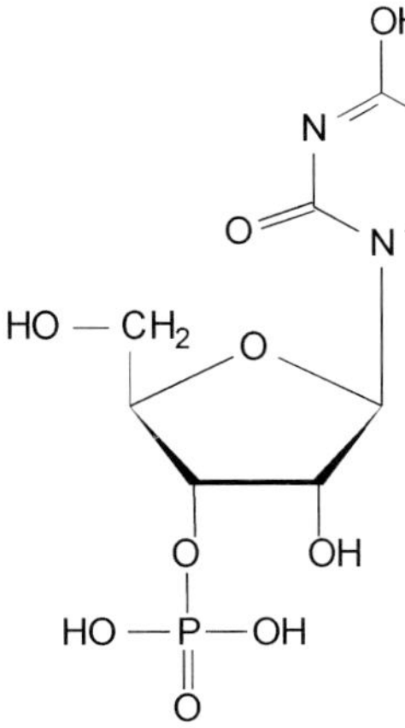

Die U. zählt auf Grund ihres chemischen Aufbaues zu den N-β-Glycosiden (Glycosylaminen). Sie kommt als Baustein der Hefenucleinsäure vor und wurde aus Weizenkeimen und aus der Ribonucleinsäure des Tabak-Mosaikvirus isoliert. F. 200°C (Zers.), $[\alpha]_D$ +9,5···+14,5° (in H_2O). → Nucleotide

Urkorn Markenbez. für Getreideprodukte, die aber dem ursprünglichen Nährwert analoger Getreidenahrungsmittel vor dem technischen Zeitalter nicht entsprechen. Gleiches gilt für Mahlerzeugnisse mit der täuschenden Vorsilbe *„Ur-"*, wie z. B. *Urweizenmehl*

Urner Alpkäse: Bergkäse (*Hartkäse)* aus dem Kanton Uri (Schweiz) → Käsesorten

Urochlóa panicoídes → Kurigras

Uronsäuren: *Aldehydcarbonsäuren,* bei denen die primäre Alkoholgruppe der entsprechenden Aldose oxydiert ist. Glucose bildet *Glucuronsäure,* Galactose *Galacturonsäure* und Mannose *Mannuronsäure.* Bei der verkürzten Terminologie wird jeweils dem Symbol des Saccharids, von dem sich die U. ableitet, das Suffix A nachgestellt, z. B. Glucuronsäure = GlcA (Glc = Glucose). U. *(Poly-*D-*mannuronsäure* und *Polygalacturonsäure)* sind wichtiger Bestandteil von *Polysacchariden* und ähnlichen Verbindungen, z. B. → *Pektin, Pflanzenschleimen, Traganthgummi* → Glycosiden.

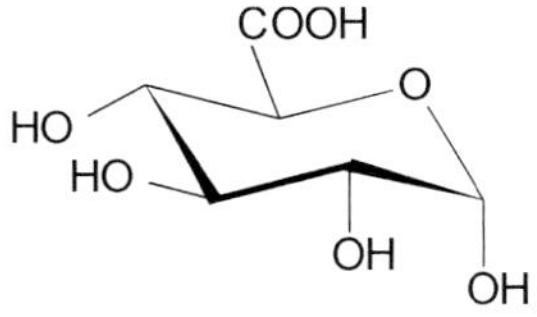

α-D-Glucuronsäure

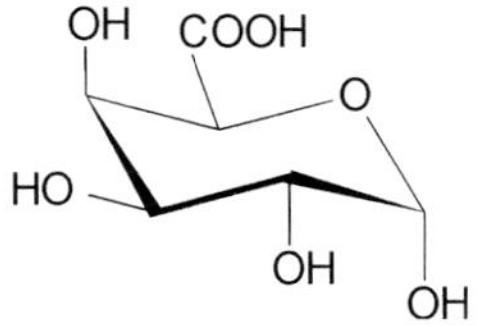

α-D-Galacturonsäure

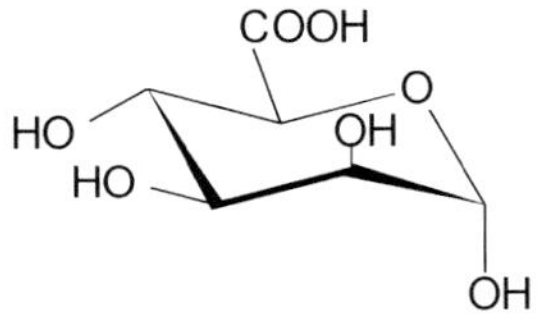

α-D-Mannuronsäure

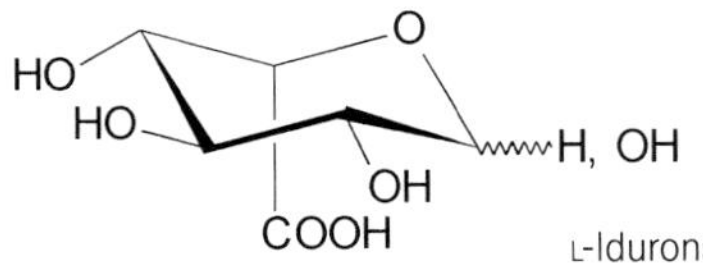

L-Iduronsäure

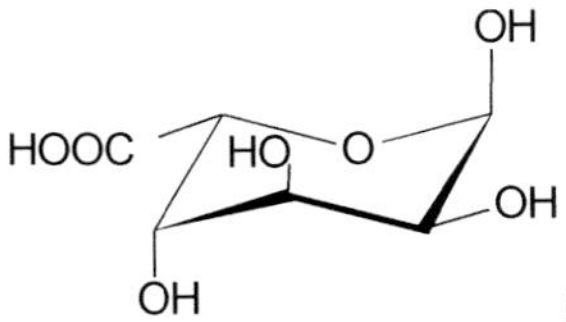

β-L-Guluronsäure

D-Glucoronsäure findet sich neben L-*Iduronsäure* in der Chondroitin-Schwefelsäure der Knorpelsubstanz, der Haut und im Heparin. D-Glucuronsäuren kommen auch als Bausteine von → Saponinen vor. L-*Guluronsäure* ist Bestandteil der → Alginsäure. Uronsäurehaltige Polysaccharide gehen i. allg. in den Energiestoffwechsel nicht ein, sie weisen für den Menschen keinen energetischen Wert auf. Hingegen benutzt der Organismus U. zur Entgiftung stoffwechselschädlicher Verbindungen (z. B. von Phenol). → Saccharide → Zuckersäuren → Aldonsäuren

Urophýcis → Gabeldorsch

Uroporphyrin I → Farbstoffe

Urotropin → Konservierungsstoffe

Urpilze → Pilze

Urquell, Pilsner → Bier

Ursernkäse: Bergkäse (*Hartkäse*) aus dem Urserental (Schweiz). → Käsesorten

Ursidae → Fleischtiere

Ursolsäure, *Urson, Prunol, Malol, Masterin:* eine zu den Steroiden zählende Carbonsäure, s. Formel.

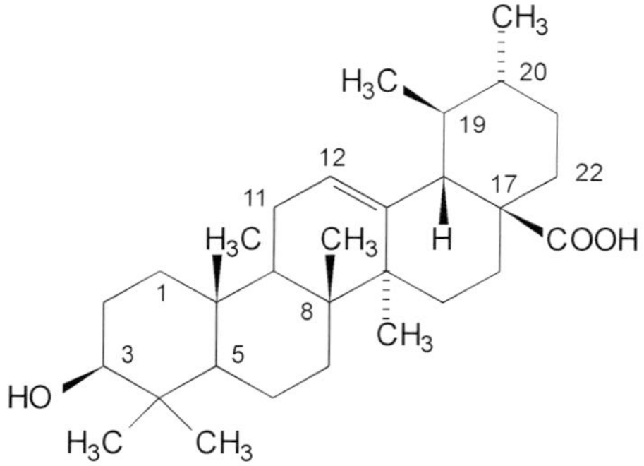

Die U. kommt weit verbreitet in Pflanzen vor, z. B. in den Beeren der verschiedenen *Vaccinium*-(Heidelbeer-) Arten, im Wachsüberzug von Äpfeln, Birnen, Kirschen, in den Blättern der Kräuter Thymian, Majoran, Rosmarin sowie Salbei u.a. Labiaten. Sie kristallisiert aus Ethanol in Nadeln, F. 285 bis 291°C, $[\alpha]_D$ +67,5° (in N Kalilauge), +66° (in Pyridin).

Urson → Ursolsäure

Ursprung, geographischer → Herkunft, geographische

Urstärke → Nativstärke

Urtíca dioíca → Brennessel, Große

Urtíca kioviénsis → Brennessel

Urtíca massáica → Hatha

Urtíca parviflóra → Ständerpilze

Urtíca úrens → Brennessel, Große

Urucu → Anattobaum

Urus → Sorghumhirse

Usar: Bez. für eine in Indonesien hergestellte → Starterkultur zur Bereitung von → Tempeh. Als Grundstoff dienen Blätter von → Warubäumen, Bámbus ssp., Bananenblätter (*Músa paradisíaca* L.) Teakbaumblätter (*Tectóna grándis* L.), je nach lokalen Bedingungen. In Handwerksbetrieben auf kleinen Dörfern werden tägl. tausende von Warublättern infiziert, indem 5···10 Sojabohnen zw. je 2 Blätter gelegt werden. Die rauhe Oberfläche der Blattunterseite eignet sich für die Mycelbildung bes. gut. Wenn sich nach 48 h der Inkubationszeit ein Sprossenrasen gebildet hat, werden die Blätter aufgeklappt und an der Sonne getrocknet. Für den Handel kommen nur Blätter infrage, die während der Inkubationszeit bei hoher Luftfeuchtigkeit ihre Festigkeit behalten haben und beim Sonnentrocknen nicht auseinanderbrechen. Typ der Blätter und Alter spielen eine Rolle. Die epiphytische Mikroflora im Verein mit dem dominierenden Pilz Rhizópus oligósporus geben dem damit später beimpftem Soja- oder Getreidebrei seine spezifische Struktur. In ähnlicher Weise werden Blätter anderer Pflanzen in Afrika (bes. in Ghana und Nigeria) zur Fermentation genutzt, z. B. → Ogi → Ogiri

Usjanmajan: chin. Gewürzmischung in süßer oder scharfer Variante. Süßes U. besteht aus gleichen Teilen Dill, Sternanis, Nelken, Uralsüßholz und 1···2 Teilen Zimt. *Scharfes U.* besteht aus japan. Pfeffer, Sternanis, Nelken, Zimt, Ingwer, jeweils zu gleichen Teilen gemischt. Das U. wird für Fleischgerichte, Geflügel, heißen Fruchtspeisen und Konditoreiwaren verwendet.

Ussuri-Birne: die im Fernen Osten der ehem. Sowjetunion, in China und Japan sowie in Kanada und in den nördlichen Staaten der USA kultivierte, kälteunempfindlichste Birnensorte, *Pýrus ussuriénsis* Maxim (Fam. *Rosáceae)* mit kleinen angenehm aromatischen, herb aber zugleich süß schmeckenden Früchten.

Ustilágo esculénta → Ständerpilze → Wasserreis

Usukuchi → Sojasoße

Utavli → Sorghumhirse

UTP (*Uridintriphosphat)* → Uridin-5'-phosphat → Glycogen

Uvito: 1. der Strauch *Plutárchia guascénsis* A.C. Smith (Fam. *Ericáceae)*, der in den kolumbianischen Anden vorkommt. Die eiförmig-ellipsoide, violette bis rote, 1···1,5 cm lange Beerenfrucht schmeckt angenehm säuerlich und wird sowohl roh verzehrt als auch zu Konfitüre verarbeitet.
2. → Coral

Vaar-Hering → Salzfischerzeugnis

Vaccensäure, *trans-Octadecen-11-säure, 11-Elaidinsäure:* eine trans-Monocarbonsäure der Formel:

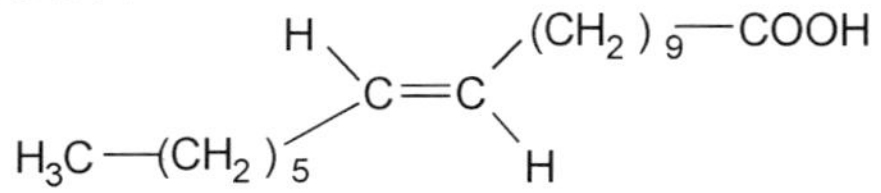

V. kommt in Mengen von 1···4,7 % in Rinderfett, Hammeltalg und Butterfett vor, F. 39°C. Die cis-Form der V., die aus verschiedenen Mikroorganismen isoliert wurde, schmilzt bei 12°C. Die cis-Form (11-Ölsäure) wurde in den Fruchtmarklipiden vieler Früchte nachgewiesen.

Vacciniin *(Vakziniin), 6-Benzoyl-D-glucose, D-Glucose-6-benzoat, D-Glucopyranose-6-benzoat:* Esterglucosid der Benzensäure als Aglukon, s. Formel

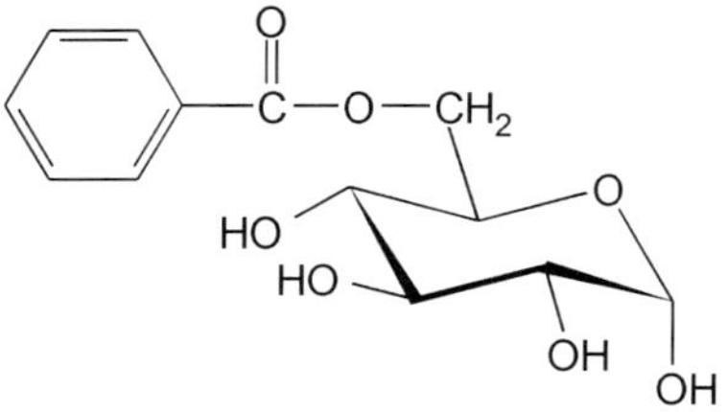

V. Kommt in Preiselbeeren und Moosbeeren vor und schmeckt bitter. → Zuckerester

Vaccínium angustifólium → Kulturheidelbeere, → Wildheidelbeere, Nordamerikanische

Vaccínium corymbósum → Kulturheidelbeere

Vaccínium floribúndum → Chivaco

Vaccínium lamárckii → Kulturheidelbeere

Vaccínium macrocárpon → Moosbeere, Großfrüchtige

Vaccínium meridionále → Agraz

Vaccínium myrtíllus → Heidelbeere

Vaccínium oxycóccus → Moosbeere

Vaccínium uliginósum → Moorbeere

Vaccínium vítis-idǣa → Preiselbeere

Vacherin du Mont: Weichkäse mit Schmiere (→ 50 % F. i. Tr.) aus dem Waadsland (Schweiz). → Käsesorten

Vacherin fribourgeois (Freiburger Vacherin) *Weichkäse* bis halbfester Schnittkäse mit Schmiere (→ 45 % F. i. Tr.) aus der Schweiz. → Käsesorten

Vacuno → Lechero

Vakuumsalz → Speisesalz

Valencen: Sequiterpen der Formel

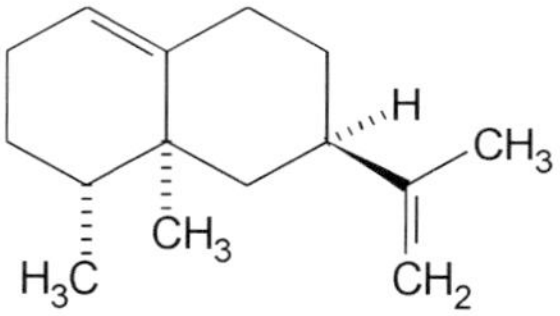

(+)-V. kommt zu 0,2 % in süßen Orangen und 0,4 % Grapefruit vor und ist mit die Hauptkomponente in Valenciaorangen.

Valepotriate (**Val**eriana-**Epo**xy-**Tri**ester): Vom Iridan abgeleitete Ester der Polyhydroxy-epoxy-cyclopentapyrane. Valepotriat-Grundgerüst:

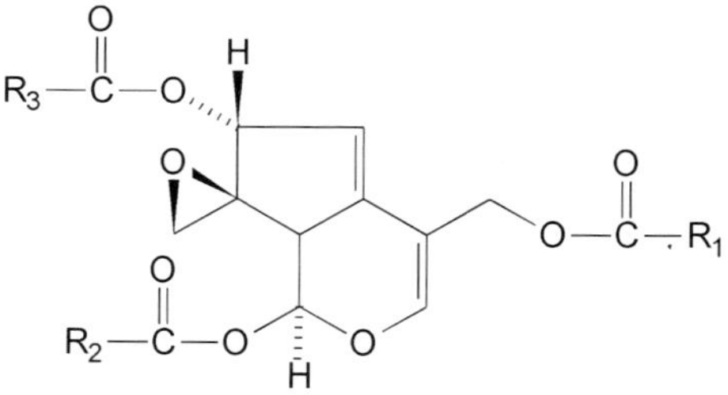

Die V. sind für die sedative Wirkung des Baldrians verantwortlich.

Valeral → Aldehyde

n-Valeraldehyd → Aldehyde

Valerianélla locústa → Feldsalat → Valerianellaöl

Valerianellaöl: das aus dem Samenkernen von *Valerianella locústa* (L.) Laterade (Fam. *Valerianáceae*) gewonnene Öl. Das V. ist ein farbloses Öl und gleicht dem → *Mohnöl.* Es wird in der Farben- und Firnisindustrie verwendet und eignet sich auch als Speisefett. Die wichtigsten Fettsäuren und ihre Anteile (Etwa-Werte), bezogen auf den Gesamtfettsäuregehalt, sind: Ölsäure (19 %), Linolsäure (57 %) und Linolensäure (11 %). → Pflanzenfett

n-Valeriansäure, *n-Pentansäure, Baldriansäure:* eine gesättigte Monocarbonsäure der Formel CH_3-$(CH_2)_3$-COOH.
Die V. ist eine farblose, ranzig riechende Flüssigkeit, F. −38°C, Kp. 187 °C; sie ist im Holzessig und im Schwelwasser der Braunkohlendestillation enthalten und kommt als Ester in der Baldrianwurzel (*Valeriána officinális* L.) vor. Einige Ester werden zur Herstellung von Parfüms und Lösungsmitteln verwendet.

'Valerij Tschkalow' → Süßkirsche → Steinobst

'Valery': Bananensorte. → Banane

2-n-Valeryl-cyclohex-6-en-1-carbonsäure → Sedanonsäure

L-Valin, *2-Amino-3-methylbuttersäure,* α-Aminoisovaleriansäure (Kurzz. Val): eine essentielle Monoaminomonocarbonsäure (→ Aminosäuren). Molmasse 117,15 g/mol, farblose Blättchen, d 1,230, F. 315°C (in geschlossener Kapillare), sublimiert, löslich in Wasser, unlöslich in Ether, Aceton, Benzol. L-V. kommt in fast allen Proteinen vor; in Milch, Eiern, Fleisch und Getreide zu 5···8 %, im Gerüsteiweißstoff Elastin zu mehr als 15%. Der Tagesbedarf eines Erwachsenen liegt bei etwa 1,6 g. L-V. ist wichtig für das Funktionieren des Nerven-Muskel-Zusammenspiels. Bei L-Valinmangel beobachtet man Überempfindlichkeit, Bewegungsstörungen und Drehkrämpfe. L-V. und seine Natrium- und Kaliumsalze oder sein Hydrochlorid wird in Konzentrationen von 0,03···0,05 % zur Geschmacksbeeinflussung sowie sein Calcium- und Magnesiumsalz bei bilanzierten Diäten eingesetzt. Das D-V. kommt in der Natur selten vor, z. B. in den Peptid-Antibiotica Actinomycin, Gramicidin und Valinomycin.

Valláris solanácea → Ramsar

Valser St. Petersquelle → Wässer, Stille

Valserwasser → Mineralwasser

'Van' Süßkirsche → Steinobst

Vanaspati: eine indische, wasserfreie Margarine, die vorwiegend aus gehärtetem → *Erdnußöl* besteht und als Ersatz für → *Ghee* eingesetzt wird.

Vangueria → Sarligemüse

Venguéria madagascariénsis → Voavanga

Vanílla abundiflóra → Vanille 7.

Vanílla gárdneri → Vanille 5.

Vanilla griffíthii → Vanille 6.

Vanílla planifólia → Vanille 3.

Vanílla pompóna → Vanillon → Vanille 3. → Vanille 4.

Vanílla tahiténsis → Vanille 8.

Vanille: 1. Sammelbez. für kletternde Orchideenarten der Gattung *Vanílla* P. Miller, (Fam. *Orchidáceae*).
2. das in Form getrockneter Vanillefrüchte verwendete Gewürz, das von folgenden Vanillearten gewonnen wird:
3. *Echte V., Gemeine V., Mexikanische V.,* die nicht völlig ausgereifte, einfächrige, geschlossene, fermentierte Kapselfrucht (nicht Schote!) einer Orchidee, *Vanílla planifólia* Andr. Obwohl die V. aus Mexiko stammt, werden 85 % der Weltproduktion auf den Afrika vorgelagerten Inseln

Madagaskar, Komoren und Réunion (früherer Name *Bourbon*) erzeugt. Die geernteten, grünen bis gelblichen Früchte haben noch kein Aroma. Sie werden einem langsamen Trocknungsprozeß durch wiederholtes Schwitzen oder kurzes Eintauchen in heißes Wasser unterzogen. Bei diesem mehrmonatigen Fermentationsprozeß erfolgt die Dunkelfärbung und Aromabildung. Die V. wird in Bündeln (*Mazos*) gehandelt. Je nach Herkunft werden folgende Vanillearten und Sorten unterschieden (im Handel):
a) *Mexikanische Vanille: Superior; Good; Fair; Ordinary,* bis 25 cm lange und 1 cm breite, etwas gekrümmte und biegsame, braunschwarze Kapseln, ohne weiße, nadelartige Vanilleausscheidung.
b) Japanische Vanille, Ceylon-Vanille, Bourbon-Vanille: extra fine; fine; mifine; fendue wie oben, bis zu einem Drittel kleiner, aber z. T. mit nadelartigen Vanillinkristallen überzogen.
c) Tahiti-Vanille: naturé (naturell); *givrée* (künstlich verstärkt) weiße Kristallansätze 15···20 cm lange und bis 2,5 cm breite, dreikantige braunschwarze Kapseln.
Geruch und Geschmack sind auf den Gehalt an Vanillin (1,5···3%) u.a. Geruchsstoffen, bei Tahitivanille zusätzlich auf Piperonal zurückzuführen. Der Gehalt an Piperonal kann durch spezielle Behandlung herabgesetzt und der Gewürzwert durch Zusatz von synthetischem Vanillin (*givrée*) erhöht werden. Die so behandelte Tahitivanille gilt als nicht verfälscht. Die V. ist in der Feinbäckerei (*Vanillekipfel, Vanillebrezel*), für Süßspeisen (*Vanillesoße, Vanillepudding*), für Speiseeis (*Vanilleeis*), Schokolade und andere Süßwaren, sowie für Liköre ein Aromatisierungsmittel. Viele Aromen werden durch ganz geringe Zusätze von V. in ihrer Wirkung gesteigert. Vanillezucker enthält V., in erkennbaren, jedoch feinst zerkleinerten schwarzen Bestandteilen. Vielfach wird V. jedoch durch → Vanillin ersetzt (Vanillinzucker).
4. *Große V., Westindische V., Pomponvanille, Vanílla pompóna* Schiede, auf den kleinen Antillen kultivierte → *Vanillon.*
5. *Vanilla gárdneri* Rolf, eine in Brasilien kultivierte V. für Gewürzzwecke.
6. *Vanílla griffithii* Reichb., eine wegen der eßbaren Früchte aus Malaysia kultivierte V.
7. *Vanilla abundiflóra* J. Schimth, eine in Indonesien für Gewürzzwecke kultivierte V.
8. *Tahiti-Vanille, Vanilla tahiténsis* J.W. Moore, die auf den Pazifischen Inseln kultivierte, etwas süßlicher als V. 3. a) und b) schmeckende V.

Vanilleflips → Maisflips

Vanillegras → Mariengras

Vanillekrem: eine leicht verderbliche puddingartige → Krem, die zur Füllung von Feinen Backwaren verwendet wird. Die V. ist aus mind. 10% Fett und aus Weizenstärke, Vollmilch, Frischei und Zucker zusammengesetzt.

Vanillepudding → Milchpudding

Vanilleschokolade: eine mit Vanille gewürzte → Schokolade. *Schokolade mit Vanillegeschmack* enthält Vanillin oder Ethylvanillin.

Vanillezucker: ein unter Verwendung von fein verriebener Vanille (Mindestgehalt 5%) aromatisierter Zucker. Der Zusatz von → Vanillin ist eine Verfälschung. Der V. wird heute größtenteils durch den → Vanillinzucker ersetzt. V. wird angewendet in Konzentrationen von 50···100 ppm bei Getränken, Backwaren, Süßwaren, Kaugummi und Eiscreme

Vanillidin → Ethylvanillin

Vanillin, *3-Methoxy-benzaldehyd, 4-Hydroxy-3-methoxybenzaldehyd, Protocatechualdehyd-3-methylether:* eine aromatische Verbindung mit charakteristischem Geruch. Strukturformel:

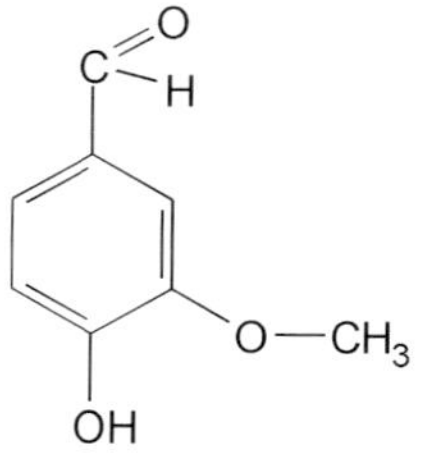

V. kommt als Glycosid (Glucovanillin) gebunden in einer Reihe von Pflanzen vor; so mit etwa 2 % in Vanilleschoten, in balsamischen Harzen, ätherischen Ölen, Baumrinden, Zuckerrüben, Spargelsprossen, Weizenkörnern, Ananas, Ahornsirup, Kartoffelschalen u.a. Es bildet farblose Nadeln, die das charakteristische Vanillearoma haben und brennend, bitter schmeckt. F. 82°C, Kp. 285°C in Kohlendioxidatmosphäre. V. ist sublimierbar, löslich in Ethanol, Ether und heißem Wasser, wenig löslich in kaltem Wasser. Eine wäßrige Lösung von V. wird durch Eisen (III)-chlorid blau gefärbt. Der Geruch von V. ist noch in einer Konzentration von $2 \cdot 10^{13}$ g/l Luft wahrnehmbar. Man gewinnt V. aus Eugenol, Guajacol oder aus ligninhaltigen Stoffen, z.B. aus bei der Zellstoffgewinnung anfallender Sulfitlauge. Es findet vielfache Verwendung für Schokoladenerzeugnisse, Konditoreiwaren, Speiseeis, Liköre, Fruchtessenzen. V. ist als → Vanillezucker im Handel. → Glucovanillin

Vanillinacetat, *Acetylvanillin, 3-Methoxy-4-acetoxybenzaldehyd:* eine aromatische Verbindung mit der Strukturformel:

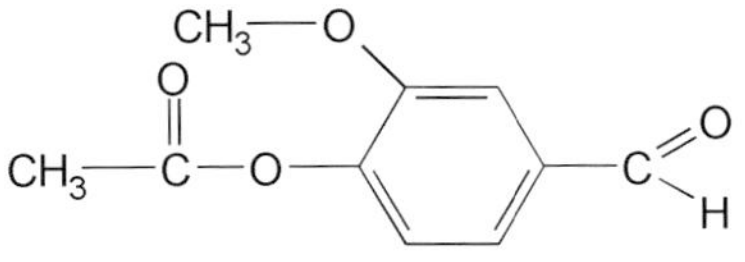

V. bildet farblose Kristalle, die in Wasser wenig, in Ethanol und in Ölen löslich sind, F. 77···79°C. Es hat ein balsamisch-blumiges, an Vanille erinnerndes Aroma. Es ist geeignet für die Herstellung künstlicher Vanille- und Gewürzaromen. In Konzentrationen von 10···30 ppm wird V. bei Getränken, Backwaren und Süßwaren verwendet. Gewonnen wird es durch Acetylierung von Vanillin oder durch Oxydation von Isoeugenolacetat mit Chromsäure bei Gegenwart von Sulfanilsäure. Die Aromen-VO begrenzt den Gehalt im verzehrfertigen Lebensmittel auf 25 mg/kg.

Vanillinether → Ethylvanillin

Vanillinsäure eine in verschiedenen Obstarten wie Erdbeeren vorkommende und durch Ligninabbau durch Pilze entstehende → aromatische Dihydroxy-carbonsäure. → Phytonzide

Vanillinzucker: ein mit Vanillin- oder Ethylvanillinzusatz hergestellter Kristallzucker, der zum Aromatisieren von Gebäcken, Süßspeisen, Süßwaren u.a. Lebensmiteln dient. Der V. muß mind. 1 % Vanillin oder 0.46 % Ethylvanillin enthalten. Die Haltbarkeit der 5 g enthaltenden Kleinpackungen (Massetoleranz ∓ 5 %) ist auf 9 Monate, bei Verwendung von Chrompapier auf 6 Monate begrenzt. Der Inhalt der Kleinpackung ist für 0,5 kg Mehl bzw. 0,5 l Süßspeise ausreichend.

Vanillolosid → Glucovanillin

Vanillon: die Frucht der in Südamerika, auf Tahiti u.a. Gebieten wild wachsenden, etwa 12 cm langen und 1,5···2,5 cm dicken *Pomponvanille (Vanílla pompóna* Schiede, (Familie *Orchidáceae*). Die V. unterscheiden sich von der → Vanille durch den wesentlich höheren Gehalt an *Piperonal,* der der Frucht einen unangenehmen und intensiven Heliotropgeruch verleiht. Der Gehalt an *Vanillin* ist gering. V. werden nur sehr vereinzelt in der Lebensmittelproduktion eingesetzt, sie haben größere Bedeutung in der Parfümerie.

Vanillose → Ethylvanillin

Vanillosid → Glucovanillin → Phenolglycoside

Vanillylalkohol → Alkohole, aromatische → Glucovanillin → Phenolglycoside

Vanirom: Bez. für → Ethylvanillin

Vanitrop → Propenylguaethol

Variegatsäure → Badione → Pilzgifte

Västerbottenkäse: schwedischer *Hartkäse* aus Kuhmilch mit 50 % F. i. Tr. → Käsesorten

Västgötakäse: schwedischer *Schnittkäse* → Käsesorten

Vatéria índica → Malabartalg

Veilchen: Sammelbez. für vorwiegend in tropischen und suptropischen Gebieten, aber auch bis zum arktischen Kreis vordringende Vertreter der Fam. *Violáceae,* zu der insgesamt 15 Gattungen zählen. Viele Arten werden in Europa als Zierpflanzen angebaut, von denen das *Duft-* oder *Märzveilchen, Víola odoráta* L. wegen des Wohlgeruchs seiner dunkelviolettfarbenen Blüten bes. beliebt ist. In Südwesteuropa wird diese Art zur Gewinnung von *Veilchenblütenöl* und die Blätter zu Herstellung → teeähnlicher Erzeugnisse, insbes. Hustentee kultiviert. In China werden die Blätter von *Víola verecúnda* A. Gray als Gemüse genutzt. Das *Veilchenblütenöl* zählt zu den teuersten auf dem Weltmarkt (vorwiegend für kosmetische Zwecke) gehandelten ätherischen Ölen. In Europa und Asien (bis Indien) hat ferner aus der Fam. Violáceae noch das → Feldstiefmütterchen Bedeutung, das aus Wildbeständen gesammelt oder für Heilpflanzenzwecke kultiviert wird.

Veilchenblätteraldehyd → n-Nona-2,6-dien-1-al

Veilchenblätteralkohol → n-Nona-2,6-dien-1-ol

Veilchenblütenöl → Veilchen

Veilchenwurzel, Schwertwurzel: wegen des veilchenartigen Duftes so bezeichnete Rhizome der weißblühenden, gelbbehaarten *Schwertlilie, Iris germánica convar. florentína* L. (Familie *Liliáceae).* Die V. werden im getrocknetem Zustand (ganz, geschnitten oder pulverisiert) als mildaromatische Würzdroge in der Spirituosenindustrie und zur Geschmacksverbesserung → teeähnlicher Erzeugnisse verwendet. Die blaublühende Schwertlilie kommt als weit verbreitete Zierpflanze in Süd- und Mitteleuropa, Nordafrika und Indien, teils verwildert vor und wird vor allem in Italien, Nordafrika und in der ehem. Sowjetunion zur Gewinnung von Duftstoffen aus den Rhizomen, seltener aus den Blüten, kultiviert. Die *I. pállida* Lam. mit hellblauen Blüten dient dem gleichen Zweck. *Veilchenwurzel-* oder *Irisöl* ist das über Wasserdampfdestillation gewonnene → ätherische Öl, das vor allem in der Kosmetikindustrie, aber auch zum Aromatisieren von alkoholischen Getränken oder zur Geschmacksaufwertung von Süß-(Bonbons) und Backwaren eingesetzt wird. → Spirituosen

Veilchenwurzelöl → Veilchenwurzel

Velleral: ein in Milchlingen (Pilze der Gattung Lactarius) vorkommendes *Sesquiterpen,* das beißend schmeckt, die Haut stark reizt und mutagen wirkt (s. Formel).

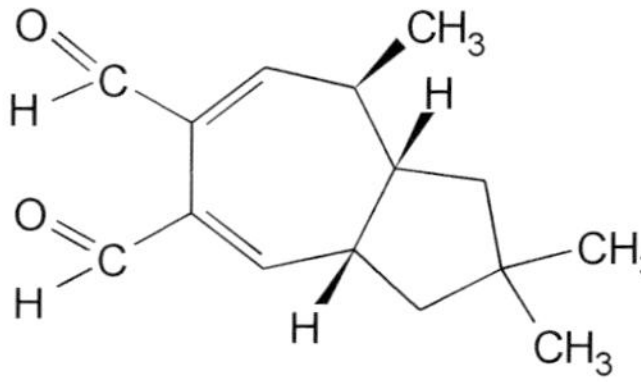

Veltliner: Weißweinkeltertrauben-Sorte für Weine mittlerer Qualität, angebaut bes. in Österreich, Italien, Ungarn und der ehem. ČSFR. → Wein

Velvetblatt → Wassersalat

Velvetbohne → Samtbohne

Venusmuschel → Muscheln

Veratrumglycoside → Glycoside

Verarbeitungshilfen *Produktionshilfsmittel, technische Hilfstoffe, Verschwindestoffe:* Stoffe, die während der Bevorratung und Verarbeitung von Rohstoffen oder Lebensmitteln helfen, bestimmte technologische Vorgänge oder Handhabungen zu ermöglichen, zu vereinfachen oder zu beschleunigen, unerwünschte Stoffe zu entfernen oder die Qualität zu erhalten oder zu verbessern. V. sind in Anlehnung an die Definition des Codex Alimentarius nach Art. 1 der Richtlinie des Rates zur Angleichung der Rechtsvorschriften der Mitgliedstaaten über Zusatzstoffe, die in Lebensmitteln verwendet werden dürfen (89/107/EWG), kurz Rahmenrichtlinie genannt, Stoffe, die nicht selbst als Lebensmittelzutaten verzehrt werden, jedoch bei der Verarbeitung von Rohstoffen, Lebensmitteln oder deren Zutaten aus technologischen Gründen während der Be- oder Verarbeitung verwendet werden und unbeabsichtigte,

technisch unvermeidbare Rückstände oder Rückstandsderivate im Enderzeugnis hinterlassen können, unter der Bedingung, daß diese Rückstände gesundheitlich unbedenklich sind und sich technisch nicht auf das Endergebnis auswirken.
In vielen Ländern, einschließlich Deutschland werden sie nicht zu den Zusatzstoffen gezählt. In Deutschland bedürfen sie mit Ausnahme von Extraktionslösemitteln keine besondere Zulassung, wenn sie aus dem Lebensmittel vollständig oder soweit entfernt werden, daß sie oder ihre Umwandlungsprodukte in dem zur Abgabe an den Verbraucher bestimmten Erzeugnis nur als technisch unvermeidbare und technologisch unwirksame Reste in gesundheitlich und sensorisch unbedenklichen Anteilen enthalten sind. Wichtige V. sind: → Katalysatoren, Ionenaustauscher, Enzympräparate, Flockungsmittel → Filterhilfsmittel → Treibgase, Entkeimungs- und → Desinfektionsmittel → Schutzgase → Kristallisationshilfsmittel, Gärungsaktivatoren, Kälte- und → Kühlmittel → Klärhilfsmittel, Entfärbungsmittel → Extraktionslösemittel → Begasungsmittel → Bleichmittel, Formtrennmittel, Fruchtbehandlungsmittel.

Verbascose: ein Pentasaccharid in der Reihenfolge Galactose-Galactose-Galactose-Glucose-Fructose seiner Monosaccharidbausteine. V. ist nachgewiesen worden in Kakaobohnen und Linsensamen. F = 253 °C, $[\alpha]_D^{23}$ = +170 °C (für wasserfreie Substanz in Wasser).

Verbéna officinális → Eisenkraut

Verbrauchsanreiz → Qualität

Verbrauchsfrist: Zeitspanne innerhalb derer die → Haltbarkeit eines Lebensmittels gewährleistet wird. Ab 1. 7. 1993 gibt es eine Änderung bei der Lebensmittelkennzeichnung: Lebensmittel, die leicht verderblich und nach kurzer Zeit gesundheitsschädlich sein können, sollen statt des bekannten *Mindesthaltbarkeitsdatums* (→ Mindesthaltbarkeit) ein *Verbrauchsdatum* tragen. Da der Gesetzgeber keine Aussagen darüber getroffen hat, welche Produkte zu den leicht verderblichen Lebensmitteln zählen – außer den bekannten, wie Hackfleisch und Rohmilch, die über einen Zeitraum von 4 Tagen nur unter bestimmten Kühlbedingungen haltbar sind – müssen Hersteller und Händler im Einzelfall prüfen, ob ein Mindesthaltbarkeitsdatum oder ein Verbrauchsdatum auf der Verpackung anzubringen ist. Anhaltspunkte sollen Faktoren, wie Betriebshygiene, Art des Lebensmittels aber auch Lagerungs- und Vermarktungsbedingungen liefern. Unabhängig davon ist ein Verbrauchsdatum stets anzugeben, wenn dies in speziellen Rechtsanordnungen (z. B. Hackfleischverordnung) vorgeschrieben wird. Wenn das Verbrauchsdatum bei einem Lebensmittel überschritten ist, darf es nicht mehr verkauft werden.

Verbrauchszucker: eine nicht sehr gebräuchliche Sammelbez. für fast alle Zuckersorten, die in den Handel kommen. Zu V. zählen alle Zuckersorten außer Rohzucker.

Verbundmehl, *zusammengesetztes Mehl:* ein mittels moderner Weizen- oder Roggenvermahlung im Verbund (gleichzeitig mit mind. *einem* weiteren handelsfähigen Mahlerzeugnis) hergestelltes Mehl. Das zerkleinerte Getreidekorn wird durch vielfältige Siebvorgänge (auch Sicht- oder Trennverfahren genannt) in verschiedene Mahlfraktionen (*Passagenmehle*) aufgegliedert und anschließend zwecks Herstellung von bestimmten Handelsmehlen (→ Fertigmehl) wieder zusammengeführt bzw. gemischt. Mit Hilfe des Asche- bzw. Helligkeitswertes wird das V. auf einen bestimmten *Mehltyp* (→ Mehl, typisiertes) eingestellt. Das Gegenstück zu den V. sind die *durchgemahlenen Mehle,* die durch Vermahlung des Getreidekornes bis zu einem bestimmten Prozentsatz (Ausmahlungsgrad) überwiegend bei der Roggenvermahlung gewonnen werden. Übersteigt z. B. ein Mehl eines bestimmten Typs den Vitamin-B_1-Gehalt des ganzen Kornes, so liegt kein *durchgemahlenes,* sondern ein *zusammengesetztes* Mehl vor (vergl. → Skutellummehl). In ähnlicher Weise kann es zu *echten* und sog. *unechten* Vollkornmehlen kommen, wobei ein zusammengesetztes Vollkornmehl nach Farbe und Asche von einem echten (durchgemahlenen) Vollkornmehl nicht zu unterscheiden ist. Die manchmal als *Nachmehle* bezeichneten Produkte, z. B. W 630, W 812, W 1050, resultieren aus einem Vorweg (*Vorwegzugmehl*) heller Mehle, z. B. W 405, W 550. Die Nachmehle sind daher stets nährstoffreicher als die Vorwegzug- bzw. *Vordermehle.* → Mehl → Getreidemehl → Verschnitt

Verdelli (ital.): im Sommer geerntete grünschalige Zitronen.

Verderb: unerwünschte, nicht durch den Menschen absichtlich herbeigeführte Qualitätsverschlechterung eines Lebensmittels, die von der Wertminderung infolge Zerstörung lebenswichtiger Nährstoffe (Vitamine, essentielle Fettsäuren usw.) über das Auftreten abweichender Geschmacks- und Geruchsnoten bis zur völligen Genußuntauglichkeit infolge Bildung toxischer Verbindungen führen kann. Verderbnisprozesse setzen, wenn ihnen nicht durch geeignete Maßnahmen (Konservieren) entgegengewirkt wird, spontan ein. Sie können verschiedenartiger Natur sein und unterschiedlich schnell ablaufen. Art und Tempo des V. hängen von verschiedenen Größen ab: chemische Zusammensetzung, Vorbehandlung und hygienische Beschaffenheit des Lebensmittels, Umweltbedingungen (Licht, Temperatur, Feuchtigkeitsgehalt, *p*H-Wert, Sauerstoffzutritt), Anwesenheit verderbnisfördernder und verderbnishemmender *Substanzen.* Die wichtigsten Arten sind der *enzymatische,* der *mikrobielle* und der *oxydative* V., außerdem der V. durch Verschmutzung oder andere ekelerregende Vorgänge.

Der *enzymatische Verderb* wird durch die eigenen Enzyme des Lebensmittel ausgelöst. Jede lebende Zelle (ob pflanzlicher oder tierischer Herkunft) verfügt über einen kompletten Satz von Enzymen, mit deren Hilfe sämtliche Stoffwechselvorgänge der Zelle gesteuert werden. Diese Enzyme sind auch nach dem Absterben eines Individuums noch wirksam, also auch in einem noch unbearbeiteten Lebensmittel, solange eine Inaktivierung der Enzyme durch Erhitzen oder auf eine andere Weise noch nicht stattgefunden hat. Anderseits sind Enzyme in den Zellen nicht frei vorliegend, sondern von ihren natürlichen Substraten durch Membranen getrennt, so daß sie erst nach deren Zerstörung voll wirksam werden. Diese Zerstörung der Membranen kann auch auf mechanische Weise (Zerquetschen, Zerreiben, Zermahlen, Zerschneiden) herbeigeführt werden, was den enzymatischen V. erheblich beschleunigt. Der enzymatische Abbau von Lebensmittelinhaltsstoffen ist – zumindest in der Anfangphase – meist noch kein unerwünschter Verderbnisprozeß, sondern kann ein erwünschter (Reifungs- bzw. Veredlungsprozeß) sein, aber er führt auch zu Veränderungen, die das Einsetzen anderer Verderbnisprozesse begünstigen. Enzymatischer V. kann nur dort eintreten, wo aktive Enzyme, ein genügend hoher Wassergehalt (Enzyme sind nur im wäßrigen Milieu wirksam), gemäßigte *p*H-Werte und Temperaturen vorhanden sind.

Der *mikrobielle V.* (→ Fäulnis) ist auf die Tätigkeit schädlicher Mikroorganismen, insbes. Bakterien, Schimmelpilze und Hefepilze zurückzuführen. Bei weitem nicht alle mikrobiologischen Vorgänge in biologischen Materialien sind unerwünscht, viele werden bewußt herbeigeführt (z.B. Herstellung von Bier und Wein, Brot- und Kuchenteiglockerung mittels Hefen, Aromabildung und Reifung von Käse durch bestimmte Schimmelpilze, Erzeugung von Sauerkraut, sauren Gurken durch Milchsäurebakterien). Einige sind jedoch unerwünscht und haben gesundheitschädigende Folgen, insbes. dann, wenn die Mikroorganismen Toxinbildner sind. (→ Mykotoxine → Bakterientoxine → Botulinustoxine). Voraussetzung für den mikrobiellen V. ist das Vorhandensein geeigneter Lebensbedingungen für die Schadmikroben: ausreichend hohe → Wasseraktivität, d. h. Wasser, das nicht durch Zucker, Salz, Säure oder Alkohol „gebunden" und damit für Lebewesen nicht verwertbar ist, gemäßigte *p*H-Werte (in der Nähe des Neutralpunktes bzw. schwach sauer), gemäßigte Temperaturen [die Verträglichkeitsgrenzen sind sehr unterschiedlich; es gibt kälteliebende (kryophile) und wärmeliebende (thermophile) Bakterien]. Die Anwesenheit von Sauerstoff ist nur für aerobe Mikroorganismen (z.B. Schimmelpilze) erforderlich,

anaerobe (z. B. Salmonellen und andere „Lebensmittelvergifter") oder fakultativ anaerobe (z. B. Hefepilze). Vegetative Formen von Mikroorganismen können schon durch einmaliges Erhitzen auf etwa 80°C (Pasteurisieren) abgetötet werden, die wesentlich hitzeresistenteren Sporen erst bei wesentlich höheren Temperaturen (Sterilisieren). Durch Zugabe von spezifischen Hemmstoffen für die Mikrobenentwicklung (→ Konservierungsstoffe) wird der mikrobielle V. verzögert.
Der *oxydative V.* beruht auf einer rein chemischen Umsetzung zwischen sauerstoffempfindlichen Lebensmittelbestandteilen und dem Sauerstoff der Luft. Da dieser Prozeß selbständig einsetzt, wird er auch *Autoxydation* genannt. Autoxydiert werden vor allem ungesättigte Fettsäuren, die Vitamine A, C, E und Provitamin A. Dabei werden diese lebensnotwendigen Nährstoffe nicht nur zerstört, sondern auch toxische Fettoxydationsprodukte gebildet. Diese Vorgänge können auch enzymatisch induziert werden, z. B. durch Lipoxygenase, Ascorbinsäureoxydase, unspezifische Peroxydasen. Das Einsetzen der Autoxydation wird durch Zufuhr von Energie, insbes. in Form von UV-Licht und Wärme gefördert. Einmal in Gang gekommen, wird sie aber auch in der Kälte (bei Kühlschranktemperaturen) fortgesetzt. Die Autoxydation benötigt kein Wasser, findet also auch bei getrockneten Lebensmitteln statt, sofern diese fettreich sind und eine große Oberfläche aufweisen, denn der freie Zutritt von Luftsauerstoff ist eine wesentliche Voraussetzung für den oxydativen V. Er spielt eine große Rolle dort, wo beides – freier Luftzutritt und eine hohe Temperatur – zusammenkommen (z. B. beim Fritieren). Fritieröle müssen öfters ausgewechselt werden und es eignen sich dazu vor allem solche Fette, deren Gehalt an mehrfach ungesättigten Fettsäuren gering ist. (Kokosfett, gehärtete Pflanzenöle). Die Autoxydation der Fette wird durch → Prooxydantien (vor allem Schwermetallionen) gefördert und durch → Antioxydantien sowie durch → Synergisten und Metallfänger (Komplexbildner) gehemmt.
Die Bedeutung des Verderbs, insbes. des mikrobiellen V. von Lebensmitteln als Vernichter von Nährstoffen und als gesundheitliches Risiko für die Bevölkerung ist gegenüber früheren Jahrzehnten trotz personeller und apparativer Ausrüstungen, erweiterter Kühlmöglichkeiten und verstärkter Hygiene-Kontrollen angestiegen und hat die Rolle der → Verfälschungen weit überholt. Zurückzuführen ist das bes. auf die sprunghafte Erweiterung des internationalen Warenaustausches, die wesentliche Erhöhung des Anteils tierischer Produkte am Lebensmittelangebot, die Konzentrierung der Lebensmittelproduktion in Großbetrieben und die beträchtliche Erhöhung der Massenverpflegung. → Frische → Lebensmittel, fermentiertes → Reife

Verdickungsmittel: Sammelbegriff für → *Hydrokolloide,* die als *Binde-, Quell-* und *Dickungsmittel* geeignet sind, vorwiegend Polysaccharide darstellen und aufgrund ihrer Fähigkeit, mit Wasser viskose Lösungen zu bilden, das Haftvermögen der Substanzen untereinander verbessern und zur Herstellung von Soßen, Suppen, Füllungen, Getränken und anderen Zubereitungen in der Lebensmittelproduktion sowie als Hilfsmittel der Speisenzubereitung im Haushalt eingesetzt werden. Im Gegensatz zu den → *Geliermitteln* bilden sie kein elastisches, formbeständiges Gel. Hochviskose Lösungen bzw. Suspensionen erhält man vor allem durch Alginate (E 400 bis 405) → Johannisbrotkernmehl (E 410) → Guaran → Carrageen (E 407) → Pectin (E 440) → Cellulosederivate (E 461, 466) → Taragummi → Quittensamenschleim → Flohsamenschleim → Carayagummi sowie → Traganth; mittelviskose Lösungen ergeben → Agar Agar (E 406), die → Gelane → Ghattigummi sowie → Stärke und Stärkederivate. Niedrigviskose Lösungen ergeben → Dextran → Gummi *arabicum* (E 414) und → Mesquitegummi. Carayagummi, Quittensamenschleim → Leinsamenschleim und teilw. Traganth und Ghattigummi bilden keine echten Lösungen in Wasser, sondern quellen nur. Manche sind empfindlich gegen Hitze, Säure, Metallionen.

Verdünnungsmittel → Verschnittmittel

Verdunstungshemmer → Frischhaltemittel → Feuchthaltemittel → Überzugsmittel

'Vereins-Dechantsbirne' → Birne → Kernobst

Verfallsdatum → Haltbarkeit von Lebensmitteln

Verfälschung: unzulässige, zum Zwecke der Täuschung und materiellen Übervorteilung des Käufers von Menschen bewußt vorgenommene Veränderung eines Lebensmittels, die stets eine Qualitätsverschlechterung bedeutet. Zu den einfachen Formen der V. gehören das Entfernen wertvoller Bestandteile (z. B. das Entrahmen von Milch), das Nichtentfernen wertloser Bestandteile (z. B. das Mitvermahlen von Kakaoschalen bei der Herstellung von Kakaopulver, das Belassen von Holz und Stielen in Gewürzen), das Nichtzusetzen oder unzureichende Zusetzen wertvoller Rohstoffe (z. B. von Eiern bei der Herstellung von Eierteigwaren), das „Strecken" von Lebensmitteln mit billigen Ersatz- oder Füllstoffen (z. B. das Verdünnen von Milch, Fruchtsäften, Bier, Wein u. a. mit Wasser, der Zusatz von Mehl zu Wurst, das Einmengen von Margarine in Butter), das Vortäuschen einer höheren Qualität durch Zugabe von künstlichen Farbstoffen (z. B. zu einfachen Teigwaren, zum Hühnerfutter, um die Dotter der gelegten Eier gelb zu färben, zu Fruchtsäften), von Gelier- und Dickungsmitteln (z. B. zu Schlagsahne), von Geschmacksstoffen u. v. a. m.
V. dieser Art schädigen den Verbraucher i. allg. „nur" materiell, beeinträchtigen aber seine Gesundheit normalerweise nicht, falls nicht gegen lebensmitteltoxikologische Bestimmungen verstoßen wird. Eine V. liegt bei solchen Eingriffen auch nur dann vor, wenn diese in eindeutiger Betrugsabsicht erfolgt sind. Wenn dagegen derartige Veränderungen mit staatlicher Zustimmung in Übereinstimmung mit neueren ernährungsphysiologischen Erkenntnissen in der Absicht vorgenommen werden, bestimmte gesundheitsfördernde Effekte zu erzielen (z. B. eine Reduzierung des Energiegehaltes), sind sie sogar erwünscht. Allerdings muß dann auch eine entsprechende Kenntlichmachung der betr. Lebensmittel erfolgen. Schwerwiegender sind solche Formen von V., die auch gesundheitliche Schäden beim Verbraucher nach sich ziehen können. Dazu gehören das Vortäuschen einer hygienisch einwandfreien Beschaffenheit (wie z. B. das früher zuweilen praktizierte Behandeln von unansehnlich gewordenem Fleisch mit dem Bleich- und Desinfektionsmittel Wasserstoffperoxid zur Aufhellung und Desodorierung bzw. mit dem Härtungs- und Desinfektionsmittel Formaldehyd zur Festigung weich gewordenen Fischfleisches), das Verarbeiten hygienisch nicht mehr einwandfreier oder bereits verdorbener Lebensmittel als Rohstoffe für andere Lebensmittel (z. B. das Einarbeiten überlagerten Hackfleisches in Wurst, das Verarbeiten angebrüteter Eier zu Eierteigwaren) sowie die Anwendung verbotener Wirkstoffe zur Steigerung der Produktion pflanzlicher und tierischer Lebensmittel (z. B. die Anwendung von Sexualhormonen bei der Aufzucht von Masttieren). → Nachahmung von Lebensmitteln → Ersatzmilchpräparat, pflanzliches → Getreide, angereichertes → Gewürzersatz → Kunstreis → Lebensmittel, simuliertes → Milch, simulierte → Streckmehl → Surrogat

Verfärbung: Farbabweichungen von Fleisch und Fett infolge Krankheit oder Fütterungseinflüssen. Eine Gelbfärbung des Fettes von Schweinen kann z. B. sowohl durch krankhafte Prozesse (Gelbsucht, Ikterus) oder auch durch intensive Mast mit Fischfuttermitteln zustande kommen.

Vergällungsmittel: Zusätze zu Lebensmitteln, um diese aus Zoll- oder Steuergründen ungenießbar zu machen. V. werden vor allem zu Ethanol bzw. Kochsalz für technische Zwecke zugesetzt. Als V. werden u. a. verwendet Pyridin, Methanol, Benzen, Petrolether für Zusätze zu Ethanol; Eisenoxid, Wermutkraut oder Holzkohle zur Viehfütterung für bestimmtes Kochsalz (Viehsalz) bzw. Petroleum, Seifenpulver, Kienruß, Braunkohle u. ä. für Gewerbesalz. V. sind nicht mit Denaturierungsmitteln zur Denaturierung von Eiweißen zu verwechseln. → Denaturierungsmittel

Verkapselung: bes. für Aromen durchgeführte Einschlüsse mit Polysasccchariden, Gummi arabicum, Maltodextrine und modifizierten Stärken sowie Cyclodextrinen.

Verkehrsfähigkeit → Qualität

Vermicelles → Maronenpüree

Vermicelli → Nudeln

Vernatsch → Trollinger, blauer → Wein

Vernin → Guanosin → Nucleotide

Vernolsäure: 12,13-cis-epoxy-9-cis-Octadecensäure, die in den Samenölen von Compositen vorkommt (s. Formel unten).

'Verona' → Radicchio

Verónica anagállis-aquática → Wasserehrenpreis

Verónica beccabúnga → Bachbunge → Wildkräuter

Vérpa, *Verpel:* zur Familie *Morchelláceae* geordnete Pilzgattung. Der wohlschmeckende Vertreter der Gattung, die *Böhmische Glockenmorchel* oder die *Runzel-Verpel* [*Vérpa bohémica* (Krombh.) Schroet. = *Morchélla gigaspóra* Cook], hat gelbbräunlichen, stark gerunzelten, glockenförmigen Hut, der nur mit der Spitze am 7···14 cm langen, gebrechlichen, zuerst weißlichen, dann gelblichen Stiel befestigt ist. Der Stiel ist anfänglich markig gefüllt, wird schnell hohl. Das Fleisch ist wachsartig, mit angenehmem Geschmack und Geruch. Vorkommen: April bis Mai unter Gebüsch in lichten Laubwäldern und Gärten in feiner, lockerer Lauberde, häufig in der Nähe von Espen. Weitere eßbare, aber weniger geschätzte Vertreter sind die *Fingerhut-Verpel* [*Vérpa conica* (Müll. ex S. F. Gray) Pers.], mit hell- bis dunkelbräunlichem, fingerhutähnlichem Hut, blaß-gelblichem oder fleischrötlichem Stiel und die *seltene Kastanienbraune Verpel (Vérpa fulvocíncta* Bres.). → Speisepilze

Verpackung, eßbare, *eßbare Verpackungsfolie, eßbarer Verpackungsfilm, eßbare Spezialfolie, eßbarer Folienüberzug:* meist transparente, flexible Verpackungsfolie aus Maisstärkederivaten (z. B. die *Hydroxypropylenfolie*), aus Maisamylose (größtenteils von *Hoch-Amylose-Maissorten,* die bis zu 85 % Amylose enthalten) als Hauptkomponente (*Hydroxypropylencellulose*), aus Fischhaut-Korium (sog. *Collagenfolie*), aus acetyliertem Monoglycerid oder auf Basis von Natrium- oder Calcium-Alkalipectinen. Die e. V. gibt es auch in Form thermoplastischer Polymere (die nicht wie Polyethylen und z. B. Polystyrol auf Erdölbasis, sondern auf pflanzlicher Basis) neuerdings z. B. Kartoffelstärke oder Cellulose hergestellt und nach vorherigem Erwärmen und Schmelzen ohne Veränderung der Eigenschaften verformt werden können. Es gibt auch wasserlösliche Zuckerester, die auf Früchte gesprüht werden und deren Sauerstoffaufnahme, zwecks Haltbarkeitsverlängerung, verhindern, aber das beim Atmungsstoffwechsel anfallende Kohlendioxid größtenteils durchlassen. Bei den e. V. handelt es sich meist um geschmacksneutrale, patentierte Spezialfolien, die als → Feucht- oder → Frischhaltemittel in Form eines → Überzugsmittels oder auch in Spritzgußform (Kapsel aus Stärke) die Feuchte- oder Aromaabgabe verhindern, aber auch unterbinden sollen, daß z. B. trockene Bestandteile von gefrorenen Gerichten die Feuchte von anderen Stoffen aufnehmen. Die Substanzen oder Gemische (die auch Fette, Naturharze und -wachse neben den Kohlenhydratträgern enthalten können), werden vielfach auf das zu verpackende Lebensmittel gespritzt, sodaß sie nach dem Antrocknen eine eng anschließende, wasserunlösliche oder wasserlösliche aber verdauliche Folie (Film) bilden.

Verpackungsfilm, eßbarer → Verpackung, eßbare

Verpackungsfolie, eßbare → Verpackung, eßbare

Verpackungsmittel: Materialien, die zur Umhüllung von Lebensmitteln zum Zwecke des Zusammenhaltens einer bestimmten Mengeneinheit,

Vernolsäure

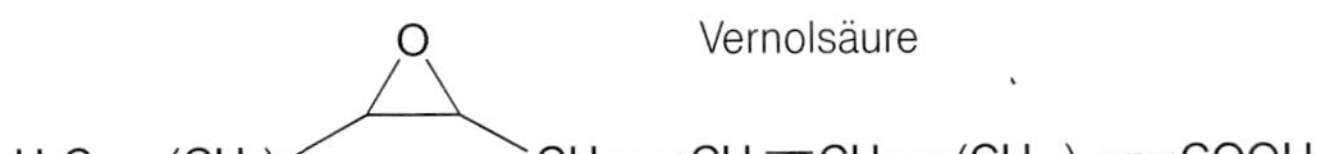

des Schutzes vor Verunreinigungen und Beschädigungen und Verderb sowie zum Transport geeignet sind. V. sind Bedarfsgegenstände, wenn sie mit Lebensmitteln in unmittelbare Berührung kommen. Den Zusatzstoffen gleichgestellt gemäß § 1 Abs. 2 und § 2 Abs. 2 Lebensmittel- und Bedarfsgegenstände-Gesetz sind V. dann, wenn Umhüllungen, Überzüge oder sonstige Umschließungen und Stoffe zu deren Herstellung zum Mitverzehr bestimmt sind (→ *Verpackung, eßbare*) oder wenn der Mitverzehr voraussehbar ist. In den USA sind alle Verpackungsmittel Zusatzstoffe.

Verpel → *Vérpa*

Versandwasser → Mineralwasser → Heilwasser

Verschnitt: zweckmäßige Mischung von bestimmten Lebensmittelsorten oder Halbprodukten mit dem Ziel a) einseitig, streng oder fade schmeckende Partien aufzuwerten oder b) gleichbleibende Geschmacksqualität einwandfrei schmeckender Herkünfte zu erreichen. Der V. trägt bei den einzelnen Lebensmitteln unterschiedliche Bez., z. B.:
1. *Cuvée* bei Sekt. Hier werden Mischungen verschiedener Jungweine aus unterschiedlichen Lagen, Sorten oder Jahrgängen zur Gewährleistung gleichbleibender Sektqualität vorgenommen um auch bei großen Produktionsumfängen typische Geschmacksqualitäten zu erzielen.
2. *Blend* bei Spirituosen. Mischung verschiedener Reifegrade oder Sorten zur Erzielung gleichbleibender Geschmacksqualität, z. B. *Blended Whiskey (= Whiskey-Verschnitt)* oder *Blended Rum (= Rum-Verschnitt)*. Im Gegensatz dazu steht die angels. Bez. „straight" (= unvermischt, nicht verschnitten)), z. B. *Straight Whiskey.* Die angels. Bez. *Blend* und *Straight* bleiben jedoch nicht auf Spirituosen beschränkt. Es gibt z. B. *Straight run flour* (= durchgemahlenes Mehl, im Vergleich zu → Verbundmehl, das durch Zusammenführung verschiedener Passagenmehle zustandekommt).
3. *Melange* bei Kaffee. Hier handelt es sich meistens um Mischungen unterschiedlicher Röststufen von Kaffee, so daß z. B. *Kaffee-Melange* heller und dunkler gefärbte Kaffeebohnen enthalten kann.

Verschnitt von Edelbränden: billigere → Spirituosen, die neben den *Edelbränden,* nach denen sie benannt sind, noch Primasprit und Wasser enthalten. Die charakteristischen geschmacklichen und geruchlichen Eigenschaften des Edelbrandes müssen im V. v. E. noch deutlich wahrnehmbar sein. *Weinbrand-Verschnitt* kann durch Zusätze von *Typagestoffen,* maximal 2 % Zucker, 1 % Dessertwein und Zuckerkulör geschmacklich bzw. farblich korrigiert werden. Auf dem Flaschenetikett ist das Wort *«Verschnitt»* in gleicher Schriftart zu schreiben wie der jeweilige Edelbrand. → Edelbrand → Weinbrand → Rum → Arrak

Verschnittmittel, *Verdünnungsmittel:* Flüssigkeiten, die ähnlich wie → Steckungsmittel dazu dienen, in erlaubtem Außmaß die Menge eines flüssigen Lebensmittels zu erhöhen. Wichtigstes V. ist Trinkwasser.

Verschwindestoffe → Verarbeitungshilfen

Verse Kaas *(Fromage frais* oder *Petit suisses)* aus Vollmilch (evtl. mit Rahmzusatz) in Belgien hergestellter → Frischkäse

Verzehrsprodukte: Nach österreichischem Lebensmittelrecht Stoffe, die dazu bestimmt sind, vom Menschen gegessen, gekaut oder getrunken zu werden, ohne überwiegend Ernährungs- oder Genußzwecken zu dienen oder Arzneimittel zu sein. Hierher gehören Raucherentwöhnungsmittel und gewisse Pastillen, Kleieschnitten, Lutschtabletten u. dgl.. V. müssen wie diätische Lebensmittel beim österreichischen Bundesministerium für Gesundheit und Umweltschutz angemeldet werden, bevor sie in den Verkehr gebracht werden dürfen.

Vesen → Sammelspelzfrucht → Dinkel → Weizen

Vesica → Blase

Vícia fába → Puffbohne

Vicianin → D-Mandelsäure

Vicianose → Disaccharide

Vicilin ein → Globulin der Puffbohne (*Vícia fába* L.). Seine Molmasse beträgt 15 400 g/mol, sein Sedimemtationskoeffizient ist 6,5 S und sein isoelektrischer Punkt liegt bei pH 5,0. → Eiweiß

Vicin, (*Vizin*), *2,6,Diamino-4,5-dihydoxypyrimidin-5-(*β-D-Glycopyranosid), Viciosid, Viziosid: ein O-Glucosid der D-Glucose mit Divicin (*2,6,-Diamino-4,5-dihydroxypyrimidin*) als Aglukon (s. Formel):

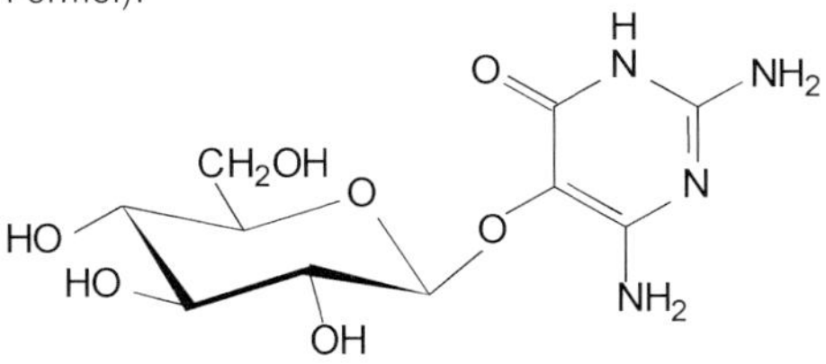

β-D-Glucose

Das V. darf nicht verwechselt werden mit dem gleichnamigen Farbstoff der dunkelroten Wickenblüten. V. wurde aus dem Samen der Saubohne (Dicke Bohne, *Vicia fába* L.) isoliert, F. 239···242°C (Zers.) $[\alpha]_D^{15}$ = -12,1° (in 0,2 N NaOH). → Glycoside

Viciosid → Vicin

Victória amazónica → Wassermais

Victória cruciána → Wassermais

Victoriapflaume → Mirakosa

Victória régia → Wassermais

Viehsalz → Steinsalz, denaturiertes

Vielfachzucker → Saccharide

Vielle Reserve → Cognac

Vierkantkäse, (*Vierkante kaas*): niederländischer *Halbhartkäse* in Blockform (Mindestgewicht: 12 kg). → Käsesorten

Vierkornbrot → Mehrkornbrot

Vierländer → Johannisbeere → Beerenobst

Viertelfettkäse: Käse mit einem Fettgehalt von mind. 10 % F. i. Tr. → Käse

Vígna aconitifólia → Mattenbohne

Vígna anguláris → Adzukibohne

Vígna múngo → Urdbohne

Vígna radiáta var. radiata → Mungbohne

Vígna sinénsis → Chinabohne → Samenmehl, eiweißreiches

Vígna unguiculáta → Chinabohne

Vígna unguiculáta ssp. cylíndrica → Chowli

Vígna unguiculáta ssp. sesquipedális → Chinabohne

Vígna unguiculáta ssp. unguiculáta → Chinabohne

Vígna vexilláta (L.) A.Richard: eine verzweigte oder ausgebreitet wachsende Pflanze (Familie *Fabáceae*), deren Wurzelknollen im tropischen Afrika wie die → Batate zubereitet und gegessen werden.

Viili, (*finnische Langmilch*): ein mit einer → Starterkultur (*Streptococcus* [*S.*] *cremoris, S. lactis, S. lactis subsp. diacetylactis, Leuconostoc cremoris* und *Geotrichum candidum*) hergestelltes und in Finnland sehr beliebtes → *Sauermilcherzeugnis,* das pur, gezuckert, mit Früchten oder Cornflakes zum Frühstück oder als Nachtisch gegessen wird. V. hat eine gelbliche, durch das Schimmelwachstum charakteristische, samtige Oberfläche. Sein Gefüge ist ziemlich fest und dehnbar. V. ist der Taette-Milch (*schwedische Langmilch*) sehr ähnlich.

'Viking' → Aronie

Viktoriablau B (C 4) → Lebensmittelfarbstoffe

Viktoriascharlachrot → Lebensmittelfarbstoffe

Vìmba vímba → Zährte

Vimentin: Protein in den z-Linien der Muskulatur mit einer Molmasse von 58 000 g/mol.

Vinaigrette eine → Würzsoße aus Essig, Öl, Senf und verschiedenen Gewürzen, besonders geeignet zu Salat und Fleischgerichten. → Fertigsoße

Vinaprikot → Erfrischungsgetränk, alkoholhaltiges

Vínca mínor → Immergrün, Gemeines

Vin de Pays: franz. Landwein, dessen Produktionsgebiet und Ertrag gesetzlich begrenzt ist. Von den V. d. P. sind drei Gruppen zugelassen, die jeweils aus einer bestimmten Region stammen: *Vin de Pays du Jardin de la France* (Tal der Loire), *Vin de Pays du Comté Tolosan* (Südwestfrankreich, um Toulouse) und *Vin de Pays de 'Oe* (Weinbaugebiet entlang der Mittelmeerküste). Bevor die V. d. P. in den Handel gelangen, müssen sie eine doppelte Prüfung bestehen. Es handelt sich um Weine, die guten deutschen Qualitätsweinen gleichzusetzen sind.

Vin mousseux → Sekt

Vino → Sherry

Vinorange → Erfrischungsgetränk, alkoholhaltiges

Vintages → Sekt

5-Vinyl-2-thiooxazolidon → Goitrin → Kropfnoxen

Vinyl-trimethyl-ammoniumhydroxyd → Alkylammoniumbasen, quartäre

Víola odoráta → Veilchen

Víola trícolor → Feldstiefmütterchen

Víola verecúnda → Veilchen

Violaxanthin (E 161 e) → Farbstoffe

Viparia → Schwarzwurzel

Viparina → Schwarzwurzel

Viquidil: isomere Verbindung des Chinins, das in geringer Konzentration in der Chinarinde vorkommt.

Virginia: 1. eine Tabaksorte.
2. überwiegend aus Virginiatabak hergestellte Zigarrensorte. → Zigarre → Zigarette

Virginiatabak → Zigarre → Zigarette

Viroidin → Virotoxine

Viroisin → Virotoxine

Virotoxine: Gemisch hochgiftiger, aus 7 Aminosäuren aufgebauter monocyclischer Peptide mit einem chromophoren 2-Alkylsulfonyltryptophan- und einem 3,4-Dihydroprolin-Rest (siehe Formel unten).
V. kommen im *Spitzhütigen Knollenblätterpilz* [*Amaníta virósa* (Fr.) Berl.] vor. Vermutlich entstehen die V. aus → *Phallotoxinen* durch Aufspaltung der Thioetherbrücke. Die biologische Wirkung ist den *Phallotoxinen* vergleichbar. Es greift Leber, Nieren und Milz an. Häufigste Todesursache ist Leberkoma. Das im Gemisch dominierende V. ist das *Viroisin* (etwa 50 % des Gemisches). → Pilzgifte

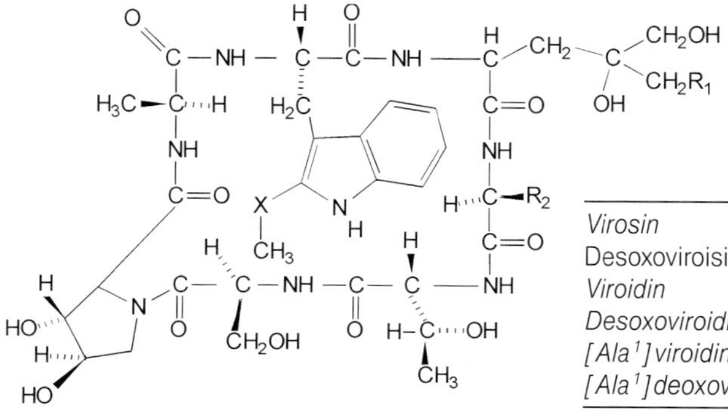

	X	R[1]	R[2]
Virosin	SO_2	OH	$CH(CH_3)_2$
Desoxoviroisin	SO	OH	$CH(CH_3)_2$
Viroidin	SO_2	H	$CH(CH_3)_2$
Desoxoviroidin	SO_2	H	$CH(CH_3)_2$
[Ala[1]]viroidin	SO_2	H	CH_3
[Ala[1]]deoxoviroidin	SO	H	CH_3

α-Viscol → β-Amyrin

β-Viscol → Lupeol

Viskosität, *Zähigkeit:* Teilmerkmal der Konsistenz, Eigenschaft von flüssigen oder plastischen Lebensmitteln (→ Pasten → Teige → Fette → Creme → Gelee → Saft), gegen das Verschieben von Teilchen gegeneinander Widerstand zu leisten. V. ist die Maßzahl für die innere Reibung eines Kontinuums oder eines Vielteilchen-Systems, die als → *rheologische Eigenschaft* des Systems aus dem Quotienten der Schubspannung τ und der Deformationsgeschwindigkeit D bestimmt wird (dynamische Viskosität). Die Deformationsgeschwindigkeit entspricht dabei der pro Zeiteinheit beobachtbaren Verschiebung der Oberfläche der Prüfschicht gegenüber der fixierten Oberfläche, geteilt durch die Schichtdicke. Den einfachsten Fall stellt die proportionale Zunahme der Schubspannung τ bei stetiger Zunahme der Deformationsgeschwindigkeit D, $\tau = \eta \cdot D$. (Newtonsche Viskosität Kurve 1 im Bild) dar.

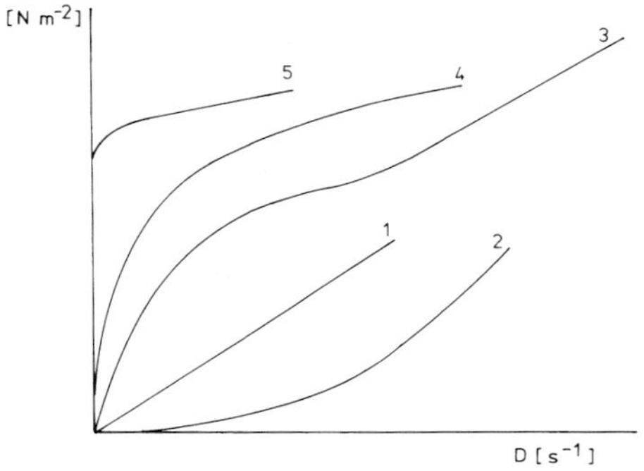

Grenzviskositäten

1 Newtonsche Viskosität
2 dilatantes Fließen
3 strukturviskoses Fließen
4 pseudoplastisches Fließen
5 plastisches Fließen

In diesem Fall ist die Viskosität eine belastungsabhängige Stoffkonstante. Für manche Stoffe, z.B. Kolloide, gilt das Newtonsche Gesetz mit Konstantem η nicht mehr (Nicht-Newtonsche Flüssigkeit). Der Kehrwert der dynamischen V. wird als Fluidität bezeichnet. Bei nichtlinearem Zusammenhang bezeichnet man den Quotienten $\eta' = \tau/D$ als scheinbare V. Nichtlineare Abhängigkeiten sind Ausdruck von Strukturveränderungen und/oder Überlagerung von elastischen (→ Elastizität) und viskosen Eigenschaften. Man unterscheidet dilatantes Fließen (2) (Strukturaufbau mit zunehmender Schergeschwindigkeit), strukturviskoses Fließen (3) (Strukturausrichtungs- und -abbaueffekte), pseudoplastisches Fließen (4) (Überlagerung elastischer und viskoser Deformation) und plastisches Fließen (5) (bei Belastung aus der Ruhe verhält sich das Medium zunächst wie ein elastischer Körper und zerfällt oberhalb einer Belastungsgrenze in ein fließendes System). Der Schnittpunkt der Tangente der Fließkurve mit der Schubspannungsachse ergibt hier den Wert der Fließgrenze τ_0. In realen Medien treten verschiedene Fließeigenschaften gleichzeitig auf.
Der Quotient aus der dynamischen Viskosität η und der Dichte δ des Materials wird kinematische Viskosität genannt. Als reduzierte Viskosität bezeichnet man den Quotienten

$$\frac{\eta - \eta_0}{\eta},$$

wobei η die Viskosität einer Lösung und η_0 die Viskosität des Lösungsmittels dieser Lösung bedeutet. Sie ist ein Ausdruck der Störung der inneren Reibung des Lösungsmittels durch den gelösten Stoff. Die Extrapolation der reduzierten Viskosität für Konzentration Null des Gelösten

$$\lim_{c \to 0} = \frac{\eta - \eta_0}{\eta}$$

ergibt die Grenzviskositätszahl $[\eta]$. Sie steht unter bestimmten Bedingungen in direktem Zuammenhang mit der Molmasse des Gelösten.

Víscum álbum → Mistel

Viscumsäure → Oleanolsäure

'Vista Bellay' → Kernobst

Vitalisquelle, Bad Hersfeld: Heilwasser

Vitalkleber → Kleber

Vitamin A, *Retinol, Axerophthol, Xerophthol, Epithelschutzvitamin:* Sammelbez. für eine Gruppe fettlöslicher Vitamine (*V. A_1, V. A_2, Neovitamin A_1, Anhydrovitamin A_1, Retinal, 3-Dehydroretinal, Kitol*). Die biologisch wirksamste Form, das Vitamin A_1, das man i. allg. mit dem Begriff V. A identifiziert, ist ein alicyclischer Polyenalkohol, der aus einem β-Jononring und 2 Isoprenresten aufgebaut ist.

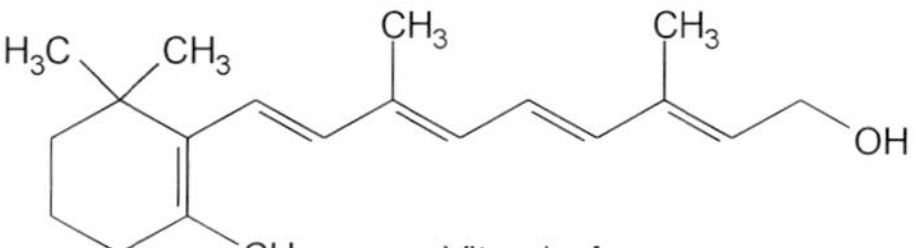

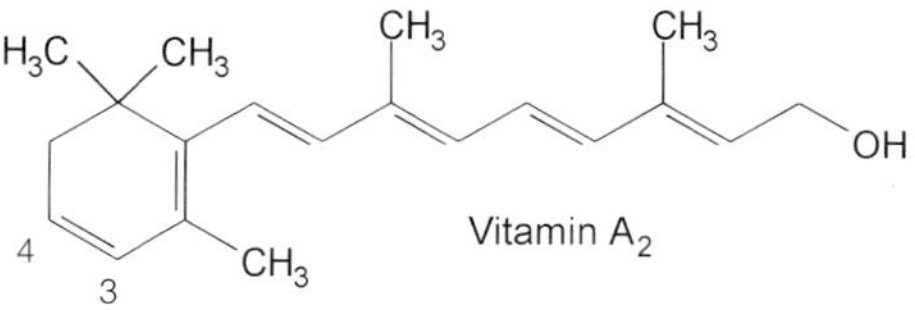

V. A_1 bildet schwachgelbe Prismen, die in Lipiden und fettlösenden organischen Lösungsmitteln leicht, in Wasser unlöslich sind, F. 62···64°C, $Kp._{1,333 \cdot 10^{-3} Pa}$ 137···138°C, Absorpt.-Max. im UV-Licht in Ethanol λ max 328 nm. Es ist säure-, licht- und sauerstoffempfindlich. V. A kommt hauptsächlich als Fettsäureester in Fischleberöl (Dorsch, Heilbutt), fetten Meeresfischen, Säugetierleber, im Körperfett vieler Tiere, in Milch, Butter und Eigelb sowie in Form der Provitamine (Carotene) in Pflanzen vor (s. Tab.).

Vitamin-A-Gehalt einiger tierischer Lebensmittel

Lebensmittel	Durchschnittl. Gehalt in 100 g
Kuhmilch	0,03 ··· 0,1 mg
Muttermilch	0,06 ··· 0,21 mg
Eigelb	0,06 ··· 2,5 mg
Muskelfleisch	0,007··· 0,06 mg
Leber:	
Schlachtvieh	3,00 ···50,0 mg
Leberöl:	
Heilbutt	0,60 ···12,0 g
Thunfisch	0,15 ··· 2,4 g
Dorsch	0,06 ··· 0,12 g

V. A_1 wird technisch aus *Citral* und neuerdings auf der Basis der *Wittig-Reaktion* dargestellt bzw. aus Fischleber gewonnen. Es findet in vielen Ländern zum Vitaminieren der Margarine (in Mengen zwischen etwa 4200 μg und 15000 μg Retinoläquivalent je kg) Verwendung sowie therapeutisch bei Vitamin-A-Mangelerscheinungen. Das V. A_2 (*3-Dehydroretinol*) unterscheidet sich vom V. A_1 durch eine zusätzliche Doppelbindung zwischen den C-Atomen 3 und 4. Es findet sich bes. in der Leber von Süßwasserfischen und hat nur 40 % der biologischen Aktivität des V. A_1. Das *Neovitamin A_1* (Δ^{13}-cis-Vitamin A_1), ein Stereoisomeres des V. A_1, unterscheidet sich von diesem durch die Konfiguration an der der primären Alkoholgruppe benachbarten Doppelbindung. Es ist etwas weniger sauerstoffempfindlich als das V. A_1 und weist etwa 85 % der Vitamin A_1-Wirksamkeit auf. Formen mit geringer Vitamin-A_1-Wirkung und *Anhydrovitamin A* (entsteht durch Wasserabspaltung unter Einwirkung von Mineralsäuren auf V. A_1) sind das *Rehydrovitamin A* (entsteht in der Rattenleber nach Verabreichung von Anhydrovitamin A durch Wasseranlagerung an letzteres). Das *Kitol,* strukturell wahrscheinlich ein Dimeres des V. A_1, (biologisch inaktiv), geht beim Erhitzen über 200 °C in V. A_1 über und wird als ein im Tierreich vorkommendes *Provitamin A* bezeichnet. Der Aldehyd des V. A_1 wird als *Retinal* bezeichnet, und das *3-Dehydroretinal* ist das entsprechende Derivat des V. A_2. Ein Stereoisomeres des Retinals ist Bestandteil des *Rhodopsins* (Sehpurpur), des Lichtrezeptors für das Sehen bei geringen Lichtintensitäten (Dämmerungssehen). Beim Lichteinfall wird in der Netzhaut, und zwar in den äußeren Teilen der Stäbchen, Rhodopsin in seine Bestandteile Opsin (ein Protein) und alltrans-Vitamin-A-Aldehyd (all-trans-Retinen) zerlegt. Durch Verbindung des Opsins mit neo-b-Vitamin-A-Aldehyd (neo-b-Retinen) wird der Sehpurpur regeneriert, so daß die Lichtempfindung der Netzhaut immer wieder erneuert wird (Bild).

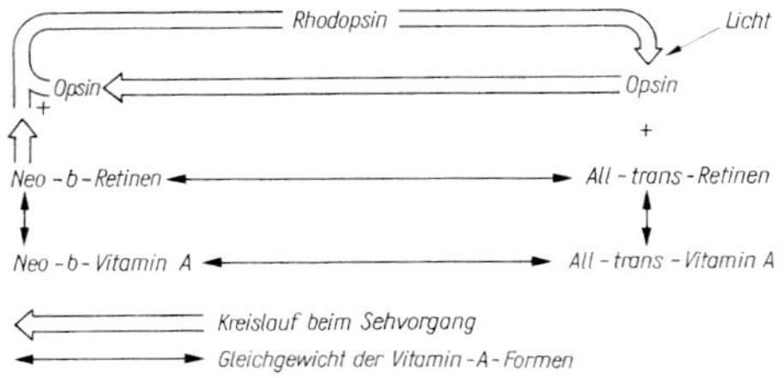

Vitamin A und Sehprozeß nach Wald

Da sowohl der Vitamin-A-Aldehyd mit dem entsprechenden Alkohol – dem eigentlichen V. A – als auch die Isomeren neo-b-Vitamin-A-Aldehyd und neo-b-Vitamin-A in einem enzymatisch gesteuerten Reduktions-Oxydations-Gleichgewicht stehen und da andererseits die all-trans und neo-b-Formen durch Isomerisierung ineinander übergehen können, wird der beim Sehvorgang frei gewordene all-trans-Vitamin-Aldehyd wiederum in neo-b-Vitamin-A-Aldehyd umgewandelt. Damit schließt sich der Kreislauf auch für den Vitamin-A-Anteil des Rhodopsins. – Auf Grund dieser Beteiligung des V. A am Sehprozeß kommt es bei einem Mangel an V. A zu einer Störung in der Regeneration des Sehpurpurs, die sich im Auftreten von Nachtblindheit äußert. Sie ist eines der ersten Symptome eines beginnenden Vitamin-A-Mangels.

V. A greift ferner in den Aufbau und die Funktionserhaltung der Epithelzellen der Haut und der Schleimhäute ein. Mangel an V. A führt daher zu einer Degeneration und Keratinisierung der epithelialen Gewebe. Nach den neuesten Ergebnissen nimmt V. A aber auch an gewissen Sterinumwandlungen teil; deshalb wirkt sich sein Fehlen auf den Stoffwechsel der Sexualhormone aus und beeinträchtigt die Fortpflanzungsfähigkeit. Ebenso können die Sterole, die in den Glycogenstoffwechsel eingreifen, z. B. Corticosteron, nicht mehr in genügender Menge gebildet werden. Weiter gehört in diesen Erscheinungskomplex die Reduktion der Cholesterolbiosynthese, die eine Anhäufung von Squalen oder anderen Verbindungen, wie die Ubichinone, zur Folge hat. Vitamin-A-Mangel hemmt auch die Synthese der Mucopolysaccharide. V. A wirkt auch bei der Synthese best. Glycoproteine sowie bei der gesunden Knochenentwicklung während des Wachstums mit.

Die Resorption des fettlöslichen V. A wird durch die Anwesenheit von Emulgatoren (z. B. Galle) stark gefördert. Ester des V. A werden vor der Resorption gespalten, aber der frei gewordene Vitamin-A-Alkohol wird während des Resorptionsprozesses in der Darmwand mit langkettigen Fettsäuren (vor allem Palmitinsäure) wieder verestert. Beim Menschen kommt es infolge Vitamin-A-Mangels zu sog. Nachtblindheit und, in schweren Fällen, vor allem zu Trübungen und Geschwürbildungen in der Hornhaut sowie zu Hauttrockenheit, Hyperkeratose und Glanzlosigkeit der Haare. Schließlich sind Anämien bekannt, die auf mangelnde Zufuhr von V. A zurückzuführen sind. Als Folgeerscheinung des Vitamin-A-Mangels können sehr oft Appetitverlust, erhöhte Anfälligkeit gegen Infektions- und Invasionskrankheiten sowie herabgesetzte Widerstandskraft gegen Belastungen aller Art beobachtet werden. Dem V. A spricht man neuerdings auch eine chemopräventive Wirkung gegen Krebs im Anfangsstadium zu. Der Vitamin-A-Bedarf des Menschen und die Vitamin-Gehalte der Lebensmittel werden neuerdings in μg all-trans-Retinoläquivalent angegeben. Damit wird der unterschiedlichen Verwertbarkeit des V. A und der Provitamine A Rechnung getragen. Das β-Caroten beispielsweise wird i. D. nur zu 1/6, die übrigen Provitamine zu 1/12 resorbiert und in Retinol umgewandelt: 1 μg Retinoläquivalent = 1 μg Retinol = 6 μg β-Caroten = 12 μg anderer Carotenoide. Die in älteren Tabellenwerken für V. A noch angegebenen I. E. werden folgendermaßen in Retinoläquivalente umgerechnet: 1 I.E. aus Retinol = 0,3 μg Retinoläquivalente 1 I. E. aus β-Caroten = 0,1 μg Retinoläquivalente. Der minimale *Tagesbedarf* des Menschen, der gerade genügt, um das Auftreten von *Mangelerscheinungen* zu verhindern, liegt bei etwa 6···9 μg. Zur Sicherung einer *optimalen Versorgung* des Menschen werden je nach Alter, körperlicher Anstrengung usw. zwischen 270 μg und 900 μg empfohlen. → Vitamine → Carotene → Terpene

Vitamin B_1, *Aneurin, antineuritisches Vitamin (veraltet) Beriberi-Schutzstoff (veraltet) Thiamin:* wasserlösliches Vitamin das einen Pyrimidin- und einen Thiazolring enthält. Formel:

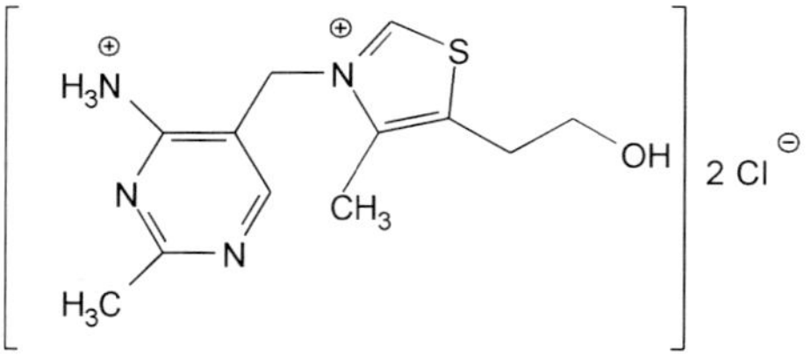

Vitamin B_1

Es kristallisiert in farblosen, nach Hefe riechenden und bitter schmeckenden Nadeln, die in Wasser leicht, in Ethanol schwerer und in organischen Lösungsmitteln und fetten Ölen unlöslich sind. F. 250°C (Zers.), Absorpt.-Max. im UV bei λ 235 nm. In neutralen und alkalischen Lösungen zersetzt sich V. B_1 unter Dunkelfärbung, bes. bei Luftzutritt, ferner ist es hitze- und lichtempfindlich. V. B_1 ist weit verbreitet, vor allem in Hefe, Getreidekörnern (Perikarp und Keimanlagen) sowie in Gemüsen, Früchten und Kartoffeln. In tierischen Lebensmitteln liegt es z. T. als *Cocarboxylase (Aneurinpyrophosphorsäureester)* bes. in Leber, Nieren und Muskulatur vor (Tab.).

Vitamin-B_1-Gehalt verschiedener Lebensmittel

Lebensmittel	Gehalt je 100 g in mg
Hefe, trocken	2,5···3,6
Getreide: Korn	0,2···0,7
Keim	0,1···3,7
Reis: Vollkorn	0,1···0,5
Korn, poliert	0,05
Häutchen	1,8···2,4
Gemüse	0,02···2,4
Früchte	0,01···0,15
Milch: Kuh	0,045
Ziege	0,1···0,3
Eigelb	0,2···0,4

Als Cocarboxylase bildet es mit einem spezifischen Eiweißkörper das Enzym *Carboxylase, das maßgeblich am normalen Ablauf des Kohlenhydratumsatzes beteiligt ist. Als Coenzym der Brenztraubensäure-Oxydase und der* α-Ketoglutarsäure-Oxydase bewirkt es die oxydative Decarboxylierung dieser Säuren. Es greift somit in den oxydativen Endabbau der Kohlenhydrate (Citronensäure-Zyklus) bzw. in den Umbau der Kohlenhydrate zu Lipiden ein (Bild).

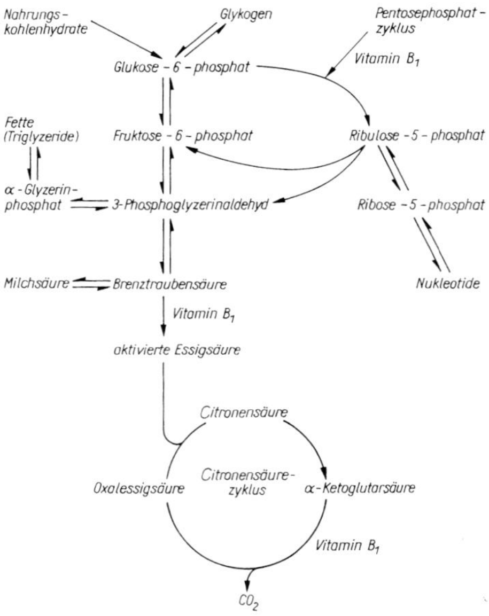

Vitamin B_1 und Kohlenhydratstoffwechsel

Wichtig ist weiterhin die Einwirkung als Coenzym der Transketolase in den Pentosephosphat-Zyklus durch Umwandlung des Pentosephosphats in Hexosephosphat. Vitamin-B_1-Mangel verursacht auf Grund einer Anreicherung von Brenztraubensäure schwere Schädigungen am Zentralnervensystem, die typisch für die Beriberi-Erkrankung (Polyneuritis) sind, sowie am Herz-Kreislauf-System (Tachykardie, Atem- und Beklemmungsgefühle) und Ödemneigung. Beriberi ist gekennzeichnet durch Muskelschwäche, Parästhesien, Lähmungen und auch psychische Veränderungen

(Vergeßlichkeit, Verwirrtheit, Depressionen). Appetitabnahme, Verdauungsstörungen (Durchfall, Darmerschlaffung, Magensäuremangel), Nervenschwäche, Müdigkeit und Störungen des emotionellen Gleichgewichts sind Symptome eines latenten Mangels an V. B_1. Die täglich wünschenswerte Zufuhr ist von der Kohlenhydratzufuhr abhängig und beträgt 1 bis 2 mg, für Kinder und Jugendliche 0,3···4 mg (altersentsprechend), bei fieberhaften Erkrankungen, Kälte und Überforderung bis 5 mg. Überdosierungserscheinungen sind nicht bekannt. → Vitamine

Vitamin B_2, *Riboflavin, Lactoflavin, 6.7-Dimethyl 9-D-1'-ribityl)-isoalloxazin, Vitamin G (veraltet):* wasserlösliches Vitamin der B-Gruppe, bestehend aus einem Iso-alloxazinring (Flavinfarbstoff Lumichrom) und einem Riboserest (s. Formel)

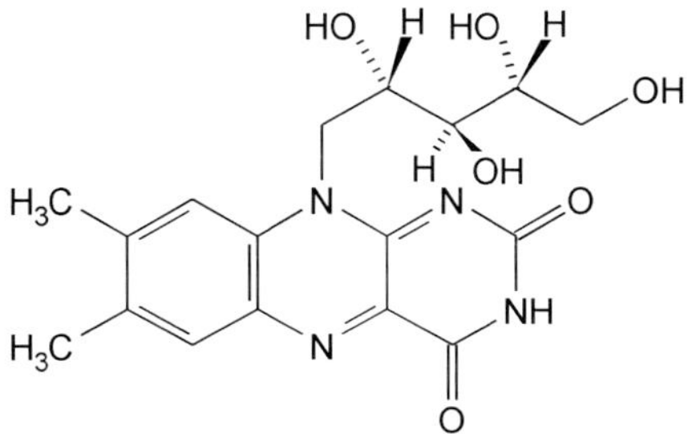

V. B_2 kristallisiert in orangegelben, verfilzenden Nadeln mit bitterem Geschmack, F. 280···290°C (Zers.), $[\alpha]_D$ −122···−126° (Riboflavin) bzw. +38···+42°C Phosphat in NaOH, leicht löslich in verdünnten Alkalien (Zers.), schwer löslich in Wasser, sehr schwer löslich in Ethanol, unlöslich in organischen Lösungsmitteln. Es ist empfindlich gegenüber Alkalien, Licht und ultravioletten Strahlen. Im UV-Bereich treten mehrere Absorpt.-Max. auf, λ 444 nm, 374 nm und 223 nm. Die wäßrige Lösung fluoresziert gelbgrün. V. B_2 kommt vergesellschaftet mit Vitamin B_1 in Hefe, Keimanlagen von Gramineen, in Gemüsen, Früchten sowie in Fisch, Fleisch und verschiedenen tierischen Organen und Erzeugnissen (Milch, Eier, Käse) vor. Als Bestandteil aller Zellen des Pflanzen- und Tierreiches liegt es vorwiegend als *Flavin-adenin-dinucleotid (FAD)* und *Flavin-mononucleotid* (Riboflavinphosphat, FMN) und nur in einzelnen Organen (z. B. Herz, Milz, Auge) sowie in der Milch als freies Lactoflavin vor. Es wirkt in Form der Phosphorsäureester als Bestandteil von wasserstoffübertragenden Enzymen (Flavinenzyme wie Cytochrom-c-reduktase, D- und L-Aminosäure-oxydase, Xanthinoxydase, insges. 40 versch.), die in der Atmungskette und damit katalytisch am Umsatz aller Grundnährstoffe wirksam werden (Bild).

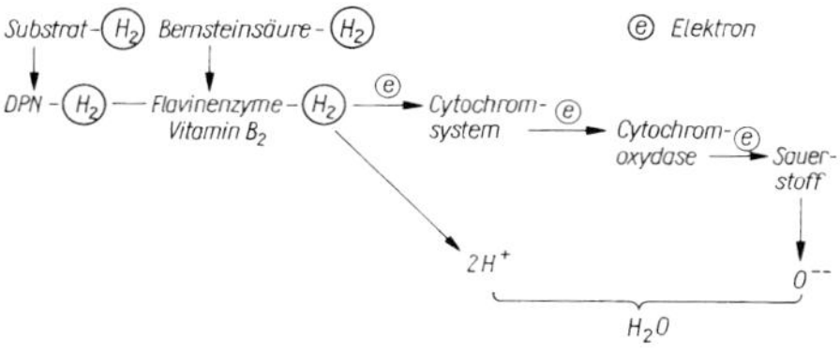

Vitamin B_2 und Atmungskette

Die Dehydrierung der Fettsäuren ist eine wichtige Zwischenstufe beim Abbau der aktivierten Fettsäuren durch β-Oxydation und Abspaltung von Essigsäure. Umgekehrt wird V. B_2 auch beim Aufbau der langkettigen Fettsäuren aus Essigsäure benötigt. Das Vorkommen des V. B_2 im Auge weist auf seine Beteiligung am Sehprozeß hin, seine spezifische Funktion hierbei ist jedoch noch nicht genau bekannt.

Vitamin-B_2-Mangel führt zu vermindertem Wachstum, zu Schädigungen an Augen, Schleimhäuten, an der Haut, zu Störungen der Embryonalentwicklung (Mißbildungen) u. a. In latenter und manifester Form ist Vitamin-B_2-Mangel mit anderen Fehlernährungssymptomen verbunden, so daß er bes. schwer erkennbar ist. Der tägliche Bedarf beträgt 1···3 mg, für Kinder und Jugendliche etwa 2,5 mg. Bei weniger als 0,6 mg je Tag treten Mangelkrankheiten auf. Der Bedarf steigt bei der Schwangerschaft, während der Stillzeit und des Wachstums, bei verschiedenen Krankheiten, wie Infektionen, erhöhter Schilddrüsentätigkeit, sowie vermehrter Flüssigkeitszufuhr. → Vitamine → Vitamin-B-Komplex

Vitamin B_3 → Vitamin-B-Komplex

Vitamin B_4 → Vitamin-B-Komplex

Vitamin B_5 → Vitamin-B-Komplex

Vitamin B_6, *Adermin, (veraltet), Hefeeluat-Faktor (veraltet) Ratten-Antidermatitis-Faktor (veraltet)* β-Hydroxy-4,5-bis(hydroxymethyl)-2-methylpyridin: Sammelbezeichnung für sechs Pyridinderivate, einschließlich der Phosphorsäurester, zur Gruppe des wasserlöslichen Vitamin-B-Komplexes gehörend (s. Formel).

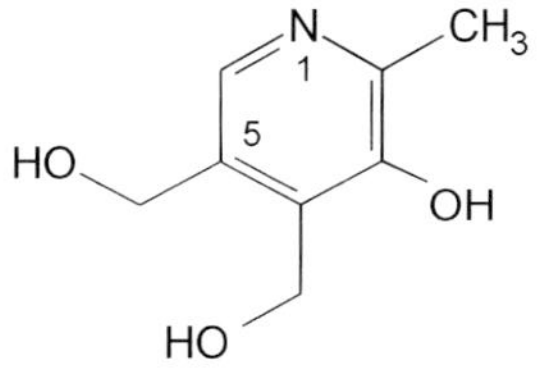

Pyridoxin

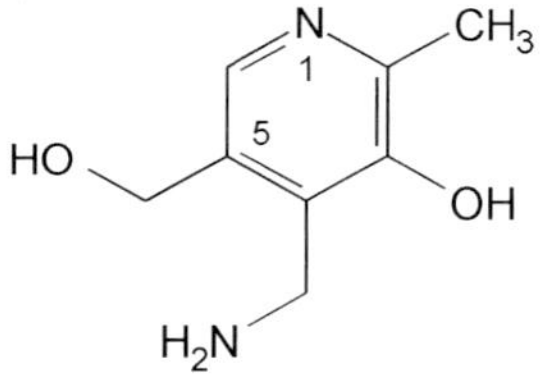

Pyridoxamin

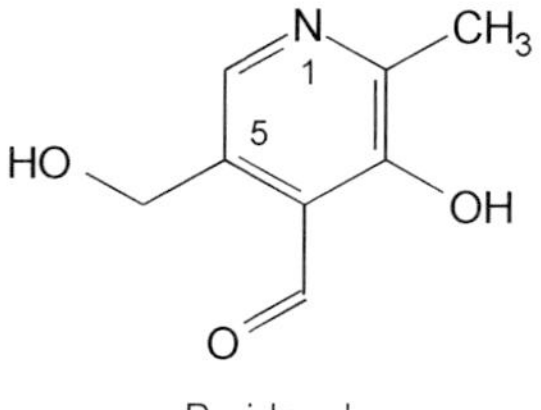

Pyridoxal

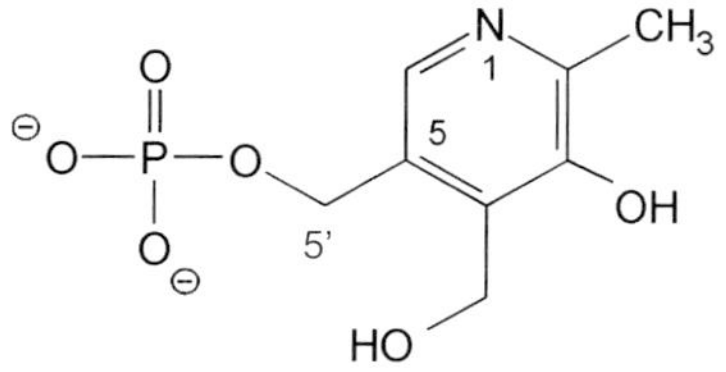

Pyridoxin-5'-Phosphat

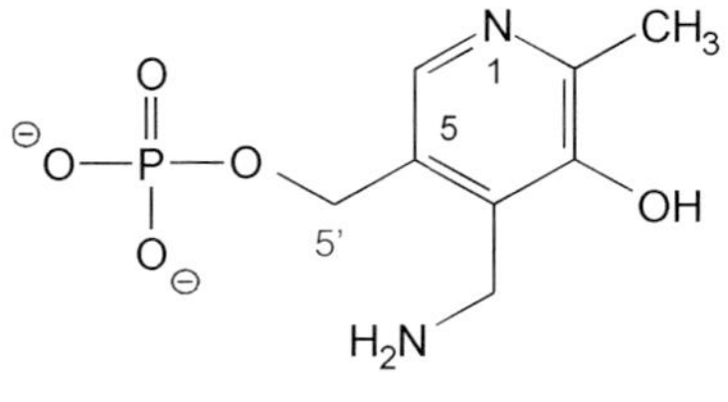

Pyridoxamin-5'-Phosphat

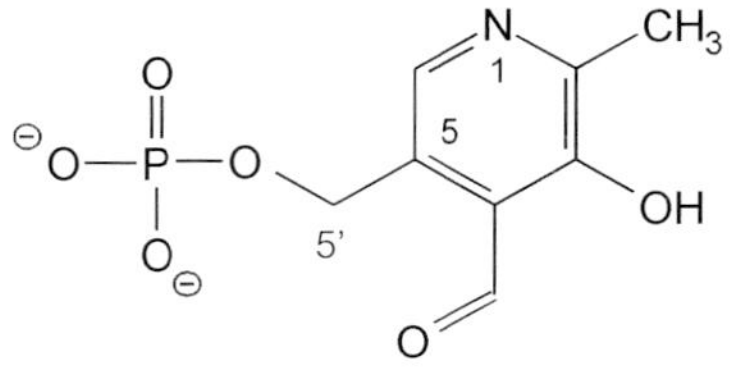

Pyridoxal-5'-Phosphat

Es bildet salzig schmeckende, farb- und geruchlose Kristalle, F. 206···208°C (Zers.). Es ist leicht löslich in Wasser, wenig löslich in Ethanol und unlöslich in organischen Lebensmitteln. Die Base ist löslich in Wasser, Ethanol und Aceton, F. 159···160°C. In alkalischen und neutralen, weniger in saueren wäßrigen Lösungen wird V. B_6 unter Lichteinwirkung zerstört. Auch höhere Temperaturen (über 100°C) beim Garen und der industriemäßigen Verarbeitung von Lebensmitteln führen zu Vitamin B_6-Verlusten. *Pyridoxaminphosphat* und *Pyridoxalphosphat* sind die Hauptformen des V. B_6 in tierischen Lebensmitteln, das Pyridoxin in Gemüse und Früchten. *Pyridoxin, Pyridoxal* und *Pyridoxamin* kommen in weiteren Bindungsformen in Lebensmitteln vor, die aber nicht alle oder nur teilweise vom menschlichen Organismus verwertet werden können, z. B. ein Cysteinpyridoxal-konjugat, das ε-Pyridoxyl-lysin (in tierischen Lebensmitteln) und eine glucosidisch gebundene Form (in Vegetabilien). Die Verwertbarkeit des V. B_6 kann auch durch Antagonisten beeinträchtigt werden, wie z. B. durch 4-Desoxy-pyridin, das um die Bindung an das Apoenzym konkurriert, oder Hydrazide, die mit Pyridoxalphosphat Hydrazone bilden und das Coenzym inaktivieren. Auf diese Weise sind Hydrazid-Arzeneimittel bes. wirksame Vitamin-B_6-Inhibitoren.

V. B_6 greift in Form des *Pyridoxal-5-Phosphats* als Coenzym verschiedener Enzyme (Transaminasen, Decarboxylasen, Desaminasen, Desulfhydrasen) in den auf- und abbauenden Eiweißstoffwechsel ein und stellt damit eine wichtige Verbindung des Aminosäurestoffwechsels mit dem Kohlenhydrat-, Fettsäure- und Energiestoffwechsel dar (Bild).

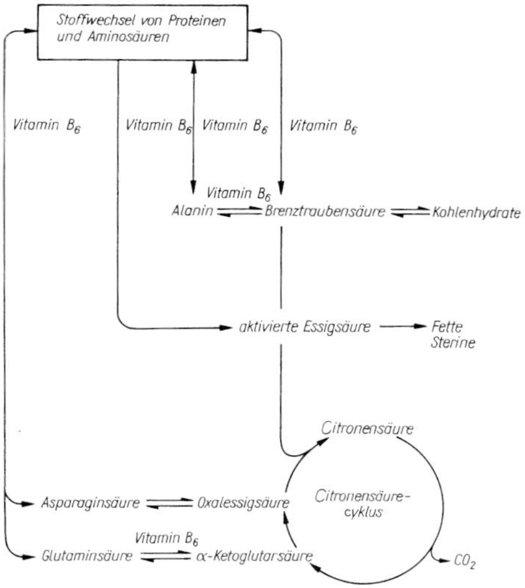

Vitamin B_6 und Aminosäurestoffwechsel

Schwerer Vitamin-B_6-Mangel äußert sich durch Auftreten von Wachstumsstörungen, Störungen der Eiweißsynthese mit Muskelatrophie, Hautveränderungen und nervösen Störungen (insbes. Sensibilitätsstörungen). Letztere befallen vor allem den heranwachsenden Organismus (epileptiforme Krämpfe beim Säugling). Bei Frauen, die über längere Zeit unter Östrogen-Therapie stehen oder Kontrazeptiva einnehmen, wird häufig ein Mangel an V. B_6 festgestellt. Hauptausscheidungsform der Vitamin-B_6-Gruppe ist die 4-Pyridoxinsäure. Prophylaktisch wirkt V. B_6 vorbeugend gegen Reisekrankheiten (Luft- und Seekrankheit). Der Tagesbedarf steigt mit der Höhe der Eiweißaufnahme und wird auf 1···2 mg für Erwachsene, 0,3···1,2 mg für Kinder (altersentsprechend) und während der Schwangerschaft auf etwa 3 mg geschätzt. → Vitamine

Vitamin B_7 → Vitamin-B-Komplex

Vitamin B_8 → Vitamin-B-Komplex

Vitamin B_9 → Vitamin-B-Komplex

Vitamin B_{10} → Vitamin-B-Komplex

Vitamin B_{11} → Vitamin-B-Komplex

Vitamin B_{12}, *Antiperniziosa-Faktor:* Sammelbezeichnung für eine Reihe von *Cobalaminen,* heute *Corrinoide,* von denen das *Cyanocobalamin* das wichtigste ist (s. Formel Seite 796 oben).
Weitere Derivate enthalten u. a. an Stelle des Cyanrestes einen Nitroso-, Hydroxyl- oder Rhodanidrest. Alle Verbindungen enthalten Cobalt in kovalenter Bindung. Cyanocobalamin (*Hämogen, Erythrotin*) kristallisiert in rubinroten, hygroskopischen Nadeln, die sich zwischen 210°C und 220°C zersetzen. Es ist löslich in Wasser und Ethanol, unlöslich in anderen organischen Lösungsmitteln, Absorpt.-Max. im UV bei λ 278 nm, 361 nm und 550 nm. Gegenüber stark sauren und alkalischen Lösungen, Licht bzw. UV-Strahlen sowie Reduktionsmitteln ist V. B_{12} wenig beständig. Längere Zeit haltbar ist es in isotonischer Kochsalzlösung. V. B_{12} wurde bisher fast nur in tierischen Geweben (Muskulatur) und Organen (Leber, Niere) sowie in Eigelb und Milch gefunden. Einige Mikroorganismen (*Streptomyces*-Arten) sind in der Lage, Vitamin B_{12} zu bilden, aus diesen wird es auch technisch gewonnen. In Wurzelgemüse ist aus Bodenbakterien aufgenommenes V. B_{12} enthalten. Als *„extrinsic factor"* wird V. B_{12} nur in Gegenwart eines Proteins, des *Aporytheins,* auch als *„intrinsic factor"* bezeichnet, resorbiert.
V. B_{12} greift in verschiedene Stoffwechselreaktionen ein. Es wird vor allem bei der Reduktion von Einkohlenstoffverbindungen der Oxydationsstufe des Formiats und Formaldehyds benötigt und ist auf diese Weise, zusammen mit der *Folsäure,* an der Biosynthese labiler Methylgruppen beteiligt. Letztere sind für die Biosynthese der Purin- und Pyrimidinbasen erforderlich, die unentbehrliche

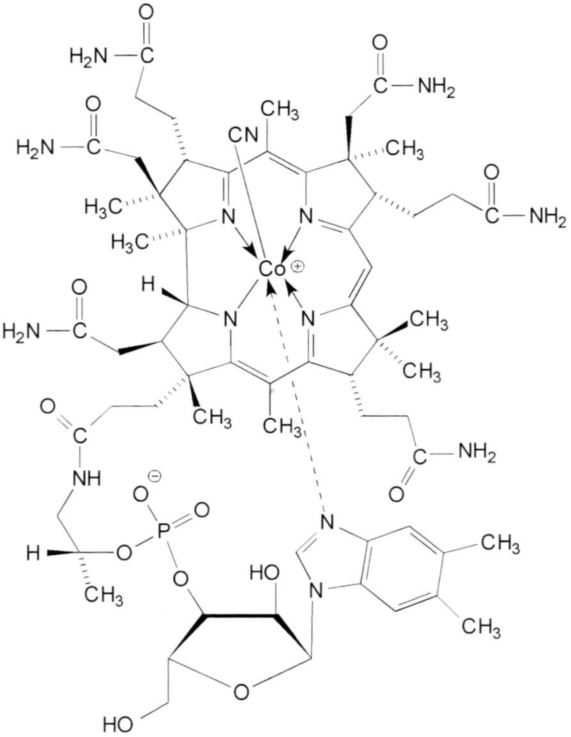

Bestandteile der Nucleinsäuren sind. Labile Methylgruppen spielen außerdem eine bedeutende Rolle in der Biosynthese des Methionins aus Homocystein und des Cholins aus Ethanolamin. Eine weitere wichtige Funktion des V. B_{12} besteht darin, Glutathion und die Sulfhydrylgruppen von Enzymen in reduziertem Zustand zu erhalten. Vitamin-B_{12}-Mangel verursacht einen Aktivitätsabfall der Methylmalonyl-Coenzym-A-Isomerase, deren Folge eine vermehrte Ausscheidung von Methylmalonsäure im Harn ist, eine Reaktion, die zur Früherkennung des Vitamin-B_{12}-Mangels benutzt werden kann. Bereits geringe Mengen V. B_{12} vermögen bei perniziöser Anämie (*Biermer*sche Krankheit, *Addinsonsche* Anämie), einer Erkrankung mit schweren Störungen der Blutbildung und fehlender Magensekretion, Heilung herbeizuführen.

Mangelzustände an V. B_{12} können bedingt sein durch Endoparasitenbefall (z.B. Fischbandwurm), chronische Magen-Darm-Erkrankungen, Einnahme von Medikamenten (z.B. best. Antikonvulsiva oder orale Antidiabetika) und bei chronischer Unterversorgung (Meidung tierischer Lebensmittel bei streng vegetarischer Ernährung). V. B_{12} wird von der Darmflora des Menschen gebildet (bis zu 50 μg). Seine wünschenswerte Zufuhr wird auf etwa 3···5 μg pro Tag für Erwachsene, 0,3···2 μg für Kinder (altersabhängig) geschätzt; Schwangere und Stillende benötigen zusätzlich 1,5···2,5 μg täglich. → Vitamin-B-Komplex → Vitamine

Vitamin B_{13} → Vitamin-B-Komplex → Orotsäure

Vitamin B_{14} → Vitamin-B-Komplex

Vitamin B_{15} → Pangaminsäure

Vitamin B_C (veraltet) → Folsäure

Vitamin B_T (veraltet) → Carnitin

Vitamin-B-Komplex: Gruppe von wasserlöslichen Vitaminen, die i. allg. vergesellschaftet vorkommen und als Bestandteile von Enzymen in den Stoffwechsel regulierend eingreifen. Die bekanntesten und wichtigsten Vertreter sind die Vitamine B_1, B_2, Niacin, Pantothensäure, Vitamin B_6, Biotin, p-Aminobenzoesäure, Cholin, Inosit, Folsäure und Vitamin B_{12}.

Historischer Nomenklatur-Überblick bei Vitaminen der B-Gruppe:

Vitamin B_3	Hefefaktor – später als Pantothensäure identifiziert
Vitamin B_4	Wachstumsfaktor für einige Tiere, in Hefe enthalten – mögliche Identität mit Adenin nicht ganz geklärt
Vitamin B_5	Wachstumsfaktor für bestimmte Tiere – wahrscheinlich identisch mit Niacin bzw. Vitamin B_6
Vitamin B_7	Soll in Reiskleie vorkommen, Existenz nicht gesichert – Auch als Vitamin I bezeichnet, doch offensichtlich ein Gemisch, das Biotin enthält
Vitamin B_8	Frühere Bezeichnung für Adeninmonophosphat
Vitamin B_9	Identisch mit der Folsäure-Gruppe (selten verwendet worden)
Vitamin B_{10}, B_{11}	In Leberextrakten –identisch mit der Folsäure-Gruppe (Vitamin-Gemisch)
Vitamin B_{14}	Aus Harn isoliert; wurde ursprünglich den Folsäuren nahegestellt bzw. als Stoffwechselprodukt des Xanthopterins angesehen. Wird günstiger Einfluß auf die Zellvermehrung und Blutbildung, das Wachstum der Reticuloxyten nachgesagt, hemmt angeblich das Wachstum von Krebszellen in vitro

Vitamin C, L-*Ascorbinsäure:* Enol-Lacton der 2-Keto-L-Gulonsäure, (s. Struktur Seite 798 oben). V. C. ist in allen lebenden Geweben, bevorzugt in frischen Früchten, Gemüsen, grünen Pflanzen, Kartoffeln, Milch und Leber enthalten. Es ist eine sauer schmeckende, farblose Substanz, löslich in Wasser, weniger löslich in Ethanol und unlöslich in den meisten anderen organischen Lösungsmitteln und fetten Ölen, F. 192°C, $[\alpha]_D^{20}$ +22° (in H_2O). Die erste Oxydationsstufe des V. C, die L-Dehydroascorbinsäure, sowie die 2-Keto-L-Gulonsäure sind ebenfalls biologisch aktiv. Zwischen der Ascorbinsäure und der Dehydroascorbinsäure besteht in den Geweben ein Redox-Gleichgewicht. V. C ist empfindlich gegenüber Licht und Luftsauerstoff sowie Oxydationsmitteln, Oxydasen und einigen metallischen Katalysatoren (Eisen, Kupfer). Es bildet z. B. das reversible Redoxsystem

Ascorbinsäure $\underset{+2H}{\overset{-2H}{\rightleftharpoons}}$ Dehydroascorbinsäure aus, das bei der Wasserstoffübertragung in der Zelle mitwirkt.

Auf diese Weise ist es auch an der Hydroxylierung von Steroidhormonen und von aromatischen Aminosäuren beteiligt. V. C hat eine stark antioxydative Wirkung und spielt beim Elektronenaustausch in der Zelle eine Rolle. Gemeinsam mit Vitamin E. hält es das Redoxpotential der Gewebe auf einem niedrigeren Niveau. Es reduziert best. Metalle und ermöglicht damit den Transport molekularen Sauerstoffs zu best. Enzymsystemen, z. B. bei der Kollagensynthese. Das Redoxenzymsystem

Cozymase $\rightleftharpoons$ Dihydrocozymase

bewirkt u. a. die Umwandlung von Milchsäure in Brenztraubensäure im Kohlenhydratstoffwechsel und ist bei der alkoholischen Gärung beteiligt.

Allg. kann V. C als universeller Aktivator des Zellstoffwechsels gelten, wobei es gleichzeitig eine stimulierende Wirkung auf die Abwehrfunktionen des Körpers (phagozytäre Aktivität der Leukocyten, Bildung von Antikörpern, reticuloendotheliales System) ausübt. V. C ist für die Bildung der interzellulären Fibrillarsubstanz der Stützgewebe (Bindegewebe, Knochen, Knorpel, Dentin) und für die Aufrechterhaltung der normalen Funktionen dieser Gewebe unentbehrlich. Das V. C spielt auch

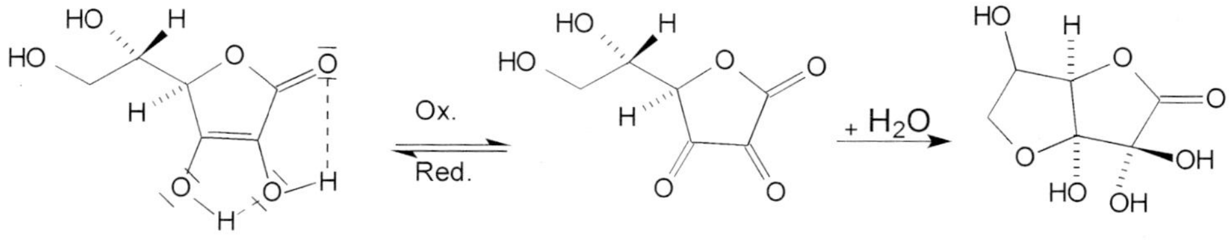

L-Ascorbinsäure — Dehydroascorbinsäure — hydratisiertes Hemiketal der Dehydroascorbinsäure

eine wesentliche Rolle bei der Übertragung von Eisenionen aus dem Plasmaprotein Transferrin in das Organoprotein Ferritin, das der Speicherung von Eisen in Knochenmark, Milz und Leber dient. Es fördert die Eisenverwertung der Nahrung. Weitere Stoffwechselfunktionen des Redoxsystems Ascorbinsäure ⇌ Dehydroascorbinsäure bei Hydroxylierungsreaktionen sind: Mitwirkung bei der Bildung von Noradrenalin aus *Dopamin* (Synthese der Katecholamine), der Synthese des Serotonins, der Bildung von *Tetrahydrofolsäure* aus → *Folsäure,* der Steroidhormone der Nebennierenrinde, der Synthese zyklischer Aminosäuren, Vorgängen im Cholesterol-Stoffwechsel (u. a. bei der Gallensäurebildung) und Entgiftungsvorgängen in den Mikrosomen. Auch bei Sauerstoff-methylierungsprozessen ist V. C maßgeblich beteiligt, was sich u. a. in folgenden Wirkungen zeigt: Erhöhung der natürlichen Widerstandskraft gegenüber Infektionskrankheiten, Stimulierung der Blutbildungszentren, Mitwirkung der Erhaltung und Bildung von Geweben.

Während der Mensch, die Menschenaffen und das Meerschweinchen auf die Zufuhr von V. C mit der Nahrung angewiesen sind, können die meisten Tierarten V. C selber aus D-Glucose oder D-Galactose synthetisieren. Die typische Vitamin-C-Mangelerkrankung (Avitaminose) ist der *Skorbut* mit multiplen Blutungen in Zahnfleisch, Haut, Muskulatur und in den Gelenken. Häufiger treten Hypovitaminosen mit Auswirkungen auf das allg. Wohlbefinden (Frühjahrsmüdigkeit, erhöhte Krankheitsanfälligkeit, rasche Ermüdung usw.) auf. Die Skorbutschutzgrenze liegt bei 15 mg/Tag. Der Tagesbedarf für Erwachsene beträgt 60···75 mg (→ s. Tabelle im Anhang). Der Bedarf ist erhöht bei starker körperlicher Arbeit, während der Schwangerschaft und Stillzeit (100···150 mg), bei fiebrigen Erkrankungen, erhöhter Schilddrüsentätigkeit, Zuckerkrankheit, nach Operationen sowie bei großer Flüssigkeitszufuhr. Der Vitamin-C-Spiegel des Blutes liegt zwischen 0,55 mg-% und 0,8 mg-% und sollte nicht unter 0,4 mg-% sinken. Durch Vitamin-C-Aufnahme wird der Gehalt schnell normalisiert. Überschüssige Mengen werden teils verstoffwechselt, teils unverändert mit dem Harn ausgeschieden.

Die Darstellung des V. C erfolgt synthetisch mit D-Glucose bzw. D-Glucitol als Ausgangsprodukt. V. C wird im Tierkörper über *Dehydroascorbinsäure, 2,3-Diketogulonsäure, L-Lyxonsäure* zu *L-Xylonsäure* oxydativ abgebaut. Auf einem weiteren Abbauweg entsteht Oxalsäure als Stoffwechselendprodukt. In Kohlarten entsteht bei der Verarbeitung eine an Indolylessigsäure gebundene Form, das *Ascorbigen (C-2-Scatyl-L-ascorbinsäure),* das keine Vitaminwirkung aufweist (s. Formel).

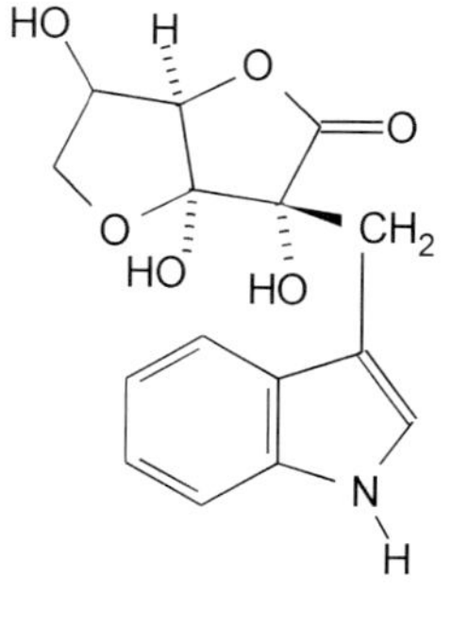

Ascorbigen

Der Verlust an V. C kann bei der industriellen und küchenmäßigen Verarbeitung von Gemüse, Obst und Kartoffeln sehr groß sein. Bes. nachteilig wirken sich Wässern, Zerkleinern, zu hohe und zu lange Hitzebehandlung, Luftzutritt, Warmhalten aus (Bilder).

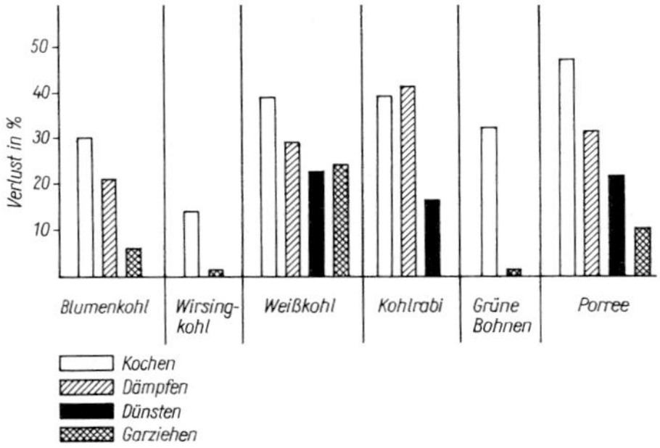

Vitamin C-Verluste beim Garen verschiedener Gemüse

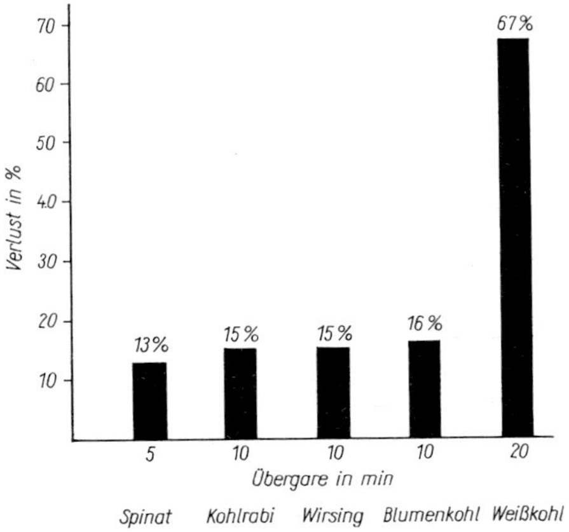

Prozentuale Mehrverluste an Vitamin C beim Übergaren verschiedener Gemüse

Ein Verlust an V. C ist meist eng korreliert mit einer sensorisch wahrnehmbaren Qualitätsverschlechterung. Deshalb dient der Vitamin-C-Gehalt oft auch als Kriterium für eine qualitätserhaltende, schonende Verarbeitung von Lebensmitteln. V. C wird als Lebensmittelzusatzstoff, z. B. für Backhilfsmittel und zum Ausgleich für bei der Verarbeitung von Obst und Gemüse entstandene Verluste, verwendet. Hilfsmittel (Ascorbylpalmitat und Ascorbylstearat, die auch vitaminwirksam sind, finden wegen ihrer antioxydativen Eigenschaft in der Lebensmittelproduktion Verwendung. → Antioxydantien → Ascorbinsäureoxydase → Vitamine

Vitamin D, *Calciferol, Kalziferol:* Gruppe der *antirachitisch wirkenden Vitamine* mit Steroidstruktur. Als V. D werden die 2 Isomeren, das *V. D_2 (Ergocalciferol,* Bestrahlungsprodukt des *Ergosterols)* und das *V. D_3* [*Cholecalciferol,* Bestrahlungsprodukt des 7-*Dehydrocholesterols*] bezeichnet.

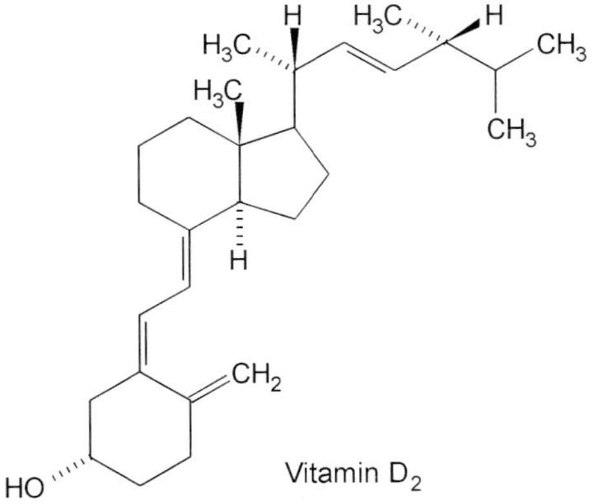

Vitamin D_2

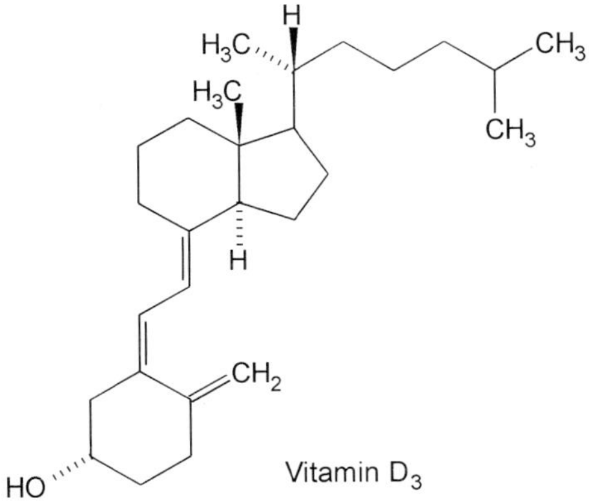

Vitamin D_3

V. D_2 kristallisiert in farb- und geschmacklosen Nadeln, die unlöslich in Wasser, löslich in Ether, Aceton, Ethanol, Chloroform und Dioxan sind, F. 113···118°C,$[\alpha]_D$ +102···107° (in Ethanol). V. D_3 bildet farb- und geruchslose Nadeln, die in fetten Ölen und anderen organischen Lösungsmitteln löslich sind, F. 82···88°C, $[\alpha]_D$ +105···112° (in Ethanol), Absorpt.-Max. (D_2, D_3) λ 265 nm. V. D_2 und V. D_3 werden durch Licht, Sauerstoff und Säuren relativ rasch zerstört. Natürlich kommt V. D_3 vor allem in Leberölen von Meeresfischen, das Provitamin D_2 in Pilzen, Hefen, das Provitamin D_3 bes. in der Schwarte des Schweines vor. V. D_2 wird aus dem Provitamin *(Ergosterol)* durch Einwirkung von UV-Strahlen gebildet und hat annäherend die gleiche Vitaminwirksamkeit wie V. D_3 (s. Übers.)

Provitamine und Vitamine D:

Ergosterol	Vitamin D_2
7-Dehydrocholesterol	Vitamin D_3
22,23-Dihydroergosterol	Vitamin D_4
7-Dehydrositosterol	Vitamin D_5
7-Dehydrostigmasterol	Vitamin D_6
7-Dehydrocampesterol	Vitamin D_7

1 Internationale Einheit (I. E.) V. D ist einer Menge von 0,025 µg äquivalent. Das V. D_1, eine Molekülverbindung zwischen *Lumisterol* und *V. D_2*, sowie das V. D_4, das Bestrahlungsprodukt des *22-Dihydroergosterols,* haben keine biologische Wirkung. Die Einführung zusätzlicher Hydroxylgruppen in C_{25}- bzw. C_1-Position des Vitamins D erhöht die Vitaminwirksamkeit beträchtlich, z. B. ist das 1,25-Dihydroxyvitamin D_3 4- bis 13mal so wirksam wie Vitamin D_3 selbst. V. D steuert den Calcium- und Phosphatstoffwechsel im Blut sowie die Verkalkung der Knochen. Allg. fördert es das Wachstum von Säugetieren. Außerdem beeinflußt es die Phosphatausscheidung durch die Nieren durch eine Verbesserung der Rückresorption des Phosphats in den Nierentubuli. In der Haut werden die aufgenommenen Provitamine durch UV-Bestrahlung oder Sonne in die wirksame Form übergeführt. Vitamin-D-Mangel ist bei Kindern die Ursache für die Rachitis (Englische Krankheit), bei Erwachsenen für die Osteomalazie, eine Form der Entkalkung der Knochen. Da V. D in einigen Organen (Gehirn, Nebennieren, Thymus, Leber, Haut) in erheblichen Mengen gespeichert werden kann, kommt es bei Überdosierung zu Hypervitaminose, die in einer Störung des Calcium- und Phosphatstoffwechsels und einer damit verbundenen Entkalkung der Knochen und Kalkablagerung in den verschiedenartigsten Organen besteht.
Der Tagesbedarf beträgt in der Wachstumsperiode 10···12,5 µg, während der Schwangerschaft bzw. Stillperiode 12,5···25 µg. Gewonnen wird Vitamin D aus Leberölen von Meeresfischen bzw. durch UV-Bestrahlung von Ergosterol. Verwendung findet es vor allem zur Vorbeugung rachitischer Erkrankungen bei Kindern. → Vitamine → Provitamin D.

Vitamin E, *Tocopherole, Tocotrienol, Tocochromanole, Antisterillitätsvitamin (veraltet) 2.5.7.8-Tetramethyl-2-(4'.8'.12'-trimethyldecyl)-6-chromanol:* zur Gruppe der fettlöslichen Vitamine gehörender Vitaminkomplex, Derivate des Tocols, dessen wichtigster Vertreter das *dl*-α-Tocopherol (5.7.8-Trimethyltocol) ist (Formel s. unten).

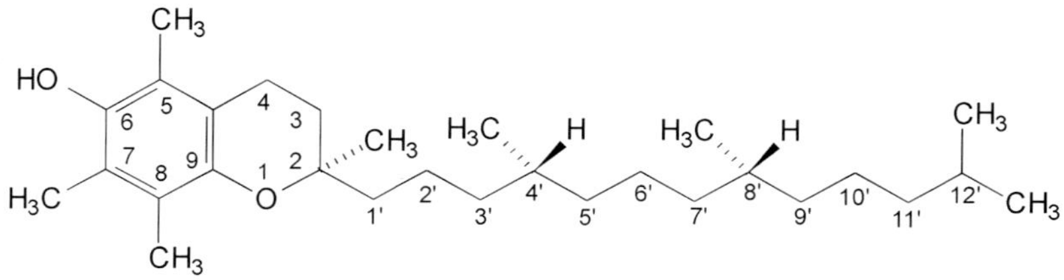

Weitere sich nur durch die Stellung und Anzahl der ringständigen Methylgruppen unterscheidende Derivate sind β-, γ-, δ-, ε-, ζ- und η Tocopherol (s. Übers.)

Bedeutende, natürlich vorkommende Tocochromanole (nach Höhne)

Tocopherole	Tocotrienole	Substitutionsgrad
α-Tocopherol	α-Tocotrienol	5,7,8-Trimethyl-
β-Tocopherol	β-Tocotrienol	5,8-Dimethyl-
γ-Tocopherol	γ-Tocotrienol	7,8-Dimethyl-
δ-Tocopherol	δ-Tocotrienol	8-Methyl-

α-Tocopherol ist ein blaßgelbes Öl, F. 2,5···3,5 °C, $Kp._{0,1Pa}$ 157°C, Absorpt.-Max. im UV λ 292 nm, d_4 0,95, n_D 1,506, das in fetten Ölen und den meisten organischen Lösungsmitteln gut und in Wasser nicht löslich ist. Es ist gegenüber Alkalien und starken Säuren, Luftsauerstoff und UV-Licht empfindlich, durch Überführung in das Acetat kann es gegen Einwirkung von Sauerstoff geschützt werden. V. E kommt in den Keimanlagen der Körnerfrüchte und deren Ölen (Weizenkeimöl u.a.), in den meisten Ölsaaten, Palmöl, Erdnüssen, Kakaobutter, Fleisch, in den Lipiden von Organen, Eigelb, Milch, Butter sowie Blattgemüsen (Salat, Spinat, Kohl, Lauch) vor (s. Tab.).

Vitamin-E-Gehalte und Isomerenverteilung in einigen Fetten

Fett	Gesamt-Tocopherol ppm	Isomerenverteilung α-T. (%)	γ-T. (%)	δ-T. (%)
Schweineschmalz	79	100	-	-
Olivenöl	176	100	-	-
Erdnußöl	233	83	17	-
Sojaöl	514	14	67	19

Erscheinungen des Vit.-E-Mangels und der Vit.-E-Wirkungen machen es z. Z. unmöglich, eine einheitliche Theorie zur biologischen Wirkungsweise dieses Vitamins aufzustellen. Die lange Zeit angenommene Wirkung als Antioxydans mit der Verhinderung der Lipoperoxydbildung gilt nach neueren Untersuchungen nur für In-vitro-Prozesse. Es gibt jedoch Hinweise, daß dem V. E im Depotfett

Biologische Wirksamkeit der Tocopherole

1 d-α-Tocopheroläquivalent = 1,49 I.E. =
1,00 mg d-α-Tocopherol
0,91 mg d-α-Tocopherylacetat
0,74 mg dl-α-Tocopherol
0,67 mg dl-α-Tocopherylacetat
0,50 mg dl-β-Tocopherol
0,25 mg dl-γ-Tocopherol
0,01 mg dl-δ-Tocopherol

des Organismus die Funktion eines Antioxydans zukommt. Von Bedeutung scheint es für den Nucleinsäure- und Protein- bzw. Aminosäurestoffwechsel zu sein. Die Beeinflussung von verschiedenen Enzymsystemen durch das V. E konnte nachgewiesen werden. Auf die Hämsynthese wirkt es positiv ein. Da eine Anhäufung freier Fettsäuren in den Membranen als pathologischer Schlüsselfaktor für die Schädigung von Herz- oder Skelettmuskelzellen unter Bedingungen wie Ischämie, Streß oder Hypoxie (Sauerstoffmangel im Gewebe) angesehen wird, kann man die Komplexbildung der Tocopherole mit Fettsäuren als natürlichen Schutzmechanismus betrachten. V. E ist potentionell in der Lage, versch. degenerative Erscheinungen zu verhindern. Die Rolle des V. E bei der Erhaltung der Membranstabilität der Zellen ist komplexer Natur und scheint nur auf die Phytolseitenkette beschränkt zu sein. Für die Beeinflussung der Membranpermeabilität durch Vit.-A-Hypervitaminose bzw. den Vit.-D- und -E-Mangel wird eine gemeinsame Wirkungsweise auf die Sulfatierung der Mucopolysaccharide der Membranen angenommen. Beeinflussungen hormoneller Funktion der Fortpflanzungsorgane durch V. E konnten nicht bestätigt werden. Auf das *Ubichinon (Coenzym Q)* scheint es eine Schutzwirkung auszuüben, eine Einwirkung auf dessen Biosynthese wird nicht angenommen. Der Bedarf an V. E wird durch zahlreiche Faktoren, z. B. Aufnahme an ungesättigten Fettsäuren, Qualität der Nahrungsproteine, Funktionszustand innersekretorischer Drüsen, Gesundheitszustand, beeinflußt und wird mit 10···30 mg je Tag angegeben. Als Grundbedarf wurde eine Tagesmenge von 5,9 mg D-α-Tocopherol berechnet. → Vitamine → Antioxydantien

Vitamine: lebensnotwendige organische Verbindungen, die in kleinsten Mengen der Aufrechterhaltung des Stoffwechsels dienen und vom tierischen und/oder menschlichen Organismus nicht synthetisiert werden können. Nicht alle bekannten V. sind für den Menschen und für jede Tierart gleichermaßen essentiell. So ist z. B. das V. C für den Menschen, für Affe, Reh und Meerschweinchen, nicht jedoch für andere Versuchs- und Haustiere essentiell. Für den Menschen sind die folgenden V. essentiel: A, B_1, B_2, Niacin, B_6, C, D, E, Biotin, K, Pantothensäure, Folsäure. Unklar ist der Vitamincharakter für den Menschen noch bei der Pangaminsäure und dem Vitamin U.

Der Begriff V. wurde von dem polnischen Chemiker *Funk* 1912 für den von ihm aus Reiskleie isolierten *Antiberiberifaktor,* einem basischen Amin (→ *Vitamin B_1), geprägt (lat. vita;* Leben); er wurde später auch auf andere essentielle Nahrungsbestandteile ausgedehnt, obwohl sie, wie sich später herausstellte, nicht zu den Aminen gehören. V. müssen dem Organismus zugeführt werden und sind i. allg. nicht durch andere Stoffe ersetzbar. Manche V. können vom Organismus aus unwirksamen Vorstufen, den → *Provitaminen,* aufgebaut werden. Das Fehlen von V. in der Nahrung führt zu Erkrankungen (Avitaminosen), eine Unterversorgung zu Mangelerscheinungen (Hypovitaminosen). V. sind z. T. Bestandteil von Enzymen, können aber auch unmittelbar bestimmte Organfunktionen ausüben (V. A, V. E) bzw. Krankheiten verhüten (V. C, V. D). Hypovitaminosen und Avitaminosen können verschiedene Ursachen haben:

a) ungenügende Zufuhr an V. mit der Kost durch Einschränkung der Nahrungsaufnahme,
Vernachlässigung bestimmter Vitaminträger in der Kost,
einen gesteigerten Vitaminbedarf, dem nicht Rechnung getragen wurde (z. B. Schwangerschaft, Stillzeit, ungewöhnliche körperliche Leistungen, gewisse Erkrankungen),
Zerstörungen oder Inaktivierung beim Vor- und Zubereiten der Speisen.

b) Verminderung der Ausnutzung und Verwertung der V. durch Mangel an Aufnahmefähigkeit durch schlechtes Kauen oder ungenügenden Aufschluß durch die Zubereitung (z. B. schlechte Carotenausnutzung bei Rohkost bzw. durch Funktionsstörungen im Magen-Darm-Kanal).
Zerstörung oder Inaktivierung im Verdauungskanal ggf. durch Darmbakterien oder → *Antivitamine,* gestörte Verwertung durch Erkrankung innerer Organe, insbes. Leber.

Die V. teilt man nach ihrer Löslichkeit in zwei Gruppen, die wasserlöslichen (B-Komplex, C) und die fettlöslichen V. (A, D, E, K) ein. Die beiden Gruppen werden im Körper unterschiedlich gut gespeichert. Die wasserlöslichen praktisch gar nicht, die fettlöslichen ausgezeichnet. Bei den V. A und D kann es bei Überangebot zu einer *Hypervitaminose* kommen. Bei erhöhter Vitamin-C-Aufnahme kommt es zu einem verstärkten Abbau dieses Vitamins, der sich einspielt. Wenn dann plötzlich weniger V. C angeboten wird, kommt es zu einer *Hypovitaminose.*

Der Vitamingehalt der einzelnen Lebensmittel ist sehr unterschiedlich (Tab.).

Vitamingehalt einiger Lebensmittel

Lebensmittel	Gehalt je 100 g eßbaren rohen Anteils				
	A[1] in µg	B_1 in mg	B_2 in mg	C in mg	D in mg
Rindfleisch, mager	0	0,08	0,18	0	0
Schweineleber	3540	0,31	3,17	23	0,5···5
Mettwurst	0	0,20	0,15	0	0
Hering	40	0,055	0,24	0,5	19,2
Hühnerei	300	0,10	0,31	0	5,0
Trinkvollmilch (3 % Fett)	27	0,036	0,18	1,47	0,07
Butter	760	0	0	0	0,2···4
Kartoffeln	4	0,09	0,043	14	0
Blumenkohl	6	0,11	0,10	70	0
Kopfsalat	160	0,057	0,058	33	0
Äpfel	10	0,027	0,03	12	0
Erdbeeren	9	0,028	0,074	59	0
Rübenzucker	0	0	0	0	0

[1] Retinoläquivalente

Eine gute Kenntnis des Vitamingehaltes ist Voraussetzung für die richtige Auswahl und Zusammensetzung der Nahrung. Bei der Lebensmittelverarbeitung und Speisezubereitung können einige der V. auf Grund bestimmter Eigenschaften und ihres Verhaltens (Tab.) sehr leicht in Verlust geraten.

Verhalten der wichtigsten Vitamine

Vitamin	Hitze-empfindlichkeit	Licht-empfindlichkeit	Luftsauer-stoffempfindlichkeit
Fettlösliche Vitamine			
A und Provitamin A	x	xx	xx
D und Provitamin D	x	x	xx
E	–	x	xx
Wasserlösliche Vitamine			
B_1	xx	x	x
B_2	x	xx	–
Niacin	–	–	–
B_6	–	xx	x
B_{12}	x	xx	x
C	xx	x	xx

x: empfindlich xx: sehr empfindlich
–: nicht beeinflußbar

Um unvermeidlich bei der Verarbeitung auftretende Vitaminverluste auszugleichen, werden in manchen Ländern verschiedene Lebensmittel mit bestimmten, synthetisch gewonnenen V. oder natürlichen Vitaminkonzentraten angereichert (vitaminiert). Bes. bevorzugte Lebensmittel für eine *Vitaminierung* sind Mehl bzw. Brot, Kochsalz, Milch, Fruchtsäfte, Gemüse- und Obstvollkonserven, Säuglingsnahrung. Vitamine werden oft auch als technische Hilfsstoffe eingesetzt, z. B. das V. C zur Verhinderung der enzymatischen Bräunung in Obstkonserven oder zur Verbesserung der Teigführung. → Nährstoffdichte → Nährstoffempfehlungen

Vitamin F (veraltet) → Fettsäuren

Vitamin G: veraltete Bez. für → Vitamin B_2

Vitamin H → Biotin

Vitamin H': veraltete Bez. für 4-Aminobenzoesäure → p-Aminobenzoesäure

Vitaminhefe → Nährhefe

Vitamin I → Vitamin-B-Komplex

Vitaminierung → Vitamine

Vitamin K, *Phyllochinon, Koagulations- oder antihämorrhagisches Vitamin, 2-Methyl-3-phythyl-1,4-naphthochinon und 3-Phytyl-menadion (V. K_1), 2-Methyl-3-squalenyl-1,4-naphthochinon, 3-Phytylmenachion oder Menachinon, Farnochinon (V. K_2), Menadion* oder *2-Methyl-1,4-naphthochinon (V. K_3), Menadiol oder Hydrochinon (V. K_4):* Gruppe fettlöslicher Vitamine, die sich vom 1.4-Naphthochinon ableiten.

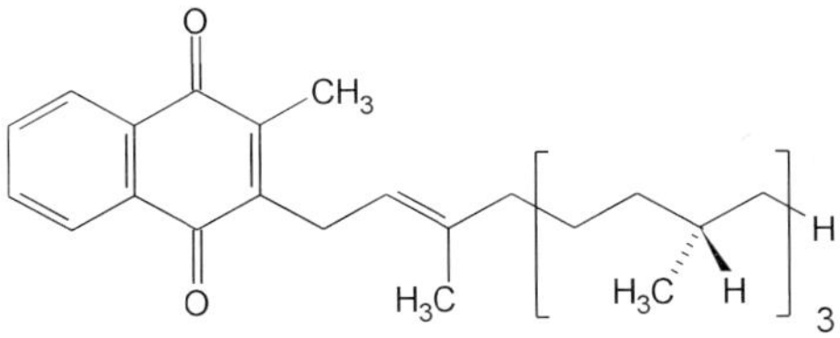

Vitamin K_1
(Phytomenadion)

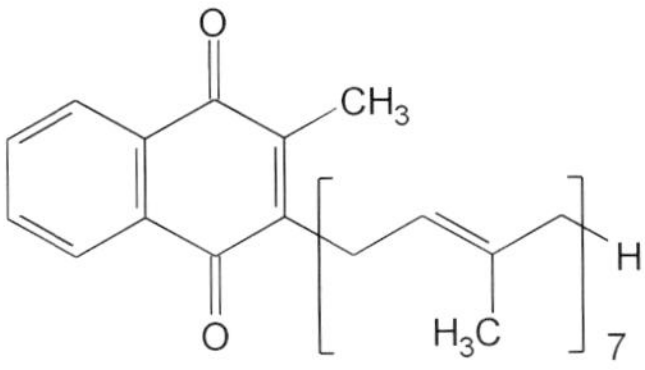

Vitamin K_2
(Farnochinon)

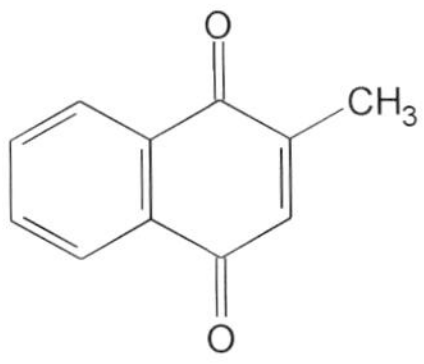

Vitamin K_3
(Menadion)

V. K_1 ist ein viskoses, gelbes Öl, F. etwa -20°C, Absorpt.-Max. im UV λ 328 nm, 270 nm, 261 nm und 248 nm, $[\alpha]_D$ -0,4° (in Benzen). Es ist löslich in fetten Ölen und in den meisten organischen Lösungsmitteln, wenig löslich in Alkoholen und unlöslich in Wasser. Es ist unbeständig gegenüber Licht, Oxydationsmitteln, Alkalien und starken Säuren. V. K_2 bildet gelbe Kristalle, F. 54°C, die in ihren Eigenschaften weitgehend dem V. K_1 entsprechen. *2-Methyl-1,4-naphthochinon (Menadion)* bildet tiefgelbe Kristalle, F. 105···107°C, ist unlöslich in Wasser, wenig löslich in Chloroform und gut löslich in Ethanol, Benzen und Pflanzenölen. Wasserlöslich ist die Natriumbisulfit-Verbindung des V. K_2, die weiße, unter Lichteinfluß sich dunkel verfärbende Kristalle bildet. Reduzierende Substanzen und Alkalien zerstören die V.-K-Wirkung. Alle Vitamin-K-wirksamen Substanzen sind für die Bildung des für die normale Blutgerinnung notwendigen *Prothrombins* (Faktor II) sowie der Gerinnungsfaktoren VII, IX und *X* erforderlich (Bild unten).

Das V. K hat auch Funktionen bei der Photosynthese der Pflanzen und beim Elektronentransport in der Atmungskette. Durch die Eigensynthese von Vitamin K in der Darmflora treten Mangelerscheinungen in Form von Blutungen im Unterhautzellgewebe, der Muskulatur usw. sehr selten auf. Der Tagesbedarf der Erwachsenen wird auf etwa 4 mg geschätzt. Als Antagonisten zum V. K wirken verschiedene Cumarinderivate. Für pharmazeutische Zwecke wird das synthetisch leichter zugängliche und wasserlösliche *Menadion-Natriumhydrogensulfit* verwendet. → Dicumarol → Vitamine

Vitamin M (veraltet) → Folsäure

Vitamin P → Flavonoide

Vitamin PP: Synonym für → Niazin

Vitamin Q → Ubichinone

Vitaminrose eine durch Selektion und Kreuzung verschiedener Fruchtrosenarten entstandene → Hagebuttenart mit hohem Vitamin-C-Gehalt. Bekannte Vitaminrosensorten sind z. B. die deutsche *'PiRo3'* (aus Kreuzung von Rósa dumális mit Rósa pendulína L.), die russ. *'Vitaminyij'*, die tschech. *'Karpatina'* und die bulgar. *'Sylwana'*. Bezüglich Form und Farbe der Früchte (Scheinfrüchte, → Sammelfrüchte) gibt es zw. den Sorten erhebliche Unterschiede. Die V. reifen in Deutschland am besten an sonnigen Standorten. Nur vollreife Früchte erreichen einen hohen Vitamin-C-Gehalt.

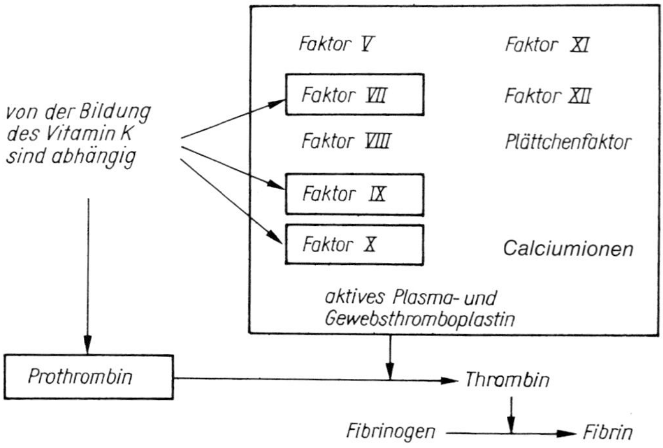

Vitamine und Blutgerinnung

Für den Selbstversorgeranbau ist bes. die Verwendung von der fast stachellosen *Rósa dumetórum* Thuill., einschließlich der Sorte *'PiRo3'* empfehlenswert. Der bis 2 m hoch werdende Strauch blüht im Juni an den überhängenden Trieben. Die zapfenförmigen, ziegelroten, bis 3 cm langen Früchte reifen Ende September zur gleichen Zeit also nicht folgernd. Der Ertrag je Strauch beläuft sich jährl. auf 7···10 kg. Von Bedeutung ist ferner die bis 2 m hoch werdende *Apfelrose R. villósa* L. mit dekorativen rosafarbenen Blüten und 2,5 cm breiten, dunkelroten Früchten, deren Fleisch im frischen Zustand angenehm säuerlich schmeckt. Diese Art wird seit Jh. zur Bereitung von Saucen, Fleischbeilagen, Desserts und Getränken geschätzt (s. Tab.).

Vitamin-C-Gehalt verschiedener Fruchtrosenarten in mg je 100 g Frischsubstanz

Hundsrose	*Rósa canína* L.	200··· 800
–	*Rósa glāūca* Pourr.	300··· 800
Kartoffelrose	*Rósa rugósa* Thunb.	400··· 900
Weinrose, Schottische Zaunrose	*Rósa, rubiginósa* Tratt.	1 000···1 800
–	*Rósa dumetórum* Thuill.	1 000···2 500
–	Rósa pendulína L.	1 000···3 000
Apfelrose	*Rósa villósa* L.	900···2 000
Filz- oder Waldrose	*Rósa tomentósa* Sm.	1 500···2 000

Vitamin U → S-Methylmethionin

Vitasoy → Erfrischungsgetränk, proteinhaltiges

'Vitasso' → Sareptasenf

Vitellária parádoxa → Butterbaum

Vitellenin → Lipoproteide → Phosphoproteide

Vitellin → Lipoproteide → Phosphoproteide

Vítex ágnus-cástus → Mönchspfeffer

Vítex cymósa → Aceituno

Vítex orinocénsis → Aceituno

Vitis caribāēa → Wein, karibischer

Vitispiran: Inhaltsstoff von Wein, bes. Portwein, der sich als Abbauprodukt von Carotenen bildet und eine Geruchsschwelle von 800 µg/kg aufweist. In einigen Portweinarten wird diese Schwelle überschritten (s. Formel unten).

Vítis vinífera → Weintraube

Vittel → Mineralwasser, → Wässer, natriumarme → Wässer, Stille

Vizin → Vicin

Viziosid → Vicin

Voandzēīa subterránea → Erderbse

Voavanga: das im tropischen Afrika, Indien und Australien angebaute Rötegewächs, *Vanuéria madagascariénsis* J.F., Syn. *Cánthium edúle* Baill. (Fam. *Rútaceae*), das wie *Cánthium lanciflórum* Hiern. wegen der wohlschmeckenden Früchte kultiviert wird.

Vogelbeere → Edeleberesche

Vogelbeere, Eßbare → Edeleberesche

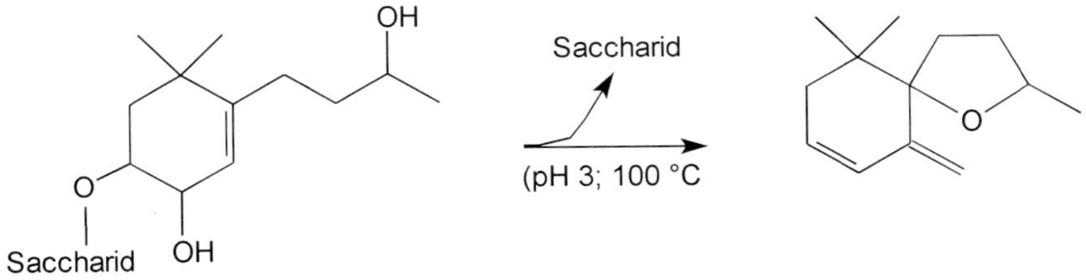

3-Hydroxy,7,8-dihydro-β-ionol

Vitispiran

Vogelbeer-Likör → Ebereschenlikör

Vogelhirse → Kolbenhirse

Vogelkirsche, *Wilde Süßkirsche:* Frucht des Vogelkirschbaumes *Cérasus ávium* (L.) Moench. ssp. *ávium,* Synonym *Prúnus ávium* L., einer zu den Rosengewächsen (*Rosáceae*) gehörenden Gehölzart, zu der auch die kultivierten Süßkirschensorten gezählt werden. Die V. trägt etwa erbsengroße schwarze oder rote Steinfrüchte. Von ausgelesenen Formen der V. werden Samenträger zur Gewinnung von Saatgut für die Anzucht von Veredlungsunterlagen für die Baumschulen vermehrt. Das bei der Saatgutgewinnung anfallende Fruchtfleisch wird gelegentlich zu Marmelade verarbeitet. Diese Ursprungsform gilt als Stammform aller in Kultur befindlichen Süßkirschsorten. Es wird angenommen, daß aus der Ursprungsform durch Verdoppelung der Träger der Erbmerkmale die → Sauerkirsche entstanden ist. → Süßkirsche

Vogelknöterich → Wildkräuter → Knöterich

Vogelmiere: *Hühnerdarm, Hühnermyrte:* ein dichtrasig, polsterartig wachsendes Wildkraut, *Stellária média* L. (Fam. *Caryophylláceae*), die bekannteste, der über 100 Arten umfassenden Gattung *Sternmiere (Stellária* L.), die an den locker aufsteigenden Ästen und rispenartigen Blütenständen weiße, sternartige Blüten bildet. Die V. ist ein kosmopolitisches „Unkraut" (→ Wildkräuter), das gern als Vitaminquelle für Stubenvögel genutzt wird und Bestandteil vieler → Salatmischungen bildet. In je 100 g Frischkraut sind enthalten: 94 g Feuchtigkeit, 1,3 g Eiweiß, 0,16 g Fett, 0,42 g Kohlenhydrate, 2,78 g Ballaststoffe, 1,28 g Mineralstoffe, 650 mg Kalium, 50 mg Phosphor, 31 mg Magnesium, 85 mg Calcium, 8,7 mg Eisen, 0,38 mg Caroten und 120 mg Vitamin C. → Wildkräuter

Vogerlsalat → Feldsalat

D-Volomitol, (D-*Volemit*) → Zuckeralkohole

Volemulose → Heptosen

Volga: *Hartkäse* mit Schmiere (45 % F. i. Tr.) aus der ehem. Sowjetunion → Käsesorten

Volleimasse: Sammelbegriff für → Massen aus Vollei (*Wiener Masse, Biskuitmasse, Brandmasse, Sandmasse*). Wiener Masse ist eine geschlagene Masse aus höheren Eianteilen und geringen Mengen an zugesetztem Fett. Sie dient vor allem der Herstellung von *Tortenböden (Wiener Boden), Tortenschichten usw. Wiener Masse* unterscheidet sich vom Gebäck aus Sandmasse durch eine luftig-lockere, nicht so dichte Krume und weit schwächer ausgebildete Kruste. *Echte Biskuitmasse* besteht aus einer geschlagenen Masse mit höherem Eianteil und keinem zugesetzten Fett; mehr als 66 % des Mehl- oder Stärkeanteils bestehen aus Eimasse. *Biskuitähnliche Masse* ist eine geschlagene Masse aus einem geringeren Eianteil und ohne Fettzusatz, weniger als 66 % des Mehl- bzw. Stärkeanteils bestehen aus Eimasse. Beide Biskuitarten werden vorwiegend zur Herstellung von *Tortenböden, Keksen, Zwieback* usw. verwendet. *Sandmasse* stellt eine geschlagene oder gerührte Masse aus annähernd gleichen Anteilen Eiern, Zucker, Fett und Mehl bzw. Stärke dar, deren Lockerung in manchen Fällen durch Backpulver unterstützt wird. *Schwere Sandmassen* weisen einen hohen, *leichte* einen niedrigen Anteil an Fett auf. Leichte Sandmassen können einen niedrigen oder einen hohen Anteil an Ei aufweisen, in letzterem Fall sind sie im Gefüge und in der Zusammensetzung den *Wiener Massen* sehr ähnlich. Eine Abgrenzung zwischen *leichten* und *schweren* Sandmassen läßt sich durch die Summe von Fett und Eimasse (prozentual auf den Mehl-/Stärkeanteil bezogen) erreichen; eine Regelung liegt noch nicht vor. Gebäcke aus Wiener Massen verfügen über ein höheres spezifisches Volumen als Gebäck aus Sandmassen. Sandmassen dienen zur Herstellung von gerührten und geschlagenen Kuchen, sog. *Sandkuchen,* und kommen als Halbfertigerzeugnis in Form von *Kuchen-* oder *Tortenmehl* in den Handel. Aus V. werden Gebäcke a) ohne Belag oder Füllung (z. B. Sandkuchen, Baumkuchen), b) mit Belag (z. B. Frucht- bzw. Obsttörtchen) oder c) mit Füllung (z.B. *Kremtorte, Wiener Torte, Kranzkuchen, Sahnetorte, Schokoladenballen, Dessertschnitten*) hergestellt. → Brandmasse

Volleimasse-Boden → Torte

Volleischokolade → Eischokolade

Vollhering: geschlechtsreife männliche (→ Milchner) und weibliche (→ Rogener) Heringe, deren → Fischmilch (Sperma) oder → Rogen (Fischeier) voll entwickelt sind und die Bauchhöhle dieser Fische ausfüllen. Fette V. sind ganz bes. zur Herstellung von Salzhering (→ Salzfischerzeugnisse), Lachshering und Bückling (→ Räucherfischerzeugnisse) geeignet. → Hering

Vollkonserven → Fischkonserven → Fischerzeugnisse

Vollkornbrot: ein zu mind. 90% aus → Vollkornmahlerzeugnissen bestehendes Brot. Als *Pseudovollkornbrot* wird ein Brot bezeichnet, daß inhaltlich der Verbrauchererwartung auf ein echtes V. nicht voll entspricht, z.B. wenn Teile der Randschichten des Kornes entzogen oder mehr als 10% randschichtenfreie Mehle zugesetzt werden. Da der Vollkornanteil nicht deklarationspflichtig ist, kann auch durch Verwendung von → Backschrot oder durch Zugabe von Malz- oder Rübensirup, zwecks dunklerer Krumenfärbung oder äußerlich anhaftende Körner dem Eindruck eines echten V. Vorschub geleistet werden. → Flockenbrot

Vollkornbrötchen: eine zu mind. 90% aus → Vollkornmahlprodukten bestehende Kleinbackware. Gemäß einer umstrittenen Richtlinie des Bundes für Lebensmittelrecht und Lebensmittelkunde (BLL) werden V. gelegentlich mit nur 30% Vollkornanteil angeboten.

Vollkornbrot, Rheinisches → Schwarzbrot, Rheinisch-Westfälisches

Vollkorndauerbackware: eine → Dauerbackware, deren Getreideanteil mind. zu 90% aus Mahlerzeugnissen des vollen Kornes besteht. Zu den V. zählen folgende Gebäckarten: Vollkornwaffelbrot, Vollkornzwieback, Vollkornkeks, Vollkornknäckebrot, Vollkornflachbrot.

Vollkornerzeugnis: ein Erzeugnis aus → Vollkornmahlprodukten oder ganzen Getreidekörnern, in Form von → Nährmitteln, → Dauerbackwaren oder → Brot. Bei einem Umsatz von 345 Mill. Mark bei Vollkornerzeugnissen in den alten Bundesländern entfielen 1990 geldwertmäßig 42% auf Knäckebrot, 39% auf Fertigmüsli, 3% auf dunkles Mehl, 6% auf Vollkornmehl und 10% auf Naturreis.

Vollkorngrieß ein in der Körnung dem Speisegrieß entsprechendes → Vollkornmahlprodukt, das sich gegenüber Speisegrieß aus geschältem Weizen durch besseren Eigengeschmack, höheren Ballaststoff-, Vitamin- und Mineralstoffgehalt auszeichnet.

Vollkornkeimlingsmehl → Vollkornspezialmehl aus grobzerkleinertem angekeimtem Getreide

Vollkornkeks → Keks

Vollkornmahlprodukt: grob oder fein zermahlenes oder zerquetschtes Getreide aus sorgfältig gereinigtem, gesundem, keimfähigem Getreide, vorzugsweise Weizen oder Roggen, dem während der Vermahlung weder Teile entzogen noch Teile anderer Mahlprodukte zugesetzt sind. Alle V. sind wegen schnellen Kornfettverderbs nur begrenzte Zeit haltbar und sollten daher am besten frisch verwendet werden.

Vollkornmehl: ein → Vollkornmahlprodukt in Form von mehlfein zerkleinertem Getreide

Vollkornmehlbrot: Brot aus fein zerkleinerten → Vollkornmahlprodukten.

Vollkornmischbrötchen: ein zu mind. 90% aus → Vollkornmahlprodukten von Weizen und Roggen bestehende, einfache Kleinbackware, die umso besser eine natürliche Frischhaltung aufweist, je höher der Roggenanteil ist.

Vollkornreis → Braunreis → Speisereis → Vollreis

Vollkornschrot: ein fein oder grob zerkleinertes, evt. halbe oder fast ganze Körner aufweisendes → Vollkornmahlprodukt.

Vollkornschrotbrot: ein aus grob zerkleinertem → Vollkornschrot hergestelltes → Vollkornbrot, das sichtbare Teile ganzer oder halber Körner enthält und eine dichte, wenig gelockerte Krume aufweist.

Vollkornsenf, *Ganzkornsenf:* eine Speisesenfspezialität aus überwiegendem Anteil unzerkleinerter Senfkörner mit knackig-würzigem Charakter.

Vollkornspezialmehl: ein im Nährstoff einem → Vollkornmehl gleichwertiges oder fast gleichwertiges → Spezialmehl, z. B. → *Steinmetzmehl.* Zu den V. zählen auch durch Zusätze angereicherte Vollkornmehle, z. B. → *Vollkornkeimlingsmehl* → Vollkornmahlprodukt → Kleieaufschlußmehl

Vollkornspezialschrot: ein im Nährstoffgehalt einem → Vollkornschrot gleichwertiger oder fast gleichwertiger Spezialschrot, der sich durch spezielle Körnungsarten auszeichnet. → Vollkornspezialmehl → Vollkornmahlprodukt → Schrot

Vollkornstange → Stange

Vollkorntoastbrot: ein aus → Vollkornmehl überwiegend des Weizens mit Zusätzen von bis zu 10% Fett und/oder Zucker hergestelltes, meist verpacktes Schnittbrot.

Vollkornwaffel → Waffelbrot

Vollmeersalz: eine Speisesalzmischung, die zum größten Teil aus Natriumchlorid besteht und alle im Meer vorkommenden Mineralstoffe enthält, und wie → Speisesalz verwendet wird. → Meersalz

Vollmilch: Trinkvollmilch. → Trinkmilch

Vollmilcheis → Speiseeis

Vollmilchpulver für die Säuglingsernährung: durch Sprühtrocknung aus pasteurisierter Milch gewonnene Trockenbestandteile. Das V. muß mind. 96,0% Trockenmasse enthalten. Die Keimzahl je ml der Auflösung darf 30000 nicht überschreiten, koliforme Bakterien dürfen in 0,1 ml nicht nachweisbar sein. V. muß den Bedingungen der 1. Qualitätsstufe bei Milchpulvern genügen. Die Verpackung erfolgt bei 250-g- und 500-g-Portionen in Faltschachteln mit Innenbeutel aus wetterfestem Zellglas oder plastbeschichtetem Papier und einem Außeneinschlag aus Zellglas. Die Lagerung hat bei höchst. 20°C und einer relativen Luftfeuchte von weniger als 80% zu erfolgen. Lagerfähigkeit und Umlauffrist betragen 3 Monate. Das Ende der Umlauffrist ist auf der Verpackung unverschlüsselt anzugeben. → Milchpulver

Vollmilchschokolade → Schokolade

Vollöl → Pflanzenfett

Vollrahmkäse: Käse mit einem Mindestfettgehalt von 70% F. i. Tr., z. B. Vollrahmfrischkäse. → Käse

Vollreife → Getreide → Teig

Vollreis, *Beras, Tafelreis:* ein polierter Reis in Form von ganzen Körnern (head rice) ohne Bruchanteil. Der V. kann glasiert und unglasiert sein. Vielfach wird die Bez. V. mit der Bez. *Vollkornreis* verwechselt. Vollkornreis stellt im Vergleich zu dem nahezu vitaminfreien V. ein ernährungsphysiologisch vollwertiges Erzeugnis dar. → Reisnährmittel → Speisereis → Bruchreis → Reis, glasierter → Braunreis

Vollsalz: handelsübliche Bez. für ein → Speisesalz, das eine dem Meersalz ähnliche Zusammensetzung aufweist und neben 90% Natriumchlorid noch andere Salze, wie Natriumbromat, Magnesiumcarbonat, Kalium-, Magnesiumsulfat und *Magnesia usta* enthält. → Meersalz, künstliches

Vollsoja → Sojaeiweiß

Vologda: *Hartkäse* mit 45 F. i. Tr. aus der ehemaligen Sowjetunion → Käsesorten

Volvariélla spec → *Amanitáceae*

Volvariélla volvácea → Kulturpilze

Volvic → Mineralwasser → Wässer, natriumarme, → Wässer, Stille

Vomitoxin → Mykotoxine

Vordermehl → Verbundmehl

Vorderschinken → Schlachtkörperteilstücke

Vorgäransatz, *Brew, Preferment:* ein flüssiges, enzymreiches Gärsystem, vorwiegend aus Hefe und Hefenährstoffen (Zucker) mit oder ohne Mehlanteil, das zur Gärbeschleunigung (Gärbeschleuniger) und Verbesserung des Aromas bei der kontinuierlichen Weizenbrotherstellung im Schnellknetverfahren eingesetzt wird. → Starterkultur → Lebensmittel, fermentiertes

Vorgebirgspfirsich: Pfirsich. → Steinobst

Vorschlag → Schlachtkörperteilstücke

Vorschlagöl → Pflanzenfett

Vorwegzugmehl → Getreidemehl → Verbundmehl → Auszugsmehl

Vorzugsmilch: Rohmilch aus dem ungeteilten Gemelk mehrerer Kühe aus amtlich überwachten Kuhbeständen, die so belassen wird, wie sie gewonnen wurde. Tierhaltung, Gewinnung und die Qualität der V. sind unter hohe veterinär- und lebensmittelchemische Anforderungen gestellt. Außerdem muß V. beim Erzeuger abgefüllt werden. V. zeichnet sich durch sensorisch bes. günstige Eigenschaften aus. Der Fettgehalt liegt meist über dem der handelsüblichen → Milch.

'Vranja' → Quitte → Kernobst

Vulgaxanthine → Betalaine

Vulpinsäure: Pulvinsäuremethylester, der in den Pilzen der Ordnung Boletáles vorkommt (s. Formel).

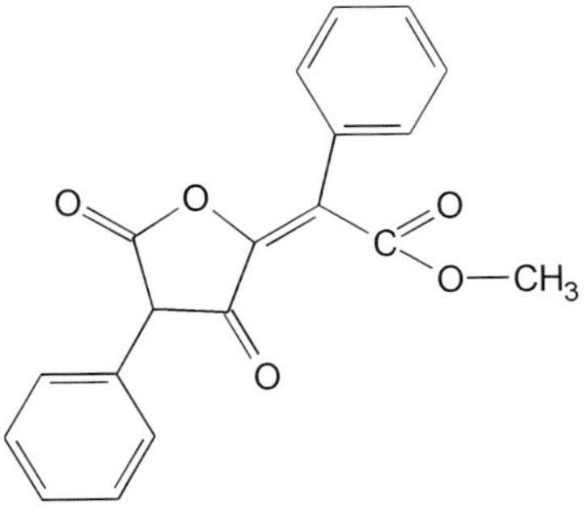

→ Xerocomsäure → Pulvinsäure

Wacholder: ein in Deutschland traditionell aus Primasprit (= Neutralalkohol) und/ oder Kornfeindestillat unter Zusatz von Wacholderdestillat und/ oder Wacholderlutter hergestellter ← Trinkbranntwein. Der Zusatz von Wacholderöl ist verboten. Wacholderdestillat wird durch Übergießen von Wacholderbeeren mit Neutralalkohol und anschließendes Destillieren gewonnen. Der Ethanolgehalt von W. beträgt 32%-Vol., für Doppel-Wacholder 38%-Vol.

Wacholderbeeren, *Machandel, Kranichbeere, Machandelbeere, Kaddigbeere, Johandelbeere, Kranewittbeere:* die reifen, getrockneten, rotbraunen bis dunkelbraun-schwärzlichen, 5···9 mm großen, rundlichen Beerenzapfen mit drei braunen, dreikantigen, länglichen Samen des in Waldgebieten Nordamerikas und Eurasiens, bes. im Thüringer Wald, Fichtelgebirge, in der Lüneburger Heide beheimateten, immergrünen, bis 3 m hohen, aufrechten *Wacholder-, Hageldorn-, Reckholder-, Rankholder-* oder *Räckeldornstrauches Juníperus commúnis* L. (Familie *Cupressáceae*). Der Wacholder steht in Deutschland unter Naturschutz, das Sammeln der W. ist jedoch erlaubt. Der charakteristische Geruch und der würzig-süßliche Geschmack mit schwach bitterem Nachgeschmack sind auf den Gehalt an ätherischem Öl (bis 2%), *Terpineol, Juniperin* (Gerbstoffglycosid), Harz, Fett (Wacholderbeeröl) und 20···30% Kohlenhydraten zurückzuführen. Die W. dient zum Würzen von Fleisch, Fisch, Wild, Gemüse, zum Einlegen von Sauerkraut und zum Räuchern, ferner für Gelee, Marmeladen, Fruchtmus. Größere Mengen von W. werden zur Herstellung von *Branntwein,* wie *Gin, Genever, Steinhäger, Borowitschka, Dornkaat* u. a., verwendet.

Wacholderbeeröl: das aus den reifen, getrockneten und zerquetschten → Wacholderbeeren gewonnene ätherische Öl. Die klare, farblose Flüssigkeit enthält Terpineol u. a. Terpene und hat einen bitteren, schwach brennenden Geschmack. Das W. dient zur Herstellung von Wacholderbranntwein und wird in der Gewürzindustrie verwendet.

Wacholderbeerstrauch → Wacholderbeere

Wacholdersaft → Kräutersaft → Wacholderbeere

Wachsapfel → Rosenapfel

Wachsbaum → Christusdorn

Wachsblätter → *Hygrophoráceae*

Wachsbohne → Gemüsebohne

Wachsbohnenhämagglutinin, Gelbes → Hämagglutinine

Wachse: Ester einer hochmolekularen Fettsäure (C_{24}-C_{36}) mit einem hochmolekularen (C_{16}-C_{36}) ein- oder zweiwertigen Alkohol mit fettähnlichen Eigenschaften. Bei Veresterung ungesättigter Fettsäuren mit niedrigschmelzenden Alkoholen entstehen flüssige Wachse; feste Wachse entstehen bei Veresterung gesättigter Fettsäuren mit hochschmelzenden Alkoholen. Vielfach haben Alkohol und Fettsäure die gleiche Kettenlänge. W. werden von Tieren und Pflanzen vorwiegend als Überzüge und Ausscheidungen gebildet; bei Pflanzen dienen sie als Schutzschicht (*Pflanzenwachse, Epicutilarwachs)* (Schutz vor Benetzung, Quellung oder Austrocknung), bei Tieren zum Einfetten des Gefieders, auch als Bauelement (Bienenwabe). Sie werden nicht ranzig. Bekannte W. sind → *Bienenwachs, Walrat, Lanolin* [*Wollfett der Schafe (E 913)*], Palmenblätterwachse (z.B. *Carnaubawachs*) u. a. Als Ersatz für Carnaubawachs wird auch *Candelillawachs* verwendet, das chemisch betrachtet jedoch kein Wachs, sondern ein Gemisch von Dotriacontan $C_{32}H_{66}$ (75%), Oxylacton $C_{30}H_{58}O_3$ (5···6%) und Harz (5···6 %) darstellt. Heute werden W. auch vom technologischen Standpunkt aus definiert. Früchte, wie Äpfel, Birnen und Zitrusfrüchte, werden zur Verlustminderung mit W. überzogen, denen meist Fungizide und Antioxydantien zur Erhöhung der Haltbarkeit beigemischt werden. Diesem Zweck dient die Wachsemulsion *Protexan* (4% W., 25% Paraffin, 0,2% Sorbinsäure). Wachse werden auch als Weichmacher bei Kaugummi, sowie für ablösbare Überzüge bei Hart- und Schnittkäse, verwendet. → Trennwachs → Überzugsmittel

Wachsester:(910) Ester von Speisefettsäuren mit unverzweigten, geradzahligen Fettalkoholen der Kohlenstoffzahl $C_{10} \cdots C_{22}$. Verwendet werden sie anstelle von Walrat oder Spermöl als → *Überzugsmittel* → *Rieselhilfsmittel* und Kaumassen für Backwaren, Zuckerwaren und Kaugummi.

Wachsfilm → Überzugsmittel

Wachsgerste, *Klebgerste:* eine Gerstensorte mit hohem Amylopectingehalt. Die Wachsgerstenstärke weist gegenüber Wachshirsestärke nur die halbe Quellkraft und nur ein Drittel der Löslichkeit auf, was auf lange Verzweigungen oder natürliche Quervernetzung des Amylopectins zurückgeführt wird. → Getreide, wachsiges

Wachsgetreide → Getreide, wachsiges

Wachshirse → Getreide, wachsiges → Hirsenährmittel → Wachsgerste

Wachskürbis, *Weißer Kürbis:* die in Südostasien vorkommende einjährige, kletternde Pflanze *Benincása híspida* (Thunb.) Cogn. (Familie *Cucurbitáceae*), deren keulen- oder gurkenförmige, mit weißem Wachsbelag überzogene, bis 10 kg schwere Früchte eßbar sind. Sie werden als Gemüse gekocht. Reife W. können auch in Stücken mit Zucker kandiert werden. Die jungen Blätter und Knospen werden als Spinat gegessen und die Samen geröstet verzehrt.

Wachsmais, *Mais, Chinesischer:* eine Varietät des → Maises, *Zéa máys convar. cerátina* Kulesch (Familie Poáceae), mit einem hohen Anteil an hochverdaulichem Endosperm. Der periphere Teil des Kornes besteht aus Dextrinen, die dem Korn ein wachsähnliches Aussehen geben. Die aus dem W. gewonnene Stärke ist von höherer Qualität als → *Zahn-* oder → *Hartmaisstärke* und wird häufig anstelle von Tapiokastärke verwendet. → Getreide, wachsiges

Wachspalme → Karnaubapalme

Wachspflaume → Mirabelle

Wachsreis → Getreide, wachsiges → Reis → Reismehl

Wachssorghum → Sorghumhirse

Wachsstärke, *Glutinosastärke:* eine Stärke mit einem hohen Gehalt an → Amylopectin. → Getreidestärke → Reis → Hirse → Gerste

Wachstumsfaktor H' → p-Aminobenzoesäure

Wachstumsregulatoren, *Wuchsstoffe:* Verbindungen mit spezifischen, das Wachstum von Pflanzen und Mikroorganismen regulierenden Wirkungen. Man unterscheidet zwischen natürlichen (Phytohormone), für die Wachstumsregulierung notwendigen W. und synthetischen Verbindungen zur zielgerichteten Beeinflussung von Wachstumsvorgängen. Zu den ersteren gehören die → *Auxine* (A-Wuchsstoffe, Heteroauxin), die für das Streckenwachstum der Pflanzen verantwortlich sind, und die Bio-Wachstumsregulatoren, die durch Beeinflussung des plasmatischen Wachstums für die Entwicklung von Mikroorganismen von Bedeutung sind. Der Bio-Wachstumsregulator, bereits 1901 von *Wildiers* an Hefekulturen als wachstumsbeeinflussender Faktor erkannt, setzt sich aus dem myo- (meso-) Inosit (Bios I), Biotin (Bios II) und Pantothensäure (Bios III) zusammen. Weitere natürliche, das Wachstum beeinflussende Stoffe sind u. a. β-Alanin, p-Aminobenzoesäure, Niacin, Pyridoxin, Pyrimidin, Riboflavin, Thiamin und *Thiazol.* Zu den synthetischen Wachstumsregulatoren gehören eine Reihe von → *Herbiziden* (Aryloxyfettsäuren, Naphtoxyessigsäureester), *quarternäre Ammoniumverbindungen, Hydrazine* (z.B. Chlorcholinchlorid), *Phosphonsäuren* (z.B. Ethephon = 2-Chlorethyl-phosphonsäure, u. a. zur Herbeiführung künstlicher Reifung bei Früchten) und die sog. *Morphaktine* (z.B. 2-Chlor-9-hydroxyfluoren-carbonsäure-9-methylester). Synthetische W. erlangen zunehmend Bedeutung zur gezielten Beeinflussung des Wuchshabitus, z.B. zur Verkürzung und Stabilisierung der Halme von Getreide. W. können teilweise auch zur Laubabtötung für die Ernteerleichterung, z.B. bei Kartoffeln und Zwiebeln, und als *Keimhemmungsmittel* eingesetzt werden, z.B. Chloroprotam bei Kartoffeln. Beim Einsatz von W. der verschiedensten Art sind → Karenzzeiten einzuhalten.

Wachtel → Fleischtiere

Wachtelei: Ei der japanischen Zwergwachtel, *Coturnix coturnix japonica*. Das W. wiegt 9 g, etwa ein Fünftel der Masse eines Hühnereies, es enthält ferner einige Mineralstoffe in höheren Konzentrationen als das Hühnerei, z. B. Eisen und Phosphor, ferner die Vitamine B_1 und B_2 (Tab.).

Zusammensetzung von Wachteleiern

Bestandteil	Ganzei	Eiklar	Eigelb
	Anteil in %		
Eiweiß	13,11	11,5	13,8
Fett	11,5	0,06	36,1
Trockensubstanz	26,7	14,0	48,0
Asche	1,0	0,8	1,3
Energiewert in kJ (kcal)	653 (156)	197 (47)	1590 (380)

Die Aktivität des → Avidins ist jedoch höher als im Hühnerei; W. sollten daher im gekochten Zustand genossen werden. Weiterhin ist der Cholesterolgehalt im Dotter mit 2,1 % der Frischsubstanz höher als im Hühnerei (1,5 %). W. werden in europäischen Ländern industriell produziert.

Wackelpudding → Wasserpudding

Wadschenkel → Schlachtkörperteilstücke

Waerlandbrot → Mehrkornbrot

Waffel, *Waffelblatt:* eine → Dauerbackware aus flüssigem, geschlagenem Teig, der zwischen zwei erhitzten Flächen (Waffeleisen) gebacken wird. Die Bez. W. wurde im 17. Jh. aus dem flämischen *wafer* entlehnt, das *Wabe* bedeutet; denn schon früher trugen die meist in kleinen Handwerksbetrieben mit Handwaffeleisen hergestellten W. eine wabenähnliche Musterung und wurden, ähnlich dem → Fladen, meist warm verzehrt, wie wir es heute noch von Jahrmärkten her kennen. Diese weichen, flachen Kuchen aus eierkuchenähnlichem Teig sind viel dicker als die üblichen W. *(Trockenwaffeln)* und eignen sich im trockenen Zustand nicht als Dauerbackware, da sie wegen ihrer Härte nicht genießbar sind. Die heutigen, industriell hergestellten, zartwandigen W. sind in heißem Zustand biegsam und werden für die Weiterverarbeitung entweder zu Formen gestanzt oder geschnitten. Die anfallenden *Waffelabfälle* werden gemahlen und dem Waffelteig wieder zugesetzt oder für die Herstellung von *Waffelhappen* und *Waffelmehl* verwendet.
Je nach äußerer Gestalt unterscheidet man zwischen *Flach-* und *Formwaffeln*. Zu den Formwaffeln gehören die *Hohlwaffeln,* die durch Pressen des Teiges verschiedene Gebildformen (Muscheln, Nüsse, Osterhasen, Zigarren, Pilze, Eier und andere kleine Waffeldessins) erhalten und entweder mit Krems unterschiedlicher Geschmacksrichtungen gefüllt, z. T. auch glasiert werden oder zur Aufnahme von Speiseeis (als *Eistüte, Waffelschale, Eisbecher*) verwendet werden. Die Flachwaffeln, auch *Flachwaffelblätter* genannt, werden entweder in Großform als → *Waffelbrot* oder in Kleinform als fett- und zuckerhaltige, gefüllte W. in den verschiedensten Sorten hergestellt. Für *Dessertwaffeln* dürfen z. B. nur nährstoffreiche Rohstoffe, wie Sahne, Kondensmilch, Butter, Schalenobstmasse, Konfitüre und Röstkaffee, verwendet werden. Der Füllungsanteil muß bei *Krem-* und sonstigen *W.* mind 15 % und bei Dessertwaffeln 20 % betragen. *Waffelbecher,* die als *Waffel-Likörbecher* in den Handel gelangen, müssen einen Überzug der inneren Wandungen mit mind. 50 % Schokoladenmasse oder Fettglasur aufweisen. Unter *Waffelmischung* versteht man eine Mischung von mind. drei verschiedenen Waffelsorten unterschiedlicher Rohstoffzusammensetzung. Bei *Waffelgebäckmischung* muß der Anteil an W. unterschiedlicher Rohstoffzusammensetzung mind 50 % betragen. Die Überzüge müssen mind. zu 20 % aus kakaofreier Fettglasur oder kakaohaltiger Fettglasur oder mind. zu 25 % aus Schokoladenüberzugs- oder Schokoladentunkmasse bestehen. Bei Lagerungsbedingungen von 10···18 °C und 50···60 % relativer Luftfeuchte beträgt die Haltbarkeit bei ungefüllten W. 9 Monate,

ungefüllten W. mit Schokoladenüberzugs- oder -tunkmasse 6 Monate,
ungefüllten W. mit kakaohaltiger Fettglasur 3 Monate,
gefüllten W. 3 Monate,
gefüllten W. mit Schokoladenüberzugs- oder -tunkmasse oder kakaohaltiger Fettglasur 3 Monate,
W. mit Geleefüllung und Käsekremwaffeln 2 Monate. → Speiseeiswaffeln

Waffelblatt → Waffel

Waffelbrot, *Flachwaffelbrot:* eine trockene, ungefüllte, knusprigmürbe Flachwaffel in Rechteck- oder Quadratform. Der flüssige Teig wird in kurzer Backzeit (4 min) auf Waffelbackautomaten durch Wasserdampf gelockert und zur völligen Verkleisterung und Dextrinierung gebracht. Das W. wird unter den verschiedensten Bez. und in unterschiedlicher Zusammensetzung in den Handel gebracht.

Durchschnittliche Zusammensetzung und Energiewert handelsüblicher Waffelbrotsorten

Bestandteil	je 100 g
Feuchtigkeit	4,6 g
Eiweiß	15,2 g
Fett	6,1 g
Kohlenhydrate	62,0 g
Ballaststoffe	9,0 g
Mineralstoffe	1,5 g
Vitamin B_1	0,12 mg
Vitamin B_2	0,14 mg
Niacin	2,6 mg
Calcium	45,5 mg
Eisen	3,5 mg
Energiewert in kJ (kcal) je 100g	1519 (363)

Als *Flachbrot* hat es eine gute Bekömmlichkeit und weist gegenüber einem Qualitätsknäckebrot ein intensiveres Aroma, gleichzeitig aber auch einen geringeren Gehalt an löslichem Protein und an Vitaminen auf. Unter *Bulgurwaffel* versteht man ein W. aus teilw. geschältem → Bulgur und zu Schrot zerkleinertem Weizen unter Zusatz von Sirup, Salz und Fett. Die Bulgurwaffel weist eine bes. lange Haltbarkeit auf und wird daher auch als *Notwaffel* bezeichnet.

Waffelhappen: eine Dauerbackware aus Waffelabfällen (Waffelbruch oder Waffelschnittabfälle), die bei der Waffelproduktion anfallen. Die Zusammensetzung der W. ist sehr unterschiedlich. Verbreitet ist folgende Rezeptur: 10 kg pulverisierte, trockene Schnittabfälle und 60 kg Waffelbruch werden mit 25 kg Kokosfett und 2,5 kg Puderzukker, 40 g Weinsäure als Lockerungsmittel und Geschmacksstoffen gemischt und anschließend gebacken.

Waffel-Likörbecher → Waffel

Waffelmehl: **1.** zur Herstellung von Waffelteig vorgesehenes → Einzweckmehl
2. ein leicht verdauliches → aufgeschlossenes Mehl, das durch Zerkleinerung von Waffelblättern oder Waffelbrot vielfach zum Zwecke der → Kindernährmittelherstellung gewonnen wird und dessen Nährwert vom verwendeten Ausgangsmaterial abhängig ist.

Wakame → Algenprodukt

Wal, *Cetácea:* dem Leben im Wasser angepaßte *Säugetiere* von stromlinienförmiger, spindelförmiger Gestalt mit reduzierten Hintergliedmaßen, in Flossen umgewandelten Vordergliedmaßen, einer waagerechten Schwanzflosse und meist einer Rückenflosse (s. Bild)

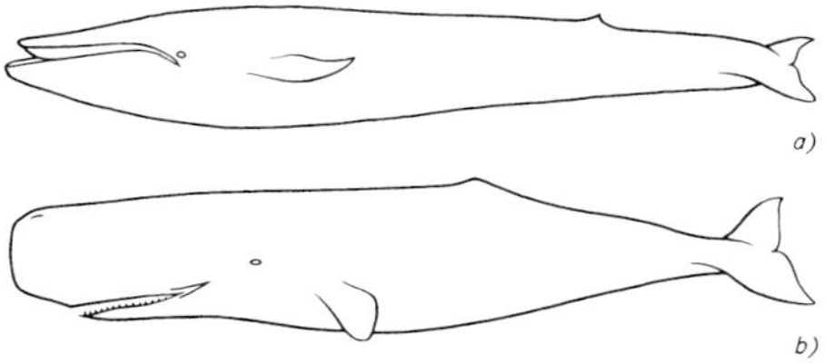

a) Blauwal
b) Pottwal

Man unterscheidet die 5···30 m langen *Bartenwale* (10 Arten), zu denen die meisten wirtschaftlich bedeutenden Arten gehören, und die – bis auf den Pottwal – nur 1,5···10 m langen *Zahnwale* (78 Arten), denen auch die *Delphine* zugeordnet werden. Während die ersteren ihre Nahrung (kleine Planktonkrebse, Fische) mittels dreieckiger, horniger, aufgefaserter Platten, der Barten (Fischbein), aus dem Wasser abfiltrieren, haben die Zahnwale eine räuberische Lebensweise. Die meisten wirtschaftlich wichtigen Walarten sind in der Arktis oder Antarktis beheimatet, führen aber großräumige Wanderungen z. T. von einem ins andere Gebiet, durch.

Infolge der jahrhundertelangen intensiven Jagd sind die meisten Arten fast ausgerottet, z. B. der *Grönlandwal,* der *Nordkaper, Grauwal, Blauwal, Finnwal, Buckelwal.* Die von der Internationalen Walfangkommission (seit 1937 bzw. 1946) beschlossenen Quotierungen bzw. Fangverbote konnten diesen Vorgang nur verzögern. Aufgrund des Washingtoner Artenschutzabkommens sind mittlerweile ein Großteil der Wale vor dem Erlegen geschützt. Gegenwärtig werden von den Bartenwalen noch etwa 11 000 Stück gefangen. 90 % entfallen auf den 6···7 m, höchstens 9 m langen *Zwergwal, Balaēnoptera acútorostráta* (Japan, ehem. Sowjetunion, Norwegen), der Rest auf den 12···15 m langen Bryde-Wal (Japan, Peru), den ebenso großen *Seiwal* (Island) und den 18···20 m, höchstens 25 m langen Finnwal (Island, Spanien). Unter den etwa 5 000 gefangenen Zahnwalen befinden sich der 5···7 m lange *Grindwal, Globicéphala melaēna,* (Faröer, Grönland), der 4···6 m lange *Weißwal (Beluga) Delphinápterus leúcas* und in geringer Menge der 12···18 m (10···50 t) lange *Pottwal (Physeter cátodon*). Die wirtschaftliche Nutzung des *Delphins (Delphinus delphis*) im Schwarzen Meer (Türkei) ist stark zurückgegangen. Die wirtschaftliche Bedeutung der W. wird in der Regel überschätzt, sie liegt nahezu ausschl. in ihrer Verwertung zu Futtermitteln und industriellen Rohstoffen. Die Verwertung der einzelnen Körperteile der W. zu Lebensmitteln ist durchaus möglich und wird z. T. betrieben. Verwertbare Teile s. Tab. Das Fleisch ist in der Regel von dunkelroter Farbe und kräftiger Konsistenz und ähnelt, auch im Geschmack, Rind- oder Pferdefleisch. Die Verwertung und küchenmäßige Zubereitung des z. T. gefroren angelandeten Fleisches kann daher auch entsprechend erfolgen. Walfleischextrakt wird zur Herstellung von Fertigsuppen verwendet.

Walfleisch enthält – abhängig von der Art, dem Körperteil und verschiedenen biologischen Faktoren – 18···25 % Eiweiß, 2···7 % Fett und 1···1,5 % Mineralstoffe. Das entspricht etwa 550 kJ (130 kcal) verwertbarer Gesamtenergie je 100 g eßbaren Anteils.

Verwertbare Teile des Wales im Verhältnis zur Gesamtmasse

Verwertbarer Teil	Ungefährer Anteil an der Gesamtmasse in %
Fleisch	50
Speck	18
Zunge	2,4
Leber	0,8
Blut	6,5
Knochen	18

Waldbeere → Heidelbeere

Wald-Bergminze, *Cala-Minze:* früher in England als Salat kultivierter *Steinquendel, Calamíntha sylvática* Bromf. *ssp. glandulósa* (Req.) P. Ball, Syn. *Calamíntha sylvática ssp. officinális* Moench oder *Saturéja calamíntha* (L.) Scheele *ssp ascéndens* (Jord.) Briq. (Fam. *Lamiáceae),* der heute bevorzugt zur Gewinnung von ätherischem Öl (ehem. Sowjetunion) angebaut wird.

Walddattelpalme, *Wild-Dattelpalme:* die in Indien wild vorkommende und kultivierte 9···13 m hohe *Phoēnix sylvéstris* (L.) Roxb. (Familie *Arecáceae*), deren Siebröhrensaft des Stammes gezapft wird. Der Saft enthält 3···6 % Zucker, er wird als Erfrischungsgetränk genossen, eingedickt und zu einem bräunlichen, leicht klebrigen Zucker *(Jaggery)* verarbeitet oder zu → Palmwein vergoren.

Waldengelwurz → Wildkräuter

Walderdbeere, *Wilderdbeere:* → Scheinfrucht (Sammelnußfrucht) der heimischen, in lichten Wäldern und an Waldrändern wild wachsenden Staude (neuerdings auch als Gehölz bezeichnet, da der Wurzelstock verholzt) *Fragária vésca* L., (Familie *Rosáceae*), deren kleine, rote, aromatische Beeren bereits in der Steinzeit als Nahrungsmittel gedient haben. Die W. wurde schon seit dem 14. Jh. gartenmäßig angebaut, später von der Gartenerdbeere aber verdrängt. Durch züchterische Bearbeitung entstand aus der W. die → *Monatserdbeere.* W. werden frisch verzehrt und gern zu *Bowlen* verwendet. Zum Einkochen ist sie ungeeignet, weil der Samen Bitterstoffe enthält, die sich beim Kochen so stark entwickeln, daß das Einkochgut unbrauchbar wird. → Sammelfrucht

Waldheidelbeere → Heidelbeere

Waldhimbeere: Bez. für die in Wäldern und an Waldrändern *wild* vorkommende im gemäßigten Europa, subarktischen Asien und nordöstlichen Nordamerika heimische *Himbeere Rúbus idǣus* L. (Familie *Rosáceae*). Die kleinen, aber sehr aromatischen Früchte, die als Handelsprodukt eingeführt sind, werden frisch verzehrt oder in gleicher Weise wie die *Gartenhimbeere* verarbeitet. Die W. ist die Stammform, aus der die Kulturformen der → Himbeere hervorgegangen sind.

Waldhonig → Honigtauhonig

Waldklee → Waldsauerklee

Waldknoblauch → Bärenlauch

Waldlauch → Bärenlauch

Waldmalve → Malve, Wilde

Waldmeister, Echter, *Duft-Labkraut, Maikraut, Maitrankkraut:* in schattigen Laubwäldern vorkommendes Würzkraut, *Gálium odorátum* (L.) Scop. (Familie *Rubiáceae*), frühere Bez. *Aspérula odoráta* L. mit schmalen, quirlständigen Blättern und weißen Blüten. Der W. weist die höchste Würzkraft auf, wenn er vor Blühbeginn, etwa Anfang Mai, gesammelt wird. Auf Grund seines Cumaringehaltes wurde er in Industrie und Haushalt zur Aromatisierung von Getränken, z.B. *Waldmeisterbowle,* und Süßspeisen herangezogen.

Waldmeisterbowle, *Maibowle:* ein Bowlengetränk aus leichtem Wein, etwas Sekt oder Mineralwasser, Zitrone und Waldmeister. Die Entstehung der W. geht auf einen Benediktinermönch zurück, der vor über 1000 Jahren den → Echten Waldmeister als Aromasubstanz eingeführt hat. Da der verantwortliche Aromastoff, das → Cumarin in höherer Konzentration toxische Wirkungen, wie Kopfschmerzen, Benommenheit, sowie Leberschäden hervorrufen kann, sollten nicht mehr als 3 Gramm frisches Kraut ohne Blüten für die Herstellung von einem Liter Bowle verwendet werden. Ein Welkenlassen des Waldmeisterkrautes ist dabei nicht erforderlich. Die W. wird im Haushalt hergestellt, ist aber auch als Fertigerzeugnis (nicht mehr als 5 ppm Cumarin zulässig) käuflich. → Bowle

Waldplatterbse → Knollenplatterbse

Waldrose → Vitaminrose

Waldsauerklee, *Hasenklee, Kuckucksbrot, Hasenkohl, Suurbrod, Surmous* (Westfalen), *Stüppli, Chäs, Guggerchrut, Schildbrötli* (Schweiz), *Manna, Schneiderkas, Himmelsbrod* (Bayern), *Guggerklee, Holzklee, Waldklee* (Österreich), *Gugakas* (Tirol), *Kleesalzkraut,* eine in allen Wäldern Mitteleuropas weitverbreitete, weißblühende Sauerkleeart, *Óxalis acetosélla* L. (Familie *Oxalidáceae*), mit drei verkehrt-herzförmigen, fast gleichgroßen, als Gemüse verwendbaren Teilblättchen. Im Frühling werden die Blätter als Beigabe zu Spinat gesammelt; man fügt sie auch Salaten zu und verwendet sie mit anderen Kräutern zusammen für Kräutersuppen oder hat sie früher in Zucker eingelegt, für den Winter als Gewürz aufbewahrt. Die Blätter enthalten neben 0,3···1,25 g Oxalsäure je 100 g, 4 mg Caroten und 90 mg Vitamin C. Die tropischen Vertreter des Sauerklees, *O. tuberósa, O. carnósa, O. déppei* und *O. tetraphýlla,* werden weniger wegen ihrer Blätter, sondern vor allem wegen ihrer fleischigen Wurzeln für Nahrungszwecke verwendet und teilw. angebaut. → Gemüse → Occa → Ocapatate → Wildkräuter

Waldschachtelhalm → Ackerschachtelhalm

Waldschnepfe: *(Scolopax rusticola)* → Wild

Waldweidenröschen, schmalblättriges, Weidenröschen: Vorzugsweise in lichten Wäldern, an Wegrändern und Böschungen, bis zu 1,5 m Höhe erreichendes, hell-lila blühendes Kraut, *Epilóbium angustifólium* L. (Familie *Onagráceae*). Die spurenstoffreichen Triebe und Blätter werden als → Wildkräuter gesammelt und als Salatzutat verwendet, die jungen Wurzeln können wie Spargel zubereitet werden, im zerkleinertem Zustand ergeben getrocknete Wurzeln einen Mehlersatz, der sich zur Herstellung von Fladen und Kräckern eignet. In 100 g frischer Blatt- und Sproßtriebmasse sind an Spurenstoffen enthalten: 6 mg Bor, 23 mg Eisen, 2,5 mg Kupfer, 15 mg Mangan, 0,42 mg Molybdän, 1,2 mg Nickel und 1,4 mg Titan. → Wildkräuter

Waldyams → Buschyams 2.

Walfleischextrakt → Fleischextrakt

Waller → Wels

Walliser Raclette: leicht schmelzender *Schnittkäse* mit Schmiere aus dem Kanton Wallis (Schweiz) mit → 45 F. i. Tr. → Käsesorten

Wallwurz → Beinwell

Walnuß, echte, *Baumnuß, Welschnuß:* die kugelige, einsamige Steinfrucht des in Europa, Vorderasien, Südostasien eingebürgerten und in den gemäßigten bis subtropischen Gebieten weltweit kultivierten echten *Walnußbaumes Júglans régia L. ssp.régia* (Familie Juglandáceae). Von der e. W. werden noch drei verschiedene Varietäten unterschieden: die *var. régia* Balk. mit leicht auslösbaren Kernen (Mittelmeergebiet und Iran), die *var. germánica* Wern. mit schwer auslösbaren Kernen (Alpengebiete) und die *var. oríentis* (Dode) Kitam. mit ganz dünner Schale (China und Japan). Sorten für den Selbstversorgeranbau in Deutschland s. Bild.

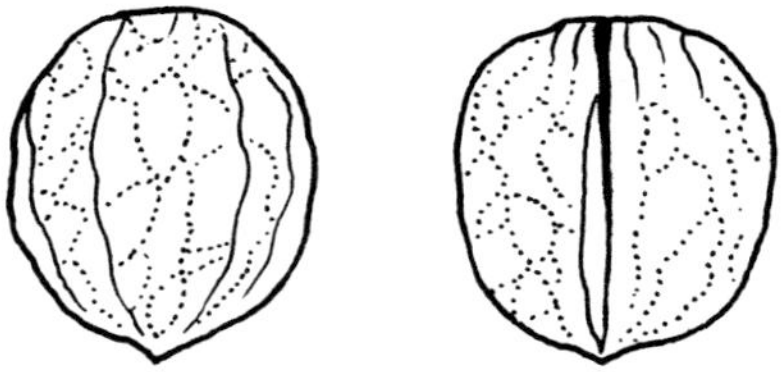

Walnuß 'Seifersdorfer Runde'

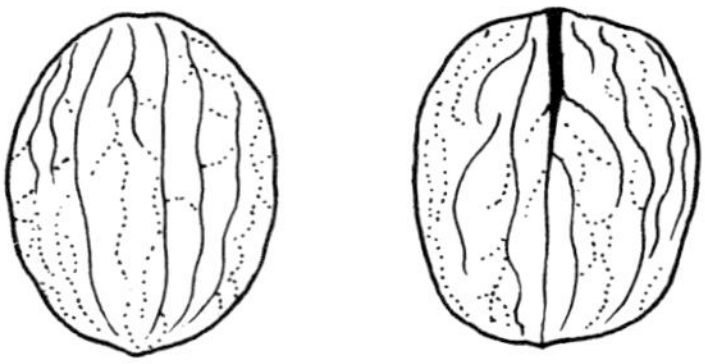

Walnuß 'Ockerwitzer Lange'

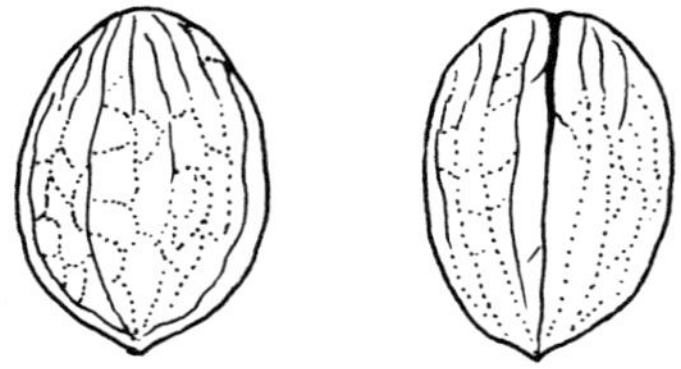

Walnuß 'Pillnitzer Große'

Die Nüsse werden zw. Mitte Sept. und Ende Okt. geerntet, von der grünen Schale befreit, gründlich gewaschen und an der Luft oder in einem luftigen Raum getrocknet. W. werden roh verzehrt und in der Konditorei, in der Süßwaren- und Spirituosenindustrie verwendet. Die Schale wird verschiedentlich zu Färbezwecken genutzt. 100 g geschälte Nüsse enthalten 17 g Eiweiß, 58 g Fett, 13 g Kohlenhydrate und 15 mg Vitamin C. Der Energiewert in kJ (kcal) entspricht 2664 (666). Die *Schwarze Walnuß, J. nígra* L., wird in den USA mit zahlreichen Sorten angebaut. Dort dienen die Samen zur Gewinnung von Öl, die Fruchtschalen zum Färben und die jungen Nüsse werden auch als Delikatesse sauer eingelegt. Die *Siebolds Walnuß, J. ailantifólia Carr.* wird in China, Japan sowie in Nordamerka wegen der Nüsse kultiviert.

Walnuß, grüne: die frische (ungetrocknete), zum alsbaldigen Verbrauch bestimmte Walnuß mit weicher, feuchter Schale und weichem *Kern.* Im Süden werden die g. W. als *Schälnüsse,* im Norden als *frische* W. bezeichnet. Die braune Haut der noch feuchten g. W. schmeckt bitter und muß vor dem Verzehr abgezogen werden. In Frankreich und in der Schweiz werden die mit grüner Schale eingemachten Nüsse als *Cerneaux* bezeichnet. In manchen Gegenden wird die g. W. zur Aromaverbesserung bei der Pflaumenmusbereitung genutzt, die unreifen Walnußschalen dienen als Drogenauszug zum Aromatisieren von → Spirituosen.

Walnußöl: das aus den Nüssen des Walnußbaumes *Júglans nígra* (Familie *Juglandáceae*) gewonnene Öl. Die Nüsse enthalten etwa 58 % Öl; vor dem Pressen müssen sie 2 oder 3 Monate gelagert werden. Das kaltgepreßte Öl ist nahezu farblos und von angenehmem Geruch und nußartigem Geschmack. Als Speiseöl hat es eine gewisse Bedeutung in den USA (300···600 t je Jahr), in Frankreich und in der Schweiz. Die wichtigsten Fettsäuren und ihre Anteile, bezogen auf den Gesamtfettsäuregehalt, sind: Palmitinsäure (3···5 %), Ölsäure (18···36 %), Linolsäure (50···73 %) und Linolensäure (3···9 %). Die Haltbarkeit des W. ist nur gering. → Pflanzenfett

Walnußschale → Walnuß, grüne

Walnuß, transgene → Nutzpflanze, transgene

Walöl: → Körperöl vom Bartenwal. Hauptquelle des Walöles sind die Speckschichten (*Blubber*) des Blau- und des Finnwales. Die W. werden auf den Walfangmutterschiffen durch Naßschmelzen gewonnen. Aus einem Wal mit einer Masse von 128 t kann man etwa 28 t W. gewinnen. Die Fettsäurezusammensetzung der W. ist abhängig vom Lebensraum; Die W. von arktischen Walen enthalten mehr ungesättigte Fettsäuren (etwa 30 %) mit 20 bis 24 C-Atomen als die W. von antarktischen Walen (etwa 20 %). Die wichtigsten Fettsäuren sind Myristinsäure (4···9 %), Palmitinsäure (10···18 %), Stearinsäure (2···3 %), ungesättigte Fettsäuren mit 16 C-Atomen (13···18 %), 18 C-Atomen (33···38 %), 20 C-Atomen (11···20 %) und 22 C-Atomen (6···11 %). Hydrierte W. werden für die Herstellung von → Margarine und → Shortenings verwendet. → Seetieröl → Fett, gehärtetes → Fett, tierisches → Spermöl → Rieselhilfsmittel

Walrat → Spermöl → Wachse → Trennmittel → Walöl → Rieselhilfsmittel

Walzmehl → Mehl, aufgeschlossenes

Wamme → Schlachtkörperteilstücke

Wammenfett → Schweineschmalz

Wampee, *Wampi:* der vor allem im Süden von China, aber auch in anderen subtropischen und tropischen Gebieten Asiens in Hausgärten kultivierte kleine, strauchige Baum *Clauséna lánsium* (Lour.) Skeels (Familie *Rutáceae*) mit langen Fiederblättern. Das Fruchtfleisch der in großen Büscheln stehenden weißen oder gelblichen Früchte ist leicht sauer und aromatisch.

Wampi → Wampee

Wandersaibling → Saiblinge

'Wangenheim': Pflaume. → Steinobst → Halbzwetsche

Wanzenbeere → Johannisbeere

Wanzenweizen → Leimkleberweizen

Wappatoo → Pfeilkraut, Chinesisches

Warburgsches Atmungsenzym → Chromoproteide → Cytochrome

Warenje: eine aus einer Obstart unter Verwendung von frischem, vorbereitetem Obst oder Obstpulpe, Weißzucker, Genußsäuren und Stärkesirup hergestellte Zubereitung, die gleichmäßig mit Oststücken durchsetzt ist. Die W. weist einen bes. hohen Gehalt an Weißzucker auf (bis zu 70 %) und nimmt in Aussehen, Konsistenz und Geschmack eine Mittelstellung zwischen Kompott und Konfitüre ein. Für die industrielle Herstellung kommen folgende Obst- und Wildfruchtarten in Betracht: Aprikose, Erdbeere, Heidelbeere, Johannisbeere, schwarz, Pfirsich, Pflaume, Preiselbeere, Sauerkirsche, insbes. Weichsel, Stachelbeere. Der refraktometrisch ermittelte Extraktgehalt soll bei allen Arten mind. 72 % betragen, der Gesamtsäuregehalt, berechnet als Äpfelsäure, höchst. 1,8 %. Die W. ist ein in der ehem. Sowjetunion sehr geschätztes Erzeugnis, das dort mit einem Löffel zu Brot und Tee verzehrt wird. → Konfitüre → Kompott

Warfarrin → Dicumarol

Wari → Adlerfarn

Waries, *Panjabi waries:* eine pastenartige Gewürzmischung aus fermentierten Mungobohnen oder anderen Körnerleguminosen, in Form von Kugeln mit 3···8 cm Durchmesser, die zur Würzung von Gemüse und Reiszubereitungen in der ostasiatischen Küche verwendet werden. Die gemahlenen Körnerleguminosen werden eingeweicht, mit Gewürzen (Ingwer, Fenugreek, Kardamom, Paprika) und Salz gemischt und mit Sauerteig vom vorangegangenem Ansatz versetzt. Nach einer Fermentationszeit von 3 bis 10 Tagen wird die Paste zu Kugeln geformt und an der Luft getrocknet. Die Kugeloberfläche ist mit Pilzmycel als Schutz gegen völliges Austrocknen überzogen. → Lebensmittel, fermentiertes

Warminski-Käse: polnischer Schnittkäse in Quaderform mit 40 % F. i. Tr. → Käsesorten

Warzenmelone → Zuckermelone

Waru-Baum: Sammelbez. für zwei Hibiskusbäume.
a) *Majagua Waru Lengis, Waru Kedu* oder *Waru Lumbu, Hibíscus tiliáceus* L., Synonym: *H. tiliaefólius* Salisb., *H.* guineénsis D. C., *H. símilis* Blume, *H. tiliáceus var. elátus* Hochr., *H. tiliáceus ssp. elátus* (Hochr.) Borrs., *H. tiliáceus ssp. similis* (Blume) Borrs. und
b) *Waru Gobong, H. macrophýllus* Roxb. (Familie *Malváceae*), die in Indien, Pakistan, Südostasien und Indonesien in küstennahen Bereichen angebaut werden und deren Rinde medizinisch, deren junge Sprossen als Gemüse und deren Blätter zur Herstellung von → Starterkulturen für → Tempeh genutzt werden. → Lebensmittel, fermentiertes → Usar

Wasa → Mafaffa

Wasabi: meerrettichähnliches Gewürz für traditionelle japanische Gerichte aus Rhizomen, vereinzelt auch aus Blattstielen des Japanischen *Pferderettichs, Eutréma wasábi* (Sieb.) Maxim., (Familie *Brassicáceae*). Die Pflanzen werden entlang von Wasserläufen angebaut; roh gerieben oder als Trockenpulver verwendet.

Wasser: eine aus zwei Atomen Wasserstoff und einem Atom Sauerstoff bestehende, chemisch reine Flüssigkeit, die sowohl als lebensnotwendiger Nahrungsinhaltsstoff als auch als Lebensmittel anzusehen ist. Formel H_2O. Chemisch reines W. ist geruch-, geschmack- und farblos, F. 0°C, $Kp._{0,1 MPa}$ 100 °C, d^4 1,000 000. Durch den Gefrier- und Siedepunkt des W. ist die Celsiusskala festgelegt. Die Dichte des W. bei 4°C ist Bezugseinheit für die Dichten anderer Stoffe. Das gleiche gilt für die spezifische Wärmekapazität, die bei 15°C 4,19 kJ/kg K (= 1,0 kcal/kg K) beträgt. Die spezifische Schmelzwärme des W. beträgt 333 J/g und die spezifische Verdampfungswärme bei 100°C 2264 J/g, die Viskosität bei 20°C $1{,}005 \cdot 10^{-3}$ Pa · s. (= 1,005 cP). Die Dielektrizitätszahl des W., verglichen mit anderen Flüssigkeiten eine der höchsten, beträgt bei 18°C 80,1. Das bewirkt, daß sich zwei elektrische Ladungen entgegengesetzten Vorzeichens nur mit 1/80 der Kraft anziehen, die sie im Vakuum oder in der Luft ausüben. Die auf diese Weise auftretende geschwächte Anziehungskraft der Ionen eines Salzes, die bei geringer thermischer Anregung bei Zimmertemperatur vollends überwunden wird, bewirkt, daß die Ionen in großer Zahl ins W. abdissoziieren können. So bilden sich durch Anziehung von Wassermolekülen elektro-

statisch gebundene Hydrathüllen aus; das Salz geht in Lösung. Das Sauerstoffatom bildet mit den beiden Wasserstoffatomen ein gleichschenkliges Dreieck mit einem Winkel von 105°. Infolge unterschiedlicher Elektronenaffinität verteilt sich das gemeinsame Elektronenpaar unsymmetrisch zwischen die beiden Atomarten. Dadurch fallen die Schwerpunkte der positiven und negativen Ladungen des Moleküls nicht zusammen; es entsteht eine Polarität, die als elektrisches Dipolmoment mit $\mu_{H_2O} = 1{,}84 \cdot 10^{-18}$ bestimmbar ist. Darauf beruht die Bildung von Hydrathüllen und zahlreicher Anlagerungskomplexe und erklärt u. a. die schnelle und spezifische Erwärmung wasserhaltiger Lebensmittel im Hochfrequenzfeld.
W. hat dadurch ein sehr gutes Lösungsvermögen für viele Stoffe, es ist das am meisten verwendete Lösungsmittel, bewirkt bei Salzen, Säuren und Basen eine Spaltung in Ionen und nimmt an zahlreichen Reaktionen teil. So dient es als Ausgangsstoff bei der Photosynthese und ist somit selbst ein Nährstoff. W. ist als Quellungsmittel von Eiweißen, Stärke und anderen polymeren Stoffen sowie als Lösungsmittel vieler Stoffe Träger der chemischen und physikalischen Vorgänge in der lebenden Zelle und vermittelt durch Strömen der Gewebs- und Nahrungssäfte die Aufnahme und den Transport der Stoffe. W. ermöglicht die zur Verdauung notwendige hydrolytisch-enzymatische Spaltung der Grundnährstoffe. Es ist an der Wärmeregulierung im Organismus beteiligt. Der menschliche Organismus besteht zu etwa 64 % aus W. und kann kaum länger als 3 Tage ohne dieses auskommen. Ungefähr 2···3 l W. muß der Mensch täglich je nach den Arbeits- und Umweltbedingungen mit Speisen und Getränken aufnehmen. W. kommt in allen *Lebensmitteln* in unterschiedlicher Menge vor (Tab.).
In lebenden Organismen liegt W. in freier, physikalisch oder chemisch gebundener Form vor. Das chemisch gebundene W. eines Lebensmittels läßt sich in der Regel nicht, das physikalisch gebundene W. meist nur z. T. durch Trocknung entfernen. So enthält selbst das scheinbar trockene Mehl noch bis zu 15 % W.. Der mit Hilfe gewöhnlicher Trocknungsverfahren entfernbare Wassergehalt

Wasser-(Feuchtigkeits-)gehalt einiger Lebensmittel aus dem Tier- und Pflanzenreich

Lebensmittel	Gehalt des verwertbaren Anteils in %
Milch	87···90
Eier	75
Fleisch, Fisch	50···80
Butter, Margarine	20
Schmalz	0,3
Kartoffeln	75···80
Brot	35···40
Teigwaren	12
Mehl (aus Roggen oder Weizen)	15
Gemüse	85···95
Obst	80···85
Marmelade	40
Honig	20
Zucker	0,1

von Lebensmitteln wird auch als Feuchtigkeit oder *Feuchte* bezeichnet. Bei der Zubereitung von Lebensmitteln wird der Wassergehalt oft verändert. Es gibt Zubereitungsprozesse, bei denen a) diese Änderung beabsichtigt ist (z. B. Herstellung von Trockenobst, Milchpulver), b) unbeabsichtigt nebenherläuft (z. B. beim Backen und Braten) und c) keine Änderung eintritt (z. B. beim Sterilisieren oder Kochen im verschlossenen Gefäß).
W. kommt in der Natur in verschiedenen Arten vor: a) als *Regenwasser* (Niederschlagswasser), b) als *Grundwasser* (das auf einer undurchlässigen Schicht ruhende oder fließende unterirdische W.), c) als *Quellwasser* (auf natürlichem Wege zutage tretendes Grundwasser), d) als *Oberflächenwasser* (oberirdisch abfließendes Regenwasser).
Die vorgenannten Wasservorkommen können als W. im Sinne des *Lebensmittelgesetzes* genutzt werden, wenn sie den an → *Trinkwasser* gestellten Forderungen genügen. Dazu ist häufig eine Aufbereitung (z. B. durch Chlorung) erforderlich. Trinkwasser muß so beschaffen sein, daß sein Genuß und seine Verwendung die menschliche Gesund-

heit nicht zu schädigen vermögen. Es muß frei von Krankheitserregern und möglichst keimfrei sein, darf keine toxischen Stoffe und keine anderen in solcher Menge enthalten, daß sie die Gesundheit schädigen oder gefährden können, sowie keine Beimengungen, die aus menschlichen oder tierischen Ausscheidungen stammen. Es soll nach seiner Herkunft und Beschaffenheit appetitlich sein, klar und farblos aussehen, keinen fremdartigen Geruch oder Geschmack haben und zum Genuß anregen. Zur Behandlung von Lebensmitteln darf nur Trinkwasser verwendet werden, dasselbe gilt für die Verwendung von W. zum Reinigen der Hände und von Gegenständen, die zur Behandlung von Lebensmitteln dienen. → Wasserentkeimungsmittel

Wässer → Mineralwasser → Tafelwässer

Wasseraktivität: Kennwert (a_w) von Lebensmitteln als ein Maßstab der physiologischen Verfügbarkeit des Wassers in Lebensmitteln. Sie ist physikalisch definiert als der Quotient aus dem Wasserdampfpartialdruck im Lebensmittel bei der Temperatur $T(p)$ und dem Sättigungsdampfdruck des reinen Wassers bei gegebener Temperatur (p_0) bzw. der relativen Gleichgewichtsfeuchtigkeit (*RGF*) bei gegebener Temperatur:

$$a_w = \frac{P}{P_0} = \frac{RGF}{100}$$

Bei niedrigen Wassergehalten (50%) bewirken kleine Änderungen dieser Parameter starke Veränderungen in der W. Die Höhe des a_w-Wertes läßt die Beweglichkeit des Wassers im Lebensmittel erkennen:

a_w-Bereich	Bindungszustand des Wassers im Lebensmittel
0,8···0,99	Bewegliches Wasser im Gewebe von Membranen eingeschlossen bzw. in Makrokapillaren (Durchm. > 1 μm), Gefrierpunkt etwas erniedrigt.

Wasseraktivität von Lebensmitteln

Lebensmittel	a_w-Wert (Durchschnitt)
Schinken, ger.	0,84
Leberwurst	0,96
Salami	0,82···0,85
Getrocknete Früchte	0,72···0,80
Marmelade	0,82···0,94
Getreidemehl	0,75
Honig	0,75
Kondensmilch, süß	0,84
Hartkäse	0,92
gesättigte Saccharoselösung	0,86

Wasser, alkalisches → Heilwasser

Wasser, arsenhaltiges → Heilwasser

Wasserbackware, *Wasserware:* eine → *Bäckereiware,* bei deren Herstellung nur Trinkwasser als Zugußflüssigkeit verwendet und dem Teig in der Regel kein Fett zugegeben wird. Dies hat zur Folge, daß der aromatische Hefegeschmack deutlich wahrnehmbar und die Kruste rösch ist. → Milchbackware → Brötchen → Backware

Wasserbambus → Wasserreis, Mandschurischer

Wasserbindevermögen: 1. Fähigkeit eines Lebensmittels bzw. eines Lebensmittelgemisches eigenes oder zugefügtes Wasser (Fremdwasser) unter von außen wirkenden Einflüssen bzw. verarbeitungsbedingten Einwirkungen festzuhalten. Man unterscheidet deshalb auch zw. *Safthaltevermögen* und *Fremdwasserbindevermögen.* Das W. ist von großer Bedeutung für die Qualitätsausbildung des Endproduktes bei versch. Lebensmitteln, z.B. Fleisch, Gefrierkonserven, gelartige Zubereitungen. Im Muskelfleisch der Schlachttiere liegt der größte Teil des vorhandenen Wassers frei beweglich vor, d.h., es ist nicht chemisch oder physikalisch an Eiweiß gebunden. Trotzdem fließt es beim Anschneiden des Muskels nicht aus. Die Gründe dafür sind noch nicht genau bekannt. Das W. ist im wesentlichen abhängig vom *p*H-Wert des rohen Fleisches, der Erhitzungsgeschwindigkeit, dem Grad der Denaturierung und Koagulation der

Muskelproteine in Abhängigkeit von der Erhitzungstemperatur. Je niedriger der *p*H-Wert, je geringer die Erhitzungsgeschwindigkeit und je höher die Endtemperatur, um so größer ist der Flüssigkeitsverlust des Fleisches. Die Proteinveränderung führt dabei zu einer Schrumpfung der Myofilamente und einer Verfestigung der Mikrostruktur der Myofibrillen, wodurch der Anteil *„freien Wassers“* im Muskelgewebe erhöht und sein Austritt aus den Zellen ermöglicht wird. Je größer die verarbeitungsbedingte technische Belastung beim Zerkleinern, Pressen, Erwärmen u. a. ist, um so mehr Saft fließt aus, wodurch die Rohstoffausbeute verringert und die sensorischen Eigenschaften nachteilig verändert werden. Mit dem Fleischsaftaustritt gehen auch wertvolle Zellinhaltsstoffe verloren. In der Totenstarre (rigor mortis) nimmt das W. im Muskelfleisch zunächst stark ab. Nach längerem Abhängen infolge pH-Wert-Anstiegs und einer enzymatisch bedingten Strukturauflockerung der Proteine nimmt es wieder zu. Schlachtwarmes Fleisch hat das höchste W. → *PSE-Fleisch* neigt infolge seines beschleunigten pH-Wert-Abfalls innerhalb der ersten 45 Min. nach der Schlachtung auf Werte ← 5,8 zu höheren Verlusten an Wasser während der Kühlung und beim Garen. Die Folge sind Zähigkeit und geringe Saftigkeit. → *DFD-Fleisch* hat ein besseres W. Bei polysaccharidreichen Lebensmitteln hängt das W. vom netzartigen Strukturaufbau der Polysaccharide ab. In den von ihnen gebildeten Hohlräumen kann das freie Wasser bei Vorgängen, die mit Quellen, Binden und Gelieren eng verbunden sind und die bei Obst und Gemüse eine große Rolle spielen, eingelagert werden. Das W. kann dabei durch Enzyme verändert werden, z. B. bei der enzymatischen Obstsaftgewinnung.
2. Fähigkeit von Stoffen, Wasser durch Bildung von Hydrathüllen oder als Kristallwasser zu binden und damit die → *Wasseraktivität* in Lebensmitteln zu erniedrigen (*humectants*). Bes. geeignet dafür sind in abnehmender Reihenfolge Kochsalz, Glycerol, Glucitol, Saccharose. → *Backhilfsmittel* → Hydrokolloide → Kleber → Masse → Mehl → Teig

Wasserbrotwurzel → Taro

Wasserehrenpreis, *Uferehrenpreis, Bachbunge:* das fast überall auf der Erde vorkommende *Rachenblütlergewächs Verónica beccabúnga* L. (Familie *Scrophulariáceae*), das in Mitteleuropa für Wildsalatzwecke, in Japan als Gemüsepflanze angebaut wird. → Wildkräuter

Wassereis → Kunstspeiseeis

Wasser, eisenhaltiges → Heilwasser

Wasserentkeimungsmittel: Stoffe, mit deren Hilfe für die Trinkwasserversorgung bestimmtes Wasser auf chemischem Wege von Krankheitserregern wie Bakterien, Viren, Parasiten und deren Eier befreit wird. Als W. werden in Wasserversorgungsanlagen *Chlor* (E 925), *Chlordioxid* (E 926) und *Ozon* eingesetzt. Die Chlorierung bringt keine bes. Schwierigkeiten mit sich, wenn von Natur aus reine Grundwässer behandelt werden, die nur gelegentlich erhöhte Keimzahlen aufweisen. Bei industriell vorbelasteten Flußwässern können bei der Chlorung geruchs- und geschmacksintensive *Chlorphenole* und *Chloramine* auftreten. Während Phenol z. B. im Wasser erst in einer Konzentration von etwa 1 mg/l geschmacklich nachweisbar ist, schmeckt man das gebildete Chlorphenol bereits in einer Konzentration von 0,001 mg/l. In diesen Fällen eignet sich der Einsatz von Chlordioxid besser.

Wasser, erdiges → Heilwasser

Wässer, Flache → Wässer, Stille

Wasserfleckigkeit → Glasigkeit

Wassergelee → Wasserpudding

Wasserglas: wäßrige Lösung von Alkalisilikaten, die durch Schmelze von Quarzsand mit Pottasche (Kaliwasserglas) bzw. Soda (Natriumwasserglas) hergestellt wird. Wasserglaslösungen reagieren stark alkalisch (Vorsicht!) und stellen einen mineralischen Leim dar; die 2···4%ige Lösung dient zum Konservieren von Eiern.

Wasserglasur, *Zuckerglasur, Glace, Fondantglasur:* eine hauptsächlich aus Puderzucker bestehende und mit Wasser (auch unter Zusatz von Farb- und Geschmacksstoffen) angerührte

Glasurmasse. Die W. dient bei Feinbackwaren, Zuckerwaren (z. B. Fondant) und Dickzuckerfrüchten zum Haltbarmachen sowie zur Verbesserung des Aussehens und des Geschmacks. → Überzugsmittel → Glasur

Wasser, jodhaltiges → Heilwasser

Wasserkastanie: 1. → Wassernuß
2. → Sumpfsimse, süße

Wasserkefir → Meereskristalle, Japanische

Wasser, kochsalzarmes → Wasser, natriumarmes

Wasserköpfe → *Cortinariáceae*

Wasserknoblauch → Nobiru

Wasserkresse → Brunnenkresse

Wasserlimone → Passionsfrüchte

Wassermais: die in ruhigen Gewässern des Amazonasgebietes vorkommende Wasserpflanze *Victória amazónica* (Poepp.) Sowerby, Syn. *Victória régia* Lindl. (Familie *Nymphaeáceae*), die Schwimmblätter mit Durchm. bis zu 2 m hat. Die stacheligen Früchte von 8···15 cm Durchm. enthalten zahlreiche grünliche oder schwarzbräunliche, kugelig-ellipsoide, stärkereiche Samen von 7···8 mm Länge und 5,5···6 mm Durchm., die roh, meist aber gekocht oder geröstet verzehrt werden. Ähnlich ist *V. cruciána* D'Orb., deren Samen geröstet werden.

Wassermelone, *Zitrulle:* Sammelbez. für verschiedene, bis 20 kg Masse aufweisende Beerenfrüchte der Unterarten und Varietäten von *Citrúllus lanátus* (Thunb.) Mats.(Familie *Cucurbitáceae*), die wild wachsend oder kultiviert in den Wüsten als Wasserspeicher für Mensch und Tier dienen. Dies trifft insbes. für die teils wild wachsende, teils kultivierte *ssp. lanátus var. lanátus* Mansf. in Süd- und Südwestafrika, früher bis Ägypten verbreitete W. zu, deren Samen, junge Früchte und Blätter als Gemüse verwendet werden. Die hierzu zählende *Tsamma-Wassermelone* wird als Ausgangsform für die *Dessertmelone, C. lanátus ssp. vulgáris* (Schrad.) Fursa, *var. vulgáris* angesehen. Diese, in allen warmen Ländern, in 10 ökologisch-geographisch unterschiedlichen Gebieten angebaute Melone, bildet 3 Haupttypen, die vorwiegend roh, als sog. Dessertgemüse, verzehrt werden, im Orient zu *Nardek* (Wassermelonenhonig) verarbeitet und in der ehem. Sowjetunion wie Salzgurken eingelegt werden. Die Samen werden geröstet gekaut. Zusammensetzung s. Tab.

Zusammensetzung und Energiewert der Wassermelone

Bestandteil	in 100 g eßbaren Anteils
Feuchtigkeit	93 g
Eiweiß	0,6 g
Fett	0,2 g
Kohlenhydrate	5,0 g
Rohfaser	0,6 g
Mineralstoffe	0,6 g
Kalium	160 mg
Calcium	11 mg
Phosphor	11 mg
Eisen	0,4 mg
Magnesium	8 mg
Natrium	0,5 mg
Mangan	0,02 mg
Kupfer	0,07 mg
Vitamin B_1	0,05 mg
Vitamin B_2	0,05 mg
Caroten	0,05 mg
Vitamin C	6 mg
Energiewert je 100 g in kJ (kcal)	110 (25)

Bei vielen Sorten sind die Früchte im Vergleich zur → Zuckermelone rel. fade im Geschmack. In Japan wurde eine hochwertige triploide Sorte, die samenlose W. *gezüchtet*. In Westafrika wächst die *ssp. mucospérma* Fursa, die *Egusimelone,* mit Formen, die große, eiweißreiche und ölreiche Samen aufweisen und vorwiegend als Eiweißquelle genutzt werden. Obgleich W. für den Export weniger in Frage kommen, da sie nicht so haltbar und wesentlich größer als *Zuckermelonen* sind, werden in Ungarn und in den USA kleinfrüchtigere, samenlose W. mit sehr gutem Geschmack angebaut, die auch exportfähig sind. Als *Arbuse* bezeichnet man rotfleischige W., die eine grüne, glänzende Schale und schwarze Kerne aufweisen. W. sollten kühl serviert werden, damit das Fruchtfleisch erfrischend wirkt.

Wasser, mineralarmes → Mineralwasser → Tafelwässer

Wasser, mineralisches → Heilwasser

Wasserminze → Krauseminze → Krauseminzöl

Wasser, muriatisches → Heilwasser

Wasser, natriumarmes, *Wasser, kochsalzarmes:* natürlich vorkommendes, durch mineralstoffarme, vorwiegend vulkanische Gesteinsschichten gefiltertes → natürliches Mineralwasser, das → Quellen oder → Brunnen entstammt. Bei den n. W. handelt es sich meist auch um kohlendioxidarme Wässer, die zu Heilzwecken, als Erfrischungsgetränk und für die Zubereitung von Säuglingsnahrung geeignet sind, sofern sie als dafür *„geeignet"* gekennzeichnet sind. → Heilwasser → Wasser, Stilles

Wassernuß, *Seenuß, Spitznuß, Stachelnuß:* eine einjährige Schwimmblattpflanze, *Trápa nátans* L. (Familie *Trapáceae*), mit bis zu 4 cm großen, vierstacheligen, dunkelbraunen Steinfrüchten. Die wenigen heute noch sporadisch existierenden Bestände dieser wärmeliebenden Wasserpflanze können als «lebende Tertiärrelikte» betrachtet werden, und es gibt kaum eine höhere Wasserpflanze, die stammesgeschichtlich älter wäre als die W. Nur in klimatisch begünstigten Gebieten, wie im Süden und Osten der Mark Brandenburg, im Moritzburger Teichgebiet und an einigen Flußrändern, wie in Leipziger Gewässern, konnte sich diese Art erhalten. Der Verbreitungsschwerpunkt befindet sich im Mittelmeerraum und in Südosteuropa, z. B. in den tieferen und windoffenen Zonen des Donaudeltas. Die Samen der Trapafrüchte, zu denen auch die in Indien vorkommende *Singharanuß, Haikak,* bzw. *Wasserkastanie, Trápa bispinósa (*Roxb.*), Nakano* und die *Jesuitennuß, Trápa bicórnis Osbeck var. bicórnis,* zählen, sind roh oder in Salzwasser gekocht genießbar und ähneln im Geschmack der Eßkastanie. Wegen des wohlschmeckenden, stärkehaltigen Fruchtkernes (vgl. Tab.) wurde die W. im Mittelalter in kalkarmen Fließgewässern gezogen und das *Wassernußmehl* zu Brot gebacken.

Zusammensetzung und Energiewert der Wassernußfrucht

Bestandteil	Durchschnittl. Gehalt in 100 g lufttrockenen eßbaren Anteils
Feuchtigkeit	14,2 g
Eiweiß	9,8 g
Fett	0,5 g
Kohlenhydrate	74,3 g
Saccharose	7,0 g
Stärke	67,3 g
Rohfaser	0,7 g
Mineralstoffe	0,55 g
Energiewert in kJ (kcal) je 100 g eßbaren Anteils	1430 (342)

Im Wolgadelta und in den Balkanländern nutzt man heute noch die W. als Nahrungsmittel. Allerdings muß die Trapafrucht vor dem Verzehr möglichst gründlich gereinigt werden, damit man sich nicht mit den darin eingekapselten Larven (Zerkarien) des Riesendarmegels (*Fasciolópsis búski*) infiziert.

Wasserpfeffer → Knöterich

Wasserpflanzenrhizom: Sammelbez. für die als Rhizom ausgebildeten stärkereichen Sproßachsen verschiedener ausdauernder, krautiger Sumpf- und Wasserpflanzen, die in Ostasien und Afrika als Gemüse verzehrt werden. Hierzu zählen a) die Rhizome der *Seerosengewächse* (Familie *Nymphaeáceae*): die *Indische Lotosblume, Nelúmbo nucífera* Gaertn., die *Ägyptische Lotosblume, Nymphāēa lótos* L. und weitere in Nord-

und Westafrika beheimatete Arten, wie *Nymphāēa caerúlea* Sav. und *Nymphāēa maculáta* Schumach. Die Rhizome der beiden letzteren weisen folgende Zusammensetzung auf: 89 g Feuchtigkeit, 0,5 g Eiweiß, 0,17 g Fett, 9,5 g Kohlenhydrate, 0,46 g Rohfaser und 0,39 g Mineralstoffe, sowie 18,8 mg Calcium, 8,7 mg Phosphor und 1,1 mg Eisen bei *N. caerúlea* und 60,9 g Feuchtigkeit, 2,1 g Eiweiß, 1,1 g Fett, 32,2 g Kohlenhydrate, 1,49 g Rohfaser, 1,33 g Mineralstoffe, 58,7 mg Calcium, 39,1 mg Phosphor und 5,9 mg Eisen bei *N. maculáta.* b) die Rhizome der in Afrika verbreiteten *Fieberkleegewächse* (Familie *Menyantháceae,* z. B. der *Seekanne, Nymphoídes brevipedicelláta* (Vatke) mit folgender Zusammensetzung je 100 g: 89,4 g Feuchtigkeit, 0,81 g Eiweiß, 0,44 g Fett, 8,1 g Kohlenhydrate, 0,57 g Rohfaser, 0,65 g Mineralstoffe, 12,7 mg Calcium, 9,5 mg Phosphor und 1,1 mg Eisen.

Wasserpudding, *Wassergelee, Wackelpudding, Früchtepudding, Götterspeise:* eine gelierte, fruchtig-säuerlich schmeckende Süßspeise ohne Milchzusatz in Form eines mehr oder weniger festen Gelees, das meist mit Vanillesoße, Milch oder Sahne verzehrt wird und in den Geschmacksrichtungen Kirsche, Waldmeister, Zitrone und Himbeere durch Zusatz entsprechender farbgebender Stoffe und Aromen hergestellt wird. Die Bez. W. ist nicht korrekt, hat sich aber im Gegensatz zu → Milchpudding eingebürgert (vgl. → Pudding). Der W. liegt im Energiewert mit 274 kJ (65 kcal) je 100 g am niedrigsten von allen Süßspeisen. Der W. kann auch aus entsprechenden kochfertigen Pulvern bereitet werden, gelangt aber auch als → Fertig-Dessert in Portionspackungen auf den Markt.

Wasser, radioaktives → Heilwasser

Wasserreis → Speisereis

Wasserreis, Mandschurischer, *Wasserbambus, Chiaopai, Chiaosun:* ein in Ostasien, bes. in Südchina, in Teichen kultivertes → *Süßgras, Zizánia latifólia* (Griseb.) Turcz. ex Stapf, Syn. *Z. caduciflóra* (Turcz.) Hand., *Limnochlóa caduciflóra Turcz.* oder *Hydropýrum latifólium* Griseb. (Familie *Poáceae*). Vom M. W. werden sowohl die Früchte (Körner) als auch die Rhizome, insbes. die unteren, fleischig verdickten Stengelglieder, als Gemüsedelikatesse verzehrt. Dabei handelt es sich um die Ausnutzung eines Krankheitszustandes einer Kulturpflanze, ausgelöst durch den Brandpilz *Ustilágo esculénta,* der zu einem unnatürlichem Anschwellen der Stengel führt.

Wasserrübe → Speiserübe

Wassersalat, *Velvetblatt:* die im tropischen Mittel- und Südamerika kultivierte und in Südostasien als Unkraut in Reisfeldern eingewanderte Wasserpflanze *Limnocháris fláva* (L.) Buchenau (Familie *Butomáceae*), deren junge Blätter und Sprossen sowie Blütenstände als Kochgemüse genutzt werden.

Wasser, salinisches → Heilwasser

Wasser, schwefelhaltiges → Heilwasser

Wassersenf → Brunnenkresse

Wässer, Stille, *Flache Wässer, eaux plattes:* nicht sprudelnde feinperlige Mineralwässer mit einem Gehalt an freier Kohlensäure bis 4 g/l. S. W. sind z. B. *Gerolsteiner Stille Quelle* und *Valser St. Petersquelle.* Kohlensäurefreie Wässer sind z. B. *Vittel* und *Volvic,* die gleichzeitig natriumarm sind. → Heilwässer → Mineralwasser → Wässer, natriumarme → Quelle → Tafelwasser.

Wasserstoff: gasförmiges Element der I. Hauptgruppe des Periodensystems mit der Ordnungszahl 1, Symbol H. Soweit W. zur Fetthärtung oder zur Herstellung von Zuckeralkoholen dient, bedarf dies keiner bes. Zulassung als Zusatzstoff.

Wasserstoffionenstärke → H-Stärke

Wasserstoffperoxid, *Wasserstoffsuperoxid, Hydroperoxid, Perhydrol* (30%ige Lösung): eine klare wasserhelle Flüssigkeit mit der Formel H_2O_2. Das W. hat antimikrobielle Eigenschaften. Es ist in geringer Konzentration in der Natur weit verbreitet anzutreffen und entsteht u.a. bei vielen biologischen Prozessen, z. B. bei der Atmung und bei der Gärung. W. wird verschiedentlich als Teiglockerungsmittel, als Bleichmittel (z. B. von Frischproteinkonzentrat, Stärke, Gelatine) und zur Konservierung von Milch und Fischpräserven sowie von Seefischen (durch Zusatz zum Kühlhalteeis) verwendet. W. wirkt durch Oxydation bleichend und beseitigt oxydationsempfindliche Verunreinigungen aus Trinkwasser. W. zerstört Ascorbinsäure, was aber bei Milch nicht weiter ins Gewicht fällt, da das gleiche durch Pasteurisieren (→ Pasteurisation) geschieht. Bei der Umsetzung als Teiglockerungsmittel verbleiben keine Rückstände, da nur Sauerstoff und Wasser entstehen. Gleichzeitig tritt ein Bleicheffekt auf. Nachteilig wirkt sich ein schwach kratzender Nachgeschmack aus. → Konservierungsstoffe

Wasserstoffsulfid → Schwefelwasserstoff

Wässer, streng natriumarme → Tafelwässer

Wasserware → Wasserbackware

Wasseryams → Großyams

Wasserzitrone → Passionsfrüchte

Wasserzizanie → Wildreis

Wate → Markstärke → Palmstärke

Waxdick → Störe

'Webbs Preisnuß': Haselnuß → Schalenobst

Wecke, *Weck:* eine verbreitete Bez. für → Brötchen verschiedener Formen. Das Wort W. bedeutet *keilförmiges Gebäck* (althochdeutsch: *weggi, wecki, altnordisch: veggr, das Keil* bedeutet und urverwandt ist mit dem litauischen *vagis*), *Zapfen, Pflock.* Die Bez. W. kommt in vielen Zusammensetzungen vor, wie dies z. B. bei der → *Semmel* der Fall ist: *Wasserwecke* (eine runde, glatte W.), *Doppelwecke* (identisch mit *Paarsemmel, Paarwecke), Salzwecke* (ein mit Salz und Kümmel bestreutes Brötchen), *Berliner Wecke* (ein Doppelbrötchen), *Reihenwecke* (identisch mit Zeile). Die Salzwecke ist in manchen Gegenden ein längliches, schräg geschnittenes Gebäckstück, in anderen ein rundes, mit Formstempel gedrücktes Brötchen. → Kleinbackware → Ausbundbackware

Wegerauke → Senf 10.

Wegerich: Sammelbez. für verschiedene Pflanzenarten aus der Familie *Plantagináceae,* deren Anbau für Gemüsezwecke und wegen des Schleimstoffgehaltes in Samen und Blättern erfolgt. Hierzu zählen: *Plantágo coronópus* L., der *Krähenfußwegerich* oder *Hirschhornsalat,* vorwiegend in Indien und Nordeuropa als Gemüsepflanze kulitivert. Der *Breitwegerich, P. májor* L. , bes. in seiner asiatischen Form *var. asiática* L., wird vorwiegend in Südchina und Brasilien als → Blattgemüse kultiviert, in Mitteleuropa zählt er zu den → Wildkräutern. Der → Spitzwegerich, P. lancioláta L. ist vor allem im Frühjahr Bestandteil von Frischkostsalat; die getrockneten Blätter sind als Schleimdroge Bestandteil von → Kräutertee. Der *Blonde Psýllium, P. odoráta* Forsk. wird wegen seiner schleimstoffhaltigen Samen vor allem in Indien zur Speiseeis- und Getränkeherstellung verwendet. *P. áfra* L., das *Flohkraut* oder der *Schwarze Psyllium,* wird wegen der Schleimstoffe des Samens kultiviert, die als Quellstoff vorwiegend medizinischen Zwecken dienen.

Wegesenf → Senf 10.

Wegetritt → Knöterich

Wegwarte, *Wildzichorie, Wilde Zichorie, Gemeine Zichorie, Bittere Zichorie, Feldzichorie:* die an Straßenrändern und Feldrainen vorkommende blaublütige Zichorie *Cichórium íntybus L. var. íntybus* (Familie *Asteráceae*), deren junge etwas bittere Blätter, Stengel und Triebe für Speisezwecke verwendet werden. Man stellt aus ihnen → Salate mit Äpfeln auch in Kombination mit Paprika und Weißkohl her. Außer Bitterstoffen enthalten die Blätter und Stengel (in je 100 g) 1,3 mg Caroten, 0,05 mg Vitamin B_1, 0,03 mg Vitamin B_2, 0,24 mg Niacin, 135 mg Vitamin C, 26 mg Phosphor, 4,4 mg Natrium, 192 mg Kalium, 12 mg Mangan, 25 mg Calcium und 0,7 mg Eisen. In Frankreich werden die jungen Blätter von jeher in gebleichter Form verzehrt und als "*Kapuzinerbart*" bezeichnet. Erst viel später hat man diese Methode des Bleichens bei der Kulturform der W., dem Chicorée, wieder aufgenommen. → Bleichgemüse → Inulingemüse

weich → soft

Weichboviste → *Lycoperdáceae*

Weichfett → Fett, gehärtetes

Weichgetreide → Getreide, glasiges

Weichkaramelle, *Toffee:* ein → Bonbon, das neben Saccharose und Stärkesirup immer Fett (5···15%) enthält und im Mund eine zähplastische Konsistenz aufweist. Die W. haben einen höheren Wassergehalt als Hartkaramellen und enthalten oft Milch (*Milchbonbons*), Sahne oder Butter *(Butterbonbons).* Zur Herstellung von W. werden Stärkesirup und Fett, meist auch Milch, bei erhöhter Temperatur homogenisiert und nach Zugabe von Zucker im offenen Kessel oder im Vakuum auf den gewünschten Feuchtigkeitsgehalt (4···8%) eingedampft. In die heiße Bonbonmasse können auf dem Kühltisch noch Zusätze eingearbeitet werden. Anschließend erfolgt das Pressen zu einem Strang und Schneiden in rechteckige Stücke. → Hartkaramelle, → Zuckerware

Weichkäse: Bez. für eine Gruppe von *Labkäsen,* die unter Verwendung von zugelassenen Hilfs- und Zusatzstoffen (z.B. Käsereikulturen, Lab, Salze, Farbstoffe, Gewürze, Champignons) aus pasteurisierter, im Fettgehalt eingestellter oder entrahmter Frischmilch – auch unter Zusatz von pasteurisierter Ziegenmilch – hergestellt werden und sich durch Rotschmiere oder Edelschimmel an den Außenflächen auszeichnen. Der Produktionsprozeß ist gekennzeichnet durch mäßige Bruchzerkleinerung und kurze Reifungsdauer. W. sind weichschnittig bis streichfähig und reifen im Gegensatz zu Hartkäse von außen nach innen. Es gibt eine große Zahl von W. insbes. in Frankreich. Bekannte Sorten sind *Limburger, Romadur, Frühstückskäse, Sonneborner Weichkäse, Altenburger Ziegenkäse, Camembert, Brie* und *Neufchateler.* → Käse

Weichkäse mit Schimmelbildung: allgemeine Bez. für bestimmte → Weichkäse (z.B. Camembert).

Weichkäse mit Schmierebildung: allgemeine Bez. für bestimmte → Weichkäse (z.B. Romadur).

Weichkeks aus Nichtweizenmehl → Backmehl ohne Weizen

Weichkirsche → Herzkirsche

Weichmacher → Mürbungsmittel

Weichmais, *Stärkemais:* eine Varietät des → Maises, *Zéa máys convar. amylácea* Sturtev., mit mehligem, lockerem Endosperm. Der W. dient vorwiegend zur Stärke- und Alkoholgewinnung. → Maisnährmittel

Weichobst → Obst

Weichsel: Bez. für eine Kulturform der → *Sauerkirsche* mit dunklen Früchten und färbendem Saft. Zu den W. gehören die wirtschaftlich wichtigsten Sorten *'Fanal', 'Schattenmorelle'* sowie andere, vereinzelt noch im Individualanbau anzutreffende Sorten, wie *'Reinhardts Ostheimer', 'Kelleriis 16'* und *'Röhrigs Weichsel'.* Für die Gewinnung von Fruchtrohsäften sind die zu den W. zählenden *Preßsauerkirschsorten* (*'Sternsbär', Leitzkauer P.'* u. a.) mit besten Safteigenschaften wertvoll. Wegen ihrer Kleinfrüchtigkeit treten sie zwar im Anbau zurück, sind aber für maschinelle Ernte gut geeignet.

Weichtiere, *Mollusken:* Tierstamm, der → *Muscheln* → *Schnecken* und → *Tintenfische* umfaßt. Jährlich werden über 5 Mio. t von der Weltbevölkerung für die Ernährung genutzt.

Weichweizen → Weizen → Saatweizen → Auszugsmehl

Weichweizengrieß → Grieß

Weichzucker → Fondantmasse

Weidendornbeere → Sanddornbeere

Weidenröschen, schmalblättriges → Waldweidenröschen → Wildkräuter

Weihnachtsgewürz: 1. für die Weihnachtsbäckerei geeignete Gewürze, bes. Anis, Kardamom,

Gewürznelke, Mazis, Muskatnuß, Piment, Zimt, Orangeat und Zitronat.
2. Mischungen dieser Gewürze (außer Orangeat und Zitronat) in gemahlenem Zustand, die für bestimmte Gebäckarten, z.B. Lebkuchen, Spekulatius, Printen und Stollen, verwendet werden. → Würzmittelmischung

Weihrauch → Olive, Chinesische → Myrrhe

Wein: 1. aus dem Saft (→ Most) frischer Trauben durch vollständige oder teilw. alkoholische Gärung gewonnenes Getränk. Entsprechend der Farbe des W. unterscheidet man *Weiß-*, *Rot-* und *Rosé-* oder *Schillerwein,* die aus verschiedenen Weintraubensorten gekeltert werden. Einige wichtige Keltertraubensorten:
Traubensorten für Weißwein:
→ Aligoté → Blaustengler → Burgunder, Weißer → Dimiat → Elbling, Weißer → Feteaska alba → Furmint, Gelber → Grauer Mönch → Gutedel, Weißer → Huxelrebe → Kerner → Lindenblättriger → Malvasier → Riesling, Weißer → Ruländer → Sauvignon → Sémillon → Tausendgut → Traminer → Silvaner → Veltliner → Welschriesling → Müller-Thurgau.
Traubensorten für Rotwein:
Cabernet-Franc, Cabernet-Sauvignon (→ Bordaux) → Gamay noir → Gamsa → Kadarka, Blauer → Mavrud → Merlot → Pamid → Portugieser, Blauer → Spätburgunder, Blauer → Trollinger, Blauer.
Die wichtigsten Weinanbaugebiete der Erde: Der Weinstock gedeiht am besten in der gemäßigten Zone zwischen dem 35. und 45. Beitengrad und bei einer mittleren Jahrestemperatur von 12°C. Die deutschen Weinbaugebiete (s. auch Weintraube) gehören überwiegend zu den nördlich gelegenen Gebieten. Hier ist erwerbsmäßiger Weinbau oft nur in klimatisch begünstigten Lagen möglich. Im Gegensatz zu den feurigen, alkoholreichen W. der südlicheren Anbaugebiete zeichnen sich die Spitzenweine der nördlicher gelegenen Gebiete durch ihre Harmonie und ihr bes. Bukett aus. *Weinbereitung:* Die Weinbereitung umfaßt die folgenden technologischen Teilschritte: die Lese der Trauben, die Kelterung, die Mostbehandlung, die Mostgärung und die Kellerbehandlung des W.
Weinlese: Die Ernte der Trauben - möglichst im Stadium der Vollreife - dauert je nach Reifezeit der einzelnen Rebsorten von Mitte Sept. bis Mitte Nov. Der Beginn der Weinlese wird in den meisten Ländern behördlich festgesetzt («Herbstzwang»), um die Weinqualität der einzelnen Weingebiete einheitlich garantieren zu können. Der witterungsabhängige Zeitpunkt der Weinlese ist ein entscheidender Faktor für die zu erzielende Weinqualität. Man unterscheidet *Vorlese, Hauptlese* und *Spätlese.* Bei bes. günstiger Witterung werden in einigen Ländern die Trauben bestimmter Sorten, z. B. *Furmint* und *Riesling,* erst nach dem Eintrocknen am Stock geerntet. In den trocknenden Beeren steigt der Zuckergehalt an, während der Säuregehalt infolge enzymatischer und mikrobieller Einwirkung sinkt. Die Beeren erreichen dabei den Zustand der *Edelreife* oder bei gleichzeitigem Befall mit dem Pilz *Botrytis cinérea* den der *Edelfäule.* Aus derartigen Trauben werden u.a. im Rheingau, in Ungarn und in Frankreich die geschätzten → *Ausbruchweine* oder → *Trockenbeerenauslesen* hergestellt. Trauben, die auf Stroh oder Schilf geschrumpft sind, liefern die *Strohweine.* → *Eisweine* werden aus solchen Preßsäften bereitet, deren Trauben im gefrorenen Zustand gelesen und gekeltert werden. Infolge des Ausfrierens des Wassers erhöht sich die Konzentration an gewünschten Inhaltsstoffen der Weinbeere. Die mit Traubenscheren geernteten und von kranken Beeren befreiten Weintrauben werden in Butten aus Plastik oder säurefest gestrichenem Metall transportiert.
Die Kelterung: Nach dem Transport in das Kelterhaus werden die Beeren in einem rotierenden Schlagwerk von den Kämmen und Rappen befreit und in Traubenmühlen vorsichtig, um nicht die Kerne zu zerdrücken, zur *Maische* zerquetscht. Die Weißwein- und Rotweinmaischen werden unterschiedlich weiterverarbeitet. Von der Weißweinmaische wird der Most unverzüglich in Pressen z.B. in Korb-, pneumatischen Horizontal- oder in Schneckenpressen, *abgekeltert* oder abgepreßt. Dagegen läßt man die Rotweinmaische bei einer Temperatur von etwa 20°C 6 bis 8 Tage gären, um die in den Beerenhülsen lokalisierten Anthocyan-

Farbstoffe unter der Einwirkung von Enzymen und dem sich bildenden Gärungsalkohol zu lösen. Die Rotweinmaischegärung erfolgt in offenen Behältern. Der sich dabei an der Oberfläche bildende *Tresterhut* muß möglichst oft untergestoßen werden. Bei *modernen Rotweinbereitungsverfahren* wird die zeitaufwendige Maischegärung durch ein Erwärmen der Maische auf 40···50°C und durch Zusätze von Filtrationenzymen ersetzt. Nach 2···4 h ist der Farbstoff aus den Beerenhäuten in ausreichendem Maße gelöst und es kann abgekeltert werden. Die beim Keltern des Mostes anfallenden Preßrückstände, die *Trester,* werden zu Futter- oder Düngemittel verarbeitet oder dienen der Bereitung von *Tresterwein* oder *Tresterbranntwein.* Der Tresterwein gilt als *Haustrunk* und darf nicht gehandelt werden. Blaue oder rote Trauben, sofort nach dem Maischen gekeltert, ergeben einen nur schwach rötlichen Wein, der in einigen Ländern als *Weißherbst, Klarett-* oder → *Rosé-,* manchmal auch als → *Schillerwein* bezeichnet wird.

Die Mostbehandlung: Da die Trauben in nördlichen Anbaugebieten nicht immer bis zum Stadium der Vollreife gelangen, enthalten die Moste oft zu wenig Zucker und zuviel Säure. Um auch in schlechten Reifejahren die sortentypische Mostzusammensetzung zu erreichen, darf in einigen Ländern dem Most Zucker zugesetzt und ein hoher Säuregehalt mittels Calciumcarbonat teilw. entfernt werden, so daß aber mind. 0,5 g Weinsäure im Liter verbleiben. Der Zuckerzusatz darf höchst. 30° Öchsle entsprechen, d. h. maximal 7,2 kg Zucker je hl Most. Der von der Kelter abgelaufene Most wird nach einer kurzen Klärung durch Absetzenlassen der Trubstoffe oder durch Zentrifugieren vorgeklärt und mit etwa 4···5 g Schwefeldioxid/hl oder mit 8···10 g Kaliumpyrosulfit/hl *eingeschwefelt.* Das Schwefeln der Maische oder des unvergorenen Mostes unmittelbar nach der Kelterung dient der Erhaltung luftempfindlicher Saftinhaltsstoffe und der Verhinderung der auf enzymatischer Phenoloxydation beruhenden Braunfärbung der Moste und *Jungweine.* Gleichzeitig wird durch die Bindung des Sauerstoffs die Entwicklung von Essigbakterien, wilden Hefen und Schimmelpilzen unterdrückt. Die erwünschten echten Weinhefen werden dadurch nicht beeinflußt.

Mostgärung (→ Ethanol): Die Gärung erfolgt in Gärgebinden aus Eichenholz, in glasierten Eisenbetonbehältern, in säurefest ausgekleideten Stahltanks oder nichtrostenden Edelstahltanks mit einem Fassungsvermögen von 60···600 hl oder in glasfaserverstärkten Polyestertanks. Nicht zu stark geschwefelte, gesunde Moste beginnen sofort zu gären. Die Gärung kann bei „totgeschwefelten" oder pasteurisierten Mosten auch durch *Reinzuchthefe* (→ Weinhefe) der Art *Saccharomýces cerevísiae var. ellipsoideus* eingeleitet werden. In der Regel bevorzugt man zur Gärung die mosteigene Hefeflora. Die sich in den einzelnen Weinberglagen herausgebildeten charakteristischen Hefepopulationen verleihen gegorenem W. meist ein vorteilhaftes typisches *Gärungs-* oder *Lagerbukett.* Nachdem die Hefen den im Most gelösten Sauerstoff zur eigenen Vermehrung verbraucht haben, beginnt die alkoholische Gärung. Je nach Temperatur dauert die durch starke Kohlendioxidentwicklung gekennzeichnete stürmische Gärung 2 bis 3 Tage, die gemäßigte Nachgärung 4 bis 5 Tage. Normale Traubenmoste gären in der Regel 10 bis 20 Tage; sehr zuckerhaltige Moste, *Spätlesen* und *Trockenbeerenauslesen* gären 1 bis 6 Monate. Zu den *modernen Gärverfahren* gehört z. B. das *Kaltgärverfahren,* bei dem die Gärung bei 4···10 °C zwar langsamer erfolgt, die Verluste an Bukettstoffen und Alkohol, die durch das entweichende Kohlendioxid auftreten, jedoch vermindert werden. Bei der *gezügelten Gärung* in Drucktanks werden die Gärprozesse durch den CO_2-Gegendruck gesteuert, da bei über 0,7 MPa CO_2-Überdruck die Hefe ihre Tätigkeit einstellt. Nach der Gärung klärt sich der W., am Boden werden bräunlich gefärbte Rückstände des Mostes und die abgestorbenen Hefen, sog. *Trub* oder *Geläger,* als schleimig feste Krusten abgeschieden. Infolge der niedrigen Lagertemperaturen scheidet sich auch *Weinstein* (Kaliumhydrogentartrat) aus. Der junge, noch hefetrübe W. enthält große Mengen an Kohlendioxid; er wird mancherorts als *Jungwein, Sauser* oder → *Federweißer* konsumiert. Bei einem normalen Gärverlauf wird der Zucker bis auf 1,5···2,5 g/l vergoren. Dieser Zukkeranteil ist geschmacklich nicht wahrnehmbar. Bei *Spätlesen* oder *Auslesen* verbleibt im W. ein nicht vergorener Zuckerrest, weil die Gärung aufhört, wenn 12···15 %-Vol. Ethanol erreicht sind. Dieser *Restzucker* wird als *natürliche Restsüße* bezeichnet. Um auch bei kleinen W. einen Teil des im Traubenmost enthaltenden Zuckers der Gärung zu entziehen, muß die Gärung künstlich unterbrochen werden. Dazu wird der W. z. B. von der Hefe abfiltriert und steril auf Flaschen gefüllt. Bei einem anderen Verfahren zur Herstellung restsüßer W. werden 90 % des Mostes völlig durchgegoren, eingelagert und ausgebaut; 10 % des Mostes werden kurz angegoren und dann sterilisiert oder steril filtriert, um den Zuckergehalt auf 100 g/l und mehr zu halten. Mit Hilfe dieser sog. *Süßreserve* kann die Restsüße eines W. dann beliebig eingestellt werden. Die nicht natürlichen restsüßen W. müssen zur Haltbarmachung entweder steril abgefüllt, pasteurisiert oder mit Konservierungsmitteln, z. B. Sorbinsäure, versetzt werden. Heute werden W. mit Restsüße oft noch bevorzugt (Typenweine).

Kellerbehandlung des W.: Nach Beendigung der Hauptgärung wird der *Jungwein* der Kellerbehandlung unterworfen. Die den Vorschriften der Weingesetzgebung unterliegende Kellerbehandlung des W. umfaßt die *Schwefelung,* die *Schönung,* die *Filtration* und den *Verschnitt.* Die dabei ablaufenden, teilw. steuerbaren, chemischen, biochemischen, biologischen und physikalischen Vorgänge tragen zur Reifung oder zum Ausbau des W., d. h. zu seiner Harmonisierung, bei. Dabei bildet sich das *Lagerbukett,* das neben dem *Traubenbukett* für die Weinqualität von entscheidender Bedeutung ist. Nach dem Absetzen der Hefe und anderer Trubteile erfolgt der erste Abstich vom Geläger, und etwa 8 Wochen später wird noch einmal abgestochen. Während kleine, leichte W. damit *faßreif* geworden sind, müssen alkoholreiche Spitzenqualitäten mehrere Jahre im Faß reifen, wobei bes. die Äpfelsäure durch bestimmte Milchsäurebakterien, biologisch abgebaut wird. Die *Schwefelung* des W. – noch vor dem ersten Abstich – dient der Stabilisierung des W. durch Abfangen des im W. gelösten Sauerstoffs. *Überschwefelte W.* sind blaßfarbig, haben wenig Bukett, dafür eine *Schwefelblume* und reifen sehr langsam. *Unterschwefelte W.* reifen dagegen schnell, schmecken fad, nach Dörrobst und werden *hochfarbig,* d. h., sie dunkeln nach. Die *Schönung* umfaßt alle kellereitechnischen Maßnahmen, um trübende Stoffe, z. B. Eiweiß, Metalle, Farbstoffe, aber auch schlechten Geruch aus dem W. zu entfernen. Die Schönung des W. kann durch Filtration über *Filterschichten,* bestehend aus Asbest, Cellulose oder Kieselgur, zur Vorklärung junger W. oder über *Klärschichten,* bestehend aus Cellulose, oder über *Spezialklärungsschichten,* bestehend aus dichten Asbest-Celluloseschichten oder *Membranfilter* zur Entkeimungs- oder Sterilfiltration erfolgen oder mit Hilfe von Zusätzen, die auf Grund ihrer Oberflächenwirkung trübe oder kolloidale Stoffe absorbieren. Dafür zugelassen sind: *Hausenblase, Bentonit, Gelatine, Tannin, Aktivkohle* und *Kaliumhexacyanoferrat-(II)-3-hydrat,* dem *gelben Blutlaugensalz.* In der Praxis wird die *Gelatine-Tanninschönung* häufig mit der sog. *Blauschönung* mit Kaliumhexacyanoferrat-(II) verbunden. Damit werden störende Metallionen, wie Eisen, Kupfer, Zink, Mangan, und hartnäckige Eiweißtrübungen entfernt. Das für die Blauschönung analytisch genau abzumessende Kaliumhexacyanoferrat-(II) verbindet sich mit Metallionen, bes. mit Eisenionen, und scheidet sich nach 6 bis 10 Tagen als *Blautrub,* bestehend aus ‹Berliner Blau›, am Boden ab. Nach dem Abfiltrieren des Blautrubs dürfen im W. keine Hexacyanoferrationen mehr nachweisbar sein. Die Ausfällung *thermolabiler* Eiweißstoffe gelingt auch mit der kombinierten *Wärme-* und *Kältebehandlung.* Durch eine Kurzzeiterhitzung von 2 min auf 68···75°C und eine anschließende mehrtägige Kältebehandlung bei −3···−4°C werden sowohl die Eiweißstoffe als auch der Weinstein abgeschieden. Dabei wird der W. gleichzeitig pasteurisiert. Zu den Maßnahmen der *Weinverbesserung,* die in der Bundesrepublik Deutschland zulässig sind, gehören die *Zuckerung,* die *Entsäuerung* des W. mit Calciumcarbonat und das *Verschneiden.* Durch das Vermischen oder Verschneiden mehrerer W. ergänzen sich die

W. in ihren Eigenschaften. Die gleichmäßige Zusammensetzung der *Typenweine* kann nur durch Verschneiden gesichert werden. In Deutschland dürfen nur Inlandtraubenweine gleicher Sorte, also Weißwein mit Weißwein, Rotwein mit Rotwein oder Schillerwein mit Schillerwein miteinander verschnitten werden. Die im Ausland teilweise gestatteten Zusätze, wie Glycerol, Weinsäure, Citronensäure, Alkohol, sind nicht erlaubt.

Weinfehler und *Weinkrankheiten:* Ziel der Kellerbehandlung ist es, *Weinfehler* und *Weinkrankheiten* zu vermeiden. Weinfehler führen zu einer Veränderung des Aussehens, des Geruchs oder des Geschmacks des W. Sie entstehen durch unerwünschte chemische oder physikalische Vorgänge oder durch Aufnahme fremder Stoffe. Man unterscheidet bes. folgende Weinfehler: *Trübungen,* hervorgerufen durch Metalle, Eiweiß, Kork, Asbestfasern oder durch Kristallausscheidungen, *Farbfehler,* z.B. Braunwerden, Blauwerden, und *Geruchs- und Geschmacksfehler,* z.B. *Böckser* (Schwefelwasserstoff-Bildung), Firngeschmack, Schwefelsäurefirne, Schimmelgeschmack, Faßgeschmack, Rappengeschmack, Korkengeschmack, Frostgeschmack, Creosotgeschmack. *Weinkrankheiten* werden durch Mikroorganismen, Pilze oder Bakterien hervorgerufen. Man unterscheidet bes. folgende Weinkrankheiten: Kahmbildung, Hefenachgärung, Essigstich, Zähwerden, Mäuseln (Auftreten von Geruch, der an Mäuseurin erinnert, der auf substituierte Tetrahydropyridine zurückzuführen ist, die durch Milchsäurebakterien gebildet werden.), Milchsäurestich, Bitterwerden und Umschlagen.

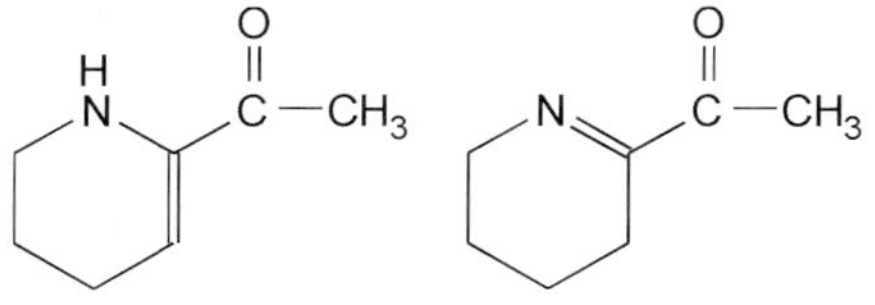

Mäuseln
(Isomerengemisch von 2-Acetyltetrahydropyridin)

Abfüllung und Angebotsformen des W.: Der durch die Kellerbehandlung ausreichend biologisch und chemisch stabilisierte W. wird heute überwiegend auf Flaschen abgefüllt, die gut gereinigt und sterilisiert sein müssen. Zum Verschließen der Weinflaschen dienen Korkstopfen, Plastikstopfen oder Kronkorken, die mit Staniol-, Plast- oder Gelatineschrumpfkappen versehen werden.

Weingesetzgebung und Kennzeichnung der W.: Die *Kennzeichnungsvorschriften* für Flaschenweine sind in den verschiedenen Weinbauländern nicht einheitlich. In der Bundesrepublik wird nach der seit 01.09. 1983 gültigen Regelung in aufsteigender Qualitätsfolge unterschieden zwischen *Tafelwein* (TW) einschl. *Landwein* (LW), *Qualitätswein eines bestimmten Anbaugebietes (QbA)* und *Qualitätswein mit Prädikat* (QmP). *TW* sind überwiegend leichte Weine, deren Trauben ausschließlich aus zur Tafelweinproduktion zugelassenen Gebieten stammen. Der Mindestalkoholgehalt muß 5 g/l betragen.; französische Tafelweine weisen häufig einen Alkoholgehalt von 8,5 bis 15%-Vol. auf. Eine trockene Mostverbesserung mit Zucker ist innerhalb bestimmter Grenzen gestattet. Tafelweine sind nach dem Herkunftsland zu kennzeichnen (Deutscher Tafelwein u.a.). Der Verschnitt von Tafelweinen aus verschiedenen EG-Staaten (aber nur diesen) ist erlaubt, was aber entsprechend als solcher zu kennzeichnen ist. *Landweine* sind qualitativ gehobene TW mit gebietstypischem Charakter. Sie müssen ausschließlich von Trauben stammen, die im umschriebenen Raum geerntet worden sind und der trockenen oder halbtrockenen Geschmacksrichtung entsprechen. Für Landweine aus deutschen Anbaugebieten sind 15 verschiedene geographische Namen zugelassen. Neben diesen Namen sind als engere geographische Bez. nur Namen von Bereichen erlaubt (z.B. Deutscher Tafelwein – Pfälzer Landwein). *QbA*-Wein kann nur als solcher gekennzeichnet werden, wenn ihm auf Antrag eine Prüfnummer zugeteilt worden ist. Die hierzu verarbeiteten Trauben müssen aus einem der 13 hierfür zugelassenen Anbaugebiete (z.B. Rheingau, Mosel-Saar-Ruwer, Saale-Unstrut u.a.) stammen und den dort zugelassenen Rebsorten angehören. Abhängig vom Anbaugebiet werden bestimmte Mindestalkoholgehalte gefordert. Die trockene Mostverbesserung mit Zucker ist innerhalb bestimmter Grenzen erlaubt; unstatthaft ist dagegen der Zusatz von konzentriertem Traubenmost. Die Traubensorte, die engere Weinbergslage und der Jahrgang können angegeben werden, wenn diese Angaben für jeweils mindestens 75% der verwendeten Trauben zutreffen. QbA-Weine verschiedener deutscher Anbaugebiete dürfen miteinander verschnitten werden; sie müssen dann aber einen Phantasienamen tragen. *QmP*-Weine müssen den gleichen Forderungen wie für QbA-Weine entsprechen; an die einzelnen Prädikatsstufen werden jedoch kumulativ noch weitere Bedingungen gestellt. *Kabinett*-Weine müssen aus unverbesserten Mosten bereitet worden sein und dürfen nicht vor dem 1. Januar des auf die Traubenernte folgenden Jahres abgefüllt und ausgeliefert werden. Bei der Spätlese müssen die Weintrauben in einer späten Lese (frühestens 7 Tage nach Beginn der Hauptlese für die jeweilige Traubensorte des Gebiets) und im vollreifen Zustand geerntet worden sein. Für die Bereitung von *Auslesen* dürfen nur vollreife Weintrauben unter Aussonderung aller kranken und unreifen Beeren verwendet werden. Für *Beerenauslese* kommen nur edelfaule oder wenigstens überreife Beeren und für *Trockenbeerenauslese* nur weitgehend eingeschrumpfte edelfaule Beeren in Betracht. Zur Bereitung von *Eiswein* müssen die verwendeten Weintrauben bei ihrer Lese und noch bei der Kelterung gefroren sein. Es dürfen keine in den Gefrierschrank eingelegten bzw. künstlich gefrosteten Weinbeeren verwendet werden. Eiswein muß mindestens dem im jeweiligen Anbaugebiet für Beerenauslesen festgelegten Mindestalkoholgehalt entsprechen.

Lagerung und Pflege des W.: Um Qualitätsminderungen zu vermeiden, müssen mit Korken verschlossene Weiß-, Rot- und Schaumweine liegend aufbewahrt werden, um den Kork nicht austrocknen zu lassen. Mit Plaststopfen oder mit Kronkorken verschlossene Weinflaschen können senkrecht gelagert werden. Da Dessertweine mit ihrem hohen Alkoholgehalt die Korkstopfen angreifen können, sollten sie stehend aufbewahrt werden. Die optimalen Lagertemperaturen betragen für Weißweine 8···12°C, für Rotweine 14···18°C und für Dessertweine 10···18°C. Vor direkter Sonneneinstrahlung, z.B. in Schaufenstern, sind W. zu schützen. Höhere Lagertemperaturen können zu Wertminderungen führen. Zu tiefe Lagertemperaturen können zu Eiweiß-, Farbstoff- und Weinsteinausscheidungen führen. Eine überlange Lagerung von W. trägt durchaus nicht immer zu einer Verbesserung bei. Nur schwere, alkoholreiche, säurereiche Weißweine, z.B. Trockenbeerenauslesen, und Dessertweine gewinnen durch Lagerung an Qualität. Gewöhnliche Weißweine behalten nur etwa 1···2 Jahre ihren optimalen Genußwert. Bes. die alkohol- und säurearmen W. vertragen kaum eine längere Lagerung. Sie sollten frisch getrunken werden.

Chemische Zusammensetzung der W.: Die chemische Zusammensetzung der Moste und W.

Chemische Zusammensetzung (Hauptbestandteile) und Energiewert von Wein

Bestandteil	Weißwein mittlere Qualität	Rotwein leichte Qualität	Rotwein schwere Qualität
	durchschnittl. Gehalt je 100 g		
Wasser	89,0 g	89,8 g	88,0 g
Ethanol	8,4 g	7,9 g	9,5 g
Extrakt	2,6 g	2,4 g	2,5 g
davon:			
Glycerol	0,7 g	0,70 g	0,8 g
2.3-Butandiol	0,04 g	0,06 g	0,09 g
Eiweiß	0,15 g	0,22 g	0,22 g
Kohlenhydrate	0,16 g	0,11 g	0,26 g
Mineralstoffe	0,24 g	0,27 g	0,27 g
davon:			
Natrium	2 mg	3 mg	4 mg
Kalium	82 mg	102 mg	93 mg
Magnesium	10 mg	8 mg	8 mg
Weinsäure	0,21 g	0,17 g	0,17 g
Gesamtsäure	0,66 g	0,59 g	0,55 g
flüchtige Säure	0,05 g	0,05 g	0,07 g
Energiewert in kJ (kcal) je 100 g	293 (70)	276 (66)	326 (78)

schwankt innerhalb weiter Grenzen und wird von Boden, Klima und Wetter, von Reifegrad und Traubensorte, von der Art der Lese und von der Most- und Kellerbehandlung vielfältig beeinflußt. Chemische Zusammensetzung und Energiewert von W. s. Tab. Seite 831.
Der Ethanolgehalt von W. schwankt je nach Jahrgang und Sorte zwischen 55 g/l und 110 g/l. Leichte W. enthalten 7···9,5 %-Vol., mittlere 9,5···11,4 %-Vol. und schwere W. 11,4···14 %-Vol. Ethanol. Durch Gärung kann durch bes. gärkräftige Hefestämme ein maximaler Ethanolgehalt von 144 g/l, entsprechend 18,2 %-Vol., erreicht werden. Höhere Ethanolgehalte werden durch Hinzufügen von Weinsprit erzielt (→ Dessertwein). Die für die Qualität und Verträglichkeit des W. charakteristischen Werte des Ethanol-, Restzucker-, Schwefel- und Säuregehaltes werden üblicherweise nicht auf den Weinetiketten angegeben. Die rechtlichen Regelungen für den Verkehr mit W. sehen diese Angabe auch nicht vor.

Wein, alkoholarmer, Wein, entalkoholisierter: ein schon den Römern bekanntes Getränk aus rotem oder weißem → Wein, dessen Ethanolgehalt a) durch Erhitzen (worunter Aroma und Geschmack leiden können), b) durch moderne Filtrationstechnik (Verfahren der umgekehrten Osmose) oder c) durch Erwärmen auf 28°C unter Vakuum entfernt worden ist, so daß 0,1···0,2 %-Vol. Ethanol bei gleichzeitiger Schonung der → Bukettstoffe zurückbleiben. → Apfelwein, alkoholarmer

Weinbeere, getrocknete → Rosine

Weinbeere, Japanische, *Rotborstige Himbeere, Rotzottige Weinbeere:* Wegen der wohlschmekkenden Früchte und zugleich als Zier- und Heckengehölz in Mitteleuropa, Nordamerika und Japan kultivierter himbeerähnlicher Strauch von 100···150 cm Höhe, *Rúbus phoenicolásius* Maxim. (Familie *Rosáceae).* Anfangs befinden sich die Früchte in einer Hülle, wie bei den Kastanien. Erst zur Reifezeit werden die den Himbeeren täuschend ähnlich sehenden Früchte freigegeben. Die leuchtend tomatenroten Früchte reifen im Juli/August und können roh oder als Konfitüre gegessen werden.

Weinbergslauch → Lauch

Weinblätter: Blätter der Weinrebe (→ Weintraube), die in Griechenland als Gemüse verwendet und auch als Konserven (W. in Salzwasser mit Citronensäurezusatz) auf den Markt gebracht werden.

Weinbrand: → *Edelbrand,* dessen Alkohol ausschl. durch Destillieren von Wein – in Anlehnung an die Herstellungsvorschriften für → *Cognac* und → *Armagnac* – gewonnen wird. Im Gegensatz zur traditionellen Cognacbrennerei, die infolge der einfachen Brenngeräte viel Erfahrung und Kunstfertigkeit verlangt, sind die modernen Weinbranddestillationskolonnen technisch weiterentwickelt, z. B. werden sie nicht wie bei der Cognacbrennerei über offenem Feuer erhitzt. Die Brenngeräte sind ökonomisch besser optimiert sowie verfahrenstechnisch leichter und exakter reproduzierbar zu bedienen. Zur Weinbrandherstellung eignen sich aroma- und alkoholreiche, endvergorene Weine, nicht jedoch vollmundige Tafelweine, deren wertvolles Bukett im Weindestillat nicht wiedergefunden werden würde. In Deutschland werden aus Frankreich, Ungarn, Bulgarien, Rumänien und ehem. Jugoslawien u. a. importierte → *Brennweine* und Weindestillate zu W. verarbeitet.
Das Brennen des Weines erfolgt überwiegend in zwei Stufen. Der beim völligen Entgeisten des Weines gewonnene Rauhbrand wird nochmals bis zu einem Ethanolgehalt von höchst. 86 %-Vol. gebrannt. Dabei werden Acetaldehyd und Fuselöle (→ Edelbrand) mit dem Vor- und Nachlauf abgetrennt. Bei noch weitergehender Konzentrierung würden Aromaverluste eintreten. Nach EG-Recht darf die Hälfte des Alkohols im Fertigprodukt aus Weindestillaten stammen, die bis zu 94,7 %-Vol. destiliert werden können. Ebenso wie bei der Cognacbereitung müssen die Weindestillate in Eichenholzfässern lagern (→ Edelbrand → Cognac). Mit Hilfe von → *Typagestoffen,* maximal 2 % Zucker, maximal 1 % Dessertwein wird das Weindestillat

geschmacklich abgerundet. Eine Färbung mit Zuckercouleur ist zulässig. Mit reinem Wasser wird das Weindestillat auf eine Trinkstärke von 36···42%-Vol. Ethanol herabgesetzt. Zur Kennzeichnung wird der importierte W. nach dem Land genannt, in dem er fertiggestellt worden ist, z. B. *„ungarischer Weinbrand“*. Ist der importierte W. im Inland lediglich mit Wasser auf Trinkstärke verdünnt worden, ist er z. B. als *„ungarischer Weinbrand, im Inland fertiggestellt“* zu kennzeichnen. Ein als *“Weinbrand-Auslese“* bezeichneter W. muß mindestens 6 Monate in Eichenholzfässern gelagert worden sein. Als *„Jubiläumsbrand“, „Lafitte“ oder „Premier“* bezeichnete W. müssen bes. wertvolle Geruchs- und Geschmacksmerkmale haben. Die Sortenbez. *„Auslese“* weist auf sehr gute und die Bez. *„Edel“* auf gute bis sehr gute sensorische Gütemerkmale hin. → Edelbrand → Verschnitt von Edelbränden

Weinbrandbohne → Praline

Weinbrandkirsche → Praline

Weindestillat → Edelbrand

Wein, entalkoholisierter → Wein, alkoholarmer

Weinessig → Essigsäure → Essig

Weinessigverschnitt → Essig

Weingeist → Ethanol

Weingelee → Gallert

Wein, geschwefelter: ein nach traditionellem Verfahren der Weinbereitung hergestellter → Wein, wobei die gängige Schwefelung die Aufgabe hat, Fehlgerüche, Farbtrübungen sowie Überalterung des W. zu unterbinden. Neue, inzwischen patentierte Verfahren ermöglichen die Herstellung von Qualitätswein ohne Anwendung von Schwefeldioxid. In den USA wird der Gehalt an Schwefel auf dem Weinetikett angegeben. Völlig *schwefelfreien Wein* wird es nicht geben, da der Wein von Natur aus – wenn auch geringe Anteile – Schwefel enthält.

Weingummi → Gelatinezuckerware

Weinhefe: eine gezüchtete untergärige Kulturheferasse von *Saccharomýces cerevísiae var. ellipsoídeus* (Hansen) Dekker, die bes. zur Herstellung von → Wein geeignet ist. Die W. kommt auch als wilde → Hefe in der Natur, bes. auf Weintrauben, vor. Die einzelnen W. unterscheiden sich vor allem hinsichtlich Aroma- und Ethanolbildung sowie im Flockungsvermögen, d. h. der Fähigkeit, sich zusammenzuballen und am Boden abzusetzen. → Bierhefe

Wein, Karibischer, *Bejuco, Masamasa, Parra:* die Kletterpflanze *Vítis caribǣa* DC. (Familie *Vitáceae*), die auf den Bahama-Inseln, in Mexiko, Venezuela und Brasilien vorkommt. Die kleinen, grünen Beerenfrüchte (6···7 mm Durchm.) haben ein säuerliches Fruchtfleisch, sie werden für die Herstellung von Erfrischungsgetränken verwendet. Die Sprosse enthalten viel wäßrigen Saft, der getrunken werden kann. Ähnlich wird *Císsus sicyoídes* L. (Familie *Vitáceae*), der im tropischen Amerika vorkommt, genutzt.

Weinkäse: in verschiedenen Fettstufen (30 %, 40 %, 45 %, 50 % F. i. Tr.) hergestellter *Weichkäse* mit Rotschmiere und mildem Geruch und Geschmack nach Romadurart, der gern zu herbem Wein verzehrt wird. Die Oberfläche ist blaßgelb bis rötlich, die Käsemasse weich und geschmeidig, mit wenig Bruchlöchern.

Wein, Neuer → Most

Weinpalme → Coyolipalme → Raffiapalme

Weinpalme, Echte → Raffiapalme

Weinraute, *Raute:* der in Süd- und Mitteleuropa heimische und kultivierte, bis 50 cm hohe, ausdauernde Halbstrauch *Rúta gravéolens* L. var. vulgáris Willk. (Familie *Rutáceae*), dessen Blätter vor der Blüte gesammelt werden. Ihr charakteristischer Geruch und Geschmack sind auf den Gehalt an ätherischem Öl und dem darin enthaltenen *Methylnonylketon,* auf *Rutinsäure* (0,5···5 % in trockenen Blättern) sowie Harzen und Bitterstoffen zurückzuführen. Die frischen Blätter der W. werden zum Würzen von Salaten, Käse und

Fleischspeisen verwendet, sie enthalten bis 0,5 % Vitamin C. → Küchenkraut

Weinrose, *Schottische Zaunrose, Hagedorn:* eine in Europa, Asien und Nordamerika gegen Umwelteinflüsse unempfindliche Heckenrose, *Rósa rubiginósa* L., (Familie *Rosáceae*), die als Veredlungsunterlage genutzt und deren ascorbinsäurereichen Früchte frisch oder getrocknet vielseitig genutzt werden. → Hagebutte → Vitaminrose

Weinsäure (334), *Acidum tartaricum,* L-*2,3-Dihydroxybutan-1,4-disäure, Dihydroxybernsteinsäure, Dioxybernsteinsäure, Tartersäure, Weinsteinsäure:* eine zweibasische Hydroxydicarbonsäure, von der die 3 stereoisomeren Formen D(+)W., L(-)W., meso-W. (Mesoweinsäure) und das Racemat DL-W. (Paraweinsäure, Traubensäure) bekannt sind.
Die D(+)-W. ist im Pflanzenreich weit verbreitet, sie kommt in freier Form oder als Salz (Tartrat) insbes. in Trauben (40 % der Gesamtsäure) und Wein, auch in Früchten, Löwenzahn, Huflattich, Weißdorn, Zuckerrüben u. a. vor. D(+)-W. bildet farblose, geruchlose Prismen, F. 167···170°C, d_4 1,7958, die in Wasser und Ethanol sehr gut, in Ether hingegen wenig löslich sind. Die wäßrige Lösung weist eine von der Konzentration stark abhängige Rechtsdrehung auf. Der bekannte *Weinstein (cremor tartari)* ist das saure Kaliumtartrat, das zur Gewinnung von D(+)-W. dient. $_{DL}$-W. wurde bisher nur im Traubensaft gefunden; sie wird auch durch Oxydation von Fumarsäure oder aus Glyoxal durch Cyanhydrinsynthese gewonnen. L(-) W. wurde einzig in relativ hohen Konzentrationen in der *Bauhínia reticuláta* DC. nachgewiesen. Sie entsteht auch bei der Oxydation von Maleinsäure. W. und Weinstein werden auf Grund ihres saueren Geschmakkes ähnlich wie die → *Citronensäure* in der Lebensmittelproduktion bei Backwaren, Süßwaren, Speiseeis, Limonaden, div. Obsterzeugnissen sowie als Säureträger für Backpulver und als Synergisten bei Schmalz und Talg eingesetzt. Die konfigurative Zuordnung zur D- und L-Reihe bei den optisch aktiven Weinsäuren ist in der Literatur nicht einheitlich. → Fruchtsäuren → Komplexbildner → Synergisten

Weinscharl → Berberitze

Weinschaum → Schaumspeise

Weinstein → Natriumhydrogencarbonat → Wein → Weinsäure

Weinsteinsäure → Weinsäure

Weintraube, *Edeltraube, Wein, Weinbeere:* Frucht der Weinrebe *Vítis vinífera* L.,(Familie *Vitáceae*), einem rankenden Gehölz mit Beeren, aus denen u. a. Wein hergestellt wird. Versteinerungen aus der Braunkohlenzeit beweisen das Vorhandensein dieses Gehölzes in Europa bereits vor der Eiszeit. Diese verdrängte es in die südlichen Länder. Dort wurde es frühzeitig in Kultur genommen, die in Ägypten bereits vor 5 000 Jahren hoch entwickelt war. Der Anbau der Weinrebe verbreitete sich, erfolgte jedoch zunächst vorwiegend zur Herstellung von → Wein, wie aus Berichten zu entnehmen ist, in denen die aus den Wildformen entwickelten Kultursorten stets in Beziehung zur Weinbereitung stehen. Über den Frischverzehr der Weintraube finden sich keine Angaben, doch wurde der *Rebsaft* schon in alten Zeiten zu Traubendicksaft, dem sogenannten *Traubenhonig* ein-

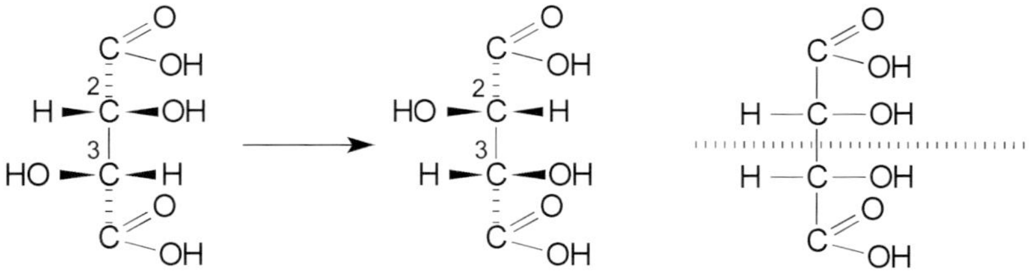

D-(+)-Weinsäure (2R, 3R-Form) — L-(−)-Weinsäure (2S, 3S-Form) — meso-Weinsäure (archiral)

gedickt. Obwohl die Weinrebe hohe Ansprüche an den Standort in bezug auf Wärme stellt und deshalb die beste Entwicklung in wärmeren Ländern erfährt, wird sie in geringem Umfang auch in nördlicheren Gebieten angepflanzt. In der Bundesrepublik Deutschland befinden sich bekannte Weinbaugebiete hauptsächlich am Rhein, Main, an der Mosel sowie an deren Nebenflüssen. Auch in Ostdeutschland gibt es Weinbaugebiete, so im Elbtal bei Dresden (241 ha) sowie im Saale- und Unstruttal bei Naumburg (372 ha). Kleinere Weingartenanlagen befinden sich an der Schwarzen Elster bei Jessen (9 ha); der nördlichste Weinberg (6 ha) liegt bei Werder (Havel). Darüber hinaus pflanzen Liebhaber Weinreben an Hauswänden und in geschützten Lagen an. Dieser Anbau dient hauptsächlich dem Frischverzehr der W. Es wird unterschieden zwischen dem Anbau von *Keltertrauben-* und *Tafeltraubensorten* (s. Übersicht).

Ausgewählte Rebsorten

Tafeltraube (Selbstversorgeranbau)	Keltertraube (Anbau für die Weiß- und Rotweinherstellung
'Celine'	für Weißweine:
'Perrantraube'	'Weißer Gutedel'
'Früher Malingre'	'Kadarka'
'Olympia'	'Kabernet'
'Gelbe Seidentraube'	'Trollinger'
'Mitschurinski'	'Müller Thurgau'
'Müller Thurgau'	'Silvaner'
'Königliche Magdalenen-traube'	'Weißer Burgunder'
	'Ruländer'
'Königin der Weingärten'	'Traminer'
'Kossuthtraube'	'Scheurebe'
'Blauer Portugieser'	'Kerner'
'Weißer Gutedel'	'Huxel'
'Roter Gutedel'	'Elbling'
	'Faber'
	'Riesling'
	für Rotweine:
	'Blauer Portugieser'
	'Saint Laurent'
	'Blauer Spätburgunder'

Einige Traubensorten, wie Müller-Thurgau und Gutedel, eignen sich sowohl als Tafeltrauben als auch als Keltertrauben. Die Beeren der ausgesprochenen *Tafeltraubensorten* sind wegen technischer Schwierigkeiten (schlechte Preßbarkeit, viskose Preßsäfte) zur Weinbereitung nur wenig geeignet. Sie kommen deshalb hauptsächlich für den Frischverzehr und als Belegfrüchte für Konditoreiwaren in Betracht. Aus südlichen Ländern importierte oder aus Gewächshausanlagen stammende Tafeltrauben haben meist immer ein ansprechenderes Aussehen und einen höheren Zuckergehalt als solche Freilandtrauben aus deutschen Anbaugebieten. Die *Keltertraubensorten* sind überwiegend kleinbeeriger; oft sind auch die Samen in den Weinbeeren voluminöser ausgebildet. Die mittleren Werte für die Zusammensetzung und den Energiewert von Weinbeeren vermittelt die Tabelle.

Zusammensetzung und Energiewert der Weinbeeren

Bestandteil	Gehalt in 100 g eßbaren Anteils
Feuchtigkeit	76 g
Eiweiß	0,68 g
Fett	0,46 g
Kohlenhydrate	14,5 g
Ballaststoffe	1,8 g
Mineralstoffe	0,48 g
Natrium	6,0 mg
Kalium	192 mg
Calcium	20 mg
Magnesium	9 mg
Eisen	0,47 mg
Caroten	0,029 mg
Vitamin B_1	0,039 mg
Vitamin B_2	0,034 mg
Vitamin B_6	0,038 mg
Vitamin C	3,57 mg
Energiewert in kJ (kcal) je 100g eßbaren Anteils	272 (65)

Die Verwendung der Keltertrauben → Wein

Weintraube, transgene → Nutzpflanze, transgene

Wein, verstärkter → Brennwein

Wein, vinierter → Brennwein

Weinwurzel → Nelkenwurz, Echte

Weiselfuttersaft → Gelée Royale

Weißbaum → Mehlbeere, Echte

Weißbier, Berliner: obergäriges, stark moussierendes Schankbier mit 2⋯3 % Ethanol und etwa 0,25 % Milchsäure, gebraut aus Gersten- und mind. 30 % Weizenmalz. Durch die Vergärung der Würze mit einer Milchsäurebakterien enthaltenden Bierhefe erhält B. W. seinen säuerlichen Geschmack. Zur Lagerung wird das Jungbier mit „Kräusens" (→ Bier) und mit 0,2 MPa Kohlendioxid-Druck gespundet. Eine leichte Trübung und ein geringer Bodensatz von Hefezellen sind bei B.W. zulässig. Das B.W. wird als durstlöschendes Getränk, meist gesüßt mit Fruchtsirup („Weiße mit Schuß"), getrunken. Auf Grund der starken Schaumentwicklung wird B.W. in pokalartigen Spezial-Weißbiergläsern ausgeschenkt. → Bier → Malz

Weißblutfisch → Eisfisch

Weißbrot → Weizenbrot

Weißbrotdoppelschnittchen → Sandwich

Weißbrotkrem → Backkrem

Weißbrotwürfel → Semmelmehl

Weißdextrin → Dextrin

Weißdornfrucht, *Mehlbeere, Mehlfässel:* Frucht des *Gemeinen Weißdorns,* auch *Hagedorn, Heggidorn, Higgi, Spitzdorniger Weißdorn, Zweigriffliger Weißdorn, Heckendorn, Mehldorn* genannt, eines dornigen Strauches *Cratáegus laevigáta, (Poir.) DC. Synonym Cratáegus oxyacántha* L.(Familie *Rosáceae*), der als Hecken- und Vogelschutzgehölz, auch als Ziergewächs verbreitet ist. Die roten, mehligen Früchte reifen im September und können zu Kompott, Marmelade, Gelee und Saft verarbeitet werden. Durch den hohen Pektingehalt sind sie bes. als Beigabe zu Früchten mit geringer Gelierfähigkeit geeignet. Die vor der Blüte einzeln gepflückten und rasch getrockneten, kleingeschnittenen Blätter ergeben einen guten Haustee. Der Weißdorn hat große Bedeutung für die Herstellung von Medikamenten gegen Kreislaufkrankheiten. Der *Eingrifflige Weißdorn, Cratáegus monógyna* Jacq. emend. Lindm. hat sein Verbreitungsgebiet weiter nördlich vom *Zweigriffl. Weißdorn*; in der Verwendungsmöglichkeit bestehen keine Unterschiede. Die W. enthält je 100 g: 73 g Feuchtigkeit, 0,6 g Gesamtsäure (berechnet als Äpfelsäure), 1,5 g Eiweiß, 2,4 g Sorbit (Glucitol), 2,0 g Pektin, 1,2 g Eiweiß, 1,6 g Mineralstoffe, 1,8 mg Caroten und 8 mg Vitamin C.

Weißdornsaft → Kräutersaft → Weißdornfrucht

Weißei, *Eiklar* → Ei

Weiße mit Schuß → Weißbier, Berliner

'Weiße Triumphbeere': Stachelbeere. → Beerenobst

'Weiße Volltragende': Stachelbeere. → Beerenobst

Weißer Kuhkäse in Salzlake (Sirene): aus pasteurisierter Kuhmilch in Bulgarien hergestellter *Halbhartkäse* oder fester *Schnittkäse.* → Käsesorten

Weißer Schafkäse in Salzlake (Sirene): aus pasteurisierter Schafmilch hergestellter *Vollfettkäse,* der zu den *Halbhartkäsen* oder festen *Schnittkäsen* zählt. Diese Käsesorte macht 75 % der gesamten bulgarischen Käseerzeugung aus. → Käsesorten

Weißfleischigkeit: → PSE-Fleisch

Weißgebäck: Sammelbegriff für → Kleingebäck als → Wasser- und → Milchbackware aus hellem Weizenmehl.

Weißgrad, *Helligkeitsgrad:* Optisch, meist mit Hilfe entsprechender Geräte erfaßbares Beschaffenheitsmerkmal von Lebensmitteln entweder von wertneutraler oder qualitätsbestimmender

Art. In der Züchtung werden z. B. bestimmte pflanzliche (z. B. Fruchtfleisch von Äpfeln, Fleischfarbe von Kartoffeln, Endospermfarbe von Getreidekörnern) oder tierische Erzeugnisse (Fleischfarbe bei Schweinen, Schalenfarbe von Eiern) nach ihrem W. registriert. In der Lebensmitteltechnologie wird die Weißgraderfassung dazu benutzt, um den Prozeßablauf kontrollieren zu können. Die Nichteinhaltung eines bestimmten W. kann z. B. bei Zucker auf mangelnden Reinigungsablauf, bei Mehl dagegen auf einen falsch gewählten Ausmahlungsgrad oder ungeeignete Ausgangsrohstoffe zurückgeführt werden.

Weißherbst: zulässige Bez. für einen → Roséwein aus Trauben einer Rebsorte, die in Verbindung mit der Bez. W. auf der Flasche kenntlich gemacht wird. Die Bez. W. darf nur für → Weine aus ganz bestimmten Gebieten, z. B. Baden, Franken, Rheingau, Rheinhessen, Rheinpfalz und nicht für ausländische Weine verwendet werden. → Claret

Weißkabis → Kopfkohl

Weißkäse: volkstümliche Bez. für nichtreifende Käse, z. B. Speisequark und Frischkäse. I. e. S. versteht man unter W. Salzlakekäse, d. h. Käse, die meist aus Schafmilch oder Mischungen aus Kuh- und Schafmilch hergestellt und in Salzwasser eingelegt sind. Sie werden vorwiegend in den Balkanländern und in Ländern des östlichen Mittelmeerraumes hergestellt (*Sirene* in Bulgarien, *Feta* in Griechenland, *Primorski sir* und *Grobnicki sir* im ehem. Jugoslawien, *Teleme* in Rumänien).

Weißkohl → Kopfkohl

Weißkraut → Kopfkohl

Weißlacker Käse: im Allgäu in den Fettstufen 40 %, 45 % und 50 % F. i. Tr. nach Limburger Art bereiteter, aber stärker gesalzener, scharf schmeckender halbfester *Schnittkäse* in Würfelform. Die Oberfläche ist weißgelb und mit einer dünnen, lackartigen Schmiere bedeckt. Die Schnittfläche ist hell und zeigt nur wenig Bruchlöcher. → Limburger Käse → Schnittkäse

Weißmehl → Auszugsmehl → Graumehl

Weißreis, *Perlreis, Reis, geschliffener:* ein → Reis (white rice, pearled rice, unpolished rice, cleaned rice oder undermilled rice), bei dem die Silberhaut (Fruchtschale) größtenteils entfernt ist. Bei der Herstellung von W. fallen an Schäl- und Schleifabgängen 7···8 % an. Es handelt sich daher um einen Reis mit etwa 93%iger Ausmahlung; Im Vergleich dazu entspricht der → polierte Reis einer 82···85%igen Ausmahlung

Weißschimmelkäse (Edelschimmelkäse) → Sauermilchkäse, der in runder Form als *Bauernhandkäse* oder *Korbkäse* im Handel ist.

Weißungsmittel für Kaffee → Kaffeeweißer

Weißwürstchen, *Weißwurst:* aus Kalbfleisch hergestellte, fein gekutterte, nicht umgerötete → *Brühwurst* (mittlere Sorte), die zum Warmverzehr bestimmt ist und portioniert hergestellt wird. Als Rohstoffe kommen Kalbfleisch, Schweinefleisch, Speck, Schweinebacken ohne Schwarte, Pfeffer, Mazisblüten und Zitronenschalenextrakt zum Einsatz. Die *Münchner W.* werden aus Kalb-, Jungrind- und Kalbskopffleisch z. T. unter Zusatz von Milch hergestellt. Als Wursthüllen dienen Saitlinge bzw. entschleimte Schweinedärme. Das Schnittbild zeigt eine hellgraue, feine, knorpelfreie Wurstmasse von hohem Wassergehalt (etwa 65 %). → Wurst

Weißwurzel: 1. die im tropischen Amerika kultivierte *Xanthosóma cáracu* K. Koch (Familie *Aráceae*), deren Rhizomknollen als Gemüse verzehrt werden.
2. → Bocksbart

Weißyams → Buschyams 2.

Weißzucker, *Affinade:* ein durch Affination (Auswaschen) aus *Rohzucker* gewonnene Zuckersorte. → Zucker

Weizen: die formenreichste, auf Grund ihres hohen Ertrags- und Backwertes die ernährungswirtschaftlich führende → Getreideart mit der Gattungsbezeichnung *Tríticum* L.(Familie *Poáceae*), deren bauchig-ovale, beiderseits abgerundete Samen einen deutlich ausgebildeten tiefen Spalt

und am Ende ein Bärtchen aufweisen. Die Körner können gelblich-weiße bis braunrote Farbe aufweisen, entsprechend wird zwischen *Weiß-* und *Rotweizen* unterschieden. Sorten mit unbegrannten, dichten, kurzen Ähren werden als *Dinkelweizen,* die mit begrannten, dichten, kurzen Ähren als *Igelweizen* bezeichnet. Von den über 20 Wild- und Kulturweizenarten unterscheidet man morphologisch, bes. aber nach ihrer Chromosomenzahl, drei Entwicklungslinien (s. Tab. unten), die diploide Einkornreihe, die tetraploide Emmerreihe und die hexaploide Dinkelreihe. Die am weitesten verbreitete und wichtigste Art ist der *Saat-* oder *Aestivumweizen, Tríticum aestívum* L., aus der Dinkelreihe. *Saat-* und *Hart-* oder *Durumweizen, Tríticum dúrum* Desf., lassen sich durch bestimmte morphologische Merkmale, wie Form, Karyopsenfarbe, Behaarung und Form des apikalen Kornendes („Bart" und „Kragen") mit hinreichender Sicherheit unterscheiden. Eine völlig sichere Identifizierung aller Weizenarten ist jedoch nur mit Hilfe der Elektrophorese möglich.
Nur wenn bes. Eigenschaften (weiches, mehliges Korn) hervorgehoben werden soll, ist es zweckmäßig, anstelle von *Saatweizen* von *Weichweizen* zu sprechen, da die genannte *Dinkelreihe* als *Weichweizen* bezeichnet wird. Es gibt auch *harten, glasigen Weichweizen* (Aestivum-Weizen), den sog. *Kleberweizen.* Dieser Kleberweizen (Weizen mit hohem Kleber- bzw. Glutengehalt) ist auch ein Weichweizen, aber nicht im Sinne der Kornbeschaffenheit, sondern nur im Sinne der genetischen Abstammung. Bei *Spelzweizen* oder *Dinkel* ist die Ährenspindel spröde und brüchig, sie zerbricht beim Drusch in die einzelnen Spindelglieder, an welchen die Körner fest in der Spelze haftend sitzen. Diese Teilchen nennt man auch *Vesen* oder *Veesen.* Die Körner müssen erst durch einen bes. Bearbeitungsgang, das sog. *Gerben,* entspelzt werden. Dies erfolgt zwischen hochgeführten, harten, rauhen Sandsteinen (Gerbgang). Diese Einrichtung haben nur noch kleine Mühlen. Die nach dem Gerben gewonnenen Körner heißen *Kernen.* In unreifem Zustand geerntet und gedarrt werden sie als → *Grünkern* bezeichnet. Der Dinkel zeichnet sich durch Anspruchslosigkeit an den Boden, Winterhärte und rel. hohen Backwert aus. Die am meisten angebauten Weizenarten sind der *Durum-* oder *Hartweizen* und der *Saatweizen (Aestivumweizen).*

Systematik der Gattung Triticum nach Kuckuck (1982)

	Einkornreihe 2n = 2x = 14 AA	Emmerreihe 2n = 4x=28 AABB	Dinkelreihe 2n = 6x = 42 AABBDD	Autoallopolyploide 2n = 6x = 42 AAABB
Wildformen	*T. boeóticum* *ssp. aegílopoides* *ssp. thaoúdar* *T. úrartu*	*T. dicoccoídes* *T. araráticum*	? *T. mácha* *var. megrélicum*	
Kulturformen			*T. aestívum* *ssp. mácha*	*T. zhukóvskyi*
a) bespelzte	*T. monocóccum*	*T. dicóccum* *T. timophéevi*	*ssp. spélta* *ssp. vavilóvii*	
Kulturformen	 *T. sinskájae*	*T. túrgidum* *T. dúrum* *T. turánicum*	*T. aestívum* *ssp. vulgáre* *ssp. compáctum*	
b) nacktkörnig	(nacktkörnig, aber zähspindelig)	*T. polónicum* *T. cárthlicum*	*ssp. sphaerocóccum*	

Letzterer weist die reichste Formenmannigfaltigkeit auf; man schätzt die auf der Erde verbreiteten Sorten auf 10 000 bis 12 000. Der *Durumweizen* nimmt den 2. Platz in der Anbauverbreitung und Variabilität ein. Er weist bis zu 15 % Protein auf und gedeiht gut in heißen, trockenen Klimagegenden mit reichlichem Frühjahrsregen (südliche ehem. Sowjetunion, Italien, Kanada, Südamerika, Südafrika, Südaustralien). Charakteristisch für den Hartweizen sind hoher Glutengehalt, gelbe Färbung und hohe Kochfestigkeit. Beim Saatweizen (10···12 % Protein) unterscheidet man zwischen Winter- und Sommerformen (*Winter-* und *Sommerweizen*) mit mehliger bis glasiger Beschaffenheit. Die Erträge des Sommerweizens liegen niedriger als bei Winterweizen. Die Bedeutung des Sommerweizens liegt jedoch in der Lückenfüllung bei aufgetretenen Frostschäden am Winterweizen. *Strukturelle* Unterschiede zwischen Hart- und Weichweizen ergeben sich aus der Proteinstruktur; bei ersterem ist die Stärke mit dem Haftprotein stärker verbunden, während bei Weichweizen die Mehlproteine zusammen mit freier Stärke ein unregelmäßiges Pulver bilden. Die Verbindung zwischen Protein und Stärke ist bei Hartweizen so intensiv, daß beim Vermahlen die Stärkekörner eher zerbrechen als sich vom Haftprotein zu lösen; beim Weichweizen bleiben die Stärkekörner mehr oder weniger intakt, sofern das Mehl nicht «totgemahlen» wird (→ Mehl, griffiges). Die *visuellen* Unterschiede des Endosperms bei Hartweizen (glasig) und Weichweizen (mehlig) werden auf die mehr oder weniger starke Ausbildung von Luftblasen (bei Hartweizen höherer Anteil) zurückgeführt, die sich beim Schrumpfen (Austrocknen) des gequollenen Proteins beim Reifen des Kornes bilden. Die erhöhte Stärkebeschädigung bei Hartweizen begrenzt seinen Einsatz zur Herstellung von Backwaren. Der W. dient als Brotgetreide überwiegend zur → Mehl-, aber auch zur → Nährmittelherstellung, ferner zur Produktion von Stärke, Malz, Eiweißhydrolysaten, Weizenkeimöl und alkoholischen Getränken. Verteilung der B-Vitamine im Weizenkorn s. Tab. unten. → Getreide → Sammelspelzfrucht → Sammelgetreide → Spelzweizen → Süßgras

Weizenbackschrot → Backschrot

Weizenblini → Blini

Weizenbrot: ein mittels biologischer Lockerung (Hefegärung bei *Hefebrot*) – in anderen Ländern auch mittels mechanischer Lockerung (hohe Knetintensität) und/oder chemischer Lockerung (Verwendung chemischer Triebmittel) – unter Verwendung von hellem Weizenmehl der Typen W 405, W 550 oder W 630 (*Weizenweißbrot, Standardweizenbrot* oder *Weißbrot* genannt) oder von Weizenvollkornmehl bzw. Weizenschrot (*Weizenvollkornbrot, Weizenschrotbrot*) hergestelltes Laibbrot, dem bis zu 10 % Roggenmehl sowie Fett, Milchpulver und Zucker bis zu einer Gesamthöhe von 3 % zugesetzt sein können. Das W. weist im Vergleich zu → Roggenbrot einen relativ neutralen Geschmack und geringe Frischhaltung auf. In den Sommermonaten kann es bei W. außerdem zu

Verteilung der B-Vitamine im Weizenkorn

Kornschichten	Masse-% der Kornschicht	Thiamin in %	Riboflavin in %	Niacin in %	Pyridoxin in %	Pantothensäure in %
Volles Korn	100,0	100,0	100,0	100,0	100,0	100,0
Pericarp und Testa	8,2	1,2	5,0	3,5	12,4	8,6
Aleuronschicht	6,7	32,0	37,0	82,7	60,9	40,9
Äußeres Endosperm	8,2	1,0	32,0	4,2	1,2	43,1
Inneres Endosperm	73,3	1,8		7,3	5,3	
Embryo	1,6	2,0	12,0	1,0	8,6	3,6
Skutellum	2,0	*62,0*	14,0	1,3	11,6	3,8

sog. → *Fadenzieherbrot* kommen, einem Brotverderb, der sich im fortgeschrittenen Stadium in unangenehmem Geruch und beim Trennen von Bruchstellen in spinnwebenfeinen Fäden sichtbar äußert. Dieser Verderb wird durch Mikroorganismen verursacht, die zur Gruppe der *Mesentericus*-Bakterien zählen. Da die Sporen dieser Bakterien hitzebeständig sind, überdauern sie den Backprozeß, beginnen bei zu langsamer Abkühlung mit der Zersetzung der Krumensubstanz wenige Stunden nach der Gebäckherstellung und beeinflussen den Brotgeschmack unangenehm. Selbst Konservierungsmittelzusätze können das Auftreten dieser typischen Weizenbrotkrankheit nicht immer verhindern. Roggen- bzw. mit Sauerteig hergestellte Brote weisen diese Krankheiten nicht auf. → Frischbackware → Brot

Weizenbrot, gepreßtes → Brotkomprimat

Weizenbrühe → Pito

Weizendunst → Dunst

Weizen, Englischer → Rauhweizen

Weizengel → Weizenquellmehl

Weizengluten → Kleber

Weizengras: die eßbaren, durch Ankeimen von Weizensamen gewonnenen grünen Austriebe, die zur Bereicherung der Frischkostpalette empfohlen und im Haushalt, in dafür geeigneten Saatschalen herangezogen werden können. Das W. wird auch zu Saft weiterverarbeitet. Zu weiteren Gräsern, bei denen nicht die Samen, sondern die vegetativen, grünen Pflanzenteile als Gemüse oder Salat verzehrt werden, zählt z. B. das → Palmgras → Keim

Weizengraupe: der abgeschliffene, schalenfreie Kern des Weizenkornes. W. werden vorwiegend aus glasigem Weizen mit einer Mindestausbeute von 50% hergestellt. Zerkleinerte W. werden als *Weizengrütze* bezeichnet. Da bei solchen Produkten fast alle vitamin- und mineralstoffreichen Schichten des Weizenkornes beseitigt sind, ist der Nährwert mit dem eines hellen Mehles nahezu identisch. Als *Perl-* oder *Pearlweizen* wird der schalenfreie Kern eines *hydrothermisch vorbehandelten* Weizens (Parboiledweizen) bezeichnet. Hier wird ebenfalls mittels mechanischer Abtrennung der äußeren Randschichten bis zur Testa unter Schonung der Kornenden eine W. mit hellem, kremfarbenem, reisähnlichem Aussehen erhalten. Auf Grund des milden Geschmacks wird der *Perlweizen* in den angelsächsischen Ländern häufig dem Weizen, dem → Bulgur und den → Gerstengraupen vorgezogen. → Weizennährmittel

Weizengrießkleie: ein → Mühlennachprodukt aus Weizen mit einem Stärkegehalt von 15···30%, einem Rohfasergehalt von 5···10% und einem im Vergleich zu → Weizenkleie und → Weizennachmehl grießartigen Feinheitsgrad. → Kleie

Weizengrütze → Weizengraupe

Weizenhirse, *Hirse, Japanische, Barnyardhirse, Sawahirse, Sanwahhirse:* eine in Indien, auf den Philippinen, in Japan und China als Körnerfrucht angebaute Hirseart, *Echinóchloa frumentácea* Link (Syn. Pánicum crus-gálli var. frumentáceum Trim., Pánicum crus-gálli var. edúlis (Hitchc.) Thell., Echinóchloa frumentácea Link, *Echinóchloa* crus gálli var. *frumentácea* W. F. Wright, *Echinóchloa* crus-gálli var. edúlis Hitchc., *Echinóchloa* crus-gálli ssp. *colónum* var. edúlis Honda, *Echinóchloa colónum* var. *frumentácea* Ridl.), die zur Unterfamilie *Paníceae,* (Familie *Poáceae),* gehört, am schnellsten von allen Hirsearten wächst und innerhalb von 6 Wochen erntefähig ist. Das Korn wird entweder in Wasser wie Reis gekocht oder geröstet und gekocht und dann mit Milch und Zucker verzehrt. Die mittlere Zusammensetzung des Kornes beträgt je 100 g: 11 g Feuchtigkeit, 6,2 g Eiweiß, 2,2 g Fett, 65,5 g Kohlenhydrate, 9,8 g Rohfaser und 4,4 g Mineralstoffe.

Weizenkaffee → Getreidekaffee

Weizenkeim → Getreidekeim

Weizenkeimbrot → Keimbrot

Weizenkeimflocken, *Keimflocken:* der bei der müllerischen Bearbeitung des Getreides abgetrennte und geflockte Keimling. Da im Handel nur

Keimflocken aus Weizen geführt werden, ist die Bez. Keimflocken und W. identisch.

Weizenkeimöl: das in den Keimlingen des → Weizens enthaltene Öl. W. kann aus den Keimlingen durch Pressen oder Extraktion gewonnen werden. Es ist reich an Tocopherol (200···300 mg je 100 g) und hat daher diätetische Bedeutung. Das W. hat eine auffallend geringe Oxydationsstabilität; kaltgepreßtes W. ist stabiler als durch Extraktion gewonnenes. Die wichtigsten Fettsäuren und ihre Anteile (Etwa-Werte), bezogen auf den Gesamtfettsäuregehalt, sind: Palmitinsäure (13 %), Ölsäure (30 %), Linolsäure (44 %) und Linolensäure (11 %). → Getreideöl

Weizenkleberhydrolysat → Speisewürze

Weizenkleie: ein → Mühlennachprodukt aus Weizen mit einem Stärkegehalt bis 15 %, einem Ballaststoffgehalt über 40 % aber stark variierendem Feinheitsgrad. → Kleie

Weizenkleinbackware → Kleinbackware

Weizenkleingebäck → Kleinbackware → Backware

Weizenlangbrot → Brot, Französisches

Weizenmalz → Malzkaffee

Weizenmehl: ein → Mehl aus → Weizen (nicht Durumweizen), das geringe Mengen (bis 5 %) von Mehl anderer Getreidearten (z. B. Roggen) enthalten darf. → Getreidemehl → Brotgetreidemehl → Mehl, typisiertes → Spezialmehl

Weizennachmehl: ein → Mühlennachprodukt aus Weizen von mehlartiger Beschaffenheit und einem Stärkegehalt oberhalb von 35 %. → Nachmehl

Weizennährmittel: Sammelbegriff für Nährmittel aus Weizen in Form von → Graupen → Grieß → Grütze → Flocken → Stärke → Puff- und Extrusionserzeugnissen. Zu den kochfertigen W. zählen Grieß, Graupen, Grütze, Weizenstärke, zu den *Instantweizennährmitteln* zählt *Weizenquellmehl,* auch *Weizengel* genannt, zu den tischfertigen W. zählen *Weizenroh-* und *Weizenknusperflocken, unbehandelter Puffweizen, Bulgur, Dosenweizen,* und zu den *verzehrsfertigen W.* zählen *behandelter Puffweizen* und Extrusionserzeugnisse, z. B. *Weizenkleieflips.*

Weizen, Persischer: eine Weizenart, *Triticum cárthlicum* Nevski (Familie *Poáceae*) der Hartweizenreihe (vgl. → Weizen), die im Kaukasus, Georgien, Armenien und in den Hochlagen Ostanatoliens zw. 900 m und 1200 m Höhe häufig anstelle von Hartweizen angebaut wird. Der P. W. hat außerdem wegen seiner hohen Resistenz gegen Pilzkrankheiten bes. Bedeutung für die Züchtung. Ein sehr auffallendes Charakteristikum von P. W. ist die Begrannung der Hüllspelze. P.W. zählt zu den tetraploiden W. und wird auch oft als Unterart von *Tríticum túrgidum* L. aufgefaßt.

Weizen, Polnischer → Gommer

Weizenpuder → Getreidestärke

Weizenquellmehl, Weizengel: ein mittels Walzentrocknung oder Extrusionskochung vorbehandeltes, sog. voraufgeschlossenes helles Weizen- oder Vollkornweizenmehl, dessen Stärke vollkommen verkleistert ist und in Wasser oder Milch angerührt eine verzehrsfertige Speise ergibt. In Mischung mit Reisquellmehl 1:1 wird das Weizenvollkornquellmehl auch als Diätetikum gehandelt (auf Grund des relativ hohen Kaliumgehaltes von Reis und Weizen wird damit die Entwässerung des Körpers unterstützt). Das W. wird auch für → *Instantkindernährmittel* und als → Backhilfsmittel verwendet. → Mehl, aufgeschlossenes → Strangpreßerzeugnis

Weizen-Roggen-Bastard → Triticale

Weizen-Roggen-Hybride → Triticale

Weizenschalenbrot → Brot, ballaststoffangereichertes → Driftbrot

Weizen-Soja-Mischung → WSB

Weizenspeisekleie: ein Ballaststoffkonzentrat in Form von → Kleie aus Weizen. Die W. muß bestimmten Anforderungen genügen: hygienisch einwandfreie Beschaffenheit, einschließlich Einhaltung der zulässigen Grenzwerte für Fremdstoffe, höchstens 15 % Stärke und 14 % Feuchtigkeitsgehalt (jeweils bezogen auf Trockenmasse); ferner wird grobflockige Struktur und geringer Feinanteil gefordert. Vielfach wird W. als gewaschenes und getrocknetes Erzeugnis auf den Markt gebracht und zu diätetischen Zwecken (z. B. Branflakes), zur Ballaststoffanreicherung von Speisen sowie als Zusatz bei der Backwarenherstellung genutzt. Die W. enthält 36···40 % unlösliche Anteile, 3···5 % lösliche Anteile und 40···45 % Gesamtballaststoffgehalt. → Lebensmittel, diätetisches

Weizensprossen-Müsli → Keim

Weizenstärke: eine aus → Weizen gewonnene Stärke, Zusammensetzung und Energiewert s. Tab. → Getreidestärke

Zusammensetzung und Energiewert von Weizenstärke

Bestandteil	Gehalt je 100 g in g
Feuchtigkeit	12,3
Eiweiß	0,4
Fett	0,14
Kohlenhydrate	86,8
Rohfaser	0,1
Mineralstoffe	0,2
Energiewert in kJ (kcal) je 100g	1540 (369)

Weizensüßkleber → Kleber

Weizen, tischfertiger → Bulgurweizen

Weizen, transgener → Nutzpflanze, transgene

Weizen, Türkischer → Mais

Weizenvollkornbrot: ein aus Weizenvollkornmehl oder -schrot hergestelltes, meist hefegelockertes Vollkornbrot mit geringem Säuregrad, mildem Geschmack und leicht zum Krümeln neigender Krume. → Vollkornmehl → Vollkornschrot → Schrotbrot

Weizen, Welscher → Rauhweizen → Weizen

Weizenwaffel → Waffelbrot

Welan, *Polysaccharid S-130:* ein mikrobielles Polysaccharid, das von einem *Alcaligenes*-Stamm (ATCC 31555) gebildet wird. Es ist aus D-Glucose, D-Glucuronsäure und L-Rhamnose in molaren Verhältnis 2:1:1 in der Hauptkette sowie einer Rhamnose bzw. L-Mannose (Verhältnis etwa 2:1) als Glycosyl-Seiteneinheit aufgebaut. Außerdem sind im nativen Polysaccharid Acetylgruppen anwesend. Die gleiche sich wiederholende Tetrasaccharid-Grundeinheit in der Hauptkette enthalten → Gellan und Rhamsan. W bildet nur schwache Gele. Es ist ungewöhnlich stabil gegenüber *p*H-Wert-Änderungen und Scherung. Die Viskosität von W. ändert sich bei Temperaturerhöhungen bis auf 150°C kaum. Struktur von W. s. unten.

Welke: Schwund des arteigenen Zelldruckes und damit des charakteristischen Aussehens sowie der typischen Elastizität der Gewebeteile pflanzlicher Erzeugnisse. Je nach Pflanzenart und Herkunft wird der Beginn des Welkens (*Welkepunkt)* erreicht, wenn der Feuchtigkeitsverlust 5···7 % der Erntemasse erreicht hat.

Wellhornschnecke → Schnecken

Wels, *Waller, Weller, Silúrus glánis* (s. Bild Seite 843 oben). Bodenbewohnender, schuppenloser *Süßwasserfisch* von plumper Form mit breitem, stark abgeplattetem Kopf und sehr großem Maul, an dem sich oben 2 lange, unten 4 kürzere Barteln

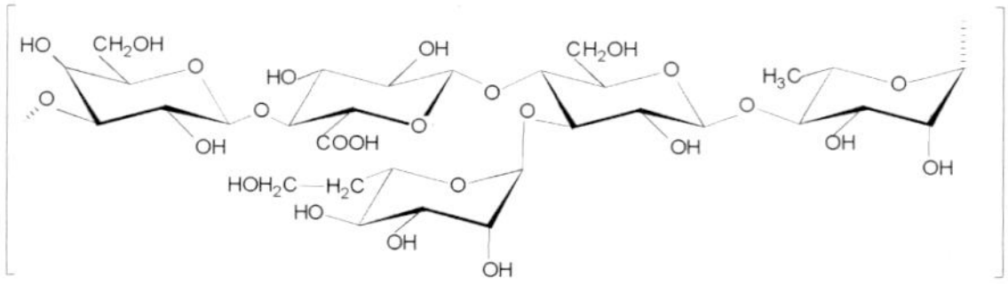

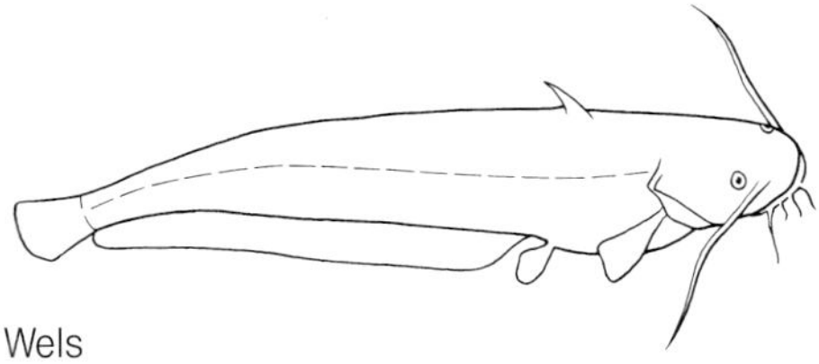

Wels

befinden. Die Oberseite ist schwarzblau, der Bauch rötlich- bis gelblichweiß gefärbt, die Seiten sind marmoriert. Der 1,5···über 3 m lange und 300 kg wiegende Bodenfisch bewohnt Seen und größere Flüsse von Mitteleuropa bis zum Schwarzen und Kaspischen Meer und zur Newa. Wirtschaftliche Bedeutung hat der W. nur in der ehem. Sowjetunion, wo etwa 15 kt jährlich gefangen werden. Von verwandten Arten werden in Südamerika, Zentralafrika und Südostasien etwa 200 kt gefangen. Aus Nordamerika wurde 1885 der 25···30 cm (275 g), höchst. 45 cm (2 kg) lange *Zwergwels, Ameiúrus (Ictalúrus nebulósus),* (Bild) eingeführt. Er unter-

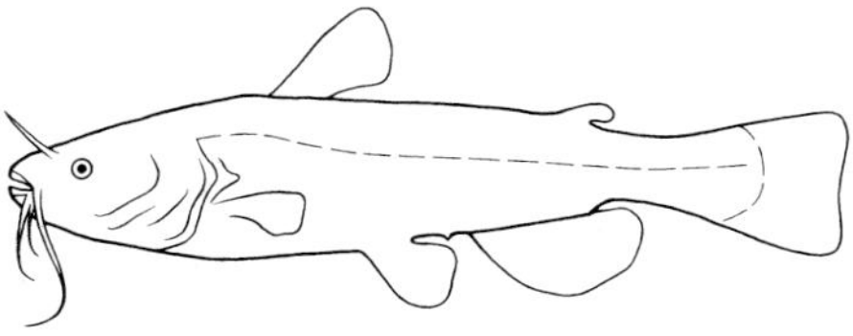

Amerikanischer Zwergwels

scheidet sich vom W. u. a. durch die Ausbildung einer Fettflosse, einen Stachelstrahl am Beginn der Rücken- und Brustflosse und je 4 Barteln auf der Ober- und Unterlippe. Er ist von Bedeutung für die Teichwirtschaft Belorußlands und der Ukraine. Junger W. ist ein schmackhafter Speisefisch mit zartem, aber festem Fleisch, das 16···18 % Eiweiß und in der Regel 6···12 % Fett enthält. Das Fleisch wird auch gesalzen, geräuchert oder getrocknet. → Fisch

Welschkohl → Wirsing

Welschkorn → Mais

Welschkorn, Schwarzes → Buchweizen

Welschkraut → Wirsing

Welschnuß → Walnuß

Welschriesling, *italien. Riesling:* ertragreiche, spätreifende, in der ehem. Sowjetunion und Südosteuropa verbreitete Keltertraubensorte, die vollmundige Weine mit charakteristischem Aroma liefert, die vielfach als Grundweine für die Sektherstellung genommen werden. Der W. wird in osteuropäischen Ländern häufig *fälschlich* als *Riesling* (→ Riesling, Weißer) bezeichnet, z. B. als Plattensee-Riesling. Dieser W. ist vom *Riesling,* der edelsten Weißweinkeltertrauben-Sorte, zu unterscheiden. → Wein

Welschzwiebel → 1. Porree
→ 2. Winterzwiebel, → Lauch

Welschzwiebel, perennierende → Berglauch, → Lauch

Wensleydale (blau): halbfester Käse mit Innenschimmel aus England → Käsesorten

Wensleydale (weiß): halbfester Käse ohne Innenschimmel aus England → Käsesorten

'Werdavia': Johannisbeere → Beerenobst

'Werdersche Braune' → Süßkirsche → Steinobst

'Werdersche Glaskirsche' → Glaskirsche → Sauerkirsche → Steinobst

'Werdersche Hauszwetsche': Pflaume → Steinobst

Wermut: 1. i. w. S. Sammelbezeichnung für geschmacksintensive, bitterstoffhaltige Gewürzpflanzen der Gattung *Artemísia* L. (Familie *Asteráceae),* deren Kraut vielfach zur Drogen- und Essenzgewinnung kultiviert wird.
2. i. e. S. Echter W., *Absinth, Magenkraut, Bitterkraut:* die getrockneten Blätter und blühenden Zweigspitzen des im östlichen Mittelmeergebiet heimischen, in ganz Europa angebauten Korbblütlers *Artemísia absínthium* L. Der widerlich aromatische Geruch und der sehr bittere Geschmack sind

auf den Gehalt an ätherischem Öl (bis 2%) mit Thujon, dem Bitterstoffglycosid *Absinthin,* Gerbsäure und Harz zurückzuführen. Außer als Magenmittel in Form von Tee und → Wermutwein dient der W. zur Herstellung des Likörs *Extrait d'absinthe.* Für Wermutwein und -liköre dürfen nur wäßrige Extrakte verwendet werden, da Ethanol auch das giftige *Thujon* mit auszieht. Unbedenklich sind demzufolge auch Kräutertees aus W., dessen Blätter ebenfalls Thujon enthalten; da sich das Thujon nicht in Wasser löst, können Gesundheitstees bedenkenlos getrunken werden. → Küchenkraut

3. *A. arboréscens* L., nur im Mittelmeergebiet und Nordafrika als Gewürzpflanze, zwecks Spirituosenaromatisierung kultiviert.

4. *Zitronenwermut, A. balchanórum* H. Krasch., vorwiegend in der ehem. Sowjetunion kultiviert zur Gewinnung ätherischer Öle für Backaromen und für die Parfümindustrie.

5. *Dragunwermut, A. dracúnculus* L., → Estragon

6. *A.judaíca* L., im östlichen Mittelmeergebiet und in Arabien als Gewürzpflanze angebaut; dient zur Aromatisierung von Likören.

7. *Meer-, Salzwermut, A. marítima* L., in Deutschland zur Drogengewinnung kultiviert, auch als Würzdroge für Kräuterlikör verwendet.

8. *Römischer W., Pontischer W., Pontischer Beifuß, Kleiner Absinth, Kampferwermut, A. póntica* L., in Europa, Kanada und USA kultivierter W., der wie → Wermut 2. verwendet wird.

9. *Alpenwermut, Alpenbeifuß, Silberraute, Edelraute, A. umbellifórmis* Lam., Syn. *A. mutellína* Vill., im Gebirge Mittel- und Südeuropas vorkommend und als Würzdroge für die Herstelung von Spirituosen genutzt.

10. *Walliser W., A. vallesiáca* All., in der Schweizer Alpenregion wildwachsender, gleichzeitig auch in der Südwestschweiz, in Südostfrankreich und Nordwestitalien kultivierter W., der zur Wermutbereitung bestimmt ist. Zwei Drittel seines ätherischen Öles aus Blüten und Blättern bestehen aus Camphen, 1,8-Cineol, Kampfer und Borneol.

11. *Wilder W., Gemeiner Beifuß, Gewürzbeifuß,* → Beifuß, A. vulgaris L.; in Europa und Brasilien kultivierter, in Amerika, Nordafrika, Asien und Europa wildwachsender W., dessen frische Blätter auch zur Würzung von Salaten und als → Küchenkraut genutzt werden. Die jungen Triebe enthalten je 100 g etwa 60 mg Vitamin C.

12. *A. vulgáris var. índica* (Willd.) Maxim: der in Südostasien und Japan als Gemüse kultivierte W., der im Fernen Osten auch als Tabakersatz herangezogen wird.

Wermut, Wilder → Beifuß

Wermutöl: das aus dem frisch getrockneten, blühenden Kraut von → Wermut durch Wasserdampfdestillation gewonnene ätherische Öl. Die dunkelgrüne bis braune oder bläuliche, stark bitter schmeckende Flüssigkeit enthält Thujon u. a. Bestandteile. Das W. dient zur Herstellung von Wermutlikören.

Wermutwein: → weinhaltiges Getränk, hergestellt aus Traubenwein, der mit Hilfe von Wermutkraut (*Artemísia absinthium* L.) und anderen Drogen aromatisiert ist. Der dem Wermutkraut eigentümliche bittere Geschmack tritt im W. deutlich hervor. Zur Aromatisierung der bekanntesten W., z.B. *Vermouth di Torino, Cinzano,* werden neben Wermutkraut noch etwa 30 weitere Gewürzkräuter, z.B. Thymian, Melisse, Enzian und Beifuß, verwendet. Zur Herstellung von Deutschem Wermutwein verwendet man u.a. aufgespritzten roten oder weißen Dessertwein, Weiß-, Rot- und Schillerwein, Primasprit, Zuckercouleur, Zucker, Citronen- und Weinsäure. Der Ethanolgehalt darf zwischen 16%···18,5 %-Vol. liegen; in 1 l W. müssen mind. 750 ml Wein enthalten sein. Es werden folgende Sorten unterschieden: Weiß: extra trocken, trocken, halbtrokken, süß, bitter. Rot: süß, bitter. W. hat eine appetitanregende und verdauungsfördernde Wirkung. Das thujonhaltige, daher giftige ätherische Öl der Wermutspflanze ist im Gegensatz zu Absinth (1), einer verbotenen Spirituose, nur in unbedeutender Menge (in einem Liter Wein dürfen je nach Alkoholgehalt 5···25 mg → Thujon pro l enthalten sein. Bitterspirituosen wie *Magenbitter,* dürfen höchstens 35 mg pro l enthalten.) enthalten. W. wird häufig mit einem Zusatz von kohlendioxidhaltigem Wasser getrunken. → Kräuterwein

Westfälischer Rohschneiderschinken
→ Schinken

Whisky, Whiskey: ein nach bes. Verfahren hergestellter → *Kornbrand.* Bereits im 12. Jh. wurde der W. als «Uisque beatha» (irisch: Lebenswasser) in angelsächsischen Ländern gebrannt. Der Endbuchstabe „y" bleibt nach Vereinbarung der Whisky-Hersteller dem Scotch Whisky und verwandten Canadischen Typen vorbehalten. W. aus USA und Irland trägt die irische Schreibweise „ey". In England, Irland, Schottland und den USA ist W. die bevorzugteste Spirituose. Die verschiedenen Whiskysorten unterscheiden sich in der Herstellungstechnologie: *Schottischer Whisky* wird entsprechend der gewünschten Geschmacksrichtung aus *Malzwhisky (Malt Whisky)* und *Getreidewhisky (Grain Whisky)* gemischt (*Blended Whisky*). Der Malzwhisky erhält seine typische Rauchnote durch Verwendung eines über heißem Torf- oder Koksrauch gedarrten Rauchmalzes. Das Maischen des Malzes erfolgt bei 60°C durch wiederholte Extraktion mit Wasser. Die von den Maischetrebern abgetrennte Würze („wash") wird bei 20···32°C vergoren und in einfachen Blasenapparaten häufig noch über offenem Feuer („potstill-Brennerei") zu Whisky-Rauchbrand („low wines") gebrannt. Bei der zweiten Destillation werden unerwünschte Komponenten mit dem Vor- und Nachlauf abgeschieden. Bei der Getreidewhiskyherstellung erfolgt die Getreidestärkeverzuckerung in der Hauptsache durch Säurehydrolyse mit Schwefelsäure. Die Gärung verläuft wie bei der Malzwhiskyherstellung. Die vergorene Würze wird jedoch in kontinuierlich arbeitenden Kolonnenapparaten im Gegensatz zur Malzwhiskyherstellung sehr stark rektifiziert, deshalb hat der Getreidewhisky ein leichteres neutraleres Aroma als der Malzwhisky.
Das frische, noch rauh und unangenehm riechende Whiskydestillat muß vor dem Verbrauch noch mehrere Jahre in Weißeiche- oder in gebrauchten Sherryfässern reifen. Für den Export muß Schottischer Whisky mind. 3 Jahre gelagert sein. Lagerzeiten über 10 Jahre hinaus bringen kaum noch einen Qualitätszuwachs. Entsprechend den heute bevorzugten leichten schottischen Whiskysorten enthalten die Mischungen („blends") größere Getreide- als Malzwhiskyanteile. Das Whiskydestillat wird mit Wasser auf eine Mindesttrinkstärke von 40 %-Vol. herabgesetzt. Bei der Herstellung des *irischen W.* wird ein Drittel der verwendeten Gerste nicht gemälzt. Gerade auf die ungemälzte Gerste ist die geschmackliche Abweichung von *Scotch* (schottischer W.) zurückzuführen. Die gemälzte Gerste trägt dazu bei, den *Scotch* gegenüber dem *Irish* (Irischen W.) lieblicher zu machen. Der irische W. muß mind. 7 Jahre lagern. Um mit dem amerikan. *Bourbon* und dem schottischen *Scotch* konkurrieren zu können, stellen die Iren für den Export leichtere W. in Form von Verschnitten her; die bekanntesten Marken dieser irischen Whiskeyarten sind *Jameson* und *Bushmill's.*
Der *Amerikanische Whiskey* wird in rationell arbeitenden Großbrennereien aus durch Malz verzuckertem Getreide hergestellt. Die verzuckerte Würze, genannt „wort", wird ohne vorherige Filtration zu „beer" vergoren und in Kolonnenapparaten zweimal destilliert. Die Reifung erfolgt in innen oberflächlich angekohlten Eichenholzfässern. Dadurch erhält das Whiskeydestillat den erwünschten Rauchgeschmack, gleichzeitig katalysiert die Holzkohle das Reifungsgeschehen und absorbiert unerwünschte Farbstoffe und Fuselöle. Amerikanische Whiskyarten sind z. B. der *Bourbon-Whiskey,* hergestellt unter Verwendung von mind. 51 % Mais, der *Rye-Whiskey* mit einem Roggenanteil von 51 %, der *Wheat-Whiskey* mit einem überwiegenden Weizenanteil und der *Corn-Whiskey* mit einem Maisanteil von mind. 80 %. Als charakteristischer Aromastoff findet man γ-Butyrolactone, die auch als Whiskey-Lacton bezeichnet werden.
→ Spirituosen, → Edelbrand

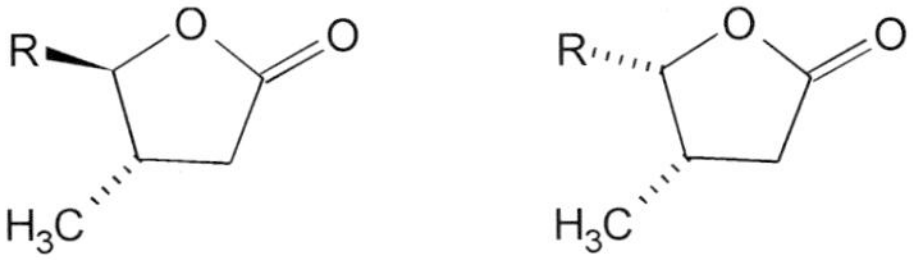

R = C_4H_9
R = C_5H_{11}
(trans)

R = C_4H_9
(cis)

γ-Butyrolactone

Whisky-Soda → Bargetränk

White durra → Sorghumhirse

Wickel: ein Weizengebäck aus → Hefeteig (als Wasser- oder Milchbackware), indem der ausgerollte → Teig zu einer kleinen → Stange, nicht → Hörnchen, gewickelt wird.

Wielesche → Ebereschenbeere

Wiener-Masse-Boden → Torte

Wiener Würstchen: → *Brühwurst* (mittlere Sorte), die portioniert und paarweise (je St. 50 g Masse) für den Warmverzehr hergestellt wird. Als Rohstoffe kommen grob entsehntes Rind- und Kalbsfleisch, grob entsehntes Schweinefleisch, Speck, Nitritsalz, Pfeffer, Kümmel, Knoblauch, Paprika, Mazisblüte und Koriander zum Einsatz. Als Wursthüllen finden Saitlinge Verwendung. Das Schnittbild zeigt eine zartrosafarbene, sehr fein gekutterte Wurstmasse, die frei von Knorpeln, Sehnen und Lufteinschlüssen ist. Von der Schnittfläche tropft kein Wasser ab. Der Richtwert für den Energiewert beträgt 1380 kJ (330 kcal) je 100 g Wurst. → Wurst

Wiesenchampignon → *Agaricáceae* → Speisepilze

Wiesengeißbart → Spierstrauch

Wiesenkönigin → Spierstrauch

Wiesenknoblauch → Knöterich

Wiesenknopf → Gartenpimpinelle → Wildkräuter

Wiesenkren → Brunnenkresse

Wiesenmargarite → Chrysánthemum

Wiesenplatterbse → Knollenplatterbse

Wiesensauerampfer → Sauerampfer, Großer

Wiesenschaumkraut → Wildkräuter

Wild: der Jagd unterliegende, zum menschlichen Verzehr geeignete Tiere. Man unterscheidet zwischen *Haarwild* (Rot-, Dam-, Reh-, Schwarz-, Muffelwild, Hase und Wildkaninchen) und *Federwild* (Fasan, Rebhuhn, Wildente, Wildgans, Wildtaube, Wachtel, Schnepfe, Auerhahn und Birkhahn). Mit Ausnahme von Schwarzwild und Wildkaninchen unterliegt das W. gesetzlich festgelegten Jagd- und Schonzeiten (s. Tab. Seite 847).
Alle Arten des Haarwildes, außer Hase und Wildkaninchen, müssen nach dem Erlegen an Ort und Stelle ausgeweidet werden. W. wird vorwiegend in Spezialverkaufsstellen angeboten. Während Haarwild sowohl mit Fell als auch als nackter Tierkörper in den Einzelhandel gelangt, wird Federwild grundsätzlich nur im Federkleid gehandelt. W. unterliegt wie die übrigen Schlachttiere einer tierärztlichen Untersuchung. Zum Erreichen seiner Zartheit und des arteigenen Wildgeschmackes (haut goût) muß jedes Wildbret reifen (abhängen). Die Reifezeit ist abhängig von der Tierart und dem Zustand zum Zeitpunkt der Erlegens. Die Reifung sollte bei Temperaturen zwischen +2°C und + 5°C bei einer relativen Luftfeuchte von 70% erfolgen. Die qualitativ besten Teile des Haarwildes sind Rücken (Kotelett und Filet) und Keulen, beim

Grundnährstoffgehalt und Energiewert ausgewählter Wildarten im Vergleich zu Rind- und Schweinefleisch (Durchschnittswerte je 100 g rohen Fleisches)

Wildart	Eiweiß g	Fett g	Energiewert kJ (kcal)
Wildschweinkeule	22	2,5	480 (115)
Rehkeule	21	1	440 (105)
Rehrücken	22	3	565 (135)
Hase	21	3	525 (125)
Wildkaninchen	20	7	710 (170)
Fasan	22	2	460 (110)
Rebhuhn	24	1,5	480 (115)
Wildente	23	3	460 (110)
Schweinekeule	16	22	1 240 (295)
Schweinsrücken	16	23	1 280 (305)
Rindskeule	20	6	670 (160)
Rindsrücken	20	9	795 (190)

Allgemein übliche Schonzeiten ausgewählter, jagdbarer Tiere

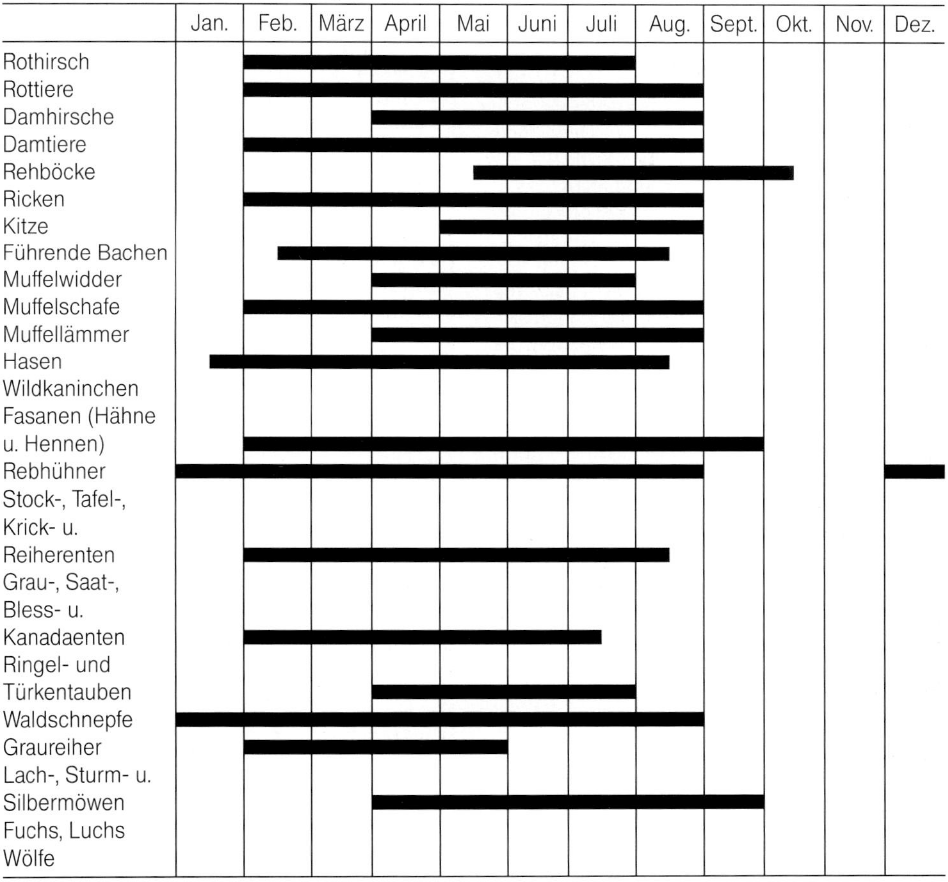

Federwild Brust und Keulen. Auf Grund seines charakteristischen Geschmackes und seines geringen Fettgehaltes (Tab.) ist Wildfleisch sehr begehrt. Das Aufkommen an Wildfleisch betrug 1989 in den östlichen Bundesländern etwa 10 000 t. Da sich in den letzten 10 Jahren die Bestände an Rot- und Rehwild verdoppelt, an Schwarzwild verfünffacht haben, mußten wegen zunehmender Schäden in der Land- und Forstwirtschaft die Abschußquote erhöht werden. So betrug die Abschußquote in den neuen Bundesländern (ehem. DDR) für Rotwild 9 000 Stück, ab 1983 bereits 24 000 Stück, für Schwarzwild sind die Stückzahlen 3 500 (1973) auf 113 000 Stück (1983) gestiegen. → Fleisch

Wildapfel → Holzapfel

Wildbirne → Holzbirne

Wild Blueberry → Wildheidelbeere, Nordamerikanische

Wildbret: Fleisch des Wildes → Wild

Wilddamson → Haferschlehe

Wild-Dattelpalme → Wald-Dattelpalme, → Senegal-Dattelpalme

Wildemmer, *Wilder Emmer:* eine in der Züchtung verwendete *Wildweizenart, Tríticum dicoccoídes* Körn. ex Schweinf. (Familie *Poáceae*), die als Quelle hohen Eiweißgehaltes und hoher Resistenz gegen Pilzkrankheiten gilt. Der W. ist die Stammform von *Tríticum dicóccon* Schrank, B., dem *Kulturemmer,* auch *Ammer* oder *Ammelkorn* genannt. Der *Kulturemmer* ist die wichtigste Weizenart der Urgeschichte; seine Reste fanden sich häufig im → Einkorn und der → Gerste. Heute ist der Anbau des Kulturemmers stark rückläufig. Er findet sich nur noch in Spanien, Jugoslawien, Transkaukasien, früher auch in Thüringen und Süddeutschland. Als Durchschnittswerte für die Korngröße gelten beim W. 7,5···9 mm x 2,4···2,9 mm; beim Kulturemmer 8,5···10 mm x 2,5···3,3 mm. Die Tausendkornmasse liegt beim W. bei 30···40 g, beim Kulturemmer bei 35···50 g. Diese Angaben beziehen sich auf Bestände in Zuchtgärten und sollen den Unterschied zw. beiden Emmerformen belegen. Diese Werte gelten nicht für die Durchschnittsgröße im Feldanbau. Der Grad des Spelzenschlusses zeigt bei dem Kulturemmer bereits eine Variationsbreite in Richtung Nacktkörnigkeit, so daß die Annahme berechtigt ist, daß die Entwicklung zum Nacktgetreide (→ Getreide) durch eine Summierung kleiner Mutationsschritte erfolgt ist. → Spelzweizen → Sammelspelzfrucht → Weizen

Wildente → Wild

Wilderdbeere → Walderdbeere

Wildfrüchte, *Wildobst*: Sammelbezeichnung für eßbare Früchte von Wildgehölzen (→ Walderdbeeren und z.B. Heidelbeeren zählen auch dazu), die züchterisch entweder gar nicht oder nur wenig verändert worden sind. Die Wildobstarten gewinnen wieder zunehmend an Bedeutung: a) aus ökologischen Gründen, wegen ihrer Anspruchslosigkeit (Eignung für karge Böden oder Kippenbepflanzung), Aufbau von Windschutzhecken (benötigen keine Düngung), wegen ihrer Resistenz gegen Krankheiten und Schädlinge (sie erfordern keinen Pflanzenschutzmittelaufwand) und zugleich wegen ihres Zierwertes in Gärten und Parkanlagen b) wegen ihrer Früchte, die oft über einen wesentlich höheren Gehalt an Vitaminen, Farbstoffen und organischen Säuren verfügen und daher entweder als alleinige Fruchtart oder zur Aufwertung von Kulturobst, zum Färben von Lebensmitteln und zur Erhöhung des Säuregehaltes bei säurearmen Früchten genutzt werden. Die W., die in steigendem Maße erwerbsmäßig angebaut werden (s. Tab.).

Die wirtschaftlich wichtigsten Arten der Wildfrüchte

Deutscher Name	Botanischer Name
Hagebutte	*Rósa canina* L. u.a.
Heidelbeere	*Vaccínium myrtíllus* L.
Holunder, Schwarzer	Sambúcus nígra L.
Kornelkirsche	*Córnus mas* L.
Maulbeere	*Mórus álba* L.
Mispel	*Méspilus germánica*
Moorbeere	*Vaccínium uliginósum* L.
Moosbeere	*Vaccínium oxycóccus* L.
Multbeere	*Rúbus chamaemórus* L.
Preiselbeere	*Vaccínium vítis-idaea* L.
Quitte, Japanische	*Chaenoméles japónica* Ldl.
Sanddornbeere	*Hippóphae rhamnoídes* L.
Schlehe, Schwarzdorn	*Prúnus spinósa* L.
Walderdbeere	*Fragária vésca* L.
Waldhimbeere	*Rúbus idaéus* L.
Weißdorn	*Crataegus oxyacántha*

→ Lebensmittel, nostalgisches → Obst

Wildgemüse: Sammelbezeichnung für eßbare Pflanzenteile von ein- oder mehrjährigen krautigen, heimischen Wildpflanzen, die züchterisch entweder gar nicht oder nur wenig bearbeitet sind. W. gewinnen heute wieder steigende Bedeutung, da sie zur Bereicherung mit Würz- und Schutzstoffen nicht unerheblich beitragen können. Vor allem die franz. und japan. Küche bedient sich in größerem Umfang der verschiedenen Wildgemüsearten, die auch auf dem Markt angeboten werden. Zu den W. zählen z.B.: Löwenzahn, Sauerampfer, Zuckerwurz, Bocksbart, Klette, Lattich, Pastinake, Rapunzel, Brunnenkresse. Die Übergänge zu → Wildkräutern sind fließend. → Lebensmittel, nostalgisches → Wildpflanzen

Wildgemüsesaft → Kräutersaft

Wildgewürz: eine → Gewürzmischung aus Cayennepfeffer, Mazis, Gewürznelken, Piment, Muskatnus, Lorbeerblättern und Wacholderbeeren, die zum Einreiben des Wildbrets und zum Würzen von Sahnesoßen für Wildgerichte dient.

Wildheidelbeere, Nordamerikanische, *Wilde Heidelbeere, Wild Blueberry, Lowbushblueberry, Zuckerbeere:* die in Maine (USA) und Ostkanada wildwachsende und 15···25 cm hohe Sträucher bildende *Vaccínium angustifólium* Ait. (Familie *Ericáceae*) mit süßsäuerlich schmeckenden Früchten, die einen Durchm. von 7···10 mm aufweisen. Die Flächen der wildwachsenden Heidelbeeren werden alle 2 Jahre abgemäht, damit sich vermehrt Triebe bilden. Die Jahresernte im weltweit größten Sammelgebiet Nordostamerikas belief sich 1991 auf bereits 80···100 Millionen Pfund. Die mit Handrechen geernteten N.W. (eine Person schafft am Tag 200···400 kg Erntegut) werden traditionell zu Konserven, Marmelade und gefrierkonservierten Produkten verarbeitet, jedoch wird auch zunehmend in der Backwaren- und Speiseeisherstellung sowie in der Milchwirtschaft auf die wohlschmeckende und farbintensive Frucht zurückgegriffen. Nach Europa erfolgt der Transport per Schiff in Containern mit je 1200···1400 Kartons. In 100 g Beeren sind enthalten: 0,42 g Eiweiß, 0,64 g Fett, 12,2 g Kohlenhydrate, 8 mg Calcium, 0,18 mg Eisen, 5 mg Magnesium, 11 mg Phosphor, 54 mg Kalium, 1 mg Natrium, 0,07 mg Zink, 0,033 mg Kupfer, 0,147 mg Mangan, 2,5 mg Vitamin C, 0.032 mg Vitamin B_1, 0,037 mg Vitamin B_2, 0,52 mg Niacin, 0,125 mg Pantothensäure, 0,059 mg Vitamin B_6 und 0,0067 mg Folsäure. Der Energiewert je 100 g entspricht in kJ (kcal) 213 (51).

Wildlauch → Bärenlauch

Wildknoblauch → Bärenlauch

Wildkräuter, *Ackerwildkräuter:* Sammelbezeichnung für heimische nicht oder nur selten garten- oder feldmäßig angebaute, krautige, ein- oder mehrjährige Pflanzen, die aufgrund ihres häufig anzutreffenden ausgeprägten Aroma- und/oder Bitterstoffgehaltes selten allein sondern meistens in Mischung mit anderen W. oder Kulturpflanzen als Mischsalat oder Salatzutat verwendet werden. Darüberhinaus zeichnen sich die W. durch einen, im Vergleich zu Kulturpflanzen wesentlich höheren Vitamin C-Gehalt aus, wie dies aus der Übersicht über heimische W. zu entnehmen ist. Die Bez. *Unkraut* anstelle von W. wird heute aufgrund zunehmender ökologischer Bedeutung durch die Bez. *„Kulturpflanzen begleitende Pflanzenarten"* ersetzt. → Wildpflanzen → Lebensmittel, nostalgisches → Wildgemüse (s. Übersicht Seiten 850–852).

Wildlachs, *Edellachs, Salm, Sálmo sálar* (Bild):

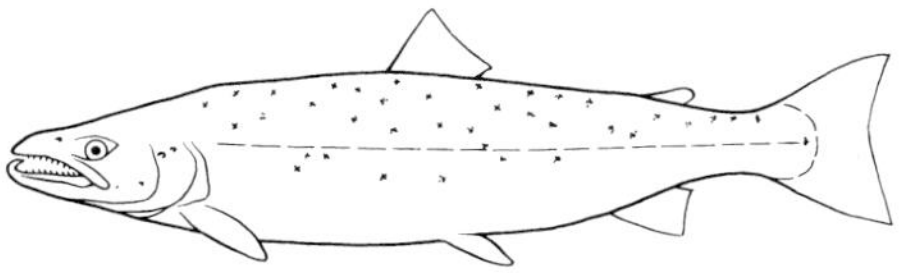

Wildlachs

Spindelförmig gestreckter *Wanderfisch,* mit relativ kleinem Kopf, kurzer Rücken- und Afterflosse und einer strahlenlosen Fettflosse vor der Schwanzflosse. Die Unterkieferspitze erwachsener Männchen ist hakenförmig nach hinten umgebogen *(Hakenlachs).* Die Färbung wechselt mit dem Alter. Bei den erwachsenen Tieren sind auf silberglänzendem, oben blaugrauem Grund oberhalb der Seitenlinie schwarze, x-förmige Flecke ausgebildet. Zur Laichzeit kommen viele rote und schwarze Flecke hinzu. Bes. beim Männchen färben sich Bauch und untere Flossen rot. Die Laichablage findet im Oberlauf schnellfließender Gewässer statt. Die mit etwa 9 Querbinden gezeichneten Jungen färben sich nach 1- bis 3-jährigem Süßwasseraufenthalt zum *Blanklachs* oder *Silberlachs* um und

Heimische Wildkräuter, Vitamin-C-Gehalt und genießbare Teile

(B: Blatt, BS: Blattspreite, BST: Blattstiel, OB: oberirdische Pflanze, BSK: Blütenstandsknospe, FR: Frucht, BK: Blütenknospe, SPT: Sproßtrieb, SP: Sproßspitze, FZ: Fruchtzapfen, ST: Stengel, W: Wurzel

Botanische Bezeichnung	Familie	Volkstümliche Bezeichnung	Vitamin-C-Gehalt der grünen Blattmasse in mg/100 g	Genießbare Teile
Achilléa millefólium L.	*Asteráceae*	→ Schafgarbe	152	B
Aegopódium podagrária L.	*Apiáceae*	→ Giersch	200	B
Agropýron répens L.	*Rosáceae*	→ Quecke		W
Alchemílla xanthochlóra Rothm.	*Rosáceae*	→ Frauenmantel, Marienmantel, Taumantel, Silberkraut	210	B
Anchúsa officinális L.	*Boragináceae*	→ Ochsenzunge	159	B
Angélica archangélica L.	*Apiáceae*	→ Engelwurz	249	B, BS
Angélica silvéstris L.	*Apiáceae*	→ Große Klette	125	W
Árctium lappa L.	*Asteráceae*	Waldengelwurz	75	BS, ST, BK
Árctium minus (Hill.) Bernh.	*Asteráceae*	Kleine Klette		BST, BS, W
Átriplex horténsis L.	*Chenopodiáceae*	→ Gartenmelde	157	OB
Barbárea vulgáris R. Br.	*Brassicáceae*	→ Barbarakraut, Winterkresse	315	B
Béllis perénnis L.	*Asteráceae*	→ Gänseblümchen, Tausendschön	90	OB, B, BK
Campánula rapúnculus L.	*Campanuláceae*	→ Rapunzel	198	W
Capsélla búrsa-pastóris L.	*Brassicáceae*	→ Hirtentäschel	170	OB
Cardámine praténsis L.	*Brassicáceae*	→ Wiesenschaumkraut	280	SP
Cárum cárvi L.	*Apiáceae*	→ Kümmel	180	B
Chenopódium bónus-henrícus L.	*Chenopodiáceae*	→ Guter Heinrich	184	BS
Cichórium íntybus L.	*Asteráceae*	Zichorie, → Wegwarte	135	B, W
Círsium oleráceum L. Scop.	*Asteráceae*	*Kohldistel*	146	OB
Cochleária officinális L.	*Apiáceae*	→ Löffelkraut	200	B.
Échium vulgáre L.	*Boragináceae*	→ Natternkopf	136	B, SP
Epilóbium angustifólium L.	*Onagráceae*	→ Waldweidenröschen, schmalblättriges	320	OB
Equisétum arvénse L.	*Equisetáceae*	→ Ackerschachtelhalm	100	OB
Filipéndula ulmária (L.) Maxim.	*Rosáceae*	*Mädesüß*, → Spierstrauch	300	B, SPT
Galinsóga ciliáta Raf. S. F. Blake	*Asteráceae*	Franzosenkraut, Zottiges, Knopfkraut	100	SP
Galinsóga parviflóra Cav.	*Asteráceae*	→ Franzosenkraut	105	SP

Heimische Wildkräuter, Vitamin-C-Gehalt und genießbare Teile (Forts.)

(B: Blatt, BS: Blattspreite, BST: Blattstiel, OB: oberirdische Pflanze, BSK: Blütenstandsknospe, FR: Frucht, BK: Blütenknospe, SPT: Sproßtrieb, SP: Sproßspitze, FZ: Fruchtzapfen, ST: Stengel, W: Wurzel

Botanische Bezeichnung	Familie	Volkstümliche Bezeichnung	Vitamin-C-Gehalt der grünen Blattmasse in mg/100 g	Genießbare Teile
Géum urbánum L.	*Rosáceae*	→ Nelkenwurz	90	OB
Glecóma hederácea L.	*Lamiáceae*	→ Gundermann	230	OB
Heracléum sphondýlium L.	*Apiáceae*	→ Bärenklau	270	BS, BST
Húmulus lúpulus L.	*Morácae*	→ Hopfen	260	B, W, FZ
Lámium álbum L.	*Lamiáceae*	*Weiße Taubnessel*	216	SP
Málva sylvéstris L.	*Malváceae*	→ Wilde Malve	150	B, unr.
Málva parviflóra L.	*Malváceae*	→ Algiermalve	90	FR
Nastúrtium officinále R. Br.	*Brassicáceae*	→ Brunnenkresse	190	B
Oenothéra biénnis L.	*Onagráceae*	Nachtkerze	200	W
Óxalis acetosélla L.	*Oxalidáceae*	→ Sauerklee	90	W
Pastináca satíva L.	*Apiáceae*	→ Pastinak	245	B, BS, W
Pimpinélla saxífraga L.	*Apiáceae*	→ Pimpinell	300	B, FR, W
Plantágo lanceoláta L.	*Plantagináceae*	→ Spitzwegerich	77	OB
Plantágo májor L.	*Plantagináceae*	→ Breitwegerich	54	OB
Polýgonum aviculáre L.	*Polygonáceae*	→ Vogelknöterich	90	SP
Polýgomum bistórta L.	*Polygonáceae*	→ Wiesenknöterich	150	B, SP
Portuláca olerácea L.	*Portulacáeae*	→ Portulak	109	B
Potentílla anserína L.	*Rosáceae*	→ Gänsefingerkraut	200	BS
Prímula véris L.	*Primuláceae*	*Schlüsselblume*	490	BS
Prunélla vulgáris L.	*Lamicáceae*	→ Kleine Braunelle	150	SP, BS
Pulmonária officinális L.	*Boragináceae*	→ Lungenkraut	150	B, ST
Ranúnculus ficária L.	*Ranunculáceae*	*Scharbockskraut*	160	BS, BST
Ráphanus raphanístrum L.	*Brassicáceae*	*Hederich*	176	B, SP
Rúmex acetósa L.	*Polygonáceae*	→ Wiesensauerampfer	115	BS, B
Rúmex acetosélla L.	*Polygonáceae*	→ Kleiner Ampfer	150	BS, BST
Sanguisórba mínor Scop.	*Rosáceae*	*Bibernelle,* → Pimpernell	540	B
Sanguisórba officinális L.	*Rosáceae*	→ Großer Wiesenknopf	360	B
Sédum refléxum L.	*Crassuláceae*	→ Tripmadam		B
Sédum teléphinum L.	*Crassuláceae*	→ Rote Fetthenne	110	B, W
Siléne vulgáris (Moench) Garcke	*Caryophylláceae*	→ Blasiges Leinkraut	60	OB
Sinápis arvénsis L.	*Brassicáceae*	→ Ackersenf	182	B, SP, ST
Stellária média (L.) Vill.	*Caryophylláceae*	→ Vogelmiere	120	OB
Sýmphytum officinále L.	*Boragináceae*	→ Beinwell	208	B
Taráxacum officinále Wiggers	Asteráceae	→ Löwenzahn	180	B, BK

Heimische Wildkräuter, Vitamin-C-Gehalt und genießbare Teile (Forts.)

(B: Blatt, BS: Blattspreite, BST: Blattstiel, OB: oberirdische Pflanze, BSK: Blütenstandsknospe, FR: Frucht, BK: Blütenknospe, SPT: Sproßtrieb, SP: Sproßspitze, FZ: Fruchtzapfen, ST: Stengel, W: Wurzel

Botanische Bezeichnung	Familie	Volkstümliche Bezeichnung	Vitamin-C-Gehalt der grünen Blattmasse in mg/100 g	Genießbare Teile
Thláspi arvénse L.	*Brassicáceae*	→ Ackerhellerkraut		OB
Thymus serpýllum L.	*Lamiáceae*	→ Feldthymian		B, SP
Tragopógon praténsis L.	*Asteráceae*	*Wiesenbocksbart*	200	OB, W
Trifólium praténse L.	*Fabáceae*	*Wiesenklee,* → Rotklee	205	B
Tropaelum május L.	*Tropaeoláceae*	→ Kapuzinerkresse	300	B, BST
Tussilágo fárfara L.	*Asteráceae*	→ Huflattich	105	BS, BK
Urtíca dioíca L.	*Urticáceae*	→ Große Brennessel	330	B
Urtíca úrens L.	*Urticáceae*	→ Kleine Brennessel	225	B
Verónica beccabúnga L.	*Scrophulariáceae*	Bachbunge, Bachehrenpreis, → Wasserehrenpreis	170	B

wandern ins Meer, von wo sie nach 1 bis 3 Jahren zur Eiablage in ihren Heimatfluß zurückkehren. Die Länge beträgt durchschnittlich 50···120 cm, höchst. 150 cm, die Masse bei 50 cm etwa 0,9 kg, bei 80 cm 2,9 kg, bei 130 cm 27 kg. Der L. ist in Nordeuropa von Nordportugal bis zur Petschora sowie in der Ostsee, in Nordamerika von Cape Cod bis Grönland verbreitet. die wirtschaftliche Bedeutung ging infolge der zunehmenden Verschmutzung seiner Heimatflüsse zurück. Die in der Statistik jährlich ausgewiesenen 20···30 kt werden hauptsächlich an europäischen Küsten gefangen, bes. von Großbritannien, Irland, Norwegen und Dänemark. In größeren Mengen werden an den Pazifikküsten Nordamerikas und Sibiriens die verschiedenen Arten der Pazifiklachse *(Oncorhynchus spp.)* gefischt, die eine ähnliche Lebensweise haben (Übers.). Die verschiedenen Lachsarten haben festes, aber saftiges Fleisch, dessen Geschmack kräftig und angenehm ist.

Pazifiklachse

Bezeichnung Deutsch	Lateinisch	Englisch	Jahresfang in kt
Buckellachs	*O. górbuscha*	pink salmon	160···260
Ketalachs	*O. kéta*	chum salmon	120···190
Blaurücken	*O. nérka*	sockeye salmon	100···160
Kisutsch	*O. kísutsch*	coho salmon	30··· 50
Quinnat	*O. tscháwytscha*	chinook salmon	15··· 25
Masu-Lachs	*O. masou*	cherry salmon	2··· 4

Die Färbung schwankt zwischen den Arten von weiß über rosa bis rötlich. Dementsprechend werden auf dem internationalen Markt die Erzeugnisse mit „white“, „pink“ oder „red“ bezeichnet. Lachs wird zu den edelsten Speisefischen und zu den wertvollsten Rohstoffen der industriellen Verarbeitung gerechnet. Die Zusammensetzung des Fleisches der verschiedenen Arten ist ähnlich (Tab) hoher Eiweiß- und Fettgehalt.

Zusammensetzung und Energiewert des Lachsfleisches

Bestandteil	Durchschnittl. Gehalt je 100 g eßbaren Anteils
Wasser	60···75
Eiweiß	18···21
Fett	6···20 (höchst. 30)
Mineralstoffe	1···1,5
Energiewert je 100 g eßbaren Anteils in kJ (kcal)	580···1200, max. 1600 (138···285, max. 380)
davon	
aus Eiweiß	340···400 (81···95)
aus Fett	240···800, max. 1200 (57···190, max. 285)
Richtwert für den Energiewert je 100 g eßbaren Anteils in kJ (kcal)	920 (220)

Während der Laichwanderung, bei welcher der Fisch kaum Futter aufnimmt, sinkt der Fettgehalt stark und der Eiweißgehalt schwach, wodurch sich die Fleischqualität deutlich verschlechtert. Bei der industriellen Verarbeitung überwiegt die Herstellung von → Fischkonserven (naturell oder in Öl). Daneben werden durch Kalträucherung ausgezeichnete → Räucherfischerzeugnisse und daraus auch → Ölpräserven hergestellt. Aus dem → Rogen von L. wird Lachskaviar (Ketakaviar) gewonnen. → Kaviar → Fisch → Zuchtlachs

Wildmajoran → Dost

Wildmalve → Malve

Wildmango: 1. → Dikabaum
2. gelbe pflaumenartige Wildfrucht des afrikanischen Baumes *Cordýla africána* Lour. (Familie *Fabáceae*)

Wildobst → Wildfrüchte

Wildpflanzen: I. w. S. Sammelbez. für züchterisch nicht bearbeitete Pflanzen, die im Vergleich zu den vom Menschen in Kultur genommenen, daher *Kulturpflanzen* (die sich in Nutz- und Zierpflanzen untergliedern) nicht planmäßig angebaut werden (in den Tropen mitunter in Halbkultur stehen) und daher vorwiegend besammelt werden. Bei dieser Definition sind sowohl Gehölze (→ Wildobst) als auch Körnerfruchtpflanzen eingeschlossen, während i. e. S. unter W. Pflanzen verstanden werden, deren krautige, wasserreiche Teile meistens roh, aber auch als Kochgemüse (→ Wildgemüse) verzehrt werden. Die in vielen Ländern verstärkte analytische Bearbeitung von W. insbes. zur Erschließung neuer → Nahrungsquellen, läßt einen gegenüber Kulturpflanzen rel. hohen Gehalt an Mineral-, sekundären Pflanzen-, sowie Ballaststoffen und Vitaminen erkennen. Allein im Vitamin C-, Eisen- und Calciumgehalt kann das bis 30fache gegenüber vergleichbaren Kulturpflanzen nachgewiesen werden, während gleichzeitig der verschwindend geringe Nitratgehalt der W. ernährungsphysiologisch begünstigend ins Gewicht fällt. So zeichnen sich die Blätter vieler heimischer und tropischer W. durch hohen Calcium- und Eisengehalt aus, wie dies einige Beispiele, bezogen auf 100 g Frischsubstanz belegen: Liebstöckel, Lepídum satívum 214 mg Calcium, Giersch, Aegopódium podagrária 17 mg Eisen, Franzosenkraut, Galinsóga parviflóra, 420 mg Calcium und 12 mg Eisen, Vogelmiere, Stellária média 85 mg Calcium und 8,7 mg Eisen, Bärenklau, Herácleum sphondýlium, 330 mg Calcium und 13 mg Eisen, Löwenzahn, Taráxacum officinále, 156 mg Calcium und 3 mg Eisen, Saurópus andrógynus 570 mg Calcium und 2,8 mg Eisen, Gynandrópsis gynándra 33 mg Calcium und 272 mg Eisen. Nach japanischen Untersuchungen weisen W. im Mittel aller genutzten Pflanzenteile (Blätter, Wurzeln, Knollen, Blüten,

Sproßachsen), bezogen auf 100 g Trockenmasse, folgende Inhaltsstoffe auf: 25 g Eiweiß, 3 g Fett, 59 g Kohlenhydrate (einschließlich Ballaststoffe) und 13 g Mineralstoffe. Der Gesamtballaststoffgehalt (48,2 g) im Kohlenhydratanteil gliedert sich auf in: 25,5 g unlösliche Ballaststoffe (NDF = Neutral-Detergentienmethode), 17 g lösliche Ballaststoffe, (AOAC-Methode) 3 g Lignin- und 2,5 g Pektinstoffe. Für Blätter in Deutschland heimischer W. wurde im Mittel ein Ballaststoffgehalt von 14,5 g (zw. 6,5···23 g je 100 g Trockenmasse) für Knollen und Wurzeln von 10,4 g (zw. 6,8···14 g je 100 g Trokkenmasse) ermittelt. Auf Grund ihres niedrigen Feuchtegehaltes liegen jedoch die Ballaststoffwerte, bezogen auf Frischsubstanz, bei den Speicherorganen über denen der Blätter. Bei Kulturgemüsepflanzen rechnet man im Schnitt mit einem Ballaststoffgehalt von 9,4 g (zw. 6,8···12 g je 100 g Trockenmasse), hierbei zeigt sich, daß die W. hinsichtlich ihres Anteils an Ballaststoffen (25,5 g) gegenüber Kulturpflanzen (10,4···14,0 g) stark erhöht sind. In Übereinstimmung mit den meisten eßbaren Grünpflanzen liegt der Cellulosegehalt bei den W. in der Regel höher als der Hemicellulosegehalt; lediglich die Pilze machen hiervon eine Ausnahme, indem der Hemicellulosegehalt bei ihnen fast doppelt so hoch liegt, wie der Cellulosegehalt.

Wildreis, *Nordamerikanischer Wasserreis, Indianischer Reis, Indianerkorn, Indianerreis:* ein Wassergras namens *Wasserzizanie* oder *Zizanie, Zizánia aquática* L. (Familie *Poáceae),* die in den östlichen Teilen Nordamerikas, in Sümpfen, Seen, an Fluß- und Teichrändern weite Bestände bildet und deren wohlschmeckende Samen zu einem wichtigen → Sammelgetreide und Grundnahrungsmittel der Indianer zählen. Der W. gehört zur Untersektion *Oryzoídeae* deren wichtigste Gattungen *Orýza* L. (→Reis) und *Zizánia* L. sind. Die Ährchen in dieser Unterfamilie sind zusammengedrückt, einblütig, die Blüten sind zwittrig oder eingeschlechtig, die nicht zum Backen geeignete Stärke ist bes. kleinkörnig und hoch zusammengesetzt. Der Blütenstand des W. ist eine Rispe, die aus einem oberen weiblichen und einem unteren männlichen Teil besteht. Die Indianer fahren beim Ernten sehr langsam durch die Bestände, biegen die Rispen über ihr Boot und klopfen dabei die reifen Früchte aus den Fruchtständen. Die Halme schnellen dann zurück, wobei ein Teil der Körner ins Wasser fällt und für das folgende Jahr die neue Ernte sichert. Die dunkelbraunen, nußartig schmeckenden Samenkörner in Form von Koniferennadeln mit 3 cm Länge und 0,5 cm Dicke sowie einem Keimling, der so lang ist, wie die Frucht, haben in den letzten 20 Jahren das Interresse der Konsumenten in den Industriestaaten geweckt und wurden zu einem Exportschlager. Dies wiederum hatte zur Folge, daß inzw. Kultursorten gezüchtet wurden, die auf Reisfeldern unter Dünge- und Pflanzenschutzmitteleinsatz lohnende Erträge bringen. Der heute gehandelte W. besteht zu 80 % aus Wildreishybriden mit neuen Formen, die nur teilweise ausfallen, so daß die Erträge von 300 auf über 1000 kg je ha gesteigert werden konnten. In Kanada (Manitoba) und in den USA (Minnesota und Wisconsin) befinden sich die entsprechenden Großanbaugebiete, die mit modernen Methoden, mit Luftkissenbooten oder von der Luft aus be-

Zusammensetzung und Energiewert von Wildreis

Bestandteil	Gehalt in je 100 g eßbaren Anteils	
Feuchtigkeit	9,6	g
Eiweiß	13,7	g
Fett	0,7	g
Kohlenhydrate	69,5	g
Ballaststoffe	3,3	g
Mineralstoffe	1,4	g
Kalium	345	mg
Magnesium	130	mg
Calcium	19	mg
Eisen	4,4	mg
Zink	4,9	mg
Vitamin B_1	0,345	mg
Vitamin B_2	0,630	mg
Energiewert in kJ (kcal) je 100 g	1430 (339)	

erntet werden. Frisch geernteter W. ist grünfarbig und muß zum Zwecke der Haltbarkeit auf unter 10 % Feuchtigkeit heruntergetrocknet werden. Dabei wird das Korn in der Regel vorher entspelzt, aber mit intakter Samenschale dem Darrprozeß ausgesetzt. Durch diese Hitzeeinwirkung verfärben sich die Körner bis braunschwarz, wobei ein nußartiger Röstgeschmack entsteht; die hitzelabilen Inhaltsstoffe können hierbei, je nach Steuerung dieses Trocknungsprozesses beeinträchtigt werden. Schonend behandelte Samen zeigen eine goldbraune Farbe. Inhaltstoffe und Energiewert von W. s. Tab.
Eine andere Zizanie, der → *Mandschurische Wasserreis,* wird in Japan, in der Mandschurei und in Burma in Teichen als Gemüse kultiviert, wobei nur die unteren Stengelglieder und Rhizome genutzt werden. → Ökowildreis

Wildreis, Echter → Ökowildreis

Wildsalat, 1. *Yanrin:* das im tropischen Afrika, insb. in Nigeria als Blattgemüse verwendete Korbblütlergewächs *Launéa taraxifólia* Willd., *Syn. Sónchus taraxifólia* Willd., *Lactúca pentaphýlla* L. (Familie *Asteráceae*), das auf Märkten in Form von Kugeln aus gekochten Blättern gehandelt wird. In je 100 g frischer Blattmasse sind enthalten: 89 g Feuchte, 2,6 g Eiweiß, 0,11 g Fett, 7,5 g Kohlenhydrate, 0,7 g Mineralstoffe, 26 mg Calcium, 0,24 mg Eisen, 3 mg Natrium, 265 mg Kalium und 17,5 mg Caroten.
2. Sammelbez. für → Salat aus → Wildkräutern. → Blattgemüse → Salatgemüse → Blattsalat

Wildschwein → Wild

Wildsenf → Senf, Weißer

Wildzichorie → Wegwarte

Williams-Arrowroot → Taccastärke → Arrowroot

'Williams-Christ' → Birne → Kernobst

Willughbēia edúlis → Borneo-Kautschuk

Willughbēia fírma → Borneo-Kautschuk

Wilking → Mandarine

'Wilsons Frühe' → Brombeere → Beerenobst

Wilstermarsch Käse: in den Fettstufen 45 % und 50 % F. i. Tr. hergestellter *halbfester Schnittkäse* von runder Laibform, der seinen Ursprung in der Wilstermarschregion (Schleswig-Hostein) hat. Die Oberfläche ist glatt, der Teig geschmeidig, aber schnittfest mit weichspeckigem Griff. Das Innere ist blaßgelb und zeigt eine gleichmäßige, feinporige Bruchlochung. Der Geschmack ist leicht säuerlich und herb. → Schnittkäse

Windbackwaren → Brandmasse

Windbeutel: ein schalenförmiges, auch unter Zusatz chemischer Lockerungsmittel aus → Brandmasse hergestelltes Gebäck, das vor dem Verkauf mit Sahne oder Krem gefüllt wird. → Sahnegebäck → Kremgebäck

Winde, Große → Zaunwinde

Windwurzel → Knoblauch → Lauch

Wingertsalat → Feldsalat

Winterapfel → Apfel

Winteraster → *Chrysánthemum*

Wintererbse: eine kälteunempfindliche (Temperaturen bis −20 °C, wenn Schneedecke vorhanden ist) Markerbse, die sehr früh und lange Zeit erntefähig ist. Die Aussaat erfolgt im Sept./Okt., die Ernte beginnt Ende Juni, vor allen anderen Markerbsensorten. Die bekannteste W. ist '*Sima*', die sich zugleich durch Widerstandsfähigkeit gegen Krankheiten auszeichnet. → Gemüseerbse.

Wintergrünöl → Scheinbeere

Winterheckenzwiebel → Winterzwiebel → Lauch

Winterhering, Norwegischer: Storsild → Hering

Winterknoblauch → Knoblauch

Winterkohl → Grünkohl

Winterkresse 1. *Kleinblättrige Brunnenkresse, Braune Brunnenkresse:* ein Produkt spontaner Kreuzung aus *Nastúrtium officinále L.* und *Nastúr-*

tium microphýllum Boenningh. (Familie *Brassicáceae*). Die W. ist seit dem vorigen Jahrh. neben der → Brunnenkresse vor allem in England in Kultur und weist eine höhere Frostbeständigkeit auf, worauf ihr Name zurückzuführen ist. Im Geschmack wird die Brunnenkresse der W. in der Regel vorgezogen.
2. → Barbarakraut

Winterlauch → Porree

Winterlauchzwiebel → Winterzwiebel → Lauch

Winterlein → Leinsaat

Wintermajoran → Dost 7.

Winterpilz → *Polyporáceae* → Kulturpilze

Winterportulak, Kubaspinat, Spaghettikürbis, Tellerkraut, Winterpostelein: ein aus dem westlichen Nordamerika bis Mexiko, stammendes und in Europa eingeführtes, angenehm süß schmeckendes Salatgemüse, *Móntia perfoliáta* (Donn ex Willd.) Howell (Familie *Portulacáceae*). Die Pflanze ist von horstförmigem Wuchs und frosthart (bis −20 °C). Die grundständigen, langgestielten, rhombisch-ovalen Blätter werden auch als Suppenkraut und Salatzutat kultiviert. Der W. ist auch für den Anbau in unbeheizten Gewächshäusern (Aussaat ab Anfang Sept. und Ernte ab Anf. Dez.) geeignet. Drei Wochen nach der Aussaat werden die Pflanzen auf 20 cm x 20 cm vereinzelt ausgepflanzt, und 5 Wochen nach Pflanztermin beginnt die Ernte der grünen Schlotten; drei Schnitte sind möglich.

Winterpostelein → Winterportulak

Winterrrübling → Speisepilze → *Tricholomatáceae*

Wintersalat → Blattsalat

Wintersälauchzwiebel → Lauch → Sälauchzwiebel

Winterschachtelhalm → Ackerschachtelhalm

Winterspinat 1. → Leimkraut, aufgeblasenes
2. → Gartenampfer

Winterspargel → Schwarzwurzel

Wintersquash → Gartenkürbis

Winterthymian → Thymian, Echter

Winterzwiebel, *Winterlauch, Heckenzwiebel, Winterheckenzwiebel, Röhrenlauch, Welschzwiebel, Frühlingszwiebel, Japanische Bunchingzwiebel, Japanische Bündelzwiebel:* eine seit langem in Südostasien als Laubgemüse genutzte Zwiebelart, *Állium fistulósum* L. (Familie *Liliáceae*), die sich auch Europa und Nordamerika erobert hat und in den Tropen angebaut wird, wo die → Speisezwiebel 3., *Allium cépa,* nicht oder nur schwer gedeiht. Die Horste bildende W. hat einen großen Formenreichtum. Ihre kaum ausgeprägten länglich-walzenförmigen Zwiebeln sitzen mit vielen Nebenzwiebeln einem fast horizontalem Rhizom an und bilden röhrenartige Laubblätter sowie einen Blütenstandsschaft aus, der eine dichte, kugelige, vielblütige Scheindolde trägt. Die Winterhärte der Pflanze ermöglicht eine Nutzung als Dauerkultur für die Laubgewinnung ab März. Alle 2 bis 3 Jahre sollte wegen starker Horstbildung umgepflanzt werden. Von dieser Heckenzwiebel sind bei uns Sorten für die Ganzpflanzenernte als sog. *Bunching-* oder *Bündelzwiebel* zugelassen, die Mitte Juni ausgesät, als Ganzpflanze, Mitte März geerntet werden können. → Sälauchzwiebel → Zwiebel

Wirkmasse mit Kokosgeschmack → Kokosware aus Wirkmasse

Wirkmasseriegel → Füllrohmasse

Wirkstoffe, *Ergine, Biokatalysatoren:* katalytisch schon in geringsten Mengen im lebenden Organismus wirkende Stoffe. Im wesentlichen umfaßt man damit die → *Enzyme* und Hormone. Die → *Vitamine* und → *Mineralstoffe* werden ebenfalls sehr oft hinzugerechnet, was jedoch neueren Auffassungen nicht mehr entspricht. I. w. S. werden auch Antibiotika und die essentiellen Aminosäuren dazu gezählt.

Wirsing, *Kelch, Wirsingkohl, Welschkohl, Welschkraut, Savoyerkohl:* die runden oder platten Köpfe mit krausig gewellten oder leicht geripp-ten Blättern von *Brássica olerácea convar. capitáta var. sabāūda* L. (Familie *Brassicáceae*) s. Tab.

Zusammensetzung und Energiewert von Wirsing

Bestandteil	Gehalt in 100 g eßbaren Anteils
Feuchtigkeit	90,0 g
Eiweiß	2,95 g
Fett	0,38 g
Kohlenhydrate	3,37 g
Ballaststoffe	2,4 g
Mineralstoffe	1,1 g
Natrium	9 mg
Kalium	282 mg
Magnesium	12 mg
Calcium	18 mg
Mangan	47 mg
Phosphor	55,6 mg
Caroten	0,039 mg
Vitamin B_1	0,050 mg
Vitamin B_2	0,052 mg
Niacin	0,330 mg
Vitamin C	45 mg
Energiewert in kJ (kcal) je 100 g	121 (29)

Frühwirsing ist stets grün und mehr oder weniger geöffnet. *Herbst*- und *Winterwirsing* ist vollkommen geschlossen. Der W. behält sein frisches Aussehen selbst bei −0,5 °C (Optimaltemperatur) nur für 3 Monate (im Vergleich zu Dauersorten bei Kopfkohl). Es gibt jedoch bestimmte frostharte Winterwirsingarten, die gut und sehr lange bei −2 °C im Kühllager gehalten werden können. Lagertemperaturen, die nur geringfügig über 0 °C liegen, verkürzen erheblich die Wirsingqualität und begünstigen das Wachstum von Fäulnispilzen. → Kohl → Gemüse → Gemüsesterilkonserve

Wirsingkohlsterilkonserven → Gemüsesterilkonserve

Wirtschaftsobst: Qualitätsbez. für Früchte minderer Beschaffenheit bzw. Sorten mit Untergrößen. Das W. dient der Verarbeitung in Haushalt oder Industrie, hauptsächlich zu Marmelade, Gelee, Süßmost oder dgl.. Auch Früchte mit Fehlern oder Beschädigungen, die die Haltbarkeit beschränken, werden zum W. gerechnet. Sie erfordern beschleunigte Verwertung. → Mostobst

Wismut → Mineralstoffe

Wittling, *Merlan, Merlángius, Gádus merlángus* (Bild):

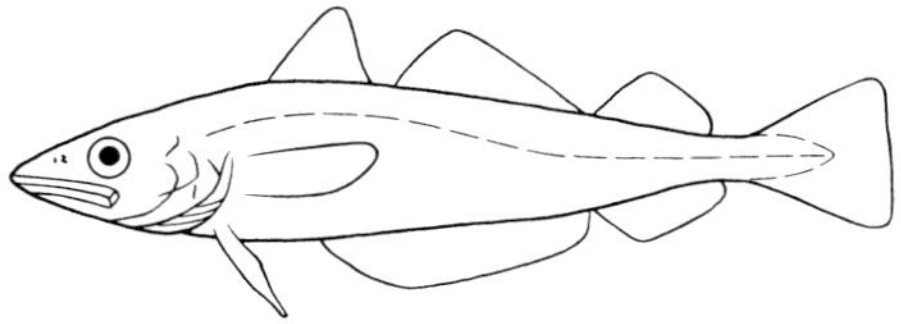

Wittling

Kleiner dorschartiger *Meeresfisch* mit grünlicher bis rötlichbrauner Oberseite, weißer Unterseite und seitlichen, messinggelben Wellenlinien. Meist unter 30 cm, höchst. etwa 70 cm lang. Charakteristisch ist ein kleiner schwarzer Fleck am Ansatz der Brustflossen. Im Verbreitungsgebiet zwischen Nordkap und Schwarzem Meer wird er hauptsächlich in der Nordsee von Dänemark, Großbritannien und Frankreich (jährlich 200 kt) gefangen. Der W. ist ein Magerfisch mit zartem, weißem Fleisch, das einen milden Eigengeschmack hat. Hinsichtlich seiner Verwendungsmöglichkeiten ähnelt er dem Schellfisch. Der W. wird in erster Linie als *Speisefisch* verwendet, jedoch auch industriell geräuchert oder gebraten. → Fisch

Wittling, Blauer → Poutassou

Wobla → Trockenfischerzeugnisse

Wochenendbrot → Spezialmischbrot

Wodka (russ. Wässerchen): ohne Geschmackszusätze hergestellter → Trinkbranntwein, der seine „Weichheit“ und Reinheit des Geschmacks durch bes. Herstellungsverfahren erhält und aus Kartoffel- oder Getreidealkohol erzeugt sein kann. Unerwünschte Nebenbestandteile im Spiritus, die durch Rektifizieren nicht völlig abzutrennen sind, werden z. B. mit Hilfe einer Aktivkohlefiltration entfernt. Zusätze von → Bonifikateuren runden den Geschmack ab, dürfen geschmacklich aber nicht hervortreten. Der W. aus Osteuropa stammend, ist heute eine international verbreitete Spirituose. Bekannte Wodkasorten sind *„Wodka Zubrowka"*, *„Wodka Wyborowa"*, *„Wodka Moskowskaja"*, *„Wodka Stolitschnaja"*, *„Wodka Gorbatschow"* usw.. W. hat einen Mindest-Ethanolgehalt von 37,5 %-Vol..

Wohlverleih → Arnika

Wólffia arrhíza → Zwerglinse

Wolfsbeere → Beerentraube, Echte

Wolfsbeere, Chinesische, das in China und Japan kultivierte strauchartige Nachtschattengewächs *Lýcium chinénse* Mill., Syn. *Jasminoídes rhombifólium* Moench. (Familie *Solanáceae*), dessen junge Sprosse und Blätter als Gemüsebeilage zu Fleischgerichten, die beerenartigen Früchte dagegen für Heilzwecke verwendet werden.

Wolgameduse → Kombucha

Wollhandkrabbe, *Eriocheir sinénsis:* Um die Jahrhundertwende aus China nach Europa eingeschleppte Krabbenart. Fortpflanzung und Larvenentwicklung finden im Meer statt. Nach einem Jahr wandern die Tiere in die Flüsse. Die W. gilt in China als Leckerbissen. → Krebstiere

Wolligkeit der Pfirsiche → Kaltlagerkrankheiten

Wöllnitzer → Bier

Wolltraube → Mispel, Japanische

Wollwachs, *Rohwollfett, Lanolin* (913): Durch direkte Extraktion der Schafwolle mit Ether, Benzen, Kohlendisulfid oder Trichlorethen gewonnenes Wachs. F. 35···42°C. Es stellt ein Gemisch versch. Fettsäureester und freier Alkohole, vor allem vom Cholesterol dar. Es dient als Kaumasse für Kaugummis.

Wong Bok → Chinakohl

Worcestershire-Sauce → Worcestersoße

Worcester-Sauce, *Worcestersoße, Worcestershire*-Sauce: eine ursprünglich in der Hauptstadt Worcester der engl. Grafschaft Worcestershire entwickelte → Würzsoße, deren charakteristischer scharfer und pikanter Geschmack vor allem durch Ausziehen von Currygewürz mit heißem Weinessig unter Zusatz von weiteren geschmackswirksamen Komponenten erzielt wurde. Für die industrielle Herstellung dieser engl. Würzsoße werden zwei Rezepturen angeführt, wobei die eine als Worcester-Sauce, die andere als Worcestershire-Sauce bezeichnet wird. Woecester-Sauce besteht aus Tamarindenmus, Tomatenkonzentrat, Zitronen, Sardellen, Dessertwein, Champignon-, Walnuß, Chilli-, Aspik- und Curry-Extrakt. Worcestershire-Sauce enthält darüber hinaus Apfelgelee und Malzextrakt. Die unterschiedliche Zusammensetzung dieser beiden Würzsoßentypen s. Tab.

Worcestersoße
chemisch-physikalische Merkmale

Worcester soße	Trocken- masse mind. in %	Koch- salz höchst. in %	Wasser- lösliche Säuren je l in mg	Gesamt- Zucker je l mind. in g
Worcester- sauce	17,5	3,5	2500··· 3500	50
Worcester- shire-Sauce	34,5	2,5	1600··· 2600	230

Wortelbeere → Kulturheidelbeere

Wotote → Ablemanu

Wrackhering: durch *mechanische* Einflüsse beschädigter → Hering bzw. Salzhering. W. darf nur industriell zu Fischerzeugnissen verarbeitet werden

Wruke → Kohlrübe

WSB, Wheat-Soya-Blend, Weizen-Soja-Mischung: eine vorgekochte, hochproteinhaltige Mischung aus 73 % Weizenmehl, 20 % Sojamehl, 4 % Pflanzenöl sowie Vitamin- und Mineralstoffzusätzen in Form von Graupen bzw. Granulatkörnern (*Kunstweizen*). Das WSB wird als → Kindernährmittel in Zentral und Südamerika, Afrika, Asien und im Nahen Osten zur Unterstützung der Säuglings- und Kinderernährung verwendet. Es enthält 23 % Protein.

Wucherblume, Aschblättrige → *Chrysánthemum*

Wucherblume, Rosenrote → *Chrysánthemum*

Wucherblume, Zinerarienblättrige → *Chrysánthemum*

Wuchshefe: eine im Gegensatz zu Gärhefe (z. B. Backhefe) durch Belüftung während der Züchtung zu starkem Wachstum angeregte Hefe. Dieser Prozeß, bei dem es auf eine schnelle Substanzvermehrung ankommt, wird auch *Verhefung* genannt und zur *mikrobiellen Eiweißsynthese* herangezogen. Im Gegensatz zur Gärung, bei der unter vorwiegend anaeroben Bedingungen in der Hauptsache Gärungsprodukte (Alkohol und Kohlendioxid) und nur geringe Biomassen gebildet werden, bieten Wuchshefezüchtungen nicht nur die Möglichkeit, den Zucker von Lebensmitteln, sondern auch andere Produkte (Zellstoffablaugen, Abfälle der Land- und Forstwirtschaft, Erdöl usw.) zu verwerten. Dabei können aus einer Tonne Hefe in 24 h 1000 t Biomasse (Zellmasse) gebildet werden, die bis zu 400 t Eiweiß ergeben, das bisher aber nur für Futterzwecke eingesetzt worden ist. Für die menschliche Ernährung müßte dieses Eiweiß hochgereinigt sein. → SCP

Wuchsstoffe, → Wachstumsregulatoren

Wuchtel → Buchtel

'Wudonia' → Quitte → Kernobst

Wulstlinge → *Amanitáceae*

Wulstling, Fransinger → Ibotensäure

Wulstling, Narzissengelber → Pilzgifte

Wulstling, Porphyrbrauner → Pilzgifte

Wunderbaum → Rizinus

Wunderkorn → Kiwicha

Wundermais → Getreide, angereichertes

Wundernuß, Salomons → Seychellennuß

Wunderweizen → Rauhweizen

Würfelzucker: ein stückiger Zucker in Würfelform. Der W. kann aus → *Plattenzucker* durch Zersägen und Knippen oder durch Pressen von feuchtem Zucker in Würfelform hergestellt werden.

Wurld-Weizen → Bulgurweizen

Wurpeelverfahren → Kartoffel

Wurst: zur Gruppe der Fleischerzeugnisse zählende Lebensmittel, die aus zerkleinertem Fleisch (Skelettmuskulatur), aus Fett, Organen und Blut von Schlachttieren unter Zusatz von Salz und Gewürzen sowie gegebenenfalls wasserbindenden Stoffen (→ *Kutterhilfsmittel)* hergestellt werden, wobei die Masse entweder roh bleibt oder erhitzt und bei zahlreichen Sorten noch geräuchert wird. Die Wurstmasse wird in natürliche oder künstliche Wursthüllen sowie Formen und in geringem Umfang auch in Gläser oder Dosen gefüllt. Es gibt auch darmlose Würste (z. B. Bratwürste ohne Darm). Im allg. werden Skelettmuskelfleisch von Rind, Schwein und Schaf, neuerdings auch Geflügel, ferner tierische Fette → Innereien → Schlachtabschnitte und → Blut verarbeitet.
Auf der Grundlage der Leitsätze für Fleisch- und Fleischerzeugnisse werden bei der Verarbeitung von Rindfleisch (einschl. Kalbfleisch) unterschieden: sehnen- und fettgewebsarmes, grob entsehntes und sehnenreiches Fleisch. Gleiches gilt für Geflügelfleisch. Bei der Verarbeitung von Schweinefleisch werden fettgewebs- und sehnenarmes, grob entfettetes und fettgewebereiches Fleisch unterschieden. Ferner unterscheidet man Fettgewebe, Flomen, Speck und Rinderfleischfett (Fettgewebe des Rindes). Spitzenqualitätswurstwaren, z. B. Salami, werden aus sehnen- und fettgewebsarmem Fleisch hergestellt. In Wurstwaren mittlerer Qualität werden je nach Wurstsorte auch grob entsehntes, entfettetes

sowie sehnenreiches und fettgewebsreiches Fleisch verarbeitet. Die W. wird nach Haltbarkeit in *Frisch-* und *Dauerwurst* unterteilt. Je nach dem Zustand des Fleischeinsatzes lassen sich die Wurstsorten in 3 Arten einordnen: *Rohwürste, Kochwürste* und *Brühwürste.* → Rohwürste werden aus zerkleinertem, rohen Skelettmuskelfleisch, meist von Rind und Schwein sowie Speck (Schweinefettgewebe) unter Zusatz von → Starterkulturen, Salz, Salpeter, Zucker und Gewürzen hergestellt.
Untergruppen sind: *Rohwurst-Dauerware, Rohwurst-Halbdauerware* und *frische Rohwurst.*
Man kann auch zw. schmierfähiger Rohwurst (z. B. Mett- und Teewurst) und Hartwurst unterscheiden. Die Haltbarkeit richtet sich nach der Wurstsorte und reicht von 1 bis 30 Wochen. Manche ausgereiften Dauerwürste sind mit Hefen und Schimmelpilzen bedeckt (z. B. Salami), andere mit Schutzüberzügen, die elastisch und mittels Kreide, Gips oder Titandioxid geweißt sind. Die bekanntesten Rohwurstsorten sind Zervelat- und Schlackwurst (cervus: Hirschfleisch, Schlacke: Enddarm des Schweines) sowie Salami (italien. salme: Salzfleisch).
→ *Kochwürste* werden nicht gekocht, sondern aus vorher gegartem oder gekochtem Schweinefleisch (in geringem Umfang auch Rindfleisch und Kalbfleisch), Depotfett vom Schwein, Innereien, Blut oder gelierenden Teilen (Schwarten, Spitzbeinen, Schweinsköpfe, Kalbsfüße) hergestellt. Die Rohstoffe werden gewürzt in Wursthüllen gefüllt. Danach „ziehen„ die Würste in heißem Wasser oder werden in heißer Luft erhitzt. Je nach Wurstsorte kann eine *Heiß-* oder *Kalträucherung* (→ Räuchern) erfolgen. Untergruppen sind: *Leberwürste, Kochmettwurst, Blutwürste* und *Sülzwürste* (Übers.)
Kochwurstfehler sind ein saurer Geschmack (bei Leberwürsten), Auseinanderfallen der Wurstmasse, starker Fettabsatz und ein blutiger Kern im Inneren.
→ *Brühwürste, auch als* → *Abreibewürste* bezeichnet, werden aus zerkleinerter Skelettmuskulatur sowie Fett von Rind, Schwein und Kalb sowie bestimmten Innereien und Schlachtabschnitten unter Eiswasserzusatz hergestellt. Das Fleisch wird nach dem Vorzerkleinern vorgepökelt und danach mit Salz- und Gewürzzugaben fein gekuttert. Dabei kommt es darauf an, daß nur soviel „Schüttwasser“ zugegeben wird, wie das stark zerkleinerte Fleisch zu binden vermag. Bei der Brühwurstherstellung aus nicht schlachtwarmem Fleisch werden dem Brät zur Verbesserung der Wasserbindung → *Kutterhilfsmittel* beigemischt. Das zugegebene Wasser verbleibt dank der Wasserbindefähigkeit von Eiweiß, Salz und Kutterhilfsmitteln trotz anschließender Heißräucherung und darauffolgendem Brühen bei 75···80°C weitgehend in der Wurst und macht diese entsprechend der Verbrauchererwartung saftig und knackig. Untergruppen sind: *Brühwurst, fein zerkleinert; Brühwurst, grob; Brühwurst mit Einlagen* und *Würstchen* (und sonstige Sorten) (s. Übers.)
Fleisch- und Wursterzeugnisse mit Hinweisen, die hervorgehoben werden sollen, wie Delikateß-, Feinkost-, Gold-, prima, extra, spezial, fein unterscheiden sich von den unter der jeweiligen Bez. üblichen Fleischerzeugnissen durch besondere Auswahl des Fleisches, vor allem höhere Anteile an Skelettmuskulatur. Fleischerzeugnisse können als Bez. die Angabe einer Tierart erhalten, wenn dadurch deren Charakter bestimmt wird, z. B. Hirschsalami bei 40%igem Hirschfleischanteil. Fleischerzeugnisse, die sowohl grob- als auch feinzerkleinert verarbeitet werden, z. B. Mettwurst, Leberwurst werden als grob, bzw. grob zerkleinert deklariert. Wursterzeugnisse mit der Bezeichnung „einfach“ dürfen nur bestimmte in den Leitsätzen genannte Sorten tragen. Wursterzeugnisse mit dem Hinweis „Hausmacher“, „Bauern“, „Guts“, „ein altes Familienrezept“ liegen meist über den Qualitätsanforderungen.
Das Sortiment an Wurstwaren ist insbesondere in Deutschland aber auch in den Nachbarländern außerordentlich vielgestaltig. Dabei spielen bestimmte Regionen aber auch Städte für einzelne Wursterzeugnisse eine große Rolle, z. B. Thüringer Rotwurst, Rheinische Bierwurst, Pfälzer Bratwurst, Münchner Weißwurst, Braunschweiger Mettwurst, Göttinger Blasenwurst, Frankfurter-, Wiener- und Halberstädter Würstchen u. a. (s. Übers.).

Aufteilung von ausgewählten Rohwurstsorten auf die Untergruppen

Wurstart	Rohwurst		
Rohwurstart	Rohwurst-Dauerware hart ausgereift	Rohwurst-Halbdauerware schnittfest	Rohwurst, frisch streichfähig
Rohwurst-sorten	Berliner Mettwurst	Berliner Mettwurst	Appetiter (Braunschweiger, fein, in Portionen)
	Döbelner Dauerwurst	Karpatensalami	Appetiter (Braunschweiger, Mettwurst, fein)
	Heidecker Bauernsalami	Katenrauchwurst	Braunschweiger Mettwurst, grob
	Katenrauchwurst	Plockwurst	Hausschlachtene Mettwurst
	Plockwurst	Salami	Knacker
	Rindfleischknackwurst	Schinkenpolnische	Knoblauchwurst
	Salami	Schinkenwurst	Rohe Polnische
	Salami, ungarische Art	Zervelatwurst	Teewurst, fein
	Schinkenwurst		Teewurst, grob
	Schlackwurst		Teewurst
	Thüringer Salami		Teewurst Rügenwalder Art
	Zervelatwurst		Zwiebelmettwurst
	Schinkenplockwurst		
	Mettwurst		
	Salametti		
	Westfälische, grobe Mettwurst		
	Rohe Knoblauchwurst		
	Rohe Krakauer		
	Knoblauchwurst, einfach		
	Landjäger		
	Polnische Knacker		
	Berliner Knacker		
	Bauernbratwurst		
	Debreziner, roh		

Der Wurst kommt erhebliche ernährungswirtschaftliche Bedeutung zu. In Deutschland werden bis zu 50% des erschlachteten Fleisches zu Wurst und Fleischwaren verarbeitet. Auch auf dem europäischen und dem Weltmarkt ist eine steigende Tendenz im Wurstsektor zu beobachten. Die Wurstherstellung, die auch heute noch in großem Umfang handwerklich betrieben wird, hat infolge der Weiterentwicklung auf dem Gebiet der Fleischwertsortierung (Fleischauswahl), der Vorbehandlung und der Fleischverarbeitung zu einer großen Sortenvielfalt geführt. Die Wurstherstellung umfaßt das Zerkleinern der Schlachtkörperteilstücke, die Bereitung des Wurstbräts (→ Rohwurstmasse → Brät), die Abfüllung in Wursthülllen und das Räuchern der vorher gebrühten, gekochten oder rohen Masse. Die moderne Wurstherstellung vollzieht sich mehr und mehr unter industriellen Bedingungen in speziellen Wurstlinien, die die luftdichte Verpackung einschließen. Dadurch lassen sich eine verlängerte Haltbarkeit, bes. der Brüh- und Kochwürste, gleichbleibende Qualitätsmerkmale bei zweckentsprechender Rohstoffauswahl und Einhaltung technologischer Parameter

Aufteilung von ausgewählten Kochwurstsorten auf die Untergruppen

Wurstart	Kochwurst			
Kochwurstart	Leberwurst	Kochmettwurst	Blutwurst	Sülzwurst
Kochwurstsorten	Brägenwurst Delikateßleberwurst Einfache Leberwurst Frische Leberwurst Schüsselwurst Gänseleberwurst Gutsleberwurst Kalbsleberwurst Kaßlerleberwurst Krautleberwurst (Grobleberwurst) Landleberwurst Leberwurst, fein Portionsleberwurst Sardellenleberwurst Zwiebelleberwurst Trüffelleberwurst Champignonleberwurst Aachener Leberwurst Berliner Leberwurst Kölner Leberwurst Thüringer Leberwurst Lippische Leberwurst	Westfälische, gekochte Mettwurst Hamburger, gekochte Hessische Kartoffelwurst Gekochte Zwiebelmettwurst mit Schnauze Pfälzer Saumagen Hannoversche Bregenwurst Zerbster Brägenwurst Weiße Graupenwurst Westfälische Fleischwurst	Bauernfleischwurst Einfache Blutwurst Filetwurst Filetrotwurst Fleischblutwurst Frische Blutwurst mit Semmel oder Grütze Gutsfleischwurst mit Semmel Preßblutwurst (schwarzer Preßsack) Schweinskopfblutwurst Speckblutwurst Thüringer Rotwurst Zungenwurst Thüringer Fleischwurst Delikateß-Rotwurst Pariser Blutwurst Dresdner Blutwurst Rheinische Blutwurst Bauernblutwurst	Preßkopf, weiß (rheinische Art) Schwartenmagen, weiß Schweinskopfsülzwurst Sülzfleischwurst Roter Preßsack Berliner Preßwurst

besser als bei der handwerklichen Produktion gewährleisten. Die Überprüfung der Eigenschaften von Wurstwaren umfaßt sensorische, mikrobiologische, chemische und histologische Merkmale. Entsprechende Untersuchungen erstrecken sich auf die Ermittlung der *mikrobiologischen* Merkmale (Keimzahl, Keimarten), der *sensorischen* Eigenschaften (Aussehen, Konsistenz, Geruch und Geschmack), der *chemischen* Eigenschaften (Fett-, Wasser-, Eiweiß-, und Salzgehalt) und der *histologisch* feststellbaren Eigenschaften (Leberanteil in der Leberwurst, Schwartenanteil).

Als Wursthüllen dienen solche natürlicher wie künstlicher Herkunft. Natürliche Produkte sind *Dünn-* und *Dickdarm* von Rind, Schwein, Schaf, Ziege und der Dünndarm vom Pferd, die *Harnblase* von Rind und Schwein, der *Magen* vom Schwein und die *Speiseröhre* sowie einige *seröse Häute*. Künstliche Produkte sind *Hautfaserwursthüllen* (Naturin, Kutisin), *Pergamentwursthüllen* (Pergamentpapier), *Cellulosewursthüllen* (Zellophan, Kreasit) und *Seidengerüstdärme* (Zellstoffgewebe, wie Hukkidärme, Sinapelldärme).

Die chemische Zusammensetzung von Wurst und ihr Aroma sind in Abhängigkeit von den Einsatzstoffen je nach Sorte und Herstellungsgegend unterschiedlich. Gemäß den Leitsätzen für Fleischerzeugnisse sind für jede Wurst Mindestanteile an bindegewebseiweißfreiem Fleischeiweiß und histochemisch sowie chemisch bestimmtes binde-

Aufteilung von ausgewählten Brühwurstsorten auf die Untergruppen

Wurstart	Brühwurst			
Brühwurstart	Brühwurst fein zerkleinert	Brühwurst grob	Brühwurst mit Einlagen	Würstchen und sonstige Sorten
Brühwurst-sorten	Gefüllter Schweinskopf Jagdwurst Norddeutsche Mortadella Lyoner Pariser Fleischwurst Rheinische Fleischwurst Frankfurter Fleischwurst Fleischkäse Leberkäse Leberpastete Gelbwurst Hirnwurst	Kochsalami, schnittfest Krakauer, schnittfest Poltawaer Bierwurst Göttinger Blasenwurst Tiroler Jagdwurst Grobe Schinkenwurst Grobe Lyoner Hildesheimer Gebrühte Knoblauchwurst	Bierschinken Geflügel-Bierschinken Rinder-Bierschinken Süddeutsche Mortadella Italienische Mortadella	Bockwurst Bouillonwurst Bratwurst, grob (Thüringer-, Hessische-, Fränkische-, Pfälzer-, Rheinische Bratwurst) Brühpolnische Dampfwurst Frankfurter Gekochte Mettwurst nach Hamburger Art Kochmettwurst Knoblauchbrühwurst Lungenwurst Rostbratwurst Münchner Weißwurst Wiener – (nach Frankfurter-, nach Halerstädter-, nach Pfälzer-, nach Augsburger-, nach Regensburger-, nach Debreziner Art) Münchner Dampfwurst Stockwurst Kalbsbratwurst Knacker

gewebseiweißfreies Fleischeiweiß vorgeschrieben. Wesentlich ist der Anteil an Eiweiß, der meist relativ hohe und bei der Austrocknung noch weiter ansteigende Fettgehalt sowie der bei Koch- und Brühwürsten gegenüber Rohwürsten die Haltbarkeit begrenzende, 50···60% betragende Wassergehalt. Der Gehalt an Vitaminen und Mineralstoffen entspricht dem des eingesetzten Fleisches. Bestimmte Wurstsorten enthalten sie bes. reichlich, z. B. Leberwurst Vitamin A, Blutwurst den Mineralstoff Eisen.
Die Wurst stellt auf Grund der Zusammensetzung der tierischen Eiweißstoffe an essentiellen und nicht-essentiellen Aminosäuren ein hochwertiges, aber wegen des Fettgehaltes zumeist auch ein energiereiches Lebensmittel dar. Durch im Fettgehalt reduzierte Wurstsorten wird der ernährungsphysiologische Wert den Bedürfnissen besser angepaßt. → Fleisch → Speziallebensmittel → Diätwurst

Würstebrötchen: eine Teigtasche, die vor dem Backen mit Fleisch und/oder Bräteinlage versehen, vorwiegend im Münsterland hergestellt wird. → Pastete

Wurstfehler: Qualitativ abwertende Abweichungen der → Wurst bzw. der Wursterzeugnisse von der produktspezifischen Norm, die mit einem Verderb nicht in Beziehung gebracht werden muß. Man unterscheidet *technisch, chemisch* und *mikrobiell* bedingte Fehler. Zu den *technisch* bedingten Fehlern zählen: Der *Gefrierbrand,* eine zu lange Dauer beim Durchfrieren des Fleisches unter −20 °C, die seine Austrocknung zur Folge hat; *Übermäßiges Kuttern,* das zur Zerstörung der Emulsion führt, sog. „kurzes Brät"; *Platzen der Würste* (Koch- bzw. Brühwürste), verursacht durch zu schnelles und zu hohes Erhitzen; *Fettaustritt,* bei Rohwurst durch Anwendung von zu hoch erhitztem Rauch, bei Kochwurst durch zu langes Erhitzen (z. B. Leberwurst); *Chemisch* bedingte Fehler sind: *Farbabweichungen,* z. B. unzureichende Ausbildung des Pökelfarbstoffes und Abbau der Pökelpigmente zu → Porphyrinen (grünlicher Schimmer); *Geschmacksabweichungen,* verursacht durch überalterte Laken oder falsch gelagertes zerkleinertes Räucherholz: *Konsistenzfehler,* verursacht durch falsch dosierte Zusätze an organischen Säuren. *Mikrobiell* bedingte Fehler entstehen durch *Wirksamwerden* einer *unerwünschten Bakterienflora* (zu hoher Keimgehalt der Rohstoffe), die erwünschte Keime in ihrer Entwicklung hemmt (z. B. Gasbildung). Daher werden zunehmend → Starterkulturen eingesetzt.

Häufige Wurstfehler

Wurstart	fehlerhaftes Merkmal
Rohwurst	Grauer Rand Grauer Kern Trockenrand Rißbildung Unklares Schnittbild Schimmelpilzbefall
Brühwurst	Grauverfärbung Platzen Sattelstellen
Kochwurst	Blutiger Kern Saurer Geschmack Fettabsatz Fehlende Bindung

Wurstgewürz: eine bei der Herstellung von Wurst verwendete, meist handelsfertige → Würzmittelmischung, deren Zusammensetzung a) nach Wurstart und b) nach Geschmacksrichtung für eine bestimmte Wurstart in verschiedenen Gegenden variieren kann (Übersicht).

Die bekanntesten Wurstgewürzarten mit den wichtigsten Bestandteilen

Wurstgewürzart	Hauptbestandteile
Bratwurstgewürz	Mazis, Pfeffer
Bierschinkengewürz	Mazis, Pfeffer, Knoblauch und Zusatz von ganzen Senfkörnern
Blutwurstgewürz	Gewürznelken, Ingwer, schwarzer Pfeffer, Piment, Majoran, Thymian
Brühwurstgewürz	Majoran, Mazis, Pfeffer, Piment
Jagdwurstgewürz	Mazis, Kardamomen, Knoblauch und Zusatz von ganzen Senfkörnern
Leberwurstgewürz	Majoran, Mazis, Muskatnuß, Kardamomen, Ingwer, weisser Pfeffer und teils auch etwas Zimt
Mettwurstgewürz	Kardamomen, Mazis, Paprika (Rosenpaprika), Pfeffer
Mortadellagewürz	Paprika, Mazis, Pfeffer, Pistazien
Zervelatwurstgewürz	Koriander, Ingwer, Senfkörner, Paprika, ganzer und gemahlener Pfeffer

Wurstkonserven: durch Hitzeeinwirkung haltbar gemachte *Wurstmasse,* die sich statt in Wursthüllen in luftdicht verschlossenen Behältnissen (Dosen) befindet (→ Konserve). Im Prinzip läßt sich die Mehrzahl der Wurstsorten auch als Konserven herstellen, in der Praxis beschränkt man sich hauptsächlich auf Koch- und Brühwurst. Die W.

müssen so gekennzeichnet sein, daß man erkennt, ob es sich um Voll- oder Halbkonserven handelt.

Wurstkraut → Majoran

Wurstreifung: Die während des Herstellungsprozesses bes. von → *Rohwurst* ablaufenden Geschmack, Konsistenz und Lagerdauer bestimmenden Prozesse. Sie sind die Grundlage für Genußwert und Haltbarkeit der Erzeugnisse. Bei der W. werden biochemische, mikrobielle und physikalisch-chemische Reaktionsabläufe wirksam, die in *zwei Phasen* unterteilt werden können. In der *ersten Phase* vollzieht sich in der zerkleinerten, in Därme abgefüllten Wurstmasse, bestehend aus Muskelfaserstückchen, Fett, Gewürzen, Nitrat-, Nitritpökelsalz, Kochsalz, ggf. Zucker und der in den Rohstoffen enthaltenen Bakterienflora (Milchsäurebakterien, Mikrokokken, Echerischia coli, Sporenbildnern) ein Stoffwandlungsprozeß, der zur Bildung von organischen Säuren (Milchsäure, Brenztraubensäure, Fettsäuren) und einer Reihe weiterer sensorisch wertbestimmender Verbindungen (Carbonylverbindungen, Ketone, Ester, Acetale) führt. Die Bakterienzahl bewegt sich im Bereich von 4 bis 6 mal 10^5 Keimen je g Wurstmasse. Zur Förderung einer erwünschten Bakterienflora zugesetzte sog. → *Starterkulturen* lenken die Reaktionen unabhängig von der vorhandenen variablen Flora in die erwünschte Richtung. Es kommt zum Abfall des pH-Wertes des Wurstbrätes (von etwa 5,7 auf 5,0). Dieser Prozeß dauert 36 bis 48 h. Er ist mit einer partiellen Hemmung der proteolytischen Tätigkeit eiweißabbauender Bakterien verbunden. In der *zweiten Phase* nehmen die Bakterienzahlen allmählig ab. Hierbei vollziehen sich in Gegenwart von Rauch und der in den Reifungsräumen angesiedelten Bakterien- und Pilzflora weitere Ab- und Umbaureaktionen, insbes. an Eiweiß und Fett bei sich verminderndem Wassergehalt der Wurst. Sie verfestigt sich zur schnittfesten bzw. nach längerer Reifung hart ausgereiften Wurst. Zur Gewährleistung dieser komplexen Reaktionsfolge müssen Luftfeuchtigkeit und Temperatur exakt geregelt sein (relative Luftfeuchtigkeit 95 %, 22 bis 25 °C). → Wurst

Wurstsalat, Schweizer Art → Fleischsalat

Wurstschmalz → Schweineschmalz

Wurstwaren: aus zerkleinertem Fleisch, Fett, Innereien, Schwarten, Sehnen und Blut von Schlachttieren unter Zusatz von Speise- oder Pökelsalz, Gewürzen, Zucker und Kutterhilfsmitteln hergestellte, in Hüllen oder Dosen gefüllte und roh belassene, erhitzte bzw. zusätzlich geräucherte Erzeugnisse. Als Binde- oder Streckmittel werden auch Grütze, Semmeln, Mehl und strukturierte Pflanzenproteine verwertet. W. lassen sich allgemein in Roh-, Brüh- und Kochwürste unterscheiden. → Wurst

Würzdroge → Droge

Würze → Speisewürze → Bier

Würze, Neue → Schwarzkümmel 2

Wurzelbier, *Rootbier:* ein aus stärkehaltigen Wurzeln (z. B. Batate, Cassava) hergestelltes und in Kanada und den USA verbreitetes → Bier.

Wurzelgemüse: handelsübliche Bez. für → Gemüsearten, deren fleischige Speicherorgane (die gebildet werden, um ungünstige klimatische Zeiträume bis zur Fortpflanzung zu überstehen) für Nahrungszwecke genutzt werden. Hierzu zählen z. B.: Speisemöhren, Petersilienwurzel, Schwarzwurzel, Rote Rüben, Pastinake, Chicoréewurzel, Meerettich, Zuckerrübe, Speisekohlrübe und Knollensellerie. → Knolle → Rübe

Wurzelgewürz: die frische oder getrocknete, meist zerkleinerte Wurzel von Angelika, Liebstökkel, Meerrettich, Petersilie oder Sellerie. → Gewürz

Wurzelknolle → Knolle

Wurzel-Lorchel → Rhizína

Wurzelpetersilie, *Petersilienwurzel, Knollenpetersilie:* die fleischig verdickte Pfahlwurzel von *Petroselínum críspum convar. radicósum* (Alef.) Danert (Familie *Apiáceae*). Die W. wird frisch oder getrocknet vorwiegend zum Würzen verwendet. In Großbritannien ist sie als süßliches, gewürzartiges, möhrenähnlich schmeckendes Gemüse verbreitet (s. Tab.).

Zusammensetzung und Energiewert von Wurzelpetersilie

Bestandteil	Gehalt je 100 g eßbaren Anteils
Feuchtigkeit	88,0 g
Eiweiß	2,88 g
Fett	0,60 g
Kohlenhydrate	2,30 g
Rohfaser	4,60 g
Mineralstoffe	1,62 g
Caroten	0,03 mg
Vitamin B_1	0,10 mg
Vitamin B_2	0,086 mg
Vitamin B_6	0,23 mg
Vitamin C	41 mg
Energiewert in kJ (kcal) je 100 g	109 (26)

Die Blätter dienen ebenfalls als Gewürz. Die Lagerung entspricht den Aufbewahrungsbedingungen von → Kohlrüben und kann 4 bis 6 Monate betragen.
→ Petersilie → Blattpetersilie → Gemüse
→ Essiggemüsesterilkonserve

Wurzelstärke: die aus Stärke enthaltenden Wurzeln im Naßverfahren gewonnene Stärke. → Stärke, tropische → Adlerfarnstärke

Wurzeltrüffel → *Rhizopogonáceae*

Wurzelwerk → Suppenkraut

Wurzelzichorie → Kaffeezichorie

Würzkraut → Küchenkraut

Würzmittel: Sammelbegriff für natürlich vorkommende, verarbeitete oder synthetisch hergestellte Stoffe unterschiedlicher Zusammensetzung, die den Geruch und Geschmack anderer Lebensmittel verbessern und sich darüber hinaus günstig auf den Stoffwechsel des Menschen auswirken können. Einteilung der W. siehe Übersicht unten.

Würzpilze: Pilze, die sich auf Grund ihres ausgeprägten Pilzaromas bes. gut zum Würzen von Speisen eignen. Sie können frisch, meist jedoch in getrocknetem und gepulvertem Zustand verwendet werden. Im Matsutake-Pilz [*Tricholóma matsutáke* Ito et Imai Syn. T. caligátum (Viviani) Rick.] wurden z. B. 60 flüchtige Aromastoffe nachgewiesen, darunter als Hauptkomponenten Alkohole,

Einteilung der Würzmittel

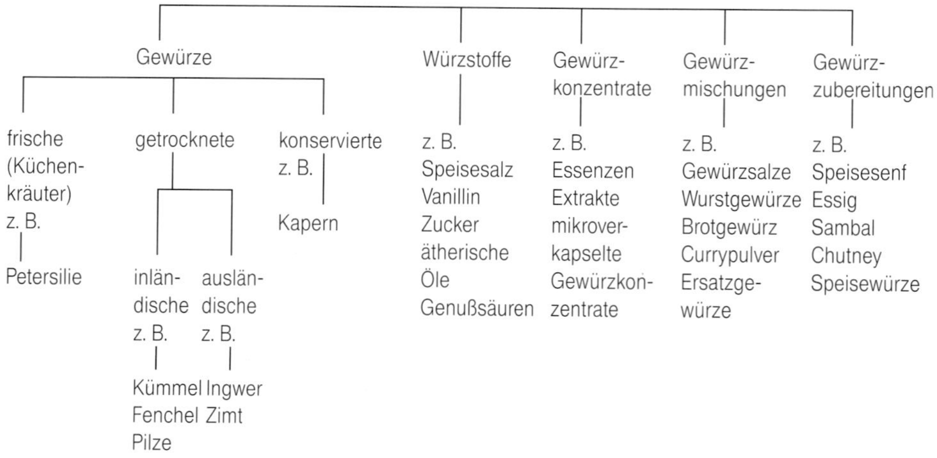

Ketone und Methyl-trans-zinnamat. Bes. gute W. sind: *Erbsenstreuling* [*Pisólithus arhízos* (Scop. ex Pers.) Rausch.], (→ *Sclerodermatáceae*), *Herbsttrompete* oder *Füllhorn* [*Crateréllus cornucopioídes* (L.) Pers.] (→ *Hydnáceae*), *Speisemorchel* [*Morchélla esculénta* (L.) Pers.] (→ *Morchellácea)* *Küchen-* oder *Knoblauch-Schwindling* [*Marásmius scorodónius* (Fr. ex Fr.) Fr.], *Steinpilz* oder *Herrenpilz (Bolétus edúlis* Bull. ex Fr.) (→ *Boletáceae), Stockschwämmchen* [*Kuehneromýces mutábilis* (Schaeff. ex Fr.) Sing.et Sm.] (→ *Strophariáceae)* sowie die Trüffelarten (→ *Tuberáles) Périgord-* oder *Französische Trüffel (Túber melanósporum* Vitt.), *Magnaten-* oder *Italienische Trüffel (Túber magnátum* Pico), *Sommer-Trüffel (Túber aestívum* Vitt.), *Winter-Trüffel (Túber brumále* Vitt.) und *Deutsche* oder *Weiße Trüffel (Choirómyces venósus* (Fr.) Th. Fr.] → Pilzerzeugnisse → Speisepilze → Trüffelleberwurst → Trüffelpastete

Würzsaft → Sangrita

Würzsauce → Würzsoße

Würzsoße, *Würztunke, Würzsauce, Salattunke, Salatsauce, Salatdressing, Dressing, Feinschmeckersoße, Tafelsoße, Soße, tischfertige, Soße, tafelfertige, Sauce, tischfertige, Sauce, tafelfertige, Tafelsauße, Soße, flüssige:* eine dünn- oder dickflüssige, konzentrierte Mischung aus aromawirksamen Bestandteilen (z.B. Tomatenkonzentrat, Tamarindenmus, Gewürz-, Pilz-, Malz-, Hefe-, Walnuß- und Fleischextrakt, Gemüseauszügen, Senfmehl, Zitrusfrüchten, Obstgelee, Essig, Weiß- und Dessertwein, Primasprit, Zucker) unter Zusatz von Dickungsmitteln, naturidentischen Aromastoffen und Stabilisatoren mit gewürzspezifischer oder pikanter Geschmacksnote. Zu den bekanntesten W. zählen *Worcestersoße, Tomatenketchup, Curryketchup* (aus Tomatenketchup und Curry), *Chutny, Cumberlandsoße, Pfeffersoße* (Tabascosoße, Tabasco ist ein Ort in Mexiko), *Sauce Barnaise Reduktion, Moutarde, Diable-Soße, Chillisoße, Barbecuesoße,* ferner die *orientalischen W.*, wie *Torami, Toasi, Ketjap, Taosi, Nuocmam, Tuozaafi, Sojasoße,* sowie *fermentierte Fischsoßen.* Auch die Mayonnaisensoße und Soßen mit mayonnaisenartiger Beschaffenheit zählen zu den W. Die W. können sowohl in der Küche als auch am Tisch (daher Tafelsoße) zur individuellen Würzung verwendet werden. Diese kalten Soßen zum Eintauchen (engl. to dip = eintauchen) von Gemüse, Fleisch oder Cräckern werden auch als *Dips* bezeichnet. Sie werden nicht mitgekocht, sondern den fertigen heißen oder kalten Speisen, Suppen oder Salaten zum Würzen oder Garnieren tropfenweise zugesetzt. Vor Gebrauch sind W. zu schütteln, weil sich die Bestandteile teilw. absetzen. Die Würzsoßenflaschen sollen dicht verschlossen bleiben, um den Luftzutritt auf ein Minimum herabzusetzen, außerdem sind sie vor Sonnenlicht zu schützen. Unter diesen Umständen beträgt die Haltbarkeit der W., mit Ausnahme der mayonnaisenartigen Erzeugnisse, 2 Jahre. Die W. weisen i. allg. einen rel. hohen Zucker- und Salzgehalt auf. Bei den meisten W. beginnt der Zuckergehalt bei 20% und steigt aufwärts, sofern nicht laut Kennzeichnung Süßstoff eingesetzt wurde. Der Kochsalzgehalt kann zw. 400 und 1300 mg je 100 g liegen. → Dressing → Lebensmittel, fermentiertes

Würzsoße, mayonnaisenartige, *Mayonnaisenwürzsoße:* eine tischfertige, kremartige Zubereitung aus Mayonnaise, Würzmitteln und Dickungsmitteln, wie Mehl, Stärke und Alginat. Die bekannteste m. W. ist die *Remouladensoße,* die als Würzmittel Kräuter, Anchovispaste und fein zerkleinerte Delikateßgurken enthält. Zu den m. W. zählen ferner *Senfmayonnaise, Tomatenmayonnaise* usw. Im Handel befinden sich außerdem tischfertige m. W., die als energiereduzierte Erzeugnisse nur 33···36% Pflanzenöl enthalten, indem z. B. Stärkehydrolyseprodukte als Fettaustauscher verwendet werden.

Würzstoff: in Pflanzen (ätherische Öle, → Zucker, → Vanillin) und in großen Anteilen im Boden oder Meerwasser (→ Speisesalz) vorliegende Stoffe oder synthetisch hergestellte Aromastoffe, die meist durch einfache Verfahren gewonnen werden. Die W. werden zum Würzen von Lebensmitteln, Speisen verwendet, und zwar entweder einzeln oder in Mischung mit anderen geeigneten Geschmacksträgern. → Würzmittel

Würztunke → Würzsoße

'Wusil': Johannisbeere → Beerenobst

Wyeron → Furanacetylene

Xanthan: ein → mikrobielles Polysaccharid, das auf biosynthetischem Wege von *Xanthomónas campéstris* (Pammel) Dowson gebildet wird. Das X. wird in großtechnischem Maßstab seit 1964 in den USA mit Glucose, Saccharose oder Stärkeprodukten als Substrat produziert (Formel s. unten).

Die Fermentation muß unter aseptischen Bedingungen durchgeführt werden. Nach der Pasteurisation wird die Kulturlösung getrocknet oder mit organischen Lösungsmitteln gefällt. X. dessen Molmasse über 1 000 000 g/mol beträgt, ist aus D-Glucose, D-Mannose und D-Glucuronsäure im molaren Verhältnis 2,8:2:2 aufgebaut, enthält etwa 4,7% Acetat und 3% Pyruvat und eine sich wiederholende Untereinheit aus 16 Zuckerbausteinen, von denen sich 13 in der linearen Hauptkette befinden. Überdies sind als Seitenketten 3,4 Mol O-Acetylgruppen und 1 Mol 4.6-O-(1-Carboxyethyliden)-D-Glucopyranose enthalten.

Bereits in kaltem Wasser bildet X. hochviskose pseudoplastische Lösungen. Die Viskosität ist nur wenig temperatur- und *p*H-abhängig. Das X. ist gut verträglich mit anderen → Hydrokolloiden und Salzen. Mit → Johannisbrotkernmehl und → Guaran bildet es Gele. Die pseudoplastischen Fließeigenschaften ermöglichen, daß Xanthanlösungen unter Schereinwirkung dünnflüssig werden. X. Vermag auch kleine Feststoffteilchen, Öltropfen oder Luftbläschen zu stabilisieren, als ob diese in eine Gelmatrix eingeschlossen wären. Diese Eigenschaft beruht darauf daß sich in der Lösung die Seitenketten des X. miteinander zu einem dreidimensionalen Netzwerk verbinden, das sich unter Schereinwirkung jedoch sofort wieder auflöst. Dadurch wird die Lösung leicht rührbar, pumpbar und gießbar. Die Assoziation der negativ geladenen Xanthanseitenketten wird durch die Gegenwart beispielsweise von Calcium-, Kalium- und Natriumionen gefördert. Dadurch weist X. in Gegenwart niedriger Salzkonzentration eine höhere Viskosität und bessere Stabilität als im ionenfreien Medium auf.

X. wird im menschlichen Verdauungstrakt kaum abgebaut. Der Energiewert beträgt etwa 2,1 kJ/g (0,5 kcal/g). X. ist ein helles Pulver. Es wird in der Lebensmittelproduktion als → Verdickungsmittel → Geliermittel, Aromastabilisierungsmittel, Suspensionsmittel, Fruchtsaft-Trübungstabilisator, Emulsionsstabilisator, Emulsionsmittel → Trägerstoff usw. eingesetzt. Salatmayonnaisen, Salatcremes, Ketchup, Suppen, Soßen, Trockensoßen, Pudings, Speiseeis, Fettemulsionen, Getränke, Sauergemüse, Feinkostsalate, Fisch-, Fleisch- und Gemüsekonserven → energiereduzierte Lebensmittel, Kuchenfüllungen, gefriertaustabile Produkte u.a. werden mit X. bereitet (Struktur s. Seite 870 unten).

Xanthin → Purinkörper

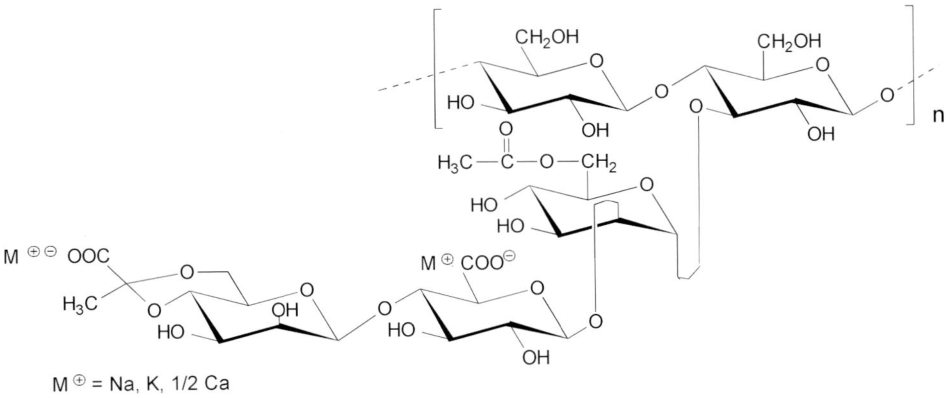

Xanthindehydrase → Aldehyddehydrase

Xanthinoxydase → Aldehyddehydrase

Xanthodermin, *Glutaminsäure-5-N'(4-hydroxyphenyl)-hydrazid:* Die für die Gelbfärbung bei Verletzung des Karbolegerlings (Agáricus xanthodérmus) oder Weißen Giftegerlings (Agáricus xanthodérmus Genvier) entstehende Farbstoff (s. Formel).

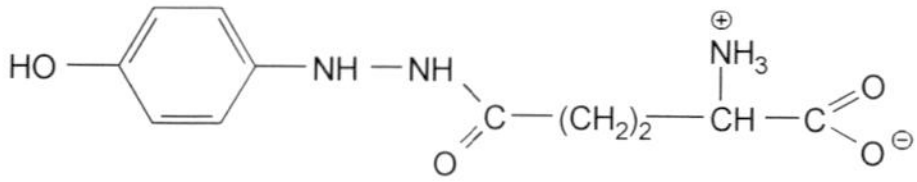

Xanthohumol: ein im Hopfen (*Lúpulus húmulus* L.) vorkommender orangegelber → Farbstoff mit der Struktur:

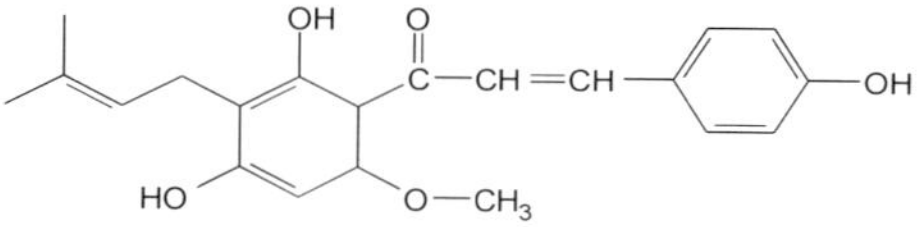

X. hat fungizide Wirkung. Kristallbildung in 50%igen Ethanol oder 50%igem Aceton, F. 172°C. → *Hopfen* → Humulon

Xanthoxylin S → Sesamin

Xanthone → Farbstoffe → Flavonoide

Xanthophyll → Farbstoffe

Xanthophyllepoxid → Farbstoffe

Xanthosin-5'-monophosphat → 5'-Nucleotide

Xanthosóma atróvirens → Amarilla

Xanthosóma cáracu → Weißwurzel

Xanthosóma mafáffa → Mafaffa

Xanthosóma nígrum → Ota

Xanthosóma poeppígii → Mafaffa

Xanthosóma sagittifólium → Tannia

Xanthosóma subandíunum → Mafaffa

Xantholoxin → Cumarin

Xanthotoxin: ein in Pastinakwurzeln und Engelwurz vorkommendes Cumarinderivat (Furocumarin) (s. Formel). X. ruft eine Sensibilisierung der Haut (Bräunung) bei Berührung und UV-Einwirkung hervor.

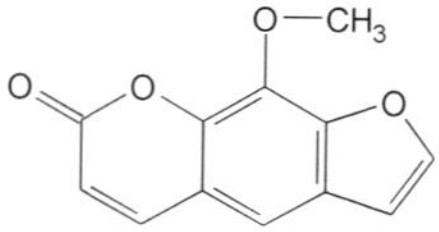

Xanthoxin: oxydatives Abbauprodukt aus Zeaxanthin (s. Formel Seite 871 oben).

Kette von Xanthan:

⊢→4)-β-D-GlcU(1→2)-D-Man(1→4)-D-Glc(1→4)-β-D-GlcU(1→2)-D-Man(1→4)-β-D-Glc(1→4)-D-Glc(1→4)-
3 oder 2
↑
1
D-Man

β-D-GlcU(1→2)-D-Man(1→4)-β-D-GlcU(1→2)-D-Man(1→4)-β-D-Glc(1→4)-D-Glc(1⊣ₙ
3 oder 2
↑
1
D-Man

GlcU: Glucuronsäure   Glc: Glucose   Man: Mannose

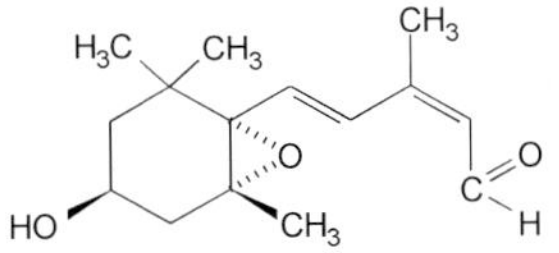

Xenobiotika, *Anthropogene Verbindungen:* (griech. xenos = fremd, Fremdling; bios = Leben) Fremdstoffe in der Biosphäre, die Strukturmerkmale aufweisen, die natürliche Substanzen normalerweise nicht besitzen, bzw. die nicht durch natürliche (enzymatische) Prozesse entstehen und denen biologische Organismen ohne menschliches Zutun nicht ausgesetzt sein würden. X. sind zwar fremd in der Biosphäre, müssen aber nicht zwangsläufig toxisch wirken. Sie werden nur dann zu → Schadstoffen, wenn sie auf Grund ihres Gefährdungspotentials eine unerwünschte (toxische) Wirkung ausüben können, d. h. wenn sie

1. unerwünscht sind (z. B. polychlorierte Dibenzo-p-dioxine und -furane, die unbeabsichtigt gebildet werden)
2. in unerwünschten Mengen auftreten (z. B. Eutrophierung durch Phosphat)
3. am unerwünschten Ort auftreten (z. B. Ozon in der unteren Atmosphäre).

Xeres → Sherry

Xerocomsäure → Badione → Pilzgifte

Xerócomus spec. → *Boletáceae*

Xerophthol → Vitamin A

Xerúla radícáta → Tricholomatáceae

Ximénia americána → Sauerpflaume

Xíphias gládius → Thunfisch

Xuxu → Chayote

Xylan, *Holzgummi, Hemicellulose A:* ein zu 90 % aus D-Xylose aufgebautes *Polysaccharid,* das sich in fast allen Pflanzen als ständiger Begleiter der Cellulose findet. Außer der D-Xylose sind im X. auch Glucose, Galactose, L-Arabinose und Glucuronsäure nachgewiesen worden. Im Weizenmehl kommt ein bes. arabinosereiches X. vor, das sich zum Unterschied zu anderen X. durch seine Löslichkeit in Wasser auszeichnet. In einem Molekül X. sind 75 bis 150 Zuckereinheiten enthalten.

Xylanase → Pentosanasen

Xylitol (Xylit) → Zuckeraustauschstoff → Zuckeralkohole

Xylobiase → Pentosanasen

Xyloglucane → Hemicellulosen

D-Xyloketose → Pentosen

L-Xylonsäure → Vitamin C

Xylópia spec. → Guineapfeffer 3.

Xylose: eine *Aldopentose* der Struktur (s. unten). In der Natur ist nur die D-Form aufzufinden. Sie ist die am häufigsten vorkommende Pentose. D-X. tritt in den → *Xylanen* auf, aus denen sie auch gewonnen wird. Ihre Süßkraft beträgt 0,65 (→Zuckeraustauschstoff). Sie wird im menschlichen Dünndarm zwar aktiv, aber nur zu etwa 65 % resorbiert. Von der resorbierten Menge wird ein Teil (etwa 60 %) im Stoffwechsel verwertet, der Rest im Urin ausgeschieden. → Pentosen

Xyloson: Abbauprodukt der Ascorbinsäure, das über Diketogulonsäure entsteht.

Xylotetraose → Tetrasaccharide

Xylotriose → Trisaccharide

D-Xylulose → Pentosen

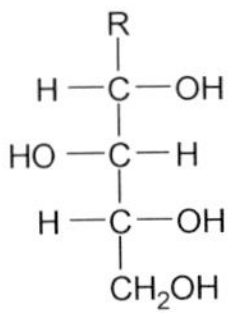

R = CHO; Xylose
R = CH_2OH; Xylit

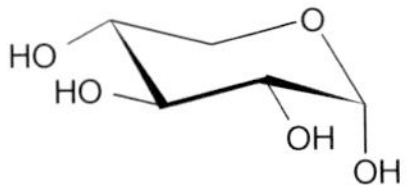

α-D-Xylose

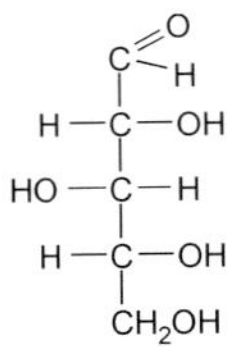

D-Xylose

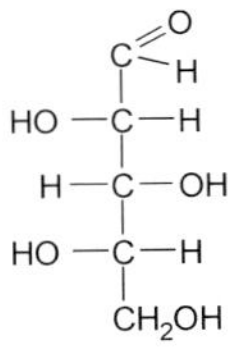

L-Xylose

Yacarol → α-Citronellol

Yacon, *llacon:* eine für die indianische Hackbaukultur von Kolumbien bis Argentinien charakteristische, krautige, bis 1,5 m Höhe erreichende Knollenpflanze, *Polýmnia sonchifólia* Peopp., Syn. *P. edúlis* Wedell. (Familie *Asteráceae*), deren Stengel als Kochgemüse und deren wasserreiche, süßschmeckende, inulinhaltige, bis zwei kg schwere Wurzelknollen roh verzehrt werden. → Inulingemüse

Yak, *Jak, Grunzochse, Bos (Poephágus) grúnniens:* Im Hochland Asiens (Tibet) und in der Mongolei lebende Rinderart die kräftig gebaut ist, kurze Beine hat und über ein langhaariges, dichtes Fell verfügt. Der Y. dient als Tragetier und ist, wichtiger Milch-, Fleisch- und Wollieferant. Er kommt sowohl in der Wildform als auch in aus dieser herausgezüchteten Haustierform vor. Der Fettgehalt der leicht gelb gefärbten Milch ist höher als der von Kuhmilch und schwankt zw. 5,8 % und 6,3 %. → Fleischtiere

Yakayake: ein in Westafrika aus fermentiertem Maniokmehl hergestelltes Fladengebäck. → Fladen

Yakult: ein in Japan und Korea aus Magermilch unter Zusatz von Glucose und Glycin mit → Starterkulturen (Laktobazillen) hergestelltes → *Sauermilcherzeugnis.*

Yama-Ningín → Ginseng-Ersatz

Yamrin → Wildsalat

Yamsbohne, *Knollenbohne, Jicama, Kartoffelbohne:* die ausdauernde, schlingende, krautige Pflanze *Pachyrrhízus erósus* (L.) Urban (Fam. *Fabáceae*), die im tropischen Südostasien, Afrika und Amerika kultiviert wird. Die wäßrigen Wurzelknollen werden roh und gekocht gegessen; aus älteren Knollen wird Stärke gewonnen. Die jungen Hülsen und Samen werden als Gemüse gegessen. Die reifen Samen enthalten toxische Substanzen (Rotenon). Ähnlich ist die *Kartoffelbohne P. tuberósus* (Lam.) Spreng. und die *Andine P. ahípa* (Wedd.) Parodi. Beide haben nur regionale Bedeutung im tropischen Amerika.

Yamsbohne, Afrikanische, Jamsbohne, Afrikanische: eine in Zentral- und Westafrika kultivierte → Hülsenfrucht, *Sphenostýlis stenocárpa* (Hochst. ex Rich.) Harms (Familie *Fabáceae*), deren stärkereiche Wurzelknollen und Samen in gekochtem Zustand als Nahrung dienen. Die Knollen weisen je 100 g folgende Zusammensetzung auf: 74,1 g Feuchtigkeit, 1,2 g Eiweiß, 0,08 g Fett, 22,3 g Kohlenhydrate, 0,65 g Rohfaser, 2,0 g Mineralstoffe, 2,1 g Calcium, 18,1 mg Phosphor und 3,9 mg Eisen. Die sehr eisenreichen Samen enthalten in 100 g Substanz: 40 g Feuchtigkeit, 0,72 g Eiweiß, 0,6 g Fett, 35,8 g Kohlenhydrate, 1,8 g Rohfaser, 1,1 g Mineralstoffe, 48 mg Calcium, 270 mg Phosphor und 330 mg Eisen. Die zum Zwecke der Samennutzung in Westafrika angebaute *S. margináta subsp. erécta* Baker weist folgende Zusammensetzung auf: 40 g Feuchtigkeit, 1,72 g Eiweiß, 1,2 g Fett, 49,5 g Kohlenhydrate, 3,8 g Rohfaser, 2,6 g Mineralstoffe, 84 mg Calcium, 468 mg Phosphor und 384 mg Eisen.

Yams → Yamswurzel → Panuala

Yams Asiatisches → Yams, Kleines

Yams, Chinesisches: 1. *Chinesische Kartoffel:* eine in China und Korea kultivierte → Yamswurzel, *Dioscórea oppósita* Thunb. (Familie *Dioscoreáceae*), die in Ostasien als Gemüse, in Japan außerdem gefriergetrocknet zur Mehlherstellung dient. Im 19. Jahrh. wurde das C. Y. in Europa als Kartoffelersatz angebaut. In je 100 g frischen Knollen sind enthalten: 75 g Feuchtigkeit, 19 g Kohlenhydrate, 1 g Fett, 1,1 g Eiweiß, 2,5 g Rohfaser und 1,4 g Mineralstoffe. Der Energiewert in kJ (kcal) je 100 g entspricht 391 (94).
2. *Yams, Kleines, Chinesische Süßkartoffel, Asiatisches Yams:* eine schwach süß schmeckende → Yamswurzelart, *Dioscórea esculénta* (Lour.) Burk., deren kleine Knollen in allen tropischen Ländern angebaut und wie stärkehaltige Kartoffeln verzehrt werden. In 100 g frischen Knollen sind enthalten: 76 g Feuchtigkeit, 20 g Kohlenhydrate,

0,3 g Fett, 1,6 g Eiweiß, 0,9 g Rohfaser und 1,2 g Mineralstoffe. Der Energiewert in kJ (kcal) je 100 g entspricht 384 (92).

Yamsstärke → Arrowroot

Yams, Weißes 1. → Großyams
2. → Guineayams
3. → Buschyams → Yamswurzel

Yamswurzel, *Jamswurzel, Yams:* Sammelbegriff für verschiedene einkeimblättrige, aus dem tropischen Asien stammende, kletternde oder schlingende Kräuter oder Sträucher mit krautartigen Stengeln und herzförmigen Blättern aus der Gattung *Dioscórea* L. (Familie *Dioscoreáceae)* die sich durch stärkereiche, knollenförmige Wurzeln oder Wurzelstöcke auszeichnen. Die Dioscoreen sind mehrjährige Pflanzen, die aber meist als einjährige Gewächse kultiviert werden, zum Teil wild vorkommen und auch pharmazeutisch genutzt werden. Neben Cassava, Batate und Bananen zählt die Y. zu den wichtigsten stärkehaltigen (bis zu 25%, höchst. 35% Stärke in den Knollen) Nahrungspflanzen in den Tropen und Subtropen. Der Name *das* Yams wird häufig auch z.B. für →*Batate* → Tannia → Taro → Panuala und andere Pflanzen mit eßbaren Speicherorganen gebraucht. Die Y. kann Trockenheit gut überstehen, stellt aber bei Temperaturen unterhalb von 20°C bereits das Wachstum ein und gedeiht daher nur in tropischen Gebieten. Die Knollen sind rötlich, weiß, gelb oder violett gefärbt und können bei mehrjährigen Pflanzen durchschnittl. bis zu 20 kg, bei Rekordexemplaren bis zu 80 kg Masse (bei einer Länge von 2 m) betragen. Das Fleisch einiger Y. enthält das giftige Alkaloid *Dioscorin,* das sich jedoch durch Einweichen und Kochen der Knollen entfernen läßt.

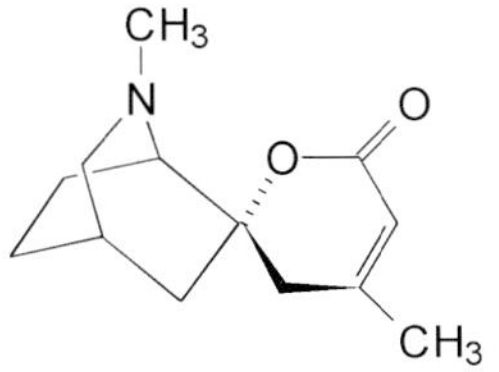

Dioscorin

Die Y. bildet in vielen Gebieten Mittel- und Südamerikas, Afrikas, Asiens und auf den Südseeinseln die Hauptnahrungsquelle. Die tägliche Aufnahme beträgt dort 0,5···1 kg. Die Knollen können im getrockneten Zustand aufbewahrt zu Mehl verarbeitet oder zur Stärkegewinnung herangezogen werden. Die Wurzelknolle wird je nach Wohlgeschmack entweder roh, gekocht, geröstet, gebraten oder gebacken verzehrt. Einige Arten der Y. sind auch zur Herstellung von Chips und Flocken geeignet, aus anderen wiederum wird Stärke gewonnen. In China werden die dort wachsenden Yamswurzelarten auch *Sainin* genannt, was Brotwurzel bedeutet. Die mittlere Zusammensetzung der in der Übersicht aufgeführten eßbaren Yamswurzelarten beträgt 15···25% Stärke, 1···3% Eiweiß, 0,05···0,2% Fett, 65···75% Feuchtigkeit, 0,5···1,5% Rohfaser und 0,7···2% Mineralstoffe. Der relativ hohe Vitamin-C-Gehalt (8···10 mg je 100 g) geht durch den Zubereitungsprozeß meist wieder verloren (Tab. s. 874/875).

Yana → Sauerpflaume

Yanrin → Wildsalat

Yaroslavski: *Hartkäse* aus Kuhmilch mit 45% oder 50% F. i. Tr. aus der ehem. Sowjetunion → Käsesorten

Yaryau → Masa

Yautia 1. → Tannia
2. → Mafaffa

Yehebbusch → Ardjan → Yeheb-Nuß

Yeheb-Nuß, *Gudanuß, Geebnuß:* Samenkern des afrikanischen, strauchartig wachsenden *Yehebbusches, Cordeāūxia edúlis* Hemsl. (Fam. *Caesalpiniáceae*), der angenehm süßlich schmeckt und in Somalia als Wildfrucht frisch, gekocht oder geröstet verzehrt wird.

'Yellowspur' → Kernobst

Yénia esculénta → Ständerpilze

Yerba → Mate

Yerevan: aus Kuhmilch, Schafmilch und Ziegenmilch hergestellter Käse mit 40% oder 50% F. i. Tr. aus der ehem. Sowjetunion. → Käsesorten

Für Ernährungszwecke kultivierte Yamswurzelarten

Botanische Bez.	Volkstümliche Bez.	Anbauländer
Dioscórea abyssínica Hochst. ex Kunth.	-	Äthiopien, Uganda, Kongogebiet
Dioscórea álata L.	→ Großyams, Flügelyams, Wasseryams, Weißes Yams, 10-Monate-Yams, Große Igname	tropisches Asien, Afrika, Amerika, Australien
Dioscórea altíssima Lam.	-	Mittel- und Südamerika
Dioscórea amazónum Mart. ex Griseb.	Cara	Brasilien
Dioscórea arcutinérvis Hochr.	Mareka	Ostmadagaskar
Dioscórea bulbifera L.	→ Luftyams, Kartoffelyams, Bulbillenyams, Luftkartoffel	Afrika, Indochina, Amerika Philippinen, Australien
Dioscórea cayennénsis Lam.	Gelbes Guineayams, 12-Monate Yams, Gelbes Yams, Guineaigname	Westafrika, Mittelamerika, Karibik
Dioscórea cinnamomifólia Hook.	Cinnamomumyams	Brasilien, Paraguay
Dioscórea convolvulácea Cham.	Chiapas	Mexiko, Karibik
Dioscórea cumíngii Prain et Burkill	-	Philippinen
Dioscórea densiflóra Hemsl.	-	Mexiko, Honduras
Dioscórea divaricáta Blanco	Pakit	Neuguinea, Philippinen
Dioscórea débilis Uline ex R. Knuth	-	Brasilien
Dioscórea dodecanēūra Vell., Syn. *D. vittáta* Hort.	-	Guayana, Brasilien
Dioscórea dumetórum (Knuth) Pax	→ Bitteryams, Afrikanisches Dreiblattyams, Esuriyams	Afrika
Dioscórea esculénta (Lour.) Burkill	→ Yams, Kleines, Chinesisches Yams 2., Chinesische Kartoffel, Chinesische Süßkartoffel, Asiatisches Yams, Chinayams	Südostasien
Dioscórea hastáta Vell.	-	Brasilien
Dioscórea hamiltónii J. D. Hoock.	-	Indien, Burma, Java
Dioscórea hastifólia Nees	-	Westaustralien
Dioscórea heptanēūra Vell.	-	Brasilien
Dioscórea hirtifólia Benth.	Guineayams	Afrika
Dioscórea híspida Dennst.	→ Bitteryams, Ostasiatisches	Asien
Dioscórea histifólia Benth.	-	Afrika
Dioscórea japónica Thunb.	→ Japanyams	Japan, China, ehem. Sowjetunion
Dioscórea kamoonénsis Kunth.	-	China, Indien, Vietnam
Dioscórea lecárdii De Wild.	-	Afrika

Für Ernährungszwecke kultivierte Yamswurzelarten (Forts.)

Botanische Bez.	Volkstümliche Bez.	Anbauländer
Dioscórea minutiflóra Engl.	→ Embeme	Afrika
Dioscórea nummulária Lam.	-	Ostmalaysia, Neuguinea
Dioscórea ovínala Baker	Ovinala	Madagaskar
Dioscórea oppósita Thunb.	→ Yams, Chinesisches 1., Chinesische Kartoffel, Chinesische Brotfrucht	China, Japan, Korea
Dioscórea ováta Vell.	-	Brasilien
Dioscórea owénii Prain et Burkill	-	Singapur, Südchina
Dioscórea pentaphýlla L.	→ Buschyams, Fünfblatt-yams	Südostasien, Inseln, Festland
Dioscórea prēussii Pax	-	Westafrika
Dioscórea prāehensilis Benth.	Buschyams, Waldyams, Weißyams	Westafrika
Dioscórea quartiniána A. Rich	-	Afrika
Dioscórea rotundáta Poir.	Weißes Guineayams, 8-Monate-Yams	Westafrika, Karibik
Dioscórea sagittifólia Pax	-	Westafrika
Dioscórea sansibarénsis Pax	Soko	Afrika
Dioscórea sóso Jumelle et Perr.	Soso	Madagaskar
Dioscórea seriflóra Jumelle et Perr.	Ovifotsy	Madagaskar
Dioscórea semperflórens Uline	-	Kongogebiet, Zaire
Dioscórea smilacifólia De Willd.	-	Westafrika
Dioscórea sublignosa R. Knuth	-	Ostafrika
Dioscórea subhástata Vell.	Caratinga	Brasilien
Dioscórea trífida L.	→ Faseryams, Cush-cush-yams	Zentral- und Südamerika
Dioscórea transvérsa R. Br.	-	Nord- und Ostaustralien
Dioscórea wallichii J. D. Hook.	-	Indien, Burma, Malaysia

Yhlen: (Ihlen) → Hering

Yista → Perureis

Ymer: ein in Dänemark mit speziellen Starterkulturen aus mesophilen Milchsäurebakterien hergestelltes → Sauermilcherzeugnis. Y. ist dem Skyr ähnlich.

Yoghurt → Joghurt

Yoko: der südamerikanische Strauch *Paullínia yóco* Schultes & Killip (Fam. *Sapindáceae*), dessen Borke von Indianern in Süd-Kolumbien und den angrenzenden Bereichen von Peru und Ekuador zur Bereitung eines Getränkes verwendet wird.

Yolowreis: ein in den östlichen Teilen Westafrikas übliches Gericht aus gekochtem → Reis, das einer Risottomischung mit Fleisch, Pfeffer, Zwiebeln und Tomaten ähnelt und mit diesen Komponenten zusammengekocht, danach portionsweise in Päckchen abgepackt als Frühstücksnahrung verkauft wird. → Brei

Yomogi: japan. Bez. für den als Wildgemüse in Asien genutzten → Beifuß, *Artemísia vulgáris* L. (Fam. *Asteráceae*), dessen krautigen Teile folgende Zusammensetzung aufweisen: 81 % Feuchtigkeit, 4,8 % Eiweiß, 0,8 % Fett, 5,2 % Kohlenhydrate, 1,8 % Mineralstoffe, 3,3 % Hemicellulose und 3 % Cellulose. Der Energiewert 100 g frischen Beifußkrautes entspricht 199 kJ (47 kcal). → Wildkräuter

Yorkshire-Pudding → Pudding

Youngbeere, *Jungbeere, Jongberry:* Frucht einer aus Amerika stammenden *Himbeer-Brombeer-Hybride* mit etwa 4 m langen Ranken und 4···5 cm langen und 2 cm breiten, dunkelroten Beeren. Das Fruchtfleisch ist fest, wohlkschmeckend und zur Herstellung von Kompott, Konfitüre, Marmelade, Gelee und Saft geeignet. Die Reifezeit liegt in den Monaten Juli und August. Die um 1930 in Europa eingeführte Y. ist jedoch nicht winterhart, der Anbau ist auf südliche Länder beschränkt geblieben. Jüngere, zu erprobende *Himbeer-Brombeer-Hybriden* sind die *Marionbeere, Taybeere, Sonnenbeere* und die *Nektarbeere.* → Brombeere

Ysano → Anu

Ysop: die im Mittelmeergebiet heimische, in Deutschland angebaute und verwilderte Pflanze *Hyssópus officinális* L. (Fam. *Lamiáceae*), deren Blätter frisch oder getrocknet zum Würzen von Suppen, Soßen, Braten (Hammel-, Schweinebraten) und Rohkostgerichten verwendet werden. Sie dienen ferner zur Herstellung des Benediktinerlikörs.

Yúcca gloriósa → Costa-Rica-Arrowroot

Yuccastärke → Arrowroot

Yudznyi: Schafmilchkäse (*Hartkäse*) mit 50 % F. i. Tr. aus der ehem. Sowjetunion. → Käsesorten

Yukiwari-Natto → Natto

Yünuan → Malve, Ägyptische

Yuquilla → Süßmandioka

Zackenbarsch, *Epinéphelus ssp.* (Bild):

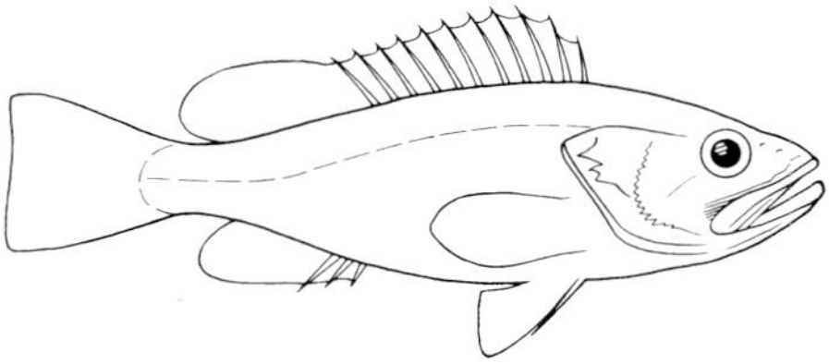

Zackenbarsch

Sammelbez. für die verschiedenen Arten der Gattung *Epinéphelus* aus der Familie der *Sägebarsche (Serranídae).* Die meist großen, barschartigen Grundfische subtropischer und tropischer Küstengewässer sind u. a. durch die im Vorderteil aus Hartstrahlen bestehenden Rückenflosse, 1 bis 3 Dornen vor der Afterflosse und 3 Dornen am Kiemendeckel gekennzeichnet. Die Schwanzflosse ist leicht abgerundet, die Färbung meist rotbraun bis braunviolett. Insgesamt werden zu beiden Seiten des Atlantik jährlich etwa 40 kt, im Pazifik etwa 20 kt Fang statistisch erfaßt. Trotz ihrer Größe von meist über 0,5 m, oft über 1 m Länge haben sie wegen ihres küstennahen und bevorzugt auf felsigen Untergrund beschränkten Vorkommens nur lokale Bedeutung. Das helle, feste Fleisch ist wohlschmeckend und bes. zur küchenmäßigen Zubereitung geeignet. Eiweißgehalt 18 bis 21 %, Fettgehalt 1,5 %. → Fisch → Cigúatera

Zackenbrötchen → Briochegebäck

Zackenschote, Hohe → Hügelsenf

Zähigkeit → Bastigkeit → Viskosität

Zahlen → Nudeln

Zahnbrassen → Meerbrassen

Zámia → Adlerfarn

Zámia floridána → Zamiastärke

Zamiastärke, *Florida-Arrowroot:* die aus Knollen von Zámia floridána A. DC. u. a. *Zámia*-Arten (eine auf den Bahama-Inseln und den Antillen heimische Pflanze aus der Familie *Cycadáceae*) gewonnene → Stärke. → Arrowroot → Palmfarnstärke

Zahnmais, *Pferdezahnmais:* eine Varietät des → Maises, *Zéa máys convar. dentifórmis* Koern. (Familie *Poáceae*), mit einer zahnähnlichen Kornform, die dadurch zustande kommt, daß beim Trocknen des an allen 4 Seiten (bis auf die Oberseite) verhärteten Kornes die nicht verhärtete Oberseite einschrumpft. Der Z. wird zum Teil für Pufferzeugnisse, vorwiegend jedoch für Futterzwecke verwendet. → Maisnährmittel

Zähringer: Rebneuzüchtung, aus dem südbadischen Breisgau, die würzige und bukettreiche Weine liefert.

Zährte, *Vímba vímba* (Bild):

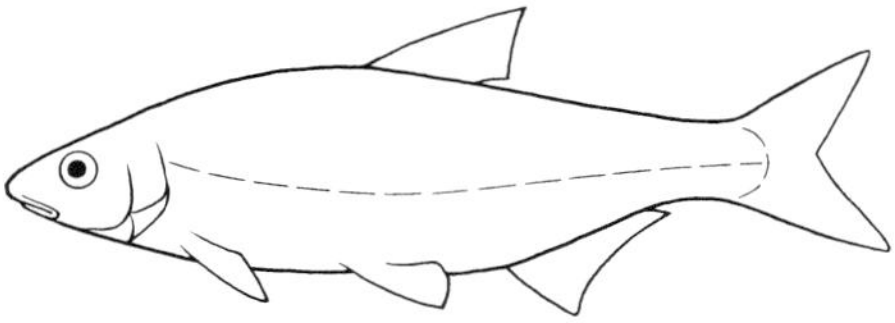

Zährte

Süßwasserfisch mit seitlich zusammengedrücktem Körper, etwa viermal so lang wie hoch, mit unterständigem Maul und kegelförmig hervorragender, nasenförmiger Schnauze. Die Z. ist oberseits blaugrau gefärbt und hat gelbliche bis orangenfarbene Flossen, zur Laichzeit ist sie oberseits schwarz und unterseits orangengelb. Ihre Länge beträgt im Mittel 20···30 cm (Masse 90 bis 250 g), höchst. 50 cm (Masse 1 Kg). Sie besiedelt vor allem die Mündungsgebiete größerer Flüsse an der Nord- und Ostseeküste sowie am Schwarzen Meer, hat jedoch nur lokale Bedeutung. → Fisch

Zakusochnyi: 1. Frischkäse mit weißem Camembertschimmel, aus Kuhmilch, Schafmilch oder Ziegenmilch hergestellter Weichkäse mit 50 % F. i. Tr. aus der ehem. Sowjetunion. → Käsesorten

Zander, *Schill, Hechtbarsch, Stizostédion luciopérca = Luciopérca sándra* (Bild):

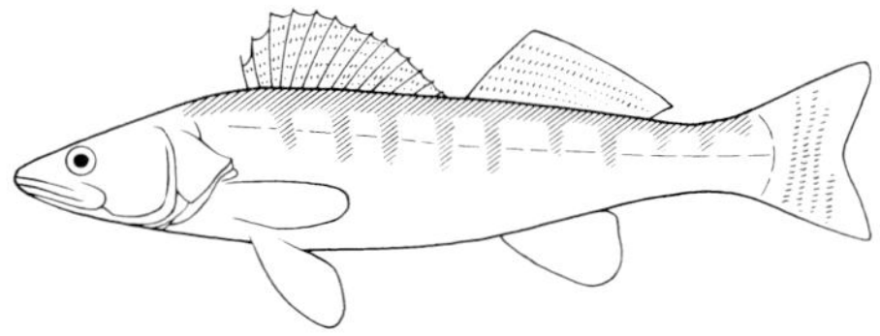

Zander

Süßwasserfisch mit gestrecktem, hechtähnlichem Körper, großer Mundspalte, einem kleinen Dorn am Kiemendeckel, einer hart- und einer weichstrahligen Rückenflosse. Der Z. ist oberseits graugrün, unterseits matt silberweiß und trägt an der Seite 8 bis 10, im Alter meist verwachsene Querbinden. Er wird meist 40 bis 59 cm, höchst. 120 cm lang und wiegt bei 30 cm etwa 250 g, bei 37 cm etwa 500 g, bei 47 cm 1 kg, bei 60 cm 2 kg. Der Z. kommt in warmen flachen Gewässern Mitteleuropas und der ehem. Sowjetunion sowie im Brackwasser der Ostsee vor und hat große wirtschaftliche Bedeutung auch in der Teichwirtschaft (Weltfang etwa 20 kt). Der Z. ist ein wertvoller Speisefisch mit zartem, weißem Fleisch (s. Tab.), das für Diätzwecke hervorragend geeignet ist.

Zusammensetzung und Energiewert des Zanderfleisches

Bestandteil	Durchschnittl.Gehalt je 100 g eßbaren Anteils in g	
Wasser	77···80	
Eiweiß	18···22	
Fett	0,3···1,5	
Mineralstoffe	1···1,5	
Energiewert je 100 g eßbaren Anteils in		
kJ (kcal)	345···465	(82···111)
davon		
aus Eiweiß	330···405	(79···97)
aus Fett	12···60	(3···14)
Richtwert für den Energiewert je 100 g eßbaren Anteils in		
kJ (kcal)	375	(90)

In seinen Eigenschaften ähnelt es dem des Kabeljaus, ist jedoch feiner und zarter. → Fisch

Zapallo makre: Zuchtform des → Kürbisses *Cucúrbita máxima Duchesne var. gigántea* an der Küste Perus. Der Riesenkürbis gilt als größte Frucht der Welt und wird zur Sirupgewinnung genutzt.

Zarcilla: der kleine, verzweigte, dornige Strauch *Bérberis empetrifólia* Lam. (Familie *Berberidáceae*) der in den südlichen Anden vorkommt. Die kugeligen Beeren (6mm Durchmesser) sind leicht säuerlich und werden roh oder als Konfitüre zubereitet verzehrt.

Zartheit: Eigenschaft eines Lebensmittels, die sich in mechanischer Hinsicht durch den beim Kauen und Beißen geleisteten *geringen Widerstand,* in geschmacklicher Hinsicht durch liebliches, aber nicht aufdringliches, nicht betont einseitiges Aroma und in gestaltlicher Hinsicht durch eine dünne, leicht zerbrechliche, sanfte, gefällige Form sowie nicht lautes, hervortretendes Kaugeräusch, wie bei → Knackigkeit äußert. Die Z. bildet das Gegenteil zu derb und → Härte.

Zärtlinge → *Coprináceae*

Zartmacher, *Fleischzartmacher, Tenderizer:* zur Verbesserung der Konsistenz von Fleisch dienendes Gemisch aus einer *Protease* – als vornehmlich wirksamem Bestandteil – und Zusatz- und Füllstoffen, die von der Anwendungsform (prämortal oder postmortal) abhängig sind. Für den postmortalen Einsatz können Z. als Zusatz Würzstoffe (z. B. Pfeffer, Sellerie, Paprika, Glutamat und ätherische Öle), Hilfsstoffe (z. B. Propylenglycol, Glycerol, Glucose, Stärke und Farbstoffe) und als Füllstoff Natriumchlorid enthalten. Z. kommen als pulverförmige oder granulierte Präparate (zum Pudern) oder als Flüssigkeiten (zum Eintauchen des Fleisches, Besprühen und zum Infundieren) in den Handel. Die Z. für den prämortalen Einsatz sind sterile Lösungen von Proteasen in physiologischer Kochsalzlösung. Überwiegend finden als Proteasen solche pflanzlichen Ursprungs Verwendung (Papain aus dem Saft der grünen Frucht der tropischen Melone, Bromelin aus Ananassaft, Ficin aus Feigenlatex), neuerdings vereinzelt auch Proteasen aus Mikroorganismen. Ihr Wirkungsoptimum liegt allg. bei Temperaturen über 50°C. Die Wirkung der Z. erstreckt sich zum überwiegenden Teil auf das Bindegewebe, welches in der Anlaufphase der Erhitzung bei der küchentechnischen Zubereitung teilw. abgebaut wird, wodurch das Fleisch zart wird. Die angewandten Z. werden im Verlauf der Wärmebehandlung inaktiviert. Die prämortale Anwendung von Z. ist nur in einigen Ländern, z. B. in den USA, Kanada und Australien, erlaubt. In Deutschland sind Z. noch nicht zugelassen. → Proteasen → Enzyme → Mürbungsmittel

Zartsplittrigkeit → Knusprigkeit

Zaunrose, Schottische → Weinrose

Zaunwinde, *Große Winde:* das in gemäßigten Zonen verbreitete Windengewächs, *Convólvulus sépium* L. (Familie *Convolvuláceae*), das in China als Gemüse angebaut wird, wobei nur die Rhizome verzehrt werden.

Zéa máys convar. amylácea → Mais

Zéa máys convar. amyleasaccharáta → Mais

Zéa máys convar. aorísta Grebenšč: eine Varietät des → Maises, die aus einer Kreuzung zwischen → Hart- und Zahnmais hervorgegangen ist und deren mehliges Endosperm den inneren und oberen Kornteil einnimmt, ohne daß es wie beim → Zahnmais zu einer deutlichen Einsenkung am Korngipfel des trockenen Kornes kommt. → Maisnährmittel

Zéa máys convar. cerátina → Mais

Zéa máys convar. dentifórmis → Mais

Zéa máys convar. microspérma → Mais → Puffmais

Zéa máys convar. saccharáta → Mais → Zuckermais

Zéa máys var. vulgáris → Mais

Zéa mexicána → Teosinte

Zeaninsäure: Wachstumsförderer, der den Fruchtansatz von Weintrauben verbessert und Bestandteil der Rückstände bei der Maisstärkegewinnung ist mit folgender Struktur.

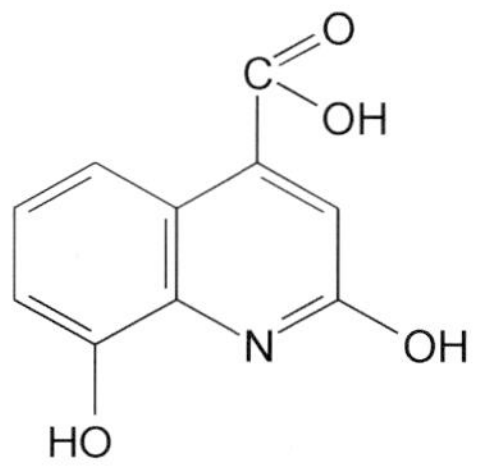

Zéa perénnis → Teosinte

Zearalenol → Mykotoxine

Zeatin → Cytokinin

Zeaxanthin → Farbstoffe

Zeaxanthin-dipalmitinsäureester → Farbstoffe

Zeder → Zedratzitrone

Zederntriebe, *Chinesisches Baumgemüse*: Schößlinge des in China und Indien heimischen *Surenbaumes Toóna sinénsis* (A. Juss.) Roem. (Familie *Meliáceae*), die je 100 g bis zu 120 mg Vitamin C enthalten und als Salat und Gemüse in Indien verwendet werden. Die duftenden Blattsprossen gelten im Winter und zeitigen Frühjahr als Gemüsespezialität vor allem in Nordchina, wo der Haupttrieb 10 m Höhe erreichen kann. Verzehrt werden die Triebe mit den Blättern aus den Gipfelknospen. Die Z. werden daher auch als *Baumgemüse* bezeichnet.

Zedrat → Zitronat

Zedratzitrone, *Cédro, Ethrogzitrone, Zeder:* elliptisch-kugelförmige bis längliche Frucht des niedrigen, dornigen Baumes oder Strauches *Cítrus médica* L. (Familie *Rutáceae*), die bis zu 20 cm lang und 1 bis 1,5 kg wiegen. Die gelbe, großporige dicke Schale nimmt bis zu 70% der gesamten Fruchtmasse ein. Sie ist im Gegensatz zum hellgelben säuerlichen Fruchtfleisch etwas süßer und duftet aromatisch. Aus dieser Schale wird durch Kandieren → *Zitronat* hergestellt. Nach der Ernte werden die vom Fruchtfleisch befreiten und geteilten Schalen in Meerwasser oder Salzlösung vorübergehend konserviert. Hauptanbaugebiete für Z. sind Italien, Griechenland, Korsika sowie Kalifornien, Westindien und Brasilien. → Zitrusfrucht.

Zedren → Terpen-Kohlenwasserstoffe

Zehe → Knoblauch → Perlzwiebel → Schalotte → Sälauchzwiebel

Zeile → Semmel

Zeilenbrot → Semmel

Zeilkarpfen → Karpfen

Zein → Prolamine

Zelenyi, *Weichkäse* (Weißschimmelkäse) mit 40% F. i. Tr. aus der ehemaligen Sowjetunion. → Käsesorten

Zeller → Sellerie

Zellernuß, *Pontische Hasel, Römische Hasel:* Frucht einer wahrscheinlich von *Córylus póntica* R. et Koch (Familie *Betuláceae*) abstammenden Haselnußart mit kurzblättrigen Kelchen und großen Früchten. Die Z. ist Stammform für Kultursorten, für die sie auch als Kreuzungspartner gedient hat. Die Haselnußsorte *"Hallesche Riesen"* (Bild) ist eine Zellernuß, die Sorte *"Cosford"* (Bild) eine Zellerhybride. → Haselnuß

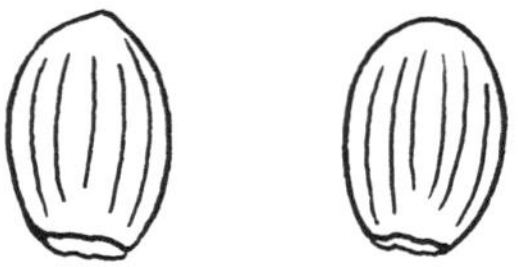

Cosford

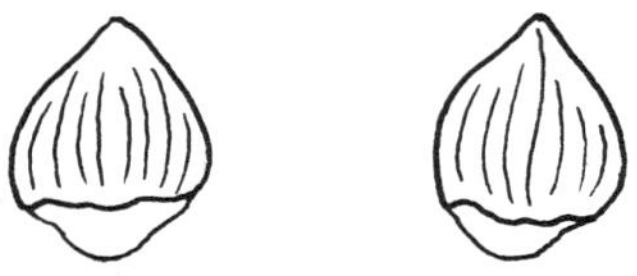

Hallesche Riesen

Zellgewebemasse → Pulpe → Markkonzentrat

Zellophannudel → Glasnudel

Zellulasen → Cellulasen

Zenmai: ein Königsfarngewächs, *Osmúnda japónica* L. (Familie *Osmundáceae*), dessen Wedel aus Wildbeständen in Japan für Salat- und Kochgemüsezubereitungen gesammelt werden. Die Blattmasse weist folgende Zusammensetzung auf: 93,1% Feuchtigkeit, 1,7% Eiweiß, 0,3% Fett, 2,4% Kohlenhydrate, 0,5% Hemicellulose, 1,3 % Cellulose und 0,5% Mineralstoffe. Der Energiewert je 100 g Frischmasse entspricht 80 kJ (19 kcal). → Wildkräuter → Farn

Zentifolia → Mairose

Zentrofanmehl: auf einer von *W. Schulte* patentierten Zentrofanmühle hergestelltes, staubförmig fein zerkleinertes Getreidekorn. Der bes. Feinheitsgrad wird dadurch erreicht, daß die Körner in einem Rotor mit hoher Flügelgeschwindigkeit solange gegen eine rauhe Prallwand geschleudert werden, bis ihre Teile leicht genug sind, um durch einen, entgegen der Schwerkraft laufenden Luftstrom aus dem Rotor herausgetragen zu werden; durch den starken Luftstrom wird eine Erwärmung über 30°C vermieden. Durch das ständige Luftansaugen wird jedes Mehlfeinteilchen im Moment seiner Abspaltung vom größeren Körper dem Mahlgut entzogen und daher nicht „gequält" bzw. „totgemahlen". Der durch Luftkühlung verringerte Mehlfeuchtigkeitsgehalt im Vergleich zu Normalvermahlung trägt zu besserer Frischhaltung bei. Das Z. ist nicht nur zur Herstellung von Vollkornbrot, sondern auch für geschmackreiche Vollkorn-Feinbackwaren bes. geeignet.

Zer → Mineralstoffe

Zerealien → Getreidefrüchte

Zerebron → Cerebroside

Zerebronsäure → Cerebronsäure

Zerebroside → Cerebroside

Zerebrosulfatide (*Cerebrosulfatide*) → Cerebroside

Zerrgras → Knöterich

Zerumbet: die in Indien und Burma kultivierte *Alpínia zerúmbet* (Pers.) B. H. L. Syn. *A. speciósa* (J. C. Wendl.) K. Schum. (Familie *Zingiberáceae*), deren Rhizome als *Ingwer-* oder *Galangaersatz* genutzt werden. → Galgant

Zerumbet-Zitwer, *Martinique-Ingwer:* das in Südostasien, Sri Lanka und Indien kultivierte Ingwergewächs *Zingíber zerúmbet* (L.) Roscoe ex Smith (Familie *Zingiberáceae*), dessen junge Rhizome als Gemüse, die älteren als Gewürz, wie → Ingwer oder als Medizin verwendet werden.

Zervelatwurst, *Cervelatwurst***:** hart ausgereifte → *Rohwurst* (Dauerware), die sich durch einen hochwertigen Rostoffeinsatz auszeichnet (Spitzenqualität). Die Bez. leitet sich von Cervus = Hirsch her. Es gibt verschiedene Sorten, z.B. *Holsteiner, Westfälische Z.* die sich im Anteil an Rind- und Schweinefleisch unterscheiden. In Deutschland wird Z. aus sehnen- und fettgewebearmem Rindfleisch, fettgewebe- und sehnenarmem Schweinefleisch und Speck hergestellt und im Natur- oder Kunstdarm konfektioniert. Die Abbindung ist rot. Die Z. zeigt ein rot-weiß gemustertes Schnittbild mit annähernd gleicher Fleisch- und Fettverteilung. Reiferand und leichte Porosität sind zulässig; Geruch und Geschmack sind aromatisch und angenehm rauchig. → Z. hart ausgereift → Z., schnittfest

Zervelatwurstgewürz → Wurstgewürz

Zervelatwurst, hart ausgereift: → *Rohwurst* (Dauerwurstware), → Zervelatwurst. Zusammensetzung vgl. → Zervelatwurst, schnittfest.

Zervelatwurst, schnittfest: → *Rohwurst* (Halbdauerware, Spitzensorte), zu deren Herstellung sehnen- und fettgewebsarmes Rindfleisch, an weiteren Zutaten fettgewebs- und sehnenarmes Schweinefleisch, Speck ohne Schwarte, ferner Speisesalz, Salpeter, Zucker und Pfeffer eingesetzt werden. Als Wursthüllen dienen Naturdärme (50···55 mm Durchm.). Die Abbindung ist rot. Das Schnittbild zeigt eine rot-weiß gemusterte, mittelgrob (etwa 2···3 mm) geschrotete Wurstmasse, die frei von Sehnen ist. Neben Z., schnittfest, gibt es noch → Z., hart ausgereift. → Wurst

Zetoleinsäure → Cetoleinsäure

Zetylsäure → Palmitinsäure

Zeus fáber → Heringskönig

'Zeva 2': Himbeere → Beerenobst

Zibarte → Spilling

Zibbe → Fleischtiere

Zibebe → Rosine → Tokajer Aszu

Zibebenwein: ein Wein aus Trockenfrüchten, dessen industrielle Herstellung untersagt ist und daher nur im Privathaushalt als → Haustrunk, alkoholischer bereitet wird. → Rosinenwein

Ziberl → Spilling

Zibetbaumfrucht → Durian

Zibolle → Zwiebel 3.

Zibyana → Sorghumhirse

Zichorie, Bittere → Wegwarte

Zichorie, Gemeine → Wegwarte

Zichorienkaffee, *Mandelkaffee:* **1.** das aus den gereinigten, in Stücke geschnittenen, getrockneten, gerösteten und gemahlenen Wurzeln der → Kaffeezichorie ohne vorherigen Weichprozeß hergestellte → Kaffee-Ersatzmittel. Das schnellösliche Extraktpulver aus Zichorie wird als *«Instant-Zichorie»* bezeichnet. Als → Kaffeezusatzstoff wird die Zichorie stets im Gemisch mit 25 % Zuckerrübenschnitzeln verwendet, wodurch die Bitterkeit der reinen Zichorie gemildert wird.
2. das aus der Kaffeezichorie bereitete → Aufgußgetränk. Seit dem 16. Jh. wird die Kaffeezichorie für die Gewinnung kaffeeähnlicher Getränke kultiviert. Der Zichorienaufguß zeigt auf Grund des relativ hohen Fruktosegehaltes bzw. des daraus

entstandenen Karamels eine intensive Färbung. Der Anteil an wasserlöslichem Extrakt beträgt etwa 65 %.

Zichoriensalat, *Salatzichorie:* Sammelbez. für Kulturformen der Wildzichorie (→ Wegwarte). Zu den Z. zählen → Chicoree → Endiviensalat → Radicchio und → Fleischkraut. I. allg. sind die Z. auf Grund ihrer derben, robusten Blattspreiten bedeutend länger haltbar als → Gartensalat. Einige Arten wie Fleischkraut und Radicchio vertragen auch kurzzeitig Fröste bis zu −6 °C. → Blattsalat → Salat → Salat, bunter.

Zichorie, Wilde → Wegwarte

Ziege: 1. *Capra hircus* → Fleischtiere
2. *Pelécus cultrátus* (Bild):

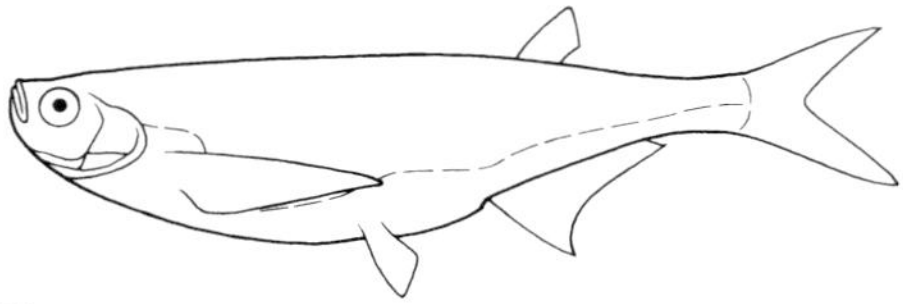

Ziege

Langgestreckter, seitlich zusammengedrückter *Wanderfisch* mit fast gerader Rückenlinie und schwarzer, kielförmiger, stark konvex gebogener Bauchkante mehrfach gebogener Seitenlinie und steil nach oben gerichteter Mundspalte. Die sehr kurze Rückenflosse sitzt über der Afterflosse. Die Z. ist oberseits blaugrün bis braun gefärbt, seitlich und unterseits stark silberglänzend, Bauch und Afterflossen sind rötlich. Sie wird meist 25···35 cm, höchst. 50 cm lang. Die Z. ist bes. im Brackwasser in der Ostsee, dem Schwarzen Meer, dem Kaspischen Meer und dem Asowschen Meer verbreitet und laicht in Flüssen. Sie hat in den südlichen Gebieten der ehem. Sowjetunion lokale wirtschaftliche Bedeutung.

Ziegeltee, *Backsteintee:* ein in Tafeln gepreßter → Tee aus *Dust* (Teestaub). Es handelt sich um einen billigen Tee aus Teeabfällen, die durch Sieben, Dämpfen und anschließendes Pressen aufbereitet werden.

Ziegenbart, Gelber → *Clavariáceae*

Ziegenkäse → Ziegenmilchkäse

Ziegenlippe → *Boletáceae*

Ziegenmilch: durch vollständiges Ausmelken von gesunden Ziegen erhaltene gesamte frische Milchsekretion, die frei von Kolostrum ist. Die Z. darf nur unter wahrheitsgetreuer Kennzeichnung in den Verkehr gebracht werden. Die Zumischung von Z. zu Kuhmilch, die als Trinkmilch verwendet werden soll, ist nicht zulässig. Die Z. darf zusammen mit Kuhmilch lediglich zu Butter und Käse verarbeitet werden. → Milch → Ziegenmilchkäse

Ziegenmilchkäse, *Ziegenkäse:* aus Ziegenmilch oder einem Gemisch von Kuh- und Ziegenmilch (mehr als 15 % Ziegenmilch) auf die übliche Weise mit Säurewecker und Lab hergestellter Weichkäse. In Deutschland hat die Herstellung von Z. nur sehr geringe wirtschaftliche Bedeutung, in einigen Ländern dagegen, z. B. in Italien, Griechenland, Spanien und insbes. in Frankreich wird Z. in größerem Umfang hergestellt. Handelsübliche deutsche Z. sind *Altenburger Ziegenkäse* und *Abertamer Käse.*

Ziegentalg: das aus den fettreichen Teilen von Ziegen gewonnene Fett. Der Z. hat graugelbe Farbe; in seinen Eigenschaften ähnelt er dem → *Hammeltalg.* Die wichtigsten Fettsäuren des Z. sind, bezogen auf den Gesamtfettsäuregehalt (Etwa-Werte): Laurinsäure (4 %), Myristinsäure (2 %), Palmitinsäure (35 %), Stearinsäure (28 %), Arachinsäure (2 %) und Ölsäure (38 %). Der Z. schmilzt bei etwa 48°C. → Fett, tierisches → Körperfett

Ziegerkäse → Kräuterkäse

Ziegerkleesamen → Zigerklee

Ziehmargarine: ein → *Backfett,* das für die Herstellung von → Plundergebäck und Blätterteiggebäck verwendet wird. Die Z. soll einen höheren Schmelzpunkt, größeren Plastizitätsbereich und geringeren Wassergehalt als andere Margarinesorten haben. Sie soll zäh und fest, aber doch geschmeidig sein. Der Teig darf beim Ausrollen nicht bröckelig werden und auch nicht schmieren. → Fett

Zierkohl: Sammelbez. für verschiedene, von japanischen Züchtern bearbeitete Gemüsekohlarten, *Brássica olerácea* L. (Familie *Brassicáceae*) z. B. Blumenkohl, Brokkoli, Wirsing, Spitzkohl, mit neuen Formen und auffälliger Farbgebung. Mit Fleiß und Phantasie züchteten die Japaner innerhalb der genetisch hochvariablen Gattung *Brássica* kugelrunde, an Ballons oder Pomponblüten erinnernde oder krausblättrige, federkohlartige Formen mit lang gesägten oder geschlitzten Blättern sowie unterschiedlicher Höhe, mit cremigweißer, glühend-roter oder rosafarbener Füllung. Zierkohlsamen ist wie Gemüsesamen im Handel erhältlich. In der Kultur bestehen zw. Zier- und Speisekohl keine wesentlichen Unterschiede. Der Z. ist genießbar. Bes. die gefransten, fedrigen grün-cremefarbenen oder blau-rot farbenen Formen sind in den USA als Ersatz von Wirsing gefragt. Die Blätter werden wie diejenigen von Kopfsalat zubereitet.

Zierquitte → Quitte, Japanische

Zigarette: ein → *Genußmittel* aus *Feinschnitt*, zitronen- bis goldgelber oder brauner bis braunschwarzer → Tabake mit einer durchschnittl. Schnittbreite von 0,6 mm. Der Feinschnitt liegt in einem Umblatt aus Spezialpapier und kann je nach der gewünschten Geschmacksrichtung auch gesoßt oder aromatisiert werden. *Virginiazigaretten* werden aus von Natur her sehr süßen, häufig aromatisierten virginischen Tabaksorten hergestellt; fast immer gesoßte und aromatisierte Mischtabake aus *Virginia-* und *Orienttabaken* liefern Z. der Geschmacksrichtung *«American Blend»*. Der *Rauch* reagiert bei Zigarettentabaken nahezu ausnahmslos sauer. Der Zigarettenrauch enthält 65···75 % des Tabaknicotins, Pfeifenrauch über 50 %. Beim Nichtinhalieren, wie beim Zigarrenrauch, gehen nur etwa 5 % des Rauchnicotins in den Organismus über, beim Inhalieren, z. B. von Zigarettenrauch, hingegen 85···95 %. Das Nicotin gefährdet das Herz-Kreislauf-System, und der inhalierte Tabakteer bewirkt u. a. Lungenkrebs. Wegen des möglichen Inhalierens sind Zigarettenraucher weit mehr gefährdet als Zigarren- oder Pfeifenraucher. Zur Herabsetzung der mit dem Tabakgenuß verbundenen Risiken sind einerseits *Filterzigaretten* entwickelt worden, um Nicotin und Teerstoffe zurückzuhalten, andererseits werden nicotinarme Tabaksorten gezüchtet, die den nicotinhaltigen an Geschmack und Aroma gleichkommen. Filterzigaretten haben ein Mundstück mit einer Einlage aus Zellstoff, A-Kohle, Kieselgel, Anionen- oder Kationenaustauschern o. ä., die einen Teil des Nicotins und der Teerbestandteile des Rauches zurückhalten sollen. Die Verminderung des Teergehaltes liegt meist zwischen 10 % und 20 %, die Absorption des Nicotins nicht über 30 %. Filter bieten also bis jetzt keinen wirklichen Schutz. Wie in anderen europäischen Ländern müssen in Deutschland aufgrund gesetzlicher Vorschriften die unter Standardbedingungen bestimmten Gehalte an Nicotin („N") und Kondensat („K") auf den Zigarettenpackungen angegeben werden.

Zigarillo → Zigarre

Zigarre: ein → *Genußmittel*, das aus stabförmig gewickelten Blättern des → Tabaks besteht und zum Genuß an einem Ende angezündet, vom anderen her mit Durchsaugen von Luft im Glimmen erhalten wird und dabei der Schleimhaut des Mundes und der Lunge Verbrennungsstoffe darbietet. Die Herstellung geschieht mehr in Hand- als in Maschinenarbeit, wobei *Deck-* und *Umblatt* feucht, die Einlage (*Wickel* bzw. *Zigarrenwickel*) trocken verarbeitet werden. Aus Blattstücken verschiedener, nach Geschmack gemischter Tabaksorten wird der Wickel hergestellt. Diese Einlage umhüllt man mit dem Deckblatt. Z. werden zuweilen durch mechanisches Aufrauhen mattiert und durch Einstäuben mit feingemahlenem Tabak (Tabakpuder) gepudert (als farbmattiert zu kennzeichnen). Das Deckblatt bestimmt weitgehend die Sortenbezeichnung der Zigarre. Als Deckblätter bes. wertvoll sind *Sandblätter* von *Havannatabaken*. Für Z. werden ausschl. → alkalische Tabake verwendet, die nicht gesoßt wurden. *Folientabake* in Form folienartiger Rollen werden aus zermahlenem fermentiertem Tabak unter Zusatz von zugelassenen Bindemitteln hergestellt. Als Tabakumblätter finden sie zunehmend Eingang in die Zigarrenindustrie. Die Form der Z. ist sehr verschieden. Es gibt runde, schlanke, wie die *Virginiazigarre,* überwiegend aus Virginiatabaken hergestellt, überdurchschnittl. lange und dünne und zur besseren Durchlüftung mit *Stroh-* oder *Kielmundstücken* versehen. *Zigarillos* sind Z. kleineren Ausmaßes ohne Kopf, deren Querschnitt sich in der Regel nach dem Ende hin verjüngt. *Stumpen* sind Z. ohne Kopf, gleichmäßig dick, rund oder viereckig gepreßt.

Zigarrenwickel → Zigarre

Zigerklee, *Ziegerklee, Käseklee, Zigerkraut, blauer Steinklee, Siebenstundenkraut, Schabzigerklee, Bisamklee:* die seit langem angebaute und in Ländern Mittel-, West- und Südeuropas sowie in Nordafrika verbreitete Würzpflanze, *Trigonélla coerúlea* (L.) Ser., Syn. *T. melilótus coerúlea* (L.), Aschers (Familie *Fabáceae*). Das getrocknete Kraut wird zur Herstellung eines grünen Kräuterkäses (*Ziegerkäse,* auch *Schabziger* genannt) sowie als Brotwürzmittel (in der Schweiz und in Tirol) verwendet. Auch die Samen werden zum Würzen herangezogen.

Zigerkäse, Schottenziger-Käse → Kräuterkäse

Zigerkraut → Zigerklee

Zigeuner: Pilzbez., die je nach landschaftsgebundenem Sprachgebrauch für 4 völlig verschiedene Pilze, nicht nur unterschiedlicher Pilzfamilien, sondern auch unterschiedlicher Ordnungen gebraucht wird, also sowohl Synonym für einen sehr giftigen als auch für einen eßbaren oder bedingt eßbaren Pilz sein kann:
1. Synonym für Reifpilz, Runzelschüppling [*Rozítes caperáta* (Pers. ex Fr.) Karst.], ein eßbarer, zur Ordnung *Agaricáles* zählender, innerhalb dieser der Familie → *Cortinariáceae* zugeordneter Pilz.
2. Synonym für Pantherpilz, Pantherschwamm, Panther-Wulstling [*Amaníta pantherína* (De Cand ex Fr.) Krombh.], ein *gefährlicher,* zur Ordnung *Agaricáles* zählender, der Familie → *Amanitáceae* zugeordneter *Giftpilz.*
3. Synonym für Perlpilz, Perlen-Schwamm, Perlen-Wulstling, Rötender Wulstling (*Amaníta rubéscens* Pers. ex Fr.), ein *eßbarer, zur Ordnung Agaricáles* zählender, der Familie → *Amanitáceae* zugeordneter Pilz.
4. Synonym für Netzstieliger Hexenpilz, Netzstieliger Hexenröhrling, Schusterpilz (*Bolétus lúridus* Schaeff. ex Fr.), ein *bei Rohgenuß giftiger, gut durchgegart eßbarer* und wohlschmeckender, der Ordnung *Boletáles* und innerhalb dieser der Familie → *Boletáceae* zugeordneter Pilz.

Zigeunerspieß: Fleischspeise auf der Grundlage von Lamm- und Schweinefleisch. Dazu werden Scheiben von Lammfleisch, Niere, Schweinefilets mit Räucherspeck auf einem Spieß gegrillt.

Zimbelkraut: eine einjährige, Ausläufer bildende, an Bachufern, Wegrändern, Brückenpfeilern und kalkhaltigen Felsen vorkommende Pflanze, *Cymbalária murális* Ph. Gärtn. (Familie *Scrophulariáceae*) mit hängenden oder niederliegenden, 30···40 cm langen Stengeln und breiten herzförmigen Blättern, die an den Blattansatzstellen Wurzeln treibt und von Juni bis Juli reichblühende Rosetten bildet. Das ganze Jahr über können die Blätter als Salatzutat verwendet werden. → Wildkräuter

Zimt: Sammelbez. für die getrocknete Sekundärrinde (bei Ceylonzimt) oder die getrocknete primäre und sekundäre Rinde (bei Cassiazimt) verschiedener immergrüner Bäume der Gattung *Cinnamómum* Schaeffer (Familie *Lauráceae*). Für die Lorbeergewächse ist das Auftreten von Ölzellen charakteristisch, die im Rindenparenchym und in den Blättern zu finden sind. Außer den Rindenerzeugnissen, wie → Zimtstangen und → Zimtpulver, werden → Zimtöl → Zimtblüten und das Öl der Blätter vom Ceylonzimt gewonnen, das stark eugenolhaltig ist und vor allem für Mundwässer verwendet wird. Das Hauptanwendungsgebiet für Z. ist der Gewürzsektor. Danach folgen Aromen- und Heilmittelindustrie. Der Z. wird in der Süß- und Backwarenindustrie, bei der Herstellung von Obsterzeugnissen, wie Kürbis- und Birnenkompott, bei der Bereitung von → Heißgetränken, Erfrischungsgetränken (z.B. Cola) sowie zum Aromatisieren von → Spirituosen und Süßspeisen eingesetzt. Folgende Zimtbaumarten und ihre Handelsprodukte werden unterschieden:

1. *Chinesischer Z., Kassiazimt, Kassiarinde, China Cassia* (Drogenbez.: *Cássia véra, Cássia lígnea*): die Rinde des auf Java, in Vietnam, Burma, Südchina für den Gewürz- und Drogenhandel kultivierten *Chinesischen Zimtbaumes,* auch *Holzkassie* oder *Zimtkassie* genannt, *C. aromáticum* Nees, Syn. *Cinnamómum cássia* Blume. Die Rinde ist kräftig rot- bis tiefbraun gefärbt und wesentlich dicker als Ceylonzimt (1···3 mm). Nach der Qualität wird zw. *Cassia lignea, Cassia véra prima, secunda* und *tertia* eingeteilt; je dünner die Rinde, um so höher die Qualität. Das Aroma von Cassiazimt ist auf den Gehalt an ätherischem Öl (1···2%) mit bis zu 90 % Zimtaldehydanteil zurückzuführen. Eugenol fehlt bei Cassiazimt im Vergleich zu Ceylonzimt. Aus den Blättern wird *Chinesisches Öl* oder *Kassiaöl* gewonnen. Die als *Cassia-Zimtblüten* oder *Kassiaknospen* bezeichneten → Zimtblüten werden in getrockneter Form als Basisgewürz verwendet. Die *Cassiarinde* gilt neben *Ceylonrinde* als die wirtschaftlich wichtigste Zimtart, wird aber nur in Pulverform gehandelt.

2. *Padang-* oder *Bataviazimt* (in Drogenform als *Cassia* véra oder *Padang Cassia* lígnea bezeichnet), eine Zimtart mit etwas einseitigem, leicht brennendem Geschmackseindruck und kräftigem Aroma. Sie wird von der *Padang-* oder *Batavia-Kassie, Fagott-Kassie, Cinnamómum burmánii* (Nees Bl.) gewonnen und insbes. auf den Philippinen und Java kultiviert.

3. *Lavang-* oder *Culiwanzimt:* aus der Rinde des in Indien und in Malaysia kultivierten Zimtbaumes, *Cinnamómum culiwan* Blume, gewonnener Zimt von geringer wirtschaftlicher Bedeutung. Er wird hauptsächlich wegen des *Lawangöles* (mit 70% Eugenolgehalt) angebaut, das aus den Blättern der Pflanze extrahiert wird.

4. *Saigonzimt:* die als Gewürz verwendete Rinde des auf dem südostasiatischem Festland und in Vietnam kultivierten Zimtbaumes, *Cinnamómum lourēirii* Nees. Der Saigonzimt ist vor allem in China und Japan sehr begehrt und wird auch in die USA exportiert. Der Gehalt an ätherischem Öl beträgt 2···6%.

5. *Cinnamómum deschampsii* Gamble: ein auf Malaysia angebauter Zimtbaum, dessen Rinde lokal als sehr aromatisches Rindengewürz genutzt wird.

6. *Annamzimt:* die Rinde des in Vietnam kultivierten Zimtbaumes *Cinnamómum obtusifólium* Nees.

7. *Malabarzimt:* die Rinde der *Indischen Holzkassie, Cinnamómum támala* (Buch.-Ham.) Nees, die in Indien (Assam) und Burma kultiviert wird. Bei ihr handelt es sich auf Grund des geringen Gehaltes an ätherischem Öl um eine geringe Zimtqualität, die oft auch als Zimtsurrogat (→ verfälschen) benutzt wird. Die Blätter dienen Einheimischen ebenfalls als Gewürz und als Ersatz für Betelblätter (→ Betelpflanze).

8. *Ceylonzimt, Ceyloncanehl, Echter Zimt:* Z. von bester Gewürzqualität, der vom *Ceylonzimtbaum Cinnamómum vérum* J. S. Presl, Syn. *Cinnamómum zeylánicum* Blume im Hauptanbaugebiet Sri Lanka gewonnen wird. Andere Herkünfte der Rinde von *Cinnamómum verum,* z.B. von den Seychellen *(Seychellenzimt)* oder von Madagaskar *(Madagaskarzimt)*, Brasilien, Indien, Jamaika usw., weisen geringere Qualitäten auf. Die Rinde wird durch Schälen der 2- bis 3jährigen Wurzelschößlinge der strauchartig gehaltenen Bäume gewonnen, mehrere Tage zum Erweichen liegen gelassen, dann wird die äußere Korkschicht abgeschabt. Beim abwechselnden Trocknen in der Sonne und im Schatten rollt sich die Rinde von beiden Seiten ein. Diese *Zimtröhren (Quills)* haben eine Länge von 0,5···1,0 m und einen Durchm. von etwa 1 cm. Der Ceylonzimt wird in Ballen (*Fardale*) zu etwa 45 kg versandt. Die Handelsware besteht aus hellbraunen, glatten, ineinander geschobenen Stücken bis zu 12 cm Länge und wird je nach dem Stärkegrad (*Ekelle*) in zahlreichen Güteklassen angeboten. Der Ceylonzimt ist die feinste Zimtsorte. Geruch und Geschmack sind charakteristisch und auf den Gehalt an ätherischem Öl (bis 1%) mit 55···65% *Zimtaldehyd,* 5···10% *trans-Zimtsäure* und 4···11% *Eugenol* zurückzuführen.

Aus den Zimtabfällen (*Chips*) wird das ätherische Öl gewonnen (→ Zimtöl). → *Aniba canellila*

Zimtaldehyd, Cinnamal, β-Phenylacrolein, 3-Phenylpropenal: ungesättigter Aldehyd der Formel C_6H_5-CH=CH-CHO.
Z. ist Hauptbestandteil von Zimtöl sowie Kassiaöl und kommt darüber hinaus noch in einer Reihe anderer ätherischer Öle vor. Die farblose, stark nach Zimt riechende Flüssigkeit, F. −7,5°C, Kp. 252°C (Zers.), ist in Ethanol und Ether gut, in Wasser nur wenig löslich. An der Luft erfolgt leicht Oxydation zu Zimtsäure. Die synthetische Darstellung von Z. erfolgt durch Kondensation von Benzaldehyd mit Acetaldehyd. Z. wird zur Herstellung von Gewürzen und Aromen verwendet und auch in der Parfümindustrie vielseitig eingesetzt.

Zimtalkohol → Benzaldehyd

Zimtapfel → Cherimoya

Zimtblüte: die nach dem Abblühen gesammelten und vorsichtig getrockneten, dunkelbraunen, 5 bis 10 mm großen Blüten der Zimtkassie *Cinnamómum aromáticum* Nees und *Cinnamómum louréirii* (Familie *Lauráceae*). Die Z. haben einen angenehmen Geruch und Geschmack nach → Zimt.

Zimtbruch, Featherings: Röhrenenden des Zimtes, die bei der Verpackung in Ballen aus diesen herausragen und daher abgeschnitten werden. → Zimt

Zimtchips: die beim Schälen und Schneiden von Zimtrinden anfallenden Abschabsel, die zu Zimtpulver und Zimtöl verarbeitet werden. → Zimt

Zimterdbeere → Erdbeerblätter

Zimtersatz: ein mit Zimtöl, → Zimtaldehyd und/oder Eugenol versetzter Füllstoff. Zur besseren Bildung der Aromastoffe werden eine alkoholische Benzoeharzlösung und zur Verfeinerung des Aromas geringe Mengen an Zimtöl und Zucker zugegeben. → Gewürzersatz

Zimtflips → Maisflips

Zimtkassie → Zimt 1.

Zimtöl, *Kassiaöl*: das aus der Rinde und den Blättern des Zimtbaumes durch Wasserdampfdestillation gewonnene ätherische Öl. Die hellgelbe bis hellbräunliche Flüssigkeit enthält bis 10% Eugenol und bis 80% *Zimtaldehyd.* Das Z. wird in zwei Sorten gehandelt: *Chinesisches Z.* oder *Kassiaöl* und *Ceylon-Z.* oder *Echtes Z.* Dieses enthält einen höheren Anteil an Zimtaldehyd. Z. wird bei der Herstellung von Feinbackwaren und Zuckerbackwaren, in der Likörfabrikation und in der Kosmetik verwendet. → Zimt

Zimtpulver: die zu Pulver zerkleinerte Rinde verschiedener Zimtarten oder kleiner Rindenteile bzw. Bruchstücke (Quillings). → Zimt

Zimtrinde, Chinesische → Zimt 1.

Zimtröhren → Zimt

Zimtsäuren, β-Phenylacrylsäure: cis-trans-isomere aromatische Monocarbonsäuren mit ungesättigter Seitenkette.

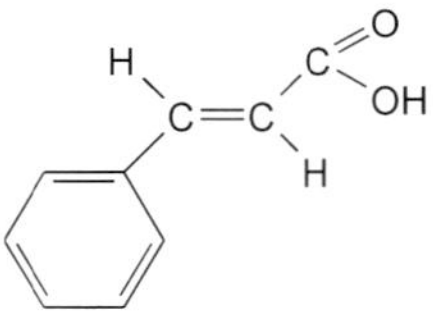

trans-Z. = (E)-Z.

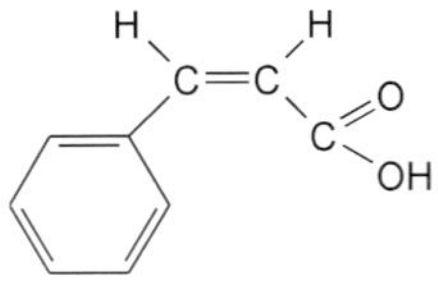

cis-allo-Z. = (Z)-Z.

Die cis-Z. wurde aus Cocablättern isoliert; die trans-Z. kommt frei und verestert im Pflanzenreich verbreitet vor, bes. reichlich in verschiedenen Harzen und Balsamen und im Ceylon-Zimtöl. Die Salze und Ester der Z. heißen Zinnamate, man verwendet sie in der Parfümerie. Z. entsteht bei der Oxydation von *Zimtaldehyd* an der Luft. Die trans-Z. kristallisiert in Blättchen aus Ethanol, F. 135°C, Kp. 300°C, *d* 1,2475. Die cis-Z. existiert in 3 polymorphen Formen: der Allozimtsäure, Tafeln oder Blättchen (aus Ligroin), F. 68°C, der Isozimtsäure, in Blättchen (aus Ligroin), F. 58°C und der Isozimtsäure, in Blättchen (aus H_2O), F. 42°C.

Zimtsülze → Gallert

Zimtstangen → Stangenzimt

Zimtsurrogat → Zimt 7.

Zimt, Weißer, *Weißer Kaneel:* die hellgraue bis gelbliche öldrüsenhaltige Rinde (Cineo, Eugenol) des immergrünen Baumes *Canélla winterána* (L.) Gaertn. (Familie *Canelláceae*), der auf den Westindischen Inseln vorkommt.

Zimtzucker: eine Mischung aus Zucker mit gemahlenem Zimt, die zum Aromatisieren von Milchspeisen dient.

Zinen → Terpen-Kohlenwasserstoffe

1,4-Zineol → 1,4-Cineol

Zingel, *Áspro zíngel* (Bild):

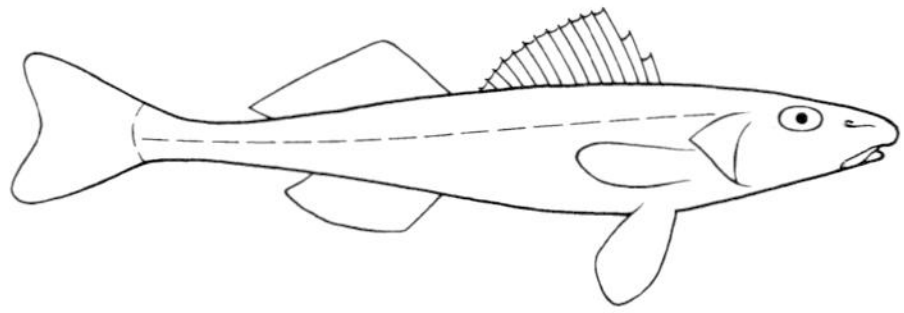

Zingel

Barschartiger *Süßwasserfisch* mit spindelförmigem Körper von fast kreisförmigem Querschnitt, spitzem Kopf und unterständigem Maul. Der gelbbraune Körper trägt 6 bis 7 verwaschene, dunkle Binden. Die Länge beträgt durchschnittl. 15···20 cm. Vom Z. unterscheidet sich der nur 12···18 cm lange *Streber (Áspro ásper)* durch einen dünneren, langen Schwanzstiel und nur 3 bis 4 sehr dunkle, unregelmäßige Binden am Körper. Beide Arten kommen in der Donau, Z. auch im Dnjestr, vor und haben keine wirtschaftliche Bedeutung. → Fisch

Zingeron → Ketone → Terpen-Alkohole

Zingiberen → Terpen-Kohlenwasserstoffe → Sesquiterpene

Zingíber mióga: Japanischer Ingwer. → Ingwer

Zingíber officinále → Ingwer

Zingíber zerúmbet → Zerumbet-Zitwer

Zink → chemisches Element aus der II. Nebengruppe des Periodensystems mit der Ordnungszahl 30, Symbol ist Zn. Z. ist ein essentieller → *Mineralstoff.* Es erfüllt spezifische Funktionen im Stoffwechsel als Bestandteil von Enzymen des Eiweiß-, Fett- und Kohlenhydratstoffwechsels (Carbanhydrase, Glutamatdehydrogenase, Lactatdehydrogenase), als Baustein des Hormons Insulin und im Immunsystem. Mangelerscheinungen sind z. B. Wachstumsverzögerungen, Gewichtsverlust, Appetitlosigkeit, Störungen im Geruchs- und Geschmacksempfinden, Sehstörungen, Haarausfall, Konzentrationsschwäche, verzögerte Wundheilung, Infektanfälligkeit. Der tägliche Bedarf an Z. eines Erwachsenen beträgt 15 mg. Z. wird aus Lebensmitteln tierischer Herkunft besser als aus solchen pflanzlicher Herkunft ausgewertet.
Gute Zinkquellen sind Fleisch, versch. Fischarten, Innereien, Milchprodukte und bes. Schalentiere, wobei magere Fleisch- und Milchprodukte mehr Z. enthalten als fettreiche. Bei pflanzlichen Quellen stehen Keimlinge und Hefe an erster Stelle.
Die komplexbildenden Aminosäuren Histidin und Cystein können die Resorption verbessern, während → *Phytat* in hoher Konzentration mit Z. schlecht resorbierbare Komplexe bildet. Auch ein zu hoher Calciumgehalt kann die Zinkresorption vermindern. Die Zinkverwertung kann auch negativ beeinfußt werden durch Streßsituationen, chirurgische Eingriffe, parasitäre Erkankungen und Infektionen. In größeren Mengen aufgenommen, wirkt Z. toxisch. Die Toxizitätsschwelle liegt aber sehr hoch. Zinkvergiftungen können nach Aufnahme säurehaltiger Lebensmittel oder Wasser aus galvanisierten Behältern auftreten. Die akute Vergiftung führt zu Magen-Darm-Störungen, die chronische zu einer hypochromen Anämie. In Form seines Acetates, Chlorides, Citrates, Gluconates, Oxides oder Sulfates wird Z. bilanzierten Diäten beigegeben.

Zinn → Mineralstoffe

Zinngras → Ackerschachtelhalm

Zinnkraut → Ackerschachtelhalm

Ziparte → Spilling

Zipolle → Zwiebel

Zippel → Zwiebel

Zira → Schwarzkümmel 4.

Zirbelkieferöl: das Öl der Samen (Zirbelnüsse) der Zirbelkiefer *Pínus cémbra* L. (Familie *Pináceae*). Die Zirbelnüsse enthalten etwa 35 % Öl, das reich an ungesättigten Fettsäuren ist (32···36 % Ölsäure, 30···35 % Linolsäure, 17···28 % Linolensäure). Geruch und Geschmack des Öles erinnern an Koniferen. Einer umfassenden Nutzung der Zirbelnüsse zur Ölgewinnung stehen bisher noch Probleme bei der Erntetechnik entgegen.

Zirbelnuß: ölhaltiger, mandelähnlich schmeckender Samen der bis zu 25 m hohen, in europäischen und sibirischen Gebirgen vorkommenden Bäume *Pínus cémbra* L., *Pínus sibírica* Du Tour und *Pínus pínea* L. (Fam. *Pináceae*) → *Pinienkern*

'Zitavia': Johannisbeere → Beerenobst

L-Zitramalsäure → Citramalsäure

Zitrinin → Mykotoxine

Zitroglyzeride → Citroglyceride

Zitronat: *Sukkade, Zedrat, Cedrat:* die kandierte Schale unreifer, grüner Früchte der → Zedratzitrone. Das Z. muß einen Gesamtzuckergehalt von mind. 65 % aufweisen. Es dient zur Aromatisierung verschiedener Weihnachtsgebäcke, z. B. Stollen, für Englischen Kuchen sowie für verschiedene Dauerbackwaren. Das Z. hält das Gebäck gleichzeitig frisch (saftig). Bei der Herstellung von Z. wird die Zedratzitrone längs halbiert, das wäßrige Kernhaus entfernt und die Schalen bis zum Kandieren in Salz- oder Meerwasser gelegt. Nach dem Antrocknen wird die kandierte Schale mit Zuckerguß glasiert. Gewöhnliche, *nicht glasierte* Ware wird meistens in 6···9 mm große Würfel zerkleinert. → Dickzuckerfrucht

Zitronat-Ersatz: Dickzuckerfrucht

Zitrone: länglich-ellipsoide, 7···12,5 cm lange Frucht des kleinen, 3···6 m hohen Baumes *Cítrus límon* (L.) Burm. f. (Familie *Rutáceae*). Die hell- bis goldgelbe, unterschiedlich dicke, unebene Schale umschließt das in 8 bis 10 Segmente gefächerte, hellgelbe Fruchtfleisch, das aus eng gepackten Saftsäcken besteht. Der Saft ist sauer und riecht aromatisch. Führende Anbau- und Exportländer sind die Staaten des Mittelmeergebietes (Sizilien) und die USA (Kalifornien), daneben produzieren Südamerika, Afrika und Australien Zitronen. Die Weltproduktion an Zitronen einschl. der weniger bedeutenden *Limetten* u. a. betrug 1992 7,2 Mio t, davon lieferte Europa als Hauptproduzent 1,5 Mio t. In den Tropen werden wenig echte Z. angebaut, meist sind es Hybriden. Hauptsorten sind 'Femminello' (Italien), die dornenlose 'Eureka', 'Lisbon', die kernlose 'Villafranca' (Kalifornien u. a. Anbaugebiete der Welt). Daneben werden im Handel auch Begriffe gebraucht, die keine Sortennamen sind, oft aber mit diesen verwechselt werden; so bezeichnet man z. B. in Italien die Früchte der ersten Ernte (September bis November) als "Primofiori", die der zweiten Ernte (Dezember bis Mai) als "Limoni" und die der 3. Ernte (Juni bis September) als "Verdelli". Die 3. Ernte wird durch eine mit Hilfe spezieller Kulturmethoden erzwungene zweite Blüte ermöglicht. Andere Bez. beziehen sich auf Herkünfte. Hybriden sind u. a. die 'Perrine' (*Zitrone x Limette*) und 'Meyer' (Eltern unbekannt) in den wärmeren Gebieten von Florida.
Die Z. sind erntereif, sobald sie eine glänzende Schale zeigen. Dabei ist es unwesentlich, ob sie noch grün oder schon voll ausgefärbt sind. So werden 'Primofiori' und 'Verdelli' immer grün geerntet. Die Ausfärbung erfolgt auf dem Lager. Die Z. kommen vorwiegend als Frischfrucht auf den Markt, in steigendem Maße werden sie jedoch auch zu konserviertem Saft oder gefrorenem Konzentrat verarbeitet. Die Verwendung der Z. ist sehr vielfältig. Sie dient als geschmacksbildender Anteil von Getränken, Gelees, Marmeladen, Süßwaren usw., zur Gewinnung von → *Citronensäure, Pektin* und *Zitronenöl* sowie für kosmetische Zwecke (Haarwäsche, Krems usw.). Zusammensetzung und Energiewert der Z. s. Tab.

Zusammensetzung und Energiewert der Zitrone

Bestandteil	Zitrone		Zitronensaft	
	Durchschnittl. Gehalt in 100 g eßbaren Anteils			
Feuchtigkeit	90,2	g	91,3	g
Eiweiß	0,7	g	0,33	g
Fett	0,6	g	0,10	g
Kohlenhydrate	7,1	g	7,90	g
Ballaststoffe	1,0	g	–	
Mineralstoffe	0,5	g	0,38	g
Natrium	2,7	mg	1,5	mg
Kalium	149,0	mg	142,0	mg
Calcium	11,0	mg	14,0	mg
Eisen	0,45	mg	0,10	mg
Phosphor	16,0	mg	14,0	mg
Caroten	0,015	mg	0,01	mg
Vitamin B_1	0,051	mg	0,05	mg
Vitamin B_2	0,020	mg	–	
Niacin	0,17	mg	0,10	mg
Vitamin B_6	0,06	mg	–	
Vitamin C	53,0	mg	53,0	mg
Citronensäure	4,92	g	6,4	g
Energiewert in kJ (kcal) je 100 g eßbaren Anteils	117 (28)		100 (24)	

Die Z. ist eine alte Kulturpflanze, die wahrscheinlich in der Zeit um 1000 bis 1200 von den Arabern in den Mittelmeerraum eingeführt wurde. In die USA kam die Z. um 1800 durch Jesuitenmissionare. Der Anbau erfolgte dort zunächst in Florida, um 1880 verlagerte sich das Schwergewicht aber nach Kalifornien. → *Zitrusfrucht*

Zitrone, Chinesische → Spaltkörbchen

Zitronelle → Melisse

Zitronellgras, Altes → Cymbopógongras

Zitronellöl: das aus dem frischen oder schwach getrockneten Gras von *Cymbopógon nárdus* (L.) Rendle *var. nárdus* und *var. cónfertiflórus* (Steuc.) Stapf sowie *C. winteriánus* Jowitt (Familie *Poáceae)* durch Wasserdampfdestillation gewonnene ätherische Öl. Die aromatische, farblose Flüssigkeit enthält Zitronellol (35···50 %), Geraniol (15···24 %), Limonen (bis 3,5 %), Linanool u. a.. Das Z. wird zum Aromatisieren von Lebensmitteln verwendet. Größere Bedeutung hat es für die Parfümerie. → Cymbopógongras

α-Zitronellol → D-Citronellol

Zitronellsäure → Citronellsäure

Zitronenblatt, Indisches, *Daoen Dyeroek Poeroet:* die getrockneten, aromatischen Blätter verschiedener in Indien, in China, in Indonesien heimischen und im Mittelmeergebiet angebauten Zitrusarten, bes. vom *Langdornigen Orangenbaum Cítrus hýstrix* DC. (Familie *Rutáceae*), die zum Würzen von Fleisch und als Zusatz zu → *Boemboe* und → *Sambal* verwendet werden.

Zitronenessig: aus Zitronensaft gewonnener Essig. → Zitrone

Zitronengras → Serehgras

Zitronengras, Indisches → Cymbopógongras

Zitronenkraut → Melisse

Zitronenmelisse → Melisse

Zitronennuß → Butternuß

Zitronenöl, *Limonöl:* das aus den frischen Schalen der → Zitrone durch Pressen, Destillation oder Extraktion gewonnene ätherische Öl. Das gelbe, dünnflüssige Z. enthält u. a. Limonen (etwa 90 %), 3,5···7,5 % Citral, Citronellal, Linalool, Camphen, Phellandren. *Terpenfreies Z.,* aus dem abgepreßten Öl durch Destillation hergestellt, zeichnet sich durch einen feineren Geruch aus und verharzt nicht. Das Z. dient zum Aromatisieren von Likören (Zitronenlikör), Erfrischungsgetränken, Süßspeisen, Feinbackwaren und kosmetischen Präparaten.

Zitronenpelargonie → Apfelpelargonie

Zitronenpilz → *Boletáceae*

Zitronenquendel → Thymian 2.

Zitronensäure → Citronensäure

Zitronen-Tee-Getränk: ein Erzeugnis, das vorwiegend in Granulatform als Halbfertigerzeugnis in den Handel kommt und durch Zusatz von Trinkwasser (kalt oder heiß) oder Mineralwasser ein genußfertiges Getränk ergibt. In der Regel sind für je 1 l Aufguß mind. 10 g schwarzer Tee vorgesehen, die als → Tee-Extraktpulver dem meist noch mit Traubenzucker versetztem Zitronen-Tee-Trunkpulver oder -granulat zugefügt sind. Da sich in Tee-Extrakten aus Teeflavinen, Teerubigenen und Coffein beim Abkühlen schwerlösliche Niederschläge bilden, sind je 1 kg kaltwasserlöslichem Tee-Extrakt meistens bis zu 100 g Kalium- oder Natriumhydroxid beigemischt.

Zitronenverbena: die in Südamerika, Südafrika, der ehem. Sowjetunion, Indien und im Mittelmeergebiet kultivierte Duft- und Zierpflanze *Líppia triphýlla* (L. Hér.) Kuntze, (Familie *Verbenáceae*), auch Zitronenstrauch genannt, die als → Küchenkraut und zur Herstellung → teeähnlicher Erzeugnisse verwendet wird.

Zitronenwermut → Wermut 4. u. → Wermut 10

Zitronenzucker: handelsübl. Mischung zum Aromatisieren von Milchspeisen und Backwaren sowie Fruchtgetränken. Z. besteht aus Zucker und fein kristallisierter Citronensäure (Verhältnis 20:1).

Zitrovorum-Faktor *(Citrovorum-Faktor)* → Folsäure

Zitrulle → Wassermelone

L-Zitrullin → Aminosäuren

Zitrusfrucht: Sammelbez. für die Früchte der Gattung *Cítrus* L. (Familie *Rutáceae*), zu denen eine Reihe von wertvollen, meist subtropischen Obstfrüchten gehört, die sowohl in den Anbauländern selbst verbraucht als auch in großem Maße exportiert werden. Ein erheblicher Teil der Weltproduktion fließt in die umfangreiche, für die Verwertung der Z. aufgebaute Verarbeitungsindustrie. Die Z. sind Beeren, deren Fruchtfleisch aus saftigen Fortsätzen besteht, die von der Innenseite der Fruchtwand in die Samenfächer hineinwachsen. Auf diese Weise entstehen beim Zerteilen der Früchte Segmente, deren feste Membran viele spindelförmige Saftsäcke (Vesikel) und Samen umschließt. Die Schale besteht aus einer äußeren gefärbten, mit Ölbehältern besetzten Schicht (Flavedo) und einer ungefärbten inneren Schicht (Albedo).
Wichtige *Citrus*-Arten sind : *Cítrus sinénsis* (L.) Osbeck (→ *Orange, Apfelsine*), *C. reticuláta* Blanco (→ *Mandarine, Tangerine), C. límon* (L.) Burm. f. (→ *Zitrone), C. x paradísi* Macf. (→ *Grapefruit*), *C. grándis* Osbeck (→ *Pampelmuse*), *C. médica* L. (→ *Zedratzitrone*), *C. aurantiifólia* (Christm.), Swing. (→ *Limette), C. auràntium* L. (→ *Pomeranze, Bitterorange), C. mítis* Blanco (→ *Calamondine*). Dazu kommen einige Hybriden (Kreuzungen) innerhalb der Gattung *Cítrus* und *Fortunélla* (→ *Kumquat*) bzw. *Poncírus trifoliáta* (z.B. *Bergamotte, Tangelo*). Die *Cítrus*-Arten stammen aus Südostasien und sind, bei Berücksichtigung spezifischer Ansprüche, in allen tropischen und subtropischen Gebieten der Welt zwischen dem 35. nördlichen und dem 35. südlichen Breitengrad (im Mittelmeerraum bis 44° nördlicher Breite) kultivierbar. Die Hauptproduktionsbereiche liegen in den Subtropen, in den Tropen ist die *Cítrus*-Kultur in der Hauptsache auf den lokalen Bedarf und die Hausgartenkultur ausgerichtet. Die kühleren Regionen der Subtropen eignen sich für den Anbau von Orangen, Grapefruits, Zitronen, Zedratzitronen, Limetten sowie Mandarinen und Tangerinen. In den wärmeren Regionen werden Mandarinen, Pampelmusen, Limetten sowie zahlreiche Hybriden angebaut.
Die Ernte erfolgt total (Orangen, Grapefruit) oder in Etappen (Zitronen, Limetten). Die Früchte müssen reif sein, da die stärkearmen Zitrusfrüchte nach der Ernte nicht nachreifen wie z.B. Bananen. Reife und volle Schalenausfärbung werden nicht immer gleichzeitig erreicht, daher ist Grünschaligkeit nicht gleichbedeutend mit allgemeiner Unreife. Für die volle Ausfärbung von Orangen und Zitronen sind einige kühle Nächte erforderlich, zu warmes Wetter bewirkt Grünfleckigkeit. Die Qualität der Z. hängt stark vom Erntetermin und von der Jahreszeit ab. Zu früh gepflückte Früchte enthalten weniger Saft und sind bitter. Mit fortschreiten-

der Jahreszeit nimmt der Zuckergehalt zu und der Säuregehalt ab. In der späten Jahreszeit sind die Früchte süßlich fade im Geschmack, ohne Aroma und wenig saftig. Die Zitrus produzierenden Länder haben Standards zur Beurteilung des Reifegrades entwickelt, die ständig präzisiert werden. Die Ernte wird von Hand durchgeführt, die empfindlichen Früchte müssen vor Beschädigungen bewahrt werden. Mandarinen und Tangelos sowie einige Sorten von Orangen und Grapefruits müssen abgeschnitten werden.
Die Nacherntebehandlung besteht im wesentlichen aus folgenden Arbeitsgängen: a) 24···72 h Behandlung bei 30°C in einem Ausfärberaum, wobei auch Ethen als Reifestimulator eingesetzt werden kann; b) Waschen, Färben sowie z. T. Tauchen in Fungizidbrühe (2 % Natriumorthophenylphenolat + 1 % Hexamin) und Trocknen; c) Wachsen und Polieren (Verwendung von paraffinlosen Wachsen); d) Sortieren e) Stempeln, Verpacken (z. T. in diphenylbehandeltes Material); f) Vorkühlen. Das Wachsen verschließt die Poren nur zum Teil. Ohne diese Behandlung verlieren z. B. Orangen das Dreifache des Vitamin-C-Gehaltes und das Doppelte des Wassergehaltes gegenüber gewachsten Früchten. Nach der Ernte sind Z. vor allem durch *Penicíllium*-Weichfäulen und *Alternária*-Fäulen sowie die Graufäule *Botrýtis cineréa* bedroht. In den USA und Japan ist die Zitrus-Rostmilbe ein verbreiteter Schädling, der bei der Güteklassifizierung der Früchte (Schalenberostung) berücksichtigt werden muß.
Die Z. werden in großem Maßstab zu → Fruchtsäften → Fruchtsaftkonzentraten → Dickzuckerfrüchten → Erfrischungsgetränken u. a. verarbeitet. Die Industrieabfälle (Fruchtfleisch, Schalen, Samen) werden zur Herstellung von Viehfutter, Pectin, Melasse, Industriealkohol, Schalenöl, Samenöl u. a. genutzt. Ferner werden Hesperidin u. a. Flavonoide extrahiert. → Überzugsmittel

Zitrusfrucht, entgrünte, *Zitrusfrucht, künstlich nachgereifte:* eine im Anbauland im grünen, unreifen Zustand geerntete und mit Reifungsgas zum Entgrünen nachbehandelte Z., die ihre Farbe von Grün nach Gelborange wechselt und damit verkaufsfähig wird. Hierbei handelt es sich um eine nicht deklarationspflichtige Nachahmung des natürlichen Reifevorganges, da das verwendete Gas (Ethen) auch von reifen Früchten selbst gebildet wird. Die Ernte im grünen Zustand (z. B. zu beobachten an Mandarinen aus Spanien, Tomaten, Bananen, Melonen) soll dazu dienen, möglichst früh auf dem Markt zu sein. Da solche unreif geernteten Z. nicht den vollen Zuckergehalt erreichen und auch ein volles Aroma vermissen lassen – entgrünte Mandarinen kann der Verbraucher zum Teil an dunkel gefärbten Kelchen erkennen – sollte vom Verbraucher nicht unbedingt auf die ersten Zitrusangebote im Frühherbst zurückgegriffen werden.

Zitrusfrucht, künstlich nachgereifte → Zitrusfrucht, entgrünte

Zitrusöl: Sammelbezeichnung für → ätherische Öle, die aus der Schale von Zitrusfrüchten durch Destillation, Auswaschen, Extraktion oder Chromatographie gewonnen werden und aus Gemischen von Kohlenwasserstoffen (vorwiegend Terpenen und Sesquiterpenen), sauerstoffhaltigen Bestandteilen (Alkoholen, Estern, Aldehyden) und zu einem kleinen Anteil aus nichtflüchtigen Rückständen (Paraffinen, Wachsen) bestehen. Die sauerstoffhaltigen Bestandteile sind die maßgebenden Geruchskomponenten der Z. Hochwertige Z. haben hohe Löslichkeit in Alkohol und zeigen keine Verharzung. Die Z. werden vielseitig eingesetzt: Zur Aromatisierung von klaren und trüben Erfrischungsgetränken, Milchmixzubereitungen, von Getränkepulvern aller Art, von Waffel- und Gebäckfüllungen, von Süßspeisen aller Art, von Tee, Süßwaren und Likören.

Zitrusschalen: wichtigster Rohstoff für die Gewinnung von → Pektin, speziell in den USA. Die zerkleinerten Schalen werden auf etwa 95···98°C zur Inaktivierung der Pectinesterase erhitzt und getrocknet. Die Z. können 20···40 % Pectin in der Trockensubstanz enthalten. Getrocknete oder kandierte Z. werden auch als aromawirksamer Stoff vielseitig eingesetzt, sowohl bei Getränken als auch bei kaubaren Lebensmitteln.

Zitterlinge → *Tremelláceae*

Zitterzahn, Gallertartiger → *Tremelláceae*

Zitwer: die in Südostasien heimische Pflanze *Cúrcuma zedoária* (Berg.) Roxb. (Familie *Zingiberáceae*), deren getrocknete Rhizomknollen (*Zitwerwurzeln*) auf Grund des Gehaltes an ätherischem Öl (insbes. Cineol) in der Likör- und Essenzenindustrie sowie für scharfe Gewürzmischungen, z.B. Currypulver, verwendet werden. Die aus den Rhizomen gewonnene Stärke (*Shoti-Stärke*) dient wie das Herz der Scheinstämme der Ernährung. → Kurkumastärke

Zitwer, Gelber, *Blockzitwer, Cassumunar-Zitwer, Banada:* das in tropischen Regionen Asiens kultivierte Ingwergewächs, *Zingíber cassúmunar* Roxb., Syn. *Amómum montánum* Koenig (Familie *Zingiberáceae*), das vorwiegend für pharmazeutische Zwecke, für die Pfeilgiftgewinnung aber auch als *Ingwer-Ersatz* bei Lebensmitteln genutzt wird.

Zitwerwurzeln → Zitwer

Zizánia aquática → Ständerpilze → Wildreis

Zizánia caduciflóra → Wasserreis, Mandschurischer

Zizánia latifólia → Wasserreis, Mandschurischer

Zíziphus angolíto → Jujube

Zíziphus joazéito → Jujube

Zíziphus jujúba → Jujube

Zlato-Käse: in der ehem. Tschechoslowakei hergestellter feiner *Weichkäse* in Zylinderform mit 50% F.i.Tr., der dem Butterkäse ähnlich ist. → Käsesorten

Zoárces vivipárus → Aalmutter

Zoomarinsäure → Palmitoleinsäure

Zoosterol → Sterole

Zope, *Abrámus ballérus* (Bild):

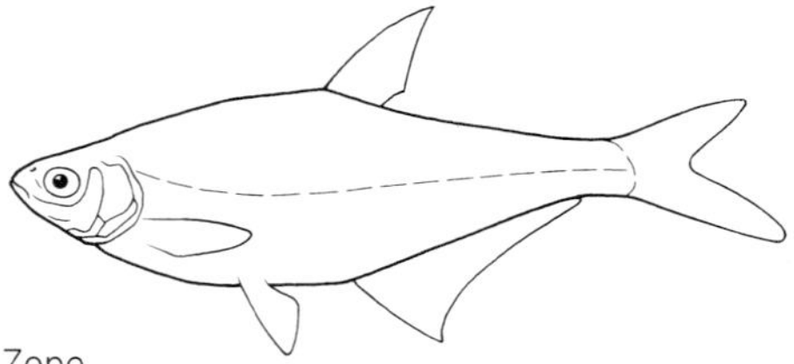

Zope

Süßwasserfisch mit seitlich stark zusammengedrücktem Körper, kleinem Kopf, der sich von dem ansteigenden Rücken deutlich absetzt, einer hohen Rücken- und einer langen Afterflosse. Der dunkelbraune Rücken hat grünlichen bis bläulichen Glanz, die Unterseite ist weiß, vorn etwas rötlich, die Flossen haben einen dunklen Saum. Die Z. wird 20···35 cm lang. Sie kommt in den Unterläufen der Flüsse und Seen in der Nord- und Ostsee, dem Schwarzen und Kaspischem Meer vor und hat nur in der ehem. Sowjetunion geringe Bedeutung.

Zopfbackware → Flechtbackware

Zopfbrot: ein Brot in der Formgebung eines Zopfes mit 500 g oder 1000 g Masse aus Weizenmehl W 405 oder W 550.

Zopfbrötchen → Flechtbackware → Brötchen

Zopfgebäck → Flechtbackware

Zöpfling → Ackerschachtelhalm

Zopfsemmel → Flechtbackware → Semmel → Ausbundbackware

Zostéra marína → Seegras

Zuaidées: ein dem → Gin ähnliches Getränk aus Zuckerrohr, das in Zaire verbreitet ist.

Zubrowka: aromatisierter poln. Wodka (unter Verwendung von → Mariengras) mit einem Ethanolgehalt von 40%-Vol. oder 50%-Vol..

Zucca → Zucchini

Zucchetti → Gurkenkürbis → Zucchini

Zucchini, *Courgette* (franz.), *Cocozelle* (italien.), *Kabacki* (russ.), *Kabacok* (russ.), *Squash* (amerikan.), *Zucchetti* (venezian.), *Gemüsecourgette, Giromon, gurkenähnlicher* Zwergkürbis: Bez. für einen kleinfrüchtigen → *Gurkenkürbis, Cucúrbita pépo convar. giromontiína* Greb. (Familie *Cucurbitáceae*). Das Wort Z. ist die Verkleinerungsform des italien. *„Zucca“* (Kürbis) und bedeutet *„kleine Kürbisse“* oder *„Kleinkürbisse“*. Die Einzahl von Z., „Zucchino“ wird im Deutschen nicht verwendet. Dies hat dazu geführt, daß die auch im deutschsprachigen Schrifttum allg. eingeführte Bez. „Z.“ häufig als Einzahl gebraucht wird. Der Handel verlangt die Z. im grünfarbigen Jugendstadium, ohne angegelbte Früchte mit 10···15 cm höchst. 20 cm Länge. Vielfach wird die Bez. *Zuchetti* oder *Zucchetti* für Früchte über 20 cm Länge benutzt; eine Regel gibt es nicht. Eine bekannte Zucchinisorte ist *'Moreno'*. Der Vitamin-C-Gehalt von Z. liegt zw. 22···34 mg je 100 g, der Kohlenhydratgehalt beträgt etwa 2 %. → Kürbis

Zucchino → Zucchini

Zuchtlachs, *Mastlachs*: ein künstlich befruchteter, in Süßwasserbecken herangezogener Lachs, der ab einer bestimmten Größe als Satzfisch in Meerwasser versenkten Käfigen großgezogen und nach 2 Jahren geschlachtet wird, während Wildlachs erst nach 4 Jahren das gleiche Gewicht erreicht. Da → Wildlachs weltweit nur noch in geringen Mengen zur Verfügung steht, hat sich seit den 70er Jahren die Zuchtlachsgewinnung auf das Fünffache gesteigert. Die Hauptproduktionsländer in Europa sind Schottland, Irland, Island und Norwegen. Allein in Norwegen produzierten 1991 700 Züchter etwa 160000 t. Insgesamt werden in Deutschland pro Jahr 250000 t atlantischer Lachs umgeschlagen, nur ein 50tel davon beträgt die Menge an Wildlachs. Der höhere Preis verleitet immer wieder zu Fälschungen, in dem Z. als Wildlachs deklariert oder Lachsforellen aus Mastbetrieben, die im Geschmack ähnlich sind, für Wildlachs ausgegeben werden, daher ist Lachsverkauf Vertrauenssache. Auf Grund der Intensivhaltung von Z., wo die Tiere ihren Wandertrieb nicht ausleben können, kommt es zu Dauerstreß, dessen Auswirkungen aber durch Medikamente und Antibiotika beherrschbar sind. Da bei der Aufzucht an den Z. Fischmehl (in Form verarbeiteten Krills) oder kleine Fische (Lodde) verfüttert werden (für 1 kg Lachsfleisch sind 4 kg Eiweißfutter erforderlich) wird der Z. vielfach nachgefärbt, während der Wildlachs seine rötliche Farbe durch Aufnahme von Krebsen und Krabben erhält, deren Schalen den Farbstoff Astaxanthin enthalten. Insgesamt wurden 1990 in Deutschland etwa 26000 t Z. gekauft, hauptsächlich in gefrierkonservierter, folienverpackter Form, als sog. *Folienlachs* mit etwa 20 Marktsorten. Häufigste Fehler sind leimige oder unelastische Beschaffenheit, Farbabweichungen ins Blaßviolette oder Auftreten schwachgelber Farbtöne, sowie Geschmacksabweichungen, die bitter, muffig oder säuerlich beschrieben werden. Die Mindesthaltbarkeit für Frischlachs beträgt bei 7 °C 14 Tage. → Wildlachs → Lachs

Zucker: 1. Sammelbegriff für alle süß schmeckenden → Saccharide. Im wesentlichen sind damit Einfachzucker (Monosaccharide) und Doppelzukker (Disaccharide) gemeint.
2. Handelsbez. für → *Saccharose*. 45 % der Zuckerproduktion in der Welt stammt aus Zuckerrüben (*Rübenzucker*), der Rest aus Zuckerrohr (Rohrzucker). Daneben ist eine Gewinnung von Zuckersirup und auch reinem Z. aus Pflanzen möglich, z. B. *Dattelsirup, (-zucker), Palmensirup (*→ Palmzucker), Zuckerhirsesirup (-zucker), Ahornsirup (-zucker). Bereits 400 v. Chr. wurden nicht nur die ältesten bekannten Süßungsmittel (z. B. Honig) erwähnt, sondern es wurde auch über Zuckerrohranbau in Indien berichtet. Die Herstellung von Rohzucker aus Zuckerrohr wird erst 300 n. Chr., die *Weißzuckergewinnung* um etwa 700 n. Chr. in Ägypten erwähnt. Der Z., ursprünglich Arznei- und Luxusartikel, seit Ende des 17. Jh. allg. Lebensmittel, wurde seit der Zeit der Kreuzzüge über Venedig nach Mitteleuropa importiert, später aus Mittel- und Südamerika eingeführt (*Kolonialzucker*). Nach Entdeckung von Z. in der Runkelrübe 1747 durch *Margraf* betrieb *Achard* 1801 die erste Rübenzuckerfabrikation, die sich aber erst mit

der züchterischen Steigerung des Zuckergehaltes in der Zuckerrübe auf 16···20% durchsetzte. Die Zuckerherstellung gliedert sich in die Herstellung von Rohzucker aus Zuckerrüben (s. Bild rechts) und die Reinigung des Rohzuckers (s. Bild nächst Seite).

Das Zwischenprodukt, der wenig haltbare, dunkelfarbige, laugig schmeckende *Rohzucker*, wird durch Affination zu *Affinade* (weißer bis gelbstichiger, trockener *Weißzucker*, oftmals mit schwachem Nebengeschmack) oder durch anschließende Raffination zu schneeweißer, trockener, rein süßer *Raffinade* verarbeitet. Nebenprodukte sind die ausgelaugten Zuckerrübenschnitzel, die als Viehfutter Verwendung finden, der Scheideschlamm, der als Düngemittel benutzt wird, die *Melasse* und die Ablaufsirupe, aus denen nach weiterer Konzentrierung noch Zucker gewonnen werden kann. Zur Herstellung von Z. aus Zuckerrohr werden die Stengel nach dem Zerreißen in Vorbrechern in Rohrmühlen zwischen Walzen zu *Bagasse* (2···3% Restzucker) ausgepreßt. Neuerdings werden auch kombinierte Preß-Diffusionsverfahren angewandt. Die weitere Aufarbeitung des Zuckerrohrsaftes erfolgt ebenso wie bei Zuckerrübensaft.

Z., praktisch reine Saccharose, ist ein leicht resorbierbares Lebensmittel, dessen Verbrauch bes. in Form von Konditorei- und Süßwaren ständig zugenommen hat. Ein zu hoher Zuckerkonsum führt nicht nur zur Überernährung, sondern zeigt außerdem eine kariesfördernde Wirkung. Z. schmeckt schon in Konzentration von 2% rein süß, ist farb- und geruchlos, leicht löslich in Wasser und verdünntem Ethanol, wirkt in hohen Konzentrationen konservierend und verstärkt die dickende Wirkung von Pektinen. Er findet deshalb Verwendung zur Bereitung von Süßspeisen, Likören, Konditorei-, Back- und Süßwaren, zum Süßen von Obsterzeugnissen (Kompott, Fruchtsäften) und zum Haltbarmachen von Früchten (kandierten Früchten, Marmelade, Fruchtsirup). Die Verwendung des Z. ist abhängig von seiner Form, z. B. als *Streu-* oder *Stückzucker*. Schließlich kann aus Z. durch chemische Reaktion *Invertzucker* (Kunsthonig), *Karamel* und *Zuckercouleur* gewonnen werden.

Herstellung von Rohzucker aus Zuckerrüben

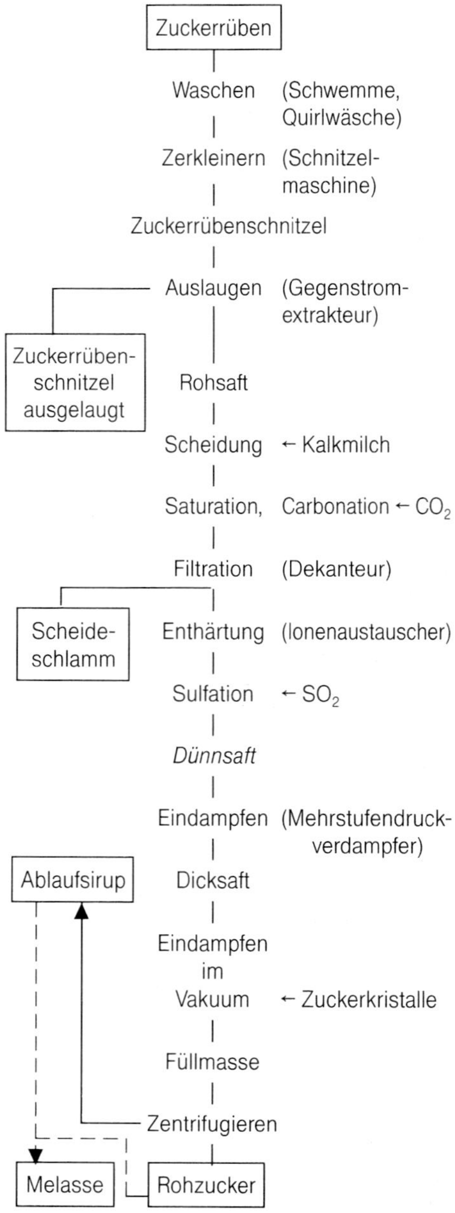

Reinigung von Rohzucker

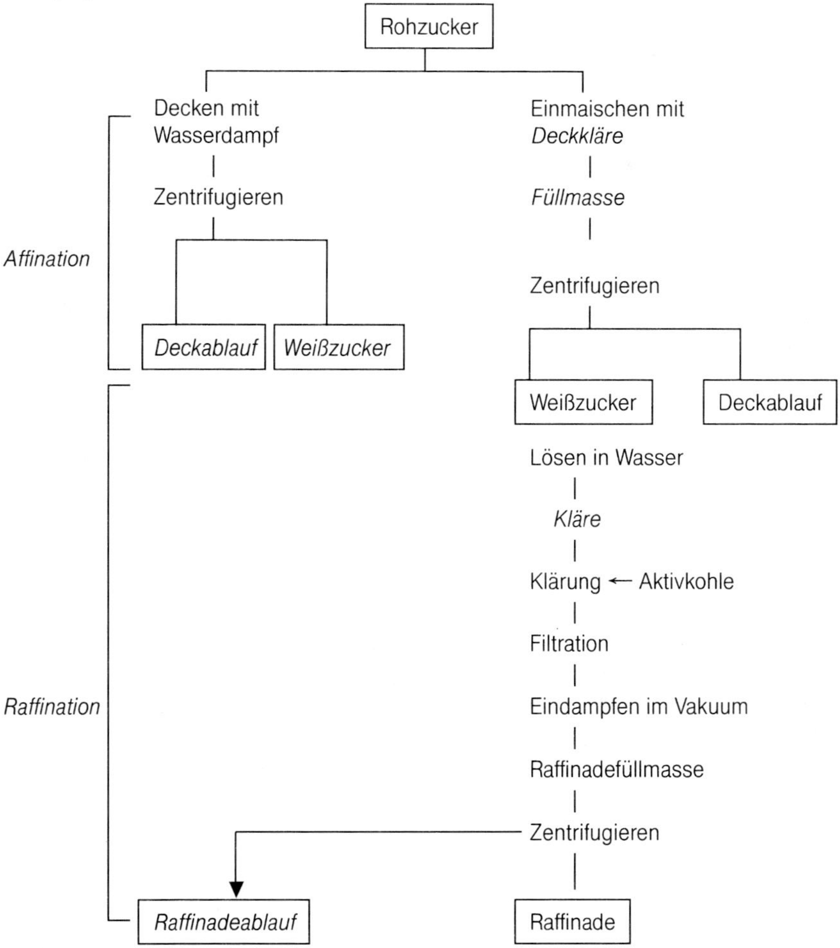

Für Z. ist eine große Zahl volkstümlicher und Handelsbezeichnungen bekannt (siehe Übersicht auf Seite 896).
Außerdem sind Kombinationen dieser Bezeichnung gebräuchlich *(Kandisfarin, Puderraffinade)*. Kristallisierte Raffinade oder Weißzucker dürfen einen maximalen Korndurchmesser von 2 mm haben, gesiebte Fraktionen mit der Bezeichnung fein 0,2···0,8 mm, mittel 0,8···1,25 mm und grob 1,25···2,0 mm, Puderzucker maximal 0,05 mm. Z. wird meist unverpackt in Silos gelagert. Bei hoher relativer Luftfeuchte (70 %) verklebt Z. und zieht Fremdgerüche an. Unter optimalen Lagerbedingungen (heizbare Lager mit 55···65 % relativer Luftfeuchte und 2°C über Tagestemperatur) ist Z. praktisch unbegrenzt haltbar. → Honig → Süßungsmittel → Zuckerrübensirup → Zuckerware → Schadstoff

Zuckerbezeichnungen

Bezeichnung nach: *Herkunft*	*Reinheitsgrad*	*Form (Körnung)*	*Gebrauch und Zusatz*
Rohrzucker	*Doppelraffinade*	Puderzucker	Einmachzucker
Rübenzucker	Raffinade S	Kristallzucker	Gelierzucker
Ahornzucker	Raffinade	Grieß- oder Sandzucker	Vanillezucker
Palmenzucker	Weißzucker	Kastorzucker	Vanillinzucker
Dattelzucker	Verbrauchszucker	Hagelzucker	*Drageezucker*
	Melis	Kandiszucker	
	Farin	Stückiger	
	Roh- oder Gelbzucker	Zucker	
		Würfelzucker	
		Knoppern	
		Pilézucker	
		Plattenzucker	
		Brotzucker	
		Hutzucker	

L-Zucker → Zuckeraustauschstoff

Zuckeracetal: *Disaccharid,* bei dem jeweils die beiden *reaktiven glycosidischen* Hydroxylgruppen der Monosaccharidbausteine, die sog. *Halbacetale,* miteinander unter Wasseraustritt verknüpft sind. Es handelt sich um Disaccharide mit einer Dicarbonylbindung. Die Z. sind beständiger als Halbacetale, sie reduzieren *Fehling*sche Lösung nicht. Das wichtigste Z. ist die → Saccharose. → Saccharide

Zuckerahorn: eine vorwiegend in den USA und in Kanada zur Zuckergewinnung genutzte Ahornart, *Ácer sáccharum* Marsh. (Familie *Aceráceae*). Das bis zur Entwicklung der Blätter (um Schädigungen der Bäume zu vermeiden) vorgenommene Anbohren der Baumstämme führt zur Gewinnung eines etwa 5 % Zucker enthaltenden Saftes, aus dem Sirup (→ Ahornsirup) oder fester Zucker (Ahornzucker) bereitet wird.

Zuckeralkohole: meist Monosaccharide, deren reaktive Carbonylgruppe zur Alkoholgruppe reduziert ist. Z. mit 6 Kohlenstoffatomen werden als *Hexole (*früher *Hexite), Z.* mit 5 Kohlenstoffatomen als *Pentitole* (früher *Pentite)* bezeichnet. Die Z. schmecken süß, haben leicht abführende Wirkung und sind wie die Monosaccharide in Wasser löslich. Die in Lebensmitteln vorkommenden Z. (s. Übersicht Seite 897–900).
Z., bes. Glucitol (früher Sorbitol bzw. Sorbit) und Xylitol (früher Xylit), dienen als → Zuckeraustauschstoffe. Neuerdings ist der Z. der Maltose *Maltitol (Maltit)* als Diabetikerzucker bekannt geworden. → Diabetikerlebensmittel

Zuckeranhydrid: Verbindung, die durch Abspaltung eines Moleküls von Sacchariden oder deren Derivaten unter Entstehung eines neuen Sauerstoffringes gebildet wird, wobei als wesentliches Merkmal die *glycosidische* Hydroxylgruppe beteiligt ist (s. Formel Seite 900 unten).
Beispielsweise entsteht aus Glucose *Lävoglucosan,* [α(1.5)β-(1.6)]-D-Glucosan, 1.6-Anhydro-β-D-*gluco-pyranose*), das – als wichtiges Merkmal – keine reduzierende Eigenschaft aufweist und nicht vergärbar ist (s. Formel Seite 900 Mitte).
Die Z. können als Zwischenprodukt bei der Einwirkung von Laugen auf Saccharide entstehen, sie treten auch in Lebensmitteln auf (s. Übersicht Seite 901). → Anhydrozucker

Zuckerapfel → Cherimoya

In Lebensmitteln vorkommende Zuckeralkohole

Name	Formel	Vorkommen
Erythritol (Erythrit, meso-Erythrit)	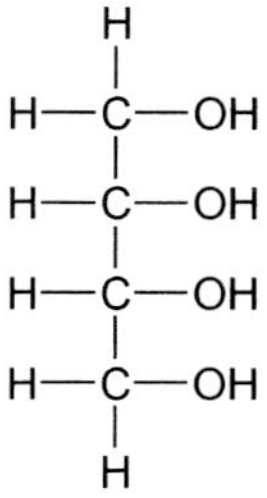	Algen, Pilze
L-*Erythrititol* (D-*Threit)*	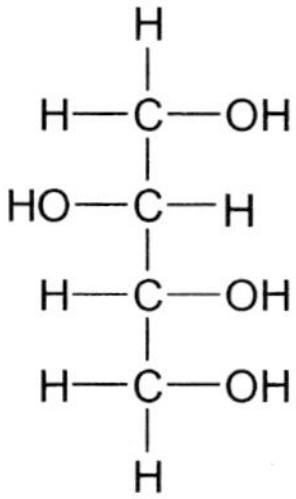	Hallimasch [*Armillariélla méllea* (Vahl ex Fr.) Karst.]
Ribitol (Ribit, Adonit)	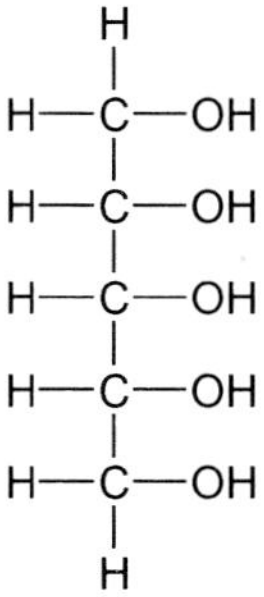	Ranunkelgewächse, Baustein des Lactoflavins
→ D-*Arabitol* (D-*Arabit,* D-*Lyxit)*	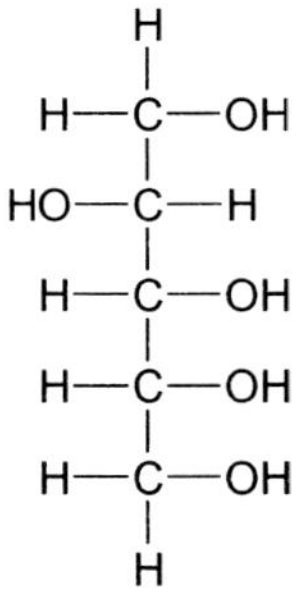	Pilze und Flechten

In Lebensmitteln vorkommende Zuckeralkohole (Forts.)

Name	Formel	Vorkommen
→ D-*Xylitol* (D-*Xylit*)	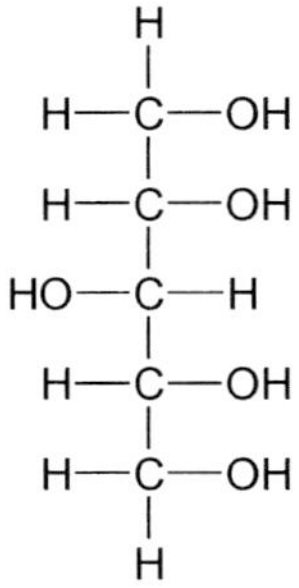	Birkensaft und Saft anderer Laubgehölze, Kernobst (Pflaumen mit bisher höchst. Gehalt = 0,9 % Tr. S.)
Galactitiol, (Galactit, Dulcose, Melampyrin, Melampyrit) Dulcit, Evonymit	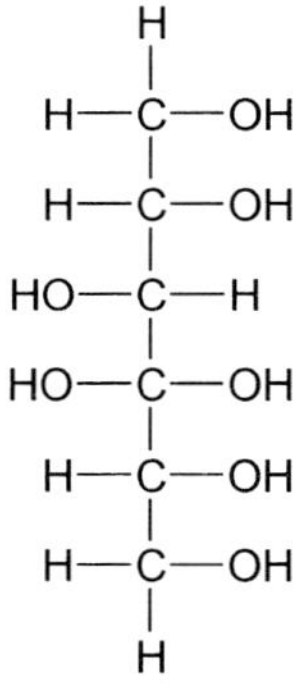	Rotalgen, Hefe, Manna
D-*Glucitol, (Sorbit,* → *Sorbitol)*	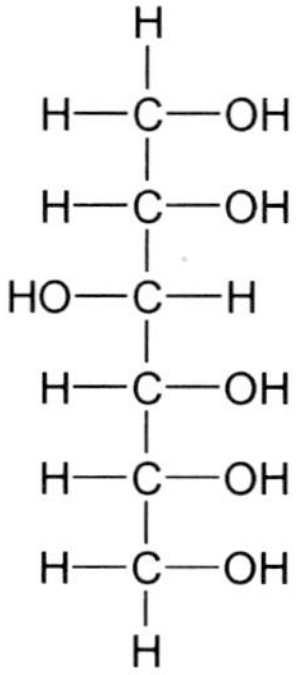	Früchte bes. der Eberesche, Apfel, Kirsche, Pflaume

In Lebensmitteln vorkommende Zuckeralkohole (Forts.)

Name	Formel	Vorkommen
D-Mannitol, (D-Mannit)	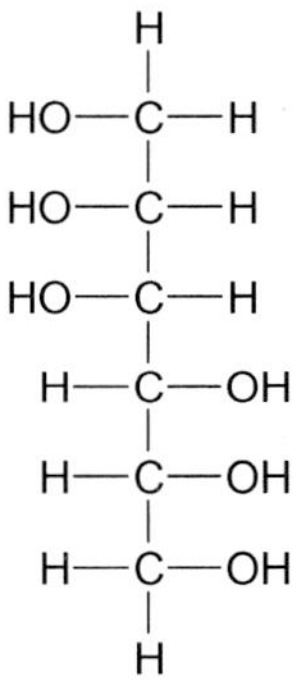	Algen, Pflanzenschleim, Pilze, höhere Pflanzen
L-Iditol, (L-Idit, Sorbierit)	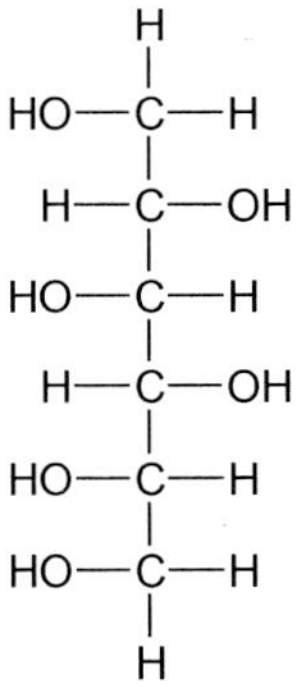	Eberesche
D-Perseitol, (D-Persit, K-Glycero-D-galaheptit, D-Manno-D-galaheptit)	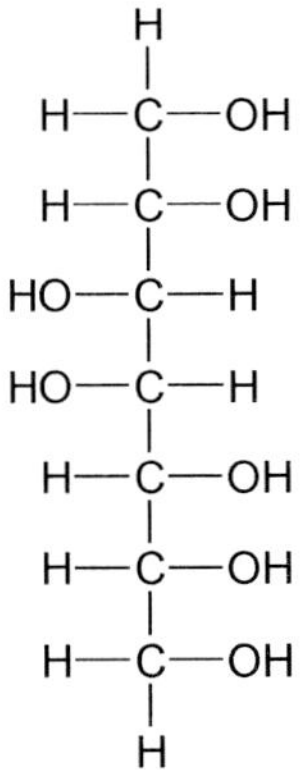	Avocadobirne

In Lebensmitteln vorkommende Zuckeralkohole (Forts.)

Name	Formel	Vorkommen
D-*Volemitol, (*D-*Volemit, Sedoheptit,* D-*Glycero-*D-*taloheptit,* D-*Manno-*D-*taloheptit)*	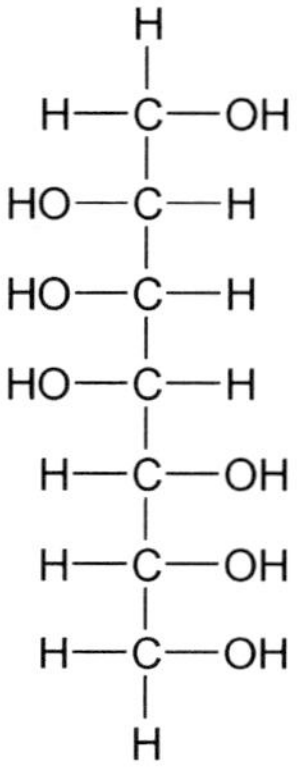	Brätling *(Lactárius volémus* Fr.)

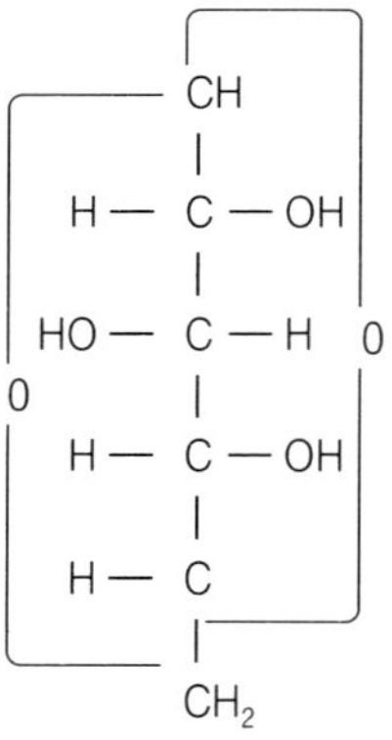

Lävoglucosan

Zuckeraustauschstoff: Stoff, der anstelle von → *Saccharose* aus ökonomischen, technologischen, diätetischen oder anderen Gründen Verwendung findet und neben dem Süßgeschmack eine vergleichbare Masse einbringt. Einen Z. i. e. S. stellen Verbindungen dar, die mehr oder weniger insulinunabhängig verstoffwechselt werden und daher für Diabetikerlebensmittel geeignet sind. Neben → *Fructose* werden in zunehmendem Maße → *Zuckeralkohole* eingesetzt. Bedeutungsvoll sind bisher: *Isomaltitol (E 953) (Palatinit), Lactitol (E 966), Maltitol, Mannitol (E 421)* → *Sorbitol* (E 420) (Glucitol), Xylitol (E 967) sowie hydrierte Stärkesirupe, die Gemische aus Maltitol, Maltotritol sowie geringeren Anteilen an Sorbitol u.a. Verbindungen darstellen (Lycasin, Maltitol). Eventuell fehlende

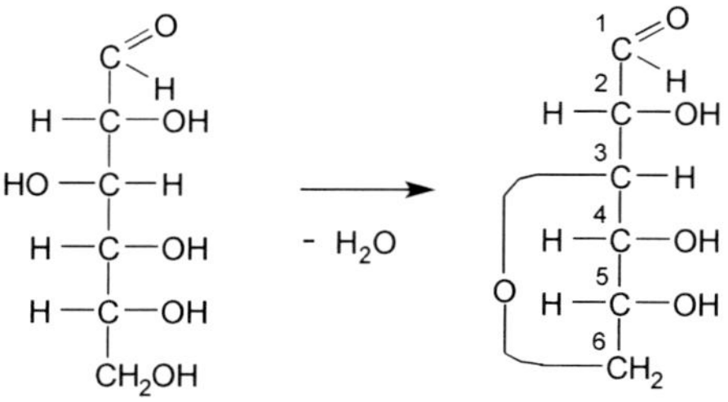

D-Glucose

3, 6-Anhydro-aldehydo-D-glucose

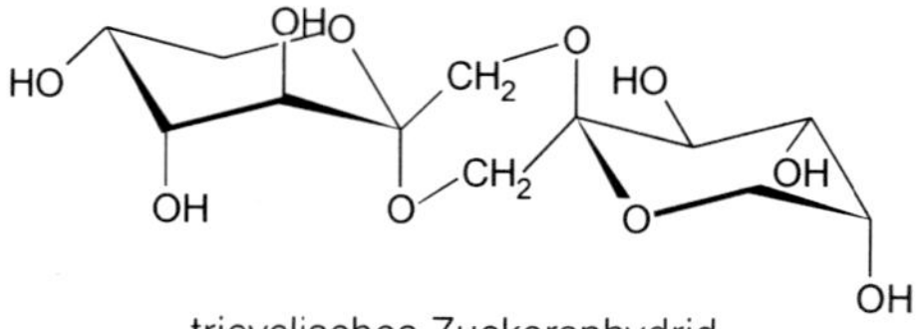

tricyclisches Zuckeranhydrid

Ausgewählte, in Lebensmitteln auftretende Zuckeranhydride (intramolekulare Glycoside)

Zuckeranhydrid	*Formel*	*Charakteristische Daten*	*Vorkommen*
β-Glucosan (Lävoglucosan, 1,6-Anhydro-β-D-glucopyranose)	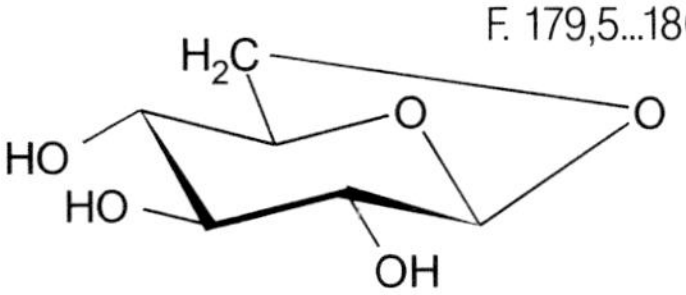	Molmasse 162,14 g/mol F. 179,5...180 °C	thermisches Abbauprodukt von Cellulose und Stärke, Säurereversionsprodukt der Glucose
D-Glucosan-(1,4)-β-(1,6-Anhydro-β-D-glucofuranose)	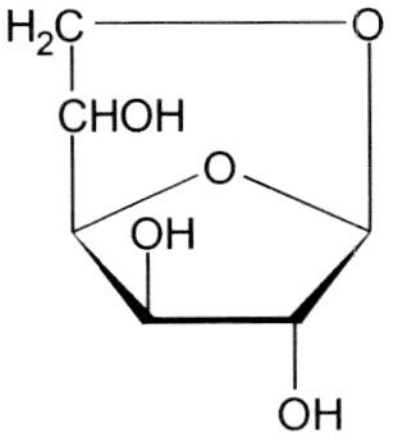	Molmasse 162,14 g/mol F. 110,5...111,5 °C	Säurereversionsprodukt der Glucose
D-Galactosan (1,6-Anhydro-D-galactopyranose, 1,6-Anhydro-D-galactose)	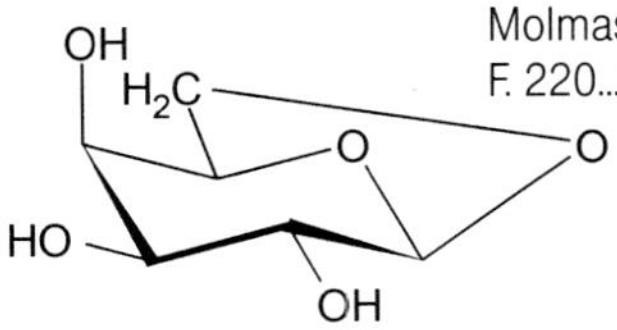	Molmasse 162,14 g/mol F. 220...221 °C	thermisches Abbauprodukt von Galactan und Galactose
2,7-Anhydro-β-D-mannoheptulopyranose (D-Mannoheptulosan)	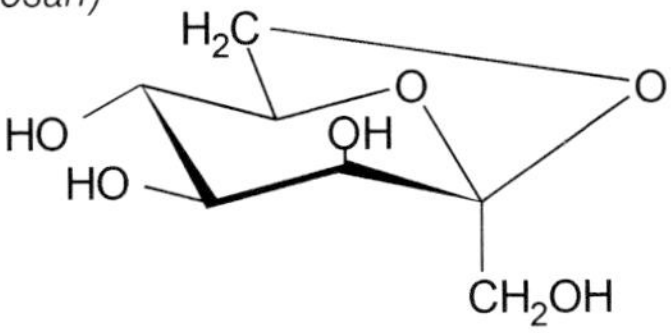	Molmasse 192,17 g/mol F. 159...160 °C $[\alpha]_D$ 20...80,4 (2 %ige wäßrige Lösung)	in sauren Lösungen von D-Mannoheptulose (u.a. in der Avocadofrucht)
D-Sedoheptulosan (2,7-Anhydro-β-altroheptulopyranose)	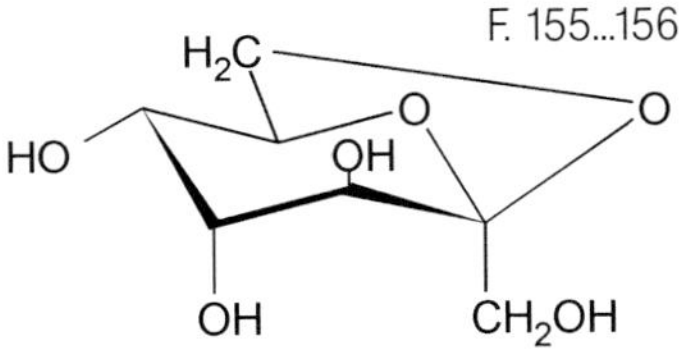	Molmasse 192,17 g/mol F. 155...156 °C	in sauren Lösungen von D-Sedoheptulose (als Zwischenprodukt bei der Photosynthese von allg. Bedeutung)

→ *Süßintensität* läßt sich häufig durch den Einsatz von → *Süßungsmitteln* ergänzen. Die meisten Zukkeralkohole haben eine laxierende Wirkung, die Beschränkungen erforderlich machen (als tägliche Höchstmengen an Sorbitol und Xylitol werden beispielsweise 20···30 g empfohlen).

Nahrungsenergieberechnungswerte für die Diätetik

Zuckeraustauschstoff	Menge	bisher	neu seit 21. 11. 91
Glucitol	1 g	17 kJ/4 kcal	10 kJ/2,4 kcal
Xylitol	1 g	17 kJ/4 kcal	10 kJ/2,4 kcal
Mannitol	1 g	17 kJ/4 kcal	10 kJ/2,4 kcal
Maltitol	1 g	-	10 kJ/2,4 kcal
Isomaltol	1 g	-	10 kJ/2,4 kcal

Diskutiert wird der Einsatz von L-*Zuckern*, beispielsweise von L-*Sorbose*, die neben mehr oder weniger Unverdaulichkeit alle Eigenschaften der entsprechenden D-Zucker aufweisen sollen. Z. ohne diätetische, aber von ökonomischer und technologischer Bedeutung sind: → *Invertzucker* → Isomeratzucker, Lactosehydrolysate sowie andere süße Kohlenhydrate.

Zuckerbeere → Wildheidelbeere, Nordamerikanische

Zucker, brauner: 1. Sammelbez. für ein nicht vollkommen gereinigtes Zwischenprodukt der Weißzuckerherstellung aus Zuckerrüben oder Zuckerrohr. Die Zuckerkristalle sind nicht vollkommen vom anhaftenden Sirup (Melasse) befreit, weisen u. U. klebrige Beschaffenheit und gelbe bis dunkelbraune Farbe auf. Für Haushaltszwecke angebotener b. Z. wird gelegentlich auch *Rohzucker* genannt und besteht mitunter nur aus Weißzucker, dem Sirup zugesetzt wurde. Der b. Z. weist gegenüber dem Weißzucker keinerlei physiologische Vorteile auf; im Gegenteil, er ist mit → Fremdkörpern und → Fremdstoffen verunreinigt.
2. Sammelbez. für braunen *Farin, braunen Kandiszucker* und braunen *Bastardzucker,* wobei die Farbe entweder auf unvollkommene Reinigung während der Zuckerkristallisation oder auf Zusätze von Zuckercouleur oder Karamelzucker zurückzuführen ist.
3. Sammelbez. für zuckerhaltigen Pflanzen- bzw. → Blutungssaft aus *Zuckerrohr, Zuckerhirse, Zukkerahorn, Zuckerpalme, Agaven* usw., der entweder als Sirup oder nach schonender Trocknung, z. B. als *Vollrohrzucker, Ahornzucker, Palmzucker,* angeboten wird. Im Vergleich zu *Weißzucker* weist dieser z. B. neben dem Gehalt an Mineralstoffen und Vitaminen (vgl. Tab.) einen betont aromatischen Eigengeschmack auf. Dieser getrocknete *Zuckerpflanzensaft,* hierzu zählt z. B. auch *Jaggery* (s. → Walddattelpalme und → Dattel), ist für Süßungszwecke im Haushalt sowohl bei Speisen als auch bei Getränken mit Einschränkung geeignet. Bei den im Handel befindlichen braunen Zukkerarten schwankt der Gehalt in mg je 100 g bei Calcium von 1,2···180, bei Kalium von 0,6···920, bei Magnesium von 1,0···83 und bei Vitamin B_1 von 0···0,023.

Durchschnittl. Zusammensetzung von braunem Zucker aus schonend getrocknetem Vollrohrzucker im Vergleich zu Weißzucker

Bestandteil	Gehalt je 100 g Vollrohrzucker	Weißzucker
Kohlenhydrate	91 g	99,7 g
Eiweiß	0,9 g	-
Mineralstoffe	880 mg	3,5 mg
Kalium	740 mg	2,0 mg
Magnesium	44 mg	0,2 mg
Phosphor	50 mg	0,35 mg
Eisen	13 mg	-
Calcium	28 mg	0,7 mg
Vitamin B_1	0,11 mg	-
Vitamin B_2	0,05 mg	-
Niacin	0,48 mg	-
Vitamin B_6	0,45 mg	-
Pantothensäure	0,90 mg	-

Zuckercouleur (E 150), *Zuckerkulör, Couleur, Kulör, Karamel (der), Farbzucker:* ein durch Erhitzen von invertierter → Saccharose oder Glucoselösung unter Zusatz von Natriumcarbonat (und/oder Natriumacetat, Ammoniumhydroxid) hergestelltes Erzeugnis mit eingestellter Trockensubstanz und Farbkraft. Der Z. wird zum Färben von Lebensmitteln verwendet, *Spirituosencouleur* (Z. mit 66 % Trockensubstanz) darf in 78%igem Alkohol keine Trübung hervorrufen und dient speziell zur Anfärbung von Spirituosen. Z. soll bei 4···20 °C gelagert und vor direkter Sonneneinstrahlung geschützt werden. → Zucker → Lebensmittelfarbstoffe → Farbstoffe

Zuckerdicarbonsäuren → Zuckersäuren

Zuckererbse → Gemüserbse

Zucker-Essigkonserve → Obst-Essig-Konserve

Zuckerester: Ester, bei dem ein Saccharid die Funktion des Alkohols übernimmt. Zu den Z. gehören Verbindungen, die für den Zuckerstoffwechsel große Bedeutung haben, z.B. die *Zuckerphosphate Glucose-6-phosphat* oder *Fructose-6-phosphat.* Auch Phosphorsäureester von Triosen, Tetrosen, Pentosen und Heptosen sind entscheidend am Assimilationsprozeß, *Ribose-5-phosphorsäure* und *2-Desoxy-ribose-5-phosphorsäure* am Aufbau der → *Nucleinsäuren* und einige Kohlenhydrat-Schwefelsäureester am Aufbau natürlich vorkommender Polysaccharide beteiligt und bestimmen deren bes. Eigenschaften (Schleim- und Gelbildung), z.B. die *Aminozucker-Schwefelsäureester* in → *Mucopolysacchariden* und die *Galactose-Schwefelsäureester* in den Polysacchariden einiger Algenarten (→ *Agar-Agar* → Carrageen). Folgende Z. organischer Säuren kommen in Lebensmitteln vor: das *Vacciniin,* eine *6-Benzen-D-glucose* in Preiselbeeren, Blaubeeren, Moosbeeren, die im Pflanzenreich weit verbreiteten *Tannine* (*D-Glucosegallussäure-* bzw. *-ellagsäureester)* und *Ester des Arabits mit Palmitin- und Stearinsäure* (*D-Arabitylpalmitinsäureester* und *D-Arabityl-stearinsäureester)* in fermentiertem Reis. Lebensmitteltechnologisch wichtig sind → Zucker-Fettsäureester als Emulgatoren. *Saccharoseoctaacetat* wird als Chininaustausch in → Tonikgetränken verwendet. → Glucose

Zuckerether: *Saccharid,* das anstelle einer am Zuckermolekül vorhandenen Hydroxylgruppe eine *Alkyl-* oder *Arylgruppe* trägt, die über ein *Sauerstoff-Atom* miteinander verbunden sind. Es gibt zwei Typen von Z., da bei Sacchariden zwei Arten von Hydroxylgruppen vorliegen: 1. solche, die aus der Halbacetal- Hydroxylgruppe hervorgehen und 2. solche, die aus einer gewöhnlichen Hydroxylgruppe hervorgehen. Erstere sind reaktionsfähiger und führen zu cyclischen Formen. Sie werden als *Glycoside* bezeichnet, wobei man entsprechend der Anzahl Kohlenstoffe des jeweiligen Zuckermoleküls *Pyranoside* (Ring mit 5 C-Atomen) und *Furanoside* (Ring mit 4 C-Atomen) unterscheidet. Die in der Natur am weitesten verbreiteten Glycoside sind → Glucose → Fructose und → Galactose. Die anderen am Zuckermolekül vorhandenen nicht glycosidischen weniger reaktionsfähigen Hydroxylgruppen tragen z. B. in Naturstoffen oft Methylgruppen z. B. Digitalose (Formel) → Saccharide → Glycoside

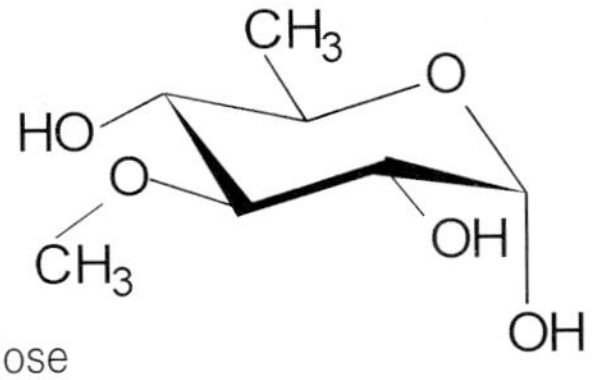

D-Digitalose

Zucker-Fettsäureester: Verbindungen von Kohlenhydraten mit Fettsäuren. Verbreitet sind die Mono- und Di-Fettsäureester von Saccharose oder Glucose. Sie werden hergestellt durch Umesterung der Fettsäuremethylester mit den entsprechenden Kohlenhydraten unter Verwendung von Dimethyformamid (DMF) oder Dimethylsulfoxid (DMSO) als Lösungsmittel. Die völlige Entfernung des Lösungsmittels ist die Voraussetzung für den Einsatz der Z. in der Lebensmittelproduktion. Die Monoester sind in Wasser löslich bis dispergierbar und werden zur Herstellung von Wasser/Öl- und Öl/Wasser-Emulsionen (→ *Emulgatoren*) verwendet; die Diester sind öllöslich und werden zur Herstellung von Wasser/Öl-Emulsionen eingesetzt. Fettsäureester von Polysacchariden (z.B. Dextrin oder Stärke) finden als Kristallisations-Inhibitoren für Salatöle Verwendung. Z. erhöhen in getrockneten Lebensmitteln die Wasseraufnahmegeschwindigkeit, verzögern das Altbackenwerden des Brotes und werden in Zahnkrems und zum Wachsen von Früchten und Gemüsen eingesetzt. Die Polyfettsäureester der Saccharose (SPE) und anderer Zucker sind dagegen den → Pseudofetten zuzurechnen. Da Lipasen Ester mit 6 und mehr Estergruppen nicht abbauen können, werden sie lipatisch nicht gespalten. Durch die Verabreichung von SPE wird die Ausscheidung von Cholesterol und dessen Umwandlungsprodukten erhöht, wodurch der Serum-Cholesterol-Spiegel bei hypercholesterämischen Patienten erniedrigt wird. → Zuckerester

Zucker, flüssiger, *Zuckersirup:* eine konzentrierte, wasserhelle oder karamelisierte → *Saccharose-* oder *Saccharose/Invertzucker-Lösung. Flüssiger Zucker (flüssiger Weißzucker* oder sog. *Flüssigraffinade)* ist wasserhell mit rein süßem Geschmack und *flüssiger Zucker, karamelisiert (Braunzucker),* rotbraun mit leichtem Karamelgeruch und -geschmack. Beide Sorten können 80 %, 73 % oder 65 % Saccharose enthalten. Die einzelnen Sorten *Flüssigzucker* unterscheiden sich nicht nur in ihrer Zusammensetzung und in der Trockensubstanz, sondern auch in ihren physikalischen Eigenschaften, die z. T. technologisch bedeutsam sind und daher praktisch genutzt werden, z.B. in der Getränke- und Spirituosenindustrie, in der Backwarenindustrie und bei der Speisebereitung. → Zucker → Zuckerkuleur → Sirup

Zuckergebäck → Feinbackware

Zuckerglyceride (E 474) → Emulgatoren

Zuckergummibaum, Australischer → Manna

Zucker, harter → Plattenzucker

Zuckerhirse: Sammelbez. für verschiedene nur in Kultur bekannte Hirsevarietäten, deren süßes Stengelmark zur Zucker- und/oder Sirupgewinnung geeignet ist. Es gibt Varietäten mit Zuckerertragsleistungen von ca. 100 dt/ha. Im Rahmen der Wiedereinführung landwirtschaftlicher Produktion von nachwachsenden Rohstoffen wird die züchterische Anpassung von Z. an mitteleuropäische Anbaubedingungen angestrebt. Am bekanntesten ist *Süß-* oder *Zuckersorghum,* eine Abart der Sorghumhirse, *Sórghum saccharátum* (L. emend. L.) Moench *convar. saccharátum,* Syn. *S.dóchna* (Forsk.) Snowden, *S. vulgare var. saccharátum* (Moench) Boerl., *Andropógon ssp. sativus var. saccharátus* Hackel (Familie *Poáceae),* deren saftige Stengel einen Zuckergehalt von 10···15 % aufweisen. In Ägypten wird die Z. als *Dochna, in den USA als Sorgo, Ambersorghum, sugar sorghum* oder *sweet sorghum* bezeichnet. Der klare Zuckersirup gilt in westlichen Ländern als Delikatesse. Bestimmte Sorten werden zur Zucker- andere zur Sirupgewinnung gezüchtet. Wie bei → Süßmais wird der Zuckergehalt nach der Ernte (bes. bei den Siruptypen) rel. schnell abgebaut, so daß eine schnelle Verarbeitung erforderlich ist. Außer Zuckersorghum gibt es noch viele andere Sorghumarten mit süßschmeckendem Stengelmark (s. Übers. bei → Sorghum); zu weiteren Hirsearten mit süßem Stengelmark zählen z.B. → *Echinóchloa stagnína* (Retz.) Pal. Beauv.

Zuckerhirsesirup → Zucker → Zuckerhirse → Sorghumhirse

Zuckerhirsezucker → Zuckerhirse → Zucker

Zuckerhut → Plattenzucker

Zuckerhutsalat → Fleischkraut

Zuckerkand → Kandiszucker

Zuckerkandis → Kandiszucker

Zuckerkiefer → Manna

Zuckerkuchen → eine, zu den bekanntesten → Blechkuchen aus → Hefeteig zählende Feine Backware, die immer häufiger mit Butter als Fett im Teig und auf der Auflage hergestellt wird, aber nur dann als *Butterkuchen* bezeichnet werden darf, wenn, bezogen auf 100 Teile Getreidemahlerzeugnis mind. 30 Teile Butter oder 24,6 Teile Butterreinfett eingesetzt werden

Zuckerkulör → Zuckercouleur → Lebensmittelfarbstoffe

Zuckermais → Gemüsemais

Zuckermelone, *Melone, Gartenmelone:* Sammelbez. für stark wärmeliebendes Fruchtgemüse, *Cúcumis mélo* L. (Familie *Cucurbitáceae*), mit rundlichen, länglichen oder abgeflachten Beerenfrüchten. Die Handelsform weist etwa 1 kg Masse und 10···14 cm Durchm. auf. Das Fruchtfleisch ist saftig, die Schalenfärbung und das Aroma unterschiedlich. Nach ihrer Schalenbeschaffenheit werden die Z. in 3 Gruppen eingeteilt und innerhalb der Gruppen unterscheidet man zw. verschiedenen Typen, diesen wiederum sind zahlreiche Sorten zugeordnet. Der Preis ist typabhängig, so kostet z. B. der Typ *Galia* aus Spanien, Israel oder Italien etwa doppelt so viel wie der Typ *Honigmelone* aus Spanien. Einteilung nach Schalenbeschaffenheit:
a) *Cantalupe, Cantalupmelone, Cantaloupe, Warzenmelonen:* längsgestreifte, plattförmige, Frucht mit grünem, gelbem oder rötlichem Fruchtfleisch, mind. 0,5 kg Masse und stark gerippter Schale, die mit Warzen bedeckt ist. Die Cantalupe gilt als schmackhafteste Frucht. Ein bes. geschätzter Cantalup-Typ ist die *Charentais*-Melone, die zu 90% in Frankreich angebaut wird und sich durch tieforangefarbiges sowie hocharomatisches Fruchtfleisch auszeichnet. Dieser Typ mit seinen zahlreichen Sorten ist jedoch sehr empfindlich, so daß nach einer Woche sein Aussehen und der Geschmack stark nachlassen. Da vollreife Früchte nur bedingt transport- und vermarktungsfähig sind, werden sie unreif geerntet. Im Gegensatz zu Bananen und Tomaten reift jedoch die Melone nicht nach, so daß die halbreif geernteten Früchte eine drastische Geschmackseinbuße erleiden. Dies ist mit eine Ursache für den geringen Anteil an Charentaise-Melonen im Importangebot.
b) *Netzmelonen:* meist ovale Frucht mit korkartiger, weißlicher bis hellgrüner, genetzter Schale und einer Fruchtmasse von 0,5···2,5 kg. Das Fruchtfleisch dieser Melone ist aprikosenartig.
c) *glatte Melone, Honigmelone, Ananasmelone:* glattschalige, längliche Frucht ohne oder mit geringer Rippenbildung; die Schale ist grün-, zitronen- oder honiggelbfarbig. Das süße Fruchtfleisch besitzt unterschiedliche Farbe.
Die Z. sind reif, wenn sich rings um den Stiel ein Riß bildet, die Früchte ein charakteristisches Aroma ausströmen und an der Blütenstelle auf Druck mit dem Finger leicht nachgeben. In je 100 g des Fruchtfleisches sind enthalten: 86,2 g Feuchte, 0,6 g Eiweiß, 0,1 g Fett, 12,4 g Kohlenhydrate, 320 mg Kalium, 6 mg Calcium, 21 mg Phosphor, 13 mg Magnesium, 0,2 mg Eisen, 0,05 mg Vitamin B_1, 0,03 mg Vitamin B_2, 0,5 mg Niacin und 25 mg Vitamin C. Der Energiewert je 100 g in kJ (kcal) beträgt 221 (53). Die Samen bilden in warmen Ländern eine Quelle für Speiseöl. Herausragende Anbauländer sind in Europa Spanien, Italien, Frankreich mit einer Gesamtproduktion pro Jahr von 1,5 Mio. t, weltweit beläuft sich der Verbrauch an Z. auf etwa 10 Mio. t. Die nördlichste Anbauzone bildet das Loiretal. 1991 wurden 52300 t Z. von Deutschland importiert. Um Z. vom Cantalup-Charentais-Typ in aromareicher Qualität anbieten zu können (im vollreifen Stadium müssen sie ein Mostgewicht von 50 °Öchsle aufweisen, für Exportzwecke werden sie in der Regel bei 30°Öchsle geerntet) bemühen sich deutsche Gärtner um einen Anbau in mildwarmen Gebieten des Pfälzer Weinbaus mit Hilfe von Folientunneln. → Zuckermelone, transgene, → Nutzpflanze, transgene

Zuckermerk → Zuckerwurz

Zuckerpalme, Echte, *Gomuti-Palme, Sawire-Palme:* die in Südostasien (indomalayischer Archipel) kultivierte *Arénga pinnáta* (Wurmb.) Merr. (Familie *Arecáceae*). Aus den Blütenständen wird durch Anschneiden zuckerhaltiger Palmsaft abgezapft, der zur Herstellung von *Palmzucker, Palmwein* und Essig dient. Eine Palme soll 1800 l Saft im Jahr liefern, diese Menge enthält etwa 150 kg Zukker. Aus dem Endosperm der Samen bereitet man in China eine Süßspeise. Aus dem Mark der Stämme wird in Notzeiten *Sago (Ostindischer Sago, Java-Sago* oder *Ostindischer Tapioka)* hergestellt. Die Endknospe wird als → *Palmkohl gegessen.*

Zuckerphosphate → Zuckerester

Zuckerreif: grauweißer, rauher Belag aus Zuckerkristallen auf der Oberfläche von Schokoladenerzeugnissen, der im Gegensatz zum *Fettreif* oberhalb 36°C nicht schmilzt. Der Z. entsteht bei relativer Luftfeuchte von über 75···80% und bei starken Temperaturschwankungen. Der Zucker wird aus der Schokolade herausgelöst und bleibt beim Trocknen als Z. zurück. Z. beeinträchtigt das Aussehen, nicht Geruch und Geschmack der Schokolade.

Zuckerrohr: eine sich unterschiedlich reich bestockende, bis zu 7 m Höhe erreichende Sumpfgraspflanze mit den wichtigsten Arten *Sáccharum officinárum* L. und *Sáccharum sinénse* Roxb. (Familie *Poáceae*). Das Z. kann nur in den Tropen und Subtropen angebaut werden, da bis zur Reife mind. 12 bis 15 Monate benötigt werden und bei Temperaturen unterhalb von 20°C das Wachstum bereits eingestellt wird. Das Z. wird jährlich neu gepflanzt, oder man läßt den über 20 Jahre alt werdenden Wurzelstock immer wieder neu austreiben. Die bis zu 7 cm dick werdenden Stengel (Rohre) sind in Internodien gegliedert und von einem zuckerhaltigen parenchymatischen Gewebe ausgefüllt; der Stengel enthält etwa 7···20% Rohrzucker. Die Ausbeute an Zuckersaft beträgt je nach Mechanisierungsgrad des Preßvorganges 50···90 %. Nach dem Auspressen des Stengels wird der Saft gereinigt und bis zum Auskristallisieren des → Zuckers eingedampft. Das etwa 20···25% der Zuckermasse ausmachende ausgepreßte Z. wird als *Bagasse* oder *Ampas* bezeichnet und dient als Tierfutter, Brennmaterial oder wird zur Papier- und Chemikalienherstellung verwendet. Die Preßrückstände bei der Zuckerproduktion (bei je 1 t Zucker bleiben etwa 1,2···1,3 t Bagasse zurück) gelten als perspektivreiches Ausgangsmaterial für die Produktion von Hydrolysehefen, mit denen das Eiweißdefizit im Futter der Nutztiere in Ländern mit Zuckerohrranbau ausgeglichen werden kann. Aus der bei der Zuckerherstellung zurückbleibenden Melasse wird in der Regel Alkohol (Rum) erzeugt. Im Handel befindliche Bagasse-Erzeugnisse für Ernährungszwecke enthalten etwa 40% Saccharose, 12% Invertzukker, 9% Mineralstoffe, 23% Feuchtigkeit und 16% Ballaststoffe. Der Anteil an Calcium und Kalium ist dabei rel. hoch. Neben der *Zuckerrübe* ist das Z. der wichtigste Zuckerlieferant der Welt, während *Zuckerahorn* und *Zuckerhirse* weniger Bedeutung haben. An der Weltproduktion von Zucker ist Rohrzucker mit 63% und Rübenzucker mit 37% beteiligt. → Nutzpflanze, transgene

Zuckerrohrsaft: der natürliche, milchartige Rohpreßsaft des → Zuckerrohres, der geschmacklich einem verdünnten Traubenmost ähnelt. Der Z. wird als *Caldo de canna* in Brasilien auf den Straßen verkauft. Der eingedickte kristalline Z., *Panela,* in Mittel- und Südamerika zu den Hauptnahrungsmitteln gehörend, enthält in 100 g 0,5 g Eiweiß, 0,1 g Fett, 86 g Kohlenhydrate, 0,02 mg Vitamin B_1 und 0,07 mg Vitamin B_2.

Zuckerrohr, transgenes → Nutzpflanze, transgene

Zuckerrübe: die zweijährige Kulturpflanze, *Béta vulgaris var. altíssima* Döll (Familie *Chenopodiáceae*), mit einem als lange Pfahlwurzel ausgebildeten Rübenkörper, der zur Gewinnung von → Zucker dient. Zwischen den in der Z. nacheinander konzentrisch angelegten 7 bis 12 Gefäßbündelringen befindet sich das parenchymatische, mit Saccharose angereicherte Speichergewebe. Durch züchterische Arbeit ist es gelungen, den Zuckergehalt im Rübenkörper von ursprünglich unter 10% auf 18···22% zu steigern. Das breite Sortenspektrum der Z. hat eine starke Ausweitung des Anbaues in der gesamten gemäßigten und subtropischen Klimazone ermöglicht. Der Erntezeitpunkt der Z. ist nach 6 bis 8 Monaten Wachstumszeit erreicht, wenn bei allmählich absterbendem Blattapparat die Veratmung von Saccharose das Ausmaß der Einlagerung zu übersteigen beginnt. Die Ertragsleistung des → Zuckerrohrs übertrifft häufig diejenige der Z., doch wird für die Z. eine wesentlich geringere Wachstumsperiode benötigt. Unterschiede zum Zuckerrohr in der Zuckergewinnung ergeben sich bei der Z. aus der Notwendigkeit, die Rüben vor der Verarbeitung zu waschen und zu schnitzeln, da der Rübensaft nicht durch Auspressen zu gewinnen ist, sondern durch Diffusionsverfahren mit Wasser ausgezogen wird.

Auf Grund zahlreicher Nebenprodukte (Rübenkopf, Rübenblätter, Rübenschnitzel und Melasse) sind die Z. wertvolle Futtermittel; aufbereitete Zuckerrübenschnitzel dienen als Ballaststoffträger für Anreicherungszwecke in Backwaren.

Zuckerrübenkraut → Zuckerrübensirup

Zuckerrübensaft → Zuckerrübensirup

Zuckerrübensapogenin → Oleanolsäure

Zuckerrübensaponine → Saponine

Zuckerrübensirup, *Rübenkräude, Rübenkreude, Sirup, Kraut, Rübenkraut, Rübensirup, Zuckerrübenkraut:* im Extraktionsverfahren aus sauberen, gesunden, gekochten Zuckerrüben oder -schnitzeln gewonnener, eingedickter *Zukkerrübensaft (Rübensaft).* Der klare, dunkelbraune Z. soll einen reinen, nicht brenzlig-bitteren Geschmack aufweisen und bei 18°C gut streichfähig sein. Der Z. enthält mind. 60% Zucker und höchst. 21,5% Feuchtigkeit; Phosphorsäure darf nicht enthalten sein. Z. wird unvermischt oder als *Speisemischsirup* für Brotaufstrich und zum Backen (Dunkelfärbung von Brotkrume oder Weihnachtsgebäckherstellung) verwendet. Die Lagerung erfolgt bei 4···20°C und 72% rel. Luftfeuchte.→ Sirup → Kraut

Zuckersalzung → Salzfischerzeugnis

Zuckersäuren, *Zuckerdicarbonsäuren:* Dicarbonsäuren, die aus Monosacchariden durch Oxydation der Aldehyd- und der primären Hydroxylgruppe entstehen. Die Z. neigen zur Lactonbildung; bei günstigen sterischen Verhältnissen können sie auch Dilactone bilden. Die *Schleimsäure (Galactarsäure, Mucinsäure, Milchzuckersäure)* kommt als Oxydationsprodukt galactosehaltiger Kohlenhydrate (Galactane, Gummen, Pektine) vor.
In der Ceylon-Olive (Früchte der *Elaeocárpus serrátus* L.), in den verschiedenen reifen Beerenfrüchten u.a. Obst (z.B. Brombeeren, Aprikosen, Pfirsichen, Birnen) sowie in Meeresalgen wurde sie nachgewiesen. Die D-*Zuckersäure (Hydroxalsäure, Metaweinsäure)* wurde in oxydiertem Rohrzucker und als Magnesiumsalz in Feigensaft gefunden. → Saccharide → Uronsäure → Aldonsäuren

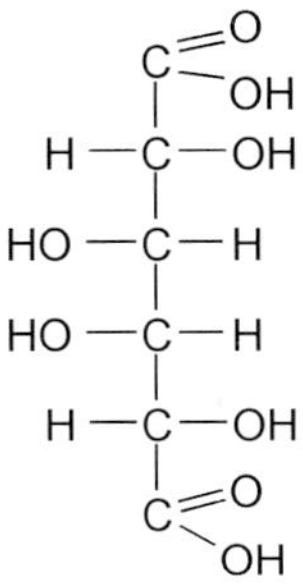

Schleimsäure

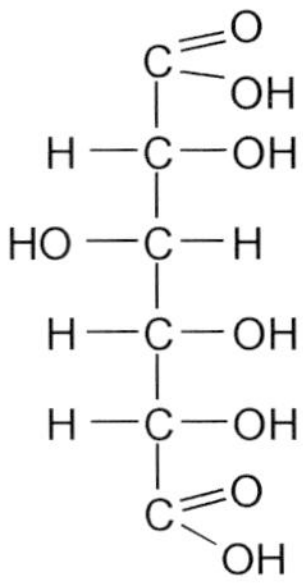

D-Zuckersäure

Zucker-Säure-Verhältnis, *Brixwert:* zahlenmäßige Angabe der mengenmäßigen Beziehung von Zucker zu Säure in Früchten und daraus hergestellten Säften als Orientierungshilfe für deren Schmackhaftigkeit und Bekömmlichkeit. So wird z.B. ein Apfelsaft mit einem Z. zwischen 10:1 und 15:1 noch als durstlöschend empfunden. Die EG-Kommission hat als neue Qualitätsnorm für Kiwis, die am 1.10.1990 in Kraft trat, einen *Brixwert* von 10 bis 12 (das entspricht einem Z. von 10:1 bis 12:1) für eine Einstufung in die Klassen „Extra", „I" und „II" festgelegt.
Das Z. ändert sich während Wachstum und Reife der Früchte (s. Beispiel in der Tabelle auf Seite 908). Zur Einstellung von wohlschmeckenden und ausgeglichenen Fruchtsafterzeugnissen wird das Z. der Preßsäfte nach Bedarf durch Zucker- oder Wasserzusätze korrigiert.

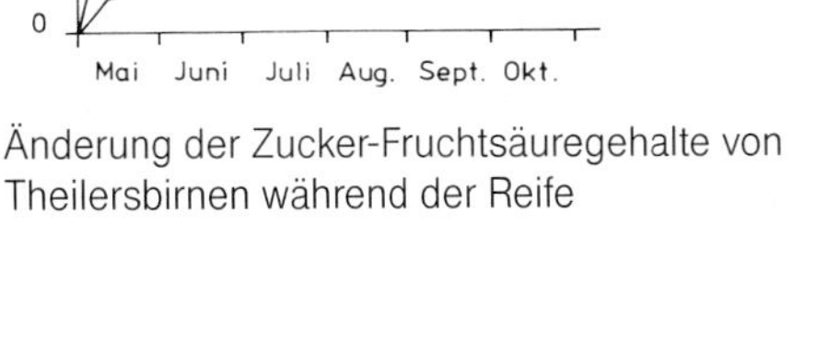

Änderung der Zucker-Fruchtsäuregehalte von Theilersbirnen während der Reife

Durchschnittliche Fruchtsäure- und Zuckergehalte in Preßsäften und die zu einem schmackhaften Getränk notwendigen Zucker- und Wasserzusätze (nach Baumann und Schliessmann)

Fruchtart	natürlicher Zucker %	Gehalt an Säure %	Ausbeute l/100 kg	Zusatz pro 1 l Preßsaft Wasser Liter	Zucker Gramm
Äpfel	9···12	0,7	67	-	-
Birnen	9···12	0,4	67	-	-
Qitten	7,6	0,8	40	-	70
Johannisbeeren, rot	7,0	2,1	70	1···1,5	120···150
Johannisbeeren, schwarz	8,0	3,0	70	1,8	150
Stachelbeeren	6,9	1,5	60	1	130
Himbeeren	3,8	1,4	80	wenig zum	100
Erdbeeren	7,2	0,8	75	Auslaugen	80
Heidelbeeren	5,3	1,3	80	1	100
Preiselbeeren	5,3	1,3	70	1	100
Brombeeren	5,7	1,2	60	1	100
Süßkirschen	10···14	0,4	65	mischen mit Johannisbeeren	
Sauerkirschen	7,5	1,2	65	0,6	100
Weintrauben	15,0	0,7	70	-	-
Rhabarber	0,3	0,8	65	-	120
Tomaten	0,5	0,2	90	-	-

Zuckerschnecke → Schnecke

Zuckersirup → Zucker, flüssiger

Zuckersorghum → Zuckerhirse

Zuckerstreusel: aus Zucker und Fondantmasse im Dragierverfahren hergestellte Streusel mit Fondant- oder Schokoladenkern, mit einem → Überzugsmittel aus Zucker, Wachs oder anderen → Trennmitteln. Die Z. werden ein- oder vielfarbig produziert.

Zuckertang → Seekohl

Zuckerware: zu den → Süßwaren zählendes Erzeugnis aus Zucker jeglicher Art allein oder mit verschiedenen Zusätzen von anderen zu Nahrungs- und Genußzwecken geeigneten Stoffen, bes. Stärkesirup, Malzextrakt, Milcherzeugnissen, Eiern, Honig, Fetten, Kakaoerzeugnissen, Fruchtzubereitungen, Samenkernen, Geliermitteln, Geruchs-, Geschmacks-, und Farbstoffen. Zu den Z. gehören *Bonbons, Gelatine* und *Geleezuckerwaren, Fondants, Konserven, Dragees, gebrannte Mandeln, Komprimate, Schaumzuckerwaren, orientalische Schaumzuckerwaren, Streuselkugeln, Krokant, Kokoswaren, Süß-* und *Desserttafeln, Marzipan* u. ä. *Nußmassen, Lakritzwaren, Kaugummi und Brauselimonadenpulver.* Die Z. sind ernährungsphysiologisch nicht wertvoll (hoher Energiewert – vorwiegend dem Zucker entstammend –, geringer Eiweißanteil, z.B. aus Samenkernen, kaum Ballaststoffe) Ein reichlicher Verzehr der verschiedenartigen, sehr schmackhaften Z. trägt zu einem gesteigerten Zuckerverbrauch und damit zu einer überhöhten Energiezufuhr bei. → Zucker

Zuckerwarenkomprimat, *Komprimat, Preßling:* unter starkem Druck in Tabletten, *Pastillen, Würfel u.a. Formen gepreßte* → Zuckerware mit harter, kompakter und feinkörniger Konsistenz, deren Hauptbestandteil bei *Traubenzuckerkomprimat,* Saccharose ist. Zugesetzt werden u.a. Malzextrakt, → Süßholzsaft, Genußsäuren, Ammoniumchlorid, Menthol sowie zugelassene Drogen. Als Bindemittel (insges. 0,5%) können Speisegelatine, Bienenwachs, Pektin, Tragant u.a. verwendet werden. Z. B. gibt es in mehreren Sorten: *Erfrischungskomprimate* (*p*H-Wert in 50%iger wäßriger Lösung höchst. 2,4), *Fruchtkomprimate, Kräuter- und Malzkomprimate (Pefferminzpastillen), Salmiakpastillen, Brausetabletten* und *-würfel* (→ Brausepulver). Schwache Färbung der Z. (außer Traubenzuckerkomprimate) und künstliche Aromatisierung unter Kennzeichnung sind zulässig. Diabetikerzuckerwarenkomprimate enthalten als Zuckeraustauschstoffe Fructose, Glucitol und Xylitol.

Zuckerwurz, *Süßwurz, Merk, Zuckermerk, Klingelmöhre:* eine in Mittel- und Südosteuropa weit verbreitete, bis zum Ende des 18. Jh. kultivierte Gemüsepflanze, *Síum sisárum var. sisárum* L. (Familie *Apiáceae*), die lange Zeit nur in botanischen Gärten überlebte und neuerdings wieder dem kommerziellen Anbau zugeführt wird. Wie bekannt die Pflanze war, läßt sich an den jeweiligen Bez. nachvollziehen: in Dänemark *Sukkerrod,* in Schweden *Sokkerrot,* in Italien *Sisaro,* in Portugal *Chirivia,* in Frankreich *Chervis* oder *Skirret.* Die büschelig-knolligen, 5···8 gleichrangigen, innen weißen, bis zu 30 cm langen, von der Basis des Stengels ausgehenden Wurzeln, der bis zu 90 cm hohen Pflanze enthalten 8···11% Saccharose, 5···12% Stärke und 1,4% Mineralstoffe. Sie schmecken fenchelartig und werden, wie die Blätter der Pflanze als Koch- und Salatgemüse genutzt. Die Wurzeln lassen sich roh nicht schälen; sie werden im Ganzen gekocht und dann wie Kartoffeln geschält. Die Wurzelknollen können im Freiland überwintern und nach Bedarf ausgegraben werden; sie lassen sich aber im Herbst auch ernten. Die Z. ist vermutlich im damaligen Rußland aus der Wildform *S. lancifólium* M. Bieb. hervorgegangen. In Japan, China und Korea wird die *Ninsi-Zuckerwurz, S. nínsi* L. ebenfalls als Gemüse kultiviert. → Lebensmittel, nostalgisches

Zulkowski-Stärke → Stärke, dünnkochende

Zulu-Nuß → **1.** Erdmandel
2. Knollenziest

Zumischmehl → Brotgetreidemehl → Maismehl

Zunge, *Glossa, Lingua:* Organ des Verdauungsapparates. Als muskulöses Organ dient sie den Vorgängen des Saugens, des Kauens und des Schluckens. Sie besteht aus der Zungenspitze (*Apex linguae*), dem Zungenkörper (*Corpus linguae*) und der Zungenwurzel (*radix linguae*). Sie zählt zu den → Innereien und wird frisch, gepökelt oder geräuchert angeboten oder zu → Zungenwurst verarbeitet. Bevorzugt werden Z. von Kalb und Rind.

Grundnährstoffe und Energiewerte der Rinder- und Schweinezunge (Mittelwerte je 100 g des verzehrsfähigen Anteils)

Inhaltstoff	Rind	Schwein
Eiweiß	16,0	15,1
Fett	15,9	18,3
Kohlenhydrate	0,4	0,3
Wasser	66,4	65,6
Energiewert je 100 g kJ (kcal)	935 (225)	1005 (240)

Zungenpastete: bes. feines, mild gewürztes, gekochtes *Fleischfeinkosterzeugnis,* wofür Rindfleisch, Schweinefleisch, Zunge, Kochsalz, Nitritpökelsalz und Gewürze eingesetzt werden. die Z. ist mit einer Speckhülle versehen, die 10% der Grundmasse nicht überschreiten darf. Im Schnittbild müssen Zungenteile erkennbar sein, die mind. 40% der Gesamtmasse betragen. Die *Pastetenfarce* (→ Brät) wird ähnlich wie die Brühwurst bereitet. Z. wird in Kastenformen hergestellt.

Zungenwurst: → *Kochwurst* (→ *Blutwurst,* Spitzensorte), zu deren Herstellung Speck, Zunge, Schwarten, Blut, Nitritsalz, Pfeffer, Nelken und Majoran eingesetzt werden. Als Wursthüllen dienen Schweinekappen oder Schweineblasen. Die Abbindung ist rot. Das Schnittbild zeigt reinweiße Speckwürfel von etwa 5 mm Kantenlänge und rosarot- bis braunrotfarbene Zungen, fast gleichmäßig in dunkelrotbrauner Blutmasse verteilt. → Wurst

Zutaten: Sammelbez. für alle Stoffe, die bei der Herstellung eines Lebensmittels verwendet werden und im Enderzeugnis noch vorhanden sind. Nach der Kennzeichnungs-VO müssen die Z. auf einem Zutatenverzeichnis in absteigender Reihenfolge ihres Massenanteils zum Zeitpunkt der Verwendung bei der Herstellung des Lebensmittels angegeben werden. In Deutschland werden Z. im § 5 der Lebensmittelkennzeichnungs-VO wie folgt definiert:
(1) Zutat ist jeder Stoff, einschließlich der Zusatzstoffe, die bei der Herstellung eines Lebensmittels verwendet wird und unverändert oder verändert im Enderzeugnis vorhanden ist. Besteht eine Zutat eines Lebensmittels aus mehreren Zutaten (zusammengesetzte Zutat), so gelten diese als Zutaten des Lebensmittels.
(2) Als Zutaten gelten nicht:
1. Bestandteile einer Zutat, die während der Herstellung vorübergehend entfernt und dem Lebensmittel wieder hinzugefügt werden, ohne daß sie mengenmäßig ihren ursprünglichen Anteil überschreiten.
2. Stoffe der Anlage 2 der Zusatzstoffverkehrsverordnung, Aromen, Enzyme, und Mikroorganismenkulturen, die in einer oder mehreren Zutaten eines Lebensmittels enthalten waren, sofern sie im Endergebnis keine technologische Wirkung ausüben,
3. Zusatzstoffe im Sinne von §11 Abs. 2 Nr. 1 des Lebensmittel- und Bedarfsgegenständegesetzes.
4. Lösungsmittel und Trägerstoffe für Stoffe, der Anlage 2 der Zusatzstoffverkehrsverordnung, Aromen, Enzyme und Mikroorganismenkulturen, sofern sie in nicht mehr als technologisch erforderlichen Mengen verwendet werden.

Zusatzstoffe → Lebensmittelzusatzstoffe

Zusatzstoffe, genetisch produzierte → Nutzpflanze, transgene

Zweidrittelmilch → Milchnahrung

Zweierbrötchen → Semmel

Zweikorn → Weizen

Zweikornbrot → Mehrkornbrot

Zweiling → Semmel

Zweistufensauerbrot → Brot → Sauerteig

Zweitmehl → Auszugsmehl

Zwergbrombeere → Multbeere

Zwerg-Cavendish → Banane

Zwergkalmar → Tintenfisch

Zwergkürbis → Zucchini

Zwerglinse, *Entenlinse, Zwergwasserlinse:* eine Wasserlinsenart, *Wólffia arrhíza* (L.) Horkel ex Wimm. (Familie *Lemnáceae*), mit ovalen Blättchen von 1,5 mm Länge und 0,5···1 mm Durchm. die sich durch Sprossung fortpflanzt.. In Nord-Thailand, Burma und Laos zählt die Z. zu den lokaltraditionellen Nahrungsmitteln und wird dort als *Khai-nam* bezeichnet. Von Okt. bis Juli kann die Z. als dicke gelbgrüne Masse in Abständen von 3 bis 4 Tagen geerntet werden und bringt je 1 m^2 und Woche etwa 0,68 kg Ertrag. Die Z. ist während der Reproduktionsphase von Aug. bis Okt. nicht genießbar. Ihr Eiweißgehalt in der Trockenmasse beträgt 20 %. Die Z. wird auch zur Eigenproduktion von flavonoid- und proteinreichem Gemüse in Raumschiffen verwendet.

Zwergmehlbeere → Zwergvogelbeere 2.

Zwergmispel → Zwergvogelbeere 2.

Zwergorange → Kumquat

Zwergpomeranze→ Kumquat

Zwergtintenfisch → Tintenfisch

Zwergvogelbeere: 1. *Rote Apfelbeere, Rote Drosselbeere:* die nahezu erbsengroßen rotfarbenen Früchte des im 18. Jahrh. in Europa (St. Petersburg) aus Amerika eingeführten, fast 2 m Höhe erreichenden Zierstrauches, *Arónia arbutifólia* (L.) Pers. (Familie *Rosáceae*) mit mehlig-neutral schmeckenden Früchten. Einige Zuchtsorten werden in der ehem. ČSFR und der ehem. Sowjetunion bereits zur Obstgewinnung kultiviert.
2. *Zwergmispel, Zwergmehlbeere:* die scharlachroten, kugelig-eiförmigen 10···13 mm langen, eß-

baren Scheinfrüchte von *Sórbus chamaeméspilus* (L.) Crantz (Familie *Rosáceae*). In Hungersnöten wurden die Beeren getrocknet, gemahlen und als Brotstreckmittel verwendet.

Zwergwasserlinse → Zwerglinse

Zwergweizen, Indischer → Kugelweizen, Indischer

Zwergwels → Wels

Zwergzitrone → Kumquat

Zwetsche: Frucht von *Prúnus doméstica* L. *subspec. oeconómica* Borkh., einer Unterart der Obstart → Pflaume, mit den Varietäten → *Rundpflaume* → Ovalpflaume → Dattelzwetsche → Halbzwetsche und → *Echte Zwetsche.* Die Bez. wird bisweilen irrtümlich für die gesamte Obstart Pflaume gebraucht.

Zwetsche, Echte, *Zwetschge, Zwetschke, Pflaume:* Frucht von *Prúnus doméstica subspec. oeconómica var. pruneauliána* Ser. apud DC. (Familie *Rosáceae*) eine Pflaumenvarietät mit länglichen, nach Stiel und Griffelseite verjüngten, meist dunkelblauen Früchten. Die Z. haben süßes, aromatisches, knorpeliges Fruchtfleisch, ihre Schale ist ohne Säure. Sie sind die wichtigste Varietät der Obstart → *Pflaume* und zum Frischverzehr und zur Verarbeitung gut geeignet. Am weitesten verbreitet sind die Sorten des Formengemisches der → *Hauszwetsche,* die große wirtschaftliche Bedeutung für die Verarbeitungsindustrie hat. Die vor den Hauszwetschensorten reifenden Z. werden als → *Frühzwetschen* bezeichnet. Im Volksmund dient die Bez. Z. irrtümlich oft als Sammelbegriff für alle Pflaumen.

Zwetschge → Zwetsche, Echte

Zwetschgenbrand → Obstbrand

Zwetschgenwasser → Obstbrand

Zwetschke → Zwetsche, Echte

Zwickelprotein, Haftprotein (veraltet): ein zwischen den Stärkekörnern im Endosperm (Nährgewebe) des Weizenkornes vorkommendes Eiweiß mit einem i. P. ~ 6. → Eiweiß

Zwieback: eine durch zweimaliges Erhitzen hergestellte, knusprige Dauerbackware mit höchst. 7 % Feuchtigkeit. Nach dem Backen eines vorwiegend mit Hefe gelockerten Teigstückes folgt das zweite Erhitzen als ein Rösten, der aus dem sog. *Einback* abgeteilten, etwa 1 cm dicken Scheiben. Am meisten verbreitet ist der sog. *Längenzwieback* (der Einback wird in langen, schmalen Kastenformen oder in dicht aneinandergesetzten Längen hergestellt) in *angerösteter (geflämmter)* oder *durchgerösteter* Art. Der geflämmte Z. hat gegenüber dem durchgerösteten Z. den Vorteil, daß er nicht hart, sondern mürbe und gut kaubar ist; er ist auf beiden Seiten gleichmäßig gebräunt und weist im Gegensatz zum durchgerösteten Z. einen weißen Kern im Innern auf. *Rundzwieback* wird vor allem in den Niederlanden und in Ungarn hergestellt und von dort häufig importiert. Infolge seines geringeren Zuckergehaltes (6···8 % bei 8···10 % Fettgehalt) ist er im Gegensatz zum Längenzwieback vielseitiger verwendbar und wird häufig auch mit Aufstrich oder pikantem Belag verzehrt. Außerdem hat der *Rundzwieback* vor allem auf Grund des häufig verwendeten Eizusatzes eine schaumig-lockere Struktur. Als Triebmittel für Rundzwieback darf nur Hefe verwendet werden. Je nach Art der verwendeten Rohstoffe werden folgende Zwiebacksorten unterschieden: *Einfachzwieback* wird aus hellem Weizenmehl unter Zusatz von Trinkvollmilch oder Magermilchpulver, Magarine oder Butter, je nach Rezeptur gelegentlich auch unter Ei- und Sojazusatz hergestellt. *Kinderzwieback* enthält als Fettbestandteil ausschließlich Butter (4 % im Fertigerzeugnis) sowie Trinkvollmilch (20 l je 100 kg Fertigware). *Milchzwieback* enthält je 100 kg Mehl mind. 20 l Trinkvollmilch und Magarine als Fettkomponente. *Nährzwieback* muß je 1 kg Mehl und/oder Stärke einen Mindestgehalt von 0,1 kg Frischei und mind. 0,1 % Butter aufweisen. *Vollkornzwieback* besteht ausschließlich aus Vollkornmehl; die im Handel befindlichen Sorten weisen je 100 g etwa 0,2 mg Vitamin B_1 auf. *Sultaninenzwieback* ist ein Z. mit hohem Anteil an Ei (10 % Eitrockenmasse im Fertigerzeugnis) und Sultaninen (20 %). *Biskuitzwieback,* auch *Röstbiskuit* genannt, besteht aus einem Teig mit hohem

Eianteil und Zucker, gelegentlich sind auch Sultaninen zugesetzt. Der Biskuitzwieback enthält je nach Rezepturvariante entweder nur einen sehr geringen (1,5 % Magarine) oder keinen Fettzusatz. Durchschnittlicher Fett- und Zuckergehalt einiger handelsüblicher Zwiebacksorten (s. Tab.).

Durchschnittl. Fett- und Zuckergehalt einiger Zwiebacksorten

Zwiebacksorte	Fettgehalt in %	Zuckergehalt in %
Einfachzwieback	6···8	12···15
Milchzwieback	8···10	12···15
Nährzwieback	8···10	18···20
Kinderzwieback	9···11	12···15
Vollkornzwieback	7···9	12···15
Sultaninen-zwieback	20···22	25···27
Biskuitzwieback	4···6	38···40

Neben dem Z. als Dauerbackware mit einer Haltbarkeit von 6 Monaten gibt es noch belegte Z., deren Genußtauglichkeit einer Feinbackware mit verlängerter Haltbarkeit entspricht. Je nach Auflage werden unterschieden: *Makronenzwieback* (ein Z. mit Makronenmasseauflage); die Einbackscheiben werden nur von einer Seite geröstet, anschließend wird die andere Seite mit Schalenobstmasse bestrichen und das Ganze noch einmal gebacken. In ähnlicher Weise werden *Streuselzwieback* (die ungeröstete Seite wird mit Ei bestrichen und mit Streuseln belegt), *Wiener Z.* (ungeröstete Scheibe mit Biskuitmasse bestrichen) und *Eierzwieback* (ungeröstete Seite mit einer Masse aus Zucker, Eiern, Vanille und Mehl bestrichen) hergestellt. Daneben gibt es noch den *Guß-* oder *glasierten Z.* (nach doppelseitigem Rösten wird der Z. mit einer Zuckerglasur überzogen). *Olgazwieback* ist ein gewöhnlicher Z., der mit Anis- und Fenchelöl gewürzt ist. → Diätzwieback → Biskuit

Zwieback, glutenfreier → Diätzwieback

Zwiebackkwaß → Kwaß

Zwiebackmehl: 1. ein aus zerkleinertem Zwiebackbruch bestehendes, → aufgeschlossenes Mehl, das als *Kindernährmehl* verwendet wird oder Bestandteil von Paniermehl ist. In Backbetrieben darf das Z. bis zu 2 % (bezogen auf Mehleinsatz) dem Zwiebackteig wieder zugesetzt werden. **2.** ein → Getreidemehl, das als → Einzweckmehl zur Herstellung von Zwieback bestimmt ist.

Zwieback, natriumarmer → Diätzwieback

Zwiebackschokolade → Gebäckschokolade

Zwiebel: 1. botan.: Speicherorgan von Pflanzen aus der Familie *Liliáceae* in Form eines verkürzten Sprosses mit verdickten, fleischigen Schuppenblättern, die einer stark verkürzten, scheiben- bis kegelförmigen Achse (dem Zwiebelkuchen) aufsitzen. Bei der Gattung *Állium (Lauchzwiebeln)* sind die Z. vielschalige Gebilde; bei der Gattung *Túlipa (Tulpenzwiebeln)* bestehen die Z. aus einem bis mehreren geschlossenen Nährblättern, die aus Achselsprossen eines niederblattähnlichen Grundblattes hervorgehen. Bei der Gattung *Lílium* und *Fritillária* sind die Z. durch mind. zwei fleischige, nicht umfassende Nährblätter gekennzeichnet. *Luftzwiebeln (Rundlinge* oder *Brutzwiebeln)* sind Infloreszenzbulbillen, die anstelle von normalen Blüten oder neben normalen Blüten am Ende eines blattlosen Blütenschaftes in einer Scheindolde ausgebildet werden. wie dies z. B. bei der → *Cattawissazwiebel,* beim → *Knoblauch* und *Schlangenlauch* der Fall ist. *Nebenzwiebeln (Zehen* oder *Klauen)* sind die länglich-eiförmigen Teilzwiebeln, die morphologisch Achselknospen mit ihren kollateralen Beiknospen entsprechen; sie treten insbes. bei → Knoblauch und → Schalotte auf.
2. *Speisezwiebel:* i. w. S. Sammelbegriff für eßbare Speicherorgane von Pflanzen vorwiegend aus der Familie der Liliengewächse mit den Gattungen *Állium* (→ Lauch), *Túlipa* (→ Tulpenzwiebeln), *Lílium* (→ Lilienzwiebel) und *Fritillaria* (→ Kaiserkrone). Die Speisezwiebel dient als → Gemüse → (Gemüsezwiebel) und /oder Gewürz (Gewürzzwiebel).
3. *Speisezwiebel:* i. e. S. *Küchen-* oder *Sommerzwiebel, Állium cépa* L., die in vielen Zuchtformen als kugelige, plattrund oder birnenförmige, weiß-, gelb- bis dunkelstrohfarbene oder rosa- bis röt-

Zusammensetzung und Energiewert von Speisezwiebeln

Bestandteil	Gehalt je 100 g eßbaren Anteils
Feuchtigkeit	87,6 g
Eiweiß	1,25 g
Fett	0,25 g
Kohlenhydrate	9,55 g
Rohfaser	0,76 g
Mineralstoffe	0,59 g
Natrium	9 mg
Kalium	175 mg
Calcium	31 mg
Eisen	0,5 mg
Phosphor	42 mg
Caroten	0,03 mg
Vitamin E	0,2 mg
Vitamin B_1	0,03 mg
Vitamin B_2	0,03 mg
Niacin	0,2 mg
Vitamin B_6	0,13 mg
Vitamin C	8,5 mg
Energiewert in kJ (kcal)	188 (45)

→ Gemüse, milchsaures Lauch
→ Essiggemüsesterilkonserve

lichblauschalige, mildsüßliche Gemüsezwiebel oder scharf schmeckende Gewürzzwiebel, in verschiedenen Größen bis zur *Riesenzwiebel* kultiviert wird. Größensortierungen mit einem Querdurchmesser von 20···30 mm werden als *Einmachzwiebeln* oder *Pickles,* von 30···60 mm als *Haushalts*- und über 60 mm als *Fleischer*- oder *Industriezwiebel* bezeichnet. Nach der Haltbarkeit unterscheidet man zw. den frisch zu verzehrenden *Lauchzwiebeln* (Speisezwiebel mit Laub s. → Lauch 2.) die als ganze Pflanze angeboten werden, *frühen Speisezwiebeln* (Speisezwiebeln mit gekürztem, nicht mehr ganz frischem Laub) und *Dauerzwiebeln* (ausgereiften, trockenen Z.). Die Bez. der Z. leitet sich vom mittelhochdeutsch. *Zibolle* und dem lat. *cepulla* her. Mundartl. Bez. sind *Rams, Bolle* oder *Zippeln.* Der Gehalt an ätherischem Öl beträgt bei frischen Z. 0,01···0,02 %. Der tränenauslösende Faktor ist auf die flüchtige Substanz → Propanthial-S-oxid zurückzuführen. Zusammensetzung der Z. s. Tab. links.
Die Haltbarkeit der Z. ist je nach Sorte unterschiedlich. Für die Lagerung müssen die Hälse der Z. vollständig abgetrocknet sein. Zur Aufbewahrung eignen sich am besten weitmaschige, luftdurchlässige Säcke oder Behältnisse mit guter Luftzirkulation auch im Kühllager. Die Haltbarkeit beträgt bei 1···2°C etwa 6 Monate oder bei Normallagerung (ohne Kühlung) je nach Temperatur 2 bis 3 Monate mit 15 % Masseverlust gegenüber 3···4 % Masseverlust bei Kühllagerung. Die milden, weißen oder roten *Gemüsezwiebeln* sind nur etwa 2 Monate, die scharfen Gewürzzwiebeln dagegen bis zu 8 Monaten haltbar. Bei nicht ausreichender Belüftung neigt die Z. zu Fäulnis; bei zu hohen Temp. (über 4°C) zu verfrühtem Auskeimen (s. → Keim). Zu den industriell hergestellten Zwiebelprodukten zählen *Zwiebelpulver,* und *getrocknete Zwiebelstücke (gekibbelte Z.), Zwiebelsaftkonzentrat* (Frischzwiebelaroma- und Bratzwiebelaromakonzentrate bzw. Röstzwiebelextrakt).

Zwiebel, Afrikanische → Lauch

Zwiebel, Ägyptische → Catawissazwiebel → Lauch

Zwiebel, Amerikanische → Catawissazwiebel → Lauch

Zwiebelane *(Z/E) 2,3-Dimethyl-5,6-dithiabicyclo*[*2.1.1*]hexan-5-oxide: Inhaltsstoffe der Zwiebel, wobei das Z. A in der cis-Konfiguration und Z. B in der trans-Konfiguration vorliegt (s. Formel).

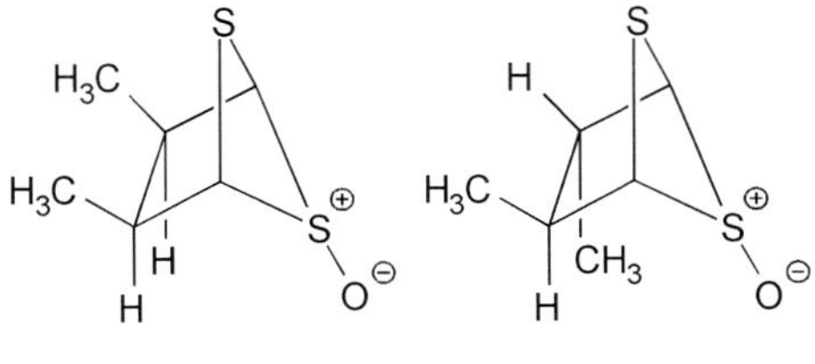

Zwiebelan A Zwiebelan B

Zwiebelaroma: bei der Zerkleinerung des Zwiebelgewebes entsteht durch die Einwirkung des Enzyms Alliinase u.a. das tränenfördernde Propanthial-S-oxid. Charakteristische Stoffe der rohen Zwiebel sind weiterhin die Alkylthiosulfonate, bei der gekochten Zwiebel die Propyl- und Propenyldisulfide.

Zwiebelbrot → Brot mit Gemüsezusatz

Zwiebel, Chinesische → Schnittlauch, Chinesischer

Zwiebel, gekibbelte → Zwiebel 3.

Zwiebelgemüse → Gemüse → Gemüsezwiebel

Zwiebelgewürz: die frischen oder getrockneten Zwiebeln von Knoblauch, Perlzwiebel, Schalotte oder Zwiebel. → Gewürz → Zwiebelpulver

Zwiebellauch → Sälauchzwiebel → Lauch 3. → Gemüsezwiebel

Zwiebel, lebendgebärende → Catawissazwiebel

Zwiebelleberwurst: → *Kochwurst* (einfache Sorte), zu deren Herstellung Leber, Schweinefleisch, Schweinskopffleisch, Rinderkopfputz, Fettabschnitte vom Schwein, Schweinemicker, andere Innereien, Kesselfett verwendet werden. Zum Würzen werden Zwiebeln, Kardamom und Majoran zugesetzt. Als Wursthüllen dienen Natur- oder Kunstdärme. Die Abbindung ist blau. Das Schnittbild zeigt eine graue bis hellrötlich-graue, fein gekutterte Wurstmasse, in der Fettstücke von etwa 8 mm Durchm. als grobe Bestandteile vorhanden sein können. Eine geringe Fettabscheidung an der Darmwand ist zulässig. → Wurst

Zwiebelpulver: ein → Zwiebelgewürz aus getrockneten und zerkleinerten → Zwiebeln. Da Z. auf Grund seiner hohen Hygroskopizität leicht zum Klumpen neigt, sich dabei verfärbt und den Geschmack von gerösteten Zwiebeln annehmen kann, außerdem durch den Trocknungsprozeß ein Großteil des für das Frischzwiebelaroma mitverantwortlichen ätherischen Öles verlorengeht, werden bevorzugt Zwiebelextrakte ähnlich der Fruchtsaftkonzentratgewinnung hergestellt, die dem Frischzwiebelaroma weit ähnlicher sind. Diese Frischzwiebelextrakte werden zu Trockenerzeugnissen (durch Auftragen auf Trägerstoffe (Salz, Dextrose u.s.w.) oder Flüssigprodukten mit guter Dosierfähigkeit weiterverarbeitet.

Zwiebelsaftkonzentrat → Zwiebel

Zwiebelsalz → Gewürzsalz

Zwiebel, zwiebeltragende → Catawissazwiebel → Lauch

Zwiemilch, *Zwiemilchernährung:* Ernährungsregime, das durch die Zufütterung künstlicher Milchnahrung bei nicht ausreichender Versorgung des Säuglings mit Frauenmilch gekennzeichnet ist. Die Z. stellt demnach keine bes. Milchzubereitung dar.

Zwiespitze → Spilling

Zwillingsbrot, *Doppeltes Lottchen:* ein aus 60 % Roggenmehl R 1150 und 40 % Weizenmehl W 1050 hergestelltes Roggenmischbrot, das beim Aufarbeiten des Teiges aus zwei halben Brotlaiben zusammengesetzt wird, was beim Kauf ein erwünschtes Teilen des Brotes durch Auseinanderbrechen erleichtert. → Brot

Zwischenmilch: transitorische → Frauenmilch

Zwölf-Tage-Kraut → Keim

Zyanamid (→ Cyanamid) → Stoffe, Lathyrismus auslösende

Zyanidanol (→ Cyanidanol) → Catechine

Zyanidin (→ Cyanidin) → Anthocyane

Zyanidinglycoside (→ Cyanidinglycoside) → Anthocyane

Zyanin (→ Cyanin) → Anthocyane

Zyan-mono-3-p-cumarat (→ Cyanin-mono-3-p-cumarat) → Anthocyane

β-Zyanoalanin (→ β-Cyanoalanin) → Stoffe, Lathyrismus auslösende

Zyanokobalamin (→ Cyanocobalamin) → Vitamin B_{12}

2-Zyanopropylamin (→ 2-Cyanopropylamin) → Stoffe, Lathyrismus auslösende

Zygosaccharomyces soiae: zur Herstellung von → Sojasoße in asiatischen Ländern genutzte Mikroorganismen, die Fermentation von Sojabohnen bewirken.

Zykasin → Cycasin

Zyklitole → Cyclitole

Zyklo-alliin (→ Cyclo-alliin) → Aminosäuren

Zykloartenol → Cycloartenol

Zymarose → Desoxyzucker

p-Zymol → p-Cymol

Zymonsäure: ein Lacton mit der Formel

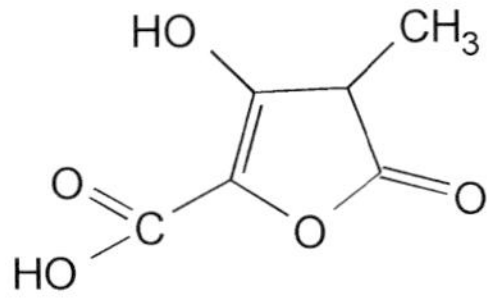

Z. ist ein Stoffwechselprodukt verschiedener Hefepilze

Zymosterin → Sterole

Zynarin (→ Cynarin) → Hydroxyzimtsäuren

Zynen (→ Cynen) → Terpen-Kohlenwasserstoffe

Zyneol → 1,8-Cineol

L-Zystein (L-Cystein) → Aminosäuren

L-Zystin (L-Cystin) → Aminosäuren → Amine, biogene

Zystinsäure (→ Cystinsäure) → Amine, biogene

Zystizerkose, *Cysticercose*: Parasitäre Erkrankung der Schlachttiere durch Befall mit Bandwurm.

Zytidin → Cytidin

Zytidin-desoxyribosid → Cytidin-desoxyribosid → Nucleotide

Zytidinphosphorsäuren → Cytidinphosphorsäuren

Zytidylsäuren → Cytidinphosphorsäuren

Zytnia: poln. wasserheller, weicher Roggenwodka mit einem Ethanolgehalt von 40 %-Vol.

Zytochrome → Cytochrome

Zytosin → Cytosin

Zytosin-D-ribosid → Cytosin → Nucleotide

Zytosylsäure → Cytidinphosphorsäuren

Richtwerte für die Energiezufuhr

Alter	kcal/Tag		MJ/Tag		kcal/kg		kJ/kg	
	m	w	m	w	m	w	m	w
Säuglinge								
0 bis unter 4 Monate	550		2,3		112		470	
4 bis unter 12 Monate	800		3,3		95		400	
Kinder								
1 bis unter 4 Jahre	1300		5,4		102		430	
4 bis unter 7 Jahre	1800		7,5		90		380	
7 bis unter 10 Jahre	2000		8,4		73		300	
10 bis unter 13 Jahre	2250	2150	9,4	9,0	61	54	260	230
13 bis unter 15 Jahre	2500	2300	10,5	9,6	53	46	220	190
Jugendliche und Erwachsene[1]								
15 bis unter 19 Jahre	3000	2400	12,5	10,0				
19 bis unter 25 Jahre	2600	2200	11,0	9,0				
25 bis unter 51 Jahre	2400	2000	10,0	8,5				
51 bis unter 65 Jahre	2200	1800	9,0	7,5				
65 Jahre und älter	1900	1700	8,0	7,0				
Schwangere								
ab 4. Monat		+ 300		+ 1,2				
Stillende	bis	+ 650	bis	+ 2,7				

[1] Die Werte gelten für Personen mit vorwiegend sitzender Tätigkeit (Leichtarbeiter). Für andere Berufsschweregruppen sind folgende Zuschläge erforderlich: Mittelschwerarbeiter: 2,5 MJ (600 kcal); Schwerarbeiter: 5,0 MJ (1200 kcal); Schwerstarbeiter: 6,7 MJ (1600 kcal).

Quelle: Empfehlungen für die Nährstoffzufuhr nach DGE, 5. Überarb. 1991, S. 22.

Empfohlene Nährstoffzufuhr pro Tag nach DGE*

Alter	*Protein* g/kg[1] m	w	*Protein* g m	w	*ess. Fettsäuren* % der Energie	*Calcium* mg m	w
Säuglinge							
0 bis unter 4 Monate	2,2		11		4,5	500	
4 bis unter 12 Monate	1,6		13		3,8	500	
Kinder							
1 bis unter 4 Jahre	1,2		16		3,5	600	
4 bis unter 7 Jahre	1,1		21		3,5	700	
7 bis unter 10 Jahre	1,0		27		3,5	800	
10 bis unter 13 Jahre	1,0		38	39	3,5	900	
13 bis unter 15 Jahre	1,0		51	50	3,5	1000	
Jugendliche und Erwachsene							
15 bis unter 19 Jahre	0,9	0,8	60	47	3,5	1200	
19 bis unter 25 Jahre	0,8		60	48	3,5	1000	
25 bis unter 51 Jahre	0,8		59	48	3,5	900	
51 bis unter 65 Jahre	0,8		58	48	3,5	800	
65 Jahre und älter	0,8		55	47	3,5	800	
Schwangere		58[2,3]		58[2]	3,5		1200
Stillende		63[3]		63	3,5		1300[4]

* Richtwerte für die Zufuhr von Fett befinden sich auf der Seite 922.
[1] g/kg Sollgewicht und Tag
[2] Ab 4. Monat der Schwangerschaft.
[3] g/Tag
[4] Zum Ausgleich der Verluste während der Schwangerschaft.

Empfohlene Nährstoffzufuhr pro Tag nach DGE (Fortsetzung)

Alter	*Magnesium* mg m	w	*Eisen* mg m	w[2]	*Jod* µg	*Zink* mg m	w
Säuglinge							
0 bis unter 4 Monate		40	6[3,4]		50	5	
4 bis unter 12 Monate		60	8		80	5	
Kinder							
1 bis unter 4 Jahre		80	8		100	7	
4 bis unter 7 Jahre		120	8		120	10	
7 bis unter 10 Jahre		170	10		140	11	
10 bis unter 13 Jahre	230	250	12	15	180	12	12
13 bis unter 15 Jahre	310	310	12	15	200	15	12
Jugendliche und Erwachsene							
15 bis unter 19 Jahre	400	350	12	15	200	15	12
19 bis unter 25 Jahre	350	300	10	15	200	15	12
25 bis unter 51 Jahre	350	300	10	15	200	15	12
51 bis unter 65 Jahre	350	300	10	10	180	15	12
65 Jahre und älter	350	300	10	10	180	15	12
Schwangere		300		30	230		15[1]
Stillende		375		20[5]	260		22

[1] Ab 4. Monat der Schwangerschaft.
[2] Nichtmenstruierende Frauen, die nicht schwanger sind oder stillen: 10 mg.
[3] Ausgenommen Unreifgeborene.
[4] Ein Eisenbedarf besteht infolge der dem Neugeborenen von der Plazenta als Hb-Eisen mitgegebenen Eisenmenge erst ab dem 4. Monat.
[5] Zum Ausgleich der Verluste während der Schwangerschaft.

Empfohlene Nährstoffzufuhr pro Tag nach DGE (Fortsetzung)

Alter	*Vit. A* mg RÄ[1] m	*Vit. A* mg RÄ[1] w	*Vit. D* µg	*Vit. E* mg TÄ[2]	*Vit. K* µg m	*Vit. K* µg w	*Thiamin* mg m	*Thiamin* mg w	*Riboflavin* mg m	*Riboflavin* mg w
Säuglinge										
0 bis unter 4 Monate	0,5		10	3	5		0,3		0,3	
4 bis unter 12 Monate	0,6		10	4	10		0,4		0,5	
Kinder										
1 bis unter 4 Jahre	0,6		5	6	15		0,7		0,8	
4 bis unter 7 Jahre	0,7		5	8	20		1,0		1,1	
7 bis unter 10 Jahre	0,8		5	9	30		1,1		1,2	
10 bis unter 13 Jahre	0,9	0,9	5	10	40	40	1,2	1,2	1,4	1,3
13 bis unter 15 Jahre	1,1	1,0	5	12	50	50	1,4	1,2	1,5	1,4
Jugendliche und Erwachsene										
15 bis unter 19 Jahre	1,1	0,9	5	12	70	60	1,6	1,3	1,8	1,7
19 bis unter 25 Jahre	1,0	0,8	5	12	70	60	1,4	1,2	1,7	1,5
25 bis unter 51 Jahre	1,0	0,8	5	12	80	65	1,3	1,1	1,7	1,5
51 bis unter 65 Jahre	1,0	0,8	5	12	80	65	1,3	1,1	1,7	1,5
65 Jahre und älter	1,0	0,8	5	12	80	65	1,3	1,1	1,7	1,5
Schwangere		1,1[3]	10[3]	14[3]		65[3]		1,5[3]		1,8[3]
Stillende		1,8	10	17		65		1,7		2,3

[1] 1 mg Retinol-Äquivalent = 6 mg all-trans-β-Carotin = 12 mg andere Provitamin A-Carotinoide = 1,15 mg all-trans-Retinylacetat = 1,83 mg all-trans-Retinylpalmitat.

[2] 1 mg RRR-α-Tocopherol-Äquivalent = 1,1 mg RRR-α-Tocopherylacetat = 2 mg RRR-β-Tocopherol = 4 mg RRR-γ-Tocopherol = 100 mg RRR-δ-Tocopherol = 3,3 mg RRR-α-Tocotrienol = 1,49 mg all-rac-α-Tocopherylacetat.

[3] Ab 4. Monat der Schwangerschaft.

Empfohlene Nährstoffzufuhr pro Tag nach DGE (Fortsetzung)

Alter	*Niacin* mg NÄ[1] m	w	*Vit. B_6* mg m	w	*Folsäure* µg [3]	[4]	*Vit. B_{12}* µg	*Vit. C* mg
Säuglinge								
0 bis unter 4 Monate	5		0,3		–	40	0,5	40
4 bis unter 12 Monate	6		0,6		80	40	0,8	50
Kinder								
1 bis unter 4 Jahre	9		0,9		120	60	1,0	55
4 bis unter 7 Jahre	12		1,2		160	80	1,5	60
7 bis unter 10 Jahre	13		1,4		200	100	1,8	65
10 bis unter 13 Jahre	15	14	1,6	1,5	240	120	2,0	70
13 bis unter 15 Jahre	17	15	1,8	1,6	300	150	3,0	75
Jugendliche und Erwachsene								
15 bis unter 19 Jahre	20	16	2,1	1,8	300	150	3,0	75
19 bis unter 25 Jahre	18	15	1,8	1,6	300	150	3,0	75
25 bis unter 51 Jahre	18	15	1,8	1,6	300	150	3,0	75
51 bis unter 65 Jahre	18	15	1,8	1,6	300	150	3,0	75
65 Jahre und älter	18	15	1,8	1,6	300	150	3,0	75
Schwangere		17[2]		2,6[2]	600	300	3,5[5]	100[2]
Stillende		20		2,2	450	225	4,0	125

[1] 1 mg Niacin-Äquivalent = 60 mg Tryptophan.
[2] Ab 4. Monat der Schwangerschaft.
[3] Berechnet auf „Gesamtfolat“ (Summe folatwirksamer Verbindungen in üblicher Nahrung).
[4] Folat-Äquivalente bzw. freie Folsäure (Pteroyl-monoglutamat).
[5] Insbesondere zur Erhaltung der Nährstoffdichte.

Richtwerte für die Zufuhr von Fett

Alter	*Fett* % der Energie
Säuglinge	
0 bis unter 4 Monate	45-50
4 bis unter 12 Monate	40-45
Kinder	
1 bis unter 4 Jahre	35-40
4 bis unter 7 Jahre	30-35
7 bis unter 10 Jahre	30-35
10 bis unter 13 Jahre	30-35
13 bis unter 15 Jahre	30-35
Jugendliche und Erwachsene	
15 bis unter 19 Jahre	[1]30-35
19 bis unter 25 Jahre	[1,2]25-30
25 bis unter 51 Jahre	[1]25-30
51 bis unter 65 Jahre	25-30
65 Jahre und älter	25-30
Schwangere	
ab 4. Monat	25-35
Stillende	30-35

[1] Schlanke Hochleistungsportler oder Schwerstarbeiter können höhere Prozentsätze benötigen.

[2] Entsprechen 67-80 g Gesamtfett bei einer Energiezufuhr von 10 MJ.

Quelle: Empfehlungen für die Nährstoffzufuhr nach DGE, 5. Überarb. 1991, S. 29.

Lebensmittel-Lexikon

Die Deutsche Bibliothek – CIP-Einheitsaufnahme

Lebensmittel-Lexikon / Täufel . . . – Hamburg : Behr's
ISBN 3-86022-122-1 Gb.
ISBN 3-86022-124-8 brosch.
NE: Täufel, Alfred [Hrsg.]

Bd. 1. A–K – 3., neubearb. und aktualisierte Aufl. – 1993
ISBN 3-86022-122-1 HC.
ISBN 3-86022-124-8 brosch.

Satz und Druck: DSD, Datenaufbereitung, Satz und Druckprodukte, Hamburg

Lebensmittel-Lexikon

A-K

Täufel/Ternes/Tunger/Zobel

BEHR'S...VERLAG

Vorwort

Es ist eine erfreuliche Tatsache, daß das Bewußtsein über den Zusammenhang zwischen Ernährung und Gesundheit unter der Bevölkerung wächst und es damit möglich ist, daß der Mensch durch zweckentsprechende qualitativ und quantitativ ausgewogene Nahrungsauswahl an seiner Gesunderhaltung aktiv mitwirken kann. Es ist daher Ziel und Verpflichtung zugleich, den Menschen zu einer bewußten gesunden Lebensführung und Ernährung anzuregen. Daraus erwächst die Notwendigkeit nach entsprechender Wissensvermittlung für einen möglichst großen Bevölkerungskreis. Diesem Bedürfnis soll das vorliegende Lexikon Rechnung tragen, indem es den Leser entsprechend informiert und dazu beiträgt, ihn auf diesem Gebiet urteilsfähig zu machen. Des weiteren soll es auch über weniger bekannte Lebensmittel und Nahrungsinhaltsstoffe Auskunft geben und anregen, sich über Spezialwerke, wie Fachlexika, Handbücher u. ä., gezielt weiter zu informieren. So unterscheidet sich das vorliegende Lexikon von bekannten Warenkunden und Fachbüchern. Das aktuelle Grundwissen über Lebensmittel und ihre Inhaltsstoffe ist über eine fast unübersehbare Zahl von Quellen verstreut und damit der Allgemeinheit kaum zugängig. Dieses Sachwissen einfach, schnell, übersichtlich und konzentriert darzubieten, ist erstrebtes Ziel dieses Lexikons. Das „Lebensmittel-Lexikon" ist eine Gemeinschaftsarbeit von 4 Herausgebern und 27 Autoren. Es enthält rund 13 000 Begriffe aus dem Bereich Nahrung und umfaßt sowohl Lebensmittel als auch deren Inhaltsstoffe. Die Autoren bemühten sich, auch fremdländische Lebensmittel und möglichst alle bisher bekannten wichtigen Nahrungsinhaltsstoffe zu erfassen. Begriffe aus dem Bereich der küchenmäßigen Speisenzubereitung werden nicht erfaßt.

Jedes Hauptstichwort beginnt mit einer Definition. Die Ausführungen, die sich auf die wichtigsten und interessantesten Fakten beschränken, umfassen bei den Lebensmitteln, soweit dies möglich und sinnvoll erscheint, Art, Sorte, den wissenschaftlichen Namen (Binäre Nomenklatur), Zusammensetzung, Herkunft, Bedeutung für die menschliche Ernährung, ernährungswissenschaftliche Bedeutung, Verarbeitung und Verwendung. Bei den Nahrungsinhaltsstoffen werden chemische Struktur, chemische-, physikalische und lebensmitteltechnologische Eigenschaften, Vorkommen, Gewinnung, Verwendung, Bedeutung, physiologische Wirkung beschrieben. Unter den Nahrungsinhaltsstoffen wurden auch Zusatzstoffe und Kontaminanten, soweit sie von Bedeutung bzw. von allgemeinem Interesse sind, aufgenommen.

Leitgedanke bei der Ausarbeitung der Texte ist die lebensmittelwissenschaftliche Betrachtungsweise, nach der die Lebensmittel als Teil der Gesamtheit von Nahrung und Ernährung behandelt werden sollten. Das Lebensmittel-Lexikon befaßt sich daher vorrangig mit dem Gebiet der Lebensmittel und Nahrung. Besonders berücksichtigt werden lebensmittel- und ernährungswissenschaftliche Belange im Gesamtzusammenhang mit lebensmittelchemischen, technologischen und hygienischen Aspekten.

Manche Besonderheiten der neuen fünf Bundesländer erklären sich aus der Herkunft des Lexikons und betreffen noch nicht in allen Details berücksichtigte Belange, beispielsweise die Leitsätze. Letztlich wurde davon ausgegangen, einerseits Bewahrenswertes zu erhalten und andererseits dasjenige mit möglicherweise zukünftiger Bedeutung nicht voreilig herauszunehmen. Einige für die Beurteilung von Lebensmitteln herangezogenen Grundbegriffe, die vor allem qualitative Aspekte betreffen sowie Hinweise zur Aufbewahrung von Frischpflanzenerzeugnissen, sind neu aufgenommen. Da die beiden ersten Auflagen großen Zuspruch auch im Ausland gefunden haben und der Wunsch nach länderübergreifender Information besteht und größer wird, die Lebensmittelgesetzgebung aber in den einzelnen Ländern einer sehr differenzierten Betrachtungsweise unterworfen ist, sich ständig in der Diskussion befindet und einer relativ schnellen Veränderung unterliegt, wurde die Lebensmittelgesetzgebung nur dort berücksichtigt, wo sie im engen Zusammenhang mit Begriff und Begriffsdefinition steht und wo durch die EG eine Vereinheitlichung sichtbar wird.

In ihrer Arbeit stützten sich die Autoren auf die einschlägige nationale und internationale Fachliteratur. Die Quellen werden, wie bei Lexika üblich, im allgemeinen nicht ausgewiesen. Herausgeber und Autoren wurden von den Mitarbeitern ihrer Institute und Wissenschaftsbereiche, besonders des ehemaligen Zentralinstituts für Ernährung in Potsdam-Rehbrücke, unterstützt, so daß die Ausführungen über die eigenen Erkenntnisse der Autoren hinaus das Wissen und die Erfahrung einer größeren Anzahl Wissenschaftler widerspiegeln. Um besser über den ernährungsphysiologischen Wert der einzelnen Lebensmittel zu informieren, wird im Anhang auf die ernährungsphysiologisch begründeten Energie- und Nährstoffbedarfsrichtwerte für die wichtigsten Verbrauchergruppen unter Berücksichtigung einer Differenzierung nach Alter und körperlicher Leistung verwiesen. Als Leserkreis betrachten wir alle auf dem Gebiet Lebensmittel und Ernährung in den Bereichen Forschung, Entwicklung, Lehre und Praxis, Lebensmittelhandel, Gaststätten, Gemeinschaftsverpflegung, Hauswirtschaft, Ernährungsindustrie und Gesundheitswesen Tätigen sowie alle anderen an der Thematik Interessierten.

Wir danken allen Autoren für die gewährte Unterstützung und die verständnisvolle Zusammenarbeit bei der Erarbeitung des Lexikons. Verlag, Herausgeber und Autoren wünschen sich eine günstige Aufnahme der 3. Auflage dieses Gemeinschaftswerkes. Sie sind sich zugleich bewußt, daß bei einem Nachschlagewerk dieser Art sicher noch nicht alle Aspekte berücksichtigt worden sind. Wir bitten daher alle Leser und Nutzer des Lexikons, uns durch ihre Anregungen und Hinweise bei seiner Verbesserung und Überarbeitung zu unterstützen. Besonderer Dank gilt auch dem Behr's Verlag, der uns bei der Übernahme aus dem Fachbuchverlag Leipzig und für eine schnelle Fertigstellung dieser Auflage außerordentlich hilfreich war. Besonderer Dank, seitens der Herausgeber des Ursprungswerkes, gilt Herrn Prof. Dr. Waldemar Ternes für die außerordentlich engagierte und sachkundige „Wiederbelebung" des Manuskriptes sowohl in konzeptioneller Sicht als auch der meisterhaften Bewältigung des für ein solches Unternehmen notwendigen Managements. Nunmehr spiegeln sich im Lexikon die Kenntnisse langjähriger Arbeit des Rehbrücker Ernährungs-Institutes und des Fachbereichs Lebensmitteltechnologie der Fachhochschule Lippe wider.

Wir bedanken uns bei Dipl.-Ing. agr. Heidi Schmidt und Ivonne Ternes für die technische Begleitung der 3. Auflage.

Die Herausgeber

Dr. sc. nat. *Alfred Täufel* studierte an der Humboldt-Universität zu Berlin Chemie und Lebensmittelchemie. Nach einem mehrwöchigen Aufenthalt in Budapest 1962 folgte die Promotion mit einer Arbeit über die Biochemie und Physiologie pflanzlicher, galaktosehaltiger Oligosaccharide, die 1964 beendet wurde. Im Institut für Ernährung der Akademie der Wissenschaften zu Berlin in Bergholz-Rehbrücke schlossen sich Arbeiten auf dem Gebiet der Gewinnung, Charakterisierung und Anwendung mikrobieller Enzympräparate (Amylase, Protease) in der Lebensmittelindustrie an. Seine besonderen Interessen galten dem Getreide und enzymbedingten Änderungen funktioneller Eigenschaften sowohl beim Herstellungsprozeß von Backwaren als auch ihre Rückwirkung auf den Verdauungsprozeß. 1983 erfolgte die Promotion B zum Dr. sc. nat. Gegenwärtig beschäftigt er sich mit Proteininhibitoren des Getreides, vorrangig den α-Amylase-Inhibitoren des Roggens. Er ist Autor von 6 Buchbeiträgen in Monographien.

Prof. Dr. *Waldemar Ternes* absolvierte nach einer Ausbildung zum Koch und Küchenmeister ein Studium der Lebensmittelchemie an der Universität Hamburg. Anschließend promovierte er in Analytischer Chemie an der Tierärztlichen Hochschule in Hannover. Während seines Studiums unterrichtete er an Hotelfachschulen im Fach Lebensmitteltechnologie. An der Universität Bremen und an Universitäten und Forschungsgesellschaften in Brasilien arbeitete er als Lehrbeauftragter und an Forschungsaufgaben. Mehrere Jahre war er Abteilungsleiter am Institut für Lebensmittelwissenschaft der Universität Hannover, wo er seine Arbeiten zur Habilitation im Fachgebiet Lebensmittelwissenschaft durchführte. Seit 1991 ist er Professor für Lebensmittelchemie an der Fachhochschule Lippe in Lemgo. Seine wissenschaftliche Forschungstätigkeit befaßt sich mit den funktionellen Eigenschaften der Lebensmittelinhaltsstoffe. Er ist Herausgeber bzw. Autor von 4 Fach- und Lehrbüchern.

Dr. agr. *Liselotte Tunger* studierte an den Universitäten Leipzig und Berlin Gartenbau und begann ihre berufliche Tätigkeit als Diplomgärtnerin am Institut für Gartenbau in Dresden-Pillnitz. In ihrer ab 1959 fast 20-jährigen Zugehörigkeit zum Zentralinstitut für Ernährung in Potsdam-Rehbrücke arbeitete sie an der Erhaltung ernährungsphysiologisch wichtiger Inhaltsstoffe durch Prozeßoptimierung bei der Herstellung von Getreideerzeugnissen, Brot und diätetischen Lebensmitteln. Mit einer Dissertation über die Kinetik des Thiaminverlustes bei der Verarbeitung von Getreide zu Brot erfolgte ihre Promotion 1965 an der Humboldt-Universität Berlin. Ein politisch verfügter, unfreiwilliger Wechsel ihres Arbeitsplatzes in einen Produktionsbetrieb hatte den Abbruch ihrer Habilitationsarbeit zur Folge, verschaffte ihr aber Gelegenheit, sich mit der Erfassung optimaler Ernte- und Lagerbedingungen von Kernobst und deren analytische Kennzeichnung in Abhängigkeit von Sorte und Reifegeschehen erfolgreich zu beschäftigen. Sie gehörte nationalen und internationalen Arbeitsgruppen zur Standardisierung von Untersuchungsmethoden auf dem Getreidegebiet, der Sensorik sowie der Apfelbewertung an.

Prof. em. Dr. agr. habil. *Martin Zobel* studierte nach abgeschlossener Lehre als Koch und Kellner sowie Kriegsdienst Chemie an der TH Dresden. Als wiss. Oberassistent und ab 1954 als Leiter der Abt. Kochwissenschaft und Gemeinschaftsverpflegung war er am damaligen Institut für Ernährungsforschung in Potsdam-Rehbrücke tätig. Hier war er auch maßgeblich an der Ausbildung von Kochinstrukteuren und Ernährungstechnikern beteiligt. 1961 Promotion, 1965 Habilitation an der Humboldt-Universität zu Berlin. 1977 Honorardozent und 1978 Berufung als Ordentlicher Professor und Leiter des Lehrstuhls für Ernährungswissenschaft an der Sektion Gaststätten- und Hotelwesen der Handelshochschule Leipzig. Schwerpunkte seiner wiss. Arbeit waren Untersuchungen zur Verhaltensweise von Nahrungsinhaltsstoffen während der küchenmäßigen Speisenzubereitung, Vitamin-C-Analytik, kochwissenschaftliche Grundlagen für die Großküchengeräteentwicklung sowie praktische Umsetzung ernährungswiss. Kenntnisse in der Gemeinschaftsverpflegung. 1985 Emeritierung. Herausgeber bzw. Autor von 9 Fach- und Lehrbüchern sowie 22 Buchbeiträgen.

Die Autoren

Dr. agr. habil. Heinz Ackermann · Dr. sc. agr. Klaus Arlt · Dr. rer. nat. Jürgen Brückner · Dr. rer. nat. Gerhard Dongowski · Dr. rer. nat. Ulrich Falk · Dr. sc. nat. Manfred Friedrich · Dr. sc. nat. Walter Fritz · Dipl.-Gärtner Wilhelm Groh · Dr. rer. nat. Margarete Grunert · Dr. sc. nat. Siegfried Grunert · Dr. sc. nat. Konrad Hoppe · Dr. agr. Hans Joachim Koch · Dr. rer. nat. Fritz Kretzschmann · Dr. phil. nat. Erich Lück · Dr. rer. nat. Wolfgang Rödel · Dr. rer. nat. Eberhard Sandner · Dr. rer. nat. Edith Schalinatus · Prof. Dr. med. vet. habil. Erhard Scharner · Dr. rer. nat. Johannes Seidemann. Ing.-Chem. Hans-Joachim Siebert · Dipl.-Chem. Manfred Specht · Dr. sc. nat. Alfred Täufel · Prof. Dr. rer. nat., Dr. phil. habil. Waldemar Ternes · Prof. Dr. agr. Manfred Tülsner · Dr. agr. Liselotte Tunger · Prof. em. Dr. agr. habil. Martin Zobel · Dr. rer. nat. habil. Hans-Joachim Zunft

Zur Benutzung

Die Stichwörter sind streng alphabetisch geordnet, auch wenn ein Begriff aus mehreren Wörtern besteht, z.B. „ätherische Öle". Bei Begriffsprägungen aus mehreren Wörtern wird die Einordnung durch das für den Gesamtbegriff typische Substantiv bestimmt, d.h. die Adjektive sind nachgestellt und durch Komma abgetrennt, z.B. Stoffe, Lathyrismus auslösende. Ausgenommen von dieser Regel sind Eigennamen, fremdsprachige Bezeichnungen, wissenschaftliche Bezeichnungen von Pflanzen und Tieren (Binäre Nomenklatur) und Einzelfälle, bei denen die adjektivische Bestimmung besonderes Gewicht hat, z.B. Thüringer Rostbratwurst oder Convenience foods. Wo die Anwendung dieses Prinzips zwei Möglichkeiten der Einordnung zuläßt oder eine Ausnahme davon das Auffinden durch den Leser vereinfacht, steht ein Verweisstichwort, z.B. Gummi, Indischer › Indischer Gummi.

Die Umlaute ä(ae), ö (oe) und ü (ue) werden bei der alphabetischen Einordnung wie die Vokale a, o und u behandelt. Dagegen zählen ae, oe und ue als zwei Buchstaben, wenn sie als zwei Laute gesprochen werden bzw. einer fremden Sprache entstammen. Der Buchstabe ß wird wie ss eingeordnet. Soweit möglich, wurde bei Fremdwörtern, insbesondere bei chemischen Stoffnamen, die international übliche c-c-Schreibweise an Stelle der deutschen k-z-Schreibweise angewendet. Trotz Bevorzugung dieser sind dem deutschen Leser weniger geläufige Begriffe, bei denen ein K- oder Z-Anlaut steht, als Verweisstichwort in dieser Schreibweise vorhanden bzw. beim Hauptstichwort in Klammern angefügt. Teilweise werden auch veraltete Synonyme noch als Verweisstichwort mit aufgenommen, um eine Einstiegsmöglichkeit zu erhalten, wenn der Leser in älterer Literatur darauf stößt. Bei der alphabetischen Einordnung der Nahrungsinhaltsstoffe bleiben chemische Symbole am Anfang einer organischen Verbindung unberücksichtigt, z.B. S (Symbol für Schwefel) in S-Methyl-L-cystein, eingeordnet unter dem Buchstaben M. Ebenso werden vorangestellte Buchstaben und Präfixe, wie (L, D), meso, myo, n-(normal), o-(ortho), p-(para), cis, trans- und griechische Buchstaben nicht beachtet. Oxy-Verbindungen sind in der Regel unter ihrem Synonym Hydroxy- bzw. Keto-Verbindungen unter Oxo- zu finden, z.B. Oxyisovaleriansäure unter Hydroxyisovaleriansäure bzw. Ketocarbonsäuren unter Oxocarbonsäuren.

Alle Substantive werden im allgemeinen im Singular (Einzahl) gebracht, im Plural (Mehrzahl) stehen sie nur in Sonderfällen. Die *halbfett* gesetzten Stichwörter sind im zugehörigen laufenden Text abgekürzt (Anfangsbuchstabe mit Punkt). Besteht das Stichwort aus mehreren Wörtern, so sind alle in gleicher Weise abgekürzt, z.B. simulierte Lebensmittel = s. L.

Sobald die Stichwörter jedoch im Text in einer neuen Wortverbindung gebraucht werden, entfällt diese Abkürzung, z.B. Stärke = S., aber Stärkehydrolyse. Besonders hervorzuhebende Begriffe und Namen (sofern es sich nicht um Autorennamen in lateinischen Pflanzenbezeichnungen handelt), auch Begriffe, die nur als „Verweisstichwort" (ohne Definition) vorhanden sind (s. 1. Art von Verweisen) und bei einem umfassenden Stichwort mit abgehandelt werden, sind kursiv gesetzt.

Folgende *Arten von Verweisen* werden verwendet:

1. von *einem Stichwort* wird unter Verzicht auf eine Definition durch → auf den Begriff (das Hauptstichwort) verwiesen, unter dem es (das Verweisstichwort) mit abgehandelt wird. (z.B. Softeis → Speiseeis).

2. *Im Text* wird durch → auf ein mit der Darstellung korrespondierendes anderes Stichwort verwiesen, wenn die dort gebrachten Ausführungen für das Verständnis des Inhalts des aufgeschlagenen Stich-

wortes *notwendig* bzw. dem Verständnis allgemein förderlich sind oder wenn auf einen engeren Zusammenhang hingewiesen werden soll.

3. *Verweise am Ende der Ausführungen* sind als *zusätzlicher* Hinweis auf Sachbegriffe zu werten, die direkt oder indirekt mit den vorstehenden Ausführungen korrespondieren. Der → steht bei diesen Verweisen vor dem Wort, das für die alphabetische Einordnung maßgebend ist.

Unmittelbar hinter dem Stichwort angefügte, kursiv gesetzte Begriffe stellen Synonyme des hier näher beschriebenen Begriffes dar, z. B. **Glucose,** *Dextrose, Traubenzucker.* Synonyma wissenschaftlicher Bez. von Nahrungspflanzen sind der gebräuchlichen Bez. nachgestellt. An mundartlichen Begriffen wurden nur einige besonders verbreitete berücksichtigt. Kehrt ein Begriff in der Beschreibung eines Stichwortes mehrmals in unterschiedlicher Wortverbindung wieder, so ist nur der Grundbegriff als Verweisstichwort aufgenommen, z. B. statt Sommerchampignon, Waldchampignon und großsporiger Champignon findet sich nur **Champignon** → *Agaricáceae.*

Um die *richtige Betonung* bei der Aussprache der wissenschaftlichen Namen von Pflanzen und Tieren, die in diesem Lexikon vorkommen und nicht jedem geläufig sind, kenntlich zu machen, sind über den Vokalen der zu betonenden Silben jeweils Betonungsakzente angebracht. Handelt es sich um einen Doppelvokal, so ist über beiden ein Strich angebracht, z. B. Lepísta s̄āē̄va, aber Suíllus. Lebensmittelinhaltsstoffe werden weitmöglich entsprechend der IUPAC-Regeln benannt, erlaubte Trivialnamen werden auch verwendet, und zwar wird jeweils der z. Z. gebräuchliche Begriff bevorzugt, wo es möglich ist, wird der andere in Klammern bzw. als Verweisstichwort gebracht. Nach den IUPAC-Regeln nicht mehr erlaubte Trivialnamen, die aber in der Literatur noch weit verbreitet zu finden sind, wurden als Synonyma und Verweisstichworte aufgenommen. Zu beachten ist ferner, daß es Unterschiede in der Schreibweise chemischer Stoffe und der daraus abgeleiteten Begriffe, wie Vorgänge, Reaktionen u. ä. gibt; z. B. heißt es Iod aber Jodierung, Oxid aber Oxydation.

Bei den *Lebensmittelinhaltsstoffen* werden je nach Zweckmäßigkeit *verschiedene Formeltypen* verwendet. Für *aliphatische Kohlenstoffverbindungen* (Verbindungen mit kettenförmig aneinandergereihten Kohlenstoffatomen im Molekül) wird im allgemeinen eine vereinfachte Valenzstrichformel verwendet, z. B. $H_2N\text{-}CH_2\text{-}COOH$ (Glycin). Das gleiche gilt auch für gesättigte isocyclische Kohlenstoffverbindungen, z. B.

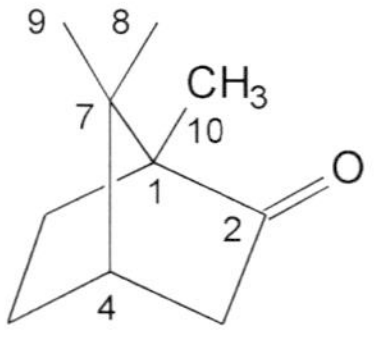

oder

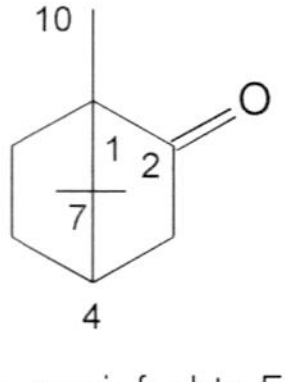

Für den Benzenring (veraltet Benzolring) wird die gebräuchliche vereinfachte Formel

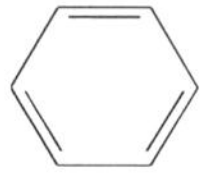

verwendet. Die *Struktur der Hydroaromaten,* z. B. Terpene, wird in Übersichten bevorzugt in folgender vereinfachter Weise dargestellt:

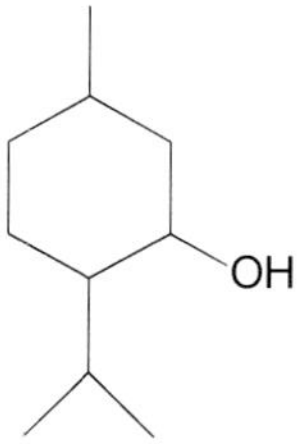

Menthol

oder

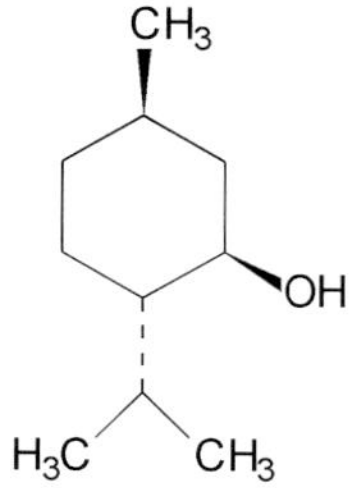

(−)-Menthol

oder

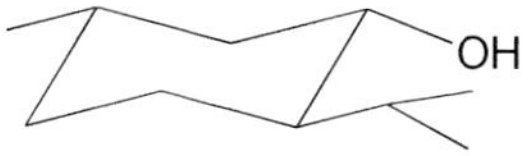

Menthol

wobei punktierte Striche darauf hinweisen, daß die Valenzen hinter der Zeichenebene, die halbfetten Pfeile vor der Zeichenebene liegen (Näheres hierzu → Saccharide). Bei den ringförmig dargestellten Sacchariden wird häufig die Sesselform z. B.

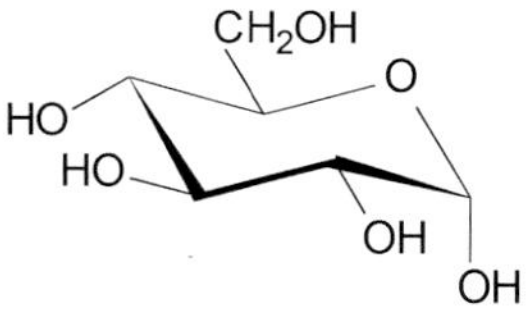

α-D-Glucopyranose

oder die Fischersche Konfigurationsformel

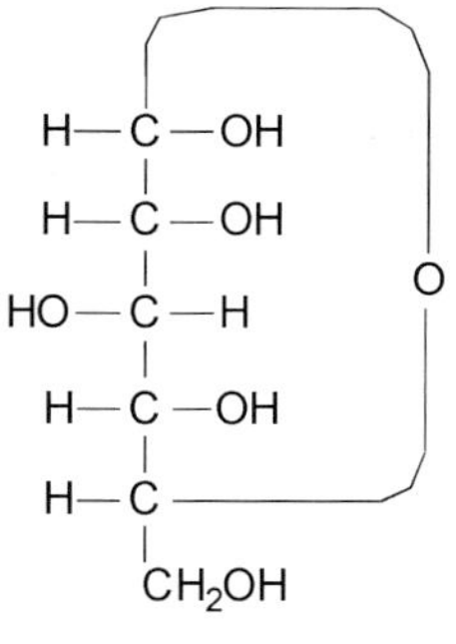

α-D-Glucose

verwendet. Die Stellung der OH-Gruppe wird, wo nicht eindeutig, durch eine geschwungene Linie angegeben:

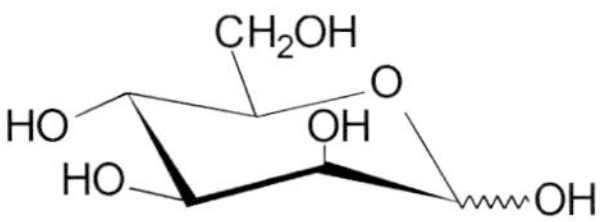

D-Mannose

Bei den *heterocyclischen Kohlenstoffverbindungen* werden in der Regel nur die Heteroatome eingezeichnet, z. B.

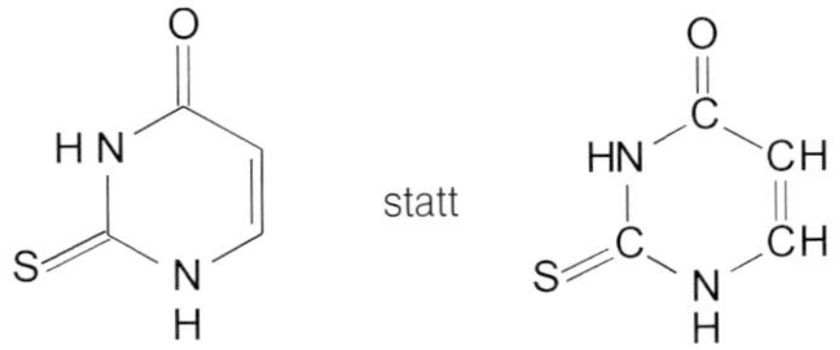

Thiouracil

Neben den nachstehend genannten Abkürzungen werden auch alle sonst üblichen Abkürzungen u. ä., sinnvoll angewendet. *Auswahl und Verwendung der physikalischen Maßeinheiten* entsprechend dem *Internationalen Einheitssystem* (SI). Neben den bis auf das Mol bereits seit langem bekannten SI-Grundeinheiten

Meter	m	als Einheit der Länge	Kelvin	K	als Einheit der Temperatur
Kilogramm	kg	als Einheit der Masse	Candela	cd	als Einheit der Lichtstärke
Sekunde	s	als Einheit der Zeit	Mol	mol	als Einheit der Stoffmenge
Ampere	A	als Einheit der Stromstärke			

werden insbesondere folgende kohärenten Einheiten dem SI gemäß verwendet (siehe anschließende Tab.). Daneben werden die folgenden, gleichberechtigt neben den SI-Einheiten ohne terminologische Einschränkung verwendbaren Einheiten benutzt (siehe Tab.).

Physikalische Größe	Einheit nach dem SI	Nicht mehr gültige Einheit	Beziehung zwischen veralteter und neuer Einheit
Druck	Pa (Pascal)	Torr atm bar	1 Torr = 133,32 Pa 1 atm = 0,1 MPa 1 bar = 0,1 MPa
Dynamische Viskosität	Pa·s (Pascalsekunde)	cP (Centipoise)	1 cP = $Pa \cdot s \cdot 10^{-3}$
Wärmemenge	J (Joule)	kcal	1 kcal = 4184 J (gerund.=4,2 kJ) 1 J = 0,239 cal 1 kJ = 0,239 kcal 1 cal = 4,184 J (gemäß FAO/WHO) 1 kcal = 4,184 kJ
Spezifische Wärmekapazität c_p, c_v	$\frac{kJ}{kg \cdot K}$	$\frac{kcal}{kg \cdot grd}$	$1 \frac{kcal}{kg \cdot grd} = 0{,}240 \frac{kJ}{kg \cdot K}$

Vorsatz	Kurzzeichen	Faktor, mit dem multipliziert wird
Giga	G	10^9
Mega	M	10^6
Kilo	k	10^3
Hekto	h	10^2
Deka	da	10
Dezi	d	10^{-1}
Zenti	c	10^{-2}
Milli	m	10^{-3}
Mikro	μ	10^{-6}
Nano	n	10^{-9}
Piko	p	10^{-12}

Größe	Einheit	Kurzzeichen
Zeit	Minute	min
	Stunde	h
	voller Tag	d
Ebener Winkel	Grad	...°
	Minute	...'
	Sekunde	..."
Volumen Rauminhalt	Liter	l
Masse	Tonne	t
Temperatur	Grad Celsius	°C

Der Energiewert der einzelnen Lebensmittel wird in kJ (kcal) angegeben. Beziehen sich Angaben des Siedepunktes (Kp.) auf 0,1 MPa = 760 Torr, so wird auf die Angabe des Druckes verzichtet. Ähnlich wurde bei Temperaturangaben zur Dichte (d), zur spezifischen Drehung $[\alpha]_D$ oder zur Refraktion (n) verfahren. Werte ohne Temperaturangaben wurden bei 20 °C ermittelt. Angaben zum Lösungsmittel bei der spez. Drehung erfolgten dann nicht, wenn in der Originalliteratur keine Angaben hierzu gefunden wurden. Bei Angaben über die prozentuale Zusammensetzung von Lebensmitteln an Inhaltsstoffen, wird in verschiedenen Fällen der Wert 100 % geringfügig über- oder unterschritten. Ursache dafür ist, daß die angegebenen Zahlenwerte ohnehin auf Grund der komplexen Zusammensetzung der Lebensmittel naturbedingt gewissen Schwankungen unterliegen können. Darüber hinaus werden noch immer neue Inhaltsstoffe gefunden, die bisher unberücksichtigt bleiben mußten. Die in den einzelnen Lebensmitteln aufgeführten Konzentrationen und Daten stammen zum Teil aus eigenen Untersuchungen der Autoren sowie aus der Primär- und Sekundärliteratur. Dieses betrifft auch analytische Daten. Allerdings ist zu berücksichtigen, daß die Erfassung wichtiger Angaben (z.B. Ballaststoffe) noch Schwierigkeiten bereitet und entsprechende Werte nicht für alle behandelten Lebensmittel verfügbar sind.

Abkürzungen und Zeichen

Abk. = Abkürzung
abs. = absolut
Absorpt.-Max. = Absorptionsmaximum
ADI = acceptable daily intake (annehmbare tägliche Aufnahme)
allg. = allgemein (-e, -er, -es usw.)
amerikan. = amerikanisch
AO = Anordnung
Apr. = April
arab. = arabisch
Aug. = August
ausschl. = ausschließlich
bes. = besonders, besondere, -rer, -res usw.
betr. = betreffend, betreffs
Bez. = Bezeichnung
bzw. = beziehungsweise
ca. = cirka
°C = Grad Celsius
chines. = chinesisch
Convar. = Konvarietät
dän. = dänisch
DE = Dextrose-Äquivalent
desgl. = desgleichen
Dez. = Dezember
dgl. = dergleichen
d.h. = das heißt
div. = divers (-e, -er, -es usw.)
d.s. = das sind
dtsch. = deutsch (in Zusammensetzungen)
Durchm. = Durchmesser
Durchschn. = Durchschnitt
durchschnittl. = durchschnittlich
ehem. = ehemalig, ehemals
einschl. = einschließlich
engl. = englisch
et = und
evtl. = eventuell
ex = aus (dem Werk von) ...
F. = Fließpunkt, Schmelzpunkt
f. = und folgende (Seite)
f = forma
Fam. = Familie
FAO = Food and Agricultural Organization[1]
Febr. = Februar
ff. = und folgende (Seiten)
F.i.Tr. = Fett in der Trockenmasse
franz. = französisch
Fr.-S. = Frischsubstanz
gen. = genannt
ggf. = gegebenenfalls
griech. = griechisch
h = Stunde
höchst. = höchstens
i.P. = isoelektrischer Punkt
i.allg. = im allgemeinen
i.D. = im Durchschnitt
I.E. = Internationale Einheit
i.e.S. = im engeren Sinne
insbes. = insbesondere
insges. = insgesamt
i.Tr. = in der Trockenmasse
italien. = italienisch
i.w.S. = im weiteren Sinne
Jan. = Januar
japan. = japanisch
Jh. = Jahrhundert
Jt. = Jahrtausend
Jhz. = Jahrzehnt
kcal = Kilokalorien
kcal% = Kilokalorienprozent
KM = Körpermasse
Konz. = Konzentration
Kp. = Kochpunkt, Siedepunkt
lat. = lateinisch
LD = letale (tödliche) Dosis
lt. = laut
mind. = mindestens
Mio. = Million
Mrd. = Milliarde
n.n. = nicht nachweisbar
non = nicht
Nov. = November
o.a. = oder andere(s)
o.ä. = oder ähnliche(s)
o.g. = oben genannt
Okt. = Oktober
ppb = part(s) per billion
ppm = part(s) per million
PTWI = Yprovisional tolerable weekly intake (vorsorglich tolerierbare wöchentliche Aufnahmemenge)
R = Rest
rel.L. = relative Luftfeuchte
rd. = rund
S. = Seite
s. = siehe
Sept. = September
sog. = sogenannt
spec. = Art
Syn. = Synonym
t = Zeit
Tab. = Tabelle
Taf. = Tafel
teilw. = teilweise
Tr.-S. = Trockensubstanz
u.a. = und andere(s), unter anderem
u.ä. = und ähnliche(s)
Übers. = Übersicht
u.dgl. = und dergleichen
usw. = und so weiter
UV = Ultraviolett
u.v.a. = und vieles andere
var. = Varietät
Verb. = Verbindung
versch. = verschiedene
vgl. = vergleiche
VO = Verordnung(en)
%-Vol. = Volumenprozent
v.u.Z. = vor unserer Zeitrechnung
WHO = World Health Organization[2]
Wz = Warenzeichen
z.B. = zum Beispiel
Zers. = Zersetzung
ZNS = Zentralnervensystem
z.T. = zum Teil
zw. = zwischen
z.Z. = zur Zeit
§ = Paragraph
% = Prozent
0/00 = Promille

[1] Landwirtschaftsorganisation der Vereinten Nationen
[2] Weltgesundheitsorganisation der Vereinten Nationen

Aal, *Flußaal* (Bild): Wanderfisch mit langgestrecktem, zylindrischem Körper ohne Bauchflossen, mit winzigen Schuppen unter der stark schleimabsondernden Haut. Der *Europäische A. (Anguílla vulgáris)* wird in den Küsten- und Binnengewässern vom Weißen bis zum Schwarzen Meer gefangen, wo die vom Laichplatz im Westatlantik durch den Golfstrom angetriebenen Larven in die Flüsse aufsteigen und von jungen, durchsichtigen *Glasaalen* zu geschlechtsreifen Tieren von 0,5···1 m Länge (höchst. 1,5 m) und 0,5···1 kg Masse (höchst. 6 kg) heranwachsen. Man unterscheidet zwei durch die Ernährungsweise morphologisch geprägte Formen, den *Spitzkopf*, der vorwiegend von wirbellosen Tieren lebt, und den räuberischen *Breitkopf*, der Fische und andere kleine Wirbeltiere frißt. Wenn die erwachsenen A. nach 7 bis 12 Jahren zum Meer zurückwandern, färbt sich die bis dahin gelbliche Unterseite (*Gelbaal*) silberweiß (*Blankaal*). Vom *Europäischen A.* werden jährlich etwa 14 kt gefangen. Wirtschaftliche Bedeutung haben noch der *Amerikanische A.*, der *Australische A.* mit je 1 kt und der *Japanische A.* mit etwa 70 kt Jahresfang. Durch Aussetzen von Glasaalen und deren Mast wird versucht, die Produktion zu erhöhen. Unter A. sind stets nur *Anguílla spp.* zu verstehen, nicht z. B. „Seeaal" (Dornhai, → Haifisch, → Räucherfischerzeugnisse) oder → Meeraal. Werden andere Fische oder Erzeugnisse als A. bezeichnet, so liegt eine Irreführung vor.

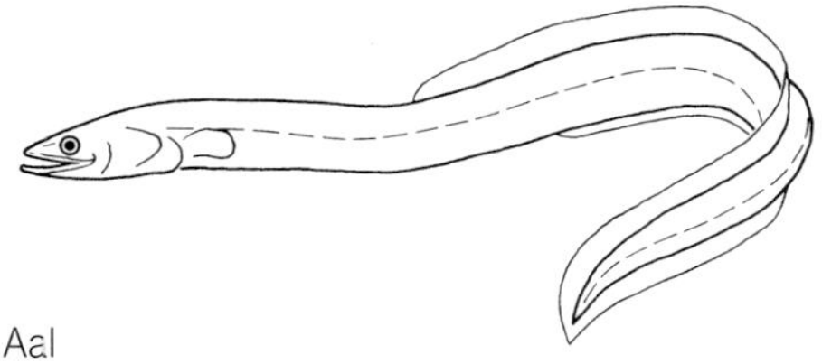

Aal

Der A. zählt wegen seines charakteristischen, zarten Geschmacks und feinen Fleischgefüges (Zusammensetzung des Aalfleisches s. Tab.) zu den am meisten geschätzten Speisefischen. Dabei wird der Spitzkopf bevorzugt, da er gegenüber dem Breitkopf den höheren Fettgehalt hat, und der Europäische A. gegenüber dem Amerikanischen A., da jener die feinere Fleischstruktur aufweist.

Zusammensetzung und Energiewert des eßbaren Anteils von frischem und geräuchertem Aal

Bestandteil	Gehalt je 100 g eßbaren Anteils in g	
	Aal, frisch	Aal, geräuchert
Wasser	58,0···62,9	50,3···55,0
Eiweiß	12,0···14,0	18,0···19,0
Fett	24,3···27,5	24,0···28,0
Mineralstoffe	1,0	1,5
Energiewert kJ (kcal) je 100 g	1190···1350 (285···325)	1295···1475 (310···350)
davon aus Eiweiß	220···260 (53···62)	340···360 (81···85)
aus Fett	965···1095 (230···260)	955···1115 (228···265)
Richtwerte für verwertbare Gesamtenergie in kJ (kcal) je 100 g	1200 (285)	1350 (320)

A. ist infolge seines hohen Fettgehaltes schwer verdaulich. Er wird sowohl als Speisefisch als auch als industrieller Rohstoff genutzt. Als Frischfisch (grüner A.) gekauft, wird A. im Haushalt gekocht (A. grün) und gebraten zubereitet und häufig in Aspik eingelegt. *Bundaale* sind kleine Aale unterschiedlicher Größe, die gebündelt, frisch oder geräuchert verkauft werden. Industriell wird A. in erster Linie heiß geräuchert (*Räucheraal*). Daneben wird er zu → Fischwaren in Aspik (*A. in Aspik, in Gelee*), Konserven (vorwiegend geräuchert, in Öl) und – seltener – zu → Bratfischerzeugnissen verarbeitet. *Aalbricken* sind kleine, unzerteilte Brataale. Aus geräuchertem A. werden feine Pasten als Brotaufstrich hergestellt. Erzeugnisse aus einwandfrei gefrorenem und gefriergelagertem A. sind von solchen aus ungefrorenem nur schwer zu unterscheiden. Durch unsachgemäßes Gefrieren und Lagern treten wesentliche Qualitätsminderungen ein. → Fisch

Aalbricken → Aal → Bratfischerzeugnisse

Aal in Gelee → Aal

Aalkräuter: eine Zusammenstellung von Kräutern, die zur Abrundung von Fleisch- und Fischgerichten, aber auch für Suppen, z. B. Aalsuppe geeignet ist. Für Kleinverbraucherzwecke wird die Kräutermischung in einer Samenpackung, als sog. *Gewürzgarten* zur Selbstaussaat angeboten. Zu dieser Mischung zählen Basilikum, Bohnenkraut, Dill, Kerbel, Majoran, Pimpinelle, Salbei, Schnittsellerie und Zitronenmelisse.

Aalmutter, *Zoárces vivipárus* (Bild): gelbbraun gefleckter, langgestreckter Fisch, dessen mit der Schwanzflosse verschmolzene Rücken- und Afterflosse als ununterbrochenes Band den hinteren Teil des Körpers umsäumen. Die Schuppen sind tief in der Schleimschicht der Haut verborgen. Die 30···40 cm, höchst. 70 cm lange Art bewohnt die flachen Küstengewässer Nordeuropas von der Barentsee bis zur Biskaya und die Ostsee und hat nur lokale Bedeutung für die Küstenfischerei. → Fisch

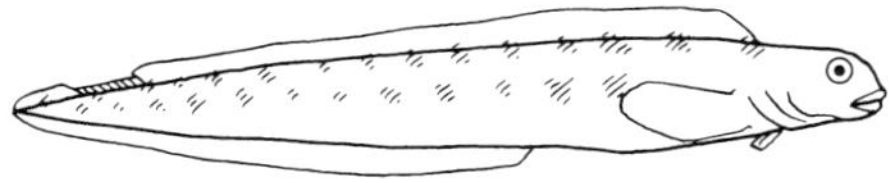

Aalmutter

Aalquappe → Aalrutte

Aalrutte, *Aalquappe, Quappe, Lóta vulgáris* (Bild): Dem → Leng ähnlicher, gelblich-bräunlich marmorierter Fisch, der als einziger Vertreter der Dorschartigen (Gadiden) im Süß- und Brackwasser lebt. Die A. wird i. allg. bis zu 60 cm, höchst. 90 cm lang. Sie hat nur lokale Bedeutung für die Küstenfischerei der Ost- und Nordsee sowie der Barentsee. → Fisch

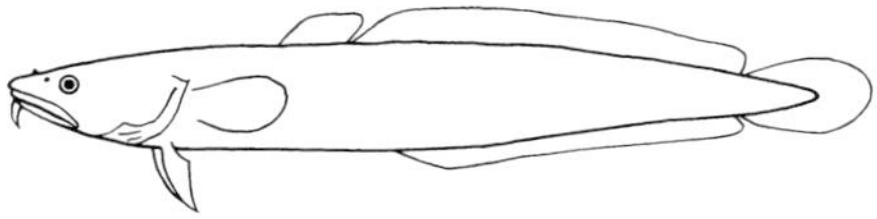

Aalrutte

Aapeneers → Mispel, Echte

ABA → Hämagglutinine

Abacha → Bockshornkleesamen

Abalone (Seeohr) → Schnecken

ABC-Trieb → Ammoniumtriebmittel

Abelmóschus esculéntus → Eibisch, Eßbarer

Abelmóschus moschátus → Bisamkörner

Abeokuta-Kaffee → *Cóffea abeokútae*

Aberesche → Ebereschenbeere

Abessiniertee → Kath

Abietin → Phenolglycoside

Abietinsäure → Glycerolabietate

Abjan → Pfeffer 1.

Ablaufsirup, *Grünsirup:* ein Nebenprodukt bei der Gewinnung von kristallisiertem Rohzucker oder auch Weißzucker (*Deckablauf)* bzw. Raffinade (*Raffinadeablauf*), das neben Saccharose Nichtzuckerstoffe enthält. Die A. können nach Konzentrierung noch zur Zuckergewinnung herangezogen werden, als Rückstand bleibt die *Melasse.* Bes. reine A., z. B. *Kandisablauf,* werden *Speisemischsirupen* zugesetzt. → Sirup → Zucker

Ablemanu, *Wotote:* eine in Westafrika übliche, relativ dünnflüssige Maisbreizubereitung, bei der das getrocknete Maiskorn bis zum Braunwerden geröstet, anschließend gemahlen, in Wasser gekocht und mit → *Akasa* oder → *Banku* als *Ablemanu akasa* oder als *Ablemanu banku* verzehrt wird. Wird das geröstete Mehl mit einer öligen Flüssigkeit aus Palmennußkernen gekocht und mit Bohnen, Zwiebeln sowie Tomaten, Pfeffer und Fisch gemischt, als Eintopf nochmals gekocht, so wird diese Zubereitung als *Apranaransa* bezeichnet. → Brei

Abomasum → Labmagen

Abongo: eine in Westafrika übliche Maiskuchenzubereitung aus einem mind. 8 h lang fermentierten Teig unter Zusatz von Palmöl, Zucker, gegebenenfalls auch von importiertem Weizenmehl. → Mais → Lebensmittel, fermentiertes

Abrámis ballérus → Zope

Abrámis bráma → Blei

Abrasion Peeling → Kartoffel

Abreibewurst → Brühwurst

Abri → Sorghumhirse

Abrin → Hämagglutinine

Abrundungsmittel → Edelbrand

Absatzkalb → Fleischtiere

Abscissinsäure, (S)-5-(1-Hydroxy-2,6,6-trimethyl-4-oxo-2-cyclohexenyl)-3-methyl-cis,trans-penta-2,4-diensäure, Dormin (veraltet): ein im Pflanzenreich weitverbreitetes monocyclisches Sesquiterpen.

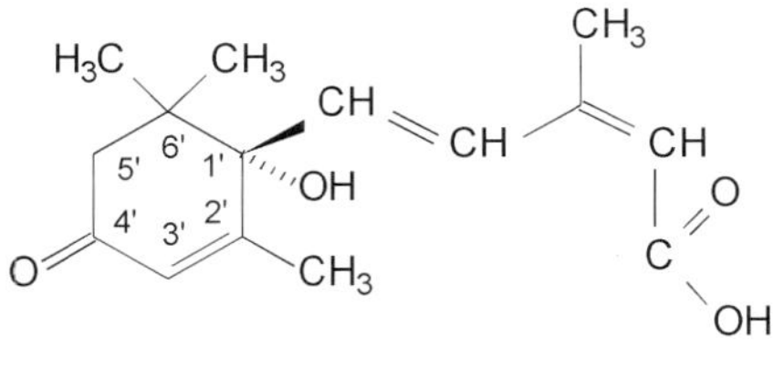

A. bildet farblose Kristalle, F. 160···161 °C, in org. Lösungsmitteln gut, in Wasser schlecht löslich. A. ist sehr lichtempfindlich. Als Phytohormon greift sie in Form ihres Glucosids in Wechselbeziehung mit den wachstumsfördernden Phytohormonen regulierend in viele physiologische Vorgänge ein, wie Fruchtreife, Samen- und Knospenruhe, Alterungsprozesse, Blattfall, Fruchtabwurf. A. ist am Transport der Kohlenhydrate beteiligt, indem sie die Funktion der Zellmembranen und das Ablesen von Genen beeinflußt. Neuerdings fand man, daß das Abscissinsäureglucosid auch in tierischen Organen vorkommt, so z. B. bes. reichlich im Gehirn von Säugetieren (Schwein).

Absinth: **1.** gesundheitsschädlicher, seit 1923 in Deutschland verbotener Trinkbranntwein, früher hergestellt unter Verwendung von Mazeraten der Wermutpflanze, (*Artemísia absínthium* L., Familie *Asteráceae*). Das im Mazerat enthaltene thujonhaltige ätherische Öl (→ Terpenketone) und der Bitterstoff → *Absinthin* können bei stärkerem regelmäßigem Genuß chronische Vergiftungserscheinungen des Nervensystems und Lähmungen (Absinthismus) hervorrufen. Gegen die übliche, beschränkte Verwendung der Droge in der Spirituosenindustrie für Kräuterdestillate und für *Bitterweine* (→ Wermutwein) bestehen erfahrungsgemäß keine gesundheitlichen Bedenken. **2.** Wermut

Absinth, Echter → Wermut 2.

Absinth, Kleiner → Wermut 8.

Absinthin: Bitterstoffe des Wermuts (*Artemísia absínthium* L.), die die charakteristische Note des Wermutweins bewirken. Das in dem seit 1923 in Deutschland verbotenen → *Absinth* vorkommende und degenerierend auf das zentrale Nervensystem einwirkende Thujon enthaltende ätherische Öl des Wermuts (Absinth) ist im Wein und im wäßrigen Auszug (Tee) kaum enthalten.

Absinthol → Terpen-Ketone

Absinthon → Terpen-Ketone

Absit → Inghera

Abteibier: ein von Mönchen in ihrer Abtei gebrautes → Bier. Zu den bekanntesten A. zählen die durch Obergärung erhaltenen, schweren *Trappistenbiere* mit hohem Alkoholgehalt. Die durch natürliche Reifung erzeugten A. werden nur noch in wenigen Abteien Belgiens und der Niederlande gebraut. Sie tragen die Namen kleiner Ortschaften, z. B. Chimay, Rochefort, Orval, Westmalle oder Westvleteren in Belgien. Das Trappistenbier ist eine geschützte Bez., dabei handelt es sich um ein Bier, das den Ursprung seiner Gewinnung nennt.

Abteilikör → Benediktiner → Likör → Chartreuse

Abu: ein im tropischen Indien und Afrika als Gemüsepflanze kultiviertes Dickblattgewächs, *Talínum portulacifólium* (Forsk.) Aschers. (Familie *Portulacáceae*)

Acácia → Akazienblüten

Acácia arábica → Gummi *arabicum*

Acácia cátechu → Betelbissen

Acácia nilótica → Gummi *arabicum*

Acácia sénegal → Gummi *arabicum*

Acaju → Kaschunuß

Acanthosícyos hórridus → Narras

Ácca sellowiána → Feijóa

Acceptable Daily Intake → Lebensmittelzusatzstoffe

Aceituno: die Baumarten *Vítex cymósa* Bert. und *V. orinocénsis* H.B.K. (Familie *Verbenáceae),* die im tropischen Amerika vorkommen. Die ellipsoiden Steinfrüchte werden bis zu 2 cm lang und haben süßes, ölig riechendes Fruchtfleisch, das roh verzehrt wird. Ähnliche Früchte haben auch eine Reihe anderer *Vitex*-Arten des tropischen Amerika.

Ácer sáccharum → Zuckerahorn → Ahornsirup

Acerína cérnua → Kaulbarsch

Acerola, *Barbadoskirsche, Antillenkirsche, Ahornkirsche, Westindische Kirsche, Puerto-Rico-Kirsche, Jamaika-Kirsche, Malpighie*: rote bis scharlachrote, rundliche bis eiförmige, im Querschnitt dreilappig erscheinende dünnhäutige Steinfrucht (1···3 cm Durchm.) des dichtverzweigten Strauches *Malpighia glábra* L. (Familie *Malpighiáceae).* Die Früchte stehen einzeln oder büschelig an kurzen Stielen in den Blattachseln. Das Fruchtfleisch ist weich, saftig, herb oder sauer. Der pergamentartige Stein enthält 3 kleine Samen. Die A. wird in den Tropen und den warmen Subtropen angebaut, ihre Heimat ist das nördliche Südamerika, Westindien und Südtexas. Der Vitamin-C-Gehalt ist bedeutend, er übersteigt den der anderen Früchte um ein Vielfaches (Tab.).

Zusammensetzung und Energiewert der Acerola

Bestandteil	Durchschnittl. Gehalt in 100g eßbarem Anteil	
	Frischfrucht	Pulverförmiges Konzentrat
Feuchtigkeit	89,2 g	1,56 g
Eiweiß	0,21 g	5,63 g
Fett	0,23 g	1,20 g
Kohlenhydrate	9,7 g	57,6 g
Rohfaser	0,84 g	0,19 g
Mineralstoffe	0,45 g	7,69 g
Natrium	2,7 g	210,0 mg
Kalium	–	2,33 g
Calcium	11,7 mg	4,7 g
Eisen	0,24 mg	0,024 mg
Phosphor	17,1 mg	212,0 mg
Caroten	0,11 mg	–
Vitamin B_1	0,03 mg	0,48 mg
Vitamin B_2	0,02 mg	0,71 mg
Niacin	0,41 mg	5,70 mg
Vitamin B_6	–	0,20 mg
Vitamin C	2,00 g	27,0 g
Energiewert in kJ (kcal) je 100 g eßbaren Anteils	163 (38,9)	1110 (263)

Die Frucht wird wegen ihrer Säure selten frisch genossen. Saft oder Pulpe werden anderen Produkten (Getränken, Eis, Konserven) zur Vitamin-C-Anreicherung zugesetzt. Der Anbau wird als Vitamin-C-Quelle in Entwicklungsländern empfohlen. In Deutschland werden Flaschenabfüllungen des A.-Saftes als *Cerola*-Saft (Vitamin-C-Gehalt je 100 ml 1···4 g) angeboten.

Acesulfam-K, *6-Methyl-1,2,3-oxathiazin-4(3H)-on-2,2-dioxid-Kalium, Sunett*: (E 950) synthetisches → Süßungsmittel, dessen Süßgeschmack 1967 durch *Claus* und *Jensen* zufällig entdeckt wurde (s. Formel S. 19 oben).
A. ist bei den in der Lebensmittelverarbeitung üblichen *pH*-Werten und Temperaturen stabil. Die

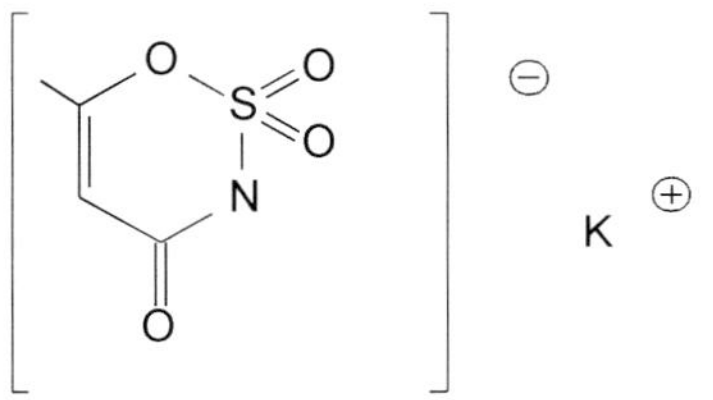

Wasserlöslichkeit ist gut. Die maximale → *Süßintensität* beträgt Rm = 49. Die → *Süßkraft* ist 190. ADI: 0···15 mg/kg KM. A. zeigt synergistische Wirkung mit anderen Süßstoffen, außer mit Saccharin. Untere Nachweisgrenze in Wasser etwa 0,234 g/l. A. ist bereits in fast allen Ländern zugelassen. A. wirkt mit → Aspartam und → Cyclamaten. Der Süßgeschmack setzt schnell ein und klingt rasch ab.

Acetábula → Becherlinge

Acetaldehyd, *Ethanal*: aliphatischer Aldehyd mit der Strukturformel CH_3-CHO. A. ist ein wichtiges Zwischenprodukt im tierischen und pflanzlichen Stoffwechsel sowie bei Gärungsvorgängen und daher zumeist ein Hauptbestandteil der flüchtigen Komponenten von Lebensmitteln, auch in alkoholischen Getränken, Pflanzensäften, geröstetem Kaffee. A. ist eine brennbare, farblose, stechend, in Verdünnung angenehm, leicht fruchtig riechende Flüssigkeit, F. – 123 °C, Kp. 20,2 °C, *d* 0,788. Mit Wasser, Ethanol und Ether ist A. unbegrenzt mischbar. Er wird leicht zu Essigsäure oxydiert, d. h., er wirkt reduzierend. Unter Einfluß von Schwefelsäure entstehen Paraldehyd bzw. Metaldehyd. Letzterer dient als Trockenbrennstoff (Hartspiritus). A. kommt als Aromakomponente im Sherry vor.

Acetalphosphatide, *Plasmalogene*: zu den → *Phosphatiden* gehörige Verbindungen.

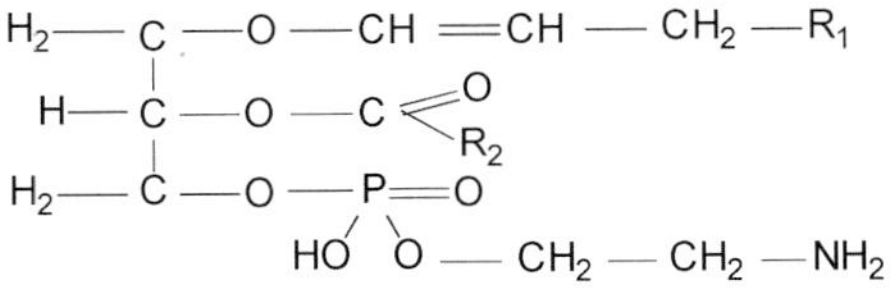

Sie leiten sich von den *Colamincephalinen* (→ *Cephaline*) ab. Hierbei ist anstelle einer Fettsäure der entsprechende Fettsäurealdehyd an eine primäre Hydroxylgruppe des Glycerols in Enolform etherartig gebunden. A. finden sich in allen Geweben; in Muskel und Gehirn machen sie 8···12% der Gesamtphosphatide aus.

Acetamid → Säureamide

2-Acetamido-2-desoxy-α-D-galactopyranosyl(1→3)-D-galactose‹1.5› → Aminozucker

(**2-Acetamido-2-desoxygluco**)-D-**Mannan:** ein in der Zellwand verschiedener Hefen nachgewiesenes und aus acetylierten Aminozuckereinheiten aufgebautes Polysaccharid der Struktur

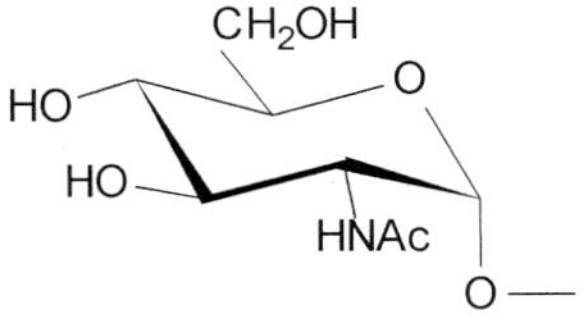

Acetate: (E 261 – E 263) **1.** die Ester der Essigsäure von der allg. Formel CH_3-COOR (R = Alkylrest). Acetate werden zur Herstellung von Essenzen verwendet. So spielt z. B. das Methylacetat eine Rolle speziell für Rum-, Arrak- und Whiskyessenzen, und das am weitesten verbreitete Ethylacetat wird zur Herstellung von Fruchtaromen gebraucht. → Ester → Aroma. **2.** die Salze der Essigsäure von der allg. Formel CH_3-COOMe^{I}. Weit verbreitet in Lebensmitteln. Natrium- und Calciumacetat werden als Backmittel verwendet, besonders Na-Diacetat wirkt antimikrobiell.

Acetem: Emulgator (E 472a), bestehend aus acetylierten Mono- und Diacylglyceriden, wird als Überzugsmasse für Fleisch und Fleischwaren eingesetzt.

Acetessigsäure → Oxocarbonsäuren

Acetidin-2-carbonylsäure → Hämagglutinine

Acetidin-2-carboxylsäure → Aminosäuren

Acetinfette → Acetolglyceride

Acetmilchsäure → Oxocarbonsäuren

Aceto Balsamico: Dunkler, lang gereifter Essig aus Italien

Aceto-dolce: eine italienische Obst- und Gemüsekonserve aus verschiedenen Obst- und Gemüsearten, die mit Essig vorbehandelt und mit einer Mischung von süßem Obstsaft, Honig und Senfkörnern eingekocht wird.

Acetoglyceride, *Acetinfette, Acetylfettsäureglyceride:* Triglyceride, bei denen eine oder zwei Fettsäuren des Triglyceridmoleküls durch Essigsäure ersetzt sind. R = Laurin-, Myristin-, Palmitin-, Stearin-, Öl-, Linol- oder Linolen-Säurereste. A. kommen nicht natürlich in Lebensmitteln vor. Sie zählen zu den Zusatzstoffen und werden hergestellt durch Umesterung von Triacetin mit Triglyceriden langkettiger Fettsäuren oder durch Acetylierung von Mono- oder Diglyceriden mit Essigsäureanhydrid. Je nach Wahl der Ausgangsstoffe lassen sich Schmelzpunkt und Härte in gewissen Grenzen variieren. A. haben eine hohe Plastizität. Sie werden als eßbare Überzugssubstanzen (Coatings) für Lebensmittel (bes. Käse, Nüsse, Früchte, Fleisch) eingesetzt, um Feuchtigkeits- und Aromaverluste zu vermeiden. Als Zusatz zu Schokoladenüberzugsmassen verhindern sie Sprödigkeit bei tiefen Temperaturen.

Acetoin, *Acetylmethylcarbinol:* ein Hydroxyketon der Formel

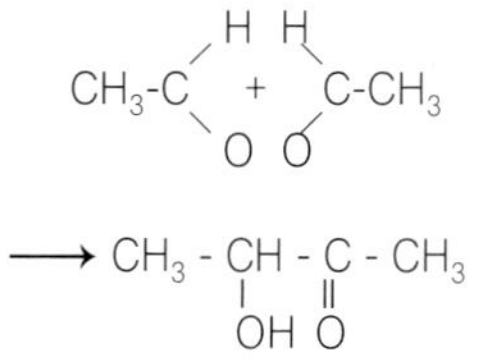

A. ist ein wichtiger Aromastoff der Butter (Gehalt bis zu 70 mg je kg). Es wird enzymatisch durch Acyloinaddition von Acetaldehyd nach der Formel gebildet; aus A. kann durch Oxydation Diacetyl, ein weiterer Aromastoff der Butter, gebildet werden. A. ist eine bei 148 °C siedende Flüssigkeit, die leicht dimerisiert. Es wird zur Aromatisierung von Margarine verwendet. → Ketone

Aceton, *Propanon, Dimethylketon:* das einfachste aliphatische Keton mit der Formel CH_3-CO-CH_3. A. ist eine angenehm riechende, wasserhelle, brennbare, mit Wasser und vielen organischen Lösungsmitteln unbegrenzt mischbare Flüssigkeit, F. – 94,8°C, Kp. 56,24 °C, d_4^{20} 0,7908. A. kommt in ätherischen Ölen zahlreicher Pflanzen, z. B. im Koriander- und Lavendelöl, unter den von Äpfeln herrührenden Ausscheidungsprodukten sowie im Harn von Diabetikern vor. A. dient als Lösungsmittel auf vielen Gebieten, zur Extraktion von Pharmazeutika aus Naturstoffen und als Vergällungsmittel für Alkohol → Ketone

2'-Acetonaphton → β-Naphtylmethylketon

Acetoncyanhydrin → Glycoside, cyanogene

Acetoncyanhydringlycosid → Glycoside, cyanogene

Aceton-α-α'-dicarbonsäure, *Pentan-3-on-disäure,* β-Ketoglutarsäure: eine α-Hydroxy-dicarbonsäure, die durch Behandlung von Citronensäure mit stark konzentrierter Schwefelsäure gewonnen wird und als → Lockerungsmittel vorgeschlagen wurde. Die farblosen Nadeln sind leicht in Wasser löslich und zersetzen sich oberhalb 65 °C in Kohlendioxid und Aceton. Da das Aceton aus den Gebäcken nicht vollständig entfernt wird und dadurch Geruch und Geschmack beeinflußt, ist die Verwendung lebensmittelrechtlich nicht erlaubt.

Acetonsemicarbacone → Stoffe, Lathyrismus auslösende

Acetophenon → Ketone

Acetylbenzoylakonin → Aconitin

Acetylcholin: Überträgerstoff zumindest des cholinergischen (parasympathischen) Nervensystems (Formel s. nächste Seite).

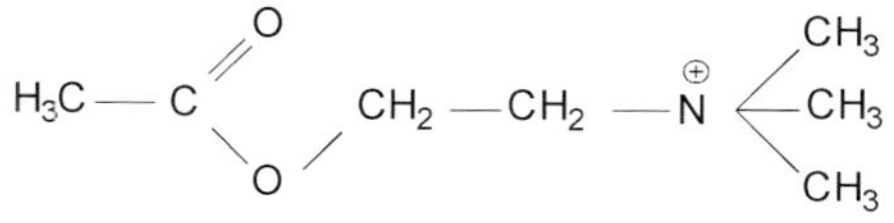

A. kommt in den Nervenendigungen vor, die es bei Reizungen freisetzen. Es wird innerhalb von 30···50 µs durch *Acetylcholinesterase* gespalten, wodurch die Reizleitung unterbrochen wird und dem nachfolgenden Reiz offensteht. A. wirkt als Gewebshormon und beeinflußt den Kreislauf. → Pantothensäure

Acetylcholinesterase → Acetylcholin

Acetyl-Coenzym A *(Acetyl-CoA)* → Biotin → Pantothensäure → Citronensäure

Acetylen, Ethin: farbloses Gas, welches beim Einsatz vor der Ernte (z. B. Ananas, Mango, Melone, Tomate) eine schnellere und gleichmäßigere Reifung hervorruft. Beim Einsatz nach der Ernte wird eine Reifebeschleunigung ermöglicht.

Acetylfarindiol → Falcarindiol

Acetyl-fettsäureglyceride → Acetoglyceride

N-Acetyl-D-galactosamin → Aminozucker → N-Acetyl-glycosamine

N-Acetyl-D-glucosamin → Aminozucker → N-Acetyl-glycosamine

N-Acetyl-glycosamine: N-Acetyl-Derivate der → Aminozucker. Sie sind am Aufbau einer großen Anzahl verschiedenartiger Polysaccharide beteiligt. *N-Acetyl-D-glucosamin* ist der Baustein des Chitins (u. a. in Pilzen und Schalen von Krustentieren) und auch in Hyaluronsäure (u.a. in Haut- u. Bindegewebe) enthalten. Am Aufbau der Chondroitinschwefelsäure (u. a. in Knorpelsubstanzen) ist *N-Acetyl-galactosamin* beteiligt.

O-Acetylhomoserin → Aminosäuren

O-Acetyl-lactaminsäurelactose → Aminozucker

N-Acetyl-lactosamin → Aminozucker

7-Acetyllycopsamin → Alkaloide

N-Acetyl-methionin: Nährstoff, der gleiche physiologische Wirkung wie Methionin hat, jedoch beständiger gegen Erhitzen ist.

Acetylmethylcarbinol → Acetoin → Ketone

N^{S}-acetyl-L-ornithin → Aminosäuren

N-Acetyl-neuraminsäure → Aminozucker → Nonulosaminsäuren

N-Acetyl-tyrosin: Nährstoff, der gleiche physiologische Wirkung wie Tyrosin hat, jedoch beständiger gegen Erhitzen ist.

Acetylvanillin → Vanillinacetal

Acha → Fonio

Achäne → Nuß

Achardosemarmelade → Marmelade

Achards → Bambus

Achatschnecke: größte Landschnecke, in den Tropen weit verbreitet, in Farmen gezüchtet, (Familie *Achatina achatina L.* und *A. fulica* Bowdich) → Weinbergschnecken

Achia → Bambus

Achiar → Bambus

Achilléa millefólium → Schafgarbe

Achiote → Anattobaum

Achira, *Eßbare Canna, Queensland-Pfeilwurzel:* die Pflanze *Cánna edúlis* Ker. (Familie *Cannáceae),* die in den Andengebieten schon zu prähistorischen Zeiten (2500 v. u. Z.) Nahrungsmittel war. Die fleischigen Rhizome, die je 100 g 25···30 g Stärke in Form sehr großer Stärkekörner, 1,5 g Eiweiß, 0,5 g Fett und 74 g Wasser enthalten, werden gebacken gegessen. In Australien (Queensland) und Brasilien wird die Pflanze zur Stärkegewinnung angebaut, das Produkt wird als *„Queensland-Arrowroot"* gehandelt. → Arrowroot

Achirastärke → Arrowroot

Áchras sapóta → Sapodilla

Achrodextrin → Dextrin

Achtkornbrot → Mehrkornbrot

Acht(8)-Monate-Yams → Guineayams, Weißes

Achua, *Cumate, Uaxaca, Rotholz:* der in den Regenwäldern des Amazonasgebietes und Guayanas vorkommende Baum *Sacoglóttis quianénsis* Benth. (Familie *Lináceae),* dessen längliche, kleine, rotorangefarbene Steinfrüchte eßbares Fruchtfleisch haben.

Acidophilusmilch, *Reformjoghurt:* ein *Sauermilcherzeugnis*, hergestellt mit Hilfe von *Lactobacíllus acidóphilus* aus eingestellter, möglichst steriler Milch, deren Trockenmasse durch Eindampfen oder durch Zusatz von Milchpulver leicht erhöht wurde. Die A. ist im Vergleich zu Joghurt milder im Geschmack. Wegen der langen Säuerungsdauer von mehreren Tagen und des empfindlichen Koagulums hat sich A. gegenüber Joghurt nicht durchsetzen können. Ein weiterer Nachteil ist die Empfindlichkeit der Acidophiluskeime gegenüber Fremdkeimen. Zu ihrer Stabilisierung werden die Acidophiluskeime zusammen mit anderen Mikroorganismen gezüchtet (Hefen oder andere Laktobazillen). → Acidophilus-Milcherzeugnis.

Acidophilus-Milcherzeugnis: *Sauermilcherzeugnis,* das *Lactobacíllus* (L.) *acidóphilus* als wichtigsten Bestandteil der obligaten Mikroflora enthält. Bei einem Teil der L.-*acidophilus*-Stämme werden erwünschte Eigenschaften beobachtet, z. B. das Überleben im sauren Milieu bei der Passage des Magens, die Ansiedlung im menschlichen Darm und Beseitigung von Störungen im Gleichgewicht der Darmflora, die Bildung eines hohen Anteils von L (+)-Milchsäure und DL-Milchsäure sowie weiterer Stoffwechselprodukte mit spezifischen antibakteriellen Wirkungen. A.-M. werden vor allem für diätetische und therapeutische Ziele eingesetzt. A.-M. sind z. B. → Acidophilusmilch, A.-Sauermilch, A.-Molkengetränk, A.-Joghurtprodukt und A.-Kefirprodukt. → Sauermilcherzeugnis

Acidophilus-Sauermilch → Sauermilcherzeugnis

Acidum tartaricum → Weinsäure

Acilanbrillantblau FFR → Lebensmittelfarbstoffe

Acilancrocein → Lebensmittelfarbstoffe

Acilanechtgrün → Lebensmittelfarbstoffe

Acipénser spec. → Störe

Ackerblume → Odermennig

Ackerbohne → Puffbohne

Ackerhellerkraut, *Pfennigkresse:* das in Indien kultivierte, meist aber als Unkraut weit verbreitete, vor allem in Südeuropa als Wildpflanze zu Salat verwendete Kraut, *Thláspi arvénse L.* (Familie *Brassicáceae*). → Wildkräuter → Kresse

Ackerkamille → Kamille, Echte

Ackerknoblauch → Lauch

Ackerkohl, Weißer: die von Europa bis Zentralasien kultivierte Ölpflanze *Conríngia orientális* (L.) Dumort. (Familie *Brassicáceae*).

Ackerlinge → Bolbitiáceae → Kulturpilze

Ackermeng → Odermennig

Ackerminze → Minze → Ingwerminze → Minze, Japanische

Ackernuß → Knollenplatterbse

Acker-Ochsenzunge → Ochsenzunge

Ackersalat → Feldsalat

Ackerschachtelhalm, Ackerzinnkraut, Kannenkraut, Katzenschwanz, Pferdeschwanz, Fuchsschwanz, Fegekraut, Duwork, Hermuß, Hollrusch, Schaftheu, Kuhmuß, Greibsch, Zöpfling, Spinnlich, Chatzastiel, Reibisch, Zinnkraut, Scheuerkraut, Zinngras, Schachtelhalm: ein auf sandigem, lehmigem Acker, auf feuchten Wiesen, an Bahndämmen vorkommender, stark quirlig verästelter, grüner, unfruchtbarer, etwa 10···50 cm hoher Sproß von *Equisétum arvénse* L. (Familie *Equisetáceae),* der sich im Mai, nach dem Absterben eines bleichrötlichen bis strohfarbenen, endständigen Frühjahrsaustriebes entwickelt und reichlich Kieselsäure enthält. Der A. ist vielfach Bestandteil von → Kräutertees und → Kräutersäften. Für Speisezwecke dienen die Ährenkolben und jungen, saftigen Stengel, die zu Wachstumsbeginn gesammelt werden und vielfach Bestandteil von Salat, Füllungen, Aufläufen bilden. In Japan wird der A. als Gemüsepflanze kultiviert. Der A. darf nicht mit dem *Sumpf- (E. palústre L.), Wald- (E. sylváticum L.), Teich- (E. fluviátile L.)* oder dem *Winterschachtelhalm (E. hyemále L.)* verwechselt werden. Alle diese Arten haben giftige Inhaltsstoffe.

Als → Droge erfolgt die Unterscheidung der verschiedenen Herkünfte mit dem Mikroskop, indem die Höcker auf den Rippen bei jeder Schachtelhalmart verschieden ausgebildet sind. In der Droge liegen u. a. 5···7 % Kieselsäure (etwa ein Zehntel davon in löslicher Form) ferner 1,5 % Aluminiumchlorid und 1,5 % Kaliumchlorid vor. → Wildkräuter. Die als Wildgemüse verwendeten frischen Sprossen enthalten je 100 g: 88,4 g Feuchtigkeit, 3 g Eiweiß, 0,18 g Fett, 5,5 g Ballaststoffe, 1,30 g Kohlenhydrate und 1,5 g Mineralstoffe, darunter 0,18 g Kieselsäure.

Ackerschwarzkümmel → Schwarzkümmel

Ackersenf, *Wilder Senf:* die als Wildsalat nutzbare Pflanze, *Sinápis arvénsis* L. (Familie *Brassicáceae*). In Europa werden meist die Wildvorkommen, in Ostasien dagegen die kultivierte Form (*Weißer Senf, S. álba* L.) verwendet, indem die ganzen, jungen Pflanzen vorzugsweise als Mischsalat (30 % Anteil) verzehrt werden. → Wildkräuter → Kresse

Ackerveilchen → Feldstiefmütterchen

Ackerwildkräuter → Wildkräuter

Ackerzinnkraut → Ackerschachtelhalm

Aconitin *(Akonitin), Acetylbenzoylakonin:* Diterpenalkaloid mit der Summenformel $C_{34}H_{47}O_{11}N$. Das A. kristallisiert aus Chloroform in rhombischen Prismen, F. 197···198 °C, $[\alpha]_D^{20}$ −36 °C (in Benzen). Es ist fast unlöslich in Wasser, wenig löslich in Ethanol, Ether, löslich in Benzen und Chloroform. A. ist sehr giftig, 1···2 mg können bereits bei Erwachsenen tödlich wirken. Angriffspunkt ist vor allem das Nervensystem. A. führt zur Verlangsamung der Atmung und der Herztätigkeit, in hohen Dosen zur Lähmung des Zentralen Nervensystems. Außer durch die Schleimhäute kann A. auch durch die unverletzte Haut resorbiert werden. A. kommt in *Aconitum*-Arten, speziell im blauen Eisenhut (*Aconítum napéllus L.*), vor. → Alkaloide

Aconitsäure, *Propen*-1,2,3-*tricarbonsäure,* β-Carboxyglutaconsäure, Brenzcitronensäure: eine ungesättigte, in cis- und trans-Form vorkommende dreibasige organische Säure.

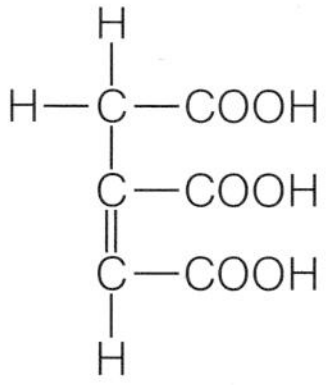
cis-Aconitsäure

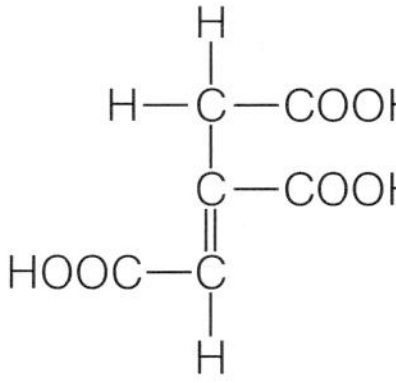
trans-Aconitsäure

Die cis-A. steht innerhalb des *Citronensäurezyklus* (→ Citronensäure) und des Glyoxylsäurezyklus mit der *Citronensäure* und der → *Iso-Citronensäure* in einem enzymatischen Gleichgewicht. Deshalb ist das Vorkommen der cis.-A. in allen Zellen zu erwarten, in denen diese Zyklen ablaufen. Sie bildet Nadeln, F. 130 °C. Die trans-A. kommt u. a. im Zuckerrohr, in Melasse und Getreidepflanzen vor. Sie kristallisiert aus Wasser in farblosen Blättchen oder Nadeln, F. 185···210 °C (Zers.).

Ácorus cálamus → Kalmus

Acoyo → Pfeffer 1.

Acrinylisothiocyanat → Senfölglucoside

Acrinylsenföl → Senfölglucoside

Acrocómia aculeáta → Coyolipalme

Acrocómia mexicána → Coyolipalme → Palmkohl

Acrocómia sclerocárpa → Coyolipalme

Acrocómia tótai → Paraguaypalme → Kokospalme → Makayaöl

Acrolein, *Acrylaldehyd, Allylaldehyd, Propenal:* der einfachste ungesättigte aliphatische Aldehyd mit der Formel CH_2=CH-CHO. A. entsteht bei der thermischen Zersetzung von Fetten (Überhitzen von Brat- und Backfett, Rösten) aus dem Glycerol, erkennbar an den blauen und zum Husten reizenden Dämpfen. A. neigt zur Polymerisations- und Additionsreaktion und ist im Reinzustand sehr reaktionsfreudig. Es reizt die Schleimhäute und die Augen außerordentlich stark und kann Bronchitis und Bronchopneumonie verursachen.

Acrylaldehyd → Acrolein

Acrylpolymere → Hydrokolloid, synthetisches

Actin: unsymmetrisch-hantelförmiges Eiweißmolekül, Molmasse 42 000 g/mol, neben Myosin Hauptbestandteil des muskulären Fibrilleneiweißes, macht etwa 14 % des Muskeleiweißes aus. A. kann in einer monomeren globulären Form (G-Actin) sowie in einer polymeren fibrillären Form (F-Actin) vorkommen. Beide Formen sind ineinander überführbar. Beim Übergang von G-Actin in F-Actin stellt ATP Energie zur Verfügung. → Adenosinphosphorsäuren → Actomyosin → Globuline

Actinídia argúta, *Kokuwa:* eine großfrüchtige Aktinidenart. → Aktinidie, Großfrüchtige

Actinídia chinénsis → Aktinidie, Großfrüchtige.

Actinidin: Bez. für das im Fruchtfleisch der → *Kiwi*, einer zur Gattung der Strahlengewächse (*Actinidiáceae*)(→ Aktinidie) gehörigen Pflanze, enthaltene eiweißspaltende Enzym (→ Protease). Ähnlich wie die Proteasen – auch als Endopeptidasen bezeichnet – anderer tropischer Früchte wie → *Papain* (aus der Papayafrucht) → *Fizin* (aus der Feige) und → Bromelin (aus Ananas) hat A. ein Wirkoptimum um den Neutralpunkt und ist im Bereich von 70···75°C noch wirksam. Beim Verzehr der Früchte werden die pflanzlichen Proteasen im allg. im sauren Milieu des Magens durch → Pepsin inaktiviert.

Actinomycine: Gruppe von orangerot gefärbten → Antibiotica, deren erster Vertreter, das Actinomycin A, aus dem Pilz *Actinomýces antibióticum* isoliert worden ist, die aber heute entweder aus *Streptomyces*-Stämmen gewonnen oder synthetisch hergestellt werden.

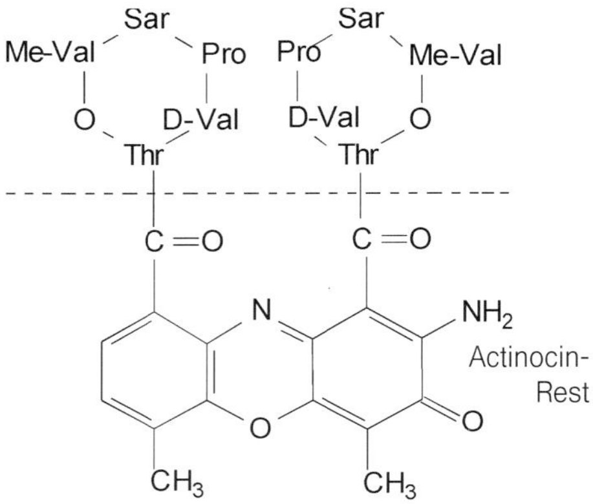

Actinomycin C_1

Chemisch sind sie Abkömmlinge des Phenoxazons und setzen sich aus einer Dicarbonsäure, dem Actinocin, und zwei ringförmigen Peptidlactonen zusammen, die jeweils über die Aminogruppe des Threonins peptidartig mit den beiden Dicarbonsäuren des Actinocins verbunden sind. Die A. unterscheiden sich in der Zusammensetzung der Peptidlactone, die ungewöhnliche Aminosäuren, wie Methylvalin (Me Val) und die in der Natur selten vorkommende D-Aminosäuren enthalten; z. B. enthält das *Actinomycin* C_1 D-*Valin* und das *Actinomycin* C_3 D-*Isoleucin.* A. werden wegen ihrer starken cytostatischen Wirkung zur Krebs-Therapie eingesetzt, insbesondere zur Behandlung von Lymphogranulomatose und chronischer lymphatischer Leukämie. Allerdings ist ihr Einsatz wegen ihrer hohen Toxizität limitiert.

Actomyosin: Komplex zwischen den beiden Hauptproteinen des Muskels, F-Actin und Myosin, das als das eigentliche kontraktile Element der Muskulatur angesehen wird. Durch die Gegenwart von ATP wird der Komplex in seine Ausgangskomponenten zerlegt. A. hat seinerseits eine ATP-spaltende Aktivität. → Actin

ADA → Azodicarbonamid

Adamsfeige → Maulbeerfeige

Adansónia digitáta → Affenbrotfrucht

Adansónia gregórii → Affenbrotfrucht

Adansónia madagascariénsis → Affenbrotfrucht

Add-back-Verfahren → Kartoffelbreipulver

Ädelkäse: schwedischer *Edelpilzkäse* (Grünschimmelkäse , Typ Roquefort) aus Kuhmilch. → Käsesorten

Adelsbeere → Elsbeere

Adenándra frágrans → Sissie-Tee

Adenin, *6-Aminopurin:* Purinbase mit der Formel

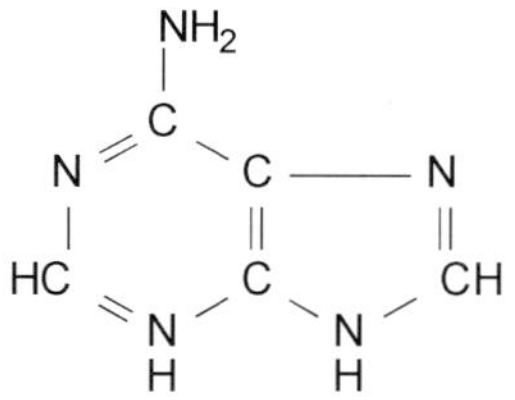

A. ist ein Baustein der Nucleoside *Adenosin, Adenindesoxyribosid* und *Adenin-thiomethylpentosid.* Als freie Base kommt es in Hefe, Zuckerrüben, Hopfen, Tee und Steinpilzen vor. A. kristallisiert in farblosen Nadeln, F. 365°C (Zers.), und ist leicht in Mineralsäuren und Laugen, schwer in Ethanol und Ether löslich. → Adenosin → Nucleotide → Adenosinphosphorsäuren

Adenindesoxyribosid → Nucleotide

Adenin-thiomethylpentosid → Adenin

Adenosin, α-β-Ribofuranosido-adenin, 9-(β-D-Ribofuranosyl)-adenin: β-glycosidisches Nucleosid aus *D*-Ribose und Adenin als Aglykon (s. Formel nächste Spalte oben).
Auf Grund seines chemischen Aufbaues zählt es zu den N-Glycosiden (Glycosylamiden). A. ist allg. im Tier- und Pflanzenreich verbreitet. Es kommt als Baustein vieler Nucleotide vor. In der Medizin wird A. wie ATP als gefäßerweiterndes Mittel bei Herzschwäche verwendet. → Nucleotide → Adenosinphosphorsäuren

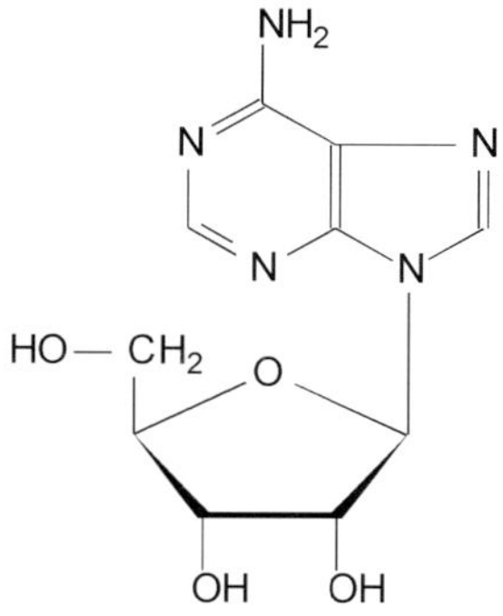

Adenosin-3',5'-monocyclophosphat (zyklisches AMP) → Nucleotide

Adenosinphosphate → Adenosinphosphorsäuren → Nucleotide

Adenosin-5'-monophosphat → 5'-Nucleotide

Adenosinmonophosphat (AMP) → Adenosinphosphorsäuren → Nucleotide

Adenosinphosphorsäuren, *Adenylsäuren:* zu den *Nucleotiden* gehörende Gruppe von Phosphorsäureestern des Nucleotids Adenosin mit der allg. Formel

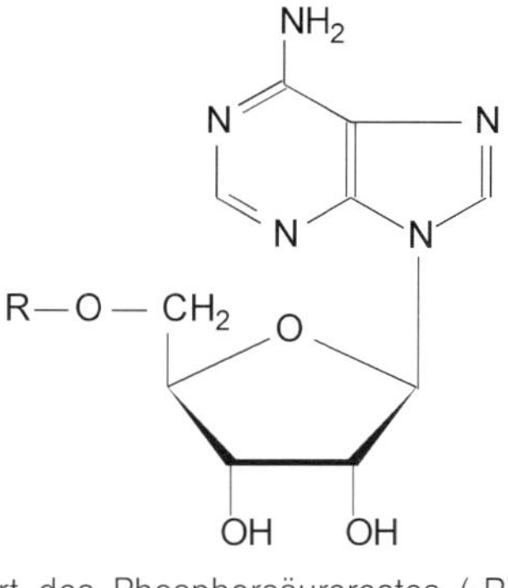

Nach Art des Phosphorsäurerestes (-R) unterscheidet man Adenosinmono-, -di-, -tri- (usw.) phosphorsäuren.

a) Adenosinmonophosphorsäuren, Adenosinmonophosphate (AMP)

α) Adenosin-5'-phosphorsäureester, 5-Adenylsäure, Muskeladenylsäure: geht bei Desaminisierung in *Inosinsäure* über, kommt vor in Muskelfleisch und Hefe;

β) Adenosin-3'-phosphorsäureester, 3'-Adenylsäure, Hefeadenylsäure: kommt in Hefe und Teeblättern vor;
γ) Adenosin-2'-phosphorsäureester; 2'-Adenylsäure;
b) Adenosin-5'-diphosphorsäure, Adenosindiphosphat (ADP), Adenosinpyrophosphorsäure: Vorstufe des *ATP;*
c) Adenosin-5'-triphosphorsäure, Adenosintriphosphat (ATP), Adenylpyrophosphorsäure;
d) Adenosin-5'-tetraphosphorsäure, Adenosintetraphosphat.
A. wurden in allen lebenden Zellen sowie im Serum, Liquor und Harn gefunden. Sie sind Bausteine der *Nucleinsäuren.* Adenosinverbindungen stehen im lebenden Organismus im Gleichgewicht, daher wird ihre Gesamtheit als *„Adenylsäuresystem"* bezeichnet. Dieses ist für die im Organismus stattfindenden Phosphorylierungsvorgänge verantwortlich, die von großer Bedeutung für den Energiestoffwechsel sind. Die A. stellen Bindeglieder zwischen energieverbrauchenden synthetischen Prozessen und energieliefernden Abbauprozessen dar. So ist das Adenylsäuresystem u. a. wirksam bei der Synthese von Kohlenhydraten und Proteinen, bei der Fettsäureoxydation, beim Stoffwechsel einzelner Vitamine, bei der Muskelarbeit, bei Vorgängen im Nervensystem, bei der Aufrechterhaltung des Säuren-Basen-Gleichgewichtes, bei der Funktion von Hormonen und Enzymen und bei der Photosynthese. Die bei der biologischen Oxydation des Wasserstoffs zum Wasser freiwerdende Energie wird in einem bestimmten Anteil als chemische Energie in der Form von *Adenosin-5'-triphosphat (ATP)* gespeichert (oxydative Phosphorylierung). → Adenosin → Nucleotide

Adenylpyrophosphorsäure → Adenosinphosphorsäuren

Adenylsäure → Nucleotide → Adenosinphosphorsäuren

Adermin → Vitamin B_6

Adhumulon: ein aromatisches, im Aufbau dem Humulon ähnliches Keton mit der Formel

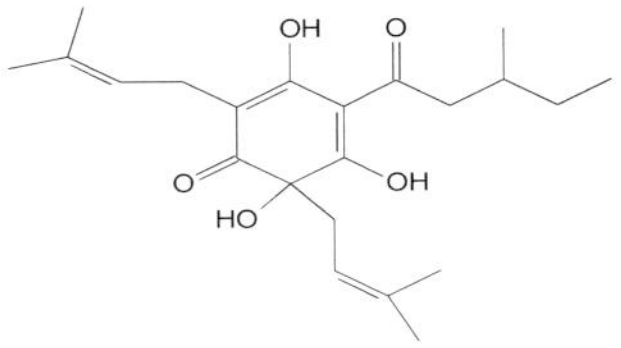

A. kommt im Hopfen (*Húmulus lúpulus* L.) vor. F. 97,5 ···98°C. $[\alpha]_D^{26}$ -187°C (in Methanol.) → Humulon

Adipate: Salze der Adipinsäure, allg. Formel $Me^IOOC\text{-}(CH_2)_4\text{-}COOMe^I$, (E 356 – E 359), Verwendung als Kochsalzersatz und Säureregulatoren, am meisten benutzt werden die Kalium-, Natrium-, Ammonium-, Calcium- und Magnesiumsalze.

Adipinsäure, (E 355) *Butan-1,4-dicarbonsäure, Hexan-1,6-disäure:* eine zweibasische Dicarbonsäure mit der Formel $HOOC\text{-}(CH_2)_4\text{-}COOH$. Die A. kommt im Saft der Zuckerrübe und im Zigarettenrauch vor. Sie kristallisiert in farb- und geruchlosen, sauerschmeckenden, monoklinen Prismen, F. 153 °C, $Kp._{(1333Pa)}$ 205 °C, ist in Ethanol und Wasser mit steigender Temperatur zunehmend, in Ether schwer löslich. Technisch wird A. meist aus Cyclohexanol oder Cyclohexanon durch Oxydation mit Salpetersäure oder Stickstoffdioxid/Luft-Gemischen gewonnen. A. dient im Bereich der Lebensmittelproduktion an Stelle von Weinsäure zur Herstellung von Backpulvern. Sie wird auch zum Ansäuern von Kuhmilch in der Säuglingsernährung und in der Süßwarenherstellung gemeinsam mit Citronen- und/oder Weinsäure benutzt. A. hat wegen der geringen Wasserlöslichkeit einen lang anhaltenden Sauergeschmack, der bei Kaugummi besonders erwünscht ist. A. kann als Säuerungsmittel bei Getränken, Getränkepulvern, Obstprodukten, Backwaren, Süßwaren und Schmelzkäse benutzt werden sowie als Säureträger bei Backpulver. Adipate dienen als Säureregulatoren. Einige schmecken kochsalzähnlich und werden deshalb, außer dem Natriumadipat als Kochsalzersatz verwendet. Das Diammoniumsalz der A. schmeckt dem Kochsalz ähnlich und dient deshalb als Kochsalzersatz. Die Isopropyl- und

Amylester werden in der Parfümindustrie verwendet.

ADI-Wert: Abkürzung für die Bez. „Acceptable daily intake", d. h. die akzeptierbare tägliche Aufnahme eines Zusatzstoffes. Von einem Expertenkomitee der FAO und WHO festgelegter Wert, für die vertretbare tägliche Aufnahmemenge eines Hilfs- und Zusatzstoffes in Milligramm, die pro Tag und Kilogramm Körpergewicht ohne Bedenken über die gesamte Lebenszeit verzehrt werden kann. ADI steckt lediglich einen Rahmen ab; geringfügige Überschreitungen sind akzeptabel. In neuerer Zeit neigen der Wissenschaftliche Lebensmittelausschuß der EG-Komission, der Europarat, die FDA und andere wissenschaftliche Gremien einzelner Länder dazu, eigene und teilweise abweichende Werte für den ADI festzulegen. ADI orientiert sich an den Ergebnissen von toxikologischen Untersuchungen. Er ist der Quotient aus der Dosis des betroffenen Stoffes, die im Tierversuch gerade noch keine schädlichen Effekte mehr hervorruft (NOEL) und einem Sicherheitsfaktor, in der Regel von 100. Er kann verschärft werden, wenn es dafür besondere Gründe gibt; er kann großzügiger angesetzt werden, wenn es sich um Stoffe handelt, die Bestandteile der menschlichen Nahrung sind, oder wenn der Abbauweg des betreffenden Stoffes dem von Nahrungsbestandteilen nahekommt. Der Sicherheitsfaktor deckt die Unsicherheit und Bewertungsrisiken ab, die in der Übertragung der Ergebnisse von Tierversuchen auf den Menschen liegen: Die Nahrungsaufnahme mancher Tiere ist, bezogen auf die Körpermasse, höher als die des Menschen; in der Nahrung sind häufig mehrere Zusatzstoffe gleichzeitig enthalten; Synergismen im toxikologischen Verhalten sind zwar selten, müssen aber in Betracht gezogen werden; Lebensmittelzusatzstoffe werden auch von Menschen aufgenommen, die besondere Verhaltensweisen im Stoffwechsel zeigen, z. B. Kinder, Kranke, ältere Menschen, Schwangere und Stillende. Diese zusätzlichen Risiken sind ausdrücklich im ADI-Konzept enthalten. ADI gilt für die gesamte Lebenszeit und deckt auch die Variationen des persönlichen Verzehrverhaltens ab. In Fällen, in denen die Toxikologie einer Substanz noch nicht ausreichend geklärt ist, wird manchmal ein vorläufiger ADI (temporary ADI) festgesetzt. Unbegrenzter ADI (ADI not limited) wird Substanzen mit besonders geringer Toxizität gegeben oder solchen, die wesentliche Lebensmittelbestandteile sind oder normale Stoffwechselprodukte des menschlichen Organismus. Tatsächlicher Konsum an Lebensmittelzusatzstoffen liegt in aller Regel weit unterhalb des ADI.→ Lebensmittelzusatzstoffe → Süßungsmittel

Adjabutter → Djavefett

Adlasbeere → Elsbeere

Adlay → Hiobsträne

Adlerfarn: eine auf kalkarmen Böden in Wäldern und auf Heidegebieten wachsende Farnart, *Pterídium aquilínum* (L.) Kuhn (Familie *Polypodiáceae),* deren Wurzeln in manchen Gegenden Neuseelands, Japans und im Himalajagebirge zur Ernährung dienen, in Mittelsibirien und Japan dafür, zum Teil in Gewächshäusern, kultiviert werden. In Japan wird der A. auch *Wari* genannt. Auch der süßschmeckende Wurzelstock des *Tüpfelfarns,* auch *Engelsüß* genannt, *Polypódium vulgáre* L. (Familie *Polypodiáceae),* wurde zuweilen ausgegraben und verzehrt. *Palmfarne* der Gattung *Zámia* (Familie *Cycadáceae)* liefern Wurzelstärke. → Farn

Adlerfarnstärke: die aus den Rhizomen von *Pterídium aquilínum* (L.) Kuhn (Familie *Polypodiáceae)* – gewonnene Stärke, die hauptsächlich in Notzeiten zur Anwendung gelangt. → Wurzelstärke

Adlerfisch, *Sciáena áquila* (Bild, nächste Seite): graugrün gefärbter *Meeresfisch* von der Gestalt eines Kabeljaus, mit einer Reihe reflektierender Schuppen in der Seitenlinie und gerade abgeschnittener Schwanzflosse. Als Vertreter der Familie der *Umberfische (Sciáenidae)* ist der A. an der auf die Schwanzflosse ausgedehnte Seitenlinie, dem auf Kopf und Schwanz ausgebildeten Schuppenkleid, den Hartstrahlen im Vorderteil der Rükkenflosse und den 2 Dornen vor der Afterflosse kenntlich.

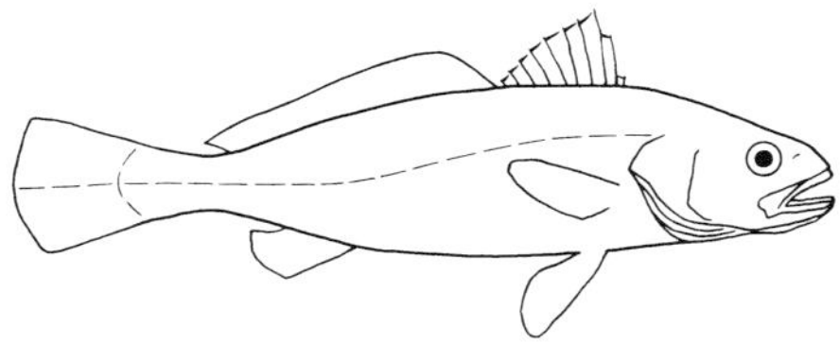

Adlerfisch

Neben dem A. mit etwa 75···90 cm, höchst. 200 cm Länge werden von der Hochseefischerei auf den nordwestafrikanischen Fangplätzen auch der etwas kleinere *Kapitän (Otolíthus),* kenntlich an der zugespitzten Schwanzflosse, und der *Umberfisch (Umbrína spp.)* gefangen, der etwas hochrückiger als die genannten Arten ist und am Kinn eine kurze Bartel hat. Er wird bis etwa 45 cm lang. In den küstennahen Gebieten des subtropischen und tropischen Schelfs aller Ozeane haben viele Arten bes. für die Anliegerstaaten wirtschaftliche Bedeutung. Der Weltfang beträgt rund 700 kt jährlich. Alle diese Fische sind ausgezeichnete Speisefische. Ihr Fleisch ist meist hell, fest und saftig und enthält neben hochwertigem Eiweiß (19···20 g je 100 g) nur wenig Fett (0,1···4.0 g je 100 g). Der Energiewert liegt bei etwa 420 kJ (100 kcal) je 100 g Fleisch, davon etwa 80···90% aus Eiweiß

Adlupon: Bitterstoff des Hopfens, sehr reaktionsfähige Verbindung, die während der Verarbeitung des Hopfens (Trocknung) durch Isomerisierung, Oxydation, Polymerisation Folgeprodukte liefert.

Adonit → Zuckeralkohole

ADP (Adenosindiphosphat) → Adenosinphosphorsäuren → Nucleotide

Adrenalin → Phenylalkylamine

Advokat → Avocado → Likör

Adzukibohne, *Azukibohne:* 8 mm lange, meist bräunliche Samen der einjährigen Pflanze *Phaséolus anguláris* (Willd.) F.W. Wight (Syn. *Vígna anguláris* (Willd.). Ohwi & Ohashi (Familie *Fabáceae).* In Japan ist die A. nach der Sojabohne die wichtigste → Hülsenfrucht, sie wird gekocht und zu Mehl vermahlen für Suppen, Kuchen und andere Zubereitungen verwendet. Neuerdings werden im Staat Washington, wo ähnliche klimatische Bedingungen herrschen wie in Nordjapans Hauptanbaugebiet Hokkaido, 4 Sorten ('Erimo', 'Expreß', 'Hatsune' und 'Takara') mit Erfolg angebaut. Die Kochqualität der Bohnen nimmt ab, wenn der Feuchtegehalt infolge fortgeschrittener Reife unter 8% fällt. I. allg. beträgt die Kochzeit 50 min., sie läßt sich bei Einweichen von 10 h auf 26 min. und bei Einweichen über 24 h auf 18 min. verkürzen. Die mittlere Zusammensetzung von rohen Bohnen beträgt in g je 100 g: 12,5 Feuchtigkeit, 22,6 Eiweiß, 45,5 Kohlenhydrate, 1,2 Fett und 14,4 Ballaststoffe.

Neben Japan ist China ein wichtiges Anbaugebiet. Die Pflanze ist aber auch in Südamerika, in den südlichen USA und im Kongo eingeführt.

Aecídium ebúrnea → Ständerpilze

Aegle mármelos → Baelfrucht

Aegopódium podagrária → Giersch

Aeroschlagsahne → Lebensmittelaerosol

Aeroschokolade → Schaumschokolade

Aesculetin *(Äskuletin), Cichorigenin, 6,7-Bishydroxycumarin, 6,7-Dioxycumarin, 6,7-Dihydroxycumarin:* blau fluoreszierende, heterozyklische Verbindung der Struktur:

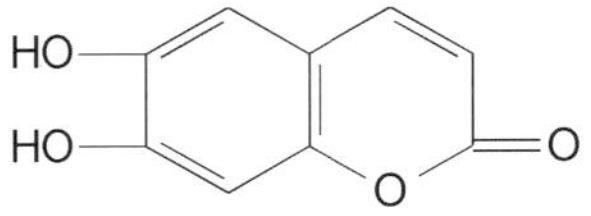

A. kristallisiert in farblosen Nadeln, F. 270°C (Zers.). Es ist löslich in heißem Ethanol, Eisessig und Alkalien. A. liegt im Chicorée, in der Möhre, im Feldsalat, in der Schwarzwurzel, der Samenschale der Gerste und im Tabak als Glucosid *(Aesculin)* vor. Das Glucosid wirkt kapillarabdichtend und verlängert die Wirkung des Hormons Adrenalin. In seinen physiologischen Eigenschaften ist es vergleichbar mit dem *Rutin* und *Hesperidin.* → Cumarin → Cumaringlycoside.

Aesculin *(Äskulin)* → Aesculetin → Cumaringlycoside

Aestivumweizen → Weizen → Hartweizen

Aethúsa cynápium → Hundspetersilie

Affenbrotfrucht, *Baobab:* große, bis zu 50 cm lange, gurkenförmige Frucht des mittelgroßen, sehr dickstämmigen Baumes *Adansónia digitáta* L. (Familie *Bombacáceae*), der gefiederte Blätter hat. Er kommt hauptsächlich in Afrika wild (Grassteppe) vor, wird aber dort auch kultiviert. Die holzige Fruchtschale umschließt ein säuerliches, mehlig-faseriges Fruchtfleisch, in das zahlreiche Kerne eingebettet sind. Das Fruchtfleisch enthält je 100 g etwa 50 mg Vitamin C und wird frisch verzehrt, zur Bereitung eines erfrischenden Getränkes verwendet oder wie Kürbis eingelegt. Die haselnußgroßen Samen, die ein schwer ranzig werdendes Fett (12···15%) enthalten, werden ebenfalls gegessen. Die jungen Blätter werden als Suppengemüse verzehrt. Ähnliche Arten mit entsprechender Verwendung sind der *Sauregurkenbaum Adansónia gregórii* (Australien) und *Adansónia madagascariénsis* (Madagaskar). → Baobaöl.

Affenkartoffel: der Lippenblütler *Solenóstemon monostáchyus* (Pal.) Beauv. (Familie *Lamiáceae*), dessen knollig verdickte Wurzeln im tropischen Westafrika als Gemüse verzehrt werden.

Affenpflaume: Frucht des Strauches *Boyéna pállens* (Familie *Loganiáceae*), die reich an Vitamin C ist.

Affinade → Weißzucker

Aflata: eine in Westafrika übliche Maiszubereitung, wobei ein 2 bis 3 Tage fermentierter Teig anschließend angekocht – so bereits verzehrfertig – oder zu → *Kenkey* weiterverarbeitet wird. → Brei

Aflatoxin → Mykotoxine

Aflegna → Inghera

Afon → Okwabaum

Aframómum angustifólium → Guineapfeffer 2. → Matungulu 1.

Aframómum daniéllii → Guineapfeffer 2.

Aframómum exscápum → Guineapfeffer 2.

Aframómum korárima → Korarima-Kardamom

Aframómum latifólium → Guineapfeffer 2.

Aframómum letestuánum → Guineapfeffer 2.

Aframómum meleguéta → Guineapfeffer 2.

Aframómum sanguíneum → Matungulu

Aframómum stipulátum → Matungulu 2.

Afrikan-Elemi → Olive, Chinesische

Agakoji → Rotreis

Agar-Agar, (E 406) *Agar, Gelose:* überwiegend aus aufeinanderfolgenden Struktureinheiten, bestehend aus → *Galactose* und *3,6-Anhydrogalactose,* zusammengesetztes, von Meeresalgen, bes. Rotalgen *(Rhodophyta),* gebildetes *Polysaccharid.* Die Einheiten sind über (1.3)-glycosidische Bindungen miteinander verknüpft und enthalten vereinzelt in veresterter Form Schwefelsäure

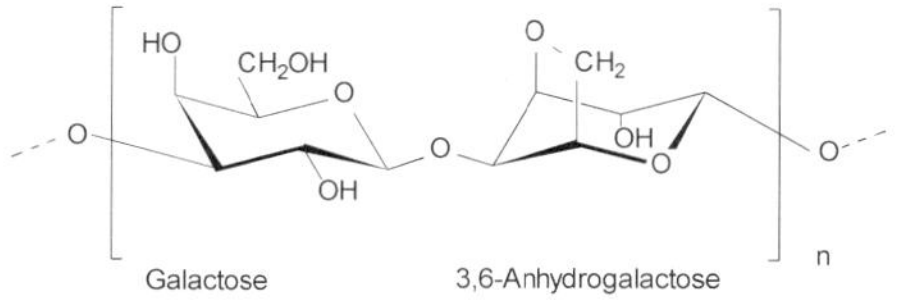

→ Agarose und → Agaropectin sind Fraktionen des A. Es wird aus Rotalgen, bes. *Gelídium-* und *Graciléria*-Arten, z. B. *Gelídium amánsii* (Lamour), gewonnen, wo es als hydrophiles Kolloid in den Zellwänden vorkommt. Die aus dem Meer gewonnenen Algen werden nach vorausgegangener Reinigung meist einer etwa 15 h dauernden Extraktion mit heißem Wasser (80°C) unterzogen, in deren Verlauf nach 8···9 h wenig Schwefelsäure oder Polyphosphat und nach 12 h Calciumhypochlorit zum Bleichen zugefügt werden. Nach Abtrennung der Zellsubstanz wird die Lösung geklärt, das erstarrte Gel in Streifen geschnitten und einem Gefrier-Tau-Prozeß unterworfen (5 bis 6 Tage), bei dem mit dem partiellen Auftauen Salze, stickstoffhaltige Substanzen und Farbstoffe abgehen. Zum Abschluß wird das verbliebene Material getrocknet. Neuerdings wird die traditionelle Technologie durch moderne Teilstufen ersetzt (z. B. Gegenstromextraktion, Sprühtrocknung). Die Haupterzeugerländer sind Japan, Spanien und die USA. A. ist ein gelblich-weißes Pulver oder fadenähnliches Produkt, das in kaltem Wasser quillt, sich aber nicht löst, in siedendem Wasser jedoch leicht löslich ist. A. zählt zu den Verbindungen mit ausgeprägtem Gelbildungsvermögen, das weitgehend unabhängig von Trockensubstanz und pH-Wert ist. Gelierungstemperatur 35···40 °C. Die Schmelztemperatur der Gele liegt bei 95 °C. A. ist praktisch ohne Nährwert. Er dient als → Geliermittel, Stabilisator und Emulgator, z. B. zur Herstellung von Süß- und Konditoreiwaren (Geleefrüchte), von Milchprodukten (Joghurt), und wird bei der Verarbeitung von Geflügel verwendet. Weitere Einsatzgebiete sind die Pharmazie und vor allem die Mikrobiologie (Nährböden). Dänischer A. (→ Furcellaran) wird aus der in der Ostsee vorkommenden Rotalge *Furcellária fastigiáta* (Huds.) Lancour gewonnen. → Algenpolysaccharide → Algenprodukte → Hydrokolloid → Algen

Agar, Britischer → Carrageen

Agar, Dänischer → Furcellaran

Agaran → Agarose

Agaricáceae: der Ordnung *Agaricáles* (Blätterpilze) – innerhalb der Klasse *Basidiomycétes* (Ständerpilze) – zugeordnete Pilzfamilie mit agaricoid geformtem Fruchtkörper, regulärem und irregulärem Lamellentrama, stets freiem Lamellenansatz und hyphig gebauter Huthaut. *H. Kreisel* ordnet auch die früher selbständige Familie *Lepiotáceae (Schirmlinge)* den A. unter. *Agáricus* stammt von *agarikon* ab, griech. Bez. für den *Weißen Lärchenschwamm (Fómes officinális).* Nach *Dioscorides* soll dieser Pilz seinen Namen von Agaria, einer südrussischen Landschaft, erhalten haben. Eßbare Vertreter dieser Familie sind: *Egerlinge, Garten-Champignons, Gartenegerlinge* oder *Zweisporiger Egerling [Agáricus* (Psallióta) *bísporus* (Lange) Imbach = A. *horténsis* (Cooke) Imai], wahrscheinlich die Stammart der dunklen wie der weißen zweisporigen Zuchtrassen. Blaßbrauner Hut, dicker, abwärts angewachsener Ring, weißes, sich rötendes, saftiges Fleisch, frisch nach Holz riechend, Vorkommen: Juni bis Okt. auf Komposthaufen, in Gärten, Gewächshäusern, auch auf Wiesen, oft in großer Menge.
Wiesen-Champignon, Wiesenegerling, Feldegerling, [Agáricus campéstris L. = *Psallióta campéstris* (L.) Quél.], mittelgroßer, anfangs kugeliger Pilz mit weißlichem bis gelblich-bräunlichem Hut, meist kurzem, seidigweißem Stiel und weißem bis leicht rosafarbenem, zartem Fleisch von schwach würzigem Geruch und nußartigem Geschmack. Verwechslungsgefahr der noch sehr jungen Pilze mit jungen Grünen Knollenblätterpilzen. Vorkommen: Mai bis Frosteintritt auf Wiesen und Pferdekoppeln. Sehr geschätzter Speise- und Marktpilz.
Stadt-Champignon, Straßen-, Kragen- oder *Scheidenegerling [Agáricus bitórquis* (Quél) Sacc. = *A. edúlis* (Vitt) Moell et J. Schaeff.] weißer, auffallend abgeflachter und breiter, hartfleischiger Pilz mit Scheide oder Gamasche an der unteren Stielhälfte, mit weißem, etwas fleischrot anlaufendem, manchmal nachdunkelndem Fleisch von angenehm holzartigem Geruch und nußartigem Geschmack. Vorkommen: ab Mai an grasigen Stellen, zwischen Pflastersteinen, meist unerkannt, mancherorts häufig. Ausgezeichneter Speisepilz, leider oft sehr madig.
Breitschuppiger Wald-Champignon, Wollfußegerling [Agáricus lánipes (Moell. et J. Schaeff.) Sing. = *Psallióta lánipes* Moell. et J. Schaeff.] mit mittelgroßem, bräunlichem, breitschuppigem Hut, rosa aufblühenden Blättern, flockig gestiefeltem Stiel, schwach blutrot anlaufendem, schmackhaftem Fleisch, an der geriebenen Stielbasis frisch nach Mandeln, bald aber dumpf riechend. Vorkommen: Juli bis Okt. im Laub- und Nadelwald, in der Berliner Umgebung häufig, aber einzeln stehend.
Großer Blut- oder *Wald-Champignon* bzw. *Großer Blut-* oder *Waldegerling [Agáricus lángei* (Moell.) Moell = *Psallióta haemorrhoidária* (Schulzer) Richon et Roze sensu Lge.], mit bräunlichem, dicht mit helleren oder dunkleren rotbraunen Schuppen und Fasern bedecktem, ovalglockigem, zuletzt flach ausgebreitetem Hut, langem, schlankem, weißem Stiel ohne Knolle, weißem, stark blutendem Fleisch von holzartigem Geruch. Guter, ergie-

biger Speisepilz. Vorkommen: Juli bis Okt. in Fichtenwäldern, bes. auf kalkreichem Boden.
Rosablättriger Zwerg-Champignon oder *-Egerling [Agáricus rusiophýllus* Lasch: Fr. = *Psallióta rusiophýlla* (Lasch: Fr.) Schroet.], mit weißem oder gelblichweißem, rötlich überhauchtem, zuerst glockigem, dann stumpf buckelig gewölbtem Hut mit fuchsbräunlichem Scheitel und öfter anhängenden Schleierresten. Der weiße, 2···4 cm hohe Stiel zeigt einen gelblichen Schein, ist aufwärts verjüngt, hohl und leicht knollig. Das weißgelbliche Fleisch ist geruchlos. Vorkommen: Juli bis Okt. im Laubwald, in feuchten Jahren häufig.
Weißer Anischampignon, Anisegerling, Schafegerling, Schafchampignon, (Agáricus arvénsis Schaeff.), mittelgroßer bis großer, derber Pilz mit weißem, glattem, gelbfleckendem Hut, schmalen, zuerst blaßgrauen, sehr spät schwarzbraunen Blättern, zweischichtigem Ring und zartem, anisartig riechendem Fleisch. Vorzüglicher Speise- und Marktpilz. Vorkommen: Mai bis Okt. auf Weiden und Wiesen, an Waldrändern, in Gärten und Parkanlagen. Verwechslungsgefahr mit weißen, jungen Exemplaren des Grünen Knollenblätterpilzes und mit dem *Giftegerling (Weißer Gift-Champignon, Karbol-Champignon)*, dessen knollige Verdickung am Stielende bei Verletzung jedoch stark chromgelb wird und der nach Karbol riecht.
Sommer-Champignon, Gelbverfärbender Egerling [Agáricus aēstivális (Moell.) Pil.], mit weißem, bei Druck und beim Reiben sich schwach schwefelgelblich verfärbendem, glänzendem Hut mit feinen, zarten angedrückten Fäserchen, im Alter auch vereinzelt mit angedrückten Schuppen, mit dünnem, weißem, bei Berührung gilbendem Stiel mit weißem, einfachem, sehr schmal angewachsenem Ring und mit weißem, im oberen Teil des Stieles leicht rosa getöntem, fast geruchlosem Fleisch. Vorkommen: Juni, Juli in Nadelwäldern, meist in Gruppen.
Flockiger Champignon [Agáricus subfloccósus (Lange) Pil. = *Psallióta subfloccósa* (Lange) Lange], mit erst grauweißlichem, bald im Scheitel hell rehbraun und bis zum Rand haselnußbräunlich werdendem Hut mit zerstreuten, weißflockigen, angedrückten Schüppchen mit etwas eingerolltem Rand, mit anfangs blaßfleischroten, später tabakbraunen bis schwarzbraunen Blättern, weißem bis rötlichgrauem, kräftigem, gleichmäßig dickem, unten schwach knolligem Stiel und weißem, bei Bruch sich fleischrötlich bis weinrötlich verfärbendem festem Fleisch von süßlichem Geschmack und leicht säuerlichem, mitunter lakritzenartigem Geruch. Vorkommen: Juni bis Okt. in Fichtenwäldern, stellenweise in größeren Mengen.
Brauner Riesen-Champignon, Kompost-Egerling [Agáricus vaporárius (Vitt.) Moser], ein großer und massiger, dunkelbraun-schuppiger Pilz mit dikkem, aufgeklebtem Ring, oft braungestiefeltem Stiel und weißem, bald schmutzigem, an der abgebrochenen Stielspitze fleisch- bis fuchsrötlich anlaufendem Fleisch von anfänglich holzartigem, später dumpfem, im Alter unangenehmem Geruch. Der junge Fruchtkörper hat süßlichen, fast nußartigen Geschmack. Im Alter schmeckt das Fleisch unangenehm, widerwärtig und ist unbekömmlich. Jung eßbar. Vorkommen: Juni bis Okt. auf Müll- und Schuttplätzen, auf Komposthaufen, an Wegrändern, oft in Mengen. In Kellerkulturen wird er schmächtiger und hat voll braune Stielbestiefelung. *Feinschuppiger Champignon [Agáricus squamulífer* (Moell.) Pil. = *A. caróli* Pil.], mit weißlichem, graubräunlichem, erst halbkugeligem bis gewölbtem, dann ausgebreitetem, dickfleischigem Hut, erst weißen bis hellfleischfarbenen, im Alter schwarzbräunlichen Blättern, weißlichem, kurzem, dickem Stiel, der einen weißen später dunkler werdenden, ziemlich dicken, meist doppelten, auf der Unterseite längs des Randes mit weißlichen, dann bräunlichen Zähnchen besetzten Ring trägt. Das weißliche, beim Durchschneiden in der äußeren Stielzone schwach weinrötliche Fleisch riecht säuerlich, fast fruchtartig. Vorkommen: Aug. bis Okt. auf baumbestandenen Wiesen, in Fichtenwäldern, mitunter in Hexenringen. Häufig in den Kalkgebieten im Süden Deutschlands.
Nur jung eßbar ist der *Großsporige Champignon [Agáricus macrósporus* (Moell. et Schaeff.) Pil. = *Psallióta villática* (Brondeau) Bres. ss. Bres.]. Eßbare, jedoch seltene bzw. weniger bedeutende

Champignonarten sind noch der *Kleinschuppige* oder *Echte Waldchampignon* bzw. *Egerling* oder *Kleine Blutegerling (Agáricus silváticus* Schaeff.), der *Weinrötliche Zwerg-Champignon (Agáricus semótus* Fr.), der *Gegürtelte Champignon [Agáricus subperonátus* (Lange) Sing.], der *Gedrungene Champignon [Agáricus spissicaulis* (Moell.) = *A. spíssus* (Moell.) Pil. non. Fr.], der *Hohlstielige Riesen-Champignon [Agáricus augústus* Fr. = *Psallióta augústa* (Fr.) Quél = *P. perrára* (Schulz.) Pres.], der *Schneeweiße Champignon [Agáricus excéllens* (Moell.) Moell.], der *Abgestutzt-knollige Anis-Champignon (Agáricus abruptibúlbus* Peck = *Psallióta silvícola* ss. Lange und der *Strohgelbe Champignon [Agáricus stramíneus* (Moell. et Schaeff.) Sing. = *Psallíota lepiotoídes* Roman Schulz].

Schirmlinge: Riesen-Schirmling, Parasol [Mácrolepióta prócera (Scop. ex Fr.) Sing.], sehr großer Pilz, Hut auf hohem, schlankem, einen leicht verschiebbaren Ring tragendem Stiel, wodurch der Pilz einem aufgespannten Schirm gleicht, anfangs jedoch eiförmig geschlossen. Das Fleisch ist zart und weiß, im Stiel holzig, faserig, von angenehm nußähnlichem Geschmack und Geruch. Bes. jung guter Speisepilz, Marktpilz. Größere Stücke des aufgeschirmten Hutes sind paniert gebraten sehr schmackhaft. Manche Menschen zeigen eine Idiosynkrasie (Überempfindlichkeit) gegen seinen Genuß. Vorkommen: Juli bis Okt. auf Lichtungen, an Wegrändern, einzeln und truppweise, häufig.

Rötender oder *Safran-Schirmpilz* bzw. *Schirmling [Mácrolepióta rhacódes* (Vitt.) Sing.], ein dem Parasol ähnlicher, aber nicht so großer Pilz mit weißem, bes. bei Verletzung safran- bis karottenfarbig anlaufendem Fleisch von angenehmem Geruch und Geschmack. Guter Speisepilz, Vorkommen: Juli bis Okt. in Laub- und Nadelwäldern, Parkanlagen, Gebüschen. Wegen Verwechslungsgefahr mit giftigen Arten sollten die folgenden Schirmlinge nicht gesammelt werden: *Acker-Schirmpilz, Acker-Schirmling [Mácrolepióta excoriáta* (Schaeff. ex Fr.) Mos.], *Spitzer* oder *Warzen-Schirmpilz, Nabel-Schirmpilz, Gebuckelter Schirmling [Mácrolepíota mastoídea* (Fr.) Sing. = *Lepíota umbonáta* (Schum.) Schroet.], *Jungfern-Schirmling [Mácrolepíota puelláris* (Schum.) Mos.], *Schlanker Wollstiel-Schirmling [Lepióta clypeolária* (Bull. ex Fr.) Kumm.]. → Agaritin → Pilze → Pilzgifte → Speisepilze → Ständerpilze

Agaricáles → Ständerpilze

Agaricin → Agaricinsäure

Agaricinsäure, *Agaricin, Laricin:* eine Hydroxytricarbonsäure mit der Formel

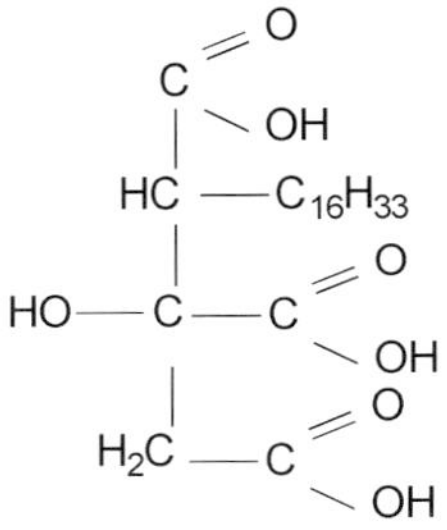

A. kommt im Lärchenschwamm [*Laricifómes officinális* (Vill. ex. Fr.) Kotl. et Pouz.] vor. Sie kristallisiert aus Ethanol in Blättchen, F. 141,5···142°C, $[\alpha]_D^{18}$ −8,84°C (wäßrige Lösung des Na-Salzes). Die A. hemmt die Funktion der Schweißdrüsen und wird offiziell gegen Nachtschweiß bei Lungentuberkulose angewandt.

Agáricus aureus → Amanitáceae

Agáricus campéstris → *Agaricáceae* → Speisepilze

Agáricus lutéolus → Hydnáceae

Agáricus spec. → Agaricáceae → Kulturpilze

Agarin → *Ibotensäure*

Agaritin, *β-N-[γ-L(+)-Glutamyl]-p-hydroxy-methylphenylhydrazin:* Inhaltsstoff des Zuchtchampignons [*Agáricus bísporus* (Lge.) Imb.] u. a. Champignonarten. A. kommt vor allem in Fruchtkörpern junger Pilze vor. Es hat genotoxische Wirkung, da es aber gut wasserlöslich ist und sich an der Luft und während des Garens zersetzt, sind zubereitete Champignons gesundheitlich unbedenklich (Formel s. nächste Seite).

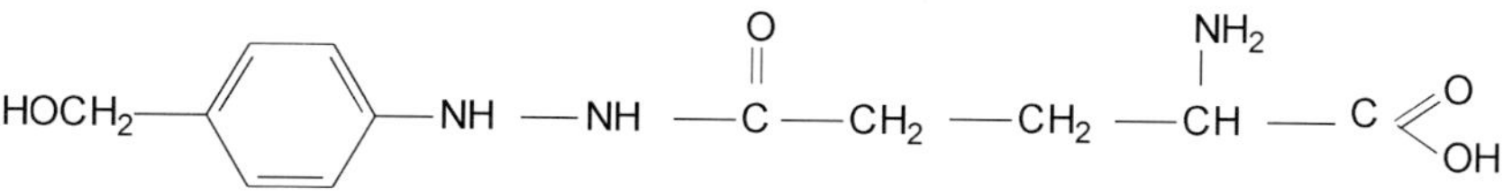

Der Gehalt frischer roher Zuchtchampignons an A. beträgt 90···1730 mg/kg Frischsubstanz, abgetropfte Dosenpilze enthalten 1···55 mg/kg, der Pilzsaft 3···103 mg/l und Trockenpilze 2110···6906 mg/kg, das sind etwa 0,5 % der Tr.S. → Agaricáceae → Mutagene

Agarobiose → Agarose

Agaroid: → Hydrokolloid aus *Rotalgen*, das im Gegensatz zu → Agar-Agar weichere Gele bildet. Zu dieser Gruppe von Hydrokolloiden gehören → Eucheuman und → Phyllophoran. → Algenpolysacchar id

Agaropektin: 5···10 % Sulfathalbestergruppen sowie gebundene D-Glucuron- und Brenztraubensäure enthaltendes saures Polysaccharid aus β-1,4-D-Galactopyranosid- und *α-1.3.3.6-Anhydro-L-galactopyranosid*-Einheiten. *A.* bildet im Gemisch mit Agarose → Agar-Agar. → Algenpolysaccharide → Saccharide

Agarose, *Agaran:* Polysaccharid aus *Agarobiose* (4-0-β-D-Galactopyranosyl-3,6-anhydro-L-galactopyranose) und *Neoagarobiose* [3-0-α-(3',6'-Anhydro-α-L-galactopyranosyl)-D-galactopyranose] als abwechselnde Struktureinheiten, wobei etwa jedes 10. Galactosemolekül am C-Atom 6 mit Schwefelsäure verestert ist. A. bildet im Gemisch mit Agaropektin → *Agar-Agar* → Algenpolysaccharide → Saccharide

Agathiblüten, *Katuraiblüten:* die großen, weißen, 10···12 cm langen Blüten der in Indien und auf Djawa i. allg. als Viehfutter kultivierten strauchigen Pflanze *Sesbánia grandiflóra* (L.) Pers. *(Turibaum)* (Familie *Fabáceae)*. Die Blüten werden mit Zucker eingekocht, sie enthalten je 100 g etwa 70 mg Vitamin C. Die grünen Hülsen werden als Gemüse gegessen.

Agave → Maguey

Agáve atróvirens → Pulque

Agáve cantála → Agavenbranntwein

Agáve complicáta → Agumiel

Agáve gracilíspina → Agumiel

Agáve longisépala → Agavenbranntwein

Agáve melliflúa → Agumiel

Agáve palmíris → Agavenbranntwein

Agáve salmiána → *Pulque*

Agáve tequilána → Agavenbranntwein

Agáve zonáta → *Agumiel*

Agavenbranntwein, *Mescal, Mezcal* (mexikan.): ein hochprozentiger (43···45 %-Vol.) Branntwein aus zerkleinerten und gerösteten Blattknospen oder Sproßachsen verschiedener Agavenarten, die in Mexiko angebaut werden. Zu diesen, auch als *Mescal-* oder *Schnapsagaven* bezeichneten, reichlich zuckerhaltigen Blutungssaft aufweisenden Agaven zählen z. B.: *Agáve palmíris* Trel., *A. cantála* (Haw.) Roxb., *A. longisépala* Trel., *A. tequilána* Weber (Familie *Agaváceae*). Lediglich der aus der *Tequila-Agave* hergestellte *Mescal* darf als *Tequila* oder *Tequila-Mescal* bezeichnet werden. Die *Mescal-Agaven* waren bereits den Indios bekannt und wurden von ihnen als *Maguey* gerühmt. So ist für den daraus hergestellten A. noch heute die Bez. *Anguardiente de Maguey* üblich. Erst nach 8 bis 10 Jahren hat eine Mescal-Agave den für die Herstellung des A. notwendigen Reifegrad erreicht, und zwar dann, wenn die Pflanze einen kräftigen Blütenschaft treibt, der vor der Blütenöffnung als ganzer Schößling, wie eine große Ananas aussehend, herausgeschlagen, getrocknet, zerkleinert, gemaischt und zur Fermentation angesetzt wird. Durch Destillation der vergorenen Maische wird der *Echte Tequila* aus der Tequila-Agave hergestellt, die um die Ortschaft Tequila (nahe der zweitgrößten mexikanischen Stadt Guadalajara) auf steinigen Vulkanhängen angebaut wird. Bereits 1870 begann man in Tequila mit der Veredlung des groben, fuselhaltigen, scharfen A., der heute noch unter der Bez. *Mescal* als Billigprodukt gehandelt wird. Bereits 1893 erreichte man mit dem neuen, aromatischen, klaren Tequila erstmals internationale Beachtung. Der A. wurde damit erst im Laufe seiner Geschichte edel und wird heute in seiner Tequila-Variante in viele Länder exportiert. In den USA ist er als *Mexican Brandy*, in England als *Mexican Gin* bekannt; in Europa sind die Sorten 'Tequila Olmeca' (43 %-Vol) und 'Tequila Mariachi' (40 %-Vol.) bekannt. → Agumiel, → Edelbrand, → Spirituose, → Pulque

Agavenwein → Pulque

Aggermonde → Odermennig

Agidi → Ogi

Aglaía áquea →Langsat

Aglaía doókkoo → Langsat

Aglykon → Glycoside

Agmatin → Guanidinbasen → Amine, biogene

Agraz: 1. *Jamaika-Blaubeere:* der Strauch *Vaccínium meridionále* Swartz (Familie *Ericáceae*), der in den Bergländern von Kolumbien und Jamaika vorkommt. Die kugeligen, violetten Beerenfrüchte schmecken angenehm süß und werden sowohl frisch als auch verarbeitet zu Marmeladen oder als Zutat zu Backwaren oder Speiseeis verzehrt.
2. Chivaco

Agrest: Saft unreifer Weintrauben

Agrimónia eupatória → Odermennig

Agrini: aus Kuh- oder Ziegenmilch hergestellter *Weichkäse* mit 45 % F. i. Tr. aus der Schweiz. → Käsesorten

Agrócybe praecox → Kulturpilze

Agrócybe spec. → *Bolbitiáceae*

Agrocybin → Säureamide

Agropýron répens → Quecke

Agrume: allg. Bez. für → *Zitrusfrucht* – speziell für *Orange* und *Mandarine* –, ursprünglich nur für die → *Zedratzitrone* gebraucht.

Aguacate → Avocado

Aguamehl → Sojaeiweiß

Aguardiente: eine span. Spezialität aus Tresterbranntwein.

Agumiel: Bez. für den *Blutungs-* bzw. honigartigen Pflanzensaft verschiedener Agavenarten, die in Mexiko u. a. zur Zuckersaftgewinnung angebaut werden, z. B. *Agáve complicáta* Trel., *A. gracilíspina* Engelm., *A. zonáta* Trel., *A. melliflúa* Trel. (Familie *Agaváceae*). Nach Herausschneiden der Blütenstandsknospe sammelt sich in der dadurch entstandenen Vertiefung der Pflanze zuckerhaltiger Saft, der über 3 bis 4 Monate täglich abgezapft werden kann. Aus diesem Zuckersaft, der z. T. frisch oder vergoren getrunken wird, lassen sich außerdem Zucker, Essig, Wein und Branntwein herstellen. → Agavenschnaps → Pulque → Blutungssaft

Ahlbeere → Johannisbeere

Ahornkirsche → Acerola

Ahornsirup: ein seit alter Zeit von den Indianern aus dem Zuckerahorn, *Ácer sáccharum* Marsh. (Familie *Aceráceae*) gewonnener Blutungssaft (2···3% Zuckergehalt), der sowohl zur Sirup- als auch zur Zuckerherstellung dient und in offenen Pfannen eingedickt wird. Der Zuckerahorn gedeiht vorwiegend im östlichen Nordamerika bis zu den Rocky Mountains und wird entweder in Wäldern nachgepflanzt oder in Plantagen kultiviert. Eine weitere Ahornart, *A. negúndo* L. wird insbes. in Illinois (USA) zur Zuckergewinnung angebaut. Im Frühjahr werden 3···6 Wochen lang etwa 60···80 Jahre alte Bäume angezapft, wobei ein Baum bis zu 45 l Saft liefern kann, der etwa 1 l Sirup ergibt. Der A. hat eine helle Farbe und einen charakteristischen Geschmack, der durch die Begleitstoffe (organische Säuren) und den Eindampfprozeß hervorgerufen wird. Der A. enthält 66 g Tr.S. je 100 g mit etwa 58···65 % Saccharose; Hexosen können bis zu 7,9 % enthalten sein, der Energiewert entspricht in kJ (kcal) je 100 g mit 1110 (265) nahezu dem des Honigs. In Kanada wird der A. je nach Lichtdurchlässigkeit in verschiedene Güteklassen bzw. Graduierungen eingeteilt (s. Tab.).

Qualitätsklassen bei Ahornsirup

Graduierungen	Lichtdurchlässigkeit in %
Grad AA/Can. No. 1 Extra light	75,0···100,0
Grad A /Can. No. 1 Light (clair)	60,5··· 75,0
Grad B /Can. No. 1 Medium	44,0··· 60,5
Grad C /Can. No. 2 Amber	27,0··· 44,0
Grad D /Can. No. 2 Dark	0,0··· 27,0

Dunkler A. mit Karamelgeschmack ist kennzeichnend für die Grade C und D, die der industriellen Verarbeitung zugeführt werden und auf mangelnde Sorgfalt beim Zapfen oder auf eine Ernte am Ende der Saison schließen lassen. Hochwertiger A. ist mildaromatisch, bernsteinfarben und gehört der Graduierung AA oder A an. Verwendet wird der A. sowohl in der Süßwarenindustrie, als auch zur Herstellung von Suppen und Soßen, sowie als Geschmackskorrigenz bei der Fermentierung von Zigarettentabak. Im Privatbereich dient der A. als Aromaträger bei Zubereitung von Fleisch- und Süßspeisen. Importiert wird A. aus dem Hauptausfuhrland Kanada in unterschiedlichen Abpackungen, von 40ml-Flaschen bis zu 280 kg-Fässern. Angebrochener A. sollte wegen leichten Verderbs im Kühlschrank aufbewahrt werden. Unbeschichtete Metallkanister sind zur Aufbewahrung wegen Rostbildung aufgrund der im A. enthaltenen Säuren nicht geeignet.

Ahornzucker → Ahornsirup → Zucker

Ährengras → Süßgras

Ährenminze → Gingerminze → Krauseminze 3.

Ährenrispengras → Süßgras

Aikopalme → Raffiapalme

Ainpock → Bier

Aipi → Süßmanioka

Airag: ein in der Mongolei verbreitetes, bereits industriell hergestelltes Getränk, bei dem Stutenmilch (im Ledersack) geschlagen und mit gesäuertem Getreide vergoren wird. Dabei werden Milchsäurebakterien wirksam.

Airisto-Gouda (finnischer Gouda): fester *Schnittkäse* aus Finnland.

Aitel → Döbel

Aixeröl → Olivenöl

Ajamoda → Ammei

Ajeen → Merissa

Ajmuda: ein in Indien und ostasiatischen Ländern kuliviertes Doldenblütengewächs, *Trachyspérmum roxburghiánum* (DC.), Craib (Familie *Apiáceae)*, dessen Blätter als → Küchenkraut, z. B. als Petersilien-Ersatz, und dessen Früchte als Curry-Bestandteil verwendet werden.

Ajoen → Allicin → Alliin

Ajovan → Ammei

Ajovanöl → Ammei

Akaicha → Sorghumhirse

Akaifah → Sorghumhirse

Akamu → Ogi

Akar → Borneo-Kautschuk

Akara → Chinabohne

Akarizide: chemische Mittel mit einer Giftwirkung auf Milben und ihre Entwicklungsstadien. Früher verwendete Mittel auf Basis von Dinitrophenolen und Mineralölen („Gelböle“) wurden wegen ihrer Phytotoxizität zunächst durch Schwefel bzw. Schwefelkalkbrühen zur Bekämpfung der beweglichen Stadien ersetzt. Eine Bekämpfung aller Stadien, einschl. der Eier, ist mit insektiziden Phosphorsäureestern möglich.

Akaroidharz, gelbes → Harze

Akasa, *Akassa, Koko:* eine in Westafrika übliche saure Mais- oder Maniokastärkemehlzubereitung, die in Form von → Fladen oder → Brei als 1. Frühstück dient und zugleich eine traditionelle Kindernahrung darstellt. Der A. wird auch in Handwerksbetrieben hergestellt, indem ein 20 h gequollener, anschließend gequetschter und mit reichlich Wasser angemachter Teig durch Siebe passiert wird, um die Kleiepartikeln abzutrennen. Danach wird der Brei 18···20 h fermentiert, gekocht und in steifem Zustand zum Verkauf portionsweise abgepackt. Wird bei der Fermentation entstehende Flüssigkeit abgeschöpft (die unter der Bez. *Kamu* als Getränk dient), so bleibt eine Paste zurück, die nicht gekocht, sondern nur mit kochendem Wasser (zum Eindicken) überschüttet und als *Ogi* bezeichnet wird. Eine Variante des Ogi ergibt sich durch Kochen der Paste nach Wasserzugabe zu einem sehr steifen Brei, aus dem Stücke geschnitten und portionsweise abgepackt verkauft werden. Diese Ogistücke werden vielfach zu Suppe verzehrt und bilden die Hauptverpflegungsform in Krankenhäusern und bei der Kinderernährung. In Ghana wird nach dem Mahlen und Sieben der Hartmais mit *Lactobacíllus acidóphilus* als Starterkultur beimpft und nach der Fermentation als walzen- oder sprühgetrocknetes Maisinstanterzeugnis gehandelt. → Lebensmittel, fermentiertes

Akava → Chinabohne

Akazie, Falsche → Robinie

Akazienblüten: Blüten – von Sträuchern oder Bäumen der Gattung *Acácia* (Familie *Fabáceae)* – die in China gegessen werden.

Akaziengummi → Gummi *arabicum*

Akazienhonig → Honig

Akazienkaffee, *Robinienkaffee:* der aus den Samen der Robinie, *Robínia pseudoacácia* L. (Familie *Fabáceae*) durch Rösten hergestellte Kaffee-Ersatz. Die Färbekraft dieser Samen ist relativ gering; der Geschmack des → Aufgußgetränkes ist kaffeeähnlich.

Akebi: das in China und Japan beheimatete Fingerfruchtgewächs, *Akébia quináta* L. (Familie *Lardizabaláceae)*, das sich durch kletternden Wuchs auszeichnet und als Schlinggewächs für Nahrungszwecke kultiviert wird. In Japan werden auch die jungen Triebe der wildwachsenden A. als Wildgemüse verzehrt, das wie folgt zusammengesetzt ist: 76% Feuchtigkeit, 0,8% Eiweiß, 2,0% Fett, 17,5% Kohlenhydrate, 0,4% Hemicellulose, 2,7% Cellulose und 1,9% Mineralstoffe. Der Energiewert von 100 g Blättern und Trieben entspricht 329 kJ (78 kcal). → Wildkräuter

Akee → Akinuß

Akinuß, *Akee:* stark giftiger Samen des aus Guinea stammenden Baumes *Blíghia sápida* Koenig (Familie *Sapindáceae*). Ein kremfarbiger, fleischiger, fetthaltiger Samenmantel umschließt den länglichen, schwarz glänzenden Samen. 3 solcher Samen befinden sich in einer bei der Reife aufspringenden Kapselfrucht. Der Samenmantel (*Akipflaume*) wird roh, häufiger aber gekocht, meist als Suppeneinlage, gegessen. Nur vollreife Samenmäntel sind frei von dem giftigen Peptid Hypoglycin A. Die Frucht hat nur lokale Bedeutung in Westafrika und Westindien, bes. Jamaika, und ist typisch für die Nationalküche.

Zusammensetzung und Energiewert der Akinuß

Bestandteil	Durchschnittl. Gehalt in 100 g eßbaren Anteils
Feuchtigkeit	69,2 g
Eiweiß	5,0 g
Fett	20,0 g
Kohlenhydrate	3,0 g
Rohfaser	1,6 g
Mineralstoffe	1,2 g
Calcium	40,0 mg
Eisen	2,7 mg
Phosphor	16,0 mg
Caroten	0,56 mg
Vitamin B_1	0,13 mg
Vitamin B_2	0,14 mg
Nicotinamid	1,4 mg
Vitamin C	26,0 mg
Energiewert in kJ ((kcal) je 100 g eßbaren Anteils	910 (217)

Akipflaume → Akinuß

Akonitin → Aconitin

Akpler → Banku

Akrotherme → Heilwasser

Aktin → Actin

Aktinidie, Großfrüchtige, *Kiwi:* oval-längliche, braune, kurz behaarte, etwa 5 cm dicke Beerenfrucht des Strauches *Actinídia chinénsis* Planch. (Familie *Actinidiáceae).* Das weiche, süße Fruchtfleisch enthält viele weiche, eßbare Samen. Die Frucht wird frisch und in Zubereitungen (Salate) verzehrt (Tab.).

Zusammensetzung der Großfrüchtigen Aktinidie (geschälte Früchte)

Bestandteile	Durchschnittl. Gehalt in 100 g eßbaren Anteils
Feuchtigkeit	83,9 g
Eiweiß	1,02 g
Fett	0,46 g
Kohlenhydrate	9,1 g
Invertzucker	8,2 g
Rohrzucker	0,9 g
Pektin	0,98 g
Rohfaser	1,10 g
Gesamtsäure (haupts. Citronensäure)	1,38 g
Pentosane	0,61 g
Mineralstoffe	0,74 g
Natrium	2,0 mg
Kalium	320,0 mg
Calcium	38,0 mg
Phosphor (P_2O_5)	67,0 mg
Vitamin C	57,0 mg
Chlorophyll	49,0 mg
Energiegehalt in kJ (kcal) je 100 g eßbaren Anteils	209 (50)

Die bei 0°C etwa 6 Monate haltbare Frucht wird vor allem aus Neuseeland (Erntezeit Mai bis Juni) nach Westeuropa exportiert. Die kleinfrüchtigen Formen der *Aktinidie* stammen aus China und ähneln großen Stachelbeeren (*Chinesische Stachelbeere*). Einige Formen können auch in Europa kultiviert werden. In Japan wird die *Kokuwa [Actinídia argúta* (Sieb. et Zucc.) Miq.], eine großfrüchtige Aktinidienart mit Honiggeschmack, kultiviert.

Aktinin → Betaine

Aktivkohle: hochporöser Körper mit hohem Kohlenstoffgehalt und sehr großer innerer Oberfläche, der artfremde Substanzen durch Absorption oder auch Kapillarkondensation binden und bei Desorption ohne Veränderung ihrer chemischen Konstitution wieder abgeben kann. A. wird durch Schwelung, Teilverbrennung und anschließende Aktivierung von kohlenstoffhaltigen Materialien, wie Holz, Blut, Knochen, Torf, Braunkohle oder auch Fruchtschalen und Fruchtkernen, Abfällen der Papierfabrikation, Lignin, Erdölrückständen, gewonnen und in verschiedenen Qualitäten in der Lebensmitteltechnologie zur Raffination von Lösungen, bes. in der Zuckerindustrie, sowie bei der Weinbereitung und bei der Wasseraufbereitung genutzt.

Alaj → Pamir

Aland, *Orfe, Nerfling, Gängling, Idus (Leuciscus) idus* (Bild):

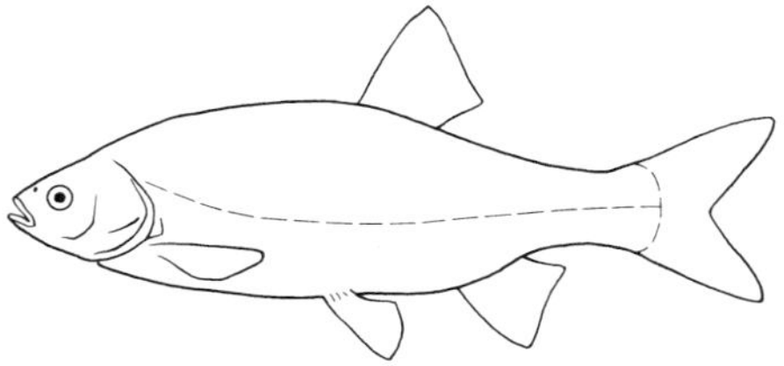

Aland

Süßwasserfisch mit hochrückigem, seitlich etwas zusammengedrücktem Körper und endständigem, engem Maul. Der A. ist oberseits graugrün bis schwarzgrau, unterseits weißlich, Brust-, Bauch- und Afterflossen rötlich bis gelblich. Er wird meist 30···50 cm, höchst. 80 cm lang bei einer Masse von 6···8 kg. In Fließgewässern, Seen und Haffen vom Rhein bis zur Petschora und zum Baikalsee sowie im Brackwasser der östlichen Ostsee hat er stellenweise Bedeutung. Der A. ist mit 13,0···17,0 g Eiweiß und 3,0···4,0 g Fett je 100 g eßbaren Anteils als relativ fettarmer Speisefisch anzusehen. → Fisch

Alanin → Aminosäuren → Amine, biogene

L-α-Alaninol → Alkanolamine

β-Alanyl-histidin → Carnosin → Peptide

β-Alanyl-l-methyl-histidin → Peptide

β-Alanyl-3-methyl-histidin → Peptide

Alaria → Algenprodukte

Alaska-Pollock → Mintai

Alaunwasser → Heilwasser

Alazamais → Chicha

Albacore → Thunfisch

Albarillo → Sauerpflaume

Albatréllus spec. → *Polyporáceae*

Albedo → Flavedo

Albértia spec. → Pitajoni

Albidum → Sorghumhirse

Albízia julibríssin → Schlafbaum

Albrechtapfel → Apfel → Kernobst

Albufosum → Sorghumhirse

Albumate → Albumine

Albumine: einfache, an schwefelhaltigen Aminosäuren Cystein bzw. Cystin reiche Eiweiße. A. kommen stets zusammen mit Globulinen vor, weisen aber im Gegensatz zu diesen eine geringere Molmasse auf, sind leichter kolloidal in salzfreiem Wasser löslich und schwerer aussalzbar (gesättigte Ammoniumsulfatlösung). A. sind im Tierreich häufiger als im Pflanzenreich. Die tierischen A. sind vorwiegend in den Körperflüssigkeiten, die pflanzlichen bes. in den Samen enthalten (< 1 %). A. gerinnen bei etwa 70°C. Zu den A. zählen → *Globuline* (Eiweißkomponente des Blutfarbstoffs *Hämoglobin* und des Muskelfarbstoffs *Myoglobin*), sie sind histidinreich, *Myogen* (im Muskelgewebe), *Eialbumin* (*Ovalbumin,* im Hühnerei), *Serumalbumine* (im Blutserum, Lymphe), *Plasmaalbumine,* (im Zellplasma), *Milchalbumin (Lactalbumin,* in allen Milcharten), *Leucosin* (im Weizen), *Legumelin* (in Hülsenfrüchten), *Phaseolin* (in Bohnen). Technisches Albumin, ein Gemisch unreiner Eiweiße aus Hühnerei und Rinderblutserum, wird als Klärmittel für trübe Flüssigkeiten und zum Leimen verwendet. Als *Albumate* bezeichnet man die salzartigen Verbindungen der A. mit Basen. → Eiweiß → Farbstoffe.

Albumosen → Peptone

Álcea rósea → Malvenblüten

Alchemílla xanthochlóra (Frauenmantel) → Wildkräuter

Aldehyd C 14 → Lactone

Aldehyd C 18 → Lactone

Aldehydcarbonsäuren → Oxocarbonsäuren → Uronsäuren

Aldehyddehydrase, *Xanthindehydrase, Xanthinoxydase, Schardinger-Enzym, Reduktase:* → Enzym, das *Aldehyde,* aber auch *Xanthin* und *Hypoxanthin* zu den entsprechenden *Carbonsäuren* dehydriert. Die A. kommt in frischer Milch und verschiedenen tierischen Geweben, z. B. der Leber, vor und dient bei Milch gelegentlich zum Nachweis der Erhitzung.

Aldehyde: Gruppe sehr reaktionsfähiger Kohlenwasserstoffverbindungen und in Lebensmitteln weitverbreitete geschmacksbildende Komponente mit der charakteristischen funktionellen Gruppe - CHO. Bes. bei der Hitzebehandlung von Lebensmitteln bilden sich A. So sind beispielsweise am Brotaroma verschiedene A. beteiligt, die in den Teigrohstoffen nicht enthalten sind. Neben → Acetaldehyd, → cis-3-Hexenal, → trans-2-Hexenal, → n-Nonadien-(2.6)-al-(1), → Citral → Benzaldehyd, → Zimtaldehyd, → p-Anisaldehyd, → Vanillin kommen weitere A. in Lebensmitteln vor (s. Übersichten S. 39–42).

(zu Aldehyde:) *Gehalt verschiedener Brotsorten an Aromastoffen* (in µg/100 g Frischsubstanz)

	Weißbrot (W 812)		Graubrot (R 1150)		Vollkornbrot (R 1790)		Pumpernickel (R 1790)
	Krume	Kruste	Krume	Kruste	Krume	Kruste	Krume
Acetaldehyd	201	1308	314	1600	500	1950	560
Furfural	28	660	190	1730	280	2590	1130
Isovaleraldehyde[1]	208	899	240	970	278	2110	300
Methylglyoxal	68	82	168	965	189	1350	780
Isobutanal	33	197	70	400	78	1160	260

[1] Summe der beiden isomeren Isovaleraldehyde

Weitere in Lebensmitteln vorkommende Aldehyde

Aldehyd	Formel	Vorkommen
Gesättigte aliphatische Aldehyde		
Formaldehyd	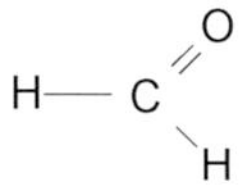	in Spuren in ätherischen Ölen, Zuckerrüben
Butanal (n-Butyraldehyd, n-Butylaldehyd)	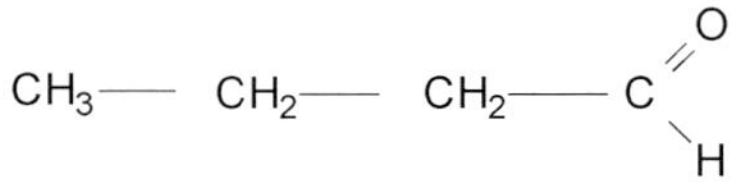	Rettichblätter, Eukalyptusöl
Isobutanal (Isobutyraldehyd, Isobutylaldehyd)	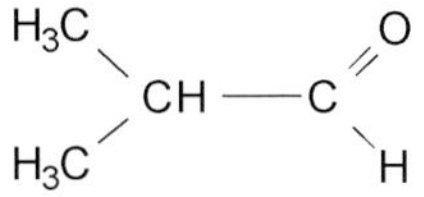	Rettichblätter, ätherisches Öl der Tabakblätter
n-Pentanal (n-Valeraldehyd)	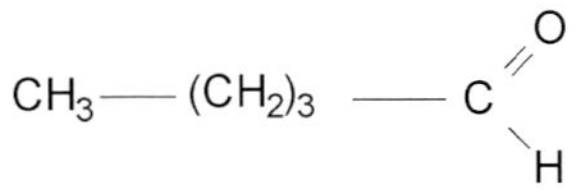	Eukalyptusöl, Sassafrasöl
Isovaleraldehyd (Valeral)	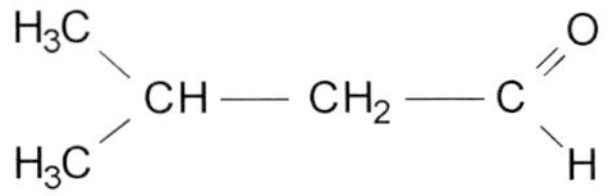	Pfefferminz-, Eukalyptus-, Soja-, Lemongras-, Java-Zitronellöl
n-Hexanal (Capronaldehyd)	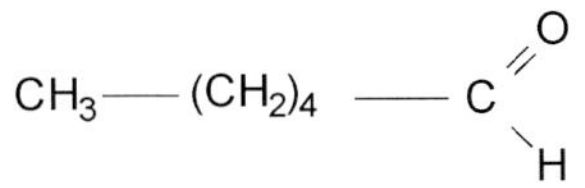	Eukalyptusöl

Weitere in Lebensmitteln vorkommende Aldehyde (Forts.)

Aldehyd	Formel	Vorkommen
n-Octanal (Caprylaldehyd, n-Octylaldehyd)	$CH_3-(CH_2)_6-C(=O)H$	Zitrusöle
n-Nonanal (Pelargonaldehyd, n-Nonylaldehyd)	$CH_3-(CH_2)_7-C(=O)H$	Zitrusöle, Ceylonzimt-, Ingweröl
n-Decanal (Caprinaldehyd, n-Decylaldehyd)	$CH_3-(CH_2)_8-C(=O)H$	Zitrusöle, Lemongras-, Koriandersamenöl
n-Dodecanal (Laurinaldehyd, Laurylaldehyd, n-Dodecylaldehyd)	$CH_3-(CH_2)_{10}-C(=O)H$	Zitrusöle
Ungesättigte aliphatische Aldehyde		
Hepten-(2)-al-(1) (β-*Butylacrolein)*	$CH_3-(CH_2)_3-CH=H-C(=O)H$	ätherisches Sojabohnenöl
Dodecen-(2)-al-(1)	$CH_3-(CH_2)_8-CH=CH-C(=O)H$	Orangenöl
cis-8-Pentadecenal (cis-Pentadecen-(8)-al-(1))		Gurke
D-*Citronellal (Citronellaldehyd, Citronellon)*	$H_3C-C(CH_3)=CH-(CH_2)_2-CH(CH_3)-CH_2-C(=O)H$	Zitronell-, Melissen-, Eukalyptusöl, Öl von *Aegle mármelos* (L.) Corêa
L-*Citronellal*	$H_3C-C(=CH_2)-(CH_2)_3-CH(CH_3)-CH_2-C(=O)H$	Java-Lemonöl

Weitere in Lebensmitteln vorkommende Aldehyde (Forts.)

Aldehyd	Formel	Vorkommen
Deca-2,4-dien-1-al	$H_3C-(CH_2)_4-CH=CH-CH=CH-C(=O)H$	Baumwollsamen-, Erdnuß-, Sojaöl
Aliphatische Hydroxy- und Keto-Aldehyde		
Propan-2,3-hydroxy-1-al (D-Glycerinaldehyd)	$CH_2(OH)-CH(OH)-C(=O)H$	Zwischenprodukt im Kohlenhydratstoffwechsel bei Tier und Pflanze
Methylglyoxal (Brenztraubensäurealdehyd)	$H_3C-CO-C(=O)H$	Zwischenprodukt beim Aufbau von Pflanzenstoffen
Soyanal	$H_3C-CO-(CH_2)_3-C(=O)H$	Sojabohne
Syoyu-Aldehyd	$H_3C-CO-C(CH_3)=CH-C(=O)H$	Sojabohne
Aromatische Aldehyde		
Hydrozimtaldehyd (Phenylpropylaldehyd)	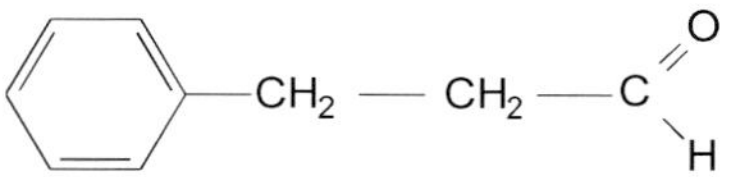	Ceylonzimtöl
Cuminaldehyd (Cuminal)	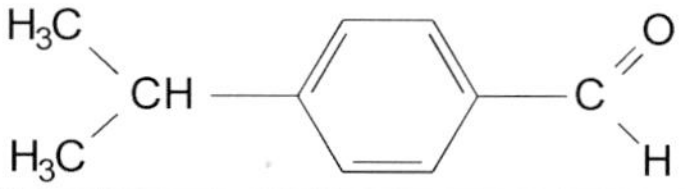	Eukalyptus-, Ceylonzimt-, Rautenöl
Salicylaldehyd (o-Hydroxybenzaldehyd, o-Oxybenzaldehyd)	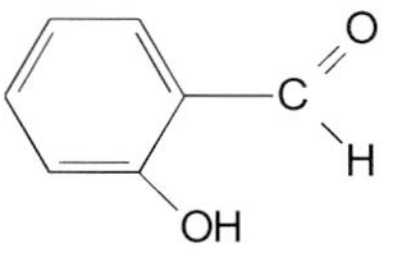	Saft der Vogelkirsche [*Prúnus ávium* (L.) L.], Öl der Zimtkassie (*Cinnamómum aromáticum* Nees), ätherisches Öl der Tabakblätter
Macropon	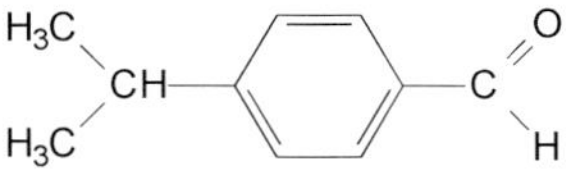	Eukalyptusöl
p-Hydroxybenzaldehyd (p-Oxybenzaldehyd)		Vanille

Weitere in Lebensmitteln vorkommende Aldehyde (Forts.)

Aldehyd	Formel	Vorkommen
o-Methoxyzimtaldehyd (Cassiastearopten)	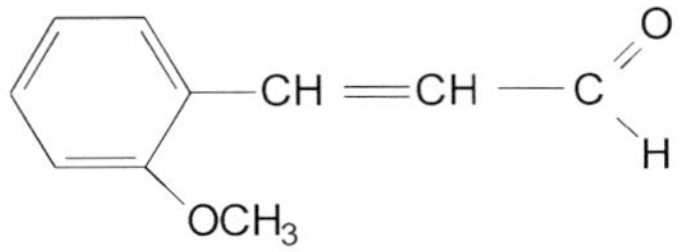	Öl der Zimtkassie
p-Methoxyzimtaldehyd	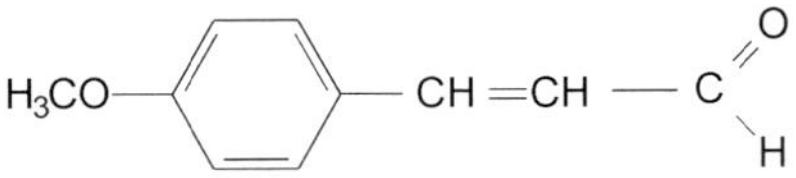	Estragonöl
Asarylaldehyd	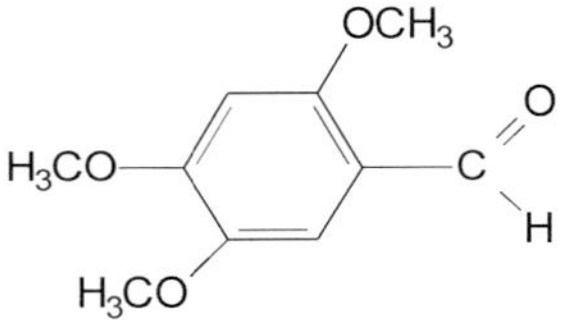	Kalmus
Protocatechualdehyd	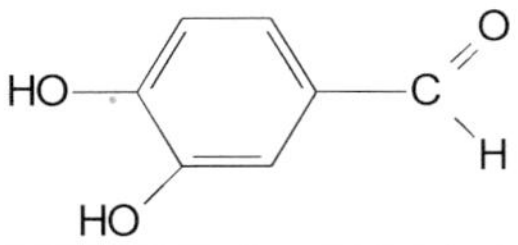	Bestandteil des Bitterstoffes des Chicorée

→ Glucovanillin → Piperonal → Gossypol → Terpenaldehyd

Aldobionsäuren: komplexe → Disaccharide, bei denen ein *Monosaccharid* (Glucose, Rhamnose, Galactose, Xylose) mit einer → *Uronsäure* (Glucuronsäure, Galacturonsäure) vereinigt ist. A. werden als Hydrolyseprodukte aus Schleim- und Gummistoffen, aus Hemicellulosen und komplexen Bakterien-Polysacchariden gewonnen. → Saccharide.

Aldohexosen → Hexosen → Saccharide

Aldonsäuren, *Onsäuren:* einbasische, aus Aldosen durch Oxydation der Aldehyd- zur Carboxylgruppe entstehende Säuren. A. bilden schwerlösliche Erdalkalisalze. Bei Aufarbeitung wäßriger Lösungen von A. tritt innermolekulare Wasserabspaltung zu ihren ebenfalls gut kristallisierenden Lactonen ein, von denen γ- (1.4 Lactonring) beständiger als die δ-Lactone (1.5 Lactonring) sind. Die wichtigste A., die D-*Gluconsäure*, tritt als Oxydationsprodukt bei der Gärung auf und wird verschiedentlich als Limonadenzusatz verwendet. Um die Bräunung von Fruchtsäften durch den eingeschlossenen Sauerstoff zu vermeiden, kann Glucoseoxydase eingesetzt werden, wodurch die Glucose als Substrat bis zum vollständigen Sauerstoffverbrauch zu *Gluconsäure* oxydiert wird. Der Zuckerkranke vermag Gluconsäure zu verbrennen. Ihr Calciumsalz dient bei Calciummangel therapeutischen Zwecken. Salze der Gluconsäure wurden als Zusatz vor oder bei der Trocknung von Lebensmitteln zur Erhöhung ihrer Haltbarkeit vorgeschlagen. Das δ-Lacton der Gluconsäure wird als Schnellreifungsmittel für Würste verwendet. Reifung, Umrötung und Schnittfestigkeit der Wurst werden dadurch in wenigen Tagen erreicht, während nach herkömmlichen Verfahren hierzu bis zu 2 Wochen benötigt werden. In Deutschland ist die Verwendung von D-*Gluconsäure*-δ-Lacton (Glucono-delta-lacton) für diesen Zweck zugelassen.

Aldopentosen → Pentosen

Aldosen → Saccharide

Aldose-N-glycoside, *Glycosylamine:* über das Stickstoffatom glycosidisch verbundene Kondensationsprodukte aus einer Aldose und einem eine primäre, sekundäre oder tertiäre Aminogruppe tragenden Aglykon (→ Glycoside), z. B. Bedeutende Vertreter der A. sind die Nucleinsäuren, in denen D-Ribose oder 2-Desoxy-D-ribosephosphorsäureester N-glycosidisch mit einer Purin- oder Pyrimidinkomponente verknüpft ist, Enzyme, wie die Codehydrase, und i. w. S. auch die Kohlenhydrat-Eiweiß-Verbindungen (*Protein-N-glycoside*), Formeln s. unten.
A. unterliegen der durch Wasserstoffionen katalysierten *Amadori*-Umlagerung, d. h. der Umwandlung in die entsprechenden 1-N-substituierten Ketosen. → *Amadori*-Produkte sind u. a. Zwischenprodukte der lebensmittelchemisch bedeutenden → *Maillard*-Reaktion.

Ale: obergäriges englisches Bier mit hohem Ethanol- und Extraktgehalt. *Pale Ale* ist ein stark gehopftes helles Starkbier, *Mild Ale* hat einen geringeren Hopfenanteil, *Ginger Ale* ist ein *Ingwer-Bier*, gewürzt mit Ingwerwurzelauszügen. → Bier

Alepponuß → Pistazie, Echte

Aleūria → Becherlinge

Aleurítis cordáta → Tungöl

Aleurítis fórdii → Tungöl

Aleurítis moluccána → Kemiri

Aleuronat → Kleber

Aleuronatbrot → Luftbrot

'Alexander Lucas' → Birne → Kernobst

Alexandertorte: eine aus vier Mürbeteigböden bestehende → Torte, die mit Himbeer-Johannisbeer-Marmelade gefüllt, mit Marzipan gedeckt, mit Rumfondant glasiert und mit Belegfrüchten garniert ist.

Alfalfa → Luzerne

Algaroba → Johannisbrot

Algen, *Phycophyta:* eine umfangreiche Gruppe ein- oder mehrzelliger, verschieden gefärbter, in Salz- und/oder Süßwasser oder an feuchten Standorten lebender niederer Pflanzen von sehr vielgestaltiger Form. Mit ihren verschiedenen Gattungen und Arten sind vor allem die Grünalgen (*Chlorophýceae,* Stamm *Chlorophýta*), die Braunalgen (*Phaeophýceae,* Stamm *Chromophýta*) und die Rotalgen (*Rhodophýceae,* Stamm *Rhodophýta*) als Lebensmittel von Bedeutung. Als *Tang* bezeichnet man die großen A. der Meere, die über 15 Meter lang werden können. In Symbiose lebende A. und Pilze werden → Flechten genannt. Die A. stellen eine bedeutende Rohstoffquelle für → Hydrokolloide dar (→ Algenpolysaccharid). Vorwiegend in Japan und in China werden die A. als Lebensmittel verwendet und teilweise kultiviert (→ Algenprodukt).

Algenpilze → Pilze

Algenpolysaccharid, *Meeresalgenextrakt, Algenschleimstoff:* Polysaccharid, das in unlöslicher (Cellulose, Xylan, Mannan) und löslicher Form in → Algen vorkommt. Lösliche Polysaccharide aus Algen (→ *Schleimstoff, pflanzlicher*) werden in großtechnischem Maßstab gewonnen und in der Lebensmittelproduktion als → Hydrokolloide einge-

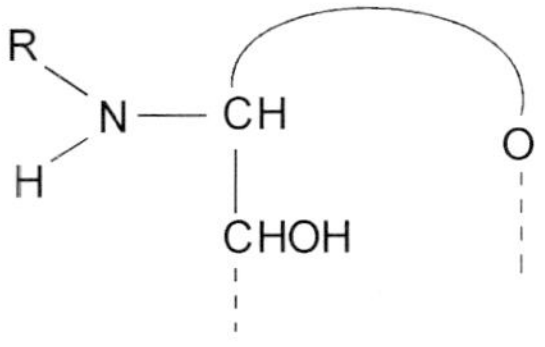

α-N-D-Glycosid
(β-Glycosylamin)

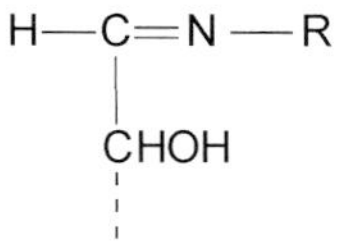

al-Form
(Schiffsche Base)

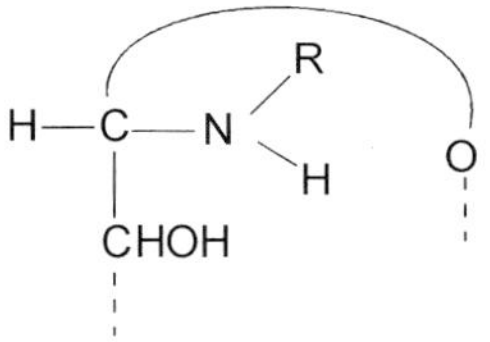

α-N-Glycosid
(β-Glycosylamin)

setzt. Aus *Rotalgen* werden vor allem A. mit hohem Galactansulfatgehalt isoliert. Von größter Bedeutung sind → Agar-Agar (vorwiegend aus *Gelidium*- und *Gracilaria*-Arten gewonnen) und → Carrageen (vorwiegend aus *Chondrus*- und *Gigartina*-Arten gewonnen). Aber auch die dem Carrageen und dem Agar-Agar ähnlichen A. → *Furcellaran,* → *Hypnean,* → Eucheuman, → Porphyran, → Dulsan, → *Phyllophoran,* → *Gracilaria-Gummi* und → *Iridophycan* können in der Lebensmittelproduktion verwendet werden. Das wirtschaftlich wichtigste A. aus *Braunalgen* ist → *Alginsäure,* eine Polyuronsäure. Braunalgen enthalten weiterhin *Laminaran* (ein β-1.3-*Glucan)* und *Fucoidan (*ein α-1.2-D-Fucan, wobei die Fucoseeinheiten in 4-Stellung Schwefelsäurereste tragen, die nativ mit Ca (auch Mg, Na, K) verbunden sind). Die in Wasser kolloide Systeme bildenden Polysaccharidkomplexe aus Rot- und Braunalgen werden häufig als *Phycokolloide (Algenschleime)* bezeichnet. Zu den A. kann teilw. auch das → *Lichenin* gezählt werden. Meeresalgen sind eine bedeutende Quelle nutzbarer Kohlenhydrate für die menschliche Ernährung, sie werden vorwiegend in Ostasien und in geringerem Maße an der europäischen Atlantikküste als Nahrungsmittel verwendet. → Algenprodukt → Saccharide.

Algenprodukt: Lebensmittel oder Lebensmittelbestandteil aus → Algen. *Rotalgen, Braunalgen* und *Grünalgen* sind eine bedeutende Rohstoffquelle für die menschliche Ernährung, die bis jetzt nur teilw. genutzt wird. Frische Pflanzen enthalten einen Wasseranteil von 80···90 %. In lufttrockenen Algen beträgt der Roheiweißgehalt 20···70 % und der Kohlenhydratgehalt um 50 %. Meeresalgen enthalten auch Vitamine und viele Salze, bes. Iodide (s. Tabellen).

In Ostasien werden Algen seit mehreren tausend Jahren als Lebensmittel verwendet. Seit einigen Jh. kann man speziell in Japan und in China von einer ökonomischen Verwertung der Algen sprechen. Auch in anderen Teilen der Welt (z. B. in der ehem. Sowjetunion, an der europäischen Atlantikküste, den pazifischen Inseln, an den Küsten Nord- und Südamerikas) ist die Verwendung von A. bekannt bzw. üblich. Heute werden Algen vorwiegend in Ost- und Südostasien für Ernährungszwecke verwertet und auch teilw. in geeigneten

Jodgehalt einiger Algenprodukte

Meeresalgen, getrocknet	Jodgehalt (in mg/kg)
Laminária (Kelp)	193···471
Eisénia bicyclis (Arame)	98···546
Sargássum confúsum	300
Hizíka fusifórme	40
Undária pinnitífida (Wakame)	18···35
Gelídium spec.	160
Chóndrus ocellátus	1,1
Pórphyra tenéra (Nori)	0,5

Nährwertanalyse verschiedener Meeresalgen

	Wasser	Eiweiß %	Fett %	Kohl.-hyd. %	Asche %	Mineralstoffe in mg Ca	Fe	P	K	J	in µg A	Vitamine in mg B_1	B_2	C	Niacin	in µg B_{12}
Hijiki	16,8	5,6	0,8	42,8	34,0	1400	29	59	14700	40	150	0,01	0,20	0	4,6	2···5
Kombu, jap.	14,3	7,3	1,1	54,9	22,0	800	15	150	5800	170	430	0,08	0,32	11	1,8	2···5
Wakame	16,0	12,7	1,5	51,4	18,4	1300	13	260	6800	30	140	0,11	0,14	15	10,0	2···5
Nori	11,4	35,6	0,7	44,3	8,0	260	12	510			11000	0,25	1,24	20	10,0	3
Arame	19,3	7,5	0,1	60,6	12,5	1170	5	150	3900	260	50	0,02	0,20	0	2,6	
Irish Moos	18,8	9,4	2,6	57,6	14,2											
Dulse	16,6		3,0		3,7	570	6	22								
Agar Agar	20,1	2,3	0,1	74,6	2,9	400	5	8			0	0	0	0	0	
Spirulina	5,0	65,0	6,0	15,0	7,0	100	43	960	360		170	5,5	4.0		12,0	160
Alaria		16,7	2,8	45,6	29,2				4840	50						

Küstengewässern wegen des steigenden Bedarfs in großen Mengen kultiviert (Japan). Sie können zu einer Vielzahl von Lebensmitteln, sowohl als selbstständiges Gericht als auch als Zugabe zu anderen Gerichten, verarbeitet werden (Übers.).
In letzter Zeit gewinnen zur Massenkultivierung geeignete Mikroalgen (Einzelleralgen), wie die *Chlorella-* und *Scenedesmus-Algen,* wegen ihres hohen Eiweißgehaltes (50···70 % der Trockensubstanz) und der wirtschaftlichen Produktionsmöglichkeiten an Bedeutung. *Chlorella*-Algen, die Kohlendioxid aufnehmen und Sauerstoff abgeben, sind auch für die Raumfahrt von Interesse. Zu den wichtigen A. gehören die → Algenpolysaccharide, die als → Hydrokolloide in der Lebensmittelproduktion eingesetzt werden.

Algen und daraus hergestellte Algenprodukte

Algenprodukte	Alge	Herstellungs- und Verwendungsgebiet	Bemerkung
Aonori	*Monóstroma G. Thuret spec.*	Japan	in frischem Zustand als Salat verzehrte Grünalge
Arame	*Eisénia bicýclis*	Japan	mildes, süßes Aroma für Mischgemüse, Salate
Awonori	*Enteromórpha Link spec.*	*Japan*	eßbares Grünalgenprodukt
→ *Cochayugo*	*Durvíllea antárctica* (Cham.) Hariot	Chile	ein Braunalgenerzeugnis
Darmtang	*Enteromórpha intestinális (L.) Link*	Japan	frisch in Öl gebacken, getrocknet als Gewürz
→ *Dulse (Dillisk)*	vorwiegend *Rhodyménia palmáta* (L.) Grev.	Großbritannien, USA, Kanada Mittelmeerländer	für Suppen, Salate, Mischgemüse, Kroketten, Würzzubereitungen
Fucoidan	Braunalgen der Familie *Fucáceae*	–	ein interzellularer Schleim, ein wasserlösliches Polysaccharid, das aus L-Fukose aufgebaut ist. Verwendung: Herstellung von Fukose
Funori	vorwiegend *Gloiopéltis spec.*	Japan, China	ein Algenschleim aus einer Rotalge; speziell aufgearbeitete, lösliche Gesamtalge; das wirksame Polysaccharid ist *Funoran* (ein Galaktan). Rohstoff auch zur Leimherstellung
Gulaman	*Agardhiélla ténera* (J. Ag.) Schmitz	Philippinen	Algenprodukt zur Herstellung von Geleeprodukten
Gulaman-Dagat	*Graciléria verrucósa* (Huds.) Papenf.	Indonesien	Rotalgenprodukt, geeignet zur Herstellung von Geleeprodukten

Algen und daraus hergestellte Algenprodukte (Forts.)

Algenprodukte	Alge	Herstellungs- und Verwendungsgebiet	Bemerkung
Hijiki (Hiziki)	*Hiz̑ikia fusifórme* (Harvey) Okamura	Japan, Nordkorea und Südkorea	Alge, in frischer und getrockneter Form als Gemüse verwendet; nußartiger Eigengeschmack
Hondawara	*Sargássum enérve* C. Ag.	Japan	als Zusatz zu Sojasoße geeignetes Braunalgenerzeugnis
Hosi-Nori	*Pórphyra tenéra* Kjellman	Japan, Korea	für Suppen, Soßen, Reiswickel
→ *Laverbread*	*Pórphyra umbilicális* (L.) J. Ag.	Großbritannien, USA	gekochtes Rotalgenerzeugnis
Lechuga de Samba	vorwiegend *Úlva lactúca* L.	Chile	als Salat, Gemüse und für Suppen verwendetes Grünalgenerzeugnis
→ *Meersalat*	*Úlva lactúca*	–	Salat
Miru	*Còdium spec.*	Japan	in getrocknetem oder gesalzenem Zustand verwendete Grünalge.
→ *Nori*	*Pórphyra ténera* Kjellman	Japan	eßbare Rotalgenerzeugnisse für Suppen, Eintopfgerichte, Klöße, Salate, Reisgerichte, Würzzubereitungen, Süßspeisen
Sarumen	*Alária esculénta* (L.) Grev.	Japan	eßbares Braunalgenprodukt, ähnlich dem → Nori
Seatron	*Nereocýstis luetkeána* Post. et Rupr.	Nordamerika	entsalzene, aromatisierte und kandierte Braunalgenbestandteile
→ *Seekohl (Kombu, Kelp)*	*Laminária spec.* und *Alária esculénta* (L.) Grev.	Japan, Nord- und Südkorea, China, ehem. Sowjetunion	verschiedene Lebensmittel aus getrockneten Braunalgen
→ *Slack*	*Pórphyra purpúrea* (Roth) C. Ag. = P. laciniáta Ag.	Großbritannien und Skandinavien	gekocht oder roh als Salat verwendetes Rotalgenerzeugnis
Tsunomato	*Chóndrus spec.*	Japan	ein Rotalgenschleim, der als → Geliermittel verwendet wird
Wakame	*Undária pinnatífida* (Harv.) Suringar	Ostasien, Japan	getrocknetes, speziell behandelte Braunalgenprodukte, hoher Ca-Gehalt, milder Eigengeschmack, zur Herstellung von Chips, Gemüse, Suppen, Eintopfgerichten, Salaten, Würzzubereitungen

Algensäure → Alginsäure

Algenschleimstoff → Algenpolysaccharid → Hydrokolloid

Algiermalve → Malve

Algiersalat → Baldrian, Afrikanischer

Algin: 1. Sammelname für *Alginsäure* und *Alginate,* Polysaccharid, wasserbindender pflanzlicher Inhaltsstoff, der bei der Verdickung und Gelierung von Fruchtmassen eingesetzt wird.
2. Handelsname für *Natriumalginat.*

Alginat (E 401 - 405) → Alginsäure

Alginsäure, (E 400) *Algensäure:* eine lineare Polyuronsäure, die aus 1.4-glycosidisch verknüpfter β-D-*Mannuronsäure* und α-L-*Glucuronsäure* aufgebaut ist. Struktur:
Folgende 3 Bauelemente kommen im Alginsäuremolekül vor:
a) → 4)-β-D-ManU(1 → 4)-β-D-ManU(1 → 4)-β-D-ManU(1 → 4)-β-(D)-ManU(1 → Blocksegment aus Mannuronsäure (ManU)
b) → 4)-α-L-GulU(1 → 4)-α-L-GulU(1 → 4)-α-L-GulU(1 → 4)-α-L-GulU(1 → Blocksegment aus Guluronsäure (GulU)
c) → 4)-β-D-ManU(1 → 4)-α-L-GulU(1 → 4)-β-D-ManU(1 → 4)-α-L-GulU)1 → Segment: abwechselnd aus Gul- und Mannuronsäure aufgebaut.
Die Carboxylgruppen sind nicht verestert. Die Molmasse beträgt etwa 30 000···200 000 g/mol, das entspricht bis zu 750 Uronsäureeinheiten. Die A. kommt in Braunalgen als Zellwandbestandsteil vor und wird vorwiegend aus *Macrocýstis pyrifera* (L.) C.A. Agardh., *Lamināria hyperbórea* (Gunn.) Foslie, *Lamināria digitáta* (L.) Edmonson und *Ascophýllum nodósum* (L.) Le Jolis gewonnen (USA, Großbritannien, Norwegen, Frankreich, Japan, Australien, Kanada, ehem. Sowjetunion, Chile, Marokko). Der Alginsäuregehalt kann bis über 40% der Trockensubstanz der Algen betragen. A. wird durch Alkalien, i. allg. Natriumcarbonat, extrahiert und gereinigt. A. ist wasserlöslich; nur die Natrium-, Kalium- und Ammoniumsalze der A., die Alginate, sind wasserlöslich. Es handelt sich um weiße kremfarbene Pulver, die hochviskose Lösungen ergeben. Der (pH-Wert einer 1%igen Lösung beträgt 8 bis 11). Die A. vermag dabei bis zum 300fachen der eigenen Masse Wasser aufzunehmen. A. bilden in Gegenwart mehrvalenter Kationen (z.B. Calcium) Hauptvalenzgele, die weitgehend unabhängig vom Säure-, Zucker- und Trockensubstanzgehalt sind. Phosphate werden häufig zur Regulierung der Geliergeschwindigkeit zugesetzt. Die A. ist mit Monosacchariden, Stärke, anderen → Hydrokolloiden und Proteinen mischbar, mit Salzen mehrwertiger Kationen und Säuren (unter pH 3,5) ist sie unverträglich. A. wird vom menschlichen Körper nicht verwertet. A. und ihre Derivate (z. B. Propylenglycolalginat) werden als → Gelier- und → Verdickungsmittel sowie Stabilisierungsmittel für Speiseeis und Milchprodukte, als Schaumstabilisator für Fruchtsäfte, Dressings, Puddings, Gelees, Marmeladen, Dessertgelees und zur Herstellung energiearmer Zubereitungen verwendet. Das Filmbildungsvermögen wird bei der Herstellung eßbarer Wursthüllen und zum Überziehen von Lebensmitteln genutzt. Die Konzentration beträgt allg. 0,1···1 %. → Uronsäuren → Algenpolysaccharid → Algin.

Aligoté: reichtragende franz. Weißweinkeltertrauben-Sorte, die auch in anderen Weinbauländern verbreitet ist. Sie liefert Weine einfacher Qualität für Tischweine und Sektgrundwein. → Wein

Alisander → Pferdeeppich

Alitam, Süßstoff: N-3-(2,2,4,4-Tetramethyl)-thiethanylamid von L-Asp-D-Ala, kann bei Backwaren verwendet werden, weil die Stabilität der Dipeptidamide wesentlich größer ist, als die der Dipeptidester vom Aspartamtyp. A. befindet sich noch im Stadium der toxikologischen Prüfung und ist bisher nicht zugelassen. Die → Süßkraft beträgt ca. 2000.

Alizarin → Farbstoffe

Alkaliechtgrün → Lebensmittelfarbstoffe

Alkaloide: Gruppe von Naturstoffen – mit meist heterocyclisch gebundenem Stickstoff –, die trotz der Zuordnung zu verschiedenen Verbindungsklassen wegen ihrer physiologisch-pharmakologischen Eigenschaften begrifflich zusammengefaßt werden. Auf Grund ihres alkalischen Charakters wurde 1819 von *K.F.W. Meißner* (1792 bis 1853) für diese Verbindungen der Begriff A. geprägt. Bekannt sind heute rund 8000 versch. A. Die meisten kommen in Pflanzen, meist gebunden an organische Säuren (z. B. Äpfel-, Wein-, Citronen-, Fumar- oder Chinasäure), vor. In Tieren wurden neben den → biogenen Aminen rund 50 Verbindungen isoliert, die man den A. zuordnen kann. Etwa $1/_3$ aller A. kommen in *Dicotyledonen* (Zweikeimblättrigen Pflanzen) vor. Die Familie *Apocynáceae* (Immergrüngewächse) ist die alkaloidreichste mit 700 bis 800. Jeweils mehr als 100 finden sich in den Pflanzenfamilien *Buxáceae* (Buchsbaumgewächs), *Asteráceae* (Korbblütler), *Euphorbiáceae* (Wolfsmilchgew.), *Fabáceae* (Schmetterlingsblütler), *Loganiáceae* (Brechnußgew.), *Menispermáceae* (Mondsamengew.), *Papaveráceae* (Mohngew.), *Rutáceae* (Rautengew.), *Solanáceae* (Nachtschattengew.) und *Liliáceae* (Liliengew.). Auch einige Pilze synthetisieren A. (→ Pilzgifte), z. B. die Mutterkorn-Alkaloide der *Clavicepsarten*. A. sind optisch aktive Verbindungen, die mit Säuren meist leicht wasserlösliche Salze bilden. Sie zeichnen sich durch ausgeprägte pharmakologische, meist spezifische Wirkung auf das Nervensystem aus. Da sie euphorisierend und auf sensorische Gehirnregionen dämpfend wirken, besteht nach Einnahme mancher A. starke Suchtgefahr.

Viele A. und Alkaloid-Derivate sind heute unverzichtbare Arzneimittel. Die Entwicklung zahlreicher Arzneimittel wurde durch die Alkaloidforschung ausgelöst.

Die A. der verschiedenen Nahrungs- und Genußmittel sind für den Menschen nicht gefährlich, weil sie entweder in relativ geringen Mengen aufgenommen, verschiedentlich durch die Hitzebehandlung zerstört oder nur die an A. armen Pflanzenteile verwendet werden. Der Alkaloidgehalt der Pflanzenteile ist unterschiedlich. So liegt z. B. der Solaningehalt in der Kartoffelknolle niedriger als in allen anderen Teilen der Pflanze. Durch Belichtung grün verfärbte Außenschichten sowie die Augen und Keime können hohe Alkaloidmengen enthalten. Die meisten A. sind wasserlöslich und werden beim Kochen ausgelaugt (z. B. bei Kartoffeln). Einteilung, Vorkommen und Wirkung der wichtigsten A. unserer Nahrung, s. Übers. Seite 49–50.

Alkanolamine: basische, zu den *biogenen Aminen* zählende, kettenförmige N-Verbindungen, mit funktionellen Hydroxyl- und Aminogruppen. A. kommen auch in Lebensmitteln vor (Übers. s. Seite 50).
→ Amine, biogene

Alkanolammoniumbasen, quaternäre: basische, zu den *biogenen Aminen* zählende N-Verbindungen, in denen die H-Atome des Ammoniumions durch 3-Alkyl- und einen linearen Alkanolrest ausgetauscht sind . Qu. A. kommen auch in Lebensmitteln vor (Übers. Seite 51).
→ Amine, biogene

Alkanole → Alkohole

Alkanone → Ketone

Alkekende → Physalis

'Alkmene' → Apfel → Kernobst

Alkohol: 1. i. e. S. → Ethanol
2. i. w. S. → Alkohole

Alkohol, absoluter: wasserfreies Ethanol mit 99,7 Masse-%. Da die bei 78,15°C azeotrop siedende Mischung aus 95,57 Masse-% Alkohol und 4,45 Masse-% Wasser durch einfache Destillation nicht getrennt werden kann, gibt es zur Absolutierung von Alkohol eine Reihe von Verfahren. Diese beruhen a) auf der Bindung des Wassers an Calciumoxid, wasserfreie Pottasche, wasserfreies Kupfersulfat, Bariumoxid, Natriumkaliumtartrat oder durch metallisches Natrium und nochmalige Destillation oder b) auf der azeotropen Destillation des wasserhaltigen Alkohols mit z. B. Trichlorethylen, Benzen, Cyclohexan, Toluen oder Ether. Bei der Absolutierung des Alkohols mit Hilfe von Benzen wird 95%igem Ethanol Benzen zugesetzt und

Gruppe	Alkaloid	Vorkommen	Charakteristische Wirkung
→ *Aromatische Amine*	→ *Capsaicin*	Paprika	sehr scharfer Geschmack
	Mezkalin	tropische Kakteen	Rauschgift mit halluzinogenen Wirkungen
	Norpseudoephedrin	*Éphedra distáchya* L.	Appetithemmer
Pyrrol-alkaloide	*Hygrin*	Kokablätter	
Pyridin-, Piperidin-, und Chinolicidin-Alkaloide	*Anabasin*	Tabak	alle neutralen Strukturen des peripheren und Zentralnervensystems zunächst stimulierend, dann lähmend
	→ *Nicotin*	Tabak	
	Nicotyrin	Tabak	
	Nornicotin	Tabak	
	Rizinin	Rizinus	
	Arecolin	Betelnuß	ähnlich wie Nicotin
	→ *Piperin*	Pfeffer	scharfer Geschmack
	Lupinin	bittere Lupinen	
	Spartein	bittere Lupinen	
	Pelletierin *Isopelletierin*	Granatapfel (*Púnica granátum* L.)	
	→ *Dihydrodioscorin*	Bitteryams (*Dioscórea* L. spec.)	Krämpfe auslösend
Tropan-Alkaloide (Ester der Tropasäure)	*Atropin*	Tollkirsche	Pupillenerweiterung, Herabsetzung der Speichel-, Schweiß- und Schleimsekretion
	Hyoscyamin	Stechapfel	
	Scopolamin		wirkt stark beruhigend
	Kokain (Cocain)	Kokablätter	Suchtgefahr! Stimulierende Wirkung auf höhere Sphären des ZNS
Pyrollicidin-Alkaloide	*Tussilagin* *Senecionin* *Senkirkin*	Huflattich (*Tussilágo fárfara* L.)	mutagene, carcinogene, teratogene und hepatotoxische Wirkung
	Supinin *Lycopsamin* *7-Acetyllycopsamin HP*	Borretsch (*Borágo officinális* L.)	
China-Alkaloide	*Chinicin*	Chinarinde	setzt Erregbarkeit des Herzens herab
	Chinidin	Chinarinde	
	→ *Chinin*	Chinarinde	therapeutische Anwendung bei Malaria. Wird als Bitterstoff in Getränken eingesetzt.
Chinazolin-Alkaloide	*Tetrodotoxin*	Haut und innere Organe von Kugelfischen bes. *Spheroídes rubrípes*	Lähmung des Atemzentrums und der Atemmuskulatur

Gruppe	Alkaloid	Vorkommen	Charakteristische Wirkung
Isochinolin-Alkaloide	*Morphin*	*Schlafmohn*	schmerzdämpfend, Suchtgefahr!
	α-Narcotin *Papaverin* *Codein, (Kodein)* *Thebain*	*Papáver somniferum* L. Opium	Dämpfung sensorischer Gehirnregionen, euphorisierende Wirkung, hustenstillend, entkrampfend
	Berberin	Mahonie, Berberitze	
	Oxyberberin	Berberitze	
	Bervulcin	Berberitze	
	Berbamin	Mahonie	
	Oxyacanthin	Mahonie	
Indol- und Indolin-Alkaloide (Mutterkorn-Alkaloide)	*Ergotamin-Gruppe*	*Mutterkorn*	*gefäßverengende Wirkung, Geburtseinleitung, Vergiftungsgefahr durch mit Mutterkorn verunreinigtes Getreide*
	Ergotoxin-Gruppe	*Mutterkorn*	
	Ergometrin-Gruppe	*Mutterkorn*	
Purin-Alkaloide	→ *Coffein* → *Theobromin* → *Theophyllin*	Kaffee, Teeblätter, Matetee, Kolanuß, Kakao	wegen ihrer anregenden Wirkung seit alters her Verwendung zu Getränken und Genußzwecken
Steroid-Alkaloide	*Solanin* *α-Chaconin* *Tomatin*	Kartoffel Kartoffel Tomate	Hämolyse der roten Blutkörperchen
Diterpen-Alkaloide	→ *Aconitin*	blauer Eisenhut	eines der stärksten Pflanzengifte; tödliche Wirkung bereits bei 1···2 mg
→ *Biogene Amine*	*Histamin* *Serotonin*	in fast allen tierischen Geweben	Auslösung allergener Reaktionen

Die bekanntesten in Lebensmitteln vorkommenden Alkanolamine

Alkanolamin		Vorkommen
Aminoethanol (Colamin, Ethanolamin)	$HO\text{-}CH_2\text{-}CH_2\text{-}NH_2$	Baustein von Phosphatiden (Muttersubstanz des Cholins), weit verbreitet in Blättern höherer Pflanzen
2-Aminopropan-1-ol (L-*α-Alaninol)*	$CH_3\text{-}CHNH_2\text{-}CH_2OH$	Baustein der Mutterkornalkaloide *Ergometrin* und *Ergometrinin*
Sphingosin	$CH_3\text{-}(CH_2)_{12}\text{-}CH=CH\text{-}CHOH\text{-}CHNH_2\text{-}CH_2OH$	Bestandteil der *Sphingolipoide* (Sphingomyeline)

Die bekanntesten in Lebensmitteln vorkommenden quaternären Alkanolammoniumbasen

Alkanolammoniumbase		Vorkommen
Cholin	$HO\text{-}CH_2\text{-}CH_2\text{-}N^+(CH_3)_3OH^-$	frei in fast allen tierischen und pflanzlichen Geweben, gebunden wichtiger Bestandteil von Phosphatiden
Neosin	$HO\text{-}(CH_2)_3\text{-}N^+(CH_3)_3OH^-$	Fleischextrakt, Krabben, Miesmuscheln, Tunikate

die Mischung destilliert. Bei 64,85°C verdampft zunächst ein ternäres Gemisch aus Wasser, Ethanol und Benzen, bei 68,25°C dann eine Mischung aus Ethanol und Benzen und zuletzt bei 78,3°C a. A. → Ethanol

Alkoholdehydrogenase: *Enzym* (EC 1.1.1.1), das den oxydativen Abbau von *Ethanol* in *Acetaldehyd* katalysiert. Die A. (relative Molmasse etwa 150 000 g/mol) enthält im Molekül Zink. Sie ist in der Natur weit verbreitet. Der Abbau von Alkohol vollzieht sich beim Menschen mit Hilfe der A. in der Leber. Auf der Reaktion der A. mit Ethanol beruht ein sehr empfindliches Verfahren zur Ermittlung des Blutalkoholgehaltes.

Alkohole: 1. i. w. S. Gruppe organischer Verbindungen mit einer oder mehreren Hydroxylgruppen (-OH) im Molekül, die nicht direkt an einen aromatischen Ring gebunden sind. *Primäre* A. sind durch die Atomgruppierung $R\text{-}CH_2\text{-}OH$, *sekundäre* A. durch

```
R-CH-OH   und tertiäre durch
  |
  R

  R
  |
R-C-OH
  |
  R
```

charakterisiert. Gesättigte aliphatische A. bezeichnet man als *Alkanole*. Mehrwertige A. (→ Polyalkohole, *Polyole)* enthalten mehrere Hydroxylgruppen, z. B. Glycerol $CH_2OH\text{-}CHOH\text{-}CH_2OH$. Die Hydroxylgruppe ist bei Alkoholen, auch bei aromatischen und heterocyclischen, immer an einen gesättigten oder ungesättigten aliphatischen Rest gebunden. Bei Bindung der Hydroxylgruppe an einen aromatischen Kern spricht man von *Phenolen.* Nach den Regeln der IUPAC werden die einzelnen A. durch Anhängen der Silbe „ol" an die Bez. des zuständigen Kohlenwasserstoffes benannt, z. B. Methan - *Methanol.* Für niedere A. sind auch noch die Bez. *Methylalkohol, Ethylalkohol* gebräuchlich, während die Trivialnamen *Holzgeist, Weingeist* offiziell nicht mehr angewendet werden. Die Bez. der mehrwertigen A. mit 4 bis 6 Hydroxylgruppen wird von den entsprechenden Zuckern (z. B. Glucitol bzw. Sorbitol aus Sorbose) abgeleitet. Niedere A. sowie mehrwertige A. sind in Wasser und organischen Lösungsmitteln leicht löslich. Mit Erhöhung der relativen Molmasse sinkt die Wasserlöslichkeit. Eine Zunahme der Hydroxylgruppen im Molekül bewirkt eine Zunahme des süßen Geschmacks. A. sind bei Zimmertemperatur flüssige bis feste Stoffe (Tab.), die mit Metallen Alkoholate, mit Säuren bzw. Säurechloriden Ester bilden (s. Tab. S. 52 oben).

Die Darstellung niederer A. erfolgt durch enzymatischen Abbau von Aminosäuren und Kohlenhydraten (Gärung) bzw. durch Synthese, höhere A. werden durch Esterspaltung, Reduktion von Aldehyden und Ketonen bzw. deren Umsetzung mit Alkylmagnesiumsalzen dargestellt. Natürlich kommen A. als Bestandteil von Estern in ätherischen Ölen, Fetten, Wachsen vor, ferner in Aromastoffgemischen. Wichtige Alkohole sind *Methanol, Ethanol, Propanole* und *Pentanole,* der ungesättigte *Allylalkohol,* weiter *Farnesol, Garaniol, Zitronellol* u. a. als Bestandteile von ätherischen Ölen, *Zeryl-* und *Myristylalkohol* in Wachsen sowie mehrwerti-

Schmelz- und Kochpunkte normaler Alkohole in Abhängigkeit von der Anzahl der Kohlenstoffatome

Alkanol	Summenformel	F. in °C	Kp. in °C
Methanol	CH_3OH	− 97,8	64,7
Ethanol	C_2H_5OH	−114,4	78,3
n-Propanol	C_3H_7OH	−127,0	97,2
n-Butanol	C_4H_9OH	− 89,2	151,1
n-Pentanol	$C_5H_{11}OH$	− 78,5	138,0
n-Hexanol	$C_6H_{13}OH$	− 51,6	157,0
n-Heptanol	$C_7H_{15}OH$	− 34,5	176,0
n-Decanol	$C_{10}H_{21}OH$	6,4	233,0
n-Octadecanol	$C_{18}H_{37}OH$	59,4	210,0 (bei 2000 Pa)

gen A. *Glycol, Glycerol, Dulcit, Mannitol, Glucitol* und *Erythritol*. Häufiger in Lebensmitteln vorkommende A.: → *n-Hexan-1-ol, n-Octan-l-ol (n-Octylalkohol)*, z. B. in Teeöl, Zitrusfrüchten; *n-Nonan-1-ol (n-Nonylalkohol)*, z. B. in Orangen; → cis-Hex-3-en-l-ol. Außerdem wurden *Heptan-2-ol (Methyl-n-amylcarbinol)* in Gewürznelkenöl, *L-Oct-l-en-3-ol (L-n-Amylvinylcarbinol, Matsutakealkohol)* in versch. Pilzen, in Lavendelöl und den Ölen versch. Minzearten, *Dotriacontan-l-ol* in zahlreichen Pflanzenwachsen sowie *Nonan-2-ol (Methyl-n-heptylcarbinol)* in Nelkenöl, Rautenöl und der Kokosbutter nachgewiesen. → Amylalkohole → Ethanol → Fettalkohole → Methanol → Terpenalkohole.

2. i. e. S. → Ethanol

Alkohole, aromatische: eine Gruppe von Verbindungen mit einem Phenylrest und einer aliphatischen Seitenkette, an der sich wenigstens eine alkoholische OH-Gruppe befindet. Die a. A. kommen frei, verestert oder als Glycoside in ätherischen Ölen vor. Die in Lebensmitteln nachgewiesenen a. A. (s. Übers.). → Alkohole

In Lebensmitteln nachgewiesene aromatische Alkohole

Alkohol	Formel	Vorkommen
Anisalkohol	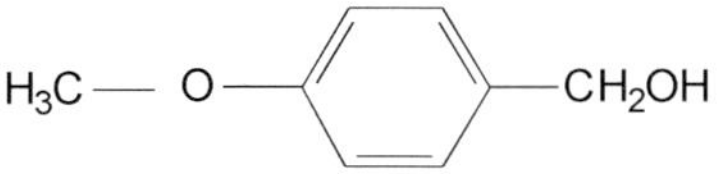	Tahiti-Vanille, Anissamenöl
Tyrosol (4-Hydroxy-phenyl-ethylalkohol)	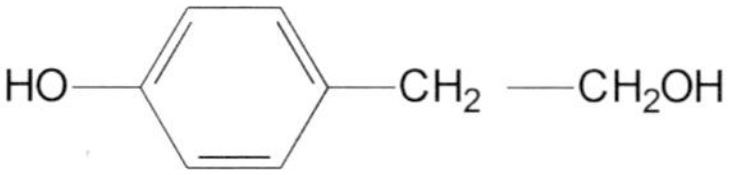	entsteht bei der Hefegärung aus *Tyrosin*
Anetholglycol	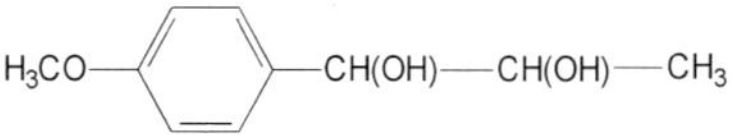	Rautenöl
Vanillylalkohol	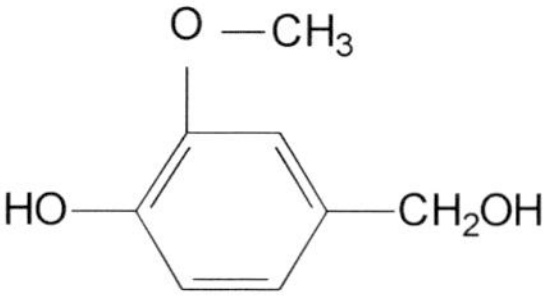	Aglykon des Glucovanillylalkohols

In Lebensmitteln nachgewiesene aromatische Alkohole (Forts.)

Alkohol	Formel	Vorkommen
Koniferylalkohol	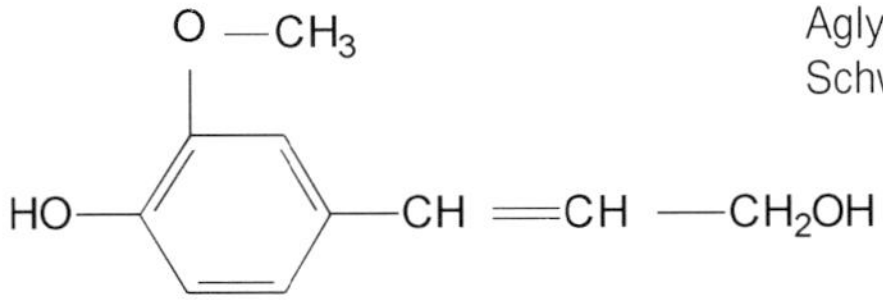	Aglykon des Koniferins in Spargel, Schwarzwurzel, Zuckerrübe u.a.
p-Tolylmethylcarbinol	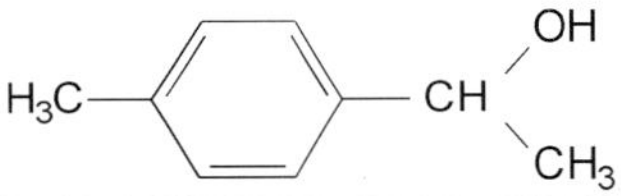	im ätherischen Öl der Kurkumawurzel *(Cúrcuma lónga* L.)

Alkoholglycoside: zu den O-Glycosiden gehörige Verbindungsgruppe, bei der das Aglykon über eine alkoholische Hydroxylgruppe mit der lactolischen Hydroxylgruppe des betreffenden Zuckers verknüpft ist. Einfache A. kommen in der Natur selten vor (s. Übers. S. 54).
→ Saccharide → Glycoside

Alkylamine: basische, zu den *biogenen Aminen* zählende N-Verbindungen mit den allg. Formeln RNH_2, R_2NH bzw. R_3N (s. Übers. S. 54).

Alkylammoniumbasen, quaternäre: basische, zu den *biogenen Aminen* zählende N-Verbindungen, in denen die H-Atome des Ammoniumions durch Alkylreste ausgetauscht sind. Qu. A. kommen auch in Lebensmitteln vor (s. Übers. S. 54).

5-n-Alkyl-Resorcinole: homologe Gruppe von 1,3-Dihydroxy-benzenen (*Resorcinol, Resorcin*) mit einem Alkylrest in 5-Stellung, s. Grundstruktur.

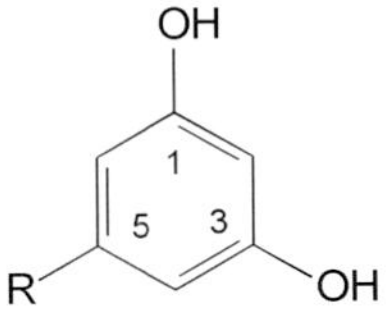

Von bes. Interesse für die menschliche Ernährung und die Nutztierhaltung ist das Vorkommen der 5-n-A. in den äußeren Schichten (Perikarp) von Getreidekörnern. Darin nachgewiesen wurden:

5-n-Alkylresorcinole

n	Summenformel	Bezeichnung
15	$C_{21}H_{36}O_2$	*Pentadecylresorcinol*
17	$C_{23}H_{40}O_2$	*Heptadecylresorcinol*
19	$C_{25}H_{44}O_2$	*Nonadecylresorcinol*
21	$C_{27}H_{48}O_2$	*Heneicosylresorcinol*
23	$C_{29}H_{52}O_2$	*Trineicosylresorcinol*
25	$C_{31}H_{56}O_2$	*Penteneicosylresorcinol*

Im Homologengemisch der Getreide dominiert das Heneicosylresorcinol, im Roggen mit 56%, im Weizen mit 50%. In Roggenkörnern ist der Gehalt

5-n-Alkylresorcinolgehalt in versch. Getreideerzeugnissen nach Flamme u. Mitarb. in ppm

Roggenerzeugnisse:	
Mehl Type 1150	813
Backschrot	1400
Vollkornbrot (Quellstück)	900
Mischbrot 60/40	150
Knäckebrot	1088
Pumpernickel	638
Weizenerzeugnisse	
Mehl Type 405	50
Type 630	75
Type 812	90
Weißbrot	40

Alkoholglycoside

Glycosid	Aglykon	Zucker	Vorkommen
1-Mannitol-β-glucosid	D-Mannitol	D-Glucose (2 mol)	in verschiedenen Braunalgen
1,6-D-Mannitol-di-β-D-glucosid	D-Mannitol	D-Glucose (2 mol)	in verschiedenen Algen
myo-Inositolgalactosid	myo-Inositol	D-Galactose	in der Zuckerrübe

Alkylamine

Alkylamin	Formel	Vorkommen
Methylamin	CH_3NH_2	Heringslake, faule Wurst, Seetang, grüne Algen, Kartoffel, Pilze, Sojabohne
Ethylamin	CH_3-CH_2-NH_2	Weißdornfrüchte, Mutterkorn, Mais, Pilze
Dimethylamin	$(CH_3)_2NH$	Weißdornfrüchte, Mais, Sojabohne, Pilze
→ *Trimethylamin*	$(CH_3)_3N$	Süßwasserfische, Seefische
Isobutylamin *Isoamylamin*	$(CH_3)_2$-CH-CH_2-NH_2 $(CH_3)_2$-CH-$(CH_2)_2$-NH_2	verdorbene Hefe und Lebertran, Kartoffeln, Tabakblätter, Mais, Pilze
n-Propylamin	CH_3-CH_2-CH_2-NH_2	Kartoffel, Mais
n-Hexylamin	CH_3-$(CH_2)_4$-CH_2-NH_2	Mutterkorn
Cysteamin	H_2N-CH_2-CH_2-SH	Baustein des Coenzyms A
Taurin	HO_3S-CH_2-CH_2-NH_2	keimende Leguminosensamen

→ *Amine, biogene*

Die bekanntesten in Lebensmitteln vorkommenden quaternären Alkylammoniumbasen

Alkylammoniumse	Formel	Vorkommen
Tetramethylammoniumhydroxid	$(CH_3)_4N^+OH^-$	Seeanemone
Neurin (Vinyl-trimethyl)-ammoniumhydroxid	$(CH_3)_3(CH_2{=}CH)N^+OH^-$	Nebennierenextrakt, entsteht durch Wasserabspaltung aus Cholin
→ *Trimethylamin-N-oxid*	$(CH_3)_3N^+\ O^-$	in zahlreichen Seefischen (Hering, Seeaal, Rochen, Kabeljau), Krabben

→ Amine, biogene

an 5-n-A. etwa doppelt so hoch wie im Weizen (i. D. Roggen 1240 ppm, Triticale 780 ppm, Weizen 600 ppm, andere Getreidearten unter 200 ppm). Der Gehalt an 5-n-A. im Getreide schwankt u. a. mit Sorte, Anbaujahr und -ort. In den Mehlprodukten hängt der Gehalt vom Anteil an den äußeren Schichten des Korns ab (s. Tab. S. 53 unten).

Bei der Lagerung, der Teiggärung und dem Backprozeß vermindert sich der Gehalt an 5-n-A. sehr stark. 5-n-A. kommen auch in anderen Pflanzen vor, so z. B. das 5-n-Pentadecylresorcinol in der Kaschunuß (*Anacárdium occidentále* L.). Die dem Roggen früher zugeschriebenen ungünstigen Fütterungseigenschaften wie Appetitminderung,

Wachstumshemmung, Lähmungen rühren nach neueren Untersuchungen eher von Schad- und Abfallroggen her, der durch Bakterien- und Fusariumbefall und häufig auch durch einen hohen Anteil Mutterkorn gekennzeichnet war. In einer gemischten Kost, die nicht überwiegend aus Roggen besteht, dürften die 5-n-A. auf jeden Fall ohne nachteilige Wirkungen für den Menschen sein.

Allantoin, *5-Ureido-hydantoin* (veraltet: *Cordianin)*: ein Aminoderivat des Hydantoins.

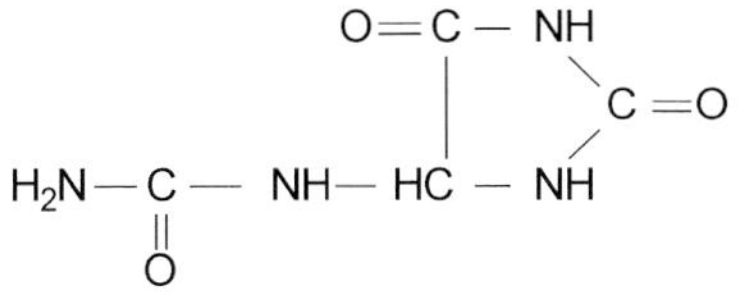

Bei vielen Tieren werden die → Purinkörper in Form von A. ausgeschieden. Im Pflanzenreich ist es ebenfalls weit verbreitet, es spielt offenbar eine wichtige Rolle im Eiweißhaushalt der Pflanze. So wurde z. B. die DL-Form in Zuckerrüben, Kartoffeln, Blumenkohl, Reis, Tabak, in Getreidekeimlingen, Sojakeimlingen und grünen Bohnen nachgewiesen.

Allantoinsäure, *Hidantoinsäure, Diureidoessigsäure*: ein Diamid mit der Formel

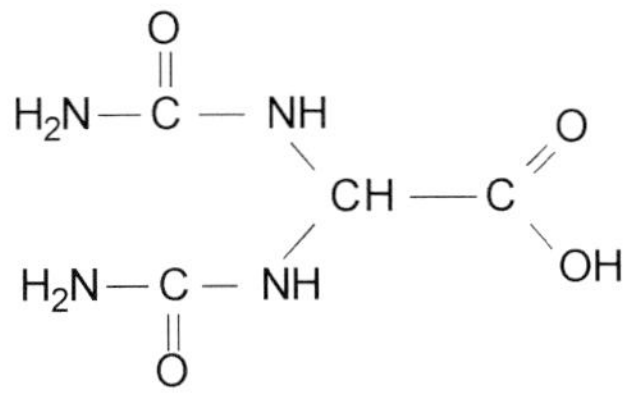

A. kommt in grünen Bohnen, Blumenkohl, in Keimlingen von Soja und Linsen und in verschiedenen Pilzen vor. Sie tritt auch als Zwischenprodukt beim Abbau der → Purinkörper durch die Wirkung der Uricase bei Tieren (mit Ausnahme von höheren Affen, Landreptilien, Vögeln und einigen Insekten) auf. Bei einigen Fischen ist die A. das Endprodukt des Harnsäureabbaus.

Allasch: → Kümmellikör, russischen Ursprungs, hergestellt unter reichlicher Verwendung von Kümmeldestillat.

Allergen: bei überempfindlichen Menschen eine Antikörperbildung in den Zellen (Sensibilisierung) auslösender und bei erneuter Einwirkung auf die gebildeten spezifischen Antikörper eine allergische Reaktion bewirkender, zur Gruppe der *Antigene* gehörender Stoff. Allergien äußern sich in Form von juckenden Hautrötungen (Nesselfieber), Hautekzemen, Heuschnupfen, Heufieber, Bronchialasthma, Magendarmstörungen, Migräne, Gelenkschwellungen u. a.. Als A. werden vor allem körperfremde Eiweiße wirksam. Allergien können nach Genuß von Fischen, Krebsen, Muscheln, Schnecken, Schweinefleisch, Milch, Eiern, Hülsenfrüchten, Getreide und verschiedene Obstarten (vor allem Erdbeeren, Weintrauben) bzw. nach Einatmung von Blüten und Getreidestaub (Pollen) auftreten. Es gibt kaum ein Lebensmittel, das nicht allergen wirken kann. Durch Weglassen des verdächtigen Lebensmittels können die krankhaften Erscheinungen beseitigt oder vermieden werden. Als nichteiweißartige A. können bei entsprechender Disposition u. a. Kohlenhydrate, Antibiotika, verschiedene Alkaloide, Konservierungsmittel, Farbstoffe, Pflanzenschutzmittel, Arzneimittel, synthetische Fasern wirksam werden. Eine Allergie wird meist im Laufe des Lebens erworben, kann aber auch schon bei Geburt vorhanden sein.

Allerleigewürz → Piment

Allermannsharnisch: eine im Gebirge Europas und Asiens vorkommende Lauchart, *Állium victoriális* L., Syn. *Cépa victoriális* Moench., *A. ellípticum,* Wall., *A. anguínum* Bubani, *A. microdíctyum* Prokh., *A. latíssimum* Prokh. (Familie *Liliáceae*), die in China kultiviert, in Japan unter der Bez. *Gyojaninniku* vorzugsweise als Wildgemüse verzehrt wird und folgende Zusammensetzung aufweist: 89 % Feuchtigkeit, 5 % Eiweiß, 0,3 % Fett, 3,5 % Kohlenhydrate, 0,5 % Hemicellulose, 1,2 % Cellulose und 0,8 % Mineralstoffe. Der Energiewert von 100 g Lauchgemüse entspricht 148 kJ (35 kcal). → Wildkräuter

Allgäuer Emmentaler → Emmentaler Käse

Alliária officinális → Senf 10.

Alliária petioláta → Senf 10.

Allicin, *Allyl-disulfoxid*: ein stark riechendes Sulfoxid, ist der charakteristische Geruchsstoff des Knoblauchs (s. Formel unten).
Es kommt im Knoblauch vor, wo es aus *Alliin* unter Einwirkung des Enzyms Alliinase entsteht. A. ist eine ölige Flüssigkeit, *d* 1,112, mischbar mit Ethanol und Ether. Wegen seiner Unbeständigkeit kann A. nicht unzersetzt destilliert werden. Neben seiner Aromawirksamkeit hat A. Bedeutung als antibakterieller Wirkstoff des Knoblauchs und Ausgangssubstanz des Ajoens (E,Z)-4,5,9-Trithiadodeca-1,6,11-trien-9-oxid) mit stark antiatherogener und antithrombotischer Potenz.

Alligatorapfel → Cherimoya

Alligatorbirne → Avocado

Alligatóridae: Familienname für *Alligator.* → Fleischtiere

Alligatorpfeffer → Guineapfeffer 2.

Alliin, *S-Allyl-L-cystein-sulfoxid:* ungesättigte, schwefelhaltige Aminosäure, die Bestandteil des Lauchöles ist (s. Formel nächste Spalte oben).
A. bildet geruchlose, farblose Nadeln, F. 163···165°C, $[\alpha]_D 21$ + 62,8° (in Wasser), die leicht löslich in Ether, Aceton und Benzen sind. Durch das Enzym *Alliinase* wird aus dem A. das stechend riechende und antibiotisch wirksame → *Allicin* (Diallylsulfoxid) gebildet. Durch sekundäre, nicht-

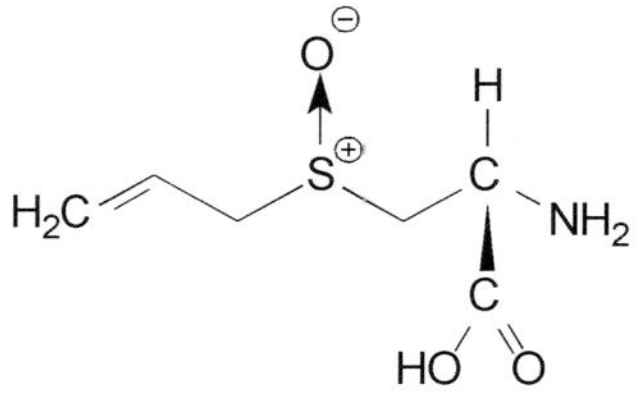

enzymatische Prozesse entsteht aus diesem das widerlich scharf riechende Knoblauchöl sowie unter bestimmten Bedingungen das stark antiatherogen und antithrombisch wirksame Ajoen. A. kommt in allen Laucharten vor und kann aus diesen isoliert werden. → *ätherische Öle* → Aminosäuren.

Alliínase → Alliin

Állium altáicum → Lauch

Állium ampelóprasum → Lauch

Állium angolénse → Lauch

Állium anguínum → Allermannsharnisch

Állium ascalónicum → Schalotte, → Lauch → Perlzwiebel

Állium cépa → Zwiebel 3., → Lauch, → Catawissazwiebel, → Speisezwiebel

Állium cépa var. aggregátum → Schalotte

Állium cépa var. prolíferum → Lauch → Catawissazwiebel → Perlzwiebel

Állium cérnuum → Lauch

Állium chinénse → Schnittlauch, Chinesischer 2. → Lauch, → Perlzwiebel

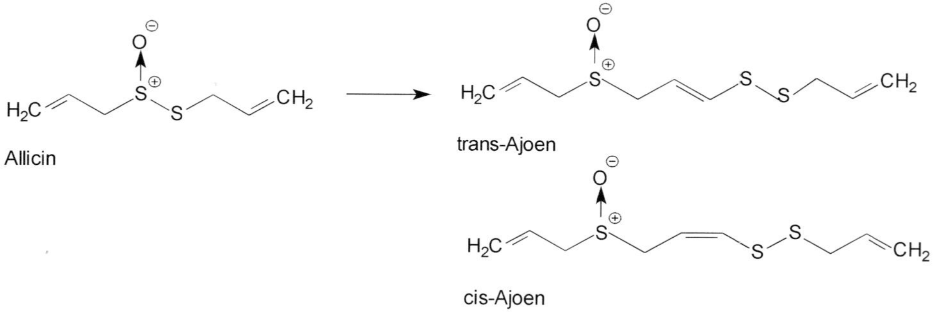

Állium ellípticum → Allermannsharnisch

Állium fistulósum → Zwiebel → Winterzwiebel → Lauch → Catawissazwiebel

Állium gráyi → Lauch → Nobiru

Állium kúrrat → Kurrat → Lauch

Állium latíssimum → Allermannsharnisch

Állium ledebouriánum → Lauch

Állium longiscúspis → Lauch

Állium macrostémon → Knoblauch, Chinesischer

Állium microbúlbus → Lauch

Állium microdíctyum → Allermannsharnisch

Állium nippónicum → Nobiru

Állium oblíquum → Lauch

Állium pórrum → Porree

Állium ramósum → Lauch

Állium satívum → Knoblauch

Állium satívum var. ophioscoródon → Schlangenlauch, → Lauch

Állium satívum var. pekinénse → Lauch

Állium schoenóprasum → Schnittlauch → Lauch

Állium schoenóprasum var. sibíricum → Lauch

Állium scorodóprasum → Lauch

Állium senéscens ssp. montánum → Berglauch → Lauch

Allium tuberósum → Schnittlauch, Chinesischer 1. → Lauch

Állium ursínum → Bärenlauch

Állium victoriális → Allermannsharnisch

Allogibberinsäure → Gibberelline

Allophylus africánus → Musiasi

Allophylus rubifólius → Musiasi

Allothéutis ssp. → Tintenfisch

D-Allulose → Hexosen

Allura Rot (vorgesehen E 129): Orangeroter Azo-Farbstoff, löslich in Wasser, wird in den USA zum Färben von Lebensmitteln eingesetzt. → Lebensmittelfarbstoff

Allylaldehyd → Acrolein

p-Allylanisol → Estragol

Allylbrenzcatechinmethylenether → Safrol

4-Allylbrenzcatechin-2-methylether → Eugenol

Allylcarbinol → But-3-en-1-ol

Allylcarbinylisothiocyanat → Crotonylsenföl

S-Allyl-L-cystein → Aminosäuren

S-Allyl-L-cystein-sulfoxid → Alliin

1-Allyl-2.5-dimethoxy-3.4-methylendihydroxybenzen → Apiol

Allyl-disulfoxid → Allicin

4-Allylguajacol → Eugenol → Phenole

Allylisothiocyanat → Senföle → Allylsenföl

4-Allyl-1,2-methylendioxybenzen → Safrol

p-**Allylphenol** → Phenole

Allylphenoxyacetal, *Phenoxyessigsäureallylester:* eine aromatische Verbindung mit der Strukturformel

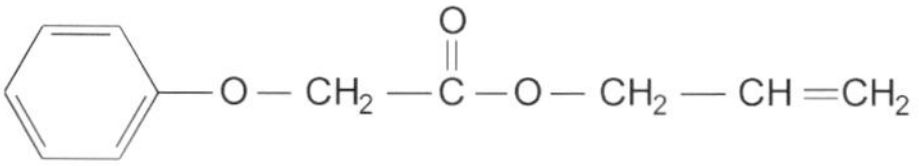

A. ist eine farblose Flüssigkeit mit fruchtigem, ananas- und honigähnlichem Geruch, Kp. 100···102°C, n_D25 1,5131. Es dient zur Herstellung künstlicher Ananas- und Erdbeeraromen und ist für die Herstellung von Eiskrem, alkoholfreien Getränken, Zuckerwaren, Backwaren und Puddings geeignet. Der zulässige Höchstgehalt nach der deutschen Aromen-VO beträgt 2 mg/kg des verzehrsfähigen Lebensmittels. A. wird hergestellt durch Veresterung von Allylalkohol mit Phenoxyessigsäure.

Allylsenföl, *Allylisothiocyanat:* ein schwefelhaltiger Bestandteil verschiedener → ätherischer Öle, Strukturformel CH_2=CH_2-N=CS. A. kommt in vielen Kreuzblütlern (Cruciferen), bes. aber in den Samen des schwarzen Senfs in Form des Glucosids *Sinigrin* vor. Durch das Enzym Myrosin werden aus *Sinigrin* neben A. Glucose und Kaliumhydrogensulfat freigesetzt. Auf dieser Reaktion beruht die Aromabildung bei den Kreuzblütlern Kohl, Kresse, Senf usw.. A. ist ein stechend riechendes farbloses Öl, F. −102,5°C, Kp. 151···153°C; d_4^{15} 1,0236, n_D 1,521, löslich in Ethanol, Ether, Benzen, wenig löslich in Wasser. A. ist giftig, auf der Haut wirkt es blasenziehend und verursacht schwer heilende Geschwüre. Medizinisch findet A. in Form von Senfpflaster und Senfspiritus Anwendung. → ätherische Öle → Senföle

1-Allyl-2,3,4,5,-tetramethoxybenzen → Phenole

Allylthioharnstoff → Kropfnoxen

4-Allylveratrol → Eugenolmethylether

Alocásia adóra → Alocasie

Alocásia cuculláta → Alocasie

Alocásia macrorrhíza → Alocasie

Alocasiastärke → Stärke, tropische

Alocasie: die 3···4 m hohe krautige Pflanze *Alocásia macrorrhíza* (L.) G. Don (Familie *Aráceae),* die in Südostasien und auf den Pazifikinseln angebaut wird. Es gibt Typen mit weißem und rosa Sproßfleisch. Auf Sri Lanka werden 8 Sorten kultiviert (u. a. 'Desai alá'). Der dicke, ausdauernde Sproß der Pflanze, der 20 cm Durchmesser erreicht, wird gekocht gegessen, da die vor allem in älterem Sproßgewebe enthaltenen Calciumoxalatkristalle entfernt werden müssen. Die Blätter werden auf Sri Lanka und in Bangladesch als Gemüse zubereitet. In Indien erfolgt der Anbau der A. auch zur Stärkeerzeugung. Gerichte unter Verwendung der Pflanze sind *Bhaji* (in Öl gedünstete Blätter) und die *Khatta-Suppe* (mit Tamarindenfrüchten, Zwiebel, Knoblauch, u. a.). 100 g Frischgewebe des Sprosses enthalten 81 g Feuchtigkeit, 20 g Kohlenhydrate, 3···4 g Protein, 0,6 g Fett, 0,15 g Oxalat und Spuren von Vitamin C. Genutzt wird auch *Alocásia cuculláta* (Lour.) G. Don, vorwiegend zur Stärkegewinnung, und *A. adóra* (Roxb.) K. Koch wegen der fleischigen, eßbaren Sproßbasen.

Aloe, Echte *Barbados-Aloe; Medizinal-Aloe, Curaçao-Aloe:* die im Mittelmeergebiet, Afrika, Asien, teils verwilderte, teils kultivierte *Áloe véra* L. (Familie *Liliáceae)* aus deren bitterem, gelben Pfanzensaft durch Eintrocknen eine Würzdroge gewonnen wird, die auch als Bitterstoffkomponente bei der Herstellung von → Spirituosen verwendet wird.

Áloe véra → Aloe, Echte

Aloinose → Arabinose

Aloinzucker → Arabinose

Alojo → Schraubenbaum → Mesquite

Alósa spp. → Maifisch

Alpenbeifuß → Wermut 9.

Alpenbrot: eine trapezförmige, bissengroße, überzogene Lebkuchenbackware, bei der die Zuckerglasur mit Kakaopulver bestreut oder mit rotem Lebensmittelfarbstoff gefärbt ist.

Alpensauerampfer → Sauerampfer, Großer

Alpenschnittlauch → Lauch

Alpenwermut → Wermut 9.

Alpínia conchígera → Ranting

Alpínia galánga → Galgant 3.

Alpínia galánga var. pyramidáta → Galgant 4.

Alpínia globósa → Kardamom, Chinesischer

Alpínia malaccénsis → Galgant, → Puar

Alpínia officinális → Galgant

Alpínia speciósa → Zerumbet

Alpínia zerúmbet → Zerumbet

Alpkäse, *Schweizer Bergkäse:* in der Schweiz und in Österreich als Dreiviertelfett-, Halbfett- und Vollfettkäse hergestellter *Hartkäse* in Laibform. Der A. hat eine gelbe bis bräunliche Rinde mit feuchter, oftmals angetrockneter Schmiere. Das Innere ist blaß bis gelblich mit spärlicher Rundlochung. Der Teig ist geschmeidig, der Geschmack aromatisch-pikant.

Alse → Maifisch

Altairhabarber → Rhabarber

Altaizwiebel → Lauch

Altay: *Hartkäse* aus der ehem. Sowjetunion mit 50% F. i. Tr. → Käsesorten

Altbacken → Retrogradation

Altbier: ein kräftig gehopftes Bier aus dunklerem Gersten-, auch Weizenmalz. Das mit obergäriger Hefe hergestellte A. hat ein dunkelrötliches bis bronzefarbenes Aussehen und weist wenig Kohlensäure auf. Stammwürzegehalt: 11,5 - 12%, Alkoholgehalt: ca. 3,5 Gew.%

Altbrot → Restbrot

'Altenburger Melonenkirsche' → Süßkirsche → Steinobst

Altenburger Ziegenkäse: aus einem Gemisch von Kuh- (< 90%) und Ziegenmilch (< 10%) in verschiedenen Fettstufen (30%, 45% F. i. Tr.) mit Gewürzzusatz (Kümmel) produzierter *Weichkäse* mit Camembertschimmel und starker Rotschmiereentwicklung. Das Käseinnere ist weiß bis rahmgelb, geschmeidig und zeigt nur wenig Bruchlöcher. Der A.Z. ist im Geschmack rein und pikant. → Weichkäse

Alternanthéra amoena → Ponnanganni

Alternanthéra séssilis → Sarantigemüse

Altersfleischbräune: eine bei überreifem Kernobst auftretende Berührungsempfindlichkeit, die sich nach mechanischer Einwirkung (Stoß oder Druck) bei sonst gesundem Gewebe in unregelmäßiger Flächenverbräunung zeigt und nach innen fortschreitet. → Apfelfleischbräune → Apfelfehler

Alterungsmittel: Stoffe, die → Spirituosen zugesetzt werden dürfen um lange Faßlagerzeiten, die zur Erzielung harmonischer Aromakompositionen erforderlich wären, abzukürzen. Weinbränden werden aus diesem Grunde → *Typagestoffe* zugesetzt. Werden Trinkbranntweinen bestimmte Chemikalien, z. B. Kaliumpermanganat, das als Braunstein wieder entfernt wird, zugesetzt, muß die toxikologische Unbedenklichkeit des A. beachtet werden. Eine künstliche Alterung der Spirituosen wird auch durch physikalische Methoden, z. B. durch Ultraschallbehandlung, erreicht.

Althaea officinális → Eibisch

Althaea rósea → Malvenblüten

'Althann' → Pflaume → Steinobst

Althee → Eibisch

Altlitzen → Speierling

Altschneider → Fleischtiere

Aluminium (E 173) → Mineralstoffe → Lebensmittelfarbstoffe

Aluminiumsilikat → Silikate

Aluminiumsulfat: schwefelsaures Salz des Aluminiums, das als Stabilisator, Festigungsmittel und Flockungsmittel Verwendung findet. A. wird in Konzentrationen von 0,02···0,03% zur Vorbehandlung von Eiweiß vor dem Erhitzen und zur Festigung von eßbaren Kunstdärmen aus Rinderspalthäuten eingesetzt. Es bildet bei der Trinkwasseraufbereitung mit Erdalkalihydrogencarbonaten grobflockige Fällungen von Aluminiumhydroxid, welche die Klärung beschleunigen.

Alýxia lúcida → Pulasari

Amadama-Brot: eine in den USA verbreitete Keksart aus Maismehl. → Keks → Mais

Amadori-Produkte: Reaktionsprodukte der nach ihrem Entdecker benannten *Amadori*-Umlagerung, einer durch Wasserstoffionen katalysierten Isomerisierung von → Aldose-N-Glycosiden zu Isoglycosylaminen, d. h. zu entsprechenden 1-N-substituierten Ketosen. Die Reaktion, deren Mechanismus von *R. Kuhn* und *F. Weygand* aufgeklärt wurde, erfolgt in Lösung, aber auch beim trockenen Erhitzen.

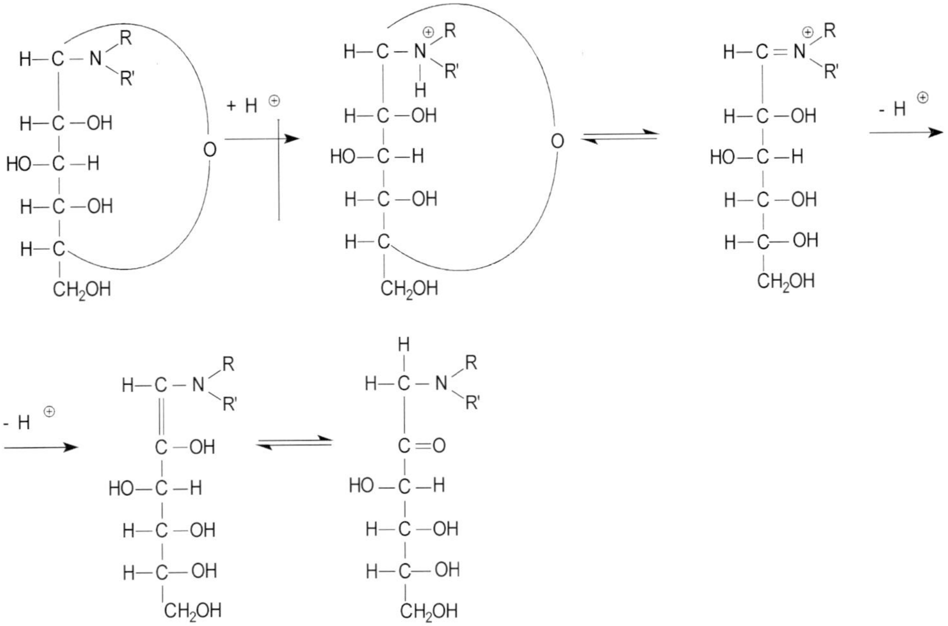

A. sind biochemisch bes. wichtig. A. der Aminosäure-N-Glycoside bilden sich spontan und führen in Lebensmitteln z. B. beim Backen und Rösten zu hochmolekularen, dunkelbraun gefärbten Melanoidinen, sog. *Maillard*-Produkten.

Amana → Pfirsichpalme

Amandin → Globuline

Amanin → Amatoxine

Amaninamid → Amatoxine

Amanitácea, Wulstlinge: der Ordnung *Agaricáles* (Blätterpilze) – innerhalb der Klasse *Basidiomycétes* (Ständerpilze) – zugeordnete Pilzfamilie mit agaricoid geformtem Fruchtkörper und angehefteten freien Lamellen. Zu den A. gehört eine Reihe gefährlicher Giftpilze, wie der *Grüne Knollenblätterpilz,* auch *Giftgrünling* oder *Grüner Wulstling [Amaníta phalloídes* (Fr.) Link], der *Weiße Knollenblätterpilz* oder *Frühlings-Knollenblätterpilz (Amaníta phalloídes var. vérna* Bull.), der *Kegelige* oder *Spitzhütige Knollenblätterpilz [Amaníta virósa* (Fr.) Bert], der *Pantherpilz, Pantherschwamm* oder *Panther-Wulstling [Amaníta pantherína* (De Cand. ex Fr. Krbh.], der *Rote Fliegenpilz [Amaníta muscária* (L.) Pers.] und der *Königsfliegenpilz* oder *Brauner Fliegenpilz [Amaníta regális* (Fr.) Michael]. Die einzigen bedeutenden Speisepilze dieser Familie sind der *Perlpilz, Perlenschwamm, Perlen-Wulstling* oder *Rötender Wulstling (Amaníta rubéscens* Pers. ex Fr. und der *Gedrungene Wulstling* oder *Grauer Knollenblätterpilz [Amaníta excélsa* (Fr.) Bert. = *A. spísa* (Fr.) Kumm.]. Der *Perlpilz* ist in der Farbe (Hut schmutzig rötlich bis bräunlich, mit flachen, perlartigen Pusteln, Fleisch rosa bis weinrötlich sich färbend) und Größe (Stiel bis 16 cm hoch, Hut 6···15 cm breit) außerordentlich verschieden. Anfang halbkugelig, später aufschirmend. Die Pusteln können abgewaschen sein, der Stiel ist anfangs weiß, später rötlich weiß, dünn und schmächtig, aber auch derb und kräftig, mit einem weißen, gerieften, manschettenartigen

Ring. Am Grund sitzt meist eine sehr kräftige, kegelige Knolle, bei schmächtigen Exemplaren jedoch kaum vorhanden, die aber nie abgesetzt ist, sondern allmählich in den Stiel verläuft. Das Fleisch schmeckt anfangs süßlich, später unangenehm, etwas kratzend. Guter Speisepilz, aber roh zu meiden, weil er ein Hämolytikum enthält, das erst beim Erhitzen zerstört wird. Vorkommen: Juni bis Okt. in Laub- und Nadelwäldern, sehr häufig. Man unterscheidet viele Formen. Verwechslungsgefahr mit dem Pantherpilz. Der *Gedrungene Wulstling* ähnelt dem Perlpilz bis auf die Rötung des Fleisches. Beide sollten wegen der Verwechslungsgefahr mit Giftpilzen nur von Kennern gesammelt werden.

Einer der köstlichsten – schon bei den Römern wegen seines Wohlgeschmackes hochgeschätzt – und gleichzeitig einer der farbenfreudigsten Pilze ist der *Kaiserling* oder *Orangegelbe Wulstling [Amaníta caesárea* (Scop. ex Fr.) Pers.] mit orangerotem bis goldgelbem Hut, gelben Blättern, Stiel und Fleisch. Eßbar, roh aber unbekömmlich ist der zu den *Scheidenstreiflingen* zählende *Scheidenschwamm* oder *Ringlose Wulstling* mit seinen verschiedenfarbigen Varietäten [*Amaníta vigináta* (Bull. ex Fr.) Vitt.]. – Jung eßbar ist der *Fransige Wulstling, Fransen-Wulstling* oder *Einsiedler-Wulstling [Amaníta strobilifórmis* (Paulet ex Vitt.) Bert.], der aber nicht sehr häufig vorkommt.

Weitere, aber unbedeutende eßbare Vertreter sind: *Ansehnlicher Scheidling, Großer Scheidling [Volvariélla speciósa* (Fr. ex Fr.) Kumm.], soll in Algier und Portugal auf dem Markt verkauft werden, *Wolliger Scheidling [Volvariélla bombýcina* (Schaeff. ex Fr.) Singer], *Schwarzstreifiger Scheidling [Volvariélla volvácea* (Bull. ex Fr.) Singer], wahrscheinlich identisch mit dem auf Reisstroh in Hinterindien viel gezüchteten *Volvariélla esculénta* Massee, *Brauner Dachpilz* (*Plúteus cervínus* Secr. ex Schaeff.). Selten bzw. zu schonen sind der *Mittelgroße Scheidling* [*Volvariélla média (Schum. ex Fr.) Singer*], der *Weiße Dachpilz* [*Plúteus péllitus (Pers. ex Fr.) Kumm.*], und der *Löwengelbe Dachpilz [Plúteus leonínus* (Schaeff. ex Fr.) Kumm.]. → Pilze → Speisepilze → Ständerpilze

Amaníta muscária → Muscarin → Pilzgifte

Amaníta spec. → *Amanitáceae* → Pilzgifte

Amanitin → Amatoxine

Amanullin → Amatoxine

Amanullinsäure → Amatoxine

Amaparana → Bagasse

Amara aromatica → Bitterstoffe

Amarant: 1. *Chinesischer Spinat:* weltweit verbreitete krautige einjährige Pflanzen der Gattung *Amaránthus* (Familie *Amaranthâceae),* die in Südostasien (Indien), Süd- und Mittelamerika sowie Afrika als Blattgemüse, aber auch als Körnerfrucht und Zierpflanzen angebaut werden. Der Vitamin-C-Gehalt beträgt je 100 g Blattmasse etwa 100 mg. Ein häufiger Gemüse-Amarant ist *Amaránthus trícolor var. gangéticus* Fiori et Paoletti, von dem viele Sorten kultiviert werden. In Nordamerika wird er seit einiger Zeit unter dem Namen *Tampala* angebaut. Als Gemüsepflanze werden zuweilen auch *Amaránthus hýbridus* L., *A. dúbius* Mart. ex Thell., *A. spinósus L., A. lívidus* L. u. a. verwendet. *Amaránthus caudátus* L. (*Gartenfuchsschwanz)* und andere Arten werden in Asien, Nord- und Südamerika auch als Körnerfrucht angebaut. Die als schmackhaftes Gemüse verwendeten Blätter von Gartenfuchsschwanz enthalten je 100 g: 85 g Feuchtigkeit, 5 g Eiweiß, 0,7 g Fett, 5 g Kohlenhydrate, 260 mg Calcium, 4 mg Eisen, 100 mg Vitamin C und 1,8 mg β-Caroten. Die Samen enthalten 13 % Eiweiß, 60 % Kohlenhydrate und 2,5 % Fett. Der Lysin-Gehalt ist mit 6,2 % sehr hoch. In Mexiko und Guatemala wird *A. leucocárpus* S. Wats. als Körnerfrucht angebaut; er hatte von allem vor der Entdeckung Amerikas große Bedeutung in der Ernährung und bei den religiösen Zeremonien. Die Körner werden geröstet und zu Mehl vermahlen. Sie eignen sich auch zum Poppen (Puffamarant, Popamarant). Als Körnerfrucht wurde der Amarant durch den Mais verdrängt. Aus der Familie *Amaranthâceae* sind weiterhin das → *Ponnangannigemüse* (*Alternanthéra amōena*), das → *Sarantigemüse (Alternanthéra séssilis)* so-

wie das *Panna-* und das *Sinduargemüse,* das von *Celósia*-Arten gewonnen wird, erwähnenswert.
2. → Lebensmittelfarbstoffe → Farbstoffe

Amaránthus ascéndens → Meier

Amaránthus blítum var. oleráceus → Meier

Amaránthus caudátus → Amarant

Amaránthus cruéntus → Riesenfuchsschwanz

Amaránthus dúbius → Amarant

Amaránthus hýbridus → Bastardfuchsschwanz → Amarant

Amaránthus hýbridus convar. erythrostáchys → Bastardfuchsschwanz

Amaránthus leucocárpus → Amarant

Amaránthus lívidus → Amarant → Meier

Amaránthus spinósus → Amarant

Amaránthus trícolor → Dreifarbenamarant

Amaránthus trícolor convar. mangostánus → Dreifarbenamarant

Amaránthus trícolor convar. trístis → Dreifarbenamarant

Amaránthus trícolor var. gangéticus → Amarant

Amaránthus víridis L.: ein → Gemüseamarant, der in Westafrika, auf den Kanarischen Inseln und in Neuguinea angebaut, in anderen Ländern als Wildgemüse gesammelt wird. In Westafrika wird der A.v. auch verascht und als alkalireiches Nahrungssalz genutzt.

Amarelle, *Ammer:* Bez. für eine Kulturform der *Sauerkirsche* mit hellroten Früchten, durchscheinender Schale und nicht färbendem Saft. A. und → Glaskirschen können nicht an Hand der Wuchsform willkürlich unterschieden werden. Die vor mehr als 200 Jahren aufgestellte pomologische Unterscheidung ist heute bedeutungslos.

Amarena → Kräuterwein

Amaretto: ein italien. → Likör mit einem Ethanolgehalt von 28%-Vol. und mandelartigem Geschmack. Der A. eignet sich auch als → Digestif.

Amarilla: **1.** die im tropischen Amerika und auf Kuba sowie in Ostafrika angebaute Gemüsepflanze *Xanthosóma atróvirens* K. Koch (Familie *Aráceae).*
2. → Kaktusbirne

Amarin → Cucurbitacine

Amasake, *Amazake*: eine aus fermentiertem Vollkornreis gewonnene süßschmeckende Zubereitung, aus der Desserts oder Getränke hergestellt werden. Als → Starterkultur dient → Kojireis. A. wird in Marmeladengläsern gehandelt und auch als *süßer Vollkornreis ohne Zucker* bezeichnet. → Lebensmittel, fermentiertes

Amatoxine: Gemisch mehrerer, chemisch nahe verwandter, hitzebeständiger, von Verdauungsenzymen nicht angreifbarer hochtoxischer Cyclopeptide. Molmasse etwa 1000 g/mol. Die A. sind wie die ähnlich aufgebauten → *Phallotoxine* bes. im *Grünen Knollenblätterpilz [Amaníta phalloídes* (Fr.) Link.] und einigen verwandten sowie in einigen Lepiotaarten und im *Nadelholz-Täubling (Galerína marginàta)* enthalten. Formel s. nächste Seite.
In 100 g Frischpilzen sind etwa 10···20 mg A. enthalten. Die A. wirken langsamer als die Phallotoxine, sind aber etwa zehnmal giftiger. Die tödliche A.-Dosis für den Menschen wurde mit etwa 0,1 mg/kg Körpermasse berechnet. Ein reifer Fruchtkörper enthält 4···8 mg A., was zur Tötung eines Menschen ausreicht. Die A. dringen in die Leberzellen ein und hemmen die zur Ribonucleinsäure nötige *RNS-Polymerase II,* wodurch der Stoffwechsel blockiert und die Zelle irreversibel geschädigt wird. Latenzzeit: 6···24 h und mehr. Die erste Vergiftungsphase ist gekennzeichnet durch Erbrechen, blutig-wäßrige, choleraähnliche Durchfälle und Bauchkoliken. Folgen der Durchfälle sind: Blutdruckabfall, Pulsanstieg, Schock, Austrocknung des Körpers, Wadenkrämpfe. Diese Phase kann bereits zum Tode führen, ist aber durch Zufuhr von Flüssigkeit und Salzen meist noch gut be-

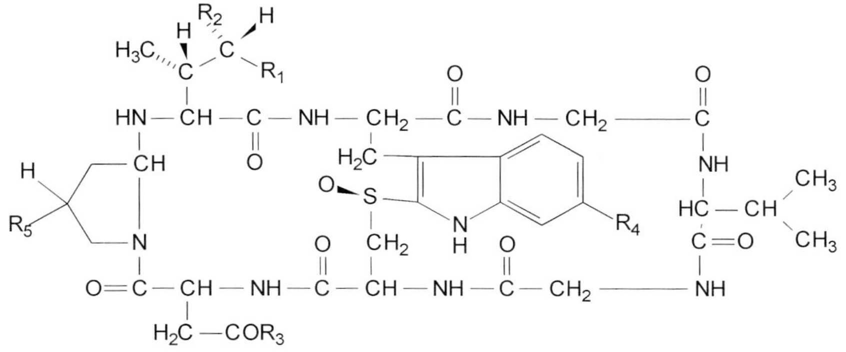

Name	R^1	R^2	R^3	R^4	R^5	LD_{50}
Amanin	OH	CH_2OH	OH	H	OH	0,5
α-Amanitin	OH	CH_2OH	NH_2	OH	OH	0,3
β-Amanitin	OH	CH_2OH	OH	OH	OH	0,5
γ-Amanitin	OH	CH_3	NH_2	OH	OH	0,2
ε-Amanitin	OH	CH_3	OH	OH	OH	0,3
Amanullin	H	CH_3	NH_2	OH	OH	>20
Amanullinsäure	H	CH_3	OH	OH	OH	>20
Promanullin	H	CH_3	NH_2	OH	H	>20

herrschbar. In leichten Fällen ist die Vergiftung damit in wenigen Tagen überstanden. In allen anderen Fällen kommt es zu einer vorübergehenden Remission mit subjektivem Wohlbefinden, der nach 2 bis 4 Tagen die zweite Vergiftungsphase mit den Symptomen einer schweren Leber- und meist auch Nierenschädigung folgt. Der Tod tritt 2 bis 7 Tage nach Verzehr der Pilze im Leberkoma bzw. durch Herzversagen, Nierenversagen oder Atemstillstand ein. → Pilzgifte

Amazake → Amasake

Amazonenmandel → Paranuß

Ambarella → Mombinpflaume

Ambari → Kenaf

Ambassador → Mineralwasser

Ambelania, *Guanaguanare:* der Strauch oder kleine Baum *Ambelánia ácida* A. Rich. (Familie *Apocyanáceae),* der in den Regenwäldern Guayanas und des Amazonasgebietes vorkommt. Die länglich-ellipsoide, 5···7,5 cm lange Frucht enthält einen milchig-klebrigen Saft. Wenn sie geschält und einige Zeit gewässert wurde, schmeckt sie angenehm sauer. Geschälte Früchte werden auch für die Herstellung von Konfitüren verwendet. Die Schale enthält leicht abführend wirkende Substanzen.

Ambelánia ácida → Ambelania

Ambersorghum → Zuckerhirse

Amblabaum, *Amlabaum, Indische Stachelbeere, Myrobalanenbaum, Emblic:* der in Südostasien wachsende Strauch oder kleine Baum *Phyllánthus émblica* L. (Familie *Euphorbiáceae),* dessen Beerenfrüchte frisch und gekocht verzehrt werden. Die Früchte enthalten je 100 g 500 mg Vitamin C. Ähnlich sind die Früchte der *Grosella, Ph. ácida* (L.) Skeels.

Ambrette → Bisamkörner

Ambrosiakäse: schwedischer *Schnittkäse (*Typ *Tilsiter).* → Käsesorten

Ameisenbären, *Myrmecophágidae* → Fleischtiere

Ameisensäure, *Methansäure:* (E 236) einfachste Monocarbonsäure mit der Formel HCOOH. A. ist eine farblose, stechend riechende, brennend schmeckende Flüssigkeit; F. 8,25°C, Kp. 100,7°C, d 1,2196. Sie wird ebenso wie ihre Salze, Natriumformiat (E 237) – HCOONa – und Calciumformiat (E 238) – $(HCOO)_2Ca$ –, wegen ihrer antimikrobiellen Wirksamkeit als → Konservierungsstoff eingesetzt. Mikrobicid wirksam ist die undissoziierte Ameisensäure (HCOOH). Da sie eine hohe Dissoziationskonstante hat, ist sie in stark saurem Milieu am wirksamsten. Sie wirkt vorzugsweise gegen Hefen, aber auch gegen Bakterien und Schimmelpilze. Auf Enzyme wirkt sie stark hemmend. In der Natur kommt sie in Ameisen und Brennesseln vor; Spuren finden sich in Fruchtsäften, Wein und Honig.

Amelanchierfrucht → Felsenbirne

Amelánchier spec. → Felsenbirne

Ameiúrus nebulósus → Wels

Amerikaner → Ammonplätzchen

Amerikanische Auster → Muscheln

Amerikanischer Aal → Aal

'Amerikanischer Brauner' → Pflücksalat

Amerikanischer Flußkrebs → Krebstiere

Amerikanischer Hummer → Krebstiere

Amidulin → Amylose

Amigne: eine aus einer uralten Rebe gewonnene Weinspezialität der Schweiz mit herbem, säurereichem Geschmack

Amine, aromatische: Gruppe organischer Verbindungen mit der Grundformel

$$N \begin{array}{l} R_1 \\ R_2 \\ R_3 \end{array}$$

wobei mind. ein R aus einem Arylrest besteht. Etliche A. wurden als Verursacher von Berufskrebs bei der Farbstoffherstellung erkannt. Die A. erzeugen vor allem Blasen- und Leberkrebs. Zu ihnen gehören u. a. Fluoren-, 4-Amino-diphenyl- und -naphthalin-, Stilben- und Azofarbstoffderivate, z. B. Buttergelb. Alle als kanzerogen suspekt geltenden A. wurden aus den Listen der für Lebensmittel zugelassenen Zusatzstoffe gestrichen. → Alkaloide → Kanzerogene → 4-Dimethylaminoazobenzen

Amine, biogene: Gruppe von niedermolekularen, organischen, im Tier- und Pflanzenreich weit verbreiteten N-haltigen Basen, meist Decarboxylierungsprodukte von Aminosäuren mit vielfach bes. physiologischer Bedeutung.

Beispiele biogener Amine als Decarboxylierungsprodukte von Aminosäuren

Aminosäure	Decarboxylierungsprodukt
Arginin	*Agmatin*
Asparaginsäure	*β-Alanin*
Cystin	*Cysteamin*
Cystinsäure	*Taurin*
3,4-Dihydroxyphenylalanin (DOPA)	*3,4-Dihydroxyphenylethylamin*
Glutaminsäure	*γ-Aminobuttersäure*
Histidin	*→ Histamin*
5-Hydroxytryptophan	*5-Hydroxytryptamin (Serotonin)*
Lysin	*Cadaverin*
Ornithin	*Putrescin*
Serin	*Ethanolamin (Colamin)*
Threonin	*Propanolamin*

Die primäre Decarboxylierung von Aminosäuren stellt im tierischen Organismus rein quantitativ einen Nebenweg des Aminosäurestoffwechsels dar.

Folgende Stoffgruppen zählt man zu den biogenen Aminen:

a) → *Alkylamine* und *quarternäre Alkylammoniumbasen*
b) → *Alkanolamine* und *quarternäre Alkanolammoniumbasen*
c) → *Betaine*
d) → *Polymethylendiamine*
e) → *Guanidinbasen*
f) *Imidazolbasen (→ Histamin)*
g) → *Phenylalkylamine*
h) → *Indolylalkylamine*

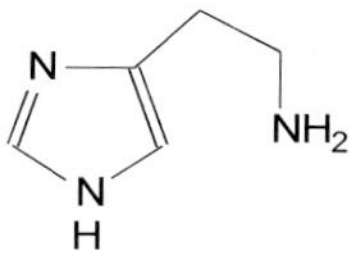

Histamin

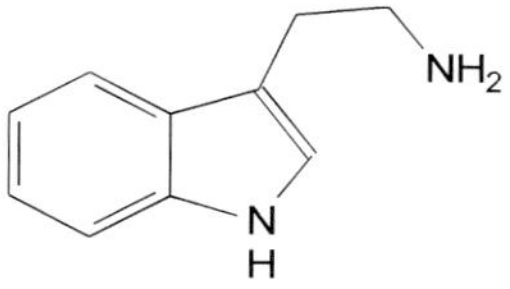

Tryptamin

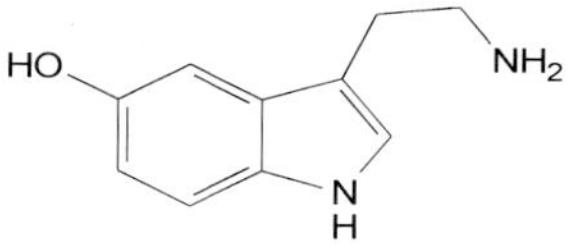

Serotonin

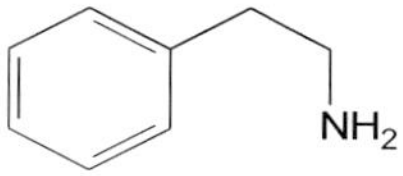

β-Phenylethylamin

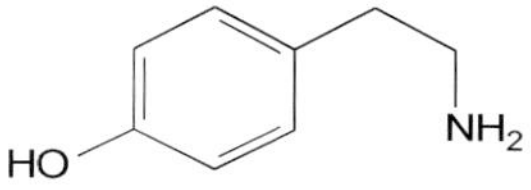

Tyramin

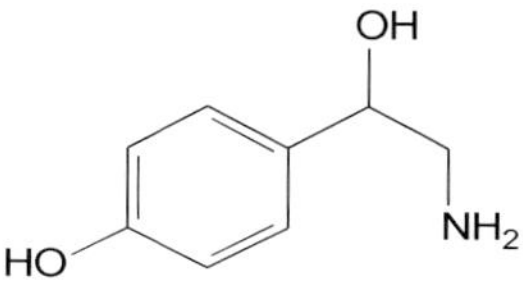

Octopamin

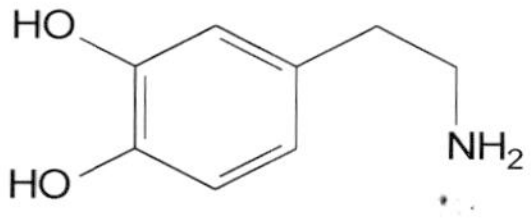

Dopamin

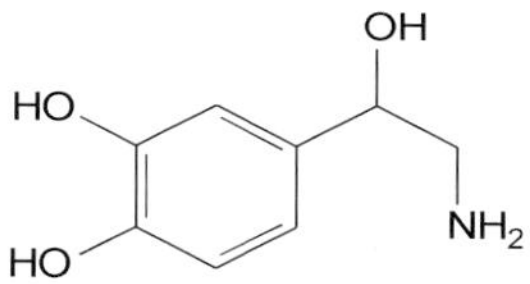

Noradrenalin

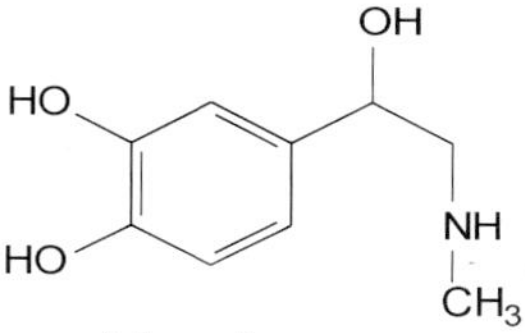

Adrenalin

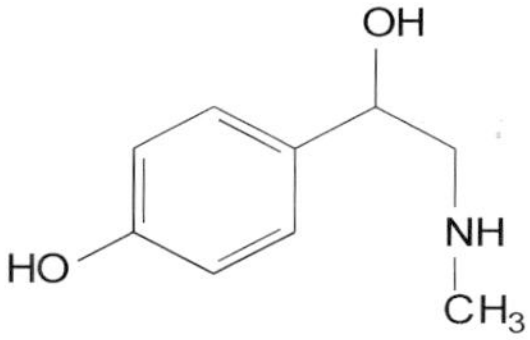

Synephrin

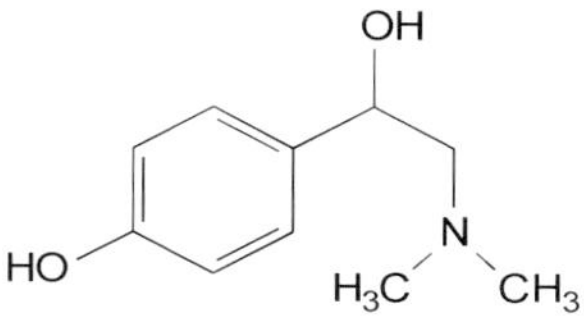

Hordenin

Viele Amine haben spezielle Bedeutung als lokale Gewebshormone (→ *Histamin, Tyramin, Tryptamin, Serotonin*), als Bausteine von Hormonen (*Dopamin*), als direkt Beteiligte oder Bausteine für Substanzen in neurophysiologischen Abläufen (*Dopamin, Histamin, Tryptamin, Serotonin, Ethanolamin, γ-Aminobuttersäure)* Formeln s. oben.

Sekundär entstehen b. A. als Abbauprodukte von Darmbakterien *(Cadaverin, Putrescin, Agmatin)* bzw. durch mikrobielle Decarboxylierung der entsprechenden Aminosäuren *Histamin, Putrescin, Cadaverin, Tyramin, Spermidin* und *Spermin* vor allem in Lebensmitteln mit leicht verderblichem Eiweiß z. B. in Fischen. Auch in Lebensmitteln, bei deren Herstellung mikrobielle Prozesse eine Rolle spielen wie Käse, Rohwurst, Sauerkraut, Bier, Wein entstehen b. A. (s. Tab. S. 66 oben).
In größeren Mengen aufgenommen, können b. A. zu schweren Vergiftungen führen. Tyramin und Serotonin sind als auslösende Faktoren für Migräneanfälle bekannt. Heterocyclische Amine wurden in gebratenem Fleisch nachgewiesen. Versch. b. A. erhöhen den Blutdruck und können zu gesundheitlichen Störungen führen. Die Resorption der mit der Nahrung aufgenommenen b. A. ist aber normalerweise gering, da sie von der in der Darmwand enthaltenen Aminooxydase weitestgehend zerstört werden.

Aminoacetonitrile → Stoffe, Lathyrismus auslösende

Maximale Gehalte biogener Amine in einer Auswahl von Lebensmittelgruppen

bis zu	Histamin (mg/kg)	Serotonin (mg/kg)	Tyramin (mg/kg)
Fisch	10000	–	500
Käse	2500	–	2200
Hefeextrakt	2800	–	2300
Walnüsse		340	
Wurst	4	–	240
Sauerkraut	200	–	100
Wein	30	–	25
Bananen	–	78	11
Ananas	–	65	–
Himbeeren	93	–	–
Avocado	–	10	23
Bier	2	–	–
Orangen	–	–	25
Tomaten	22	12	–
Spinat	38	–	–
Pflaumen	–	10	–
Milch (roh)	1	–	1

L-α-Aminoadipinsäure → Aminosäuren

α-Amino-δ-amidino-capronsäure → Aminosäuren

p-Aminobenzoesäure, *4-Amino-benzen-carbonsäure, 4-Aminobenzoesäure, Wachstumsfaktor H'* (veraltet), *PABS* (engl.), *„PABA“:* aromatische Aminosäure mit der Formel

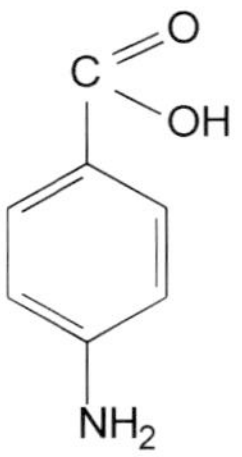

p-A. ist Bestandteil verschiedener Enzymsysteme sowie des Vitamins → *Folsäure* und kommt auch in freier Form, z. B. in Hefe, vor. Sie ist allg. in tierischen und pflanzlichen Produkten verbreitet; bes. in Leber, Nieren, Milch, Hefe, Reiskleie und in Weizenkeimen. p-A. bildet gelbliche, monokline Kristalle, F. 186···187°C, ist löslich in heißem Wasser, in Ethanol und Ether. Sie ist ein notwendiger Wuchsstoff für viele Mikroorganismen und kann die bakterizide Wirkung von Sulfonamiden aufheben (→ Antagonisten). p-A. dient zur Synthese von Folsäure. → Vitamine

Aminobenzoesäuremethylester → Anthranilsäuremethylester

L-Aminobernsteinsäure → Aminosäuren

4-Aminobutansäure → Aminosäuren

γ-Aminobuttersäure → Amine, biogene → Aminosäuren

α-Aminobutyl-guanidin → Guanidinbasen

4-Amino-5-carbamid-imidazol-ribotid: ein geschmacksverstärkendes Nukleotid ohne Purinskelett: 4-A. ist die Vorstufe der Inosinsäure im Biosyntheseweg und kommt als Stoffwechselzwischenprodukt in vielen Geweben vor. Seine geschmacksverstärkende Wirkung entspricht der von Inosin-5'-monophosphat. → Geschmacksverstärker

Aminocarbonsäuren → Aminosäuren

N-(DL-2-Amino-2-carboxymethyl)-L-lysin → Lysinoalanin

L-1-Amino-cyclopropan-1-carbonsäure → Aminosäuren

L-1-Amino-cyclopropyl-1-carbonsäure → Aminosäuren

Aminodisaccharide → Aminozucker

α-Aminoessigsäure → Aminosäuren

Aminoethanol → Alkanolamine

3-β-Aminoethylindol → Indolylalkylamine

Aminoglucose → Aminozucker

2-Aminoglutarsäure → Glutaminsäure

α-Aminoglutarsäure → Glutaminsäure

2-Amino-3-hydroxybuttersäure → L-Threonin

L-γ-Amino-β-hydroxybutyrobetain → Betaine → Carnitin

2-Amino-3-(4-hydroxyphenyl)-propionsäure → L-Tyrosin

2-Amino-6-hydroxypurin → Guanin → Nucleotide → Purinkörper

α-Amino-β[N-(3-hydroxy-4-pyridon)]-propionsäure → Hämagglutinine

2-Aminohypoxanthin → Guanin

Aminoimidazoazarene → Mutagene

α-Aminoindol-3-propionsäure → L-Tryptophan

2-Amino-3-(indol-3-yl)-propionsäure → L-Tryptophan

α-Aminoisovaleriansäure → L-Valin

α-Aminolävulinsäure → Aminosäuren

2-Amino-3-methylbuttersäure → L-Valin

α-Amino-β-methyl-aminopropionsäure → Aminosäuren

(2S)-2-Amino-3-[(S)-2-methylencyclopropyl]-propionsäure → Aminosäuren

Aminomonosaccharide → Aminozucker

4-(2-Aminomethyl)-phenol → Tyramin

Aminooligosaccharide → Aminozucker

Aminooxydasen: → *Enzyme* (EC 1.4.3.3), die beim Eiweißstoffwechsel als Zwischenprodukt entstehende, in höherer Konzentration toxisch wirkende *Amine* (→ Amine, biogene), z. B. Tyramin, oxydieren. Die A. kommen in tierischen Geweben und auch beim Menschen vor.

L-Amino-D-prolin → Antivitamine

2-Aminopropan-1-ol → Alkanolamine

β-Aminopropionitril → Stoffe, Lathyrismus auslösende

Aminopropionsäure → Aminosäuren

Aminopurin → Adenin → Nucleotide → Purinkörper

4-Aminopyrimid-2-on → Cytosin

Aminosäureamide → Aminosäuren

L-Aminosäureracemasen: zu den *Isomerasen* (Epimerasen (EC 5.1)) zählende → *Enzyme*, die das aus gleichen Anteilen an D/L-Aminosäuren bestehende Gemisch (Razemat) in die ernährungsphysiologisch wichtige L-Aminosäure überführt. Die aus Mikroorganismen gewonnenen und trägerfixierten A. wandeln in einem bereits großtechnisch durchgeführten Prozeß vor allem essentielle Aminosäuren (z. B. Lysin, Methionin) vollständig in die L-Form um. Die L-Aminosäuren dienen zur Aufwertung von Proteinen mit niedriger biologischer Wertigkeit (z. B. Getreideproteine durch Zusatz von L-Lysin).

Aminosäuren, *Aminocarbonsäuren:* organische Säuren mit einer oder mehreren Amino-(-NH_2)-Gruppen und der allg. Formel R-CH(NH_2)-COOH. Der Rest R kann ein aliphatischer, aromatischer oder heterocyclischer mit zusätzlich weiteren Amino- oder Carboxylgruppen sein. Je nach Stellung der ersten Aminogruppe zur endständigen Carboxyl (-COOH)-Gruppe unterscheidet man α-, β-, γ-Säuren. Von den etwa 22 in den Nahrungseiweißen vorkommenden A. sind 8 für den Menschen essentiell, d. h. lebensnotwendig (Tab.).

Tagesbedarf des Erwachsenen an essentiellen Aminosäuren

Essentielle Aminosäure	Tagesmenge	
	minimale in g	erwünschte in g
L-Isoleucin	0,7	1,4
L-Leucin	1,1	2,2
L-Lysin	0,8	1,6
L-Methionin	1,1	2,2
L-Phenylalanin	1,1	2,2
L-Threonin	0,5	1,0
L-Tryptophan	0,25	0,5
L-Valin	0,8	1,6

Histidin und *Arginin* sind für den Säugling zusätzlich essentiell, vermutlich auch Tyrosin und Cystein. Die Syntheserate einiger A. ist sehr gering, so daß ihre Anwesenheit in der Nahrung ebenfalls erforderlich ist (semiessentielle A.). Die übrigen A.

kann der menschl. Organismus aus den essentiellen A. selbst aufbauen. Überwiegend sind die A. Bausteine von *Eiweißen,* in kleinen Anteilen kommen sie auch frei in verschiedenen Lebensmitteln vor und beteiligen sich an der Geschmacksbildung. Die einfachste A., das Glycin (Glycocoll), sowie Serin, Threonin und Alanin, schmecken süß. Arginin, Histidin, Leucin, Isoleucin und Phenylalanin schmecken bitter. Die an sich geschmacklose, nicht essentielle Glutaminsäure verstärkt den Eigengeschmack vieler Speisen, bes. tierischer Produkte (Natriumglutamat). Der Bouillongeruch von Proteinhydrolysaten beruht auf der Bildung von α-Oxobuttersäure aus Threonin.

Je nach der Zahl der im Molekül enthaltenen Carboxyl- bzw. Aminogruppen unterscheidet man *Monoaminomonocarbonsäuren, Monoaminodicarbonsäuren, Diaminomonocarbonsäuren.* A. mit einem heterocyclischen Ring nennt man *heterocyclische A.*. A. sind amphotere Verbindungen; sie liegen in Abhängigkeit von der Wasserstoffionenkonzentration in Lösung entweder als Kation, als Zwitterion oder als Anion vor: Der *pH*-Wert, bei dem die Konzentration der Kationen und der Anionen gleich ist (in den meisten Fällen gleichbedeutend mit einer maximalen Konzentration an Zwitterionen), wird als isoelektrischer Punkt (I.) bezeichnet. Überwiegt die Zahl der Aminogruppen im Molekül, handelt es sich um basische A., überwiegt die Zahl der Carboxylgruppen, reagiert die A. sauer. A. sind farblose, kristallisierte Substanzen, die bis auf wenige wasserlöslich sind. Viele der A. sind optisch aktiv. Als Bausteine unserer Nahrungseiweiße sind nur L-konfigurierte α-A. mit der allg. Formel R-CH(NH_2)-COOH anzutreffen (s. Übersicht Seite 69–81).

D-Aminosäuren finden sich im Zellinneren, in den Kapseln und Kulturlösungen einiger Mikroorganismen und vor allem als Baustein in zahlreichen Antibiotika. Über 80 natürlich vorkommende A. sind bisher bekannt.

L-A. werden durch Isolierung aus Proteinhydrolysaten, enzymatisch oder durch Synthese mit anschließender Racematspaltung (Trennung der zu gleichen Teilen anfallenden D- und L-Formen) gewonnen. So hergestellte A. dienen u. a. der klinischen Ernährung, z. B. bei schweren Resorptionsstörungen bzw. drastischer Darmresektion, sowie als Zusatz zu Nahrungs- und Futterproteinen. Längerwährende und stark überhöht dosierte Verabreichung von essentiellen A. kann zu erheblichen Stoffwechselstörungen, wie Wachstumsverzögerung oder beeinträchtigter Proteinsynthese, führen.

Im Organismus werden die nichtessentiellen A. durch Aminierung aus α-Ketosäuren gebildet. In Umkehrung dieser Reaktion, der oxydativen Desaminierung, entstehen mit Hilfe von Aminosäureoxydasen wieder Ketosäuren. Ketosäuren können auch unter der Einwirkung von Transaminasen durch Transaminierung reversibel in A. überführt werden. Als NH_2-Gruppendonatoren sind stets Glutaminsäure oder Asparaginsäure beteiligt. Einzelne A. werden so zu Zwischenstufen des Citronensäurecyclus und können in Kohlenhydrate überführt werden (Gluconeogenese). Nach ihrem physiologischen Abbau unterscheidet man 3 Gruppen von A.:

glucoplastische (zuckerbildende) A.: Glycin, Alanin, Serin, Cystein, Asparaginsäure, Glutaminsäure, Prolin, Hydroxyprolin, Arginin,

ketoplastische (acetonbildende) A.: Leucin, Isoleucin, Tyrosin, Phenylalanin,

aglukoplastische und *acetoplastische A.,* die weder Zucker noch Acetonkörper bilden: *Tryptophan, Lysin.*

Durch Decarboxylierung entstehen → *biogene Amine.* A. sind auch an Entgiftungsreaktionen beteiligt, z. B. Glycin an der Entgiftung von Benzoesäure zu Hippursäure. Daneben gibt es in pflanzlichen Lebensmitteln verschiedener Völker noch einige A. mit toxischen oder nachhaltigen Nebenwirkungen (s. Übers. S. 80). A. unterliegen bei der Verarbeitung und Zubereitung von Lebensmitteln chemischen Reaktionen. Insbesondere können die Aminogruppen der A. mit den Carboxygruppen reduzierender Zucker reagieren und über viele Zwischenstufen → Maillardprodukte bilden. An proteingebundenen A. können aus den L-Formen durch Racemisierung die entsprechenden D-Enantiomeren entstehen sowie → Lysinoalanin gebildet werden. Durch enzymatische Decarboxy-

In Lebensmitteln vorkommende Aminosäuren

Aminosäure	International gebräuchliche Abkürzung	Formel	I. P.	Bedeutung, Vorkommen
Monoaminomonocarbonsäuren				
(Glycocoll, Glycin, α-Aminoessigsäure Leimzucker, Leimsüß) → Süßungsmittel	Gly	H_2N-CH_2-COOH	5,97	bes. reichlich in Strukturproteinen (Kollagen, Gelatine 25···30 %), in freier Form darüber hinaus weit verbreitet in pflanzlichen Lebensmitteln
L-*Alanin* *(L-α-Amino-propionsäure)* *(2-Aminopropansäure)*	Ala	$H_3C-CH(NH_2)-COOH$	6,01	bes. reichlich in Seidenfibroin (35 %), Gelatine und Zein (9 %)
Dehydroalanin		$H_2C{=}C(NH_2)-COOH$		Baustein des → Nisins
L-*Serin* *(L-α-Amino-β-hydroxypropionsäure)*	Ser	$H_2C(OH)-CH(NH_2)-COOH$	5,68	in den meisten Proteinen (4···8 %), Träger der Phosphorsäure in Phosphoproteinen (Kasein, Phosvitin) in Form von O-Phosphoserin, in freier Form darüber hinaus weit verbreitet in pflanzlichen Lebensmitteln
L-*Cystein* *(L-α-Amino-β-mercapto-propionsäure)*	Cys	$HS-CH_2-CH(NH_2)-COOH$	5,02	reichlich in Keratinen in Pilzen, Kohl, Erbsen, Spinat, Mais, Weintrauben
L-*Threonin* *(L-α-Amino-β-hydroxybuttersäure)*	Thr	$H_3C-CH(OH)-CH(NH_2)-COOH$	5,69	essentiell, in Fleisch, Milch, Eiern (4,5···5 %), in Zerealien (2,7···4,7 %) in freier Form darüber hinaus weit verbreitet in pflanzlichen Lebensmitteln
L-*Methionin* *(L-α-Amino-γ-methylmercapto-buttersäure)*	Met	$H_3C-HS-CH_2-CH(NH_2)-COOH$	5,74	essentiell, in tierischen Proteinen (2···4 %), in pflanzlichen (1···2 %), sehr sauerstoff- und hitzeempfindlich

In Lebensmitteln vorkommende Aminosäuren (Forts.)

Aminosäure	International gebräuchliche Abkürzung	Formel	I. P.	Bedeutung, Vorkommen
→ *S-Methylmethionin* [(3-Amino-3-carboxypropyl)-dimethyl-sulfonium-hydroxid]		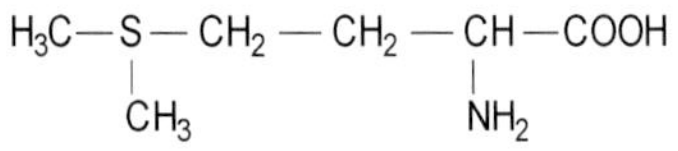		Jackbohne, Aromavorläufer in Kartoffeln, Tomaten, Kohl, Sellerie, Spargel
L-*Valin* (*L-α-Amino-isovaleriansäure)*	Val	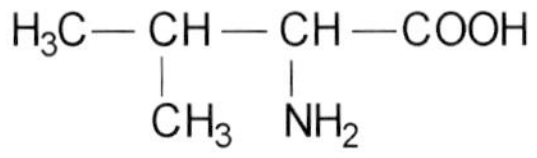	5,96	essentiell, in Fleisch- und Zerealien-Proteinen (5···7 %), in Ei- und Milchproteinen (7···8 %), in freier Form darüber hinaus weit verbreitet in pflanzlichen Lebensmitteln
L-*Leucin* (*L-α-Aminoisobutylessigsäure)*	Leu	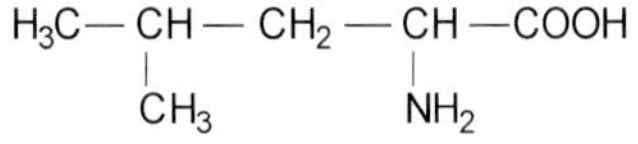	5,98	essentiell, in den meisten Proteinen (7···10 %), in freier Form darüber hinaus weit verbreitet in pflanzlichen Lebensmitteln
L-*Isoleucin* (*L-α-Amino-β-methylethyl-propionsäure)*	Ile	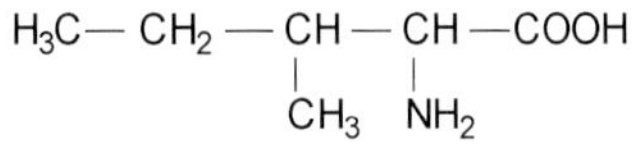	5,94	essentiell, in Fleisch- und Zerealienproteinen (4···5 %), in Ei- und Milchproteinen (6···7 %), in freier Form darüber hinaus weit verbreitet in pflanzlichen Lebensmitteln
δ-Aminolävulinsäure (4-Oxo-5-amino-pentan-1-säure)		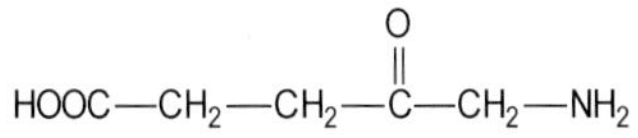		grüne Bohnen, Chicorée, Endivie
L-*Phenylalanin* (*L-α-Amino-β-phenyl-propionsäure)* (→ Süßungsmittel)	Phe	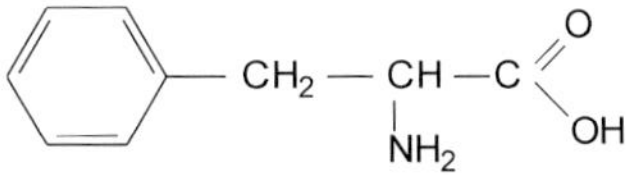	5,48	essentiell, in fast allen Proteinen (4···5 %), in freier Form darüber hinaus weit verbreitet in pflanzlichen Lebensmitteln

In Lebensmitteln vorkommende Aminosäuren (Forts.)

Aminosäure	International gebräuchliche Abkürzung	Formel	I. P.	Bedeutung, Vorkommen
L-*Tyrosin* [(L-α-*Amino*-β-*(4-hydroxy-phenyl)propionsäure*]	Tyr	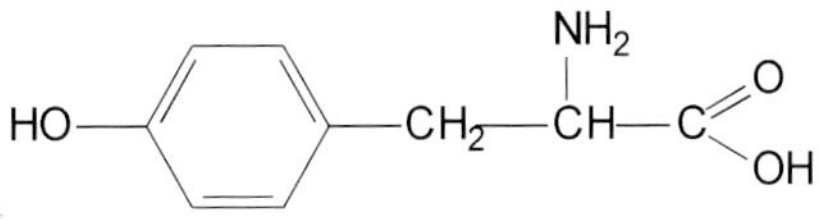	5,66	in fast allen Proteinen (2···6 %), in Seidenfibroin (10 %), wird durch enzymatische Oxydation in braunschwarze Melanine überführt, in freier Form darüber hinaus weit verbreitet in pflanzlichen Lebensmitteln
Sarkosin (N-Methyl-glycin)		$H_3C-NH-CH_2-COOH$	6,18	frei in Hummern, Krabben, peptidgebunden im Erdnußprotein
β-*Alanin (3-Aminopropionsäure)*		$H_2N-CH_2-CH_2-COOH$	6,70	Baustein von Anserin, Carnosin, Pantothensäure
*S-Methyl-*L*-cystein*		$H_3C-S-CH_2-CH(NH_2)-COOH$		in Samenbohnen, *(Phaséolus vulgáris* L.), Mondbohne, Kohl
S-Methyl-L-*cystein-sulfoxid*		$H_3C-S(=O)-CH_2-CH(NH_2)-COOH$		Weißkohl, Blumenkohl, Zwiebeln, Rettich; scheint verantwortlich für den beim Kochen entstehenden Kohlgeruch
→ *Alliin (S-Allyl-*L*-cystein-sulfoxid*		$H_2C{=}CH-CH_2-S(=O)-CH_2-CH(NH_2)-COOH$		Knoblauchöl, Zwiebeln
*(-)-S-Allyl-*L*-cystein*		$H_2C{=}CH-CH_2-S-CH_2-CH(NH_2)-COOH$		Knoblauch
Cyclo-alliin		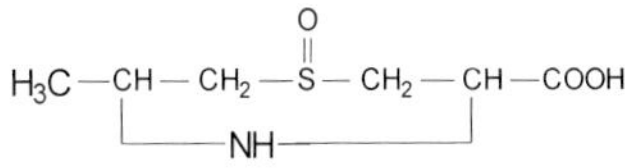		Allium-Arten

In Lebensmitteln vorkommende Aminosäuren (Forts.)

Aminosäure	International gebräuchliche Abkürzung	Formel	I. P.	Bedeutung, Vorkommen
Methyl-sulfonium-methionin		$(H_3C)_2\overset{\oplus}{S}-CH_2-CH_2-CH(NH_2)-COOH$		in Spargel, Kohl, Petersilie, Zwiebel, Salat, Pfeffer u. a. Gemüsearten
Dihydroalliin		$H_3C-CH_2-CH_2-S(=O)-CH_2-CH(NH_2)-COOH$		in *Allium*-Arten
γ-Aminobuttersäure (Piperidinsäure, 4-Aminobutansäure)		$H_2N-CH_2-CH_2-CH_2-COOH$		weit verbreitet in tierischen und pflanzlichen Organismen, Käse, in Erbsen in peptidischer Bindung
Homoserin		$HO-CH_2-CH_2-CH(NH_2)-COOH$		Zwischenprodukt der Threoninsynthese, weit verbreitet, z. B. aus Erbsen kristallisiert erhalten
3-Iod-L-tyrosin (L-Monoiodtyrosin)		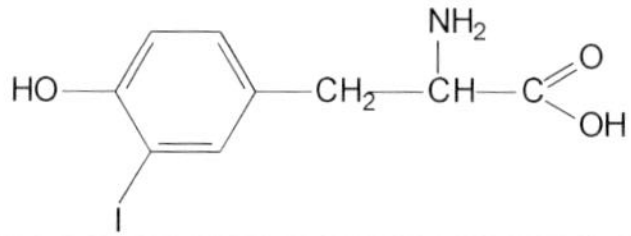		Meeresalgen, Schilddrüse
L-Thyroxin		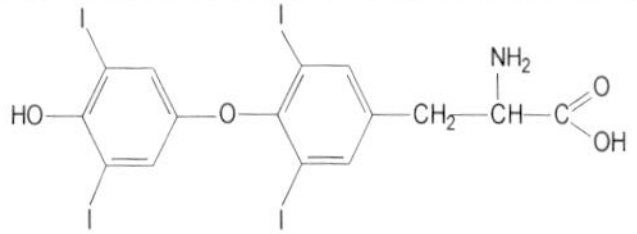		in Meeresalgen, Baustein des Schilddrüsenhormons
L-Iodgorgosäure (L-Diiodtyrosin)		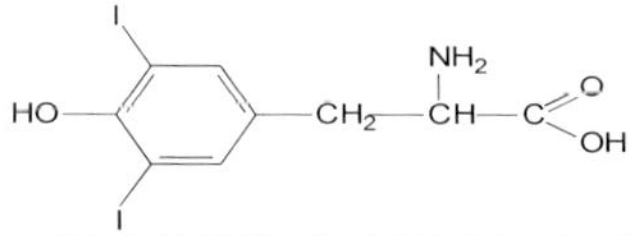	4,29	Meeresalgen, Schilddrüse
Phenylethylaminoalanin		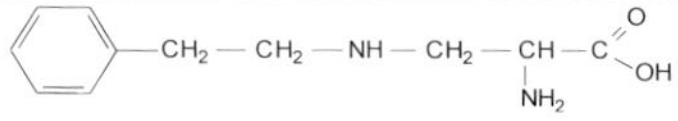		bildet sich oberhalb 75 °C bei pH 11···12 in Casein, Sojaprotein durch Reaktion von Phenylethylamin mit Dehydroalanin

In Lebensmitteln vorkommende Aminosäuren (Forts.)

Aminosäure	International gebräuchliche Abkürzung	Formel	I. P.	Bedeutung, Vorkommen
δ-Aminolävulinsäure (n-Oxo-5-aminopentan-1-säure)		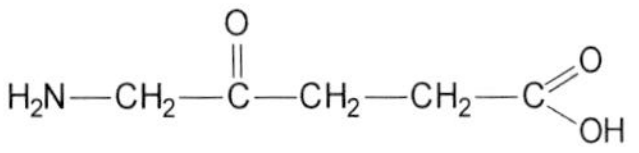		Grüne Bohnen, Chicoreé, Endivie
Diaminodicarbonsäuren				
L-Cystin [Bis-(β-Amino-β-carboxyethyl)-disulfid]	Cys-Cys	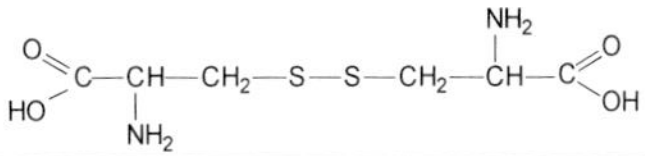	5,03	reichlich in Keratinen, in Pilzen Kohl, Erbsen, Mais, Weintrauben
L-Octopin [L-Oktopin, N-α-(1-Carboxyethyl)-arginin]		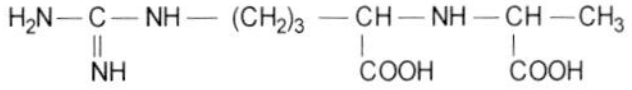		in der Kammuschel
Lanthionin		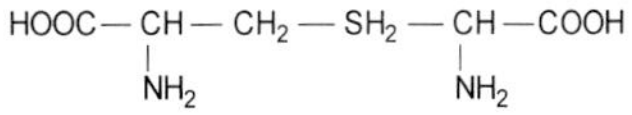		entsteht beim Erhitzen von Proteinen
β-N-Oxalyl-L-α, β-diaminopropionsäure		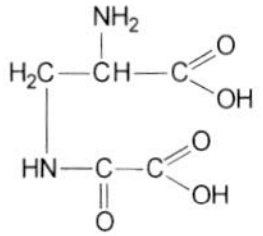		Erbsen, versch. Lathyrusarten, bei übermäßigem Genuß roher Samen neurotoxische Wirkung
Diaminomonocarbonsäuren				
L-Arginin (L-α-Amino-δ-guanidyl-valeriansäure, 2-Amino-5-guanidylpentan-1-säure)	Arg	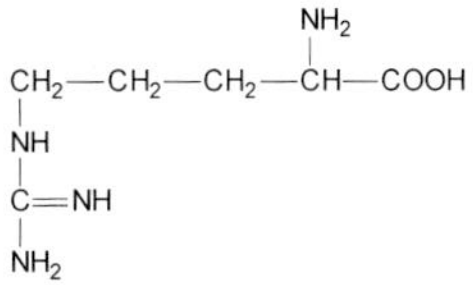	11,15	in allen Proteinen (durchschnittlich 3···6 %), bes. reichlich in Protaminen, Erdnußprotein (11 %), in freier Form darüber hinaus weit verbreitet in pflanzlichen Lebensmitteln, Zwischenprodukt der Harnstoffsynthese
L-Lysin (L-α-ε-Diaminocapronsäure)	Lys	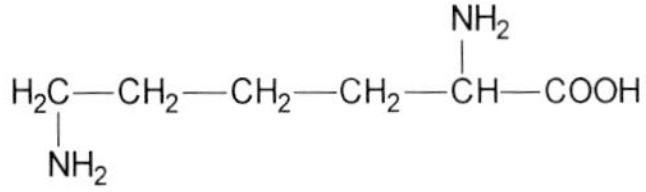	9,59	essentiell, in Fleisch-, Ei- und Milchproteinen (7···9 %), in Zerealienproteinen (2···4 %), in Fisch- und Krebs-

In Lebensmitteln vorkommende Aminosäuren (Forts.)

Aminosäure	International gebräuchliche Abkürzung	Formel	I. P.	Bedeutung, Vorkommen
L-*Lysin* (Forts.)				proteinen (10···11 %), durch die sehr reaktionsfähige ε-NH_2-Gruppe können bei der Verarbeitung hohe Lysinverluste auftreten (z. B. *Maillardreaktion),* in freier Form darüber hinaus weit verbreitet in pflanzlichen Lebensmitteln
L-*Hydroxylysin* (L-*Oxylysin)*	Hyl	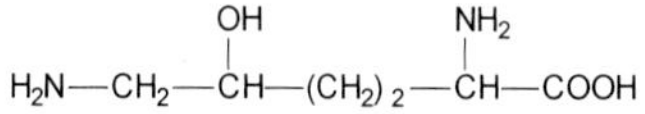		Zein, Haferprotein, Gliadin
L-*Canavanin* (α-*Amino*-γ-*guanidin-oxybuttersäure)*		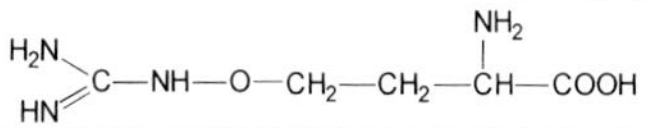		Jackbohne, Sojabohne, u. a. Leguminosensamen, Zwiebel
δ-*Hydroxy*-L-*lysin* (δ-*Oxy*-L-*lysin)*		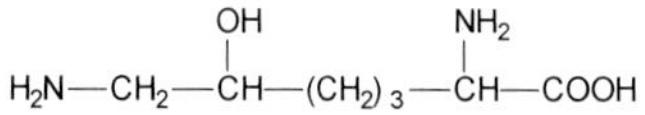		Sojabohne, Jackbohne, im Kollagen (etwa 1 %)
Desamino-L-*Canavanin*		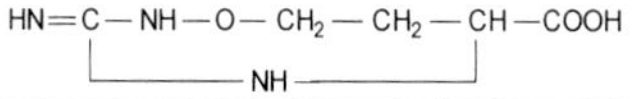		in Jackbohne
Cystathionin		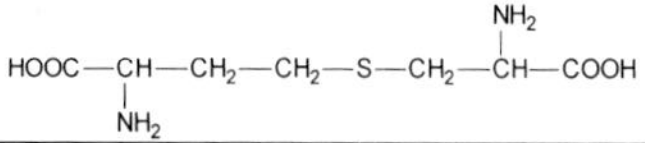		in Getreide
L-*Ornithin*	Orn	$H_2N—(CH_2)_3—CH(NH_2)—COOH$		frei in versch. Pflanzen, peptidisch gebunden in einigen Antibiotika
N-δ-*acetyl*-L-*ornithin*		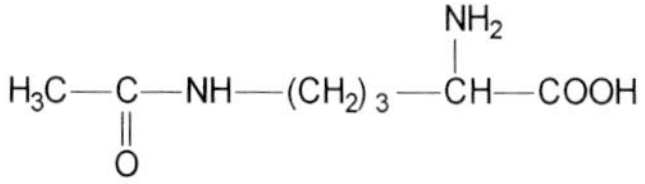		Zuchtchampignons, Austernseitling
γ-*Methylenglutamin*		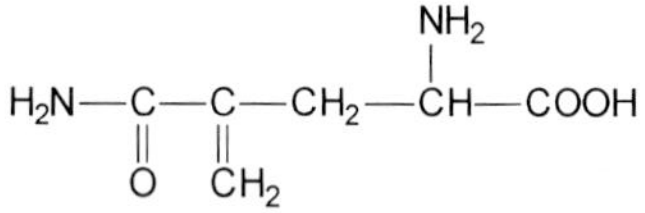		in Hopfen, Erdnußprotein, Erbse

In Lebensmitteln vorkommende Aminosäuren (Forts.)

Aminosäure	International gebräuchliche Abkürzung	Formel	I. P.	Bedeutung, Vorkommen
Citrullin (Carbamylornithin)		$H_2N-C(=O)-NH-(CH_2)_3-CH(NH_2)-COOH$		in Wassermelonensaft und verschiedenen anderen Pflanzen
O-Acetylhomoserin		$H_3C-C(=O)-O-CH_2-CH_2-CH(NH_2)-COOH$		Pericarp von Bohnen
Indospicin (α-Amino-δ-amidino-capronsäure)		$H_2N-C(=NH)-CH_2-(CH_2)_2-CH(NH_2)-COOH$		in Samen der *Indigófera spicáta* Forsk.
Monoaminodicarbonsäuren				
L-Asparaginsäure (L-Aminobernsteinsäure)	Asp	$HOOC-CH(NH_2)-CH_2-COOH$	2,77	bes. in Albuminen (6···10 %), Mais (12,3 %), im Weizen (nur 3,8 %), in freier Form darüber hinaus weit verbreitet in pflanzlichen Lebensmitteln
L-Glutaminsäure (L-α-Amino-glutarsäure)	Glu	$HOOC-CH_2-CH_2-CH(NH_2)-COOH$	3,22	in den meisten Proteinen in großen Mengen, bes. reichlich in Milch (21,7 %), Weizen (31,4 %), Mais (18,4 %)
Dihydroxyglutaminsäure		$HOOC-CH(OH)-CH(OH)-CH(NH_2)-COOH$		Soja (18,5 %), Gartenkresse, Rhabarber, weitverbreitet
N-Carboxymethyl-L-Serin		$HOOC-CH(CH_2OH)-NH-CH_2-COOH$		Spargelsprossen
L-α-Amino-adipinsäure		$HOOC-CH(NH_2)-CH_2-CH_2-CH_2-COOH$		proteingebunden im Getreide
S-(β-Carboxypropyl)-L-cystein		$HOOC-CH(CH_3)-CH_2-S-CH_2-CH(NH_2)-COOH$		Zwiebel
Monoaminotricarbonsäuren				
Saccharopin		$HOOC-CH(NH_2)-(CH_2)_4-NH-CH(COOH)-(CH_2)_2-COOH$		Bäcker- und Bierhefe

In Lebensmitteln vorkommende Aminosäuren (Forts.)

Aminosäure	International gebräuchliche Abkürzung	Formel	I. P.	Bedeutung, Vorkommen
Aminosäureamide				
L-*Asparagin* (*L-Amino-bernsteinsäuremonoamid, Asparamid)*	Asn oder $Asp(NH_2)$	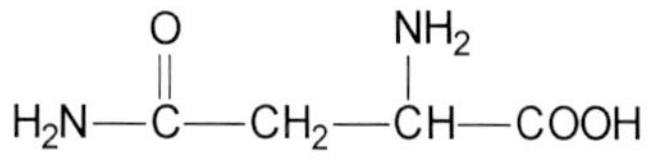	5,41	frei in Pflanzenkeimlingen und jungen Pflanzen (Spargel, Rübensaft) und in vielen Proteinen
L-*Glutamin* (*L-α-Amino-glutar-säuremonoamid)*	Gln oder $Glu(NH_2)$	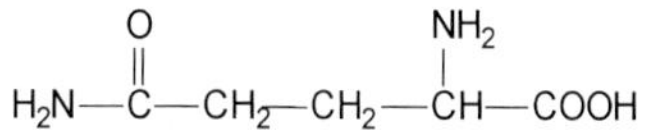	5,65	frei in Zuckerrübenmelasse, Rübensaft, Kartoffeln und vielen Pflanzen
L-*Theanin* (*L-Glutaminsäure-N-etylamid)*		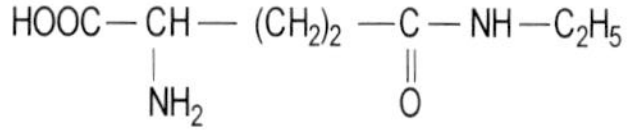		grüner und schwarzer Tee
Alicyclische A.				
L-*1-Amino-cyclopropyl-1-carbonsäure*		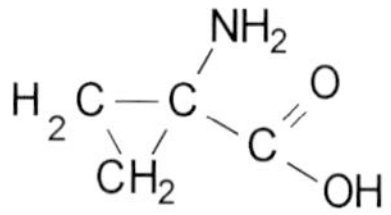		in Birnen, Äpfeln, Preiselbeeren
Hypoglycin A *[(2S)-2-Amino-3-((S)-2-methylen-cyclopropyl) propionsäure]*		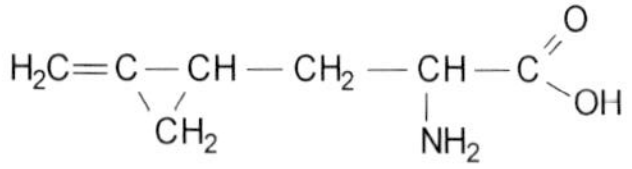		Akipflaume *(Blíghia sápida* C. König) Hypoglykämie bei mangelhafter Ernährung
Acetidin-2-carboxylsäure				in Samen von *Bussea Harms* spec. (Fabáceae), *Parkinsónia L.* spec. *(Fabáceae)* und *Peltóphorum* Walp. spec. (Fabáceae)

In Lebensmitteln vorkommende Aminosäuren (Forts.)

Aminosäure	International gebräuchliche Abkürzung	Formel	I. P.	Bedeutung, Vorkommen
Heterocyclische A.				
L-Prolin *L-Pyrrolidin-α-carbonsäure*	Pro	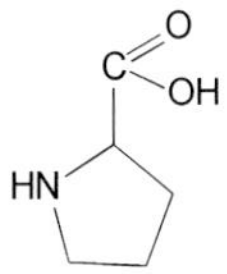	6,30	in vielen Proteinen (4···7 %), bes. reichlich in Weizenprotein (10,3 %), Gelatine (12,8 %), Casein (12,3 %)
L-Hydroxyprolin (L-4-Hydroxypyrrolidin-2-carbonsäure, L-Oxyprolin)	Hyp	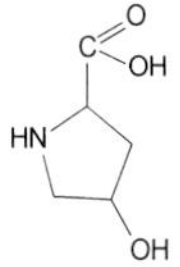	5,74	sehr reichlich in Kollagen, Karotten
Tricholomasäure		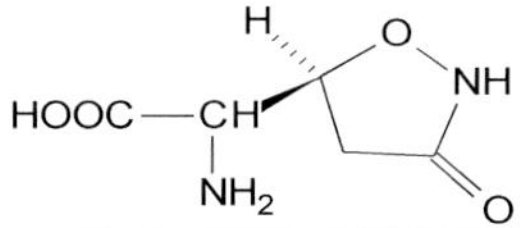		in Japan wachsender, genießbarer Pilz *Tricholoma muscárium*
L-Histidin (L-α-Amino-β-imidazolylpropionsäure), β-Imidazolyl-N)alanin (→ Süßungsmittel)	His	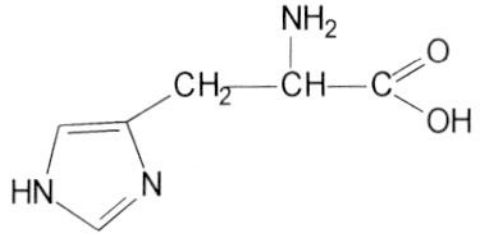	7,47	in den meisten Proteinen (2···3 %), in Blutproteinen (etwa 6 %), in der Tierernährung essentiell, für den erwachsenen Menschen nicht
L-Tryptophan (L-α-Amino-β-indolylpropionsäure, β-Indolylalanin) (→ Süßungsmittel)	Trp	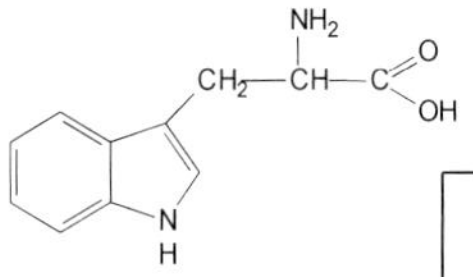	5,89	essentiell, in tierischen Proteinen in relativ kleinen Mengen (1···2 %), in Zerealienproteinen (etwa 1 %), Vorläufer der Nicotinsäure, Blumenkohl, Rhabarber
L-4-Methylprolin		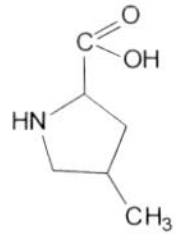		in Äpfeln

In Lebensmitteln vorkommende Aminosäuren (Forts.)

Aminosäure	International gebräuchliche Abkürzung	Formel	I. P.	Bedeutung, Vorkommen
trans-4-Methyl-L-prolin		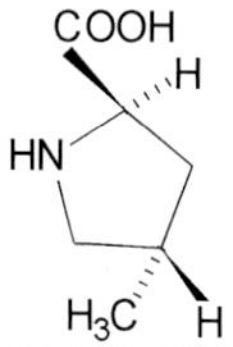		in Äpfeln
L-4-Hydroxy-4-methylprolin (L-4-Oxymethylprolin)		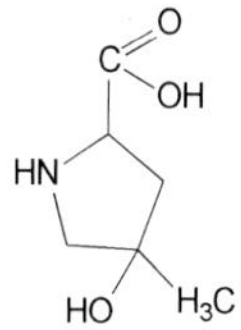		in Äpfeln
(+)-5-*Oxopyrrolidin-2-carbonsäure* (Pyroglutaminsäure)		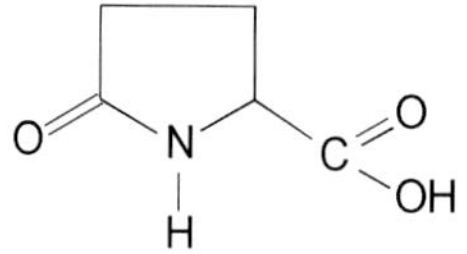		Feigen, Wiesenchampignon (*Agáricus campéster* L.)
L-Pyrazolyl-alanin		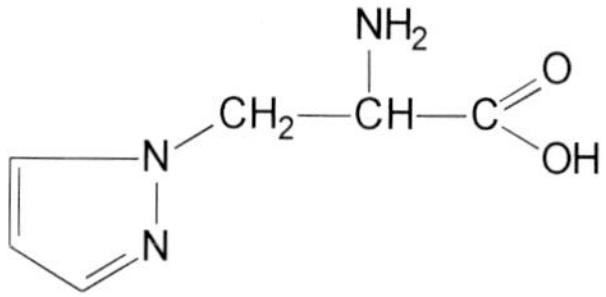		in der Wassermelone
L-5-Hydroxytryptophan (L-α-Oxytryptophan)		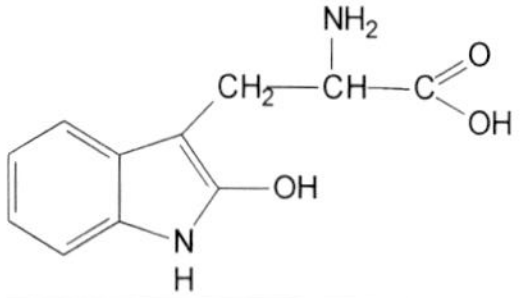		Baustein des Phalloidins (Gift des Knollenblätterpilzes)

In Lebensmitteln vorkommende Aminosäuren (Forts.)

Aminosäure	International gebräuchliche Abkürzung	Formel	I. P.	Bedeutung, Vorkommen
L-*Pipecolinsäure (Piperidin-2-carbonsäure)*		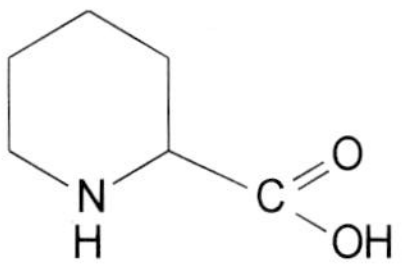		in grünen Bohnen u.a. Hülsenfrüchten
L-*5-Hydroxy-pipecolinsäure (5-Oxy-piperidin-2-carbonsäure)*		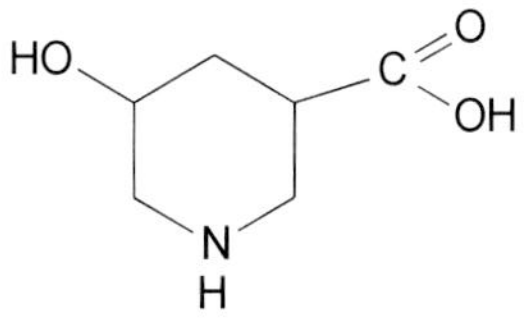		in Leguminosen, Datteln
Baikiain		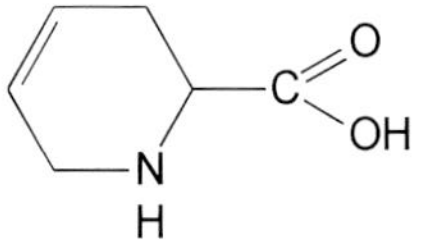		in Datteln
L-*Glutaminsäure-γ-(p-hydroxyanilid)*		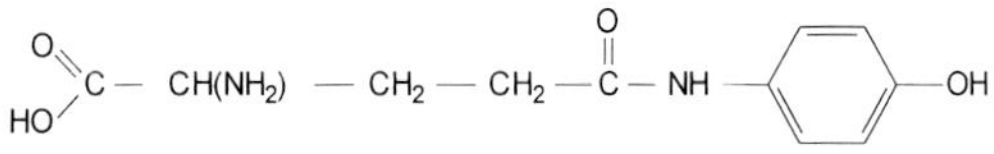		Gartenchampignon *[Agáricus horténsis (Cke.) Pil.]*

Toxische Aminosäuren

Aminosäure	Strukturformel	Vorkommen	Verwendung	Vergiftungserscheinungen
→ *Ibotensäure*	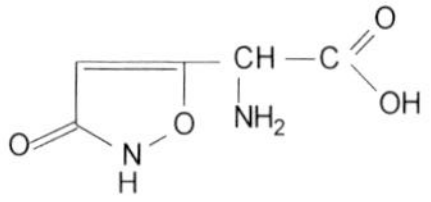	im Fransigen Wulstling *[Amaníta strobilifórmis (Vitt.) Quel.] und Fliegen- und Pantherpilz*		psychoaktiv
Mimosin (α-Amino-β[N-(3-hydroxy-4-pyridon)]-Propionsäure	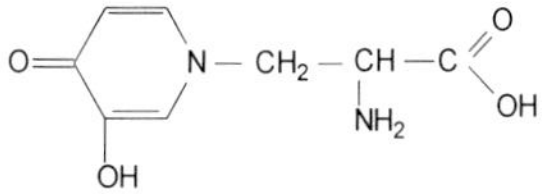	Hülsenfrucht *Leucǣna glāuca* (L.) Benth.	Blätter, Schoten und Saat in Suppen (Indonesien)	Haarverlust
L-*Djenkolsäure*	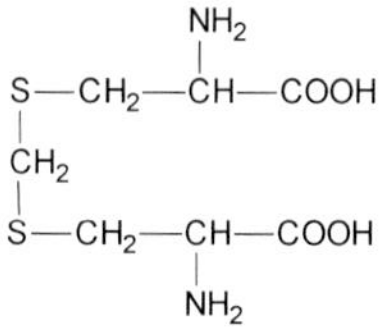	Djenkolbohne *Pithecolóbium (Pithecellóbium) lobátum* Benth. (kommt auch in Leber, Muskel, Rinderblutplasma vor)	Bohnen (Sumatra, bes. Djawa)	führt manchmal zu Nierenfunktionsstörungen infolge Auskristallisierens
L-*3,4-Dihydroxyphenyl-alanin (*L*-3,4-Dioxyphenyl-alanin, Dopa)*	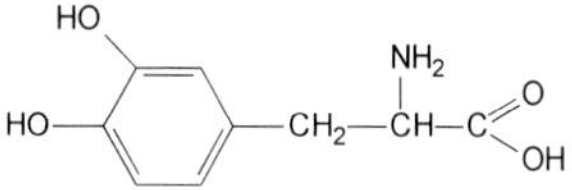	*Mucúna deeringiána* (Bort) Merr. = *Stizolóbium deeringiánum* Bort und Saubohne *(Vícia fába* L.)	(Mittelmeerländer)	Favismus (Hämolytische Anämie)
α-Amino-β-methyl-aminopropionsäure	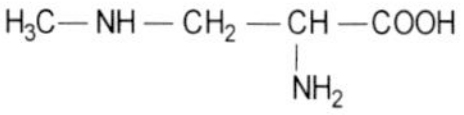	*Cýcas circinális* L.	Blätter als Gemüse (Malaysia, Philippinen, Indonesien)	nervöse Störungen
Seleno-cystathionin	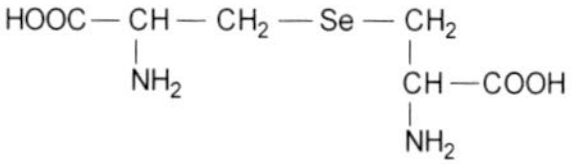	*Lécythis ollária* Loefl.	Nüsse (Venezuela)	Unterleibsschmerzen, Übelkeit, Erbrechen, Durchfall, Haarausfall

Toxische Aminosäuren (Forts.)

Aminosäure	Strukturformel	Vorkommen	Verwendung	Vergiftungserscheinungen
→ Agaritin	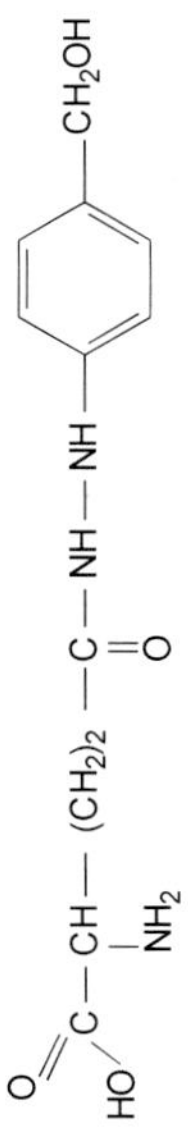	*Agáricus bísporus* u.a. Champignonarten		
Demoinsäure			Muscheln	Muschelvergiftung

lierung freier Aminosäuren entstehen → biogene Amine. → Amine heterocyclische

Aminotrisaccharide → Aminozucker

Aminozucker: Saccharidderivate, bei denen eine oder mehrere alkoholische Hydroxylgruppen (-OH) durch Aminogruppen (-NH_2) ersetzt sind. A. bilden Salze und sind meist in Form ihrer N-Acetyl-Derivate am Aufbau einer Vielzahl von Naturstoffen, bes. Polysacchariden (z. B. in → *Mucopolysacchariden* und dem u. a. in Speisepilzen vorkommenden *Chitin*), beteiligt und haben auch physiologische und lebensmittelchemische Bedeutung (s. Übersicht S. 82–90).
Die wichtigsten A. sind die 2-Desoxy-2-amino-Aldosen, wie D-*Glucosamin* und D-Galactosamin. 3-Amino-(aus Puromycin) und Bis-Aminozucker (aus Neomycin) wurden in Antibiotika entdeckt. Auch Aminozuckerdi- und -oligosaccharide, u. a. in Frauenmilch und Blutgruppensubstanzen, sind bekannt. Biologisch wichtige Derivate von A. sind z. B. die am Aufbau sehr vieler Muko- und Lipopolysaccharide beteiligten Nonulosaminsäuren (u. a. aus Kuhkolostrum). Als *Hexosamine* bezeichnet man die sich von Hexosen ableitenden A.

Aminozucker-Carbonsäure → Aminozucker

Aminozucker-Schwefelsäureester → Zuckerester

Amlabaum → Amblabaum

Ammei, *Ajovan, Ajamoda:* das in Nordafrika und Asien kultivierte Doldengewächs *Trachyspérmum ámmi* (L.) Sprag. (Familie *Apiáceae*), dessen thymolhaltige Spaltfrüchte als Gewürz und Heilmittel, das *Ajowan-Öl,* als Medizin verwendet werden.

Ammelkorn → Wildemmer

Ammelmehl: ältere Bez. für → Weizenstärke.

Ammer: 1. → Amarelle **2.** → Wildemmer → Weizen

Ammidin → Cumarin

Ammodáucus leucotríchus → Cafoun

Ausgewählte Aminozucker mit lebensmittelchemischer oder physiologischer Bedeutung

Aminozucker	*Strukturformel*	*Charakteristische Daten*	*Vorkommen*
a) Aminomonosaccharide *D-Glucosamin* *(Chitosamin, Aminoglucose,* 2-Amino-2-desoxy-D-*glucose ‹1,5› bzw.* *D-glucopyranose)*	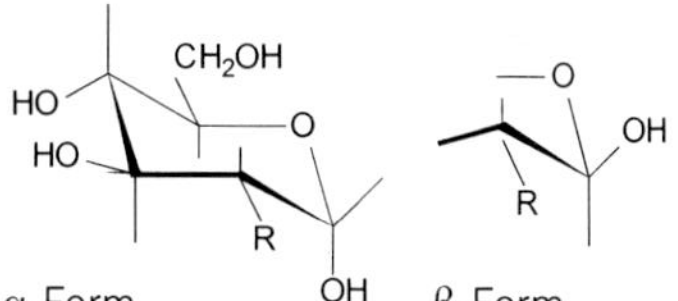 α-Form β-Form *D-Glucosamin: —R = —NH_2* *N-Acetyl-D-Glucosamin: —R = —$NHCOCH_3$*	Molmasse 179,17 g/mol α-Form: F. 88 °C (Zers.) $[\alpha]_D$ +100° → 47,5° (in Wasser) β-Form: F. 120 °C (Zers.) $[\alpha]_D$ +20° → +47,5° (in Wasser)	N-substituiert im Tierreich weit verbreitet als Bausteine von Chitin, Hyaluronsäure, Blutgruppensubstanzen, Oligosacchariden in Milch; in Glycoproteiden (N-acetyliert), in Heparin (sulfatiert), in Pilzen und Bakterien
N-Acetyl-D-glucosamin *2-(Acetamido-2-desoxy-D-glucose ‹1,5› bzw. -D-glucopyranose*	s. D-Glucosamin	Molmasse 221, 21 g/mol α-Form: F. 205 °C (Zers.) $[\alpha]_D$ +64 → +40,9° (in Wasser) β-Form: F. 182···183,5 °C (Zers.) $[\alpha]_D$ −21,5° → +40,4° (in Wasser)	Baustein in Oligo- und Polysacchariden sowie Glycoproteiden
D-Galactosamin *(Chondrosamin, 2-Amino-2-desoxy-D-galactose ‹1,5› bzw. D-galactopyranose)*	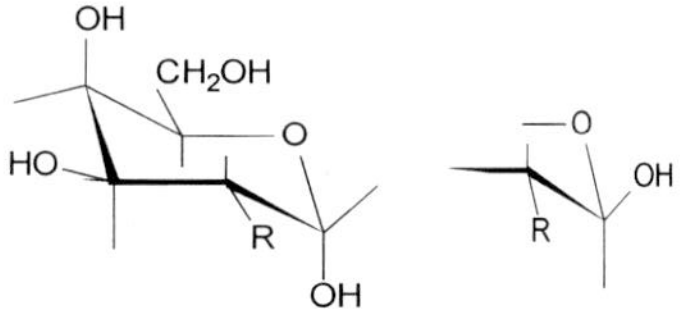 α-Form β-Form *D-Galactosamin: —R = —NH_2* *N-Acetyl-D-galactosamin: —R = —$NHCOCH_3$*	Molmasse 179,17 g/mol Hydrochlorid: α-Form: F. 188 °C $[\alpha]_D$ +135° → +93° (in Wasser) β-Form: F. 178···180 °C (Zers.) $[\alpha]_D$ +39° → +93° (in Wasser)	N-acetyliert im Tierreich weit verbreitet (in Knorpeln, Sehnen, Bindegewebe), Baustein von Chondroitinsulfaten, Blutgruppensubstanzen, Glycoproteiden, bakteriellen Immunopolysacchariden
N-Acetyl-D-galactosamin (2-Acetamido-2-desoxy-D-*galactose ‹1,5› bzw. -galactopyranose)*	s. D-Galactosamin	Molmasse 221, 21 g/mol α-Form: F. 172···173 °C $[\alpha]_D$ +115° → +86° (in Wasser)	s. Galactosamin

Ausgewählte Aminozucker mit lebensmittelchemischer oder physiologischer Bedeutung (Forts.)

Aminozucker	*Strukturformel*	*Charakteristische Daten*	*Vorkommen*
D-*Mannosamin* (D-*Epiglucosamin,* D-*Epichitosamin,* 2-Amino-2-desoxy- D-*mannose ‹1,5› bzw.* -D-*mannopyranose)*	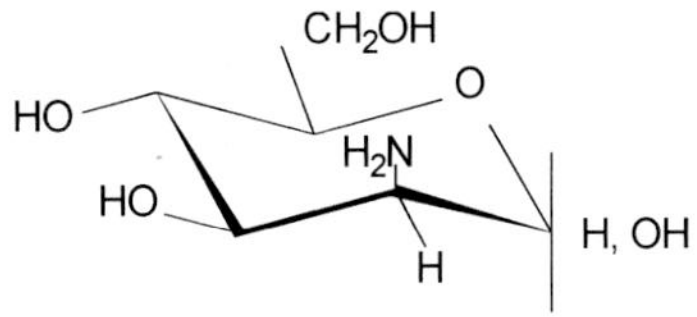	Hydrochlorid: Molmasse 215, 64 g/mol F. 178···180 °C (Zers.) $[\alpha]_D$ −3° (in Wasser)	Abbauprodukt der Sialinsäuren (Neuraminsäure, Lactaminsäure) in Form des N-Acetates Baustein der N-Acetylneuraminsäure
D-*Fructosamin* (D-*Isoglucosamin,* *1-Amino-1-desoxy-*D-*Fructose)*	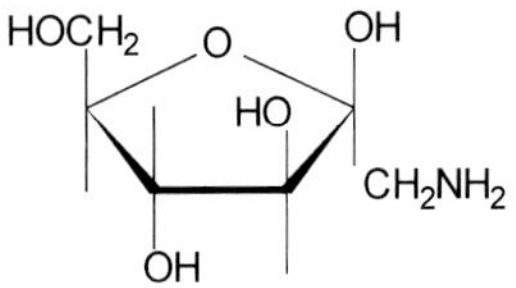	Molmasse 179,17 g/mol Acetat (aus Wasser kristallisiert): F. 137···138 °C (Zers.) $[\alpha]_D$ −69,8° (in Wasser)	als Harnstoffmucoproteid; die N-(o-Carboxylphenyl)-Verbindung ist Zwischenprodukt bei der Tryptophan-Biosynthese
b) Aminodisaccharide *Lacto-N-biose I* [β-D-*Galactopyranosyl-* *(1 → 3)*-2-acetamido-2-desoxy- α-D-*glucose ‹1,5› bzw. -α-*D-*glucopyranose)*	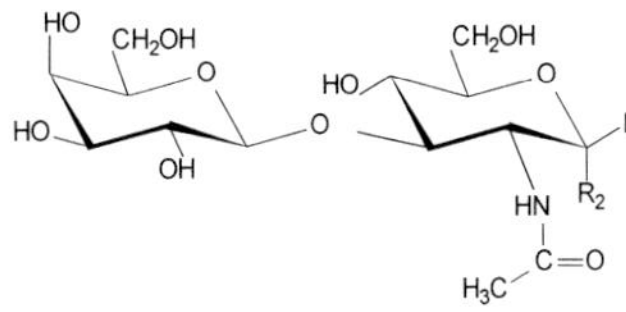 Lacto-N-biose I: $-R_1$=−H, $-R_2$=−OH Lacto-N-triose I: $-R_2$=−H 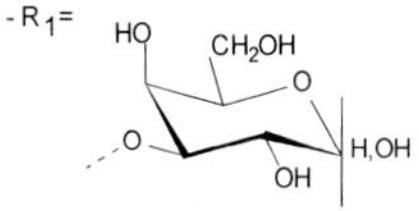 Lacto-N-tetraose: $-R_2$=−H 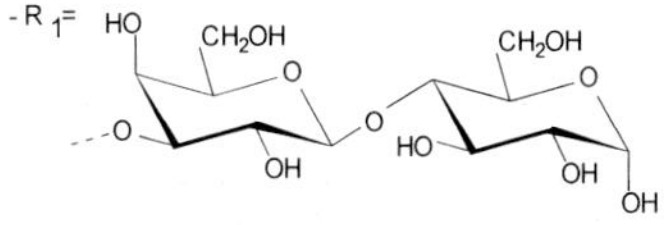	Molmasse 383,4 g/mol F. 166···167 °C $[\alpha]_D$ +32° → +14° (in Wasser)	Spaltprodukt von Oligosacchariden der Frauenmilch und von Blutgruppensubstanz A

Ausgewählte Aminozucker mit lebensmittelchemischer oder physiologischer Bedeutung (Forts.)

Aminozucker	*Strukturformel*	*Charakteristische Daten*	*Vorkommen*
Lacto-N-biose II [2-Acetamido-2-desoxy-β-D-glucopyranosyl-(1→3)-D-galactose ‹1,5› bzw. -D-galactopyranose]	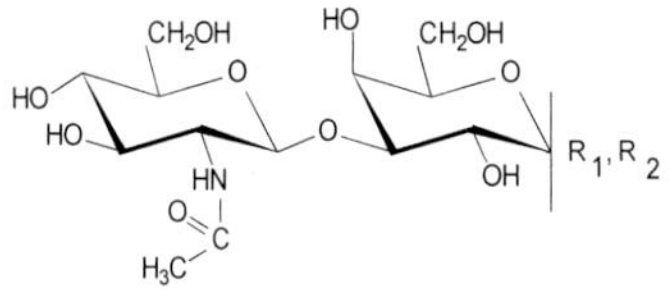 Lacto-N-biose II: $-R_1=-H$, $-R_2=OH$ Lacto-N-triose II: $-R_2=-H$ 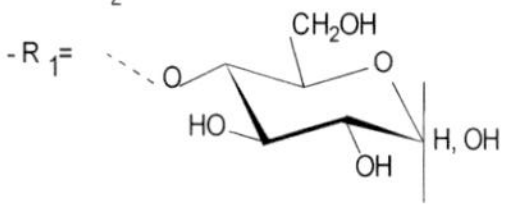	Molmasse 383,4 g/mol	Spaltprodukt von Oligosacchariden der Frauenmilch (Wuchsstoffwirkung gegenüber *Lactobacillus bifidus*) und von Blutgruppensubstanz A
2-Acetamido-2-desoxy-α-D-galactopyranosyl (1→3)-D-galactose ‹1,5› bzw. -D-*galactopyranose)*	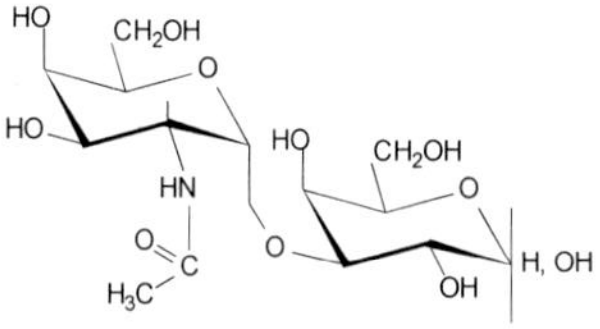	Molmasse 383,4 g/mol $[\alpha]_D$ +150° (in Wasser)	Spaltprodukt aus Blutgruppensubstanz A
N-Acetyl-galactosamin [β-D-*Galactopyranosyl-(1→4)* -2-acetamido-2-desoxy-α-D-*galactose ‹1,5›* *bzw. -α-D-glucopyranose]*	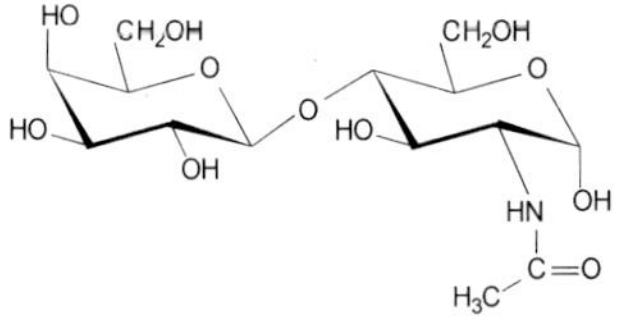	Molmasse (ı Cl ı$_3$OH) 415,4 g/mol F. 170···171 °C $[\alpha]_D$ +51,5° → +28,5° (in Wasser)	Baustein in Mucopolysacchariden des Kindspechs, des Schweinemagenmucins, in Blutgruppensubstanz A, in Oligosacchariden der Frauenmilch

Ausgewählte Aminozucker mit lebensmittelchemischer oder physiologischer Bedeutung (Forts.)

Aminozucker	*Strukturformel*	*Charakteristische Daten*	*Vorkommen*
Gastro-N-disaccharid [2-Acetamido-2-desoxy- α-D-*galactopyranosyl-(1→4-* α-D-*galactose ‹1,5› bzw.* -α-D-*galactopyranose]*	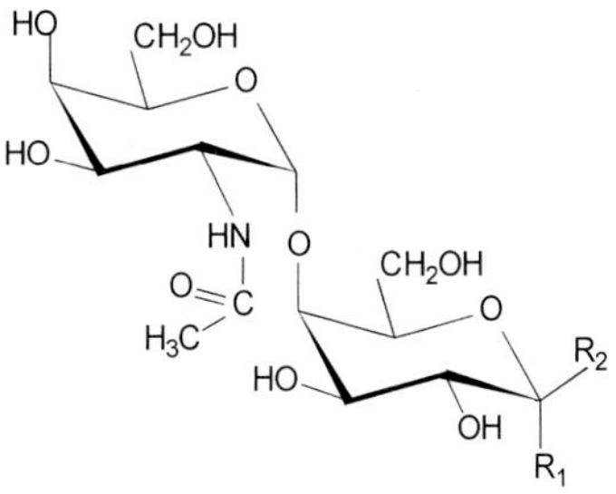 Gastro-N-disaccharid: $-R_1$ = OH $-R_2$ = -H Gastro-N-trisaccharid: $-R_1$ = -H	Molmasse 383,4 g/mol F. 186···187 °C $[\alpha]_D$ +214° → +203° (in Wasser) $-R_2$ = 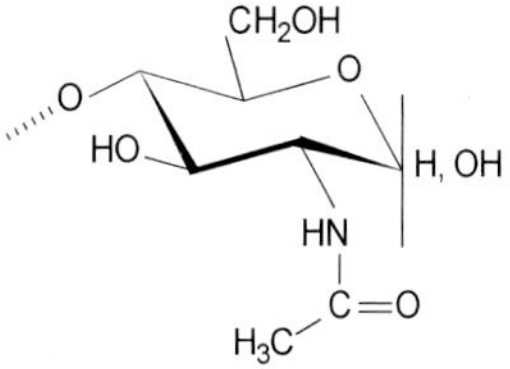	Abbauprodukt des Mucopoly- saccharids aus Schweinemagen
Di-N-acetyl-chitobiose [2-Acetamido-2-desoxy-β-D- *glucopyranosyl-(1→*4)-2-acet- amido-2-desoxy-α-D-*gluco-* *pyranose]*	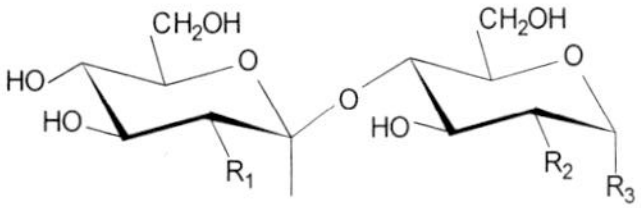 *Di-N-acetyl-chitobiose:* *$-R_1-R_2$=$-NHCOH_3$* *$-R_3$=$-OH$* *Chitotriose: $-R_1$, $-R_2$=$-NH_2$*	Molmasse 424,4 g/mol F. 245···247 °C, 260···262 °C (Zers.) $[\alpha]_D$ +39,5° (t = 0) → +18,5° (in Wasser), +25,2° (t = 3') → +17,2° (in Wasser) $-R_3$= 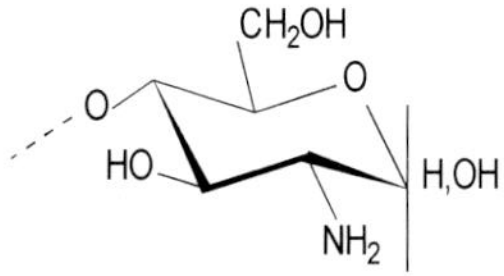	Bruchstück des Chitins

Ausgewählte Aminozucker mit lebensmittelchemischer oder physiologischer Bedeutung (Forts.)

Aminozucker	*Strukturformel*	*Charakteristische Daten*	*Vorkommen*
c) Aminotrisaccharide *Chitotriose* [2-Amino-2-desoxy-β-D-gluco-pyranosyl-(1→4)-chitobiose]	s. Di-N-acetyl-chitobiose	Tris-N-acetat: Molmasse 627,6 g/mol F. 309···311 °C (Zers.) $[\alpha]_D$ +3,8°→ 2,2° (in Wasser)	Bruchstück des Chitins bzw. Chitosans (auch N-Acetate der homologen Chitotetraose, -pentaose und -hexaose wurden isoliert)
Lacto-N-triose I [β-D-Galactopyranosyl-(1→3)-2-acetamido-2-desoxy-β-D-glucopyranosyl-(1→4)-D-galactopyranose]	s. Lacto-N-biose I	Molmasse 581,5 g/mol (Dihydrat) Zersetzungspunkt: 183···185 °C $[\alpha]_D$ +21,5°→ +19,3° (in Wasser)	Produkt der sauren Partialhydrolyse höherer Frauchenmilch-oligosaccharide
Lacto-N-triose II [2-Acetamido-2-desoxy-β-D-glucopyranosyl-(1→3)-β-D-galactopyranosyl-(1→4)-D-glucopyranose]	s. Lacto-N-biose II	Molmasse 581,5 g/mol (Dihydrat) F. 201···202 °C (Zers.) $[\alpha]_D$ +40,7° (in Wasser)	Produkt der sauren Partialhydrolyse höherer Frauenmilcholigosaccharide
Gastro-N-trisaccharid [2-Acetamido-2-desoxy-α-D-galactopyranosyl-(1→4)-β-D-galactopyranosyl-(1→4)-2-acetamido-2-desoxy-D-glucopyranose]	s. Gastro-N-disaccharid	Molmasse 586,5 g/mol F. 273···275 °C (Zers.) $[\alpha]_D$ +140,4° (in Wasser)	partielles Abbauprodukt des spezifischen Polysaccharides von Schweinemagenmucin

Ausgewählte Aminozucker mit lebensmittelchemischer oder physiologischer Bedeutung (Forts.)

Aminozucker	*Strukturformel*	*Charakteristische Daten*	*Vorkommen*
d) Höhere Aminooligosaccharide			
Lacto-N-tetraose	β-D-Gal p (1→3) β-2-N-Ac Gluc p (1→3) β-D-Gal p (1→4) α-D-Gluc p (s. Lacto-N-Biose I)	Molmasse 707,6 g/mol Zersetzungspunkt: 200···205 °C $[\alpha]_D$ +38°→ +22,5° (in Wasser)	in Frauenmilch (in freier Form und an Lactaminsäure gebunden)
Lacto-N-neotetraose	wie bei Lacto-N-tetraose bis auf die Verknüpfung der Ringe A und B (1→4) statt (1→3): β-D-Gal p (1→4) p-2-N-Ac Gluc p···	Molmasse 707,6 g/mol Zersetzungspunkt: 214···218 °C $[\alpha]_D$ +33°→ +27° (in Wasser)	in Frauenmilch (an Lactaminsäure gebunden)
Lacto-N-fucopentaose I	(Formel s. unten)	Molmasse 853,8 g/mol kristallisiertes Oktahydrat: F. 216 °C (Zers.) $[\alpha]_D$ −11°→ −16,3° (in Wasser)	in Frauenmilch (Wuchsstoffe für *Lactobacíllus bífidus)*

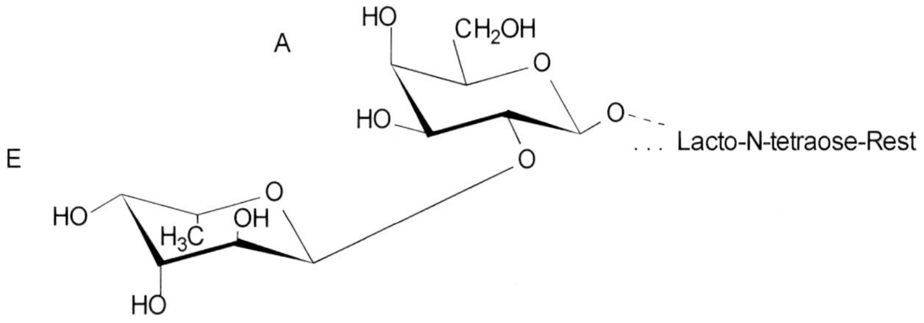

α-L-Fuc p (1→2) β-D-Gal p (1→3)
β-2-N-Ac Gluc p (1→3) β-D-Gal p (1→4)
α-D-Gluc p

Ausgewählte Aminozucker mit lebensmittelchemischer oder physiologischer Bedeutung (Forts.)

Aminozucker	*Strukturformel*	*Charakteristische Daten*	*Vorkommen*
Lacto-N-fucopentaose II	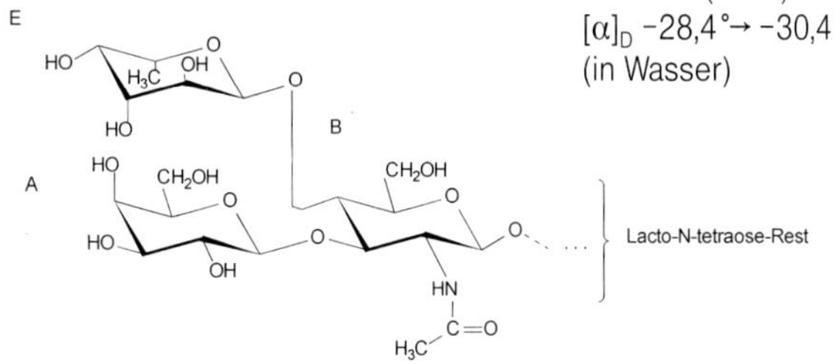 β-D-Gal p (1→3)-[α-D-Fuc p (1→4)] β-2-N-Ac Gluc p (1→3) β-D-Gal p (1→4) D-Gluc p	Molmasse 853,8 g/mol F. 216 °C (Zers.) $[\alpha]_D$ −28,4°→ −30,4° (in Wasser)	in Frauenmilch (im Gegensatz zu Lacto-N-fucopentaose I erhebliche serologische Aktivität im Le[a]-Blutgruppentest)
Lacto-N-difucohexaose I	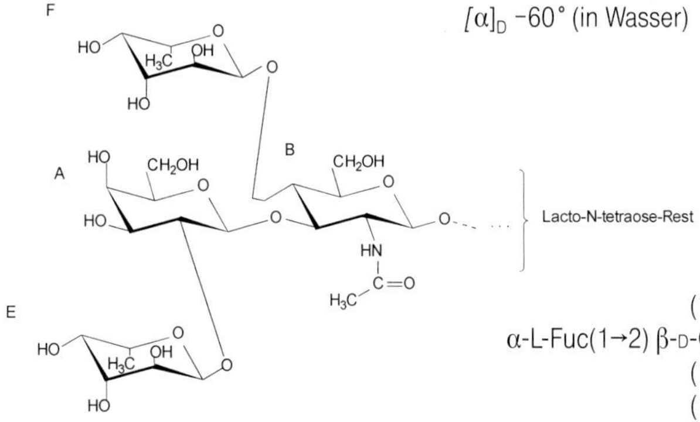 (1→3) α-L-Fuc(1→2) β-D-Gal p β-2-N-Ac Gluc p (1→4) (1→3) α-L-Fuc p β-D-Gal p D-Gluc p (1→4)	*Molmasse 999,9 g/mol* *$[\alpha]_D$ −60°* (in Wasser)	Haupt-Hexasaccharid in Frauenmilch (im Le[b]-Blutgruppentest schwach serologisch wirksam)

Ausgewählte Aminozucker mit lebensmittelchemischer oder physiologischer Bedeutung (Forts.)

Aminozucker	*Strukturformel*	*Charakteristische Daten*	*Vorkommen*
Lacto-N-difucohexaose II	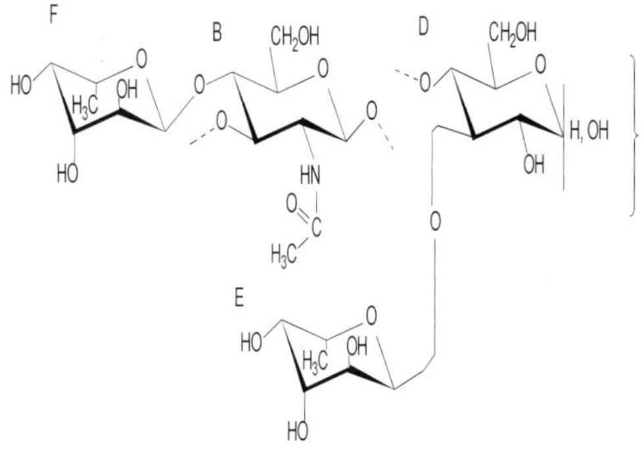	*Molmasse 1072 g/mol (Tetrahydrat)* *F. 218···220 °C* (Zers.) $[\alpha]_D$ −68,8° (in Wasser)	Nebenbestandteil der Frauenmilch-Hexasaccharide (stark serologische Wirksamkeit im Le[b]-Blutgruppentest, Unterschied zu Lacto-N-difucohexaose I)
	β-D-Gal p (1→3) β-2-N-Ac Gluc p (1→3)β-D-Gal p (1→4)D Gluc p 4 ↑ 1 α-L-Fuc p (an β-2-N-Ac Gluc p); 3 ↑ 1 α-L-Fuc p (an D Gluc p)		
e) Aminozucker-carbonsäuren			
N-Acetyl-neuraminsäure *(Lactaminsäure, Gynaminsäure,* 5-Acetamido-3,5-didesoxy-2-keto-nononsäure)	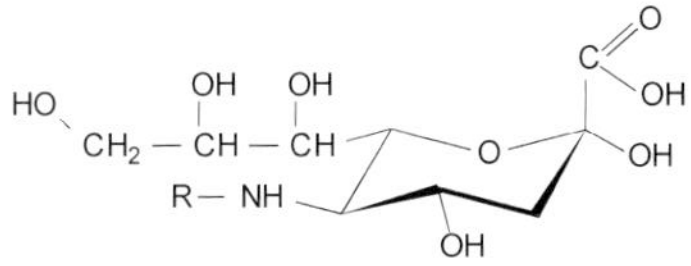Neuraminsäure: −R=−H N-Acetyl-neuraminsäure: −R=$-NHCOCH_3$	Molmasse 309,27 g/mol F. 183···185 °C (Zers., bei 179···180 °C Sintern) $[\alpha]_D$ −32° (in Wasser)	Nonulosaminsäuren (Neuraminsäure und verwandte Substanzen, Sialinsäuren, Mono- oder Diacylneuraminsäuren) sind am Aufbau vieler Muco- und Lipopolysaccharide im menschlichen und tierischen Organismus beteiligt. N-Acetyl-neuraminsäure kommt am häufigsten vor und läßt sich z. B. gut aus Kuhkolostrum gewinnen. Neuraminsäure als Grundkörper konnte als solcher noch nicht dargestellt werden.

Ausgewählte Aminozucker mit lebensmittelchemischer oder physiologischer Bedeutung (Forts.)

Aminozucker	*Strukturformel*	*Charakteristische Daten*	*Vorkommen*
O-Acetyl-lactaminsäure-lactose [O.N-Diacetyl-neuraminyl-(2→3)-β-D-galactopyranosyl-(1→4)-D-glucopyranose]	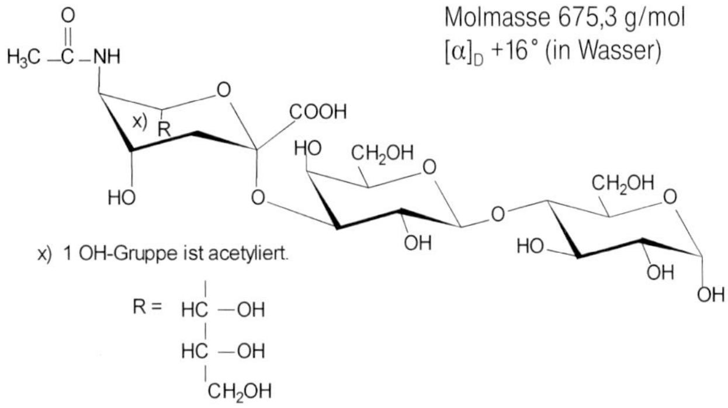	Molmasse 675,3 g/mol $[\alpha]_D$ +16° (in Wasser)	im Kuhkolostrum
Chondrosin [β-D-Glucopyranosyl-uronsäure (1→3)-2-amino 2-desoxy-D-galactopyranose]	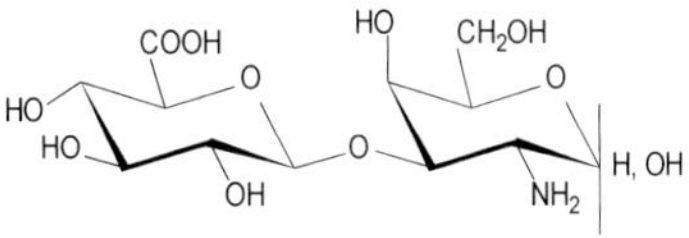	Molmasse 355,3 g/mol $[\alpha]_D$ +40° (0,05 N HCl)	Hydrolyseprodukt der Chondroitin-4- und -6-sulfate u.a. aus Knorpel und Sehnen
Hyalobiuronsäure [β-D-Glucopyranosyluronsäure-(1→3)-2-amino-2-desoxy-D-glucopyranose]	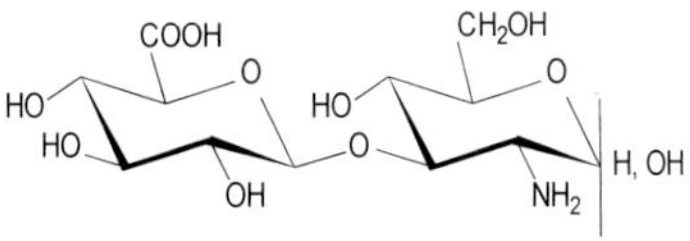	Molmasse 355,3 g/mol F. etwa 200 °C (Zers.) $[\alpha]_D$ +30,5° (0,1 M HCl)	Spaltprodukt der sauren Hydrolyse der Hyaluronsäure (u.a. in Hautgeweben)

→ Saccharide → N-Acetyl-glycosamine

Ammoniak: Zwischenprodukt des Stoffwechsels (Gehirn, Muskel, Leber, Niere) mit der chemischen Formel NH_3, das durch sofort einsetzende Reaktionen unschädlich gemacht wird, da es Zellgift ist. In der Leber wird A. in Harnstoff, im Gehirn in Glutamin umgewandelt. Das Kation des A., das Ammoniumion $(NH_4)^+$, ist ungiftig und kann als Nahrungsmittelbestandteil aufgenommen werden. Mit der Nahrung aufgenommenes A. (z. B. in Käse, Backwaren) wird durch den niedrigen pH-Wert im Magen in das Ammoniumion überführt. Bei pathologischen Stoffwechselzuständen, bei denen durch den Harn verstärkt Säuren ausgeschieden werden, bildet die Niere A., um die Säuren zu neutralisieren.

Ammonium → Ammoniumtriebmittel

Ammonium, doppeltkohlensaures → Ammoniumtriebmittel

Ammoniumbicarbonat → Ammoniumtriebmittel

Ammoniumcarbamat → Ammoniumtriebmittel

Ammoniumcarbonat → Ammoniumtriebmittel → Kohlendioxid

Ammoniumchlorid, (510) Ammonchlorid, Salmiak: salzsaures Salz des Ammoniumhydroxids. Es kristallisiert in farblosen Oktaedern, die sich unter starker Abkühlung leicht in Wasser lösen. A. hat einen bitter-salzigen Geschmack, der sich besonders gut mit Lakritz verträgt. Es ist deshalb ein wichtiger Rohstoff für Salmiakpastillen. A. dient weiterhin wegen seines Stickstoffgehaltes als Hefenährstoff bei der Herstellung von Obstwein.

Ammoniumglycyrrhizinat → Glycyrrhizin

Ammoniumhydrogencarbonat → Ammoniumtriebmittel

Ammoniumhydroxid: (527) Säureregulator und Aufschlußmittel, das zum Aufschluß von Eiprodukten, Kakaoerzeugnissen und Milcheiweiß, zur Herstellung von Nährcaseinat verwendet wird.

Ammoniumphosphatide: (442) Ester des Glycerins mit Fettsäuren und Phosphorsäuren, die teilweise in Form ihrer Ammoniumsalze vorliegen. A. sind anionische Emulgatoren, hauptsächlich für W/Ö-Emulsionen. Die herausragende Eigenschaft ist die Herabsetzung der Viskosität und der Fließgrenze, die bei der Herstellung von Schokoladenmassen ausgenutzt wird.

Ammoniumtartrat → Tartrate

Ammoniumtriebmittel: ein Gemisch verschiedener Ammoniumsalze, allg. unter der Bez. *Hirschhornsalz* oder *Ammonium* im Handel. Es wurden im Hirschhornsalz folgende Ammoniumverbindungen des Systems NH_3-CO_2-H_2O festgestellt: *Ammoniumcarbamat* hat die größte Flüchtigkeit; das *Ammoniumhydrogencarbonat — doppeltkohlensaures Ammoniumcarbonat (ABC-Trieb*) ist die beständigste Verbindung. Ammoniumhydrogencarbonat und neutrales Ammoniumcarbonat machen den Hauptanteil im Hirschhornsalz aus (Verhältnis 1:1···1:2). Das A. ist eine weiße Substanz mit starkem Geruch nach Ammoniak und von laugenartigem Geschmack. Es löst sich leicht in Wasser, ohne zu zerfallen. Erst bei Temperaturen oberhalb 60°C zersetzt sich Ammoniumhydrogencarbonat wie folgt:

Ammoniumtriebmittel

Bez. und Formel	Prozentuale Zusammensetzung		
	NH_3	CO_2	H_2O
Ammonium-hydrogencarbonat $NH_4HCO_3 \cdot H_2O$	21,5	55,7	22,8
Ammoniumcarbonat, neutral $(NH_4)_2CO_3 \cdot H_2O$	29,8	38,6	31,6
Ammoniumsesquicarbonat $(NH_4)_2CO_3 \cdot 2\ NH_4HCO_3 \cdot H_2O$	25,0	48,5	26,5
Ammoniumcarbamat (-carbaminat) $NH_4CO_2NH_2$	43,6	56,4	0

Das A. findet meist in Verbindung mit Pottasche (→ Kaliumcarbonat) als → Lockerungsmittel für

Dauerbackwaren (Leb-, Honigkuchen) und flache Feine Backwaren (Ammonplätzchen, Kekse) Anwendung. Frische Gebäcke riechen beim Durchbrechen stark nach Ammoniak. Das A. ist in gut verschlossenen Glasgefäßen bzw. in mehrschichtigen Papiersäcken oder Polyethylenbeuteln vor Feuchtigkeit und Licht geschützt, kühl aufzubewahren.

Ammonplätzchen, *Amerikaner, Sandbrötchen:* ein flachgewölbtes, an der Unterseite mit Fettglasur oder Zuckerglasur überzogenes, grobporiges, rundes Gebäck aus leichter, biskuitähnlicher Masse von geringer Frischehaltung.

Amómum aromáticum → Bengalkardamom

Amómum compáctum → Kardamom, Runder

Amómum kepulága → Kardamom, Runder 2.

Amómum máximum → Jawakardamom

Amómum montánum → Zitwer, Gelber

Amómum subilátum Bengalkardamom 2.

Amómum xanthioídes → Malabarkardamom 2.

Amontillado → Sherry

Amorphophállus spec. → Elefanten-Yams

AMP (Adenosin-5'-monophosphat) → Nucleotide

Ampas → Zuckerrohr

Ampfer, Französischer → Sauerampfer, Großer

Ampfer, Römischer → Gartenampfer

'Amsden': Pfirsich → Steinobst

Amsoi, *Blattsenf:* ein neuerdings in Europa kultiviertes Blattgemüse, *Brássica juncéa var. rugósa* (Familie *Brassicáceae),* das wie Chinakohl von Sept. bis Mai unter Glas gezogen wird und 2 Monate zu seiner Entwicklung benötigt.

Amurkarpfen → Graskarpfen

Amygdalin → *Amygdalosid,* β-D-Gentiobiosyl-D-(-)-*mandelsäurenitril,* D(-)-*Mandelnitril*-β-gentiobiosid, Glucoprunasin: optisch aktives, linksdrehendes Mandelnitril-β-Gentiobiosid, zur Gruppe der Glycoside gehörend (Formel s. unten).
A. kommt u. a. in Kernen verschiedener Steinfrüchte (Mandeln, Aprikose, Kirsche, Pfirsich, Pflaume) sowie in anderen Fruchtsamen (Apfel, Quitte) vor und ist an dem Aroma der Steinobstbranntweine (Kirschgeist, Zwetschgenwasser) und einiger Zuckerwaren (Persipan) wesentlich beteiligt. Es kristallisiert aus Wasser in Form des Trihydrats und bildet rhombische Kristalle, F. 120···125 °C, F. wasserfrei 210···215°C, $[\alpha]_D^{18}$ −41,6 °C (in Wasser). A. ist sehr leicht löslich in Wasser, löslich in heißem Ethanol. Durch das Enzymgemisch Emulsin wird A. in Glucose, Benzaldehyd und Blausäure gespalten und erhält dadurch seine hohe Giftigkeit. Es wird durch Extraktion aus A. enthaltenden Samen dargestellt.
→ Glycoside, → Blausäure, → D-Mandelsäure

Amygdalinbiose → Disaccharide

Amygdalose → Disaccharide

Amygdalosid → Amygdalin

L-Amygdonitrilglucosid → Glycoside, cyanogene

Amylalkohole, *Pentanole:* einwertige, aliphatische, gesättigte Alkohole der Summenformel $C_5H_{11}OH$. Von den 8 Isomeren sind nur *n-Amylal-*

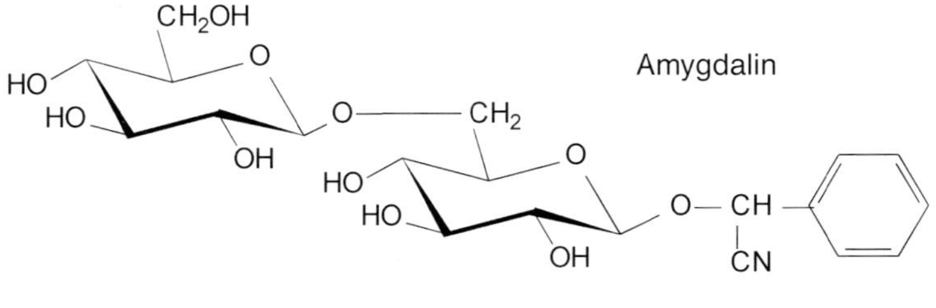

Amygdalin

kohol sowie *2-Methylbutanol*-(1) und *3-Methylbutanol(1) (Isoamylalkohol)* von Interesse. n-Amylalkohol ist ein häufiger Bestandteil der flüchtigen Komponenten von Lebensmitteln. Die beiden genannten Methylbutanole sind die Hauptkomponenten des Gärungsamylalkohols, der 60···80% der → *Fuselöle* ausmacht. A. sind, ausgenommen das bei Zimmertemperatur feste Trimethylethanol, farblose Flüssigkeiten mit charakteristischem Geruch, Kp. zwischen 102°C und 138°C. A. sind in Ethanol und Ether gut, in Wasser wenig löslich. Sie reizen die Schleimhäute, und ihre Rausch- und Giftwirkungen sind stärker als die des Ethanols. Die im Gärungsamylalkohol enthaltenen Isomeren werden durch einen Gärprozeß aus den Aminosäuren Leucin und Isoleucin gebildet. Technisch gewinnt man A. aus Pentenen über Schwefelsäureester oder aus Pentanen über die Amylchloride. A. werden vor allem zur Herstellung von Amylestern für Aromen verwendet. → Alkohole

Amylaseinhibitoren → Enzyminhibitoren

Amylasen, *Diastasen:* Sammelbez. für *Stärke* bzw. *Glycogen* spaltende *Enzyme,* wobei höher- bzw. niedermolekulare Abbauprodukte, Maltose und Glucose entstehen. Das Enzymmolekül der A. besteht aus einem Protein, häufig auch *Glycoprotein* mit einer Molmasse je nach Herkunft von 25000 bis weit über 100 000 g/mol. Die für ihre Wirkung veranwortlichen aktiven Zentren und ihre Aminosäuresequenz sind bei einzelnen A., z. B. der Gerste, bekannt. Zu den A. zählen α-A. (EC 3.2.1.1), β-A. (EC 3.2.1.3), *Glucoamylase (*γ-A., *Amyloglucosidase* (EC 3.2.1.3) *und Pullulanase* (EC 3.2.1.4.1)). Die A. sind in tierischen, pflanzlichen und mikrobiellen Organismen außerordentlich weit verbreitet. α-A. findet sich z. B. in Honig und Malz, in der Mehrzahl der Hefen, Pilze und Bakterien, ferner im Speichel, im Pankreassaft und in den meisten pflanzlichen Samen. β-A. ist vorzugsweise in den Samen der Getreidearten vertreten. *Glucoamylase* wird von Mikroorganismen, bes. Pilzen, häufig zusammen mit α-A., biosynthesisiert und in die umgebende Kulturlösung ausgeschieden, ferner ist sie auf der Intestinalmukosa von Mensch und Säugetier lokalisiert. Die A. unterscheiden sich in der Spaltungsspezifität; α-A. hydrolysiert als Endoenzym die α-(1.4)-glycosidischen Bindungen aus der Mitte des Stärkemoleküls unter vorwiegender Bildung von → Dextrinen. β-A. spaltet als sog. Exoenzym denselben Bindungstyp aber vom nichtreduzierenden Ende her unter Freisetzung von Maltose und sog. Grenzdextrinen, das sind Verbindungen, die vermehrt α-(1.6)-glycosidische Bindungen enthalten. *Gluco-Amylase* löst als Exoenzym vom nichtreduzierenden Ende her α-(1.4)-glycosidische Bindungen, wobei D-Glucose entsteht (Bild).

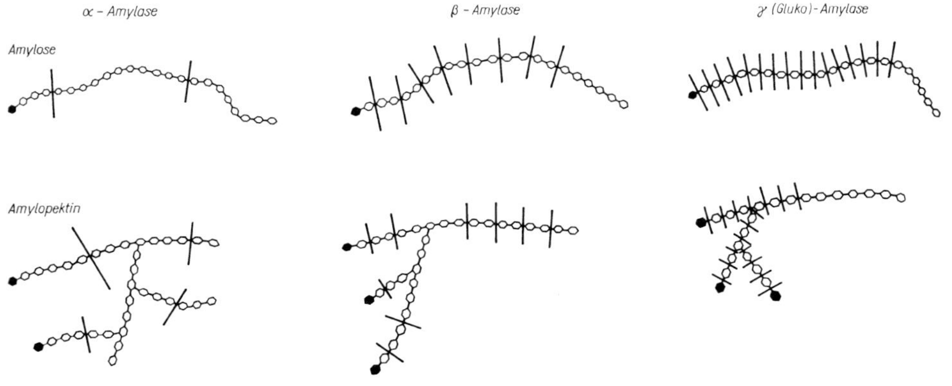

Spaltung von Stärke durch Amylasen, schematisch dargestellt an linearstrukturierter Amylose und verzweigtstrukturiertem Amylopektin

Gluco-Amylase löst auch α-(1.6)-glycosidische Bindungen, das sind die Verzweigungsstellen des Stärkemoleküls, allerdings mit geringer Geschwindigkeit, → *Pullulanase* nur α-(1.6)-glycosidische Bindungen. Die optimalen Wirkbedingungen sind vom jeweiligen Organismus abhängig. Pflanzliche *α-A.* aus Getreide ist temperaturstabil und oberhalb von 60°C noch wirksam, *β-A.* ist bereits oberhalb 55°C inaktiviert. Bakterielle A. sind im allg. temperaturstabiler als pilzliche A. Die A. werden beim Auskeimen von Samen zur Mobilisierung der Stärke aktiviert. Ferner spielt die Aktivität der A. bei der Teigbereitung, der Malzgewinnung bzw. beim sog. Getreideauswuchs eine erhebliche Rolle. Die A. werden im großtechnischen Maßstab aus Bakterien und Pilzen gewonnen. α-A. und Pullulanase dienen zur Herstellung von Stärkeabbauprodukten und zusammen mit Glucoamylase zur Herstellung von Glucose (Traubenzucker), von definierten Stärkeabbauprodukten (Maltotriose) zum Aufschluß stärkehaltiger Rohstoffe (Bier- und Ethanolgewinnung) und zur Qualitätsverbesserung von Backerzeugnissen. β-A. dient zur Gewinnung von Maltose und ist an der Malzbereitung entscheidend beteiligt.

n-Amylchlormalonamid → Süßungsmittel

Amylester → Ester

Amylin → Amylopectin

Amylocellulose → Amylopectin

Amylogen → Amylosen

Amyloglucosidase → Amylasen, → Pullulanase

Amylopectin, ältere Bez. *Amylocellulose, Amylin, Farinose,* α-Amylose: der verzweigtkettige Anteil der → Stärke, deren Glucosemoleküle in α-1,4- und α-1,6-Bindung (Verzweigung) verknüpft sind (siehe Darstellung nächste Spalte oben).
A. weist eine Molmasse von 40 000···1 000 000 g/mol auf, gibt mit Jod eine rotviolette Färbung und kann durch spezielle Verfahren isoliert werden. Das A. ist i. allg. zu 80 % in der Stärke enthalten, ausgenommen die → Wachssstärken mit über 98 % A. und weniger als 1 % β-Amylose (→ Amy-

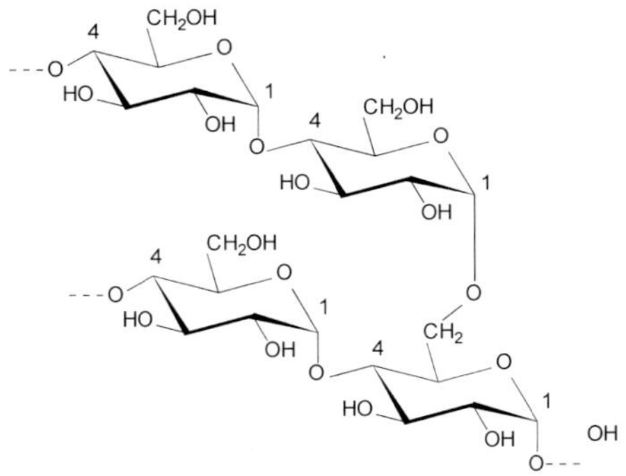

Amylopektinmolekül (Ausschnitt)

lose) und die hochamylosigen Stärken mit 35···2 % A. Durch β-Amylase allein wird A. nur teilw., in Kombination mit Säuren aber vollständig abgebaut. Das A. ist ein weißes, lockeres, geruch- und geschmackloses Pulver, das in heißem Wasser hochviskose Kleister und nach dem Trocknen spröde Filme gibt. Es findet unverändert oder nach Modifizierung (Veretherung oder Veresterung) als Binde- und Dickungsmittel wie Stärke Verwendung. Je größer die Molmasse des A., desto viskoser ist die Lösung. → Ultra-Amylopectin → Stärkeerzeugnis

Amylose, ältere Bez. *Amidulin, Granulose, Amylogen,* β-Amylose: der linearkettige, wenig verzweigte, aus spiralförmig in α-1,4-Bindung angeordneten Glucosemolekülen („Helix", *Cycloamylose)* bestehende Anteil der → Stärke, s. Formel Seite 95 oben.
Die Molmasse der A. beträgt 500 bis 100 000 g/mol. A. kann durch spezielle Verfahren, wie Fraktionierung, Extraktion, Stärkedispergierung, Adsorption, selektive Fällung u. ä., isoliert werden. Die A. ist i. allg. zu 20 % in der Stärke enthalten, mit Ausnahme der hochamylosigen Stärken (65···98 % A.) und der → *Wachsstärken,* die fast ausschl. aus → *Amylopectin* bestehen. Die → Getreidestärken, bes. Maisstärke, enthalten eine hochpolymere, d. h. langkettige A., während die A. der Kartoffelstärke kurzkettig ist. Die A. ist eine weiße, geruch- und geschmacklose Substanz, die

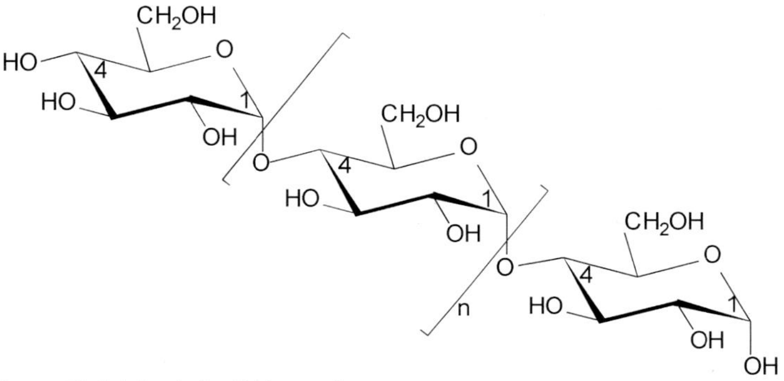

in heißem Wasser löslich ist, beim Erhitzen aber nicht verkleistert, elastische, durchsichtige Filme bildet und bei längerem Stehen ausflockt (retrogradiert). Sie bildet mit verschiedenen Stoffen, z. B. Iod, Einschlußverbindungen. Durch *α-* und *β-Amylase* sowie Säuren wird die A. vollständig abgebaut. Mit Iodlösung färbt sich die A. leuchtend blau. Die A. dient meist nach Modifizierung (Veresterung oder Veretherung) als Filmbildner zum Umhüllen bzw. Verpacken von Lebensmitteln. → Stärkeerzeugnis.

α-**Amylose** → Amylopectin

β-**Amylose** → Amylose

Amylostärke: eine Stärke mit einem hohen Gehalt an → Amylose. → Getreidestärke

Amylotetraose → Tetrasaccharide →

Amylotriose → Trisaccharide

2n-Amyl-3-phenyl-2-al → *α-Amylzimtaldehyd*

Amylum → Stärke

L-n-Amylvinylcarbinol → Alkohole

α-**Amylzimtaldehyd**, α-Pentylzimtaldehyd, 2n-Amyl-3-phenyl-propen-2-al, Jasminaldehyd: eine aromatische Verbindung mit der Strukturformel

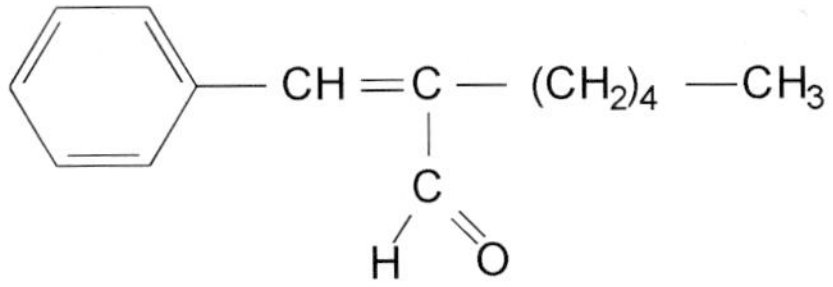

α-A. ist eine klare, gelbliche, mit Ethanol mischbare Flüssigkeit von blumigem Geruch, Kp. 153···154°C (1 Pa). [α] 0,96···0,97, n_D^{20} 1,554···1,559. Es dient zur Herstellung künstlicher Apfel-, Aprikosen- und Erdbeeraromen für alkoholfreie Getränke, Eiskrem, Zuckerwaren, Backwaren, Puddings, Kaugummi. Die deutsche Aromenverordnung begrenzt den Gehalt an α-A auf 1 mg/kg des verzehrsfertigen Lebensmittels. Die Herstellung des α-A. erfolgt durch Kondensation von n-Amylaldehyd mit Zimtaldehyd.

β-**Amyrin,** *β-Amyrenol, α-Viscol:* ein Triterpen-Alkohol mit der Formel

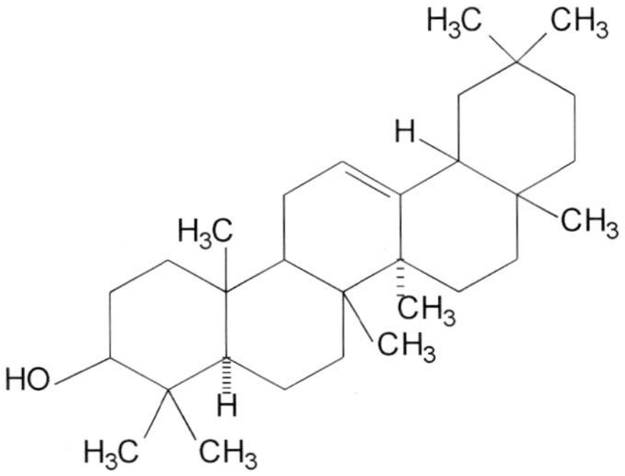

β-A. kommt im Traubenkernöl vor, 197···200°C, $[\alpha]_D$ +88° (in Trichlomethan).

Anabasin: Tabakalkaloid, besitzt nicotinähnliche Giftwirkung, ist löslich in Wasser und in den meisten organ. Lösungsmitteln und findet Anwendung als Insektizid. → Alkaloide

Anabolica: Wirkstoffe, die den Stoffwechsel des tierischen Organismus zum Aufbau körpereigener Stoffe anregen. Dazu gehören z. B. Derivate des *17-α-Methyltesterons* oder des *19-Norsterons*. A. werden in der Nutztierhaltung als Arzneimittel und als Masthilfsmittel zur Beschleunigung des Fleischansatzes eingesetzt. Als Masthilfsmittel dienen u.a. auch Fütterungsantibiotika, Arsen- und Hormonpräparate. In Deutschland ist ihr Einsatz untersagt.

Anacámptis pyramidális → Salepmannan

Anacárdium occidentále → Kaschunuß

Anacardol → Phenole

Anacardsäure (Anakardsäure) → Monohydroxycarbonsäuren, aromatische

Anácyclus officinárum → Bertram

Anácyclus pýrethrum → Bertram 2.

Anaerobier: Mikroorganismen, die unter Ausschluß von Luftsauerstoff wachsen können. Sie beziehen ihre Energie durch Gärung. Es gibt pathogene und apathagone A. Zu ersteren gehören Bakterien der Gattung Clostridium z. B. *Clostridium bótulinum*, → *Clostrídium perfríngens;* zu den apathogenen Arten zählen z. B. *Clostrídium amylobácter, Clostrídium putréscens.* Die A. sind an der (Innen-) → Fäulnis der Lebensmittel beteiligt.

'Anaheim' → Avocado

Analyse, organoleptische → Sensorik

Analyse, sensorische → Sensorik

Ananas, 1. fleischiger Fruchtstand der Staude *Ánanas comósus* (L.) Merr. (Familie *Bromeliáceae*), die als alte mittelamerikanische Kulturpflanze seit dem Ende des 15. Jh. in den Tropen weltweit verarbeitet wurde. Die Wildform ist nicht bekannt. An einem kurzen, steifen, Stamm entwikkelt sich eine Blattrosette aus steifen, schmalen Blättern (60···120 cm lang), aus der ein etwa 30 cm langer Blütenstand mit etwa 100 Einzelblüten herauswächst. Die Scheinfrucht besteht aus der fleischig umgebildeten Blütenachse, die mit den fleischigen Teilen der Einzelblüten verwächst. Die Mittelachse verholzt, sie wird bei der Konservenherstellung herausgebohrt. Die äußere Schale umschließt das gelbliche, saftige Fruchtfleisch. Die Spitze der Scheinfrucht wird durch eine Rosette stacheliger Blätter abgeschlossen. Die A. ist etwa 12 bis 24 Monate nach dem Setzen der Stecklinge reif. Die Reife kann durch Räuchern (altes Verfahren), Begasen mit Ethen oder Behandlung mit Wachstumsregulatoren beschleunigt werden. Für die Geschmacksausbildung der A. sind vor allem der Ananasester (ein Buttersäuremethylester) und das eiweißspaltende Enzym → *Bromelin* erforderlich. Beide Komponenten müssen vor der Ernte einen gewissen Entwicklungsgrad erreicht haben, sonst schmecken die Früchte nicht. Beim Transport besteht nach wie vor die Schwierigkeit der Frischhaltung, zumal ein künstliches Nachreifen, wie bei der Banane, noch nicht möglich ist. Der Hauptanteil wird daher als Naßkonserve in Form von Pulpe, Saft oder vor allem Fruchtstücken oder -scheiben importiert. Hauptkultur- und Exportgebiet sind die hawaiianischen Inseln (insbes. Oahu, Molhai und Lanai); andere Anbaugebiete sind die Azoren, Sri Lanka, Borneo, Madagaskar, die Philippinen und Mittelamerika. Auf den Azoren wird die A. auf 1,80 km^2 unter Glas kultiviert, wobei durch Anwendung spezieller Kulturmaßnahmen die Entwicklungszeit der Scheinfrüchte auf 9 Monate verkürzt und ein für den Frischverzehr ausgezeichnetes Aroma erreicht wird. Die Hawaii-Ananas entwickelt weniger Aroma und wird deshalb in erster Linie konserviert. Es gibt etwa 40 Sorten, von denen 'Smooth Cayenn' und die 'Queen'-Sorten die wichtigsten sind. Auf Hawaii hat die Konservierung der A. in Ringen, Scheiben und Stücken große Bedeutung. Zur Marmeladenherstellung und als Speiseeiszusatz wird ungezuckerte Ananaspulpe (Raspeln) produziert. Die Ananaszüchtung beachtet bes. die Forderungen der verarbeitenden Industrie.

Neben anderen wertvollen Inhaltsstoffen (Tab.) enthält die A. im Saft frischer Früchte → *Bromelin*,

Zusammensetzung und Energiewert der Ananas

Bestandteil	Durchschnittl. Gehalt in 100 g eßbaren Anteils	
	Frischfrucht	Dosenfrucht
Feuchtigkeit	84,0 g	74,8 g
Eiweiß	0,5 g	0,4 g
Fett	0,2 g	0,2 g
Kohlenhydrate	13,4 g	22,9 g
Ballaststoffe	1,4 g	1,3 g
Mineralstoffe	0,5 g	0,4 g
Natrium	2,1 mg	1,0 mg
Kalium	191,0 mg	75,0 mg
Calcium	10,3 mg	13,0 mg
Eisen	0,35 mg	0,30 mg
Phosphor	9,7 mg	7,0 mg
Caroten	0,68 mg	0,04 mg
Vitamin B_1	0,078 mg	0,07 mg
Vitamin B_2	0,02 mg	0,02 mg
Niacin	0,20 mg	0,20 mg
Vitamin B_6	0,08 mg	–
Vitamin C	21,0 mg	7,0 mg
Citronensäure	0,69 mg	–
Energiewert in kJ (kcal) je 100 g eßbaren Anteils	240 (57,5)	397 (95)

ein eiweißspaltendes Enzymgemisch, das bei Verdauungsstörungen (säurearmer Magensaft) mildernd wirkt. Rückstände der Konservenindustrie werden als Viehfutter und zur Herstellung von Ethanol, Weinessig u. a. genutzt.
2. österr. Bez. für Gartenerdbeere (→ Erdbeere)

Ananasguave → Feijoa

Ananaskirsche → Physalis

Ananaslikör: ein Fruchtsaftlikör, hergestellt unter Verwendung von 20 l Ananassaft auf 100 l A. und Zuckercouleur zur Färbung. → Likör

Ananasmelone → Zuckermelone

Ananastörtchen: ein aus Mürbeteig bestehendes → Dessertstück, das mit Krem und Ananas gefüllt und mit einem Gelantineguß überzogen ist.

Ananastorte → Obstgebäck

Anarrhíchas spec. → Katfisch

Ánas bóschas *(Ente)* → Fleischtiere → Wild

Anatolischer Tragant → Tragant

Anattobaum, *Achiote, Bija, Onoto, Orleansstrauch, Pumacua, Urucu*: der aus dem Amazonasgebiet stammende Strauch oder kleine Baum *Bixa orellána* L. (Familie *Bixáceae),* dessen weichstachelige Fruchtkapsel 15 bis 20 Samen enthält, die von einem fleischigen, roten bis orangenfarbigen Samenmantel umgeben sind. Diese Samenmäntel werden für die Herstellung von Soßen verwendet. Die aus ihnen hergestellte Paste ist reich an Mineralstoffen und Vitaminen, 100 g enthalten 229 mg Calcium, 220 mg Phosphor, 0,22 mg Vitamin B_2 und 1,46 mg Niacin. Sie dient vorwiegend als Lebensmittelfarbstoff.

Anchois: franz. Bez. für Salzsardelle. → Anchovis → Salzfischerzeugnisse

Anchosen, *Kräuterfischerzeugnisse; spezielle Salzfischerzeugnisse:* unter Verwendung von Salz, Zucker und Gewürzen enzymatisch gereifte und dann auf verschiedene Weise schmackhaft zubereitete *Sprotten* und *Heringe* auch andere heringsartige Fische (Clupeiden). A. sind für eine begrenzte Zeit haltbar gemacht (chem. konserviert). Zur Herstellung von A. werden möglichst fette Fische, unmittelbar nach dem Fang, evtl. genobbt oder geköpft, in Fässer mit Salz und Zucker und einer Gewürzmischung aus 10 bis 15 Komponenten (z. B. Ingwer, Koriander, Muskat, Zimt, Lorbeerblätter, Kardamom, Nelken Piment, Pfeffer, Paprika, Thymian, Sandelholz, Wacholderbeeren und Citronensäure) eingelegt. Als Konservierungsmittel dient Benzoesäure. Zur erwünschten schwach rötlichen Färbung kann auch Sandelholz und Natriumnitrat (→ Salpeter) verwendet werden. Durch den während der Reifung eintretenden Eiweißabbau entsteht in Verbindung mit den Gewürzen das typische, pikant-würzige und kräftige Aroma dieser Erzeugnisse. Zugleich findet eine ausgeprägte Erweichung der Konsistenz (Textur) und eine Masseabnahme (etwa 40%) der eingelegten Fische statt. Die gereiften Halbfertigerzeugnisse werden zu den verschiedenen Endprodukten verarbeitet und mit verschiedenen Aufgüssen, auch süßsauer, in Kleinabpackungen angeboten: *Anchovis, Kräutersprott* sind aus Sprotten hergestellt. *Anchovisfilets* sind Filets großer Sprotten im eigenen Saft (filtrierte Lake) oder in Öl (→ Ölpräserven). *Anchovisringe, -röllchen* sind gerollte Anchovisfilets, evtl. enthäutet mit Kapern garniert, im eigenen Saft oder in Öl. → *Appetitsild* sind enthäutete Filets großer Sprotten. *Kräuterheringe* sind entweidete, möglichst fette Heringe in kleinen Handelsabpackungen. *Kräuterheringsfilets* sind enthäutete Filets aus Kräuterheringen ohne Schwanz, Bauchhaut und Seitengräten im eigenen Saft oder Öl. *Kräutergabelbissen* sind 1,5···2,5 cm breite Querstreifen aus Kräuterheringsfilets im eigenen Saft oder Öl. Die Reifung setzt sich auch in der Handelspackung fort. Sie kann zur unerwünschten völligen Erweichung und weitgehenden Verflüssigung der Erzeugnisse führen. A. sind bes. zur Garnierung von Kalten Gerichten sowie zur Zusammenstellung von Appetitshappen geeignet. Der Energiewert von A. hängt in erster Linie vom Fettgehalt der verwendeten Fische ab und kann mit 730···1050, Richtwert 929 kJ (220 kcal) je 100 g eßbaren Anteils angesetzt werden. Durch anhaftendes mitgenossenes Öl kann sich dieser Wert um 120···210 kJ erhöhen.

Anchoveta → Anchovis

Anchovis: 1. Fischerzeugnis → Anchosen **2.** *Sardelle* (Bild): Bez. für heringsfarbene, in großen Schwärmen lebende *Meeresfische* der Familie *Engraulidea* mit stark vorspringendem Oberkiefer und sehr großer, weit hinter das Auge reichender Maulspalte, ohne Kielschuppen am Bauch. Obwohl sie im Durchschnitt kaum über 10 cm lang werden (höchst. 17···20 cm) und ihre Populationsgrößen stark schwanken, haben sie durch ihr Massenauftreten große Bedeutung. Ein großer Teil der 3···6 Mio t Jahresfang entfällt auf die *Anchoveta* vor Peru/Chile, der Rest vor allem auf *Engraulis*-Arten im Mittelmeer/Schwarzen Meer, vor Südwestafrika, im mittleren Ost- und Westpazifik. Die A. ist als Speisefisch wenig geeignet. In ihren

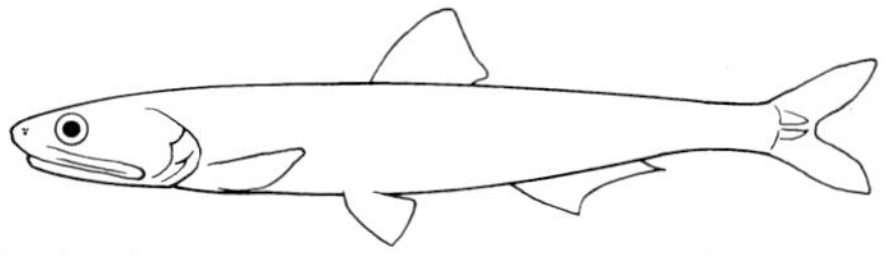

Anchovis

Fleischeigenschaften (Aussehen, Geschmack, Fettgehalt) ist A. der Sardine ähnlich. Im europäischen Raum wird sie fast ausschließlich stark gesalzen *(Salzsardellen,* → Salzfischerzeugnisse) und zu → Ölpräserven (Sardellenfilet, -röllchen und -ringe) und Pasten (Sardellenbutter, -paste) verarbeitet. Diese Erzeugnisse haben einen arteigenen salzig-pikanten Geschmack und dienen zur Garnierung und Verfeinerung von kalten und warmen Gerichten. Die pazifische *Anchoveta* (Chile, Peru) wird nahezu ausschließlich zu Fischmehl verarbeitet, daneben werden jedoch auch zunehmend Konserven (etwa 100 kt) hergestellt.

Anchovispaste → Fischpaste

Anchúsa arvénsis → Ochsenzunge → Wildkräuter

Anchúsa officinális → Ochsenzunge → Wildkräuter

Anden-Blaubeere → Chivaco

Anden-Johannisbeere → Parilla

Andine → Yamsbohne

Andjejang → Ojokbaum

Andropógon bésseri → Sorghumhirse

Andropógon caffrórum → Sorghumhirse

Andropógon saccharátus → Sorghumhirse

Andropógon sórghum → Sorghumhirse

Andropógon sórghum var. inhonéstus → Sorghumhirse

Andropógon subglabréscens → Sorghumhirse

5-α-Androst-16-en-3-α-ol: Hauptbestandteil des Lockstoffes (Pheromon) des Ebers und Inhaltsstoff von Trüffeln mit Steroidstruktur. In Trüffeln wurden 40···60 μg/kg Frischsubstanz an diesem festgestellt. Es erklärt die Fähigkeit der Schweine, die Trüffeln bis zu 1 m tief im Erdboden zu entdecken. → Tuberáles

5α-Androst-16-en-3-on: Abkömmling eines männlichen, im Hoden gebildeten Geschlechtshormons mit Steroidstruktur, das im frischen und zubereiteten Fleisch zu einem unangenehmen, als Geschlechtsgeruch oder „boartaint" bezeichneten Geruch führt. Es kommt im Fettgewebe des Fleisches männlicher, vorwiegend älterer Tiere normalerweise nur in Konzentration von 1···2 ppm. vor, wird aber in diesen Konzentrationen bereits als unangenehm, bes. beim Kochen und vorzugsweise von Frauen, wahrgenommen. Da der Stoff relativ leicht flüchtig ist, läßt er sich vor der Verarbeitung einer Fleischcharge durch Schmelzen einer kleinen Fettprobe - bei hohen Temperaturen - am Geruch leicht feststellen.

Anethol, *p-Methoxypropenylbenzen, Anisstearopten, Anolmethylether*: Phenolether s. Struktur.

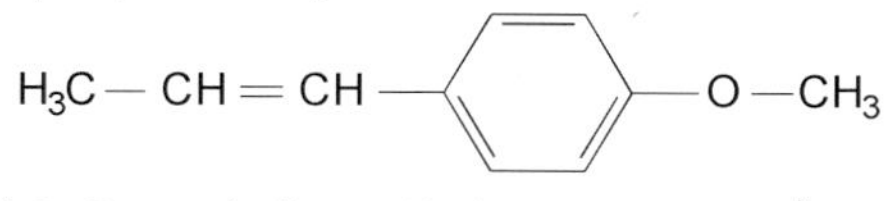

A. ist Bestandteil verschiedener ätherischer Öle, in Anisöl zu 80···90% und in Fenchelöl bis zu 70% enthalten, weiterhin in Estragon- und Basilikumöl. Es hat einen intensiven Anisgeruch und -geschmack. A. bildet farblose Kristalle, F. 22···23°C, Kp 233 bis 234°C, n_D^{25} 1,560, d_4^{25} 0,986, ist löslich in Ethanol, Ether, Chloroform, Aceton, Benzen, Schwefelkohlenstoff und sehr wenig löslich in Wasser. A. findet Verwendung bei der Herstellung von Likören und Parfümen sowie medizinisch als schleimlösendes Hustenmittel. → ätherische Öle → Phenole → Terpen-Alkohole

Anetholglycol → Alkohole, aromatische

Anéthum gravéolens → Dill

Anéthum gravéolens. ssp. sówa → Dill, Indischer

Aneurin → Vitamin B_1

Aneurinpyrophosphorsäureester → Vitamin B_1

Angélica archangélica → Angelika 1. → Angelikawurzel

Angélica dahúrica → Angelika 3.

Angélica japónica → Angelika 4.

Angélica kēīskei → Angelika 2.

Angélica shiokiána → Ginseng-Ersatz

Angélica silvéstris, *Waldengelwurz* → Wildkräuter

Angelicin → Cumarin

Angelika: 1. *Gartenangelika, Angélica archangélica* L. (Familie *Apiáceae),* deren Stengel, Blätter und Blattstiele als Gemüse, der Wurzelstock (s. → Angelikawurzel) für Aromatisierungszwecke und in kandierter Form als → Dekormaterial genutzt werden.
2. die in Japan als Gemüse angebaute *Angélica kēīskei* Miq., die als Dickzuckerfrucht und als Gewürz, wie A 1. verwendet wird.
3. die in Japan als Heilpflanze kultivierte *Angélica dahúrica* (Fisch.) Benth et J. D. Hook, ex Franch et Sav., deren junge, geschälte Sprosse als Gemüse, meist roh verzehrt werden.
4. die in China, Korea und Japan als Gemüse- und Gewürzpflanze kultivierte *Angélica japónica* A. Gray, die wie A. 1. genutzt wird.

Angelikalikör: ein aromatischer Bitterlikör mit 35%-Vol. Ethanolgehalt, hergestellt unter Verwendung von Auszügen und Destillaten von Angelikawurzeln und -samen. → Likör

Angelikasaft → Kräutersaft → Angelikawurzel

Angelikasäure → Tiglinsäure

Angelikawurzel, *Engelwurz:* das gesäuberte und getrocknete Rhizom mit Nebenwurzeln der angebauten, zweijährigen, 1,5···2,5 m hohen *Gartenangelika Angélica archangélica* L. (Familie *Apiáceae*). Nach dem Trocknen werden die Nebenwurzeln und das Rhizom zu einem Zopf (*Angelikazopf*) geflochten. Der charakteristische Geruch und Geschmack sind auf den Gehalt an ätherischem Öl (bis 1%), das hauptsächlich aus einem Terpen mit pfefferähnlichem Geruch, Phellandren und Cymal besteht, sowie auf Angelikasäure, Bitterstoffen u. a. zurückzuführen. Die geschälten und kandierten, 10···20 cm langen und 2···3 mm dicken Angelikawurzelstücke in Form grüner Stäbchen dienen in der Konditorei zum Aromatisieren und Verzieren. Die A. und das daraus gewonnene gelbe ätherische Öl (Angelikaöl) werden auf Grund des kräftig aromatischen und bitteren Geschmacks als Magenstärkungsmittel und zum Aromatisieren von Kräuterlikören, z. B. → Chartreuse oder → Angelikalikör, verwendet.

Angelikazopf → Angelikawurzel

Angelstragel → Kaffeewicke

Angelylsenföl → Senföle

Anghera: ein in Äthiopien üblicher, in ranzigem Öl aus Gerste bereiteter Fladen, der frisch verzehrt wird. → Flachbrot → Fladen

Angiópteris evécta → Nehai

Angkak → Rotreis

Angler, *Anglerfisch, Seeteufel, Lóphius piscatórius* (Bild):

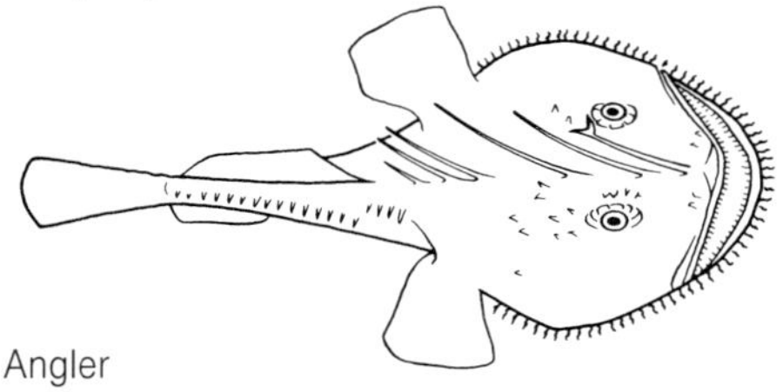

Angler

bräunlich-schwärzlicher, schuppenloser, am Boden lebender Meerfisch von plumper Gestalt mit sehr großem Kopf und breitem Maul. Die getrennt stehenden, beweglichen Strahlen der ersten Rükkenflosse dienen, über das Maul gehalten, als Lockorgan für die Beutetiere. Die mittlere Länge des A. beträgt 40···60 cm, höchst. 1,5···2 m. Gegenwärtig werden aus dem Nordostatlantik über 50 t bes. in Frankreich, Spanien und Großbritannien angelandet. Verwandte Arten werden in geringem Maße vor Nordamerika, Südafrika und im Mittelmeer gefangen. Der A. ist ein wohlschmeckender, fettarmer Speisefisch mit weißem Fleisch, der wegen seines abstoßenden Äußeren geköpft und entweidet (evtl. ohne Haut) oder in Karbonaden (→ Fischerzeugnisse) zerteilt wird. Der Handel unter der fehldeutigen Bez. *Forellenstör* ist nicht gestattet. A. ergibt ansprechende Räucherprodukte. → Fisch

Anglerfisch → Angler

Angola: ein in Äthiopien verbreitetes alkoholisches Getränk aus den Früchten einer Unterart (*ssp. gnaphalocárpa* von *Fícus sycómorus* L.) der → Maulbeerfeige.

Angolaerbse → Erderbse → Katjangbohne 1.

Angolalauch → Lauch

Angolaschalotte → Lauch

Angostura: ein stark bitterer, rotbrauner → Trinkbranntwein (meist 48 %-Vol. Ethanolgehalt), hergestellt unter Verwendung von Extrakten aus → Angosturarinde, rotem Sandelholz, Chinarinde, Enzian, Ingwer, Pomeranzenschalen, Zimt, Galgantwurzel, Angelikawurzel, Johannisbrot, Rosinen, Kardamom und anderen. Der Name dieses Erzeugnisses geht auf die Stadt Angostura (heute Ciudad Bolivar) in Venezuela zurück, in der der von Europa ausgewanderte *Siegert* einen Magenbitter herstellte, so daß A. zum Gattungsbegriff für alle *Bitteren* geworden ist, die im Geschmacksbild diesem Erzeugnis entsprechen. Der A. wird verdünnt als medizinisches Hausmittel und zur geschmacklichen Abrundung von Cocktails verwendet.

Angosturarinde: die getrockneten Rindenstücke mit stark würzigem, bitterem Geschmack des in Südamerika – insbes. an den Ufern des Orinoko in Venezuela wildwachsenden *Angosturabaumes, Cuspária trifoliáta Engl.* (Familie *Rubiáceae).* Die vorwiegend für sog. *Angostura-Bitter* verwendete Rinde enthält Aroma- (1,5 % ätherisches Öl mit 14 % Calipol) und Bitterstoffe (insbes. Angosturin) und wird vorwiegend von der Essenzen- und Spirituosenindustrie importiert.

Angquac → Rotreis

Anguardiente de Maguey → Agavenschnaps

Anguriagurke → Igelgurke, Kleine

Angurie → Igelgurke, Kleine

Anguílla vulgáris → Aal

2,7-Anhydro-β-D-altroheptulopyranose → Zuckeranhydrid

1,6-Anhydro-D-galactopyranose →Zuckeranhydrid

1,6-Anhydro-D-galactose → Anhydrozucker → Zuckeranhydrid

1,6-Anhydro-β-D-glucofuranose → Zuckeranhydrid

1,6-Anhydro-β-D-glucopyranose → Zuckeranhydrid

2,7-Anhydro-β-D-mannoheptulopyranose → Zuckeranhydrid

Anhydrosäure → Citronensäure

1,4-Anhydro-D-sorbitol → Sorbitan → Fettsäureester

Anhydrovitamin A_1 → Vitamin A

Anhydrozucker: intramolekulare Ether, Monosaccharidderivate, die mind. einen durch innermolekulare Abspaltung von einem Molekül Wasser zwischen zwei *alkoholischen* nichtglycosidischen Hydroxylgruppen gebildeten Sauerstoffring enthalten.

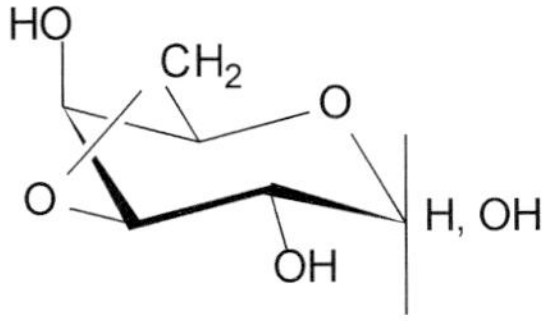

Freie A. wurden bisher in der Natur selten gefunden. Aus Glycan-Schwefelsäure-Estern ist 3.6-Anhydro-L- bzw. -D-galactose isoliert worden. Die L-Form ist Baustein in Agar-Agar, die D-Form in Carrageen. In der Synthesechemie dienen Zucker mit einem Epoxidring zur Darstellung von Desoxy-, Aminodesoxy- und O-Methylderivaten. → Zuckeranhydrid

Aníba canelílla H.B.K.: ein in Südamerika wegen des zimtartigen Aromas der Blätter kultiviertes Lorbeergewächs (Familie *Lauráceae).* Das stark an Zimt erinnernde Aroma ist auf 1-Nitro-2-phenylethan zurückzuführen. Die Rinde des Baumes wird in Peru zur Bereitung → teeähnlicher Erzeugnisse verwendet. → Zimt 1.

Aníba rosaeodóra → Rosenholz, Echtes

Anis: 1. die reifen, getrockneten, 3···5 mm langen 2···2,5 mm breiten, mittelbraunen, blaßgrünen bis gelblichen, mit einem 2···12 mm langen Stiel versehenen Spaltfrüchte eines im Mittelmeer beheimateten sowie in Südeuropa, der ehem. Sowjetunion und in Mexiko angebauten einjährigen, bis 50 cm hohen Doldengewächses (Familie *Apiáceae) Pimpinélla anísum* L.. Der charakteristische Geruch und Geschmack sind auf den Gehalt an ätherischem Öl (bis 6 %), das 80···90 % → Anethol enthält, an fettem Öl, an Zucker u.a. zurückzuführen. Die Anisfrucht darf höchst. 12 % Feuchtigkeit, 10% Asche, 2,5 % Sand, 3 % Besatz und muß mind. 2 ml ätherisches Öl je 100 g enthalten. Der A. wird in der Süß- und Backwarenindustrie, z. B. → Anisplätzchen, Anisbonbons und als → Brotgewürz verwendet sowie zur Herstellung von → Anisöl, das zum Aromatisieren von Likören, z. B. *Anisette,* dient.

2. gesüßter → Trinkbranntwein. → Mastika

p-Anisaldehyd, *Aubepine, p-Methoxy-benzaldehyd:* aromatischer Aldehyd mit der folgenden Strukturformel:

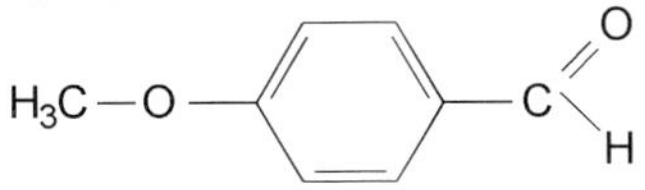

p.-A., eine farblose Flüssigkeit mit einem an Cumarin und Nuß erinnernden Geruch, F. -0,02°C, Kp. 248°C, *d* 1,122, kommt in anetholhaltigen ätherischen Ölen, wie Anis-, Sternanis- und Fenchelöl, vor. Er ist unbegrenzt mischbar mit Ethanol und Ether, dagegen wenig löslich in Wasser. *p*-A. wird leicht zu *Anissäure* oxydiert. Die Darstellung von *p*-A. erfolgt durch Oxydation von *Anethol,* durch Methylierung von *p*-Hydroxybenzaldehyd oder aus *Anisol, p*-A. wird als Zusatz zu Vanille-, Waldmeister-, Nuß-, Sahnearoma u. a. sowie in der Riechstoffindustrie zur Parfümierung von Seifen, Schminken und Pudern verwendet.

Anisalkohol → Alkohole, aromatische

Anis-Aperitif → Pastis

Anisbaum → Sternanis, Japanischer

Anisbrot, → Brot, aromatisiertes

Anisette → Anislikör → Likör

Aniskerbel → Myrrhe 2.

Anisketon → Ketone

Anislikör, *Anisette:* bes. süßer Kräuterlikör aus Anisöl (→ Anis). → Likör

Anisol → *p*-Anisaldehyd

Anisöl: das aus den reifen und getrockneten Früchten des → Anis durch Wasserdampfdestillation gewonnene ätherische Öl. Die farblose bis leicht gelbliche Flüssigkeit besteht aus 80···90% Anethol und wird in der Likör- und Süßwarenindustrie verwendet.

Anisölersatz: das aus den Blättern gewonnene ätherische Öl von der auf den Philippinen kultivierten und nach Anis duftenden *Clauséna anísumólens* (Blanco) Merr. sowie von der im tropischen Afrika und in Indonesien kultivierten *Mutasie, Clauséna anisáta* J.D. (Familie *Rutáceae)*. Das Öl dient als Ersatz für Anis- und Sternanisöl.

Anisophýlla boēhmii → Fungo

Anisplätzchen, *Anisbiskuit:* eine Dauerbackware aus Biskuitmasse in Form kleiner runder cremefarbener, mit Anis gewürzter Plätzchen, die vor dem Backen auf dem Blech einige Stunden getrocknet werden und nach dem Backen wie ein Doppelgebäckstück wirken. Die A. werden zu alkoholischen Getränken gereicht oder finden als → Teegebäck Verwendung. → Biskuit → Volleimasse → Dressiergebäck

Anissäure, p-Methoxybenzoesäure: eine methoxylierte Benzoesäure mit der Strukturformel (s. nächste Spalte oben.)
A. ist Bestandteil anetholhaltiger ätherischer Öle und liegt wie alle Säuren in diesen als Ester vor. Es bildet farblose, monokline Nadeln oder Prismen,

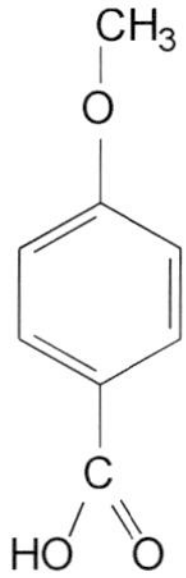

F. 185°C, Kp. 280°C unter Sublimation, ist leicht löslich in heißem Wasser, löslich in Ethanol, Ether und Chloroform. A. wirkt bakteriostatisch und wurde früher medizinisch als Antiseptikum und Antirheumatikum verwendet. Es kommt vor allem in Sternanisöl und in der Vanille vor. → ätherische Öle

Anisstearopten → Anethol

Anisylaceton, *Methyl-anisyl-keton, 4-Methoxyphenylaceton, 4-(p-Methoxyphenyl)2-butanon:* eine aromatische Verbindung mit der Strukturformel

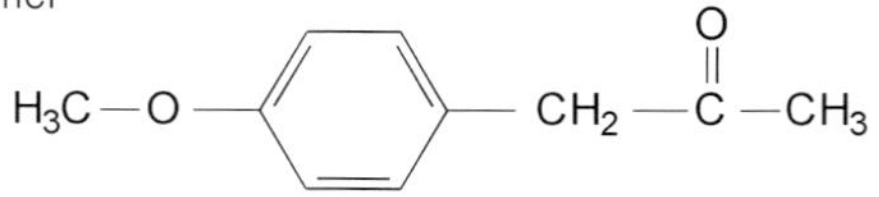

A. ist eine farblose, mit Ethanol mischbare Flüssigkeit mit blumig-fruchtigem Geruch, in Verdünnung an Kirsche und Himbeere erinnernd, Kp. 277°C, d_4^{22}1,0505. Es wird zur Herstellung künstlicher Himbeer- und Kirscharomen für alkoholfreie Getränke, Eiskrem, Zuckerwaren, Backwaren und Puddings mitverwendet. Der zulässige Höchstgehalt nach der deutschen AromenVO beträgt 25 mg/kg des verzehrfertigen Lebensmittels. A. wird durch Kondensation von Aceton mit Anisaldehyd und anschließender Hydrierung hergestellt.

Anis-Zähling → *Auriscalpiáceae*

Anka → Rotreis

Annam: eine in Indien übliche Hirsezubereitung in Form eines reisähnlichen Gerichtes. → Brei

Annamzimt → Zimt 7.

'Anna Späth': Pflaume. → Steinobst → Halbzwetsche

Annatto (E 106b) → Lebensmittelfarbstoffe → Farbstoffe

Annona → Cherimoya

Annóna cherimóla → Cherimoya

Annóna diversifólia → Cherimoya

Annóna glábra → Cherimoya

Annóna longepetioláta → Mulodo

Annóna montána → Cherimoya

Annóna muricáta → Cherimoya

Annóna reticuláta → Cherimoya

Annóna senegalénsis → Mulodo

Annóna squamósa → Cherimoya

Anogēīssus latifólia → Ghattigummi

Anolmethylether → Anethol

Anone → Cherimoya

Ánser ánser *(Hausgans)* → Fleischtiere

Anserin: im Hühnermuskel vorherrschend vorkommende → Fleischbase. → Carnosin

Anstellsauer → Sauerteig

Anstellwürze → Stammwürze

Antagonisten: Verbindungen, die sich in ihrer biochemischen oder pharmakologischen Wirkung gegenseitig abschwächen oder aufheben. Beispiele für antagonistische Wirkungen sind die Reaktionen des Vitamins → *Biotin* mit dem im rohen Eiklar vorkommenden Protein → *Avidin* und die hemmende Wirkung von → *p-Aminobenzoesäure* auf antibiotisch wirksame Substanzen und Sulfonamide. A. haben häufig chemisch-strukturelle Ähnlichkeit mit der wirksamen Substanz und können diese aus den physiologisch wirksamen Einheiten verdrängen *(Antimetabolite)*.

Antelāēa azadiráchta → Neem-Frucht

Ánthemis arvénsis → Kamille, Echte

Antheraxanthin → Farbstoffe

α-Anthesterin → Taraxasterol

Anthocyane (Oenocyanine, E 163) eine Gruppe chemisch verwandter Pflanzenfarbstoffe, die sich vom Grundgerüst des Flavens ableiten und glycosidisch gebundene Saccharide enthalten. Den A. gehören fast alle roten, violetten und blauen Blüten- und Beerenfarbstoffe an (2 Übers.) Sie kommen in relativ hohen Konzentrationen in den gefärbten Pflanzenteilen vor. Gelegentlich finden sie sich auch in Wurzeln und Knollen. In den blauen Blüten liegen die A. als Aluminium- und Eisenchelate und an Pektin gebunden vor. Diese Komplexe nennt man *Chromosaccharide.* Durch verdünnte Säuren oder glycosidspaltende Enzyme werden die A. in die Zuckerkomponenten und die Farbstoffkomponenten (Aglykone), die Anthocyanidine (Übers.) zerlegt.

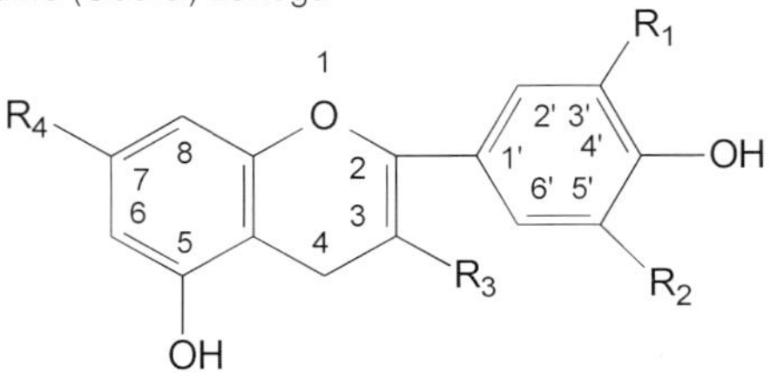

Anthocyanidine

Anthocyanidin	R_1	R_2	R_3	R_4
Pelargonidin	OH	H	H	OH
Cyanidin	OH	OH	H	OH
Delphinidin	OH	OH	OH	OH
Apigenidin	OH	H	H	H
Malvidin 3',5'-Dimethoxypelargonidin	OH	OCH_3	OCH_3	OH
Petunidin	OH	OCH_3	OH	OH
Päonidin	OH	OCH_3	H	OH
Hirsutidin 3',5'-Dimethoxypelargonidin-7-methylether	OCH_3	OCH_3	OCH_3	OH
Tricetinidin	OH	OH	OH	H

Diese Anthocyanidine kommen nie frei in der Natur vor und lassen sich auf acht Grundtypen zurückführen: *Pelargonidin, Cyanidin, Delphinidin,*

Apigenidin (Gesneridin), Petunidin, Malvidin, Hirsutidin und *Päonidin.* Lediglich in behandeltem schwarzen Tee findet sich *Tricetinidin,* das sekundär bei der Autoxydation von (−)-Epigallocatechingallat entsteht. Am häufigsten ist die Delphinidinreihe in der Natur vertreten. Die Hydroxylgruppen der Anthocyanidine sind teilw. methyliert oder mit Phenolcarbonsäuren, Malonsäure u. a. verestert. Die Anthocyanidine haben Salzcharakter und sind als Flavyliumsalze anzusehen.

Die Zuckerreste sind in 3- oder/und 5-Stellung gebunden. Es sind maximal zwei Monosaccharide oder ein Disaccharid beteiligt. Man unterscheidet: Monosaccharid-Glycoside (Monosaccharid hängt am C_3-, seltener, bei Apigenin-Glycosiden, am C_5-Hydroxyl), Bi-monosaccharid-Glycoside (C_3- und C_5-Hydroxyl sind je mit einem Monosaccharid besetzt) und Disaccharid-Glycoside (ein Disaccharidmolekül am C_3-Hydroxyl). Am häufigsten ist die D-Glucose, seltener sind Galactose, Rhamnose und Gentiobiose vertreten. Oligomere *Procyanidine,* z. B. ein Dimeres, bei dem in 4- bzw. 8-Stellung zwei Cyanidinmoleküle miteinander verknüpft sind, sind Bestandteil herzwirksamer, sog. *Crataegus-Glycoside* der Weißdornblätter, -blüten und -früchte (Cratāegus spec.). Bei *pH*-Veränderungen erleiden die A. Veränderungen der Konstitution und damit auch der Farbe. Anthocyanhaltige Pflanzensäfte (z. B. Rotkohlsaft) lassen sich deshalb als Indikatior für Säuren und Basen benutzen (sie färben sich im sauren Bereich rot, im alkalischen blau). A. bilden in der pflanzlichen Zelle wahrscheinlich Redoxsysteme aus. Sie sind in den meisten Ländern als → Lebensmittelfarbstoffe zugelassen. → Farbstoffe → Lebensmittelfarbstoffe

Die bekanntesten in Lebensmitteln vorkommenden nicht acylierten Anthocyanglycoside

Anthocyanglycosid	*Zucker*	*Vorkommen*
Pelargonidinglycoside:		
Fragarin	D-Galactose (1 mol)	Walderdbeere
Pelargonidin-3-monoglucosid	D-Glucose	Erdbeere, Heidelbeere, Gartenbohne, Himbeere, Brombeere
Pelargonidin-3,5-diglucosid		Gartenbohne
Pelargonidin-3-rutinosid	Rutinose (1 mol)	*Rubus*-Arten
Pelargonidin-3-sophorisid	Sophorose (1 mol)	*Rubus*-Arten
Pelargonidin-3-(2^G-glucosylrutinosid)	D-Glucose + Rutinose (je 1 mol)	Himbeere, Brombeere
Pelargonidin-3-(2^G-xylosylrutinosid)	Rutinose (1 mol) Xylose (1 mol)	*Rubus*-Arten
Cyanidinglycoside:		
Cyanidin-3-arabinosid	L-Arabinose (1 mol)	Kakao
Idaein (Cyanidin-3-galactosid)	D-Galactose (1 mol)	Holunderbeere, Erdbeere, Schale der Sauerkirsche, Apfel, Preiselbeere, *Prunus*-Arten, Kakao, Birne
Mekocyanin	Gentiobiose (1 mol)	Preiselbeeren, Sauerkirsche
Chrysanthemin (Cyanidin-3-mono-glucosid, Asterin, Kuromamin, Curomamin)	D-Glucose (1 mol)	Erdbeere, Sauerkirsche, Himbeere, rote Stachelbeere, rote Johannisbeere, Weinbeere, Blutorange, Süßkirsche, Pflaume, Pfirsich, Brombeere, Heidelbeere, Gartenbohne

Die bekanntesten in Lebensmitteln vorkommenden nicht acylierten Anthocyanglycoside (Forts.)

Anthocyanglycosid	*Zucker*	*Vorkommen*
Cyanidin-3,5-diglucosid (Cyanin, Shisonin A)	D-Glucose (2 mol)	Gartenbohne, *Perílla ocimoídes* L. *var. críspa* Benth.; Schwarznessel *Perílla frutéscens* (L.)
Rubrobrassin (Cyanidin-3-triglucosid)	D-Glucose (3 mol)	Rotkohl
Cyanidin-3-monoglucosid	D-Glucose (1 mol)	Süßkirsche, Pflaume, Pfirsich, Walderdbeere, Feige
Cyanidindiglucosid	D-Glucose (2 mol)	Heidelbeere, Kakaobohne
Cyanidin-3-sophorosid	Sophorose (1 mol)	*Prunus*-Arten, Himbeere, Brombeere, rote Johannisbeere
Cyanidin-3-sophorosid-5-glucosid	Sophorose (1 mol) D-Glucose (1 mol)	Erbse
Keracyanin *(Oleocyanin, Sambucin)*	Rhamnose (1 mol) + D-Glucose (1 mol)	Kirsche, Olivenfrüchte, Holunderbeeren
Antirrhinin	Rutinose (1 mol)	Pflaume, Sauerkirsche, Süßkirsche, Brombeere, Himbeere, rote Stachelbeere, schwarze Johannisbeere
Cyanidin-3-sambubiosid (Sambucicyanin)	*Sambubiose* (1 mol)	Holunderbeere, *Rubus*-Arten *Ribes*-Arten
Cyanidin-3-sambubiosid-5-glucosid	Sambubiose (1 mol) D-Glucose (1 mol)	Holunderbeere, Erbse
Cyanidin-3-(O-2^G-glucosylrutinosid)	Rutinose (1 mol) *Glucose (1 mol)*	*Prunus*-Arten, Himbeere, rote Johannisbeere
Cyanidin-3-(2^G-xylosylrutinosid)	Rutinose (1 mol)	*Rubus*-Arten, *Ribes*-Arten
Delphinidinglycoside:		
Delphinidin-3-monoglucosid (Myrtillin-a)	D-Glucose (1 mol)	Blutorange, Heidelbeere, schwarze Johannisbeere, Weinbeere, Gartenbohne, Hibiscus spec.
Delphin (Delphinidin-3,5-diglucosid)	D-Glucose (2 mol)	Sauerkirsche, Wein, Granatapfel, Gartenbohne
Delphinidin-3-biosid (Nasnunin A)	D-Glucose (2 mol) in 3-Stellung	Fruchtschale von Aubergine *(Solánum melóngena* L.)
Delphinidin-3-monogalactosid (Empetrin)	*D-Galactose (1 mol)*	*Heidelbeere, Rauschbeere (Émpetrum nígrum* L.)
Delphinidin-3-rutinosid	Rutinose (1 mol)	schwarze Johannisbeere, Kartoffel
Delphinidin-3-sambubiosid (Delphinidin-3-xylosylglucosid)	D-Glucose (1 mol) Xylose (1 mol)	Hibíscus spec.
Hibiscitrin (Hibiscetin-3-glucosid, 3,5,7,8,4',5'-Heptaoxyflavon-3-glucosid)	D-Glucose (2 mol)	Hibíscus spec.

Die bekanntesten in Lebensmitteln vorkommenden nicht acylierten Anthocyanglycoside (Forts.)

Anthocyanglycosid	*Zucker*	*Vorkommen*
Petunidinglycoside:		
Petunidin-3-galactosid	D-Galactose (1 mol)	*Vaccínium angustifólium* Ait.
Petunidin-3-glucosid	D-Glucose (1 mol)	Heidelbeere, Weinbeere, Pflaume, Gartenbohne
Petunidin-3,5-diglucosid (Muscanidin)	D-Glucose (2 mol)	Weinbeere, Muskatellertrauben
Petunidin-3-rutinosid	Rutinose (1 mol)	Kartoffeln
Malvidinglycoside:		
Primulin (Uliginosin)	D-Galactose (1 mol)	*Vaccínium-Arten (Heidelbeere, Moosbeere u. a.)*
Önin (Malvidin-3-glucosid)	D-Glucose (1 mol)	Pflaume, Heidelbeere, Weinbeere, Gartenbohne
Malvidin-3,5-diglucosid	D-Glucose (2 mol)	Weinbeere
Hirsutidinglycoside:		
Hirsutin	D-Glucose (2 mol)	Heidelbeere, Trunkelbeere
Päonidinglycoside:		
Päonidin-3-arabinosid	L-Arabinose (1 mol)	Kranbeere
Päonidin-3-galactosid	D-Galactose (1 mol)	Kranbeere
Päonidinmonoglucosid	D-Glucose (1 mol)	Walderdbeere, Weinbeere
Oxycoccicyanin (Päonidin-3-glucosid)	D-Glucose (1 mol)	Kranbeere *(Vaccínium macrocárpon* Ait.), Kirsche, Pflaume
Päonidin-3,5-diglucosid	D-Glucose (2 mol)	Weinbeere
Päonidin-3-rutinosid	Rutinose (1 mol)	Kirsche, Pflaume
Päonidin-3-sophorosid	Sophorose (1 mol)	*Prunus*-Arten
Päonidin-3-(2^G-glucosyl-rutinosid)	Rutinose (1 mol) D-Glucose (1 mol)	*Prunus*-Arten
Gossypitrin (Gossypetin-7-glucosid)	D-Glucose (1 mol)	Hibíscus spec.
Gossypin (Gossypetin-8-glucosid)	D-Glucose (1 mol)	*Abelmóschus esculéntus* (L.) Moench

Die bekanntesten in Lebensmitteln vorkommenden acylierten Anthocyanglycoside

Anthocyanglycosid	Art und Zahl der Acylgruppe	Zuckereinheit	Vorkommen
Pelargonidinglycoside:			
Pelanin	p-Cumarsäure (1 mol)	3-Rutinosid-5-glucosid	Kartoffel
Raphanusin A	p-Cumarsäure (1 mol)	3-Sophorosid-5-glucosid	Rettich
Raphanusin B	Ferulasäure (1 mol)	3-Sophorosid-5-glucosid	Rettich

Die bekanntesten in Lebensmitteln vorkommenden acylierten Anthocyanglycoside (Forts.)

Anthocyanglycosid	Art und Zahl der Acylgruppe	Zuckereinheit	Vorkommen
Cyanidinglycoside:			
Raphanusin C	p-Cumarsäure	3-Sophorosid-5-glucosid	Rettich, Rotkohl
Raphanusin D	Ferulasäure (1 mol)	3-Sophorosid-5-glucosid	Rettich, Rotkohl
Rubrobrassicin	Sinapinsäure	3-Sophorosid-5-glucosid	Rotkohl
Rubrobrassicin C	Ferulasäure (2 mol)	3-Sophorosid-5-glucosid	Rotkohl
Cyanin-mono-3-p-cumarat (Shisonin B)	p-Cumarsäure (1 mol)	Glucose (2 mol)	Gartenbohne, *Perílla ocimoides* L. *var. críspa* Benth.; Schwarznessel, *Perílla frutéscens* L. Brit.
Päonidinglycoside:			
Peonanin	p-Cumarsäure (1 mol)	3-Rutinosid-5-glucosid	Kartoffel
Päonidin-3-(kaffeoyl-glucosid)	Kaffeesäure (1 mol)	Glucose (1 mol)	Weinbeere
Petunidinglycoside:			
Petanin	p-Cumarsäure (1 mol)	3-Rutinosid-5-glucosid	Kartoffel
Petunidin-3-(p-cumaroyl-glucosid)	p-Cumarsäure (1 mol)	3-Glucosid	Weinbeere
Petunidin-3-(p-cumaroyl-glucosid)-5-glucosid	p-Cumarsäure (1 mol)	Glucose (2 mol)	Weinbeere
Petunidin-3-(kaffeoyl-glucosid)	Kaffeesäure (1 mol)	Glucose (1 mol)	Weinbeere
Malvidinglycoside:			
Cumaroyloenin	p-Cumarsäure (1 mol)	3-Glucosid	Weinbeere
Malvidin-3-(p-Cumaroyl-glucosid)-5-glucosid	p-Cumarsäure (1 mol)	Glucose (2 mol)	Weinbeere
Negretein	p-Cumarsäure (1 mol)	Isorhodeosoglucose (1 mol)	Kartoffel
Malvidin-3-(kaffeoyl-glucosid)	Kaffeesäure (1 mol)	Glucose (1 mol)	Weinbeere
Delphinidinglycoside:			
Delphinidin-3-(p-cumaroyl-glucosid)	p-Cumarsäure (1 mol)	Glucose (1 mol)	Weinbeere
Delphinidin-3-(p-cumaroylglucosid)-5-glucosid (Nasunin)	p-Cumarsäure (1 mol)	Glucose (2 mol)	Weinbeere, Große Kapuzinerkresse *(Tropaeolum május L.)*
Delphinidin-3-kaffeoyl-glucosid	Kaffeesäure (1 mol)	Glucose (1 mol)	Weinbeere

→ Glucoside, → Farbstoffe

Anthoxanthine: manchmal verwendeter Begriff zur Zusammenfassung von Flavonen und Flavonolen → Flavonoide

Anthoxanthum odorátum → Ruchgras

Anthrachinonfarbstoffe → Farbstoffe

Anthraglycoside: Glycoside, deren Aglykon sich von Anthrachinon, Anthron oder Anthranol ableitet. Diese Aglykongrundgerüste tragen in verschiedener Zahl und Stellung Hydroxylgruppen sowie z. T. eine Methyl-, Hydroxyalkyl- oder Carboxylgruppe als Seitenkette. Das Aglykon ist über eine Hydroxylgruppe (bevorzugt in C_8- oder C_3-Stellung) mit der Zuckerkomponente verbunden; bisher wurden D-Glucose, L-Arabinose und das Disaccharid Primverose isoliert. A. kommen bes. häufig in den Pflanzenfamilien der Knöterichgewächse (u. a. Rhabarber, Sauerampfer), der Liliengewächse u. a. vor, finden sich aber auch in Pilzen und Flechten. → Glycoside

Anthranilsäuremethylester, *o-Aminobenzoesäure-methylester, 2-Aminobenzoesäure-methylester, Methylanthranilat: Ester* der Formel

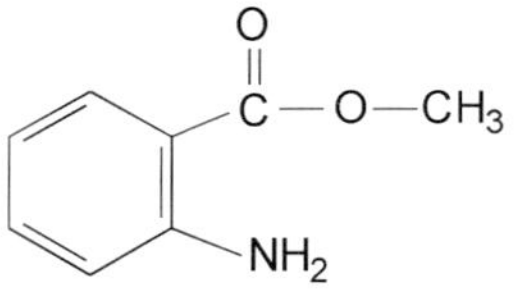

A. ist ein charakteristischer *Aromastoff* der Zitrusfrüchte und kommt darüber hinaus noch in einer Reihe von ätherischen Ölen, insbes. Blütenölen, vor. Der A. bildet farblose, nach Orangenblüten riechende Kristalle, F. 24···26°C, Kp. $_{1600\ Pa}$ 126···127°C. A. ist leicht löslich in Ethanol und Ether, wenig löslich in Wasser. An der Luft tritt Braunfärbung ein. A. wird als Riechstoff in der Parfüm- und Kosmetikindustrie sowie zur Herstellung von Aromen mit Zitruscharakter und zur Verstärkung des Teearomas von Expreß-Tee verwendet.

Anthríscus cerefólium ssp. cerefólium → Kerbel

Anthropoidae, *Affen:* → Fleischtiere

Antialkoholikerpilz → Coprináceae

Antiberiberifaktor → Vitamine

Antibiotica: organische Verbindungen, die Mikroorganismen in ihrer Entwicklung hemmen bzw. abtöten. I.e.S. handelt es sich um Stoffwechselprodukte von Mikroorganismen, vor allem von *Strahlenpilzen (Aktinomyceten), Bakterien, Basidienpilzen (Basidiomyceten).* Auch einige höhere Pflanzen bilden Substanzen mit antibiotischen bzw. antifungalen Eigenschaften (z. B. die → *Phytonzide,* darunter die Senföle in Knoblauch, Zwiebeln, Kohlarten, Möhren u. v. a. sowie die → *Pazifarine* in Getreidearten, Tee). Selbst in tierischen Produkten finden sich solche Hemmstoffe, z. B. die *Inhibine* und das *Lactenin* in der Kuhmilch, das → *Lysozym* der Frauenmilch sowie der Milch einiger Tiere und das Pazifarin des Eies. Bekannt sind bisher mehr als tausend Substanzen mit antibiotischen Eigenschaften. Sie finden vor allem Verwendung in der Medizin zur therapeutischen Behandlung von Infektionserkrankungen. A. wirken überdies als → Konservierungsstoffe (Frischhaltung von Fleisch, Geflügel, Fisch) und werden als antibakterielle Substanzen im Pflanzenschutz und für nutritive Zwecke in der Tierernährung eingesetzt. Die in verschiedenen Ländern als Futtermittelzusatzstoffe und tierische Arzneimittel verwendeten A. sind → *Actinomycine,* → *Chloramphenicol,* → *Griseofulvin,* → *Nisin,* → *Nystatin,* → *Penicillin,* → *Streptomycin, Neomycin,* → *Tetracycline,* → *Subtilin* und → *Tylosin.* Wegen bestehender Gefahren einer Resistenzbildung bei Erregern von Infektionserkrankungen, der Beeinflussung der Darmflora und der Ausbildung von Allergien unterliegt die Anwendung von A. außerhalb therapeutischer Einsatzbereiche bes. Vorsichtsmaßnahmen und Einschränkungen.

Antidésma búnius → Salamanderbaum

Antidésma ghaesembílla → Mata-Frucht

Antidésma vogeliánum → Tompo

Antienzyme → Enzyminhibitoren

Antigen → Allergen

Anti-Grauhaar-Faktor (veraltet) → Pantothensäure

Antihämorrhagisches Vitamin (veraltet) → Vitamin K

Antillengurke → Igelgurke, Kleine

Antillenkirsche → Acerola

Antilopen, *Bóridae:* → Fleischtiere. Die in Kasachstan beheimatete *Sajga*-Antilope wird als Fleischlieferant herangezogen. Das Fleisch ähnelt dem Rehfleisch.

Antimalariasalz: ein Speisesalz, das durch Zusatz von Chloroquin ein gegen Malaria wirksames → Spezialsalz darstellt. Das A. wird in verschiedenen Malariagebieten, z. B. Südamerika, Ghana und in Kampuchea mit Unterstützung der WHO erfolgreich eingesetzt. → Speisesalz, → Spezialsalz

Antimetabolite → Antagonisten

Antimon: chemisches Element der V. Hauptgruppe des Periodensystems, Symbol Sb (von Stibium, griech.-lat.), Molmasse 121,7 g/mol, Ordnungszahl 51. A. kommt in einer metallischen und einer nichtmetallischen Modifikation vor. Es bildet Salze der hypothetischen Antimonsäure, die Antimonate. Kaliumantimonyltartrat (*Brechweinstein),* $K[C_4H_2O_6Sb(OH)_2]$ $1/2H_2O$, ist ein weißes, unangenehm süßlich schmeckendes Pulver – d 2,6 – das in Wasser löslich, in Ethanol unlöslich ist und früher als Brechmittel Verwendung fand. A. gehört zur Gruppe der *toxischen Schwermetalle.* Die klinischen Symptome der Antimonvergiftung sind denen der Arsenvergiftung ähnlich. → Schwermetalle, toxische

Antineoplastisches Vitamin B_{17} → Glycoside, cyanogene

Antineuritisches Vitamin (veraltet) → Vitamin B_1

Antiniacin-Faktor → Antivitamine

Antioxydantien, *Antioxygene:* natürlich vorkommende oder synthetisch hergestellte Substanzen, die durch die Einwirkung von Luftsauerstoff und/oder Radikale hervorgerufene oxydative Veränderungen in Lebensmitteln *(Autoxydationen)* in geringen Mengen hemmen oder verzögern. Zu derartigen Veränderungen gehören das rasche Dunkelwerden von angeschnittenem Obst und Gemüse (*enzymatische Bräunungsreaktionen,* z. B. bei Äpfeln, Kartoffeln u. a.), die Zerstörung von → Vitamin C, Aromastoffen, Farbstoffen und vor allem der oxydative Verderb von Fetten *(Ranzigwerden).* – Die Wirkung der A. beruht auf ihrer Fähigkeit, die durch den Luftsauerstoff eingeleiteten chemischen Reaktionen abzubrechen und somit das Lebensmittel zu schützen. Dabei werden die A. selbst verbraucht. Bei der Autoxydation der Fette wird der Radikal-Kettenmechanismus durch Bildung stabiler Produkte unterbunden. Dazu sind insbes. phenolische A. befähigt. Sie übertragen den Wasserstoff ihrer OH-Gruppen auf die Peroxiradikale der autoxydierten Fettsäuren. Die wirksamsten phenolischen A. sind demzufolge diejenigen, die stabile Oxydationsprodukte bilden, das sind *Diphenole*, deren zwei OH-Gruppen sich in para- oder ortho- Stellung befinden und die in *para-* bzw. *ortho-Chinone* übergehen, aber auch einwertige *Phenole*, die nach Wasserstoffabgabe verhältnismäßig stabile Radikale bilden, z. B. Butylhydroxyanisol und Butylhydroxytoluen. Eine ähnlich gute antioxydative Wirkung zeigen die analogen aromatischen Aminoverbindungen, sie haben jedoch für Lebensmittel keine Bedeutung. Phenolische A. entfalten ihre größte antioxydative Wirkung in einem Konzentrationsbereich von etwa 0,01···0,05 %. Bei Erhöhung der Konzentration nimmt ihre Wirksamkeit wieder ab und schlägt schließlich in eine prooxydative (autoxydationsfördernde) Wirkung um (*Wirkungsinversion).* A. die weder phenolische Wasserstoffe noch aromatische Aminogruppen enthalten, wirken als *Radikalfänger* (z. B. *Chinone).*
Von den echten A. zu unterscheiden sind die → Synergisten und die → *Komplexbildner (Metallfänger).* Synergisten wirken selbst nicht antioxydativ, erhöhen die Wirksamkeit der A., Komplexbildner wirken dadurch autoxydationshemmend, daß sie prooxydative Metallionen inaktivieren. Die Unterscheidung ist nicht einfach, da Antioxydantien aufeinander synergistisch wirken können und die Wirksamkeit auch vom Substrat abhängt. So sind

Antioxydantien

Name	Formel	EWG-Nr.	Vorkommen
Natürliche Antioxydantien			
Tocopherole (→ Vitamin E) (Eigenschaften, Anwendung, Toxizität, s. S. 113)	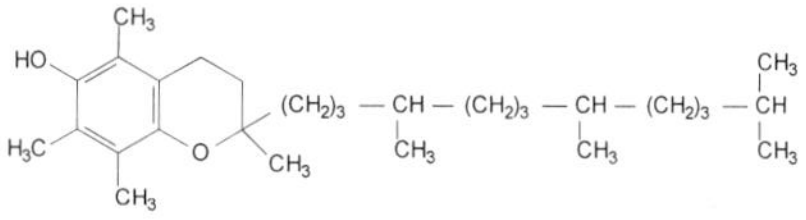 α-Tocopherol	E 306···309	in pflanzlichen Ölen, vor allem Keimölen (z. B. Weizenkeimöl), in tierischen Fetten gering (aus dem Futter stammend)
L-*Ascorbinsäure* (L-*Form*) (→ *Vitamin C*) und Ascorbylfettsäureester (*Ascorbylpalmitat, Ascorbylstearat*) (Eigenschaften, Anwendung, Toxizität, s. S. 113)	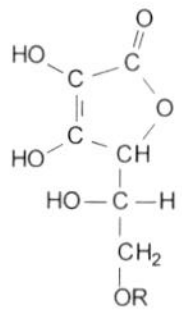 (L-Form) Ascorbinsäure: R=H Ascorbylpalmitat: R=OC-$C_{15}H_{31}$ Ascorbylstearat: R=OC-$C_{17}H_{35}$	E 300	in lebenden tierischen und pflanzlichen Geweben
D-*Ascorbinsäure* (*Isoascorbinsäure,* D-*Araboascorbinsäure, Erythorbinsäure*) und ihr Natriumsalz (Natriumisoascorbat) (Eigenschaften, Anwendung, Toxizität, s. S. 113)	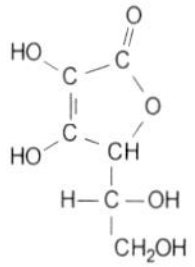		synthetisch
Gallussäurealkylester (*Gallate*) – *Propylgallat, Octylgallat, Dodecylgallat* (Eigenschaften, Anwendung, Toxizität, s. S. 114)	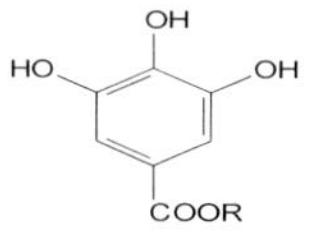		Tee (Gallussäure), Eichenrinde, Galläpfel, Rotwein (Glykoside der Gallussäure), Tannin (ein Glykosid der Gallussäure)
	Propylgallat: R=C_3H_7	E 310	
	Octylgallat: R=C_8H_{17}	E 311	
	Dodecylgallat: R=$C_{12}H_{20}$	E 312	
	Gallussäure: R=H		

Antioxydantien (Forts.)

Name	Formel	EWG-Nr.	Vorkommen
Nordihydroguajaretsäure [NDGA, 1,4-Bis(3,4-dihydroxyphenyl)-2,3-dimethylbutan] (Eigenschaften, Anwendung, Toxizität, s. S. 114)	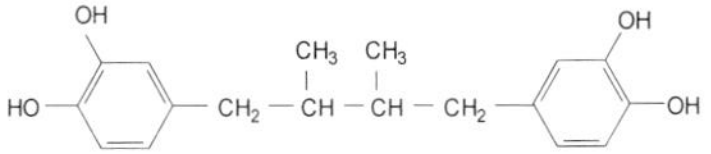		Blätter des Kreosotbusches *(Larréa divaricáta Cav.),* einer Wüstenpflanze in den USA
→ *Flavonoide* *Quercetin (a), Quercitrin (b), Rutin (Vitamin P) (c)* (Eigenschaften, Anwendung, Toxizität, s. S. 114)	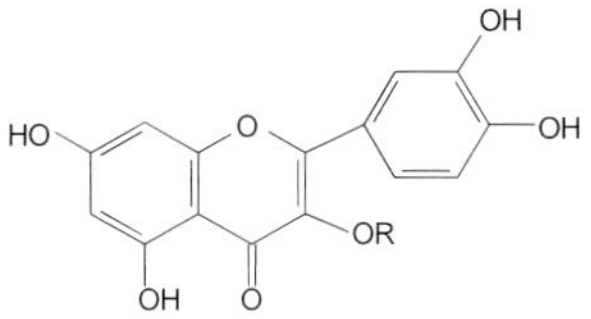 Quercetin: R = H Quercitrin: R = Rhamnoserest Rutin: R = Glucoserest-Rhamnose		a) Rinde der Douglastanne *(Pseudotsúga menziésii* (Mirbel) Franco, *P. douglásii* (Lindl.) Carr.) b) Rinde der Färbereiche *(Quércus velutína* Lam., = *Q. tinctória* (Bartl ex Michx.)) c) Gartenraute *(Rúta gravéolens* L.)
Guajak-Harz (Eigenschaften, Anwendung, Toxizität, s. S. 114)	Mischung aus mehreren Stoffen, in der Hauptsache α- und β-*Guajaconsäure*		Harz der tropischen (westindischen) Bäume *Guajácum officinále* L. und *Guajácum sánctum* L.
Carnosol	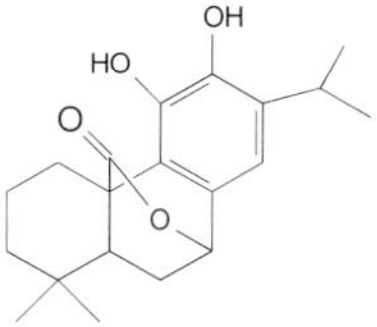		Rosmarin- und Salbeiblättern in Konzentrationen von ca. 0,4 % Feuchtgewicht
Carnosolsäure	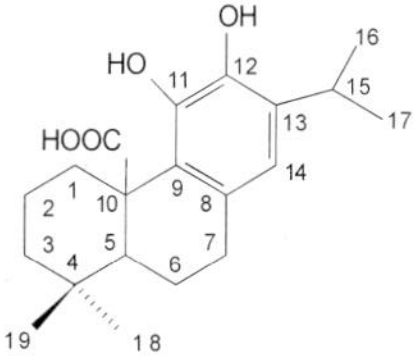		

Antioxydantien (Forts.)

Name	Formel	EWG-Nr.	Vorkommen
Synthetische Antioxydantien			
tert.-Butylhydroxyanisol (BHA) (Eigenschaften, Anwendung, Toxizität, s. S. 114)	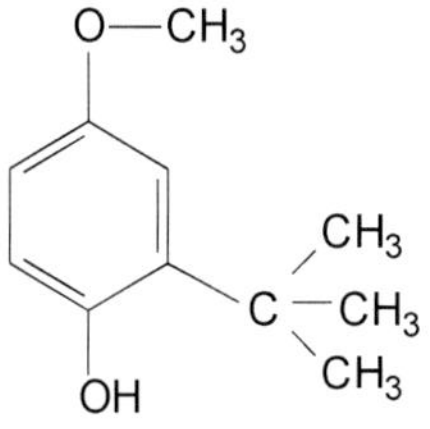 2-Butylhydroxyanisol	E 320	handelsüblich ist ein Gemisch aus 85 % des 2-Isomeren und 15 % des 3-Isomeren
Di-tert.-Butylhydroxyanisol (BHT) (Eigenschaften, Anwendung, Toxizität, s. S. 114)	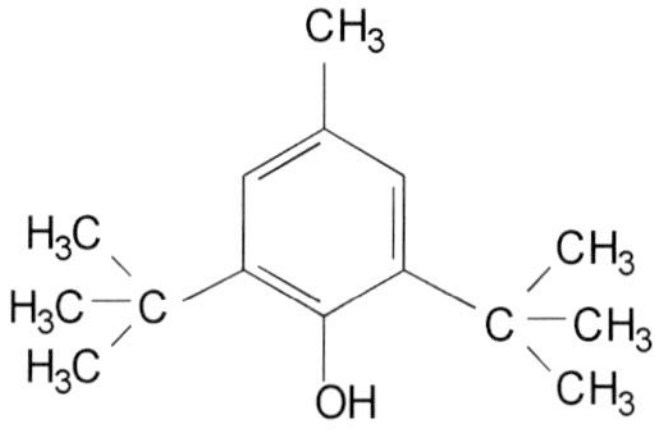	E 321	
tert.-Butylhydrochinon (tertiary Butylhydroquinone-TBHQ) (Eigenschaften, Anwendung, Toxizität, s. S. 114)	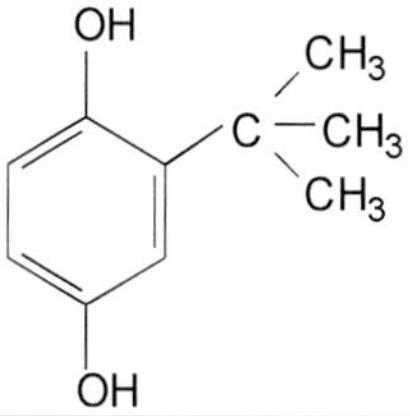		

Antioxydantien (Forts.)

Eigenschaften	Anwendung	Toxizität*
Tocopherole: gelbe bis rotbraune viskose Öle, geruchlos, unlöslich in Wasser, gut löslich in Fetten, an der Luft leicht autoxydierbar, antioxydative Wirkung der einzelnen Tocopherole verschieden und anders als die Vitamin-E-Wirkung, gute Wirkung mit den Synergisten Ascorbinsäure und Citronensäure, bei zu hoher Konzentration (mehr als 500 mg/kg) prooxydative Wirkung	vor allem bei tierischen Fetten und Margarine, aber auch Milchpulver	0,15···2 berechnet als α-Tocopherol; die untere Grenze wurde mit 0,15 festgelegt, weil α-Tocopherol lebensnotwendiger Nahrungsbestandteil ist
L-Ascorbinsäure: weiße, geruchlose Kristalle, leicht löslich in Wasser, unlöslich in Fetten; *Ascorbylfettsäureester:* weiße, geruchlose Substanzen, schwer löslich in Wasser, leicht löslich in Alkoholen und Fetten. Ascorbinsäure nimmt eine Zwischenstellung zwischen A., Synergisten und Komplexbildnern ein. Als Hemmer von enzymatischen Bräunungsreaktionen sind sie und ihre Fettsäureester A.; bei der Fettautoxydation sind sie echte Synergisten, die phenolische A. regenerieren, bzw. Komplexbildner, die Metallionen inaktivieren (Metallfänger für Cu, Fe, Mn). Antioxydativ wirksam sind sowohl die L- als auch die D-Form, Vitamin-C-Wirkung hat nur die L-Form	zur Hemmung von Bräunungsvorgängen bei Früchten, Kartoffeln u. ä., zur Farb- und Aromaerhaltung von alkoholfreien Fruchtsäften, Verbesserung der Farbe bei gepökelten Fleischwaren (Herabsetzen des Nitritzusatzes möglich), Verhinderung des Ranzigwerdens von Gefrierfleisch und -fisch, Fettemulsionen, pflanzlichen Fetten	Ascorbinsäure und ihre Natrium- und Kaliumsalze: 0···15 zusätzlich zu natürlich vorkommendem Vitamin C Ascorbylpalmitat und Ascorbylstearat (einzeln oder als Summe): 0···1,25
D-Ascorbinsäure: weiße, geruchlose Kristalle, leicht löslich in Wasser, unlöslich in Fetten. Antioxydative Wirkungsweise ähnlich der der Ascorbinsäure, insbes. Synergist für phenolische A., auch Metallfänger, physiologisch inaktiv (nur sehr geringe Vitamin-C-Wirkung)	allein oder in Kombination mit Ascorbinsäure für Bier, Tomatensaft, Grapefruitsaft, eingedoste Äpfel, Gefrierobst und Rauchfleisch	0···5

* von der WHO als zulässig deklarierte Tagesaufnahmemenge für den Menschen (Acceptable Daily Intake = ADI) (in mg/kg Körpermasse)

Antioxydantien (Forts.)

Eigenschaften	Anwendung	Toxizität*
Gallussäurealkylester: weiße, geruchlose, kristalline Pulver, unlöslich in Wasser (Propylgallat etwas), leicht löslich in Fetten (Propylgallat schwer), Gallate wirken als A. und Komplexbildner, Wirkungsverstärkung durch die Synergisten Lecithin, Phosphor- und Citronensäure, bilden mit Eisenionen violett gefärbte Komplexe, Zugabe von Citronensäure verhindert derartige unerwünschte Verfärbungen	gegen Ranzigwerden tierischer und pflanzlicher Fette (vor allem Schweineschmalz), Milchpulver und Süßwaren, gegen oxydative Veränderungen von Kartoffelerzeugnissen (Chips)	Propylgallat: 0···2,5 Octyl-, Dodecylgallat (früher): 0···0,2 (Summe) jetzt: keine Festlegung mehr
Nordihydroguajaretsäure: grauweißes Pulver, schwer löslich in Wasser und in Fetten, gute Wirkung mit Synergisten, wie Citronensäure, Phosphorsäure, Weinsäure, Ascorbinsäure, Lecithin	bei Fetten und fetthaltigen Lebensmitteln, vor allem Schweinefett	toxikologisch noch nicht bewertet
Flavonoide: gelbe Substanzen, in Wasser schwer löslich, z.T. wirksamer als Propylgallat, außerdem Komplexbildner, gute synergistische Wirkung haben Citronensäure, Phosphorsäure, Ascorbinsäure	bei Milch und Schweineschmalz	toxikologisch noch nicht bewertet
Guajak-Harz: braune oder graubraune Substanz, unlöslich in Wasser, leicht löslich in Fetten	bei tierischen Fetten, z.T. gemeinsam mit Phosphorsäure als Synergist	0···2,5
tert.-Butylhydroxyanisol (BHA): weiße oder gelbliche, wachsartige Substanzen, unlöslich in Wasser, gut löslich in Fetten und Ethanol, bei thermischer Behandlung der Lebensmittel (z.B. beim Backen) geht die antioxydative Wirksamkeit nicht verloren (ausgeprägter Carry-through-Effekt)	bei Fetten (vor allem Schweineschmalz) und fetthaltigen Lebensmitteln, insbes. fetthaltigem Gebäck, bei Essenzen und Aromen, Imprägniermittel für Verpackungsmaterial	0···0,3
Di-tert.-Butylhydroxyanisol (BHT): weiße, geruchlose Substanz, unlöslich in Wasser, gut löslich in Fetten und Ethanol, wie bei BHA ausgeprägter Carry-through-Effekt	wie BHA, wirksames A. für Caroten und Vitamin A	0···0,125
tert.-Butylhydrochinon: weiße, geruchlose Substanz in Wasser, Ethanol und Fetten löslich, hitzestabil (Carry-through-Effekt)	wie BHA	0···0,2

* von der WHO als zulässig deklarierte Tagesaufnahmemenge für den Menschen (Acceptable Daily Intake = ADI) (in mg/kg Körpermasse)

Antivitamine und ihr Vorkommen

Vitamin	Antivitamin	Vorkommen	Bemerkungen
A Caroten	1. → Lipoxidase 2. → Citral	rohe Sojabohne Orangenöl	oxydiert und zerstört Caroten und Vitamin A, zerstört das Endothelium (zellige Auskleidung) der Blutgefäße
D	Antivitamin D (ein nicht näher beschriebenes Protein)	rohe Sojabohne	wirkt im Tierversuch rachitogen
E	1. ungesättigtes Fett unbekannter Struktur	rohe Gartenbohne	verursacht Lebernekrose bei stillenden Ratten und Muskeldystrophie bei Kücken und Lämmern
	2. alkoholunlöslicher Stoff unbekannter Struktur	rohe Gartenbohne	
	3. alkohollöslicher Stoff unbekannter Struktur	Luzerne (Futterpflanze)	verursacht Enzephalomalazie bei Kücken
	4. Stoff unbekannter Struktur	Erbsen	
B_1	→ *Thiaminasen (Antithiamin)*	Adlerfarn [*Pterídium aquilínum* (L.) Kuhn], aber auch in tierischen Produkten, z. B. Eingeweiden roher Fische, Innereien von Säugern sowie in Bakterien	
B_2	β-*(Methylencyclopropyl)alanin, Antiriboflavin-Faktor (Hypoglycin A)*	*Früchte von Blíghia sápida* Kön.	verursacht die in Jamaika häufig beobachteten Vitamin-B_2-Mangelerscheinungen
Niacin	*Leucin (Antiniacin-Faktor)*	Mohrenhirse [*Sórghum cérnuum* (Ard.) Host]	ein bes. hoher Gehalt dieser Aminosäure scheint mit verantwortlich für das endemische Auftreten der Pellagra in Teilen Indiens zu sein
B_6	L-*Amino*-D-*prolin (Antipyridin-Faktor)*	Leinsaat	entsteht aus Linatin (Peptid) Die Aminosäure ist 4mal so toxisch wie das Peptid

z. B. Ascorbinsäure und Ascorbylpalminat bei der Fettautoxydation „nur" Synergisten, bei enzymatischen Bräunungsreaktionen dagegen echte A. Noch schwieriger ist die Unterscheidung zwischen Synergisten und Komplexbildnern, da viele Substanzen beide Eigenschaften in sich vereinigen. Aus diesem Grunde wird in der Praxis meist ganz darauf verzichtet, eine Trennung vorzunehmen, und der gemeinsame Oberbegriff Synergisten gewählt. Ebenso ist es zweckmäßig, A. und Synergisten zusammenzufassen, denn auch Synergisten allein können – in Abhängigkeit von dem Lebensmittel, dem sie zugesetzt werden – Autoxydationen verzögern, nämlich dann, wenn das Lebensmittel bereits natürliche A. enthält (z. B. pflanzliche Öle) oder wenn es schon genügt, die prooxydative Wirkung von Metallionen auszuschalten.
Außer den natürlichen A. – die wichtigsten natürlichen und synthetischen A. s. (Übersicht Seite 110–115) – gibt es eine Reihe weiterer in Lebensmitteln vorkommender Stoffe mit antioxydativer Wirkung: *Tannin, Sesamol, Dihydrokaffeesäure,* → *Anthocyane,* → *Flavonoide,* auch die Inhaltsstoffe des Holzrauchs und vieler Gewürze.
A., die Lebensmitteln zugesetzt werden, dürfen nicht gesundheitsschädlich sein. Erwünscht ist außerdem eine gewisse Beständigkeit gegenüber technologischen Prozessen, insbes. beim Backen („carrythrough-effect"). In den meisten Ländern gibt es gesetzl. Regelungen über Zulassungsbegrenzungen in Lebensmitteln. Die zugelassenen A. und die Höchstgehalte sind jedoch unterschiedlich festgelegt.

Antipasto → Fischkonserven

Antiperniziosa-Faktor → Vitamin B_{12}

Antipyridin-Faktor → Antivitamine

Antirhinin → Anthocyane

Antiriboflavin-Faktor → Antivitamine

Antisterilitätsvitamin (veraltet) → Vitamin E

Antithiamin → Antivitamine

Anti-Ulkus-Faktor → S-Methylmethionin

Antivitamine: Gruppe von Stoffen unterschiedlicher chemischer Konstitution, die die biologische Wirksamkeit von Vitaminen blockieren. Die verschiedenen A. und ihre Vorkommen (s. Übers. Seite 115).
Die meisten A. wurden im Tierversuch näher studiert. Sie sind hitzelabil. In der menschlichen Ernährung erlangen sie nur bei einseitiger Bevorzugung antivitaminhaltiger Lebensmittel bzw. bei ihrem Rohgenuß Bedeutung. → Giftstoffe in pflanzlichen Lebensmitteln

Anu, *Isana, Maca, Mayua, Masha, Ysano:* die krautige Pflanze *Tropāēolum tuberósum* Ruiz & Pav. (Familie *Tropaeoláceae),* die in den südamerikanischen Gebirgen wegen ihrer großen, eßbaren Sproßknolle kultiviert wird. Die Knollen enthalten in 100 g Frischmasse 18 g Stärke, 2 g Zucker, 3,8 g Eiweiß und 67 mg Vitamin C. Sie können nicht roh verzehrt werden. *Taiacha* ist ein Trockenprodukt, das durch abwechselnde Einwirkung von Sonne und Frost gewonnen wird.

Anwama → Ojokbaum

Aonori → Algenprodukt

Aperitif: ein ursprünglich aus Frankreich stammendes Getränk, das zur Anregung des Appetits meist vor einer Mahlzeit – sowohl rein als auch mit Wasser (oder Eisstückchen) getrunken wird. Dabei handelt es sich vorwiegend um alkoholreiche (14···20 %-Vol. Ethanolgehalt) Weine (z. B. *Sherry),* um → weinhaltige Getränke (z. B. → Wermutwein, → Kräuterwein) oder um Liköre (z. B. *Kräuter-* oder *Bitterliköre).* Bargetränk → Magenbitter → Sherry → Pastis

Aperitifwein: ein mit Alkohol (Primasprit) oder Weindestillat verstärkter oder mit verschiedenen Drogen aromatisierter Wein, der als *Aperitif* geeignet ist. → Sherry → Getränk weinhaltiges → Kräuterwein

Apfel: Frucht des Apfelbaumes (*Málus sylvéstris* Mill. *var. doméstica* Borkh.), eine der ältesten in Kultur genommenen Obstarten, von der Abdrücke von Kernen bereits in der Braunkohlenformation gefunden wurden (Familie *Rosáceae*). Als Stammformen das A. gelten: *Strauchapfel (Málus púmila* Mill.), *Filzblättriger Apfel (M. dasyphýlla* Borkh.), *Pflaumenblättriger Apfel [M. prunifólia (Willd.) orkh.]*) und *Holzapfel* oder *Glattblättriger Apfel (Málus sylvéstris* Mill.). Aus Mutationen und Kreuzungen der Wildformen dürften die ersten großfrüchtigen und genießbaren Kulturformen entstanden sein, die nach Erfindung der Veredlung sortenecht erhalten werden konnten. Durch Auslese und gezielte Kreuzung sind mehr als 1000 Edelsorten entstanden, von denen die geringwertigeren ständig durch wertvollere Hybriden ersetzt werden. Der Anbau wird durch die Herausgabe von Listen mit den wertvollsten Apfelsorten gesteuert (→ Kernobst). Die Sorten werden nach der *Genußreife* in *Sommer,- Herbst-, Winter-* und *Dauersorten* eingeteilt (Übers.).

Ausgewählte Apfelsorten, nach der Reifezeit geordnet

Sommersorten	Herbstsorten	Wintersorten	Dauersorten
'Klarapfel'	'Apollo'	'Cox Orangen'	'Schweizer Orangenapfel'
'Helios'	'Alkmene'	'Golden Delicious'	'Undine'
'James Grieve'	'Red Mc Intosh'	'Jonagold'	'Clivia'
	'Carola'	'Yellospur'	'Idared'
	'Albrechtapfel'	'Belgolden'	'Ontarioapfel'
		'Roba'	'Juno'
		'Auralia'	
		'Breuhahn'	
		'Gloster'	
		'Spartan'	
		'Herma'	
		'Redspur'	
		'Roter Boskoop'	

Der Apfelanbau erfolgt am besten in mittleren klimatischen Verhältnissen auf lehmhaltigen, nährstoffreichen Böden bei günstigerem Grundwasserstand bzw. einer mittleren Niederschlagsmenge von jährlich 600···700 mm und darüber. Qualitativ hochwertige Früchte in regelmäßig anfallenden Ernten werden unter Verwendung von wachstumsbeeinflussenden Veredlungsunterlagen in Niederstammpflanzungen erzielt, eine Anbauform, die in der gesamten gemäßigten Zone des Erdballs bevorzugt wird. *Sommer-* und *Herbstäpfel* werden bald nach der Ernte verwertet, *Winteräpfel* und *Daueräpfel* nach der Lagerung in Normal-, Kühlräumen oder Lagereinrichtungen mit gesteuerter Atmosphäre. Für den Handel bestimmen Güte-, bzw. Handelsklassen die verschiedenen Qualitätsstufen der Früchte. Früchte der Güteklasse IA „extra" (=Auslese) dürfen keinen → Apfelfehler aufweisen und müssen einheitlich in Form und Farbe sein, einen Durchmesser von mind. 70 mm und gleichen Reifegrad aufweisen. Seit 1991 dürfen auch in Deutschland gewachste Äpfel gehandelt werden, wenn sie entsprechend deklariert sind. Der Tafelapfel dient vorwiegend dem Frischverzehr. Als Vitamin-C-Quelle kommt er dabei kaum in Betracht. Mit Ausnahme einiger älterer Sorten, z. B. '*Freiherr von Berlepsch*' als die Vitamin-C-reichste Sorte (je 100 g Fruchtmasse 24 mg Vitamin C enthaltend), *'Ontario'* (23 mg Vitamin C je 100 g Fruchtmasse) und *'Boskoop'* (16 mg Vitamin C je 100 g Fruchtmasse), liegen die meisten Sorten unter 10 mg je 100 g Fruchtmasse.('*Golden Delicius*' 8 mg oder *'Jonathan'* 9 mg). Dabei verfügt die Apfelschale (Apfelepidermis) stets über einen höheren (3,6fachen) Gehalt gegenüber dem Fruchtfleisch (Fruchtparenchym). Bes. günstig wird der Pectingehalt des A. gewertet, indem bei regelmäßigem Apfelverzehr sowohl die Blutfettwerte als auch die Stuhltätigkeit günstig beeinflußt werden. Gewachste Früchte sind vor dem Verzehr gründlich zu waschen und abzureiben. Geringwertige bzw. nicht lagerfähige Früchte werden zu Mus, Gelee, Süßmost oder Apfelwein verarbeitet. Ferner werden Apfelstücke (gelegentlich auch gedörrt), Marmelade und Paste hergestellt. Eingedickter Apfelsaft ergibt das *Apfelkraut.* Apfeltrester sind ein wichtiger Rohstoff für die Pectingewinnung. Chemische Zusammensetzung und Energiewert des A. s. → Kernobst. → Reife

Apfel, gewachster, *nacherntebehandelter Apfel:* ein zur Haltbarkeitsverlängerung mit Wachs oder Harz (Bienenwachs, Benzoeharz, Candillawachs, Carnaubawachs, Mastix, Sandarakharz, Schellack oder Wachsester) oberflächenbehandelter Apfel. Mit Hilfe von → Überzugsmitteln soll insbes. bei rauhschaligen Früchten ein vorzeitiges Schrumpfen durch Hemmung der Wasserverdunstung eingeschränkt werden. Früchte mit natürlichem Wachsgehalt fühlen sich klebrig an. Künstlich bewachste Früchte sind an kleinen Schuppenbildungen zu erkennen, wenn man mit einem scharfen Messer die Apfeloberfläche einkratzt. In der BRD ist die Nacherntebehandlung verboten, der Import aus EG-Staaten jedoch erlaubt, wenn die Früchte entsprechend kenntlich gemacht sind. Mit Paraffin behandelte Früchte sind in Frankreich zulässig.

Apfel, getrockneter → Trockenapfel

Apfel, glasiger → Glasigkeit

Apfel, nachbehandelter → Apfel, gewachster

Apfel, Punischer → Granatapfel

Apfelbanane → Banane

Apfelbeere → Aronie

Apfelbeere, Rote → Zwergvogelbeere 1.

Apfelbirne → Nashi

Apfelchips, *Apfelcrisps, Apfelflocken, Apfelinstantflocken:* leicht lösliches, aufgeschlossenes, mitunter leicht hygroskopisches, daher auch mit Zucker überzogenes oder fritiertes Imbißerzeugnis (aus walzengetrocknetem Apfelpüree) in Flockenform oder über Explosions-Puffung gewonnenes, auf 3···5 % Feuchtigkeit dehydratisiertes Produkt, das meist in gasdichter Verpackung angeboten wird.

Apfelcrisps → Apfelchips

Apfel des Paris → Granatapfel

Apfelessig: ein aus Apfelwein mit pikant-fruchtiger Note hergestellter Gärungsessig. Der A. enthält alle Inhaltsstoffe des frischen Apfels und kann sowohl als Würzeessig als auch zur Verfeinerung von Salaten, Soßen, für eingelegte Früchte und Gemüse, zum Marinieren oder Beizen und als Erfrischungsgetränk durch Verdünnen mit Trinkwasser und ggf. Honig- oder Zuckerzusatz, verwendet werden. Eine Unterscheidung zwischen Gärungs- und synthetischem Säureessig ist durch Bestimmung der spezifischen 14-C-Radioaktivität möglich. → Essig

Apfelfehler: Sammelbegriff für innere und äußere qualitätsmindernde Beschaffenheitsmerkmale des Apfels, die entweder durch mechanische Einwirkung oder durch parasitäre (pilzliche) oder physiologische (Stoffwechselstörung) Erkrankungen zustandekommen. Zu den am häufigsten auftretenden A. zählen a) *Druckstellen,* die während der Ernte, des Transports, der Lagerung und Vermarktung entstehen und sich anfangs oft in kaum sichtbaren Dellen auf der Schale, später jedoch – je nach Apfelsorte (Schalenfarbe und Schalendicke) – in mehr oder weniger stark ausgeprägten Braunfärbungen zeigen und schließlich in → Fäule übergehen können, b) *Schalenfehler* (z. B. Astreibestellen, vernarbte Schalenrisse, Hagelschäden, Insektenfraß, Vogelfraß, Sonnen- und Spritzmittelflecken, → Schorf, → Berostung, → Jonathanflekken, → Schalenbräune und Schalenstippe (s. → Stippigkeit) und c) *Fruchtfleischfehler,* wie → Glasigkeit, → Apfelfleischbräune, → Altersfleischbräune, Fleischstippe (→ Stippigkeit), → Kernhausbräune und → Kernhausfäule → Fäulnis, → Verderb.

Apfelfleischbräune: eine die Qualität des Apfels mindernde, äußerlich zunächst nicht sichtbare physiologische Erkrankung, wobei die Früchte mehlig weich und leicht eindrückbar, bei Schnittprobe die Fleischpartien leicht verbräunt sind; später scheinen diffuse Verbräunungen auch durch die Fruchtschale hindurch, bis die Frucht schließlich nach innen zusammenfällt und morsch wird. Hauptursache der A. wird in Stoffwechselanomalien, insbes. durch zu geringen Calciumgehalt gesehen. Das Calcium hemmt in der Frucht sowohl reife- als auch alternsbeschleunigende Vorgänge, wie Atmung, Ethenproduktion, Säure- und Ascorbinsäureabbau sowie das Weichwerden über den Protopectinabbau. Calciumarmes Gewebe wird durchlässig, wäßrig und weich. Die Aufrechterhaltung der Zellmembranstabilität durch Calcium ist eine der Hauptursachen für die Langlebigkeit von Äpfeln mit höherem Calciumgehalt. Den Zellen stehen Betriebsstoffe einerseits länger zur Verfügung, andererseits werden die Stoffwechselprodukte, wie Acetaldehyd und Ethanol, nur in sehr geringem Umfang gebildet. → Apfelfehler, Kältefleischbräune → Kaltlagerkrankheiten → Altersfleischbräune

Apfelflocken → Apfelchips

Apfelfriate → Fruchtsaftkonzentrat

Apfelgetränk → Fruchtsaftkonzentrat, → Obstgetränk

Apfelinstantflocken → Apfelchips

Apfel-Jambuse → Rosenapfel

Apfelkern → Kern

Apfelkraut: ein im Haushalt oder industriell hergestelltes → Obstkraut, das vor allem im Rheinland aus süßen Apfelsorten bereitet wird, wobei der Verbrauchererwartung „industriezuckerfrei" nicht generell entsprochen wird.

Apfelkuchen → Obstgebäck → Blechkuchen

Apfelmango → Mombinpflaume

Apfelminze: 1. *Rundblättrige Minze:* die in England vorwiegend für teeähnliche Erzeugnisse (→ Erzeugnis, teeähnliches) und für → Minzsoßen kultivierte → Minze, *Méntha suavéolens* Ehrh. (Familie *Lamiáceae*). Hauptbestandteil des nach reifen Äpfeln duftenden Öles ist Piperitenonoxid.
2. *Rundblättrige Minze:* die vorwiegend in Österreich kultivierte *Gartenminze, M. rotundifólia* (L.) Huds., ein Bastard aus *M. longifólia* (L.) Huds. x *M. suavéolens* Ehrh., der häufig mit Breitblättriger Minze → *Méntha villósa Huds.* verwechselt wird.

Apfelmost → Fruchtsaft, → Most 2. → Saft

Apfelmus: ein industriell und im Haushalt aus Falläpfeln oder aus baumreifen Äpfeln durch Dünsten und Passieren hergestellter, nach Erfordernissen gesüßter Obstbrei. → Fruchtmus

Apfelpaste: eine aus → Apfelmus durch Zusatz von 0,6 kg Zucker zu 1 kg Mus und durch nachfolgendes Eindicken vorwiegend im Haushalt hergestellte Zubereitung. Das Apfelmus wird etwa 2 cm dick auf ein mit Pergamentpapier belegtes Kuchenblech aufgestrichen und an einem warmen Ort mehrere Tage getrocknet. Um auch die Unterseite austrocknen zu lassen, wird die Masse gewendet, dann in Würfel geschnitten, die in grobem Kristallzucker gewälzt werden. Die A. wird als Süßigkeit verzehrt. → Obstpaste, → Obstpastengewürz

Apfelpelargonie, *Muskatpelargonie, Zitronenpelargonie:* eine in Frankreich, Algerien, Spanien, auf Korsika, in Südafrika und Brasilien kultivierte, stark aromatische Geranie, *Pelargónium odoratíssimum* (L.) L'Hérit. ex Ait. (Familie *Tropaeoláceae),* deren Blätter 0,1···0,2 % ätherisches Öl, vorwiegend Geraniol und Zitronellol, enthalten und zur Aromatisierung von Obstkonserven, insbes. Quittengelee und Quittenkonfitüre geeignet sind.

Apfelquitte → Quitte

Apfelrose: **1.** *Weichhaarige Rose:* eine in Westeuropa, Mittel- und Kleinasien verbreitete *Heckenrose, Rósa pomífera* Herrm. (Familie *Rosáceae),* deren Früchte Verarbeitungszwecken zugeführt werden, → Hagebutte.
2. → Weinrose

Apfelrose, Japanische → Kartoffelrose

Apfelsaft → Fruchtsaft, → Most, → Saft

Apfelsaft für Dialysepatienten: ein aus 100 %igem Saft, ohne Zuckerzusatz, nicht aus Rückverdünnung von Apfelsaftkonzentrat gewonnener A., dem schonend etwa 85 mg Kalium je 100 ml entzogen und 43 mg Calcium zugesetzt sind. Dieser A. weist in 100 ml 39 mg Kalium sowie 12 g verwertbare Kohlenhydrate auf. Der Energiewert in kJ (kcal) je 100 ml entspricht 210 (50).

Apfelsaft, keltertrüb, *naturtrüber Apelsaft, preßtrüber Apfelsaft*: ein trinkfertiger → Saft, dem die →

Trubstoffe durch Saftklärung nicht entzogen wurden und daher kein blankes Aussehen zeigt. Der Trub von k. A. hat folgende Zusammensetzung: 21 % Gesamteiweiß, 5,35 % Lipoide, 0,45 % Cellulose, 1,6 % Pectin, 2,19 % Asche, 0,6 % Kupfer, 1,5 % Eisen, der Rest ist Wasser. Vorzüge des k. A. bestehen in besserer Bekömmlichkeit und vollerem Aroma gegenüber blankem Apfelsaft. Die im k. A. enthaltenen Pectinmengen reichen i. allg. nicht aus, um die dem Pectin zugeschriebenen günstigen physiologischen Wirkungen im menschlichen Organismus zu erreichen. → Saft, geklärter

Kennwerte für Apfelsaft, Apfelwein und alkoholarmen Apfelwein

Gesamtsäure g/l	6,2	0,0	5,9
Gesamtzucker g/l	110	18	36
Zuckerfreier Extrakt g/l	18	20	23
Kohlensäure g/l	2,2	2,5	3,1
Ethanol %vol	0,1	4,5	0,5
Energiewert kJ/l	2100	1600	900
kcal/l	500	400	220

Apfelsaft, naturtrüb → Apfelsaft, keltertrüb

Apfelsaft, preßtrüb → Apfelsaft, keltertrüb

Äpfelsäure, (E 296) *Monohydroxybernsteinsäure,* 2-Monohydroxybutan-1,4-disäure: eine zweibasische Carbonsäure, die auf Grund eines asymmetrischen Kohlenstoffatoms in zwei stereoisomeren Formen und als Razemat auftritt (Formeln s. nächste Spalte oben).

In der Natur findet sich nur die (L)(−)-Form. Die Salze der *Ä.* heißen Malate. Als Reaktionsstufe des Citronensäurezyklus kommt die Ä. in allen pflanzlichen und tierischen Zellen, in denen dieser Zyklus abläuft, vor, bes. reichlich in Obst, Gemüse und Wein, aber auch in tierischen Produkten. In einer Reihe von Kern- und Steinobstarten macht der

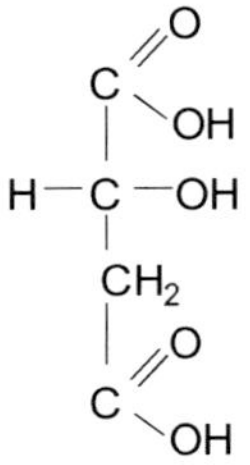

D-Äpfelsäure

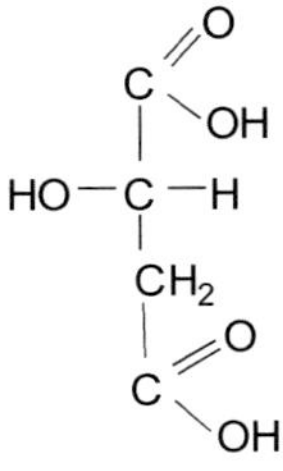

L-Äpfelsäure

Gehalt an Ä. 80···90 % des Gesamtsäuregehaltes aus. In Äpfeln beträgt der durchschnittl. Gehalt an Ä. 0,25 %. *(L)*-Ä. bildet zerfließliche Nadeln, F. 100°C, *d* 1,595. Die *(D)*-Form schmilzt bei 98···99°C, das Razemat bei 133°C. *(L)*-Ä. ist in Wasser und Ethanol leicht, in Ether schwer löslich. Die spezifische Drehung der *(L)*-Ä. in wäßrigen Lösungen hängt von der Konzentration ab. Bei Konzentrationen unter 25 % weist *(L)*-Ä. eine Linksdrehung auf, die mit steigenden Konzentrationen in eine Rechtsdrehung umschlägt. *(L)*-Ä. ist neben Citronensäure die im Obst am häufigsten oder allein vorkommende Säure. Sie hat unter den Genußsäuren den stärksten Sauergeschmack, schmeckt rein sauer, praktisch ohne Nebengeschmack.

Die Geschmacksschwelle für Ä. beträgt 0,0026 g je 100 ml. Die Gewinnung von Ä. kann aus den Beeren der Eberesche, die einen Gehalt von 3···5 % aufweisen, über das Calciummalat erfolgen. Das Razemat wird synthetisch durch Wasseranlagerung an Fumar- oder Maleinsäure gewonnen. Ä. wird in begrenztem Umfang als Geschmacksstoff bei Obsterzeugnissen und Limonaden verwendet. → Fruchtsäuren

Apfelschnitte: durch Vierteln oder Achteln von gereinigten, geschälten, hellschaligen, großfrüchtigen, vom Kernhaus befreiten Äpfeln gewonnene Teile, die frisch oder nach Pasteurisierung als → *Dunstobst* für Kuchenbelag Verwendung finden. Die A. können auch gesüßt und gekocht sofort bzw. pasteurisiert oder gefroren zu einem späteren Zeitpunkt als Kompott verbraucht werden. Gelegentlich dienen sie zur Herstellung von *Trockenobst.* → Obstgefrierkonserve

Apfelsine → Orange

Apfelsinenschale, kandierte: kandierte Schale von süßen → Orangen, *Círtus sinénsis.* Die k. A. ist nicht zu verwechseln mit → Orangeat aus den leuchtend tieforangefarbenen, aromatischen, süßlich-bitteren, schnittfesten halben Schalen von → Pomeranzen, denen vorher kein ätherisches Öl entzogen werden darf. → Dickzuckerfrucht

Apfelsinenschalenöl → Pomeranzenöl

Apfelstrudel: ein Gebäckstück, bei dem Apfelstücke entweder in einfachen → Hefeteig, in → Blätterteig oder nach Wiener Art in Strudelteig (→ Strudel) eingebacken sind.

Apfelstücke: durch Zerschneiden von gereinigten, geschälten und vom Kernhaus befreiten Äpfeln (jeder Größe) hergestellte kleinwürflige Zubereitung, die nach entsprechendem Zuckerzusatz als Kompott verwendet wird. Es ist dem Kompott aus → Apfelschnitten gleichzusetzen, zu dessen Herstellung aber großfrüchtige Äpfel wirtschaftlicher sind.

Apfelsüßmost: veraltete Bez. für Apfelnektar. Nur noch im Haushalt oder in Kleinmostereien, aber nicht bei der industriellen Erzeugung übliche Bez. für Apfel- oder Falläpfelpreßsaft, der mit Wasser verdünnt und mit Zucker gesüßt ist. → Fruchtnektar, → Apfelsaft, → Most

Apfeltee: ein → teeähnliches Erzeugnis aus kleinen, ungeschälten Apfelstücken (im Haushalt meist aus Apfelschalen bereitet), die lose oder zerkleinert in Aufgußbeuteln abgepackt ein aromatisches Aufgußgetränk ergeben. Bei einem Feuchtigskeitsgehalt von 10% weist der A. folgende Zusammensetzung auf: 2,1 % Eiweiß, 77 % Kohlenhydrate, 4 % Äpfelsäure, 2 % Mineralstoffe. Der Vitamin-C-Gehalt ist bedeutungslos, da dieser bereits im Rohprodukt vieler Apfelsorten sehr gering ist und beim Trocknungsprozeß (in der Regel bis 90 % Vitamin-C-Verlust) schwindet.

Apfeltorte → Obstgebäck → Diabetikerbackware

Apfeltrester: die bei der Gewinnung von Apfelsaft aus der Apfelmaische nach dem Preßvorgang verbleibenden *Preßrückstände,* die frisch oder getrocknet zur Gewinnung von → Pectin verwendet werden. *Frische* A. (*Apfelfrischtrester*) müssen innerhalb von 24 h verarbeitet werden, weil die fruchteigenen Enzyme das Pectin abbauen. *Getrocknete* A. *(Apfeltrockentrester*) können bis zu 18 Monaten gelagert werden und weisen einen Feuchtigkeitsgehalt von 8% auf. Bei der Trocknung ist zu beachten, daß sie nicht „verbrennen", d. h. hornartig hart werden. Sie sollen zudem eine hellbraune Farbe aufweisen.

Apfelwein: ein vergorener → Apfelsaft, entweder naturrein, also ohne Wasserzusatz, oder wie *Frankfurter Ebbelwoi,* mit höchstens 10 % Wasserzusatz. → Lebensmittel, naturreines, → Cider

Apfelwein, alkoholarmer, entalkoholisierter Apfelwein: ein → Apfelwein mit höchstens 0,7 %-Vol. Ethanol. Der a. A. wird nicht wie → Bier mit Umkehrosmose (Membranverfahren) und Dialyse hergestellt, sondern durch Verdampfung des Ethanols (etwa 75% des Flüssigkeitsvolumens werden abgedampft und die natürlichen flüchtigen Bestandteile dem mit reiner Kohlensäure versetzten Endprodukt wieder zugefügt). Der physiologische Brennwert ist nur halb so hoch wie bei Apfelwein (s. Tab.) trotz doppelt so hohen Zuckergehalts. Der Marktanteil des a. A. beträgt etwa 10%.

Aphanin: 4-Keto-β-caroten mit Vitamin-A-Wirksamkeit. A. kommt in bestimmten Drüsen von Seeigeln sowie in Algen [*Rivulária nítida* (C. Ag.) Born et Flab., *Oszillatória rubéscens* De Cand.] vor. Aus Benzen und Methanol kristallisiert es in mattroten Plättchen, F. 178···179°C Es ist leicht löslich in einem Chloroform/Ether-Gemisch, wenig löslich in reinem Chloroform, Absorpt.-Max. λ_{max}456 nm. Die Vitamin-A-Wirksamkeit beträgt etwa 50 % des all-trans-β-Carotens. → Vitamin A

Aphyllophoráles → Ständerpilze

Apigenidin → Anthocyane

Apigenin: zur Gruppe der Flavone gehörender gelber Farbstoff mit der Struktur

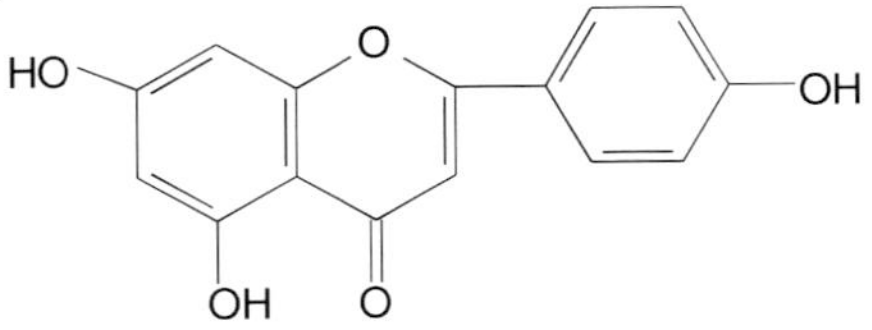

A. kommt in Orangen, Petersilie, Kamille sowie in den Blüten der gelben Dahlien vor. Es bildet blaßgelbe Blättchen, F. 347···348°C, ist leicht löslich in Alkalien, Ethanol und Aceton, wenig löslich in Wasser und unlöslich in Ether, Chloroform sowie Benzen. Die Darstellung erfolgt durch Säurehydrolyse des → Apiins. → Flavonoide

Apigenin-5-β-D-glucosid → Flavonoide

Apiin: 7-Glucosid des → Apigenins. A. kommt in verschiedenen Doldenblütlern (z. B. Petersilie, Selleriekraut, Kerbel) vor. Es kristallisiert in wasserhaltigen Nadeln, $[\alpha]_D$-130°C, die leicht löslich in heißem Wasser und Alkohol, unlöslich in Ether sind. A. hat antiseptische Wirkung. → Flavonoide

Apiol, *2,5-Dimethoxysafrol, 1-Allyl-2,5-dimethoxy-3,4-methylendihydroxybenzen, Petersilienkampfer*: Phenolether der Struktur:

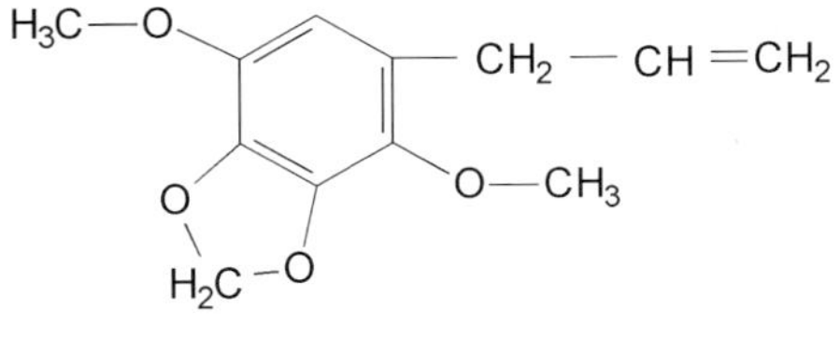

A. ist Bestandteil ätherischer Öle, Hauptbestandteil im Öl des Samens von Petersilie [*Petroselínum críspum* (Mill.) Nym. ex hort. Kew]. Das rohe, aus Petersiliensamen gewonnene ätherische Öl wird auch als flüssiges Apiol *(Oleoresina Petrosilini)* bezeichnet. A. kristallisiert in feinen Nadeln mit schwachem Petersiliengeruch, F. 30°C, Kp. 294°C, n_D1,537, d_4 1,015, und ist löslich in Ethanol, Ether, Benzen, Chloroform, Aceton und Ölen, unlöslich in Wasser. A. ist der charakteristische Aromastoff der Petersilie und hat keimhemmende und entwicklungshemmende Wirkung bei Weizen und Raps. Beim Menschen wirkt A. harntreibend, in höheren Konzentrationen menstruationsfördernd und abortiv. → ätherische Öle

Apiose, *3-C-Hydroxymethyl-D-glycero-aldotetrose:* ein durch Hefe nicht vergärbares, verzweigtkettiges Monosaccharid. A. kommt in den Petersilieglycosiden → *Apiin* und *Petroselinin* sowie im *Graveobiosid* aus Selleriesamen u. a. vor.

Ápios spec. → Erdbirne

Apiti: eine in Westafrika übliche, süßschmekkende, erhitzte Maisbreizubereitung, bei der ein Teil eines 8 h lang fermentierten Maisteiges mit 3 Teilen eines steifgeschlagenen Bananenbreies gemischt und nach dem Backen zum Verkauf portionsweise in Blätter abgepackt wird. → Brei → Kochbanane → Fladen

Ápium gravéolens var. dúlce → Bleichsellerie

Ápium gravéolens var. rapáceum → Knollensellerie

Ápium gravéolens var. secálinum → Blattsellerie

Apócynum cannábium → Lutong

Apollinaris → Heilwasser

'Apollo' → Apfel → Kernobst

Apompo → Capomo

Aponogéton spec. → Ikisanga

Aporythein → Vitamin B_{12}

Appenzeller: ein Honigkuchen, rund ausgestochen, aus leichtem Honigkuchenteig. → Lebkuchen → Lebkuchenbackware

Appenzeller Käse: Im Kanton Appenzell (Schweiz) nach Tilsiter Art bereiteter geschmierter *Schnittkäse* in Laibform, der als Vollfett- (45 % Fett i. Tr.) und als Viertelfettkäse (10% Fett i. Tr.) gehandelt wird. Die Rinde ist weich, das Käseinnere gelblich und weichschnittig mit spärlicher, etwa erbsengroßer Lochung. Der Geschmack ist scharf und aufdringlich.

Appetiter, *Braunschweiger, fein, in Portionen:* frische → *Rohwurst* (mittlere Sorte), zu deren Herstellung Schweine- und Rindfleisch, Schweinebauch ohne Schwarte, Fettabschnitte vom Schwein, Rindfleischfettgewebe, Schwarten, Speisesalz, Salpeter, Zucker, Pfeffer, Paprika und Muskat eingesetzt werden. Als Wursthüllen dienen Schweinedärme (34 mm Durchm.), die nicht abgebunden, sondern portioniert abgedreht werden. Das Schnittbild zeigt eine blaßrosafarbene, fein gekutterte Wurstmasse von streichfähiger Konsistenz. Der Richtwert für den Energiewert beträgt 2176 kJ (520 kcal) je 100 g Wurst. → Wurst

Appetithappen, kleiner → Imbißerzeugnis

Appetitsild → Anchosen

Apranaransa → Ablemanu

Apricaorohmasse: ein Kakaoerzeugnis, bestehend aus einem Gemenge fein zerriebener oder gewalzter, entbitterter Aprikosen- oder Pfirsichkerne mit Zucker unter Zusatz von Kakaomasse.

Apricot-Brandy: Fruchtaromalikör. → Aprikosenlikör → Likör → Brandy → Obstgeist

Aprikose, auch *Marille:* Frucht des Aprikosenbaumes *Armeníáca vulgáris* Lam., Synonym *Prúnus armeníaca* L., zu den *Steinobstfrüchten* zählende Obstart (Familie *Rosáceae*), wahrscheinlich aus Nordchina stammend, von dort über Mittel- und Vorderasien nach Europa gebracht, bevorzugt in wärmeren, südlichen Ländern angebaut (Ungarn, Rumänien, Bulgarien, südliche Gebiete der ehem. Sowjetunion, Österreich, Italien, Frankreich, Spanien u. a.). Der frostempfindliche Aprikosenbaum gedeiht am besten an Standorten, die eine mittlere Jahresdurchschnittstemperatur von über 8°C aufweisen. Er verträgt keine stauende Nässe im Boden bzw. keinen niedrigen Grundwasserstand, ist in Lehmböden ertragssicherer als in Sandböden. Der Anbau erfolgt in Niederstamm- und Viertelstammform. Von den zahlreich vorhandenen Sorten werden *'Luizet'*, *'Ungarische Beste'* und *'Marena'* empfohlen. Sie reifen Ende Juli bzw. Anfang August. Nur baumreif geerntete Früchte haben vollentwickelten Geschmack. Bei früherer Ernte, wie sie für weiteren Versand erforderlich ist, reift die Frucht meist nicht vollkommen aus, bleibt aromaarm, trocken und fest. Als wichtige Aromakomponenten kommen Capro- bis Dodecalactone vor. Die A. ist eine sehr edle Frucht und für den Frischverzehr geeignet, dennoch wird der weitaus größte Teil der geernteten A. zu Dauerware verarbeitet. Aus A. werden Kompott, Konfitüre, Marmelade, Gelee, Nektar, Likör, Branntwein u. a. hergestellt. A. werden in bes. Maße zu → *Trockenobst* verarbeitet. → Dörrobst → Steinobst

Aprikosengeist → Obstgeist

Aprikose, Japanische → Sharonfrucht

Aprikosenkern: der aus den Aprikosensteinen befreite Samen von 1···2 cm Größe, von flacher, herzförmiger Gestalt und bitterem oder süßlichem Geschmack. Die A. enthalten 4% Feuchtigkeit, 50% Fett und bei bitteren Partien je 100 g etwa 250 mg Blausäure. Die A. werden zur Herstellung von Persipanrohmasse verwendet. Durch Wässern wird das blausäurehaltige *Amygdalin* der A. vor der Verarbeitung entfernt. → Ölsamen, → Kern, → Pflaumenkern

Aprikosenkernöl: das aus den in den Fruchtsteinen der Aprikosen befindlichen Kernen gewonnene, dem → *Mandelöl* sehr ähnliche Öl. Die Fettsäuren bestehen zu 60···79% aus Ölsäuren und zu 18···32% aus Linolsäure. Das A. wird als Ersatz für Mandelöl verwendet. Aus den *Aprikosenkernen* kann Persipan, ein dem Marzipan ähnliches Erzeugnis, hergestellt werden. → Makronenmasse

Aprikosenlikör: Fruchtaromalikör mit 25%-Vol. Ethanolgehalt, hergestellt unter Verwendung von pectinfreiem Aprikosensaft und alkoholischen Fruchtextrakten. *Apricot-Brandy* enthält zusätzlich Aprikosendestillat. → Likör

Aprikosentorte → Obstgebäck

Aprikosenwasserkopf → *Cortinariáceae*

Apterin → Cumarin

Aquavit: → Trinkbranntwein (40 %-Vol.) unter Verwendung von Kümmel-, Zitronenschalen-, Nelken- und Korianderauszügen oder -destillaten und Primasprit, mit wasserhellem Aussehen oder leicht gelblichem Farbton und hervortretendem Kümmelgeschmack. Der A. leitet sich ab von *aqua vitae* (lat. *Lebenswasser*). Ursprungsland für A. ist Dänemark, wo die Sorte *Malteser Kreuz* bekannt ist. Zur Herstellung von *Edel-Aquavit* wird Korndestillat verwendet.

Äquivalentfette → Spezialfette

Araban: ein über α-(1 → 3)-Bindungen stark verzweigtes Polysaccharid (Molmasse etwa 6000 g/mol) aus α-(1 → 5)-verbundenen L-Arabofuranose- Bausteinen, das gegen alkalischen Abbau resistent ist. A. kommt, meist mit Pectin und Galactan zu Pectinstoffen vergesellschaftet, in fast allen Landpflanzen vor und ist z. B. auch Bestandteil von Kirsch-, Pflaumen- und Hefegummi sowie Holundermark.

Arabica-Kaffee → Cóffea arábica → Kaffee

α-L-Arabinofuranosidase → Pentosanasen

Arabinogalactan, *Lärchengummi:* ein Polysaccharid, bestehend aus 1.3-verknüpften, β-D-Galactose- Resten mit Verzweigungen, die teilw. L- Arabinose-Einheiten enthalten. Es ist ein wasserlösliches → Hydrokolloid, das in hohen Konzentrationen (bis zu 35 %) im Kernholz von bestimmten Lärchensorten *(Lárix occidentális* Nutt., Familie *Pináceae)* vorkommt. Das A. wird in der ehem. Sowjetunion und in den USA aus dem zerkleinerten Holz mit Wasser extrahiert *(Pflanzenextrakte)* und von Eisen- und phenolischen Verbindungen durch Behandlung mit aktivem Magnesiumoxid befreit und getrocknet. Das A. ist ein weißes, geruchloses Pulver. Die Viskosität wäßriger Lösungen ist geringer als bei den meisten anderen Hydrokolloiden (die Molmasse erreicht Werte bis zu 100 000 g/mol). Das A. kann als Emulsions- und Bindemittel für ätherische Öle, Süßstoffe, Salatmayonnaisen und Puddings sowie als körpergebendes Mittel für Aromastoffe eingesetzt werden. → Extrakt → Saccharide

Arabino-Hexulose → Saccharide

Arabinose: D-Arabinose, β-D-*Arabopyranose,* Aloinose, Aloinzucker; L-Arabinose, β-L-Arabinose, Gummizucker; D,L-Arabinose, Pectinose: in der D- und L-Form natürlich vorkommende, mit Hefe nicht vergärbare Aldopentose.

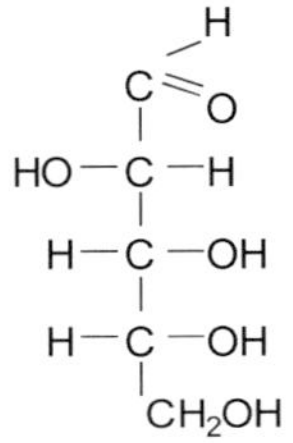

D (−)-Arabinose

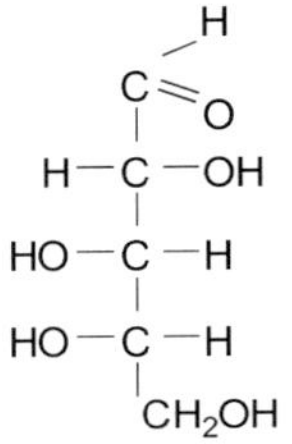

L (+)-Arabinose

Bes. die L-*Form ist in Lebensmitteln* weit verbreitet, selten in freier Form, aber häufig als Polysaccharidbaustein in Pflanzengummiarten, Hemicellulosen, Pectinen, auch u. a. in Bakterienpolysacchariden. Die D-Form von A. wurde z. B. aus Aloeglycosiden, in furanoider Ringform als Spaltprodukt eines Polysaccharids aus Tuberkelbazillen isoliert. D, L-A. kommt gleichfalls in Naturstoffen, bei Stoffwechselstörungen mitunter im Harn, vor. → Pentosen

Arabinoside → Glycoside

Arabinoxylan: Ein aus den Pentosen → Xylose und → Arabinose zusammengesetztes Polysaccharid, ein Bestandteil pflanzlicher Zellwände, beim Getreide vorrangig der Aleuronschicht. Besonders stark ist A. im Roggen vertreten. Strukturell sind die D-Anhydroxylosereste β-glykosidisch d. h. zwischen den C-Atomen 1 des einen und dem C-Atom 4 des anderen C-Atoms der Xylose verknüpft. Die Arabinose ist an den C-Atomen 2 oder 3 der Xylose gebunden. A. ist überwiegend wasserlöslich. A. ist ein Bestandteil der → Ballaststoffe, wobei dem löslichen Anteil eine günstige Wirkung gegenüber Risikofaktoren der Ernährung zugeschrieben wird, z. B. die Senkung des Cholesterolspiegels im Blut, Förderung des Immunsystems.

Arabinsäure → Gummi *arabicum*

Arabischer Gummi → Gummi arabicum

Arabitol, *Arabit, Lyxitol:* ein in zwei optisch aktiven Formen auftretender fünfwertiger Zuckeralkohol (Pentitol).

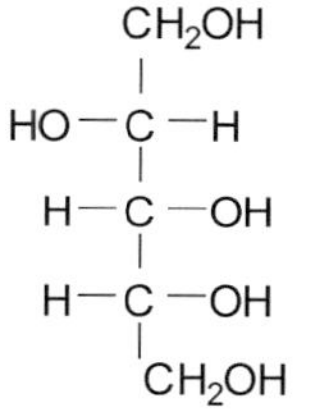

D (+)-Arabitol

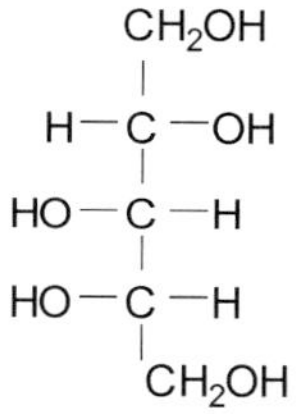

L (−)-Arabitol

A. schmeckt süß. D(+)- *Arabitol* kristallisiert aus Ethanol in Prismen, F. 102···103°C, $[\alpha]_D^{20}$ + 7,8°C (in Boraxlösung), kommt in Flechten und Pilzen vor und findet sich bei Pentosurie im Urin. L(-)-*Arabitol* kommt nicht natürlich vor. → Zuckeralkohole

D-Arabityl-palmitinsäureester → Zuckerester

D-Arabityl-stearinsäure → Zuckerester

D-Araboascorbinsäure → Antioxydantien

Arabodesose → 2-Desoxyribose

β-D-Arabopyranose → Arabinose

Aracacha → Occa

Arachiden → Kohlenwasserstoffe, aliphatische

Arachidennuß → Erdnuß

Arachidonsäure, *Eicosatetra-5,8,11,14-en-säure:* eine Monocarbonsäure der Formel CH_3-$(CH_2)_4$-CH=CH-CH_2-CH=CH-CH_2-CH=CH-CH_2-CH=CH-$(CH_2)_3$-COOH, Molmasse 304,46 g/mol. A. wird im Fett von Land- und Seetieren gefunden. Sie ist angereichert in den Leberlipoiden und den Gehirnphosphatiden. Das menschliche Fettgewebe enthält 0,3···0,9 % A. . Sie ist eine hellgelbe Flüssigkeit, F. −49,5°C. Auf Grund der Existenz mehrerer Doppelbindungen ist sie gegen Sauerstoff relativ anfällig (oxydativer Fettverderb). Zusammen mit anderen ungesättigten Fettsäuren wird sie bei der Therapie von Hauterkrankungen angewendet. A. hat Bedeutung als *essentielle* Fettsäure (→ Fettsäuren).

Arachidosid → Kropfnoxen

Arachidylalkohol → Fettalkohole

Arachin → Globuline

Arachinalkohol → Fettalkohole

Arachinsäure, *n-Eicosansäure:* eine gesättigte Monocarbonsäure der Formel CH_3-$(CH_2)_{18}$-COOH, Molmasse 312,52 g/mol. A. kommt in Spuren in vielen Pflanzenölen vor; Erdnußöl enthält 2···5 % A. Sie kristallisiert in Form weißer, glänzender Blättchen, F. 75,3 °C., Kp. 328 °C.

Arachinsäure-5-hydroxy-tryptamid → Carbonsäure-5- (hydroxy)-tryptamide

Aráchis hypogāēa → Erdnuß

Arachisnuß → Erdnuß

Arachisöl → Erdnußöl

Arachylalkohol → Fettalkohole

Aragats: *Hartkäse* aus Schafmilch mit 50 % F. i. Tr. aus der ehem. Sowjetunion → Käsesorten

Aragon, *Tronchon:* halbfester *Schnittkäse* aus Spanien, der aus Schafmilch oder einer Mischung aus Schaf- und Ziegenmilch hergestellt wird. → Käsesorten

Araguato → Samtfeige

Arahueque → Seetraube

Arália chinénsis var. mandshúrica → Taranome

Arália cordáta → Udo

Arália eláta → Taranome

Arália mandshúrica → Taranome

Araligenin → Oleanolsäure

Arame → Algenprodukt

Aramina, *Kongojute:* die in tropischen und subtropischen Gebieten der ganzen Welt vorkommende *Uréna lobáta* L. (Familie *Malváceae)*, deren junge Blätter und Triebe in Südamerika und Asien als Gemüse verzehrt werden.

Arancini, *Tondini Aranzini*: aus den Schalen der bitteren oder süßen → Orangen kleine ausgeschnittene, runde, gekochte und kandierte oder mit Schokolade überzogene Scheiben von etwa 15···22 cm Durchm. → Dickzuckerfrucht

Arasgerwasser → Mineralwasser

Araucana-Ei: Eier von Araucana-Hühnern, die sich durch eine grünliche Färbung der Schale auszeichnen. A. enthält infolge seines höheren Dotteranteils mehr Cholesterol als handelsübliche weiß- bzw. braunschalige Eier (215 bis 237 mg gegenüber 181 bis 206 mg pro Ei).

Araucária angustifólia:
1. → Pinone
2. → Pinonero

Araucária brasiliána → Pinonero

Araucária imbricáta → Pinonero

Araukarie, Chilenische → Pinonero

Arbuse → Wassermelone

Arbutin → Phenolglycoside

Arbutosid → Phenolglycoside

Arbutus, Chinesischer: Handelsbez. für Kompottkonserven der *Chinesischen* → Baumerdbeere, die nicht zur Gattung *Árbutus* (Familie *Ericáceae*) gehört.

Árbutus unédo → Erdbeerbaum

Arcain → Guanidinbasen

Arcangeliélla asterospérma → Octarianináceae

Archimycétes → Pilze

Archin → Farbstoffe

Archinin → Farbstoffe

Árctium láppa var. edúlis → Klette, Große

Árctium mínus → Klette, Große → Wildkräuter

Árctium tomentósum → Klette, Große

Arctostáphylos úva-úrsi → Bärentraube, Echte

Arctuvín → Phenole

Ardennenschinken: belgischer Schinken von hoher Qualität, geschmacklich mit dem Parma-, Bayonne- und Yorkschinken zu vergleichen.

Ardísia manglíllo → Manglillo

Ardjan: die in Tunesien und Marokko kultivierte Halbwüstenpflanze *Argánia spinósa* (L.) Skeels, (Familie *Sapotáceae*), aus deren wohlschmeckenden Nüssen auch Speiseöl gewonnen wird. Der A. zählt wie der *Yehebbusch* zu den *Green-Glue-Pflanzen* (Pflanzen, die der Ausbreitung der Wüsten Einhalt gebieten können) und zudem eßbare Samen liefern, die vorwiegend von Nomaden verzehrt werden.

Aréca cátechu → Betelnuß

Arecanuß → Betelnuß

Arecástrum romanzoffiánum → Königspalme → Markstärke

Arecolin → Alkaloide

Arecarot → Betelbissen

Arekanuß → Betelnuß

Arénga pinnáta → Zuckerpalme, Echte

Arepa → Tortilla

Arepagrieß → Maisnährmittel

Argánia spinósa → Ardjan

L-Arginin → Aminosäuren → Harnstoff

Argumpalme: die Fächerpalme *Medémia árgun* (Mart) Wuertt. (Familie *Arecáceae)*, die in der nubischen Wüste vorkommt und eßbare Früchte trägt, die erst durch zeitweiliges Aufbewahren in der Erde genießbar werden.

Argusfasanenbaum: der Baum *Dracontomélon* mangíferum Bl. (Familie *Anacardiáceae*), der eßbare Früchte trägt.

Arhar → Katjangbohne

Aribo: Italienischer Reis

Arienheller Brunnen → Mineralwasser

Arillus → Hülsenfrucht, → Muskatnuß

Arizonakiefer, *Ocote:* der kleine, verzweigte Nadelbaum *Pínus cembroídes* Zucc. (Familie *Pináceae),* der in Mexiko und den USA (Arizona) vorkommt. Die Samen werden roh, getrocknet oder geröstet verzehrt sowie als Zutat für Konditoreiwaren verwendet. Ähnlich werden auch die Samen anderer amerikanischer *Pinus-Arten,* wie *Pínus nelsónii* Shaw (Mexiko), *P. parrayána* Engelm. (Mexiko, Kalifornien) und *P. pinceána* Gord. (Mexiko) genutzt.

Aristichthys nóbilis → Graskarpfen

Arkacha → Arracacha

Arlac → Indian MPF

Arlitan → Sorbitan-Fettsäureester

Armagnac: Herkunftsbez. für einen französischen edlen → Weinbrand aus den Departements Gers, Lot und Garonne. Der A. erreicht etwa das Qualitätsniveau von → Cognac. Da die Weinhefe vor dem Brennen aus dem Wein entfernt wird, ist das Aroma des A. nicht so „seifig" wie das des Cognacs, jedoch bemerkenswert fein, weich, aromatisch und fruchtig. Das 52···63 %-Vol. Ethanol enthaltende Armagnac-Weindestillat wird in kontinuierlich arbeitenden Destillationsapparaten in einem Arbeitsgang gewonnen. → Edelbrand

Armeníaca vulgáris → Aprikose

Armillária mátsutáke → Tricholomatáceae

Armillária spec. → Tricholomatáceae

Armillariélla polymýces → Pilzgifte → Kulturpilze

Amorácia rusticána → Meerrettich

Árnica montána → Arnika

Arnika, *Wohlverleih, Bergwohlverleih, Bergbetonie:* in Europa als einzige von 30 Arnikaarten, auf kalkarmen Böden gedeihende *Árnica montána* L. (Familie *Asteráceae),* die vorwiegend für Heilzwecke aber auch als bitterstoffhaltige → Droge bei der Herstellung von → Spirituosen genutzt wird. Da die Pflanze unter Naturschutz steht, wird ihre Gewinnung über Feldanbau von der Landesanstalt für Bodenkultur und Pflanzenbau in Freising-Weihenstephan über Anbauversuche vorangetrieben.

Aroma (griech., Gewürz):
1. Gemisch der flüchtigen Substanzen, die einem Lebensmittel seinen unverwechselbaren Charakter verleihen. Das A. der meisten Lebensmittel ist sehr komplex, die Zahl der Einzelbestandteile übersteigt in der Regel die Zahl 100. Der Aromagehalt der Lebensmittel liegt hingegen nur im ppm-Bereich. → Öle, ätherische → Aromastoffe → Essenzen
2. die von einem Lebensmittel ausgelösten typischen Geruchsempfindungen. Hierbei können die flüchtigen Substanzen sowohl durch einen Riechvorgang direkt als auch durch Verzehr des Lebensmittels über den Rachenraum in die Nase gelangen und den Geruchseindruck hervorrufen.

Aromadendren → Terpen-Kohlenwasserstoffe

Aromaextrakt aus Gewürzen → Gewürzaromakonzentrat

Aromaextrakte → Aromen

Aromakulturen: die bei der Herstellung bestimmter Lebensmittel zur Erreichung eines spezifischen Aromas eingesetzten → Spezialkulturen.

Aromasalz → Spezialsalz

Aromastabilisatoren → Stabilisierungsmittel

Aromastoffe, *Geruchsstoffe, Riechstoffe* (seltener angewandte Synonyme): die das Aroma eines Lebensmittels hervorrufenden flüchtigen Substanzen, die einem Lebensmittel seinen unverwechselbaren Charakter verleihen. Die Bez. *Duftstoffe* ist in Verbindung mit Kosmetikartikeln zu gebrauchen. Die Konzentrationen der einzelnen A. in Lebensmitteln liegen in der Regel im ppb-Bereich. Die Geruchsschwellenwerte (d. h., die noch wahrnehmbare Konzentration) umfassen den Bereich von einigen Hundert ppb herab bis zu Bruchteilen eines ppb. Einer der geruchsintensivsten A. ist das in Erbsen vorkommende *2-Methoxy-3-isobutylpyrazin,* das einen Schwellenwert von 0,002 µg pro 1 l Wasser aufweist. Meist bilden die A. erst im Komplex das typische Aroma eines Lebensmittels. Die Zahl der nachgewiesenen A. übersteigt in den meisten Lebensmitteln bereits die Zahl 100. In Kaffee sind mehr als 700 A. erkannt worden. A. werden unterteilt in *natürliche* A. (in pflanzlichen oder tierischen Rohstoffen vorkommend und daraus mit Hilfe physikalischer, enzymatischer und mikrobiologischer Verfahren gewonnen), *naturidentische* A. (in ihrem chemischen Aufbau den natürlichen A. gleich und durch Synthese hergestellt oder durch chemische Verfahren aus pflanzlichen oder tierischen Rohstoffen isoliert) und *künstliche* A. (durch Synthese hergestellt und nicht naturidentisch). Zu den A. zählen Vertreter aus nahezu allen chemischen Stoffklassen. Man kennt bisher mehr als 6000 verschiedene Aromastoffe. Aromastoffe werden nur selten in Form reiner Einzelsubstanzen angewendet, sondern in der Regel aus der Kombination mehrerer Aromastoffe, in flüssigen, pasten- oder pulverförmigen Zubereitungen, *Aromen* genannt, eingesetzt. A. haben großen Einfluß auf Nahrungsauswahl und -menge. Die Speichelsekretion wird durch A. stimuliert. Zusatz von Gewürzen zu gekochtem Reis erhöht sowohl die Speichelmenge als auch die Amylaseaktivität im Speichel. Der Gewürzgehalt von Speisen beeinflußt in komplexer Form Herzschlagvolumen und -frequenz. Die Gesetzgebung hinsichtlich der Verwendung von A. ist in den einzelnen Ländern unterschiedlich und wird häufig mit Hilfe von Negativ- oder Positivlisten, teilw. in Kombination, geregelt. → Aromen → Aroma → Reaktionsaromen → Raucharomen

Aromatee → Tee, aromatisierter

Aromatique: ein bitterer → Trinkbranntwein, aromatisiert mit Nelken, Enzianwurzel, Cassiablüten, Angelikawurzel u. a. Der A. ist eine Thüringer Spezialität (mit 40%-Vol. Ethanolgehalt), die schon 1824 in Neudietendorf bei Erfurt hergestellt wurde.

Aromaverstärker → Geschmacksverstärker

Aromavorläufer: Verbindungen, aus denen → Aromastoffe *entstehen*. Die Umwandlung der A. in Aromastoffe kann auf enzymatischem oder thermischem Wege erfolgen. Wichtige A. sind Aminosäuren und Zucker.

Aromen: Mischungen aus chemisch definierten Verbindungen und Gemischen natürlicher Herkunft, die mit den Geschmacks- und Geruchsrezeptoren wahrgenommen werden können. Sie verleihen beim gezielten Zusatz zu Lebensmitteln diesen einen bestimmten Geruch und Geschmack oder modifizieren ein vorhandenes Aroma. In der BR Deutschland unterscheidet man zwischen natürlichen, naturidentischen und künstlichen Aromastoffen, *Aromaextrakten, Reaktionsaromen* und *Raucharomen.*

Aromaextrakte sind (natürliche) konzentrierte und nicht konzentrierte Erzeugnisse mit Aromaeigenschaften, gewonnen durch geeignete physikalische Verfahren, einschließlich Destillation und Extraktion mit Lösemitteln oder durch enzymatische oder mikrobiologische Verfahren aus Ausgangsstoffen pflanzlicher oder tierischer Herkunft, die als solche verwendet oder mittels herkömmlicher Lebensmittelzubereitungsverfahren, einschließlich Trocknen, Rösten und Fermentieren für den menschlichen Verzehr aufbereitet werden.

Reaktionsaromen sind Erzeugnisse, die unter Beachtung der nach redlichem Handelsbrauch üblichen Verfahren durch Erhitzen einer Mischung von Ausgangserzeugnissen, von denen mindestens eines Stickstoff (Aminogruppen) enthält und ein anderes ein reduzierender Zucker ist, während einer Zeit von höchstens 15 Minuten auf nicht mehr als 180°C hergestellt werden, als Produkte aus der Maillard-Reaktion.

Raucharomen sind Zubereitungen aus Rauch, der bei den herkömmlichen Verfahren zum Räuchern von Lebensmitteln verwendet wird. Wegen der üblicherweise nur sehr kleinen Anwendungskonzentrationen löst man Aromastoffe in Trägerlösemitteln vor oder bindet sie an feste Trägerstoffe. Nicht zu den Aromen gehören Stoffe, die Lebensmitteln einen ausschließlich süßen, sauren oder salzigen Geschmack verleihen, Fleischextrakte und ähnliche Erzeugnisse → Essenzen

Arónia arbutifólia → Zwergvogelbeere

Arónia melanocárpa → Aronie

Aronie, *Apfelbeere, Schwarze Eberesche:* rundliche, violettschwarzfarbene, säuerlich herbschmeckende erbsengroße Frucht des strauchartigen, im östlichen Nordamerika beheimateten Gehölzes, *Arónia melanocárpa* (Michx.) Ell., Synonym *Sórbus melanocárpa* (Michx.) Heynh. (Familie *Rosáceae*). Nach dem 2. Weltkrieg wurde die anspruchslose und sehr frostharte A. in größerem Umfang in der ehem. Sowjetunion angepflanzt. 1983 wurde die sowj. Sorte *'Nero'* für den Anbau in der ehem. DDR zugelassen, in Finnland entstand die Sorte *'Viking'*. Heute ist die A. in Nord-, Mittel-, Ost- und Südeuropa sowie in Sibirien in Kultur und bringt etwa 100 dt/ha als jährlichen Fruchtertrag. Die apfelartigen Früchte ähneln in Form und Größe denen der → Edelebereschensorte *'Rosina'*, sind aber für den Frischgenuß ungeeignet, und lassen sich allein oder in Mischung mit anderen Obstarten gut zu Konfitüre, Fruchtsoßen, Likör, Wein sowie in der Süß- und Backwarenindustrie verarbeiten. Die Früchte können auch getrocknet oder gefrierkonserviert werden. Die A. ist vor allem wegen ihres Farbstoffgehaltes geschätzt und wird bevorzugt zur Aufwertung von Milcherzeugnissen verwendet. Aus 1 kg Früchten lassen sich 32 g Anthocyanfarbstoff gewinnen. Zusammensetzung und Energiewert von A. s. Tab. nächste Spalte oben.

Zusammensetzung und Energiewert von Aronie

Bestandteil	in 100 g eßbaren Anteils	
Feuchtigkeit	18	g
Kohlenhydrate	17	g
Eiweiß	1,7	g
Fett	0,7	g
Rohfaser	1,9	g
Mineralstoffe	0,7	g
Kalium	268	mg
Phosphor	83	mg
Calcium	13	mg
Eisen	1,2	mg
Vitamin E	0,14	mg
Vitamin C	4,4	mg
Flavonfarbstoffe	2500	mg
Energiewert in kJ (kcal) je 100 g	348 (83)	

Aronwurzelstärke → Arrowroot 2.

Arracacha, *Arkacha:* die ausdauernde, bis zu 1 m hohe, sellerieähnliche Gemüsepflanze *Arracácia xanthorrhíza* Bancroft, *Syn. A. esculénta* DC. (Familie *Apiáceae),* deren stärkereiche, aber gering lagerfähige, würzig schmeckende Wurzelknollen roh und gekocht verzehrt werden. Die A. wird in den Anden von Venezuela bis Bolivien sowie in den Gebirgslagen von Guatemala, Kostarika und Jamaika angebaut. Sie ist bes. als Nahrung für Kleinstkinder wertvoll. Junge Blätter und Stengel werden als Salat oder Gemüse genutzt. *Bunnelos* sind Klöße aus geriebenen Wurzeln, die in siedendem Fett zubereitet werden.

Arracácia spec. → Arracacha

Arrak: ein → Edelbrand, hergestellt aus einer verzuckerten Reismaische unter Zusatz von Areka- und Betelnüssen, zuckerhaltigen Pflanzensäften (Zuckerrohr und Palmsaft) sowie den Blütenkolben der Kokospalme. Der A. wird in Siam, Sri Lanka und auf Djawa hergestellt. Bekannte Sorten sind *Batavia* und *Goa* oder Taffia. A. mit 50 %-Vol. Ethanolgehalt wird zur Bereitung von *Grog, Punsch* und Konditoreiwaren verwendet. Die Trinkstärke des A. beträgt 38 %-Vol. Ethanol. → Palmwein → Punschextrakt → Schwedenpunsch

Arrakkugel → Streuselkugel

Arrowroot:
1. Bez. für → Marantastärke
2. Sammelbegriff für die aus tropischen und subtropischen Gewächsen, vorwiegend aus Knollen, im Naßverfahren auf mechanischem Wege gewonnene → Stärke. Die A. unterscheiden sich nach der Pflanzenart, aus der sie gewonnen werden. Die wichtigsten A. (*Handelsstärken*) s. Übers. S. 130.

Die wichtigsten Arrowroots

Stärkeart	Synonym	Vorkommen	Bemerkungen
Arumstärke	*Tarostärke, Colocasiastärke, Aronwurzelstärke, Wasserbrotwurzelstärke, Portland-Arrowroot*	knollig verdicktes Rhizom	zur Herstellung von Portlandsago (→Sago) nur noch geringe Bedeutung
Bananenstärke	*Guayana-Arrowroot, Plantain stärke*	Frucht	vereinzelt wird sie auch aus dem Scheinstamm *(Scheinstammstärke)* gewonnen, geringe Bedeutung
Batatenstärke	*Süßkartoffelstärke, Ignamestärke, Brasilianisches Arrowroot*	Knolle	keine Unterschiede von Maniokastärke; in Afrika und Asien auch als Yamsstärke bezeichnet
Cannastärke	*Achirastärke, Neusüdwales-Arrowroot, Queensland-Arrowroot, Tois les Mois*	Knolle	gehört mit zu den größten vorkommenden Stärkekörnern, bis 130 μm
Curcumastärke	*Shotistärke, Travancorestärke, Malabar-Arrowroot, Ostindisches Arrowroot, Bombay-Arrowroot, Tik- oder Tikormehl*	Rhizom	charakteristische Form der *Zingiberaceen*-Stärke; nur noch geringe Bedeutung
Dioscoreastärke	*Yamsstärke, Guayana-Arrowroot* und nach der Bez. der einzelnen *Dioscórea-Arten*	Knolle	Stärke teils gelblich bis rötlich durch enthaltenes Caroten und Anthocyane; ferner giftige Saponine; Entfernung bei der Stärkeherstellung; große Mannigfaltigkeit in der Form der Stärkekörner
Maniokastärke	*Tapiokastärke, Mandiokastärke, Manihotstärke, Cassavastärke, Yuccastärke, Brasilianisches Arrowroot, Para-Arrowroot, Bahia-Arrowroot*	Knolle	kein Unterschied zu Batatenstärke, Stärkekörner halbkugelig, kesselpaukenförmig; u.a. zur Herstellung von → Tapioka und Perltapioka verwendet
Marantastärke	*Pfeilwurzelmehl, Jamaika-Arrowroot, Bermuda-Arrowroot-St.-Vincent-Arrowroot, Natal-Arrowroot*	Knolle	früher nur als Arrowroot bezeichnet, in der Form der Stärkekörner Ähnlichkeit mit Kartoffelstärke
Taccastärke	*Tavoulistärke, Piastärke, Tarolostärke, Kabidjastärke, Tahiti-Arrowroot, Williams-Arrowroot, Südsee-Arrowroot, Fidji-Arrowroot*	Knolle	nur noch geringe Bedeutung
Zamiastärke	*Florida-Arrowroot*	Knolle	nur im Anbaugebiet Bedeutung
Arrowroot, Japanisches		Zwiebel	nur in Asien, bes. Japan, noch Bedeutung

Die Verwendung von A. erfolgt in der gleichen Weise wie die der Stärke.

Arrowroot, Brasilianisches → Arrowroot

Arrowroot, Echtes → Kurkuma 1.

Arrowroot, Japanisches: die aus den Zwiebeln des in Japan und China angebauten Liliengewächses Hundszahn, *Erythrónium dens-cánis* L. (Familie *Liliáceae)* gewonnene → Stärke, die aber nur noch geringe Bedeutung hat. → Arrowroot

Arrowroot, Ostindisches → Kurkuma → Kurkumastärke → Arrowroot → Taccastärke

Arrowrootstärke, Ostindische → Kurkuma 1.

Arsen: chemisches Element der V. Hauptgruppe des Periodensystems, Symbol As, Molmasse 74,921 g/mol, Ordnungszahl 33. Es kommt wie Phosphor in drei monotropen Modifikationen vor, von denen die beständigste das graue, metallische A. ist. In Verbindung tritt es 3- und 5wertig auf. A. und seine Verbindungen sind in größeren Konzentrationen giftig, sie gehören zu den Giften der Abteilung 1 (PTW/7mg/kgKM). A. ist in Böden in Mengen von 5 ppm, in Meerestieren von 10···50 ppm und in Pflanzen von 0,3 ppm enthalten. Rote Bete reichert A. an, großblättrige Pflanzen weisen höhere Gehalte auf. Im Ei befindet sich A. überwiegend im Eigelb. In Meerestieren soll A. zu 80 % in weniger toxischem Arsenobetain vorliegen, das der Mensch zu 85 % schnell exkretiert. Über seine physiologische Wirkung ist wenig bekannt. A. ist nicht nur eines der bekanntesten Mordgifte der Geschichte, sondern wurde bereits vor mehr als 100 Jahren beim Menschen als krebserzeugend erkannt. Rückstände durch Anwendung von *arsenhaltigen Schädlingsbekämpfungsmitteln* im Wein-, Tabak- und Obstanbau führten u. a. zu Lebertumoren bei Winzern durch den sog. Haustrunk mit einem Arsengehalt von etwa 2 mg/l (Latenzzeit etwa 11 bis 13 Jahre). *Arsenhaltige Pestizide* sind in Deutschland verboten. Auch der Arsengehalt in Trinkwässern in China und Argentinien führte zu erhöhten Krebsmortalitätsraten. → Kanzerogene → Mineralstoffe

Arsenesser: Personen der Alpengegend, die durch Gewöhnung täglich bis zu 0,5 g Arsen ohne gesundheitliche Folgen vertragen. Die Leistungsfähigkeit soll sogar verbessert werden.

Arsenwasser → Heilwasser

Arsni → Heilwasser

Artemísia abrótanum → Eberraute

Artemísia absínthium → Wermut 2., → Absinth

Artemísia arboréscens → Wermut 3.

Artemísia balchanórum → Wermut 4.

Artemísia dracúnculus → Estragon → Wermut 5.

Artemísia judaíca → Wermut 6.

Artemísia marítima → Wermut 7.

Artemísia mutellína → Wermut 9.

Artemísia póntica → Wermut 8.

Artemísia umbellifórmis → Wermut 9.

Artemísia vallesíaca → Wermut 10.

Artemísia vulgáris → Beifuß → Wermut 11. → Yomogi

Artemísia vulgáris var. índica → Wermut 12.

Arthrobacter-Polysaccharid → Polysaccharide, mikrobielle

Artischocke, Chinesische → Knollenziest

Artischocke, Echte, *Gemüseartischocke, Speisedistel,* österr. *Artischoke:* eine im Mittelmeergebiet beheimatete, über 1 m hoch wachsende Staude, *Cýnara scólymus* L. (Familie *Asteráceae)*, mit stachellosen, fiederteiligen Blättern und bis zu 15 cm breiten Blütenkörbchen (Köpfe), die kurz vor dem Aufblühen geerntet werden, da geöffnete Blütenköpfe streng und fasrig schmecken. Auch die jungen Sprosse werden meist gebleicht, als sog. *Chards,* verzehrt. Die Hüllblätter, die bei den Korbblütlern die zahlreichen Einzelblüten umgeben, und der Grund des Körbchens sind bei der E.A. fleischig verdickt und gelten, als Salat, Suppe oder Gemüse zubereitet, als Delikatesse (Tab.).

Zusammensetzung und Energiewert von Echten Artischocken

Bestandteil	Gehalt in 100 g eßbaren Anteils
Feuchtigkeit	82,5 g
Eiweiß	2,4 g
Fett	0,12 g
Kohlenhydrate	2,6 g
Ballaststoffe	10,5 g
Mineralstoffe	1,29 g
Natrium	47 mg
Kalium	353 mg
Magnesium	26 mg
Calcium	53 mg
Eisen	1,5 mg
Phosphor	130 mg
Caroten	0,1 mg
Vitamin B_1	0,14 mg
Vitamin B_2	0,012 mg
Vitamin C	7,6 mg
Energiewert in kJ (kcal) je 100 g eßbaren Anteils	89 (21)

Die leicht bitter schmeckenden fleischigen Teile werden meist in Öl gedünstet oder auch roh verzehrt. Die schmutziggrün- oder violettfarbenen Kelchblätter (Deckschuppen), der Fruchtknoten und die Staubblätter werden verworfen. Es handelt sich bei Artischockengemüse also nicht um Früchte, sondern um Blätter und um Teile der Sproßachse im Blütenstand einer distelartigen Pflanze. → Kardone → Gemüse

Artischocke, Spanische → Kardone

Artocárpus chámpeden → Champedak

Artocárpus commúnis → Brotfrucht

Artocárpus heterophýlla → Jackfrucht

Artocarpusstärke → Stärke, tropische

Artostenol → Cycloartenol

Arumstärke → Arrowroot

Arve → Zirbelnuß

Arzneitee → Kräutertee

Arzneiwein → *Medizinalwein: weinhaltiges Getränk,* hergestellt durch Mischen von gesundheitspflegend wirkenden Substanzen oder Extrakten mit Traubenwein. Der beliebteste und bekannteste A. ist der → *Pepsinwein.* → Gesundheitspflegemittel → Getränk, weinhaltiges

Asala, *Awusa:* die tropische Liane *Tetracarpídium conóphorum* (Muell. Arg.) Hutch. et Dalz. (Familie *Euphorbiáceae),* deren ölhaltige Samen (etwa 54 % Öl) in Westafrika verzehrt werden.

Asant, *Stinkasant, Teufelsdreck:* ein aus Rhizomen verschiedener in Iran und Afghanistan heimischer *Ferula*-Arten, z. B. *Férula ássa-fōetida* L. (Familie *Apiáceae),* durch Anschneiden gewonnenes Gummiharz. Der an der Luft getrocknete A. ist von rötlicher bis gelblicher Farbe und hat einen durchdringenden, knoblauchartigen Geruch und einen bitteren, scharfen, widerlichen Geschmack. Der A. ist im Orient ein beliebtes Gewürz. Früher wurde er auch in Europa zum Würzen von Schaf- bzw. Hammelfleisch verwendet.

L-Asarinin → Sesamin

Asarit → Phenole

Asaron → Phenole

Asarumcampher → Phenole

Asarylaldehyd → Aldehyde

Asbest: Sammelbezeichnung für faserartig ausgebildete und verfilzte Silikat-Mineralien, wie Chrysotil (Faserserpentin), Hornblende oder Amphibolen. Aufgrund seiner Unempfindlichkeit gegenüber Laugen und Säuren und der Fähigkeit, feinporige Netzwerke auszubilden, wurde A. als Filterhilfsmittel in der Lebensmittelverarbeitung verwendet. Aus toxikologischen Gründen ist es zumindest in Deutschland nicht mehr zugelassen. Asbeststaub reizt die Schleimhäute der Atemwege und die Augen. Eingeatmet rufen kurzfaserige, lungengängige Asbeststäube (Längen von $< 0{,}5\ \mu m$) zunächst Asbestose, eine der Silikose ähnliche Staublungenerkrankung hervor, aus der sich bei lang andauernder Einwirkung Lungenkrebs entwickeln kann.

Asch → Äsche

Aschantinuß → Erdnuß

Aschantipfeffer, *Guineapfeffer,* Westafrikanischer, schwarzer Pfeffer: die getrockneten Früchte eines aus Zentralafrika stammenden Pfeffergewächses, *Píper guineénse* Schum. et Thonn. (Familie *Piperáceae),* die kugelig bis eirund und 3,5···5 mm groß sind und einen bis zu 5 mm langen, stielartigen, gekrümmten Fortsatz haben. Der A. wird wie → schwarzer Pfeffer verwendet. → Pfeffer

Äsche, *Asch, Thymállus thymállus* (Bild):

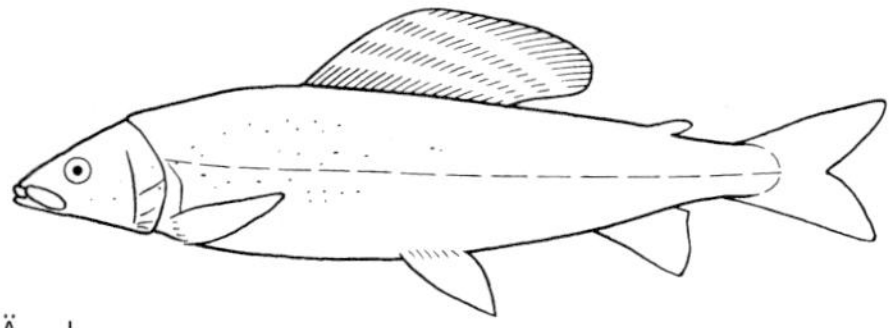

Äsche

langgestreckter *Süßwasserfisch* mit relativ kleinem, zugespitztem Kopf, einer Fettflosse vor der tief eingeschnittenen Schwanzflosse und feststehenden, mittelgroßen Schuppen, von den verwandten Lachsen durch eine relativ hohe und lange Rückenflosse unterschieden. Kopf und Rükken sind graugrün bis bläulichgrau, Seiten und Bauch silberweiß bis messinggelb gefärbt, Rükken und Seiten unregelmäßig schwarz getupft. Die Ä. bewohnt schnellfließende, kühle Gewässer und Seen in Mittel- und Nordeuropa. Sie erreicht eine mittlere Länge von 25···50 cm, hat jedoch nur lokale Bedeutung. Das Fleisch dieses fettarmen Speisefisches hat einen typischen Eigengeschmack nach Thymian. → Fisch

Áschion excavátum → Tuberales

Aschkuchen, *Topfkuchen, Napfkuchen, Bäbe, Rodon, Gugelhupf, Babe, Gugelhopf, Baba, Radankuchen, Ratonkuchen:* ein Formkuchen aus → Teig oder → Masse, der in einer schüsselähnlichen Form (Napf, Topf, Asch) gebacken wird. → Kuchen

Aschlauch → Schalotte, → Lauch

Ascomycétes → Pilze

Ascorbate: Salze der Ascorbinsäure → Vitamin C

Ascorbigen → Vitamin C

Ascorbinsäure (E 300) → Vitamin C → Antioxydantien

Ascorbinsäureoxydase: → *Enzym* (EC 1.10.3.3.), das *Ascorbinsäure* zur *Dehydroascorbinsäure* dehydriert. Die A. besteht aus einem Kupfer enthaltenden Proteid. Sie findet sich in pflanzlichen Geweben, bes. in Gemüsearten (Kohl, Spinat, Gurken). Ihre Wirkung in Lebensmitteln ist unerwünscht, da die gebildete Dehydroascorbinsäure zwar noch Vitaminwirkung hat, aber als äußerst instabile Verbindung rasch in inaktive Abbauprodukte zerfällt. → Verderb

Ascorbylfettsäureester → Antioxydantien

Ascorbylpalmitat (E 304) → Antioxydantien

Ascorbylstearat → Antioxydantien

Ascosterol → Sterole

Asem koening → Tamarinde

Asemwasser → Tamarinde

Asiago: italienischer Hartkäse aus Kuhmilch. → Käsesorten

Asienbirne → Nashi

Askalonzwiebel → Schalotte → Lauch

Äskuletin → Aesculetin, → Cumarin

L-Asparagin → Aminosäuren

L-Asparaginsäure → Aminosäuren

Asparagosin → Polyfructose

Aspáragus officinális → Spargel

Asparamid → Aminosäuren

Aspartam, *Nutrasweet, (E 951)* α-(L)-Aspartyl-(L)-phenyl-alanin-methylester: synthetisches → Süßungsmittel, dessen Süßgeschmack 1965 von *Schlatter* zufällig entdeckt wurde. Die Stabilität von A. ist vom *p*H-Wert abhängig und am größten bei pH 4. Erhitzungsprozesse beschleunigen den Abbau. Die Wasserlöslichkeit ist bei pH 2,2 maximal und bei pH 5,2 am geringsten. A. hat einen rein süßen Geschmack. Die maximale → Süßintensität beträgt R_m = 56. Die → Süßkraft ist 180. A. wirkt mit anderen Süßstoffen synergistisch, besonders → Acesulfam. Der Süßgeschmack ist verhältnismäßig lang anhaltend. ADI: 0···40 mg/kg Körpermasse. A. ist in vielen Ländern der Welt zugelassen und besonders in leicht sauren Lebensmitteln vorteilhaft einsetzbar. A. ist nicht hitze- und hydrolysestabil. A.-haltige Getränke büßen während der Lagerung an Süße ein.

Aspergillus → Pilze

Aspergillus orýzae → Koji, → Miso, - Ketjap, → Starterkultur

Aspertoxin → Mykotoxine

Aspérula odoráta → Waldmeister, Echter

Asperulosid, *Rubichlorsäure:* ein Glucosid des Lactons eines Benzochinonderivats mit der Formel

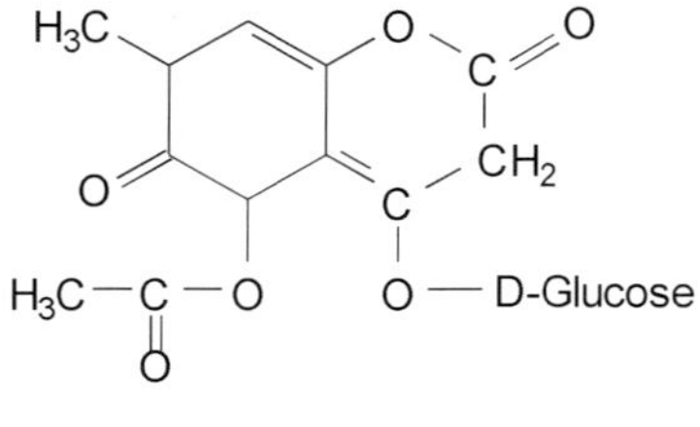

A. wurde aus dem frischen Kraut des → Waldmeisters [*Gálium odorátum* (L.) Scop.] isoliert, F. 131···132 °C, $[\alpha]_D^{18}$ −200 °C (in H_2O).

Asphaláthus contamináta → Massaitee

Asphalátus lineárius → Massaitee

Asphalátus tenuifólia → Massaitee

Asphaltklee → Präriekartoffel

Aspikwaren, *Erzeugnisse in Gelee, in 'Gallerte':* durch Kochen, Dämpfen, Braten, Räuchern, Pökeln, Marinieren oder in anderer Weise genußfähig gemachte tierische Erzeugnisse, bes. Fische, Fischteile oder andere Meeresprodukte und Fleischscheiben, die in *Aspik*, eine 1···3 %ige gewürzte Lösung von Speisegelatine, eingelegt sind. A. sind begrenzt haltbar und meist chemisch konserviert.

a) *Fischwaren in Aspik, Fischwaren in Gelee (*ältere Bez. *Kochmarinaden, Kochfischwaren):* Sie werden aus den unterschiedlichsten Arten von See- und Süßwasserfischen in Form von Filet, entweideten Fischen ohne Kopf oder aus Fischen in zerkleinertem Zustand sowie aus Krebsen und Muscheln hergestellt. Der klare und schnittfeste Aspik begünstigt eine reiche Garnierung. A., garniert mit Mayonnaise, Ei, Gemüse und mit Früchten, sind *Feinkosterzeugnisse.* Ihr ernährungsphysiologischer Wert ist insbes. durch den Fischanteil (→ Fisch) bestimmt, der 40···60 % der Erzeugnisse ausmacht und höchst. 2,5 % Kochsalz und 0,5···1,5 % Essigsäure enthalten soll. Wichtige A. sind: *Hering in Aspik* aus gekochten oder gedämpften, entweideten, entgräteten, auch zerteilten Heringen: *Rollmops in Aspik* aus Rollmops (→ Marinaden); *Bücklingsfilet, Räucherrollmops, Bratheringsfilets* oder *Bratrollmops in Aspik* aus den jeweils entsprechend vorbehandelten Heringen. Analog werden aus anderen Fischarten A. hergestellt, z. B. aus Aal, Dornfisch (Seeaal, Dornhai). *Fischsülze* besteht aus zerkleinertem Fischfleisch. Bes. ansprechend sind A. aus Zusammenstellungen verschiedener Fischarten oder Zubereitungsformen.

b) *Fleischwaren in Aspik:* Handelsüblich sind z. B. Jagdwursthappen, *Bierschinkenhappen in Aspik, Schweinefilet in Aspik, Kaßlerbraten mit Mayonnaise und Ei, Kaßlerbauch in Aspik, Sülzkotelett, Eisbein in Aspik, Schweinekopf gefüllt in Aspik, Rinderbrust in Aspik, Rinderpökelzunge in Aspik, Schinkenröllchen gefüllt, Schinkenröllchen mit Gemüsesalat in Aspik, Schinkenröllchen mit Mayonnaise in Aspik.* Auch *Aspiktorten,* portioniert, werden hergestellt: *Schweinekamm-Aspiktorte,*

Bierschinken-Aspiktorte, Bierschinkenhappen in Aspik, garniert. → Gallert

Áspius áspius → Rapfen

Aspro spec. → Zingel

Asterias rúbens → Seesterne

Assaipalme → Palmkohl, → Pinapalme

Assamare → Bitterstoffe

Assiettenkuchen, *Folienkuchen:* eine → Feinbackware in Rechteck-, Quadrat- oder Rundform aus Hefe-, Mürbe-, Blätterteig oder aus Mischungen derselben oder aus verschiedenen Sandmassen (→ Sandkuchen) mit Obsteinlagen, unterschiedlichen Süß- und Streumassen, in vorwiegend backfester Aluminiumfolie (Folienkuchen) gebacken. Die Oberfläche des A. wird nach dem Backen mit Folie abgedeckt und so vor Aromaverlust, Aufnahme von Fremdgeruch, Austrocknen und Transportschäden geschützt. → Kuchen → Diätkuchen

Assoziationskolloide → Kolloide

Ástacus [*fluviátilis*] ástacus → Krebstiere

Astaxanthin → Farbstoffe → Lebensmittelfarbstoffe

Asterin → Anthocyane

Asti Spumante: ein italienischer Schaumwein (Asti = Schaum) mit einem Ethanolgehalt von mind 12 %-Vol. → Sekt

Astragalin → Flavonoide

Astrágalus spec. → Kaffeewicke

Astrocáryum vulgáre → Awarra-Öl

Astropáxillus gigantéus → Speisepilze

Astropécten aurantíacus Seesterne

Astshomo: ein in Westafrika, bes. in Ghana, übliches → Fettgebäck aus importiertem Weizenmehl, Zucker, Wasser, Ei oder Milch anstelle von Fett. Der Teig wird gerollt, in kleine Stücke geschnitten, gewürzt und gebacken. → Fladen

Asystásia schímperi → Mohica

Atap-Palme → Nipapalme

Atemoya → Cherimoya

ätherische Öle: flüchtige, geschmacks- und geruchsintensive Gemische organischer Verbindungen aus Pflanzen bzw. Pflanzenteilen wie Knollen, Zwiebeln, Rhizomen, Rinden, Blättern, Knospen, Blüten, Früchten, bzw. Fruchtschalen und Samen. Oft sind ä. Ö. in bes. Zellen (Exkretzellen, Exkretbehältern, Drüsenhaaren und -schuppen) abgelagert und liegen in glycosidischer Bindung vor. Eine Unterteilung erfolgt in schwefelfreie ä. Ö. und schwefelhaltige ä. Ö. Bestandteile der S-freien ä. Ö. sind aromatische Kohlenwasserstoffe, *Terpene,* → Sesquiterpene und Campher sowie die bes. geschmacks- und geruchsintensiven *Aldehyde, Lactone, Ester, Alkohole, Ketone, Phenole* und *Phenolether.* Die wichtigsten in Lebensmitteln vorkommenden ä Ö. sind Anisöl, Eukalyptusöl, Fenchelöl, Kardamomöl, Korianderöl, Krauseminzeöl, Kümmelöl, Lorbeerblattöl, Melissenöl, Möhrenöl, Muskatöl, Nelkenöl, Orangenöl, Pastinakenöl, Petersilienöl, Pfefferminzöl, Pomeranzenöl, Rosenöl, Sellerieöl, Thymianöl, Wacholderbeeröl, Zimtöl, Zitronenöl. Hauptbestandteile der S-haltigen ä. Ö. sind die Senfölglycoside, *Lauchöle* sowie Methylmercaptan, die vor allem in Rettich, Zwiebel, Knoblauch, Porree, den verschiedenen Kohlarten und im Spargel vorkommen. Die ä. Ö. unterliegen unter dem Einfluß von Luft und Licht der Autoxydation, dem „Verharzen", und nehmen artfremden Geruch an. Sie rufen den charakteristischen arteigenen Geschmack und Geruch von Gemüsen, Früchten und deren Zubereitungen hervor. Neben allg. diätetischen Eigenschaften haben die ä. Ö. antiseptische und gesundheitsfördernde Wirkungen. Ihre appetitanregende und verdauungsfördernde Wirkung wird auf die Anregung der Magensaftsekretion zurückgeführt. Anregend wirken ä. Ö. auf die Herztätigkeit und die Atmung, außerdem haben sie blähungsmindernde und choleretische Wirkung. Die Gewinnung der ä. Ö. erfolgt im wesentlichen durch a) Auspressen, b) Wasserdampfdestillation, c) Ausziehen mit leicht flüchtigen Lösungsmitteln, z. B. Ether, Ethanol, Chloroform, d) Enfleurage (Extraktionsverfahren mittels hochgereinigten Fettes mit und ohne Anwendung von Wärme) und e) Kohlensäure-Hochdruckextraktion. Die bedeutendsten Produktionsländer für ä. Ö. sind: ehem. Sowjetunion, China, USA, lateinamerikanische Staaten, Italien, Spanien, Australien, Indien, Indonesien, Madagaskar.

Atole Champurrado → Jojoba

ATP (Adenosin-5'-triphosphat) → Nucleotide

Átriplex spec. → Melde

Atropin → Alkaloide

Atta: ein vorwiegend in Indien verbreitetes Weizenmehl 90···95%iger Ausmahlung. Im Haushalt wird das A. auf Steinmühlen hergestellt und dient im wesentlichen zur Bereitung von → Chapati. Bei dem zur Fladenherstellung bestimmten Weizenmehl kommt es weniger auf hohen Klebergehalt als auf hohe Wasseraufnahmefähigkeit an, damit die Fladen nicht zu trocken werden. In Großbritannien und in den USA auf dem Markt befindliches A. wird auf modernen Weizenmühlen durch Mischung bestimmter Passagenmehle gewonnen (in polyethylenbeschichteten Beuteln bis 7 Monate lagerfähig) und ist mit dem lokaltraditionellen A. in Indien nicht identisch.

Attabohnenfett → Owalafett

Atwater-Faktoren → Energiewert eines Lebensmittels

Aubepine → p-Anisaldehyd

Aubergine → Eierfrucht

Auerhahn (*Tetráco urogállus*) → Fleischtiere

Aufgußgetränk: ein durch Aufgießen von kochendem Wasser zubereitetes Getränk, z. B. aus Instantkakao (*Kakaogetränk*), Kaffee (*Kaffeegetränk*), Kaffee-Ersatz (*kaffeeähnliches Getränk*), Tee (*Teegetränk*), Tee-Ersatz (*teeähnliches Getränk*). Das A. kann als klarer Extrakt (*Klargetränk*) oder als trüber → Extrakt (*Trubgetränk*) zubereitet werden.

Aufgußsuppe → Instantsuppe

Aufläufer, *Hukkelkuchen, Blasenkuchen*: ein in Sachsen und Thüringen verbreitetes lokaltraditionelles rundes, stark gewelltes Gebäckstück, goldfarben, meist (nach 10minütiger Backzeit) mit Puderzucker bestreut und zum Verzehr in Portionsstücke zerteilte energiereiche, aus gleichen Teilen Tafelöl, Weizenmehl, Eiern und Rum bestehende → Feinbackware, die noch heute in Altenburg zu festlichen Anlässen gefertigt wird und um 1650 noch die Bez. *Prophetenkuchen* (wegen der hutähnlichen Form) trug.

Aufschlagmittel, ein → Lebensmittelzusatzstoff, der den Vorgang des Dispergierens von Gas in Flüssigkeit – der als Aufschlagen oder Schäumen bezeichnet wird – unterstützt. Hierzu zählen Emulgatoren wie Mono- und Diglyceride, eiweißreiche Produkte, entweder naturbelassene, wie Eiklar, Gelatine oder durch chemische Behandlung veränderte, pasten- oder pulverförmige Kombinationserzeugnisse (z. B. aus Getreide-, Milch- und Leguminoseneiweiß, wie Natriumcaseinat, Molken-, Weizen-, Soja- oder Puffbohneneiweißkonzentrate). Die mit den Pflanzenproteinen gekoppelten natürlichen Fettsäuren haben zugleich Emulgator- und Stabilisatorwirkung. Sie fördern die Aufschlagfähigkeit oder das Schaumbildungsvermögen bzw. die Feinstverteilung von Luft in Flüssigkeit oder Masse, wodurch Produkte von verringerter oder geringer Dichte entstehen. Die A. werden in der Back- (z. B. bei *Fertigmehlen,* bei *Kremglasur, Speiseeis* usw.) und Süßwarenindustrie (*Schaumzuckerwaren, Negerküsse)* sowie bei der Herstellung von → Fertigdesserts verwendet. → Lebensmittelschaum → Schaummittel

Aufschlußmittel: Lösevermittler für Lebensmittelbestandteile, wie Eiweiß- und Aromabestandteile. Wichige Aufschlußmittel sind:
524 Natriumhydroxid,
525 Kaliumhydroxid,
526 Calciumhydroxid,
527 Ammoniumhydroxid,
528 Magnesiumhydroxid, Carbonate

Augenbohne → Chinabohne

Augentrost: die in Europa wildwachsende *Euphrásia rostkoviána* Hayne, Syn. *E. officinális* L. (Familie *Scrophulariáceae)* deren Blätter und oberirdischen Pflanzenteile als → Küchenkraut gesammelt, zu diesem Zweck früher in England kultiviert und auch in der Augenheilkunde eingesetzt wurden.

'Augusto' → Radicchio

Aura: *Blauschimmelkäse* aus Finnland nach Art des → Roquefortkäses mit 50 % F.i.Tr. → Käsesorten

'Auralia' → Apfel → Kernobst

Auranetin → Flavonoide

Aurantiin → Flavonoide

Aurapten → Cumarin

'Aurea' → Sareptasenf

Aureomycin → Tetracycline

Auriscalpiáceae: der Ordnung *Cantharelláles* - innerhalb der Klasse *Basidiomycétes (Ständerpilze)* - zugeordnete Pilzfamilie, deren Fruchtkörper pleurotoid oder hericioid geformt sind und deren Hymenophor lamellig (mit gesägter Schneide) oder stachelig ist. Unter den A. ist lediglich der *Anis-Zähling [Lentinéllus cochleátus* (Pers. ex Fr.) Karst.] im Jugendstadium als Speise- bzw. Gewürzpilz bekannt. → Pilze → Speisepilze → Ständerpilze

Ausbruchwein: ein nur in bes. guten Jahren herstellbarer → Wein aus Beerenauslese (→ Qualitätswein). *Aszu* ist der ungar. Ausdruck für „Ausbruch". → Tokayer Aszú.

Ausbundbackware, *Ausbundgebäck:* eine Backware vorwiegend aus Weizenmehl und Hefeteig, deren Oberfläche aus visuellen oder geschmacklichen Gründen mit Hilfe bestimmter Techniken, z. B. durch Schneiden *(Schnittsemmel* oder *Schnittbrötchen*), Drücken, Schlagen, Flechten (*Flechtsemmel)*, Hacken (*Hacksemmel)* u. a. (Übers.), vergrößert worden ist, was zu einem *Ausbinden (Ausdehnen)* der Gebäcke beim Backprozeß führt.

Beispiele für die Bearbeitung (Vergrößerung) der Oberfläche eines Teigstücks

Methode	Erzeugnis
Drücken (Eindrücken des Teigstückes mit Hilfe eines Stabes, des Fingers, der Handkante u. dgl.; der damit erzielte Ausbund kann zugleich zu einer leichteren Teilbarkeit der Gebäcke führen)	Paarsemmel Zeile Dreierbrötchen *Schrippe* *Knüppel*
Stempeln (Eindrücken der Teigoberfläche mit Hilfe eines Formstempels; dieses Verfahren wird auch *Schröpfen, Stippen* oder *Stupfen* genannt)	Sternsemmel Kreuzsemmel Dreierbrötchen
Schneiden (Erzielen von Längs-, Quer- oder Schrägschnitten mit Hilfe eines Messers - die am häufigsten angewandte Formgebung neben dem Drücken)	*Schnittsemmel* Spitzbrötchen *Striezel* Stollen Weißbrot
Hacken (Aufhacken der Teigoberfläche mit Hilfe einer Säge)	*Hacksemmel* Semmelecke
Wickeln (Einschlagen der ausgerollten Teigstücke, wobei sich die Überlappungsränder zum Ausbund ausbilden)	Wickelbrötchen *Hörnchen* *Knüppel*
Flechten (→ Flechtbackware)	Flechtsemmel Zopfsemmel

Die damit verbundene Vermehrung des Krustenanteils bewirkt ein individuelles Aussehen und zugleich ein verstärktes Aroma.

Ausbundgebäck → Ausbundbackware

Ausklaren → Saft, trubstoffstabiler

Auslesewein → Qualitätswein

Ausschußbrot → Tempobrot → Restbrot

Außensporer → Ständerpilze

Auster → Muscheln

Austernfisch → Katfisch

Austernnuß → Talerkürbis

Austernpilz → Speisepilz

Austernseitling → Speisepilze → Kulturpilze

Australen → Pinen

Australischer Aal → Aal

Australnuß, *Makadamianuß, Queenslandnuß:* Samen des immergrünen Baumes *Macadámia ternifólia* F. Muell. Syn. *M. integrifólia* Maid. et Betche (Familie *Proteáceae*), der aus Australien stammt. Hauptproduzent ist Hawaii, wo selektierte Sorten angebaut werden. Ferner wird die A. in Kalifornien, Mexiko, Mittel- und Südamerika sowie Ost- und Südafrika kultiviert. Der weiße oder cremefarbene Samenkern wiegt 2···3 g und ist von einer dicken braunen Schale, die ihrerseits von einem grünen, faserigen Perikarp umhüllt ist, umgeben. Die Kerne dieser „Nüsse" enthalten in 100 g gerösteter Ware 78,2 g Fett, 9,9 g Kohlenhydrate, 9,2 g Protein, 53,4 mg Calcium und 240,8 mg Phosphor. Das Öl enthält einen hohen Anteil ungesättigter Fettsäuren. Oleinsäure ist mit 60 %, Palmitoleinsäure mit 20 % an der Gesamtfettsäurezusammensetzung beteiligt. Nach der Ernte wird die grüne Schale sofort entfernt und das Erntegut in Trockenhäuser eingelagert. Die Kerne sind mit einem Feuchtigkeitsgehalt von 1,5 % für die Röstung geeignet. Sie werden für eine große Zahl von Produkten verwendet.

Australol → Phenole

Austriakaffee: ein → Kaffee-Ersatzmittel, das früher in Österreich durch Rösten und Zerkleinern von → Erdnüssen hergestellt wurde.

Auswuchsgetreide: ein → Getreide, das unter Einfluß von Feuchtigkeit und Wärme vorzeitig auskeimt bzw. auswächst, was sich äußerlich an der Sproß- und im vorgerückten Stadium an der Wurzelbildung zeigt. Das Auskeimen kann bei unzweckmäßiger Lagerung, aber auch bereits auf dem Halm bei noch ungemähtem Getreide erfolgen, insbes. dann, wenn die Halme infolge ungünstiger Witterung zum Niederliegen (*Lagergetreide)* gekommen sind. Im Korninneren vollzieht sich beim Auskeimen oder bereits bei der Neigung dazu ein stofflicher Abbau, der sich später in einer Verschlechterung der Backfähigkeit eines solchen Getreides äußert. Bei der Herstellung von → Braumalz und → *Backmalz* ist das Auswachsen des Kornes dagegen erwünscht. → Gerste, → Backhilfsmittel, → Keim

Auszug → Extrakt

Auszugsmehl, *Endospermmehl, Weißmehl, Patentmehl:* ein → Getreidemehl, das aus dem Weichweizenkorn mit einer zwischen 30 % und 60 % liegenden Gesamtausbeute gewonnen wird und die hellste Mehlfarbe (Weißmehl) gegenüber allen anderen Weizenmehlarten aufweist. Im Rahmen der Weizenverbundvermahlung wird es als *Vorwegzugsmehl* gewonnen, wobei ein hoher Prozentsatz an *Zweit-* bzw. *Nachmehl* anfällt. Das A. wird vor allem zur Herstellung von Feinbackwaren verwendet und trägt aus diesem Grund beim Verbraucher auch die Bez. *Kuchen-* bzw. *Tortenmehl.* Verschiedentlich wird es auch als *Endospermmehl* bezeichnet, um bei nährwertmäßigen Gegenüberstellungen zu *Vollkornmehl* namentlich zum Ausdruck zu bringen, daß es aus dem *Mehlkern* (Endosperm des Getreidekornes) gewonnen wird und daher äußerst arm an Vitaminen und Mineralstoffen ist. Das handelsmäßige A. entspricht einem Mehl des Typs W 405. → Mehl, typisiertes, → Graumehl, → Verbundmehl

Autofahrerbier → Bier, alkoholfreies

Automatenbrot: ein in einem Warmhalteautomaten aufbewahrtes Brot, das nach Belieben in verschiedene Scheibendicke geschnitten und anschließend in beliebiger Masse dem Automaten verpackt entnommen werden kann.

Automatentrinkbrühe → Brüherzeugnis

Autoxydation → Verderb

Auvergnat gris: eine dem → *Blaustengler* verwandte aromatische, süße Weinsorte. → Wein

Auverufin: biogenetischer Vorläufer von Aflatoxin B1 Inhaltsstoff von Aspergillus-Arten.

Auxerrais: eine franz. Weißweinrebsorte, die in Burgund, im Elsaß und in der Champagne angebaut wird. Die Weine sind angenehm bukettiert und vollmundig.

Auxine: Pflanzenwuchsstoffe, die Zellstreckungsvorgänge katalysieren und chemisch Carbonsäuren mit einem substituierten Cyclopentenring oder bestimmte Indolabkömmlinge darstellen.

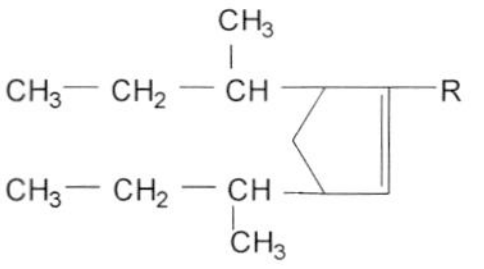

Auxin a

R = $CH(OH)-CH_2-CH(OH)-CH(OH)-COOH$

Auxin b

R = $CH(OH)-CH_2-CO-CH_2-COOH$

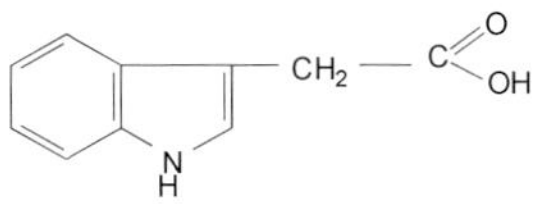

Heteroauxin

Im engl. Sprachgebrauch wird die Bez. A. meist sehr allg. angewendet, in der deutschen Literatur dagegen häufig auf Indolwuchsstoffe beschränkt. Man nimmt an, daß die A. prosthetische Gruppen von Enzymen sind. Der sichere Nachweis von A. in Pflanzen erfolgte 1926/28 durch *Went,* 1931 entdeckten *Kögl* und Mitarbeiter Stoffe mit starker Wuchsstoffaktivität im menschlichen Harn und isolierten *Auxin a, Auxin b* und *Heteroauxin* aus Maiskeimöl, Malz und Hefe. Das Heteroauxin [Indolyl-3-Essigsäure (Skatolcarbonsäure), β-Indolylessigsäure] ist das am weitesten verbreitete natürliche A. Daneben kommen auch noch *Indolyl-3-acetonitril, Indolyl-3-propionsäure, Indolyl-3-buttersäure, Indolyl-3-brenztraubensäure, Indolyl-3-acetaldehyd (*Skototenin), verschiedene *Indolyl-3-acetylaminosäuren* sowie der Ethylester des Heteroauxins als biogene A. oder Auxinvorstufen in Pflanzen vor. Die A. haben umfassende Bedeutung für zahlreiche Entwicklungsvorgänge in der Pflanze. So regulieren sie im Zusammenspiel mit anderen Phytohormonen und natürlichen Hemmstoffen z. B. so verschiedenartige Vorgänge, wie Sproßwachstum, Wurzelanlage, Blüten- und Fruchtbildung, Ruheperioden, Keimung, Wundreaktionen, Blatt- und Fruchtfall.

Auxis tházard → Thunfisch

Avellano → Haselnuß, Chilenische

Avenalin → Globuline

Avéna satíva → Hafer

Avenasterol → Sterine

Avéna strigósa → Hafer

Avenin → Gluteline

Averrhóa spec. → Baumstachelbeere

Avicel → Cellulose, mikrokristalline

Avicénnia nítida → Honigmangrove

Avicularin → Flavonoide

Avidin: im Eiklar vorkommendes *Proteid* (→ Ei) mit einer Molmasse von 68 300 g/mol, pI = 10,5, das aus vier Polypeptiduntereinheiten und diese wiederum auf 128 Aminosäuren bekannter Sequenz aufgebaut sind. A. besitzt eine Disulfidgruppe und eine Oligosaccharideinheit aus vier Acetylglucosamin- und fünf Mannoseresten. Das A. weist im nicht denaturierten, d. h. im ungekochten Zustand die unerwünschte Eigenschaft auf, das Vitamin → Biotin zu einem Avidin-Biotin-Komplex zu binden, was die Vitaminwirkung aufhebt. Pro mol Avidin werden vier mol Biotin gebunden. Avidin wird erst ab 85°C inaktiviert und Biotin wird erst bei 100°C aus dem Komplex freigesetzt.

Avocado, *Avocadobirne, Alligatorbirne, Aguacate, Palta:* birnenförmige, einsamige Frucht des immergrünen, 6···20 m hohen Baumes *Pérsea americána* Mill., Syn. *P. gratíssima* Gaertn. (Familie *Lauráceae).* Die gelb- oder dunkelgrüne, zerstreut gelblichweiß oder rotbraun gefleckte, manchmal auch purpurn überlaufene Schale umschließt das dicke, hellgelbe bis lichtgrüne, butterähnliche Fruchtfleisch, das süßlichen und oft nußartigen Geschmack hat. 25% der Fruchtmasse entfallen auf den Samen. Unter den rund 400 Sorten sind 3 Gruppen zu unterscheiden: der mexikanische Typ mit dünner, glatter Haut ('Puebla', 'Hass', 'Fuerte' u. a.), der guatemaltekische Typ mit dicker, holziger, warziger Haut ('Pollock', 'Anaheim', 'Nabal' u. a.) und der durch Kreuzung aus diesen beiden Typen hervorgegangene westindische (Antillen-) Typ mit mehr kugeligen Früchten und ledriger Schale. Die A. ist eine alte mittelamerikanische Obstfrucht, verbreitet sich aber seit den Entdeckungen im 15. Jahrhundert nur langsam. Wirtschaftlich bedeutende Pflanzungen befinden sich in Mittel- und Südamerika, Südafrika, auf Hawaii, in Israel, Australien, Kalifornien und Florida. Im karibischen Raum sind viele Formen der A. in Hausgärten verbreitet. Von den Nicht-Zitruspflanzen übertreffen nur Bananen, Ananas und Mango die A. in der Anbaufläche und der Exportrate. Etwa ein Drittel der Avocadoernte wird nicht in den Produktionsländern verbraucht. Für den Export werden die Früchte geerntet, wenn sie reif, aber noch fest sind. Die Nachreife vollzieht sich sortenabhängig optimal zwischen 15°C und 21°C. Lagerung in Kühlräumen oder kontrollierter Atmosphäre ist möglich. Für den Verbrauch im Inland bestimmte Früchte können im reifen Zustand durchschnittlich bis zu 3 Monate am Baum verbleiben. Das Fruchtfleisch ist eßreif, wenn es butterweich ist und die Schale auf sanften Druck leicht nachgibt; noch harte Früchte bei Raumtemperatur nachreifen lassen. Die A. zeichnet sich bes. durch ihren hohen Fettgehalt aus, sie hat den höchsten Pantothensäuregehalt aller Obstarten (s. Tab. rechte Spalte). Zum Frischverzehr, für den die A. fast ausschließlich verwendet wird, schneidet man die Frucht der Länge nach auf, entfernt den Kern und löffelt das Fruchtfleisch mit Zucker, Zitronensaft oder Likör verfeinert aus. Daneben gibt es eine sehr große Zahl von Rezepten für Zubereitungen, wie Cremes, Cremespeisen, Suppen oder Salate (Salatgrundlage: "Guacamole"). In der Folge von Wärmebehandlungen tritt bitterer Geschmack auf. *Avocado-Likör* hat dem in den Niederlanden zuerst hergestellten Ersatzprodukt Eierlikör den Namen gegeben ('Advokaat"). → Avocadoöl → Coyo-Avocado

Zusammensetzung und Energiewert der Avocado

Bestandteil	Durchschnittl. Gehalt in 100 g eßbaren Anteils der Frischfrucht	
Feuchtigkeit	68,0	g
Eiweiß	1,9	g
Fett	23,5	g
Kohlenhydrate	2,1	g
Ballaststoffe	3,1	g
Mineralstoffe	1,36	g
Natrium	3,0	mg
Kalium	503,0	mg
Magnesium	50,0	mg
Calcium	10,0	mg
Eisen	0,6	mg
Phosphor	38,0	mg
Caroten	0,072	mg
Vitamin E	3,0	mg
Vitamin B_1	0,08	mg
Vitamin B_2	0,15	mg
Niacin	1,10	mg
Pantothensäure	1,07	mg
Vitamin C	13,0	mg
Energiewert in kJ (kcal) je 100 g eßbaren Anteils	962 (228)	

Avocado-Likör → Avocado

Avocadoöl: das Öl des Fruchtfleisches der → Avocado. Die Gewinnung erfolgt durch Pressung der getrockneten Pulpe oder durch Mazeration der ungetrockneten Pulpe mit Wasser und anschließende Zentrifugierung. Das A. wurde industriell bisher nur in Kalifornien in kleinen Mengen hergestellt. Es wird zu Salatölen und Mayonnaisen verarbeitet und ist auch Bestandteil verschiedener Kosmetika zur Hautpflege. Die Fettsäuren bestehen zu 17···26% aus Palmitinsäure, zu 46···65% aus Ölsäure und zu 6···18% aus Linolsäure. → Pflanzenfett

Avori-Reis: ein in den Spelzen bei geringer Feuchtigkeit, aber hohen Temperaturen im Autoklaven oder Dämpfapparat vorgekochter Reis, der nach dem Enthülsungsprozeß 75 % mehr Mineralstoffe und 130 % mehr Vitamine als Normalweißreis enthält, indem die wasserlöslichen, wertvollen Bestandteile der Außenschicht des Korns nach innen verlagert werden. Bei richtiger Steuerung des Feuchtigkeits-Temperaturverhältnisses läßt sich die Schädigung hitzeempfindlicher Vitamine eindämmen, so daß dennoch ein Zuwachs zum Korninneren feststellbar ist. Beim Avori- und auch beim Parboilingprozeß werden die Spelzen am Ende des Vorganges total, die Silberhaut teilweise entfernt, je nachdem wie stark die beiden Kornschichten miteinander verklebt sind. Normalerweise wird die dadurch entstehende uneinheitliche Oberfläche durch vorsichtiges Polieren mit Glucose behoben; der A. wird grundsätzlich nicht poliert und bleibt dadurch ohne Glucosezusatz. → Reis → Bulgurweizen

Awarra → Awarra-Öl

Awarra-Öl, *Tucum-Öl:* das aus den Steinkernen des in Südamerika kultivierten und wild vorkommenden *Tukumafruchtbaumes, Awarra, Astrocáryum vulgáre* Mart. (Familie *Aráceae*) gewonnene Samenöl, das nach Raffination für Speisezwecke verwendet wird. Das Fruchtfleischöl dient ausschließlich technischen Zwecken.

Awusa → Asala

Axerophthol → Vitamin A

Ayapanin → Cumarin

Azarolapfel → Azarole

Azarole, *italienische Mispel, Welsche Mispel, Azarolapfel:* der bis 8 m hohe Baum *Cratáegus azarólus* L. (Familie *Rosáceae)*, der in den östlichen Mittelmeerländern vorkommt und 4 cm große, rötliche, leicht süßliche Früchte trägt, die für Kompotte, Backwaren und Liköre verwendet werden.

Aziagurke → Senfgurke

Azetoin → Ketone

Azodicarbonamid, *ADA*: ein weißliches bis hellgelbes Pulver, das in England als sog. schnelles Oxydationsmittel, $H_2N\text{-}CO\text{-}N{=}N\text{-}CO\text{-}NH_2$, zur Mehlbehandlung und zur Unterstützung der mechanischen Teigentwicklung Anwendung findet. → Mehlbehandlungsmittel

Azofarbstoffe: umfangreichste Gruppe der synthetischen → Lebensmittelfarbstoffe und → Pigmente. Ihre allg. Formel ist R-N=N-R'. Wegen ihrer Hitze- und Lichtstabilität wurden sie in großem Ausmaß zur Färbung von Süßwaren, Obstprodukten, Getränken und anderen Lebensmitteln verwendet. Neuerdings sind einige von ihnen, besonders Tartrazin wegen ihrer bei entsprechend disponierten Personen allergisierenden Wirkung umstritten. Von den A. haben sich einige, z. B. Buttergelb (→ *4-Dimethylaminobenzen),* tierexperimentell als kanzerogen erwiesen. Alle als kanzerogen suspekt geltenden A. (fettlösliche A.) wurden aus den Listen der zur Färbung von Lebensmitteln zugelassenen Farbstoffe gestrichen. Bestrebungen, generell Farbstoffe zur Färbung von Lebensmitteln auszuschließen, sind wegen konservativen Verzehrsgewohnheiten z. Z. keine Erfolgschancen einzuräumen. Wichtige Azofarbstoffe: Tartrazin (E 102), Gelborange S (E 110), Azorubin (E 122), Amaranth (E 123), Ponceau 4R (E 124), Rot 2G (E 128), Allura Rot (E 129), Brillantschwarz BN (E 151), Braun FK (E 154), Braun HT (E 155), Rubinpigment BK (E 170) → Lebensmittelfarbstoffe → Kanzerogene → Farbstoffe

Azorubin → Lebensmittelfarbstoffe

Azotobacter-Polysaccharid → Polysaccharide, mikrobielle

Azu → Speierling

Azukibohne → Adzukibohne

Azulene: intensiv blau bis violett gefärbte, ungesättigte Verbindungen, in denen ein 5-Ring mit einem 7-Ring kondensiert ist. Die Stammverbindung *Azulen*

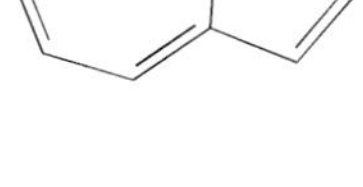

hat einen naphthalinähnlichen Geruch und kristallisiert in blauvioletten Blättchen, F. 98,5···99°C. Bis jetzt sind 150 Derivate bekannt. A. sind Bestandteil verschiedener ätherischer Öle, z. B. kommt das *Chamazulen* in Kamillenöl und in Wermut, das Laktaroviolin (*Lactaroviolin)* im Echten Reizker [Lactárius deliciósus *(L. ex Fr.) S. F. Gray*] vor. Sie haben teilw. entzündungshemmende Eigenschaften. A. finden Verwendung in kosmetischen und pharmazeutischen Präparaten.

Baba → Aschkuchen

Babassufett, *Cohuneöl:* Sammelbez. für das Samenfett der in Süd- und Mittelamerika wachsenden → *Babassu-* und → *Cohunepalme.* Die Samenkerne, die nur etwa 9% der Babassunuß ausmachen, werden durch Brechen der harten Nüsse freigelegt; das Fett (67···70% des Samens) wird durch Pressen und Extraktion gewonnen. Das B. setzt sich, ähnlich dem Kokos- und Palmkernfett, aus Fettsäuren in etwa folgendem Verhältnis zusammen: Caprylsäure 5%, Caprinsäure 7%, Laurinsäure 44%, Myristinsäure 16%, Palmitinsäure 9%, Ölsäure 16%. In den tropischen Ländern wird B. als Speiseöl verwendet; es wird für die Margarineherstellung eingesetzt. → Babassunuß

Babassunuß, *Piassavanuß:* bis zu 70% Fett enthaltender Samen, der bis zu 15 m hohen brasilianischen → *Babassupalme.* Die Palme bringt je Jahr zwei Ernten der 100···250 g schweren Nüsse, die in Fruchtbündeln von 1···2 m Länge hängen.

Babassupalme, *Piassavapalme:* die in Brasilien in geringem Umfang kultivierte Palme *Orbígnya martiána* Barb.(Familie *Arecáceae*), deren → Nüsse das → Babassufett liefern. Die B. zählt zu den wirtschaftlich wichtigsten Palmenarten Brasiliens, wobei vor allem ausgedehnte Wildbestände genutzt werden. Die Blattknospen werden als Gemüse (→ Palmkohl) verzehrt. → Babassunuß

Babe → Aschkuchen

Bäbe → Aschkuchen

Babenkern → Kürbiskerne

Baby-Ananas → Ananas → Baby-Erzeugnis

Baby-Banane: aromatische Früchte von gleichem Umfang der herkömmlichen Bananen, aber wesentlich kürzer, mit gelblichem bis rosafarbenem Fruchtfleisch und rel. dünner Schale. Die B. werden aus Kolumbien, Thailand und Malaysia importiert.

Baby-Beets → Baby-Erzeugnis → Rote Rübe

Baby-Erzeugnis: 1. Bez. für Lebensmittel, die sich auf den Verwendungszweck beziehen, z. B. Säuglings-Fertignahrung.
2. *Mini-Erzeugnis:* Bez. für Lebensmittel, die sich auf ihre äußere Gestalt beziehen. Hierbei geht es vor allem um die Größe der Produkte, die a) entweder auf bestimmten Zuchtformen beruhen (z.B. *Baby-Ananas, Mini-Möhren, Mini-Tomaten, Mini-Mais*) b) durch vorzeitige Ernte zustandekommen (z.B. *Baby-Beets,* dies sind früh geerntete Rundsorten der *Roten Rübe,* wozu sich z.B. die Sorten 'Rote Kugel' oder 'Probat' eignen) oder c) in der Lebensmittelindustrie in Kleinformat erzeugt werden, wie z. B. *Baby-Käse.*

Baby-Fertignahrung → Säuglingsfertignahrung

Baby-Käse: Bez. für kleine Käse einer bestimmten Sorte, z. B. *Baby-Edamer, Baby-Gouda.*

Bacaba-Öl: das neben der genießbaren Fruchtpulpa der *Turu-* oder *Bacaba-Palme, Oenocárpus bacába* Mart. (Familie *Arecáceae*) gewonnene Öl, das auch zu Speisezwecken genutzt wird. Die Pulpa dient außerdem zur Herstellung von Erfrischungsgetränken.

Bacaba-Palme → Bacaba-Öl

Baccauréa motleyána → Rambei

Baccauréa sápida → Rambei

Bachbunge → Wildkräuter

Bache: weibliches Wildschwein. → Wild

Bachehrenpreis → Wildkräuter

Bachforelle → Forelle

Bachminze → Krauseminze (s. unter 1.a) → Pfefferminze

Bachnelkenwurz → Nelkenwurz, Echte

Bachsaibling → Saiblinge

Bacíllus *(Bazíllus)* → Bazillen

Bacíllus ánthracis: Erreger des Milzbrandes der Tiere und des Menschen. B. a. zählt zu den Keimarten, die beim mikrobiellen Fleischverderb vorkommen können und zu den nicht zu tolerierenden Keimarten gehören.

Bacíllus céreus → Bazillen

Bacíllus mesentéricus: Mikroorganismus, der bei Befall von Lebensmitteln (Brühwurst, Bratfischwaren) eine schleimige, fadenziehende Beschaffenheit hat und die Lebensmittel genußuntauglich macht. → Bazillen → Fadenzieherbrot

Bacíllus súbtilis: verbreiteter *apathogener* Mikroorganismus, der zu den *aerob* wachsenden Bakterien gehört, die in der Lage sind, Sporen zu bilden. Ein ausgewählter Stamm (ATCC 6633) wird wegen seiner Empfindlichkeit gegenüber Hemmstoffen zu deren Nachweis in Lebensmitteln eingesetzt. Durch Kultivierung von B. s.-Stämmen werden in großem Umfang biotechnologisch → Enzyme (z. B. Alpha-Amylase, Protease) für die Leicht- und Lebensmittelindustrie gewonnen. → Fadenzieherbrot

Backaromen: flüssige (alkoholische, ölige) oder pulverisierte Zubereitungen von → Aromastoffen, die zum Aromatisieren von Back- und Konditoreiwaren dienen. → Essenzen

Backerbse: ein kleines, hohles, in heißem Fett dunkelgoldfarben gebackenes Suppeneinlagegebäck, das in Klarsichtfolienverpackung angeboten oder im Haushalt hergestellt wird.

Backfett: spezielles Fett, das zur Herstellung von Backwaren eingesetzt wird. Die B. bewirken in den Backwaren Verlängerung der Frischhaltung und Mürbung des Teiges, indem der durch eingeschlagene Luft, Wasserdampf und Triebgase ausgelöste Teiglockerungsvorgang unterstützt wird. Der Mürbeeffekt kommt dadurch zustande, daß sich Fettfilme zwischen den Mehlteilchen, vor allem aber zwischen Eiweißsträngen und Stärkekörnern bilden. Die Wirkung der B. wird meist durch zugesetzte → Emulgatoren verbessert. Je nach der Gebäckart werden bei B. unterschiedliche Eigenschaften gefordert; i. allg. bevorzugt man B. mit einem großen Plastizitätsbereich. *Trockenbackfett* ist ein Produkt aus Fett, mikrokristalliner Cellulose und wasserlöslichem Protein in vorwiegend sprühgetrockneter Form. → Fett → Ziehmargarine → Lockerfett → Shortening → Pferdefett

Backferment → Trockensauer

Backgewürz: Sammelbegriff für meist pulverisierte Einzelgewürze oder Gewürzmischungen. Letztere sind nur für bestimmte Verwendungszwecke zusammengestellt (Honig-, Lebkuchen- und → Brotgewürz). Bei der Backwarenherstellung werden an Gewürzen vorwiegend *Anis, Fenchel, Ingwer, Kardamom, Koriander, Kümmel, Mazis, Muskatnuß, Gewürznelken, Piment, Safran* und *Zimt* verwendet. → Gewürzmischung

Backhefe, *Bäckerhefe, Preßhefe:* die abgepreßte oder abgesaugte, durch Verhefen von stärke- und zuckerhaltigen Nährsubstraten hergestellte und zur Lockerung von → Backwaren bestimmte Kulturhefe der Art *Saccharomýces cerevísiae.* Zusammensetzung und Energiewert s. Tab.

Zusammensetzung und Energiewert von Backhefe

Bestandteil	Gehalt je 100 g	
Feuchtigkeit	73,0	g
Eiweiß	16,7	g
Fett	1,18	g
Kohlenhydrate	6,72	g
Ballaststoffe	0,3	g
Mineralstoffe	2,10	g
Natrium	34,0	mg
Kalium	649,0	mg
Calcium	28,0	mg
Eisen	4,9	mg
Phosphor	605,0	mg
Vitamin B_1	1,43	mg
Vitamin B_2	2,31	mg
Niacin	17,4	mg
Pantothensäure	3,46	mg
Biotin	0,033	mg
Folsäure	1,02	mg
Energiewert in kJ (kcal)	425 (102)	

Wichtigstes Qualitätsmerkmal der B. ist neben dem muschelartigen Bruch der frischen Hefe sowie dem einwandfreien Geruch die Gärleistung. Der Vor- oder Haupttrieb soll im Teig höchst. 80 min, der Nachtrieb (→ Backpulver) höchst. 50 min betragen. Verdorbene B. ist an Verfärbungen,

Fadenziehen oder sichtbarem Pilzwuchs und schlechtem Geruch zu erkennen. Die B. dient als biologisches Triebmittel (→ Lockerungsmittel) zur Herstellung von Hefebackwaren. Die günstigste Lagerungstemperatur beträgt 1···4°C, für eingefrorene B. −15°C. Die Haltbarkeit für nicht eingefrorene B. muß 5 Tage ab Übernahme durch den Abnehmer des Herstellerbetriebes bei Einhaltung der Lagertemperaturen von 15°C betragen. In Kleinpackungen zu 25 g dient sie Haushaltzwekken. Die heutige B. ist eine Reinzuchthefe und enthält keine Anteile von → Bierhefe. Bierhefe weist eine relativ dunkle Farbe auf, ist reich an Hopfenbitterstoffen und eignet sich wegen Fremdgeschmacks und mangelhaften Ofentriebes nicht für die Hefebackwarenherstellung. Sog. *Schnellhefe, auch Schnelltrieb-*, *Starktrieb-* bzw. *Starkhefe* genannt, ist eine *Spezialbackhefe* mit bes. hoher Triebkraft. *Dauer-* und *Trockenbackhefe* (nicht zu verwechseln mit Trockenhefe, → Nährhefe) ist eine schonend haltbar gemachte B., die ihre volle Triebkraft bzw. Gärleistung mind. für ein Jahr behält. Diese *lose* bzw. *freifließende* B. ist gut geeignet, die Probleme des innerbetrieblichen Transportes, des Zumischens in Backbetrieben zu vereinfachen und zu beschleunigen; auch kann sie Bestandteil von Backhilfsmitteln sein. → Nährhefe

Backhilfsmittel: Stoffe oder Stoffgemische, die geeignet sind, die Backfähigkeit der Mehle zu verbessern sowie die Backtechnik bei der Verarbeitung kleberstarker, diastasearmer oder auswuchshaltiger Mehle zu erleichtern. Je nach Art des verwendeten B. wird die enzymatische Kraft des Mehles zwecks Förderung der Gärung gesteigert, die Kleberquellung begünstigt oder die Teigfeuchtigkeit reguliert, so daß die Gebäckbeschaffenheit (u. a. Bräunung, Rösche, Volumen, Porung, Krumenelastizität, Geschmack) verbessert, die Frischhaltung verlängert wird und Brotfehler sowie Brotkrankheiten (Fadenziehen, Schimmel) verhütet werden. Zu den B. zählen a) → enzymatische oder sog. diastatische B. (z. B. Malzextrakt, Malzmehl); b) Stärkeumwandlungsprodukte, u. a. Kohlenhydrate, wie → Stärkesirup, → Glucose, → Glucitol, sog. diastasefreie B. Sie fördern wie die diastatischen B. durch Zuführung leicht vergärbarer Kohlenhydrate zum Teig (gärfördernde B.) die Gärung und erhöhen damit das Volumen, verbessern die Bräunung sowie die Frischhaltung der Gebäcke; c) Quellmehl, → Quellstärke; d) → Teigsäuerungsmittel; e) Mischbackmittel; f) Lecithin-Backmittel (E 322); g) → Soja-Backhilfsmittel; h) → Backkrem; i) Mittel zur Verhütung von Brotkrankheiten, wie Calcium- und Natriumacetat sowie Calcium- und Natriumpropionat (→ Propionsäure). Die B. unterscheiden sich von den Backtriebmitteln, die der Teiglockerung dienen. Die Übergänge von den B. zu → Lockerungsmitteln sind jedoch fließend, insbes. durch das Aufkommen von → Mischbackhilfsmitteln.

Backhonig: ein Honig, der nicht den Anforderungen für Speisehonig genügt, aber noch genußtauglich ist und ausschließlich zur industriellen Verwendung dient. → Honig

Backkrem, *Brotkrem, Backpaste, Semmelkrem, Weißbrotkrem: ein pastöses* → Backhilfsmittel aus einem Gemisch (→ Mischbackhilfsmittel) von pflanzlichen und tierischen Fetten mit Malzsirup und/oder Zucker, Emulgatoren, wie Lecithin, Dikkungsmitteln, Milcherzeugnissen u. ä. Stoffen. Die B. bewirkt eine gleichmäßigere Porung und Elastizität der Krume sowie eine bessere Haltbarkeit der Backwaren aus Weizenmehl. → Lockerungsmittel

Backmaltose: Bez. für den in Bäckereien verwendeten → Stärkesirup.

Backmalz: ein durch spezielles Vermälzen (Ankeimen) vorwiegend aus Weizen hergestelltes Malz mit hoher diastatischer Aktivität. Das B. dient als Rohstoff für die Herstellung von trockenen (*Backmalzmehl*), pastenförmigen (*Backmalzpaste*) oder sirupösen (*Backmalzextrakt*) → Backhilfsmitteln. Das B. gelangt hauptsächlich zur Regulierung und Beschleunigung der Teiggärung bei Weizenbackwaren zum Einsatz. → Malz → Malzextrakt → Backhilfsmittel, enzymatisches

Backmargarine mit reduziertem Energiewert: eine Spezialbackmargarine mit reduziertem Fettgehalt (65 %), wobei die Energiereduzierung durch partiellen Ersatz des Fettanteils durch Wasser erfolgt. Mit dem Zusatz von Spezialemulgatoren und backaktiven Substanzen wird erreicht, daß die B. über einen weiten Temperaturbereich plastisch ist, die Emulgierfähigkeit verbessert wird und sich gleichmäßig in den Kuchen- und Belagmassen verteilt. Die B. ist speziell für die Herstellung von Hefegebäck geeignet. → Backfett

Backmarmelade: eine streichfähige, farbbeständige, gut gebundene Marmelade, die beim Backen nicht auskristallisieren sowie ihren Fruchtgeschmack und Glanz nicht verlieren darf. Die Backfähigkeit der Fruchtmarmeladen hängt vom Gehalt und von der Güte des Fruchtmarkes im Fertigerzeugnis ab. Ein Pectinzusatz zur Erhöhung der Festigkeit von B. kommt nur dann in Betracht, wenn das Fruchtmark nicht genügend eigene Gelierstoffe enthält.

Backmehl → Brotgetreidemehl → Weizenmehl → Roggenmehl

Backmehl ohne Weizen, *weizenfreies Mehl, weizenarmes Mehl, Mehl mit Weizenaustauschstoffen:* allg. verbreitete Sammelbez. für vielfach patentierte Mehlmischungen, die zur industriellen, zumindest gewerblichen Herstellung von Backwaren dienen und entweder kein Weizenmehl oder nur gewisse Anteile davon enthalten. Diese sog. *„non wheat flours" (Nichtweizenmehle)* wurden in verschiedenen Ländern, insbes. in den Niederlanden und in England, im Rahmen der FAO zur Herstellung von Backwaren für solche Regionen der Erde entwickelt, in denen → Backmehle (Weizen- und Roggenmehle) im herkömmlichen Sinn nicht oder nur in geringem Umfang zur Verfügung stehen. So sind folgende Rezepturen bekannt geworden (s. Tab. nebenstehende Spalte). → Brot, proteinangereichertes → Streckungsmehl

Backwaren aus vorwiegend weizenfreiem Mehl

Kassava/Sojamehl-Brot (Kassava-Soja-Brot bzw. Kassavabrot):	
Kassavastärke	80 Masseanteile
entfettetes Sojamehl	20 Masseanteile
Preßhefe	2 Masseanteile
Salz	2 Masseanteile
Zucker	4 Masseanteile
Glyceryl-Monostearat	10 Masseanteile
Wasser	70 bis 80 Masseanteile
Hartkeks aus B.o.W.:	
Kassavastärke	400,0 g
entfettetes Sojamehl	200,0 g
Margarine	140,0 g
Zucker	180,0 g
Invertzuckersirup	6,0 g
Wasser	150,0 g
Natriumhydrogencarbonat	5,0 g
Ammoniumhydrogencarbonat	2,5 g
Kaliumhydrogentartrat	5,0 g

Backmittel: In den 70er Jahren von der Industrie eingeführte und üblich gewordene Bez. für → Backhilfsmittel

Backmittel, enzymatisches: ein gärungsförderndes und teigverbesserndes → Backmittel aus mikrobiell gebildeten Enzymen (in Form konzentrierter Enzympräparate, die aus Amylasen, Proteasen und Pentosanasen bestehen) und/oder aus Getreidemalz (→ Backmalz). Die e. B. beschleunigen die Gärung, regulieren die Klebereigenschaften, verbessern die Bräune und Rösche der Backwaren, erhöhen das Gebäckvolumen und begünstigen damit auch die Teig- und Krumenbeschaffenheit sowie die Frischhaltung. Die sog. *diastatischen B.* führen zum Erweichen des Klebers durch enzymatische Veränderungen und regeln vor allem bei kleberstarken Mehlen die Klebereigenschaften. Die *diastasefreien B.* werden dagegen bei kleberschwachen bzw. klegergeschädigten Mehlen eingesetzt. → Mischbackhilfsmittel → Barm

Backmittel, diastasefreies → Backmittel, enzymatisches → Backmittel

Backmittel, diastatisches → Backmittel, enzymatisches → Backmittel

Backmittel, enzymatisches → Backmittel, enzymatisches

Backmohn → Mohn

Backobst → Trockenobst

Backöl: 1. Gemisch von ätherischem Öl und synthetischen Backaromen, das als Trägermaterial fettes Öl (Speiseöl) enthält und zum Aromatisieren von Back- und Konditoreiwaren dient. → Backaromen
2. Spezialöle, die als → Trennmittel geeignet sind.

Backpaste → Backkrem

Backpflaume → Trockenobst

Backpulver: Gemisch mehrerer Stoffe, aus dem im Verlauf der Teigbereitung und des Backprozesses durch Einwirkung von Feuchtigkeit, Säuren und Wärme Kohlendioxid freigesetzt wird, das zur Lockerung von → Teigen und → Massen dient (→ Lockerungsmittel). Das B. besteht a) aus einer Komponente, die während des Backprozesses Kohlendioxid abspaltet, meist Natriumhydrogencarbonat, b) aus einer Säure bzw. Komponente, die Säure abspaltet, → Wein-, → Citronen-, → Adipinsäure, Weinstein sowie anorganische Verbindungen, wie Dinatriumhydrogenphosphat (→ Phosphattriebmittel), Aluminiumsulfat (→ Sulfattriebmittel) und Calciumlactat, sowie c) aus einem *Trennmittel* (bis zu 30 %), bestehend aus Mais-, Reis-, Weizen-, Tapioka- oder Kartoffelstärke und Weizenmehl. Durch Kombination und Auswahl geeigneter Säureträger kann B. auf schnellere oder langsamere Kohlendioxidentwicklung eingestellt werden. Die bereits bei der Teigbereitung einsetzende CO_2-Entwicklung wird als Vortrieb, die während des Backprozesses sich bildende als Nachtrieb bezeichnet.

Backrohmasse: eine kernguthaltige → Rohmasse, die bei Weiterverarbeitung einem Backprozess unterworfen werden muß.

Backschrot: ein sorgfältig gereinigtes und geschrotetes Brotgetreide von unterschiedlichem Feinheitsgrad, dem bei der Weißreinigung durch Spitzen und Schälen Teile des Keimlings und der Fruchtschale entzogen worden sind. *Roggenbackschrot* wird als *R 1790* und *Weizenbackschrot* als *W 1700* bezeichnet. → Schrot

Backsirup: Bez. für den in Bäckereien verwendeten → Stärkesirup.

Backsteintee → Ziegeltee

Backtriebmittel → Lockerungsmittel

Backvormischung → Mehl, backfertiges

Backware, *Backwerk, Gebäck, Gebackenes:* ein genußfertiges, groß- oder kleinförmiges, gebackenes Lebensmittel aus Getreidemehlerzeugnissen, auch unter Zusatz oder ausschl. aus mehlähnlichen oder anderen quellfähigen, volumenbildenden Stoffen (vgl. Gebäcke aus → Eiklarmassen) und zwecks Nährwert-, Haltbarkeits-, Geschmacks- oder Konsistenzverbesserung ggf. unter Zusatz anderer Lebensmittel oder ihnen gleichgestellter Stoffe. Je nach Verarbeitung der Rohstoffe zu einem → Teig oder einer → Masse und durch Backen oder einen dem Backen ähnlichen Erwärmungsvorgang erhalten die B. ihre Form und ihr spezifisches Gefüge (Krumenstruktur). Der Begriff *„Backen“* ist in seiner Bedeutung weitreichend, und in seiner umfassendsten Bedeutung des „Festzusammenklebens“ beschränkt es sich nicht nur auf die Herstellung von Erzeugnissen im Backofen, sondern dehnt sich auch auf andere thermisch bedingte Zubereitungsformen, z. B. Backen von Eierkuchenmasse, Backen von Fisch (panierte Fischstücke in heißem Öl) oder Backen von Pfannkuchen (Herstellung von Gebäck in schwimmendem Fett), aus. Die B. werden als ungelockerte oder mittels biologischer, physikalischer oder chemischer Lockerungsmethoden als hoch- oder schwachvoluminöse Backerzeugnisse im Haushalt, in Großküchen, in Handwerks- und in Industriebetrieben hergestellt. Die B. können nach verschiedenen Merkmalen eingeteilt werden (s. Übers. nächste Seite).
Für die Zuordnung der einzelnen B. zu den verschiedenen Backwarengruppen (z. B. *Bäckereiware, Spezialbackware, Roggenbackware, Weizenbackware, Kleinbackware* bzw. Spezialkleinbackware, Feinbackware usw.) ist der entsprechende Wortteil *(Kuchen, Brötchen* oder *Brot)* nicht ausschlaggebend. So ist z. B. *Salz-*

kuchen ein Roggenbrötchen, *Schichtbrot* eine Semmel und *Russisch-Brot* eine kleinstückige Dauerbackware. → Getreide → Spezialbackware → Garen

Beispiel für die Einteilung der Backwaren nach verschiedenen Merkmalen

Merkmal	Backwarenart
Rohstoff	Weizenbackware, Roggenbackware, Milchbackware, Wasserbackware, Vollkornbackware
Geschmacklich hervortretender Rohstoff	Obstbackware, Salzbackware, Käsebackware
Zwischenprodukt der Backwarenherstellung (Teig oder Masse)	Bäckereiware (aus Brotteig), Feinbackware (aus Kuchenteig, Blätter-, Plunder-, Mürbeteig oder Masse), Schaumbackware (aus Baisermasse)
Äußere Erscheinungsform	Großbackware, Kleinbackware, Gebildbackware
Verwendungszweck	Diätbackware, Campingbackware; Wochenendbackware, Schiffsbackware, Tropenbackware
Dauer der Genußtauglichkeit	Frischbackware, Dauerbackware
Verpackungsart	Dosenbackware, Assiettenbackware, Folienbackware

Backware, eiweißarme: eine Backware in Form von Brot, Waffeln, Mürbchen oder Zwiebäcken aus Stärkearten, Fett, Zucker, pfanzlichen Quellstoffen, chemischen Triebmitteln. Weder Getreideerzeugnisse noch Soja, Milch, Eier, Ölsamen oder Ölsaaten oder Gelatine sind, da eiweißhaltig, verwendbar. Etwa 1···1,5% Protein werden in den e. B. geduldet. Die e. B. sind zugleich glutenfrei (→ B., glutenfreie); umgekehrt sind aber glutenfreie B. nicht für eiweißfreie bzw. streng eiweißarme Diät geeignet. → Stärkebrot → Lebensmittel, eiweißarmes

Backware, Feine: Seit 1988 neu eingeführte Bez. für Feinbackwaren. Eine gesetzlich festgelegte Begriffsbestimmung für F. B. gibt es nicht. In den Leitsätzen des Deutschen Lebensmittelbuches wird die allg. Verkehrsauffassung wie folgt beschrieben: „F.B. werden durch Backen, Rösten, Trocknen, Kochextrusion oder andere technologische Verfahren aus hierzu geeigneten Rohstoffen hergestellt." Nähere Hinweise → Feinbackwaren

Backware, frische → Frischbackware

Backware, gliadinfreie → Backware, glutenfreie

Backware, glutenfreie, *gliadinfreie Backware:* eine → Backware, die für Patienten mit Zöliakie und Sprue bestimmt ist und weder Weizenkleber (Weizengluten, → Kleber) noch Mahlprodukte aus Weizen, Roggen, Gerste oder Hafer enthalten darf. Als Backwarenrohstoffe kommen für g. B. z. B. in Betracht: Mais, Reis, Hirse, Buchweizen, Maniok, Kartoffelstärke, Soja, Körneramarant, Quinoa, Eßkastanien. → Stärkebrot → Kastanienbrot → Lebensmittel, glutenfreies

Backware, kochsalzverminderte, *natriumreduzierte Backware, salzverminderte Backware:* eine Backware, die in ihrem handelsüblichen Natriumgehalt (bei Brot und Kleingebäck etwa 380···540 oder bei Feinbackwaren etwa 30···370 mg Natrium je 100 g verzehrfertiger Ware) bis zu einem Höchstgehalt für alle Bachwarengruppen von 250 mg je 100 g Erzeugnis vermindert ist. → Lebensmittel, kochsalzvermindertes

Backware, lebkuchenähnliche → Lebkuchenbackware

Backware mit verändertem Nährwert: eine → Backware, die z. B. entweder kohlenhydratreduziert, energiereduziert, vitaminangereichert, eiweißangereichert, eiweißreduziert oder glutenfrei ist. → Lebensmittel, diätetisches

Backware, natriumarme: eine Diätbackware in Form von Waffeln, Brot, Zwieback, deren Natriumgehalt insgesamt 120 mg („natriumarm") oder 40 mg („streng natriumarm") je 100 g nicht überschreiten darf. Weder Kochsalz noch andere natriumhaltige Zusätze z. B. Backpulver, sind zulässig. Als Kochsalzersatzmittel gelten u. a. Kalium-, Calcium- und Magnesiumchlorid. → Lebensmittel, diätetisches → Backware, natriumarme → Diätbrot → Backware, kochsalzverminderte

Backware, natriumreduzierte → Backware, kochsalzverminderte → Backware, natriumarme → Lebensmittel, kochsalzvermindertes

Backware, salzverminderte → Backware, kochsalzverminderte → Lebensmittel, kochsalzvermindertes

Backwarendessert: kleines Törtchen in vielfältiger Ausführung, als Einzeldessert (→ Dessert), als Dessertschnitte, Rouladen oder in Kapselforn mit Dekorteilen aus Makronen-, Brand-, Hippen-, Biskuit- oder Baisermasse, ein- oder mehrschichtig, mit Gelees, Konfitüre und verschiedensten Füllmassen, Spritzguß und Marzipan, Mandeln, Nüssen oder Belegfrüchten als Dekormaterial.

Backwaren-Dosenkonserve → Dauerbackware

Backwarenkonserve → Dauerbackware

Backwaren-Trockenkonserve → Dauerbackware

Backwerk → Backware

Bactérium glucónicum → Kombuchá

Bactérium prodigiósum → Hostie, Blutende

Bactérium xylénum → Kombuchá

Báctris gasipáës → Pfirsichpalme

Báctris útilis → Pfirsichpalme

Bacuri, *Pacoury-Uvas:* 8 cm große Beerenfrucht des Baumes *Platónia esculénta* (Arr. Cam.) Rickett et Staf. (Familie *Guttíferae),* der in Brasilien vorkommt und dort gelegentlich kultiviert wird. Das aromatische Fruchtfleisch und die mandelartig schmeckenden Samen werden gegessen.

Badian → Sternanis

Badione → Pilzfarbstoffe in der Huthaut von Röhrlingen Boletáceae), die sich aus 2 Pulvinsäure-Einheiten aufbauen (s. Formel).

Man unterscheidet:
1. Badion A mit der Molmasse 706,47 g/mol, das sich aus Xerocomsäure z. B. beim Maronenröhrling (Xerócomus bádius (Fr.) Kühn ex Gilb.) bildet und
2. Badion B mit der Molmasse 738,47 g/mol, das aus *Variegatsäure* z. B. beim Flockenstieligen Hexenröhrling (Bolétus erýthropus (Fr. ex Fr.) Krbh.) entsteht. Für die typische Violettverfärbung vieler Röhrlinge beim Anschneiden oder Verletzen sind diese Säuren verantwortlich.

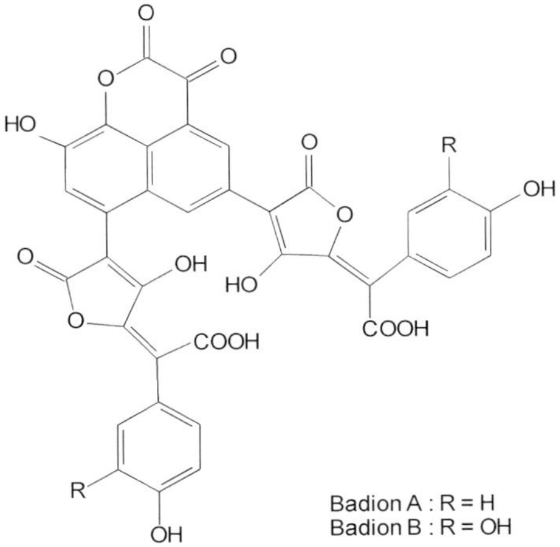

Badion A : R = H
Badion B : R = OH

Beide B. besitzen die Fähigkeit Alkali-Ionen zu komplexieren und reichern 137Cs in der Huthaut von Pilzen (Maronenröhrling, Xerócomus bádius) an → Pilzfarbstoffe → Pulvinsäure

Bado, *Ägyptische Bohne, Pythagoreische Bohne:* Bez. für den Samen der *Ägyptischen Lotosblume, Nymphāēa lótos* L. (Familie *Nymphaeáceae),* der einen sehr kleinen Embryo, aber ein gut entwickeltes Nährgewebe aufweist. Die Samen werden in der Sonne getrocknet und zu Mehl (*Lotosmehl)* vermahlen, das als Zumischmehl für verschiedene Backwaren geeignet ist. Verbreitet ist auch ein stundenlanges Kochen der Samenkörner, die anschließend wie Reis verzehrt werden, dem sie im Geschmack und Aussehen ähneln. Die unbearbeiteten Samen haben, bezogen auf Trokkenmasse folgende Zusammensetzung: 14,1 g Eiweiß, 1,2 g Fett, 72,8 g Kohlenhydrate, 7,1 g Rohfaser, 4,7 g Mineralstoffe, 400 mg Calcium, 550 mg Phosphor und 80 mg Eisen. → Lotos

Baelfrucht: zitronengroße Frucht des kleinen, dornigen Baumes *Aegle mármelos* (L.) Corrêa, *Belbaum* (Familie *Rutáceae),* der in Indien vorkommt. Die harte äußere Schale umschließt ein orangegelbes, süßes, aromatisches, vitaminreiches Fruchtfleisch, das zum Frischverzehr und zur Herstellung von Getränken, Marmelade und Konfitüre dient. Unreife Früchte werden gegen Diarrhoe und Dysenterie angewendet.

Bagássa tiliaefólia → Bagasse 2.

Bagasse: 1. Preßrückstände der Zuckergewinnung aus Zuckerrohr. Dienen als Heizmaterial oder zur Herstellung von Pappe und Isolierstoffen
2. Begasse, Amaparana, Tatajuba: der hohe Waldbaum *Bagássa tiliaefólia* R. Ben. (Familie *Moráceae)* aus dem Amazonasgebiet und Guayana. Die eiförmige, 4···6 cm lange, gelbbraune bis orangegelbfarbene, saftige, angenehm duftende, süße Sammelfrucht wird roh verzehrt.

Bagel, *Baigel, Bygeles:* uralte jüdische Spezialität in Form einer fettarmen, ringförmigen, Backware mit fester, zäher Krume und knuspriger Kruste von 100 g Masse. Der B. wird vorzugsweise aus Weizenvollkornmehl hergestellt, daneben gibt es auch *Knoblauch-, Zwiebel-, Zimt-* oder *Pumpernickelbagel,* zuweilen ist die Kruste auch mit Ölsaaten oder Salzkörnern bestreut. Vor dem Bakken wird der Teig nach dem Teilen und Formen abgebrüht. Man kann den B. toasten, mit oder ohne Aufstrich verzehren. 1992 umfaßte der B. in den USA ein Zwölftel des gesamten Brot- und Backwarensortimentes. In Europa hat der B. neuerdings in London wieder Fuß gefaßt.

Bagoong: ein Würzmittel in Form einer Fischpaste (→ Fischsoße, fermentierte), die auf den Philippinen aus Seefisch, Anchovis oder Shrimps hergestellt wird, indem ein Teil Salz mit 3 Teilen Fisch gemischt und 3 Monate fermentiert werden. Das daraus entstehende Produkt wird als würzende Grundlage roh oder gekocht verwendet. → Lebensmittel, fermentiertes

Baguaka: die tropisch-asiatische Gemüsepflanze *Cápparis L. f. hórrida* (Familie *Capparáceae).*

Baguette → Brot, Französisches

Bahia-Arrowroot → Arrowroot

Baidha → Sorghumhirse

Baigel → Bagel

Baikiain → Aminosäuren

Baincha → Flacourtie

Baiser: 1. Sammelbegriff für → Schaumbackware aus → Baisermasse.
2. Sammelbegriff für → Schaumzuckerware mit Waffelunterlage. → Lebensmittelschaum

Baisermasse, *Eiweißschaummasse, Schaummasse, mehlfreie Masse:* eine geschlagene → Masse aus Eiweiß und Zucker (1:2 oder 1:2,5) ohne Mehl. Bei der Herstellung von B. sind 3 verschiedene Verfahren möglich: a) *kalte B.* (der Zukker wird beim Aufschlagen des Eiklars nach und nach zugesetzt); b) *warme* B. (die gesamte Zukkermenge wird dem Eiklar sofort bei Beginn des Schlagens zugesetzt, und der Schlagprozeß erfolgt unter ständiger Wärmezufuhr. Die *warme B.* ist nach dem Backen etwas mürber und lockerer als die *kalte B.);* c) *Schaumbaisermasse* (das Aufschlagen des Eiklars erfolgt mit einem Drittel des Zuckers, der restliche Zucker wird in gekochtem Zustand zugegeben, indem ein Teil Trinkwasser mit zwei Teilen Zucker auf 115°C erhitzt und dann dem steif geschlagenem Eiklar zugesetzt wird. Die *Schaumbaisermasse, auch als Schaummasse* bezeichnet, führt zu einer *bes. lockeren* Beschaffenheit des Gebäckes). Die B. wird entweder auf Holzknöpfen – zur Herstellung von *Baiserschalen*

– oder auf Backunterlagen mehr getrocknet als gebacken. Sie dient zur Herstellung von *Baisers* bzw. *Schaumbackwaren,* als *Schneegitter* oder *Schneedecke* zur Garnierung von Torten und Kuchen mit bes. saurem Früchtebelag oder zur Herstellung von *Baisertorten.* Gebäcke aus B. sind trocken, spröde oder schaumig und sehr leicht; zähe, klebrige Beschaffenheit des Gebäckinneren und braune Farbe, infolge Karamelisierung des Zuckers, deuten auf schwere Qualitätsmängel hin. Das *Baiser,* auch *Meringe, Meringel* oder *Meringue* genannt, wird in den verschiedensten Formen dressiert: als *Schale,* als *flaches* oder *dressiertes Plätzchen (Küsse),* als *Raute* u. dgl. Die Baisers werden entweder ohne Füllung oder mit Schlagsahne (Sahnebaiser), Sahnekrem- oder Eisfüllung (Eisbaiser) hergestellt. Der Feuchtigkeitsgehalt des ungefüllten Gebäcks liegt bei 10 %, der Fettgehalt bei 0,5 % und der Energiewert je 100 g entspricht 1505 kJ (360 kcal). → Schaumzuckerware → Dressiergebäck

Baiserschale → Baisermasse

Baisertorte → Baisermasse → Torte

Bajra → Perlhirse

Bajrastärke → Getreidestärke

Bak choy → Chinakohl

Baklawa: ein mit Zuckerglasur überzogener → Kuchen aus Weizenmehl und Butter, aus mehreren, mit zerstoßenen Walnüssen beschichteten Teiglagen bestehend. Dieses süße, gehaltvolle Feingebäck ist in den südlichen Balkanstaaten und in Vorderasien verbreitet.

Bakterien; *Schizomyceten, Spaltpilze:* Mikroorganismen in der Größenordnung von 1 µm. Ihre Grundformen sind Kugeln (Kokken), Stäbchen (B. und Bazillen) und Schrauben (Vibrionen). Die Bakterienzelle setzt sich aus Protoplasma, Kernsubstanz und Kapsel zusammen. Die B. vermehren sich ungeschlechtlich durch Septierung (Querteilung) in zwei Tochterzellen. Unter günstigen Vermehrungsbedingungen können sich Bakterien innerhalb von 20 min querteilen. Auf oder in festen Nährböden entsteht aus einem einzigen Bakterium durch Zellteilung eine *Bakterienkolonie.* Unter ungünstigen Bedingungen gehen die vegetativen Zellen der B. in der Regel zugrunde. Nur die Bazillen sind unter bestimmten Bedingungen in der Lage, Dauerformen, sog. *Sporen,* zu bilden. Man unterscheidet *pathogene B.,* die bei Mensch und Tier zu Krankheitserscheinungen führen, und *nichtpathogene B.,* die keine Krankheitserscheinungen verursachen, *aerobe B.* die zum Wachstum Luftsauerstoff benötigen, und *anaerobe B.,* die nur in Abwesenheit (obligat) oder bei sehr geringem Anteil von Luftsauerstoff wachsen, *fakultativ anaerobe B.* (z.B. Milchsäure-B.), die unter aeroben wie auch anaeroben Bedingungen wachsen, *autotrophe B.,* die organische Zellsubstanz aus anorganischen Salzen aufbauen können, *mesophile B.,* die bevorzugt bei mittleren Temperaturen (20···37°C), *psychrophile B.,* die bei niedrigen Temperaturen (bis 0°C) und *thermophile B.,* die bevorzugt bei hohen Temperaturen (oberhalb 40°C) wachsen. B. können sich als Saprophyten auf und in den meisten Lebensmitteln entwickeln und verursachen unerwünschte enzymatisch bedingte Abbaureaktionen, wie → Fäulnis, Ranzigkeit, Schleimigwerden und Fadenziehen. Anderseits spielen B., die meist als Misch- oder Reinkultur angewandt werden, eine wesentliche Rolle bei Fermentations- und Reifungsprozessen im Verlauf der Technologie zahlreicher Lebensmittel, z.B: bei der Sauerteiggärung des Brotes sowie bei Käse- und Rohwurstreifung.

Bakterienalginat → Polysaccharid, mikrobielles

Bakteriencellulose → Polysaccharid, mikrobielles

Bakterientoxine → Konservierungsstoffe

Baladi → Kath

Baladybrot, *Baladibrot, Arabisches Brot, Kubi, Kmag, Marag, Mavi, Kamag, Khubz arabi:* ein gelockertes Fladenbrot mit harter Kruste, hergestellt aus Weizenmehl 72···90%iger Ausmahlung, Sauerteig (der mehr zur Geschmacksbildung als zur Lockerung beitragen soll) und teilw. unter Zusatz von Kichererbsenmehl. Der Durchm. dieser großen Fladen kann bis zu 25 cm, die Dicke 1···2 cm, die Masse 100···160 g betragen. Das B. ist die verbreiteteste Brotart in Ägypten sowie des gesamten Nahen und Mittleren Ostens. Je nach Masse und Feuchtigkeit wird das B. bezeichnet als *Tary* (147 g Masse und 40 % Feuchtigkeit), als *Meladden* (128 g Masse und 31 % Feuchtigkeit) oder als *Mehamma* (ein zum 2. Mal gebackenes Meladden von 130 g Masse und 14,9 % Feuchtigkeit). → Flachbrot → Fladen

Balata → Guttapercha

Balaenóptera → Wal

Bal-Ahar: ein in Indien verbreitetes, eiweißangereichertes → Kindernährmittel in Form einer Mischung aus Getreide-, Erdnuß-, Kichererbsenmehl sowie Vitamin- und Mineralstoffzusätzen. 100 g B. enthalten an wertbestimmenden Bestandteilen 26,5 g Eiweiß, 0,6 g Calcium, 1,1 mg Vitamin B_2 und 0,9 mg Vitamin A.

Bal-Amul: ein in Indien übliches, hochproteinhaltiges → Kindernährmittel in Form einer Mischung aus Sojamehl und entfetteter Trockenmilch.

Balanítes aegýptiana → Seifenbeerenbaum

Baldrian, Afrikanischer, *Algiersalat:* ein vom Mittelmeer bis Nordafrika, früher auch in der Rheingegend kultiviertes Baldriangewächs, *Fédia cornucópiae* (L.) Gaertn. (Familie *Valerianáceae),* das als Zierpflanze dient, dessen fleischige, am unteren Teil eiförmigen kurzgestielten Blätter neuerdings wieder vermehrt als → Blattsalat dienen und wie → Feldsalat zubereitet werden.

Baldrian, Gemeiner: eine auf feuchten Wiesen wachsende oder in Kultur genommene 0,50···1 m hohe Staude, *Valeriána officinális L.* (Familie *Valerianáceae),* mit kurzem, walzenförmigem Wurzelstock und weißem, doldenartigem Blütenstand. Die Baldrianwurzel ist auf Grund ihrer beruhigenden Wirkung Bestandteil zahlreicher → Kräutertees und → Kräutersäfte und wird als Droge in der Spirituosenindustrie auf Grund des kräftig aromatischen Geschmacks eingesetzt.

Baldriansaft → Kräutersaft

Baldriansäure → n-Valeriansäure

Balenin → Carnosin → Peptide

Balik-Erzeugnisse: Fischerzeugnis, bevorzugt unter Verwendung des Rückenmuskelstranges großer Fischarten (z. B. Störe), das heißgeräuchert oder gekocht, auch gesalzen und in Scheiben aufgeschnitten angeboten wird. Spezialität der Fischverarbeitung in der ehem. Sowjetunion.

Ballanwild → Wild

Ballaststoffe: Nahrungsmittelinhaltsstoffe, meist gerüstbildende Elemente der Lebensmittel, die nicht oder nur unvollständig durch die menschlichen Verdauungsenzyme gespalten und resorbiert werden können. Sie gelangen in den Dickdarm, wo sie von Mikroorganismen, aber nicht oder nur in unbedeutendem Maße vom menschlichen Organismus, als Energie- und Nährstoffquelle genutzt werden können oder unverändert mit dem Stuhl ausgeschieden werden.
Beim bakteriellen Ballaststoffabbau im Dickdarm entstehen aus Nichtstärke-Polysacchariden energiereiche kurzkettige Fettsäuren, davon über 90 % Acetate (3,40 kcal/g) = 14 kJ/g), Propionate (4,96 kcal/g = 21 kJ/g) und n-Butyrate (5,95 kcal/g = 25 kJ/g). Mehr als 70 % der über B. den Bakterien zugeführten Energie bleibt dem Wirtsorganismus in Form dieser kurzkettigen Fettsäuren erhalten. Bei der Zufuhr von 20 g B./Tag (das entspricht der heute in Deutschland üblichen ballaststoffarmen Ernährung), errechnet sich eine Energieaufnahme von 37 kcal/Tag ((155 kJ/Tag) oder etwa 1,5···2 % der täglichen Energieaufnahme, ein zu vernachlässigender Betrag).
Man unterscheidet *obligate B.,* die grundsätzlich nicht im Dünndarm verdaut werden z. B. Cellulose, Pectin, Skleroproteide und *potentielle B.,* die zwar verdaulich sind aber zu gewissen Anteilen, nicht gespalten und/oder absorbiert werden und in den Dickdarm gelangen (z. B. Lactose, Resistente Stärke). Man unterscheidet *wasserlösliche* und *wasserunlösliche B.*. Die Wirkungen der B. auf den menschlichen Organismus sind vielfältig und hängen von ihrer chemischen Struktur, ihren physikochemischen Eigenschaften und Texturen ab. Ernährungsphysiologische Bedeutung haben bes. B. pflanzlichen Ursprungs (Zellwandbestanteile, Quell- und Schleimstoffe, Reserveoligo- und poly-

saccharide). Der Gehalt an *Lignin* nimmt mit fortschreitender Verholzung im pflanzlichen Gewebe zu. Diese Lignininfiltration ist für die Ballaststoffwirkung von Bedeutung, da sie die Hydrolysegeschwindigkeit der Gerüstkohlenhydrate, die Wasserhaltung und Substanzbindung beeinflußt. Von Bakterien und niederen Pflanzen stammende strukturbildende Substanzen, wie → *Xanthan, Curdlan, Polystran* (Gerüstsubstanzen von Mikroorganismen), *Alginat,* → Carrageen, → Agar-Agar (von Algen), → *Chitin* (von Pilzen) und *Pustulan* (von Flechten) sind ebenfalls B. und gewinnen international zunehmend an Bedeutung als → *Lebensmittelzusatzstoffe.* Pflanzliche Exsudate, wie Pflanzengummi (z. B. → *Gummi arabicum,* → Tragant, → Karayagummi), und Pflanzenschleime (→ *Schleimstoff, pflanzlicher)* sind B.. Zahlreiche Reservekohlenhydrate im Endosperm von Samen oder in Speicherorganen (z. B. → *Guaran, Carubin,* → Konjacmannan, Inulin) werden wegen ihrer gegenüber Verdauungsenzymen resistenten Bindungstypen [β (1→3), β (1→4), β (1→6), β (2→1)] zu obligaten B. (s. Übers. S. 154).
Auch rohe Kartoffelstärke wird im Dünndarm wegen ihrer Partikelgröße sehr langsam hydrolysiert, wodurch bis zu mehr als 50% unverdaut in den Dickdarm gelangen. Selbst die an sich durch körpereigene Enzyme spaltbare Stärke kann in Abhängigkeit von Herkunft und Zubereitung in Anteilen von 5···20% unverdaut bleiben. Lactose wird bei Menschen mit angeborenem oder erworbenem Lactasemangel ebenfalls zum B.. Unter bestimmten verdauungsphysiologischen Bedingungen kann jeder andere Nahrungsbestandteil in unterschiedlichem Ausmaß zum B. werden, z. B. → *Glycoproteide,* → *Skleroproteide,* → *Rindertalg,* Hartfette, → *Mineralstoffe,* → *Vitamine,* nicht essentielle Nahrungsinhaltsstoffe (wie → *Cutine,* → *Suberine,* → *Wachse,* Silikate, Phytate, Oxalate), Syntheseprodukte, modifizierte Kohlenhydrate (z.B. derivatisierte Cellulose und Stärke), → *Zuckeralkohole, Cyclodextrine,* → *Maillardprodukte* (s. Übersicht S. 155/156).
Während der Darmpassage lösen die B. Wirkungen auf den menschlichen Organismus über physiologische, biochemische und mikroökologische Reaktionen aus. Bedeutsame physikochemische Effekte gehen beispielsweise von B. aus, die teils im nativen Zustand ein faserreiches, dreidimensionales vernetztes Grundgerüst haben oder die dieses erst im wäßrigen Milieu aufbauen. Von bes. physiologischer Bedeutung sind dabei Wasserbindevermögen, Gelbildung, Kationenbindung und Steroidbindung (s. Übers. S. 157 oben).
Insofern tragen B. insbes. lösliche B. (z. B. Pentosane und Glucane) zur Senkung von gesundheitlichen Risikofaktoren (z. B. Cholesterolspiegel, Verzögerung des Anstieges der Blutglucose) bei. Ein Erwachsener sollte täglich etwa 30···40 g B. aufnehmen. (s. Bild nachfolgend und Übers. s. Seite 156 rechte Spalte).

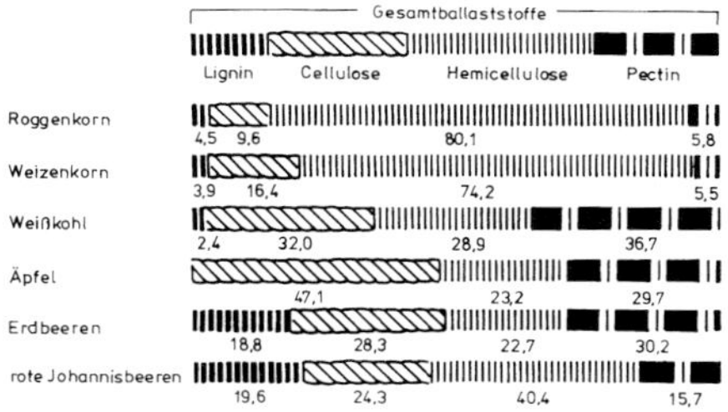

Relative Zusammensetzung der Ballaststoffe aus verschiedenen Lebensmitteln (bezogen auf jeweils 100 g Gesamtballaststoffe)

Zur Kalkulation der Ballaststoffaufnahme sind verläßliche Gehaltswerte notwendig die man nur durch kombinierte Anwendung enzymatischer/gravimetrischer Methoden sowohl der unlöslichen als auch der löslichen obligaten B. ermitteln kann (s. Bild).

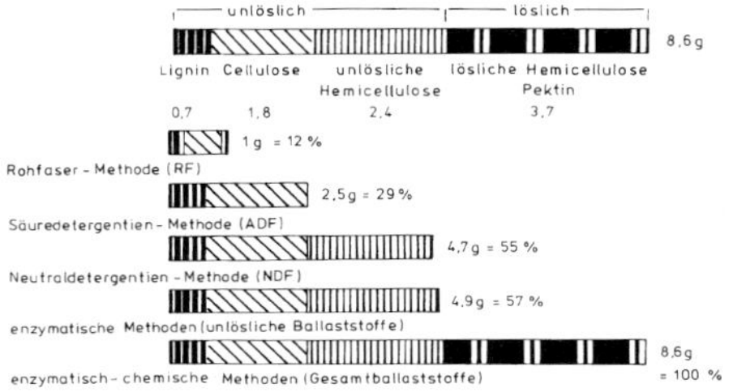

Ballaststoffgehalt eines Roggenvollkornbrotes bestimmt nach verschiedenen Methoden (g Ballaststoffe/100 g Brot

Vereinfachte Übersicht und Struktur der wesentlichen Ballaststoffgruppen unserer Nahrung

<table>
<tr><th colspan="4" rowspan="2">Vorkommen</th><th rowspan="2">Ballaststoffgruppe</th><th colspan="2">Strukturelemente</th></tr>
<tr><th>Hauptelemente</th><th>Nebencharakteristik</th></tr>
<tr><td rowspan="4">lignifiziertes Pflanzengewebe</td><td rowspan="3">GETREIDE</td><td rowspan="5">parenchymatöses Pflanzengewebe</td><td rowspan="6">SAMEN (Endosperm + Hülle)</td><td>Lignin</td><td>Phenylpropan</td><td>Komplex vernetzt</td></tr>
<tr><td>Cellulose</td><td>Glucane β (1→4)</td><td></td></tr>
<tr><td>Hemicellulosen</td><td>Xylane
Mannane
Galactane</td><td>Arabinose
Glucuronsäure
Galactose
Xylose
Glucose</td></tr>
<tr><td></td><td>Pektine</td><td>Galacturonane
Galacturono-Rhamnane</td><td>Arabinose, Galactose
Xylose, Fucose</td></tr>
<tr><td></td><td></td><td>Exsudate und Schleimstoffe</td><td>Galactane
Mannane
Galcturono-Rhamnane</td><td>Arabinose, Galactose
z.T. sulfatiert
z.T. dehydroxyliert</td></tr>
<tr><td></td><td></td><td></td><td>Reserve-Saccharide
(außer Stärke)</td><td>Fructane
Mannane
Raffinose-Familie</td><td>Glucose
Mannose
z.T. acetyliert</td></tr>
<tr><td colspan="4">Algen
Flechten
Pilze
Bakterien</td><td>verschiedene Polysaccharide
(außer Cellulose und Stärke)</td><td>Mannuronane
Galactane
Glucane
Glucosamine</td><td>
z.T. sulfatiert
z.T. dehydroxyliert
z.T. methyliert</td></tr>
<tr><td colspan="4">Syntheseprodukte</td><td>modifizierte Kohlenhydrate</td><td>Glucane β (1→4), α (1→4)
Mono-, Di-, Oligosaccharide</td><td>Ether, Ester
reduziert zu Alkoholen</td></tr>
<tr><td colspan="4">Milch</td><td>Lactose</td><td>Galactosido-Glucose</td><td></td></tr>
</table>

Übersicht zu Struktur und Wirkung von Ballaststoffen

	gelbildende Ballaststoffe	wasserbindende Ballaststoffe	sterolbindende Ballaststoffe	kationenbindende Ballaststoffe
Ballaststoff-Typ	Matrix bildende Ballaststoffe	Ballaststoffe mit faserartigem Grundgerüst	Ballaststoffe, mit faserartigem Grundgerüst, Matrix bildende Ballaststoffe	Matrix bildende Ballaststoffe und Lignin
Ballaststoffe	Pektine Schleimstoffe von Landpflanzen Meeresalgen Mikroorganismen Pflanzengummi modifizierte Polysaccharide	Hemicellulose Ligno-Cellulose modifizierte Cellulose	Lignine Hemicellulosen Pektine Schleimstoffe von Landpflanzen Meeresalgen Mikroorganismen modifizierte Polysaccharide	saure Hemicellulosen Algenpolysaccharide Pflanzengummi modifizierte Polysaccharide Lignin
Wirksame Strukturelemente	hydrophile Gruppen Beweglichkeit der Haupt- und Seitenketten, intermolekulare Vernetzbarkeit	hydrophile polare Gruppen gitterartig vernetzte Moleküle grobe Partikeln mit kapillaren Hohlräumen	hydrophobe/hydrophile Konstitutionen Oberflächenaktivität inter-/intramolekulare Zwischenräume	Carboxylgruppen Sulfatgruppen Koordinationsbeziehungen assoziierte Bestandteile (z.B. Phytinsäure)
Effekte: Gesamtorganismus	Stickstoff-Flux verändert Serumcholesterolgehalt gesenkt	intraabdominaler Preßdruck verringert	Cholesterolsynthese beeinflußt	Gehalt an toxischen Schwermetallen vermindert, Mineralstoffimbalanz möglich
Magen	Magenentleerung verzögert			
Dünndarm	Passagezeit verlängert Chymusturbulenz verringert gastrointestinale Hormonfreisetzung verringert Pankreas-Enzyme verändert Nährstoffabsorption verzögert	Passagezeit verkürzt Gallensäureabsorption verringert Mizellbildung gestört Lipidabsorption verzögert	Cholesterolabsorption verringert	

Übersicht zu Struktur und Wirkung von Ballaststoffen (Forts.)

	gelbildende Ballaststoffe	wasserbindende Ballaststoffe	sterolbindende Ballaststoffe	kationenbindende Ballaststoffe
Dickdarm	Darmmotilität erhöht Passagezeit verkürzt Bakterienproliferation erhöht Fermentation verstärkt pH-Wert erniedrigt Stuhlvolumen leicht erhöht	Darmmotilität erhöht Passagezeit verkürzt Stuhlvolumen erhöht Stuhlwassergehalt erhöht	Sterole mikrobiell verändert Sterolexkretion erhöht	Mineralstoffabsorption verringert

Gesamtballaststoffgehalt von Lebensmitteln in g je 100 g eßbaren Anteils

Getreideprodukte		*Gemüse*	
Weizenbrot	3,7	Blattspinat	2,3
Weizenmischbrot	4,1	Blumenkohl	2,2
Roggenmischbrot	4,7	Bohnen, weiß*)	7,5
Roggenbrot	5,4	Champignons	1,5
Roggenvollkornbrot	7,0	Erbsen, grün*)	7,0
Müsli	4,0	Gurke	0,4
Cornflakes	4,1	Kartoffeln	1,4
Vollkornreis	3,5	Linsen*)	4,5
Vollkornnudeln*)	2,7	Möhren	1,3
Speisekleie	40,0	Paprika	1,3
		Rotkohl	2,6
Obst		Tomaten	0,9
Apfel	2,1	Zwiebeln	1,4
Banane	1,3		
Birne	2,8	*Nüsse/Trockenobst*	
Erdbeeren	1,5	Erdnüsse	6,1
Himbeeren	3,8	Haselnüsse	7,4
Honigmelone	0,4	Walnüsse	4,7
Orange	1,2	Aprikosen	6,8
Pfirsich	1,4	Feigen	9,6
Pflaume	1,4	Korinthen	5,0
Weintrauben	1,2	Pflaumen	8,4

*) verzehrsfertig gekocht

Ungeeignet ist die Rohfaserbestimmung, weil dabei die löslichen obligaten B. nicht mit erfaßt werden. *Rohfaser* ist also nicht identisch mit B. → Saccharide → Nahrungsinhaltsstoffe

Ballen → Pfannkuchen

Balsamapfel → Balsambirne

Balsambirne, *Karela, Bittere Springgurke:* die 15···20 cm lange, gelbe, stachelwarzige, gurkenförmige Frucht der einjährigen tropischen Kletterpflanze *Momórdica charántia* L. (Familie *Cucurbitáceae*). Das eßbare Fruchtfleisch enthält einen Bitterstoff, ist rot und wird als Gemüse oder zu Currysoßen verwendet. Ähnlich ist der *Balsam-* oder *Goldapfel, Momórdica balsámina* L.. Stark süß schmeckende Früchte hat die chinesische B. *M. grosvenórii.* (Swingle) C. Jeffrey

Ballaststoffreichtum von Lebensmitteln

wenig Ballaststoffe	viel Ballaststoffe	wenig Ballaststoffe	viel Ballaststoffe
Weißbrot, Brötchen Toastbrot	Vollkornbrot, Leinsamenbrot Grahambrot, Fünfkornbrot, Kleie-Brötchen, Knäckebrot, Kleie-Toastbrot	Teigwaren, Reis	Kartoffeln, Naturreis, Vollkorngetreide wie Hirse, Buchweizen, Gerste, Roggen Weizen, Vollkornnudeln
Kopfsalat, Tomaten, Gurken	Zuckermais, Erbsen, Bohnen, Rosenkohl, Broccoli, Linsen,	Pudding, Cremespeisen	frisches Obst Kompott, Früchtedesserts, Backobst, Obstkaltschalen u. a.
	Sprossen, Keime	Biskuit, Baiser, Waffeln, Kekse, Kuchen, Torten	Vollkornkekse, Nußgebäck, Haferkekse, Kleiezwieback, Vollkornzwieback, Früchtebrot, Kuchen mit Vollkornmehl

Balsamessig: eine lokaltraditionelle, italienische, süßlich-mild schmeckende Spitzenessigzubereitung aus den Provinzen Modena und Reggio Emilia. Der B. wird aus spätgelesenen Trebbianotrauben gewonnen, indem nach dem Keltern, unter Vermeidung jeglicher alkoholischer Gärung, der Saft auf 30···70 % Trockenmasse (je nach Qualität des Rohstoffs) eingedickt wird. Der filtrierte Sirup wird anschließend für mehrere Monate in verschiedenen Holzfässern – in der Reihenfolge aus Eiche, Kastanie, Kirsche, Esche und schließlich aus dem Holz der Maulbeere – gelagert. Die Konzentration des Sirups im ersten Faß, sowie diejenige der Zwischenprodukte und der Zeitpunkt des Abfüllens bleiben Geheimnis der Hersteller, die ihre Produkte einer strengen Prüfung unterziehen lassen, nachdem sie mind. 12 Jahre lang gelagert worden sind. Wird das geforderte Qualitätsniveau erreicht, dann dürfen sich die geprüften Chargen als „Aceto Balsamico Tradizionale di Modena" oder als „Aceto Balsamico di Modena" bezeichnen. Die Herstellungskosten für 1 kg B. belaufen sich auf etwa 700 DM. Abgelehnter B. darf nicht in den Handel gelangen und ist nur für den eigenen Bedarf bestimmt. Da aber der Name B. oder „aceto balsamico" nicht gesetzlich geschützt ist, bringen verschiedene Speiseessighersteller einen gefärbten und mit Kräutern aromatisierten Speiseessig unter der Bez. B. in Italien und bes. im Ausland für einen rel. hohen Preis auf den Markt, wo den Käufern der charakteristische Geschmack des echten B. nicht bekannt ist.

Balsamkraut → Chrysánthemum

Balsam, Römischer → Chrysánthemum

Bamabara-Erdnuß → Erderbse

Bambus: zur Familie der Gräser (*Poáceae*) gehörige Gattung ausdauernder Pflanzen, *Bambúsa spp.*, deren holzige Halme bei einigen Arten bis zu 40 m hoch werden können. Der B. wächst in allen tropischen Bereichen, er ist bes. in Südostasien verbreitet und wird dort genutzt. Die jungen, hellgelben Bambusschößlinge (Achia) einiger Arten wie auch der engverwandten *Phyllóstachys spp.* und *Dendrocálamus ásper* (Schult.) Backer ex

Heyne werden in Indien und China frisch als Gemüse verzehrt oder zubereitet, z. B. in Essig eingelegt, mit scharfen Gewürzen versehen oder konserviert als Mischgemüse in Essig mit Senfkörnern, dem Gurken, unreife Maiskolben, Pilze, Knollensellerie, Rettich, Melonenstücke und Nußkerne beigemischt werden (*Achards, Achia*). Ähnlich ist auch das in Indien und Iran bereitete *Achiar.* Die frischen Schößlinge enthalten je 100 g u. a. 2,3 g Eiweiß, 6 g Kohlenhydrate, 0,2 g Fett, Energiewert 145 kJ (35 kcal) je 100 g. Der Vitamin-C-Gehalt beträgt 4,0 mg je 100 g. Die rohen Sprosse einer Reihe von Bambusgewächsen enthalten Blausäure, die durch Kochen zerstört werden muß. Die mehlreichen Samen haben als Notnahrung Bedeutung.

Bambúsa spp. → Bambus

Bambuspalme → Raffiapalme

Bambusschößling → Bambus

Bamenda-Cola → Colanuß

Bamenda-Raffia → Raffiapalme

Bamie → Eibisch, eßbarer

Bamiel → Eibisch, Eßbarer

Banada → Zitwer, Gelber

Bananada: in Brasilien für den Eigenbedarf hergestellte Bananenmarmelade.

Bananamash → Bananenpüree

Banane, *Obstbanane, Pisang:* Frucht der 3,5···7,5 m hohen Staude *Músa paradisíaca var. sapiéntum* (L.) Kuntze, auch der *Músa nána* Lour. (Familie *Musáceae*). Die Pflanzen haben einen 20···30 cm dikken, hohlen Stamm, der aus den scheidigen Stielen der großen Blätter gebildet wird, die an einem dicken, unterirdischen Rhizom ansetzen. Die Frucht ist eine längliche, gekrümmte Beere von 6···35 cm Länge, deren gelbe, seltener auch rötlich-gelbe oder rote Fruchtschale sich bei der Reife leicht vom Fruchtfleisch löst. Die Früchte, die nach ihrer Form „Finger" genannt werden (arab. banan: Finger), stehen zu 2 bis 20 Stück in „Händen" zusammen, 5 bis 20, meist aber auch 6 bis 9 Hände bilden ein Büschel oder Bündel. Die Früchte einer Hand entwickeln sich aus den Blüten, die von einem gemeinsamen Deckblatt umschlossen werden. Fruchtgröße, -farbe, -geruch und -aroma sind unter vergleichbaren Boden-, Klima- und Kulturbedingungen relativ konstant, während die Anzahl der Hände im Büschel und der Früchte an der Hand bedeutend variieren können. Der etwa 9,5 cm lange Blütenstand, der im Scheinstamm an einem Blütenschaft hochwächst, erscheint 9 bis 12 Monate nach dem Auspflanzen. Die Früchte brauchen für ihre Entwicklung bis zu 3 Monate. Nach der Ernte der Bananenbüschel werden die Stauden entfernt, es bleiben aber 2 oder 3 kräftige Schößlinge für die Entwicklung neuer Stauden stehen. Die Entwicklungszeit bis zur Fruchtreife verlängert sich, je älter der Wurzelstock ist, aus dem die Schößlinge treiben. Die B. werden in Amerika, in Afrika (Kanarische Insel, Somalia, Guinea usw.), Asien und in Ozeanien angebaut. Die letztgenannten Gebiete produzieren jedoch vorwiegend für den Eigenbedarf. In neuerer Zeit entwickelte sich auch der Anbau in den Subtropen (Taiwan, Israel). Nach Schätzungen sind 80 bis 100 Bananensorten bekannt, die Anzahl samenloser Sorten ist jedoch relativ klein. Die Hauptsorten gehören heute zur "*Cavendish*"-Gruppe. Die ehemals führende Sorte "Gros Michel" ist wegen ihrer Anfälligkeit gegen die Panamakrankheit im Anbau zurückgegangen. Die Mutanten dieser Sorte "Lady"s Finger" (= *Dattelbanane*) und "*Apfelbanane*" sind dünnschalig und daher nicht exportfähig. *Músa nána* Lour. *(Musa cavendishii* Lamb., Kulturform der *Musa acumináta* Colla), die *Kanarische* oder *Chinesische Banane,* tritt in zwei Typen "Zwerg-Cavendish" und "Riesen-Cavendish" auf, deren Wuchshöhen aber nur wenig unterschiedlich sind (etwa 2 m). Mutanten dieser B. sind 'Poyo' ('Robusta') und 'Lacatan'. Eine Kreuzung aus 'Lacatan' und 'Gros Michel' ist 'Media Mata', die aber selten nach Europa kommt. Seit 1924 ist in gezielter Züchtungsarbeit die 'Valery' entstanden, die ständig an Bedeutung gewinnt. Die rotschaligen Sorten werden nur vereinzelt für den lokalen Bedarf angebaut. 'Gros Michel' hat zartes Fruchtfleisch, dafür sind die 'Cavendish' und die ge-

schmacklich ähnliche 'Valery' aromatischer. Babybananen sind speziell gezüchtete kleinfrüchtige Sorten mit betontem Aroma. Sie bekommen vorwiegend Markennamen, wie 'Chiquita', 'Cabana' u. a., beziehen sich nicht auf bestimmte Sorten (s. → Baby-Erzeugnisse). Zur Ernte für den Export werden die Büschel geschnitten, wenn die Früchte in der Regel zu 75% ausgewachsen sind. Eine Behandlung mit 0,5% Natriumhydrogensulfitlösung zur Entfernung der Spritzrückstände und eine Spülung mit anschließender Trocknung dienen in vielen Fällen der Vorbereitung des Versandes. Noch um 1960 wurden die B. in Büscheln verschifft, heute hat sich der Versand von Händen in Schachteln allg. eingebürgert. Dadurch wird der Transport rationalisiert und die Frucht besser vor Beschädigungen geschützt. Bei speziellen Verpackungsarten, wie *'Banavac'*, werden die Hände, ähnlich der Vakuumverpackung, in Plastikbeutel verpackt, wodurch der Reifeprozeß stark gehemmt wird. Auf den Kühlschiffen wird das Ladegut sortengemäßen Bedingungen entsprechend bei 11,7···15,0°C und 80···95% relativer Luftfeuchte gehalten, wobei Luftumwälzung für die Abführung von CO_2 und reifebeschleunigendem Ethylen sorgt. Im Bestimmungshafen wird in Bananenreifereien die Ware in 4 bis 6 Tagen bei 24°C und 95% relativer Luftfeuchte zur Vollreife gebracht. Dieses Stadium ist an der Gelbfärbung bei noch grüner Spitze zu erkennen. Während der Reife sinkt der Stärkegehalt von 70% auf 30%, die reduzierenden Zucker nehmen von 1% auf 18% zu, die nichtreduzierenden Zucker steigen von 2,3% auf 27%. Neben den angegebenen Bestandteilen (Tab.) enthalten die B. auch die Neurohormone L-Noradrenalin und Serotonin.
Dopamin ist in der Schale und in der Pulpe vorhanden. Die B. ist in den Erzeugerländern ein wichtiges und billiges Volksnahrungsmittel. In Costa Rika werden jährlich 160 kg je Kopf und in Equador 225 kg je Kopf verbraucht. Neben dem Frischverzehr als dem Hauptverbrauch sind eine Reihe von Verarbeitungsprodukten wesentlich: getrocknete Banane (→ *Feigenbanane*), → *Bananenmehl*, → *Bananenpulver*, → *Bananenflocken*, → *Bananenchips*, → *Bananensirup*, → *Bananenpüree* (Bananenmash), Bananenmarmelade (→ *Bananada*), alkoholische Getränke (→ *Bananenschnaps*, → *Bananenbier*, *Bananenwein*). Eine sehr eng mit der *Obstbanane* verwandte Art ist die → *Kochbanane*. B. dürfen mit Konservierungsmitteln, z. B. Thiabendazol ohne Deklarierung behandelt werden, da man davon ausgeht, daß die Bananenschale genußuntauglich ist.

Zusammensetzung und Energiewert der Banane

Bestandteil	Durchschnittl. Gehalt in 100 g eßbaren Anteils	
Feuchtigkeit	75,9	g
Eiweiß	1,1	g
Fett	0,2	g
Kohlenhydrate	19,6	g
Ballaststoffe	2,0	g
Mineralstoffe	0,9	g
Natrium	1,8	mg
Kalium	360,0	mg
Calcium	10,6	mg
Eisen	0,55	mg
Phosphor	29,0	mg
Caroten	0,25	mg
Vitamin B_1	0,043	mg
Vitamin B_2	0,05	mg
Niacin	0,70	mg
Pantothensäure	0,24	mg
Vitamin C	11···20	mg
Citronensäure	9,1	mg
Energiewert in kJ (kcal) je 100 g eßbaren Anteils	346 (83)	

Banane, Abessinische; *Falsche Banane, Ensete:* die mit der Banane verwandte, in Äthiopien kultivierte Staude (Faserpflanze) *Músa enséte* J. F. Gmelin Syn. *Enséte ventricósum* (Welw.) Cheesm. (Familie *Musáceae*), deren junger Stamm als Gemüse verzehrt und deren stärkereiche Grundachse auch zu Fladen verarbeitet wird.

Banane, Chinesische → Banane

Banane, Falsche → Banane, Abessinische

Banane, Kanarische → Banane

Bananenbier: in Uganda und Teilen von Tansania häufig hergestelltes Getränk. Der gefilterte, angegorene Bananensaft wird mit geröstetem Sorghum-Mehl und einer kleinen Menge fertigen Bieres versetzt. Nach 12stündiger Gärung kann das Bier getrunken werden. → Bier

Bananenchips: Bananenscheiben, die in Honig, Zucker und reinem Kokosfett geröstet werden.

Bananenflocken: Bananenprodukt, das aus reifem Fruchtfleisch durch Sprüh- oder Gefriertrocknung gewonnen wird, nicht hygroskopisch ist und ähnlich wie → *Bananenpulver* verwendet wird.

Bananenmarmelade → Bananada

Bananenmehl: getrocknete und fein zerkleinerte Bananen, die als Zusatz z. B. bei der Brotherstellung oder zu Schonkost verwendet werden. Grüne Früchte werden nach der Ernte geschält, geschnitten und bis auf 15 % Feuchtigkeitsgehalt getrocknet. B. wird meist als Halbfertigerzeugnis (Schnitzel) in die Verbraucherländer geliefert.

Bananenpulver: aus reifem Bananenfruchtfleisch hergestelltes, karamelähnlich schmeckendes, hygroskopisches Bananenprodukt, das als Beimischung zu Kakao, Mixgetränken, Backwaren (Biskuit) und Kindernahrung verwendet wird. → Bananenflocken → Banane

Bananenpüree; *Bananamash:* geschälte, zerquetschte, passierte und raffinierte, oft unter Traubenzucker- und Citronensäurezusatz konservierte Bananen.

Bananenschnaps: von südamerikanischen Indianern hergestellter gegorener, alkoholhaltiger Bananenbrei.

Bananensirup: ein aus Bananen bereiteter Fruchtsirup, der vorwiegend als Zusatz zu Speisen oder Gebäckglasuren dient. → Glasur

Bananenstärke → Arrowroot

Bananenwein → Banane

Banavac → Banane

Bancha: ein unfermentierter → japanischer Tee. Seine gedämpften, gerollten, lederartigen, nadelförmigen Blätter sind auffallend größer als bei anderen Teearten, da sie sehr spät geflückt werden. Auf Grund des hinausgeschobenen Erntezeitpunktes weist der B. im Vergleich zu Normaltee (3···5 %) einen sehr niedrigen Coffeingehalt von 1 % auf, so daß er ein sehr coffeinarmes Getränk ergibt, das verschiedentlich auch als Teesurrogat bezeichnet wird. In Japan zählt der B. daher zu der qualitativ niedrigsten Teesorte. Es gibt zwei Methoden, um die Fermentation der Teeblätter zu verhindern: Dämpfen und Rösten. Der *Houjicha* ist ein gerösteter B. mit keilförmigen Blättern. Der *Genmaicha* besteht aus einer Mischung von B. und geröstetem Vollkornreis (im Verhältnis 50:50). Auf diese Weise kommt ein wohlriechendes Aroma dieses leicht bräunlichen Tees zustande.

Bangui: ein an der Elfenbeinküste verbreiteter → Honigwein.

Banita → Mangostane

Bankivahuhn; *Kammhuhn,* lat. *Gállus gállus:* zur Gattung südasiatischer Hühnervögel gehöriges → Fleischtier. Das B. zeichnet sich durch einen hohen und gezackten Kamm sowie lange Schwanzfedern aus. Es ist bis zu 70 cm lang und in Nordindien, Kaschmir und Südchina verbreitet.

Banku: eine in Westafrika übliche Zubereitung aus zu Klößen (→ Kloß) verarbeitetem steifem Maisbrei. Nach eintägigem Einweichen wird der Mais 2 Tage lang fermentiert, zu Klößen geformt (Bankus) und 30 min gekocht. Die Klöße werden mit Zucker, Fleisch oder Fisch verzehrt. Der *Akpler* ist eine Variante des B., wobei eine weichere Kloßteigzubereitung aus einer Mischung von Mais- und Cassavateig ohne Fermentation erfolgt. → Brei → Lebensmittel, fermentiertes.

Bankulnuß → Kemiri

Bantubier → Kafirbier

Baobab → Affenbrotfrucht

Baobaböl: das Öl aus den Samen des in Afrika, Australien und auf der Insel Madagaskar heimischen *Affenbrotbaumes, Adansónia digitáta* L. (Familie *Bombacáceae).* Die Samen enthalten etwa 60 % Öl, das von den Eingeborenen als Speiseöl verzehrt wird. Das B. besteht aus Fettsäuren in etwa folgendem Verhältnis: Myristinsäure 7 %, Palmitinsäure 33 %, Ölsäure 37 %, Linolsäure 9 %, → Affenbrotfrucht

Baptísia tinctória → Indigo, Wilder

Baragu → Rispenhirse

Baranka: ein weißer russ. Fastenkringel. → Kringel

Barbadine → Passionsfrüchte

Barbados-Aloe → Aloe, Echte

Barbadoskirsche → Acerola

Barbadosstachelbeere: schmackhafte, Vitamin-C-reiche Frucht der kletternden Kakteenart *Peréskia aculeáta* Mill. (Familie *Cactáceae),* die für Kompott, Marmelade und Liköre verwendet wird. Junge Zweige dienen in Brasilien als Gemüse.

Barbarakraut, *Winterkresse:* die vor allem in Frankreich und England kultivierte Gemüsepflanze *Barbárea vérna* (Mill.) Aschers. (*Frühes B.*) und in Europa bis Westasien wild vorkommende *B. vulgáris ssp. vulgáris* R.Br.(Familie *Brassicáceae).* Beide Arten werden als Salatpflanzen wie *Gartenkresse* genutzt. → Wildkräuter → Kresse → Senföle

Barbárea vérna → Barbarakraut

Barbárea vulgáris → Barbarakraut

Barbe, *Flußbarbe, Barbel, Bárbus bárbus, B. fluviátilis* (Bild):

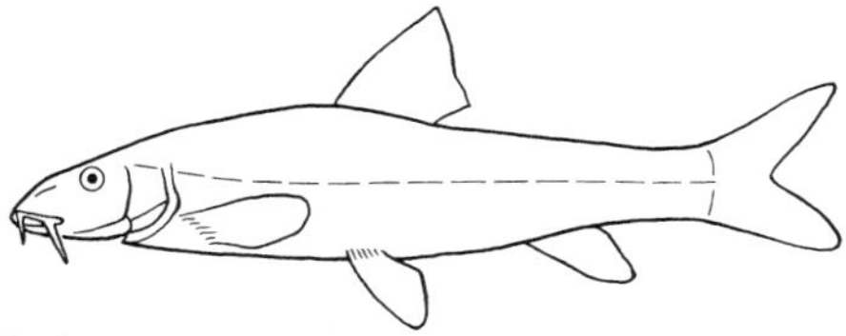

Barbe

Süßwasserfisch mit langgestrecktem, schlankem Körper, unterständigem Maul mit 4 Barteln am Oberlippenrand. Die Oberseite ist meist graugrün, die Unterseite hell gefärbt; stark gelbgefärbte Tiere werden als *Goldbarben* bezeichnet. Die B. wird durchschnittl. 30···50 cm, höchst. 90 cm lang (Masse 8,5 kg). Die B. und nahe verwandte Formen besiedeln raschfließende Flüsse von Westeuropa bis zum Balkan. Sie hat nur lokale Bedeutung. Das Fleisch dieses unterschiedlich geschätzten, aber wertvollen Speisefisches enthält je 100 g eßbaren Anteils 17,5···19,5 g Eiweiß und, je nach Jahreszeit, 4,5···12 g Fett. → Fisch

Barbecuegewürz: eine → Gewürzmischung von orangebrauner Farbe aus Chillies, Pfeffer, Piment, Knoblauch, Koriander, Selleriesamen, Zwiebeln, Muskatnuß und Mazis. B. dient vorwiegend zum Würzen beim Grillen von Geflügel, Fleisch, Fisch, Soßen und Bohnen. → Selleriefrucht

Barbecuesoße: eine rotbraune, pikante und scharfe, industriell hergestellte → Würzsoße, die Weinessig, Speisesenf, Tomatenmark, Pflanzenöl, Speisesalz und verschiedene Gewürze (→ *Barbecuegewürz)* enthält. Sie dient zum Würzen von Grillgerichten sowie anderen Fleisch-, Fischspeisen und Soßen. → Grillgewürz

Bárbel → Barbe

Bárbus bárbus → Barbe

Bárbus fluviátilis → Barbe

Barche → Striezel

Bären, *Ursidae* → Fleischtiere

Bärenbrombeere → Loganbeere

Bärendreck → Lakritzzuckerware

Bärenfang → Honiglikör

Bärenfett: das → Körperfett der Bären (*Ursidae).* Das B., das in seinem Aussehen dem Schweineschmalz ähnelt, hat einen angenehmen, schwachen Geruch nach Speck. → Fett, tierisches

Bärenklau, *Herkuleskraut:* eine in Europa bis Asien und Nordamerika beheimatete, vielgestaltige Wiesenpflanze, *Heracléum sphondýlium* L. (Familie *Apiáceae),* dessen junge, zarte Blätter und Stengel als Salat oder Spinatgemüse für Füllungen (z. B. für Piroggen) verwendet werden. An Mineral- und Spurenstoffen sind in 100 g frischen Blättern und Trieben enthalten: 2,8 mg Bor, 13 mg Eisen, 2,5 mg Mangan, 0,6 mg Nickel, 1,9 mg Titan, 330 mg Calcium, 550 mg Kalium, 110 mg Phosphor, 78 mg Magnesium, 0,5 mg Caroten und 270 mg Vitamin C. → Wildkräuter

Bärenkrebse → Krebstiere

Bärenlauch, *Bärlauch, Rams, Waldlauch, Waldknoblauch, Wilder Lauch, Wilder Knoblauch, Wildknoblauch:* das in feuchten und schattigen Laubwäldern Europas, vorzugsweise in Höhenlagen, wie Teutoburger Wald, heimische Lauchgewächs *Allium ursínum* L. (Familie *Liliáceae*), dessen langgestielte Blätter im frischen, zerkleinerten Zustand, selbst in Schweizer Restaurants wie → Schnittlauch verwendet werden. Der B. enthält die wichtigsten, im Kulturknoblauch vorhandenen Wirkstoffe, doch besitzt er einen wesentlich höheren Feuchtigkeitsgehalt in der Blattmasse (90 %) gegenüber den Speicherorganen des Kulturknoblauches (65 %), so daß möglicherweise dadurch der aufdringliche Knoblauchgeruch bei B. stark abgeschwächt ist. → Lauch 1.

Bärentatze → *Clavariáceae*

Bärentraube, Echte, *Sandbeere, Steinbeere, Wolfsbeere, Wilder Buchs:* ein immergrüner Zwergstrauch, *Arctostáphylos úva-úrsi* (L.) Spreng. (Familie *Ericáceae*), der bis zu 10 cm hohe Teppiche bilden kann und dessen derb-ledrige, kahle Blätter an die des Buchsbaumes erinnern. Aus den grün-weißlichen, oft rosafarbig umsäumten Blütenglöckchen entwickeln sich scharlachrote, mehlige, kugelige, ungenießbare Früchte. Die sehr ähnlichen → Preiselbeeren unterscheiden sich durch ihre aufrechtstehenden Zweige und die unterseits punktierten Blätter von der B.. Die von der Pflanze vorsichtig abgezupften Blätter sind auf Grund ihrer harntreibenden Wirkung im getrockneten Zustand Bestandteil verschiedener → teeähnlicher Mischungen. → Kräutertee

Bargetränk, *Drink, Mixgetränk:* wohlschmeckendes, alkoholisches Mischgetränk, hergestellt durch Vermischen (Mixen) verschiedener Spirituosen mit Fruchtsäften, Wein, Obst, Milch, Sodawasser und anderen Zutaten. Trotz der zahlreichen Möglichkeiten, phantasievolle und geschmacklich variantenreiche B. zu mixen, haben sich internationale Standardrezepturen (Standard-Drink), zu deren Herstellung bestimmte Grundgetränke und Zutaten erforderlich und die nur bedingt austauschbar sind, durchgesetzt. Zu den wichtigsten alkoholischen Grundgetränken für B. gehören z. B. Weinbrand, Whisky, Gin, Wodka, Kirschwasser, Himbeergeist, Cherry-Brandy, Curaçao, Angostura, Orangebitter, Wermutwein, Süßwein, Rot- und Weißwein, Sekt. Außer Fruchtsäften und Sodawasser sind noch bestimmte Zutaten erforderlich, die den Charakter des B. wesentlich mitbestimmen, z. B. Zitronen, Orangen, Kirschen, Oliven, Speiseeis, Kristalleis, Eier, Honig, Zuckersirup, Schokoladensirup, Kaffee, Tee und eine Reihe von Gewürzen, wie Salz, Pfeffer, Paprika, Muskat, Curry, Worcestersoße u. a.. Für die B. gibt es bes. Geräte (Shaker, Mixer, Mixbecher) und bes. Gläser (Cocktailschalen, Sektkelche). Alkoholreiche B. werden als *Short Drink* oder *Hard Drink,* alkoholärmere B. als *Long Drink* oder *Soft Drink* bezeichnet. B. werden eingeteilt in a) *Cocktail* (engl. „Hahnenschwanz"): Sie werden durch Vermischen insbes. von verschiedenen Spirituosen, aber auch von Weinen und Fruchtsäften mit einem Spritzer *(dash)* Zitronenöl, das das bunt schillernde Aussehen hervorruft, hergestellt. Süße Cocktails werden mit Kirschen, trockene mit Oliven garniert. Eis wird nur zur Kühlung verwendet, aber im Glas nicht mit serviert. Cocktails werden mittels Strohhalm entweder vor dem Essen *(Appetizer, Aperitif)* oder nach dem Essen *(Digestif, After-Dinner-Cocktail)* getrunken. Bekannte Standard-Drinks sind z. B. der *Manhattan-Cocktail,* hergestellt aus Whisky, Wermut, einem Spritzer Angostura Bitter, einer Kirsche und einer kurzen Zitronen- oder Orangenspirale, oder der *Martini-Cocktail,* hergestellt aus Dry Gin, Wermut trocken, einem Spritzer Orangebitter und einer Olive. b) *Fizzes* (fizz, engl.: sprudeln): Sie sind schäumende, erfrischende B., hergestellt unter Verwendung verschiedener Spirituosen, ferner Fruchtsäfte und Sodawasser. Eisstücke können im Glas mitserviert werden. Fizz wird mit Strohhalm getrunken. *Gin-Fizz* z. B. wird aus Dry Gin, Zuckersirup, Zitronensaft und Sodawasser hergestellt. *Schorle-Morle* ist ein mit Sodawasser gespritzter Weiß- oder Rotwein. *Whisky-Soda* bezeichnet einen mit Sodawasser oder Selterswasser aufgefüllten Whisky. c) *Sours* (engl. sauer): Sie werden ähnlich den Fizzes, jedoch mit mehr Zitronensaft, weniger Zucker und Sodawasser bereitet und heiß oder kalt getrunken. d) *Collinses, Coolers, Punches* und *On the Rocks:* Sie sind Gruppen von erfrischenden B., die sich hinsichtlich der Art und der Konzentration der verwendeten Spirituosen und der Menge des Sodawassers unterscheiden. *Cooler* z. B. enthalten viel Fruchtsaft und Sodawasser. Zur Herstellung von *On the Rocks* werden bestimmte Spirituosen auf kleine Eisstücke gefüllt. e) *Sangarees und Slings:* Als Grundgetränke werden Weinbrand, Gin, Portwein, Rum stark gewürzt – meist mit Muskat – verwendet. f) *Frappés:* Spirituosen (Grüner Pfefferminz, Anisette) werden mit fein geschlagenem Eis bes. stark gemixt und mit Eis serviert, so daß das Getränk wie gefroren erscheint. g) *Cobblers:* Sie werden direkt im Trinkglas unter Verwendung von kleingestoßenem Eis, verschiedenen Früchten, Spirituosen und Sodawasser bereitet. h) *Juleps:* Frische Pfefferminzblätter werden mit verschiedenen Spirituosen angesetzt. Juleps (Mint Julep) werden bes. in den USA und in England getrunken. i) *Flips:* Flips, unter Verwendung verschiedener Spirituosen, Fruchtsäfte und eines ganzen Eies schaumig gemixt, werden möglichst kühl sofort nach der Herstellung mit einem Strohhalm getrunken. j) *Crustas:* Das leere Glas wird an seinem oberen Rand mit Zitronen- oder Orangensaft angefeuchtet, in Kristallzucker gestülpt und mit einem Mixgetränk gefüllt. k) *Egg-Noggs:* Egg-Noggs sind nahrhafte, alkoholarme B., zu deren Herstellung u. a. Eier, Milch und Fruchtsäfte schaumig gemixt werden. l) *Knickebeins:* Sie sind anregende B., hergestellt unter Verwendung eines unverrührten Eigelbs und verschiedener Spirituosen. m) *Oysters:* Sie sind alkoholarme, scharf gewürzte B., hergestellt unter Verwendung verschiedener Spirituosen, von Eigelb, Tomatenketchup, Worcestersoße und Gewürzen.

Barium → Mineralstoffe

Bärlauch → Bärenlauch

Barm: 1. ein aus Gerstenmalz, Wasser, Hopfen und Mehl hergestelltes Gemisch, das vorwiegend in England dem Teig zur Verbesserung des Weizenbrotaromas zugesetzt wird. → Backhilfsmittel, enzymatisches
2. → Backhefe

Bärm → Hefe

Bärmbrötchen → Rosenbrötchen

Barnyardhirse → Weizenhirse

Barósma betulína → Buchu

Barósma crenuláta → Buchu

Barsch → Flußbarsch

Barschling → Flußbarsch

Bartkoralle → Kulturpilze

Bartweizen → Saatweizen → Igelweizen

Bärwurzfrucht: die reifen, getrockneten Früchte der in europäischen Gebirgen heimischen Staude *Méum athamánticum* Jacq. (Familie *Apiáceae*). Die Früchte der B. werden wegen ihres fenchelartigen Geruches und des ähnlichen Aussehens verschiedentlich zum Verfälschen des → Fenchels verwendet. Die Wurzeln wurden früher in England als Gemüse kultiviert.

Base: im herkömmlichen Sinn chemische Verbindung, die mit einer Säure infolge Neutralisation ein Salz bildet und in wäßriger Lösung Lackmus blau färbt. Man unterscheidet a) organische B., zu denen die Amine von der allg. Formel $R\text{-}NH_2$ sowie eine Reihe von heterocyclischen Verbindungen mit Stickstoff als Heteroatom (z. B. Purinkörper, Alkaloide) gehören, und b) anorganische B. (*Hydroxide*), die sich z. B. durch Lösen von Metalloxiden in Wasser bzw. wasserhaltigen Medien durch Anlagerung von Wasser bilden. Das Ammoniumhydroxid (als einzige Ausnahme aus einer nichtmetallischen Verbindung, dem Ammoniak, gebildet) und die wäßrigen Lösungen der Hydroxide der Alkalimetalle Natrium und Kalium werden unter dem

Begriff *Laugen* zusammengefaßt. Während den organischen B. bes. Bedeutung im Stoffwechsel zukommt, werden die anorganischen verschiedentlich in der Lebensmittelverarbeitung verwendet, z. B. das Kaliumhydroxid zur Reinigung des Rohsaftes von Zuckerrüben von vielen Begleitstoffen und zur Entzuckerung der bei der Zuckergewinnung zurückbleibenden Melasse, die Natronlauge zum Neutralisieren von salzsauren Eiweißhydrolysaten bei der Suppenwürzeherstellung oder zum Schälen von Kartoffeln, Knollen- und Wurzelgemüse, Gurken und Kernobst. → Säure

Baschierkraut → Erdbeerblätter

Basélla álba → Spinat, Indischer

Basell-Kartoffel: eßbare Knollen der Pflanze *Boussingaultia cordifólia* Ten. (Familie *Baselláceae*), die im tropischen Peru und Ekuador als Suppengemüse bzw. die Blätter als Spinat verwendet werden.

Basidiomycétes → Ständerpilze → Pilze

Basilienkraut: 1. Sammelbez. für stark duftende Gewürzpflanzen der Gattung *Ócimum* L. spec. (Familie *Lamiáceae*), deren Blätter und Blütenstengel als Würzmittel, und zur Gewinnung von ätherischem Öl, die Samen als Schleimdroge oder zur Herstellung von Erfrischungsgetränken dienen. Je nach Öltyp (die Hauptkomponenten des ätherischen Öles können sowohl Eugenol, Kampfer, Thymol, Citral oder Methylchavicol sein) erfolgt die Verwendung als Aromatisierungsmittel in der Likör- oder Parfümindustrie, in der Medizin, als Konservierungsmittel und zum Vertreiben von Insekten. Folgende *Ocimumarten* zählen hierzu:
a) *O. americánum* L., *Amerikanisches B.,* das im trop. Asien und Afrika wild vorkommende oder als Heil- und Gewürzpflanze angebaute B. mit Hauptbestandteil Citral.
b) *O. basílicum* L. → Basilikum
c) *O. cánum* Sims, *Kampferbasilikum,* in tropischen Ländern als Heil- und Gewürzpflanze, in der ehem. Sowjetunion und Kenia zur Kampfergewinnung kultiviertes B. Die schleimigen Nüßchen (Samen) dienen zur Bereitung von Erfrischungsgetränken.
d) *O. gratíssimum* L. *Fieberpflanze, Teebusch,* die in allen warmen Ländern kultivierte Heil- und Gewürzpflanze mit verschiedenen Typen, je nach vorherrschender Komponente im ätherischen Öl (Eugenol, Kampfer oder Citral).
e) *O. tenuifólium* L., *Tulsipflanze,* die in Südostasien, Südamerika verbreitete Pflanze, deren Blätter als Gewürz, das ätherische Öl zum Vertreiben von Insekten verwendet werden.
f) *O. arboréscens* Bl. dient im trop. Afrika als → Blattgemüse.
2. → Basilikum

Basilikum, *Basilienkraut, Braunsilge, Herrenkraut, Königskraut:* das frische oder getrocknete Kraut des aus Südostasien stammenden, in Mitteleuropa kultivierten Lippenblütlers *Ócimum basílicum* L., (Familie *Lamiáceae*). Der stark aromatische Geruch und Geschmack ist auf den Gehalt an ätherischem Öl zurückzuführen. Das B. dient in seinen grün- und rotgrünen Variationen als Küchengewürz für Soßen und Suppen, für Fleisch- und Fischgerichte, Wurstwaren, Rohkostsalate, zur Herstellung von Kräuteressig und zum Einlegen von Gurken. → Küchenkraut

Bássia butyrácea → Fulwatalg

Bássia latifólia → Mowrahbutter

Bássia longifólia → Mowrahbutter

Bássia párkii → Butterbaum

Bassiafett: Sammelbez. für das Samenkernfett verschiedener Baumarten, die zur Gattung *Bássia* Koenig aus der Familie *Sapotáceae* gehören. Hierzu zählen → Mowrahbutter, → Fulwatalg und → Sheabutter.

Bassiasäure → Saponine

Bassorin → Tragant

Bastardelsbeere → Mehlbeere, Echte

Bastardfuchsschwanz: eine im östlichen Nord- und Zentralamerika sowie im nördlichen Südamerika verbreitete und seit dem 19. Jh. im Mittelmeergebiet eingebürgerte Pflanze, *Amaránthus hýbridus* L. (Familie *Amarantháceae*), die vermutlich den Ausgang für Körneramaranten bildete. Hierzu zählen der *Rote Fuchsschwanz, Amaránthus hýbridus* L. *convar. erythróstachys* (Moq. in DC.) Thell. ex Aschers. et Graebn., der in Südamerika bis Mexico, in Südostasien und in Afghanistan angebaut wird, wobei die hellsamigen Formen der Körnergewinnung, die schwarzsamigen als Zierpflanze dienen.

Bastardkirsche: Bez. für Kirschsorten, die aus einer Kreuzung von Süß- und Sauerkirschen oder umgekehrt hervorgegangen sind. Sie werden pomologisch zu den Sauerkirschen gezählt. Eine bekannte Sorte ist *'Königin Hortense'*. Sie schmeckt zwar vorzüglich, beginnt aber sehr spät mit dem Fruchtertrag und ist deshalb unwirtschaftlich; vereinzelt noch von Liebhabern angebaut.

Bastardmakrele → Schildmakrele

Bastard-Sagopalme, *Ostindische Brennpalme:* die in Süd- und Südostasien auch als Zierbaum anzutreffende Palmenart, *Caryóta úrens* L. (Familie *Arecáceae*), deren aus den Blütenstandsachsen gewonnener, zuckerreicher Blutungssaft zu → Palmzucker und → Palmwein verwendet wird. Das stärkereiche Mark des Stammes liefert Sago. Die Endknospe wird roh oder gekocht als Gemüse (→ Palmkohl) verzehrt. → Markstärke

Bastard-Teak-Baum → Kino 4.

Bastardzucker, *Basterdzucker, Bastern, Softzucker, Basterzucker:* vorwiegend für die Herstellung von Backwaren vorgesehener, feuchter, krümeliger, invertzuckerhaltiger und relativ feinkristalliner *Zucker,* bei dem die Saccharose nur unvollständig von solchen Begleitstoffen befreit ist, die von der Gewinnung herrühren. Nach Bedarf kann der B. mit Zuckercouleur gefärbt werden. B. wird in etwa folgenden Zusammensetzungen geliefert: Feuchtigkeit 1···1,5 %, Invertzucker 2···5 % Saccharose 94···96 %, Sulfatasche 0,01···0,03 %. Der Übergang zu → *Farin* ist fließend.

Basterdzucker → Bastardzucker

Bastern → Bastardzucker

Basterzucker → Bastardzucker

Bastigkeit, *Zähigkeit, Biegsamkeit:* unerwünschte Eigenschaft von Gemüsebohnen, die ein leichtes oder glattes Brechen verhindert und mit sinkender Frische sowie zunehmendem → Reifegrad zunimmt.

Basturma: Bez. für armenisches, getrocknetes Rindfleisch.

Batakopflaume → Flacourtie

Batate, *Süßkartoffel:* die einjährige, windende Pflanze *Ipomōea batátas* (L.) Poir. (Familie *Convolvuláceae),* die in den meisten tropischen, z. T. auch in subtropischen Ländern, bes. aber im Süden der USA, im arabischen Raum, in Indonesien und Japan angebaut wird. Die spindel- bis walzenförmigen, gelblichen bis roten Wurzelknollen können bis zu 3,5 kg wiegen. Die süßlich schmeckenden, etwas schleimigen, aber roh nicht genießbaren Knollen sind in den Anbauländern ein Massennahrungsmittel, aber auch Futter, und werden ähnlich wie die Kartoffel verwendet. Die B. wird zu Mehl, Stärke, Sirup und alkoholischen Getränken, z. B. *'Mobby'* (Westindien) oder *'Marmoda' (Lateinamerika)* verarbeitet. Für die Truppenernährung lassen sich sehr haltbare Konzentrate herstellen, was aus Kartoffeln nicht möglich ist. Handelsüblich sind getrocknete B. Die aus den Knollen treibenden Schößlinge werden als Gemüse verzehrt. Der Stärkegehalt der Knollen (Tab. s. Seite 166) ist in den Tropen geringer als in den Subtropen, der Zuckergehalt verhält sich umgekehrt. Daher hat in den tropischen Gebieten → *Maniok* (→ Maniokastärke) eine größere Bedeutung.

Batatenstärke → Arrowroot

Batatenzwiebel → Lauch → Schalotte

Batavia → Arrak

Batavia-Kassie → Zimt 3.

Bataviasalat: Sammelbegriff für Varianten des → Eissalats mit etwas weicheren, aber dennoch knackigen, gefransten Blättern, nicht ganz geschlossenen Köpfen und einem Stückgewicht von

500···1000 g Masse. B. ist die franz. Bez. für Eissalat. Der B. kommt in grünen, gelben und vor allem braunroten Sorten auf den Markt. Sein Vorteil gegenüber Kopfsalat besteht darin, daß er wegen seiner kräftigen Blätter nicht so schnell zusammenfällt.

Zusammensetzung und Energiewert der Batatenknolle

Bestandteil	Durchschnittl. Gehalt in 100 g eßbaren Anteils
Feuchtigkeit	69,2 g
Eiweiß	1,63 g
Fett	0,6 g
Kohlenhydrate	29,6 g
Ballaststoffe	7,4 g
Mineralstoffe	1,12 g
Natrium	4,0 mg
Kalium	413,0 mg
Calcium	35,0 mg
Phosphor	45,0 mg
Caroten	–
Vitamin B_1	0,064 mg
Vitamin B_2	0,050 mg
Niacin	0,60 mg
Vitamin B_6	–
Vitamin C	17,0 mg
Energiewert in kJ (kcal) je 100 g eßbaren Anteils	549 (130)

Bataviazimt → Zimt 3.

Batch-Brot: ein schottisches, aromareiches, hochvolumiges Spezialbrot, dessen Teig einem dreistünd. Gärprozeß unterworfen wird und beim Ausbacken an der Ober- und Unterseite, nicht an den Seiten, mit einer dicken Kruste versehen ist. Es läßt sich nur herstellen, wenn der britische Inlandweizen mit hochwertigem Importweizen (mit hohem Proteingehalt) gemischt wird, so daß ein ausreichend hoher Eiweißgehalt im Mehl vorhanden ist.

Batjang → Mango, Stinkender

Battelmattkäse: im Kanton Tessin (Schweiz) aus Kuhmilch hergestellter Hartkäse vom *Emmentaler Typ* (Halbemmentaler). Der B. hat einen höheren Wassergehalt, eine weichere Konsistenz und kleinere Löcher als Emmentaler; die Haltbarkeitsdauer ist infolge der schnelleren Reifung kürzer. → Emmentaler

Bauch → Schlachtkörperteilstücke

Bauchfett → Schweineschmalz

Bauchlappen → Schlachtkörperteilstücke

Bauchwandfett → Schweineschmalz

Bauchweh-Koralle → Pilzgifte

Bauernbrot, *Landbrot:* ein in modernen Öfen hergestelltes Roggen- oder Roggenmischbrot, das in Aussehen, Geschmack und Konsistenz einem früher auf dem Lande (Landbrot) beim Bauern (*Brot, rustikales)* hergestellten ähnlich ist. Das B. ist durch dicke Kruste, etwas ungleichmäßige Porung der Krume und kräftigen Geschmack sowie gemehlte, gemaserte, gerissene, genarbte oder gegersterte Oberfläche ausgezeichnet. Das B. wird bevorzugt als freigeschobenes, großes Laibbrot unter Verwendung von Natursauer, evtl. mit Hilfe von Vorbacköfen (→ Vorbackbrot), hergestellt. Zum Typ des B. zählen u. a.: *Berliner Landbrot* in Langbrotform aus Roggen- oder Roggen/Weizen-Mischmehl mit gemehlter oder gemaserter Oberfläche; *Oberländer Brot,* ein freigeschobenes Langbrot mit glänzender Oberfläche; *Odenwälder Brot,* ein freigeschobenes Langbrot mit matter Oberfläche und mildsäuerlichem Geschmack; *Badisches Landbrot* bzw. *Schwarzwälder Brot,* ein freigeschobenes Weizenmischbrot in Lang- oder Rundform mit gemehlter Oberfläche und mildem Geschmack; *Frankenlaib* bzw. *Fränkisches Landbrot,* ein freigeschobenes Roggenmischbrot in Rundbrotform mit gemehlter oder glänzender Oberfläche; *Hunsrücker Brot,* ein freigeschobenes, dunkles Roggenmischbrot in Langbrotform mit gemehlter Oberfläche und kräftig säuerlichem Geschmack, als Schnittbrot *(Bauernschnitten).* Nach einem Gerichtsurteil vom 6.5. 1986 in München (71 Cs 338 Js 10627/86) muß B. mit der Bez.

„rustikal" oder mit der Bez. „Altdeutsches Landbrot" unter Verwendung von Natursauer hergestellt sein. → Brot, gerissenes → Gersterbrot → Glanzbrot → Sauerteig → Trockensauer

Bauernfleischwurst: → *Kochwurst* (→ Blutwurst, einfache Sorte), zu deren Herstellung Schweinekopffleisch, Lungen, Milz, Schwarten, Blut, Speisesalz, Nitritsalz, Zucker, Pfeffer, Zwiebeln, Majoran, gemahlener Piment und Thymian eingesetzt werden. Als Wursthüllen dienen Kranzdärme. Die Abbindung ist grau. Das Schnittbild zeigt Schweinekopffleisch- und Fettstücke mit anhaftender Schwarte, die fast gleichmäßig in dunkelrotbrauner Blutmasse verteilt sind. → Wurst

Bauernkarpfen → Karausche

Bauernkäse: 1. allgem. Bez. für Käse, die früher auf den Bauernhöfen hergestellt wurden und z. T. heute noch hergestellt werden
2. Bez. für eine deutsche Sauermilchkäsesorte → Sauermilchkäse

Bauernpflaume → Hauszwetsche

Bauernsalami: → Rohwurst, Halbdauer- und Dauerware, zu deren Herstellung grobentfettetes Schweinefleisch , grobensehntes Rindfleisch, Schweinebauch, Speck, Schwarten, Rindfleischfettgewebe, Speisesalz, Nitritsalz, Zucker, Pfeffer und Knoblauch eingesetzt werden. Als Wursthüllen dienen Natur- bzw. Kunstdärme. Das Schnittbild zeigt eine rotweiß gemusterte Wurstmasse. → Wurst

Bauernschlackwurst: → Rohwurst, Halbdauerware, zu deren Herstellung grobentfettetes Schweinefleisch, Speck, Schwarten, Speisesalz, Nitritsalz, Zucker und Pfeffer eingesetzt werden. Als Wursthülle dienen Schweinefettenden. Das Schnittbild zeigt eine rotweiße Masse aus Fleisch- und Fettstückchen. → Wurst

Bauernschmaus: Fleischspeise auf der Basis von Schweinefleisch und Würstchen. Dazu werden Schweinekotelett, Kaßlerrippchen und Frankfurter Würstchen verwendet.

Bauernschnitten → Bauernbrot

Bauernsenf → Hirtentäschel

Bauernstute → Stollen

Bauernstuten, Westfälischer: ein seitlich angeschobenes, dunkles Weizenmischbrot mit Fettzusatz

Bauernzervelatwurst: → *Rohwurst, Halbdauer* und *Dauerware* (mittlere Sorte), zu deren Herstellung grobentsehntes, grobentfettetes Schweine- und Rindfleisch, Schweinebauch, Speck, Fleischfettgewebe vom Rind, Schwarten, Speisesalz, Nitritsalz, Zucker und Pfeffer eingesetzt werden. Als Wursthüllen dienen Natur- oder Kunstdärme. Das Schnittbild zeigt eine rotweiß gemusterte mittelgrobe Masse. → Wurst

'Bauers Thornlese Logan' → Loganbeere

Bauhínia esculénta → Maramabohne

'Baulander Spelz' → Grünkern

Baumerdbeere, Chinesische, *Pappelpflaume:* die roten, kirschgroßen Steinfrüchte des aus Ostasien stammenden, 10···15 m hohen Baumes *Mýrica rúbra* (Lour.) Sieb. et Zucc. (Familie *Myricáceae).* Das Fruchtfleisch schmeckt süß-säuerlich, leicht aromatisch und wird zur Herstellung von Getränken und Konserven (*„Chinesischer Arbutus"*) verwendet.

Baumgemüse, Chinesisches → Zederntriebe

Baumhasel: Frucht einer baumartig wachsenden bis 20 m Höhe ereichenden *Haselnußart Córylus colúrna L.* (Familie *Betuláceae*) mit schmalpyramidaler Krone und kleinen 2 cm großen, eßbaren Nüssen (Bild), vorwiegend zu Zierzwecken angebaut.

Das Gehölz ist sehr fruchtbar, doch werden die Nüsse in der Größe von den Kultursorten der → Haselnuß mit strauchartigem Wuchs übertroffen. Die B. kann als Stammbildner für die strauchartigen Haselnüsse verwendet werden, wenn diese in Stammform herangezogen werden sollen.

Baumkuchen: ein Spitzenerzeugnis der Konditorei in Form eines turmähnlichen, hohen → Kuchens, aus schwerer, fettreicher → Masse, bei dem auf einen Teil einer Weizenmehl/Stärkemischung ein Teil Zucker, 1,23 Teile Butterreinfett, sowie mind. 2 Teile Vollei kommen. Die weiche Masse wird von einer beheizten Wand auf einen rotierenden Holzkegel aufgetragen, so daß sich der Kuchen mit mehr oder weniger langen Zacken bzw. Ausstülpungen schichtweise bildet. Geschnittene Baumkuchenscheiben bilden ein gesondertes Handelsprodukt, das als *Baumkuchenspitzen* oder *Baumkuchenecken* bezeichnet wird und in der Regel mit Zuckerglasur oder Schokoladenüberzugsmasse versehen ist.

Baumkuchenecken: Teilstücke des → Baumkuchens, meist mit Schokoladentunkmasse oder Fondantglasur überzogen.

Baummelone → Papaya

Baumnuß → Walnuß

Baumöl → Olivenöl

Baumstachelbeere, Blimbing, Kamrakhfrucht, Carambola, Karambola, Sternfrucht: Frucht des gefiederte Blätter tragenden kleinen Baumes oder baumartigen Strauches *Averrhóa carambóla* L. (Familie *Oxalidáceae),* der in den Tropen, vor allem in Westindien, Südflorida, in China, auf Hawaii und im tropischen Amerika seit mind. 300 Jahren kultiviert wird. Die Wildform ist nicht bekannt. Die Frucht ist eine längliche, bis 12,5 cm lange bernstein- oder wachsgelbe, durchscheinende Beere mit 4 oder 5 scharfen Rippen. Es gibt zahlreiche Sorten. Das saftige Fruchtfleisch ist bei den süßen Sorten leicht säuerlich und spritzig. Es kann frisch verzehrt werden und dient auch als Salatbeigabe, zu Bowlen usw.. Der Saft liefert ein erfrischendes Getränk. Verarbeitungsprodukte sind Marmeladen, Gelees, kandierte Früchte und Konserven. Wegen ihres würzigen Geschmacks wird die Frucht auch zu Pürees anderer Früchte gegeben. Die B. kann auch über weitere Entfernungen per Schiff verschickt werden, nach Europa werden meist brasilianische Früchte geliefert. Der Vitamin-C-Gehalt liegt bei 50,0 mg je 100 g. Der Oxalsäuregehalt ist hoch. Ebenfalls als *Blimbing* oder *Bilimbi* wird die Frucht des Gurkenbaumes, *Averrhóa bilímbi* L., bezeichnet. Sie sieht gurkenähnlich aus und ist sauer, so daß sie nur mit Zucker gekocht genießbar ist oder für → *Chutney* u. a. verwendet wird.

Baumstamm, *Birkenstamm, Eiche:* eine aus Biskuitmasse hergestellte und mit Butterkrem gefüllte Gebäckstange mit etwa halbkreisförmigem Querschnitt, deren Oberfläche rindenförmig mit Schokoladenbutterkrem bespritzt und mit gehackten Mandeln oder Marzipanstreuseln abgedeckt ist. → Schnitte → Rouladengebäck → Rehrükken → Volleimasse

Baumtomate, *Tamarillo:* orangerote oder gelbe, bis 6 cm lange, ovale oder verkehrt-eiförmige, beiderseits zugespitzte Beerenfrucht eines kleinen, strauchigen Baumes mit großen, herzförmigen Blättern, der *Cyphomándra betácea* Sendt. (Familie *Solanáceae).* Das orangegelbe Fruchtfleisch ist saftig und schmeckt säuerlich, entfernt an Tomate erinnernd. Die Frucht wird frisch und geschmort genossen und kann ähnlich wie die Tomate verwendet werden, z. B. zu Salaten; es werden aber auch geschmacklich gute Marmeladen, Gelees oder Einlegefrüchte daraus hergestellt. Die glänzende, bitter schmeckende Schale muß vor dem Frischverzehr abgezogen werden. Die Pflanze stammt aus Südamerika, ist aber in tropischen Hochländern, bes. in Malaysia, Indonesien und in Neuseeland verbreitet. Die nach Europa importierten Früchte stammen aus Brasilien, Kolumbien, Neuseeland, Ostasien und Kenia. Die B. enthält in 100 g Frischsubstanz etwa 30 mg Vitamin C.

Baumwollsaat: die eiweißreichen (30 % Eiweißgehalt) und 18···25 % Öl enthaltenden Samen der Baumwollpflanze *Gossýpium hirsútum* L. *var. hirsútum* (Familie *Malváceae),* der wegen ihrer Samenhaare, welche die Baumwolle liefern, meistkultivierten Baumwollart. Die gewissermaßen als Nebenprodukt bei der Fasergewinnung anfallenden Samen liefern Speiseöl, proteinreichen Preßkuchen für Futterzwecke, Proteinisolate und

Baumwollsaatmilch, die als eiweißreiche Ergänzungsnahrung dient. Unter den Ölsaaten ist B. mit einer steigenden Eiweißerzeugung (15% vom Weltanteil an Gesamtprotein) beteiligt. → Ersatzmilchpräparat, pflanzliches

Baumwollsaatöl, *Cottonöl, Kottonöl:* das Fett aus den Samen der *Baumwollarten Gossýpium hirsútum* L. und *Gossýpium herbáceum* L. (Familie *Malváceae*). Baumwolle wird vor allem in den Subtropen angebaut; wichtige Anbauländer sind Indien, Ägypten, die ehem. Sowjetunion, die USA, Brasilien und China. Nach dem Entfasern und Schälen kann das Öl durch Pressen oder Extraktion gewonnen werden. Rohes B. ist von hellbrauner bis schwarzbrauner Farbe, in ihm sind Farbstoffe und Gossypol gelöst, die bei der Raffination entfernt werden. Raffiniertes B. ist hellgelb bis rötlichgelb gefärbt und von neutralem Geruch und Geschmack. Bei Temperaturen unter 10°C scheidet es feste Bestandteile *(Cottonstearin)* ab; diese lassen sich durch Winterisieren (→ *Pflanzenfett)* entfernen. Das B. ist ein hochwertiges Speiseöl, es wird als Tafelöl und zur Herstellung von Margarine verwendet. Gehärtetes B. wird in der Margarineindustrie und als Back- und Bratfett eingesetzt. Die wichtigsten Fettsäuren, Anteile bezogen auf den Gesamtfettsäuregehalt, sind Myristinsäure (1···3%), Palmitinsäure (19···23%), Stearinsäure (1···3%), Arachinsäure (etwa 1%), Ölsäure (25···35%) und Linolsäure (45···50%). Das B. läßt sich durch die Halphen-Reaktion (→ *Malvalinsäure)* nachweisen. Es gehört zu den wichtigsten → *Pflanzenölen.*

Baumwollscharlach → Lebensmittelfarbstoffe

Baumzwiebel → Catawissazwiebel → Lauch

Bayrischer Bitter → Trinkbranntwein

Baybaum → Bay-Blätter

Bay-Blätter: die aromatisch nach Nelkenöl duftenden Blätter des in Südamerika wachsenden und in Indien sowie auf den Antillen kultivierten *Bayrum-* oder *Baybaumes, Piménta racemósa* (Mill.) J. W. Moore (Familie *Myrtáceae*). Früher wurden die B. für die Herstellung des sog. *Bay-Rums* verwendet, indem man Rum über B. destillierte oder das ätherische Öl (Bay-Öl) verwendete. → Kronpiment

Bay-Öl → Bay-Blätter

Bayrischer Fleischsalat → Fleischsalat

Bayrisch Malz, Brustkaramelle, Feuermalz: ein durch Verschmelzen von Malzextrakt, Rohzucker, Saccharose und Stärkesirup auf offenem Feuer hergestelltes → *Bonbon. Brustkaramellen* enthalten 10%, *Doppelmalzkaramellen* 20% Malzextrakt.

Bay-Rum → Bay-Blätter

Bayrumbaum → Kronpiment → Bay-Blätter

Bazillen (Einzahl: *Bacillus, Bazillus):* stäbchenförmig wachsende, aerobe, sporenbildende Bakterien (Familie *Bacilláceae*). B. sind bis auf wenige Ausnahmen nicht pathogen. Ubiquitäre, allgemein als nicht pathogen angesehene Keime sind z. B. *Bacíllus súbtilis* und *Bacíllus mesentéricus, die in vielen Lebensmitteln, z. B. in Wurstwaren, vorkommen. Zu den bedingt pathogenen B. gehört Bacíllus céreus.* → Lebensmittelvergiftung

BE → Broteinheit → Kohlenhydrateinheit

Bearner Soße → Sauce Bearnaise Reduktion

Beaufort: *Hartkäse* aus Frankreich, der auf den Almen und Berghöfen erzeugt wird. → Käsesorten

Beaujolais: ein roter franz. → Qualitätswein, der aus der Bourgogne (Burgund) kommt und in verschiedenen Sorten in den Handel gelangt. Er wird aus der Gamayrebe gekeltert und zum Teil auch als Jungwein (→ Wein, → Most), *Chiroubles, im Jahr nach der Ernte, meist kühl (10···12°C) oder als abgelagerter Wein, dann bei 15°C getrunken.*

Bebe → Kürbis

Béchamelsoße: eine weiße Rahmsoße, benannt nach dem Marquis Béchamel.

Becherbitter → Carlsbader Becherlikör

Becherblume → Gartenpimpinelle

Becherlikör, Carlsbader → Carlsbader Becherlikör

Becherlinge: Schlauchpilze, die verschiedenen Pilzgattungen, *Acetábula, Aléuria, Discíótis, Otídea, Pezíza, Plicária,* und Pilzfamilien angehören. Einige der B. sind zwar eßbar, aber unbedeutend, viele aber ungenießbar, einige sogar giftig. Eßbar sind folgende Becherlinge: *Hochgerippter Becherling (Acetábula vulgáris* Fuckel), *Aderiger Scheiben-Becherling, Morchel-Becherling* oder *Flatschmorchel* [*Discíótis venósa* (Pers. ex Fr.) Boud. = *Pezíza venósa* Pers.], *Schneckenförmiger Becherling, Öhrling* [*Otídea cochleáta* (L. ex Fr.) Fuckel], *Rötliches Hasenohr, Eselsohr (Otídea onótica* Pers. ex Fr.), *Orangeroter Becherling* [*Aléuria (Pezíza) aurántia* Pers. ex Fr.], *Kastanienbrauner Becherling* (*Plicária bádia* Pers.) → Speisepilze

Becherstäublinge → *Lycoperdáceae*

Bechersuppe → Instantsuppe

Bedarfsgegenstände: nach dem Lebensmittel- und Bedarfsgegenständegesetz werden unter dieser Bezeichnung alle Gegenstände zusammengefaßt, die während der Herstellung, Lagerung, Transport und im Handel mit Lebensmitteln in direkte Berührung kommen, wie Packungen und Behältnisse, oder beim Genuß verwendet werden wie Tassen, Bestecke usw.. Darüberhinaus gelten als B. u.a. Körperpflegemittel, kosmetische Produkte, Spielwaren und Scherzartikel, bestimmte Bekleidungsgegenstände, Reinigungs., Pflege- und Imprägniermittel sowie Mittel zur Geruchsverbesserung und Insektenvertilgung in Räumen, die zum Aufenthalt von Menschen bestimmt sind. B. dürfen keine Stoffe an Lebensmittel abgeben, die bei bestimmungsgemäßem oder vorauszusehendem Gebrauch aufgrund ihrer stofflichen Zusammensetzung gesundheitschädlich wirken können. In den USA gelten die in Deutschland als B. definierten Produkte und deren Rohstoffe als Lebensmittelzusatzstoffe. Dadurch ist die gelegentlich in der Literatur zu findende Behauptung erklärt, es würden 4000···6000 Lebensmittelzusatzstoffe verwendet.

Beere: Fruchttyp in Form einer saftigen → Schließfrucht, wobei das in seiner Gesamtheit saftige Fruchtfleisch die meist zahlreichen Samen umschließt. Zu den B. zählen Bananen, Tomaten, Paprika, Gurke, Kürbis, Weinbeeren usw. → Frucht

Beeren-Honigwein → Honigwein

Beerenauslese → Qualitätswein → Wein

Beerenobst: handelsübliche Sammelbez. für als Obst verwendete echte Beerenfrüchte z. B. → Stachelbeere, → Johannisbeere, → Wein, → Heidelbeere, → Moosbeere u. a. sowie für fälschlich *Beere* genannte Sammel- und Steinfrüchte der Obstarten → Erdbeere, → Himbeere, → Brombeere, → Maulbeere. Das B. hat saftiges, weiches Fruchtfleisch von begrenzter Haltbarkeit. Es dient dem Frischverzehr und in bes. Maße der Verarbeitung. Beerenobstarten und -sorten s. Übers. s. S. 171-175.
Chemische Zusammensetzung und Energiewert von Beerenobst s. Tab. S. 176.

Beere, Rosa → Pfeffer, Peruanischer → Schinusfrucht

Beetenrot → Farbstoffe → Lebensmittelfarbstoffe

Begasse → Bagasse 2.

Begasungsmittel, *Fumigantien:* Verbindungen mit insektizider Wirkung, die zur Bekämpfung von Vorratsschädlingen in Transportmitteln (bes. in Schiffen), Mühlen, Speichern und Vorratsräumen (gegen Kornkäfer, Mehlmotten u. a.) und von Materialschädlingen (gegen Kleidermotten und sonstige Textilschädlinge) eingesetzt werden. Die wichtigsten B. sind → *Ethylenoxid, Methylbromid, Phosphorwasserstoff,* → Blausäure, Dichlorphos. Sie sind auch für Mensch und Tier sehr giftig und unterliegen daher in der Anwendung bes. Beschränkungen. → Pflanzenschutzmittel

Behenöl, *Benöl, Bennußöl:* das aus den Samen der wildwachsenden *Moringa peregrína* (Forsk.) Fiori, Syn. *M. áptera* Gaertn. (Familie *Moringáceae)* gewonnene Samenfett. Früher wurde *M. peregrína* oft mit *M. oleífera* (s. → *Drumstickgemüse)* verwechselt. Die Wildbestände von *M. peregrína* werden noch heute wegen des der Ernährung dienenden Öles in den Wüsten Ägyptens besammelt. → Behensäure

Ausgewählte Beerenobstarten und -sorten

Art und Sorten	Zeit der Einführung als Handelsobjekt	Entstehung	Genußreife	Anbauart	Verwendung	Bemerkungen
Erdbeeren						
'Gorella'	1978	aus *'Juspa'* x Selektion 3763 USA	früh	allg. Anbau	vorwiegend Frischverzehr	besonders großfrüchtig
'Havelland'	1971	aus *'Müncheberger Frühe'* x *'Georg Solwedel'*	früh	allg. Anbau	Frischverzehr	
'Fratina'	1976	aus *'Valentin'* x *'Senga Sengana'*	früh	allg. Anbau	Frischverzehr und Konservierung	besonders für leichte Böden
'Fracunda'	1976	aus *'Valentin'* x *'Senga Sengana'*	früh	allg. Anbau	Frischverzehr und Konservierung	besonders für schwere Böden
'Framura'	1980	aus *'Anneliese'* x *'Juspa'*	mittelfrüh	allg. Anbau	Frischverzehr und Verwertung	
'Senga Sengana'	1960	aus amerikanisch-europäischen Sorten	mittelfrüh	allg. Anbau	Frischverzehr und Verwertung	
'Korona'	1986	aus *'Tamella'* x *'Induka'*	mittelfrüh	allg. Anbau	Frischverzehr und Verwertung	
'Tenira'	1983	*'R. Gauntlet'* x *'Gorella'*	mittelfrüh	allg. Anbau	Frischverzehr und Verarbeitung	
'Ostara'	1985	*'R. Gauntlet'* x *'Macherauchs Dauerernte'*	Ende Juli bis Frosteintritt	Selbstversorgeranbau	Frischverzehr und Belegfrucht	für nährstoffreiche Böden
'Red Gauntlet'	1956	aus *'Climax'* x *'New Jersey'*	mittelfrüh	allg. Anbau	Frischverzehr und Marmelade, nicht Konserve	
'Mieze Schindler'	1933	aus *'Lucida perfekta'* x *'Johannes'*	spät	allg. Anbau	Frischverzehr und Verwertung	

Ausgewählte Beerenobstarten und -sorten (Forts.)

Art und Sorten	Zeit der Einführung als Handelsobjekt	Entstehung	Genußreife	Anbauart	Verwendung	Bemerkungen
'Machern'	1956	unbekannt	sehr früh, 2. Ernte ab Ende Juli	Selbstversorgeranbau	Frischverzehr und Belegfrucht	zweimal tragend
Johannisbeere, rotfrüchtig						
'Tonkheer an Tets'	1981	aus *'Fays Fruchtbare'* x *'Gouduin'*	sehr früh	allg. Anbau	Frischverzehr und Verarbeitung	
'Red Lake'	1975	unbekannt	mittelfrüh	allg. Anbau	Frischverzehr und Verarbeitung	
'Stanza'	1983	unbekannt	mittelfrüh	allg. Anbau	Frischverzehr und Verarbeitung	
'Heros'	1927	Auslese aus *'Laxtons Perfektion'*	Anfang bis Mitte Juni	allg. Anbau	Frischverzehr und Verarbeitung	
'Vierländer'	1910	Zufallssämling, vermutlich aus *'Rote Holländische'*	Mitte bis Ende Juni	allg. Anbau	Frischverzehr und Verarbeitung	
'Rote Holländische'	1965	unbekannt	Ende Juni	allg. Anbau	vorwiegend für Verarbeitung	
'Rondom'	1978	aus *'Ribes multifl.'* x *'Rote Versailler'*	spät	allg. Anbau	Verarbeitung, bes. für Mostbereitung	
'Rote Spätlese'	1943	aus *'Rote Holländische'* x *'Andenken an Lorgus'*	Anfang bis Mitte August	allg. Anbau	vorwiegend für Verarbeitung	

Ausgewählte Beerenobstarten und -sorten (Forts.)

Art und Sorten	Zeit der Einführung als Handelsobjekt	Entstehung	Genußreife	Anbauart	Verwendung	Bemerkungen
Johannisbeere, weißfrüchtig						
'Zitavia'	1976	Zufallssämling	früh	allg. Anbau	Frischverzehr und Verarbeitung, nicht für Konserve	
'Werdavia'	1976	Auslese aus *'Weiße Holländische'*	früh	allg. Anbau	Frischverzehr und Verarbeitung, nicht für Konserve	
Johannisbeere, schwarzfrüchtig						
'Wusil'	1975	Auslese aus *'Silvergieters Schwarze'*	Ende Juni bis Anfang Juli	allg. Anbau	Frischverzehr und Verarbeitung, insbes. Saftbereitung	
'Bogatyr'	1976	aus *'Neosycajuscaja'* x *'Goliath'*	Anfang bis Mitte Juli	allg. Anbau	Frischverzehr und Verarbeitung	sehr fruchtbar
'Tinker'	1978	unbekannt	8 bis 10 Tage nach *'Bogatyr'*	allg. Anbau	Frischverzehr und Verarbeitung	
'Lowes Auslese'	1975	Auslese aus *'Wellington'* x *'Lowes'*	etwa 10 Tage nach *'Wusil'*	allg. Anbau	Frischverzehr und Verarbeitung	
'Maro'	1978	aus *'Westwieck Triumph'* x *'Goliath'*	etwa 14 Tage nach *'Bogatyr'*	allg. Anbau	besonders für Verarbeitung	Sträucher mit aufstrebendem Wuchs
Stachelbeere						
'Hönings Früheste'	1900	aus *'Früheste Gelbe'*	Ende Juni, Anfang Juli	allg. Anbau	Frischverzehr und Verarbeitung	
'Gelbe Triumphbeere'	1889	unbekannt	12 bis 14 Tage nach *'Hönings Früheste'*	allg. Anbau	vorwiegend für Verarbeitung	

Ausgewählte Beerenobstarten und -sorten (Forts.)

Art und Sorten	Zeit der Einführung als Handelsobjekt	Entstehung	Genußreife	Anbauart	Verwendung	Bemerkungen
'Rote Triumphbeere'	1858	unbekannt	14 bis 20 Tage nach *'Hönings Früheste'*	allg. Anbau	vorwiegend für Verarbeitung	
'Rote Preisbeere'	gezüchtet um 1818	unbekannt	20 Tage nach *'Hönings Früheste'*	allg. Anbau	Frischverzehr, Kompott Marmelade, Saft	
'Weiße Triumphbeere'	1896	unbekannt	10 bis 12 Tage nach *'Hönings Früheste'*	allg. Anbau	Frischverzehr und Verarbeitung	
'Weiße Volltragende'	1860	unbekannt	13 bis 15 Tage nach *'Hönings Früheste'*	allg. Anbau	vorwiegend für Verarbeitung	
Himbeere						
'Bulgarski Rubin'	1940	aus *'Berlin'* x *'George'*	Ende Juni bis Anfang Juli	allg. Anbau	Frischverzehr und Verarbeitung	
'Zeva 2'	1971	aus *'Rote Wädenswiler'* x *'Willamette'*	Anfang Juli	allg. Anbau	Frischverzehr und Verarbeitung	
'Schönemann'	1971	aus *'Berlin'* x *'George'*	Anfang bis Mitte Juli	allg. Anbau	vorwiegend für Verarbeitung	
Brombeere						
'Wilsons Frühe'	1854	Zufallssämling	Ende Juli bis Ende August	allg. Anbau	Frischverzehr	aufrecht wachsend
'Theodor Reimers'	1900	aus *'Sandbrombeere'* ausgelesen	ab Ende Juli	allg. Anbau	Frischverzehr und Verarbeitung	rankend
'Thornfree'	1981	Mutation	sehr spät	vorwiegend für Selbstversorgeranbau	Frischverzehr und Verarbeitung	rankend

Ausgewählte Beerenobstarten und -sorten (Forts.)

Art und Sorten	Zeit der Einführung als Handelsobjekt	Entstehung	Genußreife	Anbauart	Verwendung	Bemerkungen
Sanddorn						
'Leicora'	1979	Auslese aus Wildbeständen	Ende September bis Winter	Anbau nur auf Sandböden	Saftbereitung, auch Frischverzehr	
Heidelbeere						
'Earliblue'	1985	*'Stanley'* x *'Weymouth'*	Anfang Juli	Selbstversorgeranbau	Frischverzehr, häusliche Verarbeitung	sehr großfruchtig
'Bluecrop'	1985	(*'Jer.'* x *'Priv.'*) x (*'Sta.'* x *'Jun.'*) x	Mitte bis Ende Juli	Selbstversorgeranbau	Frischverzehr, häusliche Verarbeitung	sehr reich tragend
'Ivanhoe'	1985	(*'Ran.'* x *'Car.'*) x *'Stanley'*	Mitte Juli	Selbstversorgeranbau	Frischverzehr, häusliche Verarbeitung	sehr robust
'Herbert'	1985	*'Stanley'* x (*'Jer.'* x *Priv.'*)	Ende Juli	Selbstversorgeranbau	Frischverzehr, häusliche Verarbeitung	sehr frosthart
Preiselbeere						
'Erzgebirgsperle'	1985	Sämlingsauslese	ab August	Selbstversorgeranbau	häusliche Verarbeitung	anspruchslos

Behensäure, *n-Docosansäure:* eine gesättigte Monocarbonsäure der Formel CH_3-$(CH_2)_{20}$-COOH. B. wurde zuerst aus → *Behenöl* isoliert und kommt in geringen Mengen in den Samenölen der Kruziferen (z. B. in Senföl etwa 2%, in Rettichsamenöl etwa 3% und in Rapsöl 1···2%) sowie im Wollfett vor. Beim Hydrieren von Fischölen entsteht B. aus den mehrfach ungesättigten C_{22}-Fettsäuren dieser Öle; im Rapsöl entsteht sie durch Hydrierung der Erucasäure. Deshalb ist B. in hydrierten Fischölen bis zu 18%, in hydriertem Rapsöl bis zu 57% enthalten. Sie kristallisiert aus Ethanol in Form weißer Nadeln, F. 79,9°C.

Behensäure-5-hydroxy-tryptamid → Carbonsäure-5-(hydroxy)-tryptamide

Beifang: beim Fischfang mitgefangene Tiere, die nicht zur planmäßigen Nutzung vorgesehen sind. Als B. treten Weichtiere, Krebse und warmblütige Meerestiere auf. Auch in geringer Zahl anfallende Fischarten können zum B. gerechnet werden.

Beifuß, *Wilder Wermut, Gänsekraut, Besenkraut, Buckkraut, Fliegenkraut, Gewürzbeifuß:* die in Mitteleuropa verbreitete Staude von *Artemísia vulgáris* L. (Familie *Asteráceae),* deren Blütenrispen in frischer oder getrockneter Form zum Würzen von Braten, bes. für Gänse-, Enten- und Schweinebraten, Fisch (Aalsuppe), Soßen und vereinzelt auch von Rohkostsalaten sowie zur Herstellung von Speisesenf und Speiseessig dienen. Der aromatische Geruch und leicht bittere Geschmack

Zusammensetzung und Energiewert ausgewählter Beerenobstarten

Bestandteil		Johannisbeeren, rot	Johannisbeeren, weiß	Johannisbeeren, schwarz	Stachelbeeren	Himbeeren	Brombeeren	Erdbeeren
		Durchschnittl. Gehalt im eßbaren Anteil von 100 g käuflicher Rohware						
Feuchtigkeit	in g	83,7	82,5	80,6	85,6	84,5	84,7	84,3
Eiweiß	in g	1,08	0,882	0,98	0,784	1,3	1,2	0,85
Fett	in g	0,14	–	0,098	0,147	0,3	1,0	0,38
Kohlenhydrate	in g	7,76	8,43	10,2	8,59	8,07	8,6	7,6
Ballaststoffe	in g	4,7	6,17	5,6	2,48	5,33	4,0	1,33
Mineralstoffe	in g	0,62	–	0,59	0,441	0,51	0,51	0,57
Caroten	in mg	0,059	–	0,127	0,206	0,044	0,27	0,053
Vitamin B_1	in mg	0,043	0,078	0,053	0,016	0,023	0,03	0,027
Vitamin B_2	in mg	0,019	0,020	0,027	0,018	0,050	0,04	0,070
Vitamin B_6	in mg	0,044	–	0,078	–	0,09	0,05	0,057
Vitamin C	in mg	31,90	34,30	133,00	34,30	25,00	17,00	56,20
Natrium	in mg	1,66	1,86	2,90	1,57	–	3,00	3,04
Kalium	in g	0,239	0,263	0,329	0,199	0,170	0,189	0,135
Calcium	in mg	24,50	29,50	16,70	28,40	40,00	29,00	24,70
Eisen	in mg	0,88	0,951	0,88	0,617	1,00	0,90	0,85
Energiewerte (kcal) je 100 g eßbaren Anteils	in kJ	157 (37,4)	159 (38,0)	194 (46,5)	184 (44,0)	167 (40,0)	202 (48,4)	164 (39,3)

sind auf den Gehalt an ätherischem Öl (bis 0,2 %) sowie Bitterstoff und Gerbstoff zurückzuführen. → Küchenkraut → Wermut

Beifuß, Pontischer → Wermut 8.

Beignet → Krapfen

Beiju: ein in Brasilien verbreitetes Fladengebäck aus Maniokstärkemehl, das in Öl gebacken und frisch verzehrt wird. → Flachbrot → Fladen

Beikost für den Säugling: Sammelbegriff für die dem Säugling neben der Milchmischung zugeführte → Nahrung. Sie besteht zunächst (ab 4. Lebenswoche) aus → Obst- und Gemüsesäften, später aus → Obst- und Gemüsebreien und schließlich aus Zubereitungen auf Obst- und Gemüse- sowie Getreidebasis mit Kartoffeln, Fleisch, Leber, Butter und Eiern. Die B. dient der notwendigen Ergänzung der Milchnahrungen mit Mineralstoffen (insbes. Eisen) und Vitaminen (insbes. A, B und C). → Säuglingsfertignahrung → Kleinkindkost → Kostform

Beimischmehl → Mischmehl

Beinwell, *Beinwurz, Milchwurz, Hasenbrot, Schwarzwurz, Großer Wallwurz, Gemeiner Comfrey;* die im östlichen Europa bis Westsibirien, auf der Krim, im Kaukasus, in Nordamerika kultivierte oder wild vorkommende Pflanze mit rauhborstigen Blättern und endständigen, schmalblättrigen Blüten in eingerollten Trauben, *Sýmphytum officinále* L., Familie *Boragináceae.* Die Wurzel wird im Frühjahr oder Herbst roh oder gekocht, wie *Schwarzwurzel* oder *Spargel* zubereitet; die Blätter werden roh zu Salat oder gekocht zu Gemüsebrühe verwendet. Aus den Wurzeln wird außerdem mit Honig ein Sirup bereitet, teilweise werden die Wurzeln für die Weinbereitung verwendet oder als

Teeaufguß getrunken. In der Schweiz werden die Blätter der blühenden Pflanze in Omeletteig getaucht und in heißem Fett ausgebacken. Die Wurzel enthält Allantoin, Cholin, Schleim- und Gerbstoffe, Harze, Zucker und die toxischen Pyrrolozidin-Alkaloide. Ähnlich dem B. werden auch *S. ásperum* Lepechin und *S. peregrínum* Lebed. verwendet, beide unter der Bez. *Comfrey* oder *Komfrey* bekannt. Sie werden vorwiegend als Heil- und Futterpflanze kultiviert, aber auch für Salatzwecke genutzt. Ein Dauergebrauch als Nahrungsmittel sollte bei *Boragináceen* vermieden werden. Dies gilt jedoch nicht für → Borretsch, dessen Alkaloidgehalt, bez. auf die Gesamtpflanze, 0,0002···0,001 % beträgt, im Vergleich zu *S. officinále* (0,01···0,07 % in der Wurzel) oder *S. ásperum* (0,14···0,37 % in der Wurzel). → Wildkräuter

Beinwurz → Beinwell

Beißbeere → Paprika

Beißkohl → Mangold

Beizmittel: fungizide Wirkstoffe, die, auf das „Beizgut" (Samen, Knollen, Zwiebeln) aufgebracht, gegenüber anhaftenden Krankheitserregern (z. B. Sporen des Weizensteinbrandes) sofort oder nach Aussaat und Pflanzung unter Einwirkung der Bodenfeuchtigkeit ihre Wirkung entfalten. Ursprünglich fanden dazu Schwermetallsalze oder Oxide (z. B. Quecksilber(II)-chlorid "Sublimat") Verwendung, danach wurden vorwiegend organische Quecksilberverbindungen (Aryl- und Alkyl-Hg-Salze, die in Deutschland seit Anfang des letzen Jahrzehnts verboten sind) mit einem breiten Wirkunsspektrum (Universal-Beizmittel) sowie quecksilberfreie spezifische B. auf der Basis metallhaltiger fungizider Wirkstoffe (Thiuram) oder metallfreier organischer Verbindungen (chlorierte Nitrobenzene, Imidazol-Abkömmlinge) eingesetzt. Die Anwendung der B. erfolgt im Tauch- oder Benetzungsverfahren (Naßbeizmittel), in Form von Beizpulver (Trockenbeizmittel) oder von echten Lösungen (Feuchtbeizmittel). Die Beizwirkung, vor allem der spezifischen B., kann durch Kombination verstärkt werden. → Pflanzenschutzmittel

Bejuco → Wein, Karibischer

Belbaum → Baelfrucht

Belegfrucht → Dickzuckerfrucht

Belfermière: halbfester *Schnittkäse* (Typ *Port Salut)* aus Luxemburg. → Käsesorten

'Belgolden' → Apfel → Kernobst

Bellamente-Käse: Käsesorte nach Butterkäseart. → Butterkäse

Bellinzonese: Halbhartkäse aus dem Gebiet um Bellinzona (Schweiz). → Käsesorten

Béllis perénnis: Gänseblümchen → Wildkräuter

Belóne belóne → Hornhecht

Bel-Paese-Käse → Italico-Käse

Beltata → Borneo-Kautschuk

Belúga → Stör → Wal

Bénédictine → Benediktiner

Benediktenkraut: → **1.** Nelkenwurz, Echte → **2.** Kardobenediktenkraut

Benediktiner, *Bénédictine:* franz. Kräuterdestillatlikör, ursprünglich entwickelt von Benediktinermönchen als Heilmittel. Zur Herstellung von B. werden überwiegend Kräuterdestillate verwendet. Der Aromaabrundung dienen Gewürzdestillate, Weindestillat und Bienenhonig. Die Bez. *„B"* ist nur franz. Erzeugnissen aus Fécamp, nordöstlich von Le Havre, vorbehalten. Der B. kommt in einer bauchigen, dunkelgrünen Spezialflasche mit Siegel in den Handel. Erzeugnisse ähnlicher Geschmacksrichtung sind z. B. *Abtei-* und *Klosterlikör.*

Bengal-Johannisbeere → Christusdorn

Bengalkardamom: 1. *Nepalkardamom:* die als Gewürz verwendeten Früchte und die Pflanze gleichen Namens von *Amómum aromáticum* Roxb. (Familie *Zingiberáceae).*
2. *Indischer Kardamom, Großer Kardamom:* Bez. für die Pflanze *Amómum subulátum* Roxb. und deren Samen, die als Ersatz für → Kardamom verwendet werden.

Bengalpfeffer → Pfeffer, Langer

Benfalsame → Kichererbse

Benincása híspida → Wachskürbis

Beni Shoga: sauer eingelegte, rotfarbene Ingwerwurzel, die sehr scharf schmeckt und in ganz dünne Scheiben geschnitten, meist in Polyethylenfolie verpackt, auf den Markt kommt. → Ingwer

Benikoji → Rotreis

Benjamin-Baum → Benzoe

Bennußöl → Behenöl

Benöl → Behenöl

Bensaab: eine in Westafrika übliche Hirsezubereitung, die mit Bohnen oder Erdnußsuppe verzehrt wird. → Brei

Bentonit: ein stark quellender, aus wasserhaltigen Aluminiumsilikaten (im wesentlichen Montmorillonit) bestehender Ton, der das 5···6fache seiner Masse an Wasser aufzunehmen vermag und sein Volumen verzehnfachen kann. Die starke Quellbarkeit und Adsorptionsfähigkeit des B. ist auf einen hohen Gehalt an sehr kleinen, ultramikroskopischen Teilchen mit der dadurch bedingten Oberflächenvergrößerung zurückzuführen. B. wird in der Lebensmittelindustrie als → *Klärhilfsmittel,* bevorzugt bei alkoholischen Getränken, zum Filtrieren und Entfärben von Ölen, Fetten und Wachsen sowie zur Erhöhung der Beständigkeit von Emulsionen verwendet.

Benzalaceton → Benzaldehyd

Benzaldehyd, *Benzencarbaldehyd, Formylbenzol* (veraltet): aromatischer Aldehyd der Formel C_6H_5-CHO. B. kommt glycosidisch gebunden in vielen pflanzlichen und tierischen Stoffen vor, z. B. im → *Amygdalin,* dem Hauptbestandteil von Bittermandelöl, und in den Kernen von Früchten sowie in → ätherischen Ölen. B. ist eine farblose, wasserdampfflüchtige, stark lichtbrechende Flüssigkeit, F. −56,6°C, Kp. 179°C, d_4^{20} 1,0498. In Ethanol und Ether ist B. gut, in Wasser dagegen nur wenig löslich. B. wird leicht, insbes. in Gegenwart von Schwermetallionen, zu *Benzoesäure* oxydiert. Die Herstellung von B. erfolgt aus Toluen, entweder durch Oxydation oder über Benzalchlorid. B. wird in reiner Form als Geschmacks- bzw. Riechstoffkomponente zu Liköressenzen, Back- und Fruchtaromen und Riechstoffen verwendet. B. dient weiterhin als Ausgangsprodukt für andere Geschmacks- und Geruchsstoffe, wie *Benzalaceton, Benzaldehyd-di-methylacetat, Benzylaceton, ß-Bromstyrol, 1,1-Di-methyl-3-phenyl-1-propanol,* α-Methylbenzylalkohol, → Mandelsäure, Phenylacetataldehyd, → Zimtsäure und seine Ester, *Zimtalkohol,* → Zimtaldehyd, Hydrozimtaldehyd. → Bittermandelöl

Benzaldehyd-di-methylacetat → Benzaldehyd

1,2-Benzanthracen, *Naphthanthracen:* mehrkernig-aromatischer Kohlenwasserstoff der Formel

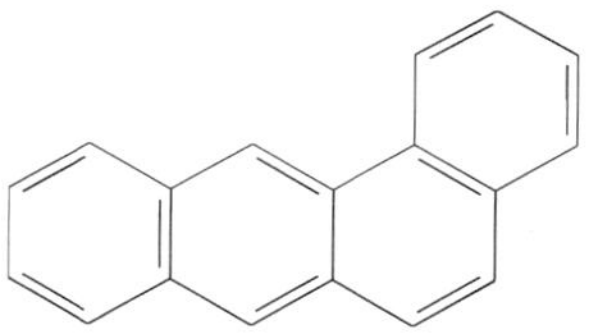

B. kommt in Spuren im Rauch (einschl. Tabakrauch) und in Räucherölen, vergesellschaftet mit anderen Polyaromaten, vor. Es kristallisiert blättchenförmig aus Ethanol/Eisessig, F. 160°C, Kp. 400°C, ist löslich in den meisten organischen Lösungsmitteln, unlöslich in Wasser. B. wirkt schwach karzinogen.

Benzencarbonsäure → Benzoesäure

Benzoate, Salze der → Benzoesäure (E 211-E 213)

Benzochinone → Farbstoffe

5,5-Benzocumalin → Cumarin

Benzodiazepine: Stoffgruppe mit heterocyclischem, stickstoffhaltigem Siebenring folgender Grundstruktur (Formel s. Seite 179 oben).
Das B. Diazepam (Kurzbez. für 7-Chlor-l-methyl-5-phenyl-lH-l.4-benzodiazepin-2(3H)-on) und sein Metabolit Desmethyl-diazepam (Nor-Diazepam) kommt im tierischen Gehirn vor und ist in

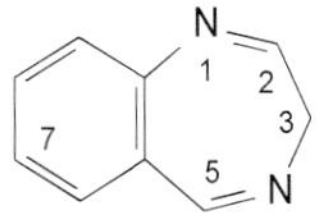

Benzodiazepin-grundgerüst

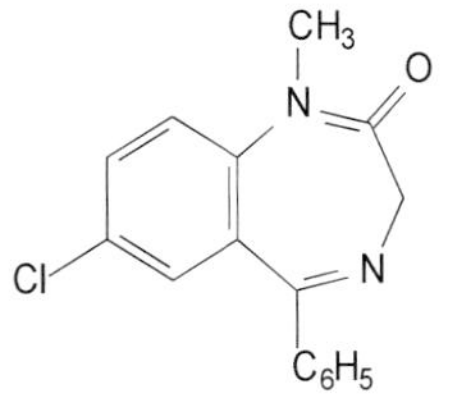

Diazepam

Konzentrationen zwischen 1 und 100 nmol/kg in Weizen, Mais, Reis und Kartoffeln nachgewiesen worden. Es hat Einfluß auf den Schwangerschaftsverlauf und wirkt als Psychophmarmakon (Tranquilizer).

Benzoe, *Benzoeharz:* das nach Vanille duftende Harz der in Südostasien wild vorkommenden oder kultivierten Storaxbäume der Gattung *Stýrax* L. spec. (Familie *Stryracáceae*). Hauptlieferant ist der auf Sumatra und Jawa kultivierte *Benzoe-Storax-* oder *Benjamin-Baum, S. bénzoin* Dryander. Der auf den Sundainseln kultivierte *S. parallelóneurum* Perkins liefert *weißes B.* und *S. tonkinénsis* (Pierre) Craib wird in Laos, Vietnam und in Thailand bevorzugt für pharmazeutische Zwecke kultiviert. Das durch Einritzen der Rinde gewonnene und getrocknete B. ist von kleinkörniger mandel- oder plattenförmiger Beschaffenheit (*Tränen* genannt) und von wasserheller bis rötlicher Farbe. Der aromatische Geruch und leicht kratzende Geschmack sind auf den Gehalt an Koniferylbenzoat (70···80 %), Spuren von Vanillin und Benzoesäure zurückzuführen. Das B. diente früher als Konservierungsmittel für Schmalz, heute als Aromatisierungsmittel für Back-, Süßwaren und Limonaden sowie als Überzugsmittel (→ Benzoelack). In den Herkunftsländern dient B. kultischen Zwecken, als Räuchermittel oder ist Bestandteil therapeutischer Anwendungen.

Benzoeharz → Benzoe

Benzoelack: eine 15 %ige ethanolische Lösung von → Benzoe zur Herstellung eines hauchdünnen Schutzüberzuges (z. B. Schokoladenlack) für Schokoladenschaustücke oder Gebäck zur Erzielung eines Glanzes. B. dient auch als → Überzugsmittel für Kaugummi, Obst (Äpfel) und Zuckerwaren, um gleichzeitig Verluste an Feuchtigkeit und Aroma zu unterbinden. → Glanzmittel

Benzoesäure, (E 210) *Benzencarbonsäure, Benzolcarbonsäure* (veraltet): die einfachste aromatische, natürlich vorkommende Carbonsäure mit der Formel:

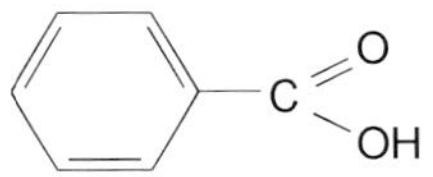

B. kristallisiert in geruchlosen, farblosen, glänzenden Nadeln oder Blättchen, F. 122°C, $Kp._{0,1\ MPa}$ 250°C, löslich in organischen Lösungsmitteln, in der Hitze auch in Wasser. B. kommt in vielen Pflanzen frei und esterartig gebunden vor, z. B. im → Benzoeharz bis zu 18 % sowie in Heidelbeeren, Preiselbeeren, Himbeeren. In Blättern, Rinden, Blüten und Früchten vieler Pflanzen liegt sie auch als Amid und in Form anderer Derivate vor. B. wird heute bevorzugt aus Toluen hergestellt. Es dient als Konservierungsstoff und zum Frischhalten von Tabak u. a. sowie zur Herstellung wichtiger Farbstoffe → Konservierungsstoffe → Carbonsäuren, aromatische → Phytonzide

Benzoesäure-hydrazid → Stoffe, Lathyrismus auslösende

o-Benzoesäuresulfimid → Saccharin

Benzoe-Storax-Baum → Benzoe

Benzophenon → Ketone

γ-Benzopyranglycoside → Glycoside

2,3-Benzopyridin → Chinolin

Benzopyrone → Chromone

Benzoxazolinon: eine heterocyclische Verbindung der Formel:

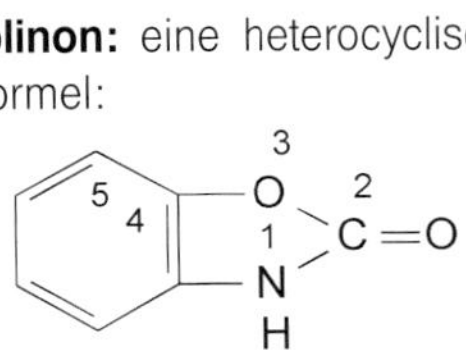

B. bildet sich beim Keimen von Roggenkörnern, vor allem im Stadium der Keimergrünung, in Mengen von 0,06···0,1 %. Es wirkt in diesen Konzentrationen gegen eine Reihe von Pilzen und Bakterien wachstumshemmend. Im Weizen und im Mais findet sich eine verwandte, ebenfalls phytonzid wirkende Verbindung, das β-Methoxy-2(3)-benzoxazolinon. → Phytonzide

6-Benzoyl-D-glucose → Vacciniin → Zuckerester → Glycoside

N-Benzoylglycin → Hippursäure

3,4-Benzpyren: polycyclischer aromatischer Kohlenwasserstoff *(Polyaromat)*, krebserzeugender Bestandteil des Steinkohlenteers (etwa 1,5 %), der wie alle aromatischen Kohlenwasserstoffe durch Pyrolyse organischer Verbindungen entsteht.

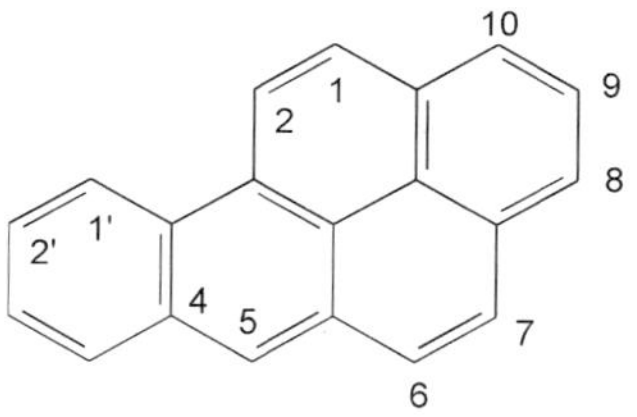

3,4-B. ist ubiquitär und gefährdet den Menschen durch Kontakt über die Haut (Hautkrebs), über die Atemluft (Lungenkrebs) und als Verunreinigung über die Nahrung. Es bildet gelbe, nadelförmige Kristalle; F. 176 °C.

3,4-B. kontaminiert die Lebensmittel aus unterschiedlichen Quellen: umweltbedingt z. B. durch „Fall-out“, bes. auf Gemüse und Obst in Industriegebieten; technologisch und zubereitungsbedingt durch Rauchgase, z. B. durch Räuchern, Grillen über Holzkohle, direkte Rauchgastrocknung von Getreide. Durch sachgerechtes Rösten, Backen, Braten und Fritieren ist eine Verunreinigung der Lebensmittel mit 3,4-B. vernachlässigbar gering. In Deutschland nimmt z. B. ein Erwachsener täglich zwischen 0,5 μg und 2,5 μg 3,4-B. über Lebensmittel auf. → Kanzerogene

Benzylaceton → Benzaldehyd

Benzylalkohol, *Phenylcarbinol, Phenylmethanol:* aromatischer Alkohol der Formel

$$C_6H_5\text{-}CH_2OH.$$

B. kommt in freier Form und als Ester der Zimtsäure, Essigsäure und Benzoesäure in ätherischen Ölen, insbes. Blütenölen, vor, darüber hinaus als Glucosid im Mais. B. ist eine farblose, schwach aromatisch riechende Flüssigkeit, F. −15,4°C, Kp. 205°C, d_4^{15} 1,0427. In Ethanol und Ether löst sich B. gut, in Wasser wenig. An der Luft wird B. zu Benzaldehyd und weiter zu Benzoesäure oxydiert. B. und seine Ester werden zur Herstellung künstlicher Blütenöle verwendet, darüber hinaus wird B. zur Extraktion von Riechstoffen und in kleinen Mengen in Bittermandelaromen eingesetzt. → Alkohole

Benzylcarbonil → 2-Phenylethanol

Benzylcyanid, *Phenylessigsäurenitril, Phenacetonitril:* ein aromatisches Blausäurederivat der Formel:

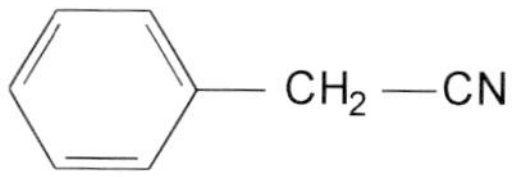

B., Kp. 233···234°C, kommt in kleinen Mengen mit dem Benzylsenföl im ätherischen Öl der Kapuziner- und der Gartenkresse vor. Es ist in größeren Mengen giftig.

Benzylsenföl → Senföle

Benzylthioharnstoff, *Capasenin:* ein Thioharnstoffderivat mit der Formel:

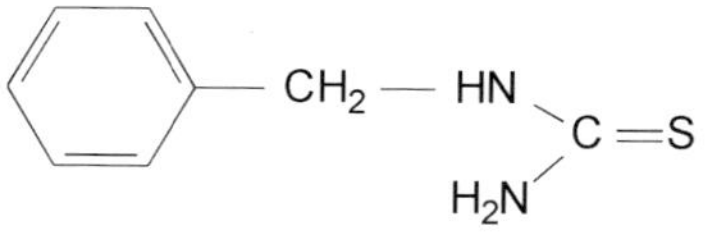

B. kommt als Sekundärprodukt im Samen von *Cárica papāya* L. (Melonenbaum) vor und entsteht aus Benzylsenföl. → Thioharnstoff → Kropfnoxen

Beras: ein geschälter Reis. → Vollreis

Berbamin → Alkaloide

Berberin → Alkaloide → Berberitze

Bérberis empetrifólia → Zarcilla

Bérberis vulgáris → Berberitze

Berberitze, 1. *Sauerdornbeere, Essigbeere, Dreidornbeere, Sandholzbeere, Spitzbeere, Reißbeere, Saurach, Weinscharl, Hageldornbeere, Schwiderholzbeere:* ein durch frühere Kultur als Beerenobst in Europa, Mittel- und Vorderasien weit verbreiteter, heute mehr als Zier- und Heckengehölz angebauter dornenbewehrter, bis 3 m hoch werdender Strauch, *Bérberis vulgáris* L., (Familie *Berberidáceae),* dessen im Okt. reifenden, 8···12 mm ovallänglichen, leuchtend roten Beeren genießbar sind. Die erfrischend sauer schmeckenden Früchte eignen sich gut als Mischkomponente zur Süßmost-, Gelee-, Marmeladenherstellung, auch zur Bereitung von Branntwein und Essig. Der Extrakt ist gut als Zitronensaft-Ersatz verwendbar. Reine *Berberitzenmarmelade* eignet sich gut für Kuchenfüllung oder als Tortenbodenbelag. Die schwach giftigen Alkaloide *Berberin, Oxyberberin* und *Bervulcin* kommen in Rinde und Blättern vor. Der Strauch ist Zwischenwirt für Getreiderost und darf in Getreideanbaugebieten nicht angepflanzt werden. In je 100 g Früchten sind enthalten: 74 g Feuchtigkeit, 5,0 g Invertzucker, 6,3 g Säure (berechnet als Äpfelsäure) und 30 mg Vitamin C.

2. österr. Bez. für → Sanddornbeere

Berche → Striezel

Bergamotte: 1. alte Bez. für eine Gruppe von meist kleinfrüchtigen *Birnen* mit rundlicher oder plattrunder Gestalt, die vor allem zum Einkochen Verwendung fanden. Der Name hat sich bis zur Gegenwart erhalten, obwohl die Bergamottensorten durch wirtschaftlichere Birnensorten ersetzt wurden und kaum noch im Anbau sind.
2. → Pomeranze

Bergamotteöl: das aus den frischen Schalen der *Bergamotte, Cítrus bergámia* Risso (Familie *Rutáceae)* durch Wasserdampfdestillation gewonnene, gelbgrüne ätherische Öl mit charakteristischem Geruch und aromatisch-bitterem Geschmack. Hauptbestandteile sind Limonen, Linalylacetat, Bipenten, Linalool, Zitral, Bergapten u.a. Das B. dient zum Aromatisieren von Schwarztee und Likören (*Bergamottelikör);* in größerem Umfang wird es in der kosmetischen Industrie eingesetzt. → Pomeranze

Bergamottin → Cumarin

Bergamott-Minze: die bevorzugt in Italien und in den USA kultivierte und nach Lavendel und Zitronen duftende → Minzenart *Méntha x píperíta var. citráta* (Ehrh.) Brig (Familie *Lamiáceae),* die auch in Hausgärten vorkommt und sowohl als Gewürz als auch als teeähnliches Erzeugnis genutzt wird. Das *Bergamottminzöl, mit Hauptbestandteil Linalylacetat, wird vor allem in der Kosmetikindustrie verarbeitet.* → Krauseminze (1. d)

Bergapten → Cumarin

Bergaptin → Cumarin

Bergaptol → Cumarin

Bergbetonie → Arnica

Bergbohne, Kletternde → Reisbohne

Bergkaffee → Cóffea arábica

Bergkäse: in den Hochalpen hergestellter vollfetter *Hartkäse* nach Emmentaler Art, dessen runde, mühlensteinförmige Laibe eine Masse von 20···50 kg haben. Der B. weist im Unterschied zum Emmentaler einen ziemlich geschlossenen Teig mit nur geringer Lochbildung auf, der zart und geschmeidig und von schwach gelblichem Aussehen ist. Geruch und Geschmack sind mild und aromatisch bis sehr leicht pikant. → Emmentaler

Berglauch, 1. *Fleischlauch, Johannislauch, Portugalzwiebel, Perennierende Welschzwiebel, Falscher Lauch:* die in Mittel- und Südeuropa wild vorkommende und in Portugal kultivierte Lauchart, *Állium senéscens ssp. montánum* L. (Familie *Liliáceae*), deren Blätter und Zwiebel als Gemüse verzehrt werden.
2. Der in Japan als Gemüse kultivierte → Lauch *A. senéscens ssp. senéscens* L. → Gemüsezwiebel

Bergpapaya → Papaya

Bergplatterbse → Knollenplatterbse

Bergreis → Perureis

Bergspinat → Gänsefuß

Bergstachelbeerstrauch, Amerikanischer → Hagebuttenstachelbeere

Bergtee → Scheinbeere

Bervulcin → Berberitze

Bergwohlverleih → Arnika

Berg-Yuca → Süßmandioka

Beri-beri-Schutzstoff (veraltet) → Vitamin B_1

Berliner → Pfannkuchen

Berliner Mettwurst, hart ausgereift: → *Rohwurst* (Dauerware). Zusammensetzung vgl. → Berliner Mettwurst, schnittfest. → Wurst

Berliner Mettwurst, schnittfest: → *Rohwurst* (Halbdauerware, zu deren Herstellung grob entfettetes und fettgewebsreiches Schweinefleisch, grob entsehntes und auch sehnenreiches Rindfleisch, Speck, Rindfleischfettgewebe, Schwarten, Speisesalz, Nitritsalz, Zucker, Pfeffer, Kümmel oder Knoblauch eingesetzt werden. Als Wursthüllen dienen Natur- oder Kunstdärme. Das Schnittbild zeigt eine rot- bis dunkelrotweiß gemusterte, mittelgrob geschrotete Wurstmasse. Die Körnung beträgt etwa 3···5 mm. →Mettwurst → Wurst

Bermuda-Arrowroot → Marantastärke → Arrowroot

Bernsteinsäure, Butandisäure: zweibasische Säure mit der Formel HOOC-CH_2-CH_2-COOH. Die B. kommt im Bernstein vor und ist ein Stoffwechselprodukt des Citronensäurecyclus. Sie wird durch Hydrierung aus Maleinsäure, durch Oxydation von 1,4-Butandiol, durch Oxo-Synthese aus Acetylen oder mikrobiologisch gewonnen. Wegen ihres Säuregeschmackes wird sie als Säuerungsmittel oder Säureregulator benutzt. Einige Salze, Succinate genannt, dienen als Kochsalzersatz. → Citronensäure

'Bero': Pfirsich. → Steinobst

Berostung, *Rauhschaligkeit:* Schalenfehler bei Äpfeln, der sich zumeist netzartig, vor allem zur Kelchseite hin, in punktförmigen Verbräunungen äußert, die eine Verkorkung der Epidermiszellen darstellen. Ausgelöst wird die B. – für die die einzelnen Sorten unterschiedlich anfällig sind – durch Verletzungen (sei es durch Tiere, Witterung oder Spritzmittel) der Frucht im Jugendstadium, wo Kutikula und Wachsschicht, bes. bei 'Golden Delicious' extrem dünn sind. Unter dem Einfluß äußerer Einwirkungen sterben die ungeschützten Epidermiszellen an diesen Stellen ab, und es bildet sich als normale Wundreaktion mit der Verkorkung ein abschirmendes Gewebe, das jedoch seine Dehnbarkeit eingebüßt hat und später mit dem Fruchtwachstum Ausgangspunkt für weitere Schädigungen der Fruchthaut, insbes. Schalenrisse, sein kann. → Apfelfehler

Berthollétia excélsa → Paranuß

Bertram 1. → Estragon
2. *Bertramwurz, Bertramwurzel:* die in Mitteleuropa kultivierte *Anácyclus officinárum* Hayne *(Deutscher Bertram)* und die in Nordafrika, Spanien, Indien, Österreich, Ungarn kultivierte *A. pyréthrum* (L.) Link *(Römischer* oder *Spanischer Bertram),* deren Wurzeln einen brennend scharfen, speichelziehenden Geschmack aufweisen und daher als Würzdroge bei der Herstellung von → Spirituosen verwendet werden. Beide Arten gehören zur Familie *Asteráceae.* Die offizinelle Nutzung stand früher stärker im Vordergrund.

Bervulcin → Alkoloide

Besan: In Indien gehandeltes Mehl aus Erbsen und Bohnen. → Hülsenfruchtmehl

Besenginster, Gemeiner: die Staude *Cýtisus scopárius* L. (Familie *Fabáceae),* deren Blütenknospen mit fünfzipfeligem Kelch als → Kapernersatz verwendet werden.

Besenheide → Heidekraut

Besenhirse → Kolbenhirse

Besenkraut → Beifuß

Besi: eine in Westafrika übliche gebratene, fladenartige Hirsebreizubereitung, bestehend aus Hirse, die mit einem geringen Anteil an Erdnüssen und Pfeffer gemischt, gebraten und danach mit Zuckerwasser oder Milch verzehrt wird. → Brei → Flachbrot → Fladen

Besinge → Heidelbeere

Bessisterol → Sterole

Betacyane → Betalaine → Farbstoffe

Betacyanine → Betalaine

Betaine: intramolekulare Salze (Zwitterionen) von quaternären Oniumbasen, z. B. von Ammonium-, Sulfonium- und Oxoniumbasen, die zu der Gruppe der biogenen Amine gehören (Übers.).

In Lebensmitteln vorkommende Betaine

Betain	Formel	Vorkommen
a) Betaine der α-Aminosäuren		
Glycinbetain (N-Trimethylglycin)	$(CH_3)_3N^+-CH_2COO^-$	Zuckerrübe, Melasse, Gerste, Weizen, Erbsen, Linsen u.a. Vegetabilien, Muscheln, Kabeljau, Säugetierleber und -niere
Myokinin (Betain des Dihydroxyornithins oder des Ornithins)	$(CH_3)_3N^+-CH_2-(CHOH)_2-CH(N^+(CH_3)_3)-COO^-$	Säugetiermuskel
Hercynin (Betain des Histidins)	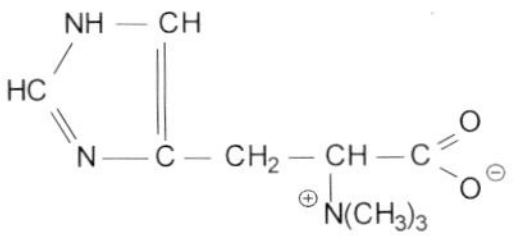	Pilze, bes. Champignon, Steinpilz
Ergothionein (Thiasin, Sympectothion, Thionein) (Betain des 2-Mercaptohistidins)	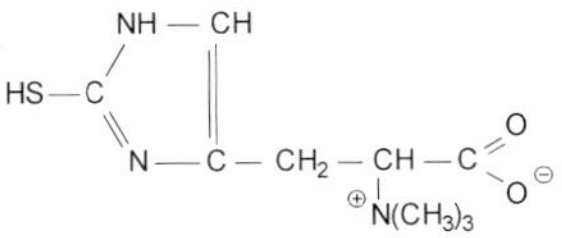	Mutterkornextrakt, Blut
Stachydrin (Betain des Prolins)	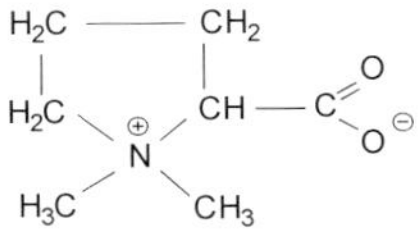	*Citrus-Arten*
Betonicin und *Turicin* (Diastereomere Betaine des Hydroxyprolins)	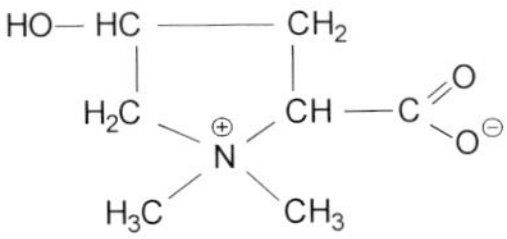	Jackbohne

In Lebensmitteln vorkommende Betaine (Forts.)

Betain	Formel	Vorkommen
b) Betaine von Ω-Aminosäuren		
β-Propiobetain *(Homobetain)*	$(CH_3)_3N^+-CH_2-CH_2-COO^-$	Fleischextrakt
γ-Butyrobetain (Aktinin)	$(CH_3)_3N^+-(CH_2)_3-COO^-$	Kaltblüterfleisch, (Flußaal, Archenmuschel) Schwefelporling
Crotonbetain	$(CH_3)_3N^+-CH_2-CH=CH-COO^-$	Säugetiermuskel
→ *Carnitin* (L-*γ-Amino-β-hydroxy-butyrobetain)*	$(CH_3)_3N^+-CH_2-CHOH-CH_2-COO^-$	Säugetiermuskel, Archenmuschel
c) Betaine der Pyridincarbonsäuren und quarternären Pyridiniumbasen		
Trigonellin (Coffearin, Koffearin) (Betain der Nicotinsäure)	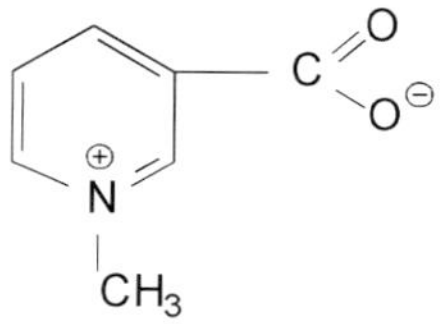	Kaffee, Erbsen, Kartoffelknolle, Schwarzwurzel, Hafer, Jackbohne, Mate
Homarin	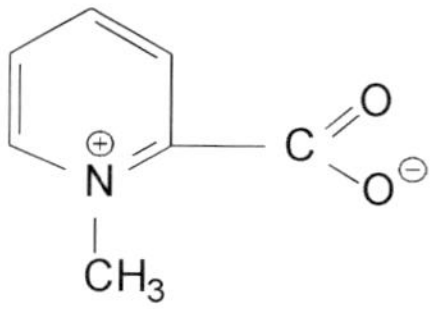	Hummerfleisch, Archenmuschel
N-Methylpyridiniumhydroxid	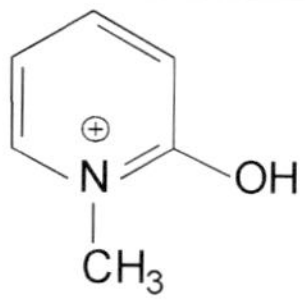	Krabbe, Miesmuschel, Bildung im menschlichen Organismus wahrscheinlich aus mit Kaffee oder Tabak aufgenommenen Pyridinverbindungen

Der einfachste Vertreter der B. ist das Betain i. e. S. (*Glycocollbetain, Trimethylglycocoll, Lycin, Oxyneurin)* mit der Formel $(CH_3)_3N+-CH_2COO-$. Es kommt sehr häufig in Blütenpflanzen, bes. reichlich in Zuckerrüben (0,3 %), in Rübenzuckermelasse sowie in Pilzen, Rinderniere, Fruchtwasser u. a. vor, kristallisiert in farblosen Blättern oder Prismen, F. 293°C (Zers.), ist löslich in Wasser und Ethanol, wenig oder unlöslich in organischen Lösungsmitteln. Biologisch wirkt es als Methyldonator. → Amine, biogene

Betalaine: in *Centrospermae* (z. B. Rote Rübe) und einigen Pilzen (z. B. Fliegenpilz) vorkommende gelbe und rotviolette Farbstoffglycoside *(Betaxanthine* bzw. *Betacyanine)* mit der gemeinsamen Grundstruktur (s. S. 185 unten).
Die meisten der etwa 50 bisher bekannten B. ent-

halten acylierte Zuckerreste und als Säurekomponenten Citronensäure, p-Cumarsäure, Kaffeesäure, Malonsäure, Schwefelsäure, Sinapinsäure. Alle Betacyanine leiten sich von den beiden am C_{15} stereoisomeren Aglykonen *Betanidin* und *Isobetanidin* ab:

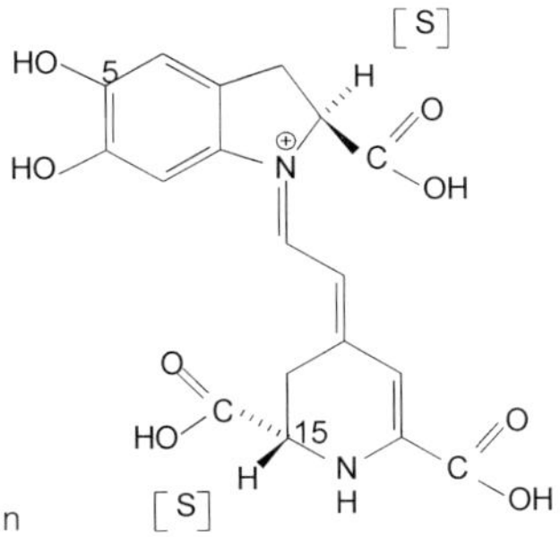

Betanidin

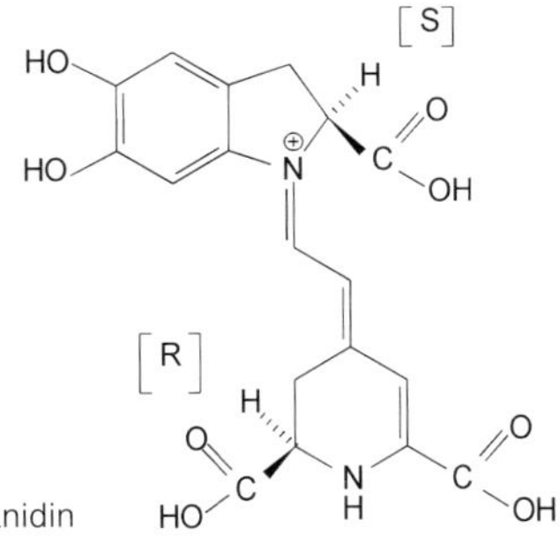

Isobetanidin

Der Farbstoff der Roten Rübe ist das 5-O-β-Glucosid des Betanidins. Die Betaxanthine sind in ihren Strukturelementen variabler;

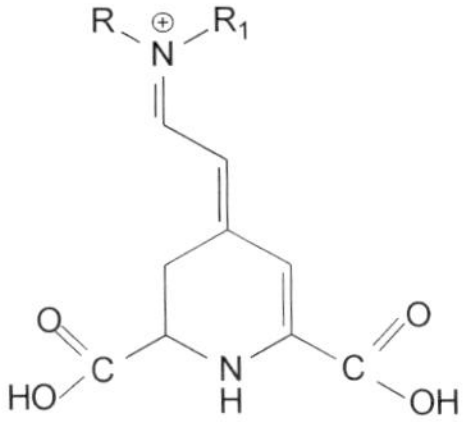

nur der Dihydropyridinring ist ihnen gemeinsam. Die Betaxanthine der Roten Rübe *Vulgaxanthin* I und II weisen beispielsweise folgende Struktur auf:

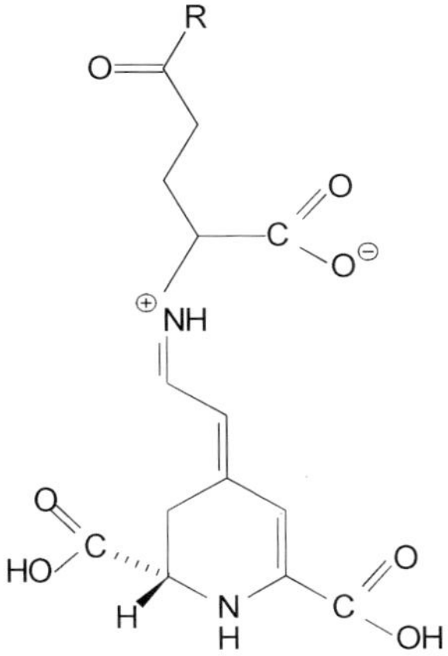

I: R = OH
II: R = NH_2

→ Farbstoffe

Betanin → Farbstoffe → Lebensmittelfarbstoffe

Béta vulgáris var. altíssima → Zuckerrübe

Béta vulgáris convar. cícla → Mangold

Béta vulgáris var. flavéscens → Stielmangold

Béta vulgáris var. vulgáris → Mangold

Béta vulgáris var. conditíva → Rote Rübe

Betaxanthine → Betalaine

Bete, Römische → Mangold → Stielmangold

Bete, Rote → Rübe, Rote

Betelbissen, *Sirihbissen:* in Südostasien verbreitetes Genußmittel, das aus den mit Kalkmilch bestrichenen Blättern der → Betelpflanze besteht, in die eine Scheibe der → Betelnuß, Kalkstückchen sowie erhärteter Extrakt aus dem Holz von *Acácia cátechu* Willd. (*Katechu*) oder *Uncária gámbir* (Hunter) Roxb. (*Gambir*) oder ein Blatt der letzteren gewickelt wird. Zusatz von Tabak, → Kardamom u. a. ist möglich. Der B. wird auch zubereitet gehandelt. Das Genußmittel fördert u. a. die Verdauungstätigkeit, festigt das Zahnfleisch und wirkt antibakteriell. Die anregende Wirkung ist wahrscheinlich auf das Alkaloid Arecaidin zurückzuführen, es entsteht in der Hauptsache beim Kauen aus *Arecolin*. Der rote Farbstoff *Arecarot* färbt Speichel und Lippen himbeerrot. Die Zähne werden im Laufe der Zeit schwarz. Eine Abart des Betelgenusses ist das Kauen von faulig-gegorenen → Betelnüssen bei indischen Bergvölkern. → Alkaloide

Betelnuß, *Arecanuß, Haselnuß, Indianische, Arekanuß:* stark gerbstoffhaltiger Samen der in Südostasien und Ostafrika kultivierten schlanken *Betel-, Betelnuß-, Pinang-* oder *Catechupalme Aréca cátechu* L. (Familie *Arecáceae),* deren Samengewebe zusammen mit den Blättern der → *Betelpflanze* u. a. für die Herstellung des → *Betelbissens* genutzt wird.

Betelnußpalme → Betelnuß

Betelpalme → Betelnuß

Betelpflanze: die in Südostasien angebaute Pfefferart *Píper bétle* L. (Familie *Piperáceae),* deren Blätter Hauptbestandteile des → *Betelbissens* sind. → Alkaloide

Betenrot → Lebensmittelfarbstoff → Betanin

Betitol: ein Tetrahydroxycyclohexan, das in Zukkerrübenmelasse nachgewieen wurde.

Betonicin → Betaine

Betsabetsa: ein in Madagaskar verbreitetes leichtes alkoholisches Getränk aus Zuckerrohr.

Betscheletee → Holunder, Schwarzer

Betulafolientriol → Ginseng

Bétula péndula → Birke

Bétula pubéscens → Birke

Beugel: die wienerische Bez. für eine bestimmte Art von Hörnchen (Kipfel) aus mürbem Teig, die eine Mohn- oder Nußfüllung enthalten. → Kringel

Beutelpfeffer → Pfeffer 1.

Beutelsuppe → Suppe, kochfertige → Instantsuppe

Bezières: in Zuckersirup eingelegte, anschließend getrocknete (kandierte) Pistazien (→ Pistazie, Echte), die in der Konditorei verwendet werden.

BHA (E 320) *(Butylhydroxyanisol)* → Antioxydantien

Bhaji → Alocasie

BHT (E 321) *(Butylhydroxytoluol)* → Antioxydantien

Biankarose → Lablab

Bibasse → Mispel, Japanische

Bibernelle → Pfefferwurzel → Wildkräuter → Gartenpimpinelle

Bibernelle, Falsche → Gartenpimpinelle → Wildkräuter

Bibernelle, Große → Gartenpimpinelle

Bickbeere → 1. Heidelbeere, 2. Preiselbeere

Biegsamkeit → Bastigkeit

Bienenbalsam → Monarde

Bienenblatt → Melisse

Bienenhonig, getrockneter → Trockenhonig

Bienenkraut → Melisse

Bienenstichkuchen: ein gefüllter oder ungefüllter → Blechkuchen aus → Hefeteig mit einer Aufstrichmasse aus zerkleinerten Mandeln oder Nüssen, Fett, Zucker und Milch. Diese Zutaten werden in einem Kessel unter Rühren geröstet und zähflüssig auf den rohen oder gebackenen Kuchenteig gestrichen. Der Anteil der Ölsamen in der Masse soll mind. 30 % und der Anteil der Oberflächenmasse mind. 20 % des Teiggewichtes betragen. Bei der Bez. *Mandelbienenstich* dürfen als Ölsamen nur Mandeln verwendet werden. Bei Verwendung von *Kokosraspeln* (auch *Kokosette* genannt) anstelle von Ölsamen darf die Bez. B. nicht verwendet werden. Es handelt sich bei diesen Rohstoffen um den sog. *Kokosraspelkuchen, Kosettenkuchen* oder *Kokoskuchen.*

Bienenwachs: (901) ein in den Wachsdrüsen der Honigbiene gebildetes und zum Wabenbau verwendetes Lipoidwachs, das sich vorwiegend aus Palmitinsäure-Myricylester ($C_{15}H_{31}$-$COOC_{31}H_{63}$), freier *Cerotinsäure* ($C_{25}H_{51}COOH$) und Homologen sowie zu 10···12% aus Kohlenwasserstoffen (C_{25}···C_{31}) zusammensetzt. Daneben sind noch Cerylalkohol und C_{30}-, C_{32}-, C_{34}-Alkohole, Melissinsäure ($C_{29}H_{59}$-COOH), Myricin sowie 2,5% ungesättigte Kohlenwasserstoffe (C_{30}) enthalten. B. ist ein bei 37°C leicht formbares → Wachs. Es schmilzt bei 63···65°C. Das nach dem Isolieren des Honigs gewonnene Rohwachs wird zu dünnen Bändern ausgewalzt und durch Sonnenlicht und Wasser oder durch Wasserstoffperoxid, Bleicherden oder Chromsäuren gebleicht. So behandeltes B. ist eine weiße, geruch- und geschmacklose, in der Kühle spröde, bei Körpertemperatur leicht formbare, nicht klebende Masse.
Das B. dient auf Grund seiner zugleich leichten Streich- und Sprühfähigkeit als → Trennwachs, insbes. für Backkästen und Backbleche. B. ist in Deutschland als Glasurmittel für Röstkaffee, als Überzugswachs für Zitrusfrüchte, als → Trennmittel für Süßwaren und Backwaren zugelassen. B. wird auch zum Glänzen von Komprimaten und Dragees verwendet. → Harze → Wachse

Bier: i. w. S. alle Getränke (z. B. → Bananenbier, → Betsabetsa, → Burukutu, → Busa, → Kanji, → Sahtibier, → Thuma, → Tauco), bei denen Stärke (z. B. Mais, Batate, Mehlbanane, Reis, Gerste, Sorghum, Maniok, Spierstrauchwurzel, Hirse, Brot, Melasse) als Ausgangsprodukt dient. Da Stärke nicht von selbst gärbar ist, muß sie durch Einwirken von Enzymen, z. B. durch Mikropilze (Hefen, *Aspergillus-* oder *Mucor*arten) in die erforderlichen Zucker überführt werden. (→ Lebensmittel, fermentiertes). Bei den Naturvölkern geschieht dies auf zweierlei Art, entweder durch Ankeimen stärkehaltiger Körner (z. B. → Kefirbier, Sorghumbier, → Merissa) oder mit Hilfe des Speichels (z. B. bei → Kawa, → Chicha), indem die stärkehaltigen Produkte vor der Vergärung gekaut werden. I. e. S. gegorenes, kohlendioxidhaltiges, schäumendes, alkoholisches Getränk, das auf der Grundlage von → *Malz*, → Hopfen, → Hefe und *Wasser* hergestellt wird, wobei Malz teilw. durch → *Rohfrucht* und Weißzucker ersetzt werden kann. Durch Vergärung diastasereicher Brot- und Malzmaischen wurden bierähnliche Getränke bereits in den ersten Sklavenhalterstaaten hergestellt. Auf einer 9000 Jahre alten sumerischen Keilschrifttafel wird die Bierbereitung beschrieben. Die altägyptischen B. wurden vermutlich in spontaner Ober- und Milchsäuregärung hergestellt. Das süßlich schmeckende B. der Germanen wurde mit Kräutern, Wacholderbeeren, Tannensprossen (*Hemlock-* bzw. *Schierlingstanne*, Gattungsbez. *Tsúga*, (Familie *Pináceae*) und den Blättern des *Gagelstrauches Myríca gále* L. (Familie *Myricáceae)* gewürzt. Mit Hopfen wird das B. in Mitteleuropa seit dem 9. Jh. aromatisiert. Im Mittelalter besaßen nur Klöster das Braurecht; später wurde es als königliches Privileg auch an Städte und einzelne Handwerker vergeben. Seit dem 16. Jh. wurde das B. in handwerklichen Betrieben, die in Brauergilden oder -zünften zusammengefaßt waren, auch untergärig gebraut. Durch das in Deutschland 1516 erlassene sog. *Reinheitsgebot* wurde die Bierbereitung auf die Rohstoffe Gerstenmalz, Hopfen, Hefe und Wasser beschränkt. Jede größere Stadt hielt ihre bes. Bierspezialität streng geheim, z. B. *Einbecker Bier (Einpöckisch Bier, Ainbock, Bockbier), Braunschweiger Mumme, Hannoveraner Bier (Broyhan), Münchner Bier (Hackerbräu).* Die industriemäßige Produktionsweise führte zu einer raschen Entwicklung der Brauindustrie und zur Gründung von Großbrauereien. Biere werden nach dem Gehalt an → Stammwürze (Tab. Seite 188) und nach dem Gärverfahren eingeteilt.
Einteilung der B. nach dem Gärverfahren: *Untergäriges B., Pilsner Typ:* Hell, Vollbier Hell, Deutsches Pilsner, *Deutsches Pilsner Spezial, Pilsner Urquell, Münchner Typ, Dortmunder Typ. Obergäriges B.* → Berliner Weißbier, → Gose, Wöllnitzer, Karamelbier, → Malzbier, Doppel-Karamelmalzbier, Grätzer Bier, Kölnisches Bier, Lichtenhainer Süßbier, Westfälisches Altbier, Deutscher Porter

Einteilung der Biere nach dem Stammwürzgehalt

Art	Sorte	Stammwürzgehalt in %
Einfachbier	Jung- u. Braunbier	2,9··· 3,1
	Dunkel	5,8··· 6,2
	Malzbier	5,8··· 6,2
	Hell	5,8··· 6,2
Schankbier	Weißbier	8,7··· 9,3
	Wöllnitzer	8,7··· 9,3
Vollbier	Hell	11,0···11,5
	Doppel-Karamelmalzbier	11,7···12,3
	Schwarzbier	11,7···12,3
	Deutsches Pilsner	12,5···13,0
	Norddeutsche Lagerbiere	12,5···13,0
	Dortmunder	12,5···13,3
	Märzen	13,7···14,3
Starkbier	Bockbier Hell	15,7···16,3
	Bockbier Dunkel	15,7···16,3
	Deutscher Porter	17,7···18,3
	Stout	18,3···25,0

und die englischen B.: → Ale, → Stout und → *Porter, Malzbier, Doppel-Karamelmalzbier* und *Deutscher Porter* werden auch untergärig hergestellt. Die Herstellung des B., das Brauen, gliedert sich in 3 Hauptstufen: a) Malzbereitung, b) Bereitung der Würze im Sudhaus, c) Vergärung der Würze zu Jungbier und die Bierlagerung.
a) *Malzbereitung*: Im Gegensatz zur Weinherstellung, bei der zuckerhaltige Fruchtsäfte durch Hefe direkt vergoren werden, sind bei der Bierherstellung zunächst die stärkereichen Rohstoffe (Gerste, Reis, Weizen) durch Enzyme (Amylase, Diastase) zu verzuckern, um sie vergären zu können. Der Mälzprozeß dient der Vermehrung und Aktivierung der in der Rohfrucht vorgebildeten Enzyme (→ Malz). b) *Bereitung der Würze im Sudhaus*: Geschrotetes *Darrmalz* wird bei 35···40°C mit weichem Wasser eingemaischt und im Maischebottich langsam erhitzt, um möglichst viele Malzinhaltsstoffe durch eine enzymatische Hydrolyse zu lösen und in den *Extrakt* zu überführen. Je nach Maischeführung ist es möglich, Stärke überwiegend in vergärbare Zucker oder unvergärbare Dextrine zu hydrolysieren. Der Grad der enzymatischen Verzuckerung und der enzymatischen Proteolyse ist von der Reaktionszeit bei bestimmten Maischetemperaturen abhängig. Eine lange Reaktionszeit bei 50°C begünstigt den Eiweißabbau zu Aminosäuren (Eiweißrast), bei 62···66°C den Stärkeabbau zu Zuckern (1. Verzukkerungsrast) und bei 70°C zu Dextrinen (2. Verzukkerungsrast). Die beim Maischen entstandene Flüssigkeit, die *Würze,* wird im Läuterbottich vom ungelösten Eiweiß und von den Spelzen, den *Trebern,* einem wertvollen Futter- und Ballaststoffkonzentrat, *abgeläutert* (abgetrennt), danach *gehopft* (mit Hopfen versetzt) und im Hopfenkessel gekocht. Die Würze erhält dadurch das edelbittere Hopfenaroma; gleichzeitig werden die Malzenzyme vernichtet, die Würze sterilisiert und gelöste Eiweißstoffe koaguliert und als *Bruch* ausgefällt. Die heiße Würze wird über den *Hopfenseiher* zur Kühlung auf das *Kühlschiff,* einen großflächigen, flachen Behälter, *ausgeschlagen* (abgefüllt) und danach auf Berieselungs- oder Plattenkühler geleitet, wobei sich die Ausschlagwürze mit zur Hefevermehrung notwendigem Luftsauerstoff anreichert. Im Gegensatz zu den klassischen repräsentativen Sudwerken sind moderne Sudwerke (Hydro-Automatic-Sudwerk, Blocksudwerk) in Kompaktbauweise mit rechteckig übereinanderliegenden Sudgefäßen gebaut. Moderne Würzekühler (Bündelrohrkühler, Plattenapparat) arbeiten aus biologischer Sicht zuverlässiger als Kühlschiffe. Die Trubabscheidung erfolgt in modernen Sudwerken mit kontinuierlich arbeitenden Zentrifugen. c) *Vergärung der Würze zu Jungbier und die Bierlagerung.* Die abgekühlte *Anstellwürze,* deren Extraktgehalt dem Gehalt der *Stammwürze* entspricht, wird bei 5···10°C (Untergärung) oder 10···25°C (Obergärung) in Gärbottichen mit Reinzuchthefe (Bierhefe) *angestellt* (versetzt) und vergoren. Bei der Untergärung setzen sich die Hefezellen am Schluß der Gärung am Boden ab, bei der Obergärung sammeln sie sich hauptsächlich oben im Schaum der gärenden Würze. Mit Hilfe

der Untergärung erhält man haltbare *Lagerbiere.* Die Hauptgärung des klassischen Gärverfahrens dauert bei untergärigem B. 8 bis 10 Tage, das lebhafteste Stadium der Hauptgärung, das *Hochkräusen,* 3 Tage. Als Gärbottiche werden 700···1400 hl fassende Behälter aus emailliertem Stahl oder Aluminium verwendet. Bevor der Malzzucker völlig vergoren ist, wird das *Jungbier* zur *Nachgärung* oder *Reifung* in 500···600 hl fassende geschlossene Lagertanks *geschlaucht.* Bei einer Temperatur von 0···1°C wird der restliche Malzzucker langsam vergoren und das B. mit Kohlensäure angereichert. Das B. reift dabei geschmacklich aus und wird durch die Abscheidung des *Hefe-* und *Kältetrubs* geklärt. Die Lagerdauer bei *Vollbier Hell* beträgt 30 Tage, bei *Deutschem Pilsner* 40 Tage; sie darf in Bierausstoß-Spitzenzeiten bis auf 10 Tage verkürzt werden. Spezialbiere mit hohem Stammwürzegehalt lagern mehrere Monate. Mit zahlreichen Maßnahmen wird versucht, die Lagerzeit des B. wesentlich zu verkürzen, z. B. durch *Spänen* zur Beschleunigung der Trubabscheidung oder durch Belüften mit Gärungskohlensäure, um den Jungbiergeschmack auszuwaschen. Moderne Gärtechnologien dienen dem Ziel, den gesamten Gärprozeß ohne Qualitätsverschlechterung des B. zu verkürzen. Beim 1898 entwickelten *Nathanverfahren* dauert die Gesamtbierherstellung 10 bis 12 Tage. Bei dem *kontinuierlichen Gärverfahren* nach *Coults* werden Würze und viel Hefe dem Gärgefäß kontinuierlich zugeleitet und bei 27°C in 18 h vergoren. Ebenfalls kontinuierlich erfolgt die Gärung im *Gärturm* oder *Bierreaktor,* einem über 6 m hohen schmal-zylinderförmigen, temperierbaren Edelstahlturm. Während des kontinuierlichen Durchflusses durch den mit Hefe angefüllten Turm wird die Würze bei 15°C in 4 h zu Jungbier vergoren. Beim *Druckgärverfahren* erfolgt die Gärung bei 0,08···0,19 MPa Kohlendioxid-Druck, wodurch ein besseres Schwebeverhalten der Bierhefe und damit eine schnellere Gärung erreicht werden. Nach 1 bis 2 Tagen ist bei diesem Verfahren das Bier schlauchreif. Vor der Abfüllung wird das B. über Kieselgur- oder Baumwollfaserfilter filtriert, nochmals kurz gelagert und abgefüllt in hölzerne, gepichte Versandfässer, Metallfässer, Biertanks oder in Bierflaschen. *Angebotsformen und Kennzeichnung des B.:* Der Anteil des Flaschenbierverbrauchs gegenüber dem an Faßbier ist in den letzten Jahren gestiegen. Handelsübliche Flaschenformen sind

Steinieflasche mit 0,33 l,
Apollinarisflasche mit 0,5 l,
Bügelverschlußflasche mit 0,33 l Inhalt.

B. wird auch in Metalldosen (Dosenbier) abgefüllt. Jedes Flaschenetikett muß folgende Angaben enthalten: Sortenbezeichnung, Mengenangabe, Hersteller, Datum der Abfüllung, Preis. Die Bez. *Pilsner Urquell* ist eine Herkunftsbez. und nur für in Pilzen gebrautes B. zulässig. Haltbarkeit des B. s. Tab.

Mindesthaltbarkeit von Bier

Sorte	Mindesthaltbarkeit bei 20°C in Tagen	Qualitätsmerkmal
Malzbier	9	ohne Trübung und Bodensatz
Vollbier Hell	12	ohne Trübung und Bodensatz
Doppel-Karamel-Malzbier	30	Bodensatz von inaktiven Hefezellen erlaubt
Deutsches Pilsener	15	ohne Trübung und Bodensatz
Deutsches Pilsener Spezial	90	ohne Trübung und Bodensatz
Deutscher Porter	24	leichte Trübung und Bodensatz von Bierhefe zulässig

Bei Exportbieren werden zur Erhöhung der Haltbarkeit Kolloide durch Tannin, durch kaolinähn-

liche mineralische Bentonite oder durch proteolytische Enzyme entfernt, auch wenn dadurch der Geschmack beeinflußt wird. Mittels Sterilfiltration oder durch Pasteurisieren bei 60···70°C wird die biologische Haltbarkeit des B. verbessert, z. B. bei Exportbieren. Auch *Deutsches Pilsner Spezial* und *Doppel-Karamelmalzbier* werden pasteurisiert. Im Gegensatz zu *Faßbier* reagiert *Flaschenbier* auf Licht- und Temperatureinflüsse und auf Erschütterungen empfindlicher. Flaschenbier, aber auch Faßbier, sollte deshalb dunkel, luftig, bei 4···8°C aufbewahrt werden. *Bierfehler:* Trübes B. vom Pilsner Typ gilt als verdorben. Trübungen im B. können verschiedene Ursachen haben. Ein B., bei dem eiweißreiche Gerste eingesetzt, die Stärke unvollständig verzuckert und das B. zu kurz und zu warm gelagert wurde, neigt bes. leicht zu Trübungen. Kontaminationen mit Mikroorganismen (Sarzinen, Milchsäurebakterien, Hefen) führen zu Trübungen und Geschmacksveränderungen. *Pasteurisiertes B.* hat häufig einen Brot- oder Kochgeschmack. Parfümartig kann mit wilden Hefen kontaminiertes B. schmecken. In Weingegenden wird Bierhefe häufig mit Weinhefe kontaminiert, was den dort erwünschten weinigen Geschmack des B. hervorruft. Zu lange gelagertes B. schmeckt leer. Unter dem Einfluß von Licht, Kälte, Wärme oder Erschütterungen können die Kolloide im B. koagulieren und das B. trüben. Dabei ist eine Kältetrübung in der Wärme reversibel. Bei zu warmer Aufbewahrung fallen meist Eiweißgerbstoffverbindungen irreversibel aus (chemische Zusammensetzung der B. s. Tab. unten.
Ernährungsphysiologischer Wert des B.: B. ist sowohl Nahrungs- als auch Genußmittel. Sein Nährwert (Tab.) ist abhängig vom eingebrauten Stammwürzegehalt.

Nähr- und Wirkstoffgehalt von Vollbier Hell mit einem Stammwürzgehalt von 11,9 %

Bestandteil	Gehalt je 1 L	
	in g	in mg
Wasser	906,0	
Ethanol	36,1	
Extrakt (Kohlenhydrate)	48,4	
Eiweiß	5,0	
Fett	–	
Mineralstoffe	2,0	
davon Natrium		50,0
Kalium		380,0
Phosphor		280,0
Vitamin B_1 (Thiamin)		0,04
Vitamin B_2		0,3
Niacin		8,8
Pantothensäure		0,8
Vitamin B_6		0,5
Biotin		5,0

Chemische Zusammensetzung der Biere

Biersorte	Durchschnittl. Ethanolgehalt in %-Vol	Hopfen f. Brauzwecke in g/hl mind.[1]	Mindest-CO_2-Gehalt in %
Malzbier	1,0	40	0,35
Hell	1,5	120	0,35
Weißbier	3,0	80	0,55
Vollbier Hell	3,5	180	0,38
Doppel-Karamelmalzbier	0,5···1,2	40	0,38
Deutsches Pilsner	4,0	250	0,38
Deutsches Pilsner Spezial	4,0	300	0,40
Bockbier Hell	4,7	180	0,38
Deutscher Porter	4,6	500	0,38

[1]Die Mindestmenge basiert auf der Grundeinheit der Güteklasse I

Der Energiewert beruht auf dem Ethanolgehalt (1 g $<$ 29,7 kJ = 7,1 kcal) und dem Extraktgehalt (1 g $<$ 15,9 kJ = 3,8 kcal). *Vollbier Hell* mit 12 % Stammwürzegehalt hat einen Energiewert von 197 kJ (47 kcal) je 100 g, *Vollbier Dunkel* 200 kJ (48 kcal) je 100 g und *Berliner Weißbier* 188 kJ (45 kcal) je 100 g. *Dunkles B.* ist nicht gehaltvoller als *helles*. Der Eiweiß- und Vitamingehalt des B. ist bis auf Vitamin B_1 sehr niedrig. *Hefezellenhaltiges B.*, z. B. Berliner Weißbier, ist an Vitamin B_1 reicher als *blankes*. Extraktreiches Malzbier, z. B. *Nährbier, Doppel-Karamelmalzbier,* wird in der Diät für Rekonvaleszenten und in der überenergiewertigen Aufbaudiät verwendet, da es appetitanregend wirkt. Gegen ständigen überhöhten Bierkonsum bestehen ernährungsphysiologische Bedenken (→ Ethanol). Auf Grund des hohen Energiewertes und des niedrigen Eiweißgehaltes des B. kann sich dabei ein Eiweißmangel-Fettsucht-Syndrom herausbilden. Da vom Gesamtorganismus im Stoffwechsel nur 6···8 g Ethanol je 1 h verbrannt werden können, sind zur Eliminierung des Ethanols von einem Glas B. - 250 ml Deutsches Pilsner enthalten etwa 10 g Ethanol - 1···2 h erforderlich. *Sensorische Eigenschaften des B.*: Untergäriges B. wird in drei Geschmacksrichtungen produziert: *Pilsner Typ,* stark gehopftes B., von heller, strohgelber Farbe, angenehm bitterem Geschmack und gutem Schaumhaltevermögen. *Münchner Typ,* geringer gehopftes B., von dunkler Farbe und typischem Malzgeschmack. Es wird zunehmend auch hell gebraut. *Dortmunder Typ,* schwächer gehopftes B. von goldgelber Farbe und vollmundigem Geschmack. *Untergäriges B.* muß einen einwandfreien, typgerechten Geschmack und Geruch und ein gutes Schaumhaltevermögen haben und völlig blank sein. Die Hopfenbittere darf nicht aufdringlich sein oder nachschmecken. Die Vollmundigkeit des B. ist abhängig vom Stammwürze-, Kolloid- und Dextringehalt. Durch bes. scharfe Filtration oder Ausfällung der Kolloide wird deshalb der Geschmack verschlechtert. Die im B. gelöste Kohlensäure beeinflußt die Schaumbildung (Mousseux) und erzeugt im Mund den erquickenden Eindruck (Rezenz) der Kohlensäureentbindung. Kohlensäurearmes B. schmeckt schal und fad. Spuren von Fett oder Waschmitteln im Bierglas zerstören den Schaum. → Frische

Bier, alkoholfreies, *alkoholarmes Bier:* extraktreiches Spezialbier, teilweise mit erhöhtem Hopfengehalt und einem Ethanolgehalt bis zu 0,5 %-Vol., in der Schweiz bis zu 0,7 %-Vol., der im Brauereigewerbe als „alkoholfrei" gilt. (Nach den EG-Richtlinien ist vorgeschrieben, daß eine Angabe des Ethanolgehaltes auf dem Etikett erst ab 1,2 %-Vol. erforderlich ist). Das Maischen zur Würzegewinnung wird bei a. B. so geführt, daß Stärke überwiegend zu nichtvergärungsfähigen Oligosacchariden und Dextrinen hydrolysiert wird; damit sind für die alkoholische Gärung kaum Zucker vorhanden. Die alkoholische Gärung wird außerdem durch Pasteurisieren abgebrochen. Das a. B. wird mit Kohlensäure imprägniert. Es ist als *Autofahrerbier* geeignet. In Deutschland gibt es etwa 30 bis 40 Sorten von a. B., der Verbrauch ist steigend, so daß man 1995 mit einer Produktion von 3 Mio Hektoliter rechnet. Im Puringehalt besteht bei a. B. im Vergleich zu Normalbier kein Unterschied, da der Puringehalt vorwiegend vom Stammwürzegehalt, bzw. vom Malz und der Höhe der Malzausschüttung bestimmt wird. Bei a. B. auf Schankbierbasis wurden etwa 28 mg und auf Vollbierbasis 39 mg Purinstickstoff je kg Getränk festgestellt. Eine Erniedrigung des Purinwertes ist durch Austausch der Gerstenroh- durch Weizenrohfrucht zu erreichen, die im Gesamtpuringehalt um etwa 20 % tiefer liegt als Gerste. → Purinkörper

Bieressig → Essig

Bier, Grätzer: obergäriges → Rauchbier. → Weißbier, Berliner → Malz

Bierhefe: eine Reinzuchthefe, *Saccharomýces cerevísiae*, bei der nach dem Grad der Vergärung obergärige und untergärige Hefe unterschieden wird. *Obergärige* Hefen gären bei Temperaturen um 20°C und darüber und befinden sich nach der Gärung an der Oberfläche der Gärflüssigkeit. *Untergärige* Hefen gären bei 7°C, sie setzen sich am Boden ab (→ Bruchhefe); hierzu gehören die B. für Lagerbiere und → Weinhefe. Mit untergärigen (niedervergärenden) Bierheferassen gebraute Biere enthalten weniger Ethanol als mit obergärigen Heferassen gebraute, dafür mehr Kohlenhydrate. Die deutschen Biere werden vorwiegend mit untergärigen B. gebraut. Obergärige B. werden u. a. zur Herstellung von → Weißbier, → Ale, → Porter sowie in Brennereien und zur Herstellung von → Backhefe eingesetzt. Untergärige B. ist als Backhefe nicht geeignet.

Bierkäse: in den Bayerischen und Tiroler Alpen und in der Tschechischen wie Slowakischen Republik nach Art des Weißlacker Käses bereiteter stark gesalzener *Weichkäse* mit scharfem, pikantem Geschmack. Der B. ist weich, aber schnittfest und fast ohne Lochung. → Weißlacker Käse

Bier, mexikanisches → Pulque

Bierschinken: → *Brühwurst* (Aufschnittware), zu deren Herstellung fettgewebs- und sehnenarmes Schweinefleisch, grob entfettetes Schweinefleisch, Schweinebacken, grob entsehntes Rindfleisch, Nitritpökelsalz, Pfeffer, Knoblauch, Senfkörner und Mazisblüte eingesetzt werden. Als Wursthüllen dienen Rinderbutten bzw. Kunstdarm. Das Schnittbild zeigt eine kräftig rosafarbene, fein gekutterte Wurstmasse, die mit fast gleichmäßig verteilten, etwa 20···35 mm großen, gut gepökelten, mageren Schweinefleischstücken durchsetzt ist. Die Wurstmasse ist knorpelfrei. Der Richtwert für den Energiewert beträgt 920 kJ (220 kcal) je 100 g Wurst. → Wurst

Bierschinkengewürz → Wurstgewürz

Bierwurst: → *Brühwurst* (Aufschnittware), zu deren Herstellung grob entsehntes Rindfleisch, grob entfettetes Schweinefleisch, Speck, Nitritpökelsalz, Pfeffer, Knoblauch, Senfkörner, Mazisblüte und Kardamom eingesetzt werden. Als Wursthüllen dienen Kalbsblasen. Das Schnittbild zeigt eine kräftig rosa-weiß gemusterte, fein geschrotete Wurstmasse, fast gleichmäßig mit etwa 5···8 mm großen Speckstücken durchsetzt. Der Richtwert für den Energiewert beträgt 1674 kJ (400 kcal) je 100 g Wurst. Bierwurstsorten sind u. a. *Göttinger Blasenwurst* und *Regensburger*. → Wurst

Bierwurzel → Knollenrettich

Biethai → Haifisch

Bifidusbakterien: meist in Form verzweigter Fäden oder Stäbchen wachsende grampositive, unbewegliche, anaerobe Milchsäurebakterien, die zur Gattung *Bifidobacterium* gehören und morphologisch der Gruppe der *Aktinomyzeten (Strahlenpilze)* zugeordnet sind. Die B. zählen zu den nützlichen Darmbewohnern des Menschen und bilden zudem den wesentlichen regulierenden Bestandteil der Darmflora des brusternährten Säuglings, wodurch dessen Gesundheit positiv beeinflußt wird. Aus diesen Grund ist man bestrebt, in der Säuglingsnahrung die B. zu erhalten oder zu intregieren. → Manasan

Bifidus-Milcherzeugnis: mit Hilfe von *Bifidobacterien* einer im brustmilchernährten Säugling in der Darmflora vorherrschenden Gruppe von Mikroorganismen, in Kombination mit anderen Starterkulturen (Milchsäurebakterien, auch Hefen) hergestelltes *Sauermilcherzeugnis*, das über einen hohen Anteil an Darmbakterien verfügt, überwiegend Ĺ(+)-Milchsäure enthält, wenig nachsäuert, gut bekömmlich und lange haltbar ist und keine Bitterstoffe ausbildet.

Bifurcose → Tetrasaccharide

Bigaradie → Pomeranze

Bigarreau → Süßkirsche

Bignay → Salamanderbaum

Bihon, *Mike, Misua:* eine auf den Phillippinen verbreitete Stärkenudelsorte aus Reismehl/Weizenmehl-Mischung. → Teigware

Bija → Anattobaum

Bilimbi → Baumstachelbeere

Bilirubin → Farbstoffe → Porphyrin

Biliverdin → Farbstoffe → Porphyrine

Bindegewebe: den → Skleroproteinen zugeordnetes, die Muskelfasern und Muskelbündel untereinander sowie mit dem Knochengerüst verbindendes, differenziertes Gewebe. Je nach seiner Funktion unterscheidet man *straffes* B. (z. B. Sehnen), *elastisches* B. (z. B. Brust- und Bauchfell) und *lockeres* B. (z. B. Unterhautbindegewebe). Der Hauptbestandteil des B. ist das Protein *Collagen,* das durch einen hohen Gehalt an den Aminosäuren Glycin, Prolin und 4-Hydroxyprolin ausgezeichnet ist. Ferner ist im B. das Protein *Elastin* enthalten. Beide zählen zu den in Salzlösungen unlöslichen Proteinen, die als unlösliches Stroma zurückbleiben. Der Gehalt des Fleisches an B. ist von seiner Lage im Körper, von Rasse, Alter und Geschlecht des Tieres abhängig; er beträgt 0,5···30 %. Natives B. wird durch Proteasen fast nicht gespalten, wohl aber durch spezifische Proteasen, die → Collagenasen. Beim Erhitzen mit Wasser erfährt es eine Kontraktion (Schrumpfung), löst sich unter Bildung von Gelatine (teilw. Collagen) auf und wird proteolytisch abgebaut.

Bindemittel → Verdickungsmittel

Binden-Fleisch → Bündnerfleisch → Trockenfleisch

Bindesalat, 1. *Cos-Salat, Cos, Fleischkraut, Kochsalat, Lattich, Lombardsalat, Römischer Salat, Roman, Römersalat, Romanasalat, Rote Endivie, Selleriesalat, Sommerendivie:* zarter, 30···40 cm Höhe erreichender → Blattsalat mit aufrechter Haltung, *Lactúca satíva var. longifólia* L. (Familie *Asteráceae*), der ursprünglich nur in den südlichen Ländern und in der Schweiz verbreitet war, in den letzten Jahren intensiv züchterisch bearbeitet wurde, so daß verschiedene Formen (nicht schließende, selbstschließende, Köpfe bildende, keine Köpfe bildende, dunkelrote mit grünem Untergrund, vollrote und vollgrüne) entstanden sind, die der Verbraucher, wie aus den volkstümlichen Bez. zu schließen ist, nicht mehr einzuordnen weiß. Die ursprüngliche Form besaß als B. locker zusammenschließende Blätter, die an der Spitze zusammengebunden werden mußten, damit die Blätter zart bleiben und bleichen. Hierzu zählt auch die bekannte deutsche Sorte 'Kasseler Strünckchen', die zudem zarte, wie Spargel verwendbare Strüncke besitzt, die nach dem Kochen auch wie Spargel schmecken. Bei neueren Züchtungen ist das Zusammenbinden nicht mehr erforderlich. I. allg. weist der B. eine knackige, angenehm süßliche Note auf, die Blätter sind dicker als beim Kopfsalat, so daß sie sich nach dem Anrichten auch länger frisch halten. Der tütenförmige Kopf ähnelt dem Chinakohl und dem Zuckerhutsalat. Seine Erntezeit liegt jedoch in den Sommermonaten, wo die Blätter Hitzeperioden bestens überstehen. Der B. ist nicht nur zur Frühsommer- und Sommerkultur, sondern auch zur Winterkultur geeignet. Nach Analysen in Weihenstephan 1992 verfügt der B. über den höchsten Vitamin-C-Gehalt von allen Blattsalatsorten. Zu den neueren Sorten zählen 'Little Leprechaun', bei dem sich die Blätter nur dort färben, wo sie die Sonne getroffen hat. Eine andere engl. Sorte 'Angela' bildet keine Köpfe, aber sehr zarte, fleischige Blätter , 'Sucrine' bildet ganz kleine Köpfe von saftigem, mildsüßem Geschmack und wenig Abfall, sie kann sogar in Balkonkästen gezogen werden. Zu den modernen Universalsorten mit gut geschlossenen Köpfen und zarten, knackigen Blättern zählt 'Verde degli Ortolani' (= Grüner der Marktgärtner) aus Italien. Im Kühlschrank ist der B. etwa 1 Woche frisch zu halten. → Salat bunter → Gartensalat → Lattich → Zichoriensalat
2. → Bleichsellerie

Binkelweizen: ein sehr dicht- und kurzähriger *Kolbenweizen* (vgl. → Saatweizen)

Binsenlauch → Schnittlauch

Biobrot, *Ökobrot:* ein → Bioprodukt, das mind. zu 95 % aus Rohstoffen bestehen muß, die mittels ökologischen Landbaus gewonnen wurden. B. können demzufolge aus dunklen und/oder hellen Mahlerzeugnissen hergestellt sein. Auch bei den Zutaten (z. B. Ölsaaten, Rosinen usw.) sollte, wenn möglich, auf Erzeugnisse zurückgegriffen werden, die vom alternativem Landbau stammen. → Lebensmittel aus alternativem Landbau, → Ölsaaten

Biochanin A → Flavonoide → Östrogene

Biocytin (Biozytin): eine schwefel- und stickstoffhaltige heterocyclische Carbonsäure mit Biotinaktivität, s. Formel Seite 194 oben.

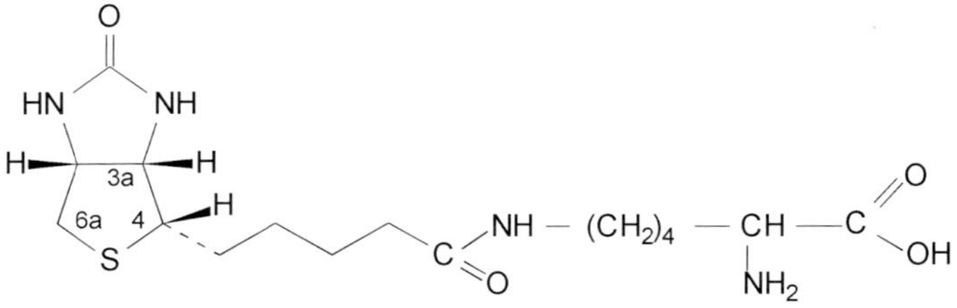

B. kommt in der Hefe vor. Die an Protein gebundenen Formen sind von der Ratte, wahrscheinlich auch vom Menschen verwertbar.

Biokatalysatoren → Wirkstoffe

Biolebensmittel → Lebensmittel, alternatives

Biomasse → Einzellerprotein → Keim

Bionährmittel: ein → Bioprodukt, das entweder zu 100% oder bei zusammmengesetzten Nährmitteln (z. B. Extrusionserzeugnisse) zu mind. 95% aus Rohstoffen bestehen muß, die im ökologischem Anbau gewonnen wurden. So zählen z. B. *Cornflakes*, wenn der Mais im ökologischem Anbau gewonnen und die Menge an Zusätzen 5% nicht überschreiten, zu den B., obgleich Cornflakes nur aus dem Mehlkern bestehen, nachdem Schale und Keimling abgetrennt wurden. Die üblicherweise zugesetzten Zutaten, wie Malzsirup, Salz, Zucker, Aromastoffe, Emulgatoren dürfen nach der EG-Bio-VO enthalten sein, wenn ihre Höchstmenge nicht überschritten wird.

Bioprodukt, *Bio-Erzeugnis, Öko-Erzeugnis*: ein Erzeugnis, das nach den Richtlinien der EG-Bioverordnung (EG-Bio-VO) 1992 und den Grundregeln des ökologischen Landbaues (das heißt ohne chemisch-synthetischen Betriebsmittel) gewonnen wird. Die EG-Bio-VO regelt die landwirtschaftliche Erzeugung, die Verarbeitung von B., ferner die Antragstellung und Kontrolle von B., die Kennzeichnung und den Import aus Drittländern. Nach der Bio-VO sind die Begriffe *biologischer Landbau, organischer Landbau* dem in der VO gewählten Begriff *ökologischer Landbau* gleichsinnig. Bislang gibt es nur Vorschriften für nicht verarbeitete pflanzliche Agrarerzeugnisse, sowie für Erzeugnisse, die im wesentlichen aus einem oder mehreren Bestandteilen pflanzlichen Ursprungs, wie z. B. → Biobrot, bestehen. Für die ökologische Tierhaltung sind noch keine Vorschriften verabschiedet worden. Die B. müssen durch eine Kontrollstelle (die jeweiligen Landesbehörden sind als Aufsichtbehörde für akkredierte private Kontrollstellen tätig) auf Antrag genehmigt werden und bekommen eine entsprechende Nummer. Auf dem Warenetikett muß neben der Kontrollstelle der Name und die Anschrift des Erzeugers oder Aufbereiters stehen. Etikett und Werbung für B. dürfen keinen Hinweis enthalten, der beim Verkäufer den Eindruck erwecke, daß die ökologische Erzeugung eine Garantie für besseren Geschmack, besseren Nährwert oder bessere Gesundheitsverträglichkeit des Produktes stelle. So zählen zu den B. auch z. B. helle Mahlerzeugnisse und feine Backwaren, wenn der Rohstoff nachweislich aus ökologischem Landbau resultiert. Da zw. integriertem Anbau und ökologischem Landbau gravierende Unterschiede bestehen, wird von den Kontrollstellen darauf geachtet, daß keine Pseudo-Bioprodukte auf den Markt gelangen. Außerdem dürfen B. aus Drittländern nur dann vermarktet werden, wenn zufriedenstellend nachgewiesen ist, daß Produktionsmethoden und Kontrollsystem in Theorie und Praxis den Vorgaben innerhalb der EG vergleichbar sind. Bei eingeführten Drittlands-Erzeugnissen kann der Importeur für eine Übergangszeit bis zum 31. 7. 1995 den Nachweis erbringen, daß die ökologischen Produktionsbedingungen eingehalten wurden. Nach dieser Frist müssen die Behörden des jeweiligen Drittlandes dieses nachweisen. → Lebensmittel, alternatives → Lebensmittel aus integriertem Landbau → Lebensmittel aus kontrolliert - ökologischem Landbau

Biopterin: eine sich vom Pteridin ableitende Verbindung, Formel:

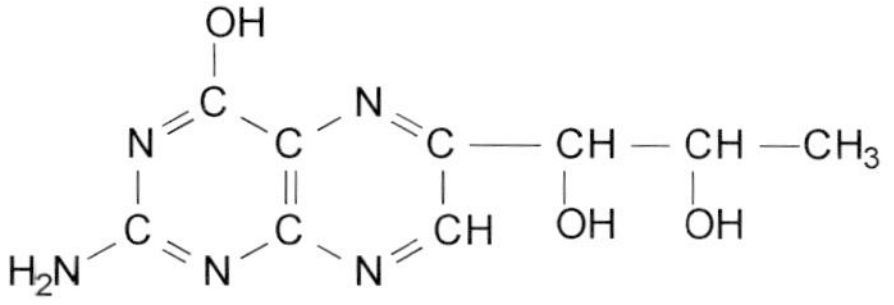

Das B. wurde in Bierhefe nachgewiesen und aus Urin isoliert, F. 250···280°C. (Zers.)

Bios I → myo-Inositol

Bios II → Biotin

Biotee, alternativer Tee : ein → Tee, der nach den Richtlinien des alternativen Landbaues - unter Verzicht auf chemisch-synthetische Pflanzenschutzmittel und leicht löslichen Mineraldünger - gewonnen und unter dem Warenzeichen des Algölverbandes vertrieben wird. Die organisch-biologische Anbauform bringt drastische Ertragsminderungen mit sich, so daß an grünem Blatt-Tee je Hektar etwa 500···700 kg, im Vergleich zu konventionellem Anbau mit 1500 kg je Jahr, geerntet werden. → Lebensmittel, alternatives

Biotin, *Vitamin H* (veraltet), *Bios II* (veraltet), β-Biotin (veraltet), *Coenzym R* (veraltet), *Hautfaktor* (veraltet), *2-Keto-3,4-imidazolin-2-tetrahydrothiophen-n-valeriansäure:* schwefel- und stickstoffhaltige heterocyclische Carbonsäure aus der Gruppe der wasserlöslichen Vitamine.

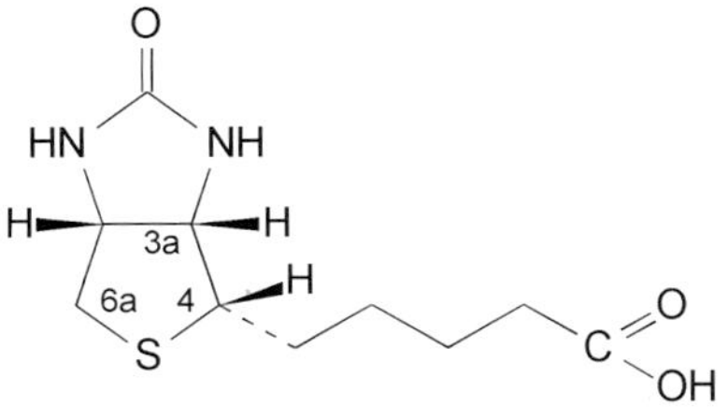

Von den acht möglichen Stereoisomeren kommt in der Natur nur die rechtsdrehende Form *d-Biotin* vor, die als einzige auch vitaminwirksam ist. B. bildet farblose Nadeln, F. 228···232°C (Zers.). Es ist löslich in Wasser und in Ethanol, unlöslich in Chloroform, Ether und Petrolether. Trockenes kristallines B. ist gegen Sauerstoff und Wärme ziemlich stabil, von UV-Strahlen wird es langsam zerstört. In schwach sauren und schwach alkalischen wäßrigen Lösungen ist B. relativ beständig. Es ist empfindlich gegenüber Einwirkungen von UV-Licht und O_2. Vitaminwirksam ist nur die optisch aktive d-Form mit $[\alpha]_D^{21}$ 91° (in 0,1 N Natronlauge). B. gehört zu den biologisch wirksamsten Substanzen und kommt in allen Zellen, aber nur in geringen Konzentrationen, vor. Das an Biotin reichste Organ ist die Leber mit 0,00025 %. B. liegt überwiegend an Proteine gebunden vor (Pflanzensamen, Hefe, tierische Gewebe), doch auch als → *Biocytin* (Biotinyl-L-lysin) in Gemüse, Früchten, Milch, Reiskleie. Absorbiert wird jedoch nur das freie B., durch ein biocytinspaltendes Enzym des Verdauungstraktes freigesetzt. Vom Menschen kann B. nicht synthetisiert werden. B. ist ein wirksamer Wachstumsfaktor in der gesamten belebten Natur. Im intermediären Stoffwechsel ist das B. mit einer Reihe von Carboxylierungsreaktionen verknüpft. An Enzymprotein gebundenes B. ist befähigt, Kohlensäure unter Bildung eines Biotin/Enzym-Komplexes („aktivierte Kohlensäure") aufzunehmen und auf ein geeignetes Substrat, z. B. *Acetyl-Coenzym A (Acetyl-Co A)* oder Malonyl-Coenzym A, zu übertragen. Die biotinabhängige Carboxylierungsreaktion von *Acetyl-Coenzym A* stellt für den Organismus eine Schlüsselreaktion beim Aufbau der Fettsäuren dar (Bild).

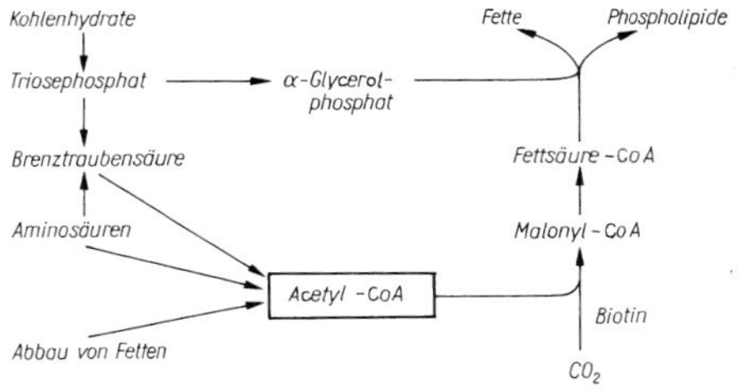

Biotin und Lipogenase

Durch Biotin B3, das im rohen Hühnereiklar vorhandene Glycoprotein → *Avidin* wird B. gebunden und in seiner Vitaminwirksamkeit inaktiviert. Biotinmangelerscheinungen können in Form schuppiger Dermatitiden an Händen, Armen und Beinen, im fortgeschrittenen Stadium als Verfärbungen und Austrocknen der Haut und Schleimhäute vor allem bei Säuglingen und Kleinkindern auftreten. Die Biotinaufnahme sollte 0,1 mg je Tag erreichen und soll z. T. durch Eigensynthese von seiten der Darmbakterien gedeckt werden. → Vitamine → Vitamin-B-Komplex

Biotinyl-L-lysin → Biotin

Biphenyl (E 230) → Konservierungsstoffe → Fruchtbehandlungsmittel

Bircher-Brot, *Bircher-Benner-Brot:* ein Vollkornspezialbrot aus 50 % Roggen- und 50 % Weizenschrot, in Laib- oder Schnittbrotform, mit geringem Säuregrad und mildem Aroma. → Vollkornschrotbrot → Backschrot → Vollkornmahlprodukt

Birke: vorwiegend im Norden Europas mit auffallend weißer Rinde in verschiedenen Arten vorkommender Baum (Familie *Betuláceae).* Den Blättern, Rinden und Säften der *Besen-, Haar-, Rauh-, Warzen-* oder Moorbirke, *Bétula pubéscens* Ehrh. und der *Sand-, Hänge- oder Weißbirke, Bétula péndula* Roth, werden gesundheitsfördernde Eigenschaften zugeschrieben. Während die Zweige der Sandbirke im Jugendstadium kahl sind, weisen diejenigen der Moorbirke eine flaumige Behaarung auf. Die Blätter beider Bäume sind auf Grund ihrer ausschwemmenden Eigenschaften Bestandteil zahlreicher Kräuterteemischungen oder → Kräutersäfte. In der ehem. Sowjetunion ist ein aus frischer Rinde gewonnener → Saft (*Birkensaft)* nicht nur für kosmetische, sondern auch für Verzehrszwecke handelsüblich, der ein schmackhaftes Erfrischungsgetränk ergibt. Zu diesem Zweck werden die Birken im Frühjahr, wenn sie im vollen Saft stehen, für die Dauer von 3 Wochen angezapft. → Blutungssaft

Birkenpilz → Boletáceae

Birkenporling → Speisepilze

Birkensaft → Kräutersaft → Birke

Birkenschwamm → Boletáceae

Birkenstamm → Baumstamm

Birkenzucker: volkstümliche Bez. für → Xylitol, der vielseitig zum Süßen, z. B. bei Kaugummi, zuckerreichen Imbißerzeugnissen und gesüßten Getränken eingesetzt wird.

Birkhahn → Fleischtiere

Birkhuhn → Fleischtiere

Birmsch → Ebereschenbeere

Birne: Frucht des Birnbaumes, *Pýrus doméstica Medik.*, (Familie *Rosáceae*). Als Stammformen des Birnbaumes gelten *Pýrus commúnis* L. *(Holzbirne)*, *Pýrus elaeagnifólia* Pall., *Pýrus sínai* Desf. u. a., die nach prähistorischen Funden bereits in der Jungsteinzeit in Mitteleuropa vorhanden waren. Durch Mutationen und Kreuzungen der Wildformen entstanden die Kulturformen. Auslesen sowie gezielte Aussaaten und Kreuzungen ergaben Edelsorten, von denen sich eine große Anzahl im Anbau befindet. Sie werden nach der Genußreife in *Sommer-*, *Herbst-* und *Wintersorten* gegliedert (Übers.).

Ausgewählte Birnensorten, nach der Reifezeit geordnet

Sommersorten	Herbstsorten	Wintersorten
'Bunte Julibirne'	'Marianne'	'Madame Verté'
'Trévoux'	'Gute Luise'	'Paris'
'Clapps Liebling'	'Boscs'	'Nordhäuser Winterforelle'
'Williams Christ'	'Konferenzbirne'	'Jeanne d'Arc'
	'Alexander Lucas'	
	'Vereins-Dechantsbirne'	

Der Birnbaum gedeiht am besten in wärmebegünstigten Gebieten auf tiefgründigen, nährstoffreichen, durchlässigen Böden. Die Feuchtigkeitsansprüche sind geringer als beim Apfel. An kühlen Standorten bzw. in Jahren mit sehr kühlem Herbstwetter reifen viele Wintersorten nicht mit Sicherheit aus und sind dann für den Frischverzehr wenig oder gar nicht geeignet. Der Anbau erfolgt in Intensivanlagen vorwiegend auf Quittenunterlage (wachsstumsbremsend, früher Ertragseintritt und hohe sowie ausgeglichene Erträge). Sommer- und Herbstbirnen werden bald nach der Ernte verbraucht. Einige Sorten, z. B. '*Konferenzbirne*' und '*Alexander Lucas*' sind vorzüglich für die Kühllagerung geeignet. Wintersorten werden bis zum Zeitpunkt ihrer Genußreife eingelagert. Für den Handel sind die Birnensorten in Preisgruppen, Güteklassen und Größengruppen eingeteilt. Die B. wird vorwiegend frisch verzehrt. Ihre Konservierung erstreckt sich vor allem auf die Herstellung von Kompott (Sterilkonserven), wozu festfleischige Früchte bester Qualität erforderlich sind. Überreife B. sind dazu nicht geeignet. Bes. wertvoll sind die Früchte der Sorte '*Williams Christ*', sie dienen als Rohstoff für Birnenbrand. B. werden weiterhin zu kandierten Früchten, Backobst (Dörrobst, Trockenobst), zu Süßmost und Birnenwein verarbeitet. Infolge des Mangels an Säure werden die B. meist anderen säurereicheren Obstarten beigemischt, z. B. zu Mehrfruchtmarmelade oder Mehrfruchtsaft. Wegen ihres Aromas, des Saftgehaltes und des feinen Fruchtfleisches ist die B. eine begehrte Obstart. Als Aromastoffe sind z. B. für die '*Williams Christ*' die Ester, die aus dem Abbau ungesättigter Fettsäuren hervorgehen, ((E.Z)-2,4-Decadiensäureester) charakteristisch. An der fruchtigen Geruchsnote sind auch Essigsäurebutylester und Butttersäureethylester beteiligt. Chemische Zusammensetzung und Energiewert der B. s. Kernobst. → Steinfrucht 2.

Birne, asiatische → Nashi

Birne, Chinesische → Nashi

Birne, Japanische → Nashi

Birne, Weiße: die in China, Japan und in den USA mit verschiedenen Sorten vertretene Birne, *Pýrus bretschneideri* Rehder (Familie *Rosáceae)*, deren süßes, saftiges Fleisch eine weiße Farbe aufweist.

Birnenkraut → Obstkraut

Birnenmelone → Pepino

Birnenquitte → Quitte

Birnen-Steinfrüchtigkeit → Steinfrucht 2.

γ-Bisabolen → Terpen-Kohlenwasserstoffe

Bisamklee → Zigerklee

Bisamkörner, *Ambrette, Moschuskörner:* die Samen des in tropischen Gebieten kultivierten *Abel*-moschus, einer Duft- (für Parfümzwecke), Faser- und Gemüsepflanze, *Abelmóschus moschátus* Medik., Syn. *Hibíscus abelmóschus* L. (Familie *Malváceae).* Auf Grund ihres Aromas werden die B. als Würzdroge in der Spirituosenindustrie, die unreifen Früchte und jungen Blätter dagegen als Gemüse verwendet.

Bischofsmütze 1. → Helvélla

Bischofsmütze 2. → Patisson

1,4-Bis(3,4-dihydroxyphenyl)-2,3-dimethylbutan → Antioxydantien

6,7-Bis-hydroxycumarin → Aesculetin → Cumarin → Cumaringlycoside

1,7-Bis-(4-hydroxy-3-methoxyphenyl)-1,6-heptad ien-3,5-dion → Curcumin

Biskoten → Löffelbiskuit

Biskuit: ein trockenes, fettarmes Feingebäck mit zarter Krumenstruktur aus Weizenmehl mit niedrigem Proteingehalt und/oder Stärke. Diese Bedeutung ist jedoch noch relativ jung. Im 16. Jh. verstand man unter B. eine zwei- oder mehrmalig gebackene Dauerbackware. Im 17. Jh. setzte ein Bedeutungswandel dahingehend ein, daß man das Wort B. sowohl für Zwieback als auch für Feinbackwaren gebrauchte. Im 19. Jh. wurden dann für die Herstellung von B. zunehmend Rezepturen angewandt, die zur Biskuitmasse (→ Volleimasse) und daraus gewonnenen Erzeugnissen mit zartporiger Gebäckstruktur führten. In anderen Ländern (z. B. Frankreich, Großbritannien, Niederlande, Italien) versteht man heute unter der Bez. B. einen trockenen oder fettreichen Keks, in Nordamerika wird der B. vorwiegend zur Bez. von Hartkeksen verwendet. Der (österr. nur *das*) B. wird in Form kleiner gewölbter Plätzchen als *Teegebäck* bzw. *Teebiskuit,* z. B. *Löffelbiskuit,* und als *Biskuitzwieback* bzw. *Röstbiskuit* hergestellt. Der Feuchtigkeitsgehalt beträgt bei B. 10%, bei Biskuitzwieback 6%, der Eigehalt in der Trockenmasse jeweils 6%. Die Haltbarkeit von B. beträgt bei 5···18°C und 50···60% relativer Luftfeuchte 2 Monate, diejenige von Biskuitzwieback 4 Monate. Der B. enthält kein zugesetztes Fett; die Verwendung von → Aufschlagmitteln ist üblich.

Biskuitboden → Torte

Biskuit, glutenfreier → Diätkeks → Dauerbackware

Biskuitmasse → Volleimasse

Biskuitschale → Mohrenkopf

Biskuitschokolade → Gebäckschokolade

Biskuitzwieback → Zwieback → Biskuit

Bismalva → Eibisch

Bismarckhering → Marinaden

Bismut → Mineralstoffe

Bisnorbadiochinon → Pilzfarbstoffe

Bisongras → Mariengras

1,7-Bis-(4-oxy-3-methoxy-cinnamoyl)-methan → Curcumin

1,7-Bis-(4-oxy-3-methoxyphenyl)-heptadien-1,6- dion-(3,5) → Curcumin

Bissen → Fischerzeugnisse → Anchosen

Bissynuß → Colanuß

Bisulfit → Sulfitieren

Bitter: verdauungsfördernder → Trinkbranntwein, → Likör, → Magenbitter

Bitterdistel → Kardobenediktenkraut

Bittere Tropfen: ein stark bitterer → Trinkbranntwein.

Bittererde → Mageniumoxid

Bitterholz → Quassia

Bitterkraut → Wermut → Brunnenkresse

Bitterkresse → Löffelkraut → Wildkräuter

Bitter-Lemon → Erfrischungsgetränk, alkoholfreies

Bittermandelöl:- das ätherische Öl aus der Bittermandel *Prúnus dúlcis var. amára* (DC.) Buchheim (Familie *Rosáceae),* das beim Zerkleinern der Mandel durch die enzymatische Spaltung des Glycosids Amygdalin gebildet wird. Die vorhandene freie Blausäure wird durch eine entsprechende Behandlung entfernt. Die farblose bis leicht gelbliche Flüssigkeit enthält *Benzaldehyd* (bis 90%) und *Benzaldehydcyanhydrin (Mandelsäurenitril)* und wird wegen ihres charakteristischen Geruchs und Geschmacks nach bitteren Mandeln in der Bäckerei, Konditorei sowie als Geschmackskorrigens in der Likörherstellung verwendet. Industriell wird das B. vorwiegend aus den billigeren, entfetteten Aprikosenkernen gewonnen. *Künstliches B.* ist ein durch Lösen von Benzaldehyd in fettem Öl gewonnenes Erzeugnis. Es wird wie B. verwendet und läßt sich mittels der üblichen chemischen Untersuchungsmethoden von den natürlichen B. nicht unterscheiden.

Bitterorange → Pomeranze

Bitterpilz → *Boletáceae*

Bittersalz → Bitterstoffe

Bitterschwamm → *Boletáceae*

Bitterstoffe, *Amara aromatica:* eine bittere Geschmacksempfindung auslösende Stoffe unterschiedlicher, z. T. noch unbekannter Struktur. B. kommen insbes. in Pflanzen vor. Dies sind insbes. Terpenoide, Phenole, Alkaloide und Purine, die in Obst, Gemüse und Gewürzen mehr oder weniger deutlichen bitteren Geschmack bewirken. In den Kulturpflanzen ist in der Regel der Bitterstoffgehalt gegenüber den Wildformen infolge Selektionszüchtung stark vermindert oder ganz unterdrückt worden. Die Geschmackschwellenwerte einiger B. s. Tab.

Erkennungsschwellenwerte bitterer organischer Verbindungen nach K. Herrmann

Verbindung	Erkennungsschwellenwert (mmol/l)
Coffein	1,0– 1,2
Theobromin	0,5– 0,6
Purin	4,0– 6,0
L-Valin	20,0–22,0
L-Leu-L-Leu (Dipeptid)	4,0– 5,0
Phe-Gly-Phe-Gly-(Tetrapeptid)	1,0– 1,5
Ölsäure	9,0–12,0
Linolsäure	4,0– 6,0
Linolensäure	0,6– 1,2
Piperidin	8,0–12,0
Pyridin	1,0– 3,0
2-Methylpyridin	0,3– 0,6
Pyrazin	10,0–15,0
2-Methylpyrazin	3,0–10,0
Pyrimidin	15,0–20,0
Benzoesäureethylester	2,0– 5,0
4-Hydroxybenzoesäure	5,0–10,0
4-Hydroxybenzoesäure-methylester	8,0–10,0
4-Hydroxybenzoesäure-propylester	1,5– 2,5

Bekannte Vertreter von B. sind: → *Absinthin (*im → Wermut), → *Chinin* (in der Chinarinde), → *Condurangin* (in der Kondurangobaumrinde), → *Gentiopicrin* (in der Wurzel des gelben → Enzians), → *Lupulon*, → *Humulon* und dem Flavonoid *6-Isopentenylnaringenin (*im → Hopfen) → *Lactucin* und → *Lactucopicrin (*in Endivie, Zichorie und Kopfsalat), Cynaropicrin (in der Artischocke), *p-Hydroxyphenylessigsäure*, zwei Ester der Taraxinsäure, *4d,15,11β,13-Tetrahydroridentin B*, *β-Sitosterol-O-β-Glucopyranosid*, γ-Taraxasterolacetat und β-Sitosterol (im Löwenzahn), → *Limonin* (in Zirusfrüchten), *Naringin* (in Grapefruit und Tomate), und → *Tomatin* sowie einige → *Hydroxyzimtsäuren* (z.B. Kaffee-, Ferula- und Zimtsäure in reifen Tomatenfrüchten), → *Solanin* und α-Chaconin (in Kartoffeln), *Curcurbitacine* (In Gurken u. a. Kürbisgewächsen) sowie → Coffein. Lebensmittel erhalten durch Rösten einen Bittergeschmack, der mit steigendem Röstgrad zunimmt. Ein charakteristisches Beispiel hierfür ist der Kaffee. Die chemische Natur der *Röstbitterstoffe* oder *Assamare* ist nicht bekannt. Coffein spielt hierbei keine bzw. eine nur geringfügige Rolle. Bitteren Geschmack weisen auch die β-Mannose und die Gentiobiose unter den Sacchariden sowie die L Formen der Aminosäuren Valin, Leucin, Phenylalanin, Tryptophan und Tyrosin sowie eine Reihe von Peptiden, insbes. phosphorhaltige, auf. Anorganische Verbindungen können auch bitter schmecken wie z. B. das sog. Bittersalz (Magnesiumsulfat) in natürlichen Tafelwässern. B. bewirken eine reflektorische Steigerung der Speichel- und Magensaftsekretion, regen die Darmmotorik und die Pankreassekretion an und steigern das Allgemeinbefinden.

Bitterwasser → Heilwasser

Bitterwasser, Friedrichshaller → Heilwasser

Bitterwein → Kräuterwein → Wermutwein

Bitterwurzel → Enzianwurzel

Bitteryams, Afrikanisches, *Esuriyams, Dreiblattyams*: eine in Afrika in großer Formenmannigkeit anzutreffende Dioscoreenart, *Dioscórea dumetórum (*Kunth.) Pax, die auf Grund des in der Knolle vorliegenden Alkaloids *Dihydrodioscorin* bei den Wildformen bes. giftig ist. Wenige Bissen von A. B. wirken bereits tödlich. Nach entsprechender Vorbehandlung ist auch diese → Yamswurzel genießbar.Das A. B. wird als Gemüse verzehrt oder getrocknet zu Mehl verarbeitet. In je 100 g frischen Knollen sind enthalten: 79···86 g Feuchtigkeit, 2,8···4,8 g Eiweiß, 0,28···1,0 g Fett, 7,5···17 g Kohlenhydrate, 0,3···0,7 g Rohfaser, 0,4 ···0,7 g Mineralstoffe, 18···26 mg Calcium, 3,0···6,0 mg Phosphor, 2,5···4 mg Eisen. A. B. wird in Afrika von Anfang April bis Anfang Juni geerntet. Die variable Zusammensetzung wird nicht nur von den Bodenverhältnissen, sondern auch durch den Erntetermin geprägt.

Bitteryams, Ostasiatisches: eine in Indien und China kultivierte, in Westafrika auch wildwachsende → Yamswurzel, *Dioscórea híspida* Dennst., (Familie *Dioscoreáceae*), die erst nach Präparierung genießbar ist. In je 100 g frischer Knollen sind enthalten: 78 g Feuchtigkeit, 18 g Kohlenhydrate, 0,17 g Fett, 1,90 g Eiweiß, 0,96 g Rohfaser und 0,70 g Mineralstoffe. Der Energiewert in kJ (kcal) je 100 g entspricht 349 (84)

Bitzler → Most

Bíxa orellána → Anattobaum

Bixin → Farbstoffe → Lebensmittelfarbstoffe

Blackberry-Brandy: *Brombeer-* bzw. *Kroatzbeer-Fruchtsaftlikör,* hergestellt unter Verwendung von Brombeer-, Sauerkirsch- und Himbeersaft. Neben Brombeergeist (→ Obstgeist) können noch Himbeergeist, Kirschwasser, Weinbrand oder Cassisgeist zugesetzt werden. → Likör → Brandy

Black currant → Tee, aromatisierter

Black Gram → Urdbohne

Black Herring: engl. Fischerzeugnis; ähnlich den Korbbücklingen. → Räucherfischerzeugnisse

'Black Mitchem' → Pfefferminze

Blanche → Cognac

Blankaal → Aal

Blase: Harnblase von Schlachttieren. Nach entsprechender Reinigung und Vorbehandlung dient sie als Wursthülle, z. B. bei → Blasenwurst

Blasenkirsche → Physalis

Blasenkuchen → Aufläufer

Blasenwurst: in vorbehandelte Blasen von Schlachttieren gefüllte *Brühwursterzeugnisse,* zu denen → *Bierwurst, Göttinger B., Jagdwurst, Krakauer* und *Kochsalami* zählen. Es handelt sich um grobe Brühwurst aus grob zerkleinertem Fleisch und Speck. → Wurst

Blaßsporröhrlinge → Boletáceae

Blastomycétes → Pilze

Blate → Stollen

Blatt → Schlachtkörperteilstücke

Blattbatavia → Lollo Rossa

Blätteraldehyd → trans-2-Hexenal

Blätteralkohol → cis-Hex-3-en-1-ol

Blätterkohl → Grünkohl

Blätterpilze → Ständerpilze

Blätter-Röhrlinge → Boletáceae

Blätterteig: ein durch Kneten von Weizenmehl und Trinkwasser hergestellter *hefefreier* Teig, der durch Ausrollen, Auftragen von Fett und mehrmahliges Zusammenfalten eine Schichtung erhält. Beim anschließenden Backprozeß wird der entstehende Wasserdampf des Teiges durch die Fettschichten am Entweichen gehemmt und lockert die Gebäckstücke, indem die Teigschichten sich blätternd voneinander lösen. Beim Verzehr von *Blätterteiggebäck* darf weder Talg- noch Fettgeschmack wahrnehmbar sein, außerdem dürfen sich die Gebäckstücke nicht schwer anfühlen oder gedrungen sein; derartige Herstellungsfehler bedingen eine schwere Verdaulichkeit. *Blätterteiggebäck* soll splittrig und rösch beschaffen sein, dieses ist nur bei tagfrischem Erzeugnis möglich, die Haltbarkeit ist folglich begrenzt. Eine Ausnahme bilden *Pasteten, Fleurons* sowie *Salz-* und *Käsegebäck,* die vor dem Verzehr in der Regel vom Verbraucher noch einmal stark erhitzt werden und dadurch ihre bekömmliche Rösche erhalten. Blätterteiggebäck wird hergestellt a) ohne Belag und ohne Füllung (z. B. Schweinsohren, Salzstangen, Fleurons, Pasteten), b) mit Belag (z. B. Prasselkuchen, Quarkspitzen) oder c) mit Füllung (z. B. Zungen, Apfelstrudel, Schweinsohren, Schillerlocken, Käsegebäck, Sahnerollen, Holländer Schnitten, gefüllte Pasteten). Bei Blätterteiggebäck überwiegen meist die Nichtmehlanteile, es handelt sich um ein sehr fetthaltiges Gebäck. Bei ungefüllten Erzeugnissen liegt der Feuchtigkeitsgehalt bei

6,5%, der Fettgehalt bei 30···40%, und der Energiewert entspricht 2090···2508 kJ (500···600 kcal) je 100 g. Der B. kommt auch als gefülltes oder ungefülltes Halberzeugnis in gefrierkonservierter Form in den Handel und wird im Haushalt vor dem Verbrauch gebacken. Die Gefriererzeugnisse können 4 Monate gelagert werden. → Teig

Blätterteigbrötchen → Fettbrötchen

Blätterteighaus → Pastete

Blattgelatine: in dünne Platten gegossene → Gelatine, die nach sorgfältigem Trocknen in rechtekkige Blätter geschnitten und in Kleinverbraucherpackungen vermarktet wird. Die beim Trocknen benutzte Luft muß keim- und staubfrei sein, da feuchte Gelatine einen idealen Nährboden für Mikroorganismen bietet.

Blattgewürz: Sammelbegriff für die frischen oder getrockneten, ganzen oder zerkleinerten Blätter von Kerbel, Krauseminze, Liebstöckel, Lorbeer, Melisse, Petersilie, Pfefferminze, Rosmarin, Salbei, Sellerie und Weinraute. → Gewürz → Küchenkraut

Blatthonig → Honigtauhonig

Blattpetersilie, *Petersilienblatt, Schnittpetersilie*: das frische, gefrorene oder getrocknete Kraut des in Europa und in den USA kultivierten, zweijährigen Doldengewächses *Petroselínum críspum* (Mill.) Nym. ex A. W. Hill ssp. críspum (Familie *Apiáceae*). Die B. wird in mehreren Abarten (glatt oder kraus) angebaut. Ihr charakteristischer Geruch und Geschmack sind auf den Gehalt an ätherischem Öl mit → Apiol (*Petersilienkampfer*), → Apiin, ferner an fettem Öl und Harz zurückzuführen. Für die Frischmarktversorgung ist die B. zu bündeln. Die Masse je Bund muß 20 g, die Stiellänge, gemessen ab letzter Verzweigung darf max. 100 mm betragen. In Kleinverbraucherpackung gefrierkonservierte B. liegt im Vitamin-C-Gehalt deutlich niedriger als frische B.. Neben Trockenpetersilie wird konservierte B. auch als → Salzgemüse gehandelt. B. läßt sich in kleinen, fest verschlossenen Folienbeuteln bei −1···+2°C etwa 8 Wochen (im losen Zustand nur 2 Wochen) lagern. In unperforierten Beuteln kommt es in wenigen Tagen auf Grund der Blattatmung zu einem Kohlendioxidanstieg, den die B. bei Temperaturen über 0°C gut vertragen kann. Die B. zählt zu den Vitamin-C-reichsten (s. Tab.)

Zusammensetzung und Energiewert von Blattpetersilie

Bestandteil	in 100 g eßbaren Anteils
Feuchtigkeit	81,9 g
Eiweiß	4,43 g
Fett	0,36 g
Kohlenhydrate	2,5 g
Rohfaser	4,3 g
Mineralstoffe	1,68 g
Natrium	33,0 mg
Kalium	1000,0 mg
Magnesium	41,0 mg
Calcium	245,0 mg
Eisen	8,0 mg
Phosphor	128,0 mg
Caroten	7,25 mg
Vitamin B_1	0,14 mg
Vitamin B_2	0,30 mg
Niacin	1,35 mg
Vitamin C	166,0 mg
Energiewert kJ (kcal) je 100 g	131 (31)

Wurzelpetersilie → Petersilie

→ Gemüsearten.

Blattprotein: Proteine der Blätter der zur Photosynthese befähigten Pflanzen. B. ist ein oft unterbewerteter Bestandteil von Blattgemüsen (100 g eßbarer Anteil von Grünkohl enthalten 4,3 g, von Mangold 2,1 g und von Spinat 2,5 g Protein) und von Futterpflanzen. Das B. setzt sich im wesentlichen aus dem Protein des am weitesten verbreiteten Enzyms *Ribulose-1,5-biphosphatcarboxylase* zusammen. Es macht 25% des Gesamtproteins und 50% des löslichen Proteins aus. B. weist lediglich einen niedrigen Gehalt der essentiellen Aminosäure *Methionin* auf (s. Tab. S. 202).
Die *biologische Wertigkeit* der B. von etwa 70 entspricht etwa derjenigen von Hefe- und Ölsamenproteinen. Lediglich ihre Zugänglichkeit zur Ver-

Gehalt an essentiellen Aminosäuren in Blattproteinen (in % [nach Pirie])

Aminosäure	in %
Lysin	5,6··· 7,1
Threonin	4,8··· 5,7
Methionin	1,7··· 2,8
Valin	6,0··· 7,2
Isoleucin	4,7··· 5,2
Leucin	8,8···10,0
Tyrosin	3,9··· 4,6
Phenylalanin	5,5··· 6,4
Tryptophan	1,7··· 2,3

dauung ist vor allem durch Einschluß in cellulosehaltiges Material sowie die Gegenwart von störenden Begleitstoffen (antinutritive Verb.) eingeschränkt. Ein u. a. auf Luzerne angewendeter Aufschluß (sog. Protein-Xanthophyll-Prozeß) wurde auch auf die Proteingewinnung für die menschliche Ernährung ausgedehnt. Das in einem mehrstufigen Prozeß (Hitzebehandlung des Preßsaftes, Zentrifugieren zur Abtrennung des grünen Koagulates, Fällung der Proteine durch Erhitzen, Separation des Koagulates) eignet sich als Proteinzusatz und soll perspektivisch bes. in tropischen Ländern zur Minderung des noch bestehenden Eiweißdefizits Anwendung finden.

Blattsalat: i. e. S. Sammelbez. für grün-, braun-, rötlich- oder rotfarbenes → Blattgemüse, das als Salat verzehrt wird, wozu → *Garten-*, → Feld- und *Zichoriensalat* gehören. I. w. S. zählen hierzu auch → Wildkräuter und alle ausländischen Pflanzenarten, die als B. genutzt werden. Im Milchsaft einiger Vertreter der Tribus *Cichórieae (Lactucáceae)*, insbes. bei den *Lactuca-Arten* (→ Lattich, → Kopfsalat, → Schnittsalat, → Pflücksalat, → Buttersalat, → Bindesalat) oder bei den Zichorienarten (→ Endiviensalat, → Chicorée, → Fleischkraut, → Radicchio), auch bei der → Gänsedistel oder → Schwarzwurzel (die mit den Zichorienarten verwandt sind) finden sich die Sesquiterpenlactone → *Lactucin* und → *Lactucopikrin*, die den charakteristischen Bittergeschmack vieler Blattsalatarten hervorrufen, andererseits auch sedative Wirkungen haben und deshalb früher als Husten- und Schlafmittel herangezogen wurden. Der Vitamin-C-Gehalt ist bei den *Kultursalatsorten* im Vergleich zu den *Wildsalatarten* (→ Wildkräuter) rel. gering. Bei *Kopfsalat* nimmt der Gehalt von außen nach innen ab: etwa 50···60% des Vitamin-C-Gehaltes befinden sich in den Außenblättern, 20···30% in den äußeren Kopfblättern, 10% in den inneren Kopfblättern und 5% in den Herzblättern. Bei B. ohne Kopfbildung ist der Vitamin-C-Gehalt gleichmäßig verteilt. Die Sortenabhängigkeit des Vitamin-C-Gehaltes ist gering, die Lichtabhängigkeit dagegen – parallel zum Nitratgehalt – hoch. Je nach Witterung und Vegetationszeit kann der Vitamin-C-Gehalt bis zum 3···4fachen Wert ansteigen. Mittlere Vitamin-C-Gehalte für je 100 g Frischsubstanz betragen in mg: bei Kopfsalat 12, Pflücksalat, grün 26, Pflücksalat, rot 19, Schnittsalat 16, Bindesalat 28 und Eissalat 9. Bei Zichoriensalaten liegen die Werte ähnlich: bei Endivie 15, Radicchio 10 (Kulturlöwenzahn dagegen 50). Der B. neigt stark zur Nitratspeicherung, die jedoch wie der Vitamin-C-Gehalt licht- und witterungsabhängig verläuft. *Sommersalat* weist in der Regel niedrigere und *Wintersalat* (hinter Glas gezogen) höhere Nitratwerte auf. Durch gründliches Abspülen der Blätter läßt sich ein Teil des Nitrats auswaschen; nitratarme Salatsorten konnten auf züchterischem Wege noch nicht gewonnen werden. Der B., insbes. von den zartblättrigen → *Gartensalatsorten*, neigt äußerst schnell zum Welken, so daß die hohe Wasserverdunstungsrate durch entsprechend hohe Luftfeuchtigkeitswerte beim Lagern gebremst werden muß. Durch Abdecken oder Einschlagen mit dünner, gelochter Folie läßt sich der B., bei gleichzeitiger Kühllagerung, etwa zwei Wochen frisch halten. In verschiedenen Ländern wird die Lagerfähigkeit von verpacktem B. durch Konservierungsmittelanwendung erhöht. Dabei werden größere Posten mit Lösungen von Ascorbinsäure, Citronensäure, Calciumchlorid, Natriummetabisulfit oder Kaliumsorbat besprüht oder kleinere Partien vor dem Verpacken in entsprechende Kombinationslösungen getaucht.

Blattsalat, bunter → Salat, bunter

Blattsellerie, *Schnittsellerie, Staudensellerie, Krautsellerie, Apíum gravéolens* L. *var. secálinum* Alef., eine → Sellerieart, bei der lediglich die Blätter (auch *Eppichblatt, Eppichkraut* oder *Sellerieblatt* genannt) frisch oder getrocknet als → Küchenkraut verwendet werden. Der B. läßt sich wie Petersilie bei 1°C etwa 2 Wochen und bei -1°C bis etwa 8 Wochen in guter Verkaufsqualität halten, wenn die Luftfeuchtigkeit bei 95 % liegt oder der B. in Folienbeuteln aufbewahrt wird. Der Gehalt an ätherischem Öl verleiht dem B. den charakteristischen Geruch und Geschmack. B. wird zum Würzen von Salaten, Suppen, Quark, Fischspeisen u. a. Gerichten sowie in pulverisierter Form für Selleriesalz verwendet. → Küchenkraut → Gewürzmischung

Blattsenf → Amsoi

Blaubeere → Heidelbeere

Blaubrassen → Meerbrassen

Blauer → Seelachs

Blaufelchen → Maräne

Blaufisch, *Pomátomus saltátrix,* → Tassergal

Blaugummibaum → Eukalyptusbaum

Blauheedl → *Boletáceae*

Blaukäse → Fromage bleu

Blaukraut → Kopfkohl

Blauleng → Leng

Blaureis: mit dem blauem Blütenfarbstoff von *Clitória ternatéa* L. (Familie *Fabáceae) gefärbtes Speisereisgericht.* Die Pflanze wird seit langem in Ostasien zum Färben von Reis benutzt.

Blaurücken → Lachs

Blausäure, *Cyanwasserstoffsäure:* Nitril der Ameisensäure, Formel H-C≡N. B. ist in der Natur weit verbreitet und kommt meist in gebundener Form vor. B. ist eine farblose Flüssigkeit, F. -14°C, Kp. 26°C, *d* 0,6876, *n* 1,2675, in verdünntem Zustand mit bittermandelartigem Geruch. Sie ist in jedem Verhältnis mischbar mit Wasser, Ethanol und Ether. B. ist eines der stärksten und schnellwirkenden Gifte. Die wichtigsten chemischen Verbindungen der B. sind die Cyanide (z. B. Kaliumcyanid, veraltet Zyankali), aus denen sie durch Säureeinwirkung freigesetzt wird. Wegen ihrer starken Wirkung wird B. zur Bekämpfung von tierischen Schädlingen in Schiffen, Speichern und Lagerräumen verwendet. Die wichtigste cyanidhaltige natürliche Verbindung ist das Glycosid → *Amygdalin* in bitteren Mandeln und den Kernen verschiedener Steinobstarten. B. wird aus diesen durch das Enzym *Emulsin* freigesetzt. In freier Form kommt sie z. B. in Maniokknollen vor. In reifen, entspelzten und ungebeizten Getreidekörnern wurden 0,1···4,5 µg freie B. je 100 g Tr.s., im Grünkernmehl bis 54 µg festgestellt. Die Gehaltswerte schwanken in Abhängigkeit von Erntejahr, Lagerdauer, Anbaugebiet u. a. Faktoren. Da die tödliche Dosis chemisch gebundener B. bei 2,0···2,3 mg je kg Körpermasse liegt und B. sehr schnell im Körper entgiftet wird, besteht selbst bei überhöhtem Getreideverzehr keine Vergiftungsgefahr. → Begasungsmittel

Blauschimmelkäse → Edelpilzkäse

Blaustengler: eine sehr alte ungarische Weißweinkeltertrauben-Sorte, die feurige, schwere Weine von ausgezeichneter Qualiltät liefert. Sie gehört zu den besten Sorten am Balaton und wird dort *Kecknyely* genannt.

Blechkuchen: ein auf großem, vorwiegend rechteckigem Blech aus Hefe-, oder Mürbeteig gebackener → Kuchen, oder *Platz* (Regionalbez.). Hinsichtlich der Beschaffenheit wird unterschieden: a) B. ungefüllt, mit Auflage, offen gebacken (z. B. *Zuckerkuchen, Streuselkuchen, Bienenstichkuchen),* b) B. mit Auflage und Decke, die aus Hefe-, Mürbe-, Blätter-, Plunderteig oder Mischungen dieser Teige oder aus Schaummasse bestehen kann (z. B. Obstkuchen mit Auflage) und c) B., der nach dem Backen gefüllt wird (z. B. gefüllter Obstkuchen, gefüllter Streuselkuchen, gefüllter Bienenstichkuchen). Bei Obstfüllungen oder anderen schweren Auflagen kommt es vor, daß sich Speck- oder Klitschstreifen unterhalb der Füllungen im Gerüst der Krume bilden. Gründe dafür sind eine zu junge Teigführung, zu hoher Zuckergehalt, aber auch eine zu geringe Anfangsbacktemperatur oder eine zu lange Teigruhe.

Blei: **1.** chemisches Element der IV. Hauptgruppe, Symbol Pb (von Plumbum, lat.), Molmasse 207,2 g/mol, Ordnungszahl 82. B. und Bleiverbindungen sind starke Gifte. Durch Speicherung im Körper ist die Möglichkeit der chronischen Bleivergiftungen gegeben; typische Symptome dafür sind Appetitlosigkeit, Verdauungsstörungen, Anämie, Blässe, schiefergrauer Saum am Zahnfleisch, Koliken und Gliederschmerzen, Störungen im zentralen Nervensystem, Augen- und Nierenschädigungen. Infolge verbreitet aufgetretener Bleivergiftungen ist die Verwendung von B. bzw. bleihaltigen Legierungen im Haushalt, auch für Wasserleitungen, untersagt. Eine Verunreinigung der Nahrung mit B. kann durch Auspuffgase erfolgen, wenn verbleite PKW-Kraftstoffe Verwendung finden (s. Tab. unten).
→ Schwermetalle, toxische
2. *Brachsen, Brassen, Abrámis bráma* (Bild oben). Sehr hochrückiger, seitlich stark zusammengedrückter *Süßwasserfisch* mit bleigrauer bis schwärzlicher Oberseite, manchmal mit grünlichem Ton, und weißlich glänzendem Bauch, der → Güster sehr ähnlich. Die Flossen sind dunkelgrau, ohne rötlichen Ton, der Augendurchmesser ist geringer als die Schnauzenlänge. Der B. wird durchschnittl. 30···50 cm, höchst. 70 cm lang. Die Masse beträgt bei 35 cm etwa 0,5 kg, bei 45 cm etwa 1 kg, bei 50 cm etwa 1,5 kg, höchst. 6,5 kg. Dieser bodenorientierte Schwarmfisch der Seen und langsam fließenden Gewässer kommt von Mitteleuropa bis zum Ural, in gewissem Umfang auch im Brackwasser, vor und hat große wirtschaftliche Bedeutung. Der B. enthält in 100 g eßbarem Anteil, abhängig von Fanggebiet und Jahreszeit, 15,5···18,5 g Eiweiß und 7,0···12,0 g Fett. Für den verwertbaren Energieinhalt können 630 kJ (150 kcal) je 100 g eßbaren Anteils angenommen werden. Das Fleisch dieses Speisefisches ist fett und schmackhaft. → Fisch

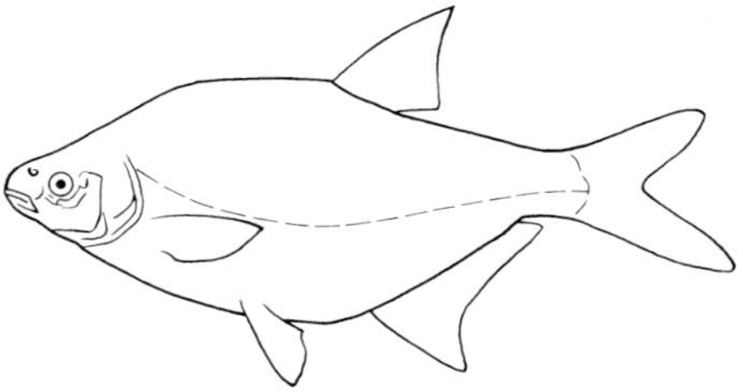
Blei

Richtwerte zur Begrenzung bzw. Minimierung des Gehalts an Blei in Lebensmitteln in mg/kg bzw. mg/l, bezogen auf Frischsubstanz bzw. Angebotsform

Lebensmittel	Bleigehalt	Lebensmittel	Bleigehalt
Milch	0,03	Fleischerzeugnisse	0,25
Kondensmilch	0,30	Wurstwaren	0,25
Käse (außer Hartkäse)	0,25	Fisch u. Fischwaren	0,50
Hartkäse	0,50	Krusten-, Schalen-, Weichtiere (außer Muscheltiere)	0,50
Hühnereier	0,25	Muscheltiere	0,80
Rind-, Kalb-, Schweinefleisch	0,25	Weizenkörner	0,30
Hackfleisch	0,25	Roggen-, Reiskörner	0,40
Hühnerfleisch	0,25	Kartoffeln	0,25
Rinder-, Kalbs-, Schweineleber	0,50	Grünkohl, Küchenkräuter	2,00
Rinder-, Kalbs-, Schweineniere	0,50	Spinat	0,80
		Sprossengemüse	0,50
		Fruchtgemüse	0,25

Bleicherde, *Fullererde, Floridaerde:* Mineralerde, die im natürlichen Zustand oder nach Aktivierung in der Lage ist, Farbstoffe zu entfernen. Für die Bleichung von Fetten und Ölen werden B. verwendet, die die Farbstoffe adsorptiv entfernen. Bes. geeignet sind Aluminium-Silikate, die *Montmorillonit* enthalten → Bentonit. Eine Aktivierung der B. kann durch Behandlung mit Salzsäure erfolgen. Die B. sind meist bes. wirksam, wenn sie 5···10% Wasser enthalten. Wichtige Vorkommen an B. befinden sich in Bayern, in England und in den USA (Florida, Georgia). → Bleichmittel → Klärhilfsmittel

Bleichgemüse, *gebleichtes Gemüse:* im Dunkeln gehaltene Pflanzen, deren charakteristische Veränderungen sich im Vergeilen (Etiolierung) äußern. Die Internodien und Blattstiele werden länger als unter ausreichender Lichtzufuhr, während die Blattspreiten rudimentär bleiben können, die Festigkeitselemente- und Leitbündelausbildung sowie die Pigmentsynthese (Chlorophyll-, Carotinoid- und Anthocyanbildung) unterbleiben, so daß sich *zarte, etiolierte (= gebleichte)* Sprosse, Blätter oder Stengel bilden. Dieser Vorgang erfolgt durch a) Anhäufeln (→ Spargel, → Löwenzahn, → Meerkohl, → Wegwarte), b) Zubinden (→ Bindesalat, → Endivie, → Bleichsellerie) oder c) Treiben in dunklen Räumen (→ Chicorée), wobei versucht wird, hellfarbiges, leicht kaubares (zartes) Gemüse heranzuziehen. Zu den unabsichtlich gebleichten B. zählen u. a. die reservestoffreichen, kohlenhydratreichen, unterirdischen Speicherorgane z. B. der Speisezwiebeln, Schwarzwurzeln oder Kartoffeln oder die dichtgepackten „Blattpakete" im Inneren von Kopfsalat oder Dauerweißkohl. → Porree → Chards → Zichoriensalat → Löwenzahn → Wegwarte

Bleichmittel: chemische Verbindungen, die unerwünschte Verfärbungen von Lebensmitteln beseitigen oder deren Entstehung vorbeugen. Sie wirken durch Oxydation mißfarbener oder zur Verfärbung neigender Inhaltsstoffe von Lebensmitteln zu farblosen Verbindungen.
Bei den Bleichmitteln handelt es sich um Oxydationsmittel (Peroxide, Perborate), seltener um Reduktionsmittel (Schwefeldioxid, schweflige Säure). Eine indirekte Bleichwirkung ist die Verhinderung des enzymatischen und nichtenzymatischen Braunwerdens durch Schwefeldioxid. Die Mehlbleichung ist in den meisten Ländern obsolet geworden. B. dürfen nicht dazu benutzt werden, den Verbraucher über den Frischezustand eines Lebensmittels zu täuschen. Ihre Verwendung ist deshalb in Deutschland auf sehr wenige Lebensmittel beschränkt, wie Stärke, Gelatine, Fischmarinaden und die Schalen von Walnüssen. Zur Entfärbung von Speiseölen, Fetten, Wachsen, Zuckersaft u. a. werden adsorptiv wirkende B., wie → Bleicherden, Aktivkohle, Kieselsäuregel, verwendet, die durch Filtration abgetrennt werden können.

Bleichsellerie, *Stauden-, Stangen-* oder *Stielsellerie, Ápium gravéolens var. dúlce* (Mill.) Pers.: eine → Sellerieart, bei der durch Anhäufeln mit Erde die Chlorophyllbildung unterdrückt wird. B. wird in Bündeln zusammengeschlossener fleischiger Blatttriebe und Blattspreiten gehandelt und roh als Salat oder gekocht verzehrt. Er trägt auch die Bez. *Bindesalat* wegen seiner dem → *Bindesalat* ähnlichen Zubereitung. B. wird vorwiegend in Italien angebaut, wobei Sorten von weißgelblicher oder rotvioletter Stielfarbe bevorzugt werden. Neue Sorten machen das Bleichen bei Dichtpflanzung überflüssig. Unter den selbstbleichenden Sorten unterscheidet man grünstielige mit dicken, fleischigen, aber zarten, knackigen Stielen, mit besserer Qualität als die gelbstieligen Sorten. Durch enge Pflanzung erreicht man, daß die Blattstiele aufrechter wachsen und länger werden (erwünscht sind 20···24 cm). Für die Verarbeitung werden gelbe Sorten, für den Frischverbrauch grüne Sorten bevorzugt (die Blattstiele werden mit Butter oder Käse belegt verzehrt). Beim Ernten trennt man eine dünne Scheibe mit den Blattstielen von der Knolle, so daß die Stiele noch zusammenhängen, die am besten in gelochte Folienbeutel zur Verhinderung vorzeitigen Welkens verpackt werden. Bei 0°C und 95% rel. Luftfeuchte ist das Erntegut 4 bis 5 Wochen lagerfähig, bei 5°C ist B. nur 8 bis 10 Tage haltbar (s. Tab. S. 206).

Zusammensetzung und Energiewert von Bleichsellerie

Bestandteil	Gehalt je 100 g eßbaren Anteils	
Feuchtigkeit	92,5	g
Eiweiß	1,2	g
Fett	0,2	g
Kohlenhydrate	2,2	g
Ballaststoffe	2,4	g
Mineralstoffe	1,1	g
Natrium	133,0	mg
Kalium	344,0	mg
Magnesium	12,0	mg
Calcium	80,0	mg
Eisen	0,5	mg
Phosphor	48,0	mg
Vitamin B_1	0,048	mg
Vitamin B_2	0,076	mg
Niacin	0,55	mg
Vitamin C	7,0	mg
Energiewert in kJ (kcal) je 100 g	63 (15)	

Bleichspargelsterilkonserve → Gemüsesterilkonserve

Blend → Verschnitt

Bleßgänse: *Anser álbifrons* → Wild

Blicca björkna → Günster

Blicken → Einkorn

Blighia sápida → Aki-Nuß

Blikke → Güster

Blimbing → Baumstachelbeere

Blindbackware → Pastete

Blindgebäck → Pastete

Blini, *Bliny:* Sammelbez. für weiche, lockere, poröse, halb durchsichtige, also sehr dünne Plinsen (→ Fladen) der russ. Küche, die wie ein Schwamm zerlassene Butter, saure Sahne oder Joghurt in sich aufsaugen und sich je nach verwendeter Getreideart *(Hirseblini, Roggenblini, Buchweizenblini* oder *Weizenblini*) unterscheiden, aber stets entweder aus biologisch gelockertem, zumindest aus dünnflüssigem → Teig hergestellt und vielfach mit Gemüse, Fisch oder Fleisch belegt oder gefüllt sein können. Als *Plinsen-* oder *Piroggenblini* werden zu mehreren übereinandergelagerte B. bezeichnet, die mit verschiedenen Füllungen versehen sein können und nach dem Füllvorgang in der Regel noch einmal nachgebraten werden.

Blitum → Meier

Blítum capitátum → Erdbeerspinat

Blítum virgátum → Erdbeerspinat

Bloater → Räucherfischerzeugnisse

Blockmilch: unter Zusatz von Zucker bis zum schnittfähigen Zustand eingedickte Milch, die mind. 12 % Fett, mind. 28 % fettfreie Milchtrockenmasse und höchst. 16 % Wasser enthält und mit einem Überzug von Kakaobutter versehen sein kann, der nicht mehr als 1 % der Gesamtmasse betragen darf. Die B. dient als Halbfabrikat für die schokolade- und zuckerverarbeitende Industrie und kann geraspelt und ähnlich wie Milchpulver verarbeitet werden.

Blocksahne: ein bis zum schnittfähigen Zustand eingedicktes Gemisch aus Sahne, Milch und Zukker mit mind. 18.% Fett, mind. 20 % fettfreier Milchtrockenmasse und höchst. 16 % Wasser. Die B. kann mit einem Überzug von Kakaobutter versehen sein, der nicht mehr als 1 % der Gesamtmasse betragen darf. Sie dient als Halbfabrikat in der Süßwarenindustrie.

Blockschokolade: eine → *Schokolade,* die in ihrer Qualität der *Kochschokolade* entspricht. → Süßware → Kakaoerzeugnis

Blockzitwer → Zitwer, Gelber

Blonde → Rochen

Blondorange → Orange

Blubber → Walöl

Blue Crab → Krebstiere

"Blue crop" → Beerenobst

Bluefort: Blauschimmelkäse aus den Niederlanden. → Käsesorten

Blume → Schlachtkörperteilstücke

Blumenkohl, *Karfiol, Käsekohl, Italienischer Kohl:* der fleischig verdickte, gelblichweiße, seltener rot- oder blaufarbenen von grünen Blättern umgebene Blütenstand von *Brássica olerácea* L. *var. botrýtis* (Familie *Brassicáceae).* Qualitätsware bei weißem B. muß frischweiß bis kremfarben, geschlossen, frei von Flecken und Druckstellen sein. B. wird als Koch- und Salatgemüse verwendet und eignet sich auf Grund seiner zarten Zellstruktur zur Schonkost (Tab.).

Zusammensetzung und Energiewert von Blumenkohl

Bestandteil	Gehalt in 100 g eßbaren Anteils
Feuchtigkeit	91,6 g
Eiweiß	2,46 g
Fett	0,28 g
Kohlenhydrate	2,3 g
Ballaststoffe	2,9 g
Mineralstoffe	0,82 g
Natrium	16,0 mg
Kalium	328,0 mg
Calcium	20,0 mg
Eisen	0,63 mg
Phosphor	54,0 mg
Caroten	0,033 mg
Vitamin B_1	0,11 mg
Vitamin B_2	0,10 mg
Niacin	0,60 mg
Pantothensäure	1,01 mg
Vitamin B_6	0,20 mg
Vitamin C	69,8 mg
Energiewert in kJ (kcal) je 100 g	91 (22)

Zum typischen Aroma von Blumenkohl trägt 3-Methylthiobutylisothiocyanat bei. Für den gekochten Blumenkohl sind Nonanal und 2-Propenyl-, 3-Butenyl- und 2-Phenylethylisothiocyanat von Bedeutung. Die industrielle Verarbeitung beschränkt sich wegen der leichten Verfärbungsneigung bei Naßkonservierung vorwiegend auf Gefrierkonservierung. Zur Lagerung eignet sich nur frischgeschnittener, nicht zu weit entwickelter B. mit vollem Umblatt (Verdunstungsschutz). Früh- und Sommerblumenkohl sind weniger haltbar als im Spätherbst geschnittener. B. hält sich 4 Wochen verkaufsfähig bei −1···0°C. Für kurzzeitige Lagerung (übers Wochenende) reicht eine Abkühlung auf 8···10°C. Abpackung in gelochte Folienbeutel vor der Lagerung ist zweckmäßig. → Türmchenblumenkohl → Kohl → Gemüse → Essiggemüsesterilkonserve → Gemüse, gewürztes → Gemüse, milchsaures, → Salzgemüse

Blumenkohl, glasiger → Glasigkeit

Blumenkohl, grüner → Brokkoli

Blumenkresse → Kapuzinerkresse, Große

Blut: das Herz und alle großen Gefäße der höheren Tiere füllende, durch → Hämoglobin rot gefärbte, gerinnbare Flüssigkeit, (80 % Wasser), deren Festsubstanz aus etwa 55 % aus eiweiß- (0,3···0.4 % Fibrinogen, 6,5···8,5 % Albumine und Globuline) und salzhaltigem (Kaliumphosphat, Natriumchlorid und geringe Mengen Calcium-, Magnesium- und Eisensalze) *Blutplasma* und zu etwa 45 % aus den Formelelementen *Erythozyten*

Durchschnittlicher Nährstoffgehalt des Blutes

Bestandteil	Gehalt in 100 g Blut	
	in g	in mg
Wasser	80,8	
Eiweiß mit Hämoglobin	18,1	
Fett	0,2	
Kohlenhydrate	Spuren	
Mineralstoffe		
Natrium		100···300
Kalium		35···225
Calcium		4··· 5
Magnesium		2··· 5
Eisen		35··· 60

(rote Blutkörperchen), *Leukozyten* mit Lymphozyten (weiße Blutkörperchen) und *Thrombozyten (Blutplättchen)* besteht. Erythrozyten, Leukozyten und Thrombozyten werden auch als Dickblut bezeichnet. Bei der Blutgerinnung geht das lösliche *Fibrinogen* in das unlösliche *Fibrin* über und scheidet sich als Gerinnsel ab, wobei die Blutkörperchen und -plättchen eingeschlossen werden (Blutkuchen).
Die verbleibende Flüssigkeit ist das *Blutserum.* Der Gerinnungsvorgang kann durch Calciumionen bindende Stoffe (Citrate, Phosphate, Oxalat, Fluorid) oder durch Schlagen des Blutes verhindert werden. Derart stabilisiertes Blut liefert beim Zentrifugieren etwa 70% Blutplasma. Die bei der Schlachtung abfließende Blutmenge beträgt beim Rind 12···15 l, beim Schwein 2···3,5 l und beim Pferd 9···10% der Körpermasse. Das bei der Schlachtung anfallende Blut oder das durch Zentrifugieren gewonnene Blutplasma bzw. Dickblut wird zur Wurstherstellung verwendet, sofern es von gesunden Schlachttieren stammt und unter hygienisch einwandfreien Bedingungen gewonnen worden ist. Das B. oder auch Blutplasma und Dickblut gehen bei nicht ausreichender Konservierung (Kälte, Salze) schnell in Fäulnis über. Der ernährungsphysiologische Wert des B. (Tab.) ist infolge des Eiweißgehaltes und der leichten Verdaulichkeit hoch. Der Energiewert beträgt etwa 335 kJ (80 kcal) je 100 g Rinderblut. Auch in der chemischen und pharmazeutischen Industrie und in der gewerblichen Wirtschaft wird B. als Ausgangsstoff verwendet.

Blutbrot: ein in Finnland und Nordschweden verbreitetes Laibbrot aus Roggenmehl oder Roggenvollkornschrot unter Zusatz von Schweineblut. → Brot

Blütengewürz: Sammelbegriff für die getrockneten, teils zerkleinerten oder eingelegten Blütenknospen, Blüten oder Blütenteile des Gewürznelkenbaumes (→ Gewürznelken), des Echten Kapernstrauches (→ Kapern), des Echten Lavendels (→ Lavendel), von *Crócus satívus* L. (→ Safran) oder des Zimtbaumes (→ Zimtblüten). → Gewürz

Blütenmarmelade: eine in der ehem. Sowjetunion aus Blütenblättern bereitete, sehr schmackhafte Marmelade. Vorzugsweise werden die wohlduftenden Blütenblätter der *Garten-* und *Wildrosen (Rósa ssp.,* Familie *Rosáceae),* des *Echten Jasmins, (Jasmínum ssp.* Familie *Oleáceae*) oder der → *Robinie (Robínia pseudoacácia* L., Familie *Fabáceae*) genutzt.

Blütenpollen → Pollen

Blütenstaub → Pollen

Blutfarbstoff → Farbstoffe

Blutfennich → Bluthirse

Blutfleckei → Ei

Blutgarbe → Knöterich

Bluthirse, *Blutfennich, Mannagras, Himmelstau: eine vielgestaltige* → Hirseart, *Digitária sanguianális* (L.)Scop., (Familie *Poáceae*), deren *var. frumentácea* Henrard und *var. esculénta (Gaud.) Caldesi* schon im Mittelalter im östlichen Deutschland und Österreich angebaut und am Ende des 19. Jh. noch in der Oberlausitz, Görlitzer Heide, Böhmen, Kärnten, ehem. Jugoslawien zu finden waren, heute aber nur noch vereinzelt kultiviert werden. Zur Nutzung als Nahrungsgetreide müssen die Halme bei Gelbreife geschnitten werden, da die Samen leicht ausfallen. Die B. wird als → Grütze verzehrt oder für Suppen verwendet.

'Blutige' → Haselnuß

Blutkraut → Knöterich → Meier

Blutlaugensalz, gelbes → Kaliumhexacyanoferrat(II)

Blutorange → Orange

Blutplasma: wird aus Tierblut durch Abtrennen der Blutkörperchen mittels Zentrifugieren gewonnen. Die erhaltene Flüssigkeit kann auch getrocknet und in dieser Form (Trockenblutplasma) angewendet werden, bes. zur Herstellung von Brühwursterzeugnissen.

Blutungssaft: der bei Pflanzen aus Wunden austretende *Phloemsaft* (Siebröhrenblutung) oder

*Xylemsaft (*Gefäßblutung). *Phloemsaft* wird vor allem bei einkeimblättrigen Pflanzen, wie Agaven (→ Agumiel) oder Palmen (→ Palmzucker) gewonnen. Hier bluten die Stümpfe abgeschnittener Blütenstandsachsen, wobei bis zu 19% Saccharose im Phloemsaft enthalten sein können. Auch der → Nektar 1. zählt zu dem *Phloemsaft,* ein Saft, der von den Blättern aufwärts in die Blütenstände *(Infloreszenzen)* führt oder aus dem Stumpf der Wunde austritt. Der *Xylemsaft* tritt vor allem als Wurzelstumpfblutung (nach Abschneiden der Sproßachse) auf oder als *Stammblutungssaft* von Bäumen, nach Anritzen der Rinde, z. B. bei Birke, Zuckerahorn oder Palme. Menge und Zusammensetzung des Xylemsaftes unterliegen jahreszeitlichen Schwankungen, daher werden diese Säfte vor allem im Frühjahr gezapft, wenn der normalerweise im Nährstoffgehalt unter dem Phloemsaft liegende Xylemsaft größere Mengen an Zucker und Aminosäuren aufweist. → Bastard-Sagopalme → Palmwein → Ahornsirup → Birkensaft → Agavenschnaps → Kino

Blutwurst, *Rotwurst* (regionale Bez., z. B. in Thüringen): aus Blut, Speck, Kochsalz, Gewürzen und anderen Schlachtkörperteilstücken (vorwiegend des Schweines) hergestellte → *Kochwurst.* Zu gekochten Fleisch- und Innereiteilen werden Speck und Muskelfleischteile, die je nach Sorte in 5···20 mm große Würfel zerkleinert sind, gegeben. Der Meng- und Erhitzungsprozeß ist so gestaltet, daß die Fleisch- und Fettstücke nahezu gleichmäßig verteilt in der dunkelrotbraunen Blutmasse liegen. Handelsübliche Sorten sind u. a. → Blutwurst, einfach, → Touristenblutwurst, → Gutsfleischwurst, → Rotwurst, Thüringer, → Zungenwurst, → Filetwurst, → Fleischblutwurst, → Blutwurst, frische, mit Semmel oder Grütze. → Wurst

Blutwurst, einfach, *Hausmacher-Blutwurst:* → Kochwurst, zu deren Herstellung Schweinebakken (5%), Schweinekopffleisch (20%), Innereien (30%), Schwarten (20%), Blut (25%), Nitritsalz, Pfeffer, Zwiebeln, Piment, Majoran und Paprika eingesetzt werden. Als Wursthüllen dienen Kunst- oder Naturdärme. Das Schnittbild zeigt Schweinekopffleisch- und Fettstücke mit anhaftender Schwarte, fast gleichmäßig in dunkelrotbrauner Blutmasse verteilt. Der Richtwert für den Energiewert beträgt 1088 kJ (260 kcal) je 100 g Wurst. → Wurst

Blutwurst, frische, mit Semmeln oder Grütze: → *Kochwurst* (einfache Sorte), zu deren Herstellung Speckabschnitte, Grieben, Sehnen bzw. Schwarten, Knochen- oder Wurstfett, Blut, Semmel oder Grütze, Speisesalz, Nitritsalz, Zucker, Pfeffer, Zwiebeln, Majoran und gemahlener Zimt eingesetzt werden. Als Wursthüllen dienen Kunst- oder Naturdärme. Das Schnittbild ist dunkelrotbraun, von weicher Konsistenz.

Blutwurstgewürz → Wurstgewürze

Blutwurzel → Tormentillwurzel

Blutzucker → Glucose

'Boatyr': Johannisbeere. → Beerenobst

Bock → Fleischtiere → Wild

Bockbeeri → Schlehe

Bockbier → Bier

Bock, Blauer → Cider

Bocksbart, *Gemüsehaferwurz, Haferwurzel, Weißwurzel:* eine heute in Chile und Indien, in Deutschland bis zum 16. Jh. feldmäßig kultivierte Gemüsepflanze, *Tragópogon porrifólium* L. (Familie *Asteráceae*), deren 4 cm dicke und bis 30 cm lange Wurzeln und junge Triebe als Roh- und Kochgemüse verwendet werden. Schwarzwurzeln haben allmählich den Anbau von B. verdrängt, doch erfährt diese Pflanze in Europa eine Neubelebung. Wegen seiner geringen Winterhärte wird B. bevorzugt in den Mittelmeerländern bis Ostrumänien, aber auch in England angebaut; dort unter der Bez. „salsify" oder „vegetable oyster", und zwar mit kräftig wachsenden Sorten, wie 'Mammouth' und 'Sandwich Island'. → Lebensmittel, nostalgisches

Bockshornklee → Fenugreekgemüse

Bockshornkleesamen, *Bockshornsamen, Fenugreek-, Sambala- Abacha-Samen, Kuhhorn-*

kleesamen, Griechisch-Heusamen, Hornkleesamen: die getrockneten Samen einer 60 cm hoch wachsenden, einjährigen, im Mittelmeergebiet beheimateten und in vielen Ländern, insbes. in der Schweiz angebauten Pflanze, *Trigonélla fōēnum - grāēcum* L. (Familie *Fabáceae).* Die Samen der hinsichtlich Reifezeit, Hülsenbehaarung, Samengröße und Samenfarbe sehr variablen Pflanze werden in Indien und Nordafrika zum Aromatisieren verwendet. Sie sind Bestandteil von Curry, dienen als Zusatz zu Brotmehl, werden wie andere Hülsenfrüchte zubereitet und dienen in Äthiopien zur Herstellung von Getränken. Junge Blätter sind ein geschätztes Gemüse. In je 100 g Blattmasse sind enthalten: 88 g Feuchtigkeit, 4,6 g Eiweiß, 0,25 g Fett, 4,9 g Kohlenhydrate und 1,37 g Rohfaser. Im geröstetem Zustand dienen die hochlysinhaltigen Samen in Indien, in der Türkei und in China als Kaffee-Ersatz bzw. Kaffeezusatzstoff. In westlichen Ländern werden die Samen auch zur Gewinnung von Keimsprossen (→ Keim) genutzt. In Indien wird auch *Trigonélla corniculáta* (L.) und in Australien *T. suavíssima* Lindl. als Gewürz- und Kochgemüsepflanze genutzt. → Ziegerklee → Fenugreekgemüse

Bockwurst: → *Brühwurst* (Würstchen), die zum Warmverzehr bestimmt ist und portioniert zu je 100 g hergestellt wird. Als Rohstoffe werden grob entsehntes Rind- und Kalbfleisch, grob entfettetes Schweinefleisch, Speck, Nitritsalz, Pfeffer, Kümmel, Knoblauch, Paprika, Mazisblüte und Koriander verwendet. Als Wursthüllen dienen enge Schweinedärme (28···30 mm Durchm.). Das Schnittbild zeigt eine rosafarbene, fein gekutterte Wurstmasse. Der Richtwert für den Energiewert beträgt 1255 kJ (300 kcal) je 100 g Wurst. → Wurst

Bockwurzel → Pfefferwurzel

Bocóa edúlis → Tahiti-Kastanie

Boden, biskuitähnlicher → Torte

Bodenschlegel → Schlachtkörperteilstücke

Boden, Wiener → Volleimasse → Diabetikerbackware

Boder → Durian

Boemboe: Sammelbez. für eine Würzmittelmischung der indischen Küche, die aus getrockneten Gemüsearten, wie Knoblauch, Paprika, Zwiebeln und je nach Verwendungszweck noch zusätzlichen Einzelgewürzen, z. B. Galgantwurzel besteht. Zusätzliche Bez. der im Handel befindlichen Boemboesorten beziehen sich auf die zu würzende Speise, z. B. *Boemboe Bahmi Goreng* oder *Boemboe Nasi Goreng* dienen zum Würzen der Speisen Bahmi Goreng (gebackene Nudeln mit Reis) oder Nasi Goreng (gebackener Reis mit Fleisch).

Boesenbérgia rotúnda → Chekkur 2.

Bohne: **1.** Bez. für eine 150 bis 200 Arten umfassende Pflanzengattung, die in tropischen und subtropischen Ländern beheimatet ist und überall auf der Welt in Kultur genommen wurde.
2. Hülsenfrucht, deren fleischiger Teil im jungen, unreifen Stadium als Gemüse verzehrt wird (→ Gemüsebohne).
3. der längliche, gebuckelte, ausgereifte, nährstoffreiche, trockene Samen der Hülsenfrüchte (→ Speisetrockenbohne), der gekocht oder angekeimt (→ Keim) oder als Grundlage für → fermentierte Lebensmittel verwendet wird.
4. Frucht des Kaffeestrauches (→ Kaffee).
5. Frucht des Kakaobaumes (→ Kakao).

Bohne, Ägyptische → Helmbohne → Lotos → Bado

Bohne, Dicke → Puffbohne

Bohne, Gelbe → Gemüsebohne

Bohne, Grüne → Gemüsebohne

Bohnen, Grüne, hydrothermisch aufgeschlossene → Trockengemüse

Bohnenkaffee → Kaffee

Bohnenkaffee, gewürzt: ein Röstkaffee, dem bis zu 3 % einer Mischung aus Kakao, Kardamom und Orangenschale zugesetzt sind. → Spezialkaffee

Bohnenkraut, *Pfefferkraut, Kölle, Saturei:* das blühende, frische oder getrocknete, bis 35 cm hohe, bläulich blühende Kraut eines in Mittel- und

Südeuropa kultivierten einjährigen Lippenblütlers, *Saturéja horténsis* L. (Familie *Lamiáceae).* Der würzige Geruch und pfefferartig brennende Geschmack ist auf den Gehalt an ätherischem Öl (bis 1 %) mit → Carvacrol (etwa 30 %) und Zymol als Hauptbestandteile zurückzuführen. Das B. dient zum Würzen von Bohnengerichten, Salaten, Remouladen, Soßen, Fisch- und Fleischgerichten, bes. Hammel- bzw. Schaffleisch, und ist Bestandteil von Wurstwaren sowie von Gewürzgurken, Essiggemüse und Würzmittelmischungen (z. B. → Salz, Buntes). Das *Winterbohnenkraut* oder *Karatsaturei Saturéja montána* L., eines auch in Deutschland kultivierten, ausdauernden Halbstrauches wird wie Bohnenkraut verwendet. → Küchenkraut

Bohne, Orientalische → Reisbohne

Bohne, Pythagoreische → Bado

Bohnenschalen: die reifen und getrockneten Fruchtschalen (ohne die Samen) der Gartenbohne *Phaséolus vulgáris* L.. Auf Grund der harntreibenden Wirkung sind die B. Bestandteil von Blasen- und Nierentee. Die B. müssen ein weißes, glänzendes Aussehen haben. Sie sind reich an Arginin und Asparagin.

Bohnenstärke → Leguminosenstärke

Bohne, Türkische → Prunkbohne

Boiled beef: gekochtes *Rindfleisch* mit einem Drittel Brühe.

Boivin-Antigen → Endotoxine

Bojah → Thumba

Bolbitiáceae, *Rostblättrige Pilze: der Ordnung Agaricáles (Blätterpilze)* – innerhalb der Klasse *Basidiomycétes (Ständerpilze)* – zugeordnete Pilzfamilie mit agaricoid geformtem Fruchtkörper und aus blasenförmigen Zellen gebauter Huthaut. Eßbare Vertreter sind: *Erdschüpplinge, Ackerlinge: Früher Erdschüppling, Frühlingsschüppling* oder *Voreilender Schüppling* [*Agrócybe prāecox* (Pers. ex. Fr.) Fayod], *Südlicher Schüppling* [*Agrócybe cylindráceae* (DC. ex Fr.) R. Maire = *A. āegerita* (Briganti) Sing.], *Später Erdschüppling* [*Agrócybe sphäleromorpha* (Bull. ex Fr.) Fayod], selten und eßbar, aber geringwertig ist der *Lederbraune Erdschüppling* [*Agrócybe erébia* (Fr.) Kühn.]. → Pilze → Speisepilze → Ständerpilze

Boletáceae, *Röhrlinge, Löcherschwämme: der Ordnung Boletáles* (Röhrenpilze) – innerhalb der Klasse *Básidiomycétes* – zugeordnete Pilzfamilie mit röhrenförmigem Hymenophor und canthareloid bis agaricoid sowie secotioid geformtem Fruchtkörper. Eßbare Vertreter sind: *Steinpilz, Herrenpilz, Herren-Röhrling, (Bolétus edúlis* Bull. ex Fr.), gedrungener stattlicher Pilz mit schwarzbraunem bis fast weißem Hut, anfangs weißen, später gelblichgrünen bis olivgrünen Röhren und jung knolligem, dann walzenförmigem, genetztem, dickfleischigem, kräftigem Stiel. Das feste, im Alter schwammige Fleisch riecht angenehm obstartig und schmeckt nußähnlich. Neben dem Pfifferling der begehrteste Speisepilz. Der getrocknete Steinpilz wird häufig als Gewürz genutzt. Das beim Trocknen zurückbleibende Gemisch schwer flüchtiger Aromastoffe weist etwa 100 bis 120 Komponenten auf. Vorkommen: Juli bis Okt., manchmal schon Mai im Nadel- und Laubwald, bes. an Weg- und Waldrändern. Unterarten: *Eichen- oder Sommer-Steinpilz (B. reticulátus* Schaeff. = *B. aestivális* Paulet ex Fr.), *Schwarzer* oder *Schwarzhütiger Steinpilz (B. āereus* Bull. ex Fr.), *Rothütiger Steinpilz, Kiefern-, Fichten-* oder *Tannen-Steinpilz* [*B. pinóphilus* Pil. et Dermek], *Gelbfleischiger Steinpilz, Bronze-Röhrling* oder *Anhängsel-Röhrling (B. appendiculátus* Schaeff.), *Ungenetzter Steinpilz* oder *Fahler Röhrling (B. impolítus Fr.).* Im Jugendstadium Verwechslung mit dem ungenießbaren *Gallen-Röhrling, Gallenpilz, Bitterschwamm* oder *Bitterpilz (Tylópilus félleus* Bull. ex Fr.) möglich.

Netzstieliger Herrenpilz, Netzstieliger Herren-Röhrling oder *Schusterpilz (Bolétus lúridus* Schaeff. ex Fr.), stattlicher, in Form und Farbe sehr veränderlicher Pilz mit olivbräunlichem Hut, roten sehr druckempfindlichen Röhrenmündungen, gelb- und rotgefärbtem, stark genetztem Stiel und blaßgelblichem, stark blauendem, anschließend verblassendem Fleisch. Im rohen Zustand giftig, gut durchgegart ist er wohlschmeckend, von vielen Liebhabern geschätzt. Verwechslungsgefahr besteht mit dem giftigen *Satanspilz* oder *Satansröhrling (Bolétus satánus* Lenz), der aber nur auf Kalkboden vorkommt und einen fast weißen Hut hat. Vorkommen: Juni bis Okt. unter Laubgehölzen in Wäldern und Parkanlagen, auch auf kalkhaltigem Boden, mitunter häufig.

Flockenstieliger Hexenpilz, Hexen-Röhrling oder Schusterpilz [*Bolétus erýthropus (Fr. ex Fr.) Krbh.* =B. miniatóporus Secr.], prächtiger, filziger Pilz mit dunkelbraunem Hut, leuchtendroten Röhrenmündungen, rotgeschupptem Stiel und beim Durchbrechen sofort blauendem Fleisch. Roh giftig, gut durchgegart aber sehr schmackhaft, Vorkommen: Mai bis Nov. in Laub- und Nadelwäldern.

Pfeffer-Röhrling [*Bolétus piperátus* Bull. ex Fr. = *Suíllus piperátus* (Bull. ex Fr.) O.K.], kleiner gelblichbrauner Pilz mit gelbrötlichen Röhren. Das gelbliche, ziemlich dünne, sehr weiche und saftige Fleisch hat scharfen, pfefferartigen, brennenden Geschmack, der beim Trocknen verlorengeht. Nur in kleinen Mengen, frisch, als Gewürzpilz verwertbar.

Königs-Röhrling (Bolétus régius Krbh.), schöner und stattlicher Pilz mit bräunlichrotem, haarig überfasertem Hut, gelben Röhren und gelblichem Netz am Stiel. Das zitronengelbe, von der Stielbasis her rötliche Fleisch, das beim Bruch oder bei Berührung die Farbe wechselt und mitunter im Hut schwach bläulich anläuft, ist derb, fest und schmeckt angenehm. Vorzüglicher Speisepilz, ergibt eine gelbe Brühe beim Kochen. Vorkommen: Juli bis Ende Sept. in Laubwäldern, bes. unter Buchen, einzeln, bisweilen auch büschelig, vor allem im Süden Deutschlands.

Schwarzblauender Röhrling [*Bolétus pulverulén-tus (*Opat.)] ein der Marone und der Ziegenlippe sehr ähnlicher Pilz, Poren und Stiel leuchtend gelb, der Stiel verfärbt sich beim Berühren und Durchschneiden sofort tintenblau. Nach kurzem Liegen verblassen die lebhaften Farben. Das lebhaft gelbe, weiche Fleisch riecht obstartig und schmeckt süßlich, bisweilen leicht säuerlich. Vorkommen: Juli bis Okt. an lichten, feuchten, moosigen Stellen in Nadel- und Laubwäldern und Parkanlagen, bes. unter Eichen, einzeln und in Gruppen, nicht gerade häufig, zerstreut in ganz Mitteleuropa.

Sand-Röhrling, Sandpilz, Hirsepilz, Semmelpilz, Blauheedl, [*Suillus variegátus* (Sw. ex Fr.) O. Kuntze = *Bóletus variegátus* Schwartz ex Fr.], mittelgroßer Pilz mit sandfarbigem Hut, zylindrischem Stiel und dunklen Röhrenmündungen. Das blaßgelbe, an Bruch- und Schnittstellen blauende, verblassende, feste Fleisch riecht säuerlich und schmeckt mild. Nur schmackhaft, wenn noch halbkugelig, ältere Pilze sind fade. Mischpilz. Vorkommen: Ende Aug. bis Okt. in Kiefernwäldern, Heiden, Torfsümpfen und im Hochgebirge, scharenweise, sehr häufig.

Kuhpilz, Kuh-Röhrling, Schmierling oder *Schusterpilz* [*Suíllus bovínus* (L.) O. Kuntze = *Bolétus bovínus* (L.)], niedriger, mittelgroßer Pilz mit kuhrötlich braunem Hut, auf verbogenem Stiel, Stiele oft zu mehreren an der Basis verbunden. Das dünne, etwas zähe, gummiartige, gelblichrötliche, schwach blauende Fleisch verfärbt sich beim Kochen dunkel rötlich, riecht und schmeckt fade. Jung als Mischpilz verwertbar. Aug. bis Okt. in Kiefernwäldern massenhaft.

Goldgelber Lärchen-Röhrling, Gold-Röhrling, Goldpilz, Zitronenpilz [*Suíllus grevíllei (Klotzsch ex Fr.) Sing.* = *Bolétus élegans* Schum.] mit goldgelbem Hut mit gelbbraunem, klebrigem Schleim, gelben, später olivbräunlichen Röhren, auf schlankem Stiel, mit becherförmig aufrecht stehender Manschette, die Röhren in der Jugend von einem dicken, weißen Schleier bedeckt. Das im Hut zitronengelbliche, später gelblichweiße, sehr weiche, beim Schnitt leicht bräunlich anlaufende, verblassende Fleisch riecht und schmeckt angenehm. Guter Speisepilz. Vorkommen: Juli bis Okt. in Nadelwäldern, aber auch in Laubwäldern und Parkanlagen, nur unter Lärchen. Bei feuchtem Wetter mehrmals im Jahr erscheinend.

Butterpilz, Butterling, Butter-Röhrling, Kiefernpilz, Ringpilz, Schmalzler, Schmalzschwamm, Schmierling, Schleimchen, Gelber Löcherschwamm oder *Eierschwammpilz* [*Suíllus lúteus (L.) S. F. Cray* = *Bolétus lúteus* L.], mittelgroßer, relativ niedriger Pilz mit goldbraunem bis dunkelbraunem Hut, hellgelben bis buttergelben Röhren, deutlich beringtem Stiel und Schleimschicht auf dem Hut. Das weiche, hellgelbe, schnell verderbliche Fleisch riecht obstartig und schmeckt angenehm, leicht säuerlich. Guter Speisepilz, Marktpilz, wird aber nicht von allen Menschen gleich gut vertragen. Vorkommen: bes. Juni bis Okt. in Kiefernwäldern, an grasigen Wegrändern, häufig.

Körnchen-Röhrling, Körnchenschwamm, Körnchen-Löcherschwamm, Semmelpilz oder *Schmierling* [*Suíllus granulátus* (L.) O. Kuntze = *Bolétus granulátus* L.], mittelgroßer Pilz mit ockerbräunlichem Hut, in der Jugend schleimig, ohne Ring. Das zarte, weiche, weißlichgelbe anfangs feste, später schwammigwäßrige, leicht verderbliche Fleisch riecht obstartig und schmeckt mild. Marktpilz, Vorkommen: Mai bis Okt. in grasigen Kiefernwäldern, auf Waldwiesen und Weiden, bes. auf Kalk- und Sandboden, truppweise.

Grauer Lärchen-Röhrling [*Suíllus* víscidus Fr. ex Hök = *Suíllus áerugináscens* (Secr.) Snell] mit hellgrauem Hut und grauen Röhren. Das weiße, kaum anlaufende, bisweilen sich bläulichgrau verfärbende Fleisch ist entweder ohne bes. oder zuweilen von obstartigem Geruch und Geschmack. Vorkommen: Juni bis Okt. nur unter Lärchen, gesellig, stellenweise.

Elfenbein-Röhrling [*Suíllus plácidus* (Bon.) Sing.] mit elfenbeinfarbenem Hut, weißem bis blaßgelbem, später hellbräunlichem, anfangs mit Schleim bedecktem und rot gesprenkeltem Stiel. Das weißliche, im Alter auch gelbliche, erst feste, dann weiche Fleisch riecht unauffällig und schmeckt angenehm säuerlich. Vorkommen: Juni bis Okt. nur unter Weymouthskiefern, Zirben, Aleppokiefern und Strandkiefern, bes. zahlreich in jungen Beständen, in ganz Europa, in den Alpen bis in 2000 m Höhe, im Kaukasus, in Asien, Nordafrika und Nordamerika, meist gesellig.

Birkenpilz, Birken-Röhrling, Birkenschwamm, Graukappe, Kapuziner, Kapuziner-Röhrling [*Leccínum scábrum* Bull.ex. Fr.*)* S. F. Gray = Bolétus scáber Bull. ex Fr.], mittelgroßer Pilz mit braunem bis graubraunem Hut auf schlankem, relativ langem, flockigschuppigem oder schwärzlich gefasertem Stiel und mit schmutziggrauen, langen Röhren. Das weiße bis grauweiße, anfangs feste, später schwammige, bei Regen vollgesogene Fleisch schmeckt und riecht angenehm. Ältere Exemplare werden beim Kochen schwarz. Vorkommen: Juni bis Okt. unter Birken, in Wäldern, Gebüschen, auf Heiden und in Mooren, häufig.

Hainbuchen-Röhrling [*Leccínum gríseum (Quel.) Sing.*], ein gegen Berührung sehr empfindlicher Birkenpilz mit hartem, angenehm schmeckendem Fleisch, das schwärzlich anläuft. Vorkommen: Juni bis Okt. unter Hainbuchen, Espen, Haselsträuchern, auch unter Pappeln und Birken, an Wegrändern im Laubwald, in kleinen Gruppen, mancherorts häufig, doch zerstreut.

Rothäuptchen, Orangerote Rotkappe, Rotkappe, Rothaut-Röhrling, Espenpilz [*Leccínum aurantíacum* (Bull. ex St.-Am.) S. F.Gray], stattlicher Pilz mit orangerotem bis orangebraunem Hut auf kräftigem, gedrungenem Stiel mit weißlichen, später rotbraunen Schüppchen. Das feste, kernige, weiße bis graue, sich violettrötlich bis dunkelgrau verfärbende Fleisch wird beim Kochen schwarz und riecht und schmeckt angenehm. Vorkommen: Juni bis Okt. unter Gebüsch, auf Heiden, unter Birken, Pappeln, Erlen, in Nade*l- und Buchenwäldern.*

Orangegelbe Rotkappe, Schwarzschuppige Birkenrotkappe [*Leccínum testáceo-scábrum (Secr.) Sing.*], wie die Orangerote Rotkappe, aber mit orangegelbem bis gelbbraunem Hut, von Anfang an graue Poren, weißem Stiel mit schwärzlichen Schüppchen und anfänglich weißem, dann rosalilafarbenem, im Stiel sich blau oder grünlich verfärbendem Fleisch. Vorkommen:vorwiegend unter Birken.

Gelber Birken-Röhrling, *Schwärzender Röhrling* [*Leccínum nigréscens* (Rich. et Rose) Sing. = *L. tesselátus Gillet* = *L. rimósus* Kallenb.], mit blaßgelbem bis schmutzig dunkelbraunem Hut, gelben Röhren, gelblich geschupptem, meist gebogenem, am Grunde spindelig zugespitztem Stiel. Das blaß zitronengelbe, beim Durchschneiden zuerst etwas rötende, dann allmählich schwärzende, feste Fleisch schmeckt angenehm und riecht unauffällig. Guter Speisepilz. Vorkommen: Juni bis Ende Sept. in Laubwäldern, bes. unter Eichen und Buchen, an warmen, sonnigen Abhängen, selten

stellenweise aber häufiger und gesellig, vor allem im Südharz, in Thüringen, in Sachsen-Anhalt, in Süddeutschland, in Böhmen, Nordafrika.
Härtlicher Birken-Röhrling, Pappel-Röhrling [*Leccínum duriúsculum* (s. Schulzer) Sing.], auffallend kräftiger und üppiger Pilz mit grauem bis gelbbraunschwarzbraunem Hut, schmutzigweißen Röhren, braunschwarz geflocktem, am Grunde verdicktem Stiel und weißem, beim Durchschneiden sich ziemlich schnell fleischfarben bis kupferrötlich, schließlich grauschwarz färbendem, festen Fleisch. Guter Speisepilz. Vorkommen: Juli bis Okt. unter Pappeln, Zitterpappeln und Birken, im Gras, an Wegrändern.
Ziegenlippe, Filziger Röhrling, Sammetpilz, Moosheedl oder *Schusterpilz* [*Xerócomus subtomentósus* (L.) Quel. = *Bolétus subtomentósus* L.], mittelgroßer Pilz mit olivgraugelbem bis olivbraunem, filzigem Hut auf fast immer verbogenem Stiel. Das weißliche bis hellgelbliche, weiche, unter der Hutoberhaut bräunliche, mitunter schwach blauende, im Alter schwammige Fleisch riecht obstartig und ist jung sehr wohlschmeckend, Marktpilz. Vorkommen: Juli bis Okt. in Nadel- und Laubwäldern, an Wegrändern, oft sogar im Gras versteckt.
Rotfuß-Röhrling, Samtkappe, Samtheedl [*Xerócomus chrysénteron* (Bull.) Quel. = *Bolétus chrysénteron* Bull.], mittelgroßer Pilz mit grünfilziger, feldrig aufreißender Oberhaut, unter der das rotbraune bis karminrote Fleisch durchscheint, und mit schlankem, häufig verbogenem, von unten her purpurrot bis schwarzrot geflammtem oder überlaufenem Stiel. Das weiche, weißliche, unter der Hutoberhaut rote, an den Schnittstellen leicht bläuende Fleisch riecht obstartig und ist jung sehr schmackhaft, aber nicht lange haltbar. Marktpilz. Vorkommen: Juli bis Okt. in Nadel- und Laubwäldern, zuweilen an morschen Stümpfen, im Flachland häufiger als im Gebirge.
Marone, Maronen-Röhrling, Braunhäuptchen, Bräunl., Maronenpilz, Kieferpilz, Moosheedl, Braunheedl [*Xerócomus bádius* (Fr.) Kühn. ex. Gilb. = *Bolétus bádius* Fr.], mittelgroßer Pilz mit kastanienbraunem Hut, bei Druck sich grünlichblau verfärbenden Röhren, braunem, ungenetztem Stiel und bläulich anlaufendem Fleisch, in Form und Farbe sehr variierend. Das weißlichgelbe Fleisch ist jung, fest und kernig, im Alter gummiähnlich. Ausgezeichneter Speisepilz, auch zum Trocknen geeignet. Vorkommen: Juni bis Nov., bes. häufig in sandigen Kiefernwäldern, in Laubhölzern wenig verbreitet, einzeln oder gesellig, oft am Grunde von Baumstümpfen.
Blutroter Röhrling [*Xerócomus rubéllus* (Krombh.) Mo. = *Bolétus sanguíneus* With. = *X. versícolor* Gilb.], mit blutroter, meist nicht eingerissener Huthaut, gelben, dann olivgelbgrünlichen Röhren und an der Spitze gelborangerot, in der Mitte blutrot, am Grunde gelblich oder gelbbräunlichrötlich gefärbtem, filzig punktiertem, unterschiedlich dikkem Stiel. Das gelbe, unter der Huthaut rötliche, schwach blauende, weiche, rasch faulende Fleisch riecht und schmeckt angenehm säuerlich. Vorkommen: Juli bis Okt. in Laub- und Mischwäldern, bes. in grasigen Lichtungen, in Parks unter Rosenhecken, oft gesellig, auch in Knäueln verwachsen, nicht häufig, doch an den Fundplätzen zahlreich, auch in Nordafrika und Nordamerika.
Kornblumen-Röhrling [*Gyróporus cyanéscens (Bull. ex Fr.) Quél.*], ein strohgelber, gedrungener Pilz, dessen Fleisch beim Durchschneiden sofort kornblumenblau anläuft. Vorzüglich schmeckender Speisepilz, dessen Fleisch beim Garen hellgelb wird. Vorkommen: Juli bis Okt. in Laub- und Nadelwäldern, auf Sandboden, oft mitten auf sandigen Wegen, gern unter Birken.
Hasen-Röhrling, Hasenpilz, Zimt-Röhrling, Kastanien-Röhrling [*Gyropórus castáneus* (Bull. ex Fr.) Quél.], mit gelbbräunlichem Hut und Stiel, weißlichen Röhren und hartem, nicht blauendem Fleisch, das angenehm nußartig schmeckt. Guter Speisepilz. Vorkommen: Juli bis Okt. im Laub- oder Nadelwald, bes. unter Eichen, auf sandigem Boden, meist einzeln, auch in Gruppen.
Hohlfuß-Röhrling (Bolétinus cávipes Klotzsch) mit gelbbräunlichem bis zimtbraunem Hut mit radiärlamellig angeordneten, grünlichgelben Röhren und hohlem Stiel. Das blaßgelbe, weich-elastische, im Stiel weiße, unten sich rötende Fleisch riecht kaum und schmeckt mild. Vorkommen:

Aug. bis Okt. im Nadelwald unter Lärchen, zwischen Moos, mancherorts häufig.
Als Seltenheit zu schonen sind der *Sommer-Röhrling (Bolétus féchtneri* Vel. = *B. áestivális* Fr.), der *Dunkle-Purpur-Röhrling* [*Bolétus rhodoxánthus* (Krbh.) Kallenb. = *B. purpúreus* Fr.], der *Narzissengelbe Röhrling* oder *Falsche Schwefel-Röhrling* [*Bolétus jungquílleus* (Quél.) Boud. = *B. pseudosulphúreus* Kallenb.], der *Erlen-Grübling* [*Gýrodon livídus* (Bull. ex Fr.) Sacc.] und der *Rostrote Lärchen-Röhrling* [*Suíllus tridentínus* (Bres.) Sing.]. Eßbar, aber geringwertig ist der *Blaßgelbe Röhrling* oder *Moor-Röhrling* [*Suíllus flávidus* (Fr. ex Fr.) Sing.]. → Pilze → Speisepilze → Ständerpilze

Boletáles → Ständerpilze

Bolétinus spec. → Boletáceae

Boletol → Pilzfarbstoffe

Bolétus spec → *Boletáceae* → Pilzgifte

Bolle → Zwiebel 3.

Bollmehl: ein → Mühlenprodukt bzw. Nebenerzeugnis der Getreidevermahlung, das als kleiehaltiges Mehl einen Stärkegehalt von 21···32 % aufweist. Das B. wird vorwiegend für Futterzwecke oder als → Streumehl bei der Roggenschrotbrotherstellung verwendet.

Bologneserware → Teigware

Bols-Curaçao → Curaçao

Bolti Fisch: *Tilápia nilótica*; Süßwasserfisch, der im Nil vom Assuan-Staudamm flußabwärts lebt und in Ägypten verbreiteter Speisefisch ist.

Bomárea edúlis → Bomarie

Bomarie, *Jerusalemartischoke, Weiße:* eine im tropischen Amerika angebaute, bei uns bekannte Zierpflanze, *Bomárea edúlis* (Tussac)Herb., (Familie *Amaryllidáceae*), deren stärkehaltigen Rhizome als Gemüse verwendet werden.

Bombay-Arrowroot → Arrowroot

Bon bleu: Weichkäse (Blauschimmelkäse) aus Österreich mit 45 % F. i. Tr. → Käsesorten

Bonbon, *Karamelle* (die), *Karamelbonbon:* ungefüllte oder gefüllte → *Zuckerware,* deren Grundmasse aus einer stark eingekochten Lösung von Saccharose und Stärkesirup besteht und je nach Sorte und Konsistenz mit Zusätzen versehen ist. Zusatzstoffe für Grundmasse und Füllung von B. sind u. a. Milch, Sahne, Butter, Schokolade, Kakaopulver, Pflanzenfett, Rohmassen, Fondantmassen, Obstzubereitungen, Samenkerne, Honig, Malzextrakt, Krokant, Eier, Kaffee, → Kachous, zugelassene Drogen, → Süßholzsaft, Ammoniumchlorid, Gewürze, Spirituosen und unter Kennzeichnung künstliche Geschmacksstoffe und Lebensmittelfarbstoffe. Es gibt - benannt nach ihren Inhaltsstoffen - *Frucht-, Honig-, Kräuter-, Eukalyptus-, Menthol-, Kaffee-, Mokka-, Kakao-, Schokolade-, Cola-, Likör-, Nuß-, Nugat-, Malz-, Milch-, Sahne- (Rahm-), Butter-, Mohnbonbons (Nauten), Säuerlinge* (in 50 %iger wäßriger Lösung darf der *p*H-Wert nicht höher als 2,4 sein), spezielle Erzeugnisse, wie → *Drops,* → Goldglanzbonbons, → Wiener Bonbons, → Bayrisch Malz, → Rocks, → Eisbonbons, → Hopjes. Für den Gehalt bestimmter namengebender Inhaltsstoffe werden Mindestmengen gefordert. Bei faschierten B. ist der vorgeschriebene Füllungsanteil in der Bonbonmasse verteilt. Nach der Konsistenz unterscheidet man → *Hartkaramellen* und → *Weichkaramellen (Toffees).* Die B. gibt es auch als → diätetisches Lebensmittel in Form von Sorbitolbonbons (Sorbitbonbons), zu 98 % aus Glucitol (Sorbit) bestehend. → Süßware → Diabetikerlebensmittel → Zuckeralkohole → Glucitol

Bon-Bon-Keks → Keks

Bonbonsirup → Stärkesirup

Bonbon, Wiener: ein → Bonbon, dessen Füllung nur aus Konfitüre oder Einfruchtmarmelade besteht. Ein Zusatz künstlicher Geruchs- und Geschmacksstoffe ist verboten.

Bongkreksäure, toxisches Antibiotikum aus *Pseudómonas cocovénenas*, das auf teilentölten Kokosnüssen vorkommt, wenn diese Verschimmeln. Summenformel $C_{28}H_{38}O_7$, Molmasse 486,61 g/mol

Bonifikateur: Aromastoff, der zur Verbesserung und Abrundung des Aromas Trinkbranntwein zugesetzt werden kann. Der B. darf geschmacklich nicht hervortreten, er soll vielmehr helfen, unharmonische Geschmacksrichtungen zu beseitigen. Als B. werden z. B. Waldmeister-, Mutterkorn- oder Mariengrasextrakte, Zucker und Kochsalz verwendet. Die B. werden bes. zur Wodkaherstellung benötigt. Die Abrundung des Aromas von Edelbränden erfolgt mit → Typagestoffen. → Trinkbranntwein

Bonito → Thunfisch

Bonkrek → Tempeh

Boonekamp, starkbitterer → Trinkbranntwein, hergestellt unter Verwendung von Auszügen aromatischer und bitterer Drogen, mit einem Ethanolgehalt von mind. 40 %-Vol. Einige Rezepturen weisen 25 bis 40 Drogen zur Boonekampbereitung aus. Der B. zeichnet sich durch einen kräftig aromatischen Bittergeschmack mit einer brennend wärmenden Schärfe und einer Lakritzenote aus. Dieses Geschmacksbild wurde zum Vorbild zahlreicher weiterer bitterer Trinkbranntweine, z. B. *„Underberg"*. B. wurde bereits 1815 von der Firma Kampf in Antwerpen entwickelt. Er wird nicht nur wegen seines aromatischen Bittergeschmacks, sondern auch wegen seiner diätetischen Wirkung geschätzt. Das auf einem hohen Gehalt an Gujak-Harz beruhende „Anlaufen" der Gläser gilt heute nicht mehr als entscheidendes Qualitätsmerkmal. → Magenbitter

Bootfarn → Nehai

Bor: 1. → Mineralstoffe **2.** → Jujube

Borágo officinális → Borretsch

Borássus aethíopum → Palmyrafrucht

Borássus flabéllifer → Palmyrafrucht

Borax → Konservierungsstoffe

Borch → Fleischtiere

Bordeaux: franz. Rotwein, gekeltert aus den im gemischten Satz angebauten Rotweinkeltertrauben-Sorten *Cabernet-Sauvignon, Cabernet Franc* und *Merlot*. Der zu den Spitzenrotweinen zählende B. zeichnet sich durch feinen Geschmack, wundervolles Bukett und eine leuchtend rote Farbe aus. Der B. soll bei 14···17 °C dunkel lagern, in nicht zu trockener Luft, damit die Korken nicht zu trocken werden. → Wein → Bukettstoffe → Claret

Bordeauxweizen → Getreide

Bóridae, *Antilopen:* → Fleischtiere

Borkenschokolade: eine *Schokolade* in der typischen Borkenform. Die B. erhält man durch Kühlen der flüssigen Schokoladenmasse auf Walzen und anschließendes Abstreifen. → Schokolade → Süßware → Kakaoerzeugnis

Borneo-Illipe → Borneotalg

Borneokampfer (*Borneocampher)* → Terpen-Alkohole

Borneo-Kautschuk, *Akar, Getah:* die auf Sumatra kultivierte Kautschukpflanze *Willughbēia fírma* (Blume) (Familie *Apocynáceae),* deren Früchte genießbar sind und deren Kautschuk, auch von wildwachsenden Pflanzen, medizinisch genutzt wird. *Willughbēia edúlis* Roxb., *Beltate* oder *Gedraphol* genannt, liefert den sog. *Chittagong*-Kautschuk; die Früchte dieser Pflanze dienen in Indien, Burma und Bangladesh als Nahrungsmittel.

Borneol → Terpen-Alkohole

Borneotalg, *Tangkawanfett, Tenkawanfett, Borneo-Illipebutter:* Fett aus den ölhaltigen Samen (auch *Borneotalgnuß, Tenkawangnuß* oder *Borneo-Illipe* genannt) verschiedener kultivierter Shoréa-Bäume (z. B. *Shoréa robústa* Gaertn. oder *Shoréa stenóptera* Burck), meist aber wild wachsender (z. B. *Shoréa macrophýlla* De Vr. Ashton) Bestände. Roher B. hat eine gelbgrüne Farbe und wird deshalb in Großbritannien *"green butter"* genannt. Die Fettsäuren sind im B. in folgendem Verhältnis enthalten: Palmitinsäure 20 %, Stearinsäure 40 % und Ölsäure 40 %. Bei den Triglyceriden überwiegen, ebenso wie bei Kakaobutter, monooleodi-gesättigte Glyceride; daher ist der B. der Kakaobutter in allen Eigenschaften sehr ähnlich und wird als Kakaobutterersatz verwendet. → Illipebutter

Borneotalgnuß → Borneotalg

Boroe: die indische Fruchtart *Gardénia gummífera* L. f. (Familie *Rubiáceae*). In Afrika wächst die ähnliche *Gardénia gjellerúpii* Valeton.

Borónia megastígma → Boronia-Öl

Boronia-Öl: das aus der Pflanze *Borónia megastígma* Nees ex Bartl., Familie *Rutáceae* gewonnene ätherische Öl, das für Aromatisierungszwecke bei Lebensmitteln verwendet wird. Die Pflanze wird in Australien, in der Nähe von Melbourne angebaut, das Duftöl als Aromatisierungsmittel exportiert.

Boronion → Ketone

Borowitschka → Wacholderbeere

Borretsch, *Gurkenkraut:* das frische Kraut der in Mitteleuropa verbreiteten einjährigen Pflanze *Borágo officinális* L. (Familie *Boragináceae).* Der B. hat einen charakteristischen, gurkenartigen Geruch und Geschmack und wird zum Würzen von Salaten und Soßen verwendet. Die für Rauhblattgewächse und bestimmte Korbblütler charakteristische Pyrrolidizin-Alkaloid-Konzentration ist bei B. so gering (je 100 g Frischpflanzenmasse 0,2···1 mg), daß er als Gewürz und in der Heilkunde als harntreibendes Mittel weiterhin verwendet werden kann.

Borretsch, Indischer, *Dacon koetjing, Suppenminze: die aromatischen,* → Carvacrol enthaltenden Blätter von *Cóleus amboinícus* Lour. Syn. *Plectránthus amboinícus* (Lour) Spreng., die als → Küchenkräuter für Fleischgerichte, Blattsalate und in Indien zum Würzen von Bier verwendet werden.

Borsäure → Konservierungsstoff

Borshomi → Heilwasser

Borschtsch: eine auch als Halbfabrikat oder tischfertiges Erzeugnis gehandelte russ. Suppenspezialität, die im wesentlichen aus Weißkohl, Roter Rübe, Kartoffeln, Fleisch, saurer Sahne, Essig und → Küchenkräutern besteht. → Suppe, → Rote Rübe, getrocknet

Borstenhirse → Kolbenhirse

Borzok: ein in der Mongolei verbreiteter weicher → Fladen aus Weizen- oder Roggenmehl, Hammelfett, Butter und saurer Milch in Untertassengröße.

Bosa → Hirsegetränk

'Boscs Flaschenbirne' → Birne → Kernobst

'Boskoop'→ Apfel

Bossiestee → Buschtee

Bos táurus: *Rind* → Fleischtiere

Bötel: Bez. für Dickbein (Eisbein). → Schlachtkörperteilstücke

Botulinustoxin: durch das Bakterium *Clostrídium botulínum* produziertes, zu den → Exotoxinen zählendes Neurotoxin. Die Lebensmittelvergiftung (Fleisch- oder Fischvergiftung) wird hervorgerufen durch das Typ-A-Toxin. Das B., Molmasse 90 000 bis 1 130 000 g/mol, gehört zu den stärksten Giften. Es wirkt bei der Maus mit einer Toxizität von 0,002 mg je 1 kg Körpermasse und wird damit nur noch vom Tetanustoxin übertroffen. Die Giftwirkung tritt im Gegensatz zu den meisten anderen Giften erst nach einer Latenzzeit von 2 bis 3 Tagen ein. → Enterotoxine → Endotoxine

Botwinja: eine kalte russ. → Suppe, die mit → Kwaß und → Roten Rüben als Hauptkomponenten hergestellt ist.

Bouéa macrophýlla → Gandaria

Bouillon → Fleischbrühe

Bouillonbrötchen → Tafelbrötchen

Bouillonextrakt → Fleischextrakt

Bouillonreis → Speisereis

Bouillonsemmel → Tafelbrötchen

Bouillonstange → Stange

Bouillonwurst: → *Brühwurst* (Würstchen), die zum Warmverzehr bestimmt ist und portioniert zu je 100 g hergestellt wird. Als Rohstoffe werden grob entsehntes Rind- und Kalbfleisch, grob entfettetes Schweinefleisch, Schweinebauch ohne

Knochen, Speckabschnitte, Nitritsalz, Pfeffer, Paprika, Koriander und Muskat eingesetzt. Als Wursthüllen dienen Schweinedärme (34···36 mm Durchm.). Das Schnittbild zeigt eine rosafarbene Wurstmasse, die mit etwa 4···6 mm großen Fleisch- und Fettstücken durchsetzt, reich an Gewürzbestandteilen und knorpelfrei ist. → Wurst

Bouillonwürfel → Fleischbrühe

Boukha: ein in Tunesien verbreiteter scharfer Schnaps aus Feigen

Boulette → Bulette

Bourbon → Whisky

Bourbonal → Ethylvanillin

Bourbon-Vanille → Vanille

Boussingaultia cordifólia → Basellkartoffel

Bovísta spec., *Lycoperdáceae*

Boviste → *Lycoperdáceae* → Sclerodermatáceae

Bowle (engl. bowl: tiefe Schüssel, Kessel): Aufguß von Schaumwein oder Wein auf Früchte, z. B. Erdbeeren, Pfirsiche und Ananas oder Gemüse, z. B. Sellerie und Gurken, oder Kräuter und Blüten, z. B. Reseda, Weinblüten. Hierzu wird kohlendioxidhaltiges Tafelwasser gegeben.

Bowlenminze: 1. → Apfelminze 1. **2.** → Minze, Breitblättrige

Boxbeutel: ein Frankenwein oder Badener → Wein, der in eine flache, bauchige Flasche (Bocksbeutel oder Boxbeutel genannt) abgefüllt ist.

Boysenbeere: Frucht einer Himbeer-Brombeer-Hybride, die 1925 in Californien entstand. Die B. wächst stark, bildet Ranken, ist bestachelt. Die purpurschwarzrotfarbene, samenarme Beere wird 3 cm lang, ist sehr saftig, eignet sich zum Frischgenuß und für verschiedene Konservierungszwecke. Auf Grund der Frostempfindlichkeit (ab −12°C ist der Anbau nur in ausgesprochen kleinklimatisch günstigen Lagen möglich. Großflächig wird die B. in Neuseeland angebaut und als Konserve exportiert. Die B. ist nicht nur für Tortenbelag, sondern auch zum Verfeinern von Milchprodukten sowie zur Saft-, Sirup- und Weinherstellung geeignet. → Loganbeere

Brachiária defléxa → Guineahirse

Brachiária ramósa (L.) Stapf, Syn. *Pánicum ramósa* L. Mant. (Familie *Poáceae*): eine in Indien wegen der schmackhaften Körner kultivierte Rispenhirse, die höher geschätzt wird als → *Kutkihirse*. Das Mehl der B. wird meist dem von *Eleusine* (→ Fingerhirse) beigemischt. → Hirse

Brachiose → Disaccharide

Brachsen → Blei

Brachsenmakrele, *Bráma ráyi* (Bild):

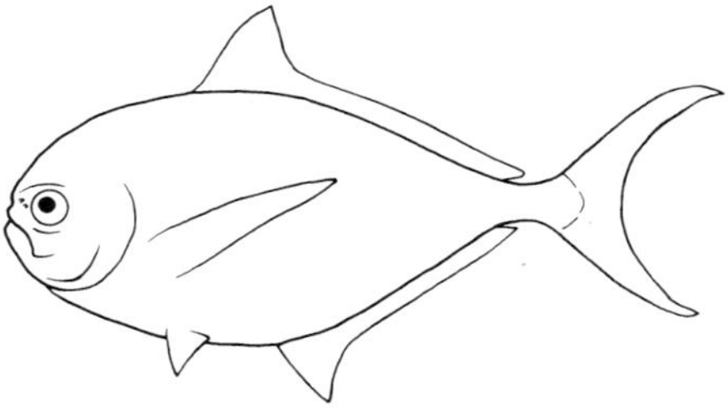

Brachsenmakrele

Oben dunkelblau, unten silbern gefärbter, seitlich zusammengedrückter, hochrückiger Meeresfisch, der im Ostatlantik von Südafrika bis zur Nordsee in kleinen Oberflächenschwärmen vorkommt. Der hauptsächlich mit Langleinen bes. von Spanien erzielte Fang beträgt nur 5···9 kt je Jahr. Die B. hat eine durchschnittl. Länge von 50···60 cm, höchst. 70···80 cm bei einer Masse von 6···7 kg. Die B. hat weißes, schuppig-faseriges Fleisch, das wegen seines hohen Eiweißgehaltes (etwa 23 g je 100 g eßbaren Anteils) etwas fest und trocken wirkt, ähnlich dem Geflügelfleisch. Der Fettgehalt liegt bei 4···7 g, so daß das Fleisch einen Energiewert von etwa 630 kJ (150 kcal) je 100 g eßbaren Anteils aufweist. → Fisch

Brackwasserfische → Fisch

Brado (Kippers) → Räucherfischerzeugnisse

Brag → Braunreis

Braga → Hirsegetränk → Rispenhirse

Brägenwurst, *Hirnwurst:* → *Kochwurst* (mittlere Sorte), zu deren Herstellung Schweinebauch ohne Knochen, Brägen (Gehirn), Pansen und Mägen, Gekröse, Mickerfett, Speisesalz, Pfeffer, Zwiebeln, Muskat und Ingwer verwendet werden. Als Wursthüllen dienen Naturdärme. Die Abbindung ist rot. Das Schnittbild zeigt eine hellgraue, breiige, fettige Wurstmasse von weicher Konsistenz. B. wird gelegentlich Gelbwurst genannt. Der Richtwert für den Energiewert beträgt 1464 kJ (350 kacl) je 100 g Wurst. → Wurst

Braha → Hirsegetränk

Bráma ráyi → Brachsenmakrele

Brambacher Mineralwasser → Heilwasser

Brandmasse, *Chouxmasse, Brühmasse, Röstmasse:* eine wasserreiche, zuckerfreie → Volleimasse mit hohem Eianteil, die in der Regel ohne chemische Lockerungsmittel zu bes. luftigem Backwerk, zu sog. *Windbackwaren*, weiterverarbeitet wird. Bei der Herstellung von *Brandmassegebäck* wird der Mehlanteil in siedendem Fett/Wasser-Gemisch abgeröstet, nach dem Abkühlen werden Eier untergerührt; die so erhaltene Masse setzt oder spritzt man zum Backen auf Bleche. Die B. gibt es auch als *handelsfertige Backvormischung.* Aus B. werden Gebäcke *ohne Füllung,* z. B. *Spritzkuchen* und *Dekormaterial* (gespritzte Figuren werden auf Blechen bei 20°C schnell abgebacken und für Garnierzwecke weiterverwendet) und mit Füllung, z. B. *Eclair, Windbeutel, Käsegebäck,* hergestellt. → Masse

Brandmassemehl: ein vorbehandeltes Mehl in Form eines ungemischten → Einzweckmehles oder in Form einer Fertigmehlmischung (→ Fertigmehl) aus aufgeschlossenem Mehl, Stärke und Backzutaten, das zur Herstellung von *Brandmassegebäcken* dient.

Brandpilze → Ständerpilze

Brandsauer → Brühstück

Brandy: 1. im internationalen Sprachgebrauch übliche Bez. für eine Spirituose, worunter in Verbindung mit dem Namen einer Frucht ein → Obstbrand verstanden wird.

2. Fruchtsaft- und Fruchtaromaliköre in Verbindung mit dem Namen einer Frucht, z. B. *Cherry-Brandy, Blackberry-Brandy* oder *Apricot-Brandy,* wenn ein geschmacksbestimmender Anteil (mind. 5 Liter 40 %iger Obstbrand auf 100 Liter Likör) vom → Obstbrand stammt. → Obstgeist

3. Bes. in Italien und Spanien verbreitete Bez. für einen Weinbrand.

Brandy, Mexikanischer → Agavenbranntwein

Branflakes → Weizenspeisekleie → Kleie

Branntwein: 1. i. w. S. eine durch Gärung und Destillation hergestellte Spirituose, volkstümlich als *Schnaps* bezeichnet. Die B. werden in → Edelbrände und → Trinkbranntweine eingeteilt.

2. i. e. S. → Brandy

Braschka → Hirsegetränk

Brasilholz → Kino

Brasilkirsche → Gumichama

Brasilnuß → Paranuß → Sapucajanuß

Braß → Braunreis

Brasse, Amerikanische → Meerbrassen

Brassen → Blei

Brássica chinénsis var. pekinénsis → Chinakohl

Brássica júncea → Sareptasenf

Brássica nápus var. gláuca → Sarson

Brássica nápus var. napobrássica → Kohlrübe

Brássica nápus var. nápus → Raps

Brássica nápus var. pabulária → Schnittkohl

Brássica nígra → Senföl

Brássica olerácea convar. acéphala var. gongylódes → Kohlrabi

Brássica olerácea convar. acéphala var. sabéllica → Grünkohl

Brássica olerácea convar. botrýtis var. botrýtis → Blumenkohl

Brássica olerácea convar. botrýtis var. itálica → Brokkoli

Brássica olerácea convar. capitáta var. sabāūda → Wirsing

Brássica olerácea convar. olerácea var. gemnífera → Rosenkohl

Brássica olerácea var. capitáta → Kopfkohl

Brássica olerácea var. costáta → Rippenkohl

Brássica olerácea var. medullósa → Markstammkohl

Brássica olerácea var. palmifólia → Palmkohl

Brássica rápa ssp. dichotóma → Raps, Indischer

Brássica rápa ssp. oleífera → Rübsen → Senf 7.

Brássica rápa ssp. pekinénsis → Chinakohl

Brássica rápa ssp. rápa var. rápa → Speiserübe

Brássica rápa ssp. rápa var. rápa f. Teltoviénsis → Rübchen, Teltower

Brássica rápa ssp. tricoculáris → Sarson

Brassicasterol → Sterole

Brassidinsäure → Erucasäure

Brät, *Farce:* nicht einheitliche Bez. für die zerkleinerte Brühwurstgrundmasse. Sie wird aus Muskelfleisch von Rind und Schwein, aus Fett (Speck), Gewürzen und Nitritpökelsalz durch starkes Zerkleinern (Kuttern) unter Wasserzugabe hergestelt.

Bratbückling → Räucherfischerzeugnis

Braten: Garungsart. → Garen → Bratfischerzeugnisse

Bratenschmalz → Schweineschmalz

Bratensoßengewürz: eine → Gewürzmischung aus Bohnenkraut, Gewürzpaprika, Lorbeerblättern, Piment, Kümmel, Knoblauch-, Zwiebelpulver sowie 20% Speisesalz, die zum Würzen für alle Soßen, Braten und für kurzgebratenes Fleisch dient.

Bratensoßenpulver: ein in vielen Variationen, insbes. aus Fleischextrakt, Speisefett, Milchpulver, Weizenmehl, Geschmacksverstärker, Hefeextrakt, Verdickungsmitteln, Zuckercouleur, Gewürzen, Zwiebeln- und Tomatenpulver unter Zusatz von Antioxydantien hergestelltes kochfertiges oder instantisiertes Erzeugnis, das zu Fleischgerichten, Ragouts, Wild, auch zu Kartoffel- und Gemüsegerichten verwendet werden kann.

Bratfett: Spezialfett, das speziell zum Braten verwendet wird. Heute werden in Haushalt und Großküche wasserfreie Fette bevorzugt, da diese beim Erhitzen nicht spritzen. Die B. müssen sich durch bes. Stabilität auszeichnen, da sie thermisch stark belastet werden. Häufige Wiederverwendung der B. sollte vermieden werden, da die Gefahr besteht, daß die in den B. enthaltenen Fettsäuren teilw. polymerisieren oder aus dem Triglycerid abgespalten werden. Zu den B. sind das Siede- und das *Fritürefett (Fritierfett)* zu rechnen, die zum Schwimmend-Ausbacken verwendet werden.

Bratfischerzeugnisse: Erzeugnisse aus Fischen oder Fischteilen, die nach verschiedener Vorbereitung, meist mit → Panade im Fettbad fritiert („gebraten") werden. B. können auch durch Braten, Backen, Rösten oder Grillen hergestellt und so angeboten werden. Von der deutschen Fischindustrie werden B. in sauren Aufgüssen („Bratmarinaden"), auch in Tunken, begrenzt haltbar (chem. konserviert oder pasteurisiert) als „Fischhalbkonserven", aber auch als → Fischkonserve oder Fischwaren in → Aspik (→ Aspikwaren) hergestellt. In anderen Ländern, z. B. in der ehem. Sowjetunion, werden B. auch ohne jegliche Beigaben, zum sofortigen Gebrauch, gehandelt. Neuere B. sind → *Gefrierfischerzeugnisse, wie Filetten, Sticks, Fischstäbchen u. a..* Das Fritieren („Braten") erfolgt bei Temperaturen um 160···180°C in Pflanzenöl, evtl. im Gemisch mit Hartfetten. Dabei wird neben der Garung des Fisches die Ausbildung der typischen Bratkruste (Bräunung, Karamelisierung) bewirkt. Diese ist für die sensorischen Eigenschaften (Aussehen, Geschmack) der B. von entscheidender Bedeutung. Zahlreiche Fischarten, z. B. Hering, Makrele und Schildmakrele, Dorschartige, Plattfische und Süßwasserfische, werden zu B. verarbeitet. Wichtige Erzeugnisse sind: *Brathering* oder *Bratmakrele* aus entweideten und geköpften Fischen (Hering evtl. auch unentweidet); *Bratheringshappen* aus Stükken von entweideten Heringen; *Bratheringsfilet, Fischkotelett, Bratkarbonaden* aus Stücken von Seefischen; *Bratrollmops* aus Heringsfilets mit eingerollten pflanzlichen und Gewürzbeigaben. *Aalbricken* sind kleine, unzerteilte Brataale mit Kopf. Aus Fischfleisch oder Farsch (→ Fischerzeugnisse) können Buletten und ähnliche B. hergestellt werden. Auch → Rogen und → Fischmilch werden örtlich gebraten angeboten. Der ernährungsphysiologische Wert der B. ist hoch und wird insbes. durch den eiweißreichen Fischanteil bestimmt. Brathering z. B. enthält 19···24 % Eiweiß, 14···22 % Fett und 1···8 % Kohlenhydrate. Daher liegt der Richtwert für den Energiewert bei 1200 kJ (280 kcal) je 100 g eßbaren Fischanteil. Davon stammen etwa 380 kJ (90 kcal) aus Eiweiß. → Fisch

Brathering → Bratfischerzeugnis

Bratheringsfilet → Bratfischerzeugnisse

Bratkarbonade → Bratfischerzeugnisse

Bratkäsli: Halbhartkäse aus dem Kanton Wallis (Schweiz). → Käsesorten

Brätl: regionale Bez. (Thüringen) für gegrilltes Schweinefleisch, insbes. Kamm oder Kotelett (Rostbrätl).

Brätling → *Russuláceae*

Bratmakrele → Bratfischerzeugnisse

Bratmarinade → Bratfischerzeugnisse

Bratrollmops → Bratfischerzeugnisse

Bratwurst nach Berliner Art: → Brühwurst, die entweder roh oder gebrüht zum Verkauf gelangt. Als Rohstoffe werden grob entsehntes Rind- und Kalbfleisch, grob entfettetes Schweinefleisch, Schweinebacken ohne Schwarte, Speisesalz und Pfeffer eingesetzt. Als Wursthüllen finden Schweinedärme (32···34 mm Durchm.) Verwendung. Das Schnittbild zeigt eine hellgraue bis blaßrosafarbene, fein gekutterte Wurstmasse, die im gebrühten Zustand hellgraufarben, schwarten- und knorpelfrei ist. Der Richtwert für den Energiewert beträgt für rohe B. 1297 kJ (310 kcal) je 100 g und für gebrühte B. 1339 kJ (320 kcal) je 100 g. → Wurst

Bratwurstgewürz → Wurstgewürz

Brauereigrieß → Maisnährmittel

Braunalgen → Algen → Algenpolysaccharid → Algenprodukt → Kombu

Braunelle → Prunella

Braunfäule → Kartoffel

Braunhäuptchen → *Boletáceae*

Braunheedl → *Boletáceae*

Braunkohl → Grünkohl

Bräunl → Boletáceae

Braunreis, *Braß, Brag, enthülster Reis, entspelzter Reis, Vollkornreis:* ein von Spelzen befreiter (geschälter) → Reis (brown rice, husked rice, hulled rice oder shelled rice), dem noch der Keim, die Aleuronschicht sowie das Silberhäutchen anhaften. Bei dem B. sind lediglich die mit dem Korn verwachsene Deck- und Vorspelze entfernt. In gereinigter, ausgelesener Form wird der B. unter der Bez. *Naturreis* gehandelt. Im Vergleich zu → poliertem Reis hat B. den 7fachen Vitamin-B_1-Gehalt (siehe Tab. S. 222), eine dunklere Farbe und geringere Haltbarkeit.
Er ist kühl zu lagern, da er zum Ranzigwerden neigt. B. wird auch als *Vollkornreis* bezeichnet, er darf aber nicht mit *Vollreis* verwechselt werden, diese Bez. bezieht sich auf die intakte mechanische und nicht auf die substantielle Kornbeschaffenheit. B. erfordert eine etwas längere Kochzeit als polierter Reis.

Braunschweiger, fein, in Portionen → Appetiter → Wurst

Braunschweiger Mettwurst, fein: frische → Rohwurst, zu deren Herstellung Rindfleischabputz, grob entfettetes Schweinefleisch, Schweinebauch

Zusammensetzung und Energiewert von poliertem Reis und Braunreis

Bestandteil	Polierter Reis	Braunreis
	Gehalt je 100 g	
Ballaststoffe	1,5 g	2,3 g
Kohlenhydrate	80,0 g	77,0 g
Eiweiß	9,0 g	10,0 g
Fett	0,5 g	2,0 g
Zucker	0,4 g	1,0 g
Vitamin B_1	0,07 mg	0,35 mg
Riboflavin	0,02 mg	0,06 mg
Niacin	1,0 mg	3,8 mg
Vitamin B_6	0,5 mg	1,0 mg
Pantothensäure	0,8 mg	1,5 mg
Folsäure	0,015 mg	0,02 mg
Biotin	0,005 mg	0,012 mg
Vitamin E	0,5 mg	3,0 mg
Calcium	7,5 mg	14,0 mg
Eisen	0,8 mg	3,0 mg
Phosphor	120,0 mg	225,0 mg
Energiewert in kJ (kcal) je 100 g	1520 (363)	1500 (360)

ohne Knochen, Wammenfett, Speisesalz, Nitritpökelsalz, Zucker, Pfeffer, Paprika und Muskat eingesetzt werden. Als Wursthüllen dienen Kunstdärme. Das Schnittbild zeigt eine blaßrosafarbene, fein gekutterte, streichfähige Wurstmasse. Der Richtwert für den Energiewert beträgt 2134 kJ (510 kcal) je 100 g Wurst. → Wurst

Braunschweiger Mettwurst, grob: frische → Rohwurst, zu deren Herstellung grob entfettetes Schweinefleisch, Wammenfett, Schweinebauch ohne Knochen, grob entsehntes Rindfleisch, Speisesalz, Nitritpökelsalz, Zucker, Pfeffer, Paprika und Muskat eingesetzt werden. Als Wursthüllen dienen Naturdärme. Das Schnittbild zeigt eine rotweiß gemusterte, mittelgrob geschrotete Wurstmasse (Körnung 4···6 mm) von halbfester Konsistenz. Der Richtwert für den Energiewert beträgt 2008 kJ (480 kcal) je 100 g Wurst. → Wurst

Braunschweiger Mumme → Bier

Braunsilge → Basilikum

Brause: ein kohlendioxidhaltiges, gesüßtes, alkoholfreies Erfrischungsgetränk, das der Zusammensetzung einer Limonade mit Fruchtgeschmack entspricht. In Fässer abgefüllte B. - sog. *Faßbrause* - weist bez. des Extrakt- und Kohlendioxidgehaltes die gleichen Merkmale wie *Faßlimonade* auf. → Erfrischungsgetränk, alkoholfreies

Brausebonbon → Brausepulver

Brausepulver: zur Herstellung von → Erfrischungsgetränken bestimmte Zuckerware, auch in Tablettenform (*Brausetablette),* aus Zucker, Genußsäuren, Natriumhydrogencarbonat und, bei Kennzeichnung, auch unter Zusatz von künstlichen Geschmacksstoffen, Farbstoffen und Süßstoffen. Brausetabletten werden z. T. auch als *Brausebonbons* gelutscht. → Zuckerwarenkomprimat

Brausetabletten → Brausepulver → Zuckerwarenkomprimat

Brausewein → Most

Brauzucker → Zucker, flüssiger

Brechbohne Gemüsebohne

Brechweinstein → Antimon

Bregen → Gehirn

Brennwein: durch Zusatz von Weindestillat der gleichen Sorte vinierter, d. h. *verstärkter Wein.* Der B. ist ein Zwischenprodukt zur Herstellung von → Weinbrand aus Wein. Der aus dem Ausland zollbegünstigt importierte B. ist mit Weindestillat bis zu einem Ethanolgehalt von 22···25 %-Vol. verstärkt. B. muß weniger als 2 %-Vol. Hefe und mehr als 12 g/l zuckerfreien Extrakt enthalten.

Brei, Püree, Porridge: eine mundfertige, dickflüssige Zubereitung mit einem Feuchtigkeitsgehalt von 70···90 %, aus zerkleinerten, gekochten oder ungekochten Getreidekörnern oder Getreidemahlerzeugnissen, Hülsenfrüchten, Kartoffeln (Kartoffelbrei), Gemüse (Gemüsebrei), Obst oder Mischungen dieser genannten Erzeugnisse. Der B. ist die am meisten verbreitete Zubereitungsform für Getreide (Getreidebrei). Etwa 2/3 der Erdbevölkerung ernähren sich von B. oder breiartigen

Zubereitungen, zumal sich aus den meisten Getreidearten (Reis, Mais, Gerste, Hafer, Hirse und Buchweizen) voluminöse, leicht kaubare Backwaren weniger gut herstellen lassen als aus Roggen und Weizen. Ein großer Teil der Breiesser lebt in Südosteuropa, Asien, Afrika und Südamerika, wo Roggen und Weizen kaum wachsen. Von dort stammen auch die meisten Bez. für Getreidebreizubereitungen mit und ohne Fermentierung, wie *Akpler, Ablemanu, Apiti, Aflata, Annam, Akamu, Ogi, Banku, Bensaab, Besi, Bulgur, Fula, Fereek, Gofio, Gologlaw, Gari, Hoppers Hominy, Idli, Indian mais mush, Kaklo, Kascha, Khir, Kruska, Kunu, Kenkey, Katschamak, Khaman, Kokize, Mazamorra, Madid, Masa, Maina, Mamaliga, Polenta, Pito, Swahili, Sankatti, Sterz, Tuwo, Tamtalem, Tuozafi, Trigo pelada, Tempeh, Wotote, Yolowreis.* Industriell wird B. hergestellt

a) als *tischfertiges* Erzeugnis, als *Breinahrung* bzw. *Breikost* in Form von Dosenkonserven insbes. für Kleinkinder und Säuglinge,

b) als *kochfertiges* Erzeugnis in Trockenform, wozu auch das Puddingpulver bzw. alle → Süßspeisepulver zählen, oder

c) als *Instant-Erzeugnis* (Instant-Kindernährmittel) in vollöslicher Pulverform. → Nahrung → Kostform → Kindernährmittel, Instant-Kindernährmittel → Getreide → Mus → Fladen → Suppe → Getreidefrühstücksnahrung → Müsli

Breiapfel → Sapote

Breitkopf → Aal

Breitlauch → Porree

Breitling → Sprotte

Breitwegerich → Wegerich

Brennbeere → Brombeere

Brennerei-Darrmalz: enzymreiches, wenig gedarrtes Gerstenmalz, das in der Brennereiindustrie zur Verzuckerung stärkereicher Rohstoffe verwendet wird. → Malz

Brennereihefe: eine obergärige Zuchthefe, *Saccharomýces cerevísiae* Hansen, die zur Herstellung von → Ethanol und → Branntwein dient. → Bierhefe → Hefe

Brennessel, Große *Haarnessel, Nesselkraut:* eine krautartige, mehrjährige, als Kosmopolit über die gemäßigten Zonen der ganzen Erde verbreitete und in 11 verschiedenen Varitäten vorkommende, bis 1,5 m hohe Pflanze, *Úrtíca dioíca* L. (Familie *Urticáceae),* mit vierkantigem Stengel, länglich zugespitzten, am Rande grob gesägten, am Grund herzförmigen Blättern und kleinen, grünlichen, in hängenden Ähren stehenden, zweihäusigen Blüten. Die in vier Varietäten vorkommende, einjährige *Kleine B., U. úrens* L., hat eingeschnittene, gesägte Blätter sowie einhäusige in aufrechten Ähren stehende Blüten und ist von niedrigem Wuchs. Daneben gibt es die weniger bekannte *U. kioviénsis* Rol.-Goss., die bes. in Osteuropa zur Gewinnung von Brennesselwurzeln kultiviert wird. Alle Brennesselarten sind im jungen Zustand ein begehrtes Wildgemüse (Tab.), das roh verzehrt oder wie Spinat zubereitet und im Geschmack diesem teilw. sogar vorgezogen wird. Die B. zeichnet sich durch einen hohen Calciumgehalt aus und wird auch vielfach zu Saft (→ Kräutersaft) verarbeitet. Die B. schwankt in ihrer Zusammensetzung je nach Art, Klima- und Bodenbedingungen in weiten Grenzen, s. Tab. Die getrocknete B. zählt neben den Kamillenblüten und dem Leinsamen zu den am häufigsten gefragten Drogen, deren jährlicher Bedarf in Deutschland auf 500 t geschätzt wird. Die große Verbreitung der B. hat zur Folge, daß für → *teeähnliche Erzeugnisse* die B. weitgehend aus Wildbeständen herrührt, wobei weder auf botanische Varietäten noch auf Standortproblematik (insbes. hinsichtlich des Nitrat- und Schwermetallgehaltes der Böden) geachtet wird. Die B. wird in verschiedenen Ländern auch für die industrielle Chlorophyllgewinnung kultiviert; aus 100 g Blattmasse lassen sich 8 g Chlorophyll gewinnen. Die B. weist einen sehr hohen Mineralstoffgehalt auf, der im Durchschnitt bei 20···25 g je 100 g Trockenmasse liegt. Die Brennesselwurzel enthält neben den charakteristischen Leitsubstanzen Scopoletin (ein Cumarinderivat), die beiden Phytosterole 3-β-Sitosterol und Sitosterol-3<9-D-glucosid, ferner Protein, Kohlenhydrate, aber nur 5 % Mineralstoffe in der Wurzeldroge. Die Brennesselfrüchte (fälschlich Samen genannt) enthalten in den Nüßchen ein diätetisch wertvolles Öl (25···33 %) mit hohem Linolsäureanteil. Die Früchte sollten für → teeähnliche Erzeugnisse nur im reifen Zustand verwendet werden (reife Früchte sind daran zu erkennen, daß sie in Wasser sofort zu Boden sinken, während unreife auf der Wasseroberfläche schwimmen). Früchte und Wurzeln werden bevorzugt für therapeutische Zwecke genutzt. Die B. übertrifft außerdem die traditionellen Nahrungs- und Futterpflanzen sowohl hinsichtlich ihres Ertrages an Grünmasse als auch im Eiweißertrag je Flächeneinheit. Aus 1 ha Luzerne werden im Schnitt 2,5 t Eiweiß, aus 1 ha B. 4···5 t Eiweiß gewonnen. Die B. bringt je 1 ha 100···120 t Grünmasse und hat eine Langlebigkeit von 20 bis 25 Jahren bei ausgesprochener Anspruchslosigkeit. → Blattprotein.

Zusammensetzung und Energiewert von Großer Brennessel

Bestandteil	in 100 g eßbaren Anteils
Feuchtigkeit	85,4 g
Eiweiß	3,82 g
Fett	0,43 g
Kohlenhydrate	6,5 g
Rohfaser	0,5 g
Mineralstoffe	3,55 g
Natrium	58,0 mg
Kalium	613,0 mg
Eisen	2,0···200 mg
Magnesium	175,0 mg
Calcium	1050,0 mg
Phosphor	50,0···265 mg
Chlor	180,0 mg
Mangan	8,0 mg
Kupfer	1,3 mg
Bor	4,0 mg
Nickel	0,03 mg
Titan	2,7 mg
Silizium	340,0 mg
Vitamin B_1	0,03 mg
Vitamin B_2	0,25 mg
Niacin	0,86 mg
Caroten	3,5··· 8 mg
Vitamin C	16,0···650 mg
Acetylcholin	2,0 mg
Histamin	3,0 mg
Serotin	0,2 mg
Energiewert in kJ (kcal) je 100 g	179 (43)

Brennkirsche: 1. Sammelbegriff für Süßkirschensorten, die wegen ihres Aromas und ihrer Brennfähigkeit zur Herstellung von → Branntwein geeignet sind . Ihr Anbau ist auf den Süden Deutschlands konzentriert und dient vorzugsweise der Herstellung von → *Schwarzwälder Kirschwasser.*
2. Sammelbegriff für Kirschen geringer Qualität, die für anderweitige Verwertung ungeeignet sind, insbes. geplatzte, vermadete, und sehr kleine Früchte (Verarbeitung zu Branntwein).

Brennpalme, Ostindische → Bastard-Sagopalme

Brennwert, physiologischer → Energiewert eines Lebensmittels

Brente → Printe

Brenzcitronensäure → Aconitsäure

Brenzkatechin → Phenole

Brenzkatechusäure → Phenole

Brenzprodukte → Schadstoffe

Brenztraubensäure → Glucose → Oxocarbonsäuren

Brenztraubensäurealdehyd → Aldehyde

'Breuhahn' → Apfel → Kernobst

Brew → Vorgäransatz

Brezel: eine aus → Teig oder → Masse in Form von einfachen, gedrehten oder geflochtenen Strängen zu einem geschlungenen Gebilde (→ Gebildbackware) geformte gefüllte oder ungefüllte Frisch- oder Dauerbackware. Die B. ist zum Symbol des Bäckerhandwerks geworden und wird auf vielen Wappen und Schildern verwendet. Der Brezelteig wird heute meist von Strangmaschinen schlingfertig geformt. B. werden aus verschiedenen Teigen hergestellt, man unterscheidet daher die als Fettbackware hergestellte sog. *Pfannkuchenbrezel,* ferner *Blätterteigbrezel, Plunderteigbrezel, Briochebrezel, Wasserbrezel, Laugenbrezel, gefüllte Brandmassebrezel* u. a.. Unter Wasserbrezel versteht man sowohl eine B. als → Wasserbackware als auch eine B., die, als sog. *Fastenbrezel* verwendet, in Wasser gekocht wird. Zum Bestreuen der B. werden Mohn, gehackte Mandeln, Kümmel, Paprika, Käse, grobes Salz (sog. *Brezelsalz)* und Zucker verwendet. Die B. bildet in Groß- und Kleinformat Bestandteil von → Teegebäck, → Salzgebäck, → Fettgebäck, Brandmassegebäck (→ Brandmasse), Mürbeteiggebäck (→ Mürbeteig), Plundergebäck (→ Plunderteig), Blätterteiggebäck (→ Blätterteig), Brandmassegebäck (→ Brandmasse), Briocheteiggebäck (→ Briocheteig) und Laugendauergebäck. → Kringel → Flechtbackware

Briekäse (frz. *Fromage de Brie):* nach der Landschaft „Brie de France" (östlich von Paris) benannter *Weichkäse* aus Kuhmilch mit Schimmelbildung nach Camembertart. Geruch und Geschmack sind mild und champignonartig. Der Teig ist weiß bis rahmgelb und geschmeidig, er zeigt nur geringe Lochung (Bruchlöcher) und leichte Schichtbildung. Der B. wird in den Fettstufen von 40% bis 70% F. i. Tr. hergestellt.

Brienzer Mutschli: schnittfester Käse in Laibform aus der Schweiz. → Käsesorten

Bries, *Brieschen, Bröschen:* Thymusdrüse des Kalbes. → Drüsen → Innereien

Brieschen → Bries

Brignoles → Prünellen

Brillantblau → Amidoblau PE, Patentblau PE, → Lebensmittelfarbstoff E 133

Brillantcrocein MOO → Lebensmittelfarbstoffe

Brillantgelb → Lebensmittelfarbstoffe

Brillantgrün → Lebensmittelfarbstoffe

Brillantsäuregrün BS: Lisamingrün, Lissamingrün, Wollgrün → Lebensmittelfarbstoffe

Brillantschwarz BN → Lebensmittelfarbstoffe

Brillantwollblau FFR → Lebensmittelfarbstoffe

Brimbeere: Wortneuschöpfung und Oberbegriff für Sorten, die aus Kreuzungen zw. Brombeere und Himbeere hervorgegangenen sind. Exakt werden diese Nachkommen als *Brombeer-Himbeerhybriden* bezeichnet. Derartige Hybriden sind schon seit dem vorigen Jh. bekannt. Obstbauliche Bedeutung haben die B. in den Südstaaten der USA, wo sie wegen ihres ausgezeichneten Aromas in großem Umfang für die Verarbeitung in der Milchindustrie angebaut werden. In Mitteleuropa sind die B. wegen ihrer geringen Frosthärte vorwiegend nur als Liebhabersorten in Kleingärten zu finden, da ihre Ruten im Winter niedergelegt und mit Stroh abgedeckt werden müssen. Zu den bekanntesten B. gehören die schon 1881 gezüchtete *Loganbeere, die Boysenbeere* und die *Taybeere.*

Brimsenkäse, *Brinsenkäse, Brinza-Käse, Bryndza:* in den Karpaten, den Balkanländern, der ehem. Sowjetunion und der Tschechischen und Slowakischen Republik weitverbreiteter *Schafmilchkäse* (ausgereifter Quarkkäse) mit mind. 45% F. i. Tr.. Der Käseteig ist weiß bis kremfarben und hat einen ausgeprägten, typischen Geschmack.

Brinjal → Eierfrucht

Brinsenkäse → Brimsenkäse

Brinte → Printe

Brinza-Käse → Brimsenkäse

Brioche (die, schweiz. und österr. auch das): eine hochwertige Feine Backware aus süßem Hefeteig. Grundlage bildet bes. kleber- (gluten-) reiches Weizenmehl mit Zusatz von viel Butter, vielen Eiern, ggf. Rosinen, Rum und Vanillinzucker. Diese fett- und eireichen B. (Plural: Brioches) weisen in der Schweiz beliebige Formen mit Massen bis 150 g auf und werden z. B. als *Dreischnittbrötchen* (vor dem Backen wird mit scharfer Klinge dreimal der Länge nach eingeschnitten), *Zackenbrötchen* (vor dem Backen werden die Teiglinge mit einer Schere der Längsrichtung nach eingeschnitten) oder als Ausstechergebäck hergestellt und zählen dort zum Kleingebäck. In Österreich werden B. als

Klein- und Großgebäck in verschiedenster Form hergestellt, als dick mit Zucker bestreute, einfache oder geflochtene, sog. *Brioche-Brezeln, Brioche-Kipfel, Brioche-Kränze, Brioche-Schraubenzieher* oder *Brioche-Striezel.* Die B. zeichnen sich durch eine sehr zarte, feinporige Gebäckstruktur aus, sie dürfen weder faden Geschmack aufweisen noch trocken oder gedrungen sein und keine unregelmäßige Form aufweisen. Ihre Verarbeitung erfordert hohe Sorgfalt und Können (in der Schweiz wird die Brioche-Herstellung in jeder Meisterprüfung verlangt), so daß die zeitaufwendige Herstellung vielfach auf Handwerksbetriebe beschränkt bleibt. Im Vergleich zu deutschen Milchbrötchen wird bei B. die Flüssigkeitszugabe vorwiegend über die Eier vorgenommen (s. Tab. unten, Rezepturvergleich).

Briochegebäck → Brioche

Briochekipfel → Hörnchen

Brisling → Sprotte

Brislinge in Öl → Fischkonserven

Brisolette → Fischklöße

British Gum → Dextrin

Britóa ácida → Paraguave

Brixwert → Zucker-Säure-Verhältnis

Broccoli → Brokkoli

Bröckchen → Brösel

Brockenstärke: unbehandelte Stärke in Form von unregelmäßigen, bis zu 1 cm großen Stücken, die durch Trocknen eines Filterkuchens aus feuchter Stärke gewonnen wird. Die B. wird nur noch sehr vereinzelt hergestellt.

Broiler: Bez. für vorzugsweise in den neuen Bundesländern in Intensivhaltung aufgezogene Eintagsküken ausgewählter Kreuzungen, die nach einer Mastzeit von etwa 56 Tagen eine Endmasse von 1,2⋯1,5 kg erreicht haben. Das Fleisch der B. ist besonders zart, wohlschmeckend und fettarm. In ähnlicher Weise gehaltene Kaninchen führen gelegentlich die Bez. Broilerkaninchen. Bei diesen Schlachtkaninchen wird das Jugendwachstum genutzt. Sie haben ein bes. zartes Fleisch. Die Mindestmasse liegt bei 2,3 kg (Lebendmasse). Nur wenig gebräuchlich ist die Bez. Broilerlamm. Der Energiewert von 100 g Broiler beträgt etwa 600 kJ (145 kcal).

Broilerkaninchen → Broiler

Broken-Tee: ein schwarzer → Tee von hoher Ergiebigkeit und ansprechendem Aroma. Er wird durch Schneiden oder Brechen der bei der Verarbeitung aus Blättern unterschiedlicher Größe anfallenden Bruchstücke hergestellt und enthält nur geringe Anteile Blattrippen oder Blattstiele.

Brokkoli, *Triebkohl, Sproßkohl, Broccoli, Spargelkohl, grüner Blumenkohl, Sprossenkohl:* eine dem Blumenkohl ähnliche Gemüseart, *Bríssica olerácea convar. botrýtis var. itálica* Plenk (Familie *Brassicácea*), deren gestauchter, rispenartiger Knospenstand - mit 20⋯25 cm lang geschnittenem Stengelanteil - genutzt wird (Tab.). Die dunkel- bis violettgrünen, kleinen, lockeren Köpfe sollen eine möglichst glatte und gleichmäßig ausgefärbte Oberfläche haben. Geerntet wird, wenn der Blütenstand einen Durchm. von 5⋯25 cm hat, noch bevor sich die Einzelblüten vergrößern und ihre gelben Blüten zeigen. Da B. schnell zum Welken neigt, wird möglichst in den frühen Morgenstunden geerntet. Die Zubereitung erfolgt roh als

Rezeptur-Vergleich: Brioches/Milchbrötchen (nach Jacob 1992) (Massewerte in g)

	Milch	Hefe	Malz	Zucker	Salz	Eier	Butter	Mehl
Brioches/Schweiz	180	180	36	180	45	720	540	1800
Brioches/Frankreich	180	110	20	180	54	900	900	1800
Milchbrötchen	1000	125	20	20	40	50	200	1800

Salat oder gekocht wie → Blumenkohl. Die Stiele lassen sich auch gesondert wie Spargel servieren, daher die Bez. *Spargelkohl.* Nur die am Stiel anhaftenden Blätter sind zu entfernen, die grünen Blattschuppen und kleinen Nebenblätter können belassen werden.

Zusammensetzung und Energiewert von Brokkoli

Bestandteil	Gehalt in 100 g eßbaren Anteils
Feuchtigkeit	89,7 g
Eiweiß	3,3 g
Fett	0,2 g
Kohlenhydrate	2,9 g
Ballaststoffe	2,8 g
Mineralstoffe	1,1 g
Natrium	13,0 mg
Kalium	464,0 mg
Calcium	105,0 mg
Eisen	1,3 mg
Phosphor	82,0 mg
Vitamin B_1	0,095 mg
Vitamin B_2	0,21 mg
Niacin	1,0 mg
Pantothensäure	1,29 mg
Vitamin C	110,0 mg
Caroten	1,9 mg
Energiewert in kJ (kcal) je 100 g	118 (28)

Die Lagerfähigkeit von B. ist sehr gering; selbst bei niedrigen Temperaturen geht er bald in Blüte und verliert an Geschmack. → Kohl → Gemüse

Brom → Mineralstoffe

Bromate: Salze der Bromsäure mit der allg. Formel Me' BrO_3. Die B. sind meist in Wasser leicht löslich, farblos und haben starkes Oxydationsvermögen. Im Blut führen sie zur Methämoglobinbildung und beeinträchtigen damit den Sauerstofftransport. Sie führen außerdem zu Leber-, Milz- und Nierenschäden. Die Verwendung der B. als Backhilsmittel mit backverbessernden Eigenschaften ist wegen der schädlichen Nebenwirkungen verboten.

Brombeerblätter, fermentierte → Erzeugnis, teeähnliches

Brombeere, *Brummelbeere, Brummbeere, Brennbeere, Kratzbeere, Kroatzbeere:* Frucht des Brombeerstrauches (*Rúbus laciniátus (Weston) Willd., Syn. R. fructicósus* L.) zur Familie der Rosengewächse *(Rosáceae)* gehörende → Beerenobstart mit rankenden oder aufrechtwachsenden Stengeln, die stark bewehrt sind, und schwarzen Früchten. Kulturformen sind die in Gärten und Plantagen angebauten großfrüchtigen B., die zur Unterscheidung von den zu den Wildfrüchten zählenden heimischen wilden Arten als *Gartenbrombeere* oder *Kulturbrombeere* bezeichnet werden. Sie sind aus der Kreuzung verschiedener heimischer Wildformen entstanden. Die B. gewann erst zu Beginn des 19. Jh. Bedeutung als Kulturpflanze. Der Anbau wird bevorzugt von Liebhabern und Selbstversorgern betrieben, der Anbau für die Marktversorgung ist gering. B. gedeihen auf leichten, dürftigen Böden, die für andere Obstarten nicht mehr geeignet sind. Die rankenden Sorten sind dabei am anspruchslosesten. Neu entstanden sind stachellose Sorten, von denen die Sorte *'Thornfree'* am bekanntesten ist. Der Anbau erfolgt grundsätzlich am Spaliergerüst. Die Erntezeit beginnt im Juli und währt bis Oktober. Die Produktion von Brombeeren ist in den statistischen Erhebungen mit der Produktion von → Himbeeren zusammengefaßt. Die B. ist leicht verderblich und muß sofort nach der Ernte verwertet werden. Die Früchte werden frisch verzehrt oder verarbeitet. Sie eignen sich zur Herstellung von Steril- und Gefrierkonserven, Marmelade, Konfitüre, Gelee, Sirup, Saft, Süßmost, Likör und Wein. Chemische Zusammensetzung und Energiewert der B. s. Beerenobst. Brombeerblätter dienen zusammen mit jungen Erdbeer- und Himbeerblättern zur Herstellung eines wohlschmeckenden *Haustees* (→ Erzeugnis, teeähnliches).

Brombeere, Arktische, *Nektarbeere:* die süßen, gelbbraunen Früchte mit 7···8 cm Durchm. des bis

30 cm hoch wachsenden Halbstrauches *Rúbus árcticus* L., (Familie *Rosáceae).* Die Pflanze gedeiht im arktischen Nordeuropa, in Sibirien, im fernen Osten, der ehem. Sowjetunion, in China und Nordamerika. Im arktischen Nordeuropa wurden die Früchte schon früher wegen des feinen Aromas zu Herstellung von Säften und Likören verwendet. Erste Versuchskulturen wurden schon von Linné durchgeführt. Es sind bereits mehrere Sorten von der A. B. im Handel; sie gedeiht am besten auf sauren Böden. → Nektarhimbeere

Brombeer-Fruchtsaftlikör → Blackberry-Brandy

Brombeergeist → Obstgeist

Brombeer-Himbeerhybride → Brimbeere

Brombeerlikör, *Kroatzbeerlikör:* ein Fruchtsaftlikör, der mit Zusätzen von Brombeergeist (→ Obstgeist) und Edelbränden auch zu *Blackberry-Brandy* verarbeitet wird. → Likör

Bromelain: → *Protease* (Endopeptidase; EC 3.4.22.33) aus dem Saft von Ananas [*Ánanas comósus* (L.) Merr.]. In den Eigenschaften ähnelt B. den pflanzlichen Proteasen → *Papain* und → *Ficin.* Es dient entweder in Form der angeritzten Blätter oder Fruchtgewebsscheiben oder als daraus hergestelltes Trockenpräparat u. a. zum Zartmachen (→ Zartmacher) von Fleischstücken und zur Herstellung von Proteinhydrolysaten.

Bromélia pínguin → Motategemüse

β-Bromstyrol → Benzaldehyd

Brómus secalínus → Roggentrespe → Sammelgetreide

Brosame → Brösel

Bröschen → Bries

Brösel, *Schraps, Krümel:* zerkleinerte Abfälle von Tortenböden *(Biskuit-* oder *Kuchenbrösel*), Keksen, Waffeln, Weißbrot oder Semmeln (*Semmelbrösel*) u. dgl., die – getrocknet und zerkleinert – wieder als teilweiser Mehlersatz zu leichten Tortenmassen und ähnlichen Erzeugnissen verarbeitet oder für Garnierzwecke, insbes. für *Tortenränder,* verwendet werden, sofern es sich um Feingebäckbrösel handelt. Die Bez. kommt von *Brosame,* das *Krümel* oder *Bröckchen* bedeutet und aus dem mittelhochdeutschen *brosme* stammt, das mit dem angelsächsischen *brysm (*zerreiben*)* verwandt ist. → Waffelhappen → Torten

Brosímum alicástrum → Campono

Brosímum útile → Lechero

Brósme → Lumb

Brot: eine → Backware, vorwiegend aus → Brotgetreidemehl – ggf. unter teilw. oder völligem Austausch des Brotgetreidemehls durch andere Getreidemahlerzeugnisse oder mehlähnliche Erzeugnisse, (→ Mehlfrucht) – das mit Zuguß- bzw. Einteig- oder sog. Schüttflüssigkeit (überwiegend Trinkwasser, Trinkmilch usw.) unter Speisesalzzusatz angeteigt, überwiegend mit Hefe oder Sauerteig gelockert zu einem Teigstück und anschließend gebacken wird. Die Bez. B. kommt aus dem althochdtsch. *brot* bzw. altniederdtsch. *brod* (engl. bread). *Laib* ist die ältere Bez. für B. und ist auf das althochdtsch. *hleip* zurückzuführen, aus dem das angelsächsische *hläf* und das engl. *loaf* abgeleitet ist. Die Bez. *Brotlaib* bzw. *Laibbrot* ist demzufolge eine tautologische Bildung, doch dient sie hauptsächlich zur Abgrenzung gegen Brotarten, die keinen *„Laib"* aufweisen, z. B. die → *Flachbrote* (Knäkkebrot, Waffelbrot, Krustenbrot usw.). Ein Laibbrot gliedert sich in Krume und eine die Krume umschließende Randschicht, die als Kruste bzw. Rinde bezeichnet wird; Flachbrote weisen diese äußerlich sichtbare Unterteilung nicht oder nur schwach auf. Sog. rindenlose Laibbrote (→ Brot, rindenloses) bilden eine kleine Gruppe von → Spezialbroten, die unter Umständen eine noch etwas trockenere Randzone um den Krumenteil des Brotes erkennen lassen, die jedoch so dünn sein kann, daß sie weder farblich noch konsistenzmäßig wahrnehmbar zu sein braucht. Die Bez. der in Deutschland verbreiteten über 200 Brotsorten kann sich richten nach: Rohstoffbeschaffenheit, Art der Teigführung, Art des Backprozesses, Art der Zusätze, Aussehen, Konsistenzbeschaffenheit, Nährwertbeschaffenheit, Haltbarkeit, Verpackung, Erfindern der jeweiligen Rezeptur, Herkunft und Verwendungszweck. Darüber hinaus gibt es auch reine Phantasiebezeichnungen (s. Übers.).

Herkunft der Brotbezeichnungen

1. Rohstoffbeschaffenheit

Dinkelbrot
Ganzkornbrot
Keimlingsbrot
Mehrkornbrot
Mischbrot
Nafabrot
Roggenbrot
Roggenmischbrot
Roggenvollkornbrot
Roggenschrotbrot
Roggenvollkornschrotbrot
Roggenflockenbrot
Schrotbrot
Schrotmischbrot
Vollkornbrot
Vollkornmischbrot
Weizenbrot
Weizenmischbrot
Weizenvollkornbrot
Weizenvollkornschrotbrot
Weizenschrotbrot
Weizenflockenbrot
Weizenschalenbrot

2. Art der Teigführung

Einstufensauerbrot	*Natursauerbrot*
Fertigsauerbrot	*Quellschrotbrot*
Flüssigsauerbrot	Schaumsauerbrot
Hefebrot	*Salzsauerbrot*
Hefesauerbrot	*Sauerteigbrot*
Kurzsauerbrot	*Trockensauerbrot*
Mehrstufensauerbrot	*Zweistufensauerbrot*

3. Art des Backprozesses

Dampfbackkammerbrot	*Steinofenbrot*
Doppelbackbrot	Torfofenbrot
Gersterbrot	Vorbackbrot
Holzofenbrot	Zweiofenbrot

4. Art der Zusätze

Anisbrot	Knoblauchbrot
Blutbrot	Kokosnußbrot
Buchweizenbrot	Korinthenbrot
Buttermilchbrot	Kümmelbrot
Eiweißbrot	Leinsamenbrot
Eiweißkleiebrot	Malzbrot
Fenchelbrot	Milchbrot
Flockenbrot	Milcheiweißbrot
Früchtebrot	Mohnbrot
Gerstenbrot	Molkebrot
Gewürzbrot	Quinoabrot
Haferbrot	*Reisbrot*
Hirsebrot	Rosinenbrot
Joghurtbrot	Schalenbrot
Käsebrot	Sauerkrautbrot
Caseinbrot	Sesambrot
Kassavabrot	Sojabrot
Kleberbrot	Sonnenblumenbrot
Kleiebrot	Stärkebrot
Kletzenbrot	Zwiebelbrot

5. Nach dem Aussehen

Brot, angeschobenes	Korbbrot
Brot, bemehltes	Krustenbrot
Brot, blankes	Laibbrot
Brot, fadenziehendes	Langbrot
Brot, fehlerhaftes	Lochbrot
(Ausschußbrot)	Luftbrot
Brot, freigeschobenes	Meterbrot
Brot, gemasertes	Ringbrot
Brot, genarbtes	Rundbrot
Brot, gerissenes	Schälbrot
Brot, glänzendes	Schnittbrot
Brot, mattes	Schwarzbrot
Feinbrot	Stangenbrot
Flachbrot	Stockbrot
Glanzbrot	Strangbrot
Graubrot	Waffelbrot
Grobbrot	Weißbrot
Hohlbrot	Zopfbrot
Kastenbrot	Zwillingsbrot

6. Nach der Konsistenzbeschaffenheit

Brotgranulat	Luftbrot
Brotkomprimat	Trockenbrot
Hartbrot	Weichbrot

7. Nährwertbeschaffenheit

Biobrot
Brot, angereichertes
Brot, ballaststoffarmes
Brot, ballaststoffreiches
Brot, eiweißarmes
Brot, eiweißreiches
Brot, glutenfreies
Brot, kochsalzarmes
Brot, kohlenhydratarmes
Brot, kohlenhydratreduziertes
Brot, natriumarmes
Brot, proteinangereichertes
Brot, proteinarmes
Brot, vitaminiertes
Brot, energiereduziertes

8. Haltbarkeit und Verpackung

Altbrot
Automatenbrot
Dauerbrot
Dosenbrot
Flaschenbrot
Folienbrot
Frischbrot
Konservendosenbrot
Schlauchbeutelbrot
Schrumpffolienbrot

9. Erfinder der Herstellungsweise

Bircher-Benner-Brot
Finklerbrot
Friesebrot
Grahambrot
Klopferbrot
Kneippbrot
Kollathbrot
Kössenbrot
Loosbrot
Schlüterbrot
Simonsbrot
Steinmetzbrot
Waerlandbrot

10. Herkunft des Brotes

Bauernbrot
Bauernstuten, Westfälischer
Brot, Altmärker
Brot, Französisches
Brot, Odenwälder
Frankenlaib
Friesenschwarzbrot
Hausbrot, Bayrisches
Heidebrot
Landbrot, rustikales
Landbrot, Badisches
Landbrot, Berliner
Schwarzbrot, Bremer
Schwarzbrot, Hamburger
Schwarzbrot, Oldenburger
Schwarzbrot, Rheinisches
Spezialbrot, Dresdner

11. Verwendungszweck

Bouillonbrot
Bufettbrot
Campingbrot
Delikateßbrot
Depotbrot
Diabetikerbrot
Diätbrot
Heeresbrot
Heißbrot
Kaviarbrot
Kommißbrot
Notbrot
Röstbrot
Schiffsbrot
Sonderbrot
Spezialbrot
Teebrot
Toastbrot
Tropenbrot
Wochenendbrot

12. Brotfehler

Ausschußbrot
Fadenzieherbrot
Tempobrot

Der Wortteil „Brot" gilt jedoch nicht generell als Kriterium für eine Zuordnung der betreffenden Backware zu B. Beispiele hierfür sind Russisch-Brot, Johannisbrot, Kuchenbrot. Der jährliche Pro-Kopf-Verbrauch in kg an Brot und Brötchen lag 1991 in Deutschland im Vergleich zu anderen europäischen Ländern am höchsten: Deutschland 80, Dänemark 75, Italien 75, Norwegen 74, Finnland 73, Belgien 73, Portugal 73, Schweden 70, Spanien 70, Irland 65, Niederlande 74, Österreich 60, Frankreich 56, Schweiz 54, Großbritannien 53 und Luxemburg 52. → Standardmehl → Mehl, typisiertes → Bäckereiware → Frischbackware → Backwerk

Brot, abgestrichenes → Glanzbrot

Brotabschnitte → Restbrot

Brot, altbackenes → Frischbackware → Restbrot

Chemisch-physikalische Richtwerte einiger Standardbrotsorten

Brotart	Mindesthaltbarkeit[1] in Tagen	Kohlenhydratgehalt in g je 100 g	Eiweiß	Fett	Vitamin B_1	Calcium	Eisen	Energiewert in kJ (kcal)/100 g	Gesamtballaststoffe in g je 100 g
			Gehalt je 100 g						
			in g	in g	in mg	in mg	in mg		
Weizenbrot (100 % aus W 630)	2	46,8	7,6	1,3	0,08	13	0,97	968 (229)	3,7
Weizenvollkornbrot (100 % aus W 1700)	4	41,2	7,0	1,0	0,23	30	2,56	852 (202)	7,5
Roggenmisch- bzw. Graubrot 85/15 (85 % aus R 1150, 15 % aus W 812)	4	45,3	6,4	1,1	0,15	21	2,78	916 (217)	6,5
Roggenmischbrot 60/40 (60 % aus R 1150, 40 % aus W 812)	4	48,6	6,2	1,1	0,14	19	2,33	966 (229)	6,0
Roggenvollkornbrot (100 % aus R 1790)	5	40,5	6,7	1,2	0,17	27	3,92	819 (194)	7,7

[1] Vom Tage der Herstellung an

Brot, angereichertes: ein → Spezialbrot, dessen Nährstoffgehalt durch Zugabe von natürlichen (Keimlingen, Sojamehl, Milchpulver usw.), synthetischen oder isolierten (Vitamine oder Mineralstoffe, Aminosäuren usw.) Nährstoffkonzentraten abweichend ist. Als Maß für die Höhe der Anreicherung gelten bei Vitaminen und Mineralstoffen die Werte des vollen Korns.

Brot, angeschobenes → Brot, freigeschobenes

Brot, arabisches → Balady-Brot

Brot, aromatisiertes: ein → Spezialbrot aus unterschiedlichen Mehlarten in Form eines Laib-, Schnitt- oder Flachbrotes unter Zusatz von geschmackgebenden Substanzen, vorwiegend in Mengen von 0,5···3 %, bezogen auf Mehleinsatz. Bei *Brot mit Gewürzzusatz* bzw. *Gewürzbrot* werden entweder Einzelgewürze (z. B. *Anis-, Fenchel-, Kümmelbrot)* oder Mischgewürze (z. B. → Brotgewürz) verwendet. Zum Aromatisieren werden auch geschrotete oder ungeschrotete Ölsamen (z. B. *Mandelbrot, Nußbrot,* → Früchtebrot) oder Ölsaaten (z. B. *Leinsamenbrot, Mohnbrot, Sesambrot, Sonnenblumensamenbrot),* ferner Gemüsezusätze (z. B. *Sauerkrautbrot, Spezial-Pußta-Toast* unter Verwendung von Tomatenmark und Paprika) oder auch Trockenfrüchte (z. B. *Früchtebrot)* verwendet.

Brotaufstrichfett → Streichfett

Brot aus Backmehl ohne Weizen → Tropenbrot

Brot aus weizenarmen Mehl → Tropenbrot

Brot aus weizenfreiem Mehl → Tropenbrot

Brot, ballaststoffangereichertes, ballaststoffreiches Brot: ein Weizen-, Weizenmisch- oder Roggenmischbrot, Roggenschrotbrot oder Flachbrot, das mit Mischungen von Ballaststoffträgern oder einzelnen Ballaststoffen angereichert ist. I. allg. sind (bezogen auf Mehlbasis) folgende Zusätze üblich: Weizenspeisekleie (bis 20 %), Leguminosenschalen (Erbsen, Lupinen, Sojaschalen 8···18 %), Speisetreber (6···10 %), Zuckerrübenfaser (10···20 %), Apfelzusatz (8···10 %). Die Bez. der b. B. ist unterschiedlich, z. B. → Driftbrot, → Eiweißkleiebrot, ferner Schalenbrot, Kleiebrot, Treberbrot, Faserbrot, Weizenschalenbrot usw. → Lebensmittel mit reduziertem Energiewert.

Brot, Belorussisches: ein in der ehem. Sowjetunion hergestelltes helles Weizenbrot unter Zusatz von Milch und Zucker, das in Kastenform mit 700 g Masse oder freigeschoben mit 400 g Masse angeboten wird.

Brot, bemehltes → Glanzbrot

Brot, blankes → Glanzbrot

Brot, brennwertvermindertes: ein Spezialbrot, dessen Energiewert um 20 % des Wertes vergleichbarer Brote vermindert sein muß. Dies kann erreicht werden durch Zusätze von Kleie oder sonstigen → Ballaststoffen, wie Cellulose, Obstpectin, → Hydrokolloide und Zusatz von Wasser (→ Lebensmittel mit reduziertem Energiewert, → Brot, ballaststoffangereichertes). In 100 g eines b. B. sind etwa enthalten: 32,5 g Kohlenhydrate, 7,5 g Eiweiß, 1,5 g Fett und 14 g Ballaststoffe, dies entspricht einem Energiewert in kJ (kcal) von 735 (174)

Brötchen, Kleinbrot: Sammelbegriff für meist ortsüblich bezeichnete, vorwiegend ungesüßte *kleine* Gebäckarten unterschiedlicher Form und Zusammensetzung aus hellem oder dunklem Weizen- oder Roggenmehl oder Mischungen beider Mehlarten, unter Verwendung von Kochsalz, Trinkwasser (*Wasserbrötchen*) und/oder Trinkmilch (*Milchbrötchen*) als Zugußflüssigkeit und traditionell vorwiegend Backhefe (*Hefebrötchen*) oder Sauerteig (*Sauerteigbrötchen*) als Lockerungsmittel, heute vielfach auch unter Zusatz von hochbauschiges Volumen erzeugenden Backmitteln. Wegen des (auf Grund des hohen Krustenanteils) aromatischen Geschmacks werden zum Kleingebäck zählende B. gegenüber → Bäckereiware in Großform (z. B. Weißbrot oder Toastbrot) bevorzugt. Die B. werden entsprechend ihrer Zusammensetzung entweder zu der Gruppe der → Kleinbackwaren oder zu den → Feinbackwaren gerechnet. Hinsichtlich der Struktur der B. besteht keine einheitliche Verbrauchererwartung. B. mit scharfer bzw. krachend-knuspriger Kruste besteht aus einem → Hefeteig ohne Fett-, meist auch ohne Zuckerzusatz (sog. → Wasserbackware) und ist den → Kleinbackwaren zuzuordnen. Sog. *weiche* B. (bestehend aus sehr wechselnden Mengen an Voll- oder Magermilch- oder nur Fettzusatz) und auch *Milchbrötchen (→ Milchbackware)* verfügen kaum über eine rösche Kruste; ihre Krume ist im Vergleich zu Wasserbackwaren relativ feinporig und hält sich auf Grund des Fettzusatzes auch längere Zeit frisch. Da der Fettgehalt bei weichen B. und Milchbrötchen zwischen 4···10 % (auch höher) und der Zuckergehalt bei 6···10 % liegt, zählen diese Brötchen (z. B. *Splitterbrötchen, Mürbebrötchen, Fettbrötchen, Stöllchen, Milchbrötchen, Kuchenbrötchen* usw.) zu den Feinbackwaren. - Der Bez. einer Brötchensorte liegen unterschiedliche Gesichtspunkte (Rohstoffeinsatz, Herkunft, Herstellungsart, Verwendungszweck, äußere Erscheinungsform usw.) zugrunde (s. Übers. s. Seite 233).
Die zum überwiegenden Teil aus hellem Weizenmehl hergestellte Wasserbackware weist, auf 100 g Frischsubstanz bezogen, folgende Durchschnittswerte auf: 34 g Feuchtigkeit, 0,9 g Mineralstoffe, 6,8 g Eiweiß, 54,8 g Kohlenhydrate, 0,5 g Fett, 3 g Ballaststoffe, 0,24 g Calcium, 0,06 g Eisen, 0,074 mg Thiamin, 0,035 mg Riboflavin, 0,88 mg Niacin und 1059 kJ (251 kcal). Ausreichend gebakkene B. sind im frischen Zustand knusprig, schmecken jedoch bereits nach 4 h altbacken.

Brötchensorten, Bezeichnung nach verschiedenen Gesichtspunkten

Geschmacklich hervortretender Bestandteil	Herkunft	Rohstoffeinsatz
Anissemmel	Berliner Knüppel	Weizenbrötchen
Butterbrötchen	Berliner Salzkuchen	Roggenbrötchen
Fettsemmel	Dresdner Franzsemmel	Vollkornbrötchen
Korinthensemmel	Dresdner Schuster	Schrotbrötchen
Kümmelbrötchen	Eisenacher Semmel	Wasserbrötchen
Mohnbrötchen	Hamburger Rundstück	Milchbrötchen
Salzwecke	Frankfurter Wasserwecke	Mehrkornbrötchen
Speckwecke	Nürnberger Eierwecke	
	Sächsische Mundsemmel	
	Sächsisches Mundbrötchen	
Herstellungsart	**Erscheinungsform**	**Verwendungszweck**
a) nach Art der Zwischenprodukte	a) nach Oberflächenbeschaffenheit	Allerseelensemmel
Blätterteigbrötchen	Ausbundbrötchen	Bouillonsemmel
Plunderbrötchen	Kreuzsemmel	Kirmeswecke
Hefeteigbrötchen	Sternsemmel	Martinswecke
Kuchenbrötchen	Hacksemmel	Messebrötchen
b) nach Art des Backens	*Zopfbrötchen*	Reformationsbrötchen
Blechbrötchen	Schnittbrötchen	Tafelbrötchen
Herdbrötchen	glatte Semmel	Osterbrötchen
	b) nach der Form	Neujahrsbrötchen
	Langbrötchen	Totenwecke
	Rundbrötchen	
	Reihensemmel	
	Paarsemmel	

Backhilfsmittel oder Fettzusatz kann das Absinken des Frischezustandes etwas verzögern, das Volumen erhöhen, den Geschmackswert aber beeinträchtigen. In der Tiefgefriertruhe lassen sich die B. über viele Wochen aufbewahren; vor dem Verzehr müssen sie nochmals erhitzt (aufgebakken) werden. → Ausbundbackware → Backware → Frischbackware

Brötchen, Dänisches → Fettbrötchen

Brötchen, Schwedisches → Schwedenbrötchen

Brot, doppelt gebackenes → Doppelback

Broteinheit; *BE:* für die Ernährung von Diabetikern wichtige, aber inzwischen veraltete Rechengröße. 1 BE entspricht 12 g eines Nahrungskohlenhydrats, das bei seiner Verdauung Glucose liefert. → Diabetikerlebensmittel → Kohlenhydrateinheit

Brot, eiweißangereichertes → Brot, proteinangereichertes

Brot, eiweißarmes → Stärkebrot → Backware, eiweißarme

Brotfehler: Sammelbegriff für äußere und innere Beschaffenheitsmerkmale von Laibbrot, die von denen einer qualitätsgerechten Ware abweichen. Hierzu gehören alle Merkmale, die a) nicht der arteigenen Form, b) nicht der typischen Bräunung, c) nicht dem ansprechenden Volumen und d) nicht dem typischen Geschmack und Aroma entsprechen. Die Krume eines Laibbrotes muß, artspezifisch je nach Rohstoffbeschafffenheit, nach leichtem Druck mehr oder weniger schnell zurückfedern, darf kein Kleben am Messer und kein Krümeln zeigen, soll nicht schmieren oder beim Kauen ballen, sondern im Munde ein gutes Lösen verursachen. Alle Erscheinungen, die diesen Kriterien einer qualitätsgerechten Brotkrume entgegenstehen, werden als B. bezeichnet. Weitere B. sind: Formveränderungen durch zu enges Stapeln beim Auskühlen, Gär- und Wirkfehler des Teiges, die beim fertigen Brot Deformierungen, Krumenrisse und Hohlräume auslösen können, ferner hochgezogene Brotform mit abgebackener Brotkruste, Wasserstreifen bzw. Schliffstreifen oder Ansätze zu Wasserstreifen, Wasserringe, ungleichmäßige Krumenporung, verbrannte oder gerissene Unterkruste, zu feuchte Krume mit starkem Feuchtkrümeln, Salzstücke, Mehlklumpen oder Altbrotstücke im Brot; außerdem zählen zu den B. teigiger Geruch, bitterer oder dumpfer Nachgeschmack, unreiner Geschmack, fader Geschmack oder auffallender Salzgeschmack. → Sturzbrot, → Fadenziehen, → Brot, gestipptes

Brot, fehlerhaftes → Tempobrot → Restbrot

Brotfertigmehl: ein lagerbeständiges, → backfertiges Mehl, gemischt mit der erforderlichen Triebmittelmenge. Die B. bestehen in der Regel aus Mischungen von Roggen- und Weizenmehl unter Zusatz von Fertigsauer und Kochsalz. → Fertigmehl → Einzweckmehl

Brot, Französisches, *Baguette, Pariser Brot, Langbrot, Pariser Stange, Pariser Stangenbrot, Pariser Stockbrot:* ein ursprünglich mit Vorteig hergestelltes und daher bes. geschmacksintensives Weizenweißbrot bis zu 1 m Länge (daher Langbrot) mit charakteristischem, hohem Krustenanteil als Folge aufgerissener Oberfläche (→ Ausbundbackware) und geringem Durchm.. Das F. B. wird in Frankreich vielfach ofenwarm (→ Frischbackware) verzehrt; seine Rösche ist mit der eines Wasserbrötchens vergleichbar. Das außerhalb von Frankreich hergestellte Langbrot besteht zwecks Verlängerung der → Frische aus einem gleichen Teig wie der → Knüppel, indem durch Fett- und/oder Milchpulverzusatz der für Wasserware charakteristische Hefegeschmack und die typische Rösche einer Wasserware entfallen. Aus diesem Grund sollten solche Langbrote, die lediglich die Form mit den F. B. gemeinsam haben und meist zur Bereitung von → Sandwiches dienen, lediglich als *Kaviarbrot, Kaviarstange, Stangenweißbrot* oder *Walzenlangbrot* bezeichnet werden. Um den Vorgang schnellen Aufbackens zu erreichen, werden die F.B. meistens unter der Bez. *Minibaguette* in Verkaufsstellen aus gefrierkonservierten Teigwirklingen laufend frisch aufgebacken. → Weizenbrot

Brot, freigeschobenes: ein beim Backen nicht aneinandergesetztes Laibbrot in Rund-, Oval- oder Langform mit stark oder schwach gewölbter Oberfläche. *Angeschobenes Brot* weist im Vergleich zu f. B. keine gewölbten, sondern gerade Seitenflächen auf, da zum Backen die Teigstücke nicht einzeln, sondern mit den Längsseiten dicht aneinandergesetzt in den Ofen gebracht werden. *Einseitig angeschobenes Brot* berührt sich beim Backen nur mit einer Längsseite, *endseitig angeschobenes Brot* mit den Enden, und *ganzseitig angeschobenes Brot* resultiert aus einer allseitigen Berührung der Teigstücke untereinander beim Backen. Das *angeschobene Brot* hat weniger Rinde als das f.B. und einen geringeren Ausbackverlust. Ein evtl. Zusammenbacken der aneinandergesetzten Teigstücken wird durch → Trennmittel verhindert.

Brotfrucht: Frucht des auf den Südseeinseln und im karibischen Raum als wichtiges Lebensmittel kultivierten großen, rundkronigen und großblättrigen Brotfruchtbaumes *Artocárpus commúnis* J.R. et Forst. (Familie *Moráceae),* der in anderen tropischen Bereichen auch als Zierbaum gepflanzt wird. Die fast runden, stacheligen und meist samenlosen, sehr stärkereichen, gelben bis gelbbräunlichen Früchte haben 30···50 cm Durchm. und wiegen bis zu 5 kg. Sie werden geröstet, gekocht oder gebacken und schmecken wie Brot oder geröstete Kartoffeln. Sie können auch für Puddings, Biskuits und ähnliche Speisen verwendet oder zu käseartiger Masse fermentiert werden. In Polynesien wird die Brotfrucht zusammen mit geraspeltem Kokosnußfleisch und anderen Kokosnußverarbeitungen zubereitet. Die gerösteten oder gekochten Samen (*Brotnuß*) von samenhaltigen Sorten erinnern im Geschmack an Eßkastanien. Das weiße Fruchtfleisch enthält 17 % Stärke. → *Champedak* → Jackfrucht

Brotfrucht, Afrikanische → Okwabaum

Brotfruchtbaumstärke → Stärke, tropische

Brotfrucht, Chinesische → Yamswurzel → Yams, Chinesisches

Brot, gegersteltes → Gersterbrot

Brot, gemasertes → Brot, gerissenes

Brot, gemehltes → Glanzbrot → Brot, gerissenes

Brot, genarbtes → Brot, gerissenes

Brot, gerissenes: ein Laibbrot, dessen gemehlte Oberfläche bzw. Kruste durch Risse während der Gärung in unregelmäßige Felder zergliedert ist. Sind die Risse breit und die Felder verhältnismäßig groß, so wird die Oberfläche als *genarbt* (*genarbtes Brot*) bezeichnet. → Bauernbrot → Brot, freigeschobenes

Brotgetreidemehl, *Brotmehl, Backmehl:* ein → Getreidemehl, das sich zur Herstellung von → Backwaren, insbes. Brot, eignet. Hierzu zählen Weizen- und Roggenmehle. Mehle der übrigen Getreidesorten werden vorwiegend zu → Brei und → Fladen und lediglich anteilmäßig (als *Zumischmehl*) zur Herstellung von → Backwaren verwendet. → Mehl, typisiertes → Streckmehl → Backmehl ohne Weizen

Brotgewürz: eine Sammelbez. für verschiedene Früchte der Doldengewächse (*Apiáceae*), bes. von Anis, Fenchel und Kümmel, die, meist einzeln, als ganze Frucht, grob zerkleinert oder gemahlen, zum Würzen bestimmter Brotsorten dienen.

Brot, glänzendes → Glanzbrot

Brot, glutenfreies → Backware glutenfreie

Brot, gliadinfreies → Backware, glutenfreie

Brotgranulat

Brot, im Kasten gebackenes → Kastenbrot

Brotkäse: in den Niederlanden in 2 Massestufen (2 kg und 4 kg) hergestellter *Schnittkäse* (Typ → Edamer) in Brotform. → Käsesorten

Brot, kochsalzfreies: veraltete Bez. für Brot, natriumarmes, → Backware, natriumarme, → Lebensmittel, diätetisches

Brot, kohlenhydratreduziertes: ein → Spezialbrot, dessen Kohlehydratgehalt um mind. 30 % gegenüber vergleichbarem Brot gesenkt sein muß. → Brot, proteinangereichertes

Brotkonserve → Dauerbrot → Brot, konserviertes

Brot, konserviertes: mittels Hitze-, Gefrierkonservierung oder durch Chemikalienzusatz haltbar gemachtes Laib- oder Schnittbrot. Bei der Hitzesterilisierung ist es erforderlich, daß im Brotinneren mind. eine Temperatur von 70°C erreicht wird, um die Schimmelpilzsporen abzutöten. Aus Sicherheitsgründen werden i. allg. 80°C angewendet, was in einem Backofen bei Temperaturen von 100···200°C erfolgt. Eine bes. sichere Sterilisation wird in Einsatzkästen bei 180°C und einer Dauer von 2 h erzielt. Dabei steigt der Glucosegehalt etwas an, was zu einem leicht süßlichen Geschmack führen kann. Die Hitzesterilisation erfolgt im verpackten Zustand, um nachträgliches Eindringen von Schimmelsporen zu verhindern. Bei der *Gefrierlagerung* (bei −18°C maximal 12 Monate, bei −25°C steigt die Haltbarkeit auf 24 Monate) ist ebenfalls eine Verpackung erforderlich, um vor Feuchtigkeits- und Aromaverlust zu bewahren. Die *chemische* Konservierung erfolgt z. B. mittels Propionsäure bzw. Natrium- und Calciumsalzen (0,3···0,4 %) und durch Sorbinsäure bzw. deren Natrium-, Kalium- und Calciumsalze. → Dauerbrot

Brotkrem → Backkrem

Brotkrustenkuchen, *kuchengefülltes Schwedenbrot:* ein bis auf einen 2 cm dicken Innenrand ausgehöhltes Brot oder als Hohllaib gebackenes Brot (*Hohlbrot),* dessen Hohlraum mit ganzen Früchten, pikanten Fleisch-, Wurst- oder Gemüsesalaten gefüllt ist. → Brot

Brot, krustenloses → Brot, rindenloses

Brotkwas → Kwas

Brot, mattes → Glanzbrot

Brotmehl → Brotgetreidemehl

Brot mit Fruchtzusätzen → Früchtebrot

Brot mit Gemüsezusatz: ein → Spezialbrot in Form eines Weizen-, Roggen oder Mischbrotes unter Zusatz von bestimmten Gemüsearten, nach denen das Brot vielfach bezeichnet wird. Die B. m. G. sollen durch den Zusatz eine spezifische Geschmacksrichtung erhalten, die jedoch nicht immer als typisch wahrzunehmen ist. Im ehem. Juguslawien wird z. B. Weizenteig bis zu 10% gekochter Kürbis zugesetzt. In den Niederlanden und Belgien sind *Knoblauch-* und *Zwiebelbrote* verbreitet, in Deutschland wird *Sauerkrautbrot* hergestellt usw.. In der Regel werden die Gemüsearten homogenisiert und als stark safthaltiges Mus anstelle von Zugußflüssigkeit bei der Teigbereitung verwendet. Knoblauch wird hingegen in getrockneter Form, als *Knoblauchflocken,* dem Teig zugesetzt, da nur auf diese Weise der typische Geschmack auch nach dem Backprozeß noch wahrnehmbar ist. → Brot aromatisiertes

Brot mit Gewürzzusatz → Brot, aromatisiertes

Brot mit Weizenaustauschstoffen → Tropenbrot

Brot, Moskauer: ein *Spezialbrot* nach Moskauer Originalrezeptur in Kastenform mit 58% Roggenvollkornmehl, 15% Weizennachmehl, 15% Weizenmehl und 15% hellem Roggenmehl.

Brot, natriumarmes → Backware, natriumarme

Brotnuß 1. → Brotfrucht **2.** → Capomo

Brot, Pariser → Brot, Französisches

Brotpilz → *Cortinariáceae*

Brot, proteinangereichertes, *Brot, eiweißangereichertes:* ein mind. zu 16% in der Frischmasse mit Protein angereichertes Spezialbrot vorwiegend aus hellen Mehlen. Als proteinhaltige Zusatzstoffe werden Kleber, Soja und Milcheiweiß, in anderen Ländern aber auch Ölsaatenprotein, Fisch oder Walmehl verwendet. Die p. B. weisen gegenüber vergleichbaren Broten einen höheren Sättigungseffekt auf, etwa 20 g p. B. haben denselben Sättigungswert wie 30 g vergleichbares Normalbrot. P. B. werden vorwiegend den Diabetikern und Fettsüchtigen empfohlen. Dies hat dazu geführt, daß p. B. oft als sog. *Schlankheitsbrote* empfohlen und unter dieser Bez. im Handel angeboten werden. Das ist nur bedingt richtig, da für die Körpergewichtsabnahme allein eine im Verhältnis zum Bedarf verminderte Aufnahmemenge ausschlaggebend ist. In vielen Industrieländern werden p. B. hergestellt, z. B. in den Niederlanden unter der Bez. *Kwiekbrot* (helles Weizenmehl unter Zusatz von 20% Kleber einschließlich Kleie), in Deutschland unter der Bez. *Caseinbrot* (Weizenvollkornmehl und 20% Caseinzusatz) oder früher unter der Bez. *Aleuronat-* bzw. → *Luftbrot,* auf den Philippinen unter der Bez. → *Kokosnußbrot* oder in der ehem. Sowjetunion unter der Bez. *Eiweißbrot* und → *Eiweißkleiebrot.* → Brot, angereichertes → Tropenbrot

Brot, proteinarmes → Stärkebrot → Backware, proteinarme

Brotrest → Restbrot

Brot, rindenloses, *Mantebrot, krustenloses Brot, krustenfreies Laibbrot, rindenfreies Laibbrot, rindenloses Laibbrot, krustenloses Laibbrot, krustenfreies Brot, rindenfreies Brot:* ein Laibbrot ohne deutlich erkennbare Kruste bzw. Rinde. Das r. B. zählt zu den → Spezialbroten, da seine Herstellung von dem üblichen Brotherstellungsverfahren abweicht und neben veränderter äußerer Erscheinung (dunkle Krumenfarbe) gleichzeitig andersartige Geschmackseigenschaften aufweist. Die Teige werden bei niedrigen Temperaturen (um 100⋯120°C) unter verlängerter Backzeit (3⋯24 h) bei Verwenden von normalen Öfen in *Einsatzbackkästen* (im äußeren Kasten befindet sich eine Wasserschicht) oder beim sog. *Dampfbackkammerverfahren* in sog. *Backröhren* (geschlossenen Backkästen) gebacken, wobei der Backvorgang eher mit einem Koch- bzw. Dünstprozeß vergleichbar ist. Die hohe Feuchtigkeit, gepaart mit niedriger Temperatur im Backraum im Vergleich zur üblichen Laibbrotherstellung, verhindert eine das Gebäckinnere abschließende Krusten- bzw. Rindenbildung und führt zu starker Bräunung des Gesamtproduktes unter Bildung von Aroma- und Zuckerstoffen, so daß sich die sog. *Dampfbackkammerbrote* durch einen intensiven, leicht süßlichen Eigengeschmack (→ Delikateßbrot) auszeichnen. Mit der Dauer der Backzeit gehen der Gehalt solcher, vorwiegend aus Roggenvollkornschrot hergestellten Brote an hitzeempfindlichen B-Vitaminen und die biologische Wertigkeit zurück; so ist z. B. bereits nach 6 h Backzeit etwa die Hälfte des Ausgangswertes an Vitamin B_1 und nach 14 h Backzeit überhaupt kein Vitamin B_1 mehr vorhanden. Zu der Gruppe der r. B. zählen z. B. → *Pumpernickel,* → Vitalbrot, → Friesenschwarzbrot, verschiedene *Früchtebrotarten* (→ Früchtebrot), verschiedene *Weizenbrotarten,* → Oldenburger Schwarzbrot und *Rheinisch-Westfälische Schwarzbrote.* → Vollkornbrot

Brot, rotwangiges → Früchtebrot

Brot, russisches → Russisch-Brot

Brot, rustikales → Bauernbrot

Brotscheibe, angeröstete → Toast

Brotschnitte, angeröstete → Toast

Brotstreckmittel → Streckmehl

Brotteig in Tuben → Tubenbrotteig

Brottorte, Schwarzbrottorte: eine ungefüllte → Torte aus Brotmasse (geröstetes Schwarzbrot, Zitrone, Zimt, Nelken, Muskat, Kakaopulver), die mit Rumläuterzucker getränkt mit Konfitüre nach Belieben eingestrichen und mit Schokoladenfondant oder Kuvertüre überzogen ist.

Brottrockenkonserve → Dauerbrot

Brottrunk: ein durch überwiegend milchsaure Gärung aus Spezialvollkornbrot hergestelltes *alkoholfreies Erfrischungsgetränk.* Der B. ist eine Variante des russischen Brotkwaß. Mit etwa 1 % Milchsäure, je 0,5 % D- und L-Lactat sowie 0,05 % Essigsäure enthält der B. die doppelte Menge an Milchsäure wie der → Kwaß, aber kein Ethanol. Der Gehalt an Vitaminen entstammt den eingesetzten Getreidearten (Roggen, Weizen, Hafer). Der Nährwert beträgt 18 kJ für 100 ml, weitere Inhaltstoffe s. Tab.

Mineralstoffgehalt des Brottrunkes

Natrium	440,0 mg/l	Chlorid	950,0 mg/l
Kalium	260,0 mg/l	Phosphat	250,0 mg/l
Magnesium	66,0 mg/l	Sulfat	96,0 mg/l
Calcium	104,0 mg/l	Kieselsäure	6,3 mg/l
Eisen	1,8 mg/l		
Zink	1,2 mg/l	Folsäure	0,008 mg/l
Vitamin E	3,4 mg/l	Vitamin B_1	0,09 mg/l
Mangan	0,5 mg/l	Vitamin B_2	0,025 mg/l
Lithium	0,25 mg/l	Vitamin B_{12}	0,148 mg/l
Kupfer	0,04 mg/l	Niacin	1,4 mg/l

→ Lebensmittel, fermentiertes

Brot, vitaminangereichertes, *vitaminiertes* Brot: ein → Spezialbrot, dem entweder natürliche Vitaminkonzentrate (Weizenkeime, Skutellummehl, Hefeextrakt usw.) oder synthetische Vitamine zugesetzt sind. → Brot, angereichertes

Brotweizen → Saatweizen → Weizen

Brotzucker → Plattenzucker

Brotzusatz, kerniger → Mehrkornbrot

Broyhahn → Bier

Bruchbohne → Kaffee

Bruchei → Ei

Bruchhefe: untergärige Heferassen, die zum Bierbrauen bes. geeignet sind, da sie sich durch gutes Flockungsvermögen auszeichnen. → Hefe → Bierhefe

Bruchmehl → Knäckebrot

Brüchigkeit: Eigenschaft eines Lebensmittels, durch mechanische Einwirkung von außen auseinanderzufallen oder zerstört zu werden (z. B. bei Keks, Schokolade oder Knäckebrot). Das dabei entstehende Bruchstück wird als *Brocken* bezeichnet.

Bruchreis: beim Schälen oder Schleifen des → Reises anfallende *gebrochene Körner (Broken rice),* die nach Größe sortiert gehandelt werden. Man unterscheidet zwischen B. mit größten Bruchstücken (Second head), B. mit mittelgroßen Bruchstücken (Screenings) und B. bestehend aus kleinsten Bruchstücken, die als sog. *Reisbraugrieß (Brewers' milled rice)* in der Brauerei weitverarbeitet werden. Der zulässige Bruchanteil des *geschliffenen* R. wird jeweils in den Qualitätsstandards der Speisereissorten (→ Speisereis) festgelegt.

Bruch-Reizker → Russuláceae

Brühbohne: eine vorwiegend in der niederrheinischen Gegend mit 2,5···3% Salz eingeschnittene und einer milchsauren Gärung unterworfene Gemüsebohne, die als Faß- oder Dosenware gehandelt wird. → Gemüse, milchsaures

Brühbrot: ein Roggen-, Roggenmisch- oder Roggenvollkornbrot, bei dem 10% des zu verarbeitenden Mehles gebrüht (Brühstück) wird, was zu einem saftigen, etwas süßlichen Geschmackseindruck führt.

Brüherzeugnis, *Brühe:* Sammelbegriff für ein pasten- oder pulverförmiges, gepreßtes (Würfel oder Riegel) oder gekörntes Präparat, das durch Eindicken oder Versprühen von Speisewürze, Fleisch- oder Geflügelbrühe bzw. *Hühnerbrühe,* durch Zugabe von Fleisch, Fleisch-, Hefeextrakt und Verwendung von Zusatzstoffen (Kräuter- und Gemüseauszügen, Gewürzen, Pilzextrakt, Tomatenmark, tierischen und pflanzlichen Fetten u. a.) gewonnen wird und, mit Trinkwasser überbrüht, fertige → Fleischbrühe (*Trinkbouillon*) oder fleischbrühähnliche Aufgüsse (*Trinkbrühe, Automatentrinkbrühe*) ergibt und als Getränk oder ähnlich der Verwendung von Speisewürze zur Geschmacksabrundung und Würzung bei der Speisezubereitung dient. Über den Anteil an Fleischextrakt in den B. liegen in den einzelnen Ländern unterschiedliche Festlegungen vor. I. allg. darf ein B. ab einer bestimmten Mindestmenge an Fleischextraktivstoffen (mind. 45% Gesamtkreatinin) als Fleischbrüherzeugnis oder gleichsinnig bezeichnet werden. Entsprechend ihrer konsistenzmäßigen Beschaffenheit wird bei den B. zw. *Brühwürfel, Brühpaste, gekörnter Brühe* (meist Instanterzeugnisse) oder je nach Fleischeinsatz zw. *Fleischbrühwürfel, Fleischpasten, Geflügelbrühen, (Hühnerbrühen)* u. dgl. unterschieden. Alle B. sind gekennzeichnet durch einen hohen Kochsalzanteil, der bis 45% der Masse betragen kann, der Fettgehalt (meist Rindertalg) liegt je nach Sorte des B. zw. 5···20%, mitunter noch höher. Da sich ohne geschmackliche Einbußen der Fleischextrakt teilw. oder ganz durch → Hefeextrakt (*Hefebrühwürfel*) und/oder → Geschmacksverstärker in den B. ersetzen läßt, sind Fleischbrüherzeugnisse geschmacklich nicht generell höher zu bewerten als B. Fleischbrüherzeugnisse weisen in der Regel nur dann einen im Vergleich zu den B. typischeren Fleischgeschmack auf, wenn ein relativ hoher Anteil an Fleischextrakt und Fleisch oder anstelle von Fleischextrakt nur Fleisch in ausreichender Menge zugegeben wurde; dementsprechend unterscheidet man *Fleischbrühpasten* und *Brühpasten mit Fleisch,* wobei letztere einen besseren Geschmack aufweisen können. Bei sachgemäßer Lagerung (55···65% rel. Luftfeuchte, 0···15°C) muß die Haltbarkeitsdauer von B. mind. 12 Monate betragen. → Speisewürze → Natriumglutamat → Suppe

Brühe, gekörnte → Brüherzeugnis

Brühgurke, *neue saure Gurke:* aus frischer, grüner, ganzer Einlegegurke unter Zusatz von heißer Kochsalz/Essig-Lösung und unter Beigabe von Gewürzen begrenzt haltbar gemachtes Gurkenerzeugnis. Die B. dürfen Anzeichen einer Milchsäuregärung aufweisen. Die Sorte B. I wird in einer Länge von 90···120 mm und die Sorte B. II in einer Länge von 120···150 mm gehandelt. Die Gewürzmischung für B. wird nach der gleichen Rezeptur hergestellt wie die für → saure Gurken. Die Umlauffrist für B., Faßware, beträgt 10 Tage, für B. in Kleinverbraucherpackung 6 Tage. → Gurke

Brühmasse → Brandmasse

Brühpaste → Brüherzeugnis

Brühpolnische: → *Brühwurst* (Würstchen), die vorwiegend zum Warmverzehr verwendet und portioniert zu je 100 g hergestellt wird. Als Rohstoffe werden grob entsehntes Kalb- und Rindfleisch, grob entfettetes Schweinefleisch, Schweinebauch, Schweinebacke ohne Schwarte, Schwarten, Nitritpökelsalz, Pfeffer, Kümmel, Knoblauch, Paprika, Muskat und Majoran eingesetzt. Als Wursthüllen dienen Schweinedärme von 28···36 mm Durchm.. Das Schnittbild zeigt eine rosafarbene, mittelfein geschrotete Wurstmasse, die fast gleichmäßig mit erbsengroßen Fleisch- und Fettstücken durchsetzt und knorpelfrei ist. → Wurst

Brühreis → Speisereis

Brühsauer → Brühstück

Brühstück, *Brühsauer, Brandsauer:* ein aus Schrot durch Übergießen mit heißem Wasser (70···80°C) mit oder ohne Zusatz von Sauerteiganstellgut hergestellter Vorteig, der dem Aufquellen grober Schrotbestandteile, auch ganzer Körner bei der Herstellung von *Schrotbrot* dient. Die Verwendung von B. ohne Sauerteigzusatz stellt das älteste Verfahren der Schrotbrotherstellung dar und ist in seiner ursprünglichen Form heute noch in Ostfriesland üblich. Der bei etwa 17···22°C stehende Vorteig wird auch bei im Kasten herzustellenden Schnittbrotsorten, bei sehr grobem Schrotbrot und bei Pumpernickel angewendet und führt generell zu einem milden, leicht süßlichen Brotgeschmack. Je nach Feinheitsgrad des Schrotes und gewünschter Geschmacksrichtung werden 5···50% der verwendeten Schrotmenge als B. angesetzt; bei Grobschrot werden höhere Anteile benötigt. Da durch Überbrühen die Stärke verkleistert, wird andererseits die Backfähigkeit der überbrühten Schrotmenge eingeschränkt. Wird der Vorteig nur mit lauwarmen Wasser (Schrot : Wasser = 1:1) angesetzt, so spricht man von *Quellstück.* → Schrotbrot

Brühsuppengewürz: eine → Gewürzmischung, vorwiegend aus Basilikum, Bohnenkraut, Koriander, Kümmel, Petersilie, Sellerieblättern, die für Fleischbrühen mit oder ohne Einlagen, Brühnudeln, Brühreis und Kartoffelsuppen geeignet ist.

Brühwürfel → Brüherzeugnis

Brühwurst, *Abreibewurst:* aus zerkleinertem, rohem Skelettmuskelfleisch vom Rind, Kalb und Schwein, aus Fett und bestimmten Innereien unter Wasserzusatz hergestellte („abgeriebene") → Wurst. Das vorgepökelte (→ Pökelung) Fleisch (bes. geeignet ist schlachtwarmes Fleisch junger Rinder) wird mit Salz, Gewürzen, Wasser und ggf. → Kutterhilfsmitteln zu einem bindigen Brät gekuttert, dem bei einigen Wurstsorten Fett- und Fleischwürfel beigemengt werden. Vom Grad der Zerkleinerung hängt die Wasseraufnahmefähigkeit des Fleisches ab. Beim Kuttern wird kaltes Wasser oder Eisschnee zugegeben, damit sich das Fleischbrät nicht zu stark erwärmt. Bei starker Erwärmung kommt es zur Eiweißgerinnung, das Brät wird trocken, kurz, strohig und bindet das zugegebene Wasser nur zum Teil. Sowohl natürliche als auch künstliche Wursthüllen werden verwendet. Nach Einfüllen des Bräts in die Wursthüllen wird die Wurst bei 80···100°C heiß geräuchert und anschließend bei 75···85°C gebrüht. Bratwürste werden nicht geräuchert, teilw. auch nicht gebrüht. Die Haltbarkeit der Brühwürste ist je nach Fremdwasseranteil begrenzt. Bei Kühlschranklagerung beträgt die Lagerzeit (außer Dauerware) 3 bis 10 Tage. Bekannte Brühwürste sind u. a. → Bockwurst, → Frankfurter oder Wiener Würstchen, → Bouillonwurst, → Brühpolnische, → Bratwürste (alles sog. Würstchen), → Bierschinken, → Jagdwurst, → Mortadella (alles Aufschnittware), Kochsalami, → Poltawaer (alles Halbdauerware), → Kochsalami. → Wurst

Brühwurstgewürz → Wurstgewürz

Brühwurst nach Lyoner Art: → *Brühwurst, Aufschnittware,* zu deren Herstellung grob entfettetes Schweine- und Rindfleisch, Schweinebacke, Speck, Schwarten, Nitritpökelsalz und Gewürze eingesetzt werden. Als Wursthüllen dienen Natur- oder Kunstdärme. Das Schnittbild zeigt eine rosafarbene, feine Masse. → Wurst

Brummbäre → Brombeere

Brummelbeere → Brombeere

Brünelle → Nektarine

Brünellen → Prünellen

Brunella, *Braunelle:* Die in Europa bis Mittelasien verbreitete Staude *Prunélla vulgáris* L. (Familie Apiáceae), deren krautige Pflanzenteile als würzende Beigabe zu Mischsalaten (insbes. aus → Wildkräutern) verwendet werden.

Brunnen: 1. durch Schachtung oder Bohrung, also künstlich angelegte Entnahmestelle für gereinigtes Grundwasser. Der Schachtbrunnen liefert geringe Mengen oberflächennahes Wasser. Dagegen haben die Bohrbrunnen als Tiefbrunnen für die Trinkwasserversorgung mehr Bedeutung. Größere Tiefen erreichen die Mineralwasser-Brunnenbohrungen, z. B. in Bad Pyrmont 1340 m, in Taschkent 1200 m, in Heidelberg 1022 m.
2. Bez. für die geförderten Mineral- oder Heilwässer. Das *Brunnenwasser* ist ein mit technischen Hilfsmitteln aus unterschiedlichen Tiefen gefördertes, oberflächennahes unterirdisches Wasser, Grundwasser oder tiefes Grundwasser. → Heilwasser → Mineralwasser → Quelle → Trinkwasser

Brunnenkresse, *Wasserkresse, Wassersenf, Wiesenkren, Bitterkraut:* die ausdauernde, 30···90 cm lange, kahle Sprosse bildende → Kresse, *Nastúrtium officinále* R. Br., Syn. *Rorippa nastúrtium* Beck oder *R. nastúrtium-aquáticum* (L.) Hayek (Familie *Brassicáceae*), die klares, fließendes, gleichmäßig erwärmtes Wasser in Quellen, Bächen, Flüssen oder Gräben bevorzugt, in denen sie das ganze Jahr einen dichten, niederliegenden, durch zahlreiche Adventivwurzeln verankerten Rasen bildet. Die fleischigen, unpaarig gefiederten Blätter werden häufig als Salat verwendet oder zu frischem Saft verwertet. Die B. ist fast weltweit verbreitet. Eine Inkulturnahme erfolgte erst Mitte des 18. Jahrh. in Deutschland (Im Dreibrunnengebiet Erfurt wurden 1841 bereits 22 Morgen mit B. genutzt). Anfang des 19. Jh. begann die Kultur in anderen westeuropäischen Ländern, wie Frankreich (Picard, nördl. von Paris 40 ha 1993), England (1984: über 80 ha) oder Niederlande (Wijchen); auf Hawaii stehen 480 ha unter Kultur. Der Erntetermin ist erreicht, wenn die Triebe etwa 20···25 cm hoch sind. Nach dem meist maschinellen Schneiden wird die B. sofort gekühlt (mit Eiswasser oder Abkühlung in chloridhaltiger Kühltanklösung). B. wird in Bündeln (100···120 g) gehandelt, die bis zum Verkauf in Wasser stehen oder beutelverpackt sind. Die beste Lagertemperatur liegt bei 0···1°C; bei 5°C ist B. eine Woche im Dunklen haltbar; bei 10°C ist Frischluftzufuhr erforderlich. Mit guter Kühlkette ist B. mind. 5 Tage frisch zu halten. Sie enthält etwa viermal so viel Vitamin C, Eisen, Vitamin A wie Kopfsalat (Tab.).

Zusammensetzung und Energiewert von Brunnenkresse

Bestandteil	Gehalt in 100 g eßbaren Anteils	
Feuchtigkeit	93,5	g
Eiweiß	1,6	g
Fett	0,3	g
Kohlenhydrate	1,9	g
Ballaststoffe	1,6	g
Mineralstoffe	1,1	g
Natrium	12,0	mg
Kalium	276,0	mg
Magnesium	34,0	mg
Calcium	180,0	mg
Mangan	5,0	mg
Eisen	3,14	mg
Phosphor	63,6	mg
Caroten	2,68	mg
Vitamin B	0,085	mg
Vitamin B_2	0,17	mg
Niacin	0,65	mg
Vitamin C	51,0	mg
Energiewert in kJ (kcal) je 100 g	72 (17)	

→ Blattsalat → Salat

Brunnenkresse, Braune → Winterkresse

Brunnenkresse, Kleinblättrige → Winterkresse

Brunnenkressesaft → Kräutersaft → Brunnenkresse

Brunnen, Oberbrambacher → Mineralwasser

Brüssler Käse → Bruxelles-Käse

Brust → Schlachtkörperteilstücke

Brustbeere, Indische → Jujube

Brustbeere, Schwarze → Nisorhafrucht

Brustkaramelle → Bayrisch Malz

Brut: ein sehr herber, bes. trockener → Sekt, der bis zu 15 g Restzucker je Liter enthalten darf. → Dosagelikör

Brutzwiebeln → Zwiebel 1. → Perlzwiebel

Bruxeller-Käse, *Brüsseler Käse:* belgischer *Weichkäse* aus Kuhmilch mit leicht gelblicher Oberfläche, weichem, geschlossenem Teig und pikantem Geschmack.

Bryndza-Käse → Brimsenkäse

Búbalus: Gattungsbez. für *Büffel.* → Fleischtiere

Buccínum undátum → Schnecken

Buchanánia lánzan Spreng: der in Indien und Burma vorkommende Baum, dessen Nüsse eßbar sind. → Chironoi-Öl

Buchecker: die dreikanntigen Früchte der in der nördlichen gemäßigten Zone waldbildenden Rotbuche, *Fágus silvática* L. (Familie *Fagáceae),* mit vielen Sorten, wie Blutbuche, Hängebuche usw.. Die Nüßchen (→ Nuß) werden zur Gewinnung von → Bucheckernöl und als Garnierung bei Backwaren sowie als Nußersatz verwendet. Zur Aufnahme in großen Mengen sind die B. nicht geeignet, da sie möglicherweise auf Grund des hohen Oxalsäuregehaltes (2,95 g je 100 g) und des Gehaltes an nichtproteinogenen Aminosäuren, insbes. L-Willardiin, zu Unverträglichkeitserscheinungen (Kopfschmerz und Brechreiz) führen können. Bei der Speiseölgewinnung bleiben die toxischen Stoffe im Preßkuchen zurück. → Kern

Bucheckernöl: das aus Bucheckern durch Pressen gewonnene Öl. Die Kerne enthalten bis zu 46 % des hellgelben, mild schmeckenden Öles, das relativ lange haltbar ist. Die Fettsäuren des B. und ihre Anteile sind 10···12 % gesättigte Fettsäuren, 45···57 % Ölsäure und 33···38 % Linolsäure.

Büchsenfleisch → Fleischkonserven

Büchsenkuchen → Konservenkuchen

Buchstaben → Nudeln

Buchstabenkeks → Russisch-Brot

Buchs, Wilder → Bärentraube, Echte

Buchtel, *Wuchtel:* ein mit Pflaumenmus, Marmelade oder Käsemasse gefülltes, vorwiegend in Österreich verzehrtes rechteckiges Weizengebäck von etwa 50 g, zu dessen Herstellung → Hefeoder → Mürbeteig verwendet wird.

Buchu: Sammelbez. für zwei in Südafrika als Gewürz und für offizinelle (medizinische) Zwecke kultivierte Rautengewächse. Man unterscheidet den *Rundblatt-Buchu, Barósma betulína* (Bergius) Bartt. et H. L. Wendt. und *B. crenuláta* (L.) Hook. Beide Buchuarten (Familie *Rutáceae)* weisen in ihrem Blattöl *(Buchublattöl)* einige erstmals in der Natur aufgefundene sulfurierte Terpenoid-Ketone (p-Menthan-3-on-Derivate) auf, die u. a. für die Herstellung eines Schwarze-Johannisbeeren-Aromas von Bedeutung sind.

Buchweizen, *Gricken, Grücken, Schwarzes Welschkorn, Heidekorn:* ein 40···60 cm hoch wachsendes, sehr anspruchsloses Knöterichgewächs, *Fagopýrum esculéntum* Moench, Syn. *Polýgonum fagopýrum* L. (Familie *Polygonáceae),* mit rosafarbenen, nektarreichen Blüten und Bucheckern ähnlichen Früchten, worauf der Name B. zurückzuführen ist; mit dem *Weizen* hat der B. die stärkeliefernden Samen (→ Nuß) gemeinsam. Der B. hat eine sehr kurze Vegetationsdauer (10···12 Wochen) und kann in warmen Lagen als Zweitfrucht angebaut werden, er ist jedoch frostempfindlich. Der B. wird in Asien, Kanada, USA und neuerdings auch wieder verstärkt in der Schweiz und Süddeutschland angebaut, zumal sein Preis über dem des Weizens liegt und die Nachfrage aus der Inlandproduktion nicht gedeckt werden kann. Deutschland importiert B. daher aus verschiedenen Ländern. Im Gegensatz zu anderen → Körnerfrüchten aus Nichtgetreidearten, wie → Perureis oder → Amarant, zählt der B. in Deutschland schon seit 60 Jahren rechtlich zum Getreide, zumal er auf Grund seiner kornähnlichen Beschaffenheit und harten Schale wie Schälgetreide behandelt werden muß. Um schalenfreie Buchweizenkörner zu erhalten, sind mehrere Schälvorgänge erforderlich, da sich die harte Fruchtschale vom Samen nur durch Schleifen abtrennen läßt. Die geschälten Körner werden entweder als → Graupen genutzt oder zu → Grütze, → Grieß oder → Mehl verarbeitet und vorwiegend für Breigerichte (→ Brei), zu → Suppen sowie → Fladen (Kasa) verwendet. Früher wurde Buchweizenmehl, das allein nicht backfähig ist, als sog. Aufmischmehl zu Getreidemehlen oder in Form von → Streckmehl zu 10 % dem Brotgetreide zugemischt. Heute lassen sich mit 30 % vorgequollener Buchweizengrütze annehmbare Mischbrote backen. Bei einem Mindestanteil von 20 kg B. auf 100 kg Weizen und/oder Roggen darf das Backerzeugnis die Bez. *Buchweizenbrot* führen. Vielfach wird B. aber als Bestandteil von Mehrkornbrot genutzt. Buchweizengrütze wirkt auf Grund ihres hohen Quellvermögens - ähnlich der Hirse - stark sättigend und bildet daher einen festen Bestandteil der Heeresverpflegung osteuropäischer Staaten. Um den gleichen Sättigungseffekt zu erreichen, wird von B. wesentlich weniger Einsatzmenge benötigt als bei anderen Getreidearten. Für eine energiebewußte Ernährung könnte B. daher an Bedeutung gewinnen, zumal seine Eiweißzusammensetzung sehr günstig ist: B. verfügt über den doppelten bis dreifachen Lysingehalt - selbst in geschälter Form - im Vergleich zu Weizen (6,5 % gegenüber 2,5 %, bezogen auf den Korneiweißgehalt). B. ist ferner für eine glutenfreie Ernährung geeignet, da er kein Klebereiweiß hat. Neben *F. esculéntum* wird noch *F. tatáricum* (L.) Gaertn., *Tatarenkorn* oder *Tatarischer B.* (in Zentralasien und Sibirien) und *F. acutátum* (Lehm.) Mansf. im südl. Himalaja angebaut und in Assam als Blattgemüse kultiviert. Da der Genuß von B. auf Grund des die Körner umgebenden rotfarbigen Häutchens Allergien auslösen kann (Fagopyrismus), indem es durch ein Naphthodianthronderivat unter Sonneneinwirkung zu Hautekzemen bis Blasenbildung kommen kann, sollte der B. vor dem Verzehr heiß gewaschen oder der rötliche Schleim beim Kochen abgeschöpft werden. Vor dem Verzehr von ungeschältem B. mit etwa 30 % Schalenanteil ist daher zu warnen. Das als sog. *Buchweizenvollkornmehl* in manchen Gegenden (z. B. Nordrhein Westfalen) von Mühlen abgegebene Mahlprodukt enthält lediglich die Bestandteile des Samens, einschließlich Samenschale.

Zusammensetzung und Energiewert von Buchweizen geschält

Bestandteil	Gehalt an Inhaltsstoffen in je 100 g eßbaren Anteils
Feuchtigkeit	11,2 g
Eiweiß	9,8 g
Fett	1,8 g
Kohlenhydrate	71,0 g
Ballaststoffe	4,0 g
Mineralstoffe	2,2 g
Kalium	320,0 mg
Magnesium	80,0 mg
Calcium	20,0 mg
Phosphor	520,0 mg
Eisen	3,0 mg
Vitamin B_1	0,26 mg
Vitamin B_2	0,13 mg
Niacin	3,0 mg
Vitamin E	3,7 mg
Energiewert in kJ (kcal) je 100 g	1421 (340)

→ Sterz → Blini → Nan → Fagopyrin → Keim

Buchweizenblini → Blini

Buchweizenstärke → Getreidestärke

Buckellachs → Lachs

Bückling → Räucherfischerzeugnisse

Bücklingsfilet → Räucherfischerzeugnisse

Bückling, gefüllter → Räucherfischerzeugnisse

Bücklingshäckerle → Fischsalat

Budapester Fleischsalat → Fleischsalat

Buffalo-Beery → Büffelbeere

Büffelbeere, *Buffala-Beery:* die korallenroten, bereits im Juni reifenden, erbsengroßen, starke Ähnlichkeit mit der Sanddornbeere aufweisenden Früchte des bis zu 6 m hohen, sparrigen, aus Nordamerika stammenden, zweihäusigen, baumartigen, silberblättrigen frostharten Strauches *Shephérdia argéntea* (Pursh) Nutt. (Familie *Elaeagnáceae*). Der Anbau dieser Wildobstart lohnt auch wegen der Fähigkeit seiner Wurzeln Luftstickstoff zu binden. Von den Siedlern Nordamerikas und den Indianern werden die B. vielfältig genutzt, vor allem zur Bereitung von *Büffelfleischsoße,* worauf der Name zurückzuführen ist. Der Säuregehalt der Beeren entspricht dem des Sanddornes. Da der Zuckergehalt wesentlich höher liegt, ist ein Frischverzehr im Vergleich zu Sanddorn möglich. Die Früchte eignen sich auf Grund des hohen Anteils gelierender Stoffe für Gelee-, Konfitüren-, Marmeladen-, Saft- und Fruchtsoßenherstellung. Sie sind auch als Kuchenfüllung, zum Trocknen und für Müslibereitungen verwendbar. Der Gehalt an wesentlichen Inhaltsstoffen beträgt im Mittel je 100 g: 80 g Feuchtigkeit, 13 g Gesamtzucker, 3,3 g Gesamtsäure und 230 mg Vitamin C.

Büffelgras → Mariengras

Büffelmilch: Milch von Büffelkühen. B. zeichnet sich gegenüber Kuhmilch durch einen höheren Eiweißgehalt und einen bedeutend höheren Fettgehalt aus. Sie ist in Teilen Afrikas und Asiens (insbes. Indien, Pakistan, Bangladesh) von großer ernährungswirtschaftlicher Bedeutung. B. und ihre Produkte sind weiß, da sie kein Caroten enthalten. Sie sind jedoch reich an Vitamin A. In Südasien werden nur etwa 30···40 % der B. als Frischmilch verbraucht, der Rest wird zu → Ghee, → Dahi, → Cheddarkäse und Trockenmilch verarbeitet. → Milch

Bufotenin, *5-Hydroxy-N-dimethyltryptamin:* ein leicht neurotrop wirkendes Pilzgift. In verhältnismäßig großen Mengen ist es im *Gelben Knollenblätterpilz* [*Amaníta citrína* (Schaeff. ex Fr.) S.F. Gray] und im *Porphyrbraunen Wulstling* [*Amaníta porphýria* (Alb. et Schw. ex Fr.) Mlady] enthalten. Es ist ein → *Indolylalkylamin* und dem im Tierreich verbreiteten Serotonin nahe verwandt.

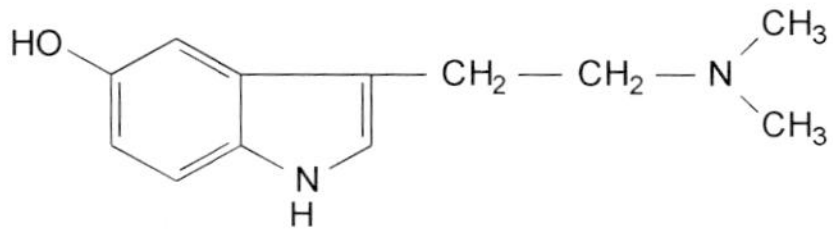

Bei peroraler Einnahme soll es nicht halluzinogen wirken. Es beschleunigt aber den Herzschlag und verengt die Blutgefäße und führt zu Bluthochdruck. → Pilzgifte

Bug → Schlachtkörperteilstücke

Bugadi → Ramsar

Bukettstoffe: zusammengefaßte Gruppe von Geruchs- und Geschmacksstoffen, die dem Traubenmost oder -wein den erwünschten sortentypischen Geruch und Geschmack verleihen. Die B. (bouquet: Blume, Duft) umfassen die während der Beerenreife primär und während der Gärung und Lagerung sekundär entstehenden Aromastoffe. Man unterscheidet deshalb zwischen *Trauben-, Gärungs-* und *Lagerbukett.* Innerhalb der sortentypischen Weinbuketts gibt es eine Vielzahl von größeren und kleineren Variationen, die einem geübten Weinkenner neben den Anbaugebieten sogar die einzelnen Weinbergslagen, denen die Weine entstammen, zu erkennen ermöglichen (*Herkunfts-* oder *Lagerbuketts*). Die Aromastoffe des Traubenbuketts sind vorwiegend in den Zellen des Beerenfleisches, kaum jedoch in den Beerenhülsen (Trester) lokalisiert. Über die Entstehung der B. ist noch wenig bekannt; man nimmt an, daß sich → *Aminosäuren, bes. Phenylalanin, Alanin, Prolin und Valin,* bei Anwesenheit von Gerbstoffen umwandeln und solche B. bilden. Abbauprodukte des Methionins und Leucins sollen das Bukett verschlechtern. Beispiel für Aromastoffgehgalt des Weines s. Übers. s. Seite 244.
Daneben kommen noch Ester der Buttersäure bzw. des Propanols und Butanols sowie Acetaldehyd, Capronaldehyd, Vanillin, Lactone, Terpene, einige Schwefel- und Stickstoffverbindungen als charakteristische Aromastoffe vor.

Im Silvaner gaschromatographisch nachgewiesene Aromastoffe

Aldehyde/Ketone	Alkohole	Ester	
Aceton	Isopropylalkohol	Ethylformiat	Ethylpelargonat
Isobutanol	Isobutylalkohol	Ethylacetat	Ethylcaprat
Isopentanal	Isoamylalkohol	Ethylpropionat	Ethyllaurat
Hexanal		Ethylvalerat	Ethylmyristat
Zimtaldehyd		Ethylcapronat	Ethylsalicylat
		Ethylönanthat	Ethylcinnamat
		Ethylcaprylat	Methylacetat

Bulbenzwiebel → Catawissazwiebel → Lauch

Bulbillenyams → Luftyams

Bulette, *Boulette:* aus gewolftem Fleisch, z. T. Schweinebauch und Gewürzen zumeist mit Binde- und Streckmitteln (Soja-, Getreide-, Semmelmehle, Eigelb) hergestellte, evtl. auch panierte, gebratene Klößchen.

'Bulgarski Rubin' → Himbeere → Beerenobst

Bulgurwaffel → Waffelbrot

Bulgurweizen, *Bulgur:* ein hydrothermisch vorbehandelter Weizen (*Parboiledweizen*), dessen nach der Trocknung des Kornes freigelegte Kleie auf mechanischem Wege entfernt wird. Der B. ist ein traditionelles Lebensmittel im Vorderen Orient, das wie Speisereis verzehrt wird. Zur individuellen Herstellung im Haushalt wird der Weizen vor der Aufbereitung gewaschen, dann gekocht, getrocknet und die Schale in einem Mörser abgerieben, danach zerkleinert und gesiebt. Für die Zubereitung wird der B. mehrere Stunden eingeweicht oder 15···20 min gekocht. Als Beitrag zur Schließung der Ernährungslücke in den Entwicklungsländern, deren Bevölkerung vorwiegend an eine Breinahrung gewöhnt ist, wird B. in den Industriestaaten auch industriell hergestellt. Bei der industriellen Bulgurherstellung werden ebenfalls 3 Phasen unterschieden: a) Einweichen der Körner in heißem Wasser zwecks Quellung bis zu einer Feuchtigkeitsaufnahme von 45 %, b) Kochen oder Autoklavieren zwecks Stärkeverkleisterung, c) Trocknen auf 12 % Feuchtigkeit. B. wird vorwiegend aus Durumweizen hergestellt. Vorzüge des B. sind der relativ hohe Vitamin-B_1-Gehalt (0,35 mg je 100 g) auf Grund des Parboilingverfahrens, der kräftige Geschmack, die Haltbarkeit und einfache Zubereitungsweise. Ein in der Türkei auch aus Vulgare-Weizen hergestellter, lokaltraditioneller B., bei dem die Schalen durch Schlagen entfernt werden, dem aber die Aleuronschicht noch anhaftet, wird als *Gendime* bezeichnet. Gerösteter Gendime wird als *Kavruga*, gemahlener Kavruga als *Kavrut* bezeichnet. Da der industriell hergestellte B. wegen seiner dunklen Farbe im Vergleich zu Reis in vielen Entwicklungsländern auf Ablehnung stieß, wurde eine laugengeschälte Variante des B. entwickelt, der sog. *Wurld-Weizen.* Bei einer 10 min lang anhaltenden Einwirkung von 15···20 %iger Natriumhydroxidlösung bei 65···80°C hebt sich der äußere Teil der Körner ab, der mit einem Wasserstrahl entfernt werden kann. Bei anschließender Behandlung mit wäßriger Säurelösung wird das Korn gebleicht und danach getrocknet. Der Wurld-Weizen stellt demzufolge ein hellfarbenes Weizenkorn mit intakter Aleuronschicht dar und ist nach einer Kochzeit von 15 min im Aussehen dem Reis sehr ähnlich. Obgleich der Wurld-Weizen im Vergleich zum Ausgangsweizen etwa 15 % seines Proteinwertes, 50% seines Vitamin-B_1-Gehaltes und 10···30 % seines Gehaltes an den übrigen B-Vitaminen einbüßt, wird er im Vergleich zu Weißreis als geeignete Nährstoffquelle betrachtet. *Bulgur-Schnellweizen* ist eine weitere Bulgur-Variante in Form eines *Dosenweizens, ein sog. Fertigweizen* oder auch *tischfertiger Weizen, der als Ersatz für* → Dosenreis verwendet werden kann. *Puffbulgur* oder *gepuffter B.* ist ein eßfertiger B. mit einer Volumenvergrößerung um das Zweifache. *Angereicherter B.* wird vielfach in Form eines eiweißangereicherten B. hergestellt. Er enthält 13 % Protein und 0,1 % Lysin. → Getreide, angereichertes → Weizennährmittel → Pufferzeugnis → Falafel

Bulle → Fleischtiere

Bullenkalb → Fleischtiere

Bulrushhirse → Perlhirse

Bun → Hamburger 2.

Bunchingzwiebel, Japanische → Winterzwiebel → Lauch → Sälauchzwiebel

Bunchósia costaricénsis → Kostarika-Kirsche

Bundaal → Aal

Bundmöhre → Speisemöhre

Bündner Alpkäse: *Halbhartkäse* (→ Bergkäse) aus der Schweiz. → Käsesorten

Bündnerfleisch: in Graubünden (Schweiz) hergestelltes und gehandeltes gesalztes und gewürztes → Trockenfleisch.

Bunnelos → Arracacha

Búnium bulbocástanum → Erdkastanie

Búnium pérsicum → Schwarzkümmel 4.

'Bunte Julibirne' → Birne → Kernobst

Buntsaft: in der Obstverarbeitungsindustrie verbreitete Bez. für farbige → Säfte aus Beeren- und Steinobstfrüchten. Bei der Herstellung von B. gelingt es nur unvollkommen oder gar nicht, den in der Schale lokalisierten Farbstoffanteil zu extrahieren, wenn vor dem Pressen die Maische nicht enzymatisch oder mit Hitze behandelt wird, um die Pectinstoffe abzubauen.

Buntsalat → Salat, bunter

'Burback' → Susine

Burennuß → Erdnuß

Burger → Fast-Food-Erzeugnis

Burgunder → Wein → Egerer Stierblut

Burgunder, Blauer später, *Pinot noir:* eine der edelsten franz. Rotwein-Keltertraubensorten, die auch in vielen anderen Weinbauländern angebaut wird. Die Weine sind samtig, körperreich, sie haben ein feines Aroma und eine dunkelrote Färbung. B. gehören zu den besten Rotweinen der Welt. → Wein

Burgunder, Grauer: → *Ruländer.* → Wein

Burgunder, Weißer, *Pinot blanc:* franz. Weißwein-keltertrauben-Sorte, aus der die lieblichen *Chablis-Weine* des nördlichen Burgund gekeltert werden. Diese Sorte wird auch in anderen Staaten angebaut und ergibt gute Weine. → Wein → Weintraube

Buripalme: die im tropischen Asien kultivierte Palmenart *Córypha útan* Lam. (Familie *Arecáceae*), die durch Anzapfen der Blütenstände einen zuckerreichen Saft liefert, der zu Ethanol, Essig und Zucker (→ Palmzucker) verarbeitet wird. Die Endknospen dienen als Gemüse (→ Palmkohl). Die Samenkerne junger Früchte werden als Süßspeise verzehrt. Aus dem Mark des Stammes wird → Sago gewonnen. → Sagostärke

'Burlat' → Steinobst

Burmabohne → Limabohne

Burmsch → Ebereschenbeere

Burropfeffer → Guineapfeffer 3.

Bürstenkraut → Saflor

Burukutu: eine in der Savannenregion von Nigeria verbreitete traditionelle Zubereitung in Form eines dickflüssigen Getränkes aus Sorghum und Maniok. → Lebensmittel, fermentiertes

Burutipalme, *Miritipalme:* die im Südamerika (Venezuela, Surinam, Brasilien) von den Indianern vielseitig genutzte Palme, *Mauritia flexuósa* L. (Familie *Arecáceae*). Aus dem Mark des Stammes (→ Markstärke) wird → Sago gewonnen, aus dem → Blutungssaft des Stammes, der Früchte und Blütenstände wird Palmsaft zur Weinbereitung gezapft, und die Endknospe dient als → Palmkohl.

Burzelkraut → Portulak

Busa, *Busaa-Bier:* ein bei den Krimtataren, in Turkestan und auch in Afrika verbreitetes alkoholisches Getränk aus Hirse und Reis. *Changaa* ist ein in Kenia lokaltraditionell bereitetes alkoholisches Getränk aus Zuckerrohr oder Melasse. Wird dieses Getränk dem B. zugefügt, so entsteht der sog. *Nubia-Gin.* Man glaubt, daß diese Herstellungsart Emigranten aus Nubien in Kenia nach dem 1. Weltkrieg eingeführt haben. Die Produktion von *Nubia-Gin* ist hauptsächlich auf die westlichen Provinzen (Nyanza und Rift Valley) sowie auf die Großstadt Nairobi konzentriert. Die städtische Produktion von *Nubia-Gin* (26%-Vol. Ethanolgehalt) unterscheidet sich jedoch stark von der ländlichen Herstellungsweise (46%-Vol. Ethanolgehalt), auch im Gehalt an Fuselöl, der bei hauseigener Erzeugung bedeutend höher liegt. → Sorghumbier → Lebensmittel, fermentiertes → Hirsegetränk

Busaa-Bier → Busa

Buschapfel: ein im tropischen Afrika (bes. in Nigeria) als Blattgemüse angebautes Rötegewächs, *Hēinsia pulchélla* (G. Don) K. Schum. (Familie *Rubiáceae*).

Buschbohne → Gemüsebohne

Büschelbohne, *Guarpflanze:* die von Vorderindien bis Afghanistan wild wachsende und dort auch kultivierte buschige einjährige Pflanze *Cyamópsis tetragonóloba* (L.) Taub. (Familie *Fabáceae*), deren junge, zarte Samenhülsen als Gemüse gegessen werden. Hauptsächlich wird die B. als Futterpflanze angebaut. Das Samenmehl hat eine 5···8 mal so hohe Gelierfähigkeit wie Stärke. Der wesentliche schleimbildende Bestandteil ist Mannogalacton. Das Mehl (Guarmehl) wird u. a. bei der Eiskrem- und Backwarenherstellung (Dikkungsmittel), als Füllstoff in der Schlankheitskost und für technische Zwecke verwendet.

Büschel-Porling, Spatelhütiger → *Polyporáceae*

Buschminze: die in Westmexiko und Indien kultivierte *Hýptis suavéolens* (L.) Poit. (Familie *Lamiáceae*), deren aromatische Blätter und Sproßspitzen als → teeähnliches Erzeugnis und als → Küchenkraut für Speisezwecke dienen, während die aromatischen Blätter von *H. spicígera* Lam. als Blattgemüse oder Suppenkraut verwendet werden.

Buschtee, *Bossiestee:* ein → teeähnliches Erzeugnis aus den Blättern von *Cyclópia genistoídes* (L.) Vent. (Familie *Fabáceae*) und anderen Cyclopiaarten.

Buschtee, Roter → Massaitee

Buschyams, 1. *Fünfblattyams:* eine in Asien und auf den pazifischen Inseln wild vorkommende oder kultivierte Dioscoreenart, *Dioscórea pentaphýlla* L., deren Knollen büschelweise wachsen und nicht toxisch sind und wie Kartoffeln verzehrt werden. → Yamswurzel
2. *Waldyams, Weißyams, Dioscórea praehénsilis* Benth. → Yamswurzel

Bushmill's → Whisky

Butan → Etraktionslösemittel

Butanal → Aldehyde

Butan-1,4-dicarbonsäure → Adipinsäure

Butan-1,3-diol → Polyalkohole

Butan-2,3-dion → Diacetyl

n-Butanol, *Butan-1-ol, primäres Butanol:* einwertiger, aliphatischer, gesättigter Alkohol der Formel CH_3-CH_2-CH_2-CH_2OH, der häufig als Bestandteil der flüchtigen Komponenten von Lebensmitteln anzutreffen ist. B. ist eine farblose Flüssigkeit, F. −79,9°C, Kp. 118°C, *d* 0,8098. In Ethanol und Ether löst sich B. vollständig, in Wasser hingegen nur wenig. B. wird in Form seiner Ester in der Aromen- und Riechstoffindustrie verwendet. → Alkohole → Extraktionslösemittel

n-Butansäure → Buttersäure

But-2-en-1-ol, *Propenyl-carbinol* (veraltet), *γ-Methylallylalkohol, Crotylalkohol, Crotonylakohol:* ein einfach ungesättigter primärer Alkohol mit der Struktur CH_3CH=CH-CH_2OH. B. kommt in Rapssamen vor. Es riecht stechend, ist wasserlöslich, Kp. 117···122°C, d_4 0,8539, n_D^{20} 1,4240···1,4285.

But-3-en-1-ol, Allylcarbionol: ein einfach ungesättigter primärer Alkohol der Struktur CH_2=CH-CH_2-CH_2OH. B. kommt in Rapssamen vor. Es ist wasserlöslich und reizt die Schleimhäute. Kp. 112···114°C, d_0 18,5 0,8484, n_D17,5 1,4146. → Alkohole

But-2-en-1-säure → Crotonsäure

But-3-enyl-isothiocyanat → Senföle → Crotonylsenföl

Buttenrose → Hagebutte

Butter: das aus gesäuerter oder süßer Sahne (Rahm) oder Molkensahne der Kuhmilch – ggf. unter Zusatz von Bakterienkulturen (Säurewecker, → Starterkulturen), Wasser und Kochsalz – gewonnene plastische Gemisch, aus dem beim Erwärmen auf 45°C überwiegend eine klare Milchfettschicht entsteht, die von der Wasser und Milchbestandteile enthaltenden Schicht abgetrennt ist. Die B. aus der Milch anderer Tierarten muß nach der Herkunft gekennzeichnet sein (z. B. Ziegenbutter). Das Sortiment, das nur Erzeugnisse aus Kuhmilch einschließt, gliedert sich allg. in *Markenbutter, gesäuert* (Sauerrahm) und *ungesäuert* (Süßrahm) sowie *Tafelbutter, gesalzen*. B. wird in 3 Handelsklassen unterteilt: *Markenbutter, Molkereibutter* und *Kochbutter*. Kochbutter ist zum Kochen, Braten und Backen geeignet, wird aber an den Einzelhandel nicht abgegeben. *Frische Rahmbutter* ist ein energiereduziertes bisher in den östlichen Bundesländern übliches Erzeugnis (→ Butter, energiereduziert). Die Zusammensetzung der B. schreibt in vielen Ländern mindestens 82% Fett und höchstens 16% Wasser vor (Tab.).

Durchschnittliche Zusammensetzung und Energiewert von Markenbutter

Bestandteil	Gehalt je 100 g in g
Fett	82···83,7
Eiweißstoffe	0,5···0,8
Kohlenhydrate	0,7
Wasser	14···16
Energiewert in kJ (kcal)	3220 (770)

Es gibt jedoch auch abweichende länderspezifische Regelungen. Die ernährungswirtschaftliche Bedeutung der B. ist beträchtlich. In Europa hat Sauerrahmbutter gegenüber der Süßrahmbutter die größere Bedeutung. Ihre Herstellung gliedert sich in 4 Arbeitsgänge: a) die Rahmgewinnung, bei der die auf 45°C erwärmte Milch in Hochleistungszentrifugen (6500···7000 U min-1) entrahmt und neben Magermilch Rahm mit 20···22% Fett gewonnen wird; b) die Erhitzung des Rahmes auf 90···95°C und seine Abkühlung auf 12···15°C; c) die Rahmreifung nach Zusatz eines Säureweckers (Mischkultur aus Milchsäurebakterien, bes. *Streptococcus lactis* und *S. cremoris*) bis zu 16 h bei 16···20°C, wobei Säuerung bei Ausbildung charakteristischer Aromastoffe (Diacetyl, Acetoin) eintritt; d) die Verbutterung, bei der in den gesäuerten Rahm unter der Wirkung von Knetwalzen Luft geschlagen wird und die Bildung des Butterkornes erfolgt. Als Nebenprodukt fällt → Buttermilch an. Die Buttermasse wird gewaschen und abgepackt. Bei der z. B. in Neuseeland und Australien üblichen Süßrahmbutter erfolgen anstelle der Rahmsäuerung eine mind. 3 h dauernde Reifung des Rahmes (50···52% Fett) unter 10°C und die Verbutterung in kontinuierlich arbeitenden Anlagen (*Fritz-Verfahren*). Bei dem sog. *Separierverfahren* wird der Rahm (25···30% Fett) in einer Zentrifuge auf 80% Fett konzentriert und unter mechanischer Bearbeitung auf 8···13°C abgekühlt (*Alfa*-Verfahren). Bei B. handelt es sich um eine Emulsion (Magermilch in Fett), die im Verlauf der Butterung durch sog. Phasenumkehr der Emulsion des Rahmes (Fett in Magermilch) entstanden ist. Butterfehler (z. B. Wasserlässigkeit, bröckliges Gefüge, Abweichungen im Aussehen und im Geruch) entstehen, vom Verderben durch Hydrolyse und Autoxydation abgesehen, wenn Milch mit Nebengeruch verwendet oder Milch fehlerhaft verarbeitet wird. B. enthält lebenswichtige Vitamine (s. Tab. Seite 248) und Mineralstoffe (s. Tab. Seite 248).

Ferner sind in 100 g B. 231···239 mg Cholesterol enthalten. Charakteristisch ist der hohe Anteil des Butterfettes an niedermolekularen, gesättigten Fettsäuren (Buttersäure bis Caprinsäure) und der

Vitamingehalt der Butter

Vitamin	Gehalt je 100 g Butter in mg
A	0,67
B_1	0,007
B_2	0,019
B_6	0,004
E	2,6
K	0,06
Caroten	0,54

Mineralstoffgehalt der Butter

Mineralstoff	Gehalt je 100 g Butter in mg
Natrium	6,0
Kalium	20,0
Magnesium	(4,1)
Calcium	16,0
Mangan	0,04
Eisen	0,15
Kupfer	0,028
Zink	0,3
Phosphor	19,0
Fluorid	0,15
Iodid	5,6

Fettsäuren des Butterfettes

Fettsäure	Anzahl der Kohlenstoffatome im Molekül	Anteil am Butterfett in %
Gesättigte Fettsäure		
Buttersäure	4	2,6···4,7
Capronsäure	6	1,3···2,1
Caprylsäure	8	0,7···1,6
Carprinsäure	10	1,1···3,6
Laurinsäure	12	2,5···2,8
Myristinsäure	14	8,1···11,1
Palmitinsäure	16	25,9···29,0
Stearinsäure	18	9,2···11,2
Ungesättigte Fettsäure		
Ölsäure	18	26,1···32,8
Linolsäure	18	2,2···3,4
Linolensäure	18	0,45···0,68
Palmitoleinsäure	16	3,4···4,6
Myristooleinsäure	14	0,6···0,9
Laurooleinsäure	12	0,1···0,2
Caprinoleinsäure	10	0,1

niedrige Gehalt an der essentiellen ungesättigten Linolsäure (Tab. s. nächste Spalte oben).
Daher sind auch Erzeugnisse, sog. Kombinationsstreichfette, im Handel, die Pflanzenfette enthalten. → Butterhaltige Erzeugnisse. Für die ernährungsphysiologische Bewertung der B. ist wichtig, daß kurzkettige Fettsäuren im Organismus über die Pfortader der Leber zugeführt werden, während die langkettigen Vertreter über Lymphe und Milchbrustgang (*Ductus thoracius*) direkt in den Blutkreislauf übergeben und eine von der Fettzufuhr abhängige Erhöhung des Fettspiegels verursachen. Die Zweiteilung des Transportweges ist neben anderen Faktoren Ursache für die leichte Resorption und Verdaulichkeit der B. gegenüber anderen Fetten (Schmalz, Öl). Eine gesunde Ernährung sollte aber – abgesehen von diätischen Anwendungen – als Nahrungsfette sowohl Butter als auch pflanzliches Fett (Magarine, Pflanzenöl) in abgewogener Menge einschließen.

Butterbassia → Fulwatalg

Butterbaum, *Schibaum, Sheabaum:* der bis zu 20 m hohe, knorrige, meist wildwachsende Baum *Butyrospérmum párkii* G. Don, Syn. *Vitellária paradóxa* Gaertn. (Familie *Sapotáceae*), der in Westafrika und im oberen Nilgebiet vorkommt. Das weiche, gelbe, süße Fruchtfleisch der ei- bis birnenförmigen, grünen Früchte umschließt einen taubeneigroßen Samen, der bis zu 45 % Fett enthält. Dieses etwas zähe, butterartige Fett (→ *Sheabutter*) wird schwer ranzig, es wird im Sudan für Nahrungszwecke verwendet. Der B. ist für Zentralafrika als Fettquelle wichtig, da Ölbaum und Ölpalme hier nicht angebaut werden können. → Bassiafett

Butterbohne → Limabohne

Butter, energiereduzierte: ein hinsichtlich der Inhaltsstoffe, der Konsistenz und des Geschmacks der → Butter ähnliches Erzeugnis, dessen Fettgehalt jedoch reduziert ist (Tab.).

Durchschnittliche Zusammensetzung und Energiewerte von energiereduzierter Butter (Auswahl)

Bestandteil	Milch-halbfett	Frische Rahm-butter	Pomazánkove máslo (ČR)
	Gehalt in g je 100 g		
Fett	40	45,0	35,0
Eiweiß	3···6,5	1,0	3,8
Kohlenhydrate	–	1,0	6,2
Wasser	52···57	53,0	55,0
Energiewert in kJ (kcal)	1556 (372)	1757 (420)	1531 (366)
Energiewert der Deutschen Markenbutter	3222 (770)		

Bei einem Fettgehalt um bzw. unter 45 % erfolgt die Herstellung vorwiegend nach dem Butterschmalz-Emulgierverfahren, wonach ausgeschmolzenes Butterfett unter Zusatz von Emulgatoren und Wasser in eine Fett-in-Wasser-Emulsion zurückgeführt wird. Als Zusatzstoffe dienen wasserbindende Verbindungen (z. B. Gelatine, modifizierte Stärke). In der Zusammensetzung des Fettanteils bestehen keine Unterschiede zur Markenbutter: Entscheidendes ernährungsphysiologisches Merkmal der e. B. ist die erzielte Verminderung des Energiewertes. E. B. ist als Bratfett nicht geeignet.

Butterbonbon → Bonbon → Weichkaramelle

Butterbrötchen → Fettbrötchen

Butterfisch: 1. *Dollarfisch,* engl. *butterfish; Perprilus (Poronótus) triacánthus* (Bild, s. nächste Spalte oben).
Silberglänzender Schwarmfisch mit hochrückigem, seitlich stark zusammengedrücktem Körper,

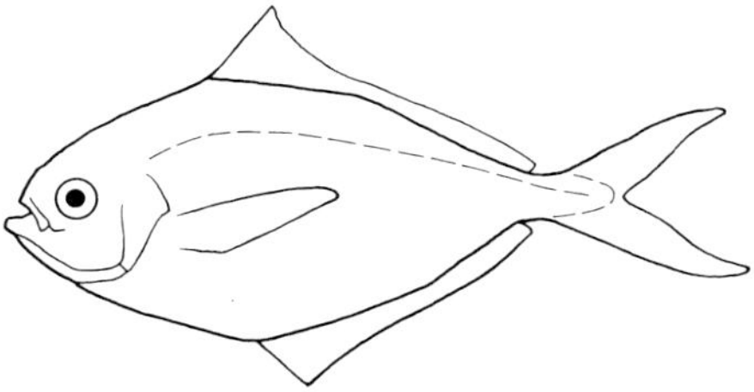

Butterfisch

einer langen Rücken- und Afterflosse und tiefgegabeltem Schwanz. Die Schuppen sind sehr klein. Der etwa 15···25 cm lange B. ist an der amerikanischen Atlantikküste verbreitet. Verwandte Arten der *Stromateiden* haben im Indischen Ozean und Westpazifik Bedeutung (100 kt Jahresfang). Das weiße, lockere Fleisch enthält je 100 g eßbaren Anteils 17···19 g Eiweiß und, jahreszeitlich schwankend, 6···12 g Fett. → Fisch
2. Bez. für Fische der Gattung *Pholis,* verwandt mit der → Aalmutter. Diese bodenlebenden Flachwasserbewohner der Ost- und Nordsee sind ohne wirtschaftliche Bedeutung.

Buttergelb → 4-Dimethylaminoazobenzen → Azofarbstoffe

Butterhaltige Erzeugnisse → Erzeugnisse, butterhaltige

Butterkäse: urspr. aus Italien nach Deutschland eingeführter *Weichkäse* (hier seit 1927 hergestellt) von butterähnlicher Konsistenz und Farbe sowie sehr mildem Geruch und Geschmack. Die Oberfläche ist goldbraun bis rötlich mit wenig Schmiere. Der Teig soll weich, sehr elastisch und möglichst geschlossen sein. Der B. muß mind. als Vollfettkäse hergestellt werden. B. ist in den Fettstufen 45 % und 50 % F. i. Tr. im Handel. Der B. entspricht dem italienischen *Bel-Paese.* → Weichkäse

Butterkäserl: kleine, ungereifte, leicht gesalzene Käseröllchen aus Österreich (etwa 60 g) mit 55 % F. i. Tr. (eine Wiener Frischkäsevariation). → Käsesorten

Butterkohl → Schnittkohl

Butterkremgebäck → Kremgebäck

Butterkremtorte → Diabetiker-Backware

Butterkuchen → Zuckerkuchen

Butterling → *Boletáceae*

Buttermilch: ein Sauermilcherzeugnis, das bei der Verbutterung von pasteurisierter und mittels Buttereikultur gesäuerter Sahne anfällt. Das Erzeugnis B., geschlagen, ist das aus pasteurisierter, entrahmter Frischmilch oder Süßrahmbuttermilch oder einem Gemisch von beiden durch Säuren mit Buttereikultur erhaltene Produkt, das nach der Säuerung geschlagen, gerührt oder homogenisiert worden ist. Buttermilchzubereitung ist B. oder geschlagene B. mit geschmacksbestimmenden Zusatzstoffen (z. B. Früchten, Aromen). Handelsübliche Sorten sind *Buttermilch* ($<$ 1% Fett), *geschlagene Buttermilch* ($<$ 1% Fett) und *Buttermilchzubereitung* (1 $\pm$ 0,1 % Fett). Hinsichtlich Zusammensetzung und Energiewert ist die B. der entrahmten Frischmilch etwa gleich (Tab.).

Nährstoffgehalt und Energiewert von Buttermilch und geschlagener Buttermilch

Bestandteil	Durchschnittl. Gehalt je 100 g Buttermilch	
	in g	in mg
Eiweiß	3,5	
Fett	0,5	
Milchzucker	4,0	
Mineralstoffe		700,0
Calcium		109,0
Phosphor		90,0
Eisen		0,1
Vitamin B_1		0,034
Vitamin B_2		0,16
Vitamin C		0,60
Energiewert in kJ (kcal) je 100 g	150	(36)

Das Milcheiweiß liegt in der B. in fein geronnener Form vor. B. ist deshalb für Verdauungsgestörte oft besser verträglich als die gröber gerinnende Frischmilch. → Sauermilcherzeugnis

Buttermilch, geschlagen → Buttermilch

Buttermilchbrot → Milchbackware

Buttermilchquark → Käse, nichtreifende

Buttermilchzubereitung → Buttermilch

Butternuß, 1. *Wari:* die Samen der großen Teilfrüchte (→ Nuß) des vorwiegend im Amazonasgebiet heimischen *Butternußbaumes, Caryocar nucíferum* L. (Familie *Caryocaráceae),* die 65 % Fett, 17 % Eiweiß enthalten und meist geröstet verzehrt werden.
2. *Zitronennuß:* die ölhaltigen Samenkerne des in Nordamerika kultivierten *Butternuß-* oder *Ölnußbaumes, Júglans cineréa* L. (Familie *Juglandáceae).* Es werden sowohl unreife Früchte, dann meist eingesalzen, als auch reife Früchte verzehrt.

Butternußbaum → Butternuß 1. und 2.

Butterpilz → *Boletáceae*

Butterpulver → Trockenbutter

Buttersalat: eine zum → Gartensalat zählende, in Mitteleuropa verbreitete Blattsalatart, *Lactúca satíva L. var. capitáta nídus tenerríma* Helm, (Familie *Asteráceae),* deren Frühsommer- und Sommerformen auch rote oder rot betupfte Blätter aufweisen. → Bunter Salat → Salatgemüse → Blattsalat

Buttersäure, *n-Buttersäure, n-Butansäure:* eine gesättigte Monocarbonsäure der Formel CH_3-CH_2-CH_2-COOH. B. ist bei Zimmertemperatur flüssig, F. −5°C, Kp. 164°C. B. ist mischbar mit Ethanol, Ether und Wasser (oberhalb −3,8°C) und wasserdampfflüchtig. Sie hat einen stechenden, ranzigen Geruch. B. ist Bestandteil des Milchfettes; in zahlreichen ätherischen Ölen ist sie als Monoester verschiedener Alkohole enthalten. In freier Form findet sie sich im Muskelsaft, im fleischigen Mantel der reifen Gingko-Früchte und im Schweiß; sie entsteht auch beim Faulen von Eiweißstoffen und bei der Gärung von Kohlenhydraten. B. wird durch Oxydation von n-Butanol oder durch Buttersäuregärung gewonnen. Verwendet wird sie zur Herstellung von Celluloseestern, in Form ihrer Ester in der Riechstoffindustrie und als Lösungsmittel.

i-Buttersäure → Isobuttersäure

Butterschmalz: durch Ausschmelzen von Butter erhaltenes Fett, das bes. vom Wasser, aber je nach dem verwendeten Schmelzverfahren auch von den übrigen Komponenten (Milchzucker, Eiweißstoffe, Mineralstoffe) weitgehend befreit ist. B. steht hinsichtlich der ernährungswirtschaftlichen Bedeutung gegenüber Butter und Schweineschmalz zurück. In Ländern mit tropischem Klima ist B. dagegen wichtiger, es wird dort auch aus dem Milchfett anderer Säugetiere hergestellt, wie das in Indien und Pakistan aus Kuh- und Büffelmilch gewonnene Erzeugnis mit der Bez. *Ghee.* Zur Herstellung von B. wird Butter entweder in Klärkesseln bei 70···80°C ausgelassen und das klar aussehende Fett in Separatoren abgetrennt, oder Butter wird gekocht (Siedeverfahren), wobei sich mit dem Verdampfen von Wasser auch Salze, Eiweißstoffe und Milchzucker absetzen. Es ist im Aussehen der Butter ähnlich, das Gefüge ist glatt und salbenartig, der Geschmack weicht jedoch von dem der Butter ab. B. ist mit 3850 kJ je 100 g, die praktisch ganz auf Fett entfallen, energiereich. Der Anteil an ungesättigten Fettsäuren ist wie auch bei Butter verhältnismäßig gering. (Zusammensetzung und Energiewert s. Tab. nächste Spalte.)
B. dient als Brat- und Backfett.

Zusammensetzung und Energiewert von Butterschmalz

Bestandteil	Gehalt je 100 g	
	in g	in mg
Wasser	0,25	
Eiweiß	0,25	
Fett	99,5	
davon ungesättigte Fettsäuren:		
Linolsäure	3,0	
Linolensäure	1,0	
Vitamine:		
A		0,85
E		3,60
Caroten		0,20
Energiewert in kJ (kcal) je 100 g	3850 (920)	

Buttito: ein → Fladen aus Weizenmehl, der nach mexikanischer Art mit gewürztem Hackfleisch, Käse und Gemüse verzehrt wird.

β-Butylacrolein → Aldehyde

n-Butylaldehyd → Aldehyde

2,3-Butylenglycol → Polyalkohole

tert-Butylhydrochinon → Antioxydantien

tert-Butylhydroxyanisol (*BHA*) → Antioxydantien

tert-Butylhydroxytoluen *(BHT)* → Antioxydantien

n-Butylisothiocyanat → Senföle

n-Butylrhodanid, *Butylthiocyanat:* Butylester der → Rhodanwasserstoffsäure, Formel

$$(CH_3\text{-}CCH_2)_3\text{-}S\text{-}C{\equiv}N.$$

B. kommt in Meerettichwurzeln vor.

D-sek. Butylsenföl → Senföle

Butylsulfid-crotonylsenföl → Senföl

Butylthiocyanat → n-Butylrhodanid

n-Butyraldehyd → Aldehyde

γ-**Butyrobetain** → Betaine

Butyrospérmum párkii → Butterbaum, Sheabutter

Bygeles → Bagel

Byrsónima spicáta → Locustbeere

Byssochlaminsäure → Mykotoxine

'Cabana' → Banane

Cabernet France → Bordeaux → Wein

Cabernet-Sauvignon → Bordeaux → Wein → Egerer Stierblut

Cabrales: einziger spanischer Blauschimmelkäse, der aus Milch von Rindern, Schafen und Ziegen hergestellt wird. Seine Reifezeit beträgt 3···6 Monate, die in Höhlen durchgeführt wird; 45 % Fett i. Tr.

Cacagüito: 1. die Sträucher der Gattung *Macleánia* Hook. (Familie *Ericáceae*), die in den Anden in Venezuela und Peru vorkommen. Die kugelige bis eiförmige, violette, fleischige Frucht von *M. rupéstris* A. C. Smith wird roh verzehrt oder für die Herstellung von Juice, Marmelade und Wein verwendet. *M. nítida* Hörold, *M. ecuadorénsis* Hörold, *M. laurína* Blake und *M. popenoéi*. Blake tragen etwas kleinere Früchte, die nur roh gegessen werden. **2.** → Coral 1.

Cachous → Kachous

Caciocavallo: italienischer Hartkäse aus Kuhmilch, der als Tafelkäse und als Reibkäse verwendet wird. → Käsesorten

Cadaverin (Kadaverin) → Amine, biogene → Polymethylendiamine

Cadinen → Terpen-Kohlenwasserstoffe

Cadmium, *Kadmium:* metallisches Element der II. Nebengruppe, Symbol Cd. C. ist ein bekanntes gewerbliches Gift; bereits 30···40 mg können tödlich wirken. Durch seine Verwendung für Farbpigmente, Nickel-Cadmium-Batterien und Korrosionsschutzüberzüge gelangt C. in die Umwelt. Als Cadmiumoxid oder Cadmiumsulfidpartikel wird es auch bei der Verbrennung cadmiumhaltiger fossiler Brennstoffe oder von Müll sowie bei der Cadmiumproduktion und -verarbeitung und der Eisen- und Stahlerzeugung in die Atmosphäre emittiert. Bei einer Weltproduktion von 20 000 t jährlich werden etwa 8000 t emittiert, die sich im Erdboden und in Flußsedimenten ablagern und über die Nahrungskette in Pflanzen, Tieren und dem Menschen anreichern. Durchschnittl. tägliche Cadmiumaufnahme s. Übers.

Cadmiumgehalte in Lebensmitteln in mg/kg Fr. S.

Milch	0,002	Seefische	0,015
Kondensmilch	0,007	Fischwaren	0,010
Käse	0,017	Fischkonserven	0,039
Eier	0,012	Reis	0,025
Rindfleisch	0,010	Roggen	0,015
Schweinefleisch	0,010	Weizen	0,056
Rinderleber	0,123	Kartoffeln	0,047
Schweineleber	0,100	Spinat	0,232
Rinderniere	0,619	Sellerie	0,675
Schweineniere	0,691	Pilze	0,200
Hühnerfleisch	0,025	Obst	0,009
Wurstwaren	0,018	Honig	0,021
Süßwasserfische	0,032	Schokolade	0,072
Mineralwasser	0,002	Kaffee	0,016

C. wird über ein Metallothionein aus dem Darm absorbiert (mit 2,9 % C.) und bes. in der Leber und in der Nierenrinde gespeichert. Dieses ist ein metallbindendes Protein mit einer Molmasse von 1000 g/mol. Die biologische Halbwertszeit von C. beträgt 10···30 Jahre. Die PTWI für C. wird mit 7 mg/kg KM bewertet. Es kann z. B. bei Verwendung von Geräten aus cadmiumhaltigen Metallegierungen bei der Lebensmittelverarbeitung, aus Cadmiumstabilisatoren für Kunststoffe, aus Farbstoffen als Verunreinigungen in das Lebensmittel übergehen. Die Verwendung cadmiumhaltiger Geräte und Produkte für die Lebensmittelverarbeitung ist verboten. Eine weitere Kontaminationsquelle mit C. sind Phosphatdünger, aus denen es über den Boden von Pflanzen aufgenommen werden kann. Etwa die Hälfte des über die Nahrung aufgenommenen C. stammt aus pflanzlichen Lebensmitteln, weil es wurzelgängig ist. Aber auch Fleisch, Trinkwasser u. a. Getränke tragen zur Cadmiumbelastung des Menschen bei. Die am stärksten cadmiumkontaminierten Lebensmittel sind Innereien, Muscheln, Tintenfische und Fische bestimmter Fanggebiete sowie Gemüsearten mit großer Blattoberfläche, insbes. Spinat (s. Übers.).

Übersicht über die tägliche durchschnittl. Cadmiumaufnahme durch Nahrungs- und Genußmittel sowie Getränke in versch. Ländern

Land	Cadmiumaufnahme in µg/Tag
Deutschland	30···67
Großbritannien	15···30
Japan	35···80
Rumänien	38···64
Schweden	6···19
USA	13···47

Wildwachsende Pilze können ebenso sehr hohe Cadmiumgehalte aufweisen (200 µg/kg Fr.S.). Die Aufnahme von C. in den menschlichen Körper erfolgt auch durch Inhalation aus kontaminierter Luft und insbes. aus Zigarettenrauch. Das Rauchen von 20 Zigaretten führt zu einer Cadmiumablagerung von 3 µg und einer im Körper absorbierten Menge von 1,1 µg entsprechend einer Absorptionsrate von 35%. Der größte Teil des über die Lunge aufgenommenen C. wird ebenfalls in Leber und Niere abgelagert. Die ersten Symptome einer Cadmiumvergiftung, die in der Regel erst 24 h nach dem Ende der Aufnahme auftreten, sind Kurzatmigkeit, Schwächegefühl und Fieber (s. auch Tab. unten). Vergiftungen durch Aufnahme cadmiumkontaminierten Wassers oder Getränks sowie von Küchenutensilien abgegebenes C. erzeugen bereits nach wenigen Minuten Erbrechen, Übelkeit und Kopfschmerzen, in schweren Fällen Durchfall und schockähnliche Zustände. Toxische Wirkungen von C. sind: gestörter Glucosestoffwechsel, reduzierte Fertilität, Nierenschäden, Bluthochdruck, Prostatatumore, Leberschäden, Osteoporose, Osteomalazie, gestörter Eisenstoffwechsel und Lungenemphyseme.

Durch Cadmiumbelastung werden essentielle Mineralstoffe in ihrer Verfügbarkeit und Wirksamkeit beeinträchtigt. C. konkurriert mit Zink, Kupfer und Eisen um die Metallthioneinbindungsstellen zur Resorption im Darmkanal. Die tolerierbare wöchentliche Aufnahme für den Menschen ist z. Z. auf 0,4···0,5 mg festgelegt. Da eine gewisse Aufnahme an C. auch bei sorgfältigster Nahrungsauswahl nicht zu vermeiden ist, ist es wichtig, alle Nährstoffe bedarfsgerecht zuzuführen. Richtwerte zur Begrenzung des Gehalts an Cadmium s. Übers. Eine suboptimale Nährstoffversorgung kann durch C. zu einem Mangelzustand werden. → Kanzerogene → Mineralstoffe → Schwermetalle, toxische

Caerphilly: halbfester Schnittkäse (Typ Cheddar) aus Großbritannien. → Käsesorten

Richtwerte zur Begrenzung bzw. Minimierung des Gehalts an Cadmium in Lebensmitteln in mg/kg bzw. mg/l, bezogen auf Frischsubstanz bzw. Angebotsform

Lebensmittel	Cd-Gehalt	Lebensmittel	Cd-Gehalt
Milch	0,005	Fleischerzeugnisse	0,10
Kondensmilch	0,05	Wurstwaren	0,10
Käse	0,05	Fisch u. Fischwaren	0,10
Hühnereier	0,05	Krusten-, Schalen-, Weichtiere (ausgenommen Krebstiere)	0,50
Rind-, Kalb-, Schweinefleisch	0,10	Krebstiere	0,10
Hackfleisch	0,10	Getreidekörner	0,10
Hühnerfleisch	0,10	Leinsamen	0,30
Rinder-, Kalbs-, Schweineleber	0,30	Kartoffeln	0,10
Rinder-, Kalbs-, Schweineniere	0,50	Gemüse (außer Spinat), Küchenkräuter	0,10
		Spinat	0,50

Caesium, *Zäsium:* Element der I. Hauptgruppe der Alkalimetalle des Periodensystems, Ordnungszahl 55, rel. Atommasse 132,905. C. besitzt ein stabiles natürlich vorkommendes Isotop 133Cs. Bei der Spaltung von 235U und 239Pu entstehen die Spaltprodukte 137Cs und 134Cs mit Halbwertszeiten von 30 und 2 Jahren. Beide sind β- und γ- Strahler. Durch intramusklär inkorporiertes Radiocaesium können insbesondere Gonaden (Ovarien, Hoden) und Knochenmark betroffen sein. Ganzkörperdosen ab 1 Sv können zu Knochenmarkschäden und somit zu Blutarmut und Leukose führen.
Radiocäsium gelangt bei Pflanzen über die Ablagerung auf der Pflanzenoberfläche (cutikulär), bzw. über die durch Blätter erfolgte Absorption in die Nahrungskette des Menschen (zu etwa 70 %). Bei Schlachttieren kann die Resorption bis zu 100 % betragen. Die Resorption erfolgt bevorzugt im Dünndarm, bei Rindern auch im Pansen. Nach der Aufnahme kommt es zu einer Verteilung im Gewebe, wobei die Konzentrationen im Muskelgewebe wesentlich höher sind als im Bindegewebe; im Fettgewebe ist das C. kaum auffindbar. Beim Menschen wird es im Gastrointestinaltrakt absorbiert, danach erfolgt eine Verteilung im weichen Gewebe, insbesondere im Muskelgewebe. Die Muskulatur ist das kaliumreichste Gewebe; aufgrund der chem.-physikal.- Verwandschaft, findet sich dort das meiste C. → Mineralstoffe

Cafesterol → Terpen-Alkohole

Cafestol → Terpen-Alkohole

3-Caffeoyl-Chinasäure → Hydroxyzimtsäure

Cafoun: Bez. für ein in Nord- und Westafrika angebautes Doldengewächs, *Ammodaucus leurotríchus* Coss. et Dur. (Familie *Apiáceae), und die als Gewürz dienenden Früchte.*

Caimaron → Pourouma

Caimbe, *Sambaibe, Chaparro, Sandpapierbaum:* der Strauch oder kleine Baum *Curatélla americána* L. (Familie *Dilleniáceae*), der von Mexiko bis Brasilien vorkommt. Die kugelige Frucht (4···5 mm Durchm.) enthält einen 3···4 mm langen schwarzen oder kastanienbraunen glänzenden Samen, der von einem dünnen, durchscheinenden Samenmantel umgeben ist. Der Samen wird geröstet und das süßliche Fruchtfleisch roh verzehrt. Die silikatreichen Blätter werden wie Sandpapier verwendet.

Cajánus cájan → Katjangbohne 1 .

Cajánus cájan var. bicolor → Katjangbohne 1.

Cajánus cájan var. flávus → Katjangbohne 1.

Cajeputen → Terpen-Kohlenwasserstoffe

Cajeputol → 1.8-Cineol

Cálabura → Jamaikakirsche

Calaloo-Blätter → Callaloo-Suppe

Calamíntha albiflóra → Katzenminze

Calamíntha sylvática ssp. glandulósa → Wald-Bergminze

Calamíntha sylvática ssp. officinális → Wald-Bergminze

Cala-Minze → Wald-Bergminze

Calamondine: kleine, tangerinenartige, hellorangefarbene Frucht des kleinen Baumes *Cítrus microcárpa* Bunge, Syn. *C. madurénsis* Lour., *C. mítis* Blanco (Familie *Rutáceae),* der auf den Philippinen, manchmal auch in anderen subtropischen und tropischen Ländern kultiviert wird. Sie wird für Getränke, Marmelade verwendet und in verschiedenen Zubereitungen, z. B. in Kokosöl gebraten, gegessen.

Caláthea macrosépala → Chufle

Calciferol → Vitamin D

Calcium, Kalzium: zu den Erdalkalimetallen zählendes chemisches Element aus der II. Hauptgruppe des Periodensystems, Symbol Ca, lebensnotwendiger Mineralstoff. C. kommt im pflanzlichen Gewebe in Form schwer löslicher Salze organischer Säuren, insbes. als Calciumoxalat, sowie als Phosphat und Carbonat im Zellsaft oder als Inkrustation, aber auch in freier und sorptiv gebun-

dener Ionenform vor. Die calciumreichsten Lebensmittel sind Milch, Quark und Käse. Fleisch, Eier und Vegetabilien sind relativ arm an C.. Im Stoffwechsel der Pflanze hat C. wichtige kolloidchemische Funktionen, es beeinflußt die Quellungs- bzw. Entquellungsprozesse und wirkt als Chelatbildner. C. ist an der Stabilität und Vernetzung der Caseinmicellen der Milch und auch an der Vernetzung der Proteine in der Granula im Eigelb beteiligt. In den Mittellamellen der Pflanzenzellen verbrückt C. Pectinketten und beeinflußt wesentlich die Textur von Gemüse. Im tierischen und menschlichen Organismus ist C. neben Magnesium und Phosphor wesentlich am Aufbau vieler Stützsubstanzen (Knochen, Zähne) sowie an der Zellwandbildung, Zellteilung, Blutgerinnung und Muskelkontraktion beteiligt. Der menschliche Körper enthält rund 1 kg C., davon 99 % im Skelett. C. ist ein unentbehrlicher Gerinnungsfaktor in Blut und Milch. Es ist notwendig für die Erregungsvorgänge in Nerven und Muskeln. Bei Hypercalcämie tritt Überregbarkeit auf. C. wirkt abdichtend auf Membrane. Häufig wird eine Enzymhemmung durch C. beobachtet.
Die Calciumresorption ist ein vom Vitamin D abhängiger Prozeß. Lactose und Aminosäuren fördern die Resorption, eine gleichzeitig hohe Phosphatzufuhr erschwert sie. Die Ausnutzbarkeit des C. aus leicht löslichen Salzen (Chlorid, Lactat, Gluconat, Acetat) unterscheidet sich kaum von der aus schwer löslichen Salzen (Carbonat, Phosphat). Lediglich aus dem Oxalat ist es sehr schwer ausnutzbar. Oxalatreiche Lebensmittel, wie Spinat und Rhabarber, können deshalb die Ca-Bilanz verschlechtern. Reichliche Ca-Zufuhr (Milch) und gute Vitamin-D-Versorgung mildern diesen Einfluß. Die in den Schalenanteilen der Getreidesamen vorkommende → *Phytinsäure* bildet ebenfalls unlösliche Ca-Salze. Kurzfristiger Verzehr von phytinreichen Lebensmitteln (Vollkornbrot) verschlechtert die Ca-Bilanz, dieser Effekt geht jedoch nach etwa 3 Wochen vorüber. Alle Cerealien, mit Ausnahme des Hafers, enthalten das phytinspaltende Enzym Phytase, so daß ein großer Teil des Phytins bei guter Teigführung gespalten wird. Hohe Fettzufuhren sowie die Behinderung der Fettverdauung durch gestörten Gallenabfluß beeinträchtigen im Tierversuch die Ca-Ausnutzung, da sich schwerlösliche Ca-Seifen bilden. Die normale Ca-Ausnutzung liegt bei etwa 20···25 % der Ca-Aufnahme. Ein realer Wert für den Ca-Bedarf kann nicht angegeben werden. Der Bedarf ist individuell sehr unterschiedlich, und es scheint eine gewisse Anpassung des Menschen an unterschiedliche Ca-Zufuhren vorzuliegen. Als Bedarfsrichtwert werden zwischen 600 mg je Tag (Kleinkinder) und 1300 mg je Tag (Schwangere und Stillende) empfohlen. Die Ca-Versorgung der Bevölkerung liegt durchschnittl. 25 % unter diesen Richtwerten. Bes. bei Kindern und alten Menschen werden Ca-Mangelzustände beobachtet, wobei verschiedentlich die Meinung vertreten wird, daß es einen alimentär bedingten Ca-Mangel nicht gibt, sondern daß andere Faktoren (Vitamin-D-Mangel), Resorptionsstörungen, Nierenkrankheiten, endokrine Fehlfunktionen) viel entscheidender zur Entstehung der Mangelsymptome beitragen. Bei Ca-Mangelzuständen wird die Konzentration in den Geweben auf Kosten des Knochenminerals aufrechterhalten. Ca-Mangelsymptome sind Wachstumsstörungen, mangelhafter Knochenaufbau beim Wachsenden, Osteoporose (Schwund des Knochengewebes) beim Erwachsenen, bes. häufig bei Schwangeren, Stillenden und alten Menschen. → Mineralstoffe

Calciumcarbonat (E 170) → Härtungsmittel → Lebensmittelfarbstoffe → Trennmittel → Überzugsmittel

Calciumchlorid: (509) Calciumsalz der Salzsäure mit der Formel $CaCl_2$. Wasserfrei ist C. eine weiße, außerordentlich hygroskopische Substanz. Eine 1···2 %ige Lösung von C. wird allgemein zum Spritzen oder Tauchen von Kernobst benutzt, um physiologischen Lagerkrankheiten (Fleischbräune, Stippigkeit) zu begegnen und um die Textur zu verfestigen, dies beruht auf einer Reaktion mit den Pektinen. C. ist auch Bestandteil von Konservierungsmittelrezepturen, die zum Frischhalten von Blattgemüse eingesetzt werden.

Calciumpropionat → Konservierungsstoffe

Calciumsilikat (E 552) → Silikate

Calciumstearoyllactylat (E 482) → Emulgatoren

Calciumtartrat → Tartrate

Caldo de canna → Zuckerrohrsaft

Caléndula officinális → Ringelblume

Callaloo-Suppe: beliebtes Gericht aus Trinidad, das aus kleingehackten Blättern (*Calaloo-* oder *Callaloo-Blättern*) des → Taro, unreifen Früchten des → Eßbaren Eibischs, Schinken und Krebsfleisch bereitet wird. Die Suppe wird auch konserviert angeboten.

Callinéctes sápidus → Krebstiere

Cállitris prēīsii → Sandaraharz

Callúna vulgáris → Heidekraut

Calmusöl: campherartig würzig riechendes, bitter schmeckendes ätherisches Öl, das durch Wasserdampfdestillation aus *Ácorus cálamus L., Familie Áraceae* gewonnen wird. → Kalmus

Calocárpum mammósum → Mammei-Sapote

Calocárpum víride: Grüne Sapote. → Mammei-Sapote

Calócybe gambósa → Speisepilze

Calócybe spec. → *Tricholomatáceae*

Calonróba echináta → Gorliöl

Calóscypha, *Prachtbecherlinge:* zur Familie (*Pyronemáceae* geordnete Pilzgattung. Als einziger Pilz der in Mitteleuropa vertretenen Arten dieser Gattung ist der *Leuchtende Prachtbecherling* [*Calóscypha fúlgens* (Pers.) Boud.] eßbar, wenngleich ohne Bedeutung. → Speisepilze

Cáltha palústris → Kapernersatz

Calusëna anisáta → Anisölersatz

Calvados: ein → *Edelbrand, der in der Normandie aus Äpfeln gebrannt wird.* → Cider

Calvátia spec. → *Lycoperdáceae*

Calvatsäure (p-Cyanazoxybenzoesäure) → Pilzfarbstoffe → Pilzgifte

Camara: der kleine Strauch *Lantána cámara* L. (Familie *Verbenáceae*), der im tropischen Amerika von Mexiko bis Argentinien und auf den Antillen vorkommt und in Europa als Zierpflanze kultiviert wird. Die kugelige Steinfrucht (3···4 mm Durchm.) ist mehr oder weniger süß und aromatisch, sie wird roh verzehrt.

Camarophýllus spec. → *Hygrophoráceae*

Camas → Präriekerze

Camássia esculénta → Präriekerze

Camássia leichtlínii → Präriekerze

Camássia quámash → Präriekerze

Camélidae, *Kamele:* → Fleischtiere

Camelína satíva → Leindotteröl

Caméllia japónica → Teesamenöl

Caméllia sasánqua → Teesamenöl

Caméllia sinénsis → Tee

Camembert: nach der Ortschaft Camembert in der Normandie benannter, in Frankreich seit 1797 hergestellter *Weichkäse* mit *Schimmelbildung* von bestimmten Schimmelpilzen, der auf Grund seines milden, champignonartigen Geruchs und Geschmacks und des zarten Gefüges zu den begehrtesten Weichkäsen gehört. Gemeinsame, charakteristische Merkmale der in vielen Ländern bei etwas unterschiedlicher Technologie hergestellten C.: a) Weichkäse in kleinen Portionen, b) eine von außen nach innen verlaufende Reifung durch weißen Camembertschimmel, der vielfach mit Rotschmiere durchsetzt ist. – Der C. wird in Frankreich aus Rohmilch hergestellt. C. wird meist aus pasteurisierter Milch unter Verwendung von *Penicillium candidum* und *Penicillium camemberti* in den Fettstufen 30 %, 45 %, 50 % und 60 % F. i. Tr. hergestellt. Für die typische Pilznote von C. ist 1-Octen-3-ol verantwortlich. Das Käseinnere ist weiß bis rahmgelb, geschmeidig und zeigt nur wenige Bruchlöcher. → Weichkäse

Campánula rapunculoídes → Rapunzel, Echte

Campánula rapúnculus → Rapunzel, Echte

Campesterol → Sterole

Camphan-2-ol → Terpen-Alkohol

Camphanon → Terpen-Ketone

Camphen, *2,2-Dimethyl-3-methylen-bicyclo-*[*1.2.2.*]-heptan: bicyclischer Terpen-Kohlenwasserstoff, s. Struktur.

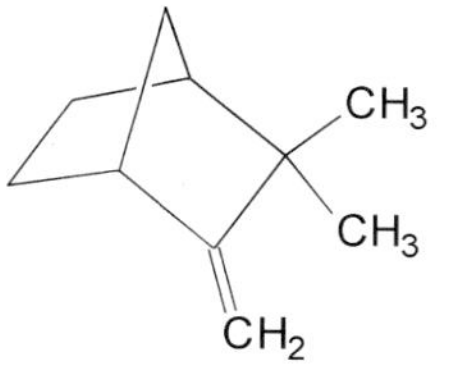

C. kommt in geringen Mengen in vielen ätherischen Ölen vor, bes. reichlich im Baldrian-, Bergamotte-, Zitronenöl, im sibirischen Fichtennadelöl und im Ceylon-Zitronellöl. Es bildet weiße Kristalle, die in Wasser unlöslich, in organischen Lösungsmitteln und Fetten löslich bis sehr gut löslich sind. → Terpen-Kohlenwasserstoffe

Campher → Terpen-Ketone

Campingbrot → Dauerbrot

Campingtee → Erzeugnis, teeähnliches

Canadazwiebel → Catawissazwiebel → Lauch

Canagua → Kiwicha

Canailotraube → Chianti

Canapes: im Plural gebrauchte Bez. für kleine, geröstete, pikant belegt Weißbrotschnittchen.

Canárium commúne → Kanariennuß

Canárium ovátum → Olive, Chinesische → Kanariennuß

Canárium spec. → Olive, Chinesische

Canavália spec. → Jackbohne

L-Canavanin → Aminosäuren

Cancerogene → Kanzerogene

Cáncer pagúrus → Krebstiere

Candelílla antisyphilítica → Candelillawachs

Candelilla-Wachs: (902) eine graugelbe bis schokoladenbraune, wachsartige Masse, die durch Auskochen zerkleinerter Blätter von der in Nordamerika und auf Kuba wachsenden *Candelílla antisyphilítica* Zucc., (Familie *Euphorbiáceae*), gewonnen und als → Trennmittel sowie als Härter für weiche Wachse, in der Back- und Süßwarenindustrie als → Überzugsmittel bei Äpfeln und als Kaumasse benutzt wird. Die Wachsausscheidungen betragen 3···5% der Gesamtmasse der Pflanze. Das C. ist härter als → Bienenwachs, aber weicher als → Karnaubawachs und schmilzt bei 67···70°C. → Wachs

Caneel → Stangenzimt

Canehl → Stangenzimt

Canei: ein leicht moussierender, lieblicher italien. → Perlwein, abgefüllt in Schlegelflaschen (Langhalsflasche mit 0,75 l Fassungsvermögen) als Weißwein *(Vino Bianco della Perla), meistens von Muskatellertrauben aus der Provinz Canelli, oder als* → Roséwein *(Vino Rosé della Perla)* aus der Provinz Asti.

Canélla winterána → Zimt, Weißer

Canihua → Kiwicha

Cánna edúlis → Achira

Canna, eßbare → Achira

Cannastärke → Arrowroot

Cannelloni: eine mit Hackfleisch gefüllte Teigware aus Italien, die auch als Dosen- oder Gefrierkonserve auf dem Markt ist.

Canola-Öl: in Kanada eingeführte Bez. für das Samenöl neugezüchteter Varietäten von → Raps oder → Rübsen, die sich durch niedrige Gehalte an → Erucasäure und Glucosinolaten auszeichnen (Doppelqualitätsraps, Doppelnullraps). Dabei muß der Erucasäuregehalt des Öles unter 5 % und der Glucosinolatgehalt des entfetteten Samenmehles *(Canola-Mehl)* unter 3 mg/g (ausgedrückt als 3-Butenylisothiocyanat) betragen. Die Fettsäuren des C. bestehen zu 4% aus Palmitinsäure, 1% aus Stearinsäure, 56% aus Ölsäure, 24% aus Linolsäure, 12% aus Linolensäure, 2% aus Eicosensäure und 1···2% aus Erucasäure (Etwa-Werte). → Rapsöl

Cantabria: ein spanischer Kuhmilchkäse aus der Region Kantabrien von cremiger Konsistenz. Die Käsemasse wird in einer Salzlake aufbewahrt und einer Reifezeit von 7 Tagen unterworfen; 45% Fett i. Tr.

Cantal (Forume du Cantal): *Schnittkäse* oder *Halbhartkäse* aus Frankreich. C. wird seit mehr als 2000 Jahren unter dem derzeitigen Namen produziert und ist damit die älteste Käsesorte Frankreichs. → Käsesorten

Cantaloupe → Zuckermelone

Cantharelláceae → Hydnáceae

Cantharelláles → Ständerpilze

Cantharéllus spec. → Hydnáceae

Cantharus → Meerbrassen

Canthaxanthin (E 161g) → Farbstoffe

Cánthium edúle → Voavanga

Cánthium lanciflórum → Voavanga

Capomo, *Apompo, Masico, Brotnuß, Kuhbaum:* der Waldbaum *Brosímum alicástrum* Swartz (Familie *Moráceae*), der an der südmexikanischen Pazifikküste und in Guatemala vorkommt. Der Samenkern (12···25 mm Durchm.) der kugeligen Frucht wird roh und zubereitet, u. a. als Zutat zu den aus Maismehl bereiteten → *Tortillas,* verzehrt. Der Geschmack soll dem der → *Eßkastanie* ähnlich sein. Die gerösteten Samen werden auch mit Kaffeebohnen gemischt.

Capotes → Kapern

Cápparis áphylla → Kair

Cápparis cynophallóphora → Natternbaum

Cápparis decídua → Kair

Cápparis hórrida → Baguaka

Cápparis spinósa → Kapern

Cappuccino: italienische Kaffeespezialität, die durch ein weißes Häubchen aus Sahne, garniert mit Kakao oder Schokoflocken gekennzeichnet ist. Die Bez. C. kommt aus dem italien. und bedeutet „Häubchen". Den C. gibt es auch als Instantprodukt, abgepackt in Tassenportionen, in Form eines weiß-braunen Pulvers aus löslichem Kaffeepulver, Zucker, Trockenglucosesirup, gehärtetem Pflanzenfett und Magermilchpulver, zur Bereitung eines → Aufgußgetränkes.

Cápra hírcus → Ziege → Fleischtiere

Capréolus: Reh → Wild → Fleisch

Caprinaldehyd → Aldehyde

Caprinsäure → n-Decansäure → Fettsäuren

Caproleinsäure → Dec-9-en-säure

Capronaldehyd (veraltet) → Aldehyde

n-Capronalkohol (veraltet) → n-Hexanol

Capronsäure (veraltet) → n-Hexansäure → Fettsäuren

Caprylaldehyd (veraltet) → Aldehyde

Caprylsäure (veraltet) → n-Octylsäure → Fettsäuren

Capsacutin → Capsaicin

Capsaicin, *Capsicin, Capsacutin, Kapsakutin, Kapsizin:* aromatisches Säureamid, s. Formel.

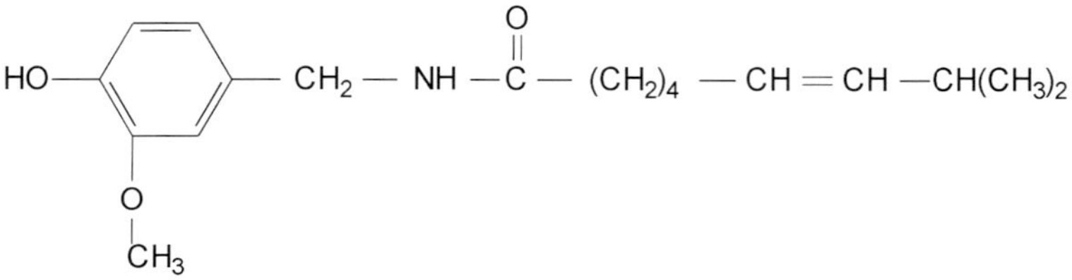

C. kommt mit etwa 0,1 % in Paprikafrüchten sowie im Pfeffer vor und verleiht diesen ihren scharfen Geschmack. Es bildet plattenförmige, farblose, in Ethanol und Ether leicht, in Wasser schwer lösliche Kristalle, F. 65°C. Der scharfe Geschmack des C. ist noch in Verdünnung von 1:105 wahrnehmbar. C. erregt die Magenmotorik und wirkt gefäßerweiternd. Es stimuliert auch die Sekretion von Endorphin, einem körpereigenen Opiat, wodurch ein Wohlgefühl verursacht wird. Capsaicingenuß kann deshalb süchtig machen. Eine übermäßige Aufnahme von C. kann auch Schleimhautläsionen im Verdauungstrakt bewirken. → Saureamide → Alkaloide

Capsanthin (E 160c) → Farbstoffe → Lebensmittelfarbstoffe

Capsarubin → Farbstoffe → Lebensmittelfarbstoffe

Capsélla búrsa-pastóris → Hirtentäschel

Capsicin → Capsaicin

Cápsicum ánnuum var. lycopersicifórme rúbrum → Gemüsepaprika

Cápsicum cydonifórme → Quittenpfeffer

Cápsicum spec. → Paprika

Capsorubin (E 160c) → Lebensmittelfarbstoff

Capucines → Kapern

Capulin → Jamaikakirsche

Capulinfrucht: Frucht des immergrünen Strauches *Saurāuja pauciserráta Hemsl.* (Familie *Actinidiáceae*), deren schleimiges, süßes Fruchtfleisch roh verzehrt wird.

Cara → Yamswurzel

Caracucho → Jasmin, Roter von Jamaika

Carambola → Baumstachelbeere

Caramel (Karamel) → Farbstoffe → Zuckercouleur

Carandas-Pflaume → Christusdorn

Caranx → Schildmakrele

Carapulque → Perureis → Kiwicha

Carássius carássius → Karausche

Caratinga → Yamswurzel

Carato → Cherimoya

Carballylsäure → Tricarballylsäure

Carbamate → Insektizide → Ethylcarbamat

Carbamidsäureethylester → Urethan

Carbamylornithin → Aminosäuren

Carbanilid → Säureamide

Carbendazim → Konservierungsstoffe

Carbinol → Methanol

Carbohydrazid → Stoffe, Lathyrismus auslösende

Carbohydrochininsäure → Dihydroxycarbonsäuren, aromatische

Carboline: bei sehr intensiver Erhitzung von proteinreichen Lebensmitteln sich bildende cyclische Verbindungen, die als Heteroatom Stickstoff enthalten und zusätzlich eine funktionelle Aminogruppe tragen. Sie sind somit den heterocyclischen Aminen zuzuordnen. C. entstehen bei Temperaturen von etwa 400°C und darüber. Bes. die aus Tryptophan, Glutaminsäure, Lysin und Cystein entstehenden C. erwiesen sich im Ames-Test nach mikrosomaler Aktivierung als mutagen. Beispiele für C. aus erhitzen Fleisch- und Fischprodukten. → Mutagene

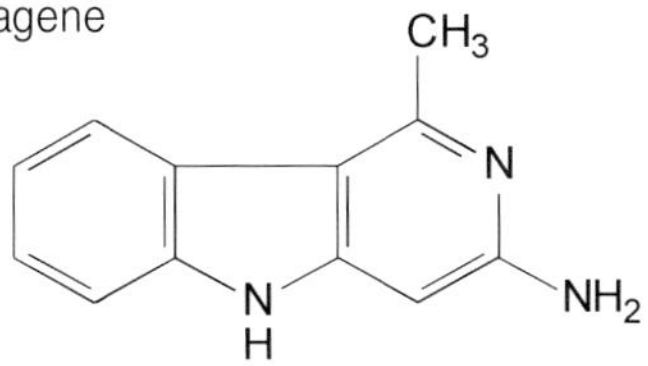

Trp-P-2

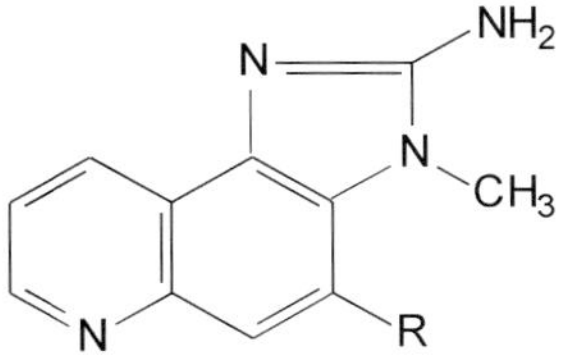

Me-IQ = 1-Amino-2-methyl-imidazo(4,5-f)Chinolin

Carbo medicinalis vegetabilis → Lebensmittelfarbstoffe

Carbonsäure-5-(hydroxy)-tryptamide: eine Gruppe von Indolderivaten folgender Grundstruktur:

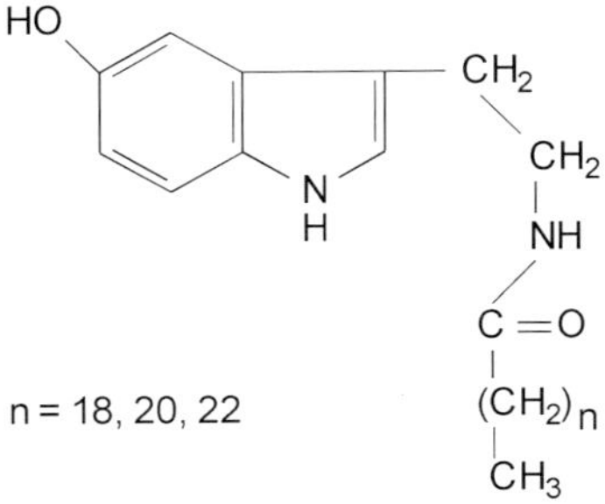

n = 18, 20, 22

Im Wachs der Kaffeebohne sowie in Kakaobohnen, bes. in deren Schalen sind an C nachgewiesen worden: *Arachin-(C20)-säure-5-hydroxy-tryptamid, Behen-(C22)-säure-5-hydroxytryptamid* und *Lignocerin-(C24)-säure-5-hydroxy-tryptamid.* Diese Verbindungen sind sehr sauerstoffempfindlich.

Carbonsäuren, aromatische: Gruppe organischer Säuren mit einem Phenylrest und einer gesättigten Seitenkette (Übers.).

β-Carboxyglutaconsäure → Aconitsäure

3-Carboxyglutarsäure → Tricarballylsäure

Carboxymethylcellulose (E 466), Cellulosegummi, CMC, Cellulose gum: ein → Cellulosederivat, ein ionischer Celluloseether, hergestellt durch Reaktion von Alkalicellulose mit Natriummonochloracetat. Die C. ist als Natriumsalz handelsüblich. Sie bildet pseudoplastische wäßrige Lösungen und ist mit anderen Hydrokolloiden mischbar. C. ist im *p*H-Bereich zwischen 5 und 11 stabil, optimal zwischen *p*H 7 und *p*H 9. In der Lebensmittelproduktion wird die C. als → Verdickungs- und Stabilisierungsmittel (für Gelees, Puddings, Salatsoßen, Eiskrem usw.), als Schutzkolloid für Aromaemulsionen bei Bäckereierzeugnissen, als Schutzüberzug für Lebensmittel, bei der Herstellung von → Lebensmitteln mit reduziertem Energiewert (z. B. als Fettersatz in Brotaufstrichen, Kuchen, Kuvertüren und Süßwaren) usw. verwendet. Knabberartikel werden mit C. knuspriger und der Teig bräunt beim Backen schneller. Die C. bildet mit Proteinen Komplexe. → Hydrokolloid

Die wichtigsten in Vegetabilien vorkommenden aromatischen Carbonsäuren

Aromatische Carbonsäure	Formel	Vorkommen
→ *Benzoesäure*	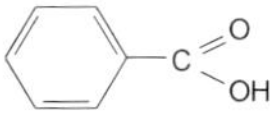	verestert, weit verbreitet u.a. als Bestandteil von ätherischen Ölen, z.B. Zimtöl, Nelkenöl, als Bestandteil des Ester-Glycosids → *Vacciniin*, frei im Himbeeröl und Apfelwein
Phenylessigsäure	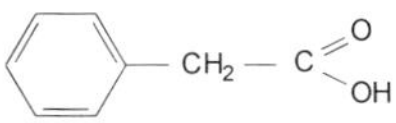	verestert in ätherischen Ölen, z.B. Pfefferminz-, Tabak-, Rosenöl
Phenylpropionsäure	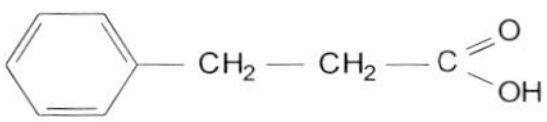	Edelschimmelkäse, wird durch Mikroorganismen aus Phenylalanin gebildet
Phthalsäure	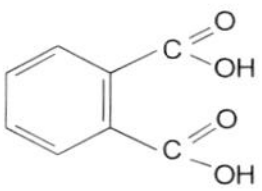	Himbeeraroma, Zigarettenrauch

Carboxymethyldextran → Dextran

N-Carboxymethyllysin: ein bei der Hitzedenaturierung von Milcheiweiß durch Reaktion der ε-Aminogruppe der → *Aminosäure* L-Lysin mit reduzierenden Monosacchariden entstehende Amadoriverbindung. N-ε-C. wird aus der Fructose-lysin-Verbindung (s. Formelbild) durch oxydative Abspaltung von *Erythronsäure* gebildet (s. Übersicht unten).
Gleichzeitig entsteht *Furosin* (ε-N-(2-Furoylmethyl)-L-lysin). N-ε-C. ist ein idealer Indikator für den Nachweis einer Hitzeschädigung speziell von Ultrahocherhitzter (UHT-)Milch, Trockenmilchprodukten und Kindernahrung.

Carboxypeptidasen → Metallproteide

S-(β-Carboxypropyl)-L-cystein → Aminosäuren

Carboxyvinylpolymere → Hydrokolloid, synthetisches

Carcade → Roselle

Cárcinus maénas Krebstiere

Cardámine praténsis: Wiesenschaumkraut, → Wildkräuter

Cardanol → Phenole

Cardia → Herz

Cardiócrinum cordátum → Lilienzwiebel

Cadiócrinum gigantéum → Lilienzwiebel

Cardiolipin, *Kardiolipin:* ein Diphosphatidylglycerol (s. Formel S. 262 oben) C. besteht aus Glycerol, Phosphorsäure und Fettsäuren.

Reaktionsschema für die Bildung von Furosin

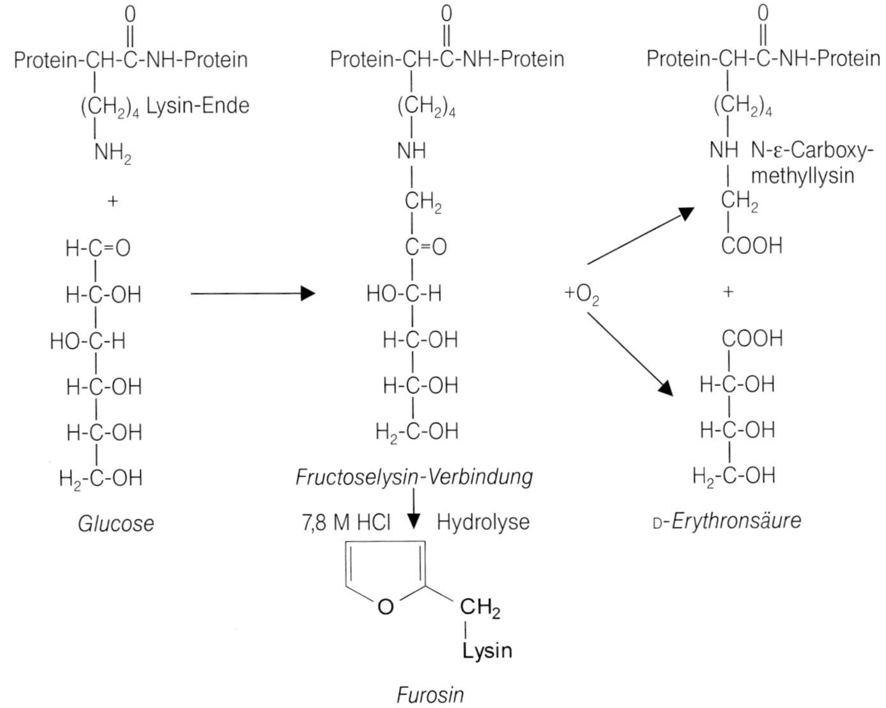

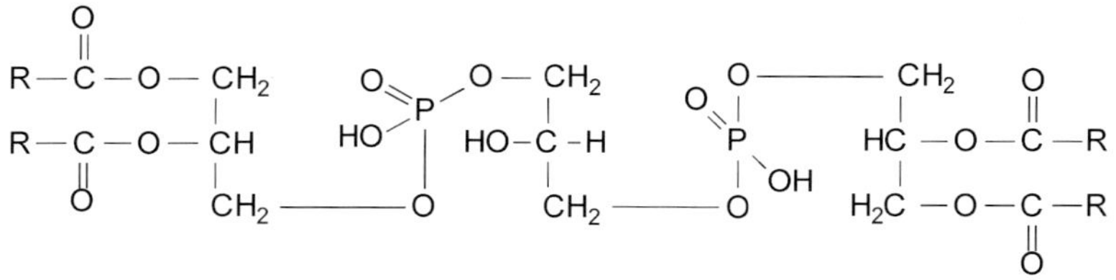

Als Fettsäuren kommen Linolsäure und Ölsäure vor, die im Verhältnis 5:1 anzutreffen sind. C. ist in Aceton löslich, hat saure Eigenschaften und ist optisch aktiv ($[\alpha]_D$ + 5,8°). C. ist in der Mitochondrienmembran lokalisiert.

Cárdium edúle → Muscheln

Cardol → Phenole

Cardonen-Bete → Stielmangold

Cárduus mariánus → Mariendistel

Cardy → Kardone

Caren → Terpen-Kohlenwasserstoffe

Cargoreis → Reis, angeschälter

Cárica candamarcénsis → Papaya

Cárica papāya → Papaya

Caríssa cárandas → Natalpflaume → Christusdorn

Caríssa edúlis → Natalpflaume → Christusdorn

Caríssa grandiflóra → Natalpflaume

Caríssa macrocárpa → Christusdorn

Cariten → Kohlenwasserstoffe, aliphatische

Carlsbader Becherlikör: *Becherbitter, Karlsbader Becherbitter, Carlsbader Becherbitter, Karlsbader Becherlikör:* ein in Karlovy Vary (Karlsbad) hergestellter, bittersüßer Kräuterlikör, dessen Originalität auf die in dieser Umgebung wachsenden Kräuter, auf das in dieser Stadt zur Verfügung stehende Quellwasser und auf die in schwarzbraunen Fässern aus Böhmerwaldeiche durchgeführte Reifung zurückgeführt wird. Das Rezept für die Kräutermischung stammte von dem engl. Arzt Dr. *Frobig,* der dieses dem damaligen Carlsbader Apotheker *Josef Becher* im Jahre 1805 als Geschenk überließ. Das Kräutergemisch wird 5 Tage einer Mazeration unterzogen, anschließend werden dem Extrakt Zucker, Wasser, Ethanol und Weindestillat zugegeben. Bis zum Verkauf muß der halbfertige Likör etwa 3 Monate bei 10···14°C in Spezialholzfässern reifen. → Likör → Mazerat

Carludovíca palmáta → Nacumagemüse

Carmin: eine hochmolekulare globuläre Eiweißfraktion aus dem Saflorsamen (*Cárthamus tinctórius L.).* C. ist reich an Asparagin- und Glutaminsäure sowie an hydrophoben Aminosäuren. Seine Molmasse liegt bei 2,6 x 10^5 g/mol. C. macht zwischen 60 und 65% des Gesamteiweißgehaltes des Saflorsamens aus. → Lebensmittelfarbstoffe

Carminsäure → Lebensmittelfarbstoffe → Farbstoffe

Carmoisin → Lebensmittelfarbstoffe

Carnaubawachs (E 903) → Wachse

Carne de Sol: im Schatten sonnenreicher Regionen Brasiliens getrocknetes Fleisch. Dazu wird mageres Fleisch eines fetten Rindes, das von Knochen und Fett befreit ist, portioniert, gesalzen und mind. 48 h bei Wind und Wärme getrocknet.

Carne pura: Trockenfleischmehl, das vorwiegend in Südamerika unter Zusatz von Stärke hergestellt wird. → Trockenfleisch

Carnero → Cocua

Carne secca: → Trockenfleisch, in Südamerika hergestellt und gehandelt.

Carnitin, L-γ-Amino-β-hydroxybutyrobetain, Novain, Vitamin B_T (veraltet): (lat. carnis = Fleisch) Transportsubstanz für Acylgruppen, vorwiegend zwischen dem zytoplasmatischen Raum der Zelle und dem intermitochondrialen Raum. Acyl-Coenzym-A-Verbindungen, als typische Intermediärprodukte des Fettstoffwechsels, können nicht in Mitochondrien, in denen entsprechende Synthese- bzw. Abbauvorgänge stattfinden, eindringen bzw. austreten, sondern werden an der Mitochondrienmembran in Acetyl-Carnitin-Verbindungen überführt und nach dem Membrantransport wieder in Coenzym-A-Verbindungen zurückgeführt. Auf diese Weise können Acetyl-Coenzym A, als zentrale Substanz des Intermediärstoffwechsels, und auch längerkettige Fettsäuren in die Mitochondrien eingeschleust bzw. umgekehrt in den zytoplasmatischen Raum überführt werden. Somit ist das C. unentbehrlich für die Fettverbrennung, verbessert den Energiehaushalt, erhöht sportliche Ausdauer und körperliche Leistungsfähigkeit. Reich an C. ist Muskelgewebe (0,02 bis 0,36%) und hierunter bes. der Herzmuskel (Hauptspeicherort); C. ist jedoch in jedem Gewebe nachweisbar (s. Übersicht).

Carnitingehalt von Lebensmitteln in mg/100 g frischer eßbarer Anteil

Rindfleisch	Filetsteak	59,80···88,66
	Schulter, roh	67,40
	Rumpsteak, roh	61,60
	Herz, roh	19,30
	Leber, roh	2,60
	Nieren, roh	1,80
Schwein	Leber	4,92
Lamm	Skelettmuskeln	77,97
	Leber, roh	2,64
Schaf	Skelettmuskeln	209,26
	Herz, roh	59,05
	Leber, roh	2,17
Widder	Lendenstück, roh	162,80
	Rumpsteak, roh	168,50
	Herz, roh	59,50
	Leber, roh	2,60
Kaninchen	Muskeln, roh	21,00
	Leber, roh	11,10
Hähnchen	Muskeln, roh	4,55···9,67
	Leber, roh	0,61
	Hühnereier	0···0,81
Kuhmilch	flüssig	0,53···3,91
	Magermilch-pulver	15,00
	Vollmilch	0,63···1,02
Margarine		1,05
Avocado		1,25
Möhren		0,0
Grüne Bohnen		0,81
Erbsen		1,16
Spinat		0,0
Tomaten		2,93
Weißkohl		0,0
Blumenkohl		0,13
Kartoffeln		0,0
Spargel		1,29
Pfirsiche		1,61
Birnen		2,74
Ananas		1,05
Apfelmus		3,14
Orangensaft		0···1,77
Apfelsaft		1,29
Beerenfrüchte		0,0
Mais		0,0
Corn-flakes		9,51
Weizenkörner		0,35···1,22
Weizenkeime		1,00
Knäckebrot		0,24
Brot		0,81
Bierhefe		1,60···3,29
Reis		1,77

Zwar vermag der menschliche Organismus C. selbst zu synthetisieren, ein primärer oder sekundärer Carnitin-Mangel kann jedoch auftreten bei Herzinsuffizienz. Kardiomyopathie, ischämischer Kardiomyopathie, Skelettmuskelerkrankungen, außerdem bei Dialyse-Patienten, Leistungssportlern und bei parenteraler oder einseitiger, vegetarischer Ernährung. Körperliche Überanstrengungen, Streß und Nebenwirkungen von Medikamenten können ebenfalls zu einer verstärkten Carnitin-Ausscheidung und damit zu Carnitin-Mangel führen. Dies bedeutet eine verminderte Fettsäureoxydation in den Mitochondrien, wovon bes. das Myocard betroffen ist, das seine Energie bevorzugt aus der Fettsäureoxydation bezieht. Am

Herzen zeigen sich dann Angina-pectoris- und Insuffizienz-Symptome wie Ischämie, Arrythmie und Hypertrophie.

'Carnival': eine löwenzahnartig aussehende, gelbgrüne → Pflücksalatsorte, die ohne zu schießen, bis in den Herbst hinein geerntet werden kann, indem von den kompakten Rosetten jeweils immer die äußeren Blätter abgenommen werden, die sich im Kühlschrank lange halten.

Carnosin, β*-Alanylhistidin:* charakteristisches Dipeptid des Muskels (0,2%) neben den analogen Dipeptiden β-Alanyl-1-methyl-histidin (Anserin), β-Alanyl-3-methyl-L-histidin (Balenin). Anserin ist bes. in der Muskulatur von Säugetieren, Vögeln und Fischen vertreten (Tab.).

Vorkommen von Dipeptiden des β-Alanins in Prozent (bezogen auf Frischsubstanz bzw. käufliche Extrakte mit 20% Wasser)

Produkt	Carnosin	Anserin	Balenin
Rindermuskel	0,15···0,35	0,01···0,05	-
Rindfleischextrakt	3,1···5,7	0,4···1,0	-
Hühnerfleisch, mager, entbeint	0,01···0,1	0,05···0,25	-
Hühnerfleischextrakt	0,7···1,2	2,5···3,5	-
Walfleischextrakt	3,1···5,9	0,2···0,6	13,5···23,0

- = keine Angaben vorhanden

Die physiologischen Funktionen dieser Dipeptide sind noch ungeklärt.

Carnosol: Natürliches Antioxydans aus Rosmarin und Salbei. Bildet sich durch Lactonisierung und Oxydation aus Carnosolsäure. s. Formel nächste Spalte oben. → Rosmarinextrakt

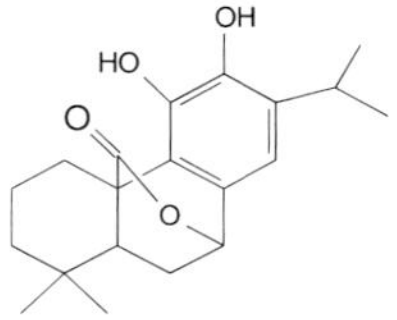

Carnosolsäure: Diphenolisches Diterpen aus Rosmarin und Salbei. Wirkt als Sauerstoff-Fänger und Antioxydans. Etwa 80% der diphenol. Diterpene bestehen aus C. s. Formel. In Fetten temperaturstabil bis etwa 110°C, baut sich leicht in →Carnosol und → Rosmanole ab.

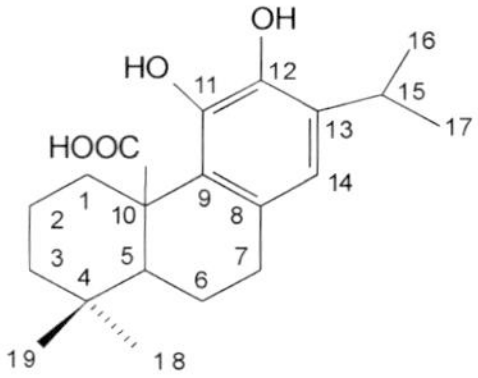

Caroba → Johannisbrot

'Carola' → Apfel → Kernobst

Carotatoxin: ein Polyacetylenalkohol mit neurotoxischer Wirkung, (s. Formel).

$$(C_9H_{17})\text{-}C{\equiv}C\text{-}C{\equiv}C\text{-}CH_2\text{-}CHOH\text{-}CH{=}CH_2$$

Aus 1 kg Mohrrüben (*Dāucus caróta* L.) konnten 2 mg C. isoliert werden. LD_{50} 100 mg/kg KM. Auf Grund des relativ geringen Gehaltes der Mohrrüben an C. besteht für den Menschen keine Vergiftungsgefahr. → Giftstoffe in pflanzlichen Lebensmitteln

β-apo-8'-Carotenal → Lebensmittelfarbstoffe

Carotene, *Karotine:* verbreitete Polyenfarbstoffe, die in der Natur in einem Gemisch der α-, β- und γ-Isomeren vorliegen und durch den β-Iononring Vitamin-A-Wirksamkeit haben.

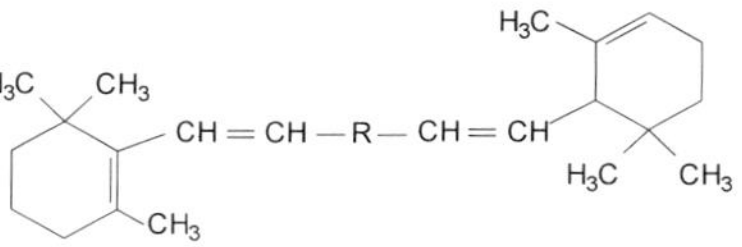

α-Caroten

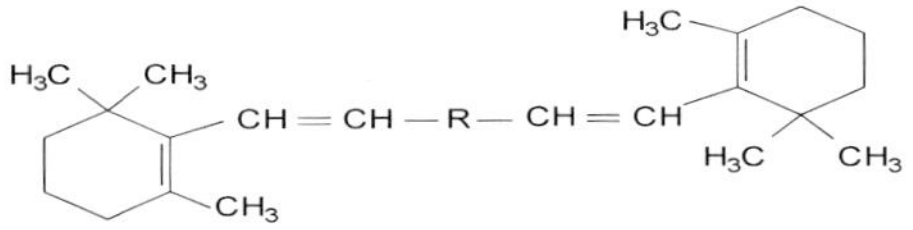

β-Caroten

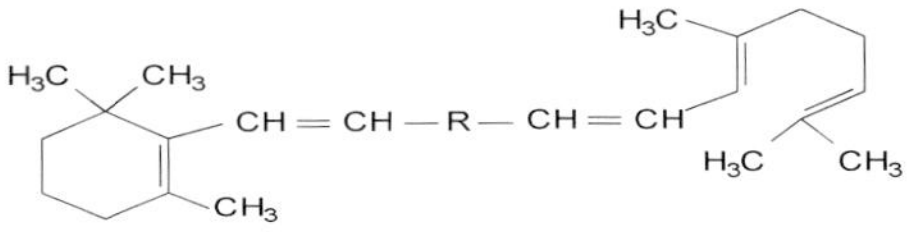

γ-Caroten

Auch das β-apo-8'-Carotenal (C_{30}) (trans) sowie der β-apo-8'-Carotensäure (C_{30}) ethylester (trans) sind Vitamin-A-wirksam.

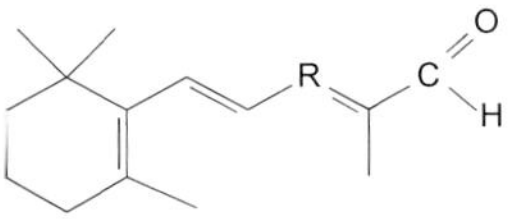

β-apo-8'-Carotenal (C_{30}) (trans)

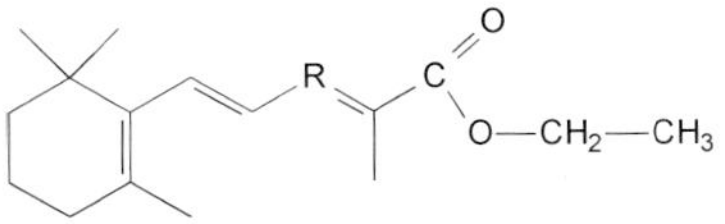

β-apo-8'-Carotensäure (C_{30}) ethylester (trans)

Beide werden auch als Lebensmittelfarbstoffe, bes. für Getränke (Limonaden, Sirupe, Fruchtsäfte) verwendet. C. sind in allen grünen Pflanzenteilen in unterschiedlichen Mengen enthalten und treten hier vergesellschaftet mit Chlorophyll und Xanthophyll auf. Sie sind auch in vielen Blüten, reifen Früchten, wie Tomaten, Paprika, Gurken, und in den Wurzeln der Möhren zu finden. In Tieren kommt noch nicht zu Vitamin A gespaltenes C. und aus pflanzlicher Nahrung stammendes C. in Serum, Fettgeweben, Milch und Eiern vor. In reiner Form bilden die C. dunkelrote bis tiefviolette Kristalle, die in Wasser unlöslich, in Alkoholen wenig löslich, in den meisten organischen Lösungsmitteln gut löslich sind. F. 187 bis 188°C (α), 183°C (β), 178°C (γ), $[\alpha]_{Cd}$ +359° (in Chloroform), + 385° (in Benzen), β- und γ-C. sind optisch inaktiv.

C. sind Vorstufen (Provitamine) des Vitamins A, das durch ihre oxydative Spaltung im tierischen und menschlichen Organismus gebildet wird. Die Vitamin-A-Wirksamkeit der C. verhält sich wie etwa 1 (Vitamin A) zu 0,5 (β) zu 0,25 (α) zu 0,13 (γ). C sind wie Vitamin A empfindlich gegenüber Licht und Sauerstoff, gleichzeitig verlieren sie ihre Vitamin-A-Wirksamkeit. C. werden technisch durch Extraktion aus carotenreichen Pflanzen, bzw. synthetisch hergestellt. Verwendung finden sie als natürliche Farbstoffe in der Lebensmittelproduktion sowie zur Vitaminierung bes. von Margarine. Carotengehalt einiger Lebensmittel s. Tab. → Vitamin A → Farbstoffe → Carotenoide

β-Carotengehalt einiger Lebensmittel

Lebensmittel	ß-Caroten-Menge je 100 g Frischsubstanz in mg Retinoläquivalent
Karotten/Möhren	bis 2
Grüne Blattgemüse	bis 1,3
Tomaten/Paprika	bis 0,3
Milch	etwa 0,007
Aprikosen, frisch	bis 0,28
Hagebutten	bis 1
Johannisbeeren, schwarz	bis 0,05

β-**Carotenepoxid** → Farbstoffe

Carotenoide, *Lipochromfarbstoffe:* zusammenfassender Begriff für alle in der Natur vorkommenden *Polyenfarbstoffe* mit Terpencharakter. C. sind fettlöslich und kommen in tierischen und pflanzlichen Fetten vor. Die wichtigsten Vertreter der C. in Lebensmitteln sind: *Lycopin, Cryptoxanthin, Cryptoflavin, Lutein, Isolutein, Luteoxanthin, Violaxanthin, Zeaxanthin, Neochrom, Neoxanthin, Phytofluen, Antheraxanthin, Mutatoxanthin, Fucoxanthin, Capsanthin, Astacin, Crocetin, Bixin* sowie die teilweise Vitamin-A-wirksamen → *Carotene.* Am Beispiel des im Maiskorn und in veresterter Form in versch. Früchten und Blüten enthaltenen Zeaxanthins sei die Grundstruktur der C. demonstriert (s. Formel S. 266 oben).

Die Strukturunterschiede der C. liegen im Aufbau der Jononringe an den beiden Molekülenden. → Farbstoffe

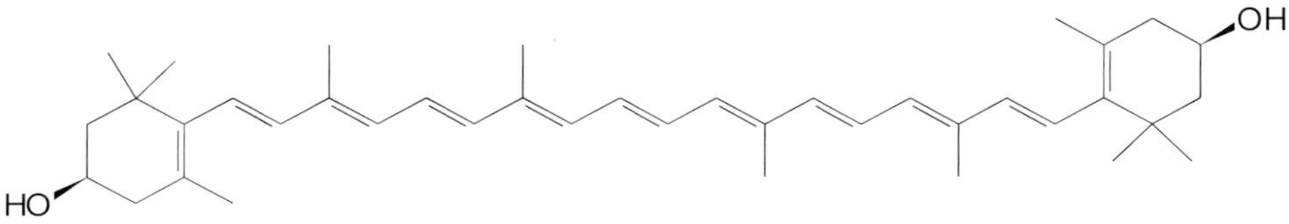

Carotenoxydase → Lipoxydase

β-apo-8'-Carotensäureethylester → Lebensmittelfarbstoffe → Carotene

Carpasenin → Benzylthioharnstoff

Carpati: rumänischer Schmelzkäse. → Käsesorten

Carpobrótus edúlis → Hottentottenfeige

Carrabiose → Carrageen

Carrageen, (E 407) *Karrageen, Carrageenan, Karraghen, Britischer Agar, Irish Moos, Irisches Moos, Lichen irlandicus, Irländisches Moos, Lichen Carrageen, Felsenmoos, Perlmoos, Gelose:* aus Galactose und teilw. Anhydrogalactose bestehendes, Sulfatgruppen enthaltendes Gemisch von unverzweigten *Polysacchariden,* vermutlich nach einem Landstrich an der Westküste von Irland benannt. C. wird von Rotalgen (Knorpeltang) versch. Species, z. B. *Chóndrus críspus* (L.) Stackh., *Chóndrus ocellátus* Holm, *Gigartína aciculáris* (Wulf) Lamour, gebildet, aus denen es nach Waschen und Trocknen durch alkalische Extraktion gewonnen wird. C. besteht aus versch. Fraktionen von unterschiedlicher Struktur. ϰ-C. und ι-C. sind aus dem Disaccharid *Carrabiose* aufgebaut, das über 1,3-glycosidische Bindungen zum Makromolekül verknüpft ist. Während bei ϰ-C. nur die Galactose-Einheit am C_4-Atom praktisch vollständig sulfatiert ist, können beim α-C. außerdem an den C_2-Atomen der Anhydrogalactose die Hydroxylgruppen mit Schwefelsäure verestert sein. λ-C. enthält als Grundeinheit das Disaccharid β-D-Gal-(1 → 4)-α-D-Gal, das ebenfalls 1,3-glycosidisch verknüpft ist. Mit Schwefelsäure verestert sind hier die Hydroxylgruppen am C_6-Atom der α-Galactose sowie zu etwa 70 % an den C_2-Atom*en* beider Galactose-Einheiten. Außerdem sind noch μ-C. [*My*] und ν-C. [*Ny*] bekannt, die neben D-Galactose-4-sulfat und 3,6-Anhydrogalactose als Bausteine D-Galactose-6-sulfat bzw. D-Galactose-2,6-disulfat enthalten. Durch fraktionierte Fällung mit Kaliumchlorid können die Hauptfraktionen ϰ-C. und α-C. getrennt werden. Struktur von ϰ-C.:

→ 3)-β-D-Gal-4-sulfat-(1→4)-α-D-3,6-Anhydro -Gal-(1→ Struktur von α-C.:

→ 3)-β-D-Gal-2-sulfat-(1→4)-α-D-Gal-2,6-disulfat-(1→

Der Sulfatgehalt des C. beträgt 20···40 % (Tab.).

Zusammensetzung von ϰ- und λ-Carrageen

Bestandteil	ϰ-Carrageen Gehalt in %	λ-Carrageen Gehalt in %
Sulfat (als SO_4)	27	35
Galactose	29	45
3.6-Anhydrogalactose	23	2

Die Molmasse wird mit etwa 200 000···800 000 g/mol angegeben. C. ist ein → Hydrokolloid, das sich auf Grund seines hochmolekularen Aufbaues und der funktionellen Gruppen durch Quell- und Geliervermögen auszeichnet. Die Gele sind jedoch im Gegensatz zum → Pectin säureempfindlich und nur oberhalb von *p*H 4 nutzbar. C. dient als Stabilisator für Speiseeis und Schokoladenmilchgetränke, ferner als Gelier- und Dickungsmittel für Aspik, Fruchtgelees und Puddings bzw. für Obstkonfitüren, Soßen, Tomatenketchup und als Emulgator für Käsezubereitungen. Da C. im Intestinaltrakt durch körpereigene Enzyme nicht hydrolysiert wird und fast ohne Nährwert ist, dient es als

Bestandteil energiereduzierter Lebensmittel, z. B. zuckerfreier, künstlich gesüßter Obstgelees, von Tortenguß, Dessertspeisen und Marmeladen mit reduziertem Zuckergehalt. → Gallert → Algenpolysaccharid

Carré de l'Est: *Weichkäse* (Weißschimmelkäse) aus Frankreich vom Typ Camembert.→ Käsesorten

Carré Demi-Sel: leicht gesalzener *Frischkäse* aus Frankreich. → Käsesorten

Carry Over: Bezeichnung für den Übergang eines Zusatzstoffes aus einem Lebensmittelvorprodukt in das Fertigprodukt. Der betreffende Zusatzstoff ist dann im Enderzeugnis in der Regel gut nachweisbar, hat dort allerdings meist keine Wirkung mehr. Deshalb ist eine Deklaration in der Zutatenliste grundsätzlich nicht erforderlich.

Cárthamus tinctórius → Safloröl

Cartilago → Knorpel

Carubengummi → Johannisbrotkernmehl

Carubin → Johannisbrotkernmehl → Ballaststoffe

Carubinose → Hexosen

Cárum cárvi → Kümmel 1.

Carvacrol, *2-Hydroxy-1-methyl-4-isopropylbenzen, 2-Hydroxy-p-cymol, 2-Methyl-5-isopropylphenol:* Phenolderivat der Struktur:

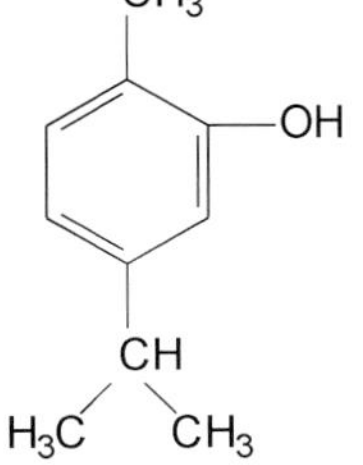

C. ist eine in ätherischen Ölen (Kümmel, Majoran, Thymian, Bohnenkraut, Raute usw.) vorkommende, nach Thymian riechende, farblose Flüssigkeit, F. 1°C, $Kp._{0,1 MPA}$ 237 °C, d 0,976. In Wasser ist C. schwer löslich, es löst sich hingegen in Ethanol und Ether. C. unterliegt leicht Oxydations- und Polymerisationsreaktionen. Auf Grund seiner antiseptischen Wirkung wird C. als Desinfektionsmittel, darüber hinaus begrenzt bei der Seifenherstellung verwendet. → Phenole

Carvon, *1-Methyl-4-methoethenylcyclohex-1-en-6-on, p-Mentha-1,8(9)-dien-6-on:* ungesättigtes Monoterpen-Keton mit der Strukturformel:

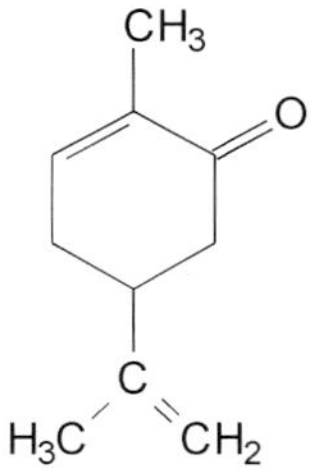

Die D-Form des C. kommt in einer Reihe von ätherischen Ölen, insbes. im Kümmel- und Dillöl, die L-Form in der Krauseminze vor. Es ist eine ölige, nach Kümmel riechende Flüssigkeit, Kp. 0,1 MPa 230···231°C, *d* 0,960. C. ist löslich in Ethanol und Ether, dagegen unlöslich in Wasser. Es ist optisch aktiv, wobei $[\alpha]_D^{20}$ + 62° beträgt. In Gegenwart von Licht oder Alkalien lagert sich C. um zu → *Carvacrol.* Durch Oxydation bildet sich aus C. *Limonen.* C. wird synthetisiert aus dem Nitrosochlorid des Limonens über das Oxim und verwendet zur Aromatisierung von Likören und Körperpflegemitteln, wie Zahnpasten und Mundwässern. → Terpen-Ketone → ätherische Öle

Cárya álba: Weiße Hickorie → Hickorynuß

Cárya cathayénsis: Chinahickorie → Hickorynuß

Cárya illinoinénsis → Hickorynußöl → Hickorynuß → Pecannuß

Cárya ovális: Schuppenrinden-Hickorie → Hickorynuß

Cárya ováta → Hickorynuß

Carýocar nucíferum → Butternuß 1.

Caryophyllen → Terpen-Kohlenwasserstoffe

Caryophyllenoxid → Terpen-Kohlenwasserstoffe

Caryophyllin → Oleanolsäure

Caryóta úrens → Bastard-Sagopalme

Cascarillarinde: die getrocknete, 1···2 mm dicke, außen silberweiß und innen rötlichbraune Rinde des in Südamerika, auf den Bahamas und auf Kuba wildwachsenden, teils auch kultivierten *Kaskarillobaumes, Cróton elutéria* Benn., (Familie *Euphorbiáceae*). Auf Grund des Gehaltes an ätherischen Ölen, Harzen, Cascarillin und Bitterstoffen wird die C. vorwiegend für → Kräuterweine (*Cascarillawein),* Bitterliköre sowie für → Aperitifs und zur Aromatisierung von Tabak als Würzdroge eingesetzt.

Cascarillawein → Cascarillarinde

Caseária decándra → Honigbaum, Wilder

Casein: → Phosphoprotein, als Mizelle mit einer Molmasse von 4···7 Mio. g/mol in der Kuhmilch vorliegend. C. besteht aus den Hauptkomponenten α_s-, β- und ϰ-Casein sowie mehreren Minorkomponenten, z. B. γ-, T-, TS-Casein, die sich vom β-Casein ableiten. Am Aufbau der Mizelle ist ferner Calcium beteiligt, das teilw. an die Phosphatreste gebunden, teilw. als Calciumphosphat kolloid gelöst, vorliegt. ϰ-Casein, ein Glycoproteid, stabilisiert die Mizelle in Lösung gegen Koagulation. Letztere setzt ein, wenn das ϰ-Casein durch → Lab oder andere → Proteasen enzymatisch gespalten wird. Im ausgefallenen Labcasein ist das Calcium der Milch mit enthalten, im Gegensatz zum säuregefällten Casein.
α_S-Caseine: α_{S1}-*Casein* besteht aus 199 Aminosäureresten und hat 8 Phosphoserylreste. Es können 3 hydrophobe Bereiche (1···44, 90···113, 132···199) und ein stark negativ geladener Teil (41···77) beim pH-Wert der Milch unterschieden werden. Letzterer beeinhaltet 7 Phosphoserylreste, 8 Glutaminreste und 3 Asparaginreste.
α_{S2}-*Casein* unterscheiden sich im Grad der Phosphorylierung ($\alpha_{S2}, \alpha_{S3}, \alpha_{S4}, \alpha_{S6}$). Es werden bis zu 13 proteingebundene Phosphatgruppen (12 an Serin, 1 an Threonin) gefunden. Sind im Vergleich zu den anderen C. relativ hydrophil.
β-Casein ist das hydrophobste aller C.. Der N-terminale Sequenzbereich (1···21) trägt eine hohe negative Ladung. β-C. besteht aus 209 Aminosäureresten mit 35 Prolinresten. Durch enzymatischen Abbau entstehen die hydrophoben γ-C. Hydrophile Interaktionen sind verantwortlich für die Ausbildung von β-Caseinmicellen in wäßrigen Lösungen.
ϰ-Casein ist überwiegend an der Oberfläche der Caseinmicelle lokalisiert und ist ein Angriffspunkt des Chymosins. Starke Neigung zur Polymerisation in wässrigen Lösungen. Durch spezifische Proteolyse wird das ϰ-C. in einen hydrophoben Teil, das para-ϰ-C. in einem gut wasserlöslichen Teil, das polare Glycomacropeptid (GMP), gespalten.

Cashew-Nuß → Kaschunuß

Casimiróa edúlis → Sapote, Weiße

Cassada → Maniok

Cassava → Maniok

Cassavastärke, trop. → Arrowroot

Cássia fístula → Kassia, → Manna 2.

Cássia lígnea → Zimt 2.

Cássia occidentális → Kassia

Cassiastearopten → Aldehyde

Cássia tóra → Kassia

Cássia vera → Zimt 2. → Zimt 3.

Cassisbeere → Johannisbeere

Cassisgeist: ein → Obstgeist, hergestellt unter Verwendung schwarzer Johannisbeeren. Der C. wird vorwiegend zu *Cassislikör* verarbeitet.

Cassislikör: ein Fruchtsaftlikör, hergestellt unter Verwendung schwarzer Johannisbeeren. Der franz. *Crème de Cassis* ist ein wertvoller, bes. süßer C. → Likör → Johannisbeerlikör

Cassumunar-Zitwer → Zitwer, Gelber

Castánea crenáta → Kastanie, Japanische

Castánea dentáta → Eßkastanie

Castánea satíva → Eßkastanie

Castanópsis → Eßkastanie

Castle-Faktor → Vitamin B_{12}

Catalox → Ramon

Catalpinsäure → Monohydroxy-carbonsäuren, aromatische

Catawissa-Zwiebel: *Ägyptische Zwiebel, Amerikanische Zwiebel, Baumzwiebel, Bulbenzwiebel, Kanadazwiebel, Lebendgebärende Zwiebel, Zwiebeltragende Zwiebel:* die in Ostasien, Europa, bes. in Nordamerika, aber meist in Hausgärten kultivierte *Állium cépa var. prolíferum* (Moench) Aschers. (Familie *Liliáceae*), ein Bastard aus *Állium cépa* x *Állium fistulósum.* Der stark aufgeblasene Infloreszenzschaft (Blütenschaft) trägt neben oft auch fehlenden, bzw. keinen Samen ansetzenden Blüten, 4 bis 10 harte, rundliche, deutlich abgesetzte Luftzwiebeln von 1···2 cm Durchm. Verschiedentlich treiben einzelne, seltener alle diese Luftzwiebeln bereits in der Mutterinfloreszenz Blätter und einen eigenen Infloreszenzschaft, der wiederum Luftzwiebeln ausbildet, woraus sich die Bez. „Etagenzwiebel" ableitet. Die C. wird zum Würzen und meist wie → Perlzwiebeln verwendet. → Zwiebel

Catechine, *Katechine, 3-Hydroxyflavonole*: vom Flavonring sich ableitende Stoffklasse mit mehreren phenolischen Hydroxylgruppen, die als Bestandteile der kondensierten → *Gerbstoffe* im Pflanzenreich weit verbreitet vorkommen (s. Übers. unten).
Bei den C. stehen die Hydroxylgruppen am C_3 und der Benzenkern am C_2 in trans-Stellung, bei den *Epicatechinen* in cis-Stellung (Formel s. S. 270 oben).

Im Pflanzenreich weit verbreitet vorkommende Catechine

Catechin	R_1[1]	R_2[1]	Vorkommen
(+)-*Catechin (Cyanidanol, Zyanidanol)*	H	H	Tee, Kakao, Fruchtschale der Edelkastanie, Betelnuß, Kolanuß, Apfel, Birne, Sauerkirsche, Süßkirsche, Pflaume, Pfirsich, Aprikose, Brombeere, Himbeere, Erdbeere, Stachelbeere, Johannisbeere, rot und schwarz, Weinbeere
(−)-*Catechin*	H	H	Tee
(−)-*Epicatechin*	H	H	Tee, Kakao, Apfel, Birne, Quitte, Sauerkirsche, Süßkirsche, Pflaume, Aprikose, Brombeere, Himbeere, Weinbeere
(+)-*Epicatechin*	H	H	Tee, Kakao
(+)-*Gallocatechin (Delphinadol)*	OH	H	Tee, Edelkastanie, Apfel, Pflaume, Erdbeere, Stachelbeere, Johannisbeere, rot und schwarz, Weinbeere
(−)-*Epigallocatechin*	OH	H	Erdbeere, Weinbeere, Tee, Kakao
(−)-*Galloyl-epicatechin*	H	Galloyl	Weinbeere, Tee
(−)-Galloyl-epigallocatechin	OH	Galloyl	Tee

[1]Die Substituenten R_1 und R_2 beziehen sich auf die 3'-bzw. 5'-Stellung. Vgl. Formel

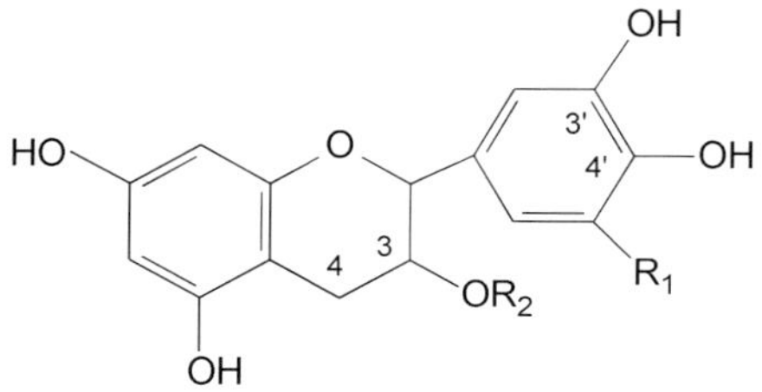

Die C. kommen auch als 3-Gallate und 3-Glycoside vor. C. sind keine Gerbstoffe, zeigen aber die typischen Eigenschaften eines kondensierbaren Phenols, indem sie z. B. beim Erwärmen mit Wasser oder verdünnter Mineralsäure und bei der Einwirkung von Phenoloxydasen braunrote, auch in der Natur vorkommende Kondensationsprodukte (Phlobaphene, Gerbstoffrot) mit guten Gerbeigenschaften ergeben. C. sind als echte Gerbstoffvorstufe anzusehen. Die Bildung von Gerbstoffen in der Pflanze erfolgt primär durch dehydrierende Verknüpfung der Catechinmoleküle unter dem Einfluß von Dehydrasen. C. sind an der Geschmacksbildung von Tee und Kakao beteiligt.

Catechupalme → Betelnuß

Cátha edúlis → Kath

Cathartomannit → Inositol

Catjangbohne → Chowli

Cattarotraube → Marsala

Cattley-Guave → Guave

Caucasian: *Hartkäse* mit 45% F.i.Tr. aus der ehem. Sowjetunion, der als Reib-Käse verwendet wird. → Käsesorten

Caudátumhirse → Sorghumhirse

Cautchicol → Lupeol

Cavendish-Banane → Banane

Cavendíshia cordifólia → Coral

Caya → Occa

Cay-Cay-Butter → Dikabaum

Cayennekirsche → Surinamkirsche

Cayennepfeffer, *Goldpfeffer,* (das) *Chilly,* (die) *Chillies:* eine bes. scharf schmeckende, im Capsaicingehalt die ungarischen Sorten um das 20fache übertreffende → Gewürzpaprikasorte, die in den Herkunftsländern (z. B. Mexiko) auch als frische Frucht verzehrt, in der Regel aber als Gewürz, in getrockneter Form, gehandelt wird. Der C. ist bedeutend kleiner als gewöhnlicher Gewürzpaprika, seine Länge beträgt 1,5···3 cm und seine Dicke bis 0,5 cm. Bei C. handelt es sich vorwiegend um Sorten der → Paprikaarten *Cápsicum ánnuum* L. und *C. frutéscens* L.. Der C. wird in unzerkleinerter Form zur Bereitung von Mixed Pickles, Fischwaren, Gewürzgurken und als braunrotes bis orangefarbenes Pulver als Bestandteil für Curry sowie von scharfen → Würzsoßen, ferner zum Würzen von Suppen, Soßen, Fisch- und Fleischspeisen verwendet. Je 100 g *Cayennepfefferpulver* bzw. *Chillypulver* enthalten: 9 g Feuchtigkeit, 14 g Eiweiß, 12 g Fett, 57 g Kohlenhydrate, 215 mg Calcium, 15 mg Eisen, 1,6 mg Natrium, 0,02 mg Vitamin A, 0,19 mg Vitamin B_1, 1,13 mg Vitamin B_2 und 10 mg Vitamin C.

Ccusillo → Chaucha

Ceanóthus americánus → New-Jersey-Tee

Cecrópia adenópodus → Kanonenbaum

Cecrópia palmáta → Kanonenbaum

Cecrópia peltáta → Kanonenbaum

Cedrat → Zitronat

Cedren → Terpen-Kohlenwasserstoffe

Cedro → Zedrazitrone

Céiba pentándra → Kapoköl

Celiobiase → Cellulasen

Cellobiose → Trisaccharide → Disaccharide → Saccharide

Cellose → Disaccharide

Cellotetraose → Tetrasaccharide

Cellotriose → Trisaccharide

Cellulasen, *Zellulasen, Endo-1,4-*β-glucoanase (EC 3.2.1.4): → Enzyme, die die aus β(1.4)glycosidischen Bindungen bestehende Cellulose in Abbauprodukte mit mittleren und niedrigen Molmassen spalten. Zu den C. zählt die *Endo*-β(1.4)Glucanase (häufig noch als c_X-C. bezeichnet), die Bindungen aus dem Inneren des großen Moleküls löst. Die entstehenden hoch- und mittelmolekularen meist wasserunlöslichen Spaltprodukte werden durch *Exo*-β(1.4)Glucanasen (EC 3.2.1.74) in Cellobiose bzw. Glucose überführt (s. Formeln unten).

Die β(1.4)Glucosidase, auch *Cellobiase* genannt, spaltet schließlich Cellobiose in 2 Moleküle D-Glucose. C. werden zunehmend industriell aus Mikroorganismen (z. B. *Trichodérma viríde*) gewonnen und zum Aufschluß pflanzlicher Rohstoffe (Getreide, Holzabfälle, Altpapier) für Lebensmittel- und technische Zwecke, z. B. zur Ethanolherstellung, eingesetzt, im Bereich der Lebensmittel häufig in Kombination mit → Amylasen und → Hemicellulasen, → Glucanasen

Cellulose: (E 460) ein aus β-1.4-verknüpfter D-Glucose aufgebautes Polysaccharid von hoher Molmasse. Struktur-Formel s. ganz unten.

Die C. ist die in der größten Menge vorkommende organische Verbindung, dient als Gerüstpolysaccharid pflanzlicher Gewebe und ist meist mit Hemicellulosen, Lignin und weiteren Stoffen vergesellschaftet. Sie kommt auch in Mikroorganismen und in den Schalen niederer Meerestiere vor. - C. ist in Wasser unlöslich. Ihre mikrokristalline Faserstruktur bewirkt sowohl ihre chemische und physikalische Stabilität und Resistenz als auch das nur gering ausgeprägte Quellungsvermögen.

Die C. wird durch die körpereigenen intestinalen Enzyme des Menschen nicht gespalten. Ein partieller Abbau des C. erfolgt durch → Cellulasen der mikrobiellen Flora im Dickdarm, deren Spaltprodukte dort praktisch nicht mehr resorbiert werden. Die C. bildet zusammen mit anderen Polysacchari-

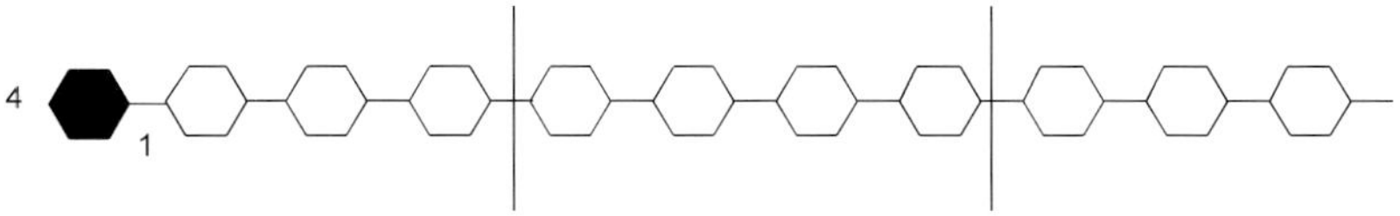

Endo-1,4-β-D-Glucanase (auch C_X-Cellulase gennant)

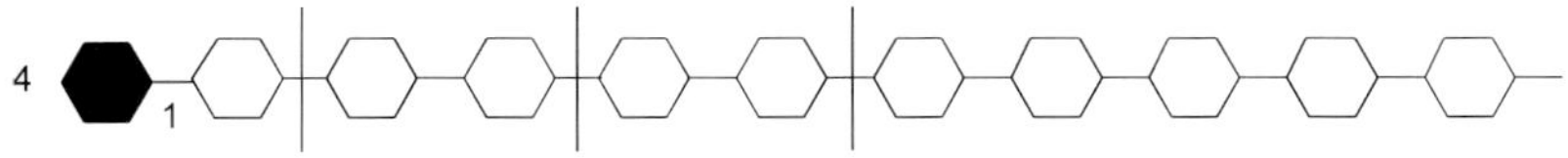

Exo-1,4-β-D-Glucanase (Cellobiohydrolase) (auch C_1-Cellulase gennant)

1,4-β-D-Glucosidase (Cellobiase)

Spaltung von Cellulose durch Cellulasen

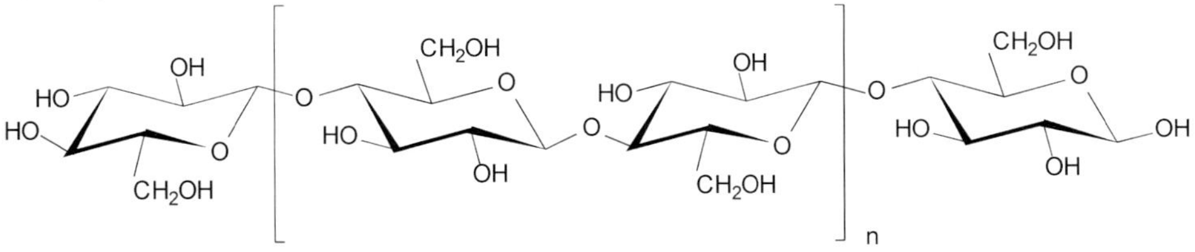

den den Ballaststoffanteil verschiedener pflanzlicher Lebensmittel (Gemüse, Obst, Getreideerzeugnisse). Ihre ernährungsphysiologische Bedeutung beruht u.a. auf der Anregung der Darmperistaltik. Ferner werden C. und Cellulosederivate als Zusatz für → energiereduzierte Lebensmittel verwendet. Als → Hydrokolloide werden *Cellulosederivate* und → mikrokristalline Cellulose in der Lebensmittelproduktion eingesetzt. So wird C. z. B. als → Trennmittel bei Kaugummi verwendet. → Ballaststoffe

Cellulosederivate: synthetische, wasserlösliche → Hydrokolloide auf der Basis der wasserunlöslichen → Cellulose. Cellulose ist ein billiger natürlicher Rohstoff, der in großer Menge vorhanden ist, eine sehr hohe Molmasse hat und ziemlich resistent gegenüber Chemikalien ist. Die C. werden durch Einführung von reaktionsfähigen bzw. aktiven Gruppen an die Hydroxylgruppen der Cellulose hergestellt. Je Glucose-Einheit enthält das Cellulosemolekül 3 Hydroxylgruppen (2 sekundäre und 1 primäre) an den Kohlenstoffatomen 2, 3 und 6. Durch Variierung von Art und Menge der eingeführten Gruppen können in einem weiten Bereich in den Eigenschaften maßgeschneiderte Produkte hergestellt werden. C. gelten allg. als physiologisch unbedenklich. Die wichtigsten für den Einsatz in der Lebensmittelproduktion als → Verdickungs- und → Geliermittel geeigneten C (s. Übers. unten). In diesem Zusammenhang ist auch die wasserunlösliche, partiell depolymerisierte → mikrokristalline Cellulose zu erwähnen.

Cellulose gum → Carboxymethylcellulose → Cellulosegummi → Carboxymethylcellulose

Cellulosegummi → Carboxymethylcellulose

Cellulose, mikrokristalline, *Avicel* (ursprünglich Handelsname eines amerikan. Produktes): durch Behandlung mit Mineralsäuren partiell depolymerisierte → Cellulose. Sie unterscheidet sich von den ebenfalls als → Hydrokolloide verwendbaren Cellulosederivaten durch das Fehlen von Substituentengruppen. Die m. C. ist in Wasser, verdünnten Säuren und den meisten organischen Lösungsmitteln unlöslich. Die Molmasse beträgt etwa 30 000···50 000 g/mol. Für Lebensmittel wird häufig ein Präparat verwendet, das etwa 10 % → Carboxymethylcellulose enthält. In Konzentrationen unter 1 % werden kolloidale Dispersionen und über 1 % werden thixotrope Gele gebildet. Dispersionen von m. C. sind salzempfindlich. Die m. C. kann in der Lebensmittelproduktion zur Herstellung von → energiereduzierten Lebensmitteln, kremartigen Suspensionen, Dessertspeisen, Salatmayonnaisen, imitierter Butter und Margarine, Eiskrems u. a. eingesetzt werden.

Die wichtigsten Cellulosederivate, die in der Lebensmittelproduktion als Verdickungs- und Geliermittel einsetzbar sind

Cellulosederivat	Eingeführte Gruppe	Struktur
→ Methylzellulose	R = CH_3-	
Methylethylcellulose (HEMC)	R = CH_3-CH_3-CH_2-	
→ Methyl-hydroxypropyl-cellulose	R = CH_3- CH_2-CHOH-CH_2-	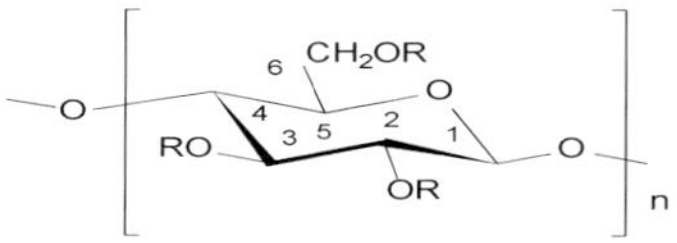
→ Hydroxypropylcellulose	R = HO-$(CH_2)_4$-CHO-CH_2-	
→ Ethylcellulose	R = CH_3-CH_2-	
→ Hydroxyethylcellulose	R = HO-CH_2-CH_2-	
→ Ethylhydroxyethylcellulose	R = HO-$(CH_2)_6$ O-CH_2-CH_2-	
→ Carboxymethylcellulose (CMC)	R = HOOC-CH_2-	

Celósia-Arten → Amarant 1.

Céltis iguanéa → Granjeiro

Cepaëne, α-Sulfinyldisulfide: Wirkstoffgruppe frisch gepreßten Zwiebelsaftes mit starker Hemmwirkung auf die Enzyme 5-Lipoxygenase und Cyclooxygenase. Folgende Verbindungen einschließlich ihrer Diastereomeren zeigen antiasthmatische und antiphlogistische Wirkung: Formeln:

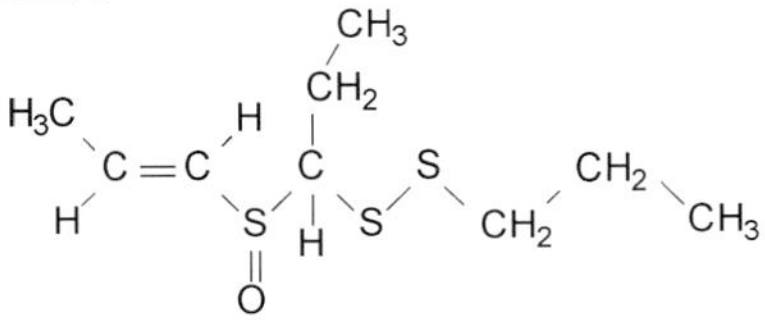

α-trans-Ethylen-sulfinyl-propyl-S-propyldisulfid

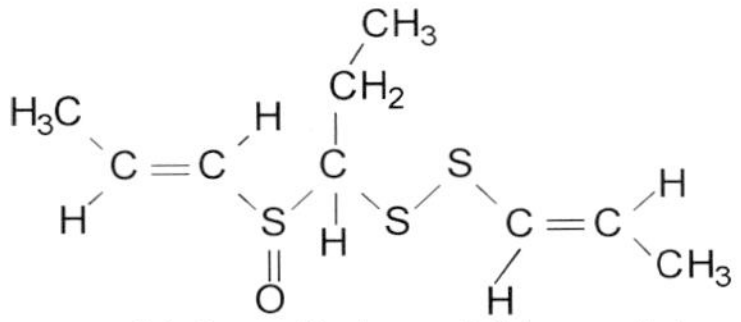

α-trans-Ethylen-sulfinyl-propyl-S-trans-ethylen-disulfid

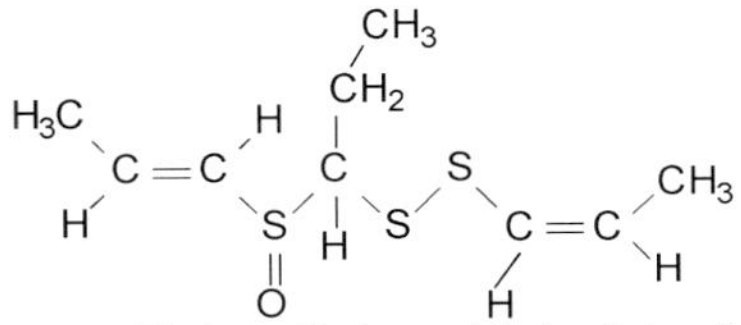

α-trans-Ethylen-sulfinyl-propyl-S-cis-ethylen-disulfid

→ Thiosulfinsäureester

Cépa victoriális → Allermannsharnisch

Cephaline: zu den → *Phosphatiden* gehörende Verbindungen der Formel (s. unten).
Cephaline bestehen demnach aus Glycerol, zwei Fettsäuren, Phosphorsäure und Serin bzw. Colamin und werden deshalb auch als *Serinphosphatide* bzw. *Colaminphosphatide* bezeichnet. Es wird vermutet, daß die Colamincephaline aus Serincephalinen durch Decarboxylierung des Serins entstehen. C. sind meist mit den → *Lecithinen* vergesellschaftet; sie herrschen vor im Gehirn und im Nervengewebe. Gewinnung und Verwendung. → Phosphatide → Synergisten

Ceramide: Bez. für eine Gruppe körpereigener, bes. in der Hirnsubstanz und im Myelin (Nervenmark) des Zentralnervensystems gebunden anzutreffenden lipophilen Amide der allg. Formel,

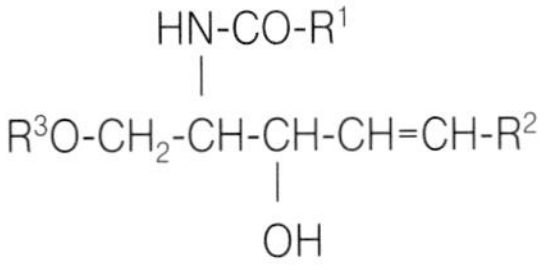

wobei R1 ein langkettiger Fettsäurerest, R2 ein langkettiger Alkylrest und R3 = H sind. Der ungesättigte Aminodiolrest heißt 4-Sphingenin (→ Sphingosin). Im Organismus liegen die C. entweder als Glycoside (Cerebroside, Ganglioside und Sulfatide als Glycolipide) oder als Cholinphosphatester (Sphingomyeline als Phospholipide) vor. Die Bindung erfolgt über R3. Beide Gruppen werden als → Sphingolipide zusammengefaßt.

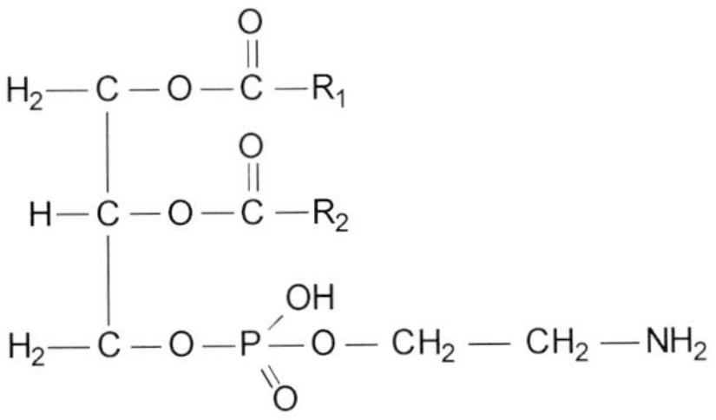

R_1, R_2: Fettsäurereste

Colamincephalin

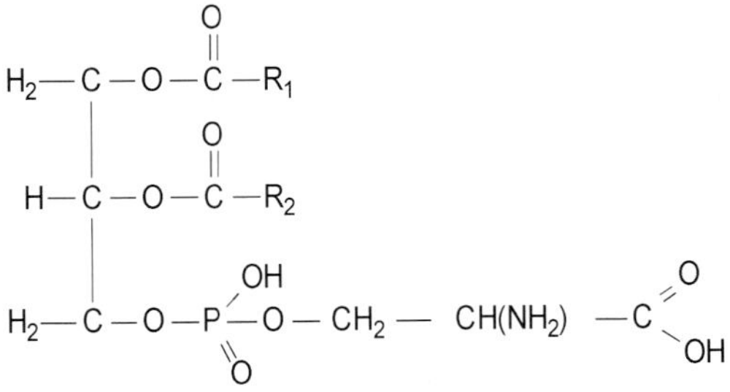

Serincephalin

C. sowie *Mono-*, *Di-*, *Tri-* und *Tetraglycosylceramide* sind in der Kleie und im Endosperm von Getreidekörnern nachgewiesen.

Cerasin → Cerebroside

Cerasinsäure → Lignocerinsäure

Cérasus ácida → Strauchweichsel, Sauerkirsche

Cérasus ávium → Süßkirsche, → Vogelkirsche

Cérasus ávium sylvéstris → Süßkirsche

Cérasus marásca: Maraschke, → Sauerkirsche

Cérasus púddum → Himalaja-Kirsche

Cérasus vulgáris → Sauerkirsche

Ceratine → Skleroproteine

Ceratónia síliqua L. → Johannisbrot → Johannisbrotkernmehl

Ceratothéca sesamoídes → Karkashiöl

Cércis siliquástrum → Judasbaum

Cerealien, *Zerealien:* nur im Plural vorkommende Bez. für Feldfrüchte insbes. → Getreide (benannt nach der römischen Göttin des Getreides und des Ackerbaues).

Cerealienstärke → Getreidestärke

Cerebron → Cerebroside

Cerebronsäure, *Zerebronsäure, Phrenosinsäure, 2-Hydroxytetracosansäure:* eine gesättigte Hydroxysäure der Formel CH_3-$(CH_2)_{21}$-CH(OH)-COOH. C. ist optisch aktiv, $[\alpha]_D$ + 2,68···+ 3,86° (in Pyridin), F. 100···101°C. C. ist Bestandteil der → Cerebroside

Cerebroside, *Zerebroside:* aus → *Sphingosin, Fettsäuren und Glucose bzw. Galactose zusammengesetzte* → Glycolipide der Formel:

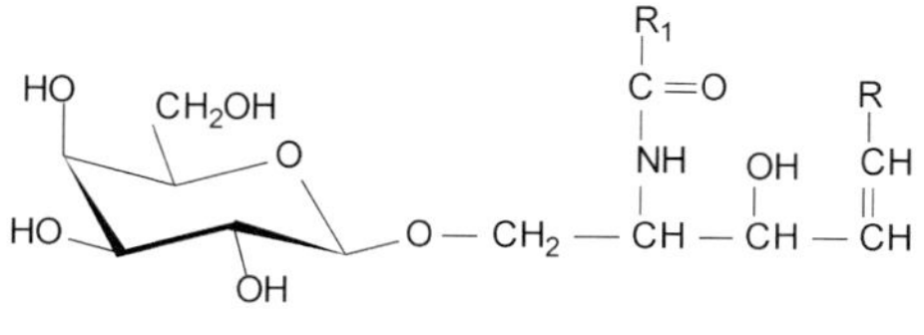

R: Kohlenstoffkette des Sphingosins
R_1: Kohlenstoffkette einer Fettsäure

Die Fettsäuren sind amidartig an das Sphingosin gebunden. Als Fettsäuren kommen in Frage: → *Cerebronsäure, Lignocerinsäure,* → Nervonsäure und → *2-Oxynervonsäure.* Die einzelnen Vertreter der C., z. B. *Cerebron, Nervon, Oxynervon* und *Cerasin,* unterscheiden sich lediglich durch die Struktur ihrer Fettsäurekomponente. Im Gehirn kommen auch C. vor, in denen eine Hydroxylgruppe der Galactose mit Schwefelsäure verestert ist: *Cerebrosulfatide.* C. sind in den Markscheiden lokalisiert. Unter den tierischen Lebensmitteln finden sich C. in Hirn, Milz, Mark und Leber.

Cerebrosulfatide → Cerebroside

Cerebrum → Gehirn

Ceresgelb: (C 9) → Farbstoffe → Lebensmittelfarbstoffe

Ceresrot: (C 10) → Farbstoffe → Lebensmittelfarbstoffe

Céreus: Säulenkakteengattung (Familie *Cactáceae*), deren wohlschmeckende, süße Früchte in Mexiko und Mittelamerika frisch verzehrt werden oder zu Sirup u. a. verarbeitet werden, z. B. die *Tampanja* von *Céreus hexagónus* (L.) Mill., die Erdbeerbirne von *Hylocéreus undátus* (Haw.) Britt. et Rose und die Früchte von *Stenocéreus thúrberi* (Engelm.) Buxb.

Céreus hexagónus → Cereus

Cerezo → Honigbaum, Wilder

Ceriman: die schlingende Pflanze *Mónstera deliciósa* Liebm. (Familie *Aráceae*), die aus Mexiko stammt und in den Tropen verbreitet ist. Die etwa 20 cm langen konischen Fruchtstände tragen eßbare Früchte. Diese müssen für den Frischgenuß vollreif sein und von allen anderen Blütenteilen wegen der in diesen enthaltenen Oxalatkristalle befreit werden. C. werden meist für gemischte Fruchtsalate verwendet.

Cerium (Zer) → Mineralstoffe

Cerneaux → Walnuß, Grüne

Cerola-Saft → Acerola

Cerotinsäure, *Kerotinsäure, n-Hexacosansäure:* eine gesättigte Fettsäure der Formel CH_3-$(CH_2)_{24}$-COOH, F. 88···89°C. C. findet sich in fast allen natürlichen Wachsen, Wachsüberzügen der Früchte und im Bergamottenöl. → Fettsäuren

Cérvus élaphus, *Hirsch* → Wild

Cerylalkohol → Fettalkohole → Bienenwachs

Cetácea → Wal

Cetoleinsäure, *Zetoleinsäure, Docos-11-ensäure:* eine Monocarbonsäure der Formel CH_3-$(CH_2)_9$-CH=CH-$(CH_2)_9$COOH. C. ist weit verbreitet in Seetierölen. In Rüböl wurde sowohl die cis-Form, mit F. 20°C, als auch die trans-Form, mit F. 49°C, nachgewiesen.

Cetorhínus máximus → Haifisch

Cetrária islándica → Isländisches Moos

Cetrarsäure → Isländisches Moos

Cetylalkohol → Fettalkohole

Cetylsäure → Palmitinsäure

Ceyloncanehl → Zimt 9., → Stangenzimt

Ceylon-Himbeere, *Mysore-Himbeere, Kandari, Pilai:* die in Südostasien und Amerika wegen der schmackhaften Früchte angebaute, sehr dürreresistente *Rúbus níveus* Thunb., (Familie *Rosáceae*).

Ceylon-Kardamomen: die als Gewürz verwendeten Samen der *Ceylonkardamompflanze Elletária májor* Smith., (Familie *Zingiberáceae).* Früher bildete der C. eine wichtige Rohstoffquelle für die Kardamomölgewinnung, wozu er in weit größerem Umfang als heute angebaut wurde.

Ceylonmoos → Gracilaria-Gummi

Ceylon-Spinat: *Surinam-Portulak, Wasserblatt:* die im tropischen Asien und Amerika kultivierte Dickblattpflanze *Talínum trianguláre* Jacq. (Familie *Portulacáceae*), deren Blätter und Triebspitzen wie → Portulak als Gemüse, Salat oder → Küchenkraut verwendet werden.

Ceylonstachelbeere → Kitembilla

Ceylontee: ein herbaromatischer → Tee aus Sri Lanka mit Qualitätssorten aus Lagen bis zu 2200 m Höhe und Mittelsorten aus Tieflandkulturen

Ceylonzimt → Zimt 9.

Ceylonzitronellöl → Cymbopogongras

Chabichou: franz. Weichkäse aus Schafsmilch. → Käsesorten

Chablis → Burgunder, Weißer

Chachalaca: Frucht von *Córdia dentáta* Vahl. → Nisorhafrucht

α-Chaconin → Kartoffel

Chaenocéphalus → Eisfisch

Chaenodráco → Eisfisch

Chaenoméles japónica → Quitte, Japanische

Chaerophýllum bulbósum → Kerbelrübe

Chagrinrochen → Rochen

Chalbe: jüdische Fastenspeise, die aus → *Sesam, Zitronat* (→ Dickzuckerfrucht) und Honig bereitet wird.

Chalte → Coyo-Avocado

Chaltha, *Chalta, Elefantenapfel:* der indisch-südostasiatische Baum Dillénia índica *L. (Familie Dilleniáceae),* dessen Früchte gekocht gegessen werden. Die fleischigen Blütenhüllblätter wirken adstringierend und schmecken apfelähnlich. Man verwendet sie als Gemüse, zur Aromatisierung von Curry sowie zur Gelee- und Marmeladenherstellung. Der Saft wird als Ersatz für Zitronensaft genutzt. Über ihre Zusammensetzung ist folgendes bekannt: In je 100 g sind u. a. 82 g Feuchtigkeit, 0,8 g Eiweiß, 0,2 g Fett, 13 g Kohlenhydrate enthalten.

Chalva → Halva

Chamazulen → Azulene

Chamomílla recutíta → Kamille, Echte

Champacol → Terpen-Alkohole

Champagner → Sekt

Champedak: der mittelgroße Baum *Artocárpus chámpeden* (Lour.) Spreng. (Familie Moráceae*),* der im Malaiischen Archipel seiner Früchte wegen häufig kultiviert wird, die jedoch gegenüber der großfrüchtigeren → *Jackfrucht* trotz besserer Qualität für den Frischverzehr weniger bedeutend sind. Die Sammelfrucht ist länglich-zylindrisch und dicht mit kleinen hexagonalen Warzen besetzt. Zur Reifezeit sind die Früchte braungelb und haben goldgelbes, aromatisch-süßes Fruchtfleisch. Aus unreifen Früchten werden Suppen hergestellt. Die reifen Früchte sind eine wertvolle Ergänzung zur Reisnahrung. Geröstete Samen schmecken wie Eßkastanien. → Brotfrucht → Jackfrucht

Champignon → Agaricáceae → Agaritin → Kulturpilze → Pilzgifte

Champignonkremsuppe: eine helle, gebundene → Suppe unter Verwendung von Champignons und würzenden Zutaten, in Trockenform als Instanterzeugnis oder als Naßkonserve in Dosenform als tischfertiges Erzeugnis.

Champola → Cherimoya

Champsocéphalus → Eisfisch

Chanakh: in der früheren Sowjetunion aus Kuhmilch, unter Zusatz von Schafs- oder Ziegenmilch hergestellter → Lake-Käse.

Changaa → Busa

Channíchthys → Eisfisch

Chanpon: japan. Fischerzeugnis, → Kamaboko → Surimi

Chao → Sufu

Chaource: *Frischkäse* oder *Weichkäse* aus Frankreich mit →50 F. i. Tr. → Käsesorten

Chaparro → Caimbe

Chapati, *Chappati, indischer Fladen:* ein in Indien, Pakistan, Sri Lanka und im Iran verbreitetes → Fladenbrot aus Weizen-, Mais- oder Hirsemehl in Form kleiner (6···8 cm Durchm. und 2···3 mm Dicke) oder großer (etwa 25 cm Durchm.) Scheiben, die etwa 30 min in der Pfanne oder auf Eisenplatten gebacken und vielfach heiß, in weicher Form mit 30···40 % Feuchtigkeit verzehrt werden. Das grobe Vollkornmehl wird mit Wasser und Salz, ohne Fermentierung und ohne Gewürze, zu einem festen Teig verknetet, zu Kugeln geformt, und vor dem Backen werden die Teigstücke durch Ausrollen oder schnelles Hin- und Herwenden und Pressen zwischen den Handflächen zu einem dünnen Fladen geformt. Bei Fettzusatz (20 %) werden diese Fladen als *Parotta* bzw. *Paratha* bezeichnet. Zu festlichen Anlässen mit Milchfett oder Pflanzenöl hergestellte und bes. gewürzte Fladen werden in Indien als *Puris* bezeichnet. → Atta → Flachbrot

Chaquilulo, *Coral, Sagalito:* der verzweigte Strauch *Thibāūdia floribúnda* H. B. K. (Familie *Ericáceae*), der in den Anden von Ekuador bis Kolumbien vorkommt. Die kleinen, bläulichen, säuerlichen, angenehm schmeckenden Beerenfrüchte werden roh verzehrt oder zur Herstellung von Konfitüren verwendet. *Thibāūdia grántii* A. C. Smith trägt ähnliche, rote Beerenfrüchte, die süßlich schmecken und roh verzehrt werden.

Chards → Artischocke, echte

Charlotte → Lauch → Schalotte

Chartreuse: franz. Kräuterdestillatlikör, ursprünglich von Kartäusermönchen des Klosters La grande Chartreuse unweit von Grenoble hergestellt, die nach der historischen Überlieferung die Rezeptur 1605 übernahmen. C. wird als *„Chartreuse verte"* mit grüner Farbe und 55 %-Vol. Ethanolgehalt und als *„Chartreuse jaunes"* mit gelber Farbe und 44 %-Vol. Ethanolgehalt gehandelt. Die Bez. *"Chartreuse"* und die Schutzmarke *„Lecourturier"* sind geschützt. Erzeugnisse ähnlicher Rezeptur werden als → *Kartäuser, Abtei-Likör* oder *Klosterlikör* hergestellt. → Likör

Chäs → Waldsauerklee

Chat → Kat

Châteaubriand: aus dem Filet des Rindes (→ Schlachtkörperteilstücke) geschnittenes gebratenes doppeltes Filetsteak.

Chatzastiel → Ackerschachtelhalm

Chaucha, *Ccusillo:* eine Kartoffelhybride, *Solánum cháuca* Juz. (Familie *Solanáceae*), die im südamerikanischen Hochland den Indianern als Grundnahrungsmittel dient. Meist wird C. in Begleitung mit anderen Kartoffelarten angebaut, so daß C. ein sehr formenreiches Kreuzungsprodukt darstellt.

Chaudeau → Schaumspeise

Chaulmoograöl, *Chaulmugraöl:* das Samenfett des in Burma heimischen Baumes *Hydnocárpus kúrzii* (King) Warb. (Familie *Flacourtiáceae*). Das C. hat als Heilmittel gegen Lepra Bedeutung. Diese physiologische Wirkung ist auf seinen Gehalt an Cyclopentensäuren (etwa 23% Chaulmoograsäure, etwa 35% Hydnocarpussäure und etwa 23% Gorlisäure) zurückzuführen. Aber diese Säuren bewirken auch die hohe Toxizität des C. Der Einsatz des C. als Margarinebestandteil führte 1910 zu Massenvergiftungen. → Pflanzenfett

Chaulmoograsäure, *Chaulmugrasäure, 1,3-Cyclopentenyl*-Δ-2,3-tridecansäure: eine Cyclopentensäure mit der Formel:

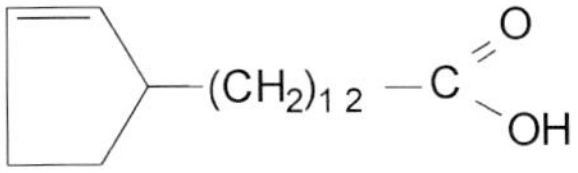

C. ist in *Chaulmoograöl,* → Hydnocarpusöl und → Gorliöl enthalten. C. ist optisch aktiv, $[\alpha]_D^{25}$ +62,2° (in Chloroform), ist toxisch und wird in der Therapie der Lepra verwendet.

Chavicin, *Chavicinsäure-piperidid*: Alkoloid der Formel:

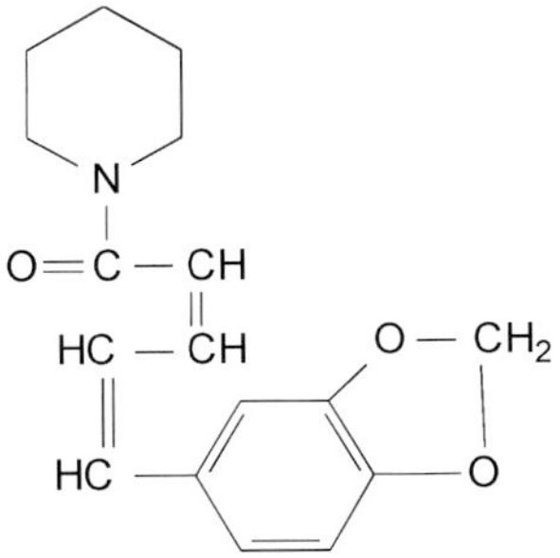

C. kommt im schwarzen Pfeffer (*Piper nigrum L.)* vor (0,8%), schmeckt scharf, bitter und stärker nach Pfeffer als Piperin. Bei hydrolytischer Spaltung des C. entstehen *Chavicinsäure* (→ Piperinsäure) und *Piperidin.* → Piperin

Chavicinsäure → Piperinsäure

Chavicol *(Chavikol)* → Phenole

Chavicolmethylether → Estragol

Chavli → Chinabohne

Chayote, *Christofine:* die mehrjährige Kletterpflanze *Séchium edúle* (Jacq.) Sw. (Familie *Cucurbitáceae),* deren 10···15 cm lange, rauhhaarige, grünliche bis gelbliche, birnen- bis quittenförmige Früchte (*Chouchou, Xuxu*) in Tropenländern wie Westindien, Afrika, Indien und den Philippinen, als Gemüse, zur Füllung von Backwaren und Bereitung von Kompott verwendet werden. Die unreifen Früchte sind monatelang haltbar. Ihr Energiewert beträgt 125 kJ (30 kcal), 100 g Fruchtfleisch enthalten 14···20 mg Vitamin C. Die jungen Triebe werden wie Spargel, die Blätter wie Spinat gegessen. Die Pflanze hat eine bis zu 10 kg wiegende Wurzelknolle, die in Mittelamerika zur Stärkegewinnung genutzt wird und wie Kartoffeln gekocht werden kann.

Chayotestärke, *Christophinenstärke:* die aus den Knollen (Anteil bis zu 25%) der → Chayote gewonnene kleinkörnige Stärke. → Stärke → Stärke, tropische

Cheddarkäse: nach dem Cheddartal der Grafschaft Somerset (England) benannter, aus Kuhmilch hergestellter, gepreßter *Hartkäse* von zylindrischer Laibform, der in zahlreichen europäischen Ländern als Vollfettkäse produziert wird und auch unter dem Namen → Chesterkäse bekannt ist. → Hartkäse

Chekkur: 1. die als Blattgemüse verwendbaren sehr calciumreichen Blätter und zarten Sprossen der in Indien, Burma, Indonesien angebauten Heckenpflanze *Saurópus andrógynus* (L.) Merill, (Familie *Euphorbiáceae*). Dieses Blattgemüse enthält je 100 g 73 g Feuchtigkeit, 7 g Eiweiß, 3 g Fett, 12 g

Kohlenhydrate, 570 mg Calcium, 2,8 mg Eisen, 240 mg Vitamin C und 5,7 mg β-Caroten. Die Früchte dieser Pflanze können zur Süßspeisenbereitung dienen.

2. *Chikur, Chenkur, Kenchur:* die in Südostasien kultivierte Gewürzlilie *Kaempféria galánga* L. (Familie *Zingiberáceae*), deren Rhizome und Blätter die Grundlage für das Gewürz *Kentjoer* bilden, das ein Bestandteil indischer Reisgerichte ist. Die Rhizome werden auch zusammen mit den → Betelnüssen und den Blättern der → Betelpflanze gekaut sowie als Gemüse verzehrt und zur Bereitung von Getränken verwendet. Die Blätter und jungen Triebe von *Tamoe koentji, Kentjur* oder der *Rundwurzeligen Galangale, Boesenbérgia rotúnda* (L.) Mansf., Syn. *Kaempféria ováta* Rosc. werden ebenfalls als Gemüse genutzt.

Chelatbildner → Komplexbildner

Chelidónium május → Schöllkraut

Chenkur → Chekkur 2.

Chenodesoxycholsäure → Gallensäuren

Chenopódium spec. → Gänsefuß

Chenopódium álbum ssp. quinóa → Kiwicha

Chenopódium ambrosíoides var. ambrosioídes → Epasote

Chenopódium bónus-henrícus → Gänsefuß

Chenopódium capitátum → Erdbeerspinat

Chenopódium foliósum → Erdbeerspinat

Chenopódium nuttálliae → Meldengetreide

Chenopódium opulifólium → Mujuju

Chenopódium pallidicaule → Kiwicha

Chenopódium quinóa → Perureis

Cherimoya, *Chirimoya, Annone, Anone:* die Frucht des *Peruanischen Flaschenbaumes Annóna cherimóla* Mill. (Familie *Annonáceae*). Der kleine, aufrechte oder breitkronige Baum von etwa 7,5 m Höhe wird in den tropischen Hochländern, wie Peru und Mexiko, schon seit prähistorischen Zeiten angebaut, stellenweise wird er im Mittelmeergebiet (Israel), in Westafrika, Indien und Sri Lanka kultiviert. Form und Oberfläche der Früchte variieren sehr stark je nach der Sortengruppe, i. allg. sind sie kugelig bis eiförmig-konisch, bis zu 12,5 cm lang, glatt, uneben oder warzig. Die besten der über 80 Sorten enthalten ein kremartiges, schmelzendes, wohlriechendes, erdbeerähnlich schmeckendes, weißbläuliches Fruchtfleisch mit gut abgestimmtem Zucker-Säure-Verhältnis. Die Form *umbronáta* ist sauer und hat Ananasgeschmack, sie eignet sich gut als Zusatz zu Getränken und Halbgefrorenem. Die C. ist neben Ananas und Mangostane eine der besten tropischen Obstfrüchte (Tab.).

Zusammensetzung und Energiewert der Cherimoya

Bestandteil	Durchschnittl. Gehalt in 100 g eßbaren Anteils der Frischfrucht
Feuchtigkeit	68,0 g
Eiweiß	1,5 g
Fett	0,1 g
Kohlenhydrate	26,5 g
Rohfaser	2,5 g
Mineralstoffe	0,7 g
Kalium	250,0 mg
Natrium	8,0 mg
Calcium	9,0 mg
Eisen	0,2 mg
Phosphor	25,0 mg
Vitamin B_1	0,2 mg
Vitamin B_2	0,1 mg
Niacin	1,0 mg
Vitamin C	20,0 mg
Energiewert in kJ (kcal) je 100 g eßbaren Anteils	470 (112,5)

Wie auch bei den übrigen Annona-Arten sind die Früchte sehr transportempfindlich und wenig haltbar. Die C. ist die einzige *Annóna*-Art, die gelegentlich über Luftfracht auf dem europäischen Markt angeboten wird. Der Baum ist empfindlich gegen zu hohe Temperaturen und fruchtet in den Tropen unter 1200 m selten gut. In tieferen Lagen tritt an die Stelle der C. die *Stachelanone (Sauersack, Guanabana), Annóna muricáta* L., deren dunkelgrüne, bis zu 35 cm lange und bis zu 2 kg wiegende, erfrischend säuerlich-süße Frucht mit weichen Stacheln besetzt ist. Sie hat faseriges, elfenbeinfarbiges Fruchtfleisch und wird ähnlich wie die C. verwendet. Für Europa sind nicht die Frischfrüchte, sondern die Verarbeitungsprodukte (Marmelade, Frucht-Joghurt, Tortencreme usw.) von Interesse. Auf Kuba wird der Saft, gemischt mit Milch und Zucker, als Erfrischungsgetränk *(Champola)* angeboten. Mit Wasser versetzt wird er in Puerto Rico getrunken (*Carato*). In Mittelamerika, aber auch anderen tropischen Bereichen (Nil- und Jordantal, Indien) wird der *Zuckerapfel (Honigapfel, Squamosa, Zimtapfel, Custard-Apfel, Rahmapfel, Süßsack, Schuppenanone), Annóna squamósa* L. kultiviert, der i. allg. frisch verzehrt wird. Die Frucht ist kugelig, uneben und bläulichgrün. Qualitativ geringwertiger als diese Arten ist das *Ochsenherz (Netzanone, Süßsack)*, die kugelig-ei-herzförmige chamoisfarbene oder rötlichbraune, gefleckte Frucht von *Annóna reticuláta* L., die in Mittelamerika nur begrenzt angebaut wird. Die Schale zeigt bei der Reife netzartige, fünfeckige Markierungen. Im Gegensatz zu den meist kleinen Bäumen oder Sträuchern der Gattung *Annóna* ist *Annóna diversifólia* Saff. ein hoher Baum, dessen Frucht *(Ilama)* der C. ähnlich ist, aber viele große Samen enthält, so daß der Anbau auf kleine Gebiete in Mexiko und Mittelamerika beschränkt ist. Minderwertige Früchte liefern ferner u. a. *Annóna montána* Macfad. oder *Annóna glábra* L. (*Alligatorapfel)*, die einzige nordamerikanische Art. Die Bäume sind aber für die Züchtung von Bedeutung. Eine Kreuzung zwischen der C. und dem Zuckerapfel ist die *Atemoya,* die in Süd-Florida besser als die C. gedeiht.

Cherry-Brandy: ein Fruchtsaftlikör (25%-Vol. Ethanolgehalt), hergestellt unter Verwendung von Kirschsaft, Primasprit und → Kirschwasser. → Likör → Brandy

Cherrytomate → Obsttomate

Cheshire, *Chester:* Hartkäse, der in Großbritannien (Ursprungsland), den Niederlanden und in Norwegen als Laibkäse oder Ziegel mit 48% F.i.Tr. produziert wird. C. ist dem Chester sehr ähnlich. → Käsesorten

Chesterkäse: analog dem englischen Cheddarkäse hergestellte Hartkäsesorte, die meist mit 45% F.i.Tr. produziert wird. C. hat eine glatte, geschlossene Hülle aus paraffiniertem oder gewachstem Tuch oder Plastfolie. Das Innere ist geschmeidig, gelb und zeigt kleinste Schlitzlochung, über die ganze Schnittfläche gleichmäßig verteilt. Geruch und Geschmack sind rein und leicht säuerlich. Zu den in England hergestellten Käsen der Chestergruppe zählen *Cheddar, Cheshire, Colby, Derby, Caerpilly, Leicester, Lancashire* und *Gloucester.* C. wird wegen seiner hervorragenden Schmelzfähigkeit und seines intensiven Geschmacks in manchen Ländern vorwiegend für die Herstellung von Schmelzkäse verwendet. → Cheddarkäse → Hartkäse

Chia → Muskatellersalbei

Chia blanco → Muskatellersalbei

Chiang → Miso

Chiangyu → Sojasoße

Chianti: Herkunftsbez. für berühmte, sauer schmeckende, italien. Rotweine, die mit zwei Gärgängen in der Provinz Chianti (Toscana) erzeugt werden. Der C. besteht aus verschiedenen Rebsorten unterschiedlichen Anteils: *Sangiovese, dunkelviolett (etwa 70%), Canailo nero* (etwa 20%), *Trebbiano toscana* (etwa 5%) und *Malvásia del toscana* (etwa 5%). Einem durchgegorenen Wein werden etwa 10% Most aus rosinenartigen Beeren der Sorten *Sangiovese* und *Canaiolo* sowie der *kleinbeerigen Colorino* zugesetzt. Die 2. Gärung hält dann oft bis zum Frühjahr an. Der C. kommt in umflochtenen Ovalflaschen mit langem Hals in den Verkehr. Die Verwendung dieser Flaschen für anderen italien. Wein ist nicht zulässig. Hochwertige Chiantiweine können auch in Normalflaschen, mit entsprechender Kennzeichnung, in den Handel gebracht werden. → Malvasier

Chiaopai → Wasserreis, Mandschurischer

Chiaosun → Wasserreis, Mandschurischer

Chiao-toú → Schnittlauch, Chinesischer 2.

Chiapas → Yamswurzel

Chicha: 1. alkoholisches, leicht schäumendes Getränk aus Mais, auch *Maisbier* genannt, das in Peru und Bolivien verbreitet ist, aber bereits bei den Inkas in den Andenländern (Mexiko und Zentralamerika) bekannt war. Damals verwendete man Speichel, um die Fermentation einzuleiten, indem die Körner zum Stärkeabbau gekaut wurden. Heute gibt es verschiedene Methoden der Chichaherstellung. Ein Verfahren besteht z. B. darin, daß Mais bester Qualität (sog. *Alazamais)* angekeimt wird. Wenn die Maiskeimlinge 1 cm Länge erreicht haben und süß schmecken, wird der Keimprozeß abgebrochen. Das getrocknete Keimlingsprodukt (*Jora*) wird gemahlen, gekocht und einer Spontangärung überlassen. Solange der Göransatz noch süß schmeckt, ist er noch nicht fertig. Erst beim Eintreten eines leicht säuerlichen Geschmacks soll er seine optimale Reife haben. In Peru ist für C. auch die Bez. *Chicla* oder *Mais-Chicla* üblich. C. wird außerdem auch unter Zusatz von Früchten, Maniok oder Schraubenbohne hergestellt.
2. ein in Peru verbreitetes Fermentationsprodukt in Form eines weichen Teiges, der zusammen mit Gemüse verzehrt und aus Mais bereitet wird. → Lebensmittel, fermentiertes
3. alkoholisches Getränk aus den Früchten des *Peruanischen Pfefferbaumes, Schínus mólle* L. und des in Chile vorkommenden *Pfefferbaumes, Schínus depéndens* Ort. (Familie *Anacardiáceae*)
4. alkoholisches Getränk aus gekauten Samen von → *Perureis* (*Chenopódium quinóa* Willd.*)*, der in den Andenregionen verbreitet ist.

Chicha algaroba: alkoholisches Getränk. → Schraubenbohne → Mesquite

Chicla → Chicha 1.

Chicle, *Chiclegummi, Chiklegummi, Cicte:* ein aus der Rinde des durch Kultur weit verbreiteten, in Mittel- und Zentralamerika verwilderten *Sapotellbaumes Manilkára zapóta* (L.) van Royen (Familie *Sapotáceae)* durch Anzapfen gewonnener und eingedickter Milchsaft (→ Latex). Der C. wird u. a. für die Bereitung der Kaubase bei der Herstellung von → Kaugummi in Mischung mit anderen plastischen Grundstoffen eingesetzt. Schon die mexikanischen Ureinwohner kauten C., den weißen, speichelbildenden und durstlöschenden Latex. 1824 ist der Amerikaner *John Adams* auf die Idee gekommen, den C. mit Zucker und Aroma zu versehen und als Süßigkeit auf den Markt zu bringen. → Sapodilla → Pflanzengummi → Guttapereke

Chico → Sapodilla

Chicorée: eine Gemüseart, *Cichórium íntybus var. foliósum* Hegi, (Familie *Asteráceae*) deren Produktion in zwei Abschnitten erfolgt: früher wurde C. nur als *Wurzelgemüse* angebaut und die unterirdischen Speicherorgane wie Gemüse verzehrt. Heute hat der Wurzelanbau das Ziel, nicht zum unmittelbaren Verzehr bestimmtes Gemüse zu erzeugen, sondern Ausgangsmaterial für die Treiberei, für Bleichgemüse, zu liefern. Die im Herbst geernteten Wurzeln bilden ein sehr empfindliches Lagergut (optimale Bedingungen sind 1···2°C und 95···98 % rel. Luftfeuchte), das im Winterhalbjahr satzweise, meist erdlos (Hydrokultur) angetrieben wird. Die dabei erzielten eng aneinanderliegenden, gebleichten, fleischigen Sprosse sind botan. Blattrippen einer knospenartigen Blattrosette, die man *Treibzichorie, Bleichchicorée, Salatzichorie, Chicoréesalat* nennt. Das → Bleichgemüse wird vorwiegend roh als Salat, aber auch in gedünsteter Form verzehrt. Die Aufbewahrung der getriebenen Ware erfolgt am besten in Körben, ausgeschlagen mit Folie, oder abgepackt in Schalen, mit sehr dünner Folie (0,03 mm, damit keine Gewebeschädigung durch sich anstauende Atmungskohlensäure entsteht). C. läßt sich auf diese Weise 1 Woche bei 12···15°C oder 4 Wochen bei 0···1°C frisch halten. Zusammensetzung des gebleichten C. (s. Tab. Seite 283 oben).

Zusammensetzung und Energiewert von Chicorée

Bestandteil	Gehalt in 100 g eßbaren Anteils
Feuchtigkeit	94,4 g
Eiweiß	1,30 g
Fett	0,18 g
Kohlenhydrate	1,70 g
Ballaststoffe	1,4 g
Mineralstoffe	1,0 g
Natrium	4,43 mg
Kalium	92,0 mg
Magnesium	12,9 mg
Calcium	25,6 mg
Mangan	0,30 mg
Eisen	0,74 mg
Phosphor	26,0 mg
Caroten	1,29 mg
Vitamin B_1	0,051 mg
Vitamin B_2	0,033 mg
Niacin	0,24 mg
Vitamin C	10,2 mg
Energiewert in kJ (kcal) je 100 g	59 (14)

→ Zichoriensalat → Salat, Bunter

Chicorée, Roter → Salat, Bunter

Chieh-Lan: eine chinesische Gemüsepflanze, *Brássica alboglábra* L.H. Bailey (Familie *Brassicáceae*), deren Blätter und Triebe vorwiegend als Kochgemüse, wie Spargel, aber auch für Rohkostzwecke genutzt werden. Bei Eigenanbau dieser Kohlpflanzen, die sich für original chinesische Küche eignen, kommt es 8···10 Wochen nach der Aussaat zur Entwicklung des Blütenstandes. Vor Öffnung der Blüten werden die grünen, fleischigen und fingerbreiten Triebe mit Blättern und Blütenknospen in einer Länge von 15···20 cm geerntet, damit die neuen Triebe für eine mehrmalige Ernte nachwachsen können.

Chieyueh → Laochao

Chihli → Chinakohl

Chiklegummi → Chicle

Chikur → Chekkur 2.

Chikuwa: japan. Fischerzeugnis → Kamaboko → Surimi

Chileerdbeere→ Erdbeere

Chilenuß → Haselnuß, Chilenische

Chilesalpeter → Nitrate

Chilly (das), (Plural: die Chillies) → Cayennepfeffer

Chilly-con-carne-Gewürz: eine → Gewürzmischung aus Cayennepfeffer, Knoblauch, Koriander, Kümmel und Dost, die zur Bereitung des mexikanischen Nationalgerichtes *"Chilly con carne"* dient.

Chillypulver → Cayennepfeffer

Chillysoße: eine industriell unter Verwendung von Chillies, Tomatenmark, Ingwer, Zwiebeln, Zimt, Essig, Salz und Zucker hergestellte würzige brennendscharfe → Würzsoße, die in den Geschmacksrichtungen „sweet“ und „scharf“ angeboten wird und für kurzgebratene sowie für gegrillte Fleischgerichte geeignet ist.

Chilu: in Indien wie Mandeln verzehrte und zur Speiseölgewinnung herangezogene Samenkerne der → Aprikose. Ihre Zusammensetzung je 100 g Kernmasse: 4,8 g Feuchtigkeit, 26,2 g Eiweiß, 47 g Fett, 9,5 g Kohlenhydrate, 4,5 g Rohfaser, 2,5 g Mineralstoffe, 6,5 mg Eisen, 193 mg Calcium, 233 mg Phosphor, 180 µg Caroten, 6,1 mg Vitamin C, 0,05 mg Vitamin B_1, 0,16 mg Vitamin B_2 und 1,39 mg Niacin. Der Energiewert von 100 g C. entspricht in kJ (kcal) 2454 (587). → Ölsamen

Chimbowa → Sorghumhirse

Chimti: ein in Zentralafrika und Indien kultiviertes Blattgemüse, *Polýgonum plebéium* R. Br., (Familie *Polygonáceae*), dessen Inhaltsstoffe je 100 g wie folgt angegeben werden: 83 g Feuchtigkeit, 3 g Eiweiß, 0,7 g Fett, 7 g Kohlenhydrate.

China-Alkaloide → Alkaloide

Chinabohne, *Thoroko:* die einjährige, krautige Pflanze *Vígna unguiculáta* (L.) Walp (Familie *Fabá-*

ceae), die in einigen Unterarten in allen tropischen und subtropischen Ländern kultiviert wird. Die Hülsen sind bis zu 20 cm lang und 1 cm breit. Die getrockneten Samen sind in den Anbauländern eine wichtige Hülsenfrucht, ihr Mehl wird für verschiedene Zubereitungen verwendet. Ein fritiertes Chinabohnenerzeugnis in Afrika, neuerdings auch in den USA, heißt *Akara*. Die frischen Samen und Hülsen werden ebenfalls gegessen und auch konserviert angeboten (USA). Im tropischen Afrika sind die jungen Sprossen und Blätter, die als Spinat verzehrt werden, ein wichtiges Gemüse, das auch getrocknet aufbewahrt wird. 100 g gekochte Pflanzenmasse enthalten 0,203 mg Caroten, 11 mg Vitamin C und 0,0004 mg Vitamin B_1, die Kochzeit beträgt 20 min. Die Samen werden manchmal als Kaffee-Ersatz verwendet. Die *subspec. unguiculáta (Augenbohne, Kundebohne, Chavli, Cowpea, Kuherbse)* stammt aus Zentralafrika und wird im Mittelmeergebiet und in den USA (dort als Futter- und Gründüngungspflanze) kultiviert. Der Anbau im Mittelmeergebiet erfolgte schon im Altertum, die römischen Schriftsteller bezeichneten sie als *„phaséolus"*. Die weniger wertvolle *subspec. cylíndrica* (L.) Van Eseltine ex Verdc. *(Katjangbohne)* wird in Afrika und Südasien angebaut. Die *subspec. sesquipedális* (L.) Verdc. *(Spargelbohne, Langbohne, Spargelfisole)* ist allg. in den Tropen und Subtropen in Kultur. Die bis zu 90 cm lange, unreife Hülse wird als Gemüse gegessen. Der Eiweißgehalt der trockenen Samen der C. beträgt im Durchschn. 23,4 g je 100 g. → Chowli

China-Cassia → Zimt 2.

Chinakohl, *Chinasalat, Pekingkohl, Shantungkohl, Selleriekohl, Pe-Tsai:* die wichtigste Gemüsepflanze Chinas und vieler ostasiatischer Länder, inzw. auch in den USA und in Europa eingeführt, mit locker geschlossenem oder festgeschlossenem, walzenförmigem Kopf, *Brássica pekinénsis* (Lour.) Rupr., (Familie *Brassicáceae).* Der C. wird frisch als → Salat, als Koch- oder fermentiertes Gemüse, wie Sauerkraut (→ Kimchi) verzehrt. Seit dem 5. Jh. wird C. in Ostasien kultiviert. Die *spec. pekinénsis* ist in mehrere Sortengruppen unterteilt, von denen die drei folgenden bislang die größte wirtschaftliche Bedeutung erlangt haben: a) der *Chihli-Typ, Kopflänge 30···50 cm, Blätter mittel- bis dunkelgrün, gut kopfbildend, etwas lokker, Ernte im Okt./Nov., 4 Wochen lagerfähig; b) der Wong-Bok-Typ* (im Vergleich zu C. vorwiegend als *Chinasalat* bezeichnet), Kopflänge 25···40 cm, Blätter mittelgrün, vorwiegend als F_1-Hybriden im Sortenangebot, Köpfe mit geschlossenen Blättern, oben gekraust, Ernte Mitte Sept., 8 bis 12 Wochen lagerfähig; c) der *Pak-soi-Typ* (auch *Pak-choi, Pac-soi* oder *Bak-Choy* genannt), nicht oder nur schwach kopfbildend, 25···30 cm hoch, durch starke Blattrippen gekennzeichnet, Ernte Frühjahr und Herbst, vorwiegend für den Frischmarkt. Die Pak-soi-Typen werden vielfach wie Spargel genutzt, indem die fleischigen Blattstiele entsprechend zubereitet, aber auch die Blattspreiten entweder roh oder als Kochgemüse genutzt werden. Die *Pak-soi-Typen* werden in verschiedenen Entwicklungsstadien geerntet, die grünen Teile ohne ausgeprägte Blattstiele als → Blattsalat, und Suppengemüse, später als große oder mittelgroße Pflanze, die auch für Essiggemüse genutzt wird. Der *Pak-soi* wird wiederum in 3 Sortengruppen gegliedert: a) Sorten mit kurzen, starken, weißen Blattstielen sowie dunkelgrüner Blattfläche (*'Japro', 'Hypro'*); b) Sorten mit kompaktem Wuchs und grünen Stielen *('Pak-choy-green')*; c) Sorten mit länglichen Blattstielen und hellen Blättern (*Tai-sai-Gruppe).* Der C. ist eine Langtagspflanze und blüht vor der Kopfbildung in allen Monaten mit reichlicher Strahlung (Juni bis Sept.), so daß die Herbstkultur am sichersten ist, um vorzeitige Blütenstandsbildung (Schosserbildung) zu vermeiden. Der C. muß zur Lagerung auf dem Strunk stehend aufbewahrt werden. Bei liegender Lagerung werden die zarten Blätter beschädigt und gehen vorzeitig in Fäulnis über. Günstigste Lagerbedingungen sind 0,5···0°C bei hoher Luftfeuchtigkeit. Im Haushalt werden diese Temperaturen nicht erreicht, aber bei Einstellen einzelner Köpfe in gelochte Folientüten, die nicht zu eng am Kopf anliegen dürfen, kann C. bis Ende Jan. im Kühlschrank gelagert werden. Geputzte Köpfe aus Kelleraufbewahrung lassen sich 10 bis 14 Tage, angeschnittene Köpfe bis zu 1 Woche im Kühlschrank aufbewahren. Es wird auch empfohlen, die Pflanzen mit Wurzelballen in feuchten Sand einzuschlagen oder in Papier zu wickeln, das unten offen ist. In vielen Ländern wird C. auch unter Folie oder Glas angebaut, nach der Ernte sofort einzeln verpackt und mit oder ohne Kühlung dem Handel zugeführt. Zusammensetzung und Energiewert s. Tab.

Zusammensetzung und Energiewert von Chinakohl

Bestandteil	Gehalt in 100 g eßbaren Anteils
Feuchtigkeit	95,4 g
Eiweiß	1,19 g
Fett	0,30 g
Kohlenhydrate	1,0 g
Ballaststoffe	1,6 g
Mineralstoffe	0,65 g
Natrium	6,7 mg
Kalium	202,0 mg
Magnesium	11,0 mg
Calcium	40,0 mg
Mangan	0,28 mg
Eisen	0,60 mg
Caroten	0,078 mg
Vitamin B_1	0,03 mg
Vitamin B_2	0,04 mg
Niacin	0,4 mg
Vitamin C	36,0 mg
Energiewert in kJ (kcal) je 100 g	51 (12)

→ Kohl → Gemüse

China malcco, *Choque pitu:* eine in Peru und Bolivien verbreitete Kartoffelhybride, *Solánum curtilóbum* Juz. (Familie *Solanáceae*), die aus einer Kreuzung von *Solánum tuberósum ssp. andigénum* x *Solánum juzipczúkii* Buk. hervorgegangen ist. Die Knollen werden meist, wie auch diejenigen von → Orcco malcco zu → Chuños verarbeitet. → Neo-Tuberosum

Chinapfeffer → Pfeffer, Chinesischer

Chinapilz → Kombuchá 2.

Chinarhabarber → Rhabarber

Chinarinde: die getrocknete Rinde der in Südamerika, Afrika, Indien, Indonesien und in der ehem. Sowjetunion kultivierten Chinarindenbäume *Cinchóna officinális* L. und *C. pubéscens* Vahl. (Familie *Rubiáceae*). Die stark bitter schmeckende Droge enthält einen Komplex von Alkaloiden mit der Hauptkomponente → *Chinin.* Die C. wird vorwiegend medizinisch genutzt, aber auch als Bitterstoffdroge bei der Herstellung von → Spirituosen und → Tonikgetränken eingesetzt.

Chinarose, kleinblättrige → Lablab

Chinasalat → Chinakohl

L-Chinasäure, *1.3.4.5-Tetrahydroxy-cyclohexansäure:* eine hydroaromatische Carbonsäure mit der Struktur:

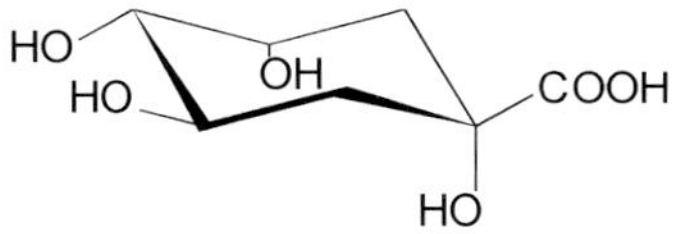

Die C. kommt weitverbreitet frei oder verestert mit phenolischen Säuren, z. B. der *Kaffeesäure* oder der *Gallussäure (Gerbstoffe),* vor. Sie wurde zuerst aus Chinarinde isoliert und z. B. in Aprikosen, Pfirsichen, Äpfeln, Birnen, Heidelbeeren, Preiselbeeren, Pflaumen, Kaffeebohnen, Tabakblättern, Zitrusfrüchten (Tab.) nachgewiesen.

Gehalt von Zitrusfrüchten an L-Chinasäure

Zitrusfrucht	Gehalt an L-Chinasäure je 100 g Frischmasse	
	Schale in mg	Fruchtfleisch in mg
Orange	172	52
Grapefruit	233	87
Zitrone	161	18
Limafrucht	209	146
Tangerine	206	27

C. ist in Wasser und Eisessig gut, in Ethanol weniger gut und in Ether sehr schlecht löslich. Beim Erhitzen geht sie in die racemische Form über. Sie bildet monokline Prismen, F. 161···162°C, *d* 1,637, $[\alpha]_D^{22}$ −43° (in Wasser). → Hydroxyzimtsäuren

China-Tee: Sammelbegriff für → Tee aus China. Hierzu zählen a) schwarzer Tee mit den Sorten *Keemun, Szechuan* und *Pingsuey* sowie Grobblattware mit Rauchgeschmack, z. B. *Lapsang Souchong, b) Grüner Tee (unfermentiert) und c) Oolong-Tee* (halbfermentiert). → Tee, aromatisierter, → Tee, Japanischer

Chinayams → Yams, Kleines

Chinazolin-Alkaloide → Alkaloide

Chinesisches Moos → Gracilaria-Gummi

Chinicin → Alkaloide

Chinidin → Alkaloide → Chinin

Chinin: das Hauptalkaloid der Chinarinde, Formel:

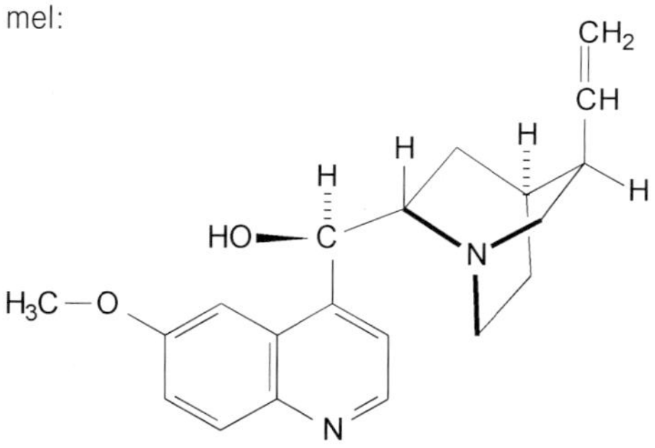

Das C. ist das Stereoisomere vom *Chinidin.* Mit verschiedenen Säuren (Nicotinsäure, Ascorbinsäure) bildet das C. komplexartige Verbindungen von therapeutischer Bedeutung. C. schmeckt bitter und wird deshalb verschiedentlich als Bitterstoff bestimmten Lebensmitteln zugesetzt. Das C. ist aber ein starkes Protoplasmagift. Bei hohen, für Getränke nicht relevanten Chinindosen treten Vergiftungserscheinungen auf, die bis zur völligen Taubheit und Blindheit führen können. 8···10 g C. können bereits tödlich wirken. Bei alkoholfreien Erfrischungsgetränken werden 60···80 mg/kg und bei Trinkbranntwein und weinhaltigen Getränken bis zu 300 mg/kg zugesetzt. C. wird als Geschmacksbildner für tonic water (→ Tonikgetränk) und → Spirituosen verwendet. → Alkaloide

Chinois → Orangeat → Pomeranze

Chinoisöl → Pomeranze

Chinolicidin-Alkaloide → Alkaloide

Chinolin, *2,3-Benzopyridin, Chinoilin, Chinolein:* eine tertiäre organische Base, die aus einem Benzen- und einem Pyridinring besteht, mit der Formel:

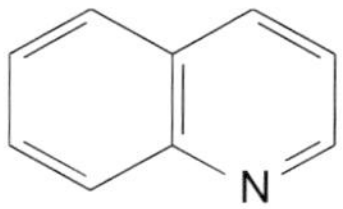

C. ist eine farblose Flüssigkeit von charakteristischem Geruch, Kp. 238°C, *d* 1,0956. C. kommt in geringen Mengen im Knochenmehl sowie im ätherischen Öl des schwarzen Tees vor.

Chinolingelb (E 104) → Lebensmittelfarbstoffe

Chinóna officinális → Chinarinde

Chinóna pubéscens → Chinarinde

Chinone → Antioxydantien

Chinonfarbstoffe → Farbstoffe

Chinotto → Pomeranze

Chinovine: zu den → Saponinen gehörige saure Bitterstoffe der Chinarinden. Die Hydrolyse ergibt *Chinovasäure* und als Zucker die sehr selten vorkommende *Chinovose* (6-Desoxy-D-Glucose → 6-Desoxyhexosen). Man unterscheidet α- und β-Chinovin.

D-Chinovose → Chinovine → 6-Desoxyhexosen

Chionoecetes ssp. → Krebstiere

Chips → Nährmittel → Imbißerzeugnis → Apfelchips → Kartoffelchips

'Chiquita' → Banane

Chirata → Chiretta

Chiretta, *Chirata:* die im Himalajagebiet wildwachsende *Swértia perénnis* L. und in Nordindien sowie Pakistan kultivierte Staude *S. chiráta* Buch-Ham. ex Wall., (Familie *Menyantháceae*), deren getrocknete Blätter als Würzdroge bei der Herstellung von Kräuter- und Bitterlikören verwendet werden.

Chirimoya → Cherimoya

Chironja: natürliche Hybride der *Orange (Cítrus sinénsis* (L.) Pers.*)* und der *Grapefruit (C. paradísi* Macfad.*)*, die in der Bergregion von Puerto Rico 1969 entdeckt wurde. Sie vereinigt die guten Eigenschaften der Eltern; der Citronensäuregehalt ist nur halb so hoch wie bei diesen, daher ist die C. süßer als die Orange. Die Frucht hat 10···12 cm Durchm.. Das Fruchtfleisch ist leicht teilbar und sehr saftreich. Die C. hat eine leicht lösende Schale. Sie ist für den Frischgenuß hervorragend geeignet, läßt sich aber auch gut verarbeiten (Konservierung der Fruchtfleischsektionen u. a.).

Chironoi-Öl: das Samenöl von der in Indien, Indochina und Malaysia wegen der eßbaren Samen kultivierten *Buchanánia lánzan* Spreng. (Familie *Anacardiáceae*). Die Triglyceridzusammensetzung des aus den Samen gewonnenen Speiseöls lautet: 22,7 % Dipalmitoolein-, 31 % Diolein- und 11 % Trioleinsäure. An Fettsäuren sind im Samenöl enthalten: 0,6 % Myristin-, 33,4 % Palmitin-, 6,3 % Stearin-, 53,7 % Olein- und 6,0 % Linolensäure.

Chiroubles → Beaujolais

Chitin, *Pilzzellulose* (veraltet): lineares *Polysaccharid* [*Bruttoformel* $(C_8H_{13}O_5)_n$] aus 1,4-verknüpften N-Acetylglucosaminresten (Formel s. unten). C. ist eine weiße, amorphe, in Wasser, verdünnten anorganischen Säuren und organischen Lösungsmitteln unlösliche, sehr reaktionsträge, in konzentrierten Mineralsäuren und wasserfreier Ameisensäure (schließlich unter Spaltung zu *Glucosamin* und *Essigsäure*) lösliche Substanz (Molmasse 210 000 g/mol). C. ist die Gerüstsubstanz der Gliederfüßler, Weichtiere, vieler Flechten und Pilze, ist auch in Würmern und Bakterien (in den Membranen) enthalten. Der menschliche Organismus kann C. nicht verwerten. Mikrokristallines C. eignet sich u. a. als Ballaststoffzusatz zu Lebensmitteln, als Träger von Biokatalysatoren (z. B. Enzyme), als Emulgator und in Form von säure- und alkalibeständigen Membranen für die Umkehrosmose.
Das gebildende Chitosan, ein künstlich deacetyliertes C. ist wasseraffin, hat interphasische, intermolekulare und sensorische Eigenschaften. Das Wasseraufnahmevermögen des mikrokristallinen C. und des mikrokristallinen Chitosans sind deutlich höher als bei mikrokristalliner Cellulose. Chitosan kann als Einschlußmittel, Klärhilfsmittel und Aromafänger in der Lebensmittelindustrie genutzt werden. → Aminozucker

Chitosamin → Aminozucker

Chitosan → Chitin

Chitotriose → Aminozucker

Chittagong-Kautschuk → Borneo-Kautschuk

Chiumiang → Laochao

Chivaco, *Agraz, Anden-Blaubeere, Macha-macha, Mortiño:* der Strauch *Vaccínium floribúndum* H. B. K. (Familie *Ericáceae*), der in den Anden von Venezuela und Bolivien wächst. Die kugeligen, blaugrünen, kleinen Früchte (5···8 mm Durchm.) sind säuerlich, sie werden roh verzehrt oder zur Herstellung einer ausgezeichneten Konfitüre verwendet.

Chliarotherme → Heilwasser

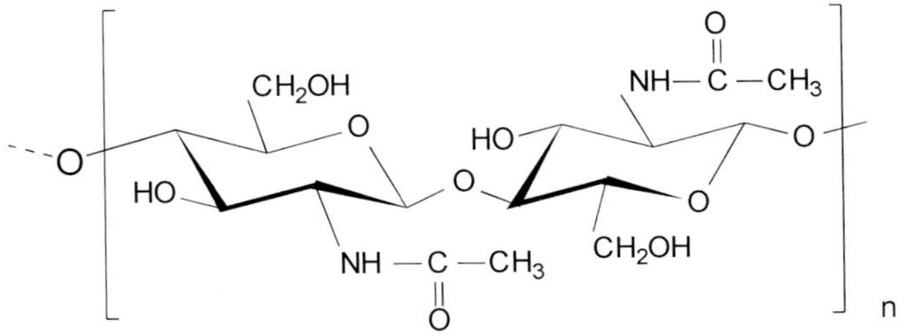

Chlor (925) → Mineralstoffe → Wasserentkeimungsmittel

Chloramine → Wasserentkeimungsmittel

Chloramphenicol, *Chloromycetin:* Antibiotikum aus verschiedenen Arten von *Streptomyces,* Formel:

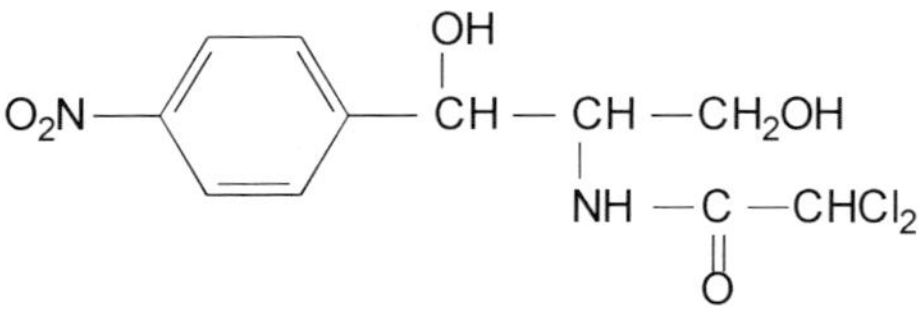

das sowohl gegen *gram*-positive als auch *gram*-negative Mikroorganismen wirksam ist. In der Medizin wird es bes. gegen Salmonellen angewendet, die typhusartige oder paratyphusartige Erkrankungen hervorrufen. In Lebensmitteln tierischer Herkunft kann es nach Behandlung von Rindern gegen *Mastitis* oder andere Infektionskrankheiten vorkommen. C. führt bei pathogenen und nichtpathogenen Keimen zu Resistenz und darf deshalb in der Tierhaltung nur dann angewendet werden, wenn keine Rückstände in Lebensmittel gelangen können. Nach Festlegung der WHO dürfen Lebensmittel keine Rückstände an C. enthalten. → Konservierungsmittel → Antibiotika

p-Chlorbenzoesäure → Konservierungsstoffe

Chlordioxid (926) → Wasserentkeimungsmittel

Chlorella-Algen → Algenprodukt

2-Chlorethyl-phosphonsäure → Wachstumsregulatoren

Chloridwasser → Heilwasser

Chlorogálum leichtlínii → Päriekartoffel

Chlorogensäure → Hydroxyzimtsäuren → Phytonzide

Chloromycetin → Chloramphenicol

Chloróphora tinctória → Gelbholz

Chlorophyll (E 140) → Lebensmittelfarbstoffe → Farbstoffe → Lipochrome → Porphyrine

Chlorophyll-Kupfer-Komplex → Lebensmittelfarbstoffe

Chlorophyllin-Kupfer-Komplex → Lebensmittelfarbstoffe

Chloroplastine → Chromoproteide

Chlorphenole → Wasserentkeimungsmittel

Chlorprofam → Kartoffel → Wachstumsregulatoren

3-Chlor-1,2-Propandiol → Monochlorpropandiol

Chlortetracyclin → Tetracycline

Chochos → Lupine

Choiromýces venósus → *Tuberáles* → Würzpilze

Cholam → Sorghumhirse

Cholecalciferol → Vitamin D → Provitamin D

Cholestanol → Sterole

Cholestenon → Sterole

Cholesterol → Cholesterin (veraltet): ein ungesättigter, einwertiger, hydroaromatischer, zu den *Zoosterinen* zählender Alkohol der Struktur (Formel s. unten).
Die 4 Kohlenstoffringe A, B, C, D sind transverknüpft. C. ist als Lipidbegleitstoff in tierischen Zellen der Wirbeltiere - also auch in Lebensmitteln

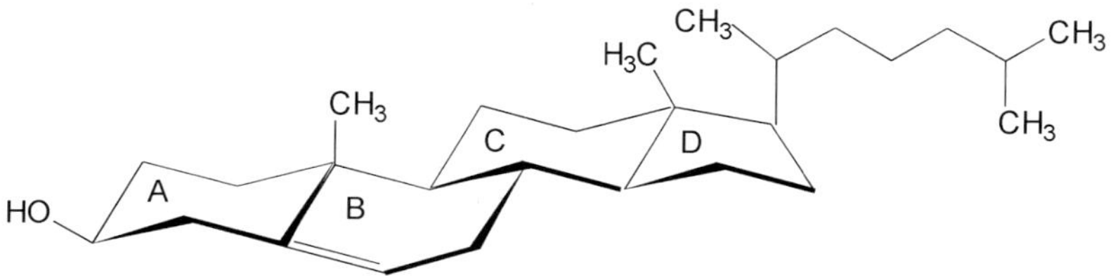

(Tab.) - weit verbreitet und kommt bes. im Gehirn, Rückenmark, in den Nebennieren, im Blut, in Fischölen und Gallensteinen in freier oder in mit höheren Fettsäuren veresterter Form vor. Der menschliche Körper enthält etwa 0,32 % C. Es bildet weiße, sich fettig anfühlende Kristalle, F. 148°C, Kp. etwa 360°C, *d* 1,067, [α] -31° (in Ether). Der tierische Organismus vermag das C. vor allem in Leber und Nebennierenrinde selbst zu synthetisieren. Es scheint die Ausgangssubstanz für die Biosynthese der übrigen Sterole zu sein. Zusammen mit den Phosphatiden ist C. am Aufbau der Zellmembran beteiligt, wo es durch seine hydrophoben Eigenschaften antagonistisch zu den Phosphatiden membranverdichtend wirkt. Cholesterylester stellen einen Schutz für die äußere Haut dar. Das bei der Arteriosklerose auf den Innenwänden der Arterien abgeschiedene C. entsteht dort unmittelbar durch Biosynthese. Eine Hypercholesterolämie beim Menschen wird nicht durch die Höhe der Cholesterolzufuhr, sondern im wesentlichen durch die Höhe der Fettzufuhr bestimmt. Bei Koronarerkrankungen wird eine an C. und tierischen Fetten arme und gleichzeitig an ungesättigten Fettsäuren (Pflanzenölen) reiche Diät empfohlen, um den Blutcholesterolgehalt zu senken.

Durchschnittl. Cholesterolgehalt in Lebensmitteln

Lebensmittel	Cholesterolgehalt in 100 g in mg
Gehirn	2300
Herz	2100
Vollei	410
Fleisch	70···125
Fische	50···60
Milch	12
Leber	320
Butter	280
Pflanzl. Lebensmittel	0

Die tägliche Cholesterolaufnahme liegt zumeist bei 0,2···0,5 g. C. wirkt entgiftend. Mit den hämolytisch wirkenden Saponien bildet es Komplexverbindungen, in denen die toxische Wirkung aufgehoben ist. C. wird technisch aus Wollfett oder tierischem Rückenmark gewonnen. Verwendung findet C. als Emulgator für kosmetische und pharmazeutische Erzeugnisse, Oberflächenpflegemittel und als Ausgangsstoff für die Synthese von Vitamin D u. a. Steroiden. → Sterole

Cholestol → Sterole

Cholin: (1001) N-trimethylierter Aminoethanol (quaternäre Alkanolammoniumbase) mit drei wesentlichen Stoffwechselfunktionen: a) Lecithin- und Sphingomyelinbildung, b) Acetylcholinbildung und c) Methylgruppendonator.

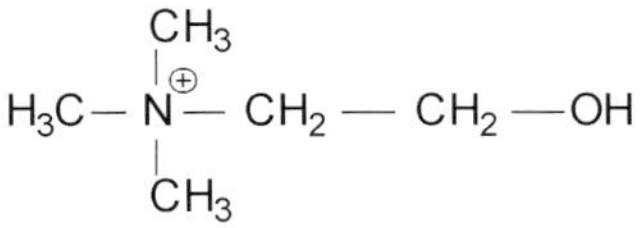

C. kann im Organismus synthetisiert werden, jedoch ist die Synthese auf die Zufuhr anderer essentieller Nahrungsbestandteile (bes. Methionin) angewiesen. Der quantitativ größte Teil des mit der Nahrung aufgenommenen oder im Stoffwechsel synthetisierten C. dient der Bildung von Lecithin. Methionin- oder cholinarme Diäten führen im Tierexperiment zu Leberverfettungen. C. hat bei Hühnern und Schweinen Vitaminwirkung und fördert das Wachstum. Höhere Dosen von C. rufen pharmakologische bzw. toxische Effekte hervor, die sich aus der Beziehung zum Nervensystem (→ Acetylcholin) ergeben (parasympathikomimische und nicotinähnliche Wirkungen). C. wird sowohl über die Nahrung als auch durch Synthese durch die Darmflora gedeckt. Angaben über die wünschenswerte Zufuhr liegen nicht vor. Es wird geschätzt, daß bei üblicher Ernährung täglich 1,5···4,5 g an freiem bzw. gebundenem C. aufgenommen werden. Überdosierungserscheinungen beim Menschen sind nicht bekannt. In Form von Salzen wird C. auch als Kochsalzersatz eingesetzt. Auf Grund seiner lipotropen Eigenschaften wurde das C. den Vitaminen zugeordnet, was aber immer noch fraglich ist. → Vitamin-B-Komplex

Cholinesteraseinhibitoren → Antienzyme

Cholinphosphatide → Lecithine

Cholsäure → Gallensäuren

Chondroitinschwefelsäure → Mucopolysaccharide

Chondromucoid → Glycoproteide

Chondrosamin → Aminozucker

Chondrosin → Aminozucker

Chondróstoma násus → Nase

Chontadurofrucht → Pfirsichpalme

Choque pitu → China malcco

Chouchou → Chayote

Chouxmasse → Brandmasse

Chowli: die als Spinatgemüse verwendeten Blätter der in Indien kultivierten *Catjang-* oder *Katjangbohne, Vígna unguiculáta ssp. cylíndrica* (L.) Van Eseltine ex Verdc., (Familie *Fabáceae*). In je 100 g sind enthalten: 92 g Feuchtigkeit, 3 g Eiweiß, 0,7 g Fett, 4 g Kohlenhydrate, 290 mg Calcium und 2,9 mg Eisen. → Chinabohne

Chriesiwasser: Kirschwasser aus der Schweiz. Gärung verschiedener Kirschsorten und eines Teils zerkleinerter Kerne (Elsässische Art).

Christbrot → Striezel 2.

Christinen Brunnen → Heilwasser

Christofine → Cayote

Christofienstärke → Stärke, tropische → Chayotestärke

Christstollen → Stollen

Christusdorn, *Bengal-Johannisbeere:* ein in subtropischen Gebieten der USA, Asiens und Brasiliens kultivierter *Wachsbaum, Caríssa carándas* L. Mant. (Familie *Apocynáceae*), dessen Früchte entweder für süße Konserven, Gelee oder für Dessertzwecke, sauer eingelegt oder roh verzehrt werden. Blätter und Wurzeln werden für medizinische Zwecke genutzt. Die gleiche Verwendung finden die Früchte von *Caríssa edúlis* Vahl, der *Carandas-Pflaume* im tropischen Afrika und von *Caríssa macrocárpa* A. DC., der *Natalpflaume* im östlichen Afrika, in den USA und auf Hawaii.

Chromenol: farbloses Anthocyanidin, das sich bei pH-Werten um 4···5 aus dem roten Flavyliumkation (stabil bei pH = 1) bildet.

Chromium (Chrom) → Mineralstoffe

Chromone, *Benzopyrone:* eine Gruppe von Ringketonen der Chromene, die sich von dem Grundkörper *Chromon (2,3-Benzo-*γ-pyron) mit der Formel ableiten:

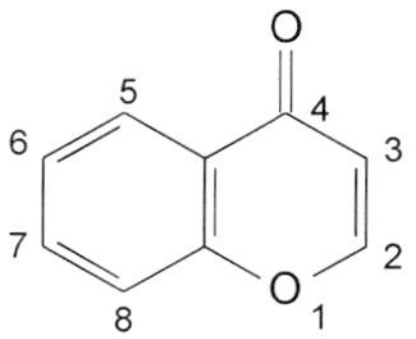

Abkömmlinge des Chromons, z. B. 2-Phenylchromon (*Flavon*) und 3-Phenylchromon (*Isoflavon*), sind die Stammverbindungen zahlreicher Naturfarbstoffe (→ *Flavonoide*). Alle natürlich vorkommenden C. sind mind. in 2-Stellung substituiert. Einige einfachere Chromonderivate wurden aus der Gewürznelke und der Meisterwurz isoliert (s. Übers. S. 289).

Chromoproteide: zusammengesetzte Eiweiße, deren prosthetische Gruppe einen Farbstoff trägt. Zu den C. zählen die physiologisch sehr wichtigen Proteide *Hämoglobin (Hämoproteide), Myoglobin, Cytochrome, Warburgsches Atmungsenzym, Katalasen, Peroxydasen, Retinin, Flavoproteide, Hämocyanin* und Chlorophyll-Eiweiß-Verbindungen *(Chloroplastine).* Die prosthetische Gruppe ist meist ein eisenhaltiges *Porphyrin,* beim Retinin ein Carotenoid, bei den Flavoproteiden Vitamin B_2. → Eiweiß → Porphyrine → Farbstoffe

Chromosaccharide → Anthocyane

Chroogómphus spec. → *Gomphidiáceae*

Chrysantheme → Kronenwucherblume

Chrysanthemin → Anthocyane

Chrysánthemum L.: eine vorwiegend in Asien (China, Japan, Indien) beheimatete Pflanzen-

Chromonderivate aus der Gewürznelke, Syzýgium aromáticum (L.) Merr. et L. M. Perry, und der Meisterwurz, Peucédanum ostrúthium (L.) Koch

Chromonderivat	Substituenten an den C-Atomen				
	2	5	6	7	8
Eugenin (2-Methyl-5-hydroxy-7-methoxy-chromon)	$-CH_3$	-OH	-H	$-OCH_3$	-H
Eugenitin (2.6-Dimethyl-5-hydroxy-7-methoxy-chromon)	$-CH_3$	-OH	$-CH_3$	$-OCH_3$	-H
Isoeugenitol (2.8-Dimethyl-5.7-dihydroxy-chromon)	$-CH_3$	-OH	-H	-OH	$-CH_3$
Isoeugenitin (2.8-Dimethyl-5-hydroxy-7-methoxy-chromon)	$-CH_3$	-OH	-H	$-OCH_3$	$-CH_3$
Peucenin *(Peukenin)*	$-CH_3$	-OH	$-CH_2-CH=C(CH_3)_2$	-OH	-H

gattung (Familie *Asteráceae*), deren Vertreter schon im Altertum als *Zier- (Chrysantheme, Gärtnerchrysantheme), Gemüse- (Gemüse-, Salatchrysantheme)* oder *Heilpflanze* auch in Europa genutzt wurde und inzw. über alle Kontinente verbreitet ist. Die getrockneten Blütenköpfe ergeben darüber hinaus ein wirksames Schädlingsbekämpfungsmittel, insbes. von den Arten *C. cinerariifólium* (Trevier.) Vis. (*Aschblättrige Wucherblume, Dalmatinische Insektenblume, Zinerarienblättrige Wucherblume)* und *C. coccíneum* Willd. (*Rosenrote Wucherblume,* Syn.: *Pýrethum róseum* (Adams) M. B., die das sog. *Persische Insektenpulver* liefert. Der wirksame insektizide Bestandteil (Pyrethrin) ist durch Züchtung wesentlich gesteigert worden; zwei Drittel der Weltproduktion an *Pyrethrin* liefert Kenia. Zur Gewinnung frischer Blätter als Salat oder Gemüse werden bes. in Asien die Arten *C. coronárium* L. *(Goldblume, Kronenwucherblume, Garlandchrysantheme, Gartenchrysantheme*), *C.leucánthemum* L. *(Wiesenmargerite*) und *C. ségetum* L. (*Saatwucherblume)* genutzt. In Japan werden auch die Blütenköpfe von *C. coronárium* L. und *C. índicum* L. *(Winteraster)* verzehrt, meist in marinierter Form. Von *C. május* (Desf.L. Achers.), Syn.: *C. balsámita* Baill. non L., *Pýrethrum balsámita* Willd. *(Balsamkraut, Frauenminze, Marienblatt, Santa-Maria-Kraut, Römischer Balsam),* hauptsächlich in Südeuropa, teilw. auch in Süddeutschland verbreitet, dienen die duftenden, meist getrockneten Blätter als Suppengewürz oder zur Likörherstellung. Bereits im Mittelalter wurde *C. coronárium* L. in Italien als Gemüse verzehrt. Neuerdings ist diese Chrysanthemenart für Nahrungszwecke als sog. *Salatchrysantheme* wieder aufgegriffen worden. I. allg. werden die jungen Sprosse und Blätter frisch verzehrt oder als Spinat zubereitet. In Asien wird *C. coronárium* L. in 3 Sorten – mit großen, mittelgroßen und kleinen Blättern – angebaut. Optimale Keim- und Wachstumstemperaturen liegen bei 15···20°C. Geerntet wird, wenn die Pflanzen 10···15 cm hoch sind und 5 bis 10 Blätter ausgebildet haben. Es ist auch möglich, im Gewächshaus

3 bis 4 Ernten zu erzielen, indem man bei der 1. Ernte 4 bis 5 Blätter stehen läßt und bei der 2. und 3. Ernte auf 2 Blätter zurückschneidet. In 100 g Frischmasse sind 45 mg Vitamin C enthalten. → Pyrethrin

Chrysánthemum parthénium → Kamille, Echte

Chrysánthemum spec. → *Chrysanthmum* L.

Chrysatropasäure → Cumarin

Chrysobálanus icáco → Ikakopflaume

Chrysomýxa woronínii → Ständerpilze

Chrysophanol → Farbstoffe

Chrysophansäure → Farbstoffe

Chrysophýllum álbidum → Sternapfel, Weißer

Chrysophýllum bangweolénse R. H. Fr.: ein in Zentralafrika beheimateter Baum aus der Familie *Sapotáceae,* dessen Früchte von der Bevölkerung als Wildobst verzehrt werden und je 100 g folgende Zusammensetzung aufweisen: 77 g Feuchtigkeit, 3,8 g Fett, 16,6 g Kohlenhydrate, 1,15 g Rohfaser, 0,46 g Mineralstoffe, 46 mg Calcium, 12,7 mg Phospor und 6,9 mg Eisen. → Sternapfel, Weißer

Chrysophýllum cainíto → Sternapfel

Chuckocka → Pito 1.

Chufa → Erdmandel 1.

Chufastärke → Stärke, tropische

Chufle: eßbare Blütenstände der Pflanze *Caláthea macroségpala* Schum. (Familie *Marantáceae*), die in Westindien wild wächst und auch angebaut wird.

Chuño, *Moraya, Tunta:* durch Auspressen und Trocknen haltbar gemachte Kartoffeln der Indianer in den Anden Südamerikas. Das Auspressen wird mit den Füßen ausgeführt. Durch häufigen Wechsel von Gefrieren und Auftauen infolge der starken Temperaturschwankungen der Hochgebirgslagen wird das Gewebe der Kartoffel zerstört und der Saftaustritt begünstigt. Diese Konservierungsform wandten bereits die Inkas an. Die C. sind jahrelang haltbar. C. wird vorwiegend von → Orcco malcco und → China malcco gewonnen. → Kartoffel → Kartoffelveredlungsprodukt

Chutney: Mark von Tomaten oder Mangofrüchten, das mit Rosinen, Pfeffer, Ingwer und z. T. mit Zucker eingekocht wird. *Indischer Chutney, auch Indian-Chutney* genannt, ist *Mango-Chutney* ohne Zukker, *Podina-Chutney* wird in Ostasien mit Minze bereitet. *Tomaten-Chutney* ist ein stark gewürztes Tomatenmark. Die auch industriell hergestellten *Chutney-Soßen* oder *-pasten* enthalten vielfach Stücke der verwendeten Früchte, weisen einen süßlichen, pikanten, auch scharfen Geschmack auf und werden wie → *Würzsoßen* als Beigabe zu kalten Fisch- oder Fleischspeisen und vor allem für asiatische Nationalgerichte verwendet.

Chutney, Indischer → Chutney

Chutney-Pasten → Chutney

Chutney-Soßen → Chutney

Chylon: in Zuckersirup eingelegter Ingwer. *Kandierter Ingwer* ist aus dem Sirup entnommener und getrockneter Ingwer. → Ingwer → Pflaumeningwer

Chymopapain (EC 3.4.22.6): im Latex des tropischen Melonenbaumes (*Cárica papáya* L.) zusammen mit → *Papain* vorkommende → *Protease.* Hinsichtlich seiner Eigenschaften und seiner Anwendung ist C. dem Papain ähnlich, unterscheidet sich aber durch höhere Molmasse (27 000 g/mol) und seine Stabilität im sauren Bereich (pH 2.)

Chymosin → Lab

Chymotrypsin (EC 3.4.21.1): zur Gruppe der → Proteinasen gehöriges Verdauungsenzym. → Trypsin

Cibetbaumfrucht → Durian

Cícer arietínum → Kichererbse

Cicerolle → Kichererbse

Cícer soongáricum Salib.: eine der von Südeuropa bis Zentralasien verbreiteten 25 Kichererbsenarten (Familie *Fabáceae*), deren eßbare Samen 19% Eiweiß, 7% Fett, 45% Kohlenhydrate, 3,5% Mineralstoffe und 25,5% Feuchtigkeit enthalten. Die Eiweißhauptkomponente besteht aus 44% Glutelin, das Samenöl enthält 30% Phospholipide und die Hauptfettsäuren sind 30% Palmitin-, 32% Stearin- und 14% Linolensäure.

Cichorigenin → Aesculetin → Cumarin → Cumaringlycoside

Cichoriin → Cumaringlycoside

Cichórium endívia var. latifólium → Endivie

Cichórium íntybus → Chicorée

Cichórium íntybus var. íntybus → Wegwarte

Cichórium íntybus var. satívum → Kaffeezichorie

Cichoriumsäure → Hydroxyzimtsäure

Cicorino → Radicchio

Cicte → Chicle

Cider, *Cyder, Zyder, Zider, Cidre:* ein prickelnder Obstwein vorzugsweise aus Äpfeln (auch *Apfel-Cider* oder *Apfel-Cidre* genannt) oder Birnen, auch unter Zusatz von Wildobst (z. B. → Mispel, Echte). C. wird als rel. alkoholarmes Getränk in europäischen Ländern, insbes. Frankreich (auf Grund des dortigen hohen Mostaufkommens aus noch ausgedehnten Streuobstwiesen) in verschiedenen Typen industriell hergestellt. Es gibt *süßen, bittersüßen, herben* und *perlenden* oder *schäumenden* C. (in Frankreich auch als *Cidro* oder *Cidre Mousseux* genannt). Der C. wird auch privat in ländlichen Gebieten, meist mit viel kohlensäurehaltigem Wasser versetzt, als sog. *Hausmost* getrunken, worunter man zugleich ein herbes prickelndes Erfrischungsgetränk mit wenig Alkohol versteht. Heute wird solcher *Hausmost* als sog. *'Blauer Bock'* in Österreich, als herber trockener Obstwein zu 100% aus Apfel und/oder Birne mit 3,5···5%-Vol. Ethanolgehalt, industriell hergestellt, in Analogie zu dem hess. *„Ebbelwoi'* oder *Hessencidre* oder dem württemberg. *Moschd.* Der traditionelle engl. C. weist einen Ethanolgehalt von 5%-Vol. auf, schmeckt süßbitter-adstringierend und ist meist durch Tartrazinzusatz in seinem Gelbfarbton verstärkt. Der in Schweden verbreitete C. weist wie der deutsche C. 2,25%-Vol. Ethanolgehalt auf, der franz. C. 2···5%-Vol. In Frankreich wird der C. vielfach auch zu Branntwein, *Calvados,* destilliert, wovon es eine leichte und eine schwere Variante gibt. → Most

Cidro → Cider

Ciguatoxine: Zeitweilig auftretende Gifte in einigen Fischarten, hauptsächlich im Süd-Indik und West-Pazifik. Betroffen sind bes. Zackenbarsche, Barrakuda und einige Schnapper-Arten. Die Giftigkeit dieser Fische hängt nicht nur vom Fangplatz, sondern offenbar auch von der Jahreszeit ab; sie ist unabhängig vom Frischegrad bzw. vom Verderb. → Gifte in Meerestieren

Cinchol → Sterole

Cinchóna spec. → Chinarinde

Cinen → Terpen-Kohlenwasserstoffe

1,4-Cineol, *1,4-Zineol, Isozineol, 1,4-Oxido-p-menthan:* ein in ätherischen Ölen vorkommendes, gesättigtes Epoxy-p-menthen mit der Struktur:

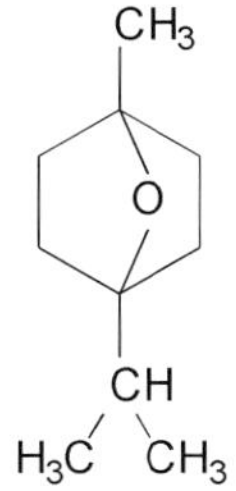

Das 1,4-C. kommt im Terpentinöl und im ätherischen Öl des Kubebenpfeffers vor. Es ist ein angenehm riechendes, in Wasser schwer lösliches, wasserdampfflüchtiges Öl, Kp. 173···174°C, *d* 0,8997. C. wirkt insektizid und bakterizid.

1,8-Cineol (veraltet: *1,8-Epoxy-p-menthan, 1,8-Oxido-p-menthan, Eukalyptol, Kajeputol, Cajeputol), Cyneol, Zyneol:* innerer Ether des cis-Menthandiols-(1,8)

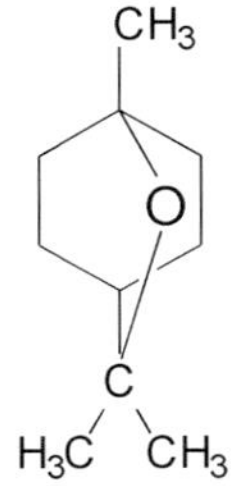

C. kommt sehr verbreitet in verschiedenen ätherischen Ölen, bes. in Eukalyptusöl, im Lorbeerblatt, in Safran, Ingwer, Kardamomen, Sternanis, Pfefferminze, Rosmarin, Salbei, Majoran, Beifuß sowie im europäischen Wurmsamenöl vor. Es ist aromabestimmender Bestandteil des Pfeffers und ein viskoses, charakteristisch nach Kampfer riechendes Öl, F. 1°C, Kp. 175°C, d_4^{16} 0,930, n_D 1,4575 das in Wasser wenig, in Ethanol und Ether gut löslich ist. C. findet als Wurmmittel sowie bei Bronchitis Verwendung. Es entsteht aus α-Terpineol durch Wasseranlagerung bzw. durch Dehydrierung von 1,8-Terpin.

Cinnamal → Zimtaldehyd

Cinnamen → Terpen-Kohlenwasserstoffe

Cinnamol → Terpen-Kohlenwasserstoffe

Cinnamómum aromáticum → Zimt 2.

Cinnamómum burmánii → Zimt 3.

Cinnamómum cássia → Zimt 2.

Cinnamómum cúliwan → Zimt 4.

Cinnamómum de schámpsii → Zimt 6.

Cinnamómum louréirii → Zimt 5.

Cinnamómum obtusifólium → Zimt 7.

Cinnamómum támala → Zimt 8.

Cinnamómum vérum → Zimt 9.

Cinnamómumyams → Yamswurzel

Cinnamómum zeylánicum → Zimt 9.

Cinnamonein → Terpen-Kohlenwasserstoffe

Círsium oleráceum, *Kohldistel,* → Wildkräuter

Císsus sicyoídes → Wein, Karibischer

Císsus spec. → Cupa

Citraconsäure → Prop-1-en-1,2-dicarbonsäure

Citral, *Citriodoraldehyd, Geranial, Geraniumaldehyd, Neral:* ungesättigter *Monoterpen-Aldehyd* mit der Summenformel $C_{10}H_{16}O$, der in zwei cis-trans-isomeren Formen vorkommt.

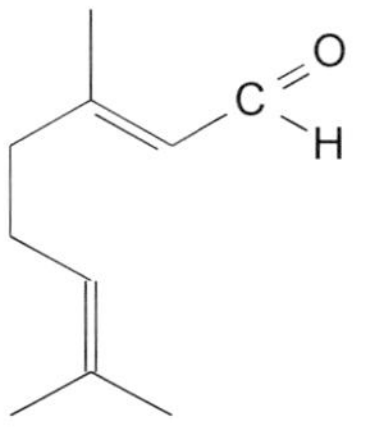

Citral a = Geranial

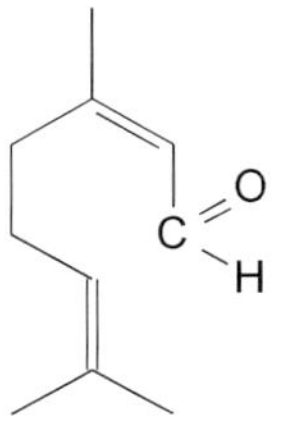

Citral b = Neral

C. kommt in zahlreichen ätherischen Ölen vor. In Lemongrasölen bildet es mit einem Gehalt bis zu 85 % den Hauptbestandteil. Der Gehalt im Zitronenöl liegt zwischen 3,5 % und 5 %. C. ist ein gelbes, nach Zitronen riechendes Öl, Kp. 228···229°C, d_4 0,8898. In Wasser ist C. unlöslich, in Ethanol und Ether hingegen leicht löslich. C. ist der essentielle Aromastoff der Zitrone und wird aus Lemongrasölen oder Zitronenöl gewonnen. Die Synthese von C. erfolgt durch katalytische Dehydrierung des aus Myrcen hergestellten Geraniol/Nerol-Gemisches. C. wird häufig in der Lebensmittelproduktion sowie in der Riechstoffindustrie eingesetzt, es dient auch zur Herstellung der *Ionone* und des *Vitamins A.* → Antivitamine

L-Citramalsäure, *L-Zitramalsäure, L-2-Hydroxy-2-methylbernsteinsäure,* α-Methyl-äpfelsäure: eine gesättigte Monohydroxydicarbonsäure mit der Formel HOOC-C(OH)(CH_3)-CH_2-COOH. Die C. wurde in Äpfeln, Birnen und im Apfelwein nachgewiesen. Sie kristallisiert aus Wasser in Prismen, F. 109···111°C, $[\alpha]_D$ −30° (in H_2O).

Citranaxanthin → Farbstoffe

Citrange → Zitrusfrucht

Citrangequat → Kumquat

Citrate, (E 331 < 333, E 380) Salze der → Citronensäure

β-Citraurin → Farbstoffe

Citrem: (E 472 c), ein synthetischer Emulgator, der ein Gemisch von Mono- und Diglyceriden der Citronensäure darstellt (s. Formel)

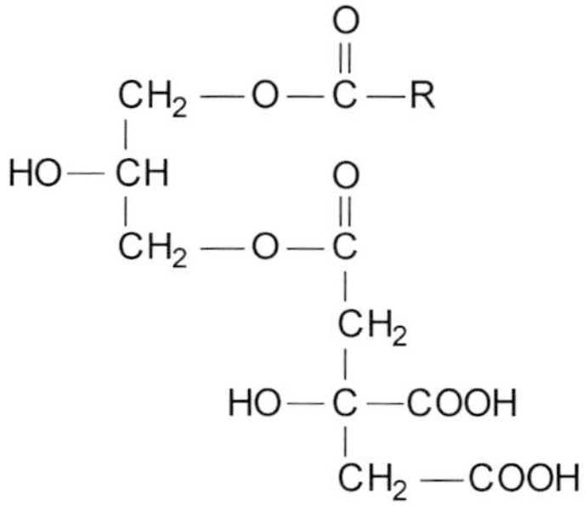

Es kann eingesetzt werden in Brot und Kleingebäck, Margarine, Mayonnaise und Kochwurst.

Citrifoliol → Flavonoide

Citrifoliosid → Flavonoide

Citrin → Flavonoide

Citriodoraldehyd → Citral

Citroglyceride, *Zitroglyzeride:* die Citronensäureester der Mono- und Di-Fettsäureester des Glycerols. Sie werden hergestellt durch direkte Veresterung von Glycerol mit Fettsäuren und Citronensäure oder durch Veresterung von Mono- und Diglyceriden mit Citronensäure. Sie werden wie Triglyceride durch Säuren, Alkalien und lipolytische Enzyme gespalten. Die C. werden als Emulgatoren oder fettlösliche Metallkomplexierungsmittel eingesetzt. → Emulgatoren

Citronellal → Aldehyde → Terpen-Aldehyde

Citronellaldehyd → Aldehyde

Citronellalhydrat → Hydroxycitronellal

α-Citronellol, D-*Zitronellol, Rhodinol, Yacarol: Monoterpen-Alkohol* der Formel CH_3-C(CH_3)=CH-CH_2-CH_2-C(CH_3)H-CH_2-CH_2OH. C. ist in ätherischen Ölen weit verbreitet und kommt in der D-Form vor allem in Citronell- und Geraniumölen und in der L-Form als sog. *Rhodinol* in Rosen- und Geraniumölen vor. C. ist ein nach Rosen riechendes Öl, Kp. 225···226°C, *d* 0,855. In Wasser ist C. unlöslich, in Ethanol und Ether leicht löslich. C. ist empfindlich gegen Luftsauerstoff, Wärme und Säuren. Geraniolhaltiges C. wird aus Geraniumöl gewonnen, synthetisches C. erhält man aus α- oder β-Pinen. C. wird in künstlichen Fruchtaromen und vor allen Dingen in der Riechstoffindustrie verwendet.

Citronellon → Aldehyde

Citronellsäure; *Zitronellsäure, 2,6-Dimethyl-oct-2-en-8-säure, 2,6-Dimethyl-hept-5-en-1-carbonsäure:* eine einfach ungesättigte, verzweigtkettige Monocarbonsäure. Die C. kommt in zwei isomeren Formen vor:

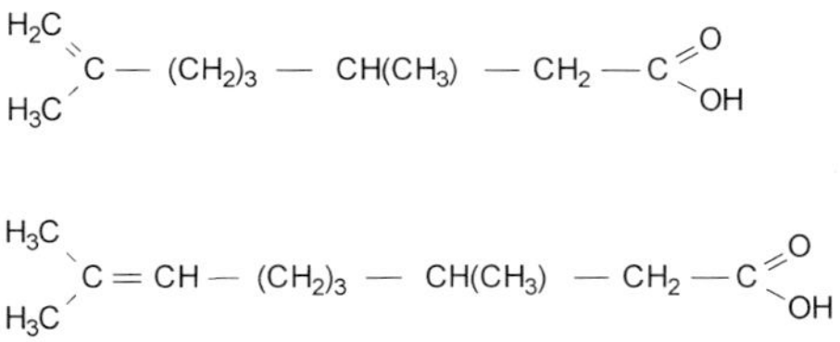

Die D-Form der C., Kp. 257 °C, $[\alpha]_D$ +21°, wurde im Lemongrasöl und das Razemat, Kp. 126 °C, im Kampferöl nachgewiesen.

Citronensäure, (E 330) *Zitronensäure, ß-Hydroxytricarballysäure, 2-Hydroxypropan-1,2,3-tricarbonsäure:* eine dreibasische Monohydroxytricarbonsäure.
Sie wird meist auf mikrobiologischem Wege hergestellt oder aus Zitronen gewonnen. C. enthält je Mol ein Mol Kristallwasser. Mitunter wird sie auch ohne Kristallwasser als *Citronensäureanhydrat* bzw. *Anhydrosäure* gehandelt.
Die C. bildet, prismenförmige Kristalle, *d* 1,542, F. 155°C, ist in Ether schwer, in Wasser leicht, in Ethanol weniger leicht löslich. C. ist ein guter → *Komplexbildner* und → *Synergist* und aktiviert deshalb Metallionen. Auf Grund dieser Eigenschaft wird sie häufig als Lebensmittelzusatz verwendet (→ *Synergisten*). Darüber hinaus wird sie in der Getränkeindustrie zur Bereitung von Limonaden, in der Säuglingsernährung zur Herstellung von Säure-

milch, im Haushalt zur Zubereitung von Speisen verwendet; sie dient in der Industrie auch als Puffersubstanz und als Säureträger für Backpulver. Die Salze und Ester der C. heißen *Citrate.* Als dreibasische Säure bildet sie drei Reihen von Salzen sowie Doppel- und Komplexsalze. C. ist in der Natur weit verbreitet, vor allem in Zitrusfrüchten, Feigen, Preiselbeeren, Himbeeren, Johannisbeeren. Die Kuhmilch enthält 0,2 % C. In geringen Konzentrationen kommt C. in tierischem Gewebe vor. Im Stoffwechsel hat der *Citronensäurecyclus* – auch *Krebs*-Zyklus oder Tricarbonsäurezyklus genannt – (Bild) eine zentrale Bedeutung.

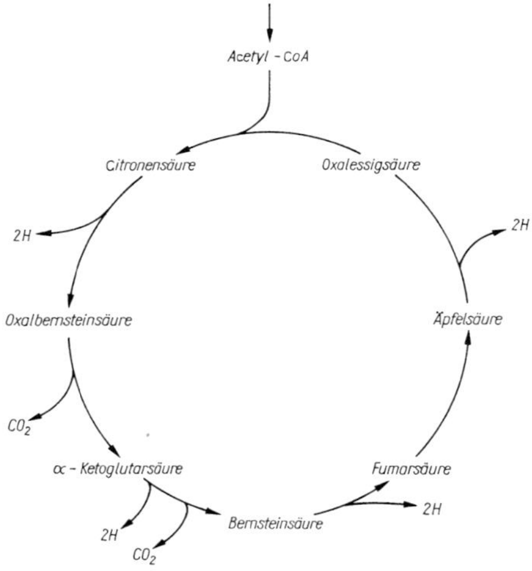

Citonensäurecyclus

Der Citronensäurecyclus ist ein cyclischer Abbauprozeß des Kohlenstoffskeletts von Kohlenhydraten, Fetten und Proteinen durch Decarboxylierung und Dehydrierung. Die Folge der wesentlichen Stoffwechselprodukte und die Stufen, an denen Wasserstoff auf die entsprechenden Coenzyme (*Atmungskette*) übertragen und Kohlendioxid freigesetzt wird, s. Bild. Acetyl-Coenzym A (*Acetyl-CoA*) hat eine wichtige Schlüsselfunktion im Zwischenstoffwechsel. Es leitet in der Reaktion mit der Oxalessigsäure die Reaktionsfolge im Citronensäurecyclus ein. Durch ihn und die sich ihm anschließende Atmungskette kommt es entsprechend der nachstehenden Nettogleichung zur vollständigen Oxydation der Essigsäure zu CO_2 und H_2O:

$$CH_3COOH + 2\,H_2O + 2\,O_2 \rightarrow 2\,CO_2 + 4\,H_2O + 958\,kJ.$$

Die gewonnene Energie resultiert vor allem aus den vier Dehydrierungsstufen, die den Wasserstoff für die Oxydation in der Atmungskette liefern, während die beiden Decarboxylierungen nahezu keine Energie liefern. Ebenso wie die Atmungskette ist der Citronensäurecyclus in den Mitochondrien der Zelle lokalisiert.

Citronensäurealkylester → Synergisten

Citronensäureanhydrat → Citronensäure

Citropten → Cumarin

Citrouille → Kürbis → Gartenkürbis

Citrouilles: Sammelbez. für rankende, gurkenförmige Feld- und Tafelfrüchte, die botan. zu *Cucúrbita pépo* L. *convar. pépo* zählen und sowohl als Sommer- als auch als Winterform geerntet werden. Sie werden auch als *Schmer-* und *Markkürbis* bezeichnet, zu denen insbes. die engl. *Vegetable marrow* zählen, die jedoch vorwiegend als kleinfrüchtiger Gemüsekürbis angebaut werden. s. Übers. → Kürbis, → Gurkenkürbis

Citrovorum-Faktor → Folsäure

Citroxanthin → Farbstoffe

L-Citrullin → Aminosäuren → Harnstoff

Citrúllus colocýnthis → Koloquinthensamenöl

Citrúllus lanátus var. lanátus → Wassermelone

Citrúllus lanátus ssp. mucospérmus → Wassermelone

Citrúllus lanátus ssp. vulgáris var. vulgáris → Wassermelone

Cítrus aurantiifólia → Limette

Cítrus aurántium → Pomeranze

Cítrus deliciósa → Mandarine

Cítrus grándis → Pampelmuse

Cítrus hýstrix → Papeda → Zitronenblatt, Indisches

Cítrus ichangénsis → Ichang-Papeda

Cítrus limétta → Limette

Cítrus límon → Zitrone

Cítrus madurénsis → Calamondine

Cítrus médica → Zedratzitrone

Cítrus mítis → Calamondine

Cítrus nóbilis → Mandarine

Cítrus paradísi → Grapefruit

Cítrus reticuláta → Mandarine

Citrussaft → Fruchtsaft → Saft

Cítrus sinénsis → Orange

Cítrus súnki → Mandarine

Cítrus tachibána → Tachibanaorange

Cítrus tangerína → Tangerine

Cítrus únshiu → Mandarine

Clam Chowder: Muschelsuppe, amerikanische Spezialität

'Clapps Liebling' → Birne → Kernobst

Claret, *Klarett:* Bez., die Engländer für *Bordeauxweine* benutzen. Früher war diese Bez. nur einem → Roséwein vorbehalten, der, den deutschen *Weißherbsten* ähnlich, gewonnen wurde, indem man die roten Beeren des Cabernet und des Merlot schnell kelterte, so daß sich der in der Schale enthaltene rote Farbstoff auf den Wein nicht übertragen konnte.

Classico → Italiensekt

Classimo → Italiensekt

Clauséna anisáta → Anisölersatz

Clauséna lánsium → Wampee

Clavariáceae, *Keulenpilze, Korallenpilze:* der Ordnung *Cantharelláles* – innerhalb der Klasse *Basidiomycétes* (Ständerpilze) – zugeordnete Pilzfamilie, meist bodenbewohnende Pilze mit ramarioider, clavarioider oder subcantharelloider Form des Fruchtkörpers ohne Hymenophor. Eßbare Vertreter dieser Familie sind: *Bärentatze, Rötliche Koralle, Trauben-Korallenpilz, Hahnenkamm* [*Ramária botrytis* (Pers. ex Fr.) Rick.] – Verwechslungsgefahr durch Regenwetter ausgeblaßter Pilze besteht mit der giftigen *Bauchwehkoralle* oder *Blassen Koralle* [*Ramária pállida* (Schaeff. em. Bres.) = *R. máirei* Donk.] –, *Schwefelgelbe* oder *Goldgelbe Koralle, Geißbart, Gelber Ziegenbart* [*Ramária fláva* (Schaeff. ex Fr.) Quél.], die jung eßbar ist. Sehr ähnlich ist die auch eßbare *Orangengelbe Koralle* [*Ramária āurea* (Schaeff.) Quél.]. Weitere eßbare, aber wenig ergiebige oder nicht sehr schmackhafte Vertreter der C. sind die *Zungen-Keule* [*Clavariadélphus lígula* (Schaeff. ex Fr.) Donk.], die *Rauchgraue Keule (Clavária fumósa* Pers. ex. Fr.), die *Runzlige Keule* [*Clavúlina rugósa* (Bull. ex Fr.) Schroet.], die *Heide-Keule* oder *Gelbstielige Keule (Clavária argillácea* Pers. ex Fr.). → Pilze → Speisepilze → Ständerpilze

Clavariadélphus spec. → *Clavariáceae*

Clavária spec. → Gompháceae

Cláviceps purpúrea → Pilze

Clavicipitáles → Pilze

Clavulináceae, *Korallenpilze;* der Ordnung *Cantharelláles* – innerhalb der Klasse *Basidiomycétes* (Ständerpilze) – zugeordnete Pilzfamilie, vermutlich Saprophyten mit clavarioid oder ramarioid geformtem Fruchtkörper. Eßbare, aber unbedeutende Vertreter sind: Die *Graue Koralle* [*Clavúlina cinérea* (Bull. ex Fr.) Schroet. = *Ramária cinérea* S.F. Gray] und die seltene *Violette Koralle* [*Clavúlina amethýstina* (Bull. ex Fr.) Donk = *Ramária amethýstea* (Bull.) S.F. Gray]. → Pilze → Speisepilze → Ständerpilze

Clavúlina spec. → *Clavariáceae* → Clavulináceae

Clementine → Mandarine

Cleóme gynándra → Katzenschnurbart

Clitócybe aurantíaca → *Hydnáceae*

Clitócybe spec. → *Tricholomatáceae* → Muscarin → Pilzgifte

Clitocybin → Speisepilze

Clitópilus prúnulus → *Rhodaphylláceae*

Clitória ternátea → Blaureis

'Clivia' → Apfel → Kernobst

Clostridium botulinum: anaerob wachsendes Bakterium, das bevorzugt in den oberen Schichten des Erdbodens vorkommt und sich durch eine große Hitzeresistenz auszeichnet. Es ist ein gefährlicher Toxinbildner. Der Genuß von Lebensmitteln, die das Toxin enthalten, führt beim Menschen zum Botulismus. Infektionsquellen sind neben Würsten (lat. *botulus:* die Wurst) vor allem unzureichend sterilisierte Fleisch- und Gemüsekonserven.

Clostridium perfringens: anaerob wachsendes, bedingt pathogenes Bakterium. Durch massive Verunreinigung von Lebensmitteln mit diesem Keim kann es auf Grund seiner Endotoxinbildung zu → Lebensmittelvergiftungen kommen. Die sporenbildenden Keime sind relativ hitzeresistent und können in den oberen Schichten des Erdbodens sowie im Magen-Darm-Kanal von Mensch und Tier auftreten.

Clupanodonsäure, *Klupanodonsäure, Docosa-4,8,12,15,19-pentaensäure:* eine Polyenfettsäure der Summenformel $C_{21}H_{33}COOH$. Die C. Kommt im japanischen Sardinenöl, im Lebertran und in anderen Seetierölen vor. Hochungesättigte Polyenfettsäuren, wie C. oder → *Stearidonsäure,* sind außerordentlich oxydationsempfindlich.

Clúpea haréngus → Hering

Clúpea spráttus → Sprotte

Clupeiden → Hering

Clupeonélla spec. → Kilka

Cluytylalkohol → Fettalkohole

CMC → Carboxymethylcellulose → Cellulosederivat

Cnícus benedíctus → Kardobenediktenkraut

Cobalamine → Vitamin B_{12}

Cobalt → Mineralstoffe → Schwermetalle, toxische

Cobbler → Bargetränk

Coca-Cola → Colanuß

Cocain → Alkaloide → Kokastrauch

Cocarboxylase → Vitamin B_1

Coccínia cordifólia → Kovaifrucht

Coccóloba spec. → Seetraube

Cochayugo: in Chile verbreitetes Lebensmittel aus getrockneter Braunalge, *Durvíllea antárctica* (Cham.) Hariot, das als Gemüse, Suppenzusatz, Püree oder Pastete zubereitet wird. → Algenprodukt

Cochenille → Lebensmittelfarbstoffe → Farbstoffe

Cochenillerot A → Lebensmittelfarbstoffe

Cochin → Zitronengrasöl → Cymbogongras

Cochleária corónopus → Schweinekresse

Cochleária officinális → Löffelkraut, Echtes, → Wildkräuter

Cochorus → Tossajute

Cocktail: kurz vor der Verwendung gemixtes Getränk aus z. T. verschiedenen Spirituosen und bes. Geschmacksstoffen, z. B. Zitrone, Eiswürfeln. → Bargetränk

Cocktailgebäck, *Partygebäck:* ein kleinstückiges, ungesüßtes Gebäck, das als → Imbißerzeugnis dient. → Salzgebäck → Laugendauerbackware → Käsegebäck → Kräcker → Krabbenbrot

Cocktailtomate → Obsttomate

Cocomilla → Cocona

Cocona, *Coconilla, Orinoco-Apfel, Pfirsichtomate, Topiro:* 7···9 cm lange, behaarte, rote oder gelbe Beerenfrüchte der strauchartigen Staude *Solánum tópiro* Humb. et. Bonpl. (Syn.: *S.hyporhódium* A. Br. et Bouché), Familie *Solanáceae.* Sie haben eine gallertartige gelbe Pulpe mit vielen Samen, die nach Zitrusfrüchten und Pfirsich, mehr oder weniger sauer, schmeckt. 100 g Fruchtfleisch enthalten 16 g Kohlenhydrate, 1,6 g Gesamtsäure, 0,6 g Pectin und 5,3···13 mg Vitamin C. Die C. wird im Amazonasgebiet Brasiliens und in anderen tropischen und subtropischen Gebieten angebaut. Sie wird frisch genossen, aber auch zu Erfrischungsgetränken, Konserven, Gelees und Kuchen verarbeitet. Gepulverte Früchte werden als Zusatz beim Kauen von Coca-Blättern verwendet. *Solánum sessiliflórum* Dunal wird von den Indianern des Amazonasgebietes wegen der eßbaren Früchte angebaut.

Cocosaldehyd → Lactone

Cocosit → Inositol

Cócos nucífera → Kokosnuß → Palmöl

Coco-Yam: 1. → Taro **2.** Tannia

Cocozelle → Kürbis → Zucchini

Cocua, *Carnero, Damajagwa, Mastate:* der mittelamerikanische dornige Baum *Poulsénia armáta* Standl. (Familie *Moráceae),* dessen kugelige Sammelfrüchte (2 cm Durchm.) angenehm schmecken und roh verzehrt werden.

Cod (engl.) → Kabeljau

Codein → Alkaloide

Codex Alimentarius, Commission der FAO/WHO, Gemeinsame FAO/WHO Codex Alimentarius Commision: gemeinsam von der Ernährungs- und Landwirtschaftsorganisation (Food and Agricultural Organization, abgek.: FAO) und der Weltgesundheitsorganisation (World Health Organization, abgek.: WHO) der Vereinten Nationen gegründete Kommission zur praktischen Durchführung der von den beiden Organisationen aufgestellten Ernährungsnormenprogramme. Mitglieder dieser Kommission können Mitgliedstaaten der UN und assoziierte Mitglieder der FAO und/oder der WHO sein. Ziel der gemeinsamen Arbeit ist es, internationale Lebensmittelstandards zum Schutz der Verbraucher zu erarbeiten, geeignete Praktiken im Lebensmittelhandel zu sichern, bei Anerkennung durch die Regierungen eine Harmonisierung der nationalen Lebensmittelgesetze zu erreichen und dadurch den internationalen Lebensmittelhandel zu erleichtern. In Ergänzung zu Kriterien der Zusammensetzung und der Kennzeichnung enthalten diese Lebensmittelstandards Empfehlungen für die Lebensmittelhygiene, Lebensmittelzusatzstoffe, Rückstände von Pestiziden u. a. Lebensmittelkontaminanten sowie Methoden für die Analyse und Probennahme. Bisher wurden u. a. Begriffe definiert, allgemeine Grundsätze für die Anwendung von Lebensmittelzusatzstoffen und Listen zur Bewertung der Lebensmittelzusatzstoffe hinsichtlich ihrer Gefährdung der menschlichen Gesundheit sowie ihres sinnvollen Einsatzes und der zu empfehlenden Maximalkonzentrationen veröffentlicht.

Coenzym A → Nucleotide

Coenzym Q → Vitamin E → Ubichinone

Coenzym R (veraltet) → Biotin

Coeruloplasmin: ein Kupfer bindendes, zu den α-Globulinen zählendes Protein des Plasmas mit der Molmasse 150 000 g/mol. Es enthält 0,34 % Kupfer sowie Hexosen, Hexosamin und Neuraminsäure. Als N-terminale Aminosäuren wurden Asparaginsäure, Glutaminsäure, Serin und Valin ermittelt. Das Absorptionsspektrum zeigt bei 650 nm ein Maximum. C. weist eine schwache Wirkung als Polyphenoloxydase auf. Eine genetisch bedingte mangelhafte Bildung des C. wird als Grundursache der sog. *Wilson*schen Krankheit angesehen. → Metallproteide

Cóffa abeokútae Cramer, *Abeokuta-Kaffee:* eine von der Elfenbeinküste bis Kamerun angebaute Kaffeeart (Familie *Rubiáceae*). → Kaffee

Cóffea angustifólia → *Cóffea arábica*

Cóffea arábica L., *Cóffea vulgáris* Moench., *Cóffea angustifólia* Roxb., *Cóffea myrtifólia* Roxb., *Kaffeestrauch, Bergkaffee, Arabica-Kaffee Abessinischer Kaffee, Brasilianischer Kaffee, Gemeiner Kaffee:* die verbreitetste Kaffeeart (Familie

Rubiáceae) mit einem Anteil an der Weltproduktion von etwa 75%. Die wesentlichen Anbaugebiete sind Ostafrika, Südamerika, Mittelamerika und Asien. Die bekanntesten Varietäten sind *Cóffea arábica var. abyssínica* A. Chev. und *Cóffea arábica var. mókka* Cramer. → Kaffee

Cóffea arábica var. mókka → Kaffee

Cóffea bengalénsis Roxb.: eine vorwiegend in Indien kultivierte Kaffeeart mit rel. niedrigem Coffeingehalt, deren Reiz vor allem in den stark duftenden Blüten liegt. → Kaffee

Cóffea canéphora Pierre ex Froehner, *Cóffea robústa* Linden, *Robustakaffee, Kongokaffee:* eine der wirtschaftlich wichtigsten Kaffeearten (Familie *Rubiáceae*), des tropischen Afrikas und Asiens mit 30% Anteil an der Weltproduktion. → Kaffee

Cóffea dewévrei De Wild., *Cóffea excelsoidéa* Port., *Excelsakaffee:* eine in Ostasien (Philippinen) und in Zentralafrika kultivierte Kaffeeart. → Kaffee

Cóffea excelsoidéa → *Cóffea dewévrei*

Cóffea libérica Bull., *Liberiakaffee, Liberianischer Kaffee, Monroviakaffee, Großsamiger Kaffee, Liberica-Kaffee:* eine im tropischen West- und Ostafrika kultivierte Kaffeeart. → Kaffee

Cóffea myrtifólia → *Cóffea arábica*

Cóffea racemósa Lour., *Inhambane-Kaffee:* eine in Mocambique und in Rhodesien angebaute Kaffeeart (Familie *Rubiáceae*). → Kaffee

Coffearin → Betaine

Cóffea robústa → *Cóffea canéphora*

Cóffea stenophýlla G. Don, *Sierra-Leone-Kaffee, Engblättriger Kaffee, Hochland-Kaffee, Senegalkaffee:* eine in Westafrika angebaute, vorzugsweise zur Züchtung genutzte Kaffeeart. → Kaffee

Cóffea vulgáris → *Cóffea arábica*

Coffein, *Koffein, 1,3,7-Trimethylxanthin, Kaffein, Thein (veraltet), Guaranin:* Purinalkaloid mit der Struktur:

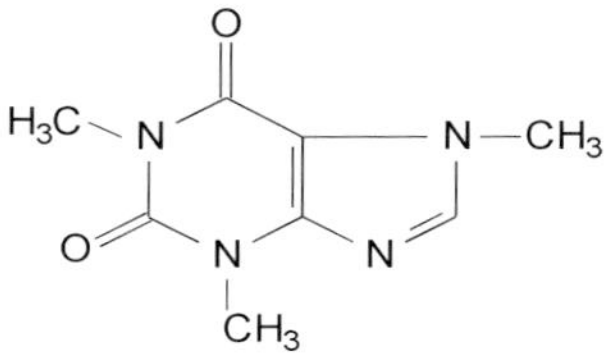

C. ist das Hauptalkaloid des Kaffees, (bis zu 1,5%) Tees (getrocknet bis zu 5%), Kakaos, der Mate und der Kola-Nüsse. Es kristallisiert aus Ethanol in weißen Nadeln und ist löslich in Wasser, Benzen, wenig löslich in Cloroform und Ether, sumblimiert unter Vakuum. Mit Säuren bildet es leichtlösliche Salze, z. B. das Citrat. C. wirkt diuretisch sowie zentral stimulierend und fördert dadurch, in Maßen genossen, die geistige und körperliche Leistungsfähigkeit. Überdosierungen von C. und anderen Purinalkaloiden äußern sich in Bewußtseinsstörungen, gefolgt von Krämpfen, Erbrechen und Koma. Schwangeren wird vorsichtiger Genuß von Purinalkaloiden enthaltenden Aufgußgetränken angeraten. C. wird technisch aus Kaffee, Tee oder durch Methylierung des aus Kakaoschalen isolierten Theobromins sowie synthetisch hergestellt. → Alkaloide → Purinkörper

Coffeol → Terpen-Alkohole

Cognac → *Kognak:* bes. wertvoller franz. → *Weinbrand.* Die Bez. C. ist eine durch das franz. Gesetz geschützte Herkunftsbez. für ausschl. aus den Departements Charente und Charente-Maritime stammenden Weinbrand. Der Name C. leitet sich von der Arrondissementshauptstadt Cognac in der Charente ab. Durch das BNICo (Bureau National Interprofessional du Cognac), das dem franz. Finanzministerium untersteht, wird die Cognac-Herstellung und die Berechtigung der Namensführung kontrolliert. Der C. kann auch als *„Kognak, französischen Erzeugnis"* bezeichnet werden. Zur Cognac-Herstellung werden die bes. ergiebigen aromatischen Traubensorten *Blanche, Colombard* oder *St. Emilon* nach einer genau vorgeschriebenen Technologie mit Hilfe traditionell-überlieferter Apparaturen verarbeitet. Zur Vermeidung von Qualitätsmängeln werden die Trauben in einfachen Pressen, nicht in Schneckenpressen, gequetscht. Das Brennen des vollständig vergorenen Mostes erfolgt nach einer mehrwöchigen Lagerdauer zusammen mit der Weinhefe in einfachen, direkt über dem Feuer beheizten kupfernen Destillationsapparaten. Der erste Rauchbrand (broullis) wird in der gleichen Apparatur noch einmal destilliert und dabei in einen aldehydhaltigen Vorlauf (tète), einen wertvollen Mittellauf (coeur) und einen fuselhaltigen Nachlauf (queue) fraktioniert. Das frische, 70···75%-Vol. Ethanol enthaltende Cognac-Destillat ist noch farblos und von unangenehmen Geruch. Das feine Bukett und das bes. Aroma bilden sich erst durch Lagerung in dünnwandigen Limousin-Eichenholzfässern. Dabei nimmt das Weindestillat aus dem Faßholz Gerbstoffe, Farbstoffe und aromagebende Stoffe auf. Der durch das Faßholz diffundierende Luftsauerstoff führt zu oxydativen Reifungsreaktionen(→ Edelbrand). Das gereifte Destillat wird auf die Trinkstärke von 38···40%-Vol. verdünnt und je nach Bedarf mit Zucker, → Typagestoffen und Zukkercouleur geschmacklich bzw. farblich nuanciert. Durch das BNICo werden den Cognac-Destillaten Alterszertifikate von Konto 0 bis Konto 5 (franz. Comte) erteilt. Während der vom 1. Sept. bis zum 31.Aug. des nächsten Jahres laufenden Destillationsperiode gehört ein Destillat dem Konto 0 an. Am 1. Sept., vorausgesetzt, daß das Destillat vor Ende Mai destilliert worden ist, wird es in das Konto 1 und jeweils am 1. Sept. des folgenden Jahres in das nächsthöhere Konto versetzt. Diese Altersangabe auf dem Flaschenetikett kann z. B. mittels einer dem Konto entsprechenden Anzahl *Sterne* kenntlich gemacht werden. Die Altersangabe „V. O" (*very old*) bzw. „V.S.O.P.„ (*very superior old pale*) weist einen mind. vier Jahre (Konto 4) gelagerten C. aus. Ein C. mit den Altersbez. „Extra", „Napoleon", "Vieille Reserve" verlangt eine mind. fünfjährige (Konto 5) Lagerung. Sehr gute Cognacsorten werden in Eichenholzfässern 25 und mehr Jahre gelagert. → Edelbrand → Bukettstoffe

Cohumulon, *Kohumulon:* ein aromatisches, im Aufbau dem Humulon ähnliches Keton der Formel:

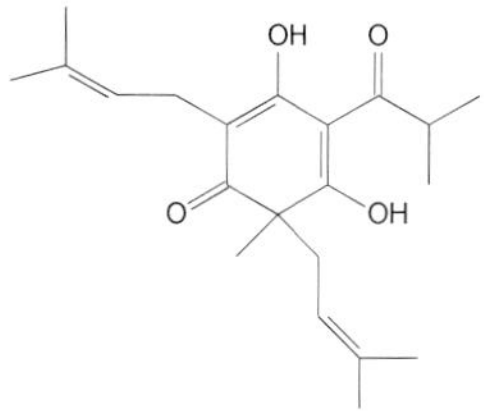

C. kommt im Hopfen (*Húmulus lúpulus* L.) vor, $[\alpha]_D^{26}$ −208,5° (in Methanol). → Humulon

Cohuneöl → Babassufett

Cohunepalme: die in Mittelamerika verbreitete Palmenart *Orbígnya cohúne* (Mart.) Dahlgr. ex Standr. Familie *Arecáceae,* deren Samen das *Cohuneöl* (→ Babassufett) liefert und deren Endknospe als Gemüse (→ Palmkohl) dient; das Fruchtfleisch wird entweder verzehrt oder verfüttert.

Cointreau → Curaçao

Cóix lácryma-jóbi → Hiobsträne

Coixol, *Koixol, 6-Methoxy-benzoxazo-2-on***:** ein Benzoxazolon der Formel:

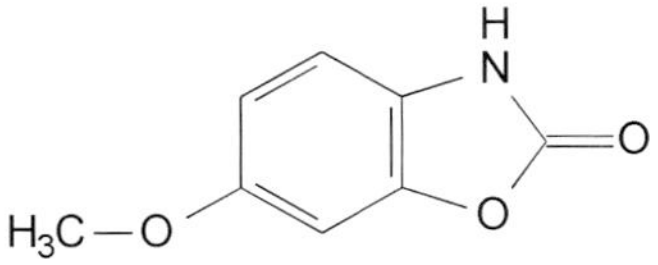

C. wurde aus Mais und Weizen isoliert, F. 151···152°C (aus Benzen).

Cola → Erfrischungsgetränk, alkoholfreies

Colabonbon → Bonbon

Cóla cordifólia → Colanuß

Colagetränk → Erfrischungsgetränk, alkoholfreies → Erfrischungsgetränk, coffeinfreies

Cola-light → Erfrischungsgetränk, coffeinhaltiges

Colamin → Alkanolamine → Amine, biogene

Colamincephalin → Acetalphosphatide → Cephaline

Colaminphosphatide → Cephaline

Cóla nítida → Colanuß

Colanuß, *Kolanuß, Goronuß, Guronuß, Gurunuß, Bissynuß, Kakkoruku:* die zitronenförmige Frucht, der in Afrika beheimateten und kultivierten *Colabäume, Cóla acumináta* Dal Beauv. und *C. nítida* (Vent.) Schott et Endl. (Familie *Sterculiáceae*). Die C. ist keine echte → Nuß, sondern eine Balgkapsel, die 4 bis 10 Samenkerne von 5···30 g Masse enthält und sehr unterschiedliches, mitunter kastanien- oder puffbohnenartiges Aussehen zeigen. Die von der Schale befreiten Samenkerne werden von den Einheimischen wegen ihrer tonisierenden Wirkung gekaut und dienen in getrocknetem Zustand als Handelsware. Die getrockneten Samenkerne sind sehr hart und werden vor ihrer Verarbeitung in der Getränke- und Süßwarenindustrie pulverisiert. Für das bekannte, aus dem Jahre 1886 stammende und von einem amerikan. Drogisten entwickelte anregende → Erfrischungsgetränk *Coca-Cola* wird neben der C. auch noch ein Extrakt aus entkokainierten → *Kokablättern* eingesetzt. Auch die → Kerne der anderen Colabäume, wie *C. anomála K.* Schum., der *Bamenda-Cola,* die vorwiegend in Kamerun, bes. in Lagen bis 1000 m angebaut wird, der *C. verticilláta* (Thonn.) Stapf, auch *Owe-Cola* genannt, die in Ghana bis Südnigeria und Kongogebiet vorkommt, der *C. cordifólia* R. Br. (trop. Westafrika), *C. balláyi* Cornu ex Heckel (Zentral- und Ostafrika) sowie von *C. sphaerocárpa* A. Cheval (trop. Westafrika) werden als Genußmittel gekaut und finden in der Volksmedizin Verwendung, kommen aber für den Welthandel, der bes. von Nigeria aus betrieben wird, weniger in Frage. Inhaltsstoffe der C. sind der Tab. zu entnehmen.

Durchschnittliche Zusammensetzung der Colanuß

Bestandteil	Gehalt in 100 g eßbaren Anteils
Feuchtigkeit	12,0 g
Eiweiß	9,5 g
Fett	2,0 g
Kohlenhydrate	71,0 g
Gerbstoffe	3,0 g
Theobromin	0,04 g
Coffein	2,5 g

Colaschokolade: eine Tafelschokolade aus Kakao, Kaffee und Colanuß als Hauptbestandteile, unter Mitverwendung von Zucker, Kakaobutter, Emulgatoren, Lecithin und Vanillin. Die C. dient als schnelle Energiequelle mit anregender Wirkung. Sie enthält etwa 0,2 % Coffein und mind. 50 % Kakaobestandteile.

Cóla spec. → Colanuß

Cóla sphaerocárpa → Colanuß

Cóla verticilláta → Colanuß

Colby-Käse: nach amerikanischem Vorbild in Österreich hergestellter *Hartkäse* (Typ Cheddar) mit → 50 % F.i.Tr.. → Käsesorten

Cold-shortening-Effekt → Kälteverkürzungseffekt

Cóleus amboinícus → Borretsch, Indischer

Cóleus edúlis → *Cóleus ssp.*

Cóleus esculéntus → *Cóleus ssp.*

Cóleus parviflórus → *Cóleus ssp.*

Cóleus ssp.: einige Arten dieser Gattung aus der Familie *Lamiáceae* werden in Asien und Afrika als Knollenpflanzen angebaut, z. B. *Cóleus edúlis* Vat. (Ostafrika), die *Kafir-Kartoffel C. esculéntus* (N.E.Br.) Taylor (Westafrika), die *Hausa-Kartoffel* oder *Kurka C. rotundifólius* (Poir.) A. Cheval et Perr. (Afrika, Südindien, Sri Lanka), deren Knollen je 100 g 20 g Stärke und 2 g Eiweiß enthalten. → Galla-Kartoffel

Cóleus rotundifólius → *Cóleus ssp.*

Cóleus tuberósus → Galla-Kartoffel

Collagen: Skleroprotein, das mit 20···30 % Anteil am Gesamtprotein häufigste Protein bei Säugern. In Geweben wie Haut, Sehnen und Knorpel bildet es mehr als 70 % der Trockensubstanz. Es sind mehr als 10 verschiedene C.-Typen bekannt, die am häufigsten auftretenden sind C.-Typ I, II und III (Knochen und Sehnen Typ I; Knorpel Typ II; Typ III in foetaler Haut und Gefäßwänden). In der äußeren Bindegewebshülle des Muskels (→ Epimysium) besteht das C. aus Typ I. Bei Temperaturen zwischen 60° und 70°C schrumpfen die collagenen Fasern. Dadurch entsteht eine Spannung, die im direktem Zusammenhang mit der Natur und dem Ausmaß der Querverbindungen steht. „Reiferes Bindegewebe" älterer Tiere verursacht aufgrund des höheren Anteils hitzestabiler Querverbindungen eine höhere Spannung (höhere Zähigkeit). Bei Fischen ist keine altersabhängige Bildung von Querverbindungen zu beobachten. Durch lysosomale Cathepsine können einzelne C.-Moleküle aus dem quervernetzten Polymer abgetrennt werden. Die mechanische Stabilität der Collagenfibrille kann durch die Spaltung weniger Peptidbindungen verringert werden. Die Bildung intermolekularer C.-Quervernetzungen beginnt mit einer enzymat. kontrollierten oxydativen Desaminierung spezieller Lysin- und Hydroxylysinreste. Die dabei gebildeten Aldehyde Allysin und Hydroxyallysin reagieren im weiteren Verlauf spontan vorzugsweise mit der -NH_2-Gruppe des Hydroxylysins im tripelhelicalen Körper eines benachbarten C.-Moleküls. Es bilden sich so zwei Typen längsgerichteter intermolekularer Quervernetzungen (Crosslinks) aus, die die C.-Mikrofibrille stabilisieren. → Skleroproteine → Gelatine → Bindegewebe → Eiweiß

Collagenasen (EC 3.4.24.3): proteolytische → *Enzyme*, die natives Collagen (Bindegewebe) spalten. Die bes. von Mikroorganismen gebildeten und näher untersuchten C. (z. B. von *Clostrídium histolýticum* Weinberg u. Séguin) sind spezifisch und hydrolysieren nicht immer andere Proteine (z. B. Casein, Hämoglobin); meist sind jedoch die C. mit Proteasen vergesellschaftet. Gelatine, denaturiertes Collagen, ist dem Abbau sowohl von C. als auch von anderen Proteasen zugänglich.

Collagenfolie → Verpackung, eßbare

Collins → Bargetränk

Collýbia spec. → *Tricholomatáceae*

Collýbia velútipes → *Polyporáceae* → Speisepilze

Colocásia esculénta var. antiquórum → Taro

Colocásia esculénta var. esculénta → Taro

Colocasiastärke → Arrowroot 2.

Cololábis saira → Makrelenhecht

Colombardtraube → Chianti

Colonche → Kaktusbirne

Colophonium, *Kolophonium:* der bei der Terpentinölgewinnung entstehende glasige, braune Destillatonsrückstand. Das C. besteht hauptsächlich aus Harzsäuren. Es wird im Lebensmittelsektor als → *Feuchthaltemittel* und → *Überzugsmittel,* insbes. bei Ostereiern und zum Abdichten bzw. Verkitten von Bierfässern genutzt. → Harze

Colorinotraube → Chianti

Colúmba lívia domestica, *Taube* → Fleischtiere

Colupulon, *Kolupulon, Isobutyrolupuphenon:* ein aromatisches, im Aufbau dem Lupulon ähnliches Acylphloroglucid der Formel:

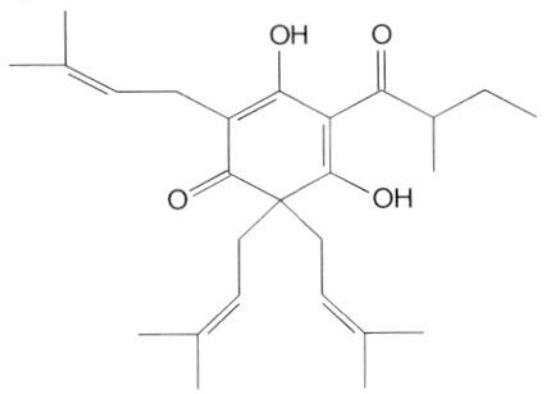

C. kommt im Hopfen (*Húmulus lúpulus* L.) vor. Es kristallisiert aus Petrolether in langen Prismen oder Nadeln, F. 91···93°C. → Humulon

Colza → Raps

Combava → Papeda

Comfrey → Beinwell

Commelína benghalénsis → Kenagemüse

Commestane → Östrogene

Commíphora múkul → Myrrhe 1.

Communes → Kapern

Completer: ein in der Schweiz verarbeiteter Qualitätswein, der seine großen Eigenschaften erst im Alter, nach jahrzehntelanger Faßlagerung und späterer Flaschenabfüllung entfaltet und sehr haltbar ist.

Compound: ausgewählte und maßgeschneiderte Mischung verschiedener Zutaten und/oder Zusatzstoffe mit bestimmten funktionellen Eigenschaften für die moderne Fertigung hochwertiger Lebensmittel. Solche C. sind z. B. Trockenmischungen für die Weiterverarbeitung in Suppen, Soßen, Fertiggerichten, Desserts, Toppings und Backkrems sowie Butterspezialitäten wie Sauce á la Hollandaise, Sauce á la Bearnaise. Folgende funktionelle Anforderungen können beispielsweise an C. gestellt sein hinsichtlich Dispergierbarkeit, Benetzbarkeit, Löslichkeit, Wasserbindung, Viskosität, Hitze, Gefrier-Tau- und pH-Stabilität, Fettbindung, Korngröße, Schüttgewicht und Sensorik.

Conalbumin: Protein des Eiklars. → Ei

Conarachin → Globuline

Concanavalin A → Hämagglutiniene

Condurangin, *Kondurangin:* ein aus der getrockneten Rinde der oberirdischen Achsen von *Marsdénia condurángo* Rchb. f. isoliertes → Glycosid mit der Summenformel $C_{40}H_{60}O_{16}$ und *Cymarose* und *Condurangobiose* als Zuckerkomponente. C. wird neben *Condurit* bes. im *Extractum Condurango fluidum* sowie im Condurangwein als Magenmittel verwendet. → Condurit

Condurangobiose → Disaccharide

Condurit, *Kondurit:* ein 4wertiger cyclischer Alkohol mit der Formel:

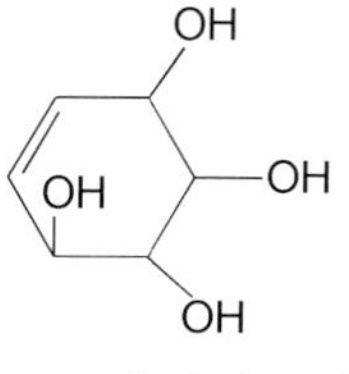

Das C. kommt vergesellschaftet mit → Condurangin in der Condurangowurzel (*Marsdénia condurángo* Rchb. f.) vor.

Cónger spec. → Meeraal

Conglomeron → Ketone

Coniferin → Phenolglycoside

Coniferosid → Phenolglycoside

Coniferylalkohol → Lignin → Phenolglycoside → Alkohole, aromatische

Conjuenfettsäuren → Fettsäure

Connatin → Pilzfarbstoffe

Connectin: Muskelprotein mit einem mittleren Gehalt von 3,7 % im typischen Säugetiermuskel (post mortem). C. ist ein unlösliches Protein (Molmasse = 700000···1000000 g/mol), das feine Filamente (g-Filament, d = 2nm) ausbildet, die von der Z-Linie ausgehen und zwischen den Filamenten benachbarter Sarkomerer laufen. Diese g-Filamente tragen entscheidend zur Festigkeit des Fleisches bei.

Consommé → Feinkosterzeugnis

Convenience food → Lebensmittel, vorgefertigtes

Convicin, *Konvizin, 5-Hydroxy-2,6-dioxo-4-iminohexahydropyrimidin* - [D-*glucopyranosid*] - (3), 3-[ß-D-*Glucosyl*]-4-amino-2,5,6-trihydroxypyrimidin: ein N-Glucosid der D-Glucose, das 4-Amino -2,5,6-trioxypyrimidin als Aglukon enthält, mit der Formel

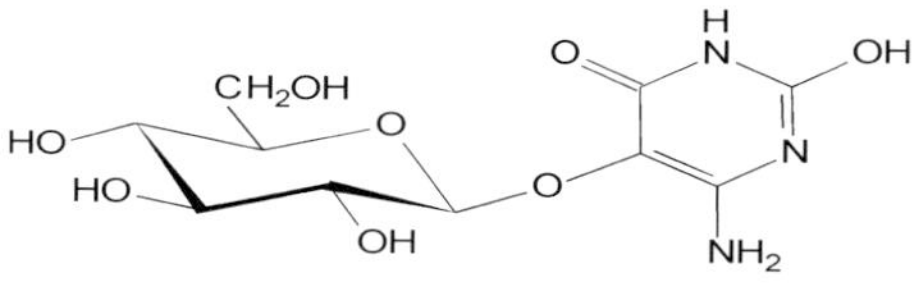

C. kommt im Samen der Puffbohne [*Vicia fába* L.] vor, F. bei 287° (Zers.).

Convólvulus sépium → Zaunwinde

Cooler → Bargetränk

Copernícia prunífera → Karnaubawachs → Palmkohl

Coprináceae, *Tintlingsartige Pilze:* der Ordnung *Agaricáles (Blätterpilze)* – innerhalb der Klasse

Basidiomycétes (Ständerpilze) – zugeordnete Pilzfamilie mit agaricoid geformten Fruchtkörpern und aus blasenförmigen Zellen gebauter Huthaut. Die hierzu geordneten Pilze sind kleinere oder größere, mehr oder weniger fleischige, meist schwarz, schwarzgrau oder scheckig gefärbte Hutpilze mit angewachsenen bis abgerundeten Blättern, die häutig sind, oft zu Tinte zerfließen oder aufspalten. Nur die Gattungen *Cóprinus (Tintlinge), Psathyrélla (Zärtlinge, Mürblinge)* und *Psáthyra (Faserlinge)* weisen bekannte Speisepilze auf. Sie kommen häufig auf Schuttplätzen, an Straßen und in Gärten vor. *Schopftintling, Spargelpilz* [*Cóprinus comátus* (Müller ex Fr.) Pers.], großer Pilz mit walzenförmigem, weißem Hut mit sparrig abstehenden, bräunlichen Hüllresten und mit zuerst weißen, dann vom Hutrand aus rosa und endlich schwarz werdenden, nach Sporenreife tintenartig zerfließenden Blättern. Das weiche, zarte Fleisch riecht und schmeckt angenehm, solange die Blätter noch weiß sind. Es muß sofort zubereitet werden, weil es schnell verdirbt. Bes. zur Herstellung von Pilzextrakt geeignet. Nur jung eßbar, sonst giftig ist der Graue *Faltentintling, Antialkoholikerpilz* [*Cóprinus atramentárius* (Bull. ex Fr.) Fr.]. Bei ihrem Genuß muß Alkohol bis zu 2 Tagen wegen Vergiftungserscheinungen gemieden werden. Der *Glimmertintling* [*Cóprinus micáceus* (Bull. ex Fr.) Fr.] ist nur im Jugendzustand als schmackhafter Suppenpilz verwertbar, – Eßbar, aber ohne Bedeutung sind: *Wäßriger Saumpilz* oder *Weißstieliges Stockschwämmchen* [*Psathyrélla hydróphila* (Bull. ex Mérat) Mre.], *Lilablättriger* oder *Zarter Saumpilz* [*Psathyrélla candoleána* (Fr. ex Fr.) Mre.], *Fleckiger Saumpilz* [*Psathyrélla maculáta* (Parker) A. H. Smith]; selten, *Schokoladenbrauner Faserling* [*Psathyrélla sarcocéphala* (Fr.) Sing.] und *Schmalblättriger Faserling* [*Psathyrélla spadíceogrísea* (Schaeff.) Maire = *Psathyra s.* (Schaeff.) Kumm.]. → Pilze → Speisepilze → Ständerpilze

Cóprinus spec. → *Coprináceae* → Kulturpilze

Coproporphyrin I: ein → Porphyrin mit der Formel (s. unten).
Das C. wurde erstmals aus Harn von an Hämatoporphyrinurie Erkrankten isoliert. Die Ausscheidung über den Harn ist auch bei Nierenerkrankungen und Leberzirrhose erhöht. Später wurde es aus Hefe isoliert und im Blutserum von Mensch, Pferd und Rind sowie in Malzkeimlingen, Kopfsalat, Spinat, Brennesseln, Runkelrüben nachgewiesen. → Farbstoffe

Coprostanol → Sterole

Coprosterol → Sterole

Coquito: Samenkern der Honigpalme. → Palmenhonig

Coquitopalme: → Palmenhonig

Cor → Herz

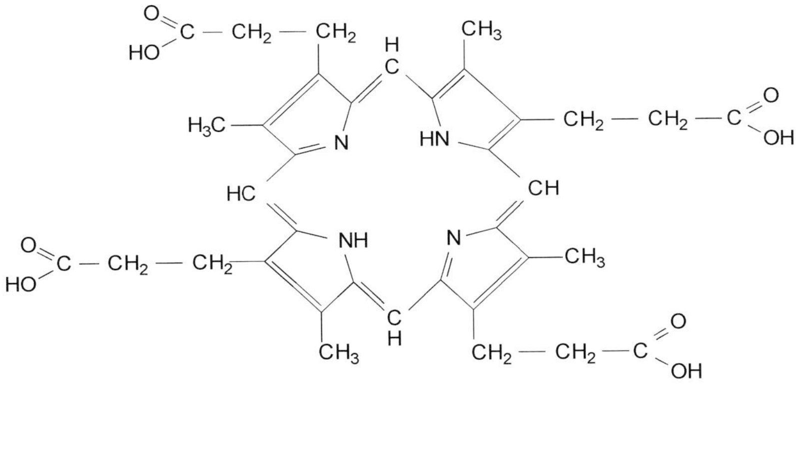

Coral: 1. *Uvito, Cacagüito:* der stark verzweigte Strauch *Cavendíshia cordifólia* Hörald (Familie *Ericáceae*), der in den nördlichen Anden (Venezuela, Ekuador) vorkommt. Die kugeligen oder eiförmigen, schwarzen Beeren (Durchm. 8···10 mm) schmecken angenehm süß und werden roh verzehrt.
2. → *Chaquilulo*

Córchorus olitórius → Tossajute

Cordeauxia edúlis → Yeheb-Nuß

Córdia dentáta → Nisorhafrucht

Cordial Medoc: Weinbrandlikör, hergestellt unter Verwendung von Weindestillat und Süßweinen. Zur Abrundung werden u. a. → Typagestoffe und Veilchenwurzel - oder Iriswurzelmazerate verwendet. Der C. gehört zu den edelsten Likören. C. ist nach dem franz. Weinbaugebiet „*Medoc*" bei Bordeaux benannt. Der Ethanolgehalt beträgt 35 %-Vol., der Gesamtextraktgehalt 220···450 g/l. → Likör

Córdia mýxa → Nisorhafrucht

Cordianin → Allantoin

Cordoncillo → Pfeffer 1.

Cordýla africána → Wildmango

Coregónus spec. → Maräne

Coriandrol → Linalool

Coriándrum satívum → Koriander

Coríngia orientális → Ackerkohl, Weißer

Coriomucoid → Glycoproteide

Corn → Mais

Corned Beef: aus Stücken von gepökeltem, knochen- und sehnenarmem Rindfleisch hergestelltes Erzeugnis. Das gepökelte Fleisch wird vorgekocht, zur Herstellung einer bindefähigen Masse mit Knochenbrühe und Schwarten vermischt und in Dosen sterilisiert. *Corned Pork* wird analog, aber aus Schweinefleisch hergestellt. *Kraftfleisch* ist ein ähnliches, aus Rind- und Schweinefleisch hergestelltes Erzeugnis, das sowohl in Büchsen als auch offen angeboten wird. C. enthält, verglichen mit den meisten Wurstsorten, verhältnismäßig wenig Fett (Tab.).

Zusammensetzung und Energiewert von Corned Beef

Nährstoff	Durchschnittl. Anteil in 100 g in g
Wasser	69,8
Eiweißstoffe	21,7
Fett	6,0
Mineralstoffe	2,5
Energiewert in kJ (kcal) in 100 g	640 (155)

Corned Pork → Corned Beef → Dosenfleischkonserven

Cornet → Hippengebäck

Cornflakes → Maisflocken

Cornichon: eine bes. sorgfältig sortierte, kleine Gurke, die mit oder ohne Gärung verarbeitet wird. Das C. wird vorwiegend als → Essiggurke zubereitet. → Essiggemüsesterilkonserve

Cornichons de caprier → Kapern

Corngluten → Maiskleber → Kleber

Cornöl → Maiskeimöl

Cornsirup → Maissirup

Córnus mas → Kornelkirsche

Corojopalme → Coyolipalme

Corónopus squamátus → Schweinekresse

Corrinoide → Vitamin B_{12}

Cortinariáceae, *Haarschleierlinge:* der Ordnung *Agaricáles (Blätterpilze)* – innerhalb der Klasse *Basidiomycétes (Ständerplize)* – zugeordnete Pilzfamilie mit agaricoid geformtem Fruchtkörper. Die C. sind eine der am schwierigsten zu bestimmenden Pilzfamilien; Verwechslungen sind leicht möglich. Die eßbaren Vertreter:

zu den *Reifpilzen* zählend: *Reifpilz, Runzelschüppling* [*Rozítes caperáta* (Pers. ex Fr.) Karst.] mit strohgelbem, runzligem, anfangs graulila überhauchtem und durch weiße, silbrige Schüppchen bereiftem Hut, mit deutlichem Ring am Stiel und mit zuerst lehmfarbenen, dann rostbraunen, ziemlich brüchigen Blättern. Das weißlich, unter der Huthaut gelbrötlich, im oberen Teil des Stieles oft schwach lila gefärbte Fleisch riecht schwach und angenehm und schmeckt mild. Vorzüglicher Speisepilz, der manchmal fälschlich als „*Waldchampignon*" bezeichnet wird. Vorkommen: Juli bis Okt. in Nadelwäldern.

zu den *Schleimfüßen* zählend: *Heideschleierling, Heideschleimfuß, Brotpilz, Kastanienbrauner Schleimfuß* [*Cortinárius mucósus* (Bull. ex Fr.) Fr. = *Myrácium mucósum* (Bull. ex Fr.) De Lanessan] mit rotbraunem („brotfarbenem"), schmierigem Hut, erst hellbräunlichen, dann rotbräunlichen, nicht violetten Blättern, auf weißem Stiel, teilw. mit violettem Schleim und einer braunen Gürtelzone. Das holzgelbe Fleisch ist geruchlos und wohlschmekkend. Als Mischpilz sehr brauchbar. Vorkommen: Juli bis Okt. in Nadelwäldern, vor allem in trockenen, sandigen Kiefernwäldern. Weitere eßbare, aber unbedeutende Vertreter:

zu den *Schleierlingen* zählend: der seltene *Goldfuchsige Dickfuß* (*Cortinárius tofáceus* Fr.);

zu den *Wasserköpfen* zählend: *Geschmückter Gürtelfuß* [*Telamónia armilláta* (Fr.) Fr. = *Cortinárius armillátus* (Fr. ex Fr.) Fr.]. *Aprikosenwasserkopf* [*Cortinárius armeniácus* (Schaeff. ex Fr.) Fr.], *Kastanienbrauner Wasserkopf* [*Cortinárius castáneus* (Bull. ex Fr.) Fr. = *Hydrócybe castánea* (Bull. ex Fr.) Wünsche];

zu den *Schleimköpfen* und *Klumpfüßen* zählend: *Graubräunlicher Dickfuß* [*Cortinárius anómalus* (Fr. ex Fr.) Fr.], *Rostbrauner Dickfuß* [*Cortinárius canínus* (Fr.) Fr. = *Dermócybe canína* (Fr.) Wünsche], *Schuppiger Dickfuß* [*Cortinárius pholidéus* (Fr. ex Fr.) Fr.], geringwertig, *Semmelbrauner Schleimkopf, Ziegelgelber Schleimkopf* [*Cortinárius várius* (Schaeff. ex Fr.) Fr. = *Phlegmácium várium* (Schaeff. ex Fr.) Wünsche], *Derbfleischiger* oder *Blaugestielter Schleimkopf, Schleiereule* [*Cortinárius variécolor* (Pers. ex Fr.) Fr. = *Phlegmácium prǣstans* (Cord.) Mos.], *Gesägtblättriger Klumpfuß* [*Cortinárius multifórmis* (Fr.) Fr. = *Phlegmácium multifórme* (Fr.) Wünsche], dem *Rozítes caperáta* (Pers. ex Fr.) Karst. ähnlich *Schwach knolliger* oder *Reihiger Klumpfuß* [*Cortinárius glaucopus* (Schaeff. ex Fr.) Fr.], *Elfenring-Klumpfuß* (*Cortinárius magícus* Eichhorn = *Phlegmácium subgláucopus* Mos.), *Rasiger Schleimkopf* [*Cortinárius cámurus* (Bull.) Fr.], *Blaßvioletter Schleimkopf* [*Cortinárius lárgus* Fr. = *Phlegmácium lárgum* (Fr.) Wünsche], *Taubenblauer Schleimkopf* [*Cortinárius cumátilis* Fr. = *Phlegmácium cumátile* (Fr.) Blytt], *Amethystfarbener Klumpfuß* [*Cortinárius callóchrous* (Pers. ex Fr.) Fr. = *Phlegmácium callóchroum* (Pers. ex Fr.) Wünsche], *Violettroter Klumpfuß* [*Cortinárius rufooliváceus* (Pers.) Fr. = *Phlegmácium rufooliváceum* (Pers.) Wünsche], *Eleganter* oder *Strohgelber Klumpfuß* [*Cortinárius elegántior* Fr. = *Phlegmácium elegántius* (Fr.) Wünsche], *Anis-Klumpfuß* [*Cortinárius odórifer* Britz. = *Phlegmácium odórifer* (Britz.) Moser]. Selten bzw. seltener sind der *Blaugrüne Klumpfuß* [*Cortinárius prásinus* (Schaeff.) Fr. = *Phlegmácium prásinum* (Schaeff.) Fr.], der *Schwarzgrüne Klumpfuß* [*Cortinárius atróvirens* Kalchbr. = *Phlegmácium atróvirens* (Kalchbr.) Rick.], der *Purpurfleckende Klumpfuß* [*Cortinárius purpuráscens* (Fr.) Fr. = *Phlegmácium purpuráscens* (Fr.) Blytt] und der *Geschmückte Schleimkopf* [*Cortinárius subválidus* R. Henry = *Phlegmácium subtriúmphans* (R. Henry) Moser];

zu den Schleimfüßen zählend: Blaustiel-Schleimfuß [*Cortinárius collinítus (Sow. ex Fr.) Fr.* = Myxácium collinítum *(Sow. ex Fr.) Kumm.*] (kann mit M. mucósum *Fr. ex Bull. verwechselt werden),* Blaublättriger Schleimfuß [*Cortinárius delibútus Fr.* = Myxácium delibútum *(Fr.) Rick.*], Langstieliger Schleimfuß [*Cortinárius elátior Fr.* = Myxácium elátius *(Fr.) Wünsche*]. Eßbar, jedoch wegen Verwechslungsgefahr zu meiden sind der Strohgelbe *oder der* Knollige Rißpilz (Inócybe cookei *Bres.)* *und der* Rötende Rißpilz (Inócybe godéyi *Gill.* = I. trínii *Weinm.* subspec. *Bres.* = I. rickénii *Kallenb.).* → Cortinarine → Pilze → Speisepilze → Ständerpilze

Cortinarine: in etwa 60 *Cortinarius*-Arten (Familie *Cortinariáceae*) nachgewiesene Hauptgiftstoffe folgender Struktur:

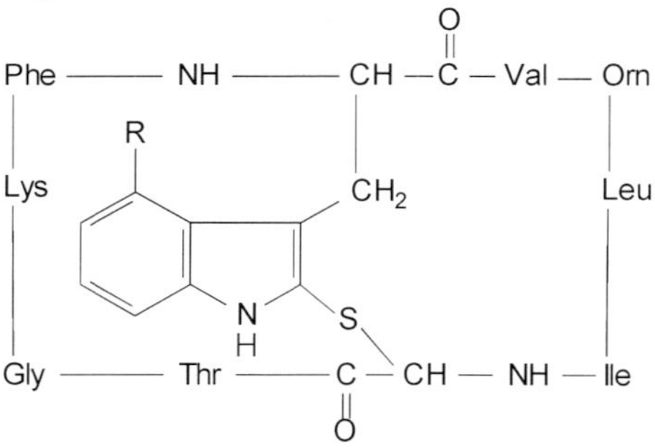

Cortinarin A: R = OCH_3
Cortinarin B: R = OH

Die C. sind stark nierenschädigend. Sie werden vermutlich erst in der Leber in die toxische Form umgewandelt. Latenzzeit: 3 bis 17 Tage. Erste Vergiftungserscheinungen sind Brennen und Trokkenheit im Mund, starkes Durstgefühl, anschließend Übelkeit, Erbrechen, Verstopfung oder Durchfall, Bluthochdruck, Kältegefühl und oft heftige Kopf- und Lendenschmerzen. Auch Leber, Milz, Uterusmotilität und Nervensystem können beeinträchtigt werden. Der Tod tritt erst mehrere Tage bis zwei Monate nach Krankheitsausbruch ein. Bei Überstehen der Vergiftung bleiben oft Dauernierenschäden zurück. → Pilzgifte

Cortinárius spec. → *Cortinariáceae* → Pilzgifte

Cortinéllus berkeleyánns → *Polyporáceae* → Kulturpilze

Corvet → Türmchenblumenkohl

Corylin → Globuline

Córylus avellána → Haselnuß

Córylus colúrna → Baumhasel

Córylus máxima → Lambertsnuß → Haselnuß

Córylus póntica → Zellernuß → Haselnuß

Corynocárpus laevigátus → Karakafrucht

Córypha umbraculífera → Palmkohl → Talipotpalme

Córypha útan → Buripalme → Palmkohl

Cosford → Haselnuß → Schalenobst

Costa-Rica-Arrowroot: das aus den Rhizomen der *Palmlilie, Yúcca gloriósa* L. (Familie *Agaváceae*) gewonnene → Arrowroot.

Cotnari → Dessertwein

Cottage cheese: in anglo-amerikanischen Ländern bekannte *Speisequarkart* aus stark gewaschenem Quark mit reiskornartiger Konsistenz und mildem, milchsaurem Geruch und Geschmack. Er wird als Vorspeise serviert, zur Tomatenfüllung benutzt oder mit süßen Zutaten und Früchten kombiniert. → Käse, nichtreifende

Cottbuser: ein → Trinkbranntwein mit Geschmackszusätzen. Der Ethanolgehalt beträgt 40 %-Vol.

Cottonöl → Baumwollsaatöl

Cottonstearin→ Baumwollsaatöl

Cotúrnix cotúrnix (L.): Wachtel. → Fleischtiere

Couepinsäure → α-Licansäure

Couleur → Zuckercouleur

Coulis → Mayonnaise

Coulommiers: *Weichkäse* (Weißschimmelkäse) aus Frankreich, vom Typ Brie. → Käsesorten

Cóuma guianénsis → Sorveira

Cóuma útilis → Lechero 3.

Coumestrol: phenol. Inhaltsstoffe der Hülsenfrüchte mit östrogener Wirkung.

Courgette → Gurkenkürbis, → Zuchini

Couscous: eine leicht verdauliche Getreidezubereitung entweder aus Hartweizengrieß, Hirse oder einer Mischung aus beiden Getreidearten. C. gelangt als Halbfertigerzeugnis in Form vorgegarter, anschließend gepreßter und getrockneter kleiner Körnchen, ähnlich dem → Bulgur in den Handel. Im Haushalt wird C. nach Quellung entweder gegart oder in einer Pfanne mit Öl ausgebacken und vorwiegend als Sättigungsbeilage zu vielerlei Gerichten verwendet. *Vollkorncouscous,* aus ungeschältem Getreide trägt eine braune Farbe. Am meisten wird das gelblich-weiße Erzeugnis aus geschältem Getreide verwendet.

Cowpea → Chinabohne

'Cox' Orangen' → Apfel → Kernobst

Coyo-Avocado, *Guatemala-Avocado, Chalte, Coyocte:* der mittelamerikanische Waldbaum *Pérsea schiedeána* Nees. (Familie *Lauráceae*), der der *P. americána Mill.* (→ *Avocado*) sehr ähnlich ist. Der Durchm. der kugeligen bis eiförmigen, grünen bis violetten Frucht beträgt 5···10 cm. Das Fruchtfleisch ist süß (ähnlich der Avocado) und von Fasern durchzogen, es wird i. allg. frisch verzehrt.

Coyocte → Coyo-Avocado

Coyolipalme, *Weinpalme, Corojopalme, Grugupalme:* die mittel- und südamerikanische Palme *Acrocómia mexicána* Karw. et Mart. (Familie *Arecáceae*), die eßbare, aprikosenähnliche, kugelige, grüne Früchte trägt, aus denen auch → *Makayaöl* gewonnen werden kann. Junge Knospen werden als → *Palmkohl* verwendet. Ähnlich wird auch *Acrocómia aculeáta* (Jacq.) Lodd. ex Mart. Syn. *Acrocómia sclerocárpa* Mart. genutzt.

Crab → Holzapfel

Crabapfel → Holzapfel

Crabapfel, Indischer: ein in Nordindien und Burma kultivierter Obstbaum, *Docýnia índica* (Wall.) Decne (Familie *Rosáceae),* dessen säuerlich schmeckende, birnenförmige Früchte roh oder gekocht verzehrt werden.

Crabe vert: franz. Bez. für *Strandkrabbe.* → Krebstiere

Crab Meat → Krebstiere

Cracker, *Kräcker:* ein keksähnliches Flachgebäck in Form einer kleinstückigen oder mäßig großen, fetthaltigen Dauerbackware, die infolge von Walz- und Faltvorgängen bei der Bearbeitung des Hefeteiges meist eine blättrige Beschaffenheit aufweist. Der Kräckerteig wird zum Großteil unter Zusatz von Käse, Paprika oder Salz – als Geschmacksstoffe – hergestellt; mit Salz bestreute C. werden auch als *Saltines* bezeichnet. Eine spezielle Form sind C., die als kleine *Sternchen* oder Fische (*Fischlis*) geformt sind. C. haben als → Imbißerzeugnisse eine große Verbreitung gefunden. Das Sortiment ist kaum übersehbar. Als vorwiegend nichtsüßes Gebäck werden C. in den verschiedensten Formen und mit verschiedensten Zutaten (z. B. Kümmel, Mohn, Sesam, Weizenkleie) hergestellt und weisen in den einzelnen Ländern eine unterschiedliche Beschaffenheit auf. In Übersee werden z. B. C. mit schwach ausgeprägtem Aroma bevorzugt, ihre Backzeit beträgt 3···6 min und ihr Feuchtigkeitsgehalt 3···4 %. In Westeuropa werden C. mit ausgeprägtem Aroma bevorzugt, das durch verlängerte Backzeit (8···9 min) erzielt wird, so daß diese C. nur einen Feuchtigkeitsgehalt von 1···2 % aufweisen. → Keks → Cocktailgebäck

Cracknels: eine Art von → Weichkaramellen.

Crámbe marítima → Meerkohl

Crámbe tatárica → Meerkohl, Tatarischer

Cranberry → Moosbeere, Großfrüchtige

Cranberry-Konfitüre → Moosbeere, Großfrüchtige

Crángon spec. → Krebstiere

Crassóstrea spec. → Muscheln

Cratáegus azarólus → Azarole

Cratáegus-Glycoside → Anthocyane

Cratáegus laevigáta → Weißdorn

Cratáegus monogýna → Weißdorn

Cratáegus oxyacántha → Weißdornfrucht

Cratáegus pubéscens f. stipulácea → Manzanilla-Apfel

Craterellus cornucopioídes → *Hydnáceae* → Würzpilze

Crawfisch: amerik. Bez. für *Langusten* der Gattungen *Palinúrus* und *Palinúrus spp.* (syn. mit *Spiny Lobster*) sowie für *Jasus spp.*(syn. mit *Rock Lobster*) → Krebstiere, → Crayfish

Crayfish: amerik. Bez. für Flußkrebse → Krebstiere; nicht zu verwechseln mit → Crawfish.

Crème → Krem

Crème Chantilly: schwedischer Weichkäse mit Weißschimmel (70···80% F.i.Tr.). → Käsesorten

Crème Château: schwedischer Weichkäse mit Weißschimmel (70···80% F.i.Tr.). → Käsesorten

Crème de Cassis → Cassislikör

Crème fraîche: französische Bez. für leicht gesäuerte Sahne mit mind. 30% Fettgehalt.

Cremor tartari → Weinsäure

Creosol → Phenole

Crepidotáceae: der Ordnung *Agaricáles (Blätterpilze)* - innerhalb der Klasse *Basidiomycétes* (*Ständerpilze*) - zugeordnete Pilzfamilie mit pleurotoid, cyphelloid oder resupinal geformtem Fruchtkörper. Der einzige bekannte eßbare Vertreter der C. ist der *Winter-* oder *Frühlings-Trompeten-Schnitzling* [*Tubária pellúcida* (Bull. ex. Fr.) Gill.]. → Pilze → Speisepilze → Ständerpilze

Crescéntia cujéte → Kalebassenbaum

Crevette rosée: franz. Bez. für Säge- und Ostseegarnele. → Krebstiere

Críollo → Kakaobohne

Crisco: ein aus gehärteten Pflanzenfetten hergestelltes → *Shortening.* Das C. wurde erstmals 1911 hergestellt und ist das Vorbild für alle weiteren Shortenings geworden. → Lockerungsmittel

crisp → Knusprigkeit

Crisps → Imbißerzeugnis

Crispsalat → Eissalat

Crithmen → Terpen-Kohlenwasserstoffe

Crithmum marítimum → Seefenchel

Croc-à-chiens → Granjeiro

Crocetin → Farbstoffe

Crocin → Farbstoffe → Disaccharide

Crócus biflórus → Feminell

Crócus edúlis → Safranzwiebel

Crócus satívus → Safranzwiebel → Safran

Croissant, *Französisches Hörnchen:* das aus Frankreich eingeführte → Blätterteiggebäck in Form eines Halbmondes. Die C. gelangen durch das Bäckerhandwerk oder durch kleine Backpavillons, sog. Croissanterien, auf Bahnhöfen und in Fußgängerzonen stets frisch zum Verkauf und können aus hellem oder Vollkornmehl hergestellt sein. Ähnlich der Herstellung kleiner Baguettes oder Pizzastücke werden die C. vor den Augen der Kunden aus aufgetauter Gefrierware fertig gebakken und als verführerisch duftendes → Fast-Food-Erzeugnis, meist mit Käse oder Wurst, zusammen mit Salatbeilagen oder süß mit Schoko- oder Kokosmasse gefüllt, zum unmittelbaren Verzehr angeboten. Für Haushaltszwecke werden die C. als vorgebackene, in Beutel verschweißte Erzeugnisse vertrieben, die im vorgeheiztem Ofen 5···10 min. knusprigbraun gebacken werden und aus folgenden Komponenten zusammengesetzt sind: Weizen- oder Weizenvollkornmehl, Magermilch, Vollei, Pflanzenmargarine, Zucker, Hefe, Salz, Backhilfsmittel (Emulgatoren, Stabilisatoren), natürliche Aromastoffe und Vitamin C.

Crosne → Knollenziest

Crotolária longirostráta → Rasselerbse

Crotonbetain → Betaine

Cróton elutária → Cascarillarinde

Crotonsäure, *Krotonsäure, But-2-en-1-säure:* eine einfach ungesättigte, kurzkettige, aliphatische Monocarbonsäure. Die C. tritt in zwei stereoisomeren Formen auf.
C. kommt vor im Crotonöl und im ätherischen Öl der Tabakblätter, die Isocrotonsäure im Kohlrabi. C. kristallisiert in monoklinen Nadeln oder Prismen, F. 72°C, Kp. 0,1 MPa 189 °C, d_4^{80} 0,964, die Iso-

crotonsäure in langen Nadeln, F. 15,5°C, Kp.0,1 MPa 169°C. Beim Erhitzen über 125°C wird C. partiell in Isocrotonsäure umgewandelt.

Crotonylalkohol → But-2-en-1-ol

Crotonylsenföl, *Allylcarbinylisothiocyanat, But-3-en-isothiocyanat:* zur Gruppe der Senföle gehörende Verbindung der Formel
$CH_2=CH-CH_2-CH_2-N=C=S$.
C. kommt u. a. im Rapssamenöl und im Samenöl von *Brassica*-Arten als Glucosid *Gluconapin* vor. C. ist eine stark lichtbrechende Flüssigkeit von senfölartigem Geruch, Kp. 176°C (Zers.) → Senföle

Crotylalkohol → But-2-en-1-ol

Croutons: im Plural benutzte Bez. für kleine geröstete Weißbrotscheibchen, die in Form geschnitten sind und zum Garnieren oder als → Suppeneinlage verwendet werden.

crunch → Knusprigkeit

crunchy, *knirschen:* **1.** eine Struktureigenschaft, die während des Kauens einer Substanz ein charakteristisches Zermahlungs- oder Zerquetschungsgeräusch erzeugt.
2. Riegel, z. B. aus Getreide- oder Ölsamenerzeugnissen, tragen auf Grund des beim Kauen erzeugten Mundgefühls diese Bez. als Produktnamen. Dabei handelt es sich vorwiegend um mit Speiseöl vermischte und geröstete Müslivarianten aus Flocken, Ölsaaten, Ölsamen, Trockenfrüchten und Honig in Riegelform.

Crusta → Bargetränk

Crústaceae → Krebstiere

l-Crypton → Ketone

Cryptotaēnia canadénsis ssp. japónica → Petersilie, japanische

CSM, *(Corn-Soya-Milk), Mais-Soja-Milch:* eine pulverförmige, hochproteinhaltige Mischung aus 70 % aufgeschlossenem Maismehl, 25 % Sojamehl, 5 % Trockenmagermilch sowie Vitamin- und Mineralstoffzusätzen. Der Fettgehalt beträgt 2 %, der Proteingehalt 20 %, der Feuchtigkeitsgehalt 10 %. Das CSM-Pulver wird in Wasser aufgelöst und zu einem milchartigen, dünnen → Brei zubereitet. Das CSM dient vor allem in Zentral- und Südamerika, Afrika, Asien und im Nahen Osten zur Aufwertung der Säuglings- und Kleinkindernahrung. → Kindernährmittel

CSW, *(Corn-Soya-Wheat):* ein aus Mais, Soja und Weizen bestehendes Erzeugnis. → Hirse

CTC-Tee: nach einer speziellen Verarbeitungsmethode - crush-tear-curl-Methode (quetschen, reißen, rollen) - mittels verkürzter Fermentationszeit in Fließfertigung hergestellter → Tee. Dieser nach moderner, rationalisierter Verfahrensweise hergestellte Tee ist von grusartiger, feinkörniger Struktur, weist demzufolge eine hohe Ergiebigkeit auf, entbehrt aber die aromatischen Feinheiten eines nach herkömmlicher Fermentationsweise aufbereiteten schwarzen Tees.

Cténopharýngodon idélla → Graskarpfen

c.-t.-Gifte → Giftstoffe in pflanzlichen Lebensmitteln

Cuachilote: der kleine Baum *Parmentiéra edúlis* A. DC. (Familie *Bignoniáceae*), der in Südmexiko, Guatemala und El Salvador vorkommt. Die zylindrisch-längliche, etwas gekrümmte, bis 15 cm lange, gelbgrün-rötliche Beerenfrucht schmeckt süßlich und wird roh oder gekocht verzehrt.

Cubebin, *Kubebin, 2-Hydroxy-3,4-dipiperonyl-tetrahydrofuran:* ein Lignanderivat mit der Formel

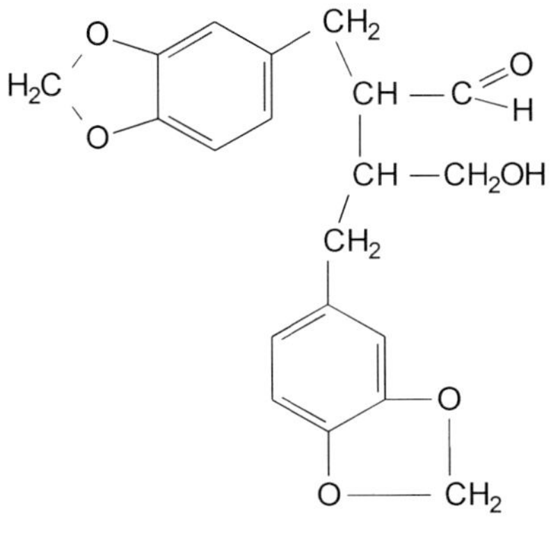

C. ist eine piperinähnliche Substanz von bitterem Geschmack – F. 131···132°C, $[\alpha]_D^{14}$ –17,1° (in Aceton) –, die in den Früchten des Kubeben-Pfeffers *(Piper cubéba* L.) vorkommt.

Cucumerópsis mánnii → Egusi, Dunkle

Cúcumis angúria → Igelgurke, Kleine

Cúcumis mélo → Zuckermelone

Cúcumis metulíferus → Igelgurke, Große

Cúcumis prophetárum → Prophetengurke

Cúcumis satívus → Gurke

Cucúrbita → Konjuria

Curcurbitacine: Gruppe bitter schmeckender tetracyclischer Triterpene folgender Grundstruktur:

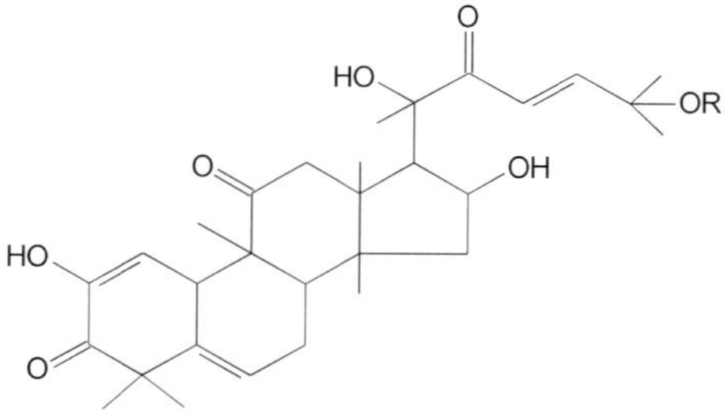

Folgende C. sind in eßbaren Kürbisgewächsen (Cucurbitáceae) u. a. im Gemüsekürbis = Zucchini (Cucúrbita pépo L. convargiromontiina Greb.) nachgewiesen worden (s. unten).

Cucúrbita ficifólia → Kürbis

Cucúrbita máxima convar. gigántea → Zapallo makre

Cucúrbita máxima convar. hubbárdina → Kürbis

Cucúrbita máxima convar. máxima → Kürbis

Cucúrbita máxima convar. turbanifórmis → Kürbis

Cucúrbita máxima convar. zapallítina → Kürbis

Cucúrbita moscháta convar. japónica → Kürbis

Cucúrbita moscháta convar. moscháta → Kürbis

Cucúrbita pépo convar. giromontiína → Gurkenkürbis

Cucúrbita pépo convar. microcárpina → Zierkürbis → Gartenkürbis → Kürbis

Cucúrbita pépo convar. patissóna → Patisson

Cucúrbita pépo convar. pépo → Kürbis

Cucúrbita pépo convar. torticóllis → Drehhalskürbis

Culiwanzimt → Zimt 4.

Cuman → Lechero 3.

Cumarin, *Kumarin, 5,6-Benzocumalin:* der innere Ester der o-Hydroxyzimtsäure (Cumarinsäure) mit der Formel:

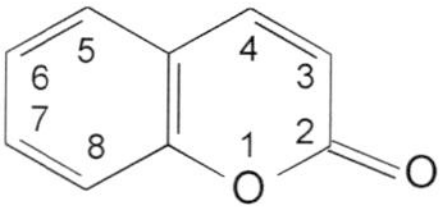

Gruppe bitter schmeckender tetracyclischer Triterpene folgender Grundstruktur

Folgende C. sind in eßbaren Kürbisgewächsen (*Cucurbitáceae*) u. a. im Gemüsekürbis = Zucchini (*Cucúrbita pépo L. con var.*) nachgewiesen worden:

Cucurbitan A	F. 207···208°C	$[\alpha]_D^{27}$ = +97,3° (Ethanol)
Cucurbitan B (Amarin)	F. 182°C	$[\alpha]_D^{28}$ = +88°
Cucurbitan C	F. 207···207,5°C	$[\alpha]_D^{27}$ = +95,2° (Ethanol)
Cucurbitan D (Elatericin A)	F. 151···152°C (Zers.)	$[\alpha]_D$ = +46° (Trichlormethan)
Cucurbitan E (α-Elaterin)	F. 232···235°C	$[\alpha]_D$ = –55° (Trichlormethan)
Cucurbitan I (Elatericin B)	F. 148···149°C	$[\alpha]_D$ = –52° (Trichlormethan)

Es ist in Ethanol und Ether leicht, in Wasser schwer löslich, F. 71°C, Kp. 302°C, *d* 0,935. C ist der Aromastoff des Waldmeisters und kommt in vielen Gras- und Kleearten, in der Tonkabohne (*Dípteryx odoráta* Willd.), in Datteln und im Lavendelöl vor. Zur Herstellung von Fruchtessenzen und Waldmeisterlimonaden wird es nur noch selten verwendet. Vorkommen von Cumarinderivaten (s. Übers.).

In pflanzlichen Lebensmitteln vorkommende Cumarinderivate, die teilweise als Glycoside vorliegen

Cumarinderivat	Formel	Vorkommen
Herniarin (Ayapanin)	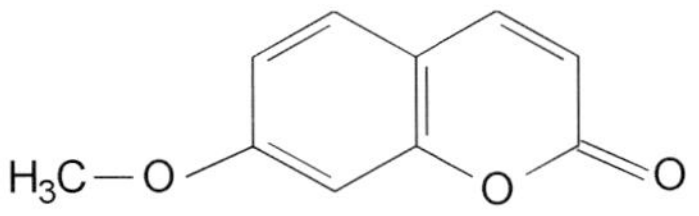	Samenschale der Gerste
3-Methyl-6-methoxy-8-hydroxy-3.4-dihydro-isocumarin	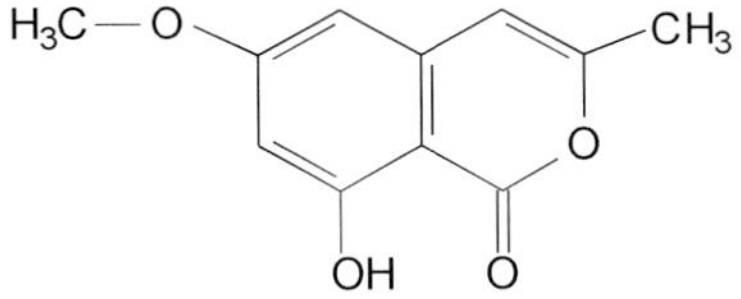	Bitterstoff der Möhre
Hydroxycumarine: *Umbelliferon (Skimmetin, Hydroangin, 7-Hydroxy-cumarin)*	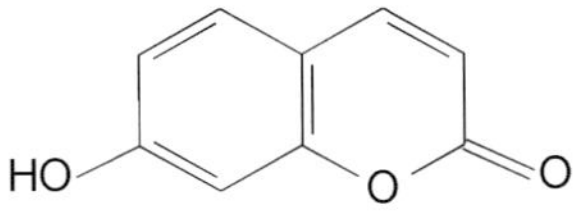	Echte Kamille, Zitronenschalen, Grapefruitschalenöl, Pimpinelle, Engelwurz, Kartoffel, Batate, Samenschalen der Gerste
Aurapten	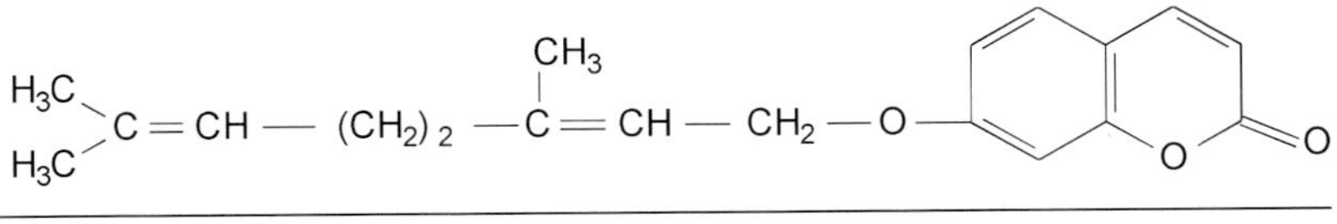	Grapefruitschalenöl
Aesculetin (6,7-Dioxycumarin, Äskuletin, 6,7-Bishydroxycumarin, Cichorigenin)	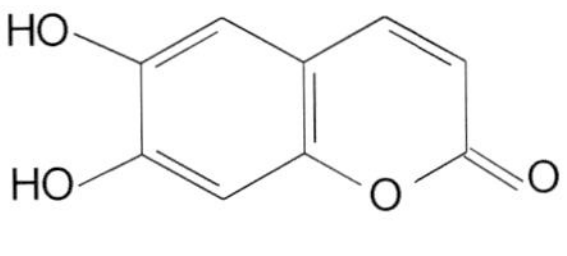	als Aglykon des Cichoriins in Chicorée (*Cichórium íntybus* L.), Möhre, Feldsalat, Schwarzwurzel, Tabak, Samenschale der Gerste
Scopoletin (Chrysatropasäure, Gelseminsäure, ß-Methylaesculetin)	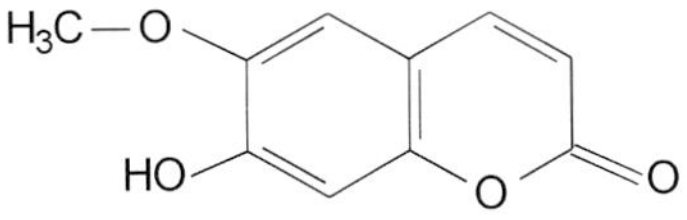	in jungen Wurzeln von Hafer, Möhre, Sellerie, Feldsalat, Pflaume, Aprikose Dattelpflaume (*Diospýros lótus* L.), Kartoffel, Samenschale der Gerste, verbreitet

In pflanzlichen Lebensmitteln vorkommende Cumarinderivate, die teilweise als Glycoside vorliegen (Forts.)

Cumarinderivat	Formel	Vorkommen
Lemettin (Citropten)	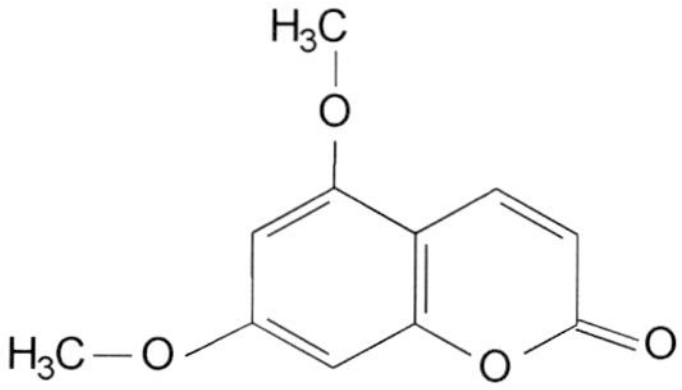	Zitrusöle, Zitronensaft
7-Methoxy-5-geranoxy-cumarin	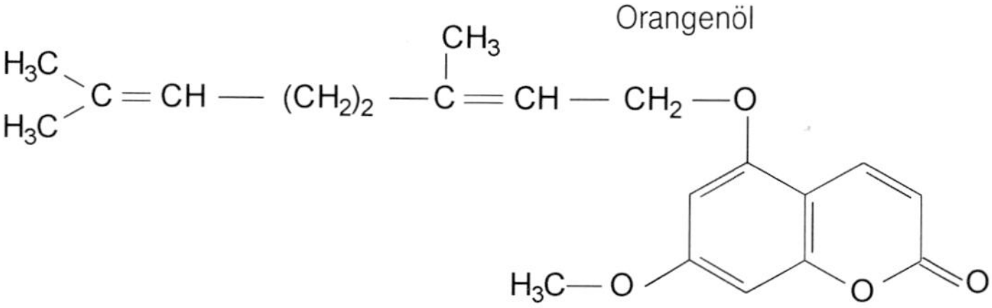	Orangenöl
Merancin	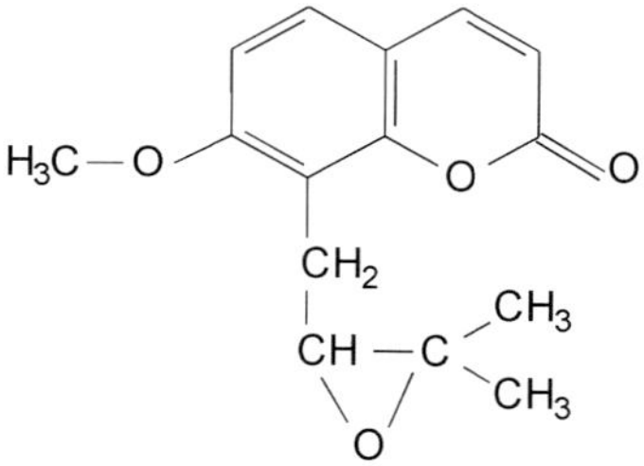	Pommeranzenschalenöl
6,7-Furocumarine:		
Bargaptol	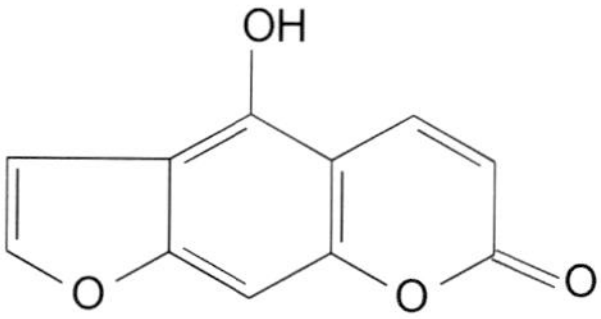	Bergamottöl, Orangen-schalenöl
Bergapten (Heraclin, Majudin, 5-Methoxypsoralen)	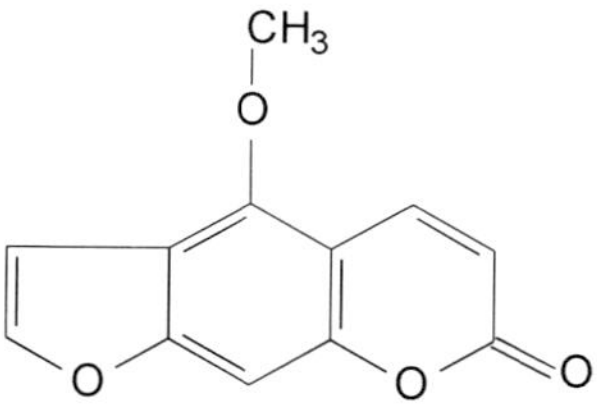	Bergamottöl, Engelwurz, Pimpinelle, Petersilie, Sellerie, Möhre, Liebstöckel, Pastinak

In pflanzlichen Lebensmitteln vorkommende Cumarinderivate, die teilweise als Glycoside vorliegen (Forts.)

Cumarinderivat	Formel	Vorkommen
Bergaptin *(Bergamottin)*	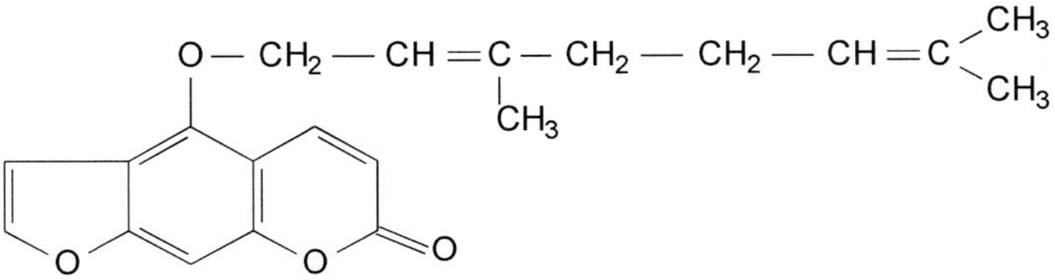	Bergamottöl, Zitronensaft
Imperatorin *(Ammidin, Marmelosin)*	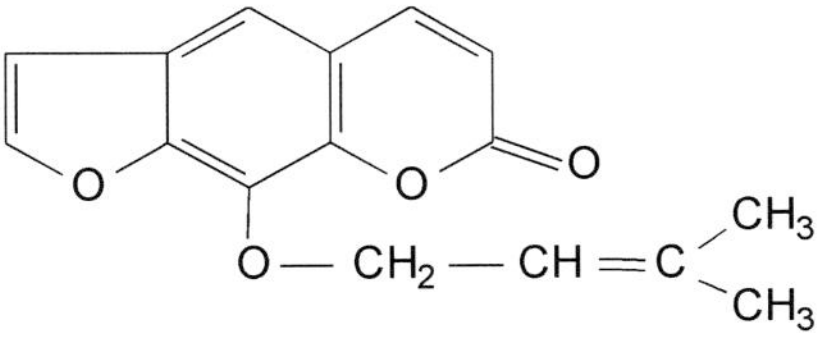	*Āegle mármelos* (L.) *Corrêa,* Engelwurz, Pastinak
Isopimpinellin (5,8-Methoxypsoralen)	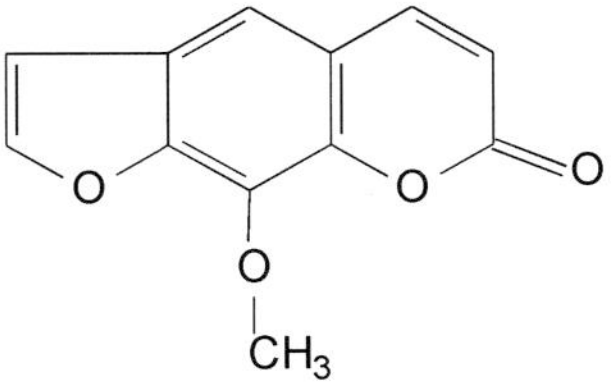	Pimpinelle, Zitrusöle, Möhre, Sellerie, Pastinak
Xantholoxin *(8-Methoxypsoralen, Methoxalen)*	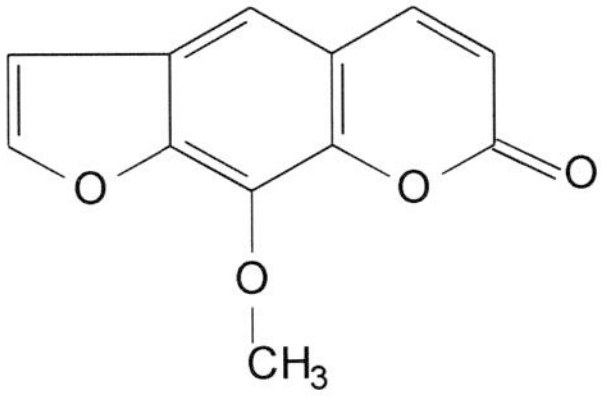	Sellerie, Pastinak, Petersilie, Möhre, Engelwurz
Oxypeucedanin	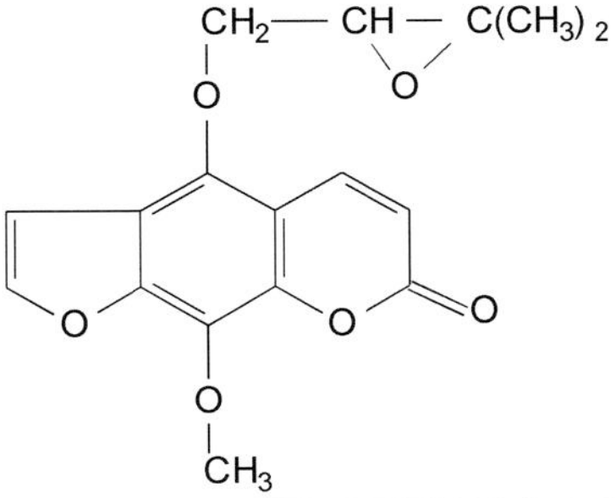	Engelwurz

In pflanzlichen Lebensmitteln vorkommende Cumarinderivate, die teilweise als Glycoside vorliegen (Forts.)

Cumarinderivat	Formel	Vorkommen
Isoimperatorin	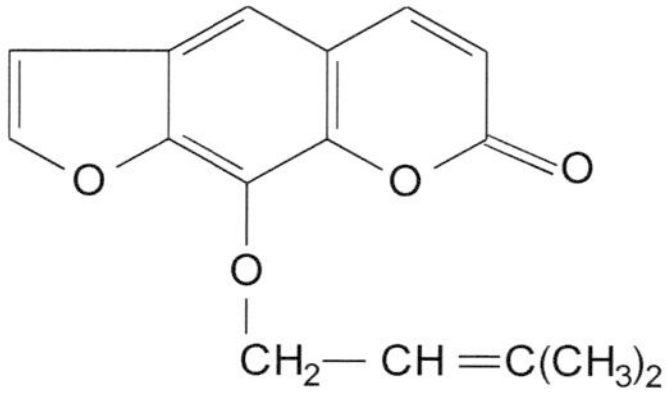	Engelwurz, Sellerie, Pastinak
Marmesin	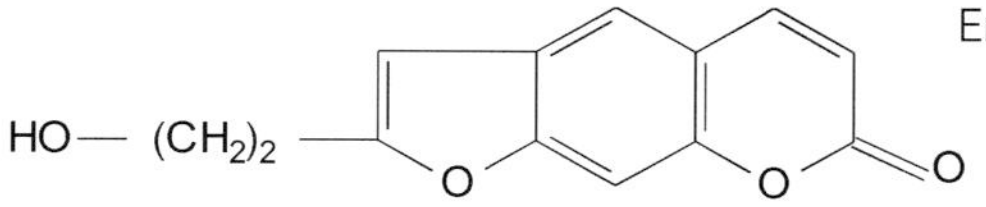	Engelwurz
Phellopterin	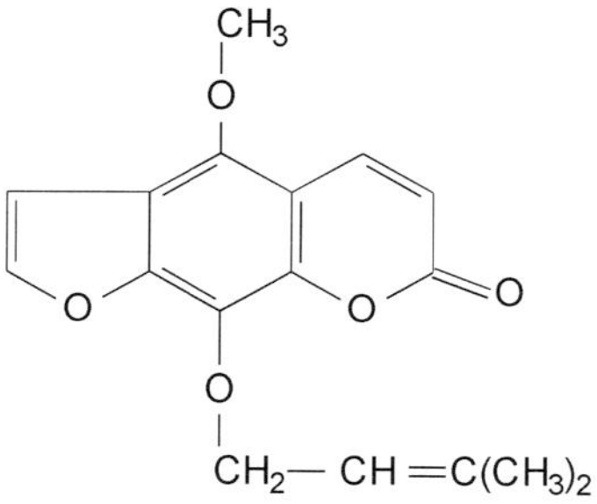	Engelwurz
7,8-Furocumarine:		
Angelicin *(Isopsoralen)*	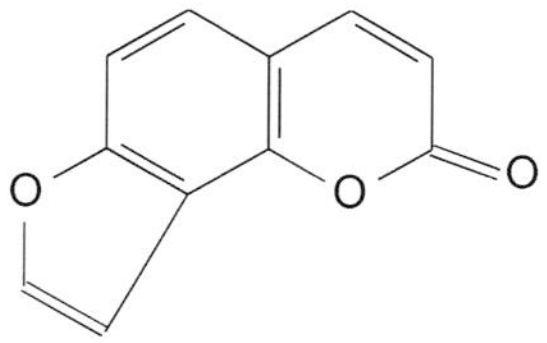	Engelwurz
Isobergapten	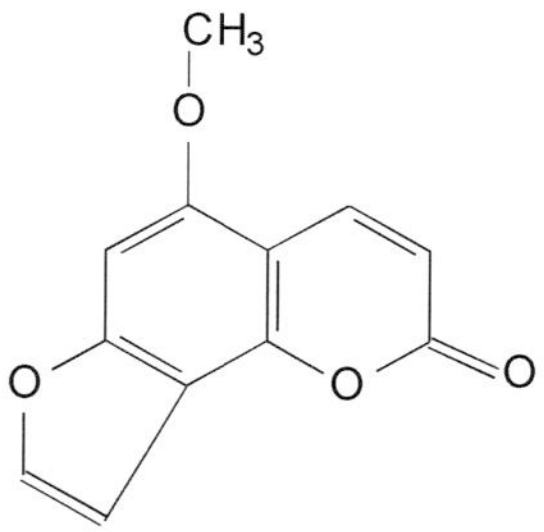	Pimpinelle

In pflanzlichen Lebensmitteln vorkommende Cumarinderivate, die teilweise als Glycoside vorliegen (Forts.)

Cumarinderivat	Formel	Vorkommen
Sphondin	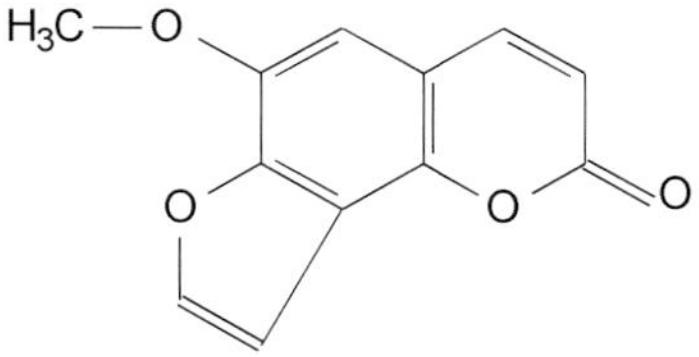	Pimpinelle
Pimpinellin	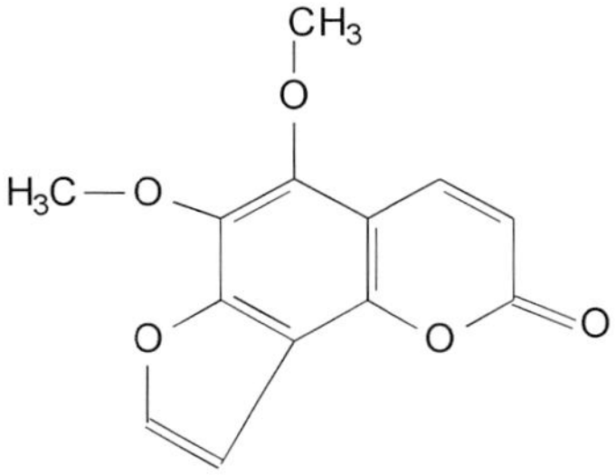	Pimpinelle
Apterin	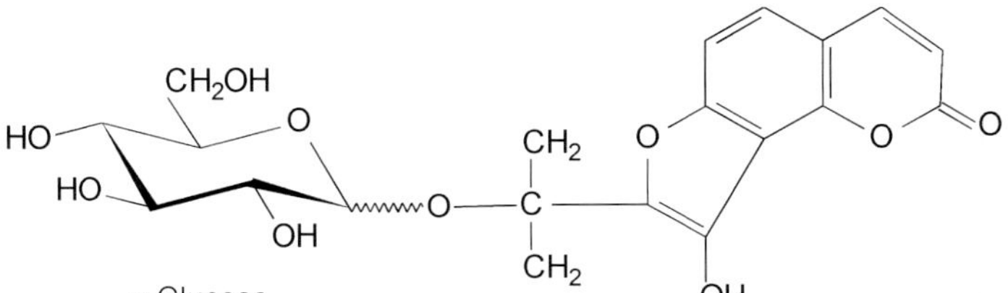 D-Glucose	Engelwurz, Pastinak
Xantholoxin (8-Methoxypsoralen, Methoxalen)	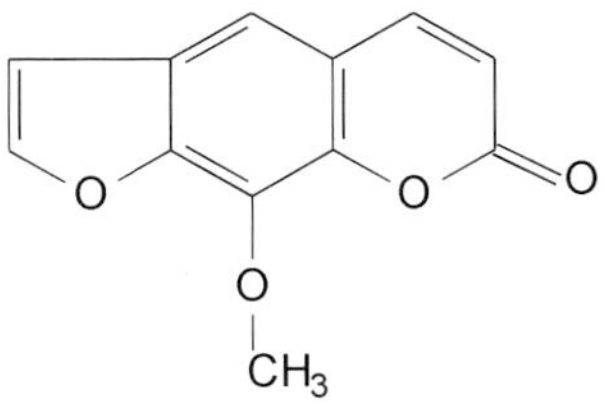	Sellerie, Pastinake, Petersilie, Möhre, Engelwurz

Cumaringlycoside: zu den O-Glycosiden gehörige Verbindungsgruppe, bei der das Aglykon über eine Hydroxylgruppe eines Mono-, Di- oder Trihydroxylcumarins mit der lactolischen Hydroxylgruppe des betr. Zuckers verknüpft ist. C. kommen in allen Pflanzenteilen, bes. häufig und in größeren Mengen z. Z. des Laubaustriebes in den Knospen und Rinden der Pflanzen vor. C. als Bestandteile von pflanzlichen Lebensmitteln, siehe Übersicht Seite 316.

Cumaringlycoside in pflanzlichen Lebensmitteln

Glycosid	Aglykon	Zucker	Formel	Vorkommen
Cichoriin *(Zichoriin)*	*6,7-Dihydroxy-cumarin (6,7-Bis-Hydroxy-cumarin, Äskuletin, Cichorigenin*	D-Glucose (1 Mol)	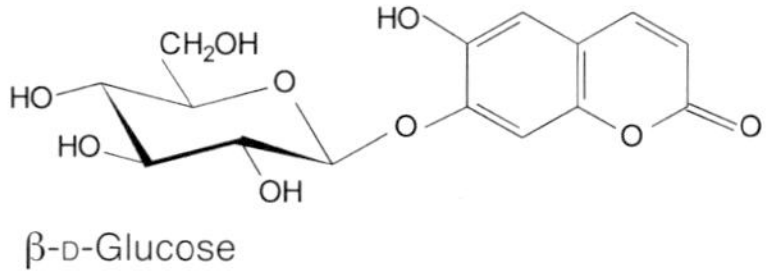	Chicorée (*Cichórium íntybus* L.)
Aesculin (Äskulin)	*Aesculetin* (Äskuletin)	D-Glucose (1 Mol)	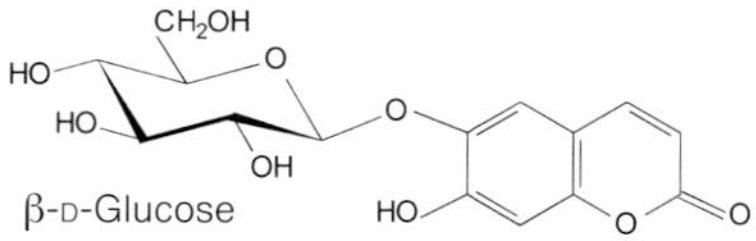	Kartoffel
Scopolin (Skopolin)	*Scopoletin* (Skopoletin)	D-Glucose (1 Mol)	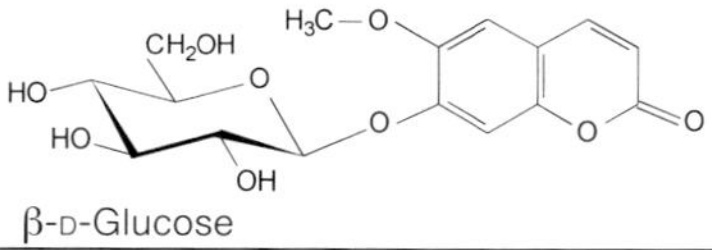	Tabak, Kartoffel

→ Glycoside → Cumarin

Cumaron-Indenharz → Harze

p-Cumaroyl-chinasäuren → Hydroxyzimtsäuren

1-p-Cumaroyl-glucose → Hydroxyzimtsäuren

Cumaroyloenin → Anthocyane

p-Cumarsäure → Hydroxyzimtsäuren

Cumate → Achua

Cumberlandsoße, *Cumberland-Sauce:* eine nach der englischen Grafschaft „Cumberland" benannte → *Würzsoße,* die ursprünglich hauptsächlich aus Fleischbrühe, Rotwein und Pomeranzenschalen unter Zusatz bestimmter Geschmackskorrigenzien für die Verfeinerung und Würzung von Wildgerichten, Geflügel und Pasteten entwikkelt wurde. Die industrielle Herstellung basiert auf der Verwendung von Fleischextrakt, Orangensaft, Zitronensaft, Johannisbeergelee, engl. Senfmehl (Mustard), Olivenöl und Dessertwein. Die C. hat mind. 43,5 % Trockenmasse, höchst. 1,5 % Kochsalz, höchst. 5 % Fett und je 1 l mind. 3500 mg Creatinin, 1700···2700 mg wasserlösliche Säuren sowie mind. 370 g Gesamtzucker aufzuweisen.

Cumbu → Perlhirse

Cuminal → Aldehyde

Cuminaldehyd → Aldehyde

Cumínum cymínum → Mutterkümmel

Cupa: im Amazonasgebiet, Paraguay und Peru kultivierte Cissusart, *Císsus gongylódes* (Bak.) Burch. aus der Familie *Vitáceae.* Die Früchte dieser Pflanze werden vor allem von den Indianern als Quelle mehlartiger Speisen genutzt. Weitere Cissusarten, deren Wurzeln zur Gewinnung eines aromatischen, würzenden Mehles herangezogen werden (Okoho genannt), aus dem insbes. in Ost-Nigeria Suppen nach 10···15 min Kochen bereitet werden, sind die im tropischen Afrika angebauten Cissusarten *C. quadránguca* L. oder *C. adenópoda* Sprag.

Cupana → Guarana

Curaçao, *Curaçaolikör:* ein Fruchtaromalikör, hergestellt unter überwiegender Verwendung von Destillaten aus Curaçaofruchtschalen. Vielfach wird C. zusätzlich als „sec" (franz. trocken) bzw.

„Triple sec" bezeichnet. Während sich früher diese Bez. auf den Zuckergehalt bezogen, ist damit heute ein unverbindlicher Hinweis auf die Qualität und den Ethanolgehalt (meist 38 %-Vol.) des C. gegeben (→ Sekt). Im Gegensatz zu C., der als wasserheller Destillatlikör auch als *„Curaçao weiß"* bezeichnet wird, ist *„Curaçao orange"* unter teilw. Verwendung von Curaçaoschalenextrakt hergestellt. C. hat nur eine begrenzte Haltbarkeit. International bekannte C. sind die franz. *„Grand Marnier", „Cointreau", „Napoleon", „Blue-Curaçao"* und der niederländische *'Bols-Curaçao'.* → Likör

Curaçao-Aloe → Aloe, Echte

Curaçaoschalen: Würzdroge aus getrockneten Schalen unreifer → Pomeranzen (*Cítrus aurántícum* L.), die zerkleinert oder pulverisiert von der Likör- und Essenzenindustrie verarbeitet werden. → Flavedo → Spirituosen

Curatélla americána → Caimbe

Curcúligo latifólia → Turumgemüse

Curcúligo orchioídes → Turumgemüse

Curculin: süßes Protein aus den Früchten von *Curculígo latifólia Dryand.* das etwa 550 mal süßer ist als Saccharose.

Curcuma → Curcumin

Cúrcuma aeruginósa → Kurkuma 1.

Cúrcuma amáda → Kurkuma 1. → Mango-Ingwer

Cúrcuma angustifólia → Kurkuma 1.

Cúrcuma aromática Kurkuma 1.

Curcumagelb → Curchain

Cúrcuma heyneána → Kurkuma 1.

Cúrcuma lónga → Kurkuma 1. und 2.

Cúrcuma mángga → Kurkuma 1.

Cúrcuma pierreána → Kurkuma 1.

Cúrcuma purpuráscens → Kurkuma 1.

Cúrcuma xanthorrhíza → Kurkuma 1.

Cúrcuma zedoária → Kurkuma 1. → Kurkumastärke → Arrowroot

L-α-Curcumen, L-α-Kurkumen, *1-Methyl-4-[1,5-dimethyl-hex-4-enyl]*-benzen, 2,6-Di-methyl-6-p-tolyl-hept-1-en: natürlich vorkommendes Gemisch von 2 isomeren einfach ungesättigten, verzweigten Kohlenwasserstoffen mit einem Tolylrest mit der Formel

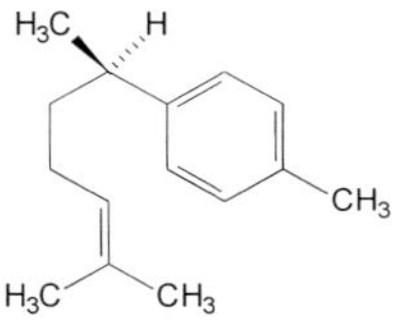

1-Methyl-4-(1,5-dimethyl-hex-4-enyl)-benzen

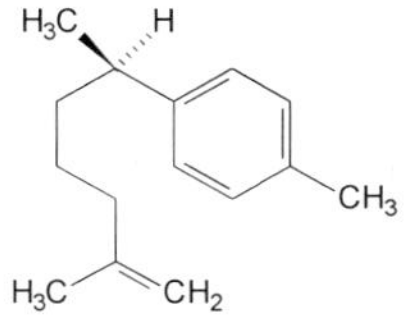

1-Methyl-4-(1,5-dimethyl-hex-5-enyl)-benzen

Es ist Hauptbestandteil des ätherischen Öles der Kurkumawurzel (*Cúrcuma aromática* Salisb.), L-α-K. ist ein Öl, $Kp._{1733\ Pa}$ 130°C, d_{20} 0,8775.

β-Curcumen → Terpen-Kohlenwasserstoffe

Curcumin, *Kurkumin, 1,7-Bis-(4-oxy-3-methoxyphenyl)-heptadien-1,6-dion-(3,5), 1,7-Bis-(4-hydroxy-3-methoxyphenyl)-1,6-heptadien-3,5-dion, 1,7-Bis-(4-oxy-3-methoxy-cinnamoyl)-methan, Curcumagelb, Kurkumagelb, Diferulolymethan:* ein ungesättigtes Diketon mit 2 Guajacylresten der Formel:

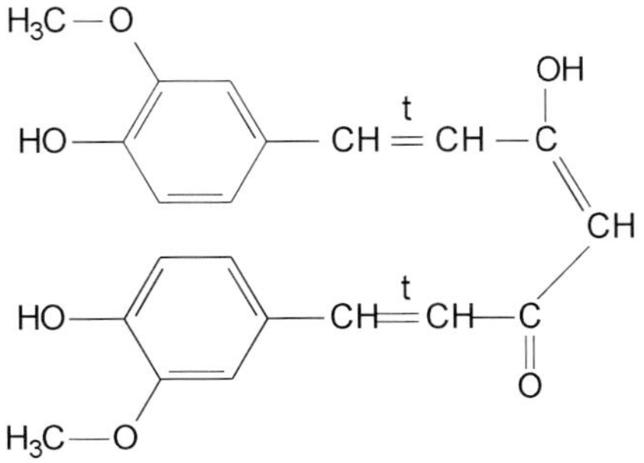

Molmasse 369,39 g/mol, orange Prismen, F. 183 °C, löslich in Ethanol und Eisessig, unlöslich in Wasser und Ether. C. ist ein gelber Farbstoff, der in der Gelbwurz *(Kurkuma,* Wurzelstock von *Cúrcuma lónga* L.), der Safranwurz (*Cúrcuma aromá-*

tica Salisb.). u. a. *Cúrcuma*-Arten vorkommt. C. ist in Deutschland, als Lebensmittelfarbstoff zugelassen. C. ist wichtiger Bestandteil von indischem Curry und wird als Lebensmittelfarbstoff bei Gebäck, Käse, Likören und Öl gebraucht. C. senkt den Cholesterolspiegel und die Bluttfettwerte bei Hyperglycämie. Handelsnamen sind Kurkuma und Curcumin. → Lebensmittelfarbstoffe → Farbstoffe

Curdlan → β-1,3-Glucane

Curomamin → Anthocyane

Curry: 1. → Currypulver
2. in Indien das mit Currypulver gewürzte Gericht (nicht die Gewürzmischung).

Curryblätter: 1. das eiförmige, zugespitzte, bis 5 cm lange und bis 2 cm breite Blatt - mit schief angesetztem Spreitengrund der Blattfieder - des in Indien und Sri Lanka heimischen kleinen Baumes *Murráya koenígii* (L.) Spreng. (Familie *Rutáceae*). Die C. sind von unangenehmem würzigem Geruch und scharfem Geschmack, der auf den Gehalt an ätherischem Öl – mit Pinen, Caryophyllen und Palmitinsäure als Hauptbestandteile – zurückzuführen ist. Die C. dienen im Heimatland zum Würzen verschiedener Speisen. Als Zusatz zu Chutneysoßen, → Currypowder gelangten die C. bisher nicht zur Anwendung.
2. Bez. für die derben Blätter von *Cinnamómum zeylánicum Bl.* (→ Zimt). Sie sind eiförmig bis oval, meist zugespitzt, Länge 8···20 cm, Breite 3···8 cm; der Blattstiel ist etwa 14 mm lang. Sie gelangen vereinzelt als Zusatz in Currypowder.

Currypulver, *Curry, Indisches Gewürz:* bekannteste Gewürzmischung aus dem ostasiatischen Raum mit sehr scharfem Geschmack, die i. allg. aus 7 bis 12 oder 20 bis max. 66 Gewürzen besteht. Wichtigste Bestandteile sind *Kurkuma* (als farbstoffbestimmender Bestandteil), *Curryblatt, Ingwer, Koriander, Kardamom, Gewürzpaprika, Mazis, Gewürznelken, Pfeffer* und *Zimt*. Je nach Geschmacksrichtung und Schärfe werden noch *Bockshornklee, Piment, Kümmel, Muskatnuß, Rosmarin, Lorbeerblätter, Sternanis* u. a. zugefügt. Als Kombinationsstoffe zur Geschmacksabrundung können noch Hülsenfruchtmehle (bis zu 10 %) und Stärke sowie Speisesalz bis zu 5 % zugesetzt werden. Das C. wird zum Würzen von Reis- und Fischspeisen, für pikante Soßen, z. B. → Worcestersoße, Ragouts, einige Fleischgerichte sowie für Currywurst verwendet.

Currysoße → Würzsoße

Curuba → Passionsfrüchte

Cush-cush-Yams → Faseryams → Yamswurzel

Custard-Apfel→ Cherimoya

Cutine: aus gesättigten und ungesättigten Fettsäureestern, u. a. aus Hydroxyfettsäuren kompliziert aufgebaute, wachsähnliche, hochmolekulare Substanzen, die den Hauptbestandteil der pflanzlichen Kutikula (Außenhäutchen oberirdischer Pflanzenteile) darstellen und deren Wasserundurchlässigkeit bedingen. C. werden nicht im menschlichen Darm gespalten und sind deshalb → Ballaststoffe.
Ausschnitt aus der *Struktur der Cutine (Formel siehe Seite 319 oben).*
→ Wachse

Cuttlefish → Tintenfisch

Cuvée: Jungweinmischung für die Schaumweinherstellung. → Sekt → Verschnitt

Cyamópsis tetragonóloba → Büschelbohne

Cyanamid → Stoffe, Lathyrismus auslösende

Cyanidanol → Catechine

Cyanidin → Anthocyane

Cyanidinglycoside→ Anthocyane

Cyanin → Anthocyane

Cyanin-mono-3-p-cumarat → Anthocyane

β-**Cyanoalanin** → Stoffe, Lathyrismus auslösende

Cyanocobalamin → Vitamin B_{12}

2-Cyanopropylamin → Stoffe, Lathyrismus auslösende

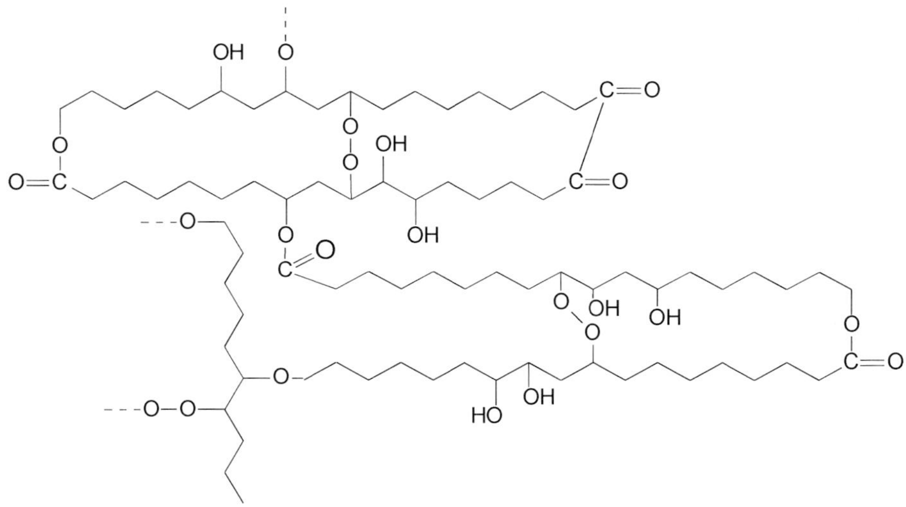

p-Cyanoxybenzoesäure (Calvatsäure) → Pilzgifte

Cyanwasserstoffsäure → Blausäure

Cýbium spp. → Thunfisch

Cycadnuß → Palmfarnstärke

Cycasin, *Zykasin, β-D-Glucosylazomethan, ß-D-Glucosid des Methylazoxymethanols:* in Cycadaceen (Palmfarnen, bes. in *Cýcas circinális* L. und *Cýcas revolúta* Thunb.) enthaltener Inhaltsstoff mit der Formel:

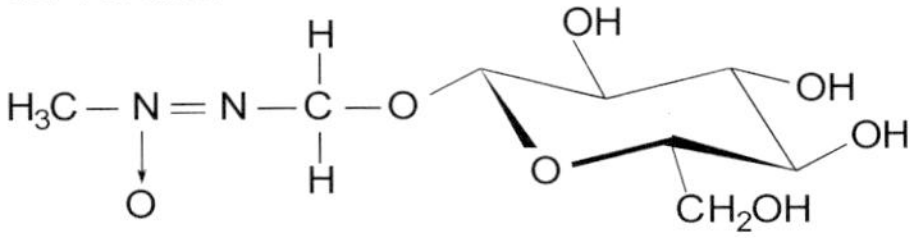

Aus den Stämmen dieser Palmfarne wird Sago und aus den Nüssen, Blättern und Wurzeln, bes. in Ostasien, Stärke gewonnen. Bei Bewohnern ostasiatischer Inseln trat u. a. gehäuft Leberkrebs auf. Als sich nach Verfüttern des Zykamehls an Ratten Leber-, Nieren- und Tumoren des Intestinaltraktes zeigten, wurde C. als kanzerogener Faktor erkannt, das durch Darmbakterien analog den Nitrosaminen zu dem eigentlichen Kanzerogen abgebaut wird. Diskutiert wird eine Methylierung von Nucleinsäuren. → Nitrosamine → Kanzerogene → Giftstoffe in pflanzlichen Lebensmitteln

Cýcas revolúta → Palmfarnstärke

Cycas-Sago → Sago

Cýcas spec → Cycasin

Cycas-Stärke → Palmfarnstärke

Cyclamate, (E 952) *Cyclohexylaminosulfonat* (Natrium- und Calciumcyclamate): synthetische Süßungsmittel, dessen Süßgeschmack 1944 entdeckt wurde. Formel:

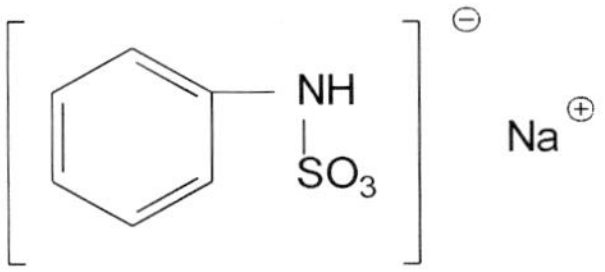

C. ist bei den in der Lebensmittelverarbeitung üblichen pH-Werten und Temperaturen stabil. Die Wasserlöslichkeit ist gut. Die maximale → *Süßintensität* beträgt Rm = 64. Die → *Süßkraft* ist 30···40. Mit steigender Konzentration tritt ein Nebengeschmack auf (untere Nachweisgrenze in

Wasser etwa 1,74 g/l). ADI: 11 mg/kg KM. C. ist in einigen Ländern der Welt zugelassen und wird wegen des niedrigen ADI-Wertes in Mischung mit anderen Süßstoffen vorzugsweise → *Saccharin* im Verhältnis 10:1 eingesetzt, weil die Kombination synergistisch wirkt.

Cyclanthéra padáta var. edúlis → Gurke, Amerikanische

Cyclitole, *Zyklitole:* Polyhydroxycyclohexanderivate, die nach Art einer intramolekularen Aldolkondensation aus Aldohexosen entstehen. → Inositol

Cyclo-alliin → Aminosäuren

Cycloamylose → Amylose

Cycloartenol, *Zykloartenol, Artostenol, Handianol:* ein Triterpen-Alkohol mit der Formel (s. nächste Spalte oben).
C. kommt in der Frucht von *Artocárpus íntegra* (Thunb.) Merr. vor, F. 99°C, $[\alpha]_D$ +48···+54° (in Trichlormethan).

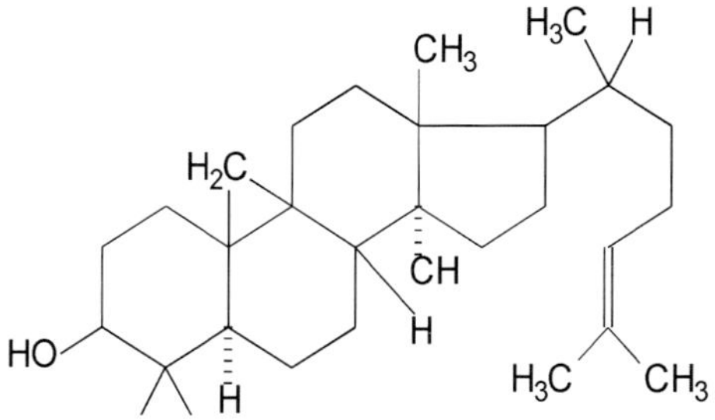

Cyclodextrin: ringförmige Verbindung aus α1,4 verknüpften Glucosebausteinen mit käfigförmiger Struktur, die die Fähigkeit besitzen Einschlußkomplexe zu bilden (s. Formel unten). Die α,- β,- ϑ- und γ-Cyclodextrine, die entsprechend 6, 7, bzw. 8 Glucopyranoseeinheiten besitzen, sind die wichtigsten C., wobei das Hauptprodukt zu 97 % das β-Cyclodextrin ist. Der Innenraum des Torus ist hydrophob, je hydrophober ein Molekül ist, desto

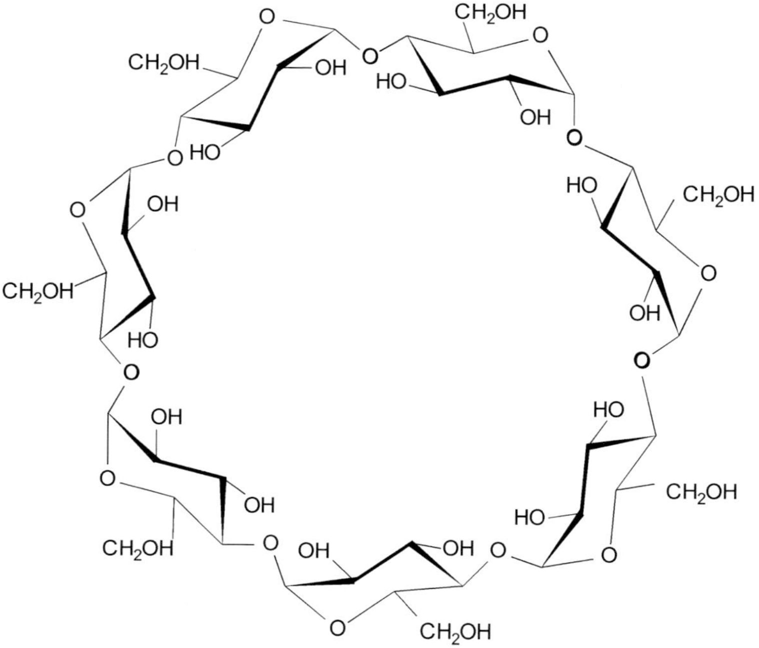

schneller wird es komplexiert und desto stabiler ist der Komplex. C. werden zur Stabilisierung fettlöslicher Farbstoffe (wie Carotene und Annato), zur Geschmacksmodifizierung (Eleminierung des Nachgeschmacks bei Süßstoffen und Reduzierung des Bittergeschmacks bei Citrussäften), zur Entfernung von Aminosäuren und Cholesterol (phenylalaninfreie Diät bei Verwendung von Caseinhydrolysaten, cholesterolarmes Eigelbpulver) und zur Mikroverkapselung von Aromastoffen eingesetzt. → Dextrin

Cyclohexan → Extraktionslösemittel

Cyclokautschuk: Überzugsmittel für Hartkäse

Cyclópia genistoídes → Buschtee

Cyclo-propylen-nonadeo-9-ensäure → Sterculiasäure

Cyclópterus lúmpus → Seehase

Cyder → Mispel, Echte

Cydónia oblónga → Quitte

Cymbalária murális → Zimbelkraut

Cymbopogongras: Sammelbez. für Gräser (Familie *Poáceae*) der Gattung *Cymbopógon, Spreng,* deren Vertreter in Blättern und Trieben ätherisches Öl enthalten, das als Gewürz, als Arznei, für Kosmetika und zur Herstellung von alkoholischen, alkoholfreien und teeähnlichen Getränken verwendet wird. Die C. werden in den Tropen mit Schwerpunkt Südostasien und Ostafrika kultiviert oder als Wildbestand genutzt. Durch systematische Kreuzungsarbeit sind Hybriden und Stämme mit speziellen Ölzusammensetzungen entstanden, deren Zuordnung zu den einzelnen Arten unsicher ist. *Cymbopógon flexuósus* (Nees ex Steud.) W. Wats. (*Malabargras, Ostindisches Zitronengras, Cochingras)* liefert das sog. *Indische Zitronengrasöl, Malabaröl* oder auch *Cochin-Zitronengrasöl* genannt. *C. travancorensis* Bor. (*Inchigras*) liefert das *Inchigrasöl. C. citrátus* (DC). Stapf (*Westindisches Zitronengras*) wird vor allem als Würz- und Teepflanze verwendet und liefert das *Serehgrasöl.* Die jungen Herzblätter werden zuweilen als Gemüse genutzt. *C. nardus var. nardus* (L.) Rendle (*Zitronellgras*) liefert das *Ceylon-Zitronellgrasöl. C. winteriánus* Jowitt (*Altes Zitronellgras*) liefert das *Jawa-Zitronellöl.* Die ätherischen Öle der C. werden häufig auch anstelle von *Melissenöl* als sog. *Melissenölersatz* verwendet, meistens unter der Bez. *Indisches Melissenöl,* wobei insbes. die Arten *C. flexuósus* und *C. citrátus* in Betracht kommen. *Echtes Melissenöl* (Gehalt an ätherischen Ölen in getrockneten Blättern beträgt 0,02···0,2%) wird aus Kostengründen nicht gehandelt (1 kg würde etwa 50 000,- DM kosten). Außer den Cymbopógonölen dient auch Zitronenöl als Ersatz für Melissenöl, indem es über Melissenkraut destilliert wird.

Cymbopogon spec.→ Cymbopogongras

Cymen → p-Cymol

p-Cymol, *p-Zymol, Cymen, p-Isopropyl-toluol:* ein aromatischer Kohlenwasserstoff mit der Formel:

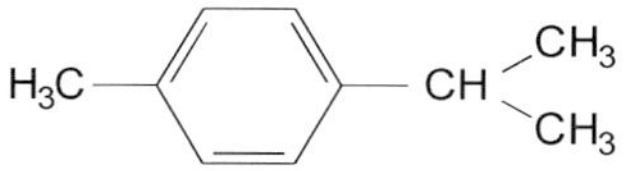

C. ist im Pflanzenreich weit verbreitet als Bestandteil von ätherischen Ölen, z. B. von Zimt, Eukalyptus, Koriander, Thymian, chines. Sternanis, Muskatnuß, Karotte und Raute. Es ist eine Flüssigkeit, Kp. 176···177°C.

Cynar: ein italien., dunkelbrauner Gemüselikör, ähnlich einem Magenbitter aus Artischockenextrakt und 18 verschiedenen Kräutern, der mit Tafelwasser verdünnt und ggf. mit Zitronenscheibe garniert wird.

Cýnara cardúnculus → Kardone

Cýnara scólymus → Artischocke, Echte

Cynarin, *Zynarin, 1,5-Dicaffeylchinasäure, 1,4-bis-(3.4-Dihydroxycinnamoyl)-chinasäure:* eine → *Hydroxyzimtsäure* mit folgender Struktur (Formel s. Seite 322 oben).
C. ist der Hauptwirkstoff der Artischokcke (*Cýnara scólymus* L.). C.senkt erhöhte Blutfettwerte. C. ent-

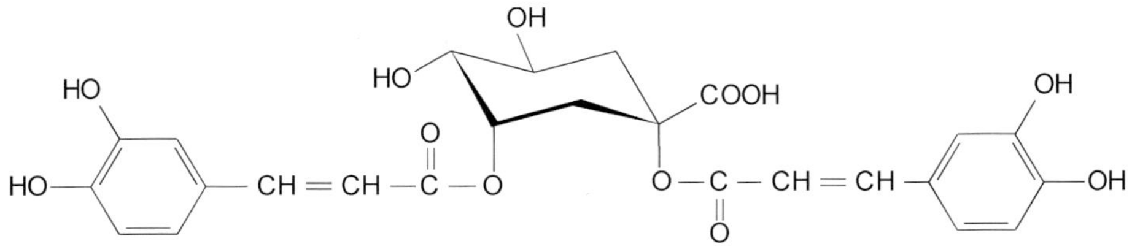

haltende Artischockenauszüge werden medizinisch zur Förderung der Gallenproduktion und zur Steigerung des Gallenflusses eingesetzt. C. wurde bereits als Reinsubstanz medizinisch genutzt. Dabei stellte man im Blutserum niedrigere Gehalte an freien Fettsäuren und Glycerol, an Triglyceriden und Cholesterol fest. Letztere wird mit der Hemmung der Lipolyse und der galletreibenden Wirkung des C. erklärt. → Hydroxyzimtsäuren

Cynaropicrin → Bitterstoffe

Cynarosid → Flavonoide

Cynen → Terpen-Kohlenwasserstoffe

Cyneol → 1,8-Cineol

Cynoscion regalis → atlantischer Seebarsch → Flußbarsch

Cypernwicke → Knollenplatterbse

Cypérus esculéntus → Erdmandel

Cypérus rotúndus → Erdmandel

Cyphomándra betácea → Baumtomate

Cyprínus cárpio → Karpfen

Cyrtospérma chamissónis Schott: zur Familie *Aráceae* gehörende Pflanze, deren bis zu 50 kg schwere Knollen auf einigen Inseln Ozeaniens Ernährungsgrundlage sind.

Cystathionin → Aminosäuren

Cystatin C, Ficininhibitor, bestehend aus einer Peptidkette mit ca. 120 Aminosäuren (Molmasse = ca. 13000 g/mol), C. ist zu 0.05 % in den Eiklarproteinen vorhanden. Es gibt zwei Isomere, die sich im isoelektrischen Punkt (I = 5,6 und I = 6,5), in den immunologischen Eigenschaften unterscheiden und im Verhältnis 63 zu 37 % vorkommen. Die Tertiärstruktur ist bekannt. Der Inhibitor hemmt Ficin und Papain, dagegen Bromelain kaum und bildet einen 1 : 1 Komplex.

Cysteamin → Alkylamine → Amine, biogene

Cystein (920) → Aminosäuren

Cysticercose → Zystizerkose

D-**Cystin** (921) → Aminosäuren → Amine, biogene → Lysinoalanin

Cystinsäure → Amine, biogene

Cythera-Apfel → Mombinpflaume

Cytidin, *Zytidin, 3-(β-D-Ribofuranysyl)-cytosin:* β-glycosidisches Nucleosid aus D-Ribose und Cytosin als Aglykon mit der Formel:

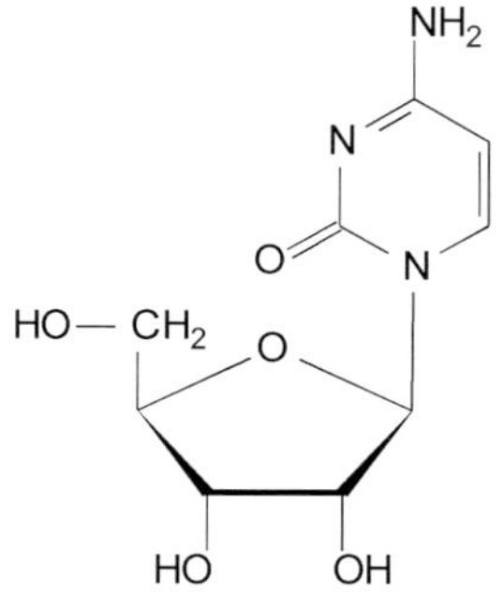

Die Nucleotide des C., die *Cytidinsäuren,* sind den → Adenosinphosphorsäuren analog aufgebaut. Das C. kommt z. B. in Weizenkeimlingen vor.

Cytidin-desoxyribosid, *Zytidin-desoxyribosid, 3-[β-D-2-Desoxy-ribofuranosyl]*-cytosin: β-glycosidisches Nucleosid aus D-2-Desoxyribose und Cytosin als Aglykon mit der Formel:

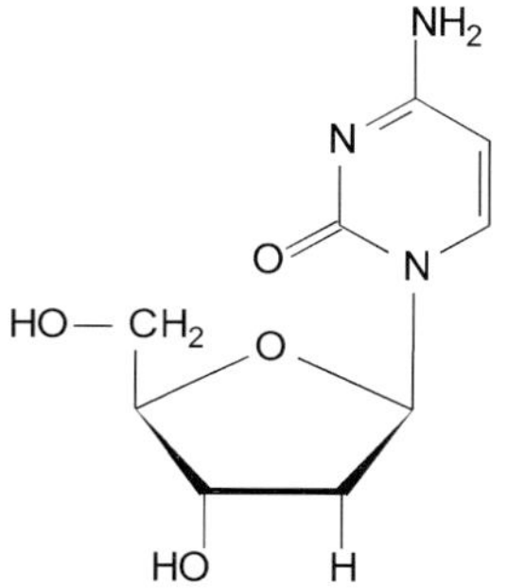

Das C. kommt als Baustein der Desoxyribonucleinsäuren (Thymonucleinsäuren) und in Pflanzenkeimlingen vor. → Nucleotide

Cytidinphosphorsäuren, *Zytidinphosphorsäuren, Zytidylsäuren:* zu den Nucleotiden gehörende Gruppe von Phosphorsäureestern des Nucleotids *Cytidin* mit der allg. Formel:

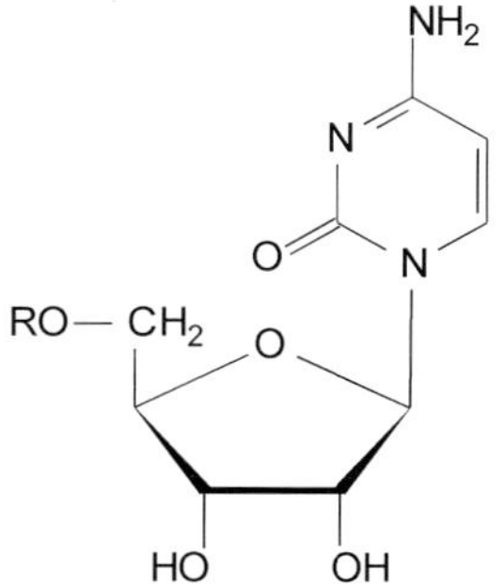

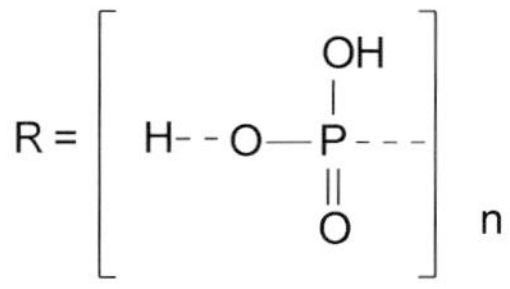

Nach der Art des Phosphorsäureesters (-R) unterscheidet man Cytidinmono- und -diphosphorsäuren. Cytidin-3'-phosphorsäure (Cytosylsäure), Cytidin-2'-phosphorsäure (Cytidylsäure a), Cytidin-5'-phosphorsäure und Cytidin-5'-diphosphorsäure sind Bausteine von Ribonucleinsäuren (Hefenucleinsäuren). Cytidin-diphosphat-cholin und -ethanolamin sind Zwischenstoffe bei der Phosphatidsynthese. → Nucleotide

Cýtisus scopárius → Besenginster, Gemeiner → Kapernersatz

Cytochrome, *Zytochrome:* in allen lebenden Zellen vorkommende *Chromoproteide, die aus Eiweiß und einem eisenhaltigen → Porphyrin* bestehen und bei der Zellatmung als Oxydoreduktasen die Elektronenübertragung von dem aus dem Stoffwechsel stammenden Wasserstoff zum Atmungssauerstoff besorgen. Von grundlegender Bedeutung ist dabei der umkehrbare Übergang des Eisens von der zwei- in die dreiwertige Stufe. Man unterscheidet 6 C., nämlich C. a (wahrscheinlich identisch mit dem *Warburgschen Atmungsferment*) und der *Cytochromoxydase* a_1, b, b_2, b_5 und c.

Cytochromoxydase → Cytochrome

Cytokinine: Gruppe von Pflanzen- (Phyto-)hormonen, die die Zellteilung fördern und zusammen mit → *Aminen* und → *Gibberellinen* an der Regulierung versch. Entwicklungsprozesse, wie Knospenbildung, Alterung, Fruchtbildung und -wachstum beteiligt sind (Beispielsweise beim Knollenwachstum der Kartoffel).

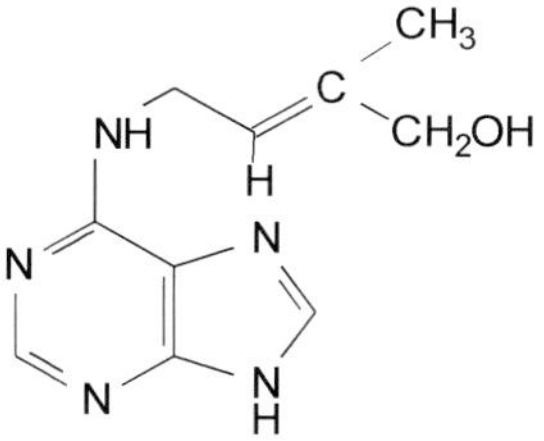

Das aus Maiskörnern isolierte *Zeatin* [*(4-Hydroxy-3-methyl-but-2-enyl)aminopurin*] ist das erste strukturell aufgeklärte C., das in cis- und trans-Form natürlich vorkommt. Weiterhin nachgewiesen wurden cis- und trans-9-β-D-*Ribofuranosylceatin.*

Cytosin, *Zytosin, 2-Hydroxy-6-aminopyrimidin, 2-Oxo-4-iminotetrahydropyrimidin, 4-Amino-pyrimidin-d-2-on:* Pyrimidinbase der Formel:

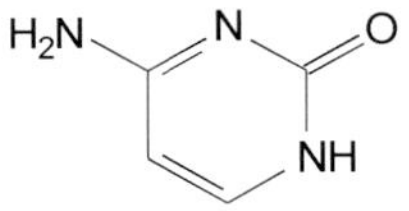

C. ist Baustein der Nucleoside → *Cytidin* und → *Cytidin-desoxyribosid,* es kristallisiert in Platten (aus Wasser), F. 320···325°C (Zers.), ist leicht löslich in Wasser, schwer in Ethanol und unlöslich in Ether. C. wurde im Rinderhirn und im Muskelfleisch des Tintenfisches nachgewiesen.

Cytosin-D-ribosid → *Nucleotide* → *Cytosin*

Cytosylsäure → Cytidinphosphorsäuren

Cyttária darwínii → Helotiáles

'Czar': Pflaume. → Steinobst

Dachpilz → *Amanitáceae*

Daddowa → Dawadawa

Dagussa → Fingerhirse

Dahi: ein in Südasien (insbes. Indien) beheimatetes → *Sauermilcherzeugnis* aus Büffelmilch (joghurtähnlich), das seinen Ursprung in der Hindu-Kultur hat. Dahi-Starterkulturen enthalten *Streptococcus thermophilus* und *Lactobacillus bulgaricus*.

Dáhlia pinnáta → Dahlie

Dahlie, *Georgine:* die in Mexiko beheimatete und ursprünglich für Nahrungszwecke in Europa eingeführte, heute weitverbreitete Zierpflanze, *Dáhlia pinnáta* Cav. (Familie *Asteráceae*), deren stärkehaltige Wurzelknollen auch als Gemüse und zur Insulingewinnung herangezogen werden.

Daidzein → Flavonoide → Östrogene

Daidzin → Flavonoide

Daikonkers, *Rettichgrün:* als Blattware gebündelte Rettichblätter, die entweder als Salat oder als milchsauer eingelegtes Gemüse verzehrt werden. → milchsaures Gemüse → Lebensmittel, fermentiertes → Rettich

Dalken → Krapfen

Damajagua → *Cocua*

Damascenin, *Nigellin, Methyl-2-methylamino-3-methoxybenzoat:* muskatnußartig riechender Inhaltsstoff der Samen des im Mittelmeergebiet beheimateten Gewürzes *Damascener Schwarzkümmel (Nigélla damascéna* L., (Familie *Ranunculáceae),* Formel:

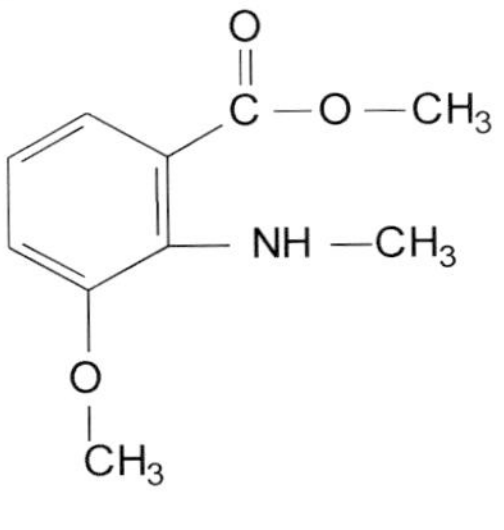

D. bildet farblose prismatische Kristalle, ist unlöslich in Wasser, löslich in Ethanol, Ether und Ölen, Molmasse 195,21 g/mol, F. 27···29°C, Kp. 270°C, fluoresziert in Lösung blau. D. wird zu den Alkaloiden gerechnet und wirkt narkotisch. Auch im *Akker-Schwarzkümmel* (*Nigélla arvénsis* L.) ist D. enthalten. Es wird zur Parfümherstellung verwendet.

Damhirsch → Wild

β-Damascenon: charakteristischer Geruchs- und Geschmacksstoff des Honigs und des Rosenaromas.

β-Damascone: *1-(2,6,6-Trimethylcyclohexenyl) 2-buten-lone:* zur Gruppe der Iononisomeren gehörende Aromastoffe (s. Formel).

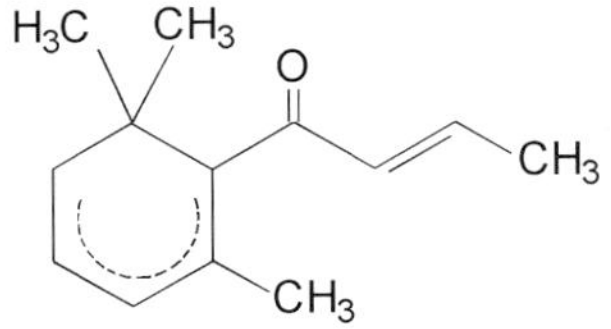

Man unterscheidet je nach Stellung der Doppelbindung im Ring α-, β-, γ-, δ- 2 Formen. Molmasse 192,30 g/mol. D. sind ölige Flüssigkeiten mit fruchtigem, rosenähnlichem Geruch. Die α- und β-D. sind im Teearoma enthalten. Das α-D. tritt als Racemat auf.

Damiana: der im feuchtheißen Klima Mexikos kultivierte, bis zu 2 m Höhe erreichende Strauch *Túrnera diffúsa Willd. var. aphrodisíaca* Ward. (Familie *Turneráceae*), dessen ätherisches Öl in den Blättern und Stengeln Cineol, Cymol, Blausäureglycosid, Pinen, Bitter- und Gerbstoffe sowie Harz enthält. Aus den zur Blütezeit gesammelten Blättern werden Tonika sowie Kräuter- und Arzneitees mit nervenstärkender und harntreibender Wirkung hergestellt. → Erzeugnis, teeähnliches, → Gesundheitspflegemittel

Dammarharz → Harze

Dampfapfel → Trockenapfel

Dampfbackkammerbrot → Brot, rindenloses

Dampfschälverfahren → Kartoffel

Dampftran: Dampfleberöl. → Fischleberöl, nach dem Wärmeaufschlußverfahren gewonnen.

Dampfwurst: → *Brühwurst (Würstchen),* zu deren Herstellung grob entfettetes Schweinefleisch, Schweinekopffleisch ohne Knochen, Schwarten, grob entsehntes und sehnenreiches Rindfleisch, Rinderknochenabputz, Abschwartefett, Nitritsalz, Pfeffer, Knoblauch, Kardamom und Majoran eingesetzt werden. Als Wursthüllen dienen enge Schweinedärme. Das Schnittbild zeigt eine graurosafarbene, mittelfein gekutterte Wurstmasse, in der Schwartenteile erkennbar sind, auch etwa erbsengroße Fettstücke können vorhanden sein. → Wurst

Damsongummi → Gummistoff, pflanzlicher → Hydrokolloid

Damwild → Wild

Danablu (Danish Blue Cheese): dänischer *Edelpilzkäse* aus Kuhmilch, der zur Gruppe der Blauschimmelkäse oder Grünschimmelkäse gehört. → Käsesorten

Danbo: dänischer fester *Schnittkäse,* der in den Fettstufen 45 % F. i. Tr., 30 % F. i. Tr. und 20 % F. i. Tr. hergestellt wird. → Käsesorten

Danfu → Tofu

Dänischer Agar → Furcellaran

Danwake: ein in Westafrika verbreiteter Fladen aus einer Mischung von Hirse (Sorghum) und Bohnenmehl. D. wird mit Suppe verzehrt. Wird derselbe Fladen ohne Suppe verzehrt, so heißt diese Speise *Tutanni.* Der durchschnittl. Gehalt je 100 g D. beträgt: 10 g Eiweiß, 4,2 g Fett, 72,5 g Kohlenhydrate, 3,2 g Mineralstoffe; der Energiewert in kJ (kcal) beträgt 1576 (377). → Flachbrot

Daoen Djeroek → Zitronenblatt, Indisches

Daoen Salam → Lorbeerblatt, Indisches

Daoon koetjing → Borretsch

Darjeeling-Tee → Tee

Darm, *Intestinum commune:* längster Teil des Verdauungskanals, der als vielfach gewundener Schlauch vom Magenausgang bis zum After reicht. Der Darmkanal wird in *Dünndarm (Intestínum ténne*) und Dickdarm *(Intestínum crássum*) unterteilt. Der Dünndarm besteht aus *Zwölffingerdarm (Duodénum), Leerdarm (Jejúnum)* und *Hüftdarm (Ileum).* Der Dickdarm besteht aus dem bei den Schlachttieren im Gegensatz zum Menschen ausgebildeten *Blinddarm (Cáecum), dem Grimmdarm (Cólon*) und dem *Mastdarm (Réctum*). Die Länge des Darmes ist je nach Tierart sehr verschieden. Beim Rind (Bild) beträgt sie 35···60 m, beim Schwein (Bild) 20···25 m, beim Schaf 20···40 m.

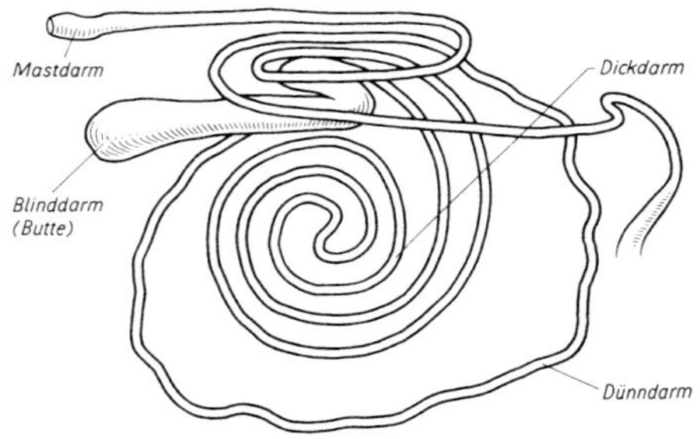

Darm des Rindes

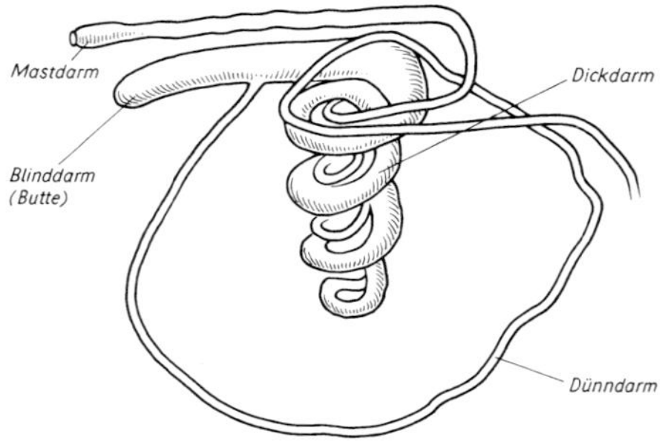

Darm des Schweines

Der Darm wird nach der Schlachtung der Tiere in der Kuttelei gereinigt, später sortiert und gesalzen. Rindsdärme und Schweinsdärme werden je nach ihrem Wert zu Hüllen für Roh- und Kochwurst verwendet, die dünneren, zarteren Abschnitte, bes.

Schafsdärme, dienen als sog. *Saitlinge* zur Umhüllung von Brühwurst (*Naturdärme)*.

Darmtang → Algenprodukt

Darrebrot → Flachbrot

Darrmalz → Malzkaffee → Bier → Malz

DAS → Stärke, dünnkochende

Dasheen → Taro

Datem: synthetischer, Monoacetyl- und Diacetyl-Weinsäureester von Fettsäuremono- und -diglyceriden, Emulgator.

Dattel: Frucht der bis zu 30 m hohen Dattelpalme *Phōenix dactylífera* L. (Familie *Arecáceae),* die bereits 3000 Jahre v. Chr. im Irak kultiviert wurde. Die zylindrischen, 5 cm langen, gelben, grünlichgelben, orangefarbenen oder roten einsamigen Früchte stehen in großen Büscheln zusammen, die 100 bis 200 Früchte fassen und bis zu 25 kg Masse haben können. Die Befruchtung der weiblichen Palmen erfolgt meist künstlich von Hand oder durch in die Bäume gehängte männliche Blütenkolben (Windbestäuber). 90 % aller D. werden in Irak, Iran, Algerien, Marokko, in Ägypten und den angrenzenden Ländern produziert. Hauptexporteur ist Irak mit 50 % des Weltexports. Die frischen oder getrockneten und gepreßten Früchte sind in den Anbauländern ein wichtiges Lebensmittel. Es werden 4 Reifegrade bis zur Vollreife unterschieden. Die Früchte sind im 2. Stadium am wertvollsten, ihr Geschmack ist zu dieser Zeit noch herbsäuerlich, und sie sollen durstlöschend sein. In diesem Zustand werden die D. viel konsumiert. Die zahlreichen Sorten werden in trockene und weiche eingeteilt. Die trockenen Sorten mit fester Haut sind weniger aromatisch und dienen dem Inlandkonsum, die typischen Exportsorten gehören zur weichen, zuckerreichen Gruppe. Spitzensorten aus Irak sind *'Hallawi', 'Khadrawi'* und *'Siar', aus Algerien und Tunesien kommen 'Deglet nour'* und *'Muskatdattel'*. Die Früchte werden kurz vor der Vollreife geerntet und an der Sonne oder in Trockenanlagen getrocknet und verpackt. Sie werden mit Stein oder entsteint geliefert. Getrocknete D. sind stark zuckerhaltig (s. Tab.).

Zusammensetzung und Energiewert der Dattel

Bestandteil	Getrocknete Datteln Durchschnittl. Gehalt in 100 g eßbaren Anteils
Feuchtigkeit	20,2 g
Eiweiß	1,85 g
Fett	0,53 g
Kohlenhydrate	73,2 g
Rohfaser	2,4 g
Mineralstoffe	1,82 g
Natrium	35,0 mg
Kalium	650,0 mg
Calcium	63,0 mg
Eisen	1,9 mg
Phosphor	57,0 mg
Caroten	0,028 mg
Vitamin B_1	0,036 mg
Vitamin B_2	0,073 mg
Niacin	1,90 mg
Vitamin B_6	0,13 mg
Vitamin C	3,0 mg
Äpfelsäure	1,26 mg
Energiegehalt in kJ (kcal) je 100 g eßbaren Anteils	1275 (305)

Dibbis ist Dattelpaste, die in Fässern oder Kanistern gehandelt wird, sie enthält 97 % Zucker. Aus D. wird das Dattelbrot *Tammer* gebacken. Zuckerreiche Sorten sind die Basis für *Dattelsirup (Jaggery)* und *Dattelhonig* (gezuckertes Mus). In Indien und Ägypten wird aus minderwertigen Sorten *Dattelschnaps* hergestellt. Die Kerne werden manchmal zu Kaffee-Ersatz (*Palmenkaffee,* Dattelkaffee) geröstet. Der vergorene Saft der Sprosse liefert alkoholische Getränke, z. B. den *Dattelwein Lagmi, der milchfarben ist und 5 % Ethanol enthält, und Kaicham, der ausgegoren ist und 8 % Ethanol enthält.*

Dattelbanane → Banane

Dattel, Chinesische → Jujube

Dattelfeige → Kakipflaume

Dattelhonig: Bez. für Dattelsirup. → Zucker → Dattel

Dattel, Indische → Tamarinde

Dattelkaffee → Dattel

Dattelpflaume → Lotosfrucht → Kakipflaume

Dattelschnaps → Dattel

Dattel, Schwarze → Lotosfrucht

Dattelsirup → Dattel → Sirup → Zucker

Dattelwein → Dattel

Dattelzwetsche: Frucht von Prúnus *doméstica L. oeconómica var. mamillaris* Schüb. et Mart. ex Hegi, eine Pflaumenvarietät (Familie *Rosáceae*), die lange elliptische, weichfleischige, unterhalb des Fruchtstieles bisweilen etwas eingeschnürte Früchte hat. Beispiel: die Sorte 'Stanley'. Die D. sind gut geeignet für Frischverzehr und Verarbeitung. → Pflaume

Dattelzucker → Zucker

Daucol, *Daukol:* im ätherischen Öl des Samens von *Dáucus caróta* L. vorkommender Ethanol mit der Summenformel $C_{15}H_{26}O_2$. F. 118,5°C. D. sublimiert unzersetzt und ist mit Wasserdampf flüchtig, leicht löslich in den meisten organischen Lösungsmitteln, schwerer in verdünntem Alkohol, unlöslich in Wasser, $[\alpha]_D$ 14 -17,1° (in abs. Ethanol).

Daucosterol → Sterole

Dāūcus caróta ssp. satíva → Speisemöhre

Dauerapfel → Apfel

Dauerbackware, *Backwarenkonserve:* im weitesten Sinne eine Backware, die auf Grund eines erniedrigten Feuchtigkeitsgehaltes als sog. *Backwaren-Trockenkonserve* oder mit üblichem Feuchtigkeitsgehalt (20···40%) als sog. *Backwaren-Dosenkonserve,* nach mehrmonatiger Aufbewahrung noch zum Verzehr geeignet ist. So zählen *Flachbrot,* sog. *Dauerbrot, Dosenkuchen* und *Dosenbrot* zu den D.. I. e. S. werden unter dem Begriff D. *lagerfähige Feine Backwaren* verstanden, deren erniedrigter Feuchtigkeits- und meist erhöhter Zuckergehalt einen Schutz gegen mikrobiellen Verderb bieten. Die D. i. e. S. sind demzufolge dem Oberbegriff Feine Backwaren untergeordnet und werden als solche vorwiegend ohne Aufstrich oder Belag verzehrt. Zu ihnen zählen: *Laugendauerbackware, Keks* und *Kräcker, Lebkuchen* und *lebkuchenähnliche Backware, Makronendauerbackware, Backoblaten,* Waffeldauerbackware und *Zwieback.* Die Übergänge zwischen Feinen Backwaren und D. sind fließend, so gibt es *Feine Backwaren mit längerer Frischhaltung,* zu denen z. B. Gebäcke aus schweren Teigen und schweren Massen (z. B. Stollen oder Sandkuchen) gehören. Die Bez. der D. richtet sich vorwiegend nach den geschmacklich hervortretenden Zutaten. → Backware → Feinbackware

Dauerbrezel → Laugendauerbackware

Dauerbrot, *Brotkonserve:* ein → Spezialbrot in Trocken- (*Brottrockenkonserve*) oder Feuchtform (*Dosenbrotkonserve* bzw. *Konservendosenbrot* und *Folienbrotkonserve*) mit einer Haltbarkeit von mind. 6 Monaten. Zu den *Brottrockenkonserven* zählen → *Flachbrote (Knäckebrot, Krustenbrot, Waffelbrot),* → getrocknete Laibbrotscheiben und Folienbrotkonserven (Brot, das bes. lange sterilisiert und z. B. in Zellglas, Wachspapier, Schrumpffolie bes. dicht verpackt ist). Zu den Dosenbrotkonserven zählen in *Dosen (Dosenbrot) gebackene Ganzbrote,* auch *Dosenschnittbrot* gehört dazu, das nach dem Backvorgang in Dosen verpackt und sterilisiert wird. Charakteristisch für die einzelnen Dauerbrotsorten ist die im Vergleich zu *Frischbrot* (→ Frischbackware) verlängerte Haltbarkeit und bei D. in Feuchtform der etwas süßliche Geschmack auf Grund des Sterilisationsvorganges unter Hitzeeinwirkung. Neben dem Dosenbrot gibt es das weniger bekannte *Flaschenbrot,* hier wird der Brotteig in hitzebeständigen Flaschen gebakken. Diese Flaschen haben den Vorteil der besseren Erkennbarkeit des Brotes und der bequemeren Handhabung, da sie über einen Schiebeboden und abschraubbaren Hals verfügen. Das D. findet Verwendung als sog. Notbrot für Katastrophenfälle und wird entsprechend weiterer Verwendungszwecke als *Campingbrot, Schiffsbrot* oder *Soldatenbrot* bezeichnet. *Notbrot* ist ferner in Zeiten großer Nahrungsmittelverknappung auch die Bez. für Brot mit Zusätzen von Streckungsmitteln aus Nichtgetreidemehlen (Hülsenfruchtmehl, Kartoffelwalzmehl, Schalen, Stroh usw.).

Dauerhefe → Backhefe

Dauerkohl → Kopfkohl

Dauerkuchen → Konservenkuchen → Dauerbackware

Dauermarone → Eßkastanie

Dauermilcherzeugnis, *Milchkonserve:* durch Wasserentzug (Konzentrieren oder Trocknen) und/oder nach einem zugelassenen Erhitzungsverfahren (z. B. Hitzesterilisation) haltbar gemachtes Milcherzeugnis. Die Dauermilchindustrie entwickelte sich aus der Notwendigkeit, Milch und Milchprodukte über längere Zeit haltbar zu machen und den zu bestimmten Jahreszeiten erhöhten Milchanfall (Milchschwemme) wie auch das regional unterschiedliche Milchaufkommen sinnvoll auszugleichen. – Zu den D. zählen *pulverisierte Milcherzeugnisse* (Vollmilch-, Magermilch-, Sahne- und Molkenpulver, Milchmischgetränke und Sauermilcherzeugnisse in trockener Form, Casein, Molkenproteinpräparate und Spezialmilcherzeugnisse, wie Säuglingsmilchpräparate), *eingedickte* (halbfeste), *sterilisierte Erzeugnisse* (Kondensvollmilch, Kondensmagermilch, Blockmilch, Blocksahne) und *uneingedickte, sterilisierte Erzeugnisse* (Sterilmilch, sterilisierte Kaffee- und Schlagsahne). → Milch → Kondensmilch

Dauernahrung: für den gesunden Säugling bestimmte Milchnahrung. → Heilnahrung → Nahrung

Dauerwurst: Schnittfeste → *Rohwurst* mit verlängerter Haltbarkeit, die durch Verarbeitung von sehnenarmen Muskelfleisch, vom Rind und Schwein und eine längere Räucherungs-, Reifungs-und Trocknungszeit gekennzeichnet ist. → Wurst

Dawadawa: ein in Westafrika verbreitetes kuchenartiges Erzeugnis aus den proteinreichen Samen der *Afrikanischen Locustbohne, Párkia filicoídea* Wehr ex Oliver (Familie *Fabáceae*). D. wird in Ghana auch *Kpalugu, in Nigeria Uri* oder *Daddowa, in Sierra Leone Kinda* und in Gambia *Neteton* genannt. Die braunen bis schwarzen Bohnensamen werden enthülst, zerkleinert, danach mit der gelben Hülsenpulpe bedeckt und zu einer 2 bis 3 Wochen andauernden Fermentation gebracht. Während dieses Prozesses wechseln die Bohnen (ohne Schale) ihre Farbe hell auf dunkel und erweichen. Vor der Formgebung des gegorenen Teiges zu → Fladen wird das Material angetrocknet und danach aus Haltbarkeitsgründen in der Sonne weiter getrocknet. Durch die Fermentation wird der Nährwert der *Locustbohne* verbessert, insbes. der Vitamingehalt erhöht, wobei der Nährstoffgehalt davon abhängig ist, ob die Zubereitung von D. von Hand oder mechanisch erfolgt. Untersuchungen haben ergeben, daß im Vergleich zur unfermentierten Locustbohne bei D. der Eiweißgehalt um 26 %, der Fettgehalt um 105 %, der Mineralstoffgehalt um 33 % (jeweils bezogen auf g je 100 g Trockenmasse) zugenommen, dagegen der Kohlenhydratgehalt um 62 %, der Rohfasergehalt um 20 %, der Vitamin-C-Gehalt um 30 %, der Oxalatgehalt um 43 %, der Blausäuregehalt um 55 %, der Phytinphosphorgehalt (bezogen auf den Gesamtphosphorgehalt) um 95 % abgenommen haben. Bei Vitamin B_1 wurde eine Zunahme von 108 % und bei Vitamin B_2 um 188 % festgestellt. Aus der Hülsenpulpe der Locustbohne wird ein gelbes Mehl gewonnen, das zum Kochen und Backen verwendet wird. Die süßen Samen der Locustbohne werden gekocht auch als → Brei verzehrt. → Lebensmittel, fermentiertes

Dead Borneo → Lutong

Deboba → Merissa

Deca-2,4-dien-1-al → Aldehyde

trans-2-cis-4-Decadiensäureester: Ester der Formel
CH_3-CH_2-CH_2-CH_2-CH_2-CH=CH-CH=CH-COOR.
Der Methyl- und der Ethylester kommen im flüchtigen Anteil von Birnen vor und bewirken deren charakteristisches Aroma.

Decalactone: Aromastoff, chirale Verbindungen. Das (R)-γ-D. in Früchten und das (S)-δ-D. im Milchfett.

n-Decanal → Aldehyde

Decandisäure → Sebacinsäure

n-Decan-1-ol → Alkohole

Decan-2-on → Ketone

n-Decansäure, *Caprinsäure* (veraltet), (Kaprinsäure): eine gesättigte Fettsäure mittlerer Kettenlänge mit der Strukturformel CH_3-$(CH_2)_8$-COOH. Die C. kommt in wenigen natürlichen Ölen und Fetten vor (Kokosfett 5···9 %, Palmkernfett 5···8 %, Kuhmilchfett 3 %, Schafmilchfett 6,3 %, Ulmensamenöl 61,3 %), in freier oder veresterter Form auch in Fuselölen. Sie bildet farblose Kristalle, F. 31,5°C, Kp. 266···268°C, ist sehr wenig löslich in Wasser, löslich in Ether, heißem Ethanol und Benzen. C. hat Bedeutung für die Herstellung von *mittelkettigen Triglyceriden.* Die Ester der C. werden in der Riechstoffindustrie zur Herstellung künstlicher Fruchtaromen und Parfüms verwendet. C wird gewonnen durch hydrolytische Spaltung von Kokos- oder Palmkernfetten und fraktionierte Destillation der Fettsäuren. → Fettsäuren, mittelkettige → Triglyceride, mittelkettige

Decápterus → Schildmakrele

'De Caradeuc' → Kirschpflaume

2-Decenal: Aldehyd der Summenformel $C_{10}H_{18}O$, Molmasse 154,25 g/mol, Bestandteil des Korianderöls.

trans-Dec-1-en-1,10-dicarbonsäure → Traumatinsäure

Dec-9-en-säure, *Caproleinsäure, Kaproleinsäure*: eine Monocarbonsäure der Formel

CH_2=CH- $(CH_2)_7$-COOH.

Die C. kommt in kleinen Mengen im Butterfett und im Kopföl des Spermwales vor. Isomer dazu ist die *Obtusilsäure* (Decen-4-säure), die im Nußöl von *Líndera obtusíloba* Bl. enthalten ist.

Deckablauf → Ablaufsirup → Zucker

Deckblatt → Zigarre

Deckkläre, *Decksirup:* eine Zuckerlösung, die bei der Affination zum Auflösen der dem Rohzucker anhaftenden Melassereste dient. → Zucker

Decksirup → Deckkläre

n-Decylaldehyd → Aldehyde

deep scald → Kaltlagerkrankheiten

Degenfisch, *Lepídopus caudátus:* langgestreckter, bandförmiger Meeresfisch mit silberner, schuppenloser Haut, großen Augen, schnabelförmig verlängertem Kiefer und kräftiger Bezahnung. Rücken- und Afterflossen sind niedrig und langgestreckt, die Bauchflossen zurückgebildet. Der D. hat nur eine sehr kleine, gegabelte Schwanzflosse. Der ähnliche, aber hinten spitz zulaufende *Haarschwanz* [*Trichiúrus leptúrus*] (Bild) wird ebenfalls als D. gehandelt.

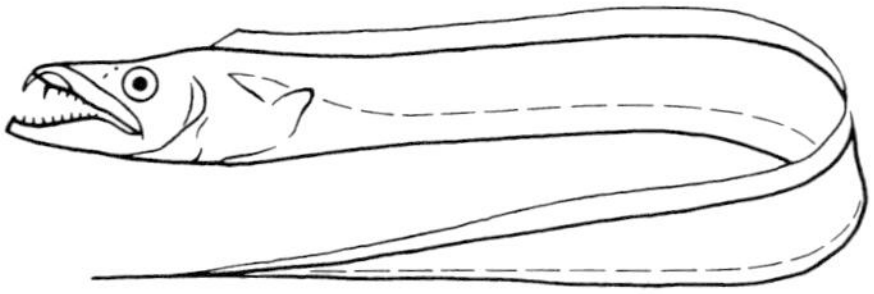

Haarschwanz

Beide Arten bewohnen die wärmeren Gebiete des gesamten Atlantik und haben bes. im Ostteil (Fang 30···90 kt) wirtschaftliche Bedeutung. Sie erreichen 80···170 cm Länge. Von verwandten Arten werden im Indischen und im Pazifischen Ozean über 700 kt gefangen. Der D. hat helles, sehr zartes Fleisch, das mit 19,0···19,5 g Eiweiß und 1,0···2,0 g Fett je 100 g eßbaren Anteils zur küchenmäßigen Zubereitung hervorragend geeignet ist. Auch Räucherfischerzeugnisse können aus D. in guter Qualität hergestellt werden. → Fisch

Dehydracetsäure → Konservierungsstoffe

Dehydroalanin → Aminosäuren → Nisin

Dehydroascorbinsäure → Vitamin C

7-Dehydrocampesterol → Vitamin D

Dehydrochaulmoograsäure → Gorlisäure

Dehydrocholesterol-(7) → Provitamin D → Vitamin D → Sterole

Dehydroeburicolsäure → Polyporensäure A

Dehydroergosterol → Sterole → Vitamin D

Dehydro-β-methylalanin → Nisin

Dehydrophytosphingosin → Sphingolipoide

3-Dehydroretinal → Vitamin A

3-Dehydroretinol → Vitamin A

7-Dehydrositosterol → Vitamin D

7-Dehydrostigmasterol → Vitamin D

Dehydrotumulosinsäure → Polyporensäure A

Dekkanhanf → Kenaf

Dekor → Schokoladenüberzugsmasse

Dekorgewürz: ein Einzelgewürz oder eine Gewürzkombination aus gerebelten oder gebrochenen Pflanzenteilen, die nicht nur kräftig würzen, sondern auch dem Brot, der Feinbackware oder der Wurst und sonstigen Fleischwaren, wie Schinken, ein rustikales Aussehen verleihen. → Überzugsmittel

Dekormaterial, *Dekormittel, Garniermittel:* ein Hilfsmittel zur Verzierung, Garnierung bzw. Ausschmückung von Gegenständen. Der Ausdruck D. ist auf dem Back- und Süßwarengebiet sehr verbreitet. Folgende Produkte werden unter der Bez. D. zusammengefaßt: kleine, zartfigürliche Garniermittel aus → Brandmasse, → Baisermasse, → Grillagemasse, → Schalenobstmasse, ferner Ölsamenerzeugnisse, wie Hobelmandeln (dünnblättrig zubereitete Mandeln), Nußkerne, insbes. Wal- oder Paranuß und Pistazienkerne, Schokoladensplitter (-späne), → Brösel, → Dekorierzucker, → Dekorgewürze, Dekorierpuder, → Zuckerstreusel, → Glasuren, Lacke (→ Glanzmittel), → Glace und sonstige → Überzugsmittel, → Bezières, → Brösel

Dekorsalz → Spezialsalz → Dekormittel

Dekorierzucker: 1. ein bei Zimmertemperatur unlöslicher, feinkörniger Zucker oder Puderraffinade, die mit Stärke oder Fett versetzt ist, um ein Breitlaufen beim Auftragen auf ofenwarme Backwaren auszuschließen. → Überzugsmittel
2. Grobkörnige Zuckerarten, wie Hagelzucker, Krümelkandis.

Dela → Kair

Delaney-Amendment: ein seit 1958 in den USA gültiges Gesetz, demzufolge in Lebensmitteln keine Stoffe geduldet werden, die krebserzeugend sind. Nach dem D. wurde 1969 Cyclamat als Süßungsmittel – ungerechtfertigt, wie inzwischen erwiesen – und 1971 Diethylstilböstrol als Östrogen verboten. Das Gesetz ist umstritten, so richtig es auch im Prinzip ist, weil eine z. B. durch subkutane Applikation erkannte krebserzeugende Wirkung bei Tieren nicht ohne weiteres auf eine wirkliche krebserzeugende Wirkung beim Menschen schließen läßt. → Kanzerogene → Lebensmittelzusatzstoffe

Delebpalme → Palmyrafrucht

'Delikateß' → Löwenzahn

Delikateßbrathering → Bratfischerzeugnisse

Delikateßbrot: ein → Spezialbrot mit aromaintensiven Geschmackseigenschaften auf Grund bestimmter Herstellungsverfahren und/oder Zusätze. Zu den D. zählen z. B. *Früchtebrot* und bestimmte *Schrotbrotsorten,* deren Herstellung bei verlängerter Backzeit eigens auf die Erzielung bestimmter, deutlich hervortretender Geschmackseffekte ausgerichtet ist. → Brot, rindenloses → Pumpernickel → Vollkornbrot

Delikateßbückling → Räucherfischerzeugnisse

Delikatesse → Feinkosterzeugnis

Delikateßerzeugnis → Feinkosterzeugnis

Delikateß-Fleischsalat → Fleischsalat

Delikateß-Gewürzgurke → Feinkosterzeugnis

Delikateßgurke → Essiggemüsesterilkonserve

Delikateßhering → Marinaden

Delikateß-Heringssalat → Fischsalat

Delikateß-Lachshering: Lachshering, entweidet und geköpft. → Räucherfischerzeugnisse

Delikateß-Leberpastete → Fleischpastete

Delikateßleberwurst: → *Kochwurst* (Spitzensorte), zu deren Herstellung Schweineleber, Schweinefleisch, Schweinebauch ohne Knochen, Fettabschnitte vom Schwein, Speisesalz, Pfeffer, Mazisblüte und Kardamom verwendet werden. Als Wursthüllen dienen Natur- oder Kunstdärme. Das Schnittbild zeigt eine hellrosafarbene, fein gekutterte Wurstmasse, mit Fleisch- und Fettwürfeln von etwa 8 mm Kantenlänge und erbsengroßen Leberstückchen durchsetzt; die D. ist knorpelfrei. Der Richtwert für den Energiewert beträgt 1675 kJ (400 kcal) je 100 g Wurst. → Wurst → Leberwurst

Delikateß-Maiskölbchen → Feinkosterzeugnis

Delikateßmargarine → Margarine

Delikateßmargarine mit reduziertem Energiegehalt: Bez. für eine → Margarine, deren Fettgehalt 40 % und deren Energiewert 1550 kJ (370 kcal) betragen. Die Fettsäuren bestehen durchschnittl. zu 43 % aus Linolsäure, 25 % aus Ölsäure und 30 % aus gesättigten Fettsäuren (davon 2/3 mit der Kettenlänge C_8 bis C_{16}). Der Schmelzbereich der Fettkomposition liegt bei 28,4···31 °C. Die D. ist mit 2900 IE Vitamin A, 100 IE Vitamin D_2 und 17,5 mg Vitamin E vitaminiert. Es wird eine Haltbarkeit von 30 Tagen bei geschlossener Kühlkette garantiert.

Delikateß-Mixed-Pickles → Feinkosterzeugnis

Delikateßpaprika → Gewürzpaprika

Delikateßrotwurst: → Kochwurst (Spitzenqualität), zu deren Herstellung eine Grundmasse aus Blut und fein zerkleinerten Schwarten eingesetzt wird, in die zu einem größeren Anteil würfelförmig geschnittene Stücke aus fettarmen Schweinefleisch ferner Speck, Zunge, Leber und auch Herz eingelagert sind. Die Würzung und Zusammensetzung ist regional verschieden. D. ist wie auch → Blutwurst im Vergleich zu anderen Wursterzeugnissen (→ Wurst) durch deutlich höhere Gehalte an Eisen (ca. 6,4 bis 6,6 mg je 100 g) gekennzeichnet.

Delikateß-Sauerkraut → Feinkosterzeugnis

Delikateß-Silberzwiebeln → Feinkosterzeugnis

Delphidanol → Catechine

Delphin: 1. → Wal
2. → Anthocyane

Delphinápterus léucas → Wal

Delphínus délphis → Wal

demi doux → sec

demi sec → sec

Demoinsäure → (2s)-2-Amino-3-[*(s)-2-methylencyclopropyl*]-propionsäure

Denaturierung: 1. eine meist durch äußere Faktoren bewirkte Veränderung der Proteinstruktur unter wesentlicher Beeinflussung ihrer Eigenschaften, wie Löslichkeit und Fällbarkeit und dem partiellen bzw. vollständigen Verlust ihrer biologischen Funktion. Dies äußert sich beispielsweise durch Gerinnen und Ausflocken aus der Lösung was allg. durch Erhitzen, Säuerung oder enzymatisch (→ Lab) erfolgt, (Sauermilch, erhitztes Ei). Die D. ist in der Regel *irreversibel.* Sie wird meist durch Wärme ausgelöst und setzt bei Fleisch oberhalb 40 °C ein. Auch der Zusatz von *Denaturierungsmitteln,* wie Harnstoff, Guanidin, Silikate, Alkohole, Aceton, u. a. organische Lösungsmittel, Schwermetallsalze, Säuren oder Basen sowie Hitze und energiereiche Strahlen (z. B. Mikrowellen) können die D. bewirken. Durch organische Lösungsmittel und Salze (Ethanol, Aceton, Harnstoff) werden Proteine ausgeflockt, jedoch behalten Enzym- und Inhibitorproteine meistens ihre Wirksamkeit bei.
2. Untauglichkeitsmachung (*Vergällen*) von Ethanol für Genußzwecke. → Vergällungsmittel

Dendrocálamus ásper → Bambus

Dennitsch → Galla-Kartoffel

Déntex → Meerbrassen

Depotbrot: ein für Diabetiker bestimmtes, vorwiegend rindenloses Vollkornspezialmischbrot aus scharfem Schrot und Pflanzenöl, das die Schrotteilchen umhüllt und somit zu verzögerter Resorption der Kohlenhydrate des Brotes beiträgt. Durch bestimmte Wahl der Schrotkörnung und Stärke der Ölnetzung läßt sich die Resorptionsgeschwindigkeit in weiten Grenzen verändern. → Diätbrot → Diabetikerlebensmittel → Lebensmittel, diätetisches → Spezialbrot → Brot, rindenloses

Depotfett → Fett

Derby: *Hartkäse* (Typ Cheddar) aus Großbritannien mit 48 % F. i. Tr. → Käsesorten

Dermócybe spec. → *Cortinariáceae*

'Desai alá' → Alocasie

Desamino-L-canavanin → Aminosäuren

Designer-Nahrungsmittel, *designer food:* Wortneuschöpfung für Lebensmittel, die einem bestimmten Ernährungszweck dienen und dementsprechend in ihrer Zusammensetzung verändert sind, aber nicht für eine bestimmte Verbrauchergruppe (z. B. Diabetiker, Nierenkranke, Bluthochdruckkranke), sondern für alle Verbrauchergruppen gedacht sind und nicht zu den Diätlebensmitteln (z. B. → Lebensmittel für einen bestimmten medizinischen Zweck) gehören. Bei den D. handelt es sich um zusammengesetzte, meist angereicherte Produkte (z. B. *designer brain food,* zur angeblichen Verbesserung der Hirntätigkeit) oder Erzeugnisse mit reduziertem Energiewert usw. Für die D. gelten die unter → Leichtprodukt getroffenen Feststellungen, da die Leichtprodukte auch zu den D. gerechnet werden können. → Lebensmittel für einen bestimmten Ernährungszweck.

Designerpflanze → Nutzpflanze, transgene

Desinfektionsmittel: gegen Mikroorganismen, insbes. ihre vegetativen Formen, wirksame Stoffe (Chemikalien). Die D. enthalten eine oder mehrere Grundsubstanzen und kommen in fester (Pulver- oder Tablettenform) oder flüssiger Form in den Handel. In der Lebensmittelproduktion spielen D. zur Reinigung von Anlagen, zur Gewinnung, Be- und Verarbeitung sowie bei der Lagerung und dem Transport von Lebensmitteln tierischer Herkunft eine wichtige Rolle. Man unterscheidet zwischen *Fein-, Grob-, Allgemeindesinfektionsmitteln* und *Desinfektionsseifen.*

Desmin: Muskelprotein (Molmasse = 55 000 g/mol) mit einem mittleren Gehalt von 2,1 % im typischen Säugetiermuskel (post mortem). D. ist in den Z-Linien lokalisiert und scheint benachbarte Myofibrillen zu verbinden.

Desmosin: Aminosäurebaustein des Elastins. Die Biosynthese von D. geht von L-Lysin-Resten aus, die im Elastin enthalten sind. D. und *Isodesmin* wirken als Vernetzer zwischen den Polypeptid-Ketten des Elastins und bewirken damit seine Elastizität sowie seine Unlöslichkeit und Beständigkeit gegen Proteasen.

Desosen → Desoxyzucker

Desoxoviroidin → Virotoxine

Desoxyadenosin → Nucleotide

Desoxyarabinose → 2-Desoxyribose

Desoxycholsäure → Gallensäuren

2-Desoxy-D+-erythro-pentose → 2-Desoxyribose

6-Desoxy-α-L-galactose → 6-Desoxyhexosen

6-Desoxy-D-glucose → 6-Desoxyhexosen

Desoxyguanosin → Nucleotide

6-Desoxyhexosen, *Methylosen, Methylpentosen:* zu den Desoxyzuckern gehörige Hexosen mit einer Methyl- statt Hydroxymethylgruppe am C-Atom 6. Sie sind z. B. in Glycosiden enthalten, u. a. *6-Desoxy-D-glucose, 6-Desoxy-D-mannose,* oder kommen, wie *6-Desoxy-α-L-galactose (α-L-Fucose*), als Polymere (Fucosane im Seetang und einigen Pflanzengummen) oder in Polysacchariden gebunden vor. → Desoxyzucker

Desoxynucleinsäure → Nucleotide → Thymin

4-Desoxy-pyridin → Vitamin B_6

3-[β-D-2-Desoxy-ribofuranosyl]-cytosin → Cytidindesoxyribosid → Nucleotide

9-[β-D-2-Desoxy-ribofuranosyl]-guanin → Guanindesoxyribosid → Nucleotide

3-[β-D-2-Desoxy-ribofuranosyl]-5-methylcytosin → 5-Methyl-cytosin-desoxyribosid → Nucleotide

3-[β-D-2-Desoxy-ribofuranosyl]-thymin → Thymidin → Nucleotide

2-Desoxyribose; *2-Desoxy-β-D-ribose, 2-Ribodesose, Thyminose, Arabodesose, Desoxyarabinose, 2-Desoxy-D-erthro-pentose:* eine Desoxypentose, Molmasse 134,13 g/mol, farblose Kristalle (aus Essigester, Isopropanol + Diethylether); F. 90°C (sintert ab 75°C), $[\alpha]_D$ −58° (in Wasser), löslich in Wasser, wenig löslich in Ethanol. D. ist die Kohlenhydratkomponente der Desoxyribonucleinsäuren. → Desoxyzucker → Saccharide → Pentosen

2-Desoxy-ribose-5-phosphorsäure → Zuckerester

Desoxyriboside → Nucleotide

Desoxyviroisin → Virotoxine

Desoxyzucker, *Desosen:* Derivate der Monosaccharide, bei denen eine oder mehrere Hydroxylgruppen durch Wasserstoff ersetzt sind. Wichtige D. finden sich in Nucleinsäuren (→ 2-Desoxyribose), in Digitalisglycosiden (D-*Digitoxose*) und anderen Herzgiften Zymarose u. a. im Cymarin von Strophantusarten). Man unterscheidet:
a) D. mit endständiger Methylgruppe (→ 6-Desoxyhexosen):
b) D. mit mittelständiger Methylengruppe. Sie sind bes. reaktionsfähig, da der stabilisierende Einfluß der Hydroxyl- oder Estergruppe in Nachbarschaft zur Lactolgruppe fehlt, und werden im Gegensatz zu den unter a) genannten D. schon durch verdünnte Säuren rasch zersetzt. Ihre Glycoside sind viel leichter als die gewöhnlicher Zucker hydrolysierbar. Unter den → Aminozuckern finden sich auch einige D. → Saccharide

Dessert: ursprüngliche Bez. für eine nach einer Hauptmahlzeit vorgesehene Nachspeise, die anlockend zubereitet, eine kleine Leckerei mit geringem Sättigungswert und leichter Bekömmlichkeit sein soll. Im Zuge industrieller Herstellung von *Süßspeisen (*Fertigdesserts und *Joghurt-Quarkzubereitungen*) und *Backwarendesserts* tritt die ursprüngliche Bedeutung als Nachspeise oder kleine Zwischenmahlzeit vielfach an die Stelle einer Hauptmahlzeit, wie dies auch bei den *Schnellimbißerzeugnissen* zu beobachten ist. → Fast-Food-Erzeugnis

Dessertkäse: in der tschechischen und slowakischen Republik und in Ungarn aus Kuhmilch hergestellter *Weichkäse* mit Schmierebildung nach Romadurart mit 40 % F. i. Tr. Der Teig ist goldgelb, weich und geschmeidig, der Geschmack angenehm und pikant.

Dessertkuchen → Kuchen → Kuchen, englischer

Dessertmelone → Wassermelone

Dessertpraline → Praline

Dessertschaum → Lebensmittelschaum → Schaumspeise

Dessertschnitte → Schnitte

Dessertschokolade → Schokolade, gefüllte

Dessertstreifen → Schnitte

Dessertstück: ein Konditoreierzeugnis (→ Feinbackware), das von → Schnitten insofern abweicht, als jedes Stück eine abgeschlossene Form und keine offene Schnittfläche aufweist, wie *Nußtörtchen, Petits fours, Ananastörtchen, Mohrenkopf, Nugattörtchen,* → Kremgebäck → Sahnegebäck → Backwarendessert

Desserttafel → Süßtafel

Dessertwein: Wein mit hohem Zucker- und Alkoholgehalt, der im Gegensatz zu den Weinen nicht nur durch alkoholische Gärung aus dem Saft frischer Weintrauben gebildet ist. Die ebenfalls üblichen Bez. des D. als *Süd-, Süß-* oder *Likörwein* sind irreführend, da es sowohl süße Weine, z. B. Trockenbeerenauslesen, als auch trockene D., z. B. *Sherry,* gibt. Entsprechend dem Herstellungsverfahren werden 2 Gruppen von D. unterschieden: Der konzentrierte D., z. B. die ungarischen *Tokajer Aszu* oder *Tokajer Ausbruchwein, Tokajer Essenz* oder *Eszencia* (→ *Tokajer*), der franz. *Haute Sauter-*

nes oder der rumänische *Cotnari* werden durch Vergären konzentrierter, zuckerreicher Traubensäfte mit Zusatz von *Trockenbeeren* (→ Wein) oder durch Hinzufügen von konzentrierten Traubensäften zu normalem Wein hergestellt. Zusatz von Zukker oder Rosinen zu D. ist nicht statthaft. Da der Ethanolgehalt nicht höher als etwa 15%-Vol. liegt, nennt man sie auch *natürliche D.* Der *gespritete D., z. B. → Malagawein, → Sherry, → Portwein, → Madeirawein, → Marsala, → Mistella* und *→ Samoswein,* wird aus zuckerreichen, teilw. vergorenen Traubensäften hergestellt, denen zur Gärungsunterbrechung Weinsprit zugesetzt wird, so daß der Ethanolgehalt zwischen 16%-Vol. und 22%-Vol. schwanken kann. Chemische Zusammensetzung des D.: Der Ethanolgehalt des konzentrierten D. ist in der Regel niedriger als der des gespriteten D. Da der Gärungsprozeß des gespriteten D. infolge des Ethanolzusatzes sehr stark verkürzt ist, sind die Gehalte an Gärungsnebenprodukten und Glycerol gegenüber Wein meist stark vermindert (Tab.).

Durchschnittliche Ethanol- und Zuckergehalte ausgewählter Dessertweine

Dessertwein	Ethanol	Zucker
	Gehalt je 1 l in g	in g
Tokajer Aszu	60···100	100···150
Portwein	130···160	50···100
Sherry	130···160	25··· 50
Malaga	110···150	120···240
Marsala	140···150	30··· 60
Madeira	140···150	30··· 60
Samos	110···150	140···200

Gesetzliche Regelungen: In Deutschland ist die Herstellung von D. nicht erlaubt. Es dürfen lediglich Fruchtdessertweine (Fruchtweine) hergestellt werden. D., der unter Verwendung von Rosinen hergestellt ist, darf in Deutschland nach § 22 (2) des Weingesetzes vom 17. 7. 1971 nicht gehandelt werden. Bez. wie Portwein, Sherry, Madeira oder Malaga sind zu Gattungsbegriffen geworden, da sie ihren spezifischen Charakter nicht so sehr dem geographischen Ursprung als vielmehr dem Herstellungsverfahren verdanken. Sie sind zu Typenweinen geworden, die in zunehmendem Maße auch in anderen Weinbauländern, bes. in der ehem. Sowjetunion, hergestellt werden. → Wein

Destillat: durch Destillation von Früchten, Gewürzen, Extrakten, Säften und/oder ätherischen Ölen mit Ethanol u. a. lebensmittelrechtlich unbedenklichen Lösungsmitteln gewonnenes Erzeugnis. → Essenzen

Destillationsextrakt → Oleoresin 2.

Detergenzien → Netzmittel

Deutscher Weichkäse mit Schimmelbildung: *Edelpilzkäse* mit Weiß- oder Blauschimmel, zwischen dem sich auch Herde von Rotschmiere zeigen, z. B. → Camembert. → Käsesorten

Deutscher Weichkäse mit Schmierebildung: z.B. Limburger, Romadur und Weinkäse. → Käsesorten

Deutsches Edelschwein → Fleischtiere

'Devin' → Kornelkirsche

Dextran: ein aus D-Glucose aufgebautes → mikrobielles Polysaccharid, das auf biosynthetischem Wege gebildet wird – vorwiegend von *Leuconóstoc mesenteroídes* (Tsenk.) van Tiegh. – Es besteht aus etwa 95% 1,6-verknüpfter α-D-Glucose und enthält etwa 5% 1,3-Bindungen. Die Verzweigungen sind zum überwiegenden Teil einzelne Glucose-Bausteine, s. Formel S. 336 oben.
Das in Wasser gut lösliche D. ist vor allem medizinisch-pharmazeutisch von Interesse. In der Lebensmittelproduktion (Backwaren, Getränke, Süßwaren) kann es als → Verdickungs- und Stabilisierungsmittel sowie bei Speiseeis zur Verhinderung der Kristallisation eingesetzt werden. *Carboxymethyldextran* wird ebenfalls als Verdickungsmittel (Fruchtsirup) und Speiseeis-Stabilisierungsmittel empfohlen. → Hydrokolloid

Dextranase → Glucanasen

Dextrantetraose → Tetrasaccharide

Dextrantriose → Trisaccharide

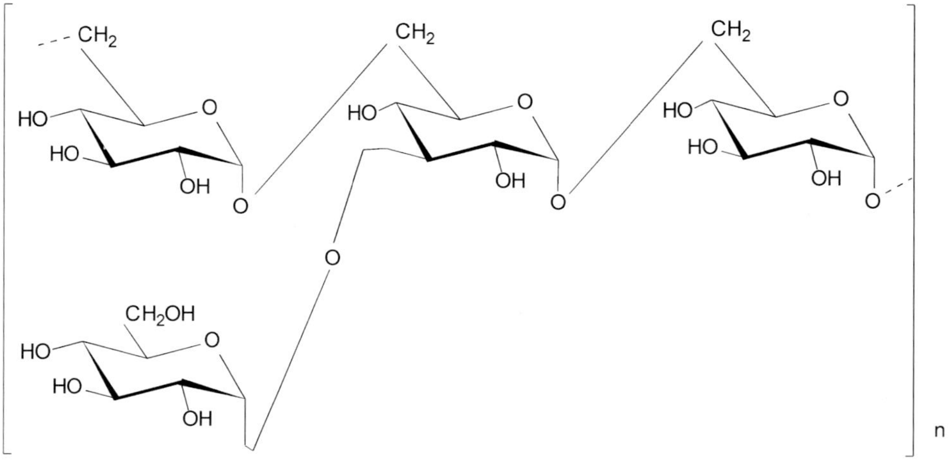

Dextrine, (E 1400) *Maltodextrin, Stärkegummi, Leicome* (ältere Bez.): Gruppe von *Stärkeabbauprodukten* mit Molekülgrößen, die zwischen denjenigen der → Stärke und der Oligosaccharide liegen. D. entstehen aus Stärke beim enzymatischen Abbau durch → Amylasen, bei Einwirkung von Säuren bzw. durch Erhitzen auf Temperaturen oberhalb 150°C; sie werden als weißes oder gelbes Pulver gewonnen, das mit Wasser eine stark klebende, klare bis trübe, viskose Flüssigkeit ergibt. Nach der Art der Herstellung unterscheidet man: *Röstdextrin, British Gum, Röstgummi* oder *Pyrodextrin,* der Abbau erfolgt durch trockenes Erhitzen; *Säuredextrin* oder *Säuregummi,* der Abbau erfolgt durch Einwirkung von Mineralsäure (Salpeter- oder Salzsäure); *Schardinger-Dextrin* oder → *Cyclodextrin,* das durch enzymatischen Abbau mit einer Amylase aus *Bactérium mácerans* hergestellt wird. Die durch 1,4-Ringverknüpfung verbundenen 6 bis 8 Glucoseeinheiten bilden einen kanalförmigen Hohlraum, ähnlich der Helixbildung der → Amylose, in dem Gastmoleküle, wie Buttersäure, Propionsäure und Diphenyl, eingelagert werden können, wobei sog. Addukte entstehen. Nach der Farbe unterscheidet man *Gelbdextrin* und *Weißdextrin* und nach dem Rohstoff *Kartoffelstärkedextrin* und *Maisstärkedextrin.* Die durch β-Amylase nicht mehr spaltbaren Abbauprodukte sind sog. *Grenzdextrine.* Die D. bilden sich bei der Mälzung von Getreide (Bierbrauen), beim Backen von Brot, bei der Umwandlung von Stärke in Maltose und Glucose sowie bei der Stärkesirup- und Malzextraktherstellung.

D. drehen die Ebene des polarisierten Lichtes nach rechts. D. mit höherem Abbaugrad werden durch Iod rot (*Erythrodextrin)* oder gar nicht (*Achrodextrin, Maltodextrin),* D. mit niedrigerem Abbaugrad blau gefärbt. Mit Ausnahme der cyclischen D. werden D. durch intestinale Enzyme vollständig gespalten. Die D. werden hauptsächlich als Klebestoffe verwendet, werden jedoch verschiedentlich auch in der Süßwarenindustrie bei der Herstellung von Dragees und Tabletten eingesetzt und dienen außerdem zur Bereitung von Emulsionen. Cyclodextrine haben die Fähigkeit, auf Grund ihres speziellen Molekülaufbaues sog. *Einschlußkomplexe* zu bilden. Deshalb sind sie ausgezeichnet zur *Mirkroverkapselung* von sehr empfindlichen Stoffen, wie flüchtigen Aromastoffen oder sauerstoffempfindlichen Vitaminen z. B. in Gewürzen, Kräutern oder Arzneimitteln geeignet, so daß sie für lange Zeit vor Licht, Sauerstoff und Wärme geschützt bleiben. Neuerdings gewinnen unterschiedlich stark mit α-Amylase abgebaute D. mit niedrigem → *Dextrose-Äquivalent* (DE) von 6 bis 11, mittlerem von 12 bis 19 DE und hohem von

20 bis 30 DE auf Grund ihrer günstigen funktionellen Eigenschaften (erhöhte Wasserlöslichkeit, erniedrigte Wasserbindung, niedrige → Osmolarität) in der Diätetik als Kohlenhydratquelle zunehmende Bedeutung. Ferner werden D. als Fettaustauscher z. B. zur Herstellung energiereduzierter Lebensmittel eingesetzt. → Stärkehydrolyseprodukte → Malto-Oligosaccharide

Dextrinose → Disaccharide

Dextrose → Glucose

Destroseablauf → Hydrol

Dextrose-Äquivalent, *DE:* Bez. für den Grad des Abbaus von Kohlenhydraten, wobei die Reduktionskraft der freigesetzten reduzierenden Gruppen als Glucose-Äquivalente berechnet werden.

Dextrose-Lävulose-Sirup → Glucose-Fructose-Sirup

DFD-Fleisch: Bez. für qualitätsgemindertes Fleisch (engl. dark = dunkel; firm = fest; dry = trokken). Die vorzugsweise bei Rindern festgestellten Veränderungen des Fleisches, deren Ursache noch nicht genau bekannt ist, stehen mit fehlerhaften Fütterungs- und Haltungsbedingungen im Zusammenhang. DFD-F. ist gekennzeichnet durch dunkles, fast schwarzes Aussehen, seine leicht klebende Beschaffenheit und die nicht oder kaum abgelaufene postmortale Glycolyse (Milchsäurebildung). Wegen der ausgebliebenen Säuerung unterliegt DFD-F. der beschleunigten Fäulnis und damit der Genußuntauglichkeit. DFD-F. ist bei schneller Verarbeitung genußtauglich und läßt sich zur Herstellung von Brüh- und Kochwürsten einsetzen, da seine Wasserbindung hoch ist. Eine andere Art der Qualitätsminderung von Fleisch ist → PSE-Fleisch.

Dhal: indisches Nahrungsmittel aus zerkleinerten Hülsenfruchtsamen. Es wird auf trockenem oder feuchtem Wege hergestellt. Bei der Trockenmethode werden die Samen für 3 bis 4 Tage in der Sonne ausgebreitet und danach in einer Mühle zerkleinert. Dieser Vorgang wird 3- bis 4mal wiederholt. Bei der feuchten Methode werden die Samen 6···10 h in Wasser eingeweicht, mit Ton vermischt und in der Sonne getrocknet. Die Erde wird abgesiebt, und die Samen werden zerkleinert. Das Produkt wird von Hülsen und Bruchstücken gereinigt, danach wird Castor- oder Sesamöl zur Verbesserung der Haltbarkeit und des Aussehens zugesetzt. Die Ausbeute an D. beträgt bei der trokkenen Methode 66%, bei der feuchten 80% der Rohsamenmenge. Für die Herstellung des D. werden u. a. *Katjangbohne,* → Kichererbse → Linse → Urdbohne verwendet.

Dhokla: ein in Indien verbreitetes teigartiges Frühstückserzeugnis aus Weizengrieß und Kichererbsen (2:1) sowie Mehl und Salz (3%). Der fermentierte Teig wird vor dem Braten in Stücke geschnitten und mit Senfsamen gewürzt. D. dient als aromatische Beikost. Im Vergleich zum Ausgangsmaterial ist der Gehalt an B-Vitaminen in D. um 150···200% erhöht. → Lebensmittel, fermentiertes

Dhurran → Glycoside, cyanogene

(s)-Dhurrin: ein cyanogenes Glycosid, das in Sorghumarten gefunden wird. Setzt bei der Hydrolyse Blausäure frei.

Diabetikerbackware: eine auf Grund spezieller Kohlenhydratzusammensetzung, begrenzten Fettgehaltes und Verwendung von Zuckeraustauschstoffen oder Süßungsmitteln zum Verzehr für Diabetiker bestimmte → Spezialbackware. Zu den D. zählen *Diabetikerdauerbackwaren* (Diabetikerkeks, Diabetikerzwieback, Diabetikerdauer- bzw. -dosenkuchen), *Diabetikerbrote* (Luftbrot, Eiweißbrot) und *Diabetikerfeinbackwaren.* Für Diabetiker sind Backwaren mit einem herabgesetzten Gehalt an verdaulichen Kohlenhydraten erwünscht. Dies wird durch Zusätze vorwiegend von Eiweiß und Fett zum Getreidemehl erreicht (→ Brot, proteinangereichertes). Die Herstellung solcher eiweißangereicherter Backwaren bedarf großer Geschicklichkeit, da die genannten Zusätze zu einer verminderten Lockerung und Geschmackseinbuße (bei Kohlenhydratverminderung um mind. 30%) der Gebäckkrume führen. Für Brot ist im Vergleich zu früher eine Änderung insofern eingetreten, als man sog. *Diabetikerbrote* nicht mehr propagiert, man empfiehlt vielmehr die Aufnahme von *Vollkornbrot,* denn es kommt nicht allein auf die Menge an Kohlenhydraten an, sondern auch auf ihre Resorptionseigenschaften. Darüber hinaus enthalten Vollkornbackwaren Vitamine sowie Mineral- und Ballaststoffe, während fast reine Eiweißbrote arm an solchen Stoffen sind. Anders ist es bei *Diabetikerfeinbackwaren.* Hier liegt ein umfangreiches Sortiment vor. Feine Backwaren für Diabetiker dürfen nicht mehr als 5% direkt belastende Zucker enthalten. Jede Feine Backware für Diabetiker darf nur verpackt und mit den erforderlichen BE- oder KH-Angaben gehandelt werden. → Lebensmittel, diätetisches → Diabetikerlebensmittel → Speziallebensmittel → Spezialbrot → Diätbrot → Diätdauerbackware

Diabetikerbier, *Diätbier, Diätpils:* helles Vollbier vom Pilsner Typ mit geringerem Gehalt an belastenden Kohlenhydraten – nicht mehr als 0,75 g – als bei Normalbier, aber mit normalem Ethanolgehalt von 4···5%-Vol.. Zur Herstellung wird der Anstellwürze neben der *Bierhefe* noch ein Malzauszug zugesetzt, um zu erreichen, daß vor der Gärung die hochmolekularen Kohlenhydrate der Gerste enzymatisch aufgespaltet werden, wodurch eine fast völlige Vergärung des Extraktes erreicht wird. Durch den verminderten Dextringehalt hat das D. eine geringere Schaumhaltigkeit und Vollmundigkeit. In der Schweiz zählt dieses Spezialbier nicht zu den diätetischen Lebensmitteln. D. darf nicht als Diätbier deklariert werden, wenn es einen höheren Ethanolgehalt als Normalbiere aufweist. → Bier → Diabetikerlebensmittel

Diabetikerbrot → Diabetikerbackwaren → Diätbrot

Diabetikerdauerbackware: ein → Diabetikerlebensmittel in Form von Keksen, Plätzchen, Waffeln und Zwieback. → Diätzwieback → Diätkeks → Diätdauerbackware

Diabetikereis → Speiseeis, energiearmes → Diabetikerlebensmittel

Diabetikerfeinbackware: ein → Diabetikerlebensmittel aus → Plunder-, Hefeteig oder → Massen in Form von Kuchen, Stollen, Torten, Rouladen oder Halbfertigerzeugnissen, wie Mürbeteigboden oder Wiener Boden in Assietten. Der natürliche Gehalt an schnell resorbierbaren Kohlenhydraten (z. B. Glucose oder Maltose) muß unter 5% und der Fettgehalt unter 25% bei D. liegen. → Lebensmittel, diätetisches → Diätkuchen

Diabetikerfruchtsaft: ein mit → Zuckeraustauschstoffen gesüßter Fruchtsaft. → Diabetikerlebensmittel

Diabetikerkeks → Diätkeks → Diätdauerbackware

Diabetikerlebensmittel: ein → diätetisches Lebensmittel, das für an *Diabetes mellitus* erkrankte Personen bestimmt ist. Diese Personengruppe ist dadurch gekennzeichnet, daß die Verwertung von Glucose bzw. glucosehaltigen Oligo- und Polysacchariden gestört ist. Es können folgende Gruppen von D. in den Verkehr gebracht werden: Backwaren, Obsterzeugnisse, Süßwaren und Kakaoerzeugnisse, Getränke, Speiseeis. *Zuckeraustauschstoffe* gelten ebenfalls als D.. Die D. müssen sich von vergleichbaren Lebensmitteln durch mind. eines der folgenden Merkmale maßgeblich unterscheiden: Gehalt an Zuckeraustauschstoffen oder Süßungsmitteln anstelle von Zucker, verringerter Gehalt an verdaulichen Kohlenhydraten, Eigenschaft der verringerten oder verlangsamten Steigerung des Blutzuckerspiegels, verringerte Dichte. Kohlenhydrat- und Fettgehalt dürfen nicht höher als der vergleichbarer Lebensmittel sein. Ein Zusatz von Glucose oder glucosehaltigen Oligosacchariden darf nicht erfolgen, ihr Gehalt 5% nicht übersteigen. Als Zuckeraustauschstoff sind Fructose, Glucitol (Sorbit bzw. Sorbitol) und Xylitol, als Süßungsmittel z. B. Saccharin und – allerdings bedingt – Cyclamat zugelassen. Darüber hinaus gelten folgende Bestimmungen: Diabetiker-Backwaren dürfen höchst. 25% Fett enthalten. Diabetiker-Getränke dürfen insges. nicht mehr als 10 g/l an Glucose oder glucosehaltigen Oligosacchariden enthalten, die zudem aus den Rohstoffen stammen müssen. Diabetiker-Speiseeis darf nur bis zu 10% Fett enthalten. Bes. Bestimmungen gelten auch der Kennzeichnung. Neben der Angabe der Warenart muß das Wort „Diabetiker" auf der Verpackung auftauchen. Der Gehalt an Kohlenhydraten, Fett, Eiweiß, Wasser und Energie kJ (kcal) ist anzugeben, der Kohlenhydratanteil zusätzlich in → *Kohlenhydrateinheiten (KHE)* oder *Broteinheiten (BE)*. Die Zugabe von Zuckeraustauschstoffen bzw. Süßungsmitteln ist ebenfalls zu deklarieren. Die für die tägliche Bedarfsrechnung des Diabetikers wichtigen Größen Broteinheit, Energie- [*kJ (kcal)*] und Glucitolgehalt sind, bezogen auf die jeweilige Verpackungseinheit anzugeben. Der Glucitolgehalt ist insofern bedeutsam, als der Tagesverbrauch 30 g ohne ärztliche Anweisung nicht überschreiten soll. Daneben ist für den Diabetiker eine ganze Reihe von Erzeugnissen aus dem allg. Lebensmittelsortiment geeignet, z.B. Vollkornerzeugnisse, Obstkonserven ohne Zuckerzusatz (Dunstobst), Fruchtrohsäfte, Gemüsesäfte, Molkereierzeugnisse, Obst und Gemüse.

Diabetikerlikör: eine → Spirituose, die anstelle von Zucker mit Zuckeraustauschstoffen (z. B. Glucitol [*Sorbit*]) gesüßt ist, wobei 100 ml nicht mehr als 6 g Glucitol enthalten. Der Ethanolgehalt beträgt 35%-Vol.; der Energiewert entspricht je 100 ml 1120 kJ (468 kcal). → Diabetikerlebensmittel

Diabetikermarmelade: ein → Diabetikerlebensmittel in Form von → Marmelade unter Verwendung von Zuckeraustauschstoffen anstelle von Zucker.

Diabetiker-Nougat → Nugat → Diabetikerlebensmittel

Diabetiker-Nußmus → Ölsamen

Diabetikerpfannkuchen: ein aus Hefeteig bereiteter Pfannkuchen, dessen Süßgeschmack auf dem Zusatz von Zuckeraustauschmittel beruht. D. weisen 20% Glucitol (Sorbit) auf, der Energiewert entspricht je 100 g 1925 kJ (460 kcal).

Diabetiker-Pralinen → Praline → Diabetikerlebensmittel

Diabetikerschaumwein → Diabetikersekt

Diabetikerschokolade: eine *diätetische Tafelschokolade,* bei der der Zucker durch für Diabetiker verträgliche Stoffe ersetzt ist. Art und Menge des verwendeten Süßungsmittels müssen angegeben sein. → Diabetikerlebensmittel

Diabetikersekt, *Diabetiker-Schaumwein:* ein trockener Sekt, der höchst. 2 g/l Glucose, keine Saccharose und 12%-Vol. Ethanol enthalten darf. Er besteht aus stark ausgegorenen Sektgrundweinen und ggf. mit einem Zusatz von Süßungsmitteln, wobei die Imprägnierung durch Kohlendioxid hergestellt wird. Der Energiewert je 100 ml D. entspricht 380 kJ (91 kcal).

Diabetikerwein: ein trockener Weiß- oder Rotwein, dessen unvergorener Zuckeranteil (als Invertzucker berechnet) höchst. 4 g/l, dessen gesamte schwefelige Säure höchst. 200 mg/l, dessen freie schwefelige Säure höchst. 25 mg/l und dessen Ethanolgehalt 12%-Vol. (= 95 g/l) nicht überschreiten darf. Fruchtweine sind auf Grund ihres hohen Zuckergehaltes für Diabetiker nicht geeignet. Der Energiewert von D. beträgt je 100 ml etwa 300 kJ (70 kcal). Ab 1988 trägt D. ein gelbes Weinsiegel und auf dem vorderen Flaschenetikett eine Alkoholangabe in Prozentvolumen.

Diabetikerweißbrot → Luftbrot

Diabetiker-Wermutwein: ein → diätetisches Lebensmittel in Form eines → weinhaltigen Getränkes unter Verwendung von Süßungsmitteln und mit einem Ethanolgehalt zwischen 15···18%-Vol. Der Energiewert je 100 ml beträgt etwa 500 kJ (209 kcal).

Diabetikerzucker → Trockensorbit

Diabetikerzwieback → Diätzwieback → Diätdauerbackware

Diable-Soße, *Teufelssoße:* eine industriell hergestellte → Würzsoße von scharfem Geschmack, auf Basis von Cayennepfeffer, Ingwer, Muskat u. a. für die Würzung von Fleisch- und Fischgerichten.

Diacetyl, *Butan-2,3-dion, Dimethylglyoxal,* β,γ-Dioxobutan: aliphatisches Diketon der Formel

CH_3-CO-CO-CH_3.

D. ist ein weit verbreiteter Aromastoff, der in pflanzlichen und tierischen Lebensmitteln, z. B. Butter,

Bier, Fleisch, Honig, und in ätherischen Ölen nachgewiesen wurde. Es ist eine gelbe, in Ethanol, Ether und Wasser lösliche Flüssigkeit mit einem stechenden, chinonartigen, in starker Verdünnung butterähnlichen Geruch, F. −3···−4°C, Kp. 88°C, *d* 0,9808. D. wird zur Herstellung künstlicher Aromen, insbes. Butter- und Sahnearomen, verwendet.

Di-N-acetyl-chitobiose → Aminozucker

Dialdehydstärke → Stärke, dünnkochende

Diallyldisulfid: in schwefelhaltigen ätherischen Ölen vorkommendes Disulfid der Formel

CH_2=CH-CH_2-S-S-CH_2-CH=CH_2.

D. wird aus dem → *Allicin* gebildet und verursacht den typischen Knoblauchgeruch. → Diallylsulfid

Diallysulfid: ungesättigtes *Sulfid* der Formel

CH_2=CH-CH_2-S-CH_2-CH=CH_2.

D. kommt im Knoblauch vor. Es ist ein nach Knoblauch riechendes, farbloses Öl, Kp. 140°C. → Allicin → Diallydisulfid

Diallyltetrasulfid: ungesättigtes *Sulfid* der Formel

CH_2=CH-$(S)_4$-CH_2-CH=CH_2.

D. ist eine im Knoblauchöl vorkommende Flüssigkeit mit unangenehmen Geruch, die sich beim Destillieren zersetzt.

Diallyltrisulfid: eine ungesättigte aliphatische Verbindung mit drei benachbarten zweiwertigen Schwefelatomen, Formel

CH_2=CH-CH_2-S-S-S-CH_2-CH=CH_2.

D. ist eine nach Knoblauch riechende Flüssigkeit, Kp. 2133 Pa 112···122°C, die im ätherischen Öl des Knoblauchs vorkommt.

1,4-Diaminobutan → Polymethylendiamine

α,γ-Diaminobuttersäure → Stoffe, Lathyrismus auslösende

Diaminomonocarbonsäure → Aminosäuren

2,6-Diamino-4,5-dihydroxyypyrimidin → Vicin

2,6-Diamino-4,5-dihydroxypyrimidin-5-(β-D-glucopyranosid) → Vicin

Diaminodicarbonsäure → Aminosäuren

1,5-Diaminopentan → Polymethylendiamine

Dianthronglycoside → Glycoside

Diastase → Amylasen

Diätbier → Diabetikerbier

Diätbiskuit → Diätkeks

Diätbrot: ein → diätisches Lebensmittel, das in mind. vier Arten, als *natriumarmes,* als *eiweißarmes,* als *glutenfreies* und als *energiereduziertes Brot,* in den Handel kommt. In verschiedenen Ländern zählen zu den D. auch die *Diabetikerbrote* in Form volumenerhöhter Erzeugnisse (→ *Luftbrot*). Anstelle dieser *kohlenhydratarmen* bzw. *kohlenhydrahtverminderten* Brottypen, die mind. 30 % weniger Kohlenhydrate als vergleichbare Brote enthalten müssen, werden für Diabetiker heute bevorzugt *Vollkornspezialbrote* empfohlen (z. B. → *Weizenschalenbrot* oder → *Brot, ballaststoffangereichertes,* → *Eiweißkleiebrot)* oder auch normale → Vollkornbrote, bei deren Aufnahme im Vergleich zu hellen Brottypen eine gewünschte Verzögerung der Kohlenhydratresorption erreicht wird. → Lebensmittel, natriumarmes → Lebensmittel mit reduziertem Energiewert → Spezialbackware → Backware, glutenfreie → Backware, natriumarme → Backware, eiweißarme

Diätbrot mit niedrigem Eiweißgehalt → Backware, eiweißarme, → Stärkebrot

Diätdauerbackware: eine *Spezialdauerbackware* (in Form von *Diättorteletts, Diätkeksen, Diätzwieback, Diätdauerkuchen, Diätflachbrot)* vorwiegend als Diabetikerlebensmittel, z. B. *Diabetikerkeks, Diabetikerzwieback,* als → glutenfreies Lebensmittel oder als → natriumarmes Lebensmittel. Diabetikerdauerbackwaren enthalten weniger als 25 % Fett. Als Zuckeraustauschstoff dienen vorwiegend Glucitol oder Fructose. → Lebensmittel, diätetisches → Backware, glutenfreie → Backware, eiweißarme → Backware, natriumarme → Diabetikerbackware

Diätfischerzeugnisse: für bes. Kostformen geeignete Erzeugnisse aus Fischen und Fischteilen. Auf Grund der Eigenschaften des Fleisches ist Fisch sehr gut zur Zusammenstellung verschiedener Diätformen geeignet: Der hohe Gehalt an hochwertigem Eiweiß (16···20 %) ist wegen des geringen Anteils an Bindegewebe (weniger als 1 %) leicht aufschließbar und verwertbar. Ferner trägt der hohe Wassergehalt zur Lockerung des Gewebes bei; dadurch kann Fisch auch von Kleinkindern und alten Menschen leicht gekaut werden. Entsprechend dem Bedarf können Fische fast fettfrei (z. B. Kabeljauartige), mager oder fett eingesetzt werden. Meist liegt jedoch der Fettgehalt unter dem von magerem Warmblüterfleisch. Der Energiewert liegt mit 340···500 kJ (80···120 kcal) weit unter dem vergleichbarer Eiweißträger. Fischfett enthält einen hohen Anteil an ungesättigten, mehrfach ungesättigten und essentiellen Fettsäuren. Kohlenhydrate sind nicht enthalten. Der Natriumgehalt liegt auch bei Seefischen stets unter 100 mg/100 g. Daher ist Fisch auch für natriumarme Kostformen verwendbar. Weiterhin sind Vitamingehalt und Zusammensetzung der Mineralstoffe, z. B. Iod, von Bedeutung (→ Fisch). Fisch ist daher als Diätbestandteil für Patienten verschiedener Krankheitsgruppen geeignet, wie Herz-Kreislauf- und Nierenerkrankungen, Fettsucht und Körperübergewichtigkeit, Eiweißmangelsyndrome und allg. zur Energiereduktion. Die genannten Eigenschaften treffen für die verschiedenen Angebotsformen an Frisch- und Gefrierfisch (Fische, Fischsstücke, Filet) voll zu. Durch die verschiedenen Verarbeitungsformen werden der Salzgehalt und der Fettgehalt (letzterer bei → Fischerzeugnissen in Mayonnaise, Tunken und Krem) erhöht. Bei heißgeräucherten Erzeugnissen (z. B. Bückling, Rotbarsch, Schellfisch u. a., → Räucherfischerzeugnisse) wird praktisch nur der Natriumgehalt verändert. Die industrielle Herstellung von → Fischkonserven für spezielle Diäten zeichnet sich ab. → Speziallebensmittel → Fisch → Fischerzeugnisse

Diätfleischerzeugnisse: für bestimmte Ernährungszwecke speziell hergestellte Fleischwaren, z. B. energiereduzierte Erzeugnisse (Tab.) mit vermindertem Kochsalz- und Fettgehalt.

Energiewerte von Diätfleischerzeugnissen im Vergleich zu handelsüblichen Erzeugnissen

Sortiment	Diäterzeugnis		Handelsübliches Erzeugnis	
	Energiewert von 100 g in			
	kJ	(kcal)	kJ	(kcal)
Kraftfleisch				
vom Rind	670	(160)	1170	(280)
vom Schwein	900	(215)	1340	(320)

Grenzwerte: höchst. 15 % Fett, höchst. 0,9 % Kochsalz und mind. 20 % Rohprotein. Zur Herstellung solcher Produkte werden ausgewählte Rohstoffe und Gewürze bei sonst üblicher Technologie verwendet. → Diätwurstwaren → Speziallebensmittel

Diätkeks: eine → *Diätdauerbackware* in Form eines *Spezialkekses*, der in fünf Arten - als *natriumarmer (Diätbiskuit)*, als *glutenfreier*, als *eiweißarmer* sowie *ballaststoffreicher* (energiereduzierter) und als *Diabetikerkeks* - hergestellt wird. → Lebensmittel, diätetisches → Backware, glutenfreie → Backware, eiweißarme → Backware, natriumarme

Diätkuchen: eine vorwiegend in drei Arten (in natriumarmer, in glutenfreier Form und als → Diabetikerbackware) hergestellte *Diätfeinbackware*. Als *Frischbackware* wird der D. als Flach- oder Kastenkuchen, vorwiegend in Assiettenform oder in Folie verpackt, als *Dauerbackware* bzw. *Diätdauerkuchen* als *Dosen-* bzw. *Konservenkuchen* in den Handel gebracht. → Diabetikerlebensmittel → Spezialbackware → Diätdauerbackware

Diätlebensmittel → Lebensmittel, diätetisches

Diätpils → Diabetikerbier

Diätsalz → Spezialsalz

Diätsalz, natriumarmes → Kochsalzersatz, natriumfreier

Diätsalz, natriumfreies → Kochsalzersatz, natriumfreier

Diät-Speisesenf: ein für bes. Ernährungszwecke hergestellter → Speisesenf, der ohne Saccharose zubereitet wird und anstelle von Essig z. T. Zitronensaft enthält. Der D. schmeckt mild-würzig.

Diätsuppe, kochfertige, natriumarme: ein → natriumarmes Lebensmittel in Form eines Trockenerzeugnisses, das als wesentlichen Bestandteil die der Bez. entsprechenden Lebensmittel enthält und zur Herstellung einer → Suppe dient. Die k.n.D. werden aus Nährmitteln, Fleischextrakten, Speisetalg, Magermilch- und Volleipulver, Fleisch, Mehl, Stärke, Trockengemüse, → natriumfreiem Kochsalzersatz und Gewürzen hergestellt. Je 100 ml enthalten an zubereiteter Suppe etwa 0,5 % Fett, 4 % Kohlenhydrate, 1 % Eiweiß und max. 120 mg Natrium.

Diätzwieback: eine → Diätdauerbackware in Form eines Spezialzwiebacks, der vorwiegend in drei Arten, als *glutenfreier, als natriumarmer* und als *Diabetikerzwieback,* hergestellt wird. → Zwieback → Diabetikerlebensmittel → Diabetikerbackware → Lebensmittel, diätetisches → Spezialbackwaren → Lebensmittel, natriumarmes → Einzweckmehl

Dibbis → Dattel

Dibenzodioxine, polychlorierte, *(PCDD):* Gruppe von heterocyclischen Chlorkohlenwasserstoffen. Ihnen nahe stehen die *Dibenzofurane (PCDF),* die mit den p. D. zu den Dioxinen zusammengefaßt werden (s. Formeln unten).
Beide Stoffgruppen sind überwiegend anthropogen (durch menschliche Tätigkeit) verursachte → Schadstoffe. Sie entstehen vorwiegend bei thermischen Prozessen zwischen 200 °C und 600 °C in Anwesenheit von Chlor oder anderen Halogenen. Sie kommen in der Luft, im Straßenstaub, Boden und Wasser, in versch. Organismen fast des gesamten Tierreichs, auch in Eiern und der Muttermilch sowie in höheren Pflanzen als Bisbenzylisochinolen und in Braunalgen als Phloroglizin-Derivate vor. Die Zahl der Isomeren (Congeneren) beträgt 210 (75 PCDD, 135 PCDF). Die p. D. sind lipophil, biologisch schwer abbaubar und deshalb in Umwelt und Nahrungskette ubiquitär verbreitet. Ihre toxikologische Bewertung ist bes. im Hinblick auf einen karzinogenen Wirkungsmechanismus noch nicht abgeschlossen, und aufgrund ihrer relativ großen Halbwertszeit (im menschlichen Organismus im Mittel 1···3 Jahre, im Boden bis zu 10 Jahren) können möglicherweise schon sehr geringe Aufnahmemengen gesundheitsschädlich sein. Der Mensch reichert bspw. das 2,3,7,8-Tetrachlordibenzo-p-dioxin, das sogenannte „Seveso-Dioxin“ als dem toxischsten aller bisher bekannten p. D. vorwiegend im Fettgewebe an. Bekannt geworden ist das Krankheitsbild der sog. „Chlorakne“ (Rötungen und Pusteln auf der Haut, der eine Störung der Talgdrüsentätigkeit zugrunde liegt) bei Arbeitern, die bei Produktionsunfällen mit p. D. in Kontakt kamen. Die noch tolerierbare Aufnahmemenge von 2,3,7,8-TCDD beträgt für den Menschen 1···10 pg/kg KM und Tag bei lebenslanger Aufnahme.

Dibenzofurane, polychlorierte, → Dibenzodioxin, polychlorierte

1,4-Dicaffeyl-Chinasäure → Hydroxyzimtsäure

1,6-Dichlor-1,6-didesoxy-β-D-fructofuranosyl-4-chlor-4-desoxy-α-D-galactopyranosid → Sucralose

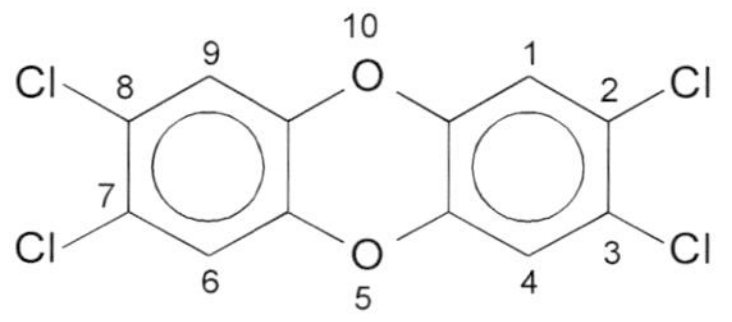

2,3,7,8-PCDD

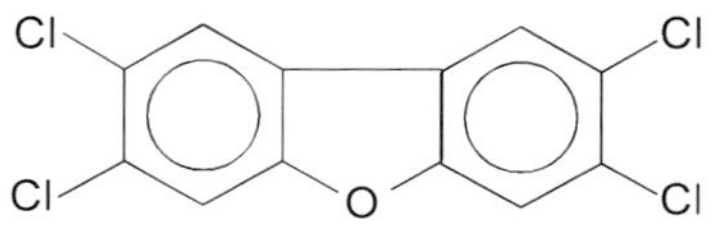

2,3,7,8,-PCDF

Grundformeln

Dichlormethan: Extraktionslösemittel zur Entcoffeinierung.

Dichlorphos → Begasungsmittel

Dichlorpropanol → Kanzerogene

Dickbein → Schlachtkörperteilstücke

Dickblättler → *Hygrophoráceae*

Dickblut → Blut

Dicker Nabel → Schlachtkörperteilstücke

Dickfuß → Cortinariáceae

Dickhirse → Rispenkirse

Dickkopf → Döbel

Dickmilch → Sauermilcherzeugnis

Dickmus: Bez. für ein Obstmark (→ Mark), das als Halbfabrikat durch Konzentrierung zur Herstellung von Fruchtmus, z. B. *Pflaumenmus,* bestimmt ist. Die Bez. *Fruchtmus* ist demzufolge bei industrieller Herstellung mit → Markkonzentrat identisch. → Mus

Dickröhrlinge → *Boletáceae*

Dickrüben: Sammelbez. für Sippen von *Béta vulgarís* L. mit deutlich verdickten Wurzeln (z. B. Runkel-, Zucker-, Rote- und Gelbe Rüben).

Dicksaft → Zucker

Dickungsmittel → Verdickungsmittel

Dickzuckerfrucht, *kandierte Frucht:* ein Erzeugnis aus frischen oder konservierten pflanzlichen Rohstoffen, das mittels Behandlung (Kandieren) in Weißzuckersirup steigender Konzentration vollständig von Zucker durchzogen und auf diese Weise konserviert ist. Kandieren (von italien. candire) bedeutet *„mit Zucker überziehen"*. Man unterscheidet zwischen *abgelaufenen* und *glasierten* D. Die glasierten D. werden in Nachbehandlung der abgelaufenen D. mit einer dünnen Zuckerschicht überzogen, die glasigdurchscheinend erstarrt. *Kristallisierte* D. weisen auf der Oberfläche auskristallisierten Zucker auf; durch einen Zusatz von Stärkesirup beim Kandieren kann dies verhindert werden. Die D. werden bei der Herstellung von Süß-, Backwaren und Spirituosen verwendet. *Belegfrüchte* sind unter Zusatz von Genußsäuren und zugelassenen Lebensmittelfarbstoffen aufbereitete D., die zum Belegen, Garnieren, Füllen, insbes. bei Süßwaren, Dessertspeisen, Speiseeis und Konditoreiwaren verwendet werden. In Spirituosen zu verwendende D. werden aus abgelaufenen Belegfrüchten hergestellt und als *Kandierte Früchte in Spirituosen* bezeichnet, z. B.: *Kandierte Kirschen in Maraschinolikör* oder *Kandierte Kirschen in Weinbrand.*
Für die industriell hergestellten D. können z. B. folgende Rohstoffe verwendet werden: Ananas, Angelika, Apfel, Aprikosen, Birnen, grüne Bohnen, Erdbeeren, Edelebereschen, Feigen, Himbeeren, Ingwer, Kalmus, Kirschen, Kürbis, grüne Mandeln, Orangen, Quitten, Pflaumen, grüne Walnüsse, Zitronen. Neben Obst werden auch einheimische Gemüsearten, wie Möhren, Rote Bete, Kürbis, Sellerie und grüne Tomaten zu D. mit südfruchtartigem Charakter veredelt, indem die Gemüserohstoffe mit Aromakonzentraten von Südfrüchten sowie Genußsäuren und Bitterstoffen versetzt werden. Aus grünen Tomaten läßt sich z. B. *Zitronat-Ersatz* herstellen. *Orangeat* und *Zitronat* sind D., die aus bes. Rohstoffen (Zitrusarten) hergestellt werden. Orangeat wird in gehackter und gemahlener, Zitronat in glasierter, abgelaufener, gewürfelter, gehackter und in gemahlener Form gehandelt. Der Extraktgehalt für die D. ist auf mind. 72 % festgelegt. Die Haltbarkeit der D. bei Aufbewahrung in Gläsern (optimaler Bereich der rel. Luftfeuchte 55···85 %) beträgt 12 Monate, bei Aufbewahrung in Behältnissen aus Papier, Karton oder Pappe (optimaler Bereich der rel. Luftfeuchte 55 bis 65 %) 6 Monate. → Orangeat → Zitronat → Konservierung

Dicumarin → Dicumarol

Dicumarol (*Dikumarol), Dicumarin* (Dikumarin), *3,3'-Methylen-bis-(4-hydroxy-cumarin)*: sauerstoffhaltige heterocyclische Verbindung mit der Struktur:

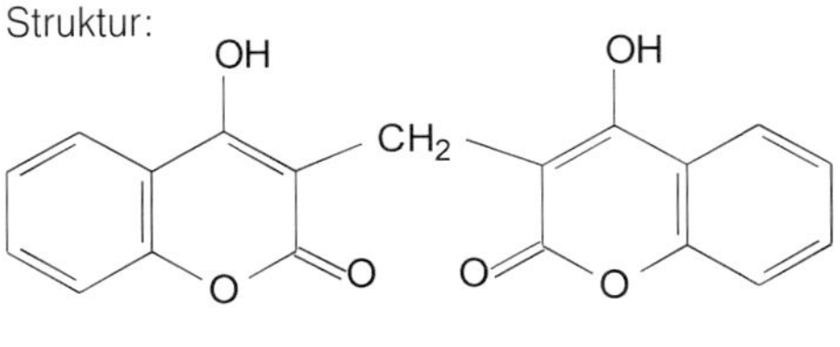

D. entsteht bei Fäulnisprozessen aus Cumarin und hat stark gerinnungshemmende Wirkung (Antagonist zum → Vitamin K). Diese Wirkung wird auf die Oxydation des Cumarins in 4-Stellung und einer Substitution in 3-Stellung zurückgeführt. D. bildet Kristalle von angenehmem Geruch und bitterem Geschmack, ist wenig löslich in Wasser, löslich in Ethanol, Benzen, Chloroform sowie in anorganischen und organischen Basen. Cumarinderivate mit antikoagulativer Wirkung (z. B. *Warfarin*) werden als Rattenvernichtungsmittel verwendet. → Pflanzenschutzmittel

Dienöstrol → Östrogene

Diethanolether → Polyalkohole

8,8-Diethoxy-2,6-dimethyl-octanol-2 → Diferuloylmethan → Curcumin → Lebensmittelfarbstoffe

m-Digallussäure → Trihydroxy-carbonsäuren, aromatische

Digestif: ein alkoholisches Getränk, das im Anschluß an eine Mahlzeit zwecks Verdauungsförderung getrunken wird und verschiedenen Getränkeklassen angehören kann. Als D. werden vorwiegend Bitterliköre oder alkoholreiche Weine wie Cotnari, Sherry, Trinkbranntweine (z. B. → Wacholder, → Enzian) oder → Edelbrände verwendet. → Bargetränk

Digitária cruciáta (Nees) var. esculénta Bor: eine *Rispenhirse,* Syn.: *Pánicum cruciátum* Nees (Familie *Poáceae),* die allg. in Bergregionen zw. 2000···3000 m verbreitet ist (China, Himalaja-Gebiet). Für Nahrungszwecke wird sie lokal auch im Khasiagebirge kultiviert. → Hirse

Digitária exílis → Fonio

Digitária ibúrua: eine zur Unterart der *Paníceae* zählende weißsamige *Kulturhirse,* die wie → *Fonio* und *Guineahirse* als kleinkörnige → Hirse in Gebieten Westafrikas nur lokale Bedeutung hat.

Digitária sanguinális → Bluthirse

D-Digitoxose → Desoxyzucker

Diglyceride: die Fettsäurediester des Glycerols. D. haben die allg. Strukturformeln

1,3-Diglycerid	1,2-Diglycerid
H_2-C-O-CO-R	H_2-C-O-CO-R
|	|
H- COH	H- C-O-CO-R
|	|
H_2-C-O-CO-R	H_2-C-OH

(R=Fettsäurerest)

Entsprechend der Veresterung der Fettsäure unterscheidet man 1,3- (symmetrische) und 1,2- (asymmetrische) D. Sie kommen in geringen Mengen in Fetten und Ölen vor. Sie entstehen bei der Verdauung (lipatische Spaltung) der mit der Nahrung aufgenommenen Fette. Im Stoffwechsel treten sie als Zwischenprodukte des Auf- und Abbaus von Triglyceriden und Phosphatiden auf. Die graue Substanz des Nervengewebes enthält etwa 1 % D. D. entstehen neben → Monoglyceriden bei der Glycerinolyse von Fetten. Die hydrophilen Eigenschaften der D. sind auf die Anwesenheit der Hydroxylgruppe zurückzuführen. D. sind Bestandteile von Emulgatoren für die Lebensmittelproduktion.

Diglycosylceramid → Ceramid

α,δ-Diguanidobutan → Guanidinbasen

Dihe: ein in Mittelafrika verbreitetes fladenartiges Erzeugnis aus getrockneten → Algen. Die als Massenpopulationen in den afrikanischen Seen vorkommenden Blaualgen *(Spirulína platénsis)* werden von den Eingeborenen gesammelt, an der Sonne getrocknet und in Fladenform verzehrt. Die D. enthalten bis zu 50 % Protein.

Dihydroalliin → Aminosäuren

Dihydrocapsaicin: Scharfstoff, der in Chillies, Paprika, Bellpepper gefunden wird und etwa 150···300 mal schärfer als das Piperin des Pfeffers ist. → Terpen-Alkohole

L-Dihydrocarvon → Terpen-Ketone

Dihydrochalcone → Neohesperidindihydrochalcon → Flavonoide

Dihydrocholesterol → Sterole → Vitamin D

Dihydrocuminalkohol → Perillaalkohol

Dihydrodioscorin: ein sich von der Nicotinsäure ableitendes Alkaloid der Dioscorea-Arten Sansibarensis Pax und dumetorum (Kunth) Pax (s. Formel).

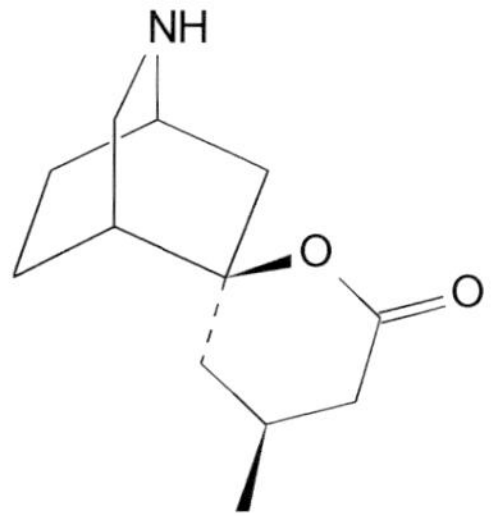

Das D. ist ein krampfauslösendes Toxin. → Bitteryams, afrikanisches → Alkaloide

Dihydroergosterol → Sterole → Vitamin D

Dihydroisocumarine: Süßstoff. Ähnlichkeit mit den → Dihydrochalconen. Geschmacksqualität und -stärke hängen vom Substitutionsmuster ab.

Dihydrokaffeesäure → Antioxydantien

Dihydromalvalinsäure: eine Cyclopropanfettsäure mit der Formel (s. unten).

D. kommt bes. in den Samenölen der Pflanzenfamilien *Anacardiáceae, Elaeocarpáceae, Malváceae, Sapotáceae* und *Sterculiáceae* vor. → Malvalinsäure

d-Dihydropinol → Terpen-Alkohole

Dihydropyrazine: Vorstufe der trialkylierten Pyrazine, die die typischen Aromanoten im gebratenem Fleisch und im Röstkaffee hervorrufen.

Dihydro-β-sitosterol → Sterole

Dihydrosphingosin → Sphingolipoide

Dihydrouracil → Nucleotide

Dihydrouracilribosid → Nucleotide

Dihydroxyaceton, *Dioxyaceton, 1,3-Dihydroxypropan-2-on, Oxantin, Propan-1,3-diol-2-on:* eine Ketotriose (Einfachzucker) mit der Formel:

$HOH_2C\text{-}CO\text{-}CH_2OH$.

F. etwa 80°C (Gleichgewichtsgemisch zwischen Monomerem und Dimerem). D. ist als Phosphorsäureester ein wichtiges Zwischenprodukt des Kohlenhydratstoffwechsels und der alkoholischen Gärung. → Saccharide → Glucose

Dihydroxy-acetonphosphat → Glucose

4,5-Dihydroxy-anthrachinon-2-carbonsäure → Rhein

Dihydroxy-benzoesäure → Dihydroxycarbonsäuren, aromatische

Dihydroxybernsteinsäure → Weinsäure

2,3-Dihydroxybutan-1,4-disäure → Weinsäure

3,3'-Dihydroxy-4,4'-diketo-β-caroten → Farbstoffe

6,7-Dihydroxycumarin → Cumarin → Äsculetin → Cumaringlycoside

Dihydroxycarbonsäuren, aromatische: eine Gruppe von Phenolcarbonsäuren mit 2 phenolischen OH-Gruppen. Die a. D. und ihre Derivate kommen in pflanzlichen Lebensmitteln vor (Übers. siehe S. 346 oben)

Dihydroxyglutaminsäure → Aminosäuren

Dihydroxymalonsäure → Mesoxalsäure

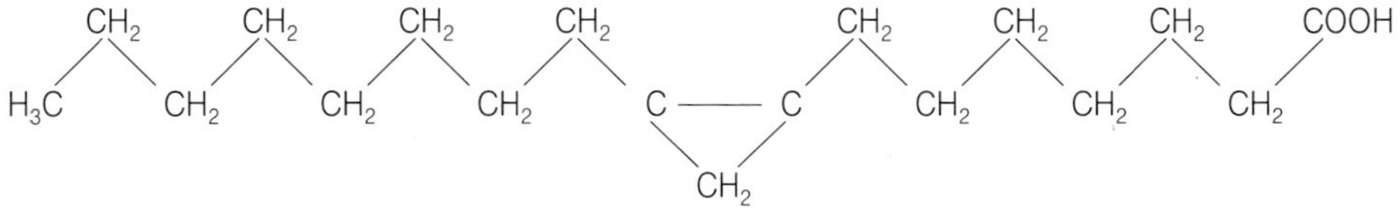

Dihydromalvalinsäure

Die wichtigsten in pflanzlichen Lebensmitteln vorkommenden aromatischen Dihydroxycarbonsäuren und ihre Derivate

Dihydroxycarbonsäure und Derivat	Strukturformel	Vorkommen
Protocatechusäure (3,4-Dihydroxy-benzoesäure, Carbohydrochinonsäure, Hypogallussäure)	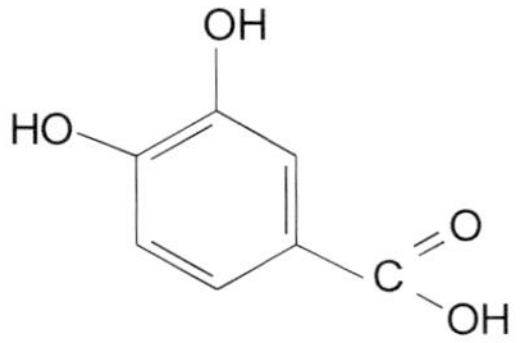	frei oder verestert, weit verbreitet in Blättern, Blüten, Früchten, Zwiebeln, Holz und Rinden (z. B. Speisezwiebel, Muskatnuß, Sternanissamen, *Hibiscus*-Blüten)
Vanillinsäure (4-Hydroxy-3-methoxybenzoesäure)	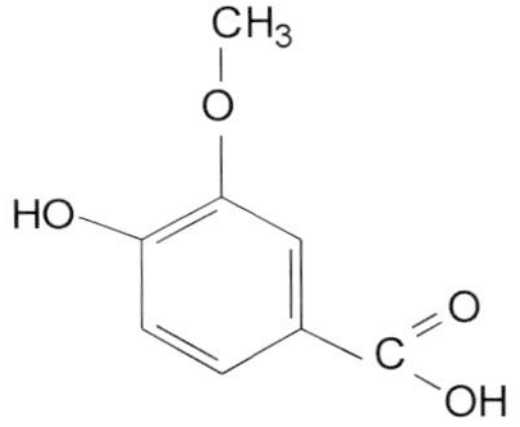	Saft des Zuckerahorns, Lorbeerblatt
Piperonylsäure	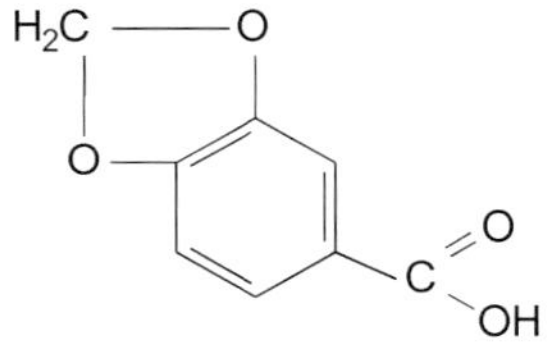	Pfeffer, Oxydationsprodukt zahlreicher Pflanzenstoffe, z. B. des Piperins, Safrols, Isosafrols
Gentisinsäure (Hydrochinoncarbonsäure, 2,5-Dihydroxybenzoesäure)	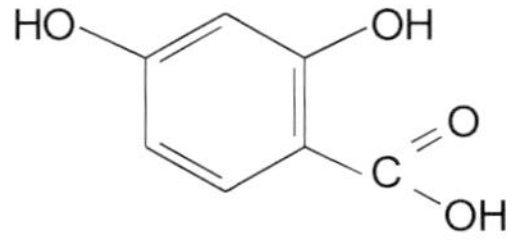	Stoffwechselprodukt verschiedener *Penicillium*-Arten

→ Monohydroxycarbonsäuren, aromatische → Trihydroxycarbonsäuren, aromatische

2,3-Dihydroxy-2-methylbuttersäure: eine gesättigte Dihydroxymonocarbonsäure mit der Formel CH_3-CH(OH)-C(CH_3)(OH)-COOH. Die 2,3-D. wurde bisher nur im Apfelwein nachgewiesen.

Dihydroxymethylenprotocatechualdehyd → Piperonal

2,6-Dihydroxy-7-methylpurin → Heteroxanthin

2,6-Dihydroxy-5-methylpyrimidin → Thymin

3,5-Dihydroxy-3-methylvaleriansäure → Mevalonsäure

L-3,4-Dihydroxyphenylalanin → Aminosäuren

2,5-Dihydroxy-phenylessigsäure → Homogentisinsäure

3,4-Dihydroxyphenylethylamin → Amine, biogene

1,3-Dihydroxypropan-2-on → Dihydroxyaceton

1,2-Dihydroxy-propan-1,2,3-tricarbonsäure → Hydroxycitronensäure

2,6-Dihydroxypurin → Purinkörper

2,6-Dihydroxy-pyrimidin → Uracil

1,25-Dihydroxyvitamin D_3 → Vitamin D

3,4-Dihydroxyzimtsäure → Hydroxyzimtsäuren

L-Diiodtyrosin → Aminosäuren

Diisopren → Terpen-Kohlenwasserstoffe

Dijon-Senf: ein → Speisesenf von sehr scharfem Geschmack, der unter Verwendung der nicht entölten Samen des Schwarzen Senfs nach dem *Dijon*-Verfahren (Dijou, Hauptstadt des ostfranz. Departments Côte d'Or) hergestellt wird, wobei die Samenschalen mittels eines Passiersiebes abgetrennt werden.

Dikabaum, *Wildmango:* der bis zu 30 m hohe westafrikanische Waldbaum *Irvíngia gabonénsis* (Aubry-Lecomte) Baill. (Familie *Simaroubáceae*), dessen pflaumengroße, gelbe Früchte Samen mit durchschnittl. 60 % Öl enthalten. Das Fruchtfleisch ist eßbar, eine Form wird in Benin wegen der Früchte kultiviert. Die Samen werden zerstampft, zu käseförmigen Ballen gepreßt, über dem Feuer getrocknet und geräuchert und ergeben so mit den Samen der → *Ölbohne* das *Dikabrot,* das zu Fischen gegessen wird. Aus den gerösteten Samen wird eine Art Hartfett gewonnen, das der Kakaobutter ähnlich ist und auch *Cay-Cay-Butter* genannt wird. Andere in Südostasien gedeihende Arten werden in ähnlicher Weise wie der D. genutzt.

Dikabrot → Dikabaum → Ölbohne → Owalafett

2,3-Diketogulonsäure → Vitamin C

Dikohlensäurediethylester → Konservierungsmittel

Dikumarin → Dicumarol

Dill, *Gurkenkümmel, Blähkraut:* Sammelbez. für Blätter (*Blattdill*) und Früchte (*Körnerdill*) der einjährigen, bis 1 m Höhe erreichenden Würzpflanze *Anéthum gravéolens L. var. gravéolens* L. (Familie *Apiáceae*), die in Europa, Nordafrika, Amerika als → Küchenkraut und Heilpflanze kultiviert wird. Das frische Kraut, auch als *Gurken-* oder *Dillenkraut* bezeichnet, wird in Form von *Dillspitzen* für Suppen, Soßen, Salate, Brotaufstrich vielseitig genutzt. Das frisch geschnittene Grün läßt sich bei −1···0°C in gelochten Folienbeuteln etwa 4 Wochen aufbewahren; es eignet sich auch sehr gut zum Einfrieren. Auf diese Weise hat man stets grüne Blätter zur Verfügung. Das getrocknete Kraut und die getrockneten Dolden mit Früchten werden vor allem zum Einlegen von Gurken (→ Dillgurken, Gewürzgurken), Sauerkraut, Essiggemüse sowie zum Würzen von Kochgemüse genutzt. Die bis 5 mm langen, ovalen Teilfrüchte sind braun und mit hellen Rippen versehen. Der charakteristische Geruch und Geschmack sind auf den Gehalt an ätherischem Öl (2···4 %) mit den Komponenten Carvon, Limonen und Phellandren zurückzuführen. Hauptaromakomponente ist das cyclische Monoterpenketon (+) Carvon. S(+)-α-Phellandren ruft die typische Dillnote hervor und der Dillether rundet das Aroma ab. Das aus den Früchten gewonnene *Dillöl* wird u. a. zum Aromatisieren verschiedener Liköre verwendet. Der *Indische Dill, A. g. ssp. sowa* (Roxb. ex Fleming) Gupla wird in Indien, Japan und auf der Halbinsel Malakka sowie auf Jawa als Heil- und Gewürzpflanze kultiviert und wie D. verwendet.

Dillapiol, *2,3-Dimethoxy-4,5-methylendioxy-1-allylbenzen, Dillöl-Apiol:* Phenolderivat der Struktur:

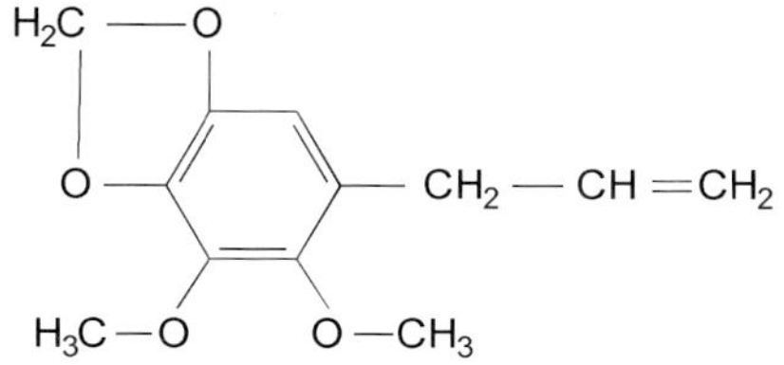

D. kommt in ätherischen Ölen, insbes. in Dillöl, vor. Es ist ein dickes Öl, Kp. 285···295°C, d_4^{13} 1,464, n_D^{25} 1,528.

Dillénia índica → Chaltha

Dillenkraut → Dill

Dillessig → Essig

Dill, Indischer → Dill

Dillöl-Apiol → Dillapiol

3,4-Dimethoxy-1-allylbenzen → Eugenolmethylether

1,2-Dimethoxybenzen → Resorcindimethylester

2,3-Dimethoxybenzochinone → Ubichinone

8,8-Dimethoxy-2,6-dimethyl-octanol-2 → Hydroxycitronellaldimethylacetal

3,5-Dimethoxy-4-hydroxybenzoesäure → Trihydroxycarbonsäuren, aromatische

3',5'-Dimethoxypelargonidin → Anthocyane

3',5'-Dimethoxypelargonidin-7-methylether → Anthocyane

2,5-Dimethoxysafrol → Apiol

β,β-Dimethylacrylsäure → β-Methylcrotonsäure

Dimethylamin → Alkylamine

4-Dimethylaminoazobenzen, *4-Dimethylaminoazobenzol* (veraltet), *Buttergelb, p-Dimethylaminoazobenzol, Dimethylgelb:* ein Teerfarbstoff, der Gruppe der → Azofarbstoffe zugehörend, mit der Formel:

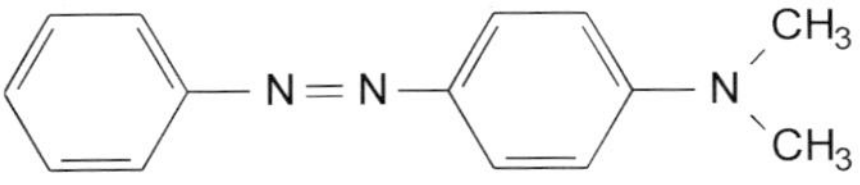

4-D. ist wegen seiner nachgewiesenen kanzerogenen Wirkung zur Färbung von Butter und Speisefetten in Deutschland und anderen Staaten nicht zugelassen. → Azofarbstoffe

Dimethylessigsäure → Isobuttersäure

Dimethylgelb → 4-Dimethylaminoazobenzen

Dimethylglyoxal → Diacetyl

2,6-Dimethyl-hepta-1,5-dien-1-carbonsäure → Geraniumsäure

2,6-Dimethyl-hept-5-en-1-carbonsäure → Citronellsäure

N,N'-Dimethylhydrazin → Stoffe, Lathyrismus auslösende

2,5-Dimethyl-4-hydroxy-3(2H)-furanon, *DHF:* Aromastoff von Erdbeere und Ananas mit einer Karamelnote. Seine Konz. in den Früchten hängt ab von Sorte, Reifegrad und Verarbeitung. Der Methylether des D. ist an der bes. „Sherry-Note" des Aromas überreifer Erdbeeren beteiligt.

Dimethylketon → Aceton

N,N-Dimethyl-methylazoxycarboxamid → Pilzfarbstoffe

2,6-Dimethyl-octa-2,6-dien-8-ol → Geraniol

2,6-Dimethyl-octa-2,7-dien-6-ol → Linalool → Terpen-Alkohole

3,7-Dimethyl-octa-1,6-dien-3-ol → Linalool → Terpen-Alkohole

2,6-Dimethyl-octa-2,6-dien-8-säure → Geraniumsäure → Geraniol

2,6-Dimethyl-octan-2-ol-8-al → Hydroxycitronellal

2,6-Dimethyloctatri-1,5,7-en → Terpen- Kohlenwasserstoffe

2,6-Dimethyl-oct-8-en-8-säure → Citronellsäure

1,1-Dimethyl-3-phenyl-1-propanol → Benzaldehyd

3-[γ,γ-Dimethyl-propenyl]-5-[γ,γ-dimethylallyl]-1-isovaleryl-cyclohex-1-en-2,3-diol-4,6-diol → Humulon

6,7-Dimethyl-9-(D-1'-ribityl)-isoalloxazin → Vitamin B_2

p-α-Dimethylstyrol → Terpen-Kohlenwasserstoffe

Dimethylsulfid: der einfachste Thioether mit der Formel CH_3-S-CH_3. D. ist ein in Wasser unlösliches, zugleich ätherisch und nach Meerrettich riechendes Öl, F. −83,2°C, Kp. 38°C, d_4^{21} 0,8458. Es kommt im amerik. Pfefferminzöl vor.

Dimethylsulfoxide: eine in der Natur weit verbreitete, für den charakteristischen Geruch vieler Pflanzen verantwortliche Stoffgruppe mit der allg. Formel Me_2SO. D. und ihre Oxydationsprodukte mit der allg. Formel Me_2SO_2 wurden nachgewiesen in verschiedenen Gemüsearten (z. B. Rote

Beete, Grüne Bohnen, Kohl, Mangold, Gurken, Zwiebeln, Tomaten, Tomatenmark), Obst (Äpfel, Orangen, Pfirsiche, Himbeeren), Mais, Hafer, Bier, Kuhmilch, Kaffee und Schwarzem Tee. In letzterem liegt der Gehalt an D. 10 bis 100fach höher als in den meisten anderen untersuchten Lebensmitteln.

5,5-Dimethyl-2-thiooxazolidon: ein Thiooxazolidon mit der Formel:

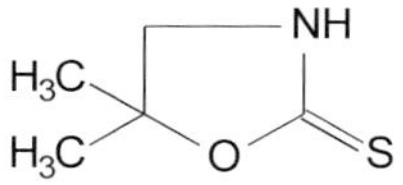

Das D. entsteht bei der Hydrolyse des Senfölglucosids *Glucoconringiin,* das in den als Ölsaat genutzten Samen des Ackerkohls [*Conríngia orientális* (L.) Dumort.] vorkommt. F. 108···109°C. Es wirkt wie das → Goitrin kropferzeugend. Durch Kochen wird die Wirkung nicht aufgehoben. Die in allen Kohl- und Rübenarten der Gattung *Brássica* sowie in Bohnen, Erbsen, Linsen, Sojabohnen und Erdnüssen vorkommenden Mengen sind jedoch unbedenklich.

2,6-Dimethyl-6-p-tolyl-hept-1-en → L-α-Curcumen

Dimethyltrisulfid: eine wesentliche Aromanote von Rotkohl, Weißkohl u. Tomatenmark mit der Formel: $H_3C\text{-}S\text{-}S\text{-}S\text{-}CH_3$

N-Dimethyltyramin → Phenylalkylamine

1,3-Dimethylxanthin → Theophyllin → Purinkörper

3,7-Dimethylxanthin → Theobromin → Purinkörper

Dimiat: ertragreiche Weißweinkeltertrauben-Sorte, die hauptsächlich im Schwarzmeergebiet (Bulgarien) angebaut wird. Die fruchtigen und geringerwertigen Weine dienen häufig als Bowlenwein und für die Sektgewinnung.

Dimyristylketon → Ketone

Dinatriumhydrogenphosphate → Phosphate

Dinkel, *Spelz:* eine robuste und anspruchslose, bes. für rauhe Lagen, bis ins Gebirge hinein (z. B. Voralberg und Schweiz) geeignete Weizenunterart, und daher mit dem Saatweizen eng verwandte, nur in Kultur bekannte → Spelzenweizenart, *Tríticum spélta* L. (Familie *Poáceae*), deren Anbaugebiete in ganz Europa (von Südskandinavien bis zur Schweiz) im 19. und 20. Jh. stark rückläufig waren. In Deutschland betrug 1937 die Anbaufläche noch 53 000 ha. sie sank nach dem 2. Weltkrieg, bis auf wenige traditionelle Grünkernanbauzentren auf Null und erfuhr als Folge der Nostalgiewelle , als eine traditionsreiche Getreideart eine ungeahnte Renaissance, so daß 1992 die Anbaufläche wieder etwa 100 000 ha betrug und weiter im Steigen begriffen ist, so daß der D. in der neuen Mehltypenregelung (→ Mehl, typisiertes) als gesonderte Getreideart wieder neu aufgenommen worden ist. Der D. ist aus einer Kreuzung zw. *Tríticum dicóccon X Tríticum compáctum* hervorgegangen. Er hat gebogene Ähren (in der Wuchshöhe überragt der D. die Saatweizensorten erheblich) und fest von Spelzen umschlossene Körner, die auch *Kernen* genannt werden. Die Körner bilden → Sammelspelzfrüchte. Das Druschgut (bestehend aus Körnern, Spelzen und Ährenspindelgliedern) muß einem zusätzlichen Bearbeitungsgang, dem *Gerben* (auch *Röllen* genannt) unterworfen werden (→ Grünkern). Der Anteil der Spelzen und Ährenspindelglieder am Druschgut beträgt 20···30%. Die Kornzahl je Ähre erreicht bei D. nur 55% der Kornzahl einer Saatweizenähre, dafür sind die Körner besser ausgebildet und erreichen ein um 10···15% höheres Tausendkorngewicht. Gegenüber Saatweizen weist der D. einen höheren Eiweißgehalt auf (bei D. 15···18%, bei Winterweizen 10···14%) und einen Feuchtklebergehalt (bei D. über 30%) bei jedoch geringeren Kleberqualitäten. Das Aminosäurespektrum der Reserveeiweiße des D. ist mit dem des Saatweizens identisch. Der D. zeichnet sich im Vergleich zum Saatweizen - möglicherweise im Schutz der Spelzen (→ Süßgräser) - durch erhöhte Resistenz gegen Pilzerkrankungen aus, so daß der übliche Pflanzenschutzmittelaufwand reduziert werden kann. Der D. zeigt außerdem ausgeprägte Bestockungsneignung, ungünstig ist sein Stickstoffausnutzungsvermögen. Bei gleichen Stickstoffgaben bringt der Saatweizen einen höheren Kornertrag als der D., indem der Saatweizen auf Kosten von vegetativer Masse (Stroh) einen größeren Anteil des Stickstoffangebotes für die Kornausbildung zu nutzen vermag. Es steht zu erwarten, daß der D. in ähnlicher Weise züchterisch bearbeitet wird. Eine bekannte alte Dinkelsorte heißt 'Baulander Spelz', neuere Sorten von 1988 sind 'Schwabenkorn' und von 1979 'Rouquin'. Aus D. lassen sich Nährmittel, Teig- und Backwaren herstellen. Jahrhundertelang bildete der D. bes. in Gegenden des Dinkelanbaues die Morgenspeise in Breiform namens *Habermus*. Neben *T. macha* Dekapr. et Menabde (*Machaweizen* oder *Georgischer* Dinkel), einem alten Kulturweizen Westgeorgiens, dessen Anbau bereits erloschen ist, wird der D. als Ausgangsform des hexaploiden Weizens betrachtet.

Dinophysistoxin → Muschelgifte

Diollipide: D. kommen als Nebenbestandteile der Lipidfraktion in Pflanzen und Tieren vor. Bezogen auf Glycerin liegt der Anteil um 1 %. Ausnahmen sind Seeigel, Seesterne und Mollusken, deren Lipide im Sommer 25···40 % D. enthalten.

Dióon edúle → Palmfarnstärke

Dioscórea álata → Großyams →

Dioscórea bulbífera → Luftyams → Yamswurzel

Dioscórea cayennénsis → Guineayams → Yamswurzel

Dioscórea dumetórum → Bitteryams, Afrikanisches

Dioscórea híspida → Bitteryams, Ostasiatisches

Dioscórea japónica → Yamswurzel → Japanyams

Dioscórea minutiflóra → Embeme

Dioscórea nummulária Lam.: ein in Asien und Westafrika kultiviertes Yamswurzgewächs, dessen alkaloidfreie Knollen tief in der Erde liegen und oft erst nach 2 bis 3 Jahren geerntet werden, damit die Knollen an Größe zunehmen. → Yamswurzel

Dioscórea oppósita → Yams, Chinesisches

Dioscórea pentaphýlla → Buschyams → Yamswurzel

Dioscórea praehénsilis → Buschyams

Dioscórea rotundáta → Guineayams, Gelbes

Dioscórea schimperána Hochst. ex Kunz: eine in Ostafrika wildwachsende → Yamswurzel, deren Speicherorgane von Juni bis Aug. erntefähig und wie bei *D. minutiflóra* Engl. (→ Embeme) durch einen rel. hohen Eisengehalt gekennzeichnet sind. In 100 g Frischmasse sind enthalten: 77 g Feuchtigkeit, 0,28 g Eiweiß, 0,12 g Fett, 17,5 g Kohlenhydrate, 2,14 g Rohfaser, 1,06 g Mineralstoffe, 57,5 mg Calcium, 6,9 mg Phosphor und 32,5 mg Eisen.

Dioscórea spec. → Yamswurzel

Dioscóreastärke → Arrowroot

Dioscórea trífida → Faseryams

Diosmetin → Flavonoide

Diosmin: Trivialname für das gefäßaktive 3',5,7-Trihydroxy-4'-methoxyflavon-7-rhamnoglycosid → Flavonoide

Diospýros káki → Kakipflaume → Sharonfrucht

Diospýros lótus → Lotosfrucht

Diospýros melanóxylon → Tuki

Diospýros virginiána → Persimone

Dioxin → Dibenzodioxine

β,γ-Dioxobutan → Diacetyl

4,4'-Dioxo-β-caroten → Farbstoffe

2,4-Dioxotetrahydropyrimidin → Uracil

Dip: aus dem Engl. kommende Bez. für eine → Würzsoße bzw. kalte Soße, in die kleine Happen, z. B. Rohkost, Salatblätter oder gegarte Speisen vor dem Verzehr getaucht werden. Die dafür verwendeten Soßen enthalten vielfach Mayonnaise, Joghurt, saure Sahne, Quark als Bindemittel und als würzende Zutat viele Küchenkräuter, Zwiebeln, Tomaten, Paprika, Gurken, Meerrettich, Senf und/oder Wildfrüchte. → Stippe 2.

Dipalmitoleyl-α-lecithin: ein Lecithin, das als Fettsäurereste Palmitoleinsäure enthält:

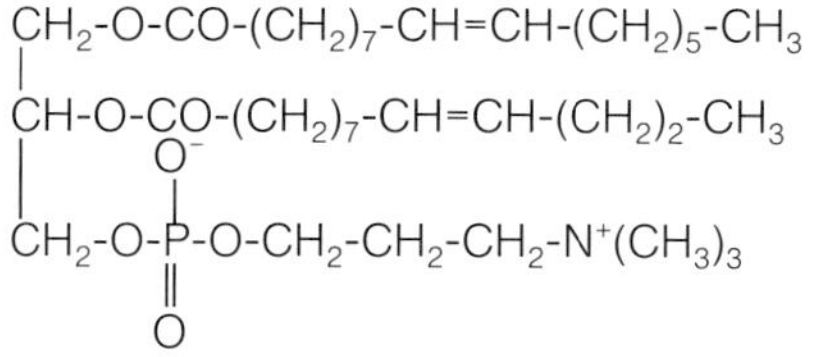

Dipalmitoleyl-α-lecithin

D. ist eine halbfeste Substanz, die aus Bäckerhefe isoliert wurde, $[\alpha]_D^{25}$ +6,6° (in Chloroform-Methanol, 1:1).

Dipenten → Terpen-Kohlenwasserstoffe

Dipeptid → Eiweiß

Diphenole → Antioxydantien

Diphenyl → Konservierungsstoffe

2,4-Diphenyl-but-2-en-1-al → 2,4-Diphenylcrotonaldehyd

2,4-Diphenylcrotonaldehyd, *2,4-Diphenyl-but-2-en-1*-al: ein ungesättigter, von Butan abgeleiteter Aldehyd mit 2 substituierten Phenylresten am C_2- und C_4-Atom (s. Formel):

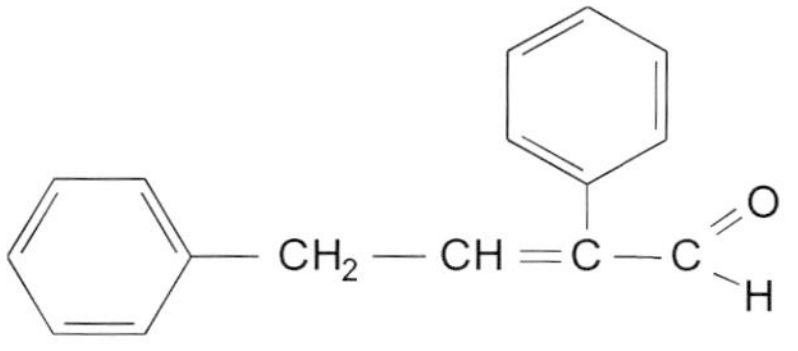

2,4-D. schmeckt leicht bitter und typisch nach Kakao und wird daher in Mengen von 0,01···10 Masse-% als Aromatisierungsmittel für Nahrungs- und Genußmittel mit Schokoladen- oder Kakaoaroma vorgeschlagen, da es diesen schon allein weitgehend den trockenen, pudrigen Kakaocharakter verleiht.

N,N'-Diphenylharnstoff → Säureamide

Diphosphate → Phosphate → Pyrophosphate

Diploknéma butyrácea → Fulwatalg

Diplotáxis tenuifólia → Doppelrauke

Diptam, Kretischer → Dost 1.

Diptamdosten → Dost 1.

Dípteryx odoráta → Tonkabohne

Direlitzen → Kornelkirsche

Dísa welwítschii Reichb.: eine Staudenorchidee (Familie *Orchidáceae*), die in Süd- und Südwestafrika verbreitet ist und eßbare Wurzelknollen bildet. Diese zeigen je 100 g folgende Zusammensetzung: 78 g Feuchtigkeit, 0,24 g Eiweiß, 0,7 g Fett, 19,4 g Kohlenhydrate, 0,8 g Rohfaser, 0,44 g Mineralstoffe, 39,6 mg Calcium, 13,2 mg Phosphor und 6,6 mg Eisen.

Disaccharide: eine Gruppe der *Oligosaccharide (Mehrfachzucker),* aufgebaut aus zwei Monosaccharidmolekülen unter Austritt von 1 Molekül Wasser. Bei D. unterscheidet man solche des reduzierenden (Maltose-) und des nichtreduzierenden (Trehalose- oder Saccharose-) Typs. Beide Typen können sich von der furanoiden oder pyranoiden Ringform ableiten und lassen sich als Glycoside durch Säuren in die Ausgangszucker spalten. Nichtreduzierende D. entstehen durch Verknüpfung der beiden lactolischen Hydroxylgruppen der Ausgangszucker, die α,α,-, α,β- oder β,β-glycosidisch erfolgen kann. Wichtigster Vertreter ist die → Saccharose (Rüben-, Rohrzucker). Bei Bildung reduzierender D. reagiert die lactolische Hydroxylgruppe eines Zuckermoleküls mit einer alkoholischen Hydroxylgruppe des anderen. In natürlich vorkommenden D. ist das reduzierende Zuckermolekül meist in 4- oder 6-Stellung mit dem Partner α- oder β-glycosidisch verbunden. Ihr wichtigster Vertreter ist die beim keimenden Samen als Stärkeabbauprodukt gebildete → *Maltose* (Malzzucker). Die meisten Disaccharide treten nicht frei auf, sondern werden durch partielle saure oder enzymatische Hydrolyse aus Polysacchariden gewonnen. Im Gegensatz zu reduzierenden D. geben die nichtreduzierenden nur die charakteristischen Reaktionen der alkoholischen Hydroxylgruppen, erweisen sich gegenüber Alkalien und

Oxydationsmitteln als stabil, bilden weder Osazone noch Glycoside und reduzieren *Fehling*sche Lösung nicht. Weitere in Lebensmitteln vorkommende D. s. Übers. → Saccharide → Zucker

Weitere in Lebensmitteln vorkommende Disaccharide

Disaccharid	Struktur	Vorkommen
a) *reduzierende D.* (Maltose-Typ): *Vicianose* [β-L-Arab p(1→6)D-Gluc p]	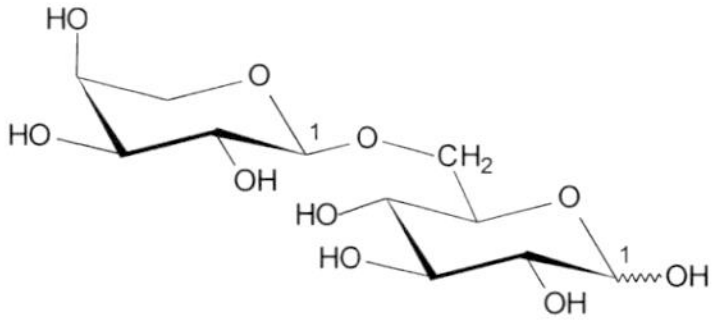	Zuckerkomponente einiger Glycoside z. B. von Gein, durch Hefe nicht vergärbar
Gentiobiose [Amygdalose, Amygdalinbiose, β-D-Gluc p(1→6)D-Gluc p]	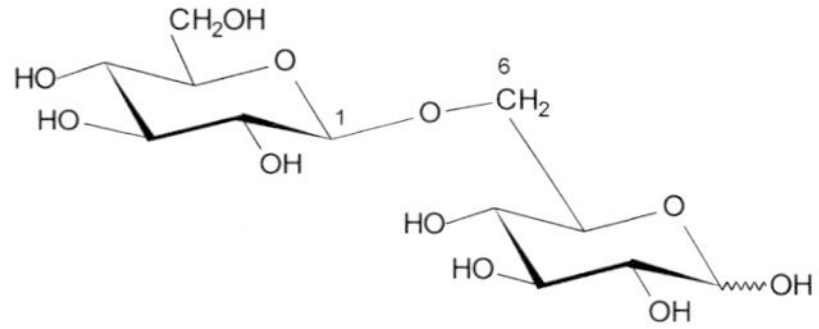	Zuckerkomponente einiger Glycoside (z. B. Amygdalin, Crocin und im Trisaccharid Gentianose. Reversionsprodukt der D-Glucose (Einwirkung von Säuren)
Solabiose [β-D-Gluc p(1→3)D-Gal p]	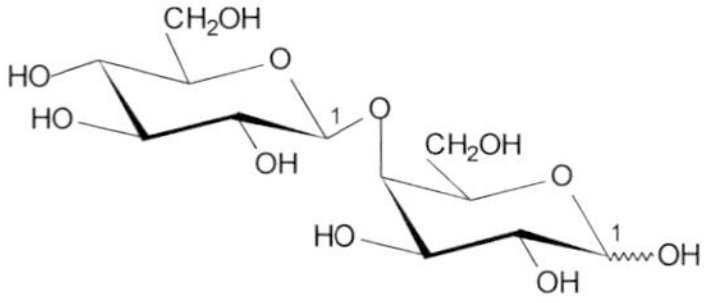	Zuckerkomponente des Glycosids α-Solanin
Sophorose [β-D-Gluc p(1→2)α-D-Gluc p]	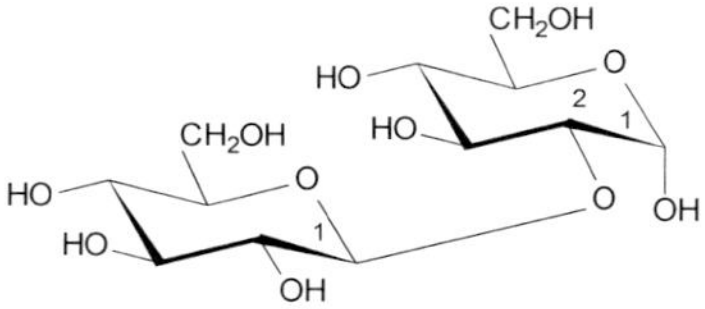	Zuckerkomponente des Glycosids Steviosid und einiger Anthocyane. Reversionsprodukt aus Glucose (Einwirkung von Säure)
Sambubiose (D-Glucose-β-D-Xylose)	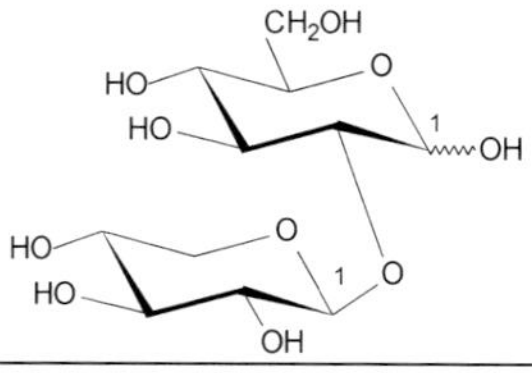	Zuckerkomponente einiger Cyanidinglycoside
α-*Rutinose* *[Lusitanicose, 6-O-α-L-Rhamnosyl-D-Glucose,* β-L-Rhamn p(1→6)D-Gluc p]	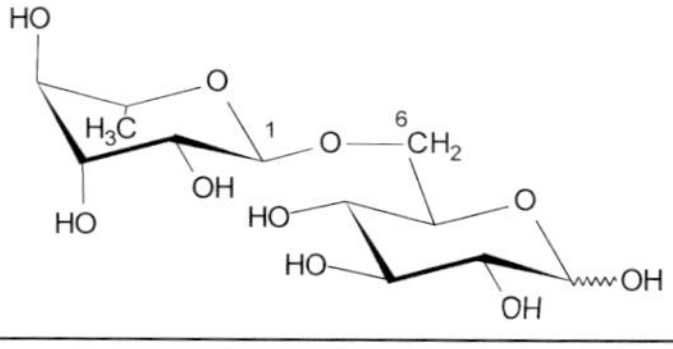	Zuckerkomponente einiger Glycoside (z. B. Rutin)

Weitere in Lebensmitteln vorkommende Disaccharide (Forts.)

Disaccharid	Struktur	Vorkommen
Cellobiose *[Cellose,* β-D-Gluc p(1→4)β-D-Gluc p]	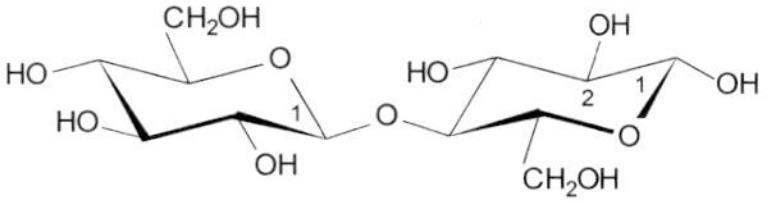	Grundeinheit der Cellulose (kommt nicht frei vor). Baustein von Lichenin, Reversionsprodukt aus D-Glucose (Einwirkung von Säuren)
Isomaltose *[Brachiose, Dextrinose,* 6-[α-D-Glucosido(1.5)]-D-Glucose(1.5)]	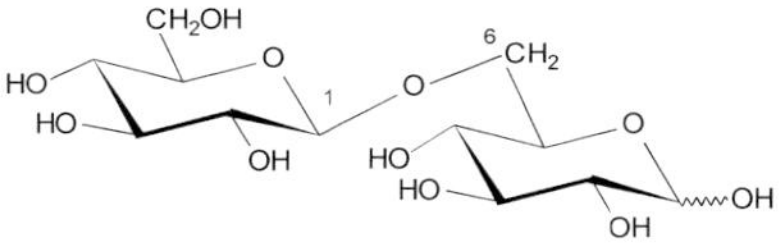	Baustein von Amylopectin, Glycogen und bakteriellen Dextranen; im Bienenhonig, Reversionsprodukt von D-Glucose (Einwirkung von Säuren)
Laminaribiose [β-D-Gluc p(1→3)D-Gluc p]	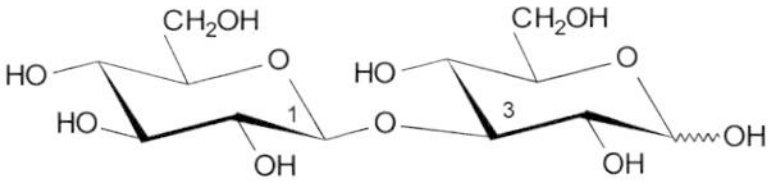	Braunalgen, Seetang (Baustein des Polysaccharids → *Laminarin,* Hefe (Baustein des Glucans)
Melibiose (Eucalyn) [α-D-Gal p(1→6)D-Gluc p]	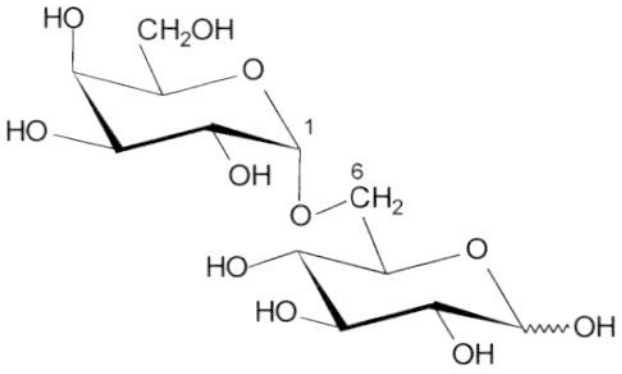	Baustein des Trisaccharids Raffinose
Nigerose [α-D-Gluc p(1→3)D-Gluc p]	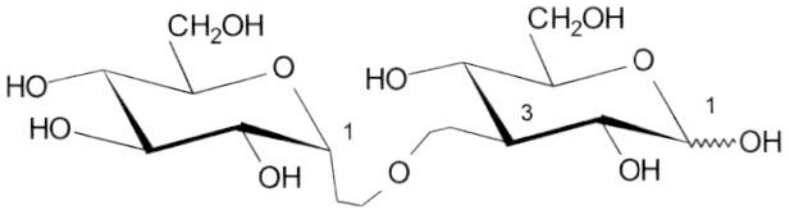	im Bienenhonig, im Bier, Baustein des Amylopectins
Lactulose β-D-Gal p(1→4)-D-Fruc f]	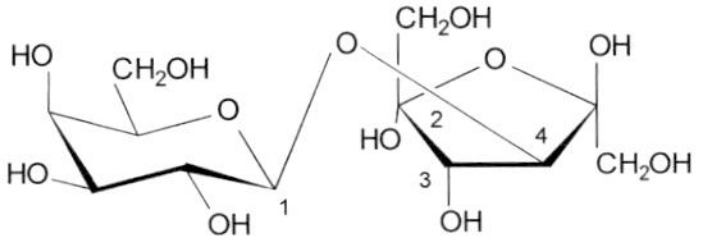	Reversionsprodukt der Lactose, Kondensmilch, H-Milch
β-*Lactose* [β-D-Gal p(1→4)β-D-Gluc p]	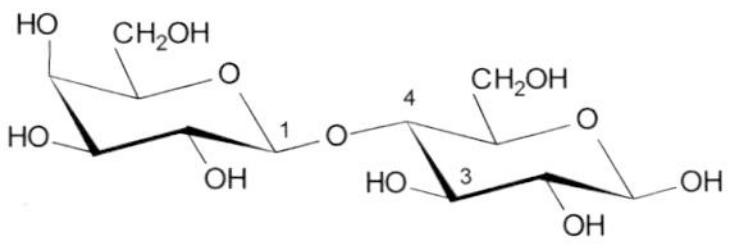	Milch

Weitere in Lebensmitteln vorkommende Disaccharide (Forts.)

Disaccharid	Struktur	Vorkommen
Turanose [α-D-Gluc p(1→3)-D-Fruct p]	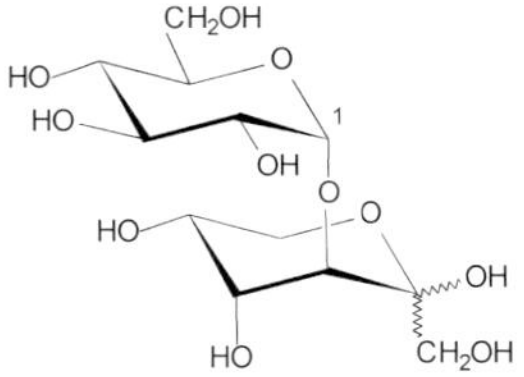	im Bienenhonig, Bestandteil aus Pollen, Baustein des Trisaccharids Melicitose
Maltulose [4-O-α-D-Glucopyranosyl-D-Fructose, α-D-Gluc p(1→4)-D-Fruc p]	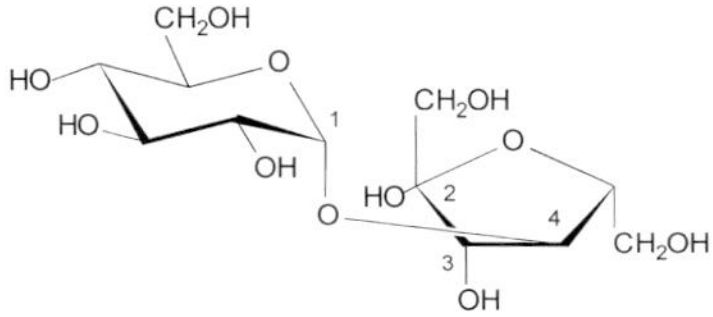	Stärkesirup, mit Säuren hydrolysierte Stärkeabbauprodukte, Honig von *Bídens aristósa* Britton
Kondurangiobiose (Condurangiobiose) [D-Glucose + D-Thevetose]		Zuckerkomponente des → Kondurangins
Isorhodeosoglucose		Baustein des Negreteins
Neohesperidose [β-L-Rhamn p(1→2)α-D-Gluc p, 2-O-L-Rhamnosyl-D-glucose]	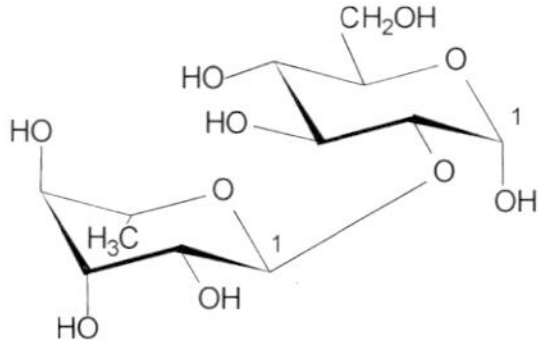	Zuckerkomponente des Neohesperidins
Inulobiose [1-β-D-Fructosido (2.5)-D-fructose(2.5)]	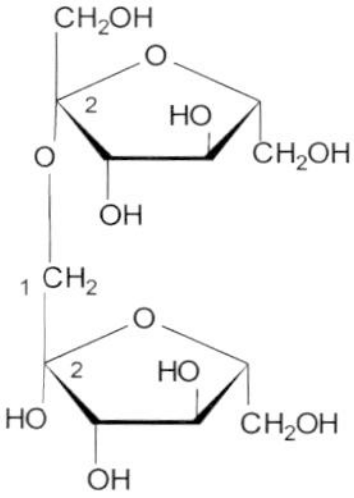	Baustein des Inulins
Primverose [6-O-β-D-Xylopyranosyl-D-glucopyranose, β-D-Xyl p(1→6)-D-Gluc p]	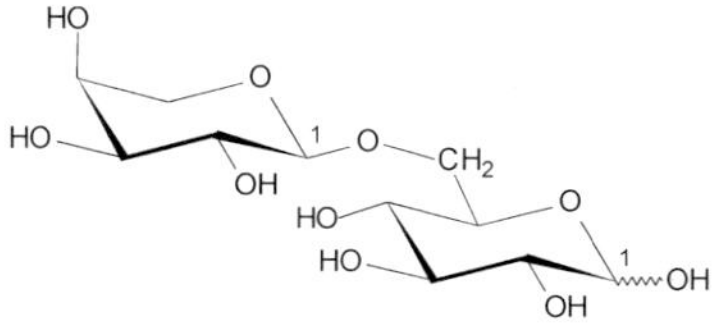	Bestandteil vieler Glycoside, reife Schoten des Johannisbrotbaumes *(Ceratónia síliqua* L.)

Weitere in Lebensmitteln vorkommende Disaccharide (Forts.)

Disaccharid	Struktur	Vorkommen
b) *nichtreduzierende D.* (Trehalose- oder Saccharose-Typ) → α-α-Trehalose *[Mykose, Mutterkornzucker, Pilzzucker,* α-D-Gluc p(1→1) α-D-Gluc p]	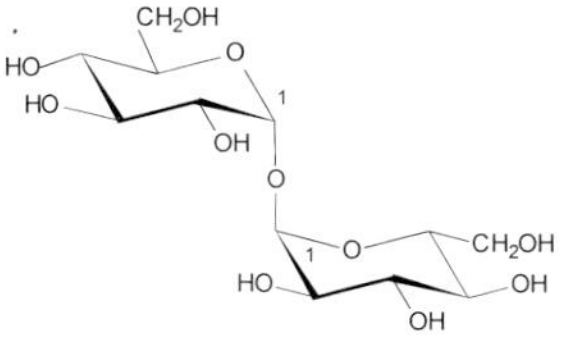 	Roggenmutterkorn, junge Pilze, Seetang, Trehala-Manna, Hefe

Discína, *Scheibenlorchel, Scheibenbecherlinge:* zur Familie *Helvelláceae* geordnete Pilzgattung. Zwei der in Mitteleuropa vertretenen Arten dieser Gattung sind als Speisepilze von Bedeutung: der *Schildförmige Scheibenbecherling* oder die *Schildförmige Scheibenlorchel (Discína áncilis* Pers. ex Fr. = *D. perláta* Boud. = *Rhízina helvética* Fuckel), guter Speisepilz, Fruchtkörper: eine 3···15 cm breite, 2···4 cm hohe, außen blaßrosafarbene bis gelblich-weiße, innen graubraune, tabakfarbene, glatte, dichtfilzige Scheibe, anfangs rundlich schüsselförmig, später flach ausgebreitet, unregelmäßig lappig verbogen, oben runzlig-höckerig mit Adern und bauchigen Falten, die sich nach unten zu einem sehr kurzen, dicken Stiel vereinen; Fleisch geruchlos; Vorkommen: April bis Mai an sonnigen Stellen auf feuchtem Boden, bes. an morschen Nadelholzstümpfen, gesellig; der *Dottergelbe Scheibenbecherling (Díscina leúcoxantha* Bres.), Fruchtkörper: eine 2···6 cm breite, innen dottergelbe bis zimtbraune, außen weißliche, später gelblich überhauchte Scheibe, anfangs halbkugelig, später ausgebreitet, zuletzt fast abgeflacht mit zurückgeschlagenem Rand, kahl, glatt, allmählich runzelig, zart flaumig, fleischig, mit weißem, mitunter grubigem und im Alter etwas geflecktem, sehr kurzem, in die Erde eingesenktem Stiel. Das Fleisch ist wachsartig, weißlich, geruchlos und sehr wohlschmeckend; Vorkommen: April bis Mai in sandigen Nadelwäldern, bes. unter Lärchen, bisweilen häufig. → Speisepilze

Discíótis → Becherlinge

Dispersionskolloide → Kolloid

Di-Stärkeadipinat → Stärke, vernetzte

Di-Stärkephosphat → Stärke-Phosphorsäureester

Distelfeige → Kaktusbirne

Distelöl → Safloröl

Distickstoffoxid, *Stickoxydul, Lachgas:* farbloses, süßlich riechendes Gas der Formel N_2O_3, Molmasse 44,01 g/mol, Kp. −88,5°C. D. ist in Wasser gut löslich. Der Name rührt davon, daß eingeatmetes D. krampfartige Lachlust und rauschartige Zustände hervorruft. D. wird als Treibgas von Schlagsahne verwendet.

Disulfide: Salze oder Derivate des Dischwefelwasserstoffs (Wasserstoffdisulfid, H_2S_2) von den allg. Formeln $Me_2^IS_2$ und R_2S_2. Die bekanntesten D. sind das Natriumdisulfid (Na_2S_2) und das Cystin (→ Aminosäuren). Weitere in Lebensmitteln vorkommende D. sind → Diallyldisulfid und → Propylallyldisulfid.

Disulfite → Sulfitieren

Disulfoxide: schwefelhaltige Verbindungen mit der allg. Formel R-SO-S-R. D. sind in *Allium*-Arten nachgewiesen worden. Das bekannteste D. ist das allg. als → Allicin bezeichnete *Allyl-disulfoxid.* An Stelle der Allylgruppen enthalten die D. auch Methyl-, Propyl- oder Propenylgruppen.

Diterpen-Alkaloide → Alkaloide

Diterpene → Terpene

Di-n-tetradecylketon → Ketone

Dithiocarbamate → Fungizide

2,2'-Dithiolisobuttersäure: eine verzweigtkettige aliphatische Carbonsäure mit zwei endständigen Sulfhydrylgruppen mit der Formel:

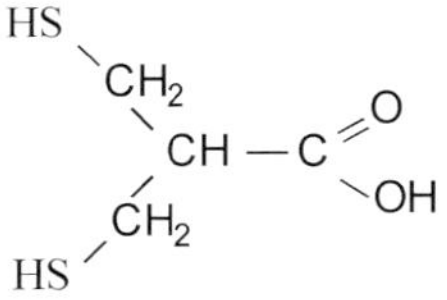

Die 2,2'-D. wurde aus frischem Spargelsaft isoliert. Möglicherweise handelt es sich um das Spaltprodukt einer Disulfid-Verbindung.

Dithiolthione: Inhaltsstoffe der Gemüse aus der Familie der Kreuzblütler (Kohl, Brokkoli, Rosenkohl, Blumenkohl). D. wirken im Tierversuch vorbeugend gegen Krebs, jedoch nicht heilend. Die Wirkung beruht wahrscheinlich auf der Erhöhung des Glutathiongehaltes der Zelle, wodurch bestimmte Entgiftungsmechanismen aktiviert werden. Glutathion bindet sich an Karzinogene u. a. Toxine, wodurch diese wasserlöslich und ausgeschieden werden können, bevor sie die DNA schädigen. Außerdem aktivieren D. die Enzyme, die die Bindung des Glutathions an Toxine auslösen. D. schützen auch gegen die giftigen Nebenprodukte der Strahlentherapie.

Dittander → Kresse, Breitblättrige

Diureidoessigsäure → Allantoinsäure

Divicin → Vicin

Divinylsulfid → ungesättigtes *Sulfid* der Formel CH_2=CH-S-CH=CH_2. D. ist ein in Bärenlauch und im Knoblauch vorkommendes farbloses Öl mit ätherischem Geruch, Kp. 101°C.

Djahe → Ingwer

Djavebutter → Djavefett

Djavefett, *Djavebutter, Adjabutter:* das aus den Samenkernen des Baumes *Mimúsops eléngi* L. (Familie *Sapotáceae*) gewonnene Fett. Das D. ergibt nach der Raffination ein schmalzartiges, gelblich-weißes Speisefett. Die Fettsäuren des D. sind: etwa 5 % Palmitinsäure, etwa 36 % Stearinsäure und etwa 58 % Ölsäure.

L-Djenkolsäure → Aminosäuren

DNS (Desoxyribonucleinsäure) → Nucleinsäuren

Döbel, *Aitel, Dickkopf, Leucíscus cėphalus* (Bild):

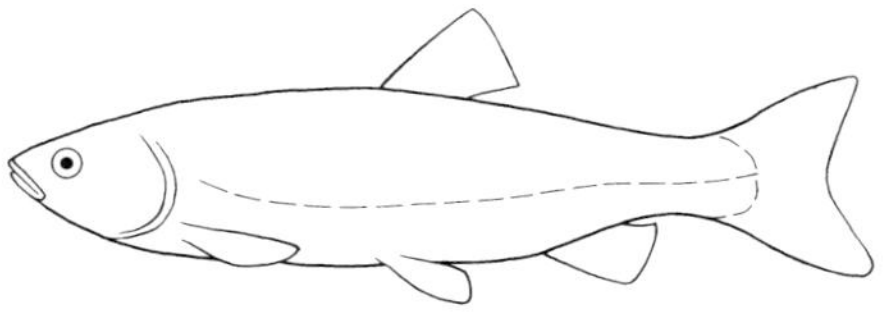

Döbel

Langgestreckter, fast walzenförmiger *Süßwasserfisch* mit großem Kopf und großen, derben Schuppen, deren dunkle Säume eine netzartige Zeichnung bewirken. Die Färbung ist oberseits graubraun mit grünlichem Glanz, unterseits gelblichweiß mit metallischem Glanz-, Bauch- und Afterflossen sind rot. Vom ähnlichen → *Hasel* unterscheidet sich der D. durch den endständigen, tiefgespaltenen Mund. Der D. erreicht im Mittel 30···50 cm, höchst. 60 cm Länge bei 3 kg Masse. Der D. besiedelt meist fließende Gewässer Europas bis zum Ural, gelegentlich auch Brackwasser. Er hat nur lokal geringe wirtschaftliche Bedeutung. Der D. ist fettarm und als Speisefisch in der Regel wenig gefragt.

Dobostorte: eine nach dem ungarischen Erfinder und Konditor benannte Torte mit sechs bis acht Lagen, die mit Schokokrem gefüllt und oben mit einer Decke von geschmolzenem Zucker versehen ist. → Torte

Dochna → Sorghumhirse → Zuckerhirse

Docosa-13,16-dien-1-säure: eine zweifach ungesättigte aliphatische Monocarbonsäure (Fettsäure) mit der Formel CH_3-$(CH_2)_4$-CH=CH-CH_2-CH=CH-$(CH_2)_{11}$-COOH. Sie kommt neben weiteren Diensäuren der C_{18}- und C_{20}-Reihe zu etwa 1 % in Rapsöl vor.

Docosa-4,7,10,13,16,19-hexaensäure, *Dokosahexaensäure:* eine all-cis-Polyenfettsäure der Formel

CH_3-CH_2-CH=CH-CH_2-CH=CH-CH_2-CH=CH-CH_2 -CH=CH-CH_2-CH=CH-CH_2-CH=CH-CH_2-CH_2 -COOH.

Sie kommt vor allem im Körperöl von Meeresfischen vor. → Eicosapentaensäure → Fettsäure

n-Docosansäure → Behensäure → Fettsäuren

Docosa-4,8,12,15,19-pentaensäure → Clupanodonsäure

Docos-11-en-säure → Cetoleinsäure

Docos-13-en-säure → Erucasäure

Docýnia índico → Crabapfel, Indischer

n-Dodecanal → Aldehyde

Dodecanol-(1) → Fettalkohole

Dodecansäure → Fettsäuren → Laurinsäure

Dodecensäure → Lauroleinsäure

n-Dodecylaldehyd → Aldehyde

n-Dodecylalkohol → Fettalkohole

Dodecylgallat → Antioxydantien

Dodoa: Hülsenfrucht des 20 m hohen zentralafrikanischen Baumes *Párkia africána* R. Br. (Familie *Fabáceae*). Aus der kohlenhydratreichen, pulvrigen Pulpa und den schwarzen Samen, die bis zu 17 % Fett enthalten können und proteinreich sind, werden verschiedene Lebensmittel zubereitet (Käse, Kuchen u. a.). Die Hülsen von Párkia speciósa *Hassk.* riechen und schmecken stark nach Knoblauch, sie werden als Würzmittel verwendet. → Petehbohne

Doenjang → Miso

Doggerscharbe → Plattfische

Döle → Gamay noir

Dólichos axilláris → Erdnuß

Dólichos biflórus → Helmbohne

Dólichos láblab → Helmbohne

Dollarfisch → Butterfisch

Dolomit: Magnesium-Calciumcarbonat. Wird als Säureregulator zum Alkalisieren von Trinkwasser benutzt.

Dominostein: eine → *Lebkuchenbackware* in bissengroßer Würfelform mit höchst. 30 mm Kantenlänge und meist mit Schokoladentunkmasse überzogen. Der D. besteht aus einer oder mehreren Schichten gebackenem, weichem, braunem Lebkuchenteig. Die Füllungen können aus Marzipan, Persipan, Obstmark bzw. Obstgelee oder Fondantkrem bestehen. Bei *Dessert-Dominosteinen* ist die Verwendung von Fondantkrem ausgeschlossen, und der Überzug besteht aus Schokolade. Als *Lebkuchenwürfel* werden diejenigen D. bezeichnet, deren Überzug anstelle von Schokoladentunkmasse aus mind. 20 % kakaohaltiger Fettglasur bestehen. → Lebkuchen

Domo → Sareptasenf

Donaulachs → Huchen

Doncella → Locustbeere

Döner Kebap: ein Gemenge aus Kalbfleischscheiben und Hackfleischmasse (Rind/Schwein), das als türkische Spezialität auf einem senkrecht stehendem Drehspieß ruht und durch einen seitlich angebrachten Grill gegart wird. Von dieser sog. „drehenden Fleischspeise" werden dünne Scheiben abgetragen und mit Salatbeilage in einem vorher angewärmtem, weichem, als Tasche geformtem Fladenbrot an Imbißständen angeboten. Da sich wegen gestiegener Nachfrage die Qualität des D. K. durch Streckung mit Bindemitteln und Erhöhung des Brätanteils (bis auf 80···90 %) zunehmend verschlechterte, gibt es seit 1989 eine Festschreibung der Berliner Verkehrsauffassung zu D. K. Danach sind höchst. 60 % Hackfleischmasse zugelassen und der Fettanteil im D. K. darf 20 % nicht überschreiten. Der echte D. K. ist im Anschnitt am Kegel des Drehspießes durch einen hohen Anteil an gewachsenem Fleisch erkenntlich. → Fast-Food-Erzeugnis

Dongchimi → Kimchi

Dongo: die in Zentralafrika in Gewässern zur Salzgewinnung aus der Asche verbrannter Pflanzen angebaute *Hydrocháris chevaliéri* (De Wild.) Dandy (Familie *Hydrocharitáceae*).

Donnerrebe → Gundermann

Doogh, *dough*: ein in Südwestasien (Iran) beliebtes *Sauermilchgetränk* aus Schafsmilchjoghurt und Wasser, unter Zusatz von Aromastoffen (insb. Kümmel) und Carbonaten. D. kommt in Flaschen gefüllt in den Handel.

Doornkaat *Dornkat,* Doornkat → Genever → Wacholderbeere

Dopa → Aminosäuren

Dopamin → Amine, biogene → Phenylalkylamine → Vitamin C

Dopjotssa Kari: eine aus Currypulver sowie gerösteten und zerstoßenen Zwiebeln bestehende → Gewürzmischung zum Würzen von Fleisch- und Reisspeisen.

Doppelback, *Brot, doppelt gebackenes:* ein Laibbrot mit dicker Kruste und verstärktem, arteigenem Geschmack. Der D. wird mit verlängerter Backzeit hergestellt, im Gegensatz zu Brot mit kurzer Backzeit, das vielfach im Handel anzutreffen und durch zu geringes Aroma gekennzeichnet ist. → Tempobrot

Doppelfilet: Fischfilet → Fischerzeugnisse

Doppel-Karamelmalzbier → Bier

Doppelkorn → Kornbrand

Doppelmalzkaramelle → Bayrisch Malz

Doppelnullraps → Canola-Öl

Doppelqualitätsraps → Canola-Öl

Doppelraffinade → Raffinade → Zucker

Doppelrahmkäse: Käse mit einem Mindestfettgehalt von 60 % F. i. Tr., z. B. Doppelrahmfrischkäse → Käse

Doppelrahm-Spezialität: in der Champagne (Frankreich) produzierte *Frischkäsespezialitäten.* → Käsesorten

Doppelrauke, *Schmalblättriger Doppelsame:* die in Europa auf Ödland, an Bahndämmen und als Unkraut vorkommende *Diplótaxis tenuifólia* (L.) DC. (Familie *Brassicáceae*), die vor allem in Süditalien und Frankreich als Salatpflanze gesammelt oder kultiviert wird. Die Blätter weisen ein Aroma auf, das dem der Fleischbrühe ähnelt.

Doppelsame, Schmalblättriger → Doppelrauke

Doppelschimmelkäse: Käse, dessen Inneres mit Edelschimmel, z. B. mit Blauschimmel, durchsetzt und dessen Oberfläche mit weißem Camembertschimmel bedeckt ist.

Doppelwecke → Semmel → Wecke

Dorf-Gänsefuß → Gänsefuß

Dormin → Abscissinsäure

Dorngarnele: Ostseegarnele. → Krebstiere

Dornhai → Haifisch

Dornrose → Hagebutte

Dornschleh → Schlehe

Dorogobudz: aus Kuhmilch, Schafmilch und Ziegenmilch hergestellter *Weichkäse* mit Schmiere (45 % F. i. Tr.) aus der ehem. Sowjetunion. → Käsesorten

Dörrbirne → Trockenobst

Dörrgemüse: veraltete Bez. für → Trockengemüse.

Dörrobst → Trockenobst

Dorsch → Kabeljau

Dorschleber → Fischleber

Dorschlebergraxe → Fischleberöl

Dorschleberöl → Fischleberöl

Dorschleberpaste, *"Dorschleberwurst"* → Fischpaste

Dorschrogenkaviar: Deutscher Kaviar. → Kaviar

Dosagelikör: kräftiger guter Wein, in dem mehr oder weniger weißer Kandiszucker gelöst ist. D.

dient der Abstimmung des Geschmacks von *Brutsekt* und beim Flaschengärverfahren zur Auffüllung der Flaschen nach dem Degorgieren. Die in Form des D. zugesetzte Zuckermenge ist entscheidend dafür, ob der Sekt trocken, halbtrocken oder süß ausfällt. Die jeweilige Rezeptur für D. war früher das streng gehütete Geheimnis jeder Sektkellerei. Zur Herstellung des D. wurden früher Weinbrand, Dessertwein, Gewürze und Bukettstoffe verwendet. Die Bez. „Likör" weist noch heute auf diese Rohstoffe hin. → Sekt → Wein → Bukettstoffe

Dosai, *Doza:* eine in Indien verbreitete Frühstücksnahrung in Form weichteigiger → Fladen aus Mungobohnenmehl und Reis. → Lebensmittel, fermentiertes

Dosenbrot → Dauerbrot

Dosenbrotkonserve → Dauerbrot

Dosenfleisch → Fleischkonserven

Dosenfleischkonserven → Fleischkonserven

Dosenkartoffeln, *Kartoffelpräserve:* geschälte, vorgekochte ganze Kartoffeln nach Salzkartoffelart, in Dosen oder Gläsern haltbar gemacht. Die D. sind zwar nicht unbeschränkt, aber doch für längere Zeit lagerfähig. Sie sind meist gesalzen und nach kurzem Aufkochen tischfertig. → Kartoffel → Kartoffelveredelungsprodukt

Dosenkörner → Speisegetreide

Dosenkuchen → Konservenkuchen → Dauerbackware

Dosenobst → Obststerilkonserven

Dosenpilze → Pilzsterilkonserve

Dosenpudding → Pudding, tischfertig

Dosenreis: ein tischfertiges → Reisnährmittel in Form eines vorgekochten → Reises, der sich durch hohe Strukturstabilität und gute Quelleigenschaften auszeichnet. Der D. wird allein oder in Kombination, insbes. für hocherhitzte Lebensmittel, wie Dosensuppen (→ Suppe, tafelfertige) oder Gefriergerichte, verwendet. → Speisereis

Dosenschnittbrot → Dauerbrot

Dosensuppe → Suppe, tafelfertige

Dosentorte: vakuumverpackter und mind. 3 Monate verbrauchsfrisch bleibender Tortenboden, für den teilw. Krem- und Garnierhüllentuben mitgeliefert werden, so daß die Torte nach Wunsch des Käufers mit sog. *Tortenspray* im Restaurant oder im Haushalt konditormäßig zubereitet werden kann. → Lebensmittelaerosol

Dosentortenbelag → Torte

Dosenweizen → Bulgurweizen

Dosenwürstchen: in Metall- oder Glasdosen luftdicht verpackte, durch Erhitzung auf 90···100°C *begrenzt haltbar* gemachte → Brühwürste. Bekannte D. sind → Halberstädter und → Frankfurter Würstchen. Als Aufgußlake wird eine 2,5···3 %ige Kochsalzlösung verwendet. Dosenwürstchen werden, wie die meisten Brühwurstsorten, vor dem Eindosen heiß geräuchert. Neben zarten Naturdärmen (Saitlingen) finden in zunehmendem Maße auch Kunstdärme als Wursthüllen Verwendung (Schäldärme). Als Richtwert für den Energiewert sind 1070 kJ (256 kcal) je 100 g Wurst zu veranschlagen.

Dost, *Oregano:* Sammelbez. für aromareiche, würzige Pflanzen der Gattung *Origánum,* Syn. *Majorána* (Familie *Lamiáceae*), deren Blätter und Blütenknospen frisch oder getrocknet verwendet werden:

1. *Kretischer Dost, Kretischer Diptam, Diptamdosten, Origánum dictámus* L., der insbes. auf Kreta für Würz- und Hausteezwecke sowie in England kultiviert wird.

2. *Kretischer Dost, Griechischer Dost,* → Spanischer Hopfen, Origánum onítes L., der in Griechenland, Syrien, in der Türkei und in England seit langem kultiviert wird.

3. *Origánum majorána* L. → Majoran

4. *Staudenmajoran, Echter, Origánum sýracum* L., der in der Türkei und im Mittelmeergebiet kultivierte Gewürzmajoran.

5. *Dost, Echter, Wildmajoran, Oregano, Origánum vulgáre* L., der in Europa und Asien weit verbreitete

D., der aus Wildbeständen gesammelt und in verschiedenen Sorten kultiviert wird. Der Echte D. wird frisch als → Küchenkraut für Salate, Gemüse, Suppen und die Droge als → Wurstgewürzbestandteil, Hauptbestandteil für Pizzagewürz und als Bestandteil für Haustee genutzt. Die frischen Blätter enthalten über 80 mg Vitamin C und bis zu 7,5 mg Caroten. Der Echte D. wird auch als bitterstoffhaltige Würzdroge in der Essenzen- und Spirituosenindustrie eingesetzt.
6. *Wintermajoran,* O. hirtum Link, der vor allem im östlichen Mittelmeergebiet und Bulgarien zur Gewinnung des ätherischen Öls kultiviert wird.

Dotriacontan-1-ol → Alkohole

Dotsche → Kohlrübe

Dotter, *Eigelb* → Ei

Dotterknippe → Honigbeere

Dotterschwamm → *Hydnáceae*

Double Gloucester: *Hartkäse* (Typ Cheddar) aus Großbritannien mit 48 % F. i. Tr.. → Käsesorten

doux → sec

Dovyális abyssínica → Kei-Apfel

Dovyális cáffra → Kei-Apfel

Dovyális hebecárpa → Kitembilla

Dovyális rhamnoídes: Kaffernpflaume. → Kei-Apfel

Dovyális rotundífólia → Kaffernpflaume → Kei-Apfel

Doza → Dosai

Drachenauge → Longane

Drachenkopf, Türkischer → Melisse, Türkische

Drachenwurz → Knöterich

Dracocéphalum moldánica → Melisse, Türkische

Dracontomélon mangíferum → Argusfasanenbaum

Dragee: im eigentlichen, historisch gewachsenem Sinn durch Überziehen mit Zucker und Schokolade hergestelltes Produkt. Das D. besteht aus einer Einlage und einer darüber gleichmäßig aufgetragenen Decke. Als Einlage oder Kern für D. dienen Zuckerkristalle (z. B. für → *Liebesperlen,* → Nonpareille, Drageekugeln, Dragee-Säuerlinge, Kräuterdragees), Bonbons, Fondant, Gelee, Roh-, Füll- oder *Wirkmassen, Samenkerne, Fruchtstücke* u. a. Beim Dragieren werden zu den in einem schrägstehenden Kupferkessel rotierenden Einlagen abwechselnd Zuckerlösung und Puderzucker zugegeben, bis die gewünschte Dicke der Zuckerschicht erreicht ist. Es kann heiß und kalt dragiert werden. Nach dem Dragieren können die D. geglänzt (z. B. mit Bienenhonig) oder auch mit Schokolade überzogen werden. Die günstigsten Lagerungsbedingungen für D. sind Temperaturen von 10···18°C und eine rel. Luftfeuchte von 40···65 %. Neben diesen Süßwaren ist man in der modernen Lebensmittelproduktion dazu übergegangen, vor allem empfindliche Lebensmittelbestandteile mit natürlichen oder synthetischen (Polymer-) Filmen zu überziehen oder zu verkapseln, um ihre funktionellen Eigenschaften zu verbessern. Auf diese Weise lassen sich u. a. Gewürze, Aromen, Farbstoffe, Vitamine, Mineralstoffe, Backhilfsmittel und Süßstoffe stabilisieren, geschützt in Lebensmittelzubereitungen einbringen und durch eine steuerbare, verzögerte Freisetzung wirkungsvoller ausnutzen. → Komprimat → Überzugsmittel

Drageezucker → Zucker

Dragon → Estragon

Dragun → Estragon

Dragunwermut → Wermut 5.

Drehhalskürbis, *Krummhalskürbis:* eine buschförmige → Kürbisart, *Cucurbita pépo L. convar. torticóllis* Grebensc. (Familie *Cucurbitáceae*), die wie → Patisson genutzt wird und vorwiegend in den USA verbreitet ist.

Dreiblattyams → Bitteryams, Afrikanisches

Dreidorn → Berberitze

Dreieckskrabben → Krebstiere

Dreierbrot → Dreierbrötchen

Dreierbrötchen, *Dreierbrot, Schuster, Dresdner, Schusterbrot:* ein dreiteiliges, rundes, plattes → *Brötchen,* das eine → *Wasserbackware* aus hellem Weizenmehl darstellt und aus Teigstücken hergestellt wird, die entweder geschnitten oder mit einem Holzstab zweimal gedrückt werden, wobei das Mittelstück des D. breiter gehalten wird. → Kleinbackware → Ausbundbackware

Dreifarbenamarant, *Dreifarbiger Fuchsschwanz:* eine der wichtigsten Gemüsearten, *Amaránthus trícolor* L. (Familie *Amarantháceae*) der Gattung *Amaranthus, die in Süd- und Südostasien beheimatet ist. Während die convar. trícolor* als Zierpflanze kultiviert wird, dienen in Indien vor allem der *Ganges-Amarant, convar. trístis* L. und *convar. mangostánus* L. als Roh- und Kochgemüse, indem nicht nur die Blätter, sondern auch die fleischigen Stengel wie Spargel verzehrt werden. → Gemüseamarant, → Amarant 1. → Körneramarant

Dreikornbrot → Mehrkornbrot

Dreischnittbrötchen → Briochegebäck

Dreiviertelfettkäse: Käse mit einem Fettgehalt von mind. 30 % F. i. Tr. → Käse

Dreiviertelmischfett: Fetterzeugnis mit 60 % Fett. → Mischfetterzeugnisse

Drepánopsetta platessoídes → Plattfische

Dreschlein → Leinsaat

Dressiergebäck: Sammelbez. für Gebäck, bei dessen Herstellung der Teig mit einer Tülle gespritzt wird, z. B. Mohrenkopfschalen, Anisplätzchen, Russischbrot, Baiser, Löffelbiskuit, Dressierkeks. Um die geforderte glatte Oberfläche ohne Risse, Falten oder Blasen zu erreichen, ist auf die Ausbildung einer geschlossenen Oberflächenhaut auf der dressierten Masse bereits vor dem Backprozeß zu achten.

Dressing: Bez. für eine → Würzsoße oder würzende Zutat, mit der z. B. → Salate gebunden werden (engl. to dress: verbinden).

Driftbrot, *Weizenschalenbrot:* ein → ballaststoffangereichertes Spezialbrot mit überwiegendem Weizenbrotcharakter, unter Verwendung von *Driftspezialmehl* (= 10 % Weizenmehl W 630 und 90 % aufgeschlossene, großflockige Weizenspeisekleie).

Drink: vorwiegend ein → Bargetränk, meist in Form eines Mischgetränks. Es gibt verschiedene Arten von D., z. B. → Short-, → Long-, Soft- und → Harddrinks.

Drip, *Dripverlust:* Gewebeflüssigkeit von Fleisch (Fisch- oder Warmblüterfleisch), die beim Auftauen oder bei Wärmeprozessen freigesetzt wird und als Verlust austritt bzw. abtropft („Taudrip", „Kochdrip" usw.). D. stellt einen Masseverlust dar, der durch Rohstoff und Verfahren bestimmt wird. D. enthält geringe Mengen Eiweiß, Aminosäuren, Mineralstoffe sowie weitere lösliche Komponenten; gleichzeitig können unterschiedliche Mengen Fett austreten. Insbes. bei gefrorenen Rohstoffen bildet die Menge des D. ein wichtiges Qualitätskriterium.

Droge: Sammelbegriff für getrocknete Pflanzen oder deren Teile mit bes. aromawirksamen bitterstoffreichen oder sonstigen geschmacks-, duft-, farbspezifischen, vielfach auch pharmazeutisch genutzten Bestandteilen. Die D. oder die *Herba* (Plural: die *Herbae*) wird in Form von Blättern, Wurzeln, Samen, Rinden, Hölzern, Blüten, Knollen, Kraut, Früchten, insbes. bei → teeähnlichen Erzeugnissen und als *Würzdroge* bei → Spirituosen (Bitterlikör, Likör, Punschextrakt), bei → Kräuterwein, Essig und vielen anderen alkoholischen Getränken verwendet. Zu den sog. *Körnerdrogen* zählen z. B. Leinsaat und Fenchel.

Drogen mit aromatischen, scharfbrennenden Stoffen → Spirituosen

Drogen mit kräftigaromatischen Bitterstoffen → Spirituosen

Drogen mit mildaromatischen Stoffen → Spirituosen

Drogen mit Vanille- und Honiggeschmack → Spirituosen

Drops: gefüllte oder ungefüllte, vorwiegend in Scheibenform hergestellte und in Rollenform abgepackte → Bonbons, meist mit fruchtsäuerlichem Geschmack. → Zuckerware

Drosselbeere, Rote → Zwergvogelbeere 1.

Druidenbeere → Heidelbeere

Drumstickgemüse: die jungen, kresseartig schmeckenden Blüten, Blätter und jungen Früchte des in Ostindien, Afrika und Amerika verbreiteten mittelgroßen *Pferderettich-* bzw. *Meerrettichbaumes Morínga oleífera* Lam. (Familie *Moringáceae*). Die unreifen Hülsenfrüchte und Samen werden als Salat verzehrt, die scharf schmeckenden Wurzeln dienen als Würzmittel und sind Bestandteil der Curry-Gewürzmischung. → Behenöl

Drüsen: Organe, die *Säfte* oder *Sekrete* absondern, die zumeist in die Blut- oder in die Lymphbahn gelangen und den Ablauf der biologischen Prozesse regeln. Ausgenommen die Leber, werden die D. nur vereinzelt als Lebensmittel verzehrt, z. B. die Thymusdrüse des Kalbes (Kalbsmilch, Bries). Sie werden für die Herstellung medizinischer Präparate, z. B. → Pankreatin, genutzt und dürfen nur in öffentlichen Schlachthöfen von tauglichen, für den menschlichen Genuß zugelassenen Tieren entnommen werden. Folgende D. werden gesammelt: Hirnanhangdrüse (Hypophyse), Schilddrüse, Thymusdrüse (Bries), Nebenniere, Bauchspeicheldrüse (Pankreas), Milz, Leber (Gallenblase) und Keimdrüsen (Hoden und Eierstöcke)

dry → sec

Dry-caustic-peeling → Kartoffel

Dry-lye-peeling → Kartoffel

Drýodon corralloídes → Kulturpilze

Dsaudanei → Eier, faule

Dschiso: die kleine japanische Gemüsepflanze *Perílla frutéscens* (L.) Britt. (Familie *Lamiáceae),* deren Blätter als Salat oder als Beilage zu rohem Fisch gegessen werden *(Sasini).* → Shiso → Schwarznessel

Dshermuk → Heilwasser

Duffinbohne → Limabohne

Duft-Labkraut → Waldmeister

Duftöl → Jasminöl

Duftstoffe → Aromastoffe

Duftveilchen → Veilchen

Dukaballi → Sorveira

Duku → Langsat

Dulce → Sherry

Dulce de leche: eine aus Argentinien stammende → *Süßware* aus einem bis zur marzipanähnlichen Konsistenz eingedickten Gemisch von Milch und Zucker mit leichtem Karamelgeschmack.

Dulcin → Süßungsmittel → Kanzerogene

Dulcit → Zuckeralkohole → Alkohole

Dulcose → Zuckeralkohole

Dulsan: ein wasserlösliches, nicht gelierendes Polysaccharid (Xylan) aus Rotalgen [*Rhodyménia*-Arten, vorwiegend *R. palmáta* (L.) Grev.] Es wurde vor allem während des 2. Weltkrieges in Großbritannien als → Agar-Agar-Ersatz gewonnen. Diese Rotalgen sind vollständig verdaubar und werden u. a. in Irland, Island, in den Mittelmeerländern zu Lebensmitteln verarbeitet (→ Dulse). → Algenpolysaccharid

Dulse: Nahrungsmittel aus bereiteten Rotalgen [*Rhodyménia palmáta* (L.) Grev.] mit hohem Xylangehalt. Es wird vorwiegend in den Mittelmeerländern, Island und Nordamerika verwendet und roh oder gekocht, z. B. mit Fisch, Butter und Kartoffeln, gegessen. Das D. kann in Ragouts, als Farb- und → Verdickungsmittel verwendet und in Brot verbakken werden. Es dient auch als Futter. In Irland, der

Heimat der Rotalge, ist sie ausgestorben. Dafür wird sie jetzt in Kanada und der bretonischen Küste Frankreichs gezüchtet. → Dulsan → Algenprodukt

Dumpalme, *Pfefferkuchenpalme:* die Fächerpalme *Hyphāēne thebáica* (L.) Mart. (Familie *Arecáceae),* die im tropischen Afrika und auf Madagaskar vorkommt. Das faserige Fleisch der eigroßen Früchte schmeckt und riecht nach Pfefferkuchen. Es gibt süße und bittere Formen. Das Fruchtfleisch wird zu Mehl für Kuchen und Süßigkeiten oder zu Sirup verarbeitet. Aus dem → Blutungssaft der angeritzten Sproßspitzen wird Palmwein bereitet (in Kenia und Eritrea verboten). Die zerkleinerten, unreifen Samenkerne finden als Hirseersatz Verwendung, die Endknospe wird als Palmkohl gegessen. Die westafrikanische Art *Hyphāēne ventricósa* trägt apfelgroße Früchte, die unreif einen milchartigen Saft enthalten und eine wichtige Nahrung der Buschmänner sind. Ähnliche Verwendung findet *Hyphāēne coriácea* Gaertner an der ostafrikanischen Küste. Die *Hyphāēne*-Arten liefern → *Palmkohl*

Dunder → Rum

Dungeness Crab → Krebstiere

Düngerlinge → Pilzwirkstoffe, halluzinogene

Dunlop: *Hartkäse* (Typ Cheddar) aus Schottland. → Käsesorten

Dünnbrot → Flachbrot

Dünner Nabel → Schlachtkörperteilstücke

Dünnsaft → Stärkesirup → Zucker

Dünnsauerbrot → Schaumsauerbrot

Dünnung → Schlachtkörperteilstücke

Dunst, *Weizendunst:* ein Zwischenerzeugnis der Weizenvermahlung, das sich feinkörnig anfühlt und in der Teilchengröße zwischen → griffigem Mehl und → Grieß liegt und keine Schalenteile enthält. Der D. aus Hartweizen bildet den Hauptrohstoff der Teigwarenherstellung. D. soll einen Feuchtklebergehalt von mind. 25% und einen Feuchtigkeitsgehalt von maximal 15% aufweisen. Es darf nur eine Dunstsorte, und zwar W 550, hergestellt werden, deren Feinheitsgrad sich aus 90%igem Durchgang durch ein 0,315-mm-Prüfsieb und höchst. 15% Durchgang durch ein 0,118-mm-Prüfsieb ergibt. In anderen Ländern wird zwischen D. „grob" (240 bis 400 µm) und „fein" (150···240 µm) differenziert. Die Gütegewähr beträgt für D. bei rel. Luftfeuchte von 60···65% und Temperaturen bis zu 20°C 6 Monate.

Dunstfrüchte → Dunstobst

Dunstobst, *Dunstfrüchte:* eine Obstkonserve ohne Zuckerzusatz, die z. B. als Kuchenbelag geeignet ist. Die betr. Obstarten und -sorten sollen gute Backeigenschaften haben, d. h. ihre Konsistenz behalten, beim Backen nicht hart werden und auch keinen übermäßigen Saftgehalt aufweisen. Bewährt haben sich z. B. Apfelsorten 'Jakob Lebel', 'Landsberger'; alle Hauszwetschensorten; die Sauerkirschsorten 'Werdersche Glaskirsche', 'Fanal', 'Schattenmorelle'; alle Aprikosensorten.

Durian, *Stinkfrucht, Cibetbaumfrucht, Zibetbaumfrucht:* Frucht des im Malaiischen Archipel und in Südostasien verbreiteten 20···40 m hohen Baumes *Dúrio zibethínus* Murr. (Familie *Bombacáceae*). Sie ist eiförmig-länglich oder kugelig und bis 25 cm lang. Die grünliche, mit dicken Stacheln dicht besetzte Schale springt bei der Reife an der Spitze fünfklappig auf. Sie umschließt große Samen, die von kremfarbigen, dickfleischigen oder musartigen Samenmänteln umhüllt werden. Die Frucht, vor allem die Schale, riecht sehr unangenehm nach faulenden Zwiebeln, so daß in Indonesien der Transport in öffentlichen Verkehrsmitteln untersagt ist und in Restaurants die Frucht in bes. Räumen serviert wird. Der Geschmack des Fruchtfleisches ist ausgezeichnet („Schlagsahne mit Himbeerschuß") und wird viel gelobt („König der Früchte"). Unreife Früchte werden roh oder gekocht als Gemüse gegessen, auch eingesalzen bevorratet und zu Reisgerichten verzehrt. Neben dem Frischgenuß gibt es in Indonesien zahlreiche Zubereitungen des D.: gegorenes Fruchtfleisch als Nebengericht zu Reis (*Tempoya*), gemischt mit

Reis und Zucker *(Lempog)*, gehackt mit Salz, Zwiebeln und Essig *(Boder)*, außerdem in Soße oder in Zubereitungen mit Eis und Sirup. Die Samen reifer Früchte werden in heißer Asche geröstet (*Pongge*), in Scheiben geschnitten, in gewürztem Kokosnußöl erhitzt und zu Reis gegeben. Halbreife Früchte werden als Suppenbestandteil *(Sauoor)* verwendet. Der Frucht wird aphrodisiakische Wirkung zugeschrieben.

Zusammensetzung und Energiewert der Durianfrucht

Bestandteil	Durchschnittl. Gehalt in 100 g eßbaren Anteils der Frischfrucht
Feuchtigkeit	59,9 g
Eiweiß	2,0 g
Fett	1,2 g
Kohlenhydrate	36,1 g
Rohfaser	1,9 g
Mineralstoffe	0,8 g
Calcium	18,0 mg
Phosphor	56,0 mg
Eisen	1,1 mg
Caroten	Spuren
Vitamin B_1	0,32 mg
Vitamin B_2	0,28 mg
Niacin	1,1 mg
Vitamin C	44,0 mg
Energiewert in kJ (kcal) je 100 g eßbaren Anteils	617 (147)

Dúrio zibethínus → Durian

Dürlitze → Kornelkirsche

Durrhahirse → Sorghumhirse

Durrhastärke → Getreidestärke

Durstlöscher → Erfrischungsgetränk, alkoholfreies

Duruka → *Sáccharum edúle*

Duryea: ein künstlich zusammengesetztes, pulverförmiges Kindernährmittel aus entkeimtem, hochlysinhaltigem Mais (*Opaque-Mais*), Sojamehl und Trockenmagermilch. Das D. wird in Kolumbien als eiweißreiches → Kindernährmittel (20% Protein) verwendet.

Dust → Tee

Duwork → Ackerschachtelhalm

Dyéra costuláta → Lutong

Dzubier → Hiobstränе

Earl Grey → Tee, aromatisierter

'Earlie blue' → Beerenobst

'Early' → Zuckerhirse

'Early Rivers' → Süßkirsche → Steinobst

East Indian gum → Indischer Gummi → Gummi arabicum

Eau de Créole → Mamey-Apfel

eaux plattes → Wässer, Stille

Ebbelwoi → Cider → Apfelwein

Eber → Fleischtiere → Wild

Ebereschenbeere, *Kreienbeere, Quietschbeere, gewöhnliche Eberesche, Vogelbeere:* die intensiv leuchtendroten Scheinfrüchte von 4···10 mm Dicke und herb-bitterem Geschmack des schon im 17. Jh. in Rußland und Indien kultivierten Baumes *Sórbus aucupária* L. (Familie *Rosáceae*), *auch* Aberesche, *Mooresche, Wiele*sche, Stinkesche, Birmsch, Burmsch, Gütsch *oder Gürgütsch* genannt. Die seit Jh. in der Volksmedizin Bedeutung besitzenden Früchte sollen vor dem Verzehr erhitzt werden, damit Parasorbinsäure und die cyanogenen Glycoside Prunasin und Amygdalin (in den Samen bis 0,2 % und in den Früchten bis 0,06 %) abgebaut werden können. Das Entbittern erreicht man auch durch Hängenlassen der Früchte im Frost oder, wie dies früher üblich war, durch Einlegen in Essig. Die E. können zu Kwaß, Wein, Soßen, Tee und Gelee verarbeitet werden. → Edeleberesche → Parasorbinsäure

Eberesche, Eßbare → Edeleberesche

Eberesche, Mährische → Edeleberesche,

Ebereschenlikör, *Vogelbeerenlikör:* ein Fruchtaromalikör aus Ebereschenbeeren. Der E. hat eine klare rötliche Farbe und leicht bitteren Geschmack. Der Ethanolgehalt beträgt 30 %-Vol..

Eberesche, Schwarze: 1. → Aronie
2. → Zwergvogelbeere

Eberesche, Süße → Edeleberesche

Eberesche, Zahme → Speierling

Ebergeruch: urinöser Geruch des Fleisches von geschlachteten Ebern. Der E. ist auf das Vorhandensein von *Androstenolen* (5α-Androst-16-en-3α-ol und 5α-Androst-16-en-3ß-ol) zurückzuführen. Die höchsten Konzentrationen an Androstenolen finden sich in den Hoden, in denen sie gebildet werden, und in der Speicheldrüse (Parotis). E. fehlt bei den Kastraten, wenn zwischen Kastration und Schlachtung ein Zeitraum von mind. 6 Wochen liegt.

Eberraute, *Eberreis, Stabwurz:* die in Europa kultivierte *Artemísia abrotánum* L., (Familie *Asteráceae*), deren feinfiedrige Blätter als → Küchengewürz und als Droge bei der Likör- sowie Arzneiherstellung dienen.

Eberreis → Eberraute

Eburicolsäure → Polyporensäure A

EC → Ethylcellulose

Echinóchloa frumentácea → Weizenhirse

Echinóchloa stagnína (Retz.) Pal., *Pánicum stagnínum* Retz.: eine im tropischen Asien und Afrika vorkommende Rispenhirse, die vorwiegend als Futtergras kultiviert wird. Im Nigerbogen wird sie in geringem Umfang auch zur Zucker- und Alkoholgewinnung angebaut, da die Halme 10 % Saccharose und 7 % reduzierende Zucker aufweisen können. → Zuckerhirse → Rispenhirse

Echinoídea →Seeigel

Échinus esculéntus → Seeigel

Echter Kaviar → Kaviar

Eclair, *Liebesknochen:* ein längliches Brandmasseerzeugnis (→ Brandmasse), das mit dem Dressierbeutel raupenförmig auf Bleche gespritzt und nach dem Backen mit Crem gefüllt sowie mit Fondantmasse überzogen wird.

ecologically grown foods → Lebensmittel, alternatives

Edamer: seit Jahrhunderten in den Niederlanden ausschl. aus Kuhmilch hergestellter fester *Schnitt-*

käse in Kugelform, der in vielen Ländern Verbreitung gefunden hat. Aus technologischen Gründen wurde die ursprüngliche Kugelform durch die Brotform abgelöst. Während der traditionelle E. mit einer Rinde naturgereift ist, gewinnt die Herstellung von rindenlosem E. durch Reifung in Kunststoffolie an Bedeutung, wodurch ein noch milderer Geschmack erreicht wird. – Meist wird E. in den Fettstufen 30 %, 40 % und 45 % i. Tr. hergestellt. Die Rinde des naturgereiften E. ist trocken und glatt. Sie wird gelegentlich mit einem Paraffin- oder Wachsüberzug oder mit einer Plastiksuspension versehen. Das Innere, auch des rindenlosen E., ist hellgelb bis goldgelb, mattglänzend, geschmeidig, fühlt sich fettig an und weist vereinzelt erbsen- oder linsengroße Lochung auf. Geruch und Geschmack sind rein und mild. → Schnittkäse

Edamer Kugel: in der Tschechischen und Slowakischen Republik gehandelter fester *Schnittkäse* (in Kugelform) aus Kuhmilch. → Käsesorten

Eddoe → Taro

Edelbrand: Destillat aus Wein oder vergorenen Maischen, die dem Endprodukt einen bes. wertvollen oder eigentümlichen Geruch und Geschmack verleihen. Den Maischen dürfen Zucker, zuckerhaltige Stoffe, Ethanol oder Aromastoffe nicht zugesetzt werden. Der Ethanolgehalt von E. muß mind. 38 %-Vol. betragen. Zur Färbung ist ausschl. Zuckercouleur gestattet. Zu den E. gehören → *Weinbrand*, → *Rum*, → *Arrak*, → *Kornbrand*, → *Obstbrand* und → *Topinamburbrand*. Aus ökonomischen Gründen können die E. mit Primasprit und Wasser verschnitten (verdünnt) werden (→ Verschnitt). Auch im billigeren Verschnitt müssen die typischen Aromabestandteile des E. noch deutlich wahrnehmbar sein.
Bei der alkoholischen Gärung (→ Ethanol) entstehen neben Ethanol zahlreiche Nebenprodukte, die für das charakteristische Aroma der verschiedenen E. eine entscheidende Rolle spielen. Die Art und Menge der gebildeten Gärungsnebenprodukte hängt von den Gärungsbedingungen, der verwendeten Gärhefe und insbes. von den der Gärung folgenden Nachbehandlungen, wie Destillation und Alterung, ab. Bei der Reifung (Alterung) der E. ist in Abhängigkeit von der Lagertemperatur, Vorbehandlung des Holzes und der Faßholzart eine zusätzliche Färbung des Produktes und eine Verfeinerung des Aromakörpers verbunden, die im Endeffekt zu einem weichen, abgerundeten und edlen Bukett führen. Nach altem franz. Brauch wird auch bei uns heute dazu *Limousinholz* (Holz der franz. *Stein-*, *Stech-* oder *Grüneiche, Qúercus ílex* L., Familie *Fagáceae*) genutzt. Dadurch ergibt sich eine leichte bis deutliche Färbung von Strohgelb bis Goldgelb der zuvor wasserhellen Destillate. Die intensive Färbung der Weinbrände ist jedoch auch darin begründet, daß verschiedene *Abrundungsmittel*, z. B. Mandelschalen, grüne Walnüsse, getrocknete Pflaumen, Südweine u. a., zugesetzt werden können. Bei *Kornbränden* dagegen sind die Farbunterschiede lagerbedingt (z. B. *Goldkorn*) und werden bewußt nicht korrigiert. Wenn die aus dem Faßholz aufgenommenen Farbstoffe nicht erwünscht sind, erfolgt die Lagerung in Eschenholzfässern, die kaum Farbstoffe abgeben. Hochrektifizierte Spirituosen, hergestellt auf der Basis von Primasprit oder Wodkasprit, sind dagegen weitgehend frei von Gärungsnebenprodukten und Fuselölen, da diese mit dem Vor- oder Nachlauf beim Brennen abgetrennt werden. Die Zusammensetzung der Gärungsnebenprodukte und der Fuselöle und ihre sensorische Bedeutung für das Aroma sind mit Hilfe gaschromatographischer Analysenverfahren weitgehend aufgeklärt. Die Typen- und Qualitätsunterschiede von E. spiegeln sich in ihrer Aromazusammensetzung wider (s. Tab. S. 367 oben).
Das wahrnehmbare Gesamtaroma eines E. resultiert aus dem Zusammenwirken zahlreicher in Art, Menge und Bedeutung unterschiedlicher Aroma-Einzelkomponenten, deren quantitatives Verhältnis den jeweiligen Charakter eines E. bestimmt. Das Aroma von E. wird vor allem von folgenden Aromakomponenten bestimmt: a) *Carbonylverbindungen:* Obwohl der stechend riechende Acetaldehyd beim Fraktionieren weitgehend entfernt wird, hat der verbleibende Rest noch eine wesentliche Aromawirksamkeit. Die reaktionsfähigen Aldehyde können sich u. a. zu Acetalen, Säuren und

Beschaffenheitsbedingungen für Edelbrände (EG-Länder)

Edelbrand	Furfural maximal	Aldehyde maximal	Säure maximal	Ester	Höhere Alkohole	Acrolein
	in mg/100 ml reinen Alkohols					
Weinbrand	2,2	40	100	> 50	100···400	0,2
Kernobstbrand	2,2	160	100	> 150	> 160	0,2
Steinobstbrand	2,2	60	150	300···900	> 120	0,2
Pflaumenbrand	2,2	80	100	200···700	> 120	0,2
Rum	2,2	80	100	> 20	80	0,2
Whisky	1,1	20	100	< 50	< 320	0,2

Estern umsetzen. Durch Acetalbildung kann der stechende Geruch der Aldehyde abgerundet bzw. maskiert werden. Während der Lagerung des Edelbrand-Destillats in Holzfässern kann infolge des diffundierenden Sauerstoffs Acetaldehyd aus Alkohol neu gebildet werden, auch der Gehalt an anderen Aldehyden (Isovaleraldehyd, Isobutyraldehyd, Furfural) nimmt zu. Vermutlich haben auch Dicarbonylverbindungen (Diacetyl bzw. Acetoin und 2,3-Butylenglycol) eine entscheidende Aromawirksamkeit in den E. b) *Methanol:* Da sich Methanol bei der alkoholischen Gärung aus pectinhaltigen Substanzen bildet, enthalten bes. Tresterbranntwein und → Obstbrände höhere Methanolgehalte. Die mit handelsüblichen alkoholischen Getränken aufgenommenen Methanolmengen sind jedoch zu gering, als daß Methanolintoxikationen auftreten können. c) *Fuselalkohole:* Die Hauptkomponenten des *Fuselöls* sind Isoamylalkohol, Isobutylalkohol und 2-Methyl-butylalkohol. Der Anteil der Fuselölfraktion im Destillat von Wein beträgt 0,1···2%, bezogen auf die Ethanolmenge. Durch fraktionierte Destillation wird der größte Teil der Fuselöle bei der Edelbrandherstellung abgeschieden. Da bestimmte Fuselöle, in optimaler Konzentration im Destillat vorliegend, die eigentlichen Aromaträger des E. sind, dürfen sie bei der Fraktionierung nicht vollständig abgeschieden werden. 3-Methylbutanol-(1), 2-Methylbutanol-(1) und 2-Methylpropanol-(1) beeinflussen das Weinbrandaroma positiv. Diese Fuselalkohole sind bei der Fraktionierung von → Cognac im wertvollen Mittellauf (Coeur) enthalten. Weitere höhere Alkohole werden bei der Destillation mit dem Nachlauf abgeschieden. Die Fuselalkohole entstehen nicht aus vergorenen Zuckern, sondern aus Aminosäuren. Daneben wird auch eine Reihe von nicht zu den Alkoholen zählenden Terpenen (Borneol, Gujacol) gebildet. Der durchschnittl. *Gesamtfuselölgehalt* von *Cognac* beträgt 0,9···1,27 g/l, von „*Blended Scotch Whisky*" 0,35···1,14 g/l und von *Jamaika-Rum* 0,63···1,07 g/l. Fuselalkohole wirken narkotischer und giftiger als Ethanol. Sie inhibieren verschiedene physiologische Funktionen, insbes. wirken sie auf das Nervensystem toxisch. In pharmakologischen Versuchen konnten jedoch keine klaren Unterschiede zwischen handelsüblichen alkoholischen Getränken unterschiedlichen Fuselölgehaltes nachgewiesen werden. Die toxische Wirkung des Ethanols überwiegt die der in geringerer Konzentration vorliegenden Fuselöle. d) *flüchtige Säuren:* Bei der alkoholischen Gärung bildet sich neben Propion-, Butter,- Valerian- und Capronsäure vor allem Essigsäure. Die Säurebildung ist von den Gärbedingungen abhängig, insbes. vom pH-Wert. Ein Teil der Säuren gelangt beim Destillationsprozeß auch in das Destillat. Der durchschnittl. flüchtige Säuregehalt beträgt bei *Whisky* 150 mg/l, bei *Cognac* 200 mg/l und bei *Rum* 300 mg/l. e) *Ester:* In entsprechender Konzentration vorliegend, erhöhen die Ester, Nebenprodukte der alkoholischen Gärung, den Genußwert von E.. Je nach Destillationsverfahren werden die Ester unterschiedlich stark entfernt. Die Abscheidung der leichtsiedenden Ester erfolgt beim

Brennen im Vorlauf, die der höhersiedenden mit der Fuselölfraktion im Nachlauf. Ester sind von wesentlicher Bedeutung für das Aroma von *Kornbränden* und *Whisky*. Der Estergehalt beträgt in *Kornrauhbrand* mind. 400 mg/l. Der durchschnittl. Estergehalt von *Cognac* beträgt 0,36···0,58 g/l, der von *Armagnac* 0,49···0,60 g/l. Von entscheidendem Einfluß auf die Ausgiebigkeit, d. h. die Verdünnungsmöglichkeit beim Verschneiden, sind die Esterkonzentrationen bei Rum. Der durchschnittl. Estergehalt z. B. von *Kuba-Rum* beträgt 0,4 g/l reinen Ethanols und von *Jamaika-Rum* 1,6 g/l reinen Ethanols. Mit zunehmender Lagerdauer erhöht sich der Estergehalt in E.. In franz. Weindestillaten sind durchschnittl. folgende Mengen an Aromastoffen enthalten (Tab.).

Aromastoffe in franz. Weinbränden

Aromastoff	Konzentration bezogen auf 50 %-Vol. Ethanol in mg/l
Methanol	221,8
Propanol	173,8
Isobutanol	361,8
n-Butanol	5,6
optisch aktiver Amylalkohol	199,0
Isoamylalkohol	830,8
Hexanol	6,2
Fuselalkohole insgesamt	1577,1
Essigsäureethylester	489,3
Essigsäureisoamylester	1,6
Milchsäureisoamylester	1,6
Milchsäureethylester	188,6
Essigsäure	208,0
Acetaldehyd	106,0

Für westeuropäische Länder wurden im Rahmen der EG Beschaffenheitsbedingungen für E. vorgeschlagen (Tab.). → Weinbrand → Rum → Arrak → Ethanol → Spirituosen → Bukettstoffe → Ethylcarbamat

Edeleberesche: 1. i. w. S. Sammelbez. für Früchte verschiedener Rosengewächse. Hierzu werden z.B. Weißdornfrüchte, Apfelbeeren, Mispeln und Kreuzungsnachkommen von Sorbus-Arten gerechnet.

2. i. e. S. *Eßbare Eberesche, Mährische Eberesche, Süße Eberesche, Eßbare Vogelbeere:* Bez. für Pflanze und Scheinfrüchte der durch Züchtung gewonnenen Varität (*var. edúlis* Dieck) des Ebereschenbaumes *Sórbus aucupária* L. (Familie *Rosáceae*). Die E. wurde aus einer bei Spornhau (Mähren) 1810 aufgefundenen süßschmekkenden, auch roh genießbaren Mutante der *Gewöhnlichen E.* weiterentwickelt. Bereits im 19 Jh. entdeckte man in Südrußland eine süßschmekkende Form, *var. róssica* Spaeth-Koehne mit bes. großfrüchtigen Scheinfrüchten (f. major). In Deutschland wurde aus einem Auslesebestand der E. im Erzgebirge eine bes. wertvolle Selektion unter dem Namen 'Rosina' in den Handel gebracht. Diese Sorte entwickelt sich bis zu einem 15 m hohen Baum oder Strauch, deren Früchte im Vergleich zur intensiv gefärbten Wildform (→ Ebereschenbeere) eine schwächer ausgeprägte scharlachrote Färbung aufweisen. 'Rosina' ist selbstfruchtbar; die kugeligen Scheinfrüchte reifen Aug./Sept. und sind wesentlich größer als die der Wildform. Es ist zw. *Sommer-* und *Süßreife* zu unterscheiden. Letztere hat nur noch geringen Gebrauchswert, indem die im Okt. geernteten Früchte nur noch zur Saft- und Weinbereitung geeignet sind. Die E. ist vielseitig verwendbar: als kandierte Früchte, Marmelade, Sirup, Konzentrat (das sich wie Zitrone verwenden läßt), Gelee, Kompott. Die durschnittl. Zusammensetzung der frischen E. beträgt in je 100 g: 4,8 g Fructose, 3,8 g Glucose, 0,7 g Saccharose, 1 g Eiweiß, 0,8 g Mineralstoffe, 3,6 g organ. Säuren (Sorbinsäure, Gerbsäure), 2,8 g Äpfelsäure, 233 mg Kalium, 17 mg Magnesium, 35 mg Phosphor, 2 mg Eisen, 40 mg Calcium, 5 mg Mangan, 0,12 mg Kupfer, 0,28 mg Zink, 19 mg Caroten, 2 mg Vitamin E, 0,15 mg Folsäure, 60···90 mg Vitamin C. → Kernobst → Ebereschenbeere → Parasorbinsäure

Edelebereschenkonzentrat → Fruchtsaftkonzentrat

Edelgase → Mineralstoffe

Edelhefe → Nährhefe

Edelholzbaum → Kino

Edelkakaobohne → Kakaobohne

Edelkastanie → Eßkastanie

Edelkrebs → Krebstiere

Edellachs → Lachs

Edelminze → Gingerminze

Edelpflaume: veraltete Bez. für die Frucht von *Prúnus doméstica* L. *subspec. itálica* Borkh., einer Unterart der Obstart → Pflaume mit den Varietäten → *Renekloden* und → *Eierpflaumen.*

Edelpilzkäse: Sortenbez. für *Grün-* und *Blauschimmelkäse* bzw. für Käse nach *Roquefortart,* die als Hart-, Schnitt- und Weich-, aber vorzugsweise als halbfeste Schnittkäse hergestellt werden. Bekannte E. sind → *Fromage bleu* (Frankreich), *Danablu* und *Mycella* (Dänemark), *Stilton* (England), *Gorgonzola* (Italien) und *Marvanysajt* (Ungarn). In Deutschland hergestellter E. ist ein halbfester Schnittkäse, meist mit 45% F. i. Tr. Die Oberfläche ist feucht, weiß bis leicht grau gefärbt, die Stichkanäle für das Pilzwachstum sind erkennbar. Das Innere ist weiß bis gelblich und marmoriert durch gleichmäßig verteilte dunkelgrüne bis blaue Schimmeladern und zeigt leichte Schlitzlochung. Der Teig ist leicht krümelig und doch geschmeidig. Geruch und Geschmack sind rein und aromatisch bis schwach ranzig. → Schnittkäse

Edelraute → Wermut 9.

Edelreizker → *Russuláceae*

Edelsoja → Sojaeiweiß

Edeltraube → Weintraube

Edelweißbaum → Felsenbirne

Edestin → Globuline

EDTA (Ethylendiamintetraessigsäure) → Synergisten

Effken → Schlehe

Egerer Stierblut, *Egri bikavér:* ein berühmter, tiefdunkelroter ungarischer Rotwein, hergestellt aus den Traubensorten → *Blauer Kadarka,* → *Burgunder, Medoc noir.* Außerdem kann E. S. mit *Cabernet sauvignon* (→ Bordeaux) und *Portugieser* (→ blauer Portugieser) verschnitten werden. → Wein

Egerlinge → *Agaricáceae* → Kulturpilze

Egerling, Zweisporiger → *Agaricáceae*

Egg-Nogg → Bargetränk

Egri bikavér → Egerer Stierblut

Egusi, Dunkle, *Egusi-Itoo:* das in Westafrika kultivierte Gurkengewächs *Cucumerópsis mánnii* Naud. (Familie *Cucurbitáceae*), dessen öl- und eiweißreiche Samen als Lebensmittel in vielseitiger Anwendung genutzt werden.

Egusimelone → Wassermelone

EHEC → Ethylhydroxyethylcellulose

Ei (lat. *ovum):* ein von weiblichen mehrzelligen Tieren im Eierstock gebildeter, über den eiweißbildenden Hauptteil (Magnum) und den schalenbildenden Eihalter (Uterus) abgesonderter, der Fortpflanzung – hierbei auch als Nährstoff und Schutzraum – dienender, häufig oval gestalteter Körper. Als Lebensmittel versteht man unter dem E. *nur* das Produkt des *Huhnes.* Eier anderer Vogelarten, insbes. → Enteneier, dürfen nach der Lebensmittelgesetzgebung Deutschlands nicht in den Verkehr gebracht werden. Eine Ausnahme bilden die Wachteleier. Eine Verwendung von Gänseeiern ist bei einem Überangebot möglich, jedoch ausschl. in der Teigwarenindustrie, da bei dieser Verwendung eine Erhitzung gewährleistet ist. Tauben- und Straußeneier sowie E. bestimmter Singvögel (z. B. Rotkehlchen, Zaunkönig) haben wirtschaftlich geringe Bedeutung und widersprechen ohnehin der Naturschutzgebung vieler Länder, dennoch gelten sie in Mittelmeerländern als Delikatesse. Das Sortiment an E. umfaßt *Frischeier, Kühlhauseier, aussortierte Eier* und *Schiereier.* Die ernährungswirtschaftliche Bedeutung der Geflügelzucht zur Produktion von E. ist im Weltmaßstab beträchtlich. Durch industrielle Züchtung und

Haltung wurde die Legeleistung gesteigert, und es wird versucht, die saisonbedingten erheblichen Unterschiede des Anfalls an E. auszugleichen. Eier werden nach *Handels-* und *Gewichts-(Masse-)klassen* vermarktet: *Handelsklasse A:* frisch, sauber, unverletzte Schale, Luftkammer unter 6 mm und durchsichtiges Eiklar,
Handelsklasse B: nicht mehr frisch, nicht saubere Schale, Luftkammer über 6 mm und nicht klar durchsichtiges Eiklar,
Handelsklasse C: Eier mit Fehlern (dürfen nur an Verarbeitungsbetriebe gelangen).
Ferner unterscheidet man die Gewichts-(Masse-) klassen:

1 70 g und darüber,	4 55···59 g,
2 65···69 g,	5 50···54 g,
3 60···64 g,	6 45···49 g.

Die Verpackung von E. ist mit einem Stempelaufdruck entsprechend der Gewichts-(Masse-) Klasse zu kennzeichnen. Die neueste Verordnung schreibt in Deutschland die Angabe des Legedatums auf den Eiern oder der Verpackung vor. *Kühlhauseier* unterscheiden sich hinsichtlich Genußtauglichkeit nicht von frischen E., Geruch und Geschmack dürfen lediglich geringfügig abweichen. Häufig beobachtet man bei ihnen eine nicht so scharfe Abtrennbarkeit von Eigelb und Eiklar. *Aussortierte Eier* sind genußtauglich, aber nicht lagerfähig. Zu aussortierten Eiern zählen *Knickeier* (mit verletzter Kalkschale, aber unverletzter Schalenhaut), *schalendeformierte Eier* (von der natürlichen Schalenform abweichende Kalkschalenbildung), *Lichtsprungeier* (Eier mit feinen Schalenrissen, die bei der Durchleuchtung erkennbar sind), *gereinigte Eier* (bei der Reinigung verletzte Oberhaut, Kutikula genannt), *Eier ohne Kutikula, feuchte Eier* (mit Regen, Tau, Schwitzwasser benetzte E.), *Blutfleckeier* (mit Blut- oder Fleischflekken am Eigelb oder Eiklar), *Läufer* (mitlaufende Luftkammer) und *Hitzefleckeier* (Keimscheibe fleckenartig verfärbt). *Schiereier* sind E., die 7 Tage bebrütet und als unbefruchtet ausgeschieden sind. Für die menschliche Ernährung untauglich: *Brucheier* (E. mit verletzter Kalkschale und Schalenmembran), *Schmutzeier* (durch Verschmutzen des Endteils der Eileiter in die Schale eingelagerte Bestandteile), *E. mit Blut- und Fleischflecken, E. mit Fremdkörpern* (z. B. Parasiten, Steine), *dumpfige Eier* (mit dumpfem Geruch), *Graseier* (mit grünlich verfärbtem Eigelb), *Heueier* (mit heuartigem Geruch), *Schimmelfleckeier* (mit Schimmelpilzwachstum an der Innenseite), *angebrütete Eier* (mehr als 7 Tage bebrütete, befruchtete und unbefruchtete Eier), *weiß-, rot-, grün-* bzw. *schwarzfaule Eier.* Die einwandfreie Beschaffenheit wird mit verschiedenen Methoden festgestellt, zu denen Durchleuchtung mit der Prüflampe (zweckmäßig beim Verkauf, außer bei geschlossenen Packungen), die Schwimmprobe (Dichte eines E. ≈ 1,086; infolge Abnahme der Dichte schwimmen ältere Eier in 10%iger Kochsalzlösung und gehen nicht unter), die Messung der Luftkammer (Zunahme infolge Wasserverdunstung) bzw. die mikrobiologische Prüfung gehören. E. sind wegen der Porosität ihrer Schale verderblich und müssen bes. Maßnahmen zu ihrer Haltbarmachung unterzogen werden. Als häufigste Verursacher sind Bakterien der Spezies *Proteus, Pseudomonas, E. coli, Serratia marcescens, Achromobacter, Mikrokokken, aerobe* (*Bac. subtilis*), zunehmend fakultativ anaerobe Bakterien (Salmonellen) und *anaerobe Sporenbildner* (*Clostridien*) beteiligt. Am weitesten verbreitet ist die Kühlhauslagerung zwischen +5°C und −0,5°C sowie 80···90% rel. Luftfeuchte, z.T. unter Gasatmosphäre mit 45% Kohlendioxid. Die Lagerfähigkeit erreicht 6 bis 8 Monate, dies entspricht etwa Eiern, die 20 Tage bei 20°C gelagert wurden. Weitere Konservierungsmaßnahmen sind das Einlegen in Wasserglaslösung oder Kalkwasser, die Heißölbehandlung (Verdichten der Poren) oder die Verarbeitung von E. zu → Flüssigei, → Gefrier- bzw. Trockenei.
Hinsichtlich des morphologischen Aufbaus des E. (s. Bild S. 371) sind neben Eiklar, Eigelb und Schale eine Reihe von Geweben zu unterscheiden. Die Hauptbestandteile eines E. sind: *Eiklar* (57%), *Eigelb (Dotter)* (33%) und *Kalkschale* (10%, 0,2···0,4 mm dick). Die chemische Zusammensetzung von Vollei, Eiklar und Eigelb (s. Bild S. 371) zeigt Unterschiede. Eiklar hat einen hohen Anteil an Wasser, weniger Eiweiß (Spuren von Fett), Eigelb hingegen wesentlich weniger Wasser, dafür

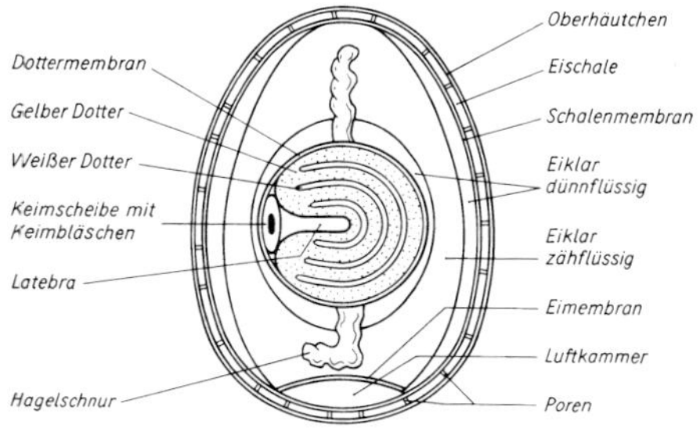

Morphologischer Aufbau der Eier

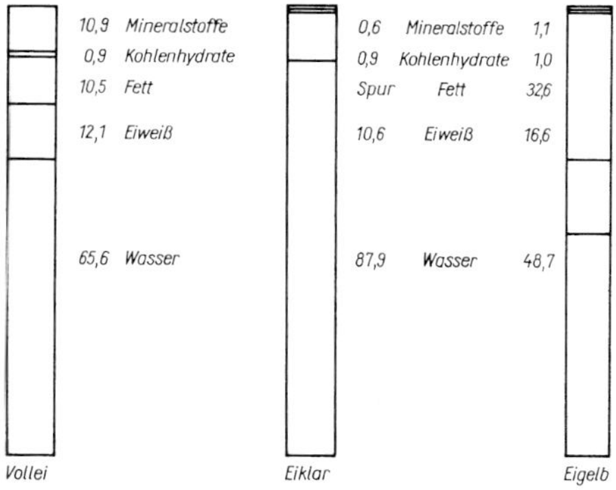

Hauptbestandteile von Vollei, Eiklar und Eigelb im Ei

die größere Eiweiß- und fast die gesamte Fettmenge. Die → Eierschale besteht aus einem Eiweißgerüst und darin eingelagerten Salzen. Die Eiweiße des Eiklars und Eigelbs setzen sich aus mehreren *Proteinen* und *Proteiden* zusammen (Tab.).

Ovomucoid enthält mehr als 20 % Kohlenhydrate, die sich bes. aus *Galactose, Mannose* und *N-Acetylglucosamin* zusammensetzen. *Ovomucoid* und *Conalbumin* sind bakteriostatisch wirksam, indem sie bakterielle → Enzyme, z. B. → Proteasen hemmen (→ Enzyminhibitoren) und verschiedene Metallionen binden. Die genannten Eiweißstoffe lassen sich meist in weitere Unterfraktionen aufspalten, z. B. Ovalbumin und Ovoglobulin in drei, Conalbumin in zwei Komponenten. Ovalbumin geht während der Lagerung in die hitzestabilere Form S-Ovalbumin über. Dabei steigt die Denaturierungstemperatur in Abhängigkeit vom pH-Wert und der Zucker- und Salzkonzentration um etwa 8°C. Im Eigelbfett finden sich Triglyceride mehrerer Fettsäuren (Tab.); ferner enthält das Eigelb eines E. etwa 280 mg Cholesterol, 1,6 g Lecithin und etwa 0,4 g Kephalin. Die Lipoproteine mit den gebundenen polaren Lipiden verleihen dem Eigelb die emulgierenden Eigenschaften. Die charakteristische Farbe des Eigelbs wird durch Lutein und anderen Xanthophyllen hervorgerufen. Infolge der intensivierten Haltung werden gegenwärtig größere und mehr Eier pro Henne produziert. Verändert hat sich ferner das Verhältnis zw. Dotter-

Eiweißstoffe im Ei

Eiweißstoffe des Eiklars	Anteil in %
Ovalbumin	69,7
Conalbumin	9,0
Ovoglobulin	6,7
Ovomucin und Ovomucoid (Glycoproteide)	14,6
Eiweißstoffe des Eigelbs	**Anteil in %**
Lipoproteine der Granula	18,6
davon HDL	15,8
LDL	2,8
Lipoproteine des Plasmas (LDL)	66,0
Phosvitin (sehr phosphorreiches Proteid)	4,6
Livetin (wasserlösliches, globulinähnliches Proteid)	11,0

Fettsäurezusammensetzung des Eigelbfettes (Eieröl)

Fettsäure	Gehalt im Eigelb in %
Palmitinsäure	23,5
Stearinsäure	14,0
Palmitoleinsäure	3,8
Ölsäure	38,0
Linolsäure	16,4
Linolensäure	1,4
Arachidonsäure	1,3

anteil und Eiinhalt, das leicht rückläufig ist, sowie der Cholesterolgehalt, der mehr als 20 % zurückgegangen ist (durchschnittl. 213 mg/50 g eßbaren Eianteils). Ein E. enthält durchschnittl. 355 kJ (85 kcal). Der ernährungsphysiologische Wert des E. ist durch den Gehalt an Eiweißstoffen, bei denen essentielle wie nichtessentielle Aminosäuren in außerordentlich günstigem Verhältnis (Eiweißausnutzung 97 %) vorliegen, und durch den Gehalt an Vitaminen und Mineralstoffen gekennzeichnet (Tab.).

Vitamin- und Mineralstoffgehalt im Ei

Vitamin/Mineralstoff	Gehalt in 100 g eßbaren Anteils in mg
Vitamin A	0,20···0,25
Caroten	0,22···0,60
Vitamin D	0,005
Vitamin E	0,5···1,5
Vitamin K	0,002
Vitamin B_1	0,07···0,14
Vitamin B_2	0,29···0,62
Niacin	0,05···0,1
Pantothensäure	1,1···1,8
Vitamin B_6	0,09···0,18
Biotin	0,1
Folsäure	0,004···0,005
Vitamin B_{12}	0,0008···0,003
Vitamin C	–
Natrium	122···156
Kalium	128···155
Magnesium	11···13
Calcium	54···60
Mangan	0···0,05
Eisen	1,5···2,7
Cobalt	–
Kupfer	0,05···0,23
Zink	0,8···2,0
Phosphor	206···225
Fluorid	0,01···0,12
Chlorid	170···180
Iodid	0,001···0,04

Ferner liegen die Nährstoffe im Ei in leicht verdaulicher und resorbierbarer Form vor. Eiklar sollte jedoch wegen Vorhandenseins von → Avidin eines das Verdauungsenzyme → Trypsin hemmenden Proteins und wegen des Risikos von → Salmonellen roh nicht mehr genossen werden. Der Cholesterolgehalt im Ei ist mit durchschnittl. 250 mg relativ hoch. Da Herz-Kreislauf-Erkrankungen in enger Beziehung zur Höhe des Cholesterolgehaltes im Blut stehen und letzterer neben anderen Faktoren auch vom Cholesterolverzehr abhängt, sollte ein einseitig hoher Eikonsum (3 und mehr E. am Tag) unterbleiben. Eierkuren zur Körpergewichtsreduzierung dürfen - abgesehen von zunehmend vorgebrachten Bedenken - nur über einen begrenzten Zeitraum (maximal 1 Woche) betrieben werden, wobei in ärztlicher Behandlung befindliche Patienten den Arzt konsultieren sollten.

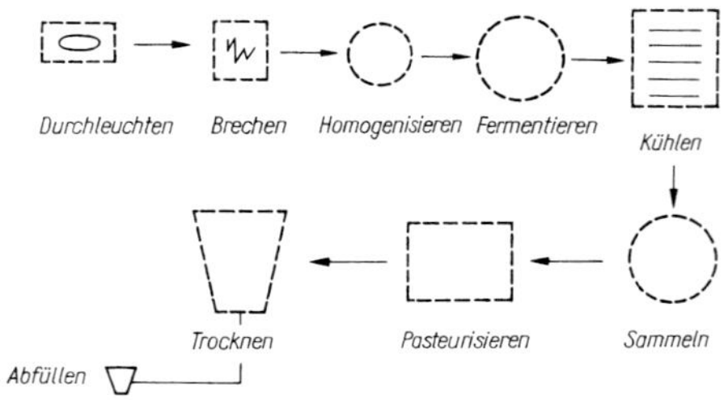

Schematische Darstellung der Bearbeitung von Eiern für getrocknete Eiprodukte

Eiaustauschstoffe: nicht von Eiern stammende, aus pflanzlichen oder tierischen Eiweißstoffen unter Zusatz von Emulsions- und Dickungsmitteln hergestellte Erzeugnisse, die zur Verbesserung der Schlagfähigkeit von kohlenhydrathaltigen Lebensmitteln, z.T. auch von energiearmen Erzeugnissen eingesetzt werden. Als E. kommen Trockenmagermilch, Molkenprodukte, Fischeiweißstoffe, Leguminosenmehl (Soja) u. a. zur Anwendung. Die E. dürfen bei der Bez. keinen Bezug auf Eier nehmen.

Eibisch, *Samtpappel, Althee, Weiße Pappel, Weiße Malve, Heilwurz, Bismalva:* ein auf feuchten Wiesen vorkommendes oder in ausgedehnten

Kulturen angebautes Malvengewächs, *Althāea officinális* L. (Familie *Malváceae*), dessen zweijährige, gelblichweiße, fleischige Wurzeln früher als Nahrungsmittel dienten. Die Wurzeläste und Nebenwurzeln enthalten etwa 37 % Stärke und 10 % Zucker sowie hohe Mengen Schleimstoffe. Beim Kochen bilden sich feste Gallerte mit aromatischem Geschmack; durch Eindicken wird der sog. *Eibischsirup* hergestellt.

Eibisch, Eßbarer, *Bamia, Bamie, Bamiel, Gombobohne, Griechische Hörnchen, Grünschnäbel, Lady's finger, Okra, Okolo, Quinggombo:* die Frucht der in vielen Ländern (Nord- und Ostafrika, Süd- und Mittelamerika, Südliches Nordamerika, Westindien und Balkaninsel) kultivierten krautartigen, vielseitig verwendbaren Gemüsepflanze, namens *Rosenpappel* oder *Pappelrose,*Abelmóschus esculéntus *(L.)* Moench. *(Syn.:* Hibíscus esculéntus *L., H. ficifólius* Mill., *H. prāecox* Forssk., *H. longifólius* Roxb.) (Familie *Malváceae*) mit gelappten Blättern und gelben Blüten. Die 5···18 cm langen, fingerdicken, gelben bis grünen auch roten pfefferschotenartigen, sechskantigen, leicht gebogenen, schnabelförmigen, bohnenartig schmeckenden Früchte besitzen ein weiches Fleisch und kleine runde eßbare Samen. Der E. E. eignet sich zum Rohgenuß für Salate; hauptsächlich wird er als Kochgemüse, vielfach zusammen mit Tomaten oder in Teig fritiert verzehrt. Der E. E. wird noch im unreifen, zarten Zustand geerntet, da ausgewachsene Früchte zähes Fleisch und faden Geschmack aufweisen. Der E.E ist nur kurze Zeit (4 Tage haltbar) und bei 6···10°C lagerfähig. Er eignet sich als Trocken-, Gefrier- und Naßkonserve („Okra naturell" oder „Okra in Tomatensoße"). Die unreifen Früchte werden auch sauer, wie → Kapern eingelegt oder als Gemüsesuppe (→ Callaloosuppe) gekocht. Die Zusammensetzung der frischen Früchte ist der Tabelle zu entnehmen. Wegen des hohen Schleimstoffgehaltes eignet sich der E. E. als Kost für Magenkranke. *Eibisch-* bzw. *Okrasamen* enthalten in je 100 g:
21 g Eiweiß (mit 8,4 % Lysin/16 g Stickstoff), 20 g Fett (mit 62,3 % ungesättigten Fettsäuren, hauptsächlich Öl- und Linolsäure), 5 g Mineralstoffe,

Zusammensetzung und Energiewert vom Fruchtfleisch des Eßbaren Eibischs

Bestandteile	Gehalt in 100 g eßbaren Anteils
Feuchtigkeit	88,0 g
Eiweiß	2,0 g
Fett	0,3 g
Kohlenhydrate	2,5 g
Ballaststoffe (darunter hoher Anteil Schleimstoffe)	5,3 g
Mineralstoffe	0,8 g
Natrium	2,4 mg
Kalium	278,0 mg
Magnesium	67,0 mg
Phosphor	69,0 mg
Calcium	88, mg
Eisen	1,6 mg
Vitamin B_1	0,65 µg
Vitamin B_2	0,80 µg
Niacin	0,50 mg
Caroten	0,17 mg
Vitamin C	25···30 mg
Energiewert in kJ (kcal) je 100 g	88 (21)

0,52 mg Vitamin B_1 und 8 g Feuchtigkeit. Die Aminosäurezusammensetzung von Okrasamen ähnelt der von Sojabohnen, doch hat Okrasamen einen höheren Proteinwert als Sojabohne.

Eibischsirup → Eibisch

Eiche → Baumstamm

Eichelkaffee: 1. ein durch Rösten und Zerkleinern hergestelltes → Kaffee-Ersatzmittel aus dem von der Frucht- und von dem größten Teil der Samenschale befreiten Samen der Eiche, d. h. der verschiedensten *Quércus*-Arten (Familie *Fagáceae*). **2.** das aus der aufbereiteten Eichel hergestellte → Aufgußgetränk.

Eichelöl: das aus den reifen Kernen der Früchte verschiedener Eichen gewonnene Öl. Der Ölgehalt der Eicheln ist im allg. niedrig; die Früchte der in Spanien heimischen *Sumpfeiche, Quércus palústris* Muenchh. (Familie *Fagáceae*), enthalten bis zu 13 % Öl von rötlich-gelber Farbe. Nach Raffination kann das E. für Speisezwecke verwendet werden. Die Fettsäuren des E. sind: 12···17 % gesättigte Fettsäuren, 48···55 % Ölsäure und 29···40 % Linolsäure.

Eichenblattsalat, *Eichenlaubsalat:* ein → Pflücksalat, *Lactúca satíva var. críspa* L. (Familie *Asteráceae*), der in verschiedenen Typen angebaut wird, die sich hauptsächlich in der Blattfarbe unterscheiden und in der Form an Eichenlaub erinnern: *'Red Salad Bowl'* hat intensiv braun gefärbte Blätter, *'Salad Bowl'* hat hell bis gelblichgrün gefärbte Blätter. Von beiden Typen gibt es wiederum viele betriebsintern entwickelte Selektionen. Der E. bildet im Sommer eine rel. kompakte Rosette von etwa 30 cm Durchmesser und wird als Ganzpflanze mit 200 g Masse vermarktet, im Frühjahr sind seine Blätter lang und schmal. → Blattsalat

Eichhase → *Polyporáceae*

Eicosan-1-ol → Fettalkohole

n-Eicosansäure → Arachinsäure → Fettsäuren

Eicosa-5,8,11,14,17-penta-en-säure, *Eikosapentaensäure:* eine all-cis-Polyenfettsäure der Formel CH_3-CH=CH-CH_2-CH=CH-CH_2-CH=CH-CH_2-CH=CH-CH_2-CH=CH-$(CH_2)_3$-COOH. Sie kommt vor allem im Körperöl von Meeresfischen und Schalentieren vor, wo sie bis zu 20 % der Gesamtfettsäuren ausmacht. Zusammen mit → Docosahexaensäure beeinflußt sie den Lipidstoffwechsel, verzögert die Blutgerinnung und senkt den Blutdruck. Sie hat diätetische Bedeutung, z. B. in Form einer Diät mit einem hohen Anteil von Makrelen zur Senkung des Serumcholesterolspiegels. → Fettsäure

Eicosa-5,8,11,14-tetraensäure → Arachidonsäure

Eicos-9-en-säure → Gadoleinsäure

Eicos-11-en-1-säure: eine einfach ungesättigte aliphatische Monocarbonsäure mit der Formel CH_3-$(CH_2)_7$-CH=CH-$(CH_2)_9$-COOH. Die E. kommt im Rapsöl, Senföl, Erdnußöl und im Samenöl des Kerguelenkohls (*Prínglea antiscorbútica* R. Br.) und in der Kohlrübe [*Brássica nápus* L. emend. Metzger *var. napobrássica* (L.) Rchb.] vor. Sie tritt in trans- und cis-Form auf, F. (trans-Form) 49···51°C, (cis-Form) 22°C.

n-Eicosylalkohol → Fettalkohole

Eieralbumin, *Ovalbumin, Eialbumin:* Protein des Eiklars, das den Hauptbestandteil des Eiklars bildet und eine Molmasse von 45 000 g/mol und einen isoelektrischen Punkt von 4,59 aufweist. Das bereits kristallisiert dargestellte E. enthält geringe Mengen an Kohlenhydraten (3 %) und Phosphor (0,1 %). → Ei → Trockenei

Eierbiskuit → Anisbiskuit

Eier, chinesische: durch absichtlich hervorgerufenen enzymatischen Reifungsprozeß, d. h. nichtbakterielle Fäulnis, Schwefelwasserstoff- oder Fäkalfäulnis, veränderte Eier. Die aus China stammende Behandlung besteht aus dem Einlegen der Hühnereier in ein Gemisch von Lauge, Holzkohlenasche, Reisschalen, roter Erde, Kalk, Salzwasser und einer mehrmonatigen Reifung. Dabei kommt es zum partiellen Ab- und Umbau der Eiweißstoffe. Die *Pidaneier* weisen gelartige, braune Konsistenz und graugrünes Eigelb auf, die *Dsaudaneier* sind von weicher Konsistenz und weinähnlich süßlichem Geschmack.

Eierfarben: meist synthetische *Farbstoffe,* die zum Färben der Schalen von Eiern herangezogen werden. Grundsätzlich sind alle zugelassenen → Lebensmittelfarbstoffe anwendbar; darüber hinaus sind speziell für diesen Zweck folgende Farbstoffe zulässig: *Erythrosin* (rot), *Acilancrocein* (rot), *Methylviolett, Viktoriablau* und *Brillantgrün.*

Eierfrucht: 1. *Aubergine, Brinjal, Melongene:* die verzweigte, bis 1 m hohe, krautige Pflanze *Solánum melóngena* L. (Familie *Solanáceae*), die zuerst in Indien kultiviert wurde, heute aber in den Tropen verbreitet ist. Die eiförmige oder längliche, hängende Beerenfrucht ist 5···15 cm (maximal 35 cm) lang, 5···7 cm dick und weiß, gelb, purpurn oder schwarz gefärbt. Sie wird niemals roh, sondern gekocht, gebraten oder gefüllt als Gemüse gegessen. Unreife Früchte werden manchmal für Curryzubereitungen verwendet. Inhaltsstoffe s. Tab.

Zusammensetzung und Energiegehalt der Eierfrucht (Aubergine)

Bestandteil	Durchschnittl. Gehalt in 100 g eßbaren Anteils
Kohlenhydrate	4 g
Mineralstoffe	
Calcium	10 mg
Eisen	1,0 mg
Caroten	–
Vitamin B_1	0,03 mg
Vitamin B_2	0,05 mg
Niacin	0,8 mg
Vitamin C	5 mg
Energiegehalt in kJ (kcal) je 100 g eßbaren Anteils	90 (22)

Für Transport und Lagerung sind nur gut ausgefärbte, festfleischige Früchte mit etwa 2 cm langem Stiel (zwecks Minderung der Fäulnisgefahr) vorzusehen. Da E. leicht zum Austrocknen neigen, muß Folienabdeckung berücksichtigt werden. Die leicht unreife Ware ist bei 12°C, die reife Ware bei 8···10°C aufzubewahren; sie hält sich auf diese Weise etwa 2 Wochen frisch. Temperaturen unter 8°C können Kälteschäden (Zusammenbruch der Gewebeteile nach Weichwerden) auslösen.
2. der immergrüne Baum *Lucúma bífera* Mol. *(*Familie *Sapotáceae),* der aus Peru stammt. Die kugelförmigen, dunkelgelben Früchte (7···10 cm Durchm.) enthalten ein eßbares trockenes, mehliges Fruchtfleisch.

Eierkuchenmasse → Backware → Eierkuchenmehl

Eierkuchenmehl, *Omelettenmehl:* eine Fertigmehlmischung (→ Fertigmehl) aus hellem Weizenmehl, Milch- und Eipulver, Salz, Backpulver, Zucker, Aromen und Gewürzen. Mit Wasser angerührt, ergibt das E. eine backfertige *Eierkuchenmasse.* An wertbestimmenden Rohstoffen für 100 kg Ei werden verwendet: 6 kg Volleipulver, 6 kg Vollmilchpulver oder 15 kg Magermilchpulver. Der Feuchtigkeitsgehalt darf höchst. 14%, der Kochsalzgehalt höchst. 1,5% betragen. Die Haltbarkeit beträgt bei günstigen Lagerbedingungen (Temperaturen bis 18°C und rel. Luftfeuchte bis zu 65%) 6 Monate. E. dient zur Bereitung von Eierkuchen bzw. Omeletten und gefüllten Eierkuchen (Palatschinken). → Einzweckmehl

Eierlikör: aus frischem Hühnereigelb, Zucker und Ethanol hergestellter *Emulsionslikör.* Die Eier müssen im Verarbeitungsbetrieb aufgeschlagen werden; es darf auch tiefgefrorenes und pasteurisiertes Eigelb verwendet werden. Das vom Eiklar abgetrennte Eigelb wird homogenisiert, erwärmt und mit der entsprechend der Rezeptur vorgesehenen Menge an Zucker, Wasser und ggf. Aromastoffen versetzt und bei Rühren auf 50°C gehalten. Danach bleibt die Emulsion nach der Abkühlung noch 2 Tage stehen. Zur Stabilisierung der Emulsion trägt ein sehr geringer Anteil an Eiklar bei. E. soll mind. 240 g Eigelb je Liter und 20%-Vol. Ethanol enthalten. E. ist energiereich und hat bei 20%igem Zuckergehalt 1190 kJ (285 kcal) je 100 g. Bemerkenswert ist ferner der hohe Cholesterolgehalt von durchschnittl. 440 mg je 100 g E.

Eieröl: Fett des Eigelbs. Das E. wird aus den im Wasserbad bröcklig gemachten Eigelben abgepreßt oder durch Extraktion gewonnen (Tab.).

Zusammensetzung der Fettsäuren von Eieröl

Fettsäure	Anzahl an C-Atomen	Anteil in %
Myristinsäure	14	2,1
Palmitinsäure	16	29,3
Stearinsäure	18	9,3
Arachinsäure	20	0,1
Hexadecensäure	16	12,3
Ölsäure	18	34,6
Linolsäure	18	10,1
Cholesterol		bis 5%

E. dient als Salbengrundlage und zur Cholesterolgewinnung. → Ei → Hühnerfett

Eierpflaume: Frucht von *Prúnus doméstica itálica var. ovoidéa* Mart.(Famile *Rosáceae*), einer Pflaumenvarietät, die große, oft sehr große, nach dem Stiel zu stark verjüngte, weichfleischige Früchte hat. Die E. sind vorwiegend zum Frischverzehr, weniger zur Verarbeitung geeignet. Die Ertragsleistungen sind meist mäßig, deshalb haben die E. für den Marktobstbau keine wirtschaftliche Bedeutung. Beispiele: die Sorten *'Gelbe Eierpflaume'* und *'Großherzog'*. → Pflaume

Eierschale: die das Ei von Geflügel umgebende Hülle, die beim Hühnerei neben Proteinmembranen (3···4 %) zu 95 % aus Calciumcarbonat, 1 % aus Magnesiumcarbonat und 1 % aus Calciumphosphat besteht. → Ei

Eierschecke: eine verfeinerte Art von → Quarkkuchen aus → Hefeteig, bei dem auf die Quarkschicht eine zusätzliche Schicht Eierscheckenmasse (bestehend aus Butter, Eigelb, Stärkepuder, aufgelokkert mit Eiklarschnee) aufgetragen wird. → Kuchen → Blechkuchen

Eierschwamm → *Hydnáceae*

Eierschwammpilz → *Boletáceae*

Eierteigwarensuppe → Suppe, kochfertige, nicht süß

Eigelb, auch *Dotter* → Ei

Eigenschaften, funktionelle: Bez. für überwiegend chemische und physikalisch-chemische Eigenschaften von Lebensmitteln und ihren Bestandteilen (Proteine, Kohlenhydrate, Lipide), die ihr Verhalten bei technologischen Prozessen charakterisieren und sowohl sichtbar als auch meßbar sind (Beispiel s. Tab.).
Begriffsbestimmung und -umfang sind jedoch nicht einheitlich. Die f. E. sind von der molekularen Struktur der Komponenten, und ihren Bindungen abhängig. Ferner sind Wechselwirkungen funktioneller Eigenschaften untereinander nicht selten. F. E. werden durch chemische und enzymatische Modifizierung der Bestandteile verändert, dabei kann es zu erwünschten oder unerwünschten Änderungen kommen.

Allgemeine und funktionelle Eigenschaften von Proteinen

Allgemeine Eigenschaften	Funktionelle Eigenschaften
Wasseraufnahme	Benetzbarkeit, Löslichkeit, Dispergierbarkeit, Wasseradsorption, Quellung, Eindickung, Gelierung, Fließverhalten, Wasserbindevermögen, Synäreseverhinderung, Teigbildung
Grenzflächenwirkung	Emulgiervermögen, Emulsionsstabilisierung, Schaumbildungsvermögen, Schaumstabilisierung, Ölbindevermögen, Bindung von Aromastoffen
Rheologie	Teigbildung, Eindickung, Gelbildung, Viskosität
Textur	Strukturierbarkeit (Verspinnen, Extrudieren), Hitzekoagulierbarkeit

Eiglobulin → Globuline

Eiklar, auch *Weißei* → Ei

Eiklarglasur, *Eiweißglasur:* eine kräftig geschlagene → Glasur, die Zuckersirup und Eiklar (Weißei) und/oder Gelatine enthält.

Eiklarmasse: Sammelbegriff für → Massen unter Verwendung von Eiklar, z. B. → Schalenobstmasse, → Baisermasse.

Eilecithin: im Eigelb des Eies enthaltenes *Monoaminophosphatid* (→ Lecithine). E. dient wie die Lecithine anderer Herkunft als Emulgator und wird bei der Herstellung von Eierteigwaren, Gebäck, Eierlikör, Mayonnaise, Margarine, Kakaotrunk u. a. sowie als Zusatz zu Kräftigungsmitteln und Diäterzeugnissen verwendet.

Einback → Zwieback

Einfacheis → Speiseeis

Einfachzucker → Saccharide

Einfruchtmarmelade → Marmelade

Einkorn, *Blicken, Kultureinkorn, Einkornweizen, Kleiner Spelz:* ein neben dem Emmer (→ Wildemmer) und der → Gerste zu den ältesten Kulturpflanzen zählender → Spelzweizen, *Tríticum monocóccum* L. (Familie *Poáceae*), der sich sehr resistent gegenüber Krankheiten verhält. Reste des E. und seiner orientalischen Wild- bzw. Stammform, *Tríticum boeóticum* Boiss., sind aus dem 7. Jt. v. Chr. von Siedlungen der Bergrandzonen Südanatoliens bis Syrien bekannt. Heute wird das E. nur noch selten, z. B. in der ehem. Sowjetunion, Kleinasien, Rumänien, Frankreich, Spanien, Marokko, ferner in der Schweiz, im Iran und Irak kultiviert. Die Frucht des *Wildeinkorns* ist bes. flach, ihre Größe etwa 6,5···8 mm x 2,8···3,1 mm, bei einer Tausendkornmasse von 12···25 g. Beim *Kultureinkorn* sind die herausgelösten Früchte weniger abgeflacht; Durchschnittswerte für die Korngröße sind 6,5 ···8 mm x 2,8···3,1 mm, ihre Tausendkornmasse schwankt zw. 20···35 g. *Tríticum sinskajáe* A. Filat et Kurk ist eine Weizenart, die 1970 von *Zukowskij* aus einer Einkornpopulation isoliert wurde und sich vom E. durch seine Nacktkörnigkeit unterscheidet. → Sammelspelzfrucht

Einmachzucker: ein Zucker, der speziell zum Einwecken bestimmt ist und zur Erhaltung der Fruchtfarben mit Lebensmittelfarbstoffen versetzt sein kann.Von dem für den Verzehr bestimmten Zucker werden allein von Hausfrauen etwa 20% für das Einmachen verwendet. In der BRD werden jährlich 300 000···500 000 t bzw. 15% der gesamten Obsternte zum Einmachen verwendet. Von den dafür benötigten mehr als 100 000 t Zucker sind 67% für die Marmeladen- und Geleeherstellung bestimmt. Gelierzucker hatte 1992 einen Anteil von 70% am E. → Zucker

Einsalzeffekt: Wirkung auf Proteine durch niedere Konzentrationen (0,5 - 1 mol/l) von neutralen Salzen. Der E. bewirkt eine löslichkeitserhöhende Zurückdrängung von elektrostatischen Protein-Protein-Wechselwirkungen und eine erhöhte Wasserbindung.

Einsatzwert → Qualität

Einzelfrucht → Sammelfrucht

Einzellerprotein, *Single Cell Protein, SCP:* von Einzellern, wie Bakterien, Hefen, Pilzen und Algen, biosynthetisierte Eiweißstoffe (Übers.).
Hefeprotein wird bereits in Lebensmitteln als Substitut für Fleisch und als Würzmittel verwendet. Die

Mikroorganismen zur Gewinnung von Einzellerprotein

Organismen	Wachstums-medium	Rohprotein in% TS	Fett in% TS	Kohlenhydrate in% TS	Nucleinsäuren in% TS
Bakterien:					
Methylophilus methylotrophus	Methanol	73,8	8,5	3,4	15,9
Pseudomonas C	Methanol	75,5	3,1	7,0	16,0
Hefen:					
Candida utilis	Zucker	48	1,1	25	13,4
Torulopsis candida	Pflanzenöl	46	1,3	36,5	-
Candida guilliermondi	n.Paraffine	65	2,0	23···27	-
Teast sp.	n.Paraffine	57	10,0	-	11
Algen:					
Chlorella	CO_2	40···55	10···15	-	-
Scenedesmus	CO_2	50···55	8···12	6,0	6,0
Spirulina	CO_2	55···65	2···6	3,9	3,9

größte Bedeutung von E. betrifft Futtermittel, für deren Nutzung zunehmend Bakterien- und Algenproteine erschlossen werden. Mikroorganismen weisen auf Grund ihrer hohen Wachstumsgeschwindigkeit eine im Vergleich zum tierischen und pflanzlichen Organismus wesentlich höhere Biosyntheseleistung von Proteinen, Kohlenhydraten und Fetten auf. Ferner ist die Biomasse besonders proteinreich: Hefen 50···60%, Bakterien 60···80%, Algen 50···70%. Ihre massenweise Kultivierung erfolgt in leistungsfähigen Bioreaktoren, in denen meist Reinkulturen bzw. leistungsfähige neuerdings gentechnisch manipulierte Selektanten von Mikroorganismen in vorgegebenen Medien unter optimalen Bedingungen kultiviert werden. Als Nährstoffquellen dienen sowohl organische Materialien, wie Molke, Melasse, Methanol, Holzsulfitablauge, Celluloseabfälle, Erdölfraktionen und Erdgas, als auch anorganische Salze. Die Aufarbeitung der Biomasse erfolgt meist im ganzen ohne vorausgegangene Differenzierung in verschiedene Gewebe und Organe. Die Aminosäurezusammensetzung der E. ist je nach Art des Einzellers unterschiedlich. Dabei ist der Anteil an essentiellen Aminosäuren beachtlich (Übers.).
Bei Algen sind lediglich die schwefelhaltigen Aminosäuren limitiert. Trotz der relativ hohen biologischen Wertigkeit der E. ist ihre alleinige Anwendung in Lebensmitteln wenig geeignet, dagegen gut zur Supplementierung von Getreide- und Ölsamenproteinen. Gewisse Risikofaktoren stellen die Bestandteile der bakteriellen Zellwände, D-Aminosäuren enthaltende Mucopeptide dar. Wegen des hohen Nucleinsäuregehaltes der Biomasse (5···13%), der beim Verzehr zum unerwünscht hohen Harnsäurespiegel im Blut führen kann, sind E. ohne vorausgegangene Abtrennung derartiger Begleitstoffe für die menschliche Ernährung problematisch. Fortschritte auf dem Gebiet der Aufarbeitung werden den Einsatz von E. in Lebensmitteln perspektivisch ermöglichen.

Einzweckmehl, *Mehl nach Maß:* ein → Standardmehl bzw. eine Standardmehlmischung mit absichtlich streng auf die jeweilige Gebäck- oder Speisenart abgestimmten Verwendungsmerkmalen. Das E. ist nur für ein genau definiertes technisches Verarbeitungsverfahren geeignet; vom Hersteller werden stets Verarbeitungshinweise angegeben. Das E. wird *nach Maß* hergestellt und muß *nach Maß* verarbeitet werden; es dient vorwiegend der industriellen Fertigung von Backwaren. E. wird für Backwarenbetriebe seltener als → Fertigmehl hergestellt; es soll lediglich bestimmten Forderun-

Gehalt an essentiellen Aminosäuren von Einzellerproteinen[1]

	Bakterien		Hefen		Algen
	Methylophilus methylotrophus	*Pseudomonas C*	*Candida utilis*	*Saccharomyces cerevisiae*	*Spirulina*
Rohprotein [TS]	73,8	75,5	48	54	55···65
Lysin	4,7	8,3	7,1	8,2	4,8
Threonin	3,4	5,9	4,7	4,8	6,2
Cystein	0,4	1,1	0,6	1,6	0,9
Valin	3,9	6,7	5,3	5,5	7,1
Methionin	1,8	2,6	1,0	2,5	2,5
Isoleucin	3,3	5,7	4,3	5,5	6,7
Leucin	5,1	8,1	7,0	7,9	9,8
Phenylalanin	2,6	4,0	3,7	4,5	5,3
Tryptophan	0,8	–	0,04	1,2	0,3

[1] Angabe in g/100 g Rohpräparat (Trockensubstanz)

gen, z. B. hinsichtlich Proteingehalt, Proteinqualität (Kleberqualität), Feinheitsgrad, Stärkebeschaffenheit, Quellungsvermögen, genügen und wird z. B. durch Kombination bestimmter mechanischer oder luftklassifizierter Mehlfraktionen (*Passagen, Passagenmehl*) oder durch Zusatz von → Spezialmehlen gewonnen. E. wird z. B. hergestellt: als *Keksmehl* (hauptsächlich aus Stärkefraktionen mit geringem Kleberanteil, um Teige von sog. träger Elastizität und gedämpfter Volumenausdehnung beim Ofenbetrieb zu erzielen); als *Waffelmehl* (glattes, nicht → griffiges Mehl mit einem Proteingehalt von höchst. 8···9 %, bezogen auf Trokkenmasse, und einem Feuchtklebergehalt von höchst. 25···26 %); als *Zwiebackmehl* (aus Mehl mit mittleren Klebermengen bei hohen Quellwerten, die die Basis für beste Qualitäten liefern, indem sie auch bei längerer Vollgare des Teiges feinporig bleiben); als *Sandmassemehl* (aus griffigem, kleberarmem Weizenmehl mit erheblichen Anteilen reiner Stärkemehle, damit die sandartige Struktur nicht gemindert wird); als *Brandmassemehl* (aus Mehl mit mittlerem Klebergehalt, der beim Erhitzen nicht zusammenhaltlos werden darf); als *Eierkuchenmehl* (aus Mehlen mit hochwertigem und höchstem Klebergehalt, damit der Eierkuchen (Omelett) auch bei geringer Eiermenge wenig Teigbereitung erfordert und gutes Volumen ergibt). Neben diesen genannten Einzweckmehlsorten gibt es noch eine Reihe Entwicklungen, z. B. für *proteinreiche* oder *proteinarme* (stärkereiche) Diätbackwaren, oder z. B. die → *glutenfreie Mehlmischung*. E. bieten u. a. a) den Vorteil einer gewissen Sicherheit in der Gärtoleranz bei Hefeteigen, b) die Verringerung der Gefahr des Überschlagens bei gerührten → Massen und tragen c) zur Vermeidung von Gebäckfehlern, die z. B. durch ungleichmäßiges Abrösten bei Brandmasse entstehen können, bei. → Fertigmehl

Eisbaiser → Baisermasse

Eisbecher → Waffel

Eisbein: volkstümliche Bez. für Dickbein. → Schlachtkörperteilstücke

Eisbergsalat → Eissalat

Eisbonbon: saures → Bonbon mit kühlender Wirkung.

Eischnee → Lebensmittelschaum

Eisen: chemisches Element der VIII. Nebengruppe des Periodensystems, Symbol Fe (lat. *ferrum*), wichtigstes Schwermetall und lebensnotwendiger Mineralstoff, der in tierischen und pflanzlichen Zellen als komplex gebundener Katalysator wirkt. Eine Reihe von Enzymen, z. B. die Cytochrome, Cytochromoxydase und die Katalase, enthalten E. als Metallkomponente (Bedeutung für Atmung und Photosynthese). E. ist auch für die Chlorophyllsynthese von Bedeutung. Der Eisengehalt der Lebensmittel ist i. allg. niedrig. Die Milch gehört zu den eisenärmsten Lebensmitteln (0,1 mg je 100 g). Deshalb besteht bei Kleinkindern und Diätbedürftigen die Gefahr eines alimentären Eisenmangels. Zu den eisenreichen Gemüsen gehört der Spinat. Im Ei ist das E. im Eigelb konzentriert (7,2 mg je 100 g). Innere Organe sind bedeutend eisenreicher als Muskelfleisch.
Mit einer gemischten Normalkost werden zw. 14 mg und 60 mg E. je Tag aufgenommen. Vom Nahrungseisen wird nur relativ wenig resorbiert (5···10 % beim Gesunden), z. B. vom E. aus Spinat nur 1,4 %, aus Kartoffeln etwa 10 %, aus Blumenkohl 26 %, aus Sauerkraut mehr als 30 %. Diese gute Eisen-Bioverfügbarkeit wird dem Gehalt an organischen Säuren (Citronensäure, Milchsäure) dieser Gemüsearten zugeschrieben. Schon relativ kleine Vitamin-C-Mengen verbessern die Eisenresorption, weil gut lösliche Komplexe gebildet werden und die dreiwertige Form des E. zur besser resorbierbaren zweiwertigen Form reduziert wird. Der tägliche Eisenverlust (Abstoßung von Haut- und Schleimhautzellen, Blutungen) liegt beim Mann durchschnittl. bei 0,5···1 mg und bei der menstruierenden Frau um 0,5···1 mg höher. Der Eisenbedarf liegt zwischen 8 mg (Kleinkinder) und 20 mg (Schwangere, Stillende) je Tag.
Ein Erwachsener verfügt über etwa 5···7 g E., davon etwa 50 % als Hämoglobin-Eisen, knapp 10 % als Myoglobin-Eisen (Muskel), etwa 20 % als Depot-Eisen (*Ferritin* und → *Hämosiderin*) und etwa 20 % als Zell-Eisen (Hämin-Enzyme u. a.). Das

Serum-Eisen ist fast vollständig an Transport-Eiweiße (*Transferrin* oder *Siderophilin*) gebunden. Eisenmangelsymptom ist die Anämie.
E. kann in Lebensmitteln auch nachteilige Wirkungen zeigen. So katalysiert es die Oxydation von Fett und beeinträchtigt daher schon in Spuren den Geschmack von Milch und Butter, bewirkt Trübungen im Wein und im Wasser. Da E. leicht korrodiert, ist es als Material für Gebrauchsgegenstände zur Lebensmittelverarbeitung nur bedingt tauglich. Korrosionsbeständige Überzüge aus Zinn (Weißblech), Chrom, Nickel, Lack, Email oder schlagfeste Oxydhaut sowie der Einsatz von Chromnickelstählen können Abhilfe schaffen. → Mineralstoffe

Eisénia bicýclis → Algenprodukt

Eisenkraut: eine an Wegrändern vorkommende, ausdauernde Pflanze, *Verbéna officinális* L. (Familie *Verbenáceae*), deren Kraut sich zum Abrunden von Rohkostsalaten, zum Würzen von Gurken und Kürbis sowie als Kräutertee (→ teeähnliches Erzeugnis) eignet. Das E. enthält Bitterstoffe, Gerbstoffe und Glycoside; es weist einen leicht salzigen Geschmack auf, so daß es für die Würzung → natriumarmer Lebensmittel empfohlen wird.

Eisenoxide (E 172) → Lebensmittelfarbstoffe

Eisen-protoporphyrin → Farbstoffe

Eisenvitriolwasser → Heilwasser

Eisenwasser → Heilwasser

Eisfisch: Meeresfische der Familie *Chaenichtýidae* mit relativ großem Kopf und stark verlängertem, horizontal abgeflachtem, stark bezahntem Maul. Der Körper ist schuppenlos und oft durchscheinend, das Skelett nicht verknöchert. Von den 17 meist bodenbewohnenden Arten aus 10 Gattungen, deren Verbreitung auf die Antarktis und deren Randgebiete beschränkt ist, sind der *Bänder-Eisfisch* (*Champsocéphalus gúnnari*; Bild), der *Streifen-Eisfisch* (*Chaenocéphalus acerátus, Chionodráco spec., Chaenodráco wilsoni*), der *Schwarzgraue E.* (*Pseudochaeníchthys georgiánus)* und *Channíchthys rhinocerátus* von wirtschaftlichem Interesse. Der Hauptanteil der Tiere in den Fängen variiert von 25 cm (etwa 100 g) bis zu 50 cm (etwa 1200 g) Länge (Masse). Die Maximalwerte betragen je nach Art 58 cm (2000 g) bis 77 cm (4700 g). Der Jahresfang schwankt zw. 30 kt und 170 kt, die hauptsächlich durch die ehem. Sowjetunion und Polen erzielt wurden. Der Fleischanteil, er beträgt nur 15···30 % der Gesamtmasse, enthält weder Hämoglobin noch Myoglobin (*Weißblutfische*). Daher wirkt er im rohen Zustand etwas glasig und weiß, evtl. mit bläulichen Nuancen, gegart reinweiß. Zur Gefrierlagerung ist E. besonders gut geeignet. Die Textur ist in der Regel sehr zart und feinfasrig, aber angenehm fest. So kann E. küchentechnisch in jeder Weise verwertet werden. Bes. Bänder-Eisfisch ergibt Räuchererzeugnisse sehr ansprechender Qualität. E. hat geringen bis mittleren Fettgehalt (s. Tab. S. 381), der hauptsächlich im Fleisch der Bauchregion konzentriert ist.

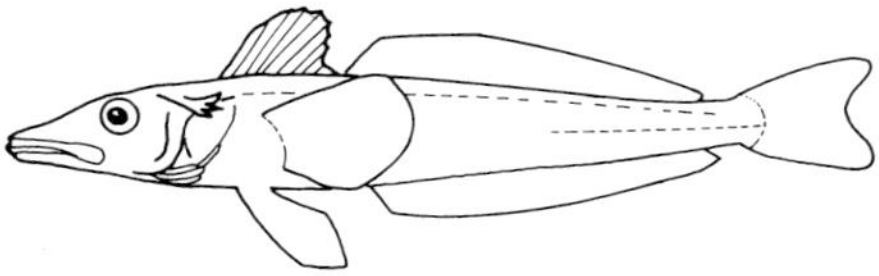

Eisfisch

Eishai → Haifisch

Eiskenkey → Kenkey

Eiskopf → Eissalat

Eiskraut, *Eispflanze, Kristallpflanze:* das in Indien und im Mittelmeerraum kultivierte Blattsucculentengewächs *Mesembryánthemum crystállinum* L. (Familie *Aizoáceae*), das als Kochgemüse verzehrt wird.

Eiskrem → Speiseeis

Eiskrempulver → Speiseeispulver

Eismeerkrabbe → Krebstiere

Eispflanze → Eiskraut

Eispflücksalat → Eissalat

Eispilz → *Tremmeláceae*

Eissalat, *Eisbergsalat, Eiskopf, Krachsalat:* ein → Gartensalat, *Lactúca satíva var. capitáta* L. *nídus jäggeri* Helm, (Familie *Asteráceae*), mit großem,

Zusammensetzung und Energiewert des Fleisches von Eisfisch

	Durchschnittlicher Gehalt je 100 g		
	Pseudochaenichthy georgianus	*Chaenocephalus aceratus*	*Champsocephalus gunnari*
Eiweiß in g	14···15	15···19	17
Fett in g	2···8	0,2···6	1···3
Energiewert je 100 g in kJ (kcal)	335···570 (80···136)	275···565 (66···135)	345···420 (82···100)
davon aus Eiweiß	250···270 (60···64)	270···335 (64···80)	300 (72)
Fett	85···300 (20···72)	10···230 (2···55)	40···115 (10···27)
Richtwert für verwertbare Gesamtenergie in kJ (kcal) je 100 g	460 (110)	460 (110)	375 (90)

festem kohlartigem Kopf, der von gezähnten Blättern lose umgeben ist, großblättrige, grobadrige Struktur und milchig gelbgrüne Farbe aufweist. Die minimale Kopfmasse beträgt 400 g; der E. erreicht aber 800 g und mehr. Der E. weist einen nußartigen Geschmack mit knusprigem Herz auf, er ist relativ hitzebeständig, zeigt daher geringe Schoßneigung und zählt zu den späten Sommersorten, die bei anhaltender Kühlung 2 bis 3 Wochen haltbar sind. Bekannte Sorten sind 'Laibacher Eis' und 'Grazer Kräuthäuptel'. Eine bes. Variante des E. ist der *Bataviasalat* (Batavia = die franz. Bez. für E.). Hierbei handelt es sich um eine Sammelbez. für rotblättrige und grünblättrige Eissalattypen, wobei die Konsistenz der Blätter bei den grünen Formen nicht ganz typisch ist für E., sondern zw. der von E. und Kopfsalat liegt. Unter den roten *Bataviasorten* gibt es außerdem Typen, z. B. "Red Sails", die man als *Eispflücksalat* charakterisieren kann, deren Grundfarbe hellgrün, die Blattränder aber rostrot gefärbt sind und die Pflanze große, lockere, nicht geschlossene Köpfe, wie der E. ausbildet, jedoch die Knackigkeit von E. aufweist. Eine weitere neue Variante ist der *Crisp* oder *Crispsalat.* Dabei handelt es sich um einen noch nicht ausgewachsenen E. mit weniger festen und kleineren Köpfen, sowie lockerem, gekräuseltem Umblatt. Der Crisp wird unter Glas angebaut und folienverpackt gehandelt. → Gartensalat → Blattsalat → Salatgemüse → Schnittsalat → Salat, bunter

Eisschokolade: eine → *gefüllte Schokolade* mit erfrischender, kühlender Wirkung, deren Füllung aus einem Gemenge von gehärtetem Kokosfett oder Kokosöl mit Hartfett, Krem oder Fondant, Citronensäure, Menthol und Aromen besteht. → Süßware → Kakaoerzeugnis

Eistorte: eine → Torte aus Wiener Boden oder Mürbeteigboden (→ Mürbeteig), der mit Johannisbeergelee bestrichen, mit einem Tortenring versehen und mit Sahne gefüllt wird, die mit gehackter Kuvertüre, Ananas und Kirschen durchzogen ist; danach wird die Torte im Gefrierschrank gefroren und anschließend mit Sahne und Belegfrüchten verziert.

Eistüte → Waffel

Eiswaffel: eine ungefüllte *Flach-* oder *Hohlwaffel,* letztere in Form einer Schale, Tüte oder eines Bechers, oder eine mit verschiedenartigen Füllungen, zumeist mit einer durch Trocknen zum Erstarren gebrachten Schaumzuckerfüllung, versehene Flachwaffel. → Waffel

Eiswein: hochwertiger Weißwein, hergestellt aus ausgereiften, gefrorenen Trauben, die bei mind. -6°C gekeltert werden. Dabei fließt ein zuckerreicher, aromatischer Saft ab, während ein Teil des Wassers als Eis in der Kelter verbleibt. Die Bez. E. darf nur in Verbindung mit einem anderen Prädikat (→ Qualitätswein), z. B. „Spätlese" oder „Auslese" („Eiswein-Spätlese" oder „Eiswein-Auslese") verwendet werden.

Eiszapfen → Radieschen

Eiweiß, *Eiweißstoffe, Eiweißkörper, Proteine:* hochmolekulare, aus → Aminosäuren aufgebaute organische Verbindungen, die Grundbausteine lebender Organismen und Träger aller Lebensprozesse sind und zu den Grundnährstoffen zählen. *J. v. Berzelius* (1779 bis 1848) bezeichnete das E. Protein. Die durchschnittl. elementare Zusammensetzung der E. beträgt 45···55 % C, 6···8 % H, 19···25 % O, 14···20 % N. Daneben sind noch S und P und manchmal auch Fe, Cu, Cl, I oder Br und ganz selten auch noch andere Elemente enthalten. Die Gewebe höherer Organismen enthalten durchschnittl. 10···20 % E. Der Eiweißgehalt der verschiedenen Lebensmittel ist sehr unterschiedlich (Tab.).

Eiweißgehalt von Lebensmitteln

Lebensmittel	Eiweißgehalt in der natürlichen Substanz in %
Vollmilch (3 % Fett)	3,1
Edamer Käse (40 % F. i. Tr.)	26,1
Hühnerei (Gesamtei)	12,9
Rindfleisch (Filet)	19,2
Schweinefleisch	14,6
Mettwurst	11,9
Hering	17,3
Kabeljau	17,0
Roggenbrot	6,4
Weizenbrot (Weißbrot)	8,2
Eierteigwaren (Nudeln u. ä.)	13,0
Kartoffeln	2,0
Blumenkohl	2,5
Grüne Bohnen (Schnittbohnen)	2,2
Weiße Bohnen (Samen)	21,3
Apfel	0,3
Sauerkirschen	0,9
Orange	1,0

Die Aminosäuren sind säureamidartig durch *Peptidbindung* zu Polypeptidketten (→ Peptide) miteinander verbunden (s. Formel unten).

Zwei so verknüpfte Aminosäuren bezeichnet man als *Dipeptid.* Die Reste (R_1, R_2) können basische Gruppen von Diaminomonocarbonsäuren (z. B. Lysin), saure Gruppen von Monoaminodicarbonsäuren (z. B. Glutaminsäure) und neutrale Gruppen (z. B. Valin) sein. Dadurch zeigen E. wie die Aminosäuren amphotere Eigenschaften. Die Lage des → isoelektrischen Punktes wird dabei durch die Anzahl dieser Reste und ihren Dissoziationsgrad bestimmt. In einem Eiweißmolekül sind mehrere hundert Aminosäuren verknüpft, im Eialbumin z. B. 288, im Blutfarbstoff Hämoglobin 574. Ihre Molmasse ist deshalb sehr groß, z. B. bei Eialbumin 44 000 g/mol, Myogen (Kaninchenmuskel) 150 000 g/mol, Hämocyanin der Weinbergschnecke 6 600 000 g/mol. E. bilden auf Grund der Molekülgröße keine echten, sondern nur kolloide Lösungen, aus denen sie irreversibel durch → Denaturierung (z. B. Trichloressigsäure) oder reversibel durch Zugabe von Neutralsalzen oder organischen Lösungsmitteln (z. B. Ethanol, Aceton) gefällt werden können.

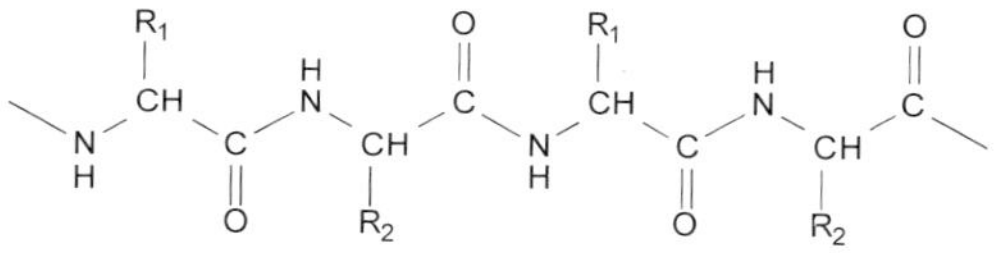

Die in einer Peptidkette vorliegende Reihenfolge (Sequenz) der Aminosäuren bezeichnet man als *Primärstruktur.* Die Zahl der Verknüpfungsmöglichkeiten ist sehr groß (z. B. fast 4 Mill. theoretische Möglichkeiten bei nur 10 verschiedenen Aminosäuren). Diese Mannigfaltigkeit bildet die stoffliche Grundlage für die Verschiedenheit der Organismen, wobei jede Tier- und Pflanzenart über spezifische E. verfügt, deren Aminosäuresequenz genetisch fixiert ist. Die räumliche Anordnung der Aminosäuren des Eiweißmoleküls nennt man *Sekundärstruktur.* In vielen E. liegt ein Teil der Aminosäuren in einer schraubenförmigen Anordnung (α-Helix) vor (→ Enzym). Eine andere Form der Sekundärstruktur stellt die Faltblattstruktur dar (vornehmlich → Skleroproteine). Als *Tertiärstruktur* bezeichnet man die Anordnung der Polypeptidketten einschl. der geordneten Bereiche der Sekundärstruktur im Raume und als *Quartärstruktur* letztlich den Aufbau eines nativen Eiweißmoleküls aus diesen Submolekülen, wobei die Fixierung dieser Ordnung durch Wasserstoffbrücken, echte chemische Bindungen (z. B. Disulfidbrükken zwischen zwei Cysteinmolekülen), salzartige Bindungen und *van der Waals*sche Kräfte erzielt wird. Zunehmend gewinnen die in einem Protein nachgewiesenen *hydrophoben* und *hydrophilen* Bereiche an Bedeutung, das sind im Proteinmolekül gehäuft auftretende Aminosäuren mit geringer Löslichkeit und solche mit ausgeprägter Löslichkeit. Sie bestimmen ihre → funktionellen Eigenschaften. E. lassen sich durch Erhitzen mit Säuren, Basen oder durch Proteasen hydrolytisch über Peptide in Aminosäuren spalten. Letzteres hat Bedeutung beim Verdauungsvorgang, während Säure- bzw. Basenhydrolyse technisch bei der Herstellung von Würzen und Natriumglutamat aus Proteinhydrolysaten (meist aus Weizenkleber) Anwendung finden.

Nach ihren Bestandteilen unterscheidet man
einfache E. (*Proteine*):
→ Albumine → Protamine
→ Globuline → Skleroproteine
→ Gluteline → Kollagene, Elastine,
→ Histone Keratine, Seidenproteine,
→ Prolamine → Skelettine

zusammengesetzte E. (*Proteide*):
→ Chromoproteide → Phosphoproteide
→ Lipoproteide → Glycoproteide
→ Nucleoproteide → Metallproteide

Nur aus Aminosäuren aufgebaute E. werden als Proteine bezeichnet, zusammengesetzte E., bei denen am Aufbau auch andere Stoffe, wie Kohlenhydrate, Lipide, *Nucleinsäuren, Farbstoffe, Metallionen* u. a., beteiligt sind, nennt man Proteide, wobei diese Unterscheidung teilw. nicht mehr so streng erfolgen kann, weil sich herausgestellt hat, daß auch einfache E. andere Bausteine, z. B. Kohlenhydrate *(Albumine, Globuline)* oder Phosphor *(Eialbumin),* enthalten. Nach ihrer Gestalt unterteilt man in *globuläre E.* (*Sphäroproteine*), kristalline, wasserlösliche Moleküle mit geballten Polypeptidketten und *fibrilläre E.* (*Linearproteine*), fadenförmige, meist unlösliche Moleküle mit parallel gebündelten Polypeptidketten.

Die Biosynthese der E. erfolgt in den Ribosomen des Zytoplasmas, direkt aus Aminosäuren. Alle E. im Organismus erneuern sich ständig. An dieser Biosynthese ist die ATP (→ Nucleotide) maßgeblich beteiligt. Das Wachstumshormon übt auf den Eiweißstoffwechsel eine anabole Wirkung aus, wobei der Eiweißgehalt des Körpers zunimmt und die Stickstoffausscheidung zurückgeht. Demgegenüber wirken die Nebennierenrinden-Hormone katabol, indem sie den Abbau der E. durch Bildung von Kohlenhydraten (Gluconeogenese) fördern.

Innerhalb von nur 80 Tagen wird das gesamte menschliche Körpereiweiß ausgetauscht, das Lebereiweiß in 10 Tagen, das der Leucocyten in 3 bis 8 Tagen. Das Nahrungseiweiß wird bei der Verdauung enzymatisch in seine Bausteine, die Aminosäuren, zerlegt, die von der Darmwand resorbiert und mit dem Blut weitertransportiert werden. Beim Aufbau der artspezifischen E. in den Zellen werden die benötigten Aminosäuren in der richtigen Reihenfolge verknüpft.

Der ständige Verbrauch des Organismus an E. muß durch Aufnahme neuer E. mit der Nahrung ergänzt werden. Man unterscheidet zw. physiologischem und praktischem Eiweißbedarf. Ersterer ist die Menge an E., die zur Aufrechterhaltung des Stickstoffgleichgewichtes im Organismus notwendig ist. Er hängt im wesentlichen ab von Alter, Geschlecht und bes. physiologischen Leistungen, wie Schwangerschaft und Stillen, sowie von der biologischen Wertigkeit des Nahrungseiweißes. Der praktische Eiweißbedarf liegt höher und stellt eine Anpassung an Ernährungsgewohnheiten, Ernährungstraditionen und anderen sozialen Faktoren dar, wie sie für größere Bevölkerungs- bzw. Verbrauchergruppen zutreffen (→ Tagesbedarfsrichtwerte s. Tab. Anhang). Die verschiedenen E. weisen einen unterschiedlichen Gehalt an essentiellen Aminosäuren auf; sie haben daher eine unterschiedliche *biologische Wertigkeit* (s. Tab. oben).

Da diese gleichzeitig auch vom Masseverhältnis der essentiellen zu den nichtessentiellen Aminosäuren abhängt, läßt sich eine optimale Eiweißergänzung exakt nur mit Hilfe einer Stickstoffbilanz-Untersuchung am Menschen, weniger genau rechnerisch oder chemisch-analytisch ermitteln. Die biologische Wertigkeit ist die Körpereiweißmenge in g, die durch 100 g des betreffenden Nahrungseiweißes ersetzt werden kann. I. allg. weisen tierische Eiweißstoffe eine höhere biologische Wertigkeit als pflanzliche auf (s. Tab. unten). Das bedeutet nicht, daß pflanzliches Eiweiß minderwertig ist, sondern nur, daß man mehr pflanzliches Eiweiß braucht, um die jeweils gleiche Menge Körpereiweiß aufzubauen. Es kann nur soviel körpereigenes Eiweiß aufgebaut werden, als der in kleinster Menge vorliegenden essentiellen Aminosäure entspricht, sofern ausreichend nichtessentielle Aminosäuren vorhanden sind. Durch geschickte Kombination kann die biologische Wertigkeit einer Speise oder Mahlzeit erhöht werden. Lebensmittelkombinationen mit einem günstigen Eiweißergänzungswert:

Mehl, Brot mit Fleisch, Fisch oder Milch
Kartoffeln mit Milch, Quark, Käse
Leguminosen mit Ei, Weizen, Roggen

Biologische Wertigkeit der E. verschiedener Lebensmittel

Lebensmittel	Biologische Wertigkeit des Eiweißes (Etwa-Werte)	
	für den erwachsenen Menschen	für die junge Ratte
Vollei	91	97
Kuhmilch	74	90
Rindfleisch	67	76
Casein	72	69
Weizenmehl	41	52
Linsen	–	41
Erbsen	–	32

Gehalt versch. Nahrungsproteine an essentiellen Aminosäuren (*Relativwerte, jeweils bezogen auf Tryptophan* = 1,00). *Die limitierenden Aminosäuren sind fett gedruckt.*

Aminosäure	Ei	Kuhmilch	Kartoffel	Soja	Weizenmehl	Reis	Tagesbedarf eines Erwachsenen in mg/kg Körpermasse
Isoleucin	4,0	4,6	3,9	3,6	3,4	5,0	10···11
Leucin	5,3	7,1	4,3	5,1	6,5	8,2	11···14
Lysin	3,7	4,9	3,6	4,4	**2,0**	**3,6**	9···12
Methionin + Cystin	3,2	**2,6**	**1,9**	**2,1**	3,8	3,4	11···14
Methionin	1,9	1,9	1,2	0,9	1,4	2,2	
Phenylalanin + Tyrosin	6,1	7,2	5,8	5,5	6,7	8,9	13···14
Phenylalanin	3,5	3,5	3,1	3,3	4,6	4,7	
Threonin	2,9	3,3	2,9	2,7	**2,5**	**3,7**	6···7
Tryptophan	1,0	1,0	1,0	1,0	1,0	1,0	3
Valin	4,3	5,6	3,6	3,3	3,8	6,4	11···14
Tryptophan im Rohprotein in %	1,65	1,4	1,4	1,45	1,07	1,04	

Die höchste bisher festgestellte biologische Wertigkeit hat die aus einem Hühnerei und 500 g Kartoffeln bestehende Eiweißmischung (37 % Ei-Stickstoff:63 % Kartoffel-Stickstoff).
Die biologische Wertigkeit kann durch extrem starke Erhitzung und durch die Maillardreaktion (→ Maillardprodukte) erheblich vermindert werden. Mäßige Erhitzung erhöht i. allg. die Verwertbarkeit der E. durch den Organismus, weil infolge Denaturierung (Entknäuelung der Peptidketten) die Angriffsmöglichkeiten der Verdauungsenzyme verbessert wird. Eine Speicherung von Körpereiweiß ist nur indirekt in beschränktem Umfang durch den Aufbau von Muskelgewebe bei Muskeltraining möglich.
Viele E. flocken aus bzw. gerinnen bei Temperaturen oberhalb 60°C (*Hitzedenaturierung*). Für die Lebensmittelverarbeitung haben diese Eigenschaften der E. bes. Bedeutung; beispielsweise werden Eierspeisen beim Garen und Gebäck beim Backen durch die Hitzedenaturierung Formbeständigkeit verliehen. Andererseits gerinnt Milch beim Erhitzen nur im angesäuerten Zustand. Beim Blanchieren von Gemüse vor dem Gefrieren werden die Enzyme hitzeinaktiviert, um frühzeitige Veränderungen von Farbe und Geschmack sowie einen Vitamin-C-Abbau zu verhindern; Gelatine quillt, und Sauermilchprodukte bilden Gele. E. reagieren beim Braten, Backen und Rösten mit verschiedenen Zuckern zu braunen Farb-, Geruchs- und Geschmacksstoffen. Durch verschiedene chemische, enzymatische oder physikalische Verfahren können die E. in ihren Eigenschaften modifiziert werden, und damit eröffnen sich neuartige Anwendungsmöglichkeiten in der Lebensmittelverarbeitung (→ Eigenschaften, funktionelle). Solche Verfahren sind z. B. Blockierung von Aminogruppen, Desaminierung, Acylierung, Reduktion, Vernetzung mit Dialdehydstärke oder reduzierenden Zuckern, Denaturierung, elektrostatische Wechselwirkung mit Komplexbildnern (Polyanionen), wie Polyphosphat, Carageenan, Alginat. Dadurch können u. a. Löslichkeits- und Fällbarkeitsverhältnisse, Gelbildung, Viskosität, Thermostabilität, Emulgiervermögen und -stabilität, Fettabsorptionsvermögen, Vernetzungsfähigkeit und Faserbildung durch Erspinnen sowie Schaumbildungsvermögen in gewünschter Weise beeinflußt werden. Praktische Bedeutung haben diese Verfahren bereits bei der Herstellung strukturierter Fleischsubstitute und -analoga, Kaffeeweißer, Einsatz von Polyphosphaten in der Fleischverarbeitung, → Eiweißisolaten, Eiweißhydrolysaten (leichtverdauliche Sportlernahrung, → diätetische Lebensmittel, → Hefeextrakt) erlangt (Vgl. Tab. Einsatzmöglichkeiten in ihrer Funktion modifizierter Eiweißstoffe).

Einsatzmöglichkeiten in ihrer Funktion modifizierter Eiweißstoffe

Funktion	Anwendung
Emulgator	Suppen, Soßen, Fleisch-, Wurstwaren
Stabilisatoren	Desserts, Suppen, Fleischwaren
Fettbindung	Fleisch-, Wurstwaren
Wasserbindung	Fleisch-, Wurst-, Back-, Süßwaren
Viskosität	Suppen, Gewürze
Gelbildung	Wurstwaren, Puddings
Texturierte Produkte	Fleischprodukte
Teigstruktur	Backwaren
Schäumung	Aufschlagprodukte, Desserts, Süßwaren

Bevorzugte Rohstoffe dafür sind die E. von Milch, Molke, Blattplasma (→ Blattproteine), Schlachtabfälle, Sonnenblumen-, Baumwoll- und Rapssamen, Sojabohnen, Ackerbohnen, Erbsen, Erdnußkerne, Getreide, Luzerne und → Einzellerproteine. → Peptone

Eiweißbrot → Luftbrot

Eiweiß, emulgierendes: Vorwiegend aus Pflanzen isolierte, in seinen molekularen Parametern modifizierte Eiweißstoffe, die als → *Emulgatoren* verwendbar sind. → Eiweiß → Eiweißstoffe

Eiweißglasur → Eiklarglasur

Eiweißhefe → Nährhefe

Eiweißisolat: aus eiweißhaltigen Rohstoffen gewonnenes Produkt mit einem hohen Proteingehalt von 85···98 %. Der Begriff E. bezieht sich vorzugsweise auf pflanzliche Rohstoffe, bes. Samen aus Leguminosen und Ölfrüchten, deren Proteingehalt zw. 20 % und 40 % liegt, aber auch auf tierische Produkte wie Molken- bzw. Bluteiweiß. Daraus lassen sich je nach Verarbeitung Konzentrate (60···70 % Protein) bzw. Isolate (85···98 % Protein) gewinnen. Der Herstellungsprozeß erfolgt je nach Ausgangsprodukt durch Extraktion der gebrochenen, gequetschten und gemahlenen Samenmehle mit Lösungen von Salzen (5···10 % Kochsalz oder Puffersalze bei vorgegebenem *pH*-Wert) bzw. organischen Lösungsmitteln (Ethanol, Hexan-Ethanol-Gemische, vorzugsweise bei Ölsaaten). Der meist mehrstufige Prozeß ist von weiteren wichtigen Verfahrensstufen begleitet mit dem Ziel: 1. Zerstörung bzw. Abtrennung antinutritiver (→ Enzyminhibitoren) bzw. toxische Verbindungen (Tab.);
2. Beseitigung unerwünschter Geruchs- und Geschmacksstoffe (→ Off Flavour);
3. Erhöhung des ernährungsphysiologischen Wertes;
4. Erweiterung der Anwendungsfähigkeit in Lebensmitteln (→ funktionelle Eigenschaften). E. zeichnet sich vielfach durch eine günstige Zusammensetzung an essentiellen Aminosäuren aus. Durch enzymatische oder chemische Modifizierung lassen sich ihre funktionellen Eigenschaften wesentlich verbessern. E. wird zur Supplementierung von Fleisch- und Wurstwaren und zunehmend zur Herstellung neuer Lebensmittel (z. B. Sojamilch, Kindernahrung) eingesetzt.

Eiweißkleiebrot: ein in der ehem. Sowjetunion verbreitetes → Diätbrot, das als → kohlenhydratreduziertes Brot für Diabetiker bestimmt ist. Es darf höchst. 61 % Feuchtigkeit, höchst. eine Gesamtmenge an Kohlenhydraten von 20 % und einen Säuregehalt von höchst. 6,0 aufweisen. E. wird aus 80 % Naßkleber, 20 % Weizenkleie unter Zusatz von Salz, Fett und Saccharin hergestellt und kommt als Kastenbrot zu 100 g und 200 g in den Handel. → Luftbrot → Diabetikerbackware → diät-

Abzutrennende Inhaltsstoffe und Anwendung von pflanzlichen Eiweißisolaten

Pflanzlicher Rohstoff	erwünschte Komponenten	Unerwünschte Begleitstoffe	Anwendungsform
Soja	Protein Öl	→ Trypsininhibitor → Phytinsäure → Raffinose, Stachyose	Sojamilch, Kindernahrung bei Kuhmilchallergie, Fleischähnliche Erzeugnisse (→ SCP), Snack Food
Baumwollsaat	Protein Öl	→ Gossypol Phytinsäure	Proteinangereicherte Kindernahrung in Mittel- und Südamerika, Snack Food
Raps	Protein Öl	→ Thioglycoside Isothiocyanat → Erucasäure Myrosinase	Fleischsubstitut
Sonnenblumen	Öl Protein	→ Chlorogensäure	Fleischteilsubstitut, proteinreiche Getränke, Desserts
Ackerbohne	Protein	Trypsininhibitor	Proteinanreicherung herkömmlicher Lebensmittel

etisches Lebensmittel → Diätbrot → Lebensmittel mit reduziertem Energiewert

Eiweißkonzentrat → Eiweißisolat

Eiweiß, mikropartikuliertes, *Proteine, mikropartikulierte:* fein verteilte Eiweißstoffe von Milch und Eiklar in einheitlicher Kugelform mit einem Durchm. zw. 0,77 und 0,97 µm. Der Eiweißmischung werden Wasser, Zucker, Lecithin und Pectine zugemischt. Durch kontrollierte Schritte der Hydratation, Ultrafiltration, pH-Wert-Einstellung zw. 6 und 7, Entlüftung, Erwärmung auf maximal 88 °C, Mischen, Abkühlen auf ca. 1,7···4,4 °C entsteht eine dickflüssige Creme. Das in den USA unter der Bez. *„Simplesse*[R] *"* gehandelte Produkt eignet sich für den Fettaustausch in Lebensmitteln wie gefrorene Dessertspeisen, Soßen, Salatdressings, Mayonnaise, Brotaufstrich, Speiseeis, Butter, Schokoladencreme, Käse mit weitgehend reduziertem Fett-, vermindertem Energie- und geringerem Cholesterolgehalt.

Eiweißschaummasse → Baisermasse

Eiweißzucker → Glycoproteide

Ekelle → Zimt

Ekku → Ojokbaum

Ekok → Ojokbaum

Ektotoxine → Exotoxine

Elaeágnus multiflóra → Ölweide

Elaēis guineénsis → Palmkohl → Palmöl → Ölpalme

Elaēis melanocócca → Palmöl

Elaidinsäure, *trans-Octadecen-9-säure:* eine trans-Monoenfettsäure der Formel CH_3-$(CH_2)_7$-CH=CH-$(CH_2)_7$-COOH.

E. ist die trans-Isomere der → *Ölsäure.* Da E. die thermodynamisch stabilere Modifikation ist, kann man E. durch Einwirkung verschiedener Reagenzien (Selen, Schwefel, Stickoxide) auf Ölsäure erhalten. E. kommt in nicht vollständig hydrierten Ölen vor. Sie entsteht im Pansen der Wiederkäuer durch hydrierende Enzyme der Pansenorganismen und wird deshalb im Milch- und Depotfett gefunden. Außerdem wurde sie in frisch ausgeschmolzenem Rindertalg, im Oleostearin und im Olein nachgewiesen. E. schmilzt bei 44,5°C.

Elaeocárpus floribúndus → Olive, Wilde

Elaeococcaöl → Tungöl

Elaeostearinsäure, *Octadeca-9,11,13-triensäure:* eine Konjuenfettsäure der Formel CH_3-$(CH_2)_3$-CH=CH-CH=CH-CH=CH-$(CH_2)_7$-COOH.

E. existiert als α-Isomere (cis-Form), F. 48···49°C, und als thermodynamisch stabilere β-Isomere (trans-Form), F. 71···72°C; α-E. ist die wichtigste Fettsäure des *chinesischen Holzöles,* kommt aber auch im eßbaren Samen der *Telfaíria occidentális* Hook f. und in *Ricinodéndron vitinoídes* Mildbr. vor. α-E. kann durch Licht, geringe Mengen Iod oder Schwefel in β-E. übergehen. E. ist außerordentlich empfindlich gegenüber Sauerstoff und bildet an der Luft harzige, unlösliche Massen. Es wird in der Lackindustrie genutzt. Stereoisomer zu E. ist die *Punicinsäure,* die im Granatapfel vorkommt, F. 43,5···44°C.

Elain → Ölsäure

Elainsäure → Ölsäure

Elastase: der Gruppe der *Proteinasen* bzw. Endopeptidasen zugehöriges → Enzym (EC 3.4.21.36), das *Elastin,* ein im Fleisch zusammen mit Bindegewebe vorkommender Bestandteil, spaltet. Die E. zählt zu den Enzymen des Pankreas, wird aber auch zusammen mit anderen Proteinasen von Mikroorganismen gebildet. Die Pancreatopeptidase spaltet die Enzyme hydrolytisch, wirkt optimal im schwach alkalischen Bereich, hydrolisiert noch weitere Proteine (Albumin, Hämoglobin u. a.) und hat eine rel. Molmasse von 25 000 g/mol. Der E. wird Mitbeteiligung bei der Fleischhydrolyse zugeschrieben, sie wird auch technologisch genutzt bei der Zartmachung von Fleisch (→ Zartmacher).

Elastin: Skleroprotein, Hauptbestandteil der elastischen Fasern des Bindegewebes. Es besteht hauptsächlich aus Glycin (27 %), Alanin (23 %), Valin (17 %), Prolin (12 %), Leucin und Isoleucin (12 %). Durch Hydrolyse mit kochender verdünnter Oxalsäure entsteht α-Elastin, welches sich bei 37°C wieder zu geordneten Fasern zurückbildet. → Elastase → Eiweiß → Skleroproteine

Elastizität: Teilmerkmal der → Konsistenz, rheologische Eigenschaft von Stoffen bzw. Lebensmitteln, die ihre durch Einwirkung äußerer Kräfte verlorene ursprüngliche Gestalt nach Aufheben der Krafteinwirkung (Entspannung) wieder annehmen. Einen Überblick über das elastische Verhalten eines Körpers gibt die *Spannungs-Deformations-Kurve.* Dazu wird die bei steigender Belastung resultierende Deformation γ gegen die Spannung τ aufgetragen. Im linear-elastischen Bereich, wo Spannung τ und Deformation γ sich proportional miteinander ändern (*Hook*sches Gesetz), ist der Quotient τ/γ eine belastungsunabhängige Maßzahl für die Festigkeit des Materials. Sie wird im Kompressionsversuch als *Youngscher* oder *elastischer Modul oder Elastizitätsmodul (E)* und im Scherversuch als *Scher-* oder *Schubmodul* (G) bezeichnet. Bei Deformationen ohne Volumenänderungen gilt $E = 3$ G. *E.* beträgt z. B. für Kautschuk etwa 0,02···0,08 kPa. Sämtliche Festkörper sind nur bis zu einer bestimmten Belastung, der Elastizitätsgrenze, elastisch; das ist die Grenze, bei der die elastische Verformung in die plastische übergeht. → Plastizität → rheologische Eigenschaften

Elatericin → Cucurbitacine

α-Elaterin → Cucurbitacine

Elbbutt, *Flunder* → Plattfische

Elbo: dänischer *Schnittkäse,* der in den Fettstufen 45 % F. i. Tr., 40 % F. i. Tr., 30 % F. i. Tr. und 20 % F. i. Tr. im Handel ist. → Käsesorten

Elchmilch: Milch von Elchen. E. enthält gegenüber Kuhmilch die doppelte Menge an Fett und eine mehrfache Menge an Eiweiß. Sie läßt sich verbuttern, ohne zentrifugiert zu werden. Elche werden in der ehem. Sowjetunion in Herden gehalten. → Milch

Elchwild, *Alces alces* → Wild

Eldrin → Flavonoide

Elefantenapfel: 1. *Indischer Holzapfel:* Frucht des in Indien, Sri Lanka und Djawa verbreiteten Baumes *Ferónia limónia* (L.) Swingle (Familie *Rutáceae*). Sie ist kugelig, 5···6 cm dick und enthält, umschlossen von einer harten Rinde, ein saures, eßbares Fruchtmus mit zahlreichen Samen, das zur Herstellung von Marmelade und Gelee verwendet wird.
2. → Olive, Wilde → Chaltha

Elefantenbaum → Leberwurstbaum

Elefantenlaus → Kaschunuß

Elefantenlaus, Ostindische: eiförmige, flachgedrückte Frucht des 10 m hohen Baumes *Semecárpus anacárdium* L. f. (Familie *Anacardiáceae*), deren Schale einen schwarzen, scharfen Saft enthält, der u. a. zum Beschriften von Textilien verwendet wird. Die reifen herzförmigen Samen (*Makirnüsse*) werden geröstet gegessen.

Elefantenmandel, *Malabarmandel:* Samen des in den Tropen beider Hemisphären vorkommenden Baumes *Sterculia fo͞etida* L. (Familie *Sterculiáceae*), die Speiseöl liefern.

Elefanten-Yams: die Pflanze *Amorphophállus campanulátus* (Roxb.) Blume (Familie *Aráceae*), die in Südostasien wild wächst, gelegentlich in Hausgärten kultiviert und nur in Indien in geringem Umfang für Handelszwecke angebaut wird. Die große halbkugelige Knolle (20···25 cm Durchm.) speichert Kohlenhydrate in Form von Mannose. In Indochina und Südchina wird *A. riviéri* Durieu, in Japan *A. riviéri var. konjác* Engler (*Konjak*) genutzt. Die letztgenannte Form, die in Japan züchterisch bearbeitet wird, brachte dort 1979 einen Ertrag von 100 000 t. Aus dem Mehl wird *Konnyaku,* eine eingedickte gelatinöse Masse hergestellt, die für die Bereitung von Gerichten verwendet wird (z. B. *Tofu* und *Miso* mit *Sojasoße).* Angeblich wird es in Japan zweimal in der Woche gegessen. 100 g Konnyaku enthalten im eßbaren Anteil 3 g Kohlenhydrate, der Energiewert beträgt 50···54 kJ. *Shiritaki* ist ein nudelartiges Produkt aus Konjak-Mehl. Das Mehl wird ähnlich Stärke auch industriell verwertet (Papier- und Textilienherstellung). Aus *A. oncophýllus* Prain und *A. variábilis* Blume wird in Indonesien *Iles-Iles-Mehl* gewonnen.

Elektrolytgetränk → Getränk, isotonisches

Eleócharis dúlcis → Sumpfsimse, süße

Elettária cardamómum → Kardamom

Eleusine → Fingerhirse

Eleusinenstärke → Getreidestärke

Eleutherocóccus senticósus → Ginseng

Eleutheroside → Ginseng

Elisenlebkuchen → Lebkuchen

Ellagsäure: in pflanzlichen Gallen (Ellag = Galle rückwärts gelesen) vorkommendes kondensiertes Phenol folgender Struktur:

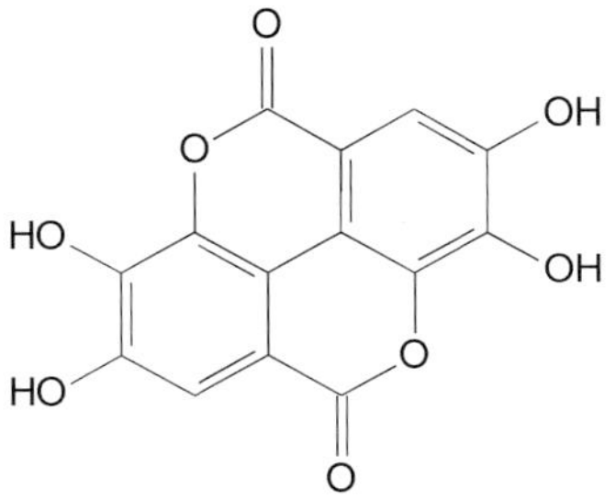

F. 450···480°C (Zers.), d 0,1667, sehr wenig löslich in Wasser, Ether, wenig löslich in Aceton, Ethanol. E. ist Bestandteil vieler Gerbstoffe und kommt bes. in Nüssen und Beeren vor. E. soll die Tumorauslösung hemmen, indem sie kovalente Bindungen mit aktivierten Kanzerogenen eingeht, wodurch eine Bildung von DNA-Addukten, d. h. eine Veränderung der Erbsubstanz verhindert wird.

Ellerlinge → *Hygrophoráceae*

Elletária májor → Ceylonkardamom

Ellhornblütentee → Holunder, Schwarzer

'Elma': Pfirsich. → Steinobst

Eloxanthin → Farbstoffe

Elsbeere, *Adelsbeere, Adlasbeere, Frauenbeeri, Ortlesbeer, Sauerbirla, Grimmbirn, Ruhrbirn:* die länglich, eiförmige, 8···15 cm große, rötlichgelbe, bei Vollreife braune, mit hellen Punkten versehene, apfelartige, sehr harte Frucht des bis 25 m hohen *Elsbeerbaumes* oder *Wilden Sperbers, Sórbus torminális* (L.) Crantz, (Familie *Rosáceae*). Nur in Vorgebirgslagen bleibt die Pflanze strauchartig klein. Die Früchte erscheinen in Doldentrauben zu je 5 bis 10 am Fruchtstand haftend. Erst nach Frosteintritt sind die im Okt. reifenden, süß-säuerlich, aber mehlig schmeckenden Früchte genießbar und werden wie Edeleberesche verwertet.

Eluatfaktor (veraltet) → Folsäure

Elvélla infláta → Rhízina

Elýmus arenárius → Sammelgetreide → Sandhafer

Embelin → Farbstoffe

Embeme: die im tropischen Afrika, von Senegal bis Tansania, meist wildwachsende, in Zaire und Angola lokal auch kultivierte → Yamswurzelart *Dioscórea minutiflóra* Engl. (Familie *Dioscoreáceae*), die meist von Ende Juni bis Ende Juli geerntet oder gesammelt wird und folgende Zusammensetzung in je 100 g aufweist: 74 g Feuchtigkeit, 2,2 g Eiweiß, 1,1 g Fett, 19,5 g Kohlenhydrate, 2,4 g Rohfaser, 0,6 g Mineralstoffe, 65 mg Calcium, 8 mg Phosphor und 39 mg Eisen. → Yamswurzel

Emblic → Amblabaum

Embryo → Keim

Emmelíchtys ssp. → Purpurfisch

Emmentaler, *Schweizer Käse:* nach dem bernischen Emmental (Schweiz) benannter gepreßter, vollfetter *Hartkäse* (→ 45 % F. i. Tr.) aus roher Kuhmilch mit einer mittleren Reifungsdauer von vier Monaten, der in runder Laibform mit einer Masse von 60···130 kg gehandelt wird. Die Rinde ist trokken und fest und von dunkelgelber Farbe, der Teig ist elfenbeinfarbig bis leicht gelb, schnittfähig und mit runden, mattglänzenden Löchern reichlich und regelmäßig durchsetzt, die Kirsch- bis Walnußgröße erreichen. Geruch und Geschmack sind angenehm mild und aromatisch. Je älter E. wird, desto mehr wird sein Geschmack nußkernartig. Typisches Reifungsprodukt des E. ist Propionsäure. Charakteristische Aromastoffe sind Pyrazine, die sich aus 2 Molekülen Acetoin, dem Abbauprodukt von Lactose und Citronensäure, sowie 2 Molekülen Ammoniak, einem Fermentationsprodukt der Proteine, Peptide und Aminosäuren, bilden. → Hartkäse

Emmer → Weizen → Wildemmer

Emmer, Wilder → Wildemmer

Emodin, *1,3,8-Trihydroxy-6-methylantrachinon:* ein in höheren Pflanzen und Pilzen vorkommender Anthrachinonfarbstoff. $C_{15}H_{10}O_5$, Molmasse 270,23 g/mol, orange Nadeln, F. 256–257°C. Ist in Ethanol, Chloroform, Benzen, Ether, Essigsäure löslich, in Wasser unlöslich. In glycosidischer Form, z. B. in Rhabarber, Sauerampfer und Aloe, besitzt E. stark abführende Wirkung. → Farbstoffe

Emodirhabarber → Rhabarber

Empetrin → Anthocyane

Emu, *Dromáceus novae hollándiae:* ein in Australien beheimateter zu den Straußen gehöriger Großvogel mit stark reduzierten Flügeln und kräftigen dreizehigen Beinen. Wegen seines wohlschmeckenden Fleisches werden neuerdings in England und Frankreich Zuchtbetriebe für Strauße und E. eingerichtet. Die Masttiere werden 9 Monate gehalten. Das Fleisch ist fett- und cholesterolarm.

Emulgatoren: grenzflächenaktive Substanzen, welche die Fähigkeit haben, die Grenzflächenspannungen zw. zwei miteinder nicht mischbaren Flüssigkeiten (Öl und Wasser) herabzusetzen und somit die Bildung stabiler Emulsionen zw. beiden zu ermöglichen. Diese Fähigkeit der E. beruht auf ihrer charakteristischen molekularen Bauweise: Die Moleküle von E. haben – vereinfacht ausgedrückt – die Gestalt von länglichen Stäbchen, deren eines Ende eine (oder mehrere) elektrisch polare Gruppen trägt, während das andere Ende sowie das dazwischen liegende Distanzstück elektrisch unpolar sind. Der polare Molekülteil ist *hydrophil* („wasserfreundlich") und löst sich gut in Wasser, aber der unpolare Molekülteil ist *hydrophob* („wasserabweisend") bzw. *lipophil* („ölfreundlich") und löst sich gut in Ölen, Fetten und Fettlösungsmitteln (Benzin, Benzen, Chloroform, Tetrachlorkohlenstoff usw.).

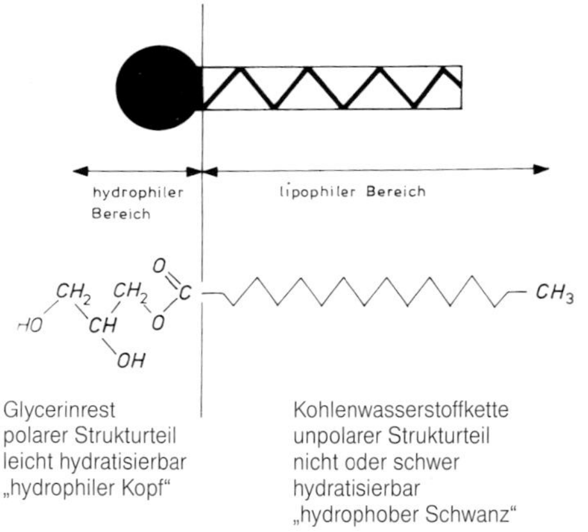

Schematische Darstellung des Emulgatoraufbaues

Wenn nur eine der beiden Flüssigkeitsarten vorhanden ist, tauchen E. mit ihrem darin löslichen Molekülteil darin ein, während der darin unlösliche Molekülteil aus der Flüssigkeitsoberfläche herausragt. Sind beide Arten gleichzeitig vorhanden, dann taucht jeder Molekülteil in die ihm zusagende Flüssigkeit ein. Auf diese Weise bilden die E. „Brücken" oder „Klammern" zwischen den beiden sich gegenseitig voneinder abgrenzenden Flüssigkeiten und ermöglichen es so, daß nach kräftigem Schütteln eine Entmischung nicht mehr eintritt.

Bei einer Emulsion unterscheidet man eine äußere und eine innere Phase. Demzufolge gibt es bei *Wasser-Öl-Emulsion* (die äußere Phase ist Wasser, z. B. Milch, Haut-Lotion) und einen Wasser-in-Öl-Typ (die äußere Phase ist Öl bzw. Fett,

z. B. Butter, Margarine, Haut-Creme). Je nachdem, ob der polare oder der unpolare Molekülteil eines Emulgators dominierend ist, bildet der Emulgator Öl-in-Wasser(Ö/W)-Emulsionen oder Wasser-in-Öl(W/Ö)-Emulsionen. Ein hydrophiler (mit starken polaren Gruppen versehener) Emulgator löst sich primär in Wasser und macht dieses zur äußeren Phase; ein hydrophober (nur mit schwachen polaren Gruppen ausgestatteter) Emulgator löst sich primär in Öl (Fett) und macht dieses zur äußeren Phase. Zur Charakterisierung ihrer Emulgiereigenschaften wurde für E. die HLB-(*hydrophile-lipophile-balance-*)Skala eingeführt (s. Tab. unten). Das ist eine konventionelle Skala, die von 0 bis 20 reicht. Ein HLB-Wert von „0" besagt, daß die betreffende Substanz völlig lipophil ist ein HLB-Wert von „20" ist kennzeichnend für eine völlig hydrophile Substanz. Beide haben keine Emulgator-Eigenschaften. Bei einem Stoff mit dem HLB-Wert „10" halten sich lipophile und hydrophile Eigenschaften genau die Waage. Die meisten E. haben kleinere HLB-Werte (W/Ö-E.) oder größere (Ö/W-E.). Die polaren (hydrophilen) Gruppen von E. können elektrisch negativ geladen (Anionen), elektrisch positiv geladen (Kationen) oder nach außen elektrisch neutral (Dipole) sein (s. Abb. Seite 392 oben). Im letzten Fall ist die Hydrophilität relativ schwach und muß durch eine entsprechend große Anzahl von Dipolen realisiert werden. Dementsprechend unterscheidet man drei Kategorien von E.: anionaktive (solche mit $-SO_3^-$, $-COO^-$-, $-O-PO_3^{2-}$- u. ä. Gruppen), kationaktive (solche mit $-NR_3^+$, $=NR_2^+$- u. ä. Gruppen) und nichtionogene E. (solche mit -OH-, -O- u. ä. Gruppen – E. mit $-NH_2$-Gruppen sind bereits zu den kationaktiven zu rechnen, weil sie $-NH_3^+$-Gruppen bilden, s. Abb. Seite 292 unten).

Die wirksamsten E. sind die anion- und die kationaktiven. Zu ihnen gehören die modernen Waschmittel (*Tenside, Detergentien,* WAS - waschaktive Stoffe). Chemisch sind es organische Sulfate, Sulfonate, quaternäre Ammoniumverbindungen. Diese spielen als Desinfektions- und Reinigungsmittel auch in der Lebensmittelindustrie eine große Rolle, aber nur als → *Tenside.* Sie werden nicht als Emulgatoren für Lebensmittel verwendet, d. h. sie dienen nicht als *Lebensmittelzusatzstoffe.* E., die Lebensmitteln zugesetzt werden, sind über-

HLB-Werte nichtionischer Verbindungen — Allgemeine Eigenschaften in Abhängigkeit vom HLB-Wert

Prozentanteil		HLB-Wert	Verhalten in Wasser	Anwendungsbereich	
Hydrophiler Gruppen	Lipophiler Gruppen				
0	100	0	nicht dispergierbar	1–3 Antischaummittel	
10	90	2			
20	80	4	sehr schlechte Dispergierung	3–7 Wasser/Öl-Emulgatoren	
30	70	6			
40	60	8	milchige Dispersion	7–9 Netzmittel	8–18 Öl/Wasser-Emulgatoren
50	50	10	stab. milchige Dispersion		
60	40	12	durchscheinende klare Dispersion		
70	30	14	klare, kolloidale Umsetzung	13–15 Waschmittel	
80	20	16			
90	10	18		15–18 Lösungsvermittler	
100	0	20			

lipophile Endgruppen	hydrophile Zwischengruppen	hydrophile Endgruppen	Klasse
Alkyl-Rest	—OH— Hydroxyl-Gruppe —COO—, —OOC— Ester-Gruppe $-SO_2NH-$ Sulfamid-Gruppe	$-COO^{\ominus}$ Carboxylat $-SO_3^{\ominus}$ Sulfonat $-OSO_3^{\ominus}$ Sulfat $-OPO_3^{\ominus}$ Phosphat Polyphosphat Lactat Citrat Tartrat	Anionische Emulgatoren
Alkyl-Rest ungesättigt	—CONH—, —HNOC— Amid-Gruppe $-(-CONH-)_n-$ Polyamid-Gruppe	$-\overset{\oplus}{N}H_3$ Aminsalz $-\overset{\oplus}{N}-$ Quartäre Ammonium-Verb.	Kationische „Emulgatoren
Alkyl-Rest, verzweigt	$-(-NH-)_n-$ Polyamin-Gruppe —N=, =N— Amin-Gruppe —O— Ether-Gruppe	$COO^{\ominus}$ / $\overset{\oplus}{N}H_3$ Ampholyt $COO^{\ominus}$ / $\overset{\oplus}{N}$ Betain	Amphotere Emulgatoren
Aryl-Rest Alkylaryl-Rest	$-(CH_2CH_2O)_n-$ Polyether-Gruppe Glycerin-Gruppe Sorbit-Gruppe Pentaerythrit-Gruppe Saccharose-Gruppe	—OH Alkohol-Rest $(CH_2CH_2O)_nH$ Polyether-Rest Glycerin-Rest Sorbit-Rest Pentaerythrit-Rest Saccharose-Rest Essigsäure-Rest Milchsäure-Rest	Nichtionische Emulgatoren

Möglichkeiten des Aufbaues von Emulgatoren

1. Anionische Emulgatoren

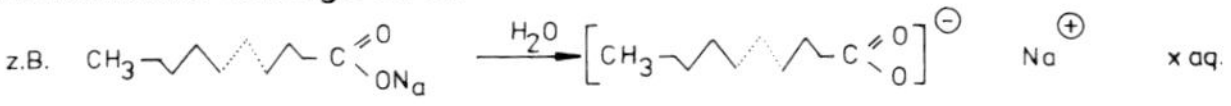

2. Kationische Emulgatoren

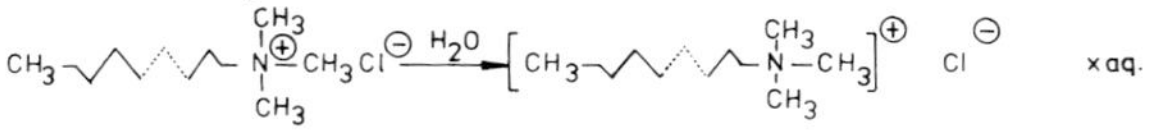

3. Amphotere Emulgatoren

a) Ampholyte

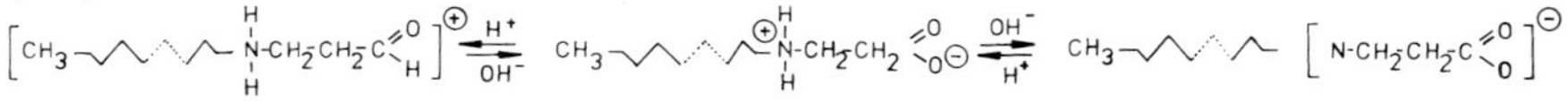

saurer Bereich kationaktiv — *isoelektrische Zone neutral* — *alkalischer Bereich anionaktiv*

b) Betaine

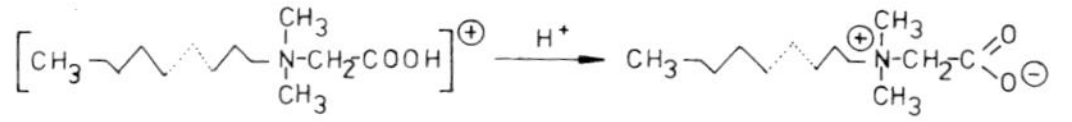

kationaktiv pH < 4 — *isoelektrische Zone* pH 4 - 8

4. Nichtionische Emulgatoren

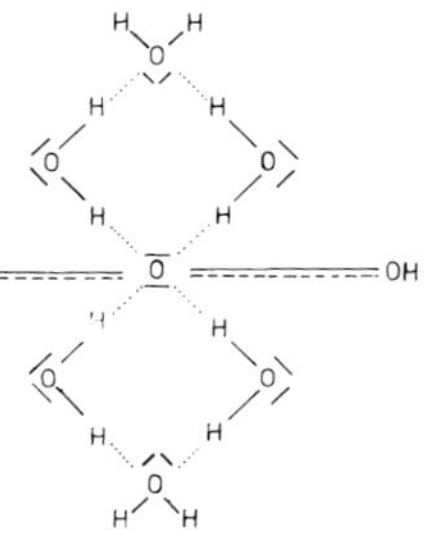

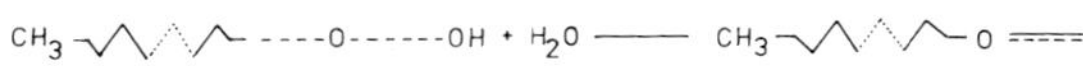

Elektrochemisches Verhalten von Emulgatoren in Wasser

wiegend nichtionogen, einige sind auch anionaktiv, aber das Anion ist dann immer eine dissoziierte Carboxylgruppe. Kationaktive E. gibt es unter den Lebensmittel-E. nicht. Eine Ausnahme bilden kurioserweise die in der Natur weit verbreiteten *Phosphatide* (*Lecithine, Cephaline* usw.), die zugleich auch die einzigen E. natürlicher Herkunft sind, die großtechnisch gewonnen und kommerziell eingesetzt werden. Die Phosphatide sind amphoter: sie haben eine (zum Phosphatanteil gehörende) anionische Gruppierung und eine (im Cholin- oder Colamin- bzw. Ethanolaminanteil lokalisierte) kationische Gruppierung. Synthetische kationaktive E. kommen auf dem Lebensmittelsektor jedoch nicht zum Einsatz. E. werden Lebensmitteln zu verschiedenen Zwecken zugesetzt, nicht nur zum Herstellen von Emulsionen oder Stabilisieren bereits bestehender. Sie finden überall da Anwendung, wo physikalische Strukturveränderungen vermieden werden sollen, z. B. die Fettreifbildung von Schokoladenerzeugnissen, das Altbackenwerden von Brot und Feingebäck. Die wichtigsten Lebensmittel-E. zeigt die Tabelle S. 394–398.
→ Eiweiß, emulgierendes

Emulsin: *Enzymsystem,* das die Hydrolyse des in bitteren Mandeln vorkommenden → *Amygdalins* (→ Enzym) bewirkt, im wesentlichen β-Glucosidase (EC 3.2.1.117).

Emulsion: gleichmäßige, feindisperse Verteilung von Flüssigkeiten, die untereinander nur begrenzt oder nicht löslich sind. Man unterscheidet verdünnte und konzentrierte E., je nach der Konzentration der in Tröpfchen verteilten Flüssigkeit (disperse Phase). Verdünnte E. sind i. allg. stabil, konzentrierte E. sind ohne Zusatz eines → Emulgators nicht beständig. E. haben in der belebten Natur erhebliche Bedeutung. Wichtige Lebensmittel liegen als E. vor, z. B. Milch, Rahm, Butter, Margarine, Mayonnaise. Butter und Margarine sind feste E. von Wasser in Fett; Milch ist eine E. von Fett in Wasser.

Emulsionslikör: Spirituose, in der miteinander nichtlösliche Bestandteile fein verteilt vorliegen, z. B. Schokoladen- oder Eierlikör.

Emulsionsstabilisatoren → Stabilisierungsmittel

Encéphalon → Gehirn

Enchilada → Tortilla

Endiole → Reduktone

Endivie, *Winterendivie:* die von Aug. bis zum Frühjahr erntefähigen (Tab.), im Gegensatz zu

Zusammensetzung und Energiewert von Endivie

Bestandteil	Gehalt in 100 g eßbaren Anteils
Feuchtigkeit	94,3 g
Eiweiß	1,75 g
Fett	0,2 g
Kohlenhydrate	2,05 g
Rohfaser	0,8 g
Mineralstoffe	0,9 g
Natrium	53,0 mg
Kalium	346,0 mg
Calcium	54,0 mg
Mangan	0,22 mg
Eisen	1,4 mg
Phosphor	54,3 mg
Caroten	1,14 mg
Vitamin B_1	0,052 mg
Vitamin B_2	0,12 mg
Niacin	0,41 mg
Vitamin C	9,4 mg
Energiewert in kJ (kcal) je 100 g	70 (17)

Salat leicht bitter schmeckenden Blätter von *Cichórium endívia* L. (Familie *Asteráceae*), die zum Ausbleichen meist 3 Wochen vor der Ernte zusammengebunden werden. Neuerdings gibt es mit der Sorte 'Rijk Zwaan's Stratego' auch selbstbleichende E., so daß ein Zusammenbinden entfällt. Es wird unterschieden zw. der *Schnittendivie* (*var. endívia*), der *breitblättrigen E.* auch *Eskariol* genannt (*var. latifólium* Lam.) mit glatten Blättern und der *krausblättrigen E.* (*var. críspum* Lam.) mit feingeschlitzten, krausen Blättern von länglicher, un-

Angewandte Emulgatoren für Lebensmittel

Bezeichnung	EG-Nr.	Strukturformel	Beschreibung
→ *Lecithine*	E 322	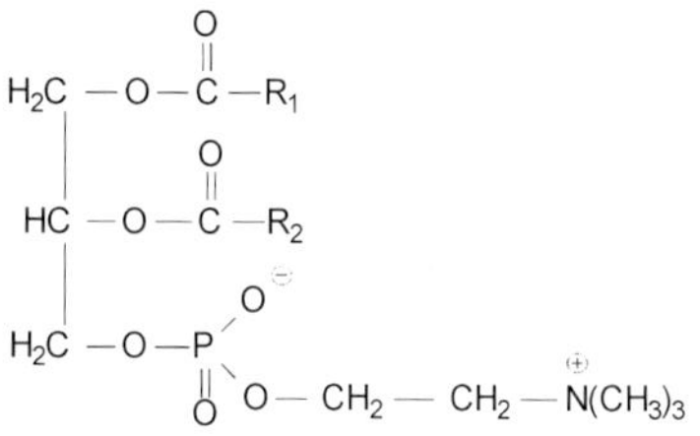	bei der Gewinnung von Pflanzenölen aus ölreichen Samen (insbesondere Sojabohnen) als Nebenprodukt anfallendes pastöses Material, ein amphoterer (sowohl anionische als auch kationische Gruppen enthaltender) E. mit guter Emulgierfähigkeit. Lecithine gehören der Verbindungsklasse der Phosphatide an und sind meist mit anderen Phosphatiden vergesellschaftet; diese enthalten anstelle von Cholin entweder Ethanolamin (Cephaline), Serin (Serin-Cephaline), *Inositol* (Phosphatidylinositol) oder eine andere Alkoholverbindung (Phosphatidylester).

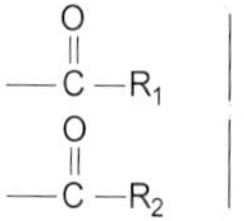

Fettsäurereste

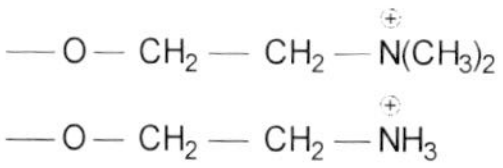

Cholinrest

Ethanolaminrest (Colaminrest)

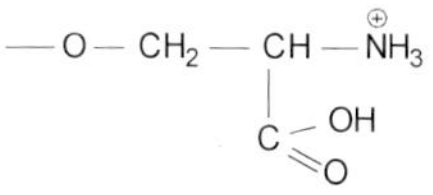

Serinrest

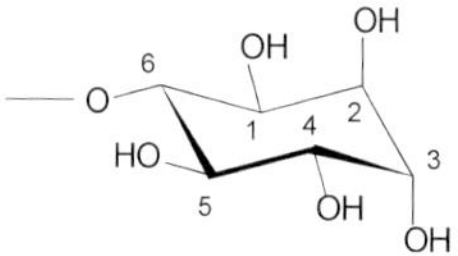

Inositolrest

Bezeichnung	EG-Nr.	Strukturformel	Beschreibung
→ *Mono- und Diglyceride von Speisefettsäuren*	E 471		durch Umesterung von Speisefetten (Triglyceriden) mit Glycerol (Glycerolyse) erhaltenes Gemisch von Monofettsäureestern des Glycerols, wobei hauptsächlich die 1-(oder α-) Monoglyceride vorliegen: weiße, wachsartige Substanzen von lipophilem Charakter (Wasser-in-Öl-Emulgatoren). M. sind oft (herstellungsbedingt) mit Diglyceriden vergesellschaftet, die aber lipophiler sind und nur noch schwache Emulgatoreigenschaften aufweisen. Mono- und Diglyceride sind nichtionogene E.

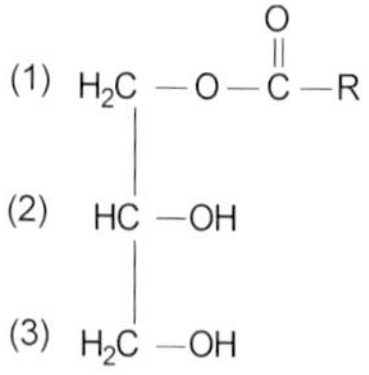

1- oder α-Monoglycerid

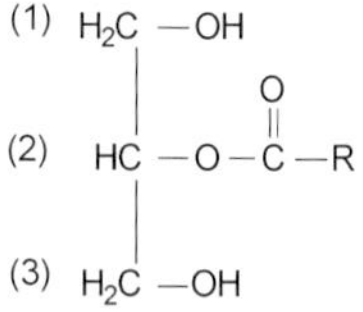

2- oder β-Monoglycerid

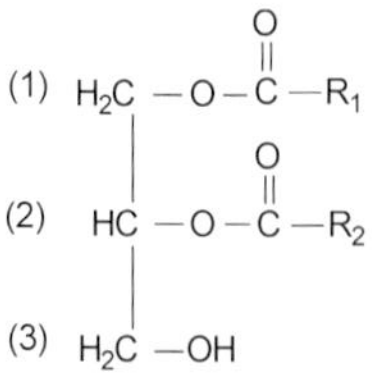

1,2-Diglycerid

Angewandte Emulgatoren für Lebensmittel (Forts.)

Bezeichnung	EG-Nr.	Strukturformel	Beschreibung
Säureveresterte Monoglyceride	E 472	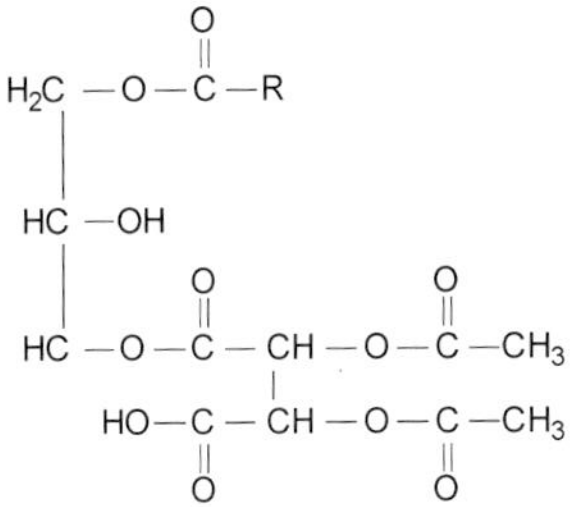 mit Diacetylweinsäure verestertes Monoglycerid	durch Veresterung von einer der beiden freien OH-Gruppen eines Monoglycerids (bzw. der noch freien OH-Gruppe eines Diglycerids) mit einer eßbaren Säure wie Essigsäure, Milchsäure, Citronensäure, Weinsäure, Mono- oder Diacetylweinsäure erhaltene E.; diese sind gewöhnlich hydrophiler als die Ausgangsglyceride und z.T. Öl-in-Wasser-Emulgatoren; wenn freie COOH-Gruppen vorhanden sind, haben sie anionischen Charakter.
→ *Polyglycerolester von Fettsäuren*	E 475	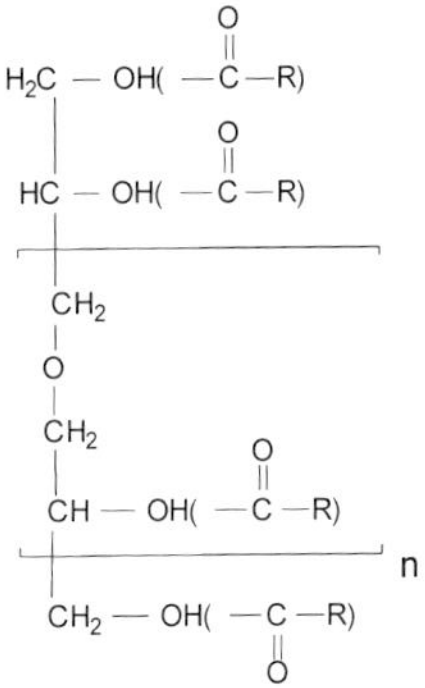	durch Umesterung von Speisefetten (Triglyceriden) mit Polyglycerol erhaltenes Emulgatorengemisch, dessen Eigenschaften von dem Grad des Einbaus von Fettsäuren in die Polyglycerolkette abhängig ist; überwiegend Wasser-in-Öl-Emulgatoren, nicht-ionogen.
Saccharosefettsäureester (→ Zuckerfettsäureester) Monofettsäureester: X = H, H, OC-R Difettsäureester: X = H, OC-R, OC-R Trifettsäureester: alle X = OC—R	E 473	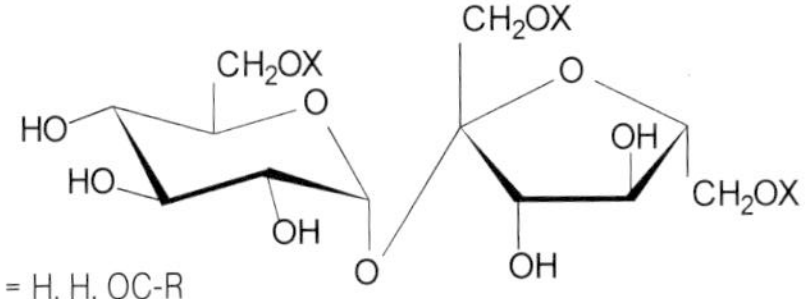 Saccharosefettsäureester (OC-R =Fettsäurerest)	durch die Veresterung von Saccharose mit natürlichen Fettsäuren (bzw. Umesterung von Zucker mit den Ethylestern dieser Fettsäuren) gewonnene E. Neben den Monofettsäureestern entstehen auch kleine Mengen an Di- und Trifettsäureestern. Die Monofettsäureester sind hydrophil (Öl-in-Wasser-Emulgatoren), die Di- und Trifettsäureester sind lipophil (Wasser-in-Öl-Emulgatoren), alle sind nichtionogen.

Angewandte Emulgatoren für Lebensmittel (Forts.)

Bezeichnung	EG-Nr.	Strukturformel	Beschreibung
Sucroglyceride (Zuckerglyceride)	E 474	(siehe Monoglyceride und Saccharosefettsäureester)	durch Umesterung von Speisefetten (Triglyceriden) mit Zucker (Saccharose, engl.: sucrose) hergestellte Mischung aus Mono- (und Di-)glyceriden und Saccharosefettsäureestern, deren Emulgatoreigenschaften von der Zusammensetzung abhängig sind.
Natriumstearoyl-lactylat bzw. Calciumstearoyl-lactylat	E 481 E 482	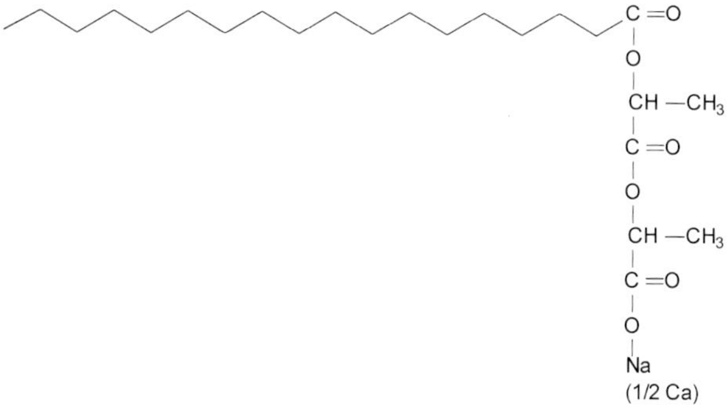	durch Veresterung gesättigter langkettiger Fettsäuren (überwiegend Stearinsäure) mit Milchsäure (die dabei als Alkohol fungiert und sich einmal mit sich selbst verestert) in Gegenwart von Basen (Natriumcarbonat oder Calciumhydroxid) erhaltene E.; sie sind anionaktiv und hydrophil (also Öl-Wasser-Emulgatoren); das Natriumsalz ist wasserlöslich, das Calciumsalz dagegen nicht und daher als E. wenig geeignet, es bindet sich aber an Proteine und wird bei der Backwarenherstellung zur Vergrößerung des Volumens von Hefegebäck angewendet.
Natrium-, Kalium- und Calciumsalze von Fettsäuren	E 470	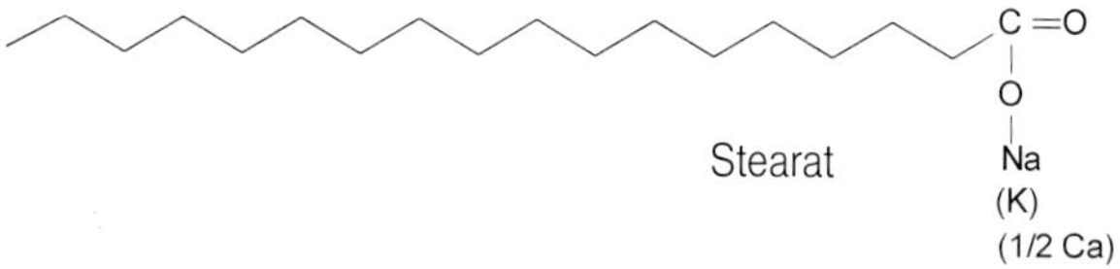 Stearat	durch „Verseifen" von Speisefetten (hydrolytische) Spaltung der Fette mittels Natron- oder Kalilauge erhaltene Produkte (die Calciumsalze entstehen aus den Natrium- oder Kaliumsalzen durch Umsetzung mit anorganischen Calciumsalzen). Die Natriumsalze der Fettsäuren („Natronseifen") werden gewöhnlich zu Toilettenseife verarbeitet, die Kaliumsalze („Kaliseifen") zu Schmierseife und die Calciumsalze („Kalkseifen") sind die unerwünschten Seifenausfällungen („Grauschleier"

Angewandte Emulgatoren für Lebensmittel (Forts.)

Bezeichnung	EG-Nr.	Strukturformel	Beschreibung
		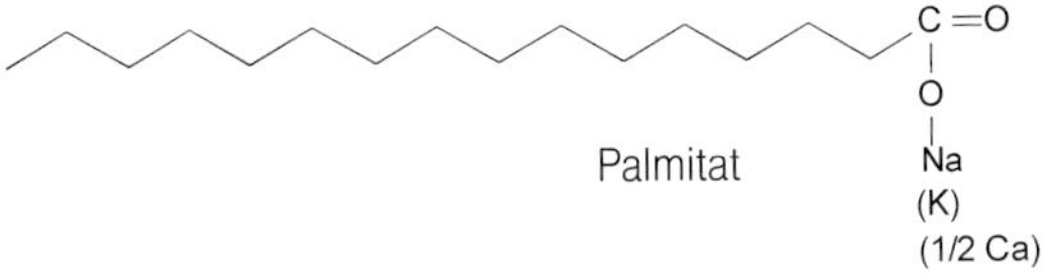 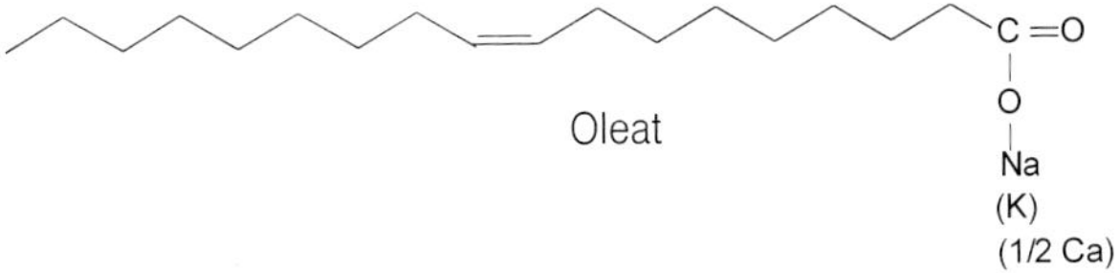	auf Wäsche) beim Waschen mit „hartem" (kalkreichem) Wasser; die Na- und K-Seifen sind anionenaktive Waschmittel und werden Lebensmitteln nicht als E. zugesetzt; sie und die Ca-Fettsäuresalze werden nur für Spezialzwecke angewendet, z. B. für die Herstellung von Zwieback nach holländischer Art, und als technische Hilfsstoffe, z. B. Trennmittel für Komprimate.
→ *Sorbitanfettsäureester („Span"-Emulgatoren)*	E 491 bis E 495	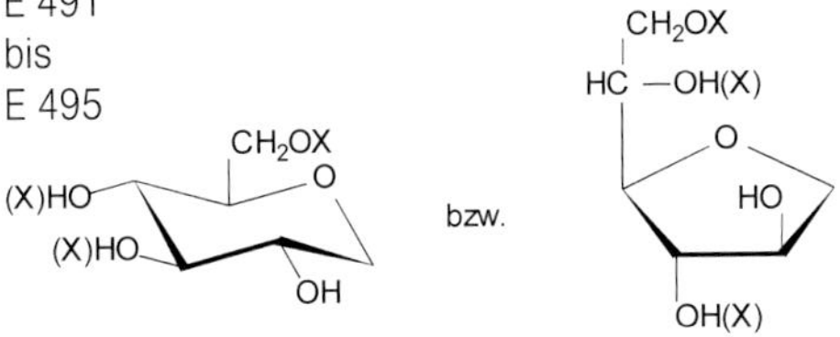 X = Fettsäurerest (R-CO-)	durch Erhitzen von Sorbitol mit einer langkettigen Fettsäure, wobei das Sorbitol zunächst unter Wasseraustritt und Ringschluß in ein fünf- oder sechsgliedriges Sorbitolanhydrid *Sorbitan)* übergeht und dieses mit der Fettsäure Ester (hauptsächlich Mono-, aber auch einige Di- und Trifettsäureester) bildet, werden diese nichtionogenen Wasser-in-Öl-Emulgatoren erhalten; sie werden in verschiedenen Ländern gegen die Fettreifbildung von Schokolade und das Altbackenwerden von Brot eingesetzt.
→ *„Planta"-Emulgator*		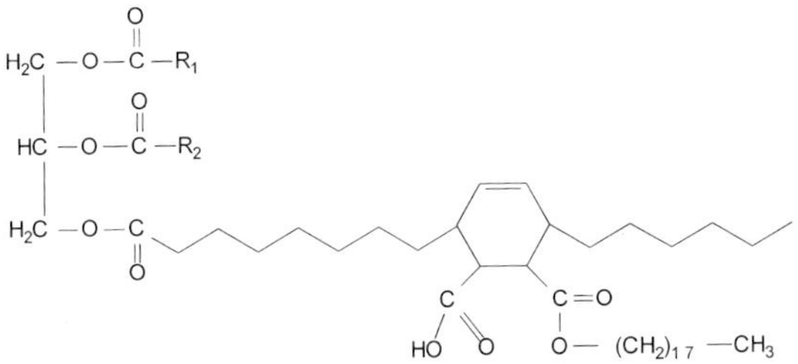	durch Umsetzen von linolsäurehaltigen Triglyceriden, wie sie in vielen Pflanzenölen (Sojaöl, Sonnenblumenöl) vorkommen mit Maleinsäure nach Art einer Diels-Alder-Reaktion ein Cyclohexenderivat. Die eine der beiden freien Carboxylgruppen der Maleinsäurekomponente wird meist mit Stearylalkohol verestert. Derartige Verbindungen haben eine emulgierende Wirkung (bilden Wasser-in-Öl-Emulgatoren) und wurden früher für die Herstellung von Margarine verwendet; ihr Zusatz zu Lebensmitteln erfolgt jedoch wegen aufgekommener toxikologischer Bedenken nicht mehr.

Angewandte Emulgatoren für Lebensmittel (Forts.)

Bezeichnung	EG-Nr.	Strukturformel	Beschreibung
Polymerisierte Öle bzw. oxydierte *(geblasene) Öle*		undefiniert	durch Erhitzen von Pflanzenölen auf etwa 200°C unter Ausschluß von Sauerstoff (im Vakuum oder Gegenwart inerter Gase) erhält man „thermisch polymerisierte Öle", die emulgierende Eigenschaften haben. Bei gleichzeitigem Hindurchleiten (Einblasen) von Luft erhält man die „oxydierten Öle" oder „geblasenen Öle". Beide Erzeugnisse wurden früher zur Herstellung von Margarine verwendet. Wie beim „Planta"-Emulgator geschieht das aus toxikologischen Erwägungen nicht mehr.

regelmäßiger Form, deren Anbau unter Glas während des ganzen Jahres möglich ist. Die schmalblättrige E. ist heute weniger in Kultur. Die breitblättrige wird dagegen gebleicht oder ungebleicht vermarktet und auch als Kochgemüse verzehrt. Die *krausblättrige E.*, auch *Frisee* genannt, wird ausschl. als Salat genutzt. Eine Lagerung der E. ist bis zu 3 Wochen möglich, wenn die Temperatur bei 0°C gehalten werden kann. Zwischenschichtung mit Eisstücken verbessert die Haltbarkeit. Die E. zählt zu den → Zichoriensalatarten. Neuerdings gibt es auch farbige Varianten der E.. Die E. ist häufig Bestandteil von → Salatmischungen, die, in Beuteln verpackt, zum Frischverzehr vermarktet werden. → Bunter Salat → Inulingemüse → Blattsalat

Endivie, Rote → Bindesalat → Radicchio

Endo-β-1 ← 3-Glucanase → Glucanasen

Endomysium (griech.): die einzelnen Muskelfasern im Skelettmuskel umhüllendes zartes Bindegewebe. → Epimysium → Perimysium

Endopeptidasen → Proteasen

Endorphine, *Opiatpeptide:* im Gehirn von Mensch und Säugetier vorkommende und endogen gebildete Peptide mit opiatähnlicher, schmerzlindernder Wirkung. Dabei lagern sie sich an die Rezeptoren für Morphin u. a. Opiate an. → Exorphine

Endospermmehl → Auszugsmehl

Endotoxine, *Boivin-Antigen, bakterielles Pyrogen:* vorwiegend von *gramnegativen* Bakterien gebildete makromolekulare, aus Polysaccharid-, Lipoid- und Proteinkomponenten sich zusammensetzende Giftstoffe, die im Gegensatz zu den Exotoxinen fest an die Bakterienoberfläche gebunden sind und nicht ohne weiteres während des Wachstums an das Nährmedium abgeschieden werden. Das E. *gramnegativer* Bakterien ist identisch mit dem somatischen O- bzw. R-Antigen. Jeder dieser drei Komponenten sind bestimmte Eigenschaften des Gesamtkomplexes zuzuschreiben: Der Kohlenhydratanteil bestimmt die

Spezifität des somatischen O-Antigens, der Lipoidanteil ist für die endotoxischen Wirkungen wesentlich, und das Protein ist insofern von Bedeutung, als es dem Komplex Immunogenität für Kaninchen verleiht. Am Aufbau dieser Polysaccharidkomponente sind Hexosamin, 3,6-Didesoxyhexosen, Paratose, Colitose, Galactose, Glucose, Mannose, L-Rhamnose, die Menthylpentosen Abequose und Tyvelose sowie Acetyl- und Formylgruppen und Phosphor als Esterphosphat beteiligt. Das die Polysaccharid- und die Proteinkomponente verbindende Phospholipoid A wird für die fiebererzeugende Wirkung verantwortlich gemacht. Die E. sind im Vergleich zu den *Exotoxinen* weniger stark toxisch und entfalten ihr Giftwirkung ohne Latenzzeit. Zu den E. gehören vor allem die Toxine der *Typhus-* und *Paratyphus-Erreger,* der *Enteritissalmonellen* (Salmonella-Toxine), der *Brucellosen* und der *bakteriellen* Ruhr. → Enterotoxine → Exotoxine

Energiewert eines Lebensmittels, *physiologischer Brennwert:* der in einem Lebensmittel enthaltene, in Joule (veraltet: Kalorien) gemessene Betrag an chemischer Bindungsenergie, der im Stoffwechsel eines lebenden Organismus bei vollständigem oxydativem Abbau gewonnen werden kann und sich aus der Summe der Einzelbeträge an chemischer Bindungsenergie der in diesen Lebensmitteln enthaltenen verstoffwechselbaren Inhaltsstoffe zusammensetzt. Solche energieliefernden Inhaltsstoffe sind die Grundnährstoffe Eiweiß, Fett, Kohlenhydrate sowie Fruchtsäuren und Ethanol. Nicht der gesamte Energiebetrag eines verzehrten Lebensmittels wird physiologisch genutzt, sondern nur der resorbierte Anteil. Die Resorptionsverluste sind bei den einzelnen Nährstoffen eines Lebensmittels und auch für einen bestimmten Nährstoff bei verschiedenen Lebensmitteln unterschiedlich. Beispielsweise sind die Kohlenhydrate der rohen Kartoffel fast unverdaulich, während sie bei der gegarten Kartoffel zu etwa 96 % ausgenutzt werden. Im Durchschn. resorbiert der menschliche Organismus vom tierischen Eiweiß und Fett 95···99 %, vom pflanzlichen Eiweiß 70···80 % und von den aufschließbaren Kohlenhydraten 95 %. Der resorbierbare Anteil hängt u. a. von der Art und Zusammensetzung des Lebensmittels und der Mahlzeit sowie vom Funktionszustand des Magen-Darm-Kanals ab. Die energieliefernden Nahrungsinhaltsstoffe haben außerdem unterschiedliche *Energie-Nutzwerte* (*Atwater-Faktoren*), begründet durch ihren unterschiedlichen chemischen Aufbau und durch die verschiedenen Stoffwechselendprodukte, zu denen sie abgebaut werden (Kohlenhydrate und Fett z. B. zu Kohlendioxid und Wasser, Aminosäuren zu Kohlendioxid, Wasser und Harnstoff oder Harnsäure). Damit entspricht der *physiologische Brennwert* der Eiweißstoffe nicht dem *physikalischen Brennwert,* da Harnstoff bzw. Harnsäure noch eine geringe Menge an Bindungsenergie haben.

Energienutzwerte einiger Nahrungsinhaltsstoffe

Nahrungsinhaltsstoff	Energienutzwert		
	in kJ je g genau	rund	in kcal je g
Eiweiße	16,74	17	4,0
Fette	37,66	38	9,0
Kohlenhydrate allg.	17,15	17	4,1
Polysaccharide	17,57	18	4,2
Mono-, Di-, Oligosaccharide und *Polyole*	15,69	16	3,75
Ethanol	29,71	30	7,1
Citronensäure (Fruchtsäure)	14,23	14	3,4
andere organische Säuren	17,15	17	4,1

Der Energienutzwert und der E. e. L. werden in Kilojoule (kJ) gemessen. Um das bisher erreichte energiebewußte Ernährungsverhalten der Menschen nicht wieder in Frage zu stellen und im Interesse einer allmählichen Umgewöhnung sollten beide Einheiten gleichzeitig angegeben werden. Bei der Umrechnung von Kilokalorien (kcal) in Kilojoule (kJ) und umgekehrt sind folgende Umrechnungsfaktoren anzuwenden:

1 kcal = 4,184 kJ ≈ 4,2 kJ
1 kJ = 0,239 kcal

Energienutzwerte einiger Nahrungsinhaltsstoffe in kcal und kJ s. Tab. S. 399.

Engelfrucht → Papaya

Engelsgurke: die kletternde Staude *Sicána odorífera* (Vell.) Naud. (Familie *Cucurbitáceae*), die im tropischen Amerika angebaut wird. Die dekorativen Früchte sind eßbar, sie enthalten je 100 g etwa 17,0 mg Vitamin C.

Engelsüß → Adlerfarn

Engelwurzel → Angelikawurzel

Engessan → Ojokbaum

Englischgewürz → Piment

Engraulis ssp, → Anchovis

Enocyan: ein Anthocyanfarbstoffgemisch in der → Moosbeere (*Vaccínium oxycóccus* L.). Es besteht aus den Anthocyanglycosiden *Delphinidin-3-glucosid* und *Petunidin-3-glucosid.* → *Anthocyane*

Enokitake-Pilz → Speisepilze

Ensete → Banane, Abessinische

Enséte ventricósum → Banane, Abessinische

Ente (*Ánas bóschas*) → Fleischtiere → Wild

Ente, Kalte → Kalte Ente

Entenei: das von der Ente stammende, von einer weißen, z. T. schwach grünlich gefärbten Schale umschlossene → E. Das E. ist größer (Masse 80 g) als das Hühnerei (Masse 58 g) und besteht aus 70 % Wasser, 13 % Eiweißstoffen und 15 % Fett.

Zusammensetzung und Energiewert von Enteneiern

Bestandteil	Gehalt je 100 g in g
Fett	14···15
Eiweißstoffe	12,8···13,3
Kohlenhydrate	0,7
Wasser	70···72
Energiewert in kJ (kcal)	1415 (338)

Die E. werden vorwiegend für Backzwecke verwendet. Da E. Träger von → Salmonellen sein können, dürfen sie nicht roh verarbeitet und nur gekocht (mind. 8 min) genossen werden.

Entenfett: das → Körperfett der Enten. In seinen Kennzahlen und der Zusammensetzung der Fettsäuren läßt sich das E. von → *Gänseschmalz* kaum unterscheiden. → Fett, tierisches

Entenfußbaum → Ginnan

Entenlinse → Zwerglinse

Enteromórpha intestinális → Algenprodukt

Enterotoxine: Gruppe von Bakteriengiften, die im menschlichen Darm wirken und *Endotoxine* und *Exotoxine* einschließen. Die häufigsten Lebensmittelvergiftungen werden durch Staphylokokken-Enterotoxine vorwiegend über tierische Produkte (Fleisch, Fleischwaren, Schinken, Hühnerbrühe, Fischsülze, seltener Käse), aber auch durch Kartoffelsalat und Kuchen verursacht. Die mit heftigem Erbrechen, Durchfall und Magenschmerzen verbundene Vergiftung ist im Gegensatz zur Lebensmittelvergiftung mit *Botulinustoxin* selten bedrohlich. Das E. bleibt wirksam auch bei Abwesenheit lebender Staphylokokken und auch noch nach 20minütiger Kochdauer. → Exotoxine → Endotoxine

Entolóma spec. → *Rhodophylláceae*

Entrecôte double: aus dem Roastbeef (→ Tierkörperteilstücke) mehr als fingerdick geschnittenes und kurzgebratenes Rumpsteak.

Enzian: eine landesspezifische Spirituose der Alpenländer, mit opiumartigem Geschmack, hergestellt entweder auf der Basis eines Enziandestillates aus einem alkoholischen Enzianwurzelauszug oder auf der Basis von Enzianlutter aus einer vergorenen Enzianmaische.

Enzianbranntwein → Enzianwurzel

Enzian, Gelber → Enzianwurzel

Enzianlikör → Enzianwurzel

Enzianschnaps, Bayerischer → Enzianwurzel

Enzianwurzel, *Bitterwurzel:* die gesäuberte, getrocknete, mehrköpfige, bis zu 60 cm lange und 4 cm dicke Pfahlwurzel der in den europäischen Alpen, Pyrenäen und im Mittelgebirge (Thüringen) heimischen Staude des *gelben Enzians, Gentiána lutéa* L. u. a. *Gentiana*-Arten (Familie *Gentianáceae*). Der Enzian steht in Deutschland unter Naturschutz, demzufolge dienen vorwiegend aus anderen Ländern importierte oder kultivierte E. zur Herstellung von Bitterlikör, Magentropfen oder *Enzian-Branntwein.* Wenigen lokaltraditionellen Enzianbrennereien wird das aus zurückliegenden Jh. erteilte Wurzelgraberecht auch heute noch gewährt. Dabei wird durch entsprechende Parzellierung darauf geachtet, daß nur etwa alle 30 Jahre an gleicher Stelle gegraben wird. Etwa 20 t E. werden auf diese Weise jährlich im Berchtesgadener Land durch Wurzelgraber geerntet, aus denen z. B. der *Bayerische Enzianschnaps* bereitet wird, der nach dreijähriger Lagerung in Eschenholzfässern seinen abgerundeten Geschmack erhält. Für die Likörherstellung wird die Droge nicht unmittelbar nach der Ernte getrocknet, sondern fermentiert, um die gewünschte Aromastoffbildung zu bewirken. Der charakteristische Geruch und der zuerst süße, dann sehr bittere Geschmack sind auf den Gehalt an *Gentiopikrin* = Enzianbitter (bis zu 5 % in den 60···100 cm langen Wurzeln) und *Gentianin* sowie auf verschiedene Zuckerarten der Wurzel zurückzuführen.

Enzym, *Ferment* (griech. „in der Zelle"): *Biokatalysator* der lebenden Zelle, der die Gesamtheit der Stoffwandlungsprozesse ohne Veränderung des Gleichgewichts durch Senken der Aktivierungsenergie und Erhöhung der Geschwindigkeit ermöglicht. Das E. setzt sich aus einem Protein (Apoenzym) und der *Wirkgruppe* (prosthetische Gruppe) zusammen. Letztere enthält das *„aktive Zentrum"*, teilw. auch eine an das Protein gebundene *Nichtproteingruppe* (Coenzym). Die E. haben Substrat- und Wirkspezifität, d. h. sie können nur bestimmte Verbindungsgruppen, z. B. Proteine, Kohlenhydrate, Fette u. a. auf- bzw. abbauen und darüber hinaus nur eine bestimmte Einzelreaktion katalysieren. Die Wirkungsweise des E. entspricht im übertragenen Sinn der Paßgenauigkeit von Schlüssel (Enzym) und Schloß (Substrat) und ist von der Proteinnatur abhängig: a) durch die Sequenz der Aminosäuren (Primärstruktur), b) durch die räumliche Struktur der sog. Helix und der Faltung der Kette (Sekundär- und Tertiärstruktur), c) durch den Aufbau aus Untereinheiten (Quartärstruktur), d) durch die chemische Natur sowohl der Substrat-Bindungsstellen am aktiven Zentrum als auch derjenigen der prosthetischen Gruppe. Die meisten E. bestehen aus einer Peptidkette, z. B. → Pepsin, → Trypsin und → Papain; einzelne enthalten jedoch zwei Peptidketten, z. B. α-Chymotrypsin. Die Molmasse von E. kann sehr unterschiedlich sein und reicht von 9 000···1 000 000 g/mol. E. sind als Proteine art-, teilweise organspezifisch. Bei einer Enzymreaktion verbindet sich das E. in einer meist wenig stabilen Zwischenstufe mit dem Substrat zum sog. *Enzym-Substrat-Komplex, der jedoch schnell in das Endprodukt und freies E. zerfällt. Letzteres verbindet sich erneut mit dem Substrat. Durch ein E. wird die Aktivierungsenergie* der jeweiligen Reaktion herabgesetzt und die ohne E. mit hohem Energieaufwand verbundene Einstellung der Gleichgewichtslage ausgelöst. Mit Hilfe der E. gelingt es dem Organismus, auch thermodynamisch ungünstig liegende Reaktionen nahezu vollständig in der erforderlichen Richtung ablaufen zu lassen, falls durch Folgereaktionen das notwendige Konzentrationsgefälle hervorgerufen wird. Die sich als „offenes" System (Fließgleichgewicht) vollziehenden Lebensvorgänge laufen in *Reaktionsketten* oder *Zyklen* (Atmungskette, Citratzyklus) über eine Vielzahl von E. ab. Maßzahl der Enzymwirkung ist die *Aktivität,* gemessen am Rückgang des Ausgangssubstrates oder an der Zunahme des Endproduktes. Unter der molekularen Aktivität, auch *Wechselzahl* genannt, versteht man die Anzahl der Moleküle an Substrat, die je min von einem Enzymmolekül umgesetzt werden. Enzymreaktionen können sehr schnell ablaufen, z. B. Katalase mit einer Wechselzahl von $5 \cdot 10^6$, im Durchschn. liegen sie zwischen 1000 und 10 000. Die Geschwindigkeit enzymatischer Reaktionen steigt mit erhöhter Temperatur. Die Temperatur mit dem höchsten Umsatz (ohne

Denaturierung) gilt als *Temperaturoptimum,* der entsprechende *pH*-Wert als *pH-Optimum.* Die Wirkung der E. kann durch Aktivatoren, z. B. Metallionen, wie Mangan, Zink, Cobalt und Magnesium, erhöht oder durch → Enzyminhibitoren, z. B. Cyanide, Kupfer- und Quecksilberverbindungen, oder spezifische Proteine, reversibel bzw. irreversibel gehemmt werden. Eine *kompetitive Hemmung* liegt vor, wenn der Hemmstoff mit dem Substrat um die Bindungsstellen des aktiven Zentrums konkurriert. Häufig hemmt eine hohe Substrat- bzw. Endproduktkonzentration die Enzymreaktion. Viele E. kommen in sog. *multiplen Formen* vor, das sind solche E., die bei einem Organismus die gleiche Reaktion katalysiern, sich aber in ihren chemischen, strukturellen und immunochemischen Eigenschaften unterscheiden, z. B. die Amylase des Speichels und der Pankreasdrüse. Handelt es sich um E. mit genetisch bedingten Differenzen, z. B. die Lactatdehydrogenasen der Leber, spricht man von *Isoenzymen.* In der belebten Natur gibt es etwa 10 000 E., von denen 1992 3196 erfaßt waren (Enzyme Nomenclature, Academic Press, 1992). Sie werden in 6 Hauptklassen unterteilt:

a) → *Oxyreduktasen* katalysieren biologische Oxidations-Reduktions-Reaktionen unter mittelbarer oder unmittelbarer Beteiligung von Sauerstoff,

b) *Transferasen* katalysieren Gruppenübertragungsreaktionen (Amino-, Methyl-Aldehydgruppen u. a.),

c) *Hydrolasen* katalysieren Spaltungs- und Kondensationsreaktionen unter Beteiligung von Wasser,

d) *Lyasen* spalten Gruppen nichthydrolytisch unter Entstehung einer Doppelbindung,

e) *Isomerasen* katalysieren die reversible Umwandlung isomerer Verbindungen

f) *Ligasen* (Synthetasen) katalysieren die Kondensation von 2 Molekülen.

Die E. sind in der belebten Natur überall verbreitet, ihre Konzentration in Geweben ist unterschiedlich (z. B. enthält der Proteinanteil des Pankreas 25 %, der des Muskels 30 % und der der Leber 70 %). Noch aktive E. finden sich in ungekochten Lebensmitteln (Obst, Gemüse, Rohsäfte, Gefrierkost, Schabefleisch) oder in kurzzeitig erhitzten (pasteurisierte Milch, Beefsteak). Ferner gelangen E. durch Fermentations- und Reifungsprozesse in Lebensmittel (Käse, Honig, Bier u. a.). Im gekochten oder gebratenen Zustand sind E. irreversibel inaktiviert; sie gehen als Protein und als prosthetische Gruppen, soweit sie Vitamine *und* Spurenmetalle betreffen, in den Stoffwechsel ein. Die ernährungsphysiologische Bedeutung der E. liegt in der Sicherung des Stoffwechsels der Nahrung in einer nur Lebewesen eigenen Weise. Ihre lebensmittelchemische und -technologische Bedeutung beruht auf der Fähigkeit, den Geschmacks- und Nährwert von Lebensmitteln wesentlich zu prägen. Ferner lassen sich E. mit erheblichem Nutzen in der Lebensmittelproduktion einsetzen, z. B. Proteinasen zum Zartmachen von Fleisch, Amylasen zur Traubenzuckerherstellung, Pectinasen zur Erhöhung der Saftausbeute von Obst und Gemüse. Dazu werden E. aus tierischen, pflanzlichen Geweben, verstärkt aber aus Mikroorganismen durch Kultivation und schonende Aufarbeitung der in der Kulturlösung vorhandenen E. gewonnen. Nachteilige Wirkungen der E. entstehen beim Verderb von Lebensmitteln. Sie stellen uns vor die Notwendigkeit der Vorratshaltung. Da bei Wasserentzug bzw. niedriger Temperatur die Enzymaktivität stark vermindert ist, kann die Haltbarkeit von Lebensmitteln durch Trocknen, Kühlen und Gefrieren erhöht werden. → Eiweiß

Enzyminhibitoren, *Antienzyme, Inhibitoren:* Verbindungen, die → Enzyme inaktivieren. E. können sein: *Schwermetallsalze,* z. B. aus Quecksilber oder Cadmium, *anorganische* und *organische Verbindungen,* z. B. bestimmte *Phosphate, Tannine* und bes. *Proteine.* E. mit Proteincharakter vor allem gegenüber Hydrolasen (Proteasen, Amylasen, Lipasen) sind im Tier- und Pflanzenreich weit verbreitet und finden sich in unterschiedlicher Konzentration in Samen und Pflanzenteilen und vor allem im Eiklar der Vogeleier. E. wirken *endogen,* d. h. hemmen spezifisch ein bestimmtes arteigenes Enzym. Diesen E. wird eine stoffwechselregulierende Wirkung zugeschrieben. Anderen E. wirken *exogen,* d. h. sie inhibieren die von außen eindringenden Enzyme z. B. von Schädlingen. Ihnen liegt eine Abwehrfunktion zugrunde. Beispielsweise sind in Weizen, Roggen und Gerste 2 α-Amylase-Inhibitortypen bekannt, ein regulierender und ein Abwehrtyp. Die Zahl bekannter E. ist groß; selbst die Gruppe der hydrolysierenden E. (Übersicht).

Vorkommen von Enzyminhibitoren

Enzyminhibitoren	Vorkommen
Amylaseinhibitoren	Himbeere (Blätter), Weizen, Gerste, Roggen, Hirse, Bohnen, Erbsen, Linsen
Invertase-inhibitoren	Kartoffeln (Knolle)
Inhibitoren pectinspaltender Enzyme, z. B. Endopolygalacturonase der Pectatlyase	Gurke, Möhre, Bohne, Erbse, Kartoffel, Tomate
→ Protease-inhibitoren	weit verbreitet in Hülsenfrüchten, Getreide, Kartoffeln und anderen Pflanzen und dem → Eiklar der Vogeleier
Cholinesterase-inhibitoren (Solanin)	Broccoli (Kopf), Zuckerrübe (Wurzel), Spargel (Sproß), Eierfrucht (Frucht), Kartoffel (Knolle), weiße Rübe *(Brassica rápa* L. emend. Metzger *var. rápa)*, Rettich (ganze Pflanze), Mohrrübe (ganze Pflanze), Orange (Frucht), Apfel (Frucht)

Bei der Hemmreaktion unterscheidet man 3 Typen:
a) Hemmung durch *Konkurrenz, auch kompetitive Hemmung* genannt. Danach greift das Inhibitorprotein am *freien* Enzym an. Substrat und Inhibitor konkurrieren um das Enzym (s. Darstellung am Fuß dieser Seite).
b) Hemmung durch Anlagerung des E., auch *nichtkompetitive* Hemmung genannt. Der E. greift sowohl am Enzym als auch am Enzym-Substrat-Komplex an.
c) Hemmung durch Anlagerung, auch *unkompetitive* Hemmung genannt. Der Inhibitor greift nur am Enzym-Substrat-Komplex an.
Die in den Lebensmittelrohstoffen vorhandenen E. werden bei der Verarbeitung bzw. Zubereitung durch Hitzebehandlung meist vollständig inaktiviert. Problematisch werden E. in der Ernährung nur dann, wenn inhibitorreiche Produkte, z. B. Eiklar oder Leguminosen, im rohen Zustand in unverhältnismäßig großen Mengen verzehrt werden und die Sekretion der Verdauungsenzyme (Pepsin, Trypsin) gestört ist. → Proteinaseinhibitoren → Trypsininhibitoren → Giftstoffe in pflanzlichen Lebensmitteln

Epasote, *Teegänsefuß, Jesuitentee, Mexikanisches Teekraut, Mexikanischer Tee, Erva de Santa Maria, Pazote:* das in den wärmeren Gebieten der Welt, vorwiegend in Mittelamerika, aber in Deutschland auch noch heute kultivierte Würz- und Teekraut, *Chenopódium ambrosioídes var. ambrosioídes* L. (Familie *Chenopodiáceae*), das verschiedentlich auch als scharf schmeckendes → Suppenkraut genutzt wird. In der Volksmedizin wird E. gegen Erkältungen und Magenerkrankungen eingesetzt. Sie enthält das würzig scharf riechende und kampferartig duftende ätherische Öl *Ascaridol* und die Ketone *Pinocarvon* und *Aritason.* Im 17. Jh. gelangte die Pflanze durch Jesuitenpater nach Deutschland.

1. $E + S \rightleftharpoons ES \longrightarrow E + \text{Produkte}$ ES aktiv
2. $E + I \rightleftharpoons EI$ EI inaktiv

1. $E + S \rightleftharpoons ES \longrightarrow E + \text{Produkte}$ ES aktiv
2. $E + I \rightleftharpoons EI, \quad EI + S \rightleftharpoons EIS$ EIS inaktiv oder nur schwach aktiv

P: Produkt E: Enzym
ES: Enzym-Substrat-Komplex
S: Substrat I: Inhibitor
EI: Enzym-Inhibitor-Komplex

Epedong: die ostasiatische Gemüsepflanze *Peucédanum nagpurénse* Prain (Familie *Apiáceae*).

Epicatechin → Catechine

D-Epi-chitosamin → Aminozucker

Epigallocatechin → Catechine

D-Epiglucosamin → Aminozucker

Epilóbium angustifólium → Weidenröschen → Wildkräuter

Epimysium: dicke Bindegewebsschicht, die die parallel angeordneten Bündel von Muskelfasern des Skelettmuskels umhüllt. → Endomysium → Perimysium

Epinéphelus spp. → Zackenbarsch

Epirosmarol, 7-β-11,12-Trihydroxy-6,10-(epoxymethano)abieta-8,11,13-trien-20-on: ein diphenolisches Diterpen mit antioxydativer Wirkung in Rosmarin- und Salbeiextrakten, mit folgender Struktur:

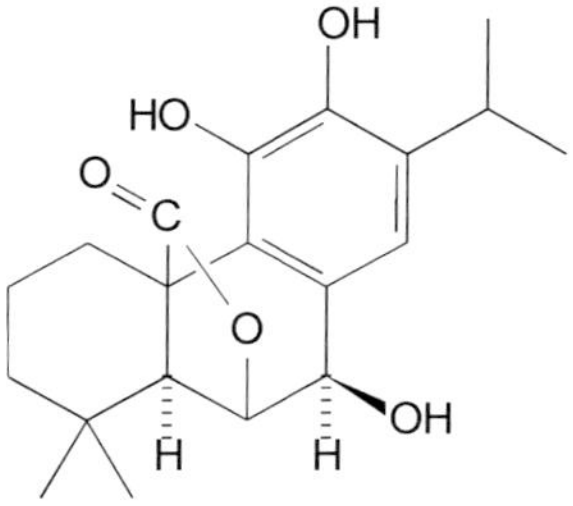

E. bildet sich aus Carnosolsäure und Carnosol. → Terpene → Rosmarinextrakt → Larnosolsäure

Episterol → Sterole

Epithelschutzvitamin → Vitamin A

Epoxide, *Oxirane:* Verbindungen mit einem energiereichen und reaktionsfähigen Dreiring der Formel

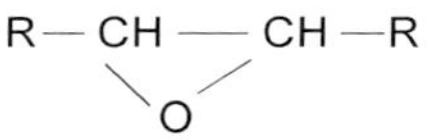

E. entstehen bei Oxydation olefinischer Gruppen durch Luftsauerstoff in Gegenwart von Katalysatoren bzw. durch Einwirkung von Persäuren. Das einfachste E. ist das Ethylenoxid. Die Hydrolyse der E. führt zu Glycolen mit der Formel R-CH(OH)-CH(OH)-R. Verwendung finden E. zur Herstellung von härtbaren Harzen (Epilox), die auch in der Lebensmittelproduktion u. a. als indifferente Lacke Anwendung finden. → Ethylenoxid

Epoxy-dihydrocaryophyllen → Terpen-Kohlenwasserstoffe

1,8-Epoxy-p-menthan → 1,8-Cineol

2,8-Epoxy-p-menthan → Terpen-Alkohole

Eppich → Sellerie

Eppichblatt → Blattsellerie

Eppichkraut → Blattsellerie

Equisétum arvénse → Ackerschachtelhalm

Equisétum fluviatíle → Ackerschachtelhalm

Equisétum hiemále → Winterschachtelhalm → Ackerschachtelhalm

Equisétum palústre → Sumpfschachtelhalm → Ackerschachtelhalm

Equisétum silváticum → Ackerschachtelhalm

Équus ásinus (*Esel*) → Fleischtiere

Équus cabállus → Pferd → Fleischtiere

Eragróstis abyssínica → Teff

Eragróstis pilósa → Liebesgras, behaartes

Eragróstis tef → Teff

Erbse: die wegen ihrer vielseitigen Verwendungsmöglichkeit wichtigste → Hülsenfrucht, wobei anbautechnisch zwischen → *Trockenspeiseerbsen* und → *Gemüseerbsen* unterschieden wird. Die Trockenspeiseerbsen sind in der Hülse ausgereifte Samen, die kurz vor dem Ausfallen geerntet werden (vgl. Blattgetreide → Getreide). Die Gemüseerbsen werden im grünen, krautartigen Zustand geerntet und entweder mit oder ohne

Hülse roh oder gekocht verzehrt oder zu Steril- oder Gefrierkonserven verarbeitet. Die Gemüseerbsen können aber auch getrocknet werden, indem die unausgereifte, zum Frischverzehr geeignete Erbse zu → Trockengemüse verarbeitet wird. Zum Unterschied zur Trockenspeiseerbse wird die getrocknete Gemüseerbse als *Gemüsetrockenerbse* bzw. als *Trockenerbse* bezeichnet. Charakteristisch für das Aroma sind Aldehyde und Pyrazine (3-Isopropyl-, 3-sec-Butyl-, 3-Isobutyl-2-methoxy-pyrazin). Die E. dienen neben Speise- (Speiseerbse) je nach Sortenwahl auch Futterzwecken (Futtererbse). → Trocken-Speisehülsenfrucht → Körnerfrucht

Erbse, Englische → Spargelbohne

Erbse, Graue → Kapuzinererbse

Erbsenstärke → Leguminosenstärke

Erbsenstreuling → *Sclerodermatáceae* → Würzpilze

Erbse, trockene → Trockenspeiseerbsen

Erbswurst: ein aus Erbsmehl (gemahlene gelbe oder grüne Speiseerbsen) in Wurstform gepreßtes, kochfertiges Suppenerzeugnis, dem Gewürze, Salz, Speck usw. zugesetzt sind und das nach kurzer Kochzeit der Bereitung einer *Erbsensuppe* dient. → Suppe, kochfertige → Trockenspeiseerbse

Erdapfel: 1. landschaftsgebundene Bez. für Kartoffel
2. → Topinambur

Erdartischocke → Topinambur

Erdbeerbaum, *Sandbeere, Meerkirsche, Hagapfel:* ein im Mittelmeergebiet vorkommender Baum *Árbutus unédo* L. (Familie *Ericáceae*), dessen mehlige Früchte erdbeerähnlich sind und fadesüßlich schmecken.

Erdbeerbirne → Céreus

Erdbeerblätter, *Baschierkraut:* das von verschiedenen Erdbeerarten (der *Walderdbeere, Fragária vésca* L., der Moschus-, Zimt- oder Muskatellererdbeere, *F. moscháta* Weston *und der* Grünen Erdbeere, Knackerdbeere *oder* Hügelerdbeere, F. *víridis* Duch.) gewonnene Laub, das nach Trocknung als Droge in diuretisch wirkenden → Kräutertees verwendet wird. Auszüge aus den 5⋯10% Gerbstoffe enthaltenden E. werden lokal als Antisepticum angewandt; die flavonoiden Stoffe der E. sollen die Permeabilität der Kapillaren normalisieren.

Erdbeere, *Kulturerdbeere, Gartenerdbeere, Ananaserdbeere, Fragária ananássa* Duch.: Scheinfrucht einer zur Familie der Rosengewächse (*Rosáceae*) gehörenden rotfrüchtigen, weißfleischigen aromatischen Beerenobstart. Die Bez. wird für alle großfrüchtigen *Kulturerdbeeren* angewendet. Diese haben ihren Ursprung in einer Kreuzung der *Chileerdbeere, Fragária chiloénsis* Erh., mit der *Scharlacherdbeere, Fragária virginiána* Duch., die Anfang des 18. Jh. in Holland entstanden ist und den Namen *Ananaserdbeere* erhielt, damalige botanische Bez. *Fragária grandiflóra* Erh.. Durch weitere Kreuzungen entstehen ständig neue Sorten. Aus Kreuzungen mit der → *Monatserdbeere* wurden mehrmals tragende, großfrüchtige Gartenerdbeersorten gewonnen (Erdbeersorten s. Beerenobst). Die E. ist eine Ausläufer bildende Staude. Da der Wurzelstock verholzt, wird die E. von einigen Autoren zu den Gehölzen gerechnet. Ihre Früchte sind *Scheinfrüchte,* die aus dem fleischig gewordenen Blütenboden gebildet werden. Die E. gedeiht am besten in einem schwach sauren, genügend feuchten Boden. Sie erfordert intensive Pflege. Die Pflanzen bleiben 2 Jahre, neuerdings oft nur 1 Jahr am Standort stehen und werden dann durch Neupflanzung ersetzt. Die Ernte beginnt Ende Mai bzw. Anfang Juni und erstreckt sich bei den *einmal tragenden* Sorten auf etwa 6 Wochen. Die *mehrmals tragenden* Sorten bringen erneut Früchte bis zu Frostbeginn. Die Frucht ist leicht verderblich. Als im Kalenderjahr am frühesten reifende Obstart wird die E. in erster Linie frisch verzehrt. Die Frucht kann ferner zu Sterilkonserve, Konfitüre, Marmelade, Mark, Nektar, Sirup, Süßmost, Likör und Obstwein verarbeitet werden. Sie ergibt auch eine vorzügliche Gefrierkonserve. Für die Karamelnote ist das 2,5-Dimethyl-4-hydroxy-3(2H)-furanon (DHF) von Bedeutung. Bei überreifen Erdbeeren erzeugen die Methylether des DHF eine „Sherry-Note". Die natürlich vorkommende Schlüsselverbindung konnte noch nicht nachgewiesen werden. Chemische Zusammensetzung und Energiewert der E. s. Beerenobst.

Erdbeer-Guave → Guave

Erdbeerhimbeere → Lampionbeere

Erdbeerkuchen → Blechkuchen

Erdbeerspinat: Sammelbez. für weltweit verbreitete Zierpflanzen der Gattung *Blítum* (Familie *Chenopodiáceae*), die auch als Gemüse angebaut werden. Der Name E. bezieht sich auf die der Erdbeere ähnelnden kleinen, eßbaren, mehlig schmeckenden Früchte, doch werden vorzugsweise die jungen Blätter und Sprossen als Gemüse genutzt. Es handelt sich bei dem E. um *Chenopódium foliósum Aschers. (Syn. Blítum virgátum* L. und *Chenopódium capitátum* (L.) *Aschers. Syn. Blitum capitátum* L.) → Gänsefuß → Melde

Erdbeertomate → Phýsalis

Erdbeertorte → Obstgebäck

Erdbirne: 1. landschaftsgebundene Bez. für Kartoffel
2. → Topinambur
3. *Kartoffelbohne:* Sammelbez. für Vertreter einer in Ost- und Nordamerika, sowie in Ostasien beheimateten kleinen Gattung, *Ápios* Fabric. (Familie *Fabáceae*) mit windenden Stauden, deren unterirdische Sproßknollen als Nahrungsmittel dienen. *A. americána* Medik. (Synonym *Glycíne ápios* L., *A. tuberósa* Moench.) und *A. priceána* L. dienen hauptsächlich Indianern als Sammelnahrungspflanze. Die Einbürgerung von *A. americána* sollte im 19. Jh. in Frankreich und Norditalien vor allem Kartoffel-Mißernten ausgleichen. Die italien. Bez. für *A. americána* ist *Troque.* Die Sproßknollen aller Apiosarten werden gekocht, gebraten oder in gerösteter Form verzehrt. In Japan wird *A. fortúnei* Maxim. kultiviert. Für die Zusammensetzung von *A. priceána* werden folgende Werte je 100 g angegeben: 61,9 g Feuchtigkeit, 2,6 g Eiweiß, 27,1 g Kohlenhydrate, 5 g Rohfaser, 2,7 g Mineralstoffe und 0,7 g Fett. Ein hoher Anteil an nichtessentiellen Aminosäuren im Eiweiß reduziert den Nährwert erheblich.

Erdbohne: 1. → Erdnuß 1.
2. → Erdnuß 2.

Erdefeu → Grundermann

Erdeichel: 1. → Erdkastanie
2. → Knollenplatterbse
3. → Erdnuß

Erderbse, *Angolaerbse, Bambara-Erdnuß:* Samen der im tropischen Afrika, Südasien und Brasilien angebauten einjährigen Hülsenfrucht *Voandzē̄ia subterránea* (L.) Thou. (Familie *Fabáceae.* Die Blütenstiele dringen wie bei der → Erdnuß nach dem Abblühen in die Erde ein, wo die Samen in den einsamigen Hülsen zur Reife kommen. Die runden oder ovalen, unreifen Samen wie die jungen Hülsen werden als Gemüse gegessen. Die getrockneten, sehr harten Samen werden manchmal geröstet und gemahlen.

Erdkastanie, *Erdeichel, Große Erdnuß, knolliger Kümmel, Knollenkümmel:* die von Mitteleuropa bis zu den Balearen verbreitete Gemüsepflanze *Búnium bulbocástanum* L. (Familie *Apiáceae*), die wegen der eßbaren Knollen kultiviert oder aus Wildbeständen, z. B. im Rhein-Main-Gebiet und in Alpentälern, gesammelt wird. Die bis zu 3 cm dikken Wurzelknollen können roh oder gekocht, die Blätter als Salat und die Samen wie der *Echte Kümmel, Cárum cárvi* L., (Familie *Apiáceae*) als Gewürz verwendet werden. Auch vom *Echten Kümmel* lassen sich die Wurzeln roh oder gedünstet, die Blätter für Mischsalat und die ganze Pflanze als Hausteeanteil verwenden. → Wildkräuter

Erdkirsche → Phýsalis

Erdkohlrabi → Kohlrübe

Erdmandel: 1. *Kaffeewurzel, Chufa, Tigernuß, Zulunuß:* eiförmige oder rundliche, mandelgroße

Knollen der Staude *Cypérus esculéntus* L. (Familie *Cyperáceae*), die in warmen Gebieten Europas kultiviert wird. Das bis zu 1 m hoch werdende Riedgras bildet an unterirdischen Ausläufern stark eisenhaltige Knollen. Das gewonnene Tafelöl wird nicht leicht ranzig. Die Knollen werden roh, gekocht oder gebraten gegessen, sie werden auch als Kaffee-Ersatz und zur Herstellung von → *Erdmandelmilch (Horchata)* verwendet. Ähnlich werden die Knollen des *Jelka-* oder *Nußgrases, Cypérus rotúndus* L. in Australien genutzt. Die Zusammensetzung je 100 g Knollenmasse zeigt: 70 g Feuchtigkeit, 5,94 g Fett, 18,56 g Kohlenhydrate, 1,2 g Eiweiß, 45 mg Calcium, 27 mg Phosphor und 252 mg Eisen.
2. → Erdnuß 1.

Erdmandelmilch, *Hochata, Horchata:* ein bes. in Spanien verbreitetes, süßschmeckendes Getränk aus den Knollen der → Erdmandel. Die gequollenen, zerstampften Knollen werden durch Kochen weiter eingedickt, mit Wasser emulgiert, verdünnt und durchgeseiht. Die klare Flüssigkeit wird vorwiegend als Erfrischungsgetränk oder, mit Zimt, Vanille oder Fruchtessenz aromatisiert, auch für die Speiseeisbereitung verwendet. → pflanzliches Ersatzmilchpräparat.

Erdmandelstärke → Stärke, tropische

Erdnuß: 1. *Erdeichel,* Aschantinuß, Burennuß, Arachisnuß, Arachidennuß, Mandubinuß, Javanuß, Kamerunnuß, Erdbohne, Erdpistazie, Kurunuß, ground nut, planut, Erdmandel: die einjährige, 20···70 cm hohe, verzweigte, ± behaarte, fiederblättrige Pflanze *Árachis hypogǣa* L. (Familie *Fabáceae*). Die Blütenstiele der befruchteten Blüten biegen sich nach unten und bohren den Fruchtknoten 5···8 cm tief in die Erde, wo sich die 2···6 cm lange Hülse entwickelt. Diese enthält 1 bis 6 mahagonifarbene, mandelartig schmeckende Samen. Die Hülsenfarbe wird von der Bodenart bestimmt. Helle Hülsen entwickeln sich auf sandigen, dunkle auf humusreichen Böden. Die Erdnüsse werden nach der Ernte geröstet. Dazu werden entweder die ganzen Hülsen durch Trommelröstung oder die Kerne durch Tauchen in ein Pflanzenfettbad von 180°C behandelt. Das Rösten beseitigt den Bitterstoffgehalt und erhöht die Haltbarkeit. Dabei entstehen Pyrazine, die als Schlüsselverbindungen für das Aroma gerösteter E. gelten. Die Kerne (*Erdnußkerne*) werden aber oft auch ungeröstet gegessen. Die E. wird außerdem gesalzen oder kandiert verzehrt. Verarbeitungsprodukte sind das wertvolle → *Erdnußöl* und die → *Erdnußbutter.* Zur Herstellung von *Erdnußmilch,* die in Indien als Kuhmilchersatz verwendet wird, vermischt man einen Brei aus gekochten Samen mit 5 bis 6 Teilen Wasser und filtriert diesen; die Flüssigkeit enthält 4···5 % Eiweiß. Der bei der Ölgewinnung anfallende Preßrückstand, der 47 % Proteine enthält, dient zur Herstellung von *Erdnußmehl* und *Erdnußgrütze.* Von ähnlicher Qualität ist das Erdnußschrot, das beim Ölextraktionsverfahren als Rückstand verbleibt. Beide, Preßrückstand und

Zusammensetzung und Energiewert der Erdnuß

Bestandteil	Durchschnittl. Gehalt in 100 g eßbaren Anteils
Feuchtigkeit	2,8 g
Eiweiß	26,5 g
Fett	46,6 g
Ölsäure	20,0 g
Linolsäure	14,0 g
Kohlenhydrate	19,0 g
Rohfaser	2,4 g
Mineralstoffe	2,7 g
Natrium	5,0 mg
Kalium	674,0 mg
Calcium	67,0 mg
Eisen	2,0 mg
Phosphor	411,0 mg
Caroten	0,13 mg
Vitamin B_1	0,60 mg
Vitamin B_2	0,10 mg
Niacin	16,4 mg
Vitamin B_6	0,3 mg
Vitamin C	–
Energiewert in kJ (kcal) je 100 g eßbaren Anteils	2640 (630)

Schrot, dienen als Nahrungs- und Futtermittel und werden in zahlreichen Zubereitungen verwendet. Aus den Samen kann außerdem Kaffee-Ersatz hergestellt werden. Neben dem Fett- und Eiweißgehalt ist der Niacingehalt (s. auch Tab. S. 407) hervorzuheben. Hauptproduzent der E. ist Indien, das ein Drittel der Welternte liefert, danach folgen Afrika (Südafrika, Ägypten) und China. Die E. ist eine alte Kulturpflanze aus Südamerika, die durch die Spanier im 16. Jh. u. a. durch den Sklavenhandel nach Afrika gebracht und die von dort über den ganzen Tropengürtel verbreitet wurde. Es gibt zahlreiche Sorten.
2. Kerstings, *Erdbohne, Hausa-Erdnuß Kandelbohne:* die krautige Pflanze *Kerstingiélla geocárpa* Harms,Syn. Macrotýloma axilláre (E. Mey.), Verdc., Dólichos axilláris E. Mey. (Familie *Fabáceae*), die in Westafrika wegen ihrer eßbaren Samen kultiviert wird. Die Früchte werden unterirdisch an bewurzelten Sproßteilen gebildet.

Erdnußbutter: ein fetthaltiges Produkt, das durch Vermahlen gerösteter Erdnüsse mit Öl hergestellt wird. → Erdnuß 1. → Erdnußöl

Erdnußfett → Erdnußöl

Erdnußflips → Maisflips

Erdnußgrütze → Erdnuß

Erdnußkern → Kern → Nußkern → Ölsamen

Erdnußmark → Ölsamen

Erdnußmehl → Erdnuß

Erdnußmilch: ein nußartig schmeckendes → pflanzliches Ersatzmilchpräparat aus Erdnuß, Trockenmilch, vielfach Zucker, Vitaminen und Mineralstoffen. Die geschälten Nußkerne werden zerkleinert, mit Wasser mechanisch gemischt, filtriert, auf einen *pH*-Wert von 6,8 eingestellt und 30 min autoklaviert. Verschiedentlich werden auch Pflanzengummi oder Gelatine zur Stabilisierung der Emulsion eingesetzt, da bei E. nach etwa 5 Tagen eine Phasentrennung beginnt. Die E. wird daher vorwiegend in sprühgetrockneter Form gehandelt. Eine E. aus einer Mischung von Erdnußproteinisolat, Glucosesirup und Büffelmilch ist in Indien entwickelt worden und wird als „*Lac-Tone*“ bezeichnet.

Erdnußmus → Ölsamen

Erdnußöl, *Arachisöl:* das Fett der 35···50% Öl enthaltenden → Erdnuß 1., das durch Pressen oder Lösungsmittelextraktion gewonnen wird. Kaltgepreßtes Öl kann direkt zu Speisezwecken verwendet werden; sonst ist die Raffination erforderlich. Raffiniertes E. ist ein hellgelbes, geruch- und geschmackloses Öl von guter Haltbarkeit, das als Speiseöl und zur Herstellung von Margarine verwendet wird. Hellgelbe, geruchlose Flüssigkeit mit einer Dichte von 0,91 - 0,92 g/cm^3, F. 2 - 3°C, ist mischbar mit Ether und Chloroform. Hydriertes E. (*Erdnußfett*) wird zur Margarineherstellung und als Back- und Bratfett eingesetzt. Die wichtigsten Fettsäuren und ihre Anteile, bezogen auf den Gesamtfettsäuregehalt, sind die Palmitinsäure (4···8%), Stearinsäure (3···5%), Arachinsäure (2···5%), Behensäure (1···2%), Lignocerinsäure (1···3%), Ölsäure (55···63%) und Linolsäure (21···28%). Das E. gehört zu den bedeutendsten Pflanzenölen. → Pflanzenfette

Erdnußrohmasse → Nußrohmasse, marzipanähnliche

Erdnußschokolade → Nußschokolade

Erdnußschrot → Erdnuß

Erdpistazie → Erdnuß

Erdritterling → *Tricholomatáceae*

Erdschieber → Pilzgifte, gastrointestinale

Erdschüpplinge → *Bolbitiáceae*

Erdsilberling → *Tricholomatáceae*

Erdwarzenpilze → *Thelephoráceae*

Erdwicke → Knollenplatterbse

Erfrischungsgetränk: ein Lebensmittel, das aus → Trinkwasser und/oder → Mineralwasser, gegebenenfalls unter Verwendung verschiedener aromawirksamer Zusätze hergestellt wird, Kohlendioxid enthält, wohlschmeckend ist, den Durst zu löschen vermag und den Flüssigkeitsbedarf des Körpers decken kann. Die erfrischende Wirkung wird durch den Gehalt an Kohlendioxid und/oder Fruchtsäuren erzielt. Der Handel bietet die E. in vielfältigen Variationen an: als → alkoholfreie Erfrischungsgetränke, → weinhaltige Erfrischungsgetränke, → alkoholhaltige Erfrischungsgetränke oder als → Tonikgetränke.

Erfrischungsgetränk, alkoholfreies: ein ungesüßtes oder gesüßtes Getränk aus → *Trink-* oder → *Mineralwasser,* mit oder ohne Zusatz von Kohlendioxid, künstlich mineralisiertem Trinkwasser, geschmackgebenden Stoffen und höchst. 0,5% Ethanol, womit es noch zu den alkoholfreien Getränken zählt. Die ungesüßten a. E. *(die Mineralwässer)* wirken erfrischend und löschen ausgezeichnet den Durst, daher *Durstlöscher* genannt. Die ursprüngliche Verwendung von Zitronen *(italien. „limone")* mit Wasser und Zucker zur Herstellung von a. E. führte zu der allg. Bez. *Limonade.* Gesüßte a. E. werden unter Verwendung von geschmackgebenden Stoffen (Fruchtsäften, Fruchtsaftgemischen, Dicksäften, natürlichen Essenzen, natürlichen Limonadengrundstoffen und Genußsäuren) und Weißzucker oder entsprechenden Mengen Kandisabläufen hergestellt. Die Einsatzmenge der Fruchtarten richtet sich nach ihrer Wertigkeit. Eine Verwendung von Rhabarbersaft ist nicht zulässig. *Naturtrübe a. E.* enthalten Fruchtfleischbestandteile. Der Gehalt an Coffein in *coffeinhaltigen Limonaden* und *Colagetränken* beträgt 80···100 mg/l, damit entspricht der Coffeingehalt einer 0,33-l-Flasche a. E. annähernd dem einer Tasse Bohnenkaffee (etwa 5 g Kaffee). Den *vitaminierten Limonaden* sind 150 mg Vitamin C je l zugesetzt. Auf Fässer abgefüllte Limonade (*Faßlimonade*) weist im Vergleich zu Flaschenware einen höheren Extrakt- und einen geringeren Kohlendioxidgehalt auf. Neben den ungesüßten und den in vielen Variationen angebotenen gesüßten a. E. zählen i. w. S. zu der Gruppe der a. E. auch die *Fruchtsäfte, Süßmoste, Milchmischgetränke,* → *Kwas,* → *Kalt-* und → *Heißgetränke.* Die a. E. werden auf Grund ihrer speziellen Eignung häufig auch als sog. *Pausengetränke* bezeichnet. → Erfrischungsgetränk, coffeinhaltiges → Erfrischungsgetränk

Erfrischungsgetränk, alkoholhaltiges, *Getränk, alkoholhaltiges:* eine industriell hergestellte Mischung aus Spirituosen und alkoholfreien Getränken mit oder ohne Kohlendioxidzusatz. Da der Getränkeanteil der Spirituosen durch alkoholfreie Zusätze „verlängert" wird, tragen die a. E. auch die Bez. *Long-drink,* im Gegensatz zum *Short-drink,* der aus unverdünnten Spirituosen besteht. Die hergestellten a. E. werden als *alkoholische Mischgetränke* bezeichnet. Der Ethanolgehalt der a. E. beträgt 16%-Vol., 10%-Vol. und 8%-Vol. Eiskalt serviert, mit oder ohne Zusatz von Sekt oder Mineralwasser, wirken die a. E. angenehm erfrischend. → Erfrischungsgetränk, alkoholfreies → Erfrischungsgetränk, weinhaltiges → Erfrischungsgetränk → Bargetränk

Erfrischungsgetränk, chininhaltiges → Tonikgetränk

Erfrischungsgetränk, coffeinhaltiges: ein gesüßtes, anregendes Getränk in Form von a) *Limonade, b) Colagetränk* oder c) in den Tropen und Subtropen aus dort heimischen Rohstoffen hergestellter *Zubereitung unterschiedlichen Coffeingehaltes.* So wird z. B. im Amazonasgebiet aus den zerstampften Samen einer Liane, *Paullínia cupána* H.B.K.(Familie *Sapindáceae*), durch Wasser- und Maniokzusatz ein c. E. mit der Bez. *Guaraná* hergestellt. Der Coffeingehalt dieses Samens beträgt 4···6%. Aus frischen oder getrockneten Blättern von Ilex-Arten (*Ílex corállina Franch., I. vomitória Ait.*, Familie *Aquifoliáceae*) wird im Süden Nordamerikas ein c. E. mit der Bez. *Cassine* als Aufguß bereitet. Die Blätter enthalten 0,3% Coffein. *Colagetränke* werden industriell aus Trinkwasser hergestellt, dem Genußsäuren, Coffein, Cola- und andere Drogenauszüge und/oder Destillate sowie ätherische Öle als geschmackswirksame Stoffe zugesetzt werden. Der Geschmack der Colagetränke ist leicht bitter, intensiv würzig-aromatisch und ausgeglichen im Zucker-Säure-Verhältnis.

Der Zuckergehalt wird z. T. durch Süßstoffe (vgl. *Cola-light*) ausgetauscht. Auch der Kohlendioxidgehalt ist entsprechend der Herstellungsvorschrift unterschiedlich. *Die* coffeinhaltigen Limonaden weisen im Vergleich zu den *Colagetränken* geringere Rohstoffeinsätze auf. → Erfrischungsgetränk → Erfrischungsgetränk, alkoholfreies → Guarana, → Leichtprodukt

Erfrischungsgetränk, proteinhaltiges: ein künstlich zusammengesetztes, auf Flaschen gefülltes, sterilisiertes, mit oder ohne Kohlensäure hergestelltes Getränk, das vor allem in Asien und Südamerika zur Behebung des Proteinmangels beitragen soll. Zu den p. E. zählen z. B. a) *Vitasoy,* ein sterilisiertes p. E. mit 2,5 % Sojaproteinzusatz und Vitaminen. Das Vitasoy enthält bis zu 20 % seines Energiewertes hochwertiges Protein und wird vor allem in Hongkong hergestellt; *b) Saci,* ein sterilisiertes p. E., das 3 % Sojaprotein sowie Vitamine enthält. Das Saci wird auch als eiweißangereicherte und mit Karamel aromatisierte *Coca-Cola* bezeichnet und wird mit oder ohne Kohlensäurezusatz hergestellt, 15 % seines Energiewertes bestehen aus hochwertigem Protein. Das Saci wird vorwiegend in Brasilien getrunken; c) *Puma,* ein sterilisiertes p. E. unter Zusatz von 2 % Sojaprotein, Vitaminen und Fruchtaroma. 20 % des Energiewertes von *Puma* bestehen aus hochwertigem Protein. Das Puma wird vor allem in Guyana mit oder ohne Kohlensäurezusatz hergestellt.

Erfrischungsgetränk, weinhaltiges: ein industriell hergestelltes, gesüßtes, kohlendioxidhaltiges Getränk mit einem Zusatz von 20 % Traubenwein. Der Ethanolgehalt beträgt 2,0···2,5 %-Vol., der Kohlendioxidgehalt 4,5 g/l und der Zuckerzusatz 6,38 kg/hl. Die verwendeten Traubenweine – Weißwein und Rotwein – müssen festgelegten Qualitätsmerkmalen entsprechen. *Schorle, Schorle-Morle* und *Kalte Ente* sind individuell hergestellte gekühlte Mischungen aus Weißwein mit Mineralwasser und Zitronenscheiben. → Erfrischungsgetränk → Getränk, weinhaltiges

Erfrischungstee → Kombuchá

Ergine → Wirkstoffe

Ergobasin → Mutterkornalkaloide

Ergocalciferol → Vitamin D → Provitamin D

Ergocornin → Mutterkornalkaloide

Ergocorninin → Mutterkornalkaloide

Ergocristin → Mutterkornalkaloide

Ergocristinin → Mutterkornalkaloide

Ergocryptin → Mutterkornalkaloide

Ergocryptinin → Mutterkornalkaloide

Ergometrin → Alkaloide → Mutterkornalkaloide

Ergometrinin → Mutterkornalkaloide

Ergosin → Mutterkornalkaloide

Ergosinin → Mutterkornalkaloide

Ergosterin → Vitamin D → Provitamin D → Sterole

γ-Ergosterol → Sterole → Vitamin D → Provitamin D

Ergotamin → Alkaloide → Mutterkornalkaloide

Ergotaminin → Mutterkornalkaloide

Ergothionein → Betaine

Ergotoxin → Alkaloide → Mutterkornalkaloide

Eriánthus spec. → Kerpa

Ericolin → Phenolglycoside

Erimado → Ojokbaum

Eriobótyra japónica → Mispel, Japanische

Eriocitrin → Flavonoide

Eriodictin → Flavonoide

Eriodictyol → Flavonoide

Eritadenin, *Lentysin:* ein heterocyclisches biogenes Amin (s. Struktur S. 411 oben).
E. ist im Fruchtkörper des Shiitake-Pilzes [*Lentínus edódes* (Bark) Sing.] enthalten und zeigt eine cholesterolspiegelsenkende Wirkung. Diese beruht auf der Hemmung der Synthese eines Lipoproteins, welches das Cholesterol in der Leber zu-

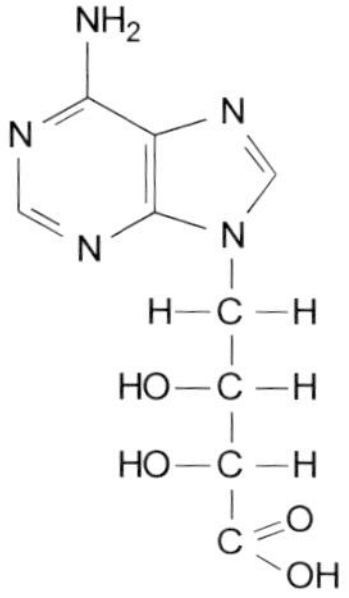

rückhält, wodurch es zu einer schnelleren Ausscheidung des Cholesterols über den Darm kommt. → Pilzwirkstoffe

Erlen-Grübling → *Boletáceae*

Erlose → Trisaccharide

Ersatzgewürz → Gewürzersatz

Ersatzlebensmittel → Lebensmittelsurrogat

Ersatzmilchpräparat, pflanzliches, *milchfreie Pflanzenmilch Pflanzenfettemulsion:* ein aus Pflanzensamen (→ Ölsamen, → Ölsaaten, → Hülsenfrüchten) nach verschiedenen Patenten hergestelltes fett-, mineralstoff- und vitaminhaltiges, vor allem proteinhaltiges Erzeugnis in Flüssig- oder Pulverform, das als → Kindernährmittel hauptsächlich für Länder vorgesehen ist, für deren Bevölkerung kein oder nur in geringen Mengen tierisches Eiweiß zur Verfügung steht. Zu den p. E. zählen → Sojamilch, → Erdnußmilch, → Kokosmilch, Mandelmilch (→ Mandel), → Kaschumilch und *Lac-Tone.* Die durchschn. Zusammensetzung einiger handelsüblicher p. E. s. Tab. unten.
Die p. E. kommen auch als sog. → Imitationsmilchprodukte bzw. *milchähnliche Produkte,* die keine Molkereierzeugnisse enthalten, in den Handel und dienen speziellen Kostformen (z. B. Personen, die gegen Kuhmilch allergisch sind). Da die p. E. in der Herstellung rel. preiswert und zudem gut haltbar sind, dienen sie z. B. auch als → Kaffeeweißmacher oder *Schlagsahne-Ersatz.* Weitere *milchähnliche Produkte* sind vor allem in den USA auf dem Markt, z. B. *Magermilch mit Pflanzenfettzusatz* („*Filled milk*"). Es gibt verschiedene Sorten, je nach Fettzusatz, die jedoch nicht in kondensierter oder getrockneter Form, sondern nur in flüssiger Form gehandelt werden dürfen.

Erúca pinnatifída → Jambaraps

Erúca satíva → Jambaraps

Erucasäure, *Docos-13-en-säure:* eine Monocarbonsäure der Formel CH_3-$(CH_2)_7$-CH=CH-

Zusammensetzung verschiedener trinkfertiger pflanzlicher Ersatzmilchpräparate im Vergleich zu Kuhmilch (bezogen auf 100 g)

Bestandteil		Sojamilch	Erdnußmilch	Lac-Tone	Kuhmilch
Feuchtigkeit	in g	86,8	86,1	88,0	87,6
Eiweiß	in g	4,2	3,0	3,5	3,1
Fett	in g	3,4	5,2	3,0	3,7
Asche	in g	0,8	0,8	0,7	0,8
Kohlenhydrate	in g	4,8	4,9	4,8	4,7
Calcium	in mg	108,0	110,0	120,0	125,0
Phosphor	in mg	98,0	102,0	110,0	870,0
Eisen	in mg	1,3	1,5	1,0	0,14
Vitamin A	in I.E.	140,0	140,0	150,0	160,0
Vitamin B_1	in mg	0,06	0,07	0,10	0,03
Riboflavin	in mg	0,19	0,20	0,20	0,20
Niacin	in mg	1,1	1,1	1,0	0,07
Ascorbinsäure	in mg	1,8	1,8	3,0	1,8

$(CH_2)_{11}$-COOH. Das Vorkommen der E. scheint auf die Samenöle der Cruciferen (Rapsöl 20···50%, Senföl etwa 40%, Brunnenkressenöl etwa 82%) beschränkt zu sein. Ergebnisse von Tierexperimenten (E. verursachte krankhafte Erscheinungen, z. B. Myocarditis und Wachstumsstörungen) lassen die E. als ernährungsphysiologisch bedenklich erscheinen. Aus diesem Grunde werden erucasäurearme Rapssorten gezüchtet. F. 33,5°C. E., die sich leicht (kleine Mengen Selen, nitrose Gase) in ihr trans-Isomeres, die *Brassidinsäure,* umwandeln läßt, dient zur Herstellung von *Korrosionsinhibitoren, Kunststoffhilfsmitteln* und *synthetischen Fasern.*

Erucástrum arábicum → Togotia

Erucin → 4-Methylsulfid-n-butylsenföl

Erva → Mate

Erva des Santa Maria → Epasote

Erve → Linse

Erysipháles → Pilze

Erythorbinsäure → Antyoxydantien

Erýthrina berteroána → Pito 2.

meso-Erythrit → Zuckeralkohole

Erythritol (Erythrit) → Zuckeralkohole

Erythrocruorine → Farbstoffe

Erythrodextrin → Dextrin

Erythrodiol: ein Triterpen-Alkohol mit der Formel:

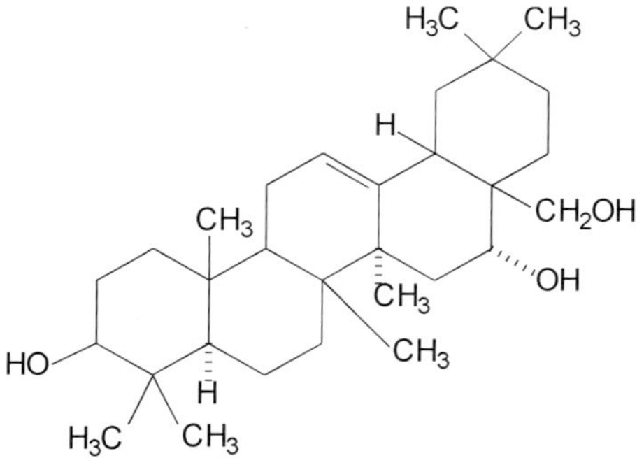

E. kommt als Stearinsäureester in den Früchten des Kokastrauches *Erythróxylum novogranaténse* (Morris) Hieron. vor, F. 235···237°C, $[\alpha]_D^{25}$ +76···80° (in Trichlormethan).

Erythrónium dens-cánis → Arrowroot, Japanisches

D-Erythronsäure → N-Carboxymethyllysin

D-Erythropentulose → Pentosen

Erythrose →Tetrosen

Erythrosin → Lebensmittelfarbstoffe

Erythrotin → Vitamin B_{12}

Erythróxylon spec. → Kokastrauch

D-Erythrulose → Tetrosen

Erzeugnis, butterhaltiges: durch Austausch von Milchfett durch raffinierte Pflanzenfette hergestelltes *Kombinationsstreichfett* mit Sauerrahmbuttercharakter. Der Fettgehalt der hergestellten Erzeugnisse (Milchimitationsprodukte) beträgt z. B. 70% und setzt sich aus 56% Milchfett, 11,2% erucasäurearmem Rapsöl und 2,8% erucasäurearmem Rübhartfett zusammen. Damit wird eine Verbindung der Eigenschaften (Streichfähigkeit bei 4°C, küchentechnische Verarbeitung) mit der Aufwertung an *langkettigen* ungesättigten Fettsäuren erreicht. Der Energiewert beträgt etwa 2640 kJ (630 kcal).

Erzeugnis, kaffeeähnliches → Kaffee-Ersatzmittel

Erzeugnis mit Kokosgeschmack → Kokosware

Erzeugnis, teeähnliches, *Tee-Ersatz:* ein Erzeugnis aus Kräutern (*Kräutertee*), Früchten (*Früchtetee*), Schalen (*Schalentee,* z. B. *Kakaoschalentee*), Wurzeln oder Rinden, entweder in getrockneter und grob zerkleinerter oder feinst zerkleinerter Form für *Aufgußbeutel, gepreßt für Tabletten* oder in *Instantform* (z. B. *Campingtee*) zur Bereitung eines *teeähnlichen Getränkes,* sei es durch *Aufguß* (→ Aufgußgetränk), Abkochung, Kaltwasserauszug oder durch Verwendung sofortlöslicher Produkte. Die t. E. werden entweder aus

Pflanzenteilen einer einzigen Pflanzenart (z. B. *Pfefferminztee, Hagebuttentee*) oder als Mischung aus verschiedenen Pflanzenarten zu sog. *Haustees* zusammengestellt, wobei zur Abgrenzung gegenüber *Arzneitees* den t. E. keine größeren Mengen von Pflanzen mit arzneilicher Wirkung (z. B. Sennesblätter) beigemischt sind und keine bestimmte Heilwirkung beabsichtigt ist. Die t. E. werden entweder aus kultivierten Früchten oder → Wildkräutern hergestellt. Als *Tee-Ersatz* werden vor allem solche t. E. bezeichnet, die in Farbe und Geschmack dem *Schwarzen Tee* sehr ähnlich sind, z. B. *fermentierte Brombeerblätter.* → Gesundheitspflegemittel

'Erzgebirgsperle' → Beerenobst

Eschalote → Lauch → Schalotte

Escheritzen → Speierling

Eschlauch → Lauch → Schalotte

Esdragol → Estragol → Phenole

Eselsfeige → Maulbeerfeige

Eselsohr → Becherlinge

Eselsohren → Knollenplatterbse

Eskariol → Endivie

Esox lúcius → Hecht

Espada, *Tangila:* eine in Asien angebaute Wasserpflanze, *Ottélia alismoídes* (L.) Pers. (Familie *Hydrocharitáceae*), deren Blätter auf den Philippinen als Kochgemüse, in Thailand als → Küchenkraut für Reisgerichte verwendet werden.

Espenpilz → *Boletáceae*

Esrom: dänischer Weichkäse in den Fettstufen 60 % F. i. Tr. und 45 % F. i. Tr. → Käsesorten

Essence d'Amali → Galgant

Essener Brot: ein mild, kaum säuerlich schmeckendes Vollkornbrot mit 60 % keimaktiviertem Getreide (aus Weizen, Roggen, Hafer, Hirse) des eingesetzten Rohstoffs und unter Zusatz von Leinsaat, Sesam, Sonnenblumenkernen, Honig und Meersalz. Nach zwölfstündigem Ankeimen, noch bevor sich der Getreidekeim zeigt, wird das Quellgut durch eine Flockenwalze gequetscht und zu einem Sauerteig unter Hefezusatz verarbeitet.

Essenzen, *Aromen:* mehr oder minder konzentrierte, nicht zum unmittelbaren Genuß bestimmte Zubereitung von Geruchs- und Geschmacksstoffen natürlichen oder synthetischen Ursprungs, die in dünn-, dickflüssiger, pastöser oder pulveriger Form in den Verkehr gebracht werden. Sie werden vorwiegend in der Süßwaren-, Backwaren- und Getränkeindustrie verwendet. Als Träger für die E. gelangen Ethanol, Wasser, Pflanzen- und Fruchtsäfte, Öle Fette, Stärke-, Zuckersirup, Stärke, Gelatine, Pectine und Zucker zur Anwendung. Für E. von pulverförmiger Beschaffenheit sind unter gewissen Voraussetzungen bis zu 20 % Calcium- oder Magnesiumcarbonat zugelassen. Man unterscheidet:
natürliche E.: Zubereitung aus Naturprodukten, wie Obst, Obstteilen, Gewürzen oder daraus gewonnenen ätherischen Ölen,
künstliche E.: Zubereitungen aus geeigneten synthetischen Geruchs- und Geschmacksstoffen, z. B. Fruchtether,
künstlich verstärkte E.: natürliche Essenzen, deren Geruchs- und Geschmacksstoffe durch geringe geeignete Zusätze von synthetischen Geruchs- und Geschmacksstoffen verstärkt werden. Die künstlichen und künstlich verstärkten E. müssen als solche eindeutig gekennzeichnet werden. Eine Färbung mit Lebensmittelfarbstoffen ist ebenfalls kennzeichnungspflichtig. Zu den E. gehören auch die als → Destillat oder → Extrakt (Auszug) in den Handel gebrachten Erzeugnisse mit Ausnahme von Essigessenz, Weindestillat, Hefe-, Punsch- und Pilzextrakten.

Essig, *Speiseessig:* eine klare Flüssigkeit von stechendem Geruch und saurem, gegebenenfalls aromatischem Geschmack, die durch vergären ethanolhaltiger Flüssigkeiten (z. B. Wein, Ethanol, Apfelwein, Birnenwein, Bier, Malz u. a. vergorenen Fruchtmosten) oder durch Verdünnen von konzentrierter, chemisch reiner Essigsäure mit Wasser gewonnen wird. Dementsprechend wird zw. *Gärungs-* und *Säureessig* unterschieden. Die Unterschiede der einzelnen Essigsorten ergeben sich aus dem Gehalt an Essigsäure, aus den verwendeten Rohstoffen und Gewürzen. Vorwiegend ist der E. ein → Würzmittel, ohne dessen Verwendung viele Speisen geschmacklos wären. Weiterhin dient E. als wichtigstes Konservierungsmittel, z. B. für → Essiggemüsesterilkonserven und → Marinaden. Entsprechend den Herstellungsverfahren bzw. eingesetzten Rohstoffen unterscheidet man folgende Arten vom Gärungsessig:

a) *Spritessig:* Es wird ein Sprit-Wasser-Gemisch mit etwa 11 % Ethanol zu Essigsäure vergoren:

$$\underset{\text{Ethanol}}{CH_3CH_2OH} + \underset{\text{Sauerstoff}}{O_2} \rightarrow \underset{\text{Essigsäure}}{CH_3COOH} + \underset{\text{Wasser}}{H_2O}$$

Dies erfolgt in Holzbottichen von etwa 4 m Durchm. und bis 8 m Höhe. Die Behälter sind zu zwei Drittel mit Buchenholzspänen gefüllt, auf denen die Essigsäurebakterien (*Acetobacter*-Arten) angesiedelt sind. Das Ethanol-Wasser-Gemisch läuft unter Belüftung langsam über die Buchenholzspäne in den unteren, ungefüllten Teil des Bottichs. Durch die Verteilung der Flüssigkeit über die große Oberfläche der Späne wird das Ethanol schnell zu Essigsäure oxydiert. Die Flüssigkeit wird mehrmals umgepumpt, bis das gesamte Ethanol zu Essigsäure umgesetzt ist. Es kann ein Essigsäuregehalt bis zu 12 % erreicht werden; bei höherem Gehalt an Essigsäure sterben die Essigsäurebakterien ab. Der gewonnene E. wird filtriert und einige Wochen zur Aromabildung gelagert. Vor dem Abfüllen wird er mit Wasser auf den gewünschten Essigsäuregehalt eingestellt.

b) *Weinessig:* ein Gärungsessig, der ausschließlich aus handelsfähigem oder zur Weinessigbereitung zugelassenem Weiß- oder Rotwein wie Spritessig hergestellt wird.

c) *Weinessigverschnitt:* ein durch oxydative Vergärung einer ethanolhaltigen Maische (der anstelle von Ethanol 40 % Wein zugesetzt wurde) oder durch Vermischen (Verschneiden) von Spritessig (10 g Säure/100 ml) mit Weinessig (10 g Säure/100 ml) gewonnenes Erzeugnis, wobei das Erzeugnis 40 % Weinessiganteile enthalten muß. Weinessig und Weinessigverschnitt haben einen aromatischen Geruch und Geschmack.

d) *Kräuter-* oder *Gewürzspritessig:* durch oxydative Gärung ethanolhaltiger Maische und anschließendes Ausziehen mit Kräutern und Gewürzen (wie Estragon, Dill, Wacholderbeeren, Lorbeerblätter, Bohnenkraut, Thymian, Pfefferminze, Wurzelpetersilie und Meerrettich) hergestellter E., z. B. Estragonessig, Dillessig, Meerrettichessig.

e) *Spritessig mit Kräuter- oder Gewürzgeschmack:* durch oxydative Vergärung ethanolhaltiger Maische und anschließenden Zusatz von ätherischen Ölen, Destillaten oder ethanolhaltigen Auszügen von Kräutern oder Gewürzen hergestellter E.. Nach den zur Vergärung gelangenden Rohstoffen werden noch verschiedene Essigarten gehandelt, die aber nur geringe, meist örtlich begrenzte Bedeutung haben.

f) *Malzessig:* ein Gärungsessig, dessen Maische ausschließlich aus Malz bereitet wird (7···10 % Essigsäure).

g) *Obstessig:* ein durch Vergären von Obstwein hergestellter E.

h) *Bieressig, Kartoffelessig, Molkenessig und Fruchtessig* werden aus Bier, Kartoffeln, Molke bzw. mindestens 10 % Fruchtsaft enthaltende wäßriger Lösung durch oxydative Vergärung hergestellt und enthalten 5···10 % Essigsäure.

Bei Essenzessig werden noch unterschieden:

a) *Speiseessig:* ein durch Verdünnen von → Essigsäure mit Wasser hergestelltes Erzeugnis.

b) *Kräuter-* oder *Gewürzspeiseessig:* durch Auslaugen von Kräutern oder Gewürzen mit Speiseessig oder durch Zusatz von Auszügen aus Kräutern oder Gewürzen (→ Kräuter- oder Gewürzspritessig) mit Essigsäure zu Speiseessig hergestellt.

c) *Speiseessig mit Kräuter- oder Gewürzgeschmack:* durch Zusatz von ätherischen Ölen, Destillaten oder ethanolischen Auszügen zu Speiseessig hergestellter E. Kräuter- und Gewürzessig müssen den jeweils charakteristischen Geruch und Geschmack der Kräuter bzw. Gewürze haben. An die einzelnen Essigsorten werden folgende Forderungen gestellt (s. Tab. S. 415).

Die EG-Kommission ist 1991 zu dem Ergebnis gelangt, daß ein durch Verdünnung und nicht durch *doppelte Gärung* gewonnenes Erzeugnis nicht in

der EG für „Essig“ als wesentlich angegebene Eigenschaft in Bezug auf das Herstellungsverfahren besitzt und deshalb einer anderen Produktkategorie zuzuordnen ist. Freie Mineralsäuren dürfen bis auf technisch unvermeidbare Spuren nicht enthalten sein.
Trüber E. oder E. mit Schleim- oder Flockenbildung sowie E. mit Essigälchen sind qualitätsgemindert und dürfen nicht verkauft werden. Die *Essigälchen* sind 1 mm (Männchen) bis 2 mm (Weibchen) lange, durchscheinende Fadenwürmer mit einem ungegliederten, am Hinterende in einer Spitze auslaufendem Körper, die E. und andere mit E. hergestellte Erzeugnisse befallen. Die Essigälchen sind nicht schädlich, aber unappetitlich. Sie können durch Erhitzen auf 45°C abgetötet und durch anschließendes Filtrieren beseitigt werden. Da Metalle von E. angegriffen werden, dürfen beim Herstellungsprozeß, Abfüllen und Aufbewahren keine Geräte und Behälter aus Metall verwendet werden. Auch essighaltige Speisen dürfen in Metallgefäßen nicht zubereitet oder gekocht werden.

Essigessenz: gereinigte wasserhaltige Essigsäure mit mehr als 15,5 % Essigsäure. E. mit mehr als 25 % Essigsäure darf nur an Händler und Verbraucher, nicht aber an Letztverbraucher abgegeben werden, außerdem ist ein Warnhinweis vorgeschrieben.

Essiggemüsesterilkonserve: ein Gemüseerzeugnis, das durch einen Aufguß von Essig mit Speisesalz, Zucker und natürlichen Gewürzen oder deren Auszügen süß-sauer oder sauer tafelfertig zubereitet, bei einem *pH*-Wert unter 4 durch anschließende Pasteurisation haltbar gemacht wird. → Gemüsedauerware

Essiggurke, *Pfeffergurke:* eine künstlich gesäuerte Gurke, hergestellt entweder durch Einlegen von rohen oder schon vergorenen Gurken. → Essiggemüsesterilkonserve → Gemüsedauerware

Essiggurkengewürz: eine → Gewürzmischung aus Beifuß, Cayennepfeffer, Dill, Estragon, Basilikum, Gewürznelken, Ingwer, Lorbeerblättern und weißem Pfeffer.

Chemisch-physikalische Merkmale verschiedener Essigsorten

Sorte	Gesamtsäure (berechnet als Essigsäure in in g/100 ml + 0,2	Ethanolgehalt in %-Vol. höchst.	Gesamtsäure in g/100 ml mind.	Ameisensäure- in % höchst.
Spritessig, Kräuter- oder *Gewürzspritessig,* Spritessig mit Kräuter-oder Gewürzgeschmack	10	0,3	-	-
Weinessig	10	0,3	2,0	-
Weinessig-verschnitt	10	0,3	0,8	-
Speiseessig	10	-	-	?
Kräuter- oder *Gewürz-speiseessig*	10	-	-	0,01
Salatessig	5	-	-	0,2

Essigpilze, *marinierte Pilze:* nach Vorbehandlung (Blanchieren) mit Essig, Kochsalz, Zucker sowie anderen natürlichen Gewürzen versehene und in luftdicht verschlossenen Behältnissen durch Erhitzen haltbar gemachte Pilzerzeugnisse. E. dürfen nur aus für den Verkehr zugelassenen Pilzen und artenrein oder in Mischungen bis zu 4 Arten hergestellt werden. E. sind bes. in Osteuropa und Italien beliebt. → Pilzerzeugnisse

Essigrose → Samtrose

Essigsäure (E 260), *Ethansäure:* eine gesättigte Monocarbonsäure der Formel CH_3-COOH. Wasserfreie E. (*Eisessig*) erstarrt zu Kristallen; F. 16,5°C, Kp. 118°C. Die E. ist eine stechend riechende Flüssigkeit. Sie ist Bestandteil der Keimlingsöle einiger Gramineen (z. B. Maiskeimöl). In freier und gebundener Form findet sich E. in vielen ätherischen Ölen. Sie spielt im Zwischenstoffwechsel eine wichtige Rolle. E. kann durch Gärung gewonnen werden und war schon im Altertum als *Weinessig* bekannt. Sie entsteht bei der trockenen Destillation des Holzes (*Holzessig*) und kann durch aceotrope Destillation des Holzessigs gewonnen werden. Die synthetische Darstellung erfolgt durch Wasseranlagerung an Ethin und Oxydation des entstehenden Acetaldehyds. Essigsäureester dienen als Lösungsmittel. Verdünnte E. (5···8 %) wird als Speiseessig verwendet. → Acetoglyceride → Acetate → Konservierungsstoffe

Eßkastanie, *Edelkastanie, Marone, Kösten, Echte Kastanie:* Frucht des bis 30 m hohen Baumes *Castánea satíva* Mill. (Familie *Fagáceae*), der im Mittelmeergebiet und Ostasien kultiviert wird. Es gibt 3 Formengruppen: *Kastanien* (italien.: castagne), die eine dunkle, schwer vom Fruchtfleisch lösende Schale haben und wenig haltbar sind, *Maronen* (italien.: marroni), deren Schale hell ist und sich leicht vom Fleisch löst, und *Dauermaronen* (italien.: ricciaia), die nicht selbst vom Baum abfallen. Die saccharose- und stärkereichen Früchte (Tab.) werden geröstet oder gekocht gegessen, zu Maronenpüree sowei *Vermicelles* verarbeitet und als Gemüsebeilage verwendet. Sie werden auch zu Mehl vermahlen, aus dem → *Kastanienbrot* hergestellt werden kann. Die Stärke wird als Maronenstärke gehandelt. Die Bäume werden auch nördlich des Anbaugebietes gepflanzt, die Früchte reifen aber nur in Weinbaulagen und in Jahren mit hoher Sonnenscheindauer auch nördlich davon bis hin zur Küste aus. Ähnliche Verwendung finden die Früchte anderer Arten, wie *Castánea dentáta* (Marsh.) Borkh. in Nordamerika oder *Castanópsis*-Arten (*Silberkastanie*) auf Djawa.

Zusammensetzung und Energiewert der Eßkastanie

Bestandteil	Durchschnittl. Gehalt in 100 g eßbaren Anteils	
Feuchtigkeit	50,1	g
Eiweiß	2,92	g
Fett	1,90	g
Kohlenhydrate	42,8	g
Saccharose	13,9	g
Stärke	27,3	g
Rohfaser	1,42	g
Mineralstoffe	1,18	g
Natrium	1,5	mg
Kalium	707,0	mg
Calcium	33,0	mg
Eisen	1,32	mg
Phosphor	87,0	mg
Caroten	0,024	mg
Vitamin B_1	0,20	mg
Vitamin B_2	0,21	mg
Niacin	0,87	mg
Vitamin B_6	–	
Vitamin C	27,0	mg
Energiewert in kJ (kcal) je 100 g eßbaren Anteils	885 (210)	

Eßpapier → Oblate

Ester: chemische Verbindungsklasse der Struktur R-COOR', deren Vertreter formal durch Kondensation von Säuren mit Alkoholen gebildet werden. E. von Fettsäuren mit Glycerol bilden die wichtige Gruppe der *Fette.* Bei den in der Pflanzenwelt weit verbreiteten *Wachsen* handelt es sich um E. mit langkettiger Alkohol- und Fettsäurekomponente. Die niederen Ester spielen in einer Reihe von Lebensmitteln, insbes. in Früchten, eine entscheidende Rolle als *Aromastoffe* und werden deswegen auch als *Fruchtether* bezeichnet. Insbes. Äpfel, Birnen, Erdbeeren, Pfirsiche und Orangen weisen eine Vielzahl von Estern auf. Entscheidenden Einfluß auf das Aroma haben → *2-Methylbuttersäureethylester* bei Äpfeln, → *trans-2-cis-4-Decadiensäureester* bei Birnen, → *Anthranilsäuremethylester* bei Zitrusfrüchten und *Amyl-* sowie *Isoamylester* bei Bananen. Synthetisch gewonnene E. werden weitgehend in der Aromenindustrie verwendet. Die künstlich hergestellten Fruchtether enthalten insbes. Fettsäureethylester und Fettsäureamylester im Gemisch mit Methyl- und Ethylestern der Benzoesäure, Salicylsäure und Sebacinsäure. Zur Verstärkung des Aromas werden ihnen häufig ätherische Öle und Fruchtsäuren, wie Citronen-, Wein-, Äpfel- und Fumarsäure, zugesetzt. Ananasether enthält Buttersäureamyl- und Buttersäureethylester; Birnenether Essigsäureamylester, Apfelether Baldriansäureamylester. Die Fruchtether werden in ethanolischer Lösung als *Fruchtaromen* verwendet.

Esterasen → Phosphatasen

Ester der Para-Hydroxybenzoesäure → PHB-Ester → Konservierungsmittel

Estonian: *Hartkäse* mit 45 % F. i. Tr. aus der ehem. Sowjetunion. → Käsesorten

Estragol, *p-Allylanisol, Chavicolmethylether, Esdragol, Isoanethol, 4-Methoxy-1-allylbenzen, Methylchavicol:* Phenolether (s. Struktur)

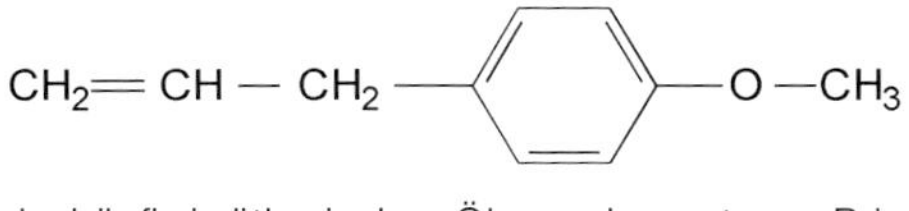

der häufig in ätherischen Ölen vorkommt, so z. B. in Estragon-, Basilikum-, Kerbel-, Anis-, Sternanis- und Fenchelöl. E. ist eine farblose, nach Anis riechende Flüssigkeit, die im Gegensatz zu *Anethol* nicht süß schmeckt, Kp. 215 °C, d_4^{15} 0,9612. Die Darstellung erfolgt durch Umsetzung von p-Methoxy-phenylmagnesiumbromid mit Allylbromid. E. wird zum Aromatisieren von Senf, Gewürzsoßen, Wurstwaren u. dgl. verwendet. → Phenole

Estragon, *Dragunwermut, Dragon, Dragun:* die frischen oder getrockneten Blätter und Zweigspitzen der in gemäßigten Gebieten Amerikas und Asiens heimischen und in Europa und den USA angebauten Staude *Artemísia dracúnculus* L. (Familie *Asteráceae*). Der charakteristische Geruch und Geschmack sind auf den Gehalt an ätherischem Öl (0,2···0,8 %) mit den Hauptkomponenten *Phellandren, Ocimen* und *Methylchavicol* (*Estragol*) zurückzuführen. Der E. dient zum Würzen von Soßen, Salaten, Mayonnaisen, Fischgerichten, zum Einlegen von Gurken und zur Herstellung von *Estragon-Speisesenf* und *Estragonessig.* → Wermut

Estragonessig → Essig

Estragon-Speisesenf: ein kräftig mit Estragon gewürzter → *Speisesenf.* → Estragon

Esuriyams → Bitteryams, Afrikanisches

Etagenzwiebel → Catawissazwiebel → Lauch

Ethan → Kohlenwasserstoffe, aliphatische

Ethanal → Acetaldehyd

Ethandiol → Polyalkohole

Ethandisäure → Oxalsäure

Ethanol, *Ethylalkohol, Weingeist:* ein einwertiger, gesättigter, aliphatischer Alkohol der Formel CH_3-$CH_2(OH)$. E., meist kurz, aber nicht ausreichend korrekt (→ Alkohole) als Alkohol bezeichnet, kommt in der Natur in geringen Mengen relativ häufig vor, selbst in tierischen Geweben und im Blut, meist sekundär durch Gärung entstanden oder als Ester. E. ist eine farblose, klare, leicht entzündliche, angenehm riechende, brennend schmeckende Flüssigkeit, F. (des reinen E.) −114,4 °C, Kp. 78,39 °C, d_4^{20} 0,7892. Es verbrennt mit blaßblauer Flamme zu Kohlendioxid und Wasser. E. ist mit Wasser, anderen Alkoholen, Ether, Chloroform und anderen Halogenwasserstoffen, Benzin und Benzen in jedem Verhältnis mischbar. Der Ethanolgehalt von Ethanol/Wasser-Gemischen wird entweder in Volumenprozent oder in Masseprozent angegeben. Er wird nach Bestimmung der Dichte aus Tabellen ermittelt. Beim Vermischen mit Wasser tritt Erwärmung und Volumenkontraktion ein, so daß z. B. aus 50 l E. und 50 l Wasser nur 96,4 l Ethanol/Wasser-Gemisch (51,9 %-Vol.) entstehen. Man kann deshalb bei der Berechnung der für die Verdünnung eines Alkohols auf einen bestimmten Ethanolgehalt benötigten Wassermenge nur von den Masseprozenten ausgehen. Bei der Herstellung von Spirituosen ist diese Kontraktion zu beachten; der Extrakt (→ Spirituosen → Bier) ist an der Kontraktion nicht beteiligt. Im Handel wird der Ethanolgehalt von Spirituosen und Getränken in Volumenprozent (%-Vol.) angegeben. Die Bez. „40 %-Vol." bedeutet, daß in 100 l Ethanol/Wasser-Gemisch 40 l E. enthalten sind.

E. wird über Darmkanal, Haut und Schleimhäute sehr schnell resorbiert und größtenteils zu Kohlendioxid und Wasser abgebaut. 1 g E. liefert dabei 30 kJ (7,1 kcal) Energie, die jedoch nur z. T. für die energetischen Bedürfnisse des Körpers nutzbar gemacht werden können, z. B. bei einem normalgewichtigen, 170 cm großen Mann bis zu etwa 100 g je Tag vollständig. Ein regelmäßig hoher Alkoholgenuß neben der normalen Kost kann zum Entstehen von Körperübergewicht bzw. zur Fettsucht führen. Der chronische Trinker dagegen deckt einen großen Teil seines Energiebedarfs durch E. und verzichtet auf eine normale Kost. Diese Fehlernährung kann zu Vitamin-B_1-Mangelerscheinungen, möglicherweise auch zur Unterversorgung an Eiweiß führen. E. wirkt bei mäßigem Genuß anregend, in größeren Mengen und hohen Konzentrationen jedoch giftig. Auch eingeatmete Dämpfe können Organschädigungen bewirken. Alkoholgenuß steigert die Empfindlichkeit gegen gewerbliche Gifte (z. B. Quecksilber, Blei, Arsen, Nitrobenzen, Anilin u. ä.) sowie verschiedene Arzneimittel. Bei der akuten *Alkoholvergiftung* treten u. a. folgende Symptome auf: Lähmung von Hemmungszentren im Zentralnervensystem, anfänglich Erregung, Reflexsteigerung, gesteigerter Bewegungsdrang, später Lähmung motorischer Zentren, Ermüdung, Muskelerschlaffung, Unsicherheit der Bewegungen, Erschwerung der Sprache, in schweren Fällen Narkose. Durch Erweiterung der peripheren Blutgefäße und durch Lähmung des Wärmezentrums tritt vermehrter Wärmeverlust und Unterkühlung (tiefer als 30°C) auf, was das häufige Auftreten von Erfrierungstod erklärt. Der normale Blutalkoholgehalt beträgt 0,02···0,03 Promille. Bereits leicht erhöhter Blutalkoholgehalt von 0,1···1 Promille führt zur Hebung der Stimmung, Verlängerung der Reaktionszeit, zu Sorglosigkeit und Gleichgültigkeit, zur Überschätzung der eigenen Leistungsfähigkeit, Erhöhung der Fehlerzahl bei körperlichen und geistigen Präzisionsleistungen, z. B. beim Autofahren, Maschineschreiben und Rechnen. Blutalkoholgehalte von 1···2 Promille führen zum Verlust der Selbstkontrolle, 2···3 Promille zu sinnloser Trunkenheit und 3···5 Promille (das entspricht einer Ethanolmenge von etwa 250 g) zu Bewußtlosigkeit, Lebensgefahr, Atemlähmung und Tod. Kopfschmerz, Übelkeit, Erbrechen und Erinnerungsdefekte sind die Nachwirkungen akuter Alkoholvergiftungen. Kennzeichen einer chronischen Alkoholvergiftung (Alkoholismus) sind: Reizungen des Magen-Darm-Kanals, chronischer Rachen- und Magenkatarrh, verminderte Nahrungsaufnahme, Verdauungsstörungen, Leberverfettung, Herzmuskelerkrankung, schwere Schäden des Zentralnervensystems. Die chronische Vergiftung kann zu Leberzirrhose, chronischer *Nephritis* und *Delirium tremens* führen. Die akute Toxizität des E. ist vom Alter und vom Ernährungszustand, von der Art der Alkoholzubereitung und der Schnelligkeit der Zufuhr abhängig. Der Erwachsene kann je h maximal 175 mg E./kg Körpergewicht über den Stoffwechsel eliminieren. Der oxydative Ethanolabbau erfolgt fast nur in der Leber über Acetaldehyd, Essigsäure zu Kohlendioxid und Wasser. Der Genuß von schwarzem Kaffee oder die Einnahme von Medikamenten (Weckamine) kann zwar zur allg. Belebung, jedoch nicht zu einer Beschleunigung des Ethanolabbaus führen. Der E., zu 20% über den Magen und zu 80% vom Dünndarm in 1···2 h resorbiert, wird über den Blutkreislauf im Körper verteilt. Infolge seiner Lipidlöslichkeit wirkt E. bes. auf das lipidreiche Nervengewebe und auf die Großhirnrinde toxisch. Auch Zellen anderer Gewebe werden geschädigt. Das beim Ethanolabbau entstehende Acetaldehyd hat ebenfalls toxische Eigenschaften. Da E. die Absonderung des Hormons Vasopressin hemmt, fördert es die Wasserdiurese. Dadurch erhöht sich die Osmolarität des Blutes, die auf reflektorischem Wege das Durstgefühl, die Trinklust weiter stimulieren kann. Jahrelanger gewohnheitsmäßig hoher Alkoholgenuß (Alkoholismus) führt zu körperlichen und psychischen Schäden. Neben krankhaften Veränderungen an Herz und Blutgefäßen, Leber, Magen, Nieren und Nervensystem kommt es zum allmählichen psychischen Abbau der Persönlichkeit, zur Abnahme der geistigen Leistungsfähigkeit sowie zu Stimmungsschwankungen. Häufig ist übermäßiger Alkoholgenuß mit einem sozialen Abstieg verbunden, z. B. Arbeitsbummelei, Gewalttätigkeit. In schweren Fällen führt Alkoholismus zu *Delirium tremens* und zur Korsakowpsychose. Die Behandlung des Alkoholismus kann durch Entziehungskuren erfolgen. Für die unter Alkoholeinwirkung verübten Straftaten besteht in vielen Ländern volle strafrechtliche Verantwortlichkeit. Eine bes. schwerwiegende Gefährdung der Gesellschaft entsteht durch das Führen von Kraftfahrzeugen unter Alkoholeinwirkung. Der Alkoholgenuß für Kraftfahrer vor Fahrtantritt sollte unterbleiben. An Kinder und Jugendliche unter 16 Jahren dürfen keine alkoholischen Getränke verabreicht werden, um die körperlich gesunde Entwicklung nicht zu gefährden. An Jugendliche im Alter von 16 bis 18 Jahren dürfen in geringen Mengen Getränke mit einem Ethanolgehalt bis zu 20%-Vol., wie Wein, Bier, evtl. Likör, keinesfalls jedoch Branntweingetränke, verkauft bzw. abgegeben werden. Die ausgegebenen Mengen dürfen nicht zur Trunkenheit führen.

Das älteste und bekannte, vom Menschen genossene Gärungsprodukt ist der Met (→ Honigwein), ein vergorener verdünnter Honig. Gewerbsmäßig gewonnenes E. wird als *Spiritus* oder *Sprit* bezeichnet. Die meisten alkoholischen Getränke (→ Bier, → Wein, → Sekt, → Spirituosen, → Kwaß, → Kumys) werden durch *alkoholische Gärung* kohlenhydrathaltiger Rohstoffe (z. B. Weintrauben, Obst, Getreide, Kartoffeln, Melasse, Zuckerrohr) hergestellt (Gärungsethanol) (s. Übersicht).

Gewerbsmäßig hergestellte alkoholische Produkte und ihre Rohstoffe

Rohstoff	Endprodukt
Wein	Traubenwein, Weinbrand
Obst	Obstweine, Obstbrände
Melasse	Sprit
Traubenwein- und Obstweinhefen	Hefebranntwein
Trester roter Trauben	Branntwein
Feigen, Datteln, Blütenstandssaft der Agave	Sprit
Enzianwurzeln	Enzianbranntwein
Zucker- und Futterrüben	Sprit
Traubenzucker	Sprit
Kartoffeln	Sprit, Wodka
Getreide	Korn, Bier
Reis	Sake
andere stärkereiche Rohstoffe (Brot, Batate, Maniok, Hirse, Tapioka, Cassavemehl, Wurzelknolle der Mädesüß)	Sprit
Zuckerrohr	Rum
Blutungssaft von Palmen	Wein, Arrak

Dabei werden die Stärke durch Amylasen, früher Diastase (aus Malz, Mikroorganismen) abgebaut und die vergärbaren Di- und Monosaccharide durch den in Hefe enthaltenen Enzymkomplex *Cymase* zu E. vergoren. Da die Enzymwirkung in einer 10···18 % E. enthaltenden Lösung zum Erliegen kommt, erhält man nach diesem Verfahren primär nur verdünnte alkoholische Lösungen. Zur weiteren Anreicherung des E. werden diese stufenweise destilliert. In der 1. Stufe erhält man ein 30 % E. enthaltendes Gemisch, in der 2. Stufe ein azeotropes Gemisch von 95 % E. und 4,5 % Wasser, Kp. konstant 78,2°C. Entstandene → *Fuselöle* werden dabei entfernt. Zur Rohspiritusgewinnung aus Kartoffeln werden die gewaschenen Kartoffeln in bes. Autoklaven (*Henze*dämpfer) etwa 1 h bei 140···150°C und bei 0,29···0,39 MPa zur Verkleisterung und zum Aufschließen der Stärke gedämpft. Die verkleisterte lösliche Stärke wird mit Hilfe von → Brennereidarrmalz oder mikrobiellen Enzymen im Maischebottich zu Maltose und Glucose hydrolysiert. Danach wird die verzuckerte Maische bis auf 30°C abgekühlt und mit *Brennereihefe* „angestellt" (versetzt). Bei einer Temperatur von 17···32°C wird die Maische im Gärbottich in 3 Tagen zu E. vergoren. Die vergorene Maische wird danach durch „Brennen" vollständig entgeistet. Der ethanolfreie Rückstand, die „*Schlempe*", dient als eiweißreiches Viehfutter.

Zur *Rohspiritus*-Gewinnung aus Getreide (*Kornrauhbrand*) wird das geschrotete Getreide im Vormaischbottich mit leicht gesäuertem Wasser angemaischt, mit Brennereidarrmalz oder mikrobiellen Enzymen versetzt und 30 min bei 50°C (Eiweißrast) inkubiert, wobei unter dem Einfluß der Malzprotease das Getreideeiweiß zu den für die Hefevermehrung erforderlichen Aminosäuren hydrolysiert wird. Bei 55···56°C wird die Getreidestärke in 30 min verzuckert (Verzuckerungsrast). Die verzuckerte Maische wird ohne Würzeabtrennung bei 30°C mit Hefe angestellt, vergoren und entgeistet.

Im Gegensatz zur Rohspritgewinnung aus Kartoffeln und Getreide entfällt bei der Rohspritgewinnung aus Melasse die Stärkeverzuckerung. Die angesäuerte, verdünnte Melasse wird mit stickstoffhaltigen Hefenährstoffen versetzt und mit Hefe direkt vergoren und gebrannt. Der Gärungsethanol aus Agrarrohstoffen wird fast ausschl. im Lebensmittelsektor und für kosmetische Erzeugnisse verwendet. In letzter Zeit gewannen Feigen, Datteln, Maniok-, Tapioka- und Cassavamehl und Topinambur Bedeutung als Brennereirohstoff.

Sulfitsprit gewinnt man aus Sulfitablaugen, *Holzsprit* aus Zucker, der bei der Holzverzuckerung (Hydrolyse von Cellulose mittels Mineralsäuren) entsteht (heute kaum noch verwandt). Technisch wird E. noch durch direkte oder indirekte Hydratisierung von Ethen (heute bevorzugtes Verfahren), katalytische Hochdruckhydrierung von Acetaldehyd *(Karbidsprit)* oder Rektifikation des beim Synol-Verfahren (katalytische Synthese niedrigsiedender Alkohole aus Kohlenmonoxid und Wasserstoff) entstehenden Gemisches gewonnen. Der zunächst anfallende *Rohsprit* enthält noch Fuselöle, Aldehyde und Säuren. Er wird durch Destillation über Kolonnen und Filtration über Aktivkohle gereinigt. Der durch organische Synthese hergestellte Alkohol wird nicht zu Lebensmitteln verarbeitet. Nach der Reinheit des Endproduktes unterscheidet man *extrafein destillierten Spiritus, Primasprit* oder *Wodkasprit* (4,7 % Wasser) und *Sekundasprit*. Je nach Rohstoffeinsatz, Rektifizierungs- und Reinheitsgrad unterscheidet man verschiedene Handelsformen für E. (Tab.)

Handelsformen für Ethanol

	Alkoholgehalt	
	Masse-%	%-Vol.
Rohspiritus aus stärkehaltigen Rohstoffen	80	
Rohspiritus aus Sulfitablaugen	93	
Rohspiritus aus Melasse	92	
Primasprit	94,4	
Wodkasprit bei Flaschenverkauf	92,4	95,0

Absoluter Alkohol (→ Alkohol, absoluter) hat einen Ethanolgehalt von 99,7···100 Masse-%. Der *Spiritus dilutus* (70 %-Vol.) wird als Desinfektionsmittel

verwendet. Da reines E. zu Spirituosen verarbeitet werden kann, wird er hoch besteuert (Alkoholsteuer). Das für technische Zwecke niedriger besteuerte E. wird durch Chemikalienzusätze *vergällt* oder *denaturiert, d. h. ungenießbar gemacht.* → Vergällungsmittel können z. B. sein: 1 % Terpentinöl, 2% Toluol (für Lacke), 1% Kampfer (für Celluloidfabrikation), 1% Petroleumbenzin und Methanol (für wissenschaftlich-technische Zwecke), Pyridin (für Brennspiritus). Die Entfernung dieser Zusätze ist strafbar.
Durch Zusatz von Seife oder Celluloseacetat erhält man ein festes Gel (*Hartspiritus*).
E. dient nicht nur im Bereich der Lebensmittelproduktion zur Herstellung alkoholischer Getränke, sondern stellt auch eines der bedeutendsten Lösungs-, Verdünnungs- und Extraktionsmittel dar. → Edelbrand

Ethanolamin → Amine, biogene → Alkanolamine

Ethanolsäure → Glycolsäure

Ethansäure → Essigsäure

Ethen → Kohlenwasserstoffe, aliphatische

Ethephon → Wachstumsregulatoren

1-Ethoxy-2-hydroxy-4-propenyl-benzen → Propenylguaethol

Ethoxyquin, *Santoquin, 6-Ethoxy-2,2,4-trimethyl-1,2-dihydro-chinolin:* ein international zur Lagerbehandlung (Tauch- oder Sprühverfahren) von Frischobst eingesetztes stickstoffhaltiges Antioxydans (s. Formel).

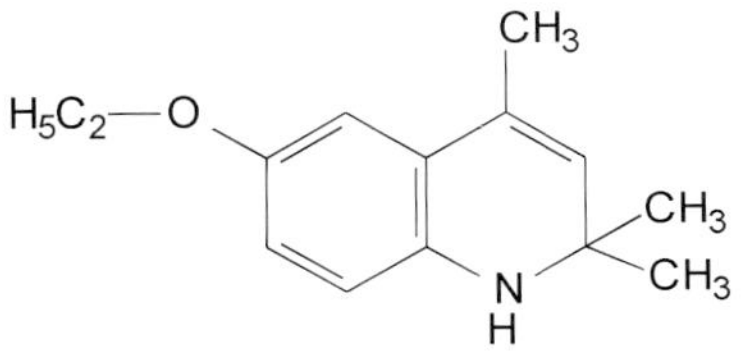

→ Antioxydantien

Ethrogzitrone → Zedratzitrone

Ethylacetat → Extraktionslösemittel

Ethylalkohol → Ethanol

Ethylamin → Alkylamine

Ethylcarbamal → Urethan

Ethylcarbamat: Ethylester der Carbamidsäure, ein Urethan der Formel $H_2N\text{-}CO\text{-}O\text{-}CH_2\text{-}CH_3$.
E. entsteht in Spuren bes. bei Gärungsvorgängen. Der Gehalt an E. ist bes. hoch in Spirituosen und hier vorwiegend in Steinobstdestillaten (→ Obstbrand). Eine entscheidende Voraussetzung zur Bildung von E. in alkoholischen Getränken sind Dicarbonylverbindungen und Lichteinwirkung. E. gilt als potentes Karzinogen. Die akute Toxizität liegt im Rattenversuch bei 2500 µg/kg Körpermasse. In Anbetracht der maximal einige mg/l Obstbrand vorhandenen Menge an E. ist der Genuß dieser Spirituose jedoch ohne gesundheitliches Risiko. Um den Gehalt an E. in alkoholischen Getränken so klein wie möglich zu halten, wird empfohlen, die Steinzertrümmerung zu vermeiden, die Maische nur kurz zu lagern, baldigst abzudestillieren und den Vorlauf abzutrennen. In Deutschland und in Kanada ist ein oberer Grenzwert von 0,4 mg/l Obstbrand festgelegt worden.

Ethylcarbinol → n-Propanol

Ethylcellulose (E 462): ein → *Cellulosederivat,* das durch Umsetzung von Alkalicellulose mit Ethylchlorid hergestellt wird. Die E. hat ausgezeichnete filmbildende Eigenschaften bei guter Flexibilität. Sie kann als Binde- und Füllmittel in Vitaminpräparaten und als Schutzüberzug für Lebensmittel Verwendung finden. → Hydrokolloid

Ethylcitrat → Extraktionslösemittel → Trägerlösemittel

Ethylen → Kohlenwasserstoffe, aliphatische

Ethylendiamintetraessigsäure → Komplexbildner

cis-Ethylen-1,2-dicarbonsäure → Maleinsäure

trans-Ethylen-1,2-dicarbonsäure → Fumarsäure

Ethylenglycol → Polyalkohole

Ethylenoxid: süßlich riechendes, farbloses Gas mit insektiziden und bateriziden Eigenschaften, s. Struktur.

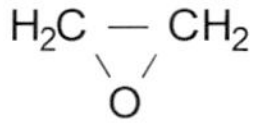

E. wird meist als → Begasungsmittel zur Vernichtung von Vorratsschädlingen in Mühlen und Speichern im Gemisch mit CO_2 angewendet. Es ist für den Menschen giftig und führt beim Einatmen zu Übelkeit und Erbrechen. Der Zusatz von CO_2 erhöht die toxische Wirkung auf Insekten und vermindert die Explosionsgefahr. Bevorzugt wird in Getreidesilos ein nicht brennbares Gemisch aus 10% E. und 90% CO_2 verwendet. F. −111,7°C, Kp. 10,7°C, *d* 0,89057 bei 5°C. Mit Wasser bildet es ein festes Hydrat, F. ≈ 10°C. Die Verwendung als Begasungsmittel ist nicht unbedenklich, da sich toxikologisch relevante Reaktionsprodukte bilden, so ist die Anwendung zur Entkeimung von Gewürzen in vielen Ländern verboten.

Ethylenoxidcarbonsäure → Glycidsäure

Ethylenoxidpolymere → Hydrokolloid, synthetisches

Ethylfenchol → Terpen-Alkohole

Ethylhydroxyethylcellulose, *EHEC:* ein → *Cellulosederivat,* ein nichtionischer Celluloseether, hergestellt durch Umsetzung von Alkalicellulose mit einer Mischung von Ethylenoxid und Ethylchlorid im Autoklaven. Die E. ist in kaltem Wasser löslich und kann als → Verdickungs-, Emulsions- und Dispersionsmittel eingesetzt werden. Im warmen Wasser ist die E. unlöslich. → Hydrokolloid

Ethyl-isothiocyanat → Senföle

Ethylmaltol: in der Natur bisher nicht aufgefundener → Geschmacksverstärker s. Struktur.

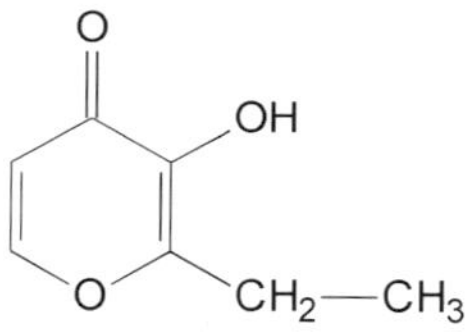

Die geschmacksverstärkende Wirkung ist 4- bis 6mal so stark wie die von → Maltol. E. wird allgemein als Geschmacksverstärker für süße Lebensmittel verwendet.

Ethylmethylcellulose → Methylcellulose

Ethylmethylketon → Ketone

5-Ethylpyrogallol-1,3-dimethylether → Phenole

Ethylsenföl → Senföle

Ethylurethan → Urethan

Ethylvanillin, *Protocatechualdehyd-3-ethylether, 3-Ethoxy-4-hydroxy-benzaldehyd, Bourbonal, Novovanillin, Vanillidin, Vanillose, Vanillinether:* eine aromatische Verbindung (s. Strukturformel)

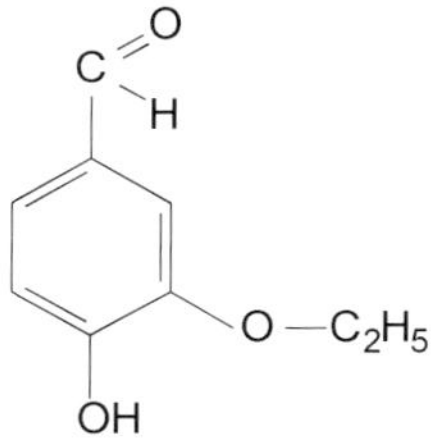

E. ist in der Natur bisher nicht aufgefunden worden. Als künstlicher Aromastoff ist es in einer Reihe von Ländern zugelassen. E. kommt in 4 Modifikationen vor und bildet weiße Kristallnadeln, farblose Schuppen oder Flocken, F. 77···78°C, Kp. 285°C, die starken Geruch und Geschmack nach Vanille aufweisen. Der Geschmack ist 2- bis 4 mal so stark wie der des → *Vanillins.* Die Darstellung des E. erfolgt über *Eugenol* und *Isoeugenol.* E. wird analog dem Vanillin verwendet. E. wird bes. für künstliche Vanille-, Karamel-, Nuß-, Butter- und Rumaromen für alkoholfreie Getränke, Eiskrem, Zuckerwaren, Backwaren, Puddings und Kaugummi verwendet. Der zulässige Höchstgehalt an E. beträgt nach der deutschen Aromen-VO 250 mg/kg des verzehrfertigen Lebensmittels.

Eucalyn → Disaccharide

Eucalýptus díves → Eukalyptusöl 2.

Eucalýptus glóbulus → Eukalyptusbaum

Eucalýptus moidénii → Eukalyptusöl 2.

Eucalýptus polybráctea → Eukalyptusöl 2.

Eucalýptus radiáta → Eukalyptusöl 2.

Eucalýptus smíthii → Eukalyptusöl 2.

Eucalýptus viminális → Manna

Eucheuman: lösliche Polysaccharide aus Rotalgen (*Eucheuma*-Arten, Familie *Solieriáceae*), die in Struktur und Eigenschaften dem ϰ-Carrageen ähnlich sind, aber einen höheren Sulfatestergehalt haben und zu den → Agaroiden gezählt werden. Das E. wird vorwiegend in Ost- und Südostasien gewonnen und zur Herstellung von gelierten Speisen sowie als Stabilisierungsmittel verwendet. *Eucheuma*-Arten werden häufig zur Produktion von → Agar-Agar und → Carrageen benutzt. Die Bez. „Agar-Agar" ist malayischer Herkunft und wurde ursprünglich für E. verwendet. → Hydrokolloid → Algenpolysaccharid

Euchlǣna mexicána → Teosinte

Eudesminsäure → Trihydroxycarbonsäuren, aromatische

Eudesmol → Terpen-Alkohole

Eugeissóna útilis → Markstärke

Eugénia dombeyi → Grumichama

Eugénia lushnathiána → Pitomba

Eugénia polyántha → Lorbeerblatt, Indisches

Eugénia uniflóra → Surinamkirsche

Eugenin → Chromone

Eugenitin → Chromone

Eugenol, *Nelkensäure, Eugensäure, 4-Allylbrenzcatechin-2-methylether, 4-Allylguajokol, 1-Hydroxy-2-methoxy-4-allylbenzen, 2-Methoxy-4-allylphenol:* ungesättigtes Derivat des *Brenzcatechins* (s. Struktur nächste Spalte oben). E. ist der Geruchsträger der Nelkenöle und kommt auch in vielen anderen ätherischen Ölen vor, so z. B. in Piment-, Zimt- und verschiedenen Blüten-

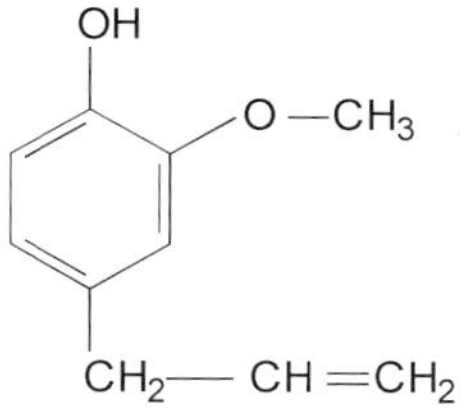

ölen. Es ist ein farbloses bis schwach gelbliches, an der Luft sich braun färbendes Öl mit intensivem Gewürznelkengeruch und brennendem Geschmack, gut löslich in Ethanol und Ether, dagegen nur wenig löslich in Wasser, F. −10,3 °C, Kp. 253 °C, *d* 1,0664. Die Gewinnung von E. erfolgt durch Ausschütteln von Nelkenöl mit verdünnten Laugen. E. zeigt expektorierende Wirkung. Es wird in der Parfümindustrie, zur Herstellung von Gewürz- und Backaromen sowie zur Darstellung von → *Vanillin* und → *Ethylvanillin* verwendet.

Eugenolmethylether, *4-Allylveratrol, 3,4-Dimethoxy-1-allylbenzen, Methyleugenol:* zur Gruppe der Phenolether gehörende Verbindung (s. Struktur)

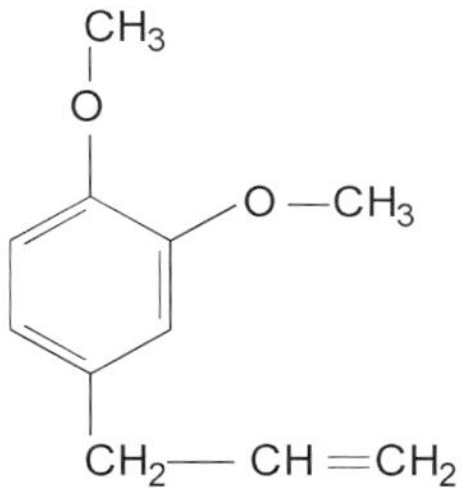

E. kommt verbreitet in *ätherischen Ölen,* bes. in Lauraceen, Myrtaceen, z. B. Lorbeerblatt, Piment, Zimt, vor. Es ist eine alkohollösliche, an Eugenol erinnernde Flüssigkeit, Kp. 248···255°C, d_4^{15} 1,055, Refraktion n_D^{17} 1,538.

Eugenon → Ketone

Eugensäure → Eugenol → Phenole

Euglobulin → Globuline

Eukalyptol → 1,8-Cineol

Eukalyptusbaum, *Blaugummibaum, Fieberbaum:* der in Nord- und Südamerika, Australien und in Europa (ehem. Jugoslawien, Spanien) meist als Windschutz mit Ölgewinnung als Nebenprodukt angebaute Baum, *Eucalýptus glóbulus* Labill. (Familie *Myrtáceae*). Das aus den Blättern gewonnene ätherische Öl enthält 60···80% Cineol (Eukalyptol). Eukalyptusarten dienen darüber hinaus zur Gewinnung von Gummiharz. → Eukalyptusöl

Eukalyptusbonbon → Hustenbonbon → Bonbon

Eukalyptusöl: 1. das aus den frischen Blättern und Zweigspitzen vom → *Eukalyptusbaum* gewonnene ätherische Öl. Die schwach gelbliche bis blaß grünliche Flüssigkeit von charakteristischem, kampferartigem Geruch und würzig-kühlendem Geschmack enthält Eukalyptol, α-Pinen, Camphen, Valer-, Butyr-, Capronaldehyd und Rutin. Das E. wird in der Zuckerwarenindustrie und als Hustenmittel (Eukalyptusbonbon) verwendet.
2. das von anderen Eukalyptusarten, neben dem → Eukalyptusbaum, gewonnene ätherische Öl, das gleichermaßen für Hustenbonbons, Zahnpasta, Desinfektionsmittel und in der Kosmetikindustrie eingesetzt wird. Hierzu zählen z. B. a) die Breitblättrige oder Blaue Pfefferminze, *Eucalýptus díves* Schauer b) *Blue mallee, Eucalýptus polybráctea* R. T. Baker c) *Schmalblättrige* oder *Schwarze Pfefferminze, Eucalýptus radiáta* Sieber. Von ihr wird ein piperitonreiches Öl gewonnen, aus dem sich Menthol und Thymol herstellen lassen. d) *Husten-Pfefferminze, Gully gum, Eucalýptus smithii* R. T. Baker e) *Maidens gum, Eucalýptus maidénii* F. v. Muell.; enthält hauptsächlich Cineol.

Eumycétes → Pilze

Euphausiden → Krebstiere

Euphórbia hírta → Pacharisigemüse

Euphórbia longána → Longane

Euphrásia spec. → Augentrost

Europäischer Aal → Aal

Europäischer Hummer → Krebstiere

Euryále férox → Fuchsnuß

Euter: milchbildendes Organ von Säugetieren, insbes. von Wiederkäuern. → Innereien

Eutérpe edúlis → Palmkohl → Pinapalme

Eutérpe olerácea → Pinapalme

Euterschale → Schlachtkörperteilstücke

Eutherme → Heilwasser

Euthýnnus alleterátus → Thunfisch

Eutréma wasábi → Wasabi

Evonymit → Zuckeralkohole

Excelsin → Globuline

Exopeptidasen → Proteasen

Exorphine: auf die Opiatrezeptoren wirkende Peptide, die im Gegensatz zu den → Endorphinen von exogener Herkunft für den betreffenden Organismus sind. E. lassen sich nach partieller Hydrolyse von Weizenglutenin und Casein nachweisen. Opiatrezeptoren sind im Gehirn und dem Rückenmark des Menschen und der Säugetiere in den Bezirken, in denen Schmerz und Gefühlsbewegungen wahrgenommen werden, lokalisiert.

Exotoxine, *Ektotoxine:* von Mikroorganismen während des Wachstums freigesetzte, in das Nährmedium übergehende Giftstoffe, die fast ausnahmslos Proteine mit eigener ausgeprägter Antigenspezifität darstellen. E., wie *Botulinus-, Diphterie-* und *Tetanustoxin, sowie das von Shigélla dysentériae* Cast. et Chalm. und das Gasbrand-(*Clostridium-perfringens-*)Toxin werden vorwiegend von grampositiven Bakterien gebildet. Es sind Eiweiße von globulärer Natur, die sich durch eine sehr hohe Molmasse auszeichnen. Die Verbindungen sind äußerst giftig, die Giftwirkung tritt jedoch erst nach einer Latenzzeit ein. Toxinlösungen verlieren beim Stehen bzw. bei der Einwirkung bestimmter Chemikalien (z. B. Formalin) ihre Giftwirkung, ihre Antigenwirkung bleibt dabei erhalten. Diese Eigenschaft der E. ist von Bedeutung für die aktive Schutzimpfung. E. sind mit Ammoniumsulfat fällbar und werden von Aluminiumhydroxyd adsorbiert. → *Botulinustoxin* → Endotoxine → Enterotoxine

Exsudat → Gummistoff, pflanzlicher

Extenderfette → Spezialfette

extra dry → sec

Extrakt: 1. *Naturstoffextrakt, Auszug:* mehr oder weniger eingedickte wäßrige oder alkoholische Auslaugung des oder der Hauptinhaltsstoffe(s) pflanzlicher (*Pflanzenextrakt*) oder tierischer Rohstoffe, wobei das Extraktionsmittel von dem extrahierten Stoff teilw. bis vollständig entfernt wird. Entsprechend der Konsistenz werden unterschieden:
a) *Dünne E.:* fließen bei normaler Temperatur, z. b. flüssiger Fleischextrakt, flüssiger Pilzextrakt;
b) *Dicke E.:* fließen bei normaler Temperatur nicht mehr, z. b. Fleischextrakt; der Feuchtigkeitsgehalt beträgt 15···25%;
c) *Trockenextrakt:* fast vollständig vom Extraktionsmittel befreite E., z. B. → Gewürzextrakt, → Pectin aus den Preßrückständen bei der Apfel- und Zitrussaftproduktion oder → Arabinogalactan aus Lärchenholz. Der Feuchtigkeitsgehalt soll maximal 5% nicht überschreiten.
2. Gesamtheit derjenigen Stoffe im → Wein, → Bier oder in → Spirituosen, die beim Verdampfen oder bei der Destillation bei 100°C zurückbleiben. Der E. besteht im wesentlichen aus Kohlenhydraten, höheren oder mehrwertigen Alkoholen, nichtflüchtigen Säuren, Gerb- und Farbstoffen, Stickstoffverbindungen und Mineralstoffen.

Extraktionslösungsmittel: zur selektiven Extraktion von Lebensmittelinhaltsstoffen geeignete Flüssigkeiten (s. Übersicht). Sie werden i. d. R. nach Abschluß der Extraktion wieder aus dem extrahierten Lebensmittel entfernt. Die Verwendung halogenierter/chlorierter Kohlenwasserstoffe geht in neuerer Zeit zu Gunsten von überkritischem Kohlendioxid mehr und mehr zurück. Bevorzugt eingesetzt werden die E. bei Aromen, Gewürzen, coffeinfreiem Kaffee, Hopfen, Fetten und Ölen. *Wichtige Extraktionslösemittel:*
Wasser (destilliertes, demineralisiertes, Trinkwasser),
Alkohole: Methanol, Ethanol, Butan-1-ol, Butan-2-ol, n-Propanol, Benzylalkohol, 1,2-Propylenglycol
Alkane: Propan, Butan, Hexan, Isobutan, Cyclohexan
Acetate: Methyl-, Ethyl-, Butylacetat
Ketone: Aceton, Ethylmethylketon
Diethylether, Ethylcitrate, Ethyllactat, Dichlormethan, Kohlendioxid, Distickstoffoxid

Extraktionsöl → Pflanzenfett

Extraktpulver aus Kaffee → Kaffee-Extraktpulver

Extraktpulver aus Kaffee-Ersatz → Kaffee-Ersatz-Extraktpulver

Extraktpulver aus Tee → Tee-Extraktpulver

extra sec → sec

Extrinsic factor → Vitamin B_{12}

Extrudererzeugnis → Strangpreßerzeugnis

Extruderschnitte → Knusperbrot

Extrusionserzeugnis → Getreidefrühstückserzeugnis → Strangpreßerzeugnis

Extrusionsmehl, *Extrudermehl:* ein je nach Zerkleinerungsgrad grieß- bis feingrießartiges, *aufgeschlossenes* Mehl, das im Feucht-Hitze-Verfahren (→ Strangpreßerzeugnis) gewonnen wird, indem die, je nach Matrizenwahl gewonnenen, Strangpreßlinge zerkleinert und in der Nährmittelindustrie zu Instanterzeugnissen vielseitig eingesetzt werden. Die Zusammensetzung ist vom Ausgangsrohstoff abhängig.

Extrusionssnacks → Strangpreßerzeugnis

Extrusionsschnitte → Knusperbrot

Ezerjó → Tausendgut

Fababohne → *Puffbohne*

Fabrikkartoffel → Kartoffel

Fächerblatt → Ginnan

Fächerfisch → Thunfisch

Fächerpalme, Äthiopische → Palmyrafrucht

Fachingen, Staatliches → Heilwasser

FAD (Flavin-adenindinucleotid) → Nucleotide → Vitamin B_2

Fadenzieherbrot: ein ungesäuertes, daher mit Hefe gebackenes Weißbrot, das spinnwebartige Fäden beim Auseinanderbrechen der Krume zeigt. Diese Erscheinung tritt bevorzugt in den Sommermonaten als Folge einer Mischinfektion unter Hauptbeteiligung von *Bacíllus súbtilis* (Syn. *B. mesentéricus*) auf. Unterbunden wird die Brotkrankheit *„Fadenziehen"* durch antimikrobiell wirksame Zusätze (Calcium- oder Natriumpropionat) und auch durch Teigsäuerungsmittel wie Natriumdiacetat, die in der Regel handelsüblichen Kombinationspräparaten in Form von Backmitteln beigefügt sind. Bei Broten aus gesäuerten Teigen (z. B. Roggen- oder Roggenmischbroten) tritt diese Infektion nicht in Erscheinung.

Faecosterol → Sterole

Fagopyrin: ein roter fluoreszierender Farbstoff des Buchweizens, ein Anthracen-Derivat mit lichtsensibilisierender Wirkung. F. befindet sich in dem zarten roten Häutchen, das den Kern des Buchweizens umhüllt. Es verursacht bei hellhäutigen Tieren und beim Menschen bei reichlicher Aufnahme eine Überempfindlichkeit der Haut sowie der Augenbindehaut gegen Sonnenlicht mit Schwellungen und Entzündungen unter Blasenbildung (*Fagopyrismus*). Das F. ist hitzestabil, aber in heißem Wasser löslich. Deshalb wird empfohlen, den Buchweizen heiß zu waschen bzw. den sich zu Beginn des Kochens bildenden roten Schaum abzuschöpfen und zu verwerfen.

Fagopýrum spec. → Buchweizen

Fagot-Kassia → Zimt 3.

Fágus sylvática → Bucheckernöl

Falafel: eine in verschiedenen Ländern des Nahen Ostens und jetzt auch in Deutschland, durch den Zuzug der Türken verbreitete Mischung aus → Bulgurweizen, gemahlenen → Puffbohnen und → Kichererbsen, die nach Würzen, in gebackener oder fritierter kleiner Fladenform, vorzugsweise mit Salatbeilage verzehrt wird und zu den → Fast-Food-Erzeugnissen zählt. F. bildet auch vielfach Bestandteil des sog. vegetarischen → Döner Kebaps, indem anstelle von Fleisch in die große, angewärmte Weizenbrotfladentasche neben frischer Salatmischung zwei kleine, fritierte Falafelfladen gesteckt werden.

Falcarindiol: ein mehrfach ungesättigter, aliphatischer, zweiwertiger Alkohol folgender Struktur:
$n\text{-}C_7H_{15}\text{-}CH{=}CH\text{-}CHOH\text{-}C{\equiv}C\text{-}C{\equiv}C\text{-}CHOH\text{-}CH{=}CH_2$
F. ist in öllöslicher Form in Möhren enthalten. Es besitzt antibiotische Eigenschaften. Ebenfalls in Möhren und anderen Umbelliferae (Doldengewächsen) sind die verwandten Verbindungen
Falcarinon
$n\text{-}C_7H_{15}\text{-}CH{=}CH\text{-}CH_2\text{-}C{\equiv}C\text{-}C{\equiv}C\text{-}CO\text{-}CH{=}CH_2$
Falcarinolon
$n\text{-}C_7H_{15}\text{-}CH{=}CH\text{-}CHOH\text{-}C{\equiv}C\text{-}C{\equiv}C\text{-}CO\text{-}CH{=}CH_2$
Falcarindion
$n\text{-}C_7H_{15}\text{-}CH{=}CH\text{-}CO\text{-}C{\equiv}C\text{-}C{\equiv}C\text{-}CO\text{-}CH{=}CH_2$
Falcarinol
$n\text{-}C_7H_{15}\text{-}CH{=}CH\text{-}CH_2\text{-}C{\equiv}C\text{-}C{\equiv}C\text{-}CHOH\text{-}CH{=}CH_2$
und
Acetylfalcarindiol
$n\text{-}C_7H_{15}\text{-}CH{=}CH\text{-}CHOH\text{-}C{\equiv}C\text{-}C{\equiv}C\text{-}CHOCH_3\text{-}CH{=}CH_2$
mit ebenfalls antibiotischer Wirkung enthalten.

Falcarindion → Falcarindiol

Falcarinol → Falcarindiol

Falcarinolon → Falcarindiol

Falcarinon → Falcarindiol

Fallópia convólvulus → Knöterich

Fallout: radioaktiver Niederschlag nach Kernreaktorunfällen und Kernwaffenexplosionen. Bedeutsam sind die radioaktiven Nuclide ^{131}I und ^{137}C nach dem Unfall des Kernkraftwerkes in Tschernobyl. → Radionuclide

Faltenkürbis, *Krobongo, Oroko:* ein im tropischen Afrika (Sierra Leone bis Nigeria) kultiviertes Kürbisgewächs, *Telfaíria occidentális* J.D. Hook. (Familie *Cucurbitáceae*), dessen Blätter und Sprosse als Gemüse dienen und dessen Samen, wie Nüsse, auch angekeimt, meistenteils fermentiert (→ Ogiri) oder wie Bohnen als Kochgemüse verzehrt werden. Beim Ankeimen läßt sich der Phytingehalt reduzieren und der Gehalt an Eisen wird bis zu 25 % erhöht und die Proteinlöslichkeit gesteigert. Der Faltenkürbissamen mit 4 % Feuchtigkeit und 3 % Rohfaseranteil besteht zu 27 % aus Protein und zu 54 % aus Fett; wegen seines Eisengehaltes (je 100 g 5 mg) und Gesamtphosphorgehaltes (je 100 g 140 mg) wird er als gute Mineralstoffquelle geschätzt. → Samenmehl, eiweißreiches → Keim → Lebensmittel, fermentiertes

Faltentintling → Muscarin → Pilzgifte

'Fanal': Sauerkirsche. → Weichsel → Steinobst

Faney Nan → Nan

Fannings → Tee

Färberdistel → Saflor

Färbersaflor → Saflor

Farbholzbaum → Kino

Farbstoffdrogen → Spirituosen

Farbstoffe: färbende, meist organische Substanzen, die im Gegensatz zu den Pigmenten in Lösungs- oder Bindemitteln löslich sind oder leicht in eine zum Färben geeignete lösliche Verbindung übergeführt werden können und deren Farbigkeit darauf beruht, daß sie Licht bestimmter Wellenlängen absorbieren. Die Färbekraft eines F. beruht in erster Linie auf der Anwesenheit von salzbildenden Gruppen, z. B. den *Auxochromen* oder Farbbildungshelfern (wie eine Hydroxyl- oder Aminogruppe) und mehreren konjugierten Doppelbindungen (Chromophoren) im Molekül. Man unterscheidet natürliche F. (Naturfarbstoffe) und synthetische F. Im ultravioletten oder blauen Licht Fluoreszenz hervorrufende F. bezeichnet man als *Fluoreszenzfarbstoffe* oder *Fluorochrome.*

a) Zu den *natürlichen* F. zählen diejenigen, die Lebensmitteln ihre charakteristische Farbe verleihen. F. haben keinen Nährwert (einige sind allerdings gleichzeitig lebensnotwendige Wirkstoffe, z. B. *Lactoflavin,* → *Carotene* u.a.), sind aber von großem diätetischen Wert, da sie die Eßlust anregen und damit die Aufnahmebereitschaft des Organismus für die Nahrung, insbes. durch Stimulierung der Produktion von Verdauungssekreten, erhöhen (das Auge ißt mit). Alle Lebensmittel pflanzlichen oder tierischen Ursprungs enthalten F. als natürliche Inhaltsstoffe. Da diese durch Bearbeitung der Lebensmittel oder Einwirkung von Licht und Sauerstoff oder durch enzymatische Vorgänge während der Lagerung zerstört werden können, ist es in bestimmten Fällen angebracht, die ursprüngliche Farbe durch Zusatz von → *Lebensmittelfarbstoffen* wieder herzustellen. Andererseits entstehen einige F. erst bei technologischen Prozessen, z. B. *Karamel* (*Zuckercouleur*) bei der Erhitzung von Zuckern, *Melanoidine* bei Maillard-Reaktionen, *Phlobaphene* bei der enzymatischen Behandlung von Tee und Kakao. Die wichtigsten Gruppen natürlicher F. s. Übers.

b) Synthetische F. wurden ursprünglich für die Färbung von Textilien entwickelt, später wurden einige davon auch Lebensmitteln zum Färben zugesetzt. Die Zahl der bekannten synthetischen F. geht in die Tausende, nur wenige (etwa 20) können als → Lebensmittelfarbstoffe verwendet werden.

Synthetische F. sind weitaus stabiler, farbintensiver, brillanter, einheitlicher in der Zusammensetzung und leichter zu verarbeiten als natürliche. Manche technologische Prozesse, z. B. das Kochen von Bonbons, werden nur von synthetischen F. ohne Verlust an Färbekraft überstanden. Diesem technologischen Vorteil steht der große Nachteil gegenüber, daß synthetische F. → *Fremdstoffe* sind und darum aus ernährungsphysiologischer Sicht als unerwünscht angesehen werden. Während der Anwendung natürlicher F. Einschränkungen aus lebensmitteltoxikologischen Gründen kaum entgegenstehen, unterliegt die Zulassung synthetischer F. als Lebensmittelfarbstoffe in allen Ländern strengen gesetzlichen Regelungen. Nur F., die sich nach Verfütterung an Versuchstiere toxikologisch als völlig unbedenklich erwiesen haben, werden als Lebensmittelfarbstoffe anerkannt. Obwohl nur einige fettlösliche synthetische F. kanzerogen wirken, sind heute in allen Ländern generell fettlösliche synthetische F. als Lebensmittelfarbstoffe verboten. Die Zulassung wasserlöslicher synthetischer F. ist in den einzelnen Ländern zwar immer noch etwas unterschiedlich, aber nur geringfügig. → Flavonoide → Anthocyane → Pilzfarbstoffe (s. Übersicht Farbstoffe).

Natürliche Farbstoffe

Farbstoff	Struktur	Farbe	Vorkommen
1. *Carotenoide* (→ *Carotene*) (*Polyenfarbstoffe;* Grundgerüst ein mehrfach ungesättigtes, konjugiertes Kohlenwasserstoffsystem mit 40 C-Atomen)			
1.1. *Polyenkohlenwasserstoffe* (Farbstoffe bestehen nur aus Kohlenstoff und Wasserstoff)			
α-Caroten	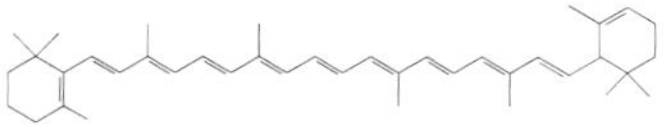	*orange-gelb*	Provitamin A, neben Chlorophyll in grünen Blättern und vielen Blüten, Früchten und Wurzeln; insbes. in Karotten, Getreidekeimölen, Palmöl, Mais, Paprika, Safran, Spinat, Brennesseln, Aprikosen; außerdem in Milch, tierischen Fetten und Eiern (aus dem Futter stammend)
β-Caroten		orange-gelb	
γ-Caroten	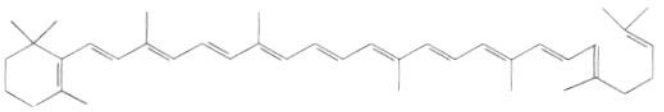	orange-gelb	
Lycopin		rot-orange	in Blättern, Samen und Früchten höherer Pflanzen, vor allem Tomaten, Hagebutten und anderen Früchten
Prolycopin	1,3,5,7,9,11-cis-Lycopin	rot	Tomate
Phytofluen	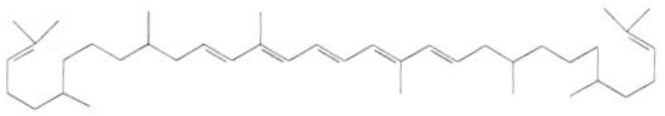	UV-fluoreszierend	Karotte, Tomate, Kakipflaume, Erdbeerbaumfrüchte
Phytoen	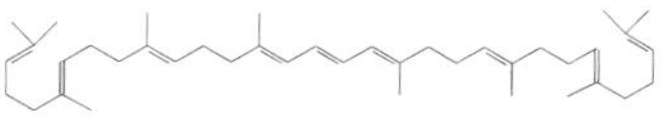	*UV-fluoreszierend*	*Tomate*
1.2. *Polyenalkohole* (Farbstoffe enthalten alkoholische OH-Gruppen)			
Lycophyll	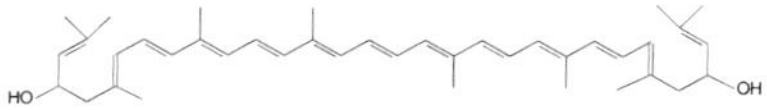	gelb	in Früchten und Samen höherer Pflanzen; Tomaten und Beeren
Lycoxanthin	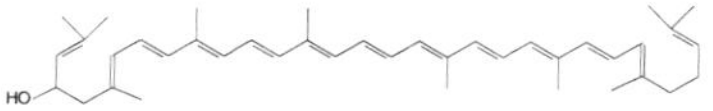	gelb	

Natürliche Farbstoffe (Forts.)

Farbstoff	Struktur	Farbe	Vorkommen
Krypto-xanthin	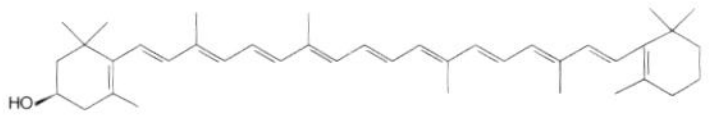	gelb-orange	Provitamin A, neben Chlorophyll in grünen Blättern, vielen Blüten, Früchten und Wurzeln; in Paprika, gelbem Mais, Weizenkeimöl, Mandarinen, Orangen, Pfirsichen und Sanddornbeeren
Xanthophyll (Lutein)	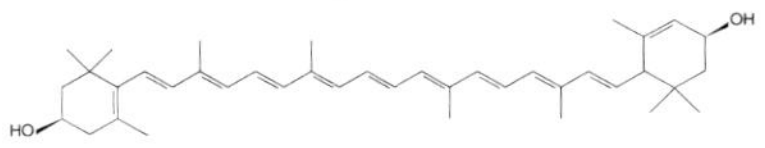	gelb-orange	neben Chlorophyll in grünen Blättern, vielen Blüten, Wurzeln und Früchten; in Brennesselblättern, Preiselbeeren, Weizenkeimöl; im Eigelb und im Fettgewebe von Tieren (aus dem Futter stammend)
Zeaxanthin	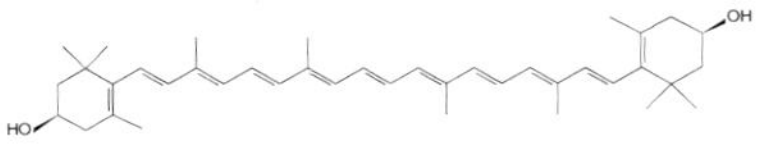	gelb-orange	neben Chlorophyll in grünen Blättern, Blüten, Früchten, Wurzeln; vor allem im Mais, auch in Safran, Hagebutten, Pfirsichen, Getreidekeimölen, Pilzen
Physalien (Physalin, Zeaxanthin-dipalmitin-säureester)		tiefrot	Sanddornbeeren
β-*Citraurin*	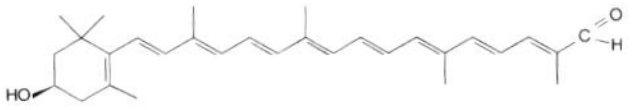	rot-orange	in Früchten, z.B. Orangen
Rubixanthin	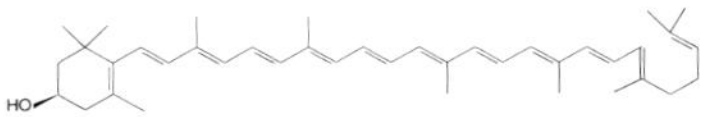	rot	Hagebutten, Moltebeere *(Rúbus chamaemórus* L.)

1.3. *Polyenketone*
[Farbstoffe enthalten Keto-(-CO-)-Gruppen]

Farbstoff	Struktur	Farbe	Vorkommen
*Astaxanthin (Ovoester, 3,3'-Di-hydroxy-4,4'-diketo-*β*-caroten)*	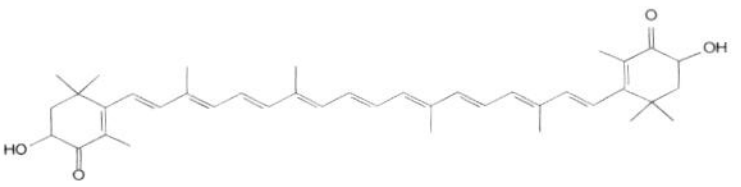	gelb	im Fettgewebe von Fischen, Vögeln, Säugetieren, als Chromoproteid in den Panzern von Krebs- und Weichtieren (Krebse, Hummer, Garnele usw.); bei der Oxydation an der Luft entsteht *Astacin*

Natürliche Farbstoffe (Forts.)

Farbstoff	Struktur	Farbe	Vorkommen
Capsanthin	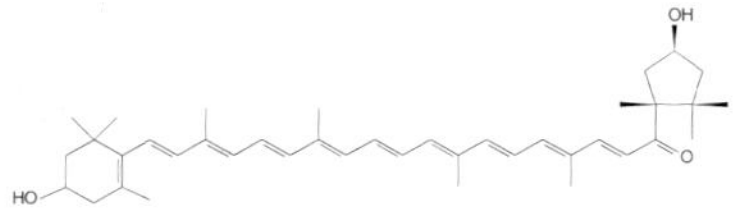	rot	in Früchten und Samen höherer Pflanzen; Paprika
Capsorubin	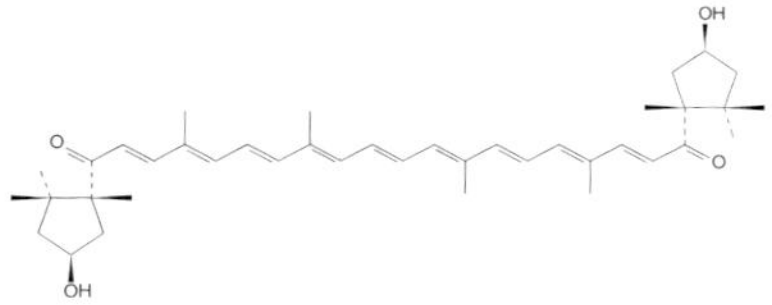	rot	
Cantha-xanthin (4,4'-Dioxo-β-caroten)	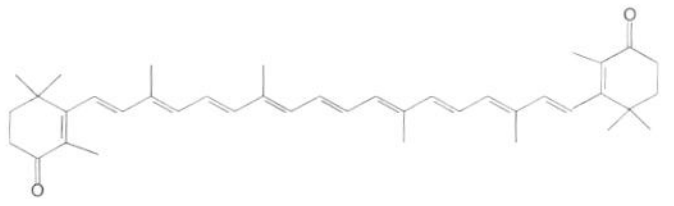	violett-braun (in Verdünnung gelb)	Hauptcarotenoid im Pfifferling, in Eiern (über Legehennenfutter)
Fucoxanthin (Phyco-xanthin)	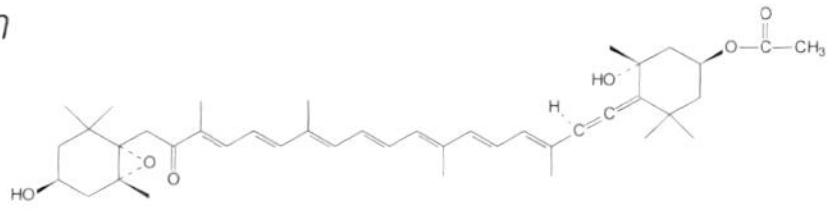	braunrot	Braunalgen

1.4. *Polyenepoxide*
(Farbstoffe enthalten Epoxidsauerstoff)

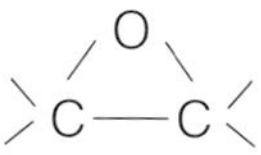

Anthera-xanthin	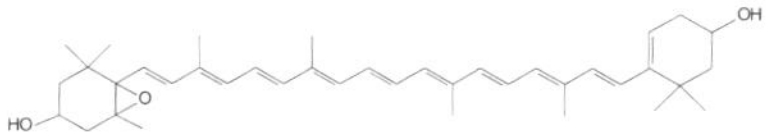	orange-gelb	in Blüten und Früchten höherer Pflanzen; Paprika
Citro-xanthin	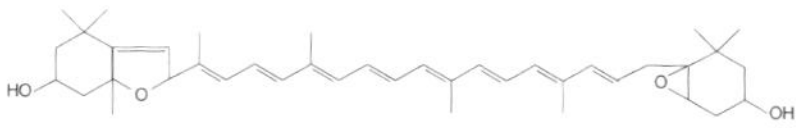	gelb	in Blättern, Blüten und Früchten höherer Pflanzen; Orangen-schalen
Viola-xanthin	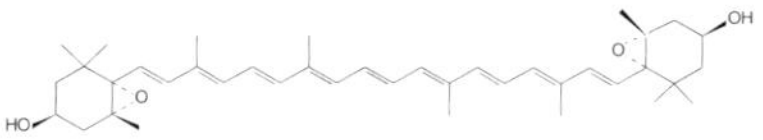	gelb	in Blättern, Blüten und Früchten höherer Pflanzen; Orangen, Geteidekeimlingen, Mais
Flavo-xanthin		gelb	in Blättern, Blüten und Früchten höherer Pflanzen
Eloxanthin (Xantho-phyllepoxid)	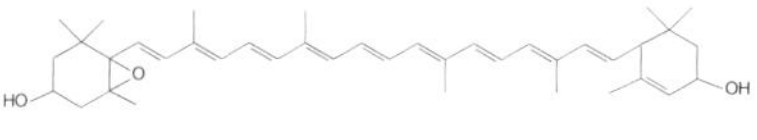	gelb	in Blättern, Blüten und Früchten höherer Pflanzen; Spinat, Hafer-keimlingen, Kresse, Paprika
β-*Caroten-epoxid*	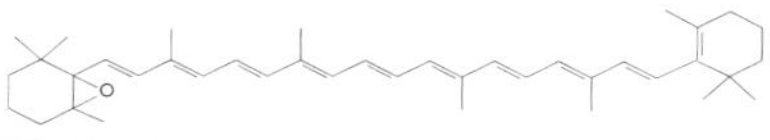	orange	Paprika, weit verbreitet in chlorophyllhaltigen Geweben

Natürliche Farbstoffe (Forts.)

Farbstoff	Struktur	Farbe	Vorkommen
1.5. *Polycarbonsäuren und Polycarbonsäureester* [Farbstoffe enthalten Carboxylgruppen (–COOH) bzw. veresterte Carboxylgruppen (COOR)]			
Bixin (Orlean, β-Bixin, Isobixin, Annatto) (= Monomethylester des Norbixins)	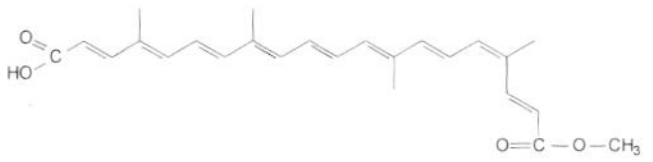	rot	Samen und Früchte höherer Pflanzen; in Orlean (einem Lebensmittelfarbstoff). Eine Doppelbindung im Bixa orellana ist cis-konfiguriert.
Crocetin (Nyctanthin)		rot	Samen und Früchte höherer Pflanzen; chinesische Gelbschoten
Crocin (Gardenin) (= Diglycosid des Crocetins)		rot	
2. *Chinonfarbstoffe* (Derivate des Benzo-, Naphto- und Anthrachinons) 2.1. Benzochinone Grundgerüst p-Benzochinon:			
Muscarufin	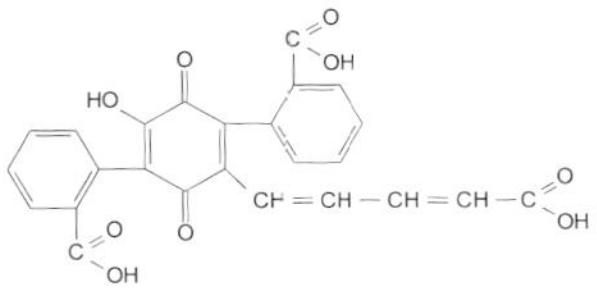	rot	in Pilzen
Embelin	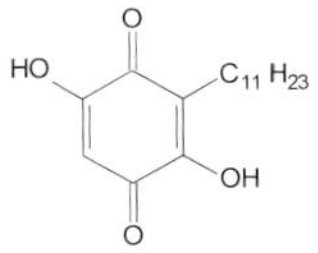	orange-gelb	in einigen Beeren
Polyporsäure	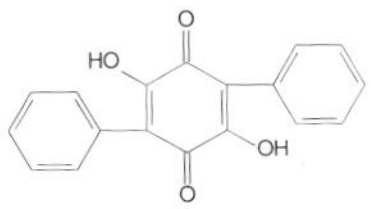	rot-braun	in Pilzen *(Polyporus-Arten)*
2.2. *Naphthochinone* Grundgerüst 1,4-Naphthochinon:	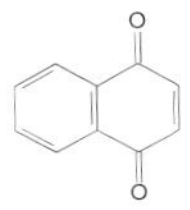		

Natürliche Farbstoffe (Forts.)

Farbstoff	Struktur	Farbe	Vorkommen
Juglon (5-Hydroxy-1,4-naphtho-chinon)	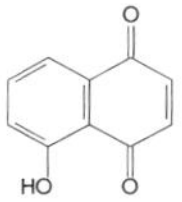	braun-rot	Walnuß *(Júglans régia* L.), Schwarznuß *(Júglans nigra* L.), Pekannuß *[Cárya illinoénsis* (Wangenh.) K. Koch]
5-Hydroxy-7-methyl-2,3-di-hydronaph-thochinon	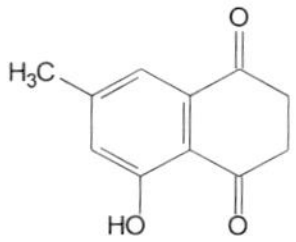		unreife Früchte von *Diospýros hebecárpa* A. Cunn. ex Benth.

2.3 *Anthrachinonfarbstoffe*
Grundgerüst Anthrachinon: 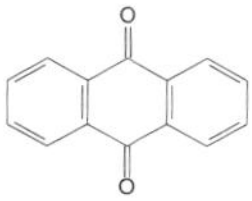

Farbstoff	Struktur	Farbe	Vorkommen
Alizarin (Krapp-farbstoff)	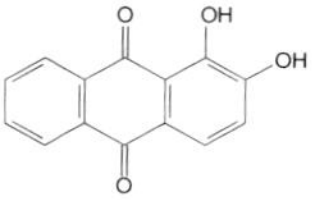	rot	Rhabarber
Purpurin (Krapp-Purpur)	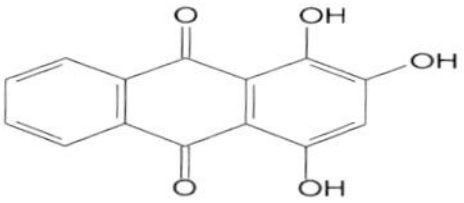	rot	
Carminsäure (Cochenille)	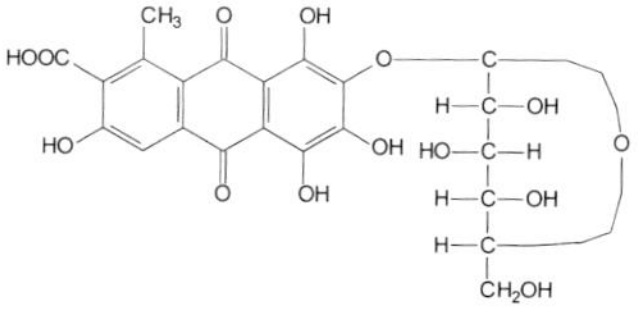	rot	spanische Schildlaus (Cochenille)
Chrysophansäure (Rumicin, Chrysophanol, Archinin)	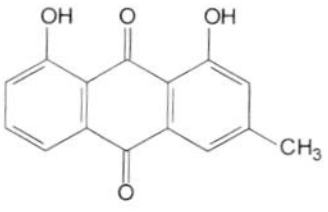	gelb	in Wurzeln und Knollen (z.B. von Rhabarber)
Emodin (Archin, Frangula-emodin, Frangulinsäure)	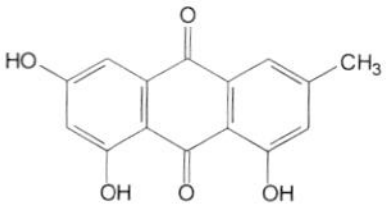	rot	in Pilzen und *Rhamnus*-Arten
Kermes-säure	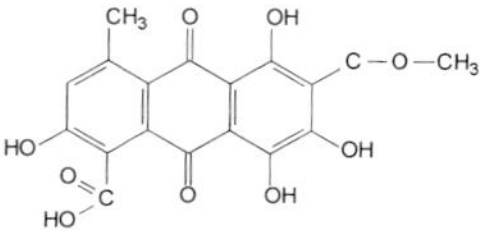	rot	Kermes

Natürliche Farbstoffe (Forts.)

Farbstoff	Struktur	Farbe	Vorkommen
3. γ-*Pyronfarbstoffe (Flavonoide)* Abkömmlinge des γ-Pyrons:	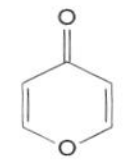		
3.1. *Flavone* Grundgerüst Flavon: (→ Flavonoide)	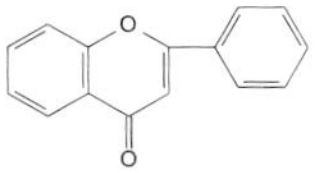		
3.2. *Flavonole* Grundgerüst Flavonol: (→ Flavonoide)	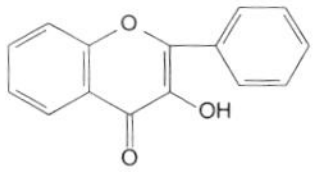		
3.3. *Xanthone* Grundgerüst Xanthon:	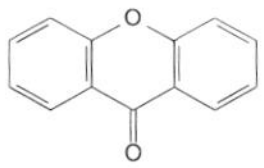		
Gentisin (Gentianin)	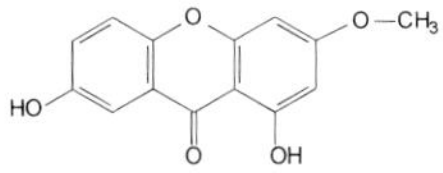	gelb	Wurzel des gelben Enzians *(Gentiána lútea* L.)
4. Anthocyane Abkömmlinge des Flavens: (→ Anthocyane)	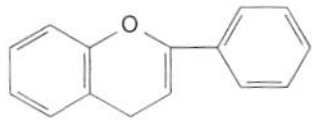		
5. *Pyrrolfarbstoffe* Abkömmlinge des Pyrrols:	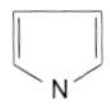		
5.1. → *Porphyrine* (Metallfreie Pyrrolfarbstoffe)			
Copro-porphyrin I	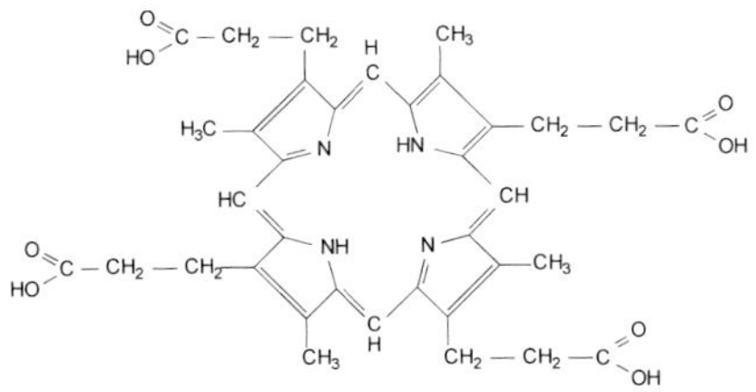	rot	Salat, Spinat, Brennesseln, Runkelrüben; (in Galle und Blutserum des Menschen, in menschlichen *Faeces,* bei Nieren- und Gallenerkrankungen erhöht)
Proto-porphyrin	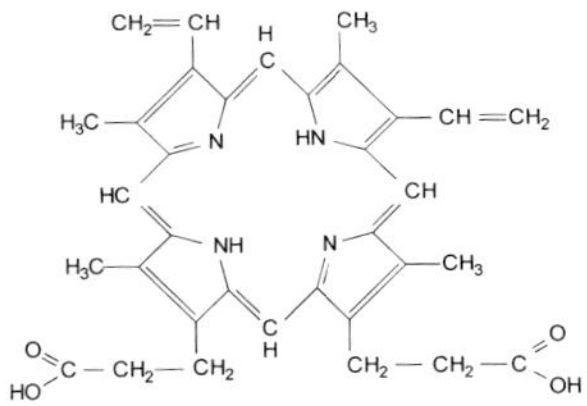	rot	Salat, Spinat, Brennesseln, Maishalme, Kartoffeln, Rüben, Ahorn- und Eichenblätter; gefleckte Vogeleierschalen; (in *Faeces*)

Natürliche Farbstoffe (Forts.)

Farbstoff	Struktur	Farbe	Vorkommen
Uro-porphyrin I	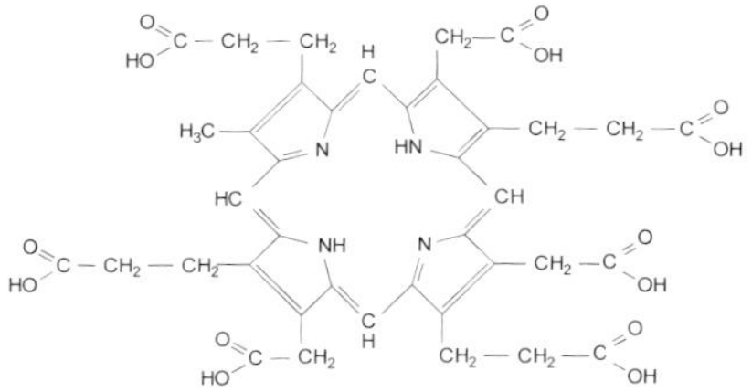	rot	Muschelschalen; im menschlichen Harn
5.2. *Eisenhaltige Pyrrolfarbstoffe*			
Hämoglobin (Blutfarbstoff)	eisenhaltiger Porphyrinfarbstoff, bestehend aus 4 Häm- und 4 Globinmolekülen, relative Molmasse etwa 66 000 g/mol (s. a. Myoglobin und Häm)	rot	Farbstoff der roten Blutkörperchen
Myoglobin (Muskelfarbstoff)	eisenhaltiger Porphyrinfarbstoff, bestehend aus 1 Häm- und 1 Globinmolekül, relative Molmasse etwa 17 800 g/mol; die Hämkomponenten des Hämoglobins und des Myoglobins sind identisch, nur die Globinkomponenten unterscheiden sich etwas in ihrer Aminosäurezusammensetzung (s. a. Hämoglobin und Häm)	rot	Farbstoff der Muskulatur; der Myoglobingehalt der Muskeln ist von Tierart zu Tierart sehr verschieden, Kalbfleisch ist myoglobinarm, daher hell, Rindfleisch myoglobinreich, daher dunkel gefärbt
Häm [Ferrohäm, Eisen-(II)-protoporphyrin]	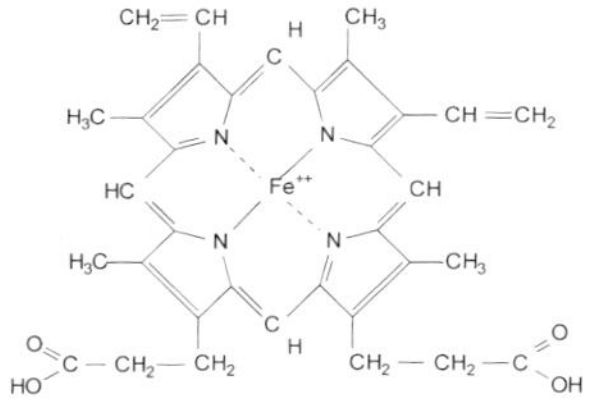 (Häme sind Porphyrine mit zweiwertigem Eisen als Zentralatom)	rot	wird bei der Spaltung des Hämoglobins erhalten, kommt frei in der Natur nicht vor
Hämin [Eisen (III)-protoporphyrin, Ferrihämochlorid]	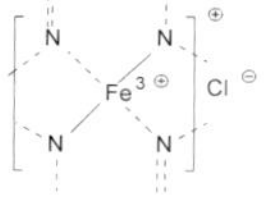 (Hämine sind Porphyrine mit dreiwertigem Eisen als Zentralatom)	rot	kommt frei in der Natur nicht vor, entsteht beim Abtrennen der Farbstoffkomponente des Hämoglobins, wenn man Blut in heißen, mit Kochsalz gesättigten Eisessig einfließen läßt
Hämatin (Ferrihämhydroxid)	freie Base des Hämins, das Kation ist die prosthetische Gruppe des Methämoglobins		

Natürliche Farbstoffe (Forts.)

Farbstoff	Struktur	Farbe	Vorkommen
Oxyhämoglobin	Hämoglobin mit zweiwertigem Eisen, an das Sauerstoff gebunden ist	hellrot	Farbstoff des arteriellen, mit Sauerstoff gesättigten Blutes
Methämoglobin (Ferrihämoglobin, Hämiglobin)	Hämoglobin, bei dem das zweiwertige Eisen zu dreiwertigem oxydiert ist, vermag keinen Sauerstoff mehr zu transportieren	braunrot	Farbstoff des Blutes, der nach Wärme- oder Lufteinwirkung entsteht. Findet sich in kleinen Mengen (etwa 0,1 %) immer im Blut lebender Säugetiere
Hämochromogene (Hämochrome)	koordinativ gesättigte Komplexverbindungen des Häms, z. B. mit denaturiertem Globin, oder andere Stickstoffbasen		
Oxymyoglobin	Myoglobin mit zweiwertigem Eisen, an das Sauerstoff gebunden ist	hellrot	Farbstoff des Fleisches, unmittelbar nach seiner Zerkleinerung
Metmyoglobin	Myoglobin, bei dem das zweiwertige Eisen in dreiwertiges übergegangen ist	braun-grau	Farbstoff des Fleisches nach dem Garen oder anderweitigem Denaturieren (z. B. Säure-, Salz-, Alkohol-, Lufteinwirkung)
Nitrosohämoglobin	Hämoglobin, bei dem an das Eisenatom eine Nitroso-(-NO-)-Gruppe angelagert ist	rot	durch „Umrötung" (Pökeln) mit Hilfe von Nitrit (Pökelsalz) erhaltene kochbeständige Farbstoffe
Nitrosomyoglobin	Myoglobin, bei dem an das Eisenatom eine Nitroso-(-NO-)-Gruppe angelagert ist	rot	
Hämocyanine	kupferhaltiges Chromoproteid	ohne Sauerstoff farblos, mit Sauerstoff blau	Atmungspigmente, die frei gelöst im Blut von Mollusken und Arthropoden (z. B. Krebse, Hummer, Muscheln, Tintenfische, Austern, Schnecken) vorkommen
Erythrocruorine	sehr hochmolekulare Stoffe, die aus über 100 Hämgruppen aufgebaut sind		Atmungspigmente vieler Wirbelloser, z. B. Schnecken

(Hierzu s. bei Porphyrine: Porphyrin-Eisenkomplexverbindungen)

Natürliche Farbstoffe (Forts.)

Farbstoff	Struktur	Farbe	Vorkommen
5.3. *Magnesiumhaltige Pyrrolfarbstoffe (Chlorophylle)*			
Chlorophyll a	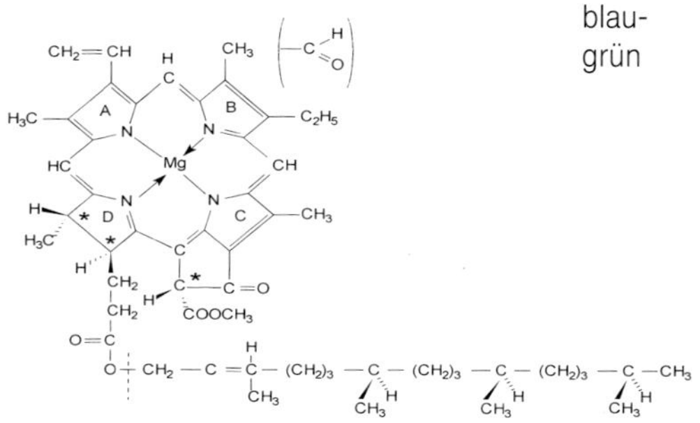 (Phytylrest)	blaugrün	Chlorophyll der höheren Pflanzen und Algen, a und b kommen gewöhnlich im Verhältnis 3:1 vor. Algen können daneben auch die Chlorophylle c, d und e enthalten. Grüne Bakterien (Chlorobien) enthalten Chlorobiumchlorophylle. Zur Stabilisierung der grünen Farbe von Lebensmitteln wird das Mg des Chlorophylls durch Al oder Cu ersetzt (Chlorophyll-Aluminium- bzw. Kupferkomplexe)
Chlorophyll b	wie Chlorophyll a, aber mit einer CHO-Gruppe anstelle der CH_3-Gruppe am Pyrrolring B (entsprechend den Angaben in der Klammer)	gelbgrün	
5.4. *Andere Pyrrolfarbstoffe*			
Bilirubin (Gallenfarbstoff)	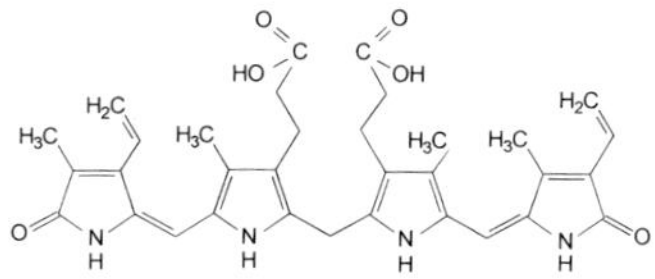	rot	kommt in Lebensmitteln nicht vor, aber in Galle und Gallensteinen
Biliverdin (Gallenfarbstoff)	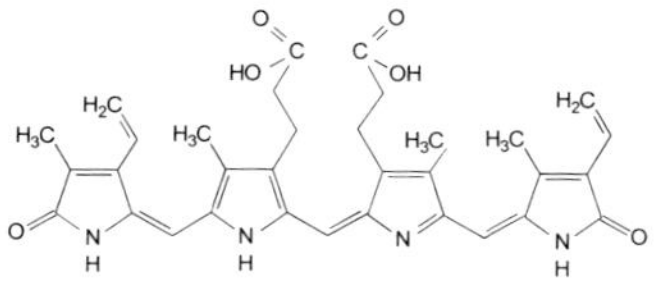	grün	kommt in Lebensmitteln nicht vor, aber in Galle und Gallensteinen
Prodigiosin	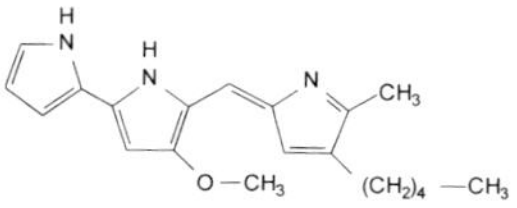	rot	Farbstoff des Hostiepilzes *(Bacterium prodigiosum)*, ruft das „Blutigwerden" von Brot (sog. Blutende Hostie) hervor, das sich im Auftreten blutroter Flecken äußert (Brotschaden)

Natürliche Farbstoffe (Forts.)

Farbstoff	Struktur	Farbe	Vorkommen
6. *Andere Farbstoffe* 6. 1. *Betacyane*			
Betanin, Beetenrot → Betalaine)	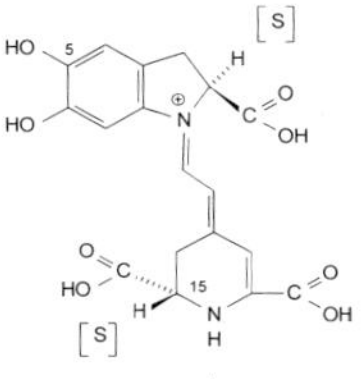 I 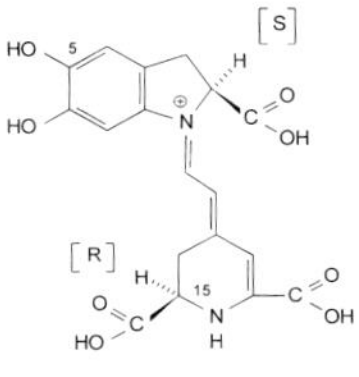 II	rot	Farbstoff der roten Rübe
6.2. *Flavine* Abkömmlinge des *Isoalloxazins* (Flavins):	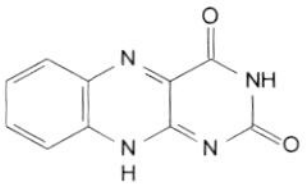		
Lactoflavin, Riboflavin, Vitamin B_2	→ Vitamin B_2	gelb	Milch
6.3. *Phenoxazonfarbstoffe* Abkömmlinge des Phenoxazons:	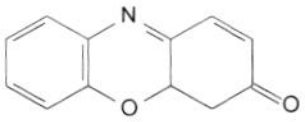		
Orcein (Orseille)	Orcein ist eine Mischung mehrerer Farbstoffe, die Hauptkomponenten sind Orceine: 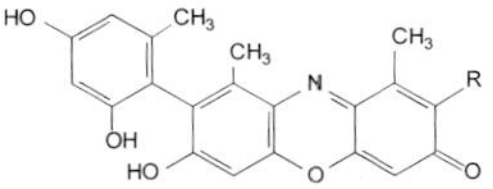 Oxoorceine 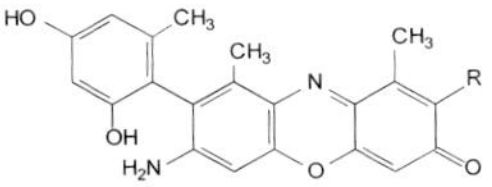 Aminoorceine 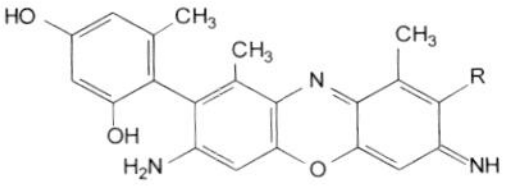 α-Verbindungen: R = H β-Verbindungen: R = F 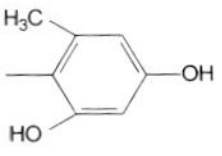 trans Isomer γ-Verbindungen: R wie bei β cis Isomer		die Farbstoffe sind nur als Vorstufen in einigen Flechtenarten der Gattungen *Rocella, Lecanora* und *Veriolaria* enthalten; Orcein entsteht bei der Gewinnung durch Behandlung mit Ammoniak und gleichzeitiger Einwirkung von Luftsauerstoff, Lackmus entsteht bei der Behandlung mit Kalk, Pottasche oder Gips

Natürliche Farbstoffe (Forts.)

Farbstoff	Struktur	Farbe	Vorkommen
Lackmus	Hauptbestandteil des Lackmus ist Azolitmin, ein Indophenolfarbstoff	blau (schlägt in saurem Milieu nach Rot, in alkalischem wieder nach Blau um)	
6.4. *Curcuma*			
Curcumin (Curcuma)	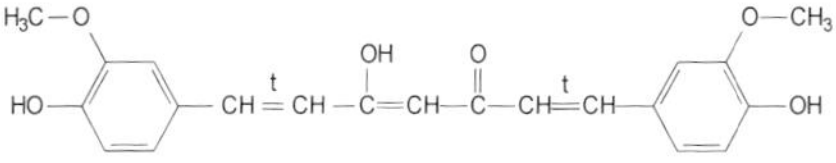	gelb (in alkalischem Milieu rot)	Hauptbestandteil des Curcuma (gelber Ingwer, Gelbwurz), hergestellt aus der Kurkumawurzel

Farbstoffe, anorganische → Lebensmittelfarbstoffe

Farbstoffstabilisatoren → Stabilisierungsmittel

Farbwachse → Lipochrome

Farbzucker → Zuckercouleur

Farce, Fleischfarce: Masse aus Hackfleisch (→ Tartar) unter Zusatz von Ei, Sahne, Brötchen und Gewürzen, die zum Füllen von Geflügel, Wild oder Gemüse (z. B. Tomaten, Paprikaschoten) dient. → Brät

Fardale, *Fardel:* die gebündelten, in Sackleinwand verpackten und mit Bambus verschnürten, etwa 45 kg wiegenden Ballen von Ceylonzimt. → Zimt

Fardel → Fardale

Farin: Bez. für einen → Zucker, der bei der Raffination aus den ersten Abläufen gewonnen wird und daher ein wenig gereinigter, häufig gelb bis bräunlich gefärbter, invertzuckerhaltiger, trockener bis feuchter, leicht aromatischer Kristallzucker ist. Aus dem zunächst entstehenden *gelben F.* erhält man durch Auswaschen den *weißen F.* → Bastardzucker

Farinose → Amylopectin

Farn: Sammelbez. für eine Klasse von Pflanzen mit meist großen, reichlich gegliederten und mit reichlich Nervatur (Aderung) ausgestatteten Blättern, die man Wedel nennt. Sie sind im Jugendstadium an den Spitzen eingerollt. Die meisten der bei uns vorkommenden F. wachsen auf kalkarmen Böden, in Wäldern und auf Heiden. In China, Japan und insbes. Ostsibirien sind die F. ein fester Bestandteil der Nahrung und werden, da die Nachfrage durch Absammeln der Wildbestände nicht mehr gedeckt werden kann, systematisch kultiviert. Dies bezieht sich insbes. auf den → Adlerfarn, auf den → Straußfarn und auf einige → *Osmundaarten.* Meistens werden die jungen, noch eingerollten Wedel als Salat oder als Kochgemüse verzehrt. Im rohen Zustand zeigen jedoch alle Farnarten (auf Grund von Rattenversuchen) eine Antivitaminwirkung. Die in den Handel gelangenden gesalzenen F. sollten daher zur Beseitigung dieser Wirkung in kurze Stücke geschnitten, 12···14 h eingeweicht und zweimal 10···15 min gekocht werden, wobei das Kochwasser zu verwerfen ist. Der Eisengehalt der F. liegt sehr hoch, so weist z. B.

Adlerfarn bei 88 % Feuchtigkeit 31 mg Eisen je 100 g Blattmasse auf, während der Calciumgehalt bei 6,6 mg und der Phosphorgehalt bei 27 mg liegt. → Nehai

Farnesen → Terpen-Kohlenwasserstoffe

Farnesol → Terpen-Alkohole

Farnochinon → Vitamin K

'Farnstädter Schwarze" → Süßkirsche

Farsch → Fischerzeugnisse

Färsenkalb → Fleischtiere

Fasan (*Phasiánus cólchicus*) → Wild

Fasanbeere → Sanddornbeere

Fascarindiol → Phytoallexine

Fascíola hepática → Leberegel

Faselbohne → Helmbohne

Faserlinge → *Coprináceae*

Faserproteine → Skleroproteine

Faseryams, *Cush-Cush-Yams:* eine im Norden von Südamerika vorkommende → Yamswurzel *Dioscórea trífida* L. (Familie *Dioscoreáceae*) mit kleinen, aber sehr schmackhaften Knollen von 15···20 cm Länge (s. Bild oben).
In je 100 g Knollenfleisch sind enthalten: 57 g Feuchtigkeit, 38 g Kohlenhydrate, 0,4 g Fett, 2,5 g Eiweiß, 0,9 g Rohfaser und 1,2 g Mineralstoffe. Der Energiewert entspricht je 100 g in kJ (kcal) 723 (172).

Faßbrause → Brause

Faßgurke → Gurkenhalbfabrikat

Faßlimonade → Erfrischungsgetränk, alkoholfreies

Faßsalzung → Salzfischerzeugnisse

Faßware → Salzfischerzeugnisse

Faseryams (Sproß mit Blättern und Knollen)

Fast-Food-Erzeugnis, *Schnellküchen-Erzeugnis, Schnellverpflegungg:* Sammelbez. für frisch verzehrbare Produkte mit begrenzter Haltbarkeit, die eine kleine Mahlzeit (Quick-Lunch) liefern. Der klassische *Schnellimbiß* mit warmen Würstchen, Bratwurst, Currywurst und Fischbrötchen zählt zu den Wegbereitern der F., indem der kleine Imbiß als Zwischenmahlzeit durch die heutigen, meist energiereichen und ballaststoffarmen F. zu einer Mahlzeit vielfach weiterentwickelt worden ist. Das Charakteristikum der F. besteht in der schnellen Herstellung (*schnelle Nahrung*) bzw. in dem geringen Zeitaufwand für die Zubereitung, indem auf Halb- und Fertigerzeugnisse zurückgegriffen wird, die meist in abgetrennten Großeinrichtungen vorbereitet werden. Zu den F. zählen z. B. → Pizzas, Frikadellen, Kartoffelpuffer, Eintopf, Döner Kebab, Croissants, Pommes Frites, gebratene Hähnchen und vor allem die *Burger,* eine Weiterentwicklung der warmen Wurst mit Brötchen, indem verschiedene Arten von Fleisch mit Käse und Würzsoße *(Hamburger)* oder nur Käsezubereitungen *(Cheeseburger)* in Sandwichform (zusammengeklapptes Großbrötchen) und mit oder ohne Salat, auch Salatdressings, angeboten werden.

Fäulnis: meist durch → *Bakterien* verschiedener Familien bedingter Abbau organischer Substanzen tierischer und pflanzlicher Herkunft. Der unter Beteiligung von → Enzymen in Reaktionsketten ablaufende Prozeß führt über eine Reihe von Zwischenstufen zu den Endprodukten Ammoniak, Kohlendioxid, Schwefelwasserstoff, Indol, Scatol u. a. Verbindungen. Man unterscheidet *Oberflächen-* (*Außen-*) und *Tiefen-*(*Innen-*)*fäulnis.* Für die verbreitete Oberflächenfäulnis sind in Gegenwart von Luftsauerstoff *aerob* wachsende Bakterien, Hefen und Pilze verantwortlich, die entsprechend der Spezifik des Lebensmittels und den vorliegenden Bedingungen aus verschiedenen Mikroorganismen stammen (Übers.).
Für die Innenfäulnis sind → *Anaerobier* verantwortlich. Sowohl die Außen- als auch die Innenfäulnis ist häufig mit der Bildung *toxischer* Stoffwechselprodukte verbunden, z. B. der Bildung von *Aflatoxin* durch *Aspergillus flavus.* Es gibt auch Beispiele, bei denen Fäulnisprozesse mit ausgewählten nicht Toxine bildenden Pilzen genutzt wird wie bei der Herstellung von Roquefortkäse. → Verderb

Fäulnisbakterien: Bakterien, die die Fäulnis von Lebensmitteln und anderen tierischen und pflanzlichen Geweben auslösen. → Fäulnis

Favismus-Substanzen: Inhaltsstoffe von Saubohnen (*Vícia fába* L.), die bei Menschen mit einem Glucose-6-phosphat-dehydrogenase-Mangel Favismus manifestiert. Dieser Enzymmangel ist erblich. In schweren Fällen kann es zu einer hochgradigen Hämoglobinämie und in der Folge zu Gelbsucht kommen. Der Favismus ist bes. im Mittelmeerraum weit verbreitet. In Ländern, in denen die Schale von Saubohnen mitgegessen wird, tritt der Favismus häufiger auf. Die F. sind hitzestabil und können auch mit der Muttermilch weitergegeben werden. Als wirksame Substanzen wurden *Divicin* (→ *Vicin*), *Isouramil,* deren Glucoside und die Aminosäure *L-Dopa* identifiziert.

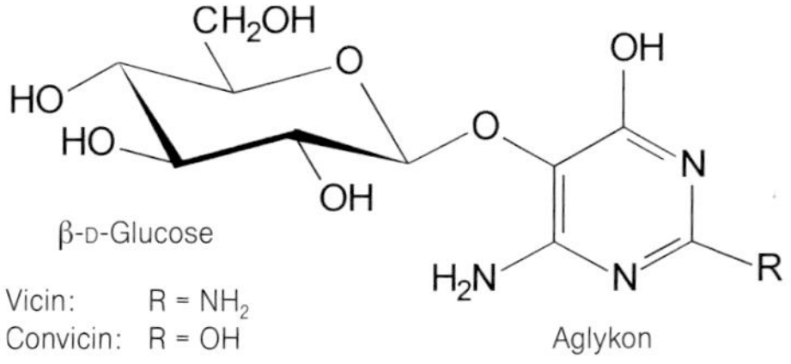

FD & C Blue → Lebensmittelfarbstoffe

FD & C Red → Lebensmittelfarbstoffe

FD & C Yellow → Lebensmittelfarbstoffe

Wichtige Fäulniserreger in Lebensmitteln (Auswahl)

Lebensmittel	vorzugsweise angesiedelte Mikroorganismen	
	aerob wachsend	anerob wachsend
Milch und Milchprodukte	Streptokokken, Lactobacillen Achromobacter	
Fleisch, Geflügel	Achromobacter, Pseudomonas, Proteus, Enterobacter, Escherichia, Micrococcus	Clostridien, Proteus, Salmonellen
Fisch, Krebstiere	Achromobacter, Pseudomonas, Flavobacterium	Proteus
Eier	Pseudomonas, Proteus, Escherichia, Serratia, Achromobacter, Micrococcus, Penicillium	Salmonellen
Obst, Gemüse	Lactobacillen, Penicillium, Aspergillus, Rhizopus	
Brot	Penicillium	

Featherings → Zimtbruch

Fecapentaene → Mutagene

Fechser: bei → Meerrettich, → Weinreben, → Hopfen usw. ein mit Sproßknospen (Augen) besetzter unterirdischer → *Sproß,* der von der Hauptwurzel abgetrennt werden kann.

Federbaum → Schlafbaum

Federkohl:
1. → Grünkohl
2. → Kardone

Federweißer: Traubenmost in abklingender Gärung, dessen Zuckergehalt fast vollständig vergoren ist. Da sich die Hefe noch nicht vollständig abgesetzt hat, ist F. getrübt. In vielen Weinbaugegenden wird der noch kohlendioxidhaltige F. gern als Haustrunk getrunken. → Wein → Most

Federwild → Wild

Federzahl: Maßzahl, mit der eine Fremdwasserbestimmung bei Brühwurst, Hack- und Schabefleisch möglich ist. Formel: Mindestfremdwassergehalt (%) = Wasser (%) - Eiweiß (%). Federzahl (Rindfleisch, Brühwürste) = 4,0; Federzahl (Schweinefleisch) = 4,5.

Fédia cornucópiae → Baldrian, Afrikanischer

Fegekraut → Ackerschachtelhalm

Feher: ungar. Bez. für einen weißen → Wein oder → Dessertwein.

Fehlbohne → Kaffee

Feige, Echte, *Eßfeige*: birnenförmige, 3···10 cm lange Frucht des kleinen Baumes oder großen Strauches *Fícus cárica* L. (Familie *Moráceae*), der 8···10 m hoch wird und große langgestielte drei-, fünf- oder neunlappige Blätter hat. Die kleinen Blüten sitzen an den Innenwänden eines hohlen, mehr oder weniger geschlossenen Blütenbechers (Rezeptakulum), der bei der Reife fleischig wird und die Frucht bildet. Die Früchte sind grün, gelb, rosa, rot, violett, purpurn, braun oder schwarz gefärbt, ihr weißes bis violettes Fruchtfleisch schmeckt bei Reife weichlich-süß. Die unreifen Früchte enthalten einen scharf schmeckenden Milchsaft mit dem proteolytischen Enzym Ficin. Die Pollenübertragung erfolgt durch eine Gallwespenart, die ihre Eier in die Rezeptakeln der Bocks- oder Holzfeige (*Ficus cárica* L. *var. caprificus*), die auch männliche Blüten trägt, ablegt. Die ausschlüpfenden Tiere übertragen den Pollen auf die ausschließlich weibliche Blüten besitzende Eß- oder Hausfeige (*F. cárica* L. *var. doméstica*). Zur Befruchtung werden daher in die Hausfeigenbäume Zweige oder Rezeptakeln der Bocksfeige gehängt (Kaprifikation), soweit nicht schon Sorten mit parthenokarpem (befruchtungslosem) Fruchtansatz vorliegen. Der Verzehr an frischen Feigen ist gegenüber dem Konsum an getrockneten F. nur gering. Getrocknete F. bezeichnet man entweder als „Naturalfeigen", wenn sie nur einfach getrocknet werden, oder als „bearbeitete (etuvierte, sterilisierte) Feigen", wenn sie nach dem Trocknen in kochendes Salzwasser getaucht oder gedämpft, dann an der Luft getrocknet, anschließend gepreßt und in Zellglas verpackt werden. Man unterscheidet unter den letztgenannten *Layerfeigen* (flach gepreßt in Lagen), *Lokumfeigen* (Täfelchen), *Leridafeigen* (Rollen) und *Garlandsfeigen* (Kranzfeigen). In geringem Umfang wird den trockenen F. durch Aufdampfung ihre ursprüngliche Form wiedergegeben. Die F. werden auch zu *Feigenpaste* sowie vollreif zu Konserven in Sirup verarbeitet. *Feigenkäse* wird aus den F. mit Mandeln, Haselnüssen, Kräutern und Gewürzen in Spanien und Portugal gepreßt. Aus ähnlichen Zutaten besteht der griechische *Feigenkuchen,* der im Ofen getrocknet wird. *Feigenkaffee,* hergestellt aus gerösteten F., ist als Kaffeezusatz unter der Bez. *„Karlsbader Kaffeegewürz"* bekannt geworden. Die getrockneten F. sollen bei 7°C und 60 % relativer Luftfeuchte gelagert werden. Unter den zahlreichen, über 600 Sorten ist 'Sari Lob' ('Calimyrna') mit bernsteingelbem Fruchtmark die Hauptsorte. Die F. werden in den Mittelmeerländern angebaut (90 % der Weltproduktion), die besten Qualitäten werden von der Türkei geliefert. Nach dem Feigenhandelszentrum Izmir (Smyrna) heißen die türkischen F. *Smyrnafeigen.* Zusammensetzung und Energiewert der F. s. Tab. S. 442.

Zusammensetzung und Energiewert der Feige

Bestandteil	Frische Feigen		Getrocknete Feigen	
	Durchschnittl. Gehalt in 100 g eßbaren Anteils			
Feuchtigkeit	80,2	g	24,6	g
Eiweiß	1,3	g	3,54	g
Fett	0,5	g	1,30	g
Kohlenhydrate	15,7	g	61,5	g
Rohfaser	1,6	g	6,67	g
Mineralstoffe	0,7	g	2,38	g
Natrium	2,0	mg	40,0	mg
Kalium	240,0	mg	850,0	mg
Calcium	54,0	mg	193,0	mg
Eisen	0,6	mg	3,3	mg
Phosphor	32,0	mg	108,0	mg
Caroten	0,048	mg	0,051	mg
Vitamin B_1	0,06	mg	0,12	mg
Vitamin B_2	0,05	mg	0,085	mg
Niacin	0,50	mg	1,15	mg
Vitamin C	3,3	mg	–	
Energiewert in kJ (kcal) je 100 g eßbaren Anteils	305 (73)		1138 (272)	

Andere Feigenarten, die als Obstbäume kultiviert und im warm-gemäßigten Klima eßbare Früchte tragen, sind *F. auriculáta* Loureiro (Indien), *F. infectória* Roxb. (China, Indien, Malaysia), *F. dammarópsis* Diels (Neuguinea), *F. vogeliána* (Miq.) Miq. (Westafrika), *F. rúmphii* Blume (Südostasien, Indien, Indonesien, Burma, Vietnam) und u.a. auch die → *Maulbeerfeige Ficus sycómorus* L. Der Feigenbaum ist eine sehr alte Kulturpflanze. Er war schon bei den Assyrern und Ägyptern bekannt. 1600 bis 1500 Jahre v. u. Z. wurde er auf Kreta, 900 v. u. Z. oder früher in Griechenland angebaut. Der Anbau als Handelsfrucht begann erst gegen Ende des 19. Jh. (Smyrnafeigen). In Südamerika werden eine Reihe von Feigenarten genutzt, wobei die Früchte hauptsächlich frisch verzehrt werden. → *Feige, Weiße* → *Higueron* → *Samtfeige*

Feige, Indische → Kaktusbirne

Feigenbanane:
1. getrocknete → Banane. Die grün geernteten Büschel werden in offenen Schuppen nachgereift. Danach werden die gelbreifen Früchte geschält und in Trockenkammern bei 55···60°C gedörrt.
2. eine in Panama kultivierte Bananensorte.

Feigenblattkürbis: eine aus den Hochtälern der Anden bis Mexiko stammende alte Kulturpflanze, *Cucúrbita ficifólia* Bouché (Familie *Cucurbitáceae*), die vorwiegend als Unterlage für Gurkenpfropfungen gegen Pilzkrankheiten genutzt wird. Die Früchte liegen im Vergleich zu anderen Kürbisarten im Nährwert niedriger, werden aber vielseitig, zu alkoholischen Getränken, für Süßspeisespezialitäten, unreif zu Suppen gekocht und die gerösteten Samen als Beilage zu Kartoffeln und Fleisch verzehrt. → Kürbis

Feigenkaffee:
1. ein → Kaffee-Ersatzmittel, auch → Kaffeezusatzstoff, hergestellt durch Rösten und Zerkleinern der → Feige. Der F. weist eine Feuchtigkeit von etwa 20% und einen Mineralstoffgehalt von etwa 7% auf.
2. das aus der aufbereiteten Feige hergestellte → Aufgußgetränk, dessen Anteil an wasserlöslichem Extrakt etwa 67% beträgt.

Feigenkaktus → Kaktusbirne

Feigenkäse → Feige

Feigenkuchen → Feige

Feigenpaste → Feige

Feige, Weiße, *Higuillo, Jagëy:* der große Strauch *Fícus popúlnea* Willd. (Familie *Moráceae*), der in Süd-Florida und auf den Antillen wächst. Die kleinen Feigenfrüchte von etwa 10···12 mm Durchm. schmecken fade und werden roh verzehrt. → Feige

Feigwurz: Scharbockskraut. → Kapernersatz

Feijoa, *Ananasguave:* der kleine Baum oder Strauch *Ácca sellowiána* (Berg) Burret (Familie *Myrtáceae*), der der → *Guave* verwandt ist. Seine ovallänglichen, dünnschaligen, grünen Beerenfrüchte enthalten ein gefächertes, helles Fruchtfleisch, das angenehm gewürzhaft schmeckt. Das Aroma wird bestimmt durch Methyl- und Ethylbenzoat, die 90 % der Gesamtkonzentration der Aromastoffe ausmachen. Das Gehölz stammt aus Südbrasilien und Uruguay und kann auch in kühleren, subtropischen Gebieten angepflanzt werden (Algerien, Südfrankreich).

Feinbackware, *Feine Backware, Feingebäck:* Oberbegriff für alle kurz- und langfristig haltbaren, aus → *Teig* und/oder → *Masse* hergestellten → *Backwaren* und → *Strangpreßerzeugnisse, die sich von* → Brot und Brötchen durch *wesentliche* Zugaben wertbestimmender Lebensmittel und dabei auftretendem *Eigengeschmack* deutlich unterscheiden, so daß der Verzehr von F. nicht als regelmäßige Beikost zu den Hauptmahlzeiten und meist ohne Belag oder Aufstrich erfolgt. Mit den am häufigsten verwendeten Zutaten, wie Fett, Zukker, Ei, Milch bzw. Erzeugnissen aus diesen, wird ein von Bäckereiware abweichender Geschmackseindruck erzielt. Für die Einordnung eines Backerzeugnisses in die Gruppe der F. ist ausschlaggebend, daß der Anteil an Fett und/oder Zucker bezogen auf Mehl und/oder Stärke mind. 10 % beträgt. Die F. verfügen daher über einen wesentlich höheren Energiewert als Bäckereiwaren. Die *Konditoreiwaren* bilden eine spezielle Art von F., die mind. 20 Masseteile Fett und/oder Zucker enthalten.
Süßwaren, Speiseeis, Schlagsahne, Schlagkrem, Kremspeisen usw. zählen, obgleich auch in Konditoreibetrieben hergestellt, nicht zu den F., sondern stellen lediglich Bestandteil der F. dar, denn zu ihrer Herstellung ist ein Backprozeß nicht erforderlich. Die Bez. *Konditoreierzeugnis* entstand um 1700 und ist auf *conditor* bzw. *condire* (lat. würzen und *candire* (italien.: *überzuckern*) zurückzuführen. Eine Konditoreiware wird demzufolge auch als *Zuckergebäck* oder die Konditorei als Zuckerbäkkerei bezeichnet. Alle F. werden gleichermaßen aus gebackenen massiven bis stark gelockerten Grundkörpern hergestellt, die auch aromatisiert, gewürzt, gesalzen, gefüllt, belegt, überzogen, garniert bzw. dekoriert sein können. Alle aus → Hefeteig hergestellten F. werden zur Abgrenzung von *Bäckereiwaren* auch als *Kuchenteig*- oder *Hefefeingebäck* bzw. *-backwaren* bezeichnet. Eine Systematisierung der F. läßt sich neben den erwähnten chemischen Kennwerten (Fett- und Zuckeranteil) auch nach anderen Merkmalen vornehmen (Übers.).

Beispiele für die Einteilung der Feinbackwaren

Merkmal	*Feinbackwarenart*
Geschmacklich hervortretender Rohstoff:	
Fett	Fettbackware
Mohn	Mohngebäck
Obst	Obstgebäck
Krem	Kremgebäck
Mandeln	Mandelgebäck
Quark	Quarkgebäck
Sahne	Sahnegebäck
Zwischenprodukt Teig:	
Blätterteig	Blätterteiggebäck
Briocheteig	Briochegebäck
Plunderteig	Plunderteiggebäck
Mürbeteig	Mürbeteiggebäck
Hefeteig bzw.	Hefefeingebäck bzw.
Kuchenteig	Kuchenteiggebäck
Zwischenprodukt Masse:	
Volleimasse	Volleimassegebäck
Brandmasse	a) Brandmassegebäck
Wiener Masse	b) Wiener-Masse-Gebäck
Biskuitmasse	c) Biskuitmassegebäck
Sandmasse	d) Sandmassegebäck
Eiklarmasse	Eiklarmassegebäck
Schalenobstmasse	a) Schalenobstmassegebäck
Schaummasse	b) Schaummassegebäck

Um der Nachfrage nach einem reichhaltigen Sortiment an F. begegnen zu können, werden die F. von den Bäckereibetrieben und Imbißständen meist als Gefrierkonserven bezogen, die nach dem Auftauen und Backen, meist nur noch mit Glasur versehen werden. Gefrorene Teigrohlinge gibt es z. B. für Blätterteigtörtchen mit Apfel- oder Aprikosenschnitzeln, → Croissants, Kuchen- und Rosinenbrötchen sowie sog. Minibaguettes.

Feinfrost: handelsüblicher, aber sprachlich unglücklich gewählter Begriff für Gefrierkonserven, weil mit dem Wortstamm Frost erfahrungsgemäß negative Wirkungen auf versch. Lebensmittel verbunden sind. Frost zerstört gefüllte Getränkeflaschen und rohe Eier, entmischt Fett-in-Wasser-Emulsionen, zerstört die Konsistenz von Gemüse und Obst u. a.. In der technologischen Praxis vermeidet man bewußt geringere Celsius-Minusgrade und gefriert bei relativ niedrigen Temperaturen, um die Ausbildung großer, das Gewebe zerstörende Eiskristalle zu vermeiden.

Feinfrostobst → Obstgefrierkonserve.

Feingebäck → Feinbackware

Feinkosterzeugnis, *Delikateßerzeugnis, Consommé, Konsommee:* Sammelbegriff für Erzeugnisse, die sich durch Auswahl und Kombination der Rohstoffe in bezug auf Geschmack, äußere Beschaffenheit, Seltenheit, besondere Wertschätzung unter Berücksichtigung nationaler und internationaler Gepflogenheiten sowie durch ansprechende Verpackung auszeichnen. Die Bez. *delikat* (franz. *délicat*) bedeutet wohlschmeckend, ausgezeichnet, ausgesucht, zart; dementsprechend versteht man unter *Delikatesse* auch *Leckerbissen, nicht alltägliche Gaumenfreude, Feinkost,* die verfeinerten Eßgewohnheiten und gehobenen Ansprüchen dienen soll. Zu den F. zählen z. B. *Feinkost-* bzw. *Mayonnaisensalate* als Haupterzeugnis der Feinkostwarenherstellung, ferner *Tafelsoßen, Krusten-, Schaltier-, Fisch-, Wurst-, Fleischkonservenspezialitäten, Aspikspeisen* sowie *Pasteten.* Darüber hinaus zählen Gemüsekonserven zu F., wenn sie sich gegenüber den übrigen in Verkehr befindlichen Waren durch einen bes. Genußwert auszeichnen, z. B. *Delikateß-Silberzwiebeln, Delikateß-Maiskölbchen, Delikateß-Sauerkraut, Delikateß-Gewürzgurken, Delikateß-Mixed-Pickles.* Mikrobiol. Richt- und Warnwerte zur Beurteilung von Feinkostsalaten s. Tab. oben.

Feinmarinaden → Marinaden

Feinschmeckersalat → Fleischsalat

Feinschmeckersoße → Würzsoße

Richt- und Warnwerte für Feinkostsalate

	Richtwert	Warnwert
Aerobe mesophile Koloniezahl	10^6/g*	–
Milchsäurebakterien	10^6/g*	–
Staphylococcus aureus	10^2/g**	10^3/g**
Bacillus cereus	10^3/g	10^4/g
Escherichia coli	10^2/g	10^3/g
Sulfitreduzierende Clostridien***	10^3/g	10^4/g
Salmonellen	–	n.n. in 25 g

Erklärungen:
* = Mikroorganismen, die als Starterkulturen zugesetzt werden, bleiben unberücksichtigt
** = Bei Salaten aus Krebstieren Richtwert 10^3/g und Warnwert 10^4/g.
*** = Gültigkeit nur für pasteurisierte Salate

Feinschnitt → Zigarette

Feintalg → Rindertalg

Felchen → Maräne

Feldbohne → Puffbohne

Feldkümmel → Feldthymian

Feldmais → Gemüsemais → Mais

Feldpolei → Thymian 8.

Feldsalat, *Ackersalat, Kornsalat, Mausohr, Nisslsalat, Nüßlesalat, Vogerlsalat, Lämmersalat, Schafmaul, Wingertsalat:* die dunkelgrünen, kleinen, zu einer Rosette vereinigten grundständigen, schwach bitter schmeckenden Blätter von *Valerianélla locústa* (L.) Laterrade (Familie *Valerianáceae*), auch *Rapunzel, Rapünzchen* genannt. Der F. wird ausschl. roh (als Frischsalat) verzehrt (s. Tab. S. 445).
Der F. wird durch Schnitt am Wurzelansatz geerntet; dies entspricht der Qualitätsforderung „Blätter nicht von der Rosette lösend". In Großbetrieben wird der F. wie Gurken, Tomaten oder Bleichchicorée im Hydroponikverfahren, d. h. im Wasserkulturverfahren (erdlos) herangezogen. → Rapunzel, Echte → Blattsalat

Zusammensetzung und Energiewert von Feldsalat

Bestandteil	Gehalt in 100 g eßbaren Anteils
Feuchtigkeit	93,4 g
Eiweiß	1,84 g
Fett	0,36 g
Kohlenhydrate	1,4 g
Ballaststoffe	1,5 g
Mineralstoffe	0,80 g
Natrium	4,0 mg
Kalium	421,0 mg
Magnesium	13,0 mg
Calcium	35,0 mg
Eisen	2,0 mg
Phosphor	49,0 mg
Caroten	3,9 mg
Vitamin B_1	0,065 mg
Vitamin B_2	0,080 mg
Niacin	0,38 mg
Vitamin C	35,0 mg
Energiewert in kJ (kcal) je 100 g eßbaren Anteils	68 (16)

Feldsenf → Rübsen

Feldstiefmütterchen, *Ackerveilchen, Freisamkraut:* ein 10···30 cm hohes → Kraut, *Víola trícolor* L. (Familie *Violáceae*), mit niederliegendem oder aufsteigendem Stengel, wechselständigen Blättern und 2- bis 3farbigen, entweder weiß-gelben oder weiß-blau-gelbfarbenen, langgestielten Blüten. Für die Bereitung von → Kräutertee wird das blühende Kraut verwendet, dessen harntreibende Wirkung durch Saponine und Flavonkörper hervorgerufen wird.

Feldthymian, *Gundel, Quendel, Sandthymian, Kunela, Feldkümmel:* ein bis zu 20 cm hoch wachsender Halbstrauch, *Thýmus serpýllum* L. (Familie *Lamiáceae*), der an Wegrändern und trockenen Ackerrainen einen dichten Rasen mit niederliegenden oder leicht aufsteigenden, runden oder kantigen, überall wurzelnden Stengeln bildet. Die schmal eiförmigen Blätter riechen stark würzig, wenn man sie zwischen den Fingern zerreibt. Der kopfförmig gedrängte Bütenstand trägt 7 bis 9 rötliche oder rotviolette Lippenblüten von fast trichterförmiger Form mit vierzipfeligem Rand. Die getrockneten Blüten des F. werden als → Kräutertee oder für → Kräutersäfte bei Verdauungsstörungen und Husten verwendet und dienen als Würzmittel zum Aromatisieren von Wurst, Essig, Cocktails, Salzgurken. Die Blätter und jungen Triebe werden frisch als Salat und Beilage zu Gemüse-, Fleisch- und Fischgerichten verzehrt. → Thymian 1.

Feldzichorie → Wegwarte

Feldzwieback: ein keksähnliches, dichtes, trokkenes, mind. 2 Jahre haltbares → Flachbrot aus Weizenmehl, Zucker und gegebenenfalls anderen Zusätzen. Der F. ist kein echter → Zwieback, da er nur einmal gebacken wird.

Felsenbirne, *Fluhbirne, Steinbirne, Steinböckle, Gamsbeere, Muschpel, Klingelbeere:* die heidelbeergroßen, schwarzen, leicht trocken schmekkenden Scheinfrüchte der ovalblättrigen oder *Gemeinen Felsenbirne, auch Edelweißbaum* genannt, *Amelánchier ovális* Medik., (Familie *Rosáceae*). Diese sonnenbedürftige Pflanze wird seit langem als Unterlage für Zwergbirnensorten kultiviert, wird aber auch als Hecken- oder Zierstrauch mit Obstgewinnung in Süd- und Mitteleuropa, Kaukasus, Nordafrika und Indien angebaut. Die zuckerhaltigen Früchte werden meist frisch aber auch konserviert verzehrt oder zur Saftgewinnung bzw. getrocknet als *Korinthen-Ersatz* verwendet. Auch die Früchte der anderen Felsenbirnenarten (auch *Amelánchierfrüchte* genannt), die 1···10 m hohe mehrtriebige Sträucher oder kleine Bäume ausbilden, werden genutzt: *Amelánchier alnifólia* (Nutt.) Nutt. wird in Amerika für Aromatisierungszwecke, Marmelade, Mus, Kompott und Most, die *Kanadische Felsenbirne, A. canadénsis* (L.) Medik. wird als Frischobst und zur Weinherstellung verwendet, die Sträucher liefern die sog. "June berry". Von den etwa 30 verschiedenen in Europa, Asien und Nordamerika beheimateten Amelanchierarten, werden in Mitteleuropa 5 genutzt.

Felsengarnele, *Sägegarnele* → Krebstiere

Felsenjohannisbeere → Johannisbeere

Felsenmoos → Carrageen

Feminell, *Safranersatz:* die Griffelteile von *Crócus biflórus* Mill. (Familie *Iridáceae*) und/oder Zungen- und Röhrenblüten verschiedener Pflanzen, z.B. die der Ringelblume, *Caléndula officinalis* L. (Familie *Asteráceae*), die zum Verfälschen von → Safran dienen.

Fenchanon → Terpen-Ketone

Fenchel:
1. *Gartenfenchel, Gewürzfenchel:* die mehr oder weniger ausgereifte, getrocknete, 4···10 mm lange Spaltfrucht mit gelbbraunen, sich vom graugrünen Untergrund deutlich abhebenden Rippen der im Mittelmeergebiet heimischen, in Südeuropa, in Deutschland, der ehem. Sowjetunion, China, Japan und Argentinien angebauten zweijährigen, ausdauernden, 0,9···2 m hohen Staude *Foenículum vulgáre var. dúlce* (Mill.) Batt. (Familie *Apiáceae*). Der charakteristische Geruch und Geschmack sind auf den Gehalt an ätherischem Öl (bis 6,5%), das vor allem *Fenchon* und *Anethol* enthält, sowie fettem Öl (12···18%), Zucker u.a. zurückzuführen. Sorten s. Übers.

Fenchelsorten

Sorte	Merkmal
Deutscher Fenchel	große Früchte, leicht bitterer Geschmack
Römischer oder *Kretischer Fenchel*	mittelgroße Früchte, das ätherische Öl enthält kein Fenchon, der Geschmack ist süßlicher
Rumänischer Fenchel	kleinfrüchtiger F.

Der mit der Hand oder mit einem Kamm im Sept./Okt. geerntete (getraumelte) F. wird als *Kamm-* oder *Traumelfenchel* gehandelt. Die nach Eintritt des ersten Frostes geernteten Früchte (sog. *Strohfenchel*) sind weniger wertvoll. Der F. wird als Gewürz für Brot u. a. Backwaren, für Bonbons, zum Einlegen von Gurken und das → *Fenchelöl* zum Aromatisieren von Likören sowie zur Herstellung von → Fenchelhonig verwendet. Verfälscht wird der F. verschiedentlich mit den Früchten des → *Pfefferfenchels* und der → Bärwurz. → Gemüsefenchel
2. gesüßter → Trinkbranntwein.
3. → Gemüsefenchel

Fenchel, Bologneser → Gemüsefenchel

Fenchelbrot → Brot, aromatisiertes

Fenchel, Italienischer → Gemüsefenchel

Fenchelkraut → Gemüsefenchel

Fenchel, Milder → Gemüsefenchel

Fenchelöl: das aus den reifen und getrockneten Früchten des → Fenchels durch Wasserdampfdestillation gewonnene ätherische Öl. Die farblose bis schwach gelbliche Flüssigkeit enthält 60···70% → Anethol, bis 18% Fenchon, bis 4,5% Dipenten, 4% Methylchavicol, Safrol, Foeniculin u. a., die den charakteristischen Geruch und Geschmack verleihen. Durch den hohen Gehalt an Anethol erstarrt das F. bereits unter 15°C. Das F. dient zum Aromatisieren von Likören, als Zusatz zu Hustenmitteln, wie Fenchelhonig, -bonbons. In größeren Mengen führt es durch Reizungen zu schweren Nierenschäden.

Fenchelsamen → Fenchel 1.

Fenchol → Terpen-Alkohole

Fenchon → Terpen-Ketone

Fenchylalkohol → Terpen-Alkohole

Fenni: ein in Westindien (Goa) verbreiteter, lokaltraditioneller Schnaps aus → Kaschufrucht, der sowohl im Haushalt nach alter Familienrezeptur als auch in staatlichen Brennereien hergestellt und in etwa 100 verschiedenen Sorten angeboten wird. Das alkoholische Destillat wird bereits nach einwöchiger Reife als Billigerzeugnis auf den Markt gebracht oder in hohen Fässern, ähnlich dem Cognac, aufbewahrt und nach dreijähriger Lagerzeit als feines klares Erzeugnis in kleinen Holzfässern vertrieben.

Fennich → Kolbenhirse

Fennissamen → Fenchel

Fentinhydroxid → Fungizide

Fenugreek → Bockshornkleesamen

Fenugreekgemüse: Blätter und junge Pflanzen des *Bockshornklees Trigonélla fōenum-grāecum* L. (Familie *Fabáceae*), die in Ägypten und im Orient als Gemüse von lokaler Bedeutung sind. Die Samen werden in Indien für Curryzubereitungen verwendet. In je 100 g Blattmasse sind enthalten: 88 g Feuchtigkeit, 4,6 g Eiweiß, 0,25 g Fett, 4,9 g Kohlenhydrate und 1,37 g Rohfaser. → Bockshornkleesamen

Fereek: eine in Ägypten übliche Bez. für einen → Brei aus Weizen. Im unreifen Stadium (zur Milchreife) werden die Weizenkörner geerntet, geröstet, anschließend zwecks Zerkleinerung zerschlagen und zu Brei gekocht.

Ferkel → Fleischtiere

Ferment → Enzym

Fernambukholz → Kino

Ferónia limónia → Elefantenapfel

Ferrihäm → Farbstoffe

Ferrihämchlorid → Farbstoffe

Ferrihämoglobin → Farbstoffe

Ferrihämhydroxid → Farbstoffe

Ferritin → Metallproteide → Eisen

Ferrocyanide, *Hexacyanoferrate*: komplexe Salze der Hexacyanoeisensäure ($H_4[Fe(CN)_6]$), von denen die Natrium-, Kalium- und Calciumsalze als → Rieselhilfsmittel und → Flockungsmittel dienen. Aufgrund der stabilen Bindung zwischen Eisen und CN haben sie nur eine geringe Toxizität. F. reagieren mit Eisen, Kupfer und anderen Schwermetallen zu unlöslichen Niederschlägen, die z. B. aus Getränken leicht abfiltriert werden können. Außerdem verhindern F. das Zusammenbacken von Kochsalzkristallen. Die Anwendung erfolgt in Form von Natriumhexacyanoferrat (535), Kaliumhexacyanoferrat (536) und Calciumhexacanoferrat in Konzentrationen von 20 ppm bei Speisesalz. → Kaliumhexacyanoferrat(II)

Ferrohäm → Farbstoffe

Fertigdessert: Sammelbez. für industriell hergestellte *Desserts,* die in Portionspackungen, teils über Kühlketten, vertrieben werden. Zu den wichtigsten F. gehören a) *Quark-Joghurt-Zubereitungen,* die über einen Fermentationsprozeß hergestellt werden, b) *Süßspeisenzubereitungen,* die über einen Kochprozeß hergestellt werden, wie Milch- oder Wasserpuddings, c) *Schaumdesserts, d) Eisdesserts, e) Kuchendesserts,* in Form von *Dessertstücken* in Portionspackung, die längere Zeit lagerfähig ist. → Aufschlagmittel

Fertig-Dressing: cremige oder klare Salatsoßen in Flaschen, Tuben oder beutelverschweißt. Zu den klassischen D. zählen: *French-Dressing* (eine mayonnaisenartige Soße mit Senf und Kräutern, die fast zu allen Salaten paßt), *Thousand-Island-Dressing* (eine cocktailähnliche Soße mit rötlicher Färbung und süßpikanter Note, die zu Meeresfrüchten serviert wird), *Roquefort-Dressing* (eine würzige Käsesoße, die zu grünen Salaten paßt) und *Italian Dressing* (eine auch als *Vinaigrette* bezeichnete Soße, die aus einer Essig-Öl-Mischung mit Kräutern besteht).

Fertigmehl, *Fertigmehlmischung:*
1. Sammelbegriff für ein aus verschiedenen Komponenten zusammengesetztes Gemisch in Pulverform (→ Pulver), das als → *Einzweckmehl* entweder zur Herstellung von Backwaren (*backfertiges Mehl, backfertige Mehlmischung* oder *Backvormischung* genannt), zur Herstellung bestimmter Speisen, insbes. von → Klößen oder Knödeln sowie Eierkuchen (z. B. → *Kartoffelkloßmehl,* → *Semmelknödelmehl,* → *Eierkuchenmehl*) oder als Hilfsmittel der Speisenzubereitung (z. B. *Paniermehl*) dient. → Aufschlagmittel
2. ein Verbundmehl (z. B. W 405, W 812, R 1350 usw.), das aus der Zusammenführung bestimmter Passagenmehle (Mahlfraktionen) im Rahmen der

Verbundvermahlung durch Einstellung auf einen bestimmten Aschegehalt zu einem fertigen Handelsmehl (Fertigmehl) gemischt bzw. hergestellt ist.

Fertigmilch → Milchnahrung

Fertigmüsli → Müsli

Fertignahrung für Kinder: nach einer Rezeptur industriell hergestellte, tisch- bzw. tafel- oder verzehrsfertige Zubereitung, die speziell auf die Ernährung des Säuglings (*Säuglingsfertignahrung* für den 1. bis 8. Lebensmonat) bzw. des Kleinkindes (*Kleinkindfertignahrung* für den 8. bis 15. Lebensmonat) abgestimmt ist. Für jede Altersgruppe sind den ernährungsphysiologischen Erfordernissen entsprechende F. im Handel, die auf Milch-, Obst- und Gemüse- sowie Getreidebasis aufgebaut sind. Ihre Vorzüge bestehen neben der erheblichen Arbeitserleichterung für Mütter und Pflegepersonal vor allem in ihrer Keimfreiheit bzw. -armut, der sicheren Abwesenheit von Pestiziden und sonstigen Schadstoffen, der jahreszeitlich unabhängigen Versorgung und dem durch zielgerichtete Auswahl der Nahrungskomponenten erreichten hohen ernährungsphysiologischen Wert. Die technologische Bearbeitung der Rohware, bes. der hohe Zerkleinerungsgrad, bewirkt eine bessere Verdaulichkeit und Resorbierbarkeit der Nahrungskomponenten. Die Umlauffrist ist von der Art der Verpackung und vom Milchgehalt abhängig. Die pulverförmigen F. auf Milchbasis kommen in Pappfaltschachteln mit Innenbeuteln aus plastbeschichtetem Papier oder Zellglas-wetterfest und Zellglas-Außenumhüllung oder in Pappfaltschachteln mit pergamentbeschichtetem Aluminiumfolie-Innenbeutel, teilw. aber auch in Blechdosen in den Handel. Ihre Umlauffrist beträgt 3 Monate, die der in Gläsern (→ Gläschenkost) verpackten Naßkonserven auf Obst- und Gemüse- oder Getreidebasis 12 Monate. → Kleinkindkost → Säuglingsfertignahrung → Kindernahrung → Nahrung

Fertigsalat → Salatmischung

Fertigsauer → Trockensauer

Fertigsauerbrot → Brot → Trockensauer

Fertigspeiseeispulver → Speiseeispulver

Fertigweizen → Bulgurweizen

Férula ássa-fōetida → Asant

Ferulasäure → Hydroxyzimtsäuren

1-Feruloyl-glucose → Hydroxyzimtsäuren → Phytonzide

Festigkeit: allg. Ausdruck für die Eigenschaft der Formbeständigkeit von Körpern, die durch die Bestimmung der rheologischen Eigenschaften exakter charakterisiert werden kann. Bei *Festkörpern* werden die einzelnen Moleküle durch Bindungskräfte in räumlich orientierter Lage festgehalten, woraus eine starke *Formbeständigkeit* resultiert. Sind die atomaren oder molekularen Bausteine der Festkörper zu einer relativ regelmäßigen Gitterstruktur angeordnet, so liegt ein Kristall vor. Die F. von Lebensmitteln äußert sich in der Formbeständigkeit bzw. in Eigenschaften wie Starre, *Härte,* → *Holzigkeit, Unzerbrechlichkeit.* Die F. steht im Gegensatz zur Weichheit, die durch ein Nachgeben und der Formbarkeit (z. B. Teig, Brotkrume, Fruchtfleischbeschaffenheit) gekennzeichnet ist. → *rheologische Eigenschaften* → *Welke*

Festigungsmittel, *Härtungsmittel:* Stoffe, die die Struktur von Lebensmitteln verfestigen, indem sie chemische Reaktionen mit bestimmten Inhaltsstoffen von Lebensmitteln, z. B. Pectinen, eingehen. Hauptsächlich werden Aluminium- und Calciumsalze als F. eingesetzt.

Feta: griechischer Schafskäse von bes. würzigem Geschmack, da die zur Herstellung verwendete Milch von Schafen stammt, die auf gewürzkräuterreichen Gebirgsweiden gehalten werden.

Feteáska álba → Mädchentraube

Feteritahirse → Sorghumhirse

Fetischbohne → Jackbohne

Fetid-Gemüse → Kassia

Fett: die Glycerolester der → *Fettsäuren*. Die natürlichen F. kommen meist zusammen mit Fettbegleitstoffen (→ *Lipoide*) vor. Wichtigste Rohstoffquelle für die Versorgung des Menschen mit Nahrungsfetten sind Fettdepots und Milch der Tiere (→ *Fett, tierisches*) sowie Samen und Fruchtfleisch der Pflanzen (→ *Pflanzenfett*). Unter den Pflanzenfetten nehmen Sojaöl (etwa 30 % der Welterzeugung an Pflanzenfetten), Sonnenblumenöl (etwa 10 %), Rapsöl (etwa 9 %), Baumwollsaatöl (etwa 8 %), Erdnußöl (etwa 8 %) und Kokos-, Palmkern- und Palmöl (etwa 22 %) eine führende Stellung ein. Die F. gehören zu den Grundnahrungsmitteln. Mit einem Energiewert von 3820 bis 3900 kJ (910···930 kcal) je 100 g stellen sie die energiereichsten Nahrungsstoffe dar. Von Bedeutung sind die F. als Lieferanten von Energie, von Kohlenstoffatomen bzw. -gerüsten für die Biosynthese körpereigener Verbindungen sowie als Träger von essentiellen Fettsäuren und fettlöslichen Vitaminen. Die F. kommen im Organismus als *Depotfett* und *Organfett* vor; sie dienen als Wärmeschutz und Schutz vor mechanischen Verletzungen, sie sind Energiespeicher, bilden die Ursache der wasserabstoßenden Wirkung der Haut und nehmen in den verschiedenen Organen an Transport- und Membranmechanismen teil. – Die mit der Nahrung aufgenommenen F. werden im Dünndarm mit Hilfe der Gallensäuren emulgiert und durch die Wirkung der Pankreaslipase in freie Fettsäuren, Mono- und Diglyceride sowie Glycerol gespalten. Die Spaltprodukte, z. T. auch Triglyceride, werden durch die Dünndarmzellen (Mucosa) resorbiert. In den Mucosazellen erfolgt die Resynthese zu Triglyceriden; aus diesen werden zusammen mit Proteinen und Phosphatiden Chylomikronen gebildet, die dann über das Lymphsystem in das Blut gelangen. Die F. können zur Energiegewinnung zu Kohlendioxid und Wasser verbrannt, zu Organfett oder anderen körpereigenen Syntheseprodukten umgewandelt bzw. in den Fettdepots als Energiereserve abgelagert werden. – Die F. sind in Wasser unlöslich, aber löslich in organischen Lösungsmitteln. Sie können bei Anwesenheit grenzflächenaktiver Substanzen (→ *Emulgator*) mit Wasser stabile Emulsionen (z. B. Milch) bilden. Die Dichte der F. beträgt etwa 0,9 g/cm^3. Die physikalischen und chemischen Eigenschaften der F. sind in entscheidendem Maße von den konstituierenden → *Fettsäuren* der *Triglyceride* abhängig. Die Fettsäurezusammensetzung einiger F. s. Tab.

Für die verschiedenen Verwendungszwecke der F. (*Streich-, Koch-, Back-* und *Bratfett, Speiseöl, Margarinegrundstoff)* spielt ihr Schmelzpunkt eine wichtige Rolle.

Fettsäurezusammensetzung ausgewählter pflanzlicher und tierischer Fette[1]

Pflanzliches/ tierisches Fett	Fettsäureanteile in % der Gesamtfettsäuren									
	$C_{4\cdots6}$	$C_{8\cdots10}$	$C_{12\cdots14}$	$C_{16\cdots18}$	$C_{18:1}$	$C_{18:2}$	$C_{18:3}$	$C_{20:1}$	$C_{22:1}$	Sonstige
Sonnenblumenöl	–	–	–	9···12	18···31	50···70	0,3	–	–	–
Rapsöl	–	–	–	4···7	14···24	14···27	8···19	5···10	45···55	–
Olivenöl	–	–	–	10···20	60···80	5···15	–	–	–	–
Milchfett	5···6	2···3	10···15	30···40	19···33	2···3	0,5	0,5···1	0,1	4···5
Schweineschmalz	–	–	0···1	32···47	47···50	6···13	0···1	–	–	–
Fischöl (Hering)	–	–	3···7	12···25	14···20	1···2	3···15			Polyungesättigte Fettsäuren $C_{20\cdots24}$ 30···40

[1] Die Fettsäuren sind nach der Kettenlänge geordnet. Der Index gibt die Zahl der Kohlenstoffatome an, hinter dem Doppelpunkt steht die Zahl der Doppelbindungen; z. B. bedeutet $C_{18:2}$ eine Fettsäure mit 18 C-Atomen und 2 Doppelbindungen, $C_{16\cdots18}$ die gesättigten Fettsäuren mit 16 bis 18 C-Atomen.

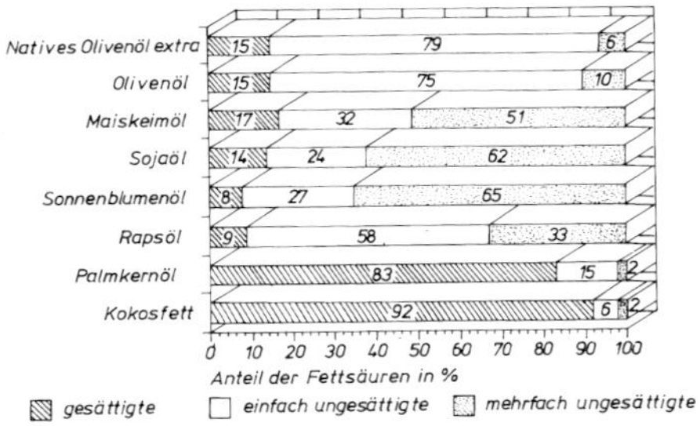

Fettsäurezusammensetzung einiger Fette

Der Schmelzpunkt der F. kann durch Hydrierung (→ F., hydriertes, → *Fett, gehärtetes*), Umesterung (→ *Fett, umgeestertes*) oder Fraktionierung (→ *Fett, fraktioniertes*) beeinflußt werden. Durch Mischen verschiedener F. lassen sich Eigenschaften und Zusammensetzung der resultierenden Fettmischungen in weiten Grenzen variieren. Die Haltbarkeit der F. wird durch Reaktionen, die man unter dem Begriff „Fettverderb" zusammenfaßt, begrenzt. Hierzu gehören chemische, biochemische sowie mikrobiologische Veränderungen. Der chemische Verderb kann durch hydrolytische und oxydative Reaktionen eintreten. Bei der Hydrolyse erfolgt eine Freisetzung von Fettsäuren; dabei bewirkt das Auftreten freier kurz- und mittelkettiger Fettsäuren (z. B. in *Butter, Palmkern-* und *Kokosfett*) bereits in geringen Mengen (0,1···1 mg/100 g) sensorisch bedingte Genußuntauglichkeit („Seifigkeit"). Der oxydative Verderb erfolgt durch Wechselwirkung des Luftsauerstoffs mit den F.. Primärprodukte der Autoxydation sind Hydroperoxide, aus denen gesättigte und ungesättigte Aldehyde, Ketone, Hydroxysäuren, Alkohole, Säuren, Kohlendioxid, aber auch Polymerisate bzw. Kondensate entstehen können. Die Autoxydationsprodukte haben größtenteils sensorisch unangenehme Eigenschaften, z. T. sind sie physiologisch bedenklich (bes. im fortgeschrittenen Stadium der Autoxydation). Ungesättigte Fettsäuren unterliegen leichter der Autoxydation als gesättigte; Wärme, Licht, Wasser und Metallspuren begünstigen die Autoxydation. Zusammen mit den F. können prooxidativ wirksame Substanzen (z. B. Chlorophyll, Hämine) und antioxydativ wirksame (z. B. Tocopherole) vorkommen. Zum Schutz vor dem chemischen Verderb werden folgenden Maßnahmen ergriffen:
a) Ausschluß des Luftsauerstoffs (Lagerung in dichtschließenden Behältnissen, möglichst unter Inertgas, z.B. Stickstoff oder Kohlendioxid), b) Ausschluß des Lichtes (Lagerung im Dunkeln, lichtundurchlässige oder gefärbte Verpackung), c) Anwendung tiefer Temperatur (Lagerung im Kühl- oder Gefrierraum, dadurch Verlangsamung chemischer Reaktionen), d) Entfernung prooxydativer Stoffe (z.B. Metallspuren, Chlorophyll, Hämine, Lipasen), e) Zusatz von Antioxydantien (z.B. Tocopherol, Butylhydroxyanisol und Butylhydroxytoluol) und Synergisten (z.B. Citronensäure, Phosphorsäure, Ascorbinsäure). Der biochemische und der mikrobiologische Verderb erfolgen durch die Wirkung von nativen Enzymen, durch Mikroorganismen und von ihnen stammende Enzyme. Das mikrobielle Verderben spielt bes. in solchen F. eine Rolle, die das von den Mikroorganismen zum Wachstum benötigte Wasser enthalten (z. B. Butter, Margarine). Auch hierbei tritt ein hydrolytischer Abbau der F., bewirkt durch → Lipasen, und ein oxydativer Abbau, hervorgerufen u. a. durch Lipoxygenase ein. Durch die Wirkung von Schimmelpilzen entstehen die geruchlich und geschmacklich unangenehmen *α-Methylketone,* die bereits in Konzentrationen von 1 µg je g F. wahrnehmbar sind. Zum Schutz vor mikrobiellem Verderb können die folgenden Maßnahmen angewandt werden: a) kurzzeitiges Erhitzen (Inaktivierung von Enzymen, Abtötung von Mikroorganismen), b) Entfernung von Wasser (z.B. bei *Butterschmalz*), c) Zusatz von Konservierungsmitteln (z.B. Sorbinsäure, Benzoesäure), d) Lagerung in Inertgas-Atmosphäre (z.B. Stickstoff, Kohlendioxid), e) Lagerung bei tiefen Temperaturen.
Der Fettgehalt der menschlichen Nahrung soll etwa 30% des Energiebedarfs decken, das entspricht einem Verbrauch von etwa 80···100 g F. pro Tag. Dabei ist zu beachten, daß das durch Butter, Margarine, Speiseöl u. a. zugeführte Fett („sichtbares Fett") nur etwa 50···60% der Gesamtaufnahme ausmacht; weiteres F. wird als Bestandteil

von Fleisch und Fleischwaren, Milch und Milchprodukten („verstecktes Fett") verzehrt. Überschreitungen der Norm führen zu einem Energieüberangebot, dem der Körper meist durch Vermehrung des Fettdepots ausweicht. Die in Ländern mit „hohem" Lebensstandard verbreitete Übergewichtigkeit ist in erster Linie Folge eines zu hohen Fettverzehrs. Das so entstehende Übergewicht führt zu einer erhöhten mechanischen Belastung des Stützapparates, zu einer größeren Beanspruchung des Kreislaufs, zu einer Beeinträchtigung des Wärmehaushalts und zu erhöhter Anfälligkeit gegen bestimmte Krankheiten (z. B. Diabetes, Gallenerkrankungen). Ein erhöhtes Energieangebot, bes. in Form von Fettenergie aus F. mit vorwiegend *gesättigten Fettsäuren* (von tierischen F. z. B. Talg, Schmalz, Butter, von pflanzlichen F. z. B. Kokosfett), kann die Ursache einer Erhöhung des Blutlipidspiegels sein und damit zur Entstehung der Arteriosklerose beitragen. Es ist ferner festgestellt worden, daß F., die reich an mehrfach *ungesättigten Fettsäuren* (z. B. *Sonnenblumenöl, Leinöl, Maisöl, Sojaöl, Baumwollsaatöl*) sind, den Blutlipidspiegel, bes. das Plasmacholesterol, senken und damit das Risiko der Entstehung einer Arteriosklerose vermindern. Aus diesen Gründen ist die Verwendung von polyenfettsäurereichen Pflanzenölen bzw. auch → *Margarine* zu empfehlen. Entsprechend dem gegenwärtigen Kenntnisstand sollte die Fettaufnahme etwa 30 % der Energieaufnahme betragen und zu ca. 10 % aus einfach ungesättigten, zu ca. 11 % aus mehrfach ungesättigten und nur zu 7 - 9 % aus gesättigten Fettsäuren bestehen. Zur Reduzierung der Energieaufnahme durch die F. sind in den letzten Jahren energiearme *Margarine* und *Butter* entwickelt worden.
→ *Triglycerid* → *Fettsäuren* → *Lipoide* → *Margarine* → *Fett, tierisches* → *Pflanzenfett* → *Speiseöl*

Fetta: rumän. *Lake-Käse* aus Schafmilch mit 45 % F. i. Tr. → Käsesorten

Fettalkohole: höhere aliphatische Alkohole, die sich von in Speisefetten vorkommenden Fettsäuren ableiten. Die folgenden, auch teilw. frei in der Natur vorkommenden F. haben Bedeutung als Lebensmittelzusatzstoffe (Übers.).
Die F. sind in ihren physikalischen Eigenschaften den Paraffinkohlenwasserstoffen ähnlich. Unter der Bez. *Stearylalkohol* (*Alcohol stearylicus*) wird im DAB der derzeit gültigen Fassung eine Mischung aus gesättigten, höheren aliphatischen Alkoholen mit überwiegendem Anteil an Stearylalkohol aufgeführt. Die F. verzögern, in einer Konzentration von 3···15 g je kg dem Hefeteig zugesetzt, das Altbackenwerden des Gebäcks. Auch Ester der F. mit Essig-, Milch-, Fumar-, Äpfel-, Wein-, Citronen-, Glucon-, Hydroxyfett-, Mono- und Diphosphorsäure sowie deren Monoglycerolether werden verwendet. Weitere F. kommen in Vegetabilien, bes. in *Pflanzenwachsen* (→ Wachse), vor (s. Übers. S. 452).
→ Alkohole

Fettalkohole, die als Lebensmittelzusatzstoffe Bedeutung haben

Fettalkohol	Formel	F in °C	Vorkommen
Cetylalkohol (n-Hexadecylalkohol, Hexadecan-1-ol)	$CH_3-(CH_2)_{14}-CH_2OH$	49	als Palmitinsäureester im Walrat; im Mohrenhirseöl, Knollenblätterpilz
Stearylalkohol (Stearinalkohol, n-Octadecylalkohol, Octadecan-1-ol)	$CH_3-(CH_2)_{16}-CH_2OH$	58,5	Walrat
Oleylalkohol (Octadecyl-9-en-alkohol, Octadec-9-en-1-ol)	$CH_3-(CH_2)_7-CH{=}CH-(CH_2)_7-CH_2OH$		

Fettautoxydationsprodukte → Schadstoffe

Fettbackware → Fettgebäck

Fettbrötchen, *Blätterteigbrötchen, Plunderbrötchen, Plunderteigbrötchen, Brötchen, Dänisches, Splitterbrötchen:* ein → Brötchen, das unter Verwendung von → Blätter-, Plunderteig oder nur durch Fettzusatz hergestellt und der Gruppe der → Feinbackwaren zugeordnet wird. *Butterbrötchen* werden unter Verwendung von mind. 10 % Butter oder Butterschmalz (auf Mehl bezogen) hergestellt. Bei einem geringeren Anteil an Butter dringt der typische Geschmackseindruck nicht genügend durch, und die Verwendung des Wortteils Butter würde zu Unrecht bestehen. Zu den F. zählen auch → Croissants.

Fettcreme: eine praktisch wasserfreie → Creme, deren weiche Phase aus Öl oder aus Fett besteht, das eine Mischung von flüssigen und festen Fettbestandteilen darstellt (z. B. Kakaobutter in Öl). In dem Fett sind die unlöslichen Zuckerkristallbruchstücke fein verteilt.

Fettersatzstoffe: zur Reduzierung des Energieinhaltes anstelle von Nahrungsfetten in bestimmten Lebensmitteln eingesetzte Produkte. Hierzu gehören einerseits auf der Basis von Milch- oder Eiprotein durch einen Erhitzungs- und Scherprozeß (genannt „Microparticulation") hergestellte wasserhaltige Erzeugnisse mit einem Energiegehalt von etwa 4,2 kJ/g (1 kcal/g); (*Eiweiß mikropartikuliertes; Protein mikropartikuliertes*); sie werden eingesetzt in Milchprodukten wie Eiskrem, Joghurt, Käsekrem, sowie in Margarine, Mayonnaise, Dressings u. a. Andererseits werden auch Erzeugnisse aus Maltodextrinen, Tapioka-Dextrinen und auf Kartoffelstärke-Basis als Trockenpro-

Fettalkohole pflanzlicher Herkunft, bes. in Pflanzenwachsen vorkommend

Fettalkohol	Formel	Vorkommen
Cerylalkohol (Hexacosan-1-ol, n-Hexacosylalkohol)	$CH_3-(CH_2)_{24}-CH_2OH$	Salatblätteröl, verestert in Wachsen
Myricylalkohol (Triacontan-1-ol)	$CH_3-(CH_2)_{28}-CH_2OH$	verestert in Wachsen
Nonacosan-15-ol	$CH_3-(CH_2)_{13}-CH(OH)-(CH_2)_{13}-CH_3$	Blätterwachs des Rosenkohls
Nonacosan-16-ol (Ginnol)	$CH_3-(CH_2)_8-CH(OH)-(CH_2)_{18}-CH_3$	Apfelschalenwachs, Opium
Arachylalkohol (Arachidylalkohol, n-Eicosylalkohol, Eicosan-1-ol)	$CH_3-(CH_2)_{18}-CH_2OH$	Weizenkeimöl
Laurylalkohol (Laurinalkohol, n-Dodecylalkohol, Dodecan-1-ol)	$CH_3-(CH_2)_{10}-CH_2OH$	als Ester im Öl der sauren Limette [*Cítrus aurantiifólia* (Christm.) Swingle]
Oktacosan-1-ol (n-Oktacosylalkohol, Cluytylalkohol)	$CH_3-(CH_2)_{26}-CH_2OH$	Wachs von Apfelschale, Baumwolle, *Brassica*-Arten, Karnaubawachs
Tetracosan-1-ol (n-Tetracosylalkohol)	$CH_3-(CH_2)_{22}-CH_2OH$	Karnauba-, Baumwollwachs

dukte [Energiegehalt 16 bis 16,8 kJ/g (3,8 bis 4 kcal/g)] oder wasserhaltige Erzeugnisse [Energieinhalt etwa 4,2 kJ/g (1 kcal/g)] in einer ähnlichen Produktpalette eingesetzt. F. sind nicht für Brat- und Fritierzwecke geeignet.

Fettfisch → Fisch

Fett, fraktioniertes: durch physikalische Behandlungsverfahren abgetrennte Fettfraktion mit ausgewähltem Schmelzintervall. Die Fraktionierung kann durch Temperieren eines Fettes und mechanische Trennung (Pressen) in feste und flüssige Anteile oder durch Ausnutzung der unterschiedlichen Löslichkeit in verschiedenen Lösungsmitteln erfolgen. Erstmalig wurde die Fraktionierung bei der Gewinnung von *Oleomargarin* aus → *Rindertalg* angewendet. Weitere Anwendungsbeispiele sind die Abtrennung von hochschmelzenden Anteilen aus Pflanzenölen (Winterisieren, Entstearinisierung) oder die Gewinnung von Kakaobutterersatzfetten. → Fett → Pflanzenfett → Fett, tierisches

Fettgebäck, *Fettgebackenes, Schmalzgebäck, Fettbackware:* ein Gebäck, das in siedendem → Fett oder Öl schwimmend gebacken wird und aus Hefeteig (z. B. ungefüllte, flache Kameruner oder gefüllte Pfannkuchen), aus Mürbeteig (z. B. Muzemandeln) oder aus Brandmasse (z. B. Spritzkuchen) bestehen kann. Die F. sollen bei hellbrauner Kruste eine voluminöse, gleichmäßig geporte, elastische Krume aufweisen. Für die Herstellung einwandfreier F. dürfen nur hochwertige, nicht dunkel verfärbte oder mit harzähnlichen Ablagerungen versehene, verbrauchte oder verdorbene Fette verwendet werden; außerdem ist für die Qualität der F. die Temperatur des *Fritürefettes* ausschlaggebend. Bei zu niedriger Fettemperatur dauert der Backprozeß zu lange, und das Fett zieht zu stark in das Backgut (Fritiergut) ein; bei zu heißem Fett erfolgt kein richtiges Ausbacken der Erzeugnisse, sie fallen leicht zusammen und erhalten eine zähe Beschaffenheit. Die früher zum Backen verwendeten Fettbacktöpfe und das verwendete Fett werden gleichermaßen als *Fritüren,* die modernen Fettbackgeräte mit thermostatischer Fettemperaturregelung werden als *Friteusen* oder *Fritiergeräte* bezeichnet. Die F. können 15···50 % Fett in der Trockenmasse enthalten, ihr Feuchtigkeitsgehalt liegt bei 23···30 %.

Fettgebackenes → Fettgebäck

Fett, gehärtetes, *Fett, hydriertes:* durch Hydrierung modifiziertes Fett. Die Fetthärtung wurde 1902 von *W. Normann* erfunden. Durch katalytische Anlagerung von Wasserstoff an eine oder mehrere Doppelbindungen der Fettsäuremoleküle entstehen aus ungesättigten Fettsäuren gesättigte, bzw. wird die Anzahl der Doppelbindungen verringert. Dabei werden Fette mit höheren Schmelzpunkten erhalten, d. h., man kann aus flüssigen Fetten (Ölen) die für die Margarineherstellung benötigten festen Fette herstellen. Gleichzeitig werden die Empfindlichkeit gegenüber der Einwirkung des Luftsauerstoffs vermindert und Geruch und Geschmack verbessert. Die Hydrierung bietet die Möglichkeit, Fisch- und Walöle für die menschliche Ernährung nutzbar zu machen. Durch Wahl geeigneter Katalysatoren (Kupfer-Katalysatoren) und Modifizierung der Hydrierungsbedingungen (Druck, Temperatur, Zeit) läßt sich die Hydrierung (selektive Hydrierung) so lenken, daß der Linolsäuregehalt während der Hydrierung nahezu unverändert bleibt. Je nach Schmelzpunkt und Hydrierungsgrad wird in *Weichfett* und *Hartfett* unterschieden. → Pflanzenfett → Fett, tierisches → Fett

Fettglasur → Glasur

Fetthenne, Große → Salatfetthenne

Fetthenne, Rote → Salatfetthenne

Fetthenne, Weiße → Salatfetthenne

Fett, hydriertes → Fett, gehärtetes

Fett, inverses → Retrofett

Fettkäse: Käse mit einem Fettgehalt von mind. 40 % F. i. Tr. → Käse

Fettkraut: Sammelbez. für fleischfressende, auf der Nordhalbkugel vorkommende Pflanzen der Gattung *Pinguícula* (Familie *Lentibulariáceae*) mit dickfleischigen Blättern, deren Oberseite dicht mit winzigen, das Licht reflektierenden („fettigen") Drüsenköpfchen besetzt ist. Die Insekten werden von einem zuckerartigen Schleim angelockt, festgehalten und durch die eiweißspaltenden Enzyme des Drüsenschleims verdaut. Alle Pinguículaarten sind an feuchten Standorten anzutreffen, auf denen der Eiweißbedarf der Pflanzen allein durch Bodenstickstoff nur ungenügend gedeckt werden könnte. Insbes. der enzymhaltige Schleim der Drüsenzellen des *Gemeinen* oder *Echten F., Pinguícula vulgáris* L. wird zur Bereitung von → Tätte genutzt. In Deutschland steht das F. unter Schutz.

Fett, pflanzliches → Pflanzenfett

Fettreif: bläuliche bis grauweiße Schicht auf Schokoladenerzeugnissen aus mikroskopisch kleinen Kakaobutterkristallen. Die Fettreifbildung wird gefördert durch ungenügende Vorkristallisation der Schokoladenschmelze, erhöhte Lagertemperaturen (über 25°C), starke Temperaturschwankungen und ölhaltige Bestandteile in der Schokolade (Nüsse u. ä.). Der F. beeinträchtigt nur das Aussehen, nicht Geruch und Geschmack der Schokolade. → Zuckerreif → Kakaobutter

Fettsäuren: die als Säurekomponente der Triglyceride natürlicher Fette vorkommenden Monocarbonsäuren. Die Mehrzahl der natürlich vorkommenden F. sind *geradlinige F.* (d. h. mit gerader Zahl der C-Atome) mit unverzweigtem Kohlenstoffgerüst (*unverzweigte F.*). Die Kettenlänge der F. variiert von 2 bis 26 C-Atomen, längerkettige F. kommen in Wachsen vor. Eine große Gruppe der F. sind die *gesättigten F.* Die natürlichen gesättigten F. und ihre Schmelzpunkte (F.) s. Tab.
Mit Ausnahme der Essigsäure nimmt bei den geradzahligen F. der Schmelzpunkt mit steigender Kettenlänge zu. Gesättigte F. sind farblose Verbindungen. Essigsäure und Buttersäure sind in jedem Verhältnis mit Wasser mischbar, mit steigender Kettenlänge nimmt die Löslichkeit in Wasser stark ab. Die gesättigten F. lösen sich in organischen Lösungsmitteln, wie Diethylether, Benzen, Chloroform, Ethanol; die Löslichkeit nimmt mit zunehmender Molekülgröße ab. Die gesättigten F. mit niederer Molmasse sind wasserdampfflüchtig. Alle gesättigten n-F. (Normalfettsäuren, d. h. unverzweigte F.) sind optisch inaktiv. Es sind schwache Säuren, die mit Metallhydroxiden Salze (Seifen) bilden. Auf Grund ihrer chemischen Struktur sind die gesättigten F. bei Zimmertemperatur relativ stabil gegenüber dem Einfluß des Sauerstoffs.

Natürliche gesättigte Fettsäuren

Rationelle Bezeichnung	Trivialname	Formel	F. in°C
Methansäure	Ameisensäure	$C_1H_2O_2$	8,3
Ethansäure	Essigsäure	$C_2H_4O_2$	16,6
Propansäure	Propionsäure	$C_3H_6O_2$	-22,0
Butansäure	Buttersäure	$C_4H_8O_2$	-5,6
Pentansäure	Valeriansäure	$C_5H_{10}O_2$	-34,5
Hexansäure	Capronsäure^x	$C_6H_{12}O_2$	-1,5
Heptansäure	Önanthsäure^x	$C_7H_{14}O_2$	-11,0
Octansäure	Caprylsäure^x	$C_8H_{16}O_2$	16,3
Nonansäure	Pelargonsäure^x	$C_9H_{18}O_2$	12,5
Decansäure	Caprinsäure^x	$C_{10}H_{20}O_2$	31,3
Undecansäure	Undecylsäure^x	$C_{11}H_{22}O_2$	27,0
Dodecansäure	Laurinsäure	$C_{12}O_{24}O_2$	43,6
Tridecansäure	Tridecylsäure	$C_{13}H_{26}O_2$	42,5
Tetradecansäure	Myristinsäure	$C_{14}H_{28}O_2$	53,8
Pentadecansäure	Pentadecylsäure	$C_{15}H_{30}O_2$	53,0
Hexadecansäure	Palmitinsäure	$C_{16}H_{32}O_2$	62,6
Heptadecansäure	Margarinsäure	$C_{17}H_{34}O_2$	59,9
Octadecansäure	Stearinsäure	$C_{18}H_{36}O_2$	69,6
Nonadecansäure	-	$C_{19}H_{38}O_2$	66,5
Eicosansäure	Arachinsäure^x	$C_{20}H_{40}O_2$	75,3
Heneicosansäure	Heneicosylsäure	$C_{21}H_{42}O_2$	74,3
Docosansäure	Behensäure^x	$C_{22}H_{44}O_2$	79,9
Tricosansäure	-	$C_{23}H_{46}O_2$	79,1
Tetracosansäure	Lignocerinsäure	$C_{24}H_{48}O_2$	84,1
Pentacosansäure	-	$C_{25}H_{50}O_2$	83,5
Hexacosansäure	Cerotinsäure^x	$C_{26}H_{52}O_2$	87,7
Heptacosansäure	-	$C_{27}H_{54}O_2$	87,5
Octacosansäure	Montansäure	$C_{28}H_{56}O_2$	90,9
Nonacosansäure	-	$C_{29}H_{58}O_2$	90,4
Triacontansäure	Melissinsäure^x	$C_{30}H_{60}O_2$	93,6

^{x} veraltet, nach den IUPAC-Regeln nicht mehr zulässig

Eine andere große Gruppe der F. umfaßt die *ungesättigten F., d. h. F., die in ihrem Kohlenstoffgerüst mind. eine Doppelbindung enthalten. Die ungesättigten F. lassen sich in Monoen-* und *Polyenfettsäuren, d. h. einfach ungesättigte* und *mehrfach ungesättigte F.* unterteilen. Bei den ungesättigten F. treten cis- und trans-Isomere (→ Trans-Fettsäuren) auf. Gegenüber den gesättigten F. zeigen die entsprechenden ungesättigen F. niedere Schmelzpunkte und bessere Löslichkeit in organischen Lösungsmitteln. Die Anwesenheit von Doppelbindungen im Molekül bedingt eine größere Reaktivität, weshalb diese F. leichter mit Sauerstoff reagieren, d. h., ungesättigte F. neigen leichter zum oxydativen Verderb. Mit der Zahl der Doppelbindungen steigt deshalb die Neigung zur Autoxydation und damit zum oxydativen Verderb. Wichtige Vertreter der Monoenfettsäuren sind → *Ölsäure* und ihre Isomere, → *Palmitoleinsäure,* → *Erucasäure* u. a. Bei den Polyenfettsäuren wird unterschieden in *Isolenfettsäuren* (F., deren Doppelbindungen nicht konjugiert sind) und *Konjuenfettsäuren.* Wichtige Vertreter der Isolenfettsäuren sind → *Linolsäure,* → *Linolensäure,* → *Arachidonsäure,* → *Clupanodonsäure* u. a. Zu den Konjuenfettsäuren gehören → *Elaeostearinsäure, Sorbinsäure* u. a. Auch F. mit Dreifachbindungen (Alkinsäuren) kommen in Fetten vor, z. B. → *Isansäure* und → *Matricariasäure.* Neben geradzahligen F. existieren auch F. mit einer ungeraden Zahl von C-Atomen (*ungeradzahlige F.*), z. B. in Butter- und Hammelfett (Schaffett), bes. aber in → *synthetischen Fettsäuren.* Ungeradzahlige, unverzweigte F. werden im Organismus ebenso gut wie geradzahlige F. verwertet. Auch *verzweigtkettige F.* (*Isosäuren*) kommen in der Natur vor, so in Tuberkelbazillen, in Epidermisfetten (Hauttalg, Haarfett, Wollwachs), in den wachsähnlichen Sekreten der Bürzeldrüsen von Wasservögeln, in geringen Mengen auch im Rinder-, Schweine- und Hammelfett. Synthetisch hergestellte F. enthalten auch verzweigtkettige F. Untersuchungen haben gezeigt, daß verzweigtkettige F. im Organismus nur schwer, bestimmte verzweigtkettige F. gar nicht verwertet werden. Die verzweigtkettigen F. sind für die pathogenen Wirkungen gewisser Bakterien verantwortlich zu machen.

Eine Gruppe natürlicher F., sogenannte *alicyclische F.,* enthält ein Ringsystem im Molekülverband. Zu diesen F. gehören die toxisch wirkenden Cyclopentenyl-Fettsäuren → *Chaulmoograsäure,* → *Gorlisäure* und → *Hydnocarpussäure.* Weiterhin gehören zu den alicyclischen F. die den Cyclopropenring enthaltenden F. → *Malvalinsäure* und → *Sterculasäure.*

Entsprechend der Kettenlänge werden die F. eingeteilt in *kurzkettige F., mittelkettige F.* und *langkettige F.* Die Abgrenzungen zwischen den einzelnen Gruppen sind dabei nicht sehr streng; i. allg. rechnet man zu den kurzkettigen F. solche bis zu 6 C-Atomen, mittelkettige F. sind C_8- und C_{10}-F., langkettige sind F. mit höherer C-Atom-Zahl. Die langkettigen sind die am häufigsten vorkommenden F., kurzkettige kommen im Milchfett, mittelkettige F. in Kokos- und Palmkernfett vor. Kurzkettige und mittelkettige F. unterscheiden sich in ihrem physiologischen Verhalten von den langkettigen F. (→ *Fett*). Erstere werden als freie F. aus den Mucosazellen des Dünndarms über die Pfortader in die Leber geleitet und dort verstoffwechselt; daher werden sie im Depotfett nur in geringen Mengen angetroffen. Mittelkettige F. werden auf Grund ihrer physiologischen Besonderheiten zur Herstellung von → *mittelkettigen Triglyceriden* eingesetzt.

Essentielle F. (*Vitamin F,* veraltet) sind mehrfach ungesättigte F., die vom menschlichen Organismus nicht synthetisiert werden können und deshalb mit der Nahrung zugeführt werden müssen. Sie werden nach ihrer Struktur in ω-3-(n-3-)-F. und ω-6-(n-6)-F. eingeteilt, wobei z. B. ω-6 bedeutet, daß am 6. C-Atom vom Methylende der F. die cis-Doppelbindungen beginnen (s. Formel S. 456 oben).

Die ω-6-F. sind hauptsächlich Bestandteile biologischer Membranen, die ω-3-F. hingegen der Hirn- und Neurolipide.

Die wichtigsten Vertreter der ω-6-F. sind → *Linolsäure* und → *Arachidonsäure, der* ω-3-F. → *Linolensäure,* → *Eicosapentaensäure* und → *Docosahexaensäure.* Die *essentiellen F.* sind Bestand-

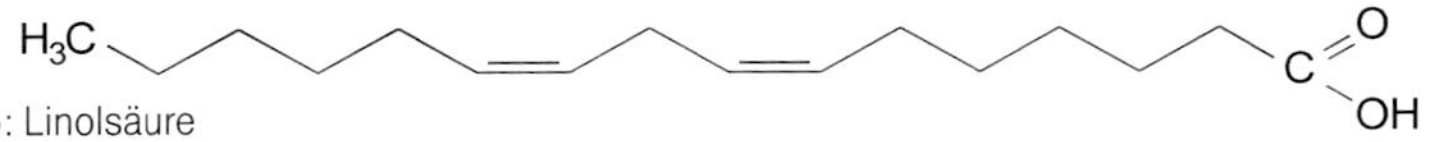

Omega-6-Typ: Linolsäure

Omega-3-Typ: α-Linolensäure

teile biologischer Membranen sowie Vorstufen der *Eicosaonoide,* wie *Prostaglandine, Thromboxane, Leucotriene* u. a., die als sog. Gewebshormone in minimalen Konzentrationen hochaktiv sind. Sie beeinflussen die Thrombozytenaggregation, die Blutgerinnungszeit sowie den Blutdruck und dämpfen entzündliche und allergische Reaktionen.

Mangel an essentiellen F. führt zu Hautveränderungen und Fertilitätsstörungen und begünstigt die Entstehung der Atherosklerose. Eine hohe Zufuhr an essentiellen F. wirkt sich günstig auf die Prophylaxe der Atherosklerose aus, weshalb der Verzehr linolsäurereicher Pflanzenöle sowie von Fischölen empfohlen wird.

Die Omega(ω)-3-Fettsäuren *Octadekatetraensäure, Eicosapentaensäure, Eicosatetraensäure, Eicosapentaensäure* und *Docosahexaensäure* zeigen auch antimutagene und krebshemmende Wirkung.

Freie F. kommen in natürlichen Fetten meist nur in geringen Mengen vor. Sie entstehen bei der Hydrolyse von Triglyceriden. Kurz- und mittelkettige F. in freier Form haben unangenehmen Geruch und Geschmack. Der Gehalt an freien F. (Säurezahl) wird oft zur Qualitätsbeurteilung von Nahrungsfetten herangezogen.

Bei längerem Erhitzen *ungesättigter F.* können, bes. bei Anwesenheit von Sauerstoff, *polymerisierte F.* entstehen. Es wurde empfohlen, durch Polymerisation ungesättigter F. bzw. Fette (z. B. Seetierfette) geschmacksneutrale Produkte herzustellen, die z. B. in der Konservenindustrie oder als Emulgatoren Eingang finden sollten. Heute weiß man aber, daß polymerisierte F. und Fette toxisch wirken können. → Fett → Fett, fraktioniertes → Fett, gehärtetes → Fett, tierisches → Fett, umgeestertes → Pflanzenfett → Omega-3-Fettsäuren → Fettsäuren, verzweigtkettige

Linol-, Linolensäure-Gehalt ausgewählter Fette und Öle

Fett/Öl aus	%-Anteil am Gesamtgehalt an Fettsäuren von Linolsäure	Linolensäure
Thunfisch	2,0	–
Hering	2,0	–
Rinderfett	1,0···5,0	0,8
Schweinefett	1,0···5,0	0,5
Butter	1,0···6,0	2,0···4,0
Kuhmilch	–	0,15
Walnuß	68,0	3,0···16,0
Mohn	60,0	–
Maiskeim	55,0	–
Sonnenblume	52,0	–
Soja	52,0	4,0
Kürbis	50,0···55,0	–
Roggen	44,0	5,0
Leinsamen	44,0	30,0
Weizen	40,0	9,5
Reis	26,0···35,0	–
Hafer	15,0···20,0	–
Raps	13,0	2,0
Hagebuttenkern	12,0	–
Olive	5,0···15,0	–
Haselnuß	3,5	–
Kokosnuß	1,0···2,0	–
Baumwollsaat	23,0···35,0	–
Erdnuß	19···23	–
Margarine	5···40[1]	–

[1] variiert, entsprechend der Rezeptur, in weiten Grenzen

ω-3-Fettsäuren: Bez. für *mehrfach ungesättigte, langkettige* → Fettsäuren. Die Zahl 3 drückt aus, daß sich die erste Doppelbindung am Kohlenstoffatom 3, gerechnet vom Methylende der Fettsäure, befindet, z. B. → Eicosapentaensäure. ω-3-F. kommen bes. reich in marinen Fetten vor, in denen → *Docosahexaensäure* (22 C-Atome, 6 Doppelbindungen) und *Eicosapentaensäure* (22 C-Atome, 5 Doppelbindungen) mit 10···20 % bzw. 8···12 % vertreten sind. Der Gehalt an ω-3-F. im Fett einer Fischart ist nicht konstant, er hängt von der Futteraufnahme, dem Fangort und dem Alter ab.

Gehalt ausgewählter Fischarten an Omega-3-Fettsäuren
(mg in 100 g eßbarem Anteil)

Lachs	2500
Hering	3700
Makrele	1625
Karpfen	800
Forelle	500
Barsch und Schleie	140

Bei *Makrelen* und *Sardinen* kann er mehr als 40 %, bei *Heringen* mehr als 20 % aller Fettsäuren betragen. Süßwasserfische enthalten mit 5···10 % weniger ω-3-Fettsäuren. Auch Pflanzenöle (z. B. Leinöl) enthalten ω-3-F., z. B. → *Linolensäure*. Die ω-3-F. gewinnen zunehmendes Interesse, da sie atherogenen Risikofaktoren und im weiteren Sinne Herz-Kreislauf-Erkrankungen entgegenwirken. Sie werden in die Membranen von Leukozyten, Thrombozyten, Erythrozyten und Endothelzellen eingebaut und hemmen dort die Thrombozytenaggregation. ω-3-F. können vom menschlichen Organismus nicht synthetisiert werden.

Fettsäuren, synthetische: auf dem Wege der chemischen Synthese hergestellte Fettsäuren. S. F. werden in größerem Maße durch Oxydation von Paraffin mit Luftsauerstoff und unter Verwendung von Mangansalzen als Katalysator hergestellt. Die Reinigung der Rohfettsäuren erfolgt durch Rektifikation, jedoch bereitet die Entfernung von Dicarbonsäuren und verzweigtkettigen Fettsäuren Schwierigkeiten, weshalb man heute von einer Verwendung der s. F. für Ernährungszwecke absieht (Herstellung nur für Seifen, Alkylsulfate und Weichmacher).

Fettsäuren, verzweigtkettige, Fettsäuren, verzweigte: Fettsäuren mit einem einfach oder mehrfach verzweigten acyclischen oder cyclischen Kohlenstoffgerüst. Sie kommen in allen lebenden Organismenklassen vor. In den Samenfetten höherer Pflanzen sind sie auf wenige Arten beschränkt, kommen jedoch im Tierreich häufig vor. In Bakterienfetten können sie Hauptbestandteil sein; sie werden u. a. im Pansen von Wiederkäuern gebildet. V. F. unterscheiden sich durch Position, Anzahl und Art der Verzweigungen (s. Übersicht).

Differenzierung der verzweigtkettigen Fettsäuren

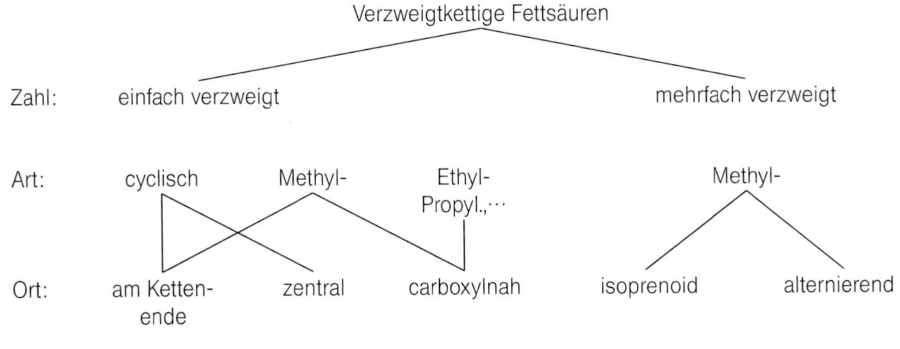

Die Biosynthese erfolgt, ausgehend von bereits verzweigten Kohlenstoffgerüsten entweder durch Verzweigung während der Kettenverlängerung oder nach erfolgter Fettsäuresynthese. Durch die Verzweigung verändern sich die physikochemischen Eigenschaften, so z. B. die Phasenumwandlungstemperaturen von Lipiden, die v. F. enthalten. Sie haben dadurch bes. Bedeutung für die Membraneigenschaften von Lipiden. Cholesterolester bzw. Ethoxylierungsprodukte von v. F. sowie Glycerylether verzweigter Fettalkohole dienen als flüssige → *Emulgatoren.*

Fettsäuremono- und diglyceride, veresterte → Acetoglyceride

Fettschwanzschaf-Fett: das *Schwanzfett des Fettschwanzschafes* (*Ovis platýura aegýptica*). Es wird in Kleinasien und Iran als Speisefett verwendet. Der Fettschwanz kann bis zu 20 kg Fett enthalten. Das F. ist etwas weicher als → *Hammeltalg.*

Fettsprühkonzentrat: ein hochkonzentriertes, rieselfähiges und ernährungsphysiologisch wertvolles Konzentrat aus Milch, Molke, Mehl, Zucker, Quellstärke, Sojapulver, Vitamin- und Mineralstoffmischungen, Kartoffelstärke, Lactose, Proteinen, Lecithin und → Hydrokolloiden, das in verschiedenster Zusammensetzung vor allem für die Fein- und Dauerbackwarenindustrie, aber auch für die Fertigmehl- und Backmittelproduktion hergestellt wird.

Fettstabilisatoren → Stabilisierungsmittel

Fett, synthetisches: auf synthetischem Wege hergestelltes Fett. Hierunter werden vor allem solche Fette verstanden, die aus synthetisch gewonnenen Fettsäuren (→ *Fettsäuren, synthetische*) durch Veresterung mit Glycerol hergestellt werden. Die durch Veresterung aus natürlichen Fettsäuren und Glycerol hergestellten Fette (z. B. → *Triglyceride, mittelkettige*) werden nicht als s. F. bezeichnet. Während des zweiten Weltkrieges sind s. F. versuchsweise für die menschliche Ernährung eingesetzt worden; diese Versuche sind positiv verlaufen. Das Hauptproblem der Herstellung von s. F. besteht in der völligen Abtrennung unphysiologischer bzw. toxischer Substanzen, die technologisch aufwendig und daher sehr teuer ist. → Kunstspeisefett

Fett, tierisches: aus dem Tierreich stammendes Fett. Die t. F. lassen sich einteilen in → *Landtierfette* und *Seetierfette* (→ *Seetieröl*). Nach ihrer Herkunft kann man sie in → *Milchfette* und → *Körperfette* gliedern. Die Gewinnung der t. F. erfolgt durch Ausschmelzen der zerkleinerten Fettgewebe in direkt oder indirekt beheizten Gefäßen oder durch direkte Behandlung mit heißem Wasser oder Dampf. Die t. F. können auch durch Lösungsmittelextraktion gewonnen werden. Die Zusammensetzung der t. F. hinsichtlich ihrer Fettsäuren ist bei den verschiedenen Tierarten sehr unterschiedlich. Innerhalb einer Tierart treten Unterschiede nach Art und Lage des Fettdepots auf; zudem beeinflussen äußere Faktoren, so z. B. Ernährung und Klima, das Fettsäurespektrum. Im Gegensatz zu den pflanzlichen Fetten enthalten t. F. ungeradzahlige und verzweigtkettige Fettsäuren in z. T. größeren Mengen sowie → *Cholesterol,* dessen Anteil in der Nahrung ernährungsphysiologisch bedeutsam ist.

Fett, umgeestertes: durch Umesterung modifiziertes Fett. Bei der Umesterung wird unter Verwendung von Katalysatoren (bes. Alkalialkoholate) die Fettsäure- oder Alkoholkomponente der Triglyceride ausgetauscht. Es wird unterschieden:
a) acidolytische Umesterung: Durch Zusatz von freien Fettsäuren erfolgt ein Austausch zwischen den Fettsäuren der Triglyceridmoleküle und den zugesetzten Fettsäuren.
b) alkoholytische Umesterung: Hierbei erfolgt ein Austausch des Glycerols der Triglyceride durch den Zusatz anderer Alkohole. Mit diesem Verfahren sind die Fettsäureester niederer Alkohole (Methyl-, Ethyl-, Propylester) leicht zugänglich. Durch den Zusatz freien Glycerols zu Triglyceriden werden → *Mono-* und → *Diglyceride* erhalten.
c) Ester-Ester-Umesterung: Hierbei werden verschiedene Fette miteinander umgeestert; dabei erfolgt eine statistische Neuverteilung der Fettsäuren - es resultiert ein einheitliches Fett. Ester-Ester-Umesterungen lassen sich als „gelenkte“

Umesterungen durchführen; dabei werden, bedingt durch die Temperaturführung, die Triglyceride so umgeformt, daß sie vorzugsweise feste bzw. flüssige Fettsäuren enthalten. → Fett

Feuchte → Wasser

Feuchthaltemittel: Substanzen, die bei Lebensmitteln durch Zusatz während des Herstellungsprozesses oder durch Oberflächenbehandlung ein Austrocknen verzögern oder verhindern sollen. Die F. werden z. B. bei Cremeerzeugnissen (damit sie ihre Konsistenz behalten), bei Süßwaren (→ Benzoeharz, → Mastix, → Sandarakharz), bei Kaugummi (Benzoeharz, Wollfett [*Lanolin*]), bei getrockneten Weinbeeren und Korinthen (veresterte Speisefettsäure), bei Schnittkäse (→ Paraffine, Walrat [→ Spermöl], → Bienenwachs), bei Fleischerzeugnissen (Mono- und Diglyceride), bei Äpfeln und Zitrusfrüchten (→ Carnaubawachs, → Cumarin-Inden-Harz, Polyethylenwachsoxydate, → Schellack, Bienenwachs), bei Kernobst (Wachsemulsionen), bei Backwaren (Glycerol (E 422) Glucitol [*Sorbitol*], 1,2-Propylenglycol). Sorbit wird auch zur Regulation der Wasseraktivität eingesetzt. Die zur Frischobst- und Frischgemüsebehandlung eingesetzten F. werden auch als *Verdunstungshemmer* bezeichnet. Bei vielen Lebensmitteln erfüllen die F. zugleich die Funktion eines → Frischhaltemittels. F. werden vorwiegend als Überzugsmittel verwandt. → Apfel, gewachster

Feuchtigkeitsstabilisatoren → Stabilisierungsmittel

Feuerbohne → Prunkbohne

Feuerlilie → Lilienzwiebel

Feuermalz → Bayrisch Malz

Feuerzangenbowle: alkoholisches Heißgetränk aus Rotwein, Rum, Gewürzen und Zucker, wobei der auf einer Feuerzange über dem Bowlengefäß befindliche Hutzucker mit Rum getränkt und angezündet wird. Die heiße Masse tropft in die Lösung und verleiht dem Getränk einen charakteristischen karamellartigen Geschmack.

Fibrinogen → Globuline

Fichten-Ziegenbart → *Gompháceae*

Ficin (*Fizin*): → *Proteinase* (EC 3.4.22.3.) aus dem Saft der *Feige* (*Fícus laurifólia* Hort. ex Lam., *F. cárica* L.), MG 23 800 - 25 500. Eine 10···15 g wiegende Feige enthält 100···150 mg F. Die Eigenschaften sind denen des → *Papains* und → *Bromelins* ähnlich. Das Maximum des Aktivitätsbereiches liegt bei *p*H 6 - 7,5 und ist abhängig vom Substrat. F. ist 5 - 20mal wirksamer als Papain. Das F. dient in angelsächsischen Ländern als → Zartmacher von *Fleisch*.

Fícus auriculáta → Feige

Fícus cárica → Feige

Fícus dammarópsis → Feige

Fícus dulciária → Higueron

Fícus gigantosýne → Samtfeige

Fícus infectória → Feige

Fícus mónckii → Samtfeige

Fícus padifólia → Samtfeige

Fícus pállida → Samtfeige

Fícus popúlnea → Feige, Weiße

Fícus rúmphii → Feige

Fícus sycómorus → Maulbeerfeige

Fícus sycómorus ssp. gnaphalocárpa → Angola

Fícus velutína → Samtfeige

Fidjii-Arrowroot → Taccastärke → Arrowroot

Fieberbaum → Eukalyptusbaum

Fiebermoos → Isländisches Moos

Fieberpflanze → Basilienkraut

Field bean hemagglutinin → Hämagglutinine

Figurengebäck → Gebildbackwaren

Fiji-Arrowroot → Taccastärke

(S)-Filberton, *5-Methylhept-2-en-4-on:* ein ungesättigtes aliphatisches Keton, das die Schlüsselverbindung des Haselnußaromas darstellt. (S)-F. ist ein farbloses Öl mit der Molmasse 125,17 g/mol. Das (R)-Enantiomer riecht weniger intensiv.

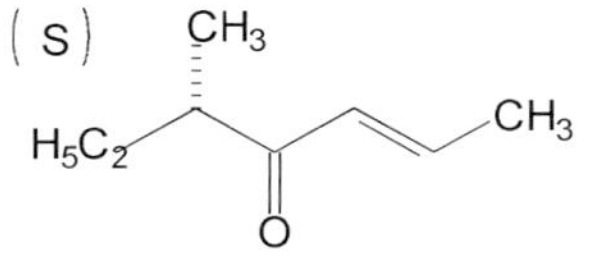

Filderkohl → Spitzkraut

Filderkraut → Spitzkraut

Filet: 1. → Schlachtkörperteilstücke
2. Fischfilet → Fischerzeugnisse

Filetpastete: bes. feines, mild gewürztes, gekochtes, in Kastenform hergestelltes *Fleischfeinkosterzeugnis,* zu dessen Herstellung Rindfleisch, Schweinefleisch, Kochsalz, Nitritpökelsalz und Gewürze eingesetzt werden. Die F. wird mit einer Speckhülle versehen, deren Masse 10% der Grundmasse nicht überschreiten darf. Im Schnittbild müssen Filetteile erkennbar sein. Sie betragen mind. 40% der Gesamtmasse. Die Pastetenfarce (→ Brät) entspricht Brühwurstbrät.

Filetten → Gefrierfischerzeugnisse

Filetwurst: → *Kochwurst* (Spitzensorte), zu deren Herstellung Speck, Schweinefilet, Schwarten, Blut, Nitritsalz, Pfeffer, Nelken und Majoran eingesetzt werden. Als Wursthüllen dienen Schweinekappen oder Schweineblasen. Das Schnittbild zeigt reinweiße Speckwürfel und rosafarbene Filetstücke, fast gleichmäßig in dunkelrotbrauner Blutmasse verteilt; Kantenlänge der Speckwürfel etwa 5 mm, der Filetstücke 30···50 mm. → Blutwurst → Wurst

Filipéndula ulmária → Spierstrauch

Filled milk → Ersatzmilchpräparat, pflanzliches

Filterhilfsmittel: wasserunlösliche Stoffe, die die Filtration erleichtern, indem sie bei Suspensionen die Bildung eines sog. Filterkuchens ermöglichen oder bei schleimigen Feststoffen den sich sonst daraus bildenden sehr dichten Kuchen auflockern. F. werden der zu filtrierenden Suspension unmittelbar zugesetzt oder auf den Filter aufgebracht. Sie werden vorwiegend bei Getränken, der Fettreinigung und der Zuckerherstellung eingesetzt.

Filtermehl: ein Zwischenprodukt der Mehlherstellung in Form feinster Mehlteilchen, die sich durch pneumatischen Transport in den Filtern abgesetzt haben und entweder den Mehlen oder den Mühlennachprodukten zugeordnet werden.

Filterzigarette → Zigarette

Filz-Röhrlinge → *Boletáceae*

Finalmehl → Kleieaufschlußmehl

Finchel → Fenchel

Fines: 1. → Kapern
2. in Frankreich übliche Bez. für Branntwein aus Wein. → Brandy

Fines Herbes: eine → Gewürzmischung der französischen Küche, die als wichtigste Bestandteile Petersilie, Kerbel und Schnittlauch enthält und der je nach Geschmacksrichtung Basilikum, Bohnenkraut, Salbei, Dost, Rosmarin sowie Thymian zugefügt wird. Die fein gehackten F. H. dienen zum Würzen von Innereien, Schweine- und Hammelfleisch, Gulasch, Omelettes, Frischkäse, Wild und Geflügel sowie Suppen und Soßen.

Fingerhirse, *Eleusine, Korakan* (Sri Lanka), *Kurakkan* (singhal.), *Marua* (bengal.), *Ragi* (südind.), *Tocusso, Dagussa* (äthiop.): eine in Asien als → Brei, in Afrika als → Fladen oder zur Bier- sowie Arrakherstellung genutzte → Hirse (*fingermillet*), *Eleusíne córacan* (L.) Gaertn. (Familie *Poáceae*) mit unzähligen Varietäten, meist in einer Wuchshöhe von 60···90 cm und mit 7···10 cm langen Einzelähren. Die Tausendkornmasse liegt bei 2,5 g; die Erträge schwanken zwischen 5···45 dt/ha. Der Gehalt an ausgewählten Inhaltsstoffen je 100 g, bezogen auf die Trockenmasse, beträgt: 11 g Protein, 420 mg Ca, 12 mg Fe, 210 mg Phytin und 0,4 mg Vitamin B_1. Mischungen aus weißen und braunen Varietäten im Verhältnis 2:1 ergeben die günstigste geschmackliche Kombination.

Fingerprodukt → Imbißerzeugnis

Finklermehl → Kleieaufschlußmehl

Finocchi → Gemüsefenchel

Finte → Maifisch

Fiore Sardo: italien. Hartkäse aus Schafsmilch. → Käsesorten

Fisch:

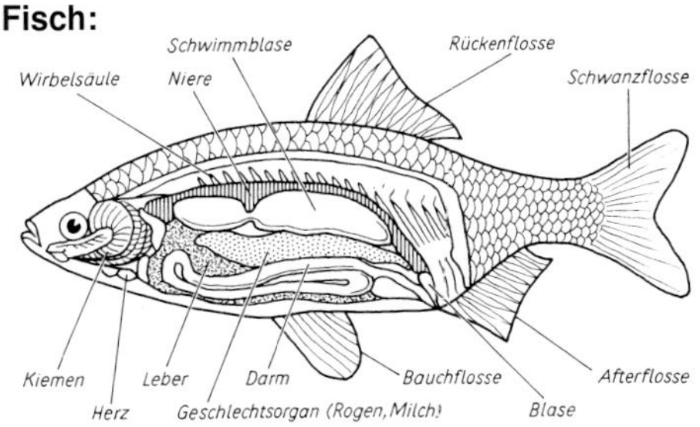

Bau eines Fisches (schematisch)

In Kopf-, Kiemen-, Rumpf- und Schwanzregion gegliederte, wasserbewohnende, wechselwarme Wirbeltiere mit knorpeligem (Knorpelfische) oder knöchernem (Knochenfische) Skelett und meist mehr oder weniger stromlinienförmiger Gestalt (Bild). Die Fortbewegung und Steuerung werden durch Rücken-, Brust-, Bauch-, After- und Schwanzflossen unterstützt. Der Körper vieler F. ist beschuppt. Die Fortpflanzung erfolgt i. allg. durch Eier (*Laich*) zu festliegenden Jahreszeiten (*Laichzeit*), die für die Arten oder Unterarten typisch sind. Die meisten Knorpelfische und einige Knochenfische sind lebendgebärend. Die Artenanzahl wird auf 25 000 bis 40 000 geschätzt. – Nach ihrem Lebensraum werden F. in erster Linie in *Meeres-* oder *Seefische,* z. B. Dorsch, Hering, Kabeljau, Makrele, Rotbarsch, Seelachs, Thunfisch u. a., und *Süßwasserfische,* z. B. Barsch, Hecht, Karpfen, Plötze, Schlei, Wels u. a., eingeteilt. Einige F. leben sowohl im Süß- als auch im Salzwasser, z. B. Aal, Forellenarten und Lachse, andere bevorzugen Küstengewässer, z. B. Boddengewässer, mit geringem Salzgehalt (*Brackwasserfische,* z. B. Zander). Vornehmlich Seefische unterteilt man auch in *Grundfische* und *pelagische F.,* je nachdem, ob sie sich vorwiegend am Grund oder im Pelagial, d. h. im Wasserraum zwischen Grund und Oberfläche, aufhalten bzw. dort gefangen werden. Nach der Form des Körperquerschnitts werden *Rundfische* (z. B. Kabeljau, Schellfisch, Seelachs u. a.) und *Plattfische* („Platte", z. B. Flunder, Scholle, Seezunge, Steinbutt u. a.) unterschieden. Die *Fischerei* gliedert sich, abgesehen von der wirtschaftlich bedeutungslosen Sportfischerei, in *Hochsee-* (Meeres-, „Große" Fischerei), *Küsten-* und *Binnenfischerei* (See-, Teich- und Flußfischerei). Daneben gewinnt die *Fischzucht,* z. B. von Aal, Forelle, Karpfen, jedoch auch von Seefischen, zunehmende Bedeutung. – Die Methoden der Fischerei (des *Fischfangs*) sind äußerst vielgestaltig hinsichtlich der Netzarten, Angelgeräte, Reusen und Fallen sowie Harpunen- und Speerarten. Die modernen Fischereien bedienen sich großer Fanggeräte von hohem wissenschaftlich-technischem Niveau, die in Verbindung mit elektronischen Fischortungsgeräten eingesetzt werden. Der Fangprozeß kann durch Anlocken der F. (z. B. *Lichtfischerei*) oder durch Betäubung (z. B. *Elektrofischerei*) unterstützt werden. Durch Kombination von Lichtfischerei und speziellen Pumpen wurden neue Fangmethoden für kleine Fischarten entwickelt, die die F. direkt an Bord der Fangfahrzeuge zu pumpen gestatten.
Die Entwicklung der Weltfischerei, gemessen an den Fangerträgen, zeigt von 1920 bis 1970 einen nur durch den 2. Weltkrieg unterbrochenen steilen Anstieg (Tab.).

Fangerträge der Weltfischerei

Jahr	Fangertrag in Mio t
1850	1,5···2,0
1900	4,0
1920	9,5
1938	21,0
1948	19,6
1970	70,4
1983	76,5
1985	84,9

Aufteilung des Weltfanges 1983 nach Artengruppen vor 10 Jahren

Artengruppe	Fangertrag in Mio t
Gesamtfang	76,5
davon Kabeljauartige	11,4
Heringsartige	17,1
Schildmakrelenartige	7,9
Barschartige	5,2
Makrelenartige	3,7
Thunartige	2,8
Plattfischartige	1,2
Haie, Rochen	0,7
Weichtiere	5,8
Krebstiere	3,2
Süßwasserfische	8,8

Nominalfänge der See-, Küsten- und Binnenfischerei Deutschlands in 1000 t

Jahr	Gebiet der neuen Bundesländer (Ostdeutschland)	Gebiet der alten Bundesländer (Westdeutschland)
1948	etwa 18,0	414,0
1955	68,6	814,8
1960	114,4	674,0
1965	231,1	632,7
1970	321,8	612,9
1975	376,2	441,7
1976	279,3	454,4
1977	211,5	432,7
1978	198,4	412,0
1979	221,9	356,7
1980	235,3	306,9
1981	244,6	330,7
1982	236,3	313,5
1983	237,4	305,5
1984	226,0	327,2
1985	200,5	225,3
1986	208,9	202,4
1987	193,6	201,9
1988	179,2	209,5
1989	177,0	236,8

Die Fischerei entwickelte sich in Deutschland aus der traditionellen Nordseefischerei bzw. aus der geringen Küstenfischerei Mecklenburgs sowie aus der Binnenfischerei (Tab.).

Im Osten Deutschlands stiegen die Anlandungen mit dem Aufbau der Fischereibetriebe in Rostock und Saßnitz sprunghaft an.

Der überwiegende Teil des Weltfanges wird für die menschliche Ernährung verwendet.

Für die Fischverarbeitung bildete, abgesehen von geringen Mengen verschiedener Fischarten, wie Sprotte, Heilbutt, Rotbarsch, Kabeljau u. a., ursprünglich der Hering die Basis. Bedingt durch Überfischungserscheinungen, Schonmaßnahmen und Ausweitung der ökonomischen Zonen der Küstenstaaten auf 200 sm seit 1976 (→ Hering) gewinnen weitere Fischarten (Schildmakrele, Makrele, Sardine, Poutassou) zunehmend an Bedeutung.

Der Verzehr an Fischen und Fischerzeugnissen ist in den Ländern sehr unterschiedlich. So werden jährlich je Kopf der Bevölkerung z. B. in Island und Japan 30···40 kg, in Portugal und Dänemark 20···25 kg, in Polen, Bulgarien und der ehem. CSFR etwa 5 kg verbraucht. In Deutschland liegt der Fischkonsum bei etwa 6···7 kg.

Die Bedeutung des Fisches liegt in erster Linie in seinem Eiweißgehalt. Je nach der Ernährungssituation der Länder ist seine Wichtigkeit für die Bevölkerung einzuschätzen. So hat in einigen gut versorgten Ländern ein hoher Fischverzehr für die Deckung des Bedarfs an tierischem Eiweiß nur geringe Bedeutung (z. B. Finnland, Kanada und Belgien). In anderen Ländern werden dagegen durch geringe Fischmengen hohe Anteile des gesamten tierischen Eiweißes der Ernährung gestellt (z. B. Indien, China und Taiwan).

F. kann im Haushalt, im Gaststättenwesen und industriell für eine große Palette von Speisen und Erzeugnissen verwendet werden. Daher wird F. entsprechend der Eignung frisch oder gefroren zur weiteren küchentechnischen Zubereitung (*Speisefisch*), bzw. industriell zu → Fischerzeugnissen verarbeitet, im Handel angeboten. Im Gegensatz zu Japan wird in Europa nur in Ausnahmen F. roh genossen. Japan. Spezialitäten sind → Sashimi und → Fugu.

Hinsichtlich seiner ernährungsphysiologischen Eigenschaften entspricht Fisch dem Fleisch warmblütiger Tiere, er ist diesem in mancher Hinsicht sogar überlegen. Das betrifft die leichtere Verdaulichkeit als Folge des geringen Bindegewebegehaltes (1···2%), den geringen Fettgehalt der meisten Nutzfischarten, den relativ hohen Anteil an essentiellen Fettsäuren, den hohen Grad an Mineralstoffen (Phosphor, Eisen, Iod, Fluor) und an Vitaminen A, B_1, B_2, Niacin und D. Der geringe Natriumgehalt (unter 100 mg/100 g) ist für kochsalzarme Kostformen günstig.
Hinsichtlich der Zusammensetzung der F. kann in Fettfische, mittelfette F. und Magerfische unterschieden werden (Übers.).

Fische; Einteilung in Mager-, Fett- und mittelfette Fische

Magerfische (Fettgehalt unter 1%)	
Barsch (Flußbarsch)	Schleie
Brosme	Seehecht
Hecht	Seelachs
Kabeljau	Wittling
Lengfisch	Zander u. a.
Schellfisch	
mittelfette Fische (Fettgehalt unter 10%)	
Brassen	Karpfen
Forelle (Bachforelle,	Katfisch
Regenbogenforelle)	Rotbarsch
Heilbutt	Seezunge u. a.
Fettfische (Fettgehalt über 10%)	
Aal	Sardine
Hering	verschiedene
Lachs	Thunfische u. a.
Makrele	

Die *Fettfische* lagern überschüssige Energiereserven als Fett im Muskelgewebe ab. Daher unterliegt dieser Fettgehalt in Abhängigkeit von Futterangebot (Fanggebiet, Jahreszeit) und der Laichzeit z. T. sehr großen Schwankungen (→ Hering). *Magerfische* hingegen speichern überschüssiges Fett vornehmlich in der → Fischleber und haben ein fettarmes Fleisch.

Auch die Mengen anderer Inhaltsstoffe können z. T. beträchtlichen Schwankungen unterliegen. Dagegen treten im Eiweißgehalt gesunder F. innerhalb einer Art nur geringe Unterschiede auf. Abgesehen von den Besonderheiten des Gehaltes an Fett, Mineralstoffen und Vitaminen ist Fischfleisch durch seinen hohen Eiweißgehalt und relativ niedrigen Energiewert gekennzeichnet (Tab.).

Zusammensetzung und Energiewert von Fisch Richtwerte für den Gehalt in 100 g Fleisch bei Hering (Fettfisch) und Kabeljau (Magerfisch)

Bestandteile	Maßeinheit	Gehalt je 100 g Fleisch	
		Hering	Kabeljau
Hauptbestandteile			
Wasser	g	66,0	82,0
Eiweiß	g	18,0	17,0
Fett	g	15,0	0,3
Mineralstoffe	g	1,0	1,0
Mineralstoffe			
Natrium	mg	118,0	86,0
Kalium	mg	317,0	350,0
Calcium	mg	57,0	11,0
Eisen	mg	1,1	0,5
Kupfer	mg	0,3	0,5
Phosphor	mg	240,0	190,0
Fluorid	mg	0,2	0,7
Iodid	mg	0,05	0,13
Vitamine			
Vitamin A	mg	0,04	0,01
Vitamin D	µg	19,2	?
Vitamin E	mg	1,8	0,1
Vitamin B_1	mg	0,055	0,057
Vitamin B_2	mg	0,24	0,04
Niacin	mg	4,3	2,05
Pantothensäure	mg	9,3	0,12
Vitamin B_6	mg	0,45	0,2
Vitamin B_{12}	µg	11,0	0,53
Vitamin C	mg	0,5	2,0
Aminosäuren			
Isoleucin	g	0,88	0,86
Leucin	g	1,31	1,28
Valin	g	0,92	0,91

Methionin	g	0,50	0,50
Cystin	g	0,23	0,23
Phenylalanin	g	0,64	0,63
Tyrosin	g	0,47	0,46
Threonin	g	0,75	0,74
Tryptophan	g	0,17	0,17
Lysin	g	1,52	1,49
Histidin	g	0,42	?
Arginin	g	0,97	0,96
Energiewert	kJ (kcal)	880 (210)	315 (75)

Das Fischeiweiß ist biologisch hochwertig und macht in der Regel 17···20% der Fleischmasse aus. Das Körperfett befindet sich bes. in der Bauchwand und wird generell zum Kopfende hin stärker abgelagert. Die meisten Fischarten haben kaum über 5% Fischfett. Allerdings stellen gerade einige wichtige Nutzfischarten (Hering, Makrele, Sardine) typische Fettfische dar. Dabei kann der Fettgehalt bei einigen Arten extrem hoch sein (Aal bis 45%, Seeforelle bis 75%). Das Fett besteht vorwiegend aus Triglyceriden. 35···40% der Fettsäuren enthalten mehr als 18 Kohlenstoffatome, 20···35% mehr als 3 Doppelbindungen. Daher liegt auch ein günstiger Anteil essentieller und sog. → Omega-3-Fettsäuren vor. Letztere zeigen günstige Wirkungen gegen Herz-Kreislauf-Erkrankungen. Der Gehalt gesättigter Fettsäuren schwankt zwischen 20% und 50%. Ungeradzahlige Fettsäuren (C_{15}/C_{17}) kommem mit 1,5···2,5% vor. Der Cholesterolgehalt ist gering (→ Fischleberöl → Fischöl). Besondere Bedeutung kommt dem im Vergleich zu anderen Lebensmitteln hohen Jodgehalt von Meeresfischen und Meerestieren zu (Tab.).

Jodgehalte von Seefisch bzw. Seetieren

Je 150 g enthalten	µg Iod
Seelachs	300
Scholle	285
Schellfisch	365
Garnelen, Miesmuscheln	195

Jodmangel, der in Deutschland relativ weit verbreitet ist, verursacht den Kropf (Schilddrüsen-Vergrößerung). Den genannten Jodwerten von 150 g Seefisch-/tierfleisch ist zu entnehmen, daß der Bedarf des Menschen von etwa 200 µg/Tag mit etwa 50···100 g Fisch gedeckt werden kann. Fischfleisch zeichnet sich durch einen hohen Gehalt an löslichen Stickstoffsubstanzen aus (Tab.).

Zusammensetzung von Fischfleisch, Gehalt an löslichen Stickstoffsubstanzen, wie Kreatin, Kreatinin, Trimethylaminoxid u.a.

Familie	Lösliche Stickstoff-substanzen in %
Haie, Rochen	7,4···8,8
Karpfenartige	2,3···4,6
Plattfische	1,5···2,4
Barschartige	2,0···3,3
Heringsartige	2,1···3,0
Kabeljauartige	2,1···5,0

Bei den löslichen Stickstoffsubstanzen überwiegen Kreatin und Kreatinin, Trimethylaminoxid und Taurin. Nucleinsäurederivate und freie Aminosäuren liegen in etwas geringerer Menge vor. Knorpelfische (z. B. Haie und Rochen) zeichnen sich durch einen beachtlichen Gehalt an freiem Ammoniak aus, der das Aroma derartiger F. bestimmt. Geschmack und Geruch des Fischfleisches werden wesentlich durch Amine, daneben durch Nucleinsäurederivate und ihre Abbauprodukte, durch die freien Aminosäuren und durch den Fettanteil bestimmt. Dabei spielen die nach dem Tode einsetzenden autolytischen und mikrobiellen Abbauvorgänge eine dominierende Rolle.

Die hohe Verderblichkeit von F. ist auf die auch bei niedriger Temperatur noch wirksame Aktivität der proteolytischen (eiweißabbauenden) Enzyme des F., den hohen Anteil psychrophiler (kälteliebender) und psychrotoleranter (Kälte vertragender) Mikroorganismen in Verbindung mit dem geringen Bindegewebegehalt zurückzuführen.

Eindeutige Vergiftungen durch den Genuß von Fisch sind sehr selten. Als Ursachen kommen vorrangig Botulismus und - bes. bei Makrelen und Thunfischen - mikrobiell gebildetes Histamin in Frage. Die Wertschätzung der einzelnen Fischarten ist noch in hohem Maße traditionsbedingt und wird daneben vom Erscheinungsbild der Angebotsformen, vom erforderlichen Zubereitungsaufwand (Schuppen, Gräten, Größe) sowie von Aroma und Fleischfarbe beeinflußt.

Fischbulette → Fischklöße → Gefrierfischerzeugnisse

Fische, gesalzene → Salzfischerzeugnisse

Fische, gesäuerte → Marinaden

Fische, getrocknete → Trockenfischerzeugnisse

Fischeier, *Kaviar, Kaviarersatz:* Kaviar wird aus verschiedenen Störarten gewonnen, Kaviarersatz aus den Eiern verschiedener See- und Süßwasserfische.

Fischeikrem: mayonnaiseartige Zubereitung, zu deren Herstellung anstelle des Hühnereigelbes das Serum von → *Rogen* verwendet wird. Frisch zubereitete F. weist in Abweichung von Mayonnaise eine blaßgelbe Farbe und einen weniger vollen Geschmack auf. Nach 4 bis 6 Tagen treten bittere Geschmacksnoten auf. F. kann zur Herstellung von Salaten und ähnlichen Zubereitungen bedingt verwendet werden.

Fischeiweißkonzentrat → Fischproteinkonzentrat

Fischerzeugnisse, *Fischprodukte, Fischwaren:* Ergebnisse der Bearbeitung und Verarbeitung von Fischen und Fischteilen, evtl. auch von im Wasser lebenden Krebsen und Weichtieren, zu Lebensmitteln. I. w. S. sind als F. alle aus Seetieren hergestellten Erzeugnisse (einschl. → Fischnebenprodukte) anzusprechen. Der Wert von F. als Lebensmittel wird durch den Fischanteil (→ Fisch) und die Zutaten bestimmt. Insbes. durch stark fetthaltige → Tunken und → Krems, durch Mayonnaise und Remouladen sowie durch Aufgußöle, die mit verzehrt werden, kann die günstige Zusammensetzung des Fisches, hoher Eiweiß- und geringer Fettgehalt, durch hohe Energiezufuhr belastet werden (s. Tab. S. 466).
Auch durch Schwankungen des Fettgehaltes der verwendeten Fische treten bei gleichen Erzeugnissen große Unterschiede des Energiewertes auf.
Der Prokopfverbrauch an Fischen und F. ist relativ hoch und liegt in den letzten 10 Jahren bei 7 kg. Bereits an Bord oder an Land werden die Fische z. T. vom ungenießbaren Anteil befreit und so einer werterhöhenden Behandlung unterzogen, die zu Zwischenprodukten der weiteren Verarbeitung, auch bereits zu Enderzeugnissen führt (Bearbeitungserzeugnisse, Fischbearbeitung). Solche Produkte sind: Fische, entweidet (ausgenommen), mit (a. m. K.) oder ohne Kopf (a. o. K.). Fischstücke (*Stückenfisch*) sind quer zerteilte größere a. o. K.-Fische. *Karbonaden* (*Fischkoteletts, Fischsteak*) sind Fischstücke von 2···3 cm Dicke. Fischhappen (*Happen*) und *Häppchen* sind Fischstücke aus heringsgroßen Fischen. Gespaltene Fische sind vom Rücken her gespaltene, entweidete und meist geköpfte größere Fische (→ Trockenfischerzeugnisse). *Flecke* (flecken; z. B. Fleckheringe) werden durch Längsspalten heringsgroßer Fische, Entweiden, Köpfen und Entfernen von Hauptgräte, Flossen und Schwanz hergestellt. *Seiten, Fischseiten* sind längsgeteilte entweidete und geköpfte Fische. Genobbte Fische (*Nobben*) werden durch Abtrennung des Kopfes bei teilw. Entfernung der Eingeweide hergestellt (z. B. bei Sprotten und kleinen Heringen angewendet). Gekehlte Fische (*Kehlen*) werden manuell hergestellt. Mit Hilfe eines kleinen, spitzen Messers werden mit einem drehenden Stich Kiemen, Magen, Herz, Leber, Galle und ein Teil des Darmes entfernt. Das Kehlen dient ausschl. der Herstellung von Salzhering. Ein *Fischfilet* (Filet), evtl. enthäutet, ist die zusammenhängende Körperhälfte, frei von Hauptgräten, Eingeweide, Kopf, Flossen und Schwanz. Beim *Filetieren* liefert ein Fisch zwei Filets. Am Rücken zusammenhängende Filets (Doppelfilet) werden *Lappen* (z. B. Hering, Makrele) genannt. Aus z. T. zubereiteten Filets werden durch Einrollen verschiedener Beigaben *Rollmops, Gabelrollmops* und *Röllchen, durch Zerteilen Streifen* und *Stremel, Filethappen* und *-häppchen, Bissen* und *Gabelbissen* sowie durch feinere Zerkleinerung *Würfel* und *Schnitzel* hergestellt. Durch Zerteilen von gefrorenem Filet erhält man

Energiewert und Kalorien aus tierischem Eiweiß von Fischerzeugnissen

Erzeugnis	Richtwert je 100 g eßbaren Anteils	
	verwertbare Gesamtenergie in kJ (kcal)	Eiweißenergie in kJ (kcal)
Fischfilet		
aus Magerfischen (z. B. Kabeljau, Seelachs, Schellfisch u. a.	355 (85)	315 (75)
aus Fettfischen (z. B. Hering, Makrele u. a.)	775 (185)	315 (75)
aus mittelfetten Fischen (z. B. Karpfen)	590 (140)	315 (75)
Salzfischerzeugnisse		
Salzhering, fett	1195 (285)	295 (70)
Salzhering, mittelfett	775 (185)	355 (85)
Seelachs (Lachsersatz), abgetropft	695 (165)	355 (85)
Marinaden		
Tafelhering in Gewürzaufguß	905 (215)	335 (80)
Heringsfilet in Mayonnaise	1975 (470)	170 (40)
Bratfischerzeugnisse		
Brathering in Gewürzaufguß	985 (235)	315 (75)
Räucherfischerzeugnisse		
Bückling, geräucherte Makrele, Kabeljau, Schellfisch u. a.	945 (225)	380 (90)
Magerfische, geräuchert	380 (90)	335 (80)
Aal, geräuchert	1345 (320)	335 (80)
Konserven		
Ölsardinen, abgetropft	1010 (240)	440 (105)
Thunfisch in Öl, abgetropft	1300 (310)	440 (105)
Herings-, Makrelen- oder Bücklingsfilet in Öl, abgetropft	1135 (270)	420 (100)
Sprotten in Öl, abgetropft	925 (220)	400 (95)
Herings- und Makrelenfilets in Tunken	860 (205)	230 (55)
Dorsch, Schellfisch oder andere Magerfische in Tunken	545 (130)	210 (50)

eine Palette verschiedener → Gefrierfischerzeugnisse.

Auf Grund der Artenvielfalt und der unterschiedlichen Körperformen und Größen der Fische stellt die maschinelle Bewältigung der F. ein kompliziertes technisch-ökonomisches Problem dar. Daher gelangen in neuerer Zeit zunehmend rationelle Technologien der Aufbereitung des Fischkörpers zur Anwendung. Sie führen zu fein zerkleinerten Zwischenprodukten: *Farsch, Farce* (*Fischfleischmasse*) ist gräten- und hautfreier Fischmuskel, der z. B. durch Passieren des entweideten Fisches gewonnen werden kann. *Fischmasse* ist feinst zerkleinerter, geköpfter, entweideter und sorgfältig gereinigter Fisch. Sie enthält somit auch alle Bestandteile von Haut und Gräten. Durch Behandlung mit hohen Salzkonzentrationen werden → *Salzfischerzeugnisse,* durch weiteren Zusatz von Zucker, verbunden mit einer Gewürzmischung werden → *Anchosen* gewonnen. Werden derartige F. nach Verfeinerung in Öl eingelegt, so entstehen → *Ölpräserven.* Vorwiegend heringsartige Fische, auch gesalzen, werden in einem Essig/Salz-Bad (Garbad) zu → *Marinaden* (früher *Kaltmarinaden* genannt) verarbeitet und mit Aufgüssen oder → Remouladen, → Mayonnaise und → Tunken (*Fein-*

marinaden, → *Marinaden*), evtl. mit weiteren Zugaben angeboten. Vorwiegend durch Braten in Pflanzenöl, meist mit → Panade, erhaltene F. sind → *Bratfischwaren.* Sie werden in saure, würzige Aufgüsse eingelegt (früher *Bratmarinaden* genannt). Diese F. werden auch als → *Fischkonserven* oder pasteurisierte F., evtl. in Tunken, oder trocken zu sofortigen Verbrauch angeboten; dazu gehören auch gefrorene Erzeugnisse, wie *Fischstäbchen.* Durch Behandlung mit Holzrauch werden → *Räucherfischerzeugnisse* hergestellt.
→ *Fischkonserven* (Fischvollkonserven) werden fast aus allen Fischarten, Muscheln, Krebsen, Tintenfischen und anderen Seetieren in unterschiedlichen Vorbehandlungsformen (gebraten, gedämpft, geräuchert usw.), auch roh, mit wäßrigen Aufgüssen, Tunken, Krems, Öl und Aspik, mit pflanzlichen Zugaben oder als Salate in Gemischen mit denselben hergestellt. Dazu gehören auch Pasten, Pasteten, Fischwürste, F. aus Rogen oder Fischmilch.
F. in Aspik werden aus zahlreichen Fischarten, nach unterschiedlicher Vorbehandlung (vorwiegend Blanchieren, Kochen oder Dämpfen, aber auch Braten, Marinieren oder Räuchern) durch Einlegen in Aspik hergestellt. Dabei werden in der Regel Garnierungen verwendet.
Wichtige F. mit wachsender Bedeutung sind → *Gefrierfischerzeugnisse.* Ferner zählen zu F.: → Fischsalate, → Fischpasten, → Trockenfischerzeugnisse, Erzeugnisse aus → Rogen (→ Kaviar), → Fischwurst, → Surimi, → Fischklöße, eßbare Fischmehle (→ Fischproteinkonzentrat) u. a.

Fischfette → Fischöl

Fischfilet → Fischerzeugnisse

Fischfinger → Gefrierfischerzeugnisse

Fischfleischextrakt → Fleischextrakt

Fischfleischmasse: Farsch, Farce. → Surimi → Fischerzeugnisse

Fischfrikadelle → Fischklöße

Fisch, getrockneter → Trockenfischerzeugnisse

Fischgewürz: eine → Gewürzmischung aus Basilikum, Bohnenkraut, Gewürznelken, Kurkuma, Lorbeerblättern, Majoran, Mazis, Melisse, Rosmarin, Salbei, Sellerieblättern, Petersilie, Thymian, Knoblauch-, Zwiebelpulver, Speisesalz (6%) und Citronensäure. Das F. dient zum Würzen von Fischspeisen aller Art.

Fischhydrolysat: Erzeugnis der *enzymatischen Hydrolyse* des Eiweißes von Fischabfällen oder Fischen und Fischteilen flüssiger, brei- oder käseartiger Beschaffenheit, wobei die Eiweißstoffe weitgehend zu → Peptiden und → Aminosäuren abgebaut sind. F. ist leicht verdaulich und hat ein überaus kräftiges, typisches Aroma. Daher werden bes. in Ostasien bedeutende Mengen F. als Grundlage von Suppen und Saucen, als Würze bzw. als trink- oder streichfähige Lebensmittel eingesetzt (→ Fischpaste). In Europa werden F. als wertvolle Futtermittel verwendet → Fischsilage. Zur Hydrolyse wird der Rohstoff durch fischeigene Enzyme (→ Proteasen), auch durch zugesetzte proteolytische Enzympräparate (z. B. Pepsin) abgebaut. Die Konservierung erfolgt durch Kochsalz, bei Futtermitteln bevorzugt durch saure Zusätze, die den *p*H-Wert auf etwa 4 senken, auch andere Konservierungsstoffe werden eingesetzt.

Fischklops → Fischklöße

Fischklöße, *Brisolette, Fischbulette, Fischfrikadelle, Fischklops:* gekochte oder gebratene Zubereitungen aus zerkleinertem Fischmuskel oder aus Farsch (→ Fischerzeugnisse) mit Würzen, Gewürzen, Bindemitteln, pflanzlichen oder tierischen Fetten und anderen evtl. pflanzlichen Beigaben in Kloßform verschiedener Größe. F. werden als → Fischkonserven, als → Gefrierfischerzeugnisse oder zum sofortigen Verbrauch hergestellt. International werden ähnliche Erzeugnisse zu den → Fischpasten gerechnet.

Fischkonserven, Vollkonserven: Fische und Fischteile unterschiedlicher Vorbehandlung mit verschiedenen Beigaben, die in luftdicht verschlossenen Behältnissen durch Erhitzen auf über 100°C, meist über 110°C, praktisch keimfrei und haltbar gemacht, d. h. sterilisiert sind. Die

Enzyme sind inaktiviert. Bei F. dient als Material für die Konservendosen international überwiegend Stahlblech, welches durch einen Zinn- oder Lacküberzug gegen Korrosion geschützt ist. Von der Fischindustrie Deutschlands werden überwiegend lackgeschützte Aluminiumbleche eingesetzt. Die Herstellung von F. erfolgt aus zahlreichen Fischarten teils hochmechanisiert oder teilautomatisiert. Kleinere Fische werden genobbt oder geköpft und entweidet, größere filetiert oder in Stücke oder Happen geschnitten. Zum Entzug von Gewebewasser, zur Festigung des Fleisches oder zur Verleihung eines erwünschten Geschmackes wird gedämpft, gekocht, gebraten (→ Bratfischerzeugnisse) oder geräuchert (→ Räucherfischerzeugnisse). Diesen Halbfertigerzeugnissen werden in den Konservendosen Aufgüsse, → Tunken, Krem, Öl, auch Aspik (Fischwaren in Aspik, → Aspikwaren) oder mayonnaiseartige Zubereitungen, Gemüse, Pilze, Früchte oder Kräuter verschiedenartigster Würzung zugesetzt. Abgesehen von der Fischart werden die F. entsprechend dem Zusatz nach *Aufguß-, Tunken-, Krem-, Ölkonserven* usw. unterschieden. *„Naturellerzeugnisse"* („... im eigenen Saft") werden nur unter Verwendung von Salz, evtl. mit wenig Öl und schwacher Würzung hergestellt. Auch andere Erzeugnisse, wie Fischwurst, Fischbuletten und -klöße, → Fischsalate, → Fischpasten, Erzeugnisse aus → Rogen und → Fischmilch, werden als Konserven produziert. Bes. ansprechend sind F., die unter Verwendung von Gemüse und Früchten, bei gleichzeitigem Einsatz verschiedener Fischarten unterschiedlicher Zubereitung hergestellt werden. *Hors d'œuvre*-Erzeugnisse sind herzhafte Zusammenstellungen, die bes. als Vorspeisen geeignet sind. *Antipasto* ist ein Erzeugnis aus Fischschnitzeln (z. B. Thun) mit einer zerkleinerten Gemüsemischung. Auch tischfertige Gerichte als Kombination einer Fischkomponente (Fischgulasch, Fischrouladen, Filet u. a.) mit Reis, Teigwaren, Gemüse usw. in Tunken sind bekannt.

International ist ein langsames und stetiges Ansteigen der Produktion von F. festzustellen, die in den Jahren 1970 bis 1973 bei 6000 kt, 1980 bis 1983 bei 10 000 kt lag.

Die international am meisten gefragten F. sind diejenigen aus → *Thunfisch,* → *Lachs* und → *Sardinen.* Thun- und Lachserzeugnisse werden fast ausschl. „in Öl" oder „naturell" hergestellt. *Ölsardinen* stellen ein traditionelles Erzeugnis dar, bei dem die Fische ursprünglich in Öl gekocht und dann in den Dosen sterilisiert wurden. In neuerer Zeit wird das Ölkochen zunehmend durch das rationelle Dämpfen ersetzt. Ähnliche Erzeugnisse sind *Brislinge in Öl* (Sprotten), *Sild in Öl* (kleiner Hering) und *Mainesardinen in Öl* (Heringsart).

Auch F. machen nach ihrer Herstellung gewisse Veränderungen des Aussehens, des Geschmacks und der Konsistenz durch. Diese Reifung erfolgt rascher bei Aufguß- und Tunken-, langsamer bei Ölkonserven, wo z. B. bei Ölsardinen verschiedentlich eine Vorlagerung von 1 bis 2 Jahren empfohlen wird. Überlagerte F. nehmen je nach Art des Inhaltes und des Dosenmaterials einen muffigen bis metallischen Geschmack an. Dabei kommen starke Konsistenzveränderungen sowohl nach hart als auch nach weich, musig vor. Der eigentliche Verderb der F. ist hauptsächlich auf mikrobielle Ursachen (häufiger Reinfektion durch Undichtigkeiten als ungenügende Sterilisation) und Korrosion des Dosenmaterials zurückzuführen. In beiden Fällen entstehen meist Gase (mikrobiell: Kohlendioxid, Schwefelwasserstoff u. a.; korrosiv: Wasserstoff), die zum Auftreiben der Dose (→ Konserve), zum Auspressen von Inhalt und sogar zum Platzen führen. Die Haltbarkeitsfristen und -garantien von F. sind vom Charakter des Produktes im Zusammenhang mit den korrosiven Eigenschaften des Dosenmaterials abhängig. Bei einigen Fischarten können harmlose, weiße Kristalle von → Stonvit auftreten.

Der ernährungsphysiologische Wert von F. wird durch den eiweißreichen und meist energiearmen Fischanteil (→ Fische) und durch die meist verzehrbaren Beigaben bestimmt. Letztere können den Energiewert (fettreiche Krems, Tunken und Öl) wesentlich erhöhen (s. Tab.). Insbes. durch Schwankungen des Fettgehaltes der verwendeten Rohstoffe und der Rezepturen werden bei gleichen Erzeugnissen deutliche Unterschiede des Energiewertes bewirkt. Spezielle F. für energiereduzierte, Diabetiker- und andere Kostformen werden hergestellt. → Fischerzeugnisse

Fischkuchen → Fischpaste

Fischleber: Leber von Fischen. Die chemische Zusammensetzung ist von Fischart, Jahreszeit und Fangplatz abhängig. Die F. fungiert bei Magerfischen (→ Fisch) auch als Fettreservoir. Vor der Laichzeit sind in der Regel Masse (bis 8 % der Gesamtfischmasse) und Nährstoffgehalt am größten. 100 g Dorschleber enthalten 60···70 g Fett, 5···7 g Eiweiß, 20···35 g Wasser und die Vitamine A, D, E und B.
Durch bes. hohe Vitamingehalte zeichnen sich die Lebern von Heilbutt und Haien aus. Wegen des hohen Enzymgehaltes ist F. leicht verderblich. Auch bei -20°C tritt durch rasche Zunahme der freien → Fettsäuren eine Säuerung ein. F. von Magerfischen werden in erster Linie zu → *Fischleberöl* verarbeitet. Daneben können aus frischer F. oder aus Lebergraxe Konserven mit hohen Anteilen essentieller Nährstoffe (Vitamine A und D, unge-

Energiewert des verzehrbaren Anteils von Fischkonserven mit 110 g, 160 g und 200 g Nettomasse

Erzeugnis	Richtwert für den Energiewert je Inhalt der Konservendose in kJ (kcal)		
	110-g-Dose	160-g-Dose	200-g-Dose
Ölkonserven (Ölanteil abgetropft)			
Sprotten in Öl	715 (170)	1050 (250)	
Ölsardinen (Import)	965 (230)		
Herings-, Makrelen- oder Bücklingsfilet in Öl	800 (190)	1175 (280)	1470 (350)
Kremkonserven			
Herings- oder Makrelenfilet in Zitronenkrem	945 (225)	1385 (330)	1720 (410)
Herings- oder Makrelenfilet in Remouladenkrem	1385 (330)	2015 (480)	2520 (600)
Tunkenkonserven			
Sprotten in Tomaten-, Paprika-, Wein- u. a. Tunken	880 (210)	1280 (305)	1595 (380)
Herings- oder Makrelenfilet in Tomaten-, Paprika-, Wein- u. a. Tunken	945 (225)	1385 (330)	1720 (410)
Hering oder Makrele (Happen) in Tomaten-, Paprika-, Wein- u. a. Tunken			1555 (370)
Karpfen in Tomaten-, Wein- u. a. Tunken		1175 (280)	1470 (350)
Dorsch, Schellfisch oder andere Magerfische in Tomaten-, Paprika-, Wein- u. a. Tunken		880 (210)	1090 (260)
Naturellkonserven			
Hering oder Makrele (Happen) im eigenen Saft		1240 (295)	1555 (370)
Lachs im eigenen Saft (Import)			1680 (400)
Aufgußkonserven			
Sprotten in Wein-, Tomaten- u. a. Aufgüssen		925 (220)	1155 (275)
Herings- oder Makrelenfilet in Wein-, Tomaten- u. a. Aufgüssen	715 (170)	1050 (250)	1300 (310)
Salat- und Mixkonserven (ohne Mayonnaise oder Remoulade)			
mit Herings- oder Makrelenfilet	695 (165)	1010 (240)	1260 (300)
mit Dorsch-, Seelachs- oder anderem Magerfischfilet	440 (105)	630 (150)	800 (190)

sättigte Fettsäuren) hergestellt werden. → Fischleberöl

Fischleberöl, *Leberöl, Lebertran, Medizinalleberöl:* Öl aus den Lebern von Fischen (→ Fischleber). F. für medizinische Zwecke (Medizinaltran, Medizinalleberöl, *Oleum Jecoris* DAB 7) ist das aus Lebern kabeljauartiger Fische (*Gadidae*) gewonnene Öl (*Dorschleberöl*), das bei tiefen Temperaturen gesondert gereinigt wurde. Der Wert von F. wird durch seinen hohen Gehalt an den Vitaminen A und D bestimmt (Tab.).

Richtwerte für den Vitamingehalt der Leberöle einiger Fischarten

Öl der Fischart	Durchschnittl. Gehalt je g	
	Vitamin A in mg	Vitamin D in mg
Kabeljau	0,30	0,0025
Seelachs	0,6	0,0037
Heilbutt	15,0	0,0375
Dornhai	0,45	0,00087
Thunfisch	3,0	0,75
Lachs	3,0	0,025
Makrele	3,0	0,02
Hering	3,0	

Die Vitamingehalte der Öle unterliegen auch bei der gleichen Fischart, abhängig vom Fanggebiet, von der Jahreszeit und von verschiedenen biologischen Faktoren, beträchtlichen Schwankungen. Alle Gewinnungsverfahren bestehen aus den hauptsächlichen Verfahrensstufen Aufschluß, Abtrennung des F. und Reinigung. Der Aufschluß erfolgt durch enzymatische Hydrolyse, durch saure oder alkalische Hydrolyse, auf mechanischem Wege oder durch Sprengung der Zellen beim Gefrieren oder Erhitzen. Der Wärmeaufschluß ist die gebräuchlichste Methode und besteht im Erhitzen der zerkleinerten Lebermasse auf 75···90°C. Die Abtrennung des F. vom Rückstand (*Graxe, Lebergraxe*) erfolgt durch Zentrifugieren oder Absitzenlassen. F. guter Qualität kann zur Herstellung von Medizinalleberöl weiter gereinigt werden. Das erfolgt durch Abscheiden leicht erstarrender Anteile in der Kälte. Die Gewinnung von F. erfolgt in der Regel an Bord der Fang- oder Verarbeitungsschiffe. F. haben ähnliche Fettsäurezusammensetzung wie → Fischöle. Dadurch werden auch ihre chemischen und physikalischen Eigenschaften bestimmt. Lebergraxe aus Kabeljau und Seelachslebern enthält noch 25 bis 30 % Fett und etwa 10 % Eiweiß. Medizinalleberöl soll je g mind. 0,18 mg Vitamin A und mind. 0,00213 mg Vitamin D enthalten. Durch die zunehmende Synthese dieser Vitamine sinkt jedoch seine Bedeutung. F. geringerer Qualität wird für die Tierernährung verwendet. Aus F. bes. hoher Vitaminkonzentrationen können durch Molekulardestillation Vitaminkonzentrate gewonnen werden. Graxe wird zu hochwertigen Konserven (z. B. *Dorschlebergraxe, Dorschleberpaste*) und zu Futtermitteln verwertet. F. unterliegt leicht der qualitätsmindernden Oxydation und Polymerisation.

Fischli → Kräcker → Imbißerzeugnis

Fischmariniergewürz: eine → Gewürzmischung aus Basilikum, Dill, Lorbeerblättern, Melisse, Petersilie, Thymian, meist mit Speisesalz und Zitronensäure.

Fischmasse → Fischerzeugnisse

Fischmehl: aus Fischen, Fischteilen, auch aus → Beifang hergestelltes Erzeugnis, das durch Wärmeaufschluß, teilw. Entzug von Fett und → Fischleimwasser, Trocknen und Mahlen erhalten wird. Etwa 30 % des Weltfischfanges (→ Fisch) werden zu F. (und → Fischöl) und vorrangig als Eiweiß-

Qualitätsforderungen und Zusammensetzung von Fischmehl

Bestandteil/Qualitätsforderung	Anteil in %
Roheiweiß (je nach Qualitätsklasse)	mehr als 50···70
Eiweißverdaulichkeit, mind.	83
Rohfett	12
Wasser	12
Chlorid (als Kochsalz)	5

quelle in der Tierernährung eingesetzt. In neuerer Zeit beginnt F. zögernd auch als Lebensmittel an Bedeutung zu gewinnen (→ Fischproteinkonzentrat, FPC). F. enthält als wichtigsten Bestandteil Eiweiß, dessen Verdaulichkeit bei 90···95 % liegt. Der ernährungsphysiologische Wert von F. beruht auf dem Gehalt des Eiweißes an → essentiellen Aminosäuren.

Fischmilch, *Milch:* Geschlechtsprodukt der männlichen Fische (Sperma). Die F. ist wegen ihres hohen Eiweiß- und Vitamingehaltes ein wertvolles Lebensmittel (Tab.).

Zusammensetzung und Energiewert von Heringsmilch

Bestandteil	Durchschnittl. Gehalt je 100 g	
	in g	in mg
Eiweiß	19···23	
Fett	2···4	
Vitamin B_1		0,0036
Vitamin B_2		0,6
Energiewert in kJ (kcal) 505 (120)		

Wie Rogen fällt F. als Neben- oder Abfallprodukt beim Schlachten oder Filetieren von Fisch an. F. wird meist nicht entsprechend ihres Wertes verarbeitet und der Tierernährung zugeführt. Sie kann durch Kühlen oder Gefrieren begrenzt haltbar gemacht werden. F. wird vorwiegend zur Bereitung von Fischerzeugnissen und Tunken (Milchnertunke) verwendet. Auch Konserven mit eingelegter F. sind bekannt.

Fischnebenprodukte: Trivialbezeichnung für Fischbestandteile, die im Vergleich zum Fischfleisch in wesentlich geringerer Menge anfallen, aber infolge ihrer ernährungsphysiologisch günstigen Zusammensetzung und ihres Vitaminreichtums als Lebensmittel geeignet sind, z. B. → *Fischleber,* → *Rogen,* → *Fischmilch.* Weiterhin sind darunter verschiedene Erzeugnisse aus Fischen, Fischteilen oder Fischabfällen zu verstehen, die für Nahrungs-, Futter- oder technische Zwecke bestimmt sind, z. B. → *Fischleberöl,* → *Fischöl, Fischleder, Fischleim,* → *Fischmehl,* → *Fischsilage,* → *Fischsilber, Gelatine* und *Graxe* (→ *Fischleberöl*).

Fischokraschka → Okraschka

Fischöl: → Fett aus → Fischen und Fischteilen; → Seetieröle. Die Zusammensetzung von F. ist, abgesehen von gewissen artspezifischen Besonderheiten und territorial bedingten Abweichungen, durch seinen hohen Gehalt an langkettigen (C_{18} bis C_{22}) und mehrfach ungesättigten (4, 5 oder 6 Doppelbindungen), einschl. essentiellen → Fettsäuren sowie durch seinen hohen unverseifbaren Anteil geprägt. Der Gesamtanteil an ungesättigten Fettsäuren liegt zwischen 70 % und 85 %. Dadurch wird der Schmelzpunkt dieser Fette erniedrigt. Bes. F. von Seefischen können hohe Anteile sog. → ω-3-Fettsäuren enthalten (15···40 %), die hinsichtlich Herz-Kreislauf-Erkrankungen günstige Wirkungen zeigen. Aus F. werden entsprechende Präparate hergestellt. F. von Süßwasserfischen enthält weniger langkettige Fettsäuren als F. von Seefischen. Im F. sind die Vitamine A und D in unterschiedlichen Konzentrationen enthalten. Wegen des hohen Anteils ungesättigter Fettsäuren wird F. leicht durch Luftsauerstoff oxydiert und polymerisiert. Dadurch entstehen unangenehme, abstoßend bittere und tranige Geschmacks- und Geruchsnoten, gelbbraune Verfärbungen und z. T. toxische Substanzen. Wegen der verschiedenen Gewinnungs- und Verwertungsarten werden → Fischleberöle und Fischkörperöle unterschieden. Fischkörperöle fallen gewöhnlich als Zweitprodukt bei der Herstellung von → Fischmehl an. Sie werden für technische und Futterzwecke eingesetzt, nach Raffination als Aufgußöle für → Fischkonserven verwendet. Durch Härtung entstehen aus guten Sorten Hartfette, die in verschiedenen Lebensmitteln Einsatz finden. Daneben sind sie für die Nahrung insofern wichtig, als sie ihr mit fettreichen Fischen und Fischerzeugnissen direkt zugeführt werden und die Kennzahlen zugesetzter Pflanzenöle verändern.

Fischpaste, *Fischpastete:* Zubereitungen aus den eßbaren Anteilen frischer oder verarbeiteter

Fische, die durch feinste Zerkleinerung und teilw. unter Verwendung von Fetten, Bindemitteln, Würzstoffen, Gemüse u. a. Zusätzen meist streichfähig, begrenzt haltbar, jedoch auch als Konserven hergestellt werden. In Europa wird F. vorwiegend aus gesalzenen Fischen (→ Salzfischerzeugnisse) und → Anchosen (gekräuterte Fische) hergestellt. Solche Erzeugnisse sind geschmacklich pikant, appetitanregend und dienen als Aufstrich und zur Geschmacksverfeinerung bei kalten und warmen Gerichten, Hackfleisch und Wurstwaren. *Sardellenpaste* wird aus gesalzenen Sardellen (→ Anchovis), *Anchovispaste* aus gesalzenen Sprotten oder Sardellen, *Kräuterheringspaste* aus Kräuterheringen (→ Anchosen) und *Sandwichpaste* aus Sardellenpaste und Anchovispaste hergestellt. Weitere F. auf der Basis gesalzener Fische sind bekannt. *Sardellenbutter* wird aus Sardellenpaste und 33 % Butter hergestellt. Die ungefähre Zusammensetzung solcher F. ohne Fettzusatz beträgt je 100 g 50···60 g Wasser, 10···15 g Eiweiß, 5···10 g Fett und 19···22 g Mineralstoffe (davon Kochsalz 18···20 g). Die Haltbarkeit der F. resultiert aus dem Salzgehalt. *Seelachspaste* wird aus Seelachsschnitzeln (→ Ölpräserven) hergestellt. F. werden auch aus geräucherten Fischen hergestellt, z. B. *Räucheraal-*, *Lachs-* und *Lachsheringspaste*. *Lachsbutter* ist eine Zubereitung aus Lachspaste und 33 % Butter. *Dorschleberpaste* wird aus → Fischlebern von Kabeljau, Dorsch, Seelachs und weiteren Magerfischen (→ Fisch) vorwiegend als Konserve hergestellt. Das Fleisch verschiedener Fische (Hering, Makrele) wird unter Zusatz von Gemüse, Tomatenmark u. a. Beigaben verschiedentlich zu Paste-Konserven verarbeitet. Auch klopsartige, feste Erzeugnisse werden als F. bezeichnet, z. B. das in Kalifornien auf der Grundlage von zerkleinertem Fischfleisch (Thun) mit Karotten bzw. Erbsen u. a. Gemüse hergestellte *Tempra, Fishcake* (Fischkuchen) dient vorwiegend als Hunde- oder Katzenfutter. → *Kamaboko* ist ein ähnliches, typisch japanisches Erzeugnis. Zu den F. werden ferner die in Ostasien durch mehrmonatige enzymatische Reifung (→ Hydrolyse) von zerkleinerten Fischen und Fischteilen hergestellten flüssigen bis streichfähigen *Fischsoßen* gerechnet. Sie sind salzig bis käseartig und werden als Würzen eingesetzt, z. B. in Vietnam *nuocmam* (etwa 80 Mio Liter je Jahr), in Thailand *nam-pla* und auf den Philippinen *bagoong*. Der Proteingehalt dieser Produkte liegt meist unter 10 %. → Fischhydrolysat

Fischprodukte → Fischerzeugnisse

Fischproteinkonzentrat, *FPC:* bes. aufbereitetes → *Fischmehl* für Nahrungszwecke. F. ist ein nahezu weißes, geruch- und geschmackloses Pulver mit einem Gehalt von 80···90 % hochverdaulichem Eiweiß. Die Herstellung erfolgt vornehmlich aus Magerfischen, wobei die weitestgehende Entfernung der Fette und fettähnlichen Stoffe erforderlich ist. F. kann bei unzureichender Eiweißversorgung Gebäck oder Teigwaren zur Eiweißanreicherung zugesetzt werden. → Fisch

Fischpulpe → Fischsilage

Fischräucherware → Räucherfischerzeugnisse

Fischsalat: Zubereitungen aus zerteiltem Fischfleisch, das auf verschiedene Weise genußfähig zubereitet, mit Würzen und Gewürzen, auch unter Zugabe von Essig, Speiseöl, Mayonnaise oder Tunke gleichmäßig vermischt ist. Die F. werden von der Industrie, von Salatküchen, in der Gastronomie und im Haushalt in großer Vielfalt hergestellt. Der Fischanteil kann *salzgar* (→ Salzfischerzeugnisse), *mariniert* (→ Marinaden), *gekocht, gedämpft, geräuchert* (→ Räucherfischerzeugnisse) oder gebraten sein. Bei Salatkonserven (→ Fischkonserven) wird auch roher Fisch eingesetzt. Die Garung erfolgt dann mit der Sterilisation. Abgesehen von traditionellen F. können für Salatzubereitungen alle Gemüse und Früchte eingesetzt werden, soweit sie sich geschmacklich dazu eignen. Dabei bestehen für industrielle Salatzubereitungen Standards. Abgesehen von Konserven sind F. begrenzt haltbar und zum alsbaldigen Verbrauch bestimmt. Häufig sind F. chemisch konserviert. Da die meisten F. mit → Mayonnaise oder Pflanzenöl hergestellt werden, kann ihr Energiewert beachtlich sein (s. Tab.).

Bestandteile und Energiewert von Fischsalaten

Erzeugnis	Gehalt je 100 g Fischsalat				
	Fischanteil (mind.) in g		sonstige Anteile in g		Energiewert in kJ (kcal)
Delikateß-Heringssalat in feinster Mayonnaise	35	Heringsfilet, gesalzen oder mariniert	30 35	Mayonnaise (83 % Fett) Essig-oder Gewürzgurken, Zwiebeln, Kapern, Sellerie und Gewürze	1 385 (330)
Heringssalat in Mayonnaise	35	Heringsfilet, gesalzen und/oder mariniert	30 35	Mayonnaise (65 % Fett) Gemüse und Gewürze	1 135 (270)
Heringssalat	30	Heringsfilet, gesalzen und/oder mariniert	70	Gemüse und Gewürze, Aufguß oder Aspik, Öl- oder Tunkenzusätze	
Heringsstip in Mayonnaise	50	Heringsfilet, gesalzen und/oder mariniert	20 30	Mayonnaise (65 % Fett) Zwiebeln, Gurken und Gewürze	1 010 (240)
Heringshäckerle, Häckerle	80	Filet von Matjes- oder matjesartig gesalzenen Heringen	5 15	Pflanzenöl wahlweise: Gurken, Zwiebeln, Sellerie, frische Tomaten, Gemüsepaprika, Kapern und Gewürze	1 175 (280)
Bücklingshäckerle	70	Bücklingsfilet	5 25	Pflanzenöl Gurken, Zwiebeln und Gewürze	840 (200)
Matjessalat	50	Filets von Matjes-heringen	5 45	Pflanzenöl wahlweise: Gurken, Zwiebeln, Sellerie, frische Tomaten oder marinierte Gemüsepaprika, Kapern und Gewürze	840 (200)
Fischsalat	50	gekochtes Filet dorsch-artiger Seefische	5 30 45	Pflanzenöl oder Mayonnaise oder 20 wahlweise: Gurken, rote oder weiße Rüben, Sellerie, frische oder marinierte Tomaten oder Gemüsepaprika, Kapern und Gewürze	420 (100) bzw. 965 (230)

Daher werden in neuerer Zeit auch „energiereduzierte“ Mayonnaisen bevorzugt. *Krabbensalat* (*Garnelensalat, Garnelen in Mayonnaise*) besteht aus mind. 50% Garnelenfleisch sowie Mayonnaise.

Fischsauce → Fischpaste

Fischschinken: Erzeugnisse aus gewürztem Fleisch von Fischen, auch Walen und anderen Seetieren oder aus einer Mischung von Fischfleisch und Fleisch von Schwein, Rind, Pferd, Geflügel u.a., die in einen Behälter gepackt und dann gekocht oder gedämpft werden. Sie werden bes. in Japan (Fish Ham), ähnliche auch in der ehem. Sowjetunion gehandelt. (s. a. → Seemannsschinken)

Fischseiten → Fischerzeugnisse

Fischsilage, *Fischpulpe, Fischpülpe:* hochwertige, technologisch einfache Verwertungsform von zerkleinerten Fischabfällen zu hochwertigen, breiartigen oder körnigen Eiweißfuttermitteln. Die Konservierung erfolgt durch Zusatz geeigneter Säuren (Senkung des *p*H-Wertes auf etwa 4), Sulfite oder andere Konservierungsstoffe. Im Gegensatz zur eigentlichen Silierung pflanzlicher Rohstoffe spielen hierbei Gärungsprozesse keine Rolle; F. ist ein → Fischhydrolysat.

Fischsilber, *Perlsilber: kristallisiertes Guanin (2-Amino-6-Hydroxypurin).*

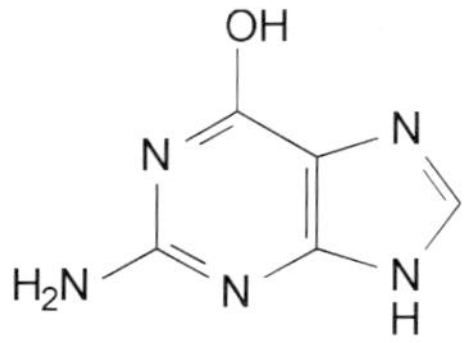

F. ist Träger des Silberglanzes in der Haut, auf der Schuppenunterseite sowie in der Schwimmblase vieler Fischarten und wird technisch verwertet.

Fischsoße, fermentierte: eine klare, braune Würzsoße, auch in Pastenform, die in Indonesien kommerziell aus kleinen, ganzen Fischen, Getreide-, Wachsreis- oder Rotreismehl sowie unter Zusatz von Kleie als → *fermentiertes Lebensmittel* hergestellt wird. F. und Fischpasten sind auch bekannt unter den Bez. *Ngampyaye* und *Ngapi* in Burma, *Nuocmam* und *Mams* in Kambodscha und Vietnam, *Patis* und *Bagoong* auf den Philippinen sowie *Mampla* und *Kapi* in Thailand.

Fischstäbchen → Gefrierfischerzeugnisse

Fischsticks → Gefrierfischerzeugnisse

Fischsülze → Aspikwaren

Fischware → Fischerzeugnisse

Fischwaren in Aspik → Aspikwaren

Fischwaren in Gelee → Aspikwaren

Fischwurst: in Natur- bzw. Kunstdärmen entsprechend Fleischwürsten hergestellte brätartige Zubereitungen aus zerkleinertem Muskel spezieller Fischarten mit Würzen, Gewürzen, Bindemitteln, tierischen oder pflanzlichen Fetten und anderen Beigaben. F. kann nach der Art von Bockwurst bzw. Wiener Würstchen, von Teewurst und in anderen Varianten hergestellt werden. Bes. in Japan ist F. weit verbreitet. → Fischerzeugnisse

Fischzucht → Fisch

Fishcake → Fischpaste

Fishfinger → Gefrierfischerzeugnisse

Fisole → Gemüsebohne

Fistulína spec. → *Fistulináceae*

Fistulináceae: der Ordnung *Cantharelláles* (Leistenpilze) - innerhalb der Klasse *Basidiomycétes* (*Ständerpilze*) - zugeordnete Pilzfamilie mit pleurotoid geformtem Fruchtkörper, Holzbewohner. Der einzige Speisepilz ist der auffällige, vor allem an alten Eichen vorkommende *Leberpilz, die Ochsenzunge* [*Fistulína hepática* (Schaeff.) Fr.]. Er ist nur jung eßbar. → Pilze → Speisepilze → Ständerpilze

Fitneßgetränk, *Multivitamingetränk:* Sammelbez. für kohlendioxidfreie Getränke aus Mischungen von Fruchtsaft, Fruchsaftkonzentrat oder Fruchtmark aus einheimischen und/oder tropischen Früchten, in der Regel mit einem Saftanteil von 100% und Zusätzen synthetischer Vitamine.

Die Konzentration an Vitaminen (B-Gruppe, E und C) soll in der üblicherweise genossenen Menge (je Tag 0,3···0,5 l) etwa dem halben Tagesbedarf entsprechen. → Konditionsgetränk

Fix- und Fertig-Erzeugnis → Imbißerzeugnis

Fizin → Ficin

Fizz → Bargetränk

Flachbrot, *Darrebrot, Dünnbrot, Hartbrot, Trokkenbrot, Trockenflachbrot:* Oberbegriff für alle flachen Brotarten, die in unregelmäßiger, runder, quadratischer oder rechteckiger Form aus dem jeweiligen landesüblichen Mehl mit oder ohne Lokkerungsmittel hergestellt werden. Im Gegensatz zum voluminösen Laibbrot weist das F. keine Unterteilung in Krume und Kruste auf und zeigt eine zart- bis hartsplittrige Struktur. Im warmen Zustand hat F. eine weiche Konsistenz und wird in verschiedenen Ländern, meist in Form eines → Fladens, vielfach auch frisch verzehrt; in trockener, spröder Beschaffenheit ist es monatelang haltbar und zählt in dieser Form zu den *Dauerbroten.* Die wichtigsten Arten der F. sind der *Fladen, das Knäkkebrot, das Waffelbrot, das Knusperbrot* und das *Krustenbrot.* Vorzüge des F. gegenüber Laibbrot bestehen in der guten Bekömmlichkeit, die insbes. auf den geringen Eigenwassergehalt zurückzuführen ist, die den Einspeichelungsprozeß, die Zerfallbarkeit und Löslichkeit begünstigt; ferner weisen die meisten F. einen geringen Speisesalzgehalt und niedrigen Säuregrad auf, so daß sie auch in dieser Hinsicht günstige Voraussetzung für die Verabreichung in den verschiedenen Schonkostformen bieten.

Flachkuchen → Blechkuchen

Flachs → Leinsaat

Flachsbaum → Salamanderbaum

Flachssaat → Leinsaat

Flachwaffelbrot → Waffelbrot

Flacourtia spec. → Flacourtie

Flacourtie: in den asiatischen Tropen und Madagaskar wild wachsende oder kultivierte, kleine, z. T. strauchige Bäume der Gattung *Flacourtia* (Familie *Flacourtiáceae*), deren als *Batakopflaume* oder *Governor's plum* bezeichnete kirschenähnliche, dunkelrote Früchte meist zur Marmeladen- und Obstgeleeherstellung sowie für Obstsirup Verwendung finden, da sie für den Frischgenuß wegen ihrer adstringierenden, den Geschmack beeinträchtigenden Eigenschaft meist ungeeignet sind. Die *Echte Flacourtie* (auch *Ramontschi, Baincha, Paniala, Tropenkirsche, Flacourtia índica* Merr.) trägt rotbraune Früchte mit gelblichweißer Pulpa, die zahlreiche Samen enthält. Die Qualität der angebauten Formen ist sehr wechselnd. Für den Frischgenuß sind die Früchte nur vollreif geeignet. Ähnlich, aber unter den *Flacourtia*-Arten am wenigsten bedeutend, ist die *Madagaskarpflaume* oder *Rukam, Flacourtia rúkam* Zoll. & Mor. Am wenigsten für den Frischverzehr geeignet sind die Früchte von *Lovi-Lovi, Flacourtia inérmis* Roxb.

Fladen: ein gelockertes oder ungelockertes, unregelmäßig rund oder oval geformtes, flaches Gebäck, das entwicklungsgeschichtlich die Übergangsstufe zwischen → Brei und → Brot bildet. Brotfladen aus getrocknetem oder gebackenem Getreidebrei bildet das steinzeitliche *Fladen-* bzw. *Urbrot.* In vielen Ländern wird noch heute der F. in Platten, ähnlich dem Eierkuchen geformt und auf heißen Steinen oder in der Pfanne erhitzt; er wird sowohl weich, warm als auch getrocknet und hart verzehrt. Der F. stellt die Hauptnahrung in afrikanischen, mittel- und südamerikanischen sowie asiatischen Ländern dar und kann aus jeder Getreideart oder aus Mischungen von Getreide und anderen Nahrungsmitteln (vielfach Leguminosen, Fisch, Algen, Ölsaaten usw.) hergestellt werden. Zu den Fladenzubereitungen zählen z. B. *Akasa, Anghera, Apiti, Asthomo, Baladybrot, Baklawa, Beiju, Blini, Besi, Chapati, Dawadawa, Danwake, Dihe, Dhokla, Dosai, Enchilades, Falafel, Gubbuz, Hoppers, Inghera, Idli, Jaminbang, Khaman, Khameri-Roti, Kenima, Masa, Mazzes, Meitauza, Nan, Oncom, Padam, Parotta, Phul Varhia, Pautshtik-Atta, Puris, Rotti, Togbey, Tamtalem, Tortilla, Tacos, Tsattafa, Tutanni, Tannouri, Yakayake, Yaryau.* → Flachbrot

Fladen, indischer → Chapati

Flakelets → Kartoffelspeiseflocken

Flammenschälverfahren → Kartoffel

Flammeri → Pudding → Milchpudding

Flammúlina velútipes → *Tricholomatáceae* → Speisepilze → Kulturpilze

Flaschenbaum, Peruanischer → Cherimoya

Flaschenbovist → *Lycoperdáceae*

Flaschenbrot → Dauerbrot

Flaschengärsekt: ein → Sekt, der nach dem Handrüttel- oder Transvasierverfahren hergestellt ist.

Flaschenkuchen → Konservenkuchen

Flaschenkürbis: *Kalebasse, Herkuleskeule, Pepo:* eine in den Tropen und Subtropen Afrikas beheimatete, aber auch weiter nördlich verbreitete, mit verschiedenen Fruchtformen versehene, früher offenbar vorwiegend als Gefäß oder Flasche verwendete, alte Kulturpflanze, *Lagenária sicerária* (Mol.) Standl., Syn. *L. leucántha* Duch ex Lam., Familie *Cucurbitáceae*. Die jungen Früchte von nichtbitteren Formen werden als Gemüse, die reifen als Pfeifen, Futterale, Flaschen oder Trinkgefäße genutzt. Die Früchte von L. s. var. longíssima L. können eine Länge von 1,5···2 m in Form einer langen, schmalen Gurke erreichen. Der F. läßt sich auch in Deutschland an windgeschützten Stellen ziehen, wobei er wie grüne Gurke im Mai ausgepflanzt wird. An den bis 4 m langen Ranken werden die wohlschmeckenden Früchte im jungen, zarten Zustand, etwa Aug./Sept. geerntet und nach Zucchini-Rezepten zubereitet. Die Fruchtform zeigt eine große Variationsbreite: entweder einbäuchige mit scharf abgesetztem, geradem oder gekrümmtem Hals oder zweibäuchige mit mehr oder weniger flachkugeliger Grundform, auch schlanke Keulenformen sind üblich. Dem reifen Samen fehlt das Nährgewebe, die Keimblätter des Embryos sind groß, flach und ölreich (etwa 45 % Öl). Der F. zählt in China zu den 50 wichtigsten Gemüsearten mit kommerzieller Bedeutung.

Flaschennahrung: eine flüssige Kost auf Milchbasis, die dem künstlich ernährten Säugling als Substitut für die Frauenmilch bis zum Beginn des 4. Lebensmonats als ausschließliche, darüber hinaus bis ins zweite Lebenshalbjahr als wesentliche Nahrung dient. → Beikost für den Säugling → Milchnahrungen → Nahrung → Brei

Flaschenstäubling → *Lycoperdáceae*

Flatschmorchel → Becherlinge

Flatterhirse → Rispenhirse

Flavanon → Flavonoide

Flavanonglycoside → Flavonoide → Glycoside

Flavedo: Handelsbez. für die gelbe oder orangefarbene Citrusschale ohne die weißpelzige Innenschicht (*Albedo*). F. ist der kommerziell wertvollere Teil der Orangen-, Pomeranzen-, Zitronen- oder Grapefruitschalen, die meist noch Bitterstoffe, ätherische Öle und Carotenoide enthalten. Aus F. der Orange wird z. B. *Orangenlikör, aus dem F. der Pomeranze der Curaçaolikör* hergestellt. Citrusfrüchte, aus deren Schalen das Albedo entfernt ist, nennt man *expulpierte Fruchtschalen.* → Curaçaoschalen

Flavine → Farbstoffe

Flavin-adenin-dinucleotid → Vitamin B_2 → Nucleotide

Flavin-mononucleotid → Vitamin B_2 → Nucleotide

Flavon → Flavonoide

Flavon-3,4-diole → Gerbstoffe

Flavonfarbstoffe → Flavonoide

Flavonglycoside → Glycoside → Flavonoide

Flavonoide, *Flavonfarbstoffe,* γ-Pyronfarbstoffe: in der Pflanzenwelt weit verbreitet vorkommende gelbe Farbstoffe, die sich vom *Flavonol, Flavon, Flavanon, Isoflavon* oder *Xanthon* ableiten. Von den → Anthocyanen unterscheiden sich die F. durch die Oxogruppe am C_4-Atom.

Flavon

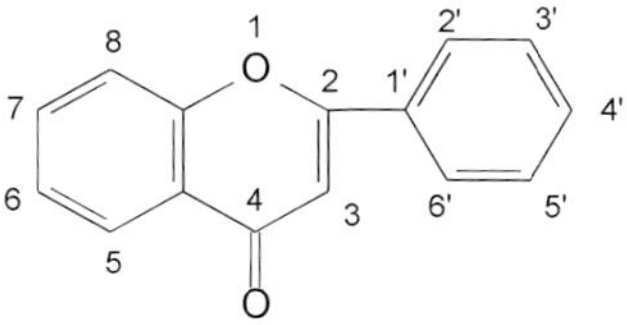

Isoflavon

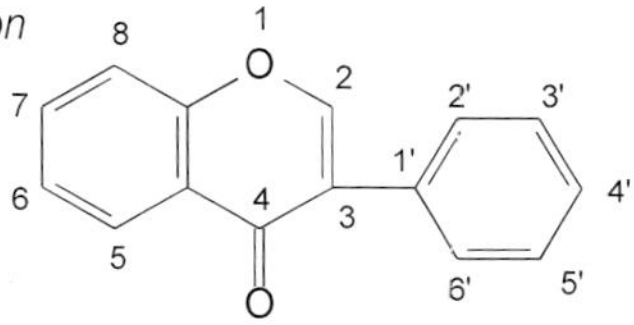

Flavonol

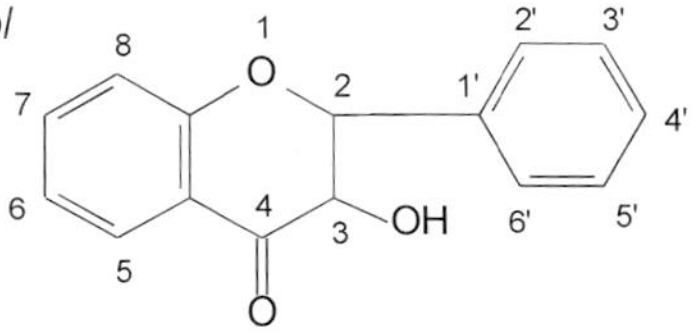

Xanthon

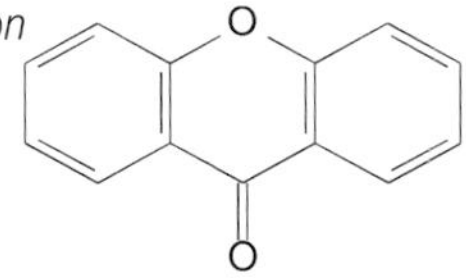

Flavonole

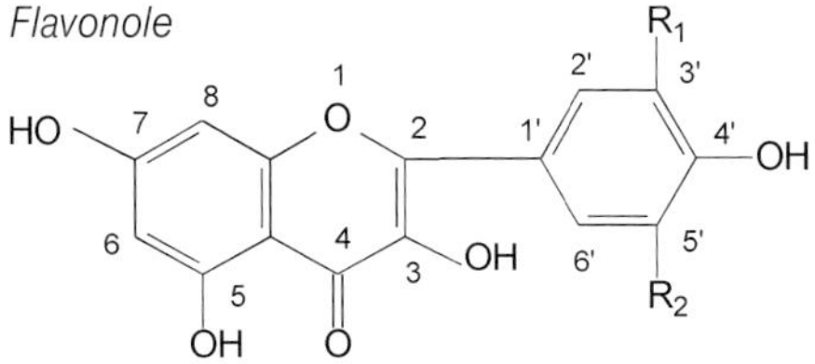

Kämpferol:	R_1 = H	R_2 = H
Quercetin:	R_1 = OH	R_2 = H
Myricetin:	R_1 = OH	R_2 = OH
Isorhamnetin:	R_1 = OCH_3	R_2 = H

Vorkommen der Flavonole s. Übersicht auf Seite 478.

F. kommen als Glycoside (*Flavon-, Flavonol-, Flavononglycoside*) und in freier Form, bes. in Blättern, Blüten und Pollen, weniger häufig in Wurzeln, Früchten und Hölzern vor. F. scheinen bei enzymatischen Redoxsystemen eine Rolle zu spielen. Über ihre biologische Bedeutung ist nicht viel bekannt. Präparate aus F. haben im Strahlenschutz, zur Förderung der Diurese, als → *Antioxydantien,* zur Enzymhemmung und als koronarerweiternde Substanzen Verwendung gefunden. Die koronarerweiternde und kapillarabdichtende Wirkung der F. ist jedoch noch umstritten. Hesperidin, Eriodictin und Rutin wurden früher unter dem Begriff *Citrin* bzw. *Vitamin P* zusammengefaßt. Sie wurden wiederholt mit Erfolg gegen Blutungen infolge erhöhter Durchlässigkeit der Kapillarwände in Zusammenhang mit Hochdruck, Infektionen, allergischen Krankheiten u. a. verwendet und beseitigten Gefäßwandschädigungen bei Skorbutkranken in Kombination mit Vitamin C, die mit reinem Vitamin C allein nicht behoben werden konnten. Trotzdem scheint eine Zuordnung zu den Vitaminen nicht gerechtfertigt, → Glycoside. Die bevorzugte Haftstelle für die glycosidisch gebundenen Zucker ist das C-Atom 3, in geringerem Maße das C-Atom 7 und seltener das C-Atom 5. Als Zuckerkomponente tritt überwiegend die D-Glucose auf. Die bekanntesten in Lebensmitteln vorkommenden F.:

Flavone:

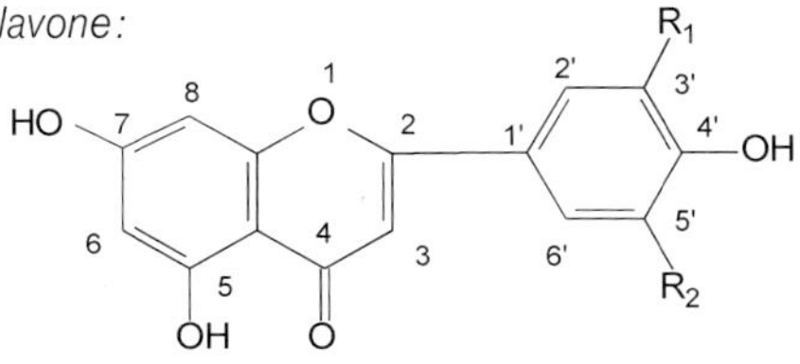

→ *Apigenin:*	R_1 = H	R_2 = H
Luteolin:	R_1 = OH	R_2 = H
Tricin:	R_1 = OCH_3	R_2 = OCH_3
Diosmetin:	R_1 = OH	R_2 = H 4' = OCH_3

Am häufigsten kommen die *Glycoside* des *Luteolins* und *Apigenins* vor. So finden sich *Luteolin-* und *Apigeninglycoside* im Hopfen, in Umbelliferen (Möhre, Petersilie, Sellerie, Kerbel), z. B. das → *Apiin* (7-Glucosid des Apigenins) und das *Diosmin* (3'-Hydroxy-4'-methoxy-flavon-7-rutinosid) in Petersilie. In den Ölzellen von Zitrusfrüchten kom-

Flavonole, Vorkommen in Lebensmitteln

Flavonol	Vorkommen
Quercetin	Erdbeere
Hyperosid (Quercetin-3-monogalactosid, *Hyperin)*	Apfel, Dattelpflaume
Isoquercitrin (Quercetin-3-monoglucosid, *Isotrifoliin, Trifoliin)*	Apfel, Birne, Quitte, Süßkirsche, Pflaume, Pfirsich, Aprikose, Brombeere, rote Stachelbeere, rote und schwarze Johannisbeere, Preiselbeere, Dattelpflaume, Wein, Tee, Tabak, Hopfen
Quercimeritrin (Quercetin-7-monoglucosid)	
Quercitrin (Quercetin-3-rhamnosid, *Quercitronsäure, Thujin)*	Apfel, Pflaume, Wein, Tomate, Hopfen
Rutin (Quercetin-3-rutinosid, *Rutinsäure, Sophorin, Melin, Osyritrin, Globulariacitrin, Eldrin, Myrticolorin)*	Apfel, Pflaume, Wein, Tomate, Hopfen, Grünspargel
Quercetin-3-rhamnoglucosid	Tee
Reynoutin (Quercetin-3-monoxylosid)	Apfel
Spiraeosid (Quercetin-4'-glucosid)	Zwiebel
Avicularin (Quercetin-3-monoarabinosid)	Apfel, Pflaume
Hibiscin (5,7,8,3',4',5'-Hexahydroflavonol)	*Hibíscus sabdaríffa* L.
Kämpferol	Erdbeere
Kämpferol-glucosid	Pfirsich, Tabak
Astragalin (Kämpferol-3-monoglucosid)	schwarze Johannisbeere, Dattelpflaume, Teeblätter
Kämpferol-3-monogalactosid	Dattelpflaume
Nicotoflorin (Kämpferol-3-rhamnoglucosid)	Tabak, Tee
Kämpferol-3-rhamnodiglucosid	Tee
Myricetin-3-monoglucosid Limocitrol (5,7,4'-Trihydroxy-6,8,3'-trimethoxyflavon-3-ol)	Zitrone (Limone)
Limocitrin (5,7,4'-Trihydroxy-8,3'-dimethoxyflavon-3-ol)	Zitrone (Limone)
Gossypetin (3,3',4',5,7,8,-Hexahydroflavonol)	*Hibíscus sabdaríffa* L.

men das *Apigenin-5-β-D-glucosid* und das Apigenin-7-rutinosid (Rhoifolin), letzteres in den Schalen der bitteren japan. Orangen, sowie hoch methoxylierte Flavone vor: *Tangeretin* (3,5,6,7,4'-Pentamethoxyflavon) in Tangerinen, *Nobiletin* (5,6,7,8,3'4'-Hexamethoxy-flavon) in Orangen und Tankan-Mandarinen, 5,6,7,3',4'-Pentamethoxy-flavon in Orangen, *Auranetin* (3,6,7,8,4'-Pentamethoxy-flavon) in Kamala-Pomeranzen, *Poncanetin* (5,6,7,8,4'-Pentamethoxy-flavon) in *Cítrus poonénsis* Hort. ex Tanaka. In der Artischocke finden sich das Luteolinglucosid (*Cynarosid*) und das Luteolinrhamnoglucosid (*Scolymosid*), in Obst das *Diosmin* (3',5,7-Trihydroxy-4'-methoxyflavon-7-rhamnoglycosid, ein Diosmetin-3-glycosid.

Flavanone:

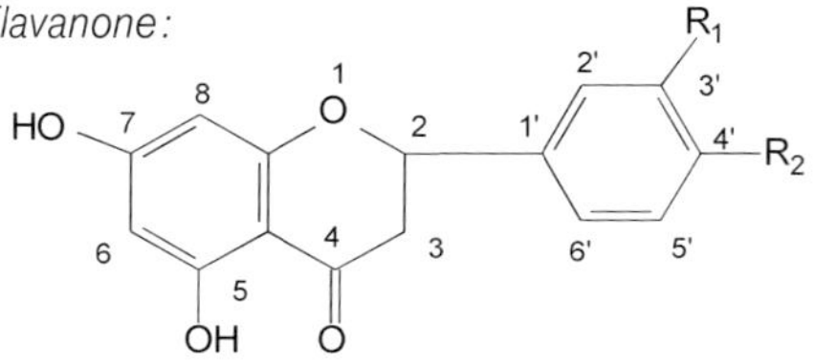

	R_1	R_2
Isosacuranetin (Citrifoliol)	H	OCH_3
Naringenin (Naringetol)	H	OH
Hesperetin	OH	OCH_3
Eriodictyol	OH	OH

Vorkommen der Flavanone s. Übers. S. 479
→ Farbstoffe → Lebensmittelfarbstoffe

Flavanone, Vorkommen in Lebensmitteln

Flavanon	Vorkommen
Hesperidin (Vitamin P, Hesperetin-7-rutinosid)	Schale von Citrusfrüchten [Orangen, Mandarinen, Zitronen, Zedrazitronen (*Cítrus médica* L.)
Poncirin (Isosacuranetin-7-neohesperidosid)	Grapefruit, Bitterorange [*Poncírus trifoliáta* (L.) Raf.]
Citrifoliosid (Citrifoliolrhamnoglucosid)	Bitterorange
Neohesperidin (Hesperetin-7-neohesperidosid)	Bitterorange
Eriodictin (Eriodictyol-7-rhamnosid)	Zitronensaft
Eriocitrin (Eriodictyol-7-rutinosid)	Zitronen (Limonen)
Rutinose (6-0-α-L-rhamnosyl-D-glucose)	Zitrusfrüchte
Neohesperidose (2-0-L-rhamnosyl-D-glucose)	Zitrusfrüchte
Naringin (Naringenin-7-neohesperidosid, Aurantiin, Naringosid, Isohesperidin)	Grapefruit, Pumelos = Pampelmuse [*Cítrus grándis* (L.) Osbeck], Schale der Valencia-Orangen
Isosacuranetin-7-rhamnoglucosid	Schale der Valencia-Orangen

Isoflavone:

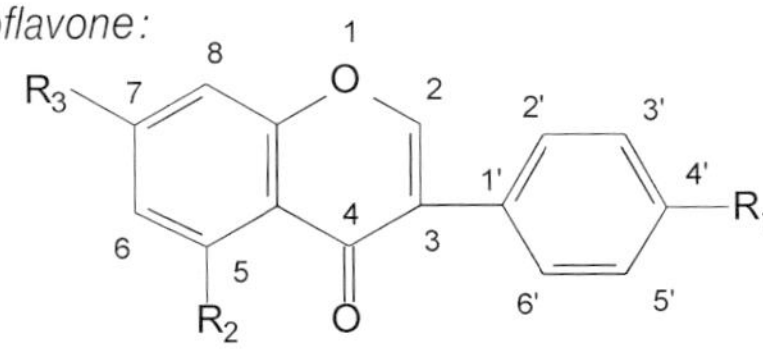

	R_1	R_2	R_3
Daidcein	OH	H	OH
Genistein	OH	OH	OH
Biochanin A	OCH_3	OH	OH
Formononetin	OCH_3	OH	OH
Prunetin	OH	OH	OCH_3

Vorkommen s. folgende Übersicht

Isoflavone, Vorkommen in Lebensmitteln

Isoflavon	Vorkommen
Genistein *Genistin* (Genistein-7-O-Glucosid) *Daidcein* *Daidcin* (7-O-Glucosid des Daidzeins)	Sojabohne
Osajin	Osageorangen [*Maclúra pomífera* (Raf.) Schneid.]
Biochanin A *Formononetin* *Prunetin*	Kichererbse [*Cícer arietínum* L.) Kirsche, Pflaume

Dihydrochalcone:

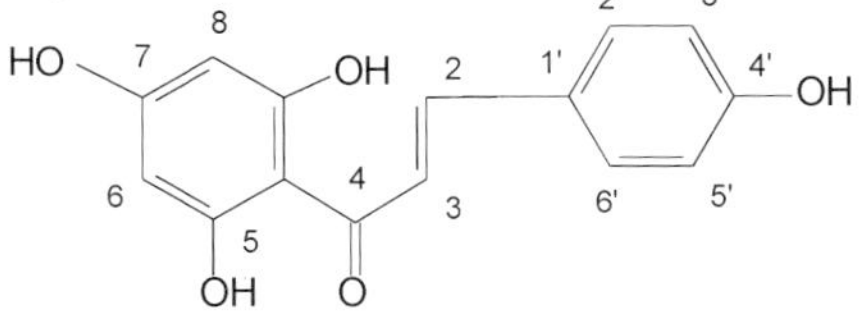

Phloretin

Das Dihydrochalcon *Phloridcin* (2-Glucosid des Phloretins) kommt im Apfel vor.

Xanthone:

Das *Mangostin*

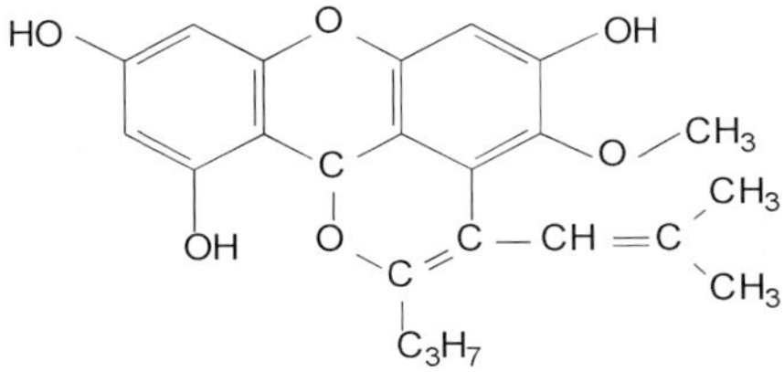

kommt in der Mangostane (*Garcínia mangostána* L.) vor. → Östrogene

Flavonol → Flavonoide

Flavonolglycoside → Flavonoide → Glycoside

Flavoproteide → Chromoproteide

Flavor → Flavour

Flavor seal → Harze

Flavour, *Flavor:* angelsächsischer Ausdruck für den beim Verzehr eines Lebensmittels ausgelösten oralen Gesamtsinneseindruck. Weil es für diesen Begriff im Deutschen keinen gleichbedeutenden Ausdruck gibt, wird er in zunehmendem Maße auch in der deutschsprachigen Literatur verwendet. F. umfaßt *Aroma, Geschmack* und *physikalische Reize, wie Tast-, Muskel-* bzw. *Kraft-, Temperatur-* und *Schmerzempfindung.* Das Aroma ist bei den meisten Lebensmitteln der dominierende Flavourfaktor, wobei die Aromastoffe sowohl direkt durch die Nase als auch indirekt über den Rachenraum zu den Geruchszellen gelangen. Die Geschmacksarten sauer, süß, salzig, bitter werden mittels Geschmackszellen auf der Zunge wahrgenommen. Zu den Tastempfindungen gehören z. B. das Fühlen der Teilchengröße (körnig, klumpig, kreidig) oder der Eigenschaften, wie ölig, klebrig, glatt, rauh. Beispiele für die Muskel- bzw. Kraftempfindungen sind Zähigkeit beim Fleisch, Härte bei altbackenem Gebäck oder Weichheit bei frischem Weißbrot. Ein anschauliches Beispiel für Temperaturempfindungen liefert das 1-Menthol in Pfefferminzbonbons oder anderen Produkten. Schmerzempfindungen werden z. B. durch die Schärfe von Meerrettich oder durch das Brennen von Gewürzen ausgelöst. Die genannten Teilfaktoren des F. werden nicht einzeln registriert, sondern komplex. Hierbei treten vielfach wechselseitige Beeinflussungen auf, wobei sowohl eine Verstärkung als auch eine Schwächung oder Veränderung bestimmter Empfindungen resultieren kann. Beispiele hierfür liefern die → *Geschmacksverstärker.* Die von Lebensmitteln hervorgerufenen Sinnesempfindungen lösen unbedingt reflektorisch die Sekretion von Verdauungssekreten aus. Bei Infektionen des Nasen-Rachen-Raumes ist die Sinneswahrnehmung stark geschwächt. → Aromastoffe

Flavoxanthin → Farbstoffe

Flechtbackware, *Flechtgebäck, Zopfbackware, Zopfgebäck:* Sammelbegriff für geflochtene → Backwaren (z. B. *Brezeln, Kränze, Striezel*), die vorwiegend aus Hefeteig entweder als → Milch- oder als → Wasserbackware (z. B. *Flechtsemmel, Zopfsemmel*) freigeschoben oder in Kästen gebacken, danach abgestrichen und mit Mandeln, Mohn, Salz, Zucker usw. bestreut oder mit einem Zuckerguß versehen werden. Die F. kann aus 3, 4, 5 oder 6 *Teigsträngen* in flacher oder in hoher Form, mit Hilfe eines Stempels (z. B. *Zopfbrötchen, Zopfsemmel*) oder so hergestellt werden, daß lediglich ein geflochtenes Teigstück auf ein anderes, glattes Teigstück zur Verzierung aufgelegt wird. → Kleinbackware → Gebildbackware → Ausbundbackware

Flechte, eßbare → Speiseflechte

Flechten, *Lichenes:* mit → Pilzen (meist Schlauchpilzen) in Symbiose lebende → Algen (Blau- und Grünalgen), wobei beide eine physiologische und morphologische Einheit bilden. Die F. kommen häufig an Felsen, Baumrinden und in arktischen Gebieten ebenso wie in Hochgebirgen vor. Zu den F. gehören z. B. die *Rentierflechte* [*Cladónia (Cladína) rangiferína* (L.) Web.], das *Isländische Moos* [*Cetrária islandica* (L.) Ach.], der Rohstoff für das → Hydrokolloid → *Lichenin* und die *Mannaflechte* (*Lecanóra esculénta* Ev.), die als Lebensmittel in den Wüstengebieten des Orients Verwendung findet. Die Mannaflechte, das Isländische Moos (das nur in hochnordischen Gegenden als Nahrungsmittel dient) und → Iwatake werden auch als *eßbare* F. oder *Speiseflechten* bezeichnet.

Flechtenstärke → Lichenin

Flechtgebäck → Flechtbackware

Flechtsemmel → Flechtbackware → Semmel

Flecke:
1. *Kaldaunen, Kutteln:* zu den → Innereien zählende Teile des Rindsmagen (einschl. Gekröse). → Pansen
2. aus dem Rindsmagen mit Essig bzw. Weißwein und Gewürzen hergestelltes *Gericht, bevorzugt als Suppe zubereitet.*

Fleckhering → Räucherfischerzeugnisse

Fleisch: nach dem Fleischbeschaugesetz definierte Teile von *warmblütigen Tieren,* frisch oder zubereitet, sofern sie sich zum Genuß für den Menschen eignen. Als F. gelten danach auch die aus warmblütigen Tieren hergestellten Fette sowie Fleisch- und Wurstwaren. Als F. sind daher insbes. anzusehen:

a) Muskelfleisch (mit und ohne Knochen, Fettgewebe, Bindegewebe und Lymphknoten), Zunge, Herz, Lunge, Leber, Milz, Niere, Gehirn, Schlund, Magen, Dünn- und Dickdarm, Gekröse, Blase, Euter, vom Schwein die ganze Haut (Schwarte), vom Rind die Haut am Kopf einschl. Nasenspiegel, Gaumen und Ohren, ferner Knochen mit daran haftenden Weichteilen und frisches Blut.

b) Fette, unverarbeitet und zubereitet, insbes. Talg, Speck, Liesen, Knochenmark und Knochenfett.

c) Würste und ähnliche Gemenge aus zerkleinertem Fleisch.

Im landläufigen Sprachgebrauch pflegt man hingegen Fette, Blut, Schwarte, losgetrennte Knochen, Lunge und andere sog. Innereien meist nicht als F. zu bezeichnen, sondern nach den Allgemeinen Begriffsbestimmungen und Beurteilungsmerkmalen (Bundesanzeiger Nr. 134 (1975)) auf das Muskelgewebe mit eingewachsenen Knochen-, Fett- und Bindegewebsteilen zu beschränken.

Der durchschnittliche Fleischanteil aller Handelsklassen bei Rind beträgt 38,7 % und beim Schwein 30,5 %. Das F. hat große wirtschaftliche Bedeutung, da es in zahlreichen Staaten zu den Hauptlebensmitteln zählt.

Der Prokopfverbrauch an F. und Fleischerzeugnissen ist in der Mehrzahl der europäischen Länder erheblich (Tab.).

In Deutschland zeichnet sich ab 1990 der Trend zu einer deutlichen Abnahme des Prokopfverbrauches ab. In den östlichen Bundesländern verteilt er sich zu 63 % auf Schweinefleisch, 26 % auf Rindfleisch (einschl. Wild, Hammel und Kaninchen) und 11 % auf Geflügel.

Nach dem Fleischbeschaugesetz unterliegen Rinder, Schweine, Schafe, Ziegen, Pferde und andere Einhufer (Esel, Maulesel, Maultier) vor und nach der Schlachtung einer amtlichen Untersuchung, bevor das F. zum Genuß für den Menschen freigegeben wird. Zweck und Aufgabe sind:

a) zu verhindern, daß F. kranker Tiere in Verkehr gelangt,

b) den Fleischer in Ausübung seines Berufes vor ansteckenden Krankheiten zu schützen und

c) die Bekämpfung von Viehseuchen zu unterstützen sowie ihre Verbreitung zu verhindern.

Danach ist bei jedem Schlachttier vor der Schlachtung die Lebendschau und nach der Schlachtung die Fleischbeschau vorzunehmen. Insbes. kommt es auf die Ermittlung von pathogenen Keimen, z. B. → Salmonellen, → Listerien, ferner → Trichinen, an. Nach der Untersuchung wird das F. seiner Verwendung entsprechend beurteilt und abgestempelt. Das Fleischbeschaugesetz sieht für die Qualitätsbeurteilung folgende Bewertungsstufen vor: *tauglich, minderwertig, bedingt tauglich* und *untauglich.* Das F. ist tauglich, wenn es von gesunden Tieren stammt, es darf auch roh, zubereitet oder verarbeitet in den freien Verkehr gebracht werden. Als minderwertig wird F. bezeichnet, welches im Nahrungs- oder Genußwert erheblich herabgesetzt ist. Es weist zwar keine gesundheitsschädlichen Eigenschaften auf, zeigt aber Abweichungen in bezug auf Zusammensetzung, Farbe, Geruch, Geschmack oder Haltbarkeit und darf nicht im Einzelhandel verkauft werden. Bedingt taugliches F.

Pro-Kopf-Verbrauch von Fleisch und Fleischerzeugnissen in europäischen Ländern*
(in kg/Jahr)

Land	1987	1988	1990
Dänemark	104,0	104,3	105,3
Bundesrepublik Deutschland			
alte Bundesländer	104,1	104,6	102,0 (alte und neue Bundesländer)
neue Bundesländer	99,4	100,2	
Frankreich	108,3	109,3	111,2
Großbritannien	77,9	76,8	74,1
ehem. Sowjetunion	64,1	66,1	n. b.

* Zahlen z. T. aus: Statistisches Jahrbuch über Ernährung, Landwirtschaft und Forsten, 1992

(z. B. schwach finniges oder schwach trichinöses F.), dessen Genuß im frischen oder rohen Zustand eine Schädigung der menschlichen Gesundheit herbeiführen würde, ist nur im vorher gekochten, gedämpften, gepökelten, durchgekühlten oder gefrorenen Zustand tauglich. Solches F. kann als → *Freibankfleisch* abgegeben werden. F., das wegen seiner gesundheitsschädlichen Eigenschaft oder wegen starker Veränderungen ungenießbar ist, gilt als untauglich. Es muß in den Kadaververwertungsanstallten vernichtet werden. Im Schlachthof erfolgt diese Bewertung. Sie wird durch einen Stempelaufdruck gemäß nationaler Rechtsvorschriften dokumentiert (Abb.).

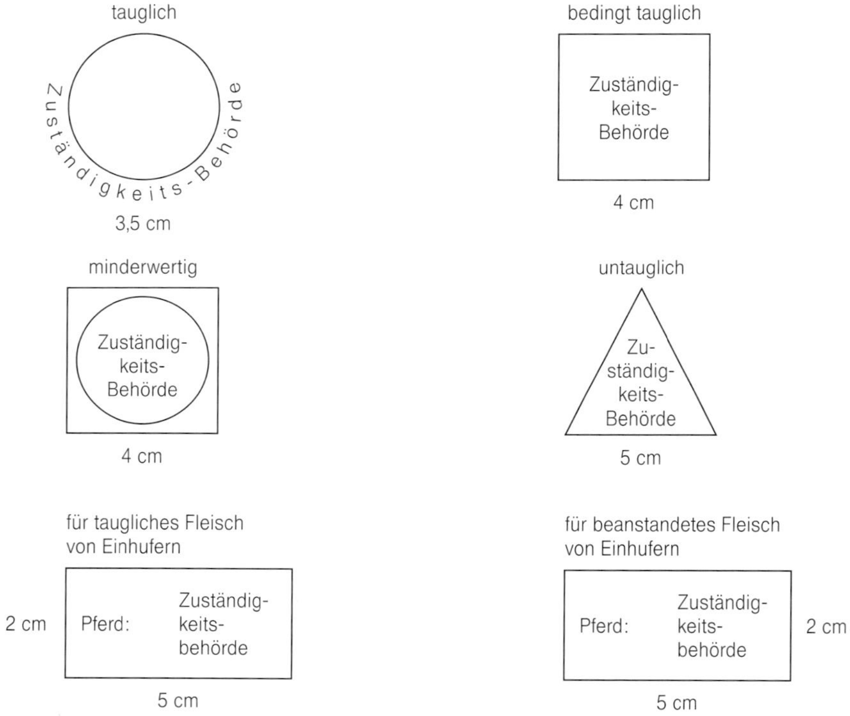

In der BRD gültige Stempel zur Bewertung von Fleisch

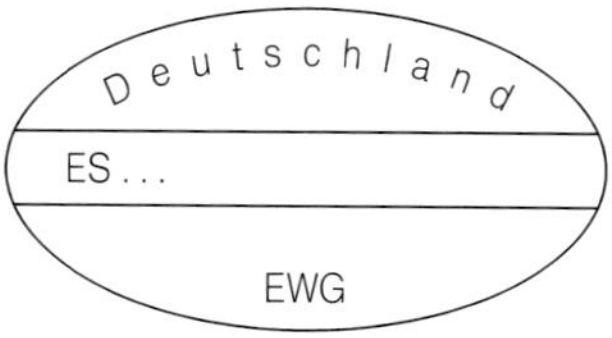

Stempel eines nach EG-Norm zugelassenen Schlachthofes, der Eberfleisch verarbeitet

Zunehmend wird die EG-rechtliche Kennzeichnung verbindlich, die nach EG-Norm arbeitende Schlachthöfe und Zerlegungs- und Verarbeitungsbetriebe verwenden (Abb. S. 482 unten).

Ähnliche Regelungen gelten für Geflügelfleisch.

Für die Einteilung der lebenden Schlachttiere in *Schlachtwertklassen* sind Nährzustand, Alter, Mästungsgrad und Masse maßgebend. In die höchste Schlachtwertklasse werden nur ausgemästete, vollfleischige Tiere eingereiht.

Der Schlachtvorgang vollzieht sich bei allen Tieren in etwa gleicher Weise und besteht aus den Arbeitsgängen Betäuben, Entbluten, Enthäuten, Ausnehmen der Innereien einschl. der tierärztlichen Kontrolle, Zerteilen und Kühlen. Danach schließt sich vor allem während der Kühllagerung ein biochemisch komplexer Reifungsprozeß, → *Fleischreifung* genannt, an, in dessen Verlauf das Fleisch eine mürbe Konsistenz erlangt, das seinen Genußwert erheblich steigert. Die danach anfallenden Teilstücke (Rindervorderviertel, Rinderhinterviertel, Kälberhälften, Schweinehälften und Hammelhälften) unterliegen hinsichtlich der Beurteilung des Industrie-Grobsortiments in verschiedenen Standards vorgegebenen Qualitätsmerkmalen, die eine Zuordnung zu bestimmten Verwendungszwecken erlauben. Nach dem Industrie-Grobsortiment wird in die einzelnen → *Schlachtkörperteilstücke* zerlegt. Die Zusammensetzung der Fleischarten ist unterschiedlich (Tab.).

Die einzelnen Fleischarten zeichnen sich durch unterschiedliches Aussehen, Konsistenz und Geruch aus.

Rindfleisch, i. allg. Bez. für *Ochsen-, Färsen-, Kuh-, Jungbullen-* und *Bullenfleisch,* hat eine ziegelrote bis dunkelrote Farbe, vielfach durch Fetteinlagerungen marmoriert. Es soll beim Anfassen und Einschneiden Festigkeit und eine glänzende Schnittfläche aufweisen. Schlachtfrisches Rindfleisch, das nicht abgehangen ist, bleibt zäh.

Kalbfleisch ist hellrosa, häufig etwas zäh, die Muskulatur schlaff und leicht klebrig. Die Schnittfläche ist leicht feucht. Das beste Fleisch kommt von 4 bis 6 Wochen alten Tieren, jüngere Tiere liefern ein F. mit mehr als 80% Wassergehalt.

Grundnährstoffgehalt und Energiewert einiger Fleischarten (Gehalt in 100 g rohem Fleisch)

Fleischart	Eiweiß in g	Fett in g	Kohlenhydrate in g	Energiewerte in kJ	(kcal)
Schweinefleisch					
fett	9	41	0,3···0,5	1880	450
mager	16	21		1090	260
Rindfleisch					
fett	15	31	0,3···0,5	1425	340
mager	24	6		670	160
Kalbfleisch					
fett	16	17	0,4···0,8	920	220
mager	19	9		590	140
Hammelfleisch					
fett	14	33	0,2···0,4	1510	360
mager	18	15		920	220
Hühnerfleisch					
fett	17	6	Spuren	545	130
mager	21	2		420	100
Gänsefleisch					
fett	11	45	Spuren	1550	370
mager	16	30		750	180
Rehfleisch					
fett	19	2,5	0,2···0,5	460	110
mager	22	1,6		380	90
Kaninchenfleisch	20	7	0,6	710	170
Pferdefleisch	21	3	0,5	500	120
Ziegenfleisch	20	8	Spuren	670	160

Hammel- bzw. *Schaffleisch* ist hell-, ziegel- oder dunkelrot und meist mit Fettgewebe durchsetzt. Geruch und Geschmack sind charakteristisch, mitunter leicht ammoniakalisch. Das qualitativ hochwertigste Fleisch liefern 2- bis 4jährige Tiere. Das Ziel eines fettarmen Schlachtkörpers bei Mastlämmern wird erreicht, wenn die optimale Schlachtlebendmasse unabhängig von der Fütterungsintensität etwa 30 bis 32 kg beträgt.

Schweinefleisch ist blaßrosa bis rosa und von Fett meist reichlich durchsetzt. Die Konsistenz ist weich und feinfaserig. Kochen führt im Gegensatz

zu anderen Fleischarten zur Verfärbung nach grauweiß. Geruch und Geschmack sind spezifisch. Fleisch alter Eber schmeckt mitunter leicht urinös, was einer Wertminderung gleichkommt.
Pferdefleisch ist hellrot bei jungen Tieren, dunkelrot bei älteren Tieren. An der Luft tritt Nachdunkeln der Färbung auf. Die Konsistenz des Fleisches ist fest, kaum von Fettgewebe durchsetzt und von süßlichem Geschmack. Letzteres wird auf den gegenüber anderen Fleischarten hohen → *Glycogengehalt* zurückgeführt.
Bei *Geflügelfleisch* unterscheidet man Tiere mit überwiegend dunklem Fleisch (Gans, Ente, Taube) und solche mit hellem Fleisch (Haushuhn, Truthahn), häufig als Weißfleisch bezeichnet. Die Konsistenz ist altersabhängig, bei männlichen Tieren kräftiger als bei weiblichen Tieren. Geflügelfleisch, bes. das von Huhn und Broiler, ist fettarm.
Wildfleisch ist wegen der meist geringen Ausblutung rot bis rotbraun. Die Konsistenz ist zartfaserig bis fest, mit wenig Fettgewebe durchsetzt. Der Geschmack ist für jede Wildart charakteristisch. Die Qualität des Fleisches ist jedoch gemindert, wenn die Tiere in den Sommermonaten, in der Brunstzeit oder unsachgemäß gejagt werden. Die Reifung des Fleisches erfordert allgemein eine längere Zeit als die von Haustieren. Auch Wildfleisch ist fettarm.
Der Mineralstoffgehalt ist bei den Fleischarten verschieden (Tab.).

Mineralstoffgehalt von Fleisch (in mg)

Fleischart	Durchschnittl. Mineralstoffgehalt in 100 g rohem Fleisch				
	Natrium	Kalium	Calcium	Eisen	Phosphor
Rindfleisch (Muskelfleisch)	57	370	3,5	1,9	194
Schweinefleisch (Muskelfleisch)	56	418	3,2	1	204
Kaninchen	37,1	302	11,1	2,7	177
Pferdefleisch	33	249	9,4	3,5	139
Lammfleisch	67	289	3,0	1,6	n.b.

Der Gehalt an Vitaminen ist im eigentlichen Muskelfleisch gering (Tab.).

Vitamingehalt von Fleisch

Fleischart	Durchschnittl. Vitamingehalt in 100 g rohem Fleisch				
	B_1 mg	B_2 mg	Nicotinamide mg	A µg	C
Rindfleisch (Muskelfleisch)	0,23	0,26	7,5	20	Sp.
Schweinefleisch (Muskelfleisch)	0,9	0,23	5,0	6,0	Sp.
Kaninchen	0,09	52,14	6,8	0,24	Sp.
Pferdefleisch	0,08	0,11	3,45	15,75	Sp.

Sp.= Spuren

Höhere Vitamingehalte weisen dagegen die Innereien auf (s. Tab. S. 485).
Zu berücksichtigen ist der hohe Cholesterolgehalt insbes. des Hirnes.
Das Muskelfleisch besteht aus feinen, längs der Zelle verlaufenden Fäden von etwa 0,5···2 µm Durchm., *Myofibrillen* genannt. Die Zwischensubstanz, das sog. *Sarcoplasma,* verdichtet sich nach außen zu einer Membran, dem *Sarcolemma* (Stroma, Myolemma).

Zusammensetzung an Proteinen vom Fettgewebe befreiter (schierer) Muskeln ausgewachsener Säugetiere (in %)

Protein	19,0		
myofibrilläre Proteine		10,2	
Myosin			6,5
Actin			2,4
Tropomyosin			0,5
Troponine A und B			0,5
α-Actinin			0,2
ß-Actinin			0,05
M-Protein			0,05
Sarkoplasmaproteine		5,8	
Myogen			2,9
Myoglobin			0,1
Globulin X			2,8
Bindegewebsproteine		3,0	

Durchschnittlicher Gehalt an Grundnährstoffen, Vitaminen und Mineralstoffen von Innereien (Gehalt in 100 g)

Innereien	Eiweiß	Fett	Kohlenhydrate	Vitamine					Mineralstoffe				Cholesterol in mg je 100 g eßbaren Anteils	Energiewerte	
	in g			A in mg	B_1	B_2	Niacin	C	Natrium in mg	Calcium	Eisen	Phosphor		in kJ	(kcal)
Leber (Kalb)	18	4	4	4,0	0,25	2,5	16,5	39	80	4	10,2	300	360	570	(137)
Leber (Rind)	18	3	6	7,76	0,3	2,7	13,5	28	110	7	6,6	335	320	550	(131)
Leber (Schwein)	19	5	1	3,29	0,3	2,95	14,5	21	72	9	20,6	335	300	570	(137)
Herz (Rind)	12	5	1	0,006	0,4	0,8	5,5	4	90	10	2,8	225	150	490	(117)
Hirn (Kalb)	10	8	1	n. b.	0,2	0,2	3,5	18	170	9	2,6	345	3000	525	(125)
Flecke	19	2	n. b.	n. b.	Spur	n. b.	3,0	n.b.	n.b.	10	1,6	130	n.b.	400	(97)
Lunge (Kalb)	13	2	Spur	n. b.	0,1	0,25	3,0	30	117	4	4,0	Spur	200	315	(75)
Niere (Kalb)	15	6	1	0,185	0,35	2,2	5,5	11	175	9	10,1	230	380	500	(121)
Zunge (Rind)	12	12	Spur	Spur	0,1	0,2	3,5	n.b.	75	7	2,2	170	140	700	(167)

n. b.: nicht bestimmt

Man unterscheidet je nach Bau das *glatte Muskelgewebe* und das *Skelettmuskelgewebe*. Beim glatten Muskelgewebe liegen die Myofibrillen im Sarcoplasma von spindelförmigen Zellen (15···200 µm lang, 4···7 µm breit). Diese sind untereinander verbunden. Bei der Skelettmuskulatur sind die Zellen ebenfalls schlauchartig angeordnet (20···60 µm dick). Mehrere Fasern sind von einer Bindegewebshülle (*Perimýsium intérnum*) umgeben und zu einem Bündel zusammengefaßt. Diese sind die Basis für die Fleischfasern. Das Fettgewebe sitzt an seinem Träger, dem Muskelbindegewebe. Die Farbe des Muskelgewebes hängt vom Gehalt an *Muskelfarbstoff* (→ Myoglobin) ab und reicht von blaßrot bis schwarzrot. Neben dem Muskelgewebe sind das wegen des geringen Anteils essentieller Aminosäuren geringerwertige → *Bindegewebe* mit unterschiedlichem Gehalt an elastischen Fasern sowie das Knorpel- und Knochengewebe zu unterscheiden.

Die durchschnittliche Zusammensetzung des Muskelgewebes umfaßt etwa 76 % Wasser, 21,5 % stickstoffhaltige Verbindungen (Eiweißstoffe, Peptide, Aminosäuren, ferner → Fleischbasen, wie Kreatin, Kreatinin, Carnosin, Ignotin, Kreatinphosphorsäure), 1,5 % Fett und 1 % Mineralstoffe. Die hauptsächlichen Proteine sind die myofibrillären- und Sarkoplasmaproteine (Tab.). Ferner sind Glycogen, Farbstoffe, Enzyme, Vitamine und Cholesterol (60 bis 90 mg/100 g) enthalten.

Der Wassergehalt verschiedener Muskeln variiert entsprechend seiner Funktion (Quellung/Entquellung; Kontraktion/Relaxation) und ihrem Alter. Im Eiweißanteil des F. unterscheidet man lösliche (0,6···4,0 %) und unlösliche (13···18 %) Eiweißstoffe. Zu den löslichen gehören die Sarkoplasmaproteine und das in Salzlösungen lösliche → Globulin. Ihre zusätzlich grenzflächenaktive Wirkung ist vor allem für die Fleisch-Fettsysteme der Wurstwaren bestimmend. Zu den unlöslichen Eiweißstoffen gehören die sog. geformten fibrillären Muskeleiweiße, das → Actin und das Myosin, sowie bei bestimmten Bindungen ein Komplex aus beiden, das → Actomyosin, und außerdem das Tropomyosin. Am Aufbau des Fleischeiweißes sind sämtliche, also auch die essentiellen Aminosäuren, beteiligt. Die Eiweißstoffe des F. sind biologisch hochwertig und werden in dieser Hinsicht nur von Hühnereiweiß und Milcheiweiß übertroffen. Allerdings zählt F. zu den relativ teuren Eiweißlieferanten. Zu berücksichtigen ist der allgemein höhere Fettgehalt von Schweinefleisch gegenüber Rind-, Kalb- und Geflügelfleisch. Die Bedeutung und Wertschätzung, die das F. als Lebensmittel genießt, verdankt es einer Reihe von Vorzügen. Dazu gehören die leichte Verdaulichkeit, insbes. der fettarmen Schlachtkörperteilstücke, und die mannigfachen Zubereitungsmöglichkeiten. Ein großes Verarbeitungsgebiet stellt die Herstellung von → *Wurst* dar.

Fleischaroma: der durch die thermische Zubereitung (Garen) von Fleisch sich entwickelnde Geruch. Geschmacksverstärkend wirken Salze von Glutamin- und Inosinsäure. Der Geruch von gekochtem Hammelfleisch geht auf 4-Methyloctan- und -nonansäure sowie entsprechende Homologe zurück. Fleischähnliche Aromen können durch Erhitzen von Cystein, Cystin, Methionin und Thiamin mit reduzierenden Zuckern hergestellt werden.

Fleischbasen: stickstoffhaltige organische Substanzen mit basischem Charakter, die im Fleisch enthalten sind und in den Fleischpreßsaft übergehen. Von ihnen kommt dem Kreatin und dessen Anhydrid, dem Kreatinin (0,05 bis 0,4 % des Muskelfleisches), die größte Bedeutung zu. Weitere F. sind Carnosin, das isomere *Ignotin* sowie gewisse Purinbasen (Hypoxanthin, Xanthin, Adenin und Guanin). In der Muskulatur von Gänsen und Hühnern findet sich das Anserin (N-Methylcarnosin). Auf dem Gehalt an F. beruht die anregende Wirkung von → Fleischbrühen. → Kreatin

Fleisch, bedingt taugliches: Fleisch, das nur nach ausreichender Erhitzung in den Lebensmittelverkehr gebracht werden darf.

Fleischbeschau, *Fleischuntersuchung:* amtliche Untersuchung des Fleisches von Schlachttieren zur Prüfung seiner Genußtauglichkeit. Die von Tierärzten vorgenommene Untersuchung erfolgt nach den Kriterien:

1. Risiko der Übertragung vom Schlachttier stammenden Krankheiten (z. B. tierische Schmarotzer);
2. Risiko erkrankter Tiere (z. B. Tuberkulosebefall);
3. Nahrungs- und Genußwert des Fleisches;
4. Schadstoffbelastung durch Umwelteinflüsse (z. B. Schwermetalle)
5. Stoffe mit anaboler oder Arzneiwirkung (z. B. Antibiotika, Hormone). → Fleisch → Tauglichkeit

Fleischblutwurst: → *Kochwurst* (mittlere Sorte), zu deren Herstellung Schweinefleisch, Schweinebacken, Schweinebauch ohne Knochen, Rindsleber, Blut, Schwarten, Nitritsalz, Pfeffer, Zwiebeln, Piment und Majoran eingesetzt werden. Als Wursthüllen dienen Naturdärme. Das Schnittbild zeigt rosafarbene Fleisch- und weiße Fettstücke, fast gleichmäßig in dunkelrotbrauner Blutmasse verteilt. Größe der Fleisch- und Fettstücke etwa 12···20 mm Durchm. Der Energiegehalt beträgt 1635 kJ (390 kcal) je 100 g Wurst. → Blutwurst → Wurst

Fleischbräune → Kaltlagerkrankheiten

Fleischbrühe, *Bouillon:* eine klare Flüssigkeit, die durch Auskochen von Fleisch und Knochen hergestellt wird oder in eingedickter Form als Pulver (Instanterzeugnis), *Fleischbrühpaste* oder *Fleischbrühwürfel* (*Bouillonwürfel*) in den Handel kommt. *Kraftbrühe* ist infolge höheren Gehaltes an Fleischextraktivstoffen eine konzentrierte F. Eine Weiterverarbeitung der Kraftbrühe führt zu sog. *doppelter Kraftbrühe,* indem die sog. Grundfleischbrühe zusammen mit magerem Rindfleisch, Fleischextrakt, Gemüse, Gewürzen und Kochsalz gekocht, anschließend filtriert, entfettet und bis zu 75 % Trockenmasse eingedampft wird. *Kraftbrühe* kommt auch als *Geflügel-*, *Wild-* und *Fischkraftbrühe* in den Handel. → Brüherzeugnis

Fleischbrüherzeugnis → Brüherzeugnis

Fleischbrühpaste → Brühpaste

Fleischbrühwürfel → Brühwürfel

Fleischerzeugnis: Sammelbegriff für *bearbeitetes* oder *verarbeitetes, gewürztes Fleisch* mit oder ohne Umhüllung. Die Be- oder Verarbeitung wird

zur Vergrößerung des Warensortiments, zur Verarbeitung von übriggebliebenen oder schwer absetzbaren Fleischteilen und zur Konservierung von Fleischüberschüssen vorgenommen.
Zu F. gehören *Wurstwaren:* Kochwurst, z. B. Blut-, Leber- und Sülzwurstsorten; Brühwurst, z. B. Bratwurst, Portionsbrühwurst, Bockwurst, Wiener Würstchen und Schnittbrühwurst (Jagd-, Bier- und Kochmettwurst, Mortadella, Kochsalami und Bierschinken); Rohwurst, z. B. Weichwurst (Braunschweiger und Teewurst), Schnittwurst (Mettwurst, Schinkenpolnische, Zervelatwurst, Schlackwurst, Schinkenwurst), Hartwurst (Poltawer, Plockwurst, Salami);
Fleischwaren: gekochte, gebratene und gepökelte Fleischwaren, z. B. Kochschinken, Kaßler, Pökelrinderwurst, Zunge, Prager Schinken, Fleischdauerwaren, z. B. Katen-, Roll-, Lachs-, Nußschinken, Schinkenspeck und Bauchspeck;
Feinkosterzeugnisse: Aspikwaren und Sülzen, Pasteten, z. B. Buletten und Schaschlyk, Salate, z. B. Feinkostfleischsalat und Italienischer Salat;
tafelfertige Gerichte: Gulasch, Braten, Rouladen und Klopse;
→ *Fleischkonserven, Wurstkonserven,* → *Fleisch-Soße-Gerichte, tischfertig, und* → *Mischkonserven.*

Fleischerzeugnisse, imitierte → Fleischerzeugnisse, simulierte

Fleischerzeugnisse, künstliche → Fleischerzeugnisse, simulierte

Fleischerzeugnisse, simulierte: unter Verwendung nicht fleischeigener Eiweißstoffe hergestellte Erzeugnisse. Als Rohstoffe dienen Proteine unterschiedlicher Herkunft aus Milch, Getreide, Hülsenfrüchten, Ölsaaten, Blattmasse, Hefen oder Bakterien, die entweder durch Verspinnen über Fasern und Faserbündel oder durch Gelbildung mit Hilfe bestimmter Binder (z. B. → Eialbumin, → Gelatine, Soja- oder Getreidemehl) zu geformten Produkten verarbeitet werden. Durch Zusatz von Füll-, Farb- und Aromastoffen werden sie allein (Vollsimulate) oder mit Fleisch versetzt (Teilsimulate, kombinierte Erzeugnisse) angeboten. Durch sie gelingt es, nichtkonventionelle Erzeugnisse zu erschließen sowie für bestimmte Verbrauchergruppen und Ernährungszwecke hinsichtlich ihrer Zusammensetzung zielgerichtete Produkte herzustellen. → Lebensmittel, simuliertes → Diätfleischerzeugnisse

Fleischextrakt: der eingedickte, albuminfreie Wasserauszug aus frischem Fleisch, eine braune bis schwarzbraune, zähe Paste, die neben Fleischbasen - darunter das zum analytischen Nachweis von F. wichtige *Kreatinin* - hauptsächlich Peptide, Aminosäuren, Glycogen, organische Säuren (Milch- und Bernsteinsäure) und Mineralstoffe enthält. Wegen des Fehlens eigentlicher Nährstoffe, wie Proteine, Fette und Kohlenhydrate, ist der F. als → Würzmittel anzusehen. Es werden folgende Arten von F. unterschieden:
a) F. (z. B. *Rind-, Kalb-, Schweine-, Schaf-* und *Geflügelfleischextrakt* mit mind. je 6 % Kreatinin), b) *Mischfleischextrakt* (z. B. *Bouillonextrakt* mit mind. 4 % Kreatinin), c) *Walfleischextrakt* mit mind. 4 % Kreatinin, d) *Spermwalfleischextrakt* mit mind. 6 % Kreatinin, e) *Fischfleischextrakt* (z. B. Protein-Extrakt mit mind. 2,6 % Kreatinin). F. soll höchst. 5 % Kochsalz enthalten, der Fettgehalt beträgt 0,3···1,0 %, der Gesamtstickstoffgehalt 7,0···9,5 %, der Mineralstoffgehalt 20···23 %, die Trockenmasse 78 %. *Rindfleischextrakt* wird hauptsächlich in Argentinien und Uruguay, *Schaffleischextrakt* in Australien hergestellt. *Walfleischextrakt* wird vor allem in Japan und Norwegen aus dem Muskelfleisch von Blauwal (*Balaenóptera músculus*), Finnwal (*B. physalus*), Buckelwal (*Megáptera nodósa*) und Seiwal (*B. boreális*), *Spermwalfleischextrakt* aus dem Fleisch des Pott- oder Spermwales (*Physéter catádon*) hergestellt. Walfleischextrakt wird auf dem Weltmarkt wegen Tierartenschutz zunehmend weniger gehandelt. *Fischfleischextrakt, hauptsächlich aus einer kleinen Heringsart, den peruanischen Anchoveta (Engrāulis ringens)* gewonnen, weist keinen aufdringlichen Fischgeschmack auf; da er lebensmittelrechtlich zu den fleischextraktähnlichen Zubereitungen zählt, wird er unter der Bez. *Protein-Extrakt* in den Handel gebracht. *Seetier-*

fleischextrakte werden gleichermaßen wie F. bei der Herstellung von Brüherzeugnissen, Suppen und Soßen verarbeitet und meistens partiell gegen den teureren F. ausgetauscht; eine entsprechende Kennzeichnung ist dabei nicht erforderlich. Handelsüblich wird unter der Bez. F. jedoch i. allg. nur Extrakt aus Rindfleisch verstanden. Bei dessen Herstellung wird Rindfleisch nach kurzem Abhängen und Entfernen der Knochen maschinell zerkleinert und durch höchst. 90°C warmes Wasser nach dem Gegenstromprinzip (das frische Fleisch kommt mit der stärksten Brühe in Berührung) ausgelaugt. Die von Fett und geronnenem Eiweiß getrennte Brühe wird im Vakuum, danach in offenen Pfannen bis zu 20% Feuchtigkeit eingedampft. Für die Herstellung von 1 kg F. werden 25···30 kg Fleisch benötigt. Seine Entstehung verdankt der F. einer Anregung *Liebigs* (1864); in kalter Extraktion wurden damals, allerdings mit geringerer Ausbeute, Erzeugnisse gewonnen, die geschmacklich mehr befriedigten als die heutigen, nach Leim schmeckenden F. Die heute auf internationalem Markt befindlichen F. schmecken kaum nach Fleisch und sind als Erzeugnisse zu verstehen, die ausschließlich der industriellen Weiterverarbeitung und nicht der unmittelbaren Bereitung von Trinkbrühe dienen. Mitunter wird F. heute auch aus hygienisch einwandfreien Schlachtabfällen oder durch Konzentrierung der Kochwässer hergestellt, die bei der Produktion von Dosenfleisch anfallen oder durch Auskochen von Rinderherzen und Rinderknochen gewonnen werden. → Hefeextrakt → Brüherzeugnisse → Suppen → Soßen → Würzsoßen

Fleischextraktersatz → Hefeextrakt

Fleischfarbe: die auch nach dem Ausbluten der Schlachttiere bestehenbleibende rote Färbung des Muskelfleisches. Die F. wird vom Verhältnis des Gehaltes an *Myoglobin* und der *Transparenz* der Muskelfasern beeinflußt. Schweinefleisch ist heller als Rindfleisch. Das Fleisch älterer Tiere ist dunkler als das junger Tiere. Jedoch ist die Farbe der Muskeln des gleichen Tieres nicht einheitlich. Die F. wird auch von den eingelagerten Fettanteilen (→ Marmorierung) mitbestimmt. → Fleisch

Fleischfaser: Muskelfaserbündel höherer Ordnung. Die Fleischfasern sind bereits mit dem Auge sichtbar.

Fleischfeinkosterzeugnisse: ein → Feinkosterzeugnis in Form von *Aspikwaren, Sülzen, Rouladen, Pasteten* und *Bratfeinkostwaren.* Während bei Aspikwaren Gelatine als Geliermasse verwendet wird, dienen bei Sülzerzeugnissen neben kollagenreichen Schlachtkörperteilen, vor allem gut verteilte Stücke von Schweine-, Kalb- bzw. Rinderkopffleisch, Schwarten, Dickbein, Spitzbein, gebrühte Kalbs- und Rinderfüße. Feinkostrouladen und → Fleischpasteten bestehen aus einer Brätmasse (Farce) mit verschiedenartigen Einlagen.

Fleisch, gefrorenes: durch Einfrieren zum Zwecke einer längeren Lagerfähigkeit behandeltes Fleisch. Unter dem Begriff g. F. gehören: Kühlfleisch, Gefrierfleisch, gekühltes und gefrorenes Fleisch, die sich wie folgt abgrenzen lassen: *Kühlfleisch* ist Rindfleisch erster Qualität, vornehmlich aus Importen, das zum Zwecke seiner Haltbarmachung im Herkunftsland einem Kühlverfahren unterzogen worden ist. → *Gefrierfleisch* ist Fleisch von Rindern, Schafen oder Schweinen, vornehmlich aus Importen, das zum Zweck der Haltbarmachung einem Gefrierverfahren unterworfen wurde. Hierzu zählen auch gefrorene Fleischteile und Organe.

Fleischgelee → Gallert

Fleischkonserven, *Dosenfleischkonserven, Dosen-, (Büchsen)-fleisch:* Fleischerzeugnisse (Fleisch- und Wursterzeugnisse, Fleisch-Soße-Gerichte, tischfertig) in luftdicht abgeschlossenen Behältnissen (Weiß- oder Schwarzblechdosen, Gläser), die durch Erhitzen (Sterilisation im offenen Kessel oder im Autoklaven, 98···122°C) entweder für längere Zeit (mind. 6 Monate, → Konserve) oder für einen kürzeren Zeitraum (→ Halbkonserve) haltbar gemacht worden sind. Zur Herstellung von F. dürfen nur Fleisch und Zutaten bester Qualität verarbeitet werden. Der Vorteil solcher Produkte liegt neben der Haltbarkeit in der Sicherheit gegenüber Schwund und Beeinträchtigung durch Transport und Lagerung. In Form tafelfertiger Gerichte für Wochenend- und Campingverpflegung kommt den F. zunehmende Bedeutung zu. Zu den wichtigsten F. gehören: *Rindfleisch im eigenen Saft* und → *Corned beef, Schweinefleisch im eigenen Saft* und → *Corned pork, Gulasch, Schmalzfleisch, Kraftfleisch, Boiled beef* (gekochtes Rindfleisch mit 1/3 Brühe), *Frikassee* von Geflügel, *Wild* (Reh- und Hirschragout), ferner *Schinken, verschiedene tischfertige* → *Fleisch-Soße-Gerichte,* → *Mischkonserven* sowie → *Wurstkonserven.*

Fleischkraut: 1. eine spezielle Kulturform der *Salatzichorie, Cichórium íntybus var. foliósum* L. (Familie *Asteráceae*) mit 30 cm hohen, dicht gewickelten zuckerhutförmigen, dem → Chinakohl ähnelnden Köpfen. Das F. wird im Spätherbst geerntet und schmeckt wie Chicoree. Eine bekannte Sorte von F. ist *'Zuckerhut'*, der kurzzeitige Fröste von bis zu −6°C ohne Schäden übersteht. Im frostfreien, gut belüfteten Raum kann das F. zum Bleichen der Blätter eingeschlagen werden. Im Kühllager ist es bis Anfang Febr. haltbar. → Zichoriensalat → Bleichgemüse → Salatgemüse → Inulingemüse
2. → Bindesalat

Fleischlauch → Berglauch → Lauch

Fleischmenue mit Gemüse und Getreide: eine → *Fertignahrung für Kinder* in Form einer Naßkonserve, die als → Beikost dient und aus Fleisch (Hühnchen, Kalbfleisch, Rindfleisch, Jungrindleber usw.), Gemüse (Möhren, Tomaten, Erbsen, Spinat) und Sättigungsbeilage (Vollkorngetreide, Reis, Eiernudeln, Kartoffeln, Kartoffelbrei usw.) besteht und als löffelfertiges Produkt in Gläsern verpackt (*Gläschenkost, Baby-Gläschenkost*) in den Handel kommt. Für den Fleischanteil haben die Hersteller Verträge zu Anbauverbänden, die keine wachstumsfördernden Hilfsmittel und kein Mastfutter einsetzen. Auch bei Geflügel werden nur Tiere verwendet, die aus eigener Bodenhaltung der Hersteller für Säuglingsfertignahrung herrühren, um möglichen Salmonelleninfektionen zu entgehen. Da brusternährte Kinder in den ersten 5···6 Monaten mit Natrium gut versorgt sind (Muttermilch enthält 15 mg Natrium je 100 g), sollten erst ab 8. Lebensmonat Produkte bis zu 120 mg Natrium je 100 g Naßkonserve aufgenommen werden. Ab 4. Lebensmonat werden nur dann F.m.G.u.G. empfohlen, wenn sie als streng natriumarm deklariert sind und damit unter 40 mg je 100 g Erzeugnis enthalten. Bei den im Handel befindlichen F.m.G.u.G. bewegt sich je 100 g der Calciumgehalt von 15···45 mg, der Kaliumgehalt von 95···165 mg, der Natriumgehalt von 23···125 mg, der Eisgengehalt von 0,5···2,8 mg und der Nitratgehalt von 0···90 mg je 1000 g. → Säuglingsfertignahrung → Gemüsebrei mit Getreide

Fleischmilchsäure → Milchsäure

Fleischokraschka → Okraschka

Fleischpastete: *Aufschnittware*, die aus Pastetenfarce (→ Farce) oder Brät, Grobbestandteilen von magerem Fleisch oder Innereien, Gewürzen und Kochsalz hergestellt wird. Die je nach Geschmacksrichtung und Zusammensetzung bereitete Masse wird in kastenförmige Behältnisse gefüllt, gegart und im Stück oder mit einer Umhüllung versehen oder in Scheiben vakuumverpackt in den Verkehr gebracht. *Zungenpastete* enthält Stücke von gepökelten Schweinszungen; *Filetpastete* enthält Stücke von gepökeltem Schweinsfilet; *Herzpastete* enthält Stücke von gepökelten Schweinsherzen. Handelsüblich sind ferner *Rindfleischpastete* aus Schweine- und Rindfleisch sowie Schweinsbacken; *Delikateß-Leberpastete* aus Schweinefleisch, Schweinsbacken, Rindfleisch und Schweinsleber; *Pastete nach Wildschweinart* aus Schweinefleisch, das mit Blut und Essig vorbehandelt worden ist; *Schweinefleischpastete mit Paprika* aus Schweinefleisch, Schweinsbacken, Rindfleisch, gepökelten Schweinsherzen und rotem Gemüsepaprika und *Fleischwurstpastete* aus Schweinefleisch (s. Tab. S. 490 oben).

Fleischreifung: nach dem Schlachten im Fleisch ablaufende biochemische Reaktionsfolge, die den Genußwert des Fleisches wesentlich beeinflußt. Sie beginnt mit der Säuerung des Fleisches von

Zusammensetzung und Energiewert einiger Fleischpasteten

Erzeugnis	Wassergehalt in % höchstens*	Fettgehalt in % höchstens	Eiweißgehalt in % mindestens	Salzgehalt in % höchstens	Energiewert in kJ (kcal) je 100 g
Zungenpastete	58,0	28,0	13,5	2,5	1340 (320)
Filetpastete	64,5	21,5	12,0	2,5	1050 (250)
Herzpastete	61,0	23,0	14,5	2,5	1130 (270)
Rindfleischpastete	75,5	17,0	15,0	2,3	920 (220)
Delikateß-Leberpastete	53,5	30,5	14,5	2,5	1425 (340)
Pastete nach Wildschweinart	59,0	28,0	12,5	2,5	1300 (310)
Schweinefleischpastete mit Paprika	62,5	21,5	12,5	2,3	1050 (250)
Fleischwurstpastete	63,5	21,5	14,0	2,5	1090 (260)

* entsprechend Standards der ehem. DDR

*p*H 7 auf etwa *p*H 5,6 infolge Milchsäurebildung aus dem vorhandenen → Glycogen. Mit der Fleischsäuerung geht die Verringerung der Löslichkeit und Wasserbindung der Muskelproteine einher, die mit der Bildung von → *Actomyosin* zur *Totenstarre* (*Rigor mortis*) führt. Die durch *Actomyosin* bedingte Zähigkeit des Fleisches wird beim Abhängen bei 2···4°C in einer je nach Tierart unterschiedlichen Dauer aufgehoben. In diesem für die Genußtauglichkeit wichtigen Prozeß vollziehen sich Änderungen in den Bindungen und Wechselwirkungen der Proteinmoleküle, es kommt zur Auflockerung der *Myosin-Actin*-Vernetzung. Die Voraussetzung ist sachgerechtes Abhängen, da nicht ausgekühltes Fleisch aufeinander gestapelt ohne Belüftung zur sog. stickigen Reifung führt. Während der F. steigt der *p*H-Wert kaum; ein starker *p*H-Anstieg signalisiert Verderb an (*p*H → 6,5). Eine bindegewebsbedingte Zähigkeit wird bei der F. nicht aufgehoben.

Fleisch, rekonstituiertes, *Formfleisch:* Skelettmuskelfleisch von schlachtbaren Haustieren, das nach der Zerkleinerung durch einen bes. Formgebungsprozeß eine dem natürlichen Fleisch nahekommende Struktur erfährt. Dabei werden günstige Eigenschaften des Fleisches verstärkt und ungünstige abgeschwächt. Die gegenwärtig bekannten Verfahren unterscheiden sich in der Wahl des Zerkleinerungsgrades, der Technologie der Formgebung sowie in der Anwendung von Zusatzstoffen, wie Salzen, Quell- und Bindemitteln. Die zerkleinerte Fleischmasse wird in Behälter abgefüllt und in unterschiedlicher Weise geformt (z. B. Erhitzung unter Druck) oder durch eine Matrize gepreßt (Extrusion, Expansion). Aus der Preßmasse werden Fleischsticks oder Steakletten (Form und Gestalt von Steaks oder Schnitzel) hergestellt, die bevorzugt in der Gemeinschaftsverpflegung und Gastronomie verwendet werden.

Fleischsaft: die aus rohem Fleisch durch Auspressen oder sonstige Weise bei niedrigen Temperaturen gewonnene *Flüssigkeit.* Im F. sind an stickstoffhaltigen und stickstofffreien Extraktivstoffen im Durchschn. folgende Mengen enthalten: 2···4 % freie Aminosäuren, 6 % Carnosin, 10 % Kreatin und Kreatinin, 6 % Purin- und Pyrimidinderivate, Harnstoff und Ammoniak, 16 % organische Säuren, bes. Milch- und Bernsteinsäure, 11 % Proteine und 30 % anorganische Salze.

Fleischsalat: *Zubereitung* aus zerteiltem, in Streifen oder Würfel geschnittenen Fleisch, Braten oder Wurst unter Zusatz von Würzen und Gewürzen, Mayonnaise, ferner Eiern, Gemüse, Obststükken, Speiseöl und Essig. Der F. wird industriell von Salatküchen, in der Gastronomie und im Haushalt in großer Vielfalt und nach zahllosen Rezepturen hergestellt. Das industriell gefertigte Sortiment umfaßt *F. mit* (Tab.) und *ohne Mayonnaise* (Tab.).

Fleischsalat mit Mayonnaise (Angaben entsprechend Standards der ehem. DDR)

Erzeugnis	Mayonnaise mit einem Pflanzenöl-anteil von 83 % in %	Energiewerte von 100 g Erzeugnis in kJ (kcal)	Bestandteile in %		Gesamtenergie-wert von 100 g Erzeugnis in kJ (kcal)
Feinster Fleischsalat mit Mayonnaise ohne Gurke	50	1 755 (420)	Schinkenbrät	10	
			Fleischbrät	40	2 300 (550)
Feinster Fleischsalat mit Mayonnaise mit Gurke	50	1 755 (420)	Schinkenbrät	10	
			Fleischbrät	30	
			Gurke	10	2 195 (525)
Delikateß-Fleischsalat mit Mayonnaise	40	1 400 (335)	Schinkenbrät	12	
			Fleischbrät	20	
			Hühnereier	15	
			Gurke	12	
			Gewürze	1	1 855 (445)
Feinschmeckersalat mit Mayonnaise	45	1 580 (380)	Fleischbrät	35	
			Gurke	13	
			Zwiebeln	6	
			Kapern	1	1 980 (475)
Bayerischer Salat mit Mayonnaise	36	1 265 (300)	Fleischbrät	20	
			Schnittkäse	10	
			Gurke	20	
			Zwiebeln	10	
			Sellerie	3,7	
			Gewürze	0,3	1 675 (400)
Feinschmecker Wurstsalat mit Mayonnaise	30	1 050 (250)	Kochsalami	40	
			Gurke	22,6	
			Zucker	5	
			Zwiebeln	2,4	1 730 (410)

Erzeugnis	Mayonnaise mit einem Pflanzenöl-anteil von 65 % in %	Energiewerte von 100 g Erzeugnis in kJ (kcal)	Bestandteile in %		Gesamtenergie-wert von 100 g Erzeugnis in kJ (kcal)
Fleischsalat mit 65-Mayonnaise ohne Gurke	55	1 430 (340)	Fleischbrät	45	1 920 (460)
Fleischsalat mit 65-Mayonnaise mit Gurke	50	1 300 (310)	Fleischbrät	40	
			Gurke	10	1 740 (420)

Fleischsalat mit Mayonnaise (Forts.)

Erzeugnis	*Mayonnaise mit einem Pflanzenöl-anteil von 65 % in %*	*Energiewerte von 100 g Erzeugnis in kJ (kcal)*	*Bestandteile in %*		*Gesamtenergie-wert von 100 g Erzeugnis in kJ (kcal)*
Italienischer Fleischsalat mit 65-Mayonnaise	*40*	*1 040 (250)*	*Römerbraten*	*10*	
			Jagdwurst	*30*	
			Gurke	*12*	
			Möhren	*8*	*1 660 (400)*
Budapester Salat mit 65-Mayonnaise	*30*	*780 (185)*	*Schinkenbrät*	*16*	
			Fleischbrät	*16*	
			Salami	*6*	
			Gurke	*7*	
			Sellerie	*5*	
			Paprika-schnitzel	*17,6*	
			Tomatenmark	*2,4*	*1 265 (300)*

Erzeugnis	*Mayonnaise mit einem Pflanzenöl-anteil von 40 % in %*	*Energiewerte von 100 g Erzeugnis in kJ (kcal)*	*Bestandteile in %*		*Gesamtenergie-wert von 100 g Erzeugnis in kJ (kcal)*
Einfacher Fleischsalat mit 40-Mayonnaise	*60*	*1 020 (245)*	*Fleischbrät*	*40*	*1 460 (350)*

Fleischsalat ohne Mayonnaise

Erzeugnis	Bestandteile	Gesamtenergiewert von 100 g Erzeugnis in %	in kJ	(kcal)
Rindfleischsalat nach ungarischer Art	Rinderbrust, gekocht	55,0		
	Pflanzenöl	8,5		
	Gurke	11,0		
	Zwiebeln	7,3		
	Tomatenmark	9,0		
	Letscho	7,0		
	Essig, Zucker, Gewürze	2,2	1275	(305)
Salat nach Schweizer Art	Rinderbrust	28,0		
	Käse	23,0		
	Pflanzenöl	15,0		
	Gurke	8,5		
	Zwiebeln	7,3		
	Tomatenmark	9,0		
	Letscho	7,0		
	Essig, Zucker, Gewürze	2,2	1130	(270)

Fleischsalat ohne Mayonnaise (Forts.)

Erzeugnis	Bestandteile	Gesamtenergiewert von 100 g Erzeugnis in %	in kJ	(kcal)
Salat nach Moskauer Art	Rinderbrust	30,0		
	Pflanzenöl	10,0		
	Gurke	37,5		
	Zwiebeln	8,0		
	Sellerie	14,5	930	(220)
Salat nach Budapester Art	Pökelkamm	30,0		
	Pflanzenöl	15,0		
	Gurke	15,0		
	Zwiebeln	15,0		
	Tomatenmark	5,0		
	Sellerie	10,0		
	Äpfel	8,4		
	Salz, Senf, Pfeffer, Worchestersauce	1,6	1330	(320)
Schweinskopfsalat	Schweinskopf	60,0		
	Pflanzenöl	12,0		
	Gurke	9,0		
	Zwiebeln	15,0		
	Essig, Zucker, Gewürze	4,0	1680	(400)
Wurstsalat, Schweizer Art	Jagdwurst	70,0		
	Käse	10,0		
	Pflanzenöl	5,0		
	Gurke	10,0		
	Zwiebeln	4,0		
	Essig, Salz, Senf, Paprika	1,0		

F. ist begrenzt haltbar und zum alsbaldigen Verbrauch bestimmt. Häufig sind zur Erhöhung der Haltbarkeit → Konservierungsstoffe zugesetzt, was kennzeichnungspflichtig ist. Bes. bei den mit Mayonnaise hergestelltem F. handelt es sich um Erzeugnisse mit hohem Energiewert. Allein die in 100 g F. enthaltene Mayonnaise mit einem Pflanzenölanteil von 83 % entspricht nahezu 1674 kJ; dabei ist der Energiewert der anderen Bestandteile einschl. des darin enthaltenen Fettes (418···836 kJ) nicht berücksichtigt. Einen niedrigeren Energiewert hat F. ohne Mayonnaise, da der Pflanzenölanteil meist unter 15 % liegt und in ihnen mehr Gemüse und Obst verarbeitet wird. Wegen des hohen Energiewertes von F. wird zunehmend energiereduzierter F. hergestellt. Bei diesen Erzeugnissen ist der Pflanzenölanteil teilw. durch energiearme Austauschstoffe ersetzt. Es handelt sich um Kohlenhydrate, die vom Menschen verwertbar sind bzw. nicht verwertet werden. *Energiereduzierter F.* darf nur 50 % der Energie handelsüblicher Erzeugnisse enthalten. → Speziallebensmittel → Diätfleischerzeugnisse

Fleisch-Soße-Gerichte, tischfertig: tischfertige → *Konserve* aus dem Fleisch von Rind, Schwein, Hammel, Geflügel, Wild und anderen Fleischtieren, aus Innereien mit gebundener oder ungebun-

Fleisch-Soße-Gerichte, tischfertig, Innereien

Erzeugnis Behältnisgröße 0,45 l	Zusammensetzung (ohne Mineralstoffe) Bestandteil	in %	Fleischfüllmasse in g	Restvolumen für Tunke in ml[1]	Energiewert (ohne Tunke) in kJ	(kcal)
Herzragout	Herzen	100	210	245	1070	(255)
Nieren, geschmort	Nieren	100	160	285	1465	(350)
Rinderzunge, gepökelt, in pikanter Soße	Rinderzunge	100	200	265	1865	(445)
Saure Flecke nach Hausfrauenart	Lungen	30				
	Milzen	10	300	170	900	(215)
	Pansen	60				
Lungenhaschee	Lungen	80	320	150	1610	(385)
	Milzen	20				

[1] 100 ml Tunke enthalten etwa 525 kJ (125 kcal)

Fleisch-Soße-Gerichte, tischfertig, vom Rind

Erzeugnis Behältnisgröße 0,3 l	Zusammensetzung (ohne Mineralstoffe) Bestandteil	in %	Fleischfüllmasse in g	Speck in g	Restvolumen für Tunke in ml[1]	Energiewert (ohne Tunke) in kJ	(kcal)
Rinderrouladen	Rinderrouladenfleisch	85	150	22,5	145	2445	(585)
	Speck	15					
Sauerbraten	Sauerbratenrohling	100	160	–	135	2010	(480)
Rinderbraten	Bratenfleisch ohne Schwarte	100	160	–	135	2010	(480)
Rinderfiletbraten	Filet	100	140	–	155	1300	(310)
Pökel-Rinderbrust in Meerrettichsoße	Brust ohne Knochen	100	200	–	115	2260	(540)
Rindergulasch	Gulaschfleisch	100	150	–	145	1550	(370)
			200	–	95	2050	(490)
Rindergulasch, angebraten nach Hausfrauenart	Gulaschfleisch	100	155	–	140	1590	(380)
Rindergulasch nach ungarischer Art	Gulaschfleisch	100	155	–	140	1590	(380)
Rinderzunge, gepökelt, in pikanter Soße	Zunge	100	140	–	170	1300	(310)

[1] 100 ml Tunke enthalten etwa 525 kJ (125 kcal)

Fleisch-Soße-Gerichte, tischfertig, vom Kalb

Erzeugnis Behältnisgröße 0,3 l	Zusammensetzung (ohne Mineralstoffe) Bestandteil	in %	Fleisch-füllmasse in g	Restvolumen für Tunke in ml[1]	Energiewert (ohne Tunke) in kJ	(kcal)
Ragout fin	Kalbfleisch	100	160	150	795	(190)
Kalbsgulasch	Kalbfleisch	100	200	95	1780	(425)
Kalbsgulasch, angebraten nach Hausfrauenart	Kalbfleisch	100	155	140	1380	(330)

[1] 100 ml Tunke enthalten etwa 525 kJ (125 kcal)

Fleisch-Soße-Gerichte, tischfertig, vom Schwein

Erzeugnis Behältnisgröße 0,3 l	Zusammensetzung (ohne Mineralstoffe) Bestandteil	in %	Fleisch-füllmasse in g	Speck in g	Restvolumen für Tunke in ml[1]	Energiewert (ohne Tunke) in kJ	(kcal)
Schweinsrouladen	Rouladenfleisch	90	145		150		
	Speck	10		15		3200	(765)
Kaßlerbraten in Scheiben	Kotelettfleisch	100	200	–	95	3535	(845)
Schweinebraten	Bratenfleisch	100	140	–	155	2680	(640)
Schweinsfiletbraten	Filet	100	160	–	135	1760	(420)
Schweinsgulasch	Gulaschfleisch	100	150	–	145	3075	(735)
Schweinsgulasch,			200	–	95	4100	(980)
angebraten nach Hausfrauenart	Gulaschfleisch	100	155	–	140	3180	(760)
Schweinsgulasch nach ungarischer Art	Gulaschfleisch	100	155	–	140	3180	(760)
Schweinskopf-fleischgulasch	Kopffleisch roh, unsortiert	100	170	–	125	4425	(1060)
Schweinszunge	Zunge	100	300	–	20	3515	(840)

[1] 100 ml Tunke enthalten etwa 525 kJ (125 kcal)

dener Soße in luftdicht verschlossenen Gläsern oder Dosen mit einer Haltbarkeit von mind. sechs Monaten. Trotz des entsprechend den Ernährungsgewohnheiten unterschiedlichen Sortiments nehmen Erzeugnisse aus Rind- und Schweinefleisch mengenmäßig den größten Umfang ein. Die Angaben des Energiewertes tragen orientierenden Charakter, da jeweils ein Richtwert für die zur Zubereitung eingesetzte Menge an Fett (5 % bezogen auf die Fleischfüllmasse) und den Soßenanteil zugrunde gelegt wurde. Allgemein ist bei Schweinefleisch wegen des Fettgehaltes mit höheren Energiewerten zu rechnen als bei Rindfleisch. → Fleisch

Fleischsuppe → Suppe, tafelfertige

Fleischtiere: Tiere, deren Fleisch dem Menschen als Nahrung dient. Man unterteilt in *Schlachttiere, Wild* und *Geflügel* oder auf Grund geographischer

Zonen. Von den Schlachttieren stehen Rind, Schwein und Schaf an erster Stelle, die etwa 80···90% des gesamten Schlachtaufkommens ausmachen. In Deutschland werden, was die Haltung von Schweinen in der Landwirtschaft angeht, im wesentlichen noch zwei Rassen gehalten: das *Deutsche veredelte Landschwein* und das *Deutsche Edelschwein.* Sie sind auf einen hohen und schnellen Fleischanteil bei möglichst geringem Fettansatz und Futterverbrauch gezüchtet worden. Fleischschweine werden überwiegend in Mastanstalten in industrieller Produktionsweise gehalten und erreichen bei einem Lebensalter von etwa 200 Tagen eine Lebendmasse von 80···120 kg und damit Schlachtreife. *Ferkel* sind säugende Jungschweine, *Spanferkel* heißen die zur frühzeitigen Schlachtung bestimmten Ferkel, die bes. zartes Fleisch liefern. Nicht mehr säugende Jungtiere nennt man *Läufer. Eber* oder *Hauer* sind männliche, in der Regel zur Zucht bestimmte Schweine. Die nicht zur Zucht bestimmten männlichen Tiere werden im Alter von 3 bis 4 Wochen kastriert und als Kastrate (*Pork, Kunze, Borch*) bezeichnet. Eber, die nicht mehr zur Zucht verwendet werden, kastriert man mind. 8 Wochen vor der Schlachtung, weil ihr Fleisch anderenfalls mit einem starken Harngeruch behaftet ist; man nennt sie *Altschneider.* Als *Sauen* werden Mutterschweine bezeichnet. Bei Rindern unterscheidet man zwischen Höhen- und Tieflandrassen. Im wesentlichen werden zwei Rassen gezüchtet: das schwarzbunte Niederungsvieh und das Fleckvieh. Zu den Höhenrassen gehören u. a. das Höhenfleckvieh, das einfarbige gelbe, das graubraune und das rote Höhenvieh. Bei den Tieflandrassen herrschen die schwarzbunten und rotbunten Tiere vor. In züchterischer Hinsicht legt man gleichgroßen Wert auf Fleischansatz und Milchleistung. Mastrinder sind nach 1 1/2 bis 2 Jahren bei einer Masse von 500···600 kg schlachtreif. Das neugeborene Rind wird während der ersten 3 Lebensmonate als *Kalb* bezeichnet, danach als *Absatzkalb, wobei man hier zwischen männlichen (Bullen-* oder *Stierkälbern*) und weiblichen (*Kuh-, Färsen-* oder *Motschenkälbern*) unterscheidet. Rinder von etwa 3 Monaten bis zu 2 Jahren nennt man *Jungrinder* (die männlichen *Jungbullen* oder *Fresser*). Männliche Tiere über 2 Jahre werden als *Bullen* (Stiere) bezeichnet. *Ochsen* sind kastrierte Bullen. *Kühe* sind weibliche Rinder, die bereits gekalbt haben. Beim Schaf unterscheidet man zwischen Bock (männliches Tier), *Zibbe* (weibliches Tier) und *Lamm* (junges Tier). Mit *Hammel* bezeichnet man das kastrierte Schaf. Unter *Wild* (Wildbret) versteht man jagdbare Säugetiere und Vögel. Es darf nur während der gesetzlich festgelegten und zu regional verschiedenen Zeiten gejagt werden. Das zu den Schlachttieren zählende Hausgeflügel (Hühner, Enten, Gänse, Puten und Tauben) macht nur noch einen verhältnismäßig geringen Teil des Gesamtschlachtaufkommens aus. Das Fleisch dieser Geflügelarten weist gegenüber dem der Säugetiere keine grundsätzlichen Unterschiede auf, ist aber wegen seines Wohlgeschmacks begehrt. Bes. das Fleisch junger Tiere ist leicht verdaulich. Sehr geschätzt sind in Intensivmast gezüchtete Jungtiere, insbes. Geflügelbroiler. Wildfleisch enthält im allg. wenig Fett, es ist leicht verdaulich. Es zersetzt sich ziemlich schnell, wobei sich anfangs der als „haut gôut" geschätzte Geruch und Geschmack entwickelt. Die verschiedenen Wildarten werden eingeteilt in *Schalenwild, Ballenwild* und *Federwild.* Zum Schalenwild gehören *Rotwild* (alle Hirscharten), wie *Rothirsch, Damwild, Rehwild, Gemse, Mufflon* und *Schwarzwild.* Der Rothirsch erreicht eine Masse von 160···270 kg, während die weiblichen Tiere nur halb so viel wiegen. Damwild ist eine kleinere Hirschart mit schaufelförmigem Geweih. Das Rehwild ist noch kleiner. Die männlichen Tiere (*Rehböcke*) und die weiblichen Tiere (Ricken) wiegen nur etwa 25 kg. Rehfleisch ist zarter als Hirschfleisch. Beides wird wegen des geringen Fettgehaltes bei Zubereitung gespickt. Gemsen sind eine in den Alpen lebende Antilopenart von der Größe der Hausziegen. Das Fleisch junger Gemsen ist sehr schmackhaft, während das älterer Tiere häufig zäh und mit einem spezifischen Geschmack behaftet ist. Das Mufflon kommt hauptsächlich auf Korsika und Sardinien vor. Wildschweine (männliches Tier *Keiler, weibliches Tier Bache*) gehören zum Schwarzwild. Sie wiegen bis zu 200 kg. Das Fleisch der männlichen wie das der weiblichen Tiere ist häufig sehr fett und nur nach bes. Zubereitung schmackhaft. Junge Tiere (*Frischlinge*) liefern dagegen zartes und wohlschmeckendes Fleisch. Vom Schalenwild sind bes. der Rücken, die Keulen (Hinterläufe) und das Blatt (Vorderläufe) geschätzte → Tierkörperteilstücke. Zum Ballenwild gehören der *Hase* und das wilde *Kaninchen*. Beides sind Nagetiere. Der männliche Hase heißt *Rammler, das weibliche Tier Häsin*. Die Ohren der Hasen (Löffel) sind länger als der Kopf. Das beste Fleisch liefern 3 bis 8 Monate alte Tiere. Wilde Kaninchen werden nur etwa halb so groß wie Hasen. Ihr Fleisch ist weniger schmackhaft. Bevorzugte Fleischteile sind der Rücken sowie Vorder- und Hinterläufe. Zum Federwild zählen: *Fasan, Rebhuhn, Auerhahn, Birkhuhn, Wachtel, Schnepfe, Wildente, Wildtaube, Wildgans, Trappe* und *Krammetsvogel*. Von allen Tieren erfreut sich das Fleisch junger Tiere wegen seines guten Geschmacks und leichter Verdaulichkeit großer Beliebtheit, während die älteren Tiere weniger geschätzt sind. → Fleisch

Fleischtomate: meist aus warmen Ländern (Marokko, Italien, Spanien) importierte, aber auch im einheimischen Anbau gewonnene → Tomate, die sich äußerlich durch gerippte Form von herkömmlicher Tomate unterscheidet, außerdem weniger Flüssigkeit, dafür aber mehr und schnittfesteres Fruchtfleisch aufweist und lediglich im Vitamingehalt unter den herkömmlichen Tomaten liegt.

Fleischuntersuchung → Fleischbeschau → Tauglichkeit

Fleischuntersuchung, bakteriologische: Verfahren zum Nachweis pathogener (krankmachender) Mikroorganismen. Im Rahmen der Schlachttier- und Fleischuntersuchung wird die bakteriologische Fleischuntersuchung eingeleitet, wenn sich vor und/oder nach der Schlachtung Veränderungen zeigen, die eine Gefährdung der menschlichen Gesundheit erwarten lassen und die nur durch das Ergebnis der bakteriologischen Fleischuntersuchung ausgeschlossen werden können.

Fleischwaren: aus Schlachtkörperteilen zubereitete Erzeugnisse. F. werden hauptsächlich aus Fleischteilen vom Rind und Schwein hergestellt, die durch Salzen, Pökeln, Kochen, Braten und Räuchern verändert werden. Das eingesetzte Fleisch soll von kernigen und gut ausgebluteten Tieren stammen und ausgereift sein. Die verschiedenen Be- und Verarbeitungsmethoden bestimmen den Verwendungszweck sowie die Haltbarkeit. Zu F. gehören gemäß nachstehender Übersicht:

Fleischwaren

gepökelt und heiß geräuchert	gekocht	gebraten	Fleischdauerwaren
Dickbein, Zunge, Rinderbrust, Kasseler, Schweinefilet, Rinderfilet	Kochschinken, Pökelfleisch, Zunge, Kalbsbrust	Schweinebauch, gefüllt und ungefüllt, Kaßler braten, Roastbeef, Prager Schinken	Land-, Nuß-, Roll-, Spalt- u. Lachsschinken, Schinkenspeck, Bauchspeck

Fleischwaren in Aspik → Aspikwaren

Fleischzartmacher → Zartmacher

Fleurons: ein ungesüßtes, halbmondartig ausgestochenes Gebäck aus → Blätterteig, das zum Garnieren von pikanten Fleisch- und Fischspeisen verwendet wird.

Fliederbeere → Holunder, Schwarzer

Flieder, Schwarzer → Holunder, Schwarzer

Fliedertee → Holunder, Schwarzer

Fliederwein → Holunder, Schwarzer

Fliegenkraut → Beifuß

Fliegenpilz → Muscarin → Pilzgifte

Flip → Bargetränk

Flips → Imbißerzeugnis → Nährmittel

Flocken: ein Lebensmittel in Form einer kompakten, flachen oder lockeren, kleinen Masse, hergestellt aus Hefe (Hefeflocken), Malz (Malzflocken), Kartoffeln (Kartoffelflocken) oder z. B. aus Getreide (Getreideflocken).

Flockenbrot: ein Weizen-, Roggenmisch- oder Roggenvollkornbrot unter Verwendung von Getreideflocken (bis zu 30 %). Weizenflocken werden i. allg. anstelle von Weizenvollkornmehl und Roggenflocken anstelle von Roggenvollkornmehl eingesetzt. Bevorzugt werden kaltquellende Getreideflocken, die aus einem Aufschluß ganzer Getreidekörner resultieren und sowohl zum Einarbeiten in den Brotteig als auch zum Bestreuen der Brote vor dem Backen geeignet sind. Beim Einarbeiten der Getreideflocken in den Teig ist eine erhöhte Quellfähigkeit gegeben, wobei die Flocken in der Krume kaum erkennbar sind. Beim Bestreuen der Brote entsteht nach dem Backen eine goldgelbe bis braune Verfärbung der Flocken. Vielfach wird aber auch versucht, mit Hilfe der Flocken einem Mischbrot äußerlich den Charakter von Vollkornbrot zu verleihen, indem die Teigstücke vor dem Backen in Getreideflocken gewälzt werden. → Vollkornbrot → Roggenflocken

Flockenhefe → Nährhefe

Flockenstärke: ein aus Feuchtstärke oder wieder angefeuchteter → Stärke mittels Walzentrocknung zu Flocken aufbereitetes Erzeugnis.

Flockungsmittel → Klärhilfsmittel

Flohkraut → Wegerich

Flohsamenschleim, *Psylliumsamenschleim, Psyllium:* ein aus den Samen von *Plantágo*-Arten, z. B. *P. psýllium* L. und *P. arenária* Waldst., aus der Familie der Wegerichgewächse (*Plantagináceae*) gewonnenes → Hydrokolloid, das als zerkleinerter Samen oder in extrahierter, gereinigter Form gehandelt wird. F. ist ein komplexes Polysaccharid und besteht aus D-Xylose, D-Galactose, L-Arabinose, D-Galacturonsäure und L-Rhamnose. In Wasser schwillt der F. ohne echte Lösung, ergibt hochviskose Dispersionen und wird vorwiegend als → Verdickungsmittel eingesetzt. → Schleimstoff, pflanzlicher → Samenschleimstoff

Flomen, *Liesen (Pannículus adipósus intérnus):* Depotfettgewebe des Schweines, das retroperitoneal liegt und aus Fett und lockerem Bindegewebe besteht. Beim Entnehmen aus der Schweinehälfte muß das Peritonaeum eingerissen werden. Der F. dient u. a. als Rohstoff für die Schmalzgewinnung und zur Wurstherstellung (Kochwurst).

Flomenschmalz → Schweineschmalz

'Florentina' → Susine

Florentiner: ein mit Schokoladenmasse überzogenes Mandel- oder Nußgebäck in Form kreisförmiger Scheiben mit meist braunem Rand und hellem Inneren, von knuspriger Beschaffenheit und langer Haltbarkeit. Die F. sind 1920 erstmals hergestellt worden, indem *Bienenstichmasse,* bestehend aus Mandeln, Nußkernen, Milchfett und Zucker, nicht auf einen Kuchenteig gestrichen, sondern in kleinen Portionen gebacken wurde. Damals lautete die Bez. *Proskauer Mandeln, Budapester Mandeln, Krakauer Mandeln, Moskauer Mandeln, Orangegaletten* oder *Mandelscheiben.* – Heute werden zur Herstellung der F. außer Schalenobst noch Zucker, Honig, Fett (Butter oder Margarine) oder diese Stoffe enthaltende Halbfertigerzeugnisse und zuweilen Mehl (höchst. 10 %, bezogen auf die kuvertürefreie Masse) oder Milch, auch Früchte oder Fruchtbestandteile, vor allem Orangeat und Vanillin verwendet. Hinsichtlich der Zusammensetzung bestehen folglich keine einheitlichen Verbrauchererwartungen, ebenso gehen die Ansichten darüber auseinander, ob es sich bei den F. um eine Frisch- oder Dauerbackware handelt. Der Anteil an Mandel- und Nußkernen muß mind. 30 % betragen, die Verwendung von Erdnußkernen ist ausgeschlossen. Der Gesamtfettgehalt beträgt etwa 30···40 % und resultiert aus dem Fett des Schalenobstes, der Kuvertüre und dem zugesetzten Fett; der Kuvertüreanteil beträgt 30 %. Der Energiewert der F. entspricht etwa 3350···3550 kJ (800···850 kcal) je 100 g.

Florentinertorte: ein → Rouladengebäck, dessen geschmacklich hervortretender Teil aus Florentinermasse (→ Florentiner) besteht. Ein vorgebakkener Mürbeteigboden wird nach Aufstreichen von Florentinermasse fertig gebacken, danach sofort geschnitten und als Decke auf eine mit Nugatkrem gefüllte Haselnußbisquitrolle aufgelegt.

Florida-Arrowroot → Zamiastärke → Arrowroot

Floridaerde → Bleicherde

Fløtemysost, helfet: norwegischer, fester Schnittkäse aus Molkenprotein (Molkenkäse). → Käsesorten

Floury-2-Mais → Getreide, angereichertes

Flowery Orange Pekoe → Tee

Flügelbutt → Plattfische

Flügelbohne → Goabohne

Flügelerbse → Spargelbohne

Flügelyams → Großyams

Flugente, *Türkenente, Moschusente, Warzenente, Stummente:* Sammelbez. für Enten, die zwar zu den Entenvögeln zählen, aber einer anderen Ordnung zugehören. Die F. zeichnet sich durch einen im Vergleich zu anderen Entenvögeln niedrigen Fettansatz und eine kräftigere Muskulatur und damit zusammenhängend höheren Brustfleischanteil aus. Die Erpel sind schwerer als die Enten. Das Bratgewicht beträgt für Enten etwa 1,6 kg, für Erpel etwa 3 kg. → Geflügel

Flugyams → Großyams

Fluhbirne → Felsenbirne

Flunder → Plattfische

Fluor → Mineralstoffe

Fluoreszenzfarbstoffe → Farbstoffe

Fluorochrome → Farbstoffe

Fluorspeisesalz: ein → Spezialsalz, das auf 1 kg → Speisesalz neben 5 mg Kaliumiodid zusätzlich 200 g Natriumfluorid enthält und der prophylaktischen Bekämpfung von Zahnkaries dient.

Flußaal → Aal

Flußbarbe → Barbe

Flußbarsch, *Barsch, Barschling, Kretzer, Pérca fluviatilis* (Bild):

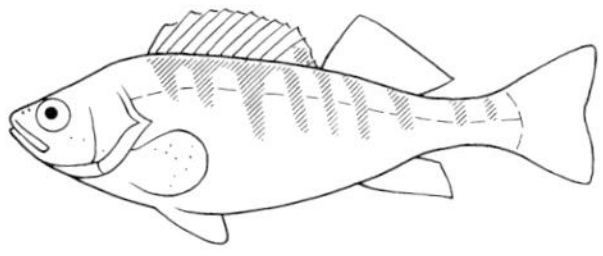

Flußbarsch

Süßwasserfisch mit hochrückigem Körper, stumpfem Kopf mit großer Mundspalte und einer hart- und einer weichstrahligen Rückenflosse. Er ist oberseits dunkelgrau, blau- oder graugrün, unterseits hell gefärbt und wird durch 6 bis 9 dunkle Streifen and den Seiten, einen schwarzen Fleck am Hinterrand der 1. Rückenflosse und rötliche bis orangefarbene Bauch- und Afterflossen charakterisiert. Seine Länge beträgt durchschnittl. 15···30 cm (Masse bei 21 cm etwa 170 g, bei 30 cm etwa 375 g), höchst. 45 cm. Der F. ist zirkumpolar in fließenden und stehenden Gewässern sowie im Brackwasser verbreitet und hat auch in der Teichwirtschaft Bedeutung. Statistisch werden in Europa etwa 14 kt, in Amerika etwa 8 kt Jahresfang ausgewiesen. Das Fleisch des F. ist sehr schmackhaft, weshalb größere Exemplare als Speisefisch gefragt sind. 100 g eßbaren Anteils enthalten 15···18,8 g Eiweiß, 0,5···2,5 g Fett und 1···2 g Mineralstoffe. Daher ist der F. mit einem Energiewert von etwa 360 kJ (85 kcal) je 100 g eßbaren Anteils als bes. wertvoller, fettarmer Speisefisch anzusehen. Ferner gibt es den *atlantischen Seebarsch, einen Meeresfisch (Cynoscion regalis*), der eine begrenzte wirtschaftliche Bedeutung hat. → Fisch

Flüssigei, *Flüssigvollei, Flüssigeigelb:* flüssige Masse von Ganzei bzw. Eigelb. Sie wird entweder zu Gefrier- oder Trockenei weiterverarbeitet oder bei Temperaturen unterhalb von 5°C gelagert und unter Zusatz von Kochsalz und Konservierungsmitteln (Benzoesäure, Sorbinsäure), gegebenenfalls durch Pasteurisieren (2,5 min dauerndes Erhitzen auf 64,5°C), für einen begrenzten Zeitraum haltbar gemacht. Das F. wird hauptsächlich in der Back- und Teigwarenindustrie sowie zur Herstellung von Mayonnaisen (Eigelb) verwendet.

Flüssigeigelb → Flüssigei

Flüssigraffinade → Zucker, flüssiger

Flüssigsauerbrot → Schaumsauerbrot → Sauerteig

Flüssigvollei → Flüssigei

Flüssigwürze: entweder aus Salzsäurehydrolysaten oder neuerdings auch enzymatisch gewonnene → Speisewürze in Flüssigform. Da bei F. auf Hydrolysatbasis das dabei entstehende → Dichloropropanol nachträglich wieder entfernt werden muß, gehen viele Hersteller dazu über, das verwendete pflanzliche Eiweiß auf enzymatischem Weg in seine geschmackgebenden Bausteine zu spalten. Solche Würzen werden nachträglich vielfach noch mit Aromen, Hefeextrakt und Geschmacksverstärkern versetzt. Die durchschn. Zusammensetzung von 100 g F. beträgt 13 g Eiweiß (Aminosäuregemisch), 7,5 g Natrium, 136 mg Purine, keine Kohlenhydrate und kein Fett. Eine Würzdosis von 5⋯10 Spritzern (0,5 g) soll nach den Herstellerangaben etwa 35 mg Natrium (entspricht 0,09 g Kochsalz) und 1 mg Purin sowie 1 kJ (0,2 kcal) enthalten. Der Brennwert von 100 g F. entspricht 200 kJ (50 kcal). Für Patienten, die an Zöliakie erkrankt sind, ist darauf zu achten, daß sie F. verwenden, die als „glutenfrei" deklariert ist.

Flüssigzucker → Zucker, flüssiger

Flußkrebs → Krebstiere

Flußneunauge → Neunaugen

FMN (*Flavinmononucleotid*) → Nucleotide → Vitamin B_2

Foeniculin → Phenole

Foenículum vulgáre var. azóricum → Gemüsefenchel

Foenículum vulgáre var. dúlce → Fenchel

Foenículum pipéritum → Pfefferfenchel

Folacin → Folsäure

Folger → Zuckerhirse

Folie → Muskatblüte

Folienbeutelsalat → Salatmischung

Folienbrotkonserve → Dauerbrot

Foliengemüse → Treibhausgemüse

Folienkuchen → Assiettenkuchen

Folientabak → Zigarre

Folininsäure → Folsäure

Folsäure, {[*(2-Amino-4-hydroxy-6-pteridyl)-methyl*]-p-amino-benzoyl}$_L$-*glutaminsäure, Pteroylmono-glutaminsäure* (veraltet: *Folazin, Vitamin* B_c, *Vitamin M, Eluatfaktor, Lactobacillus-casei-Faktor*): Vitamin aus der Gruppe des wasserlöslichen B-Komplexes (s. Seite 501 oben).
Der F. nahe verwandte Verbindungen mit Folsäurewirkung enthalten mehrere Glutaminsäuregruppen (z. B. *Pteroyltriglutaminsäure, Teropterin, Pteroylheptaglutaminsäure*). Auch der *Citrovorum-Faktor* (*Folininsäure, Leucovorin,* N^5-*Formyl-tetrahydrofolsäure*) hat Folsäurewirkung. Die F. bildet glänzend orangegelbe, geschmacklose Kristalle ohne einen zu fixierenden Schmelzpunkt. Sie ist leicht löslich in verdünnten Alkalien, löslich in verdünnten Säuren, sehr schwer löslich in Wasser, unlöslich in organischen Lösungsmitteln, Absorp.-Max. im UV λ 256 nm, 283 nm und 365 nm. Die kristalline Säure ist gegen Luft und Hitze ziemlich beständig, wird aber durch Licht und UV-Strahlen zerstört. Neutrale Lösungen sind relativ stabil, nur nicht gegen Hitze; Säuren und Alkalien sowie Oxydations- und Reduktionsmittel wirken jedoch zerstörend. In der Natur kommt F. vorwiegend als Konjugat vor, und zwar in geringsten Konzentrationen in fast allen lebenden Zellen, bes. in Leber, Niere, Muskel (Rind und Kalb), Milch, Käse, dunklen Blattgemüsen (im Spinat in freier Form), in Blumenkohl, Hülsenfrüchten, rohen Kartoffeln und Weizenkeimen (s. Tab. Seite 501 unten).
F. ist in Verbindung mit Vitamin B_{12} notwendig für Bildung und Reifung der roten Blutkörperchen sowie für die Thymin- und Thymidinsynthese und ist damit am Aufbau der für die Zellteilung unentbehrlichen Nucleinsäuren beteiligt. In Form der *5,6,7,8-Tetrahydrofolsäure (THF)* ist sie für die Umsetzung der im Stoffwechsel auftretenden Ein-

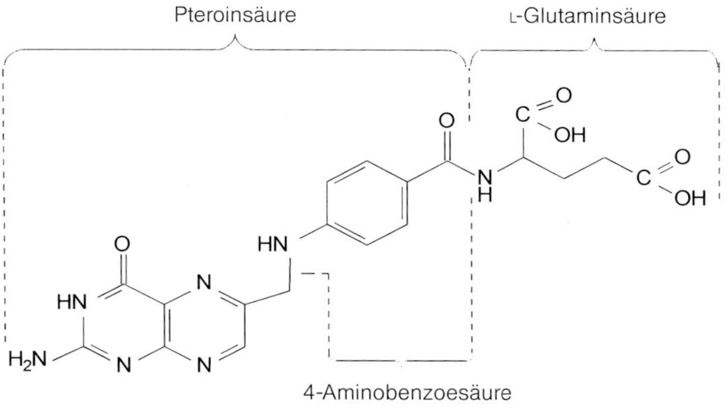

Lebensmittel mit hohem Folatgehalt (in µg pro 100 g eßbarer Anteil)

		Gesamt-folsäure	freie Folsäure	Polyglu-tamate µg/100 g	Folsäure-äquivalente
Hühnerei		78,0	22,8	55,2	33,8
Fleisch	Rind	7,2	2,9	4,3	3,7
	Rinderleber	330,0	220,0	110,0	242,0
	Huhn	10,2	8,8	1,4	9,1
Fisch	Thunfisch	4,5	1,5	3,0	2,1
	Makrele	4,5	1,5	3,0	2,1
	Hering	4,5	1,5	3,0	2,1
Milch/Milch-produkte	Vollmilch	20,5	13,3	7,2	14,8
	Käse	20,5	13,3	7,2	14,8
Obst/Früchte	Äpfel	6,1	3,0	3,0	3,6
	Apfelsinen	37,0	30,0	7,0	31,4
	Orangensaft	1,6	1,3	0,3	1,3
	Bananen	22,0	14,0	8,0	15,6
	Avocado	30,0	30,0	–	30,0
Cerealien	Getreidekörner	69,9	33,6	36,3	40,8
	Weizenbrot	23,0	8,6	14,4	11,4
Gemüse	Salat	106,6	58,7	47,9	68,3
	Spinat	78,0	50,0	38,0	55,6
	Weißkohl	79,0	25,0	54,0	35,8
	Broccoli	71,0	57,0	14,0	59,8
	Blumenkohl	40,0	30,0	10,0	32,0
	Rosenkohl	78,0	70,0	8,0	71,6
	Spargel	86,0	70,0	16,0	73,2
	Tomaten	73,4	28,6	44,8	37,6
	Bohnen	100,0	19,0	81,0	35,2

kohlenstoff-Verbindungen unter Bildung von *aktiviertem Formaldehyd* bzw. *aktivierter Ameisensäure* notwendig. Für die Bildung von THF ist Vitamin C sehr wesentlich. Mit den von der F. abhängigen Reaktionsabläufen im intermediären Stoffwechsel ist auch Vitamin B_{12} eng verknüpft. F. wird durch verschiedene Mikroorganismen (*Escherichia coli* der Darmflora des Menschen, Hefen u. a.) synthetisiert, wobei p-Amino-benzoesäure eine wichtige Zwischenstufe darstellt. Die Synthese wird durch Sulfonamide (→ Antagonisten) gehemmt. Für das Auftreten eines Folsäuremangels sind, neben ungenügender Zufuhr durch die Nahrung, Schädigungen der Intestinalflora und Resorptionsstörungen verantwortlich. Fortgeschrittener Folsäuremangel äußert sich immer in Veränderungen des roten Blutbildes (megaloblastische Anämie). Die Störungen sind bes. ausgeprägt bei gleichzeitigem Zusammentreffen von Folsäure- und Vitamin B_{12}-Mangel. Weitere Symptome des Folsäuremangels sind Schleimhautveränderungen im Bereich der Mundhöhle und gastrointestinale Störungen, die zu Durchfall führen. Auch die Bildung und das Wachstum der Haare sind gestört. Mangelzustände können verursacht werden durch Mangelernährung, insbes. in Verbindung mit Eiweißmangel, durch Alkoholmißbrauch, Einnahme bestimmter Medikamente während der Schwangerschaft und Stillzeit (z. B. Kontrazeptiva, Tuberkulostatika, Antikonvulsiva). Der Bedarf an F. ist keine konstante Größe, er wird von verschiedenen Faktoren, wie Eiweißgehalt der Nahrung, deren Resorptionsgrad bei verschiedenen Erkrankungen, Schwangerschaft, beeinflußt; geschätzter Minimalbedarf 0,4 mg Folsäureäquivalente für Erwachsene, 0,1···0,3 mg Folsäureäquivalente für Kinder (altersentsprechend) je Tag. Für Schwangere und Stillende zusätzlich 0,4···0,6 mg Folsäureäquivalente täglich. Überdosierungserscheinungen sind nicht bekannt. → Vitamin-B-Komplex → Vitamine

Fómes offininális → *Agaricáceae*

Fondant: aus → Fondantmasse, auch unter Zusatz von Stärkesirup und Weichhaltemittel (Invertzucker, Invertase oder Sorbit), massiv gegossene → *Zuckerware* mit oder ohne Einlagen, auch kandiert, glasiert, geschminkt, bestreuselt und mit Schokolade dekoriert oder halb getaucht. Es heißt der F., in Österreich auch das F. F. werden meist maschinell durch Ausgießen der erwärmten Masse in Formpudervertiefungen hergestellt (Mogulanlage). Die Konsistenz der F. muß zäh-weich und speckig sein. Spezielle F. sind *Dessertfondants* mit Einlagen aus wertvolleren Stoffen, z. B. Nüsse, Marzipan u. a., *Fondantkluten* und *Morsellen,* z. B. kandierte F. mit Pfefferminzgeschmack, auch halb mit Schokolade überzogen, in rechteckiger bzw. scheibenähnlicher Form. Optimale Lagerbedingungen für F. sind 10···20°C, relative Luftfeuchte 65 %.

Fondantkrem → Fondantmasse

Fondantmasse, *Schmelzzucker, Weichzucker:* mehr oder weniger plastische Suspension kleinster Saccharosekristalle (etwa 0,01 mm) in einer gesättigten Saccharose/Stärkesirup- oder Saccharose/Invertzucker-Lösung, die im Munde ohne wahrnehmbare Körnung zergeht. Zur Herstellung von F. wird eine Saccharose/Stärkesirup-Lösung (auch unter Zusatz von Milchpulver, Fruchtsäuren u. a.) in Kochmaschinen bei 115···120°C eingekocht und anschließend in der Tablettiermaschine bei 60°C unter mechanischer Bearbeitung zur Kristallisation gebracht. Die halbfeste, speckige Masse nimmt bei der Lagerung schnittfeste Beschaffenheit an. Der Feuchtigkeitsgehalt beträgt höchst. 12 %, bei *Fondantkrem* 15 % und bei *Krem* (F., flüssig) 20 %. F. dürfen gefärbt und aromatisiert, aber mit Ausnahme von *Krem* nicht konserviert werden. Sie werden zur Herstellung von → Fondants, → Konserve u. a. Zuckerwaren und zur Füllung von Schokoladen und Pralinen verwendet. → Masse

Fondantsirup → Stärkesirup

Fonio, *Hungerreis, Fundi, Acha, Fundungi:* eine in Westafrika verbreitete *Kulturhirse, Digitária exílis* (Kipp.) Stapf (Familie *Poáceae,* Unterfamilie *Paníceae*), die als Grundnahrung für Millionen von Menschen dient. Die Körner weisen eine Tausendkornmasse von 0,5···0,6 g auf, ihre Größe ist mit der des → *Teffs* identisch. Der Ertrag liegt je nach Bodenbeschaffenheit in der Regel bei 1,5···4 dt/ha, kann aber auch bis auf 14 dt/ha ansteigen. Aus Ertragsgründen ist der Anbau kaum lohnend, doch werden die Körner als das schmackhafteste Getreide gehalten, so daß der Anbau in einigen Gegenden auch aus Prestigegründen beibehalten wird. → Hirse

Fontal: italien. Schnittkäse aus Kuhmilch mit → 45% F. i. Tr. → Käsesorten

Fontina: italien. Schnittkäse aus Kuhmilch mit → 45% F. i. Tr. → Käsesorten

Forastero → Kakaobohne

Forelle: in zahlreichen Formen und Rassen mit unterschiedlichen Lebensgewohnheiten vorkommende Fischart der Familie der Salmoniden. Die F. ist vom nahe verwandten → *Lachs* durch gedrungeneren Körper, etwas größeren Kopf, die Schnauzenlänge (zweifacher statt dreifacher Augendurchm.) und Färbung unterschieden. Die *Meer-* oder *Lachsforelle* (*Sálmo trútta*) mit fast gerader Schwanzflosse hat eine rotumrandete Fettflosse sowie mehr und kleinere schwarze Flecken als der Lachs. Die 4- bis 7jährigen geschlechtsreifen Tiere wandern nach 2- bis 3jährigem Aufenthalt im Meer in die oberen Flußläufe zum Laichen, wobei sie ein Hochzeitskleid mit zahlreichen hellgelbgesäumten und rotbraunen Flecken anlegen. Die im Süßwasser aufwachsenden Jungfische haben 11 bis 13 dunkle Querbinden. Die Meerforelle erreicht höchst. 1 m Länge und wiegt bei 50 cm etwa 1,5 kg, bei 66 cm etwa 3 kg, bei 80 cm etwa 6 kg. Sie ist von Portugal bis zum Weißen Meer sowie in der Ostsee verbreitet, ihre wirtschaftliche Bedeutung ist gering. Einige Formen haben die Wanderung ins Meer eingestellt. Die *Seeforelle (Sálmo trútta forma lacústris)*, die in tiefen Seen der Alpen und Voralpen, Skandinaviens und Schottlands vorkommt und zum Laichen in die einmündenden Flüsse aufsteigt, hat nur örtlich wirtschaftliche Bedeutung. Sie erreicht durchschnittl. 40···80 cm Länge, höchst. 140 cm (Masse 30 kg). Die *Bachforelle (S. trútta fórma fário, auch Steinforelle, Schwanzforelle, Bild)*

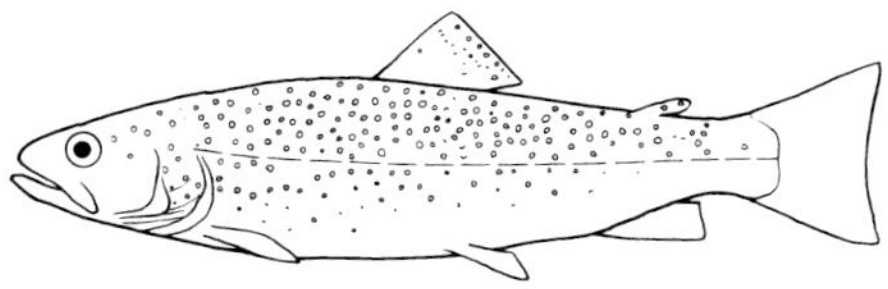

Bachforelle

lebt dagegen stationär in Fließgewässern und Seen Europas und wurde auch in Nordamerika, Afrika, Indien eingeführt. An den Körperseiten sind auf meist grünlichbräunlichem Grund schwarze sowie weiß und bläulich umrandete rote Punkte ausgebildet. Die Jungfische tragen 6 bis 9 dunkle Querbinden. Die Länge beträgt durchschnittl. 25···40 cm, höchst. 50 cm. Zusammen mit der 1880 aus Nordamerika in Europa eingeführten *Regenbogenforelle (Sálmo gáirdneri* (*Stahlkopf, Purpurforelle*) bildet sie ein wichtiges Objekt der Teichwirtschaft und Fischzucht. Letztere unterscheidet sich von der Bachforelle durch eine nur bis zum Augenhinterrand reichende Maulspalte und ein breites rötliches, in den Regenbogenfarben schillerndes Band entlang der Körperseiten. Weltweit werden in der Binnenfischerei über 100 kt Forellen produziert. Auf Grund des zarten und wohlschmeckenden Fleisches zählt die F. international zu den edelsten und am meisten gefragten Speisefischen. Alle Arten zeichnen sich durch einen hohen Eiweißgehalt aus, der bei 18···21 g je 100 g eßbaren Anteils liegt. Der Fettanteil hängt von der Lebensweise (Wild- oder Zuchtfische), von der Art, von der Jahreszeit und anderen Faktoren ab und beträgt meist 2···5 g je 100 g eßbaren Anteils. Wesentlich höhere Werte sind bei großen Exemplaren möglich. Als Richtwert für die verwertbare Gesamtenergie können 500 kJ (120 kcal) je 100 g eßbaren Anteils angesetzt werden, wovon etwa 330···380 kJ (80···90 kcal) auf den Eiweißanteil entfallen. F., insbes. Zuchtforellen, werden auch bearbeitet, evtl. gefroren und als Konserve in hoher Qualität angeboten. Auch das Räuchern führt zu ausgezeichneten Erzeugnissen.

Forellenstör → Angler

Formaldehyd, *Methanal:* ein sehr reaktionsfähiger Aldehyd, erstes Glied in der entsprechenden homologen Reihe mit der Formel

```
H–C=O
  |
  H
```

F. ist ein farbloses, stechend riechendes, die Nasen- und Rachenschleimhaut reizendes Gas; F. -92°C, Kp. -21°C. In Wasser, Ethanol und Ether ist F. leicht löslich. Es weist infolge seiner großen Reaktionsfähigkeit mit Aminosäuren und Eiweißstoffen stark bakterizide und bakteriostatische Eigenschaften auf und inaktiviert zahlreiche Enzyme. Es dient deshalb u. a. als Desinfektionsmittel und zum Desodorieren. In Deutschland ist es nicht zugelassen. In Spuren ist es in ätherischen Ölen und damit in vielen pflanzlichen Lebensmitteln sowie im Holzrauch vorhanden, mit dem es beim Räuchern auf die Räucherwaren übergeht. Für seine Giftigkeit ist der Aufnahmeweg entscheidend; über den Atemweg wirkt F. toxisch (kanzerogen), über den Magen-Darm-Trakt aufgenommen in den in der Nahrung üblichen Mengen ist er ungefährlich. → Konservierungsstoffe → Aldehyde

Formalin → Konservierungsstoffe

Formfleisch: aus vorbereiteten Fleischabschnitten (10···40 mm Kantenlänge) durch mehrstündiges Erwärmen auf 52°C (auch bis 70°C) in sog. Formkästen hergestelltes Fleisch, das in der Konsistenz dem Fleisch ähnlich ist. Vor dem Erhitzungsprozeß werden die Fleischstücke vermengt und mit Salz, Gewürzen, ggf. auch → *Starterkulturen* versetzt, die eine Zubereitung zu bestimmten Erzeugnissen, wie Schnitzel, Rinderbrust, Hammelbraten und Pökelbraten u. a., ermöglichen.

Formiate (E 237 - E 238): **1.** die Ester der Ameisensäure, allg. Formel H-COOR. Während sie als Nahrungsinhaltsstoffe keine Rolle spielen, sind verschiedene Ameisensäureester beliebte Essenzenbestandteile. Die Ester vom Ethyl- bis Isoamylalkohol haben ein süßliches, obstartiges → Aroma und dienen zum Aufbau von Erdbeer-, Himbeer-, Pfirsich-, Pflaumen- und vor allem von Rum- und Arrakessenzen. Octyl-, Nonyl- und Cecylformiat mit ihrer blumigen Note, die etwas an Rose und Orangenblüten erinnert, nimmt man gern zum Bukettieren von Fruchtaromen. Für Stachelbeer- und Ananasaroma verwendet man Geranyl- und Citronellylformiat. Das Benzylformiat schmeckt süßlich mit mandelartiger Note. → Ester → Essenzen
2. Salze der → Ameisensäure, die wie diese als → Konservierungsstoffe verwendet werden.

Formling → Komprimat

Formononetin → Flavonoide

'Formosa' → Susine

Formpuder, *Formstärke:* native oder → modifizierte Stärke, insbes. Maisstärke (ohne oder mit Zusatz geringer Mengen Öl oder Fett, maximal 0,2 % oder Talkum, maximal 5 %), die zur Formgebung von gegossenen Massen, vorwiegend in der Süßwarenindustrie dient.

Formstärke → Formpuder

Formylbenzol → Benzaldehyd

N^5-Formyl-tetrahydrofolsäure → Folsäure

Fortunélla japónica → Kumquat

Fortunélla margaríta → Kumquat

'Fosa' → Haselnuß

Foto → Gari

Fourme d'Ambert: der bekannteste Vertreter aus der Gruppe der Fourmes (Grünschimmelkäse oder Pilzkäse) in Frankreich. → Käsesorten

FPC → Fischproteinkonzentrat

'Fracunda': Erdbeere. → Beerenobst

Fragária ananássa → Erdbeere

Fragária chiloénsis → Erdbeere

Fragária moschàta → Erdbeerblätter

Fragária vésca → Walderdbeere

Fragária vésca semperflórens → Monatserdbeere

Fragária virginiána → Erdbeere

Fragária víridis → Erdbeerblätter

Fragarin → Anthocyane

'Framura': Erdbeere. → Beerenobst

Frangulaemodin → Farbstoffe

Frangulinsäure → Farbstoffe

Frankenlaib → Bauernbrot

Frankfurter Würstchen: → *Brühwurst*, die für den Warmverzehr produziert wird. Als Rohstoffe kommen nach üblicher Rezeptur Schweinefleisch, Schweinsbacken, Speck, Nitritpökelsalz, Pfeffer, Mazisblüte und geriebene Muskatnuß zum Einsatz. Als Wursthüllen finden Schweinsdünndärme oder Saitlinge Verwendung. Das Schnittbild zeigt eine zartrosafarbene, sehr fein gekutterte Wurstmasse. → Wurst

Franzbrötchen, *Dresdner Franzsemmel, Röggling:* ein zweiteiliges, rundes, etwa 90 g wiegendes → *Brötchen* aus hellem Weizenmehl, das entweder nur mit Trinkwasser oder mit etwas Milch und etwa 3% Fettzusatz bereitet wird. Das Teigstück wird mit einem Stab vor dem Backen in der Mitte gedrückt, so daß sich das fertige Gebäck sehr leicht in seine Hälften zerlegen läßt. Die Bez. *Röggling* ist in Thüringen gebräuchlich. → Kleinbackware

Franzosenkraut, *Kleinblütiges Knopfkraut:* eine aus Amerika nach Europa eingeschleppte, an Ufern und in Auen eingebürgerte, oft als lästig empfundene „Kulturpflanzen begleitende Pflanze", *Galinsóga parviflóra* Cav. (Familie *Asteráceae*), die reich an Mineral- und Spurenstoffen ist. In je 100 g Frischmasse finden sich etwa 350 mg Kalium, 52 mg Phosphor, 59 mg Magnesium, 420 mg Calcium, 12 mg Eisen, 0,45 mg Caroten und 105 mg Vitamin C. → Wildkräuter

Franzsemmel, Dresdner → Franzbrötchen

Frappé → Bargetränk

Fraßgifte → Insektizide

'Fratina': Erdbeere. → Beerenobst

Frauenbeeri → Elsbeere

Frauenmantel → Wildkräuter

Frauenmilch, *Humanmilch, Muttermilch:* das Sekret der menschlichen Brustdrüse, das von der Mutter, mit dem ersten bis dritten Tag nach der Entbindung beginnend, gebildet wird. Man grenzt *Kolostrum, Kolostralmilch* (bis zum 5. Tag der Laktation), *transitorische F.* (vom 6. bis 14. Tag) und *reife F.* (vom 14. Tag der Laktation an) voneinander ab, die sich in ihrer Zusammensetzung unterscheiden (Tab.).

Zusammensetzung der Frauenmilch

	Eiweißgehalt in %	Fettgehalt in %	Lactosegehalt in %	Energiewert in kJ (kcal) je 100 g
Kolostrum	1,9	3,0	6,3	265 (65)
Transitorische F.	1,5	3,9	6,6	290 (70)
Reife F.	1,2	4,0	6,9	295 (70)

Daneben sind individuelle Schwankungen sowohl im Nährstoff- und Energiegehalt als auch in der sezernierten Milchmenge zu beobachten. Die F. stellt das optimale Nahrungsmittel für den menschlichen Säugling dar, was sich im Vergleich zur modernen → *Säuglingsfertignahrung* auf Kuhmilchbasis bes. in einer geringeren Infektanfälligkeit ausweist. Die tägliche Trinkmenge des Säuglings soll 1/6 bis 1/5 seines Körpergewichts betragen. → Milchnahrung → Nahrung

Frauenmilchkonserve → Sammelfrauenmilch

Frauenminze → Crysánthemum

Fráxinus órnus → Manna

Freeze-Flo-Lebensmittel: ein gefrierkonserviertes Lebensmittel, das bei üblichen Gefriertemperaturen von −18°C nicht völlig durchfroren ist, somit weich bleibt und keine Kristallbildung zeigt. So kann z. B. gefrorener Orangensaft noch bei −18°C umgegossen werden. Mit Wasser verdünnt, ist er bereits in wenigen min servier- und trinkbar. Es sind *Freeze-Flo-Soßen,* -Suppen, -Fruchtsäfte, -Fleischerzeugnisse u. a. F. auf dem Markt. Bei dem Gefrierverfahren wird alles nicht gebundene Wasser entzogen und durch Erhöhung des osmotischen Drucks der Gefrierpunkt des F. unter die übliche Gefriertunneltemperatur gesenkt.

Fregattmakrele → Thunfisch

Freibankfleisch: Fleisch wertgeminderter Schlachttiere, das zum Genuß für den Menschen zwar tauglich, jedoch im Nahrungs- und Genußwert erheblich herabgesetzt ist. F. darf nur auf Freibänken unter Kenntlichmachung vertrieben und an Endverbraucher nur in Mengen bis zu 3 kg abgegeben werden. Fleischern, Gastwirten u. a. sind Erwerb, Verkauf und Verwendung von F. verboten.

'Freiherr von Berlepsch' → Apfel

Freisamkraut → Feldstiefmütterchen

Fremdeiweiß: Milch-, Ei- oder Sojaproteine in Fleischwaren. Sie werden zur Verbesserung des Wasserbindevermögens eingesetzt.

Fremdkörper → Lebensmittelverunreinigungen

Fremdstoffe: in Lebensmitteln von Natur aus nicht vorkommende oder durch traditionelle Behandlungsverfahren (Kochen, Braten, Backen usw.) sich nicht bildende Stoffe, die beabsichtigt (Lebensmittelzusatzstoffe, Additive) oder unbeabsichtigt (Rückstände, Kontaminanten) in Lebensmittel hineingebracht werden. Der Begriff F. kam nach dem Zweiten Weltkrieg auf, als infolge des verstärkt einsetzenden allgemeinen und industriellen Fortschritts die Zahl der synthetischen Stoffe, die die Landwirtschaft bewußt einsetzt oder welche durch anthropogene Einflüsse unkontrolliert und ubiquitär in die Umwelt gelangen und die damit – zwar ungewollt, aber unvermeidbar – über Pflanze und Tier in die menschliche Nahrung gelangen (→ Lebensmittelverunreinigungen, → Lebensmittelkontaminanten) bzw. die Lebensmittel zu bestimmten Zwecken absichtlich zugesetzt werden (→ Lebensmittelzusatzstoffe), erheblich anstieg und erkannt wurde, daß mit diesem Ansteigen ein gesundheitliches Risiko für den Verbraucher verbunden ist. Der Begriff F. war aus diesem Grunde von vornherein – zumindest beim Nichtfachmann – mit dem Makel des prinzipiell Giftigen, am besten gänzlich zu Verbannenden behaftet. Später setzte sich jedoch die Erkenntnis durch, daß längst nicht alle F. toxisch sind, daß einige der gesundheitsschädigenden F. auch aus natürlichen Quellen stammen können und daß es auch unter den Naturstoffen Schadstoffe gibt, die mindestens ebenso gefährlich, wenn nicht noch gefährlicher für den Menschen sind als die giftigsten F. Der Begriff F. trennt darum nicht Schädliches von Unschädlichem ab; die Trennlinie zwischen Toxischem und Nichttoxischem geht sowohl durch die F. als auch durch die Naturstoffe hindurch. Da dieser Sachverhalt leicht übersehen wird und das Wort F. unwillkürlich die Vorstellung von etwas Nachteiligem hervorruft, wird dieser Begriff immer mehr durch weniger umfassende, aber dafür konkretere Bezeichnungen, wie Zusatzstoffe, Kontaminanten usw., ersetzt und ist in einigen Ländern schon ganz aus dem offiziellen Sprachgebrauch verschwunden. Nicht zu verwechseln ist der Begriff F. mit dem neueren Begriff „Xenobiotica". Unter Xenobiotica (griech. *xenos:* fremd) versteht man Stoffe, die für den lebenden Organismus, auf den sie einwirken, fremdartig sind. Das können durchaus Stoffe natürlicher Herkunft sein, wie Ethanol, Coffein, Allylsenföle usw., die aber dem menschlichen Organismus im physiologischen Sinne „fremd" und darum für ihn schädlich sind (wenn auch einigen von ihnen, speziell die gewählten Beispiele, wertbestimmende Bestandteile von Genußsäuren und Gewürzen sind). Synthetische Nahrungsbestandteile (künstliche Süßstoffe, künstliche Farbstoffe) sowie alle Kontaminanten sind dagegen ausnahmslos Xenobiotica. Bei den F. bezieht sich der Ausdruck „fremd" nicht auf den Organismus, in dem sie wirksam werden, sondern auf das Lebensmittel, in dem sie enthalten sind. Xenobiotica müssen auch nicht über den Magen-Darm-Trakt (also mit der Nahrung bzw. mit Getränken) in den menschlichen Organismus gelangen, sondern sie können auch über die Lunge oder über die Haut aufgenommen werden. Auch aus diesem Grunde sind beide Begriffe nicht miteinander austauschbar (s. Tab. unten). → Schadstoffe

Fremdwasserbindungsvermögen → Wasserbindevermögen

French-Dressing → Fertig-Dressing

Fresser → Fleischtiere

Friate → Fruchtsaftkonzentrat

Fridatte, *Fritatte, Frittate, Suppenpfannkuchen, Fädle:* nudelartig geschnittene Eierkuchen, die als → Suppeneinlage dienen.

Friedrichshaller Bitterwasser → Heilwasser

Friesebrot → Kleieaufschlußmehl

Friesenkäse: aus den Niederlanden stammender gepreßter *Hartkäse* mit Kräutern, der ausschl. aus Kuhmilch mit einem Zusatz von Gewürznelken allein oder zusammen mit Kümmel in den Fettstufen 10% und 40% F. i. Tr. in zylindrischer Form hergestellt wird. Rinde und Teig sind gelbgrünlich und trocken, der Geschmack ist würzig. F. ist schneid- und reibbar.

Friesenschwarzbrot: ein grobes Roggenschrotbrot mit süßlicher Geschmacksrichtung in Kasten- oder Schnittbrotform. Das F. wird als → rindenloses Brot etwa 6 h gebacken und weist eine dunkle, aromatische Krume auf. → Vollkornbrot → Delikateßbrot → Brühstück

Fremdstoffe in Lebensmitteln

Zusatzstoffe	Kontaminanten		Umweltverunreinigungen	Sekundärprodukte
Antimikrobielle Stoffe (Konservantien) Antioxydantien Künstliche Farbstoffe Chemische Triebmittel Konsistenzverbessernde Mittel Frischhaltemittel Konsistenzerhaltende Mittel Schönungsmittel Künstliche Süßstoffe Künstliche Geruchs- und Geschmacksstoffe und -verstärker Enzyme Trennmittel u.a.	*Rückstände von Agrochemikalien:* Bakterizide Fungizide Insektizide Herbizide andere Pestizide Begasungsmittel Antikeimmittel Reifungsmittel Wachstumsregulatoren *Rückstände von Tierbehandlungen:* Östrogene Antibiotika Thyreostatika Tranquillizer	*Reste an technischen Hilfsstoffen:* Lösungsmittel Klärmittel Gleitmittel Fällungsmittel Trennmittel Pufferungsmittel Neutralisationsmittel Hydrolysesäuren und -laugen Enzyme Katalysatoren Mikrobenwuchsstoffe *Reste an sanitären Stoffen:* Reinigungsmittel Desinfektionsmittel	Toxische Metallionen kanzerogene Kohlenwasserstoffe Nitrat, Nitrit, Nitrosamine Chlorierte Kohlenwasserstoffe Radionuclide *aus Verpackungsmaterialien, technischen Geräten u.a. in Lebensmittel übergegangene Stoffe:* Plasthilfsmittel (Weichmacher, Stabilisatoren, UV-Absorber) Toxische Metallionen	Fettautoxydationsprodukte, unerwünschte Maillardprodukte, Bakterientoxine, Pilztoxine (→ Mykotoxine)

'Frigga': Pflaume. → Steinobst

Frikassee: in kleine Würfel geschnittenes, pikant abgeschmecktes, evtl. mit Champignons, Spargel und einer hellen Einbrenne gebundenes, zartes Kalb-(Brustfleisch) oder Geflügelfleisch.

Frischbackware, *Backware, frische:* je nach bestimmungsgemäßem Verzehr eine abgekühlte oder noch warme Backware unmittelbar am Ende des Herstellungsprozesses. Der Begriff ist vom Charakter der Backware (Sortimentscharakteristik) sowie von der jeweiligen Verbrauchererwartung abhängig. Alterungsvorgänge, die sich aus von selbst ablaufenden Veränderungen ergeben, setzen sofort nach dem Backprozeß ein und tragen zu einer Qualitätsminderung bei, wie das z. B. bei *altbackenen* Brötchen der Fall ist. Im fortgeschrittenen Stadium äußern sich die Alterungsvorgänge im sog. *Altbackenwerden,* z. B. in zunehmender Verfestigung der Krume und Erweichung der Kruste, was teilw. auf eine Rekristallisation der Stärke zurückzuführen ist. Solange noch genügend freies Wasser im Gebäck zur Verfügung steht, können diese Vorgänge durch Erhitzen wieder rückgängig gemacht werden (z. B. Aufbacken von alten Brötchen im Haushalt vor dem Verzehr). Frisches Brot ist gekennzeichnet durch eine rösche, aromatische, glänzende, auch bemehlte Kruste und eine weiche, elastische, saftige, im Mund gut „lösliche", nicht krümelnde Krume. Unter *Frischhaltung* wird einesteils das für Backwaren begrenzte Bestehenbleiben des optimalen Qualitätszustandes verstanden, andererseits wird der Begriff *Frischhaltung* als das Ergebnis gezielter Maßnahmen zur Verhinderung bzw. Verzögerung der Alterungsvorgänge bzw. des Altbackenwerdens betrachtet. Frischhaltemaßnahmen können bestehen im erhöhten Zusatz von Roggenmehl (s. Abb. zur Mindesthaltbarkeit von Brot und Kleingebäck) höherer Ausmahlung bei Mischbroten, in erhöhtem Zusatz von Malzmehl, Zucker, Fett (z. B. bei Brötchen und Toast) oder in geeigneter Verpackung (z. B. Schlauchbeutelbrot). Unter Folienverpackung kann es jedoch zu hoher Luftfeuchte kommen, so daß die Kruste Feuchtigkeit anzieht, dabei weich wird. Das Altbackenwerden erfolgt innerhalb des Temperaturbereiches von 60···–10°C und verläuft um 0°C am schnellsten, deshalb dürfen die Brote nicht im Kühlschrank gelagert werden; die Aufbewahrung sollte bei offener Lagerung bei Temperaturen zwischen 10°C und 20°C und einer relativen Luftfeuchte von 50···60% erfolgen. → Brot, konserviertes → Polyoxyethylenstearate

Frische: unterschiedlich ausgelegter Begriff für einen Zustand von Lebensmitteln, der von „eben zubereitet" bzw. „jetzt entstanden" oder „kühl", „warm" oder „heiß" über „nicht abgelagert", „nicht abgestanden" bis zu „nicht durch Konservierung haltbar gemacht" (sei es durch Trocknung, Pasteurisierung, Säuerung, Sterilisierung, Gefrierkonservierung oder Zusatzstoffe) reicht. Die F. ist hervorragendes Qualitätskriterium und zugleich Haltbarkeitskriterium bei Gemüse und Obst. Die F. kann auch Bestandteil einer Warenbez. sein, wie *Frischbackware, Frischfisch, Frischpilze, Frischfleisch, Frischmilch, Frischei, Frischkäse, Frischwurst, Frischgemüse, Frischobst, Frischsaft, Frischsauerkohl* (im Vergleich zu Dosenware). Bei pflanzlichen Erzeugnissen wird Kühllagerware, z. B. *Lagerobst* oder *Lagergemüse,* dem Frischobst oder Frischgemüse gegenüber als gleichwertig betrachtet, wenn Vor- und Nacherntebehandlung einschl. Lagerung sachgemäß betrieben werden, wie dies sich an äußeren Merkmalen (nicht vergilbte, vollturgeszente Blätter, Blattstiele, Stengel, Wurzeln, Knollen), Fehlen von Fremdgeruch oder Fremdgeschmack nachprüfen läßt. Dies bedeutet, daß F. von der Ernte bis zum Verbraucher erhalten werden muß, ob durch kurzfristige oder Langzeitlagerung, während des Transports oder der Vermarktung. Die F. ist bei pflanzlichen Produkten auch genetisch bedingt. Wenn man davon ausgeht, daß F. und Haltbarkeit identisch sind, so sind z. B. Sommeräpfel kürzere Zeit frisch und haltbar als Herbst- oder Winteräpfel. Der *Frischezustand* ist beim einzelnen Lebensmittel veränderlich und durchläuft verschiedene Entwicklungsstufen. *Frischegrad* und *Frischestadium* werden zur Beschreibung dieser Zustände gebraucht. I. allg. wird die F. durch visuelle und tastbare Wahrnehmungen sowie Geruch beurteilt (wofür es auch objektiv kontrollfähige Beschaffenheitsmerkmale gibt, z. B. Festigkeits- oder Aromaintensitätsmessung). Der Begriff F. kann bei jedem Lebensmittel einen anderen Inhalt haben. So verbindet der Verbraucher mit dem Begriff folgende Vorstellungen: *Rösche* bzw. *Knusprigkeit* bei Weißbrotkruste, Brötchen oder Knäckebrot, Duft durch *Ofenfrische* bei Croissants, *Blume* bei Bier, *Straffheit* (Turgeszens) des Gewebes bei pflanzlichen Erzeugnissen, *Kohlendioxidgehalt* (*Moussieren*) bei kohlendioxidhaltigen Getränken, *Röstfrische* bei Kaffeebohnen, *Aromafrische* von Aufgußgetränken, *Süßgeschmack* bei Zuckermais (Zuckergehalt sinkt sehr schnell nach der Ernte ab), *Zartheit* bei Weißbrotkrume, *Knackigkeit* bei Äpfeln, *Aromaintensität* bei Gewürzen, *Hefegeschmack* bei Wasserbackware, *Zartsplittrigkeit* bei Extrusionserzeugnissen, Fehlen von *Fischgeruch* bei fangfrischen Fischen, Fehlen von *Ranzigkeit* bei Butter, Fehlen von *Bittergeschmack* bei Weizenkeimen oder Haferflokken, Fehlen von *dumpfigem Geruch* bei Vollkornmahlerzeugnissen, Fehlen von *Klumpenbildung* bei pulverförmigen Erzeugnissen, wie Suppen-, Soßenpulver, Obst- oder Gemüsepulver, Fehlen von *Trübungserscheinungen* bei Wein, Bier oder Erfrischungsgetränken, sofern es sich nicht um trubstoffhaltige Erzeugnisse handeln soll. Bei → fermentierten Lebensmitteln wird der Begriff F. bei unvollkommen vergorenen (unausgereiften) Produkten benutzt, z. B. bei *Frischkäse* oder *Frischwurst,* im Vergleich zu den in verschiedenen Graden der Reife befindlichen Erzeugnissen. Dies gilt analog für Bier (*Weißbier*), Wein (*Jungwein*), Teig (*Frischteig*), Branntwein (kurz oder lange gelagert bzw. gereift), ferner für → Fladen, → Miso und viele andere orientalische Lebensmittel. Es gibt zahlreiche objektive Verfahren, um den Grad der F. zu bestimmen (z. B. Gehalt an Aminen, Fettsäuren, Aromastoffen, Enzymaktivitäten, wie Peroxydasetest). Ein Beispiel ist der Kohlendioxidgehalt. Der *Frischegeschmack* bei kohlendioxidhaltigen Getränken ist vom Kohlendioxidgehalt abhängig und wird durch die Temperatur im Bereich von 6···15°C nicht beeinflußt. Kühle Getränke wirken daher zugleich frisch. Getränke in offenen Flaschen verlieren innerhalb von 2 Tagen 60···90 % ihres Kohlendioxidgehaltes. Der Verlust beim Abfüllen beträgt 15···30 %, nach zweistündigem Stehen im Glas 42 % (Pilsner Bier) bis 63 % (Cola). Nach 48stündigem Stehen eines Getränkes in halbleerer Flasche beträgt der Verlust an Kohlendioxid 22···40 %. → Most → Verderb → Trübung → Knusprigkeit → Ranzigkeit → Konsistenz

Frischei → Frische

Frischfisch → Frische

Frischfleisch → Frische

Frischgemüse → Frische

Frischhaltemittel: Sammelbegriff für sehr unterschiedliche Stoffe oder Verbindungen, die zur Verzögerung von Alterserscheinungen bei üblicherweise frisch verzehrten Lebensmitteln beitragen sollen. Dabei handelt es sich entweder
a) um Zusätze, die bei der Herstellung eingearbeitet werden, z. B. Fett, stärkehaltige Quellstoffe oder Hydrokolloide, bei Backwaren auch Malz, Glycerol und Glucitol (Sorbit), zur Erhöhung der Saftigkeit von Brotkrume, um Phosphatverbindungen bei Milchprodukten oder z. B. → enzymatische Backhilfsmittel vor allem bei Weißbroterzeugnissen,
b) um *Oberflächenbehandlungen* von pflanzlichen Erzeugnissen (als Vor- und/oder Nacherntebehandlung), von Käse (Wachsumhüllung), Wurst (verschiedene Umhüllungsverfahren) oder Backwaren (z. B. → Glasuren). Erdbeeren und Kirschen als Weichobst werden mitunter mit Calciumsalzen gehärtet (→ Härtungsmittel), → Blattgemüse wird als Nacherntebehandlung mit Säuren und/oder Salzen besprüht oder getaucht (→ Stabilisatoren). Verbreitet ist die Schalenbehandlung von Citrusfrüchten und Kernobst, indem sog. Verdunstungshemmer (→ Überzugsmittel) auf Öl- oder Wachsbasis, vielfach mit Antioxydantien, Fungiziden und dergl. gemischt, im Sprüh- oder Tauchverfahren auf die Früchte gegeben werden. → Feuchthaltemittel → Frische

Frischkäse → Käse, nichtreifende → Frische

Frischkeimlinge → Keim

Frischkornerzeugnis: ein grob oder fein zerkleinertes Getreide (in Form von z. B. Vollkornmehl, Grobschrot, gequetschten Körnern, sog. Rohflokken oder Getreidefrischkeimlingen), das keine auf längere Haltbarkeit ausgerichtete Behandlung erfahren hat und alsbald dem Verzehr zugeführt wird. Vom gleichen Erzeugnis, das direkt nach der mühlentechnischen Herstellung gewonnen wurde, darf sich das F. nicht wesentlich unterscheiden. Die F. müssen aus lebensfähigem Getreide hergestellt sein (eingeweichte Samen müssen am 3. Tag mind. zu 80···90% keimfähig sein). Wenn die Temperaturen nicht über 20°C steigen, läßt sich Vollkornmehl auch einige Tage aufbewahren, wenn dies in luftdicht verschlossenen, geruchlosen Gefäßen erfolgt. Vollkornmehlhersteller geben bei ihrem, meist vakuumverpacktem Produkt durch die Mindesthaltbarkeitsangabe eine kürzere oder längere Qualitätsgarantie. Im Haushalt hält sich selbstgemahlenes Getreide umso länger, je schonender es hergestellt ist. Nach Untersuchungen der Bundesforschungsanstalt für Getreideverarbeitung in Detmold verhalten sich Walzenmahlwerkzeuge, die sich bis auf etwa 30°C erwärmen, produktschonender als Steinmühlen, die sich bis auf 60°C erwärmen. → Keim → Müsli

Frischkornmüsli → Müsli

Frischkornschrot → Müsli → Frischkornerzeugnis

Frischkosterzeugnis, *Rohkosterzeugnis:* i. w. S. Sammelbegriff für frische pflanzliche Produkte, z. B. Frischobst, Frischgemüse, → Frischkornerzeugnisse, die im eßfertigen Zustand als Einzelprodukt oder Kombinationserzeugnis (z. B. als → Frischkost-Salat oder → Müsli), als Beilage zur Aufwertung von Hauptgerichten oder als selbständige Frühstücks- oder Zwischenmahlzeit, lose oder in Portionspackung in den Verkehr gebracht werden. Die F. werden auch als Ergänzung oder Alternative zu den üblicherweise verbreiteten, gegarten, meist energiereichen → Fast-Food-Erzeugnissen angeboten. *Küchenfertige,* meist in Frischhaltebeuteln angebotene Frischsalate (*Folienbeutelsalat,* s. a. → Salatmischung) dürfen nicht mit chemischen Behandlungsmitteln konserviert sein. Waschen und Putzen senkt die vom Anbau natürlicherweise an der Oberfläche von Salat und Gemüse haftenden Mikroorganismen deutlich. Nach Herstellung von Schnittsalaten begünstigen der beim Schneiden ausgetretene Zellsaft, die rel. hohe Luftfeuchtigkeit und lange Lagerzeiten einen Wiederanstieg der Keimzahlen. Zudem besitzt ein Großteil der Keimflora die Fähigkeit, das in Blattgemüse reichlich vorhandene Nitrat zu Nitrit zu reduzieren. Bei untersuchten Schnittsalaten in Beuteln wurden Nitritgehalte bis zu 93 mg je kg Salat festgestellt. Für Folienbeutelsalate sollte daher eine Angebotsdauer von 6 Tagen nicht überschritten werden. Wenn die Ware den Herstellerbetrieb verlassen hat, soll sie unter Kühlung bis max. 6°C gehalten werden (Hinweis auf der Verpackung). Nach dem Bundesgesundheitsamt darf für die aerobe mesophile Gesamtkeimzahl ein Richtwert von 107 KbE/g (= Kolonie bildende Einheiten) nicht überschritten werden. Salmonellen und Shigellen dürfen in 25 g nicht nachweisbar sein.

Frischling → Wild

Frischmilch: lebensmittelrechtlich nicht eindeutig definierter Begriff für Milch. Unter F. wird einerseits die vom Erzeuger angelieferte Milch, die keiner Wärmebehandlung unterzogen ist (Rohmilch), verstanden, zum anderen molkereimäßig behandelte (z. B. pasteurisierte) → Trinkmilch. → Frische

Frischmilch, entrahmte: die in der Molkerei aus Rohmilch durch Abtrennen des Rahms, Erhitzung und anschließende Tiefkühlung gewonnene fast fettfreie Milch, die als → Trinkmilch für die menschliche Ernährung zur Verfügung gestellt wird (früher als → Magermilch bezeichnet). → Trinkmilch

Frischobst → Frische

Frischpilze → Frische

Frischsalat → Frischkosterzeugnis

Frischsauerkohl → Frische → Sauerkohl

Frischwurst → Frische

Frisee → Endivie

Fritatte → Fridatte

Fritierfett → Bratfett

Fritiergeschmack: durch den thermischen Abbau von Linolsäure erzeugter sensorischer Eindruck, hervorgerufen durch chemisch veränderte Fette.

Fritillária camtschatcénsis → Kaiserkrone, Große

Fritillária imperiális → Kaiserkrone, Große

Fritillariazwiebel → Kaiserkrone, Große → Gemüsezwiebel

Fritillarie → Kaiserkrone, Große

Fritini, *Sticks, Sticklets, Frittes:* ein stroh- bzw. stäbchenförmiges expandiertes → Imbißerzeugnis, das auch als Hauptgerichtbestandteil serviert wird. Die Zusammensetzung ist sehr vielseitig. Vielfach werden Mischungen von Kartoffelflocken mit Weizen- oder Roggenvollkornschrot, Sojamehl, auch Hafer- und Hirseflocken und Gewürzen (insbes. Paprika, Käse) zu einem Brei angerührt und gebacken oder im Strangpreßverfahren (→ Strangpreßerzeugnis) gekocht und anschließend in Fett gebraten.

Fritte → Backware

Frittes → Fritini

Fritürefett → Bratfett

Fromage blanc: in Luxemburg mit unterschiedlichem Fettgehalt produzierter Speisequark. → Käsesorten

Fromage bleu (franz. Blaukäse): franz. *Blau-* und *Grünschimmelkäse* aus Kuhmilch. Die verschiedenen Sorten Blaukäse (*Bleu d'Auvergne, Bleu de Bassillic, Bleu de Bresse, Bleu de Causses, Bleu de Laqueville, Bleu de Sassenage, Bleu de Haut-Jura, Bleu Fermier* und *Bleu de Quercy*) führen ihre Namen auf die Landschaftsbez. zurück, in der die Herstellungsbetriebe ihren Sitz haben. Der Käseteig ist geschmeidig, schnittfest und von bläulichen bzw. grünlichen Schimmeladern durchzogen. → Edelpilzkäse

Fromage de Chèvre: Gruppe der franz. Ziegenkäse, die etwa 60 Arten umfaßt. Es handelt sich um Weichkäse der verschiedensten Formen und Größen, darunter Grünschimmelkäse und Pilzkäse. → Käsesorten

Fromage cuit: *Sauermilchkäse* aus Luxemburg. → Käsesorten

Fromage fine → Pfefferkäse

Froschschenkel: gekochte oder gebratene, abgezogene Froschkeulen verschiedener Froscharten, wie *Rána arvális, Rána esculénta, Rána temporáris, Rána tigrena.* Sie sind in vielen Ländern begehrte Delikatessen. Das Hauptverarbeitungsland für *Rána tigrena* ist Indien, die Hauptfangzeiten sind August/September und Februar/März. Die Masse je Paar beträgt durchschnittl. etwa 45 g. Bei der Verarbeitung werden die Häute abgezogen, die Schenkelpaare zusammengebunden, gefroren, in Plastbeutelchen eingewickelt und in Kisten oder Pappschachteln zu 2 kg, 2,3 kg und 5 kg verpackt. F. können gekocht, gebraten, fritiert oder als Ragout fin zum Pastetenfüllen verwendet werden. Qualitätsforderungen: gleichmäßige Sortierung, garantierte Frische, helles, zartes Fleisch, dickfleischige F. Geschmacklich ähnelt Froschschenkelfleisch dem Kalbfleisch.

Frostbohne → Kaffee

Frostraslinge → *Tricholomatáceae*

Frucht: ein aus dem Fruchtknoten normalerweise nach erfolgter Befruchtung entstehendes Gebilde, das die Samen umschließt. Die Fruchtknotenwand (Perikarp) entwickelt beim Entstehen der Frucht drei Schichten: die äußere (Exokarp), die mittlere (Mesokarp) und die innere (Endokarp). Je nach Ausbildung der Fruchtknotenwand werden saftige Früchte oder Beerenfrüchte und Trockenfrüchte unterschieden. Ist die Frucht in allen Schichten fleischig, so ist sie eine *Beere* (Stachelbeere, Wein, Zitrone). Ist nur die mittlere Schicht fleischig, die innere aber steinig hart, ist die Frucht eine *Steinfrucht* (Kirsche, Pflaume, Pfirsich, Walnuß). Trockenfrüchte werden unterteilt in einsamige Schließfrüchte, die geschlossen bleiben

(Haselnuß), und in *Kapsel-* oder *Springfrüchte,* die sich öffnen (beim Obst nicht vorhanden, beim Gemüse z. B. die *Hülsenfrüchte*). Bei getrenntblättrigem Fruchtknoten wird jeder Fruchtknoten zu einer Frucht, das Ganze ist dann eine *Sammelfrucht* (Himbeere). *Scheinfrüchte* bilden sich aus, wenn sich an der Fruchtbildung neben dem Fruchtknoten andere Blütenteile beteiligen: Bei der Erdbeere wird die Blütenachse fleischig, in dieser sitzen die Einzelfrüchtchen; bei der Hagebutte bildet die ausgehöhlte Blütenachse die fleischige, rote Hülle der Frucht. Das Fruchtfleisch des Apfels und der Birne besteht aus der angeschwollenen Blütenachse (*Sammelbalgfrucht*). Bei Ananas, Maulbeere, Feige nimmt der ganze Fruchtstand die Gestalt einer Einzelfrucht an, dabei werden die Blütenstandsachse und Teile mehrerer Blüten fleischig. → Spaltfrucht → Sammelfrucht → Schließfrucht → Kapsel

Fruchtaroma: künstlicher Geruchs- und Geschmacksstoff, der meist aus Fruchtethern besteht. Die F. dienen zum Aromatisieren von Süßwaren, wie Bonbons, Fondants, Puddingpulvern, süßen Soßenpulvern, Limonaden, Speiseeis, Konditoreiwaren und Fruchtlikören.→ Ester → Essenzen → Aroma

'Fruchtbare aus Fertöd', *'Fertödi bötermö':* eine in Ungarn für den Liebhaberanbau 1980 zugelassene → *Himbeer-Brombeer-Hybride.* Im Ertrag übertrifft diese Hybride mit festen Früchten die Himbeere. Der Wuchs ähnelt der einer stark wachsenden Brombeere; ein Spalier ist erforderlich.

Fruchtbonbon → Bonbon → Rocks

Fruchtdessertschnitte → Obstgebäck

Fruchtdessertwein: → *Fruchtwein,* hergestellt aus den Säften von Johannisbeeren, Stachelbeeren, Brombeeren, Heidelbeeren, Kirschen, Erdbeeren, Äpfeln, Hagebutten oder Rhabarber. Im Gegensatz zu Fruchttischwein (→ Fruchtwein) zeichnen sich F. durch einen höheren Ethanol- und Säuregehalt aus. Durch Zusatz von Primasprit wird der Ethanolgehalt auf mind. 13 %-Vol. eingestellt.

Fruchtdicksaft → Fruchtsaftkonzentrat

Früchtebrei mit Getreide, *Obstbrei mit Getreide:* eine → *Fertignahrung für Kinder* in Form einer Naßkonserve, die als → Beikost dient und aus Obst (vorwiegend Apfel, Birne, Kirsche, Pfirsich, Aprikose) besteht, dem Getreidenährmittel oder Vollkornmehle zugesetzt sind. Die F.m.G. kommen in Gläschen verpackt (*Gläschenkost, Baby-Gläschenkost*) in den Handel und sollten ihren Süßgeschmack durch Mischung süßer Früchte (Bananen, Birnen) mit weniger süßen Früchten (Aprikosen, Heidelbeeren) und nicht durch Zusatz von Honig, Obstdicksaft oder Zucker erhalten. Bei den im Handel befindlichen Erzeugnissen werden Rezepturen ab 4. bis 8. Lebensmonat des Säuglings angeboten. Der Gehalt an ausgewählten Nährstoffen bewegt sich je 100 g Naßkonserve: bei Gesamtzucker von 6,5···15 g, bei Saccharose von 0,1···2,5 g, bei Calcium von 11,0···40 mg, Vitamin C wird vielfach in synthetischer Form zugesetzt. → Gemüsebrei mit Getreide → Säuglingsfertignahrung

Früchtebrot, *Kletzenbrot, Brot mit Fruchtzusätzen:* ein Spezialbrot aus hellen oder dunklen Mehlsorten mit oder ohne Kruste unter Zusatz von Back- bzw. Trockenobst und/oder kandierten Früchten. Es gibt F., die mehrere Früchtearten und solche, die nur eine bestimmte Fruchtart enthalten. Im letzteren Fall, z. B. bei *Rosinen-* oder *Korinthenbrot,* müssen mind. 15 % (maximal 40 %) luftgetrocknete Rosinen oder Korinthen im Brot enthalten sein. Je nach landesüblichen Verzehrsgewohnheiten werden außerdem gedörrte Pflaumen, Birnen, Feigen, Äpfel sowie Datteln, Nußkerne, Zitronat und Orangeat verwendet. Im Schwarzwald wird F. auch unter der Bez. *Huzelbrot* hergestellt, bestehend aus selbstgetrockneten Birnen (bevorzugt Williamsbirne), Zitronat, getrockneten Pflaumen, Feigen, Walnüssen, Zimt, Anis, Nelken und Kirschwasser oder dem billigeren Zwetschgenwasser. Neu entwickelte Brotsorten mit Fruchtzusätzen werden äußerlich sehr auffallend gestaltet, indem vermahlenes Backobst unter Zusatz von Backgelatine verwendet wird, die eßbar ist, verbacken und durch hitzebeständige Naturfarben eingefärbt werden kann. Auf diese

Weise können intensiv gefärbte F. hergestellt werden, die entsprechende Phantasiebez., wie *„rotwangiges Brot"* tragen. F. wird auch in Form eines → *rindenlosen Brotes* in Schnittbrotform gehandelt. Dieses → Dampfbackkammerbrot weist, neben dem Aroma aus verschiedenartigen Fruchtzusätzen, auf Grund des langen Backprozesses einen intensiven Eigengeschmack auf, so daß ein Verzehr als → Delikateßbrot auch häufig ohne Belag, bes. zur Reise-, Sport- und Jugendbeköstigung, üblich ist.

Fruchteis → Speiseeis

Fruchteiskrem → Speiseeis

Früchtekuchen → Kuchen, Englischer

Früchtepudding → Wasserpudding

Fruchtessig → Essig

Früchtetablette: ein → Komprimat aus Trockenobst, das als Zwischenmahlzeit oder als Beilage zu Frühstücksgerichten aus Getreide (→ Getreidefrühstückserzeugnis) geeignet ist.

Früchtetee: ein → teeähnliches Erzeugnis aus Trockenfrüchten mit leicht säuerlichem Geschmack, dunkelroter Farbe, seltener aus einer einzigen Fruchtsorte, in der Regel aus einer Grundmischung von Malvenblüten, Apfelstücken, Hagebutten- und Orangenschalen, sowie Zusätzen von natürlichen (direkt aus der Frucht über Destillieren, Pressen oder Eindampfen gewonnenen Extrakten) oder naturidentischen (synthetischen) Aromastoffen. Je besser die Qualität an getrockneten Blüten und Früchten aus Wildsammlung oder gewerblichem Anbau, umso weniger besteht Veranlassung zum Zusatz von Aromastoffen. Der F. wird vorwiegend in 75···250g-Packungen gehandelt, wobei als Füllmasse (→ Füllstoff) vielfach Hagebuttenkerne, Apfelschalen und Apfeltrester verwendet werden, die kaum zum Fruchtgeschmack beitragen. → Roselle

Fruchtether → Ester

Fruchtextraktpulver → Fruchtpulver

Fruchtfleischfett → Pflanzenfett

Fruchtgelee → Obstgelee

Fruchtgeleezuckerware → Geleezuckerware

Fruchtgewürz: getrocknete, ganze oder pulverisierte Früchte von Anis, Aschantipfeffer, Bittermandel, Cayennepfeffer, Dill, Fenchel, Hopfen, Kardamom, Koriander, Kubebenpfeffer, Kümmel, Lorbeer, Mohrenpfeffer, Muskatnuß, Mutterkümmel, Paprika, Pfeffer, Piment, Pistazie, Senf, Sternanis, Tonkabohne, Vanille und Wacholder. → Gewürz

Frucht, glasierte: eine → kandierte Frucht, die mit dünner, glasiger Zuckerglasur überzogen ist. → Glasur

Frucht, glasige → Glasigkeit

Frucht, kandierte → Dickzuckerfrucht

Fruchtkonzentratschnitte → Fruchtschnitte

Fruchtkremschokolade → Schokolade, gefüllte

Fruchtkremtorte → Diabetikerbackware

Fruchtmark → Obstmark → Mark

Fruchtmus: eine dickbreiige, streichfähige Zubereitung, vorwiegend hergestellt durch Einkochen des Markes aus frischen Pflaumen, aus Pflaumenhalbfabrikaten oder aus getrockneten Pflaumen oder eines Gemisches derselben und einem anderen Obstmark unter Verwendung von Weißzukker, bisweilen unter Zusatz von Zuckerrübensaft oder Sirupen verschiedener Art sowie von Gewürzen und Genußsäuren. Bei allen Fruchtmusarten sind dem Frischmus, bezogen auf 100 kg Fertigerzeugnis, maximal 25 kg Weißzucker zuzusetzen. Der Zusatz von Zuckersirup, Speisemischsirup, Kandisablauf, Zitronatablaufsirup ist auf die Zukkereinwaage anzurechnen und soll 25,5 kg nicht übersteigen. Ein Zusatz von Pflaumenpulpe zum Pflaumenmark oder Pflaumendickmus ist statthaft. Der Gehalt an Extrakt, refraktometrisch, ist für industriell hergestelltes F. auf mind. 53 % festgelegt. Ein F., das als *Pflaumenmus* deklariert ist, darf nur aus frischen oder verarbeiteten Pflaumen bestehen. Im Haushalt wird als F. vorwiegend Pflaumenmus (auch *Powidi* oder *Pekmez* in Österreich genannt) hergestellt. Das F. dient als Brotaufstrich oder zum Füllen von Gebäck oder Pasteten. *Kompott-* bzw. *Obstmus* wird dagegen aus frischen, gereinigten und pasteurisierten Früchten oder aus Obstmark als ein mit Zucker abgeschmeckter Obstbrei hergestellt, der sofort verzehrt oder durch Pasteurisieren haltbar gemacht wird und etwa 80% Feuchtigkeit aufweist. Die industrielle Herstellung von Obstmus ist auf → Apfelmus beschränkt. Im Haushalt wird außer diesem noch *Quittenmus* hergestellt. → Mus

Fruchtmuttersaft → Fruchtsaft

Fruchtnektar → Nektar 1. → Süßmost

Fruchtpaste → Pastete

Fruchtperlen: vorgetrocknete Früchte (Feigen, Pflaumen, Äpfel usw.), die mit Zusätzen wie Zucker, Glucose, Mehl in Kochextruderanlagen zu perlenartigen Gebilden verarbeitet und als leichtlösliche Geschmacksträger in Müslimischungen oder z. B. bei der Fruchtjoghurtherstellung verwendet werden.

Fruchtpulpe → Pulpe

Fruchtpulver, *Fruchtextraktpulver, Obstextraktpulver, Obstpulver:* ein vorwiegend im Vakuumgefrier- oder Sprühtrocknungsverfahren schonend hergestelltes, pulverförmiges, aromaintensives, sofort lösliches, hochwertiges Obsterzeugnis. Vor dem Versprühen werden die Früchte zermahlen und die Kerne abgesiebt, Glucose wird zwecks Mikroverkapselung (Aromaschutz) zugesetzt, danach wird homogenisiert und anschließend die Masse durch einen Überdruck von 5,9···6,4 MPa in feinste Nebeltröpfchen zerrissen. Durch einen mit hoher Geschwindigkeit zirkulierenden warmen Luftstrom wird dem Sprühgut das Wasser entzogen, ohne daß sich das Erzeugnis dabei erwärmt, einen Farbverlust oder unerwünschte Farbveränderungen oder Vitaminverlust erleidet. Das anfallende Pulver wird noch einmal abgesiebt und sofort luftdicht abgepackt. Für 1 kg F. sind 3···10 kg frische Früchte erforderlich. Die F. enthalten 2···4%, selten 8% Feuchtigkeit, 40···80% Gesamtzucker, 0,8···6,7% organische Säuren und 2,5···8% Mineralstoffe. Je nach der verwendeten Obstart unterscheidet man z. B. Himbeer-, Heidelbeer-, Aprikosen- oder Kirschfruchtpulver. Die F. verteilen sich gut in kaltem und heißem Wasser. Da sie stark hygroskopisch sind, müssen sie in wasserdampfdichter Verpackung aufbewahrt werden. Sie werden für die Aromatisierung von Milchmischgetränken, für Instantprodukte aller Art – bes. für Campingverpflegung –, für Speiseeis, Süßwaren, Pudding, Mixgetränke u. dgl. eingesetzt. → Instantpulver

Fruchtrose → Hagebutte

Fruchtsaft, *Obstsaft, Muttersaft, Obstmuttersaft, Fruchtmuttersaft:*
a) ein aus entsprechenden Rohstoffen, auch aus Mischungen von Säften mehrerer Fruchtarten über Extraktion oder Pressung industriell gewonnenes klares oder keltertrübes, gärfähiges aber unvergorenes, ohne Trinkwasser- und Zuckerzusatz unmittelbar genußfertiges (wenn aus reifen Äpfeln, Birnen, Zitrusfrüchten, Quitte) oder nicht trinkfertiges, stark sauer schmeckendes Getränk (wenn aus Beerenobst (→ Buntsaft) oder anderen säurereichen Früchten), das ohne Konservierungsmittel haltbar gemacht wird. In der Verkehrsauffassung wird unter F. ein Erzeugnis verstanden, das als 100%iger Saft zu beurteilen ist und dem zum Ausgleich eines natürlichen Mangels an Zucker höchst. 15 g je Liter der gebräuchlichen Zuckerarten zugesetzt werden. Für saure Säfte gelten andere Regelungen. Der Hinweis „ohne Zuckerzusatz" bei F. bedeutet, daß lediglich eine Korrekturzuckerung unterblieb, trotzdem können F. beachtliche Mengen an Zucker aufweisen, bislang ist jedoch der tatsächliche Gehalt an Zucker in F. nicht deklarationspflichtig. Ungesüßte und unverdünnte, trinkfertige F., z. B. *Apfelsaft, Birnensaft,* Zitrussaft usw., die als frisch gepreßte, pasteurisierte F. heiß in Glasbehälter gefüllt werden, zählen zur Spitzenqualität der Fruchtsaftindustrie. Da die direkte Abfüllung jedoch auf Grund ihrer technischen und wirtschaftlichen Aufwendigkeit zu den Sonderverfahren zählt, werden die meisten Kernobst- und Zitrusfrüchte zu *Fruchtsaftkonzentrat* verarbeitet, das nach Rückverdünnung als F. bezeichnet wird. Daneben gibt es Ansätze, tiefgefro-

renen Zitrussaft, z. B. Orangensaft, in Portionspakkungen auf dem Weg über die Gefriertruhe des Einzelhandels zum Verbraucher zu bringen. Ein Gehalt von mehr als 50 µg Patulin je l F. gilt als Nachweis für die Verarbeitung von verschimmelten, d. h. nicht mehr gesunden Früchten.
b) im Haushalt, mittels Saftzentrifuge oder Dampfentsafter, aus süßen, reifen Früchten, wie Apfel, Birne, Pflaume, Weintraube, ohne Zusatz von Zukker oder Trinkwasser, zum unmittelbaren Genuß hergestellter → Saft, der zum Zwecke der Aufbewahrung pasteurisiert ist.
c) im Haushalt, mittels Saftzentrifuge oder Dampfentsafter, aus Früchten mit hohem Säuregehalt (z. B. Beerenobst oder Falläpfel) hergestellter Saft, der auch ohne Trinkwasser- und Zuckerzusatz nach Pasteurisation (Erhitzung auf 75°C) aufbewahrt und später zu Süßmost, Gelee usw. weiterverarbeitet werden kann. → Most → Saft, geklärter → Apfelsaft → Apfelsaft, keltertrüber → Freeze-Flo-Lebensmittel

Fruchtsaftextrakt → Fruchtsaftkonzentrat

Fruchtsaftgetränk → Erfrischungsgetränk, alkoholfreies

Fruchtsaftlimonade → Erfrischungsgetränk, alkoholfreies

Fruchtsaftkonzentrat, *Fruchtsaftextrakt, Obstsaftextrakt, Fruchtdicksaft, konzentrierter Fruchtsaft, Obstdicksaft:* ein aus → Fruchtrohsäften durch schonenden Entzug des Fruchtwassers hergestelltes Erzeugnis, das – bei einer entsprechend dem Eindickungsgrad erfolgten Verdünnung mit Wasser – ein Getränk mit arteigenem, fruchtaromatischem, reinem Geschmack ergeben soll. Die Herstellung von F. ermöglicht Einsparung von Behältnissen in Zeiten mit hohem Obstanfall und Verlagerung der Herstellung von Fertigprodukten auf arbeitsärmere Produktionsperioden. Die aus F. zurückgewonnenen Säfte ergeben *Obstgetränke, Fruchtnektar* oder Erfrischungsgetränke. Mit Genußsäuren und Zucker angereicherte F. werden als *Friate, z. B. Apfelfriate,* in den Handel gebracht und dienen, ähnlich dem *Edelebereschenkonzentrat,* als Ersatz für Zitrone bei der Bereitung von Salaten oder mit Wasser verdünnt als Erfrischungsgetränk.

Fruchtsaft, konzentrierter → Fruchtsaftkonzentrat

Fruchtsäuren: eine Reihe von Säuren, die vor allen Dingen in Früchten und Gemüse vorkommen, an deren Geschmacksbildung beteiligt sind und wegen ihres fruchtig-sauren Geschmacks vielfach in der Lebensmittelherstellung Verwendung finden. Vorrangige Bedeutung kommt hierbei der → *Citronensäure* und der → *Äpfelsäure* zu. Die Äpfelsäure ist reichlich in Äpfeln und Früchten der Eberesche enthalten, die Citronensäure bes. reichlich in Zitrusfrüchten, Preiselbeeren, Himbeeren, Johannisbeeren, zu 0,2 % in Kuhmilch und in geringen Konzentrationen auch im tierischen Gewebe, wo sie ein wichtiges Zwischenprodukt des Stoffwechsels ist. *Bernsteinsäure* ist in unreifen Früchten anzutreffen und tritt ebenfalls im Citronensäurezyklus des Stoffwechsels als Zwischenprodukt auf. Die im Pflanzenreich weit verbreitete → *Weinsäure* findet auch zur Herstellung von Brauselimonade und Backpulver Verwendung. Die *Chinasäure* ist in Gemüse, → *Fumarsäure* außerdem in Früchten zu finden. Citronensäure und Weinsäure werden heute mikrobiell gewonnen. Die F. werden vom menschlichen Organismus verstoffwechselt, dabei werden je g F. 14 kJ (3,4 kcal) Energie genutzt. → Succinate → L-Chinasäure → Shikimisäure → Monohydroxycarbonsäuren

Fruchtschale: der äußere Teil der aus dem Fruchtknoten entstandenen Frucht bzw. die äußere Hülle von Sammelbalg- (Apfel, Birne, Quitte) und Schließfrüchten (Haselnuß).

Fruchtschalen, expulpierte → Flavedo

Fruchtschaumtorte → Schaumtorte

Fruchtschaumwein: moussierendes, alkoholisches Getränk, hergestellt aus *Fruchttischwein* (→ *Fruchtwein*). Das artbestimmende Kohlendioxid ist entweder durch natürliche Gärung entstanden, oder es wird mit Hilfe einer Imprägnierpumpe hineingepreßt.

Fruchtschnitte: 1. → Schnitte
2. Fruchtkonzentratschnitte: ein → Imbißerzeugnis meist in Form von → Riegeln oder kleinen Tafeln, die mit Oblaten abgedeckt sind, aus Trockenfrüchten, → Ölsamen, → Ölsaaten, ggf. auch Getreideflocken, Honig, Zucker und Bindemitteln bestehen. Entgegen den Verbrauchererwartungen enthalten die auf dem Markt befindlichen F. zu wenig Ballaststoffe und wie die → Müsliriegel zu hohe Zuckeranteile (bis 55 %). Im Energiewert unterscheiden sich die F. daher im Vergleich zu den im Handel befindlichen *Energieriegeln,* die als konzentrierte Nahrung für lange Wanderstrecken oder zur Leistungserhaltung beim Sport (daher auch *Sportriegel*) gedacht sind, kaum. Aus ernährungswissenschaftlicher Sicht sind F. und *Energieriegel* wegen ihres hohen Anteils an leicht löslichen Kohlenhydraten nur mit Einschränkung zu empfehlen. → Komprimat

Fruchtschokolade: eine *Schokolade,* der Trokken- oder Dickzuckerfrüchte, Fruchtsäfte, -pasten oder -mark zugesetzt sind. *Schokolade mit Fruchtgeschmack* enthält natürliche oder künstliche Geschmacksstoffe. → Schokolade → Süßware → Kakaoerzeugnis

Fruchtserum → Pulpe → Markkonzentrat

Fruchtsirup, *Obstsirup:* eine dickflüssige Zubereitung aus Fruchtsaft, Fruchtsaftkonzentrat oder aus Früchten unter Verwendung von Zuckerarten mit oder ohne Aufkochen und einem Gehalt an löslicher Trockenmasse, in den einzelnen Ländern unterschiedlich, mind. aber 65···67 %. Der bekannteste F. ist der Himbeersirup (s. Tab. oben). Der F. wird zu Tunken für Süßspeisen verwendet; im Verhältnis 1:7 mit Trink- oder Mineralwasser verdünnt, dient F. als Erfrischungsgetränk.

Fruchtsuppenpulver: ein → Süßspeisepulver aus Weizengrieß und Stärke oder nur aus Sago mit Zusatz von natürlichen und/oder künstlichen geschmackgebenden Stoffen. Unter Verwendung von Zucker und Trinkwasser oder Fruchtsaft ergibt das F. eine warm oder kalt zu verzehrende Fruchtsuppe.

Mineralstoff- und Vitamingehalt sowie Energiewert von Himbeersirup

Mineralstoff/Vitamin	Durchschnittl. Gehalt je 100 g in mg
Kalium	90,0
Calcium	7,0
Eisen	2,0
Vitamin B_1	0,06
Vitamin B_2	0,003
Niacin	0,16
Vitamin C	16,0
Energiewert in kJ (kcal) je 100 g	1135 (270)

Fruchtsüßmost → Süßmost

Fruchttörtchen → Tortelett → Obstgebäck → Mürbeteig → Volleimasse

Fruchttorte → Torte → Obstgebäck

Fruchttrunk, *Früchtetrunk:* ein Erzeugnis aus Fruchtsaft, Fruchtsaftkonzentrat oder Fruchtmark mit einem Saftanteil, der unter dem des → Fruchtnektars liegt. So weist z. B. Grapefruittrunk einen höheren Verdünnungsgrad auf als Grapefruitnektar. → Trübungsmittel → Saft → Fruchtsaft

Fruchtwein: ein → *weinähnliches Getränk,* hergestellt durch natürliche Gärung aus verschiedenen Fruchtrohsäften, umgangssprachlich auch als → *Obstwein* bezeichnet. Zu F. werden Kernobst, Steinobst, Beerenobst, Hagebutten, Schlehen und Rhabarber verarbeitet. Es werden z. B. süßer und herber *Fruchttischwein,* → *Fruchtdessertwein, Wermutfruchtdessertwein, Apfel-, Birnen-* und → *Obstwein,* → *Maitrank* und → *Fruchtschaumwein* unterschieden. Die Fruchtdessertweine zeichnen sich gegenüber den Tischweinen durch einen höheren Alkohol- und Säuregehalt aus. Die industrielle Fruchtweinbereitung ist bes. dann von wirtschaftlicher Bedeutung, wenn bei sehr starken Obsternten das anfallende Obst von der Konservenindustrie nicht rechtzeitig verarbeitet werden kann.

Fruchtzellbrei → Pulpe

Fruchtzellmasse → Pulpe → Markkonzentrat

Fruchtzucker → Fructose

Frucht, zusammengesetzte → Sammelfrucht → Sammelspelzfrucht

Fructane → Polyfructosane

D-Fructosamin → Aminozucker

Fructosane → Polyfructosane

Fructose (*Fruktose*), *Fruchtzucker, Lävulose: Monosaccharid, bei dem sich die Carbonylgruppe an einem mittelständigen C-Atom (Ketohexose)* befindet, das die Schwingungsebene des polarisierten Lichtes nach links dreht und reduzierend wirkt. F. findet sich frei in zahlreichen Pflanzen, bes. in Früchten (Weintrauben, Bananen, Äpfeln, Birnen), gebunden als → Saccharose ebenfalls in Früchten und bes. in Zuckerrübe und Zuckerrohr sowie, frei und gebunden, im Honig, als Polysaccharid, z. B. Inulin, in Wurzeln und Knollen (Dahlie, Topinambur und Zichorie). F. kristallisiert sehr schwer und hat eine → Süßkraft von etwa 1,2 (10%ige Lösung). Die kristallisierte F. liegt als β-Fructopyranose (→ Saccharide), in wäßriger Lösung als Fructofuranose vor. F. wird vorzugsweise in der Diätetik als Zuckeraustauschstoff verwendet, da F. vom Diabetiker besser als andere Saccharide vertragen wird. Auch in der Diätetik von Lebererkrankungen, Gallenleiden und Störungen der Bauchspeicheldrüse sowie in der Altersernährung gewinnt F. zunehmende Bedeutung. Ferner dient sie zur parenteralen Ernährung (Injektionslösung). F. wird aus Inulin bzw. Saccharose durch Säurehydrolyse, Fällung als Calciumfructosat und Saturieren der wäßrigen Suspension mit Kohlendioxid oder aus Glucose durch enzymatische Isomerisierung (→ Glucose-Isomerase) gewonnen. F. wird entsprechend einem Energiewert von 1715 kJ (410 kcal) je 100 g metabolisiert.

Fructose-6-phosphat → Zuckerester

Fructosesirup → Maisstärkesirup

Fructoside → Glycoside

Fructosylsaccharose → Trisaccharide

Fructus multiflorae → Japanrose

Frühgeborenennahrung: eine für das Heranwachsen von Frühgeborenen bestimmte künstliche Nahrung auf Milchbasis, die sich vornehmlich durch einen relativ hohen Eiweißgehalt auszeichnet. Die F. trägt dem Nachholbedarf des Frühgeborenen Rechnung, der zudem Eiweiß besser und Fett schlechter als der normalgewichtige Säugling ausnutzt. → Fertignahrung für Kinder → Kostform → Nahrung

Frühgemüsemischung: eine → Gemüsesterilkonserve in Form eines Gemüsemischerzeugnisses. In einem Glas von 0,9 l Inhalt können z. B. enthalten sein:

Spargelabschnitte	40 g
Erbsen	250 g
Speisemöhren	310 g
oder	
Blumenkohl	100 g
Erbsen	250 g
Speisemöhren	250 g

→ Gemüse, gemischtes

Frühjahrslorchel → Gyromitrin → Pilzgifte

Frühlingszwiebel → Winterzwiebel

Frühpflaume: auch → Frühzwetsche, i. w. S. Bez. für die Frucht solcher Pflaumensorten, die vor den Hauszwetschensorten (Anfang September) reifen. → Pflaume

Frühstücksgebäck: eine Backware, die hauptsächlich morgens verkauft und teilw. noch warm zum Frühstück verzehrt wird. Zum F. zählen alle Arten von → Kleingebäck, insbes. → Brötchen, → Schrippen, Kipfel (→ Hörnchen) usw. Die F. werden, sofern sie nicht frisch gekauft und sofort verzehrt werden, im Haushalt vielfach nochmals aufgebakken, da der Geschmack vor allem der → Weizenkleingebäcke frisch am besten ist. → Frischbackware

Frühstücksgetreideerzeugnis → Getreidefrühstückserzeugnis → Müsli

Frühstückskäse: als Mager- oder Viertelfettkäse hergestellter *Weichkäse* ohne Gewürzzusatz nach *Romadurart.* Er hat eine gelbbraune bis rötliche Oberfläche mit Schmierebildung. Der Käseteig ist weiß bis gelblich, geschlossen und schnittfest. Geruch und Geschmack sind, ähnlich dem Romadurkäse, kräftig würzig bis pikant. → Romadurkäse

Frühstückskuchen, Holländischer: ein 18···23% Feuchtigkeit enthaltender und im verpackten Zustand mind. ein halbes Jahr haltbarer, mit glatter Oberfläche versehener Blechkuchen aus äußerst enzymarmem Roggenmehl (R 812/997) und Backpulver als Lockerungsmittel. Nach den Leitsätzen für Dauerbackwaren zählt der H. F. zu den *Braunen Lebkuchen* und muß daher mind. 50% Zuckerstoffe aufweisen. In der Regel wird der Teig unter Verwendung von Zucker und Invertzuckercreme hergestellt.

Frühstücksnahrung → Müsli

Frühstückszerealien → Getreidefrühstückserzeugnis

Frühzwetsche: 1. i. w. S. Bez. für alle vor den Hauszwetschensorten (Anfang September) reifenden Pflaumensorten, besser als → Frühpflaume zu bezeichnen.
2. i. e. S. für die zur Varietät → Echte Zwetsche gehörenden, bis etwa Anfang September reifenden Sorten, wie *'Lützelsachser', 'Zimmers Frühzwetsche'* u. a. → Pflaume

Fruktose → Fructose

Fuchsbeere → Preiselbeere

Fúchsia corymbósa Ruiz et Pav.: aus den peruanischen Anden stammende Zierpflanze (Familie *Onagráceae*), die dunkelrote, feigenähnliche, eßbare Beerenfrüchte trägt. Diese sind süß bis sauer und werden roh verzehrt.

Fuchsmiell → Ruchgras

Fuchsnuß, *Gorgonnuß:* die im tropischen Asien, in Japan, China, Nordindien beheimatete Wasserpflanze *Euryale férox* Salisb. (Familie *Nymphāceae*), die von der Landbevölkerung vorwiegend als Wildgemüse genutzt wird. In China wird F. wegen der eßbaren Samen kultiviert, die aus 8,5% Eiweiß, 14,5% Fett und 77% Kohlenhydraten bestehen und auch zu Mehl vermahlen werden. Die Stärke der Samen enthält 25% Amylose. Die Kettenlänge der Amylose wird mit 22, die des Amylopectins mit 380 Glucoseeinheiten angegeben. Die Samen werden roh oder gekocht verzehrt.

Fuchsschwanz → Ackerschachtelhalm

Fuchsschwanz, Dreifarbiger → Dreifarbenamarant

Fuchsschwanz, Echter → Gartenfuchsschwanz

Fuchsschwanz, Grüner → Meier

Fuchsschwanzhirse → Kolbenhirse

Fuchsschwanz, Roter → Bastardfuchsschwanz

Fucoidan (*Fukoidan*) → Algenprodukt → Algenpolysaccharid

α-D-Fucose → 6-Desoxyhexosen

1-Fucosido-lactose → Trisaccharide

Fucostanol → Sterole

Fucosterol → Sterole

Fucoxanthin → Farbstoffe

'Fuerte' → Avocado

Fufu: ein hauptsächlich aus → *Guineayams* bereitetes westafrikanisches Gericht. Die gekochten und geschälten Yams-Knollen werden in einem hölzernen Mörser zu einem klebrigen Teig zerstoßen. F. wird i. allg. mit einer dicken Suppe aus Öl, Fleisch bzw. Fisch, Gemüsen und Gewürzen gegessen. Für die Bereitung von F. eignen sich auch die Knollen von → *Taro,* → *Tannia,* → *Maniok* oder die Früchte von → *Bananen,* die allein oder in Mischung verwendet werden können.

Fugu: Bez. für eine japanische Fischdelikatesse aus dem *Kugel-* oder *Ballonfisch.* F. gilt als gefährliche Spezialität, da die Innereien (Leber, Eierstöcke) toxische Verbindungen (Tetrodoxin) enthalten und eine sehr sorgfältige Abtrennung vom Filet voraussetzen.

Fuju → Sufu

Fula, *Fura:* eine in Westafrika übliche knödelartige Zubereitung aus *Guineakorn* (*Andropógon guineénsis* Schum.), einer Hirseart, die der Bereitung eines Getränkes dient. Nach dem Einweichen wird die Hirse zwecks Schalenentfernung zerkleinert, zu einem Teig angerührt, zu Kugeln geformt und über kochendem Wasser gedämpft. Danach werden die Kugeln wieder zerlegt, mit Gewürzen und Erdnüssen gemischt, nochmals geformt und in Hirsemehl paniert. Diese → Klöße werden als Halbfertigware gehandelt. Im Haushalt werden sie in Wasser oder Milch getaucht und ausgepreßt. Die erhaltene Flüssigkeit wird süß getrunken. → Brei → Kloß

Fullererde → Bleicherde

Füllhorn → Würzpilze

Füllmasse, *Füllmittel:* in der Regel Stoffgemische (Fruchtmassen, Krems u. a.), die in rohem oder zubereitetem Zustand zur Füllung von Lebensmitteln, bevorzugt Süßwaren (z. B. Pralinen, Waffeln, gefüllte Schokolade) und Backwaren (z. B. Pfannkuchen, Blätterteiggebäck) verwendet und teilw. verbrauchsfertig gehandelt werden.

Füllrohmasse: eine → *Rohmasse* in verschiedenartiger Zubereitung, die mehrere zur Zuckerwarenherstellung geeignete Stoffe enthalten kann. Der Gehalt an Zucker und Feuchtigkeit ist höher als bei anderen Rohmassen, auch dürfen bis zu 5% energiearme Füllstoffe enthalten sein. Die F. dienen hauptsächlich zur Füllung von Feinback-, Konditorei- und Süßwaren, können aber auch mit Zucker und Zusatzstoffen zu verschieden geformten, aber nicht figürlichen, schnittfesten Zuckerwaren verarbeitet werden (z. B. *Wirkmasseriegel*). → Masse

Füllstoffe: Stoffe ohne oder fast ohne Nährwert, die durch Volumenerhöhung eines Lebensmittels den Nährstoffgehalt gezielt verdünnen. Beim Verzehr bewirken sie ein gewisses Sättigungsgefühl. Beispiele sind Halbfettmargarine und mit Kleie gestreckte Backwaren. Als Füllstoffe werden bevorzugt verwendet: Wasser, Ballaststoffe, Hydrokolloide. Früher wurden mit F. versetzte Lebensmittel als Verfälschung angesehen. Während diese nur in Notzeiten akzeptiert wurden, stellen sie heute eine von vielen im Überfluß lebenden Menschen begehrte Sortimentsbereicherung dar.

Fulwatalg, *Fulwabutter:* das aus den Samen des ostindischen Butterbaumes bzw. der *Butterbassia, Madhúca butyrácea* (Roxb.) Macbr., Syn. *Diploknéma butyrácea* (Roxb.) am., *Íllipe butyrácea* (Roxb.), *Engler Bássia butyrácea* (Roxb.) Lam., (Familie *Sapotáceae*) gewonnene Fett. Der F. hat Schmalzkonsistenz und schmeckt angenehm aromatisch. Die Fettsäuren bestehen zu etwa 56% aus Palmitinsäure und zu etwa 36% aus Ölsäure. → Bassiafett → Illipebutter

Fumarat → Fumarsäure

Fumarprotocetrarsäure → Isländisches Moos

Fumarsäure (297), *trans-Ethylen,1,2-dicarbonsäure:* eine mit der *Maleinsäure* strukturisomere ungesättigte Dicarbonsäure (s. Formel).

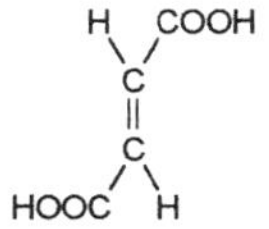

Die F. ist am Citronensäurezyklus beteiligt. Sie kommt deshalb in allen Zellen vor, in denen dieser Zyklus abläuft. Nachgewiesen wurde die F. vor allem in Pilzen (z. B. Trüffel, Morchel, Champignon, Pfifferling), Früchten, Gemüse, Tabak, Gerste, Roggen, Milch und Käse. Die Salze und Ester der F. heißen *Fumarate*. Die F. ist schwächer sauer als Maleinsäure, sie kristallisiert in kleinen, farblosen Prismen, F. 287°C, *d* 1,635, sie ist schwer löslich in Wasser und allen Lösungsmitteln, etwas besser in Ethanol. → Citronensäure → Fruchtsäuren

Fumigantien → Begasungsmittel

Fundi → Fonio

Fundungi → Fonio

Fünfblattyams → Buschyams

Fünfkornbrot → Mehrkornbrot

Fúngi → Pilze

Fungisterol → Sterole

Fungitetraose → Tetrasaccharide

Fungizide: Gruppe von Pflanzenschutzmitteln mit Wirkung auf pilzparasitäre Pflanzenkrankheiten, wie Kartoffel- bzw. Tomatenfäule (*Phytophthora*), Mehltau (*Peronospora*), Obstschorf, Auflauf- und Keimlingskrankheiten. Als F. verwendet man metallhaltige Verbindungen, wie Kupferoxychlorid, Quecksilberpräparate, Phenylzinnverbindungen (*Fentinhydroxid*) mit vorwiegender Wirkung der Metallkomponente, ferner Schwefel in Form von Stäube-, Kolloid- oder Netzschwefel oder als Schwefelkalkbrühe sowie eine Reihe von organischen Verbindungen. Von letzteren sind es vor allem Abkömmlinge der Ethylen-bis-dithiocarbamidsäure (R_1R_2H-C(S)SH) und ihre Salze (*Dithiocarbamate*), wie *Ferbam* (Eisensalz), *Maneb* (Mangansalz), *Zineb* (Zinksalz), bzw. deren Disulfid $(CH_3)_2$N-C(S)-S-S-(S)C-N$(CH_3)_2$ (*Thiuram*), Phthalimid-Abkömmlinge, wie *Captan* und *Phaltan*. Zu den fungiziden Wirkstoffen gehören auch die → Beizmittel.

Fungo, *Mufungo:* Regionale Bez. in Sambia für die in Form und Geschmack der Pflaume ähnelnden Früchte von *Anisophýlla bo͞ehmii* Engl. (Familie *Rizophoráceae*), die von Dez. bis Jan. von wildwachsenden Bäumen geerntet und entweder roh verzehrt oder zu leicht alkoholischen Getränken vergoren werden. Die fleischigen Früchte weisen folgende Zusammensetzung auf: 74 % Feuchtigkeit, 0,15 % Eiweiß, 0,24 % Fett, 20,8 % Kohlenhydrate, 0,67 % Mineralstoffe, 2,1 % Rohfaser und in mg je 100 g Fruchtfleisch 10,8 Calcium, 77 Phosphor und 36 Eisen. Der Energiewert je 100 g Fruchtfleisch entspricht 363 kJ (86 kcal).

Fúngus orbiculáris → *Amanitáceae*

Funju: käseanaloges Präzipitat mit spezifischer alkoholischer Note, das in Japan verbreitet ist. → Lebensmittel, fermentiertes

Funkie, Blaue → Hostie 1.

Funoran → Algenprodukt

Funori → Algenprodukt

Fural → Furfural

2-Furancarbonal → Furfural

Furanacetylene: aliphatische Kohlenwasserstoffe mit einer C≡C-Dreifachbindung und einer eingefügten Furangruppe (Formel s. unten).
F. kommen in der Puffbohne (*Vícia fába* L.) nach Behandlung mit Herbiziden vor. Hauptvertreter dieser Gruppe sind das *Wyeron* und seine Derivate. Über ihre Giftigkeit ist nichts bekannt.

Furane: heterocyclische Verbindungsklasse, deren Muttersubstanz das Furan ist.

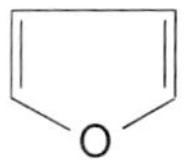

F. spielen eine Rolle als *Aromastoffe,* insbes. in Lebensmitteln, die thermisch behandelt werden, wie Brot, Fleisch, Kaffee und Kakao. → Furfural → Furfur-2-yl-alkohol → Menthofuran

Furanosen → Saccharide

Furanosesquiterpene: Gruppe von Sesquiterpenen mit einem Furanylrest. F. kommen bes. in der Wurzel und der Schale von → Bataten (*Ipomoéa batás* (L.) Poir.), nach mechanischen Verletzungen oder Pilzinfektionen vor. Die wichtigsten Vertreter sind *Ipomeamaronol*, → *Ipomeamaron*, *4-Ipomeanol*, *Ipomeanin* und *6-Myoporol*. F. sind stark toxisch. Vergiftungsfälle sind vor allem beim Vieh gut bekannt. → Giftstoffe in pflanzlichen Lebensmitteln → Terpene

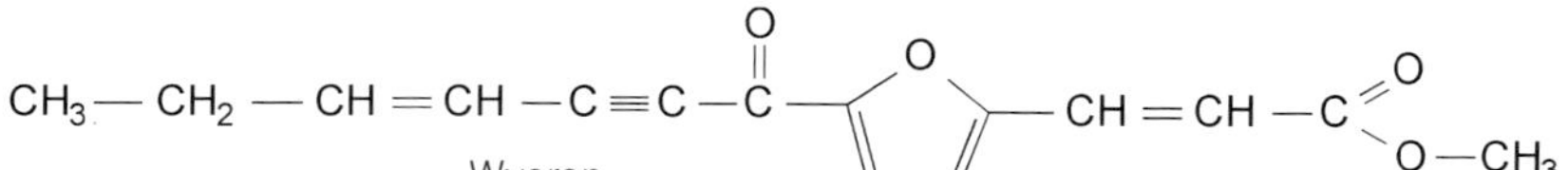

Wyeron

Furanoside → Glycoside → Saccharide

Furanoterpenoide → Phytoallexine

Furcellaran (E 407), *Dänischer Agar:* ein aus der Rotalge *Furcelláría fastigiáta* (Huds.) Dixon (Familie *Furcellariáceae*) in Dänemark (Kattegat) gewonnenes → Hydrokolloid, das aus linearen Ketten von D-Galactose, 3,6-Anhydro-D-Galactose und D-Galactose-2-, -4- und -6-sulfat besteht. Die nicht völlig aufgeklärte Struktur des heterogenen Polysaccharids ist dem → Carrageen ähnlich. Das F. wird zu den → Gelanen gerechnet. Die Molmasse beträgt 20 000···80 000 g/mol. Das F. ist als Kaliumsalz (helles Pulver) handelsüblich. Bei tieferen Temperaturen dispergiert es leicht in Wasser. Bei etwa 80°C ist es in Wasser und Milch löslich und bildet beim Abkühlen feste, relativ elastische, thermoreversible Gele. Die Gelstärke wird durch Kaliumionen erhöht und erreicht bei *p*H 8 das Maximum. Durch Zusatz z. B. von → Johannisbrotkernmehl wird das Gel bei erhöhter Gelstärke und Säurestabilität und verminderter Synärese elastischer und gummiartiger. In der Lebensmittelproduktion werden über 90 % der Furcellaranproduktion als Geliermittel für Süßspeisen, Gelees, Marmeladen, Tortenguß, Fleisch- und Fischkonserven sowie zur Stabilisierung von Fruchtsäften und -pulpen, zur Klärung von Bier usw. eingesetzt. → Algenpolysaccharid

Furfural, *Fural, 2-Furancarbonal, Furfuraldehyd, Furfurol, Fur-2-yl-aldehyd:* heterocyclischer Aldehyd (Furanaldehyd) s. Struktur.

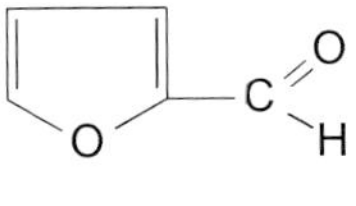

F. kommt bes. in den Pentosanen der Hafer- und Reiskleie und in geringen Mengen in Fuselöl, Kaffeeöl und den meisten Bierwürzen vor, es wird u. a. durch Erhitzen von Kleie (lat. *furfur*) unter Druck mit verdünnter Schwefelsäure oder durch Behandlung mit Salzsäure bei Normaldruck erhalten. F. ist eine farblose bis hellgelbe, ölige Flüssigkeit mit bittermandelartigem Geruch, F. −36,5 °C, Kp. 161,7 °C, n_D 1,5261, gut löslich in heißem Wasser, sehr gut in Ethanol, Ether. Es bildet mit Wasser ein aceotropes Gemisch mit 9,2 %, F. 97,9°C. Bei Luft- und Lichteinwirkung tritt unter Dunkelfärbung Verharzung ein. Verwendet wird es vorwiegend als Lösungsmittel. Durch katalytische Decarboxylierung entsteht das Furan, der Grundkörper sauerstoffhaltiger Fünfring-Verbindungen. → Aldehyde

Furfuraldehyd → Furfural

Furfuralkohol → Furfuryl-2-alkohol

Furfurol → Furfural

Furfuryl-2-alkohol, α-Furfurylalkohol, Furfuralkohol, 2-Hydroxymethylfuran: ein heterocyclischer, sich vom Furan ableitender Alkohol, Formel

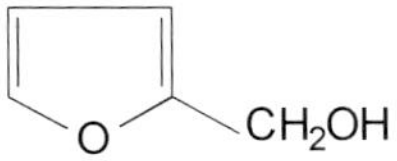

F., eine farblose, giftige, bitter schmeckende Flüssigkeit, F. -29°C, Kp. 170°C, *d* 1,1326, die mit Wasser in jedem Verhältnis mischbar und in Ethanol und Ether leicht löslich ist, ist in kleinen Mengen im Nelkenöl, im Bier und im Kakaoaroma enthalten. → Furane

Furmint, Gelber: beste Weißweinkeltertrauben-Sorte Ungarns, die nach dem Eintrocknen am Stock zu *Tokajer Ausbruchwein,* einem natürlichen → *Dessertwein,* verarbeitet wird, Furmintweine haben meist Restsüße und ein feines ansprechendes Bukett. → Tokajer → Wein → Ausbruchwein

Furocumarine → Cumarin

Furosin → N-Carboxymethyllysin

ε-N-(2-Furoylmethyl)-L-Lysin → N-ε-Carboxymethyllysin

Furra → Sorghumhirse

Fürst-Pückler-Eistorte → Pückler-Eis-Torte

Furu → Sufu

Furyl-2-aldehyd → Furfural

Furylfuramid → Konservierungsstoffe

Fusariotoxin: → Mykotoxin, hervorgerufen durch *Fusarium graminearum, F. oxysporum, F. tricinctum* und *F. roseum.* Es kommt hauptsächlich bei Getreide, Mais und Futtermittel vor, erzeugt Erbrechen und Unfruchtbarkeit.

Fuselöl: Sammelbegriff für Homologe des Ethanols, die bei der alkoholischen Gärung als Nebenprodukt aus Eiweißstoffen durch Abspaltung der Carboxylgruppe und Ersatz der Aminogruppe durch eine Hydroxylgruppe aus der entsprechenden Aminosäure entstehen. Hauptbestandteile des F. sind die isomeren → *Amylalkohole* (Pentanole) *3-Methylbutan-1-ol* aus Leucin und *2-Methylbutan-1-ol* (*Gärungsamylalkohol*) aus Isoleucin sowie *Propan-1-ol* und *2-Methylpropan-1-ol* (*Isobutylalkohol*). Die F. werden langsamer als Ethanol resorbiert, ihr Abbau ist verzögert, ihre Rauschwirkung höher. Die eingeatmeten Dämpfe wirken stark husten- und schleimhautreizend. Pentanole üben auf den menschlichen Organismus eine außerordentlich schädigende Wirkung aus. 12,52 g Pentanol entsprechen der Giftwirkung von 100 g Ethanol. Der Fuselölgehalt von Trinkbranntwein darf deshalb nicht höher als 0,1 % sein. Dem F. ist der unangenehme Fuselgeschmack nicht rektifizierter Alkohole eigen und die „Katerwirkung" nach stärkerem Alkoholgenuß zuzuschreiben. → Amylalkohole

Fusu → Sufu

Fustikbaum → Gelbholz

Futtara → Merissa

Futterkartoffel → Kartoffel

Futtermehl: ein Mühlennachprodukt bzw. Nebenerzeugnis der Getreidevermahlung in Form mehlhaltiger Schalenteile mit einem Mindestgehalt an Stärke von 20 % und einem Höchstgehalt von 35 %. Mehlreichere F. werden auch als → Nachmehl bezeichnet.

Fuyu → Sufu

Fynbo: typisch dänischer *Schnittkäse* in den Fettstufen 45 % F. i. Tr. und 30 % F. i. Tr., der in seinem Charakter an einen Gouda erinnert. → Käsesorten

Gäälchen → *Hydnáceae*

Gab → Tuki

Gabelbissen, schwedische → Salzfischerzeugnisse

Gabeldorsch (Bild):

Gabeldorsch

Rötlichbraun gefärbter, kabeljauartiger *Meeresfisch* der Gattung Phýcis bzw. *Urophýcis,* erkennbar an der zu 2 bis 3 Strahlen umgebildeten Bauchflosse, die bis zur Afterflosse reicht. Wirtschaftliche Bedeutung haben z. Z. nur die westatlantischen Arten, von denen zeitweise über 100 kt gefangen wurden. - G. ist fettarm (etwa 1 %) und in den Eigenschaften seines Fleisches dem → Kabeljau ähnlich. → Fisch

Gabelrollmops → Marinaden

Gabun-Padouk → Kino

Gaderi → Taro

Gadiden, *Dorschartige, Kabeljauartige:* eine der wirtschaftlich wichtigsten Familien unter den *Meeresfischen,* deren Vertreter mit 10 Mio t etwa 15 % des Weltfischfanges erbringen. Dazu gehören insbes. → Kabeljau (Dorsch), → Mintai, → Schellfisch, → Seelachs, → Poutassou, → Gabeldorsch, → Wittling, → Lumb, → Leng, und als einziger Süßwasservertreter die → Aalrutte. Oft wird auch der → Seehecht zu den G. gezählt. G. sind typische *Magerfische.* → Fisch

Gado Gado: eine indonesische → Gewürzzubereitung aus Erdnüssen und verschiedenen Gewürzen für Fleischgerichte.

Gadolinsäure, *Eicos-9-en-säure:* eine einfach ungesättigte Monocarbonsäure der Formel CH_3-$(CH_1)_9$-CH=CH-$(CH_2)_7$-COOH. G. ist in Seetierölen, z.B. im Dorschlebertran, enthalten. F. 24,5 °C.

Gádus aeglefínus → Schellfisch

Gádus callarías → Kabeljau

Gadusen → Kohlenwasserstoffe, aliphatische

Gádus merlángus → Wittling

Gádus mórhua → Kabeljau

Gádus polláchius → Seelachs

Gádus putassou → Poutassou

Gádus vírens → Seelachs

Gagelstrauch → Bier

Gajutsu-Stärke → Shoti-Stärke

β-Galactan → Tetrasaccharide

Galactane: Gruppe von *Polysacchariden,* deren hauptsächlicher oder alleiniger Bestandteil *Galactose* oder *Anhydrogalactose* (→ Anhydrozukker) ist. Die in der Natur weit verbreiteten G. kommen in höheren Pflanzen als → *Pectin,* in erheblicher Menge in Rotalgen als → *Agar-Agar,* in atlantischen Rotalgen als → *Carrageen* vor; G. finden sich auch in Mikroorganismen als *Galactocarolose* bzw. mit anderen Hexosen oder Pentosen vergesellschaftet (Glucose, Arabinose).

Galactarsäure, *Schleimsäure* → Zuckersäure

Galactinol → Inositol

Galactit → Zuckeralkohol

Galactomannane: vorwiegend in den Samen von Leguminosen (*Leguminosensamenschleim*) vorkommende und aus D-Galactose und D-Mannose aufgebaute Reservepolysaccharide. Sie werden in der Lebensmittelproduktion als → Hydrokolloide verwendet. Wichtigste Vertreter sind → *Johannisbrotkernmehl,* → Guaran und → *Taragummi.* → Samenschleimstoff.

α-L-Galactomethylose → 6-Desoxyhexosen

4-β-D-Galactopyranosyl-D-fructofuranose → Lactulose

β-D-Galactopyranosyl-α-D-fructose → Lactulose

Galactopyranosyl-(1→6)-mannobiose → Trisaccharide

D-Galactosamin: → Aminozucker, als Baustein der Chondroitin-Sulfate, Bestandteil von Knorpel, Bindegewebe und Sehnen, auch in Glycoproteinen u. -lipiden (→ Ganglioside) vertreten

D-Galactosan → Zuckeranhydrid

Galactose: Monosaccharid, $C_6H_{12}O_6$ (Aldohexose), das die Schwingungsebene des polarisierten Lichtes nach rechts dreht. $[\alpha]_D$ 150,7° (in H_2O) und reduzierend wirkt.

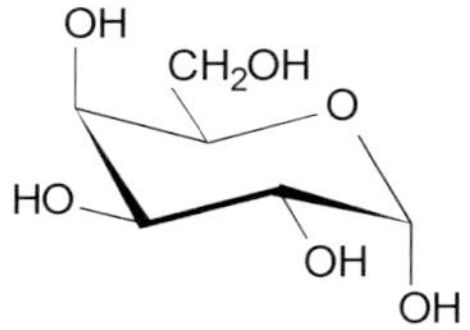

G. ist im Tier- und Pflanzenreich hauptsächlich gebunden verbreitet, sie ist Bestandteil des Milchzuckers, Baustein weiterer in geringer Menge vorkommender Kohlenhydrate der Milch; im Pflanzenbereich ist G. Bestandteil galactosehaltiger Saccharide (Raffinose, Stachyose, Verbascose) und sog. Galactane (→ Agar-Agar, → Schleim- und Gummistoffe, Hemicellulose, → Pectin). Ferner enthalten → Cerebroside und → Ganglioside G.. Sie schmeckt wenig süß. → Saccharide

Galactose-Schwefelsäureester → Zuckerester → Agar-Agar

β-Galactosidase → Lactase

Galactoside → Glycoside

β-D-Galactosido-galactohydrolase → Lactase

4-0-β-D-Galactosido (1→4)-D-glucose → Lactose

Galactosylsaccharose → Trisaccharide

D-Galacturonsäure → Uronsäuren → Saccharide

Galambutter → Sheabutter

Galangaersatz → Zerumbet

Galangale, Rundwurzelige → Chekkur 2

Galangawurzel → Galgant

Galantine: kaltes Fleischgericht, oft aus Geflügel, feinzerkleinerte Masse, ähnlich den → Pasteten

Galbanwurzel → Galgant

Galeorhínus gáleus → Haifisch

Galerína margináta → Amatoxine → Pilzgifte → Strophariáceae

Galgant: 1. Sammelbez. für Pflanzen des tropischen und subtropischen Asiens der Gattung *Alpínia* (Familie *Zingiberáceae*), deren aromatische und bitterstoffhaltige Rhizome als *Würzdroge* für *Bitterliköre* (auf Grund des Bitterstoffes *Galangol*) und die Blätter sowie Früchte als Gewürz, Heilmittel, Verdauungsmittel und/oder Gemüse dienen. **2.** *Kleiner Galgant, A. officinárum* Hance, wildwachsend oder kultiviert; genutzt als Würzdroge. **3.** *Großer Galgant, Galbanwurzel, Galangawurzel, Jawa-* oder *Siamgalgant, A. galánga* (L.) Willd., die getrockneten Rhizome dienen als Würzdroge, in Südchina, Indien, Indonesien als scharfschmeckender Bestandteil von Curry, die oberirdischen Teile als Gemüse. → Zerumbet **4.** *A. galánga var. pyramidáta* (Blume) K. Schum., die oberirdischen Teile dienen in Ostasien als Gemüse.

Galia-Melone: ein Netzmelonentyp (→ Zuckermelone) von 20 cm Durchm., rundförmig, mit gelbem bis gelbgrünem Fruchtfleisch, gut auslösbaren Kernen und kräftig aromatischem Geschmack. Zuckermelonen vom Typ *Galia* werden aus Spanien, Italien und Israel importiert. Ihre Verwendungsmöglichkeit entspricht der der → Ogenmelone.

Galinsóga parviflóra → Franzosenkraut → Wildkräuter

Gálium aparíne → Labkraut, Echtes

Gálium mollúgo → Labkraut

Gálium odorátum → Maiwein → Waldmeister, Echter

Gálium vérum → Labkraut, Echtes

Galizischer Krebs → Krebstiere

Galla-Kartoffel, *Dennitsch:* die stärkereichen Knollen des in Nord- und Westafrika vorkommenden und in Äthiopien kultivierten Lippenblütlers, *Plectránthus edúlis* (Vathke), Agnew. Syn. *Cóleus tuberósus* A. Rich., (Familie *Lamiáceae*). → *Coleus ssp.*

Gallate (E 310 ← 312) → Antioxydantien

Galle → Drüsen

Gallenfarbstoffe → Farbstoffe → Porphyrine

Gallenpilz → *Boletáceae*

Gallensäuren: Gemisch von Säuren, die in der Leber aus dem Cholesterol entstehen und über die Gallenflüssigkeit in den Dünndarm abgegeben werden. Die primären G. *Chenodesoxycholsäure* und *Cholsäure* werden direkt in der Leber gebildet, die sekundäre G. *Desoxycholsäure* entsteht im Dünndarm durch mikrobielle Einflüsse aus der Cholsäure. Durch Resorption wird diese sekundäre G. ebenso wie die primären G. aus dem Darmlumen wieder der Leber und somit dem Gallensaft zugeführt (enterohepatischer Kreislauf). Ein Teil der Gallensäuren wird mikrobiell so weit abgebaut, daß diese durch die *Faeces* dem Körper verlorengehen. Primäre und sekundäre G. werden nicht in freier Form, sondern stets mit Glycin oder Taurin peptidisch gebunden sezerniert (konjugierte Gallensäuren: z. B. Glycochol- bzw. Taurocholsäure). G. spielen bei der Mizellenbildung der Fettabbauprodukte (Monoglyceride, freie Fettsäuren) und deren Resorption eine Rolle. Ihre Bedeutung für die Spaltung der neutralen Fette im Darminhalt wurde lange Zeit überschätzt.

Gallenstachling, Bitterer → *Telephoráceae*

Gallert: eine halbfeste (weiche), zitternde Masse, die bei Zimmertemperatur elastisch bleibt, durch Rühren leicht zerstörbar ist und bei gelinden Erwärmungen flüssig wird. Die Bez. G. kommt vom althochdtsch. *„galrat“*, das vom lat. *“galatina”* und dem italien. *„gelatina“* abgeleitet ist. Das G. (*die Gallerte*) ist ein *Hydrogel* (→ Hydrokolloide), das durch Auskochen tierischer Substanzen (z. B. Knochen, insbes. Kalbsfüße, Bindegewebe, Hausenblase) oder aus pflanzlichen Substanzen (z. B. → Carrageen, → Agar-Agar oder sauren Früchten oder aus Mikroorganismen) gewonnen wird. Je nach der für die gallertartige Beschaffenheit verantwortlichen Substanz spricht man z. B. von *Pectingallerten, Agargallerten, Gelatinegallerten.* Als *Gelee* werden vielfach solche G. bezeichnet, die mit starkem Zuckerzusatz aus sauren Früchten *(Obst-* bzw. *Fruchtgelee)* oder Mischungen gewonnen werden, die einen Zusatz von z. B. Gelatine, Alginaten u. dgl. unentbehrlich machen, z. B. *Weingelee* (aus Wein und Gelatine) oder *Aspik, sog. Fleischgelee* (aus Fleischbrühe und Gelatine). Unter *backfesten* Gelees werden Gelees verstanden, die auf Alginat- oder Pectinbasis hergestellt werden und unter Wärmeeinwirkung ihre Form behalten. *Sulz, Sülze* sind gallertartige Mischungen in Aspikform mit verschiedenen Fleischstücken. Die Bez. *Sülze* oder *Sulz* wurde früher auch für süße Zubereitungen gebraucht, z. B. *Zimtsülze, Himbeersülze.* Unter dem Vorgang *Sülzen* wird die Herbeiführung einer festen (stürzbaren) Masse verstanden, die durch Auskochen von Hausenblase, Kalbsfüßen oder durch Zusatz von Gelatine erzielt wird. → Kraut → Mus → Gelieren

Gallertflechte → Iwatake → Moos, Isländisches

Gallertpilze → Tremelláceae

Gallert-Trichter → Tremelláceae

Gallocatechin → Catechine

Galloyl-epicatechin → Catechine

Galloyl-epigallocatechin → Catechine

m-Galloylgallussäure → Trihydroxycarbonsäuren, aromatische

1-Galloyl-β-glucose → Trihydroxycarbonsäuren, aromatische

Gállus doméstícus: Haushuhn. → Fleischtiere

Gallussäure → Trihydroxycarbonsäuren, aromatische → L-Chinasäure

Gallussäurealkylester → Antioxydantien

Gamay noir: vor allem in Frankreich weitverbreitete Rotweinkeltertrauben-Sorte für mittlere bis gute Weine, die qualitätsmäßig unter den Spätburgunderweinen liegen. Sie sind fruchtig, voll und angenehm. In der Westschweiz tragen diese Weine die Bez. *Döle*. → Wein

Gambir → Betelbissen

Gammel: Trivialbez. für Fischabfälle, verdorbene Fische und Fische, die speziell zur Herstellung von → Fischmehl und → Fischöl (für technische und Futterzwecke) gefangen werden.

Gammelost: pikanter, norwegischer *Sauermilchkäse* mit Schimmel (Schnittkäse). → Käsesorten

Gamsa, *Gamza:* Rotweinkeltertrauben-Sorte, die bes. in Ungarn und in Bulgarien angebaut wird. Der G. liefert etwas herbe, aber harmonische Weine mit dunkler Farbe. → Wein

Gamsbeere → Felsenbirne

Gandaria: pflaumenförmige, saftige Früchte des 20 m hohen Baumes *Bouéa macrophýlla* Griff. (Familie *Anacardiáceae*), der in den asiatischen Tropen gepflanzt wird. Die gelben bis orangefarbenen Früchte schmecken, ähnlich wie der verwandte → *Mango,* je nach Sorte süß bis sauer und haben einen schwach harzigen Beigeschmack. Der Vitamin-C-Gehalt beträgt 75 mg je 100 g. Die G. werden oft zu Reisgerichten gegessen; aus unreifen Früchten werden Getränke und Obstsirup bereitet. Die kleinen unreifen G. werden mit Bohnenkraut in Sole eingelegt. Der Frischgenuß ist bei Zuckerzusatz möglich.

Ganges-Amarant → Dreifarbenamarant

Gängling → Aland

Ganglioside: zu den *Sphingosin-Glycolipiden* bzw. *Mucolipiden* zählende Gruppe von Verbindungen, deren Bausteine → Sphingosin, Fettsäuren und Kohlenhydrate, wie Glucose, Galactose, Aminozucker und Neuraminsäure, sind (s. Formel unten).

G. sind bes. im Gehirn und im Nervengewebe vorhanden und haben dort vermutlich Bedeutung für die Bindung von Acetylcholin, Serotonin und Toxinen. Sie sind am Aufbau von Zellmembranen beteiligt und verleihen z. B. der Erythrocytenmembran spezielle funktionelle Eigenschaften. Unter den Lebensmitteln sind als Träger die → Innereien, bes. das Gehirn, zu nennen. → Sphingosin-Glycolipide → Saccharolipide

Gans (*Ánser ánser*) → Fleischtiere

Gänseblümchen, *Maßliebchen, Marienblume, Tausendschön, Studentenröschen:* ein auf fast al-

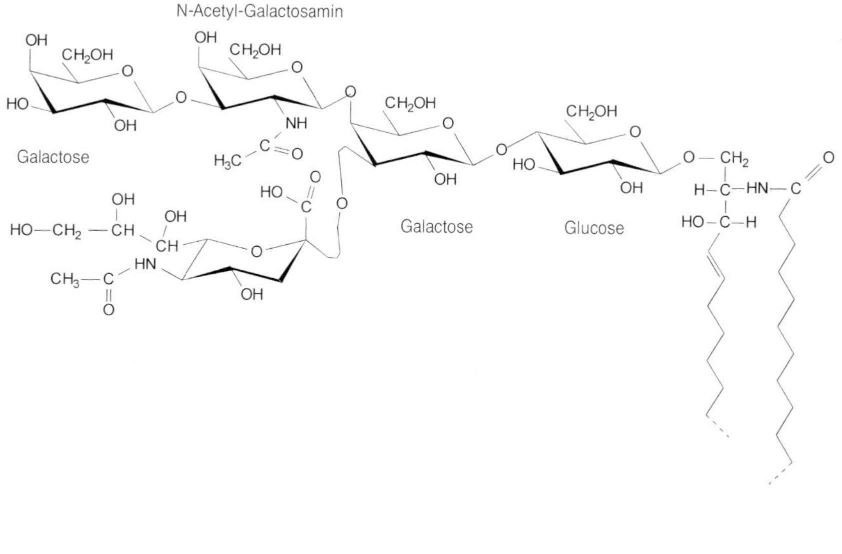

len Kontinenten vorkommender Korbblütler, *Béllis perénnis* L. (Familie *Asteráceae*) mit weißen oder rötlich-weißen Blütenköpfchen. Die schwach bitter schmeckenden Blätter und noch nicht behaarten Blütenknospen werden das ganze Jahr über gesammelt und als Salatzutat verwendet. In je 100 g Frischmasse sind an Mineral- und Spurenstoffen enthalten: 580 mg Kalium, 70 mg Phosphor, 40 mg Magnesium, 200 mg Calcium, 3 mg Eisen, 0,16 mg Caroten und 90 mg Vitamin C. → Wildkräuter

Gänsedistel: Sammelbez. für die als Gemüse roh, gekocht oder gedämpft verzehrten jungen, weichen Triebe, Blätter und junge Wurzeln, der bis zu 1,2 m hohen Pflanze mit hohlem Stengel und schwefelgelben Blütenköpfchen der Gattung *Sónchus* (Familie *Asteráceae*). Man unterscheidet folgende Arten:

1. *Ackergänsedistel, Saudistel, S. arvénsis* L.: die in ganz Europa, Amerika und Australien eingebürgerte G., die als Acker- oder Gartenunkraut das ganze Jahr gesammelt werden kann, auf Jawa auch kultiviert und nicht nur als Gemüse, sondern auch als Heilpflanze genutzt wird.

2. *Kohlgänsedistel, S. oleráceus* L.: die in ganz Europa, Nordasien, Nordafrika, Amerika und Australien meist wildwachsende G., die auf den Philippinen auch kultiviert wird.

3. *S. ásper* (L.) Hill.: die in Europa, Madagaskar, Südamerika als Gemüse kultivierte G.

4. *S. bipontíni* Arch.: die in Afrika als Gemüse kultivierte G.. Alle Sonchusarten enthalten Bitterstoffe, insbes. Lactucopikrin, das auch im → Blattsalat vorkommt.

Gänsefett → Gänseschmalz

Gänsefingerkraut, *Silberkraut, Gänserich, Silberchrut, Säukraut, Krampfkraut, Martinshand:* eine bis 8 cm hoch wachsende Staude, *Potentílla anserína* L. (Familie *Rosáceae*), mit dickem, ästigem Erdstock und länglichen bis verkehrt-eiförmigen Grundblättern, die unterbrochen gefiedert sind. Die goldgelben Blüten stehen auf langen Stielen an den Knoten der Ausläufer. Die getrocknete Pflanze enthält in der Hauptsache Gerb-, Bitter- und Schleimstoffe und ist Bestandteil verschiedener Kräutermischungen. → Kräutertee. Aus den jungen Blättern kann man Salate und Suppen herstellen. Die knollenähnlichen Wurzeln werden gekocht oder getrocknet und zu Mehl für Plätzchen vermahlen. In England dienen die getrockneten Wurzeln als würzige Zutat. Die Blätter enthalten je 100 g 230 mg Vitamin C und 6···10 % Gerbstoffe.

Gänsefuß: Sammelbez. für Gänsefußgewächse (Familie *Chenopodiáceae*) der Gattung *Chenopódium, deren Vertreter als* → Blattgemüse oder → Körnerfrucht kultiviert oder als → Wildkräuter gesammelt werden und vielfach auch die Bez. → *Melde* tragen. Zu dieser vielgestaltigen und oft unterschiedlich gegliederten Familie zählen a) *Reismelde* (→ Perureis), b) → Kiwicha, ferner c) der *Weiße Gänsefuß* oder *Melde, Chenopódium álbum* L., der in Deutschland vorwiegend als → Wildkraut gesammelt, in Indien, Japan und in Mittelamerika als Blattgemüse und Körnerfrucht kultiviert wird. Die krautigen Teile des *Weißen Gänsefußes* haben je 100 g folgende Zusammensetzung: 85,5 g Feuchtigkeit, 3,55 g Eiweiß, 0,36 g Fett, 3,5 g Mineralstoffe, 3,74 g Kohlenhydrate, 3,36 g Ballaststoffe (die zu gleichen Teilen aus Cellulose und Hemicellulose bestehen), 930 mg Kalium, 78 mg Phosphor, 90 mg Magnesium, 320 mg Calcium, 3,8 mg Eisen und 230 mg Vitamin C. Bei *C. a. var. centrorúbrum*, der vor allem in Japan gesammelt wird, liegt der Hemicellulosegehalt unter dem des Cellulosegehaltes; d) der *Vielsamige G., C. polyspérmum* L. wird in Deutschland als Wildgemüse gesammelt. e) *C. berlandíeri* Moq. wird in Mexiko als Spinatgemüse verwendet, im Stadium der Milchreife werden die Samen in Teig getaucht und wie → Fladen verzehrt. f) *C. muråle* L. wird in Afrika und Australien als Gemüse kultiviert oder von Wildbeständen gesammelt; g) die *Sau-, Sautod-* oder *Schweinsmelde, C. hýbridum* L. wurde im 16. Jh. in Deutschland noch in Gärten angebaut. h) *C. giganteúm* D. Don wird als sog. *Spinatbaum* in wärmeren Gebieten als Blattgemüse, die weißfrüchtigen Körner als Reis-Ersatz genutzt. i) Der *Gute* oder *Stolze Heinrich, Hundsmelde, Bergspinat, Wilde Spinat, Dorf-Gänsefuß, C. bónus-*

henricus L. wird von Mai bis Okt. als Wildgemüse in Europa und Nordamerika gesammelt oder als Herbstanbau für die Frühjahrsernte kultiviert. Es können Blätter, Schößlinge, Blütenknospen und Samen genutzt werden. Die Schößlinge werden durch Anhäufeln bleich (Ernte April bis Juni) und unter der Erde geschnitten, wenn sie 10 cm lang sind. Sie können ähnlich dem *Spargelspinat* verzehrt werden. Die roh oder gekocht verwendbaren Blütenknospen bringen erst im 2. Jahr des Anbaues lohnenswerte Erträge für Rohverzehr oder als Kochgemüse. Die Samen werden geröstet und gemahlen dem Getreidemehl zugemischt. Der Ertrag je m^2 beträgt 2 kg Blätter, 0,7 kg Schößlinge, 0,3 kg Blütenknospen. In 100 g Frischmasse sind neben Oxalsäure in den Blättern vom *Guten Heinrich* enthalten: 84 % Feuchtigkeit, 730 mg Kalium, 95 mg Phosphor, 66 mg Magnesium, 110 mg Calcium, 3,5 mg Eisen, 0,88 mg Caroten, 184 mg Vitamin C (davon 180 mg Ascorbinsäure und 4 mg Dehydroascorbinsäure) und 7 g Eiweiß. → Mujuju → Erdbeerspinat

Gänsefuß, Weißer → Perureis

Gänsekraut → Beifuß

Gänseleberpastete: → *Fleischpastete,* die als wertbestimmenden Bestandteil Gänseleber in Stücken (mind. 70 % Gänseleber und mind. 10 % Schweineleber) in der Masse enthält. Das zur → Kochwurst zählende Erzeugnis enthält ferner Schweinefleisch (entsehnt), Speck, Gänsefett und Nitritpökelsalz. Entenleberpastete ähnelt in ihrer Zusammensetzung der G..

Gänseleberwurst: → *Kochwurst* (Spitzensorte), zu deren Herstellung Gänseleber, Schweineleber, fettgewebs- und sehnenarmes Schweinefleisch, Speck, Schweinebacken, Gänsehautfett, Nitritsalz, Pfeffer, Mazisblüte und Kardamom verwendet werden. Als Wursthüllen dienen Naturdärme (Schloßdärme) von 60 mm Durchm. Das Schnittbild zeigt eine hellrosafarbene, fein gekutterte Wurstmasse mit gelblichbraunen Gänseleberstückchen durchsetzt; die G. ist knorpelfrei. → Leberwurst → Wurst

Gänserich → Gänsefingerkraut

Gänseschmalz, *Gänsefett:* das aus dem Eingeweide- und Brustfett der Gänse gewonnene Fett. Das G. ist ein weiß oder blaßgelb gefärbtes Fett, das zu körnigen Kristallen erstarrt und bei 25···37°C schmilzt. Die wichtigsten Fettsäuren und ihre Anteile, bezogen auf den Gesamtfettsäuregehalt, sind Palmitinsäure (etwa 21 %), Stearinsäure (etwa 11 %), Ölsäure (etwa 49 %) und Linolsäure (etwa 19 %). → Körperfett → Fett, tierisches

Ganzkorngetreide → Speisegetreide

Gaolien → Sorghumhirse

Gaplek: geschälte, grob zerkleinerte und getrocknete Maniokawurzelknollen (→ Maniok).

Garam masale, *Garam Masala:* eine → Gewürzmischung, u. a. Currypulver, Safran und Knoblauch enthaltend, die für die Zubereitung des indischen Nationalgerichtes *Alu Koftas* (sehr stark gewürzte Kartoffelklöße) dient oder anstelle von Curry in Indien verwendet wird.

Garbanzo → Kichererbse

Gärbeschleuniger → Vorgäransatz

Garcínia cóla → Orogbo

Garcínia índica → Kokumbutter

Garcínia mangostána → Mangostane

Garcínia pedunculáta → Mangostane

Gardénia edúlis → Pitajoni

Gardénia gjellerúpii → Boroe

Gardénia gummífera → Boroe

Gardenidin → Farbstoffe

Garadenin → Farbstoffe

Garen: Zubereitung von Lebensmitteln bzw. Lebensmittelgemischen zu Speisen mittels Wärme und unter Anwendung verschiedener Garungsarten mit dem Ziel, die Verdaulichkeit und Bekömmlichkeit sowie den Genußwert der Lebensmittel zu erhöhen. Dabei vollziehen sich zahlreiche chemische, physikalisch-chemische und physikalische Veränderungen, wie Bildung neuer Stoffe, Quellen, Erweichen, Löslichwerden, Farbveränderungen, Krustenbildung usw.. Beim G. wird das Zellgefüge, bes. bei pflanzlichen Lebensmitteln, gelockert oder aufgeschlossen; dadurch können die Nährstoffe besser ausgenutzt werden. Bestimmte Nährstoffe werden in eine leichter verdauliche Form übergeführt (z.B. Proteine) oder einer Verdauung überhaupt erst zugänglich gemacht (z.B. Kartoffelstärke), unerwünschte Begleitstoffe werden unwirksam gemacht (z.B. Vitamin-C-zerstörende Enzyme, Inhibitoren, Antivitamine, Toxine usw.), Röst-, Aroma- und Geschmacksstoffe werden entwickelt, Mikroorganismen und Parasiten vernichtet. Aber auch nachteilige Veränderungen, wie Nährstoffverluste, Minderung der sensorischen Eigenschaften (Geschmack, Geruch, Farbe, Konsistenz), können bes. durch Wahl einer ungeeigneten Garungsart, zu hohe Gartemperaturen, Überschreiten der Garzeit u. ä. eintreten.

Alle bekannten Garungsarten können eindeutig durch Art und Menge des wärmeübertragenden Mediums (Wasser, Dampf, Fett oder Luft), maximal erreichbare Temperaturhöhe des wärmeübertragenden Mediums, Temperaturführung während des Garvorganges und Art des Energietransportes von der Energiequelle bis zur Gargutoberfläche (Leitung - über Zwischenmedium oder Kontakt -, Konvektion oder Strahlung) charakterisiert und damit differenziert werden (Übers.).

Definition der gebräuchlichen Garungsarten

Garungsart	Wärmeübertragendes Medium	Menge des wärmeübertragenden Mediums	Temperatur des wärmeübertragenden Mediums	Temperaturverlauf im wärmeübertragenden Medium während des Garens	Art des Energietransports vom Gargefäß bzw. Garraum bis zur Gargutoberfläche
Kochen	Wasser	Gargut bedeckt	100 °C	gleichbleibend	Wärmeleitung und Konvektion
Garziehen in Wasser	Wasser	Gargut bedeckt oder wenig	100 °C	stetig fallend bis auf etwa 75 °C bzw. auch gleichbleibend knapp unter 100 °C	Wärmeleitung und Konvektion
Dünsten	teils Wasser, teils Dampf	wenig	100 °C	gleichbleibend	Wärmeleitung und Konvektion
Dämpfen	Dampf oder feuchte Luft	abhängig vom Dämpfgefäß oder -gerät	100 °C	gleichbleibend	Konvektion
Dämpfen in strömender Feuchtluft (Luftkochen)	strömende, feuchte Luft	abhängig vom Dämpfgerät	zwischen 75 °C und 100 °C je nach Gargut	gleichbleibend	Konvektion
Garziehen in Dampf	Dampf oder feuchte Luft	abhängig vom Dämpfgefäß oder -gerät	100 °C	stetig fallend bis auf etwa 75 °C	Konvektion

Definition der gebräuchlichen Garungsarten (Forts.)

Garungsart	Wärmeübertragendes Medium	Menge des wärmeübertragenden Mediums	Temperatur des wärmeübertragenden Mediums	Temperaturverlauf im wärmeübertragenden Medium während des Garens	Art des Energietransports vom Gargefäß bzw. Garraum bis zur Gargutoberfläche
Braten	Fett	wenig	etwa 200 °C	fallend, mitunter bis auf etwa 100 °C	Wärmeleitung (geringfügig Kontakt)
Schmoren	Fett und zeitweilig noch Wasser	wenig, zeitweilig viel	etwa 200 °C	auf und ab bis etwa 100 °C, zum Schluß ggf. auch unter 100 °C absinkend	Wärmeleitung, Kontaktwärme abwechselnd
Backen im Fettbad (Fritieren)	Fett	Gargut in sehr viel Fett schwimmend	etwa 160 °C	gleichbleibend bei Temperaturen zwischen 150 °C und 160 °C	Wärmeleitung und Konvektion gleichzeitig
Backen	trockene Luft	–	etwa 250 °C	gleichbleibend bei Temperaturen zwischen 180 °C und 250 °C	Konvektion, sekundär, je nach Backgefäß, Kontaktwärme
Backen in strömender Trockenluft	strömende Trockenluft	–	etwa 250 °C	gleichbleibend bei Temperaturen zwischen 180 °C und 250 °C	Konvektion
Grillen	trockene Luft	–	unter Umständen bis etwa 350 °C	gleichbleibend	Konvektion, teilw. oder überwiegend Infrarotstrahlung (geringfügig Kontaktwärme)
Rösten	ohne	–	etwa 350 °C	gleichbleibend	Kontakt
Garen mit Hochfrequenz	ohne	–	Garraumtemperatur steigt ganz geringfügig über Ausgangstemperatur	–	Strahlungsenergie (Hochfrequenz – Mikrowellen, 2450 MHz)

Trotz der oft hohen Temperaturen, die bes. beim Garen in Fett oder beim Backen auftreten, steigen die Temperaturen im Innern der Lebensmittel, bedingt durch deren schlechtes Wärmeleitvermögens sowie durch den ständigen Energieverbrauch infolge Wasserverdampfung, selten höher als auf 90···95°C. Unterschiede beim G. in einer Haushaltsküche, einer Großküche oder in den Betrieben der Lebensmittelproduktion bestehen nur hinsichtlich der technischen Geräte, nicht aber hinsichtlich der Arten des G. und der damit verbundenen physikalischen Bedingungen. Um die bestmögliche Qualität des Gargutes zu erzielen, ist die Wahl der Garungsart von größter Bedeutung (Übers.).

Anwendungsbeispiele der gebräuchlichen Garungsarten

Garungsart	Anwendung
Kochen	Fleisch, Knochen, Kartoffeln, Hülsenfrüchte, Eier, rote Bete, Blumenkohl, Spargel
Garziehen	Verlorene Eier, Eierstich, Fleisch, Geflügel, Fische, Teigwaren, Gemüseeintopf, Gemüse, Früchte, Fleischpasteten; nach dem Aufwallen: Fleischklößchen, Klöße jeder Art
Dünsten	Gemüse aller Art, Kalb- und Lammfleisch, Fisch mit zartem Fleisch, Fischfilet und -schnitten, Pilze, Dampfbackkammerbrot (z. B. Pumpernickel, Vitalbrot)
Dämpfen	Kartoffeln, Fisch, Fleisch von jungen Tieren sowie zarte Fleischteile (Filet, Roastbeef)
Dämpfen in strömender Feuchtluft	Fleisch, Kochwurst, Kochschinken, Fleischpasteten, Fisch, Kartoffeln, Gemüse
Garziehen in Dampf	Kartoffeln, Hefeklöße, Kochwurst
Braten	Eier, zarte Fleischstücke: Roastbeef, Lende, Rücken in Scheiben oder Stücken; kleine Fische, Fischfilets, Kartoffeln in verschiedenen Formen, z. B. Bratkartoffeln, geformte Kartoffelmassen, Gemüsescheiben, z. B. Sellerie
Schmoren	Große Fleischstücke, wie Kamm, Keule, fettes Schweinefleisch, Gans und Ente, ganze Fische bzw. Fische mit fettem Fleisch (Thunfisch, Karpfen, Hecht), Rouladen, gefüllter Gemüsepaprika, Gulasch usw.
Backen im Fettbad (Frittieren)	Lebensmittel im Bierteig (Äpfel, Ananas oder anderes Obst), kleine Fleisch- und Fischstücke, Kartoffeln (Pommes frites u. dgl.), Gemüse (paniert), Gebäck (Krapfen u. dgl.), Krusteln verschiedener Art
Backen in trockener Hitze	Weizengebäcke aller Art, in Teig gehülltes Fleisch, z. B. Prager Schinken, überbackene Gerichte (Ragout fin, Käsegerichte, z. B. Welsh rarebits)
Backen in strömender Trockenluft	Große Fleischstücke, Geflügel, Spanferkel, Gebäck aller Art, in Teig gehülltes Fleisch
Grillen	Kleine Fleisch- und Fischstücke naturell, Geflügel im ganzen (auf dem Rost oder in der Röhre)
Rösten	Brot, Mehl, Äpfel, Rostbratwurst
Garen mit Hochfrequenz	Fleisch, Fisch, Kartoffeln, Gemüse

Sie richtet sich vor allem nach dem gewünschten Zustand und dem Charakter der Speise, dem Zustand und der Zusammensetzung der Lebensmittel und dem möglichen Verlust an essentiellen Nährstoffen.

Gärgetränk → Lebensmittel, fermentiertes → Getränk

Gärhefe → Hefe

Gari: eine in West-Afrika verbreitete Getränke- oder Süßspeisezubereitung (per Hand und mechanisch) aus fermentierten und getrockneten Maniokaknollen. Ein Teig aus frisch geschälten und geriebenen Maniokaknollen wird in einem Sack ausgepreßt. Während des 2 bis 3 Tage anhaltenden, durch Beschweren mit Wägestücken vor sich gehenden Saftaustrittes fermentiert der Teig teilw. und wird anschließend getrocknet, geröstet oder gebraten. Die getrocknete, körnige Masse quillt in Wasser und wird als gesüßter Brei oder als Getränk verzehrt. Werden anstelle von Zucker Fisch oder Eier mit getrocknetem Maniokateig gemischt, so trägt diese Zubereitung die Bez. *Foto.* G. zählt zu den Grundnahrungsmitteln in Westafrika und wird inzwischen auch industriell als grobkörniges Trockenprodukt hergestellt. Durch den Fermentationsprozeß werden die cyanogenen Glycoside von Maniok, je nach Gärdauer (2 oder 3 Tage) zu 90···100% abgebaut, was auf bestimmte Bakterien (*Corynebacterium mánihot)* und Pilze *(Geotríchum cándidum*) zurückzuführen ist, die sich auf die *p*H-Wertverschiebung während der Fermentationsstufen einstellen. → Lebensmittel, fermentiertes

Garlandchrysantheme: eine in Japan u. China als Salat verwendete Chrysantheme → Chrysanthemum

Garlandsfeige → Feige

Garlic-Salz → Gewürzsalz

Garnele → Krebstiere

Garnelensalat → Fischsalat

Garnierungsmittel → Dekormittel

Gartenampfer, *Gemüseampfer, Winterspinat, Englischer Spinat:* eine mehrjährige, bis 1 m Höhe erreichende Wildpflanze, *Rúmex patiénta* L. (Familie *Polygonáceae*), die vor allem in Bergregionen Mittel-, Südosteuropas und Südostasiens auf feuchten, nährstoffreichen Wiesen zu finden ist. Die Blätter des G. lassen sich vom Äußeren her vom Gartensauerampfer kaum unterscheiden, doch zeigt der G. einen viel üppigeren Wuchs und weniger sauren Geschmack. Während der *Schildampfer, Römische Ampfer* oder *Französische Spinat, R. scutátus* L. heute fast nur noch aus Wildbeständen gesammelt und für Mischsalate verwendet wird, hat der G. Eingang in die Gärten gefunden, obgleich Kultursorten, wie beim Gartensauerampfer bislang nicht gezüchtet wurden. Im Nahen Osten wird *R. dentátus* L. und in Indien sowie in Zentralafrika *R. nepalénsis* Spreng. als Blattgemüse kultiviert. → Sauerampfer, Großer → Wildkräuter

Gartenangelika → Angelikawurzel → Angelika

Gartenbohne → Gemüsebohne

Gartenbrennessel → Brennessel

Gartenchampignon → *Agaricáceae*

Gartenegerling → *Agaricáceae*

Gartenfuchsschwanz, *Echter Fuchsschwanz:* vorwiegend als → Körner- aber auch als → Gemüseamarant sowie als Ziergewächs bekannte Kulturpflanze, *Amaránthus caudátus* L. (Familie *Amaranthàceae),* die über die gesamte gemäßigte Zone verbreitet ist. Der G. ist nicht nur in Amerika, sondern auch in den Tälern des Himalaja, in Nepal, Südindien, China und Äthiopien als Kulturpflanze anzutreffen. Auffallend sind seine bis zur Erde herabhängenden, oft über 1 m langen Blütenstände mit meist roten Rispen. → Amarant 1.

Gartenheidelbeere → Kulturheidelbeere

Gartenkerbel → Kerbel

Gartenkresse, *Tellerkresse:* die im Garten angebaute, 6···10 cm hoch wachsende einjährige → Kresse, *Lepídium satívum* L. (Familie *Brassicá-*

ceae), deren Blätter nur im jungen Stadium verzehrt werden können, da sie sonst zu hart sind und rasch in Blüte gehen (Tab.).

Zusammensetzung und Energiewert von Gartenkresse

Bestandteil	Gehalt in 100 g eßbaren Anteils
Feuchtigkeit	87,2 g
Eiweiß	4,2 g
Fett	1,2 g
Kohlenhydrate	2,1 g
Ballaststoffe	3,2 g
Mineralstoffe	1,9 g
Natrium	5,0 mg
Kalium	550,0 mg
Calcium	214,0 mg
Eisen	2,9 mg
Caroten	2,19 mg
Vitamin B_1	0,15 mg
Vitamin B_2	0,19 mg
Niacin	1,75 mg
Vitamin B_6	0,30 mg
Vitamin C	59,0 mg
Energiewert in kJ (kcal) je 100 g	151 (36)

Die schnellwachsende G. wächst zu jeder Jahreszeit auch in Gefäßen, die in hellen Räumen aufgestellt werden. In Europa werden meistens die Keimpflanzen mit dem Hypocotyl frisch verzehrt oder zum Garnieren verwendet. → Keim

Gartenkürbis, *Gartenspeisekürbis, Gemüsekürbis:* eine extrem variable und die am weitesten verbreitete Kürbisart, *Cucúrbita pepo* L., (Familie *Cucurbitáceae*), deren Anbau in allen gemäßigten Zonen möglich ist. Unreife Formen werden als Gemüse, einige als Ölkürbis kultiviert, deren Samen bis zu 40 % Öl (→ Kürbiskernöl) guter Qualität liefern. Der G. wird nicht nur als Sommerkürbis (*Sommersquash),* also unreif geerntet, sondern auch als *Winterkürbis (Wintersquash)* und damit im reifen Zustand geerntet. Zu den G. zählen daher sowohl Buschformen, wie *Gurken-, Drehhalskürbis* und *Patisson,* als auch rankende Formen, wie *Zierkürbis (convar. microcárpina* Grebensc.), von dem selten Sorten eßbar sind, sowie die in reifer oder unreifer Form genutzten Tafelfrüchte *convar. pépo* Naud., sog. *Citrouilles.* → Kürbis

Gartenmelde → Melde

Gartenmelone → Zuckermelone

Gartenmöhre → Speisemöhre

Gartenmyrrhe → Myrrhe

Gartenpimpinelle, *Kleiner Wiesenknopf, Nagelkraut, Becherblume, Falsche Bibernelle, Kleine Pimpinelle:* die in Gärten Europas, Asiens und Nordamerikas angebaute sowie auf trockenen Wiesenböden vorkommende, bis 90 cm hohe, gabelästige und erst grünliche, dann rötliche Blütenköpfchen bildende *Sanguisórba mínor* Scop., Syn. *Pimpinélla mínor* (Scop.) Lam., (Familie *Rosáceae*), deren junge Blätter, Triebe und junge Blütenköpfchen sich als würzende Beigabe zu Salaten oder zum Gurkeneinlegen besser eignen als die des *Großen Wiesenknopfes,* der *Großen Bibernelle, Sanguisórba officinális* L., Syn. *Sanguisórba májor* Gilib.. Beide Wiesenknopfarten werden als → Küchenkraut, als Wildkrautsalat und für → teeähnliche Erzeugnisse genutzt. → Wildkräuter

Gartenpreiselbeere → Moosbeere, Großfrüchtige

Gartenreseda, *Mignonreseda:* die vorwiegend in Frankreich kultivierte, sonst meist verwilderte *Reséda odoráta* L. (Familie *Resedáceae),* die zur Aromatisierung von alkoholischen Getränken eingesetzt wird.

Gartenrhabarber → Rhabarber

Gartensalat, *Salat, Grüner Salat, Lattich:* Sammelbez. für ausschl. kultivierte Formen der → Blattsalatart *Lactúca satíva* L. (Familie *Asteráceae*). → Kopfsalat → Eissalat → Schnittsalat → Pflücksalat → Buttersalat → Bindesalat

Gartensalbei → Salbei

Gartensauerampfer → Sauerampfer, Großer

Gartensenf → Senf, Weißer

Gartenspargel → Spargel

Gartenspeisekürbis → Gartenkürbis

Gartenthymian → Thymian, Echter

Gärtnerchrysantheme → *Chrysánthemum*

Gärung, alkoholische → Ethanol

Gärungsaktivator → Hefenährstoff

Gärungsamylalkohol → Fuselöl

Gärungsethanol → Ethanol

Gärungsgemüse → Gemüse, milchsaures

Gärungslebensmittel → Lebensmittel, fermentiertes

Gärungsnahrungsmittel → Lebensmittel, fermentiertes

Gas: persischer Nationalkuchen. → Pistazie, Echte

Gassabihirse → Sorghumhirse

Gaster → Magen

Gasteromycelídae → Ständerpilze

Gastro-N-disaccharid → Aminozucker

Gastro-N-trisaccharid → Aminozucker

Gathi → Luftyams

Gaulthéria procúmbens → Scheinbeere

Gaulthéria sphagnícola → Myrtille

Gavilan → Granjeiro

Gaylussácia buxifólia H. B. K.: Strauch (Familie *Ericáceae*) der Anden in Venezuela und Kolumbien mit kleinen, violetten, weißbehaarten Beerenfrüchten, die leicht süßlich schmecken und roh verzehrt werden.

Gebäck → Backware

Gebackenes → Backware

Gebäckschokolade: eine → *Schokolade,* die bis zu 15 % Keks oder Biskuit, ungefüllte Waffeln oder Zwieback enthält und je nach Zusatz auch als *Biskuit-, Waffel-* oder *Zwiebackschokolade* bezeichnet wird. Das Gebäck darf nicht in fein zerriebener oder zermahlener Form enthalten sein. → Süßware

Gebäckstreichmittel, *Glänzmittel, Glanzstreiche:* eine sirupöse Flüssigkeit, bestehend im wesentlichen aus Hühnereiklar u. a. Eiweißen, Stärke und Dextrin, die zum Bestreichen bestimmter Gebäckarten dient, um der Oberfläche Hochglanz zu verleihen. → Glasur → Überzugsmittel

Gebaganharz → Harze

Gebildbackware, *Figurengebäck:* eine → Bäckerei- oder → Feine Backware, die in verschiedenste Figuren, meist volkstümlicher Art, geformt sein kann, wie Puppe, Buchstabe, Herz, Flechtwerk, Zahl usw.. Die G. wird für Kinder und vorwiegend für festliche oder für kultische Anlässe hergestellt. Weit verbreitete G. sind z. B. das sog. Patience-Gebäck oder Russisch-Brot in Buchstaben- oder Zahlenform, Lebkuchen in Märchenfigurenform *(Märchengebäck), Tierfigurenform (Tiergebäck)* oder Scherzfiguren (*Scherzgebäck).* Für Honig-, Pfefferkuchen und Marzipan standen in früheren Zeiten Backmodeln (Holzhohlformen) zur Verfügung, die von Bildschnitzern angefertigt wurden. Noch heute kann man diese jahrhundertealten Formen in Museen bewundern; um die Jahrhundertwende mußten sie effektiveren Backverfahren weichen. Heute tragen die G., speziell geformte Kleinbackwaren (bildhafte Darstellungen, z. B. Zunftzeichen, verzierte Brote oder Spezialbrötchen) zur Bereicherung des Angebotes zu bes. Anlässen bei. Es gibt jedoch auch modellierte oder geformte *Salzteigbackwaren* (Mehl, Wasser, viel Salz), die reich verziert und mitunter bemalt und lackiert ausschl. dekorativen Zwecken (auch Wandbehang) dienen. → Spekulatius → Waffel

Gebirgsbitter → Trinkbranntwein

Gedraphol → Borneo-Kautschuk

Geduldbiskuit → Russisch-Brot

Geduldgebäck → Russisch-Brot

Geebnuß → Yeheb-Nuß

Gefleckter Katfisch → Katfisch

Geflügel: Sammelbez. für *Land-* und *Wassergeflügel,* deren Fleisch für den menschlichen Verzehr geeignet ist. Zum *Landgeflügel* zählt man Haushuhn, Puten, Tauben und Wachtel, dem einzigen Zugvogel unter den Hühnervögeln. Zum *Wassergeflügel* Hausente, Pekingente und Gans. Eine Zwischenstellung nehmen die *Flugenten* als Land- und Wasserbewohner ein. Sie haben einen geringeren Fettansatz als Enten. Das *Perlhuhn* stammt aus West- und Zentralafrika. Es hat ein graues, weiß gesprenkeltes perlenähnliches Gefieder. Der *Fasan* zählt zum *Wildgeflügel.* Das aus Asien stammende Tier wird seit dem 18 Jh. in Europa aufgezogen. Bei den Haushühnern unterscheidet man zwischen den Rassen mit einer hohen Legeleistung und Mastrassen mit gutem Fleischaufkommen. Durch geeignete Züchtungen ist es gelungen, Rassen mit gleitenden Übergängen zu züchten. G. hat als Fleischlieferant erhebliche Bedeutung. In Deutschland (alte und neue Bundesländer) ist der Pro-Kopf-Verbrauch von 10,5 kg (1987) auf 11,8 kg (1991) gestiegen. Im Vergleich dazu ist der Pro-Kopf-Verbrauch an Schweinefleisch von 62 kg (1987) auf 55,8 kg (1991) gesunken. G. wird nach der Verordnung über Vermarktungsnormen für Geflügelfleisch in die Handelsklassen A und B nach festen Kriterien eingeteilt und gilt für Hühner, Puten, Enten, Perlhühner und Gänse. Folgende Mindestanforderungen müssen erfüllt werden: vollfleischiger Fleischansatz; gleichmäßiger Fettansatz; keine Verletzungen an Brust und Schenkeln; kein Gefrierbrand und frei von Blut bzw. Verunreinigungen. G. wird frisch (gekühlt) und gefroren (Kerntemperatur −18°C) angeboten. Die Kennzeichnung hat nach Handelsklasse (A, B) zu erfolgen, bei ganzen Tierkörpern zusätzlich die Art (z. B. Hähnchen, Suppenhuhn; Frühmastente, Flugente; junges Perlhuhn) und bei Teilstücken ihre Bez. (z. B. Brust, Schenkel, Brustfilet). Geflügelfleisch eignet sich für jede Art einer küchenmäßigen Zubereitung (Braten, Dämpfen, Kochen). Während das Fleisch von Hühnern zart und saftig ist, kann Putenfleisch häufig trocken und das Keulenfleisch auch zäh sein. Wegen seines geringen Fettanteils (Tab.)

Grundnährstoffgehalt und Energiewert ausgewählter Geflügel (Durchschnittswerte je 100 g rohen Fleisches)

	Eiweiß in g	Fett in g	Energiewert in kJ	(kcal)
Ente	18	16	1025	(245)
Gans	15	30	1525	(365)
Brathuhn	20	5	610	(145)
Suppenhuhn	18	19	1150	(275)
Hühnerbrust	22	1	440	(105)
Hühnerkeule	21	3	500	(120)
Puten				
Jungtier, ausgewachsenes Tier	18	18	1110	(265)
Putenbrust	23	1	480	(115)
Putenkeule	26	3	500	(120)

stellt Geflügelfleisch eine auch ernährungsphysiologisch erwünschte Bereicherung des Fleischangebotes dar. Das Fleisch von Enten ist zarter und fettärmer als das von Gänsen. Fleisch bester Qualität liefern Gänse zwischen 3,5 kg und 4,0 kg und Enten zwischen 1,8 kg und 2,0 kg. G. wird ungeteilt oder geteilt angebraten. Je nach Größe des G. erfolgt eine Halbierung oder eine Viertelteilung. Im ersten Falle erhält man Teilstücke, die je eine Keule und eine halbe Brust enthalten; im zweiten Fall entstehen zwei Keulen und zwei halbe Brüste. Die bei der Zerlegung anfallenden Hälse, Flügel und Innereien kommen als Geflügelklein in den Handel.

Geflügelbrühe → Brüherzeugnis

Geflügelbrühpaste → Brühpaste

Geflügelfleischextrakt → Fleischextrakt

Geflügelfleisch-Wurstwaren: *Wursterzeugnisse,* zu deren Herstellung bevorzugt Geflügel-

Zusammensetzung und Energiewert einiger Wurstwaren aus Geflügelfleisch

Wurstart	Wassergehalt in% höchstens	Fettgehalt in% höchstens	Eiweißgehalt in % höchstens	Salzgehalt in% höchstens	Energiewert in kJ je 100 g	(kcal)
Brühwurst						
Geflügelbockwurst	61,0	30,0	9,0	2,0	1338	(320)
Geflügelfleischwürstchen im Schäldarm	59,5	31,5	10,0	2,0	1380	(330)
Geflügelrostbratwurst nach Thüringer Art, gebrüht	59,5	30,0	10,0	2,0	1338	(320)
Geflügelrostbratwurst nach Berliner Art, gebrüht	60,5	29,5	10,0	2,0	1338	(320)
Kochwurst						
Feine Geflügelwurst mit Schweinsleber	52,0	33,0	13,5	2,0	1506	(360)
Geflügelleberkäse	53,0	33,0	12,5	2,0	1464	(350)
Broilergutsfleischwurst	52,0	32,0	13,0	2,0	1464	(350)
Geflügelbrätblutwurst	62,0	26,0	12,0	2,0	1213	(290)
Fleischblutwurst mit Geflügelmagen	54,0	23,0	19,0	2,5	1213	(290)
Pasteten, Rouladen						
Hähnchenfleischpastete	66,5	15,5	15,5	2,0	878	(210)
Geflügelfleischroulade	70,0	13,5	15,0	1,9	795	(190)
Putenfleischpastete	65,0	22,0	14,0	2,0	1088	(260)
Entenfleischpastete	64,5	23,0	13,5	2,0	1130	(270)

fleisch, wie Hähnchenbrust- und -keulenfleisch, neben geringeren Anteilen von fettgewebs- und sehnenarmen Schweine- oder Rindfleisch, Innereien, Fettabschnitten, z.T. Schweinebauch, Schwarten/Sehnen sowie Kochsalz und Gewürzen eingesetzt werden.

Geflügelgewürz: eine → Gewürzmischung aus Bohnenkraut, Majoran, Thymian, Salbei, schwarzem Pfeffer, verschiedentlich unter Zusatz von Rosmarin, Zwiebelpulver und Selleriesamen, z. T. durch Speisesalz und Glutamat ergänzt. Das G. kann auch zum Würzen von Fleisch- und Fischgerichten verwendet werden.

Gefrierbrand: sensorisch wahrnehmbare Veränderung an Fleisch, Geflügel und Fisch, die durch unsachgemäße Gefrierlagerung auftreten, wobei die Oberfläche austrocknet und das Fleisch eine poröse, schwammartige bzw. pergamentartige, zähe Konsistenz erhält. Dabei auftretende physikalische und chemische Veränderungen sind: irreversible Entwässerung, Gefrierdenaturierung der Proteine, Oxydation des Myoglobins zu Metmyoglobin (→ Farbstoffe) sowie der Fette und Lipoproteide in unmittelbarer Nähe der ausgetrockneten Bezirke, verbunden mit Auftreten von Fettranzigkeit. Ursachen dafür können sein: nicht wasserdampfdichte Verpackung, Unterschiede im

Wasserdampfdruck zwischen Oberfläche des Gefriergutes und der umgebenden Atmosphäre, Temperaturschwankungen bei der Gefrierlagerung. Wasserdampfdichte Verpackung und konstante Gefrierlagertemperaturen sind Voraussetzung zur Verhütung bzw. Verlangsamung des G.. → Gefrierlagerschäden → Gefrierkost

Gefrierei: durch Gefrieren des homogenisierten, durch ein Sieb gepumpten, auf 5°C gekühlten Eiinhaltes (*Flüssigvollei*) oder von *Flüssigeiklar* oder *Flüssigeigelb* bei Temperaturen von −23···−25°C hergestelltes Erzeugnis, dessen Lagerstabilität noch durch Kochsalz, durch Konservierungsmittel (Benzoe- oder Sorbinsäure) ggf. erhöht wird. Um ein Gelieren des Eigelbes beim Gefrieren zu verhindern, wird diesem (bes. in den USA) Zucker (10%), Salz (10%) oder Glycerol (5%) beigefügt. Diese Verarbeitungsform, deren Durchführung und Anwendung in Deutschland bes. geregelt sind, wird vor allem in den USA und in China zum Abfangen der saisonbedingten Eierschwemme eingeschlagen. 60···70% der Weltproduktion an Eiern werden zu G. verarbeitet. Die Haltbarkeit von G. beträgt bei −20°C etwa ein Jahr; nach dem Auftauen muß die Eimasse unverzüglich verbraucht werden. Die Zusammensetzung entspricht derjenigen des Eies, Eiklars bzw. Eigelbs. G. bzw. Eigelb wird bevorzugt in der Back- und Teigwarenindustrie verarbeitet. Durch kryogene Gase ist Gefrierei herstellbar, bei dem das Eigelb nicht geliert. → Ei

Gefrierfischerzeugnisse, *tiefgefrorene Fischwaren:* Fische, Fischteile und andere Fischerzeugnisse, die durch Abkühlen, mind. unter −10°C, für begrenzte Zeit haltbar gemacht sind. Da der Charakter des Erzeugnisses und sein ernährungsphysiologischer Wert weitgehend erhalten bleiben, stellt das Gefrieren die hauptsächliche Konservierungsform der modernen Hochseefischerei dar. Die Produktion von G. ist international weiter im Aufstieg begriffen. Die Haltbarkeit von G. wird in erster Linie durch die erreichte und eingehaltene Temperatursenkung bestimmt. Thermisch gegarte G. sind wegen der eingetretenen Enzyminaktivierung haltbarer als rohe oder nur teilw. gegarte. Magere Fische sind besser lagerfähig als fette. G. werden in a) gefrorene Fische und Fischteile, b) in küchenfertig zubereitete G. und c) in sonstige gefrorene → Fischerzeugnisse eingeteilt. a) *Gefrorene Fische* machen den Hauptanteil aller G. aus und werden im Falle von Seefischen fast ausschl. auf See nach entsprechender Fischbearbeitung (→ Fischerzeugnisse) hergestellt. In Größe und Körperform geeignete Fische werden filetiert. Daneben gelangen entweidete und geköpfte Fische, Stücke und Fischfleisch gefroren zur Anlandung. Kleinere und spezielle Fischarten erfahren keine Bearbeitung. Auch Krebse, Muscheln und andere Seetiere werden gefroren. b) In Landbetrieben werden aus gefrorenen Fischen und Filet verschiedenartige küchenfertige, portionierte und verpackte G. hergestellt: *Filetten, Fischsticks, Fish fingers (Fischstäbchen)* sind in Stäbchenform zerteile Filets (vornehmlich Magerfische), die meist mit einer → Panade versehen, ungebraten oder angebraten angeboten werden. *Sticks* sind G., die aus zerkleinerten Filets, *Stäbchen* sind G., die aus fein zerkleinerter, zugelassenen Fischarten (Farsch, Farce, Brät) mit geschmacksgebundenen Zutaten, mit Panade, ungebraten oder angebraten hergestellt werden. Entsprechend können auch Fischbuletten, -klopse und analoge Produkte gefroren werden. *Schnitten* (z. B. Schlemmerschnitten) sind zwei Filetscheiben mit pikanter Füllung. Der Panadenanteil dieser G. liegt bei 15···35%, der Eiweißgehalt entspricht dem von Filet (Filetten usw.) bzw. darf 14% (Stäbchen) nicht unterschreiten. Auch entweidete Fische und Fischteile werden geschuppt, küchenmäßig gesäubert und portioniert, evtl. gewürzt oder mit Gewürz- und Kräuterbeilagen versehen als G. angeboten. Alle diese G. bedürfen einer endgültigen Garung und küchenmäßige Zubereitung. c) Eine Reihe konventioneller Fischerzeugnisse kann durch Gefrieren länger haltbar gemacht werden. Dabei eröffnen sich auch neue Erzeugnismöglichkeiten und verbesserte Qualitäten. Diese Art von G. wird an Bedeutung gewinnen. G. sollen rasch aufgetaut und dann sofort verwertet werden. Bei portionsgerechten G., die zur küchenmäßigen Garung bestimmt sind, sollte möglichst der Garvorgang zum Auftauen genutzt werden. Voluminösere G., z. B. ganze Fische, sind erst nach vollständigem Auftauen zu garen. Aufgetaute oder angetaute G., auch solche, die im Handel auftauten und wieder eingefroren wurden, sind abzulehnen, da zumindest eine starke Qualitätsminderung zu erwarten ist. → Fisch → Fischerzeugnisse → Gefrierkonservierung

Gefrierfleisch: mit dem Ziel der Haltbarmachung eingefrorenes Frischfleisch. Es wird nach der Abkühlung bei −15···-30°C eingefroren, je nach Fleischart bei −12···-20°C und 90% rel. Luftfeuchte gelagert und soll eine Kerntemperatur von −8°C behalten. Die Lagerdauer kann 9 bis 15 Monate betragen. Das G. wird nur aus Fleisch von Tieren erster Qualität hergestellt. Für den Verkauf im Einzelhandel muß es vor dem Zerteilen langsam (3 bis 5 Tage bei +5···+8°C) aufgetaut werden. Vorschriftmäßig aufgetautes G. ist qualitätsmäßig dem Frischfleisch gleichzusetzen. Die Erscheinung, daß G. auch nach sachgemäßem Auftauen übermäßig „Tropfsaft" (Drip) verliert, beruht auf der sehr raschen Entwicklung der Totenstarre (Tau-Rigor), die wesentlich schneller als die übliche auftritt und durch das Einfrieren zunächst verhindert wird. → Gefrorenes Fleisch

Gefrierkost: Kost, die aus küchenfertigen Gefrierkonserven zubereitet oder aus tischfertigen Gefrierkonserven zusammengesetzt ist. Da sich praktisch alle leicht verderblichen Lebensmittel in küchenfertigem Zustand gefrierkonservieren lassen bzw. zur Herstellung von tischfertigen Gefrierspeisen eignen, können ganze Mahlzeiten aus diesen Erzeugnissen zusammengestellt werden. So nimmt die Verwendung von G. ständig zu. Wenngleich die Gefrierkonservierung eine bes. nährwertschonende Konservierung ist, können während der Gefrierlagerung eine Reihe physikalischer und chemischer Veränderungen im Gefrierlagergut vor sich gehen, die die Gefrierlagerfähigkeit, den Nährwert und Gebrauchswert beeinträchtigen. Die wichtigsten Änderungen sind: a) Denaturierung der Eiweißstoffe und Lipoproteide sowie Wasserverlagerung in die Extrazellularräume der Gewebe (Verlust des Wasserbindungsvermögens, Tropfsaftverlust, Trocken- und Faserigwerden von Muskelgewebe), b) irreversible Entwässerung der Eiweißstoffe, Oxydation von Blutfarbstoffen, Fetten und Lipoproteiden (→ Gefrierbrand, bes. bei rohem Geflügel, Fleisch, Fisch), c) Hydrolyse von Lipiden und Lipoproteiden, Oxydation von freien Fettsäuren (Ranzigkeit, Geschmacksabweichungen), d) enzymatische und nicht enzymatische Vorgänge, die durch Luft- und Lichteinwirkung katalysiert werden können (Veränderung von Geschmack, Geruch und Farbe), e) Entmischen von Emulsionen bei gebundenen Speisen, f) Verlust an Vitamin C, wenn im Gemüse die Enzyme vor dem Gefrieren nicht durch Blanchieren inaktiviert werden. Die Denaturierung der Proteine bewirkt keine Nährwertminderung. Nennenswerte Verluste an Vitamin C können auftreten, wenn die Vorbereitung zum Gefrieren, die Gefrierlagerung oder das Verzehrfertigmachen unzweckmäßig erfolgen. Der Vitamin-C-Gehalt ist nicht geringer als im gegarten Gemüse aus frischer Ware und meist höher als bei der Sterilkonservierung. Nachteilig wirken sich Temperaturschwankungen während der Gefrierlagerung aus. Verluste an Mineralstoffen und Spurenelementen sowie an anderen wasserlöslichen Inhaltsstoffen können durch Blanchieren bzw. eine unzweckmäßige Zubereitung vor dem Gefrieren entstehen. Einmal aufgetaute Gefrierkonserven müssen unverzüglich verbraucht werden. → Kostform → Gefrierkost, tischfertige → Feinfrost → Gefrierlagerschäden

Gefrierkost, tischfertige, *Gefrierspeisen:* Bez. für zubereitete Speisen, die durch Gefrierkonservierung vorübergehend haltbar gemacht wurden und nach dem Temperieren (bei kalten Speisen) oder nach dem Auftau- und Erhitzungsprozeß (bei warmen Speisen) sowie einem sich anschließenden Anrichte- und Servierprozeß verzehrfertig sind. Die Palette der t. G. wird durch die Gefrierwürdigkeit bestimmt. Ungeeignet sind Eierspeisen, verschiedene Emulsionen, englisch gebratene Fleischstücke sowie Salate aus Blattgemüse. Das mögliche Sortiment reicht von Vorspeisen über Suppen, Hauptgerichte bis zu Süßspeisen. Die Gefrierkonservierung von Suppen wird wegen des hohen Anteils auszufrierenden Wassers auf Spezialitäten beschränkt bleiben. Eintopfgerichte weisen nach der thermischen Wiederherstellung eine sehr gute Qualität auf. Bei Fleischspeisen ist vorwiegend mageres Fleisch zu verarbeiten (Fettoxydation). Auch bei Fisch und Geflügel bevorzugt man magere Qualitäten. Sättigungsbeilagen sind aus ökonomischen Gründen nur ausnahmsweise zu gefrierkonservieren. Ungeeignet sind Röstkartoffeln und Klöße aus rohen Kartoffeln. Von Süßspeisen sind Speiseeisspezialitäten, Quarkspeisen, Beignets u. ä. gut geeignet. T. G. kann in modernen Produktionsbetrieben in hohen Losgrößen hergestellt werden. Im Interesse eines qualitativ hochwertigen Endproduktes ist auf folgendes zu achten: Die Garzeit soll nur 70···80% der normalen Garzeit betragen. Eingedickte Soßen neigen zum Entmischen, sofern sie nicht mechanisch (Emulgator) behandelt oder mit Zusätzen, wie Spezialstärken, Reismehl, Sojamehl, Wein oder Milch, versehen werden. Verschiedene Gewürze ändern ihre Würzkraft. An den Zubereitungsprozeß müssen sich sofort das Abkühlen und der Gefrierprozeß anschließen. → Gefrierkost

Gefrierkuchen → Konservenkuchen

Gefrierlagerschäden: Während der Gefrierlagerung von Lebensmitteln und Speisen auftretende, die Lagerfähigkeit begrenzende physikalische und chemische Veränderungen. Diese sind i. allg. um so geringer, je niedriger die Gefrierlagertemperatur ist. Die wichtigsten Erscheinungen sind:
a) bei Fleisch, Geflügel und Fisch: Verlust des Wasserbindungsvermögens, Tropfsaftverlust, Muskelgewebe wird trocken, faserig und strohig, Ranzigkeit, Veränderung des Geschmacks (z. B. fischiger Geschmack bei Truthahn), des Geruchs und der Farbe (z. B. Braunfärbung fetter Fische durch Fettoxydation). → Gefrierbrand;
b) bei Gemüse und Obst: Bräunung des Fruchtfleisches (Oxydation von Polyphenolen), Vitamin-C-Verluste, Verlust der grünen Blattfarbe (oxydative Zerstörung von Chlorophyll), Zerstörung der Zellwände, Reduzierung des Turgors (Spannungszustand Flüssigkeit enthaltender Gewebe lebender Körper);
c) bei tischfertigen Speisen: sensorische Veränderungen, Entmischen der Soßen und Verlust ihrer Bindigkeit, Verlust der Gewürzaromen.
Zur Verlangsamung bzw. Verhütung dieser Erscheinungen sind beim Gefrieren und Gefrierlagern folgende Grundregeln zu beachten: ausreichend schnelles Gefrieren bei möglichst niedriger Gefriertemperatur, konstante Gefrierlagertemperaturen, Fleischreifung vor dem Gefrieren, aroma- und wasserdampfdichte Verpackung, Vakuumverpackung und Glacieren bei fetten Fischen, Einfrieren der Früchte in Zuckerlösung, Einsatz von Fetten mit niedrigem Anteil hochungesättigter Fettsäuren, ausreichende Enzyminaktivierung bei Gemüse vor dem Gefrieren (Blanchieren), Einsatz gefrier-tau-stabiler Soßenbindemittel bei Gefrierspeisen, Fleischspeisen mit Soße abdecken, dem Gefriergut angepaßtes Auftauen. → Kälteschäden

Gefrierspeisen → Gefrierkost, tischfertige

Gehacktes → Hackfleisch

Geheimratskäse: als Fett- oder Vollfettkäse in den Niederlanden, in Österreich und Deutschland hergestellter *fester Schnittkäse* nach *Gouda*- oder *Edamer* Art in runder Laibform, der entweder paraffiniert oder in Kunststoffolie verpackt ist. Der Name wird von dem Ort Heemrat abgeleitet. Der Teig ist hellgelb bis goldgelb, mattglänzend und hat nur vereinzelt runde bis ovale, linsengroße Löcher, er ist geschmeidig und fühlt sich fettig an. Der Geschmack ist rein und mild (typischer Holländerkäse-Geschmack). → Edamer Käse → Schnittkäse

Gehirn, *Encephalon, Cerebrum:* vergrößerter Abschnitt des Zentralnervensystems. Es besteht aus dem Gehirnstamm, dem Cerebrum und dem Cerebellum (Kleinhirn). Das zu den → Innereien gehörige Organ beträgt beim Rind 400···480 g, bei Schaf und Ziege 100···110 g und beim Schwein 130···170 g. Das G. wird gewöhnlich im rohen Zustand zum Verkauf angeboten oder in Wurstwaren verarbeitet (→ Brägenwurst). Das G. zeichnet sich durch hohe Gehalte an → Cholesterin aus (Kalbshirn 3000 mg, Schweinehirn 2500 mg je 100 g).

Gehlchen → *Hydnáceae*

Geißbart → Claváriáceae → Spierstrauch

Geißelgarnelen → Krebstiere

Geißfuß → Giersch

Geißkäse: *Halbhartkäse* aus Ziegenmilch (Schweiz). → Käsesorten

Geist → Obstgeist

Geitost, blandet: norwegischer Molkenkäse (Schnittkäse) aus Kuhmilch und Ziegenmilch. → Käsesorten

Geitost, helfet: norwegischer Molkenkäse (Schnittkäse) aus Ziegenmilch. → Käsesorten

Gekröse, *Micker:* Schleimhautfalte des Bauchfelles. Der Darm der schlachtbaren Haustiere ist durch eine doppelte Schleimhautfalte (Bauchfellduplikatur) an der Rückenseite der Bauchhöhle befestigt. Das im G. enthaltene Fettgewebe (Mikkerfett) wird zur Speisefettgewinnung verwendet. Das Kalbsgekröse einschl. des Dünndarmes des Kalbes wird zur Wurstherstellung (Wurstinhalt) verwendet.

Gel → Geliermittel → Hydrokolloid

Gelan: Sammelbegriff für → Hydrokolloide aus *Rotalgen,* die hinsichtlich ihrer physikalischen Eigenschaften dem → Carrageen ähnlich sind, aber weniger Sulfatestergruppen (i. allg. einen Sulfatrest je 2 Hexose-Einheiten) haben und nicht mit Casein agglomerisieren. Hierzu gehören → Furcellaran und → Hypnean. → Algenpolysaccharid

Gelatine: Protein, das durch Denaturierung von *Collagen,* dem wesentlichen Bestandteil des tierischen Bindegewebes, vorwiegend Knochen und Häuten, hergestellt wird. Man unterscheidet drei Sorten Speisegelatine für den Einsatz in der Lebensmittelindustrie (170, 130 und 100) und zwei Sorten für technische Zwecke (120, 100). Die G. wird großtechnisch in einem mehrstufigen Prozeß durch Behandlung von hygienisch einwandfreien, von Fett befreiten Knochen mit Salzsäure und Kalkmilch, durch Extraktion mit Dampf, Konzentrieren und Trocknung hergestellt. Molmasse ca. 15000···250000 g/mol, wird unter sauren (Typ A-G., isolelektr. Punkt 7,5<9,3) oder alkalischen (Typ B-G., isoelektr. Punkt 4,7<5,2) Bedingungen gewonnen. Sie löst sich bei Erwärmung bis zu 60°C unter starker Quellung in Wasser; beim Abkühlen bildet bereits eine 3%ige Lösung eine klare Gallerte, die sich bei Mundtemperatur löst. Quellungsvermögen, Viskosität und Gallertebildung hängen von verschiedenen Faktoren, wie Temperatur, *p*H-Wert und Elektrolytgehalt (Salze), ab. G. wird von den proteolytischen Enzymen des Intestinaltraktes gespalten. Sie ist leicht verdaulich. Wegen des sehr geringen Anteils an essentiellen Aminosäuren weist G. eine geringe biologische Wertigkeit auf. Ihr Energiewert ist ebenfalls gering, da im verzehrfähigen Zustand meist mehr als 95 % Wasser gebunden sind. 100 g Speisegelatine im trockenen Zustand entsprechen einem Energiewert von 1380 kJ (330 kcal), die fast ganz auf Protein entfallen. G. wird sowohl in der Fisch- und Fleischindustrie als auch in der Backwaren- und Süßwarenindustrie und im Haushalt zur Herstellung von Gelee-Erzeugnissen, wie Aspik, Sülze, Gelatine- und Geleezuckerware, zum Steifen von Kremspeisen und zu anderen küchenmäßigen Speisezubereitungen, aber auch technisch in der Photographie (lichtempfindliche Emulsion) und in der Medizin eingesetzt. → Eiweiß → Gallert

Gelatinebonbon → Gelatinezuckerware

Gelatinezuckerware, *Gelatinebonbon:* aus Zucker, Stärkesirup und Gelatine sowie zugelassenen Zusatzstoffen hergestelltes, kaubares, beliebig geformtes Erzeugnis. Als Zusatzstoffe sind zulässig: Genußsäuren, Spirituosen, Pflanzenöle, Obstzubereitungen, Vollsoja, Kakaopulver, Glucose, Weine, Bienenhonig, Malzextrakt, Süßholzsaft, zugelassene Drogen und künstliche Geschmacksstoffe. Saure G. haben in 50%iger wäßriger Lösung einen *p*H-Wert von 2,4 bis 3,0. *Gelatine-Fruchtzuckerwaren* müssen natürliche Fruchtbestandteile oder natürliche Essenzen enthalten. G. mit Geschmack (Frucht- oder Kräutergeschmack) enthalten künstliche oder künstlich verstärkte Geschmacksstoffe. *Schaumgelatine-*

zuckerwaren sind *Zuckerwaren* aus aufgeschlagenen Gelatinemassen, die auch anderes Eiweiß enthalten können (→ *Schaumzuckerwaren*). G. müssen als solche gekennzeichnet sein, wobei die Bez. Gummi *(Gummibonbons, Weingummi)* nicht zulässig ist. Optimale Lagerbedingungen sind 10···18°C und 70 % rel. Luftfeuchte. → Zuckerware

Gelatose: thermisches Abbauprodukt der Gelatine. G. entsteht bei zu langem Garen von Gelatine bes. oberhalb von 90°C. Einher geht eine signifikante Textur- und Volumenänderung der Gelatinesole sowie eine Verringerung der rel. Molekülmasse und der Strukturviskosität. G. ist wasserlöslich, geliert zum Unterschied zur Gelatine nicht. Der Abbau der Gelatine zu G. hat praktische Bedeutung bei übergartem Fleisch, insbes. Rindfleisch, das trocken und fasrig wirkt.

Gelbaal → Aal

Gelbdextrin → Dextrin

Gelbdolde, stengelumfassende → Pferdeeppich

'Gelbe Triumphbeere' → Beerenobst

'Gelber Mosler': Gelber Furmint. → Wein

Gelbflossenthun → Thunfisch

Gelbfüße → *Gomphidiáceae*

Gelbfüßler → *Gomphidiáceae*

Gelbholz, *Fustikbaum, Odumbaum, Moral, Tatajuba:* der dornige Baum *Chloróphora tinctória* Gaudich. (Familie *Moráceae*), der in zahlreichen Varietäten im tropischen Amerika vorkommt und in erster Linie zur Farbstoffgewinnung genutzt wird. Die langgestielten, kleinen Sammelfrüchte werden roh verzehrt.

Gelbildung → Geliermittel → Gelieren

Gelborange S (E 110) → Lebensmittelfarbstoffe

Gelbpflaume → Mirabelle

Gelbreife → Getreide

Gelbsarson → Sarson

Gelbsenf → Senf, Weißer → Senf 11

Gelbwurst: fein zerkleinerte nicht umgerötete → Brühwurst in gelbpigmentierten Kunstdärmen → Brägenwurst

Gelbwurzel → Kurkuma

Gelbzitwer → Kurkuma 1

Gelee → Gallert

Geleeartikel → Geleezuckerware

Geleefrucht → Geleezuckerware

Geleeguß → Tortenguß

Geleemelone → Igelgurke, Große

Geleeplatte: ein aus Obstmark oder eingedickten Fruchtsäften oder Fruchtrohsäften oder Fruchtaroma unter Zusatz von Weißzucker, Pectin, zugelassenen Lebensmittelfarbstoffen und ggf. Stärkesirup durch Kochen hergestelltes gallertartiges, schnittfähiges, backfestes oder nicht backfestes, transparentes oder nicht transparentes Erzeugnis, das hauptsächlich als Einlage und zur Garnierung in der Süß- und Backwarenindustrie verwendet wird. Als Ausgangsmaterial kann auch Obstmark zusammen mit eingedickten Fruchtsäften und Fruchtrohsäften dienen. Für die industrielle Herstellung kommen Himbeere, Aprikose, Sauerkirsche, Orange, Zitrone und Waldmeister in Betracht. Für 100 kg Fertigerzeugnis werden 61 kg Zucker, maximal 40 kg Süßwaren-Apfelpectinextrakt flüssig, 2,5 kg Stärkesirup sowie geschmacksbestimmende Rohstoffe benötigt. Der refraktometrisch ermittelte Extraktgehalt soll mind. 65 % betragen. Für den Gesamtsäuregehalt, berechnet als Weinsäure, gilt 1 % als Richtwert. → Gallert

Gelée Royale, *Königinnenkost, Königinnenmuttersaft, Weiselfuttersaft:* der von Jungbienen aus ihrer Speicheldrüse ausgeschiedene und zur Fütterung für die Larven, die zu Bienenköniginnen bestimmt sind, verwendete Saft, dessen ernährungsphysiologische, tonisierende Wirkung wissenschaftlich nur für die Bienen, nicht aber für den

Menschen hinreichend gesichert sind. Die mit einer empfohlenen Tagesdosis G. R. (30···50 mg) zugeführte Menge an essentiellen Nährstoffen ist so minimal, daß ein Beitrag zur menschlichen Ernährung damit nicht gegeben ist. G. R. besteht hauptsächlich aus Lipoproteinen, Aminosäuren und B-Vitaminen. → Gesundheitspflegemittel

Geleespeise-Pulver, *Götterspeise-Pulver:* ein → Süßspeisepulver aus einem Geliermittel (meist Speisegelatine), natürlichen oder künstlichen Geschmacksstoffen, Genußsäuren und Lebensmittelfarbstoffen, das - entsprechend der Kochanweisung zubereitet - eine schnittfeste, mehr oder weniger durchsichtige Süßspeise ergibt.

Geleezuckerware, *Geleeartikel:* unterschiedlich geformtes Erzeugnis von gallertartiger Konsistenz aus Zucker, Stärkesirup, Geliermitteln (Agar-Agar, Pectin, Speisegelatine mit Obstzubereitungen und/oder natürlichen bzw. künstlichen Geschmacksstoffen. Die G. werden durch Ausgießen der vorgekühlten, fertig gekochten Geleemasse in Formpuder hergestellt. Nach dem Gelieren und Auspudern können die Erzeugnisse bezuckert, glasiert oder mit Schokolade überzogen werden. Man unterscheidet Agar- und Pectingelees und Schaumgelee-Erzeugnisse (mit Aufschlagmitteln). Weitere G. sind *Fruchtgeleezuckerwaren* oder *Geleefrüchte,* Fruchtpasten, Marmeladenringe und Pastenringe. → Zuckerware → Gallert

Gelieren, *Gelbildung:* Übergang einer viskosen Lösung eines Polymers in Wasser, mit evtl. anderen Begleitstoffen (Säuren, Zucker, Ionen), in einen quasifesten (formbeständigen, aber weich bleibenden) Zustand (viskoelastische Flüssigkeit), der sich in mind. 2 Reaktionsschritten vollzieht und durch die chemische Struktur des Polymers, einschl. der Konfiguration seiner Monomerbausteine sowie von geometrischen Faktoren, insbes. der Konformation der Makromoleküle, gesteuert wird. Im 1. Schritt lagern sich wenige Makromoleküle unter Bildung einer Doppel- oder Tripelhelix zusammen, die gewisse ungeordnete Bereiche aufweisen muß, um eine zu starke Annäherung der Ketten unter Ausbildung eines kristallgitterähnlichen Gefüges zu verhindern. Im 2. Schritt lagern sich diese Primäraggregate zu einer lockeren Netzwerkstruktur zusammen. Dabei bilden sich sog. Netzknoten *(Fischnetzwerk)* aus, die zu einer weiteren Stabilisierung der Primäraggregate beitragen (s. Abb.).

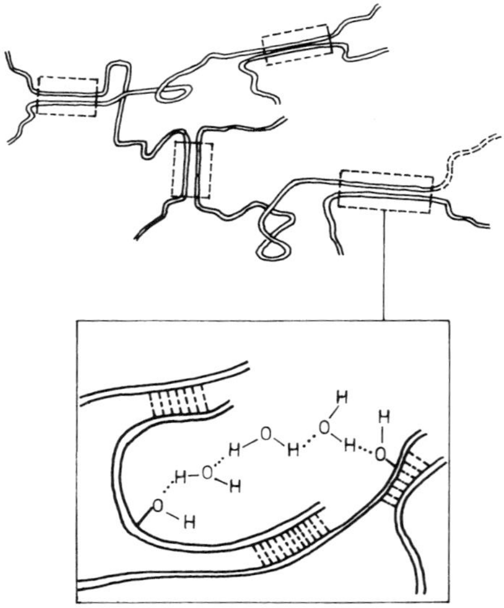

Schematische Darstellung eines Gelnetzes mit eingelagertem Wasser

Die Verknüpfungen der Ketten können sich aber auch über den gesamten Netzstrang erstrecken, wobei der Netzknoten als Verzweigung des Netzstranges infolge von Heterogenitäten in den Molekülketten entsteht (*Gitternetzwerk, Raumstruktur).* Voraussetzung für die Stabilisierung der Primäraggregate ist eine Mindestkettenlänge der Makromoleküle (etwa 15 bis 20 Monomerbausteine) und ein ausreichendes Vermögen des Polymers, Wasser zu binden *(Hydophilie*). Die *thermische Stabilität* der *thermoreversiblen Gele* wird auf ein Gleichgewicht zw. hydrostatischem Druck des Wasser in der Gelphase und Assoziationstendenz der Makromoleküle zurückgeführt.
Nach dem Typ der Vernetzung des Gelnetzwerkes unterscheidet man zw. *chemischer Vernetzung*

(kovalente Bindungen als Netzknoten) und *physikalischer Vernetzung,* bei der die Verknüpfung durch ionische Wechselwirkung (niederverestertes Pectin, Carrageen), durch Wasserstoff-Brükkenbindungen (Gelatine, hochverestertes Pectin, s. Formel) u. ä. gebildet wird.

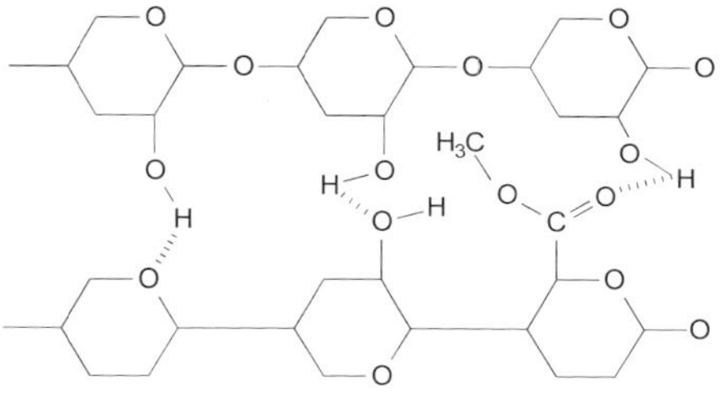

Gelnetz aus hochverestertem Pektin, Kettenassoziation durch Wasserstoffbrücken

Die physikalischen Vernetzungen können durch Wärmezufuhr reduziert und aufgelöst werden (*thermoreversible Gele*). Dieses Schmelzen der Gele erfolgt in Abhängigkeit vom Wechselwirkungsmechanismus nicht bei der gleichen Temperatur wie die Gelierung beim Abkühlungsprozeß. Die Schmelztemperatur kann über dem Kochpunkt der Lösung liegen (hochverestertes Pectin). Das elastische Verhalten der Gele resultiert aus der Knäuelung der Netzketten (*entropische Elastizität)* und aus der energetischen Beanspruchung der Bindungen in der Molekülkette (*energetische Elastizität*).
Nach der Dimension des ausgebildeten Netzwerkes sind Gele mit kontinuierlichem Netzwerk, die makroskopisch zusammenhängende elastische Körper bilden und einen deutlichen Bruch zeigen, von *Partikelgelen* zu unterscheiden, die sich makroskopisch wie eine hochviskose Flüssigkeit mit einer ausgeprägten elastischen Fließgrenze verhalten. Letztere werden z. B. als → Dickungsmittel eingesetzt.
Die Eigenschaften der Gele sind stark abhängig von der Wechselwirkung zw. den Netzwerkketten und den Zusatzstoffen im Lösungsmittel. Diese Wechselwirkung verhindert einerseits das Kollabieren des Netzwerkes und andererseits das Ausfließen der Lösung. Hochverestertes Pectin geliert z. B. nur in Gegenwart von Säuren und Zucker, wobei die Säure die Dissoziation der freien Carboxylgruppen zurückgedrängt, um so die elektrostatische Abstoßung von Kettensegmenten zu vermindern. Der Zucker setzt die Wasseraktivität des Systems herab, wodurch die Neigung zu Polymer-Wasser-Bindungen kleiner und die zu Polymer-Polymer-Bindungen größer wird. Bei den niederveresterten Pectinen und Alginaten kommen die Haftzonen dadurch zustande, daß sich Galacturonsäureeinheiten wegen der axial-axial-glycosidischen Bindung zueinander gegenüberliegen können. Diese Anordnung wird durch Calciumionen, die die Bindungen mit den Carboxyl- und Hydroxylgruppen eingehen, fixiert (Egg-box-Modell, s. Formeln).
Bestimmte Polysaccharid-Sulfate, wie Carrageen, gelieren nur in Anwesenheit von Kaliumionen, nicht aber von Natriumionen. → rheologische Eigenschaften → Pectin → Geliermittel → Gallert

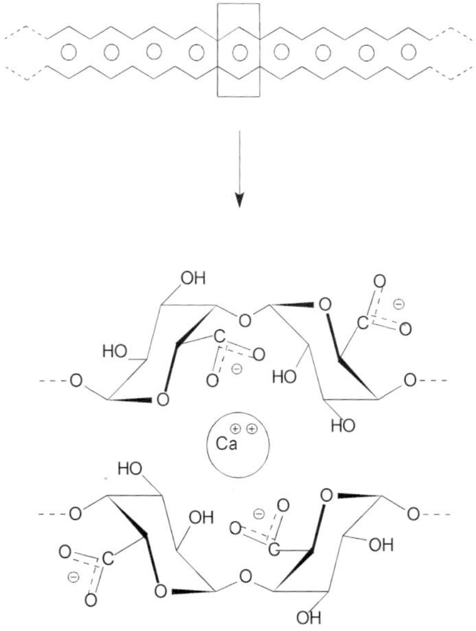

Gelnetz aus niederverestertem Pektin, Kettenassoziation durch Calciumionen

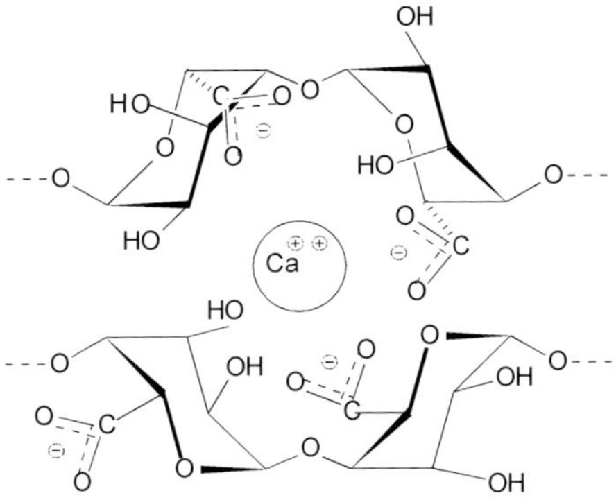

1,4-α-L-Guluronsäure ax – ax

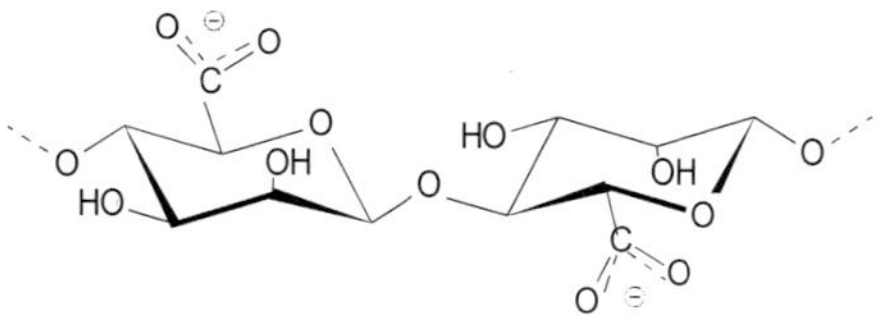

1,4-β-D-Mannuronsäure eq – eq

Element einer Kettenassoziation im Calciumalginatgel: Calcium-Nest mit Guluronat. Der stumpfere Winkel zwischen den eq-eq-gebundenen Mannuronatbausteinen ist zur Nestbildung weniger geeignet.

Geliermittel: → *Hydrokolloide,* die durch räumliche Vernetzung ein dreidimensionales Gerüst bilden, welches das gesamte Wasser einer Lösung derart bindet, daß elastische, formbeständige *Gele* entstehen. Sie unterscheiden sich von der viskosen Lösung oder Dispersion eines → *Verdikkungsmittels,* dessen Moleküle sich frei bewegen können. Gelbildende Hydrokolloide bestehen i. allg. aus fadenförmigen, langgestreckten Molekülen (ohne starke Verzweigungen) mit aktiven Gruppen. Bei der *Gelierung* oder → *Gelbildung* sind Neben- und Hauptvalenzgele zu unterscheiden. Nebenvalenzgele, die über Wasserstoffbindungen vernetzt sind, bilden → Carrageen und hochverestertes → Pectin. *Hauptvalenzgele* mit heteropolarer Vernetzung geben in Gegenwart von Calciumionen → Alginsäure (E 400), Alginate (Na-alginat E 401, K-alginat E 402, Ammoniumalginat E 403, Ca-alginat E 404, Propylenglycolalginat E 405) und niederverestertes Pectin. Außer diesen Hydrokolloiden sind z. B. noch → Stärke, → Gelatine, → Agar-Agar, → Furcellaran sowie Gemische aus Agar-Agar, Carrageen (E 407) und → Xanthan mit → Johannisbrotkernmehl bzw. → Guaran zur Gelbildung befähigt. Pectin ist für die Herstellung saurer Gele geeignet, Agar-Agar wird oberhalb von *p*H 4 erfolgreich eingesetzt. Bei höheren *p*H-Werten der Produkte können Alginsäuren, Carrageen und Pectinsäure als Geliermittel verwendet werden. Für sterilisierende Produkte ist Pectin ungeeignet. Schwache Gele neigen zu Synärese. Häufig wird deshalb ein Verdickungsmittel (z. B. Stärke) beigefügt. Bei der Bereitung von *Mischgelen* aus zwei G. (z. B. niederverestertem Pectin und Gelatine, muß darauf geachtet werden, daß die Gelstrukturen miteinander verträglich sind. Zur Verwendung in der Lebensmittelproduktion s. Übersicht S. 545. Verschiedene Verdickungsmittel eignen sich gleichermaßen als G.. Entscheidend dafür, ob das Hydrokolloid bindet oder geliert, ist die Stärke der intermolekularen Anziehung gleichartiger oder zweier versch. Molekülarten mit konformativ geordneten Bereichen. Zur Gelbildung müssen Länge, Abstand solcher Bereiche und deren Verteilung längs der Makromoleküle optimal sein. → Cellulosederivate → Gallert

Geliersaft → Obstgeliersaft

Geli-Geli: das in Ostasien, bes. in China, Sri Lanka und in Indien an Fischteichen kultivierte Aronstabgewächs *Lásia spinósa* (L.) Thwait., (Familie *Aráceae*), dessen Blätter als Küchengewürz und mit den geschälten Blattstielen auch als Gemüse genutzt werden.

Gelierzucker: ein Produkt – aus Zuckerkörnern, die zumindest teilw. mit hoch- oder niederverestertem → Pectin überzogen sind, und aus einer Genußsäure –, das zur Herstellung von Gelees oder Marmeladen im Haushalt dient. Zusammensetzung: etwa 98 % Saccharose, 1 % Pectin und 0,8 % Citronensäure. Der G. wird mit Früchten im Massenverhältnis 1:1 ohne Wasserzusatz vermischt und kurzfristig erhitzt. → Einmachzucker → Gallert

Gellan, (418) *Polysaccharid S-60:* ein → mikrobielles extrazelluläres Polysaccharid, das auf biosyn-

Die gebräuchliche Nutzung der gelbildenden Hydrokolloide in Lebensmitteln

Hydrokolloid	Herkunft	Chemische Zusammensetzung	Typischer Gebrauch
→ *Gelatine*	Tierische Häute und Knochen	Protein, die vorherrschenden Aminosäuren sind Glycin und Prolin	Dessertgelees, Kuchenzuckerguß, Süßwaren, Fleisch- und Fischkonserven
→ *Pectin*	Apfelmaische, Zitrusschalen	lineare Polymere von partiell veresterter D-Galacturonsäure	Süßwaren, Marmelade und Präserven
→ *Carrageen*	Algen *(Chóndrus críspus* (L.) Stackh.)	D-Galactose und sulfatisierte D-Galactose	Instant-Süßspeisen, zuckerfreie Diätmarmelade
→ *Agar-Agar*	Tang, Algen (viele versch. Arten)	→ *Agaropectin* und → *Agarose*	Pastetenfüllungen, mit hoher Temperaturbeständigkeit, Süßwaren, Fleisch- und Fischkonserven
Alginate (→ *Alginsäure)*	Braunalgen *(Macrocýstis pyriféra* (L.) C. A. Agardh., *Laminária spec.)*	Copolymere der D-Mannuronsäure und L-Galuronsäure	Dessertgelees, Echte Puddings, Pastetenfüllungen, künstliche Früchte für Torten, Süßwaren
→ *Stärke*	Kartoffeln, Weizen, Reis, Mais, Cassava, Sago, Arrowroot	Polymere der D-Glucose, → *Amylose* und → *Amylopectin*	Echte Puddings, Eiercremes, Pastetenfüllungen, Süßwaren

thetischem Weg von Auromonas ATTCC 31461 gebildet wird. G. ist aus D-Glucose, D-Gluconsäure und L-Rhamnose im molaren Verhältnis 2:1:1 aufgebaut und enthält eine sich wiederholende Untereinheit aus 4 Zuckerbausteinen, die sich in der linearen Hauptkette befinden. Als Seiteneinheiten sind Acetylgruppen im nativen Polysaccharid anwesend, vermutlich an den C-Atomen eines Glucoserings geknüpft. Eine ähnliche Struktur haben die mikrobiellen Polysaccharide → Welan und → Rhamsan; allerdings enthalten diese Glycosyl-Seiteneinheiten. G. zeigt im nativen Zustand eine schwache Gelbildung. Nach alkalischer Behandlung von G. (Entacetylierung) werden feste Gele erhalten. Struktur von G.: [→ 3)-β-D-Glc(1→4)-β-D-GlcU(1→4)-β-D- Glc(1→4)-α-L-Rha(1→] Glc = Glucose, GlcU = Glucuronsäure, Rha = Rhamnose

Gelose → Agar-Agar → Carrageen

Gelseminsäure → Cumarin

Gemengemehl → Mischmehl

Gemswild (*Rupicápra rupicapra*) → Wild

Gemüse 1. ursprüngl. eine *gekochte,* aus Pflanzen oder Pflanzenteilen bereitete Speise, meistens als Gericht, ein Teil der Hauptmahlzeit, zuweilen auch selbständiges Gericht. Das Wort G. ist erst im späten Mittelalter bekannt geworden und vom althochdtsch. „Mus" und dem mittelhochdtsch. „muos" (breiige Speise) abgeleitet. Erst im 18. Jh. nachträglich auch auf die Pflanzen, die Gemüsegerichte liefern, übergegangener Begriff. Heute versteht man daher unter G. **2.** frische, eßbare Pflanzenteile (Blätter, Blüten, Früchte, Knollen, Knospen, Stengel, Sprosse, Samen, Zwiebeln, Wurzeln oder Wurzelstöcke) krautiger, wildwachsender *(Wildgemüse)* oder in Kultur genommener (*Kulturgemüse*) Gewächse (mit Ausnahme von Pilzen und Kartoffeln), die roh, gekocht oder konserviert verzehrt werden können. Trokkene, ausgereifte und zugleich lagerfähige Samen, z. B. der Körnerhülsenfrüchte (Trocken-Speisebohnen, Trocken-Speiseerbsen, Linsen, Sojabohnen), des Getreides, des Buchweizens u. a. zählen nicht zum G. Pflanzenteile, die sowohl als G. als auch als Gewürz verwendet werden (z. B. Paprika, Zwiebel, Fenchel), sind als G. anzusprechen, wenn sie eine Hauptkomponente im verzehrfertigen Gericht bilden und als solche auch hervortreten. Eine Einteilung des G. kann erfolgen a) nach dem botanischen System (Einordnen der Pflanzen entsprechend ihrer Familienzugehörigkeit), b) nach der Kulturwürdigkeit (Einteilung der Pflanzen in Wild- und Kulturgemüse und letztere wiederum in *Freilandgemüse (Feld-* und *Gartengemüse)* und *Treibgemüse, (Unterglas-, Foliengemüse) c)* nach der Zartheit der Zellwandstruktur in *Grobgemüse* (Weißkohl, Rotkohl, Wirsingkohl, Grünkohl, Spätkohlrabi, späte Möhren, Sellerie, rote Bete, Meerrettich, Lauch, Zwiebeln, dicke Bohnen) und *Feingemüse* (Blumenkohl, Tomaten, Gemüseerbsen, Gemüsebohnen, Spinat, frühe Möhren, Frühkohlrabi, Rosenkohl, Schwarzwurzeln, Salatarten, Spargel), d) nach der Erntezeit in *Früh-* und *Spätgemüse, e)* nach der Haltbarkeit in *Frisch* und *Lager-* bzw. *Dauergemüse, f)* nach der Nutzung bestimmter Pflanzenteile in *Samengemüse* bzw. *Körnerhülsenfrüchte* (z. B. Gemüsebohnen, Gemüseerbsen), *Fruchtgemüse* (z. B. Gurken, Tomaten, Kürbis, Gemüsepaprika), *Blattgemüse* (z. B. Spinat, Kopfsalat, Mangold, Grünkohl Kohlrabiblätter, Feldsalat, Endiviensalat, Sauerampfer, Brennessel), *Blütengemüse* (z. B. Blumenkohl, Artischocke), *Stengelgemüse* (z. B. Spargel, Chicorée), *Kohlgemüse* (z. B. Weißkohl, Rotkohl, Wirsingkohl, Rosenkohl), *Wurzelgemüse* (z. B. Rettich, rote Bete, Sellerie, Schwarzwurzeln, Kohlrabi, Meerrettich) Stielgemüse (Rhababer, Bleichsellerie) und *Zwiebelgemüse* (z. B. Zwiebeln, Lauch, Knoblauch). Die Gemüsearten weisen in der Regel einen niedrigen Energiewert auf, sie sind als Ballast-, Mineralstoff- und Vitaminträger und als Quelle in Spuren vorkommender gesundheitsfördernder sekundärer Pflanzenstoffe anzusehen. Da diese Stoffe infolge ihrer Wasserlöslichkeit größtenteils in das Kochwasser übergehen, sollte das G. bei der Zubereitung durch Dünsten in Öl oder Fett vor Auslaugung geschützt oder das Kochwasser in irgendeiner Form für Suppen oder Soßen wiederverwendet werden. Die meisten Gemüsearten lassen sich auch roh, vorwiegend in Form von → Salat, verzehren. Zur Aufwertung kann auch dem fertigen Gericht, z. B. bei Sauerkraut, ein Teil des Gemüses roh zugefügt werden. Hinsichtlich des Vitamin- und Mineralstoffgehaltes übertreffen die *Wildgemüsearten* die Kultursorten bei weitem (→ Wildkräuter, → Blattsalat). Bei Kulturgemüse sind vor allem Nitratgehalt und Geschmack in der Züchtung zu wenig berücksichtigt worden. Der gesundheitliche Wert von G. kommt am besten in einer vielfältigen Frischkostbereitung zum Tragen, bei der weder die hitzelabilen Vitamine, Aroma- und antibiotisch wirkenden sekundären Pflanzenstoffe zerstört, noch die Mineralstoffe ausgelaugt sind, wie dies vielfach bei gegartem G. der Fall ist. Die → Frische ist ein hervorragendes Qualitätsmerkmal bei G.. Dies bedeutet, daß der Frischezustand von der Ernte bis zum Verbraucher erhalten werden muß. Um das Vertrauen der Käufer für einheimisches G. zurückzugewinnen werden ab 1994 Gütezeichen von der CMA (Centrale Marketinggesellsch. der deutschen Agrarwirtschaft) für frisches G. nur noch an diejenigen Erzeugnisse vergeben, die nach den Produktionsrichtlinien des Integrierten Anbaus gewonnen werden. Die EG-Qualitätsnorm schreibt die Deklarierung von G. nach dem Ursprungsland verbindlich vor. Bei der Haltbarmachung und industriellen Verarbeitung des G. stehen die Gemüsesteril- und -gefrierkonserven im Vordergrund, daneben werden auch Trockengemüse, Salz- und Essiggemüsekonserven sowie natürlich gesäuertes G. (→ Gemüse, milchsaures) hergestellt. Bei den Haltbarmachungsverfahren zählt das Gefrieren (Vitamin-C-Verlust 20···30 %) zu den schonendsten Verfahren, ihm folgt die Sterilkonservierung (Einkochvorgang für Naßprodukte mit einem Vitamin-C-Verlust von 45···55 %) und schließlich die Trocknung (70···90 % Vitamin-C-Verlust). Im Verbrauch an Gemüse liegen 1991 in Europa die Deutschen mit 88 kg im hinteren Mittelfeld. Einschließlich Konserven verbrauchen jährl. die Griechen 225 kg, die Türken 190 kg, die Italiener 167 kg, die Norweger 61 kg, die Finnen 56 kg und die Schweden 51 kg. In Deutschland gibt es 1993 mehr Gemüsearten als je zuvor. Saat- und Pflanzgut darf nur vertrieben werden, wenn die jeweiligen Sorten in die beim Bundessortenamt geführte Sortenliste eingetragen sind. So liegt allein von G. der Eintrag von 747 Sorten vor, mit steigender Tendenz. Zur Problematik Nitratanreicherung s. → Kopfsalat, → Spinat.

Gemüseamarant: Sammelbez. für Amarantarten, die als Gemüsepflanze kultiviert und deren Blätter sowie jungen Triebe wie Spinat zubereitet werden. Hierzu zählen auch einige Wildarten, deren vegetative Teile gesammelt und in gleicher Weise genutzt werden. Folgende Arten dienen als G.: → Dreifarbenamarant, → Amarant 1., → Gartenfuchsschwanz, → Amaránthus víridis, → Meier, → Malabarspinat, → Rispenfuchsschwanz, → Körneramarant.

Gemüseampfer → Gartenampfer

Gemüse, angesäuertes → Gemüse, milchsaures

Gemüseartischocke: 1. → Artischocke, Echte, **2.** → Kardone

Gemüsebohne, *Gartenbohne, Schminkbohne, Pflückbohne, Fisole:* die unreifen, jungen Hülsen von *Phaséolus vulgáris* L. (Familie *Fabáceae*), die nur als gekochtes Gemüse verzehrt werden. Nach der Wuchsform wird unter den G. zwischen *Busch-* [*var. nánus (L.) Aschers.*] und *Stangenbohnen (var. vulgáris)* bzw. *Kletterbohnen* und nach der Farbe der Hülsen zwischen grünhülsigen (z. B. *grüne Buschbohnen, grüne Stangenbohnen,* beide Varietäten werden auch als *grüne Bohnen* bezeichnet), und gelbhülsigen (z. B. *gelbe Bohne, Spargelfisole* oder *Wachsbohne*) sowie blauhülsigen G. (nur bei Stangenbohnen vorkommend) unterschieden. Die G. sollen nur wenig entwickelte Samen und keine Fäden aufweisen, außerdem sollen sie zart, daher weder bastig noch strohig sein. Ausgesuchte, kleine, zarte, grüne Bohnen mit dünnen Samen werden als *Prinzeßbohnen* bezeichnet. *Extra feine G.,* fast stricknadeldünn und mit rundem Querschnitt werden aus Kenia und Frankreich importiert und als ganze Bohne gegart. Für die Konservierung werden die Bohnen ohne Spitze und Stielansatz als *ganze Bohnen, vorwiegend aber als Brechbohnen* (die Bohnen werden maschinell gebrochen) oder als *Schnittbohnen* (die Bohnen werden maschinell längs bzw. schräg geschnitten) verarbeitet (Tab.).

Zusammensetzung und Energiewert von Gemüsebohnen, roh

Bestandteil	Gehalt in 100 g eßbaren Anteils	
Feuchtigkeit	90,4	g
Eiweiß	2,24	g
Fett	0,26	g
Kohlenhydrate	4,4	g
Ballaststoffe	2,0	g
Mineralstoffe	0,74	g
Natrium	1,7	mg
Kalium	256,0	mg
Magnesium	26,0	mg
Calcium	50,8	mg
Mangan	0,45	mg
Eisen	0,79	mg
Phosphor	37,0	mg
Caroten	0,31	mg
Vitamin B_1	0,073	mg
Vitamin B_2	0,14	mg
Niacin	0,50	mg
Pantothensäure	0,20	mg
Vitamin B_6	0,14	mg
Vitamin C	19,5	mg
Energiewert in kJ (kcal) je 100 g	122 (29)	

Die G. können nur kurzfristig gelagert werden, sie sind kälteempfindlich und neigen leicht zum Austrocknen (Strohigwerden). Bei Temperaturen von 7···8°C und 90···95 % rel. Luftfeuchte können sich frisch geerntete G. 10 Tage verkaufsfähig halten.

Zusammensetzung und Energiewert von grünen Bohnen in Dosen

Bestandteil	Gehalt in 100 g
Feuchtigkeit	92,8 g
Eiweiß	1,2 g
Fett	0,10 g
Kohlenhydrate	3,8 g
Ballaststoffe	1,1 g
Mineralstoffe	0,97 g
Natrium	275,0 mg
Kalium	148,0 mg
Magnesium	20,0 mg
Calcium	34,0 mg
Mangan	0,17 mg
Eisen	1,3 mg
Phosphor	24,0 mg
Caroten	0,20 mg
Vitamin B_1	0,07 mg
Vitamin B_2	0,04 mg
Niacin	0,3 mg
Pantothensäure	0,09 mg
Vitamin B_6	0,03 mg
Vitamin C	4,3 mg
Energiewert in kJ (kcal) je 100 g	89 (21)

Bei *Wachsbohnen* ist die Lagerfähigkeit geringer. → Gemüse → Gemüse, gewürztes → Gemüsesterilkonserve → Bastigkeit → Essiggemüsesterilkonserve → Gemüse, milchsaures → Hülsenfrucht → Trockengemüse → Salzgemüse → Trockenspeisehülsenfrucht → Trockenspeisebohne

Gemüsebrei mit Getreide: eine → *Fertignahrung für Kinder* in Form einer in Gläsern verpackten Naßkonserve, die als → Beikost dient und aus Gemüse (vorwiegend Blumenkohl, Mangold, Möhren, Spinat oder Tomaten) und Getreide (Weizen-, Gerstenflocken, Vollkornreis, Vollkornnudeln, Vollkornhafer usw.) besteht. Es handelt sich um Löffelkost für Säuglinge, je nach Rezeptur ab 4. oder auch erst ab 6. Monat, auch *Gläschenkost für Säuglinge* oder Baby-Gläschenkost genannt. Da die Zunge von Säuglingen nach Auffassung von US-Forschern 120 mal empfindlicher auf Geschmacksnuancen reagiert als die eines Erwachsenen, sind bei dem G.m.G. vor allem zuckerzusatzfreie, salzarme, aber auch bindemittelfreie und nitratarme Produkte erwünscht. Trotzdem wird bei verschiedenen Erzeugnissen versucht, den Süßgeschack durch Zusatz von Honig, Obstdicksaft oder ein Verfahren zu ereichen, bei dem die Stärke des Getreideanteils enzymatisch zu Zucker abgebaut wird. Bei dem im Handel befindlichen Sortiment an G.m.G. bewegt sich je 100 g Naßkonserve der Gesamtzuckergehalt von 2,0···14 g, der Saccharosegehalt von 0,1···2,7 g, der Calciumgehalt (durch Zusatz) von 26···100 g, der Kaliumgehalt von 50···220 mg, der Natriumgehalt von 15···86 mg und der Eisengehalt von 0,7···1,5 mg. → Säuglingsfertignahrung

Gemüsebündel → Suppenkraut

Gemüse, Chinesisches: eine Kombination aus Sojakeimen, Bambussprossen, Wasserkastanien, Sellerie, rotem Paprika sowie Gewürzen. Das C. G. wird als Naß- oder Trockenkonserve gehandelt.

Gemüsechrysantheme → *Chrysánthemum*

Gemüsecocktail → Gemüsemischsaft

Gemüsecourgette → Zucchini

Gemüsedauerware, *Gemüsekonserve:* Sammelbegriff für → Gemüse, das mittels → Hitze, → Gefrierkonservierung, → Trocknung, → Säuerung oder → Salzen haltbar gemacht ist. Unter den G. haben die durch → Hitzesterilisation haltbar gemachten Gemüsekonserven (Voll- bzw. Naßkonserve) in Dosen und Gläsern nach Art, Menge und Wert die bei weitem größte Bedeutung.

Gemüseeintopf mit Rindfleisch und Kartoffeln → Gericht, kochfertiges, auf Gemüsebasis.

Gemüseeintopfgewürz: eine → Würzmittelmischung aus Basilikum, Bohnenkraut, Koriander, Kümmel, Liebstöckel, Petersilie, Pfeffer, Sellerieblättern, Zwiebelpulver und Gluten für klare und gebundene Gemüsesuppen, Gemüseeintopf und Gemüsebeilagen.

Gemüseerbse, *Speiseerbse, Pflückerbse, Schotenerbse:* die unreifen Samen verschiedener Varietäten von *Písum satívum* L. *ssp. satívum* (Familie *Fabáceae*), die von einer Hülse (im Volksmund *Schote* genannt) umgeben sind. Man unterscheidet folgende Erbsenarten: a) *Pal-, Kneifel-, Roll-* oder *Schalerbsen (convar. satívum)* mit runden, glattschaligen Samenkörnern und mehligem Geschmack, b) *Markerbsen (convar. medulláre* Alef. emend. C. O. Lehm.) mit runzeligen, leicht eckigen, relativ stärkearmen, süßschmeckenden Samen und c) *Zuckererbsen, convar. medúllo saccharátum* Körn.) mit kleinen, wenig ausgebildeten, süßschmeckenden Samen und einer zarten Hülse ohne Endokarp bzw. ohne eine lederartige Haut, so daß die Zuckererbsen in der Regel mit der Hülse verzehrt und auch als *Kaiserschoten* bezeichnet werden. Die Pal- und Markerbsen weisen dagegen eine harte Hülse mit einer zähen Innenschicht auf. Der Geschmack ist bei *Markerbsen* auf Grund des höheren Zuckergehaltes besser als bei *Palerbsen.* Während Zuckererbsen fast ausschl. dem Frischverzehr dienen, werden alle anderen Erbsensorten der Steril- oder Gefrierkonservierung zugeführt, wobei *junge Erbsen* wegen ihrer Zartheit und wegen ihres süßen Geschmacks stets bevorzugt werden (Tab.).

Bestimmte Erbsensorten eignen sich auch zur Gefriertrocknung (→ Trockengemüse), dabei muß die Farbe der frischen Erbsenkörner intensiv grün sein, da während der Gefriertrocknung die Farbe aufhellt. Das Trockenkorn der Markerbse ist für Speisezwecke nicht geeignet, da es beim Kochen nicht quillt. *Gefriergetrocknete G.* dürfen weder geschrumpft noch fleckig sein, die Samenschale darf beim Rehydrieren nicht übermäßig platzen. Etwa 90% der G. werden industriell verarbeitet. Die konservierten Erbsen werden nach ihrem Zartheitsgrad in 4 Güteklassen eingestuft: *Junge Erbsen, extra zart, Junge Erbsen, zart, Junge Erbsen, mittelzart* und *Grüne Erbsen.* Für importierte Erbsen ist noch die ältere Einstufung, die Größenkalibrierung üblich (Durchm. in mm): Die Haltbarkeit der Ernteprodukte beträgt etwa 10 Tage, wenn auf 0°C bei luftiger Stapelung, aber hoher Luftfeuchtigkeit (90···95%) abgekühlt wird. Bei warmem Erntewetter sinkt der Zuckergehalt von Mark- und Zuckererbsen innerhalb eines Tages um 50%; deshalb sollten sie sofort nach dem Pflücken, möglichst durch Zugabe von Stückeneis, abgekühlt werden. → Gemüse → Gemüse, gemischtes → Hülsenfrucht → Salzgemüse → Essiggemüsesterilkonserve → Gemüsesterilkonserve → Erbse → Trocken-Speiseerbse → Trocken-Speisehülsenfrucht

Zusammensetzung und Energiewert von Gemüseerbsen

Bestandteil	Gehalt in 100 g eßbaren Anteils
Feuchtigkeit	76,0 g
Eiweiß	6,7 g
Fett	0,5 g
Kohlenhydrate	13,9 g
Rohfaser	1,9 g
Mineralstoffe	1,0 g
Natrium	2,0 mg
Kalium	296,0 mg
Magnesium	33,0 mg
Calcium	26,0 mg
Mangan	0,7 mg
Eisen	1,9 mg
Phosphor	119,0 mg
Caroten	0,54 mg
Vitamin B_1	0,28 mg
Vitamin B_2	0,15 mg
Niacin	2,10 mg
Vitamin B_6	0,17 mg
Vitamin C	25,5 mg
Energiewert in kJ (kcal) je 100 g	388 (93)

Gemüse, etoiliertes → Bleichgemüse

Gemüsefenchel, *Gartenfenchel, Finocchio, Italienischer Fenchel, Knollenfenchel, Bologneser Fenchel, Milder Fenchel, Speisefenchel, Süßfenchel, Zwiebelfenchel:* ein → Stielgemüse, *Foenículum vulgáre* Mill. *ssp. vulgáre var. azóricum* Mill., Syn. *Foenículum vulgáre ssp. vulgáre* L. (Familie *Apiáceae),* dessen Blätter am Grund verdickt sind.

Die fleischigen, saftigen, gerippten Scheiden der Grundblätter (eine zwiebelähnliche, seitlich abgeflachte *Knolle* bildend) werden als süßlich schmeckendes Gemüse oder als Rohkostsalat zubereitet, während die Blätter wie die des → *Fenchels* bzw. *Gewürzfenchels, Foenículum vulgáre var. dúlce* Batt et Trab., und des *Wilden Fenchels, Foenículum vulgáre var. vulgáre,* lediglich als würzende Zugabe (Grünstreusel mit Anisgeschmack) zu Salaten verwendet werden (Tab.).

Zusammensetzung und Energiewert des Gemüsefenchels

Bestandteil	Gehalt in 100 g eßbaren Anteils
Feuchtigkeit	86,0 g
Eiweiß	2,43 g
Fett	0,30 g
Kohlenhydrate	6,07 g
Ballaststoffe	3,3 g
Mineralstoffe	1,70 g
Natrium	86,0 mg
Kalium	494,0 mg
Calcium	109,0 mg
Eisen	2,7 mg
Phosphor	51,0 mg
Caroten	470,0 mg
Vitamin E	0,6 mg
Vitamin B_1	0,23 mg
Vitamin B_2	0,11 mg
Niacin	0,2 mg
Pantothensäure	0,25 mg
Vitamin B_6	0,10 mg
Vitamin C	93,0 mg
Energiewert in kJ (kcal) je 100 g	114 (27)

Geerntet wird der G. durch Abschneiden der am Grunde verdickten Blattscheide, fälschlich Knolle genannt, wenn sie, je nach Sorte 200···400 g wiegt. Der bevorzugte Durchm. beträgt 8···12 cm. Zu spätes Ernten führt zum Aufreißen der sog. Knollen. Die Blattstiele werden auf 2···3 cm eingekürzt, bevor sie auf den Markt gelangen. → Gemüse

Gemüse, fermentiertes → Gemüse, milchsaures

Gemüse, flüssiges → Saft

Gemüse, gebleichtes → Bleichgemüse

Gemüse, gemischtes, *Leipziger Allerlei:* eine → Gemüsesterilkonserve in Form einer Gemüsemischung aus Brechspargel, jungen Erbsen, jungen Speisemöhren und Speisepilzen.

Gemüse, gewürztes: ein nach entsprechender Vorbereitung (Waschen, Putzen, Blanchieren, soweit erforderlich) unter Verwendung von Speisesalz, Essig, Süßungsmitteln und natürlichen Gewürzen sowie zugelassenen Konservierungsmitteln ohne Erhitzung begrenzt haltbar gemachtes Gemüseerzeugnis. Es werden folgende Arten von g. G. industriell hergestellt: Paprika, gewürzt, Rote Bete, gewürzt, Kürbis, gewürzt, Zwiebeln, gewürzt, Grüne Tomaten, gewürzt, Gemischtes Gemüse, gewürzt, Sellerie, gewürzt.

Gemüsehaferwurz → Bocksbart

Gemüsekürbis → Kürbis → Gurkenkürbis

Gemüse, laktofermentiertes → Gemüse, milchsaures

Gemüsemais, *Speisemais, Zuckermais, Süßmais:* eine Varietät des → Maises, *Zéa máys* L. *convar. saccharáta* Koern. (Familie *Poáceae*), die als Körnerfrucht angebaut wird, deren Kolben aber im unreifen, milchigen, süßschmeckenden Reifestadium als Gemüse verzehrt werden (s. Tabellen S. 551).
Das wichtigste Qualitätsmerkmal bei G. ist der Zuckergehalt. Der G. unterscheidet sich vom *Feldmais* bzw. *Körnermais* durch ein rezessives Gen, wodurch die Umwandlung des Zuckers in Stärke verlangsamt und weiterer Zucker gebildet wird. Neue Hybridsorten liegen in ihrem Zuckergehalt (10···15%) weit über den Standardsorten (2,2% Zuckergehalt), wobei jeweils 75···90% des Gesamtzuckers aus Saccharose bestehen. Die „*extrasüßen*“ Sorten, die für den Frischverzehr bes. gefragt sind, bauen den Zuckergehalt nicht so schnell ab wie die feldmäßig angebauten Standardgemüsemaissorten. Neuerdings gibt es G.,

Gemüsemaissorten für den Anbau in Deutschland

Sorte	Reife-zeit	durchschnittliche Kolben-länge cm	Wuchs-höhe cm
Normalsüße Sorten:			
'Aztec'	früh	21	200
'Mellogold'	mittel	24	200
'Super Star'	mittel-spät	20	200
Extrasüße Sorten:			
'Early Extra Sweet'	früh	21	175
'Sweet 77'	früh-mittel	23	180
'Trophy'	mittel	22	190
'Sweet Bonus'	mittel	20	195
'Sucro'	spät	22	240

Zusammensetzung und Energiewert von Gemüsemais (Frischware)

Bestandteil	Gehalt in 100 g eßbaren Anteils
Feuchtigkeit	74,7 g
Eiweiß	3,38 g
Fett	1,23 g
Kohlenhydrate	15,6 g
Ballaststoffe	4,1 g
Mineralstoffe	0,80 g
Natrium	0,30 mg
Kalium	300,0 mg
Magnesium	78,0 mg
Calcium	10,0 mg
Mangan	0,2 mg
Eisen	4,0 mg
Phosphor	114,0 mg
Vitamin B_1	0,15 mg
Vitamin B_2	0,12 mg
Niacin	1,7 mg
Vitamin C	12,0 mg
Energiewert in kJ (kcal) je 100 g	329 (78)

der extra- und normalsüße Körner auf einem Kolben vereinigt. Zu diesen *'sweet-gene'*- Hybriden zählt der 'Inca-Sweet'. Zu weiteren Neuzüchtungen zählen die Minimaissorte 'Minor F_1', sie weist extra kurze, aber bes. zahlreiche Kolben auf. Die züchterisch aus dem Feldmais entstandenen süßschmeckenden Sorten sind in der Tab. zusammengestellt. Sie gedeihen auch in Selbstversorgergärten, sollten aber wegen der höheren Wärmeansprüche erst Mitte Mai ins Freie gesät werden. Sie bieten einen guten Windschutz für Gurken. Da bei Fremdbestäubung extrasüßer Sorten durch normalsüße Sorten oder Futtermais die Bildung hohen Zuckergehaltes unterdrückt wird, sollte ein Mindestabstand von 300 m zu diesen Pflanzen gehalten werden. Der Zuckermais muß während der Milchreife geerntet werden. Diese ist daran zu erkennen, daß bei Fingerdruck milchige Flüssigkeit aus den Körnern austritt. Da der Zuckergehalt nach der Ernte je nach Sorte sehr schnell abgebaut wird (innerhalb von 24 h können 50% des Zuckers verlorengehen), sollte G. als Frischgemüse sofort nach der Ernte auf 0°C abgekühlt werden. Wichtig dabei ist, daß die Hüllblätter *(Lieschen),* die zwar mechanischen Schutz bieten, aber die Transpiration und den Zuckerabbau beschleunigen, sofort nach der Ernte entfernt werden. Dieser *entlieschte* G., sofort in offene Folienbeutel verpackt, hält sich selbst bei Zimmertemperatur mehrere Tage. Bei Einhaltung der Kühlkette ist vorverpackter G. (bei 0°C) bis zu 10 Tagen verkaufsfähig. Wichtig ist, daß der G. neben seinem Zuckergehalt (der bei sachgemäßer Lagerung etwa um 30% nach 10 Tagen sinkt, im Milchreifestadium verbleibt und knackige, saftige Körner aufweist. Nicht jede Sorte ist für 8- bis 10tägige Lagerung geeignet; Standardsorten mit geringerem Zuckergehalt halten sich vielfach nur bis zu 4 Tagen unter gleichen Kühllagerbedingungen. Der *extrasüße Mais* wird auch vielfach für Konservierungszwecke, insbes. Sterilkonserven als *Maissalat* in Einzelkörnern oder als Minimaiskolben (eine süßsaure Gemüsekonserve), aber auch als Gefrierkonserve weiterverarbeitet. Beim G. können die Kolben als feines Gemüse mitverzehrt werden.
→ Gemüse

Gemüsemark → Mark

Gemüse, milchsaures, *fermentiertes Gemüse, eingesäuertes Gemüse, michsauervergorenes Gemüse, laktofermentiertes Gemüse,* Gärungsgemüse: nach entsprechender Vorbereitung (Waschen, Putzen, Blanchieren, soweit erforderlich) unter Verwendung von Speisesalz durch natürliche Milchsäuregärung begrenzt haltbar gemachtes Gemüse, das im Haushalt zubereitet werden kann oder als sog. Rohkonserve in den Handel gelangt. In Deutschland werden vorzugsweise folgende Gemüsearten als m. G. verzehrt: Weißkohl (Sauerkraut), grüne Bohnen, grüne Tomaten, Blumenkohl, Möhren, Artischocken, Gemüsepaprika, Tafeloliven, Kapern usw.. Während in Ostasien, Afrika oder Südamerika bei der Fermentation die konservierende Wirkung der Milchsäure im Vordergrund steht, woraus sich auch die breite Palette an Produkten erklärt (s. → fermentiertes Lebensmittel), kam es in den westlichen Ländern – als geeignetere Konservierungsverfahren, wie Hitzesterilisierung, Essiggemüseherstellung oder Gefrierkonservierung für die industrielle Fertigung entwickelt wurden – zu einer Ablösung der Milchsäurefermentation als Haltbarmachungsmethode. In den letzten Jahren führten ernährungsphysiologische und sensorische Aspekte zur Wiederbelebung von m. G., das nach der ältesten Konservierungsmethode, die es für Gemüse überhaupt gibt, hergestellt wird. → Lebensmittel, nostalgisches → Starterkulturen → Kimchi → Daikonkers → Sauerkraut

Gemüsemischsaft, *Gemüse-Cocktail:* ein Gemisch aus Gemüsehomogenaten, Gemüsesäften, Gewürzmischungen sowie Salz, ggf. Zucker und Ascorbinsäure. Unter den G. sind diejenigen auf Tomatenbasis am beliebtesten. Typische Kombinationen sind: 60 % Tomatensaft, 25 % Möhrensaft, 25 % Paprikasaft, 5 % Selleriesaft, 2,5 % Petersiliensaft, 0,5 % Porreesaft, 0,25 % Kochsalz, 0,75 % Zucker und 50 mg Ascorbinsäure je 100 ml G.. Als Würzmittel kommen Dill-, Lorbeerblatt-, Kümmel-, Koriander-, Pfeffer- und Zwiebelextrakt in Betracht.

Gemüse, nitratreiches → Nitrat → Treibhausgemüse

Gemüseokraschka → Okraschka

Gemüsepaprika: die vor der Vollreife geerntete rote, grüne, orangefarbene oder gelbe, spitzauslaufende oder stumpf vierkantige, glattschalige oder gerippte Beerenfrucht des großfrüchtigen, mild schmeckenden → Paprikas. Die Mehrzahl der angebotenen Gemüsepaprikasorten bleibt grün, während andere Früchte die Farbstadien grün, gelb, rot nacheinander annehmen. Der gelbe G. schmeckt am mildesten. Der G. wird roh, als Salat, gekocht oder geschmort als Gemüse, in Essig eingelegt oder konserviert verwendet (Tab.).

Zusammensetzung und Energiewert des Gemüsepaprikas

Bestandteil	Gehalt in 100 g eßbaren Anteils
Feuchtigkeit	91,0 g
Eiweiß	1,17 g
Fett	0,33 g
Kohlenhydrate	4,73 g
Rohfaser	2,2 g
Mineralstoffe	0,57 g
Natrium	1,75 mg
Kalium	212,0 mg
Magnesium	12,0 mg
Calcium	11,2 mg
Mangan	0,1 mg
Eisen	0,75 mg
Phosphor	29,0 mg
Caroten	0,6 mg
Vitamin E	0,65 mg
Vitamin B_1	0,06 mg
Vitamin B_2	0,05 mg
Niacin	0,33 mg
Vitamin C	139,0 mg
Energiewert in kJ (kcal) je 100 g	117 (28)

Bei der küchenmäßigen Zubereitung werden zur Milderung eines evt. auftretenden scharfen Geschmacks die Rippen und die Samen entfernt. Beliebte Kombinationen von grünen oder roten G., weißen Zwiebeln oder Weißkohl und roten Tomaten, die den Nationalfarben Ungarns entsprechen, werden als *Gemüsesalat* oder *Gemüsegerichte* in Konservenform gehandelt. *Tomatenpaprika* geht aus einer Kreuzung von G. mit Tomate hervor und trägt die wissenschaftl. Bez. *Cápsicum ánnuum* L. *var. lycopersicifórme rúbrum.* Diese Frucht in Form einer gerippten Tomate schmeckt etwas schärfer, aber zugleich süßlicher als G. und überragt im Vitamin-C-Gehalt alle anderen Sorten (Tab.).

Vitamin-C-Gehalt verschiedener Paprikasorten

Paprikasorte	Durchschn. Vitamin-C-Gehalt je 100 g Frischmasse in mg
Gemüsepaprika, grün	125
Gemüsepaprika, rot	250
Tomatenpaprika, rot	350

Tomtenpaprika wird vorwiegend zu *Paprikamark (Paprikapüree)* verarbeitet. Günstige Transport- und Lagerbedingungen liegen für G. bei 8···9°C und 90···95% rel. Luftfeuchte mit ausreichender Luftzirkulation. Auf diese Weise lassen sich G., vorwiegend in gelochter Folie abgepackt, etwa 3 Wochen frisch halten.

Gemüsepulver: ein im Sprühtrocknungs- oder Vakuumgefriertrocknungsverfahren schonend hergestelltes, pulverförmiges, aromaintensives, meist auch farbintensives, sofort lösliches, hygroskopisches, hochwertiges Gemüseerzeugnis mit einem Restfeuchteanteil von etwa 3%. Das G. wird entweder zur Herstellung von Trockenerzeugnissen (z. B. Suppen, Soßen), für Schnell- und Fertiggerichte (z. B. Pizzas) oder zum Aromatisieren und/oder Färben verwendet. Das am meisten verbreitete G. ist das Tomatenpulver, meist noch angereichert mit naturidentischen Aromastoffen. Ein wertvolles G. ist auch *Rote-Rüben-* und *Spinat-Pulver.* Ersteres enthält z. B. je 100 g: 1 g Betaninfarbstoff, 70 g Rohrzucker, 9 g Glucose, 11 g Eiweiß, 8 g Mineralstoffe, darunter 121 mg Kalium, 13,8 mg Magnesium, 30 mg Calcium, 94 mg Orthophosphat, 20,6 mg Kieselsäure, 5,3 mg Eisen, 0,14 mg Kupfer, 0,58 mg Mangan, 0,002 mg Iod, ferner 13 mg Vitamin C, 15 mg Rutin sowie 13 mg Vitamin-B-Komplex.

Gemüserhabarber → Rhabarber

Gemüsesaft: durch Abpressen von Wurzel-, Zwiebel-, Knollen-, Stengel-, Sprossen-, Blatt-, Blüten- oder Samengemüse, mit oder ohne vorherigen enzymatischen Aufschluß gewonnenes Safterzeugnis, das durch Filtration, Wärme- oder Kältebehandlung haltbar gemacht ist. Etwa 80···85% der Gemüsesaftproduktion entfällt in europäischen Ländern auf *Tomatensaft* und *Gemüsesäfte auf Tomatenbasis,* meist in Form von *Mischsäften (Gemüsesaft-Cocktails*). Man unterscheidet *unvergorenen G.* und *fermentierten G.*. Bei den *milchsauer vergorenen G.* (der älteste und bekannteste, auf diese Weise hergestellte G. ist der *Sauerkrautsaft*) wird Gemüsemaische oder Gemüsehalbfabrikat, wie Gemüsemark (→ Mark) oder Gemüserohsaft der Milchsäuregärung unterworfen. Dabei kann man sich der Spontangärung bedienen oder definierte Mikroorganismen als → Starterkulturen benutzen. Durch die Fermentation werden die originär vorhandenen oder eingesetzten Zuckerstoffe in rechts- oder linksdrehende Milchsäure umgesetzt. Die dadurch ausgelöste *p*H-Senkung verleiht den Säften einen angenehm säuerlichen Geschmack, erhöht die Haltbarkeit und verkürzt die thermischen Eingriffe bei der Konservierung. Je nach angewandter Safttechnologie können Abweichungen in der Zusammensetzung der G. im Vergleich zu dem Rohprodukt bis zu 40% betragen. Wenn nicht mit Totalverflüssigung durch enzymatische Zerstörung der Zellwandbestandteile gearbeitet wird (→ Mazerate), dann bleiben viele Mineralstoffe, insbes. Phosphor, Magnesium und Calcium, in den Trestern zurück.

Gemüsesaft-Cocktail → Gemüsesaft

Gemüse, schwarzes → Pferdeeppich

Gemüsespargel → Spargel

Gemüsesterilkonserve: ein nach entsprechender Vorbereitung (Waschen, Putzen, Zerkleinern, ggf. Blanchieren (durch Erhitzen in luftdichten Behältnissen über 100 °C Sterilisation) haltbar gemachtes Gemüseerzeugnis. → Gemüsedauerware

Gemüsesuppe → Suppe, tafelfertige → Suppe, kochfertige, nicht süß

Gemüsetrockenerbse → Erbse

Gemüsezellbrei → Pulpe

Gemüsezwiebel, *Grünzwiebel:* **1.** eine als → Gemüse, roh oder gekocht verwendete Zwiebelpflanze (Blätter, Stengel, Blütenstand und Speicherorgan). Hierzu eignen sich mild schmeckende Speicherorgane von a) Lauchgemüse (→ Schalotte, → Porree, → Schlangenlauch, → Chinesischer Schnittlauch, → Winterzwiebel und Speisezwiebel), und zwar entweder spezielle Sorten der Küchenzwiebel (→ Zwiebel, s. unter 3.) oder ausgelesene große Küchenzwiebeln. Diese, als G. gehandelten Küchenzwiebeln sind bes. groß, von mildem Geschmack und eignen sich bes. für Rohkostsalate. Sie werden bevorzugt in Spanien angebaut. In der Schweiz sind G. unter der Bez. „Zwiebelette“ im Handel; und b) von der stärkereichen, mild schmeckenden → Zwiebeln der Lilienarten (→ Lilienzwiebeln, → Tulpenzwiebeln, Fritillariazwiebeln, → Kaiserkrone). → Safranzwiebel.
2. handelsübliche Bez. für *Zwiebelgemüse,* das alle als *Gemüse oder Gewürz (Gewürzzwiebel)* genutzten → Laucharten einschließt.

Gendime → Bulgurweizen

Genemo: die Liane *Gnétum grémon* L. (Familie *Gnetáceae*), die auf Djawa gepflanzt wird und auf den südostasiatischen Inseln vorkommt. Ihre Blätter werden gesammelt und als Gemüse gegessen, auch die Frucht wird verzehrt.

Genever: ein wacholderartiger → Kornbrand. Ursprüngl. ein in den Niederlanden von Prof. *S. Bove* entwickelter Verdauungsschnaps, dem er vor 400 Jahren den Namen *Genièvre* gab, was die franz. Bez. für *Wacholder* ist. Später nannten ihn die Niederländer *Jenever* oder G., der inzwischen Weltruf erlangte. Er wird gut gekühlt, bes. nach schweren Mahlzeiten, aber auch mit Bier getrunken und weist einen Ethanolgehalt von 38 %-Vol. auf. Man unterscheidet 2 Herstellungsvarianten: a) den *alten G.* bzw. *G. oude, einen bes. kräftigen G. mit Korn-Malz*-Wacholder-Aroma, der unter Verwendung von → Moutwijin hergestellt wird und durch Zusatz von Zuckercouleur sein blaßgelbes Aussehen erhält, b) den *jungen G.*, bzw. *joung G.*, ein Klarer mit leichter duftiger Note. Er wird über frische Wacholderbeeren destilliert und vorwiegend zu *Cocktails, Long drinks* oder Mischungen mit Fruchtsaft verwendet. *Deutscher G.* ist im Vergleich zu niederländischem G., der aus Gerstenmalz und Mais hergestellt wird, ein → Kornbrand aus Roggen und/oder Weizen sowie reichlich Gerstenmalz, mit 28 %-Vol. Ethanolgehalt und wird über frische Wacholderbeeren destilliert. Die Genevergeschmacksrichtung tauchte im deutschen Raum erstmals in Ostfriesland auf. Heute wird der G. nicht mehr unter der Gattungsbez., sondern unter Markennamen, wie *Steinhäger* oder *Doornkaat* gehandelt. Ein Abkömmling des holländischen G. ist der engl. → Gin. Schon Anfang des 18. Jh. begann man in England den G. zu brennen.

Genin → Glycoside

Genip → Honigbeere

Genípa americána → Genipapo

Genipapo: Bez. für die Frucht eines im tropischen Amerika und Asien kultivierten Rötegewächses, *Jagus* oder *Marmeldose* genannt, *Genípa americána* L. (Familie *Rubiáceae*). Die G. werden als Kompott verzehrt oder für die Saftherstellung genutzt.

Genistein → Flavonoide → Östrogene

Genistin → Flavonoide

Gen-Lebensmittel: Lebensmittel, das gentechnisch veränderte Mikroorganismen enthält oder mit Hilfe gentechnischer Verfahren hergestellt wird. → Nutzpflanze, transgene, Nutztiere, transgene

Genmai → Miso

Genmaicha → Bancha

Gennarby Tilsiter (finnischer Tilsiter): *Schnittkäse* aus Finnland nach Art des Tilsiter. → Käsesorten

Gentiamarin → Gentiopikrin

Gentiána lutéa → Enzianwurzel

Gentianin → Farbstoffe

Gentianose → Trisaccharide → Disaccharide

Gentiobiose → Disaccharide

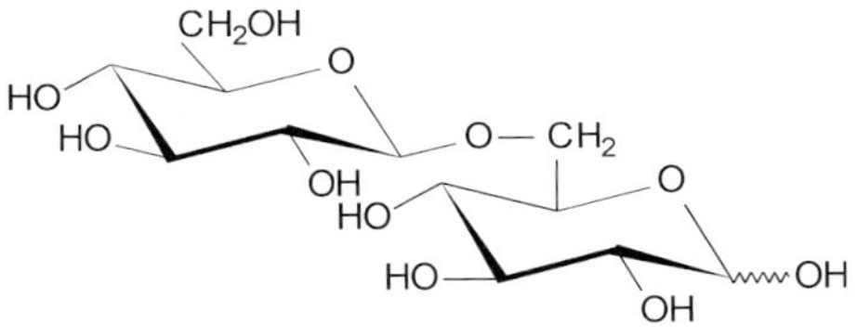

β-D-Gentiobiosyl-D(→)-mandelsäurenitril → Amygdalin → Glycoside, cyanogene

Gentiopikrin: ein Glucosid, mit *Mesogentiogenin* als Aglukon, (s. Formel).

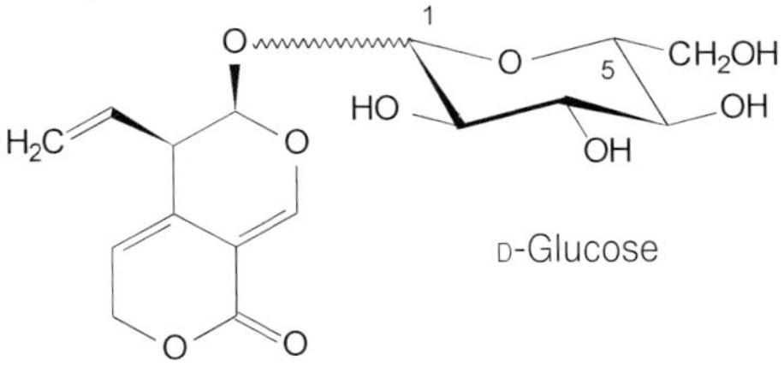

G. ist das Enzianbitter, das aus der frischen Wurzel von *Gentiána lútea* L. isoliert wurde, F. 122°C (aus H_2O), 191°C (aus Ethanol), $[\alpha]_D$ -196,3° (in H_2O). Aus 20 kg Enzianwurzeln werden etwa 250 g G. gewonnen. Auch in anderen Enzianarten sowie im Kraut des Tausendgüldenkrauts (*Centaūrium mínus* Moench) wurde G. nachgewiesen. Bei der Verarbeitung der Enzianwurzel entsteht noch ein unangenehm schmeckendes Glycosid, das *Gentiamarin* ($C_{16}H_{20}O_{10}$).

Gentiotetraose → Tetrassaccharide

Gentiotriose → Trisaccharide

Gentisin → Farbstoffe

Gentisinsäure → Dihydroxy-carbonsäuren, aromatische

Genußgifte: in Genußmitteln enthaltene Verbindungen mit physiologischer und pharmakologischer Wirkung. Es handelt sich vor allem um die Alkaloide *Coffein* und *Nicotin* und um *Ethanol*. Ein Eingreifen in den Zellstoffwechsel wie bei anderen suchtauslösenden Alkaloiden besteht bei den G. nicht, wodurch bei Entzug normalerweise keine Abstinenzerscheinungen ausgelöst werden.

Genußmittel: Lebensmittel, meist pflanzlicher Herkunft (Genußpflanzen) oder lebensmittelähnliche Stoffe, bei denen der Nährwert ohne Bedeutung ist und deren Zufuhr zum Körper, unmittelbar oder auch in Form ihres Rauches, sofort oder nach einiger Zeit ein angenehmes Empfinden infolge einer Beeinflussung der Nerventätigkeit hervorruft. Die G. wirken in konzentrierter Form infolge ihres Gehaltes an Ethanol, Coffein oder Nicotin als *Genußgifte*. Zu den G. zählen z. B. Kaffee, Tee, Betel, Cola, Mate, Tabak und alkoholische Getränke.

Genußsäuren: organische Säuren, die als saure Gechmacksstoffe für fruchtige oder auch andere Geschmackskombinationen vielseitige Verwendung in der Lebensmittelproduktion und im Haushalt finden. Hierzu zählen Äpfel-, Wein-, Citronensäure (→ Fruchtsäuren), Essig-, Milch,- Fumarsäure und für bestimmte Zwecke auch Ascorbinsäure. Die G. sind in der Natur weit verbreitet; sie werden auch auf mikrobiologischem Wege oder synthetisch hergestellt.

Genußwert: → Qualität

Genýpterus capénsis → Kingclip

Geoporélla michaélis → *Tuberáles*

Georgian: aus Kuhmilch unter Zusatz von Schaf- oder Ziegenmilch hergestellter *Schnittkäse* mit 40% F. i. Tr. aus der ehem. Sowjetunion. → Käsesorten

Georgine → Dahlie

Geosmin, trans-1,10-Dimethyl-trans-9-decalol:

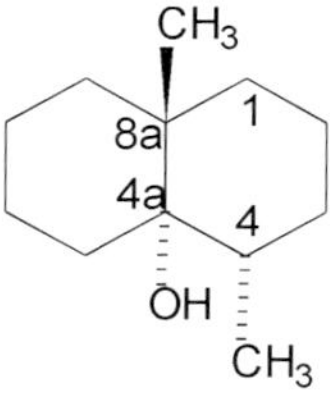

flüchtige, erdig riechende Komponente der Roten Bete (*Béta vulgáris* L.), die durch Bodenbakterien gebildet und während Wachstum oder Lagerung von der Rübe absorbiert wird.

Geranial → Aromastoff, charakteristisch für das Aroma von Zitronenöl → Citral

Geraniol, *2,6-Dimethyl-octadien-(2,6)-ol-(8), Geranylalkohol, Lemonol:*
ein mit *Nerol* stereoisomerer, olefinischer Monoterpen-Alkohol mit der Formel

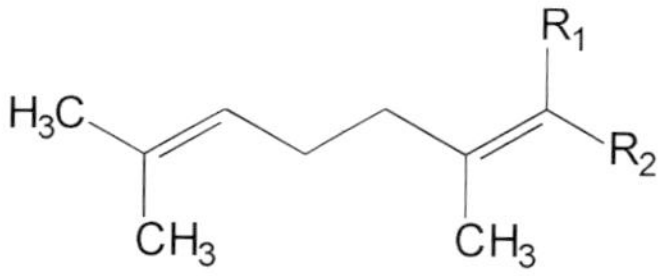

R_1	R_2	
H	CH_2OH	Geraniol
H	$CH_2—O—C(=O)—CH_3$	Geranylacetat
CH_2OH	H	Nerol
$CH_2—O—C(=O)—CH_3$	H	Nerylacetat

G., ein farbloses, nach Rosen riechendes Öl. Beide kommen frei, als Ester oder als Acetate in zahlreichen ätherischen Ölen vor. Es wird in der Parfümerie verwendet. Vorkommen und Eigenschaften → Terpen-Alkohole.

Geraniumaldehyd → Citral

Geraniumöl → Cymbopogongras

Geraniumsäure, *2,6-Dimethyl-octadi-2,6-en-8-säure, 2,6-Dimethyl-heptadi-1,5-en-carbonsäure:* eine zweifach ungesättigte, verzweigtkettige aliphatische Monocarbonsäure (s. Formel unten). Die G., ein dünnflüssiges Öl, Kp. 1866 Pa 150···152 °C, kommt in den ätherischen Ölen von Eukalyptus, Lemongras und im Citronen-Petitgrainöl vor.

Geranylalkohol → Geraniol

Geranylgeraniol: biogenetischer Vorläufer aller → Diterpene und der → Carotenoide, wird durch Addition zweier Isopren-Einheiten an → Geraniol biosynthetisch gebunden. Molmasse 290,44 g/mol.

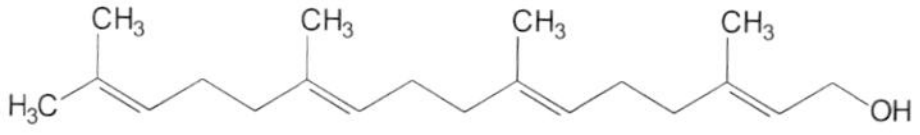

Kommt als Seitenkette in den K-Vitaminen vor, analog gibt es das stereoisomere Geranyllinalool.

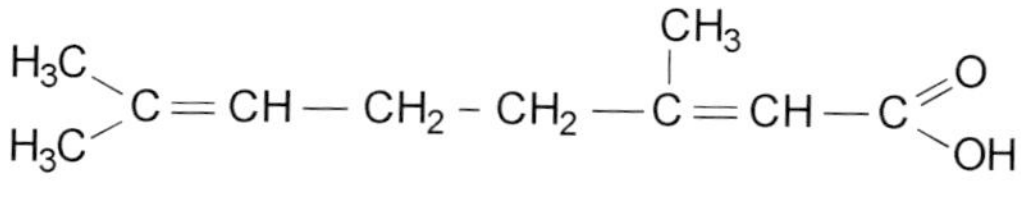

Geraniumsäure

Geräucherte Fische → Räucherfischerzeugnisse

Gerbersumach → Sumach

Gerbstoffe: im Pflanzenreich weit verbreitete, herb schmeckende und auf die Schleimhäute zusammenziehend wirkende Substanzen, die aus Phenolcarbonsäuren, oft glycosidisch oder esterartig mit Zuckern verknüpft (Depside) oder aus kondensierten Polyphenolen (*Catechine*) aufgebaut sind. G. wirken gegen Fäulnis. Sie kommen unter den Lebensmitteln mehr oder weniger reichlich in allen Obstarten, im Tee und Kaffee vor. Durch die Anwesenheit von phenolischen Hydroxylgruppen reagieren die G. sauer, daher werden sie, jedoch ungenau, auch als *Gerbsäuren* bezeichnet. Zu den G. gehören u. a. die kondensierten G., die sich aus → Catechinen, *Flavon-3,4-diolen* und Polyhydroxystilbenen aufbauen, sowie die *Tannine*, die im wesentlichen aus D-Glucose und Gallussäure (z. B. *Pentadigalloylglucose*), daneben auch m-Digallussäure, Chinasäure, Shikimisäure, Chebulsäure, Protocatechusäure u. a. aufgebaut sind. Die G. sind pflanzenphysiologisch als entgiftende Stoffwechselprodukte anzusehen. Sie wirken adstringierend und werden u. a. in der Gerberei zur Lederherstellung, in der Medizin und zur Tintenerzeugung verwendet. Die Saubohne *(Vicia fába L.)* enthält ein wachstumhemmendes Tannin, vermutlich ein kondensiertes Proanthocyanidin, das durch Schälen, Erhitzen und eventuell durch Einweichen in Wasser reduziert oder zerstört werden kann. → Trihydroxycarbonsäuren, aromatische → Zuckerester

Gericht → Speise, tischfertige

Gericht, kochfertiges, auf Gemüsebasis: ein Trockenerzeugnis aus hydrothermisch vorbehandeltem Trockengemüse oder gefriergetrockneten Gemüse, Fleisch, und entsprechend der auf der Verpackung angegebenen Gebrauchsanleitung dient es unter Wasserzusatz zur Herstellung einer Hauptmahlzeit. Zu den k. G. a. G. zählen z. B. *Grüne Bohnen mit Rindfleisch, Kartoffelsuppe mit Schinkenspeck* oder *Gemüseeintopf mit Rindfleisch und Kartoffeln.*

Gericht, kochfertiges, auf Hülsenfruchtbasis: ein Trockenerzeugnis aus Trocken-Speisehülsenfrüchten sowie Fleisch, das entsprechend der auf der Verpackung angegebenen Gebrauchsanleitung unter Wasserzusatz zur Herstellung einer Hauptmahlzeit dient.

Germ → Hefe

Germon → Thunfisch

Gerste: eine Getreideart (→ Getreide), *Hórdeum vulgáre* L. (Familie *Poáceae*), deren bauchige, an beiden Enden zugespitzte Körner entweder *bespelzt* (Deck- und Vorspelze mit dem Korn verwachsen) oder *nackt, begrannt* (jedes Korn hat eine Granne) oder unbegrannt sein können. Je nach Anzahl und Lage der Ährchen, an der Ährchenspindel gibt es entweder *zwei-, vier* oder *sechszeilige* Formen. Die *Wintergerstensorten* sind vorwiegend sechszeilig, die *Sommergerstensorten* vorwiegend zweizeilig. Die zweizeiligen G. bilden die sog. *Distachagersten, die mehrzeiligen G. die sog. Polystichagersten.* Bei den mehrzeiligen Formen sind in der Regel alle 6 Blüten fertil, bei den zweizeiligen nur die beiden inneren jedes Ährchens. Das hat zur Folge, daß die Polystichagersten auf jeder Ährenseite 3 Kornreihen ausbilden und somit sechszeilig sind. Der Name G. ist urverwandt mit dem lat. *horrere* (starren) und dem angelsächsischen *gorst* (Stechginster), so daß „stachelig" die Grundbedeutung der Bez. G. ist. Während früher die G. als Brotgetreide diente, wird sie heute höchst. als Zumischmehl zu Weizenmehl (etwa 10 %), früher insbes. als sog. → *Streckmehl* in Mangelzeiten, eingesetzt. G. hat eine hohe Variabilität ihrer Qualitätsfaktoren. Das ermöglicht, Sorten für Brauerei- (niedriger Proteingehalt) und Futter- bzw. Nahrungszwecke (hoher Proteingehalt) zu züchten. Der Rohproteingehalt der G. liegt bei 9···16 %, der Ölgehalt bei 2,3···3,9 % und der Lysingehalt bei 4,0···4,4 % des Proteingehaltes. Die Hauptbedeutung des Gerstenanbaues liegt primär in der Gewinnung von *Industriegerste,* die sowohl für die Malz- und Alkoholherstellung (Bier, Whisky usw.) als auch für Nahrungszwecke als Schälgetreide zu → Mehl,

→ Nährmitteln, → Fladen (*Anghera*), → Brei (*Pito*) und → Getreidekaffee weiterverarbeitet wird. An die *Braugerste* werden bestimmte Forderungen gestellt (Tab.).

Chemisch-physikalische Merkmale von 3 Güteklassen der Braugerste

Merkmal	Ausstich-gerste	Feine Braugerste	Brau-gerste
Rohprotein-gehalt in der Trockenmasse in % höchst.	10,5	11,0	12,0
Keimfähigkeit in % mind.	98	95	95

Die Braugerste wird vorwiegend in der Sommerform hergestellt, weil sie sich mit ihren vollen, stärkereichen und relativ eiweißarmen Körnern als zweizeilige Sommergerste am besten eignet. Sie hat übrigens die kürzeste Vegetationszeit von allen Getreidearten. Die *Nacktgerste* bringt geringere Erträge als die *Spelzgerste* und ist für Brauereizwecke wegen der Gefahr der Schimmelinfektion beim Keimen ungeeignet. Nacktförmige Gerstenmutanten sind für die → *Gerstennährmittel* wertvoller als die üblichen Teilkornerzeugnisse, da sich aus Nacktgerste Vollkornerzeugnisse herstellen lassen. → Malz

Gerste, gebrannte → Getreidekaffee → Kaffee-Ersatzmittel

Gerste, geröstete → Getreidekaffee → Kaffee-Ersatzmittel

Gerstelbrot → Gersterbrot

Gerstenbrot: ein Mischbrot, meistens Weizenmischbrot mit einem Gerstenanteil von 20 %. Vielfach wird G. auch für Mehrkornbrote genutzt, indem neben dem Hauptanteil Weizen (etwa 60 %) auch noch andere Mehle, wie Roggenmehl neben Gerstenmehl verwendet werden. G. sind nicht nur in Deutschland, sondern auch in Belgien und Niederlanden verbreitet.

Gerstenbrühe → Pito

Gerstenkaffee → Getreidekaffee

Gerstenknusperflocken → Gerstennährmittel → Getreideflocken

Gerstenmalz → Malzkaffee

Gerstenmalzkaffee → Malzkaffee

Gerstennährmittel: Sammelbegriff für → Nährmittel in Form von → Flocken (Gerstenflocken), → Grütze, → Graupen und → Mehl aus Gerste. Zu den *kochfertigen G.* zählen Gerstengrütze bzw. Grütze und Gerstengraupen bzw. Graupen, zu den *tischfertigen G.* zählen Gerstenknusper- und Gerstenrohflocken. Der Verbrauch der verbreitetsten G., der *Gerstengraupen,* ist stark rückläufig. Bei der Herstellung von *Gerstengraupen* und *Gerstengrütze* wird nach dem Reinigen und Schälen das Gerstenkorn rund abgeschliffen. Durch *Schälen* wird ein Teil der unverdaulichen Spelze, durch *Schleifen* je nach Grad des Abschleifens auch ein Teil des Endosperms beseitigt. Zum *Polieren* wird eine Mischung von Talkum und Glucose wie beim → Reis verwendet. Verschiedentlich werden die Gerstengraupen auch mit SO_2 gebleicht. Sorten von Gerstengraupen: *Perlgraupen* (Mindestausbeute 30 %) und *Haushaltgraupen* (Mindestausbeute 50 %). *Gerstengrütze* (Mindestausbeute 62 %) wird wie Haushaltgraupen in den Größenklassen „fein", „mittel" und „grob" hergestellt. Der Proteingehalt von Gerstengrütze und Gerstengraupen beträgt 8 ··· 10 %, der Fettgehalt 1,5 ··· 1,8 %, der Kohlenhydratgehalt etwa 70 %, der Feuchtigkeitsgehalt 14 %, der Energiewert entspricht etwa 1393 kJ (330 kcal) je 100 g. *Gerstenrohflocken* werden durch Dämpfen und Quetschen geschälter Gerste, *Gerstenknusperflocken* aus aufgeschlemmtem Gerstenmehl hergestellt. Beide Flockenarten werden als → Getreidefrühstückserzeugnis verwendet.

Gerstenrohflocken → Gerstennährmittel

Gerstenstärke → Getreidestärke

Gersterbrot, *Gerstelbrot, Brot, gegerstertes, Brot, gegersteltes:* ein freigeschobenes Roggen- oder Roggenmischbrot, dessen Teigstücke durch Abflammen der Oberfläche mit brennenden Feuergasen stellenweise dunkel gefleckt (gegerstelt) werden, um durch schnelle Hautbildung einen kräftigeren Geschmack zu erzielen. → Brot, gerissenes → Bauernbrot

Geruchsgras → Ruchgras

Geruchsstoffe → Aromastoffe

Gerüsteiweißstoffe → Skleroproteine

Gervais: Markenbez. für einen *Frischkäse,* in einigen Ländern als Sortenbez. verwendet. In Österreich gehandelter G. ist ungesalzener *Frischkäse, Rahmkäse* oder *Doppelrahmkäse.* Im Gegensatz dazu sind Gervais-Importkäse gesalzen. → Käsesorten

Gesalzene Fische → Salzfischerzeugnisse

Gesäuerte Fische → Marinaden

Geschmacksstabilisatoren → Stabilisierungsmittel

Geschmacksstoffe: Stoffe, die einen Geschmackseindruck auslösen, verschiedentlich auch als Schmeckstoffe bezeichnet. Hierzu gehören Zucker sowie andere Süßmittel und Süßstoffe, Säuren, Kochsalz und → Bitterstoffe, von denen sich die Grundgeschmacksarten süß, sauer, salzig und bitter herleiten. Weitere im Mund wahrnehmbare, durch Nahrungsinhaltsstoffe ausgelöste Geschmackseindrücke sind: scharf-brennend, kühlend, adstringierend und metallisch. Im Gegensatz zu den Aromastoffen sind die G. nicht oder nur wenig flüchtig. → Aromastoffe → Flavour

Geschmacksverstärker: Substanzen, die den Geschmackseffekt von → *Geschmacksstoffen* verstärken, selbst jedoch keine oder nur eine geringe Geschmacksempfindung auslösen. Es sind meist nichtflüchtige oder schwerflüchtige Verbindungen. Wichtigste Vertreter dieser Gruppe sind → *Natriumglutamat* (E 621), *Inosin-5-monophosphat (Natrium-* und *Kaliuminosinat* E 631 bzw. E 632), *Guanosin-5'- monophosphat (Natrium-* und *Kaliumguanylat* E 627 bzw. E 628), → *Maltol* (E 636) und die synthetischen Verbindungen *Ethylmaltol* (E 637) und → *4-Amino-5-carboxamid- imidazolribotid* sowie *Tricholomasäure,* ein Inhaltsstoff des Pilzes *Tricholóma muscárium.* Die Wirkung der G. beruht auf einer Stimulierung der im Mund befindlichen Geschmacksrezeptoren. Die in Blättern von *Gymnéma sylvéstris* (Willd.) R. Br. enthaltene *Gymnemasäure* ist ein negativer Geschmacksverstärker. Sie ist ein Glycosid noch unbekannter Struktur, ist geschmacklos, unterdrückt aber nach Einnahme für kurze Zeit die süße Geschmackswahrnehmung von Zucker und Süßstoffen vollständig.

Geschmacksverwandler, Glycoprotein das die Eigenschaft besitzt sauren Lösungen eine süße Geschmacksnote zu geben. z. B. Miraculin, Molmasse 42000···44000 g/mol. Kommt in den Früchten von *Synsepalúm dúlcificum* (Schum. et Thonn.) Baillon vor.

Geschnetzeltes: in Streifen geschnittenes Skelettmuskelfleisch vom Rind und Schwein. „Rinder" bzw. „Schweinegeschnetzeltes" darf nur aus dem deklarierten Fleisch hergestellt werden und bis zu 5% Fettgewebe bzw. Sehnen enthalten. Bekannt sind G. nach Gyros Art.

Geselchtes → Kaßler

Gesneridin → Anthocyane

Gesundbrunnen → Heilwasser

Gesundheitspflegemittel: Stoffe oder Verbindungen, die der Erhaltung der natürlichen Beschaffenheit und der Funktion des menschlichen Körpers dienen, soweit sie nicht überwiegend als Lebensmittel oder Arzneimittel einzustufen sind. Bei der Zuordnung eines Erzeugnisses zu den G. muß vom Wirkstoff, der Wirkstoffkombination und der beabsichtigten Verwendung ausgegangen werden. Je nach Deklaration können z. B. bestimmte Kräutertees, z. B. Pfefferminz- oder Hagebuttentee, entweder den G. oder, bei Wegfall bestimmter Anwendungs- und spezifischer Wirkungshinweise, den Lebensmitteln zugeordnet werden. Gleiches trifft ferner zu für folgende eß- oder trinkbaren Erzeugnisse: → Arzneiwein, → Mineralwasser, → Heilwässer sowie ihre Salze (z. B. Karlsbader Salz), → Heilerde, Kräutersäfte, → Ginseng, → Gelee Royale, ätherische Öle, Schlankheitsprodukte, → Pollen, → Spezialsalz, → Malzextrakterzeugnisse, → Konditionsgetränke und sonstige konzentrierte Quellen von Nährstoffen, Mineralstoffen oder Vitaminen.

Getah → Borneo-Kautschuk

Getränk: Sammelbez. für flüssige Lebensmittel, die von klarer, trüber oder trubstoffreicher Beschaffenheit sein können und entweder erhitzt (→ Heißgetränk, → Aufgußgetränk) oder im kalten Zustand (→ Erfrischungsgetränk) aufgenommen werden. Die G. gehören unterschiedlichen Produktgattungen an: a) → alkoholische G. (z. B. → Wein, → Sekt, → Bier, → Spirituosen), b) → alkoholfreie G. (→ Erfrischungsgetränke, alkoholfreie), hierzu zählen z. B. → Saft, → Most, Gärgetränke ohne Alkohol (z. B. milchsauer vergorene Gemüsesäfte oder → Kwas, → Brottrunk, ferner Obst- und Gemüsesäfte sowie → alkoholfreies Bier und alkoholfreier Wein, wobei ein G. als alkoholfrei gilt, wenn es nicht mehr als 0,5% Ethanol enthält) c) Kaffee und Tee sowie kaffeeähnliche und teeähnliche Erzeugnisse, d) Pulvergetränke (Trokkenprodukte, aus denen ein Aufgußgetränk bereitet werden kann, hierzu zählen → Trunkpulver, → Kaffee-Extraktpulver oder → Fruchtpulver, e) Granulatgetränke (aus Granulat, → Lebensmittelgranulat, bereitete G., z. B. aus Kaffee- oder Teegranulat). → Spezialgetränk → Lightgetränk

Getränk, alkoholfreies → Erfrischungsgetränk, alkoholfreies

Getränk, alkoholfreies, gesüßtes → Lightgetränk

Getränk, alkoholhaltiges → Erfrischungsgetränk, alkoholhaltiges

Getränk, alkoholisches: Genußmittel, das als wertbestimmenden Bestandteil Ethanol enthält, der durch Gärung zuckerhaltiger oder verzuckerter Maischen gewonnen ist. Zu den wichtigsten a. G. gehören → Bier (Energiewert i.D. je 100 ml 197 kJ [*47* kcal]), → Wein (Energiewert i. D. je 100 ml 293 kJ/ 70 kcal) und → Spirituosen (Energiewert i. D. je 100 ml (836···1254 kJ [200···300 kcal]). Während die Bier- und Weinherstellung schon Jahrtausende vor unserer Zeitrechnung in den Kulturländern des Vorderen Orientes bekannt war, wurde der Destillationsvorgang zur Herstellung von Spirituosen erst im späten Mittelalter entdeckt. Die optimale Trinktemperatur ist bei den einzelnen a. G. unterschiedlich. Damit z. B. ein Weinbrand sein ganzes Bukett entfaltet, soll er bei Raumtemperatur von 18···20°C getrunken werden. Eier und Cremelikör entfalten ihr Aroma am besten bei 13°C, Whisky pur bei 12°C, Bitterliköre bei 10°C, Obstbranntwein und Klosterliköre bei 6···8°C. Die Temperatur von Rotwein (als Faustregel) sollte leicht unter Raumtemperatur liegen (etwa bei 16···18°C). Wermut- und Dessertwein kann bei Temperaturen zw. 12···16°C angeboten werden. Der Trinktemperaturbereich von Weißwein liegt zw. 8···12°C. Weinähnliche Getränke sollten wie Jungweine vor dem Verzehr auf die untere angegebene Grenze gekühlt werden. Sekt sollte zwischen 6···8°C gereicht werden. Die günstigste Temperatur für Bier liegt bei 8···10°C, für Wodka, Korn, Aquavit, Klarer und Cocktails sollte eine Serviertemperatur von 2···6°C bevorzugt werden. → Frische → Bukettstoffe

Getränk, chininhaltiges → Tonicgetränk

Getränk, isotonisches, *Iso-Getränk, Elektrolytgetränk:* ein Getränk, das die gleiche Konzentration gelöster Salze wie das menschliche Blut aufweisen und beim sporttreibenden oder körperlich arbeitenden Menschen, den durch Schwitzen entstehenden Flüssigkeits- und Mineralstoffverlust bes. schnell ausgleichen soll. Was man unter einem i. G. zu verstehen hat, ob es isotonisch mit dem Schweiß oder mit dem Blutserum sein soll, ist lebensmittelrechtlich nicht festgelegt. Dies spiegelt sich trotz übereinstimmender Werbeziele – Durstlöschung bei körperlicher Anstrengung und Ersatz beim Schwitzen verlorengegangener Flüssigkeit und Mineralstoffe – in einer großen Produktvielfalt wider: Gehalt an Saccharose (unter

1···60 g je l), Glucose (unter 1···32 g je l), Fructose (3···41 g je l), Citronensäure (1,2···8,4 g je l), Natrium (71···547 mg je l), Chlorid (51···732 mg je l), Kalium (15···1540 mg je l), Calcium (12···493 mg je l), Magnesium (5···227 mg je l), Gesamtmolarität (259···431 mmol je l). Die Stoffmengenkonzentration an allen osmotisch wirksamen Bestandteilen (Osmolalität) beträgt im Blutserum 230 mmol/kg und im Schweiß 150 mmol/kg, die Elektrolytzusammensetzung beider Flüssigkeiten ist in der Tab. ausgewiesen.

Elektrolytzusammensetzung von Blutserum und Schweiß

	Blutserum		Schweiß	
	mg/l	mmol/l	mg/l	mmol/l
Natrium	3220	140,0	1080,0	47,0
Chlorid	3690	104,0	1064,0	30,0
Kalium	160	4,0	336,0	8,6
Magnesium	20	0,8	3,2	0,1
Calcium	100	2,5	29,0	0,7
Eisen	1		0,3	
Zink	1		1,1	
Phosphor	50		0,2	
Glucose	800	4,4	70,0	0,4

Der Körper versucht eine konstante Osmolalität aufrecht zu erhalten, indem er mehr oder weniger Wasser ausscheidet. Die Konzentration der im Schweiß gelösten Stoffe ist geringer als im Blut. Bei starkem Schwitzen kommt es zu einer Mineralstoffanreicherung im Blut, da anteilmäßig mehr Wasser als Salze verlorengehen. Diesen Flüssigkeitsverlust gilt es aufzufüllen, aber nicht durch konzentrierte, sondern weniger konzentrierte (hypotone) Getränke, wofür sich Fruchtsaft-Trinkwasser- oder Fruchtsaft-Mineralwassermischungen (1:2 oder 1:3) viel besser eignen als i. G. Bei einem Wasserdefizit (Hyperosmolalität) wird medizinisch eher natriumfreies Wasser empfohlen, da der Wasserausgleich nur bis zum isotonischen Punkt erfolgen kann. Die i. G. erfüllen diesen Zweck nicht, vielmehr werden die Nieren zusätzlich belastet, um die überschüssigen Mineralstoffe wieder auszuscheiden. Dies trifft für die sog. *Sportgetränke* in gleicher Weise zu. Ein bilanzierter Einsatz von Mineralstoffen ist wegen der individuellen Verbraucherbedürfnisse (Alter, Ernährungsgewohnheit, Sportart, Trainingsstand, Konstitution usw.) nicht möglich. → Konditionsgetränk → Fitneßgetränk

Getränk, kaffeeähnliches → Kaffee-Ersatzmittel → Aufgußgetränk

Getränk, teeähnliches → Aufgußgetränk

Getränk, weinähnliches: gegorenes alkoholisches Getränk. Zu den w. G. gehören → Fruchtweine, Malzwein, → Honigwein, Agavenwein (→ Pulque), Ahornwein, Palmwein, Reisweine (→ Sake).

Getränk, weinhaltiges: ein Getränk, hergestellt aus Wein, Perlwein oder Dessertwein unter Verwendung von Drogen und anderen Zusätzen. Zu den w. G. gehören: → *Wermutwein,* → Kräuterwein, → Arzneiwein, → Maiwein, → Bowle, → Kalte Ente, Weinpunsch, aber auch → weinhaltige Erfrischungsgetränke. Zur Herstellung dürfen neben Wein und Drogenauszügen je nach Sorte auch Traubensaft, Traubenkonzentrat, Früchte sowie Fruchtsäfte, Primasprit, Zucker, Zuckercouleur, Citronen- oder Weinsäure und Kohlendioxid verwendet werden. → Wein

Getreide, *Cerealien, Zerealien:* Sammelbegriff für kultivierte oder in Halbkultur stehende Pflanzenarten aus der Gräserfamilie *(Gramíneae,* neuerdings unter der Bez. *Poáceae*), deren einsamige Schließfrüchte (Karyopsen) als Körner (*Getreidekörner, Körnerfrüchte, Cerealien)* bezeichnet werden und die wichtigste Ernährungsgrundlage für Mensch (*Nahrungsgetreide)* und Tier *(Futtergetreide*) bilden. Die Bez. G. und Cerealien gibt es nur im Plural, demzufolge sind die in der Fachliteratur häufig anzutreffenden Bez. Getreiden oder Cereals falsch.

In allen hochentwickelten Industriestaaten gelangen fast 80% der Getreidebruttoproduktion zum Einsatz in der Tierproduktion. Das Nahrungsgetreide muß im Gegensatz zu Futtergetreide hinsichtlich hygienischer Reinheit den für Lebensmittel gültigen Bedingungen entsprechen. Der Name

G. kommt vom althochdtsch. *gitregidin* (Ertrag, Besitz) und vom mittelhochdtsch. *getregede, das alles bedeutet, was getragen* wird, folglich auch die Früchte der Ernte; später beschränkte sich die Bez. nur auf den *„Ertrag an Körnerfrucht"*, und heute ist der Name G. mit der Bez. *Körnerfrucht* identisch. Von den bedeutendsten 7 Getreidearten wachsen Gerste, Hafer, Roggen und Weizen in der gemäßigten und Hirse, Mais und Reis vorwiegend in der warmen Zone. Ferner zählen zu G. u. a. nur lokal kultivierte Gräserarten, deren Körner dem menschlichen Verzehr dienen (→ Sammelgetreide), wie *Brómus secalínus* L., *Elymus arenárius* L., *Glycería flúitans* (L.) R. Br., *Phaláris canariénsis* L., *Sporóbolus fimbriátus* Nees, *Urochlóa panicoídes* Pal. Beauv., *Euchláena mexicána* Schrad., *Syn. Zéa mexicána* (Schrad.) *Reeves et Mangelsd. und Zizánia aquática* sowie *Zizánia latifólia* (Griseb.) *Turcz. ex Stapf.* Als *Korn* wird häufig eine bestimmte Getreideart bezeichnet, wenn sie in einem Land die Hauptgetreideart darstellt. Dies ist z. B. in Mittel- und Osteuropa bei Roggen, in Westeuropa bei Weizen und in den USA bei Mais (corn) der Fall. Je nach Form eines Getreidekornes spricht man von *Schmalkorn, Rundkorn, Kurzkorn, Normalkorn, Riesenkorn* und *Langkorn.* Je nach Anbauzeit wird zw. *winterannuellem* (Wintergetreide) und *sommerannuellem* (Sommergetreide) sowie *Wechselgetreide* (z. B. bei *Bordeauxweizen,* der winter- und schoßfest ist und daher sowohl als Sommer- als auch als Winterfrucht angebaut werden kann) unterschieden. Ferner können die Getreidearten entweder auf Halmen in *Ähren* (Gerste, Roggen, Weizen), in *Rispen* (Hirse, Hafer, Reis und die männlichen Blüten von Mais) oder in *Kolben* (Hirse und weibliche Blüten von Mais) stehen. Die Ähren können lang und locker oder kurz und gedrungen sein, letzteres ist z. B. der Fall bei *Dickkopfgetreide.* Viele Kulturgetreidearten sind durch zähe Ährenspindeln gekennzeichnet, was zur Folge hat, daß beim Drusch die Früchte als nackte Körner (*Nacktgetreide*) aus der den Fruchtansatz während des Wachstums umhüllenden Spelze ausfallen. Zum Nacktgetreide zählen *Nackthafer, Nacktgerste, Roggen, Weizen.* Getreidearten, bei denen die Früchte (Körner) eng mit der Fruchtschale verbunden sind, werden als *Spelz-* oder *Schälgetreide* bezeichnet, wozu *Hafer, Hirse, Reis* und Dinkel zählen. Das Spelz- oder Schälgetreide wird auch als *Industriegetreide* bezeichnet, da das Hauptgewicht seiner Verarbeitung nicht auf den eigentlichen Mahlprozeß *(Mahlgetreide),* den Zerkleinerungsprozeß, sondern auf das *stufenweise Abtrennen* der Spelzen (Gerbgang) und Schalenteile bis zur *Freilegung des Mehlkernes* gelegt ist. Die auf diese Art von Spelzen freigemachten Körner werden als *Kerne* (→ Grünkern) bezeichnet. Aus dem Industriegetreide werden vorwiegend → Graupen, → Grütze, → Flocken, → Grieß aber auch → Mehl gewonnen, wobei *Schäl-, Polier-* und *Schleifabfälle* anfallen. Zum Industriegetreide zählen auch die für Brauerei- und Brennereizwecke vorgesehenen Getreidearten, insbes. Gerste und Roggen.

Da verschiedene andere körnerartige Früchte zum Teil einer ähnlichen Bearbeitung bedürfen wie das Getreidekorn, ordnet man in der Praxis mitunter die *Leguminosen-Druschfrüchte* (Linsen, Erbsen, Bohnen usw.) und den ebenfalls nicht zum G. zählenden *Buchweizen* dem sog. *Blattgetreide* zu und verwendet zwecks Unterscheidung als Sammelbegriff für die echten Getreidearten die Bez *Halmgetreide.* Als Gegenstück zum Schälgetreide verwendet man den Begriff *Brotgetreide* für solche Getreidearten (Roggen und Weizen), die zwecks *Mehlgewinnung* einem *Mahlprozeß* unterworfen werden und zur Herstellung von Laibbrot dienen. Produkte aus Schäl- und Brotgetreide werden mit Ausnahme der Getränke und Stärkeveredlungserzeugnisse unter der Sammelbez. *Getreideerzeugnisse* zusammengefaßt. Das meist eiförmige Getreidekorn ist in Spitze, Basis, Rückenseite und bei Weizen, Roggen, Hafer und Gerste durchfurchte Bauchseite (Spalt) untergliedert. Die Hauptbestandteile des Kornes sind der Mehlkörper, der Keimling und die Schale (Bild).

Schematischer Bau des Weizenkornes:

1 Bärtchen

2 Endosperm (83% der Kornmasse), Quelle für helles, sog. Endospermmehl.

a) Endosperm

b) mit Stärke gefüllte Zelle in der Proteinmatrix

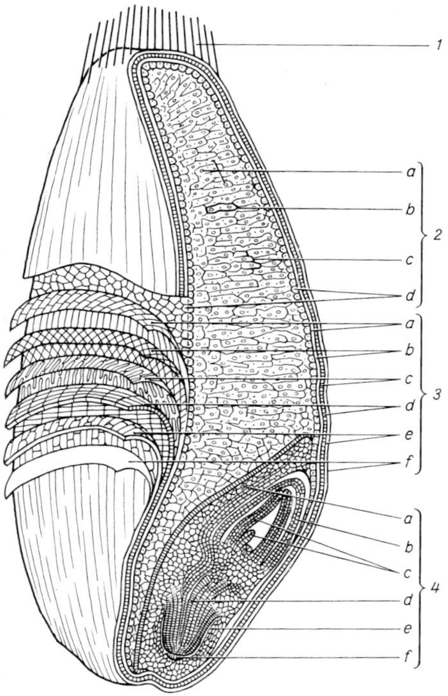

Schematischer Bau des Weizenkornes

c) Zellwände
d) Aleuronzellager
3 Schale (14 % der Kornmasse). Dieser Kornteil ist nur in Vollkornmehl enthalten, das zugleich die Aleuronlagerfraktion aufweist, die zwar botanisch zum Endosperm zählt, bei der Mehlherstellung aber im Schalen- bzw. Kleieanteil abgeschieden wird.
a) hyaline Membran
b) Samenschale
c) Schlauchzellen
d) Querzellen
e) Längszellen
f) Epidermis
4 Keim (3 % der Kornmasse). Dieser Kornteil ist nur im Vollkornmehl oder Vollkornbackschrot enthalten. Infolge des hohen Fettanteils führt der Keim zu begrenzter Haltbarkeit im Mehl.

a) Skutellum
b) Keimblattscheide
c) Sproßanlage
d) Wurzelanlage
e) Wurzelscheide
f) Wurzelhaube

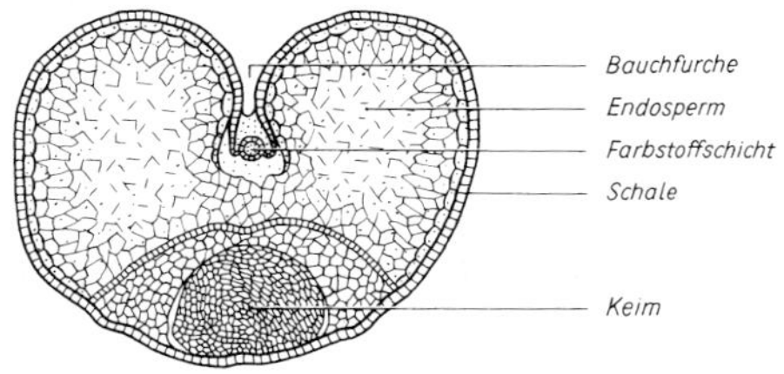

Getreidekorn (Querschnitt)

Der Keimling, etwa 3 % der Kornmasse betragend, befindet sich an der Basis der Rückenseite. Ziel der müllerischen Bearbeitung bei der Herstellung von hellen Mehlen besteht in einer Trennung des stärkereichen Mehlkörpers von der ihn umgebenden fetthaltigen Aleuronschicht und vom Keimling sowie von dem weniger gut backfähigen Schalenanteil. Da die an den inneren Mehlkörper nach außen sich anschließenden Kornschichten die qualitativ höherwertigeren Bestandteile des Getreidekorns insbes. in Aleuronschicht, die unter der äußeren (Perikarp) und inneren Fruchtschale (Endokarp) liegt, (wegen ihres Vitamin-, Mineralstoff-, Aminosäure- und Fettsäuregehaltes) darstellen, haben Erzeugnisse aus *vollem Korn (Vollkorngetreideerzeugnisse* bzw. *Getreidevollkornerzeugnisse*) im Vergleich zu *Getreideendosperm-* bzw. *Getreidemehlkernprodukten* (z. B. helles Mehl, polierter Reis) den höheren Nährwert. Der Mehlkörper (inneres Endosperm) enthält Eiweiß in Form von Kleber (der ernährungsphysiologisch ein geringwertiges Eiweiß aus Gliadin und Glutenin darstellt). Der höherwertige Anteil an Eiweiß (bis zu 25 % des Gesamtproteins) mit wichtigen Aminosäuren befindet sich in der Aleuronschicht des Getreidekornes. Die Aleuronschicht enthält außer Albuminen und Globulinen, noch Fette, Mineralstoffe, Vitamine, Enzyme und lösliche Ballaststoffe. Je nach Dichte der Einlagerung der Stärke in Eiweiß ist die Kornstruktur entweder *hart* oder *glasig* oder *weich* und *mehlig*. *Mehlige Körner* haben einen weichen, körnigen, weißfarbigen Querschnitt, die *glasigen* oder *hornigen Körner* (→ Getreide, glasiges) einen dichten, spröden, harten bzw. hornartigen Querschnitt. *Halbglasige Körner* zeigen teils mehlig-weißen, teils gelblich-glasigen Bruch.

Der Reifegrad korreliert in etwa mit dem Wassergehalt des Getreidekornes, so daß die Reifestadien durch nachfolgend aufgeführte Feuchtigkeitswerte charakterisiert sind: *Milchreife* (der Korninhalt ist milchig-flüssig), bei Gerste 50···60%, bei Hafer 40···45%, bei Weizen 45%; *Gelb-, bzw. Wachsreife* (das Endosperm des G. wird bereits fest durch Einlagerung großer Mengen Stärke und Eiweiß, bei Gerste 30···35%, bei Hafer 30%, bei Weizen 30 bis 35%; *Vollreife* (hier ist das Korn von Mutterpflanze physiologisch getrennt, sitzt aber noch in der Ähre oder Rispe) bei Hafer, Gerste und Weizen 16···19%. Im Zustand der *Totreife* beträgt der Feuchtigkeitsgehalt des Kornes nur noch 13···16%. Manche G. neigen dann zum Kornausfall. Bei der Notreife handelt es sich nicht um ein Kornreifestadium. Sie tritt ein, wenn die Nährstoffversorgung aus Blättern und Halm in das Korn unterbrochen ist, z. B. durch Krankheit, Abknicken der Halme oder durch Trokkenheit. *Notreife* kann während der *Milch-* oder *Gelbreife* eintreten. Der → Grünkern wird bei *Milchreife* geerntet. Die durchschnittl. Zusammensetzung des handelsüblichen Getreidekornes beträgt 12% Feuchtigkeit, 11% Eiweiß, 2% Fett, 70% Stärke, 7···9% Ballaststoffe und 1,2···2,0% Asche. Das G. wird auf Grund seines hohen Kohlenhydratgehaltes zu den kohlenhydrat- bzw. stärkeliefernden Pflanzen gezählt. Gleichzeitig liefert G. von den auf der Erde zur Verfügung stehenden Proteinquellen, auf Grund der mengenmäßigen Erzeugung, den höchsten Anteil an Protein (s. Tab.).

Produktion an Eiweiß in der Welt nach Erhebungen der FAO für 1988

Eiweißquelle	Erzeugte Menge an Eiweiß in Mio MT[1]	Eiweißverbrauch	
		Anteil am Gesamtverbrauch tierischen bzw. pflanzlichen Eiweißes in %	Anteil am Eiweißverbrauch insgesamt in %
Gesamtes tierisches Eiweiß	59,6	15,4 in % vom tierischen Eiweiß	
Fleisch	25,2	42,2	6,5
Fisch	14,3	24,0	3,7
Eier	3,7	6,5	1,0
Milchprodukte	16,4	27,3	4,2
Gesamtes pflanzliches Eiweiß	327,4	84,6 in % vom pflanzlichen Eiweiß	
Früchte und Gemüse	11,1	3,8	2,8
Nüsse und Leguminosen	13,0	4,0	3,4
Getreide	220,4	67,2	56,9
Wurzelknollen	9,9	3,0	2,6
Ölsamen und Ölsaaten	73,0	22,0	18,9
Summe pflanzliches und tierisches Eiweiß	387		100,0

[1] 1 MT = Metric ton = 1,016 t

Etwa 64% des Kohlenhydrat-, 5% des Fett- und 57% des Eiweißanteils an der Nährstoffversorgung der Weltbevölkerung stammen aus G.. Mehr als 50% des täglichen Energiebedarfs in der Welt werden mit G. bzw. Erzeugnissen aus G. gedeckt. → Auswuchsgetreide → Getreide, wachsiges → Getreide, angereichertes → Süßgras → Kern → Speisegetreide → Körnerfrüchte → Nuß → Pseudogetreide

Getreide, angekeimtes → Getreide, angereichertes → Keim

Getreide, angereichertes: zwecks Erhöhung der Konzentration an Aminosäuren, Eiweißen, Mineralstoffen und Vitaminen mittels verschiedener Verfahren sowie *synthetischer* oder *natürlicher* Zusätze aufgewertetes → Getreide. Das älteste Anreicherungsverfahren in Form einer hydrothermischen Behandlung ist das *Parboiling-Verfahren* (Parboiledreis, Parboiledweizen), außerdem werden graupenartige Granulate (z. B. Kunstreis) hergestellt, die der üblichen Getreidenahrung als Nährstoffkonzentrate kaum sichtbar untergemischt werden können. Ein anderes Verfahren, das *Einweich-* oder *Überziehverfahren,* wird vor allem bei Reis, Mais und Hirse angewendet; dabei werden die Körner in eine aminosäurehaltige (z. B. L-Lysin/Monochlorid-Lösung) oder vitaminhaltige Lösung getaucht und anschließend getrocknet. Beim Überziehverfahren werden die Nährstoffkonzentrate z. B. in Drageekesseln an das Korn herangebracht (vgl. → Dragee, behandelte → Puffterzeugnisse). Andere Verfahren bestehen im Zumischen hochvitaminhaltiger Nachmehle, z. B. Reisnachmehl (*Balata*) oder Weizennachmehl (*Skutellummehl*), vor allem zur Anreicherung von → Kindernährmitteln. Neben den Nachmehlen werden auch Hefen, Milcherzeugnisse, → Samenmehle, eiweißreiche und Ölsaatenmehle verwendet (→ CSM, → Incaparina). Eine weitere Form der Anreicherung besteht im Mischen von zwei oder mehreren Getreidearten. *Mais-Sorghum-Mischungen* haben z. B. eine bessere biologische Wertigkeit als eine dieser Getreidearten für sich allein. Zu den natürlichen Anreicherungsverfahren zählen ferner das *Ankeimenlassen* der Getreidekörner *(Getreide, angekeimtes, Getreide keimaktiviertes)* die roh als → Getreidefrühstückskost verzehrt oder getrocknet als → Keimlingsmehl zur Backwarenanreicherung verwendet werden. Die langwierigste, wenn auch sicherste Methode der natürlichen Anreicherung von Getreide besteht in der Züchtung entsprechender Getreidesorten. Zu den Ergebnissen derartiger Bestrebungen zählen der sog. *Wundermais,* der hochlysinhaltige → *Opaquemais* sowie *Floury-2-Mais* und ebensolche Gersten-(Hiprolygerste), Reis- und Hirsesorten sowie → Triticale.

Getreidebeizmittel: Sammelbez. für Pflanzenschutzmittel, mit denen ein Schutz beim Saatgut vor samen- und bodenbürtigen Krankheitserregern erreicht werden soll, die nach Auflaufen des Getreides schwer oder nicht mehr zu bekämpfen sind. Die Wirkung der G. bleibt auf den Frühbefall bei Keimlingen beschränkt. Der vorbeugende Einsatz von G. erscheint im Sinne des integrierten Pflanzenschutzes gerechtfertigt. Wirkungsbereiche und Mittelbeispiele von 1992 (s. Tab. S. 566). Bei den als mindergiftig (Xn) oder reizend (Xi) eingestuften G. sind Vorsichtsmaßnahmen zu beachten. Gebeiztes Saatgut darf nicht zur menschlichen Ernährung oder Verfütterung verwendet werden.

Getreidebranntwein, Oberbegriff für Sorten wie → Kornbranntwein u. → Whisky.

Getreidebrei → Brei

Getreideerzeugnis: ein durch Bearbeitung von Getreide gewonnenes Nahrungs- und Futtermittel.

Getreideflocken: ein → Nährmittel in Form von → Flocken aus → Getreide. Je nach Dichte der G. wird unterschieden a) zw. kompakten Blättchen mit einer Flockendicke von 0,6···0,7 mm - das sind sog. *Rohflocken,* die zu den kochfertigen Nährmitteln zählen - und b) zw. knusprigen, röschen, voluminösen Blättchen mit einer Flockendichte von höchst. 0,5 mm - das sind die sog. *Knusperflocken,* die zu den tischfertigen Nährmitteln zählen (Übersicht S. 567).

Wirkungsbereiche von Beizmitteln für Sommergetreide

Mittelbeispiel Aufwandmenge in g bzw. ml/dt Saatgut	- Weizen -					- Gerste -	Hafer
	Stein-brand	Flug-brand	Schnee-schimmel	Streifen-krankheit	Flug brand	Mehltau	Flugbrand
Abavit UFB	200	200	200	200	200	-¹)	200²)
Abavit UT *mit Beizhaftmittel	200	200	200	200	200	-¹)	200²)
Arbosan GF neu	-	-	-	300	300	-	-
Baytan Universal mit Haftmittel	-	-	-	150	150	150	-
Domestin FB	200	200	200	-	-	-	150
Elanco Beize flüssig	-	-	-	200	200	200	-
Galbas	400	-	400	-	-	-	-
Panoctin GF	-	-	-	200	200	-	-
Panogen	200	-	200	-	-	-	-
Rovral UFB	150	-	150	150	-	-	-
Sibutol FB³)	200	200	200	-	-	-	150
Sibutol³) mit Haftmittel	200	200	200	-	-	-	150

Abkürzungen: U = Universal
F = Flüssig bzw. Feucht
T = Trocken
B = Beize
G = Gerste

¹) auch gegen Netzfleckenkrankheit
²) auch gegen Streifenkrankheit
³) nicht in Durumweizen

Die *Rohflocken* gibt es in verschiedenen Größen und Zartheitsstufen; bes. kleine, runde Rohflocken werden als *Perlflocken* oder *Mark* bezeichnet. Die Getreiderohflocken werden durch Reinigen, Quetschen bzw. Pressen geschälter oder ungeschälter, gedämpfter (stabilisierter) Getreidekörner gewonnen. Die knusprigen, gerösteten Flocken (*Getreideknusperflocken*) werden mit einer Maschinenausrüstung hergestellt, deren Kern der sog. Walzenkochapparat oder eine Schneckenpresse (→ Strangpreßerzeugnis), neuerdings eine Weiterentwicklung der sog. Kochextruder ist. Unterschiede in der Zusammensetzung der Getreideknusperflocken ergeben sich aus den angewandten Temperatur-Feuchtigkeits-Bedingungen, dem Ausmahlungsgrad des verwendeten Rohstoffes sowie aus den evtl. gegebenen Zusätzen, wie Malzextrakt, Vitamine, Eiweißpräparate usw. Die *Getreideknusperflocken* bestehen entweder aus einer Getreideart oder aus einer Mischung verschiedenster Komponenten und zählen zu den *tischfertigen* Nährmitteln, die aus *vorgekochtem* und wieder *getrocknetem* Getreide bestehen (*Weizen- Reis-, Hirse-, Hafer-, Gersten-, Maisknusperflocken).* Bei der Herstellung von Getreideknusperflocken durchläuft der gemahlene Rohstoff entweder einen herkömmlichen Kochapparat, anschließend einen Flockenstuhl (Walzen zum Quetschen), einen Trocknungsapparat (40···60°C und einen Röstapparat (290···400°C) oder einen Extrusionskocher. Das Rösten führt zu einer Zerstörung der hitzelabilen Vitamine und essentiellen Aminosäuren. Vielfach werden aber zur Herstellung von Getreideknusperflocken bereits praktisch vitaminfreie Rohstoffe verwendet: Ein typisches Beispiel dafür sind Maisflocken (aus ent-

Getreideflocken

Getreideflocken Beispiele	Getreideknusperflocken Beispiele
a) aus vollem Korn Weizenvollkornroh-flocken (z. B. Kollathflocken) Gerstenvollkornroh-flocken Roggenvollkornroh-flocken Hafervollkornflocken Hirseflocken	a) aus vollem Korn Weizenvollkornknusper-flocken Gerstenvollkorn-knusperflocken Roggenvollkorn-knusperflocken
b) aus Mehlkern (Endosperm) Perlflocken: Perlhirseflocken Perlweizenflocken Perlreisflocken Kernblatthafer-flocken Mark: Hafermark Grünkernmark	b) aus Mehlkern (Endosperm) Reisknusperflocken (Reiskrispies) Weizenknusperflocken Hirseknusperflocken Maisknusperflocken (Cornflakes)

keimten Mais) oder Reisflocken (aus poliertem Reis bzw. Reismehl). Aus diesem Grunde werden in verschiedenen Ländern die Getreideknusperflocken mit synthetischen Vitaminen und Aminosäuren angereichert (vitaminiert). Die rösche Struktur der Knusperflocken ist einmal auf die Trocknung (bis auf 3···5 % Feuchtigkeit), zum anderen auf die Dextrinierung, Karamelisierung und Gelatinisierung (Verkleisterung) der im Getreide enthaltenen oder zugesetzten Stärke zurückzuführen. Sorten sind: *Getreidevollkornknusperflokken* aus *Weizen und Gerstenvollkornknusperflokken,* ihr Vitamin-B_1-Gehalt i. Tr. liegt bei 0,290 mg/100 g bzw. 0,180 mg/100 g. Der vergleichbare Wert für *Weizen-* und *Gerstenrohflocken* liegt bei 0,360 mg/100 g bzw. 0,250 mg/100 g. Frische Getreideflocken lassen sich heutzutage auch im Haushalt mit einer kleinen Flockenquetsche bequem herstellen. Ferner zählen zu den G. vitaminfreie Cornflakes, wenn sie nicht künstlich angereichert sind. → Getreidefrühstückserzeugnis → Flocken

Getreidefrischkost → Frischkornerzeugnis → Müsli

Getreidefrühstückserzeugnis, *Frühstücksgetreideerzeugnis, Frühstückscerealien:* Sammelbegriff für sorgfältig gereinigtes, ungekochtes oder vorgekochtes (→ vorgefertigtes Lebensmittel) Getreide in Form von ganzen Körnern (*Tafelweizen),* im Haushalt frisch geschrotetem oder industriell gefertigtem (geschrotetem und stabilisiertem) Getreide (*Müsli*), stabilisiertem und geflocktem (*Getreiderohflocken),* vorgekochtem (mittels *Walzenkochverfahren*) und geflocktem Getreide (*Getreideknusperflocken*), vorgekochtem (mittels *Extrusionsverfahren*) und verschieden geformten *Getreidestrangpreßerzeugnissen* (*Extrusionerzeugnissen,* z. B. *Kleieflips*), walzengekochtem Getreidebrei (*Getreide-Instant-Trokkenschleim*) und als gepufftes Getreide (Getreidepufferzeugnis). Alle diese G. werden entweder in Flüssigkeit eingeweicht, eingerührt, gekocht als → Brei, als aufgelöstes → Instantpulver oder in trokkenem Zustand verzehrt. Die *walzengekochten Erzeugnisse* (z. B. Getreideinstantpulver) führen nach Anrühren mit Flüssigkeit (je nach Flockengröße mehr oder weniger beschleunigt) zu einem dicken, quellenden Brei und eignen sich auch als Dickungs- bzw. Quellmittel. *Extrusionsgekochte Erzeugnisse* lösen sich noch besser in Wasser, weisen eine geringere Viskosität auf und sind daher auch gut als Getränkezusatz geeignet. → Frischkornerzeugnis → Nährmittel → Getreideknusperprodukt

Getreidefrühstücksnahrung → Müsli

Getreide, glasiges: Getreidekörner von hornigharter oder glasiger Beschaffenheit. Im Vergleich zum *weichem* Getreidekorn wird die *Glasigkeit* auf den höheren Anteil an Luftbläschen im Kornendosperm zurückgeführt, die sich im Verlauf des Reifens durch Austrocknen bzw. Schrumpfen des Korneiweißes bilden. Je nach der Endospermbeschaffenheit a) *weich-mehlig, b) glasig-hart,* auch *hornig* oder c) *wachsig-klebrig* richtet sich der spezielle Verwendungszweck des Getreidekornes. Die unterschiedliche Kornstruktur drückt sich auch in den Bez. der Getreidearten aus. Zum g. G. zählen z. B. eiweißreiche Sorten und Arten, die entweder nach der Kornstruktur oder nach dem Eiweißgehalt ihre Benennung erhalten, wie *Hartmais, Hartweizen, glasiger Reis, Klebermais, Kleberhirse, Kleberweizen* oder *Kleberreis*. Je nach der Dichte der Stärkeeinlagerung in das Endospermeiweiß tragen die Getreidekörner glasigen oder halbglasigen Charakter, was beim Schnitt durch das Getreidekorn an dem mehr oder weniger hohen oder niedrigen Weißanteil im Endosperm zu sehen ist. *Glasige Körner* zeigen mehr gelblich-hornige Farbe und zugleich spröde Beschaffenheit, während mehlig-weiche Körner einen hohen Weißanteil im Querschnitt erkennen lassen. Das g. G. weist im Vergleich zum *Weichgetreide* neben einem höheren Eiweiß- zugleich auch einen höheren Vitamin- und günstigeren Aminosäuregehalt auf. Getreideprodukte zeigen i. allg. einen besseren Zusammenhalt, wenn sie aus eiweißreichen Körnern hergestellt werden. Deshalb entstehen bei Teigwaren und Reis während des Garens nur geringere Masseverluste, und aus *Kleberhirse* (z. B. Shallu-Sorghumhirse*)* hergestellte Fladen zeigen eine bedeutend geringere Brüchigkeit als bei der Verwendung *mehliger, weicher* Hirsesorten. Auch für → Puffgetreide ist als Ausgangsmaterial ein harter, glasiger Rohstoff erforderlich. Dagegen wird zur Stärkegewinnung bes. mehliges, am besten → *wachsiges Getreide* bzw. *Klebgetreide* bevorzugt.

Getreide, gepufftes → Pufferzeugnis

Getreide, geröstetes → Parchinggetreide

Getreide-Instantpulver → Getreidefrühstückserzeugnis → Instantpulver

Getreide-Instant-Trockenschleim → Getreidefrühstückserzeugnis

Getreidekaffee: 1. ein → Kaffee-Ersatzmittel aus gereinigtem und geröstetem Getreide. Aus der speziellen Bez. des G. läßt sich ersehen, ob die Getreidefrüchte einer Feucht- oder einer Trockenröstung unterworfen wurden. Bei Feuchtröstung spricht man bei Kaffee-Ersatzmittel aus Gerste von *Gerstenkaffee, aus Weizen von Weizenkaffee, aus Hirse von Hirsekaffee, aus Roggen von Kornkaffee*. Bei der Trockenröstung muß das Beiwort „kaffee" wegfallen. Es heißt dann nur *geröstete* oder *gebrannte Gerste, Hirse* u. dgl.
2. das aus dem G. bereitete → Aufgußgetränk. Getreidekörner → Speisegetreide

Getreidekeim: in der Getreide-, → Backwaren und Stärkeindustrie handelsübliche Bez. für den an Fett und Vitaminen sowie Eiweiß reichen Embryo des trockenen, ruhenden Getreidesamens bzw. Getreidekornes. Der massemäßige Anteil an Keimlingssubstanz schwankt zw. 2 % und 3 % des ganzen Getreidekorns. Nach der Reinigung und Hitzestabilisierung wird der G. für Anreicherungszwecke als → Getreidefrühstückserzeugnis und bei der Backwarenherstellung eingesetzt, ferner dient er zur Gewinnung hochwertiger → Getreideöle und wird häufig zusammen mit der → Kleie für Futterzwecke verwendet. Die handelsüblichen G. für Kleinverbraucherzwecke sind in der Regel *Weizenkeime*. Durchschnittl. Zusammensetzung s. Tab.

Zusammensetzung und Energiewert von Weizenkeimen

Bestandteil	Gehalt in 100 g
Feuchtigkeit	11,7 g
Eiweiß	26,6 g
Fett	9,2 g
Kohlenhydrate	46,0 g
Rohfaser	2,3 g
Mineralstoffe	4,2 g
Caroten	0,16 mg
Vitamin E	27,5 mg
Vitamin B_1	2,1 mg
Vitamin B_2	0,72 mg
Niacin	4,52 mg
Pantothensäure	1,0 mg
Vitamin B_6	3,3 mg
Folsäure	0,52 mg
Isoleucin	1,24 g
Leucin	1,80 g

Valin	1,44 g
Methionin	0,43 g
Cystin	0,30 g
Phenylalanin	0,96 g
Tryosin	0,93 g
Threonin	1,42 g
Tryptophan	0,28 g
Lysin	1,62 g
Histidin	0,73 g
Arginin	1,93 g
Linolsäure	4,4 g
Linolensäure	0,59 g
Stärke	10,6···30,0 g
Pentosane	6,2···10,6 g
Natrium	5,0 mg
Kalium	837,0 mg
Calcium	69,0 mg
Eisen	8,1 mg
Phosphor	1100,0 mg
Energiewert in kJ (kcal) je 100 g	1672 (400)

→ Getreide, keimaktiviertes → Keim
→ Getreide, angereichertes

Getreide, keimaktiviertes → Keim → Getreide, angereichertes

Getreideknusperprodukte: durch Walzentrocknung, Extrudieren und/oder Rösten gewonnene, aufgeschlossene, meist mit Kakao, Gewürzen, Salz oder Zucker geschmacklich aufgewertete Produkte, bzw. zur Stabilisierung der Rösche überzogene Getreidefrühstückserzeugnisse, verwendet auch als → Imbißartikel oder → Riegel. → Überzugsmittel

Getreidekörner, eiweißreiche → Getreide, glasiges

Getreidekörner, eßfertige → Speisegetreide

Getreidekörner, glasige → Getreide, glasiges

Getreidekörner, mehlige → Getreide, glasiges

Getreidekörner, mundfertige → Speisegetreide

Getreidemahlerzeugnis: Sammelbegriff für Getreidemehle aller Art sowie Backschrot, Grieß, Mehl, Kleie und Dunst. → Reis, gemahlener

Getreidemehl: ein aus zerkleinertem Getreide gewonnenes → Mehl. Die Bez. der verschiedenen Getreidemehlarten kann sich z. B. nach Rohstoffart, Aussehen, Teilchenbeschaffenheit, Ausmahlungsgrad, Verwendungszweck und Herstellungsverfahren richten. (s. Übersicht S. 570/571).
Darüber hinaus wird zw. → Spezialmehl und → Standardmehl unterschieden. → Pulver → Getreide → Brotgetreidemehl → Mehl, tyisiertes

Getreidenährmittel → Nährmittel

Getreideöl, *Getreidekeimöl,* Keimöl: das in den Getreidekörnern, vor allem in den Keimlingen, enthaltene Fett. Das G. spielt als Speiseöl kaum eine Rolle (Ausnahme → Reisöl), jedoch ist es Bestandteil von Getreidemahlerzeugnissen und daraus hergestellter Produkte. Die G. bewirken das Ranzig- und Bitterwerden von Getreideerzeugnissen. Als Salatöl spielt → *Weizenkeimöl* eine Rolle.

Getreidepufferzeugnis → Getreidefrühstückserzeugnis

Getreidestärke, *Cerealienstärke, Gramineenstärke:* die aus verschiedenen Getreidearten auf mechanischem Wege nach Quellung im Naßverfahren hergestellte → Stärke (s. Grafik S. 572).
Die wichtigsten im Handel angebotenen G. (s. Übersicht S. 573) *Hafer-, Gersten-, Roggen-, Triticale-* und *Buchweizenstärke* haben als Handelserzeugnisse bisher keine Bedeutung erlangt. Weiterhin unterscheidet man u. a. bei Reis- und Maisstärke Varietäten mit hohem Amylopectingehalt, 98···100% (*Glutinosa-, Wachs- oder Waxy-Stärken),* und solche mit hohem Amylosegehalt, 55···75% (*hochamylosige* oder *Amylosestärke*). Das als Nebenprodukt bei der Stärkegewinnung anfallende *Keimöl* sowie der → Kleber finden ebenfalls in der Lebensmittelproduktion Anwendung. → Stärke

Getreidestrangpreßerzeugnis → Getreidefrühstückserzeugnis

Getreide, transgenes → Nutzpflanze, transgene

Bezeichnung der einzelnen Getreidemehle

I Rohstoffart	II Aussehen	III Teilchenbeschaffenheit	IV Ausmahlungsgrad	V Verwendungszweck	
Buchweizenmehl	dunkles Mehl	agglomeriertes Mehl	Auszugsmehl	Backmehl	Keksmehl
Bulgurmehl	Graumehl	Feinmehl	Endospermmehl	Biskuitmehl	Kindernährmehl
Gemengemehl	helles Mehl	glattes Mehl	Nachmehl	Brandmassenmehl	Kloßmehl
Gerstenmehl	Weißmehl	Granulatmehl	typisiertes Mehl	Brotmehl	Nährmehl
Grünkernmehl		griffiges Mehl	Vollkornmehl	Diätmehl	Paniermehl
Hafermehl		Grobmehl	Vordermehl	Eierkuchenmehl	Semmelmehl
Hirsemehl		Instantmehl	Vorwegzugsmehl	Einzweckmehl	Tortenmehl
Maismehl		Quellmehl		Fertigmehl	Streckmehl
Reismehl		Stippenmehl		Haushaltmehl	Streumehl
Roggenmehl				Kuchenmehl	Trennmehl
Weizenmehl					Zwiebackmehl

Bezeichnung der einzelnen Getreidemehle

VI Herstellungsverfahren

a) *Standardverfahren*
(Standardmehl)
aschetypisiertes Mehl
durchgemahlenes Mehl
Passagenmehl
Verbundmehl

b) *Spezialverfahren*
(Spezialmehl)

b_1 *Vollkornspezialmehl*

b_{11} Kleieaufschlußmehl

b_{111} Finalmehl

b_{112} Finklermehl

b_{113} Friesenmehl

b_{114} Klopfermehl

b_{115} Schlütermehl

b_{12} Nafamehl
Steinmetzmehl

b_2 *angereichertes Mehl*

b_{21} synthetisch angereichertes Mehl durch Vitaminzusatz (vorwiegend B-Komplex)
durch Mineralstoffzusatz (Calcium und Eisen)
durch Aminosäurezusatz (vorwiegend Lysin und Methionin)
durch Ballaststoffzusatz (vorwiegend Cellulose)

b_{22} natürlich angereichertes Mehl

b_{221} durch Vorbehandlung des Kornes mittels Ankeimen, z. B. Keimlings- bzw. Sprößlingsmehl

b_{222} durch Vorbehandlung des Kornes mittels hydrothermischer Verfahren Parboiling), z. B. Bulgurmehl

b_{223} durch Auswahl und Zusammenführung bestimmter durch Sieben oder Windsichtung (windgesichtetes Mehl) gewonnener Passagen (Mahlfraktionen) im Rahmen der Verbundvermahlung, z. B. Skutellummehl (ein Vitamin-B_1-reiches Nachmehl), eiweißangereicherte Mehle

b_{224} durch Zusatz von eiweißreichen Stoffen, wie Leguminosen, Milchtrockenprodukten, Ölsamen, Ölsaaten, Fischmehl (sog. eiweißangereicherte Mehle) → Samenmehl, eiweißreiches

b_{225} durch Zusatz von Keimlings- bzw. Sprößlingsmehl (sog. vitaminangereichertes Mehl)

b_{226} durch Zusatz von entfetteten Weizenkeimen (sog. eiweiß- und vitaminangereichertes Mehl)

b_{227} durch Zusatz von Getreideschalen (sog. ballaststoffreiches bzw. rohfaserreiches Mehl)
b_{228} durch Zusatz von Kleber (sog. eiweißangereichertes Mehl, fälschlicherweise Aleuronmehl genannt)
b_3 *unechtes Mehl*
(Zerkleinerung bereits gebackener Erzeugnisse) Knäckemehl (als Kindernährmehl)
Keksmehl (als Kindernährmehl)
Paniermehl
Semmelmehl
b_4 *vorbehandeltes Mehl*
b_{41} instantisiertes Mehl, agglomeriertes Mehl
b_{42} aufgeschlossenes Mehl, Quellmehl

Getreidevollkorn-Knusperflocken → Kindernährmittel

Getreide, wachsiges, *Wachsgetreide:* Sammelbegriff für Getreidearten, deren Stärke keine oder nur sehr wenig *Amylose* enthält und daher fast vollständig aus *Amylopectin* besteht. Normale Reisstärke besteht z.B. zu 12···35%, normale Maisstärke zu 20···30%, normale Weizen- und Sorghumstärke zu 25% aus Amylose, der Rest jeweils aus Amylopectin. *Wachsreis* enthält dagegen im Stärkeanteil lediglich bis zu 6%, *Wachsmais* bis zu 2% Amylose. Ähnliche Verhältnisse liegen bei *Wachshirse* vor. Die w. G. werden auch als *Klebgetreide (KLebreis, Klebmais, Klebhirse)* bezeichnet. Ihr Quellungs- bzw. Dickungsvermögen übersteigt dasjenige der anderen Getreidearten wesentlich, so daß w. G. vorwiegend für Dickungs- bzw. Bindemittelzwecke, vor allem für Pudding- und Suppenherstellung sowie in der Steril-, Gefrierkonserven-, Stärke- und Wurstindustrie eingesetzt werden. → Pufferzeugnis

Géum rivále → Nelkenwurz, Echte

Géum urbánum → Wildkräuter → Nelkenwurz, Echte

Gevuína avellána → Haselnuß, Chilenische

Gewächshausgemüse → Treibhausgemüse

Gewätzel → Suppenkraut

Gewebestablisatoren → Stabilisierungsmittel

Gewebeverfestigungsmittel → Härtungsmittel → Überzugsmittel

Gewiegtes → Hackfleisch

Gewürz: eine im 15. Jh. aufgekommene Sammelbez., die sich damals bevorzugt auf importierte Gewürzpflanzen bezog, die in getrocknetem und präpariertem Zustand angeboten wurden. Heute gilt das Wort G. uneingeschränkt auch für alle in der Speisenzubereitung verwendeten einheimischen Kräuter in Form frischer oder getrockneter Pflanzenteile mit aromaintensiven Eigenschaften. Bereits in geringen Mengen rufen die G. spezifische Geruchs- und/oder Geschmackswirkungen hervor und tragen zur Geschmacksgebung und -aufwertung der Lebensmittel bei. G. regen den Appetit sowie die Absonderung von Speichel und Magensaft an und fördern die Verdauung. Bestimmte Inhaltsstoffe der G. beeinflussen demzufolge nicht nur die Geruchs- und Geschmacksnerven, sondern auch andere physiologische Funktionen. Sie werden daher auch als Arzneimittel und Geschmackskorrigenzien für pharmazeutische Präparate verwendet. - Die Einteilung der Gewürze erfolgt nach der geographischen Herkunft oder nach der Art der verwendeten Pflanzenteile (Übersicht S. 574).
Bei den einheimischen G. handelt es sich auch um frisch verwendete Pflanzen oder Pflanzenteile (→ Küchenkraut). Während die G. i. allg. für die Nährstoffversorgung keine Bedeutung haben, können frische G., z. B. Petersilie, Schnittlauch, zur Vitaminversorgung beitragen. Der größte Teil der ausländischen G. stammt aus tropischen und subtropischen Gebieten. - Die Qualität der G. ist von der Herkunft, dem Reinheitsgrad und der Lagerdauer abhängig. Sie kommen unzerkleinert, grob oder fein zerkleinert (gemahlen) für die Bevölkerung in Kleinpackungen, für die industrielle Weiterverarbeitung in Großgebinden in den Handel.

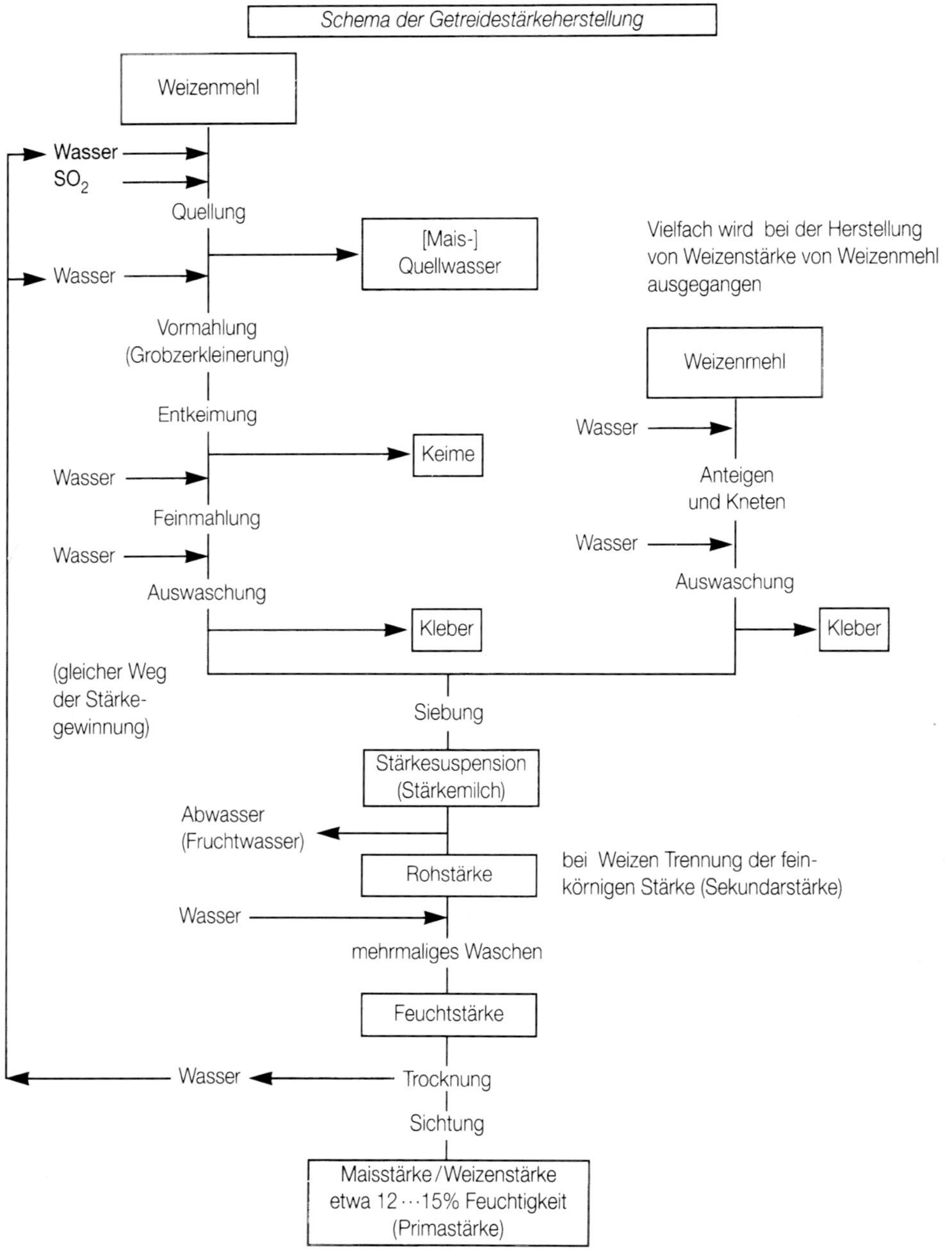
Schema der Getreidestärkeherstellung
Weizenmehl
Wasser
SO_2
Quellung
[Mais-] Quellwasser
Vielfach wird bei der Herstellung von Weizenstärke von Weizenmehl ausgegangen
Wasser
Vormahlung (Grobzerkleinerung)
Weizenmehl
Entkeimung
Wasser
Keime
Wasser
Anteigen und Kneten
Feinmahlung
Wasser
Wasser
Auswaschung
Auswaschung
Kleber
Kleber
(gleicher Weg der Stärke-gewinnung)
Siebung
Stärkesuspension (Stärkemilch)
Abwasser (Fruchtwasser)
Rohstärke
bei Weizen Trennung der feinkörnigen Stärke (Sekundarstärke)
Wasser
mehrmaliges Waschen
Feuchtstärke
Wasser
Trocknung
Sichtung
Maisstärke / Weizenstärke etwa 12 ··· 15% Feuchtigkeit (Primastärke)

Die wichtigsten im Handel angebotenen Getreidestärken (Handelsstärken)

Stärkeart	Synonyma	Beschreibung	Bemerkungen
Weizenstärke	*Weizenpuder*	Kleinkörner 2···15 µm, Großkörner 30···40 (45) µm, rundlich linsenförmig	rein weiß bis leicht gelblich
Maisstärke	*Maispuder*	Körner polyedrisch, rundlich-kantig oder rundlich, Größe 10···25µm	als Quellmittel bei der Herstellung dient schweflige Säure
Reisstärke	*Stärkepuder, Puderstärke Reispuder*	zusammengesetzte Körner meist in Bruchkörner zerfallen, diese sind polyedrisch, scharf kantig bis rundlich, 2···10 µm groß	als Rohstoff dient Bruchreis, als Quellmittel verdünnte Natronlauge
Eleusinestärke	*Ragistärke*	hochzusammengesetzte Körner, Bruchkörner scharfkantig mit teils abgerundeten Kanten, halbkugelförmig, 3···10 µm groß	hat für Europa kaum Bedeutung
Hirsestärken Mohrenhirsestärke Rispenhirsestärke	*Durrhastärke Sorghumstärke, Milo-Jowar-, Milletstärke*	12···18 (30) µm, alle Hirsestärken sind polyedrisch, scharfkantig oder rundlich 2···14 µm	haben für Europa nur geringe Bedeutung bisher erlangt; sind rein weiß bis leicht gelblich, je nach Herstellungsart
Rohrkolbenhirsestärke	*Perlhirse-, Bajrastärke*	(3) 8···13 (18) µm	

Die Bez. Stärkepuder oder Puderstärke ist darauf zurückzuführen, daß die entsprechenden Stärken (Reis-, Mais- und Weizenstärke) häufig als kosmetische und pharmazeutische Puder Verwendung finden.

Da G. schnell Aroma verlieren, leicht fremde Gerüche annehmen und dem Insektenbefall ausgesetzt sind, müssen sie luftdicht verschlossen und bei einer rel. Luftfeuchte von höchst. 60% und Temperaturen unter 20°C aufbewahrt werden. Die Haltbarkeitsdauer ist bei den verschiedenen Gewürzarten unterschiedlich - G. werden als Einzelgewürz oder als → Gewürzmischung und daraus hergestellte Erzeugnisse (Gewürzkonzentrat, → Gewürzzubereitung) verwendet. In Notzeiten werden verschiedene G. durch → Ersatzgewürze ausgetauscht. → Würzmittel

Gewürzaromasalz: Gewürzsalz, bei dem die Gewürze ganz oder teilweise durch Gewürzaromen, die nur natürliche Amomastoffe enthalten, ersetzt sind.

Gewürzaromazubereitung: Gewürzzubereitung/Gewürzpräparat, bei dem die Gewürze ganz oder teilweise durch Gewürzaromen, die nur natürliche Aromastoffe enthalten, ersetzt sind.

Gewürzbeifuß → Beifuß

Gewürzbitter → Trinkbranntwein

Gewürzbrot → Brot, aromatisiertes

Gewürzersatz, *Ersatzgewürz, Gewürzsurrogat, Kunstgewürz:* Erzeugnis, das im Geruch und Geschmack einem natürlichen Gewürz weitgehend

Einteilung und wichtigste Arten der Gewürze

Verwendeter Pflanzenteil	Gewürz	
	inländisches	ausländisches
Wurzeln	Meerrettich Liebstöckel Petersilie Sellerie Engelwurzel	
Wurzelstöcke	Kalmus	Ingwer Galgant Zitwer Kurkuma
Zwiebeln	Schalotte Perlzwiebel Sommerzwiebel Winterzwiebel Porree	Knoblauch
Rinden		Zimt
Blätter	Weinraute Kerbel Liebstöckel Petersilie Sellerie Rosmarin Salbei Melisse Pfefferminze	Lorbeer
Kraut (Blätter, Stengel und teils auch die Blüten)	Dill Thymian Bohnenkraut Majoran Dost Estragon Wermut Beifuß Waldmeister	Spanischer Hopfen
Blüten, Blütenanteile und Knospen	Echter Lavendel	Kapern Gewürznelken Safran Zimtblüten
Früchte	Hopfen Wacholderbeere Koriander Kümmel Mutterkümmel Anis Fenchel Dill	Sternanis Kardamom Vanille Piment Paprika Cayennepfeffer Lorbeer Pfeffer
Samen	Senf	Bittermandel Tonka Echte Pistazie
Samenteile		Muskatnuß Mazis
Fruchtschale		Zitronat Orangeat

entspricht. Der G. wird unter Verwendung von Füllstoffen, wie Mandelkleie, Haferschalen-, Maisspindelmehl u. a., unter Zusatz von einem oder mehreren natürlichen Gewürzen, Gewürzauszügen, -destillaten, ätherischen Ölen oder synthetischen Verbindungen hergestellt. Die Herstellung von G. ist genehmigungspflichtig und wird durch gesetzliche Bestimmungen geregelt. Der G. ist durch den Zusatz „Ersatz" oder „Kunst" zum Gewürznahmen und Angabe der Haltbarkeitsdauer zu kennzeichnen. → Pfefferersatz → Zimtersatz

Gewürzextrakt → Gewürzkonzentrat

Gewürzfenchel → Fenchel 1

Gewürzgurke, sterile: eine erst in 5%iger Salzlake einige Tage gegorene, anschließend gewässerte und danach mit leicht gezuckertem Gewürzessig oder Weinessig übergossene und pasteurisierte Gurke in Form von → *Cornichons* oder größeren Gurken. → Essiggemüsesterilkonserve

Gewürzhering → Kräuterhering → Anchosen

Gewürz, Indisches → Curry-powder

Gewürz, Italienisches: eine → Würzmittelmischung, die hauptsächlich aus Basilikum, Dost, Knoblauch und mittelscharfem Gewürzpaprika besteht und durch Bohnenkraut, Majoran, Rosmarin, Salbei sowie Thymian ergänzt werden kann. Das I. G. dient zum Würzen von Suppen, Soßen, Salaten, Tomaten, Ragouts und Geflügelgerichten.

Gewürzkonzentrat, *Gewürzextrakt, Aromaextrakt aus Gewürzen:* durch Extraktion, wie Mazeration, Perkolation oder Kohlendioxidhochdruckverfahren, aus → Gewürzen oder → Gewürzmischungen gewonnene, unter Verwendung von Trägerstoffen (Speisesalz, Glucose u. a.) getrocknetes oder konzentriertes → Würzmittel mit einer auf Grund eines bestimmten Gehaltes an ätherischem Öl genau definierten Würzkraft. Die G. werden in luftdicht verschlossenen Packungen in pastöser, halbflüssiger, flüssiger oder trockener Form gehandelt. Die heutigen G. sind praktisch keimfrei und gut dosierfähig.Die sensorische Qualität der G. ist abhängig vom Extraktionsverfahren sowie von erwünschten und unerwünschten Begleitstoffen. Hochdruckextrakte kommen in der Regel dem Aroma des Naturgewürzes näher als konventionelle Wasserdampfdestillate oder Oleoresine. → Oleoresin → Rosmarinextrakt

Gewürzkorn → Piment

Gewürzkraut → Küchenkraut

Gewürzkuchen → Speisekuchen

Gewürzlilie → Chekkur 2.

Gewürzmischung, *Mischgewürz:* ein Würzmittel aus einheimischen und/oder ausländischen → Gewürzen in getrockneter, unzerkleinerter oder zerkleinerter Form, teils mit Zusatz von Speisesalz oder anderen geschmacksverbessernden Stoffen, z. B. → Trockenhefe, Glutamat. G., die für bestimmte Zwecke verwendet werden, sind vor allem: → *Wurstgewürz,* → Pfefferkuchengewürz, → Brotgewürz, → Fischgewürz. Daneben gibt es solche G., die zum Würzen von Lebensmittelzubereitungen geeignet sind, z. B. → Gewürzsalz, → Currypulver u. a.

Gewürz mit kochsalzeinschränkender Wirkung → Pflanzen mit kochsalzeinschränkender Würzwirkung

Gewürznelke, *Nägelein, Nelke:* die vollständig entwickelte, noch nicht aufgeblühte, getrocknete, 10···17 mm lange, dunkelbraune bis schwarzbraune Blütenknospe des bis 12 m hohen Gewürznelkenbaumes *Syzýgium aromáticum* (L.) Merr. et Perry (Familie *Myrtáceae*), der auf den Molukken und ostafrikanischen Inseln heimisch ist. Der stark aromatische Geruch und Geschmack sind auf den Gehalt an ätherischem Öl (15···20 %) mit den Komponenten *Eugenol* (etwa 90 %), *Acetyleugenol, Eugenin, Vanillin* und *Gallotanninsäure* zurückzuführen. Die Stiele der G. enthalten ebenfalls 5···8 % ätherisches Öl. Die G. kommen in Bastmatten zu etwa 75 kg (*Gonjes*) verpackt in den Handel und werden zum Würzen von Lebkuchen, Kompott (Birnen und Pflaumen), Essigfrüchten, bes. für Glühwein sowie für spezielle Fleisch- und Fischgerichte und zur Herstellung von → *Gewürznelkenöl* verwendet.

Gewürznelkenersatz → Nelkenwurz, Echte

Gewürznelkenöl, *Nelkenöl:* das aus den → Gewürznelken durch Wasserdampfdestillation gewonnene, farblose bis leicht gelbliche ätherische Öl von charakteristischem Geruch und Geschmack. Hauptbestandteile sind 70···90 % Eugenol, Acetyleugenol (etwa 2 %), Diacetyl, Caryophyllen und Methyl-n-amylketon. Das G. dient zum Aromatisieren von Likören und Branntweinen, z. B. Boonekamp, und wird wegen seiner bakteriziden Wirkung Zahnpflegemitteln zugesetzt. Das *Gewürznelkenstielöl* wird aus den Stielen der Gewürznelken gewonnen und ist von geringerer Qualität. Es wird vorwiegend zur Eugenolgewinnung herangezogen.

Gewürznelkenstielöl → Gewürznelkenöl

Gewürzpaprika, *Pimiento:* Sammelbez. für pfefferartig bis brennend-scharf schmeckende, unterschiedlich gefärbte, im frischen oder getrockneten Zustand als Gewürz genutzte Beeren wildwachsender oder kultivierter Paprikaarten von 5···12 cm Länge und bis zu 5 cm Dicke. Da allein im Ursprungsland Mexiko weit über 100 Sorten verschiedener Paprikaarten existieren, wird der G. nach Schärfe, Farbe, Geschmack, bei ganzen

Früchten auch nach Form und weniger nach botan. Herkunft unterschieden (Tab.).

Gewürzpaprika, Sorten und Merkmale

Sorte	Merkmal	Mittlerer Capsaicingehalt in mg je 100 g
a) Paprika, schärfefrei	Scheidewände der Frucht mit Samen sind entfernt	unter 5
b) Delikateßpaprika		6···8
c) Paprika, edelsüß		12···14
d) Paprika, halbsüß	Scheidewände der Frucht sind vermahlen	15···25
e) Rosenpaprika	nur Kelch und Stiel der Frucht sind entfernt	80···150
f) Paprika scharf (Merkantilpaprika)	mit Zusatz von Scheidewänden und Samen; Verarbeitung von minderwertigen Früchten	etwa 250

Der typische Geschmack des G. ist insbes. auf den Gehalt an Capsaicin, das sich in den Oberhautzellen der Fruchtknotenscheidewände und Samen befindet, zurückzuführen. Je nach Herkunft und Sorte enthält der G. unterschiedliche Scharfstoffmengen. Durch Trocknung und Pulverisierung der ganzen Früchte (Paprikapulver) oder ihrer Teile lassen sich Gewürzpaprikasorten mit unterschiedlicher Farbe und Schärfe herstellen. Der hohe Vitamin-C-Gehalt der frischen Frucht geht während des Trockenprozesses weitgehend verloren. Die zulässige Höchstmenge im Paprikapulver an Mykotoxinen beträgt für Aflatoxin B_1 2 µg je kg und für Gesamtaflatoxin 4 µg je kg Pulver. Der G. kann neben seiner Funktion als (pulverartiges) Würzmittel auch mariniert oder, bes. in den Anbauländern, gedünstet, teilweise sogar frisch verzehrt werden. Er wird in gleicher Weise wie der viel schärfere Gewürzpaprikatyp → Cayennepfeffer bei der Speisenzubereitung eingesetzt. Als *Peperoni* wird grüner G. bezeichnet, der vorwiegend als Essiggemüsekonserve gehandelt wird. Frischer, rotfrüchtiger G. hat eine höhere Trockenmasse und auch höheren Nährstoffgehalt als grünreife Sorten. Ausgewählte Inhaltsstoffe für roten G. je 100 g betragen: 3,9 g Eiweiß und 77,8 g Feuchtigkeit, 89 mg Phosphor, 0,5 mg Zink, 0,2 mg Kupfer, 206 mg Vitamin C. Grüner G. enthält dagegen je 100 g: 85,8 g Feuchtigkeit, 1,78 g Eiweiß, 57 mg Phosphor, 0,34 mg Zink, 0,16 mg Kupfer und 127 mg Vitamin C. → Paprika

Gewürzsalz, *Kräutersalz:* eine Mischung von pulverisierten Kräutern, Gewürzen, Gemüse oder Gewürzpulvermischungen und Speisesalz oder eine Zubereitung von Speisesalz unter Zusatz von Gewürzextrakten oder aminosäurehaltigen Würzmitteln. Diese unterschiedlichen Kombinationen kommen in verschiedenen Geschmacksrichtungen und Bez. in den Handel: z. B. als → *Selleriesalz,* als *Knoblauch-* oder *Garlic-Salz* (Knoblauchpulver und 60 % Speisesalz), als *Zwiebelsalz.* Ein G. enthält mind. 25 % Speisesalz. Das G. wird entweder nach seiner Zusammensetzung (z. B. Knoblauchsalz) oder nach seiner Anwendung (z. B. Grillsalz, Bratklopssalz, Brathähnchensalz) bezeichnet. → Gewürzmischung → Gewürzzubereitung

Gewürzspray → Lebensmittelaerosol

Gewürzsurrogat → Gewürzersatz

Gewürztraminer → Traminer → Wein

Gewürzüberzug: eine Gewürzmischung vorwiegend aus Pfeffer, die mit einer haftenden Substanz, z. B. Gelatine, vermischt ist. Der G. wird zum Würzen und als Dekor (→ Überzugsmittel) vor allem für die Außenflächen von Wurst, Räucherwaren, Dauerbackwaren und Brot verwendet.

Gewürzzubereitung: flüssige, pastenförmige oder gekörnte → Würzmittel, die zur Verbesserung des Geschmacks von Brühen, Suppen, Salaten, Gemüse, Fleisch- und Fischgerichten u. a. dienen. Die G. werden hergestellt a) durch Vergären von ethanolhaltigen Flüssigkeiten, z. B. *Essig,* b) durch Aufbereitung (z. B. mehrmaliges Mahlen und Ausziehen oder Kochen) von Gewürzmischungen ohne oder mit Zusatz anderer Stoffe, wie *Essig, Wein, Tamarinden* u. a., z. B. *Speisesenf, Sambal, Worcestersoße, Chutneysoße* (→ Würzsoße), c) durch Hydrolyse von pflanzlichen und/oder tierischen Eiweißstoffen, z. B. → Speisewürze, → Würzpaste, → Hefeextrakt ohne oder mit Zusatz anderer Stoffe, wie Speisesalz, Glutamat.

Gewürzzwiebel → Gemüsezwiebel → Zwiebel 2 → Zwiebel 3

Ghattigummi, *Indian gum, Salemgummi,* → *Indischer Gummi:* ein in Sri Lanka und Indien aus den Exsudaten des *Latifoliabaumes (Anogēissus latifólia* Wall., (Familie *Combretáceae*) gewonnenes wasserlösliches Polysaccharid. Der G. besteht aus L-Arabinose, D-Galactose, D-Mannose, D-Xylose und D-Glucuronsäure im Verhältnis 10:6:2:1:2 mit β-1,6-gebundener Galactose in der Hauptkette. Die Molmasse beträgt etwa 12 000 g/mol. Der G. bildet wäßrige, viskose Dispersionen mit einem *p*H-wert von etwa 4,8. Die Viskosität steigt bei Erhöhung des *p*H-Wertes bis *p*H 8. Der G. bildet keine echten Gele; die wichtigste technologische Eigenschaft ist die Emulsionswirkung. In Eigenschaften und Verwendung ist er dem → Gummi *arabicum* ähnlich. → Gummistoffe, pflanzlicher → Indischer Gummi

Ghee (indische Bez.), *Samna* (ägyptische Bez.), *Misli* (ostasiatische Bez.): ein butterschmalzähnliches, enteiweißtes Produkt, das in Afrika, Indien, Ägypten und im mittleren Osten aus Büffel- oder Kuhmilch gewonnen wird. *Katcho* ist ein in Molkereien raffiniertes Gheeprodukt. Das G. besteht zu 99,5 % aus Fett; ein wasserhaltiges Fett wäre bei tropischen Temperaturen zu wenig haltbar.

Gibberélla fujkurói → Pilze

Gibberellensäure → Gibberelline

Gibberelline: erstmals aus Pilzen der Gattung *Gibberélla* isolierte Gruppe nahe verwandter, zu den Phytohormonen zählender Stoff. Von den G., deren Struktur geklärt ist, sind etwa 50 unter den Bez. G. A_1 bis G. A_{14} bekannt. Bisher wurden etwa 700 Derivate und Abbauprodukte von G. beschrieben. Einige bekannte davon sind die *Gibberellensäure, Allogibberinsäure, Gibberellin C* und *Gibberen.* Das G. A_3 wird in mehreren Ländern aus Pilzkulturen gewonnen und für die praktische Anwendung gehandelt.

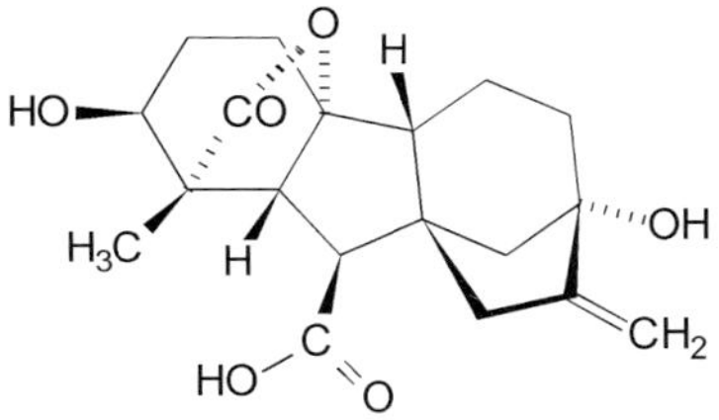

Die G. sind in höheren Pflanzen weit verbreitet. Sie wirken in kleinsten Mengen (z. T. in einer Verdünnung von 1:100 000) in verschiedener Weise auf höhere Pflanzen ein, z. B. fördern sie das Längenwachstum, beschleunigen die Samenkeimung, regen zur Blütenbildung an bei Wintergetreide, bei Frühjahrsaussaat, bei zweijährigen Pflanzen im ersten Jahr und bei Langtagspflanzen bei kurzer Belichtung (im Kurztag).

Gibberen → Gibberelline

Gichtbeere → Johannisbeere

Giebel → Karausche

Gieben → Güster

Giersch, *Geißfuß:* a) die getrockneten Früchte der gleichnamigen Pflanze *Aegopódium podagrária* L. (Familie *Apiáceae*), die zum Verfälschen von → Kümmel verwendet werden. b) Die krautige mehrjährige Pflanze zählt außerdem zu den nützlichsten wildwachsenden Speisepflanzen. Die grünen Blätter enthalten je 100 g etwa 200 mg Vitamin C, 5 mg Caroten, 17 mg Eisen, 2 mg Kupfer, 2,2 mg Mangan, 1,7 mg Titan und 4 mg Bor; Blattstiele und Blätter werden roh (vor allem die im Frühjahr noch nicht voll entfalteten, glänzend grünen Blätter), gekocht, mariniert, püriert oder eingesäuert verzehrt. → Wildkräuter

Gießkannenschimmel → Pilze

Giftchampignons → Pilzgifte

Gifte in Meerestieren: Stoffe in eßbaren Meeresbewohnern, die infolge ihrer chemischen Eigenschaften selbst in kleinen Mengen die Gesundheit schädigen oder tödlich wirken können. Die Gifte können teils selbst von den Tieren produziert werden oder werden mit der Nahrung, meist toxische Algen oder Geißelinfusorien (Flagellaten), aufgenommen und abgespeichert. Die G. gehören überwiegend der Gruppe der Alkaloide oder den Peptidtoxinen an. (s. Übersicht S. 579/580).

Gifte in pflanzlichen Lebensmitteln: Stoffe in pflanzlichen Lebensmitteln, die infolge ihrer chemischen Eigenschaften selbst in kleinen Mengen die Gesundheit des menschlichen oder tierischen Organismus schädigen oder den Tod herbeiführen können. Diese G. sind sehr unterschiedlicher chemischer Struktur und wirken verschieden. Solche mit der Nahrung aufgenommenen und über die Schleimhäute des Magen-Darm-Kanals resorbierten Gifte können je nach Art, Menge, Konzentration akute, chronische, reversible oder irreversible Vergiftungen verursachen. Ob ein G. tödlich (letal), mehr oder weniger stark schädigend wirkt oder praktisch ohne Wirkung bleibt, hängt von der zugeführten Menge sowie von Art, Alter, Geschlecht und Empfindlichkeit des Organismus ab. Auf Grund der Beziehung zw. Konzentration und Wirkung (Dosis-Wirkungskurve), der Zeitkonstanten, der Reversibilität und der Eliminationsgeschwindigkeit können die Gifte entweder eine echte Konzentrationswirkung (weitgehende Proportionalität von Wirkung und Konzentration am Erfolgsorgan), eine Kumulationswirkung (relativ große Stabilität des Giftstoffmoleküls gegenüber den Entgiftungsmechanismen des Organismus, keinerlei lineare Beziehung zw. Dosis und Wirkungsstärke, jedoch typische Konzentration-Zeit-Beziehung) oder eine Konzentration-Zeit-Wirkung (völlig irreversible Veränderungen am Erfolgsorgan, die zunächst nicht als Gifteinwirkung erkannt sind, sondern deren Summation erst nach einer gewissen Latenzzeit zu einem feststellbaren Effekt führt, keine Kumulation des Giftes, sondern seiner Wirkung) zeigen. Danach unterscheidet man entsprechend *Konzentrationsgifte, Kumulationsgifte* und *Summationsgifte*. Etwa folgende Giftstoffgruppen kommen in Vegetabilien vor: → Proteaseinhibitoren, u. a. → Enzyminhibitoren, → Hämagglutinine, → Kropfnoxen, → cyanogene Glycoside, → Saponine, → Lathyrismus auslösende Stoffe, → Favismus-Substanzen, → Östrogene, → Hypoglykämie erzeugende Stoffe, → Amine, biogene, → Mutagene, toxische Aminosäuren (Aminosäuren), → Antivitamine, → Flatulenz erzeugende Stoffe. Außerdem sind noch → Solanin, → Tomatin u. a. → Alkaloide, → Nitrosamine, → Mykotoxine, → Cycasin, → Gossypol, → Cumarin, → Phytinsäure, → Oxalsäure und → Carotatoxin toxisch. Auch Chlorogensäure (→ Hydroxyzimtsäuren), einige → Sesquiterpene (→ Terpene), → Furanosesquiterpene, → Malvalinsäure, → Sterculsäure, → Theobromin, Quercetin und verschiedene ähnliche Flavanole (→ Flavonoide), → Hydrazine, → Safrol, → Estragol, → Eugenolmethylether und → Senföle sind im Tierversuch bei Aufnahme unüblicher Mengen kanzerogen oder mutagen wirksam geworden.
Diese Gifte müssen vor dem Genuß der Vegetabilien entweder durch geeignete Verfahren abgetrennt oder unwirksam gemacht werden (z. B. durch Erhitzen, Fermentieren, Wässern). Vegetabilien mit Konzentrationsgiften sind nur in solchen Mengen zum Verzehr geeignet, bei welchen die toxische Dosis nicht gleichzeitig im Organismus wirksam wird, wie die kropferregenden Substanzen in Kreuzblütlern (Cruciferen), z. B. Kohlarten, Kopfsalat, Rettich, Senf, Meerrettich. → Phytoalexine → Pilzgifte → Toxine.

Giftschirmling → Pilzgifte

Gifte in Meerestieren

Name des Giftes	Formel	Träger des Giftes	Toxikologische Wirkung
Palytoxin		Xanthid-Krabben *(Lophozozymus pictor* u. *Demania alcalai)* Korallenriff-Krabben	paralytisch (Taubheitsgefühl, Schwindel, Koordinationsstörungen, tödliche Atemlähmung)
Tetrodotoxin (Chinazolin-alkaloid)	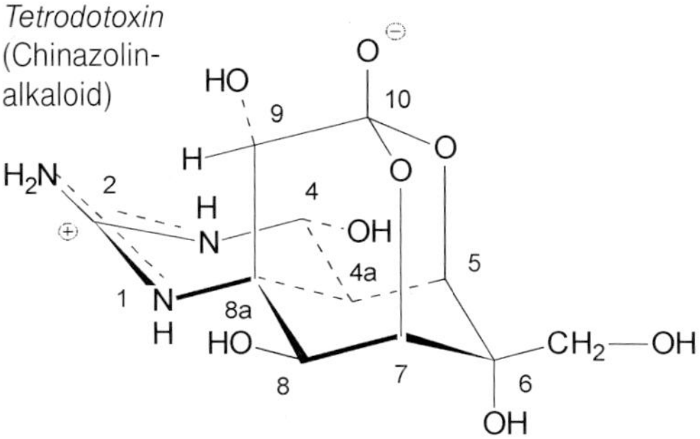	Eingeweide, Geschlechtsorgane, Leber, Haut der Pufferfische (auch als Kugel- oder Bowlfische bezeichnet)	paralytisch
Saxitoxin, Neosaxitoxin u. *Gonyautoxine* (Purin-Alkaloide)	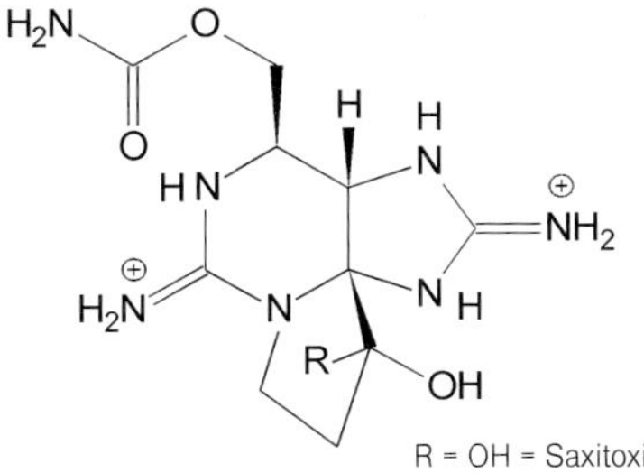 R = OH = Saxitoxin	Korallenriff-Krabben der Familien *Xanthidae,* Majidae (Seespinnen), *Portunidae* (Schwimmkrabben) u. *Grapsidae* sowie Muscheln [z. B. Alaska-Buttermuschel *(Saxidomonas giganteus)* und Miesmuschel *(Mytilú sedúlis)* Ursprung: Algen u. Dinoflagelaten (bes. Gonyaúlax tamarensis)	paralytisch
→ *Ciguatoxine, Maitotoxine*	ungeklärt	Ciguatoxische Fische, darunter eine Reihe guter Speisefische insbes. in Küstengebieten zw. 35° nördl. u. 34° südl. Breite (sek. giftig durch Aufnahme von giftigen Algen)	gastrointestinale Reizsymptome, Fieber, Blutdruckanstieg, Kopfschmerzen, Muskelschmerzen, Atemstörungen, Krämpfe, Tod durch Atemlähmung oder Herzstillstand

Gifte in Meerestieren (Forts.)

Name des Giftes	Formel	Träger des Giftes	Toxikologische Wirkung
Peptidtoxine	ungeklärt	Aktiv giftige Fische z. B. Giftstacheln der Trachinusarten (ausgezeichnete Speisefische) oder Giftstoffe im Blut von Aal, Thunfisch, Wels, Schleie u. a.) oder in den inneren Organen (z. B. Muränen)	Rötung und Schwellung der Einstichstellen und umgebenden Lymphknoten, Delirien, Krämpfe, Kollapserscheinungen
paralytisches Schalentiergift	ungeklärt	Weichschalige Muscheln (z. B. Zangenmuschel *Mýa arenária* L.	paralytisch, wird durch Erhitzen zerstört
Scombrotoxin	ungeklärt	Gift in den Gonaden von versch. Speisefischen bes. Makrelenfische	

Gilbwurzel → Kurkuma

Gin: wacholderhaltige Spirituose, hergestellt durch Rektifizieren von Korn- und Wacholderlutter. Das Wacholderaroma, verbunden mit einer harmonisch abgestimmten, teilw. parfümartigen Würzung dominiert gegenüber dem malzigen Kornaroma. Ursprünglich aus England stammend, ist der G. heute ein international verbreitetes Bargetränk. Spirituosen ähnlicher Geschmacksrichtung sind → Genever und → Steinhäger. Bei der alten engl. Sorte „*Gordon"s Dry Gin*" bezieht sich die Bez. „*Dry*" auf den höheren Ethanolgehalt. Der Ethanolgehalt von G. beträgt 40 %-Vol., der von „*Dry Gin*" 45···46 %-Vol.. In der Blume einer bestimmten Gin-Marke kann der Kenner das Aroma von Orangen-, Zitronenschalen, Mandeln, Anis, Kümmel, Fenchel, Zimt, Koriander, Kardamom, Angelika- und Kalmuswurzel entdecken. Der G. ist ein → Bargetränk für vielerlei *Cocktails* und *Long drinks*. Er wird aber auch pur (auf Eis) getrunken.

Gin-Fizz-Soda → Erfrischungsgetränk, alkoholhaltiges

Gingellikraut → Nigeröl

Ginger Ale: Bez. für eine Limonade mit Ingwergeschmack.

Gingergras → Cymbopógongras

Gingergrasöl → Cymbopóngongras

Gingerminze → Ingwerminze

Gingerole: eine Gruppe aromatischer Verbindungen, die sich in ihrer Länge der aliphatischen Seitenkette unterscheiden, mit der Grundstruktur:

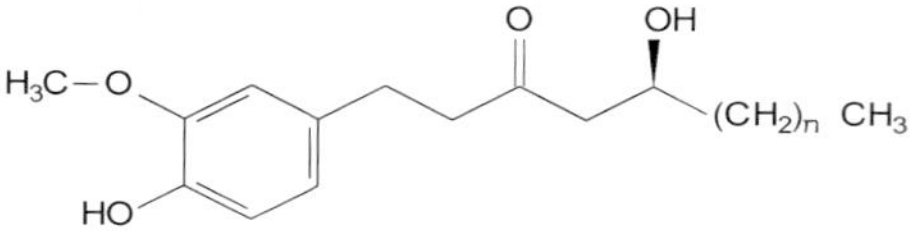

Die G. gehören zusammen mit den → *Shogaolen* zu den die Schärfe des Ingwers bedingenden Inhaltsstoffen. Sie haben außerdem eine bittere Geschmacksnote. Das 6-Gingerol liegt anteilmäßig mit der höchsten Konzentration vor. Gelbe Kristalle, d 1,031, Kp. 235···240°C, $[\alpha]_{(D)}20$ +13°, $n_{(D)}20$ 1,5212. G. ist in Wasser leicht löslich, löslich in Ethanol, Eisessig, Petrolether und Alkalien.

Gínkgo bíloba → Ginnan

Ginkgo-Samen → Ginnan

Gin, Mexikanischer → Agavenschnaps

Ginnan, *Ginkgo-Samen:* Bez. für den gelben, spatzeneigroßen, geröstet nußartig schmeckenden Samenkern mit fleischiger Samenschale, der nach Buttersäure riechenden, schleimigen, an Mirabellen erinnernden Steinfrüchte des *Ginkgo* (auch *Silberaprikose, Fächerblatt* oder *Entenfußbaum*), *Gínkgo bíloba* L. (Familie *Ginkgoáceae),* eines in Asien beheimateten Parkbaumes mit langgestielten, fächerförmigen Blättern. Ginkgobäume gibt es seit 250 Mill. Jahren. In Deutschland steht der älteste in Lauenburg, er wurde 1730 gepflanzt. Der G. zählt in China und Japan zu den Delikatessen; er wird mariniert oder geröstet verzehrt und kommt auch als Naßkonserve auf den Markt. Pharmazeutisch bedeutsame Präparate werden hauptsächlich aus den Blättern des Baumes gewonnen. Die aus den Samen isolierte Ginkgosäure hemmt noch bei starker Verdünnung das Wachstum von Tuberkelbazillen, so daß in China der G. auch als Heilmittel genutzt wird.

Ginnol → Fettalkohole

Ginnon → Ketone

Ginseng, *Kraftwurz, Lebenswurzel, Shen-Schen:* eine in Nordkorea, Nordostchina und im Ussurigebiet (ehem. Sowjetunion) heimische Pflanze, *Pánax gínseng* C. A. Meyer (Familie *Araliáceae*), deren fleischige Wurzel wildwachsend gesammelt oder kultiviert wird. Die Pflanze wächst äußerst langsam und erreicht unter natürlichen Bedingungen ein Alter von 100 Jahren; erst 3 Jahre nach dem Aussamen beginnt sie zu blühen, nach 5 bis 8 Jahren bilden sich 3···5 g schwere Wurzeln. Erst bei diesen lohnt es sich, nach ihnen zu graben. Die älteren Pflanzen können 40···100 g schwere Wurzeln bringen, die am Ende aufgespalten sind und mit Phantasie einem Menschen gleichen, daher der Name *G. = menschengleich.* Die knorrige Wurzel wird vielseitig genutzt, da ihre Inhaltsstoffe allg. Leistungssteigerung und Körperkräftigung dienen können und die Möglichkeit des Körpers steigern sollen, sich belastenden Situationen schneller und besser anzupassen. Der Hauptwirkstoff des G. ist das bitter schmeckende *Panaquilon (Panaxillon, Panakilon*), das zu etwa 0,75···1 % in der Droge enthalten ist. Im Tierversuch wirkt Panaquilon muskellähmend, blutdrucksenkend und aktivierend auf den Hormonstoffwechsel. Nach altchinesischen Quellen soll es infolge Lähmung der feinsten Nervenendigungen in den Blutgefäßen die geschlechtliche Potenz steigern. Dadurch kommt es zur Gefäßerweiterung und gesteigerten Durchblutung insbes. im Bereich der Genitalorgane. Gleichzeitig soll Panaquilon die Rückenmarksnerven erregen. Weitere Wirkstoffe sind: *Panaxin* (tonussteigernd, kräftigend), *Panaxsäure* (stoffwechselanregend), *Panacen* (Nervensystem anregend), *Panaxsapogenin* und verschiedene tetracyclische Triterpensaponine [*Panaxoside* (Ginsenoide) mit den Aglyka *Protopanaxadiol* bzw. *-triol, Betulafolientriol*], *Dammaran-Abkömmlinge, verschiedene B-Vitamine* (s. Formel unten).
Daneben sind u.a. noch enthalten: Saccharide (Pentose, Arabinose, Glucose, Fructose, Maltose, Saccharose, Panose, Isoketose), Stärke, freie Aminosäuren, ungesättigte Fettsäuren, Ester,

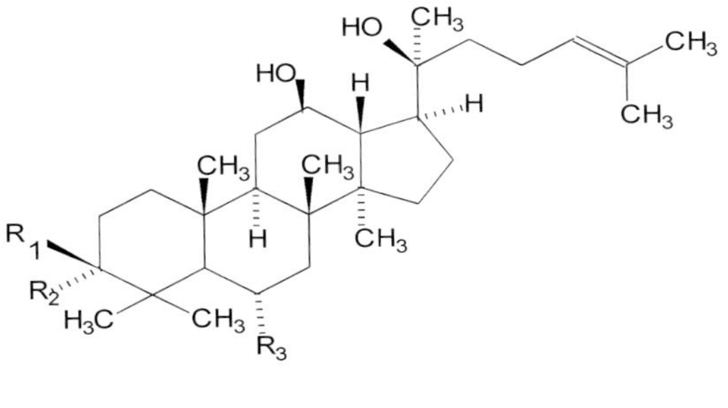

R_1	R_2	R_3	
H	OH	H	Betulafolientriol
OH	H	H	Protopanaxadiol
OH	H	OH	Protopanaxatriol

Schleimstoffe, ätherische Öle (Sequiterpene). Da das natürliche Verbreitungsgebiet schrumpft, hat man sich schon frühzeitig mit der schwierigen Kultur beschäftigt, die meist in Höhen von über 1000 m in Laubwäldern, sowohl in China als auch in Japan, Nordamerika und in der ehem. Sowjetunion gelingt. Der Haupthandelsplatz ist China (Schanghei), wo die höchsten Preise erzielt werden und auch die USA einen Teil ihrer Ernte verkaufen. Neuerdings wird G. über Gewebekultur aus dem Kallus der Wurzeln herangezogen, so daß schon nach 3 Monaten blühfähige Pflanzen mit 90% Keimfähigkeit gewonnen werden. Neben *P. gínseng* werden noch weitere Arten angebaut, wie *P. pseudogínseng* Wall. (in China von Wildpflanzen gesammelt oder kultiviert), *P. quinquefólius* L. (der in den USA, Kanada, China und Japan kultiviert wird), *P. japónicus* C. A. Meyer (der in Vietnam, China, Thailand, Japan als Ginseng-Ersatz für vorwiegend medizinische Zwecke kultiviert wird) und der sibirische *Eleutherocóccus senticósus* Maxim., dessen Wirkprinzipien *Eleutheroside* sind, ein Gemisch aus Cumarin, Phenylpropanglycosiden, Lignanen und Glycosiden. In Ostasien hat sich eine Industrie entwickelt, die G. nicht nur als Extrakt für medizinische Zwecke aufbereitet, sondern Auszüge von G. den verschiedensten Lebensmitteln zusetzt. Auch ganze Wurzeln werden sog. *Ginsenglikören, Ginsengbranntwein* (in der Flasche sichtbar schwimmend) beigefügt. Des weiteren gibt es Limonaden, Konfekt u. a. Süßwaren, denen G. beigefügt ist und verschiedentlich einen charakteristischen Bittergeschmack auslöst. → Ginseng-Ersatz

Ginseng-Ersatz: 1. die Knollen des *Japanischen Schlangenbarts, Ophiopógon japónicus* (L. f.), (Familie *Liliáceae*), einer in vielen Ländern angebauten Zierpflanze, die in Japan und China auch für medizinische Zwecke herangezogen wird.
2. die Wurzeln von *Angelica shiokíana* Makino (Familie *Apiáceae*), die im Oita-Bezirk von Japan kultiviert und unter der Bez. *Yama-Ninjin* als Ersatz für Ginsengwurzel auf den Markt gelangen. Hier wird den in der Angelikawurzel befindlichen Cumarinderivaten eine bes. Bedeutung zugesprochen, indem sie die Biosynthese von *Leukotrienen* stimulieren. Dieses sind Verbindungen aus Arachidonsäure, die im Mechanismus der Immunregulation, Entzündungen und allergischen Reaktionen eine wesentliche Rolle spielen.

Ginsengtee mit Kaffeegeschmack: ein in Korea neuentwickeltes → teeähnliches Erzeugnis aus einem Extrakt aus Ginsengwurzel und Getreidearten. Der G. m. K. besitzt das gleiche Aroma und auch die gleiche Farbe wie Kaffee, er soll die medizinisch wertvollen Bestandteile der Ginsengwurzel enthalten.

Ginsenoide → Ginseng

Gipfel → Hörnchen

Gipswasser → Heilwasser

Giresun-Nuß → Haselnuß

Giromin → Gurkenkürbis → Zucchini

Glace: 1. Zucker- oder Fondantglasur. → Glasur → Wasserglasur
2. Speiseeis.
3. geleeartig eingedickte Fleischbrühe.

Glagah → *Sáccharum édule*

Glanz: Eigenschaft eines Lebensmittels, zu strahlen, Lichtschein zu spiegeln oder werfen bzw. Lichtenergie unter einem bestimmten Beobachtungswinkel in höherem Maße als unter anderem Beobachtungswinkel zu reflektieren. Produkte mit natürlichem G., z. B. Früchte, werden als „blank" bezeichnet. → Frische

Glanzbrot, *glänzendes Brot, blankes Brot, abgestrichenes Brot:* ein Laibbrot mit glänzender bzw. blanker Oberfläche. Der Glanz wird durch Bestreichen der Oberfläche mit Wasser unmittelbar nach dem Backprozeß in noch heißem Zustand erreicht. Bei *mattem Brot* wird kein Bestreichen der Oberfläche vorgenommen, bei *be-* oder *gemehltem Brot* wird durch teilweises Bestreuen des Teigstückes mit Mehl eine mehlweiße Oberfläche erzielt. → Brot

Glanzmittel, *Glanzstoff, Glänzmittel:* ein → Glanz erzeugendes Hilfsmittel, meist in Form eines →

Überzugsmittels, das auf dem betreffenden Objekt nicht nur eine glänzende Oberfläche als Dekormittel hervorrufen soll, sondern vielfach zugleich als Schutz gegen Austrocknen und daher zur Erhöhung der Haltbarkeit genutzt wird. Das G. kann aus reinem Wasser bestehen, wie bei der sog. *Glanzstreiche* (→ Gebäckstreichmittel), aber auch aus → Wasserglasur (wie z. B. bei Süß- und Dauerbackwaren), aus → Wachsen oder → Harzen sowie Lack (Schellack, Benzoelack) insbes. bei Ostereiern, Lebkuchen, Zuckerwaren. → Glasur → Gleitmittel

Glanzstoff → Glanzmittel

Glanzstreiche → Glanzmittel → Gebäckstreichmittel

Glarner Kräuterkäse, *Grünziger:* ein ursprünglich im Kanton Glarus (Schweiz) aus entrahmter Frischmilch, evtl. unter Verwendung von Buttermilch und unter Zusatz von Zigerkleepulver hergestellter, sehr trockener und fester *Sauermilchkäse* von der Form eines Kegelstumpfes. Sein Geruch ist aromatisch, sein Geschmack würzig und pikant. Er findet als Reibkäse Verwendung. → Kräuterkäse

Glasaal → Aal

Gläschenkost für Kinder → Gemüsebrei mit Getreide → Früchtebrei mit Getreide → Fleischmenue mit Gemüse

Glasigkeit: ein bei pflanzlichen Erzeugnissen nesterartig auftretendes, glasig durchscheinendes Gewebe, das bei Trockenerzeugnissen (z. B. → glasiges Getreide) zu den erwünschten, bei wasserreichen Lebensmitteln, wie Kartoffeln, Gemüse und Obst, zu den unerwünschten Merkmalen zählt. Die G. in ihrer krankhaften Form konzentriert sich im äußerlich nicht sichtbaren Anfangsstadium um die Gefäßbündelzone. Erst später, wenn eine Rückbildung nicht mehr erfolgen konnte, scheint sie auch nach außen durch die Schale ölfleckenartig hindurch. Die G. kommt durch Flüssigkeitseintritt in die normalerweise mit Luft gefüllten interzellularen Hohlräume zustande. Bei Kohl- und Steckrüben äußert sich dies – auch Wasserfleckigkeit genannt – in graubraunfarbigen, bitter schmeckenden, zähen, wäßrig-faserigen Gewebepartien. Bei Gehölzpflanzen, wie dem Apfel, kommt es zu einem verstärkten Flüssigkeitsaustritt in die interzellularen Hohlräume, bes., wenn die Reife der Frucht durch starke Sonnenscheinintensität und hohe Wärmegrade beschleunigt wurde. Dabei sammelt sich aus den Blättern zugeführtes Glucitol an, das infolge behinderten Gasaustausches (anaerobe Bedingungen, da die Interzellularen mit Flüssigkeit gefüllt sind) nicht in Fructose umgewandelt und als Reservestoff in die Zellen eingelagert werden kann. *Glasige Früchte* schmecken daher, auch auf Grund des gleichzeitig verringerten Säuregehaltes, bes. süß und sind nur begrenzt haltbar. Ursachen für die krankhafte G. sind Bor- sowie Calciummangel und Witterungsfaktoren. So kann z. B. trotz hoher Bodencalciumwerte die Calciumaufnahme bei Blumenkohl oder anderen Gemüsearten durch langanhaltende Regenzeit und damit verbundener Luftfeuchtigkeit so gehemmt sein, daß die Köpfe wäßrige Blumen bilden (*glasiger Blumenkohl*), die vorzeitig faulen. Calcium ist ein wichtiges Element zur Stärkung der Vakuolenwände. Pflanzenarten und -sorten mit von Natur aus gefestigten Vakuolen sind weniger anfällig gegen G.. Die G. tritt auch bei Tomaten auf, wobei die aufgeschwemmten Zellen gleichzeitig zu Fruchthautrissen führen. Bei Salat entsteht ebenfalls G., wenn die Wurzeln mehr Feuchtigkeit aufnehmen als die oberirdischen Pflanzenorgane verdunsten können. Wird die Wasseraufnahme (z. B. im Gewächshaus oder durch äußere Klimafaktoren) begrenzt, dann kann das Gleichgewicht wieder hergestellt werden. G. wird auch durch niedrige Temperaturen ausgelöst, einschl. Frosteinwirkung. Bereits zu kühle Temperaturen bei kälteempfindlichen Gemüsearten führen zu glasigen Flecken, später Vernarbungen oder Auslaufen der Zellflüssigkeit, die sog. Pokkennarbigkeit der → Gurken zählt zu solchen Kälteschäden.

Glaskirsche: Bez. für eine Kulturform der → *Sauerkirsche,* mit hellroten Früchten und durchscheinender Schale sowie nicht färbendem Saft. Die G. unterscheiden sich von den in der Frucht sehr ähnlichen → Amarellen durch den stärkeren, aufrechten Wuchs. Einige Pomologen rechnen die G. zu den → *Bastardkirschen* und die *Amarellen* zu den *echten* → Sauerkirschen, andere sehen in G. und *Amarellen* keine Unterschiede. Pomologisch wäre *die* Werdersche G. eine *Amarelle*. G. sind vorwiegend für Verarbeitungszwecke bestimmt. Der Anbau im Marktobstbau erfolgt auf Vertragsbasis für die Verarbeitungsindustrie. Vereinzelt wird die G. auch von Selbstversorgern angebaut, sie ist als Kompott- und Belegfrucht beliebt. Für diesen Zweck hat sich bes. die Sorte *'Werdersche Glaskirsche'* bewährt.

Glaskuchen → Konservenkuchen

Glasnudel, *Cellophannudel:* Sammelbez. für traditionelle → Nudeln des ostasiatischen Raumes, wo sie in Form feiner, dünner, langer, durchsichtiger Fäden hergestellt und auch exportiert werden. Man unterscheidet sog. Fadennudeln aus Mungobohnenstärke (in Japan als *Harusame* oder *Harusane, in Thailand als Soeoen* bezeichnet), aus Buchweizenmehl (in Japan und China *Soba* genannt), aus Batatenstärke oder Konnyakumehl *(Shirataka)*, aus Reisbohnen (*Reisnudel, s. unter 1.), aus Reis (Reisnudel, s. unter 2.), aus Soja (Sojanudel*), aus Algen *(Seetangnudel*). → Stärkenudel → glutenfreie Teigwaren → Mohinga

Glasschmelz → Queller

Glasur, *Glasurmittel, Glasurmasse:* ein manuell gefertigtes oder von der Industrie vorbereitetes, fließfähiges (bei 35···43°C), haftfähiges, Glanz (→ Glanzmittel) und Aroma erzeugendes sowie zur Haltbarkeitsverlängerung dienendes → Überzugsmittel. Die G. wird verwendet a) in der Kaffee- und Kaffee-Ersatzmittel-Industrie (zur Stabilisierung [→ Stabilisierungsmittel] der Rieselfähigkeit und Aromaverbesserung) unter Verwendung von Harz, Wachs (z. B. Carnaubawachs) und Zucker, b) beim Polieren von Nährmitteln (Graupen, Reis, Erbsen) unter Verwendung von Talkum, c) in der Feinbackwarenherstellung Gebäckglasur, d) in der Süßwarenindustrie (z. B. bei Kaugummi, Fondants). In der Feinback- und Süßwarenindustrie unterscheidet man im wesentlichen vier Glasurgrundarten: → Wasserglasur, → Eiweißglasur, → Fettglasur und → Cremeglasur. Wesentliche Bestandteile von G. sind: Milchpulver, Zucker, Aromastoffe, Hartfett, Emulgatoren, Farbstoffe, Wachse, Harze. Der Vorgang des Auftragens oder Überziehens wird Glasieren genannt. → Schokoladenüberzugsmasse → Glace → Bananensirup

Glasurmittel → Dekormaterial

Glasweizen → Hartweizen

Glaszustand: fester, amorpher unperiodischer Zustand bei dem die Koordinationszahl verschieden hoch ist und keine Fernordnung vorliegt. Kristalline Bereiche besitzen nur eine begrenzte Größe. Bei der Phasenumwandlung erfolgen Übergänge z. B. von Sacchariden in dem glasartige Zustände auftreten (beim Einfrieren höher konzentriertem Speiseeis- mix). Amorphe, glasartige Bereiche der Proteine lagern zuerst Wasser ein.

Glattbutt → Plattfische

Glattdelikateßbrot → Schälbrot mit Lösekruste

Glattdick → Störe

Glatthai → Haifisch

Glattmelone → Zuckermelone

Glattrochen → Rochen

Glaubersalzwasser → Heilwasser

Glecóma hederácea → Gundermann

Gleitmittel, *Glättungsmittel:* Substanzen, die zur Erhöhung der Riesel- und zur Verbesserung der Dosierfähigkeit beitragen sowie häufig gleichzeitig zum Glasieren oder Polieren verwendet werden. Kartoffelstärke soll die besten Gleiteigenschaften haben und wird vorzugsweise bei der Backpulverherstellung, zugleich auch als → Trennmittel eingesetzt. Verpackungsmaterial für Süßwarenriegel enthalten als G. oder Trennmittel beträchtliche Anteile Mineralöl. Zucker wird z. B. zum Glasieren bei → Kaffee-Ersatzmitteln, zugleich zur Verbesserung des Aromas, und *Talkum* als Zusatz zu *Formpuder* in der Süßwarenindustrie oder als

Poliermittel bei Getreidenährmitteln eingesetzt. Bestimmte Kaugummisorten, z. B. Bubble gums, die sich von Haut und Haaren leicht entfernen lassen, enthalten Mineralöl und mikrokristalline Wachse. → Überzugsmittel → Silikate → Kaliumhexacyanoferrat(II) → Trägerstoff

Gliadin: ein zu den → Prolaminen gehörender wesentlicher Bestandteil von Weizen- und Roggenmehlen. Man unterscheidet: α-Gliadine, γ-Gliadine, ω-Gliadine (Kleberproteine). → Kleber

Gliedkraut → Labkraut, Echtes

Gliotoxin → Mykotoxine

Gliricídia sépium → Gliricidie

Gliricidie: der Baum *Gliricídia sépium* (Jacq.) Walp. (Familie *Fabáceae*), der im tropischen Amerika als Hecken- und Schattenbaum gepflanzt wird. Seine Blüten und Knospen werden gegessen, ihr Vitamin-C-Gehalt beträgt etwa 40,0 mg je 100 g.

Globicéphala meláena → Wal

Globulariacitrin → Flavonoide

Globuline: einfache Eiweiße, die in halbkonzentrierter Ammoniumsulfatlösung koagulieren und von → Albuminen auf diese Weise abzutrennen sind (Einteilung nach *Osborne*). Man teilt die G. nach ihrer elektrophoretischen Beweglichkeit in α-, β- und γ-Globuline ein. G. lösen sich in salzfreiem Wasser nicht, erst durch Zusatz geringer Mengen von Elektrolyten (Säuren, Basen, Salzen) lösen sie sich. Zu den G. zählen *Myosin, Actin* und *Tropomyosin* (Proteine der quergestreiften Muskulatur), *Fibrinogen* (im Blut), das bei der sehr kompliziert verlaufenden Blutgerinnung durch Einwirkung des Enzyms Thrombin in Fibrin übergeführt wird, und andere *Serumglobuline, Plasmaglobuline, Milchglobuline* (→ β-Lactoglobuline, Pseudoglobuline, Euglobulin), Eiglobulin (Ovoglobulin), Thyreoglobulin (in der Schilddrüse), *Edestin* (in Weizen, Mais, Hanfsamen), *Avenalin* (im Hafer), *Maysin* (im Mais), *Exzelsin* (in Ölsamen), *Phytovitellin* (in der Kokosnuß), *Juglansin* (in der Walnuß, *Corylin* (in der Haselnuß), *Amadin* (in der Mandel), *Phaseolin* (in Bohnen), *Legumin* und *Vicilin* (in Hülsenfrüchten) *Arachin* und *Conarachin* [*Konarachin*] (in der Erdnuß), *Glycinin* (in Sojabohnen), *Tuberin* (in der Kartoffel). Das letztere ist ein bes. hochwertiges G.. Die pflanzlichen G. sind die wichtigsten Reserveeiweißstoffe der Samen. Sie koagulieren wesentlich schwerer als die tierischen G. → Eiweiß

Globulol → Terpen-Alkohole

Glockenblume, wuchernde → Rapunzel, Echte

Glockenmorchel → *Mitróphora*

Glockenmorchel, Böhmische → *Vérpa*

'Gloster' → Apfel → Kernobst

Glucanasen: Sammelbegriff für → *Enzyme* (EC 3.2.1.59), die aus Glucose aufgebaute, jedoch im Bindungstyp von Stärke abweichende Polysaccharide spalten. Zu den G. zählt die *Laminarinase,* die das aus β-1,3(4)-Bindungen bestehende Laminarin, einem Bestandteil der Gerste, hydrolysiert. Ferner zählt die α-(1,6)-Bindungen des Dextrans lösende *Dextranase* dazu, die bes. von Bakterien gebildet wird. Die G. kommen oft gemeinsam mit Hemicellulasen bei Mikroorganismen vor und spielen bei dem Aufschluß von Getreiderohstoffen bes. in der Brauerei eine wichtige Rolle.

β-1,3-Glucane: aus D-Glucose aufgebaute → *mikrobielle Polysaccharide,* die von verschiedenen Pilzen (als Reservepolysaccharide) sowie Bakterien gebildet werden und als → Hydrokolloide eingesetzt werden können. Wichtige Vertreter sind *Scleroglucan* (von *Sclerótium spec.* gebildet) und *Curdlan* (von *Alcaligénes faecális var. myoxogénes 10 C 3* gebildet), die zur Gelbildung befähigt sind. Mit ihrem Einsatz ist in naher Zukunft zu rechnen. β-1,3-G. kommen auch in Pflanzen vor (z. B. → *Laminaran* in Algen). → Algenpolysaccharid

Glucitol, *Sorbit, Sorbitol,* D-*Glucit:* ein Hexit (Zukkeralkohol mit 6 Kohlenstoffatomen) weit verbreitet in Algenarten und höheren Pflanzen, bes. in den Früchten der Eberesche (*Sorbus*-Arten), in Äpfeln, Kirschen, Pflaumen vorkommend. G. stellt einen → *Zuckeraustauschstoff* dar und findet in Diabetikerlebensmitteln ausgedehnte Verwendung. Er wird im Dünndarm verhältnismäßig langsam resorbiert und vom Organismus insulinunabhängig unter Reduktion zu Fructose verwertet. Infolge der relativ langsamen Resorption gelangt G. teilw. in untere Darmabschnitte und wirkt dadurch etwas laxierend. Nach länger andauerndem Genuß tritt diese Wirkung wieder zurück. Die von Diabetikern verzehrte Tagesmenge soll 30 g nicht überschreiten. Höhere tägliche Dosen dürfen nur unter ärztlicher Kontrolle eingenommen werden. Die → Süßkraft des G. beträgt etwa 0,55. G. wird auch sehr vielseitig in der Lebensmittelproduktion, z. B. als Feucht- und Frischhaltemittel, bes. in Süßwaren und Backwaren, als Kohlenstoffquelle für Nährmedien zur enzymatischen Gewinnung z.B. von Fructose, zur Oberflächenbehandlung von Rosinen anstelle von Paraffin, zur Verbesserung der Haltbarkeit, als Bestandteil von Mischbackhilfsmitteln, zur Stabilisierung von Vitaminen und Aminosäuren während des Trocknens von Milch, verwendet. Verschiedentlich verbessert G. das Gefüge, das Aussehen und den Geschmack eines Erzeugnisses. G. wird durch Stärkeverzuckerung und anschließende katalytische Hydrierung der gebildeten Glucose gewonnen. → Zuckeralkohole

Glücksklee → Sauerklee, Eßbarer

Glucoamylase → Amylasen

Glucoberteroin → Senföle

Glucobrassicanapin → Senföle

Glucobrassicin → Senföle

Glucoerucin → Senföle

Glucogallin → Trihydroxycarbonsäuren, aromatische

Glucoiberin → Senföle

Glucoiberivin → Senföle

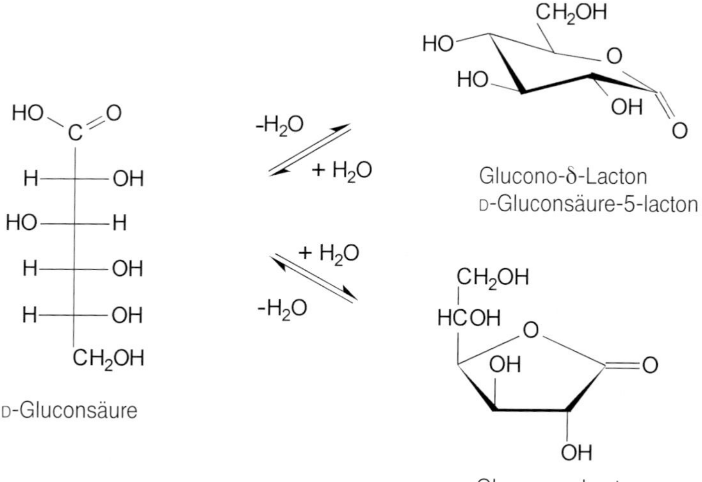

D-Gluconsäure

Glucono-δ-Lacton
D-Gluconsäure-5-lacton

Glucono-γ-Lacton
D-Gluconsäure-4-lacton

Glucoibervirin → Senföle

D-Glucomethylose → 6-Desoxyhexosen

Gluconapin → Senföle → Crotonylsenföl

Gluconapoleiferin → Senföle

Gluconasturtin → Senföle

Glucono-δ-Lacton: Zusatzstoff für Lebensmittel bei denen eine langsame Säuerung erwünscht ist z. B. Rohwurst, Milchprodukte.
G. wird durch Eindampfen einer Gluconsäurelösung bei 35–60 °C gewonnen (s. Formel S. 586).

Glucono-lactone → Aldonsäuren

Gluconsäure (574) → Aldonsäure → Glucono-δ-Lacton

Gluconsäurelactone → Aldonsäuren

Glucoprunasin → Amygdalin

Glucoputranjivin → Senföle

Glucopyranose → Saccharide

D-Glucopyranose-6-benzoat → Vacciniin

1-O-α-D-Glucopyranosyl-D-mannitdihydrat → Palatinit

1-O-α-D-Glucopyranosyl-D-sorbit → Palatinit

Glucoraphanin → Senföle

D-Glucosamin → Aminozucker

β-Glucosan → Zuckeranhydride

D-Glucosan-(1,4)-β-(1,6) → Zuckeranhydride

Glucose, *Dextrose, Traubenzucker:* als Monosaccharid, Derivat und Baustein hochmolekularer Polysaccharide in der belebten Natur wichtigstes und am weitesten verbreitetes Kohlenhydrat, (s. Struktur).

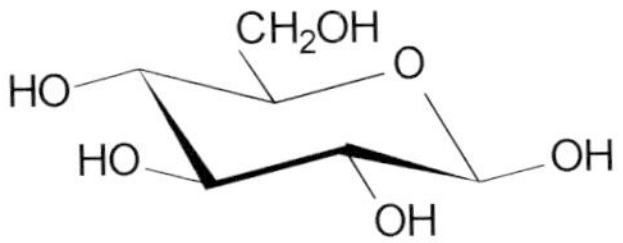

Im Pflanzenreich kommt G. frei in Früchten und Geweben, gebunden mit D-Fructose, (Saccharose) sowohl in Früchten und bes. im Saft von Zuckerrohr und Zuckerrübe als auch mit anderen Hexosen (Maltose, Raffinose) in Samen vor. G. ist fast alleiniger Baustein der Stärke sowie der Cellulose. Im tierischen Organismus ist G. Bestandteil des Blutes (*Blutzuckergehalt* beim Menschen 0,08 %), sie ist, gebunden mit β-D-Galactose (Milchzucker), das mengenmäßig wichtigste Kohlenhydrat der Milch und ist als Glycogen das Reservekohlenhydrat der Leber. Ferner ist G. in vielen → Glycosiden enthalten. Glucose-Monohydrat wirkt reduzierend und ist in Wasser leicht löslich. $[\alpha]_D$ + 52,5° (in H_2O). Wegen des Vorliegens eines asymmetrischen Kohlenstoffatoms gibt es eine D- und eine L-Form, von denen die D-Form bei weitem überwiegt. G. nimmt im Stoffwechsel der Kohlenhydrate eine zentrale Stellung ein, sie ist Ausgangspunkt für die *Glycolyse,* für die *alkoholische Gärung,* für die *Glucoseoxydation (Pentosephosphat-Zyklus*) und für den aeroben *Glucoseabbau (oxydative Decarboxylierung*). Das Monosaccharid Galactose wird auf enzymatischem Wege in G. übergeführt. Der Abbau von G. (s. Grafik S. 588) führt unter aeroben Bedingungen über das Acetyl-Coenzym A in den Citronensäurezyklus, unter anaeroben Bedingungen entweder nur zu Milchsäure (Glycolyse) oder bei Mikroorganismen (z. B. Hefe) zur Bildung von Ethanol (Gärung). Bei der vollständigen Oxydation der Glucose über den Citronensäurezyklus (→ Citronensäure) werden 2870 kJ (686 kcal/mol = 180,15 g) freigesetzt, von denen 1238 kJ (296 kcal) in 38 mol ATP (Adenosintriphosphat) gespeichert werden (43 %). Für die Gewinnung der G. (Bild) dienen als Rohstoff

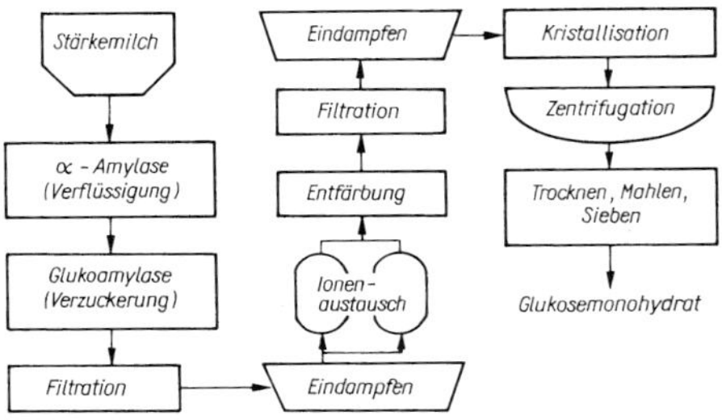

Schema der Glucoseherstellung mit Enzymen

Glucoseabbau
(die wichtigsten Metabolite)

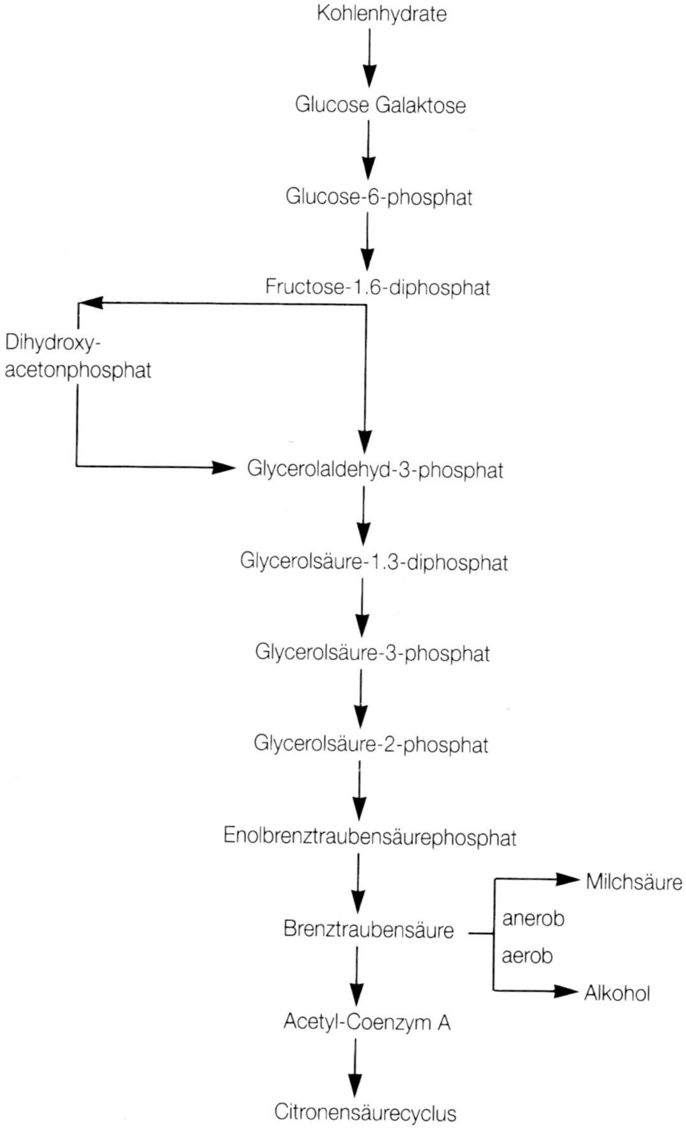

Stärke aus Mais, Kartoffeln, Süßkartoffeln, und Weizen, seltener Cellulose (*Holzverzuckerung*). Die *Stärkeverzuckerung* erfolgte früher mit Säure, meist mit Salzsäure, gegenwärtig jedoch auf enzymatischem Wege in einem zweistufigen Prozeß, zuerst mit α-Amylase (→ Amylasen) und danach mit Glucoamylase, neuerdings unter Zusatz von → Pullulanase, sie erfolgt häufig noch in einem Prozeß, der aus einer Vorhydrolyse mit Säure und einer Verzuckerung mit Glucoamylase besteht. Die dabei ablaufenden Reaktionen bestehen hauptsächlich aus der unter Wasseraufnahme erfolgenden Spaltung der α-1,4-gebundenen Ketten und der α-1,6-glucosidischen Verzweigungen des Stärkemoleküls.

Die G. wird in kristalliner Form als Monohydrat gewonnen. Sie zählt zu denjenigen Lebensmitteln, die vom Organismus ohne vorausgehende Spaltung resorbiert werden und in sehr reiner Form als Lebensmittel dienen; allerdings enthält sie nicht die zum Zuckerstoffwechsel wichtigen Vitamine (z. B. Vitamin B_1). G. hat einen süßen Geschmack und in 10 %iger Lösung eine → Süßkraft von etwa 0,69. 100 g G. entsprechen etwa 1560 kJ (373 kcal). G. dient als Nähr- und Kräftigungsmittel, sie wird in Form von Tabletten und Komprimaten, als Zusatz zu Kindernahrungen und Süßwaren (Schokolade mit Traubenzucker), als Infusionslösung zur parenteralen Ernährung verwendet. In geringerem Umfang wird sie anderen Lebensmitteln (Zuckerung von Most und Wein) zugesetzt. Für die Zuckerung von Likör und Dessertwein dient bes. Glucosesirup, der zusätzlich im Süßwarensektor verbreitet Anwendung findet (Hart-, Weichkaramellen). G. bildet auch das Ausgangsprodukt für das Diabetikersüßungsmittel → Glucitol (Sorbit), für → Vitamin C, für → Isomeratzucker und für technische Produkte (Polyurethanschaumstoff). → Saccharide → Trisaccharide

D-Glucose-6-benzoat → Vaccinin

D-Glucose-ellagsäureester → Zuckerester

Glucose-Fructose-Sirup, *Dextrose-Lävulose-Sirup:* ein aus Stärke, insbes. Maisstärke, durch enzymatische Hydrolyse und Isomerisierung hergestelltes neues Süßungsmittel, das etwa zu gleichen Teilen aus Glucose und Fructose besteht und mit → Invertzucker vergleichbar ist. Der G. hat ein gutes Süßungsvermögen und wird anstelle von → Zuckerrübensirup und → Stärkesirup in der Getränke-, Konservenindustrie und für Backwaren eingesetzt. → Isomeratzucker

D-Glucose-gallussäureester → Zuckerester

Glucose-Isomerase: → *Enzym* (EC 5.3.1.18), das Glucose in Fructose überführt. Obwohl die Isomerisierung nicht über einen Fructosegehalt von 50 % hinausgeht, werden durch gezielte Veränderungen der Gleichgewichtslage zugunsten der Fructose wesentlich höhere Fructosegehalte erreicht. Die G. ist aus Mikroorganismen [*Bacíllus megatérium* de Bary, *Lactobacíllus Brévis* (Orla-Jens) Bergey et al.] isoliert und charakterisiert worden. Optimale Bedingungen liegen zwischen 35°C und 60°C im neutralen bis schwach alkalischen Bereich vor. Mit trägerfixierter G. wird → Isomeratzucker aus Stärke über Glucose industriell hergestellt und in der Getränke, Backwaren und Obst verarbeitenden Industrie angewendet.

Glucoseoxydase: → *Enzym* (EC 1.1.3.4.56), das nur *Glucose* unter Verbrauch von Luftsauerstoff zu *Gluconsäure* oxydiert. Die G. wird vor allem von Mikroorganismen, z. B. *Penicíllium notátum,* biosynthetisiert. Sie enthält als eine Wirkgruppe Flavin-Adenin-Dinucleotid, weist eine Molmasse von 150 000 g/mol auf und ist gegenüber Temperaturen oberhalb 50°C empfindlich. Die G. wird industriell hergestellt und zur Entfernung von Glucose aus Trockenvollei, Trockeneigelb und Trockeneiklar, in begrenztem Maße auch aus Wein, verwendet und dient gelegentlich auch als Sauerstoffentferner bei der Lagerung von Eiern im Kühlhaus. In der klinischen Diagnostik basiert ein analytisches Verfahren als Nachweis des Blutzuckergehaltes auf G.

Glucose-1-phosphat → Glycogen

Glucose-6-phosphat → Glucose → Zuckerester → Glycogen

Glucosesirup → Stärkesirup

α-Glucosidase → Maltase

β-1,4-Glucosidase → Cellulasen

Glucoside → Glycoside

1,2-Glucosido-fructose → Saccharose

1,4-Glucosido-glucose → Maltose

Glucosinolate → Senföle

3-[β-D-Glucosyl]-4-amino-2,5,6-trihydroxypyrimidin → Convizin

β-D-Glucosylazomethan → Cycasin

β-D-Glucosyl-D-mandelsäurenitril → Glycoside, cyanogene

3F-α-D-Glucosyl-saccharose → Trisaccharide

6G-β-D-Glucosyl-saccharose → Trisaccharide

Glucotropaeolin → Senföle

Glucovanillin, *Vanillosid:* eine zur Gruppe der Phenolglycoside gehörende Verbindung von Vanillin mit D-Glucose (s. Formel).

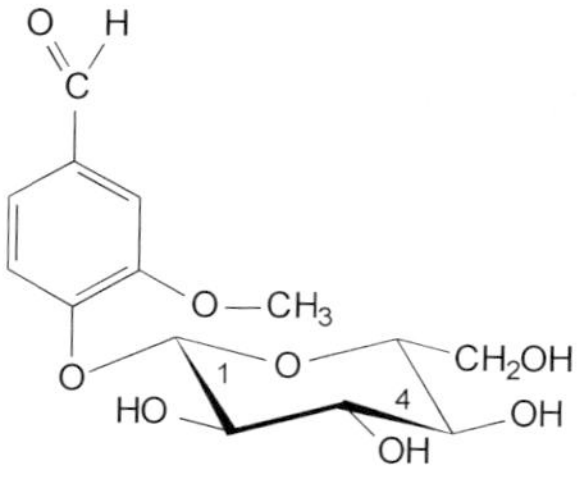

β-D-Glucose

Das G. ist der Aromaträger der Vanilleschote. Es kommt vergesellschaftet mit *Glucovanillylalkohol (Vanillolosid)* vor, dessen Aglykon *Vanillylalkohol* (4-Oxy-3-methoxy-benzylalkohol) ist. G. wurde auch in der Haut des Haferkorns nachgewiesen. Es kristallisiert in Nadeln aus verdünntem Ethanol, F. 188···192°C, $[\alpha]_D$ -88,63° (in H_2O). → Glycoside

Glucovanillylalkohol → Glucovanillin

Glucuronsäure → Kombuchá→ Uronsäuren → Saccharide

Glühwein: ein → alkoholisches Heißgetränk, das aus Rotwein, Fruchtwein, Gewürzen und Zucker bereitet wird.

Glutamat (621 - 623 und 625) → Natriumglutamat

L-Glutamin → Aminosäuren

Glutaminsäure, (620) α-Amino-glutarsäure, 2-Amino-glutarsäure: eine Amino-dicarbonsäure, die in fast allen Eiweißstoffen unserer Lebensmittel vorkommt und vom menschlichen Organismus zur Körpereiweißsynthese verwendet wird. Die L-Form der G. ist bes. reichlich in den → Glutelinen der Getreidearten, im Eiweiß von Soja, Melasse, Spargel, im Fibrin, Keratin und → Casein vorhanden. Beispielsweise enthalten Casein 23,6 %, Pepsin 19,8 %, Fleischeiweiß 14,6 % und Weizenglutenin 35,7 % G.. Auch in der Leber von Schlachttieren sind Glutaminsäuremengen zw. 70 und 180 mg/100 g roher Leber vorhanden. Die (DL)-Form des G. wird großtechnisch mittels Strecker-Synthese mit β-Cyanonpropionaldehyd gewonnen. Das dabei entstehende α-Aminoglutardinitril wird durch alkalische Hydrolyse in (DL)-Natriumglutamat überführt. Durch Ansäuern mit Schwefelsäure erhält man die (DL)-G. Die Racematspaltung in die D- und L-Form gelingt durch spontane Kristallisation . Daneben hat auch die biotechnologische Gewinnung der L-G. mit Hilfe von *Corynebacterium glutamicus* Bedeutung. Über 90 % der produzierten L-G. werden in Form ihres Mononatriumsalzes, dem Natriumglutamat, in der Lebensmittelindustrie als → Geschmacksverstärker vor allem für die industrielle Herstellung von Suppen, Fleisch-, Fisch- und Gemüsekonserven sowie von Würzen eingesetzt. Im Stoffwechsel ist die G. maßgeblich- an den Transaminierungsreaktionen beteiligt. Sie ist aber keine essentielle Aminosäure. G. wird therapeutisch u. a. zur Behandlung von Erschöpfungszuständen, Neurosen, vegetative Dystonien, Hyperammonämie, Konzentrationsschwäche und Muskelerkrankungen eingesetzt. G. bildet farblose Kristalle, Molmasse 147,13 g/mol, F. der L-G. 247···249 °C (Zers.). In Wasser ist G. wenig, in Ethanol schwer, in Ether, Aceton und Eisessig unlöslich. → Aminosäuren

Glutaminsäureethylamid → Säureamide

Glutaminsäure-hydrazid → Stoffe, Lathyrismus auslösende

L-Glutaminsäure-γ-(p-hydroxyanilid) → Aminosäuren

β-(γ-**L-Glutamyl)-aminopropionitril** → Stoffe, Lathyrismus auslösende

γ-**L-Glutamyl-S-allyl-L-cystein** → Peptide

γ-**L-Glutamyl-S-(β-carboxypropyl)-L-cysteinylglycin** → Peptide

γ-**Glutamyl-β-cyanoalanin** → Stoffe, Lathyrismus auslösende

N'-(γ-L(+)-Glutamyl)-p-hydroxymethylphenylhydrazin → Hydrazine

β-**N-[γ-L(+)-Glutamyl]-p-hxdroxy-methylphenylhydrazin** → Agaritin

γ-**L-Glutamyl-L-isoleucin** → Peptide

γ-**L-Glutamyl-L-leucin** → Peptide

γ-**L-Glutamyl-L-methionin** → Peptide

γ-**L-Glutamyl-S-methyl-L-cystein** → Peptide

γ-**L-Glutamyl-S-methyl-L-cysteinsulfoxid** → Peptide

γ-**L-Glutamyl-L-phenylalanin** → Peptide

γ-**L-Glutamyl-S-(prop-1-enyl)-L-cysteinsulfoxid** → Peptide

γ-**L-Glutamyl-L-valin** → Peptide

Glutarsäure, *Pentandisäure:* eine gesättigte Dicarbonsäure mit der Formel HOOC-$(CH_2)_3$-COOH. Beim biologischen Ab- und Aufbau von Lysin zu α-Ketoglutarsäure bzw. umgekehrt entsteht als Stoffwechselzwischenprodukt G.. Sie wurde im Saft unreifer Zuckerrüben und im Zigarettenrauch nachgewiesen. → Aminosäuren

Glutathion → Peptide

Glutathionperoxydase → Selen

Gluteline: einfache, zur Gruppe der Sphäroproteide zählende Eiweißstoffe, die vor allem Glutaminsäure und Prolin enthalten. Sie sind weder in Ethanol noch in Wasser oder Neutralsalzlösungen, dagegen in verdünnter Essigsäure löslich. Zusammen mit den Prolaminen bilden die G. die Haupteiweißstoffe (Kleberproteine) der Getreidesamen. Das *Weizenglutenin* enthält 35,7 % Glutaminsäure und 9,3 % Prolin, das *Gerstenglutelin* 35,5 % Glutaminsäure und 12,5 % Prolin. Zu den G. gehören auch das *Orycenin* des Reises und das *Avenin* des Hafers. → Kleber → Eiweiß

Gluten → Kleber

Glutenin → Kleber

Glutinosastärke → Wachsstärke → Getreidestärke

Glycämischer Index: Kennwert zur Charakterisierung der Glucoseverfügbarkeit eines Lebensmittels nach Verdauung und Resorption. Der G. I. eines Lebensmittels bewertet Geschwindigkeit, Höhe und Dauer des Blutglucosespiegels nach Aufnahme eines Lebensmittels bzw. einer Mahlzeit. Basis ist der Gesamtkohlenhydratgehalt. Die Vergleichsgröße ist die äquivalente Menge Glucose = 100 %. Der G. I. ist eine zeitabhängige Größe, die i. allg. vom Blutglucosewert im nüchternen Zustand ausgeht und mehrere Messungen innerhalb von 120 min nach der Kohlenhydrataufnahme voraussetzt. Sie errechnet sich gemäß:
GI = Fläche unter der 120 min Blutglucosekurve (Testnahrung) x 100 dividiert durch die Fläche unter der 120min Blutglucosekurve (Glucose).
Die G. I. Werte einiger Lebensmittel zeigen Unterschiede und ermöglichen eine über die Kohlenhydrat- bzw. Broteinheit hinausgehende Beurteilung eines Lebenmittels. Der G. I. ist bes. für die Ernährung von Diabetikern von Bedeutung.

Glycéria flúitans → Mannagras

Glyceride: die zu den einfachen → Lipoiden zählenden Fettsäureester des Glycerols. Der dreiwertige Alkohol → *Glycerol (Glycerin)* kann mit ein, zwei oder drei → *Fettsäuren* verestert sein; dementsprechend unterscheidet man → *Mono-, Di-* und *Triglyceride.*

Glycerinacetate: Essigsäureester des Glycerols, die als → Trägerlösemittel zur Einarbeitung von Aromen in Kaugummi dienen.

Glycerinaldehyd (veraltet) → Aldehyde

Glycerin-α-monochlorhydrin → Monochlorpropandiol

Glycerol, *Glycerin, Propan-1,2,3-triol:* ein dreiwertiger Alkohol der Formel

$$\begin{array}{l} H_2C-OH \\ \quad | \\ HC-OH \\ \quad | \\ H_2C-OH \end{array}$$

G. ist ein Bestandteil aller Fette und Öle. Es ist eine ölige, süß schmeckende, wasserklare und stark hygroskopische Flüssigkeit, F. 17°C, Kp. 290°C, ist löslich in Wasser, Ethanol und Aceton, unlöslich in Diethylether, Benzen, Chloroform. Beim Erhitzen mit Kaliumhydrogensulfat entsteht Acrolein. Im menschlichen Organismus wird es über Glycerin-1-phosphat verwertet; es dient in dieser Form entweder zur Synthese von Fetten und Phosphatiden, von Glucose bzw. Glycogen, von Serin oder zur Energieerzeugung. G. wird technisch gewonnen durch Chlorierung von Propylen und anschließende Hydrolyse, durch Spaltung von Fetten (z. B. bei der Seifenerzeugung aus Unterlauge) oder als Nebenprodukt bei der alkoholischen Gärung. Verwendet wird G. in der Pharmazie zur Herstellung von Salben, Zahnkrems und Kosmetika und zur Feuchthaltung verschiedener Nahrungs- und Genußmittel (z. B. Tabak).

Glycerolabietate: Glyceride (Glycerolester) der *Abietinsäure,* eines tricyclischen Diterpens. *G.* werden zur Stabilisierung ätherischer Öle in Fruchtsaftgetränken eingesetzt.

Glycerolaldehyde → Aldehyde → Saccharide

Glycerolaldehyd-3-phosphat → Glucose

Glycerolester-Hydrolasen → Lipasen

Glycerolsäurephosphat → Glucose

Glycerophosphate: Salze der Glycerinphosphorsäure. In Form der Natrium-, Kalium-, Calcium- und Eisensalze zur Mineralstoffzufuhr bei diätischen Lebensmitteln und bilanzierten Diäten.

Glycidsäure, *Ethylenoxidcarbonsäure, Oxidopropionsäure:* eine vom Ethylenoxid abgeleitete Carbonsäure (s. Formel unten).
Die freie Säure ist flüssig und reagiert stark sauer. G. ist in allen Verhältnissen mit Wasser, Ethanol und Ether mischbar. Ester der G. finden für Erdbeeraromen Anwendung.

Glycin → Aminosäuren

Glycinbetain → Betaine

Glycíne ápios → Erdbirne

Glycine max → Sojabohne

Glycinhydrazid → Stoffe, Lathyrismus auslösende

Glycinin → Globuline

Glycocholsäure → Gallensäuren

Glycocoll → Aminosäuren

Glycocollbetain → Betaine → Trimethylamin-N-oxid

Glycocyamin → Guanidinbasen

Glycogen: Polysaccharid aus Glucose, in dessen Hauptkette längerkettige Verzweigungen auftreten und das in tierischen Zellen als Glucosespeicher einen Energievorrat darstellt. Es wird vor allem in der Leber sowie in der Muskulatur (0,5···2 %) abgelagert. Der Gehalt der Leber kann in Abhängigkeit von Kohlenhydratzufuhr oder Hunger 10 % der Organmasse übersteigen oder unter 0,1 % absinken. Der Glycogenabbau erfolgt durch Phosphorylasen unter Bildung von Glucose-1-phosphat, das in Glucose-6-phosphat

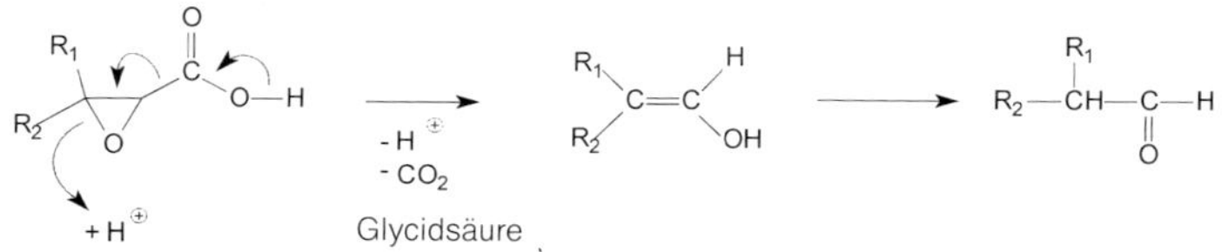

Glycidsäure

umgewandelt wird und über eine Kette von Zwischenprodukten (Glucoseabbau) oxydiert wird. Umgekehrt wird das G. aus Glucose-6-phosphat über das Glucose-1-phosphat unter Bereitstellung von Energie durch Uridintriphosphat (UTP) synthetisiert.

Glycol → Alkohole → Polyalkohole

Glycolipide: kohlenhydrathaltige Lipoide. Neben den → *Saccharolipoiden* (Ganglioside, Cerebroside, Sulfolipoide) umfassen die G. noch Lipoide, die einerseits mehr als einen glycosidisch gebundenen Hexoserest im Molekül aufweisen und andererseits neuraminsäurefrei sind. Diese kommen z. B. in der Milz und in der farblosen Grundmasse der Erythrozyten (Stroma) der Säugetiere vor. Ferner sind Polysaccharid enthaltende Lipoide *(Lipopolysaccharide)* als Träger von Neuraminsäure und verwandter Verbindungen bekannt.

Glycolsäure, *Ethanolsäure, Hydroxyessigsäure:* die einfachste Hydroxysäure mit der Formel CH_2OH-COOH. G. findet sich weit verbreitet im Pflanzenreich, z. B. in Fruchtsäften, unreifen Weintrauben, Äpfeln, Birnen, Zuckerrohrsaft und der Grünalge Chlorella. Man nimmt an, daß die G. gemeinsam mit der *Glyoxylsäure* eine Rolle als Zwischenprodukt bei der Biogenese der Oxalsäure aus Essigsäure spielt. Sie tritt bes. in der ersten Wachstumsperiode in den Pflanzen in höheren Konzentrationen auf. G. kristallisiert in zerfließlichen, leicht zersetzlichen, farblosen Nadeln, F. 80 °C.

Glyconsäuren → Aldonsäuren

Glycoproteide, *Eiweißzucker, Mucoproteide*: zusammengesetztes, neben dem Proteinanteil einen beachtlichen Anteil an Kohlenhydraten (bis zu 20 %) enthaltende Eiweiße, stark hydrophile Proteide, die im Gegensatz zu Albuminen und Globulinen durch 10%ige Trichloressigsäure nicht fällbar sind. An Kohlenhydraten wurden in G. Galactose, Mannose, Fucose, N-Acetylglucosamin, N-Acetylgalactosamin, Galacturonsäure, Mannuronsäure, Neuraminsäure gefunden. Man unterscheidet zwischen den hauptsächlich neutrale Polysaccharide enthaltenden G. und den *Mucoiden, die vor allem aminozuckerreiche* → Mucopolysaccharide enthalten. Zu den ersteren gehören *Ovalbumin, Thyreoglobulin, Prothrombin, Thrombin* und alle Serumproteine außer Albumin. Mucoide kommen in Sekreten der Schleimhäute, im Glaskörper des Auges, im Eiklar (Ovomucoid), Blutserum (Blutgruppensubstanzen), Knorpel (*Chondromucoid), Knochen (Osseomucoid)* und Haut *(Coriomucoid*) vor, wo ihnen neben ihrer Wirkung als Schutz- und Gleitstoff differenzierte Funktionen zukommen. Unter den Lebensmitteln sind Eier und Blut und Erzeugnisse aus diesen Träger von G.. → Eiweiß

Glycoproteine → Casein → ϰ-Casein → Kollagen → Ovalbumin → Ovomucoid → Phosvitin

Glycosidasen → Saccharide

Glycoside: Gruppe organischer Verbindungen, bei denen Mono- oder Disaccharide glycosidisch mit Hydroxylgruppen anderer Saccharide, Alkohole oder Phenole oder mit primären und sekundären Aminen oder mit Mercaptanen unter Abspaltung von Wasser verbunden sind. Je nach dem verbindenden Element zw. Zucker und nichtzuckerhaltigem Bestandteil dem *Alykon* oder *Genin,* unterscheidet man *O-Glycoside, N-Glycoside* bzw. *Thio-Glycoside (Glycosyl-mercapto-Verbindungen* → Senfölglycoside). Man unterscheidet noch zwischen *Heterosiden* für glycosidisch gebundene Zucker-Aglykonverbindungen und *Holosiden,* Verbindungen, die nur aus Zucker aufgebaut sind wie *Oligosaccharide* und *Polysaccharide.*

Die G. sind Acetale der → *Saccharide* (Zucker) und werden je nach Ringform als *Pyranoside* (1,5-Ringstruktur), *Furanoside* (1,4-Ringstruktur) oder *Septanoside* (1,6-Ringstruktur) bezeichnet. Durch diese Ringstruktur der Zuckerkomponente ist das an der Glycosidbildung beteiligte Kohlenstoffatom C_1 asymmetrisch. Die beiden diastereomeren G. werden als α- und β-Glycosid bezeichnet. Sie unterscheiden sich durch die unterschiedlichen Drehwerte und verschiedene chemische Eigenschaften. Für ihre Zuordnung gelten, unabhängig von der absoluten Konfiguration, Größe und Richtung der Drehwerte. In der D-Reihe wird bei den freien Zuckern das am stärksten in positiver Richtung drehende G. als β-Form, in der L-Reihe das am stärksten negativ drehende als α-Form bezeichnet. Die G. zeigen keine Mutarotation. Der Name des G. wird durch Anhängen der Silbe „-osid" an den des Zuckers gebildet. Man unterscheidet demzufolge z. B. *Glucoside, Fructoside, Galactoside, Arabinoside* usw. Di- Oligo- und Polysaccharide muß man auf Grund ihrer Struktur zu den G. rechnen. Das Aglykon wird vom G. durch Einfügen der Silben „di" oder „ge" unterschieden (Hirsutin → *Hirsutidin, Apiin* → Apigenin). Die weitaus größere Zahl der G. leitet sich von der D-Glucose ab (→ 6-Benzoyl-D-*glucose).* Galactoside und *Mannoside* findet man überwiegend in Algenarten, Fructoside unter den Saponinen, D-Ribose bzw. 2-Desoxy-D-ribose in den Nucleosiden. G. sind in der Natur weit verbreitet. Ihre biologische Bedeutung liegt darin, daß das Aglykon durch die Glycosidverbindungen an ein Saccharid wasserlöslich wird. Die meisten natürlichen G. liegen in der β-Form vor. Wichtige tierische G. sind die → *Cerebroside, Cerebrosulfatide,* → Ganglioside und die Nucleoside (→ Nucleotide), die auch im Pflanzenreich verbreitet vorkommen. Die pflanzlichen O-Glycoside unterteilt man entsprechend der chemischen Natur ihrer Aglykone in a) → *Alkoholglycoside, b)* → Phenolglycoside, c) Cumaringlycoside, d) γ-Benzopyranglycoside (Flavon-, Flavonol- und Flavononglycoside), → Flavonoide, e*)* → Anthocyane, f) *Lignanglycoside,* g) *Anthra-* und *Dianthronglycoside,* h) → Saponine, i) *herzaktive Glycoside,* k) *Solanum-* und *Veratrumglycoside (*→ Solanin) und l) → cyanogene Glycoside. → Saccharide

Glycoside, cyanogene, *Nitriloside, antineoplastisches Vitamin B $_{17}$ (umstritten):* zu den O-Glycosiden gehörige Verbindungsgruppe, bei der das Aglykon über die Hydroxygruppe eines Cyanhydrins mit der lactolischen Hydroxylgruppe des betr. Zuckers verknüpft ist. Der Genuß von bitteren Mandeln führte im mitteleuropäischen Raum schon oft beim Menschen (bevorzugt solchen mit herabgesetzter Geschmacksempfindung) zu Vergiftungen mit z. T. tödlichem Ausgang. Vergiftungssymtome sind: Schwachsichtigkeit (Amlyopie), Degeneration des Sehnervs und Leberzirrhose. Den c. G. werden, in geringen, regelmäßig mit der Nahrung aufgenommenen Mengen vorbeugende Wirkung gegen bösartige Geschwülste nachgesagt. In Lebensmitteln vorkommende c. G. (s. Übersicht S. 595/596).
Die glycosidreichsten Vegetabilien s. Übersicht.

Glycosidreichste Vegetabilien und ihr Gehalt an cyanogenen Glycosiden, berechnet auf Blausäure

Pflanze	Blausäuregehalt in mg je 100 g
Bittermandel	250
Bitter-Kassave (*Mánihot esculénta* Crantz)	
getrocknete Wurzelrinde	245
Stengel	113
ganze Wurzel	55
Sorghum	
ganze Pflanze, unreif	250
Bambus	
Spitzen der unreifen Schößlinge	800
Stamm unreif	300
Limabohne (*Phaséolus lunátus* L.)	
Java, bunt	312
Puerto Rico, schwarz	300
Burma, weiß	210
Arizona, bunt	17
America, weiß	10

Die folgenden eßbaren Pflanzen enthalten geringere Mengen an c. G.: Batate, Yamswurzel, Mais, Hirse, Hafer, Zuckerrohr, Gartenerbsen (*Pisum satívum* L.), verschiedene Unterarten von *Vígna sinénsis, z. B. Augenbohne, ssp. sinénsis, und Lótus arábicus* L. C. G. sind in rund 1500 Pflanzenarten nachgewiesen. → Glycoside

Glycosylamine → Aldose-N-glycoside

In Lebensmitteln vorkommende cyanogene Glycoside (aus Rosaceen und Leguminosen)

Glycosid	Aglykon	Zucker	Formel	Vorkommen
→ *Amygdalin, (β-D-Gentiobiosyl-D-Mandelsäurenitril, D-Mandelnitril-β-Gentiobiosid)*	D-*Mandelsäurenitril*	Gentiobiose (1 Mol)	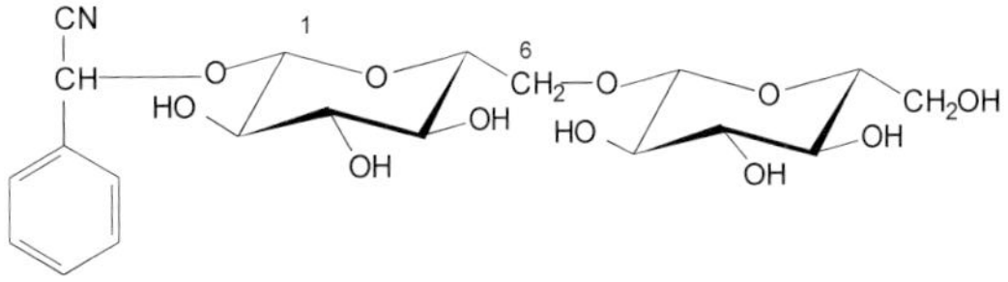	Bittere Mandel, Steinobstkerne
Prunasin, (β-D-Glucosyl-D-Mandelsäurenitril, D-Mandelnitril-D-glucosid)	D-*Mandelsäurenitril*	D-Glucose (1 Mol)	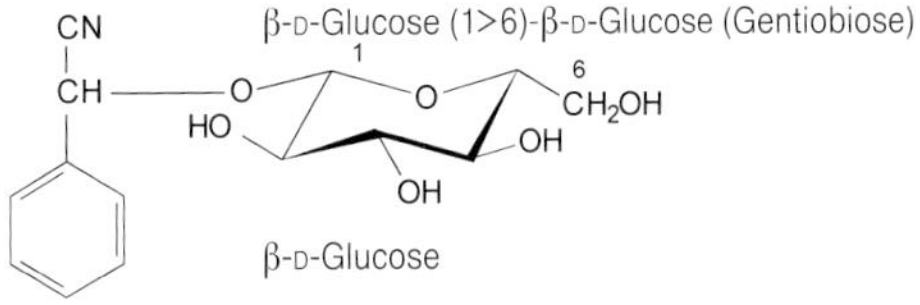	*Prunus*-Arten
Sambunigrin, L-Mandelnitril-D-glucosid, L-Amygdonitrilglucosid)	L-*Mandelsäurenitril*	D-Glucose (1 Mol)	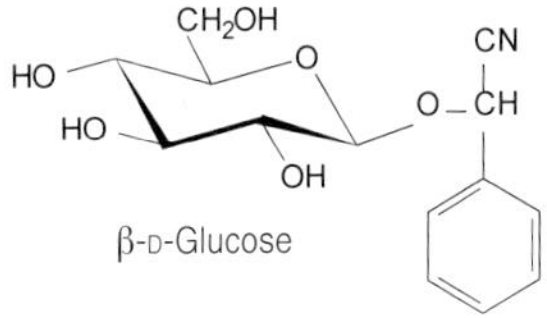	Holunderbeeren
Dhurrian	*p-Hydroxybenzaldehydcyanhydrin*	Gentiobiose (1 Mol)	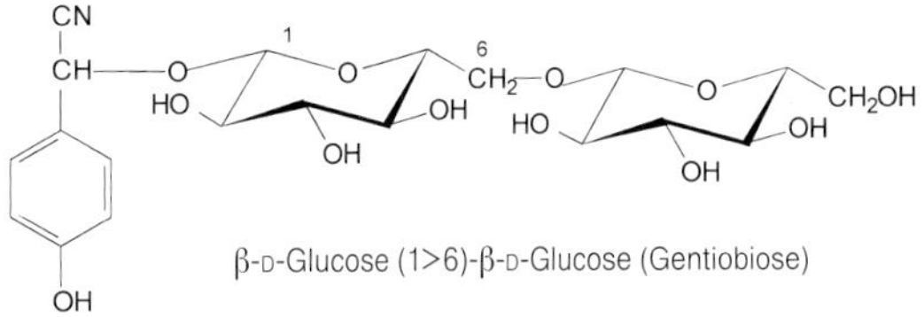	Durra *(Sórghum dúrra* (Forsk.) Stapf) u.a. Sórghum-Arten

In Lebensmitteln vorkommende cyanogene Glycoside (aus Rosaceen und Leguminosen) (Forts.)

Glycosid	Aglykon	Zucker	Formel	Vorkommen
Linamarin (Acetoncyanhydrin-glucosid, Manihotoxin, Maniokglycosid, Phaseolunatin)	*Acetoncyanhydrin*	D-Glucose (1 Mol)	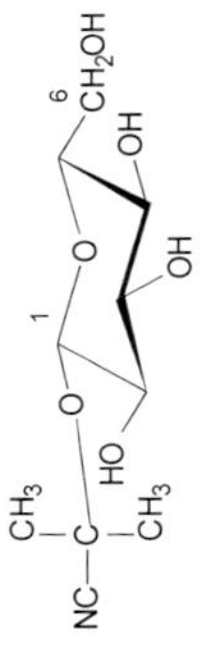	Bitterstoff der Maniokknolle (*Mánihot esculénta* Crantz und *M. palmáta* Muell.), bes. im äußeren Teil der Wurzel, Lima- oder Mondbohne (*Phaséolus lunátus* L.), Leinsamen, Hafer
Taxiphyllin	*p-Hydroxybenzaldehydcyanhydrin*	D-Glucose (1 Mol)	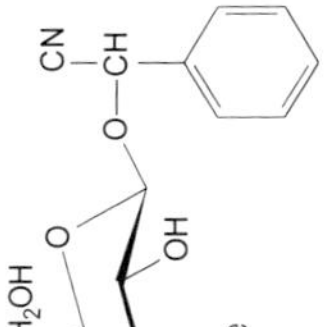 β-D-Glucose	Bitterstoff der Bambusschößlinge (*Dendrocálamus latiflórus* Munro u. *Bambúsa* Schreb. spec.)

Glycosyl-mercapto-Verbindungen → Glycoside

Glycuronsäuren → Uronsäuren

Glycyrrhetinsäure → Glycyrrhizin → Saponine

Glycyrrhíza echináta → Süßholz

Glycyrrhíza glábra → Süßholz

Glycyrrhíza lepidóha → Süßholz

Glycyrrhíza uralénsis → Süßholz

Glycyrrhizin: Süßungsmittel pflanzlicher Herkunft. Vorkommen als gemischtes Calcium- und Kaliumsalz der Glycyrrhizinsäure in den Wurzeln der Süßholzpflanze (*Glycyrrhíza glábra* L., Familie *Fabáceae*) in Asien und Südeuropa. *Glycyrrhizinsäure* ist chemisch ein Glycosid aus Glycyrrhetinsäure, einem Triterpen vom β-Amysintyp und zwei β-1,2-glycosidisch verknüpften Glucuronsäuren (Formel S. 597 oben).
Handelsüblich ist das Ammoniumsalz. Es neigt in wäßrigen Lösungen zur Hydrolyse. *Ammoniumglycyrrhinat* ist oberhalb *p*H 4,5 gut wasserlöslich. Neben der Süße hat es einen nachhaltigen Lakritzgeschmack. Die → Süßkraft beträgt etwa 50. Einsatzgebiete sind Tabak und Tabakwaren sowie bestimmte Getränke und Süßwaren. Die Glycyrrhizinsäure wirkt ähnlich wie Aldosterin, einem Hormon der Nebennierenrinde, hält Natrium und Wasser im Körper zurück und scheidet vermehrt Kalium aus, in dessen Folge kann Bluthochdruck entstehen. Auch Herz-Rhythmus-Störungen wurden registriert. Andererseits fördert G. die Aufnahme von Fluor, was sich günstig auf die Härte des Zahnschmelzes auswirkt. → Saponine → Süßholzsaft → Lakritz → Lakritzenzuckerware

Glycyrrhizinsäure → Glycyrrhizin → Saponine

Glyoxylsäure → Oxocarbonsäuren → Glycolsäure

Glyzerin (Glycerin) → Glycerol

Gnétum gnémon → Genemo

Goa → Arrak

Goabohne, *Spargelbohne, Manilabohne, Flügelbohne, Prinzeßbohne:* die ausdauernde, aber ein-

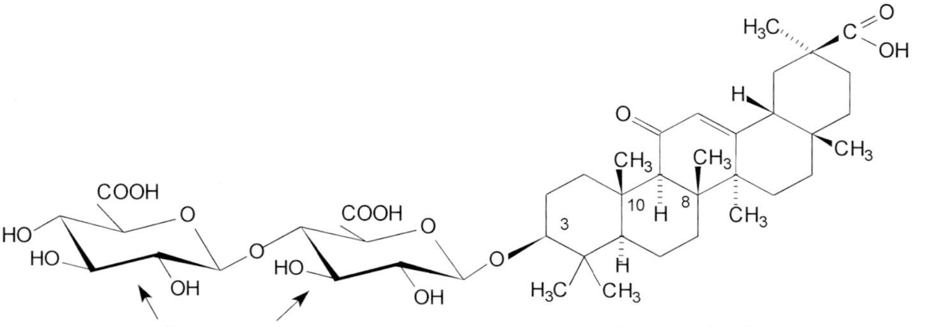

D-Gluconsäure Glycyrrhetinsäure

jährige kultivierte Pflanze *Psophocárpus tetragonólobus* (L.) DC (Familie *Fabáceae*), die vorwiegend im tropischen Asien angebaut wird. Die bis zu 30 cm langen Hülsen tragen 4 unregelmäßig gekerbte Flügel. Die unreifen Hülsen werden ähnlich der Gartenbohne zubereitet. In einigen Gebieten werden die knolligen Wurzeln roh oder gekocht verzehrt (Burma). Junge Blätter, Sprosse und Blüten werden als Gemüse gegessen. Auf Djawa werden die reifen Samen geröstet. Im tropischen Afrika werden die jungen Hülsen von *P. palústris* Desv. sowie örtlich auch die rübenförmigen Wurzeln gegessen.

Gofio: eine auf den Kanarischen Inseln allg. verbreitete Getreidezubereitung, bei der die Körner in eisernen Pfannen geröstet und danach frisch vermahlen in verschiedenartigen Mischungen (z.B. 1 Teil Mais und 4 Teile Weizen) verwendet werden. → Brei.

Gogo: die Liane *Salácia laevigáta* DC. (Familie *Hippocrateáceae*), die im Amazonas und Orinoko-Gebiet vorkommt. Das Fruchtfleisch der orangefarbigen Beeren (6 cm Durchm.) wird roh verzehrt oder zur Bereitung von Marmeladen verwendet.

L-Goitrin, L-5-*Vinyl-oxazolidon-2-thion,* L-5-*Vinyl-2-thiooxazolidom:* kropferzeugende Verbindung s. Struktur.

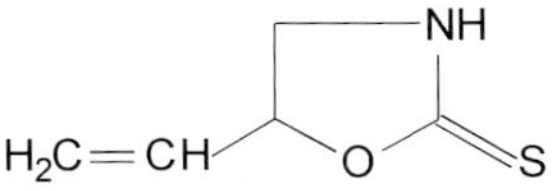

G. entsteht unter den Bedingungen der enzymatischen Hydrolyse spontan aus dem *Senfölglucosid Progoitrin, dem Senfölglucosid des 2-Hydroxy-but-3-enyl-isothiocyanats,* das in Konzentrationen bis zu 0,02 % in den Wurzeln der gelben und weißen Rübe und bis zu 0,8 % in den Samen verschiedener *Brassica*-Arten (Kohl, Raps, Kohlrabi u.a.) vorkommt. Die in Kohlblättern vorhandene Menge ist unbedenklich → Senföle → Giftstoffe in pflanzlichen Lebensmitteln → Kropfnoxen

Goitrogene → *Kropfnoxen* → Senföle

Gold (E 175) → Mineralstoffe → Lebensmittelfarbstoffe

Goldapfel: 1. Mombinpflaume

2. Balsambirne

Goldbandlilie → Lilienzwiebel

Goldbarbe → Barbe

Goldbarsch → Rotbarsch

Goldblatt → *Boletáceae*

Goldblattbaum → Sternapfel

Goldblume → Kronenwucherblume

Goldbutt: Scholle. → Plattfisch

Golddistel, Spanische → Goldwurzel

Golden Cherry → Kirschpflaume

'Golden Delicious' → Kernobst → Apfel → Obst

Golden Gram → Mung-Bohne

'Golden Japan' → Susine

Goldglanzbonbon: ein → Bonbon, dessen Füllung nur aus bestimmten Erzeugnissen (Rohmassen, Nußkernen, Schokolade, Spirituosen u. ä.) bestehen darf.

Goldgras → Ruchgras

Goldorange, Kleine → Kumquat

'Goldparmäne': eine 300 Jahre alte, mittelgroße, gelbfleischige, mäßig saftige, pikanten Renettengeschmack aufweisende Apfelsorte, die bereits 1853 in Deutschland eingeführt wurde und über 100 Jahre als Standardsorte galt. Die Pflückreife beginnt Mitte Sept., die Genußreife hält bis Jan./Febr. an. Die G. benötigt gute, ausreichend feuchte Bodenverhältnisse und warme Witterung. Im Selbstversorgeranbau ist sie noch immer begehrt. → Apfel → Reife

Goldpfeffer → Cayennepfeffer

Goldpilz → *Boletáceae*

Goldwasser: Gewürzdestillatlikör, hergestellt unter Verwendung von 16 cm^2 Blattgoldflitter auf 1 l Likör. → Likör → Danziger Goldwasser

Goldwurzel, *Spanische Golddistel, :* ein früher als Wurzelgemüse angebauter Korbblütler, *Scólymus hispánicus* L. (Familie *Asteráceae),* der heute von der → Schwarzwurzel fast völlig verdrängt ist. → Gemüse → Lebensmittel, nostalgisches

Gologlaw: eine im ehem. Jugoslawien übliche Maizbreizubereitung, ähnlich der italienischen *Polenta.* → Brei

Gombobohne → Eibisch, Eßbarer

Gommer, *Polnischer Weizen, Riesenroggen:* ein → Weizen aus der Hartweizenreihe, *Tríticum polónicum* L. (Familie *Poáceae*), der im Mittelmeergebiet, Mittelasien, Westsibirien im Anbaugebiet des harten Weizens kultiviert wird und vielfach auch in Weizenfeldern des harten Weizens angetroffen wird.

Gomolya: ungarischer Schafkäse in Kugelform. → Käsesorten

Gompháceae: der Ordnung *Cantharelláles* – innerhalb der Klasse *Basidiomycétes* (Ständerpilze) – zugeordnete Pilzfamilie, Bodenbewohner mit aderigem, stachligem oder fehlendem Hymenophor und cantharelloid oder ramarioid geformten Fruchtkörper. Die bekanntesten eßbaren, jedoch in Deutschland für den Handel wegen Verwechslungsgefahr mit giftigen Arten nicht zugelassenen Vertreter dieser Familie sind: das bes. in Süddeutschland häufig vorkommende *Schweinsohr* oder die *Keulenkraterelle* [*Gómphus clavátus* (Pers. ex Fr.) S. F. Gray = *Neurophýllum clavátum* (Pers. ex Fr.) Pat.], die *Goldgelbe* oder *Orangegelbe Koralle* [*Ramária áurea* (Schaeff.) Quél.]. Alte Exemplare bewirken Durchfälle und können mit der giftigen *Dreifarbigen* oder *Schönen Koralle* [*Ramária formósa* (Pers. ex Fr.) Quél.] verwechselt werden. Auch mit der eßbaren *Schwefelgelben Koralle* [*Ramária fláva* (Schaeff. ex Fr.) Quél.] → *Clavariáceae*) wird sie häufig verwechselt. Eßbar, aber ohne Bedeutung, weil bitterlich schmeckend oder zäh, sind die *Gelbgrüne Koralle* oder der *Fichten-Ziegenbart* [*Ramária ochrácea-vírens* (Junghuhn ex Fr.) Donk] und die *Ockergelbe* oder *Kiefern-Koralle* [*Ramária abiétina* (Pers. ex Fr.) Quél.]. → Pilze → Speisepilze → Ständerpilze

Gomphidiáceae, *Gelbfüßler, Gelbfüße, Schmierlingsartige Pilze:* der Ordnung Boletáles (*Röhrenpilze*) – innerhalb der Klasse *Basidiomycétes (Ständerpilze)* – zugeordnete Pilzfamilie mit cantharelloid und secotioid geformtem Fruchtkörper, lamellenförmigem Hymenophor und Mykorrhiza (Pilzwurzeln), die an *Pináceae* (Kieferngewächse) gebunden sind, weshalb die G. nur auf das Areal der *Pináceae* beschränkt sind. Nur die Gattung *Gomphídius* weist als Speisepilze nutzbare Vertreter auf: *Kuhmaul, Schmieriger Gelbfuß, Schmierling,* (*Gomphídius glutinósus* Schaeff. ex Fr.), großer Pilz von kreiselförmiger Gestalt mit schmutziggraubraunem, sehr schmierigem Hut, zuerst weißen, dann schmutziggrauen, dicken, weitstehenden Blättern und gelbem Stielende. Das weiße, im Alter graue, in der Stielmitte hellgelbe, unten zitronen- bis chromgelbe, weiche, zarte Fleisch ist geruchlos und wohlschmeckend, aber nur jung eßbar. Der beim Sammeln etwas störende schleimige Überzug ist vor der Zubereitung mit der Oberhaut zu entfernen. Vorkommen: Juli bis Okt., truppweise in Nadelwäldern, bes. im Gebirge und im Süden Deutschlands (im Flachland) stellenweise ganz fehlend. *Kupferroter Gelbfuß* oder *Schmierling* [*Chroogómphus rútilus* (Schaeff. ex Fr.) O. K. Miller = Gomphídius víscidus (L.) Fr.] (mit braunrotem, fast kreiselförmigem Hut, weit herablaufenden, rotbräunlichen Blättern und gelbbräunlichem Stiel. Das rhabarberfarbige, im Stielgrunde goldgelbe Fleisch ist geruchlos und schmackhaft, der Pilz ist bes. als Suppenpilz und zum Trocknen geeignet. Vorkommen: Juli bis Nov. in Kiefernwäldern, ziemlich häufig.

Weitere eßbare, für den Handel nicht zugelassene Vertreter dieser Pilzfamilie sind: *Gefleckter Schmierling, Fleckender Gelbfuß, (Gomphídius maculátus* Fr.), mit fleischbräunlichem Hut, der in der Mitte manchmal einen rötlichen Anflug und fast rundliche, schwärzliche Flecke aufweist, etwas klebrig-schmierig, glatt, flach ausgebreitet, nur in der Mitte leicht gewölbt und zuletzt trichterförmig ist. Die grauen Blätter laufen am blassen, rötlich schimmernden und braunrötlich gefleckten Stiel weit herab. Das weißliche bis schwach rötliche, bei Druck weinrötlich anlaufende, faserige Fleisch schmeckt mild und ist geruchlos. Vorkommen: Aug. bis Okt., nur unter Lärchen, in großen Höhen auftretend. Sehr selten ist der *Zierliche Schmierling* [*G. maculátus (*Scop. ex Fr.) *subspec. grácilis* Berk.]. → Pilze → Speisepilze → Ständerpilze

Gomphídius spec. → Gomphidiáceae

Gómphus spec. → *Gompháceae*

Gomuti-Palme → Zuckerpalme, Echte

Gonaden: Geschlechtsteile der Fische. → Rogen → Fischmilch

Gonjes: in Bastmatten zu etwa 75 kg verpackte → Gewürznelken.

Gonyautoxine → Gifte in Meerestieren

Good Manufacturing Practice, *Gute Herstellungspraxis:* Gesamtheit aller in der Praxis der Lebensmittelherstellung, der Be- und Verarbeitung sowie der Zubereitung durchführbaren Operationen und Maßnahmen, die ein qualitativ hochwertiges, hygienisch einwandfreies, bekömmliches Produkt zum Ziel haben. Dazu gehören: eine schonende Behandlung der Rohstoffe und Zwischenerzeugnisse zwecks weitgehender Erhaltung der ursprünglichen Zusammensetzung, vor allem der Erhaltung wertvoller, aber empfindlicher Lebensmittelinhaltsstoffe (Vitamine, Enzyme, natürliche Antioxydantien, natürliche Farbstoffe) und Vermeidung einer Bildung unerwünschter → *Sekundärprodukte,* die Einhaltung eines größtmöglichen Sauberkeitsregimes zur Vermeidung mikrobieller Kontaminationen und damit zur Hemmung von Verderbsvorgängen und daraus resultierenden gesundheitsschädigenden Veränderungen sowie eine größtmögliche Zurückhaltung bei der Verwendung von Zusatzstoffen (d. h. Beschränkung auf das technologisch notwendige Maß). Alle diese und ähnliche Maßnahmen bilden eine ineinandergreifende Kette sich gegenseitig unterstützender Prinzipien der industriellen wie küchentechnischen Behandlung von Lebensmitteln. Der Begriff G. M. P. ist aufgekommen, weil gesetzliche Bestimmungen hinsichtlich gesundheitlicher, ernährungsphysiologischer und technologischer Forderungen immer nur Grenzlinien abstecken können, innerhalb deren es - je nach Bedeutung einer Vorschrift - mehr oder weniger weite Spielräume geben kann. Die G. M. P. bezeichnet ein Feld innerhalb des gesetzlich vorgebenenen Rahmens, das durch ein hohes Maß an Qualität charakterisiert ist und das vom Hersteller bei verantwortungsbewußtem Handeln aus eigener Initiative zu erreichen ist.

Goolan → Sorghumhirse

'Gorella' → Beerenobst

Gorgon-Nuß → Fuchsnuß

Gorgonzola: italien. *Blauschimmelkäse* aus Kuhmilch, der in ähnlicher Form auch in der Tschechischen und Slowakischen Republik und in

Deutschland aus Kuhmilch, Schafmilch oder einem Gemisch von beiden als halbfester Schnittkäse (mind. als Fettkäse) hergestellt wird. G. hat eine glatte, leicht feuchte, geschlossene Haut ohne Schimmelbildung mit unregelmäßigen Einstichstellen. Das Innere ist von zahlreichen Schimmeladern durchzogen. Der Geschmack ist scharf und pikant. → Edelpilzkäse → Käsesorten

Gorliöl, *Gorlisamenöl:* das Samenfett des in Guinea, Nigeria und Mittelamerika angepflanzten *Gorlibaumes Coloncóba echináta* (Oliver) Gilg. (Familie *Flacourtiáceae*). Das G. ist ein in Afrika gebräuchliches Heilmittel gegen Lepra. Die physiologische Wirkung beruht auf dem Gehalt an Cylopentensäure (etwa 75 % *Chaulmoograsäure, etwa 15 % Gorlisäure* - bezogen auf den Gesammtfettsäuregehalt). Das G. ist giftig und kann nicht als Speiseöl verwendet werden.

Gorlisamenöl → Gorliöl

Gorlisäure, *Dehydrochaulmoograsäure:* eine Cyclopentensäure der Formel

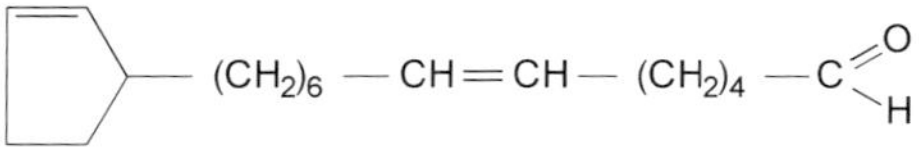

G. ist in → *Chaulmoograöl,* → Hydnocarpusöl und → Gorliöl enthalten. Sie ist toxisch. → Fettsäuren

Goronuß → Colanuß

Gose, *Leipziger Gose:* ein prickelndes, sektähnliches, obergäriges Schank- oder Vollbier, unter Verwendung von Weizen- und Gerstenmalz, Hopfen, auch Gewürzkräutern. Die G. wurde 1738 erstmals in Leipzig ausgeschenkt und hat vermutlich ihren Ursprungsort in Goslar. Im Vergleich zu → *Berliner Weißbier,* das zur gleichen Bierklasse gehört, weist die G. durch Vergärung einer Milchsäurebakterien enthaltenden Hefe einen wesentlich saureren Geschmack auf. Die G. wird meist gemischt mit Fruchtsaft oder Spirituosen getrunken. G. wird auf Spezialflaschen mit hohem Hals (*Gosenflaschen)* gefüllt, die infolge Nachgärung meist unverschlossen bleiben, und in hohen, zylindrischen Stangengläsern *(Gosenstangen)* serviert, um das Moussieren zu genießen.

Gosenbrot: ein in Skandinavien verbreitetes zartsplittriges Plundergebäck mit saftiger Füllung aus verschiedenen Geschmackskombinationen unter Verwendung von Farinzucker, Butter und Nüssen.

Gossypetinglucoside → Anthocyane

Gossypin → Anthocyane

Gossypitrin → Anthocyane

Gossýpium herbáceum → Baumwollsaatöl

Gossýpium hirsútum → Baumwollsaat → Baumwollsaatöl

Gossypol: ein öllösliches, kanariengelbes Pigment des Baumwollsaatöles (s. Struktur).

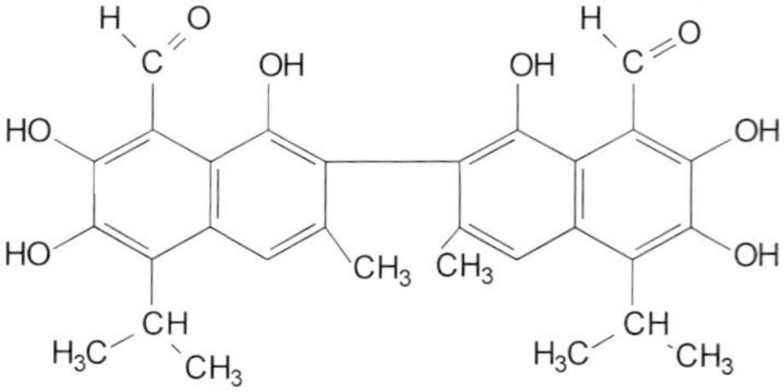

G. wird bei der Raffination des Öles vollkommen entfernt. In höheren Konzentrationen ist es toxisch; seine antioxydative Wirkung kann deshalb und wegen seiner stark färbenden Eigenschaften nicht praktisch genutzt werden. → Gifte in pflanzlichen Lebensmitteln

Gossypose → Trisaccharide

Götterpflaume → Kakipflaume

Götterspeise → Wasserpudding

Götterspeise-Pulver → Geleespeise-Pulver → Süßspeisepulver

Göttinger Blasenwurst → Bierwurst → Blasenwurst

Goudakäse: nach dem ursprünglichen Herstellungsort, der Stadt Gouda bei Rotterdam (Niederlande), benannter gepreßter, fester *Schnittkäse* aus Kuhmilch, der heute in zahlreichen europäischen Ländern hergestellt wird. Meist wird G. in den Fettstufen 30 %, 40 % und 45 % F. i. Tr. produziert. Die Rinde ist trocken und glatt und kann mit wenig weißlichgrauem Schimmel bedeckt sein. Die Oberfläche ist mit Speiseöl behandelt oder mit einem gelben Paraffin- bzw. Wachsüberzug, mit einer Kunstoffsuspension oder Folie versehen. Das Innere ist hellgelb bis buttergelb und mattglänzend, geschmeidig, fühlt sich fettig an und weist in geringem Umfang eine gleichmäßig verteilte, runde bis ovale, erbsengroße Lochung auf. Geruch und Geschmack sind rein und aromatisch bis leicht pikant. Schlüsselverbindung des Aromas ist die Phenylpropionsäure → Schnittkäse

Governor's plum → Flacourtie

Grabapfel, Chinesischer → Crabapfel, Chinesischer

Grabenknöterich → Knöterich

Grabenpfeffer → Knöterich

Gracilaria-Gummi, *Ceylon-Moos, Chinesisches Moos:* ein → Hydrokolloid aus *Gracilaria*-Arten (Rotalgen), das in seinen Eigenschaften dem → Agar-Agar ähnelt. Es wird in den USA, in Brasilien, Argentinien, Südafrika, Indien, Südostasien und Australien gewonnen und vorwiegend als → Geliermittel verwendet. → Algenpolysaccharid

Grahambrot: ein nach einer Vorschrift des amerikanischen Arztes *Sylvester Graham* bereitetes → Spezialbrot in Form von Weizenvollkornschrotbrot unter Anwendung spontaner Gärung ohne Salz- oder Backhefezusatz. Ein mehrere h sich selbst überlassener dünner Schrotteig gelangt zu sog. spontaner Gärung, die eine geringe Lockerung des Brotes zur Folge hat. Das übliche *Weizenvollkorn-* oder *Weizenschrotbrot* wird häufig fälschlich als G. bezeichnet, es wird jedoch stets mit Hefe gebacken und hat demzufolge lediglich die Mehlrohstoffart mit dem G. gemeinsam. → Vollkornbrot

Grahamsches Salz → Phosphate

Grahamstange → Stange

Grahlsquelle, Saalfelder → Heilwasser

Gram → Kichererbse

Gram, Black → Urdbohne

Gram, Golden → Mungbohne

Gram, Green → Mungbohne

Gramicidin → Peptide

Gramin → Indolylalkylamine

Gramineenstärke → Getreidestärke

Graminin → Polyfructose

Granadilla → Passionsfrüchte

Granadilla, Gelbe → Passionsfrüchte

Granadilla, Süße → Passionsfrüchte

Granakäse: Gruppe italien. Käse von körnig-bröckeliger Beschaffenheit und pikantem Geschmack, die z. T. sehr hart sind und als Reibkäse verwendet werden. Sie sind in anderen Ländern unter dem Namen → *Parmesankäse* bekannt.

Grana Padano: italien. *Hartkäse* aus Kuhmilch mit → 32 % F. i. Tr., der vorwiegend als Reibkäse verwendet wird. → Käsesorten

Granarybrot → Malzbrot

Granat: 1. Krebstiere
2. Sauerkirsche. → Steinobst

Granatapfel, *Apfel des Paris, Punischer Apfel:* Frucht des kleinen Baumes oder Strauches *Púnica granátum* L. (Familie *Punicáceae*), der wahrscheinlich aus Südasien stammt und in den Tropen, Subtropen sowie in den warmen Gebieten der gemäßigten Zone kultiviert wird. Die feste, lederige, glänzend rote, gelbgrüne oder weißliche, selten schwarzviolette Schale der kugeligen Beerenfrucht (5···8 cm Durchm.) umhüllt eine große Menge von Samen, die von dünnen, saftigen, rötlichen oder gelblichweißen Samenmänteln umgeben sind. Der Geschmack dieser Pulpa ist sauer oder adstringierend säuerlich-süß. Für den Verzehr werden die Früchte aufgeschnitten und ausgelöffelt; zuweilen werden auch Süßspeisen, Eis,

Obst und Gemüsesalate mit den fleischigen Kernchen dekoriert. In den Ländern mit kommerziellem Anbau gibt es eine Reihe von Sorten, die nach der Fruchtfarbe in Sortengruppen eingeteilt sind, wobei die rote und die grünlichgelbe die bedeutendsten sind. Wegen der vielen Samenkerne ist der Frischgenuß weniger häufig. Dazu wird die Frucht weichgeknetet und danach der Saft durch ein in die Schale gestochenes Loch getrunken. Die Pulpa wird als Zugabe zu Fruchtsalaten verwendet. Der aus den Früchten gepreßte, süß-säuerliche Saft *(Grenadine)* ist das Hauptprodukt. Er kann als Getränk oder aromatisierender Getränkezusatz, z. B. für die Herstellung von *Scherbett* (→ Sorbet), verwendet werden. Die Früchte werden durch Abschneiden kurz vor der Vollreife geerntet, um das Platzen zu vermeiden. Sie sind im Kühllager bis zu 6 Monaten haltbar und reifen dort nach. Der Vitamin-C-Gehalt ist gering. Zusammensetzung s. Tab.

Zusammensetzung des Granatapfels

Bestandteil	Durchschnittl. Gehalt in 100 g eßbaren Anteils
Feuchtigkeit	75···80 g
Eiweiß	0,3···1,2 g
Kohlenhydrate	12···16 g
Gesamtsäure	
(Äpfelsäure)	0,37···1,0 g
Ballaststoffe	2,8···3,3 g
Mineralstoffe	0,45···0,7 g
Calcium	3,0 mg
Eisen	0,8 g
Vitamin C	4···15 g

Der hohe Gerbsäuregehalt, vor allem der Fruchtschalen, wird medizinisch genutzt (Bandwurmmittel u. a.). Im Kunstgewerbe werden Frucht und Blätter als Ornament (Fruchtbarkeitssymbol, „Zwiebelmuster") verwendet. Der G. war als Obstfrucht schon in der Antike bekannt.

Grand Marnier → Curaçao

Granjeiro, *Gavilan, Marimiso, Croc-a-chiens:* der dornige Strauch oder kleine Baum *Céltis iguanéa* Sarg. (Familie *Ulmáceae*), der von Mexiko bis Argentinien vorkommt. Das sehr gering ausgebildete Fruchtfleisch der eiförmigen, bis zu 20 mm langen Steinfrüchte schmeckt leicht herb und wird roh verzehrt. Früchte anderer *Céltis*-Arten in Südamerika werden in gleicher Weise verwendet.

Grantl → Preiselbeere

Grantlbeere → Preiselbeere

Granulatmehl → Mehl, agglomeriertes

Granulatzucker → Kristallzucker

Granulose → Amylose

Grapefruit, *Pomelo:* kugelige oder abgeflacht-kugelige Frucht (Durchm. 7,5···15,5 cm) des großen, 8···15 m hohen Baumes *Cítrus paradísi* Macf. (Familie *Rutáceae).* Die glatte, grünlichgelbe oder goldgelbe Schale ist 0,5···1,5 cm dick und umschließt das aus 12 bis 14 Segmenten bestehende Fruchtfleisch, dessen kleine Saftsäcke dicht gelagert sind. Der Saft ist säuerlich aromatisch und, bes. in der Nähe der Schale, durch das Glucosid Naringin leicht bitter. Schlüsselverbindung des Aromas ist Nootkaton. Der Bitterstoffgehalt ist bei Früchten aus Israel, Marokko und anderen tropischen Bereichen, wie Surinam, Westindien oder Südamerika, am geringsten. Die G. ist wärmebedürftiger als die → *Orange.* Im Gegensatz zu *Orangen* werden für die volle Ausfärbung keine tiefen Temperaturen benötigt. Größter Grapefruitproduzent sind die USA mit etwa 80 % der Weltproduktion. Die USA-Produktion wird jedoch vorwiegend im Inland verbraucht, da dort die G. eine allg. verbreitete Frühstücksfrucht ist. Größter Exporteur ist Israel. In Italien und Spanien wird G. nur wenig angebaut. Die meisten Sorten stammen aus den USA (Florida), wie die Hauptsorten 'Marsh's Seedless' und die samenhaltige 'Duncan'. Daneben gibt es rosa- und rotfleischige Formen ('Marsh Pink', 'Meat Pink', 'Ruby Red'), deren Farbe nicht durch den wasserlöslichen Zellsaftfarbstoff Anthocyan, sondern durch die Plastidenfarbstoffe Caroten und Lycopin bewirkt wird. Bes. saftig und geschmacklich gut ausgewogen sind Honduras-

Grapefruits. Die G. wird i. allg. frisch verzehrt. Die beste Frucht ist fest, mit kleinen Poren und fühlt sich im Verhältnis zur Größe schwer an. Generell sind schwere Früchte saftreicher als leichte. Geschmack und Aroma bleiben am besten bei Lagerung um 6···8°C erhalten. Kurze Lagerung bei Raumtemperatur verbessert die Löslichkeit des Fruchtfleisches von der Schale. Die Frucht wird quer geteilt, das Fleisch mit einem Messer (Grapefruitmesser) von der Schale gelöst und ausgelöffelt. Zuckerzusatz mildert etwas den bitteren Geschmack, in den Tropen wird dazu auch Salz genommen. Würzen mit Ingwer und Zugabe von etwas Rum und Kognak sind beliebt. Verarbeitungsprodukte sind Saft, Konzentrate, Fruchtschnitten u. a. Zusammensetzung und Energiewert der G. s. Tab.

Zusammensetzung und Energiewert der Grapefruit

Bestandteil	Grapefruit		Grapefruitsaft	
	Durchschnittl. Gehalt in 100 g eßbaren Anteils			
Feuchtigkeit	88,6	g	89,8	g
Eiweiß	0,7	g	0,6	g
Fett	0,2	g	0,1	g
Kohlenhydrate	9,8	g	9,0	g
Rohfaser	0,3	g	0,1	g
Mineralstoffe	0,4	g	0,43	g
Natrium	1,0	mg	1,0	mg
Kalium	180,0	mg	129,0	mg
Calcium	20,0	mg	8,0	mg
Eisen	0,25	mg	0,3	mg
Phosphor	17,0	mg	13,0	mg
Caroten	0,02	mg	Spuren	
Vitamin B_1	0,053	mg	0,04	mg
Vitamin B_2	0,031	mg	0,02	mg
Niacin	0,23	mg	0,2	mg
Vitamin B_6	0,045	mg	0,012	mg
Vitamin C	45,0	mg	40,0	mg
Citronensäure	5,3	mg	1,16	mg
Energiewert in kJ (kcal) je 100 g eßbaren Anteils	134 (32)		117 (28)	

Die G. wird oft fälschlich als → *Pampelmuse* bezeichnet. Diese wesentlich größere asiatische Frucht, die nicht mehr exportiert wird, ist wahrscheinlich mit der G. nur entfernt verwandt. - Eine Hybride zw. Pampelmuse und G. ist 'Oroblanco' (frühzeitige Reife), eine Hybride zwischen Orange und G. ist die → 'Chironja'.

Grappa → Tresterbranntwein

Grasbohne → Kaffee

Grasei → Ei

Graserbse → Platterbse

Grasfrucht → Süßgras

Gras, Heiliges → Mariengras

Graskarpfen, *Amurkarpfen, Cténopharýngodon idélla* (Bild):

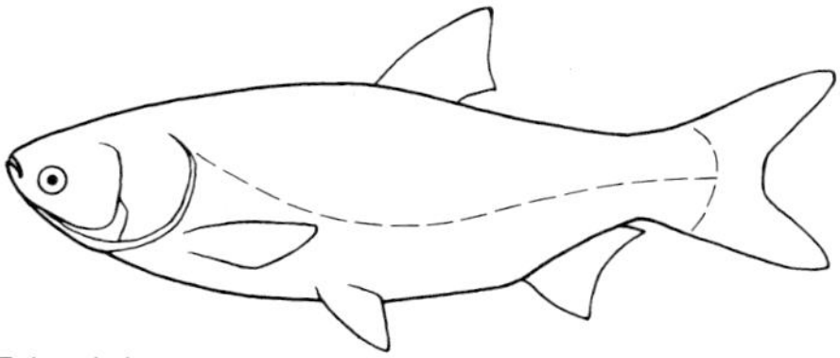

Tolstolob

Süßwasserfisch von langgestreckter, seitlich etwas zusammengedrückter Gestalt, mit gedrungenem Kopf, breiter Stirn, halbunterständigem Maul und sehr kleinen, locker sitzenden Schuppen. Der G. gehört zusammen mit dem hochrückigeren *Silberkarpfen (Tolstolob), Hypophthalmíchthys molítrix,* der durch die sehr weit unten liegenden Augen und den Kiel an der Bauchkante gekennzeichnet ist, und dem an der gefleckten Zeichnung erkennbaren *Marmorkarpfen (Aristíchthys nóbilis)* zu den drei pflanzenfressenden Karpfenarten, die wegen dieser Eigenschaft und ihrer Schnellwüchsigkeit aus ihrer Heimat im Amurgebiet in China in die ehem. Sowjetunion und mehrere südeuropäische Länder zur Zucht eingeführt wurden. Den G. wird in der Teichwirtschaft und zur Reinhaltung von Gewässern von übermäßigem Pflanzenwuchs große Bedeutung zugemessen. Je nach

Temperatur- und Ernährungsbedingungen können sie in 3 Jahren eine Länge von etwa 50 cm und eine Masse von 1,5···3 kg erreichen. Der G. wird höchst. über 1 m lang und wiegt 30 kg. G. hat weißes Fleisch von zart-fester Konsistenz und artspezifisch-würzigem Aroma. Es enthält je 100 g eßbaren Anteils neben 18···19 g Eiweiß nur 1···2 g Fett und ist deshalb zur Zusammenstellung fettarmer Kostformen gut geeignet. Als Richtwert für den Energiewert können 360 kJ (85 kcal) je 100 g Filet angesetzt werden. G. ist bes. als Speisefisch geeignet.

Graslauch → Schnittlauch

Grassamen → Süßgras

Graswurzel → Quecke

Grat → Schlachtkörperteilstücke

Grätenarm: Qualitätsanforderung für Fischfilet (→ Fischerzeugnisse) oder zerkleinertes Fischfleisch entsprechend spezieller Festlegungen.

Graubrotmehl → Graumehl

Graubutt → Flunder → Plattfische

Grauer Mönch: Weißweinkeltertraube, die angebaut bes. am Balaton, die schwersten ungarischen Weine liefert. Der G. M. ist eine Spielart des → Ruländer. → Wein

Graugänse → *Anser anser* → Wild

Grauhai → Haifisch → Speckfisch

Graukappe: Pilzbez., die ja nach landschaftsgebundenem Sprachgebrauch für verschiedene Pilze unterschiedlicher Pilzfamilien gebraucht wird, also sowohl Syn. für einen bedingt eßbaren als auch für einen eßbaren Pilz sein kann.
1. Syn. für den bedingt eßbaren, vielen nicht bekömmlichen Nebelgrauen Trichterling, Nebelkappe [*Clitócybe nebuláris* (Batsch ex Fr.) Kummer]. → *Tricholomatáceae*
2. Syn. für den geschätzten Birkenpilz, Birken-Röhrling, Birkenschwamm, Kapuziner, Kapuziner-Röhrling [*Leccínum scábrum* (Bull. ex Fr.) S. G. Gray]. → *Boletáceae*

Graumehl, *Graubrotmehl:* ein → *Getreidemehl,* das aus Roggen (bis zu einem Ausmahlungsgrad von 82 %) oder aus Weizen (bis zu einem Ausmahlungsgrad von 80 %) hergestellt ist und im Vergleich zu → *Weißmehl* einen Grauton aufweist. Das G. ist meist ein → *Mischmehl,* bestehend aus 15 % Weizenmehl W 812 und 85 % Roggenmehl R 1150, das zur Herstellung von *Grau-* bzw. *Roggenmischbrot* 85/15 verwendet wird. → Standardmehl

Gräupchen → Nudeln → Graupen

Graupen: ein → Nährmittel in Kugel- oder Ovalform, vorwiegend aus geschälter und geschliffener Gerste (*Gerstengraupen*) oder aus geschliffenem Glasweizen (*Weizengraupen*). Das wichtigste Qualiltätsmerkmal einer G., bedingt durch den Grad des Schleifens, ist ihre Farbe bzw. das helle Aussehen. Sog. *Kunstgraupen* (z. B. Kunstreis) oder synthetische G. werden in Dragiermaschinen oder Teigwarenpressen hergestellt und bestehen aus Leguminosen- oder Getreidemehlen, die mit Bindemitteln (z. B. Stärke), Trockenmilch, Vitaminen und Mineralstoffen vermischt und in feuchtem Zustand in körnige Form gebracht werden, deren Eiweißgehalt (10···20 %) und sonstiger Nährwertgehalt gegenüber herkömmlichen G. wesentlich erhöht ist. Die Kunstgraupen dienen speziellen Verwendungszwecken, z. B. der Kinder- oder Krankenernährung, oder werden zur Nährwertverbesserung, z. B. als *Kunstreis,* dem polierten Reis fast unsichtbar untergemischt. Bes. kleine, runde G., sog. *Gräupchen,* werden auch als *Perlgraupen* bezeichnet. → Getreide, angereichertes

Graupflaume, *Muhúlu:* die wohlschmeckende, fleischige Frucht des in Afrika wild oder als Halbkultur vorkommenden immergrünen Baumes *Parinári excélsa* Sabine (Familie *Chrysobalanáceae*). Das frische Fruchtfleisch weist folgende Zusammensetzung je 100 g Substanz auf: 76,2 g Feuchtigkeit, 1,5 g Eiweiß, 0,48 g Fett, 20,4 g Kohlenhydrate, 0,43 g Rohfaser, 1,0 g Mineralstoffe, 95 mg Calcium, 19 mg Phosphor und 1,2 mg Eisen. → Nikon-Nuß, → Ingwerbrotpflaume

Graustärke → Knollenstärke

Graveobiosid → Apiose

Graviera: griech. *Hartkäse* (dem Gruyère ähnlich) aus Kuhmilch. → Käsesorten

Gravlax, *Gravadlax:* skandinavisches → Salzfischerzeugnis aus Lachs.

Graxe → Fischleberöl

Grayanotoxine: im Rhododendron enthaltener Giftstoff, der durch Bienen in Honig übertragen werden kann.

'Grazer Kräuthäuptel' → Eisbergsalat

green butter → Borneotalg

Green-Glue-Pflanze → Ardjan

Green Gram → Mung-Bohne

Greibsch → Ackerschachtelhalm

Grenadierfisch (Bild):

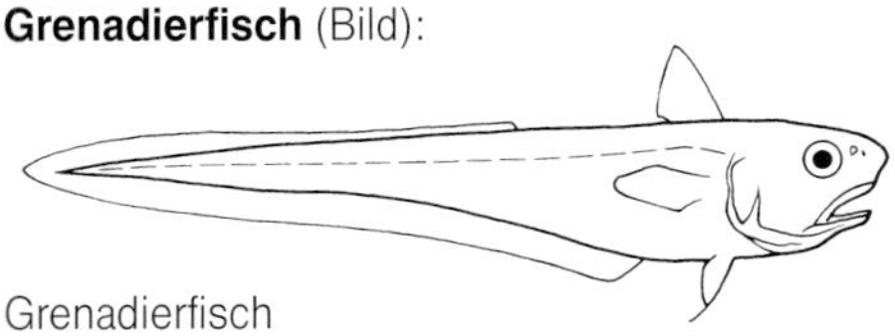

Grenadierfisch

den → Gadiden nahestehende *Meeresfische* der Ordnung *Marcurifórmes* (Langschwänze). Sie werden durch den keulenförmigen Körper und den langen, peitschenförmigen Schwanz ohne abgesetzte Schwanzflosse charakterisiert. Wirtschaftliche Bedeutung haben die boreal-subarktisch in Tiefen bis über 1 000 m verbreiteten Arten *Coryphaenoídes rupéstris* (um 20 kt jährlich), der Patagonische G. vor Chile und Argentinien (etwa 20 kt) und andere subantarktische Arten. Sie erreichen durchschnittl. eine Länge von 30···80 cm, höchst. 1 m. - Trotz seines abstoßenden Aussehens ist der G. ein äußerst schmackhafter, magerer Speisefisch mit rein weißem, angenehm festem, aber saftigem Fleisch (Tab.).
Er wurde in der Vergangenheit in dieser Hinsicht meist falsch beurteilt. Wegen seiner geringen Filetausbeute wird vom G. der Rumpf ohne Schwanz, der entweidete oder zu Karbonaden zerteilte Fisch angeboten. Er liefert ansprechende Räuchererzeugnisse.

Zusammensetzung und Energiewert von Grenadierfischfilet (mit Haut)

Bestandteil	Durchschnittl. Gehalt je 100 g eßbaren Anteils in g
Wasser	80···81
Eiweiß	17
Fett	1···2
Mineralstoffe	1
Energiewert in kJ (kcal) je 100 g	
eßbaren Anteils	380 (90)
davon aus Eiweiß	320 (76)
aus Fett	60 (14)

Grenadilla → Passionsfrüchte

Grenadine → Granatapfel

Grenzdextrine → Dextrin

Greube → Griebe

Grevé: schwedischer *Schnittkäse* aus Kuhmilch. → Käsesorten

Gréwia asiática → Phalsa-Frucht

Greyerzer Käse, *Gruyère:* Bez. für einen schweizerischen *Hartkäse* in runder Laibform, der ausschl. aus roher Kuhmilch mit einem Mindestfettgehalt von 45 % F. i. Tr. hergestellt wird und dem → Emmentaler Käse ähnlich ist. Im ursprünglichen Herstellungsgebiet (in den Kantonen Freiburg, Waadt und Neuenburg) wird er Gruyère (nach der Stadt und Burg Gruyère, deutsch: Greyerz) genannt. Die Rinde ist hart, schmierig und von rötlichbrauner Farbe, das Käseinnere ist schwach gelb und zeigt eine spärliche erbsengroße Lochung. Der Geschmack ist würzig und pikant. G. K. wird auch in Frankreich hergestellt. Gruyére ist hier die handelsübliche Bez. für die Typen Emmentaler, Comté, Gruyére und Beaufort. → Hartkäse

Gricken → Buchweizen

Griebe, *Griefe, Greube:* Fettgeweberest bzw. Fettgeweberückstand, der sich beim Ausschmelzen (Ausbraten) tierischer Fettgewebe bildet. Als *Griebenfett* oder *-schmalz* wird eine → Schweineschmalzart bezeichnet, bei deren Bereitung frische G. aus Rückenspeck oder Flomen zugesetzt werden. → Fett, tierisches

Griebenschmalz → Schweineschmalz → Griebe

Griechisch-Heusamen → Bockshornkleesamen

Griefe → Griebe

Grieß: 1. ein müllereitechnischer Begriff für die beim Mahlen des Getreides entstandenen Teilstückchen des Getreidekornes (hauptsächlich des Weizens) in einer Größenordnung von 250···1000 µm, die von staubförmigen Mehlpartikeln befreit, sich aus rundlichen bis kantigen, weißen bis gelb- oder braunfarbigen Bruchstücken, z. B. Weizen-, Roggen-, Gersten-, Mais-, Hafer-, Hirsegrieß, zusammensetzen. Das Wort G. ist vom althochdtsch. *grioz* und dem mittelhochdtsch. *griez* (Sandkorn) abgeleitet und urverwandt mit dem litauischen *grundes* (Korn) sowie dem mittelhochdtsch. *gruz* (Getreidekorn). Es wird zw. *geputztem* und *ungeputztem* (von Schalen nicht befreitem) G. sowie nach dem Feinheitsgrad zw. *grob* (620···1 000 µm, entsprechend 0,62···1,0 mm), *mittel* (475···620 µm, entsprechend 0,48···0,62 mm) und *fein* (250···275 µm, entsprechend 0,25···0,28 mm) unterschieden.
2. Handelsbez. für ein Erzeugnis aus dem schalenfreien Mehlkern des Weich- und bevorzugt des Hartweizens, das als → Nährmittel und zum Backen verwendet, daher auch als *Haushalt-* bzw. *Speisegrieß* bezeichnet wird. Die beiden Grießarten *Hartgrieß* bzw. *Hartweizengrieß* und Weichgrieß bzw. *Weichweizengrieß* unterscheiden sich in ihren Kocheigenschaften. Der meist *hellgelbliche, grobkörnige Hartgrieß* zeigt trotz körniger Beschaffenheit einen guten Zusammenhang auch im gekochten Zustand und wird z. B. bei der Zubereitung von *Grießklößen* bevorzugt. Der weißfarbige *Weichweizengrieß* verliert seine Körnigkeit im gekochten Zustand, wird im Handel meist als *Weizengrieß W550* (vgl. → Mehl, typisiertes) bezeichnet und eignet sich vor allem für Breizubereitungen, Suppen und Süßspeisen; er zerkocht leichter, wird schneller weich und weist eine sämige Beschaffenheit auf. Die *Handelsgrießsorten* bestehen prinzipiell aus fast reinem Weizenendosperm und sind daher nahezu frei von Vitaminen und Mineralstoffen. Der Weizengrieß für Handelszwecke entspricht folgender Ausbeute: Von der Gesamtmenge auf Grießgaze 24 (850 µm) muß ein Rückstand von 0%, auf Grießgaze 58 (295 µm) ein Rückstand von weniger als 25% und auf Mehlgaze 7xxx (225 µm) ein Rückstand von mind. 90% vorliegen. → Weizennährmittel

Grießflammeri-Pulver: ein Weizengrieß-Erzeugnis (teils unter Zusatz von Stärke, mit geschmackgebenden natürlichen und künstlichen Zusatzstoffen), das entsprechend der Kochanweisung zubereitet wird und eine gut stürzfähige Süßspeise ergeben muß. → Süßspeisepulver

Grießzucker → Kristallzucker

Griffigkeit → Mehl, griffiges

Grífola spec. → *Polyporáceae*

Grifolin → Terpen-Alkohole

Grillagemasse: eine Biskuitmasse (→ Volleimasse) unter Zusatz von Krokant, Bröseln, rohen Mandeln und Zimt. Die G. wird zur Herstellung von → Dessertstücken, Dessertschnitten (→ Schnitte) und sog. *Grillagetorten* verwendet, das sind → Torten aus G., die mit Butterkrem gefüllt sind.

Grillagetorte → Grillagemasse

Grillgewürz → Barbecuegewürz

Grillölspray → Lebensmittelaerosol

Grimmbirn → Elsbeere

Griseofulvin: ein durch verschiedene Stämme der Gattung *Penicillium* gebildetes Antibiotikum (s. Formel S. 607).
Es bildet geruch- und farblose, in Wasser nicht und in Ethanol wenig lösliche Kristalle, F. 220°C. G. hemmt das Wachstum von Kleinpilzen und kann

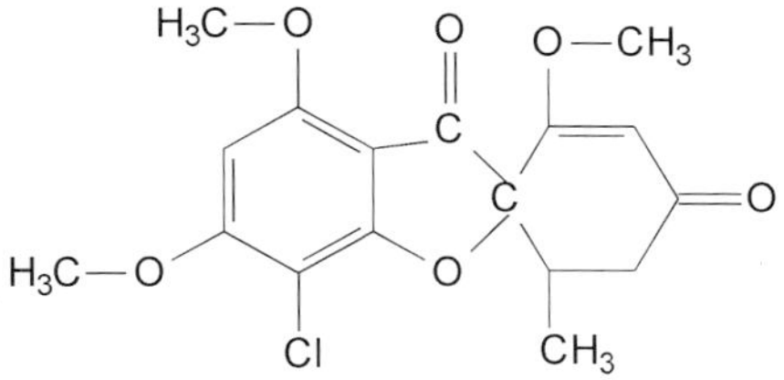

zur Bekämpfung pilzlicher und bakterieller Pflanzenkrankheiten eingesetzt werden. In der Humanmedizin findet es gegen pilzliche Hauterkrankungen Anwendung. → Antibiotika

Grissini → Stange

Grits → Maisnährmittel

Grobkristall → Kristallzucker

Grobleberwurst, *Krautleberwurst:* → *Kochwurst* (mittlere Sorte), zu deren Herstellung Schweineleber, Schweinebauch ohne Knochen, Wammenfett, Micker, Kalbsgekröse, Innereien, außer Leber, Nitritsalz, Pfeffer, Zwiebeln, Majoran und Ingwer verwendet werden. Als Wursthüllen dienen Naturdärme. Das Schnittbild zeigt eine hellrötlichgraue bis rötlichgraue, mittelgrob geschrotete, weiche, aber schnittfähige Wurstmasse mit geringem Fettabsatz an der Darmwand. → Leberwurst → Wurst

Grobschnitt → Rauchtabak

Grog: alkoholhaltiges Heißgetränk, hergestellt unter Verwendung von Edelbränden, Wasser und Zucker.

Gromwell, Echter → Tee, römischer

Grönlandhai → Haifisch

Grönlandkrabbe, *Tiefseegarnele.* → Krebstiere

Grosella: 1. → Parilla
2. → Amblabaum

'Gros Michel' → Banane

Großaugenthun → Thunfisch

Großboviste → *Lycoperdáceae*

Große Grüne Reneklode: Pflaume. → Steinobst

Große Schwarze Knorpel → Süßkirsche → Steinobst

Großtäublinge → Pilzgifte

Großyams, *Weißes Yams, Wasseryams, 10-Monate-Yams, Asiatisches Großyams:* die wichtigste zur Ernährung dienende → Yamswurzel, *Dioscórea álata* L., (Familie *Dioscoreáceae*) in Asien. Die stärkereichen Knollen werden geröstet, gebacken, gebraten oder als Gemüse gekocht, aber auch zu Chips verarbeitet. Die durch Anthocyan rötlich gefärbten Sorten werden auf den Philippinen zur Eiskremherstellung genutzt. In Westafrika ist G. nicht beliebt, da es sich nicht gut für die Herstellung von → Fufu eignet. Die Masse der Knollen (Bild) von G.

Großyams (Trieb mit Blättern und Knolle)

beträgt 5···10 kg; ihre Zusammensetzung in je 100 g beträgt: 69 g Feuchtigkeit, 26 g Kohlenhydrate, 0,2 g Fett, 2,0 g Eiweiß, 1,2 g Rohfaser und 1,4 g Mineralstoffe. Der Energiewert in kJ (kcal) je 100 g entspricht 490 (117).

Grozella de miel → Honigbeere

Grübling → *Boletáceae*

Grücken → Buchweizen

Grugupalme → Coyolipalme

Grumichama, *Brasilkirsche:* das kleine, sehr wenig bekannte Obstgehölz *Eugénia dombéyi* Skeels (Familie *Myrtáceae*), das in Süd-Brasilien, auf Hawaii, Florida u. a. kultiviert wird. Die Früchte sind kirschenähnlich in Aussehen und Geschmack, sie werden roh, gekocht oder kandiert gegessen und eignen sich auch für Gelee- und Marmeladebereitung sowie zur Herstellung von Pie.

Grümmel-Kandis: kleingebrochener, hocharomatischer Kandis mit starkem Karamelgeschmack. Der G. ist zum Backen und Aromatisieren von Desserts und Früchten geeignet.

Grünalgen → Algen → Algenprodukt

Grundbirne → Topinambur

Grundfisch → Fisch

Grundhai → Haifisch

Grundnährstoffe, *Hauptnährstoffe:* Nahrungsinhaltsstoffe, die dem Körper Energie und teilw. Bausteine für Wachstum und Regeneration liefern. Zu den G. gehören Eiweiß, Fett und Kohlenhydrate, wobei das Eiweiß in erster Linie Baustoff ist, Fett und Kohlenhydrate bevorzugt als Energielieferant dienen. Nicht zur Synthese körpereigener Eiweißstoffe verwendete Aminosäuren werden ebenfalls zur Energiegewinnung verstoffwechselt. Soweit die G. dem Energiestoffwechsel zugeführt werden, sind sie untereinander austauschbar. Die Grundnährstoffe machen mengenmäßig den größten Teil der aufgenommenen Nährstoffe aus. → Eiweiß → Fett → Saccharide → Nahrungsinhaltsstoffe

Grüneiche: Steineiche. → Edelbrand

Grüner Hering → Hering

Grüner Veltliner: wichtigste österreichische Weißweinsorte

Grüngetreide: Sammelbez. für Getreidekörner aller Art, die im Milchreifestadium (etwa 50% Feuchtigkeitsgehalt) geerntet und verzehrt (z. B. → Gemüsemais) oder vor dem Verzehr erst geröstet werden (z. B: → Grünkern, → Feerek usw.). → Reife

Grünkern, *Grünkorn, Kärin:* das unreif (im Milchreifestadium) geerntete, gedarrte, von Spelzen befreite (gegerbte), olivgrüne, glänzende, würzig-aromatisch duftende Korn des *Spelzweizens* bzw. *Dinkels.* Die Grünkernherstellung ist eine Spezialität der Verarbeitung des Dinkels im südwestdeutschen Raum. Seit 1660 liegt der erste schriftliche Nachweis über G. als Marktfrucht vor. 1878 umfaßte die Anbaufläche in Deutschland noch 403 000 ha, 1940 etwa 47 250 ha. Heute wird der Dinkel mit Hochzuchtsorten neu belebt, die meist kurzhalmig sind und fast die doppelte Korngröße im Vergleich zu alten, langhalmigen Sorten aufweisen. Aus 100 kg Dinkel können 73 kg Kernen gewonnen werden, wobei 24,3 kg Spreu und 2,7 kg Staub anfallen. Die Kernen werden zu → Mehl, → Grieß, → Graupen, → Grütze, Mark und → Flocken verarbeitet. Die Grünkernerzeugnisse sind beliebt als leichtverdauliche, aromatische Nährmittel, die hauptsächlich zur Bereitung von Suppen, Suppeneinlagen, Aufläufen und → Klößen verwendet werden. Während sich reif geernteter Dinkel zur Brotbereitung rel. gut eignet, sind Grünkernmehle dazu ungeeignet. Der Gehalt an Grundnährstoffen beträgt bei G. etwa 11,8% Eiweiß, 63% Kohlenhydrate, 1,8% Fett und 1,8% Mineralstoffe; der Energiewert in kJ (kcal) je 100 g entspricht etwa 1380 (330). → Getreide → Weizen → Nährmittel → Spelzweizen → Dinkel

Grünkohl, *Braunkohl, Blätterkohl, Krauskohl, Federkohl, Winterkohl, geschlitzter Kohl, krausblättriger* Kohl: die grünen, krausen, an dem oberen Teil der Sproßachse des *Brássica oleráceae convar. acéphala var. sabéllica* L. (Familie *Brassicáceae*) sitzenden Blätter, die als typisches Wintergemüse (Tab. S. 609) dienen. Der Wohlgeschmack stellt sich erst nach Frost ein, wobei eine Erhöhung des Zuckergehaltes vor sich geht. Die Haltbarkeit von G. beträgt nach der Ernte max. 3 Monate, wenn er bei −2°C gelagert und mit Folie abgedeckt wird.

Zusammensetzung und Energiewert von Grünkohl

Bestandteil	Gehalt je 100 g eßbaren Anteils
Feuchtigkeit	86,3 g
Eiweiß	4,3 g
Fett	0,9 g
Kohlenhydrate	2,1 g
Ballaststoffe	4,5 g
Mineralstoffe	1,7 g
Natrium	42,0 mg
Kalium	490,0 mg
Calcium	212,0 mg
Mangan	0,55 mg
Eisen	1,9 mg
Phosphor	87,0 mg
Caroten	4,1 mg
Vitamin B_1	0,1 mg
Vitamin B_2	0,25 mg
Niacin	2,1 mg
Vitamin B_6	0,25 mg
Vitamin C	105,0 mg
Energiewert in kJ (kcal) je 100 g	144 (34)

Bereits bei 0 °C verliert der G. relativ rasch sein frisches Aussehen und die Haltbarkeit wird durch Vergilben der Blätter begrenzt. → Gemüse → Kohl → Gemüsesterilkonserve

Grünkorn → Grünkern

Grünkraut → Keim

Grünling → *Tricholomatáceae*

Grünschimmelkäse → Edelpilzkäse

Grünsellerie: die grüne, weniger faserige Variante von *Bleichsellerie,* die nicht geschält werden muß.

Grünsirup → Ablaufsirup

Grünspargel → Spargel

Grünstärke → Knollenstärke

Grünstreusel → Küchenkraut → Gemüsefenchel

Grüntee, Japanischer → Tee, Japanischer

Grünziger → Glarner Kräuterkäse

Grunzochse → Yak

Grünzwiebel → Gemüsezwiebel

Grütze: ein → Nährmittel in Form grobzerkleinerter (geschroteter bzw. geschnittener → Schrot) Getreidekörner, deren Bruchstücke mittels Sieben sortiert werden und in der Größe zwischen → Graupen und → Grieß liegen. Die Bez. G. ist vom althochdtsch. *gruzzi* hergeleitet, das urverwandt ist mit dem franz. *grunau* sowie dem engl. *grit* (Grits) oder dem angelsächsischen *grytt.* Die G. kann aus jeder Getreideart (→ Getreide) hergestellt werden: *Buchweizen-, Gersten-, Grünkern-, Hafer-, Hirse-, Mais-, Roggen- und Weizengrütze.*

Gruyère → Greyerzer Käse

Gruyère de Comté: in der Comté in Frankreich hergestellter *Hartkäse.* → Käsesorten

Grýphea anguláta → Muscheln

Guacamole → Avocado

Guagenin → Oleanolsäure

Guaiakharz → Gujakharz

Guaimarillo: der Baum *Pseudomédia rígida* Guatr. (Familie *Moráceae*), der in Bergländern des nördlichen Südamerika vorkommt. Die bis zu 3,5 cm lange ellipsoide, rote Steinfrucht enthält nur wenig, aber angenehm schmeckendes Fruchtfleisch, das roh verzehrt wird.

Guajacol → Phenole

Guajaconsäure → Antioxydantien

Guajácum officinális → Gujakharz

Guajaharz → Gujakharz

Guajak-Harz → Antioxydantien → Gujakharz

Guaje → Huaje

Guajol → Terpen-Alkohole

Guanabana → Cherimoya

Guanaguanare → Ambelania

Guanidin → Guanidinbasen

Guanidinbasen: eine Gruppe von basischen Verbindungen, die sich vom Iminoharnstoff (*Guanidin*) ableiten lassen. G. kommen in tierischen und pflanzlichen Produkten vor (s. Übersicht S. 611).

Guanidinessigsäure → Guanidinbasen

γ-Guanidinobuttersäure → Guanidinbasen

Guanin, *2-Amino-6-hydroxypurin, 2-Aminohypoxanthin:* Purinbase (s. Formel).

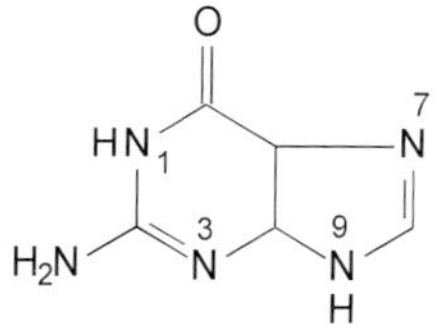

G. ist Baustein der Nucleoside *Guanosin* und *Guanindesoxyribosid.* Frei kommt es selten vor. Es kristallisiert in farblosen Nadeln oder bildet ein amorphes Pulver, ist schwer löslich in Wasser, Ethanol und Ether, amphoter, unter Salzbildung in Säuren und Laugen löslich. F. 365°C (Zers.) → Guanosin → Guanindesoxyribosid

Guanindesoxyribosid, *9-[-β-D-2-Desoxy-ribofuranosyl]*-guanin: β-glycosidisches Nucleosid aus D-2-Desoxyribose und Guanin als Aglykon (s. Formel).

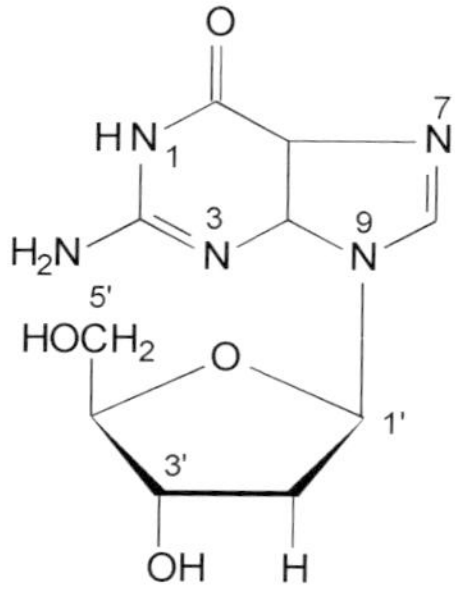

G. ist ein Baustein von Desoxyribonucleinsäuren (DNS, Thymonucleinsäuren. → Nucleotide

Guanosin, *Vernin, 9-[-β-D-Ribofuranosyl]*-guanin: β-glycosidisches Nucleosid aus D-Ribose und Guanin als Aglykon (s. Formel).

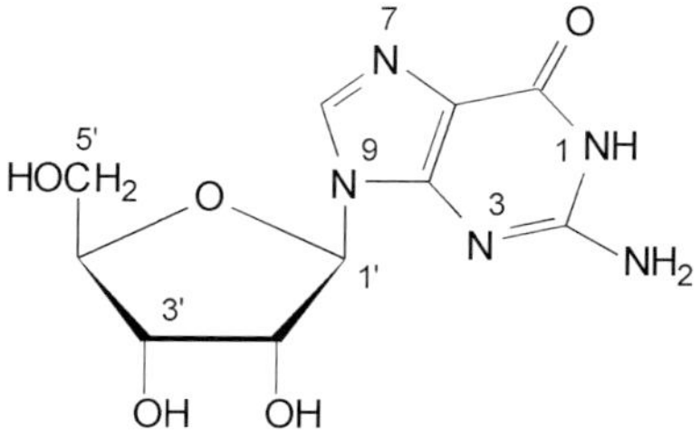

Die Nucleotide des G., die Guanosinphosphorsäureester, die *Guanylsäuren* sind den → Adenosinphosphorsäuren analog aufgebaut. → Guanosinphosphorsäuren → Nucleotide

Guanosin-5'-monophosphat → 5'-Nucleotide → Guanosinphosphorsäuren → Geschmacksverstärker

Guanosinphosphorsäuren, *Guanylsäuren:* zu den Nucleotiden gehörende Gruppe von Phosphorsäureestern des Nucleosids *Guanosin,* (s. allg. Formel).

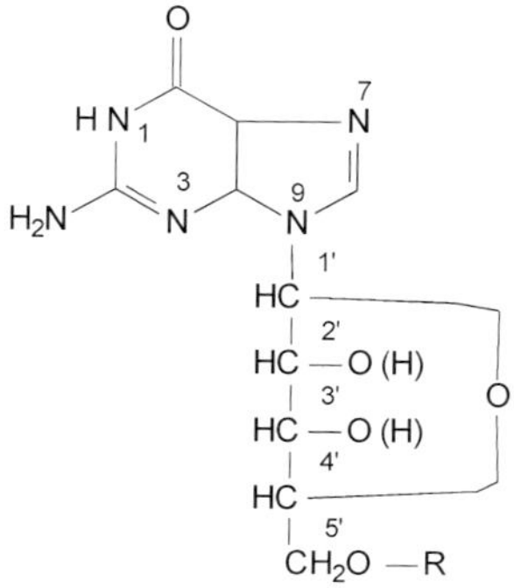

Nach Art des Phosphorsäurerestes (-R) unterscheidet man Guanosinmono- und diphosphorsäuren. *Guanosinmonophosphorsäuren* sind die Guanosin-3'-phosphorsäure und die Guanosin-

Bekannte, auch in Lebensmitteln vorkommende Guanidinbasen

Guanidinbase	Formel	Vorkommen
Guanidin	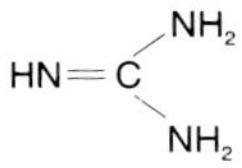	in Rübenmelassen, Bohnenkeimlingen, Käse
Glycocyanin (Guanidinessigsäure)	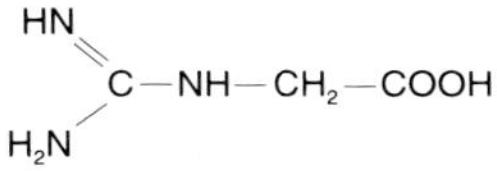	in Blut und Harn einiger Säugetiere
Kreatin (N-Methyl-Guanidinessigsäure)	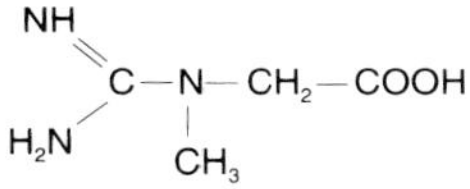	in der Muskulatur der Wirbeltiere
γ-*Guanidino buttersäure*	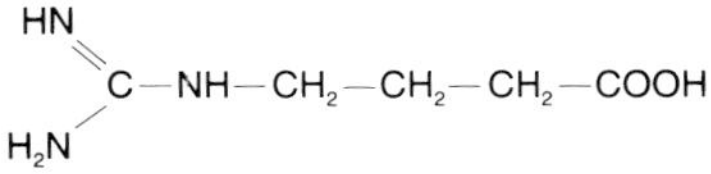	in zahlreichen Früchten
Kreatinin	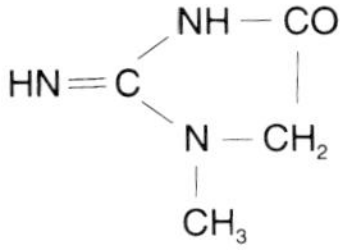	in Blut, Harn und Milch von Säugetieren
Methylguanidin	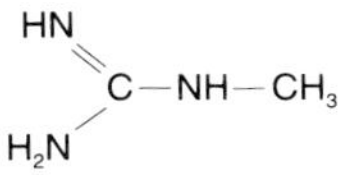	in Fleisch, Milch, Leber von Säugetieren, in Fischen und Wirbellosen
Agmatin (δ-Aminobutylguanidin)	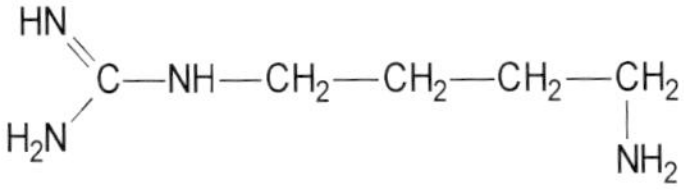	Dekarboxylierungsprodukt des Arginins, tritt beim bakteriellen Eiweißabbau (Käse) auf, im Heringshoden, im Fleisch des Tintenfischs (Octopus ssp.)
Arcain (α,δ-Diguanidobutan)	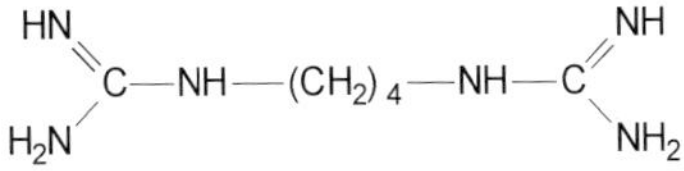	in der Archenmuschel

→ Kreatin → Amine, biogene

5'-phosphorsäure. Diese und die Guanoson-5'-diphosphorsäure kommen im Pankreas und in Pflanzenkeimen vor. Sie sind Bausteine der Ribonucleinsäuren (Hefenucleinsäuren). G. sind auch als Bausteine von Guanosin-diphosphat-Mannose, -Fucose, -Glucose, -Galactose und -3,6-Didesoxy-L-Galactose nachgewiesen worden. Guanosin-5'-monophosphat wird als → *Geschmacksverstärker* verwendet.

Guanylsäure → Guanosinphosphorsäuren

Guar (E 142) → Guaran

Guaran, *Guar, Guargummi, Guarmehl:* ein zu den → *Galactomannanen* gehörendes → Hydrokolloid, das aus den Samen der Leguminose *Cyamópsis tetragonóloba* (L.) Taub (Guarpflanze) in Indien, Pakistan und in den USA gewonnen wird und aus einer linearen Hauptkette von β-1,4-verknüpfter D-Mannose besteht. Durchschnittlich jede zweite Mannose-Einheit ist α-1,6-glycosidisch an ein D-Galactose-Molekül als Seitengruppe gebunden (s. Formel unten).

Das Galactose-Mannose-Verhältnis beträgt 1:2, die Molmasse etwa 200 000 bis 300 000 g/mol. Handelsübliches G. ist meist zu Mehl vermahlenes Endosperm, das etwa 80 % Galactomannane enthält. - Das G. bildet bereits in kaltem Wasser hochviskose thixotrope Lösungen (ohne Gelierung), die relativ unempfindlich gegenüber Elektrolyten sind. Die Viskosität ist in einem großen Bereich vom *p*H-Wert (*p*H 4 bis 10,5) weitgehend unabhängig. Das G. kann das Geliervermögen von gelbildenden Polysacchariden (→ Carrageen, → Agar-Agar) erhöhen und ist mit anderen Hydrokolloiden verträglich. In der Lebensmittelproduktion wird es als → Verdickungsmittel, Speiseeis-Stabilisierungsmittel, als Wasserbindungsmittel für Soßen und Dressings usw. verwendet. Das G. ist in Struktur und Eigenschaften dem → Johannisbrotkernmehl verwandt. G. verzögert die Resorption von Glucose und wird deshalb als Heilmittel gegen Diabetes verwendet. → Schleimstoff, pflanzlicher → Samenschleimstoff

Guarana: 1. *Cupana, Orinko, Ojo:* der in Venezuela und Brasilien heimische Strauch *Paullína cupána* H.B.K., Syn. *P. sórbilis* Mart. (Familie *Sapindáceae*), dessen Samen auch Coffein (3,6 %) und das ebenfalls anregende Guaranatin (4,5 %) enthalten. Aus den pulverisierten Samen wird Guarana-Paste hergestellt und in Stangenform gehandelt. Aus ihr lassen sich Erfrischungsgetränke bereiten. Eßbare Samenmäntel besitzen dagegen andere Paullinia-Arten: *P. élegans* Camb., *P. pinnáta* L. und *P. macrophýlla* H.B.K.. Die stärkehaltigen Samenmäntel von P. pinnáta weisen je 100 g folgende Zusammensetzung auf: 73,1 g Feuchtigkeit, 0,94 g Eiweiß, 0,03 g Fett, 24,7 g Kohlenhydrate, 0,3 g Rohfaser, 0,9 g Mineralstoffe, 10,8 mg Calcium, 13,5 mg Phosphor und 30 mg Eisen. Der Energiewert je 100 g entspricht in kJ (kcal) 435 (102).

2. das bei den Amazonas-Indianern seit Jh. bekannte Aufgußgetränk aus Guaranapaste, das

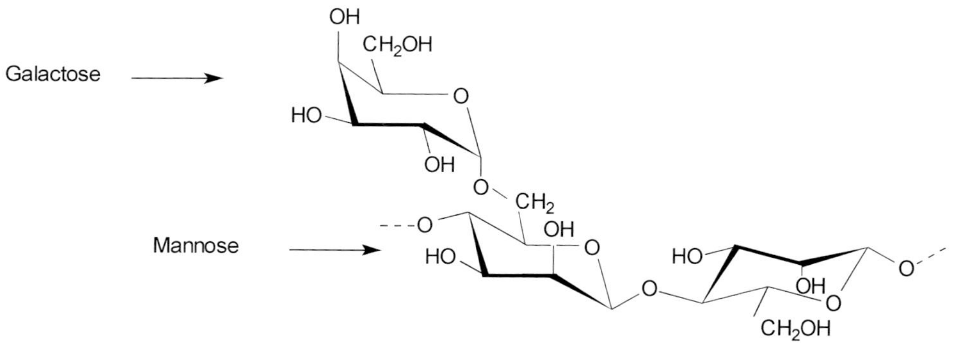

sich zunehmender Beliebtheit in Westeuropa erfreut und als Fitness-drink vor allem bei Body-buildern und Joggern bekannt ist. Psychoaktive Wirkungen besitzt G. nicht, aber in einer Tasse Aufgußgetränk sind etwa 180 mg Coffein enthalten, etwa doppelt soviel wie in einer Tasse Kaffee. → Erfrischungsgetränk, alkoholfreies

Guaranin → Coffein

Guargummi → Guaran

Guarmehl → Guaran → Büschelbohne

Guarpflanze → Büschelbohne

Guaruma → Kanonenbaum

Guatemala-Avocado → Coyo-Avocado

Guave, *Guayaba, Guayave:* glänzende, gefleckte, kugelige (var. *pomíferum*) oder birnenförmige (var. *pyríferum*) Frucht des kleinen Baumes oder baumartigen Strauches *Psídium guajáva* L. (Familie *Myrtáceae*). Die größten geschlossenen Pflanzungen befinden sich in Südafrika, die G. ist aber auch im tropischen Asien (Hawaii) und Amerika verbreitet. Das Fruchtfleisch ist gelblich oder rötlichweiß und wird beim Erhitzen rosa-lachsfarben. Es enthält viele kleine, harte Kerne und hat eine durch Steinzellen (Sklereiden) verursachte, griessige Textur. Der Geschmack ist süßsäuerlich, moschusartig. Die G. wird frisch als Dessertfrucht gegessen. Ihr bes. Wert liegt in den mannigfaltigen Zubereitungsmöglichkeiten (Gelee, Marmelade, Babynahrung, Getränke, Sirup, Wein u. a.). der hohe Vitamin-C-Gehalt macht die Frucht als Zusatz zu Säften wertvoll. Zusammensetzung der G. s. Tab.

Es wird auch reiner Guavensaft (Südamerika) und Guavennektar (Kolumbien) produziert. Die Frucht enthält 0,5···1,8% Pektin. - Eng verwandt ist die *Erdbeerguave* oder *Cattley-Guave (Psídium cattleiánum* Sabine, = *P. littorál* Raddi), deren kugelige, purpurrote oder gelbe Früchte viel kleiner als die der G. sind (2···4 cm Durchm.) und erdbeerähnlich süß, aber nicht moschusartig schmecken. 100 g des weißen Fruchtfleisches enthalten 11···50 mg Vitamin C. Der Anbau erfolgt hauptsächlich in Hausgärten, die Eignung der Früchte für die industrielle Verwertung ist gering. Sie werden roh verzehrt und für die Bereitung von Marmeladen und Gelees verwendet. → *Paraguave*

Zusammensetzung der Guave

Bestandteil	Guavenfrucht	Guavennektar
	Durchschnittl. Gehalt in 100 g eßbaren Anteils	
Feuchtigkeit	78···83 g	
Eiweiß	0,7···1,0 g	0,14 g
Fett	0,4···0,6 g	keine Angabe
Kohlenhydrate	3···11 g	16,2 g
Gesamtsäure (Citronensäure)	keine Angabe	0,36 g
Mineralstoffe	0,6···0,9 g	0,21 g
Natrium	4,0 mg	1,9 mg
Kalium	280,0 mg	145,0 mg
Calcium	17 mg	3,0 mg
Phosphate	30 mg	10,9 mg
Caroten	0,4 mg	keine Angabe
Vitamin C	200···700 mg	35,7 mg

Guayaba → Guave

Guayana-Arrowroot → Arrowroot

Guayave → Guave

Gubbuz → Tannouri-Brot

Guchúva → Physalis

Gudanuß → Yeheb-Nuß

Gudbrandsdalsost: norwegischer Molkenkäse (Schnittkäse) aus Kuhmilch und Ziegenmilch. → Käsesorten

Guepínia helvelloídes → *Tremelláceae*

Guevin → Haselnuß, Chilenische

Guf → Pflückfisch

Gugakas → Waldsauerklee

Gugelhupf → Aschkuchen

Guggerchrut → Waldsauerklee

Guigne → Süßkirsche

Guineacorn → Sorghumhirse

Guineahirse: 1. → Sorghumhirse
2. → *Digitária ibúrua*

3. eine kleinkörnige → Hirse, *Brachiária defléxa* (Schumach.), Hubb. Syn. *Pánicum defléxum* Schumach. (Familie *Poáceae*), die lokal in Feuchtgebieten Westafrikas angebaut wird. → *Digitária ibúrua*

Guinea-Igname → Guineayams, Gelbes

Guineakorn → Sorghumhirse → Guineapfeffer 2

Guineapfeffer: 1. → Aschantipfeffer
2. *Alligatorpfeffer, Malaguetapfeffer, Guineakorn, Paradieskorn:* die im tropischen Westafrika und in Indien kultivierte Gewürzpflanze *Aframómum meleguéta* (Roscoe) K. Schum., (Familie *Zingiberáceae*), deren Samen früher für den Export nach Europa große Bedeutung hatten (→ *Spezerei*). Das pfefferartige Gewürz dient zur Aufwertung von Speisen und Getränken. In ähnlicher Weise werden die Samen von *A. letestuánum* Gagnep. verwendet, während von *A. latifólium* (Afzel.) K. Schum., auch *Odjom* in Westafrika genannt, nicht die Samen, sondern die scharf schmeckenden Blätter als Gewürz dienen. Als *Paradieskörner* und *Alligatorpfeffer* werden auch die als Gewürz verwendeten Samen von *A. exscápum* (Sims) Hepper bezeichnet. Gleichermaßen als Gewürz dienen die pfefferartigen Samen des in Afrika kultivierten *Kamerunkardamoms A. daniéllii* (J. D. Hocker) K. Schum. und des *Madagaskarkardamoms A. angustifólium* (Sonn.) K. Schum. → Pfeffer

3. *Kumbapfeffer, Kani, Afrikanischer Pfeffer:* die bohnenförmigen, getrockneten Samen der schotenähnlichen, roten bis schwarzbraunen Balgfrüchte von verschiedenen, im tropischen Afrika und Amerika heimischen *Xylópia*-Arten (Familie *Annonáceae*), die sich durch ihre Größe unterscheiden (Tab.).
Der charakteristische Geruch und der pfefferartige Geschmack, mit dem leicht bitteren Nachgeschmack, sind auf den Gehalt an ätherischem Öl zurückzuführen. Der G. wird in den Heimatländern

Xylópiapfeffer-Arten

Xylópia-Art	Größe der Samen
X. aethiópica (Dun.) A. Rich.	*Äthiopischer Pfeffer* 2,5···5 cm lang, 4···6 mm breit
X. striáta Engl.	*Gestreifter Pfeffer, Mohrenpfeffer* 3,5···6 cm lang, 5···8 mm breit

als Gewürz wie Pfeffer verwendet, auch die Rinde dient dort als Gewürz, insbes. die des *Guineapfeffers (Xylópia aromática* DC.) und des *Burropfeffers, (Xylópia longifólia* DC.). Die jungen Blätter von *X. aethiópica* (Dunal) Rich. werden lokal auch als Gemüse zubereitet. → Pfeffer

Guineayams, Gelbes, *Gelbes Yams, 12-Monate-Yams:* eine Yamswurzel, *Dioscórea cayennénsis* Lam. (Familie *Discoreáceae*), die wild vorkommt oder deren rhizomartige Knollen kultiviert werden. Das G. G. ist typisch für die Waldzonen Westafrikas mit kurzer Trockenzeit, es ist weder in Asien noch im Pazifik anzutreffen. Die harten, holzartigen, durch Caroten gefärbten Knollen sind infolge ihrer kurzen Ruheperiode zum Lagern nicht gut geeignet. In je 100 g Knollenfleisch sind enthalten: 83 g Feuchtigkeit, 15 g Kohlenhydrate, 0,05 g Fett, 1,02 g Eiweiß, 0,40 g Rohfaser und 0,53 g Mineralstoffe; der Energiewert entspricht je 100 g 284 kJ (68 kcal).

Guineayams, Weißes, *8-Monate-Yams:* eine Yamswurzelpflanze, *Dioscórea rotundáta* Poir., (Familie *Dioscoreáceae*), deren Knollen 2···5 kg, auch bis 10 kg Masse betragen können und sowohl zur Herstellung von Stärkemehl als auch zur Bereitung von → Fufu am besten geeignet sind. Das W. G. ist die wichtigste → Yamswurzelart in Westafrika und zeichnet sich nicht nur durch guten Geschmack, sondern auch durch beste Lagerfähigkeit im Vergleich zu allen anderen Yamsarten aus. In je 100 g frischen Knollen sind enthalten: 69 g Feuchtigkeit, 26 g Kohlenhydrate, 0,2 g Fett, 2,0 g Eiweiß, 0,8 g Rohfaser und 2,0 g Mineralstoffe;

der Energiewert in kJ (Kcal) je 100 g entspricht 490 (117).

Guira → Kalebassenbaum

Guizótia abyssínica → Nigeröl

Gujakharz, *Guajakharz, Guajaharz, Guaiakharz:* das aus dem Kernholz des in Mittel- und Südamerika beheimateten Pockholzbaumes, *Guajácum officinále* L. (Familie *Cygophylláceae*) durch Kerbschnitte an lebenden Bäumen oder durch Erwärmen gefällter, angebohrter Stämme gewonnene Harz. Es dient für Limonaden, Süßwaren, Spirituosen, Kaugummi als Aromaticum oder für andere Lebensmittel als → Konservierungsmittel. → Antioxydantien

Gulaman → Algenprodukt

Gulaman-Dagat → Algenprodukt

Gulasch Kung Fu: Fleischspeise auf der Basis von Rind-, Schweine- und Kalbfleisch. Dazu werden Rinderfilets, Schweinefilets und Kalbfilets in grobe Würfel geschnitten, mit Leber sowie Nieren gebraten und mit Rosmarin, Thymian, Pfeffer, Chillies und Oliven gewürzt.

Gulaschsuppengewürz: eine → Gewürzmischung aus Kümmel, Majoran, Gewürzpaprika, Thymian, Pfeffer, Knoblauchpulver, Citronensäure und Zucker, die zur Geschmacksverbesserung von Gulaschsuppen und speziell zu ungarischen Speisen (Soßen, Suppen, Fleischgerichten) verwendet wird.

L-Guluronsäure → Alginsäure → Uronsäuren

Gum → Gummi

Gum Gatto → Johannisbrotkernmehl

Gumi → Ölweide

Gummi, *Gum, Gummistoff:* im lebensmitteltechnologischen Sinn ein Stoff, der im wäßrigen Medium viskose, schleimartige oder gelartige Lösungen bzw. Dispersionen ergibt. G. liefernde Pflanzen, die in Plantagen kultiviert werden, sind: *Faidhérbia álbida* Del. (Familie *Fabáceae*) und die *Acácia*-Arten *cavénia* Mol, *dealbáta* Link, *drepanolóbium* Harms ex Sjöstedt, *farnesiána* (L.) Willd., *nilótica* (L.) Del. und *siberiána* DC. → Hydrokolloid

Gummi arabicum, (E 414) *Indian gum, East Indian gum,* → Indischer Gummi, Sudangummi, Kordofangummi, Senegalgummi, Arabischer Gummi, Akaziengummi: ein seit 4000 Jahren bekanntes → Hydrokolloid, das aus den Milchsaftausscheidungen mit unterschiedlich hohem Harzanteil (bis 30 %) von Akazienarten [*bes. von Acácia sénegal* (L.) Willd. und *Acácia nilótica* (L.) Del. = *Acácia arábica* (Lam.) Willd.] vorwiegend in Sudan (85 % der Weltproduktion), in Senegal, in Mauretanien und in Mali gewonnen wird. Die Jahresproduktion in Sudan beträgt etwa 50···60 kt. Das G. besteht aus einer Hauptkette von β-1,3-verknüpften D-Galactose-Molekülen mit vielen stark verzweigten Seitenketten, die auch L-Arabinose, D-Glucuronsäure und L-Rhamnose in unterschiedlicher Anordnung enthalten. Die Seitenketten zweigen vom Kohlenstoffatom-6 der Galactose in der Hauptkette ab. Die Molmasse beträgt etwa 35 000···1 000 000 g/mol. Unter G. wird das neutrale oder schwach saure Calcium-, Magnesium- und Kaliumsalz der *Arabinsäure* verstanden. In Handelspräparaten können Enzyme (Oxydasen, Peroxydasen, Diastase und Pectinasen) vorkommen, die durch Erhitzen inaktiviert werden müssen. Das G. ist ein helles, gelbliches bis leicht bräunliches Pulver, das sich leicht in Wasser unter Bildung relativ niedrigviskoser Lösungen (bis zu 50%ig) löst. Der *p*H-Wert einer 10%igen Lösung beträgt etwa 4,5. Eine Gelbildung wird mit G. nicht erreicht, sondern in hoher Konzentration nur eine gelartige Quellung. Das G. bildet mit Gelatine Koazervate. Es wird zum größten Teil in der Lebensmittelproduktion verwendet: in der Süßwarenindustrie zur Verhinderung der Kristallisation von Zucker, als → Verdikkungsmittel und Emulsionsmittel, bei Speiseeis zur Verhinderung der Eiskristallbildung und Verbesserung der Textur, als Aromafixiermittel und -emulgierungsmittel, als Schaumstabilisierungsmittel bei Getränken, als Schutzkolloid usw. → Gummistoff, pflanzlicher

Gummi, Arabischer → Gummi *arabicum*

Gummibärchen: Gelatinezuckerware, aus einer erhitzten aromatisierten Zuckerlösung unter Zusatz von Polysacchariden (Agar, Pektin, Gummi arabicum, dünnkochender Stärke, Amylopektin und Gelatine).

Gummibonbon → Gelatinezuckerware

Gummi, Indischer → Indischer Gummi

Gummi, Persischer → Haferschlehe

Gummistoff → Gummi

Gummistoff, pflanzlicher, *Pflanzengummi, Pflanzenexsudat:* neutrales Salz uronsäurehaltiger Polysaccharide, das als Bausteine D-Glucuronsäure (bei Tragant: D-Galacturonsäure), D-Galactose, L-Arabinose und häufig weitere Pentosen (D-Xylose) enthält. Die G. sind bei Pflanzen vorkommende Ausscheidungen bzw. Ausschwitzungen *(Exsudate)* - aus Früchten, Stämmen und Zweigen von Bäumen -, die spontan, nach mechanischer Beschädigung oder bei mikrobiellem Befall auftreten. Die G. werden teilw. als → Hydrokolloide verwendet. Wichtige G. sind: Gummi *arabicum,* → Tragant, → Ghattigummi, → Karayagummi, → Kirschgummi, → Latex, → Mesquitegummi, → Talhagummi, *Damsongummi,* → Schleimstoff, pflanzlicher.

Gummizucker → Arabinose

Gummizuckerware → Lebensmittelschaum → Schaumzuckerware

Gundel → Feldthymian

Gundelkraut → Wildkräuter

Gundermann, *Erdefeu, Hederich, Wildes Katzenkraut, Soldatenpetersilie, Donnerrebe:* die ganzjährig beerntbare Wildpflanze *Glecóma hederácea* L. (Familie *Lamiáceae),*deren junge, kräftig aromatische Blätter vielseitig, als Salatbestandteil, zum Würzen von Suppen, Quark u. dgl. verwendbar sind.

Guragi → Korarima-Kardamom

Gürgütsch → Ebereschenbeere

Gurke: die unreife, grüne, frische, feste und nicht hohle Beerenfrucht von *Cúcumis satívus* L. (Familie *Cucurbitáceae*), die in zahlreichen Sorten für verschiedene Verwendungszwecke angebaut wird. Je nach Anbauweise unterscheidet man zw. ausschl. zur Salatbereitung in Frage kommenden *Treibgurken,* zu denen die *Gewächshausgurken (Hausgurken)* und *Frühbeetgurken (*auch *Kastengurken)* zählen, und den *Freilandgurken,* die je nach Verwendungszweck als *Einlege-, Schäl-, Senf* oder *Salatgurken* bezeichnet werden. Zu den *Salat-* oder *Schälgurken* zählen alle langen G. Für die Lagerung und Konservierung sind die Pectinsubstanzen und die Aktivität der pectinolytischen Enzyme ausschlaggebend. Unreife G. enthalten einen Pectinasehemmstoff, der bei der Lagerung rasch an Wirkung verliert, was für die Konsistenzerhaltung, z. B. von → sauren G., von Bedeutung ist. Bittergeschmack am Stielende oder im mittleren Teil bildet sich selten bei jungen G. und ist

Zusammensetzung und Energiewert von Gurken

Bestandteil	Gehalt in 100 g eßbaren Anteils	
Feuchtigkeit	96,8	g
Eiweiß	0,5	g
Fett	0,2	g
Kohlenhydrate	1,3	g
Ballaststoffe	0,9	g
Mineralstoffe	0,6	g
Natrium	8,5	mg
Kalium	141,0	mg
Magnesium	8,0	mg
Calcium	15,0	mg
Mangan	0,15	mg
Eisen	0,5	mg
Phosphor	23,0	mg
Caroten	0,17	mg
Vitamin B_1	0,018	mg
Vitamin B_2	0,03	mg
Niacin	0,2	mg
Pantothensäure	0,24	mg
Vitamin B_6	0,035	mg
Vitamin C	0,0075	mg
Energiewert in kJ (kcal) je 100 g	38 (9,0)	

meist Folge von zu langer Lagerung oder zu langsamem Wachstums infolge zu kühler Witterung (s. Tab. S. 616).
Schlüsselverbindung des Aromas sind trans, cis-2,6-Nonadien-1-ol und trans, cis-2,6-Nonadien-1-al. G. sollten bei Temperaturen von 2°C nicht länger als 2 bis 3 Tage aufbewahrt werden, da sonst Kälteschäden (eingesunkene wäßrige Stellen auf der Schale und Zusammenfließen der Flecke, was zu sog. *Pockennarbigkeit* s. → Glasigkeit führt) auftreten. Längere Aufbewahrung ist bei 7···10°C und hoher Luftfeuchtigkeit (Folienverpackung) möglich. Zusammenlagerung mit ethenproduzierenden Früchten, wie Apfel oder Tomate, beschleunigt ein Vergilben der G.. Die G. zählt zu den wasserreichsten und damit energieärmsten Gemüsearten. Ihr gesundheitlicher Wert ist vor allem durch die unmittelbar unter der Schale sitzenden Mineralstoffe und Vitamine sowie durch den Gehalt an → *Tartronsäure* bestimmt, die eine Umwandlung von Stärke in Fett im Körper hemmt. → Gemüse → Gemüsesaft → Essiggemüsesterilkonserve → Gemüsedauerware

Gurke, Afrikanische → Igelgurke, Große

Gurke, Amerikanische: kleine, eiförmige, weißfleischige, eßbare Früchte der einjährigen Pflanze *Cyclanthéra pedáta var. edúlis* (L.) Schrad. (Familie *Cucurbitáceae*), die in Mittelamerika, Peru und Bolivien kultiviert wird, aber geringe Bedeutung hat. Junge Triebe und Blätter werden auch als Suppengemüse verwendet.

Gurkenaldehyd → n-Nona-2,6-dien-1-al

Gurkenalkohol → n-Nona-2,6-dien-1-ol

Gurkenbaum → Baumstachelbeere

Gurkenbaumfrucht → Baumstachelbeere

Gurke, neue, saure → Brühgurke

Gurkenhalbfabrikat: aus frischen, grünen, ganzen Einlegegurken unter Verwendung von Kochsalz oder Kochsalz/Essig-Lösung vorübergehend haltbar gemachtes Gemüse, das zu *Faßgurken, süßsauer,* oder *Gurkenkonserven, sterilisiert* weiterverarbeitet wird. Zu den G. zählen auch *Gurkensalzschalen.* Dies sind aus frischen, reifen, geschälten, vom Kernhaus befreite Gurken unter Zusatz von Kochsalz vorübergehend haltbar gemachte Gurkenerzeugnisse, die zu → Senfgurken weiterverarbeitet werden.

Gurkenkraut: 1. → Borretsch
2. → Dill

Gurkenkümmel → Dill Gurkenkraut

Gurkenkürbis: Sammelbez. für gurkenähnliche *Gemüse-* und *Speisekürbissorten* (s. Übers. → Kürbis), die den Kürbisarten *Cucúrbita pépo convar. giromontíina, C. máxima* und *C. moscháta, sowohl deren Sommer- als auch deren Winterformen, angehören können. Anbautechnisch wird zw. kurztriebigen* Buschtypen und *rankenden* Typen unterschieden. Bei den kurztriebigen G. wird im *unreifen* Stadium, bei 15···20 cm Länge (höchste Güteklasse: 10···15 cm) geerntet. Der G. wird dann roh mit Schale oder gekocht, gedünstet oder gebraten verzehrt. Je kleiner die Frucht, um so besser der Geschmack. Die 15···20 cm langen Früchte zeigen noch kein Kerngehäuse. Der buschförmige G. ist ein weit verbreiteter Sommerkürbis und wird vom Mittelmeer bis weit nach Norden angebaut. Da die Früchte stets unreif verzehrt werden, geben die Pflanzen fast den ganzen Sommer hindurch (dreimal wöchentlich ist zu ernten) neue Früchte ab. Der weit verbreitete G. der *convar. giromontíina* trägt viele Bez. (→ Kürbis, Übers.), ebenso vielfarbig sind die Früchte, je nach Sorte, beschaffen, entweder dunkelgrün, weiß, hellgrün, cremefarben oder gelb, goldgelb usw.. Die *großfrüchtigen G.* der strauchartigen Pflanzen werden auch *Kussa* genannt. Sie haben die Form einer walzenförmigen Riesenschälgurke von etwa 25 cm Länge und gleichmäßigen Durchm. von 6···8 cm. Im Geschmack liegen sie zw. Blumenkohl und Kohlrabi. Zu den buschförmigen Kürbissen aus der *C.-maxima-Gruppe* zählt *convar. zapallítina* Greb., der südamerikanische *Zappalitos.* Zu den *rankenden* G. gehören auch die orangefarbenen, carotenreichen *Citrouilles (C. pépo convar. pépo)* sowie der cremigeiweißfarbene *Spaghettikürbis,* dessen 15···20 cm langen, lange lagerfähigen

Früchte beim Kochen spaghettiähnlich zerfallen. Von *C. moschata* existieren hochgezüchtete japanische G., ein Meter Länge ist bei *Moschús-* oder Schlangenkürbissen keine Seltenheit. Junge Früchte werden wie Zucchini zubereitet. Von *C. máxima* werden vor allem Sorten aus der Hubbardgruppe *convar. hubbardina* Greb. als G., vor allem in den USA, genutzt. Während der unreif geerntete G. nur 2 bis 3 Wochen bei 7···10°C und 90···95% rel. Luftfeuchte (daher in Folienbeutel abpacken) aufbewahrt werden kann, lassen sich die reif geernteten, rankenden Gurkenkürbissorten bis zu 6 Monaten lagern. Letztere werden vorwiegend gegart wie Schmorgurken verzehrt. → Zucchini

Gurkenkürbis, kleinfrüchtiger → Zucchini

Gurkenlake → Rassolnik

Gurkensalzschale → Gurkenhalbfabrikat

Gurke, saure, *Salzdillgurke, Salzgurke:* ein aus frischen, grünen, unreifen, ganzen Einlegegurken unter Verwendung von Speisesalz und Gewürzmischung durch natürliche Milchsäuregärung begrenzt haltbar gemachtes Erzeugnis (Tab.).

Zusammensetzung und Energiewert von sauren Gurken

Bestandteil	Gehalt in 100 g
Feuchtigkeit	90,7 g
Eiweiß	1,04 g
Fett	0,15 g
Kohlenhydrate	2,8 g
Ballaststoffe	0,96 g
Mineralstoffe	4,29 g
Natrium	960,0 mg
Calcium	30,0 mg
Eisen	1,63 mg
Phosphor	30,0 mg
Vitamin B_1	0,003 mg
Vitamin B_2	0,022 mg
Vitamin C	2,0 mg
Gesamtsäure	1,25 g
Kochsalz	2,45 g
Energiewert in kJ (kcal) je 100 g	71 (17)

Die G. werden gestichelt und in 6···8%ige Kochsalzlösung gelegt. Die zunächst gebildete Milchsäure wird in der späteren Gärphase durch Hefen der Kahmhaut teilw. oxydativ verbraucht. Zur Nachreifung lagern die G. unter erhöhter Salzzugabe 3 bis 6 Monate und länger. Nach dem Auslaugen des Salzes werden sie als „s. G." verzehrt oder zu *Essig-, Gewürz-,* oder *süß-sauren Gurken* weiterverarbeitet. Die Umlauffrist für s. G. beträgt bei Faßware 30 Tage, für Kleinverbraucherpackungen 8 Tage. → Gemüse, milchsaures → Gemüsedauerware → Essiggemüsesterilkonserve → Gärung, milchsaure

Gurke, süß-sauer: ein aus frischen Gurken unter Zusatz von Kochsalz/Essig-Lösung mit oder ohne Konservierungsmittel begrenzt haltbar gemachtes Erzeugnis, das einen Zusatz von Saccharin und Gewürzen enthält. → Gurke, saure

Gurke, transgene → Nutzpflanze, transgene

Gurke, vorbehandelte → Gurkenhalbfabrikat

Gurke, Westindische → Igelgurke, Kleine

Guronuß → Colanuß

Gürtelfuß →*Cortinariáceae*

Gurunuß → Colanuß

Güster, *Blikke, Gieben, Pliete, Blícca bjórka* (Bild):

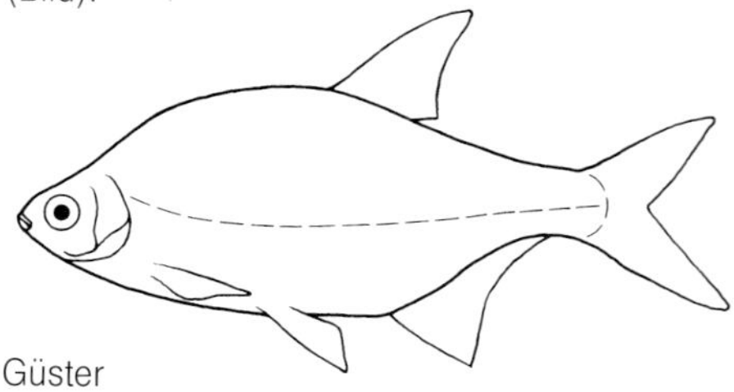

Güster

Sehr hochrückiger, seitlich stark zusammengedrückter *Süßwasserfisch,* von dem sehr ähnlichen → *Blei* den rötlichen Ansatz der Brust und Bauchflossen und das große Auge unterschieden. Die Länge beträgt meist nur 20···30 cm (Masse etwa

80···320 g), höchst. 35 cm (Masse etwa 870 g). Die G. kommt häufig mit dem Blei vergesellschaftet in langsam fließenden Gewässern von den Pyrenäen und Alpen bis zum Schwarzen Meer, zum Kaspischen Meer und zur Newa vor und wird bes. im östlichen Verbreitungsgebiet in größeren Mengen gefangen. Sie enthält je 100 g eßbaren Anteils 17,5···19,0 g Eiweiß und 2···3 g Fett. → Fisch

Gutedel, Weißer: Weißweinkeltertrauben-Sorte, die, angebaut bes. in der Schweiz, in Frankreich und in Deutschland, liebliche, leichte Tischweine mit zartem Bukett und geringem Säuregehalt liefert. Die Weine schmecken jung getrunken am besten. Die Sorte wird auch als Tafeltraube angebaut. In Frankreich und in anderen Ländern heißt sie auch *Chasselas.* → Wein

'Gute Luise' → Birne → Kernobst

Gutsfleischwurst: → *Kochwurst (Blutwurst,* Spitzensorte, zu deren Herstellung Schweinefleisch, Schweineleber, Schweinebauch ohne Knochen, Schwarten, Blut, Nitritpökelsalz, Pfeffer, Nelken und Majoran eingesetzt werden. Als Wursthüllen dienen Krausen oder Schweinekappen. Das Schnittbild zeigt rosafarbene Fleischstücke (12···20 mm Durchm.) und weiße Fettstücke, beide fast gleichmäßig in dunkelrotbrauner Blutmasse verteilt. → Wurst

Gutsleberwurst: → *Kochwurst* (Spitzensorte), zu deren Herstellung Schweineleber, Schweinefleisch, Fettabschnitte, Nitritpökelsalz, Zucker, Pfeffer, Mazisblüte, Majoran und Ingwer verwendet werden. Als Wursthüllen dienen Naturdärme. Das Schnittbild zeigt eine rosafarbene bis rötlichgraue Wurstmasse mit Fleisch- und Fettwürfeln von etwa 6 mm Kantenlänge sowie mit erbsengroßen Leberstückchen durchsetzt; an der Hülle darf sich kein Fettrand absetzen. → Leberwurst → Wurst

Guttapercha: ein kautschukähnliches, dem Naturkautschuk chemisch nahe verwandtes Polyterpen, dessen Isoprenreste in Trans-Form miteinander verknüpft sind. G. wird vorwiegend aus dem Milchsaft von Rinde, Zweigen und Blättern (Latex) des *Guttaperchabaumes* [*Paláquium gútta* (Hook.) Baill., Familie *Sapotáceae*] gewonnen, der in den tropischen Regenwäldern Malaysias und Indonesiens beheimatet ist. Die 3 bis 4 Jahre alten Sträucher des sog. *chinesischen Guttaperchabaumes (Eucómmia ulmoídes* Oliv., Familie *Eucommionáceae)* können 200···250 kg G. je ha liefern. Auch *Fícus* sycomórus L. ssp. *gnaphalocárpa* Miq., Familie *Moráceae,* wird in Plantagen zur Gewinnung von G. kultiviert. Bei niedrigen Temperaturen ist G. unelastisch und wird erst bei mäßigem Erwärmen (etwa 37°C) plastisch verformbar. Deshalb ist er gut für die Herstellung von Kaugummi geeignet. Verwendung finden gereinigte Pflanzenexsudate aus verschiedenen Pflanzenarten, wie *Chicle, Jutong, Leche di Caspi, Niger, Soh, Siak, Katiau, Sorwa, Balata, Malaya und Percha.* → Chicle → Gummistoff, pflanzlicher → Kautschuk → Latex

Güütsch → Ebereschenbeere

Gymnadénia conopéa → Salepmannan

Gynaminsäure → Aminozucker

Gynandrópsis gynándra → Massarubee → Katzenschwanzbart

Gynandrópsis speciósa → Katzenschwanzbart

Gyokuro: eine auserwählte japanische Grünteesorte, deren Name „edler Tautropfen" bedeutet. Die zarten Blätter besitzen ein kräftiges Aroma und schmecken nicht so bitter wie → Sencha, weil die Pflanzen im Schatten gehalten werden, sobald im April das Triebwachstum einsetzt. Der Verarbeitungsprozeß ist mit dem des *Sencha* identisch. → Tee, Japanischer

Gypsóphila paniculáta → Schleierkraut

Gyrocéphalus rúfus → *Tremelláceae*

Gýrodon lívidus → *Boletáceae*

Gyromítra: zur Familie *Helvelláceae* geordnete Pilzgattung. Ihre bekanntesten Vertreter sind die in verschiedenen Gegenden häufige *Frühjahrs-Lorchel, Früh-Lorchel* oder Gift-Lorchel [*Gyromítra esculénta* (Pers. ex Fr.) Fr.] und die Riesen-Lorchel [*Gyromítra gígas* (Krbh.) Cooke = *Discína gígas* (Krbh.) Eckblad], die beide im Frühjahr vorkommen. Die erstgenannte wird oft mit der Speisemorchel verwechselt. Sie ist deshalb gefährlich, weil die Giftanreicherung sehr unterschiedlich sein kann und verschiedentlich dieser Pilz ohne schädliche Folgen verzehrt worden ist. Selbst nach Abkochen und Verwerfen des Kochwassers kommt es immer wieder zu tödlichen Vergiftungen. Sie ist deshalb in Deutschland nicht für den Handel zugelassen. Äußere Kennzeichen dieses Pilzes sind sein kinderfaustgroßer, dunkelbrauner Hut, der mit gekröse- und hirnartigen Wülsten und Windungen versehen ist und ein verästelt gefurchter, zart gelblichgrau gefärbter, zart körnig violett bereifter, zerbrechlicher, innen gekammerter bis heller Stiel. Während die erste Art trockene Kiefernwälder und -schonungen und alte Brandstellen bevorzugt, kommt die ockerbraun gefärbte und schwach giftige *Riesen-Lorchel* auf schattigen, moosigen Stellen in Nadel- und Laubwäldern, bes. an oder auf morschen Baumstümpfen vor. → Gyromitrin → Speisepilze → Helvélla → Pilzgifte

Gyromitrin: Pilzgift der *Frühjahrs-Lorchel* [*Gyromítra esculénta* (Pers. ex Fr.) Fr.] und der Riesen-Lorchel [*Gyromítra gígas* (Krbh.) Cooke]. Es ist ein Acetaldehyd-N-methyl-N-formylhydrazon:

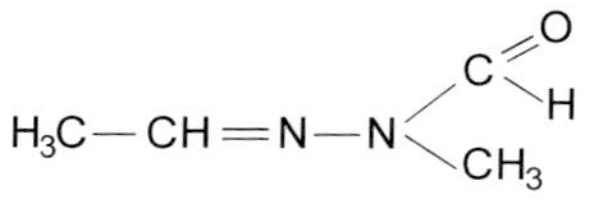

G. ist bei Zimmertemperatur eine farblose Flüssigkeit, die sich bei etwa 60°C zersetzt. G. ist löslich in Wasser und einer Reihe organischer Lösungsmittel. Es wird vom Luftsauerstoff oxydiert, von heißem und alkalischem Wasser gespalten. Die Giftwirkung des G. deckt sich weitgehend mit seinem Spaltprodukt *Methylhydrazin*. Als weiteres Zersetzungssprodukt entsteht das ebenfalls giftige *N-Methyl-N-formylhydrazin*. Alle 3 Verbindungen sind mit den Kochdämpfen flüchtig (Vergiftungsgefahr!). Als tödliche Dosis werden aus den bei Vergiftungen aufgenommenen Lorchelmengen für Kinder 10···30 mg/kg, für Erwachsene 20···50 mg/kg Körpermasse geschätzt. Es wurden 3 weitere, dem G. nahe verwandte, schwächer wirksame Toxine mit längerkettigen Kohlenwasserstoffresten an Stelle der Methylgruppe entdeckt. In frischen Pilzen wurden 0,125···0,165% G. nachgewiesen. Die Hydrazinabkömmlinge sind Monoaminooxydasehemmer, woraus sich die Giftwirkung auf das Gehirn (Halluzinationen, toxisch-klonische Krämpfe) erklärt. Die Vergiftungserscheinungen reichen von geringer Unpäßlichkeit bis zu schwersten Fällen mit Todesfolge. In der ersten Phase treten Mattigkeit, Völlegefühl, Übelkeit, Kopf- und Bauchschmerzen, unstillbares Erbrechen und nur manchmal zusätzlich wäßrige oder blutige Durchfälle auf. Meist tritt Erholung nach 2 bis 6 Tagen ein. Nach manchmal vorhandenem symptomfreiem Intervall treten in schweren Fällen Symptome der Leberschädigung und der Hämolyse (Gelbsucht, Hämoglobinurie bis hin zum Versiegen der Harnausscheidung) auf. Daneben werden zentralnervöse Störungen beobachtet (Unruhe, Erregungszustände, Delirium, Pupillenerweiterung, Muskelzuckungen, klonisch-tonische Krämpfe). Nach $2^1/_2$ bis 3 Tagen kann der Tod durch Kreislaufzusammenbruch und Atemstillstand eintreten. Die Annahme, daß das Lorchelgift durch zweimaliges Weggießen des Kochwassers oder durch Trocknen und anschließendes mehrmonatiges Lagern entfernt bzw. zerstört würde, ist sehr zweifelhaft, weil auch kleine zurückbleibende Giftmengen kumulativ die Leber schädigen. → Pilzgifte

Gyrophóra esculénta → Iwatake

Gyróporus spec. → *Boletáceae*

Haagpflaume → Schlehe

Haarblume: die in China und Japan angebaute *Trichosánthes ovígera* Bl. (Fam. *Cucurbitáceae*), deren junge Früchte als Gemüse verzehrt, die Wurzeln dagegen zur industriemäßigen Stärkegewinnung verwendet werden.

Haargerste → Sandhafer

Haarnessel → Brennessel

Haarschleierlinge → Pilzgifte

Haarschwanz → Degenfisch

Habenária commelinifólia → Jipoosang-Knolle

Habermus → Dinkel

Habichtspilz → *Thelephoráceae*

HACCP: Hazard Analysis Critical Control Point, Kritische Punktanalyse, Erkennung aller hygienisch kritischen Punkte bei der Herstellung eines Lebensmittels.

Hack → Hackfleisch

Hackepeter → Hackfleisch

Hackepetergewürz: eine → Würzmittelmischung von Estragon, Pfeffer, Gewürzpaprika, Salbei, Zwiebel-, Knoblauchpulver und Speisesalz zur Würzung von Hackepeter, Hackbraten, Buletten

Häckerle → Fischsalat

Hackfleisch, *Gehacktes, Hack, Gewiegtes:* Zerkleinertes *Frischfleisch* vom Rind, Schwein oder Kalb. Da es roh oder zubereitet verbraucht werden kann, sind für die Herstellung und den Vertrieb zum Schutz des Verbrauchers bes. Bestimmungen erlassen worden. Die Verwendung von bedingt tauglichem Fleisch sowie von Fleisch anderer Tierarten, z. B. Geflügel oder Wild, für H. ist unzulässig. Es darf nur grob entsehntes Skelettmuskelfleisch für H. eingesetzt werden. Aus Gefrierfleisch darf H. nicht hergestellt werden, jedoch darf frisches H. als gefrierkonserviertes H. in den Handel gebracht werden, wenn es in Industriebetrieben im Schnellgefrierverfahren hergestellt, bei −18 °C nicht länger als 6 Wochen gelagert und in verschlossenen, mechanisch festen wasserdichten Packungen vertrieben wird. Vom Rind hergestelltes H. heißt *Schabefleisch, auch Tartar* genannt. Hierfür darf nur entsehntes, vom sichtbaren Fett befreites Skelettmuskelfleisch verwendet werden. Zusätze von Kochsalz und Gewürzen sind nur bei gefrierkonserviertem H. statthaft. Vom Schwein hergestelltes H. heißt *Hackepeter.* Es wird aus entsehntem Skelettmuskelfleisch hergestellt und ist allgemein etwas gröber als Schabefleisch. Zusätze von Kochsalz, Pfeffer und anderen Gewürzen sind statthaft. *Gehacktes* ist grob entsehntes, zerkleinertes Muskelfleisch einer Tierart. Es kommt als frisches Gehacktes ungewürzt in den Handel und wird meistens zum Braten verwendet. Gefrierkonserviertes Gehacktes kann aus grob entsehntem Skelettmuskelfleisch verschiedener Tierarten und bei entsprechender Kennzeichnung mit oder ohne Speisesalz- und Gewürzzusatz in den Verkehr gebracht werden. 100 g Schabefleisch entsprechen etwa 550 kJ (130 kcal) beim Rindfleisch und 830 kJ (200 kcal) beim Schweinefleisch. 100 g Hackepeter weisen einen Energiewert von 1340 kJ (320 kcal) auf. Von den USA ausgehend, dort als *Patties, Hamburger* oder *Burger* in Verbindung mit einem anderen Wort bezeichnet, hat auch in anderen Ländern in Scheiben, rund oder rechteckig geformtes, portioniertes, gebratenes H. Eingang gefunden. → Fleisch

Hackfleischgewürz: eine → Würzmittelmischung aus Bohnenkraut, Majoran, Salbei, Thymian, teils Rosmarin, Pfeffer, Gewürzpaprika, Zwiebelpulver und Speisesalz zur Würzung von Hackfleisch.

Hacksemmel → Semmel → Ausbundbackware

Haddock: engl. Bez. für → *Schellfisch*; auch kaltgeräuchertes Erzeugnis daraus → Räucherfischerzeugnisse

Hafer: ein → Getreide, dessen schmale, aber behaarte Körner an beiden Enden spitz auslaufen, einen nur geringen Spalt aufweisen und mit einer dickwandigen, mechanisch haftenden, d. h. mit dem Korn nicht verwachsenen Spelze umschlossen sind. Die Spelzen machen etwa 33 % der gesamten Kornmasse aus. Die am häufigsten angebaute Kulturform in Europa und Nordamerika ist der *Saathafer, Avéna satíva* L. Der Nackthafer *Avéna núda* L. wird gleichermaßen wie der *Rauh-, Sand-, Schwarz-* oder *Kleinhafer, Avéna strigósa* Schreb. in Europa kultiviert, jedoch in begrenztem Umfang; Nach der Farbe der Spelzen unterscheidet man *Weißhafer* (wegen feiner Spelze für die Nährmittelherstellung bevorzugt), *Gelb-, Schwarz-* und *Braunhafer.* Der *Nackthafer* liegt im Ertrag 30 % unter dem *Spelzhafer,* läßt sich aber mit geringerem Aufwand (ohne Schälen) zu → Hafernährmitteln verarbeiten. Wesentliche Nährwertunterschiede bestehen zwischen diesen beiden Gruppen nicht. Der H. wird vor allem als *Futtergetreide* angebaut, ein geringer Teil dient als *Industriehafer* zur Herstellung von → Nährmitteln und gelegentlich zur Brotbereitung als Zumischmehl; ein geringerer Prozentsatz dient zur Herstellung von *Hafer-* oder *Hafermalzkakao.* H. als Nahrungsgetreide darf nicht älter als 2 Jahre sein. Hauptanbauländer sind Kanada und USA. Der H. ist mit 7 % Öl im entspelzten Korn das fettreichste Getreide und wird infolge seines relativ hohen Gehaltes an Eiweiß (12···15 %), Lecithin, ungesättigten Fettsäuren, Mineralstoffen und Vitaminen der B-Gruppe als eines der nährwertreichsten Getreide angesehen; seine diätetische Bedeutung leitet sich von dem Gehalt an Lichenin ab, einem schleimbildenden Kohlenhydrat, das von den Verdauungssekreten des menschlichen Organismus nicht angegriffen wird und daher seine wohltätigen, adsorbierenden Eigenschaften im Magen-Darm-Trakt voll zur Wirkung kommen läßt. Das Haferkorn enthält eine sehr dünne, meist hellfarbige Fruchtschale, so daß aus dem *Kern* (dem entspelzten Korn) ohne weiteren Schälprozeß Vollkornerzeugnisse hergestellt werden können. → Gerste → Getreideöl → Lichenin.

Haferbrot → Hafermischbrot

Haferflocken → Hafernährmittel

Hafergrieß → Hafernährmittel

Hafergrütze → Hafernährmittel

Haferkakao → Mischung, pulverförmige, kakaohaltige

Haferkleie, Haferspeisekleie: Gemisch aus den Randschichten (Aleuronschicht, Samenschale und Fruchthaut) und dem Keimling des Hafers. In H. sind *lösliche* und *unlösliche* → Ballaststoffe, Vitamine (A, B, E-Gruppe), Mineralstoffe, Proteine und je nach Verarbeitung unterschiedliche Anteile an Stärke enthalten. Der Proteingehalt erhöht sich je nach Hafersorte in der Kleie um 3 bis 6 % im Vergleich zum Hafer. Der Stärkegehalt sinkt um 12 bis 20 % (z. B. von 62 % auf 43 %). Als charakteristisches Merkmal der H. ist ihr im Vergleich zu den Kleien anderer Getreidearten überdurchschnittlich hoher Anteil an löslichen Ballaststoffen zu nennen (Tab.).

Ballaststoffzusammensetzung von Hafer- und Weizenkleie

Bestandteil	Gehalt je 100 g Trockensubstanz in g	
	Haferkleie	Weizenkleie
Gesamtballaststoffe	30,4	46
Wasserlösliche Ballaststoffe	15,3	3,6
Unlösliche Ballaststoffe	15,1	42,4
davon Hemicellulose	(9,2)	(30,6)
Cellulose	(2,0)	(5,7)
Lignin	(3,9)	(6,1)

Er beläuft sich auf etwa 50 % bei Hafer gegenüber nur etwa 10 % bei Weizen. Es handelt sich um → β-1,3-(1,4)-Glucan. Lösliche Ballaststoffe bewirken die ernährungsphysiologisch erwünschte Senkung des *Cholesterolgehaltes* im Blut, einem wesentlichen Risikofaktor für das Entstehen von *Atherosklerose* (Arterienverkalkung). Danach ist die Cholesterol enthaltende LDL Fraktion (LDL = Low Density Lipoprotein) erniedrigt, während die erwünschte HDL-Fraktion (HDL = High Density Lipoprotein) gleichbleibt oder zunimmt.

Hafermalzkakao → Mischung, pulverförmige, kakaohaltige

Hafermark → Hafernährmittel

Hafermehl → Hafernährmittel

Hafermischbrot; ein Mischbrot aus proteinreichem Weizen- und Hafermehl bzw. -flocken (vorwiegend im Verhältnis 1:1). Um keinen Bittergeschmack aufkommen zu lassen, wird das H. nur aus frisch hergestelltem Hafermehl bereitet. Da das kleberarme Hafermehl keine guten Backeigenschaften aufweist, kann sich ausschl. aus Hafer hergestelltes Brot nicht durchsetzen. Das H., dessen Verbreitung vorwiegend auf bestimmte Gebiete Großbritanniens beschränkt ist, wird vielfach als *Haferbrot* bezeichnet, obgleich es ein Mischbrot darstellt. Folgende Rezeptur soll sich für die Hafermischbrotherstellung am besten bewährt haben: 4 kg frisches Hafermehl, 3 kg kleberstarkes Weizenmehl, 250 g Fett, 260 g Milchpulver, 3,75 l Trinkwasser, 300 g Hefe, 125 g Salz, 65 g diastatischer Malz und 250 g Honig.

Hafernährmittel: Sammelbegriff für → Nährmittel, die aus → Hafer in Form von → Flocken, → Grütze, → Grieß und → Mehl hergestellt werden. Alle H. finden entweder als → Brei oder Schleim oder ungekocht (mit Ausnahme von Hafermehl und Hafergrieß) vielfach zusammen mit Milch und Früchten als → Getreidefrühstückserzeugnis Verwendung. Vor der Verarbeitung zu H. muß der geschälte Hafer auf Grund seines hohen Fettgehalts hydrothermisch behandelt (stabilisiert bzw. präpariert) werden, um eine Inaktivierung derjenigen Enzyme zu erreichen, die nach Aufbrechen des Haferkornes ihre Aktivität entfalten und nach kurzer Zeit zu Bittergeschmack und Ranzigkeitserscheinungen führen würden. Zur Erzielung eines nußartigen Geschmackes wird außerdem dem Haferdämpfprozeß der sog. Darrprozeß (trockenes Erhitzen) vorangestellt. Haferflocken werden durch Quetschen präparierter, d. h. gedarrter und gedämpfter, mit Fruchtschale belassener Haferkerne hergestellt. Das bes. klein- und zartblättrige Hafererzeugnis *„Hafermark"* wird durch Quetschen präparierter und *geschliffener* sowie zerkleinerter Haferkerne *(Perlhafer)* - also nach Entfernung eines Großteils der äußeren Randschichten des entspelzten Kornes - gewonnen und weist auch einen bedeutend helleren Farbton als übliche Haferflocken auf. *Hafermehl* und *Hafergrieß* werden in der Regel durch Zerkleinerung von Haferkernen (von entspelzten ganzen Körnern) hergestellt; *Hafergrütze* wird durch Schneiden mit Fruchtschale umgebener Haferkerne hergestellt. Werden aus sehr grober Hafergrütze (Zerkleinerung der Haferkerne nur in 2 bis 3 Teile) Flocken hergestellt, so werden diese als *Kleinblatthaferflocken* oder auch *Keimblattflocken* bezeichnet (ein Drittel der Größe normaler Haferflocken). Grobgeschrotete Hafergrütze (*Quakeroats*) kommt in England direkt in den Handel und dient zur Herstellung von Suppen und Brei. *Haferschnellflocken* sind H., die einem mehrstufigen Dämpfprozeß unterworfen wurden, so daß sie keiner (Instanthaferflocken) oder nur kürzester Kochzeit (2 min) bedürfen. Sie zeichnen sich durch verminderten Vitamingehalt, aber verbesserte Zubereitungseigenschaften aus. Im Handel werden diese Haferflockenvarianten unter den Bez. *Schnee-*, *Rapid-*, *Tempo-* oder *Sofortflocken* angeboten. Zusammengesetzte Hafererzeugnisse (z. B. *Fleks* in Form von Extrusionserzeugnissen) oder *Haferkleie-Müsli* weisen folgende Analysenwerte (s. Tab. S. 624) auf. Auf Grund der günstigen Nährstoffzusammensetzung und Entfaltung der für Magen und Darm günstigen Schleimwirkung, insbes. auf Grund des Licheningehaltes (→ Lichenin), werden die H. für alle Alters- und Diätgruppen roh oder gekocht empfohlen. Da die Bereitung von Schleim durch langwieriges Abkochen von Haferflocken oder -mehl im Haushalt gleichzeitig zu Vitaminverlusten führt, wird von der Industrie ein *Trockenschleimerzeugnis, sog. Instant-Haferschleim,* im Walzentrocknungsverfahren hergestellt. Das am meisten verzehrte H. sind die Haferflocken. Von einer Qualitätshaferflocke wird erwartet, daß sie einen einwandfreien aromatischen Geschmack und Geruch (sie dürfen weder muffig, ranzig, noch nach geleimtem Tütenpapier riechen), keine störenden Spelzen und einen Vitamin-B_1-Gehalt von mind. 0,6 mg je 100 g aufweist. Die Haferflocken müssen kühl und luftig gelagert werden. Der Feuchtigkeitsgehalt von Haferflocken beträgt etwa 12 %, der Eiweißgehalt 15 %,

Zusammensetzung von Erzeugnissen aus Haferspeisekleie (nach Angaben der Firma Kölln)

Analysen pro 100 g		Haferkleie Flocken	Haferfleks mit kleie (70% Haferkleie)	Haferkleie Müsli
Eiweiß	(g)	17,8	15,5	11,8
Fett (gesamt)	(g)	8,9	7,5	6,2
davon ges. FS	(g)	1,4	1,1	0,9
einf. unges. FS	(g)	2,9	2,4	1,9
mehrf. unges. FS	(g)	2,6	2,2	1,8
Kohlenhydrate	(g)	39,5	54,7	59,2
Ballaststoffe (gesamt)	(g)	20	16	11,2
davon lösl. Ballaststoffe	(g)	9,2	7,8	5,2
unlösl. Ballaststoffe	(g)	10,8	8,2	6
Mineralstoffe (gesamt)	(g)	3,2	2,8	2,4
Kalium	(mg)	670	590	560
Calcium	(mg)	100	82	80
Natrium	(mg)	4	4	70
Magnesium	(mg)	230	200	140
Zink	(mg)	4,75	4,12	2,75
Eisen	(mg)	7,3	5,2	4,2
Kupfer	(mg)	0,33	0,3	0,3
Selen	(µg)	5	4	5
Vitamin B_1	(mg)	1,2	1	0,7
Vitamin B_2	(mg)	0,25	0,22	0,17
Niacin	(mg)	1,5	1,45	1,11
Vitamin E	(mg)	1,65	1,53	1,73
Kilokalorien	(kcal)	309	348	340
Kilojoule	(kJ)	1312	1478	1443

der Ballaststoffgehalt etwa 5,5%, der Fettgehalt etwa 6%. Der Spelzengehalt darf bei Normalflokken 0,07%, bei feinen Flocken 0,03% nicht überschreiten. → Frische → Speisekleie

Haferpflaume: → Spilling

Haferpreßling: ein → Komprimat in Würfel- oder Tablettenform aus Haferflocken und Trockenobst. → Müsli

Haferschalenmehl → Trennmehl

Haferschalenpuder → Trennmehl

Haferschlehe, *Krieche, Kriechenpflaume, Wilddamson:*
1. Bez. für eine Unterart der Obstart → Pflaume, botanisch *Prúnus doméstica* L. *subspec. insitítia* (L.) Schneid., mit den Varietäten *Haferschlehe,* → *Spilling* und → *Mirabelle.* Die H. wird wegen des wenig oder nicht steinlösenden Fruchtfleisches als Obstart kaum noch, aber dafür zur Gewinnung des Baumgummis (*Persischer Gummi*) und des Samenöls angebaut, aus dem Speiseöl hergestellt werden kann.
2. Bez. für die Varietät *Prúnus doméstica insitítia var. juliána* L., eine kleine, volkstümlich ebenfalls *Krieche* genannte runde Pflaume mit Wildfruchtcharakter, als Tafelobst nicht brauchbar.

Haferschneeflocken → Kindernährmittel → Instant-Kindernährmittel

Haferstärke → Getreidestärke

Hafertrockenschleim → Kindernährmittel

Hafervollkornerzeugnis → Hafernährmittel

Haferwurzel → Bocksbart

Haftprotein: ein als Netzwerk von Fibrillen an der Oberfläche der Weizenstärkekörner haftende Reste von Klebereiweiß mit einem I. P. ≈ 7. → Eiweiß → Zwickelprotein

Hagapfel → Erdbeerbaum

Hagdorn → Schlehe

Hagebutte: 1. Sammelbez. für die Früchte wildwachsender oder kultivierter Rosenarten. Die H. werden entweder roh verzehrt oder getrocknet als Droge verwendet; aus den Früchten werden auch Marmelade, Konfitüre, Likör, Wein und Essig hergestellt.

2. *Hiften, Heckenbutzen, Heckenpetschen:* scharlachrote Scheinfrucht der in Hecken und Gebüschen, in Laubwäldern und an Waldrändern wild wachsenden Hecken- oder Hundsrose (*Hainrose, Buttenrose, Dornrose*) *Rósa canína* L., (Familie *Rosáceae*), aus dem fleischig gewordenen kugelförmigen Blütenboden bestehend, auf dem im Inneren die zu Nüßchen ausgebildeten Einzelfrüchte sitzen. Die H. reift im Herbst. Die Sträucher werden häufig in Hecken und Windschutzpflanzungen sowie in größeren Gärten als Zier- und Nutzgehölz angepflanzt. Der Nutzwert der H. besteht in ihrem hohen Gehalt an Vitamin C. Die Wildform hat zur Erntezeit einen Vitamin-C-Gehalt von 400···600 mg je 100 g (s. Tab.).

Durchschnittl. Zusammensetzung und Energiewert der Hagebuttenschale

Bestandteil	Gehalt je 100 g eßbaren Anteils	
Feuchtigkeit	49	g
Eiweiß	3,6	g
Kohlenhydrate	22	g
davon Gesamtzucker	14	g
Ballaststoffe	22,4	g
davon Pektine	4	g
Mineralstoffe	3,0	g
Kalium	510	mg
Magnesium	120	mg
Natrium	30	mg
Phosphor	110	mg
Eisen	10	mg
Calcium	150	mg
Vitamin B_2	0,01	mg
Vitamin C	500	mg
Caroten	4···6	mg
Energiewert in kJ (kcal) je 100 g	420 (100)	

Durch Kreuzung von *Rósa pendulina* L. (Alpenrose) mit *Rósa dumális* Bechsl.entstand die als *'Pillnitzer Vitaminrose'* verbreitete Hybride *'Pi Ro 3'*. Dreijährige Untersuchungen des Vitamin-C-Gehaltes dieser Hybride ergaben einen durchschnittlichen Gehalt der entkernten Fruchtsubstanz von 1 150 mg je 100 g. *Vitamin-* bzw. *Fruchtrosen* oder *Obstrosen* gewinnen auf Grund des hohen Gehaltes an wertvollen Inhaltsstoffen immer mehr an Bedeutung. Bes. Beachtung finden dabei *R. gállica* L., *R.* villósá L., *R. rugósa* Thunb., *R. rubiginósa* L. und weitere Arten mit Sorten. H. werden industriell zu *Fruchtsaftkonzentrat, Fruchtsaft, Fruchtsüßmost* und *Fruchtsirup* verarbeitet. Im Haushalt werden außerdem *Konfitüre* und *Marmelade* hergestellt. Die *Teedroge* aus ausgequetschten von Kernen befreiten, anschließend getrockneten H. hat medizinische Bedeutung. Auch die aus den Früchten gewonnenen Kerne ergeben nach gründlichem Waschen und nach der Entfernung der anhaftenden Härchen einen schwach, rötlich gefärbten Tee (*Kernlestee*), dessen Genuß bei bestimmten Nieren- und Blasenleiden empfohlen wird. → Vitaminrose

Hagebuttenbirne: ein bereits 1599 vom Botaniker Bauhin in der Baumannschen Baumschule in Bollweiler (Elsaß) entdeckter natürlicher Bastard *Sorbopýrus auriculáris* L. (Familie *Rosáceae*), der aus der → *Echten Mehlbeere, (Sórbus ária* (L.) Crantz) und der *Birne (Pýrus commúnis* L.) hervorgegangen ist. Da Gattungsbastarde nur selten Samen ansetzen, wird die H. auf vegetativem Wege vermehrt und in Bauerngärten oder Parkanlagen angepflanzt. Der bis 15 m hoch wachsende Baum bringt gelbfleischige, rotbackige, süßlich schmeckende Früchte, die 3···4 cm lang sind und mit ihrer glatten Schale, sowie dem saftlosen Fruchtfleisch an große Hagebutten erinnern. Die Früchte können zu Marmelade und Wein verarbeitet werden.

Hagebuttenmark, → Obstmark → Mark

Hagebuttensaft → Kräutersaft → Hagebutte

Hagebuttenstachelbeere: die wohlschmeckenden Früchte des in Nordamerika verschiedentlich als Heckenstrauch angebauten *Amerikanischen Bergstachelbeerstrauches, Ríbes útile* Jancz. (Familie *Saxifragáceae*), der aus einer Kreuzung von *R. cynosbáti* L. x *R. úva-críspa* L. hervorgegangen ist.

Hagebuttentee → Erzeugnis, teeähnliches

Hagedorn → Weinrose

Hagedornfrucht → Weißdornfrucht

Hageldorn → Berberitze

Hageldornstrauch → Wacholderbeere

Hagelzucker → Kristallzucker

Hähnchen → Broiler

Hähnchenspray → Lebensmittelaerosol

Hahnenkamm: 1. → Clavariáceae
2. *Kamm:* ein hufeisenförmig gebogenes, oben eingeschnittenes Hefe- oder Blätterteiggebäck (→ Hefeteig, → Blätterteig).

Hahnenschwanz → Bargetränk

Haifisch (Bild):

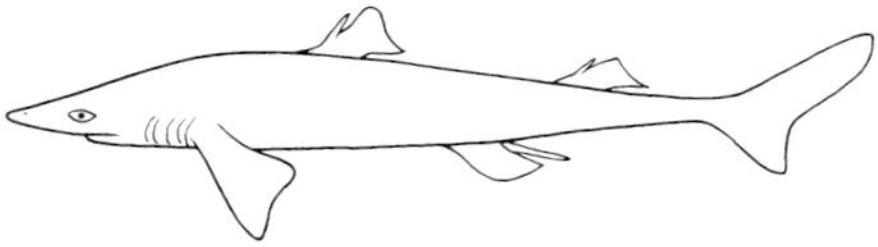

Dornhai

Knorpelfisch von stromlinienförmiger, spindelförmiger Gestalt, mit meist asymmetrischer Schwanzflosse und 5 bis 7 seitlichen Kiemenöffnungen. Es gibt zahlreiche Arten, von denen in Europa jedoch nur wenige wirtschaftliche Bedeutung haben. Statistisch wird ein Fang von 200 kt erfaßt. Der wirkliche Fang dürfte jedoch besonders außerhalb des Atlantiks höher liegen. Die größten Anlandungen werden in Europa durch Norwegen, Großbritannien und Frankreich erzielt. Zu den wichtigsten Arten zählt der blaugraue, mit einzelnen weißen Flecken versehene *Dornhai (Squálus acánthias)*, der durch je einen kräftigen Stachel am Ansatz der beiden Rückenflossen charakterisiert wird. Er wird durchschn. 50···75 cm, höchst. 100 cm lang (Masse 3,5···5 kg, höchst. 10 kg) und ist im Atlantik wie im Pazifik verbreitet. Von den nordatlantischen Fangplätzen werden außerdem angelandet: der oberseits dunkelblaue *Heringshai (Lámna násus),* durchschnittl. 1,5···2,5 m, höchst. 6 m lang mit seitlich gekieltem Schwanzstiel (→ Kalbfisch), der *Glatt-* oder *Sternhai (Mustélus mustélus, M. canis*) von 0,8···1,3 m, höchst. 1,5 m Länge und der ihm ähnliche *Hunds-* oder *Biethai (Galeorhínus gáleus*) von 1 m, höchst. 2 m Länge; der *Große* und der *Kleine Katzenhai (Scyliorhínus stelláris, Scyliorhínus caníc͏ula*), meist kleiner als 1 m, von grauroter bis graubrauner, unterseits gelblich-weißer Färbung und mit zahlreichen dunklen Flecken versehen; der arktische, gedrungene, dunkelbraun-aschgraue *Grund-, Grönland-* oder *Eishai (Somniósus microcéphalus*), meist 2···3 m, höchst. 6···8 m lang (Masse 250···400 kg), und der bräunlich-schwarze *Riesenhai (Cetorhínus máximus*) von 4···7 m, höchst. 15 m Länge, der durch seine großen, oben fast zusammenstoßenden Kiemenspalten gekennzeichnet ist. Aus wärmeren Gewässern stammt der 8 m lange *Grauhai (Hexánchus gríseus*) mit 6 Kiemenspalten (→ Speckfisch). Die Verwertung von H. ist unterschiedlich. Die Hauptmenge dürfte der Tierernährung zugeführt werden. Aus der Leber wird ein → *Fischleberöl* (→ Haiöl) mit bes. hohem Vitamin-A-Gehalt, aus der Haut ein haltbares Leder gewonnen. Die Bewertung des eiweißreichen und fettarmen Fleisches ist widersprüchlich. Zum Teil wird es als Delikatesse für die küchenmäßige Zubereitung teuer bezahlt, meist jedoch stellt es getrocknet oder gesalzen eine billige Eiweißquelle minderer Qualität dar. *Haifischflossen* werden getrocknet gehandelt und sind eine Grundlage feiner Suppen. Das Fleisch aller H. enthält nach ihrem Tode steigende Mengen an freiem Ammoniak, die unabhängig von der Art die Verwertbarkeit stark beeinflussen. In Europa kommt dem Dornhai gewisse Bedeutung zu. In England ist er z. T. als Frischfisch gefragt. In Deutschland wird er nur verarbeitet gehandelt, die geräucherten Bauchlappen als *Schillerlocken,* der verbleibende, in Stücke geschnittene Rumpf geräuchert, gebraten oder gekocht, z. T. unter der irreführenden Bezeichnung *Seeaal.* Heringshai ist hinsichtlich Konsistenz und Geschmack dem Thunfisch ähnlich. → Fisch

Haifischflossensuppe: eine exotische, meist in tafelfertiger Form als Dosenware in den Handel gebrachte → Suppe aus getrockneten Muskelsträngen der Flossen aller größeren Haie. Die H. zählt zu den Feinkosterzeugnissen.

Hailang-Tee → Holzapfel

Hainrose → Hagebutte

Haiöl: das aus der Leber und anderen Organen von Haien gewonnene Öl. Die H. sind charakterisiert durch einen hohen Gehalt (15···95%) an *Unverseifbarem* und deshalb für die menschliche Ernährung ungeeignet. Sie werden für technische Zwecke verwendet. → Körperfett → Seetieröl → Fischleberöl

Haken → Krapfen

Hakuran → Raps

Halbe Hahn: Rheinischer Handkäse

Halberstädter Würstchen → *Brühwurst* (mittlere Sorte), die für den Warmverzehr produziert wird (→ Dosenwürstchen). Als Rohstoffe kommen Kalbfleisch, Sorte 2, Schweinefleisch, Sorte 2, Schweinebacken ohne Schwarte, Abschwartefett, Speisesalz, Pfeffer, Mazisblüte und geriebene Muskatnuß zum Einsatz. Als Wursthüllen finden Saitlinge (26···28 mm Durchm.) Verwendung. Das Schnittbild zeigt eine zartrosafarbene, fein gekutterte Wurstmasse. Das spezifische Aroma der H. wird durch eine arteigene Räucherung erzielt. → Wurst

Halbfabrikat: auf einer bestimmten Stufe des Produktionsprozesses entstehendes Zwischenprodukt, das für eine Weiterverarbeitung in anderen Betrieben vorgesehen ist oder als *Halbfertigerzeugnis* im Handel angeboten wird. Zu den H. zählen z. B. Rohmassen, Mark, Pulpe, Glasuren usw. Zu den *Halbfertigerzeugnissen* zählen z. B. gefrierkonservierte → Teige, backfertige Mischungen, Obstsaftkonzentrate.

Halbfertigerzeugnis → Halbfabrikat

Halbfettkäse: Käse mit einem Fettgehalt von mind. 20% F. i. Tr. → Käse

Halbfettmargarine: Bez. für eine Delikateßmargarine mit reduziertem Energiewert, bei der der Fettanteil zugunsten eines höheren Wassergehaltes (etwa 60%) auf etwa 40% gesenkt ist. H. ist zum Braten nicht geeignet (Tab.).

Nährstoffgehalt und Energiewert von Halbfettmargarine

Bestandteil	Durchschnittl. Gehalt je 100 g in g	in mg
Wasser	59,2	
Eiweiß	0,6	
Fett	39,6	
davon Linolsäure	16,2	
Linolensäure	1,2	
Kohlenhydrate	0,45	
Mineralstoffe	0,15	
Natrium		100
Kalium		7
Magnesium		0,5
Calcium		12
Phosphor		8
Chlorid		150
Vitamin A		0,57
Caroten		0,38
Vitamin D		0,002
Vitamin E		24
Energiewert in kJ (kcal) je 100 g	1559 (373)	

H. benötigen einen höheren Anteil an Emulgatoren. Oft wird auch Magermichlpulver zugesetzt, um die unterstützende Wirkung des Caseins auf die Emulgatoren auszunutzen. Zusammen mit Lactose treten beim Erhitzen erwünschte Bräunungsreaktionen auf. → Cama

Halbgefrorenes → Speiseeis

Halbkornreis → Speisereis

Halbmilch → Milchnahrung

Halbmischfett → Mischfetterzeugnis

Halbrohreis → Reis, angeschälter

Halbschimmelkäse: *Sauermilchkäse* mit Schimmel- und Schmierebildung. H. darf nur als Magerkäse hergestellt werden. → Sauermilchkäse

halbtrocken → sec

Halb und Halb: süßbitterer Likör mit einem ausgeprägt fruchtigen Orangenaroma. Der H. hat einen Ethanolgehalt von 35 %-Vol., 38 %-Vol. oder 40 %-Vol; mit Hilfe von Zucker wird der Gesamtextraktgehalt auf 220···350 g/l eingestellt. → Likör

Halbzwetsche: Frucht von *Prúnus doméstica ssp. doméstica var. ‹Halbzwetsche›* (Bild), eine

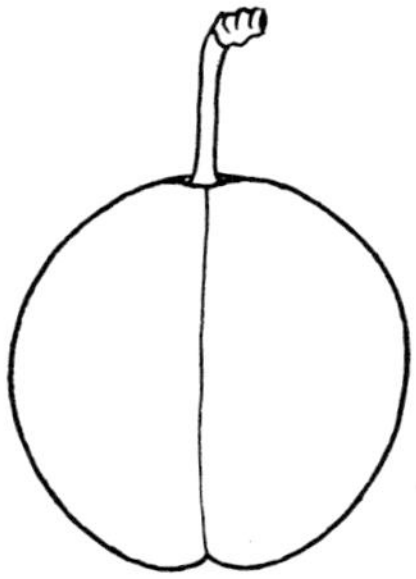

Halbzwetsche

Pflaumenvarietät, die elliptische, nach Stiel- und Griffelseite gleichmäßig abgerundete, festfleischige Früchte hat. Die H. sind gut geeignet für Frischverzehr und Verarbeitung, auch zum Dörren. Beispiele: die Sorten *'Anna Späth'* und *'Wangenheim'*. → Pflaume

Halfa → Halva

Haliotis → Schnecken

'Hallesche Riesen': Haselnuß. → Schalenobst

Hallimasch → *Tricholomatáceae* → Pilzgifte → Kulturpilze

Halmrübe → Speiserübe

Halocnémum strobiláceum (Pall.) M. Bieb.: eine charakteristische Salzpflanze der Sümpfe und Steppen des Mittelmeergebietes und weiter Teile Asiens, die zur Familie der Gänsefußgewächse *(Chenopodiáceae)* gehört. Der niederliegende Strauch mit nahezu blattlosen Lang- und beblätterten Kurztrieben bildet eßbare Samen, aus denen sich Mehl herstellen läßt, das einen hohen Eiweißgehalt von 25 %, einen Fettgehalt von 5 % und einen Kohlenhydratgehalt von 61 % aufweist, daneben 1000 mg Phosphor je 100 g Mehl. In Kasachstan wird H. s. kultiviert.

Halphensäure → Malvalinsäure

Hals → Tierkörperteilstücke

Hälsingekäse: aus Kuhmilch unter Zusatz von Ziegenmilch hergestellter Schnittkäse aus Schweden (Typ Steppenkäse). → Käsesorten

Haltbarkeit von Lebensmitteln, *Lagerfähigkeit:* Zeitdauer, die Lebensmittel voraussichtlich aufbewahrt werden können, ohne daß mit ihrem Verderb gerechnet werden muß. Alle Lebensmittel unterliegen von allein ablaufenden Veränderungen, die sie früher oder später ungenießbar machen. Wie groß diese *Haltbarkeitsspanne* ist, hängt von vielen Faktoren ab: Empfindlichkeit des Lebensmittels gegenüber den verschiedenen Verderbeinflüssen der Umwelt, Grad seiner Bearbeitung, Art der Konservierung, der Verpackung und der Lagerungsbedingungen (Lichtverhältnisse, Temperatur, Lüftung, Luftfeuchtigkeit) sowie den Transportbedingungen (Einhaltung der Kühlkette, Berührung mit kontaminierendem Material u. a.) zwischen Produktionsstätte und Aufbewahrungsort. Aus der Summe der Einflüsse ergibt sich für die Lagerfähigkeit ein Zahlenwert (ausgedrückt in Zeiteinheiten), der nur als statistischer Mittelwert für eine Vielzahl von Einzelproben (Gläser, Dosen, Flaschen, Packungen usw.), aber niemals mit absoluter Sicherheit für ein Einzelstück dieser Waren angegeben werden kann. Mindesthaltbarkeitsdaten und Verfallsdatum sind daher immer nur Wahrscheinlichkeitsangaben, bis zu welchem Zeitpunkt ein abgepacktes Lebensmittel voraussichtlich genießbar sein wird. (Nur für bearbeitete Lebensmittel kann eine solche Aussage gemacht werden.) Der Hersteller ist zum vollständigen Ersatz verpflichtet, wenn seine Ware vor dem Mindesthaltbarkeitsdatum nicht mehr den garantierten Qualitätsansprüchen entspricht. Mindesthaltbarkeitsdaten sind so festzulegen, daß die Produkte am Verfallstag noch einwandfrei sind. Da der Qualitätsabfall kontinuierlich, langsam und kaum merklich weiter abläuft, müssen verpackte Lebensmittel, deren Mindesthaltbarkeitsdatum überschritten ist, nicht unbedingt genußuntauglich sein. Der Kunde kauft dann dennoch nicht auf eigenes Risiko, da dem Handel nach Ablauf des Mindesthaltbarkeitsdatums bes. Sorgfaltspflicht obliegt, der er durch stete Kontrollen nachkommen muß! Der Laie kann selbstverständlich nicht entscheiden, ob eine überlagerte Ware noch einwandfrei ist, aber in vielen Fällen können solche Produkte unter der Kontrolle der Staatlichen Lebensmittelüberwachung einer Verwertung zugeführt werden. H. bezieht sich gewöhnlich auf den gesundheitlichen Aspekt der hygienisch einwandfreien Beschaffenheit eines Produktes. In einigen Fällen kann aber auch die Funktionstüchtigkeit damit gemeint sein, z. B. bei Trockenhefe und Backpulver, wo bis zum Mindesthaltbarkeitsdatum eine bestimmte Mindesttriebkraft garantiert ist. → Verbrauchsdatum

Halva, *Chalva, Halfa, Halwa:* eine fettreiche, im Munde leicht schmelzende Zuckerware mit fein- bis grobfaserigem Gefüge aus abgerösteten Schaummassen, mit Zusätzen von Nuß-, Mandel-, Sesam- oder Sonnenblumenkernen und weiteren zugelassenen Stoffen (z. B. Kakao, Dickzuckerfrüchten). Nach den Hauptbestandteilen unterscheidet man *Sesam-Halva, Nuß-Halva, Erdnuß-* und *Sonnenblumenhalva.* Die entsprechenden Öle dürfen zugesetzt werden. Halb- oder Vollüberzug mit Schokoladenüberzugsmasse ist erlaubt. → Schaumzuckerware, Orientalische

Halwa → Halva

Halwa manggis → Mangostane

Häm → Farbstoffe → Porphyrine

Hämagglutinine, *Hämolysine, Isohämagglutinine:* Eiweiße, oft Glycoproteide, die im lebenden Organismus von Mensch und Tier ein Zusammenballen der roten Blutkörperchen (Agglutination) bewirken. An Zuckerkomponenten sind Glucose, Mannose, Galactose, Fucose, Xylose und Glucosamin nachgewiesen. H. kann der Organismus selbst bilden, wenn ihm wiederholt Blutserum einer anderen Tierart injiziert wird. Aber auch einige in Pflanzen vorkommende H. (*Phytoagglutinine, Phytohämagglutine, Lectine)* bewirken Agglutinationen, wenn sie in Form eines Extraktes mit dem Blut zusammengebracht werden. Die Agglutinationsaktivität dieser Stoffe ist unterschiedlich groß und auch bei verschiedenen Tierarten unterschiedlich. Es wird auch verschiedentlich Blutgruppenspezifität beobachtet, und man unterscheidet darum spezifische und unspezifische Agglutinine. Deshalb und weil einige von ihnen Mitose (indirekte Zellteilung) auslösen, gewannen die *Phytoagglutinine* in den Anfängen der Immun- und Chromosomenforschung Bedeutung. Die verschiedenen *Phytoagglutinine* unterscheiden sich auch hinsichtlich ihrer Molmasse und ihrer physiko-chemischen und biochemischen Eigenschaften. Man kennt heute etwa 500 verschiedene *Phytohämagglutinine* enthaltende Pflanzenarten. Bei den meisten von ihnen ist jedoch keine toxische Wirkung beabachtet worden. H. verringern die Resorption von Nährstoffen im Darm und die N-Retention. Über die Blutbahn injiziert, wirken *Phytohämagglutinine* mehrfach toxischer als per os aufgenommen. Neben ihrer Wirkung auf das Blut zeigen die meisten dieser Stoffe noch andere toxische Wirkungen. So lösen sie z. B. Entzündungen, Ödeme, Nekrosen u. a. aus. Auf Grund ihres Eiweißcharakters werden die *Phytohämagglutinine* durch Erhitzen unwirksam, so daß sich beim Garen oder Autoklavieren die Giftwirkung in der Regel verliert. Einige der in pflanzlichen Lebensmitteln vorkommenden toxischen H. s. Übersicht S. 630.
→ Giftstoffe in pflanzlichen Lebensmitteln → Stoffe, Flatulenz erzeugende.

Hamanatto: japanisches, käseähnliches Produkt mit gewürzscharfer Note aus gekochten → *Sojabohnen* und Getreidemehl (Weizen oder geröstete

In pflanzlichen Lebensmitteln vorkommende toxische Hämagglutinine

Vorkommen	Name des Phytohämagglutinins	Molmasse g/mol	I.
Sojabohne *(Glycine max.* (L.) Merr.)	*Sojabohnenhämagglutinin*	105 000	6,1
Schwarze Gartenbohne *(Phaséolus vulgáris* L.)	*Phaseolotoxin A*	126 000 bis 130 000	4,9
Rote Gartenbohne	*PHA*	128 000	6,5
Gelbe Wachsbohne	*Gelbes Wachsbohnenhämagglutinin*	121 000 bis 132 000	5,5
Jackbohne *(Canavália ensifórmis* (L.) DC.)	*Concanavalin A*	96 000	–
Paternostererbse *(Ábrus precatórius* L.)	*Abrin*	–	–
Helmbohne *(Dólichos láblab* L.)	*Field bean hemagglutinin*	–	–
Rizinus *(Rícinus communis* L.)	Ricin (Rizin)	–	–
Gartenchampignon *(Agáricus bísporus (Lge.)* Imbach	ABA-I ABA-II ABA-III ABA-IV	– – – –	6,7 5,98 5,69 5,53
Zuckerhaltige Hülsen von *Parkinsónia aculeáta* L.	Acetidin-2-carbonylsäure	–	–
Eßbare Samen von *Leucaēna esculénta* (Mos. et Sessé) Benth.	Mimosin (α-Amino-β[N-3-hydroxy-4-pyridon)]-propionsäure	–	–

Gerste) (Mischung 10:6) (*Sojakäse*). In China ist H. unter der Bez. Toushik, in Indien unter Taotjo und in Indonesien unter Touco bekannt. Das Gemisch wird nach 3 Tagen Sonneneinstrahlung über 12 Tage fermentiert, dann mit Salz und Ingwer gewürzt und unter Druck 6···12 Monate aufbewahrt, wodurch die gewünschte Geschmacksqualität entsteht. 100 g des H. enthalten 45 g Feuchtigkeit, 22,5 g Eiweiß, 3,4 g Fett, 8,4 g Kohlenhydrate, 6,9 g Rohfaser und 18,5 g Mineralstoffe. → Natto → Lebensmittel, fermentiertes → Scharfstoffgewürz

Hämatin → Farbstoffe

Hamburger: 1. Fleischspeise auf der Basis von Rindfleisch. Dazu wird Fleisch der Rinderkeule verwendet, gewolft, geformt und gebraten. → Fast-Food-Erzeugnis → Hackfleisch
2. *Bun:* ein großes, rundförmiges → Brötchen mit weicher Kruste aus → Hefeteig zur Aufnahme eines rundförmigen → Hackfleischstückes gleichen Namens. Die H. bestehen aus hellem Weizenmehl, Weizenstärke, Emulgatoren, pflanzlichem Fett, Zucker sowie Hefe als Triebmittel. Ihre Mindesthaltbarkeit beträgt 10 Tage. Sie enthalten 7,5 % Eiweiß, 49 % Kohlenhydrate und 3,5 % Fett, ihr Energiewert in kJ (kcal) je 100 g entspricht 1080 (260). Von ähnlicher Zusammensetzung sind die *Hot-Dog-Brötchen, auch Dänische Brötchen* oder *Paaskebröd* genannt. Dabei handelt es sich um länglich-rechteckige Brötchen mit Sesambelag, die zur Aufnahme von Würstchen (Hot Dogs) bestimmt sind und wie die H. mit Dressing, Ketchup, ggf. Röstzwiebeln und Gurkensalat garniert zu den → Fast-Food-Erzeugnissen zählen. Für Haushaltzwecke werden die H. und Hot-Dog-Brötchen in Packungen zu 4 oder 6 Stück gehandelt und vor Gebrauch im Backofen kurz aufgebacken oder 2···3 min. getoastet.

Hamburger Rohschneiderschinken → Schinken

Hämiglobin → Farbstoffe

Hämin: prosthetische Gruppe bei einigen Peroxydasen und Katalasen, die als Chromophor die braune Farbe verursacht. → Farbstoffe → Porphyrine

Hammel → Fleischtiere

Hammelfett → Hammeltalg

Hammelfleischgewürz: eine → Gewürzmischung aus Basilikum, Gewürzpaprika, Lavendelblüten, Liebstöckel, Salbei, Wacholderbeeren sowie Anis. Durch Zugabe von Gewürznelken und Ingwer kann das H. noch verfeinert werden. Die Fleischstücke werden vor dem Braten mit dem H. eingerieben.

Hammelmöhre → Pastinak

Hammeltalg, *Hammelfett, Schaffett, Schöpsentalg:* das aus den fettreichen Teilen von Schafen (→ Gekröse, Netz, Herz und Mittelfell) gewonnene Fett (*Bauchfett, Muskelfellfett, Netzfett*). Der H. ähnelt dem → Rindertalg, ist aber etwas härter und brüchig. Der H. schmilzt bei 44···55°C. Im frischen Zustand ist er fast geruchfrei. Die wichtigsten Fettsäuren und ihre Anteile, bezogen auf den Gesamtfettsäuregehalt, sind Myristinsäure (1···4 %), Palmitinsäure (22···30 %), Stearinsäure (15···30 %), Ölsäure (36···55 %) und Linolsäure (3···5 %). Der H. enthält etwa 5···15 % gesättigte Triglyceride. H. wird nur in geringen Mengen für Speisezwecke eingesetzt, der größte Teil wird zur Herstellung von technischen Produkten, von Seife u. a., gewonnen. → Fett, tierisches → Körperfett

'Hammerstein' → "Oldenburg"

Hämochrome → Farbstoffe

Hämochromogene → Farbstoffe

Hämocyanin: Blutfarbstoff vieler niederer Tiere (Tintenfisch, Schnecken, Krebse, Muscheln, Hummer Molmasse 770 000 g/mol, Weinbergschnecke Molmasse 6,7 Mio. g/mol. H. ist eisenfrei und enthält dafür Kupfer. → Farbstoffe → Chromoproteide

Hämogen → Vitamin B_{12}

Hämoglobin → Farbstoffe → Porphyrine → Albumine → Chromoproteide

Hämolysine → Hämagglutinine → Pilzgifte

Hämoproteide → Chromoproteide

Hämosiderin: ein eisenhaltiges, braunes Pigment, das bei Blutzerfall in den Geweben auftritt und von phagocytierenden, weißen Blutzellen aufgenommen wird. → Metallproteide → Eisen

Hancórnia speciósa → Mangabeírabaum

Handal → Koloquintensamenöl

Handelsstärke → Getreidestärke → Stärke, tropische → Arrowroot

Handelswert → Qualität

Handianol → Cycloartenol

Handkäse: Bez. für von Hand geformte, kleine Käselaibchen, bes. Sauermilchkäse und Quarkkäschen mit Kümmelzusatz. → Sauermilchkäse

Hanf, Indischer → Lutong

Hansagelb → Lebensmittelfarbstoff

Happen → Fischerzeugnisse

Harakahirse, *Kodohirse, Kodahirse:* eine in China, in Japan und Vorderindien als Körnerfrucht angebaute → *Hirse, Páspalum scrobiculátum* L., aus der Unterfamilie *Paníceae*(Familie *Poáceae*), die noch auf schlechtesten, steinigen Böden Erträge bringt. Die Körner werden wie Reis gekocht oder zu Brot verarbeitet.

Harddrink, *Harter:* ein → Drink, der aus alkoholhaltigen Getränken wie Trinkbranntwein oder Spirituosen besteht und vielfach auch als → Shortdrink (Kurzer), mit einem Schluck aufgenommen wird. → Bargetränk → Lightgetränk

Harnsäure: eines der ausgeschiedenen Endprodukte des Stickstoff-Stoffwechsels. H. ist nur bei Vögeln und Reptilien dessen quantitativ dominierendes Endprodukt. Beim Menschen entstammt die H. den Endprodukten des Purinabbaus. Die täglich vom Menschen ausgeschiedene Harnsäuremenge beträgt 0,25···0,60 g.

Harnstoff, *Kohlensäurediamid:* wesentliches Endprodukt des Stickstoff-Stoffwechsels bei Säugern und beim Menschen, das mit dem Urin ausgeschieden wird. Die durchschnittl. Harnstoffausscheidung beim Menschen beträgt 12···40 g. Die Ausscheidung hängt von der Ernährung ab. Eiweißreiche Kost erhöht sie. Die Harnstoffbildung erfolgt in der Leber in einem Stoffwechselcyclus, dessen Zwischenprodukte *Ornithin, Citrullin* und *Arginin* sind.

Harrissa, *Harissa:* eine dem → Sambal ähnelnde scharfe Gewürzpaste aus rotem Spanischem Pfeffer, Kreuzkümmel und Zitrone.

Hárslevelü → Lindenblättriger

Hartboviste → Ständerpilze →*Sclerodermatáceae*

Hartbrot → Flachbrot

Härte: Eigenschaft eines Lebensmittels, die sich im Vergleich zu → Zartheit in einem *erhöhten Widerstand* äußert, den das Lebensmittel einer Formveränderung z. B. beim Zerschneiden, Zerbrechen oder beim Zerkauen entgegensetzt. Teilmerkmal der → Konsistenz.

Harter → Harddrink → Drink

Hartfett → Fett, gehärtetes

Hartgrieß → Hartweizen → Grieß

Hartkaramelle: Bonbon von glasartigem Gefüge mit oder ohne Füllung. Zur Herstellung von H. wird eine Saccharose/Stärkesirup-Lösung bei etwa 130°C eingekocht, auf 80···90°C abgekühlt und nach Zugabe der Zusatzstoffe (→ Bonbon) mechanisch oder manuell bearbeitet. Massive H. entstehen beim Durchlaufen der bandförmigen Masse durch ein Prägewalzenpaar (Walzenware) oder durch Abschneiden des Zuckerstranges (*Schnittbonbons,* → Rocks). Zur Herstellung gefüllter H. wird die Bonbonmasse in eine Hohlstrangform gebracht, gefüllt und anschließend in der Plastikmaschine geformt und geteilt (*Plastikware).* Durch längere Bearbeitung der noch warmen Bonbonmasse mit Ziehmaschinen kann Luft eingearbeitet und dadurch ein seidenartiger Glanz erreicht werden (*Seidenbonbons* bzw. *Seidenkissen*). Der hohe Stärkesirupgehalt (i. allg. 30···60 %) verhindert ein Auskristallisieren der Saccharose und erhält das glasige Aussehen. → Bonbon → Weichkaramelle → Zuckerware

Hartkäse: mit fester Rinde umgebene oder rindenlose Labkäse aus pasteurisierter Milch, die auf den erforderlichen Fettgehalt eingestellt ist. Der Produktionsprozeß von H. ist durch starke Bruchzerkleinerung, z. B. hohes Nachwärmen, starkes Pressen und lange Reifung, gekennzeichnet. Die H. zeichnen sich durch einen festen Teig mit geringem Wassergehalt (Trockenmasse mind. 60 %), durch gleichmäßige Durchreifung der ganzen Masse und lange Haltbarkeit aus. In Deutschland bekannte Sorten sind *Chester, Bergkäse, Cheddar, Greyerzer Käse, Kaschkavalkäse, Sbrinzkäse* und *Emmentaler.* → Käse

Hartkeks → Keks → Salzgebäck

Hartkeks aus Nichtweizenmehl → Backmehl ohne Weizen

Hartmais, *Hornmais, Steinmais:* eine Varietät des → Maises, *Zéa máys convar. vulgáris* Koern., dessen mehliges Endosperm von hornartig verhärteten Außenseiten umgeben ist. Der H. ist die wirtschaftlich wichtigste Maissorte für menschliche Ernährungszwecke; aus ihm werden nach Entkeimung vor allem die → Maisflocken hergestellt. → Maisnährmittel → Getreide, glasiges

Hartobst → Obst

Hartparaffin, *Paraffin, festes:* ein Gemisch überwiegend geradkettiger gesättigter aliphatischer Kohlenwasserstoffe mit Erstarrungspunkten zw. 43···98°C. Vorwiegend sind Tetracosan ($C_{24}H_{50}$) und Pentacosan ($C_{25}H_{52}$) enthalten. Zu den H. gehören auch die nach dem Fischer-Tropsch-Verfahren aus CO und H_2O hergestellten sog. Synthese-Paraffine. H. sind unlöslich in Wasser. Im Lebensmittelsektor werden sie als Zusatz zu Schutzüberzügen (E 905) von Käse, Eiern, Schinken, Zitrusfrüchten u. a., sowie äußerlich für den Rostschutz von Schwarzblech- und blanken Weißblechdosen sowie zur Beschichtung von Verpackungsmitteln verwendet. → Paraffinöl

Hartpilz: Pilzbezeichnung, die je nach landschaftsgebundenem Sprachgebrauch für zwei verschiedene Pilze der Pilzfamilie → *Tricholomatáceae* gebraucht wird.
1. Synonym für den eßbaren, aber wenig bedeutenden Doppeltrichterling (*Armillariélla imperiális* Fr.), der leicht mit einigen giftigen *Clitocybe*-Arten verwechselt werden kann.
2. Synonym für den schwer verdaulichen Riesen-Ritterling (*Tricholóma colóssus* Fr.).

Hartriegel, Gelber → Kornelkirsche

Hartsplittrigkeit → Knusprigkeit

Härtungs-Geschmack, *Hydrierungsgeschmack:* metallische Geschmacksnote, die beim Hydrieren (Härten) von Ölen auftritt. Das trans-6-Nonenal erzeugt einen H. z. B. bei partiell gehärteten Soja- und Leinsamenöl.

Härtungsmittel: Stoffe oder Verbindungen, die der Festigung von Frucht- und Blattgewebe pflanzlicher Erzeugnisse dienen und somit deren Haltbarkeit (→ Stabilisierungsmittel) im frischen oder verarbeiteten Zustand erhöhen. Als H. werden vor allem Calciumverbindungen, wie Calciumcarbonat bei Erdbeeren und Calciumpektat bei Osmosetrocknung als → Überzugsmittel durch Spritzen oder Tauchen verwendet oder der Konservierungsflüssigkeit (SO_2) bei der Pulpeherstellung beigefügt. Kaliumchlorid dient als Festigungsmittel bei Tomaten und Spargel, Calciumchlorid wird bei sauren Gurken und Blattgemüse, mitunter in Mischung mit Fungiziden, eingesetzt. → Frischhaltemittel

Hartweizen, *Durum, Durumweizen, Glasweizen, Makkaroniweizen:* eine Weizenart, *Tríticum dúrum* Desf. Fl. (Familie *Poáceae*), die sich im Vergleich zu → Saatweizen durch hohen Eiweißgehalt (von dem der „kernige" Biß der Teigwaren abhängig ist), hohen Anteil glasiger Körner und hohen Anteil an Gelbpigmenten auszeichnen soll, um die erwünschte gelbe Farbe der Teigwaren auch ohne oder mit geringerem Eizusatz erzielen zu können. Der H. kann diese Merkmale nur unter wärmebegünstigten Klimabedingungen optimal ausprägen, dann lassen sich mit ihm auch bis zu 30 % höhere Preise als mit Saatweizen erzielen. Grau- und Braunstichigkeit sind trotz guter Gelbpigmentgehalte Abwertungsmerkmale, ebenso die Neigung zu Dunkelfleckigkeit, die für die schwarzen Stippen im Grieß verantwortlich ist. Es muß daher generell vorbeugend eine Ährenbehandlung mit Fungiziden gegen Schwärzepilze vorgenommen werden, die als Ursache für diese Pilzkrankheit gelten. Alte Sorten mit langen Halmen (über 1 m) bringen nur mit Hilfe von Wachstumsregulatoren gute Standfestigkeit, so daß sie max. nur 80···90 cm Wuchshöhe erreichen sollten. In Deutschland werden etwa 10 Sorten von H. in wärmebegünstigten Lagen Baden Württembergs, Bayerns, Hessens, in Rheinland Pfalz und in der Magdeburger Börde angebaut. Charakteristika im Mittel von 10 Sorten sind: Eiweißgehalt je 100 g Trockenmasse 16 g, Glasigkeit in Masse-% 77, Tausendkornmasse 47 g, Dunkelfleckigkeit in Masse-% 1,2, Gelbpigmentgehalt in mg je 100 g Trockenmasse 0,77. Der H. wird in Deutschland fast ausschließlich der industriellen Verarbeitung, zur Herstellung von Grieß (Hartweizengrieß, Hartgrieß) und Grießteigwaren zugeführt. In der Fachsprache heißt die Vermahlung bei H. Vergrießung. Etwa 10 % der Weltweizenernte entfallen auf H. → Getreide, glasiges → Glasigkeit

Hartweizengrieß → Grieß

Harzalkohole → Harze

Harze: größtenteils amorphe organische, feste (→ Kopal) oder halbfeste Stoffe, die meist durchscheinend sind, einen charakteristischen Glanz zeigen und weniger durch ihre chemische Zusammensetzung als durch ihre ähnlichen physikalischen Eigenschaften charakterisiert sind. Da sie oft aus vielen ähnlichen Substanzen bis zu Makromolekülgröße bestehen, haben sie keinen festen Schmelzpunkt, sondern gehen allmählich vom festen in den flüssigen Zustand über. Die reinen Harze sind geruch- und geschmacklos und in Wasser unlöslich, aber in Ether, Ethanol, verschiedenen Estern, ätherischen und fetten Ölen sowie halogenierten Kohlenwasserstoffen löslich. Man unterscheidet *natürliche H.* und *künstliche H.* (Kunstharze). Die Naturharze bestehen meist aus komplexen Gemischen von *Harzsäuren (Resinosäuren), Harzalkoholen* und *Phenolen (Resinole), Phenolen mit Gerbstoffeigenschaften (Resinotannole),* stark ungesättigten Stoffen *(Resene)* und *Harzsäureestern.* Die für die Lebensmittelproduktion wichtigsten Naturharze sind *Dammarharz* (H. der *Dipterocarpáceae*), *Benzoeharz* (im wesentlichen aufgebaut aus dem Benzoesäureester des Coniferylalkohols), *Kanadabalsam* [*H. der Tannenarten Ábies canadénsis* Michx. und *balsámea* (L.) Mill.], *Sandarak* (H. des in Südspanien und Nordwestafrika kultivierten Sandarakbaumes), *Mastix* (H. der Rinde des auf verschiedenen Mittelmeerinseln vorkommenden Mastixstrauches *Pistácia lentíscus* L.), *Colophonium* (Destillationsrückstand des Balsams aus Nadelhölzern*), gelbes Akaroidharz* und vor allem *Schellack,* ein bes. zähes aber auch elastisches Naturharz (E 904). Letzterer wird durch den Saugstich des Weibchens der Lackschildlaus *Tachárdia lácca* in die Zweige verschiedener Bäume in Indien, Thailand u. a. Ländern Ostasiens erzeugt. Durch den Stich werden die Säfte der Bäume z. T. in Harz umgesetzt, der als dicke Kruste ausgeschieden wird. Diese Naturharze werden als Überzüge für Käse und als Glasurmittel für Zuckerwaren verwendet. Das synthetische, gesundheitlich unbedenkliche *Cumaron-Indenharz* fand unter dem Namen ‹Flavorseal› oder ‹Gebaganharz› als Schutzüberzug für Zitrusfrüchte und Tomaten verbreitet Verwendung. Dadurch reduzieren sich die Verluste an Feuchtigkeit, Aroma und Vitamin C, und die Früchte erhalten ein besseres Aussehen. Nach der deutschen Lebensmittelzusatzstoff-VO ist die Verwendung folgender Harze als Überzugsmittel erlaubt für Zitrusfrüchte (140 mg/kg Früchte): Cumaron-Inden-Harze, Polyolefinharze, Schellack; für Zuckerwaren: Benzoeharz, Mastix, Sandarakharz, Schellack. Als Glasurmittel für Röstkaffee erlaubt die deutsche Kaffee-VO die Verwendung von Bienenwachs und Schellack. Pflanzenharze werden auch als Weichmacher bei → Kaugummi eingesetzt. → *Überzugsmittel*

Harzer Brunnen → Mineralwasser

Harzer Käse: seit etwa 1800 im Harz in Hauskäsereien aus Sauermilchquark oder Labquark oder aus Gemischen von beiden hergestellter *Sauermilchkäse* mit Gelb- und Rotschmiere. H. K. ist derzeitig die allg. volkstümliche Bez. für Sauermilchkäse, die nur als Magerkäse hergestellt werden dürfen. Bekannte Sorten sind *Bauernkäse, Bauernhandkäse, Handkäse, Mainzer Käse, Spitzkäse, Korbkäse* (mit Kümmel). Handelsübliche Sorten sind *Sauermilchkäse-Gelbkäse* und *Sauermilchkäse-Edelschimmelkäse.* → Sauermilchkäse

Harzsäuren → Harze

Hase *(Lépus)* → Wild

Hasel, *Leucíscus leucíscus* (Bild):

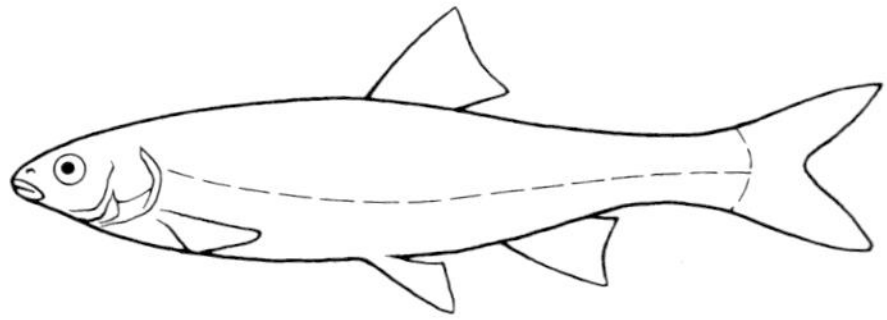

Hasel

dem → *Döbel* ähnlicher, spindelförmig gestreckter *Süßwasserfisch* mit unterständigem, engem Maul und leicht eingebuchteter Afterflosse. Er ist oberseits schwarzblau, unterseits gelblich-weiß mit metallischem Glanz. After-, Brust- und Bauchflossen sind blaßgelb bis orangerot gefärbt. Er besiedelt Fließgewässer in Europa und Asien von den Pyrenäen bis Archangelsk und zum Ob. Die Länge beträgt 20···25 cm, höchst. 30 cm (Masse über 300 g). Die wirtschaftliche Bedeutung des grätenreichen Fisches ist gering. → Fisch

Haselnuß: Frucht des Haselstrauches *Córylus avellána* L. (Familie Betuláceae), ein bereits in der Stein- und Bronzezeit wichtiger Bestandteil des damals vorherrschenden Eichenmischwaldes, dessen Früchte den Menschen dieser Zeit als Nahrungsmittel dienten. Die H. ist eine kugelige, einsamige Steinfrucht mit harter, ungenießbarer Außenschale und ölhaltigem, wohlschmeckendem Nußkern, die in einer becherartigen, zerschlitzten, aus den Kelchblättern entstandenen Hülle heranwächst. Kulturformen können aus dem 2. Jh. u. Z. nachgewiesen werden. An ihrer Entstehung und an den jetzt im Anbau befindlichen Sorten sind neben der heimischen H. die Arten *Córylus máxima* Mill., die → *Lambertsnuß, und die wahrscheinlich von Córylus póntica* R. et Koch abstammende → *Zellernuß* beteiligt. Der Anbau ist auf allen kräftigen, lockeren, nicht zu trockenen Böden möglich. Der Strauch verträgt lichte Schattenlagen. Der Strauch wird häufig in der Landschaft als Windschutzgehölz und in Selbstversorgergärten angepflanzt. In der Forstwirtschaft hat die H. größere Bedeutung (Holz für Korbflechtereien, Faßreifen, Schnitzereien). Die Hauptanbau- und Exportländer für H. sind Italien, Spanien, die USA, die Türkei (80% der Haselnußangebote auf dem Weltmarkt) und Zypern. Die Bez. der ausländ. Haselnußsorten richtet sich vielfach nach bekannten Anbaugebieten und Handelsplätzen. Die türkischen *Levantiner* und *Kerasunder* sind große Nüsse, leicht spitz in der Form und weisen eine dünne Schale auf. Aus der Türkei kommen neben der kugelrunden *Giresun-Nuß* und der ovalen und geschmacklich besten *Levant-Nuß,* die *'Fosa'* mit höchstem Ölgehalt, ferner werden die *'Schwarze'* und die *'Blutige'* (beide nach Schalenfarbe benannt, die *'Blutige'* hat außerdem einen roten Kern) sowie die *'Palast-Nuß'* geschält in den Export. Italien liefert aus Neapel die breiten *Neapolitaner,* aus der Toskana kommen die großen, rundplatten *Römischen* und aus Turin die *Piemonteser Nüsse.* Aus Spanien kommen die *Tarragona-Nüsse.* Leicht angeröstete H. sind infolge Wasserverlustes haltbarer. Frische Nüsse sind innen weiß und weisen keinen größeren Hohlraum auf. Die H. sollen bei einer Temperatur von 10···15°C und einer relativen Luftfeuchte von 55 bis 60% sowie bei guter Durchlüftung der Aufbewahrungsräume gelagert werden. Die H. werden roh verzehrt; in geriebenem Zustand verwendet man sie als Zusatz zu verschiedenen Gerichten. 100 g geschälte H. enthalten 17 g Eiweiß, 63 g Fett, 7 g Kohlenhydrate, 3 g Mineralstoffe und 6 mg Vitamin C. Der Energiewert beträgt 2850 kJ (682 kcal) je 100 g. Die H. werden auch verwendet zur Herstellung von Nußschokolade und anderen Süßwaren, zur geschmacklichen Aufwertung und Garnierung von Backwaren und zur Herstellung von Nußöl (Speise- und Salatöl). Schlüsselverbindung des Aromas ist → (s)-Filberton. → Haselnußöl

Haselnuß, Chilenische → Litchipflaume

Haselnuß, Chinesische, *Chilenuß, Avellano, Guevin, Nefuen:* der in den Andenwäldern vorkommende kleine Baum *Gevuína avellána* Molina (Familie *Proteáceae*), dessen Steinfrucht einen haselnußähnlich schmeckenden Kern enthält. Er wird nur geröstet gegessen, da er roh schwer verdaulich sein soll.

Haselnuß, Indianische → Betelnuß

Haselnußkern → Nußkern → Ölsamen

Haselnußmark → Ölsamen

Haselnußmarzipan → Nußrohmasse, marzipanähnliche

Haselnußmus → Ölsamen

Haselnußöl: das Öl der → Haselnuß. Die Haselnüsse werden nur zu einem geringen Teil zur Ölgewinnung verwendet, der Großteil dient zur Herstellung von → Rohmassen → Nußmus und Haselnußschokolade. Die Haselnußkerne enthalten 60···68% H., ein angenehm schmeckendes Öl, das als Salatöl verwendet wird, aber nicht sehr lange haltbar ist. Hydriertes H. wird als Speiseöl verwendet. Die wichtigsten Fettsäuren sind Palmitinsäure (3···10%), Ölsäure (85···88%) und Linolsäure (3···9%).

Haselnußrohmasse → Nußrohmasse, marzipanähnliche

Hasel, Pontische → Zellernuß

Hasel, Römische → Zellernuß

Hasenbrot → Beinwell

Hasenklee → Waldsauerklee

Hasenkohl → Waldsauerklee

Hasenohr, Rötliches → Becherlinge

Hasenpilz → *Boletáceae*

Häsin → Fleischtiere → Wild

'Hass' → Avocado

Hatha: die krautige Pflanze *Urtíca massáica* Mildbr. (Familie *Urticáceae*), die in Kenia als Wildgemüse gegessen wird. 100 g getrocknete Pflanzenmasse enthalten 0,364 mg Caroten, 45 mg Vitamin C und 0,005 mg Vitamin B_1, die Kochzeit beträgt 8 min.

'Hatti' → Kirschpflaume

Hauer → Wild

Häuptelsalat → Kopfsalat

Hauptnährstoffe → Grundnährstoffe

Hauptvalenzgel → Geliermittel → Alginsäure

Hansa-Erdnuß → Erdnuß 2.

Hausa-Kartoffel → Coleus spp.

Hausen → Störe

Hausenblase: eiweißhaltiges Flockungsmittel, das aus der Schwimmblase des Hausen oder anderer Störarten gewonnen wird. Findet Anwendung beim Klären von Wein und Getränken.

Haushaltmargarine → Margarine

Haushaltschokolade → Schokolade

Hausmacher-Blutwurst → Blutwurst, einfach

Hausmacher-Leberwurst → *Kochwurst* (mittlere Sorte, zu deren Herstellung Schweineleber, Schweinefleisch, Sorten 3 und 4, Schweinebauch ohne Knochen, Fettabschnitte vom Schwein, Schweinemicker und weitere Innereien eingesetzt werden. An Gewürzen werden Nitritsalz, Pfeffer, Zwiebeln, Majoran und Ingwer zugesetzt. Als Wursthüllen dienen Naturdärme (Krausen). Die Abbindung ist rot-weiß. Das Schnittbild zeigt eine hellrötlichgraue bis rötlichgraue, mit Fleisch- und Fettwürfeln von etwa 6 mm Kantenlänge und mit erbsengroßen Leberstückchen durchsetzte Wurstmasse. Fett darf sich am Rand nicht absetzen. → Leberwurst → Wurst

Hausmost → Cider

Hausschlachtene Fleischblutwurst: → *Kochwurst* (mittlere Sorte), zu deren Herstellung schlachtwarmes Fleisch, mit oder ohne Zusatz von Pökelsalzen, verwendet wird. Zum Einsatz kommen Schweinefleisch, Schweinebauch ohne Knochen, Schweinsbacken, Schwarten bzw. Sehnen, Schweinsblut und Gewürze. Die Abbindung ist blau-weiß. Als Wursthüllen werden in der Regel Naturdärme verwendet. → Wurst

Hausschlachtene Leberwurst: *Kochwurst* (mittlere Sorte), zu deren Herstellung schlachtwarmes Fleisch ohne Zusatz von Pökelsalzen verwendet wird. Zum Einsatz kommen Schweinsleber, Schweinefleisch, Sorte 3, Schweinskopffleisch, Fettwamme, Fettabschnitte vom Schwein und Gewürze. Die Abbindung ist gelb. Als Wursthüllen dienen Natur- oder Kunstdärme. → Wurst

Haustee → Erzeugnis, teeähnliches → Kräutertee

Haustrunk, alkoholischer: ein bes. auf Bauernhöfen bereitetes → alkoholisches Getränk, das nicht für Handelszwecke bestimmt ist. Zum H. zählen z. B. → Most, → Cider, → Federweißer → Zibebenwein

Hauszwetsche, *Bauernpflaume:* Frucht eines früher als selbständige Sorte geführten Formengemisches von Prúsnus doméstica L. (Familie *Rosáceae*), dessen Früchte von unterschiedlicher Güte sind. Zur Erzielung einer einheitlichen, hohen Fruchtqualität wurden aus dem Formengemisch wertvolle Typen ausgelesen und als selbständige Sorten in den Handel gebracht (s. Steinobst). Die Früchte dieser Sorten entsprechen den Wünschen der Verbraucher, die hohen Zuckergehalt, gelbes Fruchtfleisch und Steinlöslichkeit fordern. Die H. ist die meist angebaute Pflaumensorte. Sie hat ein vorzügliches Aroma und ist gleich gut geeignet für Frischverzehr wie für Verarbeitung, für die sie jedoch die größte wirtschaftliche Bedeutung hat. → Pflaume

Haute-Sauternes: franz. → *Dessertwein,* hergestellt, indem Jungwein gemahlene Trockenbeeren zugesetzt werden. H.-S. ist ein natürlicher Dessertwein mit einem Restzuckergehalt von etwa 50 g/l. → Wein

Hautfaktor (veraltet) → Biotin

Haut goût: franz. Bez. für den typischen Geschmack und Geruch, der sich im Verlaufe der Reifung bei Wildfleisch herausbildet. Er ist ein Anzeichen der beginnenden Fäulnis.

Havanna:
1. der Name einer bestimmten Tabaksorte
2. Bez. für eine Qualitätszigarre nach der kubanischen Stadt Havanna

Havannarolle → Hippengebäck

Havannatorte: eine gefüllte → Torte, bestehend aus vier Böden Haselnußschaummasse, die nach dem Backen mit Sahnekrem gefüllt und auf einen mit Himbeermarmelade bestrichenen Mürbeteigboden gesetzt werden. → Torte → Sahnegebäck

Havannatabak → Zigarre

Havarti: dänischer *Schnittkäse* in den Fettstufen 60 % F. i. Tr., 55 % F. i. Tr., 50 % F. i. Tr., 45 % F. i. Tr. und 30 % F. i. Tr. → Käsesorten

'Havelland': Erdbeersorte → Beerenobst

Haxe → Tierkörperteilstücke

health food → Lebensmittel, alternative

HEC → Hydroxyethylcellulose

Hechelkraut → Hauhechel, Dorniger

Hecht, *Schnöck, Hengste, Esox lúcius* (Bild):

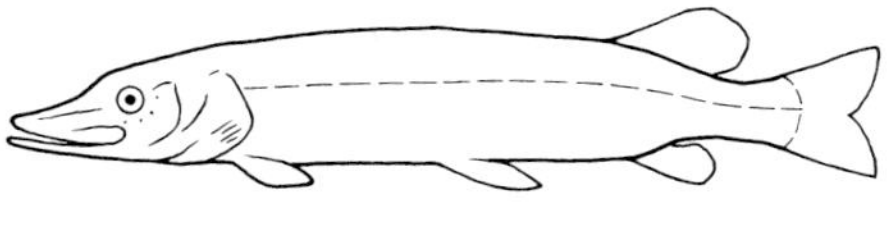

Hecht

Süßwasserfisch mit gestrecktem, walzenförmigem Körper, weit hinten ansetzender Rückenflosse, langem Kopf und schnabelartig abgeflachter Schnauze mit großen Fangzähnen. Der Rücken ist olivgrün, die Seiten sind unregelmäßig gebändert. Die Länge beträgt 40 bis 100 cm, höchst. 150 cm (Masse bei 66 cm etwa 2,9 kg, bei 100 cm etwa 6,5 kg). Der H. kommt in stehenden und fließenden Gewässern Europas, Nordasiens und Nordamerikas und auch im Brackwasser der östlichen Ostsee vor. In Europa und der ehem. Sowjetunion werden jährlich über 20 kt gefangen. Der H. ist ein wertvoller Speisefisch, dessen mageres Fleisch - abhängig von der Zubereitung - leicht trocken wirken kann. Der Eiweißgehalt je 100 g eßbaren Anteils liegt bei 18···19 g, der Fettgehalt in der Regel nur bei 0,5···1,5 g. Als Richtwert für den Energiewert können 380 kJ (90 kcal) je 100 g eßbaren Anteils angesetzt werden → Fisch

Hechtbarsch → Zander

Heckenbutzen → Hagebutte

Heckendornfrucht → Weißdornfrucht

Heckenkirsche, Eßbare: die in Ostsibirien, Kamtschatka, Sacchalin, Hokkaido, Nordkorea und auf den Kurilen wegen ihrer Frosthärte angebaute Gehölzpflanze *Lonícera edúlis* Turcz. ex Freyn (Familie *Caprifoliáceae*), deren saftige, schwacharomatische Beeren zu Saft, Konfitüre und Wein verarbeitet werden. Die am gleichen Standort gedeihende *Kamtschatka-Heckenkirsche, L. kamtschátia* (Sevast.) Pojark ist vielfach züchterisch bearbeitet worden und bringt wohlschmeckende Beeren, die frisch oder erhitzt verzehrt oder zur Herstellung von Getränken genutzt werden.

Heckenkirsche, Japanische: die in gemäßigten Zonen und in den Tropen Ost- und Südostasiens kultivierte Zierpflanze, *Lonícera japónica* Thunb. (Familie *Caprifoliáceae*), deren Blätter in China als *Tee-Ersatz* verwendet werden.

Heckenpetschen → Hagebutte

Heckenzwiebel → Winterzwiebel, → Lauch

Hedelfinger → Süßkirsche → Steinobst

Hederich → Wildkräuter → Gundermann

Heeresbrot → Soldatenbrot

Hefe, *Bärm, Germ.:* Sammelbez. für die zur Klasse der Schlauchpilze (→ Pilze) gehörenden einzelligen Mikroorganismen, die sich durch Sprossung (*Sproßpilz*) vermehren. Die unter der Gattung *Saccharomýces* zusammengefaßten Arten haben ein ausgeprägtes Gärvermögen, indem sie Kohlenhydrate (bes. Traubenzucker) enzymatisch in Ethanol und Kohlendioxid aufspalten. Die H. sind in der Natur weit verbreitet. H. sind unspezifische Verderbniserreger bei Lebensmitteln und Getränken (auch human-pathogene Arten). Sie kommen als *Wildhefen* auf Früchten, in Blütennektaren und auf Wundsäften von Pflanzen vor oder werden als *Kulturhefen* mit bestimmten Eigenschaften gezüchtet (*Reinzuchthefen*). Die Kulturhefen dienen z. B. zur Herstellung von alkoholischen Getränken, wie Bier (→ *Bierhefe* bzw. *Brauereihefe*), Branntwein (→ *Brennereihefe*), Wein (→ *Weinhefe* in verschiedenen Rassen, z. B. → *Sherryhefe* → Schaumweinhefe → Sulfithefe), zur Herstellung von *Hefeextrakt, Nährhefe, Biomasse* (→ SCP, → Wuchshefe) und *Hefebackwaren* (→ *Backhefe*). Kulturhefen lassen sich durch sehr schonende Behandlung, damit sie ihre Gärkraft (*Gärhefe*) behalten, in Dauerpräparate, z. B. Trockenbackhefe, überführen. H. hat als pflanzlicher Organismus die Fähigkeit, aus niedrigmolekularen Stickstoffverbindungen, sogar aus nichtorganischen Verbindungen des Ammoniaks, biologisch hochmolekulare Proteine in ihrem Lebensprozeß zu bilden. Züchtet man H. in sehr verdünnten Zuckerlösungen unter Zusatz von Mineralstoffen und unter Zuführung von reichlich Sauerstoff, so wird der Zucker nicht in Ethanol und Kohlensäure vergoren, sondern ausschließlich zu schnellem Wachstum verbraucht. Derartig gezüchtete H. werden als *Mineralhefen* (→ Wuchshefen) bezeichnet.

Hefeautolysat → Hefeextrakt

Hefebrot → Brot → Weizenbrot

Hefebrühwürfel → Brüherzeugnis

Hefeeluat-Faktor (veraltet) → Vitamin B_6

Hefe, entbitterte → Nährhefe

Hefeextrakt: ein braunfarbenes, pastöses oder sprühgetrocknetes Erzeugnis aus dem Zellsaft entbitterter Bierhefe, Melassehefe (Bäckerhefe), Molken- oder Holzzuckerhefe, das mit oder ohne Zusatz von Gewürzauszügen entweder kochsalzarm oder kochsalzreich hergestellt wird. Geschmack und Zusammensetzung des H. sind vom Herstellungsprozeß abhängig. Man unterscheidet *Hefethermolysat* (durch Kochen mit Wasser), *Hefeplasmolysat* (durch Behandlung mit hypertonischen, starken Kochsalz- oder Zuckerlösungen), *Hefeautolysat* (durch Wirkung hefeeigener Enzyme) und *Hefehydrolysat* (durch Behandlung mit Salzsäure). Häufig werden Thermolyse, Plasmolyse und Autolyse kombiniert angewandt, und in der Regel werden mit diesen Verfahren vitaminreiche H. mit aromatischem Geschmack und Geruch erzielt. Salzsäurehydrolyseprodukte sind vitaminfrei und weisen einseitige Geschmacksnoten auf. Durch Säurehydrolyse entstandene H. sind demzufolge unter die → Speisewürzen einzureihen und dürfen *nicht* die Bez. H. tragen. Aus dem Verhältnis von kochsalzfreier Asche zu dem Produkt von Gesamtstickstoff in % und Ammoniakstickstoff in % kann ein Unterschied zwischen einem H. und einer Speisewürze aus Hefe analytisch gut aufgezeigt werden. Für ein Hydrolysat aus Hefe beträgt der 1. Quotient 0,87, der 2. 0,058, für ein Autolysat 4,0 bzw. 13, 9. Ein qualitätsgerechter H. in Pastenform enthält etwa 30 % Feuchtigkeit, höchst. 20 % Kochsalz, mind. 4 % Gesamtstickstoff und je nach Ausgangsmaterial 5···12 mg Vitamin B_1 je 100 g. H. weist keinen aufdringlichen Hefegeschmack auf, sondern ruft in der Regel eine brüharomatische Geschmacksrichtung hervor. Fremdgeschmack, insbes. Buttersäuregeruch und Ranzigkeit, lassen auf eine Fehlsteuerung des Herstellungsprozesses schließen. Ein qualitätsgerechter H. ist einem handelsüblichen → Fleischextrakt im Geschmack überlegen und wird aus diesem Grunde vielfach anstelle von Fleischextrakt oder zusammen mit Fleischextrakt den Brüherzeugnissen zugesetzt. Früher wurde H. daher als *Fleischextraktersatz* bzw. -*ersatzmittel* bezeichnet. Im Haushalt wird H. zum Würzen von Speisen und als Brotaufstrich verwendet in der Krankenernährung wird H. gleichermaßen wie → Nährhefe vor allem wegen des hohen Gehaltes an Vitaminen der B-Gruppe zur Speisenaufwertung vielseitig eingesetzt. Der Nucleinsäuregehalt ist nicht unbeträchtlich. → Brüherzeugnis → Fleischextrakt → Kanzerogene

Hefefaktor → Vitamin-B-Komplex

Hefefeingebäck → Hefeteig → Feinbackware

Hefefettgebäck → Pfannkuchen

Hefeflocken → Nährhefe

Hefegummi → Mannane

Hefehydrolysat → Hefeextrakt

Hefekuchen → Diabetikerbackware → Kuchen

Hefekloß → Kloß → Hefeteig

Hefenährstoffe, „Gärungsaktivatoren": Nährstoffe, für die Aktivierung von Gärhefen, bes. bei der Herstellung von Obstwein. Anwendung finden hauptsächlich Ammoniumsalze in Konzentrationen von 0,2···0,3% als Stickstoffquelle, Orthophosphate als Phosphorquelle und Thiamin in Konzentrationen von 0,6 ppm.

Hefe, obergärige → Bierhefe

Hefepilze → Pilze

Hefeplasmolysat → Hefeextrakt

Hefeteig, *Germteig (österreichisch):* ein aus Weizenmehl, Zugußflüssigkeit und ggf. Zutaten bereiteter, mit Hefe gelockerter, relativ zäher Teig, der zur Herstellung von Hefebackwaren (→ Bäckereiwaren, Brot und brotartigem Gebäck) und → Feinbackwaren verwendet wird. Ein H., aus dem Kuchen hergestellt wird, trägt - zur Abgrenzung gegenüber Erzeugnissen, die auch aus H. hergestellt werden, aber zu Bäckereiwaren zählen - auch die Bez. *Kuchenteig* und daraus hergestellte Gebäck die Bez. *Kuchenteiggebäck* oder *Hefeteiggebäck.* Die *leichten* H. (10···20% Fett und/oder Zucker) werden vorwiegend zur Herstellung von → Weizenkleingebäck, *schwere* H. (über 20% Fett und/oder Zucker) zur Herstellung von Stollen, Napfkuchen, Striezeln u. a. verwendet. *Leichtes* Hefegebäck verfügt am Tag der Herstellung über seinen optimalen Genußwert, bei schwerem Hefegebäck stellt sich dieser erst nach 2 bis 6 Tagen nach der Herstellung ein. Der H. kommt auch als Halbfertigerzeugnis, z. B. als *Hefekloß* oder als *vorgebackener* und *konservierter H.* in den Handel. → Teig → Masse

Hefeteigbackfertigmischung → Hefeteigfertigmehl

Hefeteigfertigmehl → *Hefeteigbackfertigmischung:* ein lagerbeständiges, backfertiges Mehlgemisch, das neben bestimmten Zutaten je nach Gebäcksorte, für die dieses → *Fertigmehl* bestimmt ist, auch das Triebmittel Hefe enthält. Die Hefe ist als aktive, stabilisierte *Trockenhefe* beigefügt. Die H. werden aus Haltbarkeitsgründen der Hefe nur vakuumverpackt angeboten. → Mehl, backfertiges → Einzweckmehl

Hefethermolysat → Hefeextrakt

Hefe, transgene → Nutzpflanze, transgene

Hefe, untergärige → Bierhefe

Hegari → Sorghumhirse

Hegedorn → Weißdorn

Heggidorn → Weißdornfrucht

Heidecker Bauernsalami: → *Rohwurst* (Dauerware, Spitzensorte), zu deren Herstellung Rindfleisch Sorte 1, Schweinebauch ohne Knochen und Schwarten, Nitritpökelsalz, Pfeffer und Paprika eingesetzt werden. Als Wursthüllen dienen Naturdärme (Mitteldärme) oder Kunstdärme (Kutisin). Die Abbindung ist grün. Das Schnittbild ist rotweiß gemustert. Die Körnung beträgt 3···5 mm. → Wurst

Heidekorn → Buchweizen

Heidekraut, *Besenheide:* ein 20···100 cm hoher Halbstrauch, *Callúna vulgáris* (L.) Hull (Familie *Ericáceae*), an dessen Stengeln 4reihige, dachziegelartig gedrängte, lineal-lanzettliche kahle Blätter sitzen. Die Blüten sind in einseitswendigen Trauben angeordnet, wobei die 4 rosaroten Kelchblätter glockenförmig 4 rosafarbene Kronenblätter überragen. Gesammelt werden die Blüten des blühenden → Krautes, das Flavonglycoside, Gerbstoffe, Saponine und Alkaloide enthält und auf Grund der harntreibenden Wirkung häufig Bestandteil von Nieren- und Rheumatee ist. Unter häuslichen Bedingungen wird aus den Blüten und Zweigen Likör, Branntwein und Wein hergestellt. → Kräutertee → Haustrunk, alkoholischer

Heidelbeere, *Schwarzbeere, Waldheidelbeere, Heubeere, Druidenbeere, Besinge, Waldbeere, Blaubeere, Bickbeere:* Frucht eines Kleinstrauches *Vaccínium myrtíllus* L., (Familie *Ericáceae*), mit grünen, reich verästelten Stengeln. Die H. ist in halbschattigen Wäldern, an Waldrändern, auf sandigen und moorigen Böden weit verbreitet mit ihren dunkelblauen Früchten mit stark färbendem Saft, die im Juli reifen, ist sie ein begehrtes Wildobst. Die Frucht dient in erster Linie dem Frischverzehr, wird aber auch zu Steril- und Gefrierkonserven, Konfitüre, Marmelade, Sirup, Saft und Süßmost verarbeitet. Sie wird auch zum Belegen von Kuchen verwendet, im Haushalt gelegentlich getrocknet und für die Herstellung pharmazeutischer Präparate auf Grund des Gerbstoffgehaltes gegen Durchfall und Zahnfleisch- u. Mundschleimhautentzündungen genutzt. Zusammensetzung s. → Kulturheidelbeere.

Heidelbeere, Weißblühende → Kulturheidelbeere

Heidelbeere, Wilde → Wildheidelbeere, Nordamerikanische

Heidelbeerkuchen → Obstgebäck → Blechkuchen

Heidenkorn → Perureis

Heidesand: ein feines → Teegebäck, das in Rollen geformt, in Zucker gerollt, geschnitten (Schnittkeks) und anschließend gebacken wird. → Keks

Heideschleierling → *Cortinariáceae*

Heideschleimfuß → *Cortinariáceae*

Heikak → Wassernuß

Heilbrunnen → Heilwasser

Heilbutt → Plattfische

Heilerde: ein feinkörniges mineralisches Produkt zur innerlichen und äußerlichen Anwendung. Die beispielsweise im Harzvorland aus tiefen Bodenschichten gewonnene Luvos-Heilerde ist ein im Diluvium durch Wind abgelagerter Löß, der frei von pathogenen Erdbakterien und toxischen Stoffen ist und keimfrei in den Handel kommt. Diese H. stellt ein gleichmäßig gelbbraunes, trockenes, feines Pulver mit schwach erdigem Geruch ohne ausgeprägten Geschmack dar. Die Teilchengrößen liegen zw. 0,002 ··· 0,1 mm. Die Luvos-Heilerde ist folgendermaßen zusammengesetzt:

Siliciumdioxid SiO_2	64,8 %
Eisenoxid Fe_2O_3	4,7 %
Aluminiumoxid Al_2O_3	4,8 %
Calciumoxid CaO	7,3 %
Magnesiumoxid MgO	2,1 %
Kaliumoxid K_2O	3,1 %
Natriumoxid Na_2O	4,4 %
Spuren von Mangan und	
Phosphorsäure (Glühverlust)	8,8 %

In Wasser aufgeschwemmt ergibt die H. eine kolloidale Lösung von hohem Dispersitätsgrad. Auf Grund ihrer hohen Adsorptionskraft vermag sie nach Verzehr übermäßige Magensäurebildung zu neutralisieren, Stoffwechselabbauprodukte und von der Darmflora gebildete Stoffe im Darm zu binden, die Wirkung von Alkaloiden zu vermindern oder aufzuheben, wenn sich diese im Magen-Darm-Kanal befinden. H. fördert Verdauungs- und Ausscheidungstätigkeit und wirkt ausgleichend bei unregelmäßiger Verdauung und bei Gärungszuständen im Darm. Gleichzeitig werden dem Organismus Mineralstoffe zugeführt. Das Essen von Erde war bei Naturvölkern weit verbreitet. → Gesundheitspflegemittel

Heilnahrung: bei akuten, vorwiegend infektiös bedingten Ernährungsstörungen verwendetes Nahrungsgemisch, das die Vermehrung von

Krankheitserregern im Darm verhütet und den Aufbau verlorener Körpersubstanzen fördern soll. Nach Überwindung der Krankheitszustände wird die H. stufenweise durch eine Dauernahrung ersetzt. Als H. z. B. für Säuglinge werden vornehmlich Buttermilchpräparate eingesetzt. → Lacton → Kostform → Nahrung

Heilquelle → Heilwasser

Heilquelle, Liebensteiner → Heilwasser

Heilquelle, Passugger → Mineralwasser

Heilwasser, *Gesundbrunnen, Heilbrunnen, Heilquelle:* aus einer natürlichen Quelle, aus erbohrten Brunnen oder durch Auslaugung unterirdischer Salzlager gewonnenes, hygienisch und sensorisch einwandfreies, kohlendioxidhaltiges → Mineralwasser mit medizinisch nachgewiesenen krankheitsheilenden,- lindernden oder - verhütenden Eigenschaften, das in *kurgemäßer Anwen-*

Einteilung der Heilwässer nach chemischen und physikalischen Eigenschaften

I. Einteilung nach der Art der Mineralstoffe (mehr als 1 g/l gelöst)

Ionentabelle (neue Bez.)	Salztabelle (alte Bez.)
Chloridwässer	
Natrium-Chlorid-Wasser	*mineralisches Wasser (muriatisches Wasser)*
Calcium-Chlorid-Wasser	—
Magnesium-Chlorid-Wasser	—
Hydrogencarbonatwässer	
Natrium-Hydrogencarbonat-Wasser	*alkalisches Wasser*
Calcium-Hydrogencarbonat-Wasser	*erdiges Wasser*
Magnesium-Hydrogencarbonat-Wasser	*erdiges Wasser*
Carbonatwässer	
Sulfatwässer	
Natrium-Sulfat-Wasser	*salinisches Wasser (Glaubersalzwasser)*
Magnesium-Sulfat-Wasser	*Bitterwasser*
Calcium-Sulfat-Wasser	*Gipswasser*
Eisen-Sulfat-Wasser	*Eisenvitriolwasser*
Aluminium-Sulfat-Wasser	*Alaunwasser*

II. Einteilung nach dem Mindestgehalt wirksamer Bestandteile im l

Radioaktive (radonhaltige) Wässer	18 nCi/l = 50 MF (Mache-Einheiten)
Säuerlinge (Sauerbrunnen)	1 000 mg/l freies gelöstes Kohlendioxid
Eisenhaltige Wässer (Eisenwasser)	10 mg/l Eisen
Iodhaltige Wässer (Iodwasser)	1 mg/l Iodid
Schwefelhaltige Wässer (Schwefelwasser)	1 mg/l titrierbarer Schwefel
Arsenhaltige Wässer (Arsenwasser)	0,7 mg/l Arsen

III. Einteilung nach der Temperatur: *Thermen (Thermalquellen)*

Chliarothermen	lauwarme Quellen	18...28 °C
Euthermen	warme Quellen	28...44 °C
Akrothermen	heiße Quellen	44...65 °C
Hyperthermen	siedende Quellen	über 65 °C

Einige bekannte Heilwässer und Mineralwässer

I. Mineralstoff- und Kohlendioxidgehalt

Nr.	Quelle bzw. Handelsware	Herkunftsland	Bezeichnung entsprechend den Bestandteilen	Mineralstoffgehalt in mg/l	Kohlendioxidgehalt in mg/l
1.	*Lauchstädter Heilbrunnen*	Deutschland	Calcium-Sulfat-Wasser	1 163	250
2.	*Friedrichshaller Bitterwasser*	Deutschland	Magnesium-Sulfat-Wasser	21 615	n. n.
3.	*Helenenquelle* (Bad Wildungen)	Deutschland	Natrium-Magnesium-Calcium-Hydrogencarbonat-Chlorid-Säuerling	7 082	2 041
4.	*Staatl. Fachingen*	Deutschland	Natrium-Calcium-Hydrogencarbonat-Säuerling	4 469	1 472
5.	*Vitalisquelle* (Bad Hersfeld)	Deutschland	Natrium-Calcium-Chlorid-Sulfat-Wasser	8 253	32
6.	*Gerolsteiner-Sprudel*	Deutschland	Calcium-Magnesium-Hydrogencarbonat-Säuerling	2 527	8 000
7.	*Apollinaris*	Deutschland	Natrium-Hydrogencarbonat-Wasser	2 851	n. n.
8.	*Christinenbrunnen*	Deutschland	Natrium-Chlorid-Hydrogencarbonat-Wasser (fluoridhaltig)	1 550	n. n.
9	*Osterberg-Quelle*	Deutschland	Calcium-Sulfat-Hydrogencarbonat-Wasser (streng natriumarm)	1 150	n. n.
10.	*Karlsbader Mühlbrunnen*	ČR	Natrium-Calcium-Hydrogencarbonat-Sulfat-Chlorid-Wasser	6 481	630
11.	*Marienbader Rudolfsquelle*	ČR	Calcium-Magnesium-Hydrogencarbonat-Wasser	2 160	2 444
12.	*Mattoni's Giesshübler*	ČR	Natrium-Hydrogencarbonat-Wasser	1 768	2 240
13.	*Borshomi*	ehem. Sowjetunion	Natrium-Hydrogencarbonat-Wasser	6 650	n. n.
14.	*Narsan*	ehem. Sowjetunion	Natrium-Magnesium-Hydrogencarbonat-Sulfat-Wasser	2 500	n. n.
15.	*Jessentuki Nr. 4*	ehem. Sowjetunion	Natrium-Calcium-Hydrogencarbonat-Chlorid-Wasser	8 300	n. n.
16.	*Dshermuk*	ehem. Sowjetunion	Natrium-Calcium-Hydrogencarbonat-Sulfat-Wasser	4 30	n. n.
17.	*Arsni*	ehem. Sowjetunion	Natrium-Calcium-Chlorid-Hydrogencarbonat-Wasser	4 740	n. n.

Einige bekannte Heilwässer und Mineralwässer

II. Spezielle Mineralbestandteile (Ionengehalt)

Nr.	Kationengehalt in mg/l					Anionengehalt in mg/l					weitere Inhaltsstoffe
	Na^+	K^+	Mg^{2+}	Ca^{2+}	Fe^{3+}	Cl^-	Br^-	I^-	SO_4^{2-}	HCO_3^-	
1.	68	16	40	126	3	62	n.n.	n.n.	404	183	Mn, Al, H_2SiO_3, $HAsO_4^{2-}$
2.	343	62	2810	680	n.n.	6780	n.n.	n.n.	10230	710	n.n.
3.	724	15	244	312	6	608	1,3	0,1	22	3068	Li, Be, Sr, Ba, Mn, Al, H_2SiO_3, H_2TiO_3, HBO_2
4.	602	28	53	122	2	150	n.n.	n.n.	66	1950	Mn, HPO_4^{2-}, H_2SiO_3
5.	1960	73	145	579	4	2380	0,2	0,01	2793	327	Li, Rb, Cs, Sr, Al, Mn, HPO_4^{2-}, $HAsO_4^{2-}$, H_2SiO_3, HBO_2
6.	119	11	108	347	n.n.	40	n.n.	n.n.	36	1817	n.n.
7.	500	29	114	95	n.n.	165	n.n.	n.n.	124	1788	n.n.
8.	505	n.n.	n.n.	5	n.n.	443	n.n.	n.n.	74	494	F^-, H_2SiO_3 10 mg/l
9.	18	n.n.	22	264	n.n.	38	n.n.	n.n.	450	342	n.n.
10.	1713	96	37	136	1	608	1,6	0,004	1639	2163	Li, Cu, Sr, Ba, Mn, Zn, Al, V, F, HPO_4^{2-}, $HAsO_4^{2-}$
11.	80	10	122	233	16	32	n.n.	n.n.	83	1468	Mn, V, F, HPO_4^{2-}, H_2SiO_3
12.	306	58	24	65	3	13	n.n.	n.n.	15	1284	n.n.
13.	1750	37	40	70	4	435	1,1	0,55	3	4300	n.n.
14.	170	16	87	46	2	125	0,25	–	500	1450	n.n.
15.	2200	14	53	140	4	1590	4,0	1,3	1,2	4050	n.n.
16.	1000	100	65	165	3	175	0,75	0,35	250	2050	n.n.
17.	810	–	80	120	1	1050	2,5	0,75	200	850	n.n.

n. n.: ohne Angaben

dung (Trinkkur, Brunnenkur) getrunken wird. Anerkannte H. sind chemisch und physikalisch überwachte Wässer, die mehr als 1 g gelöste Mineralstoffe je l oder, unabhängig vom Gesamtgehalt an gelösten Mineralstoffen, bes. wirksame Bestandteile enthalten oder deren Temperatur von Natur aus höher als 20°C ist. Einteilung der H. s. Übersicht S. 641, Mineralstoff- und Kohlendioxidgehalt s. Tab. S. 642/643.

Meerwasser mit mehr als 1 g Mineralstoffen je l kann zu den H. gerechnet werden, wenn die medizinisch wirksamen Eigenschaften nachgewiesen sind (→ Gesundheitspflegemittel → Meerestiefwasser → Meersalz → Meerwasser). Die H. können original oder bes. behandelt als *Versandwasser* in Flaschen abgefüllt werden. Dazu zählen z. B. *Brambacher Mineralwasser, Liebensteiner Heilquelle, Saalfelder Grahlsquelle, Arasgerwasser, Vittel, Helenenquelle, Passugger-Heilquelle, Valserwasser, Volvic.* → Brunnen → Quelle → Mineralwasser → Säuerling → Sole → Tafelwässer → Wässer, natriumarm → Wässer, stille

Heilwurz → Eibisch

Heinrich, Guter, Roter, Stolzer → Gänsefuß

Hēinsia pulchélla → Buschapfel

Heißbrot: eine in Finnland verbreitete, warm zu Braten, Suppen oder Salaten zu verzehrende lockere Brotart aus unterschiedlichen Mehlarten, wobei der Teig in einem Leinentuch oder in Metallfolien im Haushalt oder in der Bäckerei gebacken wird.

Heißgetränk, alkoholfreies: ein aus Trinkwasser unter Zusatz von Essenzen natürlicher Herkunft, Genußsäuren und Zucker hergestelltes kohlendioxidfreies, alkoholfreies Erfrischungsgetränk, das im Winter zur Erwärmung heiß getrunken wird. → Erfrischungsgetränk, alkoholfreies → Kaltgetränk

Heißgetränk, alkoholisches: ein unter Verwendung von Weiß- oder Rotwein, Rum-Punsch-Extrakt, Arrak-Punsch-Extrakt, Korn-Punsch-Extrakt, mit oder ohne Zusatz von Trinkwasser, Zucker, Zitrone, Gewürzen (Nelken, Zimt usw.) hergestelltes kohlendioxidfreies Getränk, das nicht gekocht, aber heiß serviert wird. Zu den a. H. zählen z. B. Glühwein, Grog, Punsch, Feuerzangenbowle.

Helenenquelle, Bad Wildungen → Heilwasser

Helenien, Lutein- oder Xanthophylldipalmitat: ein Dipalmitinsäureester des Carotenoidfarbstoffs Xanthophyll (s. Formel unten).
Molmasse 1045,64 g/mol. H. kristallisiert in roten Nadeln, F. 92°C. Es kommt vor in den Blütenblättern der gelben Studentenblume (Tagetes L. spec.) und der Sonnenbraut (Helénium autumnále L.), von der der Name abstammt, beide Familie Asteráceae, sowie in Orangenschalen vor. H. findet Verwendung als Lebensmittelfarbstoff für Butter und Teigwaren. H. ist auch in bestimmten Zellen der Augennetzhaut vorhanden und ist maßgeblich beteiligt an der Förderung der Hell-Dunkel-Adaptation des Auges. Für diesen Zweck wird es auch pharmazeutisch angewendet. → Farbstoffe

Helianthsäure → Hydroxyzimtsäuren

Heliánthus tuberósus → Topinambur

'Helios' → Apfel → Kernobst

Heliotropin → Piperonal

Heliotropyl-iso-butyrat → Piperonylisobutyrat

Helligkeitsgrad → Weißgrad

Helm, Blauer → Sandhafer

Helmbohne, *Faselbohne, Lablab-Bohne, Ägyptische Bohne, Hyazinthenbohne, Lubiabohne, Seimbohne:* die kletternde Pflanze *Dólichos láblab* L. (Familie *Fabáceae*), die aus Indien stammt und in vielen tropischen und subtropischen Ländern Afrikas, in Mittelamerika, Indien und China angebaut wird. Die jungen Hülsen und Samen werden als Gemüse verzehrt. Wegen des hohen Gehaltes an Blausäureglycosiden und toxischen Proteinen (Hämagglutinine) sind Hülsen und Samen nur nach längerem Kochen genießbar. Die reifen und getrockneten weißen oder gefärbten Samen von 0,5···2 cm Durchm. werden zerkleinert verwendet oder zu einem Teig verarbeitet, der mit Gewürzen gebraten wird. Der trockene Samen enthält je 100 g im Durchschn. 22 g Eiweiß, 50 g Kohlenhydrate und 1,5 g Fett. Der Gehalt an Inhaltsstoffen schwankt aber stark in Abhängigkeit vom Standort, so werden Fettgehalte bis zu 20 g je 100 g angegeben. Die *Pferdebohne Dólichos biflórus* L. wird in Südindien, Sri Lanka, Malaysia und Westafrika angebaut und hauptsächlich als Futterpflanze genutzt. → Hämagglutinine

Helmlinge → *Tricholomatáceae*

Helotiáles: Pilzordnung, zu den *Schlauchpilzen* gehörend, mit flachem, becher- oder schüsselförmigem Fruchtkörper von fleischiger, gallertartiger, knorpeliger, ledriger oder wachsartiger Konsistenz, die holz- und bodenbewohnende Saprophyten und außerdem eine große Zahl pflanzen-

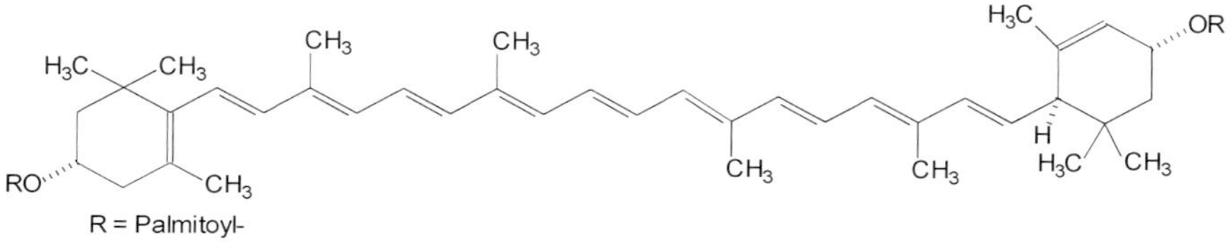

parasitischer Gattungen umfaßt. Der einzige, jedoch unbedeutende Speisepilz dieser Ordnung in Mitteleuropa ist der *Dottergelbe Spateling* [*Spathulária flávida* Pers. ex Fr. = S *claváta* (Schaeff.) Sacc.], der der Familie *Geoglossáceae* zugeordnet wird. Auf Feuerland (Südamerika) ist der zur Familie *Cyttariáceae* geordnete Pilz *Cyttária darwínii* Berk. die fast einzige Frischnahrung der Eingeborenen. Er wächst auf den Ästen der immergrünen Buche *Nothofagus spec.* → Pilze → Speisepilze

Helvélla, *Lorcheln:* der Familie *Hellvelláceae* zugeordnete Pilzgattung, in welcher sich mehrere eßbare, in Mitteleuropa vertretene Lorchelarten befinden. *Herbst-Lorchel, Krause Lorchel (Helvélla críspa* Scop. ex Fr.) mit außen weißgelbem und zartgliedrigem, gebrechlichem Hut von bizarrer Form, der sich beim Trocknen schwach bräunt. Der außen und innen weißliche Stiel ist nach unten bauchig verdickt, außen tief längsgefurcht, mit langgestreckten Gruben. Das brüchige, etwas zähe Fleisch riecht und schmeckt angenehm, muß jedoch abgebrüht werden, da sonst erdig-dumpfig. Vorkommen: Aug. bis Nov., vereinzelt im Frühjahr, zwischen Gras und Laub in Laubwäldern, unter Buschwerk. Weitere eßbare Lorchelarten sind: *Bischofsmütze, Mützen-Lorchel,* [*Gyromítra infúla (Schaeff. ex Fr.) Quél.*] - Abkochen ist ratsam -, *Gruben-Lorchel (Helvélla lacunósa* Afz. ex Fr.), *Gefurchte Lorchel (Helvélla sulcáta* Afz. ex Fr.) → Speisepilze

HEMC (Methylethylcellulose) → Cellulosederivat

Hemerocállis fúlva → Taglilie

Hemerocállis lílio-asphódelus → Taglilie

Hemerocállis mínor → Taglilie

Hemicellulasen: Sammelbegriff für → Enzyme, die Bestandteile nicht celluloseartiger pflanzlicher Zellwände z. B. → *Glucane,* → *Galactane,* → *Mannane* und *Pentosane* hydrolytisch spalten. Den von Mikroorganismen bes. Pilzen gebildeten H., aber auch pflanzlichen H. kommt steigende Bedeutung zu, um die oft als Schleimstoffe bezeichneten Hemicellulosen, die im Getreide je nach Art 2 bis 12 % ausmachen, für die Ethanolgewinnung in der Brennerei zu nutzen. → Glucanasen → Pentosanasen

Hemicellulose: Sammelbez. für Polysaccharide, die aus verschiedenen Hexosen (Glucose, Mannose, Galactose) und/oder Pentosen (Arabinose, Xylose) aufgebaut sind (*Hexosane* bzw. *Pentosane*) und von Cellulose abgegrenzt werden. Die H. ist Bestandteil der Membran pflanzlicher Zellen und dient, meist mit Cellulose vernetzt, als Stützsubstanz. Weizen und Gerste enthalten überwiegend Hexosane, Roggen und Hafer Pentosane. Ferner finden sich H. in Obst, Gemüse, Kaffee, Kakao. Einen höheren Anteil H. enthalten hoch ausgemahlene Mehle (Kleie bis zu 40 %). H. sind quellfähige Verbindungen mit schleimigem Charakter, die in Wasser schwer oder unlöslich sind. Die H. gehört zusammen mit Cellulose, Pentosanen und → Pectinen zu den Ballaststoffen. H. dient häufig als Füllstoff für energiereduzierte Lebensmittel.

Hemicellulose A → Xylan

Hemidésmus índicus → Nonnenklosterwurzel

Hemlockstanne → Bier

Heneicosansäure → Fettsäuren

Heneicosylresorcinol → 5-n-Alkylresorcinole

Heneicosylsäure → Fettsäuren

Hengste → Hecht

Hepar → Leber

Heparin: hoch sulfonierte Glykosaminoglykane aus D-Glucosamin und D-Glucuronsäure (Formel s. S. 646 oben).
Molmasse ca. 17000 g/mol. → Mucopolysaccharide

Hepatocuprein → Metallproteide

Heptacosansäure → Fettsäuren

n-Heptadecansäure → Margarinsäure → Fettsäuren

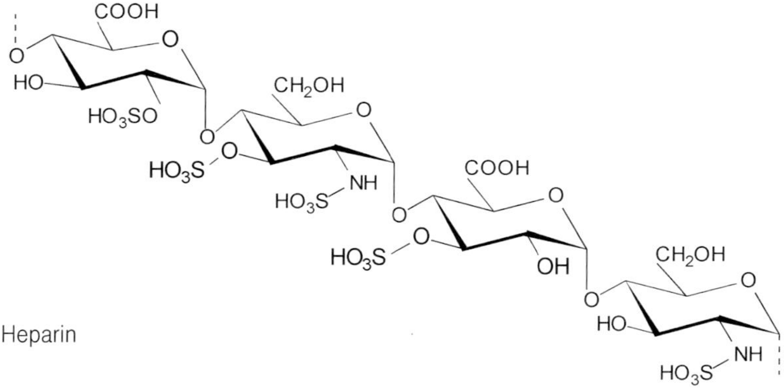

Heparin

Heptadecylresorcinol → 5-n-Alkylresorcinole

Heptanal, *Önanthaldehyd:* aliphatischer Aldehyd mit der Formel $H_3C\text{-}(CH_2)_5\text{-}CHO$. H. ist eine farblose, ölige, intensiv fruchtartig riechende Flüssigkeit mit der Molmasse 114,18 g/mol, F. -43°C, Kp. 153°C, d 0,849. Es ist mischbar mit Ethanol und Ether. H. entsteht bei der Autoxydation aus Ölsäure und Linolsäure als flüchtige Verbindung.

Heptan-2-ol → Alkohole

Heptan-2-on → Ketone

Heptansäure → Fettsäuren

Heptasaccharide → Saccharide

Hept-2-en-(1)-al → Aldehyde

Heptinsäuremethylester, *Methylheptincarbonat:* eine aliphatische Verbindung mit der Strukturformel $CH_3\text{-}(CH_2)_3\text{-}C \equiv C\text{-}CO\text{-}O\text{-}CH_3$. H. ist eine farblose bis leicht gelbliche, in Wasser fast unlösliche, in Ethanol lösliche Flüssigkeit mit einem in Verdünnung an Veilchen erinnernden Geruch, d 0,92···0,931, n_D^{20} 1,4460···1,4475. H. wird hauptsächlich in künstlichen Beeren- und Fruchtaromen für alkoholfreie Getränke, Eiskrem, Zucker- und Backwaren, Kaugummi und Gelees verwendet. Hergestellt wird H. durch Veresterung von Heptinsäure mit Methanol. Nach der Aromen-VO ist der Gehalt im verzehrfertigen Lebensmittel auf 4 mg/kg begrenzt.

Heptosen: Monosaccharide mit 7 Sauerstoffatomen. Die wichtigste in der Natur vorkommende H. ist die *Sedo-Heptulose* (*D-altro-Heptulose, D-altro-D-Fructoheptose, Volemulose*), die in allen grünen Pflanzen als Zwischenprodukt bei der Photosynthese auftritt (Formeln s. unten).
In der Hefe wurde sie als Phosphat nachgewiesen. In der Avocadobirne kommt noch die *D-Manno-heptulose* (*D-Manno-ketoheptose, D-Manno-D-tagato-heptose*) vor. → Saccharide

D-altro-Heptulose → Heptosen

Heptulosen → Heptosen

Heracléum sphondýlium → Bärenklau → Wildkräuter

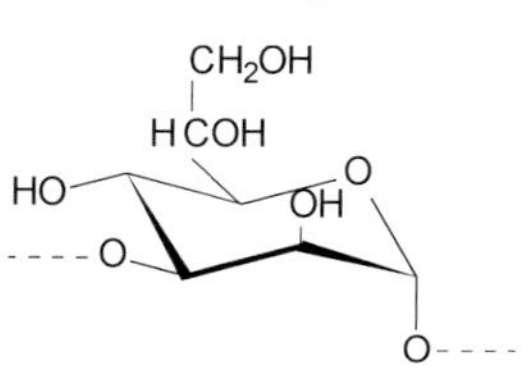

D-Manno-Hepulose

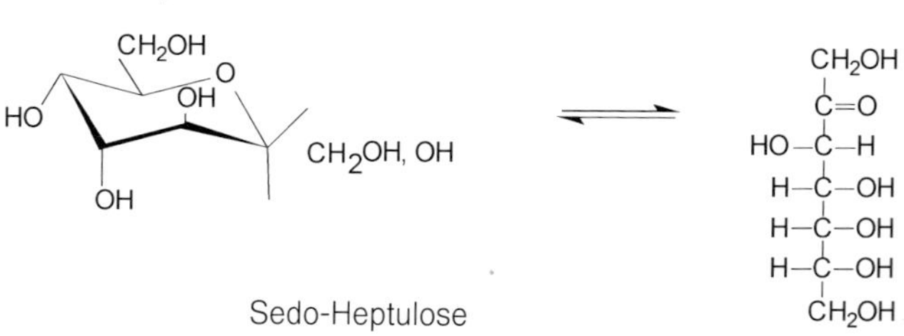

Sedo-Heptulose

Heraclin → Cumarin

Herba → Droge

'Herbert' → Beerenobst

Herbes de Provence → Kräuter der Provence

Herbizide: Gruppe von anorganischen Salzen und organischen Verbindungen mit stark pflanzenschädigenden Eigenschaften zur Bekämpfung von Unkräutern. Nach ihrer Anwendung und Wirkungsweise wird zwischen *selektiv wirkenden* und *totalwirkenden H.* unterschieden. Die selektive Wirkung ist abhängig von der Pflanzenart, vom Anwendungszeitpunkt und Entwicklungsstand der Pflanzen sowie von der Anwendungskonzentration. Von den selektiv wirkenden H. haben translokale H. wuchsstoffähnliche, Kontaktherbizide lokale Wirkung. Totalherbizide vernichten vor allem durch ihre ätzenden Eigenschaften alle betroffenen Pflanzen und zeigen ihre Wirkung bis zur Unterschreitung der Wirkungskonzentration.

Einteilung herbizidwirksamer Substanzen:

A. *Totalherbizide*
- a) anorganische Herbizide
  - Chlorate
  - Kupfersulfat
  - Eisen(II)-sulfat
  - Calciumcyanamid
- b) organische Herbizide
  - Dinitro-o-Cresol
  - chlorierte Fettsäurederivate

B. *Selektive Herbizide*
- a) Wuchsstoffherbizide (Aryloxyfettsäuren)
- b) Arylcarbonsäuren - heterocyclische Carbonsäuren
- c) Carbaminsäuren
- d) Thiocarbaminsäuren
- e) Harnstoffderivate
- f) Heterocyclen mit 2-N- bzw. 3-N-Ring
- g) Pyridiniumverbindungen

→ Pflanzenschutzmittel

Herbstrübe → Speiserübe → Rübchen, Teltower

Herbsttrompete → *Hydnáceae* → Würzpilze

Hercynin → Betaine

Herícium clathroídes → Kulturpilze

Hering, *Clúpea haréngus* (Bild):

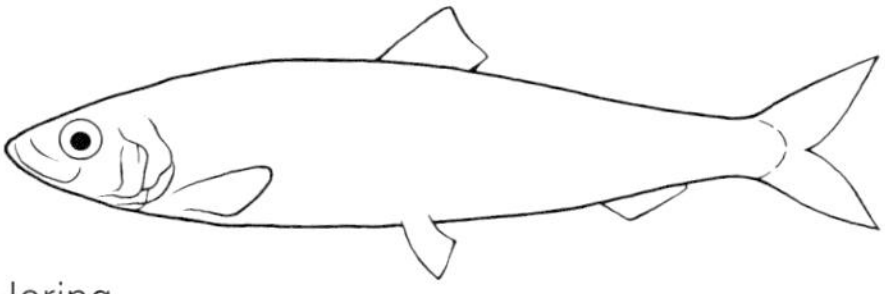

Hering

Oben dunkelblaugrün, unten silberweiß gefärbter, seitlich zusammengedrückter, schlanker, in Schwärmen lebender *Meeresfisch* des Nordatlantik, meist unter 35 cm lang. Der *Atlantische H.* läßt sich in zahlreiche Populationen trennen, die sich nach Lebensweise, Wachstum und Fortpflanzungszyklus unterscheiden, was im Jahresverlauf große Qualitätsunterschiede bedingt. Neben dem teilweise als *Strömling* bezeichneten *Ostseehering* werden z. B. der *Nordseehering, der Norwegische* (Atlantoskandische) *H., der Georges-Bank-H.* und der Bauquereau-H. im Westatlantik unterschieden. Nach dem durch Überfischung in den 70er Jahren entstandenen Tiefstand werden jetzt wieder über 1 Mio. t angelandet, davon stammen rund 400 kt aus der Ostsee. Von dem nahe verwandten *Pazifischen H.* wurden etwa 300 kt gefangen. Der H. ist ein Fettfisch, dessen Fettanteil sehr stark von der Jahreszeit, dem Reifestadium und dem Fanggebiet (→ Fisch) abhängt (s. Bild S. 648). Der eßbare Anteil ist bei den verschiedenen Rassen unterschiedlich und liegt bei 55···70%, der Filetanteil bei 40···55%. Das Fleisch (Tab. S. 648) ist von gelblich-weißer Färbung und zarter Konsistenz, es wird mit abnehmendem Fettgehalt härter und trockener. Daher wird die Qualität der Erzeugnisse stark vom Fettgehalt der Fische bestimmt. Es werden bevorzugt Fischansammlungen befischt, die sich zu bestimmten Jahreszeiten (Fangsaison) stets an festliegenden Orten zusammenfinden und hinsichtlich Fettgehalt und Größe nahezu feststehende Eigenschaften aufweisen.

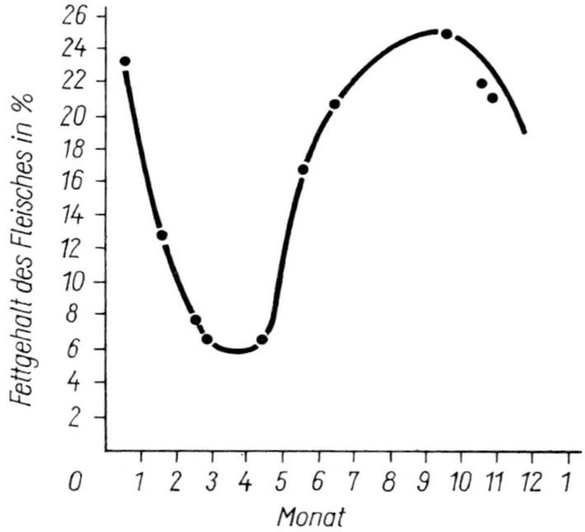

Jahreszeitliche Schwankungen des Fettgehaltes beim Atlantischen Hering

Zusammensetzung und Energiewert des Heringsfleisches

Bestandteil	Durchschnittl. Gehalt je 100 g eßbaren Anteils in g
Wasser	55···76
Eiweiß	16···20
Fett	4···28 (meist 8···15)
Mineralstoffe	1···2
Energiewert in kJ (kcal) je 100 g eßbaren Anteils	460···1430 (110···340)
davon aus Eiweiß	290···360 (70··· 85)
aus Fett	170···1070 (40···255)
Richtwert für den Energiewert in kJ (kcal) je 100 g eßbaren Anteils	775 (185)

Die Bez. solcher Fänge erfolgt nach dem Fanggrund (z. B. *Doggerbank-H., Fladengrund-H., Island-H., Norwegischer Winterhering* oder *Storsild, Schweden-H., Shetland-H.* u. a.). *Einjähriger H.* wird als *Spitze* und solcher vor der ersten bzw. zweiten Laichablage, der ein bes. zartes und fettes Fleisch hat, als *Matjes* bezeichnet. Letzterer ist Rohstoff für ein hochwertiges → Salzfischerzeugnis (*Matjeshering*). *Ihlen* ist abgelaichter, erschöpfter H. mit geringem Fettgehalt. Der H. hat einen typischen Eigengeschmack, der durch zu lange oder falsche Lagerung der gefrorenen Fische bitter-tranige Nuancen annehmen kann. Der Ostseehering ist in der Regel etwas kleiner, magerer und zarter als der Nordsee- oder der Atlantische H.

Der H. wird gekühlt in Eis (*grüner H.*), gefroren oder gesalzen angelandet. Als Speisefisch wird er im Haushalt vorwiegend gebraten und evtl. in saure Aufgüsse eingelegt oder mariniert. Salzheringe werden ohne weitere Zubereitung oder nach Verfeinerung, oft mariniert, genossen. Die Hauptbedeutung des H. liegt in der industriellen Verarbeitung zu einer umfangreichen Palette von Erzeugnissen. Die Fischindustrie Deutschlands war ursprünglich nahezu ausschl. auf die Verarbeitung von H. orientiert. Daraus resultieren viele traditionelle Erzeugnisse und Verbrauchergewohnheiten. Es werden auch nahezu alle Arten von Fischwaren aus H. hergestellt: → Fischkonserven, → Räucherfischerzeugnisse, → Marinaden, → Salzfischerzeugnisse, → Bratfischerzeugnisse, → Fischerzeugnisse in Aspik, → Ölpräserven und → Anchosen. Ein großer Teil des Heringfanges wird zu → Fischmehl und → Fischöl verarbeitet (Dänemark, Norwegen) (→ Fisch).

Hering, eingelegter: → Fischerzeugnis. → Marinade, aus entweideten und geköpften, auch entgräteten Heringen, vornehmlich in Heringsmilchsoße („Milchnersoße"), evtl. auch anderen Tunken und Aufgüssen eingelegt. Die Rezeptur variiert stark, z. B. „Hausmacherart".

Hering, entgräteter: → Salzfischerzeugnis. Bez. z. B. in Verbindung mit Matjes-, Fett-, Voll-Hering oder Ihlen.

Hering, marinierter → Marinaden

Heringshäckerle → Fischsalat

Heringshai → Haifisch

Heringskönig, *Petersfisch, Zeus fáber* (Bild):

Heringskönig

Dunkelbraun bis weißsilbern gefärbter, hochrückiger, seitlich zusammengedrückter *Meeresfisch* mit großem Maul und einem schwarzen, gelbumrandeten Fleck an den Körperseiten. Der höchst. 55 cm lange (Masse bis 5 kg) Fisch ist an den westeuropäischen Küsten bis Westafrika am häufigsten. Dort wird er von dem verwandten *Zenópsis cónchifer* abgelöst und tritt erst vor Südafrika wieder auf. Das Fleisch ist von weißer Färbung, zartsaftiger und lockerer Struktur und hinsichtlich des Geschmacks dem des Zanders vergleichbar. Mit 0,5···1,5 g Fett und 20···22 g Eiweiß enthalten 100 g eßbaren Anteils einen Energiewert von etwa 440 kJ (105 kcal). H. ist als schmackhafter, magerer Speisefisch anzusprechen, der auch geräuchert werden kann. → Fisch

Heringssalat → Fischsalat

Heringsstip → Fischsalat

Herkuleskeule → Flaschenkürbis

Herkunft, geographische: Bez. oder Zeichen, die dazu beitragen, die Herkunft bestimmter Waren aus einem Land, einer Gegend oder einem Ort direkt oder indirekt zu bezeichnen. Direkte Herkunftsangaben bezeichnen die Herkunft der Waren durch den Namen eines geographischen Gebietes (Landschaften, Fluren, Berge, Täler und Gewässer). Indirekte Herkunftsangaben vermitteln wörtlich oder bildlich den Eindruck einer konkreten geographischen Herkunft, z. B. Warenzeichen von Gebieten und Orten wie den Dresdner Zwinger. Die Ursprungsbezeichnung entspricht inhaltlich der Herkunftsbezeichnung, sie weist zusätzlich auf die Güte und Gebrauchseigenschaften einer Ware hin, die ausschließlich oder überwiegend den geographischen Verhältnissen (Ort, Region) zu verdanken sind. Die Bez. sollte durch „Original", „echt" oder „Ur-" erweitert sein. Der Schutz geographischer Herkunftsangaben ist in den meisten Staaten gesetzlich geregelt. Ein wichtiges Kriterium für das Feststellen einer geographischen Herkunftsbezeichnung stellen Verbraucherbefragungen dar.

Herlitze → Kornelkirsche

'Herma' → Apfel → Kernobst

Hermelinkäse: in der ehem. ČSFR gehandelter *Weichkäse* mit Schimmelbildung an der Oberfläche (→ Camembert) → Käsesorten

Hermuß → Ackerschachtelhalm

Hernandulcin, *3-Methyl-6(1'-hydroxy-5'-methyl-hex-4'-enyl)-cyclohex-2- enon:* Pflanzliches → Süßungsmittel. Vorkommen in der südamerikanischen Pflanze *Líppia dúlcis* Trev. Formel:

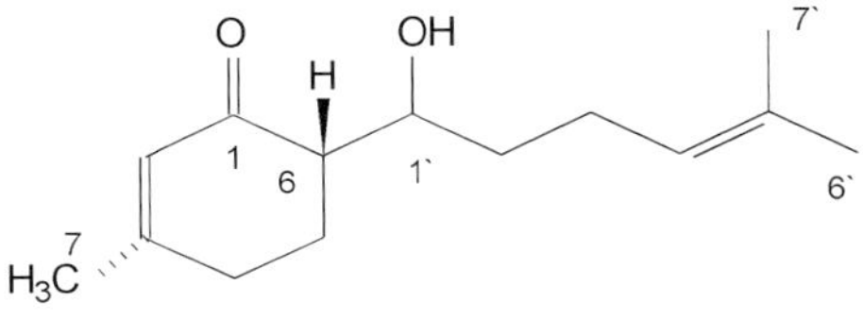

Süßkraft ca. 1000. H. besitzt neben der Süße einen erkennbaren Miß- und Nachgeschmack, sowie leichte Bitterkeit. Bisher ohne wirtschaftliche Bedeutung.

Herniarin → Cumarin

'Heros' → Johannisbeere → Beerenobst

Herpull → Vogelmiere

Herrenkraut → Basilikum

Herrenpilz → *Boletáceae* → Würzpilze

Herren-Röhrling → Boletáceae

Herrgardskäse: schwedischer *Schnitt-* oder *Hartkäse* (Typ Emmentaler) mit 30 % bis 45 % F. i. Tr. → Käsesorten

Herstellungspraxis, gute → Good Manufacturing Practice

Herva → Mate

Herve: eine typisch belgische Käsesorte aus Kuhmilch (Weichkäse mit Schmierebildung), deren Ursprung auf die Gegend von Herve zurückgeführt werden kann. → Käsesorten

Herz, *Cor* (lat.), *Cardia (griech.)* (Bild):

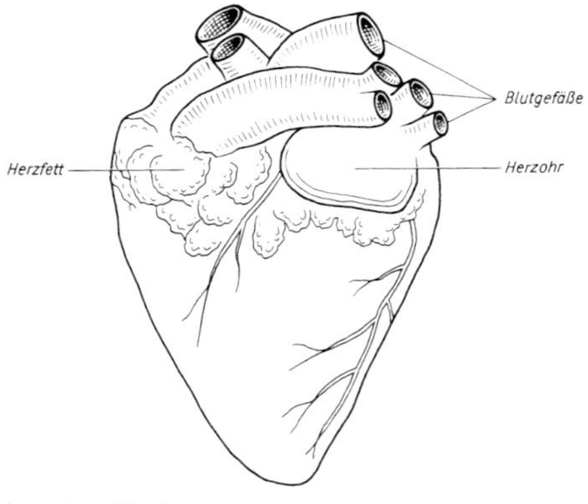

Herz des Rinders

Muskulöses Hohlorgan, das aus zwei Vorhöfen und zwei Kammern besteht und als lebensnotwendiges Organ durch rhythmische Kontraktionen die Strömung des Blutes bewirkt. Das H. gehört zu den → Innereien und wird zu Konserven verarbeitet (Herzragout).

Herzfett: ein durch Ausschmelzen des dem Schaf- und Rinderherzen anhaftenden Fettgewebes gewonnene Fett. → Hammeltalg → Rindertalg

Herzkirsche: Sammelbegriff für → *Süßkirschen* mit weichem, gallertartigem Fruchtfleisch. Die Reifezeit der H. liegt in der 1. bis 4. Kirschenwoche (Juni/Juli). Die Bez. H. ist irreführend, da sie nicht die herzförmige Gestalt der Frucht, sondern die charakteristischen Eigenschaften, die Weichheit des Fruchtfleisches kennzeichnet, denn auch festfleischige Süßkirschensorten, die → *Knorpelkirschen,* können eine herzförmige Gestalt aufweisen.

Herzlilie → Lilienzwiebel

Herzmuschel → Muscheln

Herzpastete → Fleischpastete

Hesperetin → Flavonoide

Hesperidin → Flavonoide

Hesse → Tierkörperteilstücke

Hessen-Cidre: eine nur in Literflaschen angebotene neue Produktgattung des → Cidre, bei dem der Gärprozeß bei 3,5 %-Vol. Ethanolgehalt gestoppt wird, so daß der restliche Fruchtzucker erhalten bleibt. Zu diesen süßlich schmeckenden Apfelweinen, die mit Kohlensäure versetzt werden, zählen der *„Blaue Bock"*, der *„Alte Hochstädter"* und der *„Schoppepetzer"*. Sollte im Ausgangsmaterial, Apfelsaft oder Apfelkonzentrat, der Säuregehalt nicht hoch genug liegen, dann wird der Rohstoff mit dem gerbstoffreichen Speyerling gemischt. Apfelwein muß 5 % Ethanolgehalt aufweisen.

Heteroauxin → Auxine

Heterolupeol → Taraxasterol

Heteropolysaccharide → Saccharide

Heteroside → Glycoside

Heteroxanthin, *2,6-Dihydroxy-7-methylpurin, 7-Methylxanthin*: ein → Purinkörper s. Formel.

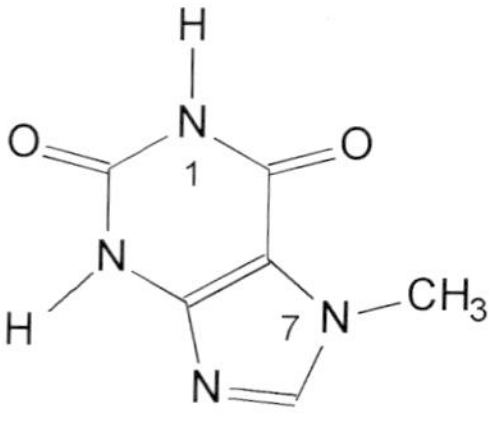

Das H. wurde im Harn entdeckt und später aus dem Saft der Zuckerrübe und aus der Bierhefe isoliert. → Methylxanthine

Heubeere → Heidelbeere

Heudorn → Hauhechel, Dorniger

Heuei → Ei

Heuriger → Most

Hexacosan-1-ol → Fettalkohole

n-**Hexacosansäure** → Cerotinsäure → Fettsäuren

n-**Hexacosylalkohol** → Fettalkohole

Hexacyanoferrate → Ferrocyanide

Hexadecan-1-ol → Fettalkohole

n-**Hexadecansäure** → Palmitinsäure → Fettsäuren

Hexadeca-6,10,14-triensäure → Hiragonsäure

Hexadeca-7,10,13-trien-1-säure: eine dreifach ungesättigte aliphatische Monocarbonsäure der Formel
CH_3-CH_2-CH=CH-CH_2-CH=CH-CH_2-CH=CH-$(CH_2)_5$-COOH.
Die H. kommt als Glycerid im Rapsöl vor.

Hexadec-9-en-säure → Palmitoleinsäure

n-**Hexadecylalkohol** → Fettalkohol

Hexahydroxycyclohexan → *myo-Inositol*

5,7,8-Hexahydroflavonol → Flavonoide

Hexahydropyridin → Piperidin

Hexahydro-1.3.4.5-tetrahydroxybenzensäure → *Monohydroxycarbonsäuren, aromatische*

Hexamethylentetramin → Konservierungsstoffe

Hexan → Extraktionslösemittel

n-**Hexanal:** bei der Autoxydation von Linolsäure entstehende flüchtige Verbindung. → Aldehyde

Hexánchus gríseus → Haifisch

Hexandisäure → Adipinsäure

n-**Hexanol,** *n-Hexylalkohol, n-Capronalkohol*(veraltet): primärer, aliphatischer, gesättigter *Alkohol* der Formel CH_3-$(CH_2)_4$-CH_2OH. n-H. kommt als flüchtiger Bestandteil in Lebensmitteln, insbes. Früchten (Kernobst, Zitrusfrüchten, Himbeeren, Wein), Teeöl und in *ätherischen Ölen* in freier Form und als *Ester* vor. n-H. ist eine farblose Flüssigkeit, F. -51,6°C, Kp. 157,5°C, *d* 0,8186, in Ethanol und Ether gut, in Wasser wenig löslich. n-H. wird zur Herstellung von Estern für die Riechstoffindustrie verwendet. → Alkohole

n-Hexansäure, *Capronsäure*, *Kapronsäure*: eine gesättigte Monocarbonsäure der Formel CH_3-$(CH_2)_4$-COOH.
Die H. kommt in Milchfetten (bis zu etwa 2 %) und Samenfetten von Palmen (z. B. Kokosfett) vor. Als Amyl-, Allyl- und Ethylester ist H. Bestandteil vieler ätherischer Öle. H. entsteht als Nebenprodukt bei der Buttersäuregärung und der Oxydation von Fetten, Ölen und Eiweißen. H. ist eine ölige Flüssigkeit mit unangenehmem Geruch nach Ziegen (cápra, lat. Ziege). F. 3,4°C, Kp. 205,3°C. H. ist wasserdampfflüchtig, leicht löslich in Ethanol und Ether, wenig löslich in Wasser. Bei der mikrobiellen oxydativen Ranzigkeit von Butterfetten wird H. in n-Propylketon übergeführt, das sehr unangenehm riecht. Der Ethylester der H. wird in der Parfümindustrie verwendet.

Hexaoxycyclohexan → myo-Inositol

cis-3-Hexenal: ungesättigter *Aldehyd* der Formel CH_3-CH_2-CH=CH-CH_2-CHO. cis-3-H. ist ein Inhaltsstoff grüner Blätter und kommt darüber hinaus in ätherischen Ölen und Früchten, z.B. Erdbeeren und Himbeeren, vor. Kp. 8665 Pa 63···65°C, d_4^{21} 0,8512. cis-3-H. hat einen sehr intensiven, natürlichen Geruch nach grünen Blättern. Der trans-Verbindung fehlen Frische und Natürlichkeit. cis-3-H. wird Fruchtaromen zur Erreichung einer natürlichen Note zugesetzt.

trans-2-Hexenal, *Blätteraldehyd,* α,β-Hexenal, α,β-Hexenaldehyd, 3-Propylacrolein: ungesättig-

ter Aldehyd der Formel
CH_3-CH_2-CH_2-CH=CH-CHO.
trans-2-H., weit verbreitet in Blättern und in Früchten (Apfel, Birne, Erdbeere, Himbeere, Johannisbeere, Orange), ist ein farbloses, scharf nach grünen Blättern riechendes Öl, Kp. 146°C, *d* 0,8491. Es wird zur Herstellung von Fruchtaromen und Parfüms verwendet.

α,β-Hexenaldehyd → trans-2-Hexenal

Hexenbrot → Mannagras

Hexenei → Phalláceae

cis-Hex-3-en-1-ol, *Blätteralkohol, n-Hex-3-en-1-ol:* primärer, ungesättigter *Alkohol* der Formel

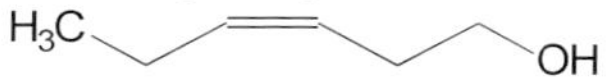

(Molmasse 100,18 g/mol). cis-H. kommt in den Blättern grüner Pflanzen, in ätherischen Ölen (Teeöl, Thymian, Pfefferminze) und in einer Reihe von Früchten (Erdbeere, Himbeere, Johannisbeere, Orange, Zitrone u. a.) vor. Es ist eine farblose Flüssigkeit, Kp. 156°C, *d* 0,850, und weist in Verdünnung den charakteristischen Geruch nach frischem Gras und grünen Blättern auf. cis-H. wird zur Herstellung von Parfüm verwendet.

n-**Hex-2-en-1-ol,** *Propylallylalkohol:* primärer, ungesättigter *Alkohol* der Formel
CH_3-CH_2-CH_2-CH=CH-CH_2OH,
der als flüchtige Komponente sowohl in der cis- als auch trans-Form in einer Reihe von Früchten, darunter Apfel, Johannisbeere, Orange und Erdbeere, nachgewiesen wurde. n-H. ist eine farblose Flüssigkeit, Kp. 158°C, *d* 0,8472. → Alkohole

Hexenpilz → *Boletáceae*

Hexenröhrlinge → Muscarin → Pilzgifte

Hex-2-en-1-säure, α,β-Hexensäure: eine einfach ungesättigte aliphatische Monokarbonsäure mit der Formel
CH_3-$(CH_2)_2$-CH=CH-COOH.
Die H. kommt als Ester im Pfefferminzöl vor, F. 33···35°C.

Hexentau → Mannagras

Hexite → Zuckeralkohole

Hexosamine → Aminozucker

Hexosane → Hemicellulose

Hexosen: Monosaccharide mit 6 Sauerstoffatomen. Sie schmecken süß, sind in Wasser leicht, in Ethanol schwer löslich. Man unterscheidet zwischen *Aldohexosen,* H. mit einer endständigen Aldehydgruppe (-CHO), und *Ketohexosen, H.* mit einer Ketogruppe (=C=O) am C-Atom 2. Auf Grund der 4 asymmetrischen Kohlenstoffatome sind bei den *Aldohexosen* 16 Stereoisomere möglich, von denen aber nur die → *Glucose, die* → *Galactose* in der Natur weitverbreitet vorkommen, sowohl in freier als auch in gebundener Form in Oligo- und Polysacchariden sowie → Glycosiden. Die D*-Mannose (α-*D-Mannopyranose*)* liegt nur als Glycosid und als Bestandteil von Polysacchariden (→ Mannane) vor. Die L*-Sorbose* (L*-Sorbinose,* L*-Sorbopyranose)* entsteht durch bakterielle Oxydation aus Sorbitol und wurde aus der Pectinsubstanz der reifen Schale der Früchte der Purpurgranadille (*Passiflóra edúlis* Sims) gewonnen. Von den Ketohexosen hat nur die → Fructose große Bedeutung. Die D*-Psicose (*D*-Allulose, Pseudofructose)* wurde in den nicht fermentierten Rückständen der Rohrzuckermelasse nachgewiesen (Formeln s. unten). → Saccharide

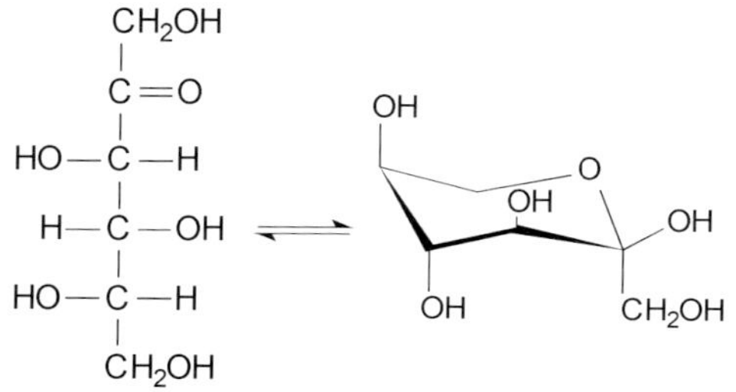

L-Form der Sorbose　　α-L-Pyranose-Form

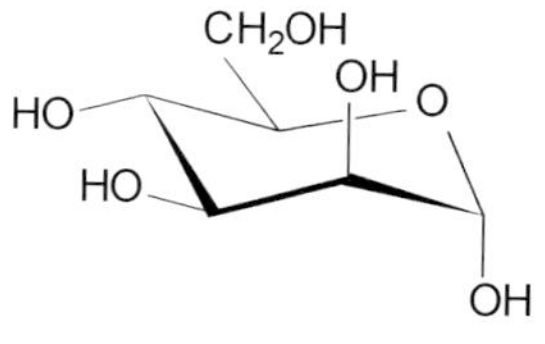

α-Form

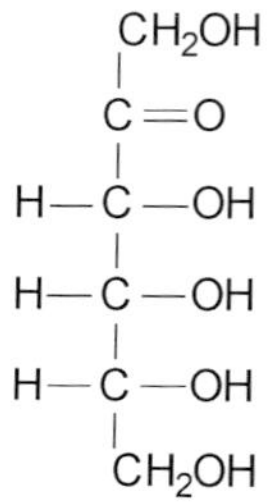

Hexöstrol → Östrogene

n-**Hexylalkohol** → n-Hexanol

n-**Hexylamin** → Alkylamine

n-**Hexylchlormalonamid** → Süßungsmittel

Hibiscin → Flavonoide

Hibiscitrin → Anthocyane

Hibíscus abelmóschus → Bisamkörner

Hibiscusblätter → Waru-Baum → Usar

Hibiscusblüten → Roselle

Hibiscusblütentee: ein → teeähnliches Erzeugnis aus getrockneten harten spröden roten Kelchen und Hüllkelchen der → *Roselle.* Der H. ergibt ein leuchtend rotes Aufgußgetränk mit säuerlichem Geschmack und wird daher auch vielfach in Mischung mit anderen Kräutern oder Pflanzenarten, insbes. Hagebuttentee, verwendet. Das etwa 10% Feuchtigkeit aufweisende Trockenprodukt enthält 5,5% Zucker, 8,5% Stickstoffverbindungen, 4,8% Pectinstoffe und ist Vitamin-C-frei. Der H. wird vielfach mit → Malventee verwechselt.

Hibíscus cannábinus → Kenaf

Hibíscus esculéntus → Eibisch, Eßbarer

Hibíscus ficifólium → Eibisch, Eßbarer

Hibíscus guineénsis → Waru-Baum

Hibíscus longifólius → Eibisch, Eßbarer

Hibíscus macrophýllus → Waru-Baum

Hibiscusöl: das Öl der bis zu 10% Fett und 22% Eiweiß enthaltenden Samen von *Hibíscus esculéntus* L. (Familie *Malváceae*). Das H. verfügt über einen hohen Anteil an ungesättigten Fettsäuren (s. → Eibisch, eßbarer). Charakteristisch sind zwei Cyclopropensäuren (0,9% Malvensäure und 0,3% Sterulasäure) sowie der Gehalt an 10% cis-12,13-Epoxyölsäure.

Hibíscus prāecox → Eibisch, Eßbarer

Hibíscus sabdaríffa → Roselle

Hibiscussäure, (+)-Allo-hydroxy-citronensäurelacton; d-Allo-oxycitronensäurelacton: ein von der Citronensäure abgeleitetes Lacton s. Formel.

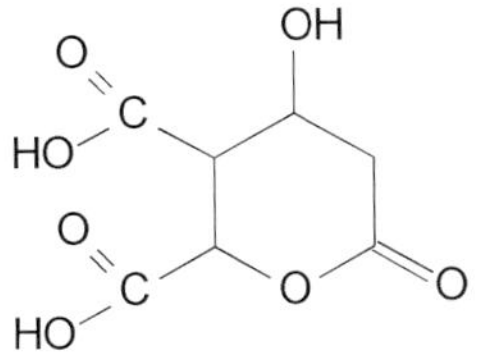

Kristalle, F. 181···183°C. (Zers.), $[\alpha]_D^{20}$ = +122°. Der Trivialname leitet sich von der insbes. für Teegetränke verwendeten Hibiscusart Hibíscus sabdaríffa L. ab, in deren fleischigem Fruchtkelch (→ Roselle) H. zu etwa 15% enthalten ist.

Hibíscus símilis → Waru-Baum

Hibíscus tiliáceus → Waru-Baum

Hibíscus tiliaefólius → Waru-Baum

Hickorie, Rote → Hickorynuß

Hickorie, Weiße → Hickorynuß

Hickorynuß: Sammelbez. für Früchte nordamerikanischer Nußbäume der formenreichen Gattung *Cárya* Nutt. (Fam. *Juglandáceae*). Der Name *„Hickory"* ist auf das milchartige Produkt zurückzuführen, das bei den Indianern als *„pawcohicora"* bezeichnet wird und durch wäßrige Aufschwemmung des Nußmehls gewonnen wird (vgl. → Ersatzmilchpräparat, pflanzliches). Die Hickorien-Bäume sind vorwiegend auf Grund ihres wertvollen Nutzholzes geschätzt, das gelegentlich auch zum Schinkenräuchern genutzt wird. Zu den sog. *Echten Hickorien* zählen der *Pecannußbaum* (→ Pecannuß) und die *Chinahickorie, Cárya cathayénsis* Sargent., die in China als Obstbaum in mehreren Sorten kultiviert wird. Daneben gibt es die H. der weniger wertvollen *Roten Hickorie, Cárya ovális* (Wangenh.) Sarq. und der *Schuppenrinden-Hickorie,* auch *Weiße Hickorie, Cárya ováta* (Mill.) K. Koch, Syn. C. *álba* (L,) Nutt. ex Elliot genannt, die in USA und Texas in vielen Sorten angebaut wird. Letztere ist neben der *Pecan-Nuß* die für Speisezwecke wohlschmeckenste H., die sowohl roh als auch kandiert auf dem Markt, ähnlich der *Chinahickory* angeboten wird. Die protein- und fettreichen H. werden zu Nußmehl (für Konditoreizwecke), Nußmilch, Nußmus und Nußöl verarbeitet. → Nuß → Nußkern → Hickorynußöl → Ölsamen → Farbstoffe

Hickorynußöl, *Pecannußöl:* das Öl, das aus den Nüssen des in den Südstaaten der USA wachsenden Pecannußbaumes *Cárya illinoinénsis* (Wangenh.) K. Koch (auch *illinoénsis*) (Fam.*Juglandáceae*) gewonnen wird. Die Nüsse enthalten 60···70 % Fett. Die wichtigsten Fettsäuren und deren Anteile, bezogen auf den Gesamtfettsäuregehalt, sind Palmitinsäure (3···7 %), Stearinsäure (2···6 %), Ölsäure (79···88 %),Linolsäure (etwa 16 %) und Linolensäure (1···26 %). Das raffinierte Öl wird als Speiseöl und für kosmetische Erzeugnisse verwendet. Die jährliche Produktion beträgt etwa 350 t.

Hidantoinsäure → Allantoinsäure

Hiefenmark: Hagebuttenmark → Obstmark

Hieróchloë odoráta → Mariengras

Hiften → Hagebutte

Higgi → Weißdornfrucht

High Fructose Corn Syrup → Isomeratzucker

Higueron: 1. der Baum *Fícus dulciária* Dugand (Familie Moráceae*),* der im kolumbianischen Bergland vorkommt. Seine birnenförmigen Feigenfrüchte (6 bis 7 cm Durchm.) schmecken süß und werden roh oder getrocknet bzw. zu Sirup verarbeitet verzehrt. → Feige
2. → Samtfeige

Higuillo → Feige, Weiße

Hijiki → Algenprodukt

Hilfsstoffe, technische: Stoffe, die Lebensmitteln oder ihren Rohstoffen vor deren Be- oder Verarbeitung zur Unterstützung bestimmter Prozesse (Stoffumwandlungen, Filtrieren, Destillieren, Schneiden u.ä.) zugesetzt und im Verlaufe der weiteren Behandlung zumeist wieder entfernt werden, so daß sie im Endprodukt nicht oder nur in unbedeutenden Spuren vorhanden sind. Durch dieses Merkmal der Wiederbeseitigung unterscheiden sie sich grundsätzlich von den → *Lebensmittelzusatzstoffen,* deren Bestimmung es ist, im Lebensmittel zu verbleiben um mitgegessen zu werden, wenngleich der Übergang zw. den beiden Stoffklassen heute fließend ist. Da sich verschiedene t. H. nicht oder nur unvollkommen aus Lebensmitteln entfernen lassen, werden an sie heutzutage generell die gleichen hohen Anforderungen in Bezug auf ernährungstoxikologische Unbedenklichkeit, chemische Identität und Reinheit gestellt wie an Zusatzstoffe. Damit ist aber der Unterschied - zumindest aus der Sicht des Verbraucherschutzes- kaum noch von praktischer Bedeutung. Aus diesem Grunde werden t. H. lebensmittelrechtlich meist wie Zusatzstoffe behandelt. Wichtige t. H. sind Katalysatoren aller Art, auch Biokatalysatoren (Enzyme, Pilz- und Bakterienkulturen), Neutralisationsmittel → Filterhilfsmittel, Fällungsmittel, Sorptionsmittel, Gleitmittel (für Schneide-Geräte), Trennmittel, → Extraktionslösemittel → Backmittel, Lösungsmittel, Treibgase u.ä. Den Begriff t. H. gibt es im Lebensmittelgesetz nicht mehr. Man stellt die t. H. neuerdings zu den → Zusatzstoffen, wenngleich sie in der Regel nicht zulassungsbedürftig sind.

'Himalaya' → Marionbeere

Himalaja-Birne, *Mehal, Sagal, Mol***:** eine in Afghanistan, Indien, Nordburma bis Südwestchina verbreitete säuerlich zusammenziehend schmekkende Birnenart, *Pýrus páshia* Hamilton ex D. (Familie *Rosáceae*), deren Früchte erst nach langer Lagerung genießbar werden, und entweder frisch oder als Trockenobst, auch zerkleinert zu Mehl mit Weizen, Ragi oder anderen Hirsearten gemischt werden. Die H. weist folgende Zusammensetzung auf: 70,2 g Feuchtigkeit, 1,04 g Eiweiß, 0,04 g Fett, 3,23 g Rohfaser, 0,68 g Mineralstoffe, 16,4 g Kohlenhydrate, 0,71 mg Eisen, 73,4 mg Calcium, 26,3 mg Phosphor, 104 µg Caroten, 57,3 mg Vitamin C, 0,015 mg Vitamin B_1, 0,045 mg Vitamin B_2 und

0,14 mg Niacin. Der Energiewert von 100 g entspricht in (kcal) 355 (84,9).

Himalaja-Kirsche: eine in Indien kultivierte Kirschenart, *Cérasus púddum* Seringe ex DC (Fam. *Rosáceae*) deren Früchte bevorzugt für die Bereitung alkoholischer Getränke wie Cherry-Brandy verwendet werden.

Himalajarhabarber → Rhabarber

Himbeer-Brombeerhybride: Kreuzungsprodukt aus Himbeere und Brombeere. Die Gattung *Rubus* umfaßt mehr als 400 Arten und Hybriden, dabei handelt es sich vorwiegend um sommer-, seltener um immergrüne, langrutig aufrechte oder kriechende auch klimmende Sträucher (Spreizklimmer, Halbsträucher, staudige Sträucher). Die Scheinfrüchte stellen Sammelsteinfrüchte dar, die gelb, gelbrot oder blauschwarz gefärbt sind. Der Geschmack aller Hybriden ist angenehm aromatisch und die Früchte sind vielseitig, neben Frischverzehr für Gefrierkonservierung, Sirup-, Saft- und Konfitürenherstellung, sowie als Kuchenbelag, für Verwendung in der Milchindustrie, sowie für Obstweinherstellung geeignet. Zu den H. zählen → Boysen-, → Logan-, → Young-, → Marion-, → Tay-, → Nektar-Himbeere, → Sonnen- und → Fruchtbare aus Fertöd. Die meisten H. sind ähnlich den Brombeeren in den oberirdischen Teilen nicht ganz frosthart (Tragruten bei rankenden Hybriden müssen daher im Spätherbst auf den Boden gelegt und mit Fichtenreisig abgedeckt werden). → Brimbeere

Himbeere: Sammelsteinfrucht eines Halbstrauches *(Rúbus idāeus* L., Familie Rosáceae), dessen Tragruten nach der Beerenernte absterben und durch alljährlich neu entstehende Triebe ersetzt werden. Der rote Farbstoff besteht aus 3 Cyanidinbiosiden und einem Cyanidinmonosid. Die Gattung gehört zur Familie der Rosengewächse *(Rosáceae)* und ist in Europa heimisch. Als Wildfrucht hat sie vermutlich schon in der Jungsteinzeit und in der Bronzezeit als Nahrung gedient. In Kultur wurde sie aber erst im Mittelalter genommen. Durch Auslesen und Kreuzungen entstanden großfrüchtige Kulturformen, die *Garten-* bzw. *Kulturhimbeere,* wie die in Gärten und Plantagen angebaute großfrüchtige Kulturform der H. zur Unterscheidung von der zu den → Wildfrüchten zählenden → Waldhimbeere bezeichnet wird (Sorten → Beerenobst). - Die H. wächst in jedem Kulturboden, ihr Gedeihen wird durch die Bedeckung des Bodens mit humosem Material gefördert. Es gibt ein- und zweimal tragende Himbeersorten, letztere haben aber nur für den Selbstversorger Bedeutung. Die Erntezeit liegt im Juli. Bei zweimal tragenden Sorten bringen die Triebe bereits im Jahr des Heranwachsens eine Vorernte und die Früchte der zweiten Ernte reifen im September, bisweilen bis Frosteintritt. Die Früchte werden ohne Kelch und Blütenboden gepflückt. Sie sind sehr empfindlich und müssen sofort verwertet werden. Zur Saftgewinnung werden sie gleich in der Pflanzung in geeignete Behälter geschüttet. Die Früchte dienen in geringer Menge dem Frischverzehr, der größere Anteil der Erntemenge wird zu Sterilkonserven, Gefrierkonserven, Saft, Sirup, Marmelade, Gelee, Dicksaftfrüchten, Süßmost verarbeitet. Für das typische Aroma von H. ist Hydroxyphenyl-3-butanon (→ Himbeerketon) verantwortlich. Die Blätter werden in Blutreinigungstees, als Adstringens und als Erfrischungsgetränk verwendet. Chemische Zusammensetzung und Energiegehalt der H. → Beerenobst

Himbeere, Amerikanische → Loganbeere

Himbeere, Mexikanische → Himbeere, Weiße

Himbeere, Rotborstige → Weinbeere, Japanische

Himbeere, Rotzottige → Weinbeere, Japanische

Himbeere, Weiße, *Mexikanische Himbeere:* Bez. für die Frucht der Pflanze *Rúbus eriocárpus* Liebm. (Fam. *Rosáceae*). Sie gehört in Ostmexiko zu den aromareichsten Früchten.

Himbeere, Wilde → Waldhimbeere

Himbeergeist: aromareicher → Obstgeist der entweder als ethanolreiches Getränk mit 45⋯50 %-Vol. getrunken oder als Rohstoff in der

Likörindustrie z. B. für Kräuter-, Himbeer-, Vanillelikör, Cherry-Brandy, Curaçao, verwendet wird.

Himbeerketon → 1-(p-Hydroxyphenyl)-butan-3-on

Himbeersülze → Gallert

Himmelsbrod → Waldsauerklee

Himmelsbrot → Mannagras

Himmelsgucker → Petermännchen

Himmelstau: 1. Mannagras
2. Bluthirse

Hindischoten → Schlangenrettich

Hiobsträne: eine sehr alte → Hirseart, *Coix lácryma-jobi* L. (Fam. *Poáceae*), die ihre Formenmannigfaltigkeit in Asien entfaltet hat und verwildert oder kultiviert auch in anderen tropischen Ländern vorkommt. Um 1600 wurde die H. sogar in schlesischen Gärten kultiviert, möglicherweise als Heilpflanze und wegen ihrer dekorativen Wirkung, denn die hartschaligen Formen werden seit alten Zeiten als Perlen (für Halsketten, Schmuck, Rosenkränze) genutzt. Der Kulturtyp *var. lácryma-jóbi* wird als Getreide für Mehl, das sich zum Backen eignet, für Breizubereitungen und zur Biergewinnung (Dzu-Bier bei den *Nagas* in Asien) genutzt.Die *var. máyuen* (Romanet Stapf.) ist vorwiegend in Indien, verstreut auch in den Tropen verbreitet und wird oft als Reisersatz (→ Graupen) sowie für bierartige Getränke verwendet.
Die Pflanze ist ausdauernd, wird 1···5 m hoch und kann mehrmals beerntet werden. Der Ertrag erreicht bis zu 40 dt/ha bei der ersten, bei der 3. Ernte dagegen nur noch 15 dt/ha. Die relativ großen Körner weisen nach dem Schälen (Schälverlust 40%) einen Durchmesser von 6···7 mm auf. Das geschälte Korn wird wie Reis verzehrt und auf den Philippinen unter der Bez. *Adlay,* in China unter der Bez. *Mayúen* geführt. Die Potenzen der Pflanze als Körnerfrucht sind bei weitem nicht ausgeschöpft. Die H. verträgt schlechteren Boden als Reis und Weizen und ist einfacher anzubauen. Züchtungsarbeit erfolgt in Japan und Brasilien.

Hippengebäck: Sammelbegriff für → Feine Backwaren, die aus streichfähiger, auf Bleche dünn aufgetragener Makronenmasse (→ Schalenobstmasse) bestehen, die noch im warmen Zustand mit Hilfe von Drehkörpern zu Tüten (Cornet), Muscheln, Taschen oder Rollen gedreht und später mit Sahne, Nougat u. dgl. gefüllt werden, z. B. *Havannarolle.*

Hippoglossóides platessóides → Plattfische

Hippóphae rhamnoídes Sanddornbeere

Hippursäure, *N-Benzoylglycin:* Kupplungsprodukt aus der Aminosäure *Glycin* und *Benzoesäure,* die aus der Nahrung und aus dem endogenen Abbau aromatischer Verbindungen stammen und auf diese Weise in eine harnpflichtige Substanz übergeführt werden kann.

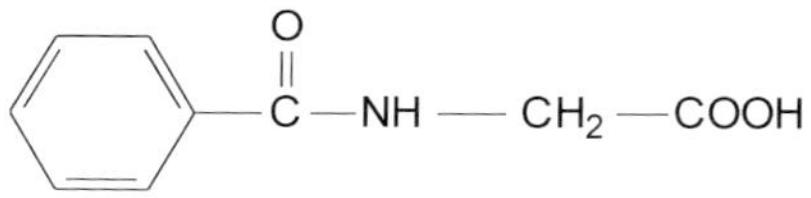

Derartige Entgiftungsreaktionen finden in der Leber statt. Im menschlichen Harn ist H. nur in Spuren vorhanden.

Hiprolygerste → Getreide, angereichertes

Hiragonsäure, *Hexadeca-6,10,14-trien-1-säure:* eine dreifach ungesättigte Monocarbonsäure der Formel:
CH_3-CH=CH-$(CH_2)_2$-CH=CH-$(CH_2)_2$-CH=CH-$(CH_2)_4$-COO H
H. ist in geringen Mengen im japanischen Sardinenöl gefunden worden und ergibt bei der Hydrierung Palmitinsäure.

Hirnwurst → Brägenwurst

Hirsch *(Cérvus élaphus)* → Wild

Hirschhornsalat → Wegerich

Hirschhornsalz → Ammoniumtriebmittel

Hirse: Sammelbegriff für kleinfrüchtiges Spelzgetreide, das verschiedenen Gattungen angehört. Die Bez. kommt vom althochdeutsch. ‹*hirsi*›, das urverwandt ist mit *Ceres* (Göttin der Feldfrüchte). Die H. weist eine große Formenmannigfaltigkeit auf. Eine befriedigende taxonomische Gliederung ist bis heute nicht gelungen, zumal zu den H. auch Samen verschiedener Wild- *(Wildhirse)* und Unkrautgräser gerechnet werden, von denen es keine Kulturformen *(Kulturhirse)* gibt. Die Einteilung der H. erfolgt in 2 Hauptgruppen: a) die *Echten, Kleinen* oder auch *Millethirsen (Paníceae)* genannt, denen die meisten Gattungen angehören und zu denen die bei uns verbreiteten *Rispen- (Pánicum)* sowie *Kolbenhirsen (Setária)* zählen, b) die *Sorghumhirsen (Sórghum)* mit wesentlich höheren Erträgen und Körnern. Die H. erstrecken sich im wesentlichen auf 3 Unterfamilien der Gräserfamilie (*Poáceae*): a) die Unterfamilie *Eragrostoídeae* mit den Gattungen *Eragróstis* und *Eleusine,* b) die Unterfamilie *Panicoídeae* mit den Gattungen *Pánicum, Echinóchloa, Brachiaria, Páspalum, Digitária, Pennisetum* und *Setária,* c) die Unterfamilie *Andropogonoídeae* mit den Gattungen *Sórghum* und *Cóix.* Unter den Weltgetreidearten nimmt H. flächenmäßig die 3. Stelle, produktionsmäßig die 5. Stelle ein. Auf Grund ihrer Dürreresistenz und Anspruchslosigkeit an die Bodenverhältnisse kommt ihr eine steigende wirtschaftliche Bedeutung zu. In weiten Teilen Afrikas und Asiens bildet H. in Form von → Brei und → Fladen die Hauptnahrung; in Europa und Amerika wird sie dagegen nach Rückgang der Breinahrung vorwiegend als Futterpflanze und für technische Zwecke angebaut. In Europa ist H. heute nur noch in der ehem. Sowjetunion und in Polen anzutreffen. Neben ihrer Verwendung als → Nährmittel hat sie Bedeutung als Rohstoff für die Alkohol-, Traubenzucker-, Dextrin-, Speiseöl-, Wachs- und Stärkegewinnung. In den letzten Jahren wurden Rezepturen entwickelt, mit deren Hilfe es gelingt, bis zu 50 % des Weizenmehlanteils durch Sorghummehl bei der Backwarenherstellung zu ersetzen. In den Teilen der Welt, in denen etwa 70 % des Energiebedarfs allein durch H. gedeckt werden (z. B. mit den Produkten, bzw. Zubereitungen: *Abri, Annam, Besi, Bensaab, Burukuti, Busa, Danwake, Fula, Furra, Inghera, Dzu, Kafirbier, Kunu, Masa, Merissa, Ogi, Rotti, Swahili, Sankathi, Thumba, Tuozaafi, Ugali, Uji*), kann Proteinmangel auftreten, der insbes. bei Kindern verhütet werden soll, was durch Einführung von Proteinkonzentraten, z. B. → Incaparina → CSM, Saci, Puma, Vitasoy (jeweils → Erfrischungsgetränk, proteinhaltiges) → WSB → Duryea → Bal Amul → Solein → Ricarepa → CSW, Makkaroni (→ Nudeln), erreicht werden soll.

Hirseblini → Blini

Hirsebrei → Ogi

Hirse, Deutsche → Kolbenhirse

Hirse, Echte → Rispenhirse

Hirseersatz → Dumpalme

Hirseflöckli → Hirsenährmittel

Hirsegetränk → ein dem → Kwaß verwandtes, vorwiegend aus → Hirse durch gleichzeitige alkoholische und milchsaure Gärung entstandenes Getränk. Geröstete, von den Schalen befreite und zerstampfte Hirse wird mit heißem Wasser übergossen und 1 bis 2 Tage an einem warmen Ort der Selbstgärung überlassen. Mancherorts erfolgt ein Zusatz von Mais oder Erbsen oder Kichererbsen oder Hirsekeimlingen. Das abgegossene H. enthält 0,5···0,9 % Ethanol und 0,3···0,6 % Milchsäure. Seine Entstehung ist auf mohammedanischen Ursprung zurückzuführen. Es wird in den Balkanländern und im Vorderen Orient hergestellt und trägt verschiedene Bez.: *Braga, Braschka* in Osteuropa, *Braha* in Rumänien, *Busa, Bosa* in Südosteuropa, im Kaukasus, in Kleinasien und Ägypten. In Westafrika wird *Kundu hori, ein süßes Getränk aus Zuckerhirse, hergestellt.* → Sorghumbier → Lebensmittel, fermentiertes → Ndolo

Hirsegraupen → Hirsenährmittel

Hirsegrieß → Hirsenährmittel

Hirsegrütze → Hirsenährmittel

Hirse, Indische → Kutkihirse

Hirse, Italienische → Kolbenhirse

Hirse, Japanische → Weizenhirse

Hirsekaffee → Getreidekaffee

Hirse, Kleine → Kutkikirse

Hirseknusperflocken → Hirsenährmittel

Hirsemehl → Hirsenährmittel

Hirse, mehlige → Getreide, glasiges

Hirsenährmittel: Sammelbegriff für → Nährmittel aus → Hirse in Form von → Flocken, → Grieß, → Graupen, → Grütze und Mehl. Zu den *kochfertigen* H. zählen *Hirsegrieß, Hirsegrütze (Hirsegrits), Hirsegraupen (Perlhirse)* und *Hirsemehl.* Zu den *tischfertigen H.* zählen *Hirseroh-* und *Hirseknusperflocken* sowie *Puffhirse.* Die Hirsegraupen sind häufig hydrothermisch vorbehandelt (zwecks Verringerung der Kochzeit und Erhöhung der Stabilität) und haben die Form geschälter, kleiner, runder, hellgelbfarbiger Kugeln. Zur Herstellung von H. wird trockenentkeimte Hirse bestimmter Korngröße und niedrigen Fettgehalts bevorzugt. Sog. *Hirserohflocken* werden durch Dämpfen und Quetschen von Hirsegraupen hergestellt und tragen häufig auch auf Grund ihrer kleinen muschelartigen Blattform die Bez. *Hirseflöckli.* Im Vergleich zu allen anderen Getreidearten hat neben der *Wachshirse* auch die Normalhirse ein sehr hohes Dickungsvermögen. Die H., insbes. aus Sorghum, werden neuerdings in mechanisch oder laugengeschälter Form zusammen mit Tapioka und unter Zusatz von Magermilchpulver zu granulatartigen Konzentraten, ähnlich dem → *Kunstreis,* und zu → *Strangpreßerzeugnissen* vielfältigster Art verarbeitet. Hirsegraupen, die häufigste Form der Hirseverarbeitung und gleichzeitige Vorstufe für andere H., weisen einen Energiewert von 1470 kJ (350 kcal) je 100 g auf und zeigen je 100 g folgenden durchschnittl. Gehalt an den wichtigsten Inhaltsstoffen: 14 g Feuchtigkeit, 10 g Eiweiß, 3 g Fett, 70 g Kohlenhydrate, 1 g Rohfaser, 1 g Asche, 270 mg Phosphor, 34 mg Calcium, 6 mg Eisen, 0,265 mg Vitamin B_1 und 0,105 mg Vitamin B_2. → Getreide, wachsiges → Getreide, angereichertes

Hirsepilz → *Boletáceae*

Hirserohflocken → Hirsenährmittel

Hirse, Sibirische → Kolbenhirse

Hirse, Ungarische → Kolbenhirse

Hirse, weiche → Getreide, glasiges

Hirsutidinglycoside → Anthocyane

Hirsutin → Anthocyane → Glycoside

Hirtentäschel, *Bauernsenf, Löffeli, Säcklichrut, Schinkenkraut, Schneiderbeutel, Taschenkraut*: die weltweit verbreitete, ursprünglich im Mittelmeergebiet heimische Wildpflanze *Capsélla búrsa-pastóris* (L.) Medik. Fam. *Brassicáceae.* In China wird H. seit langem kultiviert (es gibt dort mehrere Sorten), indem die Rosettenblätter als Gemüse in vielfältigster Art zubereitet oder als Trockengemüse verwendet werden. → Wildkräuter

Histamin, β-Imidazolylethylamin: zu den → biogenen Aminen zählende N-haltige heterocyclische Verbindungen der Formel:

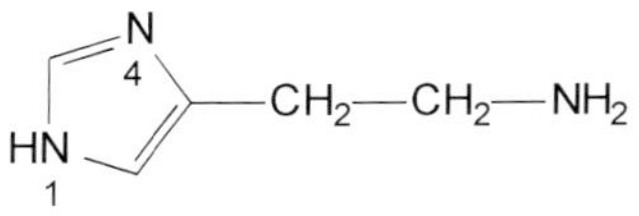

H. kommt in fast allen tierischen und menschlichen Geweben, im Mutterkorn und verschiedenen Pflanzen vor. Es wird u. a. aus der Aminosäure *Histidin* durch Decarboxylierung bei der Zersetzung pflanzlichen und tierischen Eiweißes sowie bei Einwirkung von UV-Strahlen auf die Haut gebildet. H. ist leicht löslich in Wasser, wenig löslich in kaltem Chloroform und unlöslich in Ether, F. 83···84°C. H. wirkt blutdrucksenkend, auf die glatte Muskulatur kontrahierend, und es fördert die Magensaftsekretion. Außerdem ist es von grundlegender Bedeutung für die Auslösung allergischer Reaktionen. - H. kann in größeren Mengen bakteriell, bes. durch *Clostrídium perfríngens* (Veillon und Zuber) und *Escheríchia cóli* [*(Migula) Cast. und Chalmers*] in Lebensmitteln, vorwiegend in Fischerzeugnissen und Käse, gebildet werden. Während die natürlicherweise in Lebensmitteln vorkommenden Mengen an H. für den Menschen ohne nachteilige Wirkung sind, können größere Mengen Vergiftungserscheinungen hervorrufen. So werden z. B. die bei Kindern auftretende Sommer-

diarrhoe und die Enteritis damit in Zusammenhang gebracht.
Histamin verursacht eine nahrungsmittelinduzierte Histaminose die bei Risikogruppen - das ist bes. bei medikamentöser Verabreichung von Aminooxydase-Blockern der Fall - bereits in geringen Mengen gefährlich oder sogar tödlich sein kann (Schwindel-, Schwäche- und Hitzegefühl, Kopfschmerzen, Unwohlsein, Herzjagen, Angina pectoris und Herzinfarkt).

L-Histidin → Aminosäuren

Histidinbetain → Betaine

Histone: einfache, zu den Sphäroproteinen zählende Eiweiße, die einen hohen Anteil an basischen Aminosäuren, bes. Lysin und Arginin (bis zu 30%), aufweisen. Die H. sind salzartig an → *Nucleinsäuren* gebunden und treten deshalb vor allem in den Zellkernen auf, so in den Zellen der roten und weißen Blutkörperchen und in Kalbsleber. → Eiweiß

Hitzefleckei → Ei

Hitzegetränk: ein kohlendioxidhaltiges oder kohlendioxidfreies mineralisiertes und gesäuertes Konditionsgetränk, das insbes. zur Versorgung von Personen hergestellt wird, die unter klimatisch ungünstigen Bedingungen, z. B. in sog. *Hitzebetrieben,* beschäftigt sind. Die spezielle Zusammensetzung des H. ermöglicht einen Ausgleich des Salzverlustes im Körper, der bei übermäßigem Schwitzen entsteht. Dem H. werden physiologisch wirksame Mineralsalze und Säuren sowie Geschmacksstoffe zugesetzt. Über die optimale Zusammensetzung der Wirkstoffe der Hitzegetränke gibt es keine einheitliche Auffassung, als Beispiel werden von 3 Produkten die Rezepturen angegeben (s. Tab).
Neben den synthetischen Mischungen zur Herstellung von Hitzegetränken werden in tropischen und subtropischen Ländern auch aus versch. Pflanzenarten Extrakte hergestellt, die unter der allg. Bez. *Kühlsirup.* z. B. in Indien als *Roohafza,* gehandelt werden. → Getränk, isotonisches

Verwendete Zusätze bei der Herstellung von Hitzegetränken

Rezeptur Nr. I		
Zusatz Stoffgruppe	Stoff	Menge in g/l
Salze	Kochsalz	2,5
	Kaliumhydrogencarbonat	0,42
	Calciumchlorid	0,07
Säuren	Citronensäure	1,4
	Weinsäure	0,5
Geschmacksträger	Zucker	40,0
	Johannisbeersirup (60 % Zucker)	4,0
Imprägnierung	Kohlendioxid	10,0

Rezeptur Nr. II		
Natriumchlorid	1,0	g/l
Kaliumchlorid	0,1	g/l
Calciumcarbonat	0,032	g/l
Eisen-II-salz	0,007	g/l
Vitamin C	100,0	mg/l
Vitamin B_1	0,3	mg/l

Rezeptur Nr. III		
Natriumchlorid	1,0	g/l
Kaliumchlorid	0,32	g/l
Eisen-II-salz	0,001	g/l
Vitamin C	25	mg/l
Vitamin B_1	0,3	mg/l

Hiziki → Algenprodukt

H-Milch, *Haltbare Milch, UHT-Milch, Ultrahocherhitzte Milch:* ein aus ausgewählter Kuhmilch nach einem zugelassenem Pasteurisierungsverfahren erhitztes, auf einen bestimmten Fettgehalt eingestelltes (z. B. 1,5 % Fett, 3,5 % Fett), homogenisiertes, ultrahocherhitztes und aseptisch abgepacktes → Dauermilcherzeugnis, das vorwiegend als *Trinkmilch* verwendet wird. Bei der Ultrahocherhitzung (Uperisation) wird die vorerhitzte Milch durch Dampfinjekton sehr schnell auf Temperaturen zwischen 135°C und 150°C erhitzt und während 2 bis 8 s gehalten. Danach wird auf Atmosphärendruck entspannt, wobei das zugeführte Wasser verdampft und eine Temperatursenkung auf 80°C bewirkt wird. Infolge der sehr kurzen und damit schonenden Erhitzung bleiben die charakteristischen Eigenschaften der Milch, wie Geruch, Geschmack, Aussehen und biologische Wertigkeit weitgehend erhalten. Gelegentlich tritt ein leichter Kochgeschmack auf. Die Verbrauchsfrist beträgt für ungeöffnete Kleinverbraucherpackungen mehrere Wochen (ohne Kühllagerung). H-M. ist insbes. zur Reservehaltung und zum Bedarfsausgleich bestimmt. → H-Milcherzeugnis

H-Milcherzeugnis, *UHT-Milcherzeugnis:* Erzeugnis aus H-Milch, das nach einer Vorerhitzung (und gegebenfalls Konzentrierung) homogenisiert, ultrahocherhitzt und aseptisch abgefüllt wird. Eine Haltbarkeitsgarantie von 6 Wochen ist üblich. H-M. werden in einem breiten Sortiment hergestellt: H-Milch, H-Milchmischgetränk, H-Kondensmilch, H-Schlagsahne, H-Kaffeesahne, H-Milchdesserts (Pudding) sowie ultrahocherhitzte Säuglings- und Kleinkindernahrung.

Hobelmandel, *Mandelsplitter:* zu zarten Blättchen zerkleinerte süße Mandeln, die als Füllung, Belag oder zur Garnierung verwendet werden. → Mandelgebäck → Dekormaterial

Hochamylosemais → Stärkemais, zuckersüßer → Getreide, wachsiges → Getreide, glasiges → Verpackung, eßbare

Hochbuschbeere, Nordische → Kulturheidelbeere

Hochdruckextrakt → Oleoresin 2.

Hochdrucklebensmittel → Lebensmittel, hochdruckbehandeltes

Hochlandkaffee → Cóffea stenophýlla

Hochstädter, Alter → Hessen-Cidre

Höckermelone → Igelgurke, Große

Hohe Rippe → Tierkörperteilstücke

Hohlbrot → Brotkrustenkuchen

Holder → Holunder, Schwarzer

Hollandaise → Soße, Holländische

Holländer Käse: Sammelbez. für holländische Käsesorten, z. B. *Edamer, Gouda, Lunch, Leidener, Friesen-* und *Kanterkäse.*

'Holländische Weiße' → Speiserübe

Höllenöl → Olivenöl

Hollerbusch → Holunder, Schwarzer

Hollrusch → Ackerschachtelhalm

Holoside → Glycoside

Holothuróidea → Seewalzen

Holsteiner Marschkäse: in Marschgegenden Schleswig-Holsteins hergestellter → *Schnittkäse* → Wilstermarschkäse

Holunderbeerlikör: ein Fruchtaromalikör aus Holunderbeeren mit 30%-Vol. Ethanolgehalt.

Holunderblütentee → Holunder, Schwarzer

Holunder, Mexikanischer, *Sauco:* der kleine Baum *Sambúcus mexicána* A. DC. (Fam. *Caprifoliáceae*), der in den USA (Osttexas, Südkalifornien) und Mexiko vorkommt. Die schwarzen Beerenfrüchte (6 mm Durchm.) werden roh verzehrt oder für Konfitüren verwendet. In Südamerika werden die Früchte der Arten *S. austrális* H. B. K. und *S. peruviána* Cham. et Schlechtend. in gleicher Weise genutzt.

Holunder, Roter → Holunder, Schwarzer

Holunderschwamm → Würzpilze

Holunder, Schwarzer, *Fliederbeere:* Frucht des strauch- oder baumartigen, in Mitteleuropa heimischen Gehölzes, auch *Flieder, Schwarzer, Holder* oder *Hollerbusch* genannt, *Sambúcus nígra* L. (Fam. *Caprifoliáceae*). Natürliche Vorkommen finden sich auf nährstoffreichen Böden (Rieselfelder), Hecken, an Waldrändern sowie auf Schuttplätzen. Die weißlich-gelben, stark aromatisch duftenden Blüten in endständigen Trugdolden finden Verwendung: a) zur Aromatisierung von Gebäck, indem sie in den Teig eingebacken werden,

b) zur Bereitung von *Holundersekt, Holunderwein* oder *Holundersaft* auch *Fliederwein* genannt, sowie c) als schweißtreibender Kräutertee (*Fliedertee, Ellhornblütentee, Holunderblütentee).* Die Beere (botan. eine Steinfrucht) reift Aug./Sept. und ist für den Frischverzehr nicht geeignet. Unreife Früchte, Samen und grüne Pflanzenteile enthalten das Blausäure abspaltende Glycosid *Sambunigrin.* Nach Entfernen der Samen (Passieren) und Zerstörung des Sambunigrins durch den Kochprozeß (bei 100°C) sind die Früchte vielseitig verwertbar (Saft, Süßmost, Suppe, Sirup, Mus, Marmelade, Punsch, Likör usw.) auch vielfach in Mischung mit anderen Obstarten. Durch Verwendung von β-Glucosidase konnte nachgewiesen werden, daß eine vollkommene thermische Entfernung des Sambunigrins erst nach vorausgehender Enzymbehandlung möglich ist. Bei der industriellen Saftbereitung gelangen durch andere Pflanzenteile außer den Beeren, erhebliche Mengen des Glucosides in den Saft. Das intensiv färbende Anthocyan Sambucyanin gewinnt in der Lebensmittelindustrie zunehmend an Bedeutung. Schlüsselverbindung des Aromas von H. sind Phenylacetaldehyd und 2-Furaldehyd. Kulturholundersorten werden verstärkt in Deutschland, der ehem. ČSFR, in Dänemark, Österreich, Rumänien und in der Schweiz angebaut. Die rotstielige Sorte *'Mammut'* ist für den Intensiv- und Selbstversorgeranbau bes. geeignet. Der *Rote Holunder* oder *Traubenholunder, S. racemósa* L., ist nur für pharmazeutische Zwecke von Bedeutung. *S. canadensis*-Sorten haben sich im Kulturanbau Europas nicht durchsetzen können.

Durchschnittl. Zusammensetzung und Energiewert von Schwarzem Holunder

Bestandteil	Gehalt in 100 g eßbaren Anteils
Feuchtigkeit	80 g
Kohlenhydrate	9,1 g
Eiweiß	2,5 g
Faserstoffe	6,6 g
Mineralstoffe	0,8 g
Kalium	305 mg
Magnesium	24 mg
Calcium	35 mg
Phosphor	57 mg
Eisen	1,6 mg
Vitamin B_1	0,35 mg
Vitamin B_2	0,08 mg
Niacin	1,5 mg
Caroten	0,3 mg
Vitamin C	16 mg
Energiewert in kJ (kcal) je 100 g	200 (48)

Holzapfel, *Wildapfel, Krabapfel* (engl. *Crab* = Holzapfel): die 2···5 cm dicke, harte Frucht der vielfach in Windschutzhecken vorkommenden und als Pfropfunterlage kultivierten Apfelart *Málus sylvéstris* L. (Fam. *Rosáceae*). Die herbsauren, im August zur Reife gelangenden Früchte sind zur Saft-, Gelee- und Süßmostbereitung geeignet. Auch die Früchte anderer kleinfrüchtiger Apfelarten wie der *Kirsch-* oder *Sibirische Krabapfel (Málus baccáta* (L.), *Málus doméstica* Borkh.), deren Varietäten z. B. *var. paradisíaca (Paradiesapfel)* sowohl für Zier- als auch für Nutzzwecke angebaut werden und die als *Kirsch-* oder *Crabäpfel* bezeichnet werden, sind eßbar. Sie werden bevorzugt für die Saftgewinnung genutzt. *Málus hupehénsis* (Pamp.) Rehd., der *Chinesische Crabapfel* wird nicht nur wegen seiner schönen großen Blüten angebaut, sondern auch als Tee-Ersatz genutzt: In China wird aus den Blättern der *Hailang-Tee* hergestellt.

Holzapfel, Indischer → Elefantenapfel

Holzbirne, *Wildbirne, Knödelbirne:* die in lichten Laubwäldern vorkommende, örtlich als Heckengehölz, zur Bienenweide oder für die Gewinnung von Wildfutter kultivierte Birne, *Pýrus pyráster* L. Syn. *Pýrus commūnis ssp. pyráster* Aschers. mit den Unterarten *ssp. pyraster* und ssp. áchras (Familie *Rosáceae).* Die herben Früchte sind nicht für den Frischgenuß, aber bes. in Mischung mit Apfel, zur Saftgewinnung geeignet.

Holzessig → Essigsäure

Holzgeist → Methanol

Holzgummi → Xylan

Holzigkeit: sensorischer, insbes. kinästhetischer Eindruck beim Zerkleinern der Nahrung mit den Zähnen, der sich durch deutlich erhöhte Festigkeit und verminderte Dehnbarkeit des pflanzlichen Gewebes im Vergleich zu zartem Gewebe zu erkennen gibt. H. mindert die Qualität der Produkte und kann zur völligen Ungenießbarkeit führen. *Pelzigkeit,* wie sie beispielsweise bes. oft bei Radieschen, Rettich und Sellerie auftritt, stellt die Vorstufe zur H. dar. Sie entsteht durch Einlagerung versch. Substanzen, bevorzugt Lignin, in die Mittellamelle und in der Primärwand der Zelle.

Holzkassie → Zimt 2,

Holzkassie, Indische → Zimt 8.

Holzklee → Waldsauerklee

Holzofenbrot, *Steinofenbrot:* ein aus Mahlerzeugnissen des Roggens oder Weizens hergestelltes → Brot, das in direkt befeuerten, aus Steinen gemauerten Öfen mit fallender Backtemperatur gebacken wird. Zum Anheizen darf nur naturbelassenes Holz als Heizmaterial verwendet werden.

Holzöl, Chinesisches → Tungöl

Holzöl, Japanisches → Tungöl

Holzstoff → Lignin

Holzstreumehl → Trennmehl

Holzzucker → Pentosen

Holzzuckerhefe → Nährhefe

Homarin → Betaine

Hómarus spec. → Krebstiere

Hominy: 1. ein grobgrießartiges Zwischenprodukt der Maistrockenvermahlung. Das H. fällt bei der Maisaufbereitung zu 11 % des Gesamtkorngehaltes an und weist je 100 g folgende Zusammensetzung auf: 11 g Feuchtigkeit, 9,4 g Eiweiß, 0,7 g Fett, 0,3 g Asche, 0,4 g Rohfaser und 78,2 g Kohlenhydrate.
2. eine in den USA übliche Maisbreizubereitung, vorwiegend unter Verwendung von weißem Hominy-Mais. → Brei → Mais

Homobetain → Betaine

Homodan → Pflanzenöl, polymerisiertes und oxydiertes

Homogentisinsäure, *2,5-Dihydoxy-phenylessigsäure, 2,5-Dioxy-phenylessigsäure:* eine Phenolcarbonsäure s. Formel.

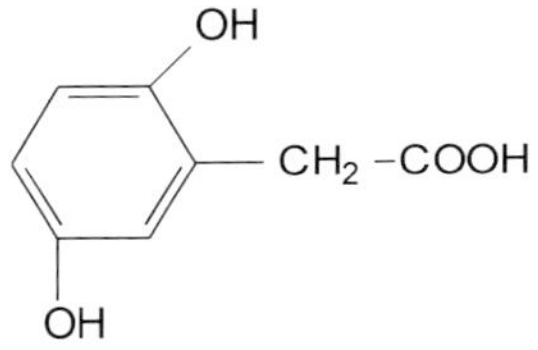

Sie wurde in der Zuckerrübe nachgewiesen, wo sie aus Tyrosin gebildet wird. H. tritt u. a. als Zwischenprodukt beim Abbau von Phenylalanin und Tyrosin zu Fumarsäure und Acetessigsäure im menschlichen Organismus auf. Menschen mit Alkaptonurie (einer Stoffwechselanomalie) scheiden H. mit dem Harn aus. Sie wird darin unter Schwarzfärbung des Harns weiter oxydiert.

Homoguajacol → Phenole

Homopolysaccharide → Saccharide

Homoserin → Aminosäuren

Hondawara → Algenprodukt

Honduras-Grapefruit → Grapefruit

Honey → Zuckerhirse

Hongo → Kombucha

Honig, *Bienenhonig:* der süße Stoff, den die Honigbienen aus Blütentrachten (*Blütenhonig*) oder Blattrachten (*Blatthonig*) durch Zusatz körpereigener Stoffe bereiten. Ausgangsstoff für Blütenhonige ist Nektar, für Blatthonige die an Blättern und Stengeln lebender Pflanzen auftretenden süßen Ausschwitzungen sowie die durch Insekten auf Pflanzen gebildeten süßen Überzüge (Honigtau).

Von Bienen verarbeiteter Zucker aus anderen als den angegebenen Quellen (z. B. *Zuckerfütterungshonig*) gilt nicht als H.. Die Honigbereitung erfolgt durch mehrfaches Umtragen der gesammelten Säfte im Bienenstock, wobei sich folgende Veränderungen abspielen: Invertierung der Saccharose, Epimerisierung von Glucose zu Fructose und Bildung höherer Saccharide, Aufnahme von Eiweißen, Säuren und Enzymen aus der Biene, Eindickung bis auf einen Feuchtigkeitsgehalt von 20 %. In den verdeckelten Waben reift der H. nach. Nach Art der Gewinnung des H. unterscheidet man a) *Scheibenhonig (Wabenhonig),* ein in frisch erbauten, weißen, verdeckelten, nicht bebrüteten Waben (Jungfernwaben) befindlicher H., der auch in dieser Form gehandelt wird, b) *Leckhonig (Tropf-, Lauf-, Senkhonig),* ein H. der aus zerkleinerten, brutfreien Waben ohne Erwärmen ausfließt, c) *Schleuderhonig,* durch Schleudern der stockwarmen, brutfreien Waben gewonnener H., der den größten Teil des insgesamt gewonnenen H. ausmacht, d) *Preßhonig,* durch Auspressen nicht erwärmter, brutfreier Waben und e) *Seimhonig,* durch Auspressen bei gleichzeitiger Erwärmung gewonnener H. Die Konsistenz frischer H. ist meist dünn bis zähflüssig. Abhängig vom Gehalt an Glucose und Fructose, von der Temperatur und der Vorbehandlung des H. setzt früher oder später die Kristallisation ein, wobei die Glucose zuerst ausfällt.

Hoher Eiweißgehalt wirkt der Kristallisation entgegen. Hauptbestandteil des H. ist *Invertzucker* (meist mehr Fructose als Glucose), daneben Saccharose, Melitose und eine Reihe anderer Di- und Oligosaccharide. Der Gehalt an Mineralstoffen und an Pollen sowie der Geruch, Geschmack und Farbe sind abhängig vom Ausgangsprodukt. Die Schlüsselverbindung des Aromas scheint die Phenylessigsäure zu sein. Die Farbe variiert von hellgelb *(Robinienhonig-* auch *Akazienhonig* genannt -, *Rapshonig)* über gelb, gelbbraun (*Obstblütenhonig),* gelbgrün *(Lindenhonig),* bräunlich (*Wiesenblütenhonig),* rotbraun *(Heidehonig)* bis dunkelgrün *(Tannen-, Koniferen-, Wald-, Blatthonig). Blatthonige* haben einen bes. hohen Eiweiß-, Mineralstoff- und Enzymgehalt. Von einigen tropischen Pflanzen sind unangenehm schmeckende und giftige H. bekannt. Der ernährungsphysiologische Wert des H., er war schon lange vor dem Zukker als Süßungs- und Stärkungsmittel bekannt, ist durch seinen hohen Gehalt an leicht resorbierbaren Kohlenhydraten bedingt. Entsprechend hoch ist auch der Energiewert. Auch Mineralstoff- und Enzymgehalt sowie die appetitanregende Wirkung der Aromastoffe sind von Bedeutung. Vitamine sind dagegen nur in unbedeutender Konzentration vorhanden. Honigsorten aus Gebirgsgegenden (z. B. im Iran weisen Vitamin-C-Gehaltswerte von 116···240 mg/100g auf. Diese hochvitaminhaltigen Honigsorten stammen vorwiegend von Minzen- und Thymianblütennektar. Außer zum unmittelbaren Genuß dient der H. zur Herstellung von Back- und Süßwaren und zur Bereitung alkoholischer Getränke (*Met*). In der Medizin und Kosmetik findet H. ebenfalls Verwendung. Auch der sich durch einen hohen Wirkstoffgehalt

Zusammensetzung und Energiewert von Honig

Bestandteil	in 100 g	
Feuchtigkeit	18	g
Eiweiß	0,4	g
Fett	0	g
Kohlenhydrate	79,6	g
Mineralstoffe	0,2	g
Calcium	4,5	mg
Kalium	47	mg
Magnesium	5,5	mg
Eisen	1,3	mg
Phosphor	18,0	mg
Natrium	7,4	mg
Mangan	0,03	mg
Kupfer	0,09	mg
Zink	1,4	mg
Vitamin B_1	0,003	mg
Vitamin B_2	0,05	mg
Niacin	0,13	mg
Vitamin C	2,4	mg
Energiewert in kJ (kcal) je 100 g	1350 (320)	

auszeichnende Futtersaft der Bienenkönigin *(Gelée Royal)* erlangt auf diesem Gebiet bes. Bedeutung. H. der zum unmittelbaren Verzehr bestimmt ist (Speisehonig) muß sauber (ohne Wabenteile, Brut und Fremdkörper) und unverfälscht (ohne Fremdstoffe, wie Säuren, Farb- und Aromastoffe) sein und darf nicht verdorben (verschimmelt, vergoren) und nicht über 45°C erwärmt sein. Da sich in Waben bes. viele Schadstoffe ansammeln können, sollte vom Kauf von Wabenhonig abgeraten werden. Der HMF-Wert, als Maß für die Wärmeschädigung darf nach der Honigverordnung nicht über 40 liegen. Von H., der unsachlich als „kaltgeschleudert" deklariert wird, dürfte man einen HMF-Wert erwarten, der nicht über 20 liegt. H. mit einem Wassergehalt von über 21 % deutet auf zu frühe Ernte hin, die rasch verdirbt. Laut Honigverordnung dürfen Speisehonige, die einer unzulässigen, drastischen Erhitzung ausgesetzt waren bzw. lange gelagert wurden, nur noch als *Back-* und *Industriehonig* gehandelt werden. Der von den Speicheldrüsen der Biene herrührende Diatasegehalt des H. ist so charakteristisch, daß er zum Nachweis von *Zuckerfütterungshonig* herangezogen werden kann. Zur Kontrolle manipulierter Herkunfts- bzw. Sortenbez. dient die Pollenanalyse. Wird auf eine bestimmte Pflanzensorte hingewiesen, dann müssen mind. 50 % Pollen der angegebenen Planze nachweisbar sein. Die Bez. → naturrein darf bei H. nur dann verwendet werden, wenn für Abwesenheit von Umweltkontaminanten sowie z. B. von Rückständen aus Bienenkrankheitsbekämpfungsmitteln (3 Mittel sind in Deutschland zugelassen) garantiert werden kann. Da sich diese Forderung kaum realisieren läßt, sind verschiedene Werbebemühungen dazu übergegangen, die unangebrachte Bez. → naturbelassen dafür einzusetzen. *Deutscher Bienenhonig* ist in der Regel teurer als Importhonig (Deutschland muß 80% seines Honigbedarfs importieren) und erkennbar an dem Einheitsglas des Deutschen Imkerbundes. Unter *Auslesehonig* wird ein H. von bes. hoher Qualität und gutem Geschmack verstanden. Die optimalen Lagerbedingungen für H. liegen bei 7···12°C und einer rel. Luftfeuchte bis 65 %. → Honigtauhonig → Kunsthonig → Nektar

Honigapfel → Cherimoya

Honigbaum, Wilder, *Cerezo, Tostado:* der Strauch oder kleine Baum *Caseária decándra* Jacq. (Familie *Flacourtiáceae*), der in den Wäldern der Antillen, von Costa Rica, Peru und Brasilien vorkommt. Die Kapselfrucht enthält 2 bis 4 Samen, die von einem fleischigen, sehr süßen gelben bis organgefarbigen Samenmantel umgeben sind. Die Samenmäntel werden roh verzehrt.

Honigbeere, *Mamoncillo, Macao, Maco, Mauco, Muco, Quenepa, Genip, Dotterknippe, Knippe, Kenépier, Knépier, Kenettier, Quenettier, Grozella de miel:* Frucht des kleinen Baumes *Melicócca bijúga* L. (Familie *Sapindáceae*), der in Westindien und Südamerika kultiviert wird. Die dicke, ledrige Schale der runden, pflaumengroßen Früchte umschließt ein weiches, gelbliches oder lachsfarbiges, saftiges Fruchtfleisch, das bei vollreifen Früchten angenehm säuerlich bis süß schmeckt. Die Samenkerne werden geröstet gegessen.

Honigblume → Melisse

Honigkuchen → Lebkuchen

Honigkuchengewürz → Lebkuchengewürz

Honiglikör, *Bärenfang:* ein → Likör, hergestellt unter Verwendung von 300 g Bienenhonig auf 1 l Likör. Der Ethanolgehalt beträgt 35 %-Vol.

Honigmangrove, *Mangle, Siriuba:* der Baum *Avicénnia nítida* Jacq. (Familie *Verbenáceae*), der an den Küsten des tropischen Amerika und der Antillen wächst. Die Samen können gekocht verzehrt werden, wenn das Kochwasser weggegossen wird. Die rohen Samen sind giftig. Der Bienenhonig aus *Avicénnia*-Blüten ist von ausgezeichnetem Geschmack.

Honigpalme → Palmenhonig

Honigpilz → Tricholomatáceae

Honigpulver → Trockenhonig

Honigschokolade: eine *Schokolade* mit mind. 7,5 % feinverteiltem Bienenhonig. → Schokolade → Süßware → Kakaoerzeugnis

Honigtauhonig, *Blatthonig, Waldhonig, Tannenhonig, Koniferenhonig, Tauhonig, Lachnidenhonig:* Bez. für einen → Honig, bei dem die Honigbiene als Zuckerquelle nicht den → Nektar, sondern die Ausscheidungen (Sekrete) lebender Pflanzen oder Absonderungen pflanzensaugender Insekten (z. B. Blattläuse) auf Zweigen, Blättern, Nadeln usw. nutzt. Im Gegensatz zum *Blütenhonig* (→ Honig) weist H. niedrigere Gehalte an Glucose und Fructose auf (s. Tabellenwerte von etwa 500 Honigproben nach Doner).

Gehalt an Feuchtigkeit und Zuckerarten in Blüten- und Honigtauhonig in g je 100 g

Bestandteil	Blütenhonig	Honigtauhonig
Feuchtigkeit	17,2	16,3
Fructose	38,2	31,8
Glucose	31,3	26,1
Saccharose	1,31	0,8
Maltose (reduz. Disaccharide)	7,31	8,8
höhere Zucker	1,5	4,8

Das Trisaccharid *Melicitose* ist im H. bis zu 10 %, im *Blütenhonig* überhaupt nicht vorhanden. Der Gehalt an reduzierenden Disacchariden ist bei H. im Vergleich zu Blütenhonig ebenfalls erhöht.

Honig, Türkischer: eine fast harte, an der Oberfläche zum Zerfließen neigende, zähklebrige, abgeröstete Schaummasse aus Zucker, Stärkesirup, Eiklar und Speisegelatine, oft auch mit weiteren Zusätzen (z. B. Nuß- und Mandelkerne), in jedem Fall jedoch Honig enthaltend. → Schaumzuckerware, Orientalische → Nugat, Orientalischer → Zukkerware

Honigwein: → weinähnliches Getränk, früher als *Met* bez., wird durch Vergären einer Honig-Wasser-Lösung (2:1) mit Hilfe von Reinzuchthefen hergestellt. H. kann aromatisiert werden mit Gewürzen (Anis, Nelken) oder mit Kräutern (Hopfen, Schlüsselblumen). Bes. beliebt ist H. in Polen. Der Mindestethanolgehalt von H. beträgt 8 %-Vol. Mischungen mit Fruchtwein werden als *Beeren-Honigwein* bezeichnet. → Taj → Sambangangou → Bangui

'Hönings Früheste' → Stachelbeere → Beerenobst

Hookerpalme → Raffiapalme

Hopfen: die getrockneten, bis 4 cm langen, eiförmigen bis zylindrischen, unbefruchteten weiblichen Fruchtzapfen des zweihäusigen rankenden Hanfgewächses *Húmulus lúpulus* L. (Familie *Moráceae*). Der H. wird besonders in der früheren ČSFR, in England, in Deutschland sowie in Australien, Süd- und Nordamerika in sog. Hopfengärten an langen Stangen angebaut. In Bayern gibt es das größte zusammenhängende Hopfenanbaugebiet der Welt in Hallertau. Dort werden auf 14 000 ha mehr als 60 000 Zentner H. pro Jahr geerntet. Der charakteristische Geruch und Geschmack sind auf den Gehalt an ätherischem Öl (0,2···1 %), Humulon, Lupulon, Trimethylamin, Harz und Gerbstoff zurückzuführen. H. wird bereits seit dem 8. Jh. zum Würzen des → Bieres verwendet, dem es seinen herb-bitteren Geschmack, aber auch das Schaumbildungsvermögen und die Haltbarkeit verleiht.

Neben dem direkten Einsatz von H. findet immer häufiger Hopfenextrakt aus Gründen standardisierter Aromastoffzusammensetzung und Aroma- bzw. Bitterstoffqualität, einer besseren Dosierung, Lagerfähigkeit und Keimfreiheit Verwendung. Der Marktanteil der Kohlendioxidhochdruckextrakte aus Hopfen hatte 1990 bereits mehr als 60 % betragen.

Ferner dient H. zur Bereitung von → Hopfenkäse und → Hopfenspargel. Junge Sprosse (die jungen Spitzen der Ranken) und Blätter werden roh als Beigabe zu → Salaten oder gedünstet als Spinatgemüse verzehrt. Die als überflüssige Nebentriebe in den Hopfengärten ausgemerzten Sprosse ergeben einen schmackhaften, sog. Hopfenspargelsalat. → Humulol → Xanthohumol → Humulon→ Humulenepoxid → Humulenol → Lupulon → Caryophyllenepoxide → Trimethylamin

α-Hopfenbittersäure → Humulon

β-Hopfenbittersäure → Lupulon

Hopfen für Brauzwecke: getrocknete Zapfen der weiblichen Hopfenpflanze (→ Hopfen), die als bitternder, aromagebender, schaumbeeinflussender, eiweißfällender und konservierender Rohstoff bei der Bierbereitung verwendet werden. Der Hopfen, vermutlich aus der Mongolei nach Europa gebracht, wird in Deutschland seit dem Jahr 900 zur Aromatisierung der Bierwürze verwendet. Den H. f. B. gibt es in den folgenden bearbeiteten Formen: a) zu den *Hopfentrockenkonserven* zählen *Ballenhopfen* bzw. *Ballothopfen* (mäßig gepreßter H.), *Büchsenhopfen* (stark gepreßter H.), *konzentrierter H.* (zerkleinerter H., bei dem wertlose Pflanzenteile ausgelesen sind, wodurch die Aromabestandteile konzentriert werden), *Hopfenpulver* (getrockneter, gemahlener, nichtkonzentrierter H.) und *Hopfengranulat* (Hopfentrockenkonzentrat). *Hopfenpulver, Granulat-* sowie *Büchsenhopfen* sind mehrere Jahre lagerfähig bei luftdichter Verpackung, während gewöhnliche Trockenware infolge Luftsauerstoffeinwirkung innerhalb eines Jahres bis zu einem Fünftel seines Aromastoffgehaltes verliert. b) Zu den *Hopfennaßkonserven* zählt der sog. *Hopfenextrakt,* eine dunkle, zähflüssige Masse, gewonnen durch Extraktion von Hopfenzapfen mit organischen Lösungsmitteln, die nach Extraktion wieder entfernt werden. Hopfenextrakt ist für die Sorten *Deutsches Pilsner Spezial* und *Märzen* nicht zulässig. Der H. f. B. muß hinsichtlich Herkunft, Güteklasse und Erntejahr gekennzeichnet werden (Siegelzwang). Zur Klassifizierung des H. f. B. in vier Güteklassen werden sensorische, chemische und gaschromatographische Methoden verwendet. Die wertvollsten Bestandteile des H.f.B. sind *Hopfenmehl (Lupulin*), ein hopfenbitterer, erfrischender, zitronengelber, klebriger, leicht verderblicher Aromastoff, und das *Hopfenöl,* das das feine, liebliche Hopfenaroma ausbildet, sich aber bei zu langem Würzekochen verflüchtigt. H. f. B. enthält an brauwirksamen Bestandteilen: Bitterstoffe 18 %, Hopfenöl 0,5 %, Gerbstoff 3 %, Eiweiß 20 %, Mineralstoffe 8 %. Die Bitterstoffe verleihen dem Bier den edel-bitteren Geschmack und tragen zur Schaumhaltigkeit und Haltbarkeit des Bieres bei. Die Gerbstoffe des H. f. B. fallen mit dem *Bruch* beim Würzkochen aus. → Bier

Hopfenkäse, *Nieheimer, Nieheimer Hopfenkäse, Lüdger-Käse, Westfälischer Kräuterkäse:* aus Sauermilchquark hergestellter und in Töpfen zwischen Hopfellagen gereifter Sauermilchkäse, der ausschl. als Magerkäse hergestellt und z.T. als Reibkäse verwendet wird.

Hopfenkäse, Nieheimer → Hopfenkäse

Hopfenklee → Klee

Hopfen, Spanischer, *Dost, Kretischer:* das getrocknete Kraut des in Südeuropa heimischen Lippenblütlers *Majorána onítes* Bentham, Syn. *Origánum onítes* L., (Familie *Labiáceae*). Der charakteristische, majoranartige Geruch und der brennende Geschmack sind auf den Gehalt an ätherischem Öl mit etwa 40 % Carvacrol zurückzuführen. Der S. H. wird verschiedentlich für Fischgewürzmischungen, z. B. Gabelbissengewürz, verwendet.

Hopfensprossen, *Hopfenspargel*: die als → Salat verwendbaren, aus dem Wurzelstock aufsteigenden jungen Triebe des → Hopfens, die je nach Witterung im März/April geerntet werden können. → Wildkräuter

Hopjes: eine aus dem Niederländischen stammende Bez. für *Kaffeebonbons.* → Bonbon

Hoppers: eine in Indien übliche Hirsebreizubereitung in Form von Fladen, insbes. aus Sorghumhirse. Unter Zusatz von Hefe und Salz wird nach eintägiger Fermentation der Brei mit Kokosmilch versetzt und in Fett zu dünnen Fladen gebacken. → Brei → Flachbrot → Fladen

Horchata → Erdmandel 1. → Erdmandelmilch

Hordein → Prolamine

Hordenin: Anhalonium-Alkaloid aus keimender Gerste, sowie Gramineen, Leguminosen, einigen Algen und Pilzen.

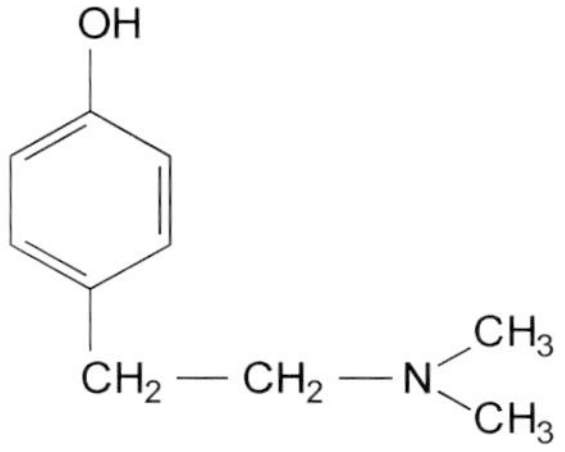

Molmasse 165,24 g/mol. Es wirkt diuretisch, in hohen Dosen blutdrucksteigernd.

Hormone: *körpereigene Wirkstoffe* mit spezifischen physiologischen Wirkungen, die die Reaktionssysteme des Stoffwechsels, des Wachstums und der Fortpflanzung regulieren. H. sind entweder Aminosäure- bzw. Eiweißabkömmlinge oder Steroide, werden in bes. (endokrinen) Drüsen (z. B. Schilddrüse, Bauchspeicheldrüse, Keimdrüsen) produziert und gehen direkt in das Blut. Als Lebensmittel werden die H. bildenden Organe nur selten verwertet, z. B. die Thymusdrüse des Kalbes als Kalbsbries.

Hörnchen: 1. *Gipfel, Kipfel, Kipferl, Hörndel:* ein Weizengebäck aus → Hefeteig (als Wasserbackware oder Milchbackware), → Blätterteig (als *Blätterhörnchen* bzw. *Blätterteighörnchen*), aus → Briocheteig (*Briochekipfel*) oder aus → Plunderteig (als *Plunderhörnchen*), indem entweder der ausgerollte Teig gewickelt (sog. *gedrehte* oder *Wickelhörnchen*) oder nicht gewickelt wird (*glatte H.*) und der geschnittene Teigstrang wie bei Wickelhörnchen rund geformt wird. Als *Herdkipfel* werden die H. direkt auf dem Herd, als *Blechkipfel* auf dem Blech gebacken. H. werden verschiedentlich auch mit Fruchtmasse gefüllt und/oder mit Mandeln, Mohn, Zucker, Salz oder Kümmel bestreut. Je nach Zusammensetzung werden H. zu der Gruppe der → Kleinbackwaren oder zu der Gruppe der → Feinen Backwaren gerechnet. → Stange
2. eine Teigwarensorte (→ Teigwaren), bestehend aus leicht gekrümmten Röhrchen mit glatter oder gerippter Oberfläche.

Hörnchen, Französisches → Croissant

Hörndel → Hörnchen

Hornemánnia racemósa → Myrtille

Hornfisch → Hornhecht

Hornhecht, *Hornfisch, Belóne belóne* (Bild):

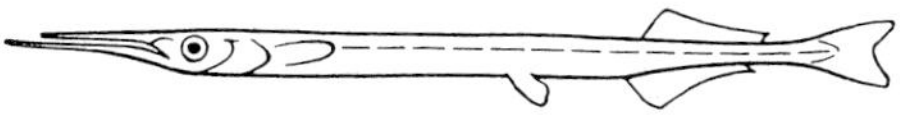

Hornhecht

Oben blaugrün, unter silberglänzend gefärbter, nadelförmiger Fisch mit schnabelartig verlängerten Kiefern. Der Unterkiefer überragt den Oberkiefer. Die Bauchflossen liegen hinter der Körpermitte. Die Gräten sind grün gefärbt. Der H. hat in der Ost- und Nordsee sowie im Mittelmeer lokale Bedeutung für die Küstenfischerei (Gesamtfang etwa 4 kt). Er wird 40···60, höchst. 90 cm lang (Masse 1 kg). H. ist ein Speisefisch und wird auch geräuchert.

Hornkleesamen → Bockshornkleesamen

Hornsauerklee, *gehörnter Sauerklee:* eine in jedem Erdteil mit abweichenden Wuchsformen auftretende Sauerkleepflanze, die vorwiegend den Arten *Óxalis strícta* L. und *O. corniculáta* L. (Familie *Oxalidáceae*) zugeordnet wird. In Brasilien, vorwiegend auch von den Indianern, wird der H. als Gemüse verzehrt. → Waldsauerklee → Gemüse

Hornstrauch → Kornelkirsche

Hors calibres → Kapern

Hosi-Nori → Algenprodukt

Hósta ventricósa → Hostie 1.

Hostie: 1. Blaue Funkie: die in China als Heil-, in Europa als Zier- und in Japan als Gemüsepflanze kultivierte *Hósta ventricósa* Steav., (Familie *Liliáceae*). Die gebleichten Blattstiele werden entweder als Kochgemüse oder als → Sauergemüse verzehrt. → Bleichgemüse
2. ein geweihtes *Abendmahlsbrot* aus ungesäuertem Teig aus Mehl und /oder Stärke in Form einer → Oblate.

Hostie, Blutende: ein sehr seltener, harmloser Befall von Schnittbrotkrume durch *Bacterium prodigiosum,* ein farbloses, hitzeempfindliches Bacterium, das in seinem Optimalbereich von 25···30°C roten Farbstoff bildet und auf Brotkrume blutrote Flecken erzeugen kann. Der Name wird auf gelegentlich im Mittelalter aufgetretene rote Flecken auf in Kirchen gelagerten Backoblaten (→ Hostien) zurückgeführt.

Hot-Dog-Brötchen → Hamburger **2.**

Hottentottenfeige, *Pferdefeige:* die Früchte der in Südamerika heimischen Pflanze *Carpobrótus edúlis* (L.) N. E. Brown (Familie *Aizoáceae*). Die jungen Triebe und Blätter werden als Kochgemüse verzehrt und die Früchte als Obst verwendet.

'Housi' → Nashi

Hovi: Rahmfrischkäse (Typ Petit Suisse) aus Finnland. → Käsesorten

HPMC → Hydroxylmethylpropylcellulose → Cellulosederivat

Hrûdka-Käse: *Schafmilchkäse* in der ehem. ČSFR, der als Vorstufe für Brimsenkäse zu betrachten ist. → Käsesorten

H-Schokomilch → Milchmischgetränk, haltbar

H-Stärke, *Wasserstoffionenstärke:* die durch vollständigen Austausch der Kationen mit H-Ionen hergestellte → Stärke. → Kationenstärke

Huaje, *Guaje:* die als Gemüse verzehrten zuckerhaltigen Hülsen des Baumes *Leucǣna esculénta* (Moç. et Sessé)Benth., (Familie *Fabáceae*). Von denselben Bäumen werden auch die Gallen *(Polochoco)* gesammelt und im gekochten Zustand verzehrt. Die H. wird vor allem in Mexiko an verschiedenen Stellen (z. B. im Tehuacan-Tal) kultiviert.

Huauzontle → Meldengetreide

Huchen, *Donaulachs, Húcho húcho* (s. Bild oben). Dem → Lachs ähnlicher, stationärer Salmonide, ein *Süßwasserfisch,* der nur im Stromsystem der Donau vorkommt. Die Länge beträgt durchschnittl. 60 bis 120 cm, höchst. 150 cm, die Masse 10···12 kg, höchst. 52 kg. Wegen der geringen Häufigkeit hat er wenig wirtschaftliche Bedeutung. Der verwandte *Taimen (Húcho tǣmen)* besiedelt die Flüsse Sibiriens vom Amur bis zur Petschora und zur Wolga. → Fisch

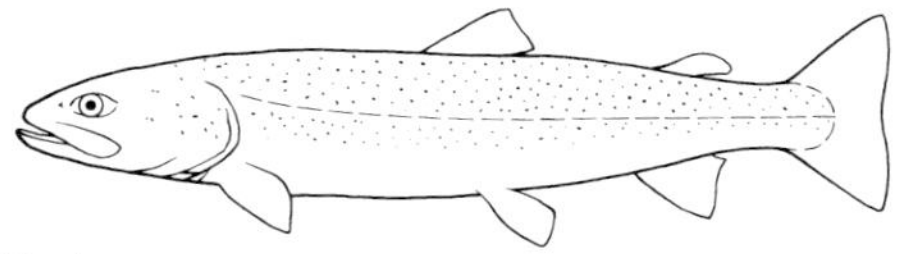

Huchen

Húcho húcho → Huchen

Huflattich: das an Wegrändern vorkommende, 20···30 cm hohe Kraut, *Tussilágo fárfara* L. (Familie *Asteráceae*) mit grünlich-roten Schuppen an den Blütenständen und endständigen goldgelben Blütenköpfchen. Blätter und Blütenköpfe enthalten Schleim-, Bitter- und Gerbstoffe und bilden oft den Hauptbestandteil von Hustensaft und Hustentee. Die jungen Blätter und Blütenstiele, Knospen und Blüten werden für Mischsalate, Eintöpfe und Gemüsezwecke gesammelt. In Nordafrika und Nordamerika wird H. auch als → Blattgemüse angebaut. Nach gegenwärtigem Stand der Kenntnisse dürfte die Konzentration an Pyrrolicidin-Alkaloiden wie Senecion, Sencircin und Tussilagin so gering sein, daß aus H. hergestellte Kräutertees und Gemüsezubereitungen unbedenklich sind.

Huflattichsaft → Kräutersaft → Huflattich

Hüfte → Tierkörperteilstücke

Hügelerdbeere → Erdbeerblätter

Hügelsenf, *Hohe Zackenschote***:** die in Südeuropa und im Kaukasus bis Sibirien wildwachsende oder kultivierte Gemüsepflanze *Búnias orientális* L. (Familie *Brassicáceae*).

Huhn, *Haushuhn (Gállus domésticus)* → Fleischtiere

Hühnerbrühe → Brüherzeugnis

Hühnerdarm → Vogelmiere

Hühnerei → Eier

Hühnerfett: das → Körperfett des Huhnes; das Fett des Eigelbs wird *Eieröl* genannt (→ Ei). Das H. ist ein bei Zimmertemperatur halbweiches Fett von angenehmem Geruch und Geschmack und meist gelblicher, manchmal auch weißer Farbe. Als Farbstoff wurde Xanthophyll (Lutein) nachgewiesen. Die wichtigsten Fettsäuren und ihre Anteile, bezogen auf den Gesamtfettsäuregehalt, sind Palmitinsäure (24···27%), Stearinsäure (4···7%), Palmitoleinsäure (etwa 7%), Ölsäure (38···43%) und Linolsäure (18···23%). Die Zusammensetzung des H. wird durch das Futterfett stark beeinflußt.

Hühnerfleischextrakt → Fleischextrakt

Hühnermyrte → Vogelmiere

Hühnerschwarm → Vogelmiere

Houjicha → Bancha

Hukkelkuchen → Aufläufer

Hülse: Fruchttyp der Schmetterlingsblütler in Form einer *Spring-* oder *Streufrucht* (vgl. → *Schließfrucht*), bestehend aus einem Fruchtblatt, das sich längs der Verwachsungsnaht (Bauchnaht) und der Mittelrippe (Rückennaht) öffnet, so daß die reifen Samen aus der derben Schale herausfallen können. Zu den → Hülsenfrüchten zählen z.B. Erbsen, Lupinen, Erdnüsse, Sojabohnen usw. → Frucht

Hülsenfrucht, *Leguminose:* Sammelbez. für Pflanzen aus der Familie *Fabáceae,* deren Früchte aus einem Fruchtblatt bestehen und in der Regel eine mehrsamige Hülse (lat. *legumen*) darstellen. Der bei den einzelnen *Leguminosen* verschiedenartig geformte und gefärbte Samen besteht aus einer als Reservestoffbehälter dienenden harten Hülle, die die beiden Keimblätter und den Keimling umschließt. Unterschiede bestehen in der Ausbildung der Sproßachse (aufrecht und standfest bei *Ackerbohne* und *Lupine,* windend und rankend bei *Erbsen)* und in der Verzweigung (Übersicht). Botanisch, wenn auch nicht im landläufigen Sinne, zählen auch die tropischen Leguminosen, z.B. die *Erdnuß* oder das *Johannisbrot* zu den H. Zu den ökonomisch bedeutungsvollsten H. der Welt gehören die *Sojabohne, die Kichererbse* und die *Trockenspeisebohne.*

Ihre Hauptanbaugebiete liegen in Asien, Nord- und Südamerika. Im Weltmaßstab werden die H. vorwiegend wegen der eßbaren → Hülsen und Samen, aber auch wegen des eßbaren Samenmantels (Arillus), z. B. verschiedene *Ingaarten,* wegen der eßbaren Knollen, z. B. *Dólichos esculéntus* De Wild. oder als Blattgemüse, z. B. *Glycíne japónica* L. kultiviert. In Deutschland werden als H. vorwiegend Erbsen, Bohnen und noch vereinzelt Linsen angebaut, dabei werden die Pflanzen in verschiedenen Reifestadien geerntet: als Gemüse (Verzehr von Hülsen und unreifen Samen) findet die Ernte, z. B. der *Gemüsebohnen* und *Gemüseerbsen,* während der *Milchreife* statt, während die der trockenen Samen bei *Trockenerbsen* und *Trokkenbohnen* im *Totreife*stadium erfolgt. (Erläuterungen zu Reifestadien → Getreide). Die trockenen Samen der H. haben vielfältige Bez.: *Trockenspeisehülsenfrucht, Körnerspeisehülsenfrucht, Körnerspeiseleguminose.* Die Bez. *Körnerleguminose* oder *Körnerhülsenfrucht* tragen sowohl die Pflanzen, die zur Gewinnung von trockenen Samen kultiviert werden als auch die Samen selbst. Bei den *Körnerleguminosen* wird außerdem zw. großkörnigen (*Bohnen, Erbsen*) und kleinkörnigen (*Luzerne*) Samen unterschieden. Der Sammelbegriff für H. in Ostasien ist der *Katjang*; z. B. *Katjang Goreng* (geröstete Erdnüsse), *Katjang Kedelal (*Sojabohne*)* oder *Katjang Idjoe* (kleine grüne Bohnen). Zu den einheimischen *Trockenspeisehülsenfrüchten* zählen: die *Trockenspeiseerbsen,* die *Trockenspeisebohnen* und die *Speiselinsen.* Gebeizte Trockenspeisehülsenfrüchten dürfen auch nach Reinigung nicht für Nahrungszwecke verwendet werden. Die Trockenspeisehülsenfrüchten müssen prinzipiell voll ausgereift, sauber und frei von tierischen Schädlingen sein. Der Geruch muß arteigen, frei von muffigen, schimmligen und anderen Fremdgerüchen und der Geschmack frei von Bitterstoffen sein. Der wichtigste Bestandteil der Trockenspeisehülsenfrüchte ist mit 25% das Eiweiß, daneben enthalten die Trockenspeisehülsefrüchte 60···70 % Kohlenhydrate und 1···5 % Fett. Die eiweißreichen Samen der H. bilden in vielen Ländern die Grundlage für zahlreiche, meist → fermentierte Lebensmittel, → neue Lebensmittel, angereicherte Lebensmittel, → simulierte Lebensmittel. Zu den ausländischen, meist orientalischen Erzeugnissen auf Hülsenfruchtbasis zählen z. B. *Bal-Ahar, Bal-Amur, Besan, Chicha, Dosai, Dhokla, Danwake, Dawadawa, Dhal, pflanzliche Ersatzmilchpräparate, Falafel, Indian MPF, Incarparina, Idli, Khaman, Kemina, Mysoremehl, Meju, Meitausza, Miso, Natto, Nan, Ontjom, Papadam, Pautshik-Atta, Sojasoße, Supramine, Tannouri-Brot, Tofu, Tempeh, Waries,* ferner *Würzsoßen* wie *Ketjap* und *Sojasoße* oder die Nähr-Kombinationspräparate wie CSM, CSW, WSB. → Keim → Reife → Körnerfrucht

Die wichtigsten Hülsenfrüchte

Wickenartige H.
Vícia fába, Puffbohne
Lens culináris, Linse
Písum sativum, Erbse
Cícer arietínum, Kichererbse
Bohnenartige H.
Phaséolus vulgáris, Gemüsebohne
Phaséolus āureus, Mungobohne
Phaséolus lunátus, Mondbohne
Phaséolus coccíneus, Prunkbohne
Glycíne max., Sojabohne
Ginsterartige H.
Lupínus álbus, Weiße Lupine
Lupínus lúteus, Gelbe Lupine
Lupínus angustifólius, Blaue Lupine

Hülsenfruchtmehl: durch Vermahlen, meist zuvor aufgeschlossener (→ Mehl, aufgeschlossenes) und wieder getrockneter → Hülsenfrüchte gewonnenes Produkt, das je nach Hülsenfruchtart entweder in der Suppenindustrie, als Mehlzusatz oder für Anreicherungszwecke (Nährmittel, Kindernahrung) eingesetzt wird. → Besan → Samenmehl, eiweißreiches

Hülsenfruchtnährmittel → Nährmittel

Humanmilch → Frauenmilch

Humectants → Wasserbindungsvermögen

Humíria balsamífera → Umiri

Humíria floribúnda → Umiri

Hummer → Krebstiere

Hummergarnele → Krebstiere

Humulen: ätherisches Öl aus Nelken und Hopfen, (Formel s. unten). Molmasse 204,36 g/mol → Terpen-Kohlenwasserstoffe

Humulol, *Isoxanthohumol***:** das Flavon (→ *Flavonoide*) des → *Xanthohumols* s. Struktur.

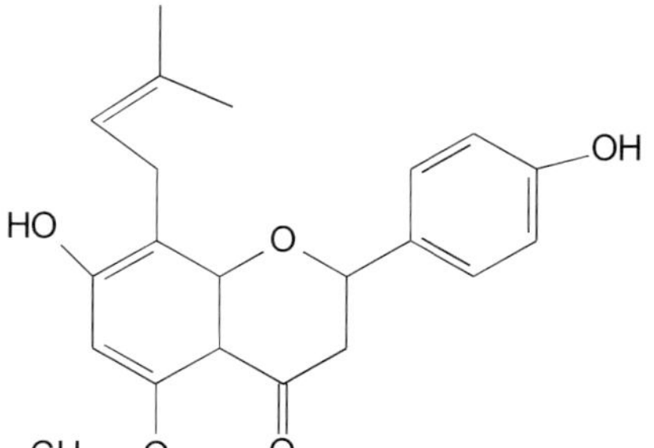

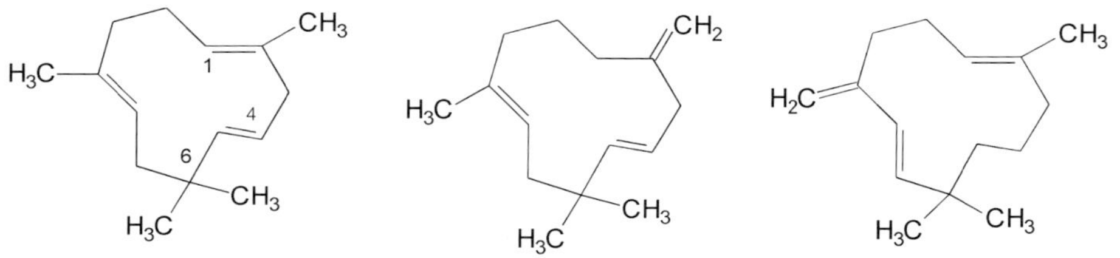

α- β- γ-Humulene

H. kommt in Hopfen (*Lúpulus húmulus* L.) vor und hat fungizide Wirkung. Hellgelbe Nadeln, F. 196···198°C. → Hopfen → Humulon

Humulon, α-Hopfenbittersäure, 3-[γ-γ-Dimethylpropenyl]-5-(γ-γ-dimethyl-allyl]-1-isovaleryl-cyclohex-1-en-2,3-diol-4,6-dien) (veraltet: α-Lupulinsäure): s. Formel unten; Molmasse 362,45 g/mol. H. kommt im Hopfen (*Húmulus lúpulus* L.) vor. Es ist einer der Bitterstoffe des Hopfens und weist antiseptische Wirkung auf. H. bildet gelbliche Kristalle, F. 65···66,5°C, $[\alpha]_D^{20}$ -211° (in Ethanol). Für die sedative Wirkung des Hopfens ist wahrscheinlich das Abbauprodukt der Hopfenbitterstoffe, das 2-Methyl-3-buten-2-ol verantwortlich. → Adhumulon → Cohumulon → Colupulon → Lupulon → Phytonzide → Humulol → Xanthohumol

Húmulus lúpulus → Hopfen

Hundefett: aus den fettreichen Teilen des Hundes (Familie *Canidae*) gewonnenes Fett. Es ähnelt in seiner Zusammensetzung dem Schweinefett (→ Schweineschmalz). Das H. soll in der chinesischen Küche und in der Volksmedizin eine gewisse Bedeutung haben. → Fett, tierisches → Körperfett

Hundsdarm → Vogelmiere

Hundshai → Haifisch

Hundskamille → Kamille, Echte

Hundsmelde → Gänsefuß

Hundspetersilie: ein bis zu 1 m hohes, wildwachsendes Doldengewächs, *Aethúsa cynápium* L. (Familie *Apiáceae).* Die H. ist mit echter Petersilie nur im jungen Zustand zu verwechseln, aber leicht an dem unangenehmen Geruch der zwischen den Fingern zerriebenen Blätter erkennbar. H. ist im Gegensatz zur → Petersilie giftig.

Hungerreis → Fonio

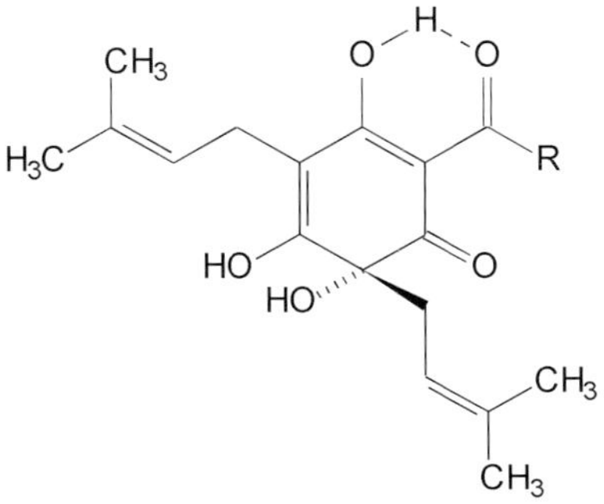

R = CH_2–$CH(CH_3)_2$	: Humulon
R = $CH(CH_3)_2$	: Cohumulon
R = $CH(CH_3)$–C_2H_5	: Adhumulon
R = $(CH_2)_2$–$CH(CH_3)_2$	: Prehumulon
R = C_2H_5	: Posthumulon

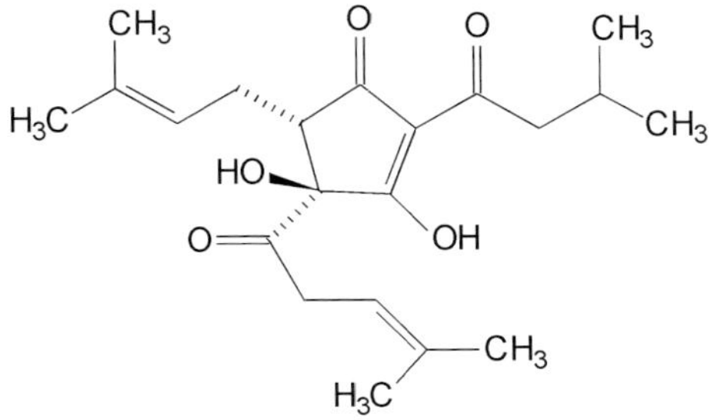

cis-Isohumulon

Husarenkopf → Parakresse

Hushalltskäse: schwedischer Schnittkäse aus Kuhmilch mit 30% bis 60% F. i. Tr. → Käsesorten

Húso húso → Störe

Hustenbonbon: hustenstillende oder schleimlösende Zusätze enthaltendes Bonbon, wobei z. B. *Eukalyptus-, Salmiak-, Menthol-* und Malzbonbons unterschieden werden.

Hustenpfefferminze → Eukalyptusöl 2.

Hustentee → Huflattich → Kräutertee

Hütchenpraline: eine → Praline, deren Füllung aus Fondantmasse mit Zusätzen besteht und die nur einen relativ geringen Anteil an Schokoladenüberzugsmasse aufweist. → Süßware → Kakaoerzeugnis

Hüttenrose, Weiße → Lablab

Hüttensalz → Speisesalz

Hutzucker → Plattenzucker

H-Vanillemilch → Milchmischgetränk, haltbares

Huxelrebe: eine von *Georg Scheu* durch Kreuzung der Rebsorten *Weißer Gutedel* und *Courtilier musque* hervorgegangene *Neuzüchtung,* die im Weinbau zunehmende Verbreitung findet. Die H. stellt an die Lage keine besonders hohen Ansprüche und erbringt gute Erträge bei hohem Mostgewicht. Der Zucker- und Säureanteil geht etwas über den der Rebsorten *Müller-Thurgau und Silvaner* hinaus. → Wein

Huzelbrot → Früchtebrot

Hyacinthal → 2-Phenylpropionaldehyd

Hyalobiuronsäure → Aminozucker

Hyaluronsäure: Aminodisaccharid, das aus D-Glucuronsäure und N-Acetyl-D-Glucosamin durch β-1→ 3-glykosidische Bindung gebildet wird.

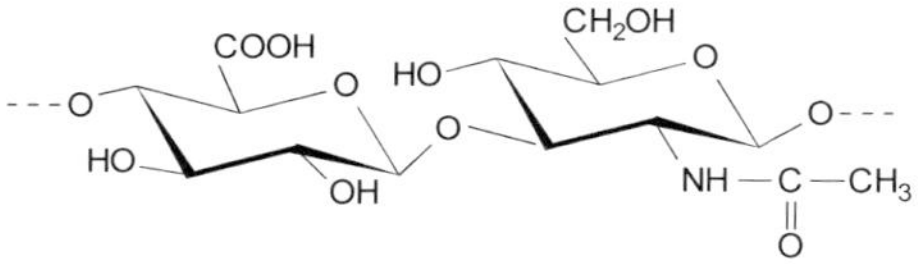

Verbindet sich mit der nächsten Einheit β-1→ 4-glykosidisch. Die unverzweigte Kette besteht aus 2000 - 3000 Einheiten. Molmasse zwischen 50 000 und mehreren Mio. g/mol. Bestandteil aller Bindegewebe (außer Augen-Hornhaut). → Mucopolysaccharide

Hyazinthenbohne → Helmbohne

Hybridbrombeere → Himbeer-Brombeer-Hybriden → Brimbeere

Hybride: in der Pflanzenproduktion und -züchtung häufig verwendete Bez. für Kreuzungsprodukte aus Inzuchtlinien oder Sorten mit bes. hohem Heterosiseffekt (= nach bestimmten Kreuzungen in Erscheinung tretende Leistungsüberlegenheit der Nachkommen gegenüber den Vorfahren). Die Bez. H. wird sehr häufig bei Mais (*Hybridmais*), Weizen (*Hybridweizen*) oder auch bei Gemüsesorten (F_1-Hybriden bei Tomate, Gurken) in der Literatur oder auf Samentüten verwendet.

Hybridhimbeere → Himbeer-Brombeer-Hybriden → Brimbeere

Hydnáceae, *Stachelpilze:* der Ordnung *Cantharelláles* - innerhalb der Klasse *Basidiomycétes (Ständerpilze)* - zugeordnete Pilzfamilie. H. sind waldbewohnende Bodenpilze, die wahrscheinlich sämtlich mycorrhicabildend und deren Fruchtkörper cantharelloid sind. Eßbare Vertreter dieser Familie sind:
Semmel-Stoppelpilz, Semmel-Stachelpilz, Semmel-Stacheling (Hýdnum repándum L.), semmelgelber, unregelmäßiger, dem Pfifferling ähnlicher Pilz, mit weißen bis gelblichen Stacheln auf der Unterseite und blaß weißgelbem, brüchigem Fleisch. Junge Pilze wohlschmeckend, alte hingegen bitter. Vorkommen: Juli bis Nov. in Laub- und Nadelwäldern, häufig; und seine Varietät, der *Rotgelbe Semmel-Stoppelpilz* [*Hýdnum rufescens* Fr. = *H. repándum var. rufescens* (Fr.) Barla] mit rotgelber Hutfarbe, von oben dem Pfifferling sehr ähnlich, aber mit rostgelben Stacheln auf der Unterseite und mit weiß-gelbem Fleisch, von angenehmem Geruch und Geschmack. Vorkommen: Juli bis Nov., vorwiegend in Nadelwäldern, bes. im

Gebirge, an feuchteren Stellen, in Reihen oder Ringen, häufig; bes. geeignet zum Einlegen in Essig.
Der *Pfifferling, Pfefferling, Rehpilz, Rehfüßchen, Rehling, Gehlchen, Gäälchen, Eierschwamm, Dotterschamm (Cantharéllus cibárius* Fr. = *Agáricus lutéolus* Batsch.) und die *Totentrompete* oder *Herbsttrompete (Crateréllus cornucopioídes* (L.) Pers.) werden teilw. auch anders systematisch eingeordnet, z. B. zu einer selbständigen Familie, *Cantharelláceae. Der Pfifferling* ist ein Pilz mit kleinem bis ansehnlichem, dottergelbem Hut mit gabelig herablaufenden Leisten, weißgelblichem, festem, selten madigem und lange haltbarem Fleisch von schwach pfirsichartigem Geruch und etwas pfeffrigem Nachgeschmack, beliebtester Speisepilz. Der Wert des Pilzes ist wegen der schweren Verdaulichkeit seines Fleisches nur gering. Der pfeffrige Geschmack verliert sich bei der Zubereitung. Getrocknet wird der Pilz hart und bitter, gut eignet er sich zum Einlegen in Salz. Vorkommen: Juni bis Nov. in Laub- und Nadelwäldern oft massenhaft, in dichter besiedelten Gegenden stellenweise fast ausgerottet. Leider mußte er auf die Rote Liste der gefährdeten Großpilze gesetzt werden. Er wird leicht mit dem minderwertigen *Falschen Pfifferling* oder *Orangeroten Trichterling* [*Hygrophorópsis (Clitócybe) aurantíaca* Wulfen (ex Fr.) Mre.] verwechselt.
Die *Totentrompete* hat einen tieftrichterförmigen, innen grauschwarzen bis schwarzen oder auch braunen, außen olivgrünlichen bis graublauen oder aschgrauen, außen runzligen, bis zum Grunde innen hohlen Fruchtkörper. Das Fleisch ist etwas zäh. Das daraus gewonnene Pilzmehl dient zum Würzen von Suppen und Tunken. Vorkommen: Aug. bis Nov. in Laub- und Nadelwäldern, bes. Buchenwäldern, stellenweise häufig.
Von geringer Bedeutung oder selten und im Handel nicht zugelassen sind: *Goldstieliger Leistling, Starkriechender Pfifferling* [*Cantharéllus xanthopus* (Pers.) *Duby = C. lutéscens* Pers.*), Trompeten-Pfifferling* oder *Durchbohrter Leistling (Cantharéllus tubāeformis* Fr.), *Samtpfifferling* oder *Samtiger Leistling (Cantharéllus fríesii* Quél.), *Grauer, Aschgrauer Pfifferling* oder *Schwarzgrauer Leistling (Cantharéllus cinéreus* Pers. ex Fr.) → Pilze → Speisepilze → Ständerpilze

Hydnocárpus anthelmíntica → Hydnocarpusöl

Hydnocárpus kúrzii → Chaulmoograöl

Hydnocarpusöl: das Samenfett des in Indien und in Thailand heimischen Baumes *Hydnocárpus anthelmíntica* Pierre ex Lanessan (Familie *Flacourtiáceae)*. Das H. wird in Indien und in China als Therapeutikum gegen Hautkrankheiten verwendet. Die physiologische Wirkung beruht auf dem Gehalt an Cyclopentensäuren (etwa 49 % Hydnocarpussäure, etwa 27 % Chaulmoograsäure, etwa 12 % Gorlisäure); diese Cyclopentensäuren bewirken jedoch eine hohe Toxizität des H. Früher wurde das H. auch für Ernährungszwecke verwendet.

Hydnocarpussäure: eine Cyclopentensäure der Formel:

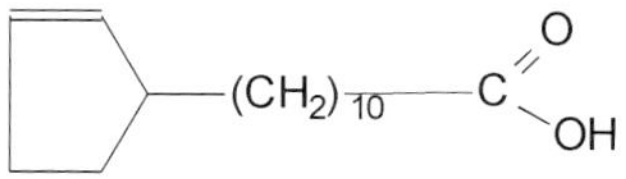

H. ist enthalten in → Chaulmoograöl und → Hydnocarpusöl. H. ist toxisch. → Fettsäuren

Hydnótrya spec. → *Tuberáles*

Hýdnum spec. → *Hydnáceae*

Hydrangin → Cumarin

Hydratopaldehyd → 2-Phenylpropionaldehyd

Hydrazine: Sammelbegriff für Derivate des Diamids Hydrazin mit der Formel $H_2N\text{-}NH_2$. Unter den H. befinden sich einige → *Pilzgifte* wie das → *Agaritin* [*N'*-(γ-L(+)-glutamyl)-p-hydroxymethylphenylhydrazin] im rohen Kulturchampignon mit mutagener Wirkung sowie 11 H. in der Speisemorchel, von denen 3 karzinogen wirken, z. B. das *N-Methyl-N'-formylhydrazin* ($H_3C\text{-}N\text{=}N\text{-}CHO$). → Mutagene → Stoffe, Lathyrismus auslösende → Wachstumsregulatoren

Hydrocháris chevaliéri → Dongo

Hydrochinon → Phenole

Hydrochinoncarbonsäure → Dihydroxycarbonsäuren, aromatische

Hydrochinon-monoethylether → Phenole

Hydrócybe spec. → *Cortinariáceae*

Hydrogencarbonatwasser → Heilwasser

Hydrokolloid: makromolekularer, hydrophiler, wasserlöslicher bzw. in Wasser quellender Stoff, der seiner chemischen Struktur nach überwiegend zu den Polysacchariden gehört. Der Herkunft nach können die H. in folgende Gruppen unterteilt werden:

a) Natürliche pflanzliche Hydrokolloide

1. *Meeresalgenextrakte* (→ *Algenpolysaccharide, Algenschleimstoffe*):

→ *Agar-Agar* → *Carrageen* → *Alginsäure*

→ *Furcellaran* → *Dulsan* → *Eucheuman*

→ *Hypnean* → *Iridophycan* → *Porphyran*

→ *Phyllophoran* → *Gracelaria-Gummi* → *Lichenin*

2. *Pflanzenextrakte*:

→ *Pectin* → *Arabinogalactan*

3. *Pflanzenexsudate* (→ *pflanzliche Gummistoffe, Pflanzengummi*)

→ *Gummi arabicum* → *Ghattigummi* → *Karayagummi* → *Tragant* → *Kirschgummi* → *Mesquitegummi* → *Talhagummi Damsongummi*

4. *Samenschleimstoffe*:

→ *Johannisbrotkernmehl* → *Guaran* → *Tamarindenschleim* → *Quittensamenschleim* → *Leinsamenschleim* → *Flohsamenschleim* → *Taragummi* → *Okragummi*

5. → *Stärke, modifizierte Stärken,* → *Dextrine*

6. weitere natürliche Hydrokolloide:

→ *Salepmannan* → *Konjakmannan*

b) → *Cellulosederivate*:

→ *Ethylhydroxyethylcellulose*

→ *Methylcellulose*

→ *Hydroxypropylmethylcellulose*

→ *Carboxymethylcellulose*

→ *Hydroxypropylcellulose*

→ *Hydroxyethylcellulose*

→ *Ethylcellulose*

→ *mikrokristalline Cellulose*

c) mikrobielle biosynthetische Hydrokolloide:

(→ *mikrobielle Polysaccharide*):

→ *Dextran* → *Xanthan* → β-1.3-*Glukane*

d) *synthetische Hydrokolloide*:

→ *Polyvinylpyrrolidon, Polyvinylalkohol,* Carboxyvinylpolymere, Ethylenoxidpolymere, Acrylpolymere u. a.

e) *Proteine* (→ Eiweiß):

Gelatine → *Albumine, Kaseine* (→ Phosphoproteide), *Kollagene, Sojaeiweiß*

Chemische Modifikationen natürlicher H. mit veränderten Eigenschaften sind neben den modifizierten Stärken und Cellulosederivaten auch: niederverestertes Pectin, Propylenglycolalginat, Carboxymethyldextran. Die H. gehören zu den Lebensmittelzusatzstoffen, die im wesentlichen eine physikalische Wirkung hervorrufen, d. h., sie bewirken auf Grund ihrer funktionellen Eigenschaften eine bestimmte Beschaffenheit und Struktur der mit ihnen bereiteten Lebensmittelprodukte. Die gemeinsame wichtigste funktionelle Eigenschaft der H. ist die Bindung von Wasser. Dabei entstehen je nach Struktur des H. dickflüssige, gallertartige oder gelförmige Systeme. Allg. sind H. mit kugelförmig verknäultem, verzweigtem oder verkettetem Aufbau als → *Verdickungsmittel* anzusehen. Das Wasser wird unter meist starker Viskositätsbildung an das Makromolekül angelagert. Auf dieser Eigenschaft beruht vorwiegend die Quell- und Bindemittelwirkung von H. Außerdem sind bestimmte H. mit linearer, fadenförmiger Struktur zur Gelbildung befähigt (→ *Geliermittel*); hierbei wird das Wasser durch physikalische Nebenvalenzbindung oder chemische Hauptvalenzbindung fixiert. Während viskose Lösungen bei Druck zerfließen, sind *Gele* bei Druckanwendung in gewissem Maße elastisch und gewinnen ihre ursprüngliche Form zurück, oder ihr Gerüst wird zerstört.

In der Lebensmittelproduktion werden die H. eingesetzt, um physikalische Zustände herbeizuführen, die mit der Art und Menge der Wasserbindung in Beziehung stehen. Die H. wirken auf die Konsistenz, Viskosität, Textur, Stabilität und Plastizität der mit ihnen bereiteten Lebensmittel. Wichtige Verwendungsmöglichkeiten der H. in Lebensmitteln: Verdickungs-, Binde- und Quellmittel (Soßen, Suppen, Füllungen, Wurstwaren), Trubstabilisatoren (Fruchtsäfte), Schutzkolloide (Aromaemulsionen), Suspendiermittel (Schokoladenmilchprodukte), Schaumstabilisatoren (Bier, Schlagkrem, Schaumspeisen), Kristallisations-Inhibitoren (Speiseeis, Süßwaren), Mittel zur Synäreseverhinderung bzw. -reduktion (Käsezubereitung, Gefrierwaren), Füllstoff (Diät- und energiereduzierte Lebensmittel), Klärmittel (Wein, Bier, Fruchtsäfte), → *Füllmittel* (Fruchtsäfte), Emulsionsmittel (Salatsoßen, Mayonnaise), Mittel zur Bildung von eßbaren Überzügen, Filmen bzw. Fasern, zur Einkapselung (Aromen), Aufschlagmittel (Glasuren) und Geliermittel (Puddings, Desserts, Aspik, Gelees, Marinaden). - Für viele der Verwendungszwecke werden Hydrokolloidkombinationen herangezogen. H. vermögen die durch Entzug von niedermolekularen Kohlenhydraten und Fett verlorengegangene Vollmundigkeit bei → energiereduzierten Lebensmitteln auszugleichen und ein Sättigungsgefühl zu erzeugen. Sie wirken bereits in geringer Konzentration und haben meist, mit Ausnahme von Stärke und Proteinen, nur einen geringen Nährwert. Der lebensmittelrechtliche Status der H. ist in den einzelnen Staaten unterschiedlich. In Deutschland sind zur Zeit Agar-Agar, Carrageen, Alginsäure, Traganth, Pectin, Johannisbrotkernmehl, Guaran, Leinsamenschleim, Dextrine, gewisse Stärkederivate, Carboxymethylcellulose und die Proteine für spezifische Verwendungszwecke in der Lebensmittelproduktion zugelassen.

Ein großer Teil der natürlichen, biosynthetischen und modifizierten H. wird im Gastrointestinaltrakt nicht oder nur in geringem Maße abgebaut, da spezifische Enzymsysteme fehlen. Sie können jedoch teilw. oder vollständig durch die Darmmikroflora abgebaut werden. Hieraus und auf Grund der meist geringen Einsatzmengen erklärt sich der geringe Energiewert dieser H. (Ausnahmen: Stärke, Proteine). Sie werden in den verwendeten Mengen als nichttoxisch angesehen und haben teilw. günstige physiologische Wirkungen.

Obwohl, im Weltmaßstab gesehen, H. vorwiegend in der Lebensmittelproduktion eingesetzt werden (z. B. Pectin, Gelatine, Gummi *arabicum*), sind die größten Verbraucher an H. andere Industriezweige, wie die Papier- und Textilindustrie, aber auch für die pharmazeutische und kosmetische Industrie, die Erdölindustrie usw. sind sie unentbehrliche Hilfmittel.

Verbrauch an Hydrokolloiden in der Lebensmittelproduktion 1989 in den USA bzw. weltweit[1] *(nach M. Yalpani u. P.A. Sandford)*

Hydrokolloid	Verbrauch in kt/Jahr
Stärke (einschl. Derivate)	1800
Gummi *arabicum*	9···11
Alginate	23[1]
Guaran (einschl. Derivate)	67
Carrageen	6[1]
Pectin	6···8
Johannisbrotkernmehl	5
Traganth	1,5
Carayagummi	3
Cellulosederivate	472
andere Hydrokolloide	etwa 2
Agarose	5[1]
Dextran	2
Xanthan	20

→ Hydrokolloid, synthetisches

Hydrokolloid, synthetisches: vollsynthetisches Hydrokolloid, das, verglichen mit den bisher gebräuchlichen natürlichen → Hydrokolloiden und deren Derivaten, ähnliche oder neuartige Eigenschaften aufweist und das, nachdem es auf seine Einsatzmöglichkeit in der Lebensmittelproduktion erfolgreich getestet wurde, seit einigen Jahrzehnten handelsüblich ist. Obwohl die s. H. als nichttoxisch bezeichnet werden, ist ihr Zusatz zu Lebensmitteln in den meisten Ländern unklar. Wichtige Vertreter sind *Polyvinylpyrrolidon, Polyvinylalkohol,* Carboxyvinylpolymere, Ethylenoxidpolymere, Acrylpolymere.

Hydrol, *Dextroseablauf:* der sirupöse, bei der Herstellung von → Glucose anfallende Endablauf. Der H. ist ähnlich der → Melasse ein Nebenprodukt der Zuckerindustrie und wird mit Melasse in der Gärungsindustrie als Grundstoff für die Hefe- und Ethanolherstellung eingesetzt sowie bei der Gewinnung von Antibiotika den Nährlösungen zugefügt. H. hat 60···65 % i. Tr. Zucker (als Glucose berechnet), 26···30 % Feuchtigkeit, 7···10 % Asche i. Tr., *d* 1,350···1,380, *p*H-Wert 4,0···4,6.

Hydrolase → Enzym

Hydrolysat → Saft

Hydroperoxid → Wasserstoffperoxid

Hydropýrum latifólium → Wasserreis, Mandschurischer

Hydroxalsäure → Zuckersäuren

Hydroxide → Base

2-Hydroxy-3-alkyl-pyron → Süßungsmittel

2-Hydroxy-6-aminopyrimidin → Cytosin

Hydroxybenzaldehyd → Aldehyde

p-Hydroxybenzaldehydcyanhydrin → Glycoside, cyanogene

o-Hydroxybenzoesäure → Konservierungsstoffe → Monohydroxycarbonsäuren, aromatische → Salicylsäure

p-Hydroxybenzoesäure → Konservierungsstoffe → Monohydroxycarbonsäuren, aromatische

p-Hydroxybenzoesäureester → Konservierungsstoffe

p-Hydroxybenzyl-isothiocyanat → Senföle

p-**Hydroxybenzylsenföl** → Senföle

3-Hydroxy-4,5-bis(hydroxymethyl)-2-methylpyridin → Vitamin B_6

2-Hydroxybut-3-enyl-isothiocyanat → Senföle → Goitrin

α-Hydroxy-β-carboxy-glutarsäure → Isocitronensäure

α-Hydroxycerotinsäure → Monohydroxycarbonsäuren, gesättigte, aliphatische

Hydroxycitronellal, *Citronellalhydrat, Oxydihydrocitronellal, 2,6-Dimethyl-octan-2-ol-8-al, Laurin:* eine aliphatische Verbindung s. Strukturformel.

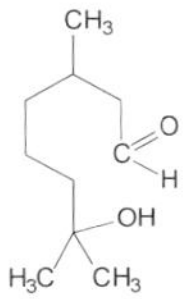

H. ist eine farblose, ölige, mit 50 %igem Ethanol mischbare Flüssigkeit von kräftig süß-blumigem Geruch, Kp. 85···87°C, d_4^{15} 0,925···0,930, n_D^{20} 1,448···1,450. Es wird zur Herstellung von künstlichen Beeren-, Zitrus- und Kirscharomen für alkoholfreie Getränke, Eiskrem, Zuckerwaren, Backwaren, Puddings, Kaugummi mitverwendet. H. wird durch Hydrieren von natürlichem Citronellal hergestellt. Nach der Aromen-VO dürfen höchstens 25 mg/kg verwendet werden.

Hydroxycitronellaldiethylacetal, *8,8-Diethoxy-2,6-dimethyl-octan-2-ol:* eine aliphatische Verbindung s. Strukturformel unten.
H. ist eine farblose, leicht ölige, in Ethanol lösliche, in Wasser unlösliche Flüssigkeit mit köstlichem grünblumigem Geruch, Kp. ≈ 260°C, d 0,92. Es ist für die Herstellung von Zitrus- u. a. Fruchtaromen für alkoholfreie Getränke, Eiskrem, Zuckerwaren, Backwaren geeignet. H. wird durch Kondensation von Hydroxycitronellal mit Ethanol bei Gegenwart von Salzsäure hergestellt. Nach der Aromen-VO beträgt die höchstzulässige Menge an H. und seinen Acetalen insgesamt 25 mg/kg.

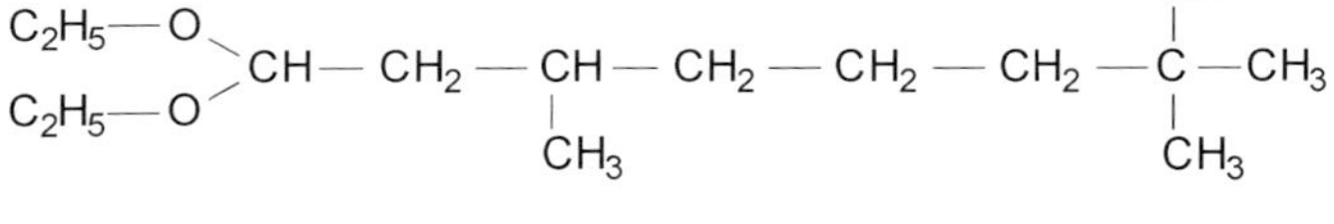

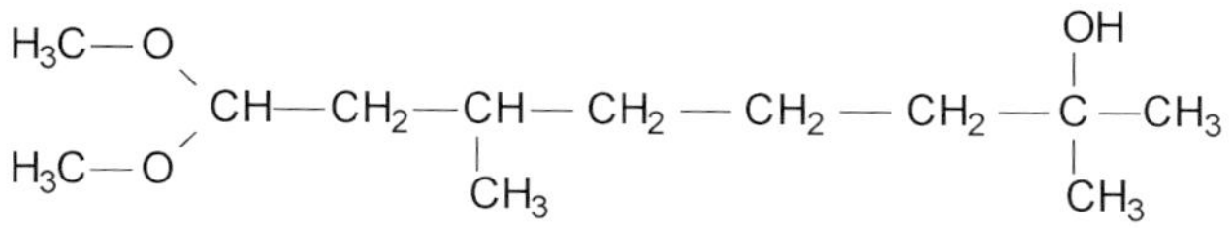

Hydroxycitronellaldimethylacetal, *8,8-Dimethoxy-2,6-dimethyl-octan-2-ol:* eine aliphatische Verbindung s. Strukturformel oben.
H. ist eine farblose, mit Ethanol mischbare Flüssigkeit mit einem grün-blumigen Geruch, Kp. 252°C, d 0,925···0,93, n_D^{20} 1,4410···1,4440. Dieser künstliche Aromastoff ist als Zusatz zu Fruchtaromen für alkoholfreie Getränke, Eiskrem, Zuckerwaren und Backwaren geeignet. H. wird durch Kondensation von Hydroxycitronellal mit Methanol hergestellt. Die höchst zulässige Menge beträgt nach der Aromen-VO 25 mg/kg, einschließlich Hydroxycitronellal und dessen Diethylacetal.

Hydroxycitronensäure, *(Oxyzitronensäure), 3-Methylsäurepentan-2,3-diol-disäure, 1,2-Dihydroxy-propan-1,2,3-tricarbonsäure:* eine Dihydroxy-tricarbonsäure mit der Formel
$HOOC\text{-}CH_2\text{-}COH(COOH)\text{-}CH(OH)\text{-}COOH$.
Das Gemisch der optisch aktiven H. wurde im Zuckerrübensaft nachgewiesen. H. kristallisiert aus H_2O in Nadeln oder Tafeln, F. 159···160°C.

Hydroxycitronensäurelacton: Schlüsselverbindung im Aroma des → Hibiscusblütentees. Verleiht dem Tee eine stark saure, fruchtartige Note.

Hydroxycumarine → Cumarin

2-Hydroxy-p-cymol → Carvacrol

3-Hydroxy-p-cymol → Thymol

15α-Hydroxy-dehydroeburicolsäure → Polyporensäure A

Hydroxy-2,5-dimethyl-3(2H)-furanon (DHF): Aromastoff von Ananas (Geruchsschwelle 6 ng/l, Wasser) und Erdbeeren. Ist verantwortlich für die Karamelnote.

N'-Hydroxy-N,N-dimethylharnstoff → Pilzfarbstoff

7-Hydroxy-3,7-Dimethyloctan-1-al → Hydroxycitronellal

5-Hydroxy-N-dimethyltryptamin → Bufotenin → Indolylalkylamine

5-Hydroxy-2,6-dioxo-4-imino-hexahydropyrimidin -D-glucopyranosid-(3) → Convicin

2-Hydroxy-3,4-dipiperonyl-tetrahydrofuran → Cubebin

15α-Hydroxy-eburicolsäure → Polyporensäure A

20-Hydroxyeicosansäure → Monohydroxycarbonsäuren, gesättigte, aliphatische

Hydroxyessigsäure → Glycolsäure

Hydroxyethylcellulose (*HEC***):** ein → *Cellulosederivat,* ein nichtionischer Celluloseether, hergestellt durch Umsetzung von Alkalicellulose mit Ethylenoxid. Die Eigenschaften der H. variieren mit dem Substitutionsgrad und der Molmasse. Die H. bildet in Wasser niedrig- bis hochviskose pseudoplastische Lösungen und wirkt als → Verdickungsmittel, Schutzkolloid, Bindemittel, Stabilisierungsmittel und Suspensionsmittel. In der Lebensmittelproduktion wird sie als Bestandteil von Verpackungsmaterialien verwendet. → Hydrokolloid

3-Hydroxyflavonole → Catechine

D-α-Hydroxyglutarsäure, *Pentan-2-ol-disäure, 1-Oxypropan-1,3-dicarbonsäure:* eine aliphatische Dicarbonsäure mit einer Hydroxylgruppe am C_2-Atom der Formel
$HOOC\text{-}CH_2\text{-}CH_2\text{-}CH(OH)\text{-}COOH$.
H. wurde aus Zuckermelasse isoliert und erstmals aus Glutaminsäure hergestellt, F. 72 °C, $[\alpha]_D^{19}$ +1,76° bis +1,98° (in H_2O).

26-Hydroxyhexacosansäure → Monohydroxycarbonsäuren, gesättigte, aliphatische

5-Hydroxy-2-hydroxymethyl-4H-pyron-4-on → Kojisäure

α-Hydroxyisovaleriansäure → Monohydroxycarbonsäuren, gesättigte, aliphatische

Hydroxylapatit → Phosphate

δ-Hydroxy-L-lysin → Aminosäuren

5-Hydroxymaltol: ein γ-Pyronderivat, das bei der trockenen Erhitzung (Pyrolyse) von Aminosäuren, Proteinen oder zubereiteten Nahrungsmitteln entsteht.

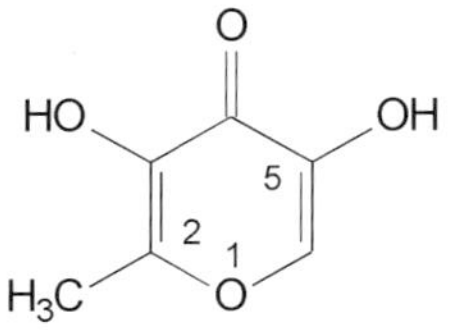

5-H. wirkt mutagen und ist darin vergleichbar mit → *Maltol, Ethylmaltol* und → *Kojisäure.* Auch bei der Pyrolyse von Zuckern und Stärke entstehen mutagene Substanzen. → Mutagene

1-Hydroxy-2-methoxy-4-allylbenzen → Eugenol

4-Hydroxy-3-methoxy-benzaldehyd → Vanillin

4-Hydroxy-3-methoxy-benzoesäure → Dihydroxycarbonsäuren, aromatische

4-Hydroxy-3-methoxy-1-propenylbenzol → Isoeugenol

2-Hydroxy-5-methyl-6-aminopyrimidin → Nucleotide

Hydroxymethylanethol → Propenylguaethol

L-2-Hydroxy-2-methylbernsteinsäure → L-Citramalsäure

4-Hydroxy-3-methyl-but-2-enyl-aminopurin → Cytokinine

5-Hydroxy-7-methyl-2,3-dihydronaphthochinon → Farbstoffe

5-Hydroxymethyl-2-formyl-furan → Hydroxymethylfurfurol

2-Hydroxymethylfuran → Furfuryl-2-alkohol

Hydroxymethylfurfurol, *5-Hydroxymethyl-2-formyl-furan, 5-Hydroxymethylfurfural:* heterocyclische Verbindung s. Formel.

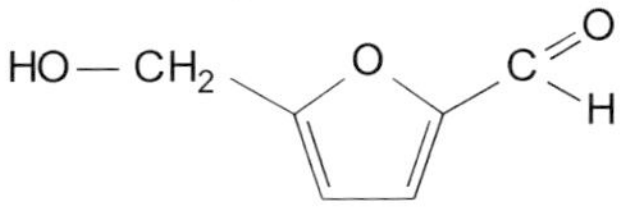

H. bildet sich bei thermischer Behandlung von Lebensmitteln aus Aminosäuren und Zuckern nach der Maillard-Reaktion (→ *Maillard-Produkte*), so z. B. bei langem Erhitzen von Milch, und wird daher zum Nachweis von unzulässigem Erhitzen von Obst- und Gemüseerzeugnissen sowie Bienenhonig verwendet, wobei sortenspezifische Grenzwerte zugrunde gelegt werden. Der Kochgeschmack von Apfelsaft ist nach neueren Erkenntnissen nicht auf die Bildung von H. zurückzuführen. H. bildet farblose, an der Luft zerfließende Nadeln, F. 31,5°C, die in Ethanol und Ether löslich sind.

3-C-Hydroxymethyl-D-glycero-aldotetrose → Apiose

2-Hydroxy-1-methyl-4-isopropylbenzol → Carvacrol

2-Hydroxy-3-methyl-3-oxo-butansäure → Oxocarbonsäuren

2-Hydroxy-3-methyl-3-oxo-buttersäure → Oxocarbonsäuren

L-4-Hydroxy-4-methylprolin → Aminosäuren

Hydroxymethylpropylcellulose, *Methylhydroxypropylcellulose:* ein → *Cellulosederivat,* ein nichtionischer Celluloseether, der als → Hydrokolloid Verwendung findet und durch Umsetzung von Alkalicellulose mit Methylchlorid und Propylenoxid hergestellt wird. Menge und Verhältnis der Methoxyl- und Hydroxypropoxylgruppen beeinflussen die physikalischen und chemischen Eigenschaften. Die H. hat ähnliche Eigenschaften und Anwendungsgebiete wie → Methylcellulose.

3-Hydroxy-2-methyl-4H-pyran-4-on → Maltol

3-Hydroxy-2-methyl-γ-pyron → Maltol

3-Hydroxy-2-methyl-4-pyron → Maltol

2-Hydroxynervonsäure, *2-Oxynervonsäure* (veraltet), *2-Hydroxy-tetracos-15-en-säure:* eine ungesättigte Hydroxysäure der Formel CH_3-$(CH_2)_7$-CH=CH-$(CH_2)_{12}$-CH(OH)-COOH, F. 65°C. Die H. ist optisch aktiv, $[\alpha]_D$ +2,87°C (in Pyridin). Sie ist Bestandteil der → Cerebroside.

28-Hydroxyoctacosansäure → Monohydroxycarbonsäuren, gesättigte, aliphatische

18-Hydroxyoctadecansäure → Monohydroxycarbonsäuren, gesättigte, aliphatische

9-Hydroxy-cls-octadecen-12-säure → Isorizinolsäure

12-Hydroxy-octadecen-(9)-säure → Ricinolsäure

Hydroxy-oxo-butansäure → Oxocarbonsäuren

Hydroxy-oxo-buttersäure → Oxocarbonsäuren

Hydroxy-oxo-monocarbonsäuren → Oxocarbonsäuren

15-Hydroxypentadecylsäure → Monohydroxycarbonsäuren, gesättigte, aliphatische

4-Hydroxy-phenyl-ethylalkohol → Alkohole, aromatische

p-Hydroxyphenylethylamin → Phenylalkylamine

β-(p-Hydroxyphenyl)-ethylamin → Phenylalkylamine

p-Hydroxyphenylbrenztraubensäure → Monohydroxycarbonsäuren, aromatische

1-(p-Hydroxyphenyl)-butan-3-on, *Himbeerketon, 4-(p-Hydroxyphenyl)-butan-2-on, 4-(4-Hydroxyphenyl)-2-butanon Rasperon:* Phenolketon s. Formel.

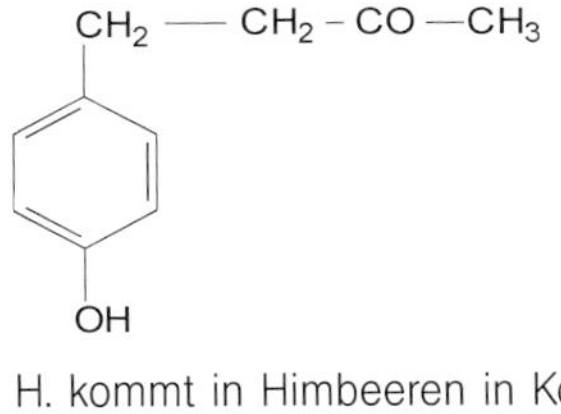

H. kommt in Himbeeren in Konzentrationen von 0,2 ppm vor und ist ein wichtiger *Aromastoff* dieser Frucht. Es riecht und schmeckt in Verdünnung typisch nach Himbeeren und stellt daher einen wichtigen Grundstoff für künstliche Himbeeraromen dar.

p-Hydroxyphenylessigsäure → Monohydroxycarbonsäuren, aromatische → Bitterstoffe

p-Hydroxyphenylpropionsäure → Monohydroxycarbonsäuren, aromatische

L-5-Hydroxypipecolinsäure → Aminosäuren

5-Hydroxy-piperidin-2-carbonsäure → Aminosäuren

Hydroxyprolin, *4-Hydroxy-pyrrolidin-2-carbonsäure:* heterocyklische Aminosäure folgender Struktur:

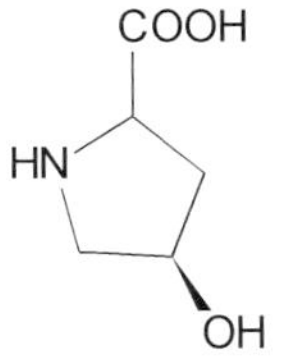

Das H. ist zusammen mit Prolin und Glycin ein wichtiger Bestandteil (12%) des Bindegewebes (Collagen) sowie der Grundsubstanz von Knochen und Knorpel. H. dient zum quantitativen Nachweis des Bindegewebsanteils von Fleisch. → Bindegewebe

2-Hydroxypropandisäure → Tartronsäure

2-Hydroxy-1-propansäure → Milchsäure

1-Hydroxypropan-1,2,3-tricarbonsäure → Isocitronensäure

2-Hydroxypropan-1,2,3-tricarbonsäure → Citronensäure

α-Hydroxypropionsäure → Milchsäure

Hydroxypropylcellulose (n 63): ein *Cellulosederivat,* ein nichtionischer Celluloseether, hergestellt durch Umsetzung von Alkalicellulose mit Propylenoxid. Die H. ist in kaltem Wasser sowie in polaren organischen Lösungsmitteln löslich und hat thermoplastische Eigenschaften. Oberhalb von 40°C ist die H. in Wasser unlöslich. Sie zeichnet sich durch Emulsions- und Stabilisierungseigenschaften aus, bildet Filme und wird als Überzugsmaterial bei Lebensmitteln verwendet. → Hydrokolloid

Hydroxypropylencellulose → Verpackungsfilm

Hydroxypropylenfolie → Verpackungsfilm

Hydroxypropylmethylcellulose: (E 464) → Methylhydroxypropylcellulose

6-Hydroxypurin → Purinkörper → Nucleotide

4-Hydroxy-pyrrolidin-2-carbonsäure → Hydroxyprolin

2-Hydroxytetracosansäure → Cerebrosinsäure

24-Hydroxytetracosansäure → Monohydroxycarbonsäuren, gesättigte, aliphatische

2-Hydroxy-tetracos-15-en-säure → 2-Hydroxynervonsäure

Hydroxytetracyclin → Tetracycline

6-Hydroxy-2-thiopyrimidin → 2-Thiourazil

p-Hydroxytoluol → Phenole

30-Hydroxytriacontansäure → Monohydroxycarbonsäuren, gesättigte, aliphatische

α-Hydroxytricarballylsäure → Isocitronensäure

β-Hydroxytricarballylsäure → Citronensäure

5-Hydroxytryptamin → Amine, biogene → Indolylalkylamine

L-5-Hydroxytryptophan → Aminosäuren

Hydroxytyramin → Phenylalkylamine

Hydroxyzimtaldehyd → Aldehyd

o-Hydroxyzimtalkohol → Lignin

trans-4-Hydroxyzimtsäure → Monohydroxycarbonsäuren, aromatische

Hydroxyzimtsäuren, *Oxyzimtsäuren*: Gruppe aromatischer, in höheren Pflanzen weit verbreiteter Carbonsäuren mit einer oder mehreren Hydroxylgruppen (s. Übersicht S. 681–683), Molmasse 164,16 g/mol Die H. treten in freier Form seltener bzw. in geringeren Mengen auf; im wesentlichen liegen sie als Ester und in einigen Fällen als O-Glycoside vor. → Cumarin ist ein abgeleitetes Lacton der 2-H. Die *Monohydroxyzimtsäuren* sind meist farblose Substanzen, die *Polyhydroxyzimtsäuren* zeigen eine gelbliche bis bräunliche Färbung. I. allg. sind sie wenig löslich in kaltem, besser in heißem Wasser, leicht löslich in Methanol und Ethanol und mehr oder weniger löslich in Ether. Bei den Hydroxyzimtsäuren tritt cis-trans-Isomerie auf. Versch. H. wirken wie das Coffein zentral anregend, galletreibend oder sind Vitamin-B_1-Inhibitoren, z. B. Kaffeesäure und 3-Caffeylchinasäure.

Hydroxyzimtsäure-Zuckerderivate → Hydroxyzimtsäuren

Hydrozimtaldehyd → Aldehyde → Benzaldehyd

Hygrin → Alkaloide

Hygrócybe spec. → *Hygrophoráceae*

Hygrophoráceae, *Dickblättler, Wachsblättler:* der Ordnung *Agaricáles (Blätterpilze)* - innerhalb der Klasse *Basidiomycétes (Ständerpilze)* - zugeordnete Pilzfamilie mit cantharelloid oder agaricoid geformtem Fruchtkörper und mit wachsartiger, weichfleischiger Trama (Zwischenschicht der Blätter). Eßbar sind:
Zu den Ellerlingen zählend: *Wiesen-* oder *Orange-Ellerling* [*Camarophýllus praténsis* (Pers. ex Fr.) Kumm = *C. ficoídes* (Bull.) Schroet.], kreiselförmiger, gelbrötlicher Pilz mit weit herablaufenden, blaß gelbrötlichen Blättern. Das gelbrötliche, wäßrig durchzogene Fleisch ist geruchlos und wohlschmeckend. Selten madig. Vorkommen: Sept. bis Nov. auf Wiesen und Weiden, auch an Waldrändern, stellenweise sehr gesellig, im Gebirge häufiger als in der Ebene.
Zu den *Schnecklingen* zählend: *Gelbblättriger Frost-Schneckling* [*Hygróphorus (Limácium) hypothéjus* (Fr. ex Fr.) Fr.] mit dunkelbraunem, mit dikkem Schleim überzogenem Hut, dicken gelben Blättern und gelbem Stiel. Das weißlichgelbe, unter der Huthaut gelbe, feste Fleisch schmeckt angenehm süßlich und riecht schwach angenehm, zuweilen fast obstartig. Vorzüglicher Suppenpilz. Vorkommen: Ende Sept. bis in den Winter, meist erst nach Nachtfrösten in Kiefernwäldern und auf Heideflächen, häufig. *Rosa Schneckling* [*Hygróphorus fági* Beck. et M.Bon = *Limáceum pudorí-*

Die bekanntesten in Lebensmitteln vorkommende Hydroxyzimtsäuren

Hydroxyzimtsäure	Formel	F. in °C	$[\alpha]_D^{20}$	Vorkommen
a) *unveresterte Säuren:*				
p-Cumarsäure (4-Hydroxyzimtsäue, p-Oxyzimtsäure, Naringeninsäure)	$R_1 = R_2 = H$ 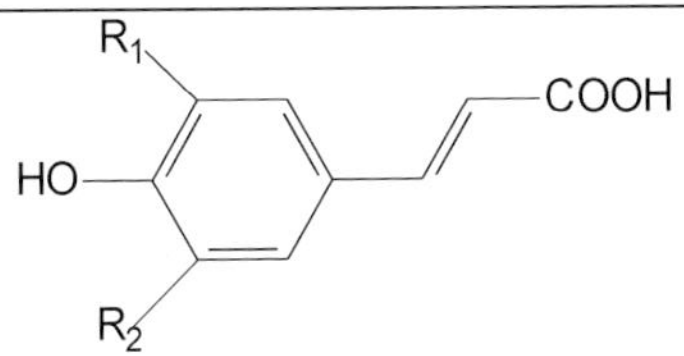	210...213		Bestandteil von Glucosiden, z.B. des *Negretein* (Farbstoff violetter Kartoffelknollen), als Ester des Kämpferol-3-glucosids in Hagebutten, auch frei weit verbreitet
Ferulasäure (3-Methoxy-4-hydroxyzimtsäure)	$R_1 = H, R_2 = OCH_3$	169		Tomatensaft
Kaffeesäure (3,4-Dihydroxyzimtsäure)	$R_1 = H, R_2 = OH$	195...198		als Ester in Form der Chlorogensäure, in Kaffee, Tomatensaft, zahlreichen Gemüsen
Sinapinsäure (3,5-Dimethoxy-4-hydroxyzimtsäure)	$R_1 = R_2 = OCH_3$	192		Weizenkeime, Gartenkresse, im Rotkohl frei und als Bestandteil des Farbstoffes *Rubrobrassicin*
467 untersuchte *Dicotylen-Species* wiesen ein Verhältnis von 66% Kaffee-, 48% p-Cumar-, 33% Ferula- und 26% Sinapinsäure und 94 *Monocotylen-Species* ein solches von 50% Kaffee-, 55% p-Cumar-, 67% Ferula- und 57% Sinapinsäure auf.				
b) *Kaffeesäureester:*				
Chlorogensäure [5-(3,4-Dihydroxycinnamoyl-chinasäure), Helianthsäure, 5-Caffeoyl-chinasäure]	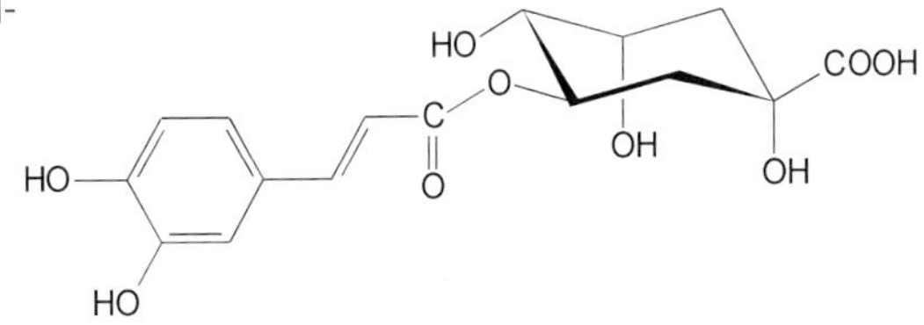	205...208	−33°	in rohen und gerösteten Kaffeebohnen, heimischen Obstsorten, vielen Gemüsearten, z.B. Möhren, Sellerie, Tomate, Gurke, Kopfsalat, Schwarzwurzel sowie in Kartoffeln, Süßkartoffeln, Kakao, Tee, Mate, Champignon, Tabak

Die bekanntesten in Lebensmitteln vorkommende Hydroxyzimtsäuren (Forts.)

Hydroxyzimtsäure	Formel	F. in °C	$[\alpha]_D^{20}$	Vorkommen
Neochlorogensäure [3-Caffeoylchinasäure] *Kryptochlorogensäure* [4-Caffeoylchinasäure]	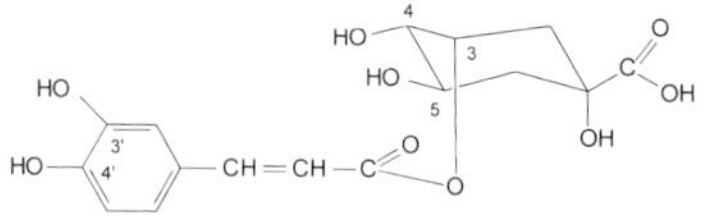	177...179	-5°	Pfirsiche, Aprikosen, Pflaumen, Süß- und Sauerkirschen, Brombeeren, Himbeeren, Stachelbeeren, Johannisbeeren, Kaffee, Tee, Mate, Süßkartoffeln, Tabak
Isochlorogensäure [3,5-Dicaffeeoylchinasäure oder 3,4-Dicaffeoylchinasäure oder4,5-Dicaffeoylchinasäure]	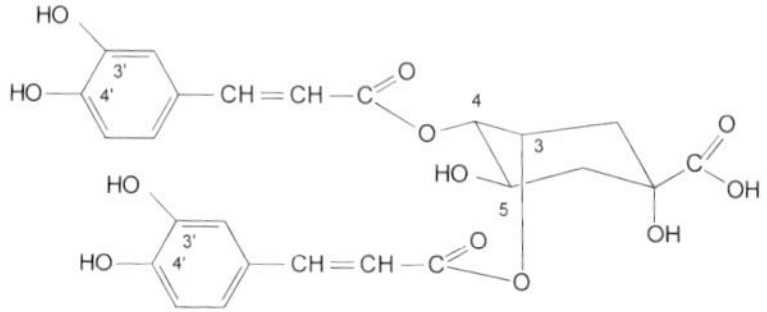 3,4-Dicaffeoylchinasäure (3,4-Dicaffeoylchinasäure) oder (3,5-Dicaffeoylchinasäure) oder (4,5-Dicaffeoylchinasäure)	-	-230°	Obst, Süßkartoffeln, Kaffee, Mate
Cynarin [1,5-Dicaffeoylchinasäure]	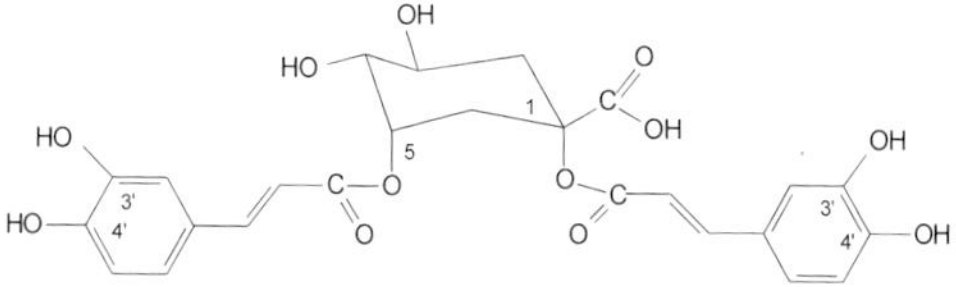	226...228	-59°	Artischocken *Cýnara scólymus* (L.), Kaffee
Labiatensäure (Rosmarinsäure) Depsid aus Kaffeesäure und α-Hydrokaffeesäure	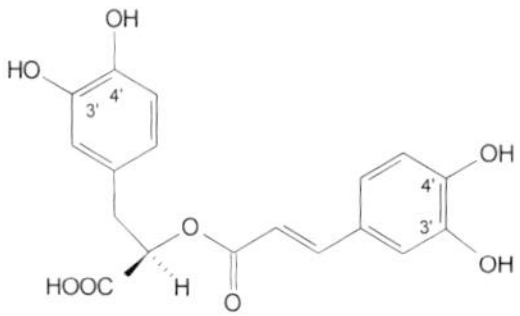	204	+145°	Labiatenblätter (Salbei, Melisse, Rosmarin, Bohnenkraut, Thymian u.a.)
Cichoriumsäure [Bis-(3,4-dihydroxycinnamoyl)-weinsäure]		206	+383,5°	Chicorée *(Cichórium intybus* L.)

Die bekanntesten in Lebensmitteln vorkommende Hydroxyzimtsäuren (Forts.)

Hydroxyzimtsäure	Formel	F. in °C	$[\alpha]_D^{20}$	Vorkommen
c) *p-Cumaroylchinasäuren:*				
(3(?)-4-Hydroxy-cinnamoyl-chinasäure)		252...255	-53,6°	unreife Äpfel, Birnen, Tee, Tabak
3-Methoxy-4-hydroxy-cinnamoyl-chinasäure		-	-	Kaffee
d) *Hydroxyzimtsäure-Zuckerderivate:*				
Linokaffein [4-(β-D-glucopyranosyl)-3,4-dihydroxy-zimtsäure-methylester]		208	-87,3°	Leinsamen
Linocinnamarin [4-(β-D-glucopyranosyl)-hydroxy-zimtsäure-methylester]		167	-70°	Leinsamen
Sinapin (Sinapinsäureester des Cholins)	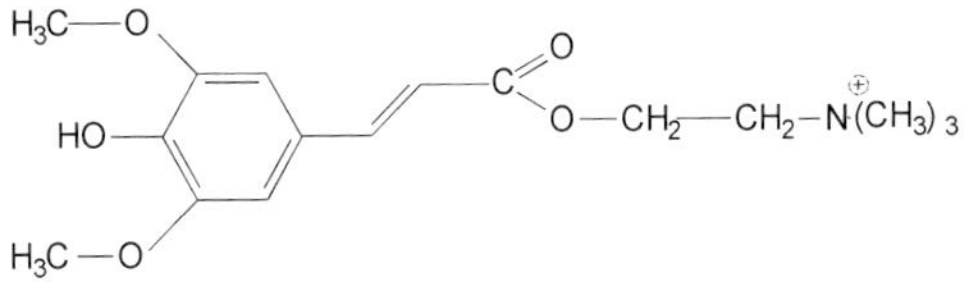	138...140	-8,23°	in den fetthaltigen Samen der Cruciferen, Bestandteil des *Sinalbin* (Senfölglucosid)
1-Sinapinoyl-glucose		—	—	*Kohlblätter*
1-p-Cumaroyl-glucose		—	—	verbreitet in Blättern und in Gartenerdbeeren
1-Caffeoyl-glucose *1-Feruloyl-glucose*		- 123...126	- -	verbreitet in Blättern und Blüten

num (Fr.) Wünsche s. Schreier non Fr.], große Art mit rosafarbenem bis blaßorangerötlichem, feucht etwas klebrigem, trocken fast glänzendem, flachkegeligem, später flachausgebreitetem oder niedergedrücktem Hut mit bleibendem Buckel, ziemlich dünnfleischig, nur über dem Stiel fleischig, Rand scharf, anfangs eingerollt, flaumig. Die weißen, schließlich blaßgelblichen, dicklichen Blätter sind mäßig breit, kurz herablaufend, entfernt. Der 5···12 cm lange, weißliche bis schwach rötliche Stiel ist feinflockig-flaumig, an der Spitze punktiert und mit Tröpfchen versehen, sonst trocken, an der Stielbasis verjüngt. Das weiße Fleisch ist am Stiel längsfaserig, geruchlos, mild im Geschmack. Er kommt in Buchenwäldern auf Kalkböden z. B. in Thüringen, stellenweise massenhaft vor, mitunter in Ringen wachsend. In der Schweiz selten, aus Frankreich bekannt. *Isabellrötlicher Schneckling* [*Hygróphorus (Limácium) poëtárum* R. Heim = *H. pudorínus* (Fr.) Fr.], große Art mit weißlich oder blaßrötlich oder fleischfarben gefärbtem Hut, im Scheitel mit dunkleren, zarten, eingewachsenen Faserschüppchen. Das weiße, unter dem Scheitel fleischfarbenrosa gefärbte, im Stiel etwas längsfaserige Fleisch schmeckt mild und ist geruchlos. Ausgezeichneter, begehrter Speisepilz. Vorkommen: Sept. bis Nov. im Buchenwald, bes. im Gebirge, gesellig, meist selten, stellenweise jedoch massenhaft. Weitere eßbare, aber bedeutungslose oder seltene Vertreter dieser Pilzfamilie sind:

Zu den *Ellerlingen* zählend: *Schnee-* oder *Glasigweißer Ellerling* [*Camarophýllus níveus* (Scop. ex Fr.) Karst.], verschiedentlich als Abart von *C. virgíneus* betrachtet, *Violettgrauer Ellerling* [*Camarophýllus lácmus* (Schum.) Lge.], der *Strengriechende* oder *Juchten-Ellerling* [*Camarophýllus rússocoriáceus* (Berk. et Mill.) Lge.]. der Rötlichbraune Ellerling [*Camarophýllus colemanniánus* (Blox. ex Fr.) Ricken], der *Radialstreifige* oder *Dattelbraune Ellerling* [*Camarophýllus subradiátus* (Schum.) Wünsche] und der *Jungfern- oder Rissigweiße Ellerling* [*Camarophýllus virgíneus* (Wulf. ex Fr.) Kumm].

Zu den *Saftlingen* zählend, die schwer zu unterscheiden und wenig haltbar sind: *Glänzender Orange-Saftling* (*Hygrócybe aurántiospléndens* Hall.), *Schnürsporiger Saftling* [*Hygrócybe quíta* (Kühn.) Sing. = *H. obrússeus* (Fr.) Fr. ss. Bres.], *Kirschroter Saftling* [*Hygrócybe coccínea* (Schaeff. ex Fr.) Kumm.], *Grauer Saftling* [*Hygrócybe unguinósa* (Fr.) Karst.], *Granatroter Saftling* [*Hygrócybe punicéa* (Fr.) Kumm.], *Rosenroter Saftling* [*Hygrócybe calyptifórmis* (Berk. et Br.) Fayod = *H. amoe̅na* (Lasch.) Ricken ss. Ricken], *Stumpfer Saftling* [*Hygrócybe chloróphana* (Fr.) Wünsche], *Olivschwarzer* oder *Rötender Saftling* [*Hygrócybe ovína* (Bull. ex Fr.) Kühner] und *Schwarzbräunlicher Saftling* [*Hygrócybe spadícea* (Scop. ex Fr.) Karst.].

Zu den *Schnecklingen* zählend: *Purpur-Schneckling* [*Hygróphorus (Limácium)* rússula (Schaeff. ex Fr.) Ricken], Natterstieliger oder *Olivbrauner Schneckling* [*Hygróphorus (Limácium) oliváceoálbus* (Fr. ex Fr.) Fr.], *Schwarzflockiger* oder *Schwarzpunktierter-Pustel-Schneckling* [*Hygróphorus pustulátus* (Pers. ex Fr.) Fr.], *Elfenbein-* oder *Fichten-Schneckling* [*Hygróphorus ebúrneus* (Bull. ex Fr.) Fr.], *Gelbflockiger Schneckling* [*Hygróphorus (Limácium) chrýsodon* (Batsch ex Fr.) Fr.], *Braunscheibiger Schneckling* [*Hygróphorus discoídeus* (Pers. ex Fr.) Fr.].

Zu den *Schnecklingen* bzw. *Ellerlingen* zählend: *März-Schneckling, März-Ellerling* [*Hygróphorus marzúolus* (Fr.) Bres. = *Camarophýllus marzúolus* (Fr.) Rick.], *Lärchen-Schneckling* [*Hygróphorus (Limácium) lucórum* Kalchbr.], der *Graubraune Schneckling* [*Hygróphorus camarophýllus* (Alb. et Schw. ex Fr.) Dum., Grandjean et Maire] und der *Wald-* oder *Hain-Schneckling* [*Hygróphorus nemóreus* (Pers. ex Fr.) Fr.]. Nur bedingt eßbar, weil etwas bitterlich, ist der *Rasige Purpur-Schneckling* [*Hygróphorus (Limácium) erubéscens* (Fr.) Fr.]. → *Pilze* → *Speisepilze* → *Ständerpilze*

Hygrophorópsis aurantíaca → *Hydnáceae*

Hygróphorus spec. → *Hygrophoráceae*

Hylocéreus ocámpis → Pitahaya

Hylocéreus trianguláris → Pitahaya

Hylocéreus undátus → Cereus

Hymenogastráles → Ständerpilze → Octavianináceae

Hymenomycetídae → Ständerpilze

Hyoscyamin → Alkaloide

Hypéricum perforátum → Johanniskraut

Hyperin → Flavonoide

Hyperosid → Flavonoide

Hypertherme → Heilwasser

Hyphaēne coriácea → Dumpalme

Hyphaēne thebáica → Dumpalme

Hyphaēne ventricósa → Dumpalme

Hypholóma capnoídes → Strophariáceae → Kulturpilze

Hypnean: ein Polysaccharid aus Rotalgen *(Hypnea*-Arten aus der Familie *Hypneáceae*; vorwiegend in den USA, Südostasien, Brasilien) mit einer dem Carrageen ähnlichen Struktur aus D-Galactose, D-Galactosesulfat und 3.6-Anhydro-D-Galactose bestehend. Das H. ist in destilliertem Wasser löslich. Elektrolyte schränken seine Löslichkeit stark ein und reduzieren die Viskosität. In Gegenwart von Kaliumchlorid bildet H. stärkere Gele als → Agar-Agar, die ohne deutlichen Gelstärkeverlust sterilisiert werden können. Das H. kann als → Geliermittel eingesetzt werden. *Hypnea*-Arten werden z. B. in Südostasien auch direkt als Lebensmittel und zur Bereitung gelierter Speisen verwendet. → Algenpolysaccharid

Hypogallussäure → Dihydroxycarbonsäuren, aromatische

Hypogen → Kohlenwasserstoffe, aliphatische

Hypoglycin A → Antivitamine → Aminosäure

Hypoglycin B → Peptide

Hypoxanthin → Nucleotide → Purinkörper

'Hypro' → Chinakohl

Hyssópus officinális → Ysop

Hýptis spicígera → Buschminze

Hýptis suavéolens → Buschminze

Ibotensäure, *Prämuscimol:* Pilzgift, eine toxische Aminosäure (s. Struktur).

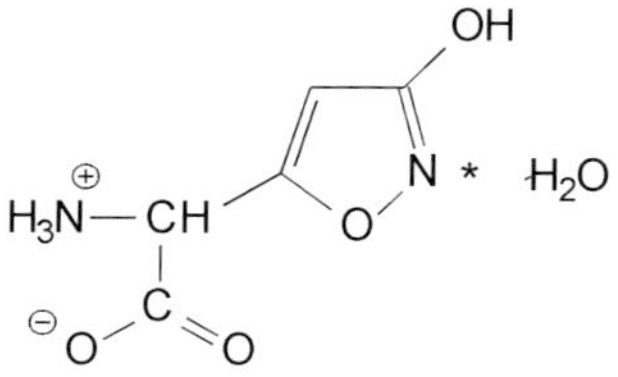

Molmasse = 158,11 g/mol. I. kommt im Fliegenpilz [*Amaníta muscária* (L. ex Fr.) Hook.] und verwandten Pilzarten vor. Die Giftwirkung ist in getrockneten Pilzen noch nach mehreren Jahren vorhanden. Der Gehalt an I. im frischen Fliegenpilz schwankt von 0,05···0,1 %. Die I. geht leicht in das etwa 5···6 mal stärker psychoaktive *Muscimol* (Agarin, Pyroibotensäure) über, das wahrscheinlich im frischen Pilz nicht enthalten ist. Das weniger wirksame *Muscazon* ist bisher nur in Fliegenpilzen gefunden worden. Nach Aufnahme von 10 mg Muscimol kommt es beim Menschen zu Schwindelgefühl, leichten Bewegungsstörungen, gelegentlichen Muskelkrämpfen und psychischer Stimulation, dem tiefer Schlaf folgt. Wenn die Dosis an Muscimol 15 mg beträgt, treten nach einer Latenzzeit von etwa 30 min bis 3 h Koordinationsstörungen, Mattigkeit, Verwirrung, Sinnestäuschungen und -störungen und Tobsuchtsanfälle auf. Tödliche Mengen bewirken danach Bewußtlosigkeit und Tod im Koma. Die Behandlung von Pantherpilz- und Fliegenpilzvergifungen erfolgt durch Entleerung des Magen-Darm-Kanals und Gabe von Beruhigungsmitteln. → Pilzgifte

Icacopflaume → Ikakopflaume

Icarisou, *Epimédium grandiflórum* C. Morr, Syn. *E. macránthum* C. Morr et Decne: eine der Familie der Berberisgewächse (*Berberidáceae*) angehörende Pflanze, deren alkoholischer Extrakt die Eigenschaft hat, zusammen mit einem alkoholischen Beinwellwurzelextrakt (*Sýmphytum officinále* L.), Würzmischungen zugesetzt, den charakteristischen widerlichen Körpergeruch nach Knoblauchgenuß zu verhindern.

Ichang-Papeda: wegen ihrer Früchte und ihrer Frostresistenz in China kultivierte oder als Unterlage benutzte Citrusart, *Cítrus ichangénsis* (Grill.) Swingle (Familie *Rutáceae*). Ein in China weit verbreitetes Kreuzungsprodukt aus der I. ist die begehrte *Ichang-Zitrone*.

Ichthyopterin, *Fluorescyanin:* Farbstoff aus den Schuppen verschiedener Fische.

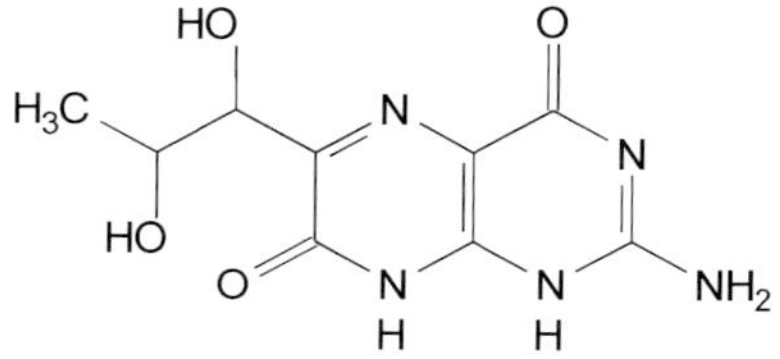

Ictalúrus nebulósus → Wels

Idaein → Anthocyane

'Idared' → Apfel → Kernobst

L-Idit, *Iditol:* optisch aktiver seltener Zuckeralkohol, Molmasse 182,17 g/mol, der in der Eberesche vorkommt.

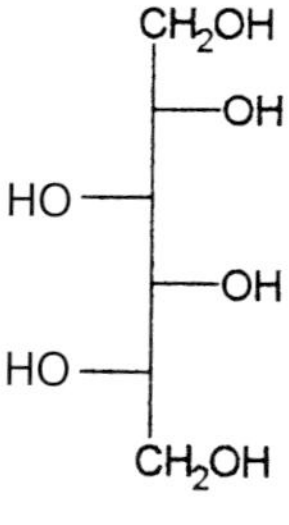

→ Zuckeralkohole

Idli: ein in Indien vertreitetes fermentiertes Frühstückserzeugnis, das an einen weichen, teigigen, sauer schmeckenden → Fladen erinnert und in gekochtem, heißem Zustand verzehrt wird. Traditionell wird I. aus → Reis und → Mung-Bohnen (Mungobohnen), je nach gewünschtem Geschmack und Rohstoffverfügbarkeit im Verhältnis 1:4 bis 4:1 zubereitet und mit Gewürzen abgeschmeckt. Die Fermentationszeit der Reis-Mungobohnenmischung beträgt 15···24 h bei etwa

30°C. Die Fermentation hat eine Zunahme an Vitamin B_1 und B_2, eine verbesserte Stickstoffbilanz sowie eine merkliche Abnahme des Phytingehaltes zur Folge. Bei der industriellen Herstellung wird anstelle von Mungobohnen vielfach auch → Sojabohne eingesetzt (*Reis-Soja-Idli*) und das Endprodukt als Dosenware auf den Markt gebracht. Im Vergleich zum unfermentierten Ausgangsmaterial ist bei *Reis-Mungobohnen-Idli* der Vitamin B_1-Gehalt um etwa 110 %, der Vitamin B_2-Gehalt um etwa 170 %, der Niacingehalt um etwa 150 % erhöht; die entsprechenden Werte für *Reis-Soja-Idli* liegen bei 185 %, 350 % und 170 %. → Lebensmittel, fermentiertes

Idra → Sorghumhirse

L-Iduronsäure → Uronsäuren

Idus (Leucíscus) ídus → Aland

Igelgurke, Große, *Afrikanische Gurke, Gelee-Melone, Höckermelone, Jelly-Melone, Kiwano, Patir, Tangon:* die in Afrika, südlich der Sahara bis zur östlichen Kap-Provinz wild vorkommende und in Nordafrika auch kultivierte Gurkenpflanze *Cúcumis matulíferus* E. Mey ex Schrad. (Familie *Cucurbítaceae*), deren Früchte im reifen Zustand verzehrt werden. In Deutschland wird seit einigen Jahren der Anbau der G. I. auf geschützten Freilandbeeten betrieben, denn sie verträgt im Vergleich zur *Kleinen Igelgurke* auch niedrige Nachttemperaturen. Bei Aussaat im April bilden sich etwa ab Anfang Aug. 10···15 cm lange Früchte. Im jungen Zustand, bis zum Ende der Wachstumsphase ist ihre Schale noch weich und die Früchte lassen sich wie grüne Gurken mit der Schale verwenden. Mit zunehmender Reife wird das Fruchtfleisch leicht süßlich mit pikanter Säure und nimmt dazu ein melonenartiges Aroma an. In diesem Zustand, wenn die Kerne noch weich sind, verfügt die G. I. über ihre höchste Geschmacksqualität. Der gallertartige Inhalt des Kerngehäuses (daher Gelee-Melone) kann roh verzehrt werden, während die Fruchtwand mit zunehmender Reife ganz grün und ungenießbar hart wird. Im Sept. geerntete, unreife Früchte sind monatelang haltbar und reifen allmählich nach, wobei sie langsam einen orangefarbenen Schalenton annehmen. In diesem Vollreifestadium sind die G. I. aroma- und zuckerarm, lediglich ihre gallertartige, grüne Kernhausmasse kann dann noch für Dessertspeisen Verwendung finden.

Igelgurke, Kleine, *Angurie, Anguriagurke, Antillengurke, Westindische Gurke:* die im zentralen und südlichen Afrika von der bitterschmeckenden Wildform *Cúcumis angúria* L. (Familie *Cucurbitáceae*) abgeleitete, bitterstoffreie, inzw. domestizierte Mutante *ssp. angúria* L., die hauptsächlich in Mittelamerika und in den USA angebaut wird. Die K. I. besteht aus ovalen Früchten mit fleischigen Stacheln. Die maximal kleine Hühnereiergröße erreichenden Früchte schmecken unreif wie Gurken und werden roh, gekocht, vor allem aber auf Grund ihrer Größe bervorzugt für *Mixed Pickles* oder als sog. *Westindische Pfeffergurke* eingelegt. Ausgewachsene, halbreife Früchte eignen sich nicht mehr zum Verzehr.

Igelweizen: ein sehr dicht- und kurzähriger Bartweizen. → Saatweizen

Ignotin → Fleischbasen

Ihlen, *Yhlen* → Hering

Ikakopflaume, *Icacopflaume:* pflaumengroße, gelbe, rote oder blaue, herbsüße Frucht des Strauches oder kleinen Baumes *Chrysobálanus icáco* L. (Familie *Rosáceae*), die trotz ihres Gerbstoffgehaltes frisch oder zubereitet verzehrt wird. Der Baum kommt in Südamerika, Westindien und Afrika vor. Aus den Samen wird Speiseöl gewonnen.

Ikisanga: Regionale Sammelbez. für zwei im Boden wurzelnde Wasserpflanzen, deren Blattspreiten entweder untergetaucht oder auf der Wasseroberfläche ausgebreitet sind. Die sich an der Basis der Pflanzen bildenden knolligen, stärkereichen Rhizome werden in Westafrika als I. gesammelt und verzehrt. Dabei handelt es sich um die Arten *Aponogéton bógneri* von Brügge (Familie *Aponogetonáceae*) die von Aug. bis Okt. und um *A. distáchyus* L., die von Juni bis Nov. beerntet werden. Bei den Aponogetonaceen handelt es sich um eine Familie, die in den Gewässern Afrikas, Asiens und Australiens beheimatet ist und nur aus einer Gattung mit etwa 40 Arten besteht. In Südafrika wird *A. distáchyus* als Gemüse kultiviert.

Ilacon → Yacon

Ilama → Cherimoya

Iles-Iles-Mehl → Elefanten-Yams

Ílex corállina → Erfrischungsgetränk, coffeinhaltiges

Ílex paraguariénsis → Mate

Ílex vomitória → Erfischungsgetränk, coffeinhaltiges

Íllex illecebrósus → Tintenfisch

Illícium anisátum → Shikimikifrucht → Sternanis, Japanischer

Illícium religiósum → Sternanis, Japanischer

Illipebutter, *Illipetalg:* Sammelbez. für das Samenfett der in Indien wildwachsenden oder kultivierten Baumarten der Gattung *Bássia* Koenig (Familie *Sapotáceae*) und der in Ostasien kultivierten Bäume der Gattung *Shorea* (Familie *Dipterocarpáceae*). Im einzelnen zählen zur I.: → *Bassiafette* (→ *Mowrahbutter* → *Fulwatalg* und → *Sheabutter*) und der → *Borneotalg.* → Fett

Íllipe butyrácea → Fulwatalg

Íllipe latifólia → Mowrahbutter

Íllipe malabrórum → Mowrahbutter

Illipétalg → Illipébutter

Illipsen → Kohlenwaserstoffe, aliphatische

Imbauba → Kanonenbaum

Imbißerzeugnis, *kleiner Appetithappen, Fix- und Fertig-Erzeugnis, Fingerprodukt, Knuspererzeugnis, Knabbererzeugnis, Knabberartikel, Pausengebäck, Snack:* ein kleinstückiges, mundfertiges → Speziallebensmittel in verschiedenster Form, Zusammensetzung, Geschmacksrichtung und Textur – vorwiegend auf Getreide-, Stärke-, Kartoffel-, Schalenobst- oder Trockenobstbasis –, das überwiegend zw. den Mahlzeiten, weniger anstelle von Mahlzeiten verzehrt wird. Die sprachliche Herkunft des Wortes I., die sich herleitet von *Imbiß* (kleine Mahlzeiten) – vom althochdtsch. *imbiz,* das zum mittelhochdtsch. *bizen* (mit scharfen Zähnen zerkleinern) führte – und von *Biß* – vom althochdtsch. *bizzo* oder dem engl. *bit* (bißchen) – läßt zwei Besonderheiten der I. erkennen: Es sind Lebensmittel für kleine Mahlzeiten, Produkte mit rel. geringer Masse und Produkte, deren Beliebtheit auf die Art des Verzehrens, das Knabbern, zurückzuführen ist – die Bez. *knabbern* kommt im Niederdtsch. das erste Mal im 18. Jh. vor, bedeutet nagen, knappern, knacken, essen und ist verwandt mit knabbeln, knuspern sowie dem engl. *knapsack* (Tornister, Rucksack, Zehrsack). Die Bez. *Snacks* ist die engl. Bez. für I. und ist auch im deutschen Sprachraum, ähnlich der Bez. *Cornflakes,* sehr verbreitet. Die I. verdanken ihren auf dem Weltmarkt stark erhöhten Umsatz einer in verschiedenen Ländern zu beobachtenden Wandlung der Verzehrsgewohnheiten, die sich in einer Abkehr von traditionellen Süßwaren, wie Schokolade und Pralinen, und Hinwendung zu vorwiegend ungesüßten Knuspererzeugnissen (Crisps bzw. Krispies) mit guter Rösche und Bißfestigkeit äußert. Je Jahr nimmt der Markt um etwa 10 neue Produkte zu.

Bei den I. handelt es sich teils um herkömmliche, teils um neuartige Erzeugnisse, die unter Anwendung neuartiger Rohstoffe und Technologien gewonnen werden. Die I. lassen sich verschiedenen Lebensmittelgruppen, z. B. Feinen Backwaren, Dauerbackwaren, Nährmitteln, zuordnen, obgleich eine verbindliche Einteilung noch nicht existiert. Zu den Dauerbackwaren, den sog. *Keks-Snacks, zählen z. B. Laugendauergebäck* in bes. kleiner Form (Brezeln, Sticks) und Kräcker, letztere in verschiedenen und neuartigen Geschmacksrichtungen (neben den Salz-, Käse- und Paprika- gibt es z. B. Roastbeef-, Champignon-, Zwiebel-, Räucherschinken- und andere verschiedenartige Gewürzgeschmacksrichtungen). Zu den *Süßwaren-Snacks* zählen geröstete oder ungeröstete, gesalzene oder mit Zuckerguß überzogene Scha-

lenobstarten, Trockenfrüchte und Rosinen. Zu den *verzehrsfertigen* → *Nährmitteln* zählen die *expandierten Snacks, die sog. Strangpreß-* oder *Extrusionssnacks* (z. B. Maisflips) und die *Puffsnacks* (z. B. *Puffs, Pops,* Puffreis, Puffweizen). Dies sind aus Mehlen unterschiedlicher Zusammensetzung und verschiedenster Geschmacksrichtung geformte und zu voluminösen, zartporigen Stücken geblähte Erzeugnisse von geringer Dichte in Form raupenartiger Stangen (*Flips*), als Flocken oder muschelartige Scheiben bzw. span- oder schnitzelförmige Stückchen (*Chips*), auch in Nudel-, Röhrchen-, Ring-, Kugel-, Oval-, Spiral- oder Stabform. Eine Einteilung der I. wird häufig auch nach dem Ausgangsmaterial vorgenommen. So werden Erzeugnisse a) *auf Kartoffelbasis* (z. B. Chips oder *Fritinis, die in Öl gebacken werden), b) auf Maisbasis* (hauptsächlich expandierte Erzeugnissse in Strangpreß- oder gepufferte Form), c) *auf Weizenbasis* (z. B. extrudierte Erzeugnisse und das große Sortiment der *Kräcker,* die als kleinstükkige Spezialform in Sternchen oder Fischchen (*Fischlis*) angefertigt werden) und d) auf *Schalenobstbasis* (gesalzene, ungesalzene, geröstete oder ungeröstete, kandierte oder dragierte Kerne verschiedenster Schalenobstsorten mit ausgeprägtem Aroma) unterschieden.
Charakteristisch für alle diese Erzeugnisse ist die attraktive und zugleich luft- sowie fettdichte, dauerhafte und heißsiegelfähige Verpackung, um Aromaverlust und Ranzigkeit sowie Nachlassen der Knusprigkeit zu verzögern. Der Inhalt geöffneter Packungen ist demzufolge nicht für längere Aufbewahrung geeignet. Der Energiewert der I. ist sehr unterschiedlich. Es gibt Chips und Flips mit 60% Fettgehalt, es gibt auch fettarme, unfritierte eiweiß- und kleieangereicherte Erzeugnisse. Die I. wurden früher vielfach als ergänzende Näschereien Gästen zu Wein oder Bier gereicht, heute stellen sie in vielen Fällen für Gäste bereits das ausschließl. Angebot bei Mahlzeiten dar. Anstelle einer warmen Mahlzeit werden sogar *heiße Snacks* verzehrt (gefrorene, kleinstückige Erzeugnisse werden vor dem Verzehr in einer sog. Snack-Bar erhitzt). Die Übergänge zu → Fast-Food-Erzeugnissen sind fließend. → Lebensmittel, vorgefertigtes → Pufferzeugnis → Stranpreßerzeugnis → Kartoffelknabbergebäck → Pizza

Imbu → Mombinpflaume

β-Imidazolethylamin → Histamin

β,β'-Iminodipropionitril → Stoffe, Lathyrismus auslösende

Imitationsmilch: eine *wäßrige Dispersion* von löslichem Eiweiß (pflanzliches Eiweiß, Milch- oder Eiereiweiß), Kohlenhydraten (Dextrin, Maltose, Glucose, Lactose), Fetten (Kokosfett, Sojabohnen-, Baumwollsaat-, Sonnenblumen-, Erdnuß-, Mais- oder Palmöl bzw. Milchfett), Vitaminen, Stabilisatoren und Emulgatoren. Man unterscheidet 2 Typen von I. a) Filled Milk, Milch, bei der - vorwiegend aus ernährungsphysiologischen Gründen - Milchfett und/oder Milchzucker durch entsprechende Komponenten pflanzlichen Ursprungs ausgetauscht werden. Lediglich Milchprotein wird nicht substituiert, sondern wird für Magermilch oder fettfreie Milchtrockenmasse verwendet. b) *Eigentliche Imitationsmilch* (simulierte Milch), eine der natürlichen Milch entsprechende Kombination von Nicht-Milchbestandteilen, d. h. Protein, Fett und Zucker sind z. B. pflanzlichen Ursprungs. Milchprotein kann durch Sojabohnenprotein (Sojamilch), Fisch- oder mikrobielles Protein substituiert werden. → Imitationsmilchprodukte → Lebensmittel, nachgeahmtes

Imitationsmilchprodukte: Lebensmittel, bei denen ein oder mehrere Milchbestandteile durch entsprechende Komponenten milchfremden (z. B. pflanzlichen) Ursprungs ersetzt sind und die etwa den gleichen Verwendungsbereich wie die entsprechenden Milcherzeugnisse haben (s. Übersicht S. 690).
Mit der Herstellung von I. werden die Erschließung nichtkonventioneller Eiweißquellen und der Einbau gesundheitsfördernder Bestandteile (z. B. Pflanzenöle) in Lebensmitteln möglich. Ein weiterer Vorteil der I. ist der im Vergleich zu den Milcherzeugnissen niedrigere Preis. Die bekanntesten I. sind → *Imitationsmilch* und *-käse, imitierte Kaffeesahne* in flüssiger oder Pulverform, *imitierter Schlagrahm, imitierter saurer Rahm* und *imitierte*

Imitationsmilchprodukte und deren Hauptbestandteile

Imitat	Hauptbestandteile
Imitationsmilch, Mischmilch	pflanzliche Öle, Magermilch
Kaffeeweißer, Kondensmilchimitate (pulverförmig, flüssig)	pflanzliche Fette, Milcheiweiß, Glucosesirup, Stabilisator E 340, Emulgator
Sahneimitate (flüssig), Dessertschäume	pflanzliche Fette u. Öle, Caseinat, Mager- oder Buttermilch, Zucker
Imitationskäse, Mischkäse	pflanzliche Öle u. Fette, Caseinat, Magermilch
Joghurtimitate	Sojamilch, Zucker, Molke, Milch, Süßungsmittel
Milchfetterzeugnisse	pflanzliche Öle u. Fette, Milchfett, Wasser, Emulgator

Milchmischgetränke. Imitationskäse sind käseähnliche Produkte aus Magermilchpulver und Mischungen aus Soja- und Baumwollsaatöl als Hauptkomponenten. Den Erzeugnissen fehlt der typische Geschmack einer angestrebten Käsesorte. Imitationsrahmprodukte bestehen vorwiegend aus Pflanzenfetten (z. B. Palmöl, Sojaöl), Milcheiweiß, Sojaeiweiß, Emulgatoren und Stabilisatoren. Imitationsmilchmischgetränke erhält man durch Beimischung verschiedener Geschmackskomponenten zu Imitationsmilch (z. B. Früchte, Kakao). Für diätetische Zwecke ist der Austausch von einzelnen Milchbestandteilen (Fett, Lactose, Eiweiß) durch entsprechende Komponenten pflanzlichen Ursprungs von Bedeutung. Obwohl I. hochwertige Nährstoffe enthalten, erreichen sie i. allg. nicht die sensorischen Eigenschaften der entsprechenden echten Milchprodukte. Nach dem Urteil des Europäischen Gerichtshofes vom 11. 5. 89 sind I. herstellungs- und handelsfähig, allerdings deklartionspflichtig im Sinne eines Imitationsproduktes. → Lebensmittel, simuliertes

Immenblatt → Melisse

Immergrün, Gemeines, *Immergrün, Kleines:* eine in Mitteleuropa vorkommende, ausdauernde, oft verholzende Pflanze, *Vínca mínor* L. (Familie *Apocynáceae*) mit niedrigliegenden Sprossen und immergrünen, ganzrandigen, lederartigen Blättern. Die Droge ist oftmals Bestandteil von → Arzneiwein und wird zur Gewinnung des blutdrucksenkenden Alkaloids Vincamin kultiviert. Das G. I. wird auch als Bestandteil von Mischgewürzen für Fleischspeisen verwendet.

Imperatorin → Cumarin

Imperialkäse: *Rahmkäse* franz. Ursprungs, der gegenwärtig in Österreich und in der Tschechischen und Slowakischen Republik als gesalzener Frischkäse mit einem Fettgehalt von 35% und 45% F. i. Tr. hergestellt wird. I. ist weiß bis rahmgelb und kremartig. Der Geschmack ist angenehm aromatisch, leicht säuerlich und leicht salzig. → Käse, nichtreifende

Imra → Mombinpflaume

Inagu: die krautige, einjährige Pflanze *Solánum nígrum* L. (Familie *Solanáceae*), die in Kenia als Wildgemüse gegessen wird. 100 g gekochte Pflanzenmasse enthalten 0,299 mg Caroten, 52 mg Vitamin C und 0,002 mg Vitamin B_1, die Kochzeit beträgt 15 min.

Incaparina: eine leicht lösliche Mischung aus Mais-, Baumwollsaat-, Soja- und Hirsemehl unter Zusatz von Aminosäuren, Mineralstoffen, Vitaminen und Trockenhefe. Das I. wird vorwiegend in Guatemala und Kolumbien als eiweißangereichertes → Kindernährmittel in verschiedenen Rezepturvarianten eingesetzt, die generell über einen Proteingehalt von mind. 25% verfügen. I. läßt sich als Getränk aufbereiten oder Suppen sowie Puddings zusetzen und ist vor allem zur Behandlung von Kwashiorkor bei Vorschulkindern geeignet. Das I. Nr. 9 B enthält z. B. je 100 g 28 g hochwertiges Eiweiß, 0,5 g Calcium, 1,1 mg Riboflavin und 4500 I. E. Vitamin A.

Inchigras → Cymbopógongras

Inchigrasöl → Cymbopógongras

India gum → Karayagummi → Indischer Gummi

Indian-Chutney → Chutney

Indianer → Mohrenkopf

Indianerbrot → *Polyporáceae*

Indianerkorn → Wildreis

Indianermelde → Meldengetreide → Kiwicha

Indianernessel → Monarde

Indianerreis → Wildreis

Indian gum → Indischer Gummi → Ghattigummi

Indian maiz mush: eine bei den Indianern übliche Maiszubereitung; grob gemahlener gelber Mais wird in kochendes Wasser eingerührt, 1 h gekocht und danach mit kalter Sahne gemischt. → Brei → Mais

Indian MPF, *Indian Multipurpose Food:* ein in Indien im Handel befindliches, 40 % Protein enthaltendes Kindernährmittel in Form einer Mischung aus 75 Teilen Erdnußspezialmehl, 25 Teilen Bengal-Bohnenmehl sowie Vitamin- und Mineralstoffzusätzen. Es gibt auch Varianten dieser eiweißreichen Mischung: *Indian MPF-A* oder *Arlac* besteht aus einer Mischung von Erdnußmehl und Trockenmagermilchpulver 3:1. Das I. MPF wird auch als allg. Anreicherungsmittel für Getreidegerichte verwendet. Wird es mit Reis verzehrt, so wird es z. B. als *Rice-MPF* bezeichnet.

Indin Multipurpose Food → Indian MPF

Indiazabal: geräucherter Hartkäse aus Spanien mit 53 % F. i. Tr., der aus Schafmilch hergestellt wird. → Käsesorten

Indican: ein Glucosid der D-Glucose mit Indoxyl als Aglykon (s. Formel).

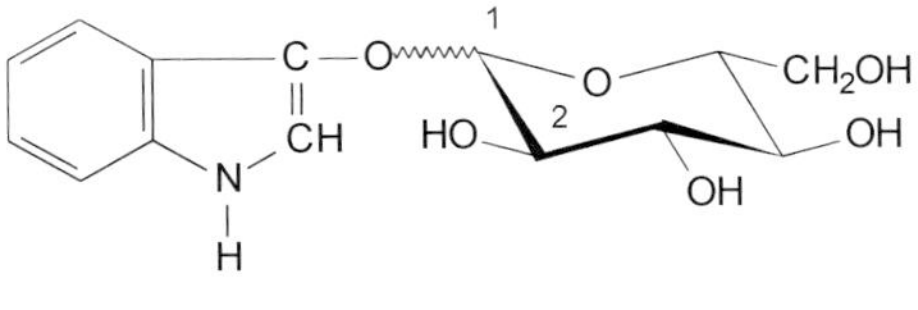

I. wurde in Champignons nachgewiesen. Es ist außerdem Muttersubstanz des Pflanzenfarbstoffs Indigo.

Indigocarmin → Lebensmittelfarbstoffe

Indigotin I → Lebensmittelfarbstoffe

Indigo, Wilder: die in Nordamerika verbreitete Pflanze *Baptísia tinctória* (L.) R. Br. (Familie *Fabáceae*) mit vielfältigen Anwendungsmöglichkeiten (z. B. zur Blaufärbung oder als Therpeutikum). Als Nahrungsmittel dienen, insbes. bei den Indianern die jungen Sprosse. Die wie Spargel verzehrten Triebe gelten als Delikatesse.

Indische Makrele → Makrele

Indischer Gummi: eine Bez., die für verschiedene pflanzliche → Gummistoffe verwendet wird:
1. für → *Karayagummi* (engl. meist: *India gum*) und
2. → *Ghattigummi* (engl. meist: *India gum*), aber auch
3. für → *Gummi arabicum* (engl.: *Indian gum, East Indian gum*). → Hydrokolloid

Indischer Tragant → Karayagummi

Indisch-Mandel-Mus → Ölsamen

Indol-Alkaloide → Alkaloide

Indolin-Alkaloide → Alkaloide

β-Indolylalanin → Aminosäuren

Indolyl-3-acetaldehyd → Auxine

Indolyl-3-acetonitril → Auxine

Indolylalkylamine: basische, zu den biogenen Aminen zählende Indolderivate (s. Übersicht S. 692).

Indolyl-3-brenztraubensäure → Auxine

Indolyl-3-buttersäure → Auxine

Indolyl-3-essigsäure → Auxine

3-Indolylmethylsenföl → Senföle

Indolyl-3-propionsäure → Auxine

Indospicin → Aminosäuren

β-Indoxyl-methyl-dimethylamin → Indolylalkylamine

Die bekanntesten in Lebensmitteln vorkommenden Indolylalkylamine

Indolylalkylamin	Formel	Vorkommen und Wirkung
Tryptamin (3-β-Amino-ethylindol)	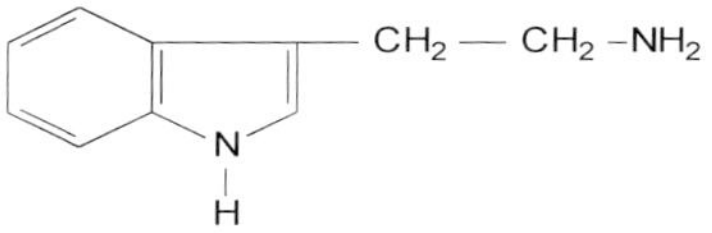	beim bakteriellen Eiweißabbau (z. B. Käse), in Blumenkohl, Tomaten, Pilzen
Serotonin (5-Hydroxy-tryptamin)	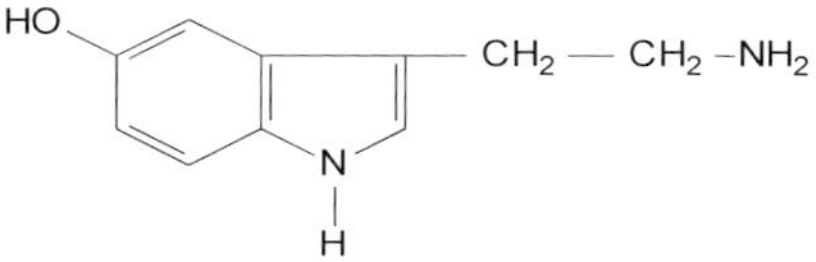	weit verbreitet im Tier- und Pflanzenreich, in relativ großen Mengen in Bananen, Wassermelonen und Ananassaft (gefäßverengende Wirkung), Beeinflussung verschiedener Funktionen des Zentralnervensystems
Bufotenin (5-Hydroxy-N-dimethyl-tryptamin)	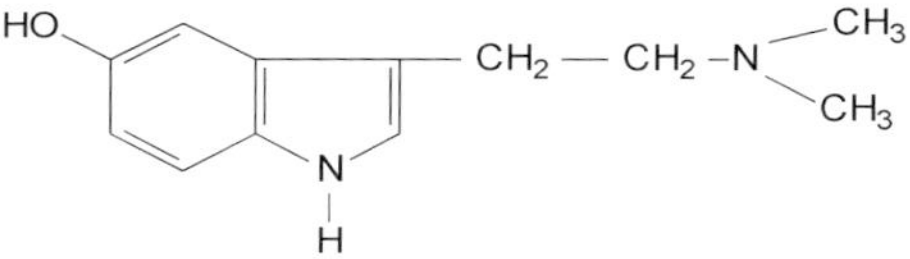	Pilzgift, wirkt auf Herz-Kreislauf-System
Gramin (β-Indoxyl-methyl-dimethylamin	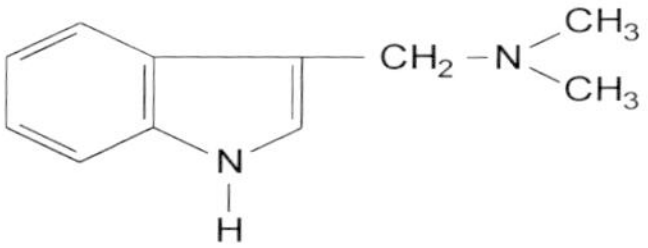	in Getreide, Blumenkohl

→ Amine, biogene → Giftstoffe in pflanzlichen Lebensmitteln → Pilzgifte

Induktionsperiode: 2. Phase der Autoxydation, folgt einer gleichmäßigen Phase bei der die Oxydation langsam fortschreitet (1. Phase). In der I. nimmt die Rate der Oxydation rapide zu. Hat Aussagekraft über den Fettverderb.

Industrieapfel: 1. → Wirtschaftsobst
2. spezielle Apfelsorten, die im Vergleich zum Tafelapfel a) für → Mostobst (die Herstellung von → Saft, → Wein, → Essig, → Branntwein, → Cider oder → Sekt) b) für Naßkonserven (z. B. → Kompott, → Mark, → Kraut, → Marmelade, → Gelee) c) für Trokkenkonserven (z. B. Apfelflocken, Apfelstücke, Apfelringe) oder d) für die Pektinherstellung vorgesehen, bzw. geeignet sind. In der Regel handelt es sich im Vergleich zum → Wirtschaftsobst um Qualitätsobst mit hohem Säure- und Zuckergehalt.

Industriesalz → Speisesalz

Inga spp.: in den tropischen Gebieten Amerikas heimische und z. T. kultivierte Baumarten (Familie *Fabáceae*), deren Hülsen eine fleischige, süße, eßbare Pulpa enthalten (*Pakei*). Es werden bes. *I. edúlis* Mart., *I. álba* Willd. und *I. setífera* DC. genutzt.

Inghera, *Injera:* ein in Äthiopien hergesteller → Fladen von 40···50 cm Durchm. mit feuchter Krume aus → Teff, → Mais, → Weizen, → Sorghumhirse oder aus Mischungen dieser Getreidearten, wobei Teff stets den Hauptanteil stellt. Der mit Wasser angerührte Teig wird vor dem Backen 24···28 h fermentiert. Dicke I. werden als *Aflegna* bezeichnet, die nur minimale Fermentation erfahren, eine rötliche Farbe aufweisen und süßlichen Geschmack haben. Dünne Fladen heißen *Absit, und stark sauer schmeckende I. werden Komtata* genannt. In getrockneter Form wird I. in Dosen aufbewahrt. → Lebensmittel, fermentiertes

Ingnamestärke → Arrowroot

Ingwer: 1. *Djahe:* die gebrühten, getrockneten, ganzen oder in Stücke und Scheiben geschnittenen knollenartigen Wurzelstöcke (Rhizome) der in Westindien heimischen, in tropischen Ländern (Indien, Malaysia, China, Kenia, Brasilien) angebauten schilfartigen, bis 1,5 m hohen Pflanze *Gemeiner I., Zingíber officinále* Roscoe (Familie *Zingiberáceae*). Der I. gelangt ungeschält als *schwarzer I., teilw. oder vollständig geschält als weißer I.* in den Handel. Geschälter I. wird häufig gebleicht und zum Schutz gegen Insektenbefall gekalkt. Der Gehalt an ätherischem Öl (→ Ingweröl 1···3 %) mit Zingiberol, Zingiberen u. a. verleiht dem I. den charakteristischen Geruch und Geschmack und trägt zur Haltbarkeit fettiger Speisen bei. Die Schärfe des Geschmacks wird durch Gingerol beeinflußt (Formel s. unten). Hexanal kann bei I. in bestimmten Konzentrationen Aromafehler bewirken. Es sind 3 Ingwersorten im Handel: *Ganzer Ingwer, Scheiben-Ingwer* und *Ingwer-Split.* I. dient als Küchengewürz beim Einlegen von Kürbis und Senfgurken, beim Einwecken von Birnen, ferner zur Herstellung von *Ingwerbranntwein, Ingwerbier* (*Ginger Ale*), *Ingwerlikör,* in der Süßwarenindustrie z. B. für *Ingwerschokolade, Ingwergelee, kandierten I.,* → *Chylong (Pflaumeningwer)*; außerdem ist I. Bestandteil des → Currypulvers. Der sog. *Japanische I.* bildet Wurzelstöcke von minderer Qualität; er zählt zu der Ingwergewächsart *Zingíber mióga* (Thunb.) Rosc. → Beni Shoga → Scharfgewürz
2. ein → Trinkbranntwein, der wie → Ingwerlikör aromatisiert, jedoch geringer gesüßt wird.

Ingwerbier → Ale

Ingwerbrotpflaume *Sandapfel:* die wohlschmeckenden, fleischigen Früchte des in Westafrika wild oder in Halbkultur vorkommenden Baumes *Parinári macrophýlla* Teijsm. et Binnend. (Familie Chrysobalanáceae). → Graupflaume

Ingwer, Deutscher → Kalmus

Ingwer-Ersatz → Zitwer, Gelber

Ingwergelee: eine aus Agar-Agar, Zucker, zerkleinertem Ingwer, Ingwer-Ablaufzucker, teils unter Zusatz von Apfelmark hergestellte → Geleezukkerware.

Ingwerkwaß → Kwaß

Ingwerlikör: ein Gewürzlikör, der je nach Schärfe aus scharfbrennendem Ingwermazerat oder aus mild-aromatischem Ingwerdestillat hergestellt wird. → Likör

Ingwerminze, *Gingerminze, Edelminze:* ein in Europa kultivierter Bastard, *Méntha gentílis* L. (Familie *Lamiáceae*) aus *Ackerminze (M. arvénsis* L. und → *Krauseminze (M. spicáta var. spicáta* L.). Das ätherische Öl der nach Ingwer duftenden → Minze wird für die Aromatisierung von Kaugummi und anderen Süßwaren sowie → Spirituosen verwendet.

Ingweröl: das aus den Rhizomen des → Ingwers gewonnene ätherische Öl. Die gelbliche, viskose Flüssigkeit enthält Zingiberen (bis 30 %), Zingiberol, Phellandren, Borneol, Citral u. a. Das I. wird bei der Likörbereitung und in der Kosmetik verwendet.

Ingwersplit: die beim Zerkleinern von → Ingwer sowie bei der Herstellung von Ingwerscheiben anfallenden kleinen Schnitzel.

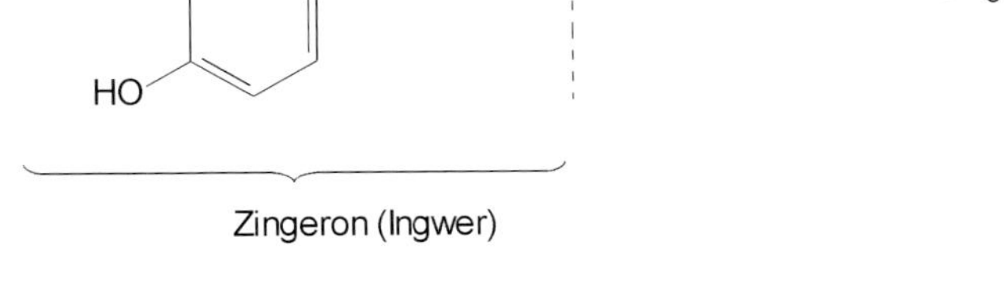

Zingeron (Ingwer)

Ingwerwein → Kräuterwein

Inhalationsgifte → Insektizide

Inhambane-Kaffee → Cóffea racemósa Lour.

Inhibine → Antibiotika

Inhibitor → Enzyminhibitoren

Injera → Inghera

Inkakorn → Kiwicha

Inkaweizen → Kiwicha

Innensporer → Ständerpilze

Innereien: beim Schlachten von Fleischtieren anfallende Organe der Brust- und Bauchhöhle, soweit sie für den menschlichen Genuß tauglich sind. Außerdem werden dazu gezählt: Köpfe, Füße und Blut (s. Übersicht oben).

Die I. der einzelnen Tierarten unterscheiden sich in Aussehen, Größe, Geruch, Geschmack und Zusammensetzung. Bes. reich sind sie an den Vitaminen A, C und D (s. Tab. unten → Fleisch).

Die I. sind bezüglich der Zusammensetzung der Eiweißstoffe, wegen des Gehaltes an essentielllen Aminosäuren, des meist niedrigen Fettgehaltes und des Gehaltes an Vitaminen und Mineralstoffen wertvolle Lebensmittel. Bezüglich anderer Inhaltsstoffe, die ernährungsphysiologisches Interesse besitzen, ist Cholesterol zu erwähnen, das in der Leber (ca. 360 mg/100 g) und Niere (ca. 380 mg/100 g) rel. stark vertreten ist. Ferner ist der Gehalt an Kalium im Kalbbries (386 mg/100 g), Herz (265 mg/100 g), Leber (316 mg/100 g); Milz (400 mg/100 g) und Lunge (303 mg/100 g). Von den I. dienen bes. Leber, Zunge und Lunge zur Herstellung von → Wurst. Gern gekauft werden Leber, Herz, Zunge und Nieren. → Fleisch

Verwertete Innereien

Rind	Kalb	Schwein	Hammel/ Lamm
Leber	Leber	Leber	Leber
Lunge	Lunge	Lunge	Lunge
Herz	Herz	Herz	Herz
Zunge	Zunge	Zunge	Zunge
Gehirn	Gehirn	Gehirn	Gehirn
Milz	Milz	Milz	Milz
Blut	Blut	Blut	Blut
Nieren	Nieren	Nieren	
Euter	Bries	Magen	
Pansen	Gekröse	Schwarten	
Flecke (Kaldaunen)			
Kutteln			
Netz			
Schlund			

Inocárpus edúlis → Tahiti-Kastanie

Inócybe patouillárdii → Muscarin → Pilzgifte

Inócybe spec. → *Cortinariáceae* → Muscarin

Inosin: in Fleisch, Fleischextrakt, Zuckerrüben, Hefen usw. vorkommendes Nucleosid, Molmasse 268,23 g/mol. I. entsteht im Organismus beim Abbau von Adenosin. → Nucleotide

Inosin-5'-monophosphat (IMP, Inosinsäure) → 5'-Nucleotide → Geschmacksverstärker

Grundnährstoffe und Energiewert ausgewählter Innereien

%	Herz		Leber		Milz		Niere		Lunge	
	Rind	Schwein	Rind	Schwein	Rind	Schwein	Rind	Schwein	Rind	Schwein
Eiweiß	16,8	16,9	19,7	20,1	18,5	17,2	16,6	16,5	18,1	13,5
Fett	6,0	4,8	3,1	5,7	2,9	3,6	5,1	5,2	2,9	6,7
Kohlenhydrate	0,6	0,4	5,9	1,4	–	–	–	0,8	–	–
Energiewerte in 100 g										
kJ	555	500	590	615	455	460	510	520	450	515
kcal	135	120	140	150	110	115	120	120	110	120

Inosinphosphate: im Verlaufe der postmortalen Vorgänge im Fleisch entstehendes Abbauprodukt des Adenosintriphosphates (ATP). Der Hauptvertreter ist das Inosin-5'-monophosphat (IMP-5', Inosinsäure). Daneben existieren noch Inosin-5'-diphosphat (IDP-5'), Inosin-5'-triphosphat (ITP-5') und Inosin-3'-monophosphat (IMP-3'). IMP-5' kommt im Fleischextrakt vor und hat Beziehung zum Fleischaroma. → -Nucleotide

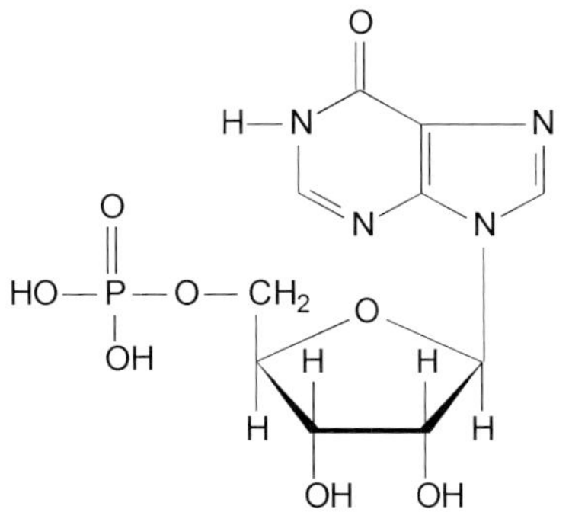

d-Inosit-3-methylether → myo-Inositol

Inosit-monophosphorsäure → myo-Inositol

myo-Inositol, *Inosit* (veraltet), *meso-Inosit, myo-Inosit, Bios I, Phaseomannit, Hexahydroxycyclohexan, Hexaoxycyclohexan:* cyclischer 6-wertiger Alkohol, der in 4 optischen Isomeren vorkommt, von denen die myo-Form ein weit verbreiteter, für die lebende Zelle notwendiger Wirkstoff ist. Bes. reich an I. sind Kleie, Früchte, Pflanzensamen, ferner Muskeln, Leber, Nieren, Eier und Milch. Es bildet farblose, süßlich schmeckende Kristalle, F. 225°C, ist leicht löslich in Wasser, schwerlöslich in Ethanol und unlöslich in organischen Lösungsmitteln. In der Pflanze liegt es, an 6 Moleküle Phosphorsäure gebunden, als → *Phytinsäure* vor, deren Calcium-, Magnesium- und Eisensalze das schwer lösliche *Phytin* bilden und woraus durch das Enzym Phytase I. freigesetzt wird. Phytase ist in pflanzlichen Substraten, z. B. Kleie bzw. Mehl, vorhanden, kaum im menschlichen Darm; dadurch wird Phytin enzymatisch nicht gespalten. Inositolmangel ruft bei Nagern Haarausfall hervor. Im Säugetierorganismus wirkt I. lipotrop und somit einer Leberverfettung entgegen. Es wird als B-Vitamin angesehen. Der Vitamincharakter ist jedoch umstritten. Die tägliche durchschnittl. Aufnahme liegt zw. 1 g und 1,5 g. Weitere in Lebensmitteln vorkommende Inositolabkömmlinge s. Übersicht S. 696. → Roggenbrot

myo-Inositol-galactosid → Alkoholglycoside

meso-Inositol-hexaphosphorsäure → Phytinsäure

Inositolphosphatide, *Phosphoinoside:* zu den → *Phosphatiden* gehörige Verbindungen (s. Formel).

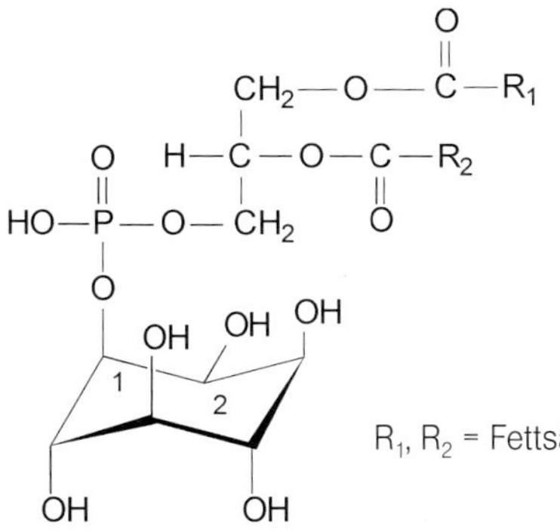

R_1, R_2 = Fettsäurereste

I. bestehen demnach aus Inosit, Phosphorsäure, Glycerol und Fettsäuren. Im Gehirn befinden sich Abkömmlinge mit einem oder zwei weiteren Phosphorsäureresten, die in 4- und 5-Stellung des Inositols verestert sind.

Insekten, *Kerbtiere, Kerfe, Hexapoda:* artenreichste Klasse des Tierreiches aus dem Stamm der Gliederfüßer, die fast 3/4 aller bekannten Tierarten umfaßt und von denen verschiedene Arten bes. Heuschrecken verschiedenen Naturvölkern noch heute als Nahrung dienen. Auch die Vorfahren des Homo sapiens verzehrten I. Der Prophet Mohammed empfahl den Rohverzehr von Heuschrecken, die Griechen aßen Zikaden, die Römer Schmetterlingslarven, die kolumbianischen Yupka-Indianer und die Pedi in Südafrika aßen Raupen und Termiten und die Mexikaner über 100

Weitere in Lebensmitteln vorkommende Inositolabkömmlinge

Inositolabkömmling	Formel	Vorkommen
Galactinol	Glycosid: Inosit + D-Galactose	Zuckerrübensaft
Inosit-mono-phosphorsäure	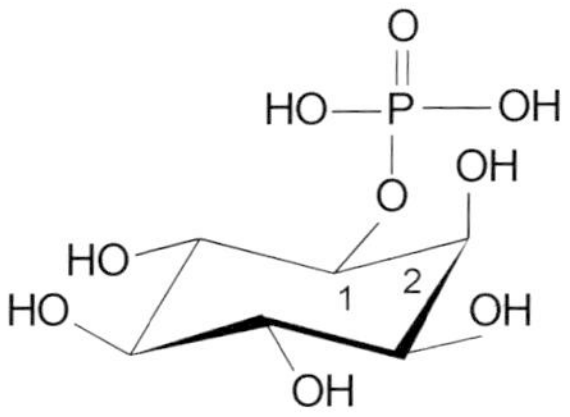	Weizenkleie, in der Cephalinfraktion der Sojabohne
Pinit (D-*Inositol-3-methylether, Sennit, Cathartomannit, Matecit)*	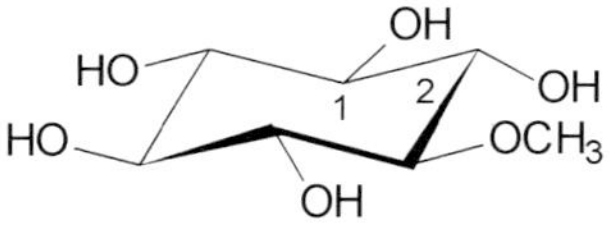	Sennesblätter, Manna des Johannisbrotbaumes, in vielen Leguminosen-Arten
Scyllit *(Quercin, Cocosit)*	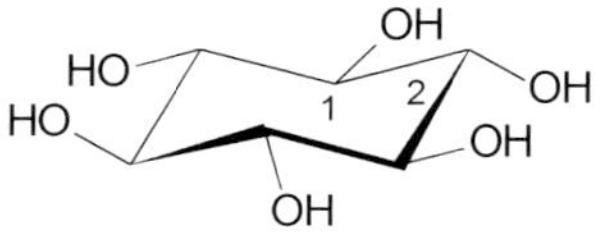	Nieren der Rochen und Haie, Kokosnußmilch, Rotalgen
myo-Inositol	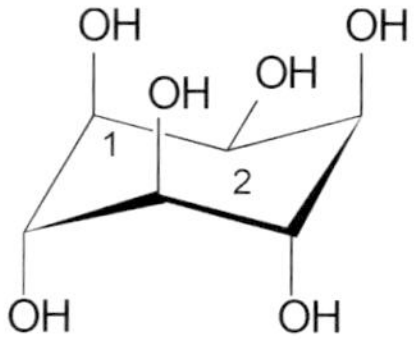	Kalifornische Zuckerkiefer *(Pínus lambertiána* Dougl.) → Manna 1., Kautschuk-Latex

verschiedene Insektenarten. Der eßbare Anteil der Insektennahrung enthält zw. 50 und 75% Eiweiß, ca. 24% Fett, 2% reduzierende Zucker und reichlich Vitamine und Mineralstoffe. Der unverdauliche Chitinpanzer wird meist wieder ausgespuckt. Sie sollen sogar gut schmecken.

Insektenblume, Dalmatinische → *Chrysánthemum*

Insektizide: Gruppe von *Pflanzenschutzmitteln* mit toxischer Wirkung, vorwiegend auf Insekten. Die insektiziden Wirkstoffe gehören verschiedenen Substanzklassen an. Neben den I. natürlichen Ursprungs, wie *Pyrethrine, Rotenone* und *Nicotin,* kommen vor allem synthetische Verbindungen als I. zur Anwendung. Die wichtigsten Gruppen sind a) *chlorierte Kohlenwasserstoffe*; b) *Alkylphosphate*; c) *Carbamate*; d) *Begasungsmittel,* wie Methylbromid, Phosphorwasserstoff, Cyanwasserstoffsäure, Ethylenoxid. Alle I. sind starke Gifte gegenüber Insekten, weisen aber z. T. auch gegenüber Mensch und Nutztier starke Giftwirkung auf. Die I. aus der Gruppe der chlorierten Kohlenwasserstoffe haben im Vergleich zu anderen Gruppen kumulative Eigenschaften, die bes. stark beim DDT ausgeprägt sind. Die I. können als *Fraß-, Kontakt-* und *Inhalationsgifte* wirksam werden.

Auf den Einsatz von I. kann z. Z. nicht verzichtet werden. Der Verbraucherschutz wird durch Festlegung von unschädlichen Rückständen (Toleranzen) geregelt. Weiterhin bestehen Bestrebungen, durch Erweiterung biologischer Methoden des Pflanzenschutzes eine Verringerung der Anwendung von I. zu erreichen. → Pflanzenschutzmittel → Begasungsmittel → Alkylphosphate → Kohlenwasserstoffe, chlorierte

Insolatraube → Marsala

Instant-Apfelbreimehl → Instant-Kindernährmittel

Instant-Apfelflocken → Apfelchips

Instant-Aprikosenbreimehl → Instant-Kindernährmittel

Instant-Bananenbreimehl → Instant-Kindernährmittel

Instanterzeugnis: ein mit Hilfe verschiedener technischer Verfahren (z. B. Gefriertrocknung, Walzentrocknung, Extrusionskochung, Agglomerieren) aufbereitetes Trockenprodukt, dessen Rekonstitutionsvermögen, d. h. die ursprüngliche Form zurückzuerlangen oder sich wieder aufzulösen, ohne dabei wesentlicher mechanischer Unterstützung zu bedürfen, sein wesentliches Qualitätsmerkmal ist. Zu den I. zählen z. B.: Instantnährmittel, wie Instantsüßspeisen, Instantteigwaren, Instantgrieß, Instantgetränke, Instantsuppen, Instantgemüse, Instantfertiggerichte.

Instant-Haferflocken → Instant-Kindernährmittel

Instant-Haferschleim → Hafernährmittel

Instantkaffee → Kaffee-Extraktpulver

Instant-Kaffee-Ersatz → Kaffee-Ersatz-Extraktpulver

Instant-Kindernährmittel: Sammelbegriff für vorwiegend im Walzentrocknungsverfahren oder Extrusionsverfahren hydrothermisch aufgeschlossenes, feinblättriges bzw. pulverförmiges Erzeugnis, das nach Zugabe von Flüssigkeit (Wasser, Milch oder Saft) verzehrsfertig ist. Die I. werden z. B. aus Reis-, Hafermehl, ggf. unter Zusatz von Vollsoja, Weizen- und Gerstenmalzmehl, Apfelkonzentrat, Bananenpüree, Aprikosenmark, Zucker, Vanillin, Vitaminen, Mineralstoffen und Speisesalz hergestellt. I. haben eine Feuchtigkeit zw. 6 % und 10 %. Die Haltbarkeit beträgt z. B bei *Instant-Reismehl* 6 Monate, bei *Instant-Hafermehl* 3 Monate, bei *Instant-Mehrkornnahrung* 5 Monate, bei *Instant-Bananenbreimehl, Instant-Aprikosenbreimehl* und *Instant-Apfelbreimehl* jeweils 6 Monate. Das *Instant-Reismehl* wird aus → Speisereis hergestellt und ist demzufolge praktisch frei von Vitaminen und Mineralstoffen. Seine Bedeutung liegt vor allem in der quellenden, schleimbildenden Wirkung. *Instant-Hafermehl* wird aus Hafermehl hergestellt (etwa 5 ppm Vitamin B_1) und neigt bei längerer Lagerung aufgrund oxydativer Haferfettveränderungen zum Bitterwerden. *Instant-Mehrkornnahrung* kann z. B. aus einer Kombination von → Skutellum-Mehl, Naturreismehl, Hafermehl unter Zusatz von Vollsojamehl und geschmacksregulierenden Zusätzen, wie Malzmehl, hergestellt sein. *Instantmehle mit Obstzusatz (Obstfertigbrei* in Trockenform), z. B. *Instant-Apfelbreimehl, Instant-Aprikosenbreimehl, Instant-Bananenbreimehl,* enthalten in der Regel einen Vitamin-C-Gehalt in der Auflösung von mind. 50 mg/l und einen Eisen(III)-Gehalt in der Auflösung von mind. 33 mg/l. Zu den I. zählen auch *Instant-Haferflocken* (Handelsbez. *Haferschneeflocken*), die keines weiteren Kochprozesses bedürfen. → Kindernährmittel

Instant-Malzkaffee → Malzkaffee

Instantmehl → Mehl, agglomeriertes

Instantmehl mit Obstzusatz → Instant-Kindernährmittel

Instant-Mehrkornnahrung → Instant-Kindernährmittel

Instant-Puddingpulver → Kremspeisepulver

Instantpulver, *schnellösliches Lebensmittelpulver, schnellösliches Nahrungsmittelpulver:* ein getrocknetes Lebensmittel in Form eines → Pulvers, dessen Wiederauflösungsvermögen (Rekonstitutionsverhalten) sein wesentlichstes Qualitätsmerkmal ist. Die I. sollen sich beim Einbringen in Flüssigkeit (Wasser, Milch, Saft u. dgl.) leicht und vollständig benetzen, damit der Lösungsvorgang schnell und möglichst an der ganzen Oberfläche einsetzen kann. Sehr *feinkörnige* I. bzw. I. mit einem großen Anteil an Partikeln mit einer Teilchengröße unter 50 μm widersetzen sich der erwünschten und schnellen, völligen Benetzung. Dies ist darauf zurückzuführen, daß sich entweder Klümpchen bilden können, die von der Flüssigkeit nicht oder nur langsam durchdrungen werden (weil die Flüssigkeit durch die bereits angelösten, verklebten Randschichten nicht mehr weiter eindringen kann), oder daß Partikel auf der Flüssigkeitsoberfläche schwimmen, sich der Verteilung widersetzen (Pulverinseln bilden) und sich nur durch Rühren (Einwirkung äußerer Kräfte) in die Flüssigkeit eintauchen lassen. Ein I. mit vergrößerten Teilchen (→ Lebensmittelgranulat) verhindert die Klumpenbildung und andere Lösungsschwierigkeiten. Aus diesem Grund wird häufig ein feinkörniges Primärgut (*Single-Stage-Instanterzeugnis*) zum Zwecke der *Granulations-* bzw. *Agglomerisationsinstantisierung* durch nochmaliges Benetzen und Trocknen nachbehandelt, wodurch ein sog. *Two-Stage-Instanterzeugnis* entsteht. Durch die Granulation werden die einzelnen, vielfach durch Zerstäubungs- oder Gefriertrocknung gewonnenen Pulverteilchen zu größeren Verbänden (Aggregaten) zusammengelagert, wie dies z. B. bei *Kaffeegranulat* der Fall ist. Solche Nachbehandlungsverfahren sind jedoch sehr kostenaufwendig und werden daher kaum, nur z. B. für Frucht-, Gemüse- oder Milchpulver, angewandt. → Lebensmittelgranulat

Instant-Ramen: eine in Japan unter Zusatz von Natrium- und Kaliumcarbonat hergestellte Weizenteigware, die nach Übergießen mit Wasser verzehrsfertig ist. Die gekochten und im heißen Zustand mit Mononatriumglutamat übersprühten Nudeln werden dehydratisiert, in Pflanzenöl bei 150 °C gebacken und in Plastikpackungen gehandelt. → Teigware

Instant-Reis : ein → Speisereis, der in 2 min eine verzehrsfertige Speise ergibt, wenn er unter Verwendung von heißem Leitungswasser angerührt wird. Dieser Spezialreis wurde ursprünglich für Raumfahrtzwecke entwickelt. Das normale Reiskorn wird in wechselnden Zyklen von Gefrieren und Auftauen mit anschließender Gefriertrocknung so modifiziert, daß es auch als *tischfertiges Nährmittel* breitere Anwendung finden kann. → Reisnährmittel

Instant-Reismehl → Instant-Kindernährmittel

Instantreisnährmittel → Reisquellmehl

Instant-Reistrockenschleim → Reisquellmehl

Instantsäuglingsnahrung auf Getreidebasis mit Obstzusätzen → Instant-Kindernährmittel

Instant-Soßenpulver: ein → Soßenpulver, dessen konsistenzgebende Bestandteile bereits in kalter Milch und/oder Wasser vollständig quellen und sofort nach dem Anrühren eine verzehrsfertige süße Soße ergeben.

Instantsuppe, *Schnellsuppe:* ein Trockenerzeugnis in Beutel- (Beutelsuppe) oder portionsverpackt in Becherform (Becher- oder Tassensuppe), dem lediglich eine auf der Verkaufspakkung angegebene Menge Trinkwasser zugefügt werden muß, um eine verzehrbare, in der Regel nicht süß schmeckende → Suppe (Aufgußsuppe) zu erhalten. Die I. sind in vielen Sorten auf dem Markt, entweder als gebundene oder ungebundene Erzeugnisse mit oder ohne Fleisch-, Kartoffel-, Gemüse-, Teigwaren- oder Reiseinlage. Für Allergiker ist darauf zu achten, daß neben zahlreichen Zusatzstoffen, wie Verdickungsmitteln, Caramel, Emulgatoren, Zuckerculör, Weizenkleber (deklariert als pflanzliches Eiweiß), Glutamat, Nitritpökelsalz und das Konservierungsmittel Butylhydroxyanisol (gegen das Ranzigwerden von Fettsubstanzen) in den I. enthalten sein können.

Instanttee → Tee-Extraktpulver

Instant-Weizengrieß: ein Erzeugnis in Form eines groben, aufgeschlossenen Mehles, das nach Anrühren mit Flüssigkeit verzehrsfertig ist und keines Kochprozesses bedarf. Der I. besteht aus einer hydrothermisch ggf. enzymatisch aufgeschlossenen und getrockneten Weizenmehlsuspension, ggf. aromatisiert mit Vanillin und leicht gezuckert. I. ist kein Zwischenprodukt der Weizenvermahlung, sondern trägt seine Bez. nur auf Grund der dem → Grieß vergleichbaren Körnungsbeschaffenheit. I. dient hauptsächlich zur Zubereitung von Süßspeisen. → Instantpulver → Mehl, aufgeschlossenes

Instant-Zichorie → Zichorienkaffee

Insulin: Peptidhormon, das zunächst in Form des Proinsulins in den β-Zellen der *Langerhans*schen *Inseln* des Pankreas synthetisiert wird und von großer Bedeutung für die Regulation des Kohlenhydrat-, Fett- und Proteinstoffwechsels ist. I. ist das einzige bekannte Hormon, das den Blutzuckerspiegel zu senken vermag, indem es die Glucoseverwertung im Muskel steigert (sowohl durch Glucoseoxydation als auch durch Glycogenbildung). Ein absoluter oder rel. Insulinmangel führt zum *Diabetes mellitus* (Zuckerkrankheit). I. ist ein Polypeptid, das aus zwei Peptidketten besteht (A-Kette: 21 Aminosäuren, B-Kette: 30 Aminosäuren), die über zwei Disulfidbrücken verbunden sind. I. verschiedener Säuger zeigen Unterschiede in bestimmten Sequenzbereichen. I. wird zunehmend auf gentechnischem Wege gewonnen, d. h. durch Kultivierung von → Escherichia coli, dem tierische bzw. menschliche Insulingene eingepflanzt wurden. Dies geschieht durch Manipulierung der → DNA des β-Galaktosidase-Gens von E. coli und Einschleusen des mit fremder DNA (Insulinbildung) ausgestatteten Gens über ein Plasmid in die Bakterienzelle. Damit wird eine Proteinsynthese ausgelöst, die um ein Vielfaches des menschlichen und tierischen Organismus größer ist und hinsichtlich Aminosäurezusammensetzung und -sequenz dem Humaninsulin analog ist. → Mineralstoffe

intermediate moisture foods → Wasseraktivität

Intrinsic factor → Vitamin B_{12}

Intybin, *Lactucopikrin:* der p-Hydroxyphenylessigsäureester des *Lactucins* mit der Formel (s. unten). I. kristallisiert in Blättchen aus Waser, F. 148···151°C. $[\alpha]_D^{17,5}$ +67,3° (Pyridin). I. ist neben Lactucin Bitterstoff und roter Farbstoff im Milchsaft der Zichorienwurzel (*Cichórium íntibus* L., Familie *Asteráceae*), des Chicorée (*C. íntybus* var. folióśum Hegi) und der Endivie (*C. endívia* L.).

Inulin → Polyfructose → Saccharide

Inulingemüse: Sammelbez. für Pflanzenarten, die zum → Gemüse zählen und Polyfructosane enthalten. Beim Gebrauch der Bez. I. wird vielfach übersehen, daß das Inulin nur in bestimmten Gewebearten lokalisiert ist, in den transitorischen (Sproßachse) und in den permanenten (Rhizomknolle, Wurzel) Speicherorganen. So weisen lediglich Schwarzwurzel und Topinambur nennenswerte Mengen an Inulin auf, auch in den üblicherweise nicht zum Verzehr bestimmten Speicher- und Faserwurzeln von Endiviensalat, Fleischkraut und Löwenzahn kommt Inulin vor, nicht aber in den chlorophyllhaltigen Blattmassen dieser Pflanzen. Außerdem spielt der Erntetermin für den Gehalt an Inulin im Pflanzengewebe eine Rolle. Ab Spätherbst kommt es bis zum Frühling

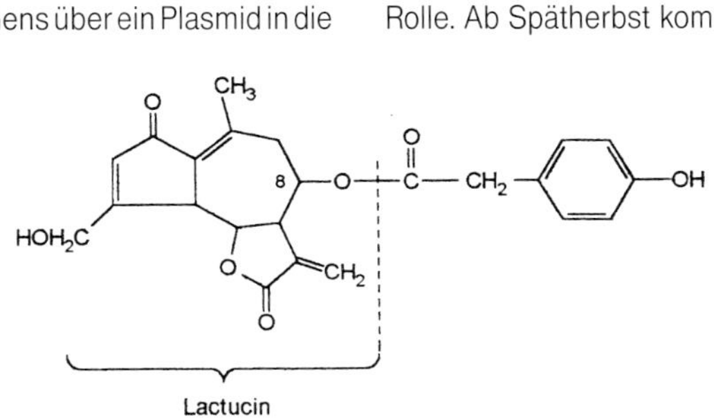

Lactucin

hin bes. bei Schwarzwurzel und Topinambur, eingeleitet durch tiefere Temperaturen, zu einem fast völligen Abbau des Inulins.

Inulobiose → Disaccharide

Invertase: → *Enzym, das Zucker* (→ Saccharose), aber auch andere Saccharide (z. B. Raffinose, Stachyose) hydrolysiert. Bekannt sind Fructosido- (EC 3.2.1.26) und Glucosidoinvertase (EC 3.2.1.20), die das Saccharosemolekül entweder von der Fructose- oder von der Glucoseseite spalten. Fructosidoinvertase findet sich in Pflanzen und Mikroorganismen, bes. Hefen, Glucosidoinvertase ist im Intestinaltrakt des Säugetieres und des Menschen lokalisiert; die von Bienen sezernierte I. ist für den Gehalt des Honigs an → Invertzucker bestimmend. Der optimale Wirkungsbereich von I. liegt bei 55···60°C und im sauren pH-Bereich. Die I. wird aus Hefen gewonnen und dient zur Herstellung von Invertzucker und als Zusatz zu Fondantmassen zur Verhinderung der Kristallisation. Bisweilen wird für I. noch die sich nur auf die Hydrolyse von Saccharose beziehende Bez. *Saccharase* gebraucht.

Invertaseinhibitoren → Enzyminhibitoren

Invertzucker: ein Gemisch aus gleichen Teilen Glucose und Fructose. Der I. entsteht bei der Spaltung von → Saccharose durch Säuren oder Enzyme (→ Invertase). Bei dieser Reaktion (Inversion) entsteht aus der rechtsdrehenden Saccharose der linksdrehende I., der Hauptbestandteil des *Honigs* und *Kunsthonigs* ist und auch in vielen süßen Früchten vorkommt.

Invertzuckercreme → Kunsthonig

Inyu → Ketjap

Iochróma austrále → Perilla

Iod → Mineralstoffe

L-Iodgorgosäure → Aminosäuren

Iodsalz → Jodspeisesalz → Spezialsalz

3-Iod-L-tyrosin → Aminosäuren

Iodwasser → Heilwasser

Ionenaustauscher: Sammelbez. für Elekrolyte, die eine Ionenart leicht austauschen. Es handelt sich um feste, wasserlösliche, aber hydratisierte Salze, Säuren oder Basen. Je nach Ladung der ausgetauschten Ionen spricht man von Kationen- oder Anionenaustauschern. Es gibt anorg. I. wie Zeolithe, Bentonite, Aluminiumsilikate. Wichtiger sind die organischen I. aus Festkörpern (meist in Körnerform) einer dreidimensionalen Matrix (hochmolekular, wasserunlöslich), in die zahlreiche Ankergruppen ($SO_3^{\ominus}$, stickstoffhaltige Gruppen unterschiedlicher Basidizität, $COO^{\ominus}$) eingebaut sind. Deren locker gebundene Gegenionen (z. B. Na+, OH-, H+) können gegen andere, in den umgebenden Flüssigkeiten gelöste, gleichsinnig geladene Ionen ausgetauscht werden. Dieser Prozeß ist reversibel, d. h. bei der Regeneration wird der Ausgangszustand wieder hergestellt.

Iowa-Kronenapfel, *Iowa-Crabapfel:* ein in Nordamerika wegen seiner aromatisch-säuerlichen Früchte in mehreren Sorten kultivierter Apfel, *Málus coronária ssp. ioénsis* (Wood) Britt. (Familie *Rosáceae*).

Ipomoeamaron, *Ipomoeamaron:* ein Furanderivat (s. Formel).

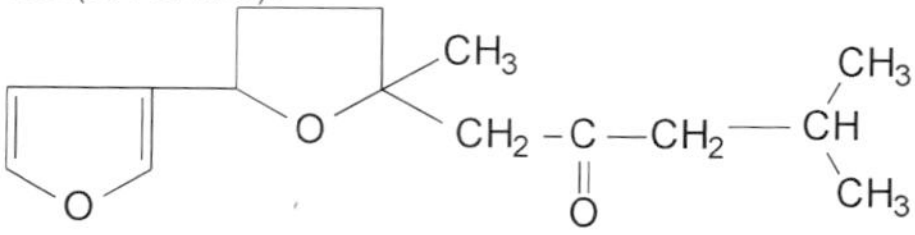

Das I. bildet sich bei der durch den Pilz *Ceratocýstis fimbriáta* Ellis et Halstead = *Ceratostomélla fimbriáta* Ellis et Halstead erzeugten Schwarzfäule der Süßkartoffel [*Ipomoea batátas* (L.) Poir.].

Ipomeamaronol → Furanosesquiterpene

Ipomeanin → Furanosesquiterpene

4-Ipomeanol → Furanosesquiterpene

Ipomōea batátas → Batate

Ipomōea eriocárpa R. Br.: eine in Indien als Spinat und Grünfutter verwendete Pflanze (Familie *Convolvuláceae*).

Ipomsäure → Sebacinsäure

Irenlikör, *Irish Cream:* ein sog. weicher Likör aus Sahne und Whisky, dem zur Geschmacksverbesserung (je nach Marke verschieden) Schokolade, Honig, Orangenextrakt beigemischt sind. Der I. wird in Bailey-Flaschen gehandelt.

Iridophycan: ein α-D-1.4-verknüpftes Galactansulfat mit → Carrageen ähnlichen Eigenschaften aus Rotalgen (*Iradea*-Arten der Familie *Gigartináceae*), die an der Westküste der USA und in Japan vorkommen. Das Polysaccharid wird als → Hydrokolloid zur Stabilisierung von Getränken verwendet. Die *Iradea*-Algen werden in Japan und Schottland auch direkt als Lebensmittel genutzt. → Algenpolysaccharid

Irisches Moos → Carrageen

Íris germánica convar. florentína → Veilchenwurzel

Irish → Whisky

Irish Cream → Irenlikör

Irish Moos → Algenprodukte → Carrageen

Irisöl → Veilchenwurzel

Íris pállida → Veilchenwurzel

Iriswurzel → Veilchenwurzel

Irländisches Moos → Carrageen

α-Iron, *6-Methylionen:* Terpen-Keton (s. Formel).

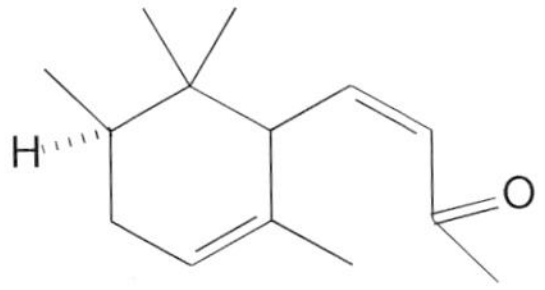

Neben dem α-I. sind eine Reihe isomerer Verbindungen bekannt, die sich durch die Lage der Doppelbindungen und die sterische Anordnung unterscheiden. α-I. prägt den Geruch des Iris- oder Veilchenwurzelöles und kommt außerdem in Blütenölen und Himbeeren vor. Es ist eine farblose, in Wasser unlösliche Flüssigkeit, Kp.$_{426,6\,Pa}$ 110···112°C, d_4 0,9355. In Verdünnung weist α-I. Veilchengeruch auf. Irone gewinnt man durch Extraktion von Iriswurzeln oder synthetisch aus Citral. Verwendet werden Irone im Gemisch in Frucht- und Likörаromen sowie in der Parfümerie. → Terpen-Ketone

Irvíngia gabonénsis → Dikabaum

Isana → Anu

Isansäure, *Octadec-17-en-9,11-diin-säure:* eine mehrfach ungesättigte Monocarbonsäure der Formel CH_2=CH-$(CH_2)_4$-C≡C-C≡C-$(CH_2)_7$-COOH. I. ist im Samenfett von *Ongókea klaineána* Pierre, das als Isano- oder Bolekoöl bezeichnet wird, gefunden worden. Isanoöl trocknet trotz des hohen Ungesättigtheitsgrades nicht, polymerisiert aber beim Erhitzen in stark exothermer Reaktion zu einer dunklen, gummiartigen Masse; bei Temperaturen über 250°C kann diese Reaktion explosionsartig verlaufen. F. 43°C.

Islandhering → Hering

Isländisches Moos, *Cetrária islándica* (L.) *Ach.* (Familie *Parmeliáceae*), *Fiebermoos, Lungenflechte:* eine auf der Erde wachsende, rasenbildende Strauchflechte der nördlichen Gebiete insbes. der Mittel- und Hochgebirge Nord-, Mittel- und Osteuropas. I. M. ist Rohstoff für das als Verdikkungsmittel verwendete → Lichenin. Es ist auch Arzneimittelgrundstoff in der Homöopathie. In der Volksmedizin werden Auszüge von I. M. bei entzündlichen Erkrankungen der oberen Atemwege, verschiedenen Magen-Darmerkrankungen, chronischem Durchfall, Nieren- und Blasenleiden, Entzündungen des Zahnfleisches und der Mundschleimhaut, als Stärkungsmittel und zur Stimulierung der Muttermilchsekretion sowie gegen Hautunreinheiten verwendet. Wäßrige Auszüge dienen auch als Amara (Bitterstoff) gegen Appetitlosigkeit. Sie wirken antimikrobiell. Die Wirkungen werden teils auf die enthaltenen Polysaccharide *Lichenin* und *Isolichenin* (das 1,3-bzw. 1,4-α-glycosidisch verknüpfte Pendant zum Lichenin) teils auf die Flechtensäuren (s. Formeln S. 702) zurückgeführt.
Im trockenen Zustand ist die Droge brüchig, nach Anfeuchtung lederartig. An heißes Wasser gibt sie

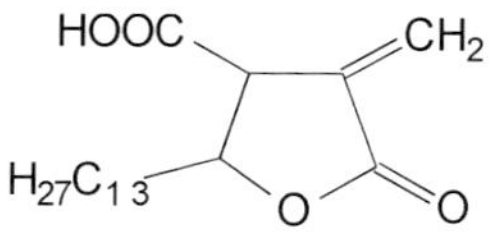
Protolichesterinsäure

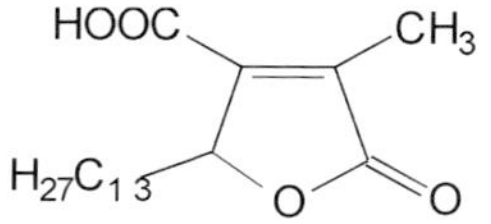
Lichesterinsäure

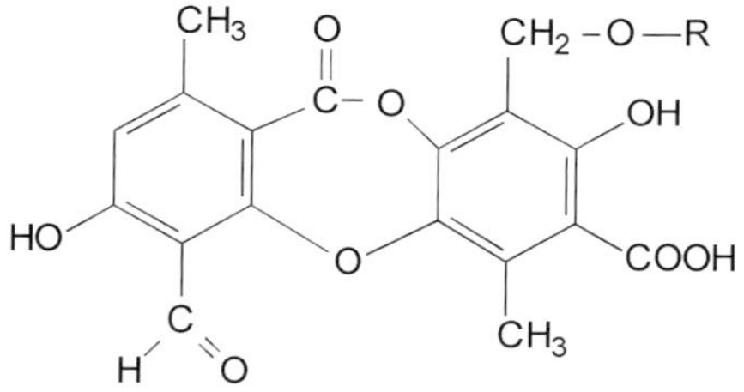

Fumarprotocetrarsäure: R = -CO-CH=CH-COOH
Cetrarsäure: R = $-C_2H_5$
Protocetrarsäure: R = -H

über die Hälfte ihrer Trockensubstanz ab und bildet einen bitter schmeckenden Schleim. 20% der Trockensubstanz sind stärkefreies Lichenin, 80% Isolichenin, ferner 2···3% Protocetrarsäure, 1···2% Cetrarsäure, Carotene, Vitamine der B-Gruppe, Iod u. a. Mineralstoffe. → Flechten

Isoalloxazin → Farbstoffe → Lebensmittelfarbstoffe

Isoamylalkohol → Amylalkohole

Isoamylamin → Alkylamine

Isoamylase → Pullulanose

Isoamylester → Ester

Isoanethol → Estragol → Phenole

Isoascorbinsäure: Epimer der L-Ascorbinsäure mit deren Reduktionseigenschaften, aber nur 5% der Vitamin-C-Aktivitäten, Molmasse 176,12 g/mol. → Antioxydantien

Isobaldriansäure → Isovaleriansäure

Isobergapten → Cumarin

Isobixin → Farbstoffe

Isobutan → Extraktionslösemittel

Isobutanal → Aldehyde

Isobuttersäure, *i-Buttersäure, Dimethylessigsäure:* eine gesättigte Monocarbonsäure der Formel $(CH_3)_2CH$-COOH. Die I. kommt in freier Form in Johannisbrot und als Ester in verschiedenen ätherischen Ölen (z. B. Kamillenöl) vor. I. ist eine ölige Flüssigkeit mit unangenehmem Geruch, F. 47°C, Kp. 154,5°C. I. wird durch Oxydation von Isobutylaldehyd hergestellt und zur Koagulierung von Kautschukmilch verwendet; die Ester werden als Lösungsmittel und zur Herstellung von Parfüms und Aromastoffen eingesetzt. Die Salze dienen zur Schimmelverhütung.

Isobutylaldehyd → Aldehyde

Isobutylalkohol → Fuselöl

Isobutylamin → Alkylamine

Isobutylessigsäuremethylester → Isocapronsäuremethylester

Isobutyraldehyd → Aldehyde

Isobutyrolupuphenon → Colupulon

Isocapronsäuremethylester → 4-Methylpentansäuremethylester

Isocarvon → Terpen-Ketone

Isochavitinsäure → Piperinsäure

Isochinolin-Alkaloide → Alkaloide

Isochlorogensäure → Hydroxyzimtsäuren

Isocineol → 1,4-Cineol

Isocitronensäure, *1-Hydroxypropan-1,2,3-tricarbonbäure,* α-Hydroxytricarballylsäure, 1-Oxypropan-1,2,3-tricarbonsäure, α-Hydroxy-β-carboxy-glutarsäure: Strukturisomeres der → Citronensäure (s. Formel S. 703).

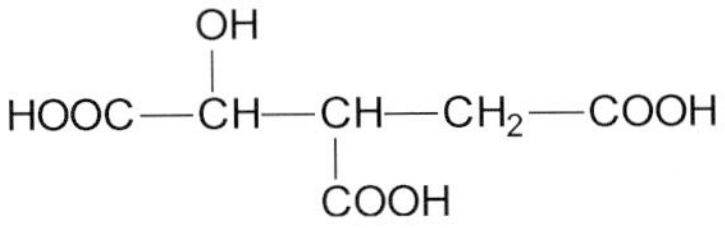

I. ist ein Zwischenprodukt des Citronensäurezyklus. Sie wurde erstmalig in Brombeeren aufgefunden und ist inzw. in vielen Früchten, insbes. in *Zitrus*-Früchten, nachgewiesen worden. Sie bildet Prismen, die in Wasser, Ethanol und Ether wenig löslich sind, F. 100 °C (Zers.), $[\alpha]_D^{25}$ 0°. Da das Verhältnis von D-I. zur Citronensäure im Saft jeder Fruchtart ein anderes, aber rel. konstantes ist, kann es zum analytischen Nachweis eines Zusatzes von Citronensäure zum Getränk dienen, weil sich dabei das Verhältnis der beiden isomeren Fruchtsäuren verschiebt.

Isocuranetin → Flavonoide

Isocuranetin-7-rhamnoglucosid → Flavonoide

Isodipren → Terpen-Kohlenwasserstoffe

Isodesmin → Desmosin

Isodomba → Sorghumhirse

Isodulcit → 6-Desoxyhexosen

Isoelektrischer Punkt: der *p*H-Wert, gleichbedeutend mit der Aktivität des hydratisierten Protons (Hydroniumion H_3O^+), bei dem bei amphoteren Elektrolyten, Ladungsgleichheit eintritt, d. h. die Zahl der Kationen gleich der Zahl der Anionen ist. Der i. P. ist ein stoffspezifisches Charakteristikum eines Elektrolyten, der dort charakteristische Eigenschaften aufweist, wie z. B. ein Minimum an Viskosität und Löslichkeit, und bei kolloiden Amphoteren, wie z. B. → Eiweiß, eine veränderte Quellungsgeschwindigkeit. Häufig flocken sie aus. Der i. P. läßt sich aus den Dissoziationskonstanten der sauren (K_S) und der basischen (K_b) Gruppen und dem Ionenprodukt des Wassers (K_W) berechnen: I $\sqrt{\frac{Ks \cdot Kw}{K_b}}$. Praktische Bedeutung hat der i. P. beispielsweise beim Verarbeiten von eiweißreichen Lebensmitteln.

Isoenzym → Enzym

Isoeugenitin → Chromone

Isoeugenitol → Chromone

Isoeugenol, *4-Hydroxy-3-methoxy-1-propenylbenzen, 4-Propenylguajacol:* zur Gruppe der Phenolether gehörende, gewürznelkenartig riechende Verbindung der Struktur:

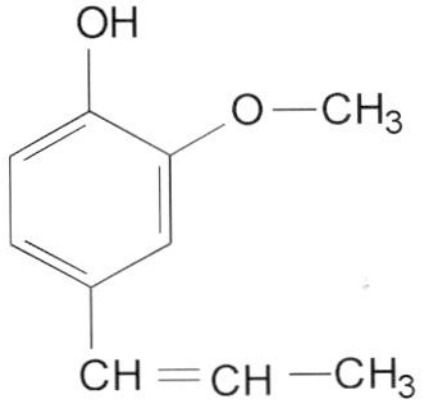

I. kommt in ätherischen Ölen (z. B. Muskatnuß) vor, jedoch nicht so häufig wie *Eugenol.* Es existiert in 2 cis-trans-isomeren Formen. Die cis-Form stellt eine Flüssigkeit mit $Kp._{666,5\ Pa}$ 115°C dar, die Trans-Form bildet Kristalle mit F. 33°C und $Kp._{666,5\ Pa}$ 118°C. I. ist in Wasser wenig, in Ethanol und Ether gut löslich. Die Darstellung von I. erfolgt durch alkalische Isomerisierung von Eugenol. I. wird zur Synthese von Vanillin und zur Erzielung von nelkenartigen Geruchsnuancen in der Riechstoffindustrie eingesetzt.

Isoflavon → Flavonoide

Iso-Getränk → Getränk, isotonisches

D-Isoglucosamin → Aminozucker

Isohämagglutinine → Hämagglutinine

Isohesperidin → Flavonoide

Isoimperatorin → Cumarin

Isolenfettsäuren → Fettsäuren

L-Isoleucin → Aminosäuren

Isolicansäure → α-Licansäure

Isolichenin → Isländisches Moos

Isomaltitol → Zuckeraustauschstoff

Isomalt → Palatinit

Isomaltit: Disaccharidalkohol, 1-O-α-D-Glucopyranosidosorbit.

Isomaltose (Isomaltol) → Disaccharide

Isomaltotetraose → Tetrasaccharide

Isomaltotriose → Trisaccharide

D-Isomenthon → Terpen-Ketone

Isomeratzucker, *Isomerose, High Fructose Corn Syrup (HFCS), Glucose-Fructose-Sirup:* Gemisch aus Trauben- (Glucose) und Fruchtzucker (Fructose), das durch Umwandlung der Glucose mittels → Glucose-Isomerase gebildet wird.

Kohlenhydratzusammensetzung von Isomeratzucker

Zucker	42%iger I.	55%iger I.	90%iger I.
Fructose	42	55	90
Glucose	52	42	7
Oligosaccharide	6	3	3

Das Gleichgewicht der Isomerisierung liegt bei 50 %. Durch mehrstufige Isomerisierung erreicht man wesentlich höhere Fructosegehalte von über 90 %. Durch die Kultivierung von bestimmten Mikroorganismen, z. B. *Streptomyces phoeochromogenus,* und Fixierung der gebildeten Glucose-Isomerase an einen unlöslichen Träger wurde die Wirtschaftlichkeit des Verfahrens erhöht, das vor allem in angelsächsischen Ländern eine bedeutende Rolle spielt. In großtechnischem Umfang werden I. mit 42,55 % und 90 % Fructose hergestellt (s. Tab. nächste Spalte).
Wegen der dem → Invertzucker ähnlichen → Süßkraft wird I. als Sirup für Getränke, Konserven und Backwaren genutzt. Der Sirup mit einem Gehalt von 90 % Fructose kann wie diese in diätetischen Erzeugnissen (für Diabetiker) eingesetzt werden.
→ Zuckeraustauschstoff

Isomerose → Isomeratzucker

Gewinnung von Isomeratzucker

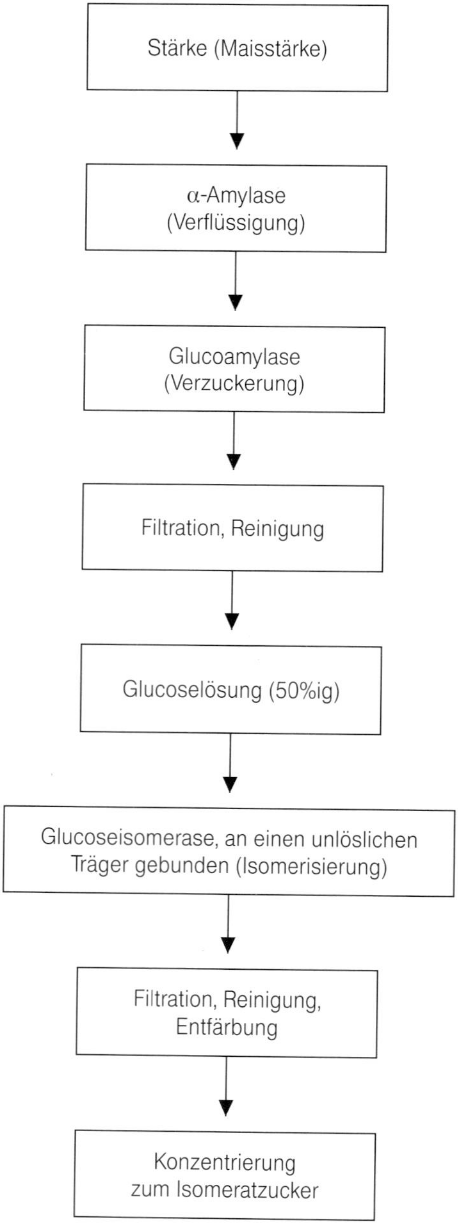

Isomyristicin, *Isomyristizin, 3-Methoxy-4,5-methylendioxy-1-propenyl-benzen:* ein mit dem Myristidin isomeres Phenolderivat (s. Struktur),

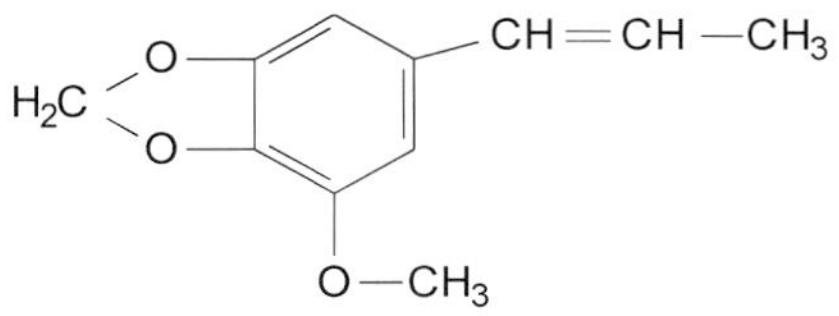

das im ätherischen Öl des Dillkrautes vorkommt. I. kristallisiert aus Ethanol in Nadeln oder Prismen, F. 44···45 °C. In größeren Konzentrationen verursacht es ähnlich wie das *Apiol* Kopfschmerzen, Trunkenheit und nach wiederholter Einnahme Verdauungsstörungen und Appetitlosigkeit, wenngleich es weniger giftig als Apiol ist. → Phenole

Isonicotinsäure-hydrazid → Stoffe, Lathyrismus auslösende

Isoölsäuren: die cis- und trans-Isomeren der Ölsäure. Sie sind, im Gegensatz zur Ölsäure, bei Zimmertemperatur fest. Die I. kommen u. a. im Olivenöl sowie im Kernöl von Hagebutten, Äpfeln, Birnen, Quitten vor. Die Bleisalze der I. sind schwer löslich; diese Tatsache wird zur analytischen Abtrennung genutzt. Bei der Hydrierung entstehen I. aus mehrfach ungesättigten C_{18}-Fettsäuren und aus Ölsäure durch trans-Isomerisierung und Wanderung der Doppelbindung. Der Nachweis hydrierter Fette kann deshalb über die Bleisalze der I. erfolgen.

Isopelletierin → Alkaloide

6-Isopentenylnaringenin → Bitterstoffe → Flavonoide

Isopimpinellin → Cumarin

Isopiperinsäure → Piperinsäure

Isopiperitenon → Terpen-Ketone

Isopren, *2-Methyl-1,3-butadien:* Grundbaustein vieler organischer Naturstoffe, (s. Formel).

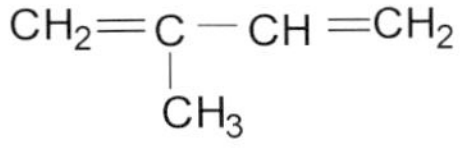

I. selbst wurde bisher in der Natur nicht gefunden. Im Stoffwechsel der Pflanze entstehen die nach der Isoprenregel aufgebauten Naturstoffe (z. B. Vitamin A, Carotenoide, Steroide, Terpene) über die Mevalonsäure und können I. acyclisch oder cyclisch enthalten. I. ist eine farblose, ölige Flüssigkeit, unlöslich in Wasser, löslich in Alkalien, Ethanol u. a. organischen Lösungsmitteln. Es polymerisiert zu kautschukartigen Produkten (synthetischer Gummi). Synthetisch wird es aus Ethin und Aceton bzw. aus Pentanol hergestellt.

Isopropanol → Trägerlösemittel

p-Isopropenyl-toluol → Terpen-Kohlenwasserstoffe

3-Isopropylacrylsäure, *4-Methyl-pent-2-ensäure:* eine einfach ungesättigte, verzweigtkettige aliphatische Monocarbonsäure (s. Formel).

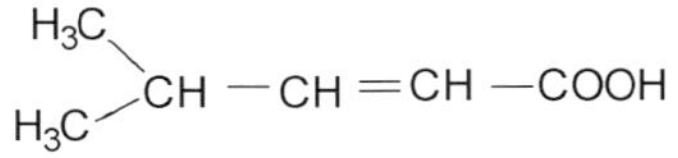

Die I. ist eine ölige Flüssigkeit, Kp. 206···212 °C. Sie kommt im Hopfen vor.

p-Isopropyl-m-cresol → Thymol

Isopropylessigsäure → Isovaleriansäure

3-Isopropyliden-1-acetyl-cyclopent-5-en → Ketone

Isopropylidenessigsäure → β-Methylcrotonsäure

Isopropyl-isothiocyanat → Senföle

p-Isopropylphenol → Phenole

Isopropylsenföl → Senföle

p-Isopropyl-toluol → p-Cymol

Isopsoralen → Cumarin

Isopulegol → Terpen-Alkohole

D-Isopulegon → Terpen-Ketone

Isoquercitrin → Flavonoide

Isoraffinose → Trisaccharide

Isorhamnetin → Flavonoide

D-Isorhamnose → 6-Desoxyhexosen

Isorhodeose → 6-Desoxyhexosen

Isorhodeosoglucose → Anthocyane → Disaccharide

Isorizinolsäure, *9-Hydroxy-cis-oktadecen-12-säure:* eine Monocarbonsäure (s. Formel unten). I. ist am Fettsäuregehalt der Samen der Früchte des Zuckerapfels *(Annóna squamósa* L.) zu 9,8 % beteiligt. → *Rizinolsäure*

Isorosmanol 6-α-11,12-Trihydroxy-7,10-(epoxymethano)-abieta-8,11,13-trien-20-on: ein diphenolisches, tricyclisches Diterpen mit antioxydativer Wirkung in → Rosmarinextrakten mit folgender Struktur.

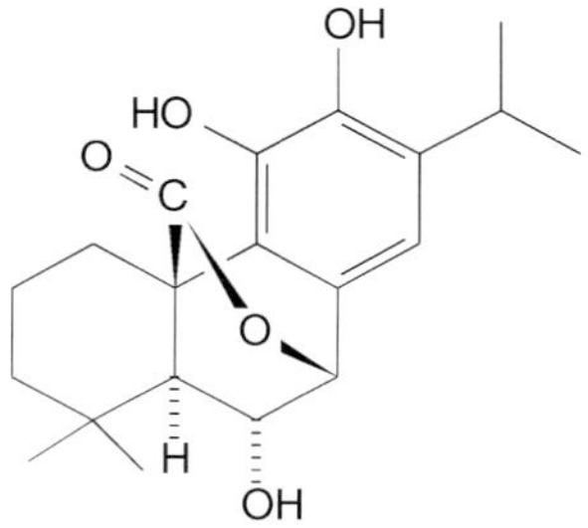

→ Terpene → Carnosolsäure

Isosacuranetin → Flavonoide

Isosafrol → Phenole

Isospartein → Lupinenalkaloide

Isoterebenthen → Terpen-Kohlenwasserstoffe

Isotetrametaphosphat → Phosphate

Isothiocyanate → Goitrin → Senföle

Isoionischer Punkt: Der i. P. ist definiert als der *p*H-Wert einer Proteinlösung bei unendlicher Verdünnung, die keine anderen Ionen als die des Wassers enthält.

Isotrifoliin → Flavonoide

Isouramil → Favismus-Substanzen

Isovaleraldehyd → Aldehyde

Isovaleriansäure, *Isobaldriansäure, Isopropylessigsäure, 3-Methylbutan-1-säure:* eine verzweigte Monocarbonsäure der Formel $(CH_3)_2CH\text{-}CH_2\text{-}COOH$.
Die I. kommt in der Baldrianwurzel, in Erbsen und im Weißbrotteig vor. I. ist eine farblose Flüssigkeit mit unangenehmem, baldrianartigem Geruch; F. -37,6°C, Kp. 177°C. Sie wird zur Herstellung von Parfüms und Pharmazeutika (Sedativa und Hypnotika) verwendet.

Isovelleral → Pilzgifte, gastrointestinale

Istiophórus spp. → Thunfisch

Italico-Käse: italien. Weichkäse (Rahmkäse), der mit dem in Deutschland handelsüblichen → *Butterkäse* identisch ist. Das in Deutschland und in anderen Ländern geschützte Warenzeichen einer norditalien. Firma für I. ist *Bel-Paese-Käse.* Der I. hat eine zarte, goldgelbe Haut, der Teig ist weich, der Geschmack leicht säuerlich und butterähnlich mild. Schlüsselverbindung im Aroma sind die aus den Aminosäuren entstehenden primären Alkohole Isobutan-1-ol, Isopentan-1-ol und Phenylethanol.

Italian-Dressing → Fertig-Dressing

Italienischer Fleischsalat → Fleischsalat

Italiensekt: ein italienischer → Sekt, für den 1991 neue einengende Bedingungen erlassen wurden, indem Italiens flaschenvergorener Sekt künftig

$$H_3C-(CH_2)_5-CH=CH-(CH_2)_2-CH(OH)-(CH_2)_7-COOH$$

Isorizinolsäure

nur noch als „*Classimo*" (anstelle „*Classico*") bezeichnet werden und die bisherige Bez. „*Spumante*" nur noch die Produkte aus Behältergärung führen dürfen. Alle *Classimo-Sekte* müssen wenigstens zwei Jahre lagern, davon 18 Monate auf Hefe, sie müssen mehrfach kontrolliert und dürfen hochpreisig sein.

Itohiki-Natto → Natto

'Ivanhoe' → Beerenobst

Iwatake: eine in den Bergen Japans und Chinas massenhaft gesammelte *Gallertflechte, Gyrophóra esculénta* Miyoshi (Familie *Lichináceae*), die durch gallertartige Aufquellen beim Anfeuchten charakterisiert ist und als Bestandteil einer Salatzubereitung zu den ostasiatischen Delikatessen zählt. Als Algensymbionten treten bei den Gallertflechten ausschließl. Blaualgen auf. I. wird auch als Fettgebäck zubereitet oder im getrocknetem Zustand wie Gewürze gehandelt. I. kann auch als ein einblättriger, rundförmiger, 3···12 cm großer, lederartiger Thallus direkt verzehrt werden. → Speiseflechte → Gallert

Jabotikaba: der bis zu 12 m hohe Baum *Myrciária cauliflóra* (DC.) Berg. (Familie *Myrtáceae*), der in Brasilien, vor allem in Rio de Janeiro und Umgebung, viel kultiviert wird. Die Früchte, die sich direkt am Stamm und an den Hauptästen bilden (Kauliflorie), sind kugelige, dunkelpurpurne bis fast schwarze Beeren von 1···3,5 cm Durchm. mit dikker Schale und saftigem, weißem oder rosaüberlaufenem Fruchtfleisch. Sie werden gewöhnlich frisch verzehrt, aber auch für Gelees, Saft und Wein verwendet. Man zählt sie, obwohl wenig verbreitet, zu den besten Kleinfrüchten der Tropen. Der Name J. wird auch für viele andere *Myrciária*-Arten gebraucht.

Jackbohne, *Fetischbohne, Schwertbohne:* die kletternde Pflanze *Canavália ensifórmis* (L.) DC. (Familie *Fabáceae*), die bis zu 40 cm lange Hülsen trägt. Die buschige Varietät hat weiße, die kletternde karminrote Samen. Die J. wird in Tropenländern (Indien, Afrika) angebaut. Die 2···3 cm großen Samen sind aber nicht sehr schmackhaft. Sie wurden früher zu Kultzwecken verwendet. Je 100 g Trockenmasse enthalten sie 25···26 g Eiweiß, 50 g Kohlenhydrate und 2···3 g Fett. Die jungen Hülsen und unreifen Samen werden als Gemüse gegessen. Ähnlich sind die Arten *C. gladiáta* (Jacq.) DC. und *C. plagiospérma Piper.*

Jackfrucht: Frucht des aus Indien stammenden, aber in den Tropen beider Hemisphären verbreiteten, mittelgroßen Baumes *Artocárpus heterophýlla* Lam. (Familie *Moráceae*). Die längliche Frucht wird an Kurztrieben direkt am Stamm gebildet, ist in Form und Eigenschaften sehr variabel und gehört zu den größten eßbaren Baumfrüchten, sie wird bis zu 90 cm lang und 20 kg schwer (Zusammensetzung und Energiewert s. Tab.).
Die ziemlich dicke Rinde ist mit kurzen, stacheligen Warzen besetzt. Es gibt eine große Anzahl von Sorten unterschiedlicher Qualität. Das Fruchtfleisch der streng nach Capronsäure riechenden Früchte (Einlegen in Salzwasser!) kann frisch oder zubereitet in Obstsalaten, gekocht oder mit Reis oder Zucker und Kokosmilch, getrocknet oder konserviert verzehrt werden. Halbreife Früchte werden als Suppenzusätze oder Bestandteile von Sojanebengerichten mit Fisch und → Cayennepfeffer verwendet. Daneben gibt es eine große Anzahl anderer Zubereitungsarten der J.. Junge Früchte können zu Getränken oder Sirup mit Zucker und Agar-Agar-Zusatz verarbeitet werden. Die Samen dienen als Suppenzusätze oder werden geröstet. → Brotfrucht → Champedak

Zusammensetzung und Energiewert der Jackfrucht

Bestandteil	Fruchtfleisch	Samen
	Durchschnittl. Gehalt je 100 g eßbaren Anteils in g	in g
Feuchtigkeit	73,1	51,6
Eiweiß	0,6	6,6
Fett	0,6	0,4
Kohlenhydrate	20,5	34,8
Ballaststoffe	4,2	4,3
Mineralstoffe	0,5	1,5
Energiewert in kJ (kcal) je 100 g eßbaren Anteils	380 (90)	713 (169)

Jaffa-Orange → Orange

Jagdwurst: → *Brühwurst* (Aufschnittware, mittlere Sorte), zu deren Herstellung sehnen- und fettgewebsarmes Rindfleisch und Schweinefleisch, Schweinebauch, Schweinskopffleisch, mager, Nitritpökelsalz, Pfeffer, Knoblauch, Senfkörner, Paprika, Macis und Kardamon eingesetzt werden. Als Wursthüllen dienen Kunstdärme (Naturin, 55 mm Durchm.). Das Schnittbild zeigt eine rosa- bis kräftigrosafarbene, fein gekutterte, knorpelfreie Wurstmasse mit fast gleichmäßig verteilten, etwa 8···12 mm großen Fleisch- und Fettstückchen, vereinzelt Senfkörnern. → Wurst

Jagdwurstgewürz → Wurstgewürz

Jägerkäse: polnischer Schnittkäse mit 40 % F. i. Tr. → Käsesorten

Jägersoße: eine braune, gebundene, pikant schmeckende → Soße unter Verwendung von

Speisepilzen und würzenden Zutaten in Trockenform als Instanterzeugnis oder als Naßkonserve als tischfertiges Erzeugnis, das für Gemüse- und Fleischgerichte geeignet ist.

Jagey → Feige, Weiße

Jaggery → Walddattelpalme → Palmzucker

Jagus → Genipapo

Jahrgangssekt: ein → Sekt, dessen Grundwein mind. zu 75 % aus einem Jahrgang stammen muß.

Jahrgangs-Sherry → Sherry

Jahrgangswein: ein → Wein, der ausschl. aus Trauben eines Jahrgangs besteht und dessen Jahreszahl auf dem Flaschenetikett angegeben ist.

Jak → Yak

Jakobsmuschel → Muscheln

Jalebi: ein in Indien und Pakistan verbreitetes fetthaltiges, brezelartiges Gebäck aus Weizenhefeteig. Die frischen, leicht knusprigen J. werden vor dem Verzehr in Zuckersirup getaucht oder auf dem Markt mit Sirupfüllung gehandelt. Die J. sind nahezu identisch mit unserem ungefüllten → Fettgebäck in brezelartiger Form, *Kameruner* genannt, aus Pfannkuchenteig.

Jalojuusto-Ädelost: Blauschimmelkäse aus Finnland. → Käsesorten

Jalpaifrucht → Olive, Wilde

Jam → Konfitüre

Jamaika-Arrowroot → Marantastärke → Arrowroot

Jamaika-Blaubeere → Agraz 1.

Jamaikakirsche, *Panamakirsche, Capulin, Calabura:* der Strauch oder kleine Baum *Muntíngia calabúra* L. (Familie *Elaeocarpáceae*), der in Mittelamerika vorkommt und kugelige oder eiförmige, rote oder gelbe Beerenfrüchte von etwa 15 mm Durchm. trägt. Die aromatische Frucht, die leicht süßlich schmeckt, wird roh genossen oder zur Zubereitung von Gelees und Konditoreiwaren verwendet.

Jamaikapfeffer → Piment

Jamaikapflaume → Mombinpflaume

Jamaika-Rum → Edelbrand

Jambaöl → Raukenöl

Jambaraps, *Persischer Senf, Ölrauke, Rauke, Ruke:* die einjährige Pflanze *Erúca satíva* Mill. (Familie *Brassicáceae*), die vom Mittelmeergebiet an bis nach Nordwestindien, u. a. in der ehem. Sowjetunion, angebaut wird, häufig auch verwildert ist. Die Samen dienen zur Ölgewinnung (*Jambaöl*) und zur Speisesenfherstellung; in Afrika werden sie als Lebensmittel genutzt. Blätter und Stengel werden neuerdings auch wieder in Mitteleuropa als Würz- und Salatpflanze, entweder als → Wildkräuter im Freiland gesammelt oder im Gewächshaus (auch in Töpfen auf der Fensterbank) kultiviert; der dazu erforderliche Samen wird unter der Bez. „*Ruka-Salatrauke*" gehandelt. Die Blätter werden wie Kresse verwendet. In Nordafrika wird *Erúca pinnatifída* (Desf.) Pomel als 20···50 cm hoch wachsendes, scharf schmeckendes Blattgemüse kultiviert. → Senf 8.

Jamberry → Tomatl

Jambolanabaum: der mittelgroße, bis 20 m hohe Baum *Syzýgium cumínii* (L.) Skeels (Familie *Myrtáceae*), der im tropischen und warmen subtropischen Asien kultiviert wird. Seine eiförmig länglichen, oft gekrümmten, dunkelvioletten, 1···2 cm langen Früchte sind saftig, sauer und adstringierend. Sie werden meist frisch genossen oder zu Gelee verarbeitet. Die zahlreichen Sorten sind unterschiedlich in Farbe und Geschmack der Früchte. Samen und Borke werden als Medikamente gegen Diabetes, Dysenterie u. a. verwendet. Der Vitamin-C-Gehalt beträgt 31 mg in 100 g Frischsubstanz.

Jambose → Rosenapfel

Jambu ayer → Rosenapfel

Jambuse → Rosenapfel

'James Grieve' → Apfel → Kernobst

Jameson → Whisky

Jaminbang: ein kuchenähnliches Erzeugnis aus Mais, das in Brasilien als Brotersatz dient. → Lebensmittel, fermentiertes

Jamsbohne, Afrikanische → Yamsbohne, Afrikanische

Janda gum → Johannisbrotkernmehl

Jang → Miso

Japanartischocke → Knollenziest

Japanische Makrele → Makrele

Japanischer Aal → Aal

Japankartoffel → Knollenziest

Japanknolle → Knollenziest

Japankrabbe: unspez. Herkunftsbez. auf manchen Crab-Meat-Konserven. → Krebstiere

Japanlauch → Winterzwiebel

Japanmispel → Mispel, Japanische

Japanrose, *Noisetterose:* eine in Südostasien wildwachsende und kultivierte Heckenrosenart, *Rósa multiflóra* Thunb. (Familie *Rosáceae*), deren Blütenblätter in Japan und China zum Aromatisieren von → Tee und zur Speisenzubereitung genutzt werden. Auf Jawa werden die jungen Triebe und Sproßspitzen als Gemüse (→ Lablab) verzehrt. Die ascorbinsäurereichen Früchte werden frisch oder als Droge (*Fructus multiflorae*) verwendet. → Hagebutte

Japanyams, *Mukago:* ein in Ostasien beheimatetes und als Gemüse verwendetes → *Yamswurzelgewächs, Dioscórea japónica* Thunb. (Familie *Dioscoreáceae*). Die stärkehaltigen Wurzeln werden aus Wildbeständen gesammelt. In je 100 g sind enthalten: 40,5 g Feuchtigkeit, 3,8 g Eiweiß, 1,4 g Fett, 38,0 g Kohlenhydrate, 14 g Ballaststoffe und 1,9 g Mineralstoffe. Der Hemicellulosegehalt im Ballaststoffanteil liegt bedeutend höher als der Cellulosegehalt. → Yamswurzel

'Japro' → Chinakohl

Jarlbergost: Norwegischer *Hartkäse* aus Kuhmilch und Ziegenmilch mit 45 % F. i. Tr. → Käsesorten

Jasminaldehyd → α-Amylzimtaldehyd

Jasmin, Arabischer → Jasmin, Echter

Jasmin, Chinesischer → Jasmin, Echter

Jasmin, Echter, *Spanischer Jasmin:* eine schon im Altertum kultivierte Zierpflanze, *Jasmínum officinále* L. (Familie *Oleáceae*), deren Blüten heute auch zur Gewinnung eines wohlriechenden Öles in Südfrankreich, Italien, Indien, in der ehem. Sowjetunion und in nordafrikanischen Ländern verwendet werden. Die Blüten dienen außerdem zum Aromatisieren von Tee, was gleichermaßen auch zutrifft für die Nutzung von *Jasmínum odoratíssimum* L. (Kultur in Südfrankreich) und *Jasmínum sámbac* (L.) Ait., auch *Arabischer* oder *Chinesischer Jasmin* genannt (vorrangig in Südasien kultiviert).

Jasminoides rhombifólium → Wolfsbeere, Chinesische

Jasminöl: das ätherische Öl von, bes. in den Tropen Asiens, kultiviertem *Jasmínum sámbac* (L.) Ait. (Familie *Oleáceae*), einem fast windenden Strauch mit gefüllten oder halbgefüllten, angenehm duftenden weißen Blüten, die am Abend vor dem Aufgehen gesammelt werden. Das ätherische Öl dient in China bes. zum Aromatisieren von Tee. Wegen des J. werden ferner in Südeuropa das weißblühende *Jasmínum officinále* L. und das auf den Kanarischen Inseln heimische *Jasmínum odoratíssimum* L. kultiviert. Aus 1 kg Jasminblüten gewinnt man etwa 0,5 g Duftöl.

Jasmin, Roter von Jamaika, *Caracucho:* die in tropischen Gebieten Asiens und Amerikas kultivierte *Pluméria rúbra* L. (Familie *Apocynáceae*), die vorwiegend als Zierpflanze kultiviert wird und deren Früchte auf den westindischen Inseln als Nahrungsmittel dienen.

Jasmin, Spanischer → Jasmin, Echter

Jasmínum odoratíssimum → Jasminöl → Jasmin, Echter

Jasmínum officinále → Jasminöl → Jasmin, Echter

Jasmínum sámbac → Jasminöl → Jasmin, Echter

Jasmon → Ketone

Javamandel: 1. → Kanariennuß
2. → Mandel, Indische

Javanuß → Erdnuß

Java-Sago → Zuckerpalme, Echte

Jawa-Citronellöl → *Cymbopógongras*

Jawagalgant → Galgant

Jawahanf → Kenaf

Jawa-Kardamom: Bez. für die auf Jawa kultivierte Kardamompflanze, *Amómum máximum* Roxb., (Familie *Zingiberáceae*), deren Früchte als Ersatz für → Kardamom und deren junge Triebe als frisches Gemüse verwendet werden. Die jungen Früchte und Blütenstände werden als Kochgemüse verzehrt.

'Jeanne d'Arc' → Birne → Kernobst

Jelkagras → Erdmandel 1.

Jelly-Melone → Igelgurke, Große

Jelutong → Lutong

Jenever → Genever

Jerba → Mate

Jerez-Wein → Sherry

Jerome: öster., halbfester *Schnittkäse* in Ziegelform aus Kuhmilch mit 45% F. i. Tr. → Käsesorten

Jerusalemartischocke → Topinambur

Jerusalemartischocke, Weiße → Bomarie

Jerusalembohne → Mung-Bohne

Jerusalemdorn: eine in den Tropen und Subtropen (Israel, Ägypten, Arabien, Indien, Nord-, Süd- und Zentralamerika) eingebürgerte Heckenpflanze, *Parkinsónia aculeáta* L. (Familie *Fabáceae*), deren Samen eßbar sind.

Jerusalemkorn → Sorghumhirse

Jessénia batāūa → Pataua-Öl

Jessentuki → Heilwasser → Selters

Jesuiten-Nuß → Wassernuß

Jesuitentee → Epasote

Jicama → Yamsbohne

Jipoosang-Knolle: die Knolle der krautigen Pflanze *Habenária commelinifólia* Willd. (Familie *Orchidáceae*), die in Indien als Lebensmittel dient.

Joala → Kafirbier

Jochelbeere → Jostabeere

Jocomico → Sauerpflaume

Jod, *Iod* → Mineralstoffe

L-Jodgorgosäure → Aminosäuren

Jodsalz → Speisesalz, jodiertes

Jodspeisesalz → Speisesalz, jodiertes

3-Jod-L-tyrosin → Aminosäuren

Jodwasser → Heilwasser

Joghurt, *Yoghurt:* ursprünglich türkische Bez. (jugurt) für ein festes oder trinkfähiges *Sauermilcherzeugnis,* das aus Vollmilch, im Fettgehalt eingestellter Milch oder entrahmter Milch – in der Trockensubstanz angereichert, erhitzt, auch homogenisiert und/oder mit Stabilisatoren versetzt – durch Vergärung mit → Starterkulturen aus *Lactobacillus bulgáricus* und *Streptocóccus thermóphilus* hergestellt wird und auch durch nachträgliche schonende Pasteurisation haltbar gemacht werden darf. Nach dem FAO/WHO-Codex Alimentariús ist für Erzeugnisse, die die Bez. J. tragen, das Vorhandensein von lebenden Milchbakterien festgelegt worden, ohne jedoch Anzahl bzw. Prozentsatz zu benennen. Die Erhöhung des Trockensubstanzgehaltes kann durch Eindampfen oder durch

Zusatz von Magermilchpulver erfolgen. Joghurtzubereitungen sind ein aus J. unter Zusatz von Obst, Obsterzeugnissen, Getreideprodukten oder geschmacksbestimmenden Fruchtaromen hergestelltes Erzeugnis. Trinkjoghurt bzw. Trinkjoghurtzubereitung entspricht im Geruch und Geschmack dem festen J. bzw. der J.-Zubereitung. Lediglich die Konsistenz unterscheidet sich, sie ist bei Trinkjoghurtzubereitung sämig (trinkfähig). Eine Einteilung der zahlreichen Formen des J. kann nach dem Fettgehalt (Vollfett-J. 3,0 %, in Deutschland 3,5 %; Halbfett-J. 0,5···3 %, in Deutschland mind. 1,5 % höchst. 1,8 %; → Mager-J. 0,5 %) erfolgen (Tab.), ferner nach der Trockensubstanz (fester J., flüssiger J.) oder den Zusätzen. Die diätetischen Wertmerkmale von J., wie gute Bekömmlichkeit, leichte Verdaulichkeit und der verdauungsregulierende Einfluß, werden hauptsächlich den Stoffwechselprodukten der Joghurtbakterien (z. B. Milchsäure, Galactose, Aminosäuren, Vitamine) in Verbindung mit den übrigen Milchbestandteilen (z. B. fein geronnenes Eiweiß) zugeschrieben. In neuerer Zeit wird aus diätetischen Gründen J. mit reduziertem Lactosegehalt hergestellt (Lactoseunverträglichkeit). Es wird auch dem Gehalt an D(-)-Milchsäure in J. als für den Menschen unphysiologische Verbindung erhöhte Aufmerksamkeit geschenkt und dabei versucht, durch Veränderung der → Starterkulturen den Anteil an D(-)-Milchsäure niedrig zu halten. Die Produktion von J. steht mengenmäßig im Weltmaßstab an der Spitze aller Sauermilcherzeugnisse. Es gibt zahlreiche Syn. für joghurtartige Getränke, z. B. Jaert, Leben, Laban, Zabady, Lebendy, Dadhi, Mazun, Jahourt.

Zusammensetzung und Energiewert von Joghurt mit unterschiedlichem Fettgehalt

Bestandteile	Durchschnittl. Gehalt in 100 g eßbarem Anteil		
	Vollfett-J. (3,5 %)	Halbfett-J. (1,5 %)	Mager-J. (0,8 %)
Wasser	87,0	89,4	89,8
Eiweiß	3,9	3,6	4,4
Fett	3,8	1,6	0,1
Kohlenhydrate	4,6	4,7	4,9
Mineralstoffe	0,7	0,8	0,9
Energiewert in kJ (kcal) je 100 g	293 (70)	209 (50)	163 (39)

Joghurtbrot → Brot → Milchbackware

Joghurtzubereitung → Joghurt

Johandelbeere → Wacholderbeere

Johannisapfel: Sammelbez. für eine in Ländern Südeuropas, Mittelasiens kultivierte Sortengruppe von *Málus doméstica ssp. occidentali-europaea* Lichonos (Familie *Rosáceae*) mit geringer Kältetoleranz. Die Früchte zeichnen sich durch hohe Geschmackswerte und lange Lagerfähigkeit aus.

Johannisbeer-Aroma → Buchu

Johannisbeere, *Träubli, Ribisel:* Frucht eines zur Gattung *Ríbes* aus der Familie der Steinbrechgewächse (*Saxifragáceae*) gehörenden Kleinstrauches mit roten oder weißen Beeren, dem *Ríbes rúbrum* L. zugeordnet, oder mit schwarzen Beeren, dann zu *Ríbes nígrum* L. gehörend. Synonyma für die *schwarze J.* sind *Cassisbeere, Schwarze Träubli, Gichtbeere, Ahlbeere, Wanzenbeere.* Die Beeren sind in Trauben angeordnet. Kultursorten entstanden durch Auslese aus Wildformen und aus Kreuzungen zw. diesen mit anderen Ribesarten, wie *R. spicátum* Robs., *R. petraēum* Wulf., *R. multiflórum* Kit. ex Roem. et Schult. Neben der Strauchform ist auch der Anbau von Stämmchen und am Spalier verbreitet. Die Früchte reifen ab Ende Juni, die spätreifende Sorte 'Rote Spätlese' erst im Aug. Verwendung zu Marmeladen, Fruchtsäften, Obstweinen und Likören. Werden wegen des hohen Vitamin-C-Gehaltes bei Erkältungen empfohlen, altes Hausmittel bei Gicht, Rheuma, Halsentzündungen. Chemische Zusammensetzung und Energiewert der J. → Beerenobst.

Johannisbeerlikör: ein Fruchtsaftlikör. *Schwarze-Johannisbeer-Likör* wird als → *Cassislikör* bezeichnet. → Likör

Johannisbeertomate → Obsttomate

Johannisbrot, *Algaroba, Locustbohne, Caroba:* bis 20 cm große, lange, braune Hülsenfrüchte des *Johannisbrot-* oder *Karobenbaumes Ceratónia síliqua* L. (Familie *Fabáceae*), der aus dem östlichen Mittelmeergebiet stammt und u. a. auch in Mittel- und Südamerika kultiviert wird. Spanien produziert mit 500 kt 60 % der Weltproduktion. Das Fruchtmark enthält u. a. 30···50 % Zucker und in geringen Mengen Buttersäure. Der Samen enthält einen Schleim, der zu 90 % aus Galactomannan besteht. Die wichtigsten Verwendungsgebiete des J. sind die Herstellung eines Zwischenproduktes für die Klebmittelindustrie und die Nutzung der Hülsen als Viehfutter. Die unreif geernteten Hülsen werden getrocknet und in dieser Form verkauft und verzehrt, jedoch nur als Notnahrung. Johannisbroterzeugnisse sind u. a. auch Kaffee-Ersatz (*Karoben-Kaffee*), Gelier- und Verdickungsmittel für Soßen, Speiseeis usw., Likör (Magenbitter *Palo* aus Spanien) und Sirup (*Kaftan*). Die ziemlich massekonstanten Samen dienten früher als Wägstücke, davon leitet sich die Masseeinheit Karat ab (arab. „kirat" Kern). → Manna 2.

Johannisbrotbaum → Johannisbrot

Johannisbrotkernmehl, (E 410), *Locust bean gum, Gum Gatto, Janda gum, Lakee gum, Carubin, Karoben, Karobengummi, Carubengummi, Karobgummi:* ein → Hydrokolloid aus den Samen des Johannisbrotbaumes (*Ceratónia síliqua* L.). Das Polysaccharid ist ein → *Galactomannan*. J. wird in den Mittelmeerländern gewonnen und hat eine lineare Hauptkette aus β-1.4-verknüpfter D-Mannose. Durchschnittl. jede vierte D-Mannose-Einheit enthält als Seitengruppe ein α-1.6-gebundenes D-Galactose-Molekül (Struktur s. unten). Die Molmasse beträgt etwa 300 000 g/mol. Handelsübliches J. ist das zu einem hellem Pulver vermahlene Endosperm. Es schwillt in kaltem Wasser; zur Lösung ist Erhitzung notwendig. J. bildet hochviskose Lösungen, die wenig *p*H-empfindlich sind. Obgleich J. selbst nicht geliert, verbessert es die Geliereigenschaften von → Carrageen und → Agar-Agar. Mit → Xanthan bildet es ein Gel. Das J. ist mischbar mit Kohlenhydraten, Proteinen und anderen Hydrokolloiden. In der Lebensmittelproduktion wird es als → Verdickungsmittel, Wasserbindemittel, Speiseeis-Stabilisierungsmittel, daher bei der Herstellung von Soßen, Suppen, Wurst, Käse, Diätlebensmitteln u. a. verwendet. Struktur und Eigenschaften des J. sind denen des → Guaran ähnlich. → Schleimstoff, pflanzlicher → Samenschleimstoff

Johanniskraut, *Tüpfel-Hartheu:* eine 40···50 cm hohe Staude, *Hypéricum perforátum* L. (Familie *Guttíferae*), mit behaartem Stengel und rispenähnlichen Blütenständen sowie goldgelben Blüten. Die Pflanze besiedelt bevorzugt trockene Böden und ist auf Grund vielfältiger, vor allem zusammenziehender Eigenschaften des gesamten Krautes einschließlich der Blüten Bestandteil von → Kräutertee und → Kräutersäften. In der ehem. Sowjetunion wird J. in getrocknetem Zustand als Würzmittel für Fleisch- und Fischspeisen sowie zur Herstellung von *Bitterlikören* verwendet.

Johanniskrautsaft → Kräutersaft → Johanniskraut

Johannislauch → Berglauch

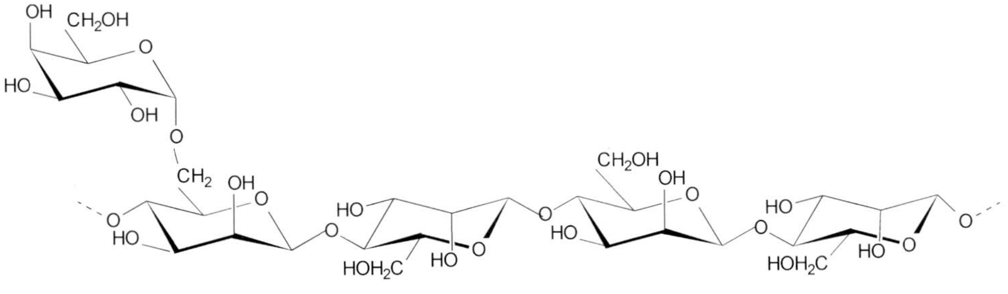

Jojoba: der Strauch *Simmóndsia chinénsis* Schneid. (Familie *Buxáceae*), der aus Küstengebieten Südkaliforniens und Mexikos stammt. Die 15 mm langen, rotbraunen Samen schmecken haselnußähnlich, aber leicht bitter, deswegen werden sie geröstet verzehrt. Die gerösteten Samen werden auch gemahlen und mit Zucker für die Bereitung einer Breimahlzeit (*Atole Champurrado*) verwendet. Der Samen enthält je 100 g 46 g eines genießbaren Öles.

Jojobaöl: das in den Samen des Strauches *Simmóndsia chinénsis* Schneid. (Familie *Buxáceae*) (→ Jojoba) zu etwa 45 % enthaltene Öl. J. ist bei Zimmertemperatur flüssig und besteht hauptsächlich aus → Wachsen. Der Triglyceridanteil wird mit 0,5···2 % angegeben. Wichtigste Alkohole sind cis-11-Eicosenol (44 %), cis-13-Docosenol (45 %) und cis-15-Tetracosenol (9 %), wichtigste Fettsäuren cis-9-Octadecensäure (10 %), cis-11-Eicosensäure (71 %) und cis-13-Docosensäure (14 %). Den Hauptanteil der Lipide (31···45 %) bildet der Ester aus cis-13-Docosenol und cis-11-Eicosensäure. J. wird zur Herstellung von Kosmetika, Schmiermitteln und oberflächenaktiven Verbindungen verwendet. J. kann auch als Lebensmittelbestandteil eingesetzt werden. Da Wachse von Lipasen nicht gespalten werden, hat es potentielle Bedeutung als → Pseudofett; über toxische Wirkungen ist bisher nichts bekannt.

Jola → Sorghumhirse

'Jonagold' → Apfel → Kernobst

'Jonathan' → Apfel → Kernobst

Jonathanflecken: eine die Qualität des Jonathanapfels mindernde physiologische Erkrankung, die sich in braunen bis schwarzen, unregelmäßigen, nur schwach eingesunkenen Flecken auf der Fruchtschale, zumeist auf den rotfarbigen Schalenpartien, äußert. → Apfelfehler

'Jonkheer van Tets' → Johannisbeere → Beerenobst

Jonna → Sorghumhirse

Jonone: Gruppe isomerer Terpen-Ketone, Struktur:

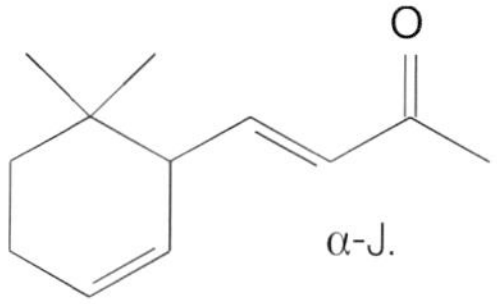

α-J.

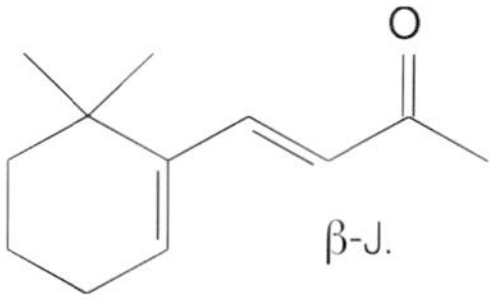

β-J.

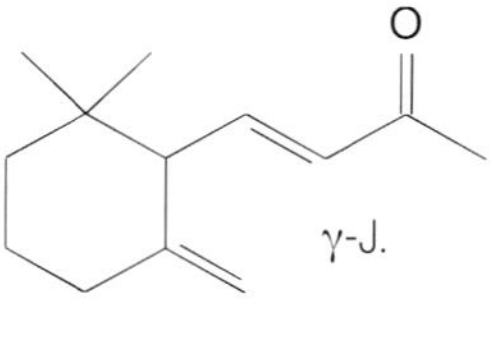

γ-J.

J. sind in Himbeeren, Orangen und einigen → *ätherischen Ölen* nachgewiesen worden. Es sind nach Zedernholz, in Verdünnung nach Veilchen riechende Öle, die in Ethanol und Ether gut, in Wasser wenig löslich sind. J. sind Bausteine der *Carotene* und des *Vitamins A*. Die zu den J. führende Synthese geht vom *Citral* aus und führt über das Pseudojonon. J. werden in Fruchtaromen und in der Parfümindustrie verwendet. β-J. diente zur Vitamin-A-Synthese. → Terpen-Ketone

Jorco → Madronofrucht

Jordanmandel → Mandel

'Josephine von Mecheln' → Birne → Kernobst

Jostabeere: ein Kreuzungsprodukt aus *Ríbes nígrum* L. x *Ríbes divaricátum* Dougl. (Schwarzer Johannisbeere x wilder Stachelbeere) mit dunklen, elliptischen bis ovalen Früchten (mittlere Fruchtmasse 3 g) und einem Aroma, das beide Kreuzungspartner in sich vereinigt. Die J. hängt auch bei Vollreife fest am stachellosen Strauch und ist nicht für maschinelle Ernte geeignet. Die neue Züchtung ist gekennzeichnet durch Resistenz gegen alle Blattfallerreger, Mehltau, Johannisbeergallmilbe, Virosen und Rundknospenkrankheit, nicht aber gegen Blattwespen und Blattläuse; bei geringem Pflegeaufwand bringt sie hohe Erträge. Hinsichtlich des Vitamin-C-Gehaltes erreichen die J. fast die Werte der Schwarzen Johannisbeere; auch die Verarbeitungsmöglichkeiten sind mit denen der Kreuzungseltern nahezu identisch. Die J. ist seit 1975 im westlichen Mitteleuropa im Handel. Die ähnliche *Jochelbeere* geht auf eine Kreuzung der Schwarzen Johannisbeere (*R. nígrum*) mit R. *úva-críspa* zurück. Ihre Sorten sind seit 1984 im Handel.

Joule → Energiewert eines Lebensmittels

Joungberry → Youngbeere

Jowar → Sorghumhirse

Jowarstärke → Getreidestärke

Juar → Sorghumhirse

Jubāea chiléensis → Palmenhonig

Juckbohne → Mukunabohne

Judasbaum: der in Europa, Afrika, Nordamerika kultivierte Baum, *Cércis siliquástrum* L. (Familie *Fabáceae*), dessen Blätter als Spinat, die Blütenknospen als → Kapern-Ersatz und als → teeähnliches Erzeugnis genutzt werden.

Judenkirsche, Peruanische → Physalis

Judenmalve → Tossajute

Júglans acumináta → Walnuß

Júglans cineréa → Butternuß

Juglansin → Globuline

Júglans nígra → Schwarznuß

Júglans régia → Walnuß

Juglon, *5-Hydroxy-1,4-naphthochinon:* antimikrobiell und blutungsstillend wirksamer Inhaltsstoff versch. Nußarten (s. Formel rechts oben). Molmasse 174,16 g/mol. J. kristallisiert in gelben Nadeln oder Prismen, F. 155°C (Subl.). Es ist wenig löslich in heißem Wasser, gut löslich in organischen Lösungsmitteln und wasserdampfflüchtig. J. kommt in Walnuß (*Júglans régia* L.), Butternuß

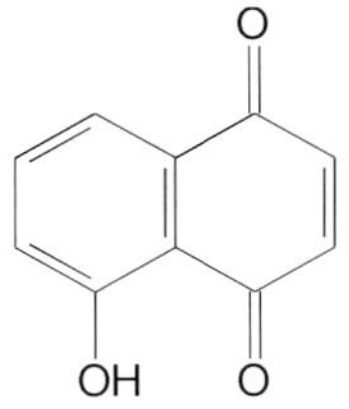

(*Júglans cineréa* L.) und Pekannuß [*Cárya illinoénsis* (Wangenh.) K. Koch] vor. → Farbstoff

Juhla: *Hartkäse* aus Finnland nach Art des Cheddarkäse mit 50 % F. i. Tr. → Käsesorten

Juhturo, *Schafmilchquark:* ungarischer *Quark* (Frischkäse) aus Schafmilch → Käsesorten

Juice → Saft

Jujube, *Indische Brustbeere, Bor:* olivenartige, rotbraune Frucht des kleinen stacheligen Baumes oder Strauches *Zíziphus jujúba* Mill. (Familie Rhamnáceae). Der Baum kommt in Südostasien vor, wird aber auch im Mittelmeerraum bis Südtirol angepflanzt. Die mehlig-süßen Früchte, deren Vitamin-C-Gehalt etwa 65 mg je 100 g beträgt, werden als *Chinesische Datteln (Tsao)* frisch, getrocknet, mit Honig und Zucker kandiert oder in Honig eingemacht verzehrt. In Südamerika werden die Früchte von *Ziziphus*-Arten (u. a. Z. angolíto Standl., Z. joazeíto Mart.) meist roh verzehrt. → Lotos

Julep → Bargetränk

'Jules Guyot' → Birnensorte

Julienne: nudelartig geschnittenes → Trockengemüse und die daraus hergestelle → Suppe. Die *Juliennesuppe* enthält Erbsen, Bohnen, mind. 35 % Kohl, 40 % Speisemöhren und 14 % andere Wurzelgemüsearten, einschl. → Küchenkräuter und → Küchengewürze.

Julutong → Guttapercha

Jungbeere → Youngbeere

Jungbulle → Fleischtiere

'Jungfer im Grünen' → Schwarzkümmel

Jungfernöl → Olivenöl

Jungrind → Fleischtiere

Jungwein → Wein → Most

Juníperus commúnis → Wacholderbeere

'Juno' → Apfel → Kernobst

'Jupiter' → Mahonienbeere

Juvianuß → Paranuß

Kaanga-Kopuwai: ein in Neuseeland (bes. bei den Maoris) verbreitetes Grundnahrungsmittel aus Mais von weicher, leicht schleimiger Beschaffenheit, das nach mind. dreimonatiger Fermentation ganzer Maiskolben gewonnen und danach in verschiedenster Form (als Gemüse oder zu Kugeln geformt und gekocht, in Fett mit Salzzusatz gebacken oder mit Zucker und Milch) verzehrt wird. → Lebensmittel, fermentiertes

Kabacki → Zucchini

Kabacok → Gurkenkürbis → Kürbis

Kabeljau → *Gádus mórhua cállarias:* oberseits olivgrün bis bräunlich, unterseits weiß gefärbter, an den Seiten und am Rücken marmorierter Meeresfisch mit 3 Rücken- und 2 Afterflossen, fast gerade abgeschnittener Schwanzflosse und dickem Bartfaden. Der K. erreicht eine Länge bis zu 1,5 m und eine Masse von 20 kg und mehr. Die in der Regel gefangenen K. haben eine wesentlich geringere Masse (2···4 kg). Die jungen Tiere und die kleinwüchsige Ostseepopulation werden als *Dorsch* bezeichnet (Ostseedorsch, *Gádus mórhua callàris* im Unterschied zum Atlantischen K. *Gádus mórhua mórhua*). Der K. ist in vielen Populationen im gesamten Nordatlantik vertreten und stellt ein wichtiges Fangobjekt dar. Der Fang beträgt über 2 Mio t je Jahr (Bild).

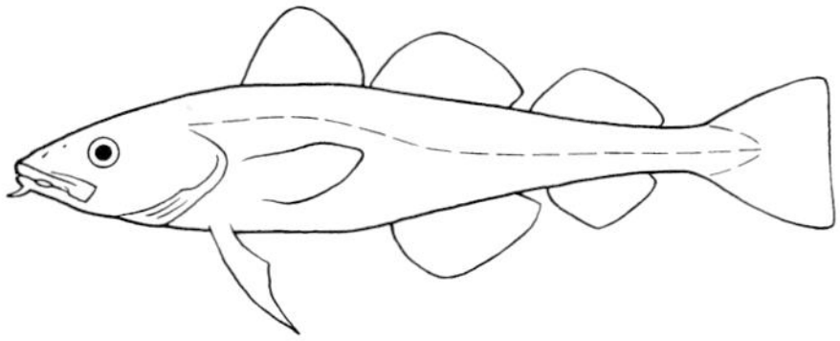

Kabeljau

K. ist ein typischer Magerfisch (s. Tab.) mit zartem bläulich-weißem Fleisch, das keinen ausgeprägten Eigengeschmack hat.
Er ist sehr gut zur Zusammenstellung von fettarmen und leichtverdaulichen Kostformen geeignet. Die Verwertung des häufig bereits auf See filetierten und gefrorenen Fisches erfolgt vornehmlich als Speisefisch, und zwar gebraten, gekocht, oder

Zusammensetzung und Energiewert des Kabeljaufleisches

Bestandteil	Durchschnittl. Gehalt je 100 g eßbaren Anteils in g
Wasser	81 ··· 83
Eiweiß	16 ··· 18
Fett	0,1··· 0,5
Mineralstoffe	1
Energiewert je 100 g eßbaren Anteils in kJ (kcal)	310···360 (73···86)
davon aus Protein	300···340 (72···81)
aus Fett	4··· 20 (1··· 5)
Richtwert für verwertbare Gesamtenergie in 100 g eßbaren Anteils in kJ (kcal)	320 (75)

gedünstet oder in anderer Weise zubereitet. Im Haushalt wird gebratener K. in Karbonaden oder als Filet auch in sauren Aufgüssen eingelegt. Die industrielle Verarbeitung spielt eine untergeordnete Rolle. Dabei sind → *Gefrierfischerzeugnisse,* → *Ölpräserven* (Seelachserzeugnisse) und → *Räucherfischerzeugnisse* von Bedeutung. Konserven aus K. weisen in der Regel eine zu feste Konsistenz auf. Kabeljauleber (→ Fischleber → Fischleberöl) und -rogen (→ Rogen) werden gesondert verwertet. → Fisch

Kabidjastärke → Stärke, tropische

Kabinett → Qualitätswein

Kabis → Kopfkohl

Kachinaöl → Katiaufett

Kachou, *Cachou, Lakritzenstreusel:* in Faden- oder Nudelform gepreßte Mischung aus → Süßholzsaft, Anisöl und Salmiak (Ammoniumchlorid). Die K. dienen als Mittel gegen Mundgeruch und werden auch bei der Herstellung von → *Bonbons* verwendet. → Streusel

Kachuma → Pepino

Kadaff → Kadayif

Kadarka, Blauer: eine wertvolle, spätreifende ungarische Rotweinkeltertrauben-Sorte, die auch in Südosteuropa verbreitet ist und feurige, alkoholreiche Weine hervorbringt, die meist noch Restzucker enthalten. An dem bekannten Wein → „Egerer Stierblut" ist die Kadarkatraube mit 70% beteiligt. → Wein

Kadaverin (Cadaverin) → Amine, biogene → Polymethyldiamine

Kadayagummi → Johannisbrotkernmehl

Kadayif, *Kadaff:* ein in Balkanländern und in der Türkei verbreitetes Kleingebäck. Aus einem Spezialkuchenteig werden fadennudelähnliche Stränge hergestellt, zu Nestern geformt, mit Nüssen u. a. Zutaten gefüllt und anschließend gebakken.

Kade → Sheabutter

Kaddigbeere → Wacholderbeere

Kadinen (Cadinen) → Terpen-Kohlenwasserstoffe

Kadjatoa → Markstärke

Kadmium → Cadmium

Kadöhn-Gübek: ein in der Türkei und in Bulgarien verbreitetes, sehr süßes und stark fetthaltiges Weißgebäck.

Kaempféria spec. → Chekkur

Kafestol → Terpen- Alkohole

Kaffee, *Bohnenkaffee***: 1.** der von der Fruchtschale vollständig und von der Samenhaut nach Möglichkeit befreite, rohe (*Rohkaffee*) oder geröstete (*Röstkaffee*), längliche und flache (abgeplattete) oder gedrungene und rundliche, gemahlene oder unzerkleinerte Samen (*Kaffeebohne*) von Pflanzen (Kaffeebäumen oder Kaffeesträuchern) der Gattung *Cóffea* (Familie *Rubiáceae*). Die Bez. des K. im Welthandel richtet sich nach der botanischen und geographischen Herkunft. Von wirtschaftlicher Bedeutung sind: *Cóffea arábica* L., der sog. *Berg-* oder *Arabica-Kaffee* (etwa 70% der Welternte), *Cóffea canéphora* Pierre ex Froehner, der sog. *Kongo-* oder *Robustakaffee* (etwa 25% der Welternte), *Cóffea dewévrei* De Wild et Durand, der sog. *Excelsakaffee* sowie *Cóffea libérica* Bull, der sog. *Liberiakaffee.* Die Kaffeepflanze gedeiht in gleichmäßig feuchtwarmen Zonen sowohl in Höhenlagen (*Hochlandkaffee*) als auch in Tiefebenen (*Tieflandkaffee*). Der Hochlandkaffeee liefert, ähnlich dem Hochlandtee, die besseren Qualitäten. Zwei Drittel der Welternte werden allein in Südamerika (*Brasilkaffee*) und in den mittelamerikanischen Ländern erzeugt. In Ostindien gedeiht der sog. *Padangkaffee, und aus Celebes kommt der sog. Menadokaffee.* Bei beiden Herkünften handelt es sich um *Robustaarten.* Der *Mokkakaffee, Cóffea arábica var. mokka* Cramer, kommt aus Äthiopien und den arabischen Ländern (etwa 3% der Welterzeugung). Die wichtigsten Herkunftsländer für Deutschland waren 1991 Kolumbien (35%), Brasilien, El Salvador, Indonesien, Kenia, Tansania und Papua-Neuguinea. Der Verbrauch pro Person und Jahr liegt in den alten Bundesländern bei 7,5 kg in den neuen bei 5,7 kg. Die rote Steinfrucht des Kaffeebaumes gleicht äußerlich einer Kirsche (*Kaffeekirsche*), die sorgfältig geerntet werden muß und meistens zwei grünliche Samenkerne (*Bohnen*) enthält. Liegt nur ein Samen in der Frucht vor, so ist dieser von rundlicher Gestalt und liefert den geschätzten *Perlkaffee.* Bei Polyspermie befinden sich 3 Bohnen (*Terzen*) in einer Frucht, z. B. beim *Menadokaffee.* Die Größe der gelblich- grünen oder blaugrünlich gefärbten *Rohbohne* schwankt zw. 3···17 mm Länge und einem Durchm. von 2···3,5 mm. Je nach Form der Bohne und Einkerbung, in die die Samenhaut (Silberhäutchen) mündet, läßt sich die Herkunft des Rohkaffees bestimmen. Um einen marktfähigen K. (Marktkaffee) zu erhalten, werden die frisch geernteten Kaffeekirschen einer etappenweisen Aufbereitung unterworfen. Bei der *nassen* Behandlung (Vergärung des Fruchtfleisches, die schonender ist, weil die Bohnen nicht zu hohen Hitzegraden ausgesetzt werden) oder der *trockenen* Behandlung (Trocknen in der Sonne) werden die Bohnen zunächst vom Fruchtfleisch befreit, wobei man den sog. *Pergamino* erhält, auch *Hornschalen-,*

Hülsen-, Pergamentkaffee oder *Parchment* genannt. Danach wird der K. durch Schälen von der Pergamenthülse und anschließend von dem Silberhäutchen befreit, was zu den nackten, für den Röstvorgang fertig aufbereiteten Bohnen führt. Der Rohkaffee wird auf dem Weltmarkt entweder in Form des *Pergamino* oder als nackte Bohne (ohne Silberhäutchen) gehandelt. Erst in den Verbraucherländern wird der K. durch Rösten, Sortieren und Mischen aufgearbeitet. Beim Röstvorgang erlangt der K. sein eigentliches Aroma, seine Braunfärbung und eine Volumenzunahme um 20···40 %. Zwecks Aromaverstärkung kann der K. beim Röstprozeß zusätzlichen Behandlungsverfahren unterworfen werden: Beim *Kandieren* (z. B. K. *Melange*) werden die Bohnen vor dem Rösten mit einer Zuckerlösung (8 Teile Zucker auf 100 Teile Rohkaffee) befeuchtet. Beim *Glasieren* werden auf die noch heißen Bohnen bis 0,5 Teile → Glasurmittel (Harze oder Wachse) auf 100 Teile Röstkaffee gestreut (*glasierter K.*). Nach dem Rösten erfolgt das Verlesen nach Form, Farbe und Größe der Bohnen, wobei der sog. *Bruchkaffee (Kaffeebruch)*, der sog. *Ausschußkaffee (Fehlbohnen)* und der sog. *Verlese- bzw. Auslesekaffee* anfällt. Zu den Fehlbohnen zählen unreife Samen *(Grasbohnen)*, die beim Rösten hell bleiben, vergorene Bohnen *(Öl-, Stink- oder Speckbohnen), Frostbohnen, Bruchbohnen* und vertrocknete Bohnen. Bereits eine einzige solcher Fehlbohnen kann das Kaffeegetränk ungenießbar machen. Da der Röstkaffee rel. kurzfristig aromaschwach und ranzig wird, behält er seine optimale Duft- und Geschmacksqualität, sofern er nicht vakuumverpackt wurde, nur wenige Tage. Frisch gerösteter K. sollte daher zwecks Verzögerung der Aromaeinbuße nach dem Kauf ungemahlen und in verschlossener Packung kühl aufbewahrt werden. Die Beliebtheit des K. ist auf sein *Aroma* und den *Gehalt an Coffein* zurückzuführen. Der Hauptwirkstoff, das *Coffein*, ist in den Samen der bekannten Kaffeesorten zu 1,5···2 % enthalten. Beim Röstvorgang kommt es zu einer Anreicherung des Coffeins; außerdem enthält K. den höchsten Gehalt an Chlorogensäure (6,5···8 %). Beim Rösten werden diese Verbindungen (die Chlorogensäure liegt meist als Ester aus Kaffeesäure und Chinasäure neben geringen Mengen Ferulasäureestern und p-Cumarsäureestern vor) bis auf Chinasäure, die noch z. T. im Röstkaffee vorhanden ist, zerstört. Rohkaffee enthält noch 0,6···1,2 % Trigonellin, das beim Rösten bis zu 75 % abgebaut wird. Im Kaffeearoma wurden bislang über 800 Verbindungen identifiziert, wovon die meisten über Maillard-Reaktionen entstehen, wobei auch die meisten Bitterstoffe gebildet werden; das Coffein ist nur zu einem Drittel am Bittergeschmack des K. beteiligt. Das Diterpen 16-0-Methylcafestol kommt nur im Robusta-Kaffee (0,6···1,8 g/kg TM Rohkaffee) vor. Dient dem Nachweis eines Verschnittes von Arabica- mit Robusta-Kaffee.

2. das Getränk aus der Kaffeebohne, das regional unterschiedlich zubereitet wird: a) *gekocht* (in diesem Zustand soll der K. den Cholesterolspiegel erhöhen, was bei *Filterkaffee* nicht bestätigt werden konnte, b) *gebrüht, als* → Aufgußgetränk und c) als *dampfextrahiertes Getränk*. Außerdem wird der *Bohnenkaffee* mit verschiedenen Zusätzen versehen (z. B. Weinbrand, Rum, Kirschwasser, Zimt, Kakao, Salz), → Kaffeezusatzstoffen, → Kaffeegewürz, sowie Zucker, Kaffeesahne, Schlagsahne oder Eis. In Europa und Nordamerika, den Hauptverbrauchsländern, genießt man den Röstkaffee vorwiegend als klaren Extrakt (*Klargetränk*), der durch Aufgießen (*Kaffeeaufguß*) oder Filtrieren mit heißem Wasser (*Filterkaffee)* gewonnen wird. Im Orient wird der Röstkaffee durch mehrmaliges Aufkochen eines staubfeinen Kaffeepulvers als *Trubkaffee* zubereitet und mit dem Satz getrunken (*Türkischer Mokka*). Als *Espressokaffee* wird ein bes. starker und dunkel gerösteter K. bezeichnet, der mittels Dampfdruck in sog. Espressomaschinen (Tassenbrühmaschinen) in kürzester Zeit nach einer aus Italien eingeführten Methode hergestellt wird. *Automatenkaffee* ist ein trinkfertiger K., den man Getränkeautomaten entnehmen kann und der vorwiegend aus → Kaffee-Extraktpulver hergestellt ist. Bei der Kaffeebereitung werden etwa 20···30 % der Bestandteile des Röstkaffees (s. Tab. S. 720) extrahiert.

Der Energiewert einer Tasse schwarzen K. ist gering , er beträgt 4···6 kcal (17···25 KJ). Durch unter-

Wichtigste Bestandteile des Bohnenkaffees

Bestandteil	Anteil, bezogen auf 5 g Röstkaffee in 125 ml Wasser (1 Tasse) in mg (Etwa-Werte)
Coffein	60
Trigonellin	50
Chlorogensäure	140
Fette und Wachse	40 (zu 3···5% als Fettaugen)
Niacin	0,6

schiedliche Zubereitungsarten lassen sich die Kaffeeinhaltsstoffe qualitativ und quantitativ rel. wenig beeinflußen. Beim *Filterkaffee* soll die Coffeinwirkung im Vergleich zu Kaffeeaufguß (*Türkischer* K.) etwas verstärkt sein, da in der Regel das *Kaffeemehl* (feingemahlener K.) im Filter mehrmals übergossen wird. Im Filter bleiben an Röstprodukten nur geringfügige Mengen zurück. Der türkischen Zubereitung *(Türkischer K.)* werden günstige Wirkungen deshalb zugesprochen, weil das im K. verbleibende Kaffeemehl adsorptiv auf die Kaffeeinhaltsstoffe wirken soll. Durch den Zusatz von Milch bzw. Kaffeesahne soll die Wirkung der Kaffeeinhaltsstoffe lediglich verlangsamt, aber nicht aufgehoben werden. → Spezialkaffee → Röstkaffeemischung

Kaffee, Abessinischer → *Cóffea arábica* → Kaffee

Kaffee, aromatisierter: ein aromatisierter löslicher Kaffee mit den bevorzugten Geschmacksrichtungen Nuß, Sahne, Schokolade Frucht (Himbeere, Pfirsich, Aprikose). Der a. K. erreichte 1992 einen wertmäßigen Anteil von 4% am amerikanischen Kaffeemarkt.

Kaffeebohne, coffeinfreie → Nutzpflanze, transgene

Kaffeebohnenöl, *Kaffeeöl:* das zu 0,06···0,01% vorhandene ätherische Kaffeeöl, dem der Kaffee sein Aroma verdankt und das im wesentlichen beim Rösten entsteht (Röstöl). Es enthält neben einigen Säuren vorwiegend Acetol, Furfurol, Pyridin und geringe Mengen Diacetyl, Furfural, Mercaptane und Phenole. K. ist nicht identisch mit → Kaffeefett.

Kaffeebonbon → Hopjes → Bonbon

Kaffee, Brasilianischer → *Cóffea arábica* → Kaffee

Kaffee, coffeinarmer → Kaffee, entcoffeinierter

Kaffee, coffeinfreier → Kaffee, entcoffeinierter

Kaffee, Engblättriger → *Cóffea stenophýlla* → Kaffee

Kaffee, entcoffeinierter: ein → *Spezialkaffee,* dessen Coffeingehalt entweder bis auf mind. 0,2% (*coffeinarmer Kaffee*) oder bis auf mind. 0,08% (*coffeinfreier Kaffee*) entfernt worden ist. Fester oder flüssiger Kaffee-Extrakt darf höchst. 0,3% Coffein in der Kaffee-Extrakt-Trockenmasse aufweisen. 1906 wurde erstmals ein e. K. nach einem Patent auf den Markt gebracht. Das häufig etwas dunklere Aussehen der extrahierten Kaffeebohnen ist nicht auf ein zu starkes Rösten, sondern auf die dem Röstprozeß vorangegangene Aufschluß- und Extraktionsbehandlung der Rohbohnen zurückzuführen. Vor der Extraktionsbehandlung werden die harten Rohbohnen mittels Dampfbehandlung mürbe gemacht, damit das Lösungsmittel eindringen kann. In einigen Ländern ist eine bestimmte Höchstmenge an Lösungsmittel-Rückständen vorgeschrieben. Die chemische Zusammensetzung des e. K. ist nahezu dieselbe wie bei Röstkaffee, außer dem Coffein ist lediglich der Extraktgehalt um 1···2% geringer. Entcoffinierter K. wird vorwiegend durch Hochdruck-Extraktion mit hyperkritischem $C0_2$ gewonnen. Die Extraktion mit Lösemitteln ist rückläufig. → Kaffee → Röstkaffeemischung → Oleoressin 2.

Kaffee, entsäuerter: ein → Spezialkaffee, dessen Säuregehalt im Vergleich zu üblichem Röstkaffee (→ Kaffee) vermindert ist. Ohne Entfernung des Coffeins werden durch Spezialverfahren unter Verwendung von Druck und Wasserdampf dem Rohkaffee verschiedene Säuren und gleichzeitig das Kutikularwachs entzogen, um ihn bekömmlicher zu machen. Ein Handelsprodukt dieser Art wurde erstmals 1927 nach einem patentierten Verfahren unter der Bez. *Idee-Kaffee* in den Handel gebracht. Die im Vergleich zu üblichen Kaffeesorten dunkleren Bohnen sind, wie bei → entcoffeiniertem Kaffee nicht auf zu starkes Rösten zurückzuführen.

Kaffee-Erbse → Lupine → Spargelbohne

Kaffee-Ersatz → Kaffee-Ersatzmittel

Kaffee-Ersatz-Essenz: ein Kaffee-Ersatz-Konzentrat in Form eines stark hygroskopischen, dunkel- bis schwarzbraunen Pulvers, das zur Bereitstellung eines kaffeeähnlichen Getränkes geeignet ist. In Kochkesseln werden bei normalem Druck und bei etwa 160°C flüssiger Zucker bzw. zuckerhaltige Säfte karamelisiert und nach Erkalten als erstarrte, glasharte Masse feinst vermahlen. Mit dem Aufkommen der sofort- bzw. schnellöslichen Pulverkaffee-Ersatzmittel ist die Bedeutung der K. im Schwinden. → Kaffee-Ersatzmittel

Kaffee-Ersatz-Extraktpulver, *Kaffeesurrogatextrakt, Extraktpulver aus Kaffee-Ersatz, Instant-Kaffee-Ersatz, Kaffee-Ersatz-Pulver, schnellöslicher Kaffee-Ersatz- Trockenextrakt, schnellöslicher Pulverkaffee-Ersatz:* ein schnellösliches Pulver aus → Kaffee-Ersatzmittel oder → Kaffee-Ersatzmischung mit oder ohne Zusatz von → Kaffee oder → Kaffeezusatzstoffen. → Instantpulver

Kaffee-Ersatz-Mischung: ein Kaffee-Ersatzmittel in Form einer Mischung aus verschiedenen Komponenten (z. B. Getreidekaffee, Kaffezusatzstoffe, Kakaoschalen usw.) in gemahlener oder sofortlöslicher Form. Die K. gelangt in den vielfältigsten Variationen auf den Markt und dient als Grundlage für ein → Aufgußgetränk.

Kaffee-Ersatzmittel, *Kaffee-Ersatz, Kaffee-Ersatzstoff, Kaffeemittel, Kaffee-Surrogat:* ein gerösteter oder gebrannter Pflanzenstoff, dessen Auszug mit heißem Wasser sowohl im Aussehen als auch im Geschmack an → Kaffee erinnert und somit ein *kaffeeähnliches Getränk* ergibt. Als Ausgangsmaterial für kaffeeähnliche Erzeugnisse werden a) stärkereiche Früchte in gerösteter oder in gemälzter und gerösteter Form, z.B. Gerste, Roggen (→ Getreidekaffee, → Malzkaffee), b) Wurzelgewächse, z. B. Zuckerrübe, Möhre, → Kaffeezichorie (→ Zichorienkaffee), c) zuckerreiche Früchte, z. B. Feigen, Datteln (→ Feigenkaffee, Dattelkaffee, Karobenkaffee), d) Ölsaaten oder entölte Samen, z. B. Sojabohnen, Erdmandeln, Erdnüsse (→ Austriakaffee), → Kassia (Sudankaffee, Mogdakaffee) und e) gerbstoffreiche Pflanzenteile, z. B. Eicheln (→ Eichelkaffee) verwendet. Vor dem Röstprozeß werden die Rohstoffe vielfach einem Weichungs- bzw. Dämpfungsprozeß unterworfen, um den diastatischen Abbau der Stärke zu leicht karamelisierbaren Kohlenhydraten zu erleichtern. Diese sog. Feuchtröstung ergibt einen süß-malzigen Geschmack, und das Getränk zeigt mit Milch eine ansprechende, gelbbraune Farbe. Trocken geröstete Produkte liefern zwar eine höhere Extraktausbeute als feucht geröstete Produkte, ergeben aber einen schwarzbräunlichen Aufguß, der mit Milch eine graubraune Farbe annimmt und einen brenzlig-scharfen, stark bitteren Geschmack aufweist. Mittels Trockenröstung aufbereitete Rohstoffe dürfen daher nicht das Beiwort „-kaffee“, z. B. *Gerstenkaffee,* tragen, sondern z. B. nur als geröstete oder gebrannte Gerste u. dgl. bezeichnet werden.

Kaffee-Ersatz-Pulver, schnellösliches → Kaffee-Ersatz -Extraktpulver

Kaffee-Ersatzstoff → Kaffee-Ersatzmittel

Kaffee-Ersatz-Trockenextrakt → Kaffee-Ersatz-Extraktpulver

Kaffee-Essenz: ein zum Aromatisieren bestimmter, bes. stark konzentrierter → Auszug aus Bohnenkaffee.

Kaffee-Extraktpulver, *Extraktpulver aus Kaffee, Instantkaffee, Kaffeepulver, schnellösliches, Pulverkaffee, schnellöslicher, Kaffee-Trockenextrakt:* ein schnellösliches Pulver oder Granulat aus → Röstkaffeemischung. Bei der Herstellung wird gemahlener → Kaffee unter erhöhtem Druck extrahiert (wobei der Extraktanteil im Heißwasserauszug bis zu 40 % betragen kann) und anschließend durch Sprüh- oder Gefriertrocknung und Agglomerieren in vollösliches Pulver übergeführt. Im Handel gibt es verschiedene Sorten von K., von stark gerösteten Espressoprodukten bis zu mild schmeckenden oder entcoffeinierten Sorten. Eine Hauptschwierigkeit der Gewinnung von K. liegt in der weitgehenden Erhaltung der im Ausgangsmaterial vorliegenden Aromastoffe. 1955 wurde das K. erstmals in Brasilien aufgrund eines Patentes der Firma *Nestle* produziert. Seitdem sind unzählige Verfahren zur Schonung und auch zur Verstärkung des Aromas (z. B. mit → Kaffeebohnenöl) entwickelt worden. Zur Bereitung einer Tasse *K.* wird in der Regel eine Einsatzmenge von 2 g K. empfohlen. Infolge des im Vergleich zu Bohnenkaffee ungleichwertigen Aromas wird das K. i. allg. höher dosiert. → Spezialkaffee → Trocknung → Instantpulver

Kaffeefett: das aus den Kaffeebohnen (→ Kaffee) gewonnene Öl. Rohe Kaffeebohnen enthalten 15 % Öl, das nach Bereitung des Kaffees aus dem Kaffeesatz gewonnen werden kann. Das Wachs der Kaffeebohne kann bei der extraktiven Gewinnung des K. in dasselbe gelangen, so daß die Menge des → *Unverseifbaren* bis zu 28 % betragen kann. Die wichtigsten Fettsäuren des K., bezogen auf den Gesamtfettsäuregehalt, sind (Etwa-Werte): Palmitinsäure (28 %), Stearinsäure (13 %), Ölsäure (17 %) und Linolsäure (36 %). Das Unverseifbare enthält u. a. γ-Sitosterin und die Diterpenoide Kahweol und Cafestol.

Kaffeegebäck → Teegebäck

Kaffee, Gemeiner → *Cóffea arábica* → Kaffee

Kaffeegewürz → Kaffeezusatzstoff

Kaffeegewürz-Essenz → Kaffeezusatz-Essenz

Kaffeegewürz, Karlsbader → Feige → Kaffeezusatzstoff

Kaffee, Großsamiger → *Cóffea libérica* → Kaffee

Kaffee, Liberianischer → Cóffea libérica → Kaffee

Kaffee-Melange → Verschnitt → Kaffee

Kaffeemittel → Kaffee-Ersatzmittel

Kaffeeöl → Kaffeebohnenöl

1-Kaffeeoyl-glucose → Hydroxyzimtsäuren

Kaffeepulver, schnellösliches → Kaffee-Extraktpulver

Kaffeeröstöl → Kaffeebohnenöl

Kaffeesahne: homogenisierte *Sahne* mit mind. 10 % Fett, die frisch oder ultrahocherhitzt und aseptisch abgepackt oder in der Verpackung sterilisiert in den Handel kommt. Handelsübliche Sorten sind *Frische K., Sterilisierte K.* und *Ultrahocherhitzte K.* Zusammensetzung der K. s. Tab. K. wird hauptsächlich zum Weißen von Kaffee und ferner im Haushalt zur Bereitung von Speisen und Fruchtgetränken verwendet. → Dauermilcherzeugnis → Sahne → Kondensmilch

Zusammensetzung und Energiewert von Kaffeesahne

Bestandteil	Durchschnittl. Gehalt je 100 g Kaffeesahne	
	in g	in mg
Eiweiß	3,1	
Fett	10,5	
Kohlenhydrate	4,0	
Calcium		101
Phosphor		85
Eisen		0,11
Vitamin A		0,066
Vitamin B_1		0,03
Vitamin B_2		0,16
Energiewert in kJ (kcal) je 100 g	531,4 (127)	

Kaffeesäure → Hydroxyzimtsäuren → L-Chinasäure → Phytonzide

Kaffeesäureester → Hydroxyzimtsäure

Kaffee, schwedischer → Kaffeewicke

Kaffeestrauch → *Cóffea arábica*

Kaffee-Surrogat → Kaffee-Ersatzmittel

Kaffeesurrogatextrakt → Kaffee-Ersatz-Extraktpulver

Kaffee-Trockenextrakt → Kaffee-Extraktpulver

Kaffeeweißer, *Weißungsmittel für Kaffee:* ein freifließendes, fetthaltiges oder fettfreies Instantpulver oder kondensmilchartiges Erzeugnis, das zum Weißen von Getränken, insbes. Kaffee oder Tee, bestimmt ist. Der K. ist in der Regel aus einer Kohlenhydratkomponente, z. B. chemisch modifizierter Stärke auf Maisbasis und/oder Pflanzengummen, aus Emulgatoren (bei fetthaltigen Erzeugnissen), aus einer Eiweißkomponente, z. B. Natrium- oder Calciumcaseinat, Sojaeiweiß u. dgl., sowie aus Geschmacksstoffen zusammengesetzt. Ein K. soll folgenden Forderungen genügen: er muß in heißen oder kalten Getränken gut dispergieren (rasch löslich sein), ohne auszufedern, ölig zu werden, Schaum zu bilden, auf der Oberfläche zu schwimmen, zu gerinnen oder einen Mangel an Homogenität zu zeigen, und er muß Weißwirkung aufweisen, die derjenigen der Kaffeesahne gleicht. Bei der Lagerung soll der K. nicht hygroskopisch werden. Der Energiewert von 100 g K. entspricht etwa 2340 kJ (560 kcal). → Imitationsmilchprodukt

Kaffeewicke, *Spanischer Tragant, Spanischer Kaffee, Schwedischer Kaffee, Stragel:* die im Mittelmeergebiet, in Vorderasien, Südeuropa der Samen wegen kultivierte Pflanze, *Astrágalus boéticus L.* (Familie *Fabáceae*). Die gerösteten Körner dienen als Kaffeesurrogat. Bis ins 20. Jh. wurde zu diesem Zweck auch in der Schweiz der *Angelstragel, A. hamósus* L. angebaut.

Kaffeewurzel → Erdmandel

Kaffeezichorie, *Wurzelzichorie:* eine in Kultur genommene Zichorienart, *Cichórium íntybus var. satívum* DC (Familie *Asteráceae*), deren pfahlförmige, fleischige, bitter schmeckende Wurzeln als → Kaffee-Ersatzmittel und als → Kaffee-Zusatzstoff verwendet werden. Die Wurzeln enthalten 50···70 % Inulin, 17 % Fructose, 5 % Eiweiß und etwa 10 % Mineralstoffe in der Trockenmasse. → Zichorienkaffee → Inulingemüse

Kaffeezusatz-Essenz, *Kaffeegewürz-Essenz:* ein Kaffeezusatz-Konzentrat in Form eines schwarz-braunen Pulvers, das wie → Kaffee-Ersatz-Essenz hergestellt wird und als → Kaffeezusatzstoff dient.

Kaffeezusatzstoff, *Kaffeegewürz:* ein Stoff (z. B. → Kaffeeöl) oder stark röstzuckerhaltiges Stoffgemisch, das in einfacher (z. B. → Kaffeezusatz-Ersatzmittel) oder in konzentrierter Form (z. B. → Kaffeezusatz-Essenz) aus Pflanzenteilen, Pflanzenstoffen, Zuckerarten oder Gemischen dieser Stoffe besteht und zum Aromatisieren, Würzen bzw. zur Verstärkung der Farbintensität von Kaffee oder Kaffee-Ersatzmitteln bestimmt ist. Ein bekanntes Handelsprodukt dieser Art ist „Karlsbader Kaffeegewürz". Im Gegensatz zu Kaffee-Ersatzmitteln werden die K. allein nicht zur Bereitung *kaffeeähnlicher Getränke* verwendet. Als K. können z. B. dienen: Kaffeezichorie, Zuckerrübe, → Feigen, Bockshornkleesamen, → Campomo, Eicheln usw.

Kaffein → Coffein

Kaffernhirse → Sorghumhirse

Kafir → Sorghumhirse

Kafirbier, *Bantubier, Joala:* ein in Afrika verbreitetes → Sorghumbier aus *Sórghum caffrórum* (Retz.) P. Beauv., bei dessen Herstellung gekochter und fermentierter Kafirkornbrei mit angekeimtem Kafirkorn (Kafirmalz) versetzt wird. Im Anfangsstadium der Fermentation wird die Verzuckerung der Stärke durch *Aspergíllus flávus* und *Múcor rōuxii* bewirkt. Nach dem Malzzusatz wird die diastatische Wirkung verstärkt und die Stärke restlos abgebaut. Nach 5 Tagen ist das Filtrat trinkfertig. → Lebensmittel, fermentiertes

Kafircorn → Sorghumhirse

Kafirkartoffel: eine in tropischen Teilen West- und Zentralafrikas kultivierte → Coleusart, *Cóleus esculéntus* (N.E.Br.) G. Tayl (Familie *Lamiáceae*), deren Wurzelstöcke als Nahrung dienen und folgende Zusammensetzung je 100 g aufweisen: 70 g Feuchtigkeit, 0,96 g Eiweiß, 2,94 g Fett, 22,1 g Kohlenhydrate, 3,33 g Rohfaser, 0,54 g Mineralstoffe, 27 mg Calcium, 21 mg Phosphor und 3 mg Eisen.

Kafirkorn → Sorghumhirse

Kaftan → Johannisbrot

Kaggkäse: schwedischer Schnittkäse. → Käsesorten

Kahlköpfe → Pilzwirkstoffe, halluzinogene

Kaicham → Dattel

Kair, *Karir, Dela, Teet:* die in halbariden und ariden Gebieten Indiens, arabischer Länder, und im tropischen Afrika wildwachsende, in Indien auch kultivierte *Cápparis decídua* (Forssk.), Edgew. Syn. C. *áphylla* Hayne (Familie *Capparáceae*), deren mineralstoffreiche, im reifen Stadium rotfarbigen Beeren in marinierter Form als Gemüse verwendet werden. Der Eiweißgehalt beträgt je 100 g Beerenmasse 5 g.

Kaiserbrötchen, *Kaisersemmel:* eine vorwiegend in Wien verbreitete aus hellem Weizenmehl unter Verwendung von gleichen Teilen Trinkmilch und Trinkwasser als Zugußflüssigkeit und/oder 4% Fett. Das ausgerollte Teigstück wird vor dem Backen mit einem fünfteiligen Stempel gedrückt oder mit der Hand eingekerbt und übereinandergelegt, so daß eine kronenförmige Gebäckoberfläche entsteht. Das K. läßt sich leicht aufreißen und in kleine Teile zerlegen. → Rosenbrötchen → Kleinbackware → Ausbundbackware

Kaisergranat → Krebstiere

Kaiserkrone, Große, *Gebüschelte Schachbrettblume:* die im Iran, Indien und Afghanistan wild vorkommende, gelbrot blühende, bei uns als Zierpflanze bekannte *Fritillária imperiális* L. (Familie *Liliáceae),* deren → Zwiebeln im gekochten Zustand als → Gemüsezwiebeln verzehrt werden. Früher wurde das in den aufdringlich riechenden Zwiebeln vorkommende Alkaloid *Imperialin* medizinisch genutzt. Die Zwiebeln der purpurfarbenen Fritillarie, *Fritillária camtschatcénsis* (L.) Ker-gawl. wird in Japan und Kamtschatka angebaut und bildet vor allem in Ostsibirien ein wichtiges Nahrungsmittel. *Fritillaria*-Arten werden auch von den Indianern an den Nordwestküsten Amerikas als „wurzelartiges" Nahrungsmittel (*Riceroot*) genutzt. → Päriekerze

Kaiserling → *Amanitáceae*

Kaisermütze → Patisson

Kaiserschoten → Gemüseerbse

Kaisersemmel → Kaiserbrötchen

Kajeputen → Terpen-Kohlenwasserstoffe

Kajeputol → 1,8-Cineol

Kakao: 1. Bez. für → *Kakaopulver*
2. aus Kakaopulver hergestelltes → Aufgußgetränk (*Kakaogetränk*), das i. allg. durch Suspendieren von Kakaopulver in heißer Milch unter Zusatz von Zucker gewonnen wird. Der K. wurde bis zur Mitte des voriegen Jh. vorwiegend als Getränk konsumiert, bis durch *Van Houten* ein Patent über die Entfettung des Kakaopulvers bekannt wurde und die Schokoladenindustrie sich entwickeln konnte. Die Bildung des Kakao-Aroma beruht auf der → Maillard-Reaktion und deren Folgereaktionen. Die Schlüsselverbindung ist nicht bekannt, jedoch tragen die Phenylenale u. Piperarin-2,5-dion-Theobromin-Komplexe (Molverhältnis 1:2) zum Aroma bei. Der bittere Geschmack geht auf die Purine Theobromin und Coffein zurück. Durch „ Conchieren" wird das herbe K.-Aroma in das feinere Schokoladen-Aroma umgewandelt. Durch Verminderung flüchtiger Aromastoffe erfolgt die Geschmacksverfeinerung. Kakaoerzeugnis → Mischung, pulverförmige, kakaohaltige → Schokoladenpulver

Kakaoabfallfett: aus schalenreichen Kakaoabfällen gewonnenes Fett, das vor der Verwendung für Speisezwecke raffiniert werden muß. Das K. wird in seinen Eigenschaften durch enthaltenes → *Kakaoschalenfett* und → *Kakaokeimwürzelchenfett* beeinflußt. Die Raffination kann durch die Bildung von konjugierten Trienen nachgewiesen werden.

Kakaoblütentee, *Tejate, Pozonque:* das kakaoartig schmeckende Erfrischungsgetränk aus den würzigen, getrockneten Blüten von *Quararibéa*

funébris (La Llave) Vischer, (Familie *Bombacáceae)*, einer Pflanze, die in Mexiko kultiviert wird.

Kakaobohne: der vom Fruchtfleisch weitgehend befreite, fermentierte und/oder getrocknete Samenkern des immergrünen, 6···8 m hohen Kakaobaumes *Theobróma cacáo* L. (Familie *Sterculiáceae*). Der Kakaobaum stellt als Pflanze des tropischen Regenwaldes hohe Ansprüche an Luftfeuchte und Temperatur. Nachttemperaturen unter 13°C sind bereits von Schaden. Die Hauptanbauregionen liegen in Westafrika und Südamerika. Die K., die sich zu je 20 bis 50 Stück in den gurkenförmigen Früchten (Beeren) befinden, werden nach der Ernte entweder sofort getrocknet (Sonnenkakao) oder mit dem anhaftenden Fruchtmus in Haufen oder Behältnissen aufgeschichtet. Während der dabei einsetzenden Fermentation (*Rotten*) läuft das vergorene Fruchtmus ab, die Wärmeentwicklung führt zum Verlust der Keimfähigkeit der K., es bilden sich Aromastoffe, und das Violett des Sameninneren geht in ein charakteristisches Kakaobraun über, außerdem mildert sich der adstringierende Geschmack, indem durch enzymatische Vorgänge die Gerbstoffe an Bittergeschmack verlieren. Es werden *Edelkakaobohnen* und *Konsumkakaobohnen* unterschieden (etwa der Einteilung in *Criollo* und *Forastero* entsprechend), die überdies nach Sorten (bestimmt durch das Herkunftsland) und nach Qualitätsklassen eingestuft werden. Bewertet werden Geruch, Geschmack, Fremdbeimischungen, Schalengehalt, Fettgehalt und abweichende Beschaffenheit der Bohnen (taube, schiefrige, schlimmlige, insektengeschädigte K.); die Lagerung soll bei 18 °C und 60 % rel. Luftfeuchte erfolgen. Die Zusammensetzung der K. läßt einen hohen Nährwert erkennen (Tab.).
Die K. wird zu → Kakaopulver, → Kakaoerzeugnissen und → Kakaobutter weiterverarbeitet.

Zusammensetzung von Kakaobohnen

Bestandteil	Gehalt je 100 g in g
Feuchtigkeit	5··· 6
Fett	50···60
Eiweiß	14
Kohlenhydrate: Stärke	9
N-freie Extraktstoffe	14
Theobromin	1,5
Coffein	0,2

Kakaobonbon → Bonbon

Kakaobutter, *Kakaofett:* das aus den Samenkernen des Kakaobaumes (*Theóbroma cacáo* L.) gewonnene Fett. Zur Herstellung von K. werden die fermentierten und gerösteten Kakaobohnen geschält und gemahlen; aus dem erhaltenen Kakaogrus wird die K. abgepreßt. Der Preßrückstand wird als *Kakaopulver* oder zur Herstellung von Kakaoerzeugnissen verwendet. Die K. ist ein blaßgelbliches Fett von angenehmem, an Kakao erinnernden Geschmack. Bei Zimmertemperatur ist K. hart und brüchig, F. 32···35°C. Das Schmelzen erfolgt in einem sehr engen Temperaturintervall und bewirkt somit einen angenehemen, kühlenden Effekt auf der Zunge. Die wichtigsten Fettsäuren sind Palmitinsäure (22···30 %), Stearinsäure (32···37 %), Ölsäure (30···37 %) und Linolsäure (2···4 %). Die Mehrzahl der Glyceride sind monoungesättigte-digesättigte Triglyceride; dabei befinden sich 80 % der Ölsäure in 2-Stellung. Die K. ist, unter Ausschluß von Licht und bei Raumtemperatur gelagert, jahrelang haltbar. Sie existiert in 6 verschiedenen Kristallzuständen, die sich röntgenographisch und durch die zugehörigen Schmelzpunkte und spezifischen Schmelzwärmen unterscheiden lassen. Die Änderung des Kristallzustandes kann zur *„Fettreifbildung"* bei Kakaoerzeugnissen führen. Die K. wird in der Schokoladenindustrie verwendet – Herstellung von Schmelz- , Milch-, Überzugs- und anderen Schokoladen – und in der pharmazeutischen Industrie – Herstellung von Suppositorien, Vaginalkugeln u. a. Der hohe Preis der K. führt zur Suche nach Ersatzfetten, z. B. → *Borneotalg*, → *Sheabutter* oder durch Fraktionierung gewonnene Fette (→ *Fett, fraktioniertes*). Man unterscheidet *„Kakaobutter"*, die aus Kakaomasse oder Kakaokernbruch, und *„Kakaobutter, raffiniert"*, die aus Kakaonebenprodukten gewonnen wird. → Kakaoschalenfett → Kakaokeimwürzelchenfett → Kakaoabfallfett → Kakaopulver

Kakaoerzeugnis: massive, gefüllte oder pulverförmige kakaohaltige Ware aus verschiedenen für Lebensmittel zugelassenen Rohstoffen mit einem vorgeschriebenen Mindestanteil an Kakaobestandteilen. Zu den K. zählen Kakaopulver, pulverförmige kakaohaltige Mischungen, Schokoladenerzeugnisse (massive und gefüllte) und Süßwaren, soweit sie den vorgeschriebenen Mindestgehalt an Kakaobestandteilen aufweisen (z. B. Nugat), aber auch Zwischenprodukte der Kakaoverarbeitung (→ Kakaokernbruch → Kakaomasse → Kakaobutter).

Kakaofett → Kakaobutter

Kakaoflips → Maisflips

Kakaogetränk → Aufgußgetränk → Kakao

Kakaogrus: beim Reinigen und Brechen der gerösteten Kakaokerne anfallende kleine Kernteilchen mit nicht mehr als 10% *Kakaoschalen* und *Keimwürzelchen.* Bis zu 2% K. dürfen dem *Kakaokernbruch* zugesetzt werden. → Kakaopulver

Kakaokeimwürzelchenfett: das Fett der in den → Kakaobohnen enthaltenen Keimwürzelchen. Das K. ist bei 20°C flüssig, ist orange-gelb bis bräunlich gefärbt und hat einen unangenehmen Geschmack. Es unterscheidet sich von → *Kakaobutter* durch einen erhöhten Gehalt an Palmitin-, Linol- und Oxysäuren sowie Unverseifbarem. Das K. kann Bestandteil der → *Kakaoabfallfette* sein.

Kakaokernbruch: gereinigte und nach verschiedenen zulässigen Verfahren behandelte, von Schalen befreite sowie gebrochene → Kakaobohnen. Der Fettgehalt darf nicht unter 50%, der Feuchtigkeitsgehalt nicht über 3% und der Gehalt an Fremdbestandteilen (*Kakaoschalen, Samenhäutchen)* nicht über 2% liegen. → Kakaopulver

Kakaomasse: ein Erzeugnis, das aus *Kakaokernbruch* durch weitgehendes Zerkleinern entsteht und dem keine wertbestimmenden Anteile entzogen wurden. Nach der Herstellungsart (mit oder ohne Zusatz von Alkalicarbonat) unterscheidet man K., präpariert (Aschegehalt 7%) und K., nicht präpariert (Aschegehalt 5%).

Kakao mit Nuß: Kakaolikör. → Likör

Kakaopreßkuchen → Kakaopulver

Kakaopulver: ein → *Kakaoerzeugnis,* das als hell-, rot- bis dunkelbraunes feines Pulver durch teilw. Abpressen von → *Kakaobutter* aus → *Kakaomasse* gewonnen wird (s. Übersicht S. 727).
Statt der *Kakaomasse* kann auch der *Kakaopreßkuchen* alkalisch aufgeschlossen werden. Der Aufschluß bewirkt eine Lockerung des Gewebes und führt zu besserer Suspendierbarkeit des K. Der Zusatz an Alkalicarbonat (auch Ammoniak und Magnesiumoxid) darf 2,5% nicht überschreiten. Alkalisch aufgeschloßenes K. darf einen höheren Aschegehalt (7%) haben als nicht aufgeschlossenes (5%). K. darf maximal 2% *Kakaoschalen* enthalten. Das K. kann nicht gelöst, sondern nur suspendiert werden, wobei eine möglichst gute Suspensionsstabilität angestrebt wird. Man unterscheidet a) *K., schwach entölt* (Handelsbez. K.) mit mind. 20% Kakaobutter, b) *K., stark entölt* (muß als solches gekennzeichnet sein) mit 10% Kakaobutter, c) Industriekakaopulver mit 8% Kakaobutter. Das K. dient zur Bereitung von Kakaogetränk, zur Herstellung von pulverförmigen kakaohaltigen Mischungen, *Süßspeisen, Speiseeis, Back-, Konditorei-, Süßwaren und Likören.* → Kakao → Kakaobohne → Kakaoerzeugnis → Kakaobutter → Kakaotrunk

Kakaopulver, gezuckert → Mischung, pulverförmige, kakaohaltige

Kakaoschalen: beim Brechen der gerösteten Kakaobohnen anfallende und zerkleinerte Samenschalen. *Gepulverte K.* dürfen nicht in den Handel gebracht werden, sie dienen zur Gewinnung von *Theobromin.* Die K. werden u. a. bei der Herstellung von → Kaffee-Ersatzmitteln und Tee-Ersatzmitteln (→ Erzeugnis, teeähnliches) verwendet. → Kakaopulver → Mischung, pulverförmige, kakaohaltige

Gewinnung von Kakaopulver

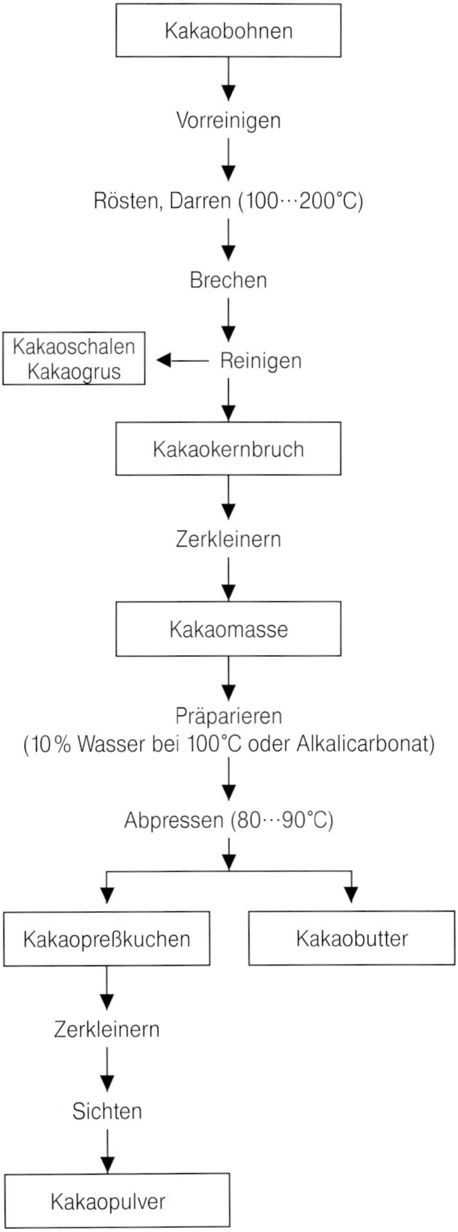

Kakaoschalenfett: das aus Schalen der → Kakaobohnen durch Extraktion gewonnene Fett. Das K. ist von dunkelgelber bis bräunlicher Farbe, der Geschmack ist kratzend und seifig. Bei 20°C hat K. salbenartige Konsistenz. Von → *Kakaobutter* unterscheidet es sich durch einen hohen Gehalt an freien Fettsäuren, unverseifbaren Stoffen, Linolsäure und Oxysäuren. Es wird vermutet, daß K. teilw. Fett von bei der Fermentierung der Kakaobohnen wirkenden Mikroorganismen enthält. Zum Nachweis von K. kann Behensäuretryptamid als charakteristischer Inhaltsstoff dienen. K. kann Bestandteil der → *Kakaoabfallfette* sein. → Kakaoschalen

Kakaoschalentee → Erzeugnis, teeähnliches

Kakaoschaumtorte → Schaumtorte

Kakaostreusel, *Konsumstreusel:* braune, weiche → *Streusel* aus Zucker, Fondantmasse, mind. 5 % Kakaopulver und höchst. 30 % Pflanzenfett. Das Kakaopulver muß gleichmäßig auf den Kern und die Drageedecke verteilt sein. → Zuckerware

Kakaotrunk: aus *Trinkvollmilch* oder *entrahmter Frischmilch* unter Zusatz von gezuckertem Kakaopulver hergestelltes und vor dem Abfüllen nach einem zugelassenen Verfahren pasteurisiertes Erzeugnis. → Kakao → Kakaopulver → Milchmischgetränk

Kakao, Wilder → Umiri

Kakdugi → Kimchi

Kaki → Kakipflaume

Kakifeige → Kakipflaume

Kakifrucht → Kakipflaume

Kakipflaume, *Chinesische Quitte, Dattelpflaume, Dattelfeige, Götterpflaume, Kaki, Kakifrucht, Japanische Persimone:* Frucht des langsam wachsenden, niedrigen, strauchigen Baumes *Diospýros káki* L. f. (Familie *Ebenáceae),* der vor allem in Japan, Korea und China beheimatet, aber auch in die kühlen Subtropen und die tropischen Bergregionen der übrigen Welt, insbes. in Australien, Brasilien, in den USA und im Mittelmeerraum eingeführt ist. Die kugeligen, oder abgeflacht-kugeligen, gelb, gelbgrün, orange oder rot gefärbten Früchte haben ein süßes schmelzendes Fruchtfleisch und eine sehr dünne, glatte, glänzende Haut. Bei den meisten Sorten ist der Geschmack bis zur Vollreife durch die adstringierenden Eigenschaften des Fruchtfleisches, auf Grund des hohen Gerbstoffgehalts beeinträchtigt. Aus diesem Grunde ist vor dem Genuß auf richtige Reife der Früchte zu achten. Diese ist dann erreicht, wenn das Fruchtfleisch glasig durch die dünne Haut schimmert. Bei verfrühter Ernte werden die Früchte mit Kalkwasser behandelt. Samenlose Früchte schmecken aprikosenähnlich. I. allg. wird die K. frisch verzehrt, sie eignet sich aber für Zubereitungen (Marmelade, als Zusatz zu Eiskrem und Kuchen). In Italien wird die K. irreführend als *Lotosfrucht* bezeichnet. Die gedämpften und danach sonnengetrockneten K. werden als Kakifeigen, vor allem in China gern gegessen. Zusammensetzung s. Tab.

Zusammensetzung der Kakipflaume

Bestandteil	Durchschnittl. Gehalt in 100 g eßbaren Anteils
Feuchtigkeit	78,4···84,6 g
Eiweiß	0,5··· 1 g
Kohlenhydrate	14,2···20,5 g
Rohfaser	1··· 2 g
Gesamtsäure	0,19···0,34 g
Pektin	0,21···0,73 g
Mineralstoffe	0,37···0,65 g
Caroten	1,3···2,4 mg
Vitamin C	2···30 mg
Energiewert in kJ (kcal) je 100 g eßbaren Anteils	293 (70)

Kakkoruku → Colanuß

Kaklo: eine in Westafrika übliche gebratene Maisbreizubereitung unter Zusatz von reifen Bananen. Der Maisbrei wird 6 h lang fermentiert und vor der Hitzebehandlung im Verhältnis 1:3 mit steifgeschlagenem Bananenbrei gemischt. → Brei → Flachbrot → Lebensmittel, fermentiertes

Kaktusapfel: nicht für den Frischgenuß geeignete Früchte von *Opúntia*-Arten (Familie *Cactáceae*), die für Marmelade verwendet werden. → Kaktusbirne

Kaktusbirne, *Stachelbirne, Distelfeige, Kaktusfeige, Indische Feige, Nopalitos, Opuntie, Tuna:* etwa birnengroße, meist stachelige Frucht der Gattung *Opúntia* (Familie *Cactáceae).* Die Hauptart ist der Feigenkaktus *Opúntia ficus-índica* (L.) Mill. Die besten Früchte liefert die in Mexiko kultivierte *Amarilla, Opúnita megacántha* Salm-Dyck. Je nach Sorte können die Früchte grün, gelb, rötlich oder braun sein. Neben den bestachelten gibt es auch unbestachelte Sorten. Das laxativ wirkende Fruchtfleisch ist birnenähnlich süß, erfrischend und samenreich. Es wird hauptsächlich frisch genossen, außerdem gibt es Zubereitungen, wie *Tunakäse, Tunahonig* oder die Süßspeise *Colonche.* Hauptanbaugebiet ist Mexiko. Seit dem 16. Jh. wird der Feigenkaktus auch im Mittelmeergebiet angebaut. Das Fruchtfleisch besteht aus 11 % Zucker, 0,1 % Säure, 6 % Eiweiß, 1,3 % Cellulose, 0,27 % Fett und verschiedenen Betalainen. Der Vitamin-C-Gehalt beträgt 20···31 mg je 100 g, der Energiewert je 100 g entspricht in kJ (kcal) 159 (38). Die Lagerfrist ist sehr kurz. → Kaktusapfel

Kaktusfeige → Kaktusbirne

Kala → Mutterkümmel

Kalabasch → Passionsfrüchte

Kalaharitrüffel → Tuberales

Kalamansito → Limoncito

Kalb → Fleischtiere

Kälberkopf → Kerbelrübe

Kalbfleisch → Fleisch

Kalbfleisch, weißes: Fleisch von jungen Rindern, die unter Einsatz einer eisenarmen Ernährung gehalten wurden. Das bei dieser nicht vollwertigen Tierhaltung erzeugte Fleisch zeichnet sich durch einen niedrigen Eisengehalt aus und steht folglich dem handelsüblichen rosarot gefärbten Kalbfleisch nach. → Fleisch

Kalbfisch: Handelsname für heißgeräucherte Stücke von Heringshaien. → Haifisch → Räucherfischerzeugnisse → Speckfisch

Kalbfleischextrakt → Fleischextrakt

Kalbfleischpilz → Speisepilz → Kulturpilz

Kalbsfett → Rindertalg

Kalbshaxe → Schlachtkörperteilstücke

Kalbsleberwurst: → *Kochwurst* (Spitzensorte), zu deren Herstellung Kalbsleber, Schweinsleber, Kalbfleisch, Schweinefleisch, Schweinebauch ohne Knochen, Wammenfett, Nitritsalz, Zucker, Pfeffer, Zwiebeln, Kardamom und Piment eingesetzt werden. Als Wursthüllen dienen Naturdärme von 50···55 mm Durchm. (Mitteldärme). Das Schnittbild zeigt eine hellrosafarbene, sehr fein gekutterte, glatte, homogene und knorpelfreie Wurstmasse; Leberstückchen können vorhanden sein, ein dünner Fettrand an der Darmwand ist zulässig. → Leberwurst → Wurst

Kaldaunen → Flecke

Kalebasse → Flaschenkürbis

Kalebassenbaum, *Totumo, Guira:* der kleine Baum *Crescéntia cujéte* L. (Familie *Bignoniáceae*), der in Mittelamerika wild wächst und auch kultiviert wird. Die eiförmige oder kugelförmige Frucht wird 15···30 cm lang bei 10···25 cm Durchm. Die harte Schale umschließt ein gelbliches Fruchtfleisch mit vielen Samen, die gekocht eßbar sind. Früher wurde der Saft gewonnen, indem die ganze Frucht in heiße Asche gelegt wurde. Der Saft wurde für die Herstellung von *Kalebassensirup* verwendet.

Kalebassenmuskat → Monodoranuß

Kalebassensirup → Kalebassenbaum

Kali → Sankatti

Kali, myronsaures → Senfölglycoside

Kalinin: Weichkäse mit Schmiere (50 % F. i. Tr.) aus der ehem. Sowjetunion. → Käsesorten

Kalium → Mineralstoffe

Kaliumcarbonat, *Pottasche* (E 501): *Kaliumsalz* der Kohlensäure (K_2CO_3), ein weißes, kristallines, hygroskopisches, geruchloses Pulver von scharfem, brennendem und laugenartigem Geschmack. Es dient als Triebmittel und wird selten allein, meist mit anderen chemischen → Lockerungsmitteln, z. B. mit → Ammoniumtriebmittel, eingesetzt. Das K. zerfällt weder in Wasser noch bei Temperatureinwirkung; die Abspaltung von Kohlendioxid erfolgt nur durch saure Substanzen. Das K. wird deshalb fast ausschließl. zur Herstellung von Leb- und Honigkuchenteig verwendet, in denen sich während der Lagerung Milchsäure bildet oder denen Bienenhonig (enthält Ameisensäure) zugegeben wird (Formel s. unten).
Das K. verleiht den Gebäcken einen angenehmen, sehr schwach laugenartigen Geschmack. K. dient auch als Aufschlußmittel für Rohkakao und Kaffee-Ersatz. Es wurde früher aus Holzasche in eisernen Gefäßen („Pötten", daher auch die Bez. *„Pottasche"*) durch Auslaugen gewonnen. Heute wird es elektrolytisch oder nach dem *Engel-Precht*-Magnesiumverfahren hergestellt.

Kaliumdisulfit → Schweflige Säure

Kaliumeisen(II)-cyanid → Kaliumhexacyanoferrat(II)

Kaliumferrocyanid → Kaliumhexacyanoferrat(II)

Kaliumguanylat → Geschmacksverstärker

Kaliumhexacyanoferrat(II), *Kaliumeisen(II)-cyanid, Kaliumferrocyanid, gelbes Blutlaugensalz:* komplexe 2-wertige Eisenverbindung, die sich von der Hexacyanoeisensäure ableitet, $K_4[Fe(CN)_6]$ 3 H_2O. K. kristallisiert in gelbe, luftbeständige, monokline Prismen; d. 1,85. Beim Erhitzen auf 60°C verliert das K. einen Teil seines Kristallwassers und geht bei 100°C in ein wasser-

$$\underset{\text{Kaliumcarbonat}}{K_2CO_3} + \underset{\text{Milchsäure}}{2CH_3 \cdot CHOH \cdot COOH} \rightarrow \underset{\text{Kaliumlactat}}{2CH_3 \cdot CHOH \cdot COOK} + \underset{\text{Wasser}}{H_2O} + \underset{\text{Kohlendioxid}}{CO_2}$$

freies weißes Pulver über. K. ist in Wasser leicht, in Ethanol und Ether kaum löslich. Es ist auf Grund seines stark komplexen Charakters ungiftig. K. sowie die entsprechenden Natrium- und Calcium-Verbindungen sind als → *Trennmittel* für Speisesalz in einer Konz. bis max. 20 mg/kg bei Wein in den von einem Sachkundigen im Vorversuch ermittelten Bedarfsmengen als → *Klärhilfsmittel* zum *Schönen* zugelassen. Hexacyanoferrate reagieren mit Schwermetallionen zu unlöslichen Niederschlägen, die aus Getränken abfiltriert werden können. → Gleitmittel

Kaliumhydrogensulfit → Sulfitieren

Kaliuminosinat → Geschmacksverstärker

Kaliumnitrat → Nitrat → Konservierungsstoffe

Kaliumpyrosulfit → Schweflige Säure

Kalkwasser: durch Auflösen von gebranntem Kalk in Wasser entstehende alkalisch reagierende Lösung (Vorsicht !), die zum Einlegen von Eiern dient. Derartige Präparate, z. B. Garantol, enthalten neben Calciumhydroxid Eisen-, Aluminium- und Magnesiumsalze. Gelegentlich wird auch Weinsäure und Kochsalz zugesetzt. Prinzip der Konservierung ist das Verschließen der Poren der Schale durch Bildung von Calciumcarbonat. K. mit einer Konzentration unter 50 % des Sättigungswertes bei 15°C gefährdet jedoch die haltbarmachende Wirkung.

Kallose → Kartoffel

Kalmar → Tintenfisch

Kalmus, *Deutscher Ingwer, Magenwurz:* die geschälten und getrockneten, blaßorangefarbenen, gelblich-rötlichen, rotbraunen oder weißlichen Rhizome der ausdauernden, 80···100 cm hohen Pflanze *Ácorus cálamus* L. (Familie *Aráceae*), die in Sümpfen und an Ufern fließender Gewässer, an Teichen und Bachufern Europas, Nordamerikas und Asiens beheimatet ist. Der K. kommt ganz oder in Längsstücken bis zu 22 cm Länge und 2 cm Dicke in den Handel. Der Gehalt an ätherischem Öl (1,5···3,5 %) mit den Hauptkomponenten *Asarylaldehyd, Asaron* und *Eugenol,* das bittere Glycosid *Acorin, Tannin* und *Harz* verleihen dem K. den charakteristischen Geruch und Geschmack. K. wirkt appetitanregend, verdauungsfördernd und dient ähnlich dem → Ingwer zum Würzen sowie zur Herstellung von *Kalmuslikör* und → *Kalmuskonfekt.*

Kalmus, kandierter: von Zuckerlösung durchdrungene und mit dieser überzogene, etwa 2 mm dicke Scheiben von → Kalmus. Zur Herstellung werden die der Dickzuckerlösung von → Kalmuskonfekt entnommenen Rhizomstücke in Scheiben geschnitten, mit frischer Zuckerlösung gekocht, bis diese milchig geworden ist; anschließend wird der Kalmus herausgenommen und getrocknet.

Kalmuskonfekt: der eingeweichte, anschließend mit siedendem Wasser übergossene, nach dem Erkalten entnommene und mit Zuckerlösung steigender Konzentration behandelte → Kalmus. Ein Zusatz von 10%iger Glucitol-(Sorbit)-lösung verbessert das Eindringen der Zuckerlösung bzw. den Austausch des Wassers in dem Kalmusrhizom.

Kalmussaft → Kräutersaft → Kalmus

Kalomalafrucht → Olive, Wilde

Kalorie (veraltet) → Energiewert eines Lebensmittels

Kalte Ente: ein moussierendes Getränk, hergestellt aus einer Mischung aus Schaumwein und Wein oder Schaumwein mit zugesetzter Kohlensäure unter Zusatz von Zitrone oder Extrakten aus Zitrone, deren Geschmack deutlich wahrnehmbar sein muß. Der Schaumweinanteil oder Schaumwein mit zugesetzter Kohlensäure muß mind. 25 % betragen. Die volkstüml. Bez. K. E. ist auf die auf der Oberfläche des Getränks schwimmende Zitronenscheibe zurückzuführen. → Getränk, weinhaltiges → Erfrischungsgetränk, weinhaltiges

Kältefleischbräune → Kaltlagerkrankheiten

Kälteverkürzungseffekt: *Cold-shortening-Effekt:* Erscheinung, bei der sich durch zu intensive Schnellabkühlung unter 10°C von schlachtwarmem Fleisch, bes. vom Rind, Schaf und Geflügel, die Muskelfasern stark verkürzen. Rote Muskulatur zeigt einen stärkeren K. als helle. Dies kann sich ungünstig auf die Qualität auswirken, indem das gegarte Fleisch zäh wird.

kaltgepreßt, *kaltgeschlagen, kaltgeschleudert:* vorwiegend auf Öle und Honig angewandte Beschaffenheitsbez. zur Kennzeichnung einer schonenden Behandlung des Rohstoffs unter Vermeidung von Hitzeanwendung. Durch mechanisches Auspressen von Ölsamen bzw. Ölsaaten entsteht ein Druck, der die beabsichtigte Erwärmung des sog. k. Öles auf etwa 40°C, vielfach bis 65°C überschreitet. Bei niedrigen Preßtemperaturen (40°C) gewonnene Öle besitzen einen starken Eigengeschmack, sind meist trüb und kräftig gefärbt. Sie haben einen hohen Preis, da die Ausbeute an k. Öl im Vergleich zu hitzebehandeltem bedeutend niedriger ist. Häufig aber werden auch die dunkelfarbigen, k. Öle noch filtriert, zentrifugiert sowie einer kurzen, schonenden Dampfwäsche von 50···120°C unterworfen, die für die Inaktivierung von solchen Enzymen angestrebt wird, die für die Bildung eines kratzigen Ranzigkeitsgeschmackes verantwortlich sind. Da k. Öle nicht raffiniert sein dürfen, werden sie oft als → naturbelassen deklariert, obgleich diese Beschaffenheitsbez. aufgrund vorangegangener Hitzeanwendung nicht mehr zutrifft. Ausnahme bilden Oliven, die sich im Vergleich zu allen anderen Ölfrüchten rel. leicht auspressen lassen, so daß kaum erhöhte Preßtemperaturen entstehen. Die Franzosen bezeichnen daher ihr k. Olivenöl als „*extra vierge*", die Italiener als „*extra vergine*". Auch bei Honig ist eine gewisse Temperaturanwendung unvermeidlich. Da jedoch die Honigverordnung bereits bei normalem Speisehonig ein Überschreiten von 40°C (nachweisbar an der Höhe des HMF-Wertes) nicht zuläßt, ist die Bez. „k." oder die häufig anzutreffende Zusatz-Bez. → naturbelassen, anstelle der seit 1987 nicht mehr zugelassenen Kennzeichnung → naturrein überflüssig bzw. irreführend.

Kaltgetränk: aus Trinkwasser unter Zusatz von Essenzen natürlicher Herkunft, Genußsäuren und Zucker hergestelltes kohlendioxidfreies, alkoholfreies Erfrischungsgetränk, das gekühlt im Sommer getrunken wird. → Erfrischungsgetränk, alkoholfreies → Heißgetränk

Kaltlagerkrankheiten: negative physiologische Veränderungen pflanzlicher Lagergüter, die durch zu niedrige Lagertemperaturen entstehen. K. sind nicht zu verwechseln mit Gefrierschäden, die beim Transport oder bei Kälteeinbrüchen im Lager auftreten, mit normalablaufenden Alterungs- und Reifungsprozessen oder mit mikrobiell verursachten Verderbserscheinungen. Vermutlich wird durch die Temperaturerniedrigung unter den optimalen Lagertemperaturbereich der Stoffwechselablauf anormal verändert. Da die tieferen physiologischen Vorgänge bisher nur teilw. aufgeklärt sind, werden K. meist nach dem äußeren Erscheinungsbild, wie *Schalenfleckigkeit, Fleischbräune, Veränderungen der Konsistenz* und der *Wasserbindung* usw., benannt, was aber nicht immer eine eindeutige Abgrenzung gegenüber anderen Erkrankungen erlaubt. Manche K. durchlaufen eine längerwährende Latenzzeit in Abhängigkeit vom Grad der Temperaturabweichung vom Optimum. Manchmal lassen sich K. durch eine Warmlagerung zurückbilden. Ein typisches Beispiel hierfür ist das Süßwerden der Kartoffeln bei Temperaturen unter +3°C. Dabei entsteht zuviel Zucker, weil das für die weitere Verstoffwechselung des beim Stärkeabbau entstehenden Zuckers verantwortliche Enzym in seiner Aktivität abnimmt. Durch die Warmlagerung wird das Enzym reaktiviert und der Zucker wieder verbraucht. Weitere Beispiele für K. sind die *Kältefleischbräune* (nicht zu verwechseln mit der Kernhausbräune) bei kälteempfindlichen Apfelsorten bei Temperaturen unter +3···+4°C und der *Tiefenscald* (*deep scald*) bei Temperaturen von −1···+1°C (lokal scharf abgegrenzte ring- oder halbringförmige Zonen von gebräunten Stellen im Fruchtfleisch), die Schalenbräune und Verlust der Reifungsfähigkeit bei Birnen, die *Wolligkeit der Pfirsiche* (wolliger, faseriger und trockener Zustand des Fruchtfleisches, fader Geschmack und Verlust der Nachreifungsfähigkeit), Schalenschäden und Gänsehaut (grauglasige Färbung der Frucht, Porenerweiterung und Abflachung der Oberflächenzellen infolge Austrocknung) bei Zitrusfrüchten. Auch versch. Gemüsearten, bes. solche tropischer und subtropischer Herkunft, zeigen K.

Zu den äußeren Erscheinungen zählen Verbräunungen, Oberflächenläsionen, anormales Reifeverhalten, Wäßrigwerden von Gewebe. bei 4°C gelagerte Gurkenfrüchte z. B. werden pockig und narbig und es entsteht ein weißlicher Belag an der Oberfläche. Die einfachste und sicherste Methode zur Verhinderung von Kälteschäden ist die Lagerung oberhalb des kritischen Temperaturbereiches (s. Tab.).

Kritische Temperaturbereiche für kälteempfindliche Obst- und Gemüsearten

	Temperaturbereich unter (in°C)
Ananas, hartreif	10
Ananas, reif	7
Avocado	10
Banane	13
Grapefruit	7
Mango	5
Papaya	13
Zitrone	13
Batate	12
Bohne, grüne	7
Eierfrucht	8
Gurke, grüne	12
Kürbis	7
Melone	7
Paprika, Gemüse-	8
Tomate, grünreif	12
Tomate, reif	8
Zucchini	7

Sehr oft schaffen K. Ausgangsbedingungen für mikrobiellen Befall. Die Neigung zu K. ist stark sortenabhängig sowie von zusätzlichen Faktoren, wie Witterung, Kulturmaßnahmen, Erntezeitpunkt, Fruchtgröße u. a., beeinflußt. → Glasigkeit

Kaltmarinaden → Marinaden

Kaltschalen-Pulver: ein → *Süßspeisepulver* (aus Weizengrieß und/oder Stärke oder Stärkeerzeugnissen mit Zusatz von natürlichen und/oder künstlichen geschmackgebenden Stoffen), das unter Verwendung von Zucker und Trinkwasser oder Fruchtsaft eine kalt zu verzehrende Süßspeise (*Kaltschale*) ergibt. Bei Verwendung von Fruchtkernen sind mind. 20 % und bei Trockenobst mind. 50 %, im Gemisch jeweils die Hälfte, einzusetzen. → Fruchtsuppenpulver

Kalziferol → Vitamin D

Kalzium → Calcium

Kama: ein industriell gefertigtes estnisches Getreideerzeugnis aus Mehl von geröstetem Hafer, Roggen sowie von gerösteten Erbsen, Gerstenkörnern und Bohnen (alles zu gleichen Teilen gemischt). Die verbreitetste Zubereitung entspricht der von → Müsli (mit frischer Milch, Buttermilch, süßer oder saurer Sahne) sowie Honig als Süßungsmittel.

Kamaboko, *Chanpon, Konokjaki, Tikuwa:* japanisches Fischerzeugnis. K. wird aus grätenfreiem, zerkleinertem Fischfleisch unter Zusatz von Zukker, Salz, Würzen und Gewürzen durch mildes Erhitzen (Dämpfen), meist auf dünnen Holzbrettchen hergestelllt. K. hat in der Regel einen milden, deutlich süßen Geschmack und eine stark abgebundene, gummiartige Konsistenz. → Surimi

Kamag → Balady-Brot

Kambodschapfeffer → Pfeffer

Kambodscha-Pilz → Kombuchá

Kamekraut → Ackerschachtelhalm

Kamele (*Camélidae*) → Fleischtiere

Kamelmilch: Milch von Kamelen, die ernährungswirtschaftliche Bedeutung in weiten Teilen Afrikas und Asiens hat. K. ist viskoser als Kuhmilch, sie riecht angenehm und hat einen süßen, aber herben Geschmack. So ist in einigen Gebieten (z. B. Somalia und Zentralasien) die K. die bedeutendste Vitamin-C-Quelle. Charakteristisch für K. ist ihr reicher Vitamin-C-Gehalt für die menschliche Ernährung. K. wird frisch oder als fermentierte Milch konsumiert oder zu Butter und Käse verarbeitet. K. ist bei 4°C bis zu 3 Monaten lagerfähig (ohne zu säuren) und ist deshalb als Trinkmilch bes. gut geeignet. → Milch

Kameruner → Jalebi

Kamerun-Kardamom → Guineapfeffer 2.

Kamerun-Kino → Kino

Kamerun-Nuß → Erdnuß

Kamille, Echte: das einjährige Korbblütlergewächs *Chamomílla recutíta* L. Rauschert, Syn. *Matricária recutíta* L., *Matricária chamomílla* L. (Familie *Asteráceae),* das überwiegend für pharmazeutische Zwecke angebaut wird, Bestandteil haushaltmäßiger Kräuterteemischungen ist und auch als Würzmittel, z. B. bei Kaltschalen, gekochtem Rindfleisch sowie für Kräuterliköre verwendet wird. Die E. K. wird häufig mit der *Hundskamille* oder *Ackerkamille Ánthemis arvénsis* L. oder dem *Mutterkraut, der Falschen* oder auch Mutterkamille, *Chrysánthemum parthénium* L. verwechselt, obgleich sie auf Grund ihres hohlen Blütenstandbodens unverwechselbar ist. Die E. K. enthält im ätherischen Öl verschiedene Azulene, Cumarine und Flavone, die gegen Entzündungen und Krämpfe wirken, beim wäßrigen Aufguß jedoch nur teilw. in den Tee übergehen und zu 50···70 % im Aufgußbeutel oder losem Rückstand verbleiben.

Kamm: 1. → Hahnenkamm
2. Schlachtkörperteilstücke

Kamm mit Hals → Schlachtkörperteilstücke

Kammfenchel → Fenchel

Kammfleischwurst: → *Brühwurst, Aufschnittware* (mittlere Sorte), zu deren Herstellung Schweinskammfleisch, Schweinefleisch, Rindfleisch, Schweinsbacke, Nitritpökelsalz und Gewürze eingesetzt werden. Als Wursthüllen dienen Natur- oder Kunstdärme. Das Schnittbild zeigt eine rosafarbene feine Masse mit Grobbestandteilen aus Schweinskamm und magerem Schweinefleisch. → Wurst

Kamm-Minze: die im gemäßigten Asien, Europa und Nordamerika, früher im östlichen Europa, heute nur noch stellenweise in Österreich als Heil- und Gewürpflanze kultivierte *Méntha patríni* Lepech (Familie *Lamiáceae).* Das ätherische Öl der Blätter und Blütenstände besteht bis zu 85 % aus Ketonen. → Minze

Kammseestern → Seesterne

Kammuschel → Muscheln

Kampfer → Terpen- Ketone

Kampferbasilikum → Basilienkraut

Kampyo: getrocknete Kürbisscheiben, die in Japan in Portionspackung gehandelt und exportiert werden.

Kamrakhfrucht → Baumstachelbeere

Kamtschatka-Heckenkirsche: die in Ost- und Südostasien, in gemäßigten Zonen und Tropen kultivierte *Lonícera kamtschática* (Sevast.) Pojark. (Familie *Caprifoliáceae*), deren sehr wohlschmeckende Beeren, frisch oder erhitzt verzehrt und auch zur Herstellung von Getränken benutzt werden.

Kamtschatkakrabbe → Krebstiere

Kamtschatka-Krebs → Krebstiere

Kamschatkarose → Kartoffelrose

Kamu → Akasa

Kanadabalsam → Harze

Kanadagans, *Brauta canadensis.* → Wild

Kanariengras: ein in Südeuropa bis Nordafrika meist als Vogelfutter angebautes Gras, *Phaláris canariénsis* L. (Familie *Poáceae*), dessen Körner zuweilen auch als → Getreide verwendet, zu Mehl vermahlen werden und als Brotzusatz dienen.

Kanariennuß, *Pilinuß:* dick- und hartschalige Frucht des Baumes *Canárium ovátum* Engl. (Familie *Burseráceae),* der in den asiatischen Tropen vorkommt und kultiviert wird. Die äußere Pulpa ist eßbar und wird durch Tauchen in heißes Wasser entfernt. Der Kern, der nur 12···16 % der Frucht einnimmt, enthält 75 % Fett (*Kanarienöl*) und gehört zu den am besten verdaulichen Nüssen. Eine enge Verwandte ist die *Javamandel Canárium commúne* L., die das Javamandelöl liefert. → Olive, Chinesische

Kanarienöl → Kanariennuß

Kandari → Ceylon-Himbeere

Kandelbohne → Erdnuß, Kerstings

Kandelnuß → Kemiri

Kandelzucker → Kandiszucker

Kandis → Kandiszucker

Kandisablauf → Ablaufsirup

Kandisfarin → Kandiszucker

Kandiszucker, *Kandelzucker, Zuckerkandis, Zuckerkand, Kandis,* österreich.: *Zuckerkandl:* ein durch langsame Kristallisation einer im Vakuum eingedickten Zuckerlösung an Fäden oder durch Zuckerimpfkristalle gewonnener, weißer aus Farin (*Kandisfarin*), oder mit Zuckercouleur gefärbter Zucker in Kristallform von unterschiedlicher Größe. Neben dem K. mit und ohne Faden sind *weißer, brauner* und *schwarzer* K. zu unterscheiden. *Weißer K.* schmeckt rein süß, *brauner* und *schwarzer K.* zeigen ausgeprägten Karamelgeschmack. → Zucker → Krustenkandis → Kluntjekandis

Kaneel → Stangenzimt

Kaneel-Tee → Tee, aromatisierter

Kangni → Kolbenhirse

Känguruhs (*Macropódidae*) → Fleischtiere

Känguruhschwanzsuppe → Suppe, tafelfertige

Kani → Guineapfeffer 3.

Kaninchen (*Oryctólagus cunículus*) → Fleischtiere → Wild → Broiler

Kanjang → Ketjab

Kanji: ein in Indien hergestelltes und auf dem Markt gehandeltes bierartiges Gärgetränk aus Reis und Karotten. → Lebensmittel, fermentiertes

Kanjuria: eine *Cucúrbita*-Art (Familie *Cucurbitáceae*), die in Kenia als Wildgemüse gegessen wird. 100 g der gekochten Pflanzenmasse enthalten 1,069 mg Caroten, 45 mg Vitamin C und 0,0005 mg Vitamin B_1; die Kochzeit beträgt 5 min.

Kanna, Eßbare → Achira

Kannibalentomate → Menschenfresser-Tomate

Kanonenbaum, *Trompetenbaum, Guaruma, Imbauba:* der Baum *Cecrópia peltáta* L. (Familie *Moráceae*), der auf den Antillen und in Mittelamerika von Yucatan bis Kostarika vorkommt. Die 6···10 cm langen, fingerdicken, feigenähnlich schmeckenden Früchte werden roh verzehrt. In anderen tropischen Ländern Südamerikas werden die ähnlichen Früchte der verwandten Baumarten *C. palmáta* Willd. und *C. adenópodus* Mart. ebenso genutzt, jedoch ist ihre Qualität geringer.

Kans → Sáccharum edúle

Kantalupe → Zuckermelone

Kantalupe-Melone → Zuckermelone

Kanterkäse: in den Fettstufen 20% und 40% F. i. Tr. hergestellter holländischer *Hartkäse* mit fester, trockener Rinde, geschmeidigem Teig und würzigem Geschmack. Der K. hat die gleichen Merkmale wie → Friesenkäse, doch werden ihm keine Gewürze zugesetzt.

Kantonrhabarber → Rhabarber

Kanzerogene, *Cancerogene:* Substanzen, die auf Mensch und tier krebserregend wirken. Bis 1980 wurden etwa 2000 K. bekannt. Ihre Zahl steigt laufend. Nach einer Expertise der WHO werden über 75%, nach Ansicht bekannter Krebsforscher etwa 90% aller Krebserkrankungen des Menschen exogen durch K. verursacht. Nach Erkennen der K. wird ihre Ausschaltung aus der Umwelt, die sog. primäre Krebsprophylaxe, notwendig. Dem kommt auch auf dem Gebiet der Lebensmittelproduktion große Bedeutung zu, da über 50% aller Krebserkrankungen des Menschen (in den einzelnen Ländern sehr unterschiedlich) im Magen-Darm-Trakt lokalisiert sind. Zusatzstoffe können einfach vom Lebensmittelverkehr ausgeschlossen werden, wenn sie als krebserzeugend erkannt werden (→ Delaney-Amendment). Die Vermeidung der sog. Kontaminanten, die umweltbedingt Lebensmittel verunreinigen, ist wesentlich schwieriger. Man unterscheidet lokal wirksame K., die am Ort der Einwirkung Krebs erzeugen, z. B. 3.4-Benzpyren, und organotrop wirkende K., die unabhängig von der Applikation in bestimmten Organen Krebs erzeugen, z. B. die *Nitrosamine.* K. haben sehr unterschiedliche Strukturen. In Lebensmitteln können folgende K. vorkommen: Polyaromaten (→ 3,4-Benzpyren), → Nitrit, → Nitrosamine, Eiweißpyrolyseprodukte, → Mykotoxine, → Cadmium, → Blei, → Arsen, Peroxide, Sauerstoffradikale, → Cycasein, → Kalmus, → Parasorbinsäure, → Pflanzenschutzmittel, Pflanzeninhaltsstoffe, wie → Thioharnstoff, Zusatzstoffe, wie → Thioacetamid, → Azofarbstoffe (→ 4-Dimethylaminoazobenzen), Dulcin, → Safrol und *Dichlorpropanol,* bei der salzsauren Hydrolyse von Hefe entstehend. → Mutagene

In der Nahrung vorkommende Kanzerogene

Stoffgruppe	Herkunft
→ Nitrat Nitrit Nitrosamin	geräucherte und gepökelte Fleisch- und Fischwaren, Pökelsalze
→ Mykotoxine (Aflatoxine)	Schimmelpilze, insbes. verschimmelte Erdnüsse u. a. Lebensmittel
→ 3,4-Benzpyren, polycyclische Kohlenwasserstoffe	Toasten, Holzkohlengrill, Zigarettenrauch
Protein-Pyrolyse-Produkte	trockenes Erhitzen von eiweißreichen Lebensmitteln
Peroxide, Sauerstoffradikale	erhitzte hochungesättigte Fette, ranzige Fette

Kaoliang → Sorghumhirse

Kaolin, *Kaolinerde:* aus Tonmineralien gewonnene Aluminiumsilikate, die als → Filterhilfsmittel und Flockungsmittel (→ Klärhilfsmittel) verwendet werden.

Kapbohne → Limabohne

Kapern, *Kappern:* die geschlossenen und abgewelkten, oliv- bis blaugrünen, pfefferkorn- bis erbsengroßen Blütenknospen des im Mittelmeergebiet heimischen und angebauten Echten Kapernstrauches *Cápparis spinósa* L. (Familie *Capparidáceae*). Vor dem Konservieren in Salz, Essig oder Öl werden die K. nach der Größe sortiert; je kleiner die K., desto geschätzter sind sie. Man unterscheidet 6 verschiedene Kapernsorten (Tab.).

Kapernsorten

Sorte	Beschaffenheit	Größe in mm
Nonpareilles	fest geschlossen	4···7
Surfines	fest geschlossen	7···8
Capucines	vereinzelt nicht fest geschlossen	8···9
Capotes	vorwiegend fest geschlossen	9···10
Fines	vorwiegend fest geschlossen	12···13
Hors calibres (Communes)	vorwiegend fest geschlossen	13···15

Die in Röhrchen oder in Gläsern gehandelten K. dienen zum Würzen von Fleisch- und Fischgerichten, Soßen und Salaten. Der charakteristische Geschmack beruht auf dem Gehalt an dem Senfölglycosid *Glucocapparin.* Weiterhin enthalten K. etwa 0,5 % *Rutin,* das sich in Form von kleinen, hellen Kristallen von den dunkleren Knospen deutlich abhebt. Die aus den Blüten sich entwickelnden fleischigen, schotenförmigen Früchte kommen, ebenfalls in Essig eingelegt, unter der Bez. *Cornichons de caprier* in den Handel. → Kapernersatz

Kapern, Deutsche → Kapernersatz

Kapernersatz: die in Essig eingelegten und gelegentlich gehandelten Blütenknospen folgender einheimischer Pflanzen: Gemeiner Besenginster (*Cýtisus scopárius* L. Familie *Fabáceae*), *Sumpfdotterblume* (*Cáltha palústris* L. Familie *Ranunculáceae*), *Große Kapuzinerkresse* (*Tropaeolum május* L., Familie *Tropaeoláceae*) und *Scharbockskraut,* auch *Feigenwurz* (*Ranúnculus ficária* L.,

Familie *Ranunculáceae*). Die Bez. „*Deutsche Kapern*" für diese Arten von Blütenknospen ist unzulässig. → Kapern

Kaphecht → Seehecht

Kapi → Fischsoße, fermentierte

Kapillärsirup → Stärkesirup

Kapitän → Adlerfisch

Kapoköl: das Samenfett des in Indien, auf den Philippinen und in Südamerika wachsenden Kabok-Baumes *Ceība pentándra* (Stickm.) Gaertn. (Familie *Bombacáceae*). Die wichtigsten Fettsäuren sind (Anteile bezogen auf den Gesamtfettsäuregehalt) Palmitinsäure (etwa 16 %), Stearinsäure (etwa 2 %), Ölsäure (etwa 35 %), Linolsäure (etwa 30 %) und Sterculasäure (etwa 15 %). Das K. wurde ursprünglich nach der Raffination als Speiseöl, nach der Hydrierung als Speisefett verwendet. Wegen toxischer Effekte soll das K. nicht mehr für Speisezwecke verwendet werden.

Kappe → Schlachtkörperteilstücke

Kappeli: Weichkäse mit Rotschmiere aus Finnland vom Typ → Romadur. → Käsesorten

Kappern → Kapern

Kapselfrucht: ein Fruchttyp in Form einer *Spring-* oder *Streufrucht* aus mehreren verwachsenen Fruchtblättern, an deren Nähten die Samen sitzen (z. B. → Mohn, → Akinuß, → Anattobaum, → Tabak). → Schließfrucht → Frucht

Kapstachelbeere → *Phýsalis*

Kapuziner → *Boletáceae*

Kapuzinerbart → Wegwarte

Kapuzinererbse, Blaue: eine seit Jh. bekannte lokaltraditionelle Schalenerbsensorte der Nordseeküste (in Holland als *Capucijners,* in Ostfriesland als *Graue Erbse* bezeichnet), die meistens im Winter als → Speisetrockenhülsenfrucht verzehrt wird, indem sie über Nacht aufgequollen wird und dann mit Speck und Zwiebeln angerichtet, ein energiereiches Kochgericht ergibt. Seit 1992 wird der Anbau durch eine neue Sorte *'Blauwschokker Desirée'* mit blauviolettfarbenen Hülsen und grünen Samen belebt, die sowohl als → Gemüseerbse- als auch als → Speisetrockenhülsenfrucht geeignet ist und schon ab 3°C Bodentemperaturen im März ausgesät werden kann. → Lebensmittel, nostalgisches

Kapuzinerkresse, Große, *Blumenkresse:* die fleischige Stengel und schildförmig-runde Blätter bildende, in Gärten, Parkanlagen und Balkonkästen wachsende, mehrjährige Pflanze, *Tropāeolum május* L. (Familie *Tropaeoláceae*), deren Ausgangsarten Ende des 16. Jh. aus Amerika nach Europa kamen. Durch Züchtung entstand ein umfangreiches Sortiment mit einfachen oder gefüllten Blüten, die von Juli bis zum Herbst blühen: kriechende bzw. kletternde, bis 3 m lange oder niedrig bleibende (25···30 cm hoch wachsende), vieltriebige Büsche bildende Sorten. Ist der Standort zu nahrhaft, dazu nicht sonnig und warm, dann bilden sich viele Blätter und wenig Blüten. Die frischen Blätter ergeben einen dem aus Brunnenkresse ähnelnden Salat (300 mg Vitamin C je 100 g) oder sind zu Füllungen für Fleisch- und Fischspeisen sowie für Soljanka geeignet. Die K. hat wegen ihrer antibiotischen Eigenschaften heilende Wirkung auf eine Reihe von Stoffwechselstörungen, so daß man einen Salat aus K. auch als *Kardinalssalat* bezeichnet. → Kresse → Salat → Kapernersatz

Kapuzinerrose, *Gelbe Rose:* die vorwiegend als Zierplanze bekannte Rose, *Rósa fōetida* Herrm. (Familie *Rosáceae*), wird vor allem in Indien wegen ihrer bes. ascorbinsäurereichen Früchte, die vorwiegend frisch, als Obst verwendet werden, kultiviert. Im Iran werden die getrockneten Blüten als Droge aufbereitet. → Hagebutte

Karaila → Katzenschwanzbart

Karakabaum → Karakafrucht

Karakafrucht: 1. *Kopi:* bereits von den Ureinwohnern Neuseelands verzehrte Steinfrüchte des *Karakabaumes, Corynocárpus laevigátus* J.R. (Familie *Corynocarpáceae*). Die *Karakakerne* sind

erst nach Aufbereitung (Wässern oder Kochen) wegen des toxisch wirkenden Glycosids *Karakin* [= 1,4,6-tris-(β-Nitro-propionyl)-D-gluco-pyranose] genießbar.
2. *Karuka:* Sammelbez. für die im Hochland von Guinea in 500 - 1400 m Höhe angebauten oder wild vorkommenden Pandanuspflanzen, *Pandánus brosímos* Meer L. und *P. julianéttii* (Familie *Pandanáceae*), deren ölreiche Samen und das Fruchtfleisch, zuweilen auch die Herzblätter und die Spitzen der Luftwurzeln, als Gemüse verzehrt werden. → Pandanusfrüchte

Karakakern → Karakafrucht

Karakin → Karakafrucht

Karambole → Baumstachelbeere

Karamel, *Karamelzucker:* ein beim Erhitzen von Saccharose, Glucose u. a. Zuckerarten entstehendes hell- bis dunkelbraunes Zersetzungsprodukt (Dehydratisierungsprodukt) mit charakteristischem Aroma durch Maltol, Diacetyl, Pyruvaldehyd und verschiedene Furane. Die Farbintensität wird durch Höhe der Temperatur und Einwirkungszeit bestimmt. Anwendung als Aromastoff für Bonbons, Likör, Likörwein, Pudding, Soßen, Essig. K. entsteht auch beim Backen und Rösten. Er darf nicht so weit erhitzt sein, daß er schwarz aussieht. Dies ist bei bestimmten technologischen Prozessen, z. B. bei der Krokantherstellung, wichtig. → Lebensmittelfarbstoffe → Farbstoffe → Zuckercouleur

Karamelbier → Malzbier

Karamelbonbon → Bonbon

Karamelle → Bonbon

Karamelpudding → Milchpudding

Karausche, *Moorkarpfen, Bauernkarpfen, Giebel, Carássius carássius* (s. Bild oben). Süßwasserfisch mit karpfenähnlich gedrungenem Körper, großem Kopf und kleinem endständigem Maul ohne Barteln, oberseits meist dunkelolivgrün, unterseits gelb bis braun gefärbt. Die Schwanzwurzel trägt jederseits einen dunklen Fleck. Die Länge beträgt meist nur 15···25 cm, unter günstigen Bedingungen max. 50···80 cm (Masse 2,5 kg). Die K. ist in stehenden Gewässern von Großbritannien und Skandinavien bis zu den Alpen und zum Schwarzen Meer verbreitet und hat als anspruchsloser Teichfisch gewisse Bedeutung. Das Fleisch ist fettarm. → Fisch

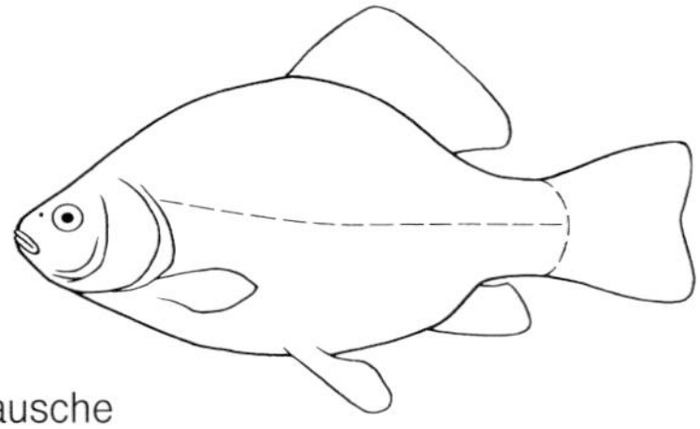

Karausche

Karayagummi, *Karaya, Sterculiá gum, India gum, Kadayagummi, Indischer Tragant, Indischer Gummi:* ein → Hydrokolloid, das aus den getrockneten Exsudaten des Baumes *Stercúlia úrens* Roxb. (Familie *Sterculiáceae*) in Indien gewonnen wird. Nach → Gummi *arabicum* ist der K. das wichtigste pflanzliche Exsudat. Die Struktur dieses teilw. acetylierten komplexen Polysaccharids ist noch nicht völlig klar. Der K. besteht aus D-Galactose, L-Rhamnose, D-Galacturonsäure, D-Glucuronsäure und Acetylgruppen (Teilstruktur siehe unten).
Die Molmasse beträgt etwa 10 Mio g/mol und der *p*H-Wert der wäßrigen Lösung 4,5. Handelspräparate bestehen aus weißlich-durchscheinenden oder bräunlichen, sehr harten Stücken mit einem Wassergehalt zwischen 14···20 %. Sie sollen nicht

→4)−D−GalU(1→4)−D−GalU(1→2)−L−Rha(1→
2 oder 3 (→ R); 3 (→ D−GlcU); 4 (→ R)

R=→4)−D−GalU(1→4)−D−Gal(1→,
D−Gal(1→?)−L−Rha(1→

GalU = Galacturonsäure
GlcU = Glucuronsäure
Rha = Rhamnose
Gal = Galactose

Karayagummi

mehr als 3% wasserunlösliche Stoffe enthalten. Der K. schwillt in kaltem Wasser bereits in geringer Konzentration unter Ausbildung von viskosen Dispersionen. Oberhalb einer Konzentration von 2···3% bildet der K. nichtfließende, gelartige, schwere Pasten ohne echte Gelierung. Der K. ist mit anderen Hydrokolloiden und Proteinen mischbar. In der Lebensmittelproduktion wird er als → Stabilisierungs-, → Verdickungs-, → Quellungs- und Emulsionsmittel sowie Schutzkolloid verwendet. → Gummistoff, pflanzlicher

Karbamate (Carbamate) → Insektizide → Ethylcarbamat

Karbanilid → Säureamide

Karbonade → Fischerzeugnisse

Karbonadenfisch → Katfisch

Karbonatwasser → Heilwasser

Karborundverfahren → Kartoffel

Kardamom: 1. Sammelbez. für Gewürzpflanzen der Familie *Zingiberáceae* und deren Samen, die zum Aromatisieren und deren junge Triebe verschiedentlich auch als Gemüse verwendet werden. Für den Samen der *Kardamom-* oder *Cardamompflanze* (engl. *cardamom plant*) ist auch die Bez. *Kardamomen* oder Cardamomen (engl.: *cardamom*) üblich. Als Träger für die als Gewürz verwendeten Samen kommen vier Pflanzengattungen der Familie *Zingiberáceae* in Betracht: *Elettária* Maton (Echter K.), *Amómum* Roxb., *Aframómum K.* und *Alpínia* Swartz. Zum Echten *K. zählen* Malabar-Kardamomen *(s. unter 2.) und* → Ceylonkardamom; zu den meist als Ersatz für den *Echten K.* in Frage kommenden Arten zählen: → *Bengalkardamom* (unter 1. und 2.) → *Chinesischer K.* → *Jawakardamom* → *Runder K.* (unter 1. und 2.), *Kamerunkardamom* (→ Guineapfeffer, unter 2.), und *Madagaskarkardamom.*

2. *Kardamom, Echter, Malabar-Kardamomen:* die kurz vor der Reife gesammelten, getrockneten gelbgrünen bis graubraunen, dreikantigen, 8···25 mm langen und bis zu 4 mm breiten dreifächerigen Fruchtkapseln mit 15 bis 20 rötlichen bis bräunlichen, 2···3 mm großen Samen der in Vorderindien (Malabarküste), Sri Lanka und Guatemala kultivierten Cardamom- oder Kardamompflanze *Elettária cardamómum* (L.) Maton. Der Gehalt an ätherischem Öl (3···8%), das *Kardamomöl,* mit den Hauptkomponenten Terpineol, Terpinylacetat und Zineol, verleiht dem K. den charakteristischen Geruch und Geschmack. Der K. dient, gleichermaßen wie das Kardamomöl, zum Würzen von Lebkuchen, Gewürzplätzchen u. a. Weihnachtsgebäck sowie von verschiedenen Likör- und Wurstsorten.

Kardamom, Chinesischer, *Kardamom, Runder:* die als Gewürz verwendeten Früchte der insbes. auf Malaysia kultivierten *Alpínia globósa* (Lour.) Horan. (Familie *Zingiberáceae*).

Kardamomen → Kardamom 1.

Kardamom, Großer → Bengalkardamom 2.

Kardamom, Indischer → Bengalkardamom 2.

Kardamom, Runder: 1. → Kardamom, Chinesischer

2. die auf Jawa, Sumatra und der Malaiischen Halbinsel angebaute *Kardamompflanze, Amómum compáctum* Soland ex Maton, Syn. *Amómum kepulága* Sprag. Soland (Familie *Zingiberácea),* deren Früchte als Gewürz verwendet werden.

Kardinalssalat → Kapuzinerkresse, Große

Kardobenediktenkraut, *Benediktenkraut, Bitterdistel, Spinndistel:* die getrockneten Blätter und Zweigspitzen der in Südeuropa heimischen und in Deutschland angebauten einjährigen, bis 80 cm hohen *Heil- und Gewürzpflanze, Cnícus benedíctus L. (*Familie *Asteráceae*), die als Zusatz zu Bitterschnäpsen, -likören und in der Medizin Verwendung findet. Der charakteristische Geruch und Geschmack sind auf den Gehalt an ätherischem Öl sowie Gerb- und Schleimstoffen und dem Bitterstoff *Knizin* zurückzuführen.

Kardone, *Cardy, Kardy, Spanische Artischocke, Gemüseartischocke, Federkohl, Cýnara cardúnculus* L. (Familie *Asteráceae*): eine 100···150 cm hochwachsende Artischockenart (vermutlich die Stammform der → *Echten Artischocke*), deren fleischige, geschälte Blattstiele wie Spargel verzehrt werden können. Die Heimat der K. ist Südeuropa und Nordafrika, sie wird vereinzelt auch in Deutschland angebaut, indem 4 Wochen vor der Ernte die langeschlitzten, graugrünen, auf der Unterseite silbrig-weißen, wollig behaarten Blätter und Blattstiele zum Bleichen hochgebunden werden. Die stacheligen Blattabschnitte und Hüllblätter sind ungenießbar. Einfuhren erfolgen hauptsächlich aus Italien, Frankreich und Spanien. Die K. enthält wie die *Echte Artischocke* den verdauungsanregenden Bitterstoff *Cynarin.* → Bleichgemüse.

Kardy → Kardone

Karela → Balsambirne

Karfiol → Blumenkohl

Karenzzeit: in der Feldwirtschaft, dem Obst- und Gemüsebau die Zeit zw. der letzten Behandlung mit → Pflanzenschutzmitteln und → Wachstumsregulatoren und der Ernte, im Vorratsschutz die Zeit zw. der letzten Behandlung bzw. dem Beginn der Belüftung nach einer Begasung und dem Zeitpunkt der Verwendung eines Produktes als Lebens- und Futtermittel. Durch das Einhalten der K. ist in Abhängigkeit von Abbauweg und Abbauprodukt abgesichert, daß die auf den geernteten Produkten vorhandenen Rückstände innerhalb der gesetzlich festgelegten maximal zulässigen Rückstandsmenge liegen. Das Einhalten der K. gewährleistet gleichfalls den Schutz der landwirtschaftlichen Nutztiere vor Intoxikationen und sichert, daß es zu keiner auf den Einsatz dieser Mittel zurückzuführenden Beeinträchtigung der Leistungsfähigkeit der Nutztiere kommt.

Kargasok → Kombuchá

Kärin → Grünkern

Karir → Kair

Karitébutter → Sheabutter

Karitéfett → Sheabutter

Karkade → Roselle

Karkashiöl: das Fruchtöl von *Ceratothéca sesamoídes* Endl. (Familie *Plantagináceae*), das als gutes Speiseöl gilt. Die Frucht enthält etwa 55 % Öl, das durch Pressen gewonnen wird.

Karlsbader Becherbitter → Carlsbader Becherlikör

Karlsbader Mühlbrunn → Heilwasser

Karmin (E 120): Farbstoff aus getrockneten weiblichen Nopal-Schildläusen, findet Verwendung als → Lebensmittelfarbstoff.

Karminsäure: glycosidischer Farbstoff der Nopal-Schildlaus und Hauptbestandteil des → Karmins. Das Aglykon heißt Kermessäure.

Karnaubapalme, *Wachspalme:* die hohe südamerikanische Fächerpalme *Copernícia prunífera* (Muell.) H.E. Moore (Familie *Arecáceae*), die neben dem Hauptprodukt *Karnaubawachs* den → Palmkohl liefert. Sie trägt haselnußgroße, bittere, eßbare Früchte. Aus den gemahlenen Samen wird ein Getränk hergestellt.

Karnaubawachs, *Carnaubawachs:* ein Pflanzenwachs aus der → Karnaubapalme. Die dicke, wachsartige Schicht, die von jungen Blättern abgeklopft oder abgekocht wird, ist gelbgrün, spröde, geschmacklos, schmilzt bei 80°C, besteht aus Wachsestern, Alkoholen, Paraffinen, Harzen sowie Säuren und wird in der Back- und Süßwarenindustrie als → Trennwachs oder als → Überzugsmittel verwendet.

Karoben → Johannisbrotkernmehl

Karobenbaum → Johannisbrot

Karobengummi → Johannisbrotkernmehl

Karobenkaffee → Johannisbrot

Karobgummi → Johannisbrotkernmehl

Karotine → Carotene

Karotte → Speisemöhre

Karottenmilchling → *Russuláceae*

Karpatensalami: → *Rohwurst* (Halbdauerware), die sich als Spitzensorte durch geringen Fett- und hohen Eiweißgehalt auszeichnet. Als Rohstoffe werden Hammelfleisch, Rindfleisch, ferner Nitritpökelsalz, Pfeffer, Kümmel, Muskat, Piment, Koriander und Paprika verwendet. Als Wursthüllen kommen Kranzdärme zum Einsatz. Das Schnittbild zeigt eine kräftig rot-weiße Musterung. → Wurst

Karpfen, *Cyprinus cárpio* (Bild):

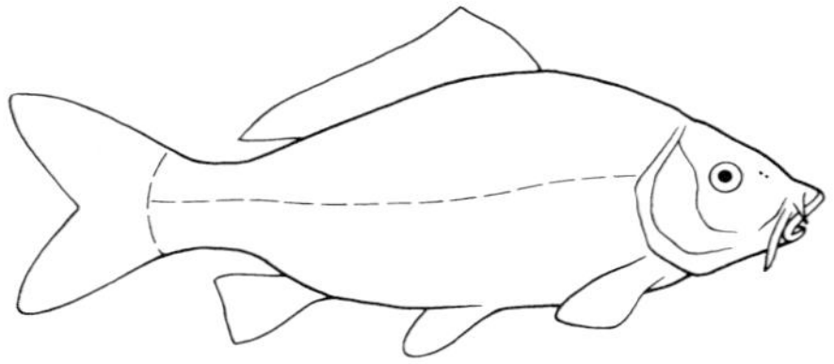

Karpfen

Einer der wichtigsten *Süßwasserfische* in der Teichwirtschaft mit gestrecktem, seitlich zusammengedrücktem Körper, oberseits meist braun- bis schwärzlich-grün, an den Seiten bräunlich-silbern, unten weiß gefärbt. An der Oberlippe befinden sich 2 lange und 2 kürzere Barteln. Von dem ursprünglichen *Schuppenkarpfen* wurden durch Zucht mehrere Formen mit reduziertem Schuppenkleid abgeleitet, wie der *Zeilkarpfen* mit 1 oder 2 Reihen großer Spiegelschuppen, der *Spiegelkarpfen* mit unregelmäßig stehenden Spiegelschuppen und der *Lederkarpfen* ohne Schuppen. Der ursprünglich in Japan, in China und in Mittelasien beheimatete K. ist heute in fast ganz Europa eingebürgert. Vom Weltfang von über 350 kt werden etwa 150 kt in der ehem. Sowjetunion, 90 kt in Europa und 100 kt in Asien produziert. Der K. erreicht meist Längen von 25···50 cm (Masse 0,3···3 kg), bei guten Wachstumsbedingungen höchst. 120 cm. In den Lebensmittelverkehr gelangt fast ausschließl. der gezüchtete Spiegelkarpfen. Er hat zartes, fettarmes bis mittelfettes Fleisch von mildem, aber typischem Eigengeschmack und einer in den Sommermonaten abnehmenden Qualität (Tab.).

Zusammensetzung und Energiewert des Karpfenfleisches

Bestandteil	Durchschnittl. Gehalt je 100 g eßbaren Anteils in g
Wasser	70···78
Eiweiß	15···19 (maximal 22)
Fett	2···9
Mineralstoffe	1···1,5
Energiewert je 100 g eßbaren Anteils in kJ (kcal)	360···710 (85···169)
davon aus Eiweiß	280···350 (66···84)
aus Fett	80···360 (19···85)
Richtwert für den Energiewert je 100 g eßbaren Anteils in kJ (kcal)	590 (140)

Die Industrielle Verarbeitung zu Fischkonserven und insbes. zu → Räucherfischerzeugnissen bringt ausgezeichnete Ergebnisse. K. ist als wichtiger Speisefisch der Binnengewässer anzusehen, der in zunehmendem Maße bereits bearbeitet und auch gefroren angeboten wird. → Fisch

Karrageen → Carrageen

Karraghen → Carrageen

Karstsaturei → Bohnenkraut

Kartano: Schnittkäse aus Finnland mit → Gouda-Charakter. → Käsesorten

Kartäuser: Destillatlikör, hergestellt in Anlehnung an die Rezeptur des franz. → Chartreuse. Der K. wird als *„Kartäuser gelb“*, mit einer Kräuter- und Gewürznote, und als *„Kartäuser grün“*, mit einer vorherschenden Kräuternote und geringerem Zuckergehalt, angeboten. In den letzten Jahrzehnten hat die weiche, süße und blumige Geschmacksrichtung des K. etwas an Beliebtheit verloren. → Likör

Kartoffel, *Erdapfel:* stärkereicher, interirdischer, knollenförmig verdickter Sproßabschnitt der Kartoffelpflanze (*Solánum tuberósum* L.), einer Staudenpflanze der Nachtschattengewächse (*Solanáceae*). Die Urheimat der K. liegt in Südamerika, in den Hochländern der Kordilleren und in den Küstengebieten Perus und Boliviens, wo heute noch viele wildwachsende Stammformen vorkommen. Der Anbau der K. im peruanischen Hochland ist bereits um 200 nach Chr. belegt. In der zweiten Hälfte des 16 Jh. gelangte die K. zunächst nach Spanien und nach England, ihr Anbau breitete sich von da über die Niederlande, Italien, Burgund auf das europäische Festland und nach den USA aus. In Deutschland wurde die K. nachweislich im Jahre 1621 und in größerem Maße erst im 18 Jh. nach Hungersnot und Teuerungsjahren für Speisezwecke angepflanzt. Unter allen europäischen Ländern war es zuerst Italien, das in größerem Umfang die K. anbaute, und wegen der Ähnlichkeit der Knollen mit Trüffeln wurde sie „tartufoli" genannt, woraus die Bez. K. entstanden ist.

Die K. brachte die bedeutendste Umstellung in der Ernährung der Neuzeit, wozu ihre vielseitigen Zubereitungsmöglichkeiten beitrugen. Heute beträgt die jährliche Welternte schätzungsweise über 250 Mio t. Mehr als die Hälfte davon stammt aus Europa, etwa 1/3 aus der ehem. Sowjetunion. Polen liegt an der Spitze der europäischen Produktionsländer, gefolgt von Deutschland und Frankreich. Der Prokopfverbrauch an Speisekartoffeln ist jedoch allg. zurückgegangen. Die Kartoffelknolle dient der Mutterpflanze im wesentlichen als Nährstoffspeicher. Die Ansatzstelle des Ausläufers an der Knollenbasis wird als Nabel bezeichnet. Am gegenüberliegenden Teil, der Krone, häufen sich die Seitenknospen (Augen), aus denen in der nächsten Generation die Triebe der neuen Staude kommen. Die eigentliche Frucht ist die aus den weißen oder rosa- bis blaufarbigen Blüten sich entwickelnde grüne Beere, die für den Menschen wegen ihres hohen Solaningehaltes giftig und ungenießbar ist. Für die Züchtung neuer Kartoffelsorten ist sie mit ihren etwa 100 kleinen Samenkörnern unentbehrlich. Beim Querschnitt durch eine Knolle wird der einige mm unter der Korkschale liegende Gefäßbündelring sichtbar, der sich etwas dunkler abhebt und in die Augen verläuft. Er besteht aus kleinsten Gefäßen, über die die Nährstoffe vom Nabelende in die Knolle und später bei der Keimung in die Augen geleitet werden. Einer Kartoffelsorte (Varietät) gehören die durch vegetative Vermehrung einer Mutterpflanze entstandenen erbgleichen Pflanzen mit konstant bleibenden Merkmalen an. Das heutige Kartoffelsortiment ist aus einer rel. geringen Zahl von Ausgangssorten durch Kreuzung hervorgegangen. In den europäischen und nordamerikanischen Sortenlisten werden ca. 700 Sorten geführt. In Deutschland kennt man zur Zeit etwa 60 bis 70 Sorten.

In der K. wurden bisher mehr als 200 verschiedene Inhaltsstoffe nachgewiesen. Die wichtigsten davon (s. Tab. S. 742).

Das *Wasser* liegt zum größten Teil „frei" als sog. Hydratationswasser vor, zu einem kleineren Teil als „gebundenes" Wasser, das den Quellungszustand der Zellkolloide bestimmt und starken Schwankungen unterworfen ist. Das wichtigste Kohlenhydrat der K., die *Stärke,* macht etwa $^3/_4$ der Trockenmasse aus. Ihr Gehalt variiert unter den mitteleuropäischen Speise- und Wirtschaftskartoffeln in Abhängigkeit von den genetisch bedingten Sorteneigentümlichkeiten zw. etwa 15% und 21%. Die Kartoffelstärke besteht zu etwa 80% aus Amylopectin und zu etwa 20% aus Amylose. Weitere in der Knolle vorkommende Polysaccharide werden unter der Sammelbez. *Rohfaser* (hauptsächlich Cellulose, die am Aufbau der Zellwände und der Schale beteiligt ist, Hemicellulosen, d. s. verschiedene Hexosane, z. B. Galactan und einige Pentosane und Methylpentosane) zusammengefaßt. Die celluloseähnliche polymere Verbindung *Kallose* hat im Zusammenhang mit der Frühdiagnose des Blattrollvirus an den Pflanzkartoffeln (histochemisch mit Hilfe von Resorzinblau nachweisbar) Bedeutung erlangt. Unter der Bez. *Rohprotein* faßt man das Eiweiß und seine Bausteine (Aminosäuren, Amide) zusammen. Das *Reinprotein* besteht aus mehreren Komponenten. Neben *Tuberin,* einem leicht löslichen Globulin (30···50% des Gesamtproteins), einem schwer löslichen Globulin und *Tuberinin,* einem Albumin, enthält es noch geringe Mengen Prolamin und

Zusammensetzung der Kartoffel

Bestandteil	Gehalt, bezogen auf 100 g eßbaren Anteil			
	Mittelwert		Schwankungsbreite	
	in g	in mg	in g	in mg
Feuchtigkeit	78	–	74···80	–
Roheiweiß	2	–	1,6···2,8	–
Reineiweiß	1,3	–	0,8···1,8	–
Stärke	18	–	15···21	–
Saccharose	0,2	–	–	–
D-Fructose	0,1	–	–	–
D-Glucose	0,1	–	–	–
Gesamtpektin	0,4	–	0,3···0,5	–
Rohfaser	0,8	–	0,4···1,0	–
Natrium	–	3,2	–	0,8···5,2
Kalium	–	523	–	339···600
Calcium	–	10	–	6···14
Eisen	–	0,8	–	0,4···1,5
Phosphor	–	50	–	31···80
Caroten	–	0,01	–	0,002···0,06
Vitamin B_1	–	0,11	–	0,07···0,14
Vitamin B_2	–	0,05	–	0,04···0,11
Niacin	–	1,22	–	0,8···1,6
Vitamin C	–	15	–	10···25

Glutelin. Das Kartoffelprotein hat als Pflanzenprotein, bes. wegen seines hohen Lysingehaltes, eine rel. hohe biologische Wertigkeit. In freier Form finden sich die Aminosäuren Glutamin- und Asparaginsäure sowie deren Amide. Das Tripeptid *Glutathion* scheint für die Regulierung der Ruheperiode der Knolle und gewisse Mucoproteide für die Kälteresistenz Bedeutung zu haben. Die K. enthält nur sehr geringe Mengen an *Lipiden,* die sich aus Triglyceriden und Phosphatiden zusammensetzen und mitentscheidend für Geschmack und Geruch der K. sind. Schlüsselverbindung im Aroma ist das *Methional,* das in einer Strecker-Reaktion aus Methionin entsteht. Im verseifbaren Anteil finden sich *Palmitin-, Myristin-, Öl-, Linol-* und *Linolensäure.* Die Azidität (*p*H = 5,6···6,2) und Pufferwirkung des Kartoffelzellsaftes werden hauptsächlich durch Phosphorsäure, Phosphorsäureester, Citronensäure und Äpfelsäure bedingt. In geringen Mengen werden noch Brenztrauben-, Isocitronen-, α-Ketoglutar-, Bernstein-, Oxalessig-, Wein-, Fumar-, Malon-, Glyoxyl- und Oxalsäure nachgewiesen. Die *Farbstoffe* von Schale und Fleisch sind im wesentlichen Carotenoide, Anthocyane, Flavine und Xanthine. Für die Dunkelfärbung nach dem Kochen („Kochdunklung") sind verschiedene o-Diphenole, wie Chlorogen- und Kaffeesäure, und möglicherweise bestimmte Flavone als Farbvorstufen verantwortlich. Die Verfärbung roher K. ist enzymatisch katalysiert (Oxydation von Tyrosin u. a. phenolischer Verbindungen mit Hilfe von Polyphenoloxydasen). Die K. enthält etwa 100 verschiedene Enzyme. Das mit dem Sammelnamen *Solanin* bezeichnete Kartoffelalkaloid (ein Glycoalkaloid) besteht aus einem Gemisch von α- Solanin, α-Chaconin u. a. Der Solaningehalt schwankt zw. 3,2 und 24,5 mg/100 g. Im gegenwärtigen Sortiment weisen alle Kartoffelstämme Glycoalkaloidgehalte unter 10 mg/100 g Fr. S. auf. In den Augen und ergrünten Schalen-

teilen kann eine toxikologisch bedenkliche Anreicherung an diesem Alkaloid auftreten. Das Solanin schmeckt kratzend und bitter und ist manchmal in Pellkartoffeln andeutungsweise wahrzunehmen. Die rel. niedrigen Solaningehalte bei Speisekartoffeln sind das Ergebnis langjähriger Veredlung. Knollen mit einem Solaningehalt unter 20 mg/100 g sind nicht gesundheitsschädigend.
Die *Verteilung der Inhaltsstoffe* der Knolle ist sehr unterschiedlich (Bild).

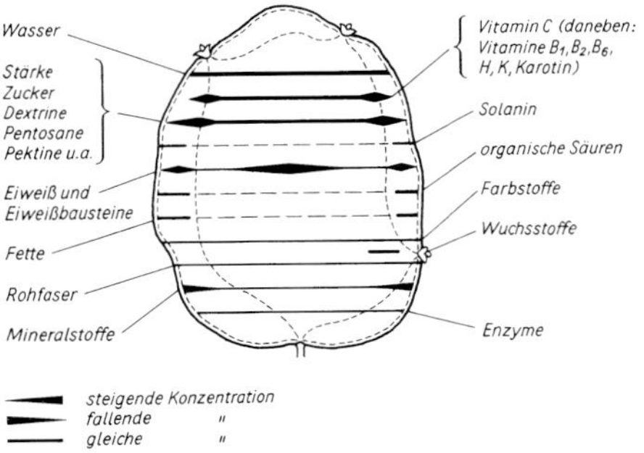

Verteilung der Inhaltsstoffe der Kartoffelknolle

Die K. ist eine bedeutende Vitamin-C-Quelle für uns. Alle Vorbereitungs- und Zubereitungsprozesse sollten deshalb auf eine weitmögliche Erhaltung des sehr leicht zerstörbaren Vitamins gerichtet sein. Bei der *küchenmäßigen Verarbeitung* gelten darum folgende Verhaltensregeln:
Geschälte K. nicht wässern! Möglichst wenig zerkleinern! In wenig Wasser ankochen und garziehen! Garzeit einhalten! Langes Warmhalten vermeiden! *Die wichtigsten Grundsätze zur Frischhaltung* von K. während der Einlagerung lauten: Gesundes, trockenes und möglichst sortiertes Lagergut, Kühlung der Kartoffelstapel auf 3···4°C, Einhaltung einer rel. Luftfeuchte von 90···95%, gute Belüftung des Lagerraumes. Bei Temperaturen unter 2°C werden die K. süß, bei über 5°C beginnen die meisten Sorten bald zu keimen. Während der Lagerung wird Stärke enzymatisch in Zucker umgewandelt und der Zucker zu Kohlendioxid und Wasser veratmet. Der zum Zeitpunkt der Ernte hohe Vitamin- C-Gehalt fällt während der Lagerung, bes. in den ersten Monaten, auf etwa 30···50% des Ausgangswertes ab. Nach 6- bis 8 monatiger Lagerung steigt er wieder an. Die Haltbarkeit der K. kann mit Hilfe chemischer Stoffe (Keimhemmungsmittel), wie α-Naphthylessigsäuremethylester, 2.3.5.6.-Tetrachlornitrobenzen, Urethanderivate [*Isopropyl-N-phenylcarbamat, Isopropyl-N-(3-chlorphenyl)-carbamat*], Maleinsäurerehydrazid, die flüssig (Tauchbehandlung) oder als Pulver angewendet werden, durch Herabsetzen von Keimung und Atmung verbessert werden. In der ehem. Sowjetunion, den USA und Kanada werden die K. zur Keimhemmung auch mit Gammastrahlen (Dosis: 5000 bis 10000 rad, d. h. 50···100 J/kg) behandelt und erreichen dadurch bei 5°C eine Haltbarkeit von 1 Jahr und länger. Vor Einlagerung der K. muß mittels Stichpropen deren Gesundheitszustand geprüft werden.
Die wichtigsten *Kartoffelkrankheiten* sind: die *Braunfäule* (hervorgerufen durch den Pilz *Phytóphthora inféstans,* bes. in feuchten Sommern), die *Naßfäule* oder Schwarzbeinigkeit (*Bactérium phythóphtorum), der* Kartoffelkrebs *(Synchýtrium endobióticum*), der *Kartoffelschorf (Streptomýces scábies)* sowie *Viruskrankheiten* (Blattrollkrankheit, Mosaikkrankheit usw.). *Nichtparasitäre Knollenveränderungen* sind: Fadenkeimigkeit, Knöllchensucht, Pfropfbildung, Schwarzadrigkeit, Hohlherzigkeit. Die wichtigsten *tierischen Schädlinge* sind der Kartoffel- oder Coloradokäfer, Engerlinge und Drahtwürmer.
Je nach dem Verwendungszweck werden unterschiedliche Forderungen hinsichtlich der Eigenschaften der Sorten gestellt. *Speisekartoffeln* sollen meist stärkearm sein, damit sie beim Kochen möglichst fest bleiben. Mehligkochende Sorten sind nur gebietsweise gefragt (→ Mehligkeit). *Industrie- oder Fabrikkartoffeln* sollen einen möglichst hohen Stärkegehalt aufweisen. Sie können unsortiert sein. *Saat- oder Pflanzkartoffeln* müssen bes. Forderungen hinsichtlich Sortenreinheit und Gesundheitszustand genügen. Als *Futterkartoffeln* werden alle K. verwendet, die für Speise- und Pflanzzwecke ungeeignet sind und für die industrielle Verwendung nicht benötigt werden. Spei-

sekartoffeln werden in der Praxis meist nach folgenden Gesichtspunkten beurteilt:

a) nach der Erntezeit: sehr frühe (zum Sofortverbrauch), frühe (wenig mehlig, als Salatkartoffel geeignet), mittelfrühe (zur Einkellerung), mittelspäte und späte (teils gute Speisekartoffeln, zur Einkellerung, teils sehr mehlig, ausgesprochene Futter- und Industriekartoffeln),

b) nach der Knollenform: lange, nierenförmige, runde, ovale, rundovale, langovale,

c) nach der Schalenbeschaffenheit: rauh- und glattschalige

d) nach der Schalenfarbe: rote, blaue, weißgelbe,

e) nach der Fleischfarbe: gelb- und weißfleischige,

f) nach dem Stärkegehalt: hoher Gehalt (geeignet für Industrieverwertung, Pellkartoffeln), geringer Gehalt (Salz- und Salatkartoffeln),

g) nach Kocheigenschaften: festbleibende, starkmehlige, zerplatzende.

Die Lebensmittelproduktion, die die K. zu Trockenerzeugnissen (*Kartoffelflocken, -schnitzel, -knödelmehl* usw.) verarbeitet, stellt an die Züchtung spezielle Forderungen, z. B. hinsichtlich Schnittfestigkeit, Eiweißgehalt, Zuckerarmut, Gelbfleischigkeit, Nachdunklungsresistenz während des Schäl- und Verarbeitungsprozesses.

Die meisten Speisekartoffeln und auch ein großer Teil der Industriekartoffeln werden heute maschinell geschält. Dazu werden folgende *Schälverfahren* angewendet (Übersicht).

Schälverfahren für Kartoffeln

Schälverfahren	Kurzcharakteristik
Mechanische Verfahren:	
Raspelhiebverfahren	Vertikal rotierende Schälringe mit hervorstehenden Zähnen
Karborundverfahren	Mit harten Silikatkörnchen (Korund) besetzter rotierender Boden und Seitenwand einer Schältrommel. Bei einem kontinuierlich arbeitenden Gerät sind mehrere korundbesetzte rotierende Walzen parallel zueinander und mit leichter Neigung zum Auslauf zu angeordnet
Messerschnittschälverfahren	Schältrommel mit rotierenden Scheiben, die mit mehreren radial angeordneten Messern bestückt sind
Lochscheibenschälverfahren	Schältrommel mit gleichmäßig verteilt angeordneten und geschärften kreisrunden Löchern. Man unterscheidet eine mit und eine ohne Wasser arbeitende Variante
Physikalische Verfahren:	
Flammenschälverfahren	Kurzfristige Einwirkung (15 bis 30 s) einer Temperatur von etwa 1 100 °C. Nachbehandlung durch gegenseitiges Reiben der Knollen und durch Waschen
Dampfschälverfahren	Einwirkung von gesättigtem Wasserdampf von 160 °C (30 s). Nachbehandlung mit einer Wasserdusche (6 at ≈ 0,6 MPa Druck)
Chemische Verfahren:	
Laugenschälverfahren	Kontinuierliches Tauchen in eine 20···25 %ige, etwa 60 °C heiße Natronlauge für etwa 5···10 min. Anstelle der Natronlauge kann auch eine hochkonzentrierte Kochsalzlösung verwendet werden. Nachbehandlung: entweder naß mit Hilfe eines Bürstenabriebgerätes oder trocken mit Hilfe einer infrarotbeheizten Siebtrommel. Anschließend Neutralisation mit Essigsäure.

Schälverfahren für Kartoffeln (Forts.)

Schälverfahren	Kurzcharakteristik
Wurpeelverfahren (Dry-lye-peeling, Dry-caustic-peeling)	Für etwa 30···210 s mit Lauge schälen, Abtropfen lassen, Temperaturausgleich bei Raumtemperatur (5 min), etwa 2···3 min mit Hilfe gasbeheizter Infrarotstrahler in rotierenden Trommeln oder auf einem Förderer an der Oberfläche Erhitzen (rund 850 °C). Anschließend mit Hilfe walzenförmiger Gummerschrubber und durch Waschen die Schalen entfernen.

Die mechanischen Schälverfahren bewirken i. allg. bedeutend höhere Masseverluste (durchschnittl. 30···50 %), als die physikalischen und chemischen Verfahren (10···25 %), weil sich letztere besser an die unterschiedliche Form und Größe der Knollen anpassen. Auch ist der manuelle Nachputzaufwand bei den ersten größer. Je geringer die Masseverluste, um so vitaminreicher sind die geschälten K. infolge der ungleichmäßigen Verteilung der Vitamine. Von meßbarem Einfluß auf die Masseverluste sind Sorte, Knollenform, -größe und -beschaffenheit, Schalendicke, Tiefe der Augen, Turgor, Schorfbesatz, Lagerdauer, Schälverfahren und -bedingungen. Voraussetzungen für möglichst geringe Schälverluste sind: die größenmäßige Vorsortierung der Knollen, die Einhaltung optimaler Schälzeiten und Füllmengen,

Oberflächenbeschaffenheit geschälter Kartoffeln in Abhängigkeit vom Schälverfahren

Schälverfahren	Oberfläche ist				Relative Verfärbungsneigung			Tiefliegende Augen müssen	Tiefliegende Augen brauchen nicht
	glatt	griffig	zerklüftet	stark zerklüftet	gering	stark[1]	sehr stark[2]	von Hand ausgestochen zu werden	
Handschälen		x			x			x	
Raspelhiebverfahren			x			x		x	
Karborundverfahren				x			x	x	
Messerschnittschälverfahren		x			x			x	
Lochscheibenschälverfahren		x			x			x	
Flammenschälverfahren	x				x			x	
Dampfschälverfahren	x				x			x	
Laugenschälverfahren	x				x				x

[1] Verfärbung läßt sich durch Aufbewahren unter Wasser verhindern
[2] Verfärbung läßt sich durch Aufbewahren unter Wasser nicht verhindern

bes. bei den mechanischen Schälverfahren, eine optimale Temperatur-Zeit-Führung und ein Bürstenabrieb bei den physikalischen und chemischen Verfahren. Bei den mechanischen Schälverfahren steigen der prozentuale Schälverlust und der manuelle Nachputzaufwand mit abnehmender Knollengröße und mit der Abweichung der Knollenform von der runden Idealform. Die manchmal auftretende Verhärtung an der Oberfläche industriell mit Natronlauge geschälter K. nach dem Garen (Verhornung) kann verschiedene Ursachen haben. Die wichtigsten sind: nicht voll ausgereifte Knollen, Überschreiten der Sulfitionenkonzentration und der Behandlungszeit beim Sulfitieren, Aufbewahrung sulfitierter K. unter Wasser und Überschreiten der 36-h-Frist zwischen Schälen und Verbrauch. Oberflächenbeschaffenheit geschälter K. in Abhängigkeit vom Schälverfahren (s. Übersicht S. 745).
Speisekartoffeln werden als Sättigungsbeilagen (mehrere hundert Zubereitungsarten), als Gemüsebeilage, für Eintöpfe und als selbständige Kartoffelspeisen verwendet. Zur Erleichterung der Küchenarbeit werden in zunehmendem Maße von der Industrie Kartoffelhalbfabrikate (→ Kartoffelveredelungsprodukte) hergestellt. Aus Industriekartoffeln werden Stärke, Stärkehydrolyseprodukte und Sprit hergestellt. Die dabei anfallenden Abfälle (Kartoffelfruchtwasser, Pulpe, Waschlaugen) werden zu Futtermitteln verarbeitet bzw. dienen als Nährsubstrat für Mikroorganismen, z. B. zur Produktion von Biomasse, Citronensäure, Äpfelsäure, Enzymen und zur Rückgewinnung von Proteinen, Kalium, Phosphaten, organischen Säuren.

Kartoffelbohne → Erdbirne → Yambohne

Kartofelbovist → *Sclerodermatáceae* → Pilzgifte

Kartoffelbreipulver, *Kartoffelpüreepulver, Kartoffelgranulat:* ein Granulat (hergestellt aus geschälten, unter geringem Überdruck gedämpften und zu einem homogenen Brei zerkleinerten Kartoffeln), das durch Zumischen von bereits getrocknetem Fertigerzeugnis und nach Kühlung der Mischung auf Raumtemperatur durch Konditionierung auf einen Feuchtigkeitsgehalt von 30···40 % mit Hilfe eines kalten Luftstromes und schließlich durch eine Zweistufentrocknung auf eine Endfeuchtigkeit von 8···10 % gebracht wurde. Das trockene Material wird gesiebt, die gröbste Fraktion ausgeschieden (Verwendung als Futtermittel) und eine mittlere Fraktion (Add-back-Pulver) zyklisch in den Produktionsprozeß zurückgeführt. Danach wird das in den USA 1948 bekanntgewordene Verfahren als *„Add-back-Verfahren“* bezeichnet.

Schema des Add-back-Verfahrens für die Herstellung von Kartoffelbrei

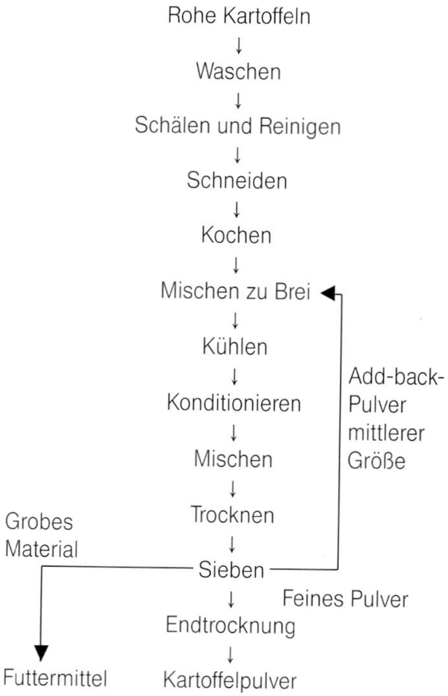

Es ermöglicht die Herstellung eines Erzeugnisses, das vorwiegend aus Kartofelgewebe besteht, in individuelle Zellen zerfallen ist und einen geringen Anteil an Zelltrümmern aufweist. Hierdurch und durch Verwendung von Kartoffeln mit nicht zu niedrigem Stärkegehalt wird eine gummiartige Beschaffenheit des Endproduktes vermieden und ein Püree von trocken-mehliger oder naß-lockerer Beschaffenheit erhalten, das dem aus Frischkartoffeln bereiteten Püree ähnlich ist. Das K. unterscheidet sich in seinen kolloidchemischen Eigenschaften von Kartoffelwalzmehl. Es gibt Versuche, eine Granulation der vorgetrockneten Kartoffelmasse durch Gefrieren und nachfolgendes Auftauen unter Umgehung des Add-back-Prozesses zu erreichen. Das fertiggetrocknete Erzeugnis soll sich durch hohes Wasserbindungsvermögen auszeichnen. Das Halbfabrikat wird zur küchenmäßigen Herstellung von Kartoffelbrei in ein Gemisch aus heißem Wasser und Milch eingerührt. Der Brei ist in wenigen Minuten tischfertig und kann nach Belieben mit Eiern, Fett, Zwiebeln und Gewürzen versehen werden. → Kartoffel → Kartoffelveredlungsprodukt

Kartoffel, Chinesische:
1. → Yams, Chinesisches
2. Yams, Kleines

Kartoffelchips, *Pommes chips* (franz./engl.: Kartoffelscheiben): dünne, etwa 1 mm dicke, in heißem Fett oder Öl gebackene Kartoffelscheiben von hellgelber bis goldbrauner Farbe. Die Weiterverarbeitung der geschnittenen Kartoffeln (Stärkegehalt: 17···19 %, Anteil reduzierender Zucker: 1 %) erfolgt im Prinzip wie bei den → Pommes frites. Fettbadtemperatur: bei 160···170°C, Backzeit: etwa 2,5 min, Restfeuchtigkeit: 1,5···2 %. Als Fritürefette eignen sich bes. Erdnuß-, Mais- und Baumwollsamenöle, Hartfette, wie hydriertes Pflanzenbackfett und desodoriertes, stabilisiertes Schweinefett. Der Geschmack der K. hängt mit der Art und dem Zustand des verwendeten Fettes zusammen. Stärke- und Fettgehalt der K. liegen beide bei 40 %. Kartoffeln von niedriger Dichte ergeben ein Erzeugnis von höherem Fettgehalt und damit geringerem Genußwert. Die Verluste an den Vitaminen B_6 und C sind bedeutend (50 % bzw. 31 % des Ausgangswertes). Beim Abspülen der Kartoffelscheiben gehen allein 25 % Vitamin C und 15 % Vitamin B_6 verloren. Die K. erfreuen sich auch in Europa zunehmender Beliebtheit. → Kartoffel → Kartoffelveredlungsprodukt → Imbißerzeugnis

Kartoffelcroûtons → Kartoffelknabbergebäck → Kartoffelwaffeln

Kartoffelerzeugnis, gefrorenes; durch Gefrierkonservierung haltbar gemachte, tischfertige oder garfertige Zubereitung aus Kartoffeln. Es handelt sich vorwiegend um geformte Kartoffelklöße, die nach Einlegen in kochendes Wasser nach etwa 15···20 min verzehrfertig sind, Kartoffelpuffer (Reibekuchen) und Pommes frites, die beide schon vorgebacken sind und nur kurzfristig in heißem Fett aufgebraten bzw. goldgelb gebacken werden. Vorheriges Auftauen ist nicht nötig. → Kartoffel → Kartoffelveredlungsprodukt

Kartoffelessig → Essig

Kartoffelgranulat → Kartoffelbreipulver

Kartoffelhalbfabrikat → Kartoffelveredlungsprodukt

Kartoffel, Japanische → Knollenziest

Kartoffelklöße → Kloß

Kartoffelkloßmehl, *Kartoffelpuffermehl, Knödelmehl:* ein Gemisch aus grießfein gemahlenen Trockenspeisekartoffeln, unverkleisterter und etwas gequollener und wieder getrockneter Kartoffelstärke und Speisesalz, das nach Wasserzugabe zu Klößen geformt werden kann bzw. auch zur Bereitung von Kartoffelpuffern oder Knödeln geeignet ist. Das K. erspart durch seine einfache Anwendungsweise Zeit und Arbeit und findet zunehmend Verwendung in Haushalts- und Großküchenbetrieben. K. ist von hellerer Farbe als → Kartoffelbreipulver und erscheint fast weiß. Lediglich die rel. groben Speisekartoffelteilchen treten in der Farbe etwas dunkler, meist gelblich, hervor. Das Verhältnis von unverkleisterter Kartoffelstärke zur gemahlenen Trockenkartoffel und deren Korngröße ist neben der geeigneten Kartoffelsortenwahl für die Qualität des K. ausschlaggebend. Eine zu feine Körnigkeit bewirkt zwar schnellere Quellung, ergibt aber ein kleisterartiges, schmieriges

Fertigerzeugnis. Nach etwa 10···20 min Quelldauer des angeteigten K. soll die Masse so formbar sein, daß ein Rohkloß gefertigt werden kann, der seine Form auch beim Auflegen auf eine Unterlage wahrt. Die Oberfläche soll möglichst glatt und ohne schleimigen, klebrigen Belag sein, nicht zu rauh oder faserig durch harte, ungenügend gequollene Partikelchen. Je nach Geschmack können weitere Zutaten, wie Eier, geröstete Brotwürfel, Muskatnuß, andere Gewürze oder Kräuter, der gequollenen Masse untergemischt werden. Man gibt die Klöße in kochendes Wasser und läßt sie garziehen. Der Topf bleibt unbedeckt, damit die Oberfläche der Klöße nicht zerstört wird. Aus K. lassen sich auch Kartoffelplätzchen, Kartoffelstrudel, Fingernudeln, gefüllte Pasteten, Fleischrollen, Zwetschgenknödel und Apfelstrudel bereiten. Es eignet sich auch zum Binden von Soßen, Suppen und Gemüse sowie zum Panieren von Fleisch und Fisch und zum Strecken von Hackfleischmassen. Es gibt auch aus rohen Kartoffeln hergestellte und für die Zubereitung von rohen Klößen (grüne Klöße, Thüringer Klöße) oder Kartoffelpuffer (Reibekuchen) geeignete Erzeugnisse. → Kartoffel → Kartoffelveredlungsprodukt

Kartoffelknabbergebäck: verschieden geformte, aus rohen oder gekochten Kartoffeln oder aus einem aus gekochten, zerdrückten Kartoffeln und verschiedenen Zutaten, wie Milch, Stärke, Ei, Gewürze, bereiteten Teig hergestellte und in heißem Öl knusprig gebackene Erzeugnisse. Zu den in verschiedenen Geschmacksrichtungen angebotenen K. zählen → Kartoffelchips (Scheiben), Kartoffelsticks (Streifen), → Kartoffelnuts, → Kartoffelpuffs, → Kartoffelwaffeln, Kartoffelcroûtons u. a. → Kartoffel → Imbißerzeugnis

Kartoffelkrankheiten → Kartoffel

Kartoffelkrebs → Kartoffel → Pilze

Kartoffelmehl → Knollenstärke

Kartoffelnuts: gewürfelte Trockenkartoffeln, die nach Aufnahme einer gewissen Feuchtigkeit in Öl gebacken werden. → Kartoffel → Kartoffelknabbergebäck

Kartoffeloxydase → Polyphenoloxydasen

Kartoffelpräserve → Dosenkartoffeln

kartoffelpuffermehl → Kartoffelkloßmehl

Kartoffelpuffs: aus blanchierten Kartoffelstücken hergestellte knusprige Erzeugnisse, die an der Oberfläche mittels eines schnell bewegten Heißluftstromes schnell trocknen und durch den im Innern sich bildenden Wasserdampf expandiert werden. → Kartoffel → Kartoffelknabbergebäck

Kartoffelpüreeflocken → Kartoffelspeiseflocken

Kartoffelpüreepulver → Kartoffelbreipulver

Kartoffelrose, *Kamtschatkarose, Japanische Apfelrose:* eine in Südostasien, Europa und Nordamerika wildwachsende und zur Gewinnung der großen Vitamin-C-reichen Früchte kultivierte Rosenart. *Rósa kamtschática* Vent., Syn. *Rósa rugósa* Thunb. (Familie *Rosáceae*) → Hagebutte

Kartoffelschälverfahren → Kartoffel

Kartoffelschorf → Kartoffel

Kartoffelspeiseflocken, *Kartoffelpüreeflocken:* gereinigte, gedämpfte, gequetschte und über Walzen getrocknete Kartoffeln. Zur Herstellung werden im einzelnen die gereinigten Kartoffeln in Scheiben geschnitten, von der an den Schnittflächen ausgetretenen Stärke durch Abspülen befreit und 20 min bei etwa 70°C vorerwärmt, so daß die Stärke verkleistert und das Gewebe zäh und elastisch wird (Schema S. 749).
Die 20···40 min lang gekochten Kartoffeln werden durch einen perforierten Zylinder gepreßt, der entstandene Brei wird gleichmäßig auf die gesamte Länge der Walze aufgetragen und die gewünschte Schichtdicke mittels mehrerer kleiner, nicht beheizter Andrückwalzen eingestellt. Brechwalzen zerkleinern den etwa 0,2 mm dicken Film zu Flokken. Bei einer Umlaufgeschwindigkeit der Walze von 2···3 U/min erfolgt die Herabsetzung der Feuchtigkeit des Endproduktes von 80% auf 7···8% in etwa 20 s. Um dem Endprodukt eine befriedigende Rehydration zu verleihen, sollte die Trocknung des Breies möglichst in monozellulärer

Schema der Herstellung von Kartoffelspeiseflocken

Rohe Kartoffeln
↓
Schälen
↓
Nachputzen
↓
zu Scheiben schneiden
↓
Vorkochen
↓
Kochen
↓
Zerdrücken
↓
Walzen-Trocknung
↓
Verpacken

Schicht erfolgen. Aus dem gleichen Grunde sind die teilw. Trocknung auf der Walze und eine Endtrocknung durch Belüftung von Vorteil. Die K. sind sehr voluminös, was sich vor allem für Lagerung und Versand nachteilig auswirkt. Durch ein modifiziertes Verfahren, bei dem die Flocken mit einem bestimmten Anteil feuchten Kartoffelbreies vermischt und nachträglich getrocknet werden, erhält man Flöckchen, sog. *Flakelets,* von etwa 3 mal so hoher Dichte. K. dienen als Ausgangsprodukte für die Herstellung von → Kartoffelwalzmehl sowie zur Zubereitung von Kartoffelbrei und Kartoffelsuppe und zum Andicken von Soßen, Suppen, Eintopfgerichten. Als Instantprodukt können K. unmittelbar vor dem Servieren den Speisen zugegeben werden. K. eignen sich auch zur Krokettenherstellung. → Kartoffel → Kartoffelveredlungsprodukt

Kartoffelspeisestärke: eine → Puddingstärke aus Kartoffelstärke (→ Knollenstärke). → Puddingpulver

Kartoffelstärke: eine aus → Kartoffeln gewonnene Stärke. Zusammensetzung und Energiewert s. Tab.

Zusammensetzung und Energiewert von Kartoffelstärke

Bestandteil	Gehalt je 100 g in g
Feuchtigkeit	15,5
Eiweiß	0,57
Fett	0,10
Kohlenhydrate	83,4
Rohfaser	0,08
Mineralstoffe	0,39
Energiewert in kJ (kcal) je 100 g	1515 (361)

→ Knollenstärke → Stärke

Kartoffelstärkedextrin → Dextrin

Kartoffelstärkemehl → Knollenstärke

Kartoffelstärke-Tapioka → Tapoika

Kartoffelsticks → Kartoffelknabbergebäck → Kartoffelwaffeln

Kartoffelveredlungsprodukt, *Kartoffelhalbfabrikat:* Kartoffelerzeugnis, das durch Bearbeitung bereits küchenfertig ist und somit ohne weitere Vorbereitungsgänge zur Zubereitung von Speisen verwendet werden kann. K. gewinnen zunehmende Bedeutung als Substitut von Speisekartoffeln bes. in Gaststätten und in der Gemeinschaftsverpflegung. Zu den K. zählen rohe geschälte bzw. geschälte und geputzte Kartoffeln sowie folgende Instantprodukte: → Kartoffelwalzmehl → Kartoffelbreipulver → Kartoffelgranulat → Kartoffelspeiseflocken → Kartoffelkloßmehl → Krokettemehl → Trockenspeisekartoffeln → Kartoffelchips → Kartoffelpuffs → Kartoffelnuts → Pommes frites → Dosenkartoffeln → Kartoffelerzeugnis, gefrorenes. → Kartoffel

Kartoffelwaffeln, *Potato wafers* (engl.): ein in England entwickeltes, aus einem Teig aus gekochten Kartoffeln, Trockenmilchpulver und Gewürzen hergestelltes, durch Aufschlagen mit Luft gelokkertes und bei etwa 85°C getrocknetes, waffelartiges Erzeugnis. Anstelle der Trockenmilch kann auch ungesüßte Kondensmilch oder Trockenmolke verwendet werden. Auch kleine Mengen

Süßkartoffeln sind geeignet. Als Gewürze sind vor allem Salz und Pfeffer vorgesehen. Die Masse wird auf Waffeleisen extrudiert und beidseitig mittels Wärme behandelt. K. werden als Halberzeugnis in der Back- und Dauerbackwarenindustrie verwendet oder zu einem braun gefärbten Enderzeugnis ausgebacken. Aus dem gleichen Ausgangsteig lassen sich auch *Kartoffelsticks* und *Kartoffelcroûtons* herstellen → Kartoffelknabbergebäck

Kartoffelwalzmehl: durch Pressen und Trocknen einer verkleisterten Masse gedämpfter, geschälter oder ungeschälter Kartoffeln auf beheizten Walzen und durch anschließendes Mahlen bzw. aus Kartoffelflocken durch Mahlen gewonnenes Erzeugnis. Das seit langem bekannte Erzeugnis fand ursprünglich hauptsächlich bei der Brotbereitung, ferner als Suppenmehl, zum Strecken von Mehlen und als Futtermittel Verwendung. Neuerdings dient es zur Herstellung von *Kartoffelcrakkers.* → Kartoffel → Kartoffelveredlungsprodukt

Kartoffelyams → Luftyams

Kartoffelzwiebel → Lauch → Schalotte

Karuka → Karakafrucht 2.

Karyopse → Getreide → Süßgras → Nuß

Kasa: ein in der ehem. Sowjetunion verbreiteter → Fladen, der aus Buchweizen/Weizenmehlmischung hergestellt wird.

Kasamango → Mombinpflaume

Kasanlyk-Rose → Lablab → Rosenöl

Kaskarillabaum → Cascarillarinde

Kascha: ein in der ehem. Sowjetunion verbreiteter steifer, mürber → Brei. *Kaschi* ist ein dünnflüssiger, *Rasmasni* ein zähflüssiger Brei. Bei dem Kasch oder der K. handelt es sich vorwiegend um Grützbrei aus → Buchweizen, es werden aber auch Spelzweizen, Roggen oder Gerste verwendet. Die K. zählt zum verbreitetsten russ. Nationalgericht; an 2. Stelle steht → Schtschi.

Kaschkavalkäse: aus Schafmilch oder aus Mischungen von Kuh- und Schafmilch in den Balkanländern und im Vorderen Orient hergestellter *Hartkäse* (typischer Vertreter der Schafmilchkäse). Die Oberfläche ist bernsteingelb, hart und trocken, der Käseteig gelblich und zeigt nur geringe Lochbildung. Der K. hat einen angenehmen, würzigen Geschmack. → Schafmilchkäse

Kaschuapfel → Kaschunuß

Kaschukern → Ölsamen → Kaschunuß

Kaschumilch: ein → pflanzliches Ersatzmilchpräparat aus Kaschunuß, das nur geringe Stabilität aufweist, wenn es nicht 1:1 mit Kuhmilch gemischt wird. Eine andere Variante von K. wird unter Zusatz von 0,5···1 % Casein und Einstellung auf einen *p*H-Wert von 6,8···7,0 oder durch Mischung mit Erdnußmehl und hydrolysierter Stärke (25···50 %) hergestellt. Diese K. zeigt folgende Zusammensetzung: 12 % lösliche Stoffe, 3,3 % Eiweiß, 5,4 % Fett, 3,1 % Kohlenhydrate und 0,75 % Mineralstoffe.

Kaschunugatrohmasse → Nugatrohmasse

Kaschunuß, *Cashew-Nuß, Elefantenlaus, Acaju:* Frucht des *Nierenbaumes Anacárdium occidentále* L. (Familie *Anacardiáceae).* Es handelt sich um eine nierenförmige, einsamige, hartschalige Nuß, die 2,5···3,0 cm lang ist und an einem wesentlich größeren, birnenförmig geschwollenen, fleischigen Stiel, dem *Kaschuapfel,* sitzt. Von den Inhaltsstoffen ist u. a. das Öl der Kaschunußschalen interessant, das hauptsächlich für chemisch-technische Erzeugnisse (Kunstharze, wasserabweisende Farben usw.) genutzt wird. Dieses scharfe, braune, vor allem in den inneren Geweben der Nußschale enthaltene Öl ist toxisch (starke Hautreizungen). Daher ist die K. roh ungenießbar.

Vor dem Schälen muß das Öl durch Erhitzen ausgetrieben werden,danach werden die Kerne einer weiteren Hitzebehandlung unterzogen und die dünnen, bräunlichen Samenschalen entfernt. Zur Wiederanfeuchtung des Kerngewebes nach den Erhitzungen erfolgt eine abschließende Behandlung in Schwitzkammern. Die auf diese Weise gewonnenen *Kaschukerne* enthalten bedeutende Mengen an Vitamin E. Das in ihnen enthaltene genießbare Öl wird i. allg. wegen des hohen Preises

Zusammensetzung und Energiewert der Kaschunuß

Bestandteil	Durchschnittl. Gehalt in 100 g eßbaren Anteils
Feuchtigkeit	4,0 g
Eiweiß	17,5 g
Fett	42,2 g
Linolsäure	3,0 g
Kohlenhydrate	32,0 g
Rohfaser	1,4 g
Mineralstoffe	2,9 g
Natrium	14,0 mg
Kalium	552,0 mg
Calcium	31,0 mg
Eisen	2,8 mg
Phosphor	373,0 mg
Caroten	0,06 mg
Vitamin E	5,8 mg
Vitamin B_1	0,63 mg
Vitamin B_2	0,26 mg
Niacin	2,0 mg
Vitamin B_6	–
Vitamin C	–
Energiewert in kJ (kcal) je 100 g eßbaren Anteils	2530 (604)

der Kaschukerne nicht extrahiert. Der birnenförmige Fruchtstiel, der *Kaschuapfel,* ist gelbglänzend oder scharlachrot. Er besteht aus schwammigen, meist sauer-adstringierendem Fleisch und wird für die Herstellung von Marmeladen und Getränken verwendet. 100 g Fruchtfleisch enthalten 150···40 mg Vitamin C. In Indien wird der *Kaschuapfel* auch kandiert. Der 7···20 m hohe Nierenbaum wird hauptsächlich in Indien (400 km^2), aber auch in Ostafrika, in Brasilien und auf Haiti angebaut.

Kaschurohmasse: ein Gemenge aus zerriebenen und gewalzten Kaschukernen und Zucker, das mind. 65 % Kaschukerne und höchst. 35 % Zucker enthält. → Rohmasse → Mischrohmasse → Backrohmasse → Masse → Ölsamen

Kaschuschokolade → Nußschokolade

Käse: aus Milch, Rahm, teilw. oder vollständig entrahmter Frischmilch, Buttermilch oder Molke oder auch aus Gemischen dieser Flüssigkeiten durch Lab und/oder durch Säuerung abgeschiedenes Produkt aus *Milcheiweißstoffen, Milchfett, Milchzucker, Mineralstoffen, Vitaminen* und *Wasser,* das geformt, z.T. gepreßt und gesalzen, evtl. mit Farbstoffen und Gewürzen versetzt wird und entweder frisch oder nach längerer Reifung für den Genuß bestimmt ist. Geschmack, Form und Aussehen werden von der Zusammensetzung der verwendeten Roh- und Hilfsstoffe und dem jeweils angewendeten Herstellungsverfahren bestimmt. Europäische Länder mit intensiver Milchwirtschaft und entsprechend großer Käseerzeugung sind Frankreich, Italien, die Niederlande, Dänemark, die Schweiz, Großbritannien und Deutschland. Die Welt-Käseproduktion hat sich in den letzten 20 Jahren mehr als verdoppelt. Sie belief sich im Jahre 1967 auf 5,3 Mio t und im Jahre 1985 auf 12,8 Mio t. Zum Pro-Kopf-Verbrauch s. Tab.

Pro-Kopf-Verbrauch von Käse in ausgewählten europäischen Ländern[1] *(Angaben in kg/Jahr)*

Land	1987	1988	1990
Dänemark	12,5	12,7	14,6
Deutschland			
alte Bundesländer	14,9	16,0	15,9
neue Bundesländer			
Frankreich	20,5	21,9	22,8
Großbritannien	6,5	7,3	7,6
Griechenland	22,9	22,9	21,6

[1] nach: Statistisches Jahrbuch über Ernährung, Landwirtschaft und Forsten, 1992

Zur Labkäseherstellung wird die (Käserei- bzw. Kessel-)Milch nach dem Reinigen und Erhitzen gekühlt, auf den erforderlichen Fettgehalt eingestellt und bei der jeweils vorgegebenen Temperatur mit Säurewecker (→ Starterkulturen), gegebenfalls mit → Spezialkulturen (Tab.) und bestimmten Hilfsstoffen (Farbe, Calciumsalze, evtl. auch Nitrate) versetzt und durch Zugabe von → Lab innerhalb einer bestimmten Zeit (1/2···2 h) dickgelegt. Durch die nachfolgende Bruchbearbeitung (Ver-

Bei der Reifung ausgewählter Käsesorten wertbestimmende Mikroorganismen

Käsesorte	Produktspezifische Mikroorganismen	Bei Anwendung von Starterkulturen zugesetzt
Camembert, Brie	*Penicillium camemberti, Penicillium candidum, Brevibakterium, Micrococcus sp.*	*Streptococcus lactis, Streptococcus cremoris, Streptococcus diacetylactis*
Cheddar		*S. cremoris S. lactis*
Edamer, Gouda Tollenser		*S. lactis, S. cremoris, Leuconostoc cremoris*
Emmentaler	*Propionibacterium freudenreichii*	*S. lactis, S. cremoris, S. thermophilus, Lactobacillus helveticus, Lactobacillus bulgaricus*
Limburger	*Brevibacterium linens, Micrococcus sp.*	*S. lactis, S. cremoris,*
Roquefort	*Penicillium roqueforti*	*S. lactis, S. cremoris, Leuconostoc cremoris*

schöpfen, Schneiden, Verziehen, Rühren unter gleichzeitigem Nachwärmen) wird das Gemenge langsam von der Molke abgeschieden (mit Hilfe von Käsetüchern bzw. perforierten Formen) und für Hart- und Schnittkäse anschließend gepreßt. Die geformten bzw. gepreßten K. kommen je nach Sorte für bestimmte Zeit in ein Salzbad und lagern nach dem Trocknen in klimatisierten Reifungskellern bis zur Verpackung. Die Herstellungsdauer beträgt bei nichtreifendem K. 2 Tage, bei Weichkäse 3 bis 6 Wochen und bei Hartkäse 3 bis 10 Monate. Die großen Unterschiede hinsichtlich des Klimas, der Futterverhältnisse, der mikrobiologischen Vorraussetzungen für die Reifung und die mannigfaltigsten Herstellungsmethoden sowie die differenzierten Geschmacksneigungen der Verbraucher haben eine Vielzahl von Käsesorten enstehen lassen (etwa 4000, allein in Frankreich 300). – Die Einteilung der Käsearten und -sorten erfolgt nach verschiedenen Merkmalen: a) nach der *Milchart* (Kuhmilchkäse, Schafmilchkäse, Ziegenmilchkäse, Büffelmilchkäse, K. aus Mischmilch), b) nach der *Herstellung* (Süßmilchkäse -Lab- oder Naturkäse-, Sauermilchkäse), c) nach der *Reifung* (reifende K., nichtreifende K.), d) nach dem *Fettgehalt* s. Tab.

Fettgehaltsstufen in % Fett in der Trockenmasse

1. Doppelrahmstufe	60···85
2. Rahmstufe	50···59
3. Vollfettstufe	45···49,5
4. Fettstufe	40···44,9
5. Dreiviertelfettstufe	30···39,9
6. Halbfettstufe	20···29,9
7. Viertelfettstufe	10···19,9
8. Magerstufe	0··· 9,9

e) nach *Konsistenz* und *Wassergehalt* bzw. *Trokkenmasse* (s. Tab. S. 753). Ferner teilt man die K. nach zehn Grundgeschmackstypen, nach technologischen Gesichtspunkten, nach Form und Verpackung und nach chemischen Analysendaten ein. Einige handelsübliche Käseunterarten und -sorten s. Tab. S. 753/754.

Im Handel werden die Käse nach bestimmten Qualitätsmerkmalen eingestuft. „Markenware" sind Erzeugnisse von sehr guter bis guter Qualität. K. von geringer Qualität dienen als Rohware für Schmelzkäse. Die Handelsbez. der K. enthält die Angabe der Sorte, der Handelsklasse, des Fettgehaltes (außer bei Magerkäse, ← 10% F. i. Tr.) und des Standards. Entsprechend den Sortenmerkmalen (z. B. Wasergehalt, Fettgehalt) schwanken Zusammensetzung und Energiewert der verschiedenen Käsesorten erheblich (s. Tab. S. 754). Auch Mineralstoffgehalt (s. Tab. S. 754) und Vitamingehalt (s. Tab. S. 754) sind unterschiedlich.

Zusammensetzung und Energiewert einiger ausgewählter Käsesorten

Bestandteil	Emmentaler 45 % F. i. Tr.	Edamer 45 % F. i. Tr.	Camembert 45 % F. i. Tr.	Rahmbrie 50 % F. i. Tr.	Doppelrahm-Frischkäse 60 % F. i. Tr.
	Durchschnittliche Gehalte je 100 g in g	in g	in g	in g	in g
Wasser	34,9	39,0	51,3	44,3	50,5
Proteine	27,4	24,8	18,7	22,6	14,6
Fett	30,5	28,3	22,8	27,9	30,5
Kohlenhydrate	3,4	3,9	1,9	2,7	1,9
Energiewert in kJ (kcal)	1745 (417)	1615 (386)	1260 (301)	1540 (368)	1480 (354)

Ausgewählte Käsesorten

Unterart	Sorte	Fettgehalt in Trockenmasse in %	Trockenmasse in %	Dauer der Reifung in Wochen
Hartkäse	Cheddar, Chester, Cheshire, Cantal, Emmentaler, Alpkäse, Bergkäse, Gruyère, Samso, Herrgardskäse	30···50 meist 45	58···63	2···8
Schnittkäse, fest	Gouda, Stralsunder, Edamer, Tollenser, Tilsiter, Steppenkäse, Geheimratskäse, Appenzeller, Danbo, Svecia-Ost, Port Salut, Esrom, Jerome, Trapistenkäse, Brinsenkäse, Pecorino (Schafskäse)	30···50 meist 45	45···57	5
Schnittkäse, halbfest	Butterkäse, Italico, Edelpilzkäse, Bel Paese, Klosterkäse, Münsterkäse, Roquefort (Schafskäse), Bleu d'Auvergne, Bresse Blue, Bleu du Haut, Jura, Gorgonzola, Stilton, Blue Cheese	30···60 meist 45 und 50	44···55	3···5
Weichkäse	Camembert, Brie, Le Coulommiers, Veritable Camembert, Petit Camembert, Neufchateler, Allgäuer Stangenkäse, Limburger, Romadur, Wein-, Kümmelkäse, Géromé, Le Münster, Mondseer, Mainauer, Altenburger Ziegenkäse, Frühstückskäse, Chevre, Chevretin, Cacciotta, Rebiola, Sonneborner Weichkäse	20···60	35···52	2
Sauermilchkäse	Harzer Käse, Mainzer Käse, Gelbkäse (Magerkäse mit Gelb- oder Rotschmierebakterien)	10	32···35	1···2

Ausgewählte Käsesorten (Forts.)

Unterart	Sorte	Fettgehalt in Trockenmasse in %	Trockenmasse in %	Dauer der Reifung in Wochen
Kochkäse	Kochkäse	10···60		keine
Schmelzkäse	Schmelz, schnittfest	20···60	36···52	keine
	Schmelzkäse, streichfähig	20···60	32···46	
	Schmelzkäsezubereitung, schnittfest	20···60	36···52	
	Schmelzkäsezubereitung, streichfähig	20···60	32···46	
Nichtreifende Frischkäse	Quark, Neufchatel, Petit Suisse, Demi Sel, Cottage Cheese (körnige Struktur), Schichtkäse, Rahm-, Doppelrahmfrischkäse, Demi Suisse, Mozzarella (plastischer Bruch), Buttermilchquark, -zubereitungen, Speisequarkzubereitungen, Speisequark mit Pflanzenöl	10···70	19···27	nicht gereift

Wassergehalt in der fettfreien Käsemasse von Käsegruppen (in % Wasser)

1. Hartkäse	bis 56
Reibkäse	< 47
2. Schnittkäse	54···63
3. Halbfester Schnittkäse	61···69
4. Sauermilchkäse	60···73
5. Weichkäse	mehr als 67
6. Frischkäse, nicht gereift	mehr als 73
7. Schmelzkäse	69···74
8. Kochkäse	76

Vitamingehalt von Vollfettkäse

Vitamin	Durchschnittl. Gehalt je 100 g in mg
Vitamin A	0,6
Vitamin B_1	0,05
Vitamin B_2	0,5
Vitamin B_6	0,3
Vitamin B_{12}	0,001
Vitamin D	0,001
Vitamin E	1,0
Biotin	0,002
Cholin	8,0
Inosit	25,0
Niacin	0,1
Pantothensäure	0,4···0,6

Mineralstoffgehalt von Vollfett- und Halbfettkäse

Mineralstoff	Halbfettkäse	Vollfettkäse
	Durchschnittl. Gehalt je 100 g	
	in mg	in mg
Mineralstoffe gesamt	6400	7100
Natrium	682	850
Kalium	143	232
Calcium	873	1440
Magnesium	42	55
Eisen	1,4	1
Phosphor	610	1012
Schwefel	218	245
Chlor	720	1220

K. enthält somit hochwertiges Milcheiweiß und neben viel Milchfett einen nennenswerten Anteil an Vitaminen und Mineralstoffen (insbes. an Calcium und Phosphor). Der Energiewert je 100 g K. schwankt je nach Fettgehalt und Trockenmasse zwischen 670 kJ (160 kcal) und 1760 kJ (420 kcal). → Käsesorten

Käse-Aroma: typische zum charakteristischen Aroma beitragende Verbindungen, die als Schlüsselverbindung das Käse-Aroma hervorrufen. Für die Pilznote des → Camembert ist das 1-Octen-3-ol verantwortlich. Für Parmesan und Hartkäse bilden sich typische Ethylester durch Veresterung von freien Fettsäuren, die aus Lipiden stammen. Ethanol ist ein Abbauprodukt der Lactose und nimmt an der Ethylesterbildung teil. Die Pyrazine des Emmentalers bilden sich aus 2 Molekülen Acetoin dem Abbauprodukt von Lactose und Citronensäure sowie 2 Molekülen Ammoniak, einem Fermentationsprodukt der Proteine, Peptide und Aminosäuren. Methylverzweigte Fettsäuren des Tilsiter sind jedoch keine Fermentationsprodukte der Lipide wie z. B. die β-Ketosäuren die durch β-Oxydation entstehen, sondern Folgeprodukte methylverzweigter Aminosäuren. Der Ammoniakgeruch des Tilsiter entstammt der Desaminierung wobei die typischen Aromastoffe des Tilsiter, die Isobuttersäure und Isovaleriansäure gebildet werden.

Käseburger → Fast-Food-Erzeugnis

Käsefehler: zur Minderung der Käsequalität - bis zur Ungenießbarkeit des Produkts - führende Abweichungen von den für die jeweilige Käsesorte charakteristischen und in den Standards geforderten Qualitätsmerkmalen. Man unterscheidet a) *Geschmacksfehler,* z. B. muffig, ranzig, bitter, sauer (außer bei Sauermilchkäse), gärig, streng nach Ammoniak, salzscharf, Fremdgeschmack, *b) Geruchsfehler,* z. B. muffig, hefig, ranzig, faulig, streng nach Ammoniak, Fremdgeruch; c) *Fehler im Äußeren,* z. B. abweichende Form, schadhafte Stellen, einseitige Schimmelentwicklung (bei Schimmelkäsen), Fremdschimmelbefall, hefige Stellen, Faulstellen; d) *Fehler im Inneren,* z. B. zu schwache bzw. zu starke Färbung, marmoriertes, kreidiges Aussehen, zu weiche bzw. zu feste, randweiche Konsistenz, molkenlässige Masse, zu schwache bzw. zu starke Lochung.

Käsefeingebäck → Käsegebäck

Käseflips → Maisflips

Käse-Fours → Käsegebäck

Käsegebäck, *Käsekremgebäck, Käsefeinbackware, Käsefeingebäck:* Sammelbegriff für vorwiegend als Feine Backware mit unterschiedlich langer Haltbarkeit hergestelltes Weizengebäck, z. B. → Kekse (Form- oder Schnittkeks), → Brezeln. → Stangen oder → Kräcker. Der Anteil an Käse, sei es als Käsepulver, geriebener Fettkäse (z. B. *Schweizer Käse*) oder Kräuterkäse (z. B. *Parmesan* oder *Gorgonzola*) beträgt bis zu 20 % des Mehlanteils. Vielfach werden synthethische Käsearomen eingesetzt. *Käse-Fours* stellen kleinstückiges, mit Käsekrem gefülltes Gebäck aus Blätter-, Mürbeteig oder Brandmasse dar. Das K. wird zu alkoholischen Getränken gereicht und daher auch zum sog. *Cocktailgebäck* gerechnet.

Kaseinbrot → Brot, proteinangereichertes

Käseklee → Ziegerklee

Käsekohl → Blumenkohl

Käsekremgebäck → Käsegebäck

Käsekuchen → Quarkkuchen

Käse, nichtgereifte: aus pasteurierter, im Fettgehalt eingestellter oder entrahmter Frischmilch oder aus Buttermilch unter Verwendung von zugelassenen Hilfs- und Zusatzstoffen (z. B. Reinkulturen, Salze, Farbstoffe, Gewürze) hergestellte und *ohne* Reifung (frisch) zum baldigen Verzehr in den Verkehr gebrachte Erzeugnisse. K. n. mit verlängerter Haltbarkeit sind nach Zusatz von Bindemitteln pasteurisierte Erzeugnisse. In Deutschland handelsübliche Sorten sind *Frischkäse, Schichtkäse, Speisequark, Speisequarkzubereitungen, Speisequark mit Pflanzenöl* und *Buttermilchquark. Frischkäse* wird in den Fettstufen 50 % und 60 % F. i. Tr. hergestellt. Er ist weiß bis rahmgelb, mattglänzend, geschlossen und streichfähig. *Schichtkäse* wird mit 10 und 20 % F. i. Tr. hergestellt. Er ist mattglänzend, geschmeidig und formfest, aus drei möglichst gleichmäßig dicken Schichten mit blaßgelber bis rötlichgelber Mittelschicht bestehend. *Speisequark* wird in den Fettstufen ← 10 %, 20 %, 30 %, 40 % und 50 % F. i. Tr. hergestellt. Er ist in Abhängigkeit vom Fettgehalt weiß bis leicht gelb, mattglänzend, geschmeidig, mit möglichst geschlossener Oberfläche. *Speisequarkzubereitun-*

gen sind tischfertige Erzeugnisse mit geschmacksbestimmenden Zusatzstoffen (pflanzliche Erzeugnisse, wie Gewürze und Obst). *Speisequark mit Pflanzenöl* wird aus Speisequark mit 20 % Fett hergestellt. *Buttermilchquark* wird in den Fettstufen ← 10 %, 10 % und 20 % F. i. Tr. produziert. Er ist weiß, mattglänzend, geschmeidig, etwas kurz und hat eine möglichst gechlossene Oberfläche. Geruch und Geschmack aller n. K. sind rein und leicht milchsauer. Die n. K. sind hochwertige, an Eiweiß- und einigen Mineralstoffen reiche, leicht verdauliche Lebensmittel (s. Tab.).

Zusammensetzung und Energiewert von Speisequark (Magerquark)

Bestandteil	Durchschnittl. Gehalt je 100 g in g	in mg
Wasser	81	
Fett	0,25	
Eiweiß	14	
Kohlenhydrate	4	
Calcium		90
Phosphor		160
Eisen		0,4
Vitamin A		0,01
Vitamin B_1		0,04
Vitamin B_2		0,31
Vitamin C		1,0
Energiewert in kJ (kcal) je 100 g	325 (78)	

Weitere n.K. haben, dem jeweiligen Fettgehalt entsprechend höhere Energiewerte, z. B. Speisequark mit 20 % Fett i. Tr. 485 (116) kJ (kcal); mit 40 % Fett i. Tr. 700 (170) kJ (kcal); Schichtkäse mit 20 % Fett i. Tr. 410 (100) kJ (kcal); mit 40 % Fett i. Tr. 640 (150) kJ (kcal); Frischkäse (Rahm) mit 50 % Fett i. Tr. 1170 (280) kJ (kcal); mit 60···85 % Fett i. Tr. ca. 1450 (340) kJ (kcal).

→ Käse

Käsepappel → Malve, Wilde

Käsesorten: Käse, die sich hinsichtlich der Herstellungsverfahren und hinsichtlich ihrer Eigenschaften, wie Aussehen (Form, Farbe), Konsistenz, Zusammensetzung (Fettgehalt, Trockenmasse usw.), Geruch und Geschmack, voneinander unterscheiden. Es gibt eine Vielzahl von Käsesorten, man schätzt ihre Zahl auf 4000, die genaue Anzahl ist unbekannt. Auf Grund der technischen Entwicklung entstehen ständig neue K., alte K. werden abgewandelt. Bekannte europäische K., die im Handel des betreffenden Erzeugerlandes oder im Exporthandel eine Rolle spielen (Aufzählung erhebt keinen Anspruch auf Vollständigkeit): *Belgien:* Brie, Bruxelles, Camembert, Cheddar, Emmentaler, Gouda, Herve, Plateau, Saint Paulin, Verse Kaas.
Deutschland: Bergkäse, Brie, Butterkäse, Camembert, Chester, Deutscher Weichkäse mit Schimmelbildung, Doppelrahmfrischkäse, Edamer, Edelpilzkäse, Emmentaler, Frühstückskäse, Geheimratskäse, Gorgonzola, Goudakäse, Kochkäse, Korbkäse, Kümmelkäse, Limburger, Mainauer Käse, Mainzer Käse, Münsterkäse, Rahmfrischkäse, Romadur, Sauermilchkäse (als Gelbschmiere- oder Rotschmierekäse und als Schimmelkäse und Halbschimmelkäse), Schichtkäse, Speisequark, Stangenkäse, Steinbuscher, Trappistenkäse, Weinkäse, Weißlacker, Weißschimmelkäse, Wilstermarschkäse, Ziegenkäse.
Bulgarien: Kaschkaval (aus Schafmilch), Kaschkaval-„Vitoscha" (aus Kuhmilch), Weißer Kuhkäse in Salzlake, Weißer Schafskäse in Salzlake.
Tschechische und Slowakische Republik: Brimsenkäse (auch geräuchert), Butterkäse, Cheddar, Dessertkäse, Edamer Kugel, Edamer Ziegel, Emmentaler Käse, Gorgonzola-Käse, Gouda, Hermelinkäse, Hrudka-Käse, Imperialkäse, Käsewurst, Kümmelkäse, Mährischer Laibkäse, Niva-Käse, Olmützer Quargel, Parenica, Parmesan, Quarkpasten, Rahmkäse, Riesengebirgs-Bierkäse, Romadur, Sahnekäse (Gervais), Sàzava-Käse (Briekäse), Schmelzkäse, Zlato-Käse.
Dänemark: Camembert, Danablu, Danbo, Elbo, Emmentaler, Esrom, Fynbo, Havarti, Maribo, Molbo, Mycella, Samsoe, Tybo.
Finnland: Airisto-Gouda, Aura, Baby-Gouda, Camembert, Edamer, Emmentaler, Gennarby, Hovi, Jalojuusto-Ädelost, Juhla, Kappeli, Kartano, Kar-

tano-Tropical, Kesti, Korsholm, Kreivi, Luostari, Saaristojuusto-Skärgardsost, Turunmaa.

Frankreich: Beaufort, Brie, Camembert, Cantal, Carré de L'Est, Carré Demi-Sel, Cheddar, Coulommiers, Doppelrahm-Spezialität, Doppelrahmkäse mit Kräutern, Edam, Emmentaler, Fourme d'Ambert, Fourmes, → Fromage bleu, Fromage de Chèvre, Gouda, Gruyère de Comté, Laguiole Aubrac, La Mothe Saint Hérave, Livarot, Maroilles Mimolette, Munster, Nectaire, Neufchâtel, Petit Suisse, Pont Levéque, Rehblochon, Roquefort, Saingorlon, Saint Chabichou, Saint Florentin, Saint Marcellin, Saint-Paulin, Saint-Paulin-Baby, Samsoe, Tomme de Savoie, Triple Crème.

Großbritannien: Caerphilly, Cheddar, Cheshire, Derby, Double Gloucester, Dunlop, Lancashire, Leicester, Stilton (blau), Stilton (weiß), Wensleydale (blau), Wensleydale (weiß).

Italien: Asiago, Caciocavallo, Fiore Sardo, Fontal, Fontina, Gorgonzola, Grana Padano, Italico, Mascarpone, Mozarella, Parmesan, Parmigiano Reggiano, Pecorino Romano, Pecorino Siciliano, Provolone, Ragusano, Strachino-Crescenza.

Jugoslawien: Bryndza, Emmentaler, Kaschkaval, Trappistenkäse.

Luxemburg: Belfermiere, Camembert, Double crème, Fromage blanc, Fromage cuit, Limbourg, Romadur, Sans Egal.

Niederlande: Bluefort, Brotkäse, Cheddarkäse, Cheshire, Cottage-cheese, Edamer, Friesenkäse, Geheimratskäse, Gouda, Kanterkäse, Kernhem-Käse, Leidener Käse, Limburger Käse, Mon Chou, Quark, Rahmkäse, St. Paulin, Vierkantkäse.

Norwegen: Brie, Camembert, Cheddar, Edamer, Flotemysost helfet, Gammelost, Geitost blandet, Geitost helfet, Gouda, Gudbrandsdalsost, Jarlsbergost, Nokkelost, Normannaost, Norvegia, Port Salut, Pultost, Saint Paulin, Cheshire.

Österreich: Alpkäse, Bergkäse, Bon bleu, Brie, Butterkäserl, Camembert, Colby-käse, Cottage-cheese, Edamer, Edelpilzkäse, Emmentaler, Frischkäse, Geheimratskäse, Goudakäse, Granakäse, Jerome, Liptauer, Mischlingskäse, Mondseer, Osterzola, Pikano, Pinzgauer Bierkäse, Purbon, Quargel, Rahmfrischkäse, Rilos, Rival, Romadur, Schloßkäse, Stangenkäse, Tiroler Graukäse, Topfen, Trappistenkäse.

Polen: Camembert, Cheddar, Edam, Emmental, Gouda, Gruyère, Jägerkäse, Limburger, Rokpal, Romadur, Salami, Trappist, Warminski-Käse.

Rumänien: Carpati, Cheddar, Emmental, Fetta, Kashkaval (aus Kuhmilch), Kashkaval (aus Schafmilch), Olanda, Telemea (aus Kuhmilch), Telemea (aus Schafmilch), Trapiste.

Schweden: Ädelkäse, Ambrosiakäse, Camembert, Cheddarkäse, Crème Chantilly, Crème Château, Edamer, Gouda, Grevé, Hälsingekäse, Herrgardskäse, Hushallskäse, Kaggkäse, Palazzo, Port Salut, Prästkäse, Steppenkäse, Stilton, Sveciakäse (gewürzt), Västerbottenkäse, Västgötkäse.

Schweiz: Appenzeller, Bel Paese, Brie Suisse, Camembert Suisse, Edamer, Emmentaler, Glarner Kräuterkäse, Gouda, Greyerzer, Grünschimmelkäse, Limburger, Münster, Petit Suisse, Rahmquark, Rehblochon, Romadur, Sbrinz, Speisequark, Tête de Mojne (Bellelay-Käse), Tomme Vaudoise, Vacherin fribourgeoise, Vacherin du Mont, Walliser Raclette-Käse, Hartkäse (Berner Alpkäse, Glarner Alpkäse, Meienkäse, Saanenkäse, Urner Alpkäse, Ursernkäse). Halbhartkäse (Bellinzonese, Bratkäsli, Brienzer Mutschli, Bündner Alpkäse, Geißkäse, Piora-Käse, Schwyzer Alpkäse, Tipo Piora, Uso Piora), Weichkäse (Agrini, Rabiola, Toggenburger Bloderkäse).

Ehem. Sowjetunion: Altay, Aregats, Brynza, Caucasian, Chainyi, Chanakh, Cheddar, Creamcheese, Dorogobudz, Doroznyi, Dutch, Emmentaler, Estonian, Georgian, Goryni Altay, Kalinin, Kobiiskii, Kostroma, Krasnodar, Kuban, Latvian, Lyubitelskii, Medynsk, Moldavian (geräuchert), Moskovskii, Ohotnichii, Osetian, Poshhonskii, Roquefort, Rossiya, Severnyi, Smolenskii, Sovetskii, Stanislavskii, Stepnoi, Suliguni, Tushinskii, Uglicheskii, Volga, Vologda, Yaroslavskii, Yerevan, Yudznyi, Zakusochnyi, Zelenyi.

Ungarn: Dessertkäse, Edamer, Emmentaler, Gomolya, Juhturo, Kevertturo, Trappisten. → Käse

Kasespread → Lebensmittelaerosol

Käsestange → Stange → Käsegebäck

Käsetasche → Quarkkuchen

Käsetorte → Quarkkuchen

Käsewurst: tschechische Formmodifikation des Edamer Käse (Zylinderform). K. ist geräuchert, gewachst und in Cellophan verpackt. → Käsesorten

Kash → Sáccharum edúle

Kashk: ein in Südwestasien beliebtes Lebensmittel aus *Schafs-* und *Ziegenmilch.* Der zunächst hergestellte *Joghurt* wird mit Kräutern versetzt und in der Sonne oder über dem Feuer eingedickt. Das fertige Produkt ist hart und hat die Form eines glatten Kopfsteines. K. kann lange bevorratet werden und dient in geriebener Form zur Aufbesserung von Aroma und Nährwert bei Fleischgerichten und Suppen.

Kassavabrot → Backmehl ohne Weizen

Kassava-Soja-Brot → Backmehl ohne Weizen

Kasseler → Kaßler → Fleischerzeugnisse

Kassia: Gattung kleiner Bäume oder Sträucher (Familie *Fabáceae*), die in Indien und Afrika wild vorkommen und oft angepflanzt werden. Die gefiederten Blätter werden jung als Gemüse verwendet, z. B. das *Fetid-Gemüse* von *Cássia tóra* L. Die 30···60 cm langen, 2,5 cm dicken, zylindrischen Hülsen von *Cássia fistula* L., die ein schwarzbraunes, süßes, leicht abführend wirkendes Mark enthalten, werden als *Röhrenkassie* verzehrt und auch als → *Manna* nach Europa exportiert. Die Samen von *Cássia occidentális* L. dienen als Kaffee-Ersatz (*Sudankaffee, Mogda-Kaffee*).

Kassiaknospen → Zimt 2.

Kassiaöl → Zimtöl

Kassiarinde → Zimt 2.

Kassiazimt → Zimt 2.

Kassiazimtöl → Zimt 2.

Kassienzimt → Zimt 2.

'Kassins Frühe' → Süßkirsche → Steinobst

Kaßler, *Kasseler:* nach einem Berliner Fleischermeister bezeichnetes gepökeltes Kotelett- oder Kammstück vom Schwein. Das Pökeln kann durch Einlegen des Fleisches in eine Pökelsalzmischung oder durch Einspritzen derselben erfolgen. Bekannt sind *Kaßlerkotelett, Kaßlerkamm* und *Kaßlerrippenspeer* (Rippchen, Bruststück mit Rippen). *Geselchtes* ist gepökeltes und geräuchertes Schweinefleisch. Analog aus Rindfleisch hergestelltes Fleisch ist Rindsgeselchtes, behandelter Speck ist *geselchter Speck.* → Fleischerzeugnisse

Kaßlerleberwurst: → *Kochwurst* (Spitzensorte), zu deren Herstellung Schweineleber, Schweinefleisch, Schweinebauch ohne Knochen, Fettabschnitte vom Schwein, Nitritpökelsalz, Zucker, Pfeffer, Zwiebeln, Ingwer, Kardamon und Thymian eingesetzt werden. Als Wursthüllen dient Natur- oder Kunstdarm. Das Schnittbild zeigt eine hellrosafarbene, fein gekutterte, knorpelfreie Wurstmasse, mit Kaßlerbauchwürfeln und Leberstückchen von etwa 8 mm Durchm. durchsetzt. → Leberwurst → Wurst

Kastanie, Brasilianische → Paranuß

Kastanie, Echte → Eßkastanie

Kastanie, Japanische: die in Japan und Ostchina, auch in den USA kultivierte *Castanéa crenáta* Sieb. (Familie *Fagáceae*), deren Nüsse in rohem, gekochtem oder geröstetem Zustand verzehrt werden.

Kastanienbrot: ein aus Eßkastanienmehl, Weizenstärke, Maisstärke, Maismehl, Zucker, Guarkernmehl als Verdickungsmittel, Salz, Hefe und Öl hergestelltes eiweißarmes Diätbrot, das einen Gehalt von 51 % Kohlenhydraten, 1,4 % Eiweiß, 2 % Fett und in je 100 g einen Energiewert von 1060 kJ (249 kcal) aufweist. Das K. dient vorzugsweise der glutenfreien Ernährung. → Lebensmittel, glutenfreies → Eßkastanie

Kastanien-Röhrling → *Boletáceae*

Kastenbrot, *Brot, im Kasten gebackenes:* ein in einer offenen oder allseitig geschlossenen, kastenförmigen Backform gebackenes Laibbrot. Die Verwendung von geschlossenen Backkästen oder sog. Backröhren in Dreieck-, Viereck-, Zylinder- oder Halbkreisform statt offener Backformen führt zu → rindenlosem Brot.

Kastormehl → Streckmehl

Kastoröl → Rizinusöl

Kastorölpflanze → Rizinus

Kastorzucker → Kristallzucker

Katalase: den Zerfall von *Wasserstoffperoxid* unter Bildung von *Sauerstoff* und *Wasser* katalysierendes → *Enzym* EC 1.11.1.6, das sich in tierischen, pflanzlichen und mikrobiellen Geweben, bes. in der Leber findet. Die K. besteht aus einem tetrameren Proteid, Molmasse 245 000 g/mol. K. findet in begrenztem Umfang Anwendung in Kombination mit → Glucoseoxydase zur Entfernung von Peroxiden und Sauerstoff aus Lebensmitteln (Bier, Wein, Mayonnaise), ferner zum Nachweis einer Erhitzung von Milch.

Katalysatoren → Enzyminhibitoren

Katappabaum → Mandel, Indische

Katappaöl, *Talisayöl, Indisches Mandelöl:* das Samenfett des Katappenbaumes *Terminália catáppa* L. (Familie *Combretáceae*). Das K. ist ein Öl, das angenehm nach → Mandeln schmeckt. Die wichtigsten Fettsäuren und ihre Anteile, bezogen auf den Gesamtsäuregehalt, sind Palmitinsäure (29···39 %), Stearinsäure (etwa 4 %), Ölsäure (37···41 %) und Linolsäure (19···23 %). → Pflanzenfett → Mandel, Indische

Katcho → Ghee

Katechinase → Polyphenoloxydase

Katechine → Catechine

Katechu → Betelbissen

Katemfe → Thaumatin

Katenbrot: ein ballasstoffreiches, freigeschobenes Spezialbrot mit Mischbrotcharackter aus 65 % Roggenmehl, 12 % Weizenmehl unter Zusatz von 10 % frischem Treber sowie Kümmel.

Katenschinken → Schinken

Katenwurst, hart ausgereift: → *Rohwurst* (Dauerware). Zusammensetzung vgl. → Katenwurst, schnittfest.

Katenwurst, schnittfest: → *Rohwurst* (Halbdauerware, mittlere Sorte), zu deren Herstellung Rindfleisch, Schweinefleisch, Speck ohne Schwarte, Schwarten, an weiteren Zutaten Speisesalz, Salpeter, Trockensirup, Pfeffer, Senfkörner und Wacholderbeeren eingesetzt werden. Als Wursthüllen dienen Rinderbutten. Das Schnittbild zeigt eine rotweiß gemusterte, mittelgrob, geschrotete (etwa 3···4 mm) Wurstmasse, die frei von Sehnen ist. → Wurst

Katfisch, *Seewolf, Austernfisch, Steinbeißer, Karbonadenfisch* (Bild):

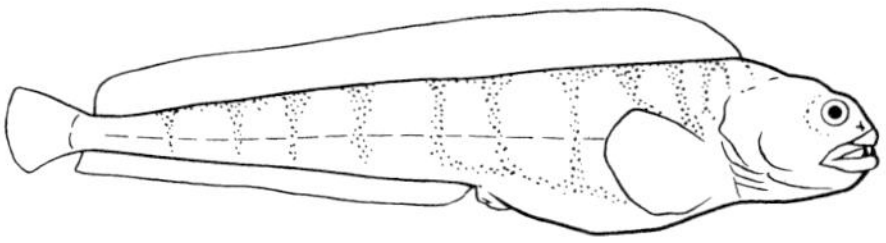

Gestreifter Katfisch

Meeresfisch von gedrungenem Körperbau mit kräftigem Gebiß, einem langen Rückenflossensaum und langer Afterflosse, ohne Bauchflossen. Die winzigen Schuppen sind tief in die dicke Haut eingebettet. Neben dem dunkelgrauen, mit schwarzfleckigen Querstreifen versehenen Gestreiften K. (*Anarrhíchas lúpus*) von 50···80 cm, höchst. 150 cm Länge und 2···5 kg, höchst. 25 kg Masse hat der Gefleckte K. (*Anarrhíchas mínor*) von 80···120 cm, höchst. 180 cm Länge und 6···9 kg, höchst. 26 kg Masse als Beifang wirtschaftliche Bedeutung. Im Nordatlantik von der Barentsee bis zur amerikanischen Küste werden jährlich etwa 40 kt angelandet. Der K. findet wegen seines zarten,

Zusammensetzung und Energiewert des Katfischfleisches

Bestandteil	Durchschnittl. Gehalt je 100 g eßbaren Anteils in g
Wasser	78···84
Eiweiß	14···17
Fett	2··· 5
Mineralstoffe	1
Energiewert in kJ (kcal) je 100 g	1509 (361)

saftigen, sehr schmackhaften und fettarmen Fleisches (Tab.) vorwiegend als Speisefisch Verwendung. Er gelangt als Filet, Karbonaden oder entweidet ohne Kopf meist gefroren in den Handel und liefert auch ansprechende Räucherprodukte. → Fisch

Kath, *Kat* (arab.), *Chat* (äthiop.), *Miraa* (kennian.), *Arabischer Tee, Baladi, Abessiniertee:* die anregend wirkenden, Alkaloide (Cathin, Cathidin und Cathinin) enthaltenden immergrünen, ledrigen Blätter des in arabischen Ländern wachsenden 2···20 m Wuchshöhe erreichenden Kathbaumes, *Cátha edúlis* (Vahl) Forsk. ex Endl. (Familie *Celastráceae*). Zur Verwendung als Genußmittel wird ein wäßriger Aufguß bereitet. Die frischen und getrockneten Blätter werden auch wie → Tabak gekaut oder geraucht. Kathkauer bervorzugen möglichst frühmorgens abgeschnittene Zweige, die höchst. 36 h haltbar sind. K. wird bes. in Äthiopien, Jemen und Djibouti genossen. → Aufgußgetränk

Kathepsine: *Intrazelluläre* → *Proteasen, die im* → Fleisch und in Innereien, bes. in Leber, Milz, Niere und Magen, enthalten sind. Es handelt sich um einen Enzymkomplex, der aus den Kathepsinen A, B, C, D, E und L besteht. Das Wirkungsoptimum der K. liegt vorwiegend im sauren Bereich (*p*H 2,5···6). Lediglich K, E und D wirken im Neutralbereich. Die Molmassen der K. liegen zw. 25 000 und 100 000 g/mol. Die K. sind an der *Fleischreifung* beteiligt. Ferner sind autolytische Prozesse von tierischem Gewebe auf die unkontrollierte Wirkung der K. zurückzuführen.

Katiau → Guttapercha

Katiaufett, *Kachianöl:* das Samenfett des in Kalimantan und Malakka wachsenden Baumes *Madhúca mottleyána* (Familie *Sapotáceae*). Das K. ist von rotbrauner Farbe und enthält meist 8···12% freie Fettsäuren. Es wird im Ursprungsland zu Speisezwecken verwendet. Die Fettsäuren bestehen zu etwa 10% aus Palmitinsäure, etwa 19% aus Stearinsäure und etwa 69% aus Ölsäure.

Kationenstärke: eine → modifizierte Stärke, die Kationen enthält und deren wäßrige Lösung unter geeigneten *p*H-Bedingungen eine positive Ladung verleiht. Die K. wird durch Nachwaschen von → Stärke mit verdünnten Elektrolytlösungen, wie Calcium-, Kalium- oder Natriumchloridlösungen, gewonnen. Sie dient in der Lebensmittelproduktion z. B. zum Erreichen einer genau einstellbaren Viskosität.

Katjangbohne: 1. *Strauchbohne, Taubenerbse, Kongoerbse, Angolaerbse:* der bis zu 3 m hohe Strauch *Cájanus cájan* (L.) Huth. (Familie *Fabáceae*), der in Afrika, Südamerika und Indien kultiviert wird. Die Hülsen enthalten 2 bis 4 erbsenähnliche, braune bis schwarzviolette, z. T. gesprenkelte Samen, die zu Nahrungs- und Futterzwecken verwendet werden. Sie werden meist unreif geerntet und gekocht als Gemüse gegessen. Aus den Hülsen wird Salat bereitet. Das Mehl der Samen wird für süße Kuchen verwendet. Es werden 2 Sortengruppen unterschieden. Die *Tur*-Sorten (var. *flávus* DC.) mit gelber Fahne der Blütenkrone und die *Arhar*-Sorten (var. *bícolor* DC.) mit purpurner oder gestreifter Fahne. In Indien sind allein über 100 Sorten bekannt. Die Samen enthalten je 100 g Trockenmasse 16···22 g Eiweiß, 57···60 g Kohlenhydrate und 1···7 g Fett. Die Weltproduktion beträgt etwa 2 Mio t.
2. → Chinabohne
3. → Chowli

Katjang goreng → Hülsenfrucht

Katjang idjoe → Mung-Bohne → Hülsenfrucht

Katjang kedelal → Hülsenfrucht

Katschamak: eine im ehem. Jugoslawien verbreitete Zubereitung in Form von → Brei, zu dessen Herstellung Maismehl mit siedendem Wasser übergossen wird.

Katsuobushi: ein in Japan verbreitetes, fermentiertes Fischerzeugnis von harter, trockener Form aus Thunfisch oder Bonito. Der mehrere Wochen andauernde Reifeprozeß kann durch Beimpfen der Fische mit *Aspergillus glaucus* beschleunigt werden. K. wird als Würzmittel verwendet. → Fischsoße, fermentierte → Lebensmittel, fermentiertes

Katsuwónus pelámis → Thunfisch

Katuraiblüten → Agathiblüten

Katzenhai → Haifisch

Katzenkraut, wildes → Gundermann

Katzenmelisse → Katzenminze

Katzenminze, *Katzenmelisse, Steinquendel:* der in Europa, Südostasien und Nordamerika verbreitete Lippenblütler *Népeta catária* L., Syn. *Calamíntha albiflóra* Van. (Familie *Lamiáceae*), dessen Blätter und Blütensprosse als Würzmittel für Speisen dienen. Bes. die Varietät *var. citriodóra* enthält hohe Anteile an Zitronenöl, das auch bei der Süßwaren- und Arzneimittelherstellung genutzt wird.

Katzenschnurrbart: Sammelbez. für die in den Tropen Asiens und Afrikas kultivierten Kaperngewächse, *Gynandrópsis gynándra,* (L.) Brig. *Syn. Cleóme gynándra* L. (Familie *Capparáceae*) (das in Indien auch *Karaila* oder *Massarubee* genannt wird), und *Gynándra speciósa* (Raf.) DC. (das in Malaysia auch unter der Bez. *Kumis-Kuching* bekannt ist). Die Senfölglycoside enthaltenden Samen dienen als Gewürz und teilw. zur Ölherstellung, die Blätter und unreifen Früchte werden als Gemüse verwendet. Die frischen Blätter sind hoch eisenhaltig und weisen folgende Zusammensetzung auf: 92 % Feuchtigkeit, 0,29 % Eiweiß, 0,28 % Fett, 5,1 % Kohlenhydrate, 0,8 % Rohfaser, sowie je 100 g 33 mg Calcium, 106 mg Phosphor und 272 mg Eisen. Der Energiewert von 100 g Blattmasse entspricht 101 kJ (24 kcal).

Katzenschwanz → Ackerschachtelhalm

Katzenschwanzhirse → Perlhirse

Katzenzungen: massive Schokoladenkörper aus Vollmilch oder Halbbitterschokolade in Zungenform. → Schokolade → Süßware → Kakaoerzeugnisse

Kaubonbon → Schaumzuckerware

Kaugummi: eine elastische → Zuckerware aus 50···60 % Puderzucker, 15···20 % Stärke- oder Glucosesirup, 20···25 % Kaumasse sowie Aromastoffen. Zur Herstellung der Kaumasse (auch Kaubase, Gummibase, Kaugummibase genannt) werden a) Naturstoffe (Chicle, Guttapercha, Latex, Benzoeharz, Gummi arabicum usw.) und/oder synthetische Thermoplaste (z. B. Polyvinylacetat bis 65 % der Kaumasse, Poly-Butadien-Styrol, Poly-Isobutylen, Isopren oder Polyethylen (→ Polymere)) als konsistenzgebende Stoffe, b) Weichmacher (Emulgatoren, Harze, Wachse, Glucitol usw.) c) Füllstoffe (Kreide, Calciumcarbonat, Silicate usw.) und d) Gleitmittel (Mineralöle, mikrokristalline Wachse) eingesetzt. Die Rohstoffe werden im beheizten Kneter gemischt und im Extruder weiterverarbeitet. Der K. kommt in verschiedener Form in den Handel: als *Würfel* (auf Toffeeherstellungsanlagen geformte und verpackte Stücke in Kissenform mit aufdragierter Zuckerdecke), als *Kugeln* (ebenfalls mit Zuckerumhüllung als Austrocknungsschutz) und als Riegel (auch Streifen, stick gum oder Scheiben genannt). Die international häufigste und typischste Form sind ganz flach geschnittene, undragierte Scheiben von 2,6···3,5 g Masse, die in Staubzucker eingewalzt sind und einzeln verpackt werden. Je nach Anteil an Weichmachern und Gummistoffen eignen sich die Kaugummisorten zum Aufblasen (Blas- oder Ballongummi, Bubble gum) oder nur zum Kauen. Qualitätsmängel ergeben sich durch zu schnelles Austrocknen bei ungeeigneter bzw. undichter Verpackung sowie oxydative Veränderungen mit Aromaverlust durch zu langes Lagern. Den nachgesagten günstigen Wirkungen des K. (wie Massage des Zahnfleisches und der Speicheldrüsen bei Mundtrockenheit, erfrischende, belebende bzw. durststillende Wirkung durch bestimmte Aromazusätze) stehen die kariesfördernden Eigenschaften des im K. enthaltenen Zuckers entgegen, sofern es sich nicht um zuckerfreien K. handelt. → Lebensmittelschaum → Kaugummi, zuckerfreier

Kaugummi, zuckerfreier: ein → Kaugummi ohne Zucker. Als Süßungsmittel werden z. B. Glucitol (Sorbit) oder Aspartam verwendet, so daß der Energiewert je Streifen nur 33 kJ (7,8 kcal) entspricht.

Kaulbarsch, *Acerina cérnua* (Bild):

Kaulbarsch

Barschartiger *Süßwasserfisch, weniger hochrükkig als der* → Flußbarsch, mit Dornen am Kiemendeckel und runden, flachen Gruben an der Unterseite des Kopfes. Die Rückenflosse ist ungeteilt und trägt ebenso wie die Schwanzflosse und die oliv- bis graugrüne Oberseite unregelmäßige dunkle Flecke. Die Länge beträgt durchschnittl. 6···14 cm, höchst. 25 cm. Der K. ist in stehenden und fließenden Gewässern von Mittel- und Nordeuropa bis Sibirien, bes. auch im Brackwasser und in den Häfen der Ostsee verbreitet. Er ist als Speisefisch örtlich von Bedeutung. → Fisch

Kauliang → Sorghumhirse

Kaulien → Sorghumhirse

Kaumassen → Kaugummi

Kaura → Sorghumhirse

Kautabak, *Priem:* ein zum Kaugenuß aus fetten, schweren → Tabaken zu Rollen gesponnenes und in Stangen gepreßtes oder in anderer fester Form hergestelltes, mit Kautabaksoße behandeltes Erzeugnis.

Kautschin → Terpen-Kohlenwasserstoffe

Kautschuk: ein Polymerisationsprodukt des Isoprens, in dem 3000 bis 6000 Isoprenreste kettenförmig in cis-Form verknüpft sind. Hauptrohstoff ist der → Latex des Parakautschukbaumes (*Hévea brasiliénsis* (Willd. ex. A. Jüss.) Müll. Weitere K. liefernde und in Plantagen kultivierte Pflanzen sind *Castílla nicoyénsis* Cook (Familie *Moráceae*), Tatajuba (*Chlorophóra tinctória* (L.) Gaud., Familie *Moráceae).* Der Gummibaum (*Fícus elástica* Roxb., Familie *Moráceae*) liefert den sehr guten Assam-Kautschuk. Sehr wertvollen K. liefern auch *Fícus annuláta* Blume und *Fícus vogélii* (Miq.) Miq. (Kultur in Florida und Asien). In der ehem. Sowjetunion wird K. aus den Wurzeln von *Taráxacum* kok-sághyz Rodin gewonnen. → Chicle → Guttapercha → Gummistoff, pflanzlicher → Kaugummi.

Kaviar: gesalzene, silbrig- bis schwarzgraue *Rogenkörner* (→ Rogen) verschiedener Störarten (bes. Hausen oder Beluga, Sternhausen oder Sevruga und Waxdick, → Stör). Dieser echte oder silbergraue K. gilt als bes. feines Erzeugnis. Hauptlieferant von K. ist die ehem. Sowjetunion, wo er am Schwarzen Meer und am Kaspi-See hergestellt wird. Die internationale Nachfrage übersteigt die Produktionskapazität. Insbes. wegen seines hohen Eiweiß- und Vitamingehaltes (25···27 %) kann K. als ernährungsphysiologisch wertvoll bezeichnet werden (→ Rogen). Der Gehalt an Fett liegt zw. 14 % und 17 % und der an Mineralstoffen zw. 5 % und 8 %. Der Energiewert von 100 g eßbarem Anteil beträgt daher etwa 1170 kJ (280 kcal). Zur Herstellung wird den fangfrischen Fischen vor dem Entweiden der reife Rogen entnommen, von Bindegewebs- und Hautresten befreit und mit Salz versetzt. Schwache Salzung (3···4 %, *Malossol*) führt zu einem milden, bes. schmackhaften und begehrten, aber auch empfindlichen Erzeugnis, welches in verschiedenen Sortierungen, vorwiegend in Kleinabpackungen, geliefert wird. Stärker gesalzener K. (10···12 %) wird in Fässer abgepackt (Salz-, Faßkaviar). Bes. gefragt ist grobkörniger K., für den ein Korndurchm. von 3,5 mm angenommen wird. Die Sortierungen sollen einheitlich in Farbe und Körnigkeit sein. Jedes Korn muß glasig, prall und isoliert vorliegen und darf nicht schmierig oder verletzt sein. K. ist stets in verschlossenen Behältnissen aufzubewahren und bei 0···-2°C zu lagern. K. wird zum Export chemisch konserviert (Borsäure). *Warschauer* K. ist eine ältere Bez. für K., dessen Versand vorrangig über Warschau erfolgte. *Preßkaviar* wird aus K. durch Abpressen hergestellt. Die Konsistenz ist pastös. *Lachskaviar* (roter, *Ketakaviar, Kjet, Amun,* japan. *Sujiko*) wird entsprechend aus pazifischen Lachsarten, vornehmlich der sibirischen Flüsse, hergestellt. Die roten Körner haben einen Durchm. von etwa 5 mm und sind von angenehmen Geschmack. Sie stehen jedoch hinter dem echten K. auch in Nachfrage und Preis zurück. *Deutscher K.* wird aus dem grobkörnigen Rogen des → *Seehasen* hergestellt. *Deutscher K. aus Seefischrogen* enthält Rogen anderer Seefische (z. B. Dorschrogenkaviar) und ist feinkörnig. Diese Erzeugnisse (*Kaviarersatz*) werden gefärbt und enthalten 8···10 % Kochsalz. *Synthetischer K.* ist ein Erzeugnis, das mit geschmacklich und ernährungsphysiologisch ähnlichen Eigenschaften künstlich, z. B. aus Milchprotein (Casein) oder Plasmaprotein, hergestellt werden kann.

Kaviarbrot → Brot, Französisches

Kaviarbutter: Butterzubereitung mit Kaviar.

Kaviar, Deutscher → Kaviar

Kaviarersatz → Kaviar

Kaviarkrem, *Kaviarpaste:* Unkorrekte Bez. für streichfähige Zubereitungen aus Seefischrogen. → Kaviar

Kaviarpaste → Kaviarkrem

Kaviarstange → Brot, Französiches

Kaviar, synthetischer → Kaviar

Kaviar, Warschauer → Kaviar

Kavruga → Bulgurweizen

Kavrut → Bulgurweizen

Kawa: ein bitter schmeckendes, anregendes, leicht berauschendes, alkoholfreies Getränk (Kawagetränk) aus den Wurzeln des *Kawa-* oder *Rauschpfeffers, Píper methýsticum* G. Forst. (Familie *Piperáceae*), der auf vielen pazifischen Inseln angebaut wird. Die Wurzeln der Kawapflanze werden zerstampft, von den Einheimischen auch gekaut (Beschleunigung der Fermentationseinleitung durch Speichelenzyme), bevor der Gärprozeß in Gang gesetzt wird. K. spielt als Erfrischungsgetränk, aber auch als Zeremonialgetränk, als ehrendes Präsent für den Gast und als Volksheilmittel eine Rolle. In Vanuata wird der Anbau (nur durch vegetative Vermehrung) für den Export vorangetrieben, vor allem wegen des in den Wurzeln vorkommenden Kavalactons, das antiseptische Eigenschaften besitzt und als Narkosemittel geeignet erscheint. → Lebensmittel, fermentiertes → Pfeffer

Kaweni → Kuwini

Kayam → Tahiti-Kastanie

Kechapifrucht → Santolfrucht

Kecknyaly → Blaustengler → Wein

Kedelee → Tempeh

Keemum → China-Tee

Kefa → Ogi

Kefir: mit spezifischen Gärungserregern (*Streptocóccus láctis, Streptocóccus* cremóris, Leuconostocarten, *Lactobacíllus caseí, Lactobacíllus caucásicus* und Hefen) aus pasteurisierter, im Fettgehalt eingestellter oder entrahmter Frischmilch mit oder ohne Eindampfen oder durch Zusatz von Milchpulver hergestelltes *Sauermilcherzeugnis* von sämiger Konsistenz, das einer Alkohol- oder Milchsäuregärung unterzogen wurde. Der K. (ursprünglich im Kaukasus hergestellt) ist bes. in der ehem. Sowjetunion und in südosteuropäischen Ländern verbreitet. 100 g K. enthalten 3,1···7,1 g Eiweiß, 2,5 g Fett (bzw. kein Fett), 2,7···3,9 g Milchzucker, 0,6···0,9 g Milchsäure und 0,2···0,8 % Ethanol sowie lösliche Polypeptide. → Sauermilcherzeugnis

Kegelweizen → Rauhweizen

Kehlen → Fischerzeugnisse

Keiapfel: Frucht des großen, dornigen Strauches *Dovyális cáffra* Warb. (Familie *Flacourtiáceae*), der in Südafrika verbreitet ist. Die hell-goldgelben, aromatisch nach Aprikosen riechenden Früchte von 2,5 cm Durchm. sitzen an den Zweigen. I. allg. werden sie verarbeitet; nach Vollreife am Strauch ist auch der Frischverzehr trotz des scharfen, sauren Geschmacks möglich. Für den Frischgenuß besser geeignet ist die in Äthiopien vorkommende *Dovyális abyssínica* (A. Rich.) Warb., sie ist aber weniger verbreitet. In Südafrika kommen die Früchte von *Dovyális rhamnoídes* und *D. rotundifólia* vor, die zubereitet verzehrt werden.

Keiler → Wild

Keim: 1. *Keimling, Embryo:* Teil niederer und höherer Pflanzen, der nach Befruchtung der Eizelle die Anlage zu einem neuen Pflanzenorganismus bildet. Es heißt *der* Embryo (österr. auch *das* Embryo). Die Anlage zu einer neuen Pflanze besteht aus der Wurzelanlage (*Radicula*) und der Sproß- und Blattanlage (*Plumula, Hyokotyl* und *Epikotyl*), die durch Schildchen (*Cotyl* oder *Scutellum*) vom Endosperm getrennt ist. Im Zuge der Samenreifung (→ Reife) werden Wachstumsprozesse im Innern des Samens allmählich beendet, und der Samen geht unter Wasserverlust aller Zellen vom aktiven in den ruhenden Lebenszustand (*Keimruhe*) über. Gesunde Embryonen trockener Samen befinden sich daher im Zustand eines latenten Lebens, in welchem die Stoffwechselvorgänge auf ein Minimum reduziert sind.

2. müllereitechnisch gewonnener Bestandteil des Getreidesamens (Getreidekeim), vorzugsweise aus dem Weizenkorn (*Weizenkeim*), bei dem sich der K. im ruhenden Lebenszustand befindet und eine trockene, rieselfähige Beschaffenheit hat.

3. die im Haushalt mittels Einmachglas oder Keimapparat bereitete, aber auch gewerblich hergestellte Biomasse (vgl. → Sojasprossen) mit dem Ziel, den Nährwert des Samenkornes für Speisezwecke durch Nutzung des Keimpflanzenstadiums zu erhöhen. Dabei wird dem Samen, als Vorraussetzung für die Keimung, Wasser zugeführt, so daß durch Quellung des ganzen Samenkornes die Keimruhe abgebrochen und die im Trockenzustand des Samens ausgesetzte Entwicklung des Embryos wieder aufgenommen wird. Der Beginn der Keimung wird sichtbar beim Durchbrechen der Wurzelscheide (Koleorhiza) und nachfolgend der Keimwürzelchen (Radicula) durch die Samenschale; später tritt die Koleoptile mit dem ersten Laubblatt hervor. Jeder Keimung geht die Wasseraufnahme, die *Quellung* voraus, die jedoch nicht die Lebensfähigkeit der Samen beweist, denn auch Samen mit abgestorbenem Embryo quellen. Im Vergleich zu ihrer Eigenmasse nehmen die Samen erhebliche Mengen Wasser auf und vergrößern dabei ihr Volumen auf ein Vielfaches. Die durchschnittl. Wasseraufnahme von Samen bis kurz vor Erscheinen der Keimwürzelchen (in % zur lufttrockenen Samenmasse) beträgt bei Gerste und Hafer 50, bei Roggen 54, bei Weizen 43, bei Luzerne 115 und bei Senf 83. Mit Beendigung der Keimruhe beginnt das Keimpflanzenstadium, das seinen Abschluß findet, wenn die Pflanze von den Reservestoffen des Samens unabhängig wird und mit der Assimilation bzw. der autotrophen Ernährung beginnt. Bei der Keimung werden daher keine photosynthetischen Prozesse in Gang gesetzt, sondern die Biomasse (*Keimpflanze*) wird aus bereits im Samen vorhandenen Substraten aufgebaut. Im Vergleich zum ungekeimten Ausgangsmaterial weisen die Keimpflanzen, auch *angekeimte* oder *gekeimte Samen* genannt, je nach Keimdauer in Tagen, bemerkenswerte Nährwertveränderungen auf. Es werden Vitamine, Enzyme (gewerbliche Nutzung bei → Malz und → Backmalz), Mineralstoffe, mehrfach ungesättigte Fettsäuren und Nitrosilide gebildet, Veränderungen des Aminosäureprofils zugunsten der begrenzenden Aminosäuren (z. B. bei Weizen Lysin, bei der Mung-Bohne Cystein und Methionin) finden statt, oder unerwünschte Inhaltstoffe werden ganz oder z. T. abgebaut (z. B. Phytinsäure). I. allg. ist der Ballaststoffgehalt der *Samenkeimlinge, bzw. Keimpflanzen* erhöht und der Kohlenhydratgehalt erniedrigt. Für die Gewinnung von K., die auch *Speisefrischkeimlinge, Keimpflanzen, Keimsprosse, angekeimte Samen, Samenkeimlinge, Sprosse* oder *Frischkeimlinge* genannt werden, ist die Verwendung von Samen aller Getreidearten, aber auch von Leguminosen, wie *Sojabohnen, Linsen, Lupinen, Mung-Bohnen, Adzukibohnen, Kichererbsen,* darüber hinaus von *Leinsamen, Buchweizen, Kürbis- und Sonnenblumensamen, Sesam, Senf, Kresse, Rettich, Luzerne* und *Bockshornkleesamen* verbreitet. Die K. sind sowohl Bestandteil der ostasiatischen Küche als auch von *Müslis* (z. B. *Weizensprossen-Müsli*) und Rohkostsalaten oder werden für Backzwecke (→ Keimlingsmehl) oder Brauzwecke (→ Bier 1. → Malz) herangezogen. Es ist auch möglich, verschiedene Samenarten aus Geschmacksgründen gleichzeitig (in Mischung) zum Ankeimen zu bringen. Mitunter werden die K. über das Stadium der Keimpflanze hinaus als Chlorophyllspender, bis zum sog. *Grünkraut* oder sog. *12-Tage-Kraut* im Haushalt weitergezogen (→ Weizengras) und gleichermaßen wie K. für Rohkostzwecke verwendet. Bei der Gewinnung von K. ist zu beachten, daß nur ungebeiztes Saatgut verwendet wird. → Auswuchsgetreide → Getreidebeizmittel

4. Sproßaustrieb von Speicherorganen bzw. vegetativen Vermehrungsorganen, wie Sproßknollen (Kartoffeln), Zwiebeln, Wurzelstücke usw. So wird z. B. der Austrieb der in der Kartoffelknolle vorliegenden Knospenanlage (Augen) oder schlafenden Knospe als K. bezeichnet. Entsprechend wird vom *Zwiebelkeim* gesprochen und darunter der meist unerwünschte, vorzeitige Sproßaustrieb von lagernden Speisezwiebeln verstanden; das gleiche trifft für den Austrieb der Speicherorgane von Sellerie, Möhren, Wurzelpetersilie, Kopfkohl und dgl. zu. Um einen vorzeitigen Sproßaustrieb, insbes. von Kartoffeln zu unterbinden, werden sog. *Keimhemmungsmittel* eingesetzt. → Sproß

5. in der Mikrobiologie gebräuchliche Bez. für lebende Mikroorganismen, wie Bakterien und Mikropilze (z. B. Hefen, Schimmelpilze, Sauerteigbakterien usw.). → Keimzahl

Keimbrot, *Keimlingsbrot:* **1.** ein → Spezialbrot aus angekeimtem (24···48 h) Getreide oder aus sog. → Keimlingsmehl. Das angekeimte Getreide (Feuchtigkeitsgehalt 40 %) wird zw. zwei Walzen zerquetscht unmittelbar zu einem Teig verarbeitet (→ Simonsbrot). Dies ist von Vorteil, da zw. dem Zerkleinerungsvorgang und dem Backen nur eine kurze Zeitspanne liegt, in der insbes. die fettspaltenden Enzyme kaum Gelegenheit haben, Ranzigkeit oder Bittergeschmack hervorzurufen.

2. ein unter Zusatz von Weizenkeimen, die aus dem ruhenden Weizenkorn gewonnen wurden (*Weizenkeimbrot*), hergestelltes Roggen-, Weizenmischbrot oder Vollkornbrot. Um ein Brot als Weizenkeimbrot bezeichnen zu dürfen, müssen mind. 30 % entfettete oder mind. 10 % nicht entfettete Weizenkeime zugesetzt werden. Die am meisten verbreiteten Weizenkeimbrote bestehen aus 76,5 % Roggenmehl R 1150, 13,5 % Weizenmehl W 812 und 10 % nicht entfetteten Weizenkeimen. → Brot, angereichertes → Getreidekeim

Keimflocken → Weizenkeimflocken

Keimhemmungsmittel → Kartoffel → Wuchsstoffe

Keimlingsbrot → Keimbrot

Keimlingsmehl, *Sprößlingsmehl:* eine bes. im Süden Deutschlands verbreitete Bez. für ein → Spezialmehl aus angekeimtem Weizen. Der Weizen wird angekeimt, danach getrocknet, vermahlen und als vitaminangereichertes Mehl verschiedenen Spezialzwecken (Anreicherung von Kindernahrungsmitteln, Anreicherung von Brotmehl) zugeführt. → Getreidemehl → Keimbrot

Keimöl → Getreideöl

Keimpflanze → Keim

Keimsprosse → Keim

Keimstop E 865 → Kartoffel

Keimzahl: quantitative Angabe der Anzahl von lebenden *Mikroorganismen* (*Bakterien, Hefen, Pilze*) eines Lebensmittels je Volumen- bzw. Masseeinheit (ml bzw. g). Es handelt sich um die für ein Lebensmittel charakteristische bzw. bestimmende K. (primärer Keimgehalt), die der → Mikroflora eines Lebensmittels gleichzusetzen ist. Dazu kommt die bei Verarbeitung, Lagerung und Transport mögliche meist unerwünschte nichtpathogene bzw. pathogene Keimflora (sekundärer Keimgehalt). Die K. kennzeichnet Qualität (z. B. → Frische) und Verkehrsfähigkeit eines Lebensmittels (s. Übersicht S. 766).

Hohe K. liegen häufig, aber keineswegs generell, beim → Verderb eines Lebensmittels vor. Da Lebensmittel gegenüber Fremdkeimbefall unterschiedlich empfindlich sind, gelten nach Mikroorganismenart und -gruppe differenzierte, meist gesetzlich geregelte Keimzahllimits für ihre Ver-

Mikrobiologische Qualitätsbeurteilung von ganzen Schlachtkörpern, Schlachtkörperhälften und -vierteln

Bakterienzahl je 1 cm^2	Beurteilung des Schlachthygienestatus	Voraussichtl. Haltbarkeit bei +2°C in Tagen
$< 5 \cdot 10^2$	ausgezeichnet	18 bis 20
$5 \cdot 10^2$ bis $9{,}9 \cdot 10^2$	gut	15 bis 17
10^3 bis $9{,}9 \cdot 10^4$	befriedigend	12 bis 14
10^4 bis 10^5	ausreichend	9 bis 11
$> 10^5$	mangelhaft	weniger als 9

kehrsfähigkeit. Für pathogene Keime gelten in der Lebensmittelgesetzgebung streng festgelegte K. Z. B. dürfen bei Fischerzeugnissen (Filet) *Salmonellen* und *Shigellen* in 25 g Erzeugnis sowie *koagulasepositive Staphylokokken* und *sulfitreduzierende Clostridien* in 0,1 g nicht nachweisbar sein (K. = 0). Die Bestimmung der K. erfolgt nach standardisierten Methoden, wobei zw. der aeroben und anaeroben K. unterschieden wird.

Keks: eine aus kleinen oder mäßig großen Stükken bestehende, schwach süß, süß oder nicht süß schmeckende Dauerbackware, vorwiegend aus → Mürbeteig (z. B. *Mürbchen,* auch *Mürbeteigplätzchen* oder *Mürbekeks* genannt) und → Volleimasse (z. B. Sandplätzchen und → Biskuits). Die Bez. *der* (österr. *das*) K. wurde um 1900 aus dem engl. *cake* (Kuchen) gebildet. Bei der Keksherstellung wird der meist fetthaltige Teig entweder ausgewalzt und ausgestochen *(Ausstecherkeks)*, auf der Formgebäckmaschine ausgedrückt *(Formkeks),* ausgewalzt und auf der *Schnittgebäckmaschine* geschnitten (*Schnittkeks*) oder gespritzt (*Spritzkeks,* auch *dressierter K.* genannt). Je nach struktureller Beschaffenheit des K. unterscheidet man 3 Gruppen von Keksarten (Tab.). Hart- und Weichkekse können gefüllt, ungefüllt, überzogen und garniert sein. Die angegebenen Fett- und Zuckermengen beziehen sich auf den einfachen, ungefüllten K. *Albertkeks* ist ein Hartkeks von

Beschaffenheit verschiedener Keksarten

Keksart	Strukturbeschaffenheit	Fettgehalt in %	Zuckergehalt in %
Hartkeks	fest-knusprig	5···15	12···15
Mürbe- oder Weichkeks	weich, mürbe	20···35	20···35
Cracker	zartblättrig	18···20	4···6

mind. 12 % Fettgehalt und höchst. 5 % Feuchtigkeit. *Bonbon-Keks* besteht aus einem unteren und einem oberen K. mit je 42 mm Durchm. und einer dazwischenliegenden Kremfüllung von etwa 30 % der Gesamtmasse des K. Bei Keksarten, deren Bez. auf die Verwendung bestimmter Rohstoffe hinweist, sind folgende Mindestzusätze einzuhalten (bezogen jeweils auf 100 kg Mehl): *Milchkeks* 20 l Trinkmilch oder entsprechende Menge Milchdauerware, *Butterkeks:* 10 kg Butter und kein anderes Fett oder Geruchs- oder Geschmacksstoffe, die Buttergehalt vortäuschen könnten. *Sahnekeks:* 20 l Sahne (Rahm mit 10 % Milchfett) oder entsprechende Menge an Sahnedauerware, *Eiweißkeks:* 17,4 kg Eiklar oder entsprechende Menge an getrockneten Produkten, *Eierkeks:* 13,5 kg Frischei oder 6,4 kg Eigelb, *Vollkornkeks:* mind. 90 % des Mehlanteils aus Mahlerzeugnissen des vollen Kornes, *Haferkeks:* entweder ebensoviel Hafer wie anderes Getreidemehl (50 %), keinesfalls aber unter 25 %, bezogen auf den Getreideanteil. Die im Handel befindlichen Vollkornkekse weisen im Durchschn. einen Vitamin-B_1-Gehalt von 0,2 mg je 100 g Keks auf; ihr Zuckergehalt liegt bei 23 % und ihr Fettgehalt (Butter oder Margarine) bei 10 %. Die Haltbarkeit von K. beträgt bei 5···8°C und 50···70 % rel. Luftfeuchte mind. 6 Monate, bei K. mit einem Überzug aus Fettglasur mind. 3 Monate. → Biskuit → Diätkeks → Diätdauerbackware

Keksmehl: 1. ein → *aufgeschlossenes Mehl* aus zerkleinertem Keksbruch, das als *Kindernährmittel* verwendet und im → *Kindernährgrieß* enthalten ist. → Getreidemehl

2. ein → Getreidemehl, das als → *Einzweckmehl* zur Herstellung von → Keksen bestimmt ist.

Keks, natriumarmer → Diätkeks → Diätdauerbackware

Kekuna: das aus den ölhaltigen Kemiri-Samen (→ *Kemiri*) gewonnene Speiseöl, welches qualitätsmäßig dem Leinöl entspricht. Das Öl wird auch für technische Zwecke verwendet.

Kelch → Wirsing

Kelcogel: Handelsname für → *Gellan* in Lebensmittelqualität.

'Kelleris 16' → Sauerkirsche → Weichsel → Steinobst

Kelp → Algenprodukt

Keltertraube → Weintraube

Kemia → Lupine

Kemiri, *Kandelnuß, Bankulnuß:* die haselnußgroßen, ölhaltigen Samen von *Aleurítis moluccána* (L.) Willd., des in Indien, Indonesien und in China heimischen, bis 20 m hohen Kandelnußbaumes (Familie *Euphorbiáceae*). Die Samen schmecken leicht bitter und würzig und dienen als Gewürz u. a. zur Herstellung von *Sambal Kemiri* (→ Sambal) sowie zur Gewinnung des fetten Öles (→ Kekuna).

Kenaf: *Dekkanhanf, Ambari, Mesta, Jawahanf:* eine in Indien, Südchina und im tropischen Afrika kultivierte, über 3 m hohe, krautige Faserpflanze, *Hibíscus cannábinus* L. (Familie *Malváceae),* von weltwirtschaftlicher Bedeutung, deren junge Blätter in Indien und im Sudan als Gemüse verzehrt werden. Das Samenöl dient als Speiseöl.

Kenagemüse: die ausdauernde indische Gemüsepflanze *Commelína benghalénsis* L. (Familie *Commelináceae*).

Kenchur → Chekkur 2.

Kenépier → Honigbeere

Kenettier → Honigbeere

Kenima: ein traditionelles indisches Knabbererzeugnis aus Sojabohnen, welches im Geschmack dem japanischen → *Natto* ähnlich ist. Die gekochten und abgekühlten Sojabohnen werden mit einem Gäransatz versehen und 12···24 h fermentiert. K. wird danach geröstet und gesalzen verzehrt, es weist ein nußartiges Aroma auf und soll viel schmackhafter als → *Tempeh* sein. → Lebensmittel, fermentiertes → Usar

Kenkey: ein in Westafrika übliches knödelartiges Erzeugnis aus Maisbrei (→ Mais), das wegen seiner langwierigen Herstellungsweise auch als Halbfertigerzeugnis, in Maishülsen portionsweise verpackt, zum Verkauf angeboten wird. Der K. ist das Hauptnahrungsmittel großer Teile Ghanas und wird in verschiedenen Varianten hergestellt. Eine Variante wird auch als sog. *Eiskenkey* mit Eisstückchen versehen und mit Wasser gemischt als Getränk angeboten. *Sauer* schmeckender und stark gesalzener K. trägt die Bez. *Komi.* Der Komi wird aus einer Mischung von → *Aflata* und ungekochtem, anschließend fermentiertem Maisteig hergestellt, zu Klößen geformt, die in Maisblätter verpackt, auf Stöcken gespießt und über stark kochendem Wasserbad 2 h gedämft werden. Während des Dämpfens wird ständig frisches Wasser über die Klöße geschüttet, die nach Beendigung des Hitzeprozesses an der Oberfläche kleine braune Flecken aufweisen. Eine andere Variante ist der *süße K.* aus einer Mischung von Maisbrei und Süßkartoffeln (Batate), die zu einem dicken, steifen Brei gemischt, mit Zucker versetzt, 2 bis 3 Tage fermentiert und anschließend angekocht wird. Nach 8stündigem Stehen dieser angekochten Masse werden Klöße geformt, in Maisblätter eingewickelt und 4 h gedämpft. → Brei → Ogi

Kennzeichnungsstoffe: Markierungssubstanzen, Zusätze zu Zutaten oder Lebensmitteln um deren Identität zu kennzeichnen oder deren Nachweiß zu erleichtern, insbesondere bei besteuerten oder subventionierten landwirtschaftlichen Erzeugnissen, wie Milchpulver für Futterzwecke, Butter und Butterschmalz, Kochsalz, Ethanol und Saccharose für industrielle Zwecke.

Kentjoer → Chekkur 2.

Kentjur → Chekkur 2.

Kepachifrucht → Santolfrucht

Keracyanin → Anthocyane

Kerasunder Nuß → Haselnuß

Keratine → Eiweiß

Kerbel, *Gartenkerbel:* das frische, in der Blattform der Petersilie ähnelnde Kraut eines in Mitteleuropa kultivierten, winterharten, bis 60 cm Höhe erreichenden Doldengewächses *Anthríscus cerefólium* (L.) Hoffm. (Familie *Apiáceae*). Das Kraut wird bis zum Aufkommen der Blüte geerntet, bis dahin ist es noch zart und aromatisch. Zum Trocknen ist es nicht geeignet, da sich sein charakteristischer süßlich-anisartiger Geschmack dabei verlieren würde. K. enthält das Glycosid Apiin. Die bekannte Sorte *'Struwelpeter'* wächst nach der Aussaat schnell heran und benötigt reichlich Feuchtigkeit. Bis zu 30 cm Höhe ist das Kraut noch aromatisch, danach läßt die Würzkraft nach. Der K. ist bes. für Kerbelsuppe, Kräuterbutter, Fisch-, Fleisch- und Geflügelgerichte für Quark- und vor allem Salatzubereitungen geeignet. → Küchenkraut

Kerbelrübe, *Knollenrübe, Knollenkerbel, Kälberkopf, Rübenkerbel:* ein früher als Wurzelgemüse angebautes Doldengewächs, *Chaerophýllum bulbósum* L. (Familie *Apiáceae*), das heute von der → Schwarzwurzel verdrängt ist. Die Hauptwurzel ist einköpfig, gerade, eiförmiglänglich, spindelförmig oder rübenartig-knollig, bis 10 cm lang und wiegt bis 200 g. Ihre Oberfläche ist graubraun bis bräunlich-rot, ihr Fleisch weißlich. Erntezeit ist Ende Okt. Verwendet wird die Wurzel der K., wie Teltower → Rübchen, als → Gemüse, Suppe u. dgl. → Lebensmittel, nostalgisches

Kermesbeere: die Staude *Phytolácca americána L.* (Familie *Phytolaccáceae*), deren Blätter und junge Stengelsprosse als Gemüse gegessen werden. Sie werden ähnlich wie Spargel zubereitet und sind auch in Nordamerika beliebt. In Ostasien und Indien wird *Phytolácca acinósa* Roxb. kultiviert und als sog. *„Südamerikanischer Spinat"* ähnlich verwendet.

Kermessäure → Farbstoffe

Kern: handelsübliche Bez. für das Innere einer Frucht. Von den äußeren Schichten (Spelzen, Hülsen, Schale, Steinschale, Kapsel, Fruchtfleisch) befreite Samen werden daher als → *Samenkerne* bezeichnet. Hierzu zählen (unabhängig davon, ob es sich botan. um die Fruchtarten → Nuß, → Kapsel, → Hülse, → Beere oder → Steinfrucht handelt) das Innere einer Frucht, z. B. Mehlkern (→ Auszugsmehl) bzw. die geschälten, handelsüblichen Früchte von *Dinkel* (→ Grünkern), *Hafer* (Haferkern), *Mandel* (Mandelkern), *Erdmandel* (Erdmandelkern), *Kürbis* (Kürbiskern), *Sonnenblume* (Sonnenblumkern), *Sojabohne* (Sojabohnenkern), *Erdnuß* (Erdnußkern), *Nuß* (Nußkern), *Kakaobohne* (Kakaokern), *Pistazie* (Pistazienkern), *Kaschunuß* (Kaschukern), *Paranuß* (Paranußkern), *Muskatnuß* (Muskatnußkern), *Colanuß* (Colanußkern), *Piniennuß* (Piniennußkern), *Aprikose* (Aprikosenkern), *Pflaume* (Pflaumenkern), *Walnuß* (Walnußkern). Die Bez. *Korn* ist mit K. verwandt und wird verschiedentlich als Syn. für K. gebraucht. → Ölsamen → Ölsaat

Kernen → Sammelspelzfrucht → Dinkel → Spelzweizen → Weizen

Kerner: eine durch Kreuzung der Rebsorten *Trollinger* und *Riesling* hervorgegangene *Neuzüchtung,* die im Weinbau zunehmende Bedeutung erlangen wird. Die Kernerrebe stellt an die Lage keine besonderen Ansprüche und erweist sich als winterfest und resistent gegenüber Pilzkrankheiten. Bei guten Erträgen werden frische, rieslingähnliche Weine erhalten. → Wein

Kerngut → Ölsamen

Kernhaus: der beim → *Kernobst* (Apfel, Birne, Quitte) vom Fruchtfleisch umgebene, aus dem meist fünffächrigen Fruchtknoten entstandene Samenbehälter in der Frucht in Form eines kapselartigen Hohlraumes. Die die Kernkammern abgrenzenden pergamentartigen Kernhauswandungen stören beim Essen, deshalb wird das K. zum Frischverzehr und zur Herstellung bestimmter Konserven manuell oder maschinell aus der Frucht herausgelöst. Bei der Herstellung von Marmeladen, Gelees, Säften und dgl. wird es bei der

Mark- bzw. Saftgewinnung vom Fruchtmark bzw Saft getrennt.

Kernhausbräune: eine bei Kernobst auftretende, die Qualität mindernde, äußerlich nicht sichtbare Verbräunung kernhausnaher Gewebepartien, die bei zu früh geernteten oder zu lange gelagerten Früchten auftreten kann. Im fortgeschrittenen Stadium trocknen die Zellen um das Kernhaus aus, reißen auf und ergeben außerdem Fehlgeschmack. → Apfelfehler

Kernhausfäule, *Kernhausschimmel:* eine bes. Äpfel befallende, äußerlich nicht sichtbare, die Qualität der Frucht mindernde, parasitäre Erkrankung, die sich je nach Erregerart in unterschiedlich gefärbtem Pilzgeflecht in und um das Kernhaus zeigt, das nach Zerfall des Kernhauses Trockenfäule auslöst und auch auf das Fruchtfleisch übergreifen kann. Die Infektion erfolgt oft schon zur Zeit der Apelblüte, wobei mehrere Pilzarten beteiligt sein können und die Bildung von → Mykotoxinen in der Frucht nicht auszuschließen ist. → Apfelfehler → Fäule → Verderb

Kernhausschimmel → Kernhausfäule

Kernkem Käse: *Weichkäse* mit Rotschmiere (60% F. i. Tr.). → Käsesorten

Kernlestee → Hagebutte

Kernobst: handelsübliche Sammelbez. für die mehrsamigen Sammel- oder Scheinfrüchte apfelfrüchtiger Laubhölzer (*Pomoídeae*), wobei die Früchte der Kulturobstarten → Apfel, → Birne, → Quitte, → Edeleberesche sowie einiger Wildfrüchte, wie → Mispel, → Hagebutte, → Weißdorn, → Speierlinge, → Elsbeere, inbegriffen sind. Die als *Apfelfrucht* bezeichnete Frucht des K. ist eine Scheinfrucht, in der die Samen (Kerne) in Fächern liegen, die mit einer dünnen, pergamentartigen Wand ausgekleidet sind und das Kerngehäuse bilden. Die ausgewählten Kultur-Kernobstarten und -sorten sowie Zusammensetzung und Energiewert des K. s. Übersicht S. 770–774 und Tab. nachfolgend.

Zusammensetzung und Energiewert ausgewählter Kernobstarten

Bestandteil	Apfel	Birne	Quitte
	Durchschnittl. Gehalt im eßbaren Anteil von 100 g käuflicher Rohware		
Feuchtigkeit in g	79,0	78,5	69,8
Eiweiß in g	0,27	0,47	0,35
Fett in g	0,27	0,38	0,42
Kohlenhydrate in g	11,1	12,5	13,0
Rohfaser in g	0,83	1,79	1,56
Mineralstoffe in g	0,37	0,36	0,37
Caroten in mg	0,057	0,094	0,028
Vitamin B_1 in mg	0,025	0,035	0,025
Vitamin B_2 in mg	0,027	0,030	0,025
Vitamin B_6 in mg	0,041	0,014	–
Vitamin C in mg	11,00	4,70	10,00
Natrium in mg	1,65	1,90	1,68
Kalium in mg	137	122	201
Calcium in mg	7,4	16,0	8,55
Eisen in mg	0,32	0,28	0,504
Energiewert in kJ (kcal) je 100 g eßbaren Anteils	219 (52,4)	246 (58,9)	284 (68,0)

Kerpa: Bez. für junge Blätter von den in Indien, Afghanistan bis China kultivierten Gräsern *Eriánthus arundináceus* (Retz.) Jesw. und *Eriánthus máximus* Brongn. (Familie *Poáceae*), die als Gemüse oder Salat verzehrt werden.

Kerstingiélla geocárpa → Erdnuß, Kerstings

Kesti: *Schnittkäse* mit Kümmel aus Finnland vom Typ → *Tilsiter.* → Käsesorten

6-Kestose → Trisaccharide

Ketakaviar → Kaviar

Ketalachs → Lachs

Ketchup, *Catchup:* Bez. für eine pikante → Würzsoße, überwiegend auf Basis von Tomatenmark (*Tomatenketchup*) oder Curry (*Curryketchup*)

Ausgewählte Kernobstarten

Arten und Sorten	Zeit der Einführung als Handelsobjekt	Entstehung	Genußreife	Anbauart	Verwendung	Bemerkungen
Apfel						
'Klarapfel'	um 1852	Zufallssämling	Mitte Juli bis Mitte August	allg. Anbau	Frischverzehr und Musbereitung	folgert in der Reife
'Vista Bella'	1986	aus 'Sg. 7749 X 'Julyred'	Ende Juli bis Anfang August	allg. Anbau auf M9	Frischverzehr und häusl. Verarbeitung	folgert in der Reife
'Helios'	1970	aus 'Oldenburg' frei abgeblüht	Anfang August	allg. Anbau	Frischverzehr und Apfelstücke	8 bis 10 Tage lagerfähig
'Piros'	1985	aus 'Helios' X 'Apollo'	Mitte bis Ende August	allg. Anbau auf M26	Frischverzehr	sehr guter Geschmack
'James Grieve'	1880	aus 'Potts Seedling'	September bis Oktober	allg. Anbau	Frischverzehr	große Anbaubreite
'Apollo'	1976	aus 'Cox Orangen' X' Oldenburg'	Ende August bis Anfang September	Anbau für Marktversorgung	Frischverzehr	große Anbaubreite, kurze Lagerfähigkeit
'Alkmene'	1961	aus 'Oldenburg' X 'Cox Orangen'	September bis November	allg. Anbau	Frischverzehr	
'Red Mc Intosh'	nach 1930	Farbmutante von 'Mc Intosh'	Mitte September bis Dezember	allg. Anbau	Frischverzehr	für nährstoffreiche, feuchte Böden
'Carola'	1961	aus 'Cox Orangen' frei abgeblüht	Oktober bis Dezember	allg. Anbau	Frischverzehr	
'Albrechtapfel'	1985	aus 'Kaiser' Alexander'	Oktober bis Januar	allg. Anbau	Frischverzehr	auch für Höhenlagen
'Cox Orangen'	1830	aus 'Ribston Pepping'	November bis Februar	allg. Anbau	Frischverzehr	
'Golden Delicious'	1890	Zufallssämling	November bis Februar	allg. Anbau	Frischverzehr, auch Apfelstücke	stellt hohe Standortanforderungen

Ausgewählte Kernobstarten (Forts.)

Arten und Sorten	Zeit der Einführung als Handelsobjekt	Entstehung	Genußreife	Anbauart	Verwendung	Bemerkungen
'Jonagold'	1978	aus 'Jonathan' X 'Golden Delicious'	November bis April	für warme Lagen und nährstoffreichen Boden	Frischverzehr	nur für schwachwachsende Unterlagen
'Yellowspur'	1950	Mutante von 'Golden Delicious'	November bis Februar	allg. Anbau	Frischverzehr	für warme Lagen und nährstoffreichen Boden; nicht für Vorgebirgslagen und nicht für Mecklenburg-Vorpommern
'Belgolden'	1977	Mutante von 'Golden Delicious'	Dezember bis Februar/März	allg. Anbau	Frischverzehr	für warme Lagen und nährstoffreichen Boden: nicht für Vorgebirgslagen und nicht für Mecklenburg-Vorpommern
'Roba'	1969	rote Mutante von 'Erwin Baur'	Dezember bis März	allg. Anbau	Frischverzehr	hat 'Erwin Baur' ersetzt
'Auralia'	1961	aus 'Cox Orangen' X' Nordhausen'	November bis März	allg. Anbau	Frischverzehr	
'Breuhahn'	1895	aus 'Halberstädter Jungfernapfel'	November bis April	allg. Anbau	Frischverzehr	
'Gloster'	1980	aus 'Glockenapfel' X' Richared'	November bis März	für Malus 9, 26 und MM 106	Frischverzehr	
'Spartan'	1976	aus 'Mc Intosh' X Yellow 'Newton'	November bis April	allg. Anbau	Frischverzehr	
'Herma'	1961	aus 'Jonathan' frei abgeblüht	Dezember bis März	allg. Anbau	Frischverzehr	

Ausgewählte Kernobstarten (Forts.)

Arten und Sorten	Zeit der Einführung als Handelsobjekt	Entstehung	Genußreife	Anbauart	Verwendung	Bemerkungen
'Redspur'	1977	Mutante von 'Starking'	Dezember bis April	allg. Anbau	Frischverzehr	für warme Standorte und nährstoffreiche Böden; nicht für die nördlichen Bezirke und Höhenlagen
'Roter Boskoop'	1923	rotschalige Mutante von 'Boskoop'	Dezember bis März	für Niederstamm auf Malus 9	Frischverzehr	
'Schweizer Orangenapfel'	1935	aus 'Ontarioapfel' X' Cox Orangen'	Dezember bis März	allg. Anbau	Frischverzehr, Mus, Apfelstücke	
'Undine'	1961	aus 'Jonathan' frei abgeblüht	Februar bis April	allg. Anbau	Frischverzehr	
'Clivia'	1961	aus 'Oldenburg' X 'Cox Orangen'	Dezember bis April	allg. Anbau	Frischverzehr	
'Idared'	1975	aus 'Jonathan' X 'Wagenerapfel'	Januar bis April/Mai	allg. Anbau	Frischverzehr	
'Ontarioapfel'	um 1880	aus 'Northern Spy' X 'Wagenerapfel'	Januar bis Mai	allg. Anbau	Frischverzehr Wirtschaftszwecke	
'Juno'	1971	aus 'Ontarioapfel' X 'London Pepping'	Januar bis Mai	allg. Anbau	Frischverzehr	geschmacklich besser als 'Ontarioapfel'
'Simona'	1985	aus 'Clivia' X 'Undine'	bis Januar/ Februar	allg. Anbau auf M 26	vorw. Frischverzehr	
'Pinova'	1986	aus 'Clivia' X 'Golden Delicious'	bis Juni, vom Baum weg genußreif	nährstoffreiche Böden auf M 26	Frischverzehr und Verarbeitung	warme Lagen, sehr guter Geschmack

Ausgewählte Kernobstarten (Forts.)

Arten und Sorten	Zeit der Einführung als Handelsobjekt	Entstehung	Genußreife	Anbauart	Verwendung	Bemerkungen
Birne						
'Bunte Julibirne'	um 1857	wahrscheinlich Zufallssämling	Ende Juli bis Anfang August	allg. Anbau	Frischverzehr	
'Trévoux'	1862	unbekannt	Anfang bis Mitte August	allg. Anbau	Frischverzehr Kompott	
'Clapps Liebling'	vor 1860	unbekannt	Mitte August bis Anfang September	allg. Anbau	Frischverzehr	
'Williams Christ'	im 18. Jh.	wahrscheinlich Zufallssämling	Ende August bis Anfang September	allg. Anbau	Frischverzehr Kompott	
'Marianne'	vor 1800	Sämling	September bis Anfang Oktober	allg. Anbau	Frischverzehr häusliche Verwertung	für Straßenobstbau, Höhenlagen
'Gute Luise'	um 1796	Zufallssämling	Ende September bis Ende Oktober	allg. Anbau	Frischverzehr	
'Boscs Flaschen-birne'	Anfang des 19. Jh. in Belgien oder Frankreich entstanden	Zufallssämling	Oktober bis Mitte November	allg. Anbau	Frischverzehr Kompott	
'Konferenzbirne'	vor 1894	unbekannt	Oktober bis November	allg. Anbau	Frischverzehr	gut für Kühllagerung
'Alexander Lucas'	um 1870	Zufallssämling	Oktober bis Dezember	allg. Anbau	Frischverzehr	gut für Kühllagerung
'Vereins-Dechants-birne'	1849	unbekannt	November	Selbstversorger-anbau	Frischverzehr	

Ausgewählte Kernobstarten (Forts.)

Arten und Sorten	Zeit der Einführung als Handelsobjekt	Entstehung	Genußreife	Anbauart	Verwendung	Bemerkungen
'Madame Verté	um 1810	unbekannt	November bis Anfang Januar	allg. Anbau	Frischverzehr, häusliche Verwertung	
'Jeanne d'Arc'	1893	'Diels Butterbirne' X Vereins-Dechantsbirne'	Dezember bis Januar	Selbstversorgeranbau	Frischverzehr	
'Paris'	um 1880	unbekannt	Dezember bis Februar	allg. Anbau	Frischverzehr, häusliche Verwertung	braucht warmen Standort
'Nordhäuser Winterforelle'	vor 1864	unbekannt	Januar bis März	allg. Anbau	Frischverzehr, häusliche Verwertung	braucht warmen Standort
Quitte						
'Radonia'	1980	aus Sortimentsbeständen ausgelesen	pflückreif Anfang bis Mitte Oktober	allg. Anbau	Gelee, Kompott, Marmelade, Paste, Saft	
'Vranja'	1980	aus Sortimentsbeständen ausgelesen	pflückreif Anfang bis Mitte Oktober	allg. Anbau	Gelee, Kompott, Marmelade, Paste, Saft	
'Wudonia'	1970	aus Sortimentsbeständen ausgelesen	pflückreif Anfang bis Mitte Oktober	allg. Anbau	Gelee, Kompott, Marmelade, Paste, Saft	
Edeleberesche						
'Rosina'	1954	als Sämling aufgefunden	pflückreif Mitte bis Ende September	allg. Anbau	Saft, Marmelade, Kandieren, Konzentratherstellung	

meist unter Verwendung von Zwiebeln, Zucker, Essig und Gewürzen; mitunter werden auch Pilze, Walnüsse oder Früchte verschiedenster Art mit verarbeitet (*Fruchtketchup*). Bei Tomatenketchup werden je 100 kg mind. 24,1 kg doppelt konzentriertes Tomatenmark verwendet, um den geforderten Tomatentrockenmassegehalt von 7 % im Endprodukt zu erreichen. Die Verwendung von Dickungsmitteln (meistens Traganth), Stabilisatoren, Aromastoffen und Geschmacksverstärkern ist in den alten Bundesländern üblich, in den neuen Bundesländern war dies bislang unbekannt. In der Regel enthält K. 16···20 % Zucker, bei → Leichtprodukten Süßstoff. In Gegenden mit hohem Tomatenaufkommen gilt die Herstellung von K. als wirtschaftliches Verfahren zur Aufbereitung nicht mehr marktfähiger Tomaten, da ihr abwegiger Geschmack im geschmacksintensivem K. mit seiner süß-säuerlichen Note nicht mehr zum Tragen kommt. Aus diesem Grunde wurde der Ergosteroltest entwickelt (Ergosterol ist ein Stoffwechselprodukt von Hefen und Schimmelpilzen). Mit ihm läßt sich nachweisen, ob unzulässigerweise bereits angefaulte Früchte für die Tomatenkonzentratherstellung verwendet wurden.

Ketembilla → Kitembilla

Ketjap (indones.), *Kanjang* (korean.), *Kicap* (malays.), *Inyu* (taiwan.): eine vorwiegend zu Reisgerichten verwendete → Würzsoße mit Fleischextraktnote aus fermentierten Mungobohnen, Sojabohnen, Weizen, Reis usw., unter Zusatz von Gewürzen, Salz und Zucker. Für die Fermentierung werden → Starterkulturen aus *Aspergillus oryzae, Rhizopus oligosporus, Pediococcus soyae, Saccharomyces rouxii* und *Rhizopus arrhizus* verwendet. Der K. ist je nach Ausgangsmaterial und Fermentationsdauer ein der → Sojasoße sehr ähnelndes Produkt.

α-Keto-adipinsäure → Oxocarbonsäuren

α-Ketobuttersäure → Oxocarbonsäuren

α-Ketocapronsäure → Oxocarbonsäuren

α-Keto-caprylsäure → Oxocarbonsäuren

Ketocarbonsäuren → Oxocarbonsäuren

α-Ketoglutarsäure → Citronensäure → Oxocarbonsäuren

β-Ketoglutarsäure → Aceton-α-α'-dicarbonsäure

Ketohexosen → Fructose → Saccharide

2-Keto-3.4-imidazolin-2-tetrahydrothiophen-n-valeriansäure → Biotin

α-Keto-isocapronsäure → Oxocarbonsäuren

α-Keto-isovaleriansäuren → Oxocarbonsäuren

Ketomalonsäure → Mesoxalsäure

Ketone, *Alkanone:* Stoffklasse mit einer Carbonyl-, Keto- oder Oxogruppe (C=O) zw. zwei Alkyl- oder Arylresten. Bei gleichen Alkyl- oder Arylresten sind es einfache, bei unterschiedlichen Alkyl- bzw. Arylresten gemischte K., z. B.

$$CH_3-\underset{\underset{O}{\|}}{C}-CH_3 \quad \text{bzw.} \quad CH_3-\underset{\underset{O}{\|}}{C}-C_2H_5$$

(Aceton) (Ethylmethylketon)

als einfachste Vertreter dieser Gruppe.
Nach der Genfer Nomenklatur werden K. durch Zufügen der Endsilbe „on" zum entsprechenden Stammkohlenwasserstoff gekennzeichnet, z. B. Aceton = Propanon, Ethylmethylketon = Butanon. Cyclische Vertreter der K. sind das *Acetophenon* als einfachstes Monoacrylketon und das *Benzophenon* als einfachstes Diarylketon. Ungesättigte K. enthalten nachbarständig zur Ketogruppe eine Doppelbindung, mehrwertige K. mehrere Ketogruppen im Molekül. Niedere K. sind leicht bewegliche und mit Wasser mischbare Flüssigkeiten von charakteristischem Geruch. Die Wasserlöslichkeit der K. nimmt mit steigender Kohlenstoffzahl ab; höhere K. sind fest.
In Pflanzen kommen K. als Bestandteile von ätherischen Ölen bzw. als aromatische K., wie Kampfer, in Wurzeln und Baumrinde vor (s. Übersicht S. 776–778).
K. sind im Vergleich zu Aldehyden nicht reduzierend, gegenüber Oxydationsmitteln verhältnis-

In Lebensmitteln nachgewiesene Ketone

Keton	Formel	Vorkommen
Methyl-n-propylketon (Pentan-2-on)	CH_3-CO-$(CH_2)_2$-CH_3	im ätherischen Öl von Ananas
Methyl-n-amylketon (Heptan-2-on)	CH_3-CO-$(CH_2)_4$-CH_3	Nelken-, Ceylon-Zimt, Rautenöl
Methyl-n-hexylketon (Octan-2-on)	CH_3-CO-$(CH_2)_5$-CH_3	Rautenöl
Methyl-n-heptylketon (Nonan-2-on)	CH_3-CO-$(CH_2)_6$-CH_3	Nelken-, Rauten-, Kokosnußöl
Methyl-n-octylketon (Decan-2-on)	CH_3-CO-$(CH_2)_7$-CH_3	Rautenöl
Methyl-n-nonylketon (Undecan-2-on, Luparon)	CH_3-CO-$(CH_2)_8$-CH_3	Rauten-, Kokosnuß-, Citrusschalen-, Palmkernöl
Methyl-n-undecylketon (Tridecan-2-on)	CH_3-CO-$(CH_2)_{10}$-CH_3	Kokosnußöl
Ginnon (Nonancosan-10-on)	CH_3-$(CH_2)_{18}$-CO-$(CH_2)_8$-CH_3	Apfelschalenwachs
Dimyristylketon (Nonacosan-15-on, Di-n-tetradecylketon)	CH_3-$(CH_2)_{13}$-CO-$(CH_2)_{13}$-CH_3	Wachs der Kohlblätter
2-Methyl-hept-2-en-6-on	H_3C C=CH-CH_2-CH_2-CO-CH_3 H_3C	Lemongras-, Zitronen-, Ingwer-, Kakaoöl
Acetoin (Azetoin, Acetylmethylcarbinol)	CH_3-CH(OH)-CO-CH_3	Himbeer-, Erdbeersaft, Butter, Margarine
Conglomeron	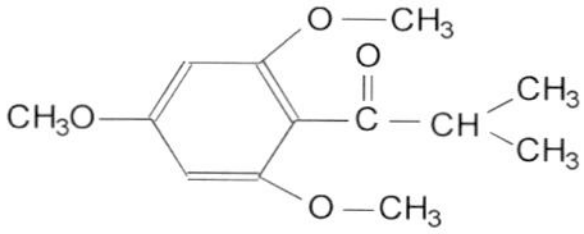	Eukalyptusöl
Eugenon	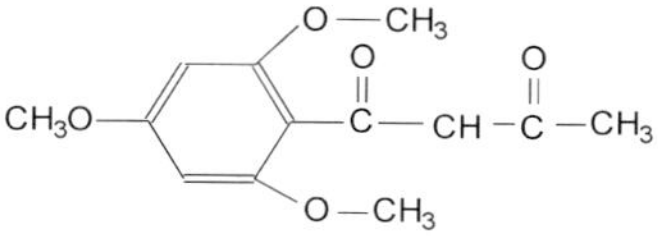	Nelkenöl
Phloridzin (Phlorrhizin, Phlorizin, Phlorizosid)	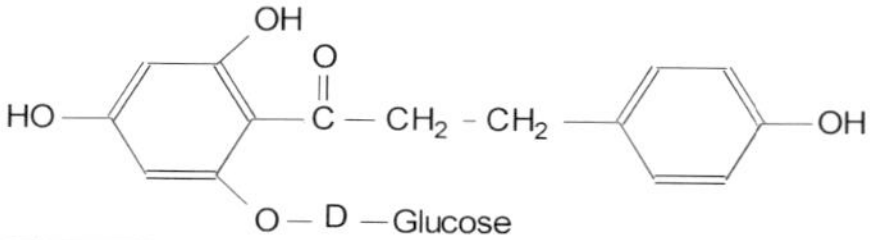	Apfelkerne

In Lebensmitteln nachgewiesene Ketone (Forts.)

Keton	Formel	Vorkommen
Anisketon	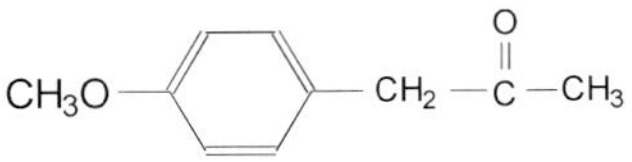	Sternanisöl
Zingeron	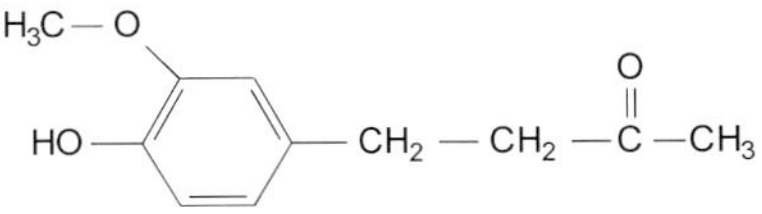	Ingwerwurzel
Shogaol	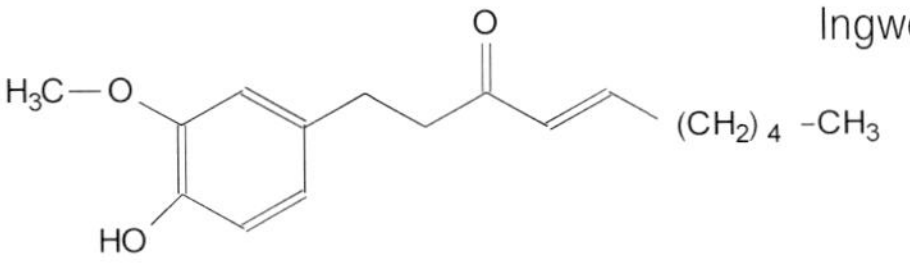	Ingwerwurzel
Jasmon	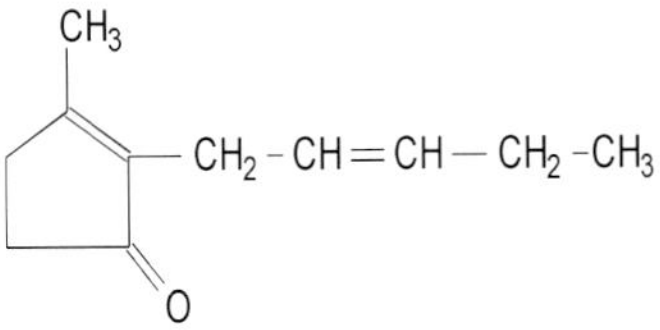	Pfefferminzöl
3-Isopropyliden-1-acetyl-cyclopent-5-en	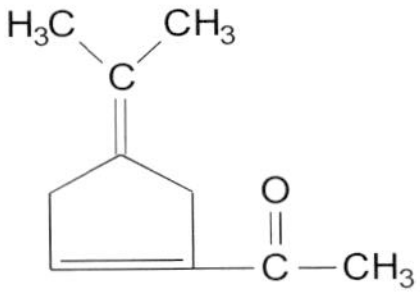	Eukalyptusöl
l-Crypton	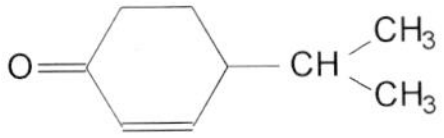	Eukalyptusöl
β-*Jonon* (*Boronion*)	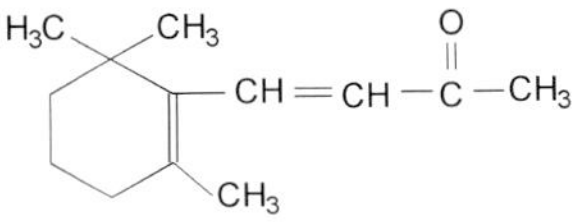 (β-Jonon)	Himbeere
Tasmanon	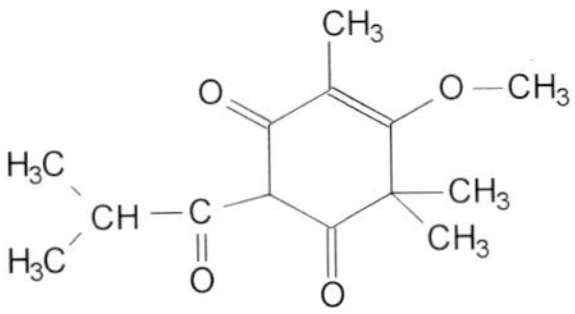	Eukalyptusöl

In Lebensmitteln nachgewiesene Ketone (Forts.)

Keton	Formel	Vorkommen
L-*Pinocamphon*	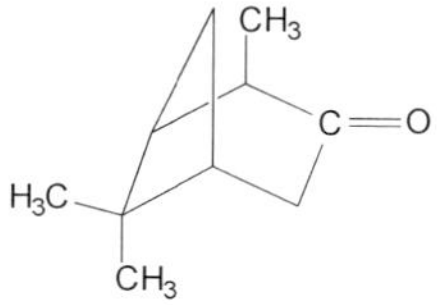	Ysopöl
Piperiton	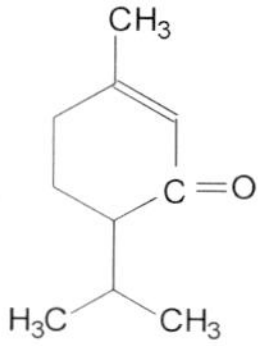	L: Eukalyptusöl, D: japan. Pfefferminzöl

Neben den genannten Ketonen wurden auch Diacetyl und Aceton als Ausscheidungsstoffe von Äpfeln nachgewiesen.

mäßig beständig und neigen nicht zur Polymerisation. Die technische Darstellung der K. erfolgt durch intramolekulare Abspaltung von Wasser und Kohlendioxid aus Carbonsäuren, weiter durch trockene Destillation der Calciumsalze von Fettsäuren, durch Oxydation sekundärer Alkohole bzw. durch *Grignard*-Reaktionen → Terpen-Ketone

4-Keto-oktadeca-9,11,13-trien-säure → α-Licansäure

Ketopentosen → Pentosen

Ketosen → Saccharide

6-Ketostearinsäure → Oxocarbonsäuren

γ-Ketovaleriansäure → Oxocarbonsäuren

Kettenblume → Löwenzahn

'Ketziner Hauszwetsche': Pflaume. → Steinobst

Keule → Schlachtkörperteilstücke

Keulenkraterelle → *Gompháceae*

Keulenpilze → *Clavariáceae*

Keulenrochen → Rochen

Keuschbaum → Mönchspfeffer

Kevertturo: ungarischer Mischtopfen (Gemisch aus frischem Schafkäse und frischem Labtopfen) mit 22 % F. i. T. r. und leicht pikantem Geschmack. → Käsesorten

Khabz → Nan

Khainam → Zwerglinse

Khaman: ein in Indien verbreitetes → fermentiertes Lebensmittel in Form eines kuchenartigen Erzeugnisses aus Kichererbsen und Reis. K. dient als Frühstücksnahrung.

Khakra: ein traditioneller westindischer Weizenfladen von 16···17 g Masse und knuspriger Beschaffenheit. Das K. wird aus 88,5 % Haferweizenmehl, *Atta,* demzufolge Vollkornmehl, 10 % Fett und 1,5 % Salzzusatz hergestellt. Der Teig wird auf 1···1,5 mm Dicke, mit einem Durchm. von 17···25 cm ausgerollt und anschließend auf heißen Platten oder in der Pfanne getoastet. Die traditionelle Herstellung bei 150···160°C dauert 240···300 s. Gegenüber → Chapati (25···34 % Wasseranteil) unterscheidet sich das K. (4···5 % Wasseranteil) lediglich durch die Höhe des Feuchtigkeitsgehaltes. Die lange Haltbarkeit des K. ermöglicht eine universelle Anwendung, die vom Frühstücksbrot, als Sättigungsbeilage für Suppen und Kochgemüse bis zu Snack und als Reiseproviant reicht. → Flachbrot → Fladen

Khameri-Roti: ein gelockertes Fladenbrot aus Weizenmehl (Atta), Joghurt oder Buttermilch, Wasser sowie Zucker und Salz, dessen Herstellung in Indien verbreitet ist. Die Teiggärung verläuft über Nacht, danach wird der Teig geteilt und gebacken. → Flachbrot → Fladen

Khatta-Suppe → Alocasie

KHE → Kohlenhydrateinheit

Khir: eine in Indien übliche Süßspeisezubereitung (→ Süßspeisepulver) aus → Reis.

Khorassan-Weizen, *Khorasanweizen:* ein nur in Kultur bekannter → Weizen, *Tríticum turánicum* Jakubc. (Familie *Poáceae*), der mit Hartweizen nahe verwandt ist. K. ist vielfach als Beimischung in anderen Kulturweizen, bes. in Afghanistan, Pakistan, Khorrassan (Iran), Irak, Syrien, Ägypten und Türkei, anzutreffen.

Khubz arabi → Baladybrot

Khubz markouk → Tannouri-Brot

Kiauliang → Sorghumhirse

Kicap → Ketjap

Kichererbse, *Bengalsame, Gram, Cicerolle, Garbanzo:* die wickenähnliche, stark drüsenhaarige Pflanze *Cícer arietínum* L. (Familie *Fabáceae*), die in fast allen tropischen und subtropischen Ländern angebaut wird und früher auch in Süddeutschland kultiviert wurde. Die in den zweisamigen Hülsen liegenden rötlichen oder gelblichen Samen sind etwa 10 mm groß. In Indien, wo die Frucht eine sehr große Bedeutung hat, wird durch Zerkleinern der Samen das → *Dhal* hergestellt, es werden aber auch die unzerkleinerten Samen gekocht oder gedämpft verzehrt. Das Mehl der Samen gehört zusammen mit → *Ghee* und Zucker zu den Hauptbestandteilen vieler indischer Konditoreiwaren. Grüne Hülsen und junge Sprosse der K. werden als Gemüse gegessen. Das Stroh und die Rückstände der Dhal-Herstellung dienen als Viehfutter. Die Ausscheidung der Drüsenhaare, die 94 % Äpfelsäure und 6 % Oxalsäure enthalten, werden mit Hilfe über Nacht ausgebreiteter Tücher unter Ausnutzung der Taufeuchtigkeit aufgefangen und als Essig bzw. zu medizinischen Zwekken genutzt. Als *Leblebii* werden K. bezeichnet, die zw. zwei Röstungen eingequollen wurden. Sie dienen als Genußmittel, Basis für Speisen und Kaffee-Ersatz. Zusammensetzung und Energiewert der K. (s. Tab.).

Zusammensetzung und Energiegehalt der Kichererbse

Bestandteil	Getrocknete Kichererbsen Durchschnittl. Gehalt in 100 g eßbaren Anteils
Feuchtigkeit	11,0 g
Eiweiß	19,8 g
Fett	3,4 g
Kohlenhydrate	49,0 g
Ballaststoffe	11,1 g
Mineralstoffe	2,72 g
Natrium	27,0 mg
Kalium	580,0 mg
Calcium	110,0 mg
Eisen	7,2 mg
Phosphor	428,0 mg
Caroten	0,18 mg
Vitamin B_1	0,48 mg
Vitamin B_2	0,18 mg
Niacin	1,60 mg
Vitamin B_6	–
Vitamin C	4,0 mg
Energiewert in kJ (kcal) je 100 g eßbaren Anteils	1291 (306)

Als *Indische Kichererbse* wird die *var. fúscum* bezeichnet, die kleine bräunliche Samen hat. → Khaman → Falafel

Kichererbse, Deutsche → Platterbse

Kichererbse, Indische → Kichererbse

Kieferpilz: Pilzbez., die je nach landschaftsgebundenem Sprachgebrauch für verschiedene Pilze der Pilzfamilie → *Boletáceae* gebraucht wird.
1. Eines der vielen Synonyma für den eßbaren Butterpilz [*Suíllus lúteus* (L. ex Fr.) S. F. Gray]
2. Eines der vielen Synonyma für die eßbare Marone [*Xerócomus bádius* (Fr.) Kühn.]

Kieler Sprotten → Sprotte → Räucherfischerzeugnisse

Kieselgel: Fällungsmittel, kolloidale Lösung aus Siliciumdioxid mit hohem Absorptionsvermögen, dient der Klärung von Wein und Most.

Kieselgur: Filterhilfsmittel, sehr feinkörniges, lokkeres Siliciumdioxid aus mineralisierten Algen. Hohes Aufsaugvermögen, gute Filterleistung.

Kieselsäure (E 551): eine sehr schwache, aus Siliziumdioxid abgeleitete Säure. Man unterscheidet zw. *Monokieselsäure* (Orthokieselsäure), H_4SiO_4, mit den Dissoziationskonstanten $K_1 = 10^{-9,8}$, $K_2 = 10^{-12,4}$, *Dikieselsäure* (Orthokieselsäure, Pyrokieselsäure), $H_6Si_2O_7$, und der durch Polykondensation entstehenden *Polykieselsäure* mit der allg. Formel $H_{2n+2}Si_nO_{3n+1}$. K. wird in Form kolloidal gelöster → (Kieselsol) und durch Polykondensation gebildeter kleinster Teilchen (Mizellen) als → Klärhilfsmittel eingesetzt. Bei Überschreitung eines bestimmten Kondensationsgrades (Molmasse etwa 6000 g/mol) erfolgt Gelbildung oder Ausflokkung. Die kolloidale K. besitzt ein hohes Adsorptinsvermögen und verhindert ein Zusammenbakken von Kochsalzkristallen und anderen pulverförmigen Lebensmitteln. In Konz. von 1···2 % wird die K. eingesetzt bei Speisesalz, Gewürzsalzen u. a. Würzmitteln, Frucht- und Soßenpulvern, Trockensuppen, pulverförmigen Aromen, Süßwaren, Kaugummi als Rieselhilfsmittel bzw. Trägerstoff.

Kieselsol: Fällungsmittel, 15 oder 30%ige kolloidale wäßrige Lösung von amorphen Siliciumdioxid. Anwendung erfolgt meist zusammen mit → Gelatine.

Kigélia africána → Leberwurstbaum

Kikushi: eine an Gewässern in Südwestafrika (Sambia) heimische Ampferart, *Rúmex bequaértii* De Wild. *var. quárrei* (De Wild.) Robyns (Familie *Polygonáceae*), deren Blätter in den Monaten Juli bis Okt. als Wildgemüse verzehrt werden und je 100 g Frischmasse folgende Zusammensetzung aufweisen: 89 g Feuchtigkeit, 2,6 g Eiweiß, 1,2 g Fett, 4,0 g Kohlenhydrate, 1,4 g Rohfaser, 1,5 g Mineralstoffe, 1320 mg Calcium, 41,8 mg Phosphor und 14 mg Eisen. Diese Pflanze zeichnet sich durch einen bes. hohen Gehalt an Calcium und Eisen in ihren Blättern aus.

Kilka, *Clupeonélla* spp.: kleiner, heringsähnlicher Schwarmfisch des Kaspischen und Schwarzen Meeres, gekennzeichnet durch einen Kiel von Kehle bis Afteröffnung und Verlängerung des letzten Strahles der Afterflosse. Die in mehreren Arten vorkommenden, etwa 10 cm, höchst. 17 cm langen Fische werden in großen Mengen gefangen (300···400 kt/a). K. ist ein mittelfetter Fisch (s. Tab.)

Zusammensetzung und Energiewert von Kilka, ganz, unverarbeitet

Bestandteil	Durchschnittl. Gehalt je 100 g
Wasser	68···80
Eiweiß	14···19
Fett	2···11
Mineralstoffe	2··· 3
Energiewert in kJ (kcal) je 100 g	380···800 (90···190)
davon aus Eiweiß	260···360 (63···85)
aus Fett	19···440 (19···105)
Richtwert für den Energiewert je 100 g eßbaren Anteils in kJ (kcal)	630 (150)

mit jahreszeitlich schwankendem Fettgehalt. Die Eigenschaften des Fleisches sind denen der → Sprotte vergleichbar. Daraus folgt die Verwertungsfähigkeit. K. wird in geringem Maße als Speisefisch im Haushalt verbraucht. Die industrielle Verwertung erfolgt zu Fischkonserven, Fischräucherwaren, Salzfischerzeugnissen, weniger zu Bratfischerzeugnissen.

Kimchi: traditionelles Lebensmittel der Koreaner mit 500jähriger Geschichte, das aus Chinakohl (80 %), Rettich (8 %), Zwiebeln (3 %) und je nach Jahreszeit antioxydativ wirkenden Gewürzen, wie Knoblauch, Paprika, Ingwer sowie Salz bereitet wird. Gegenüber dieser, als *Winterkimchi* bezeichneten Gemüsezusammenstellung, besteht *Sommerkimchi* aus Rettich, Salat, Gurken oder Kürbis, sowie Radieschenblättern (ohne Chinakohl) und wird als *Kakdugi* oder *Dongchimi* bezeichnet. Während *Winterkimchi* mehrere Monate in Steingutbehältern fermentiert, ist der *Sommerkimchi* nach 2···4 Tagen verzehrsfertig. Als geschmacksgebende Zusätze sind auch fermentierte Fische, Shrimps oder Nüsse üblich. Inzw. wird K. industriell hergestellt und weltweit exportiert, wobei gemischte → Starterkulturen die besten sensorischen Eigenschaften ergeben. Es werden hierzu vorwiegend *Lactobacíllus plantárum, Lactobacíllus brévis, Leuconóstoc mesenteroídes* und *Pediocóccus cerevísiae* als Mikroorganismen eingesetzt. K. gilt als wertvolle Quelle für Vitamin C und B_{12}. → Lebensmittel, fermentiertes

Kimtschi → Kimchi

Kinderfertignahrung, *Kleinkindfertignahrung:* industriell hergestellte Fertignahrung, die in ihrer Nähr- und Rohstoffzusammensetzung auf die ernährungsphysiologischen Bedürfnisse des frühen Kleinkindalters (8. bis 15. Lebensmonat) abgestimmt ist. Die K. sind diätetische Lebensmittel. Im Unterschied zu → Kinderzusatznahrung vermögen sie den Nährstoff- und Energiebedarf des Kleinkindes zu decken. → Kleinkindkost → Nahrung

Kindermehl → Knäckebrot → Kindernährmehl

Kindernährflocken → Kindernährmittel

Kindernährgrieß: ein → Kindernährmittel, meistens bestehend aus einer Mischung von Weizengrieß und Keksbruch. Infolge des in den Keksen enthaltenen Pflanzenfettes neigt der K. rel. schnell zum Ranzigwerden und darf nur begrenzte Zeit gelagert werden. Da dieser Grieß nur aus Bestandteilen niedrigen Ausmahlungsgrades besteht, ist sein ernährungsphysiologischer Wert rel. gering; der Vitamin-B_1-Gehalt liegt je 100 g etwa bei 0,08 mg. → Mehl, aufgeschlossenes → Keksmehl

Kindernährmehl → Zwiebackmehl → Knäckemehl → Kindernährmittel → Knäckebrot → Bal-Amul → Bal-Ahar

Kindernährmittel, *Säuglingsnährmittel:* ein vorwiegend als Zweites Kohlenhydrat (→ Kohlenhydrat, Erstes) für die Säuglings- bzw. Kinderernährung vorgesehenes, kohlenhydrathaltiges → Nährmittel in Form von → Flocken, → Grieß, → Graupen, → Pulver oder behandeltem (→ aufgeschlossenem) → Mehl. Die K. können entweder aus einer bestimmten Getreideart oder aus einer Mischung verschiedener Getreidearten bestehen, häufig auch unter Zusatz nährwerterhöhender Substanzen (z. B. Ölsaatenmehl, Vitamine, Mineralstoffe). K. werden als kochfertige (z. B. Grieß, Haferflokken), instantisierte (*Trockenschleim*) oder tischfertige Nährmittel hergestellt. Zu den tischfertigen Nährmitteln zählen z. B. *Getreidevollkorn-Knusperflocken* und *Haferschneeflocken,* die als voraufgeschlossene Erzeugnisse auch als sog. *Kindernährflocken* bezeichnet werden. Bei den Knusperflocken handelt es sich um ein geröstetes Produkt mit hohem Anteil an Dextrinen, während die Haferschneeflocken durch mehrfaches feuchtes Erhitzen keine Röstprodukte enthalten, aber so weit aufgeschlossen sind, daß sie keines weiteren Kochprozesses bedürfen. Zu den K. zählt auch ein umfangreiches Sortiment an sog. → *Kinder-* oder *Kindernährmehlen,* die vorwiegend in Form → aufgeschlossener Mehle mit rel. hohem Anteil an löslichen Kohlenhydraten unter den verschiedensten Bez. in den Handel gelangen: *Instant-Reismehl* (Reistrockenschleim), *Instant-Hafermehl* (Hafertrockenschleim), *Knäckemehl* (aus Knäckebruch), *Keksmehl* (aus Keksbruch, auch im *Kindergrieß* enthalten, *Waffelmehl* (aus Waffelbruch), *Zwiebackmehl* (aus Zwiebackbruch). Proteinangereicherte K. sind vor allem für Länder entwickelt worden, in denen die Bevölkerung über 80 % ihres Energiebedarfs aus Getreide (Hirse, Reis oder Mais) oder stärkeliefernden Wurzeln deckt. Unter derartigen Ernährungsbedingungen kommt es vor allem bei Kindern zu ernsthaften Mangelerkrankungen, denen durch ein weltweites Hilfsprogramm im Rahmen der FAO begegnet werden soll. Zu diesen entsprechenden K. zählen z. B. → *Incaparina* → *Duryea* → *WSB* → *Bal-Amul* → *CSM* → *Bal-Ahar* → *Ricarepa* → *Indian MPF* → *Mysoremehl* → *Solein* sowie die → *pflanzlichen Ersatz-*

milchpräparate. Bei den K. spielt insbes. der hohe Anteil an löslichen Kohlenhydraten und der hygienisch einwandfreie Zustand eine wesentliche Rolle. Die Gesamtkeimzahl muß unter 100 000/g liegen, koliforme Keime dürfen in 1 ml der Aufschwemmung nicht feststellbar sein, der Gehalt an Hefen und Schimmel muß jeweils unter 100/g liegen, und der Gehalt an pathogenen Keimen darf in 10 g nicht feststellbar sein. → Samenmehl, eiweißreiches

Kindernahrung: auf die ernährungsphysiologischen Besonderheiten des Kindesalters abgestimmte Nahrungszusammensetzung. Die K. gehört zu den → diätetischen Lebensmitteln und wird auf Milch-, Getreide- und Obst- und Gemüsebasis aufgebaut. Der Gehalt an Nährstoffen, Vitaminen und Mineralstoffen ist den Bedürfnissen der verschiedenen Altersgruppen angepaßt. Rückstände von Pestiziden oder andere Schadstoffe dürfen in K. nicht vorhanden sein. Die auf den Markt kommenden Erzeugnisse zeichnen sich dadurch aus, daß sie unmittelbar bzw. nur mit geringem küchenmäßigen Aufwand verabreicht werden können. Je nach der ernährungsphysiologischen Vollwertigkeit unterscheidet man → Kinderfertignahrung und → Kinderzusatznahrung. → Fertignahrung für Kinder → Kindernährmittel → Kleinkindkost → Milchnahrung → Säuglingsfertignahrung → Nahrung → Bananenpulver

Kindernährzucker → Nährzucker

Kinderschokolade → Schokolade, weiße

Kindertee: ein meist instantisiertes und damit leicht lösliches → teeähnliches Erzeugnis, das für Kleinkinder und Säuglinge bestimmt ist und strengen Vorschriften der Diätverordnung unterliegt. So dürfen Pflanzenschutz- und Schädlingsbekämpfungsmittel nicht mehr als je 0,01 mg in einem kg Teekonzentrat enthalten sein, so daß im zubereitetem Getränk praktisch keine Rückstände mehr nachweisbar sind. Für sonstige teeähnliche Erzeugnisse werden diese strengen Forderungen nicht erhoben. Im Zusammenhang mit der cariogenen Wirkung gesüßten K. darf Zucker als → Schadstoff bezeichnet werden.

Kinderzusatznahrung, *Säuglings- und Kinderzusatznahrung:* industriell gefertigtes Erzeugnis auf Obst-, Gemüse- und Getreidebasis mit oder ohne Zusatz anderer Lebensmittel, Vitamine und Mineralstoffe. Allein gegeben gewährt die K. keine ausreichende Ernährung des Säuglings- oder Kleinkindes, sie soll dagegen seine Versorgung mit bestimmten Nähr- und Ballaststoffen, Vitaminen und Mineralstoffen verbessern. Den K. sind Gemüse- und Säftemischungen zuzurechnen.

Kinetin: ein Purinkörper (s. Formel).

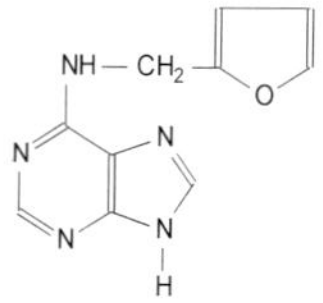

K. wurde als Zellteilungsfaktor aus der Desoxyribonucleinsäure der Hefe isoliert, F. 266···267°C, sublimiert bei 220°C.

Kingclip, *Genýypterus capénsis* (Bild):

Klingclip

Ein dem → Leng ähnlicher Meeresfisch südafrikanischer Gewässer, dessen Schwanzflosse jedoch nicht wie bei diesem von der After- bzw. Rückenflosse abgesetzt ist. Am oberständigen Maul befinden sich ein Paar längere und ein Paar kürzere Barteln. Der Kiemendeckel ist bedornt. Der bräunlichrote K. erreicht bis 1,5 m Länge. Der Jahresfang beträgt etwa 10 kt. Verwandte Arten werden im Südwestatlantik und im Südpazifik gefischt. Der K. hat kräftiges, weißes Fleisch von angenehm saftiger Konsistenz. Es ist sehr wohlschmeckend und enthält je 100 g eßbaren Anteils 19 g Eiweiß und nur bis zu 1 g Fett. Deshalb ist K. als Speisefisch bes. geeignet. → Fisch

King Crab → Krebstiere

Kino: 1. Sammelbez. für den sich erhärtenden roten Saft aus den Gerbstoffschläuchen verschiedener, bes. im tropischen Indien und Afrika vorkommender *Edel-* oder *Farbholzbäume*. Wertvolles *Farb-*, auch *Rotholz* genannt, haben alle Edelholzbäume der Gattung *Pterocárpus* (Familie *Fabáceae*). Das K. wird meist in Form von Pulver zum Färben von Lebensmitteln (z. B. Ketchup), ferner zum Färben von Kosmetika und Textilien und von den Einheimischen auch als Arzneimittel verwendet. Die Blätter der Bäume dienen als Gemüse; die Samen müssen vor dem Verzehr erhitzt werden. → Blutungssaft

2. *Afrikanisches K.:* Sammelbez. für a) das K. des *Afrikanischen Rotholzbaumes, auch Afrikanischer Padouk, Gabun-Padouk* genannt, *Pterocárpus soyauxii* Taub. (dieses sog. *Kamerun-* oder *Gabun-Kino* wird vor allem von den beiden Ländern Kamerun und Gabun exportiert); für b) das K. des *Afrikanischen Rosenholzbaumes,* auch *Afrikanischer Kinobaum* oder *Gambischer Kino-Baum* genannt, *Pterocárpus erináceus* Pour., dessen Wildbestände vor allem in Togo, Nigeria und Sierra Leone genutzt und exportiert werden,

3. *Sandelholz-Kino:* das K. vom *Roten Sandelbaum, Roten Sandelholzbaum, Pterocárpus santalínus* L., welcher das wertvollste Farbholz aus Indien liefert, aus dem der Farbstoff Santalin gewonnen wird. → Sandelholz, Rotes;

4. *Malabar-Kino:* das K. vom *Indischen Kinobaum, Bastard-Teak-Baum* oder *Malabar-Kinobaum, Pterocárpus marsúpium* Roxb.

Kinoto → Kumquat

Kipa uljako: die kartoffelähnlichen Knollen der Ausläufer von *Ullúcus tuberósus* Caldas (Familie *Baseláceae*), die in Südamerika wie Kartoffeln zubereitet und verzehrt werden.

Kipfel → Hörnchen → Briochegebäck

Kippers → Räucherfischerzeugnisse

Kirmeskuchen: ein in unterschiedlichen Kombinationen hergestellter → Blechkuchen aus → Hefeteig, bei dem eine Belagmasse aus Quark (mitunter kann auch zusätzlich eine dünne Vanillekremschicht eingebracht werden) in der Regel mit Streuseln abgedeckt ist. → Eierschecke

Kirne → Margarine

Kirschapfel → Holzapfel

Kirschbrand → Kirschwasser

Kirsche: I.w.S. rundförmige, gelb- bis dunkelrotfarbene Steinfrucht, deren mittlere Schicht fleischig, die innere aber steinig und hart ist. Hierzu zählen z. B. die *Barbados-* oder *Antillenkirsche,* Gattung *Malpíghia,* die *Kaffeekirsche,* Gattung *Cóffea* usw. I.e.S. bezieht sich die Bez. K. auf die Steinfrüchte der Gattung *Prúnus,* wozu die *Sauer-* und *Süßkirschen* gehören. → Obst

Kirsche, festfleischige → Süßkirsche

Kirsche, saure → Sauerkirsche

Kirsche, süße → Süßkirsche

Kirsche, weichfleischige → Süßkirsche

Kirsche, Westindische → Acerola

Kirschgummi: ein als → Hydrokolloid in der Lebensmittelproduktion verwendetes Exsudat aus der → Sauerkirsche. Das Polysaccharid ist aus D-Glucuronsäure, D-Galactose, D-Mannose, L-Arabinose und D-Xylose aufgebaut. → Gummistoff, pflanzlicher

Kirschjohannisbeere → Johannisbeere

Kirschkuchen → Obstgebäck

Kirsch mit Rum → Lutter

Kirsch mit Whisky → Lutter

Kirschpflaume, *Myrobalane:* Frucht des Kirschpflaumenbaumes (*Prúnus cerasífera* Erh. (Familie *Rosáceae*), einer Wildobstart mit kugeligen, pflaumenartigen Früchten, die zur Herstellung von Marmelade verwendet werden können. Die Fruchtsteine dienen zur Anzucht von Veredlungsunterlagen für die Baumschulen (wo i. e. S. Sämlinge wie Abrisse mit „Myrobalane“ bezeichnet werden). Das Syn. *Myrobalane* leitet sich von der *früher* für K. üblichen botanischen Bez. *Prúnus myrobálana* Loisl. her. Aus Auslesen der K. wurden durch züchterische Bearbeitung großfrüchtige Formen erzielt, die u. a. als → *Türkische Pflaumen* oder unter den Sortenbez. 'De Caradeuc', 'Hatti', 'Golden Cherry' u. a. in den Handel gebracht wurden.

Kirschtomate → Obsttomate

Kirschtorte, Schwarzwälder: eine Sahnekirschtorte aus einem Haselnußteigboden, der mit Kirschwasser getränkt ist, und zwei Schokoladenböden. Die Füllung der Torte erfolgt mit Kirschen, Sahne oder Butterkrem, unter Zusatz von gehackten Mandeln. Die Tortenoberfläche ist mit Schokospänen und Krem garniert. Bei der S. K. handelt es sich um ein Spitzenerzeugnis, bei dem die Zugabe von Essenzen und Ersatzstoffen zur Intensivierung des Aromas untersagt ist. Fehlender Kirschwassergeschmack zum Zeitpunkt des Inverkehrbringens stellt eine erhebliche, zu beanstandende Geschmacks- und Genußminderung dar. Die S. K. muß eine vollflächige Kirschfüllung aufweisen. → Torte

Kirschwasser, *Kirschbrand:* wertvoller Obstbrand, hergestellt bes. im Schwarzwald („*Schwarzwälder Kirschwasser*"), im Elsaß und in der Schweiz aus verschiedenen Süßkirschenarten. Das K. wird teilw. zur Verfeinerung von Likören, z. B. für *Cherry-Brandy,* benötigt. → Maraskasprit → Obstbrand

Kishk → Kushuk

Kispinas → Perureis

Kisutsch → Lachs

Kitembilla; *Ketembilla, Ceylonstachelbeere:* Beerenfrucht des baumartigen, dornigen Strauches *Dovyális hebecárba* Warb. (Familie *Flacourtiáceae*), der in Sri Lanka, Indien und anderen tropischen Gebieten kultiviert wird. Die runden, samtigen, bräunlich-purpurnen Beeren (2,5 cm Durchm.) sitzen entlang der Zweige. Für den Frischverzehr sind sie zu sauer und adstringierend. Der rote Saft gibt ein ausgezeichnetes Getränk oder Gelee, die bittere Fruchthaut muß vor der Verarbeitung entfernt werden. Der Vitamin-C-Gehalt beträgt 100 mg je 100 g.

Kitol → Vitamin A

Kiwai: Sammelbez. für die wohlschmeckenden, einer länglichen Stachelbeere ähnlichen, glatthäutigen, rot- oder grünfarbenen Früchte von *Actinídia argúta, Actinídia melanándra* sowie der Hybride *Actinídia melanándra X chinénsis.* → Aktinide, Großfrüchtige

Kiwano → Igelgurke, Große

Kiwi → Aktinidie, Großfrüchtige

Kiwicha, *Quinoa, Inkakorn, Inkaweizen, Wunderkorn:* Sammelbez. für die eiweißreichen Samen in Form einsamiger Nüßchen der beiden Gänsefußgewächse → *Perureis, Chenopódium quinóa* Willd. und *Cañagua* bzw. *Cañihua, Chenopódium pallidicaule* Aellen (Familie *Chenopodiáceae*). Diese beiden alten Kulturpflanzen des Inkareiches, deren fleischig entwickelte Blätter roh oder gekocht als Gemüse verzehrt und deren Samen zu → Mehl, → Grütze, → Fladen, → Flocken und Getränken (→ Chicha, *Carapulque, s.* → Perureis) verarbeitet werden, gedeihen noch in den Hochlagen der Anden (*C. quinóa* bis in Höhen von 4200 m, die anspruchslosere *C. pallidicaule* bis 4500 m) und bilden in den Ländern der Westküste Südamerikas, von Mexiko bis Chile, ein wichtiges Grundnahrungsmittel, vor allem in Hochregionen, wo der Mais nicht mehr angebaut werden kann. Seit dem Eisenzeitalter bis Anf. des 20. Jh. wurde *C. quinóa,* Syn. *C. álbum ssp. quinóa* Willd., auch in Europa als → Körnerfrucht zur Mehlherstellung kultiviert, doch die Früchte reiften im mitteleuropäischen Klima schlecht aus. Die Familie der Gänsefußgewächse ist mit der Familie der Fuchsschwanzgewächse eng verwandt, was zur Folge hat, daß die eßbaren Samen beider Familien häufig falsche Zuordnung erfahren. In beiden Fällen handelt es sich bei der Fruchtausbildung um einsamige Nüßchen, sehr unterschiedlicher Größe, wobei sich der Keimling kreis- bis hufeisenförmig um das Samennährgewebe legt. Die wichtigsten Merkmale, worin sich die Amaranthaceen von den Chenopodiaceen unterscheiden, bestehen in der spelzenartigen, trockenen Beschaffenheit der Blütenhüllblätter bei den Fuchsschwanzgewächsen im Vergleich zur krautigen Beschaffenheit bei den Gänsefußgewächsen. Die Amarant-Handelserzeugnisse weisen eine Korngröße von unter 1 mm auf, diejenige von K. ist hirseähnlich und hat einen Durchm. von 1,5···2,3 mm. Im Rahmen von Ent-

Zusammensetzung und Energiewert von Chenopódium quinóa

Bestandteil	Gehalt in 100 g eßbaren Anteils
Feuchtigkeit	12,5 g
Eiweiß	11,0 g
Kohlenhydrate	59,5 g
Fett	6,4 g
Ballaststoffe	4,8 g
Mineralstoffe	3,4 g
Kalium	980 mg
Magnesium	250 mg
Phosphor	405 mg
Calcium	115 mg
Eisen	10,8 mg
Zink	6,8 mg
Vitamin B_1	0,250 mg
Vitamin B_2	0,360 mg
Niacin	0,620 mg
Caroten	0,490 mg
Vitamin E	5,7 mg
Vitamin C	4,5 mg
Energiewert in kJ (kcal) in 100 g	1435 (340)

wicklungsprojekten wird vor allem in Peru und Bolivien der Anbau von K. zunehmend gefördert, nachdem oft lediglich die Indianer für die Bewahrung der alten Kulturpflanzen gesorgt haben. Die Behörden gehen dabei von Überlieferungen aus, nach denen unter den Ureinwohnern Hunger unbekannt war, solange ihnen die kleinkörnigen Samen der einjährigen, krautigen, 1···2 m Höhe erreichenden Pflanzenarten (Samenreife nach 5 Monaten) zur Verfügung standen, die vor allem eine günstige Eiweißzusammensetzung aufweisen. *Chenopódium quinóa* weist 11% und *Ch. pallidicāule* 14% Eiweiß auf, entsprechend liegt der biologische Wert bei 50 bzw. 56. Der Lysingehalt bei K. liegt etwa dreimal so hoch, wie bei Weizen. Auch die Mineralstoffe Calcium, Eisen, Zink, Kalium, Phosphor liegen weit über denen des Weizens, s. Tab. *C. quinóa* enthält ein sehr günstig zusammengesetztes Öl mit über 50% mehrfach ungesättigten Fettsäuren. Es existieren hunderte von Kiwichasorten. Zu den neueren von *C. quinóa* zählen 'Real' und 'Sajawa'. Normalerweise enthalten die Samen von K. Saponine und müssen zwecks Entfernung dieser sehr bitter schmeckenden Stoffe gewaschen oder geschliffen werden, wobei ein Teil des Keimlings verlorengeht. Neuere Sorten, wie 'Sajawa' sind jedoch saponinfrei. Ferner gibt es unterschiedlich gefärbte Samen; schwarzfarbige z. B. bei der Sorte 'Koito', ferner sehr helle, fast weißfarbige, gelbe, rote und braune Körner. In Deutschland werden vorwiegend gelbfarbige Samen gehandelt, denen stets ein Teil dunkler Körner beigemischt ist, die jedoch die Qualität nicht nachteilig beeinflussen. K. wird zu Suppe, Brei, Fladen, Schrot oder Mehl verarbeitet und zuweilen dem Brotmehl (Weizen) zugemischt, da es allein nicht backfähig ist. K. eignet sich auch zur Bereicherung der Palette an glutenfreier Nahrung. Das am meisten verbreitete Handelserzeugnis sind ganze Körner, zuweilen auch Flocken (*Quinoaflokken*). Als Ganzkorn dient K. vorwiegend als Sättigungsbeilage. Die Kochzeit ist bedeutend kürzer als bei Reis. Nach kurzer Zeit der Erhitzung nehmen die Körner ein glasiges Aussehen an und die Keimlinge bilden um das Nährgewebe kleine weiße Ringe. Als *Mucuna* werden Quinoaknödel bezeichnet. → Perureis, → Körnerfrucht, → Körneramarant, → Quinoaöl, → Lebensmittel, nostalgisches.

Klaben → Stollen

Klabernbrot → Stollen

Klapperschwamm → *Polyporáceae*

'Klarapfel' → Apfel → Kernobst

Kläre → Zucker

Klarer: → Trinkbranntwein ohne Geschmackszusätze. Der Ethanolgehalt beträgt 40%-Vol.

Klargetränk → Kaffee → Aufgußgetränk

Klärhilfsmittel, *Klärmittel, Flockungsmittel:* Stoffe, die zum Ausfällen und Abtrennen von → Trubstoffen aus → Most, → Bier, → Wein usw. eingesetzt werden. Hierzu zählen: → Gelatine, → Eialbumin, Diatomeenerde (Kieselgur), Kieselsol (kolloidal in Wasser gelöste Kieselsäure), → Agar-Agar, Tannin (→ Gerbstoffe), → Bentonit (quellfähige Tonerde), Scheidsaft (gerbstoffreicher Saft spezieller Apfel- und/oder Birnensorten), Hausenblase (getrocknete Schwimmblasen von Hausen, Stör und Wels), saure Proteasen (z. B. Bier). Pectinase (bei Obstsäften), → *Aktivkohle, und* → *Kaliumhexacyanoferrat-(II).* Die Anwendung des letztgennanten Mittels wird als Blauschönung bezeichnet, weil dabei das schwer lösliche Berliner Blau aus gelösten Eisenionen gebildet wird. Die Dosierung der Zugaben muß in jedem Falle exakt erfolgen, um Überschönungen oder Verbleiben von Kaliumhexacyanoferrat-(II) im Wein zu vermeiden.

Klassennamen: Bei Zusatzstoffen in der Lebensmittel-Kennzeichnungsverordnung festgelegte Namen für Zusatzstoffgruppen, die den jeweiligen Anwendungsgrund nennen, wie Farbstoffe, Konservierungstoffe, Emulgatoren, Verdickungmittel. Müssen zusammen mit der Verkehrsbezeichung oder der E-Nummer auf den Zutatenlisten angegeben werden. Fällt ein Stoff unter mehrere Klassennamen, so ist der Klassenname zu verwenden, der im jeweiligen Falle der hautsächlichen Wirkung entspricht.

Klaue → Zwiebel → Knoblauch

Kleber 1. *Klebereiweiß, Kleberprotein, Gluten:* Sammelbez. für das in Wasser unlösliche, komplexe Gefüge von Proteinbestandteilen, welches im Mehlkörper verschiedener Getreidesamen die Stärkekörner umgibt und bei der industriellen Gewinnung von → Getreidestärke durch Auswaschen (*Naßkleber*) von gemahlenem Getreide als Nebenprodukt anfällt und aus Haltbarkeitsgründen vielfach zu *Trockenkleber* aufbereitet wird, der massemäßig etwa ein Drittel der Naßklebermenge ausmacht. Klebermenge, Klebereigenschaften und Kleberzusammensetzung wechseln nicht nur in Abhängigkeit von der Getreideart (z. B. *Weizenkleber, Maiskleber, Reiskleber*), sondern auch von den Sorten- , Ernte- und Anbaubedingungen.
2. *Weizenkleber, Weizengluten:* Proteingemisch von niedriger biologischer Wertigkeit im Mehlkern des Weizens, das für die plastischen und elastischen Eigenschaften des Weizenteiges verantwortlich ist und aus wechselnden Anteilen *Glutenin* und dem Prolamin → *Gliadin* besteht. Die charakteristischen konsistenzgebenden Eigenschaften, die auch unter Lufteinschlag oder Gärgasbildung eine Bindung bzw. einen Zusammenhalt der Mehl-Flüssigkeits-Mischung (→ Teig) bewirken, haben dieser speziellen Weizeneiweißfraktion die Bez. K. verliehen. Die durch Quellen beim Anteigen des Mehles enstehende zähe, plastische Masse erhält durch die Gasblasen des bei der Gärung gebildeten Kohlendioxids eine schaumartige Beschaffenheit, die beim Backen fixiert wird und so ein lockeres Teiggefüge (Krume) bewirkt. Mais und Hafer enthalten überwiegend Prolamine und nur wenige Glutenine, Reis enthält nur Glutenine, daher sind diese Getreidearten zur Bereitung von → Brot im eigentlichen Sinne nicht geeignet, wohl aber ihre Stärke (Mais- und Reisstärke) zur Herstellung von *glutenfreien,* kuchenartigen Erzeugnissen für Personen, die an Zöliakie erkrankt sind. Bei Weizen kann der K. zu einer gummiartigen, wasserunlöslichen Masse ausgewaschen werden, deren Dehnbarkeit und Elastizität meßbar und für die Beurteilung der Backeigenschaften des betreffenden Weizens in Großbäckereien, Mühlen und in der Züchtung wesentlich sind. Der Anteil dieser gequollenen Masse (Naßkleber) schwankt bei Weizen in weiten Grenzen (15···42 %). In unveränderter Form wird der isolierte K., wie er bei der Weizenstärkegewinnung mit 77···79 % Eiweiß, 5···10 % Fett, 0,7 % Pentosanen anfällt, auch als *Weizensüßkleber* bezeichnet. K. wird heute unter der Deklaration *„Pflanzeneiweiß“* bzw. *„planzliches Eiweiß“* als Zusatz, vorwiegend in Form von gut löslichen *Trockenspezialkleber*-Sorten vielseitig verwendet, da er sich zur Eiweißanreicherung bei sog. schlankmachenden Lebensmitteln, aber auch als Trägersubstanz bei Aroma- oder Gewürzzubereitungen, bei Speiseeis und Fleischerzeugnissen hervorragend eignet. Als sog. *Vitalkleber* wird er zur Aufbesserung kleberschwacher Mehle oder als *teilw. denaturierter Trockenkleber* (bei dem die Quellbarkeit des natürlichen K. nur noch zu einem gewissen Prozentsatz erhalten geblieben ist) zur Eiweißaufwer-

tung von Backwaren (→ proteinangereichertes Brot) oder als Rohstoff für die Herstellung von *Weizenkleberstrukturaten* eingesetzt. Der Trockenkleber neigt infolge seines Fettgehalts zum Ranzig- bzw. Bitterwerden; seine Lagerdauer ist daher begrenzt. Der Weizennaßkleber dient vorwiegend als Rohstoff bei der Herstellung von → *Natriumglutamat* und → *Speisewürze*. Der *Vitalkleber* ist ein bes. schonend getrockneter K., der in Wasser quellfähig ist und seine elastischen Eigenschaften bewahrt hat. Er wird als feines, gelbliches, fast geruchloses Pulver, vor allem als Backhilfsmittel (→ enzymatisches Backhilfsmittel) gehandelt, das mind. 85 % Eiweiß, 6 % Feuchtigkeit, 1 % Mineralstoffe, 1 % Fett und etwa 1···3 % Stärke enthält. *Aleuronat* bzw. *Aleuronatmehl* sind veraltete und zugleich unrichtige Bez. für Trockenkleber aus Weizen, denn K. besteht nicht aus dem wertvollen Aleuroneiweiß des Getreidekornes (wie früher fälschlich angenommen), sondern aus einer Gruppe einfacher, schwerlöslicher Proteine, den Gluteninen und Gliadinen, die das *ernährungsphysiologisch* gering-, aber das *technologisch* hochwertige Weizenklebereiweiß darstellen.
3. *Maiskleber, Corngluten:* der bei der Maisstärkeherstellung anfallende K. Aufgrund der Schwefeldioxidbehandlung des Maises ist Maiskleber für die menschliche Ernährung nicht geeignet. Hauptsächlich wird er in der Tierfütterung verwendet, und zwar bis zu einem Anteil von 40 % im Rindermast- und Milchviehfutter, aber nur bis zu 5 % im Mischfutter für Schweine. Der Maiskleber dient auch als Rohstoff für die Suppenwürze- und Natriumglutamatherstellung. Die US-amerikanische Produktion an Maiskleber belief sich 1991 auf etwa 6,3 Mio Tonnen, so daß US-Exporte an Maiskleber etwa 80···90 % des Weltexports ausmachen.

Kleberbrot → Luftbrot

Kleberhirse → Rispenhirse → Getreide, glasiges → Sorghumhirse

Klebermais → Getreide, glasiges

Kleberteigware → Teigware, eiweißangereicherte

Kleberweizen → Getreide, glasiges

Klebgerste → Getreide, wachsiges

Klebgetreide → Getreide, wachsiges → Getreide, glasiges

Klebhirse → Getreide, wachsiges

Klebkraut → Labkraut, Echtes

Klebmais → Getreide, wachsiges

Klebreis → Getreide, glasiges → Getreide, wachsiges → Reis

Klee: Sammelbez. für verschiedene Leguminosenarten (Familie *Fabáceae*), deren Blätter und junge Blütenköpfchen als Salatanteil für Frischpreßsaft und Gemüsebrühen verwendbar sind. Hierzu zählen z. B. *Wiesen-* oder *Rotklee, Trifólium praténse* L., *Weißklee, T. répens* L. sowie der *Schnecken-* oder *Hopfenklee, Medicágo lupulína* L. → Wildkräuter

Kleehonig → Honig

Kleesalzkraut → Waldsauerklee

Kleesäure → Oxalsäure

Kleie: Sammelbegriff für den bei der Getreidevermahlung nach Absieben des Mehls verbleibenden Rückstand aus Randschichten, Keimlingen, einschl. der auf der Kornschale haftenden Schmutzteile und Kontaminanten. Die K. darf als → Mühlennachprodukt höchst. 20 % Stärke enthalten. Die K. enthält in konzentrierter Form alle ernährungsphysiologisch wertvollen Inhaltsstoffe des Getreidekornes, einschl. des wertvolleren Eiweißanteils vom ganzen Korn (etwa 30 % des Korneiweißgehaltes). K. verfügt daher nicht nur über einen hohen Futterwert, sondern dient nach entsprechender Reinigung, in hygienisch einwandfreier, teils auch aufbereiteter Form (z. B. → Kleieaufschlußmehl) je nach Beschaffenheit zur Vitamin-, Eiweiß- und Ballaststoffanreicherung von Lebensmitteln, vorwiegend von Getreideerzeugnissen. Für Haushaltzwecke wird K. in gereinigter und in verschiedenartig aufbereiteter Weise (mit unterschiedlichem Feinheitsgrad und Nährstoffgehalt, mitunter in kandierter, in aufgeschlossener, meistens in hitzestabilisierter Form) als sog. *Speisekleie* (auch als *Branflakes* bezeichnet) gehandelt und für Rohkostzwecke empfohlen. → Brot, angereichertes → Brot, → Haferkleie ballaststoffangereichertes → Driftbrot → Weizenkleie → Weizengrießkleie → Weizenspeisekleie, → Haferkleie

Kleieaufschlußmehl: ein *Vollkornspezialmehl* mit vorbehandeltem Kleieanteil. Um die Nährstoffe der Kleie (Aleuroneiweiß, lösliche Mineralstoffe, Vitamine) dem Verdauungsprozeß durch Mürbung des Zellgefüges besser zugänglich zu machen, wurden Verfahren entwickelt, nach denen das jeweilige K. benannt ist: *Klopfermehl, Friesemehl, Finkler-* bzw. *Finalmehl, Schlütermehl.* Beim *Finkler*-Verfahren beruht die bes. Behandlung der Schalenteile auf einem Reiben unter Druck in einer wäßrigen, Kalk und 1 % Kochsalz enthaltenden Lösung, anschließendem Rösten bei 110°C sowie Feinvermahlung und anteilmäßigem Zusatz der behandelten Kleie zum Mehl. Das kombinierte (*rekonstruierte*) Mehl wurde früher als *Finalmehl* bezeichnet. Beim *Frieseverfahren* wird einem bis zu 75% durchgemahlenen Mehl ein Extrakt aus milchsauer vergorener Kleie einschl. der Keime zugesetzt. Auf diese Weise wird ein Brot *(Friesebrot)* gewonnen, das im Nährstoffgehalt dem Vollkornbrot nahesteht, aber nicht einen so hohen Ballaststoffgehalt aufweist. Beim *Schlüterverfahren* wird die Kleie einer bes. Behandlung (Maischen, Rösten, Feinvermahlen) unterzogen und anteilmäßig wieder dem Mehl zugesetzt. Beim *Klopferverfahren* wird die Kleie durch mechanische Zertrümmerung feinst zerkleinert und dem Mehl anteilmäßig zugesetzt. Der ursprünglich angestrebte Vorteil dieser genannten Verfahren hat sich in späteren wissenschaftlichen Versuchen häufig nicht bestätigen lassen, so daß ein Großteil dieser → Spezialmehle an Bedeutung verloren hat. → Getreidemehl

Kleiebrot → Brot, ballaststoffangereichertes

Kleieflips → Getreidefrühstückserzeugnis

Kleiepreßling: ein *Komprimat* aus Kleie, Getreideflocken, Zucker, Lactose, Glucitol (Sorbit), Fruchtpulver und Gewürzmischungen sowie Lebensmittelhilfsstoffen, wie Binde- und Geliermittel, auch Emulgatoren und ggf. Konservierungsstoffe. Die K. sollen in der Regel einer gleichmäßig dosierten Ballaststoffaufnahme dienen und werden auch vielfach als Stuhlregulierungsmittel vertrieben. → Gesundheitspflegemittel

Kleinbackware, *Kleingebäck:* eine → *Bäckereiware* von höchst. 180 g aus Weizen (*Weizenkleinbackware* bzw. *Weizenkleingebäck*) oder Mischungen von Weizen- und Roggenmehlerzeugnissen *(Roggenkleinbackware* bzw. *Roggenkleingebäck*), Trinkwasser und/oder Milch als Zugußflüssigkeit und Hefe und/oder Sauerteig und/oder Backhilfsmittel als Lockerungsmittel. Der K. können pflanzliche oder tierische Fette, Zucker, Salz u. a. geschmackswirksame Zusatzstoffe beigefügt sein; in der Regel wird sie wie Brot mit Aufstrich oder mit Belag verzehrt. Der Anteil an Fett und/oder Zucker bei K., bezogen auf das Fertigprodukt, muß unter 10 % liegen. Die Abgrenzung zw. *Bäckereiware* und *Feiner Backware* auf Grund des Fett-/ Zuckergehaltes hat zur Folge, daß eine Reihe von kleinen Backwaren (z. B. Blätterteigbrötchen, Kuchenbrötchen, Rosinenbrötchen) nicht zu K. gerechnet werden. Da die K. vorwiegend aus helleren Weizen- und Roggenmehlen hergestellt werden, zählt z. B. das *Vollkornkleingebäck* zum sog. *Spezialkleingebäck* bzw. zur *Spezialkleinbackware,* deren Merkmal darin besteht, daß sich ein solches Erzeugnis von K. durch veränderten Nähreffekt und/oder vorteilhaftere geschmackliche und/oder sonstige Vorzüge unterscheiden muß. Zu der Gruppe der K. können je nach Fett- und Zuckergehalt z. B. folgende Backwaren zählen: → Brötchen → Semmeln → Flechtbackware (Zöpfe, Brezeln) → Stangen → Schnekken → Hörnchen → Wecken → Hahnenkämme → Kringel → Knüppel, Schrippen usw. → Backware, Feine

Kleinbrot → Brötchen

Kleinbückling → Räucherfischerzeugnisse

Kleingebäck → Kleinbackware

Kleingebäck, altes → Restbrot

Kleinkinderfertignahrung: Industriell hergestellte Fertignahrung, die in ihrer Nähr- und Rohstoffzusammensetzung auf die ernährungsphysiologischen Bedürfnisse des frühen Kleinkindalters (8. bis 15. Lebensmonat) abgestimmt ist. Die K. sind diätetische Lebensmittel. Im Unterschied zu → Kinderzusatznahrung vermögen sie den Nährstoff- und Energiebedarf des Kleinkindes zu decken. → Kleinkindkost → Nahrung → Kinderfertignahrung

Kleinkindernahrung auf Getreidebasis mit Obstzusätzen → Getreidefrühstückskost

Kleinkindkost, *Kleinkinderkost:* Bez. für ein Sortiment von → Kinderfertignahrung. Die K. ist bevorzugt für Kinder vom 8. bis 15. Lebensmonat bestimmt. Unterschiede zu → Säuglingsfertignahrung bestehen vor allem im geringeren Zerkleinerungsgrad und in der wachsenden Anzahl der eingesetzten Rohstoffe. Die Vorzüge der K. liegen vornehmlich in der ernährungsphysiologisch ausgewogenen Nährstoffzusammensetzung, der Abwesenheit von Schadstoffen und Pestiziden, der schnellen Zubereitung und der jahreszeitlich unabhängigen Versorgung. Folgende Kombinationen sind bspw. möglich: *Milchgrießbrei mit Früchten, Feines Gemüse mit Eiernudeln und Rindfleisch, Gemüsereis mit zartem Rindfleisch, Feines Gemüse mit Reis und Kalbfleisch, Gräupchen in Joghurt mit Rindfleisch und Gemüse.* → Kindernahrung.

Kleinkürbis → Zucchini

Klemmkuchen: eine mit Waffeleisen hergestellte → Waffel, die meist im frischen, warmen Zustand verzehrt wird.

Klenglein → Leinsaat

Klette, Filzige → Klette, Große

Klette, Große: die in Europa, Kleinasien, im Kaukasus, Sibirien, Nordamerika, Indonesien, China und Japan eingebürgerte Wildpflanze *Árctium láppa* L. (Familie *Asteráceae*), die in Deutschland früher nicht nur als Volksheilmittel, sondern auch als Nahrungsmittel herangezogen wurde und heute nahezu unbekannt ist, während in Frankreich, Belgien, in den USA, vor allem aber in Japan die G. K. großflächig in Kultur genommen wird. Im Garten kann der Samen dieser zweijährigen Wildpflanze zum Anbau benutzt werden, indem bereits im März ausgesät und später die Jungpflanzen wie Kohl mit 35 cm Abstand verpflanzt werden. Die jungen, leicht rauhen, breiten, eiförmigen Blätter und Stengel sind von Mai bis Sept. für Salate, als Kochgemüse und für verdünnten Frischpreßsaft geeignet. Sie enthalten ätherische Öle, Schleimstoffe, Gerbstoffe und in je 100 g etwa 130 mg Vitamin C. Die Speicherwurzeln enthalten bis zu 45 % Inulin und bis zu 12 % Eiweiß, sie können wie Schwarzwurzeln, entweder roh, gekocht, gebraten oder gebacken verzehrt werden. Im Geschmack ähneln sie den Artischocken. In ähnlicher Weise sind auch die Pflanzenteile der *Kleinen K., A. mínus (*Hill.) Bernh. und der *Filzigen K., A. tomentósum* Mill. verwendbar. In Japan hat man von der G. K. inzw. Kulturformen gezüchtet, sog. *Gemüsekletten, var. edúlis* mit vielen Sorten, die sich durch rasches Wachstum auszeichnen und bes. zarte, bis 80 cm lange, gleichmäßig dicke Wurzeln ausbilden, die maximal 2 kg Masse erreichen. Eine bekannte Sorte ist '*Wantanabe Early*'. Um ein Hohlwerden und Verzweigen der Wurzeln zu vermeiden, sollten Kultursorten im April an Ort und Stelle ausgesät und im Herbst bei einem Wurzeldurchm. bis 5 cm geerntet werden. → Wildkräuter → Inulingemüse

Klette, Kleine → Klette, Große

Klettenlabkraut → Labkraut, Echtes

Klettenkraut → Odermennig

Kletze → Trockenobst

Kletzenbrot: 1. → Früchtebrot
2. → Stollen

Kliesche → Plattfische

Klingel → Vogelmiere

Klingelbeere → Felsenbeere

Klingelmöhre → Zuckerwurz

Klippfisch → Trockenfischerzeugnisse

Klöben: 1. → Schalotte → Lauch
2. → Stollen

Klopfermehl → Kleieaufschlußmehl

Kloß, *Knödel:* ein Lebensmittel in Form einer geballten Masse bzw. Kugel. Die Bez. K. ist vom althochdtsch. *cloz* hergeleitet und ist urverwandt mit dem ostfriesischen *kloot* bzw. dem russ. *gluda.* Die Bez. *Knödel* kommt vom mittelhochdtsch. *knoten* und wird für die gleiche Zubereitungsform gebraucht. Am bekanntesten sind *Kartoffelklöße,* vorwiegend aus rohen und/oder gekochten Kartoffeln mit Mehl- oder Grieß- und Milchzugabe hergestellt, und Hefeklöße, die aus leichtem Hefeteig hergestellt werden. → Kartoffelkloßmehl → Banku → Kenkey

Klosterlikör → Benediktiner → Likör → Chartreuse

Klotzenbrot → Stollen

Klöwen → Stollen

Kluben → Stollen

Klumpfüße → *Cortinariáceae*

Klumphirse → Rispenhirse

Kluntjekandis: ein in Ostfriesland beliebter → Kandiszucker, der aus großen, klaren Kristallen besteht und beim Zerspringen im heißen Tee ein feines Klingen ergibt.

Kmag → Baladybrot

Knabberartikel → Imbißerzeugnis

Knabbererzeugnis → Imbißerzeugnis

Knäckebrot: ein aus Mehl und Wasser physikalisch (Eisteig oder eingeschlagene Luft), biologisch (Hefe- oder Sauerteiglockerung) oder chemisch (Einsatz von Backhilfsmitteln) gelockertes, hart- oder zartknuspriges, rundes oder rechteckiges → Flachbrot. Geschmackliche Unterschiede und verschiedenartige Konsistenz ergeben sich aus dem Einsatz unterschiedlicher Gewürze, Mehlarten, Ballaststoffzusätze (bis 20%) und Technologien. K. aussschl. aus Roggenvollkornschrot unter Zusatz von maximal 1% Speisesalz zählt zu den Standardsorten; der Feuchtigkeitsgehalt darf maximal 7% betragen. Der in einem Kompressor schaumig geschlagene und gekühlte Teig wird in mehr oder weniger dünn ausgewalzten Streifen auf das Netz am Eingangstor eines Durchlaufofens aufgesetzt und etwa 8···10 min gebacken. Die mit 10···20% Feuchtigkeit aus dem Ofen austretenden Tafeln werden bei 50°C schonend auf 5% Feuchtigkeit getrocknet und in rechteckige Scheiben zersägt. Einwandfreie Sägeabfälle werden als Bruchmehl bei der Teigbereitung wieder verwendet oder zu Kindernährmehl aufbereitet. Die eingedrückten Rosetten auf der Oberfläche des K. dienen einem beschleunigten Austrocknen. Qualitativ einwandfreies K. darf nicht zu stark erhitzt und weder Röst- bzw. Brandstellen aufweisen noch bitter oder ranzig schmecken (z. B. durch Verarbeitung zu lang gelagerten Vollkornmehles). Der Energiewert je 100 g liegt bei 1555 kJ (370 kcal), der Thiamingehalt beträgt etwa 0,3 mg je 100 g K.

Knäckemehl: ein aufgeschlossenes *Spezialmehl* aus zerkleinertem Knäckebrot. Das K. wird für die Säuglingsernährung als Zweites Kohlenhydrat (Flaschennahrung → Erstes Kohlenhydrat) oder als *Kindernährmehl* empfohlen. Im Vergleich zu → Zwieback- und → Keksmehl hat das K. den Vorzug eines rel. hohen Vitamin- und Mineralstoffgehaltes, da das → Knäckebrot vorzugsweise aus Vollkornmehl hergestellt wird. → Mehl, aufgeschlossenes

Knacker: frische → *Rohwurst* (mittlere Sorte), zu deren Herstellung Schweinefleisch, Schweinebauch ohne Knochen, Speck, Rindfleisch, Schwarten, Speisesalz, Salpeter, Zucker, Pfeffer, Kümmel und Paprika eingesetzt werden. Als Wursthüllen dienen Schweinedärme; die Enden sind abgedreht. Das Schnittbild zeigt eine rot-weiß gemusterte, mittelgrob bis grob geschrotete (etwa 4···7 mm) Wurstmasse. → Wurst

Knackerdbeere → Erdbeerblätter

Knackigkeit: Eigenschaft von frischem Obst (insbes. Apfel) und Gemüse (z. B. Eissalat), die beim Kauen ein leichtes Krachen und Spritzen verursacht. Dieser Sinneseindruck kommt nur bei vollsaftigem bzw. vollturgeszentem Pflanzenzellgewebe zustande und ist ein Merkmal der → Frische. → Welke → Konsistenz

Knackwurst, hausschlachtene Art: *frische* → Rohwurst (mittlere Sorte), zu deren Herstellung Schweinefleisch, Schweinebauch ohne Knochen, Speck, Schwarten, Speisesalz, Salpeter, Zucker, Pfeffer, Kümmel und Paprika eingesetzt werden. Das Schnittbild zeigt eine rot-weiße Masse aus grob zerkleinerten Fleisch- und Fettpartikeln (5···7 mm). Als Wursthüllen dienen Rinder- oder Kunstkranzdärme. → Wurst

Knackwurst, kurze im Schäldarm: *frische* → Rohwurst (mittlere Sorte) zu deren Herstellung grobentsehntes Schweinefleisch, Rindfleisch, Schweinebauch ohne Knochen und Schwarten, Speck, Schwarten, Speisesalz, Salpeter, Zucker, Pfeffer, Kümmel und Paprika eingesetzt werden. Das Schnittbild zeigt eine rot-weiße Masse aus grob zerkleinerten Fleisch- und Fettpartikeln. K. ist portioniert als „Kurze Knackwurst" im Handel. → Wurst

Knäuelritterlinge → *Tricholomatáceae*

'Knauffs Schwarze' → Süßkirsche → Steinobst

Kneifelerbse → Gemüseerbse

Kneippbrot: ein nach Vorschrift des Pfarrers und Naturheilkundigen *Sebastian Kneipp* (1821 bis 1897) bereitetes → Spezialbrot in Form eines Vollkornschrotmischbrotes mit lockerer Krume und unter überwiegender Verwendung von Weizenvollkornschrot.

Knépier → Honigbeere

Knickebein → Bargetränk

Knickei → Ei

Knifte: eine mit Sauerbraten, Zwiebelringen und Gurkenscheiben belegte, helle oder dunkle Brotscheibe.

Knippe → Honigbeere

knirschen → crunchy

Knistersalz: ein Steinsalz mit Einschlüssen von gespannten Gasen, z. B. Kohlendioxid, Schwefelwasserstoff und Kohlenwasserstoffen. Beim Lösen des Salzes durchbrechen die Gase unter lebhaftem „Knistern" die Kristallrinde. → Speisesalz

Knoblauch, *Knobloch, Knufloch, Knofel:* die im Orient, in Mittel- und Südosteuropa angebaute (Kulturknoblauch) flachblättrige Gewürzpflanze *Allium satívum* L. (Familie *Liliáceae*), deren Zwiebel aus etwa 15 Nebenzwiebeln (*Zehen* oder *Klauen*) besteht. Bereits von *Galenus* wurde der K. als *Theriak* bezeichnet; heute noch ist dieser Name in Österreich verbreitet. Im getrockneten Zustand sind Zwiebel und Zehen von einer dünnen, spröden Schale umgeben. Der charakteristische Geruch und Geschmack sind auf den Gehalt an organischen Schwefelverbindungen mit Diallyldisulfid, -trisulfid, Dipropylsulfid, Dimethyldisulfid u. a. als Hauptbestandteil sowie *Alliin* (S-Allyl-cystein-sulfoxid), Methylalliin und Cycloalliin zurückzuführen. Durch das im K. enthaltene Enzym Alliinase wird beim Zerkleinern der Zwiebel das Alliin schnell zu einer stark antimikrobiell wirksamen und stechend riechenden Substanz, dem *Allicin,* abgebaut. (Zusammensetzung s. Tab.).
Der K. dient zum Würzen von Fleischgerichten und Wurstwaren, wie Knoblauchwurst und Salami. In

Zusammensetzung und Energiewert von Knoblauch

Bestandteil	in 100 g eßbaren Anteils
Feuchtigkeit	64,0 g
Eiweiß	6,05 g
Fett	0,12 g
Kohlenhydrate	27,5 g
Rohfaser	0,94 g
Mineralstoffe	1,42 g
Calcium	38 mg
Mangan	1,3 mg
Eisen	1,4 mg
Zink	1 mg
Phosphor	134 mg
Vitamin B_1	0,2 mg
Vitamin B_2	0,08 mg
Niacin	0,6 mg
Vitamin C	14 mg
Energiewert in kJ (kcal) je 100 g	580 (140)

geringem Maße wird K. auch als Gewürz für Suppen, Soßen, Gemüse und Salate verwendet. K. gelangt in Bündeln oder in Zöpfen auf den Markt und wird wegen seiner verdauungsfördernden und bakteriziden Wirkung auch für therapeutische Zwecke eingesetzt. Beim K. unterscheidet man *schossende* Sorten (Brutzwiebelbildung an den Schossen) mit einem um 20···30 % geringeren Ertrag als *nicht schossende* Sorten. *Schosser* sind Zwiebeln mit einem mehr oder weniger entwickelten Blütenschaft, an dem sich Brutzwiebeln bilden (Infloreszenzbulbillen), die im Herbst des 1. Anbaujahres die zehenlosen *Rundlinge* ergeben (→ Zwiebel). Schosser treibende Sorten lassen sich leicht aufbrechen und in die *Teilzwiebeln* zerlegen. Hinsichtlich der Anbaumethode wird zw. *Winterknoblauch* (Pflanzung ab Mitte Okt., Ernte Ende Juli, und *Frühjahrsknoblauch* (Pflanzung im März/April, Ernte Ende Aug.) unterschieden. Wintersorten sind starkwüchsig, ertragreich und zeitiger reif als Frühjahrssorten, doch sind die Zwiebeln des *Winterknoblauchs* nur von wenigen dünnen Häuten umschlossen, die wie bei der → Schalotte bei vollständiger Reife teilw. schon im Boden zerfallen. Dies soll u. a. auch Ursache für die schlechtere Lagerfähigkeit der Wintersorten sein. *Winterknoblauch* hat bis Febr. die Grenze seiner Lagerfähigkeit erreicht, während *Frühjahrsknoblauch* wesentlich besser, bis März, evtl. auch bis Mai, zu lagern ist. Grundbedingungen für ein gutes Lagerergebnis sind festschalige, gut abgetrocknete Zwiebeln mit eingekürztem Laub, aufbewahrt in flacher Schüttung, in luftigen, kühlen Räumen bei 0···2°C und rel. Luftfeuchte von 70···75 %. Für Kleinproduzenten ist es zweckmäßig, die Zwiebeln mit vollem Laub zu bündeln und im Schuppen oder unter dem Dach an luftiger Stelle aufzuhängen; auch starke Fröste verursachen keinen Schaden, wenn der K. im gefrorenen Zustand nicht gestoßen wird. Bei Temperaturen von mehr als 5°C kommt es beim Winterknoblauch im Dez./Jan. bereits zum Austrieb (→ Keim) der Zehen. Die Anwendung von Verdunstungshemmern (z. B. Paraffinieren des K. zum Zwecke der Haltbarkeitsverlängerung) bleibt lediglich industrieller Kühllagerung vorbehalten, da hierbei auf genaue Dosierungen zu achten ist, damit der K. nicht „erstickt". Unter *Knoblauchsommerware* versteht man K. mit vollem oder gekürztem Laub, wobei die jungen Blattröhren gleichermaßen wie die Zwiebeln als Gewürz verwendbar sind. → Lauch → Zwiebeln → Icarisou

Knoblauchbrot → Brot mit Gemüsezusatz

Knoblauchbrühwurst: → *Brühwurst* (mittlere Sorte), zu deren Herstellung Rindfleisch, Schweinefleisch, Speck, Nitritsalz, Knoblauch, Pfeffer und Macisblüte eingesetzt werden. Als Wursthüllen dienen Naturdärme (Kranzdärme). Das Schnittbild zeigt eine rosafarbene, fein gekutterte Wurstmasse, in der erbsengroße Speckstückchen enthalten sein können. → Wurst

Knoblauchpilz → *Tricholomatáceae*

Knoblauchrohwurst: frische → *Rohwurst* (mittlere Sorte), zu deren Herstellung Schweinefleisch, Rindfleisch, Speck, Rindfleischfettgewebe, Schwarten, Speisesalz, Salpeter, Zucker, Pfeffer und Knoblauch eingesetzt werden. Als Wursthüllen dienen Naturdärme oder Kunstdärme. Das Schnittbild zeigt eine rot-weiß gemusterte, mittelgrob geschrotete (etwa 4···6 mm), schnittfeste Wurstmasse. → Wurst

Knoblauchsalz → Gewürzsalz

Knoblauchschnittlauch → Schnittlauchknoblauch

Knoblauch, Wilder → Bärenlauch

Knobloch → Knoblauch

Knochen, *Os* (lat.): zum passiven Bewegungsapparat gehörige zug- und druckfeste Körper von gelblich-weißer Farbe, die zu etwa 2/3 aus anorganischen (Knochensalze) und 1/3 aus organischen Bestandteilen bestehen. Dabei durchdringen anorganische und organische Bestandteile einander vollständig. Der aufgesägte Knochen besteht aus der dichtgefügten *Rindenschicht (Substantia compacta)* und der *inneren Schicht* von schwammigem Aufbau (*Substantia spongiosa*). Die bei der Schlachttierkörperzerlegung anfallenden Knochen werden z. T. zu Nahrungszwecken und z. T. für technische Zwecke verwen-

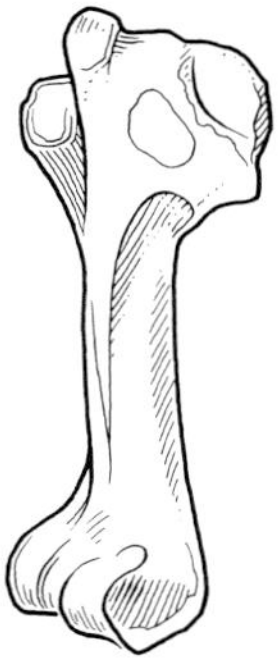

Röhrenknochen vom Schwein

det. Unterschieden wird zwischen: *Markknochen* (Diaphysen der Röhrenknochen, Bild oben); Fleischknochen (Wirbelknochen mit anhaftenden Muskelfleischteilen - etwa 25%) und *Brühknochen* (alle übrigen Knochen und Knochenteile). Eine Ausnahme bilden Schädelknochen und Schulterblattknochen (*Scapula*), die der technischen Verwertung zugeführt werden.

Knochenfett: das aus dem Mark der Röhrenknochen gewonnene Fett. Die Gewinnung kann durch Schmelzen des Knochenmarks über Wasser, durch Auskochen der gemahlenen Knochen im Druckgefäß (130°C), durch Extrahieren mit organischen Lösungsmitteln oder durch Einwirkung hochfrequenter Schallimpulse auf die feinzerkleinerten Knochen bei Anwesenheit von Wasser (*Chayen-Verfahren*) erfolgen. Das K. ist als Speisefett verwendbar. → Fett, tierisches

Knochenöl: das durch einen Kristallisations- und Preßprozeß aus gereinigtem Knochenfett gewonnene Öl. Das K. wird als Schmieröl für hochwertige Maschinen, nicht aber als Lebensmittel verwendet.

Knödel → Kloß

Knödelbirne → Holzbirne

Knödelbrot → Semmel

Knödelbrotsemmel → Semmel

Knödelmehl → Kartoffelmehl

Knödel, Tiroler → Semmel

Knofel → Knoblauch

'Knolau' → Schnittlauchknoblauch

Knolle: Sammelbegriff für rundes bzw. länglich-ovales Speicherorgan, in Form verdickter Sproß- oder Wurzelteile, meist zweijähriger oder ausdauernder Pflanzen. Die Bez. K. leitet sich ab vom altnord. *knoll* (Bergkuppe) und dem niederl. *knol* (→ Rübe). Botan. wird zw. a) *oberirdischen, reinen Hypocotyl-* oder *Sproßknollen* (z. B. Radieschen, Rote Bete [*rund*], Kohlrabi), b) *unterirdischen* Sproßknollen *(z. B.* → Anu, → Kartoffeln), die sich durch größere Dicke von den c) *Rhizom- oder Wurzelknollen* (z. B. → Batate, → Arracacha, → Yamswurzel) und d) der Übergangsform von der *Rübe* zur reinen *Hypocotyl-* oder *Sproßknolle* unterscheiden. Bei dieser Übergangsform (z. B. → Sellerie, halblange oder walzenförmige Rote Rüben, Rettich, → Kohl- oder Steckrüben) sind nicht nur wesentliche Teile des Hypocotyls in den Knollenkörper eingeschlossen, sondern es kommt noch der basale, mit Laubblättern besetzte Sproßabschnitt oberhalb des Hypocotyls dazu.

Knollenblätterpilz → *Amanitáceae* → Amatoxine → Bufotenin → Phallolysin → Phallotoxine → Pilzgifte → Virotoxine

Knollenbohne → Yamsbohne

Knollenfenchel → Gemüsefenchel

Knollenkerbel → Kerbelrübe

Knollenkümmel → Erdkastanie

Knollenpetersilie → Wurzelpetersilie

Knollenplatterbse: *Erdeichel, Erdwicke, Ackernuß:* die bis 1 m lange niederliegende oder kletternde *Láthyrus tuberósis* L. (Familie *Fabáceae*), aus deren purpuroten Blüten früher sog. *Rosenwasser* für Aromatisierungszwecke gewonnen wurde. Wegen der an dünnen Wurzeln hängenden haselnußgroßen Knollen (22% Kohlenhydrate, 3% Eiweiß) wurde die Pflanze früher vom Niederrheingebiet bis Holland kultiviert, heute nur noch besammelt (von Frühjahr bis Herbst), wobei die Knollen roh oder gekocht, die Blätter und jungen Triebe von Juni bis Sept. als Rohkostsalatbestandteil genutzt werden. Ähnlich verwendet werden (für Mischsalate) die Blätter und jungen Triebe von der wildwachsenden *Waldplatterbse, Bergplatterbse, Láthyrus linifólius* (Reich.) und der *Wiesenplatterbse, L. praténsis.* L. In Schottland werden aus den stärkehaltigen Wurzeln der Waldplatterbse alkoholische Getränke bereitet. Die Samen der vorwiegend als Gründüngungspflanzen im Mittelmeergebiet angebauten *Roten Platterbse, L. cícera* L. und *Scheidigen Platterbse, Eselsohren* oder *Cypernwicke* L. *óchrus* (L.) DC. werden erst nach entsprechender Vorbehandlung für Ernährungszwecke genutzt (→ Platterbse).

Knollenrettich, *Rettich, Bierwurzel:* die knollig verdickte Wurzel von *Ráphanus sativus var. níger* (Mill.) S. Kerner (Familie *Brassicáceae*), die roh verzehrt wird (s. Tab.).

Zusammensetzung und Energiewert von Rettich

Bestandteil	Gehalt in 100 g eßbaren Anteils
Feuchtigkeit	94,0 g
Eiweiß	1,15 g
Fett	0,15 g
Kohlenhydrate	2,9 g
Ballaststoffe	1,1 g
Mineralstoffe	0,75 g
Natrium	18 mg
Kalium	322 mg
Calcium	33 mg
Eisen	0,8 mg
Phosphor	29 mg
Vitamin B_1	0,03 mg
Vitamin B_2	0,03 mg
Niacin	0,4 mg
Vitamin C	29 mg
Energiewert in kJ (kcal) je 100 g	76 (18)

Der K. soll jung, zart, nicht hohl noch geplatzt sein. Als Treib-, Frühsommer-, Sommer-, Herbst- und Winterrettich kann der K. in unterschiedlicher Gestalt und Farbe (weiß, gelb-braun, rot, schwarz, halblang, oval, spindelförmig) das ganze Jahr angebaut werden. Die Lagerbedingungen für K. stimmen mit denen von → Radieschen überein. Die Haltbarkeit der Bündelware (Treib- und Frühsorten) beträgt maximal 2 Wochen; Herbst- und Wintersorten können 3 bis 4 Monate gelagert werden, danach werden sie pelzig. → Rübe → Knolle → Gemüse → Rettich → Daikonkers → Holzigkeit

Knollenrübe → Kerbelrübe

Knollensellerie, *Wurzelsellerie:* die verbreitetste Kulturformen des → Selleries, *Ápium gravéolens var. rapáceum* (Mill.) Gaud, (Familie *Apiáceae*). Der K. hat eine außen braune, kugelige oder halbkugelige, verdickte, hellfleischige Wurzel (Tab.).

Zusammensetzung und Energiewert von Knollensellerie

Bestandteil	Gehalt je 100 g eßbaren Anteils
Feuchtigkeit	88,6 g
Eiweiß	1,55 g
Fett	0,33 g
Kohlenhydrate	4,3 g
Ballaststoffe	3,9 g
Mineralstoffe	0,94 g
Natrium	77 mg
Kalium	321 mg
Magnesium	9,3 mg
Calcium	68 mg
Eisen	0,53 mg
Phosphor	80 mg
Caroten	0,015 mg
Vitamin E	2,6 mg
Vitamin B_1	0,036 mg
Vitamin B_2	0,070 mg
Niacin	0,9 mg
Vitamin B_6	0,20 mg
Vitamin C	8,25 mg
Energiewert in kJ (kcal) je 100 g	104 (26)

Verwendet wird vor allem die Knolle (als Salat oder Gemüse), aber auch die Blätter werden genutzt (als Gewürz, z. B. für Suppen). Daneben wird K. auch als Kompott oder zu Bowle verwendet. Die Knollen dürfen weder braun noch holzig oder hohl sein und weder rosafarbene Flecke noch Schorf aufweisen. Nach dem Kochen müssen die geschnittenen Knollen weiß bleiben. Durch Einlegen der geputzten Knollen in Wasser mit 0,5% Citronensäure kann das sog. Schwarzkochen insbes. der Dosenwaren, vermieden werden. Das in Knollenmitte befindliche Pectin weist mitunter stark gelierende Wirkung auf. Das aus den Knollen extrahierte Öl enthält Tokokinine mit hormonartiger Wirkung. Der K. wird mit oder ohne Laub gehandelt. Zur Lagerung sollen nur ausgewachsene Knollen verwendet werden, die im Inneren nicht holzig und trocken sind. Nach der Ernte ist umgehend das Lagergut abzukühlen. Hohe Masseverluste sind auf zu langsames Abkühlen zurückzuführen. Bei 0°C und 95% rel. Luftfeuchte und gedrosselter Luftzirkulation (Folienabdeckung) sind die Knollen mehrere Monate verkaufsfähig zu halten. → Knolle

Knollen-Spierstaude → Spierstrauch

Knollenstärke: die aus unterirdischen Knollen im Naßverfahren mechanisch hergestellte → Stärke, bei der außer dem Reinigungsprozeß keine weiteren Vorbehandlungen notwendig sind. Die Produktion verläuft über die Zwischenprodukte *Reibsel, Graustärke, Stärkemilch, Grünstärke* und *Stärke*. Die Ausbeute an Stärke beträgt bei K. 80···90%. Als wichtigste K. hat *Kartoffelstärke,* fälschlich *Kartoffelstärkemehl* oder *Kartoffelmehl,* Bedeutung erlangt. Die Stärke tropischer Knollen wird neuerdings auch in Europa für Lebensmittel eingesetzt (→ Stärke, tropische). Die als Nebenprodukt anfallende *Pülpe* mit 10···20% Stärke wird getrocknet (*Trockenpülpe*) und wie das aus dem Fruchtwasser ausgefällte Eiweiß als Viehfutter verwertet. → Stärke

Knollenziest, *Crosne, Japanknolle, Japanische Kartoffel, Japanartischocke, Japankartoffel, Chinesische Artischocke, Theanobana, Zulunuß:* die krautige Pflanze *Stáchys affínis* Bunge (Syn. *S. siebóldii* Miq.) (Familie *Lamiáceae*), deren 2···4 cm lange, graugelbe, behaarte Wurzelstöcke gekocht oder gebacken, auch als Salat oder Gemüse zubereitet oder fritiert gegessen werden. Der Geschmack ähnelt Schwarzwurzeln oder Blumenkohl. Der K. wird hauptsächlich in Japan und Indien angebaut, seltener in Mitteleuropa (seit 1887 in Crosnes/Frankreich, den USA u. a. Ländern). 100 g der Knolle enthalten 14···18 g Stachyose, 26,3 mg Ca, 1,6 mg Na, 0,2 g Fett, 4 g Protein, 82 g Wasser, 0,7 g Rohfaser, 1 g Mineralstoffe und 5 mg Vitamin C. → Tetrasaccharide

Knopfkraut, Kleinblütiges → Franzosenkraut

Knopper → Plattenzucker

Knorpel, *Cartílago:* Teil des passiven Bewegungsapparates, der aus elastischem, schneidbarem und druckfestem Stützgewebe von blauweißlicher oder gelblicher Farbe besteht. Die K. enthalten weder Blutgefäße noch Nerven. Man unterscheidet *Faserknorpel* (z. B. Meniskus), *hyalinen Knorpel* (z. B. Rippenknorpel) und *elastischen Knorpel* (z. B. Ohrknorpel). Knorpel sind für die menschliche Ernährung nicht verwertbar.

Knorpelfische: *Wirbeltierklasse*, die *Seedrachen* (*Chimaeren*) sowie *Haie* und *Rochen* (etwa 600 Arten) umfaßt. Das Skelett besteht aus Knorpeln und ist durch Verkalkung verstärkt. K. haben 4 bis 7 getrennte paarige Kiemenspalten und eine unsymmetrische Schwanzflosse. → Haifisch → Fisch

Knorpelkirsche: Sammelbegriff für → *Süßkirschen* mit festem, knorpeligem Fruchtfleisch. Die Reifezeit der K. liegt vorwiegend in der 4., 5. und 6. Kirschenwoche (Juli). Einzelne neuere Sorten mit festem Fruchtfleisch reifen bereits etwas früher. K. haben eine etwas längere Haltbarkeit als die weichfleischigen → Herzkirschen. Auch die Transportfähigkeit der K. ist besser. Von der Verarbeitungsindustrie werden sie den Herzkirschen vorgezogen. Eine ganze Anzahl der Knorpelkirschsorten läßt sich erfolgreich maschinell abernten.

Knorpeltang → Carrageen

Knotengras → Knöterich

Knöterich: Sammelbez. für eine Reihe von Pflanzen aus der Familie der *Knöterichgewächse, (Polygonáceae)*, die meist aus Wildbeständen gesammelt, aber auch kultiviert werden und deren oberirdische Teile man als Mischsalat, als Gemüsegericht, als Würzkraut, als Frischpreßsaft oder

zum Trocknen (Haustee) verwendet. Hierzu zählen: *Vogelknöterich, Wegetritt, Knotengras, Blutgarbe* oder *Schweinegras, Polýgonum aviculáre* L., dessen obere Teile, solange die Stengel weich sind (von Mai bis Okt.) als Mischsalat, Spinat, Hausteeanteil, Gemüserübe und Frischsaft verwendet und als → Wildkraut gesammelt werden; der *Wiesen-, Schlangenknöterich, Drachenwurz, Wiesenknoblauch, Schafszunge, Drachenwurzel, Schlüpfe, Natterwurz, Blutkraut, P. bistórta* L., dient mit seinen Blättern und deren Stielen von April bis Aug. als Salat, Spinat oder Frischpreßsaft; der *Wasser-* oder *Grabenpfeffer, Graben-* oder *Pfefferknöterich,* auch *scharfer K., P.* hydrópiper L., wird in Japan und China, früher auch in Westeuropa, als scharf schmeckendes Würzkraut kultiviert. Heute wird er wie *Flohknöterich, P. persicária* L. als ganze Pflanze von Mai bis Okt. bei uns aus Wildbeständen gesammelt und als Würzmittel für Salat und Gemüsegerichte verwendet. Der meist im Wasser stehende *Wasserknöterich, P. amphíbium* L., wird als Wildgemüse genutzt. Vom *Windenknöterich, Fallópia convólvulus* (L.) A. Löve, Syn. *P. convólvulus* (L.) A. Löve, werden die herz- bis pfeilförmigen Blätter als Salat, die Samen wie Getreide (wildwachsend gesammelt) verwendet. In tropischen Gebieten Afrikas, Asiens und Amerikas werden folgende Arten wegen der Blätter als Salatnutzung kultiviert: *P. bárbatum* L. (Afrika). *P. guineénse* Sch. et Th. (Afrika), *P. mínus* Huds. (Südostasien), *P. orientále* L. (Afrika, Amerika), *P. perfoliátum* L. (Südostasien), *P. plebéium* R. Br. (Indien, Zentralafrika), *P. serrulátum* Lag. (Tropisches Afrika). Wegen der Blätter, die als Salat und Gemüse verzehrt werden, sind *P. salicifólium* Brouss. (Asien, Afrika), *P. pulchrum* Blume und *P. senegalénse* Meisn. (Afrika) als Wasserknöterich im Anbau. In Parkanlagen ist mitunter der *Japanische K., P. cuspidátum* L. anzutreffen, eine Riesenstaude, deren säuerlich schmeckenden Schößlinge in Japan, unter dem Namen *Itadori,* als Wildgemüse gern verzehrt werden. Zusammensetzung und Energiewert einiger ausgewählter Knötericharten s. Tab. unten.
→ Sammelgetreide → Pseudogetreide → Wildkräuter

Knufloch → Knoblauch

Knüppel: eine *Brötchensorte* (→ Brötchen) mit 45 g Masse je Stück, von länglich-stumpfer Form sowie kräftigem Ausbund; aus hellem Weizenmehl, Hefe, Schmalzzusatz und Zugußflüssigkeit, die zu gleichen Teilen aus Trinkwasser und Trinkvollmilch besteht oder eine entsprechende Menge an Milcherzeugnissen enthält. Im Gegensatz zur → Schrippe weist der K. auf Grund des Fettgehaltes (4%) eine zarte, gleichmäßig geporte, feingelokkerte Krume auf. → Kleinbackware → Ausbundbackware

Knurrhahn: Vertreter der Familie *Tríglidae,* der kenntlich ist an dem panzerartig verdickten, bedornten Kopf, dem sich nach hinten keilförmig verjüngenden Körper, 2 getrennten Rückenflossen

Zusammensetzung und Energiewert der vegetativen Teile ausgewählter Knötericharten

Bestandteil	in 100 g frischer Blattmasse		
	P. púlchrum	P. salicifólium	P. cuspidátum
Feuchtigkeit	74,5 g	85,5 g	92,6 g
Eiweiß	3,52 g	1,04 g	2,74 g
Fett	0,59 g	1,22 g	0,09 g
Kohlenhydrate	17,1 g	8,85 g	2,03 g
Ballaststoffe	2,93 g	2,01 g	1,52 g
Mineralstoffe	1,35 g	1,33 g	0,82 g
Calcium		245 mg	
Phosphor		39 mg	
Eisen		8,7 mg	

und 3freien, beweglichen, fingerförmigen Strahlen der Brustflosse, die als Tast- und Bewegungsorgan dienen. Der Name ist auf die knurrenden Töne zurückzuführen, die K. erzeugen können. Der *Graue Knurrhahn* (Trígla gurnárdus, Bild)

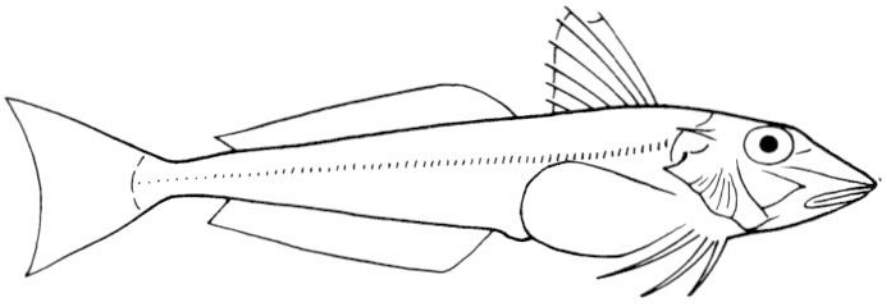

Grauer Knurrhahn

von 35···40 cm Länge und der wenig größere *Rote Knurrhahn* (Trígla hírundo) haben in ihrem Hauptverbreitungsgebiet, dem Nordostatlantik, bei einem Jahresfang von etwa 10 kt nur geringe wirtschaftliche Bedeutung. → Fisch

Knusperbrot, *Extruderschnitte, Extrusionsschnitte:* ein → Flachbrot mit schaumiglockerer Struktur aus hellem Weizen-, Roggen- oder Vollkornmehl, unter Zusatz von Magermilchpulver, Zucker, Salz, Fett und Emulgatoren. Die zartschaumige Struktur wird auf einer Flachbrot-Extrusionslinie erziehlt, indem endlose Teigstrangbänder mit hohem Druck aus einstellbaren Schlitzdüsen gepreßt und in Kombination mit Präge- und Schneidemaschinen beliebig portioniert werden können. Die im Produkt vorhandene Feuchtigkeit wird sofort verdampft, wobei ähnlich den Pufferzeugnissen ein bes. zart-knuspriges Erzeugnis resultiert. → Krustenbrot → Strangpreßerzeugnis

Knuspererzeugnis → Imbißerzeugnis

Knusperflocken → Getreideflocken

Knusprigkeit, *Rösche:* Eigenschaft eines Lebensmittels (z. B. → Cracker, Knäckebrot oder geröstete Erdnüsse) oder nur seines äußeren Teiles (z. B. der Kruste von Brötchen, Brot, Fleisch oder Brathähnchenhaut), der sich bei Einwirkung von Kräften in → Brüchigkeit oder leichtem Zerspringen mit Knack- oder Knistergeräuschen äußert, beim Kauen daher einen gefühlsmäßigen (haptischen) und zugleich akustischen (Geräusch bzw. Zermahlungsschall verursachenden) Sinneseindruck hervorruft, der je nach → Härte oder → Zartheit des Erzeugnisses eine *zartknusprige* [z. B. bei *Extruderschnitten* (→ Knusperbrot) oder → Strangpreßerzeugnissen] oder *hartknusprige* (z. B. bei bestimmten Knäckebrotsorten, insbes. solchen, die mit Triebmitteln hergestellt werden) bzw. *zartsplittrige* oder *hartsplittrige* Wahrnehmung hinterläßt. Bei Backwaren oder Imbißerzeugnissen hängt die *Zart-* bzw. *Hartsplittrigkeit* mit der Struktur der Porenwände zusammen. Dünne, zarte Porenwände sind offensichtlich Voraussetzung für Zartheit, harte Krusten sind vielfach auf dicke Porenwände und geringe Lockerung des Teiggefüges zurückzuführen. Das sog. *Röscheoptimum* liegt zw. 20···50% rel. Luftfeuchte. Die Begriffe *knusprig* und *rösch* (= *kross* oder *krosch*) werden ebenso synonym gebraucht wie im angelsächsischen Sprachgebrauch die Begriffe *crisp* und *crunch.* → Konsistenz

Koagulations-Vitamin (veraltet) → Vitamin K

Kobalamine (Cobalamine) → Vitamin B_{12}

Kobalt (Cobalt) → Mineralstoffe → Schwermetalle, toxische

Kobiiskii: typischer *Schafmilchkäse, der auch in Gemischen mit Kuh- oder Ziegenmilch hergestellt wird (40% und 50% F. i. Tr.) aus der ehem. Sowjetunion.* → Käsesorten

Kobu → Kombu

Kochbanane, *Matoke, Mehlbanane, Pferdebanane, Plante:* sehr eng mit der *Obstbanane* (→ *Banane*) verwandte und dieser sehr ähnliche, bis zu 50 cm lange Frucht von *Músa paradisíaca* L. (Familie *Musáceae*), die Samen enthält und ein sehr stärkehaltiges Fruchtfleisch hat, das in den tropischen Gebieten ein wichtiges Grundnahrungsmittel ist. Während der Reife wird die Stärke nicht, wie bei der Obstbanane, in Zucker umgewandelt. Außerdem enthält die K. Gerbstoff. Daher ist sie für den Frischeverzehr nicht geeignet. Die K. wird meist grün geerntet und gekocht und gebacken verzehrt, ihr ernährungsphysiologischer Wert entspricht dem der Kartoffel. 100 g des eßbaren Anteils der K. enthalten 66,4 g Feuchtigkeit, 1,1 g Protein, 31,2 g Kohlenhydrate, 0,4 g Fett, 20 mg Vitamin C, der Energiewert beträgt 670 kJ (160 kcal). Einige der vielen Gerichte aus K. sind *Tatale* (eine Art Eierkuchen aus weichreifen K. und fermentiertem Maismehl in Ghana), *Patacones* (in Öl gegarte grüne Scheiben in Kolumbien), *Sancocho* (Suppe aus grünen K.-Scheiben, gekocht mit Maniok und Gemüse in Kolumbien) oder geröstete bzw. gebackene K. mit Avocados, Palmöl oder Erdnüssen. Die aus der K. gewonnene *Bananenstärke* (*Guayana-Arrowroot* → Arrowroot) wird als Zusatz zu anderen Lebensmitteln verwendet. → Apiti

Kochbeutelreis → Kurzkochreis

Kochbutter → Butter

Kochfestigkeit: strukturbestimmendes Beschaffenheitsmerkmal vorwiegend pflanzlicher Erzeugnisse, deren Genießbarkeit durch den Kochprozeß entweder bewirkt oder erhöht wird. Eine günstig zu beurteilende K. zeigt sich in geringem Abkochverlust, indem die gegarten Produkte gut kaubar sind, ihre Form behalten und somit nicht durch Auseinanderfallen in das Kochwasser übergehen. Die K. ist qualitätsbestimmendes Merkmal insbes. bei den Sättigungsbeilagen Kartoffeln, Reis und Teigwaren.

Kochfischwaren → Aspikwaren

Kochkäse: wird zu den Schmelzkäsen gezählt, aus Sauermilchquark unter Verwendung von zugelassenen Hilfs- und Zusatzstoffen (z. B. Kochsalz, Schmelzsalz, Gewürze) durch einen Erhitzungsprozeß hergestellt. K. wird meist in den Fettstufen ← 10 %, 20 %, 40 % und 50 % F. i. Tr. hergestellt. Die Oberfläche ist gelb bis bräunlich, glatt und mattglänzend, der Käseteig homogen und fast streichfähig. Geruch und Geschmack sind rein und den Gewürzzusätzen (z. B. Kümmel) entsprechend aromatisch. → Käsesorten

Kochkrem → Krem, Deutsche

Kochmarinaden → Aspikwaren

Kochmettwurst: → *Brühwurst* (mittlere Sorte), zu deren Herstellung Schweinefleisch, Schweinebauch ohne Knochen und Schwarten (hoher Anteil), als weitere Zusätze Speisesalz, Nitritpökelsalz, Pfeffer, Paprika und Macis eingesetzt werden. Als Wursthüllen dienen Natur- oder Kunstdärme. Das Schnittbild zeigt eine rosafarbene, evtl. graue, mittelfeine Wurstmasse; ein leichter Fettabsatz an der Darmwand ist zulässig. Der Richtwert für den Energiewert beträgt 2220 kJ (530 kcal) je 100 g Wurst. → Wurst

Kochreis → Speisereis

Kochsalami: → *Brühwurst* (mittlere Sorte), zu deren Herstellung Schweinefleisch, Schweinebauch ohne Knochen, Rindfleisch, Speck, Nitritpökelsalz, Pfeffer, Knoblauch, Senfkörner, Macisblüte und Kardamom eingesetzt werden. Als Wursthüllen dienen Natur- und Kunstdärme. Das Schnittbild zeigt eine kräftig rosa-weiß gemusterte, mittelgrob (etwa 5 mm) geschrotete Wurstmasse von fester, nicht gummiartiger Konsistenz, die knorpelfrei ist. → Wurst

Kochsalat → Bindesalat → Lattich

Kochsalz → Speisesalz

Kochsalzersatz, natriumfreier, *Speisesalzersatz, natriumfreier:* ein → Spezialsalz in Form von Mischungen aus Kalium-, Magnesium-, Calciumsalzen der Adipin-, Bernstein-, Glutamin-, Kohlen-, Milch-, Wein-, Citronen- oder Salzsäure sowie → Trennmittel (z. B. Kartoffelstärke). Der n. K. dient als Würzmittel für natriumarme Lebensmittel oder entsprechende Speisenzubereitungen, z. B. natriumarme Diätsuppen. Der n. K. wird meist als *natriumfreies Diätsalz* deklariert. Daneben gibt es *natriumarmes Diätsalz,* dessen Natriumgehalt unter 20 mg je 100 g liegt. → Pflanzen mit kochsalzeinschränkender Würzwirkung. → Lebensmittel, natriumarmes → Diätsuppe, kochfertige, natriumarme

Kochsalzsäuerling → Säuerling

Kochschinken: aus der Keulenmuskulatur des Schweines hergestelltes *gepökeltes, geräuchertes* und *erhitztes* Fleischerzeugnis. Der K. wird allg. im Schnellverfahren durch Einspritzen einer höchst. 10···15 % Kochsalz enthaltenden Lake gepökelt. Nach dem Lakespritzen werden die K. 1 bis 2 Tage in 15 %ige *Pökellake* eingelegt. Danach erfolgen kurzes Trocknen und Heißräuchern. Zuletzt wird der K. je nach Größe 2···4 h auf 75···80°C erhitzt. Er unterscheidet sich vom rohen Schinken durch geringere Haltbarkeit. → Schinken

Kochwurst: aus Schweinefleisch (seltener aus Rindfleisch), Fett, Innereien, Blut und Schlachtabschnitten, wie Schwarten und andere collagenhaltige Bestandteile (→ Bindegewebe) von Schlachtkörperteilen, hergestellte → *Wurst.* Die zerkleinerten Rohstoffe werden vorzugsweise roh, gebrüht oder gegart („gekocht") und unter Zusatz von Salz und Gewürzen verarbeitet. Die Wurstmasse wird in natürliche oder künstliche Wursthüllen gefüllt, gegart und je nach Wurstsorte ungeräuchert, heiß- oder kaltgeräuchert in den Handel gebracht. Das Garen („Ziehenlassen") erfolgt in Garkesseln bei einer Temperatur von etwa 80°C oder in Luftkochanlagen, um ein Platzen der Würste zu verhindern. Die K. hat, ausgenommen Dauerwürste, bei Kühlschranklagerung eine Haltbarkeit von 3 bis 10 Tagen. Zu den Kochwürsten zählen → Leber-, → Blut- und → Sülzwürst.

Kochzucker: in der pädiatrischen Literatur übliche Bez. der → Saccharose. → Zucker

Kodahirse: → Harakahirse

Kodein (Codein) → Alkaloide

Kodohirse, *Kodra:* eine in Indien, China und Japan als → Getreide kultivierte Hirseart, *Páspalum scrobiculátum* L., (Familie *Poáceae*), deren Körner wie Reis gekocht oder zu Brot verarbeitet werden. Die Körner müssen vollreif geerntet und vor dem Verzehr etwa 6 Monate gelagert sein, damit keine Vergiftungserscheinungen auftreten. → Hirse

Kodra → Kodohirse

Koem: → Trinkbranntwein mit einem Kümmel- und Gewürzaroma. Der K. wird bes. an der Nord- und Ostseeküste getrunken. Sein Ethanolgehalt beträgt 40 %-Vol.

Koffein → Coffein

Kognak → Cognac

Kogomi → Straußfarn

Kohl: Sammelbez. für die aus dem Wildkohl bzw. dem *Wilden Strauchkohl, Brássica oleráceae* L. *var. olerácea* (Familie *Brassicáceae*), abgeleiteten Blattkulturkohlarten. Die spezifischen Aromaeigenschaften der Kohlarten beruhen auf dem Gehalt an → Senfölen und flüchtigen Schwefelverbindungen. Schlüsselverbindungen im Aroma sind Schwefelverbindungen wie Dimethyldisulfid neben Isothiocyanaten. Die Kohlarten sind wichtige Vitamin-C-Träger, insbes. der Grünkohl (etwa 150 mg je 100 g). Die Kopfkohlarten weisen infolge Lichtausschluß nur etwa 30 mg Vitamin C je 100 g Frischmasse auf. Trotzdem zählt z. B. der Dauerweißkohl zu den billigsten und kontinuierlich zur Verfügung stehenden Vitamin-C-Quellen in den

Zusammensetzung und Energiewert von Weißkohl

Bestandteil	Gehalt in 100 g eßbaren Anteils
Feuchtigkeit	91,0 g
Eiweiß	1,37 g
Fett	0,20 g
Kohlenhydrate	3,95 g
Ballaststoffe	2,5 g
Mineralstoffe	0,59 g
Natrium	13 mg
Kalium	227 mg
Calcium	46 mg
Mangan	0,1 mg
Eisen	0,5 mg
Phosphor	27,5 mg
Caroten	0,042 mg
Vitamin B_1	0,048 mg
Vitamin B_2	0,043 mg
Niacin	0,32 mg
Pantothensäure	0,26 mg
Vitamin B_6	0,11 mg
Folsäure	0,076 mg
Vitamin C	45,8 mg
Energiewert in kJ (kcal) je 100 g	97 (23)

Zusammensetzung und Energiewert von Rotkohl

Bestandteil	Gehalt in 100 g eßbaren Anteils	
Feuchtigkeit	91,8	g
Eiweiß	1,50	g
Fett	0,18	g
Kohlenhydrate	3,75	g
Ballaststoffe	2,1	g
Mineralstoffe	0,67	g
Natrium	4	mg
Kalium	266	mg
Magnesium	18	mg
Calcium	35	mg
Mangan	0,1	mg
Eisen	0,5	mg
Phosphor	30	mg
Caroten	0,03	mg
Vitamin B_1	0,068	mg
Vitamin B_2	0,05	mg
Niacin	0,43	mg
Pantothensäure	0,32	mg
Vitamin B_6	0,15	mg
Vitamin C	50	mg
Energiewert in kJ (kcal) je 100 g	93 (22)	

Wintermonaten. Kohlarten zählen zu den Lebensmitteln mit hohem Thiocyanatgehalt, wobei die Kohlrübe je 100 g 0,9 mg und der Wirsing 8 mg aufweisen; Kopfkohl und Kohlrabi beinhalten 2⋯3 mg, Chinakohl 6 mg und Rosenkohl nur etwa 1,2 mg. Durch Verarbeitung wird der Thiocyanatgehalt um 50 % zerstört. Die Thiocyanate wirken antibiotisch und sollten über die tägliche Rohkost aufgenommen werden. Die Gefahr von Kropfbildung ist nur bei extrem hoher Zufuhr von Thiocyanaten bei gleichzeitigem Jodmangel gegeben. → Gemüse → Zierkohl

Kohl, Brabanter → Rosenkohl

Kohl, Brüsseler → Rosenkohl

Kohldistel → Wildkräuter

Kohlendioxid: das Anhydrid der Kohlensäure H_2CO_3, fälschlich oft selbst als *Kohlensäure* bezeichnet, Formel CO_2. K. ist ein farbloses und geruchloses, nicht brennbares, in Wasser gut lösliches Gas, das sich gelöst in vielen Mineralwässern und gebunden in kohlensauren Salzen, den Carbonaten (Ammoniumcarbonat, → Kaliumcarbonat, doppeltkohlensaures Natrium) befindet und als Endprodukt bei der vollständigen Verbrennung von Holz, Kohle u. a. Stoffen, bei der Atmung (Assimilation), bei der Verstoffwechselung im tierischen und menschlichen Organismus sowie bei der alkoholischen Gärung und bei Fäulnisprozessen entsteht. Das durch Druck verflüssigte K. kommt in Stahlflaschen in den Handel und wird zur Herstellung von künstlichen Mineralwässern, Limonade, zum Bereiten von Hopfenextrakt usw., zur Saturation von Zuckersaft, als Treibgas in Bierdruckapparaten, als Konservierungsmittel (Schutzgas) zur Erhöhung der Haltbarkeit von Lebensmitteln sowie in der chemischen Industrie u. a. zur Gewinnung von aromatischen Hydroxysäuren verwendet. Bei schneller Verdunstung erstarrt das flüssige K. zu Kohlensäureschnee (*Trockeneis*), weshalb es auch als Kältemittel eingesetzt wird. K. wird in neuerer Zeit mehr und mehr in überkritischer Form als Extraktionsmittel zur Entcoffeinierung von Rohkaffee, Extraktion von Hopfen, Gewürzen und Aromen verwendet. Vorteile sind hohe Selektivität, Produktschonung und Vermeidung von Rückstands- und Emissionsproblemen.

Haltbarkeitsverlängerung durch Kohlendioxideinsatz als Schutzgas am Beispiel von Brotpäckchen

Schimmelbefall nach Tagen⋯	Vergleichsversuch ohne Schutzgas	mit CO_2-Schutzgas
Toastbrot	5	28 und mehr
Roggenmischbrot, Sauerteig	6	14
Roggenmischbrot	5	12
Roggenschrotbrot	5	12

Der Einsatz von K. als Schutzgas bei der Verpackung von Lebensmitteln bewirkt die Verdrängung des schädlichen Sauerstoffs. Dadurch wird ein wirksamer Schutz vor aeroben Mikroorganismen geschaffen. Die Zumischung von etwa 10···15 % Stickstoff vermeidet zuverlässig Vakuumeffekte Das mit K. begaste Brot zeichnet sich außerdem durch eine wesentlich höhere Aromastabilität, geringe Feuchtigkeitsverluste und außerordentlich geringe Masseverluste (nach 10 Tagen noch unter 0,1 %) aus. → Lockerungsmittel

Kohlenhydrate → Saccharide

Kohlenhydrateinheit, *KHE:* für die Ernährung von Diabetikern wichtige Rechengröße. 1 KHE entspricht 10 g eines Nahrungskohlenhydrats, das bei seiner Verdauung Glucose liefert. Die K. ersetzte bislang in den neuen Bundesländern den Begriff der Broteinheit (BE), die 12 g Kohlenhydrat entspricht. → Diabetikerlebensmittel → Glycämischer Index

Kohlenhydrat, Erstes: begriffliche Zusammenfassung der in künstlicher Säuglingsnahrung enthaltenen Mono- und Oligosaccharide, wie Lactose, Saccharose, Maltose, Glucose. Es dient vornehmlich der Energieversorgung des Säuglings. Demgegenüber soll der Zusatz eines *Zweiten Kohlenhydrats* für die Peristaltik, den Verdauungsablauf, den Wasserhaushalt, die Gerinnung des Nahrungseiweißes von Bedeutung sein. Als *Zweites Kohlenhydrat* finden Schleim- und Mehlabkochungen Verwendung, die in zunehmendem Maße industriell hergestellt und als Trocken- bzw. sog. Instantschleime gehandelt werden. → Kindernährmittel → Instant-Kindernährmittel

Kohlenhydrat, Zweites → Kohlenhydrat, Erstes

Kohlensäure → Kohlendioxid

Kohlensäurediamid → Harnstoff

Kohlenwasserstoffe, aliphatische, *Kohlenwasserstoffe, acyclische:* chemische Verbindungen des Kohlenstoffs mit Wasserstoff, mit kettenförmiger Anordnung der Atome. Man unterscheidet zwischen *gesättigten a. K. (Alkane, Paraffine)* mit der allg. Formel C_nH_{2n+2} und *ungesättigten a. K.* (bei denen die Bindung von 2-Kohlenstoffatomen durch 2 oder 3 Elektronenpaare erfolgt), den *Alkenen (Olefinen)* mit der allg. Formel C_nH_{2n} bzw. *Alkinen (Acetylene)* mit der allg. Formel C_nH_{2n-2}. Fast alle a. K. sind in Wasser schlecht bzw. nicht löslich, in Ethanol, Ether u. a. Lösungsmitteln gut löslich. Zahlreiche a. K. sind in vielen pflanzlichen Lebensmitteln nachgewiesen, in der homologen Reihe vom *Ethan* (C_2H_6) bis zum *n-Pentatriakontan* ($C_{35}H_{72}$) z. B. im Schalenwachs des Apfels, der Weintraube, der Hopfendolde und vieler Gemüsearten, im Zitrusfruchtfleisch, im Orangen-, Limetten- und Kokosöl, im Weißkohl, Pfeffer, Majoran, Tausendgüldenkraut, Hafer-, Kaffeebohnen- und Kakaokeimöl, im Zuckerrohr, Carnaubawachs und in Weizenkeimlingen. Auch Alkene und Alkine finden sich in Lebensmitteln. Das gasförmige Ethen (Ethylen) ist ein häufiger Ausscheidungsstoff pflanzlicher Gewebe, bes. reifender Früchte (z. B. erzeugt 1 kg Äpfel bei 20°C 1,8 mg, bei 0°C nur 0,1 mg innerhalb von 24 h). Es fördert auch die Reifung anderer Früchte, so kann man durch Entzug (Belüftung) oder Zugabe von Ethylen den Reifeprozeß in Grenzen steuern (Reifungshormon). *Octylen* wurde im Bergamott- und Zitronenöl gefunden. Die im Erdnußöl vorkommenden ungesättigten a. K. *Hypogen* ($C_{15}H_{30}$) und *Arachiden* ($C_{19}H_{38}$) sind von widerwärtigem Geruch und Geschmack und müssen deshalb bei seiner Raffination entfernt werden. Aus Olivenöl wurden folgende a. K. isoliert und identifiziert: *Oleatridecadien* ($C_{13}H_{24}$), *Oleahexadecadien* ($C_{16}H_{30}$), *Oleanonadecadien* ($C_{19}H_{36}$), *Oleatricosatrien* ($C_{23}H_{42}$), *Oleatetracosan* ($C_{24}H_{50}$), *Oleahexacosan* ($C_{26}H_{54}$) und *Oleaoctacosatrien* ($C_{28}H_{50}$). Da diese unangenehm riechenden a. K. nur in geringen Mengen im Olivenöl vorkommen, beeinträchtigen sie sein Aroma nicht. Aus Illipébutter wurde *Illipsen* ($C_{32}H_{56}$) isoliert, das identisch mit dem *Cariten* des Sheafettes zu sein scheint. Im Weizenkeim-, Reiskeim-, Soja- und in Fischölen kommt *Gadusen* ($C_{18}H_{32}$) vor.

Kohlenwasserstoffe, chlorierte: Gruppe von chlorhaltigen organischen Verbindungen mit insektiziden Eigenschaften. Ch. K. zeichnen sich

i. allg. durch eine im Vergleich zu anderen Insektiziden höhere Persistenz (Beständigkeit) der Rückstände und damit durch eine längere Wirkungsdauer gegenüber Insekten aus. Sie sind in Lipoiden löslich, wodurch die Möglichkeiten einer kumulativen Wirkung bestehen. → Insektizide → Pflanzenschutzmittel

Kohlenwasserstoffe, krebserzeugende → 3,4-Benzpyren

Kohlenwasserstoffe, polycyclische aromatische (PAK), *Polycyclen:* mind. 3 miteinander verknüpfte (kondensierte) ringförmige Kohlenstoffverbindungen ohne funktionelle Atomgruppierungen. Man unterscheidet „leichte" PAK mit 3 bis 4 und „schwere" PAK mit 5 und mehr Kohlenstoffringen (s. Übersicht S. 803).
Einigen dieser PAK werden krebseregende (karzinogene) und die Erbeigenschaften verändernde (mutagene) Wirkungen zugeschrieben. → 3,4-Benzpyren besitzt eine bes. hohe Karzinogenität. Das deutsche Lebensmittelrecht begrenzt den zulässigen Gehalt an Benzpyren als Leitsubstanz für PAK in der Fleischverordnung und in der Käseverordnung. Für diejenigen Grundnahrungsmittel, über die wir die Hauptmenge an PAK aufnehmen (d. s. Brot, Obst, Gemüse, Margarine und pflanzliche Öle), gibt es allerdings noch keine rechtlichen Regelungen. Bis heute sind einige Hundert verschiedene PAK nachgewiesen worden. Sie treten nicht als Einzelkomponente, sondern stets in Gemischen auf. Zu ihrer Bildung kommt es überall, wo geeignetes organisches Material unvollständig verbrannt wird. Dadurch sind die PAK heute ubiquitär vertreten. An der Belastung von Vegetabilien ist vor allem die Luftverunreinigung mit PAK beteiligt.

Köhler → Seelachs

Kohl, geschlitzter → Grünkohl

Kohlhernie → Pilze

Kohl, Italienischer: zwei verschiedene Varietäten von *Brássica olerácea:* **1.** → Blumenkohl **2.** → Palmkohl

Kohl, Karibischer → Taro

Kohl, Krausblättriger → Grünkohl

Kohlpalme: eine im tropischen Amerika, auf Java und in Indien vorkommende Palmenart, *Roystónea olerácea* (Jacq.) O. F. Cook, (Familie *Arecáceae*), deren Endknospe als → *Palmkohl* verzehrt wird.

Kohl, Portugiesischer → Rippenkohl

Kohlrabi, *Oberkohlrübe, Oberkohlrabi:* der fleischige, plattrunde bis kugelige, zu Knollen verdickte Sproß von *Brássica olerácea convar. acéphala var. gongylódes* L. (Familie *Brassicáceae*). Je nach Sorte unterscheidet man grünlichweißen

Zusammensetzung und Energiewert von Kohlrabi

Bestandteil	Gehalt in 100 g eßbaren Anteils
Feuchtigkeit	91,3 g
Eiweiß	1,94 g
Fett	0,10 g
Kohlenhydrate	4,2 g
Ballaststoffe	1,5 g
Mineralstoffe	0,95 g
Natrium	10 mg
Kalium	392 mg
Magnesium	48 mg
Calcium	75 mg
Mangan	0,11 mg
Eisen	0,9 mg
Kupfer	0,14 mg
Phosphor	49,7 mg
Caroten	0,27 mg
Vitamin B_1	0,053 mg
Vitamin B_2	0,049 mg
Niacin	1,80 mg
Pantothensäure	0,10 mg
Vitamin B_6	0,12 mg
Folsäure	0,01 mg
Vitamin C	53 mg
Energiewert in kJ (kcal) je 100 g	104 (26)

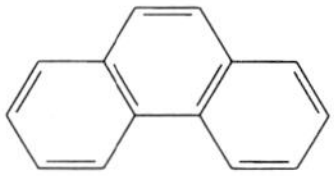
Phenanthren

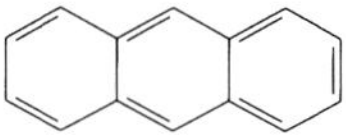
Anthracen

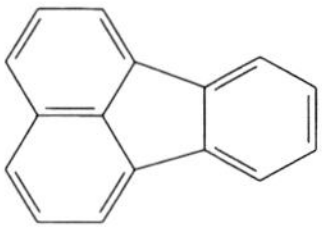
Fluoranthen

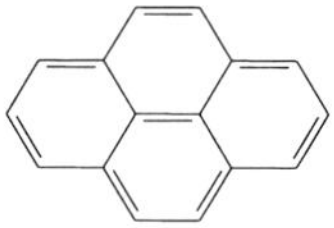
Pyren

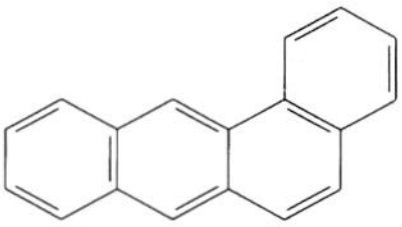
Benz(a)anthracen

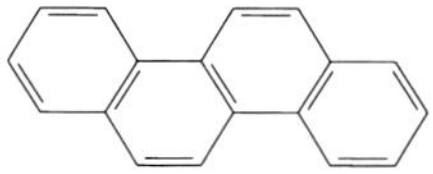
Chrysen

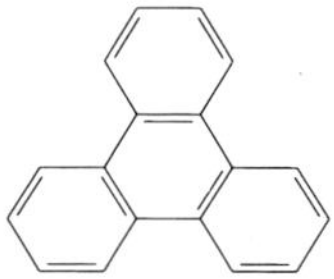
Triphenylen

Strukturformeln „leichter“ polycyclischer aromatischer Kohlenwasserstoffe (leichte PAK)

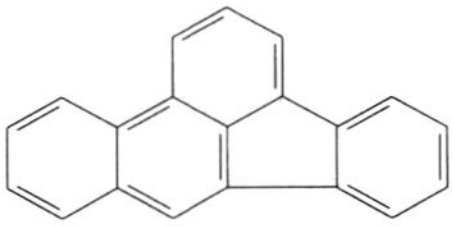
Benzo(b)fluoranthen

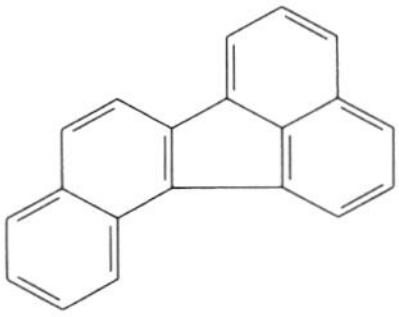
Benzo(j)fluoranthen

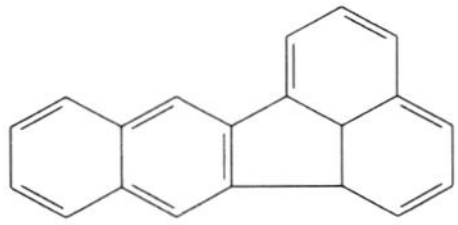
Benzo(k)fluoranthen

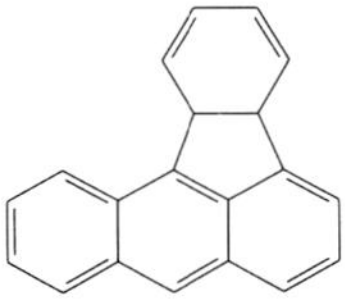
Benzo(a)fluoranthen

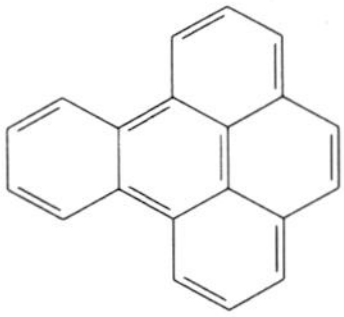
Benzo(e)pyren

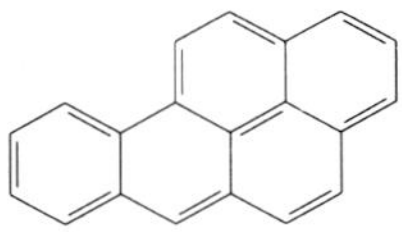
Benzo(a)pyren

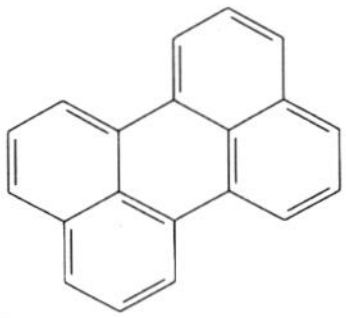
Perylen

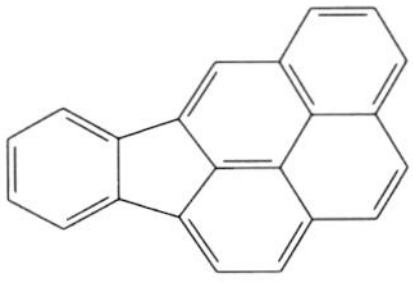
Indeno(1,2,3-cd)pyren

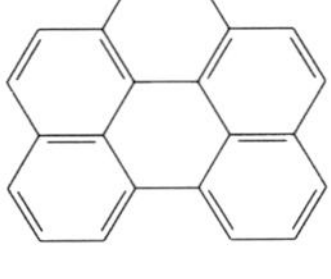
Benzo(ghi)perylen

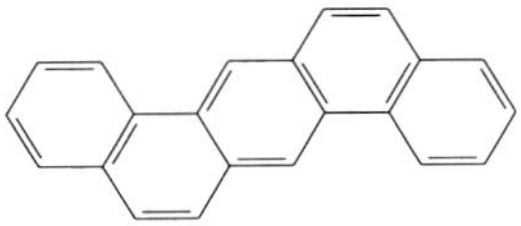
Dibenz(a,h)anthracen

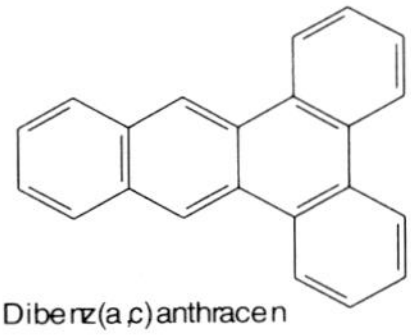
Dibenz(a,c)anthracen

Strukturformeln „schwerer“ polycyclischer aromatischer Kohlenwasserstoffe (schwere PAK)

oder blauvioletten K., er darf weder holzig noch geschossen sein. Die zarten Herzblättchen können mit verzehrt werden. Die Blätter sind der Sproßknolle im Nährwert überlegen. Im Vergleich zu Freilandkohlrabiblättern ist bei Treibkohlrabiblättern der Zucker- und Vitamin-C-Gehalt deutlich vermindert (s. Tab. S. 802).
Der Frischegrad von K. läßt sich an der Blattfarbe ablesen. Durch Kühlung auf 2°C des in Stiegen oder Schachteln gelegten K. kann die Blattfarbe bis zu 7 Tagen grün gehalten werden. → Kohl → Gemüse → Knolle

Kohl, Römischer → Mangold → Stielmangold

Kohlraps → Raps

Kohlrose → Mairose

Kohlrübe, *Krautrübe, Dotsche, Steckrübe, Runkelrübe, Runke, Erdkohlrabi, Unterkohlrabi, Wruke:* die rübenförmigen Wurzeln von *Brássica nápus var. napobrássica* (L.) Rehb. (Familie *Brassicáceae*). Die K. stellt unter den Rübensorten diejenige mit der höchsten Masse dar (bis mehrere kg) und weist einen bläulichen oder grünlichen Kopf auf. Für Speisezwecke bevorzugt man des milderen Geschmackes wegen die *gelbfleischigen* Sorten (*Speisekohlrübe*) (s. Tab. oben) während die *weißfleischigen* verfüttert werden (*Futterkohlrübe*). Der Geschmack der gelben K. und die Haltbarkeit auf dem Lager sind bei maximalem Zuckergehalt (der mehr als 50 % in der Trockensubstanz betragen kann), also bei ausgereiftem Rübenkörper, am besten. Die Haltbarkeit der K. auf dem Lager ist bei ausreichender Luftzirkulation und bei rel. Luftfeuchte von 60···95 %, bei Temperaturen von 2···7°C bis zu 6 Monaten hinauszuzögern. Die Rübenfarbstoffe sind als natürliche Farbstoffe für die Farbgebung anderer Lebensmittel zunehmend von Interesse. Eine Überprüfung des Sortensortimentes hat bei Betacyaninen eine Konzentration bis zu 223 mg je 100 g Frischmasse und bei den gelben Betaxynthinen bis zu 91 mg je 100 g Frischmasse ergeben. → Rübe

Kohlrübe, glasige → Glasigkeit

Zusammensetzung und Energiewert von Kohlrüben

Bestandteil	Gehalt in 100 g eßbaren Anteils	
Feuchtigkeit	89,3	g
Eiweiß	1,16	g
Fett	0,16	g
Kohlenhydrate	7,24	g
Rohfaser	1,37	g
Mineralstoffe	0,77	g
Natrium	10	mg
Kalium	227	mg
Calcium	47,5	mg
Eisen	0,45	mg
Phosphor	30,5	mg
Caroten	0,099	mg
Vitamin B_1	0,055	mg
Vitamin B_2	0,058	mg
Niacin	0,85	mg
Vitamin C	33	mg
Energiewert in kJ (kcal) je 100 g	150 (35)	

Kohlsaat → Raps

Kohlsaatöl → Rapsöl

Kohumulon → Cohumulon

Koikuchi → Sojasoße

Koixol → Coixol

Koji: eine salzige → Starterkultur für die Herstellung von *Miso, Natto, Sojasoße* usw. In Japan wird K. aus poliertem, geweichtem, gekochtem und mit *Aspergíllus orýzae* beimpftem, bei 27···35°C bebrütetem Reis bereitet und wird daher auch als *Pilzreis* bezeichnet. Nach 50 h wird die Myzelentwicklung durch Salzzugabe unterbrochen. Eine andere Kojivariante besteht aus einer Mischung von Weizenkleie und Sojamehl, wie sie vorzugsweise in China verbreitet ist.

Kojisäure, *5-Hydroxy-2-hydroxymethyl-4H-pyron:* ein γ-Pyronderivat mit folgender Struktur:

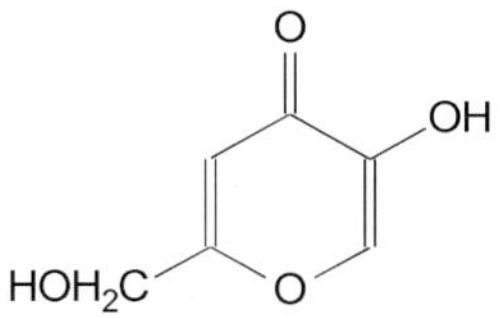

K. bildet farblose Kristalle, F. 153···154°C, löslich in Wasser und Ethanol. K. wird von Bakterien und Schimmelpilzen der Gattungen Aspergillus und Penicillium in Kohlenhydrat-Nährböden gebildet. Der Name leitet sich von koji (japanisch) = Kulturen von *Aspergillus oryzae* auf Reis ab. Der K. ist mutagene Wirkung nachgewiesen worden. → 5-Hydroxymaltol → Mutagene

Kokain → Alkaloide → Kokastrauch

Kokam: die Gehölzart *Garcínia índica* (Thou.) Choisy (Familie *Guttíferae*), die in den tropischen Regenwäldern Indiens vorkommt. Die dicke, rote bis dunkelpurpurne Fruchtrinde (50···55% der Frucht) wird nach wiederholtem Einweichen im Saft der Pulpe oder manchmal nach Salzbehandlung an der Sonne getrocknet und als Säuerungsmittel oder zur Herstellung eines Extraktes für die Zubereitung von Getränken verwendet. → Kokumbutter

Kokastrauch: die kleinen Sträucher *Erythróxylum cóca* Lam. und *E. novogranaténse* (Morris) Hieron. (Familie *Erythroxyláceae*), deren Blätter das Alkaloid *Kokain* enthalten. Die Blätter dienen in den Anbauländern (Südamerika, Djawa) als Genußmittel. Sie werden mit etwas Kalk gekaut. Die Wirkung besteht in einer Unterdrückung des Hungergefühls und scheinbarer Steigerung der körperlichen Leistungsfähigkeit.

Kokize: eine im ehem. Jugoslawien verbreitete Maiszubereitung, bei der die Körner geeigneter Maissorten (mit hornartigem Endosperm) durch Rösten und Puffen auf das 5···10fache ihres Volumens gebracht werden.

Koko → Akasa

Kokonte: ein in Westafrika verbreitetes kremfarbenes Mehl aus fermentierten und getrockneten Maniokaknollen (→ Maniok).

Kokosaldehyd → Lactone

Kokosartikel → Kokosware aus Wirkmasse

Kokosbutter → Kokosfett

Kokoserzeugnis → Kokosware aus Wirkmasse

Kokosette → Bienenstichkuchen

Kokosettekuchen → Bienenstichkuchen

Kokosfett, *Kokosöl, Kokosnußöl, Kokosbutter:* das aus dem Kernfleisch der → *Kokosnuß* gewonnene Fett. Das frische Kern- oder Fruchtfleisch enthält etwa 35% Fett, das getrocknete (*Kopra*) 63···70%. Das K. wird durch Pressen oder/und Extraktion aus Kopra gewonnen. Nach der Raffination erhält man ein geruch- und geschmackloses Speisefett, das unter verschiedenen Phantasienamen, z. B. Palmin, gehandelt wird. Die wichtigsten Fettsäuren und ihre Anteile, bezogen auf den Gesamtfettsäureghehalt, sind Caprylsäure (8···9%), Caprinsäure (6···10%), Laurinsäure (47···52%), Myristinsäure (13···18%), Palmitinsäure (7···10%), Stearinsäure (1···3%), Ölsäure (5···8%) und Linolsäure (1···2%). Das K. wird zur Herstellung von Margarine verwendet. Da es beim Schmelzen einen deutlich wahrnehmbaren Kühleffekt zeigt, wird es als Fett für Waffelfüllungen und Süßwaren eingesetzt.

Kokosflocken → Kokosware aus Wirkmasse

Kokoshäufchen → Kokosware aus Wirkmasse

Kokoskuchen → Bienenstichkuchen

Kokosmakrone → Makronendauergebäck

Kokosmilch: 1. *Kokosnußmilch:* das Fruchtwasser in der → Kokosnuß, das mit zunehmender Reife, d. h. Ausbildung des Nährgewebes des Samens (Kopra), mengenmäßig abnimmt. Zusammensetzung: 94,4% Wasser, 0,3% Eiweiß, 0,4% Fett, 4,3% Zucker, 0,6% Mineralstoffe (Natrium, Kalium, Magnesium, Calcium, Eisen, Kupfer, Phosphor, Chlor) sowie die Vitamine B_1, B_2 und C. **2.** ein künstlich zusammengesetztes → pflanzliches Ersatzmilchpräparat aus Kokosnuß, wobei aus frisch gepreßtem Kokosfleisch und Wasser – nicht Kokosnußflüssigkeit –, eine milchartige

Emulsion bereitet wird, die zur Bekämpfung der Unterernährung in Indonesien, Sri Lanka, Westindien und auf den Philippinen eingesetzt wird. Zartes, mäßig reifes Kokosfleisch führt zu einer K. mit annehmbarem Geschmack, während K. aus Kopra unangenehm ölig schmecken kann. Eine Mischung aus K. und → Erdnußmilch ist stabiler als K. alleine. Als *Kokosnußhonig* wird evaporierte K. bezeichnet.

Kokosnuß: die kugelförmige oder umgekehrt eiförmige, einen Durchm. von 10···40 cm erreichende Frucht der *Kokospalme Cócos nucífera* L. (Familie *Arecáceae*), die bis zu 30 m hoch wird und durch Kultur, wie auch durch die Schwimmfähigkeit der großen Früchte in allen tropischen Gebieten, vor allem an den Küsten verbreitet ist. Die Steinschale, die die eigentliche zarte, braune Samenschale umschließt, ist von einer Faserschicht und einer Außenhaut umkleidet. Der Samenschale schließt sich nach innen das 1···2 cm dicke, weiße Nährgewebe (Endosperm) des Samens an. In dem verbleibenden Hohlraum befindet sich eine milchig-weiße, ebenfalls zum Endosperm gehörende Flüssigkeit, die → *Kokosmilch* mit 0,3···0,65 g Glucose je Liter. Der Embryo ist nur 0,5 cm groß. Die K. benötigt für ihre Entwicklung von der Befruchtung bis zur vollen Reife über 1 Jahr. Schlüsselverbindung im Aroma ist das δ-Octalacton. Mit fortschreitender Reife verfestigt sich die Kokosmilch, nach Beendigung dieses Vorganges schmeckt das Endosperm jedoch seifig und ist für den Frischgenuß unbrauchbar. Wichtiges Produkt ist *Kopra* (→ Kokosfett), das getrocknete Endosperm der K., das noch 6% Feuchtigkeit enthält. Das Trocknungsverfahren ist entscheidend für die Qualität der Kopra. Die *Kokosmilch* wird in Brasilien sterilisiert in Flaschen angeboten. Das Endosperm enthält das → *Kokosfett,* aus dem u. a. Speisefette, wie *Palmin,* gewonnen werden. Die Preßkuchen mit hohem Protein-, Kohlenhydrat- und Vitamingehalt werden als Futtermittel verwendet. Das Endosperm wird weiterhin zu *Kokosflocken* verarbeitet. Außerdem ist die K. Ausgangspunkt für die Herstellung von Medikamenten u. a. Produkten. Eine gewisse Bedeutung hat die Fasergewinnung (*Coir*). Es wird geschätzt, daß 400 Mio Menschen in tropischen Regionen auf die K. als Hauptfettquelle angewiesen sind. Zusammensetzung und Energiewert s. Tab.

Zusammensetzung und Energiewert der Kokosnuß

Bestandteil	Kokosnuß	Kokosmilch
	Durchschnittl. Gehalt in 100 g eßbaren Anteils	
Feuchtigkeit	45,0 g	94,4 g
Eiweiß	3,9 g	0,3 g
Fett	37,0 g	0,4 g
Kohlenhydrate	10,0 g	4,24 g
Rohfaser	3,3 g	-
Mineralstoffe	1,18 g	0,66 g
Natrium	35,0 mg	47,0 mg
Kalium	379,0 mg	282,0 mg
Calcium	20,0 mg	27,0 mg
Eisen	2,25 mg	0,1 mg
Phosphor	94,0 mg	33,0 mg
Caroten	-	-
Vitamin B_1	0,06 mg	Spuren
Vitamin B_2	0,008 mg	Spuren
Niacin	0,38 mg	0,10 mg
Vitamin B_6	0,06 mg	-
Vitamin C	2,0 mg	2,0 mg
Energiewert in kJ (kcal) je 100 g eßbaren Anteils	1670 (400)	90 (22)

Kokosnußbrot: ein bes. in den Philippinen verbreitetes Spezialweizenbrot, dem in unterschiedlichen Mengen gemahlene Kokosflocken (Eiweißgehalt der Flocken liegt zw. 20···24%) zugesetzt sind. → Brot, proteinangereichertes

Kokosnuß, Doppelte → Seychellennuß

Kokosnußhonig → Kokosmilch

Kokosnußmilch → Kokosmilch 1.

Kokosnußöl → Kokosfett

Kokosöl → Kokosfett

Kokospalme, *Kokosnußpalme:* die in tropischen und subtropischen Gegenden weltweit verbreitete und vielseitig genutzte Palmenart, *Cócos nucífera* L., (Familie *Arecáceae*), liefert *Kokosmilch, Kokosfett, Palmzucker, Palmsaft,* der zu Wein (→ *Palmwein*) sowie Essig verwertet wird. Die jungen Sämlinge sowie die Endknospe werden als Gemüse (→ *Palmkohl*) verzehrt.

Kokosraspelkuchen → Bienenstichkuchen

Kokosriegel → Kokosware aus Wirkmasse

Kokosrohmasse: Gemenge aus zerriebenen und gewalzten Kokosraspeln und Zucker, das mind. 60 % Kokosraspeln und höchst. 40 % Zucker enthält und u. a. zur Herstellung von *Kokoswaren* dient. → Rohmasse → Masse

Kokossan → Langsat

Kokosschokolade: eine → Schokolade mit mind. 10% gleichmäßig verteilten Kokosraspeln, die auch fein zerrieben sein können. *Schokolade mit Kokosgeschmack* kann neben Kokosaroma auch Raspeln enthalten. → Süßware → Kakaoerzeugnisse

Kokosstange → Kokosware aus Wirkmasse

Kokosware aus Wirkmasse: eine → Zuckerware, die durch Vermengen von zerkleinertem Fruchtfleisch der Kokosnuß mit Zucker, Stärkesirup und/ oder Fondantmasse oder auf der Basis von → *Kokosrohmasse,* auch unter Zusatz von Lebensmittelfarben, -aromen (außer Kokosaroma), Invertzucker und Glucitol (Sorbit), und durch anschließendes Ausformen hergestellt wird. Sorten von K. a. W. sind *Kokosflocken, -häufchen, -stangen, -riegel* und figürliche Kokosartikel. *"Wirkmassen mit Kokosgeschmack"* sind unter Verwendung von Kokosaroma hergestellt, können aber außerdem Kokosraspeln enthalten. Erzeugnisse mit Kokosgeschmack sind als solche zu kennzeichnen und dürfen nicht in Form von Flocken oder Häufchen hergestellt werden. Die Gütegewähr beträgt bei optimalen Lagerbedingungen (10···20°C, 70 % rel. Luftfeuchte) für *Kokoserzeugnisse* 8 Wochen, *für kandierte* oder *überzogene Kokosartikel* sowie für *Erzeugnisse mit Kokosgeschmack* 3 Monate.

Kokumbutter: das Samenfett von *Garcínia índica* (Thou.) Choisy (Familie *Guttíferae*), ein festes Fett, das bei 39···43°C schmilzt. Die K. kann als Kakaobutterersatz verwendet werden. Ihre wichtigsten Fettsäuren sind Stearin- und Ölsäure.

Kokuwa, *Actinídia argúta* (Sieb. et Zucc.) Miq.: eine großfrüchtige Aktinidienart. → Aktinidie, Großfrüchtige

Kolanuß → Colanuß

Kolbenhirse, 1. *Borstenhirse, Fuchsschwanzhirse, Besenhirse, Fennich, Mohar, Vogelhirse, Italienische Hirse, Ungarische Hirse, Sibirische Hirse, Deutsche Hirse, Navane, Kangni* (engl. *foxtail millet, Hungariangras*): eine in Europa und Asien angebaute Hirseart (→ Hirse), *Setária itálica* (L.) P. Beauv., Syn *Pennisétum itálicum* R. Br. (Familie *Poáceae*), mit einer überhängenden Scheinähre (Kolben) und gelb-, orange-, rot- und schwarzfarbenen Körnern. Die Tausendkornmasse liegt zw. 1,5···4 g. Die vielen Varitäten unterscheiden sich in Halmlänge (20···200 cm), Rispenlänge (5···30 cm) und Borstenlänge (2,2···14 mm). Der Nährwert der K. ist ebenfalls unterschiedlich. Es gibt Formen mit 17 % Protein, die auf Grund ihres hohen Klebergehaltes ein backfähiges Mehl liefern. Andere Formen weisen bis zu 6 % Fett auf, und bei den Sorten mit weiß- oder gelbfarbigem Endosperm liegt die Stärke zu 100 % als Amylopectin vor. K. ist die wichtigste Hirse in Japan und Indien und wird wie Reis oder nach Vermahlung als → Brei oder → Fladen verzehrt. In der ehem. Sowjetunion, in China und Indien dient sie vorwiegend zur Bierbereitung.
2. → Perlhirse

Kolbenweizen → Saatweizen → Dinkelweizen

Kollagen → Collagen

Kölle → Bohnenkraut

Kolloid, *kolloiddisperses System:* System feinverteilter Makromoleküle bzw. Aggregate mit einem Teilchendurchmesser von etwa $10^{-4}\cdots10^{-7}$ cm in einem Dispersionsmittel. Die K. werden zw. einem molekulardispersen System (z. B. echte Lösung von Stoffen in einem Lösungsmittel) und

einem grobdispersen System (z. B. Aufschlämmung fester Teilchen in einer Flüssigkeit) eingeordnet. Zweckmäßig erscheint die Klassifizierung der K. nach ihren Bindungskräften in:
a) *Dispersionskolloide (Phasenkolloide)*, die durch Dispergieren (Feinstverteilen) einer kompakten Phase gewonnen werden,
b) *Assoziationskolloide (Mizellkolloide)*, die beim Auflösen molekulardisperser Substanzen in einem geeigneten Lösungsmittel oberhalb einer bestimmten Konzentration spontan gebildet werden und
c) *Molekülkolloide*, die aus Molekülen kolloider Dimension (z. B. Eiweiß, Polysaccharide) bestehen. Während den kolloid-dispersen Zustand bei a) und b) Nebenvalenzkräfte aufrecht erhalten, sind es bei den Molekülkolloiden Hauptvalenzkräfte.
Je nach dem Aggregatzustand der Dispersionsmittel und der dispergierten Substanz werden bei den Dispersionskolloiden folgende Systeme unterschieden:

Dispersionsmittel	*dispergierte Substanz*	*Bezeichnung*	*Beispiele*
gasförmig	flüssig	Aerosol	Nebel
gasförmig	fest	Aerosol	Staub, Rauch
flüssig	gasförmig	Schaum	Schlagsahne, Eischaum
flüssig	flüssig	Emulsion	Milch
flüssig	fest	Sol, Suspension	Eierlikör
fest	gasförmig	fester Schaum	Baiser
fest	flüssig	fester Schaum	Butter
fest	fest	festes Sol	Gläser

Weitere bekannte K. unter den Lebensmitteln sind: Blut, Protoplasma, Sahne, Eigelb, Eiklar und Bier, außerdem sind Latex sowie Hautpflegemittel, Klebstoffe, verschiedene Arznei- und Reinigungsmittel K. → Emulsion → Baisermasse → Lebensmittelaerosol → Lebensmittelschaum → Schaumzukkerware

Kolonialzucker → Zucker

Kolophonium → Colophonium → Harze

Koloquinthensamenöl: das aus dem Samen der offizinell (als Abführmittel) genutzten Früchte von *Handal* oder *Koloquinthe, Citrúllus colocýnthis* (L.) Schrad. (Familie *Cucurbitáceae*), gewonnene Speiseöl, das 2,48 % Laurinsäure, 2,75 % Myristinsäure, 20,0 % Palmitinsäure, 22,2 % Stearinsäure, 20 % Ölsäure, 6,9 % Linolsäure, 1,4 % Arachidonsäure, 1,58 % Tetradecensäure und 8,8 % Hexadecensäure neben einigen nicht identifizierten Fettsäuren enthält. In Indien, Nordafrika und im Süden werden die Samen entweder in geröstetem Zustand verzehrt oder zu Mehl zerkleinert. → Pflanzenfett

Kolostralmilch (Kolostrum) → Frauenmilch

Kolostrum → Frauenmilch

Kölsch: ein obergäriges, stark gehopftes → Bier, das nur in Köln und Umgebung, in etwa 20 Brauereien gebraut werden darf. Es handelt sich um ein helles, goldfarbenes Getränk mit geringer Schaumbildung.

Kolupulon → Colupulon

Kolza → Raps

Kolza, Indische → Sarson

Kolzaöl → Rapsöl → Raps

Kombu, *Kobu:* Sammelbegriff für verschiedene aus getrockneten und gepreßten *Laminária spec.* u. a. Braunalgen hergestellte eßbare Produkte, die bes. auf Grund ihres hohen Mannitgehaltes in großen Mengen in Japan, Korea und China gehandelt werden. Die verwendeten Algen enthalten viele für die menschliche Ernährung bedeutsame Bestandteile (Vitamine, Mineralstoffe, Salze, Kohlenhydrate u. a.). Sog. Kombu-Fabriken stellen eine Vielzahl von Kombu-Produkten her, z. B. *Grüner K.* (der mit Malachitgrün gefärbt ist und zu Suppen - mit Fleisch oder Fischen gekocht oder als Gemüse verwendet wird) und *pulverisierten K.* (den man zu Reis als Curryersatz gibt). Der K. wird auch zu Tee verarbeitet. → Algenprodukte

Kombuchá: 1. *Hongo, vergorener Tee, Erfrischungstee, Kargasok:* ein säuerlich-aromatisches, apfelweinartiges, angenehm schmeckendes, erfrischendes und verdauungsförderndes Getränk, das mittels einer *Mikroorganismenkultur* durch leichte Gärung aus Tee hergestellt wird. Aus 1 l Wasser, 1 Teelöfel schwarzem Tee und 100 g Zucker wird ein normaler Teeaufguß bereitet, auf Handwärme abgekühlt und in ein großes Gefäß (etwa 3 l) abgegossen. Vom Voransatz werden 125 ml K. als Starterkultur zugesetzt und auf die Flüssigkeit die gallertartige Pilzkultur gelegt. Nach etwa 7 Tagen (abhängig vom gewünschten Säuregrad), ausreichend frischer Luft (Gefäß mit Mull zubinden) und ruhigem Standort bei etwa 23°C wird die Gallerte abgenommen, die Flüssigkeit filtriert, in Flaschen abgefüllt und im Kühlschrank aufbewahrt. Die Gallerte wird dann wieder neu aufgesetzt und kann geteilt werden. Von dem Getränk sollten täglich 1 bis 2 Gläser getrunken werden. Auf Grund des hohen Anteils an Glucuronsäure (bis 3,5 g/l) wird dem K., bislang wissenschaftlich nicht gesichert, eine Heilwirkung bei verschiedenen Stoffwechselkrankheiten zugeschrieben. Je nach Fermentationszeit und Teepilzzusammensetzung können je 1 Liter enthalten sein: 0,08···15 g Essigsäure, max. 9 g Milchsäure, 5···40 g Glucose, 10···30 g Fructose, etwa 0,8 g Vitamin C und 0,8···8 g Ethanol. Für Diabetiker ist daher K. nicht geeignet → Gesundheitspflegemittel.
2. *Teepilz, der auch japanischer Teepilz, Kambodscha-Pilz, Russische Qualle, Wolgameduse* oder *China-Pilz* genannt wird und bei dem es sich um eine seit langem bekannte Symbiose von Bakterien (*Bactérium xylénum* und *B. glucónicum*) mit säurebeständigen Hefen der Gattung *Saccharomýces* handelt. Die zerquellenden Zellhäute der Stäbchenbakterien bilden die → Gallerte, in die nestförmig Gruppen von Hefezellen eingelagert sind. Den Pilz und seine gesundheitsfördernde Wirkung nutzte bereits im Jahre 414 n Chr. der koreanische Arzt *Kombu* bei der Behandlung des japanischen Kaisers *Inkyo*. Das Getränk erhielt den Namen *„Tsche des Kombu"* (Tscha oder chinesisch Chá für Tee). Die wirksamen Stoffwechselprodukte bei der leichten Gärung des Teeaufgusses sind vor allem die organischen Säuren (Glucuronsäure, Milchsäure, Essigsäure) sowie Ethanol, Kohlendioxid und verschiedene Vitamine. → Lebensmittel, fermentierte
3. ein → teeähnliches Erzeugnis, das in Japan aus getrockneten Braunalgen, Kombu (→ Algenprodukt), hergestellt wird. → Kombu

Komfrey → Beinwell

Komi → Kenkey

Kommißbrot: ein biologisch gesäuertes → *Soldatenbrot* in Form eines *angeschobenen* Roggen- oder Roggenmischbrotes, vorwiegend unter Verwendung der Mehltypen R 1150, R 1350, R 1500 und R 1790. Die K. tragen eine Datumsangabe, die vor dem Backen eingestempelt wird.

Komo → Tahiti-Kastanie

Komplexbildner, *Chelatbildner, Metallfänger:* Substanzen, die mit Schwermetallionen stabile Komplexe (Chelate) bilden. In der Lebensmittelproduktion werden sie verwendet, um Schwermetallspuren in Lebensmitteln zu binden und so deren oxydationsfördernde Wirkung zu beseitigen. Die bekantesten Komplexbildner sind → *Citronensäure,* → Weinsäure, Phosphorsäure und *Ethylendiamintetraessigsäure* (EDTA). → Prooxydantien → Antioxydantien → Synergisten

Kompott: gedünstetes, als Zukost oder Nachspeise dienendes Obst von begrenzter Haltbarkeit. Die Bez. leitet sich ab vom lat. *Composita* (Zusammengesetztes). Durch Pasteurisieren haltbar gemachte Kompottfrüchte werden als Obststerilkonserve bezeichnet. Von einzelnen Obstarten, z. B. Aprikose, Pflaume, Apfel, kann auch aus Trockenobst K. bereitet werden. Das gleiche gilt für Zucker-Essig-Konserven und Alkoholkonserven, wie Rumtopf. → Obst-Essig-Konserve → Obststerilkonserve → Trockenobst

Komprimat, *Preßling, Formling, Preßkörper, Tablette:* ein aus kristallinen, gepulverten oder granulierten Stoffen bestehendes, in der Regel unter Zusatz von → Füll-, → Bindemittel oder anderen Hilfs- sowie Farb-, Aroma- und Konservierungsstoffen durch Pressen (Anwendung von Druck) in eine bestimmte Form gebrachtes Erzeugnis. Ein überzogenes K. wird als → *Dragee* bezeichnet. → Zuckerwarenkomprimat → Brotkomprimat → Früchtetablette → Kleiepreßling → Lebensmittelgranulat → Glucose

Komtata → Inghera

Konarachin → Globuline

Kondensmagermilch → Kondensmilch

Kondensmilch: nach Eindampfen von Vollmilch oder entrahmter Frischmilch auf die Hälfte bis ein Drittel des Volumens erhaltenes homogenisiertes, ultra-hocherhitztes und aseptisch abgepacktes oder in der Verpackung sterilisiertes *Dauermilcherzeugnis* mit oder ohne Zuckerzusatz. Das Eindampfen der pasteurisierten, homogenisierten und vorgewärmten Milch erfolgt kontinuierlich in Milcheindickungs- und Verdampferanlagen bei 46···51°C unter vermindertem Druck. Die eingedickte Milch wird anschließend gekühlt, in Flaschen oder Dosen abgefüllt, die maschinell verschlossenen Flaschen (Dosen) werden 20 min bei 114···120°C autoklaviert. Handelsüblich sind *Kondensmilcherzeugnisse* mit mind. 7,5% und 10% Fett, jeweils *sterilisiert* und *ultrahocherhitzt,* ferner *gezuckerte K.* (8,4···9% Fett) und *teilentrahmte K.* mit 4% Fett. *Kondensmagermilch,* sterilisiert bzw. ultrahocherhitzt, enthält 0,1···0,3% Fett (s. Tab. unten). K. wird zum Weißen von Kaffee und Tee verwendet, sie dient ferner als Beigabe zu Soßen u. a. Zwecken. → Dauermilcherzeugnisse

Konditionsgetränk: Sammelbegriff für alkoholfreie Getränke, die für Sportler (*Sportgetränk*) oder Hitzearbeiter (*Hitzegetränk*) vorgesehen sind. Die *Sportgetränke* enthalten im Vergleich zu → *Fitneßgetränken* gar keinen oder nur geringen Fruchtsaftanteil (20···50%), dafür Zusätze an sog. leistungssteigernden Stoffen, wie Eiweiß, Vitamine, Mineralstoffe (z. B. Natrium-, Kalium-, Calciumsalze, aber keine Magnesiumsalze). Die *Sportgetränke* können aus Mineralstoffe enthaltenden Wässern hergestellt sein. → *Hitzegetränke* sind vorwiegend mineralstoffhaltige K. mit zurücktretendem Zusatz an Fruchtsaft und Eiweißstoffen. → Getränk, isotonisches

Konditoreierzeugnis → Feinbackware

Konditoreiware → Feinbackware

Kondurangin → Condurangin

Kondurit → Condurit

Konfekt: Sammelbegriff für kleinstückige Süßwaren aus feinsten Rohstoffen mit oder ohne Schokoladenüberzug, z. B. Pralinen, Fondant, Nugat,

Zusammensetzung und Energiewerte von Kondensmilcherzeugnissen

Bestandteil	Gehalt je 100 g in g			
	7,5% Fett	10% Fett	gezuckert	Kondensmagermilch, gezuckert
Wasser	74,7	66,7	26,1	29,0
Eiweiß	6,5	8,8	8,2	10,0
Fett	7,5	10,1	8,8	0,2
Kohlenhydrate	9,6	12,5	52,0	56,7
Mineralstoffe	1,5	2,0	1,8	2,3
Energiewert je 100 g eßbaren Anteils in kJ	555	735	1340	1135
in (kcal)	(132)	(176)	(320)	(271)

Marzipan. K. war ursprünglich ein Erzeugnis der Zuckerbäckerei (Confiserie).

Konfekttrüffel → Trüffel

'Konferenzbirne' → Birne → Kernobst

Konfitüre, *Jam:* eine aus frischen, vorbereiteten Früchten oder Pulpe einer Obst- oder Wildfruchtart (s. Übersicht).

Für die industrielle Herstellung von Konfitüren vorwiegend in Betracht kommende Obst- und Wildfruchtarten

Ananas	Pfirsich
Aprikose	Pflaume
Erdbeere	Preiselbeere
Heidelbeere	Quitte
Johannisbeere, schwarz	Sauerkirsche

Weißzucker, Pectin, Genußsäuren, Stärkesirup sowie Lebensmittelfarbstoffen hergestellte, gleichmäßig gelierte, dickbreiige, schnittfeste, streichfähige Zubereitung, die mit Obststücken durchsetzt ist. Im Haushalt werden K. z. B. auch aus Süßkirsche, vermischt mit Sauerkirsche, Johannisbeere, rot und weiß, Stachelbeere, Himbeere, Brombeere, Hagebutte und Kornelkirsche bereitet. Der refraktometrisch ermittelte Extraktgehalt bei industriell hergestellten K. soll mind. 60 % betragen, die Gesamtsäure, berechnet als Äpfelsäure, höchst. 1,8 %. Die K. ist eines der feinsten Aufstrichmittel aus Obst. → Marmelade

Kongo-Akazie → Owalafett

Kongoerbse → Katjangbohne

Kongojute → Aramine

Kongokaffee → *Cóffea canéphora* Pierre

Kongoöl → Palmöl

Koniferenharz: natürlicher Aromastoff, wird nur in Griechenland in Mengen bis zu 1 % dem Most des Retsina-Weines zugesetzt.

Koniferenhonig → Honigtauhonig

'Königin Hortense' → Bastardkirsche

Königinnenkost → Gelée Royale

Königinnenmuttersaft → Gelée Royale

Königs-Fliegenpilz → *Amanitáceae* → Pilzgifte

Königsgranate → Passionsfrüchte

Königskrabbe → Krebstiere

Königskraut → Basilikum

Königskuchen: ein in Kastenform gebackener → Kuchen aus Sandmasse oder Biskuitmasse unter Zusatz von Dickzuckerfrüchten und Mandeln. → Rührkuchen → Volleimasse

Königsmakrele → Thunfisch

Königspalme: eine in tropischen Ländern als Alleebaum kultivierte Palmenart, *Roystónea régia* (H.B.K.) (Familie *Arecáceae*), deren Endknospen auch als Gemüse (→ Palmkohl) verzehrt werden.

Konjak → Elefanten-Yams

Konjakmannan: ein in heißem Wasser lösliches → Hydrokolloid, das in den Knollen von *Amorphophállus kónjak* C. Koch (Familie *Asáceae*) als Reservekohlenhydrat in Ost- und Südostasien vorkommt. Das K. besteht aus D-Glucose und D-Mannose, die vorwiegend β-1,4-glycosidisch verknüpft sind. Das K. wird aus den getrockneten, zerstampften Knollen (*Konjakmehl*), die etwa 60 % Glucomannane in der Trockensubstanz enthalten, gewonnen. Es ist der vorherrschende Bestandteil des in Japan bekannten Lebensmittels → Konnyaku. → Schleimstoff, pflanzlicher

Konjakmehl → Konjakmannan

Konnyaku: ein traditionelles, japanisches Lebensmittel, das aus den zerstampften Knollen von *Amorphophállus kónjak* C. Koch bereitet wird. → Konjakmannan → Elefanten-Yams

Konokjaki: japan. Fischerzeugnis. → Kamaboko → Surimi

Konserve: 1. ein durch verschiedene Arten der Konservierung behandeltes Produkt, das durch entsprechende Verpackung sowie angemessene

Lagerung längere Zeit haltbar ist. *Voll-* bzw. *Sterilkonserven* werden durch Verfahren der Hitzesterilisation erhalten und in hermetisch verschlossenen Behältnissen aus Glas, Blech oder Verbundfolien gehandelt. Die Haltbarkeit dieser Produkte hängt von der Art und Größe der überlebenden thermophilen Mikroflora, der Verpackung und den Lagerbedingungen ab. Bei mittleren Lagertemperaturen, unter 20°C, beträgt die Dauer der Lagerfähigkeit für normale handelsübliche Sterilkonserven mind. ein Jahr, meist wesentlich länger. Bei ungenügender Wärmebehandlung während der Hitzesterilisation oder zu warmer Lagerung nicht tropenfester K. können beim Wachstum der überlebenden Mikroflora Gase gebildet werden, die die Blechdose auftreiben. Diese Erscheinung wird *Bombage* genannt und zeigt den Verderb der K. an. *Gefrierkonserven* werden durch Verfahren der Kältekonservierung hergestellt und durch ununterbrochene Gefrierlagerung verkehrsfähig erhalten. Die Ansprüche an die Verpackung sind gering. Die Haltbarkeit der Gefrierkonserve hängt mehr als bei der Sterilkonserve vom Produkt und der Lagertemperatur ab, sie ist jedoch bei −18°C und darunter gewöhnlich länger als 6 Monate. *Trockenkonserven* werden durch Verfahren der Trocknung erhalten und sind mittels geeigneter Verpackung und Lagerung längere Zeit haltbar. Bei gas- und lichtdichter Verpackung sind Trockenkonserven mit optimaler Gutsfeuchte weitgehend unabhängig von den Lagerbedingungen qualitätsstabil und meist länger als 6 Monate haltbar. Wenn die Gas- bzw. Wasserdampfdurchlässigkeit der Verpackung bestimmte Werte überschreitet, muß zur Vermeidung von mikrobiellem Verderb und anderen Verschlechterungen der Qualität das Lagerklima so reguliert werden, daß die rel. Luftfeuchte mit dem Optimalwassergehalt im Gleichgewicht steht, im ungünstigsten Fall jedoch 65···70% nicht überschritten werden. *Rohkonserven* werden durch Anwendung von Verfahren der Säuerung bzw. der milchsauren Gärung erhalten. Bei Kühllagerung und geeigneter Verpackung sind Haltbarkeiten bis zu einem Jahr erreichbar, die Fristen hängen jedoch sehr vom Erzeugnis ab. Alle K. unterliegen während der Lagerung einem Qualitätsabfall, der meist zunächst nur Merkmale des Genußwertes beeinträchtigt, aber in Abhängigkeit von Erzeugnis und Lagertemperatur mehr oder weniger langsam, aber unaufhaltsam fortschreitet. Die Haltbarkeit ist deshalb wesentlich von den Qualitätsforderungen an das Endprodukt bestimmt.

2. aus einer übersättigten Zuckerlösung nach Beimpfen mit → Fondantmasse oder Puderzucker auch unter Zusatz von Lebensmittelfarbstoffen und Geschmacksstoffen gegossene → *Zuckerware*. Nach Form und Zusätzen unterscheidet man *Konservekonfekt, Konserveplatten* (z. B. *Pfefferminzbruch*), *Pfefferminzplätzchen* (leicht gewölbte Plätzchen mit einem Durchm. bis zu 2 cm) und *Raffinade-* oder *Pfefferminzküchel* (ungefärbte flache Küchel mit einem Durchm. bis zu 1 cm). Die K. ist im Schmelz weniger zart als → Fondant und darf auch nicht mit Einlagen oder Schokoladenüberzug hergestellt werden. Die Gütegewähr erstreckt sich bei optimalen Lagerbedingungen (10···20°C, rel. Luftfeuchte 65%) auf 2 Monate.

Konservenkonfekt → Konserve

Konservendosenbrot → Dauerbrot

Konservenkuchen, *Dauerkuchen, Dosenkuchen, Flaschenkuchen, Glaskuchen, Büchsenkuchen, gefrierkonservierter Kuchen:* eine mind. 24 Monate frisch bleibende Dauerbackware in Konservendosen oder -gläsern bzw. -flaschen, die für Freizeit-, Diät-, Armee-, Schiffs-, Camping- und Reiseverpflegung zunehmend an Bedeutung gewinnt. Der Teig wird entweder in einer Dose oder in einer hitzebeständigen Glasflasche gebacken und danach sofort verschlossen und sterilisiert. Ein K. in Flaschen mit abschraubbarem Hals und Schiebeboden ist mitunter bereits durch Folien in Stücke und Scheiben geteilt, die sich leicht herausstülpen lassen. Die Verwendung von *Glasflaschen* im Vergleich zu *Blechdosen* hat den Vorteil, daß man von außen im Weizenteig befindliche Rosinen und andere Zutaten deutlich erkennen kann. Der K. wird vorwiegend als → Diätkuchen in trockener Form (ohne Füllung), z. B. als Marmor-, Mandel-, Nuß-, Zitronenkuchen, aus → Massen hergestellt. Zur Herstellung von *Gefrierkonser-*

venkuchen wird meist Sandmasse verwendet, die in einer Aluminiumfolienform gebacken, mit Zukkerglasur überzogen und bei -50°C gefroren wird. Vor dem Verzehr wird dieser K. aus der Form genommen und 30···35 min zum Auftauen stehengelassen. → Kuchen → Dauerbackware

Konserveplatten → Konserve

Konservierungsstoffe: Stoffe, die Lebensmitteln zugesetzt werden, um deren mikrobiellen Verderb zu verhindern bzw. zu verzögern. Unter dem mikrobiellen Verderb versteht man die durch die Lebenstätigkeit von Mikroorganismen (Bakterien, Schimmelpilze, Hefepilze) verursachte unerwünschte Veränderung von Lebensmitteln. Es gibt auch mikrobiell bedingte erwünschte Veränderungen, wie die alkoholische Gärung, die Milchsäuregärung, die Käsereifung u. a. (biotechnologische Prozesse). Verderbnisprozesse können prinzipiell die gleichen Vorgänge zur Grundlage haben, dann sind diese Veränderungen zwar sensorisch wahrnehmbar, mitunter auch ekeleregend, aber nicht unbedingt gesundheitsschädigend. Aber auch hochgiftige Stoffe (→ *Toxine, Bakterientoxine,* → Mykotoxine) können entstehen; diese sind nicht immer sensorisch wahrnehmbar, aber in hohem Maße gesundheitsschädigend.
Voraussetzung für dem mikrobiellen Verderb eines Lebensmittels ist, daß die Verderbniserreger angemessene Lebensbedingungen vorfinden: Nährstoffe (i. allg. reichlich vorhanden), die richtige Temperatur, genügend Wasser (ausreichende Wasseraktivität), der richtige *p*H-Wert, An- oder Abwesenheit von Sauerstoff. Durch Entzug einer oder mehrerer dieser Lebensvoraussetzungen für Mikroben kann man Lebensmittel haltbar machen (konservieren). Je nach Art der durchgeführten Maßnahmen unterscheidet man zw. einer physikalischen und einer chemischen Lebensmittelkonservierung. Physikalische Konservierungsverfahren sind Sterilisieren und Pasteurisieren (Abtöten der Keime, im letzten Falle werden nur die vegetativen Formen erfaßt), Trocknen (Wasserentzug), Gefrieren (Kälte und Entzug von verfügbarem Wasser), Kühlen (Kälte allein) und Bestrahlen mit ionisierenden Strahlen (Abtöten der Keime). Unter chemischer Lebensmittelkonservierung versteht man das Haltbarmachen von Lebensmitteln durch Zugabe von konservierenden Stoffen. Die Wirkung der verschiedenen K. ist unterschiedlich. Einige entziehen den Mikroben das lebensnotwendige Wasser (machen es unverfügbar durch Erhöhung des osmotischen Drucks bzw. Verringerung der Aktivität des Wassers), z. B. Kochsalz, Zucker (Saccharose) und Spiritus (Ethanol); andere senken den *p*H-Wert so weit ab, daß sich Mikroorganismen nicht vermehren können, z. B. alle genießbaren Säuren, insbes. die Essigsäure (K. i. w. S.). Schließlich gibt es K., die in die Schadmikrobe eindringen und in ihrem Innern Stoffwechselprozesse unterbinden (K. i. e. S.). Beide Gruppen von K. unterscheiden sich äußerlich dadurch, daß die K.i.w.S. nur in rel. hohen Konzentrationen wirksam sind und dabei den Charakter des konservierten Lebensmittels völlig verändern (Salzheringe, Essiggemüse, kandierte Früchte, Maraschino-Kirschen usw.), während die K. i. e. S. schon in niedrigen Konzentrationen (um 0,1 %) wirksam sind und das Lebensmittel nicht verändern, sich sensorisch nicht bemerkbar machen. Nur die K.i.e.S. sind → *Lebensmittelzusatzstoffe.* Zwischen beiden Gruppen gibt es Übergänge, z. B. die Ameisensäure, die halb als K. i. e. S, halb als K. i. w. S. gilt. Desgl. gibt es Übergänge zu den Desinfektionsmitteln, die radikal keimtötend wirken, sowie zu den Fungiziden, deren eigentliches Einsatzgebiet außerhalb des Lebensmittelsektors liegt. Über die z. Z. genutzten und die nicht mehr bzw. noch nie verwendeten K. informieren die beiden Übersichten. Außer dem mikrobiellen Verderb gibt es noch andere unerwünschte Lebensmittelveränderungen: den oxydativen Verderb (Verderb durch Umsetzung, zumeist von Fetten, aber auch anderen Lebensmittelbestandteilen, mit Luftsauerstoff, auch Autoxydation genannt), gegen den → *Antioxydantien,* → *Synergisten* und → *Komplexbildner* Lebensmitteln zugesetzt werden. Gegen das Entmischen von Homogenaten („Brechen" von Emulsionen) werden → Emulgatoren und Stabilisierungsmittel gegen Austrocknen Feuchthaltemittel und → Überzugsmittel eingesetzt und verschiedenes mehr (s. Übersicht S. 814–824).

Konservierungsstoffe

Bezeichnung	EWG-Nr.	Strukturformel	Beschreibung	Wirkungsweise gegen Mikroorganismen	Anwendungsgebiete
Ameisensäure und Formiate (Salze der Ameisensäure)	E 236 – E 238	H-COOH	wasserklare, stechend riechende Flüssigkeit, die mit Wasser unbegrenzt mischbar ist; Fp: 8 °C; Kp.: 101 °C	wirkt nur als freie Säure, hauptsächlich aufgrund ihres starken pH-senkenden Effekts (starke Säure); vor allem gegen Bakterien wirksam	zur Haltbarmachung von Fruchtpulpen und -rohsäften, die zur Weiterverarbeitung bestimmt sind; genügend sauren Produkten können auch die Salze (Formiate) zugesetzt werden.
Essigsäure und Acetate	E 260 E 236	CH_3-COOH	wasserklare, stechend riechende, mit Wasser unbegrenzt mischbare Flüssigkeit; Fp: 17 °C; Kp: 118 °C; handelsüblich sind 40···80%ige (Essigessenz) und 5···10%ige Lösungen (Haushaltsessig)	säuernde Wirkung richtet sich vor allem gegen Bakterien; wirksame Konzentration: 1···3%; darum kein K.i.e.S.	zum Konservieren von Fleisch und Fisch (Marinaden) sowie von Gemüse (Essiggemüse) und Obst (Essigfrüchte), z. T. in Kombination mit Kochsalz; auch oft im Haushalt angewendet
Propionsäure, Propionate	E 280 – E 283	CH_3-CH_2-COOH	wasserklare, stechend riechende, mit Wasser unbegrenzt mischbare Flüssigkeit; ihre Salze (Na- und Ca-propionat) sind weiße, wasserlösliche Pulver	wirkt unspezifisch durch Enzymhemmung in der Mikrobenzelle und verdrängt notwendige Wuchsstoffe; wirkt gegen Schimmelpilze, Hefen und einige Bakterienarten	in der Brot- und Backwarenindustrie gegen Schimmelpilze und den *Bacillus mesentericus*, der das »Fadenziehen« verursacht; eingesetzt wird das Na- oder Ca-propionat

Konservierungsstoffe (Forts.)

Bezeichnung	EWG-Nr.	Strukturformel	Beschreibung	Wirkungsweise gegen Mikroorganismen	Anwendungsgebiete
Sorbinsäure, Sorbate	E 200 – E 203	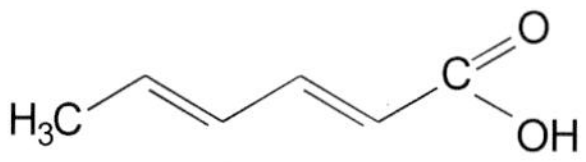	weißes, kristallines Pulver, das in Wasser schwer, etwas besser in Öl und am besten in Ethanol und Essigsäure löslich ist; die Salze sind besser in Wasser löslich, vor allem das K-Salz	hemmt verschiedene Enzyme in der Mikrobenzelle, vor allem solche mit SH-Gruppen (reagiert mit SH-Gruppen); hemmt Bakterien, Hefe- und Schimmelpilze wirksam	universell einsetzbar: Margarine, Mayonnaise, Milchprodukte, Fleischwaren (spart Nitrit!), Fischwaren, Obst- und Gemüse-Erzeugnisse, Getränke, Süßwaren; eingesetzt werden die freie Säure und die Sorbate
Benzoesäure (Benzencarbonsäure) Benzoate	E 210 – E 213	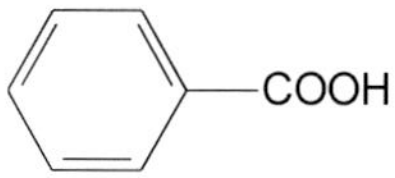	weiße Nadeln, in Wasser wenig, in Ölen etwas besser und in Ethanol am besten löslich, gut löslich ist das Natriumsalz, das darum vorwiegend angewendet wird	hemmt vor allem Enzyme des Citronensäurezyklus, des Essigsäurestoffwechsels und der oxydativen Phosphorylierung; wirkt nur als undissoziierte Säure; vor allem gegen Hefe- und Schimmelpilze	wirkt nur in saurem Milieu (unterhalb pH 5), was die Anwendung auf saure Lebensmittel (saure Fisch-, Gemüse- und Obsterzeugnisse) beschränkt
Para-Hydroxybenzoesäureester (PHB-Ester): Methylester: Ethylester: Propylester:	E 214 – E 219 $R = CH_3$ $R = C_2H_5$ $R = C_3H_7$	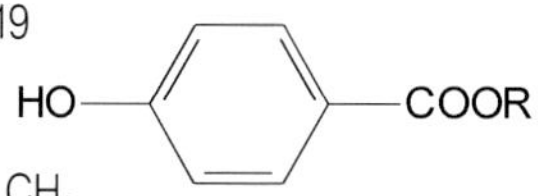	weiße, kristalline Pulver mit einem phenolartigen Geschmack, in Wasser schwer löslich, gut löslich sind die Na-Verbindungen (Phenolate), die aber leicht zersetzlich sind	wirkt als Phenol denaturierend auf Eiweiße (bindet sich an sie), diese Wirkung nimmt mit steigender Kettenlänge der Alkoholgruppe (R) zu; wirkt gegen Hefe- und Schimmelpilze; aber auch gegen einige Bakterien, unabhängig vom pH-Wert des Lebensmittels	die Einsetzbarkeit wird trotz guter Wirkung im mittleren pH-Bereich durch die geringe Wasserlöslichkeit und den Phenolgeschmack begrenzt; heute mehr für pharmazeutische und kosmetische Fettemulsionen als für Lebensmittel

Konservierungsstoffe (Forts.)

Bezeichnung	EWG-Nr.	Strukturformel	Beschreibung	Wirkungsweise gegen Mikroorganismen	Anwendungsgebiete
schweflige Säure, Schwefeldioxid, Sulfite	E 220 – E 227	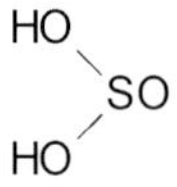 SO_2 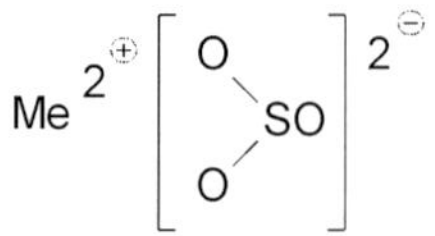	schweflige Säure ist nur als wäßrige Lösung existent, im wasserfreien Zustand liegt sie als Schwefligsäure-Anhydrid (Schwefeldioxid, SO_2) ein stechend riechendes Gas, vor; ihre verschiedenen Salze (Sulfite, Bisulfite, Hydrogensulfite) sind weiße, kristalline Pulver	antimikrobiell wirksam sind nur die undissoziierte schweflige Säure und das Hydrogensulfit-Ion HSO_3^- weshalb saurer pH-Wert ($<$ 5) erforderlich ist; zerstört SH-gruppenhaltige Enzyme; wirkt vor allem gegen Bakterien, weniger gegen Hefe- und Schimmelpilze	zerstört Vitamin B_1 und wird darum nur dort eingesetzt, wo ein Thiaminverlust wenig Bedeutung hat, insbesondere bei Obst- und Gemüsehalbfabrikaten (wirkt dort gleichzeitig als Bleichmittel); hat seit ältesten Zeiten große Bedeutung bei der Weinherstellung („Ausschwefeln" von Weinfässern)
Nitrit, Natrium- oder Kaliumsalz	E 249 und E 250	$NaNO_2$ KNO_2	weiße bis schwach gelbliche, hygroskopische Kristalle; haben eine hohe akute Toxizität (verursachen Methämoglobinämie) und werden deshalb nicht in reiner Form, sondern als Nitritpökelsalz (Kochsalz mit einem Nitritgehalt von 0,4···0,5 %) angewendet	wirksam ist die salpetrige Säure, die aus Nitrit freigesetzt wird (durch Anwesenheit von Kochsalz gefördert), und das daraus gebildete Stickoxid NO; die Wirksamkeit steigt mit sinkendem pH; wirkt hauptsächlich gegen Bakterien, wichtiges Mittel gegen *Clostridium botulinum,* dem Verursacher der Botulismuskrankheit	nur zur Konservierung von Fleischwaren (Pökelung), dabei dient es außerdem der Aromabildung (Pökelaroma) und der Bildung einer kochbeständigen roten Farbe (Umrötung, Bildung von Nitrosomyoglobin); der Einsatz von Nitrit wird heute auf ein notwendiges Mindestmaß beschränkt, weil es mit biogenen Aminen die stark karzinogen wirkenden Nitrosamine bildet

Konservierungsstoffe (Forts.)

Bezeichnung	EWG-Nr.	Strukturformel	Beschreibung	Wirkungsweise gegen Mikroorganismen	Anwendungsgebiete
Nitrat, Natrium- oder Kaliumsalz (Natron- oder Kalisalpeter)	E 251 – E 252	$NaNO_3$ KNO_3	weiße Kristalle, die in Wasser leicht löslich sind, Natriumnitrat ist hygroskopisch; Nitrate sind wesentlich weniger toxisch als Nitrite, werden aber im Organismus und von Mikroorganismen (in Lebensmitteln) zu Nitriten reduziert	wirksam erst nach (mikrobieller) Umwandlung in Nitrit, dann als solches wirkend	wegen der in heutiger Zeit umweltbedingt angestiegenen Nitratbelastung der Nahrung (vor allem durch Gemüse) wird Salpeter (Nitrate) nur noch vereinzelt zugesetzt (z. B. Käse), eine Pökelung von Fleisch mit Salpeter erfolgt nicht mehr
Diphenyl (Biphenyl)	E 230	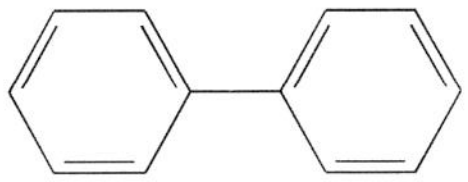	weißes, kristallines Pulver von unangenehmem Geruch (hoher Dampfdruck); fast unlöslich in Wasser, löslich in Ethanol	Wirkungsweise noch unbekannt, wirksam gegen Schimmelpilze, die jedoch nach einiger Zeit resistent gegen Diphenyl werden können; mehr ein Fungizid als ein K.	nur zur Oberflächenbehandlung von Zitrusfrüchten wegen der geringen Wasserlöslichkeit von den Schalen schwer abwaschbar
Ortho-Phenylphenol bzw. Natrium-o-phenylphenolat	E 231 – E 232	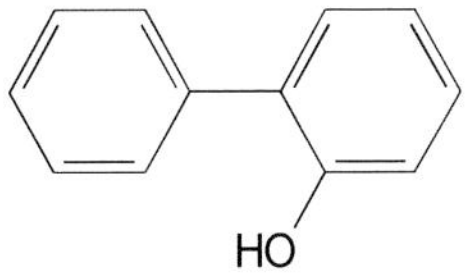	weiße bis gelbe Blättchen mit phenolartigem Geruch, wenig wasserlöslich; die gewöhnlich eingesetzte Natriumverbindung ist sehr gut wasserlöslich	wirkt ähnlich wie Diphenyl, dazu kommt eine eiweißdenaturierende Wirkung aufgrund des phenolischen Charakters; wirksam gegen Schimmelpilze, die Wirkung nimmt mit steigendem pH zu; mehr ein Fungizid als ein K.	nur zur Oberflächenbehandlung von Zitrusfrüchten; abwaschbar, solange es noch nicht tiefer in die Schale eingedrungen ist

Konservierungsstoffe (Forts.)

Bezeichnung	EWG-Nr.	Strukturformel	Beschreibung	Wirkungsweise gegen Mikroorganismen	Anwendungsgebiete
Thiabendazol	E 233	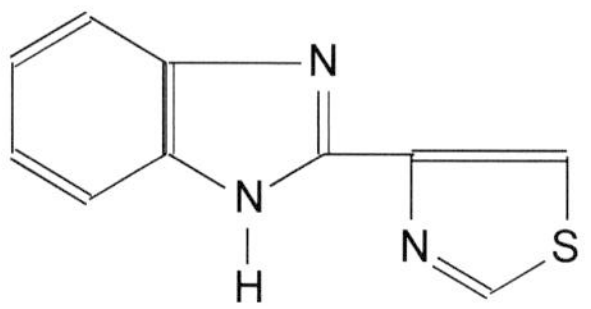	weißes, kristallines Pulver, in Wasser wenig löslich, fast geruchlos	Wirkungsweise noch ungeklärt, wirkt besonders gut gegen Schimmelpilze; mehr ein Fungizid als ein K.	bisher nur zur Oberflächenbehandlung von Zitrusfrüchten und Bananen
Natriumchlorid (Kochsalz)		NaCl	farblose Kristalle von salzigem Geschmack, löslich in Wasser und Ethanol; ist ein lebensnotwendiger Nahrungsbestandteil, belastet aber in zu großen Mengen Herz, Kreislauf und Nieren	die Wirkung gegenüber Mikroorganismen ist unspezifisch und beruht auf einer Erhöhung des osmotischen Drucks bzw. Verminderung der Wasseraktivität wäßriger Systeme (wie der Mikrobenzelle); wirkt daher erst in höheren Konzentrationen (1···3 %) und ist kein K.i.e.S.	zur Konservierung von Fleisch, Fisch, Milchprodukten und Gemüse, oft in Kombination mit Essig und anderen Konservierungsmitteln (Nitrit)
Saccharose (Rohrzucker, Rübenzucker)		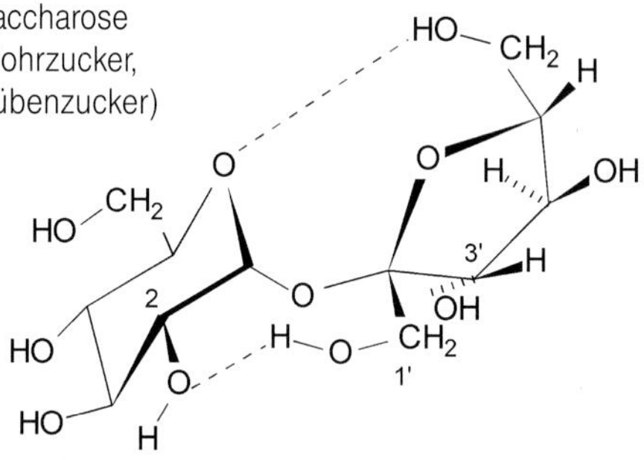	farblose Kristalle von süßem Geschmack, gut löslich in Wasser, wenig in Ethanol; S. ist ein Nahrungsmittel, das aber nur Energie liefert, eine hohe Zufuhr führt zu Übergewicht und Karies, mitunter auch zu Diabetes und Herz-Kreislauf-Erkrankungen	die antimikrobielle Wirkung beruht wie bei Kochsalz auf einer Verminderung der Wasseraktivität; Saccharose wirkt daher in hohen Konzentrationen (50 % und mehr) keimhemmend, in geringen Konzentrationen ist sie sogar Nährstoff für Mikroorganismen	vor allem für Obsterzeugnisse, die aber damit zu eigenständigen Lebensmitteln werden (Marmeladen, kandierte Früchte usw.), und für Backwaren

Konservierungsstoffe (Forts.)

Bezeichnung	EWG-Nr.	Strukturformel	Beschreibung	Wirkungsweise gegen Mikroorganismen	Anwendungsgebiete
Ethanol Ethylalkohol „Alkohol“		C_2H_5OH	farblose, mit Wasser in jedem Verhältnis mischbare Flüssigkeit; handelsüblich sind nur Alkohol-Wasser-Gemische (maximal 96 % Ethanol); Ethanol wird im Organismus vollständig verwertet, allerdings nur in der Leber, was bei ständiger hoher Aufnahme zu Leberschäden (Verfettung und Zirrhose) führt	Ethanol wirkt wie Kochsalz vermindernd auf die Wasseraktivität (in Konzentrationen von 5···20 %); in noch höheren Konzentrationen wirkt es eiweißdenaturierend und ist dann Desinfektionsmittel; am empfindlichsten reagieren Bakterien, am widerstandsfähigsten sind Hefen; 50 %iges E. hemmt vegetative Keime; Sporen und Konidien werden erst bei 60···75 % abgetötet.	zur Konservierung von Obst („Rumtopf“)
→ Nisin		noch ungeklärt	aus *Streptococcus*-Arten hergestelltes, ausschließlich als K. eingesetztes Antibioticum, Polypeptid, das sich in Wasser kolloidal löst	hemmt Milchsäurebakterien, Clostridien und andere Sporenbildner	zur Unterdrückung von Verderbnisbakterien in Schmelzkäse; obwohl Nisin im Darm hydrolysiert und wie ein Eiweiß verwertet wird, ist sein Einsatz in vielen Ländern noch nicht erlaubt

Konservierungsstoffe (Forts.)

Bezeichnung	EWG-Nr.	Strukturformel	Beschreibung	Wirkungsweise gegen Mikroorganismen	Anwendungsgebiete
Pimaricin (Natamycin)	E 235	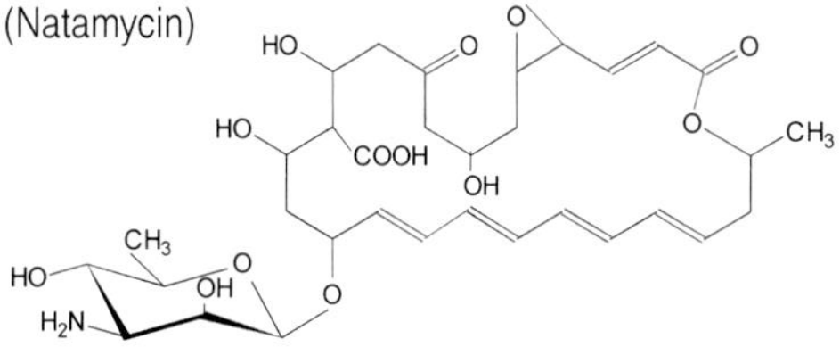	weiße Kristalle, wenig löslich in Wasser und Ethanol; aus *Streptomyces*-Arten gewonnenes Antibioticum	hemmt die Lebenstätigkeit von Hefe- und Schimmelpilzen, indem es deren Zellmembranen durchlässiger macht; wird auch in der Medizin (gegen Hautpilz) angewendet; unwirksam gegen Bakterien und Viren	zur Oberflächenbehandlung von Käse
„oligodynamisches“ Silber		Ag	in Wasser fein verteiltes, kolloidal gelöstes Silber	Wasser wirkt keimtötend, wenn es mit Silber oder einem anderen blanken Metall in Berührung gekommen ist (oligodynamische Wirkung des Silbers); worauf diese Wirkung beruht, ist noch unbekannt	zur Entkeimung von Trinkwasser, Erfrischungsgetränken und Wein; heute nur noch für Trinkwasser von Bedeutung

Konservierungsstoffe, die nur noch vereinzelt oder gar nicht mehr angewendet werden

Bezeichnung	EWG-Nr.	Strukturformel	Beschreibung	Wirkungsweise gegen Mikroorganismen	Anwendungsgebiete
Hexamethylentetramin (Urotropin)	E 239	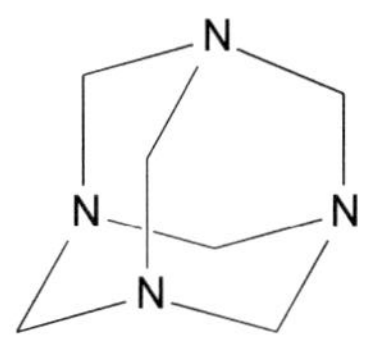	weißes, kristallines Pulver, das hygroskopisch ist und einen leicht süßen, anschließend leicht bitteren Geschmack hat; hydrolysiert in saurem Milieu zu Formaldehyd und Ammoniumionen	die antimikrobielle Wirkung tritt erst beim Freisetzen von Formaldehyd ein, dieses reagiert mit freien Aminogruppen von Eiweißen unter Bildung „Schiffscher Basen", so daß Enzyme inaktiviert werden; wirkt besonders gegen Bakterien	insbesondere für Fischmarinaden eingesetzt; da damit auch ein »Schönungs«-Effekt (Härtung und Aufhellung von Fischfleisch) erzielt und damit ein höherer Frischegrad vorgetäuscht werden kann, ist H. in vielen Ländern nicht mehr zugelassen
Wasserstoffperoxid		H_2O_2	als 3 %ige oder als 30 %ige (Perhydrol) wäßrige Lösung handelsüblich, zerfällt leicht in Wasser und reinem Sauerstoff, der organisches Material rasch angreift	tötet Mikroorganismen aufgrund seiner stark oxydierenden Wirkung radikal ab, ist daher eher ein Desinfektionsmittel als ein K.	zur „Kaltpasteurisierung" von Rohmilch; dieses Peroxid-Katalase-Verfahren *(PK-Verfahren)* wird häufiger, in mitteleuropäischen Ländern nur dann angewendet, wenn das Casein der Milch zur Herstellung bestimmter Käsesorten nicht durch Hitzepasteurisierung strukturell verändert werden soll

Konservierungsstoffe, die nur noch vereinzelt oder gar nicht mehr angewendet werden (Forts.)

Bezeichnung	EWG-Nr.	Strukturformel	Beschreibung	Wirkungsweise gegen Mikroorganismen	Anwendungsgebiete
Pyro(di)kohlensäure-diethylester bzw. -dimethylester		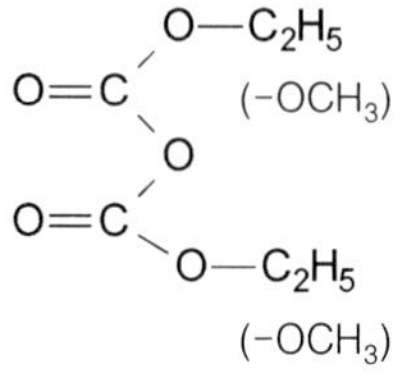	wasserklare Flüssigkeit, die sich mit Wasser nicht mischt, aber in Gegenwart von Wasser innerhalb von 1···2 d in Ethanol bzw. Methanol und Kohlendioxid zerfällt	tötet Hefepilze (Bakterien und Schimmelpilze weniger gut) ab; zerfällt dabei und wird damit unwirksam (wirkt nach Art eines Desinfektionsmittels)	zur „Kaltsterilisierung" von Getränken, war eine Zeitlang weitverbreitetes Weinbehandlungsmittel, bildet aber in Gegenwart von Ammonium- oder Aminoverbindungen Urethane, die kanzerogen sind
Salicylsäure		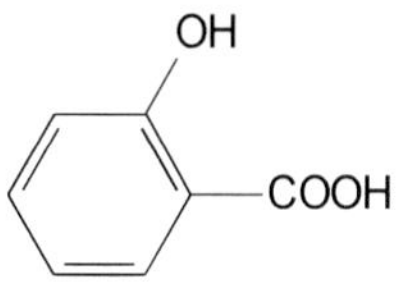	weiße nadelförmige Kristalle, die sich in kaltem Wasser schlecht, in heißem Wasser etwas besser lösen; bildet beim Erhitzen Phenol, was sich bei Lebensmitteln, die Salicylsäure enthalten, geschmacklich nachteilig auswirkt	wirkt aufgrund ihres phenolischen Charakters eiweißschädigend und hemmt Enzyme; vor allem gegen Hefe- und Schimmelpilze, weniger gegen Bakterien wirksam; wirkt nur in saurem Milieu	einer der ersten K.; wurde viel benutzt, vor allem auch im Haushalt, für Obst, Kompotte, Marmeladen, Gelees (auch durch Auflegen von mit Salicylsäure imprägniertem Papier auf die Oberfläche) sowie für Fischmarinaden; wird aber heute wegen ihres ungünstigen Wirksamkeits-/Toxizitäts-Verhältnisses kaum noch verwendet
Para-Chlorbenzoesäure bzw. das Natriumsalz		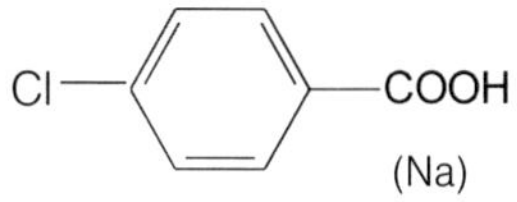	weiße Nadeln, in Wasser wenig löslich; besser löslich ist das Natriumsalz	wirkt ähnlich der Benzoesäure und wie diese nur im sauren Bereich, jedoch schon nicht mehr im stark sauren	wurde vorübergehend zur Konservierung von Fischmarinaden benutzt, brachte jedoch gegenüber der Benzoesäure keinen Vorteil

Konservierungsstoffe, die nur noch vereinzelt oder gar nicht mehr angewendet werden (Forts.)

Bezeichnung	EWG-Nr.	Strukturformel	Beschreibung	Wirkungsweise gegen Mikroorganismen	Anwendungsgebiete
Dehydracetsäure bzw. das Natriumsalz		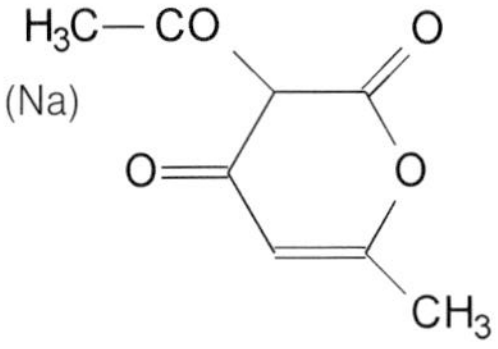	weißes Pulver, in Wasser wenig, in Ölen etwas besser löslich, gut wasserlöslich ist das Natriumsalz, als solches bevorzugt anzuwenden (bisher nur Empfehlung)	hemmt Oxydationsenzyme; vor allem gegen Hefe- und Schimmelpilze wirksam; wirkt auch im neutralen Gebiet (um pH 6,5)	für Lebensmittel mit einem relativ hohen pH-Wert (Backwaren, Käse, Margarine); ist wegen zu hoher Toxizität (ähnlich Salicylsäure) noch nicht angewendet worden
Borsäure bzw. Natriumtetraborat (Borax)		$Na_2B_4O_7 \cdot 10\,H_2O$	weiße, glänzende Blättchen, die sich in Wasser und Ethanol gut lösen, Borax löst sich nur in Wasser; beide werden vom Organismus nur langsam ausgeschieden, weshalb regelmäßige Aufnahme bedenklich erscheint	hemmt Enzyme des Phosphatstoffwechsels; wirkt vor allem gegen Hefepilze, auch noch im neutralen Bereich, jedoch nur in relativ hohen Konzentrationen	eines der ersten K., wurde zur Konservierung von Butter und Margarine sowie von Fleisch- und Fischprodukten verwendet, heute mitunter noch Kaviar zugesetzt
Furylfuramid und andere 5-Nitro-2-furaldehyd-Verbindungen		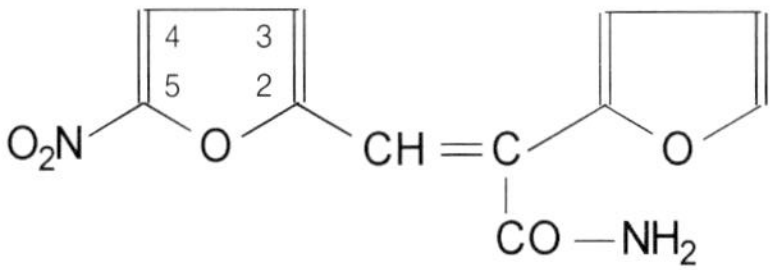	orangerote Nadeln	Nitrofuranverbindungen hemmen Oxydationsvorgänge in der Mikrobenzelle, wirken vor allem gegen Bakterien; auch bei relativ hohen pH-Werten (im Neutralbereich) wirksam	zur Anwendung bei nicht sauren Lebensmitteln (Fleisch, Soja-Erzeugnissen u.ä.) empfohlen, aber wegen zu hoher Toxizität nicht zugelassen

Konservierungsstoffe, die nur noch vereinzelt oder gar nicht mehr angewendet werden (Forts.)

Bezeichnung	EWG-Nr.	Strukturformel	Beschreibung	Wirkungsweise gegen Mikroorganismen	Anwendungsgebiete
Carbendazim		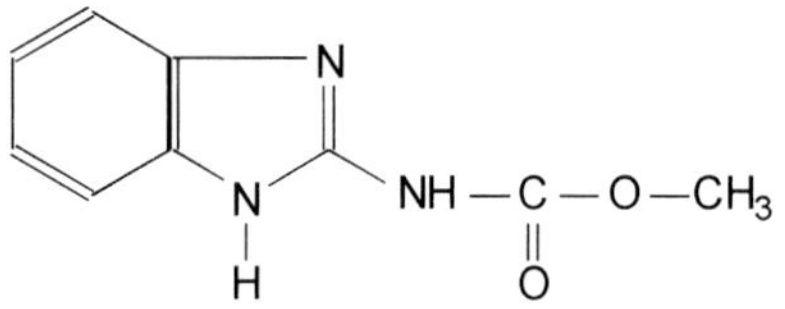	weiße Kristalle	stark fungizid wirkende Verbindung (ähnlich Thiabendazol), mehr ein Fungizid als ein K.	zur Oberflächenbehandlung von Zitrusfrüchten empfohlen, aber wegen mutagener und teratogener Wirkung nicht zugelassen
Thioharnstoff		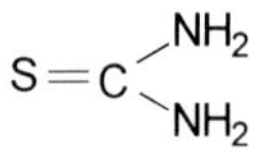	weiße Kristalle, leicht wasserlöslich	vorwiegend gegen Schimmelpilze wirksames Fungizid	zur Oberflächenbehandlung von Zitrusfrüchten einige Zeit eingesetzt gewesen, aber aus toxikologischen Gründen (thyreotoxische Wirkung) nicht mehr zugelassen

Konsistenz: Beschaffenheit des Stoffgefüges von Lebensmitteln, die durch Berührung (haptisch), durch Sehen (optisch) und durch Hören (akustisch) wahrgenommen werden kann; sie ist bedingt durch Art, Menge und Zustand der Lebensmittelbestandteile und ihrer physikalisch-chemischen Wechselwirkungen. Die K. wird optisch durch die Grob- und Feinstruktur, mechanisch durch das Deformationsverhalten und sinnesphysiologisch beim Befühlen, Drücken, Kauen, Schlucken bestimmt. Zur K. zählen eine Reihe von Teilmerkmalen, zu denen z. B. → Härte → Elastizität → Plastizität → Knusprigkeit → Knackigkeit, Zähigkeit (→ Viskosität) → Mehligkeit → Saftigkeit → Glasigkeit, Klebrigkeit, Schmierfähigkeit, Kaubarkeit usw. gehören. Aus wissenschaftlicher Sicht wird empfohlen, den Begriff K. nur auf fließfähige (fluide) Stoffe zu beschränken. → Textur

Konsumkakaobohne → Kakaobohne

Konsumstreusel → Kakaostreusel

Kontaktgefriermittel: Gefriermittel,die in flüssigem oder festem Zustand in direktem Kontakt mit dem einzufrierenden Gut gebracht werden.Sie führen in stärkerem Maße als Kühlmittel Wärme von Lebensmitteloberflächen ab und bewirken dadurch schnelles Gefrieren und Tiefgefrieren von Lebensmitteln. Durch Verdampfen verlustarme Übertragung des Kälteinhalts auf das Gefriergut. Hauptsächlich angewandt werden Kohlendioxid in fester Block- und Schneeform und Stickstoff in flüssiger Form.

Kontaktgifte → Insektizide

Kontaminanten: Stoffe die unbeabsichtigt mit Lebensmitteln oder deren Vorprodukten in Berührung kommen,diese verunreinigen und in kleinen Anteilen darin verbleiben. Hierzu gehören anorg. Stoffe aus dem Boden und der Umwelt, Schwermetalle, Mykotoxine und andere Toxine mikrobieller Herkunft, sowie polycyclische aromatische Kohlenwasserstoffe. Von den Kontaminanten abzugrenzen sind die Rückstände.

Konvizin → Convicin

Konwai → Pfeilkraut, Chinesisches

Konzentrationsgifte → Giftstoffe in pflanzlichen Lebensmitteln → Schadstoffe

Koor → Ojokbaum

Kopal: Sammelbez. für Hartharz mit hohem Schmelzpunkt, das von Bäumen aus verschiedenen Pflanzenfamilien abgeschieden und dessen Einteilung im Handelsbereich nach geographischer Herkunft vorgenommen wird. *Sansibar-Kopal* ist das blaßrot- bis bernsteinfarbene → Harz, das aus den Rinden, Wurzeln, Früchten des ostafrikanischen Baumes *Trachylóbium verrucósum* (Gaertn.), Oliver (Familie *Fabáceae*), gewonnen und hauptsächlich zur Herstellung von Lacken und zu medizinischen Zwecken aber auch zum Überziehen von Ostereiern genutzt wird. Das von der Rinde herabtropfende Harz wird häufig fossiliert in Böden früherer Standorte dieser Art gefunden. Der *Sansibar-Kopal* wird daher neben frischer Harzung in Tropengebieten auch meist an den Küstenstreifen aus 1 m tiefem Sand in Form von jahrhundertealten Blöcken gesammelt. *Sierra-Leone-Kopal* wird von Wildbeständen des im tropischen Westafrika wachsenden *Sierra-Leone-Gummibaumes, Copaífera copallífera* (Benn.) Milne (Familie *Fabáceae*), gewonnen. *Indischer K.* ist ein hellgrünes, durchsichtiges Harz, das durch Einritzen des Stammes von *Vatéria índica* L. (Familie *Dipterocarpáceae*), aus dem *Indischen Kopalbaum* gewonnen wird. → Überzugsmittel

Kopf: → Schlachtkörperteilstück, das sofern von schlachtbaren Haustieren stammend, zum größten Teil zu Wurstwaren verarbeitet wird. Dazu werden die K. beim Schlachten bzw. Zerlegen der Schlachttiere zw. Occiput (Hinterhauptbein) und Atlas (1. Wirbelkörper) abgetrennt. Schweinsköpfe werden ebenso wie Rinderköpfe nach dem Säubern und Kochen insbes. zur Herstellung von Kochwürsten (u. a. zu Schweinskopfsülze) verarbeitet, während die Kopfknochen technischen Zwecken zugeführt werden. → Knochen

Kopf mit Backe → Schlachtkörperteilstücke

Kopfkohl, *Kabis, Kraut:* eine Kohlart, *Brássica olerácea var. capitáta* (Familie *Brassicáceae*), in Form einer stark gestauchten Sproßachse, wobei sich die schalenförmig gekrümmten Blätter zu einer Großknospe zusammenschließen und die Mittelrippen der Blätter stark verdickt sind. Der K. wird in einer weißen, *f. álba* (*Weißkohl, Weißkabis, Weißkraut,* s. Tab. S. 799) und in einer violettgefärbten Variante, *f. rúbra* (*Blaukraut, Rotkabis, Rotkohl, Rotkraut,* s. Tab. S. 800) angebaut. Die Köpfe des Rotkohls sind häufig kleiner als die des Weißkohls, rund oder hochrund (länglich) und fest geschlossen. Je nach Erntetermin unterscheidet man frühe Kohlsorten (lockere Köpfe) und lagerfähige Sorten, sog. *Dauerkohl* (feste Köpfe). Die großköpfige Dauerware (über 2 kg Masse) von Weißkohl wird vorwiegend zu → Sauerkraut verarbeitet. Unter günstigen Bedingungen (−0,5°C bei ausreichender Luftzirkulation) läßt sich Spät-K. bis zur nächsten Ernte des Frühkohls (7 bis 8 Monate) lagern; die Herbstsorten lassen sich 3 bis 4 Monate, die Frühsorten lediglich einen Monat in guter Verkaufsqualität halten. → Kohl → Gemüse → Spitzkraut

Kopfsalat, *Häuptlsalat, Grüner Salat:* die hellgrünen, kopfähnlich zusammengeschlossenen Blätter von *Lactúca sativa convar. incócta var. capitáta* L. (Familie *Asteráceae*), die ausschließl. für Frischverzehr verwendet werden. Wie bei allem → Gemüse schreibt auch hier die EG-Qualitätsnorm die Deklarierung nach dem Ursprungsland verbindlich vor. Bei K. besteht die Problematik der Nitratanreicherung in der lichtarmen Jahreszeit, indem die Höhe des Nitratgehalts im Erzeugnis nicht nur von der Stickstoffgabe, Mineralisierung des Düngestickstoffs und dem Bodenstickstoffgehalt abhängt, sondern vor allem auch vom Lichteinfluß. So liegt z. B. der Nitratgehalt, unabhängig von der Wirtschaftsweise, in mg je kg Frischsalat, bei Gewächshaus- oder Folienkultur im Nov./Dez. zw. 3000···3500, von Jan. bis April zw. 2500···3000 und bei Freilandkultur (Juni/Juli) zw. 1000···1500. Angesichts dieser Tatsache betragen ab Dez. 1992 die verbindlichen Nitrathöchstwerte für Sommerkopfsalat (Mai bis Okt.) 2500 mg Nitrat je kg K. und für Winterkopfsalat (Nov. bis April) 3500 mg Nitrat je kg K. Die bundesweit geltenden Produktionsrichtlinien für Salat schreiben darüberhinaus vor, daß K. mit dem Ernteziel Dez./Jan. nicht als „Ware aus kontrollierten, integrierten Anbau" vermarktet werden darf (s. → Gemüse). → Eissalat → Buttersalat → Blattsalat

Zusammensetzung und Energiewert von Kopfsalat

Bestandteil	Gehalt in 100 g eßbaren Anteils
Feuchtigkeit	94,9 g
Eiweiß	1,26 g
Fett	0,18 g
Kohlenhydrate	1,2 g
Ballaststoffe	1,7 g
Mineralstoffe	0,82 g
Kalium	218 mg
Magnesium	9,7 mg
Calcium	23 mg
Eisen	0,6 mg
Phosphor	35 mg
Caroten	0,94 mg
Vitamin B_1	0,057 mg
Vitamin B_2	0,087 mg
Niacin	0,37 mg
Vitamin B_6	0,055 mg
Vitamin C	10 mg
Energiewert in kJ (kcal) je 100 g	51 (12)

Kopfzichorie → Radicchio

Kopi → Karakafrucht 1.

Kopra → Kokosfett

Koproporphyrin I → Coproporphyrin I

Korakan → Fingerhirse

Korallen → *Clavariáceae* → *Clavulináceae* → *Gompháceae*

Korallenpilze → *Clavariáceae* → *Clavulináceae*

Korarima-Kardamom, *Guragi:* die als pfefferartiges Gewürz dienenden Früchte der in Äthiopien kultivierten Pflanze *Aframómum korárima* (Pereira) Engler (Familie *Zingiberáceae*). → Pfeffer

Korbbrot: ein Roggen- oder Mischbrot mit bes. kräftiger Krustenbildung, die durch *Narbung* gefördert wird. → Brot, gerissenes → Bauernbrot → Glanzbrot

Korbbückling → Räucherfischerzeugnisse

Korbkäse → Weißschimmelkäse

'Kordia' → Süßkirsche

Kordofangummi → Gummi *arabicum*

Koriander, *Schwindelkorn:* die reifen, trockenen, 3···5 mm großen, nahezu kugeligen, bräunlichen Spaltfrüchte eines im östlichen Mittelmeer- und Kaukasusgebiet heimischen und auch bei uns angebauten, einjährigen Doldengewächses, *Coriándrum satívum* L. (Familie *Apiáceae*). Die Frucht zerfällt beim Druck mit dem Finger in zwei Teilfrüchte. In frischem Zustand hat der K. einen unangenehmen, an Wanzen erinnernden Geruch, der beim Trocknen einem angenehmen, aromatischen weicht. Der charakteristische Geruch und Geschmack sind auf den Gehalt an ätherischem Öl (bis 1 %) mit *Koriandrol* als Hauptkomponente, an fettem Öl und an Gerbstoff zurückzuführen. K. wird meist mit anderen Gewürzen zur Verfeinerung des Geschmacks von Pfefferkuchen, Wurstgewürzen, verschiedenen Kohlgerichten, Soßen, zum Einlegen von Gurken sowie zum Aromatisieren von Chutneys, Bier und Likören verwendet; er gehört mit Anis, Fenchel, Kümmel zum sog. → Brotgewürz. → Backgewürz → Currypulver

Koriander, Schwarzer → Schwarzkümmel 2.

Korianderöl: das aus den reifen zerquetschten und getrockneten Früchten des → Korianders durch Wasserdampfdestillation gewonnene ätherische Öl. Die farblose Flüssigkeit besteht aus Koriandrol, Linalool, Geraniol, Borneol u. a., die dem K. den charakteristischen Geruch und Geschmack verleihen. Das K. dient zum Aromatisieren von Likören, Trinkbranntweinen, Backwaren.

Korimochi: ein in Japan übliches Gebäck in Kastenkuchenform aus → Reismehl. → Speisereis → Reis

Korinthe → Rosine

Korinthenersatz → Felsenbirne

Korkfleckigkeit → Stippigkeit

Korlesbeere → Kornelkirsche

Korn: 1. → Roggen → Getreide
2. → Kornbrand

Korn, Ägyptisches → Sorghumhirse

Kornbrand, *Korn:* → Edelbrand, dessen Alkoholgehalt ausschl. aus vergorenen Maischen von Roggen, Weizen oder Gerste gebrannt ist. Zur Herstellung des K. werden die geschroteten Getreidekörner durch Kochen verkleistert und mit Hilfe von Malzschrot (→ Malz) bei 55···60°C im Vormaischbottich verzuckert. Ohne die süße Maische von den Trebern abzuläutern und zur Würze wie bei der Bierherstellung zu verarbeiten, wird die Maische auf 19···23°C abgekühlt und mit Preßhefe in 3 Tagen vergoren. Danach erfolgt unmittelbar das Abdestillieren (Abbrennen) des durch Gärung entstandenen Ethanols. Es wird zunächst ein *Kornrauhbrand* mit 65 Masse-% Ethanol gewonnen, der ein zweites Mal zu *Kornfeindestillat* mit einem Ethanolgehalt von 92,5 Masse-% gebrannt wird. Mittels moderner Destillationsapparate ist es möglich, den Rauhbrand in einem Arbeitsgang zu fraktionieren. Die Fraktionierung muß so geführt werden, daß die Kornfuselöle nur soweit abgeschieden werden, daß die edlen, typisch brotartigen Kornbukettstoffe erhalten bleiben. Für die Reifung der rel. aromastoffarmen Korndestillate liegt die optimale Holzoberfläche je 1 l Destillat bei etwa 70 cm^2. Der Gehalt an Holzinhaltsstoffen sollte in einem guten Lagerkorn im Bereich von 0,2···0,4 g/l liegen. Die Reifung der rel. weichen, neutralen Korndestillate auf Holz dient der Abrundung bzw. Ergänzung durch Holzextraktivstoffe und deren aromatische Abbauprodukte, ohne ein überbetontes holzartiges Geruchsbild des K. zu ergeben. Aus 100 kg Ausgangsmaterial (Roggen und Malz) werden 30···38 l Ethanol gewonnen. Der Ethanolgehalt des K. muß mind. 32 %-Vol. betragen. Ein K. mit einem Ethanolgehalt von 38 %-Vol., der mind. 3 Monate in Eichen- oder Eschenholzfässern gelagert wurde, darf als „Doppelkorn" bezeichnet werden. Es ist unzulässig, mit Primasprit verschnittenen K. als *"Kornbrand-Verschnitt"* zu bezeichnen. Unterarten des K. sind der holländische → *Genever, der engl.* → *Gin* und Whisky. → Edelbrand

Körnchen-Löcherschwamm → *Boletáceae*

Körnchenschwamm → *Boletáceae*

Kornelkirsche, *Herlitze, Direlitzen, Dirlitze, Krakebeere, Korlesbeere, Dürlitze:* Frucht eines schwachwüchsigen Strauches oder kleinen Baumes *Córnus mas* L. (Familie *Cornáceae*), auch *Hornstrauch* oder *Gelber Hartriegel* genannt, der in Hecken und Gebüschen wild vorkommt und wegen der frühen Blüte von Februar bis April auch als Ziergehölz und Bienennährpflanze angebaut wird. In den letzten Jahren wurden durch Selektion gewonnene, großfrüchtige und reichtragende Sorten ('Devin', 'Titus' u. a.) in den Handel gebracht. Die ovale, kirschrote etwa 2,5 cm lange Frucht reift in der Zeit von Aug. bis Okt. Sie schmeckt aber nur in vollreifem Zustand gut und süß-säuerlich, sie kann dann auch frisch verzehrt werden. Die Ernte erfolgt durch Abzupfen oder Abschütteln. Die K. eignet sich zur Herstellung von Kompott, Marmelade, Konfitüre, Gelee und Süßmost. Auch die Konservierung in Zucker und Essig ist möglich. Das in der Türkei verbreitete Fruchtsaftgetränk (→ *Sorbet*) wird u. a. aus K. hergestellt. Zusammensetzung der K. s. Tab.

Zusammensetzung von Kornelkirschen

Bestandteil	Gehalt in 100 g eßbaren Anteils
Feuchtigkeit	81 g
Eiweiß	0,4 g
Kohlenhydrate	14 g
Rohfaser	0,8 g
Pectine	0,5 g
Mineralstoffe	0,5 g
Kalium	260• mg
Magnesium	25 mg
Calcium	35 mg
Eisen	1,3 mg
Phosphor	24 mg
Caroten	0,05 mg
Vitamin B_1	0,02 mg
Vitamin B_2	0,03 mg
Niacin	0,4 mg
Vitamin C	70···90 mg

Körneramarant: Sammelbez. für Amarantarten, deren Kultur der Körnernutzung dient. Dabei handelt es sich um Amarantarten, die in ihrer amerikanischen Heimat zu den ersten in Kultur genommenen Nahrungspflanzen des indianischen Ackerbaus gehören. Ein zweites Großanbaugebiet existiert in Asien, in den Bergländern des Himalaja bis Südchina sowie Afghanistan und Iran. Die Fuchsschwanzgewächse besitzen eine große Ähnlichkeit mit den Gänsefußgewächsen, indem sie einen oberständigen Fruchtknoten mit nur einer grundständigen Samenanlage besitzen, die nüßchenartige oder sich mit einem Deckel öffnende Früchte mit glänzenden Samen hervorbringen, die mit einem ring- bis hufeisenförmigem Keimling versehen sind. Die stärke-, öl- und eiweißreichen Samen beider Pflanzenarten werden in mannigfacher Weise zur menschlichen Ernährung genutzt. Neben der → Brei, → Fladen- und Teigwarenherstellung eignen sich die Amarantkörner vor allem zum Puffen, indem beim Rösten in der Pfanne das Nährgewebe als wattebauschartiges Gebilde aus der Samenschale hervorquillt und sehr wohlschmeckend ist. Als K. werden folgende Amarantarten genutzt: → Gartenfuchsschwanz → Bastardfuchsschwanz → Rispenfuchsschwanz → Roter Fuchsschwanz. → Gemüseamarant → Amarant → Perureis → Körnerfrucht

Körnerfrucht: i. e. S. handelsübliche Sammelbez. für alle als → Getreide oder als → Trockenspeisehülsenfrucht kultivierten Pflanzenarten. Im Gegensatz zu Hülsenfrüchten, die auch als Gemüse (z. B. Gemüsebohne, Gemüseerbse) genutzt werden, bezeichnet man als K. angebaute Hülsenfrüchte auch als *Körnerleguminosen.* I. w. S. alle Pflanzenarten, deren Samenkörner entweder auf Grund ihres Fett- (→ Ölsaaten, z. B. Sesam oder *Senfkörner*) auf Grund ihres Stärke- und/oder Eiweißgehaltes oder auf Grund ihres Gehaltes an ätherischem Öl (z. B. *Körnerdill, Fenchelkörner*) angebaut werden und deren Verwendung im Vergleich zu Gemüse (z. B. Gemüsemais) im Totreifestadium (Reifestadien → Getreide) erfolgt. Hierzu zählen neben *Leguminosen* und als Getreide genutzten Gräsern auch die eßbaren Samen von folgenden Pflanzenfamilien: → Amarant (*Amarantháceae*) → Wassermais (*Nymphǽceae*) → Gänsefuß → Perureis → Kiwicha (*Chenopodiáceae*) → Buchweizen → Knöterich (*Polygonáceae*). → Droge → Sammelgetreide → Mehlfrucht → Körneramarant → Ölfrucht

Körnerleguminose → Hülsenfrucht → Körnerfrucht

Körnermais → Mais → Gemüsemais

Körner-Speisehülsenfrucht → Trocken-Speisehülsenfrucht

Körner-Speiseleguminose → Trocken-Speisehülsenfrucht

Kornkaffee → Getreidekaffee

Kornsalat → Feldsalat

Korntod → Vogelmiere

'Korona' → Beerenobst

Körperfett: das aus den Körpern der Tiere gewonnene Fett (→ Fett, tierisches). Die K. der Landtiere sind reich an Palmitin-, Stearin- und Ölsäure (→ Schweineschmalz, → Rindertalg, → Hammeltalg) bzw. reich an Palmitin-, Öl- und Linolsäure (Körperfette von Vögeln und Nagetieren, z. B. → *Gänseschmalz*). Im Gegensatz dazu stehen die → *Seetieröle*, die durch ihren Gehalt an hochungesättigten Fettsäuren charakterisiert sind. → Fett

Korrinoide → Vitamin B_{12}

Korsholm: fester *Schnittkäse* aus Finnland. → Käsesorten

Kössenbrot → Krustenbrot

Kostarika-Kirsche: die Früchte von *Bunchósia costaricénsis* Rose (Familie *Malphigiáceae*), einer Malphigie, die in den Gärten auf Kostarika kultiviert wird. Die K. wird wie → Acerola verwendet.

Kostroma: Schnittkäse (Typ → Gouda) mit 45% F.i.Tr. aus der ehem. Sowjetunion. → Käsesorten

'Kosui' → Nashi

Kotelett → Schlachtkörperteilstücke

Kottonöl → Baumwollsaatöl

Kovaifrucht: Frucht der kletternden Staude *Coccínia cordifólia* (L.) Cogn. (Familie *Cucurbitáceae*), die in Indien kultiviert wird, aber auch in Sri Lanka und im Malaiischen Archipel vorkommt. Die grünen Früchte werden als Gemüse gegessen.

Kowliang → Sorghumhirse

Kpalugu → Dawadawa

Krabapfel → Holzapfel

Krabapfel, Sibirischer → Holzapfel

Krabbe → Krebstiere

Krabbenbrot, *Kroepok:* eine Mischung aus getrockneten, zerkleinerten Garnelen und Tapiokamehl. Die handtellergroßen, aus dieser Mischung bereiteten Fladen werden in Öl gebacken. Das K. ist knusprig und wird zu Reis als Beikost oder als Cocktailgebäck zu Wein und anderen alkoholischen Getränken verzehrt.

Krabbenerzeugnis → Krebstiere

Krabbensalat → Fischsalat

Krachsalat → Eisbergsalat

Krackbeere → Preiselbeere

Kräcker → Cracker

Kraftbrühe → Fleischbrühe

Kraftfleisch → Corned Beef

Kraftwurz → Ginseng

Krähenfuß, Gemeiner → Schweinekresse

Krähenfußwegerich → Wegerich

Krakauer Brühwurst: → *Brühwurst, Halbdauer-* und *Dauerware* (mittlere Sorte), zu deren Herstellung grobentsehntes und grobentfettetes Schweinefleisch, Rindfleisch, Schweinebauch ohne Knochen, Speck, Schwarten, Nitritpökelsalz und Gewürze eingesetzt werden. Als Wursthüllen dienen Natur- und Kunstdärme. Das Schnittbild zeigt eine rot-weiß gemusterte Masse mit Fleisch- und Fettstückchen (6···8 mm). Der Richtwert für den Energiewert beträgt bei schnittfester K. B. 2050 kJ (620 kcal) je 100 g Wurst.

Krake → Tintenfisch

Krakebeere → Kornelkirsche

Krammetsvogel → Fleischtiere

Krampfkraut → Gänsefingerkraut

Kranbeere → Moosbeere, Großfrüchtige

Kranewittbeere → Wacholderbeere

Krang → Kringel

Kranich → Fleischtiere

Kranichbeere → Preiselbeere → Wacholderbeere

Kranz: eine → Feine Backware in Kranzform aus → Teig oder → Masse. Der K. kann aus *Kuchenteig* bestehen und geflochten sein oder aus → *Mürbeteig* – sog. *Kranzkuchen,* meist mit *Zuckerglasur* überzogen –, aus *Sandmasse* (→ Volleimasse) – → *Frankfurter Kranz* – aber auch aus → *Plunder-,* oder → *Blätterteig* hergestellt sein. → Kuchen → Mohngebäck → Stollen → Briochegebäck → Flechtbackware

Kranz, Frankfurter: ein kranzförmiges Gebäck aus Sandmasse. Nach dem Backen wird der → Kranz mit zwei Schichten Butterkrem versehen, mit Krokant bestreut oder an der Oberfläche garniert. → Volleimasse

Kranzfeigen → Feige

Kräpfel → Krapfen

Krapfen, *Kräpfel, Kreppel, Dalken, Beignet* (der): ein gefülltes → Fettgebäck in Form eines Hakens aus Hefe-, Mürbeteig oder Brandmasse. Die kleinen, abgestochenen Masse- oder Teigstücke oder in Teig gewälzte Früchte, Fleisch-, Gemüse- oder Fruchtstücke (z. B. *Apfelkrapfen, Rosinenkrapfen, Ananaskrapfen*) werden in erhitztem Fett gebakken, anschließend in Zucker gewälzt und entweder heiß oder kalt verzehrt.

Krappfarbstoff → Farbstoffe

Krapp-Purpur → Farbstoffe

Krasnodar: *Hartkäse* mit 50% F. i. Tr. aus der ehem. Sowjetunion. → Käsesorten

Kratokbohne → Limabohne

Kratzbeere → Brombeere

Krause Glucke → *Sparassidáceae*

Krauseminze: 1. Sammelbez. für kultivierte *Crispa-Formen* verschiedener → Minzarten (Familie *Lamiáceae*), deren gekräuselte Blätter (*curly mint*) im frischen oder getrockneten Zustand zum Würzen, zur Minzölgewinnung und für → teeähnliche Erzeugnisse verwendet werden. Hierzu gehören a) die in Europa, Asien, Nordafrika, Amerika und Australien kultivierte *Bach-* oder *Wasserminze, Méntha aquática var. críspa* (L.) Benth., b) die *Roßminze, M. longifólia var. críspa* Benth., c) die → *Bergamott-Minze, M. piperíta var. citráta* (Ehrh.) Brig., eine krausblättrige Variante der → Pfefferminze, und d) die *Echte K.* (s. unter 2.), *M. spicáta var. críspa* (Benth.) Danert.

2. *Echte K., Méntha spicáta var. críspa* (Benth.) Danert.

3. *Ährenminze, Spearmintminze, Grüne Roßminze, M. spicáta var. spicáta* L., eine weltweit kultivierte, auch verwildert vorkommende Minze, die in Gärten als → Küchenkraut (insbes. zur Bereitung von → Minzsoßen) und im großen Umfang zur Minzölgewinnung zwecks Aromatisierung von Kaugummi und Zahnpasta angebaut wird. Die Hauptkomponente ist Carvon. → Ingwerminze → Pfefferminze → Okroschkakwaß, Weißer

Krauseminze, Echte → Krauseminze 2.

Krauseminzöl: das aus den frisch getrockneten Blättern und blühenden Zweigspitzen verschiedener Krauseminzarten durch Wasserdampfdestillation gewonnene ätherische Öl. Die farblose, gelblich bis grünlichgelbe Flüssigkeit enthält Carvon, Limonen, Cineol, Phellandren u. a. Das K. dient zum Aromatisieren von Likören, Zuckerware und Kaugummi. → Krauseminze

Kräusen: Bez. für Jungbier (→ Bier), das sich in intensiver Gärung befindet und zur besseren Nachgärung auch anderen Biersorten zugesetzt wird.

Krausesalat → Pflücksalat

Krauskohl → Grünkohl

Kraut: 1. ein aus dem reinen Saft von Obst (→ Obstkraut) oder Gemüse hergestelltes gelee- oder sirupartiges Erzeugnis, das in der Regel zu Brotaufstrich verwendet wird. Die für die Verarbeitung zu K. bestimmten Obstarten, Zuckerrüben *(Rübenkraut),* Möhren, Topinambur und dgl. werden mit Wasser über freiem Feuer oder ohne Wasser (unter Verwendung von Dampf) gekocht und dann ausgepreßt. Der gewonnene Saft wird stets ohne Zuckerzusatz zu einem dicken → Sirup eingekocht. Die meisten Krautarten erstarren beim Erkalten geleeartig. Das K. unterscheidet sich vom → Mus dadurch, daß es keine Pflanzenfaserstoffe enthält. → Gallert
2. → Kopfkohl
3. Gewächs mit nie verholzendem Stengel.
4. Blätterwerk grüner Pflanzen, z. B. *Suppenkraut.*
5. Syn. für Spinat, Mangold und Sauerkraut.

Kräuterbitter → Trinkbranntwein

Kräuterbonbon → Bonbon

Kräuterbündel → Suppenkraut 2.

Kräuterbutter: *Butterzubereitung* aus durch Buttereikultur gesäuerter Sahne unter Zusatz eines Kräutergemisches, frisch oder gefroren, thermisch behandelt, ferner Knoblauchpulver, Speisesalz und Wasser. Der Gehalt an Kräutergemisch beträgt etwa 4,2 % und an Salz 1,3 %. Der Energiewert liegt bei etwa 2850 kJ (680 kcal) je 100 g K.

Kräuter der Provence, *Herbes de Provence:* eine Kräutermischung aus frischem Rosmarin, Oregano, Thymian, Basilikum und Salbei. Wird diese Mischung industriell hergestellt, dann besteht sie nur aus getrockneten Teilen dieser genannten Pflanzen.

Kräuter-Dressing: ein → Essig-Öl-Dressing (meistens aus einem Teil wasserlöslicher Flüssigkeit, wie Wasser und Essig und zwei Teilen Öl) aus gartenfrischen Kräutern unter Zusatz von Zwiebeln und etwas Knoblauch.

Kräuterfischerzeugnis → Anchosen

Kräuterfischwaren in Öl → Ölpräserven

Kräutergeist → Obstgeist

Kräuterheringspaste → Fischpaste

Kräuterkäse, *Zigerkäse (Ziegerkäse):* aus vergorenem Ziger (Molkeneiweiß) unter Zusatz von Speisesalz und pulverisierten Kräutern (z. B. *Zigerklee, Petersilie) als Magerkäse* hergestellter *Sauermilchkäse* für Reibzwecke. Während der 4 bis 6 Wochen dauernden Reifung bekommt der K. durch Buttersäuregärung seinen typischen pikant-würzigen Geschmack. Der K. kommt in fester (reibfähiger, z. B. → Glarner Kräuterkäse), geriebener (streufähiger Form) oder auch in Kremform (geriebener K. mit Butter vermischt) in den Handel.

Kräuterkäse, Westfälischer → Hopfenkäse

Kräuterquarkgewürz: eine → Gewürzmischung aus Basilikum, Estragon, Fenchel, Majoran, Melisse, Petersilie, Gewürzpaprika, Zwiebelpulver und Speisesalz.

Kräutersaft, *Pflanzensaft:* aus frischen Pflanzen oder Pflanzenteilen, auch Pflanzenmischungen durch Herauslösen der Wirkstoffe (Pflanzenextrakt) gewonnene Lösungen bzw. → Säfte, die zur Verlängerung der Haltbarkeit einen geringen Alkoholzusatz haben und zu den → Gesundheitspflegemitteln gerechnet werden. Zu den K. zählen z. B. *Petersilien-, Zinnkraut-, Hagebutten-, Brunnenkresse-* und *Birkensaft* (auf Grund ihrer harntreibenden Wirkung gegen Blasen- und Nierenleiden), ferner *Löwenzahn*- und *Wacholdersaft* (stoffwechselfördernd), *Mistelsaft* (gegen Altersbeschwerden), *Johanniskraut-, Melisse*- und *Baldriansaft* (zur Nervenberuhigung), *Huflattich-, Salbei*- und *Spitzwegerichsaft* (schleimlösend und hustenlindernd), *Schafgarben*- und *Weißdornsaft* (kreislaufunterstützend), *Wermut-, Kalmus*- und *Angelikasaft* (magenstärkend). Die K. sind kühl, jedoch frostgeschützt aufzubewahren. Zw. den K. und den Gemüsesäften gibt es fließende Übergänge; die K. können teilw. auch zu den *Wildgemüsesäften* gezählt werden. → Mazerat

Kräutersalz → Gewürzsalz

Kräutertee: ein → teeähnliches Erzeugnis aus einer oder mehreren Kräuterarten (*Kräutermischung*). Neben einer allg. Verwendung von K. als Morgengetränk (z. B. *Frühstücks-Kräutertee*) oder als Erfrischungsgetränk (säuerlich schmeckender *Früchtetee*) wird der K. auch zur Unterstützung des Heilprozesses verschiedener Krankheiten (*Heilkräutertee*) getrunken. Bei der Herstellung von K. aus einer Pflanzenart werden vielfach die gleichen Kräuter angewendet wie bei → Kräutersäften. Ein Unterschied zw. K. und *Kräutersäften* besteht lediglich darin, daß es sich bei Kräutersäften um Frischpflanzenauszüge handelt, während sich beim K. der Verbraucher einen Auszug durch Abkochen oder Aufguß selbst herstellen muß. Zu den K. aus einzelnen Pflanzen zählen z. B. Pfefferminztee, Fencheltee, Matetee. Zu den K. aus einer Pflanzenmischung zählt der sog. *Haustee* neben den *Arzneitees* (Rheuma-, Husten-, Beruhigungstee), die zu den → Gesundheitspflegemitteln zählen.

Kräuterwein: → weinhaltiges Getränk, hergestellt aus Traubensaft, Prismasprit, Zucker, Zuckercouleur, Citronen- oder Weinsäure unter Verwendung von würzenden Stoffen, wie Kräutern oder Auszügen von Kräutern, außer Wermutkraut, das der Herstellung von → Wermutwein dient. Zu K. gehören die *Bitterweine,* der in Großbritannien beliebte *Ingwerwein* und der sizilianische *Amarena.* → Aperitifwein

Krautgewürz → Küchenkraut

Krautleberwurst → Grobleberwurst

Krautrübe → Kohlrübe

Kreatin, *α-N-Methylguanidinoacetat:* charakteristischer Bestandteil des Muskels, vorwiegend als Kreatinphosphat vorliegend, der neben ATP als Energiespeicher zur Verfügung steht. K. wird aus den Aminosäuren Arginin und Methionin synthetisiert. 2 % des K. werden täglich im Muskel in das unverwertbare und harnpflichtige *Kreatinin* umgewandelt. Die täglich ausgeschiedene Kreatininmenge steht in engem Zusammenhang mit der Muskelmasse des Körpers.

Kreatinin, *2-Imino-1-methylimidazolidin-4-on:* eine Guanidinbase, Bestandteil von Fleischextrakt.

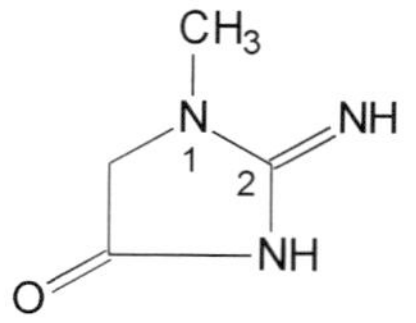

Das im tierischen Organismus durch nicht-enzymatische Umwandlung aus Kreatinphosphat entstehende K. wird über die Niere ausgeschieden. Molmasse 113,12 g/mol. K. bildet farblose Kristalle. F. 305°C (Zers.), löslich in Wasser und Ethanol, unlöslich in Ether. In Fleischbrühwürfeln müssen mind. 0,45 % natives K. nachweisbar sein. Der Nachweis wird anhand der Rotfärbung geführt, die bei Einwirkung von wässriger Pikrinsäure und Natronlauge entsteht.

Krebapfel → Holzapfel

Krebsbutter: Zubereitung aus Butterfett und Extrakten von gekochten Krebsen, Krebsteilen oder Krebsmehl, auch unter Zusatz von Pflanzenfetten und Gewürzen. K. dient als Würze zur Bereitung von Suppen und Soßen.

Krebstiere, *Crustácea, Krustentiere:* außerordentlich vielgestaltige Klasse meist wasserbewohnender kiemenatmender Gliedertiere (*Articuláta*), aus welcher bisher nur die Ordnung der

Zehnfußkrebse (*Decapóda*) Bedeutung für die menschliche Ernährung gewonnen hat (Bild).

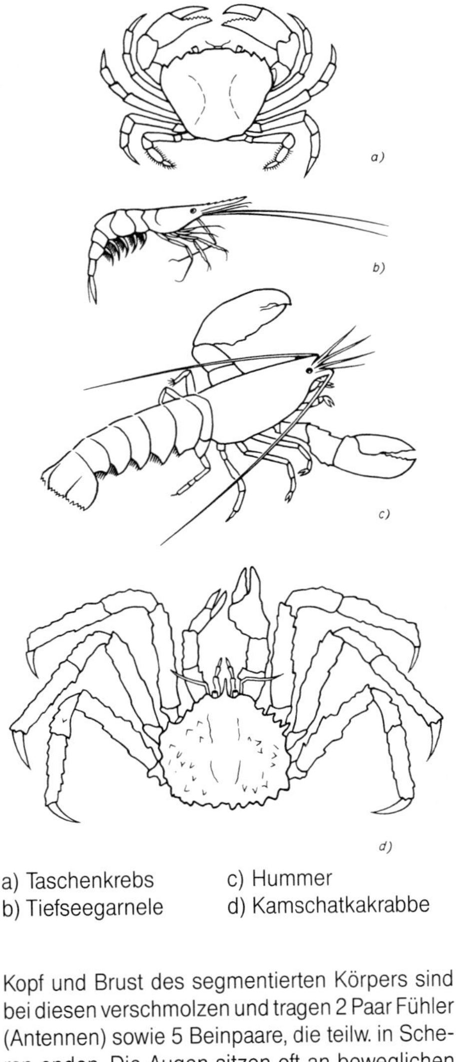

a) Taschenkrebs
b) Tiefseegarnele
c) Hummer
d) Kamschatkakrabbe

Kopf und Brust des segmentierten Körpers sind bei diesen verschmolzen und tragen 2 Paar Fühler (Antennen) sowie 5 Beinpaare, die teilw. in Scheren enden. Die Augen sitzen oft an beweglichen Stielen. Nach der Körperform lassen sich leicht 3 Hauptgruppen unterscheiden. Die *Garnelen* haben einen seitlich zusammengedrückten Körper und einen langen Hinterleib mit Schwimmfüßen und deutlichem Schwanzfächer. *Languste, Hummer* und *Flußkrebs* haben einen zylindrischen Körper, und ihre reduzierten Schwimmfüße dienen nur noch zur Unterstützung der Atmung. Die Langusten haben keine Scheren, die beiden anderen Familien je eine an den ersten drei Beinpaaren. Die *Krabben* werden durch ein stark verbreitetes Kopfbruststück charakterisiert, unter das der verkleinerte Hinterleib eingeklappt ist. Sie tragen ein Paar Laufbeine sichtbar, das fünfte ist reduziert. Es ist zu beachten, daß im deutschen Sprachgebrauch Garnelen häufig ebenfalls als „Krabben" bezeichnet werden. Der Weltfang an K. betrug 1980 bis 1985 jährlich etwa 2,6 Mio t und gliedert sich auf in: Garnelen 1600 kt, Langusten, Hummer 100 kt, Krabben 800 kt und Süßwasserkrebse 100 kt. Der bekannteste Vertreter der Garnelen ist in Deutschland die 5···7 cm, höchst. 9 cm lange *Nordsee-* oder *Sandgarnele, Granat (Crangon, crangon)* – volkstümlich, aber biologisch unzutreffend *„Nordseekrabbe"* genannt. Sie besiedelt Sand- und Schlickböden der europäischen Küsten vom Weißen bis zum Mittelmeer und der Ostsee. Von den 40 kt Jahresfang entfallen knapp 20 kt auf Deutschland. Je 1 kg rechnet man etwa 700 Nordseegarnelen. Weit weniger Bedeutung haben die im Mittel 6 cm lange *Ostseegarnele, auch Stein-* oder *Dorngarnele (Leánder adspérsus = Paláemon squílla)* sowie die *Säge-* oder *Felsengarnele (Paláemon serrátus)*. Sie sind von Südnorwegen bis zum Mittelmeer verbreitet und werden im französischen Sprachraum als *crevette rosé* gehandelt. Im Nordatlantik wird in größeren Tiefen die leuchtend rote, rund 12 cm lange *Tiefseegarnele, Pándalus boreális (Hummergarnele, „Norwegische Krabbe")* gefangen, wobei über 60···100 kt Jahresfang vor allem in Grönland und Norwegen erreicht werden. Die wirtschaftlich wichtigsten Garnelenbestände finden sich jedoch in tropischen Meeren (*Penáeus*-Arten, *Geißelgarnelen*). Der bekannteste Krebs ist der *Hummer, Homarus gámmarus (Hómarus vulgaris)*, ein Höhlenbewohner steiniger Küsten zw. Norwegen und Schwarzem Meer von 35 cm, höchst. 90 cm Länge. Von dieser Art werden nur noch etwa 2 kt gefangen, von dem verwandten *Amerikanischen Hummer*

(*Hómarus americánus*) dagegen über 30 kt. Der etwas kleinere *Kaisergranat, Néphrops norvégicus* (*Norwegischer Hummer, von* 12···14 cm, höchst. 17···22 cm Länge) wird namentlich bei Island und an den westeuropäischen Küsten mit über 40 kt gefangen. In niedrigeren Breiten haben verschiedene *Langustenarten* (*Palinúrus-, Panulíris*-Arten) sowie der etwas abgeflachtere *Bärenkrebs* (*Scylláridae*) größere lokale Bedeutung (USA, Kuba, Südafrika, Australien). Der Edel- oder Flußkrebs, *Ástacus ástacus,* ist durch Krankheiten und Wasserverunreinigungen in den europäischen Binnengewässern selten geworden. Er wird stellenweise durch den aus Nordamerika eingeführten *Orconéctes limósus* (*Amerikanischer Flußkrebs*) ersetzt. Wichtiger ist noch der etwas größere *Galizische Krebs* (*Astacus leptodáctylus*), den die Türkei exportiert (6000 *t).* Unter den krabbenähnlichen *Steinkrabben* ist die *Kamtschatka-* oder *Königskrabbe* (*Paralithódes camtschática, engl. King crab*) aus dem Nordpazifik durch ihre Größe bedeutsam: max. Spannweite 12 cm, Körperbreite 18···23 cm, durchschnittl. Masse 5···6 kg. Die *Südliche Königskrabbe* wird vor Südamerika gefischt. Unter den echten Krabben sind die nur etwa 10 cm großen *Dreieckskrabben* oder *Seespinnen* (*Maja squinado*) in westeuropäischen Gewässern von Bedeutung. In arktischen und antarktischen Randmeeren werden die Eismeerkrabben *Chionoecetes*-Arten, engl. *Queen crab, Snow crab, Tanner crab*) gefischt. In den USA wird eine 20 cm breite bläulich-grüne Schwimmkrabbenart (*Callinéctes sápidus, engl. Blue crab*) industriemäßig zu Konserven verarbeitet (60···100 kt). Bes. in Westeuropa werden die in der Strandzone zw. Nordkap, Nordafrika und Schwarzem Meer verbreitete, etwa 6 cm breite Strandkrabbe, *Cárcinus máenas* (franz. *crabe vert*), und der nach Norden nur bis zu den Lofoten vorkommende 10 cm 20 cm, höchst. 20 cm 30 cm große Taschenkrebs, *Cancer pagúrus,* gern gegessen (Jahresfang um 20 kt). Ebenso hoch ist der Fang der verwandten Art *Cancer magister* (engl. *Dungeness crab*) an der amerikanischen Pazifikküste. Krebse, Garnelen und Krabben zählen zu den am meisten gefragten und teuersten Fischereiprodukten. Ihr meist weißes Fleisch ist von zartfester Konsistenz, typischer Struktur und mildem, etwas süßem, spezifischem Eigengeschmack. Muskelextrakte von Hummern und Garnelen enthalten freies Glycin und Prolin, die wahrscheinlich den süßen Grundgeschmack verursachen. Im Fettanteil des Hummers sind keine Polyenfettsäuren vorhanden. So treten im Aroma keine Aldehyde der Autooxydation auf. Die Verwertung erfolgt in Gaststätten und Haushalten vorwiegend zu Salaten und Cocktails, in Ländern mit hohem Aufkommen in großem Umfang auch als Fleischbeilage zu Hauptmahlzeiten. Hinsichtlich ihres ernährungsphysiologischen Wertes sind K. als wertvoll einzuschätzen (s. Tab. S. 835).

Einem hohen Gehalt an hochwertigem Eiweiß steht ein sehr geringer Fettgehalt gegenüber. Im Gegensatz zu den Fischen enthalten K. Kohlenhydrate in Form von Glycogen. Der Gehalt an stickstoffhaltigen löslichen Stoffen (bes. freie Aminosäuren) liegt deutlich über dem der Knochenfische. Der Anteil an Vitaminen und Mineralstoffen ist dem der → Fische ähnlich. K. stellen bes. leicht verderbliche Lebensmittel dar und dürfen deshalb nur lebend oder in verschiedener Form konserviert, zumindest jedoch gekocht, gehandelt werden. Tote Tiere oder solche mit nur schwachen Lebensreaktionen gelten als verdorben. Der *p*H-Wert des frischen Fleisches liegt bei 7 oder schwach im Alkalischen, steigt aber sehr schnell auf höhere Werte (um *p*H 9) an. → Melanosis. - Als Lebensmittel wird das Fleisch des Schwanzes, z. T. auch der Brust und bei größeren Tieren der Scheren (z. B. Hummer) bzw. der Beine (Kamtschatkakrabbe) verwendet. Dazu werden die Tiere gekocht, manuell oder maschinell geschält und von den ungenießbaren Anteilen befreit. Dieser aufwendige Prozeß führt, je nach der Art der K., zu 20···40% Fleischausbeute. Abfälle werden zu Futtermehl verarbeitet. Krebse und Garnelen werden in folgenden Formen gehandelt:

a) lebend, z. B. Hummer oder Flußkrebse;

b) gekocht, zum unmittelbaren Verbrauch bestimmt; z. B: *„Speisegarnelen“, „Speisekrabben“* – aus an Bord gekochten und gesiebten (nach Größe sortierten) Garnelen (Granat), auch unter

Zusammensetzung und Energiewert des Fleisches verschiedener Krebsarten

Bestandteil	Durchschnittl. Gehalt je 100 g eßbaren Anteils				
	Krill div. Arten in g	Garnelen div. Arten in g	Hummer in g	Kamtschatka-krabbe in g	Flußkrebs in g
Wasser	77,0···81,0	69,6···84,8	75,6···85,2	80,1···82,8	81,2···86,0
Eiweiß	11,5···16,5	16,2···22,7	14,0···21,6	14,4···19,0	13,9···16,0
Fett	1,5··· 4,0	0,1··· 3,2	0,5··· 3,4	0,2··· 1,4	0,3··· 0,6
Kohlenhydrate	1,0··· 6,5	0,3··· 4,9	0,1··· 0,8	2,4	(1)
Mineralstoffe	2,5··· 4,0	1,2··· 7,2	1,2··· 3,4	1,3··· 2,2	1,2··· 1,3
Energiewert je 100 g eßbaren Anteils in kJ	270···500	300···630	280···540	310···440	280···340
in (kcal)	(65···120)	(73···150)	(67···130)	(75···106)	(68···80)
davon aus Eiweiß	210···290	300···420	260···400	260···350	250···290
	(50···70)	(71···100)	(62···95)	(63···84)	(61···70)
Richtwerte für den Energiewert je 100 g eßbaren Anteils in kJ	420	440	420	380	310
in (kcal)	(100)	(105)	(100)	(90)	(75)

Zusatz von Konservierungsmitteln, gekochte Hummer, gekochte Flußkrebse;
c) als → Präserven, die unter Zusatz von Konservierungsmitteln begrenzt für etwa 3 Monate haltbar gemacht und kühl zu lagern sind, z. B. „*Krabben*" – aus frischen geschälten Speisegarnelen, „*Krabben in Aspik*" (analog → Fischwaren in Aspik), Krabbenpasten, Krabbenklöße, Krabbenwurst, Krabben in Mayonnaise (Krabbensalat), „Krebsschwänze" – aus abgekochten Flußkrebsen herausgelöst, vom Darm befreit, in Aufgüssen –, „Krebsscheren" – von abgekochten Flußkrebsen abgelöst, in Salzlösung;
d) als Konserven, die meist nur auf 100°C oder wenig höher erhitzt werden, z. B. in Salzlösungen („naturell") oder in verschiedenen Aufgüssen eingelegte Langusten, Kamtschatka-Krebse („Crab Meat"), Hummer, Tiefseehummer (Kaisergranat), Taschenkrebse und Garnelen sowie e) als Gefriererzeugnisse, z. B. ungekochte, ganze Garnelen oder Hummer, ungekochte Langusten- und Krebsschwänze, geschälte, ungekochte oder gekochte Garnelen, auch paniert, gekochtes Krebsfleisch.
In den oberen Schichten der Ozeane leben große Mengen kleiner, 1···2 cm langer K., die nicht der Ordnung der Zehnfußkrebse angehören. Die Fangmöglichkeiten werden auf jährlich 1,4 Mio kt geschätzt. Von den als „Krill" bezeichneten Ansammlungen von *Euphausíden* in der Antarktis, die auch den Walen als Nahrung dienen, wurden durch die ehem. Sowjetunion und Japan 1980 über 400 kt gefangen und größtenteils zu Nahrungsmitteln verarbeitet. Fang und Nutzung sind ökonomisch bzw. technologisch problematisch. Die Zusammensetzung des Fleisches ähnelt der anderer Krebstiere.

Kreienbeere → Ebereschenbeere

Kreivi: *Schnittkäse* aus Finnland vom Typ → Tilsiter mit 45 % F. i. Tr. → Käsesorten

Krem, *Creme, Lebensmittelkrem, Lebensmittelcreme:* eine Masse, die undurchsichtig, dickflüssig, weder elastisch noch zäh, noch gallertartig, nicht oder nur wenig standfest ist, demzufolge gegenüber Formveränderungen nur wenig Widerstand bietet, ihren Zustand auch bei mäßiger Wärmeänderung nicht einbüßt, streichbar ist, aus mehreren Stoffen besteht, jedoch keine sich im Munde bemerkbar machenden groben, festen Teilchen enthält. Das deutsche Wort K. ist im 18. Jh. aus dem franz. *créme* entstanden, das sich aus dem griech. *cremor* (dicker Saft) und dem lat. *chrisma* (Salbe) herleitet. Die Bez. K. wird für zahlreiche Zubereitungen benutzt, deren Name sich entweder vom Verwendungszweck (z. B. *Kremglasur, Krempulver, Konditoreikrem*), von der Bestimmung als Füllmaterial (z. B. *Krempraline, Kremschokolade*) oder von der Beschaffenheit (z. B. *Kremeis, Kremlikör, Kremsuppe, Kremspeise*) ableitet. Der Wortteil „Krem-" oder „Creme-" wird bei Lebensmitteln entweder zur wertneutralen Beschreibung des physikalischen Zustandes benutzt (z. B. *Fruchtkrem, Fettkrem, Salatcreme*) oder als wertgebender Hinweis aufgefaßt, indem (insbes. bei Produkten unter Verwendung von Milchfetterzeugnissen) man den qualitätserhöhenden Effekt gegenüber gleichartigen Lebensmitteln ohne Wortteil „Krem-" zum Ausdruck bringen will, z. B. *Cremesuppe, Kremwaffel, Creme fraîche* (Sauerrahm mit 30 % Fett). Die Bez. K. hat auch für technische und pharmazeutische Produkte Geltung; hier herrscht die Schreibweise „Creme" vor. → Soße → Fondantmasse

Krembruch: bei der Herstellung von *Kremschokolade* anfallender Bruch, der lose verkauft werden kann.

Krem, Deutsche: eine in der Bäckerei und Konditorei übliche Bez. für eine leichtverderbliche → Krem aus Trinkwasser (50···60 %), Butter oder Margarine (20···35 %), Weizenpuder (7···11 %), Zucker (5···11 %) und ggf. Milchpulver sowie Aroma- und Farbstoffen. Die Herstellung der D. K. erfolgt durch Kochen einer Grundkrem (*Kochkrem*), der geschlagene Margarine oder Butter zugemischt werden oder mit *Krempulver,* das nach Anrühren mit Wasser zum Füllen oder Garnieren von Feinbackwaren verwendungsfertig ist. Die D. K. wird bei der Herstellung verschiedener → Feinen Backwaren verwendet.

Krem, Französische → Kremglasur

Kremgebäck: Sammelbegriff für alle Konditoreierzeugnisse (→ Feine Backwaren), deren geschmacklich hervortretende Substanz aus *Krem* besteht. Für die Herstellung von Kremartikeln können Butter, Margarine oder ein geeignetes Pflanzenfett verwendet werden. Oft läßt sich im Geschmack eine Krem aus Margarine oder Pflanzenfett von einer Krem aus Butter nicht unterscheiden, da die Schaumträger, wie Eier oder Puddingmasse sowie Zucker und Geschmacksstoffe, die charakteristischen Geschmacksmerkmale des Fettes überdecken können. Die Bez. *Butterkrem* darf nur bei Verwendung von Butter geführt werden, wobei aus technologischen Gründen ein Zusatz von höchst. 15 % (bezogen auf den Fettanteil der Krem) ungehärtetes Pflanzenfett (z. B. *Kokosfett*) erlaubt und nicht deklarationspflichtig ist. Höhere Zusätze an Pflanzenfett schließen eine Bez. als *Butterkremgebäck* grundsätzlich aus. Aus ernährungsphysiologischen Erwägungen dürfen zu Butterkrem nur ungehärtete Pflanzenfette zugesetzt werden, auf keinen Fall Margarine oder Hartfett. *Emulgierte Krem* stellt eine Kremmasse zum Füllen oder Auftragen mit nur 3···4 % Fettgehalt dar, die mit Gelatine abgesteift ist. Sie ist lockerer, bekömmlicher als die inzw. weniger beliebte Butterkrem und wird als Nuß-, Orangen-, Ananas-, Erdbeer- und Schokoladenkrem hergestellt. Für die Herstellung von K. können drei Arten von Krems verwendet werden: a) *Deutsche Krem* (eine Art Puddingkrem, die jedoch bei höheren Temperaturen leicht säuert), b) *Pariser* oder *Französische* Krem (diese enthält einen Zusatz von aufgeschlagener Eiermasse und säuert nicht so leicht), c) *Italienische Krem* (dem schaumig gerührten Fett wird eine warme Baisermasse untergerührt; sie ist längere Zeit haltbar, auch *Dauerkrem* genannt). Mit Krem oder Butterkrem als Füllung werden z. B. hergestellt: Erzeugnisse aus → Volleimassen (z. B. Kremschnitten, Dessertschnitten und die vielen Kremtorten mit z. B. Nuß-, Schoko-, Kirschgeschmack u. dgl.), gefüllte Brandmassenerzeugnisse (Zitronenringe, Eclair → Brandmasse) usw. → Sahnegebäck → Schnitte → Torte → Dessertstück → Füllstoff → Krem, Deutsche → Kremglasur → Krem, Italienische

Kremglasur, *Butterkrem, Französische, Krem* : eine leichtverberbliche geschlagene → Fettkrem aus Butter oder Margarine (40···50 %), flüssigem Eiklar, Zucker (25 %) und Trinkwasser (25 %). → Glasur → Krem → Aufschlagmittel

Kremeis → Speiseeis

Krem, Italienische: eine leichtverderbliche → Fettkrem aus Butter oder Margarine (40···50 %), Vollei und Zucker (25 %).

Krempling, Goldblättriger → *Boletáceae*

Krempling, Kahler: zur Familie → *Tricholomatáceae* zählender gefährlicher Giftpilz. → Pilzgifte

Krempraline → Praline

Kremschokolade → Schokolade, gefüllte

Kremspeisepulver: ein *Süßspeisepulver,* dessen konsistenzgebende Bestandteile bereits in kalter Flüssigkeit vollständig quellen und nach dem Anrühren verzehrsfertig sind. Die mit K. bereiteten Speisen sind im Vergleich zu Flammeri (→ Pudding) aus kochfertigem Puddingpulver nicht stürzfähig. → Puddingpulver

Kremstaler Käse: nach Romadurart bereiteter, vor allem in Deutschland hergestellter Weichkäse. → Käsesorten

Kreosol → Phenole

Kresol → Phenole

Kresse: Sammelbez. für scharf bis brennend schmeckende, krautige, teils kultivierte, teils gesammelte Pflanzen aus unterschiedlichen Familien. K. enthält Senföle, Säureamide oder andere Scharfstoffe und wird vorwiegend frisch, zur Bereitung von → Salaten verwendet. Zu den Kressearten können gerechnet werden: → *Brunnenkresse,* → *Gartenkresse,* → *Kapuzinerkresse,* → *Parakresse, Winterkresse* (→ *Barbarakraut, s. unter 2.),* → *Breitblättrige K.,* → Löffelkraut, → *Virginische K.,* → *Schweinekresse* und *Pfennigkresse* (→ *Akkerhellerkraut*). Andere scharf schmeckende, krautige Pflanzen sind → Rauke, → Doppelsame, → Mauerpfeffer, → Hirtentäschel und → Wiesenschaumkraut. → Thiocyanate → Scharfstoffgewürz → Senföle

Kresse, Brasilianische → Parakresse

Kresse, Breitblättrige, *Dittander, Pfefferkraut:* die in Europa, Asien und an der Nordsee kultivierte → Kresse, *Lepídium latifólum* S. (Familie *Brassicáceae*).

Kresse, Französische → Parakresse

Kresse, Virginische, *Rochiwari:* die in Mittel- und Nordamerika sowie in Europa als → Blattgemüse kultivierte → Kresse, *Lepídium virginícum* L. (Familie *Brassicáceae*).

Kren → Meerrettich

Kreng → Kringel

Krengel → Kringel

Kreppel → Krapfen

Kressefeige → Papaya

Kretzer → Flußbarsch

Kreuzbaum → Rizinus

Kreuzkümmel → Mutterkümmel

Krevetten, franz. *crevette:* Sammelbez. für verschiedene Garnelenarten.

Krickente, *Anas crecca* → Wild

Krieche → Haferschlehe

Krietschpflaume → Schlehe

Krill → Krebstiere

Krillprotein: Protein aus dem 1···2 cm langen, in den Meeren der Antarktis lebenden Krebs. Krill enthält etwa 13···18 % Protein. K. ist hinsichtlich des Gehaltes an essentiellen Aminosäuren biologisch hochwertig (s. Tab. S. 838).
Neben dem K. sind auch die Vitamine A, Thiamin, Riboflavin, Niacin und B_6 von Interesse. Dennoch

Aminosäurezusammensetzung und biologische Wertigkeit von Krillfleisch im Vergleich zu Rindfleisch

Aminosäuren in g/16 g Stickstoff	Rindfleisch	Krillfleisch (Paste)
Isoleucin	5,06	5,04
Leucin	8,23	7,59
Lysin	9,30	8,20
Methionin	2,41	3,07
Cystin	1,38	1,67
Phenylalanin	3,94	4,74
Thyrosin	3,50	4,87
Threonin	4,12	5,12
Tryptophan	1,17	1,21
Valin	5,68	5,67
Netto-Protein-Verwertung NPU (net protein utilization)	79	76

ist der Einsatz von K. in der menschlichen Ernährung wegen des hohen Fluor-Anteils im Krillfleisch problematisch. Eine weitere verarbeitungstechnische Schwierigkeit ist die im Krill nachweisbare, bei niedrigen Temperaturen wirksame → Proteinase, die eine hohe Verderbsanfälligkeit zur Folge hat. → Krebstiere

Kringel, *Beugel, Kreng, Krang, Krengel:* ein Weizengebäck in Ringform. Das Wort K. kommt von *kringla* (altnordisch), das Kreis, also kreisförmiges Gebäck bedeutet. Auch die → Brezel zählt dazu und wird in manchen Gebieten als K. bezeichnet, ebenso das als → Beugel bezeichnete Gebäck. Der K. wird mit glatter oder bestreuter Oberfläche (*Salzkringel, Mohnkringel* usw.) hergestellt. Je nach Teigbeschaffenheit spricht man z.B. von *Eierkringel,* und aus *Brandmasse* hergestellte K. werden als *Spritzkuchen* bezeichnet. In einer Reihe aufgehängte K. sind *Schibletten* oder *Schibuletten.* K. aus Hefeteig schmecken auf Grund des erhöhten Krustenanteils aromatisch und verfügen über eine feste, aber rösche Struktur. Sie werden in Polyethylenbeuteln angeboten und sind somit für Wochenend- und Campingverpflegung geeignet. Man kann diese leicht brechen und ohne Belag verzehren, aber auch aufschneiden und bestreichen.

Krispies → Nährmittel → Imbißerzeugnis

Kristallisationshilfsmittel, *Kristallisierhilfsmittel:* im wesentlichen Anregekristalle die den erwünschten Kristallisationsvorgang bzw. das Entstehen gewünschter Kristallformen beschleunigen. Beispiele hierfür sind die Zugabe von Puderzucker zu einer metastabilen übersättigten Rohzuckerlösung bei der Zuckergewinnung, die Herstellung von nicht klebendem Speisesalz oder die gezielte Kristallisation der Kakaolipide (Kakaofette) beim Conchierprozeß bei der Schokoladenherstellung. Im Gegensatz dazu verwendet man z. B. Invertase, um das Auskristallisieren von Saccharose bspw. bei Pralinenfüllungen zu verhindern.

Kristallkraut → Eiskraut

Kristallmeerespflanze, Japanische → Meereskristalle, Japanische

Kristallsalz → Speisesalz

Kristallzucker: Zuckersorte mit deutlich wahrnehmbaren Kristallen, die als Streuzucker verwendet wird. Man unterscheidet nach der Körnung *Hagelzucker, Grobkristall-* (grobkörnig), *Sand-, Grieß-* oder *Granulatzucker* (mittlere Körnung) und *Kastorzucker* (feinkörnig). → Zucker

Kroatzbeer-Fruchtsaftlikör → Blackberry-Brandy

Kroatzbeerlikör: ein Fruchtsaftlikör. → Brombeerlikör

Krobongo → Faltenkürbis

Kroepoek → Krabbenbrot

Krokant: Gemenge aus karamelisierten Zuckerarten und mindestens 20 % zerkleinerten, gerösteten süßen Mandelkernen, Nußkernen u. a. zugelassenen Stoffen. Ein nur als K. bezeichnetes Erzeugnis kann süße Mandeln, Haselnuß- und/oder Walnußkerne enthalten. Sorten sind *Nußkrokant* (Haselnuß- oder Walnußkerne), *Mandel-*

krokant, Kaschukrokant, Erdnußkrokant und *Kokoskrokant.* Fruchtkrokant enthält Trocken- oder Dickzuckerfrüchte und Kerngut. Nach der Konsistenz unterscheidet man *Hartkrokant* (hart und knusprig), *Weichkrokant* (weiche Konsistenz durch Zusatz von Milch, Stärkesirup, Honig und Rohmasse), *Mürbekrokant* (ähnlich dem Weichkrokant, aber brüchig) und *Blätterkrokant* (enthält anstelle von Kerngut 50% Nuß- oder Nougatmasse, die im Wechsel mit dem geschmolzenen Zucker in Schichten übereinandergezogen und zusammengeschlagen wird, wodurch ein blättriges Gefüge entsteht). Für alle Krokantsorten ist der Zusatz von Farbstoffen, Konservierungsmitteln, Geruchs- und Geschmacksstoffen verboten, außer Vanillin und Ethylvanillin. Der K. dient oft als Füllung für verschiedene Süßwaren, z. B. → Pralinen. → Karamel

Krokantschokolade: eine Schokolade mit Krokant in deutlich wahrnehmbaren Stücken. → Schokolade → Süßware → Kakaoerzeugnis

Krokettenmehl: eine weitgehend vorbereitete Mischung (Halberzeugnis) aus gemahlenen Trokkenspeisekartoffeln, Kartoffelstärke, Trockenmilch, ggf. Eipulver und Speisesalz zum Zubereiten von Kartoffelkroketten. Das handelsübliche Erzeugnis wird 10 min mit Wasser zu einem Teig ausgequollen; daraus werden Bällchen geformt und max. 2 min in heißem Öl goldgelb gebacken. Der Verbraucher spart Schälen und Zerkleinern der Kartoffeln, die Bereitung des Teiges und das Panieren (50% des Arbeitsaufwandes) ein. Bei schonender Trocknung der Kartoffeln kann der Vitamin-C-Verlust in Grenzen gehalten werden. Andere Nährwertverluste treten nicht auf. → Kartoffel → Kartoffelveredlungsprodukt

Kronfleisch: muskulöser Anteil des *Zwerchfells* (*Pars musculáris*) der schlachtbaren Haustiere. K. gelangt entweder als Kochfleisch in den Handel oder wird in Wurst verarbeitet. → Schlachtabschnitte

Kronpiment: eine minderwertige Pimentart, die von dem Bayrumbaum *Piménta racemósa* (Mill.) J. W. Moore (Familie *Myrtáceae*) gewonnen wird. → Piment → Bay-Blätter

Kronrhabarber → Rhabarber

Kronsardinen → Marinaden

Kronsbeere → Preiselbeere

Kronsillinge → Marinaden

Kropfnoxen, *Stoffe, Kropf erzeugende, Goitrogene:* Stoffe, die eine Vergrößerung der Schilddrüse bewirken. Bei häufigem Genuß von K. wird das aufgenommene Jod der Synthese des Schilddrüsenhormons Thyroxin entzogen. Ein Mangel an diesem Hormon wiederum führt zur unnatürlichen Vermehrung des Schilddrüsengewebes. Zu den K. gehören vor allem die → *Senfölglycoside* und deren Hydrolyseprodukte, insbes. das → *Goitrin, das* L*-5-Vinylthiooxazolidon, der Allylthioharnstoff* der *Benzylthioharnstoff, Rhodanide* aber auch das Glycosid *Arachidosid* der Erdnuß, verwandte Anthocyane der Bitteren Mandel, der Kaschunuß (*Anacárdium occidentále* L.) und der Betelnuß (*Aréca cátechu* L.) sowie noch nicht identifizierte Substanzen in der Sojabohne, der Zwiebel und der Cassava (*Mánihot esculénta* Crantz). Eine Gefahr für den Menschen besteht nur bei knapp bemessener Jodzufuhr und regelmäßigem, reichlichem Genuß dieser Lebensmittel mit K. → Giftstoffe in pflanzlichen Lebensmitteln

krosch → Knusprigkeit

kroß → Knusprigkeit

Krotzbeere → Brombeere

Krüllschnitt → Rauchtabak

Krulsalat: Sammelbez. für neue holl. → Pflücksalatsorten, die aus einer Kreuzung zw. → Eichenblatt- und Kopfsalat hervorgegangen sind. Die buschig geformten Stauden besitzen gekrauste, knackige Blätter von gutem Geschmack und verbesserten Resistenzeigenschaften. Bisher gibt es eine rote Sorte 'Raisa RZ' und eine grüne Sorte 'Krizet RZ', die beide gegen bestimmte Mehltaupilzstämme und Viren sowie Wurzelläuse widerstandsfähig sind. Im Freiland werden diese schoßfesten Sorten Ende März bis Mitte Juli ausgesät und nach dem Pikieren 30 x 30 cm ausgepflanzt; 60···70 Tage nach dem Auspflanzen sind sie erntereif. Im Vergleich zu Kopfsalat besitzt 'Raisa RZ' 96 % mehr Caroten und 8 % mehr Vitamin C. 'Krizet RZ' weist 86 % mehr Caroten und 16 % mehr Vitamin C als Kopfsalat auf. Im Vergleich zu → Eissalat fallen die Ergebnisse noch günstiger aus: 'Raisa RZ' besitzt 113 % und 'Krizet RZ' 102 % mehr Caroten, der Vitamin-C-Gehalt liegt um 62 % bzw. 79 % höher.

Krümel → Brösel

Krumenstabilisatoren → Stabilisierungsmittel

Krummhals → Ochsenzunge

Krummhalskürbis → Drehhalskürbis

Kruska: eine nach Vorschrift des Schweden *Are Waerland* zusammengesetzte → Getreidenahrung aus Roggen, Weizen, Hafer, Hirse, Gerste, die im Haushalt aus frisch geschroteten Körnern oder aus einem kochfertigen Handelsprodukt unter Zusatz von Trockenfrüchten bereitet wird. → Mehrkornbrot → Getreidefrühstückskost

Krustenbrot, *Kössenbrot:* ein mürbes oder hartsplittriges → Flachbrot mit aromaintensivem, brotähnlichem, leicht säuerlichem Geschmack und ohne elastische Krumenbeschaffenheit. Zu K. kann jeder Teig verarbeitet werden; die Lockerung wird wie bei Laibbrot mit Hefe oder Sauerteig vorgenommen, so daß eine sichtbare Porung entsteht. Nach der erforderlichen Teigruhe wird das Brot zu Teigstreifen ausgewalzt (3···13 mm Dicke), auf Gare gestellt und bei 150°C etwa 1 h gebacken, so daß der Feuchtigkeitsgehalt etwa 8 % beträgt. Je nach verwendeten Rohstoffen (Vollkorn- oder helles Mehl, Wasserteig oder Zusatz von Milchpulver, Fett, Zucker und Gewürzen, Hefe oder Sauerteig als Lockerungsmittel) und je nach Dicke des Teigstreifens kann das K. von unterschiedlichem Aroma und entweder hartsplittrig oder von mürber Beschaffenheit sein. Aus Roggensauerteig hergestellte, hauchdünne Scheiben werden infolge ihres deutlich hervortretenden Eigenaromas auch unbelegt vielfach als → Imbißerzeugnis zu alkoholischen Getränken gereicht.

Krustenkandis: ein → Kandiszucker der durch Zerkleinern von dicken, braunen Kandiskrusten gewonnen und als Bonbon oder zum Süßen von Hausmitteln und Getränken verwendet wird.

Krustentiere → Krebstiere

1-Krypton → Ketone

Kryptoxanthin → Farbstoffe

Kubajute, *Queenslandhanf:* die in tropischen Gebieten Asiens, Afrikas, Australiens kultivierte *Sída rhombifólia* L. (Familie *Malváceae*), deren Blätter in Indien als → teeähnliches Erzeugnis (*Mauritiustee*) und in Mittel- sowie Südamerika einschließlich der jungen Triebe als Gemüse genutzt werden.

Kuban: Hartkäse mit 50 % F. i. Tr. aus der ehem. Sowjetunion kommt. → Käsesorten

Kuba-Rum → Edelbrand

Kubaspinat → Winterportulak

Kubeben → Kubebenpfeffer

Kubebenpfeffer, *Stielpfeffer:* die getrockneten, unreifen Steinfrüchte (*Kubeben*) des auf den Inseln des Indischen Archipels heimischen, kletternden, bis 6 m hohen Strauches *Píper cubéba* L. (Familie *Piperáceae*). Der K. ähnelt den Pfefferkörnern, jedoch ist der untere Fruchtteil stielförmig (5···10 mm lang) ausgebildet. Dem aromatischen, scharfen Geschmack folgt ein leicht bitterer Nachgeschmack. K. dient verschiedentlich zum Aromatisieren von bestimmten Zigaretten, Magenlikören, Würzsoßen und ist Bestandteil des *Pfefferkuchengewürzes.* → Pfeffer

Kubebin → Cubebin

Kubi → Balady-Brot

Kuchen: Sammelbegriff für alle aus → Teigen oder → Massen bestehenden → *Feinen Backwaren,* die vor dem Verzehr in Schnitten (*Schnittkuchen*) oder Stücke (*Stückkuchen*) geschnitten werden. Die K. werden entsprechend ihrer Form eingeteilt in flache, sog. *Blechkuchen,* und in hohe, sog. *Formkuchen* und *Kastenkuchen, je* nachdem, ob eine → Masse oder ein → Teig auf einem Blech oder in einer Kasten-, Asch- bzw. Schlüssel-, Napf- oder Topfform gebacken wird. Bei Formkuchen wird der Geschmack durch die im Teig oder in der Masse befindlichen Zutaten bestimmt (z. B. Früchtekuchen, Schokoladenkuchen). Bei Blechkuchen wird der Teig 3···10 mm dick ausgerollt und anschließend belegt, bestreut oder bestrichen (hierbei verleiht die *Auflage* oder der *Belag* dem K. den typischen Geschmack). Bei sog. *nassem K.* bzw. *Naßkuchen,* der eine feuchte Auflage, z. B. Quark, Obst (z. B. Apfel-, Heidelbeer-, Stachelbeer-, Pflaumenkuchen) oder Krems, erhält, werden leichtere, fettärmere Teige verwendet, da diese widerstandsfähiger gegen schwere Auflagen sind. *Trokkenkuchen* werden dagegen aus fettreicheren Teigen hergestellt, um eine weiche, mürbe Krume mit kurzem, zartem Abbiß zu erzielen. Sog. *altdtsch. K.* ist ein Formkuchen mit dicker Kruste. Ein länglichovaler K. wird als *Stollen* oder *Stolle* bezeichnet. Als *Dessertkuchen* wird ein bes. gehaltvoller (z. B. *Englischer Früchtekuchen*) oder in kleinen Stükken (*Petit fours*) als Dessert (Nachtisch) gereichter K. bezeichnet. Je nach der Verpackung, in der der K. hergestellt und gleichzeitig verkauft wird, unterscheidet man *Assietten-* bzw. *Folienkuchen, Glasflaschen-* bzw. *Flaschenkuchen* oder *Dosen-* bzw. *Büchsenkuchen.* Der *Dauer-* bzw. *Konservenkuchen* gelangt in Form von *Dosen-* oder *Flaschenkuchen* oder als *gefrorener K.* bzw. *Gefrierkonservenkuchen* in den Handel. → Dauerbackware → Rührkuchen → Sandkuchen → Blechkuchen

Kuchenbrötchen → Brötchen

Kuchendressing → Lebensmittelaerosol

Kuchen, Englischer, *Früchtekuchen, Englischer Früchtekuchen:* ein sehr gehaltvoller → Kuchen aus Sandmasse mit vielen Dickzuckerfrüchten, vielfach mit einer Biskuitdecke umhüllt und in Kastenform gebacken. Der E. K. kommt in dicke Scheiben geschnitten und in Klarsichtfolie verpackt in den Handel und wird auch als *Dessertkuchen* bezeichnet. Auf Grund seines hohen Gehaltes an Früchten bleibt die Krume rel. lange Zeit saftig. Der E. K. zählt zu den → Feinen Backwaren mit verlängerter Haltbarkeit.

Kuchenfertigmehl, *Kuchenmehl:* ein → backfertiges Mehl zur Herstellung bestimmter Kuchenarten. Das K. wird in verschiedenen Varianten mit genau festgelegten Verarbeitungshinweisen gehandelt. K. wird aus folgenden Roh- und Zusatzstoffen hergestellt: Weizenmehl W 405 und/oder W 550, wahlweise auch Stärke und Weizengrieß W 550. Als Zusatzstoffe können Zucker, Vanillezukker, Süßungsmittel, Siedespeisesalz, Backpulver, Ammoniumhydrogencarbonat, Mager-, Vollmilchpulver, Eigelb-, Eiklar-, Kakaopulver, Aromen, Gewürze, Sultaninen, Mandel-, Nußkerne, Zitronat, Orangeat, Natriumhydrogencarbonat, saures Natriumpyrophosphat verwendet werden. Die Kleinverbraucherpackung darf nur mit dem Inhalt versehen sein, der zur Herstellung eines Kuchens ausreicht. Auf der Verpackung darf nur das Gebäck abgebildet sein, für das die Herstellungsvorschrift angegeben ist. Die Haltbarkeit beträgt bei günstigen Lagerungsbedingungen (Temperaturen bis 18 °C und 65 % rel. Luftfeuchte) mind. 6 Monate. → Auszugsmehl

Küchengewürz: ein sich vom *Wurz* bzw. *Wurzelwerk* ableitender Begriff, bei dem es sich um die Nutzung aromaintensiver Pflanzenspeicherorgane handelt, die in der Küche zur geschmacklichen Aufwertung von Speisezubereitungen dienen. Hierzu zählen z. B. Petersilienwurzel, Knollensellerie, Möhren, Meerrettich, die Speicherorgane aller *Allium*-Arten (Zwiebeln), einschl. Porree. Die K. werden vorzugsweise roh, aber auch als → Suppengewürz in getrockneter Form, insbes. zur Bereitung von Gemüsebrühen, verwendet; auch die Trockenpilze gehören dazu. Die zw. K. und → *Küchenkraut* getroffene Begriffsabgrenzung durch Unterteilung in krautige Pflanzenteile (Küchenkräuter) und Speicherorgane (Küchengewürz), fällt bei dem Begriff → Suppenkraut, wo es sich ausschl. um Gemüsearten handelt, die zur Extraktgewinnung bestimmt sind, weg. Bei *Suppenkraut* wird vom Verbraucher eine Kombination aromaintensiver Pflanzenteile in Portionspackung erwartet, die sowohl Speicherorgane (Wurzeln, Knollen, Zwiebeln) als auch Assimilationsorgane (Blätter) enthält. Dies hat zur Folge, daß im allg. Sprachgebrauch keine klare Abgrenzung bzw. Unterscheidung zw. den Begriffen *Küchenkraut, K.* und *Suppenkraut* getroffen wird.

Küchenkraut, *Würzkraut, Krautgewürz:* Sammelbegriff für meist einheimische, aromaintensive, krautige Pflanzen und Pflanzenteile (Blüten, Blätter, junge Triebe), die zu den Gemüse-, Gewürzpflanzen aber auch → Wildkräutern zählen können und dazu bestimmt sind, vorwiegend im frischen, aber auch im getrockneten Zustand Lebensmittel und Lebensmittelzubereitungen als → Würzmittel geschmacklich zu verbessern. Die frischen K. sind meist reich an Vitaminen (z. B. in 100 g Zitronenmelisseblättern sind bis zu 100 mg Vitamin C und bis zu 6 mg Caroten enthalten) und an Aromastoffen, die während des Trocknungsvorganges stark schwinden können (z. B. bei → Kerbel). Zu den K. werden folgende Pflanzenarten gezählt - aus dem Gemüsepflanzensektor: Blattpetersilie, Blattsellerie, Gemüsefenchelblatt (Grünstreusel), Pastinakblatt, Zwiebelblatt (grüne Lauchanteile), Portulak; aus dem Gewürzpflanzensektor: Estragon, Basilikum, Beifuß, Borretsch, Bohnenkraut, Dill, Liebstöckel, Kresse, Kerbel, Lavendel, Majoran, Melisse, Origanum, Pfefferminze, Pimpinelle, Rosmarin, Salbei, Schnittlauch, Thymian, Ysop; aus dem Wildkräutersektor: Ampfer (Gartenampfer, Kleiner, Ampfer, Wiesenampfer), Ackersenf, Barbarakraut, Feldthymian, Bibernelle, Bärwurz, Löffelkraut, Kümmelblatt, Scharbockskraut, Sauerklee, Tripmadam, Wiesenschaumkraut usw. Die K. werden nicht ausschl. in der Küche bei der Speisenzubereitung, sondern auch in der Suppen-, Soßen-, Fisch-, Fleisch- und Spirituosenindustrie verwendet.

Küchenkräuter mit kochsalzeinschränkender Würzwirkung → Pflanzen mit kochsalzeinschränkender Würzwirkung

Kuchen, marmorierter → Marmorkuchen

Kuchenmehl → Kuchenfertigmehl → Auszugsmehl

Kuchenteiggebäck → Feinbackware → Hefeteig

Küchenzwiebel → Lauch → Zwiebel 3.

Kücken-Antidermatis-Faktor → Pantothensäure

Kuckucksbrot → Waldsauerklee

Kuckucksrochen → Rochen

Kudzu, Indische: in Indien wildwachsender oder kultivierter Hülsenfrüchtler, *Puerária tuberósa* (Roxb. ex Willd.) DC. (Familie *Fabáceae*), dessen süßschmeckende Wurzelknollen roh oder gekocht verzehrt werden.

Kuehnerromýces mutábilis → *Strophariáceae* → Speisepilze → Würzpilze → Kulturpilze

Kugel → Schlachtkörperteilstücke

Kugelweizen, Indischer, *Indischer Zwergweizen:* ein → Weizen, *Tríticum sphaerocóccum Percival* (Familie *Poáceae*), dessen vorwiegendes Anbaugebiet in Indien und Pakistan rückläufig ist. Zuweilen findet sich der I. K. auch noch im indischen Saatweizen, mit dem er nach Iran, Irak, Marokko verschleppt worden ist.

Kugi → Moschusrose

Kuh → Fleischtiere

Kühbacher Käs: *Weichkäse* nach Limburger Art, in Oberbayern hergestellt. → Weichkäse → Käsesorten

Kuhbaum: 1. → Capomo
2. Lechero

Kuhblume → Löwenzahn

Kuhbrotnußbaum → Lechero

Kuherbse → Chinabohne

Kuhhornkleesamen → Bockshornkleesamen

Kuhkalb → Fleischtiere

Kühlhausei → Ei

Kühlkost → Speise, tischfertige

Kühlmittel: Kältemittel, die in flüssigem oder festem Zustand in direktem Kontakt mit dem einzufrierenden Produkt gebracht werden und dadurch Temperaturerniedrigung bewirken. Angewendet werden hauptsächlich gekühltes Wasser und Eis. Stärkere Kühlung erreicht man mit → Kontaktgefriermitteln.

Kühlsirup → Hitzegetränk → Rochafza

Kuhmaul → *Gomphidiáceae*

Kuhmilch → Milch

Kuhmuß → Ackerschachtelhalm

Kuhpilz → *Boletáceae*

Kukicha-Tee: ein coffeinarmer → Tee, der im Vergleich zum → Banchatee nicht aus den Blättern, sondern aus den Zweigen und Stämmen des Teestrauches in Japan gewonnen wird.

Kukuruz → Mais

Kukussa: Sammelbegriff für in Afrika, bes. in Marokko, übliche Teigwarenarten, die aus Weizen-, Gersten-, Hirse- oder Maisschrot hergestellt werden.

Kulebjaka → Pirogge

Kulör → Zuckercouleur

Kultur-Champignon → Kulturpilze

Kulturemmer → Wildemmer

Kulturen, milchwirtschaftliche → Starterkulturen → Spezialkulturen → Aromakulturen

Kulturhefe → Hefe

Kulturheidelbeere, *Gartenheidelbeere, Weißblühende Heidelbeere, Nordische Hochbuschbeere, Wortelbeere:* Frucht einer um 1908 in Nordostamerika ausgelesenen, großfrüchtigen Form der Art *Vaccínicum corymbósum* L. (Familie *Ericáceae*), in die mehrere Arten, wie *V. lamárckii, Camp., V. austrále* Small und *V. angustifólium* Airt eingekreuzt worden sind, so daß man bei der K. von *V.-corymbósum-Hybriden* spricht, die in vielen Sorten gehandelt werden. Das Fruchtfleisch der K. ist hell und nicht färbend. Die Sträucher werden bis 1,50 m hoch und die mitunter kleine Kirschengröße erreichenden Früchte zeigen im Vergleich zu wildwachsenden (→ Wildheidelbeeren) Heidelbeeren festere Struktur, bleiben daher länger frisch und sind besser transportfähig. Auch werden die *wildwachsenden Heidelbeeren* durch die K. in bezug auf Gelierfähigkeit des Saftes - der sich erst beim Kochen durch die Schalenfarbe dunkelrot färbt - und im Gehalt an Zucker übertroffen. Die K. sind jedoch im Vergleich zu den wildwachsenden Heidelbeeren ärmer an Mineralstoffen, weisen einen niedrigeren Vitamin-C-Gehalt auf (je 100 g enthält die K. 0,10 g und die wildwachsende Heidelbeere 0,19 g Vitamin C) und lassen das würzige Aroma der wildwachsenden Heidelbeeren vermissen (Tab.).

Zusammensetzung und Energiewert der Kulturheidelbeere

Bestandteil	Durchschnittl. Gehalt in 100 g eßbaren Anteils	
Feuchtigkeit	84	g
Eiweiß	0,6	g
Fett	0,6	g
Kohlenhydrate	13,3	g
Rohfaser	1,2	g
Mineralstoffe	0,3	g
Kalium	65	mg
Phosphor	9,1	mg
Eisen	0,74	mg
Natrium	1,0	mg
Calcium	10	mg
Magnesium	2,4	mg
Mangan	0,035	mg
Kupfer	0,011	mg
Vitamin B_1	0,02	mg
Vitamin B_2	0,02	mg
Folsäure	0,008	mg
Vitamin B_6	0,06	mg
Niacin	0,4	mg
Vitamin C	20	mg
Energiewert in kJ (kcal) je 100 g	250 (60)	

Die K. werden gleichermaßen wie die Wildheidelbeeren verwendet.

Kulturkirsche → Süßkirsche

Kulturlöwenzahn → Blattsalat

Kulturobst → Obst

Kulturpilze, *Zuchtpilze:* Speisepilze, die unter optimierten Entwicklungs- und Wachstumsbedingungen und mit unterschiedlichem Nährsubstraten kultiviert werden können. Die Kultur von Speisepilzen ist schon vor rund 2000 Jahren in Japan und China praktiziert worden. Vermutlich war es der heute noch in Ostasien beliebteste Speisepilz, der *Shiitakepilz* [*Lentínus edódes* (Berk.) Sing. = *Cortinéllus berkeleyánus* Ito et Imai] oder eine ähnliche Art. In Europa wurde als erster Pilz der *Zweisporige Egerling* oder *Kultur-Champignon* [*Agáricus bísporus* (Lge.) Imbach = *A. horténsis* (Cke.) Imai] kultiviert. Im Jahre 1986 wurde an ihm eine Welternte von rund 1,2 Mio t erreicht. In kleineren Mengen werden heute mit Erfolg verschiedene Seitlingsarten (*Pleurótus* spec.), darunter der *Austernseitling* [*Pleurótus ostreátus (Jacq. ex Fr.) Kumm.*] mit einer geschätzten Welterzeugung bis zu 7500 t und der *Kalbfleischpilz (Pleurótus pulmonárius „Florida"*), der *Rotbraune Riesenträuschling* oder *Kulturträuschling (Strophária rugósoannuláta* Farlow), der *Schopftintling* oder *Spargelpilz* [*Cóprinus comátus* (Müll. ex Fr.) Pers.] kultiviert, von denen es inzwischen auch eine Vielzahl von Zuchtsorten gibt.

Weltweites Produktionsvolumen von Kulturpilzen 1987 in t (nach W. Hunte u. K. Grabbe)

Kulturchampignon	etwa 2 Mill.
Shii-Take-Pilz	180 000
Reisstroh-Scheidling	65 000
Samtfußrübling	65 000
Austernseitling	40 000
Ohrlappenpilze spp.	12 000
Gallertpilze spp.	3 000

Erfolgversprechende Domestikationsversuche gibt es auch mit dem *Stockschwämmchen* [*Kuehnerómyces mutábilis* (Schaeff. ex Fr.) Sing. et Smith], dem *Violetten Rötelritterling* [*Lepísta núda* (Bull. ex Fr.) Cke.], dem Champignonartigen *Großen Anis-Egerling* [*Agáricus macrocárpus* (Moell.) Moell.], *Anis-Champignon (A. arvénis* Schaeff.), *Gelbverfärbenden* oder *Sommer-Champignon* [*A. aestivális* (Moell.) Pil.], *Breitschuppigen-Wald-Champignon* [*A. lánipes* (Moell. et J. Schiff.) Sing.] und *Stadt-Egerling* [*A. bitórquis* (Quel.) Sacc.], dem *Hallimasch* [*Armillária polymýces* (Pers. ex S. F. Gray) Sing. et Clém.], der *Bartkoralle* oder dem *Ästigen Stachelbart* [*Hericium clathroídes* (Pallas ex Fr.) Pers. = *Drýodon coralloídes* (Scop. ex Fr.) Karst.], dem *Graublättrigen Schwefelkopf* [*Hypholóma capnoídes* (Fr. ex Fr.) Kumm.], dem *Südlichen Ackerling* [*Agrócybe cylandrácea* (DC. ex Fr.) Mre.], dem *Frühen* oder *Frühlings-Ackerling* [*Agrócybe prǣcox* (Pers. ex Fr.) Fayod], dem *Safran-Schirmpilz* [*Mácrolepióta rhacódes* (Vitt.) Sing.], dem *Riesen-Schirmpilz* [*M. prócera* (Scop. ex Fr.) Sing.], dem *Rosablättrigen Schirmpilz* [*Leucoagáricus leucothítes* (Vitt.) S. Wasser], dem *Winter-* oder *Samtfußrübling* [*Flammúlina velútipes* (Curt. ex Fr.) Karst.], dem *Nameko-Pilz* [*Pholióta naméko* (T. Ito) S. Ito et Imai], dem in weiten Gebieten Afrikas und Indiens kultivierten *Paddystroh-Pilz, Reisstroh-Scheidling* oder *Schwarzstreifigen Scheidling* [*Volvariélla volvácea* (Bull. ex Fr.) Sing.].

Die japanische Jahresproduktion des Shiitakepilzes beträgt mehr als 2000 t dieser getrockneten Pilze. Er wird auf Laubholzknüppeln von Arten der Gattungen *Quércus* (Eichen), *Castánea* (Kastanie) und *Castanópsis* (Scheinkastanie) gezüchtet. Neuerdings wird er auch in Europa, getrocknet oder in Dosen konserviert, gehandelt und dient zum Würzen von Suppen, Soßen und Pasteten. Unter den einzuhaltenden Kulturbedingungen sind neben einem geeigneten Nährsubstrat bes. Temperatur und rel. Luftfeuchte von Bedeutung. Als Nährsubstrat dienen je nach Pilzart bzw. -sorte u. a. Stammabschnitte frisch eingeschlagenen oder abgelagerten Holzes, Holzabfälle (Schnitzel), Späne, Mehl, Rinde sowie Laub und Nadeln von Birke, Buche, Eiche, Pappel, Fichte, Kiefer, weiterhin Stroh (Roggen, Weizen, Reis), Heu, Maisspindeln u. a. Pflanzenabfälle, Stalldung, Torf und gegenenfalls als Nährzusatz Harnstoff, Malzextrakt, Weizenextrakt, Sojamehl, Luzernemehl, Glucose-

Pepton u. a. Es gibt auch bereits Zuchterfolge von Speisemorcheln (*Morchélla esculénta* L. ex ST.-AM.) auf gekochten Maiskörnern.
Die Haltbarkeit der Zuchtchampignons wird durch Braunwerden der Fruchtkörper und Öffnen der Lamellen begrenzt. Frisch geerntete Champignons sind nach schneller Abkühlung bei einer rel. Luftfeuchte von etwa 85% bei −1···0°C maximal 8 Tage, bei 0···1°C 4 bis 5 Tage und bei 3°C nur 2 bis 3 Tage lagerfähig. → Pilzwirkstoffe → Speisepilze

Kulturpreiselbeere → Moosbeere, Großfrüchtige

Kultursalat → Blattsalat → Salatgemüse → Blattgemüse → Gartensalat

Kultur-Träuschling → Kulturpilze

Kumarin → Cumarin

Kumaringlykoside → Cumaringlycoside

Kumbapfeffer → Guineapfeffer 3.

Kumin → Mutterkümmel

Kumis-Kuching → Katzenschwanzbart

Kümmel: 1. die reifen, getrockneten Spaltfrüchte eines in Eurasien beheimateten, in Europa, der ehem. Sowjetunion und in den USA angebauten zweijährigen Doldengewächses, *Cárum cárvi* L. (Familie *Apiáceae*), die 3···7 mm lang, 1,5···2 mm breit, sichelförmig, an beiden Enden zugespitzt, dunkelbraun und mit 5 gelblichen Hauptrippen versehen sind und meist in die Teilfrüchte zerfallen. Der charakteristische Geruch und Geschmack sind auf den Gehalt an ätherischem Öl (5···7%) mit *Carvon, Limon* u. a. Terpenderivaten sowie an fettem Öl (bis 12%) und *Tannin* zurückzuführen. K. gehört zu den beliebtesten einheimischen Gewürzen. Er dient zum Würzen von Kartoffeln, Kohlgerichten, roten Rüben, Quark, Käse (→ Kümmelkäse), Sauerkraut, Suppen und Soßen, in der Bäckerei als → Brotgewürz (Kümmelbrot, Kümmelbrötchen, Kümmelstangen). Für Speisezwecke werden auch die jungen Blätter und Triebe verwendet. Man stellt aus ihnen Salate und Beilagen zu Fleisch- und Fischspeisen her. Die gut gewaschenen Wurzeln werden in der ehem. Sowjetunion als Suppeneinlage verwendet. Die Blätter enthalten bis zu 200 mg Vitamin C und die Wurzeln bis zu 60 mg Vitamin C je 100 g. Das → Kümmelöl wird zum Aromatisieren von Likör und Branntwein (Kümmellikör, Allasch u. a.) verwendet. Verschiedentlich wird K. mit den Früchten des *Giersches, Knollenkümmels*, des *Schwarzkümmels* und des *Mutterkümmels* verwechselt aber auch verfälscht.
2. gesüßter → Trinkbranntwein. Eine Berliner Spezialität ist der *„Berliner Kümmel"*, der in einer achtkantigen, dunkelgrünen Flasche gehandelt wird. Der Alkoholgehalt beträgt 40%-Vol., der Extraktgehalt wird durch Zuckerzusatz auf 200 g/l eingestellt.

Kümmelbrot → Brot, aromatisiertes

Kümmelkäse: aus Kuhmilch unter Zusatz von Kümmel in Stangen- oder auch in runder Form hergestellter *Weichkäse* nach Romadurart mit 10% F. i. Tr. K. hat eine gelb-braune bis rötliche Oberfläche mit Schmierebildung. Der Teig ist weiß bis gelblich, geschlossen und schnittfähig. Geruch und Geschmack sind würzig und pikant. → Weichkäse → Käsesorten

Kümmellikör: Gewürzlikör von wasserheller bis gelblicher Farbe, hergestellt unter Verwendung von Kümmeldestillaten, Kümmelöl (→ Carvon) und verschiedenen Gewürzen, insbes. Koriander, Anis, Fenchel, Zimt, Nelken und Ingwer. Sorten s. Tab.

Kümmelliköre: Sorten, Ethanol- und Gesamtextraktgehalt

Sorte	Ethanolgehalt in %-Vol.	Gesamtextraktgehalt in g/l
Allasch	38	350···400
Kümmellikör	32, 35, 40	220···300
Getreide-Kümmellikör	38	220···350

→ Likör

Kümmelöl: das aus dem reifen und getrochneten Früchten des Kümmels durch Wasserdampfdestillation gewonnene ätherische Öl. Die farblose bis leicht gelbliche Flüssigkeit besteht aus 50···60%

Carvon, außerdem enthält es Carveol, Limonen, Perillaalkohol und Diacetyl und wird hauptsächlich in der Spirituosenindustrie sowie Käserei verwendet. → Kümmel

Kümmel, knolliger → Erdeichel

Kümmel, Römischer → Mutterkümmel

'Kumoi' → Nashi

Kumquat, *Zwergpomeranze, Zwergorange, Zwergzitrone, Kinoto, Kleine Goldorange:* Sammelbez. für kleine, orangefarbene, dekorative, kugelige oder ovale pflaumengroße Früchte der dornigen Sträucher a) *Ovalkumquat Fortunélla margaríta* (Lour.) Swingle und b) *Marumi-Kumquat F. japónica* (Thunb.) (Familie *Rutáceae*), die in China und Japan sowie anderen *Citrus*-Anbaugebieten kultiviert werden. Die dünne, eßbare Schale schmeckt süß, das aus 4 oder 5 Segmenten bestehende Fruchtfleisch ist leicht säuerlich. Die K. werden frisch verzehrt oder zu Konfitüren verarbeitet, auch konserviert oder kandiert. 100 g Saft enthalten 40···52 mg Vitamin C. 100 g Fruchtfleisch weisen 0,7 g Eiweiß, 0,3 g Fett, 18 mg Calcium und 49 mg Phosphor auf. Die verbreitetste Art ist *Fortunélla margaríta* (Lour.) Swing. *(Nagami, Naranjilla)*. Zweige mit Früchten werden in den USA als Weihnachtsdekoration benutzt. Die K. bildet mit *Citrus*-Arten eine Reihe von ziemlich kälteresistenten Hybriden: *Limequats (Fortunélla spec.* x *Citrus aurantifólia)*, *Orangequats (Fortunélla spec.* x *Citrus reticuláta)*, *Citrangequats* [*(Poncírus trifoliáta* x *Citrus sinénsis)* x *Fortunélla spec.*] u.a. Diese Hybriden, außer *Orangequat,* sind sauer und nur für die Verarbeitung zu Marmelade geeignet. Wirtschaftlich haben nur *Limequats* eine gewisse Bedeutung. Teilw. werden die Hybriden als Veredelungsunterlage für *Citrus*-Arten verwendet. → Zitrusfrucht

Kumulationsgifte → Giftstoffe in pflanzlichen Lebensmitteln → Schadstoffe

Kumys: ursprünglich im Kaukasus und in Turkestan mit Hilfe von *Bactérium bulgáricum* und einer Torulopsis-Hefe ausschl. aus Stutenmilch (heute auch aus Kuh- oder Ziegenmilch) durch Milchsäuregärung und alkoholische Gärung hergestelltes *Sauermilcherzeugnis* (bis 1 % Ethanol). Der K. dient vor allem in der ehem. Sowjetunion als diätetisches Lebensmittel. → Sauermilcherzeugnis.

Kunav → Sorghumhirse

Kundebohne → Chinabohne

Kundu hori → Hirsegetränk

Kunela → Feldthymian

Kunerle → Thymian 8.

Kunstbutter → Margarine

Kunstgewürz → Gewürzersatz

Kunsthonig, *Invertzuckercreme:* eine durch Inversion von *Saccharose* hergestelltes, meist aromatisiertes und gefärbtes Erzeugnis, das in seinen sensorischen Eigenschaften dem *Bienenhonig* ähnlich ist und stets *Oxymethylfurfurol* enthält. Zur Herstellung von K. wird eine etwa 75%ige Zuckerlösung meist mit Schwefelsäure oder Salzsäure (auch Phosphorsäure, Kohlensäure, Ameisensäure, Milchsäure, Weinsäure oder Citronensäure) in dampfbeheizten Kesseln, die mit Rührwerken ausgestattet sind, invertiert und anschließend mit Natriumcarbonat oder Calciumcarbonat neutralisiert. Zur Bereitung von K. kann dem so entstandenen Invertzucker i. allg. noch bis zu 20 % Stärkezucker zugesetzt werden. Einem K., der durch enzymatische Inversion mit Invertase hergestellt ist, muß Oxymethylfurfurol zugefügt werden, das zum Nachweis von K. herangezogen wird. Der K. kann aromatisiert, gefärbt und - unter Kennzeichnung - mit Bienenhonig versetzt werden. Die Konsistenz variiert zw. flüssig, streichfähig bis schnittfest. Neben dem Hauptbestandteil *Invertzucker* (das Verhältnis von Fructose zu Glucose ist kleiner als 1) können bis zu 30 % Saccharose und Reversionssaccharide enthalten sein. Verwendet wird K. als Brotaufstrich sowie zur Herstellung von Lebkuchen u. a. Backwaren. Der Energiewert entspricht dem des Bienenhonigs (1300 kJ bzw. 300 kcal je 100 g).

Kunstpfeffer → Pfefferersatz

Kunstreis, *Kunstreisgraupe, synthetischer, Reis, Reisgranulat:* ein künstlich zusammengesetztes, nährwertreiches → Nährmittel, dessen Gehalt nahezu identisch ist mit dem des Reiskornes. Der K. wird aus griffigem Reismehl (in der Körnung gleichartig dem → Dunst; vgl. auch → Mehl, griffiges), Magermilchpulver, Zucker, Mineralstoffen, Vitaminen, Maisstärke, Weizenmehl, Salz und Natriumalginat (als Bindemittel) nach guter Mischung auf 50°C erwärmt und in Teigwarenpressen oder Dragiertrommeln zu einem → Granulat geformt. K. dient zur Nährwerterhöhung des polierten Reises, indem er diesem beigemischt wird. Das Wasseraufnahmevermögen und die Quellungseigenschaften dieser Granulatprodukte ähneln beim Kochen denen des üblichen Reises. Der Proteingehalt des K. liegt je nach Rezeptur nur bei 9···19%, die Feuchtigkeit beträgt 7···9%. Die Deformierbarkeit der *Reisgranulate* ist beim Kochen etwas höher als beim → Speisereis. → Getreide, angereichertes → Maizoreis

Kunstsauer → Trockensauer

Kunstspeiseeis, *Wassereis:* ein qualitativ nicht sehr hochwertiges, in Deutschland nicht mehr anzutreffendes → *Speiseeis,* das keine Milchtrockensubstanz, vor allem kein Milchfett, sondern als Trockensubstanz hauptsächlich Zucker enthält und das auch künstlich aromatisiert sein kann.

Kunstspeisefett: nach dem Margarinegestz von 1897 dem *„Schweineschmalz ähnliche Zubereitungen, deren Fettgehalt nicht ausschließlich aus Schweineschmalz besteht."* Um die Jahrhundertwende bezeichnete man damit Gemische aus → Schweineschmalz, Talg (→ Rindertalg) und pflanzlichen Fetten (→ Pflanzenfett) oder Ölen. → *Synthetische Fette* werden nicht als K. bezeichnet. Heute wird der Begriff K. kaum noch verwendet.

Kunstweizen → WSB

Kunstzimt → Zimtersatz

Kunu: eine in Westafrika verbreitete Breizubereitung. bei der das Hirsemehl mit kochendem Wasser unter Zusatz von Tamarinden und Gewürzen zu einem dünnen Brei verrührt wird. Bei Verwendung von Erdnüssen als Geschmackszusatz heißt diese Zubereitung *Kunu gyeda.* → Brei

Kunze → Fleischtiere

Kupfer → Mineralstoffe → Schwermetalle, toxische

Kuppelblumenkohl → Türmchenblumenkohl

Kurakkan → Fingerhirse

Kürbis, *Bebe:* die in Farbe, Größe und Gestalt unterschiedliche Frucht verschiedener kultivierter Arten der Gattung *Cucúrbita* (Familie *Cucurbitáceae*). Man unterscheidet bei Kürbisarten und -sorten nach Reifegrad und Verwendungsart *Sommerkürbis* und *Winterkürbis* (Übersicht).

Zusammensetzung und Energiewert von Kürbis

Bestandteil	Durchschnittl. Gehalt in 100 g eßbaren Anteils
Feuchtigkeit	91,3 g
Eiweiß	1,1 g
Fett	0,13 g
Kohlenhydrate	5,46 g
Rohfaser	1,24 g
Mineralstoffe	0,77 g
Natrium	1,1 mg
Kalium	383 mg
Calcium	22 mg
Eisen	0,8 mg
Phosphor	44 mg
Caroten	1,96 mg
Vitamin B_1	0,047 mg
Vitamin B_2	0,065 mg
Niacin	0,5 mg
Pantothensäure	0,4 mg
Vitamin B_6	0,11 mg
Vitamin C	9 mg
Energiewert in kJ (kcal) je 100 g	115 (28)

Der *Sommerkürbis* (Trockenmasse etwa 7%) wird unreif geerntet und mit Schale als Salat zubereitet, geschmort, mariniert oder gebraten. Der *Winterkürbis* (Trockenmasse etwa 18%) wird im ausgereiften Stadium geschält verwendet, vorzugsweise

Übersicht zur Nutzung und Zuordnung der Kürbisarten

Sommerkürbis (Gemüsekürbis) Ernte im unreifen Stadium	*Winterkürbis (Speisekürbis)* Ernte im reifen Stadium
Arten mit vorwiegend langen Trieben	
C. moschâta (Duch et Lam.) *convar. japónica* (japan. Hochzuchtsorten)	*C. moschâta convar. moschâta (Mantelsackkürbis)*
C. máxima Duch. *convar. hubbardína* Greb. (Hubbardkürbis)	*C. máxima* Duch. *convar. hubbardina* Greb. *(Hubbardkürbis)*
	C. máxima convar. turbanifórmis (Roem.) (Turbankürbis)
	C. máxima convar. máxima (Riesenkürbis, Zentnerkürbis, Mammutkürbis
C. pépo L. convar. pépo (Citrouille)	*C. pépo L. convar. pépo (Citrouille)*
C. ficifólia Bouche *(Feigenblattkürbis)*	*C. ficifólia* Bouche *(Feigenblattkürbis)*
Arten mit vorwiegend kurzen Trieben (Buschform)	
C. máxima convar. zapallitína Greb. *(Zapallito)*	
C. pépo convar. giromontiína Greb. *(Gurkenkürbis, buschförmiger Gemüsekürbis, Zucchini, Zucchetti, Giromon, Cocozelle, Kabacok, Kussa, Courgette)*	
C. pépo convar. patissonína Greb. *(Patisson, Scallop, Fliegende Untertassen)*	
C. pépo convar. torticóllis Greb. *(Drehhalskürbis, Krummhalskürbis)*	

für süße Speisezubereitungen, als Kompott oder als sog. *Backkürbis.* Der *Sommerkürbis, auch als Gemüsekürbis* bezeichnet, wird in verschiedenen Varietäten angebaut, als *Rundkürbis, als Gurkenkürbis* (Flaschenkürbis) u. a. und weist in der Regel diskusartige oder längliche, gurkenähnliche Früchte auf. Der *Winterkürbis* wird auch als *Speisekürbis* bezeichnet, seine Früchte mit meist plattrunder Form weisen bis zu 50 kg Masse auf. Das weiße oder gelbe Fruchtfleisch des K. (6···16% des Fruchtanteils) enthält die fettreichen, weißen Samenkerne, die 20···30% → Kürbiskernöl liefern. Zusamensetzung und Energiewert von K. s. Tab. Während der Winterkürbis auf Grund seiner dicken Schale lange Zeit haltbar ist hält sich der Sommerkürbis bis zu 3 Wochen, wenn er bei rel. Luftfeuchte von 90% und Temperaturen von 7···10°C aufbewahrt wird. → Gemüse → Essiggemüsesterilkonserve

Kürbisgewürz, *Pumpkingewürz:* eine → Gewürzmischung - in unzerkleinertem oder gemahlenem Zustand - aus Gewürznelken, Ingwer und Zimt, z. B. für die Kürbiskompottherstellung.

Kürbiskern, *Babenkern:* selbstständiger Handelsartikel, insbes. aus den Balkanlädern, wo die Exportware mit bes. Poliermaschinen bearbeitet wird. Die K. werden roh oder geröstet gekaut, ihr

Ölgehalt beträgt 35···38 %. Sie enthalten u. a. Phytosterine, Tocopherole u. Selen. Sie dienen auch zur Gewinnung von Speiseöl und werden pharmazeutisch genutzt.

Kürbiskernöl: das aus den Samen verschiedener Kürbisarten (→ Kürbis) gewonnene Öl. Die Samen werden geröstet, geschält und gepresst. Durch *Kaltpressung* erhält man ein grünlich gefärbtes Öl mit angenehmen nußartigem Geschmack, das als Speiseöl verwendet wird. *Heißgepreßtes Öl* ist von bräunlicher Farbe und muß raffiniert werden. Die Fettsäuren bestehen zu 7···13 % aus Palmitinsäure, zu 6···7 % aus Stearinsäure, zu 24···41 % aus Ölsäure und zu 46···57 % aus Linolsäure. In den Ölen wildwachsender Kürbisarten wurden bis zu 10 % triungessätigte konjugierte Fettsäuren nachgewiesen. Das K. wird in der ehem. Sowjetunion, in Ungarn und in Österreich (Steiermark) in größeren Mengen gewonnen. → Pflanzenfett

Kürbis, kleiner → Zucchini

Kürbismark → Mark

Kürbis, Weißer → Wachskürbis

Kurbrötchen → Vollkornmischbrötchen

Kurigras: ein in Indien wegen der stärkehaltigen Körner kultiviertes Gras, *Urochlóa panicoídes* Pal. Beauv., (Familie *Poáceae*), das auch zur Mehl- und Brotherstellung dient. → Getreide

Kurka → Coleus ssp.

Kurkuma, *Safranwurz:* **1.** Sammelbez. für im tropischen und subtropischen Asien wildwachsende oder kultivierte aromatische Pflanzen der Gattung *Cúrcuma, (Familie Zingiberáceae*), deren Rhizome, Rhizomspitzen und jungen Triebe als Gemüse, Gewürz, Heilmittel, Färbemittel oder zur Mehl- oder Stärkegewinnung herangezogen werden (Kurkumastärke → Arrowroot). Indien ist weltgrößter Produzent und Exporteur von K. Zu den Kurkumaarten, die für Nahrungszwecke kultiviert werden, gehören folgende Arten, die sich lediglich durch ihren spezifischen Gehalt an Curcumin, Demethoxy- und Bimethoxycurcumin, voneinander unterscheiden: a) *C. aeruginósa* Roxb.: wird in Südostasien zur Stärkegewinnung sowie als Heil- und Färbemittel kultiviert. b) *C. amáda* Roxb., *Mangoingwer:* die in Indien und Pakistan kultivierte stark aromatische K., deren Rhizome als Basisgewürz für → Essiggemüse wie → Pickels, für Soßen und kandierte Erzeugnisse und vor allem als Therapeutikum gegen Magenbeschwerden, zur Erhöhung des Gallenflusses verarbeitet werden. c) *C. angustifólia* Roxb., *Ostindisches Arrowroot, Tikur:* die in Indien kultivierte K., deren Rhizome zur Stärkegewinnung (*Travancore-* oder *Ostindische Arrowroot*stärke) als Ersatz für *Echtes* → *Arrowroot* (*Maránta arundinácea* L.) dienen; die jungen Rhizomspitzen werden als Gemüse verzehrt. d) *C. aromática* Salisb., *Gelbwurz, Wilder Tumerik, Gelbzitwer:* die vorwiegend wildwachsende, in Indien auch kultivierte K., deren Rhizom vorwiegend für Heilzwecke, aber auch als Ersatz (*Tumerikersatz*) für *C.longa* verwendet werden. e) *C. heyneána* Valeton: die auf Java zur Stärkegewinnung kultivierte K. f) *C. lónga* L., → *Gelbwurzel, Tumerik, K.:* die in Südostasien kultivierte K. mit Hauptanbauland Indien. g) *C. mángga* Valeton, *Mangga:* die in Java und Malaysia kultivierte K., deren nach Mangofrüchten duftende Rhizome sowie die jungen Rhizomspitzen und jungen Triebe verzehrt werden. h) *C. pierreána* Gagnep.: die in Vietnam kultivierte K., deren Rhizome verzehrt werden. i) *C. purpuráscens* Blume: die auf Java für Heilzwecke kultivierte K., deren jungen Triebe und Rhizomspitzen auch als Gemüse verwendet werden. k) *C. xanthorrhiza* Roxb.: die in Indonesien kultivierte K., aus deren Rhizomen nach Entwässern (zwecks Bitterstoffentfernung) ein Getränk und Stärkemehl hergestellt werden; die jungen Rhizomspitzen, Blütenstände und das Herz des Scheinstammes dienen als Gemüse. l) *C. zedoária* (Bergius) → Zitwer.

2. *Gelbwurzel, Tumerik, Gilbwurzel, Safranwurzel:* der abgebrühte, getrocknete Wurzelstock der in Südasien (in Indien, China, Vietnam) angebauten Staude *Cúrcuma lónga* L. (Familie *Zingiberáceae*). Der Gehalt an ätherischem Öl (3···5 %) bewirkt den charakteristischen Geruch und Geschmack. Die orangegelbe Färbung ist auf den

Farbstoff *Curcumin* (0,3···0,5%) und Diferuloylmethan zurückzuführen. Auf dem Markt werden je nach Herkunft *Bengal-, Cochin-* und *Matraskurkuma* unterschieden. Der Gesamtgehalt an Curcuminoiden ist im Wurzelstock (den sekundären Rhizomen) höher als in den Knollen (den primären bzw. Mutterrhizom). Neben seiner medizinischen Anwendung hat K. große Bedeutung als Gewürz und Färbemittel, meist in Mischung mit anderen Gewürzen, z. B. in → Currypulver → Currysoße, oder Speisesenf. Die Rhizomspitzen und jungen Triebe werden als Gemüse verzehrt.
3. Lebensmittelfarbstoff. → Farbstoffe → Curcumin

Kurkumagelb → Curcumin

Kurkumastärke: Sammelbegriff für Stärke, die als Pudding oder in Mischung mit Mehl aus anderen Pflanzenarten (meist Batate, Reis oder Cassava) der menschlichen Ernährung dient und aus den Rhizomen verschiedener Curcumaarten, wie *Ostindisches Arrowroot, Cúrcuma angustifólia* Roxb. (Tik-, Tikor- oder Travancorestärke) oder *Zitwer, Cúrcuma zedoária* (Bergius) Rosc., (Familie *Zingiberáceae) (Shoti- bzw. Gajutsustärke*) gewonnen wird. → Arrowroot

L-α-Kurkumen → L-α-Curcumen

Kurkumin → Curcumin

Kuromamin → Anthocyane

Kurrolsches Salz → Phosphate → Polyphosphate

Kurrat, *Ägyptischer Lauch, Salatlauch:* eine am unteren Nil und in Arabien seit langem kultivierte Lauchart, *Állium kúrrat* Schweinfurth, (Familie *Liliáceae*). Die als Salat oder Gewürz verwendeten Blätter enthalten in je 100 g Frischsubstanz: 94 g Feuchtigkeit, 1,33 g Eiweiß, 0,8 g Fett, 2,15 g Kohlenhydrate und 0,91 g Rohfaser.

Kurunuß → Erdnuß

Kurzer → Shortdrink → Harddrink

Kurzflossenkalmar → Tintenfisch

Kurzkochreis, *Schnellkochreis, Minutenreis, Temporeis:* ein nach verschiedensten Patenten vorgegarter (vorgekochter) → Speisereis. Durch hydrolytische Vorbehandlung und anschließendes schnelles Trocknen läßt sich die erforderliche Kochzeit auf 3···8 min verkürzen. Das Reiskorn erhält durch diese Vorbehandlungsverfahren eine spröde Oberfläche und neigt leicht zum Bruch. Die poröse Oberfläche führt andererseits zu beschleunigter Wasseraufnahmefähigkeit des Reiskornes, was zur Kochzeitverkürzung beiträgt. Der K. verliert während des Vorganges einen Teil seiner wasserlöslichen Vitamine und Fettsäuren; letzteres trägt zu einer Verringerung der Ranzigkeitserscheinungen während verlängerter Lagerung bei. Die Aminosäurezusammensetzung des K. ist nur unwesentlich im Vergleich zu normalem Speisereis verändert, jedoch ist die Proteinlöslichkeit herabgesetzt. Der ungelöste Anteil an Proteinen steigt im K. an, was für eine Denaturierung und Melanoidinbildung der Eiweißstoffe spricht. Der K. wird in der Regel aus Langkornreis hergestellt und im Kochbeutel abgepackt als sog. *Kochbeutelreis* gehandelt, wobei der Abkochverlust höchst. 5% und der Bruchanteil höchst. 18% betragen soll. → Lebensmittel, vorgefertigtes → Reis

Kurzsauerbrot → Brot → Sauerteig

Kushik → Kushuk

Kushuk, *Kushik, Kishik:* ein in der Türkei, in Irak, Syrien und Jordanien verbreitetes Fermentationsprodukt aus → Bulgur. Das Bulgurmehl wird mit Milch oder Joghurt (1:1) angeteigt und zwecks Lockerung einige Tage fermentiert. Danach wird der Teig geknetet, in kleine Bälle geformt und in der Sonne getrocknet. Der K. ist in getrockneter Form ein Jahr haltbar und wird in Kombination mit anderen Lebensmitteln verzehrt. → Lebensmittel, fermentiertes

Kuß → Baisermasse

Kuß, leichter → Negerkuß

Kussa → Gurkenkürbis

Kuss-Kuss: eine auf dem Balkan verbreitete → Teigwarenart aus Weizenmehl.

Kutkihirse, *Kleine Hirse, Indische Hirse:* eine nur in Indien und Sri Lanka sowie im Mittleren Osten auf ärmsten Böden als Körnerfrucht angebaute → *Hirseart* mit der botanischen Bez. *Pánicum sumatrénse* Roth ex Roem. et Schult. (Famile *Poáceae*), Synonym: *P. miliáre* auct. non Lam. aus der Unterfamilie *Paníceae* mit 30···90 cm hohen Halmen und kleineren Rispen, aber fast gleichgroßen Körnern wie die *Rispenhirse*. Die Erträge schwanken je nach Bodenbeschaffenheit zwischen 2···9 dt/ha.

Kutteln → Flecke

Küttene → Quitte

Kutterhilfsmittel, *Quellsalze:* Stoffe bzw. Stoffgemische, die der Verbesserung des Wasserbindevermögens des Fleisches dienen. Es handelt sich um Di- oder Polyphosphate, z. B. Natriumsalz der Diphosphorsäure. Sie werden vorzugsweise bei der Feinstzerkleinerung von Fleisch zur Herstellung von Brühwurst eingesetzt. Je 100 kg Fleischeinwaage kommen bis zu 300 g Salz zum Einsatz. Die Überdosierung ist sensorisch durch einen stumpfen, adstringierenden Geschmack wahrnehmbar. Sofern lebensmittelrechtliche Bestimmungen den Einsatz von Phosphaten verbieten, finden auch Salze von Citronen- bzw. Bernsteinsäuren in K. Anwendung.

Kuvertüre → Schokoladenüberzugsmasse

Kuwini, *Kaweni:* Frucht des mittelgroßen, dem → *Mango* ähnlichen Baumes *Mangífera odoráta* Griff: (Familie *Anacardiáceae*), der in den asiatischen Tropen kultiviert wird. Die stark sauren Früchte mit Terpentinaroma sind bis auf wenige Sorten nur nach Einlagerung in verdünntes Kalkwasser genießbar. Unreife und reife Früchte werden in Zubereitungen, wie → *Chutney* → Curry, verwendet.

Kwaß: ein durch gleichzeitig saure und alkoholische Gärung aus kohlenhydratreichen Produkten hergestelltes, erfrischendes, durstlöschendes, vitaminreiches und praktisch alkoholfreies Getränk, das sich im Zustand der Nachgärung befindet. Der K. ist ein sehr altes russisches Volksgetränk, das in Städten an ambulanten Ständen verkauft und nach einer Vielzahl von Rezepturen aus den unterschiedlichsten Produkten in jedem Haushalt angesetzt und noch heute hergestellt wird. Verwendet werden Mehle, Teige oder Malze, z.T. in Mischungen aus Getreide und/oder Früchten, z.T. unter Zusatz von Zucker und gelegentlich Geschmacksverbesserern (Übersicht).

Rohstoffe für die Kwaßbereitung

Rohstoff	
stärkehaltig	Brot, getrocknet *(Brotkwaß)*
	Brot, geröstet *(Zwiebackkwaß)*
	Roggen *(Roggenkwaß)*
	Weizen
	Gerste
	Buchweizen
zuckerhaltig	Äpfel
	Birnen
	Kirschen
	Johannisbeeren *(Obstkwaß)*
	Preiselbeeren
	Himbeeren
	Erdbeeren
geschmacks-verbessernd	Pfefferminze *(Pfefferminzkwaß)*
	Ingwer *(Ingwerkwaß)*
	Rosinen
	Kalmus
	Zitronen
	Preiselbeeren
	Berberitzen
	Vogelbeeren
gärungs-fördernd	Zucker
	Zuckersirup
	Honig
	(Hefe)

Der K. wird meist nach den verwendeten Rohstoffen benannt, z. B. *Brotkwaß, Pfefferminzkwaß, Obstkwaß, Roggenkwaß, Zwiebackkwaß, Ingwerkwaß.* Die Rohstoffe werden in einem Glasgefäß mit abgekochtem warmen Wasser (Verhältnis 1:10) übergossen, umgerührt und nach 24···72 h an einem warmen Ort der Selbstgärung überlassen. Nach dieser Hauptgärung wird die abgetrennte Flüssigkeit in Flaschen gefüllt und kühl gelagert. Der K. enthält etwa 0,5 % Alkohol, 0,4 % Milchsäure, 0,03 % Essigsäure, 2 % Glucose und 5 % Extraktstoffe. Im Vergleich mit anderen alkoholfreien, nicht vitaminisierten Getränken ist der Gehalt des K. an Vitaminen der B-Gruppe beachtlich. Dies zeigen die Gehaltswerte eines K. aus Getreiderohstoffen: 10,3 % Extrakt, 2,7 g/l Gesamtsäure, 2,8 g/l Stickstoffverbindungen, 1,1 g/l Mineralstoffe, 2,1 mg/l Vitamin B_1, 3,2 mg/l Vitamin B_2 und 2,9 mg/l Vitamin B_6. Die ehem. Sowjetunion exportiert ein *Kwaßkonzentrat,* aus dem durch Zugabe von Trinkwasser, Zucker, Citronensäure und Kohlendioxid ein alkoholfreies Erfrischungsgetränk industriell hergestellt werden kann. Der K. kann als Vorläufer des heutigen Bieres betrachtet werden. → Lebensmittel, fermentiertes → Brottrunk

Kwaßkonzentrat → Kwaß

Kwemme-Liane → Talerkürbis

Kwiekbrot → Brot, proteinangereichertes